MAPA DO BRASIL

- Belém / ベレン
- São Luís / サン・ルイス
- Fortaleza / フォルタレザ
- Marabá / マラバ
- Teresina / テレジナ
- Natal / ナタール
- João Pessoa / ジョアン・ペソア
- Recife / レシフェ
- Maceió / マセイオ
- Aracaju / アラカジュ
- Salvador / サルバドル
- Planalto Brasileiro / ブラジル高原
- Brasília / ブラジリア
- Goiânia / ゴイアニア
- Belo Horizonte / ベロ・オリゾンテ
- Vitória / ビトリア
- São Paulo / サン・パウロ
- Santos / サントス
- Rio de Janeiro / リオ・デ・ジャネイロ
- Curitiba / クリティバ
- Florianópolis / フロリアノポリス
- Porto Alegre / ポルト・アレグレ
- Lagoa dos Patos / パトス湖
- Mirim

R. Parnaíba / パルナイバ川
R. Tocantins / トカンティンス川
R. São Francisco / サン・フランシスコ川

OCEANO ATLÂNTICO / 大西洋

FRANCESA / 仏領ギアナ

BRASIL
AMÉRICA DO SUL

0   500   1000km

Dicionário
Japonês-Português
do Brasil

日向ノエミア…[編]

日本語▼ブラジル・ポルトガル語辞典

三省堂

© Sanseido Co., Ltd. 2010

Printed in Japan

編　者

日向　ノエミア　　Noemia Hinata

校閲協力者

アンジェロ　イシ　　Angelo Ishi

校正協力：　佐々木憲子　　鳥越慎太郎　　福嶋　伸洋

地図：　平凡社地図出版
装丁：　三省堂デザイン室
装画：　安田みつえ

まえがき

『日本語 ブラジル・ポルトガル語辞典』は，主に在日ブラジル人と日本人との間のコミュニケーションを手助けをする目的で作成されましたが，これからブラジルを訪れる方やポルトガル語学習者にも大いに役立つものと思います．

例文のポルトガル語訳はなるべく自然な，生きたポルトガル語にすることを試みました．これらの例文を読みながら，知らず知らずのうちにポルトガル語の会話力を身につけていくことができるのではないかと思います．

この辞典が刊行されるに当たって，次の方々に心から感謝し，厚くお礼申し上げます．

語彙選択や例文作成に協力してくださった名川裕子，黒木彩，清水学，興紹将之，柴端真里，内河智子，砂口まい，間島まどか，杉山茉莉子，渡辺桃子，塩原由佳，寺田有里砂，増山球，戸井田みるて，前澤香世，磯井俊昭，田中裕子，萩原礼子，岸田匡哲，西村淳，近藤碧，山本利彦，大竹美幸の諸氏．

例文の生きたポルトガル語訳の作成に協力してくださった Fausto Pinheiro Pereira, Rômulo da Silva Ehalt, Alexandre Takahashi, Ângelo Levy, Rafael Miura Bonazzi, Vítor Haddad, Geraldo Aki, Cinthia Sayuri Misaka, Rafael Miyashiro の諸氏．

辞典作成中にコンサルタントとして，筆者の様々な質問に答え貴重なアドバイスをしてくださった東京外国語大学元客員准教授の Ronald Polito 先生および同大学客員准教授の Eliseu Pichitelli 先生．

三省堂辞書出版部長の柳百合子氏，担当者で外国語辞書編集室の宇野由美子氏をはじめ，辞典完成に導いてくださった三省堂の方々．

校閲者や校正者の助力によって，ずいぶんと整ってまいりましたが，まだまだ行き届かないところもあろうかと心配をしております．お気づきの点がございましたら，筆者にご教示くださいますようお願いいたします．

最後に，日本語教育を専門とし，ブラジル人に日本語を教え，日常生活の中でことばの勉強に興味を持たせてくれた亡き夫の日向茂男にこの小さな作品を捧げたいと思います．三十余年前，日本語教育の先生方（夫を含む）が国際交流基金を通じてブラジルにいらっしゃり，いろいろな研修会を開きました．その後も続いた交流の中で，徐々にブラジルの幾つかの大学で日本語学科が誕生しました．その教え子たちが留学生として日本を訪れ，めぐりめぐって，この辞典のよき協力者となってくださいました．日本とブラジルの長い年月に渡る文化交流の重みを実感するとともに，日本語教育にかかわってこられた多くの方々に感謝いたします．

2010 年 7 月

日向ノエミア

使 用 上 の 注 意

1. 見出し語

重要語約 1000 語は頭に，*を付した．
見出し語は五十音順に配列し，外来語はカタカナで示した．
ただし，
1) 「ー」をもって表す外来語の長音は，直前の母音がア・イ・ウ・エ・オのいずれであるかによって，それぞれの音を表すかなに置き換えた位置に配列した．なお，外来語と日本語が同音の場合は，日本語を先に配列した．
   例：しいる　強いる
   　　シール
2) 接辞は，次のような順序で配列した．
   例：こ　子
   　　こ-　故-　（接頭辞）
   　　-こ　-個　（接尾辞）
3) 濁音・半濁音がきた場合は，清音→濁音→半濁音の順に配列した．
   例：はん　半
   　　ばん　晩
   　　パン
4) 促音・拗音がきた場合は，直音の後にした．
   例：しよう　使用
   　　しょう　賞

2. 語 義

語義の区分・限定，使用範囲などの一般的指示には〔　〕を用いた．これらは訳語の前に置いた．また，語義が著しく異なる場合は❶，❷，❸…と分類した．下位分類の必要な場合は ⓐ, ⓑ, ⓒ … を用いた．

3. 訳 語

1) 並列される訳語は，で区切り，意味に多少の違いがある場合は ; で区切った．
2) 語義・用例が特定の状況・地域に限定されて使用される場合は《　》を用いて《口語》《比》《ポ》のように示した．専門用語は，〖　〗を用いて〖天〗のように示した．略語を用いたものもある．「略語表」参照．
3) 文法的説明は【★　　】で示した．
4) ブラジル人使用者を考慮して(（　　)）を用いてポルトガル語で事柄の説明を行った．
5) 重要語の訳語のうち，単一語にはカナ発音を付した．
   例：*あじ　味　gosto (*m*) [ゴースト], sabor (*m*) [サボール].
6) ポルトガル語における外来語(ラテン語を含む)はイタリックで表示した．カナ発音を付した語もある．
   例：**イーメール**　*e-mail* (*m*) [イーメーイウ].
7) ポルトガル語のつづりは，新正書法を採用した．ハイフンの用法については従来の方式を踏襲した．

4. 性数変化

1) 名詞の性は，男性を (*m*)，女性を (*f*) で示した．男女同形の場合は特に表示しない．
2) 複数形は，それぞれ (*mpl*), (*fpl*) で示した．
3) 名詞・形容詞の女性変化語尾は，男性形の直後にその変化する部分を / を用いて示した．
   例：perigoso/sa
4) 男女同形の形容詞は，特に表示しない．

5. 用 例

1) 用例は訳語の後に示し, その後に複合語を並べた. 複合語の始まりには ♦ を置いた.
2) 比喩的用法, 語義分類のむずかしい用例を示す場合には ¶ を用いた.
3) 用例欄で区分の必要な場合は, 1), 2), 3) … と分類した.
4) 見出し語に関連する日常生活の主な単語を, 記述の後に罫を用いてまとめて挙げた.
   例：▶**色を表す語**◀

6. カナ発音

重要語の単一語, 外来語の一部にカナ発音を付した.
発音表記の基準は以下のとおり.
1) ポルトガル語のアクセントは, アクセントを持つ音節が有声音の前にくる場合は, 長音「-」で示した. アクセントを持つ音節が無声音の前にくる場合や閉口音の語尾である場合は, 促音「ッ」で示した.
   例：fogo [フォーゴ]   você [ヴォセッ]
2) ge, je は「ジェ」, gi, ji および語尾のアクセントを持たない ge, je は「ジ」, アクセントを持たない語尾の de, di は「ヂ」と示した.
   例：gerar [ジェラール]   hoje [オージ]   tarde [タールヂ]
3) 音節末の l は「ウ」で示した.
   例：social [ソスィアーウ]
4) 母音間の r はラ行で示し, 語頭の r, rr または n, s, l の直後にくる r はハ行で示した.
   例：caro/ra [カーロ/ラ]   carro [カーホ]   rua [フーア]

7. 記 号

[ ]	言い換え可能を示す.
	ただし, [ ] 内の言い換えに複数の要素がある場合は, コンマで区切る.
	例：曖昧な言葉 palavra ∟ambígua [pouco clara, vaga, evasiva].
∟	直前の語句の範囲が紛らわしい場合は, ∟で, 言い換え可能な語句の範囲を示す.
	ただし, 言い換えの単語が1対1対応の場合は, ∟を入れない.
( )	1) 省略可能を示す.
	2) ある日本語とその訳語の対応関係を示す.
	例：金属は電気(熱)を伝える Os metais conduzem eletricidade (calor).
[ ]	語義の区分・限定, 使用範囲を示す.
《 》	ポルトガル語による補足説明を示す.
〚★ 〛	文法的説明を示す.
♦	複合語を示す. 見出し語部分が複合語の前にくる場合, 続いて見出し語部分が後にくる場合の順に示し, 複合語が複数ある場合はそれぞれの五十音順に配列した.
¶	語義分類のむずかしい用例をまとめる.
⇨	「参照」を示す.
～	用例で, 見出し語と一致する部分を示す.
…	日本語・ポルトガル語における語句の省略を示す.
	例：…を生かしておく deixar … vivo/va
...	和文における余韻を残すような言い方を示す.
...	上記の和文に対応するポルトガル語の表記を示す.
	例：冗談のつもりで言ったのですが... Falei brincando ....
イタリック	1) ポルトガル語における外来語およびラテン語を示す.
	2) あいづちや話の調子で出てくる「よ」「ね」に対応する省略形のポルトガル語を示す (例: ouviu の省略形である *viu* や está bem の省略形である *tá* など).

8. 動詞の時制の名称

完了過去	完全過去, 点過去とも言う
未完了過去	不完全過去, 半過去, 線過去とも言う
複合未来	未来完了とも言う
複合過去未来	過去未来完了とも言う
複合完了過去	現在完了とも言う
複合大過去	過去完了とも言う

9. 略語表

《ポ》 ポルトガル語　　《比》 比喩的　　　　《幼》 幼児語
《ブ》 ブラジル語　　　《方》 方言　　　　　《卑》 卑語
《俗》 俗語

［動］ 動物　　　　　［料］ 料理　　　　　［農］ 農業
［植］ 植物　　　　　［音］ 音楽　　　　　［写］ 写真
［天］ 天文　　　　　［宗］ 宗教　　　　　［商］ 商業
［法］ 法律　　　　　［理］ 物理　　　　　［政］ 政治
［電］ 電気　　　　　［薬］ 薬学　　　　　［印］ 印刷
［解］ 解剖　　　　　［経］ 経済　　　　　［言］ 言語
［医］ 医学　　　　　［魚］ 魚類　　　　　［史］ 歴史
［数］ 数学　　　　　［虫］ 昆虫　　　　　［社］ 社会学
［生］ 生物　　　　　［鳥］ 鳥類　　　　　［服］ 服飾
［心］ 心理　　　　　［建］ 建築　　　　　［美］ 美術
［化］ 化学　　　　　［哲］ 哲学
［映］ 映画　　　　　［劇］ 演劇

10. 罫囲みした記述

味を表す語 ･･･････････････ 味
色を表す語 ･･･････････････ 色
インターネット用語 ･････ インターネット
家具のいろいろ ･･････････ 家具
家族関係を表す語 ･･･････ 家族
体の部位 ････････････････ 体
おもな果物 ･･･････････････ 果物
コンピューター関連用語 ･･･ コンピューター
おもな魚 ････････････････ 魚
おもなサッカー用語 ･････ サッカー
おもな食器 ･･･････････････ 食器
おもな人体の器官 ･･･････ 人体
おもな台所用品 ･･････････ 台所
月名 ････････････････････ 月
おもな鳥の名 ････････････ 鳥
肉のいろいろ ････････････ 肉
おもな飲み物 ････････････ 飲み物
おもな花の名 ････････････ 花
服を表す語 ･･･････････････ 服
おもな文房具 ････････････ 文房具
店のいろいろ ････････････ 店
おもな野菜 ･･･････････････ 野菜
曜日名 ･･･････････････････ 曜日

あ

ああいう daquele jeito [tipo], assim.
アーケード arcada (f). ♦アーケード街 galeria (f), shopping (m).
アース ligação (f) à terra. ～を付けてください Ligue à terra.
アーチ arco (m). ～形の em forma de arco, arqueado/da.
アーチェリー (arte (f) do) tiro (m) com arco.
アーティチョーク 〖植〗alcachofra (f).
アート arte (f). ♦アートシアター cinema (m) de arte [alternativo].
アーバン urbano/na. ♦アーバンデザイン design (m) urbano.
アーム braço (m). ♦アームウォーマー 〖スポーツ〗arm warmer《que protege os braços do frio》. アームチェア cadeira (f) de braços, poltrona (f).
アームバンド 〔腕章〕faixa (f) de braço, braçadeira (f); 〔喪章〕fumo (m). ～をつける usar braçadeira [fumo].
アーモンド amêndoa (f). ～の木 amendoeira (f).
アール 〔面積〕are (m).
アールエイチ Rh. ♦アールエイチ因子 fator (m) Rh. アールエイチプラス (マイナス) Rh positivo (negativo).
アールエヌエーウイルス RNA ウイルス vírus (m) RNA.
あい 愛 amor (m). ～の結晶 o fruto do amor. …に～の手を差し延べる estender a mão a …. …の～を得る ganhar o amor de …. …の～を失う perder o amor de …. …の～を受け入れる aceitar o amor de ….
あい 藍 ❶〖植〗anileira (f). ❷〖色〗anil (m), índigo (m). ♦藍色 azul (m) anil. 藍染め tintura (f) tradicional japonesa à base de azul anil.
あいいれない 相容れない inconciliável, incompatível. 彼らの考え方は～ As ideias deles são incompatíveis.
アイエムエフ IMF Fundo (m) Monetário Internacional (FMI).
アイエルオー ILO Organização (f) Internacional do Trabalho (OIT).
あいえんか 愛煙家 fumante.
アイオーシー IOC Comitê (m) Olímpico Internacional.
あいかぎ 合い鍵 cópia (f) de chave. この～を作りましょう Vamos fazer uma cópia desta chave. ～を作ってくれますか Você pode fazer uma cópia desta chave, por favor?
あいがも 合鴨 ❶〖鳥〗cruzamento (m) [mistura (f)] de pato selvagem com o doméstico. ❷〖料〗carne (f) de pato.
あいかわらず 相変わらず como sempre [de costume]. 彼は～けちだ Ele continua pãoduro como antes. 彼は～まじめに働いている Ele está trabalhando sério como sempre. 彼女は～だ Ela não mudou nada.
あいきどう 合気道 aikidô (m)《uma das artes marciais japonesas》.
アイキュー IQ quociente (m) de inteligência, QI.
あいきょう 愛嬌 simpatia (f). 彼女は～がある Ela é simpática. ～と度胸でこの不況を乗り越えましょう Vamos dar a volta por cima desta recessão, com simpatia e coragem!
あいくぎ 合い釘 cavilha (f).
あいけん 愛犬 cachorro (m) de estimação.
あいこ empate (m). …と～になる empatar com …, ficar quites com ….
あいご 愛護 proteção (f). 動物を～する proteger os animais. ♦動物愛護協会 sociedade (f) protetora de animais.
あいこう 愛好 apreço (m), entusiasmo (m). …を～する gostar de …, ser aficionado/da por [de] …. サッカーの～者である gostar muito de futebol, sem uma entusiasta do futebol. ♦クラシック音楽愛好家 apreciador/ra de música clássica.
あいこく 愛国 patriotismo (m), amor (m) à pátria. ～的 patriótico/ca. ♦愛国者 patriota. 愛国主義 nacionalismo (m). 愛国心 amor à pátria, patriotismo.
あいことば 合い言葉 lema (m). …を～にがんばりましょう Vamos nos esforçar tendo como lema …, OK?
アイコン 〖コンピュータ〗ícone (m).
あいさい 愛妻 esposa (f) bem amada. 彼は～家だ Ele ama muito a esposa.
*****あいさつ** 挨拶 cumprimento (m) [クンプリメント], saudação (f) [サウダサゥン]. ～する cumprimentar. 社長に～してください Cumprimente o presidente da companhia. 友達に別れの～をしてきます Vou me despedir dos colegas.
アイシー IC circuito (m) integrado.
あいしゃ 愛車 carro (m) pelo qual se tem muito apego [de estimação],《ポ》rico carro.
アイシャドー sombra (f) dos olhos.
あいしょう 愛称 apelido (m).
あいしょう 相性 afinidade (f). 彼女と彼は～がいい Eles se dão muito bem.

あいじょう 愛情 amor (m), ternura (f), carinho (m), afeto (m). 彼は彼女に～を表現したいのだけれど... Ele quer demonstrar o afeto por ela, mas ....

あいじん 愛人 amante. ～がいる ter amante. ～を作る arranjar um/uma amante.

アイス ❶ [氷] gelo (m). ❷ [アイスクリーム] sorvete (m).

あいず 合図 sinal (m). ～する fazer sinal. ぼくが～したらボタンを押してください Quando eu der o sinal, aperte o botão. 出発の～を鳴らしました Eu dei o sinal da partida. …に～を送る dar sinais a …. 彼らは～を交わした Eles trocaram sinais. ～不履行で罰金を課せられた Foi multado/da por não ter sinalizado. ♦ 合図不履行 falta (f) de sinal, o não dar sinais.

アイスキャンディー picolé (m).
アイスクリーム sorvete (m).
アイスコーヒー café (m) gelado, café com gelo.
アイススケート patinação (f) sobre o gelo.
アイスティー chá (m) preto gelado.
アイスボックス ❶ [携帯用の簡易冷蔵庫] geladeira (f) portátil. ❷ [発泡スチロールの箱] caixa (f) de isopor para conservar gelos, bolsa (f) térmica.
アイスホッケー hóquei (m) no gelo.
アイスランド Islândia (f). ～の islandês/desa.

あいする 愛する amar. 愛し合う amar-se (mutuamente). 愛すべき人 pessoa (f) ˪digna de amor [que merece ser amada]. 私はあなたを愛しています Eu o/a amo. 日本人は平和を～ Os japoneses amam a paz.

あいせき 相席 ato (m) de sentarem-se duas ou mais pessoas à mesma mesa. この方と～でお願いできますか Não se importa de compartilhar a mesa com este/esta senhor/ra?

あいそ(う) 愛想 ❶ [人当たり] amabilidade (f), gentileza (f), simpatia (f). ～よく amavelmente. ～の悪い antipático/ca. 彼女は～が良い Ela é simpática. ❷ [好意] estima (f), boa vontade (f). 彼に対しては～が尽きてしまった Já perdi a paciência com ele./ Não quero mais saber dele. …に～を尽かされる acabar sendo malquisto/ta por …. ❸ [お世辞] bajulação (f), adulação (f). ❹ [勘定] conta (f). お～をお願いします A conta, por favor.

アイソトープ [化] isótopo (m).

あいた 空いた、開いた ❶ [空いた] vazio/zia, desocupado/da. あそこに空いた席はなかったのか Não tinha cadeira vazia, lá? ❷ [開いた] aberto/ta. びっくりして開いた口がふさがらなかった Fiquei boquiaberto/ta de susto.

*__あいだ 間__ ❶ [時間] enquanto [エンクァント], durante [ドゥランチ], entre [エントリ], em [エン] (espaço (m) de tempo). 私が留守をしている～に enquanto eu estiver 《未来》[estava 《過去》] ausente, durante a minha ausência. 私がこれを拭いている～にあれを洗ってください Enquanto eu enxugo isto, lave aquilo lá. 私は朝6時と7時の～に起きます Eu me levanto entre as seis e sete horas da manhã. 十年の～は綿はマトグロッソの人々を喜ばせたが、今年は… Em dez anos o algodão foi motivo de alegria em Mato Grosso, mas este ano …. 少しの～お待ちいただけますか Será que poderia esperar um momentinho, por favor? ❷ [場所] 1) [抽象的なものの間] entre (duas coisas abstratas). 生死の～をさまよう estar entre a vida e a morte. 2) [具体的なものの間] entre (duas coisas concretas). 一万円札はベッドと壁の～に落ちた A nota de dez mil ienes caiu entre a cama e a parede. 3) [距離] distância (f) [ヂスタンスィア], intervalo (m) [インテルヴァーロ]. 木と木の～を2メートル空けて植えてください Plante as árvores ˪com uma distância [deixando um intervalo] de dois metros umas das outras. ❸ [関係] 1) [多数の間] entre (muitos). 30歳の女性の～で流行っているブランド uma marca que está em moda entre as mulheres de trinta anos. 2) [人と人の間] ～に立つ servir de intermediário/ria. 私が～に入って問題はこみいってしまった O problema acabou se complicando por eu ter entrado no meio. 家族の～にいろいろな問題が生じた Surgiram vários problemas ˪na [dentro da] família.

あいだがら 間柄 relação (f) 《entre pessoas》. 私達は親戚の～だ Somos parentes. 私達は親しい～だ Somos amigos/gas íntimos/mas.

あいちゃく 愛着 apego (m). …に対して～を持つ ter apego por ….

あいつ aquele cara (m), aquele sujeito (m), aquele tipo (m). ～はしょうがないやつなんだよ Aquele cara não tem jeito mesmo, sabe?

あいついで 相次いで sucessivamente, um/uma após outro/tra, em cadeia. 嫌なことが～起こった Aconteceram coisas desagradáveis, ˪uma atrás da outra [em seguida]. 台風が～上陸した Os tufões vieram um atrás do outro.

あいつぐ 相次ぐ que se sucede, que vem em cadeia, que acontece sucessivamente. ～不幸に参ってしまった Fiquei desnorteado/da por tantas desgraças que ˪se sucederam [vieram uma após outra].

あいづち 相槌 demonstração (f) de concordância com a fala do interlocutor através de monossílabos. ～を打つ concordar com monossílabos ou com a cabeça.

*__あいて 相手__ ❶ [話の] interlocutor/ra [インテルロクトール/ラ], parceiro/ra [パルセイロ/ラ], 《口語》 a pessoa com quem se fala, a pessoa com quem a gente está falando. ～を見てものを言

う observar o/a parceiro/ra antes de começar a falar. 〜かまわbrainなんでも言ってしまう falar de tudo sem ver com quem está falando. もう少し〜の気持ちになってみるといいかもね Talvez seja bom ter um pouco mais de empatia, não é mesmo? ❷〔ゲームの〕adversário/ria [アデヴェルサーリオ/ア], participante do jogo. 彼は〜にならない Ele é muito fraco para ser meu adversário. ❸〔仕事における競争相手〕concorrente [コンコヘンチ], rival [ヒヴァーウ]. ❹〔遊びの相手など〕companheiro/ra [コンパニェーイロ/ラ], companhia [コンパニーア]. その子には遊び〜が必要です Essa criança precisa de um companheiro para brincar. 困ったときには私が相談〜になってあげます Quando tiver dificuldades, pode vir falar comigo, está bem? 客の〜をする〔応接室で〕fazer sala. …を〜にしない ignorar …, ignorar a presença de …, não dar atenção a …, 《俗》não dar bola para ….
アイデア ⇨アイディア.
アイディア ideia (f). それはとてもいい〜だ É uma ótima ideia. いい〜を思いついた Tive uma boa ideia. いい〜が浮かばないときもある Eu também tenho momentos em que não consigo ter nenhuma ideia boa. ♦ アイディア商品 produto (m) criativo.
あいている 開いている, 空いている ❶〔開いている〕estar aberto/ta. そのドアは開いていますか Essa porta está aberta? ❷〔空いている〕estar vago/ga, desocupado/da. そのトイレは空いていますか Esse toalete está desocupado? 空いている部屋はありますか Há algum quarto vago? この席は空いていますか Este lugar está desocupado. ❸〔ひまである〕livre, desocupado/da. 私はあしたの午後はあいています Eu estarei desocupado/da [livre] amanhã à tarde.
あいてかた 相手方 a contraparte, a outra parte, o outro.
あいてどる 相手取る enfrentar …, desafiar …, ter … como alvo. 〜を相手取って訴える processar …. 国を相手取って訴訟を起こす processar o país, instaurar processo contra o país.
アイテム item (m).
アイデンティティー identidade (f). ♦ アイデンティティークライシス crise (f) de identidade.
あいとう 哀悼 ❶ luto (m). ❷ pêsames (mpl). 〜の辞 palavras (fpl) de pêsames [consolo]. 〜の意を表する dar os pêsames, apresentar as condolências.
アイドリング 〜する ficar com o motor do carro ligado nas paradas. このバスは信号待ちで〜ストップしています Este ônibus para o motor nos sinais vermelhos dos faróis. ♦ アイドリングストップ運動 movimento (m) para se desligar o motor nas paradas mais longas, a fim de diminuir a liberação do dióxido de carbono no ar e economizar gasolina.
アイドル ídolo (m).

あいにく infelizmente. 〜雨が降りだした Infelizmente começou a chover. 〜ですが社長は外出しています Infelizmente o nosso presidente está ausente.
アイヌ Ainus (mpl).
あいのて 合いの手 interrupção (f) para animar algo. 人の話に〜を入れる interromper uma conversa para o seu bom andamento.
あいのり 相乗り ato (m) de tomarem duas ou mais pessoas o mesmo carro. このタクシーに〜していきましょうか Que tal irmos juntos neste táxi?
アイバンク banco (m) de olhos.
あいはんする 相反する 〜考え方 modos (mpl) de pensar ⌊incompatíveis [que se opõem mutuamente].
アイビーム 〔建〕viga (f) de ferro em forma de I.
あいびき 合い挽き carne (f) moída de porco e vaca.
あいべや 相部屋 quarto (m) comum para duas ou mais pessoas. …と〜になる compartilhar [dividir] o quarto com ….
あいぼう 相棒 parceiro/ra, cúmplice. 彼は銀行強盗の〜になった Ele se tornou cúmplice do roubo ao banco. 我々はいい〜関係にある Formamos uma boa (relação de) parceria.
アイボリー (cor (f) de) marfim (m).
あいま 合間 intervalo (m). 私は仕事の〜に勉強しています Eu estudo nos momentos livres entre um serviço e outro.
あいまい 曖昧 〜な vago/ga, impreciso/sa. 〜な言葉 palavra (f) ambígua [pouco clara, vaga, evasiva]. 〜な点 ponto (m) ⌊obscuro [pouco claro, pouco específico, muito genérico]. 彼女の返事は〜だった A resposta dela estava vaga [imprecisa].
あいまって 相まって AとBが〜 com a combinação de A e B, A em conjunto com B. あの人は才能と努力が〜成功した Ele teve êxito graças ao seu talento combinado com o esforço./O talento e o esforço juntos lhe deram o êxito.
あいよう 愛用 …を〜する usar muito … pela preferência, ter um apreço especial por …, 《口語》ter um xodó por …. 彼が〜しているデジカメ a câmera digital de sua preferência, a câmera preferida dele. 〜の favorito/ta, preferido/da.
あいよく 愛欲 amor (m) sensual, desejo (m) carnal. 〜におぼれる entregar-se [ser levado/da] ao prazer dos sentidos.
アイライナー delineador (m).
アイライン delineamento (m) do contorno dos olhos.
あいらしい 愛らしい engraçadinho/nha, mimoso/sa, querido/da.
アイルランド Irlanda (f). 〜の irlandês/desa.
アイロニー ironia (f).

アイロン ferro (*m*). ワイシャツに～をかけてください Passe ferro na camisa./Passe a camisa, por favor.

***あう 会う** encontrar com; cruzar com; ver [ヴェール]; estar com; conhecer [コニェセール]. 今日彼女と会った〔すれ違った〕Eu cruzei com ela hoje./〔会って話し合った可能性あり〕Eu encontrei com ela hoje./〔ある程度の時間一緒にいた〕Eu estive com ela hoje. 奥様にお会いしたいですね〔その奥さんと話者と初対面になる〕Gostaria de conhecer a sua esposa./〔話者はその奥さんと再会〕Gostaria de ﾟme encontrar com〔ver〕a sua esposa.

***あう 合う** ❶〔適合〕ajustar-se a, servir a, caber [カベール]. この靴は足に合いません Estes sapatos não me servem. ❷〔調和〕combinar bem com, harmonizar-se com, casar com. そのネクタイは背広とよく合っている A gravata está combinando bem com o terno. この塩のマイルドな味は野菜や魚とよく～ O gosto suave do sal casa perfeitamente com verduras e peixes. ❸〔一致〕estar de acordo com, condizer com, bater [バテール], combinar com. それは現実に合わない Isso não condiz com a realidade. 我々の歴史に～モラルを作り上げたい Gostaria de criar uma moral compatível com a nossa história. 私たちはいつも意見が合います Nossas opiniões sempre batem [combinam]. ❹〔正確〕estar certo/ta. この勘定は合っていない Esta conta está errada [não está certa]. 駅の時計は合っていなかった O relógio da estação não estava certo. ❺〔順応〕ser propício/cia, ser bom/boa. ここの気候は私の体に合わない Eu não me dou bem com o clima daqui.

***あう 遭う** deparar com, passar por. 彼はきのう交通事故に遭いました Ontem ele teve um acidente. 私たちの親は戦争中ひどい目に遭ったそうだ Dizem que os nossos pais passaram momentos terríveis durante a guerra.

アウェイ 〘サッカー〙fora de casa. ◆**アウェイチーム** equipe (*f*) visitante.

アウト ❶〘テニス・バレー〙Fora! ❷〘野球〙eliminação (*f*) (de um batedor ou corredor). ～にする eliminar. ～になる ser eliminado/da.

アウトサイダー ❶〔よそ者〕pessoa (*f*) de fora, alguém que não pertence ao grupo, não associado/da. ❷〔変わり者〕o/a diferente.

アウトドア ar (*m*) livre. ◆**アウトドアウェア** roupa (*f*) esportiva. アウトドアスポーツ esporte (*m*) ao ar livre.

アウトプット ❶ saída (*f*). …を～する dar saída a [de] (em economia ou computador). ❷ 〘コンピ〙processo (*m*) de saída. ◆**アウトプット能力** capacidade (*f*) de saída de dados; 《比》capacidade de externar o conhecimento, capacidade de se fazer entender.

アウトライン esboço (*m*), esquema (*m*). 計画の～を見せてください Mostre-me o esboço do plano, por favor. …の～を説明する explicar … em suas linhas gerais.

アウトレットストア brechó (*m*), loja (*f*) de usados 《ou de sobras de mercadorias de grandes empresas que estão à venda em outras menores por preços mais baratos》.

アウトロー pessoa (*f*) fora-da-lei, marginal.

あえぐ 喘ぐ ❶〔息を切らす〕arquejar, ofegar, respirar com dificuldade. あえぎながら言う falar ofegante. ❷〔苦しむ〕sofrer, estar aflito/ta. 資金難に～ sofrer com a falta de recursos financeiros.

あえて 敢て ❶〔肯定文で〕atrever-se a. 私は～彼女に忠告した Eu me atrevi a aconselhá-la. ❷〔否定文で〕não … nada de [em] especial. 私は～何も言わなかった Não falei nada de especial.

あえもの 和え物 〘料〙prato (*m*) de verdura ou peixe temperados com massa de soja, açúcar, vinagre e gergelim.

あえる 和える 〘料〙misturar (peixe ou legumes) com molho de massa de soja, açúcar, vinagre e gergelim.

あえん 亜鉛 〘鉱物〙zinco (*m*). ～めっきをする galvanizar com zinco. ◆**亜鉛版** gravura (*f*) em zinco. **亜鉛めっき** galvanização (*f*).

あお 青 azul (*m*); 〔緑〕verde (*m*). ◆**青信号** sinal (*m*) verde (de trânsito). **青空** céu (*m*) azul. **青竹** bambu (*m*) recém-cortado. **青畳** *tatami* (*m*) novo.

あおあお 青々 ～とした de um verde vivo, com um verde que dá sensação de frescura. 草むらが～としていた Os campos estavam com um verde cheio de frescura.

***あおい 青い** azul [アズーウ]; 〔緑〕verde [ヴェールヂ]; 〔顔色が〕pálido/da [パーリド/ダ]; 〔未熟〕novo/va [ノーヴォ/ヴァ]. 彼女は～をしている Ela está pálida.

あおい 葵 〘植〙malva (*f*).

あおいろしんこく 青色申告 〘経〙declaração (*f*) de imposto em formulário azul 《mais minuciosa que a comum e com direito a maiores deduções》.

あおかび 青黴 mofo (*m*) verde [azul], bolor (*m*), penicilo (*m*).

あおぐ 仰ぐ ❶〔上方を見る〕olhar para cima, erguer os olhos para. 天を～ olhar (para) o céu. ❷〔尊敬する〕respeitar, venerar. 先生を～ respeitar o professor.

あおぐ 扇ぐ abanar. うちわで扇いでください Abane com o leque.

あおくさい 青臭い ❶ que tem o cheiro das ervas. ❷《比》〔未熟な〕imaturo/ra, inexperiente. ～意見を言う dizer uma opinião ingênua, dar um palpite infantil. 彼女はまだ～ところがある Ela ainda é um tanto imatura.

あおざめる 青ざめる empalidecer. ニュースを聞いて～ ficar pálido/da com a notícia.

あおじゃしん 青写真 cianotipia (*f*); papel

(m) de ferroprussiato; cópia (f) azul;《比》modelo (m), projeto (m).

あおた　青田　arrozal (m) verde. ♦青田買い compra (f) do arroz ainda no campo;《比》recrutamento (m) (pelas empresas) de novos empregados que ainda estão cursando a universidade.

あおだいしょう　青大将　〖動〗espécie (f) de cobra (não venenosa).

あおにさい　青二才　jovem inexperiente, criançola.

あおのり　青海苔　alga (f) marinha verde《comestível》.

あおば　青葉　folha (f) verde.

あおばな　青洟　muco (m) do nariz.

あおむけ　仰向け　estado (m) de quem está de costas. ～になる deitar-se de costas. ～に寝てください Deite-se de costas.

あおむし　青虫　〖虫〗lagarta (f) verde.

あおもの　青物　❶〔野菜〕legumes (mpl), verduras (fpl), hortaliças (fpl), frutas (fpl). ♦青物市 mercado (m) de legumes, verduras etc. 青物屋〔人〕verdureiro/ra;〔店〕quitanda (f), frutaria (f). ❷〔青魚〕peixe (f) de pele azulada.

あおる　煽る　❶〔風が〕soprar, agitar. 旗が風に煽られている A bandeira ondula ao vento./O vento agita a bandeira. 強風に煽られて火事が広がった O incêndio se espalhou devido a um forte vento. ❷〔扇動する〕acirrar, instigar, incitar, inflamar. 彼は学生たちの反米感情を煽った Ele acirrou o sentimento anti-americano dos estudantes. インフレが物価高を～ A inflação incita o aumento dos preços.

あか　赤　❶ vermelho (m). ～の vermelho/lha. ♦赤ワイン vinho (m) tinto. ❷ roxo (m). ～の roxo/xa. ♦赤土 terra (f) roxa【★コーヒーに適した土→イタリア移民がブラジルの南で始めてこの土を見たとき, Terra Rossa! と, イタリア語の「赤」という意味の単語を使ったことに由来する。これは語源的にはスペイン語のrojoともフランス語のrougeとも共通する】. ¶～の他人 pessoa (f) estranha (sem relação de parentesco).

あか　垢　❶〔皮膚の〕sujeira (f), cascão (m). ♦耳垢 cera (f) de ouvido. ❷〔けがれ〕imundície (f), podridão (f). 世の～ maldade (f) do mundo, imoralidade (f) da sociedade.

あか　亜科　〖生〗subfamília (f). ♦ヒト亜科 hominídeos (mpl).

*__あかい　赤い__　vermelho/lha〔ヴェルメーリョ/リャ〕. 彼女は恥ずかしくて顔を赤くした Ela ficou vermelha de vergonha.

アカウンタビリティー　〔責任〕responsabilidade (f), obrigatoriedade (f) de prestar contas.

アカウント　❶〔銀行預金〕conta (f) bancária. ❷〔簿記〕conta. ❸〔ユニビ〕conta do usuário.

あかかぶ　赤蕪　〖植〗rabanete (m).

あがき　足掻き　ato (m) de debater-se em vão. 最後の～ a última resistência.

あかぎれ　frieira (f) (do dedo), rachadura (f) (do calcanhar), greta (f). 手が～になる ficar com as mãos gretadas.

あがく　足掻く　debater-se em vão, estrebuchar.

あかげ　赤毛　cabelos (mpl) ruivos. ～の de cabelos ruivos.

あかざとう　赤砂糖　açúcar (m) mascavo,《ポ》mascavinho (m).

あかさび　赤錆　ferrugem (f).

あかし　証　❶ prova (f), evidência (f). 愛の～ prova de amor. ❷ prova de inocência. 身の～を立てる provar a inocência, justificar-se.

あかじ　赤字　❶ letra (f) em tinta vermelha, correção (f). 原稿に～を入れる corrigir os originais. ❷〖経〗déficit (m), prejuízo (m). 双子の～ duplo déficit, empréstimo público e comércio exterior deficitários. 今月の家計は～です A economia da nossa casa está com déficit este mês. ～になった Deu déficit. ～覚悟で営業する trabalhar prevendo o vermelho. ～の deficitário/ria. ～を解消する eliminar [solver] as dívidas. ♦赤字公債 dívida (f) pública deficitária. 財政赤字 finanças (fpl) deficitárias. 貿易赤字 déficit no comércio exterior. 累積赤字 acúmulo (m) de dívidas, dívida (f) acumulada.

アカシア　〖植〗acácia (f).

あかしお　赤潮　correntes (fpl) marítimas com plâncton.

あかしんごう　赤信号　❶ sinal (m) vermelho. ～を無視する ignorar o [passar no] sinal (vermelho). ❷〔危険を表わすこと〕mau sintoma (m). 朝に食欲がないのは～だ Não ter fome de manhã é mau sintoma.

あかす　明かす　❶ revelar. 友人に秘密を明かしたEu revelei um segredo a um amigo. ❷ passar (a noite) em claro. 私は眠らずに一夜を明かした Eu passei a noite velando [em claro]. カーニバルでは踊り明かしましょう No carnaval, vamos passar a noite dançando.

あかちゃ　赤茶　marrom (m) avermelhado.

あかちゃん　赤ちゃん　⇨赤ん坊.

あかつき　暁　❶ aurora (f), alvorada (f), amanhecer (m). ❷ …の～には no caso de. 彼が成功した～には no caso de ele ter êxito. 仕事の完成の～には com o término do trabalho.

アカデミー　academia (f).

アカデミック　acadêmico/ca.

あかとんぼ　赤とんぼ　〖虫〗libélula (f) [libelinha (f)] vermelha.

あかぬけ　垢抜け　elegância (f).

あかぬける　垢抜ける　ser elegante, ter refi-

あかぼう 赤帽 ❶ boné (m) vermelho. ❷ carregador/ra.

あかまつ 赤松 【植】pinheiro (m) de tronco vermelho.

あかみ 赤味 rubor (m), vermelhidão (f). ～を帯びた avermelhado/da. ～を帯びる ficar avermelhado/da, ter [ficar com] um matiz avermelhado.

あかみ 赤身 febra (f), parte (f) sem gordura da carne (dos animais). マグロの～ carne (f) vermelha do atum.

あがめる 崇める adorar, respeitar, honrar, venerar.

あからさま ato (m) de ser direto ou franco em demasia. ～な aberto/ta, claro/ra. ～に言うと falando abertamente [claramente]. そんな～に言うと日本人はとまどってしまうかもしれない Se você diz tudo tão diretamente, os japoneses podem ficar constrangidos.

あかり 明かり luz (f), iluminação (f). ～をつけてください Acenda as luzes. 私は～を消して寝ました Eu apaguei as luzes e dormi.

あがり 上がり 〔利潤〕rendimento (m). ～の多い仕事 uma atividade altamente rentável. ◆上がり高 faturamento (m), rendimento, colheita (f).

-あがり -上がり que acaba de sair de. 雨の町 a cidade após a chuva. モデル～ ex-modelo. 病み～の convalescente.

あがりぐち 上がり口 ❶〔porta (f) de〕entrada (f). ❷ pé (m) de uma escada.

あがりこむ 上がり込む entrar em casa alheia 《sem permissão ou sem ser desejado》.

あがりさがり 上がり下がり subida (f) e descida (f), o subir (m) e o descer (m), altos (mpl) e baixos (mpl). ～する subir e descer. ～の激しいリズム ritmo (m) de altos e baixos.

*__あがる__ 上がる, 揚がる, 挙がる ❶ elevar-se [レヴァール スィ], subir [スビール]. 私たちはそのビルの屋上に上がった Nós subimos ao mirante desse prédio. きのうは気温が35度まで上がった Ontem a temperatura subiu até trinta e cinco graus. 石油危機以来物価が上がった Depois da crise do petróleo, o preço das mercadorias subiu. 9月からタクシーの運賃が上がる A tarifa do táxi vai subir a partir de setembro. ❷〔進歩〕adiantar-se [アヂアンタール スィ], progredir [プログレヂール]. 学校の成績が上がる tirar notas melhores. 彼女はテニスの腕前がずいぶん上がった Ela progrediu bastante no tênis. ❸〔緊張〕ficar nervoso/sa. 群集の前に出ると私は上がってしまう Eu fico nervoso/sa quando tenho de me dirigir à multidão. ❹〔入る〕entrar [エントラール]. 学校に上がる entrar na escola. どうぞ上がってください Entre, por favor. ❺〔飲食〕comer [コメール]. どうぞお上がりください Por favor, sirva-se. ❻〔足りる〕sair [サイール]. お食事会は思ったより安く上がった O jantar saiu mais barato do que eu pensei. ❼〔証拠などが〕estar aí, estar levantando/da, estar reunido/da. 証拠は挙がっている As provas estão levantadas. データは挙がっている Os dados estão coletados. ❽〔死体などが〕aparecer [アパレセール], subir à tona, surgir [スルジール]. 川に水死体が上がった Surgiu um cadáver no rio. ❾〔出る〕sair. 風呂から上がる sair do banho. ❿〔揚げ物が〕ficar frito/ta. 今日は鶏がうまく揚がった Hoje o frango frito ficou bom. ⓫〔昇進〕subir de grau. 地位が上がる subir de posto, ser promovido/da. ⓬〔終わる〕parar [パラール]. 今日は雨が早く上がった Hoje a chuva parou mais cedo. ⓭〔仕上がる〕terminar [テルミナール]. 原稿は明日上がります Amanhã os originais estarão prontos [terminados]. ⓮〔生じる〕surgir, dar [ダール], haver [アヴェール]. 不満の声が上がっている Surgiram reclamações. 効果が上がる dar (bom) resultado. あのイベントは驚くほど利益が上がった Aquele evento deu um lucro surpreendente.

*__あかるい__ 明るい ❶〔光明〕claro/ra [クラーロ/ラ]. 外はもう～ Lá fora já clareou. ❷《比》claro/ra, imparcial [インパルスィアーウ]. ❸〔陽気な〕alegre [アレーグリ]. 彼は～性格です Ele é alegre. ～気分を保つ manter a alegria; 《口語》 manter o alto astral. 見通しが明るくなった As perspectivas melhoraram. 明るく alegremente. ❹〔精通〕versado/da [ヴェルサード/ダ], conhecedor/ra [コニェセドール/ラ]. 彼はブラジル地理学に～人だ Ele é uma pessoa ⌐entendida em [conhecedora de] Geografia do Brasil.

あかるさ 明るさ ❶ luz (f). ❷〔快活〕alegria (f), esperança (f).

あかるみ 明るみ público (m). …を～に出す trazer … à tona, tornar … público/ca, tornar … conhecido/da de [por] todos. ～に出る vir à tona, tornar-se público, tornar-se conhecido/da por [de] todos. スキャンダルが～に出た O escândalo acabou sendo revelado.

あかん 《大阪方言》não, não pode ser 《no dialeto de Osaka》.

アカンサス 【植】acanto (m).

あかんべえ palavra (f) de recusa que acompanha o ato de fazer uma careta puxando-se a pálpebra inferior do olho com o dedo indicador.

あかんぼう 赤ん坊 bebê (m), nenê (m).

*__あき__ 秋 outono (m) [オウトーノ]. ～の outonal. ～に no outono.

あき 空き ❶ vaga (f), abertura (f), espaço (m). あのセクションに～がある Há uma vaga naquela seção. あのポストに～ができた Aquele posto está vago. ❷ livre, de folga. ～時間に銀行に行きます Vou ao banco nas horas ⌐livres [de folga].

あき 飽き aborrecimento (*m*), enjoo (*m*). 味の濃い食物はすぐに~がくる Comidas de tempero forte são enjoativas.

あきあき 飽き飽き …に~する ficar completamente enjoado/da de … até não poder mais ver.

あきかん 空き缶 lata (*f*) vazia.

あきぐち 秋口 começo (*m*) [início (*m*)] de outono.

あきす 空き巣 casa (*f*) com moradores ausentes. ~にはいられる ser roubado/da na ausência. 空き巣ねらい roubo (*m*) em casas com moradores ausentes; [人] ladrão/dra que rouba coisas das casas cujos donos estão ausentes.

あきたりない 飽き足りない [物足りない] deixar a desejar; [満足できない] não ficar satisfeito/ta (com).

あきち 空き地 terreno (*m*) baldio.

あきない 商い comércio (*m*), negócio (*m*). ~中 (loja (*f*) ou restaurante (*m*)) em funcionamento.

あきなう 商う comerciar. 私は食品を商っています Eu trabalho com produtos alimentícios.

あきびん 空き瓶 garrafa (*f*) vazia.

あきべや 空き部屋 quarto (*m*) vago.

あきまき 秋蒔き ~の a ser semeado/da no outono. ~花 flor (*f*) semeada no outono.

あきや 空き家 casa (*f*) ⌞desabitada [sem moradores, desocupada].

あきらか 明らか ~な claro/ra, óbvio/via. ~な事実 um fato (*m*) indiscutível. ~に evidentemente. ~にする esclarecer, deixar claro, tornar óbvio.

あきらめ 諦め resignação (*f*), desistência (*f*). 何事も~が大事だ Em tudo, a resignação é importante. ~がついた Com isso, consegui desistir da ideia.

あきらめる 諦める desistir de, abrir mão de, deixar. ブラジルに帰ることをあきらめた Eu desisti de voltar para o Brasil. …をあきらめられない não poder desistir de …, não se conformar com a ideia de não conseguir …. 彼はブラジル行きを~ところだった Ele estava quase desistindo de ir ao Brasil./Ele estava a ponto de desistir da ida ao Brasil. 彼と結婚するには,彼女は多くをあきらめなければならなかった Para se casar com ele, ela tinha de ⌞abrir mão de [desistir de, deixar] muita coisa. あきらめたら負けだよ Se desistir, é um perdedor.

あきる 飽きる enjoar-se de …, cansar-se de …, entediar-se com …. 彼はそれに飽きている Ele está enjoado disso. 彼は毎日飽きもせずにテレビを見ている Ele fica vendo televisão todos os dias, sem enjoar. 飽きさせる enjoar, cansar.

アキレスけん アキレス腱 〖解〗tendão (*m*) de Aquiles; [弱点] calcanhar-de-aquiles (*m*), ponto (*m*) fraco.

あきれる 呆れる ❶[驚く] ficar assustado/da. 彼の不まじめさにはあきれた Fiquei pasmado/da com a falta de seriedade dele. ❷[いやになる] ficar desgostoso/sa.

あきんど 商人 negociante.

*****あく 空く, 開く** ❶[開(あ)く] abrir(-se) [アブリール スィ]. その店は朝9時に開きます Essa loja abre às nove horas. ❷[空になる] ficar vago/ga, desocupar-se [デゾクパール スィ], ficar desocupado/da. この席は空きますか Este lugar vai ⌞desocupar [ficar desocupado]? ❸[ひまになる] ficar livre. 五時半に体が空きます Às cinco e meia vou estar [ficar] livre. ❹[欠員ができる] abrir vaga. 来月重役のポストが空く O mês que vem vai vagar o posto de diretor. ❺[すきまができる] haver distância [espaço]. あの庭の木と木の間は2メートル空いていた Entre as árvores daquele jardim havia dois metros de distância.

あく 悪 mal (*m*), maldade (*f*). この世は~がはびこっている Neste mundo reina o mal. ~に染まる ser contagiado/da pelo mal. ~に打ち勝つ sobrepujar o mal. ~に負ける render-se ao mal. ~の mau/má.

あく 灰汁 ❶ espuma (*f*) (que aflora na sopa quando fervida). しゃぶしゃぶの~をこれでくってください Por favor, use isto para tirar a espuma do *shabu-shabu* (cozido japonês de carne). ❷《比》traço (*m*) de personalidade forte. あの人は~の強い人のようだ Aquela pessoa parece ter uma personalidade difícil.

アクアラング escafandro (*m*).

あくい 悪意 ❶ má intenção (*f*), má fé (*f*). ~があって言ったのではないので許してください Por favor perdoe-me, pois não falei por mal. ~の malicioso/sa, mal intencionado/da. ❷[悪い意味で] mau sentido (*m*). …を~に解釈する interpretar … no mau sentido. …を~に取る tomar … pelo mau sentido.

あくうん 悪運 ❶ má sorte (*f*). ~に見舞われた Tive má sorte. ❷ boa sorte (*f*). ~の強い人 pessoa (*f*) ⌞de muita sorte [sortuda].

あくぎょう 悪行 (ato (*m*) de) maldade (*f*). ~を尽くす praticar [fazer] uma maldade.

あくじ 悪事 maldade (*f*), má ação (*f*); [犯罪] crime (*m*), delito (*m*). ~がばれた Descobriram o crime.

あくしつ 悪質 má natureza (*f*), malvadez (*f*); [品質の悪さ] má qualidade (*f*). ~な malvado/da, maligno/na; de má qualidade, de qualidade ruim. ~ないたずら brincadeira (*f*) de mau gosto. ~な詐欺 fraude (*f*), estelionato (*m*).

アクシデント acidente (*m*).

あくしゅ 握手 ❶ aperto (*m*) de mão. …とする apertar as mãos de …. ~しましょう Vamos ⌞apertar as mãos [dar um aperto de mãos]. 彼らは~を交わした Eles se cumprimentaram com um aperto de mãos. ~を求

める oferecer [dar] a mão. タレントは〜攻め に会った A celebridade foi saudada por uma multidão que lhe dava [estendia] a mão. ❷〔仲直り〕reconciliação (f). 長年反目していた二人が〜した Depois de muitos anos brigados [de desavenças], eles fizeram as pazes.

あくしゅう 悪習 mau hábito (m), vício (m), mau costume (m). 彼は〜にそまっている Ele está mergulhado nos maus hábitos.

あくしゅう 悪臭 mau cheiro (m). 〜を放つ soltar mau cheiro.

あくしゅみ 悪趣味 ❶〔品のよくない〕mau gosto (m). 〜な服装 roupa (f) de mau gosto [vulgar]. ❷〔人のいやがることをして喜ぶ〕espírito (m) de porco. 人を担いで喜ぶのは〜だ Alegrar-se enganando os outros é ser [ter] espírito de porco.

あくじゅんかん 悪循環 círculo (m) vicioso. 〜を断つ acabar com [quebrar] o círculo vicioso. インフレ国では物価と賃金が〜する Nos países onde há inflação, temos um círculo vicioso entre o custo de vida e o salário. そうしたら〜になってしまう Aí vira círculo vicioso./Aí um problema chama o outro.

あくじょうけん 悪条件 má condição (f), condições (fpl) desfavoráveis. 〜の下で働く trabalhar sob condições desfavoráveis.

アクション ação (f), movimento (m). ◆アクション映画 filme (m) de ação. アクションシーン cena (f) de ação.

あくせい 悪性 natureza (f) maligna. 〜の maligno/na. ◆悪性腫瘍(しゅよう) tumor (m) maligno.

あくせく atarefadamente, sem sossego, com azáfama. 〜働く trabalhar sem parar, ser escravo/va do trabalho.

アクセサリー ❶〔装身具〕acessórios (mpl), adornos (mpl), bijuterias (fpl). 〜を身につけて女性らしさをかもしだす aumentar a feminilidade colocando acessórios no corpo. ❷〔付属品〕acessórios. 車(カメラ)の〜 acessórios do carro (da máquina de fotografar).

アクセス acesso (m). …に〜する 1) acessar, chegar a. どうやってその劇場に〜するのですか Como é que se chega a esse teatro? 2)【コンピ】acessar. あるデータに〜する acessar um dado.

アクセル (pedal (m) do) acelerador (m). 〜を踏む pisar no acelerador. 〜をふかす pisar fundo no acelerador.

あくせんくとう 悪戦苦闘 luta (f) desesperada [encarniçada]; esforço (m) heroico. 〜する lutar [pelejar] desesperadamente, lutar com unhas e dentes; fazer um esforço heroico.

アクセント ❶ acento (m), acentuação (f). 〜記号 sinais (mpl) ortográficos de acentuação. ❷〔語調〕sotaque (m). 彼女は変な〜で話す Ela tem um sotaque esquisito. ❸〔強調点〕realce (m), destaque (m), ênfase (f). …に〜をおく acentuar …; realçar …, destacar …, enfatizar …. そのブローチは洋服のよい〜になっている Esse broche está realçando bem o vestido.

あくたい 悪態 palavras (fpl) grosseiras, linguagem (f) chula, xingamento (m). 〜をつく dizer grosserias, xingar.

あくだま 悪玉 vilão/lã, o mau/a má. ◆悪玉コレステロール o mau colesterol.

アクティブ 〜な ativo/va, disposto/ta, positivo/va.

あくてんこう 悪天候 mau tempo (m), intempérie (f).

あくどい ❶〔ひどい〕enjoativo/va, pesado/da. 〜いたずらをする fazer uma brincadeira pesada [de mau gosto]. 〜商人 comerciante picareta. 〜商売をする fazer um negócio (m) sujo [desonesto]. ❷〔どぎつい〕exagerado/da. 〜色 cor (f) berrante. 〜宣伝 propaganda (f) enganosa.

あくとう 悪党 malvado (m).

あくにん 悪人 pessoa (f) má.

あくぬき 灰汁抜き 〜をする tirar o tanino.

あくび 欠伸 bocejo (m). 〜をする bocejar.

あくびょうどう 悪平等 falsa igualdade (f); igualdade (f) perniciosa.

あくま 悪魔 diabo (m), satanás (m).

あくまで(も) 飽くまで(も) ❶〔最後まで〕até o fim, insistentemente. 有識者は〜自説が正しいと主張している O experto insiste que sua opinião está certa. ❷〔極力〕custe o que custar, haja o que houver, de qualquer maneira. 規則は〜守らなければならない Deve-se obedecer às regras, custe o que custar. ❸〔どこまでも〕inteiramente. 〜青く澄み切った空 céu (m) inteiramente azul e limpo.

あくむ 悪夢 pesadelo (m). 〜にうなされる ter pesadelos, delirar.

あくめい 悪名 má fama (f).

あくやく 悪役 papel (m) do vilão, vilão/lã. 〜を演じる fazer o papel do/da vilão/lã, ser o/a vilão/lã da peça.

あくゆう 悪友 ❶〔よくない友人〕má companhia (f). 最近彼は〜と交わっている Ultimamente ele tem andado com más companhias. ❷〔仲のよい友人〕amigo/ga de infância, grande amigo/ga. 学校時代の〜 amigos (mpl) dos tempos de colégio.

あくよう 悪用 uso (m) distorcido, mau uso (m), abuso (m). 権力の〜 abuso de autoridade [poder].

あぐら 胡坐 〜をかく sentar-se de pernas cruzadas à birmanesa.

あくりょく 握力 【生理】força (f) de aperto das mãos. ◆握力計 dinamômetro (m).

アクリル acrílico (m). 〜の acrílico/ca. ◆アクリル樹脂 resina (f) acrílica. アクリル繊維 fi-

bra (f) acrílica.
あくる- 明くる- seguinte, próximo/ma. ～朝 na manhã seguinte. ～年 no ano seguinte. ～4月4日 no próximo dia quatro de abril.
アグレマン acordo (m), trato (m). ～を求める buscar [solicitar, pedir] um acordo.
アクロバット acrobata.
-あけ -明け fim (m) de. 梅雨～ fim da estação das chuvas. 連休～に no fim 」dos feriados prolongados [《俗》do feriadão].
あげあし 揚げ足 ～を取る pegar pela palavra, pegar no pé dos outros por pequenos detalhes.
あげおろし 上げ下ろし o carregar e o descarregar; o levantar e o baixar. 荷の～ o carregar de cargas no caminhão e o descarregar. 箸(はし)の～ o levantar e o baixar os pauzinhos (de comer);《比》etiquetas (fpl) à mesa (em refeições japonesas).
あけがた 明け方 madrugada (f), manhãzinha (f). ～に de madrugada, de manhãzinha.
あげく 挙げ句 ～の果てに no fim das contas.
あけくれ 明け暮れ dia (m) e noite, dia após dia. 重労働の～で彼は鬱(うつ)病になってしまった Ele ficou com depressão devido ao trabalho pesado dia após dia.
あけくれる 明け暮れる …に～ passar o tempo todo ∟a + 不定詞[現在分詞]. 彼は読書に明け暮れている Ele passa o tempo todo ∟a ler [lendo]./Ele só lê dia e noite.
あげさげ 上げ下げ ❶ o levantar e o abaixar. ブラインドの～をする subir e abaixar as persianas. ❷〔ほめたりけなしたり〕ato (m) de elogiar e criticar ao mesmo tempo.
あげしお 上げ潮 maré (f) alta. ～に乗る aproveitar uma oportunidade, ir com a maré.
あけすけ 明け透き franco/ca, aberto/ta, sem papas na língua. ～に言う falar sem rodeios, pôr todas as cartas na mesa, não ter papas na língua. 余り～に言うと日本人は聞くに堪えなくなるかもしれない Se se falar muito abertamente, os japoneses podem ficar constrangidos.
あげぞこ 上げ底 fundo (m) alteado de uma caixa para dar a aparência de um conteúdo maior do que o real.
あけっぱなし 開けっ放し estado (m) de coisa que fica sempre aberta. 戸を～にしておいたら泥棒に入られた Deixei a porta aberta e entrou ladrão.
あげて 挙げて todo/da, inteiro/ra. 一家を～上京する ir com toda a família para a capital.
あげどうふ 揚げ豆腐 〖料〗tofu (m) 〔queijo (m) de soja〕frito.
あげはちょう 揚羽蝶 〖虫〗papílio (m).
あけぼの 曙 amanhecer (m), aurora (f). 文明の～ aurora de uma civilização.

あげもの 揚げ物 〖料〗fritura (f).
***あける 明ける** ❶〔夜が〕amanhecer [アマネセール], clarear [クラレアール]. 夜が明けた Amanheceu. 6時に夜が明けます Às seis horas vai amanhecer. ❷〔年が〕começar [コメサール]. 年が明けた Começou o Ano Novo. 明けましておめでとうございます Feliz Ano Novo. ❸〔終わる〕terminar [テルミナール]. 梅雨が明けたら quando terminar a época das chuvas. 私は来月喪が～ Mês que vem termino meu luto. ¶ 明けても暮れても sempre.
***あける 開ける, 空ける** ❶〔開(ひら)く〕abrir [アブリール]. 来月店を開ける Vou abrir uma loja o mês que vem. 毎朝9時には店を開けている Abro a loja às nove horas todas as manhãs. 彼は2時間窓を開けた Ele deixou a janela aberta por duas horas. 泥棒は30分かかってドアを開けた O ladrão levou trinta minutos para abrir a porta. ❷〔不在になる〕ausentar-se [アウゼンタール スィ]. 店を空ける ausentar-se da loja. 席を空けていました Estava ausente [fora do posto].〔チャットで〕すみません, ただ今空けていました Me desculpe, estava fora da sala de bate-papo. ❸〔暇にしておく〕deixar livre, deixar em aberto. 23日は町の案内のために空けておきましょうか Vamos deixar o dia vinte e três livre para eu mostrar a cidade para você? ❹〔場所・時間を〕ceder [セデール]. 私はおばあさんに席を空けた Eu cedi o meu lugar para uma senhora idosa. 2,3分あけてもらえますか Poderia me ceder dois ou três minutinhos? ❺〔場所・器などを〕desocupar [デゾクパール]; esvaziar [エズヴァズィアール]. グラスを空けてください Esvazie o copo, por favor. ❻〔穴で〕fazer um buraco, furar [フラール]. ここに穴を空けてください Por favor, faça um furo [buraco] aqui. ❼〔空きをつくる〕deixar espaço, espaçar [エスパサール]. 20センチずつ間を空けて花を植えた Plantei flores deixando um espaço de vinte centímetros entre cada uma.
***あげる 上げる, 挙げる, 揚げる** ❶〔与える〕dar [ダール]. 私は母に誕生日のプレゼントをあげた Eu dei um presente de aniversário à [para a] minha mãe. ❷〔…にしてあげる〕fazer algo a alguém. この雑誌を貸して～ Empresto-lhe esta revista. 私は妹にテレビを買ってあげた Eu comprei uma televisão para a minha irmã mais nova. ❸〔価格を〕aumentar [アウメンタール]. 値段を上げる aumentar o preço. ❹〔上に〕elevar [エレヴァール], levantar [レヴァンタール], pôr para cima. 手を上げる levantar a mão. ❺〔昇進〕promover [プロモヴェール]. …の地位を上げる subir ・・ de posto. ❻〔向上〕melhorar (uma habilidade). 彼は料理の腕を上げた Ele melhorou na cozinha. ❼〔成果〕ter êxito. …の成果を上げる obter êxito em …. ❽〔示す〕dizer [ディゼール], citar [スィタール]. 例を挙げてみましょう Vamos dar um exemplo. ❾〔中へ入らせる〕convidar a entrar. 客を家に上

げる convidar a visita a entrar em casa. ❿〔学校に〕colocar [コロカール], pôr [ポール], fazer ingressar. 子供を大学に上げる colocar o filho na faculdade. ⓫〔陸に〕colocar em terra. 船荷を上げる descarregar o barco. ⓬〔すべてを結集する〕usar até esgotar. 全力を挙げて働きます Trabalharei com todas as minhas forças! ⓭〔声を〕emitir [エミチール]. 賛成の声を上げる dar (voz de) apoio. ⓮〔挙行する〕fazer [ファゼール], realizar [ヘアリザール], dar〔cerimônia〕. 結婚式を挙げる dar festa de casamento. ⓯〔吐く〕vomitar [ヴォミタール]. 食べたものをあげてしまった Vomitei tudo o que comi. ⓰〔揚げ物を〕fritar [フリタール]. それを油で揚げますか Vai fritar isso? てんぷらを揚げる fritar o tempurá. ⓱〔掲げる〕hastear [アスチアール]. 旗をあげます Vou hastear a bandeira.

あけわたし 明け渡し evacuação (f) e entrega (f) (de imóvel).

あけわたす 明け渡す evacuar e entregar. アパートは元どおりにして明け渡してください Devolva o apartamento (alugado) no estado original.

あご 顎 queixo (m), mandíbula (f). ¶〜で人を使う ser mandão/dona. 〜を出す exaurir-se (fisicamente). ◆上顎 maxilar (m) superior. 下顎 maxilar (m) inferior. 二重顎 queixo duplo.

アコースティック〔音〕de som natural, sem ser elétrico. ◆アコースティックギター violão (m) acústico. アコースティックサウンド som (m) acústico.

アコーディオン〔音〕acordeão (m). ◆アコーディオンカーテン cortina (f) em fole. アコーディオンドア porta (f) sanfonada.

あこがれ 憧れ admiração (f); sonho (m). 私の〜の女性 a menina dos meus sonhos. 〜を持つ ter sonhos. 彼は会社のみんなの〜の的です Ele é o centro da admiração, na companhia.

あこがれる 憧れる aspirar, sonhar, admirar. ブラジルに〜 ser atraído/da pelo Brasil. 富に〜 aspirar às riquezas. 私は宮崎駿にあこがれています Eu admiro muito o Miyazaki Hayao.

あごひげ 顎鬚〔豊富な〕barba (f);〔山羊(ﾔｷﾞ)ひげような〕cavanhaque (m). 〜をはやしている ter barba. 〜をはやした人 barbudo (m).

あごひも 顎紐 barbicacho (m), barbante para segurar chapéu (capacete).

あこやがい 阿古屋貝〔貝〕madrepérola (f).

*あさ 朝 manhã (f) [マニャーン]. 〜が来る amanhecer. 〜早くde manhã cedo. 彼は〜が早い Ele se levanta cedo. 私は〜から晩まで働いています Eu trabalho desde a manhã até à noite. 〜8時に às oito horas da manhã. 日曜日の〜 na manhã de domingo.

あさ 麻〔植〕❶〔大麻〕cânhamo (m). ❷〔亜麻〕linho (m).

あざ 痣〔医〕equimose (f), hematoma (m),《口語》marca (f), sinal (m), mancha (f), estigma (m).

*あさい 浅い raso/sa [ハーソ/ザ];〔軽率な〕leviano/na [レヴィアーノ/ナ];〔表面だけの〕superficial [スペルフィシィアーウ]. この川は〜 Este rio é raso. 私は〜傷を負った Eu tive um ferimento leve. 彼の知識は〜 O conhecimento dele é superficial.

あさいち 朝市 feira (f) realizada pela manhã.

あさがお 朝顔〔植〕bons-dias (mpl), ipomeia (f).

あさぐろい 浅黒い moreno/na. 〜肌 pele (f) morena.

あざけり 嘲り zombaria (f), chacota (f), escárnio (m), mofa (f).

あざける 嘲る chacotear, zombar de …, caçoar de …, fazer caçoada com …. …をあざけり笑う rir de … de caçoada, zombar de …, escarnecer (de) ….

あさごはん 朝ご飯 café (m) da manhã, desjejum (m). 〜を用意する preparar o café da manhã. まだ〜を食べていない Ainda não tomei o café da manhã.

あさせ 浅瀬 baixio (m), vau (m), banco (m) de areia. 〜を渡る vadear um rio, atravessar um rio a vau.

あさづけ 浅漬〔料〕verduras (fpl) em conserva suave.

あさって 明後日 depois de amanhã.

あさね 朝寝 〜をする dormir de manhã até tarde, levantar-se tarde.

あさねぼう 朝寝坊 dorminhoco/ca. 彼は〜だ Ele é dorminhoco. 私は〜をしてしまった Acabei dormindo até tarde hoje de manhã.

あさはか 浅はか 〜な leviano/na, superficial.

あさひ 朝日 sol (m) da manhã.

あさましい 浅ましい〔いやしい〕baixo/xa, vil;〔恥ずかしい〕vergonhoso/sa.

あざみ 薊〔植〕cardo (m).

あざむく 欺く enganar, ludibriar.

あさめしまえ 朝飯前 そんな事は〜だ Isso é fácil de fazer〔《俗》café pequeno, canja〕.

あざやか 鮮やか 〜な 1)〔色彩が〕vivo/va〈cor〉. その建物は〜な色で塗られている Esse prédio está (pintado) com uma cor viva. 2)〔見事な〕brilhante, maravilhoso/sa. それは〜な印象を残しました Isso deixou uma impressão muito forte.

あさやけ 朝焼け arrebol (m) da manhã.

あざらし 海豹〔動〕foca (f).

あさり〔貝〕amêijoa (f) japonesa, vôngole (m). 〜のスパゲッティ espaguete (m) ao vôngole.

あざわらう 嘲笑う rir de … zombando, rir de … de caçoada, zombar de …, escarnecer (de) ….

*あし 足, 脚 ❶〔足〕pé (m) [ペー]. 足の指 dedo (m) do pé, artelho (m). 足の裏 planta [sola] (f) do pé. 足の甲 dorso (m) do pé. 足で

ボールを蹴る chutar a [dar um chute na] bola. 足を踏みはずす pisar em falso (e cair). 足をくじく torcer o pé. 流れに足をとられる ser levado/da pela correnteza. 彼の部屋は足の踏み場もないほどちらかっていた O quarto dele estava tão bagunçado que nem se tinha onde pisar. ❷ 〔脚〕 perna (f) [ペールナ]. 足を組むcruzar as pernas. 足を前へ出す pôr as pernas para a frente. どうぞ足を伸ばしてください Não se acanhe em estender as pernas, sim? 足をそろえて座る sentar juntando as pernas. 足をすくう 〔サッカー〕 dar [passar] uma rasteira; trair. ❸ 〔歩行〕 passo (m) [パッソ], ritmo (m) [ヒッチモ]. 社員の足が乱れている Falta união entre os funcionários. 足がくむ ficar paralisado/da com as pernas tremendo《de medo ou de susto》. 足が遠のくficar sem vontade [estímulo] de ir. 足の向くまま行く ir para onde quiser [se quer ir]. 足を運ぶ ir (a algum lugar). 足を早める andar mais depressa, apressar [apertar] o passo. 彼女は足が速い Ela anda depressa. …の足を引っ張る impedir o progresso de …. 京都に来たら平等院まで足を伸ばしてください Se vier a Kyoto, dê uma esticada até Byodoin. ❹ 〔交通手段〕 meio (m) de transporte. 足代 despesa (f) de transporte. 事故で旅行客の足が奪われた Por causa do acidente os viajantes ficaram sem (meios de) transporte. 人身事故で2万人の足が乱れた Devido a um acidente com vítima humana na estação, vinte mil passageiros ficaram parados [prejudicados]. 砂漠ではラクダが最も適している足である No deserto o camelo é o meio de transporte mais adequado. 足の便の良い住宅地に住みたい Gostaria de morar num bairro residencial com boa quantidade de meios de transporte. ❺ 〔器物の脚〕 perna (f), pé. いすの脚 pé de cadeira. ¶ 足が出る exceder o orçamento. 防犯カメラから足がつき犯人が逮捕された As filmagens da câmera de segurança [vigilância] foram a pista para prender o criminoso. 蒸(ふ)かした食べ物は足が早い Comidas feitas em banho-maria estragam mais facilmente. ギャンブルから足を洗う deixar a vida de jogatina.

あし 葦 〔植〕caniço (m).

***あじ** 味 gosto (m) [ゴースト], sabor (m) [サボール]. これはにがい〜がする Isto tem um gosto amargo. 〜をみる provar, experimentar (o gosto). これはよい〜がする Isto está gostoso [delicioso]. それは〜が悪い Isto tem um gosto ruim. スープの〜を見てください Prove esta sopa, *tá?*

▶味を表す語◀
| 甘い doce [ドッスィ]
| 塩辛い bem salgado [ベン サウガード]
| 酸っぱい azedo [アゼード]
| 苦い amargo [アマールゴ]
| 辛い picante [ピカンチ]
| 渋い de sabor adstringente [ヂ サボール アヂストリンジェンチ]
| 濃い forte [フォールチ]
| 薄い fraco [フラッコ]

あじ 鯵 〔魚〕carapau (m).

アジア Ásia (f). 〜の asiático/ca. ♦アジア人 asiático/ca. アジア(競技)大会 Jogos (mpl) Asiáticos. アジア大陸 a Ásia, continente (m) asiático.

あしあと 足跡 pegada (f), pista (f), rastro (m). 〜をたどる seguir a pista. 〜を残す deixar pegadas. 〜をくらます desaparecer sem deixar rastros [pistas].

あしおと 足音 passos (mpl). そのとき私には〜が聞こえたのです Então, eu ouvi passos.

あしか 海驢 〔動〕leão-marinho (m).

あしがかり 足掛かり ❶ 〔足場〕 apoio (m) (para os pés). 割れ目を〜にして岩壁を登る escalar o paredão de rocha usando as gretas como apoio. 《比》今の地位を〜にして出世する aproveitar o posto atual para alcançar o sucesso. ❷ 〔手がかり〕 chave (f), pista (f). …を解決への〜とする tomar … como chave [pista] para a solução.

あしかけ 足掛け 《modo de contar anos e meses arredondando para mais》彼らは結婚して〜4年になる Vai fazer cerca de [quase] quatro anos que eles se casaram.

あしかせ 足枷 ❶ grilhões (mpl). ❷《比》entrave (m), estorvo (m).

あしがため 足固め ❶ 〔足慣らし〕exercício (m) para as pernas. ❷ 〔下準備〕preparo (m) (da fundação). 〜をする 1) exercitar as pernas. 2) preparar a fundação, fazer a concretagem da fundação. 工業化の〜をする consolidar o fundamento da industrialização.

あしくび 足首 〔解〕tornozelo (m). 〜をねんざする torcer o tornozelo.

あじけない 味気ない sem graça, insípido/da, aborrecido/da.

あしこし 足腰 pernas (fpl) e quadril (m). 〜が痛い ter dor nas pernas e no quadril. 〜を鍛える fortalecer as pernas e o quadril. 私は〜が立たない Eu não consigo me levantar.

あじさい 紫陽花 〔植〕hortênsia (f), novelo-da-china (m).

アシスタント assistente. ♦アシスタントコーチ 《スポーツ》técnico/ca auxiliar. アシスタントディレクター assistente de direção.

アシスト 《スポーツ》assistência (f), passe (m). 〜をする dar assistência.

あした 明日 amanhã. 〜の朝 amanhã de manhã.

あじつけ 味付け tempero (m). …に〜をする condimentar, temperar. 魚を砂糖と醤油で〜してください Tempere o peixe com açúcar e *shoyu*. ♦味付け卵〖料〗ovo (*m*) cozido e temperado com *shoyu*.

アジテーション 〖扇動〗agitação (*f*).

アジテーター 〖扇動者〗agitador/ra.

あしでまとい 足手まとい impedimento (*m*), empecilho (*m*), estorvo (*m*). 〜になる atrapalhar. 私の実力不足で〜にならないといいですけどね Tomara que eu não atrapalhe o serviço por falta de competência.

アジト esconderijo (*m*). 革命集団の〜を突き止める descobrir o esconderijo do grupo revolucionário.

アシドーシス 〖化〗acidose (*f*).

あしどめ 足止め retenção (*f*). 〜する reter. 私は事故で〜をくった Fiquei preso por causa de um acidente.

あしどり 足取り ❶〔歩き方〕passo (*m*), jeito (*m*) de andar. 危ない〜で com o passo vacilante. 元気な〜で com o passo firme. 〜を早める apressar [apertar] o passo. 重い〜で歩く Andar pisando forte. ❷〔犯人などの〕pista (*f*). 犯人の〜を追う seguir a pista do/da criminoso/sa.

あじな 味な 〜人 pessoa (*f*) espirituosa [engraçada]. 〜こと coisa (*f*) fora do comum. 〜ことをやる fazer algo engraçado, ter presença de espírito.

あしなみ 足並み andar (*m*). …と〜をそろえる acertar os passos com ….

あしならし 足慣らし ❶ caminhada (*f*). ❷〔準備運動〕aquecimento (*m*). ❸《比》〔下準備〕ensaio (*m*). 〜をする 1)〔リハビリで〕caminhar para reacostumar-se a andar. 2)〔準備運動で〕correr de leve para aquecer.

あしば 足場 ❶〔建築用〕andaime (*m*). 建築の〜を組む montar um andaime para construção. ❷〔足がかり〕apoio (*m*), suporte (*m*), base (*f*). …に〜を築く ter um ponto de apoio em …. 〜にする apoiar-se em …. 能率主義を〜にして議論をする embasar a discussão na racionalidade, ter como base de discussão a racionalidade.

あしばや 足早 〜に 1)〔速く〕rapidamente. 雨は〜に日本列島を離れていった A chuva se afastou rapidamente do arquipélago japonês. 2)〔早足で〕a passos miúdos e rápidos.

あしぶみ 足踏み ❶〔行進〕ato (*m*) de marcar passo. 〜をして寒さをしのぐ aguentar o frio marcando passo. ❷〔停滞〕estagnação (*f*), paralisação (*f*). 経済は〜状態だ A economia está em estado de estagnação [estagnada, passa por um período de estagnação]. 〜する 1)〔行進の時のように〕marcar passo. 2)〔体操で〕marchar. 3)〔停滞する〕ficar estagnado/da, estagnar-se, paralisar-se.

あじみ 味見 〔料理の〕prova (*f*) 《de comida》. 〜する experimentar, provar, degustar. これを〜してください Prove isto, por favor.

あしもと 足元 pés (*mpl*); piso (*m*). 〜に気をつけてください Cuidado para não tropeçar [cair].

あしょうさん 亜硝酸 〖化〗ácido (*m*) nitroso. ♦亜硝酸ナトリウム nitrito (*m*) de sódio.

あしらう ❶〔扱う〕tratar. 人を鼻で〜 tratar uma pessoa com desprezo. アドバイスを鼻で〜 desprezar um conselho. 冷たく〜 tratar friamente. 彼は借金取りをうまくあしらって追い返した Ele despachou o credor astutamente. ❷〔取り合わせる〕enfeitar, decorar. 料理にパセリを〜 decorar [enfeitar] o prato com salsinha. 帽子に花を〜 enfeitar o chapéu com uma flor.

あじわい 味わい ❶〔うまみ〕paladar (*m*). ❷〔おもむき〕gosto (*m*). 〜のある言葉 palavra (*f*) de sentido profundo.

あじわう 味わう ❶〔食物〕degustar, saborear. 料理を味わって食べる comer sentindo o (bom) gosto da comida. ❷〔楽しむ〕curtir, aproveitar. 人生を〜 curtir [aproveitar] a vida. ❸〔鑑賞する〕apreciar. 音楽を〜 apreciar música. ❹〔経験する〕experimentar. 人生の悲しみを〜 experimentar os dissabores da vida.

*****あす** 明日 amanhã [アマニャーン]. 〜の朝 amanhã de manhã. 〜の夜 amanhã à [de] noite.

あすかじだい 飛鳥時代 Era (*f*) Asuka (593〜710).

あずかり 預り guarda (*f*). ♦預り金 dinheiro (*m*) depositado. 預り証 recibo (*m*) de depósito. 預り主 depositário/ria. 荷物預り所 guarda-volumes (*m*); depósito (*m*);〔ロッカー〕cofre (*m*) para bagagem.

*****あずかる** 預かる ❶〔保管する〕ficar com …, guardar … no depósito. このかばんを預かってください Por favor, fique com esta mala aqui. ❷〔世話をする〕tomar conta de.

あずき 小豆 feijão (*m*) roxo japonês.

あずけいれ 預け入れ depósito (*m*) em conta corrente.

あずける 預ける ❶ depositar, deixar … com, confiar; colocar … em depósito. 銀行にお金を〜 depositar dinheiro no banco. ❷〔…を委託する〕consignar. ❸〔世話を頼む〕deixar … aos cuidados de …. 子供を保育園に〜 deixar a criança na creche.

アスパラガス 〖植〗aspargo (*m*).

アスピリン aspirina (*f*).

アスファルト asfalto (*m*). 〜の道路 rua (*f*) asfaltada [pavimentada]. 〜で舗装する asfaltar, pavimentar com asfalto.

アスペクト ❶ aspecto (*m*), lado (*m*), ponto (*m*) de vista. ❷〖言〗aspecto (動詞の意味する動作の様態や性質(「継続的」動作か「瞬間的」動作かなど)の違い).

アスベスト asbesto (*m*), amianto (*m*). 中皮腫は〜の吸引によるものである O mesotelioma é

causado pela inalação de asbesto.
アスリート atleta.
アスレチック atlético/ca.
あせ 汗 suor (*m*). 〜をかく suar, transpirar.
あぜ 畔 leiva (*f*), porção (*f*) de terra entre dois sulcos de arrozal.
あぜくらづくり 校倉造り antiga construção (*f*) de armazéns.
アセチル 〖化〗acetil (*m*).
アセチレン 〖化〗acetileno (*m*).
アセテート acetato (*m*).
アセトアルデヒド 〖化〗aldeído (*m*) acético.
アセトン 〖化〗acetona (*f*).
あぜみち 畦道 caminho (*m*) estreito entre os arrozais. 〜を通る passar pelo caminho entre os arrozais.
あせも 汗疹 〖医〗brotoeja (*f*).
あせり 焦り pressa (*f*), precipitação (*f*); preocupação (*f*), ansiedade (*f*). 試験が近づいて少し〜が出てきた Comecei a ficar um pouco preocupado/da com a proximidade dos exames.
あせる 褪せる ❶〔色が〕desbotar, perder a cor. 色のあせたジーパン calça (*f*) *jeans* desbotada. 壁は日に当たって色があせてしまった O sol desbotou a tinta da parede. このブラウスは色があせない Esta blusa não desbota. ❷〔衰える〕enfraquecer, esmorecer, esmaecer, fenecer. 旅の記憶があせないうちに... antes que a lembrança da viagem esmaeça .... そんなことを言うと部下の気力があせてしまう Se disser uma coisa dessas o funcionário fica sem vontade de trabalhar.
あせる 焦る ❶〔急ぐ〕precipitar-se. そんなに〜な Calma! ❷〔待ちきれない〕perder a paciência. ❸〔うろたえる〕preocupar-se.
アゼルバイジャン Azerbaidjão (*m*). 〜の azerbaidjano/na.
アセロラ acerola (*f*).
あぜん 唖然 〜とする ficar sem poder falar de susto. 私はそのとんでもないニュースを聞いて〜としてしまった Essa notícia absurda me deixou sem fala.
あそこ lá. 〜に立っている人はだれですか Quem é aquele/la que está lá de pé?
あそばせる 遊ばせる ❶〔子供を〕deixar brincar, fazer brincar. ❷〔土地, 金を〕não aproveitar, não usar. 土地を遊ばせておく não aproveitar a terra para nada, deixar a terra sem produzir. 金を遊ばせておく não aplicar o dinheiro que (se) tem.
あそび 遊び brincadeira (*f*), divertimento (*m*), passatempo (*m*), jogo (*m*). 石けり〜をする brincar de amarelinha. 一週間に一度は〜を入れないとね É bom colocar um divertimento no cronograma da semana, não é mesmo? 〜歩く passear. 〜に行く〔子供が〕ir brincar;〔大人が〕ir passear [divertir-se]. きのう新宿へ〜に行った Ontem fui me divertir em Shinjuku. 今度の日曜日箱根へ〜に行きましょうか Vamos passear em Hakone domingo que vem? あした〜に行ってもいいですか Posso ir à sua casa amanhã? いつうちへ〜に来てください Venha passear em casa, um dia desses, está bem? ♦ 遊び相手〔大人〕companheiro/ra de divertimentos;〔子供〕companhia para brincar. 遊び場 lugar (*m*) de brincar.

*あそぶ 遊ぶ** ❶ brincar [ブリンカール]. カーニバルで〜 brincar o carnaval. 子どもが公園で遊んでいる As crianças estão brincando no parque. 子供たちはおもちゃで遊んでいる As crianças estão brincando com os brinquedos. 彼には〜友達がいない Ele não tem amigos [para [com quem] brincar. ❷〔楽しむ〕divertir-se [ヂヴェルチール スィ]. ブラジル人はよく〜 Os brasileiros se divertem bastante. 〜〔ゲームなどをして〕jogar [ジョガール]. トランプをして遊びましょうか Vamos jogar baralho? ❹〔何もしない〕estar [viver] na ociosidade. 彼は毎日遊んで暮らしている Ele vive na ociosidade. ❺〔散歩する, 出歩く〕passear [パシアール]. 彼は勉強しないで毎日遊んでいる Ele está todos os dias passeando sem estudar.
あだ 仇 ❶〔うらみ〕inimigo/ga. …の〜を討つ vingar-se da morte de …. ♦ 仇討ち vingança (*f*), retaliação (*f*). ❷〔害〕dano (*m*), mal (*m*). 恩を〜で返す pagar o bem com o mal, cuspir no prato em que comeu.
アダージョ 〖音〗adágio (*m*).
あたい 値, 価 ❶〔価格〕preço (*m*), valor (*m*), custo (*m*). ❷〔価値〕valor, merecimento (*m*). …に値する valer; merecer, ser digno de …. この努力は賞賛に値する Este esforço merece elogios. 尊敬に値する人物 uma personalidade digna de respeito. ❸〖数〗valor. 方程式の〜 valor da equação.

*あたえる 与える** ❶ dar [ダール], oferecer [オフェレセール]. 与えられた時間内で dentro do tempo estipulado, dentro do prazo. この犬にえさを与えないでください Favor não dar comida a este cachorro. 彼に仕事を与えてください Por favor, dê um trabalho para ele. ❷〔特に審査などをして〕outorgar [オゥトゥルガール], conceder [コンセデール].
あたかも como se, como. 二人は仲が悪いのに〜友達であるかのように話している Eles estão conversando como (se fossem) amigos quando na realidade não se dão bem.

*あたたかい 暖かい** morno/na [モールノ/ナ], quentinho/nha [ケンチーニョ/ニャ]. きょうは〜ですね Hoje está quentinho, não? 暖かくなる Vai esquentar um pouco. ことしの冬は例年より〜 O inverno deste ano está mais quente [ameno] do que o normal.

*あたたかい 温かい** caloroso/sa [カロローゾ/ザ], cordial [コルヂアゥ]. ブラジル人はとても〜と思いました Achei o povo brasileiro muito caloroso [cordial]. あなたは心の～人ですね Você é uma pessoa muito amorosa, não?

あたたまる 暖まる esquentar(-se), ficar morno/na. 体が～からこれを飲みなさい Tome isto, que esquenta o corpo. 部屋がだんだん暖まってきた O quarto começou a esquentar (pouco a pouco).

あたたまる 温まる enternecer, acalentar, confortar. 心が～話 uma história que enternece os corações.

あたためる 暖める esquentar, aquecer, tornar morno/na. 毛布で体を～ aquecer o corpo com o cobertor.

あたためる 温める acalentar, guardar com carinho. それは心の中でずっと温めていたアイディアでした Essa era uma ideia que eu acalentava no peito há muito tempo.

アタック ataque (m), desafio (m). ～する 1) atacar, desafiar. むずかしい問題に～する tentar resolver uma questão difícil. 2)〔異性に〕provocar, assediar,《口語》dar em cima de.

あだな あだ名 apelido (m). 私の～は…です O meu apelido é ….

あたふた 《口語》atrapalhadamente, com pressa. ～する apressar-se, apurar-se. 事故の現場に～と駆けつける correr [ir apressadamente] ao local do acidente. 隠れているところを見つけられて彼は～した Ele ficou todo atrapalhado quando foi encontrado em seu esconderijo.

アダプター adaptador (m).

*__あたま 頭__ ❶ cabeça (f)〔カベッサ〕. ～が痛い Estou com dor de cabeça. ❷〔頭蓋〕crânio (m)〔クラーニオ〕. ❸〔頭脳〕cérebro (m.)〔セーレブロ〕, cabeça. ～に浮かぶ ocorrer, passar pela cabeça. その単語は～に浮かばなかった Esse vocábulo não me ocorreu. いい考えが～に浮かんだとき… Quando me ocorre uma boa ideia …. ～のよい少年 menino (m) inteligente. ～を働かせなさい Use a cabeça! ～にくる ficar com raiva, perder a paciência. ～にきちゃった Fiquei com uma raiva! ❹〔人の数〕pessoa (f)〔ペソーア〕. ～数がそろったら… Quando completar o número de pessoas …. 一人～500 円でどうですか Que tal pagarem quinhentos ienes por pessoa? ❺〔初め〕começo (m)〔コメッソ〕. ～から do [desde o] começo.

あたまうち 頭打ち parada (f) de aumento, saturação (f). 石油の相場は～だ O preço do petróleo atingiu o prazo. 生産は～の状態にある A produção está saturada.

あたまきん 頭金 entrada (f) (de prestação), sinal (m). マンションの～ entrada para o apartamento comprado a prazo. ～2 年目の支払い pagamento (m) inicial de 20%〔vinte por cento〕. 契約時に 300 万円の～を支払う必要があります É preciso pagar três milhões de ienes na hora de firmar o contrato.

*__あたらしい 新しい__ ❶ novo/va〔ノーヴォ/ヴァ〕. ～仕事 um novo serviço (m), uma nova empresa (f). ～アパート apartamento (m) novo. ❷〔現代的な〕moderno/na〔モデールノ/ナ〕, atual〔アトゥアール〕. 社長は考え方が～ O presidente da companhia tem ideias modernas [atuais]. ❸〔新鮮な〕fresco/ca〔フレースコ/カ〕. ～卵 ovos (mpl) frescos. その光景は記憶に～ Essa cena ainda está bem presente [fresca] na minha memória.

あたらしく 新しく ❶〔最近〕recentemente. ～できたレストラン restaurante (m) inaugurado recentemente [recém-inaugurado]. ～来た先生 o novo professor/a nova professora (que acabou de vir, recém-chegado/da). ～入ったアパート o novo apartamento (m). ❷ novamente. 家の家具を～した Renovei toda a mobília de casa. ～学校を開く abrir uma outra escola (além da já existente).

あたり 当たり ❶〔衝撃〕choque (m). ～をやわらげる amortizar [suavizar] o choque. ❷〔適中〕acerto (m). ～! Certíssimo [Acertou]! ❸〔印象〕impressão (f). 彼は人がいい Ele é simpático. ❹〔成功〕sucesso (m), êxito (m). 大～する ter [fazer] um grande sucesso.

あたり 辺り ～に ao redor, por perto. ～を見回す olhar ao redor. あの～に por lá.

-あたり -当たり〔…につき〕por …. 一人～千円です São mil ienes por pessoa.

あたりさわり 当たり障り ～のない evasivo/va, inofensivo/va. ～のないことを言う fazer observações neutras. ～のない態度をとる tomar uma atitude evasiva. ～のない返事をする responder com um subterfúgio, desconversar.

あたりちらす 当たり散らす descontar o mau humor nas pessoas em volta, descarregar. 家族に～ descarregar (o estresse) sobre a família.

あたりはずれ 当たり外れ sucesso (m) ou fracasso (m), o acertar e o não acertar. ～のある商売 um negócio arriscado. ～のない生き方 um modo de viver seguro.

あたりまえ 当たり前 ～の 1)〔当然の〕lógico/ca, natural. ～の事 uma coisa natural. 彼女が悲しむのは～だ É natural que ela fique triste. 私が罰せられるのは～だ Eu mereço ser punido/da. 2)〔普通の〕comum, normal. ～の生活をしたい Quero levar uma vida normal. …を～のこととする considerar … ponto pacífi-

*__あたる 当たる__ ❶〔命中する〕acertar〔アセルタール〕, bater〔バテール〕. 小石が頭に当たった Acertou uma pedrinha na minha cabeça. ❷〔推測などが〕acertar. 天気予報が当たった A previsão do tempo acertou. ❸〔成功する〕dar certo. そのプロジェクトは当たった O projeto deu certo. ❹〔くじなどに〕ser sorteado/da. 私は宝くじに当たった O meu bilhete de loteria foi sorteado. ❺ 〔適切である〕ser pertinente, 《口語》vir ao caso. その批判は当たらない Essa crítica não é pertinente [não vem ao caso, está fora de propósito, não tem nada a ver com o caso]. ❻ 〔光が〕bater. この部屋はよく日が〜 Neste quarto bate bastante sol. 顔に日が当たってまぶしい O sol está batendo no rosto e está me ofuscando. ❼ 〔暖まる〕aquecer-se [アケセールスィ]. 火に〜 esquentar-se perto do fogo. ❽ 〔日時が〕cair [カイール]. 今年のクリスマスは日曜日に〜 Este ano, o Natal cai num domingo. ❾ 〔相当する〕corresponder a …, valer [ヴァレール]. 1 ドルは約 130 円に〜 O dólar está valendo cerca de cento e trinta ienes. ❿ 〔指名される〕ser indicado/da. 私は日本語の授業で 2 回当たった Eu fui apontado/da duas vezes na aula de japonês. ⓫ 〔中毒する〕intoxicar-se com …. 私はきのうの昼食に当たった Eu tive uma intoxicação no almoço de ontem. ⓬ 〔人につらい仕打ちをする〕cismar com …, descarregar (o estresse) em …. 部長は彼にとてもつらく当たります O diretor (do departamento) cismou [fica implicando] com ele.

アダルト ❶ 〔成人〕adulto/ta. ❷ 〔成人向けの〕para adultos. ◆アダルトビデオ vídeo (m) pornográfico.

アチーブメントテスト teste (m) de aproveitamento.

あちこち aqui e ali.

あちら 〔場所〕lá; 〔あの方, 男性〕aquele senhor; 〔あのご婦人〕aquela senhora; 〔あの人, 男性〕aquele; 〔あの人, 女性〕aquela; 〔あれ〕aquilo. こちらはマリアさんです. そして〜はパウラさんです Esta é a Maria e aquela, Paula. 〜こちら aqui e ali.

*あつい 厚い ❶ grosso/sa [グロッソ/サ], espesso/sa [エスペッソ/サ]. 〜板 madeira (f) espessa. その大根を厚く切ってください Corte esse nabo em fatias grossas, por favor. ❷ 〔心のこもった〕cordial [コルヂアーウ], caloroso/sa [カロローゾ/ザ]. 〜もてなし uma recepção calorosa. 厚く御礼申し上げます Agradeço profundamente [do fundo do coração].

*あつい 暑い, 熱い quente [ケンチ]. 暑い日 dia (m) quente. 熱い湯 água (f) quente. 暑くなる ficar quente, esquentar. きょうはとても暑いです Hoje está muito quente.

あついた 厚板 tábua (f) grossa, prancha (f).

あっか 悪化 agravamento (m). 両国の関係は〜の一途をたどっている A relação entre os dois países está se agravando cada vez mais. 〜する piorar, agravar-se. 彼の病状は〜した A doença dele se agravou [piorou].

あつかい 扱い ❶ 〔操作〕manuseamento (m), manejo (m). 彼は機械の〜が上手だ Ele sabe manusear bem as máquinas./Ele é bom no manejo das máquinas. ❷ 〔待遇〕tratamento (m). 丁重な〜を受ける receber um tratamento gentil. 生徒を特別に〜する tratar um aluno em especial, dar um tratamento especial a um aluno.

*あつかう 扱う ❶ 〔操作, 使用〕manejar [マネジャール]. この機械を〜ことができますか Você sabe manejar esta máquina? この品物はていねいに扱ってください Manuseie essa mercadoria com bastante cuidado. ❷ 〔待遇〕tratar (de). 客を大切に扱ってください Trate bem dos clientes (fregueses). ❸ 〔売買〕mexer com, trabalhar com. 我々はその商品を扱っていません Nós não trabalhamos com esse artigo. 彼は自動車の部品を扱っている Ele trabalha 〔《口語》mexe〕com autopeças.

あつかましい 厚かましい 〔ずうずうしい〕cara-de-pau; 〔恥知らず〕sem vergonha, descarado/da.

あつかましさ 厚かましさ descaramento (m), atrevimento (m).

あつがみ 厚紙 papel (m) grosso, papelão (m).

あつがり 暑がり calorento/ta, sensível ao calor.

あつかん 熱燗 saquê (m) quente.

あつぎ 厚着 〜する agasalhar-se demasiadamente, usar roupas pesadas. 今日は寒いから〜して出かけてください Agasalhe-se bem para sair, pois está fazendo frio hoje. 子供に〜をさせるのはよくない Não é bom agasalhar demais as crianças.

あつぎり 厚切り fatia (f) grossa. パンを〜にする cortar o pão em fatias grossas.

あつくるしい 暑苦しい abafado/da. 〜部屋 um quarto abafado. この部屋は〜 Este quarto está abafado.

あつくるしさ 暑苦しさ calor (m) abafado.

あっけ 呆気 〜にとられる ficar estupefato/ta, ficar de boca aberta, ficar assustado/da. 彼女は〜にとられて何も言えなかった Assustada, ela perdeu a fala.

あつげしょう 厚化粧 pintura (f) carregada. 〜する maquiar-se [pintar-se] muito. 〜した人 uma pessoa demasiadamente maquiada.

あっけない 呆気ない ❶ 〔短すぎる〕muito curto/ta. ❷ 〔物足りない〕que deixa a desejar, em que falta alguma coisa. ❸ 〔簡単すぎる〕muito simples demais, que vem fácil e vai fácil, rápido/da e inesperado/da, demasiadamente fácil. 〜結末 desenlace (m) rápido e inesperado. あっけなく負ける perder facilmente. あっけなく終わる terminar muito rapidamente.

あっけらかんと despreocupado/da.

あつさ 厚さ grossura (f), espessura (f). この板は〜が 3 センチもある Essa madeira tem (nada menos que) três centímetros de espessura.

あつさ 暑さ calor (m). 〜に負ける ser afetado/da pelo calor. ～に弱い ser sensível ao calor. ～に耐える aguentar o calor.

あっさく 圧搾 compressão (f). ～する comprimir. ◆圧搾機 prensa (f), compressor (m).

あっさり 〔手短に〕ligeiramente;〔簡単に〕facilmente. ～と話を断わる recusar um serviço sem mais nem menos. ～と承知する concordar facilmente. ～した食事 comida (f) leve ⟪sem muita gordura⟫. ～した人 pessoa (f) descomplicada;⟪俗⟫pessoa de cuca fresca, cuca (f) fresca.

あつじ 厚地 tecido (m) grosso. ～のスカート saia (f) de tecido grosso.

あっしゅく 圧縮 compressão (f). ～する comprimir. ◆圧縮機 prensa (f), compressor.

あっしょう 圧勝 vitória (f) [ganho (m)] por maioria ampla [esmagadora]. ～する〔スポーツで〕vencer [ganhar] por maioria esmagadora [ampla], obter uma vitória esmagadora;〔選挙で〕ser eleito/ta por maioria esmagadora.

あっする 圧する ❶ prensar, apertar. ❷〔威圧〕pressionar, intimidar. 聴衆を～演説 discurso (m) que intimida o público.

あっせい 圧政 opressão (f), despotismo (m), tirania (f). …のーに苦しむ sofrer sob a tirania de ….

あっせん 斡旋 ❶〔世話〕agenciamento (m), corretagem (f). …に就職を～する procurar emprego para …. あの～業者は信用できます Aquela agência dá para confiar ⟨é de confiança⟩. ❷〔とりなし〕mediação (f), conciliação (f). 第三者に～をお願いしましょう Vamos pedir a mediação de terceiros. ～する mediar. ◆斡旋案 plano (m) de conciliação. 斡旋者 mediador/ra.

あっちこっち em vários lugares, aqui e ali. 私は～行ったり来たりした Eu andei para lá e para cá. ⇨あちこち.

あづちももやまじだい 安土桃山時代 Era (f) Azuchi-Momoyama (1573～1603).

あつで 厚手 ❶ の grosso/ssa. ～の上着 jaqueta (f) de tecido grosso.

あっと ～言わせる〔驚かす〕assustar, surpreender;〔世間を〕causar sensação;〔驚嘆させる〕maravilhar, deixar admirado/da. 私は彼を～言わせたい Eu quero fazer-lhe uma surpresa. ～驚く ficar assustado/da, assustar-se, ter um susto. ～叫ぶ dar um grito de espanto. ～いう間に em um instante, em um segundo, em um abrir e fechar de olhos.

あっとう 圧倒 ～する esmagar, dominar, causar pressão a. ～的な esmagador/ra, dominante. ～的な勝利 vitória (f) esmagadora. ～的多数 maioria (f) absoluta [esmagadora], maioria folgada. 彼が優秀なので私は～されてしまう Eu fico completamente inibido/da

porque ele é muito brilhante.

アットホーム ～な o que deixa se sentir em casa [à vontade]. ～な雰囲気 um ambiente acolhedor.

アットマーク 【パソコン】 arroba (f).

あっぱく 圧迫 pressão (f);〔威圧〕opressão (f), coação (f). 胸が～されて苦しい Meu peito está apertado e dói. 表現の自由の～ supressão (f) da liberdade de expressão. ～を感じる sentir-se oprimido/da. ～する coagir, oprimir, apertar, exercer [fazer] pressão sobre. ◆圧迫感 sensação (f) de aperto, sentimento (m) de opressão.

アップ ❶〔上がること〕aumento (m), subida (f). 給料のベース～ aumento do salário. 彼女の英語はレベル～した O inglês dela melhorou. 少し遅れているからスピード～しましょう Vamos aumentar a velocidade do trabalho, pois estamos um pouco atrasados. ◆アップ率 índice (m) de aumento. ❷〔髪型〕penteado (m) alto. ❸〔写真〕foto (f) de perto. 彼女を～で撮りたい Quero tirar uma foto dela de perto.

アップリケ aplicação (f) ⟨de detalhes, em roupas⟩.

アップルパイ 【料】torta (f) de maçã.

あつまり 集まり ❶〔社交的な〕reunião (f), festa (f). 今晩新しい従業員の～がある Hoje à noite, vai haver uma reunião dos novos empregados. ❷〔政治・教育などの〕convenção (f), congresso (m). ～を催す organizar ⌊uma convenção [um congresso]; dar uma festa [reunião]. ❸〔群れ〕grupo (m). 愚か者の～だ É um grupo de tolos. ❹〔出席〕número (m) de presentes. 会の～がよかった A reunião teve um bom número de participantes. ❺〔集金額〕soma (f). 寄付金の～はよくなかった A soma das contribuições não foi satisfatória.

***あつまる** 集まる ❶〔集合する〕reunir-se [ヘニール スイ]. 社長の回りに～ reunir ao redor do presidente ⟨da companhia⟩. こんどいつ集まろうか Quando vamos nos reunir outra vez? あした9時にここに集まってください Estejam todos aqui às nove horas. Está bem? ❷〔集中する〕concentrar-se [コンセントラール スイ]. 電車の乗客の視線が彼に集まった Os olhares dos passageiros do trem se concentraram nele. ❸〔集金額などが〕recolher-se [ヘコリェール スイ], arrecadar-se [アヘカダール スイ]. すでに100万円集まりました Já arrecadamos um milhão de ienes.

あつみ 厚み grossura (f), espessura (f). …の～を測る medir a espessura de …. これは～がある Isto aqui é grosso [grosso].

あつめる 集める ❶〔人など〕reunir. 友人を～ reunir os amigos. ❷〔蓄積〕juntar. ❸〔寄付金など〕arrecadar. 寄付金を～ arrecadar contribuições. ❹〔収集〕colecionar. 切手を

集めています Estou colecionando selos. 情報を~ coletar dados.

あつらえ 誂え encomenda (f). ~の洋服 roupa (f) sob medida. このドレスは~だ Este vestido foi feito sob encomenda.

あつらえる 誂える encomendar. 家具を~ encomendar um móvel. 背広を~ mandar fazer um terno.

***あつりょく 圧力** pressão (f) [プレサォン]. …に~を加える fazer pressão sobre …. ♦圧力団体 grupo (m) de pressão. 圧力鍋 panela (f) de pressão.

あて 当て ❶ [目的] objetivo (m). ~もなく歩く perambular, andar sem destino. ❷ [信頼] 君たちにしているよ Eu conto com você, viu? ~になる人 pessoa (f) ⌊digna de confiança [com quem se pode contar]. ❸ [期待] esperança (f), expectativa (f). 就職の~もなく sem perspectiva de emprego. 土地の値上がりを~にしていた Eu contava com o aumento do preço do terreno. ~が外れた Não deu certo./Fiquei decepcionado/da (com o resultado).

-あて -宛て endereçado/da a. その書類は私~に送ってください Envie esses documentos ⌊para mim [o meu endereço].

あてがう ❶ [与える] dar. 彼に仕事をあてがいたい Quero dar-lhe um trabalho. ❷ [割り当てる] distribuir, repartir. 学生たちに部屋を~ distribuir os quartos entre os estudantes. ❸ [付ける] pôr, colocar, aplicar. 傷口にばんそうこうをあてがっておきましょう Vamos colocar um esparadrapo na ferida.

あてこすり 当て擦り censura (f) implícita, alusão (f) maliciosa.

あてこする 当て擦る insinuar, censurar implicitamente, aludir maliciosamente.

あてさき 宛て先 endereço (m).

あてずっぽう 当てずっぽう conjetura (f) sem fundamento, 《口語》chute (m). ~に言う arriscar uma conjetura, 《口語》chutar uma ideia.

あてな 宛て名 nome (m) do destinatário. ~を書く escrever o nome do destinatário. この手紙の~は私ではありません Eu não sou o/a destinatário/ria desta carta.

あてにげ 当て逃げ colisão (f) e fuga (f), choque (m) de carros sem dano corporal e fuga do motorista.

アデニン 〖化〗adenina (f).

アデノイド 〖医〗adenoide (m).

あてはまる 当てはまる caber (em), ajustar-se a, aplicar-se a, ser aplicável a. その行為は会則の第7条に~ Esse ato corresponde ao artigo número sete do regulamento da companhia. この規則はたいていの場合に~ Este regulamento se aplica a quase todos os casos.

あてはめる 当てはめる ajustar, aplicar, adap-tar.

***あてる 当てる, 充てる, 宛てる** ❶ [ぶつける] bater [バテール], tocar [トカール]. ❷ [推量する] adivinhar [アヂヴィニャール]. ❸ [付ける] pôr [ポール]. 額に手を当てる pôr a mão na testa. ❹ [さらす] expor [エスポール]. これを日光に当てないでください Não exponha isto ao sol, certo? それを日に当てててください Ponha isso ao sol, sim? ❺ [向ける] destinar a [em]. 利益を工場の整備に充てようと思っている Estou querendo destinar o lucro à conservação da fábrica. /Estou pensando em aplicar o lucro na manutenção da fábrica. 朝を勉強に充てる reservar a parte da manhã para os estudos. ❻ [成功] fazer sucesso, ganhar [ガニャール]. 宝くじで当てる ganhar na loteria. ❼ [指名する] chamar [シャマール], apontar [アポンタール]. 授業中2回も当てられた Fui apontado duas vezes na aula. ❽ [手紙などを] endereçar [エンデレサール], direcionar [ヂレスィオナール]. 手紙を…に宛てて出す endereçar uma carta a ….

アテローム 〖医〗ateroma (m).

***あと 後** ❶ [時] ~で depois [デポイス]. ~で電話します Depois eu telefono [ligo] para você. …の~で depois de …. 会議は昼食の~で良い A conferência pode ser feita depois do almoço./Podemos deixar a conferência para depois do almoço. コーヒーは食事の~にします Vou deixar o café para depois de comer. ❷ [残部] resto [ヘースト]. ~はあしたやろう Vamos deixar o resto para amanhã. ❸ [後方] traseira (f) [トラゼーイラ], rabeira (f) [ハベーイラ]. 彼の~から行きます Vou depois dele. ❹ [結果] consequência (f) [コンセクェンスィア]. そんなことをしたら~がこわい Se fizer isso vai ter que aguentar as consequências. ❺ [死後] 夫を~に残して死ぬ morrer deixando o marido.

あと 跡 ❶ [痕跡] pista (f), rastro (m), marca (f). ここに車の通った~があります Aqui há marcas de pneu de carro. ♦傷跡 cicatriz (f). ❷ [遺跡] ruínas (fpl), vestígios (mpl). ♦跡地 terreno (m) (que restou) de um edifício demolido. 城跡 ruínas de castelo. ❸ [後継] …の~を継ぐ suceder a …. …の~を継ぐ人 sucessor/ra. ❹ ~を絶たない não ter fim, continuar a existir. 子供同士のいじめの~を絶たない As judiações [Os maus-tratos] entre as crianças ⌊ainda estão acontecendo com frequência [ainda continuam a existir, não têm fim].

あとあじ 後味 ❶ [口の中に残る味] sabor (m) de comida que resta [fica] na boca. ~の悪さ ressaibo (m), ranço (m). このウーロン茶は~が爽やかだ Depois de tomar este chá oolong a boca fica fresca. ❷ [事の終わったあとに残る感じ] ~の悪さ lembrança (f) desagradável. あの事件は~が悪かった Aquele caso me deixou uma lembrança ruim. それをす

あとおし

ると～が悪い Se a gente fizer isso, fica com remorso depois.

あとおし 後押し ❶ ato (m) de dar um empurrão por trás. ❷〔後援〕patrocínio (m), auspícios (mpl). ～をする empurrar … por trás; patrocinar …, auspiciar …. …の～で sob os auspícios de …, patrocinado/da por ….

あとがき 後書き epílogo (m), posfácio (m).

あとかたづけ 後片付け arranjo (m) (depois do desarranjo). ～をする pôr as coisas em ordem. 食事の～をする arrumar a cozinha. 書類の～をしてください Coloque a papelada no lugar, por favor.

あどけない cândido/da, gracioso/sa pela inocência.

あとざん 後産 〔医〕páreas (fpl), secundinas (fpl).

あとしまつ 後始末 ❶〔整頓〕arrumação (f), ato (m) de pôr no lugar (o que foi anteriormente desordenado). この仕事の～をしてください Arrume [Coloque no seu devido lugar] o que ficou fora de lugar com este serviço. ❷〔解決〕resolução (f) de uma questão. 破産した会社の～をする resolver as questões deixadas pela companhia que faliu.

あとずさり 後ずさり recuo (m), marcha (f) a ré. ～する recuar, retroceder, dar um passo para trás, 〔比〕dar marcha a ré.

あとつぎ 跡継ぎ sucessor/ra, herdeiro/ra.

あととり 跡取り herdeiro/ra, sucessor/ra.

アドバイザー conselheiro/ra, consultor/ra, orientador/ra.

アドバイス conselho (m). …に～をする dar um conselho a …. …に～を受ける ser aconselhado/da por ….

あとばらい 後払い ～する pagar depois de adquirida a compra. …を～で買う comprar … pagando após recebida a mercadoria. 代金は～にしてください Pague a conta depois, sim?

アドバルーン balão (m) de publicidade.

アドバンテージ vantagem (f).

アトピー 〔医〕atopia (f). ♦アトピー性湿疹 eczema (m) atópico. アトピー性皮膚炎 dermatite (f) atópica.

アドベンチャー aventura (f).

あとまわし 後回し それは～にしましょう Vamos deixar isso para depois.

アトム átomo (m).

アトラクション show (m), espetáculo (m), atração (f).

アトラス Atlas (m).

アトランダム ～な〔手当たり次第の〕aleatório/ria, randômico/ca, fortuito/ta. ～に aleatoriamente, ao acaso, a esmo.

アトリエ ateliê (m); estúdio (m).

アドリブ improviso (m). ～で歌う cantar de improviso.

アドレス endereço (m). すみません、～を教えていただけますか Por favor, poderia me dar o seu endereço? メール～を交換しましょう Vamos trocar nossos endereços eletrônicos? メール～を変更したのでメモしてください Anotem aí o meu novo e-mail. ♦アドレス帳 caderneta (f) de endereços.

アドレナリン adrenalina (f).

アトロピン 〔化〕atropina (f).

*****あな 穴** ❶ buraco (m) [ブラッコ], orifício (m) [オリフィッスィオ]. 板に～をあける abrir um orifício na madeira. ～を掘る cavar um buraco. ～があったら入りたいぐらい恥ずかしかった Não sabia onde me esconder de tanta vergonha. ～をふさぐ tapar um buraco. ❷〔欠点〕defeito (m) [デフェイト]. …だらけの計画 um plano cheio de buracos [defeitos]. ❸〔欠損〕rombo (m) [ホンボ], prejuízo (m) [プレジュイーゾ]. 政府は予算の～を埋めることができなかった O governo não conseguiu tapar o rombo do orçamento.

アナーキー ❶ anarquia (f). ❷ confusão (f), desordem (f).

アナーキスト anarquista.

アナーキズム anarquismo (m).

あなあけき 穴あけ器 furador (m) de papel. ⇨パンチ.

あなうめ 穴埋め ❶ ato (m) de tapar um buraco. セメントで～をする preencher [tapar] buracos com cimento. ❷ compensação (f) de prejuízo. 欠損[赤字]の～をする cobrir um déficit. ❸ preenchimento (m) de uma vaga. 欠員の～をする preencher uma vaga.

アナウンサー locutor/ra.

アナウンス ～する anunciar, locutar, avisar algo através do alto-falante.

あなかがり 穴かがり ～をする abrir casas para botões.

あながち não necessariamente. 彼の言うことも～無理ではない O que ele diz não é necessariamente impossível.

あなご 穴子 〔魚〕congro (m).

アナコンダ 〔動〕anaconda (f), sucuri (f).

*****あなた** você [ヴォセッ]. 【★ブラジル人は少し親しくなるとこう呼ばれることを好む】《Em japonês, deve-se evitar o uso desse tratamento, a não ser em situações especiais. Prefere-se chamar o interlocutor pelo seu sobrenome +「さん」》. ～の seu/sua. ～を o/a. ～に lhe. ～自身 você mesmo/ma. ～たち vocês. ～がたos senhores (mpl), as senhoras (fpl).

あなどる 侮る ❶〔軽べつする〕desprezar, menosprezar. 外国人だからといって彼を侮ってはいけない Não se deve desprezá-lo só porque ele é estrangeiro. ❷〔軽視する〕fazer pouco de, facilitar, subestimar. 試験を～と痛い目に遭うかもしれない Se você facilitar na hora da prova pode acabar se dando mal.

あなば 穴場 local (m) bom e pouco conhecido. 彼は焼き鳥の〜を知っている Ele conhece bons lugares para se comer *yakitori* (espetinhos de frango).

アナフィラキシ 〚医〛anafilaxia (f), imunização (f). ♦ アナフィラキシショック choque (m) anafilático.

アナリスト ❶〚心〛analista. ❷〚経〛analista. ❸〚コンピ〛analista de sistemas (=システムアナリスト).

アナログ 〜の analógico/ca. ♦ アナログテレビ televisão (f) analógica [televisor (m) analógico].

*あに **兄** irmão (m) mais velho [イルマォン マーイス ヴェーリョ], irmão maior 《somente usado para se referir ao próprio irmão》. 義理の〜 cunhado (m).

アニス 〚植〛anis (m).

アニマル animal (m). ♦ エコノミックアニマル pessoa (f) que só pensa em lucros econômicos.

アニミズム animismo (m).

アニメ(ーション) desenho (m) animado.

アニメーター animador/ra (gráfico/ca), desenhista de desenho animado.

アニリン 〚化〛anilina (f).

*あね **姉** irmã (f) mais velha [イルマーン マーイス ヴェーリャ] 《usado somente quando se trata da própria irmã》. 義理の〜 cunhada (f). ♦ 姉さん女房 mulher (f) mais velha que o marido.

あねったい 亜熱帯 zona (f) subtropical. ♦ 亜熱帯植物 plantas (fpl) subtropicais. 亜熱帯動物 animais (mpl) subtropicais.

アネモネ 〚植〛anêmona (f).

*あの aquele/la [アケーリ/ラ]. 〜手この手を使って成功した Ele subiu na vida utilizando-se [valendo-se] de todos os meios. 〜話はなかったことにしてください Por favor, fica o dito por não dito, está bem? 〜ような daquele jeito (m). 課長に〜ような言い方をしてはいけません Você não pode falar daquele jeito com o chefe. 〜ように daquele jeito. 〜ころ naquele tempo, naquela época.

あのう ❶ por favor. 〜ちょっとお尋ねしますが... Uma informação, por favor. ❷ hum, hã. 〜、ええと、何といえばいいか... Hã, hum, como posso dizer ....

あのね veja bem, olha (às vezes usado como introdução de crítica sutil). 〜、誰でも自分の生活があって他のことに当てる時間はそれほどないのよね Olha, todo mundo tem a sua vida e não tem tanto tempo para outras coisas ....

あのよ あの世 o outro mundo, o além.

アパート apartamento (m) 《modesto, de aluguel》.

あばく 暴く ❶〔悪事・秘密を〕revelar. 悪事を〜 delatar um crime; revelar uma maldade. ❷〔墓を〕desenterrar. 墓を〜 desenterrar uma sepultura.

あばた sinais (mpl) deixados na pele pela varíola. 〜もえくぼ〚諺〛O amor é cego.

あばらぼね 肋骨 costela (f), costelas (fpl).

あばらや あばら家 ❶ casa (f) abandonada em ruínas. ❷ habitação (f) precária.

アパルトヘイト *apartheid* (m) [アパルテーイジ].

あばれまわる 暴れ回る agitar-se, correr furiosamente de um lado para o outro; devastar tudo à passagem. ハリケーンはその地域を暴れ回った O furacão devastou a região toda.

あばれる 暴れる ❶ fazer barulho, fazer bagunça. 子供たちが部屋の中で暴れている As crianças estão fazendo bagunça no quarto. ❷〔民衆が団結して〕amotinar-se. ❸〔暴力をふるう〕usar de violência. ❹〔大胆な仕事をする〕desenvolver grandes atividades, realizar muito, aparecer.

アパレル roupa (f). ♦ アパレル産業 indústria (f) de roupas feitas.

アバンギャルド vanguarda (f). ♦ アバンギャルドシアター teatro (m) de vanguarda.

アバンチュール aventura (f).

アピール ❶〔人々に訴えかけること〕apelo (m). 核兵器禁止の〜 apelo para a proibição de armamento nuclear. ❷〔スポーツ〕ataque (m); reivindicação (f). ❸〔魅力〕atração (f). 〜する atrair a atenção. 大衆に〜する映画 filme (m) que atrai o grande público. そこには、安全な食品を提供しているのを内外に〜する狙いがある Aí se vê [há] a intenção de chamar a atenção nacional e internacional para o fato de estarem oferecendo alimentos seguros. ♦ セックスアピール *sex-appeal* (m) [セックスアピーウ], atração sexual.

あひさん 亜砒酸 〚化〛ácido (m) arsênico.

あびせる 浴びせる ❶〔水などを〕dar um banho em …, despejar água sobre …. ❷〔集中的にぶつける〕atirar sobre. …に放射能を〜 expor … à radioatividade. …に質問を〜 encher … de perguntas.

あひる 家鴨 〚鳥〛pato/ta (doméstico/ca).

あびる 浴びる ❶〔水などを〕deixar cair sobre si, tomar banho de …. 日光を〜 tomar banho de sol. 海へ水浴びに行く ir à praia (para) tomar banho (de mar). シャワーを〜 tomar um banho (de chuveiro). ❷〔ほこりなどを〕receber em cheio, ficar coberto/ta de …. 散歩している間中ほこりを浴びた Tomei um banho de pó durante toda a caminhada. ❸〔喝采(かっさい)や非難などを〕receber. 非難を〜 receber críticas, ser criticado/da.

あぶ 虻 〚虫〛mutuca (f), tavão (m).

アフガニスタン Afeganistão (m). 〜の afegane, afegão/gã.

あぶくぜに あぶく銭 dinheiro (m) ganho sem muito esforço.

アフターケア tratamento (m) pós-operatório, cuidados (mpl) com os convalescentes.

アフターサービス　〔機械の場合〕assistência (f) técnica.

***あぶない**　危ない**　❶〔危険な〕perigoso/sa [ペリゴーゾ/ザ]. ~目に遭う correr perigo. ~橋を渡る expor-se a risco, arriscar-se. 道路で遊ぶのは~ É perigoso brincar na rua. ❷〔冒険的〕incerto/ta [インセールト/タ]. ~事業 negócio (m) arriscado (inseguro, incerto). ❸〔生命などが〕crítico/ca [クリッチコ/カ], grave [グラーヴィ], sério/ria [セーリオ/ア]. 彼の命が~ Seu estado é grave./A vida dele está em perigo. ❹〔不安定な〕instável [インスターヴェウ], vacilante [ヴァスィランチ]. 彼は足元が~ Ele tem as pernas fracas. ❺ 危ない! Cuidado!

あぶなく　危なく　quase, por pouco. 彼は~車にひかれるところだった Quase foi atropelado por um carro.

あぶなっかしい　危なっかしい　preocupante, instável, pouco seguro/ra. ~天気 tempo (m) instável. ~手つきで働く trabalhar sem muita habilidade manual.

アブノーマル　anormal. ~な行動 comportamento (m) anormal. ~な行動を取る comportar-se anormalmente.

あぶみ　鐙　estribo (m).

あぶら　油　❶〔食用〕óleo (m). フライパンに~を引く colocar óleo na frigideira. 鉄板に~を塗る passar óleo na [untar a] assadeira [chapa]. ❷〔機械用〕óleo (m), graxa (f). その機械に~を塗りましょう Vamos passar graxa nessa máquina. ¶ ~を売る《比》preguiçar [《口語》enrolar] no trabalho. 火に~を注ぐ《比》botar lenha na fogueira.

あぶら　脂　gordura (f), banha (f), sebo (m). ~っこい食べ物 comida gordurosa [com muita gordura]. この豚肉は~身が多い Esta carne de porco é muito gorda. 冬の魚は~が乗っているのでおいしい Os peixes do inverno são mais gostosos porque têm mais gordura. 私の肌はとても~がつきやすい A minha pele é muito oleosa. 40歳は仕事に~が乗るころだ《比》Os quarenta anos são a época mais produtiva da vida.

あぶらあげ　油揚げ　〔料〕fritura (f) de fatia de queijo de soja [*tofu*]. 熱湯で~の油を抜いてください Tire a gordura do *aburaage* passando água fervente.

あぶらあせ　脂汗　suor (m) causado por tensão. 苦しくて~をうかべる suar frio de dor.

あぶらえ　油絵　pintura (f) a óleo.

あぶらがみ　油紙　papel (m) parafinado [impermeável].

あぶらぎる　脂ぎる　ficar oleoso/sa. あの人は顔が脂ぎっている Ele tem o rosto oleoso e reluzente.

あぶらぐすり　脂薬　pomada (f), unguento (m).

あぶらけ　脂気　oleosidade (f). ~のある oleoso/sa, seboso/sa. ~のない髪 cabelos (mpl) secos. ~のない皮膚 pele (f) seca.

あぶらこし　油こし　filtro (m) de óleo.

あぶらさし　油差し　azeiteira (f), almotolia (f).

あぶらしょう　脂性　gorduroso/sa, oleoso/sa. ♦脂性肌 pele (f) oleosa. 脂性用製品 produtos (mpl) para tratar pele oleosa.

あぶらぜみ　油蝉　〔虫〕espécie (f) de cigarra.

あぶらな　油菜　〔植〕colza (f).

あぶらむし　油虫　〔虫〕〔草木に付く〕pulgão-de-planta (m); 〔ゴキブリ〕barata (f).

アフリカ　África (f). ~の africano/na. ♦アフリカ人 africano/na (o povo). アフリカ大陸 a África, continente (m) africano.

あぶる　炙る　queimar (com maçarico culinário). 居酒屋ではあぶり焼き魚はとても人気がある O peixe tostado por fora é uma comida muito apreciada em bares.

アフレコ　gravação (f) posterior.

あふれる　溢れる　❶〔こぼれ出る〕transbordar, extravasar. 水がふろおけからあふれている A água está transbordando da banheira. ❷〔満ちている〕estar cheio/cheia de …, ter muito. 彼女は魅力～歌手だ Ela é uma cantora super atraente.

あぶれる　〔仕事に〕ficar sem trabalho [serviço]. あぶれた労働者 operário/ria desempregado/da.

アプローチ　〔接近〕aproximação (f), abordagem (f); 〔入門, 扱い方〕tratamento (m), aproche (m). ~する aproximar, abordar. 問題に対する~の方法 modo (m) de abordar um problema.

あべかわもち　安倍川もち　〔料〕bolinho (m) de arroz coberto de farinha de soja adocicada.

あべこべ　inversão (f), o inverso. その順序は~だ A ordem disso (aí) está inversa. あなたの話は~だ Você está pondo o carro na frente dos bois. ~に ao contrário. シャツを~に着る vestir a camisa do avesso.

アベック　par (m), casal (m).

アベニュー　avenida (f).

アベレージ　média (f).

あへん　阿片　ópio (m). ~を吸う fumar ópio. ♦阿片戦争 Guerra (f) do Ópio. 阿片中毒 vício (m) do ópio.

アポ (イントメント)　encontro (m) marcado. 先方の~を取る marcar um encontro com a pessoa desejada.

あほう　阿呆　bobo/ba, estúpido/da, louco/ca. ~らしい Que bobagem! ⇨馬鹿(ば).

あほうどり　信天翁　〔鳥〕albatroz (m).

アボカド　〔植〕abacate (m).

アポストロフィ　apóstrofo (m) (').

あま　尼　❶〔神道か仏教の〕monja (f). ❷〔カトリック教の〕freira (f). ~になる tornar-se monja (freira).

あま 海女 mergulhadora (f) 《que apanha ostras etc》.

アマ ⇨アマチュア.

あまあし 雨足 intensidade (f) da chuva. 〜が強まってきた Começou a chover torrencialmente.

***あまい 甘い** ❶〔味などが〕doce [ドッスィ]. このケーキは〜 Este bolo está doce. 彼は〜物が好きなのです Ele gosta de doces. ❷〔心地よい〕suave [スアーヴィ], agradável [アグラダーヴェウ], tentador/ra [テンタドール/ラ]. 気をつけよう、〜言葉と暗い道 Tome cuidado com palavras tentadoras e caminhos escuros. ❸〔塩気が少ない〕com pouco sal, sem sal. この味噌汁は〜 Esta sopa de soja [*miso*] está com pouco sal. ❹〔寛大な〕tolerante [トレランチ], permissivo/va [ペルミスィーヴォ/ヴァ]. 〜母親 mãe (f) permissiva. ❺〔浅薄な〕imprudente [インプルデンチ], otimista demais. 君の考えは〜 O seu modo de pensar é otimista demais. ❻〔鈍い〕embotado/da [エンボタード/ダ]. このナイフは切れ味が〜 Esta faca está cega. ❼〔ピントが〕desfocado/da [デスフォカード/ダ]. この写真はピントが〜 Esta fotografia está desfocada.

あまえる 甘える ❶〔子供が、あるいは子供のように〕ser manhoso/sa, ficar a querer "colinho", querer mimos. あなたに甘えてだだをこねていた Estava fazendo pirraça com você. ❷〔好意などに〕abusar de …, ser dependente. ではお言葉に甘えてお願いします Não quero abusar da sua bondade, peço-lhe então este favor.

あまえんぼう 甘えん坊 ❶〔甘やかされている〕pessoa (f) manhosa (acostumada a ser mimada). ❷〔甘えてばかりいる〕pessoa manhosa (que costuma fazer manhas).

あまがえる 雨蛙 〔動〕rela (f).

あまがさ 雨傘 guarda-chuva (m).

あまからい 甘辛い doce e salgado/da, de um salgadodoce.

あまかわ 甘皮 ❶〔植〕entrecasaca (f). ❷〔爪の〕cutícula (f). 〜を取る tirar a cutícula.

あまく 甘く 〜見る subestimar, menosprezar. 私を〜見ないでください Não me faça de bobo/ba! 物事を〜見る facilitar as coisas, descuidar-se, ser otimista. 〜する 1)〔砂糖を入れて〕tornar doce, pôr açúcar em. 2)〔寛大である〕ser permissivo/va (com), ser indulgente (com).

あまぐ 雨具 roupas (fpl) e acessórios (mpl) para se resguardar da chuva. 〜を持ってお出かけください Ao sair, por favor leve o guarda-chuva (a capa).

あまくだり 天下り nomeação (f) de um ex-burocrata para um posto importante de uma companhia privada.

あまくち 甘口 〜の adocicado/da. 〜のワイン vinho (m) doce.

あまぐつ 雨靴 galocha (f).

あまぐも 雨雲 nimbo (m), nuvem (f) que se desfaz em chuva.

あまぐり 甘栗 castanhas (fpl) assadas.

あまごい 雨乞い pedido (m) de chuva. 〜する rogar a Deus para que chova.

あまざけ 甘酒 bebida (f) doce feita com arroz fermentado.

あまざらし 雨ざらし ato (m) ou efeito (m) de deixar algo exposto a sol e chuva [à intempérie]. 自転車を〜にする deixar a bicicleta exposta a sol e chuva. 靴が〜になっていた Os sapatos estavam expostos a sol e chuva.

あます 余す〔残す〕deixar sobrar. ごはんを余さずに食べる comer o arroz sem deixar sobrar nada. ¶オリンピックに〜ところ2か月だ Só faltam dois meses para o início das Olimpíadas. 〜ところなく sem deixar escapar nada, sem perdoar nenhum pormenor, de ponta a ponta. 彼女はその事件について〜ところなく語った Ela se referiu a todos os pormenores do acontecido, sem deixar escapar nada.

あまず 甘酢 vinagre (m) adocicado.

あまずっぱい 甘酸っぱい agridoce.

あまた muito/ta, numeroso/sa. 引く手〜である 1)〔結婚〕ter muitos pretendentes. 2)〔会社などから〕ser muito procurado/da.

あまだれ 雨垂れ o gotejar da chuva. ¶〜石をうがつ Água mole em pedra dura tanto bate até que fura.

アマチュア amador/ra. ♦アマチュアオーケストラ orquestra (f) de amadores. アマチュア精神 amadorismo (m), espírito (m) amador. アマチュア野球 beisebol (m) amador [não-profissional].

あまったるい 甘ったるい ❶〔非常に甘い〕muito doce. ❷〔感傷的な〕sentimental.

あまったれ 甘ったれ ❶ manhoso/sa. ❷ dependente. あの人は〜です Ela é uma pessoa muito dependente [que não sabe fazer nada sozinha].

あまったれる 甘ったれる ⇨甘える.

あまど 雨戸 porta (f) corrediça exterior; janela (f) corrediça (tipo veneziana). 〜を開ける(閉める) abrir (fechar) a veneziana.

あまどい 雨どい caleira (f), goteira (f).

あまとう 甘党 amigo/ga de coisas doces.

あまなっとう 甘納豆〔料〕feijão (m) coberto de açúcar cristalizado.

あまのがわ 天の河〔天〕Via (f) Láctea.

あまのじゃく 天邪鬼 pessoa (f) do contra. 〜の彼はどうせ賛成しないでしょう Como ele é sempre do contra, não vai concordar mesmo.

あまみ 甘み sabor (m) doce, doçura (f). 日本の野菜は大体〜がある As verduras japonesas são em geral doces. …の〜を抑える pôr pouco açúcar em ….

あまみず 雨水 água (f) de chuva.
あまもり 雨漏り goteira (f). 天井の~を修繕する consertar [reparar] os buracos do teto.
あまやかす 甘やかす mimar …, ser permissivo/va com …. 子供を~ mimar as crianças. あの人は甘やかされて育った人だ Ela é uma pessoa que cresceu muito mimada. 自分を~ Não seja permissivo/va consigo mesmo/ma.
あまやどり 雨宿り ~する abrigar-se da chuva. コンビニで~する esperar a chuva passar numa loja de conveniência. 夕立がやむまでここで~しよう Vamos ficar aqui até parar [passar] o temporal.
あまらせる 余らせる ⇨余す
あまり 余り ❶〔残り〕resto (m), sobras (fpl), saldo (m). お昼の~を食べた Comi sobras do almoço. これが今月の給料の~です Aqui está o saldo do salário deste mês. ❷〔数〕resto. 9割る2は4~1 Nove dividido por dois dá quatro e sobra [resta] um. ❸〔…以上〕um pouco mais de, e tantos [tal]. 百円~ um pouco mais de cem ienes, cem ienes e pouco. ❹〔過度〕muito, demasiado. ~大きいのでびっくりした Fiquei assustado de tão grande. 悲しさの~鬱(ﾂ)病になってしまった Entrei em depressão de tanta tristeza. ~はしゃぐな Não fique tão eufórico. ❺〔否定〕~…ない não ter muito, ter pouco; não … muito; quase não …. ~必要のないもの algo (m) não muito necessário. 菓子を~食べてはいけない Não coma muito doce. 彼は~欠席しない Ele não falta muito./Ele quase não falta. 私は彼女について~知らない Eu não a conheço muito bem. ¶… ~となる faltar pouco mais de …. 衛星打ち上げまで3時間~となりました Faltam pouco mais de três horas para o lançamento do satélite artificial./Faltam três horas e pouco para o lançamento do satélite artificial.
あまり…なので tão … que 彼はあまりまじめなのでみんなに敬遠されている Ele é tão sério que todo o mundo se afasta dele.
アマリリス〘植〙amarílis (f).
***あまる** 余る ❶〔残る〕sobrar〘ｿﾌﾞﾗｰﾙ〙, restar [ﾍｽﾀｰﾙ]. お金が余っている Está sobrando dinheiro./O dinheiro está sobrando. 一つ余っている Tem um/uma a mais. 時間が余った Sobrou tempo. ❷〔限度を超える〕exceder os limites de processamento 力に~仕事を受ける aceitar um trabalho (que está) acima da capacidade. 目に~光景 cena (f) horrível de se ver [intolerável].
アマルガム〘化〙amálgama (f).
あまんじる 甘んじる ❶〔満足する〕contentar-se com …, estar satisfeito/ta com …. 彼は今のポストに甘んじている Ele está contente com a posição atual. ❷〔あきらめる〕resignar-se, conformar-se. 運命に~ conformar-se com o destino, aceitar a vida como ela é (sem se queixar). ❸〔堪える〕aguentar, suportar, tolerar.

あみ 網 ❶〔魚や鳥をとる〕rede (f). ~で魚を取る pescar (peixe) com rede. ~を張る 1) lançar a rede;〘ﾃﾆｽ〙pôr a rede do tênis. 2)《比》〔待ち伏せ〕armar uma emboscada. ❷〔肉や魚を焼く〕grelha (f). ~で肉を焼く assar carne na grelha, grelhar a carne. ¶法の~をくぐる burlar a lei.
あみ 醤蝦〘動〙aratanha (f), camarãozinho (m).
あみき 編み機 máquina (f) de tricotar.
あみじゃくし 網杓子 espumadeira (f).
あみだす 編み出す inventar, criar,《俗》bolar. 戦場に行く前に戦術を~べし Deve-se criar a estratégia antes de ir para o campo de batalha.
あみだな 網棚 rede (f), bagageiro (m). 列車の~に荷物を載せる colocar as bagagens no bagageiro do trem [《ポ》comboio].
あみど 網戸 tela (f) colocada em portas ou janelas para evitar a entrada de mosquitos.
アミノさん アミノ酸〘化〙aminoácido (m).
あみばり 編み針 agulha (f) de tricô;〔レース編みの〕gancho (m) de crochê.
あみぼう 編み棒 agulha (f) de tricô.
あみめ 網目 malha (f) da rede, espaço (m) entre os nós da rede.
あみめ 編み目 ponto (m), largura (f) do tricô.
あみもの 編み物 tricô (m), crochê (m), trabalho (m) de malha. ~をする fazer tricô [crochê], tricotar.
あみやき 網焼き grelhados (mpl). …を~にする grelhar ….
アミューズメント divertimento (m). ♦ アミューズメントパーク parque (m) de diversões.
アミラーゼ〘生化学〙amilase (f).
アミロイドーシス〘医〙amiloidose (f).
あむ 編む ❶ tricotar, fazer tricô, tecer, entrelaçar. 毛糸を~ fazer tricô. セーターを~ tricotar uma blusa de lã. 竹を~ entrelaçar [tecer] o bambu. じゅうたんを~ tecer um tapete. ❷ trançar. 髪を~ fazer tranças, trançar o cabelo.
***あめ** 雨 chuva (f) [ｼｭｰｳﾞｧ]. 大~が降るでしょう Acho que vai cair um temporal. ~が降る chover (無主語), fazer chuva (無主語). ~が激しく降っている Está chovendo forte [torrencialmente]. 明日は~になるでしょう Amanhã vai ˪chover [fazer chuva]. ~が降りそうだ Parece que vai chover./Está com cara ˪de chuva [de que vai chover]./Está ameaçando chuva. ~が上がる〔やむ〕parar de chover, passar a chuva. ~上がりの町 cidade (f) após chuva. ~がやむのを待ちましょう Vamos esperar ˪passar [que passe] a chuva. 昨日~にあった[降られた] Ontem peguei uma

chuva. 〜が少ないと農民が困る Se chove pouco, os lavradores ficam prejudicados. あの地方は〜が多い Chove muito naquela região. 〜が強まった A chuva ficou mais forte. 〜が弱まった A chuva enfraqueceu. 南の地方に時々〜が降るでしょう Vamos ter chuvas isoladas [esparsas] na região sul. 〜にも風にも負けないで Faça chuva, faça sol! なんて嫌な〜でしょう Que chuva chata! 非難の〜《比》uma chuva [saraivada] de críticas. 攻撃の〜《比》uma chuva [saraivada] de golpes [ataques]. ¶ 〜降って地(ﾁ)固まる Há males que vêm para o bem.

♦雨霰(ｱﾗﾚ) chuva com granizo. 雨粒 gota(f) de chuva. 大雨 toró(m), tempestade(f), pé-d'água(m). 涙雨 chuvinha(f) ﹂fraca [de nada]. にわか雨 pé-d'água(m), aguaceiro(m). 日照り雨 sol(m) com chuva.

あめ 飴 bala(f). 〜をしゃぶる chupar bala. 〜と鞭(ﾑﾁ)の作戦 guerra(f) surda de tapas e beijos.

アメーバ 【動】ameba(f). ♦アメーバ赤痢【医】desinteria(f) amebiana.

アメダス AMeDAS Sistema(m) Automático de Aquisição de Dados Meteorológicos (*Automated Meteorological Data Acquisition System*).

あめもよう 雨模様 aspecto(m) [cara(f)] de chuva.

*****アメリカ** América(f) [ｱﾒｰﾘｶ]; [ｱﾒﾘｶ合衆国] Os Estados Unidos (da América). ♦ｱﾒﾘｶ人 americano/na. ｱﾒﾘｶ大陸 a América, continente(m) americano. 北ｱﾒﾘｶ América(f) do Norte. 中央ｱﾒﾘｶ América Central. 南ｱﾒﾘｶ América do Sul. ラテンｱﾒﾘｶ América Latina.

アメリカン americano/na. ♦ｱﾒﾘｶﾝｺｰﾋｰ café(m) ﹂pouco forte [à americana]. ｱﾒﾘｶﾝﾄﾞﾘｰﾑ ideal(m) americano. ｱﾒﾘｶﾝﾌｯﾄﾎﾞｰﾙ futebol(m) americano.

あや 綾 言葉の〜 matiz(m) da palavra. それは単なる言葉のあやですから気にしないでくださいね É apenas uma maneira de dizer, por isso não leve a mal, sim?

あやうい 危うい perigoso/sa. …を危うくする colocar … em risco. 名誉を危うくしてしまった Acabou ﹂pondo em risco [comprometendo] a honra. あの人の命が〜 A vida daquela pessoa está em perigo. 危うく quase, por um triz, por pouco. 危うく電車に乗り遅れるところだった Quase perdi o trem.

あやうさ 危うさ perigo(m), risco(m). 両国の関係はこういった〜を抱えている A relação entre os dois países carrega em si este risco.

*****あやしい** 怪しい ❶〔疑わしい〕suspeito/ta [ｽｽﾍﾟｲﾄ/ﾀ]; estranho/nha [ｴｽﾄﾗｰﾆｮ/ﾆｬ]. 〜男が玄関の前に立っている Um homem estra-

nho está parado na frente da porta de casa. ❷〔雨が降りそうな〕esquisito/ta [ｴｽｷｼﾞｰﾄ/ﾀ]. 天気が〜 O tempo está ﹂esquisito [com cara de que vai chover]. ❸〔信じがたい〕inacreditável [ｲﾅｸﾚﾃﾞﾀｰｳﾞｪｳ]. その話は〜 Essa história ﹂é estranha [não tem fundamento]. ❹〔おぼつかない〕desajeitado/da [ﾃﾞｻﾞｴｲﾀｰﾄﾞ/ﾀﾞ], inábil [ｲﾅｰﾋﾞｳ]. 〜手つきで com mãos desajeitadas. 〜足取りで com passos inseguros.

あやしむ 怪しむ suspeitar, estranhar; desconfiar de.

あやす 赤ん坊を〜 mimar a um bebê.

あやつりにんぎょう 操り人形 fantoche(m).

あやつる 操る ❶〔操縦〕manipular, manejar. 人形を〜 manipular os bonecos [títeres]. ❷〔うまく扱う〕dominar. ﾎﾟﾙﾄｶﾞﾙ語と日本語をうまく〜 dominar bem o português e o japonês. ❸〔陰で人を〕governar, controlar, exercer influência sobre. 彼は陰で操られている Ele está sendo controlado por trás dos bastidores.

あやとり 綾取り cama-de-gato(f).

あやぶむ 危ぶむ temer, preocupar-se com (um perigo iminente).

あやふや 〜な 1)〔不明確〕vago/ga, ambíguo/gua. 〜な返事をする dar uma resposta vaga. 2)〔不正確〕incerto/ta, inseguro/ra. 〜な記憶 memória(f) confusa.

あやまち 過ち erro(m), falta(f). 〜を認める reconhecer o erro.

あやまった 誤った errado/da. 〜判断をする decidir errado. 〜計算 conta(f) errada.

あやまり 誤り ❶〔知的, 道徳的誤り〕erro(m). 彼は大きな〜を犯した Ele cometeu um erro grave. ❷〔思い違い〕engano(m).

*****あやまる** 誤る enganar-se [ｴﾝｶﾞﾅｰﾙ ｽｲ], errar [ｴﾊｰﾙ], cometer um erro. 判断を〜 errar na decisão, decidir errado. 計算を〜 cometer um erro nas contas, errar as contas.

あやまる 謝る pedir desculpas (a, para). 私は彼に謝った Eu pedi desculpas para ele. お気にさわったのなら謝ります Desculpe-me se eu o/a ofendi.

あやめ 菖蒲 【植】íris(f).

あゆ 鮎 【魚】espécie(f) de truta.

あゆみ 歩み ❶〔歩くこと〕o andar, o caminhar, passo(m). ❷〔物事の進み方〕andamento(m). 歴史の〜 o curso da História.

あゆみよる 歩み寄る ❶〔近寄る〕…に〜 aproximar-se de …. ❷〔互譲〕fazer concessões mútuas, ceder mutuamente. 労使は歩み寄ったようだ Parece que a empresa e o sindicato fizeram concessões mútuas.

あゆむ 歩む andar, caminhar. …と共に〜 acompanhar ….

あら 粗 ❶〔魚の〕parte(f) espinhosa de um peixe. ❷《比》〔欠点〕defeito(m). いちいち〜を探す ficar procurando [pondo] defeitos.

アラーム ❶〔警報・警笛〕alarme (m). ❷〔目覚まし時計〕despertador (m) (de relógio). 目覚まし時計の～が鳴らなかった O despertador não tocou.

あらあらしい 荒々しい rude, violento/ta, grosseiro/ra. 荒々しく de uma maneira grosseira, grosseiramente. ～言葉を使ってはいけません Não use palavras rudes.

あらい 洗い lavagem (f). ～立ての acabado/da de lavar. 汚れを～落とす tirar a sujeira lavando. 洋服を～に[クリーニング屋に]出す mandar a roupa para lavar ∟no tintureiro [na lavanderia]. これは水～しても大丈夫ですか Pode-se lavar isto aqui com água?

あらい 粗い ❶〔粗雑な〕bruto/ta, tosco/ca. ～仕事 trabalho mal-acabado. ❷〔ざらざらした〕áspero/ra. ～手ざわりの布地 pano (m) áspero.

あらい 荒い ❶〔乱暴な〕grosseiro/ra, rude, ríspido/da. 彼は言葉が～ Ele usa palavras grosseiras. あの人は金遣いが～ Ele esbanja muito dinheiro. ❷〔激しい〕bravo/va, violento/ta. 昨日は波が荒かった Ontem o mar esteve [estava] bravo.

あらいぐま 洗い熊 〖動〗guaxinim (m).

あらいざらい 洗いざらい inteiramente, totalmente, sem deixar sobrar nada. 事件について～話す contar todo o ocorrido, sem reserva. 金を～持っていかれた Levaram-me todo o dinheiro (que tinha).

あらいざらし 洗いざらし ～の gasto/ta e desbotado/da pela lavagem, surrado/da de tanto lavar. ～の洋服 vestido (m) surrado.

あらいもの 洗い物 algo (m) a lavar. ～をする lavar.

*****あらう 洗う** lavar [ラヴァール]. 体を～ lavar o corpo, lavar-se, tomar banho. 皿をきれいに洗ってください Lave bem os pratos, está bem? 食事の前に手を洗いましょう Vamos lavar as mãos antes das refeições. 足を～ lavar os pés;《比》deixar [abandonar] a vida viciada, voltar a viver honestamente.

あらうみ 荒海 mar (m) agitado, mar bravo.

あらかじめ de antemão.

あらかせぎ 荒稼ぎ ～する ganhar muito dinheiro por meios ilícitos. 株の相場で～する lucrar muito especulando as ações.

あらかた ❶〔概して〕em geral, mais ou menos. ❷〔大部分〕a maior parte, quase tudo. ～ました.

あらさがし 粗探し …の～をする procurar defeitos em ….

あらし 嵐 tempestade (f), temporal (m). ～の tempestuoso/sa. ～が来る cair ∟uma tempestade [um temporal]. 今晩～が来そうだ Parece que hoje à noite vai cair um temporal.

-あらし -荒らし ❶〔行為〕roubo (m), assalto (m). 自動販売機～があった Houve um assalto à ∟distribuidora (f) automática [máquina (f) de venda automática]. ❷〔人〕ladrão/dra. 留守宅～が捕まった O/A ladrão/dra (de casas com o dono ausente) foi preso/sa.

あらす 荒らす devastar, arrasar (com). あの大雨が作物を荒らした Foi aquele temporal que arrasou com a lavoura.

あらすじ 粗筋 sumário (m), enredo (m).

あらそい 争い ❶〔口論〕briga (f), bate-boca (m). ❷〔論争〕rivalidade (f), discórdia (f). あそこでは～の種が尽きない Lá as causas das contendas são infinitas. ❸〔競争〕luta (f), competição (f). 営業成績のトップ～ luta pelo primeiro lugar na competição do resultado de vendas. ❹〔闘争〕conflito (m), disputa (f). 今度の戦争は水～になるだろう A próxima guerra vai ser disputa pela água. ♦権力争い disputa pelo poder. 相続争い disputa pela herança, guerra (f) de partilhas.

*****あらそう 争う** ❶ disputar com (um), contestar [コンテスタール]. それは～余地のない事実だ Isso é um fato incontestável. ❷〔法廷で〕litigar [リチガール]. その問題は法廷で～べきだ Esse é um problema que deve ser pleiteado na justiça. ❸〔けんかする〕brigar [ブリガール], discutir [ヂスクチール]. 親と言い～ brigar com os pais. ❹〔競う〕competir [コンペチール], disputar por, lutar por. トップを～ lutar para obter o primeiro lugar. 彼は彼女と首位を争った Ele competiu com ela para tirar o primeiro lugar. 兄弟と遺産を～ disputar com os irmãos pela herança. 国会で議席を～ disputar um lugar na Dieta. その問題は一刻を～問題だ Esse é um problema urgente.

あらた 新た novo/va. ～な気持ちで新年を迎える começar o ano novo com uma nova disposição. ～に会を作る formar um novo grupo. 彼にとって不利な事実が～にわかった Soube-se de um novo fato que seria desvantajoso para ele.

あらだてる 荒立てる criar caso, tornar algo complicado, problematizar. 日本人はことを～のが好きではない Os japoneses não gostam de criar caso.

*****あらたまる 改まる** ❶〔新しくなる〕renovar-se [ヘノヴァール スィ]. ❷〔変更する〕mudar [ムダール]. 来週から作業手順が改まります A partir da semana que vem, vamos mudar a ordem dos serviços. ❸〔改革される〕reformar-se [ヘフォルマール スィ].

あらためて 改めて novamente. ～ごあいさつをいたします Vou cumprimentá-lo/la novamente. ～ごあいさつに伺います Vou fazer-lhe uma nova visita, numa outra oportunidade.

*****あらためる 改める** ❶〔新しくする〕renovar [ヘノヴァール]. ❷〔変える〕mudar [ムダール]. ❸〔改革する〕reformar [ヘフォルマール]. 会社組織を

~ modificar [reformar] a organização da companhia. ❹〔直す〕corrigir [コピэール].

あらなみ 荒波 ❶ mar (*m*) agitado; tempestade (*f*). ❷〔比〕rigidez (*f*) da vida. ~を立てる criar caso. 世間の~にもまれる ser maltratado/da pelo meio social.

あらぬり 粗塗り uma só demão de tinta. ~する dar uma só demão.

アラビア Arábia (*f*). ~の árabe. ◆アラビア人 árabe. アラビア数字 algarismo (*m*) arábico.

アラブしゅちょうこくれんぽう アラブ首長国連邦 Emirados Árabes Unidos (*mpl*).

アラベスク 〖美〗arabesco (*m*).

あらまし ❶〔あらすじ〕sumário (*m*), linhas (*fpl*) gerais. ❷〔ほとんど〕a maior parte (*f*). 論文の~は終わっている A maior parte da tese está feita. / A tese está quase pronta.

アラモード à moda (da casa).

あらゆる todos/das, qualquer. ~機会に em todas as oportunidades que aparecerem《未来》[apareceram《過去》]. ~手段を尽くす tentar todos os meios possíveis.

あららげる 荒らげる tornar rude [ríspido/da]. 声を~ levantar a voz.

あられ 霰 granizo (*m*) miúdo, saraiva (*f*) miúda. ~が降ってきた Começou a cair o granizo.

あらわ 露わ ~な descoberto/ta, exposto/ta; claro/ra. ~な不満 uma clara insatisfação. ~に claramente, abertamente. プライバシーを~にする mostrar abertamente a privacidade.

*****あらわす 表す, 現す** ❶〔示す〕mostrar [モストラール], revelar [ヘヴェラール]. このことは彼がいかに優秀であるかを表している Isso mostra o quanto ele é excelente. 正体を現す revelar o que se é realmente. ❷〔表記する〕expressar [エスプレサール], …を言葉で表す expressar ~ com [por meio de] palavras. 態度に表す revelar-se nas atitudes.

あらわす 著す 〔出版する〕publicar. 本を~ publicar um livro.

あらわれ 表れ ❶〔徴候〕sinal (*m*), prova (*f*). 離婚率の高さは女性の経済的自立の一つの~だ O alto índice de divórcios é uma das provas da independência econômica feminina. ❷〔表現〕expressão (*f*). 愛国心の~ expressão do patriotismo. ❸〔結果〕resultado (*m*), consequência (*f*). この事故は彼の慢心の~だ Este acidente é o resultado da indolência dele.

*****あらわれる 表れる, 現れる, 顕れる** ❶〔出現する〕aparecer [アパレセール], surgir [スルジール]. 太陽が雲間から現れた O sol apareceu por entre as nuvens. ❷〔表に出る〕aparecer, revelar-se [ヘヴェラール スィ], ver-se claramente. 彼女の不満が顔に表れていた Via-se claramente a insatisfação dela no rosto. 効果が現れた Deu resultado.

あり 蟻 〖虫〗formiga (*f*). ◆蟻塚 formigueiro (*m*).

アリア 〖音〗ária (*f*).

ありあまる 有り余る ter [haver] de sobra, abundar em. 彼には金が~程ある Ele tem dinheiro de sobra. / Ele nada em dinheiro. この地方は大豆が有り余っている Esta região abunda em soja. / Há soja de sobra nesta região.

ありありと visivelmente, claramente. 彼があなたを愛していることは~わかる Dá para ver bem que ele ᴌama você〖口語〗te ama].

ありあわせ 有り合わせ ~ですけど召し上がってください Sirva-se, por favor, é o que a gente tinha em casa ....

アリーナ arena (*f*).

ありうる 有り得る possível. それは~ことです Isso acontece. / Isso pode acontecer. 有り得ない impossível, inacreditável. 彼女が人を殺すなんて有り得ないことだ Não posso acreditar que ela seja capaz de matar uma pessoa. 有り得ないことが起きた Aconteceu o impossível.

ありかた 在り方 maneira (*f*) [modo (*m*)] de ser ideal. 民主主義の~ o que a democracia deveria ser, o ideal da democracia.

ありがたい 有り難い ❶ benfazejo/ja, benéfico/ca, que caiu do céu. ~ことに graças a Deus, felizmente, por sorte. ~ことにタクシーがすぐに来た Por sorte, o táxi veio logo. ❷〔親切な〕gentil, bondoso/sa. ~お言葉 palavras gentis. ¶ 私は有り難く思う Eu me sinto agradecido/da.

ありがたがる 有り難がる ficar muito agradecido/da, sentir-se bastante grato/ta.

ありがたさ 有り難さ bem (*m*), valor (*m*). 病気をして妻の~がわかった Fiquei doente e reconheci o valor da minha esposa.

ありがためいわく 有り難迷惑 gentileza (*f*) que mais incomoda [estorva] do que ajuda, cortesia (*f*) incômoda.

ありがち 有りがち comum, frequente. それは最近の若者に~だ Isso é comum entre os jovens de hoje.

ありがとう obrigado/da. どうも(本当に)~ございました Muito [Muitíssimo] obrigado/da;《俗》obrigadão; obrigadíssimo/ma.

ありきたり 在り来たり ~の comum, vulgar, banal.

ありくい 蟻食い 〖動〗tamanduá (*m*), papa-formigas (*m*).

アリゲーター 〖動〗aligátor (*m*).

ありそう ~な provável, verossímil, que pode acontecer. それは~な話だ É uma história que pode acontecer. 一雨~だ É provável que chova um pouco.

ありったけ tudo o que se tem. ~の todo/da/dos/das. ~のお金を使ってしまった Acabou gastando todo o dinheiro que tinha.

ありとあらゆる todos/das … que se podem

encontrar pela frente. 問題解決のために〜手段を使った Usou de todos os meios possíveis [Fez todo o possível] para resolver a questão.

ありのまま 〜に〔隠さずに〕francamente. 〜に話してください Conte exatamente como foi.

アリバイ 〔法〕álibi (*m*).

ありふれた 〔普通の〕comum；〔独創的でない〕pouco original. 〜出来事 coisa (*f*) que acontece (sempre), coisa corriqueira. 〜映画 um filme pouco original.

ありゅうさん 亜硫酸 〔化〕ácido (*m*) sulfuroso. ◆亜硫酸パルプ polpa (*f*) sulfatada.

***ある 在る, 有る** ❶〔存在する〕existir [エズィスチール], haver [アヴェール], ter [テール]. 机の上に辞書がありました Tinha [Havia] um dicionário em cima da mesa. この近くに交番はありますか Há [Tem] algum posto policial por aqui? 私の家は部屋が四つ〜 A minha casa tem quatro cômodos. 次の角を右に曲がると銀行があります Virando a próxima esquina à direita, tem um banco. ❷〔位置する〕estar [エスタール], ficar [フィカール]. トイレはどこにありますか Onde fica o toalete [banheiro]? 辞書は机の上にありましたよ O dicionário estava em cima da mesa, *viu*? その問題はあなたが持っている固定観念に〜 Esse problema está [reside, mora] nas ideias fixas que você tem. ❸〔である〕ser [セール]. あしたは祭日である Amanhã é feriado. ❹〔起こる〕haver, acontecer [アコンテセール], ter lugar. あす入社式があります Amanhã vai haver uma cerimônia de recepção aos novos empregados. ゆうべうちの近所で事故があった Ontem à noite, houve um acidente perto de casa. それはあってはならないことだ Isso não é que nunca devia acontecer./《口語》Isso não é coisa que se faça. それはよく〜ことですよ Isso (é o que) acontece mesmo. ❺〔見える〕ver [ヴェール]. あそこに赤いビルがありますね Você está vendo aquele prédio vermelho lá? ❻〔持っている〕ter, dispor de. 私たちは群馬に賃貸アパートがあります Nós temos apartamentos para alugar em Gunma. その老人ホームはパソコンや電話が〜 Esse asilo de idosos dispõe de computadores e telefones. ❼〔数量が…ある〕ter. 身長はどのくらいありますか Quanto tem de altura?/Qual é a sua altura? 1メートル80 あります Tenho um metro e oitenta (de altura). 体重はどれくらいありますか Quanto pesa? 60キロぐらいあります Tenho uns sessenta quilos./Peso uns sessenta quilos. ❽〔経験がある〕ter a experiência de. 私はブラジルに行ったことがある Já fui ao Brasil. ¶その商品はサイズが二つあります Esse artigo está disponível em dois tamanhos.

ある 或る certo/ta, um/uma, algum/ma. 〜日 certo dia (*m*), um dia. 〜人 uma pessoa (*f*), alguém. 〜程度まで até certo ponto.

あるいは ❶〔または〕ou, ou então. 免許証〜保険証を持ってきてください Traga a carteira de motorista ou a carteira de saúde, por favor. ❷〔もしかすると〕talvez, possivelmente. 〜そうかもしれませんね Talvez seja isso mesmo que você está dizendo.

アルカリせい アルカリ性 alcalinidade (*f*). 〜の alcalino/na. ◆アルカリ性食品 alimentos (*mpl*) alcalinos.

アルカロイド 〔生化学〕alcaloide (*m*).

アルカローシス 〔医〕alcalose (*f*).

あるき 歩き ato (*m*) de ir ou vir a pé. 〜で来たんですか Veio a pé?

あるきかた 歩き方 modo (*m*) de andar.

あるきまわる 歩きまわる correr para lá e para cá, andar de um lado para outro, percorrer.

***あるく 歩く** andar [アンダール]. 工場へ歩いていくIr a pé até a fábrica. 家に歩いて帰ろう Vamos voltar para casa a pé. 私たちは1時間歩きました Nós andamos (durante) uma hora. 〜ことは健康にいい Andar faz bem à saúde. 私の家は駅から歩いて10分です A minha casa fica a dez minutos a pé da estação.

アルコール ❶〔化〕álcool (*m*). ◆アルコール車 carro (*m*) movido a álcool. アルコール消毒 desinfecção (*f*) com álcool. 工業用アルコール álcool industrial. ❷〔酒類〕bebida (*f*) alcólica. 〜依存症の患者 alcoólatra, viciado/da em bebidas. 〜に強い beber muito e não se embriagar facilmente. 〜に弱い não poder beber muito. 〜中毒になる entregar-se à bebida [ao alcoolismo]. 〜の影響でけんかをしてしまった Acabou brigando por estar alcoolizado. ◆アルコール依存症[アルコール中毒] alcoolismo (*m*). アルコール飲料 bebida (*f*) alcoólica. アルコール含有量 teor (*m*) alcoólico. アルコール分 grau (*m*) [teor (*m*)] alcoólico. ノンアルコールビール cerveja (*f*) sem álcool.

あるじ 主 dono/na, proprietário/ria.

アルジェリア Argélia (*f*). 〜の argelino/na.

アルゼンチン Argentina (*f*). 〜の da Argentina, argentino/na. ◆アルゼンチン人 argentino/na (o povo).

アルちゅう アル中 alcoolismo (*m*). ◆アル中患者 alcoólatra. ⇒アルコール.

アルツハイマーびょう アルツハイマー病 Mal (*m*) [Doença (*f*)] de Alzheimer.

アルデヒド 〔化〕aldeído (*m*).

アルト 〔音〕contralto (*m*), meio-soprano (*m*). ◆アルト歌手 cantora (*f*) contralto, a contralto (*f*).

アルバイター trabalhador/ra de meio período, trabalhador/ra informal.

アルバイト bico (*m*), trabalho (*m*) informal [temporal]. 彼はいつも〜で暮らしを立てていた Ele sempre viveu de bico.

アルパカ 〔動〕alpaca (*f*).

アルバニア Albânia (*f*). 〜の albanês/nesa.

アルバム ❶〔写真や切手などの〕álbum (*m*)

《de fotografias, de selos etc》. ❷〖音〗álbum, disco (*m*).
アルピニスト alpinista.
アルピニズム alpinismo (*m*).
アルファ alfa (*f*). ◆アルファ線〖理〗raios (*mpl*) alfa. アルファ波 ondas (*fpl*) alfa. アルファ粒子〖理〗partículas (*fpl*) alfa. プラスアルファ algo (*m*) mais.
アルファベット alfabeto (*m*). ～順に em ordem alfabética.
アルブミン〖生化学〗albumina (*f*).
アルペジオ〖音〗arpejo (*m*).
アルマジロ〖動〗tatu (*m*).
アルマサッシ esquadria (*f*) de alumínio.
アルミナ〖化〗alumina (*f*).
アルミニウム〖化〗alumínio (*m*).
アルミホイル papel (*m*) alumínio.
アルメニア Armênia (*f*), o armênio/a.
***あれ** ❶ aquilo (*m*), [アキーロ], aquele/la [アケーリ/ラ]. ～はなんですか O que é aquilo? 観光旅行をして～もこれも欲しがるものではない Não se deve querer comprar isto e mais aquilo em viagens turísticas. ❷ apesar de, mesmo [メーズモ]. ～で生活ができるんだからすごいですよね É admirável que ele consiga manter-se [ｓó com aquilo [apesar de ter só aquilo], não é mesmo? ～でも彼は先生ですからね Mesmo assim, ele é professor, não é? ❸～ほど[～だけ] tanto. 何度もつけるようにと～ほど[～だけ]言ったのに... Disse-lhe tantas vezes para tomar cuidado e, no entanto .... ❹〔あの時〕então [ｴﾝﾄｳﾝ]. ～から1年たちました Passou-se um ano, desde então. ～以来彼はここに来ていない Desde então, ele não tem vindo aqui. ❺〔婉曲〕aquilo, aquela coisa (*f*), atitude (*f*) indecorosa. ここでこんなことを言うのもすけど... Seria "indelicado" dizer uma coisa dessas aqui, mas .... ❻〔驚き〕あれ Como?/Mas como assim?/《俗》Peraí!【★peraí は動詞 esperar の命令形 espera と場所を表す副詞 aí の縮合形「ちょっと待ってください」の意〕. ～今日は月曜日じゃなかったっけ Peraí, será que hoje não era segunda-feira?
あれい 亜鈴 haltere (*m*). ◆鉄亜鈴 haltere de ferro.
あれしょう 荒れ性 tendência (*f*) para ficar com a pele gretada. 私は～なんです Tenho uma pele que greta facilmente.
あれもよう 荒れ模様 ❶ mau tempo (*m*). 今日は～だ O tempo está tempestuoso hoje. ❷ aspecto (*m*) de coisa agitada. 海は～だ O mar está agitado.
あれる 荒れる ❶〔皮膚が〕tornar-se áspero/ra. 私の手は荒れている Minha mão está áspera. ❷〔暴風雨〕ficar tempestuoso/sa; 〔波や海が〕ficar bravo/va. 1日じゅう天気が荒れていました O tempo esteve agitado o dia inteiro, com chuvas e trovoadas.
アレルギー alergia (*f*). 柑橘類(の果物)に～が

あった Tinha alergia às frutas cítricas. ◆アトピー性アレルギー alergia atópica.
アレンジ〖音〗arranjo (*m*);〖劇・映〗adaptação (*f*);～する〔脚色・編曲〕fazer um arranjo (de …); adaptar;〔取り決め〕fazer os preparativos (da festa etc).
アロエ〖植〗babosa (*f*).
あわ 泡 ❶〔石けん、ビールに〕espuma (*f*). ～立つ espumar, fazer espuma. ～立ちのよい石けん sabão (*m*) que ｌespuma bem [faz muita espuma]. 私の手は石けんの～だらけです Estou com a mão cheia de espumas de sabão. ❷〔あぶく〕bolha (*f*) d'água, borbulha (*f*).
あわ 粟〖植〗painço (*m*).
あわい 淡い〔うすい〕claro/ra, pálido/da;〔かすかな〕fraco/ca. ～色 cor (*f*) pálida. ～光 luz (*f*) fraca [pálida].
あわさる 合わさる ajustar-se, juntar-se. …に～ ficar ajustado/da a ….
あわせず 合わせ酢〖料〗molho (*m*) de vinagre, sal, açúcar e molho de soja.
あわせる 会わせる fazer encontrar. 二人の若者を～ fazer dois jovens se encontrarem, apresentar um jovem ao outro. 失礼なことをしてしまったので彼女に～顔がない Não tenho coragem de me encontrar com ela porque cometi uma gafe.
***あわせる 合わせる** ❶〔併合する〕juntar [ジュンタール]. 手を～ 1) juntar as mãos. 2)〔おがむ〕rezar;〔たのむ〕implorar;〔感謝する〕agradecer. ❷〔合計〕somar [ソマール]. 5と6を～と11になる Somando-se cinco com seis dá onze./Cinco mais seis são onze. ❸〔結合〕combinar [コンビナール], harmonizar [アルモニザール]. ハンドバッグの色に靴の色を～ usar sapatos com cores que combinam com as da bolsa. ❹〔意見などに〕concordar (com). 私たちは彼の意見に合わせた Nós concordamos com a opinião dele. ❺〔一つにする〕力を合わせてがんばりましょう Vamos colaborar e fazer um esforço, está bem? ❻〔標準に〕regular [ヘグラール], ajustar [アジュスタール], acertar [アセルタール]. 時計を正確な時間に～ acertar o relógio. ❼〔照合〕comparar [コンパラール], conferir [コンフェリール]. 原文と翻訳を～ comparar a tradução com o original.
あわただしい 慌ただしい agitado/da, muito ocupado/da, precipitado/da.
あわだてき 泡立て器 batedor (*m*) de ovos, fuê (*m*).
あわてる 慌てる ❶〔冷静さを失う〕perder a calma. あまりにあわてて財布を忘れてきました Eu saí com tanta pressa que acabei esquecendo a carteira. ❷〔急ぐ〕apressar-se, precipitar-se. あわてて precipitadamente. 彼は約束の時間に間に合わせるためあわてて仕事を仕上げました Ele se apressou em terminar o serviço na hora.
あわび 鮑〖貝〗abalone (*m*), haliote (*m*).

あわゆき 淡雪 ❶ neve (f) fina. ❷ 〖料〗doce (m) semelhante à maria-mole.

あわれ 哀れ 〔悲しみ〕tristeza (f); 〔悲惨〕miséria (f). ~な miserável. ~な物語 uma história triste. 彼は~な生活をしている Ele leva uma vida miserável.

あわれみ 哀れみ 〔慈悲〕piedade (f); 〔同情〕compaixão (f), dó (m). …に~をかける compadecer-se de ….

あわれむ 哀れむ compadecer-se de …, sentir [ter] pena de ….

あん 案 ❶ 〔提案〕proposta (f), ideia (f), sugestão (f). それはいい~だ É uma boa ideia. あの人はいつもいい~を出す Ele tem sempre boas ideias. 彼は映画に行く~を出した Ele deu a ideia de ir ao cinema. ❷ 〔計画〕plano (m), projeto (m). ~を練る elaborar um plano. ~を提出する apresentar um plano. ❸ 〔議案〕projeto (m) de lei. …の~に拒否権を行使する vetar o projeto de lei de …. ❹ 〔下書き〕minuta (f), rascunho (m).

あん 餡 〖料〗massa (f) doce de feijão. ♦あんパン pão (m) recheado com doce de feijão.

あんい 安易 ~な fácil. ~なやり方を選ぶ escolher uma maneira fácil de fazer algo. ~に facilmente. あまり~に考えない方がいいよ É melhor não facilitar as coisas, viu?

あんか 行火 braseira (f) para aquecer os pés.

アンカー ❶ 〔錨（いかり）〕âncora (f). ❷ 〔ニュースキャスター〕locutor/ra, âncora (f). ❸ 〔リレーの〕o/a último/ma atleta da corrida de revezamento.

あんがい 案外 inesperadamente, até que, mais [menos] do que se espera. 雨は~早くやんだ A chuva até que parou mais cedo. 入社試験は~易しかった O teste de admissão na companhia até que foi fácil. ~（ひょっとすると）そうなのかも知れない Pode até ser.

あんき 暗記 memorização (f), decoração (f). 彼は~力がある Ele tem boa memória. ~する aprender de cor, reter na memória, decorar. 私は教科書の中の単語をすべて~しました Eu decorei todas as palavras que estão no livro. ♦ 暗記力 capacidade (f) de memorização.

アンギーナ 〖医〗angina (f).

アングラ ❶ *underground* (m). ❷ 〖劇〗vanguarda (f). ❸ 〖政〗movimento (m) subversivo.

アングル ❶ canto (m). ❷ 〖数〗ângulo (m). この写真は良い~から撮られている O ângulo desta foto está muito bom. ♦ カメラアングル ângulo da foto. ❸ 〖比〗ponto (m) de vista.

アングロサクソン anglo-saxão/anglo-saxã.

アンケート enquete (f), questionário (m), pesquisa (f) com entrevistas. ~の作成 elaboração (f) de questionário. ~を作成する elaborar um questionário. ~を取る fazer [realizar] uma enquete. …について~調査をする fazer uma investigação com questionário acerca de [sobre] ….

あんけん 案件 ❶ 〔議事〕tema (m) a discutir. ❷ 〖法〗caso (m) judicial.

あんこ 餡こ 〖料〗massa (f) doce de feijão.

あんこう 鮟鱇 〖魚〗diabo-marinho (m), peixe-pescador (m). ~の肝〖料〗barriguda (f) do diabo-marinho.

あんごう 暗号 cifra (f), código (m) secreto. ~で書く escrever em código. ~を解読する decifrar um código, decodificar.

アンコール bis (m).

あんこく 暗黒 ❶ escuridão (m), trevas (fpl). ❷ 《比》obscurantismo (m) ♦ 暗黒時代 época (f) tenebrosa.

アンゴラ ❶ 〔国〕Angola. ~の angolano/na. ❷ 〔毛皮〕angorá (f). ~のコート casaco (m) angorá. この~は安かった Este angorá foi barato.

あんころもち 餡ころ餅 〖料〗bolinho (m) de arroz envolto em massa doce de feijão.

あんさつ 暗殺 assassínio (m) [assassinato (m)] político planejado secretamente. ~する assassinar. ♦ 暗殺者 assassino/na.

あんざん 安産 parto (m) feliz [tranquilo]. 彼女は~だった Ela teve um parto feliz./O parto dela foi tranquilo [normal].

あんざん 暗算 conta (f) de cabeça, cálculo (m) mental. ~する fazer contas de cabeça, calcular mentalmente.

アンサンブル ❶ 〔衣服〕conjunto (m). 上着とスカートが~になっている O paletó e a saia formam um conjunto. ❷ 〖音〗conjunto musical.

あんじ 暗示 insinuação (f), sugestão (f). ~する insinuar, sugerir. ~を与える dar uma dica. ~にかかる ficar sugestionado/da. ♦ 暗示療法 terapêutica (f) pela sugestão. 自己暗示 auto-sugestão (f).

あんしつ 暗室 câmara (f) escura (para revelação de fotografias).

あんしょう 暗唱 recitação (f). 詩を~する recitar uma poesia.

あんしょう 暗礁 recife (m). ~に乗り上げる encalhar; ficar em seco 《a embarcação》. その計画は資金難のために~に乗り上げた Esse plano encalhou, devido à falta de verba.

あんしょうばんごう 暗証番号 código (m) de sigilo [secreto].

あんじる 案じる ❶ 〔考案する〕pensar, imaginar. 一計を~ arquitetar [《俗》bolar] um plano. ❷ 〔心配する〕inquietar-se [preocupar-se] com …, recear, ter medo de que (＋接続法)《＋subjuntivo》. ご健康を案じてります Estou preocupado com a sua saúde.

*****あんしん 安心** tranquilidade (f) [トランクィリダーヂ], sossego (m) [ソセーゴ]. ~させる tranquilizar, dar sossego a …. その知らせは彼女を~

させた Essa notícia tranquilizou-a. 〜できる人 pessoa (f) de confiança. 〜してお任せください Pode ficar sossegado/da que eu cuido disso. 事件は解決しましたのでご〜ください Não se preocupe, que o caso já foi resolvido. 彼は〜感を与える人だ Ele é uma pessoa que transmite paz. これでひと〜だ Pronto! Com isso podemos ficar sossegados por enquanto.

あんず 杏 〖植〗damasqueiro (m). 〜の実 damasco (m), abricó (m).

あんずる 案ずる ⇨案じる.

あんせい 安静 repouso (m). 2, 3日〜にしていなさい Fique de repouso uns dois ou três dias. 〜を保つ ficar de repouso [resguardo]. ◆絶対安静 repouso absoluto.

***あんぜん** 安全 〔安全性〕segurança (f) [セグランサ]. 〜な seguro/ra. 〜な食品 alimentos (mpl) com segurança. 〜に com segurança. 運転中は〜ベルト着用のこと Ao dirigir [No volante], use cinto (m) de segurança. 〜第一 a segurança em primeiro lugar.
◆安全運転義務違反 infração (f) por dirigir ˪sem atenção [com negligência]. 安全装置 dispositivo (m) de segurança. 安全地帯 zona (f) de segurança. 安全弁 válvula (f) de segurança. 安全帽 capacete (m) de segurança. 安全保障会議 Conselho (m) de Segurança do Japão. 安全保障条約 Tratado (m) de Segurança. 安全保障理事会 Conselho de Segurança (da ONU). 気候安全保障 Segurança Climática (*Climate Security*). 交通安全 Segurança no Trânsito.

アンソロジー 〔選集〕antologia (f).

あんだ 安打 〖野球〗rebatida (f) indefensável. 〜を rebater e alcançar a base.

アンダーウエア roupa (f) de baixo, roupa íntima.

アンダーシャツ camiseta (f).

アンダーライン sublinha (f).

あんたい 安泰 estado (m) de paz e segurança. 家族は〜だ A família está bem.

アンダンテ 〖音〗andante (m).

あんち 安置 instalação (f), colocação (f). 死体を病院の霊安室に〜する depositar o cadáver ˪no necrotério [na morgue] do hospital.

アンチ－ anti-. 〜エスタブリッシュメント contra (m) o sistema. 〜キャピタリズム anticapitalismo (m).

アンチテーゼ 〖哲〗antítese (f).

アンチモニー 〖化〗antimônio (m).

あんちゅうもさく 暗中模索 〜する fazer uma pesquisa às apalpadelas, com várias tentativas.

あんちょく 安直 〜な 1)〔安価な〕barato/ta. 2)〔気軽な〕fácil. 〜な方法を取る escolher um modo fácil (de fazer as coisas).

アンチョビー 〖料〗aliche (m)〔アリッシェ〕, sardinha (f) anchovada, anchova (f).

***あんてい** 安定 estabilidade (f)〔エスタビリダーヂ〕; tranquilidade〔トランクィリダーヂ〕; equilíbrio (m)〔エキリーブリオ〕. 〜した estável. 〜した職業 emprego (m) estável. 〜した生活が一番いい Melhor mesmo é uma vida estável. 〜させる estabilizar, firmar. 〜を〜させる estabilizar os preços(das mercadorias). 〜感を与える dar uma sensação de segurança. ◆安定化 estabilização (f). 安定剤 estabilizante (m), tranquilizante (m). 安定装置 〖理〗estabilizador (m).

アンティーク 〔骨董品〕antiguidades (fpl).

アンティグア・バーブーダ Antígua e Barbuda. 〜の antiguano/na.

アンテナ antena (f). 〜を立てる instalar uma antena. 共同〜を張る pôr uma antena de uso coletivo. ◆パラボラアンテナ antena parabólica.

あんど 安堵 alívio (m), tranquilidade (f). 〜する ficar aliviado/da, tranquilizar-se. 〜の胸をなでおろす respirar aliviado/da.

アンドラ Andorra. 〜の andorrano/na.

アントレー entrada (f), o primeiro prato (m) de uma refeição.

あんな daquele jeito, tal. 〜ことを言うなんてひどい Que absurdo dizer uma coisa dessas!

***あんない** 案内 ❶ guia (m) [ギーア]. 〜する guiar, acompanhar, levar, servir de cicerone a …. 私は彼女のために東京を〜しました Eu mostrei Tóquio para ela. 彼を部屋に〜してください Por favor, acompanhe-o até o quarto. ◆案内係 recepcionista, guia, cicerone (m). 案内書 guia (m). 案内所 informações (fpl), balcão de informações. 案内図 guia (m), mapa (m) informativo. 案内標識 sinalização (f) de direção. ❷〔招待〕convite (m) [コンヴィッチ]. 〜する convidar. ◆案内状 convite. ❸〔指導・通知〕instrução (f) [インストルサォン], aviso (m) [アヴィーゾ]. 〜する avisar, comunicar. ◆入学案内 instruções (fpl) para ingresso em escolas, universidades etc. 〜の conhecimento (m) [コニェスィメント]. ご〜のとおり como já é do conhecimento dos senhores. 彼はこの土地は不〜だ Ele não conhece bem estas terras. 彼はこの土地の〜ができる Ele está bem familiarizado com estas terras./Ele conhece bem estas bandas.

あんのじょう 案の定 dito e feito, como se esperava. 〜彼は欠席した Como se esperava, ele faltou.

あんば 鞍馬 cavalo-de-pau (m).

あんばい 塩梅 ❶〔料理の味加減〕sabor (m), tempero (m). これは良い〜だ Isto está bem saboroso. ❷〔物事の具合〕jeito (m), condição (f). 仕事の初日はどんな〜でしたか Como foi o seu primeiro dia de serviço?

アンバランス desequilíbrio (m).

あんぴ 安否 estado (m) de segurança ou de saúde. 友人の〜を気遣う preocupar-se com o estado de um amigo.

アンビバレンス ambivalência (f).

あんぷ 暗譜 〖音〗memorização (f) de partitura musical. …を〜で弾く tocar … de cor.

アンプ amplificador (m).

アンフェア 〜な desonesto/ta; injusto/ta.

アンプル ampola (f).

あんぶん 案文 minuta (f), rascunho (m).

アンペア 〖理〗ampère (m).

あんま 按摩 massagem (f). 〜さん massagista. ももの〜をする必要がある É preciso dar uma massagem nas [massagear as] coxas.

あんまり ❶ demasiadamente, muito, tão. 〜不規則な生活をすると体によくない Não é bom para a saúde levar uma vida demasiadamente [tão] desregrada. その集いには〜行きたくない Não estou com muita vontade de ir nessa reunião. ❷〔ひどい〕cruel. それは〜だ Isso é demais!

あんみつ 〖料〗iguaria (f) de feijão, mel e massa de feijão doce.

あんみん 安眠 sono (m) tranquilo [profundo]. 〜する dormir bem, ter um sono profundo. それは〜妨害だ Isso atrapalha o sono. 夜間は住民の〜を確保しなければならない É preciso garantir noites de sono tranquilo para a população local.

あんもく 暗黙 〜の tácito/ta, implícito/ta. 〜の了解 consentimento (m) implícito, tácito entendimento, aprovação (f) tácita. それは〜の前提だ Isso é um pressuposto coletivo./Isso é uma coisa que todo o mundo sabe mas não fala.

アンモニア 〖化〗amônia (f).

あんよ 《幼》❶〔足〕pezinho (m). ❷〔歩くこと〕primeiros passinhos (mpl).

あんらく 安楽 bem-estar (m), conforto (m), comodidade (f). 〜な cômodo/da, confortável. 〜な生活 boa vida (f). 〜に comodamente. 〜に暮らす viver uma vida folgada. 〜死をさせる praticar a eutanásia. ◆安楽死 eutanásia (f).

アンラッキー sem sorte, azarado/da.

い

い 胃 〖解〗estômago (m). 私は〜が痛いです Eu estou com dor de estômago. 彼は〜が弱いです Ele tem estômago fraco. 私は〜がもたれています A comida está pesando no estômago. ◆胃アトニー〖医〗atonia (f) [fraqueza (f)] de estômago. 胃炎〖医〗gastrite (f). 胃拡張〖医〗dilatação (f) gástrica. 胃出血〖医〗hemorragia (f) gástrica. 胃洗浄 lavagem (f) gástrica.

い 亥 〖干支〗(signo (m) do) Javali (m).

-い -位 lugar (m), posto (m), *ranking* (m). 彼はマラソンで3〜になった Ele foi classificado em terceiro lugar na maratona. 世界で20〜のX選手は今晩Yと対決するO X, número vinte do *ranking* mundial, confrontará hoje à noite com o Y.

イ 〖音〗lá (m). ◆イ長調 lá maior. イ短調 lá menor.

いあつ 威圧 coerção (f), autoritarismo (m). 〜的(な) autoritário/ria, coercivo/va. 〜な態度 atitude (f) autoritária [coerciva]. 〜する intimidar, amedrontar, coagir. 私は彼の態度にすっかり〜されました Fiquei completamente intimidado/da por sua atitude. ◆威圧感ar (m) autoritário.

いあわせる 居合わせる estar num lugar por acaso. 私はそこに居合わせました Eu estava aí por acaso.

いあん 慰安 consolação (f), conforto (m). ◆慰安旅行 passeio (m) recreativo de descanso após alguma realização em conjunto.

***いい** bom/boa [ボン/ボーア]. 〜こぶりっこをする bancar ㇺo bonzinho [a boazinha]. ⇨よい.

いいあい 言い合い discussão (f), altercação (f), 〖口語〗bate-boca (m). 二人は〜になってしまった Os dois acabaram brigando.

いいあう 言い合う ❶〖口論する〗discutir, altercar. 子供の問題で両親が言い合っていた Os pais estavam discutindo acerca do problema dos filhos. ❷〖互いに言う〗trocar palavras, dizer o seu parecer um ao outro.

いいあらそう 言い争う ❶〖口論〗discutir, brigar. ❷〖論争〗debater. …について〜 discutir sobre ….

いいあらわす 言い表わす expressar, manifestar. 言葉では言い表わせないほど感謝しています Estou tão comovido/da que nem encontro palavras para agradecer.

いいえ não. 「あなたは今日来ますか」「〜」Você vem hoje? —Não. 「どうもありがとうございました」「〜, どういたしまして」Muito obrigado/da. —De nada.

いいおとす 言い落とす deixar [esquecer-se] de dizer.

いいかえす 言い返す replicar, responder (fazendo objeção).

いいかえる 言い換える dizer em outras palavras. 言い換えれば ou seja, em outras palavras.

いいがかり 言いがかり pretexto (m) para provocação. 〜をつける fazer falsas acusações,《俗》pôr defeito onde não tem. 〜をつけられる ser vítima (f) de acusação sem fundamento.

いいかげん いい加減 〜な〔でたらめな〕absurdo/da; 〔根拠のない〕sem fundamento; 〔信用のできない〕irresponsável, que não dá para confiar. 〜な男 homem (m) irresponsável [não confiável]. 〜な答えを言う dar uma resposta irresponsável;《俗》chutar. 彼は〜な仕事をします Ele faz um serviço matado [de porco]./Ele faz o serviço de qualquer jeito. ¶もう〜にしなさい Chega!/Basta!

いいかた 言い方 maneira (f) de falar, modo (m) de dizer. 〜を知っている Você sabe se expressar muito bem. ものの〜を知らない人 pessoa (f) que não sabe o que diz. 別の〜をすれば em outros termos, quer dizer. そんな〜をしては失礼だ É falta de consideração falar desse modo.

いいき いい気 vaidade (f), euforia (f). 〜になる ficar convencido/da; ficar eufórico/ca.

いいきかせる 言い聞かせる aconselhar, persuadir, convencer.

いいきみ いい気味 〜だ Bem feito!

いいきる 言い切る afirmar (algo) com toda a certeza (como se fosse o dono da verdade), asseverar, assegurar.

いいこめる 言い込める deixar … sem coragem de replicar, deixar … sem palavras.

イージー ❶〔容易な〕fácil. ❷〔気楽な〕à vontade.

イージスかん イージス艦 navio (m) aegis《de alta tecnologia para defesa contra mísseis e ataques aéreos》.

いいすぎる 言いすぎる passar dos limites ao falar. それは言いすぎです Ah! Isso já é falar demais.

いいそびれる 言いそびれる perder a ocasião de dizer.

いいつくす 言い尽くす dizer tudo o que tem a dizer, não deixar nada por dizer, esgotar o assunto. 一言では言い尽くせない問題 um problema impossível de ser explicado em duas ou três palavras. 私の感謝の気持ちは言葉では言い尽くせません Estou sem palavras para expressar minha gratidão.

いいつくろう 言い繕う encobrir (um fracasso etc) com desculpas, tentar desculpar-se (de).

いいつけ 言いつけ ordem (f). ~に従う obedecer às instruções. 私は社長の~でそうしました Eu fiz assim, porque o presidente (da companhia) mandou.

いいつける 言いつける mandar.

いいつたえ 言い伝え tradição (f), lenda (f).

いいなおす 言い直す corrigir-se, dizer algo em outras palavras, corrigir o que se disse.

いいなずけ 許婚 noivo/va, comprometido/da.

いいならわし 言い習わし tradição (f) oral, dito (m) antigo, modismo (m) de época. …という~がある Há uma tradição que diz que …./Diz-se tradicionalmente que ….

いいなり 言いなり …の~である obedecer cegamente a …, agir como marionete de …. 彼は母親の~になっている Ele faz tudo o que a mãe ⌊lhe manda [quer].

いいにくい 言いにくい ser difícil de dizer; 《俗》ser [ficar] chato dizer. ~ことですが、君を解雇しなくてはなりません Fica [É] muito chato dizer, mas eu vou ter que ⌊dispensar você [despedi-lo/la].

いいのがれ 言い逃れ ❶〔はぐらかすこと〕evasiva (f), subterfúgio (m), escapatória (f). ~をする usar de evasivas, valer-se de subterfúgios, buscar uma escapatória. ❷〔口実〕pretexto (m), desculpa (f).

いいのこす 言い残す deixar dito, sair dizendo. 店長は店員に棚卸しをやれと言い残していった O gerente saiu, dizendo aos funcionários para fazerem o balanço da loja. 母親を頼むと息子に言い残して死んでいった Morreu pedindo ao filho que cuidasse da mãe.

いいはなつ 言い放つ afirmar, asseverar, declarar com muita certeza do que fala.

いいはる 言い張る insistir em dizer. 彼は自分の責任ではないと言い張った Ele insistiu em dizer que (aquilo) não era da responsabilidade dele.

いいふらす 言いふらす propagar, difundir, falar aos quatro ventos. …の悪口を~ propagar calúnias contra ….

いいぶん 言い分 argumento (m). 私の~も聞いてください Ouça também o meu argumento, por favor.

いいまちがい 言い間違い erro (m) cometido ao falar.

いいまちがえる 言い間違える cometer erros ao falar, falar errado. ちょっと言い間違えただけだから許してください Desculpe, foi só um lapso que eu cometi ao falar.

いいまわし 言い回し um jeito de expressão.

それは日本独特の~なんですよ Essa é uma expressão idiomática japonesa, sabe? それは良い~でしたね Essa foi uma expressão feliz, não é verdade?

イーメール E メール [イメール] e-mail (m) [イーメイウ].

イーユー EU União (f) Europeia.

いいわけ 言い訳 justificativa (f). ~する justificar-se (de), dar uma desculpa (a). へたな~ uma desculpa ⌊mal dada [esfarrapada]. 彼女は遅刻の~をした Ela justificou o atraso.

いいわすれる 言い忘れる esquecer-se de falar [referir-se, dizer]. 明日の休講のことを言い忘れた Esqueci-me de falar que amanhã não vai haver aula.

いいわたす 言い渡す 〖法〗❶〔宣告する〕declarar, sentenciar, condenar. …に死刑を~ condenar … à morte, dar a sentença de morte a …. ❷〔命令する〕dar ordem de, ordenar. 裁判官は住人に立ち退きを言い渡した O juiz deu ordem de despejo ao inquilino.

いいん 医院 clínica (f), consultório (m) médico.

*__いいん 委員__ membro (m) de uma comissão. ♦委員会 comitê (m), junta (f).

*__いう 言う__ ❶〔言葉を口から出す〕dizer [ヂゼール], falar [ファラール]. ほんとうのことを~ falar [dizer] a verdade. …のことをよく~ falar bem de …. おやすみを言ってから寝なさい Diga boa-noite antes de dormir. だれがそんなことを言ったのですか Quem disse uma coisa dessas? もっとゆっくり言ってください Fale mais devagar, por favor. 人の悪口を言ってはいけません Não se deve falar mal dos outros. 彼にすぐ来るように言いなさい Fale para ele [Mande-o] vir aqui imediatamente. 自分から~のもおかしいけど、... それは言えている Falou! よく~よ... Olha aí quem fala! あなたが言ったのなら間違いないでしょう Você falou, está falado! あなたは少し言い過ぎましたね Falou ⌊um pouco mais do que devia [demais], não é mesmo? 私にできることがあったらいつでも言ってください Todas as vezes que [Quando] precisar de ajuda, disponha [diga], sim? そんなことを~なんて Isso é coisa que se fale?! よく言ってくれた Bem lembrado!/Você falou muito bem!

❷〔言い表す〕dizer, expressar [エスプレサール]. これはポルトガル語で何と言いますか Como se diz isso em português? お礼を~ expressar gratidão, agradecer. なんてお礼を言っていいのかわかりません Nem sei como lhe agradecer! ❸〔称する〕chamar-se [シャマール スィ]. 田中さんと~方 uma pessoa chamada Tanaka. ❹〔伝聞であることを表わす〕…と言われている Diz-se que …, Dizem que …. 私は率直すぎると言われた Me disseram [Disseram-me] que eu era incisivo/va [direto/ta] demais. 猫は鳥インフルエンザに感染した鶏を食べたと~ことで

ある O gato teria comido uma galinha com gripe aviária. ❺ 〔強調〕と〜[と言われる] nada menos que. 地球には今60億と〜人たちが生きている No nosso planeta, vivem atualmente nada menos que seis bilhões de seres humanos. ❻〔勧める、従わせる〕aconselhar [アコンセリャール], fazer obedecer. 自分に言い聞かせる aconselhar-se a si mesmo. 真のリーダーは知恵に満ちた優しい言葉で相手に〜ことをきかせることができる O verdadeiro líder se faz obedecer por palavras brandas cheias de sabedoria. ¶ 一般的に言えば... falando em geral .... 〜なれば[言ってみれば] por assim dizer, digamos. …と言っても entretanto, mas. …と言えば falando nisso, a propósito. …と〜のは... isto é ..., isso porque ...

いうまでもなく nem é preciso dizer, obviamente. それはいうまでもないことです Isso é óbvio. 彼はポルトガル語は〜、英語、フランス語も上手です Ele sabe inglês, francês e, quanto ao português, ∟nem é preciso dizer.

*いえ 家 ❶〔家屋〕casa (f) [カーザ], moradia (f) [モラディーア]. 自分の〜を持つ ter casa própria. 〜を失う tornar-se [ficar] sem teto. 〜へ帰る voltar para casa. 〜に帰る途中で a caminho de casa. 〜をあける 1)〔立ち退く〕despejar [evacuar] a casa. 2)〔外泊する〕ausentar-se da casa, dormir fora. 〜にいる estar em casa. 父は〜におりません Meu pai não está em casa. ❷〔家族〕família (f) [ファミーリア]. 〜を持つ ter família. 〜を継ぐ suceder ao pai (nos negócios etc).

いえがら 家柄 linhagem (f), descendência (f). 彼女は〜がいい Ela é de boa família.

いえき 胃液 suco (m) gástrico.

いえで 家出 〜する sair [fugir] de casa. 交番は〜した少女を保護した O posto policial deu abrigo à menina que fugiu de casa.

-いえども …と〜 contudo, entretanto; apesar de + 名詞・不定詞, ainda que [embora, apesar de que] (+ subjuntivo). 老いたりと〜まだ若い者には負けない Apesar de ser velho/lha, eu não me deixo vencer pelos jovens. 子どもと〜ばかにはできない Apesar de que [Ainda que] ele/ela seja uma criança, não podemos facilitar. いかに…と〜 por mais + 形容詞 + que (+ 接続法) 《+ subjuntivo》. 彼がいかに金持ちと〜 por mais rico que ele seja.

いえなみ 家並み fileira (f) de casas.

イエメン Iémen (m). 〜の iemenita.

いえる 癒える ❶〔治る〕sarar, curar. ❷〔傷が〕cicatrizar-se. 傷が癒えた A ferida se cicatrizou. 癒えない傷 ferida (f) que não se cicatriza.

イエローカード 〚サッカー〛cartão (m) amarelo.

いおう 硫黄 súlfur (m), enxofre (m). 〜の sulfúrico/ca, sulfuroso/sa.

イオニウム 〚化〛iônio (m).

イオン 〚化〛íon (m).

いか 以下 ❶〔…より下〕menos que [de], menor que, abaixo de. 100円〜の買い物 compra (f) de menos de cem ienes. 零度〜に下がる ficar abaixo de zero. 7歳〜の子供は入場できません As crianças de menos de sete anos não podem entrar./《掲示》Proibida a entrada de crianças de [com] menos de sete anos. ❷〔次に述べるもの〕o que vai abaixo, o seguinte. 明細は〜のとおりである Os detalhes são como seguem. 〜のように como segue. 〜同様 e assim por diante. 〜省略 o restante está omisso《por ser repetitivo》.

いか 医科 faculdade (f) [departamento (m)] de medicina.

いか 烏賊 〚動〛lula (f).

*いがい 意外 〜な inesperado/da [イネスペラード/ダ]. 〜に inesperadamente. 飛行機は〜に早く着いた O avião chegou mais cedo do que se esperava.

いがい 貽貝 〚貝〛mexilhão (m).

-いがい -以外 〔除いて〕fora, exceto, menos; 〔その上〕além de, fora. 彼〜はみんな映画へ行った Todos foram ao cinema, menos ele. この公園には会員〜は立ち寄れません Este parque é de uso exclusivo dos sócios./《掲示》Proibida a entrada de não-sócios neste parque. あなた〜の人だったら私はドアを開けもしないでしょう Se fosse outra pessoa que não ∟o/a senhor/ra [você], eu não ia nem abrir a porta. 彼らは知り合い〜の何者でもなかった Eles ∟não eram senão [nada mais eram que] meros conhecidos. 私はこれ〜には辞書を持っていない Eu não tenho nenhum dicionário ∟além deste [fora este].

いかいよう 胃潰瘍 〚医〛úlcera (f) gástrica. 私は〜がある Tenho úlcera no estômago.

いかが ❶〔勧めて〕que tal ビールを1杯〜ですか Que tal um copo de cerveja? ❷〔尋ねて〕como きのうのパーティーは〜でしたか Como foi a festa de ontem? ❸〔不賛成〕それは〜なものか Como seria isso? (= Isso não é bom.)

いかく 威嚇 ameaça (f), intimidação (f). 〜的な ameaçador/ra. 〜的な態度をとる tomar uma atitude ameaçadora. 〜する ameaçar, intimidar, amedrontar. 〜射撃をする dar um disparo de aviso, disparar ao ar para ameaçar. ♦威嚇者 ameaçador/ra.

いがく 医学 medicina (f). 〜上の(の) do ponto de vista médico. ♦医学界 mundo (m) da medicina, círculo (m) médico. 医学生 estudante de medicina. 医学博士 doutor/ra em medicina. 医学部 faculdade (f) de medicina. 法医学 medicina legal. 予防医学 medicina preventiva. 老人医学 geriatria (f).

いかす 生かす ❶〔生きたままにしておく〕deixar vivo/va. ❷〔活用する〕aproveitar, pôr em

prática. …の才能を〜 aproveitar o talento de …. 持っている金を〜 aplicar o dinheiro que (se) tem.

いかすい 胃下垂 〖医〗gastroptose (f), ptose (f) do estômago.

いかだ 筏 embarcação (f) tipo jangada.

いかだいがく 医科大学 faculdade (f) de medicina.

いカタル 胃カタル 〖医〗gastrorreia (f), catarro (m) do estômago.

いかに 如何に ❶〔どのように〕como, de que maneira, de que modo. あの時は〜行動を取るべきかわからなかった Não sabia como agir naquele momento. ❷〔どんなに…ても〕por mais que (+接続法)《+subjuntivo》. 〜急いだとしてももう間に合わない Por mais que nos apressemos, já não vai dar mais tempo.

いかにも realmente, verdadeiramente. 彼は〜楽しそうだった Ele parecia realmente alegre. 〜残念だ É realmente uma pena! ¶ 彼らしい Isso é muito dele. 〜(そのとおり)です Exatamente!

いがみあい いがみ合い discórdia (f), briga (f), desavença (f).

いがみあう いがみ合う brigar, ser como cão e gato. 兄弟が互いにいがみ合っている Os irmãos estão ˪brigados [em desavença, 《口語》de briga um com o outro]. 二人はいつもいがみ合っている Os dois estão sempre ˪brigando [se pegando].

いかめしい 厳めしい imponente, solene, majestoso/sa, grave.

いカメラ 胃カメラ gastrocâmara (f). 〜による検査 endoscopia (f) gástrica. 〜を飲む deglutir uma gastrocâmara.

いがらっぽい irritado/da, irritadiço/ça. のどが〜 estar com a garganta irritada.

いかり 怒り raiva (f), cólera (f), ira (f). 〜を押さえる reprimir [conter] a raiva. 人の〜を買う atrair a ira de alguém, comprar uma briga. …の〜をなだめる aplacar a ira de …, acalmar …. …に〜をぶちまける descarregar a raiva em ….

いかり 錨 âncora (f). 〜を下ろす(上げる) lançar (levantar) âncora.

いかる 怒る ficar bravo/va, zangar-se. ⇨行（き）る.

いかん 遺憾 pena (f), pesar (m). 〜ながら lamentavelmente. この事故に対して〜の意を表明します Lamento o [pelo] acidente (que houve)./Lamento o acontecido.

いかん 移監 transferência (f) de detentos (de uma cadeia para outra). ◆ 移監指揮書 ordem (f) de transferência de um preso (de uma casa de detenção à outra).

いがん 胃癌 câncer (m) de estômago.

いき 行き ida (f). 〜はバスで, 帰りはタクシーにしますか Você vai de ônibus na ida, e volta de táxi? 横浜〜のバスに乗ってください Tome o ônibus com destino a Yokohama. ◆ 行き来 trânsito (m). ⇨行(ﾕｷ)き.

*いき 息 ❶〔呼吸〕respiração (f) [ﾍｽﾋﾟﾗｻｫﾝ]. 〜切れがするのですけれど Estou respirando com dificuldade./Sinto falta de ar. 〜が切れる ficar com [ter] falta de ar. そんなことをしたら, 〜が切れますよ Não faça isso, que você vai perder o fôlego. 彼は階段を昇って〜を切らしていた Ele estava sem fôlego depois de subir a escada. 〜が苦しい respirar com dificuldade. 〜が止まる perder a respiração. 〜を吐く expirar (o ar). 〜を吸う inspirar (o ar). 〜をする respirar. 〜を深く吸って吐いてください Respire fundo e em seguida solte o ar dos pulmões. 患者は〜が荒かった O paciente estava ˪respirando com dificuldade [arfando]. 窓ガラスに〜を吹きかける soltar um bafo na janela de vidro, 《口語》dar uma bafejada na janela. ◆ 息切れ falta (f) de ar. ❷〔口臭〕hálito (m) [ｱｰﾘﾄ]. 〜が臭い ter mau hálito. ❸〔命〕vida (f) [ｳﾞｨｰﾀﾞ]. 〜を吹き返す ressuscitar. 〜を引き取る morrer. ¶ 彼ら〜が合っている Eles se dão [entendem] muito bem. 〜を殺して彼の話に聞き入った Eu ouvi a história dele sem respirar. 〜を抜く descansar. 仕事が忙しくて〜をつく暇もなかった Estava tão ocupado que nem tinha tempo para descansar [respirar]. 〜の長い戦い uma luta ˪de fôlego [longa].

いき 遺棄 abandono (m), 〜する abandonar. ◆ 遺棄罪 〖法〗crime (m) de abandono. 遺棄物 〖法〗coisa (f) abandonada. 死体遺棄 abandono de cadáver.

いぎ 意義 sentido (m), significação (f). 〜のある significativo/va, importante. 〜のない sem sentido. 〜ある生き方をする levar uma vida ˪que valha a pena (ser vivida) [plena], 《俗》curtir a vida.

いぎ 異議 ❶ objeção (f), protesto (m). …に対して〜を唱える fazer objeções a …. 社長は彼の計画に〜を唱えた O presidente (da companhia) fez objeções ao plano dele. ❷ 〖法〗contestação (f), oposição (f), embargo (m). 〜を申し立てる apresentar embargos.

いきいき 生き生き 〜した〔新鮮で〕fresco/ca; 〔鮮明で〕vivo/va. 草は朝露をおびて〜としていた A relva estava bem viva com o orvalho. 彼の描写は実に〜している A descrição dele é bem viva.

いきうつし 生き写し cópia (f) exata [perfeita], sósia (f). 彼女は母親に〜だ Ela é a cara da mãe.

いきうめ 生き埋め …を〜にする enterrar … vivo/va. 〜になる ficar soterrado/da, ser enterrado/da vivo/va.

*いきおい 勢い ❶〔元気〕força (f) [ﾌｫｰﾙｻ], vigor (m) [ｳﾞｨｺﾞｰﾙ]. 〜のよい vigoroso/sa, enérgico/ca, vívido/da. 〜のない fraco/ca, sem energia. ～よく vigorosamente, com energia. …に～をつける encorajar. ❷〔勢力〕influência (f)〔インフルエンスィア〕. 酒の～で sob a influência do álcool, por estar embriagado/da. ❸〔傾向〕tendência (f)〔テンデンスィア〕. 時の～ curso (m) natural das coisas, tendência da época.

いきがい 生き甲斐 sentido (m) da vida, razão (f) de viver, satisfação (f) pessoal. ～が見つからなくて苦しんでいる人たちがいる Há pessoas que sofrem por não acharem a sua razão de viver. あなたの～は何ですか O que é que faz a alegria da sua vida?/Qual o objetivo da vida para você?

いきかえる 生き返る renascer, reviver; ressuscitar. 雨が降ってての花は生き返った Essa flor ressuscitou com a chuva.

いきがかり 行き掛かり ～上あとに引けない não poder voltar atrás por ter começado algo e estar embalado.

いきぐるしい 息苦しい sufocante, asfixiante, abafado/da この部屋は暑さで～ Este quarto é sufocante [abafado]. 私は～ Estou respirando com dificuldade./Estou com falta de ar.

いきごみ 意気込み entusiasmo (m), ardor (m);〔決意〕determinação (f). 大変な～をもって com grande determinação. …の～をくじく desanimar …, tirar o ânimo de ….

いきごむ 意気込む estar animado/da, estar decidido/da. 彼は優勝しようと意気込んでいる Ele está decidido a ganhar o campeonato. 意気込んで答える responder com ânimo.

いきさき 行き先 ❶〔目的地〕destino (m). この電車の～はどこですか Qual é o destino deste trem?/Para onde vai este trem? 彼女は～を言わずに出かけた Ela saiu sem dizer para onde iria. ❷〔あて名〕endereço (m). ～のない小包 pacote (m) sem endereço [destinatário]. ❸〔行く末〕futuro (m).

いきさつ processo (m), razão (f), história (f). 事の～を話す dizer como se sucedeu o fato. 争いの～を説明する explicar como se iniciou [desenvolveu] a contenda.

いきじごく 生き地獄 inferno (m) em vida.

いきすぎる 行き過ぎる 〔極端になる〕exagerar, ir longe demais;〔通り過ぎる〕passar.

いきちがい 行き違い ❶〔すれ違い〕desencontro (m). 私達は駅で～になった Nós nos desencontramos na estação. ❷〔誤解〕mal-entendido (m). 私達の意見に～があった Houve um mal-entendido [desentendimento] entre nós.

いきづかい 息遣い respiração (f), palpitação (f). ～が荒い respirar com dificuldade, arquejar, ofegar.

いきづまる 行き詰まる entrar num beco sem saída. この会社の経営は行き詰まっている A administração desta companhia vai mal.

いきづまる 息詰まる ficar sufocado/da. ～ような〔息苦しい〕sufocante;〔試合など〕de grande tensão.

いきどおり 憤り cólera (f), raiva (f), indignação (f). ～を感じる ficar com raiva [indignado/da]. 彼は社会の不正に～を覚えた As injustiças da sociedade despertaram sua indignação.

いきなり de repente, de supetão; sem aviso prévio.

いきぬき 息抜き descanso (m), intervalo (m). ～をしましょう Vamos fazer um intervalo.

いきのこる 生き残る sobreviver. 彼は地震で生き残った一人です Ele é um dos sobreviventes do terremoto.

いきもの 生き物 ser (m) vivo.

いきょう 胃鏡 〖医〗gastroscópio (m).

イギリス a Inglaterra, o Reino Unido. ～の inglês/glesa (da Inglaterra). ♦イギリス人 inglês/glesa (o povo).

*__いきる 生きる__ viver〔ヴィヴェール〕. ～喜び alegria (f) de viver, sentido (m) da vida. 思い出に～ viver de recordações. 彼は生きている Ele está vivo. 幸せ(正直)に～ viver feliz (honestamente). 100 歳まで生きたい Quero viver até os cem anos. 生き続ける continuar a viver, sobreviver. 今日まで母に生きていてほしかった Queria que minha mãe estivesse viva até o dia de hoje. 生きた魚 peixe (m) vivo. 生きたポルトガル語 língua (f) portuguesa ∟que se usa realmente [atual].

いきわたる 行き渡る chegar [dar] para. 食料はみんなに行き渡った A comida chegou [deu] para todos.

*__いく 行く__ ❶ partir〔パルチール〕. もう行こうか Vamos partir então? ❷ ir〔イール〕. 郵便局に行ってすます Vou ao correio. 散歩に行きませんか Vamos passear? 彼は買物に行った Ele foi fazer compras. 私は彼に会いに行った Eu fui me encontrar com ele. 私は一度も大阪へ行ったことがありません Eu nunca fui a Osaka. ❸ passar〔パサール〕, dar em. 駅へ～道 caminho (m) que ∟passa pela [dá na] estação. ❹ frequentar〔フレクエンタール〕. 3 年間語学学校へ行った Frequentei uma escola de línguas por três anos. ❺ chegar〔シェガール〕. 明日お宅に連絡が～と思います Acho que a mensagem vai chegar na sua casa amanhã. ❻ prosseguir〔プロセギール〕, ir. 試験はうまく行った Fui bem no exame. 何でも思いどおりに～と思ったら大間違いだ É um grande engano pensar que tudo vai dar certo como planejado. この調子で～と吸う空気もなくなってしまう Do jeito que vai, não vai haver nem ar para respirar. ❼ atingir um estado (mental ou de espírito). 満足が～ ficar satisfeito/ta. 納得が～ ficar convencido/da. ¶〔日常で〕「いってきます」「いってらっしゃい」Até mais!/

Estou indo! —Até mais!/Vai com Deus! 《ou, invertendo a ordem dos falantes》.〔相手が出かけるとき〕「いってらっしゃい」「いってきます」Vai com Deus! —Obrigado/da, fique com Deus!〔相手が旅立つとき〕「いってらっしゃい」「いってきます」Boa Viagem. —Obrigado/da. 《A forma de respeito de 行く é「いらっしゃる」,「おいでになる」, e a forma de humildade,「まいる」,「うかがう」》.

いく 幾- quanto/ta/tos/tas. あなたは〜日そこに滞在しますか Quantos dias você vai ficar aí? 今日は〜人来ますか Quantas pessoas vêm hoje?

-いく（…ていく） ❶〔ある動作や状態が話者から離れた場所または未来に向かって進むことを表す〕〔★現在形, ir + 現在分詞, ir + 不定詞で表す〕《indica ação ou estado que se distancia do falante, espacial ou temporalmente, em direção ao futuro: expressa-se pelo presente, ir + gerúndio ou ir + infinitivo》子どもはどんどん成長していく As crianças crescem [vão crescendo] dia a dia. この町を出ていこう Vou sair desta cidade. 運動をして筋力が付いていく Fazendo exercícios, aumenta a força muscular. テーブルにナプキンを置いていってください Vá pondo [Deixe] os guardanapos na mesa, por favor. ❷〔あることをした結果を残して立ち去ることを表す〕〔★ ir の現在形 + deixar の不定詞 + 過去分詞で表す〕《indica sair de um lugar deixando o resultado de uma ação: expressa-se pelo presente de ir + infinitivo de deixar + particípio》せめて手付金を払っていこう Vamos deixar paga pelo menos a entrada.

イグアナ〔動〕iguana (m).

いくえ 幾重 repetidamente. 〜にも折る dobrar várias vezes. 〜にもおわびする pedir humildemente mil perdões.

いぐさ 藺草〔植〕junco (m).

いくじ 育児 puericultura (f). 〜に専念する dedicar-se ao cuidado do bebê. ♦育児休暇〔母親の〕licença-maternidade (f),〔父親の〕licença-paternidade (f). 育児室 berçário (m). 育児専門家 puericultor/ra. 育児法 puericultura.

いくじ 意気地 君は〜なしだ Você é covarde.

いくせい 育成 ❶〔栽培〕criação (f), cultivo (m). 苗の〜 cultivo〔criação〕de mudas. ❷〔養成〕educação (f), formação (f). 〜する criar, cultivar; criar, educar, formar. 事業を〜する fazer um negócio crescer. 青少年の〜は人格の〜から始まる A educação dos jovens começa pela formação de caráter.

***いくつ 幾つ** ❶〔何個〕quanto/ta/tos/tas〔クァント/タ/トス/タス〕. Quantos supermercados tem〔há〕nesta cidade? 〜かの新聞にもこう書いてあった Em alguns jornais estava escrito assim. それには〜ものやり方がある Há várias maneiras de se fazer isso. ❷〔何歳〕quantos anos. あなたのお母さんは〜ですか Quantos anos tem a sua mãe? あの女性は〜だと思いますか Quantos anos [Que idade] você dá para ela?

いくぶん 幾分 um pouco. 景気は〜好転しています A situação econômica está melhorando um pouco. 今日は〜気分がよい Sinto-me um pouco melhor hoje. 費用の〜を負担する arcar com〔pagar〕uma parte das despesas.

***いくら 幾ら** ❶〔数〕quanto/ta〔クァント/タ〕. 手持ちのお金は〜ありますか Quanto dinheiro você tem? ❷〔値段〕quanto〔クァント〕. この時計は〜ですか Quanto é este relógio? お〜のがありますか De quanto tem? 〜のがよろしいですか De quanto quer? 全部で〜になりますか Quanto fica ao todo? ❸〔譲歩〕por mais que〔+接続法〕《+ subjuntivo》. 〜やっても結果は同じだった Por mais que eu tentasse (fazer), o resultado era sempre o mesmo./Eu tentei (fazer) várias vezes (a mesma coisa), mas o resultado era sempre o mesmo. ¶ 〜(で)も muitos/tas. そんな例は〜でもある Casos〔Exemplos〕como esse há muitos. 〜も pouco/ca. 米がもう〜もない Já resta pouco arroz.

イクラ ova (f) de salmão.

いくらか 幾らか um pouco, algo. あなたは〜のお金を持っていますか Você tem um pouco de dinheiro [algum dinheirinho]? きょうはきのうより〜気分がよい Hoje estou um pouco melhor do que ontem.

いけ 池 lagoa (f); brejo (m).

いけいれん 胃痙攣 convulsão (f) estomacal.

いけがき 生け垣 cerca (f) viva (de arbustos, de espinho), sebe (f).

いけす 生簀 viveiro (m) para peixes.

いけどる 生け捕る caçar 〜 vivo/va.

いけない ❶〔禁止〕proibido/da. この川で泳いではいけません Não nadem neste rio. 《掲示》Proibido nadar neste rio. ❷〔恐れ〕ter receio de que 《+ subjuntivo》, ser capaz de 《+不定詞》《+ infinitivo》[que 《+接続法》《+ subjuntivo》]. 雨が降ると〜から傘を持っていきましょう Vamos levar guarda-chuva que é capaz de chover [que chova]. ❸〔気の毒〕lamentável, deplorável. 「母が病気なんですよ...」「それはいけませんね」A minha mãe está doente .... — Que ruim [lamentável], não é? ❹〔悪い〕mau/má, errado/da. そこはあなたの方が〜 Aí, você é que está errado/da. ❺〔欠点〕errado/da. この文のどこが〜の Onde está o erro desta frase? ❻〔必要〕precisar, dever. 5時までに帰らなければ〜 Preciso voltar até as cinco horas.

いけにえ 生贄 sacrifício (m), vítima (f). 神に〜をささげる oferecer um sacrifício a Deus. …を〜にする sacrificar …, oferecer … em sacrifício, imolar. …の〜になる ser vítima de ….

いけばな 生け花 arranjo (*m*) floral. 私たちは会社で～を習っています Nós estamos aprendendo *ikebana* na companhia.

いける 生ける 生け花を～ colocar flores no vaso.

*****いけん 意見** ❶〔考え〕opinião (*f*) [オピニオン]. 彼は適切な～を述べた Ele deu uma opinião pertinente [válida]. この問題について君の～を聞きたいのだが... Gostaria de ouvir a sua opinião acerca deste assunto [problema].... 私は彼の～に従います Vou seguir a opinião dele. 事情も知らないのに～を申すのも失礼かと思いますが... Talvez seja uma intromissão opinar, uma vez que posso não estar entendendo direito da situação, mas .... ❷〔見解〕parecer (*m*) [パレセール]. 政府は～を述べた O governo emitiu um parecer. ❸〔予想〕palpite (*m*) [パウピッチ]. ～を言ってみますか Você arrisca um palpite? ❹〔忠告〕conselho (*m*) [コンセーリョ]. ～する aconselhar. 彼女にもっと勉強するように～した Aconselhei-a a estudar mais.

いけん 違憲 inconstitucionalidade (*f*), violação (*f*) da constituição. ～の inconstitucional, contrário/ria à constituição.

いげん 威厳 dignidade (*f*). 彼は～のある人だ Ele inspira respeito [tem imponência].

いご 以後 após, depois de. 私は午後8時～はたいてい家にいます Depois das [Após as] oito, eu quase sempre estou em casa. 明日～ a partir de amanhã, de amanhã em diante.

いこい 憩い repouso (*m*), refrigério (*m*), serenidade (*f*). ～の場 amparo (*m*), proteção (*f*), cantinho (*m*) onde se está seguro/ra e feliz. 家庭は私の～の場だ O meu lar é a minha redoma.

いこう 意向 intenção (*f*), propósito (*m*). ～する～がある ter a intenção de (+不定詞)《+infinitivo》. …の～を探る sondar a intenção de …. …の～を聞く perguntar a intenção de …. ～を表わす revelar a intenção.

イコール ❶〚数〛igual. A～B A é igual a B. 4プラス5＝9 (4+5=9) Quatro mais cinco é igual a [são] nove. 3掛ける4＝12 (3×4=12) Três por [vezes] quatro é igual a [são] doze. ◆イコール記号 sinal (*m*) de igualdade. ❷ equivalente. 父にとっては男性と付き合うこと＝結婚の約束なんですよ É que, para o meu pai, namorar um rapaz é equivalente [equivale] a estar comprometida para casamento, sabe?

いこく 異国 país (*m*) estrangeiro.

いごこち 居心地 ここは～が悪い Eu não me sinto bem aqui. ～のよい職場 lugar (*m*) agradável para [de] trabalhar.

いこじ 依怙地 teimosia (*f*) em coisas insignificantes. ～になる ficar emburrado/da [enfezado/da, rançoso/sa] prolongadamente.

いこつ 遺骨 cinzas (*fpl*), restos (*mpl*) mortais.

いごん 遺言 〚法〛testamento (*m*). ◆遺言執行者 executor/ra testamentário/ria. 遺言書 testamento (escrito). 遺言補足書 codicilo (*m*). ⇨遺言(ゆいごん).

いざ ～となれば em caso de urgência [de necessidade], na hora H.

いざかや 居酒屋 taberna (*f*), bar (*m*), cantina (*f*).

いさぎよい 潔い ❶〔勇ましい〕bravo/va, heroico/ca, valente, valoroso/sa, viril. 潔く valentemente, heroicamente, com valor; com resignação; decididamente. あの侍は潔く最後を遂げた Aquele samurai teve uma morte heroica [honrada]. ❷〔潔白な〕puro/ra, íntegro/gra, honesto/ta, franco/ca. 潔く白状する confessar algo honesta e corajosamente.

いざこざ encrenca (*f*), desavença (*f*). ～を起こす quebrar as boas relações, arrumar encrenca.

いさましい 勇ましい corajoso/sa, bravo/va, valente. 勇ましく com coragem.

いさん 遺産 ❶ herança (*f*), legado (*m*), patrimônio (*m*). ◆文化遺産 patrimônio cultural. ❷〚法〛herança. ～を継ぐ ficar com a herança. …として～を残す deixar … como herança, legar …. ～管理人を任命[使命/選任]する nomear o/a curador/ra da herança. ◆遺産争い disputa (*f*) pela herança, desentendimento (*m*) entre os herdeiros. 遺産管理人 curador/ra da herança. 遺産財団 espólio (*m*). 遺産相続 sucessão (*f*) da herança. 遺産相続人 herdeiro/ra. 遺産分割 partilha (*f*) da herança. 遺産目録 inventário (*m*) da herança.

いさん 胃酸 acidez (*f*) gástrica [do estômago].

いし 医師 médico/ca. ◆医師会 Ordem (*f*) dos Médicos. 医師免許書 licença (*f*) médica [para exercer a medicina].

いし 意志 vontade (*f*). ～の強い人 pessoa (*f*) determinada [de personalidade forte]. ～の弱い人 pessoa sem determinação [de personalidade fraca]. 彼は～が強い Ele tem uma personalidade forte./Ele tem força de vontade.

いし 意思 intenção (*f*), intento (*m*). …に～が通じる ser compreendido/da por …. ～表示をする expressar-se, manifestar-se, declarar a intenção. 彼は辞職する～はない Ele não tem intenção de se demitir.

*****いし 石** pedra (*f*) [ペードラ]. その橋は～でできている Essa ponte é [feita] de pedra.

いじ 意地 tenacidade (*f*), teima (*f*). ～っ張りの tenaz, obstinado/da, teimoso/sa. ～の悪い人(言葉) pessoa (*f*) (palavra (*f*)) maldosa.

いじ 維持 manutenção (*f*), conservação (*f*),

いしがき　石垣　muro (m) de pedra.

*****いしき　意識**　❶ consciência (f) [コンスィエンスィア]. ～のある que está consciente. 彼は～不明だ Ele está inconsciente. 私は～を失った (回復した) Eu desmaiei (recobrei os sentidos). ❷〔自覚〕他人の目を～する tomar consciência do olhar dos outros. 罪の～を持つ ter [ficar com] sentimento de culpa; ter consciência do crime que cometeu. ～的な consciente. ～的に conscientemente; 〔わざと〕de propósito. 無～的な inconsciente. 無～的に inconscientemente. ❸〔社会的な〕～が高い ter noção dos problemas sociais e políticos. ♦意識調査 pesquisa (f) de opiniões.

いじきたない　意地汚い　❶ ganancioso/sa, ambicioso/sa, ávido/da. 金に～ ser mesquinho/nha com o dinheiro. ❷ guloso/sa. 意地汚く食べる comer muito sem pensar nos outros.

いじける　❶〔ひねくれる〕ver tudo pelo lado torto, ficar com um caráter retorcido. ❷〔ちぢこまる〕encolher-se, contrair-se; intimidar-se, acanhar-se. いじけた性格 personalidade (f) tímida [acanhada]; caráter (m) deformado.

いしずえ　礎　❶〔土台石〕pedra (f) de alicerce das colunas e paredes de uma construção. ❷〔基礎〕base (f), fundamento (m). 会社の～を築く estabelecer as bases para a fundação de uma companhia.

いしだたみ　石畳　pavimentação (f) de pedra, rua (f) pavimentada com pedra.

いしつ　異質　～な heterogêneo/nea. ♦異質性 heterogeneidade (f).

いしつぶつ　遺失物　objeto (m) perdido. ♦遺失物横領 apropriação (f) indevida de objetos perdidos. 遺失物係 seção (f) de achados e perdidos.

いしばし　石橋　ponte (f) de pedra.

いじめ　ação (f) ofensiva ou discriminatória sobre alguém indefeso, assédio (m) moral, acossamento (m), (prática (f) de) maus tratos (mpl), ato (m) de atormentar alguém, bullying (m). 学校の～問題 problema (m) de ⌊maus tratos [bullying]⌉ entre os colegas de escola. ～を苦にして自殺をする suicidar-se atormentado/da pelos maus tratos dos colegas.

いじめる　judiar de …, tratar mal a [de] …. 妹をそんなにいじめてはいけません Não judie tanto da sua irmã mais nova.

いしや　石屋　〔石工〕pedreiro/ra; 〔石商〕comerciante de pedras.

いしゃ　医者　médico/ca. ～の médico/ca. ～にみてもらう passar por atendimento médico. ～にみてもらいましょう Vamos (pedir uma consulta) ao médico. 手おくれにならないうちに～に行ったほうがいい É melhor ir ao médico antes que seja tarde demais.

いしやきいも　石焼き芋　batata-doce (f) assada em pedras quentes.

いしゃりょう　慰謝料　〘法〙indenização (f) por danos pessoais. その場合には～を要求することができます Nesse caso, dá para se exigir uma indenização por danos pessoais.

いしゅう　異臭　mau cheiro (m), fedor (m). それは～を放つものだ Isso faz mesmo um fedor insuportável.

いじゅう　移住　migração (f), 〔外国から〕imigração (f), 〔外国へ〕emigração (f). ～する migrar, 〔外国から〕imigrar, 〔外国へ〕emigrar. 戦前は多くの日本人が海外へ～した Antes da Guerra, muitos japoneses emigraram para o estrangeiro. ブラジルに来た日本人～者 o imigrante japonês que veio ao Brasil. ♦移住者 migrante, imigrante, emigrante.

いしゅく　萎縮　❶ encolhimento (m), contração (f). ❷〘医〙atrofia (f). ～する encolher, contrair-se; atrofiar-se.

いしょう　衣装　vestuário (m), roupa (f); 〔芝居の〕indumentária (f); 〔コスチューム〕costume (m). 彼女は～持ちです Ela tem muita roupa.

*****いじょう　以上**　❶〔数量・程度〕além de, mais que [de] …, acima de …. 1週間～滞在する ficar mais de uma semana. 11歳～の子供 criança de mais de onze anos. この成績は私の力～です Esse resultado está acima da minha capacidade. 石油を1バレル当たり30ドル～で売る vender o petróleo por mais de trinta dólares o barril. これ～は無理です Além disto [Mais que isto] é impossível. ❷〔上記〕～の理由で会社を辞めます Vou deixar a companhia pelas razões acima mencionadas. ❸〔理由〕já que, dado que 彼がこの時間まで来なかった～我々は出発してもかまわない Já que ele não veio até agora, podemos partir (sem ele). ❹〔終わり〕以上《文語》Tenho dito./《口語》É só!

*****いじょう　異常**　anormalidade (f) [アノマリダーヂ]. ～な anormal. ～な物価高 alta (f) de preços anormal [como nunca se viu até agora]. ～に anormalmente. 今日は～に暑くなった Hoje esquentou anormalmente. ♦異常気象 tempo (m) anormal. 異常現象 fenômeno (m) anormal. 異常事態 situação (f) anormal.

*****いじょう　異状**　enguiço (m) [エンギッソ], anomalia (f) [アノマリーア]. この機械はどこかに～があります Esta máquina ⌊tem [está com]⌉ algum enguiço [problema]. ～なし Tudo certo [em ordem]!/Nada de anormal!

いしょく 移植 transplante (*m*). ♦心臓移植 transplante de coração.

いしょく 衣食 roupas (*f*) e alimentos (*m*), vestes (*f*) e alimentação (*f*). ～に困る estar passando dificuldades (para sobreviver). ♦衣食住 roupa (*f*), comida (*f*) e teto (*m*).《比》sobrevivência (*f*).

いじらしい ❶〔愛らしい〕engraçadinho/nha, bonitinho/nha. ❷〔ほろりとさせる〕comovedor/ra, enternecedor/ra.

いじわる 意地悪 maldade (*f*), ruindade (*f*). ～な maldoso/sa. 意地悪くふるまう agir ⌞maldosamente [com ruindade]. …に～を言う falar coisas maldosas a ….

いしん 移審 〖法〗devolução (*f*) (em recurso). ～の効果 efeito (*m*) devolutivo.

いしん 維新 restauração (*f*). ♦明治維新 Restauração (de) Meiji.

いじん 偉人 um grande homem (*m*), homem ilustre.

いす 椅子 ❶〔腰かけ〕cadeira (*f*);〔ベンチ〕banco (*m*);〔三脚〕tripeça (*f*). 立ち上がる levantar-se da cadeira. ～に座る sentar-se na cadeira. ♦車椅子 cadeira de rodas. 電気椅子 cadeira elétrica. 長椅子 divã (*m*), canapé (*m*). ひじかけ椅子 poltrona (*f*). ❷〔地位〕posto (*m*), cadeira. ～をねらう aspirar ao [ambicionar o] posto de ….

いずみ 泉 fonte (*f*).

イスラエル Israel. ～の israelense.

イスラム islã (*m*). ～の islâmico/ca. ♦イスラム教 islamismo (*m*), maometismo (*m*). イスラム教徒 islamita, muçulmano/na.

いずれ ❶〔どちら〕qual, quais. 二者中～でも qualquer um dos dois/uma das duas. ～かひとつ取ってください Pegue um dos dois/uma das duas. ❷〔そのうちに〕um dia desses. ～また会いましょう Vamos nos ver outra vez um dia desses. ¶ ～にせよ〔にしても〕em todo caso, de qualquer maneira. ～にせよ私は義務を果たした Em todo caso tenho de ⌞cumpri a minha obrigação [fiz o que devia]. ～そんなことだろうと思った Deu no que deu./Sabia que ia dar nisso.

いすわる 居座る ❶ fixar-se, instalar-se, ficar por muito tempo. 地位に～ instalar-se num posto por muito tempo. ❷ estagnar, parar. 寒気団が日本列島に居座っている A massa de ar frio está parada no Arquipélago Japonês.

いせい 威勢 ânimo (*m*), ardor (*m*), força (*f*).

いせい 異性 sexo (*m*) oposto.

いせいたい 異性体 〖化〗isômero (*m*).

いせえび 伊勢海老 〖動〗lagosta (*f*).

いせき 移籍 ❶ transferência (*f*) de registro de domicílio. ～する transferir o registro de domicílio. ❷〔スポーツ〕transferência (*f*). ～する transferir-se (de um time para outro). あの選手はサントスに～した Aquele jogador foi transferido para o (time do) Santos.

いせき 遺跡 ruínas (*f*), vestígios (*m*).

いせん 緯線 paralelo (*m*) (de latitude).

いぜん 以前 antes; antigamente. ずっと～に muito antes, muito antigamente, há muito tempo (atrás). ～は彼は工場長だった Antes ele era o diretor da fábrica.

いぜん 依然 ～として ainda, mesmo agora.

いそ 磯 praia (*f*) rochosa. ～の香がする Sente-se o cheiro do mar.

いそいそ(と) alegremente, contente. ～デートに出掛ける ir todo/da contente encontrar-se com o/a namorado/da.

いそうろう 居候 parasita (*m*), pessoa (*f*) que mora na casa alheia. ～の身では何も言えない Numa situação de dependente, não dá para opinar.

*いそがしい **忙しい** ocupado/da [オクパード/ダ], atarefado/da [アタレファード/ダ]. ～人(日) uma pessoa ocupada (um dia atarefado). 彼は会社で忙しく働いている Ele está trabalhando bastante na companhia.

いそぎんちゃく 磯巾着 〖動〗anêmona-do-mar.

*いそぐ **急ぐ** apressar-se [アプレサール スイ], estar apressado/da. …の解決を～ ter pressa de [apressar-se a] dar uma solução a …. その問題の解決が急がれる A solução do caso é premente [urgente]./Espera-se uma agilização na solução do caso. 急いで…をする apressar-se a (＋不定詞)《＋infinitivo》. 急いで荷物をまとめる apressar-se a fazer as malas. 遅れていたので私は急いで会社へ行った Como eu estava atrasado/da, saí correndo para a companhia. 急いでますか〔仕事など〕Está ⌞com [Tem] pressa?/〔出会い頭など〕Está ⌞sem tempo [com pressa]? 彼女は急ぎの用事があったので家へ帰りました Ela voltou para casa, porque tinha um caso urgente a resolver. 急いで rapidamente, apressadamente, agilmente, com rapidez, às pressas.

いぞく 遺族 família (*f*) sobrevivente (do falecido). ♦遺族年金 pensão (*f*) dada aos familiares sobreviventes.

いぞん 依存 dependência (*f*). 覚醒剤の～者 dependente de estimulantes. …に～する depender de …. アメリカは中国のマーケットに～している Os Estados Unidos dependem do mercado da China. ♦アルコール依存者 alcoólatra.

*いた **板** madeira (*f*) [マデーイラ];〔厚板〕tábua (*f*) grossa. …に～を張る revestir … com madeira.

-いた(…ていた) ❶〔過去のある時点で習慣となっている行動・状態〕〖★ 未完了過去形で表す〗《O hábito ou estado, num momento do passado, são expressos pelo imperfeito》私は子供のときあの川で泳いでいた Quando era criança, nadava naquele rio. 私がホームス

テイをしたリスボンの家では毎週タラ料理を食べていた A família da casa em que fiquei em Lisboa comia bacalhoada uma vez por semana. ❷〔過去の瞬時の動作に対して背景となっている行動や状態〕〔★過去進行形すなわち,「estarの未完了過去形+現在分詞」で表す〕《O pano de fundo para uma ação pontual (ou instantânea) do passado é expresso pelo "imperfeito de estar + gerúndio"》私が大学から帰ったとき私の家族はタラ料理を食べていた Quando voltei da faculdade, a minha família estava comendo bacalhoada. ❸〔過去のある時点で,動作や出来事の完了後の状態が瞬時の出来事の背景になっているとき〕〔★estarの未完了過去形+過去分詞で表す. 時間の表現も前景の役割をすることがある〕《O estado como consequência de uma ação, estado esse tornado pano de fundo de um evento instantâneo do passado, é expresso pelo imperfeito de estar + particípio passado; adverbiais que expressam data etc também podem servir de *foreground*》私が行った時は郵便局は閉まっていた O correio estava fechado quando eu fui lá. 喫茶店は8時にはすでに開いていた O café já estava aberto às oito horas. ❹〔❸の否定;過去のある時点で完了されていない事実の状態〕〔★ não + estar の未完了過去形+過去分詞で表す〕《A constatação de um estado como consequência de um fato não concluído num momento do passado é expressa por "não + imperfeito de estar + particípio passado"》窓はあの日開いていなかった Naquele dia a janela não estava aberta. 私が昨日病院に行ったとき彼はまだ死んでいなかった Ele ainda não estava morto quando fui ao hospital ontem. ❺〔過去のある時点までに完了された行動や事実,あるいはその否定〕〔★大過去で表す. その時点は時間の副詞か他の動詞の完了過去形で示される〕《A ação ou o fato concluídos ou não até um certo momento do passado, momento esse expresso por um advérbial temporal ou um outro verbo no perfeito, é expresso pelo mais-que-perfeito》そのときは彼はもうお昼を食べていた Nessa hora, ele já tinha almoçado. 私が家に帰ったとき,彼はまだお昼を食べていなかった Quando voltei para casa, ele ainda não tinha almoçado. ❻〔過去のある時点で完了している,あるいは,していない経験〕〔★「já+大過去,あるいは,(ainda) não+大過去」で表す〕《A experiência concluída em um ponto do passado é expressa por "já + mais-que-perfeito" e a sua negação, por "ainda não + mais-que-perfeito"》彼はブラジルに行く前にすでにアボカドクリームを食べていた Ele já tinha comido o creme de abacate antes de ir ao Brasil. 私はブラジルに行くまでパパイヤを食べていなかった Eu não tinha comido mamão até ir ao Brasil. ❼〔ある状態の継続〕〔★「estar, permanecer, ficar, continuar の完了過去形・未完了過去形+形容詞・過去分詞」で表す〕《A continuidade de um estado no passado é expressa pelo "perfeito ou imperfeito de estar, permanecer, ficar, continuar + adjetivo ou particípio passado"》車は長い間そこに止まっていた O carro ficou [ficava, esteve, estava, continuou, continuava] parado aí durante muito tempo. 彼女はずっと黙っていた Ela ficou [ficava, continuou, continuava, permaneceu, permanecia] calada o tempo todo.

*いたい 痛い doer [ドエール]; 〔ひりひりと〕arder [アルデール]. 私はおなか(歯/頭)が〜 Estou com [tenho] dor de barriga (dente/cabeça). 耳が〜 Doem-me os ouvidos./Estou com dor de ouvido. 傷口が〜 A ferida está me ardendo. 歩くと足が痛くなる Fico com dor nos pés [os pés doloridos] quando ando. どこが〜の? Onde é que está doendo? ここが〜のです Está doendo aqui. どこも痛くありません Não tenho dor nenhuma. ¶ 〜目に遭う sofrer [ter] uma amarga experiência. …を〜目に遭わせる dar uma lição em … (fazendo sofrer). それを聞くと耳が〜《比》 Fico com dor na consciência quando ouço isso. それは痛くもかゆくもない Isso não me atinge. 10万円の費用は痛かった A despesa de cem milhões de ienes foi pesada (para mim). ⇨痛む.

いたい 遺体 cadáver (*m*). 〜を火葬場へ搬送する transportar o cadáver para o crematório.

いだい 偉大 〜な grande; poderoso/sa. 〜さ grandeza (*f*).

いたく 委託 consignação (*f*). 業務を民間に〜する incumbir uma companhia privada de um serviço público. …の〜を受ける ser incumbido/da de …. ◆委託販売 venda (*f*) por consignação.

いだく 抱く conceber, abrigar, ficar com. …に対して憎しみを〜 odiar, ficar com ódio de …, ficar odiando.

いたずら travessura (*f*), diabrura (*f*); 〔悪ふざけ〕brincadeira (*f*) de mau gosto. 〜な travesso/sa, malicioso/sa, caprichoso/sa. 〜な子供 criança (*f*) travessa [arteira]. 〜する fazer travessuras [arte]; 〔…にいっぱい食わす〕passar trote em …. 子供たちに〜をしないように注意してください Avise as crianças que não é para pintar o sete [aprontar].

いたずらに 徒に em vão, inutilmente. 〜労力を費やす trabalhar em vão.

いただき 頂 cimo (*m*), topo (*m*), cume (*m*).

いただく 頂く ❶〔もらう〕ganhar, receber, ficar, aceitar (expressão de humildade para lembrar). これをいただいてもよろしいでしょうか Será que posso ficar com isto?/Será que poderiam me dar isto aqui? 私はこの品物をいただくわけにはいきません Não posso aceitar uma coi sa dessas. ❷ tomar a liberdade de … (＋不定詞)《＋infinitivo》. 請求書を送らせていただきました Tomamos a liberdade de lhe enviar um boleto de pagamento. ❸〔…してもらう〕pedir o favor de …, ser favorecido/da com …. 今度相談に乗っていただけないでしょうか Será que poderíamos conversar um dia desses?/Eu ficaria muito grato se pudesse conversar com o/a senhor/ra um dia desses, seria possível? ❹〔飲food する〕comer, tomar, beber《expressão de humildade para comer, beber》. ダイエットをしているので甘いものはいただけないのですが... Como estou fazendo regime, não posso comer coisas doces. いただきます〔no ato de se iniciar uma refeição: literalmente, "vou começar a comer"〕Bom apetite!〔★ポルトガル語では「良い食欲を」という意味だが、食事開始時によく開かれる〕. もう充分いただきました Já estou satisfeito/ta《após uma refeição》. ❺〔買う〕levar, ficar, comprar《expressão de humildade para buyar》. では、緑のをいただいていきます Então, fico com o verde.

いたち 鼬 〚動〛doninha（f）.

いたで 痛手 ❶〔負傷〕ferida（f）, ferimento（m）grave. ～を負う ser gravemente ferido/da. ❷〔打撃〕duro golpe（m）, grande dano（m）. 彼の死は家族にとって大きな～だった A morte dele foi um golpe doloroso para a família.

いたばさみ 板挟み situação（f）de estar entre a espada e a parede; dilema（m）. 私は仕事と家庭の～だ Eu estou num dilema entre o trabalho e a família.

いたましい 痛ましい〔哀れな〕lamentável;〔みじめな〕miserável;〔悲しい〕trágico/ca.

いたみ 痛み ❶ dor（f）. がまんできない～ dor insuportável. 激しい～ dor intensa. ひりひりする～ dor ardente. やけどのひりひりする～ ardor（m）da queimadura. 刺し込むような～ dor penetrante. 絶え間ない～ dor contínua. ずきずきする～ dor picante. 鋭い～ dor aguda. 肩の～ dor no ombro. 腰の～ dor lombar. 胸の～ dor no peito. のどの～ dor de garganta. おなかの～ dor de barriga. 胃の～が止まった O estômago parou de doer./Passou a dor do estômago. ～が増してきた A dor está aumentando［começou a aumentar］. ～を和らげる diminuir［abrandar, aliviar］a dor. ～を和らげる薬をください Por favor, podia me dar um analgésico? ♦痛み止め analgésico（m）. ❷《比》心〔胸〕の～ dor no coração［peito］.

いたむ 傷む deteriorar-se, estragar, apodrecer, perder. 湿気で本が傷んでしまった Os livros acabaram se deteriorando com a umidade. 台風で塀が傷んだ O tufão estragou a cerca. 暑さで豆が傷んでしまった O feijão perdeu［estragou］devido ao calor. このリンゴは傷んでいる〔傷がある〕Esta maçã está machucada./〔腐っている〕Esta maçã está estragada. 懐が～《比》sofrer com muitos gastos.

いたむ 痛む doer; sentir pena. 心が痛みます Sinto muita pena./《俗》(Me) Dá um dó …. どこが痛みますか Onde está doendo?

いためる 炒める refogar. そのナスを油でいためてください Por favor, refogue essas beringelas.

いためる 痛める fazer doer, machucar, ferir;〔心を〕magoar, atormentar. ころんで足を痛めてしまいました Eu caí e acabei machucando o pé.

イタリア a Itália（f）. ～の da Itália, italiano/na. ♦イタリア語 italiano《a língua》. イタリア人 italiano/na《o povo》.

イタリック(たい) イタリック(体) itálico（m）. ～で em itálico.

いたる 至る ❶〔…に達する〕alcançar, chegar a, levar a, dar em. 駅に～道 caminho（m）que dá na［leva à］estação. この道路は京都を経て奈良に～ Esta estrada leva a Nara, passando por Kyoto. ❷〔結果が…に至る〕resultar em, acabar por, conduzir, conseguir, chegar a alguma conclusão. 私は彼の無実を確信するに至った Cheguei à conclusão de que ele era inocente. 工事はまだ完成するに至っていない As obras ainda não foram concluídas. 我々は色々な問題があったが、ついに契約に至った Enfim conseguimos assinar o contrato, apesar de ter havido muitos problemas. うちの会社は営業不振の結果、倒産に至った A falta de negócios conduziu nossa firma à falência. ❸〔及ぶ〕～まで até. 今日に～まで até hoje em dia, até agora. 将軍から兵士に～まで desde o general até o soldado raso. 彼女は死に～まで殴られた Espancaram a menina até à morte. 彼女が自殺するに～までの心の動きを知りたかった Queria saber dos sentimentos que a teriam levado ao suicídio. ❹〔十分にゆきわたる〕いたらない点はお許しください Se houver qualquer falta ou engano no que estou fazendo, perdoeme, sim? ¶至れり尽くせりの歓迎を受ける ser muito bem recebido/da, com toda a mordomia.

いたるところ 至る所 ～に por todas as partes, em qualquer lugar. 国中～で por todo o país. 日本中～に温泉がある Há termas por todo o Japão.

いたわる 労る tratar … com carinho, tratar bem de …. 自分の体を～ cuidar-se. お年寄りをいたわらなければなりません É preciso tratar os anciãos com carinho. 僕は疲れて帰ったのだからもう少しいたわってほしかった Puxa, voltei tão cansado! Bem que ela podia me tratar com mais carinho.

いたん 異端 ❶〔カトリックに対する〕heresia（f）. ❷〔正統に対する〕heterodoxia（f）. ～の herético/ca; heterodoxo/xa. ♦異端者 herege; heterodoxo/xa.

いち 位置 lugar (m) [ルガール], posição (f) [ポズィサォン], situação (f) [スィトゥアサォン]. 机の～がずれている A mesa está fora de lugar. この地図であなたの会社の～を教えてください Diga onde está a sua companhia neste mapa. 文学史におけるドルモンの～ lugar (m) de Drummond na História da Literatura. ～を占めている estar numa posição vantajosa. ～する posicionar-se, estar situado/da. 日本は極東に～している O Japão está situado no Extremo Oriente. ～づける situar. 通貨危機を世界経済の中で～づけてください Situe a crise monetária na conjuntura econômica mundial. ¶ ～について Aos seus lugares!

*__いち__ 一 ❶ um/uma [ウン/ウーマ]. ～倍 uma vez (f). 十分の～ um décimo. 自動車一台 um automóvel. ～軒の家 uma casa. 私は一市民に過ぎない Sou apenas um/uma cidadão/dã. ❷ 第一の, 一番目の primeiro/ra [プリメーイロ/ラ]. ～からやり直す refazer desde o começo. ～に休息二に薬 É melhor descansar do que tomar remédio. ～抜けた Vou ser o primeiro a sair dessa encrenca!/Me retiro! ❸〔最高〕o/a maior de ⋯, o/a melhor de ⋯. 日本一 o/a melhor do Japão; o/a maior do Japão. 日本一高い山 a montanha (f) mais alta do Japão. 世界一大きい船 o maior navio (m) do mundo. ¶ ～から十まで tudo, de ponta a ponta. 彼は人一倍うぬぼれている Ele é extremamente convencido. ～か八かやってみる arriscar tudo. ～を聞いて十を知る entender logo 《para o bom entendedor meia palavra basta》. ～を聞いて十を知った気になる ouvir um pouco e achar que já sabe tudo. ～も二もなく imediatamente, sem vacilação alguma, sem pensar duas vezes.

いち 市 mercado (m), feira (f). 今日青空～は立つんですか Hoje vai haver feira? ～に出品する expor mercadorias na feira.

いちい 一位 o primeiro lugar (m). ～を占める obter [ganhar, ocupar] o primeiro lugar. よく売れているCDのリストの中で～を占める encabeçar a lista dos CDs mais vendidos.

いちいち ❶〔一つ一つ〕um/uma por [a] um/uma, cada um/uma. ～客の名前を書くようにしてください Vá escrevendo o nome dos clientes, um por um, por favor. 書類が～見ていられない Não posso ficar vendo os documentos um por um. ❷〔何もかも〕tudo, toda vez. ～君の言うことは～もっともだ Você tem razão em tudo o que diz./Concordo com cada ponto e vírgula. ～文句を言う pôr [ficar pondo] defeito em tudo. ～うるさいな Não seja tão detalhista!/Não seja tão picuinha!/《俗》Não me encha o saco com tantos detalhes!

いちいん 一員 integrante, membro (m), sócio/cia. その犬も家族の～だ Esse cachorro também é um membro da família. クラブの～となる associar-se a [tornar-se sócio de] um clube.

いちおう 一応 pelo momento, momentaneamente, provisoriamente, por alto; em todo caso; por pura formalidade (f). ～先生に相談してみよう Em todo caso, consultarei o/a professor/ra. ～預かっておく guardar momentaneamente. ～⋯に一目を通す passar o olho em ⋯, dar uma olhada em ⋯ por alto. 彼女らから～の挨拶があってしかるべきだった Elas deveriam ter vindo nos cumprimentar ainda que só por cortesia. 〔ひとまず〕até certo ponto, em certo sentido. 彼の言うことは～もっともだ Ele tem razão até certo ponto.

*__いちがつ__ 一月 janeiro (m) [ジャネーイロ]. ～に em janeiro.

いちがん 一丸 ～となる unir-se. 社員一同, ～となってがんばります Nós, os funcionários desta firma, vamos nos esforçar bem unidos.

いちげん 一元 ～的 monístico/ca. ～化する fundir, unificar, centralizar. その二つの機構は～化される予定だ Planeja-se fundir esses dois organismos num só. ♦一元化 fusão (f), unificação (f), centralização (f). 一元二次方程式【数】equação (f) de segundo grau. 一元論【哲】monismo (m). 一元論者 monista.

いちげん 一限 a primeira aula (f) do dia (=一時限). ～に出る assistir a primeira aula (do dia).

いちご 苺 【植】morango (m). ♦イチゴジャム geleia (f) de morango.

いちじ 一時 ❶〔時刻〕uma hora. ちょうど～です É uma hora em ponto. ❷ um instante. ～的 temporário/ria. ♦一時停止 suspensão (f) temporária, parada (f) momentânea, interrupção (f). 一時停止違反 desobediência (f) da placa de parada obrigatória. 一時労働 trabalho (m) temporário. 横断歩道一時不停止 a não parada antes da faixa de pedestres. ❸〔かつて〕outrora, uns tempos atrás. ～私は大阪に住んでいたことがあります Eu já morei uns tempos em Osaka.

いちじ 一次 ～の primário/ria. ♦一次産品 produto (m) primário. 一次試験 exame (m) eliminatório. 第一次世界大戦 Primeira Guerra (f) Mundial, Primeira Grande Guerra. ❷【数】primeiro grau (m). ♦一次関数 função (f) de primeiro grau. 一次方程式 equação (f) ∟de primeiro grau [linear].

いちじく 【植】〔実〕figo (m);〔木〕figueira (f).

いちじるしい 著しい evidente, patente, muito visível. 著しく visivelmente, notavelmente. 日本の技術は著しく進歩した A tecnologia japonesa progrediu notavelmente.

いちず 一途 ～な que tem um só pensamento fixo, dedicado/da, sincero/ra. 彼は～な性

格だ Ele é de caráter fervoroso e sincero. ~に unicamente; absolutamente; cegamente. 自分が正しいと~に思い込む estar absolutamente convencido/da de ւque está certo/ta [estar certo/ta]. 彼は~に自分の成功を考えている Ele só pensa no próprio sucesso.

いちだい 一代 ❶ uma geração. ~で産を成す acumular fortuna em uma geração só. ❷ uma época (*f*). ~の英雄 herói (*m*) de sua época.

いちだいじ 一大事 uma coisa importante, fato (*m*) que não pode ser ignorado. それは~だ Isso é um caso sério.

いちだん 一団 grupo (*m*); pelotão (*m*). 悪党の~ quadrilha (*f*) de malfeitores. ~となって行く ir em grupo.

いちだん 一段 ❶ um degrau. 階段を~上がる(下がる) subir (descer) um degrau. ❷ grau (*m*), nível (*m*). 彼は私より~高いところにいる Ele ocupa um posto superior ao meu. 彼の方が私より~上だ Ele está acima do meu nível./Não sou páreo para ele. ❸〔段落〕um parágrafo. ❹〔ひときわ, ますます〕notavelmente, muito mais. ~と mais, ainda mais. 昨日は~と寒い日だった Ontem foi um dia mais frio do que o normal. 今日は~とお美しいですね Hoje você está ainda mais linda.

いちど 一度 uma vez (*f*). ~だけ uma vez só. ~以上 mais de uma vez. 一, 二度 uma ou duas vezes. ~に de uma só vez. もう~ mais uma vez. 一日[週, 月, 年]に~ uma vez por dia [semana, mês, ano]. 私は~京都に行ったことがあります Eu já fui a Kyoto uma vez. 私は~もブラジルへ行ったことがない Nunca ւfui ao [estive no] Brasil. 私にもう~だけやらせてみてください Deixe-me fazer isso só mais uma vez.

いちどう 一同 todos (do grupo ou da família). 参加者~ toda a assistência, todos os participantes. 野球の試合前に選手~そろって礼をする Antes de iniciar o jogo de beisebol, os jogadores se cumprimentam todos juntos. 家内~元気です Toda a minha família vai bem.

いちどく 一読 ❶ uma leitura. これは~に値する作品だ Essa é uma obra que vale a pena ser lida (pelo menos uma vez). ❷ leitura rápida. とりあえずこの論文を~しておこう Até aí vou dar uma leitura rápida nesta tese.

いちにち 一日 um dia. ~じゅう todo o dia, o dia inteiro. 彼は~も休んだことがありません Ele nunca faltou.

いちにん 一任 AをBに~する confiar A a B, deixar A ւcom [por conta de] B. その問題はあなたに~します Eu vou deixar esse assunto para você resolver.

いちにんまえ 一人前 ❶〔ひとり分〕uma porção, porção para uma pessoa. 寿司は~からお届けいたします Entregamos sushi mesmo sendo apenas uma porção. ❷〔おとな〕~の adulto/ta, maduro/ra. ~の男 um homem feito. ❸〔プロの〕~の profissional. ~の大工になるまで até tornar-se um/uma carpinteiro/ra profissional, até dominar a técnica da carpintaria.

いちねん 一年 um ano (*m*). ~じゅう durante o ano todo [inteiro]. 一, 二年の間 em um ou dois anos. ~たてば dentro de [passado, depois de] um ano. ~につき por ano. ~また~と de ano em ano. ~ごとに todos os anos. ~おきに a cada dois anos, ano sim ano não. ~ぶりに pela primeira vez depois de um ano. ~ぶりだな... Faz um ano que a gente não se via .... ♦ 一年生 aluno/na do primeiro ano. 一年草 erva (*f*) anual.

いちば 市場 mercado (*m*), feira (*f*). ~へ買い物に行きましょう Vamos fazer compras no mercado./Vamos fazer a feira.

*****いちばん 一番** ❶〔最も〕o/a mais …. 世界で~高い山 a montanha mais alta do mundo. ~安いホテル o hotel ւmais barato [menos caro]. ~よい o/a melhor. ~悪い o/a pior. ~よいのは今日休むことだ O melhor [O ideal] é descansar hoje. 私は四季の中で秋が~好きです Das quatro estações do ano, eu gosto mais do outono. この車は~売れている Este carro é o mais vendido atualmente./Este carro está superando os outros em relação ao consumo. ❷〔第一〕primeiro/ra [プリメイロ/ラ]. ~の問題に答えなさい Responda à primeira questão. 彼はクラスで~だ Ele é o primeiro da classe. ~に着く chegar em primeiro lugar, ser o/a primeiro/ra a chegar. ~初めに em primeiro lugar, antes de mais nada, primeiramente. 列車は~線に到着します O trem vai chegar na plataforma número um.

いちぶ 一部 uma parte. ~は em parte, uma parte. ~の~を成す fazer parte de …, pertencer a …. アジアの~ parte da Ásia. 彼の話は~だけほんとうだ A história dele só é, em parte, verdadeira. ~の parcial. ~の人々 uma parcela da população, algumas pessoas (*fpl*). ♦ 一部裏書 〖法〗endosso (*m*) parcial. 一部支払い pagamento (*m*) parcial. 一部無効〖法〗nulidade (*f*) parcial.

いちぶしじゅう 一部始終 de cabo a rabo, de ponta a ponta. 彼はそのスキャンダルの~を知っている Ele conhece todos os detalhes desse escândalo.

いちぼう 一望 vista (*f*) geral. この高台から辺りが~できる Deste morro dá para se ter uma vista geral de toda a região.

いちまい 一枚 uma folha. 紙~ uma folha de papel. はがき~ um cartão postal. ¶ 彼のほうが私より~上手だ Ele é superior a mim./Ele é mais hábil do que eu.

いちまいいわ 一枚岩〖鉱物〗monólito (*m*),

いちまつもよう　市松模様　padrão (m) [desenho (m)] em xadrez. ~の床 assoalho (m) (com ladrilhos) em xadrez.

いちみ　一味　〔徒党〕gangue (f). 泥棒の~ bando (m) de ladrões. …の~である fazer parte de …; ser membro de ….

いちめい　一命　uma vida. 彼は~を取り留めた Ele escapou à morte.

いちめん　一面　❶〔様相〕um aspecto 真実の~ um aspecto da verdade. ❷〔全面〕toda a superfície (f). ~に por todas as partes, por todos os lados. 春の野は~の花盛りだ Na primavera os campos ficam cobertos de flores. ❸〔新聞の〕primeira página (f). それは新聞の~に載っていた Isso estava na primeira página do jornal.

いちもうさく　一毛作　uma só safra em um ano.

いちもくさん　一目散　~に a toda a pressa, com a maior rapidez possível.

いちや　一夜　❶〔一晩〕uma noite. 本を読んで~を明かす passar a noite em claro lendo um livro. 白菜の~づけ nabo (m) conservado em sal por uma noite. ~づけの勉強をする estudar só na véspera do exame. ❷〔ある夜〕uma certa noite. 春の~ uma certa noite de primavera.

いちやく　一躍　〔急に〕de repente, de uma vez;〔飛び越して〕num pulo. 彼は~有名になった Ele ficou famoso da noite para o dia. 彼は~部長に出世した Ele se tornou diretor de departamento num pulo só.

いちょう　胃腸　estômago (m) e intestinos (mpl). ~の gastrintestinal. ~が弱い ter mau funcionamento gastrintestinal; sofrer do estômago e dos intestinos. ~をこわす ter dor de barriga; ter o estômago e os intestinos desandados. ◆胃腸炎〔医〕gastrenterite (f). 胃腸科 gastrenterologia (f). 胃腸科医 gastrenterologista (m). 胃腸病〔医〕enfermidade (f) gastrintestinal. 胃腸薬 medicamento (m) gastrintestinal, digestivo (m), remédio (m) para estômago e intestinos.

いちょう　銀杏　【植】nogueira-do-Japão (f).

イちょう　イ調　【音】lá maior (f).

いちらん　一覧　❶ olhada (f) rápida. 会議の前に資料を~しておく dar uma olhada (rápida) no material antes da reunião. ◆一覧払い pagamento (m) à vista. ❷ guia (m). ◆学校一覧 guia da escola.

いちらんひょう　一覧表　lista (f), relação (f).

いちり　一理　alguma razão (f). 彼女の言っていることにも~あると思った Achei que ela tinha um pouco de razão.

いちりつ　一律　uniformidade (f). ~の uniforme. ~に uniformemente, da mesma maneira. ~に2万円昇給する aumentar uniformemente os salários em vinte mil ienes. その問題は~には論じられない Esses problemas não podem ser discutidos no mesmo plano.

いちりゅう　一流　~の de primeira classe. ~のホテル hotel (m) de primeira (classe).

いちりん　一輪　❶〔花〕uma flor aberta. 梅~、~ほどの暖かさ Sente-se o tempo esquentar conforme as flores das ameixeiras desabrocham uma a uma. ◆一輪挿し vaso (m) para um galho de uma ou duas flores. ❷〔車〕uma roda. ◆一輪車 monociclo (m).

いちれつ　一列　uma fila (f). ~に並ぶ fazer fila única.

*いつ　quando [クァンド]. あなたは~京都へ行ったのですか Quando você foi a Kyoto? 社長は~行っても留守だ O presidente da companhia está sempre ausente [nunca está lá]. 彼女は~会ってもにこやかだ Ela está sempre sorridente. 次の会合は~の予定ですか Para quando está prevista a próxima reunião? この仕事は~までやればいいのですか Para quando é este trabalho? あなたは~から~までブラジルに行くのですか Você vai ao Brasil de quando a quando? ~まで até quando? この天気は~まで続きますか Até quando vai continuar esse tempo? ~まで日本に滞在しますか Até quando vai ficar no Japão? 彼女は~からたばこをやめたのですか Desde quando ela deixou de fumar? 式は~から始まるのですか Quando vai começar a cerimônia? ~から給料が上がるのですか A partir de que data [quando] vão aumentar os salários? ~ごろそこへ行けばいいのですか A que horas mais ou menos devo ir aí? この雑誌は~のですか De quando é esta revista? 彼は~になくよく食べた Ele comeu tão bem como nunca comeu. 災害は~来るかわからない Os desastres podem vir de uma hora para a outra.

いつう　胃痛　gastralgia (f), dor (f) de estômago.

いつか　〔未来の〕um dia, qualquer dia desses;〔かつて〕certo dia, uma vez, um dia. ~東京タワーに連れて行ってあげよう Um dia vou levar você à Torre de Tóquio. 私は~それについて読んだことがあります Eu já li sobre isso uma vez.

いっか　一家　〔家族〕família (f);〔家庭〕lar (m). ~を構える〔家族を持つ〕constituir família;〔自宅を持つ〕ter casa própria. ~を支える sustentar a família. ~の主人 dono/na de uma casa. 山田~ os Yamada, a família Yamada. ◆一家団らん reunião (f) íntima em família.

いっか　一過　passagem (f) rápida. ~性の temporário/ria.

いっかい　一回　uma vez;〔勝負の〕uma partida;〔スポーツ〕uma partida, uma rodada. 一日〔月、週、年〕~ uma vez por dia (mês, semana, ano). ~で de uma vez. 薬の~分

uma dose do remédio. もう〜お願いします Mais uma vez, por favor.

いっかい 一階 andar (m) térreo. そのビルの〜に二階に我々の店があります A nossa loja fica no andar térreo e (no) primeiro (andar) desse prédio.

いっかい 一介 〜の só, simples. 私は〜の教師に過ぎない Sou um/uma simples professor/ra.

いっかつ 一括 um todo, um conjunto. 〜して como um todo, por atacado, em massa. 法案の〜上程 apresentação (f) de projetos de lei de uma vez. 問題を〜して検討する pensar no problema ⌊sob todos os aspectos [globalmente]. ♦一括購入 compra (f) por atacado.

いっき 一気 um fôlego. 〜に de uma vez, sem parar. 〜に本を読み通す ler um livro ⌊sem parar [de uma sentada]. 牛乳を〜に飲み干す beber o leite ⌊sem parar [de um gole só]. 〜に丘を駆けおりる descer a colina sem parar.

いっけん 一見 uma olhadela (f). 私は〜して彼が君のお兄さんだとわかりました Eu logo vi que era ele o teu irmão mais velho. 彼女は〜おとなしそうだけど本当は気が強い Ela parece calma à primeira vista, mas, na verdade, tem um gênio forte. 〜に値する映画 filme (m) que vale a pena ser visto (pelo menos) uma vez.

いっこ 一個 uma unidade, uma peça, um. 〜ずつ peça por peça, um por um. これは〜百円です Isto custa cem ienes cada (unidade, peça, um).

いっこ 一戸 uma casa (f). 〜建ての家 uma casa independente (sem ser apartamento).

いっこう 一行 grupo (m), séquito (m). 少年たちの〜 grupo de meninos. 外務大臣〜 o/a Ministro/tra das Relações Exteriores e ⌊seu séquito [sua comitiva].

いっこく 一刻 instante (m), momento (m). その患者を〜も早く入院させなければならない É preciso internar esse paciente ⌊o mais rápido possível [o quanto antes]. それを〜を争う問題ではない Esse é um problema sem muita urgência.

いっさい 一切 absolutamente (não); 〔すべて〕tudo (m). 事件のことは〜忘れました Não me lembro ⌊absolutamente [de nada] do ocorrido. 彼はアルコールを〜口にしない Ele não bebe uma gota de álcool. そのことは〜おまかせください Quanto a isso, deixe tudo por minha conta.

いっさくじつ 一昨日 antes de ontem, anteontem. ⇨一昨日(おととい).

いっさくねん 一昨年 o ano (m) retrasado. ⇨一昨年(おととし).

いっさんかたんそ 一酸化炭素 monóxido (m) de carbono. ♦一酸化炭素中毒 intoxicação (f) por monóxido de carbono.

いっしき 一式 jogo (m); equipamento (m). ♦外科用具一式 equipamento cirúrgico. 寝具一式 jogo de cama.

いっしつりえき 逸失利益 〚法〛lucro (m) cessante.

いっしゅ 一種 um tipo, uma variedade, uma espécie. 果物の〜 uma variedade de fruta. 〜独特な único/ca, peculiar, singular. 〜異様な raro/ra. 〜の uma espécie de, um tipo de. 子供のけんかは〜のスポーツだ Briga (f) de criança é um tipo de esporte.

いっしゅう 一周 uma volta (m). 私は世界〜旅行が夢です O meu sonho é dar uma volta ao mundo. 〜を…する dar uma volta em …. ♦世界一周旅行 viagem (f) de volta ao mundo.

いっしゅうかん 一週間 uma semana. 〜留守にします Eu vou estar ausente durante uma semana.

いっしゅん 一瞬 um instante, um momento. 〜の instantâneo/nea, momentâneo/nea. 〜の間に num instante, num abrir e fechar de olhos.

いっしょ 一緒 ❶ 〜に juntamente, junto. 君も〜に京都に行きませんか Você não quer ir a Kyoto junto com a gente? きのう山田さんと〜にいた Estive com o Senhor Yamada ontem. 〜にする juntar, misturar. その材料を全部〜にして火に掛けてください Misture todos os ingredientes e coloque no fogo, por favor. 〜になる 〔結婚〕casar-se; 〔同棲〕juntar-se. ❷ 〜の 〔同じ〕igual. 私の考えもあなたと〜です O meu pensamento é igual ao seu./Eu penso igual a você. ¶ご〜してもよろしいでしょうか Será que posso acompanhá-lo/la?

いっしょう 一生 uma vida inteira. …に〜をささげる consagrar a vida a …. 〜あなたを愛します Vou amá-lo/la ⌊a vida inteira [por toda a vida]. 彼の〜は貧しかった Ele foi pobre a vida inteira. 私はもう〜あの国へは行かない Nunca mais vou àquele país. 〜の友人 amigo/ga da vida inteira. それは〜物だ Isso vai servir a vida inteira. それは〜に一度のことだからね É que isso só acontece uma vez na vida, não é mesmo?

いっしょうけんめい 一生懸命 〜な dedicado/da, esforçado/da. 〜に com afinco, com muita garra, com muita dedicação, de uma forma empenhada. 彼らは〜に道路の舗装に取り組んでいる Eles estão fazendo de uma forma empenhada a pavimentação das estradas.

いっしん 一審 〚法〛primeira instância (f).

いっしん 一心 dedicação (f) total, empenho (m). 〜に com entusiasmo, empenhadamente.

いっしんいったい 一進一退 avanço (m) e recuo (m). 私の病状は〜だった A minha doença ιora melhorava e ora piorava [tinha altos e baixos].

いっしんきょう 一神教 monoteísmo (m).

いっしんとう 一親等 〖法〗primeiro grau (m) de parentesco. 親子は〜の関係にある Pais e filhos são parentes de primeiro grau.

いっしんどうたい 一心同体 um só corpo e uma só alma. 夫婦は〜になって戦った Marido e mulher lutaram (pela causa) muito unidos como se fossem um corpo e uma alma só.

いっすい 一睡 昨夜は〜もしなかった Ontem passei a noite em claro.

いっすん 一寸 um "sun" 《medida de comprimento equivalente a cerca de 3.03 centímetros》. 濃霧で〜先も見えない Não se enxerga nada devido à cerração.

いっせい 一世 primeiro/ra; de primeira geração, emigrante (imigrante) japonês/nesa de primeira geração. 私はブラジルの日系〜です Sou japonês/nesa de primeira geração radicado/da no Brasil.

いっせい 一斉 〔いっしょに〕todos/das juntos/tas; 〔声をそろえて〕em uníssono. 彼らは〜に「違います」と言った Eles disseram "não" em uníssono.

いっせきにちょう 一石二鳥 それは〜だ Isso é "matar dois coelhos numa cajadada só".

いっせん 一銭 um tostão, um vintém. 今日私は〜も持っていない Hoje eu não tenho nem um tostão.

いっそ antes, de preferência. 不正な金を得るくらいなら〜貧乏していたほうがいい É preferível [Antes] ser pobre do que obter dinheiro ilícito. ⇨むしろ.

いっそう 一層 ❶ mais, mais ainda. 雪が〜激しくなった A neve ficou ainda mais forte. 来月から私は責任が〜重くなる A partir do mês que vem, vou ficar com mais responsabilidade. 奈良も美しいが、京都の方がより〜美しい Nara é linda, porém Kyoto é mais (linda) ainda. 今年もより〜のご繁盛をお祈りします Desejamos aos senhores ainda mais prosperidade neste ano. ❷〔一重ね〕uma camada, um estrato.

いっそく 一足 um par. 靴〜 um par de sapatos. 〜飛びに num pulo só.

いったい 一体 ❶ uma unidade, um todo consistente. 〜になる〔〜化する〕incorporar-se, unir-se, tornar-se um só. あの会社では全員が〜となって働く Todos os funcionários daquela companhia trabalham integrados [unidos] (em prol de um interesse comum). ♦ 一体化 formação (f) de uma unidade sólida, unificação (f). ❷〔強調〕como, afinal. これは〜何だろう Mas o que será isto aqui?/《俗》Que diabo é isto aqui? その話は〜本当なのか Mas, afinal, será verdade essa história?

いったい 一帯 zona (f), região (f). この辺一に por todas estas redondezas. 山岳地方〜に雪が降った Nevou por toda a zona montanhosa.

いつだつ 逸脱 ❶ desvio (m), afastamento (m). ♦ 逸脱行為 ato (m) de desviar-se do bom caminho. ❷〔ルールなどの〕não cumprimento (m), transgressão (f).

いったん 一旦 uma vez (que). 〜計画を立てたら、途中でやめられません Uma vez feito [Uma vez que se fez] o plano, não se pode mais ιvoltar atrás [deixar de cumpri-lo].

*いっち** 一致 coincidência (f) [コインシデンスィア], concordância (f) [コンコルダンスィア]. 二つの証言の〜 concordância [coincidência] de dois testemunhos. 満場〜で com aprovação unânime. 〜する concordar, coincidir. この点について彼とは意見が〜した Quanto a esse ponto, nossas opiniões se encontraram. 私はあなたと意見が〜している Eu estou de acordo com você.

いっちょういっせき 一朝一夕 em um dia, da noite para o dia.

いっちょういったん 一長一短 vantagem (f) e desvantagem (f), ponto (m) positivo e negativo. それは〜だ Isso tem vantagens e desvantagens.

いっちょくせん 一直線 linha (f) reta. 車は〜に病人の家へ向かった O carro foi direto na [à] casa do doente.

いつつ 五つ cinco 《em contagens》.

いっつい 一対 um par (m).

いってい 一定 〜の fixo/xa; definido/da; determinado/da; 〔変らない〕constante, invariável; 〔規則的な〕regular. 〜の距離を保つ conservar a mesma distância. 〜の時間に食べる comer na hora certa. 〜の間隔を置いて a intervalos regulares. 〜の速度で com uma velocidade constante. 〜の方針に従って seguindo uma determinada diretriz.

いってき 一滴 uma gota (f). 大河の〜 uma gota d'água num grande rio. 今日はアルコールは〜も飲めません Hoje não posso beber nem um pingo de bebida alcoólica.

いつでも sempre. ⇨いつも.

いっとう 一等 primeiro lugar (m); primeira classe (f). 競走で〜になる chegar em primeiro lugar (numa corrida). 〜で賞をもらう ganhar o primeiro prêmio. ♦ 一等車 vagão (m) de primeira classe. 一等賞 primeiro (m) prêmio. 一等星 estrela (f) de primeira grandeza.

いつのまにか sem ninguém perceber, sem ser percebido/da, sem se saber, sem deixar notar.

*いっぱい** 一杯 ❶〔充満〕cheio/cheia [シェーイ/ア]. 食べ物を口に〜入れて物を言ってはいけません Não fale com a boca cheia. 〜にする encher. ❷〔分量に〕um copo, uma xícara. コーヒーを~ください Poderia me dar uma xícara de café? 茶さじ~の砂糖 uma colher de chá de açúcar. ❸〔飲酒〕~やる beber um trago. ❹〔全部〕inteiro/ra [インテーイロ/ラ], todo/da [トード/ダ]. その仕事は今週~はかかりそうだ Acho que esse serviço vai levar essa semana toda (para ser feito).

いっぱく 一泊 あのホテルは~朝食付きで9千円です Aquele hotel custa nove mil ienes um pernoite com café da manhã. ~する ficar [pousar] uma noite.

いっぱつ 一発 〔銃撃〕um disparo, um tiro; 〔打撃〕um golpe. ~の銃声が聞こえた Ouviu-se um disparo. ~で de um só golpe, de um só tiro, de uma só vez. ~で命中する acertar de primeira [de um só tiro]. …に~くらわす dar um soco em ….

*いっぱん 一般** ~の, ~的な〔普通の〕geral [ジェネラーウ], comum [コムーン]. ~的には em geral, falando de um modo geral, geralmente. ~に子供は甘い物が大好きです Em geral, as crianças gostam muito de doces. ~化する generalizar. …を~に公開する abrir … ao público. ♦ 一般化 generalização (f) 一般訴訟手続き〔法〕procedimento (m) comum.

いっぴんりょうり 一品料理 refeição (f) de um prato só [à la carte].

いっぷく 一服 ~する〔たばこを〕fumar;〔薬を〕tomar uma dose;〔休息〕fazer um intervalo. たばこを~しますか Quer fumar? 毎回食後にこの薬を~飲むこと tomar uma dose deste remédio, após as refeições.

いっぺん 一変 mudança (f) radical, reviravolta (f). 彼の態度は~した Ele mudou completamente de atitude.

いっぽ 一歩 um passo.

いっぽう 一方 um lado; por outro lado. 彼は農業を営む~で八百屋を経営しています Ele trabalha na lavoura e, ao mesmo tempo, cuida da quitanda. 彼の病気は悪くなる~だった A doença de só piorava. ~的 unilateral, parcial. ~的に unilateralmente, arbitrariamente.

いっぽうつうこう 一方通行 sentido (m) único, mão (f) única. ~の通り rua (f) de mão única. ♦ 一方通行違反 infração (f) por entrar na contramão.

いっぽん 一本 ❶ um/uma (numeral para contar objetos longos). 鉛筆~ um lápis. ❷〔柔道などで〕um ponto. ~とる ganhar um ponto.

いっぽんみち 一本道 uma rua reta. ここから駅までは~だ Se vai à estação, é só ir sempre em frente.

いつまでも para sempre, eternamente. あなたのご親切は~忘れません Nunca me esquecerei de sua gentileza. 私は~この会社にいたい Quero ficar nesta companhia para sempre.

*いつも** sempre [センプリ];〔否定〕~…とは限らない nem sempre (+直説法)《+indicativo》. 彼の答えが~正しいとは限りません Nem sempre a resposta dele é [está] correta. 日曜日には~彼は家にいます Ele sempre está em casa aos domingos.

いつわ 逸話 anedota (f).

いつわる 偽る 〔うそをつく〕enganar;〔ふりをする〕fingir.

イディオム expressão (f) idiomática.

イデオロギー ideologia (f).

いてざ 射手座 〔星座〕(signo (m) de) sagitário (m).

いてん 移転 ❶ mudança (f), transferência (f). この電話番号は~のための番号に変わりました Devido à mudança, este número (de telefone) mudou. O novo número é o seguinte. ~する mudar-se, transferir-se. 私の事務所は川崎へ~しました Meu escritório mudou-se para Kawasaki. ❷〔法〕transferência. 権利の~ transferência dos direitos. ~する alienar, transmitir. ♦ 移転禁止財産 bens (mpl) inalienáveis.

いでん 遺伝 hereditariedade (f). ~性の hereditário/ria. 彼女の性格は母からの~だ A personalidade dela é uma herança da mãe. その病気は~しうる Essa doença pode ser transmitida por hereditariedade. ♦ 遺伝学 genética (f). 隔世遺伝 atavismo (m).

いでんし 遺伝子 gene (m). ~組み換えの transgênico/ca. ♦ 遺伝子工学 engenharia (f) genética. 遺伝子診断 diagnóstico (m) genético.

*いと 糸** ❶〔縫い物や釣りなどの〕linha (f) [リーニャ]. ~を針に通す enfiar a linha na agulha. ♦ 釣り糸 linha de pesca. 縫い糸 linha de costura. ❷〔細く長いもの〕fio (m) [フィーオ]. ~を紡ぐ fiar. ♦ 糸楊枝 fio dental. ❸《比》ligação (f) [リガサゥン], fio, nexo (m) [ネクソ]. 記憶の~を辿る ir pela lógica da memória.

いと 意図 intenção (f), propósito (m). ~的に de propósito, intencionalmente.

いど 井戸 poço (m) artesiano.

いど 緯度 latitude (f).

いどう 移動 migração (f); mudança (f). ♦ 移動性高気圧 anticiclone (m) migratório. 民族移動 migração (f) de povos.

いどう 異動 transferência (f). 販売部への~を命じられる ser transferido/da para o departamento de vendas. ♦ 人事異動 transferência de pessoal.

いとぐち 糸口 pista (f), guia (f).

いとこ primo/ma.

いどころ 居所 〔住居〕endereço (m);〔所在〕paradeiro (m). 彼女の~を知っていますか Você sabe por onde ela anda? 彼の~は不明だ Não se sabe onde ele está./Ele anda sumido, não sabemos do seu paradeiro. ¶今日の彼は虫の~が悪かった Ele estava de mau-humor hoje.

いとすぎ 糸杉 〘植〙cipreste (m).

いとなむ 営む ❶〔経営〕manter, dirigir, gerir. 彼は父親と印刷屋を営んでいる Ele mantem uma gráfica com o pai. ❷〔職業を〕exercer, praticar. 医業を～ exercer a medicina. ❸〔行事を〕celebrar. 記念祭を～ celebrar um aniversário.

いとのこ 糸鋸 serra (f) circular.

いどばたかいぎ 井戸端会議 reunião (f) de mulheres vizinhas ao redor do poço,《口語》fofoca (f) de vizinhança.

いとみみず 糸蚯蚓 〘動〙tubifex (m), verme (m) do lodo (espécie (f) de minhoca).

いどむ 挑む desafiar, disputar. 決戦を～ disputar a batalha decisiva. 敵に～ desafiar o inimigo.

いとやなぎ 糸柳 〘植〙salgueiro (m) chorão.

いない 以内 dentro de …, em até …, em [a] menos de …, em não mais que …. 30分～に dentro de trinta minutos; em menos de meia hora. 10分～に着きいたします Aterrissaremos dentro de dez minutos. 企業はその決定に対して30日～に異議申し立てができます A empresa tem trinta dias para se manifestar contra a decisão. 彼らは3年～にその製品を商品化するつもりだ Eles pretendem comercializar o produto em até três anos. 彼の家はバスの停留所から歩いて2分～の所にあります A casa dele fica a menos de dois minutos a pé do ponto de ônibus.

いない 居ない não estar [existir, haver, ter] em, ausentar-se de《forma negativa de「いる」》. ⓐ〔★過去の事柄の背景を表す場合は未完了過去形が使われる〕《Para se indicar pano de fundo de um acontecimento no passado, usa-se o imperfeito》. そのとき(戦争が始まったとき)私は日本にいなかった Nessa época (Quando a guerra começou), eu não estava no Japão. 私がその町に着いたとき、日本人は一人もいなかった Quando cheguei nessa cidade, não havia [tinha] nenhum japonês. ⓑ〔★発話時で過去における誰かの不在を確認する場合、その不在期間が長く続いた場合でも、完了過去形が使われる〕《Quando se está constatando, no momento da fala, a ausência de alguém no passado, usa-se o perfeito simples, ainda que ela tenha sido longa》. 私は長い間日本にいなかった Eu ⌐me ausentei [estive ausente] do Japão por muito tempo. ⓒ〔★誰かの現在における不在を発話時で表す場合、現在形が使われる〕《Quando indica ausência de alguém no presente, usa-se o presente》. ここにはそのお名前の方はいないのですが… Acho que aqui não existe [há, tem] ninguém com esse nome ….

いなか 田舎 〔都会に対して〕interior (m), província (f);〔故郷の〕terra (f) natal. 私は都会の生活のほうが～の生活より好きです Eu gosto mais da vida da cidade do que da vida do interior. ～の do interior, provinciano/na. ～風の rústico/ca. ～風の家具 móveis (mpl) rústicos. ～くさい《俗》cafona, jeca, caipira. ♦田舎なまり sotaque (m) regional. 田舎者 provinciano/na, interiorano/na,《俗》caipira.

いなくなる 居なくなる desaparecer. 父がいなくなってしまった Meu pai desapareceu.

いなご 蝗 〘虫〙gafanhoto (m).

いなさく 稲作 cultivo (m) do arroz.

いなずま 稲妻 relâmpago (m). ～が光る relampejar.

いななき 嘶き relincho (m).

いななく 嘶く relinchar.

いなびかり 稲光 relâmpago (m).

-いなや -否や …するや～ apenas, mal, assim que, logo que, no momento em que. 彼女は警官を見るや～逃げ出した No momento em que viu o policial, ela fugiu. 彼はふとんに入るや～眠ってしまう Ele ⌐cai no sono [dorme], assim que ⌐se deita [entra no futon]. 彼が家に着くや～雨が降り出した Mal chegou em casa, começou a chover.

いなり 稲荷 deus (m) das colheitas representado pela raposa. ♦いなりずし〘料〙bolinho (m) de arroz embrulhado com tofu frito cozido em molho de soja e açúcar.

イニシアチブ iniciativa (f). だれが～をとりますか Quem toma a iniciativa?

イニシャル iniciais (fpl), letra (f) inicial.

いにん 委任 〘法〙delegação (f) de poder, procuração (f). ♦委任者 outorgante. 委任状 carta (f) de procuração.

いぬ 犬 〘動〙cachorro (m), cão (m). ～がほえながら私のあとを追って来た O cachorro veio latindo atrás de mim. ♦犬小屋 casinha (f) de cachorro.

いぬ 戌 〘干支〙signo (m) do Cão (m).

いね 稲 pé (m) de arroz. ♦稲刈り colheita (f) de arroz.

いねむり 居眠り soneca (f). 彼は～しています Ele está tirando uma soneca. ～運転をしてはいけません É proibido guiar carro em estado de sonolência.

いのしし 猪 〘動〙javali (m).

*****いのち** 命 vida (f) [ヴィーダ]. 彼らは事故に遭ったが～に別状はない Eles tiveram um acidente, mas não correm risco de vida. 彼だけ～に別状はなかった Só ele escapou com vida. 私は～からがら逃げてきた Fugi sem pensar em nada além da própria vida. ～がけで出産をする dar a luz arriscando a própria vida. みんな～がけで働いている Todos estão dando a vida pelo trabalho. 彼はこの仕事に～をかけた Ele se dedicou a este trabalho de corpo e alma.

イノベーション inovação (f).

いのり 祈り reza (f), oração (f). あなたの～がかなったんですよ Deus atendeu ao seu pedido, não é mesmo?

いのる 祈る rezar, fazer uma prece; 〔願う〕desejar. 楽しいご旅行であることを祈ります Desejo uma boa viagem para você.

いばしょ 居場所 lugar (m) onde se está, paradeiro (m). 彼の〜を探しています Estou procurando o paradeiro dele. 私はもうこの国で自分の〜を見つけた Já me situei neste país.

いばら 茨 espinho (m). 〜の道 caminho árduo (a percorrer na vida).

いばる 威張る ser arrogante; 〔…を自慢する〕gabar-se de, orgulhar-se de. 彼は金持ちだといばっている Ele está se gabando por ser rico. 彼は部下に対していばった口調で話す Ele fala num tom arrogante [altivo] para os seus subalternos.

いはん 違反 infração (f), violação (f). 〜する infringir, transgredir, violar. 命令に〜する desobedecer a uma ordem. あなたは〜しています Você está contra a lei [contra o regulamento]. 反トラスト法〜の容疑者 suspeito/ta de infringir a lei antitruste. 〜の競合 concurso (m) de infração. ♦違反者 infrator/ra. 交通違反 infração das leis de trânsito. 本線車道出入法違反 infração [violação] das regras de entrada e saída da preferencial.

いびき ronco (m). 〜をかく roncar.

いびつ 〜な deformado/da. 〜になる deformar-se, ficar deformado/da.

いひょう 意表 surpresa (f). 相手の〜を突く pegar o/a outro/tra de surpresa. 〜を突かれる ser pego/ga de surpresa.

いひん 遺品 objeto (m) deixado por um morto, relíquia (f). この時計は父の〜だ Este relógio é uma relíquia do meu pai.

いぶき 息吹 sopro (m). 生命の〜 sopro de vida. もう春の〜が感じられる Já se sente o ar da primavera.

いふく 衣服 roupa (f), vestimenta (f). 女性用の〜 vestimenta [roupa] feminina, vestido (m). 男性用の〜 roupa [vestimenta] masculina. ♦衣服売場 seção (f) de roupas. 衣服費 despesas (fpl) com roupas.

いぶくろ 胃袋 estômago (m), 《口語》bandulho (m).

いぶす 燻す ❶ defumar. エビを〜 defumar o camarão. ❷〔金属を酸化させる〕oxidar. ❸ fazer a fumigação em, fumigar. 蚊を〜 fazer a fumigação contra os mosquitos.

いぶつ 異物 corpo (m) estranho.

いぶつ 遺物 relíquia (f).

イブニングドレス vestido (m) de gala, traje (m) de noite.

いぶる 燻る fumegar, fumear, deitar fumaça. 山火事の後、草木が〜 Depois do incêndio florestal, as árvores e o mato fumegam.

いぶんし 異分子 elemento (m) estranho a uma sociedade. 〜を排斥する expulsar [boicotar] o elemento estranho da sociedade.

いへん 異変 ❶〔自然界の〕fenômeno (m) anormal. ♦暖冬異変 inverno (m) anormalmente ameno. ❷〔予期せぬ出来事〕ocorrência (f) imprevista. ❸ alteração (f). 患者の病状に〜はない Não há alteração no estado de saúde do paciente.

イベント ❶ evento (m). 〜に参加する participar de [em] um evento. ♦ビッグイベント grande evento (m). ❷《スポーツ》competição (f).

いぼ 異母 ♦異母兄弟 meio-irmão (m). 異母姉妹 meia-irmã (f).

いぼ 疣 verruga (f).

いほう 違法 〜の ilegal. 〜の状態 estado (m) de ilegalidade. ♦違法行為 ação (f) ilegal, delito (m). 違法性 ilegalidade (f).

いぼじ 疣痔 《医》hemorroidas (fpl) não-fluentes.

***いま 今** agora [アゴーラ], este momento, este instante. 〜何時ですか Que horas são agora? 彼はたった〜出ていきました Ele saiu agorinha mesmo. 彼は〜に戻ってくるでしょう Acho que ele volta já. 〜の世の中はいつも見えにくい A atualidade é sempre difícil de enxergar.

いま 居間 sala (f) de estar.

いまいましい irritante, exasperante; revoltante.

いまごろ 今頃 ❶ a estas horas, agora. 彼は〜東京に着いているだろう A estas horas ele já deve ter chegado em Tóquio. 〜帰って来ても遅い Já é tarde demais para você voltar. 〜まで até estas horas. ❷ nesta época. 来年の〜 nesta época do ano que vem. 去年の〜私はブラジルにいた Nesta época do ano passado eu estava no Brasil.

いまさら 今更 ❶〔今になって〕agora, tarde demais, a esta altura do campeonato, depois de as coisas chegarem a este ponto. 〜変えられない A esta altura do campeonato, não dá mais [Agora já é tarde demais] para mudar. 〜悔やんでもしょうがない Agora não é mais hora para lamentações./《諺》Não adianta chorar sobre o leite derramado. ❷〔今あらためて〕novamente, reiteradamente, como se fosse uma grande novidade. それは〜言うまでもない Isso não é nenhuma novidade de agora./Isso já não é mais novidade. 彼のいたずらは〜始まったことではない Suas travessuras não são coisas de hoje.

イマジネーション imaginação (f).

いましめ 戒め conselho (m), advertência (f), ensino (m), lição (f). 両親は〜のために息子を家に入れなかった Para dar uma lição ao filho, os pais não o deixaram entrar em casa. …の〜を守る obedecer aos preceitos de …. 〜となる servir de lição [advertência]. 将来への〜として como uma lição para o futuro, para servir de lição para o futuro.

いましめる　戒める　advertir; reprovar, repreender; ensinar, aconselhar, dar um conselho a. 生徒たちの怠慢を～ repreender [reprovar] a indolência dos alunos.

いまにも　今にも　a qualquer momento, de uma hora para a outra, prestes a …, a ponto de …. …を～しそうである estar prestes a fazer …. 雨が降りだしそうだ Parece que está prestes a chover. ～戦争が起ころうとしていた A guerra esteve a ponto de eclodir. ～殺されるかと思った Achei que iam me matar de um momento para o outro.

いまのところ　今のところ　por agora, por enquanto, no momento, até agora. ～その本は必要ない Por agora não necessito desse livro. ～変わったことはない Por enquanto não houve ∟nada [nenhum problema]. ～決定できる段階ではない No momento não estamos em condições de tomar uma decisão.

いままで　今まで　até agora; [今までずっと] durante todo esse tempo　～のところ por enquanto. ～にはない程の強い力で com uma força mais intensa do que nunca.

いまわしい　忌まわしい　❶ detestável, repugnante, horrível, horroroso/sa. 事件 incidente (m) horrível. …思い出 lembrança (f) repugnante. …汚名を着せられる ser estigmatizado/da, ser acusado/da como autor/ra de ação infame. 忌まにしく思う detestar, achar … horrível. ❷〔不吉な〕de mau agouro, funesto/ta. ～夢 sonho ∟funesto [de mau agouro].

*いみ　意味　❶〔意義〕significado (m) [スィグニフィカード], sentido (m) [センチード]. ～する significar, querer dizer. ～ありげな insinuativo/va. ～のある significativo/va. ～のない sem sentido. それは～がない Isso não tem [faz] sentido. この文には二つの～がある Esta frase tem ∟dois sentidos [duas leituras]. ある～では num certo sentido. 狭い～で em sentido estrito. 広い～で em sentido lato [amplo]. 本来の～で em sentido próprio. 比喩的な～で em sentido figurado. この言葉はどういう～ですか Qual é o significado desta palavra? 彼はほんとうの～の紳士です Ele é um cavalheiro de verdade. ❷〔意図〕motivo (m) [モチーヴォ], razão (f) [ハザォン]. 社長がやっていることの～がわからない Não entendo o motivo daquilo que o presidente da companhia faz./Não sei por que é que o presidente faz isso. ♦ 意味論 semântica (f).

イミグレーション　imigração (f).

イミテーション　imitação (f).

いみん　移民　〔外国からの〕imigração (f); 〔外国への〕emigração (f). ～する imigrar; emigrar. ♦ 移民者 imigrante; emigrante.

イメージ　visual (m), imagem (f). …を～する visualizar …. ～アップする melhorar o visual (a imagem). ～チェンジする mudar de visual. 大統領が一人で独房にいる姿を～するのはむずかしかった Era difícil visualizar o presidente sozinho na sua cela. ♦ イメージキャラクター mascote (m) de um anúncio ou commercial; o/a modelo ou ator/atriz de um anúncio ou comercial. イメージダウン piora (f) na imagem.

いも　芋　batata (f); 〔ジャガイモ〕batatinha (f); 〔サツマイモ〕batata doce; 〔サトイモ〕inhame (m); 〔ヤマノイモ〕cará (m).

*いもうと　妹　irmã (f) mais nova [イルマーン マーイス ノーヴァ]. 義理の～ cunhada (f).

いもむし　芋虫　〔虫〕lagarta (f) pelada.

いもり　〔動〕tritão (m).

いや　否　❶〔否定の返事〕não. ～そうではない Não é bem isso [por aí]. ❷〔驚き〕oh!, ai!, nossa! ～, 驚いた Ai que susto! ～, これはすごい Nossa! Que maravilha! ❸〔言い直し〕aliás, isto é, minto. このつぼは 50 万円、～ 70 万円の値がつくだろう Este pote poderá valer cinquenta mil, aliás [minto], setenta mil ienes.

*いや　嫌　～な desagradável [デザグラダーヴェウ], ruim [フイーン], mau/má [マウ/マー]; 《俗》chato/ta. ～な人《俗》chato/ta, o/a mala, o/a mala sem alça, o/a pegajoso/sa. ～な天気ですね Mas que tempo desagradável, não? ～にはなにおいがしますね Isto aqui ∟tem [está com] um mau cheiro, não? ～な顔をする fazer cara feia. …に～な質問をする fazer perguntas embaraçosas a …. 彼の顔を見るのも～だ Não quero nem ver a cara dele. …が～になる ficar desgostoso/sa com …; não gostar mais de …. サンパウロが～ Não gosto mais de São Paulo. ～～ながら a contragosto. 私は一人で赴任するのは～だ Eu não quero ser transferido/da para outro lugar sozinho/nha (sem levar a família).

いやおう　否応　～なしに à força, forçosamente, por bem ou por mal. 嵐のため我々は～なしに旅行を中止した A tempestade nos obrigou a suspender a viagem. …～なしに…させる forçar [obrigar] alguém a fazer algo. 警官は～なしに違反者を連れて行った A polícia levou o infrator à força. 父は私に～を言わせなかった Meu pai não quis ouvir as minhas objeções./〔口語〕O meu pai não me deixou dizer nem "a" nem "b".

いやがらせ　嫌がらせ　vexação (f), ofensa (f). …に～をする fazer coisas desagradáveis a …, vexar [ofender, molestar] …. …に～を言う vexar [ofender, molestar] … com palavras ofensivas.

いやがる　嫌がる　não querer, não gostar. 人の～ことをする fazer coisas que desagradam os outros. ～彼にむりに酒を飲ませた Fizeram-no beber à força. 嫌がられる ser detestado/da, ser mal aceito/ta. 嫌がらずに仕事をする fazer o serviço ∟sem relutância [de boa vontade].

いやく 医薬 medicação (f) e medicamento (m). ♦医薬品 remédio (m), medicamento (m). 医薬分業 separação (f) dos serviços de medicina e farmácia.

いやけ 嫌気 repugnância (f), aversão (f). …に対して～がさす sentir antipatia por …. …をすることに対して～がさす cansar-se [aborrecer-se] de fazer …. …に～を起こさせる causar repugnância a …. ～を起こさせるような fastidioso/sa, repugnante.

いやしい 卑しい baixo/xa, humilde.

いやす 癒す ❶〔病気などを〕curar, sarar. ❷〔傷などを〕cicatrizar. ❸ acalmar. バッハの音楽は精神を～ Músicas (fpl) de Bach acalmam o espírito. 癒し系の do estilo que acalma o espírito, do tipo que alivia as dores do coração.

いやに demasiadamente.

イヤホーン audiofone (m), fone (m) de ouvidos.

いやみ 嫌味 ～な〔意地悪な〕malicioso/sa, ofensivo/va;〔皮肉な〕irônico/ca. ～を言う dizer coisas desagradáveis, ser irônico/ca.

いやらしい 嫌らしい 〔不愉快な〕desagradável;〔下品な〕sujo/ja;〔みだらな〕indecente.

イヤリング brinco (m).

いよいよ até que enfim. ～夏休みがやって来た Até que enfim vieram [chegaram] as férias de verão.

いよう 異様 ～な estranho/nha, raro/ra, singular. ～に estranhamente, singularmente. ～な事件 acontecimento (m) estranho. ～な姿で com uma aparência estranha. 彼女の目が～に光った Os olhos dela brilharam de maneira esquisita.

いよく 意欲 desejo (m), entusiasmo (m);〔野心〕ambição (f). ～的な entusiasmado/da, ambicioso/sa.

*****いらい 以来** desde [デーズデ] …, a partir de …. それ～ desde [a partir de] então. その時～ desde [esse tempo [essa época]. 彼の死～ depois de sua morte, depois que ele morreu. 私たちはふるさとを出て～彼と会っていません Nós não o temos visto desde que saímos da nossa terra.

*****いらい 依頼** ❶〔要請〕solicitação (f) [ソリスィタサォン], requisição (f) [ヘキズィサォン], pedido (m) [ペヂード]. ～に応じる atender a um pedido. ～を受ける receber um pedido. ～する pedir, requerer, solicitar. 私は彼に仕事をいっしょにやってくれるよう～した Eu pedi para ele vir trabalhar comigo. 弁護士への～料 honorários (mpl) do advogado. ♦依頼者 cliente, requerente. 依頼状 petição (f) por escrito. ❷〔たよること〕dependência (f) [デペンデンスィア]. ～心が強い ter forte propensão (f) para a dependência, não saber resolver nada por si só.

いらいら ～する ficar [estar] irritado/da, ficar [estar] nervoso/sa. 社長はきょう～している O presidente (da companhia) está nervoso hoje. それは神経を～させる Isso irrita os nervos./Isso é irritante.

イラク Iraque (m). ～の iraquiano/na.

いらくさ 刺草 【植】urtiga (f).

イラスト ilustração (f).

イラストレーター ilustrador/ra, desenhista de ilustrações.

いらっしゃい(ませ) Seja bem-vindo/da;〔日常的あいさつ〕Boa tarde.

いらっしゃる estar〔★「いる」に対する尊敬語〕《formas de cortesia de respeito para「いる」》.「お母様はいらっしゃいますか」「はい、おります」(「いいえ、おりません...」) A senhora sua mãe está? —Sim, está. (Não, não está.) ⇨ 居(い)る.

イラン Irã (m). ～の iraniano/na.

いりあいち 入会地 terreno (m) comunitário.

いりえ 入江 enseada (f); baía (f).

いりぐち 入り口 ❶ entrada (f); porta (f) de entrada. ～をふさぐ obstruir [bloquear] a entrada. 洞穴の～ boca (f) de uma caverna. ビルの～に立ち止まらないでください Não pare na entrada do prédio, por favor./《掲示》Proibido parar na entrada do prédio. ❷〔最初の段階〕começo (m), primeira etapa (f). そのプロジェクトは～のところでつまずいてしまった Esse projeto deu problemas logo de início.

イリジウム 【化】irídio (m).

いりたまご 炒り玉子 ovos (mpl) mexidos.

いりびたる 入り浸る frequentar, ir com assiduidade. 彼は彼女の家に入り浸っていた Ele frequentava a [ia muito frequentemente à, estava sempre na] casa dela.

いりょう 医療 assistência (f) médica, tratamento (m) médico. ～を受ける receber tratamento médico, ser tratado/da por uma instituição médica. あの病院は～過誤で訴えられている Aquele hospital está sendo processado por imperícia médica.

♦医療過誤 imperícia (f) médica. 医療機関 instituição (f) médica. 医療費 gastos (mpl) médicos, despesas (fpl) com médico. 医療品 equipamento (m) médico. 医療保険 seguro (m) médico. 医療ミス erro (m) médico. 終末期医療 medicina (f) terminal.

いりょう 衣料 roupa (f), vestuário (m). ♦衣料費 despesas (fpl) com roupas. 衣料品売り場 seção (f) (de venda) de roupas.

いりょく 威力 poder (m);〔影響力〕influência (f). ～のある poderoso/sa, influente. ～を発揮する mostrar o poder, exercer a influência. 経済界に～をふるう ser influente no mundo econômico.

いる 射る atirar《flechas》.

*****いる 居る** ❶〔居場所〕estar em, encontrar-se em. 私は今京都に〜 Agora estou em Kyoto. 火事があったとき彼はちょうどそこにいた Quando houve o incêndio, ele estava justamente no local. タクシーは教会の前にいた O táxi estava na frente da igreja. ❷〔存在〕existir [エズィスチール], haver [アヴェール], estar [エスタール],《口語》ter [テール]. あの川にはたくさんカエルが〜 Naquele rio há [tem] muitos sapos. 駅前にタクシーがいた Havia um táxi na frente da estação./Na frente da estação havia [estava] um táxi. 《para coisas que não podem mover-se por si sós usa-se há.》 ❸〔所有〕ter, possuir [ポスイール]. 私にはかわいい弟子が〜 Eu tenho alunos muito queridos. ❹〔滞在する, 住む〕estar, ficar [フィカール], morar [モラール]. 私は5日間東京にいた Eu fiquei [estive] cinco dias em Tóquio. あなたはもう日本にどのくらい〜のですか Há quanto tempo você já está [mora] no Japão? どのくらいここに〜予定ですか Quanto tempo pretende ficar aqui?

いる 炒る, 煎る torrar. コーヒー豆を〜 torrar o grão de café. ピーナツを〜 torrar o amendoim. 卵を〜 fazer um ovo mexido. コーヒーを深く〜 torrar o café à italiana, torrar bastante o café. コーヒーを浅く〜 torrar só um pouco o grão de café.

***いる** 要る 〔必要〕precisar (de), ser preciso; 〔ほしい〕querer [ケレール]. その仕事を完成するにはどれくらいお金がいりますか Quanto dinheiro é preciso para ␣terminar [levar a cabo] esse serviço?

-いる(…ている) ❶〔動作や活動の進行〕〔★「estar＋現在分詞(進行形)」で表す〕《No caso de progressivos que indicam ação ou atividade, corresponde a "estar＋gerúndio"》彼は縄跳びをしている Ele está pulando corda. 私は今日本語を勉強している Eu estou estudando japonês agora. ❷〔動作の継続・習慣的な場合〕〔★現在進行形よりも現在形で表すのが普通〕《Quando indica um progressivo tornado habitual, prefere-se o presente ao "estar＋gerúndio"》. 彼は三菱で働いている Ele trabalha na Mitsubishi. 彼は毎日地下鉄で大学に行っている Ele vai todos os dias de metrô à faculdade. ❸〔状態〕〔★現在形で表す〕《Para se expressar um estado, usa-se o presente do verbo》. 僕は彼女を愛している Eu amo a minha namorada. ❹〔ある動作が完了した後の現在の状態〕〔★「estarの現在形＋過去分詞」で表す〕《O estado atual como consequência de uma ação é expresso pelo "presente de estar＋particípio passado"》. ドアは開いている(＝開いた状態である) A porta está aberta. すでにデング熱のケースが400件確認されている Já estão confirmados quatrocentos casos de dengue. 彼は死んでいる Ele está morto. ❺〔過去の出来事を発話時で確かめる場合〕〔★完了過去単純形で表す〕《A expressão da constatação, no momento da fala, de um fato ocorrido no passado é feita pelo pretérito perfeito simples》. この台風で住宅100棟が被害を受けている Cem casas foram afetadas pelo tufão. 犯人は去年新潟に行っている O/A criminoso/sa ␣esteve em [foi a] Niigata no ano passado. 私はもう昼食を済ませています Eu já almocei. ❻〔recentemente, ultimamente, esses dias, desde … などの副詞, 副詞句に導かれ, 過去の曖昧な時点から現在まで続いている動作や状態を示す〕〔★動作の場合は完了過去複合形, または現在進行形で, 状態の場合は estar の完了過去複合形か現在形で表す〕《Quando se quer expressar ação que começou num ponto indefinido do passado e continua até o presente, com advérbiais como recentemente, ultimamente, esses dias, desde … etc, usa-se o perfeito composto ou o progressivo presente; quando se quer expressar estado, usa-se o perfeito composto ou o presente de "estar"》. 最近彼は地下鉄で学校に行っている Ultimamente ele ␣tem ido [está indo] de metrô à escola. 彼女は先週から寝込んでいる Ela ␣está [tem estado] de cama desde a semana passada.

〔★英語では「for＋時間を表す語」といった副詞句は現在完了形あるいは現在完了進行形を導くが, ポルトガル語では「há＋時間を表す語」といった副詞節がそれに対応しており, 主節の動詞の現在形あるいは現在進行形を導く〕 どのくらいここに滞在しているのですか Há quanto tempo você está aqui? (*How long have you been here?*) 私はここに2ヶ月滞在している. Eu estou aqui há dois meses. (*I have been here for two months.*) 私は既に3週間旅行している Já ␣estou viajando [viajo] há três semanas. (*I have already been travelling for three months.*) 私は既に5年間日本語を勉強している Já ␣estou estudando [estudo] japonês há cinco anos. (*I have already been studying Japanese for five years.*)

❼ …ていない ⓐ〔ある動作の完了が発話時で見当たらないとき〕〔★「ainda não＋estar の現在形＋過去分詞」で表す; ❹の否定形〕《Quando se quer constatar que uma ação ainda não se realizou no momento da fala, expressa-se a constatação com "ainda não＋presente de estar＋particípio passado"》. 店はまだ開いていない A loja ainda não está aberta. ⓑ〔否定表現の場合, 過去のどの時点でその出来事がなかったかを示しにくいので, 発話時でその事実がなかったことを示すしかない. その為, 日本語では「…ていない形」で表すが, ポルトガル語では完了過去単純形で表せる場合がある〕《Como é impossível localizar, no seu tempo exato, um fato não ocorrido no passado, faz-se simplesmente a constatação, no momento da fala, de sua não ocorrência no passado. A forma「…ていない」do japonês, que se encarrega de expressar esse tipo de constatação, pode corresponder, em português, ao perfeito simples). 私は去年ヨーロッパに行っていない Eu não ⌊estive na [fui à] Europa o ano passado. 僕はまだお昼を食べていない Eu ainda não almocei. ⓒ〔過去にある出来事がなかったことを発話時で示すような表現の中でも, 過去のあいまいな時点から発話時までを眺めるように導く副詞, 副詞句(例: recentemente＝最近, ultimamente＝最近, esses dias＝ここのところ, desde+時を表す語＝…から, há+長いスパンを表す時間の表現)を文中に入れる場合, 日本語の「…ていない」はポルトガル語の完了過去複合形, あるいは現在進行形で表す〕(Mas, a constatação, no momento da fala, de um fato não ocorrido no passado com adverbiais que indicam um período que começa num vago momento do pretérito e vai até o momento da fala, como "recentemente, ultimamente, esses dias, desde+expressão temporal, há+expressão temporal de longo prazo", feita através de「…ていない」em japonês, é expressa, em português, pelo negativo do pretérito perfeito composto ou do progressivo presente). 私は最近田舎に行っていない Recentemente não ⌊tenho ido [estou indo] à minha terra natal. 私は10年間もブラジルに帰っていない Não ⌊tenho voltado [estou voltando] ao Brasil há dez anos.

いるい 衣類 roupas (fpl), vestuários (mpl).
いるか 海豚〔動〕delfim (m), golfinho (m).
いるす 居留守 ～を使う fingir-se ⌊ausente [estar fora de casa]. 彼は時々～を使う De vez em quando ele manda dizer que não está (em casa).
-いるだろう(…ているだろう) ❶〔未来のある時点で完了していると思われる動作や出来事〕〔★未来完了形, すなわち「ter/haver の未来形+過去分詞」で表す〕(A ação ou o fato que serão supostamente concluídos num momento do futuro expressam-se pelo perfeito do futuro, isto é, "futuro de ter ou haver+particípio passado") 私は明日リスボンに出発しているだろう Amanhã terei partido para Lisboa. ❷〔未来のある時点の状態〕〔★「estar の未来形+過去分詞」で表す〕(O estado num momento do futuro é expresso por "estar+particípio passado") 私がその町に着くころには郵便局は閉まっているだろう O correio estará fechado quando eu chegar nessa cidade. 喫茶店は8時には開いているだろう O café estará aberto às oito horas. ❸〔未来のある時点で進行していると思われる動作や出来事〕〔★未来進行形, すなわち「estar の未来形+現在分詞」で表す〕(A ação ou o fato que estarão em progresso num momento do futuro expressam-se pelo progressivo futuro, isto é, "futuro de estar+gerúndio") 明日はあの川で泳いでいるだろう Amanhã estarei nadando naquele rio. その時間には彼は飛行機でゆうゆうとお昼を食べているだろう A essas horas, ele estará almoçando folgadamente no avião. ❹〔未来におけるある状態の継続〕〔★「estar, permanecer, ficar, continuar の未来形+過去分詞」で表す〕(A continuidade de um estado no futuro é expressa pelo futuro de "estar, permanecer, ficar, continuar+particípio passado") 車は一日中そこに止まっているだろう O carro ficará parado aí o dia todo. 彼はずっと黙っているだろう Ele ficará [continuará, permanecerá, estará] calado o tempo todo.

イルミネーション ❶ iluminação (f), luminária (f). ◆クリスマスイルミネーション iluminação de Natal. ❷〔宣伝の〕neon (m), anúncio (m) luminoso.
いれかえる 入れ替える substituir, trocar. AをBと入れ替えてください Troque A por B.
いれかわり 入れ替わり troca (f). …と～で em troca de …. ¶～立ち替わり um atrás do outro/uma atrás da outra. ～立ち替わり人が来る店 loja (f) onde entra e sai gente continuamente.
いれずみ 入れ墨 tatuagem (f). ～を長くもたせる perdurar a tatuagem. ～をする tatuar (-se). 腕にサソリの～をする tatuar um escorpião no braço.
いれちがい 入れ違い situação (f) em que um sai e outro entra ao mesmo tempo. 母が家を出たのと～に父が来た Quando minha mãe ia saindo, meu pai veio entrando.
いれば 入れ歯 dentadura (f). ～をする colocar uma dentadura. ～をはずしたりはめたりするのが彼の日課になった Colocar e tirar a dentadura ⌊virou [ficou sendo] a tarefa diária dele. ◆総入れ歯 dentadura (f) completa.
いれもの 入れ物〔容器〕recipiente (m);〔袋〕saco (m). ジャムを～に入れる colocar [pôr] a geleia num recipiente.
*いれる 入れる ❶〔物を〕pôr [ポール], colocar [コロカール]. 車をガレージに入れた Eu pus o carro na garagem. このお金を銀行に入れてきてください Por favor, deposite este dinheiro no banco. 窓を開けていい空気を入れましょう Abra a janela para arejar. コーヒーに砂糖を入れますか Quer que eu ponha açúcar no café? あのチームはゴールを入れられちゃった Aquele time levou uma goleada. ❷〔液体を〕despejar [デスペジャール], verter [ヴェルテール]. 彼女は私にお茶を入れてくれました Ela me pôs chá. ❸〔含む〕incluir [インクルイール]. チップを入れて incluindo ⌊a gorjeta [o serviço]. その店には店主を入れて20人いました Nessa loja havia vinte pessoas, incluindo o dono. ❹〔人を入らせる〕fazer entrar;〔許可〕deixar entrar. …を部屋に～ deixar … entrar na sala, permitir a entra-

da de … na sala. 私は切符がなかったのでホームに入れてもらえませんでした Não me deixaram ir até a plataforma porque eu estava sem a passagem. ❺〔差し込む〕inserir [インセリール], intercalar [インテルカラール], incluir. …に一項目を～ inserir uma cláusula em ….

*いろ 色 cor (f) [コール]. 明るい～ cor clara. 濃い～ cor escura. 褪(ぁ)せた desbotado/da. 肌の～が白い ter a pele branca. …に～を塗る colorir, pintar. あなたの持っている車は何～ですか De que cor é o seu carro? ♦色鉛筆 lápis (m) de cor.

▶色を表す語◀

白い	branco [ブランコ]
黒い	preto [プレット]
グレーの	cinza [スィンザ]
赤い	vermelho [ヴェルメーリョ]
ピンクの	rosa [ホーザ]
ベージュの	bege [ベージ]
茶色い	marrom [マホーン]
黄色い	amarelo [アマレーロ]
緑の	verde [ヴェールヂ]
青い	azul [アズーゥ]
水色の	azul-claro [アズーゥ クラーロ]
紫の	violeta [ヴィオレッタ], roxo [ホッショ]
金色の	dourado [ドゥラード]
銀色の	prateado [プラテアード]

いろいろ variedade (f). 昨日は～あった Ontem houve [aconteceu] muita coisa. ～な〔多数の〕vários/rias;〔種々の〕diversos/sas. 彼は～なことをしてみたがすべて失敗した Ele fez várias coisas mas tudo deu errado. その仕事に関しては～なやり方がある Quanto a esse serviço, há várias maneiras de fazer [cada um tem o seu modo de fazer, os modos de fazer variam de pessoa para pessoa]. 問題解決のために～と手を尽くした Tentamos resolver o caso de várias maneiras. ～とありがとうございました Muito obrigado/da por tudo. ～とごめんなさい Desculpe-me por tudo, sim? ～とお話ししたいですね Temos muito a conversar, não é mesmo?

いろがみ 色紙 papel (m) colorido (para dobraduras).

いろけ 色気 ❶〔魅力〕atrativo (m), encanto (m). ～のある sensual;〔セクシーな〕voluptuoso/sa, sedutor/ra. ～のない sem graça. ❷ apetite (m) sexual. ～が付く chegar à puberdade. 年を取ると～より食い気が Quando se envelhece, prefere-se a comida ao amor. ❸〔関心〕interesse (m). …に～を示す demonstrar interesse por ….

いろじろ 色白 ～な de tez branca.

いろどり 彩り ❶〔配色〕combinação (f) de cores, colorido (m). ❷〔彩色〕coloração (f). この花瓶は～がいい Este vaso está com uma boa combinação [um bom ritmo] de cores. ❸〔おもしろ味〕atrativo (m), graça (f). 話に～を添える tornar a conversa interessante, dar graça à conversa. パーティーに～を添える dar um atrativo à festa.

いろは ❶〔文字〕silabário (m) japonês. ❷〔初歩〕rudimentos (mpl), noções (fpl) básicas.

いろり 囲炉裏 lareira (f) estilo japonês cavada no tatami ou assoalho.

いろん 異論 objeção (f). それについて～があります Quanto a isso, tenho uma objeção a fazer.

いわ 岩 rocha (f).

いわい 祝い celebração (f), festa (f).

いわう 祝う celebrar, festejar. 私の就職を祝って父はこの時計をくれました O meu pai me deu este relógio para comemorar a minha admissão no emprego.

いわかん 違和感 sensação (f) estranha [de estranhamento, de estranheza]. ～を与える dar uma sensação de estranheza. あなたの日本語は～を感じさせない O seu japonês não soa estranho.

いわし 鰯 【魚】sardinha (f).

いわば 言わば por assim dizer, digamos. 彼女は～大きな赤ん坊です Ela é, por assim dizer, um grande bebê.

いわゆる o/a chamado/a …, o que se chama de …. 私の父は～生き字引きです O meu pai é o que se chama de dicionário ambulante.

いわれ 謂れ motivo (m), origem (f). この神社の名の～は次のとおりである A origem do nome deste templo xintoísta é a seguinte.

いん 印 carimbo (m), selo (m). …に～を押す carimbar …. 課長の～をもらう ter um documento carimbado pelo chefe de seção; pegar o carimbo do chefe de seção. ♦ゴム印 carimbo de borracha.

いん 韻 【詩学】rima (f). ～を踏む rimar.

いんうつ 陰鬱 ～な lúgubre, triste, sombrio/bria, melancólico/ca.

いんか 引火 inflamação (f), ignição (f). ～しやすい建材 material (m) de construção facilmente inflamável. ♦引火点 ponto (m) de ignição.

いんが 因果 ❶〔原因結果〕causa (f) e efeito (m). ♦因果関係 relação (f) de causa e efeito [causalidade]. 因果律 lei (f) da causalidade. ❷〔仏教〕carma (m), consequência dos atos de vidas anteriores na vida atual. 私はこれも～とあきらめる Eu me resigno a aceitar carma. ～な〔不運〕desafortunado/da;〔不幸な〕infeliz;〔のろわしい〕amaldiçoado/da. ～な商売だ Que maldita profissão! ～なことに infelizmente.

いんかん 印鑑 carimbo (m). ～届をする registrar o carimbo. ♦印鑑登録証明書 Atestado (m) de Registro de Carimbo. 印鑑届〔登録〕registro (m) de carimbo (na prefeitura da cidade onde se mora).

いんき 陰気 ～な sombrio/bria, lúgubre.

いんきょ 隠居 retirada (f) da vida econômica ativa. 〜する retirar-se do mercado de trabalho, levar vida de aposentado/da.
いんきょく 陰極 polo (m) negativo.
インク tinta (f). 〜ではっきり書いてください Escreva a tinta, com letra bem legível. ♦インク瓶[スタンド] tinteiro (m).
インクジェットプリンター impressora (f) a jato de tinta.
いんけい 陰茎 【解】pênis (m).
いんけん 陰険 〜な insidioso/sa, subrepticio/cia; hipócrita. 彼はいつも〜な手段をとる Ele sempre usa de meios subreptícios.
いんげん 隠元 【植】feijão (m).
いんこ 【鳥】periquito (m).
いんご 隠語 gíria (f), gíria profissional, jargão (m).
いんこう 淫行 ato (m) libidinoso. ♦淫行勧誘罪【法】lenocínio (m).
インサイダーとりひき インサイダー取引 mancomunação (f), conluio (m), acordo (m) suspeito, acordo feito debaixo do pano. 〜をする mancomuncar-se. 彼らは〜をしたのではないかと言われている Eles teriam se mancomunado. 会議中に〜がないように見張っていましょう Vamos ficar atentos para que não haja acordos suspeitos na reunião.
いんさつ 印刷 impressão (f). 〜する imprimir. このページははっきり〜されていないので読みにくい Esta página não está muito legível porque está mal impressa. ♦印刷機 impressora (f). 印刷所 tipografia (f), gráfica (f). 印刷物 impresso (m).
いんし 印紙 estampilha (f), selo (m) do tesouro. 領収書に〜を貼る colar Lo selo do tesouro [a estampilha] no recibo. ♦収入印紙 selo fiscal.
いんし 因子 fator (m). ♦遺伝因子 gene (m).
インジウム 【化】índio (m) (metal utilizado em produtos de cristal líquido).
いんしゅ 飲酒 〜する tomar bebida alcoólica. 〜運転する dirigir embrigado/da [alcoolizado/da]. 彼は〜運転で捕まった Ele foi preso por ter guiado o carro em estado de embriaguez. ♦飲酒探知機 bafômetro (m). 飲酒癖 alcoolismo (m).
インシュリン insulina (f). すい臓から〜が分泌される A insulina é secretada pelo pâncreas./O pâncreas libera a insulina. ♦インシュリン依存性糖尿病 diabetes (m) insulino-dependente. インシュリン注射 injeção (f) de insulina.
*****いんしょう 印象** impressão (f) [インプレサォン]. そういうことをすると悪い〜を与えますよ Se você faz uma coisa dessas, vai dar má impressão, hein? これが社長についての私の第一〜です Esta foi a primeira impressão que eu tive do presidente (da companhia).

いんしょく 飲食 〜する comer e beber. 〜店を営む ser dono/na de um restaurante, tocar um restaurante. ♦飲食店 restaurante (m); [軽食堂, スナック] lanchonete (f). 飲食物 bebidas e comidas, alimentos (mpl).
いんすう 因数 【数】fator (m). ♦因数分解 fatoração (f).
インスタント instantâneo/nea. ♦インスタントコーヒー café (m) solúvel. インスタントラーメン macarrão (m) instantâneo.
インストール 【コンピ】instalação (f). 〜する instalar. コンピューターにソフトを〜する instalar *softwares* no computador.
インストラクター instrutor/ra. ジムの〜 *personal trainer*, professor/ra de ginástica, instrutor/ra de musculação.
インスピレーション inspiração (f).
いんせい 陰性 ❶ 【電】eletronegatividade (f). ❷ 【医】〜の negativo/va. あなたはツベルクリン反応で〜でした Sua reação de tuberculina foi negativa./Seu teste de tuberculina foi negativo.
いんぜい 印税 direitos (m) autorais (percentagem sobre a venda do livro paga ao autor).
いんそつ 引率 〜する conduzir, dirigir, guiar. ♦引率者 guia, responsável.
インターカレッジ [試合] jogo (m) inter-universitário, [競技会] jogos (mpl) inter-universitários.
インターチェンジ trevo (m), ponto (m) de intersecção de rodovias.
インターナショナル internacional.
インターネット *internet* (f). ♦インターネットカフェ cibercafé (m), *lan house* (f).

▶**インターネット用語**◀
モデム *modem* [モデミ] (m)
ブロードバンド banda larga [バンダ ラールガ] (f)
プロバイダー provedor [プロヴェドール] (m)
パスワード senha [セーニャ] (f)
E メール *e-mail* [イーメーイウ] (m)
アットマーク arroba [アホーバ] (f)
ドット ponto [ポント] (m)
ハイフン hífen [イフェィン] (m)
ドメイン名 nome de domínio [ノーミ ヂ ドミーニオ] (m)
サイト *site* [サイチ] (m)
ホームページ *home page* [ホム ペイジ] (f)
リンク *link* [リンキ] (m)
クリックする clicar [クリカール]
ダウンロードする fazer *download* [ファゼール ダウンローヂ], baixar [バイシャール]
ファイル arquivo [アルキーヴォ] (m)
セキュリティー segurança [セグランサ] (f)

インターバル intervalo (m).
インターフェイス 【電・コンピ】interface (f), dispositivo (m) de conexão. モデムの〜 interface do *modem*. ♦マンマシンインターフェイス

インターフェロン interação (f) homem-máquina.
インターフェロン 【生化学】interferon (m), proteína (f) antivírus.
インターホン interfone (m), telefone (m) interno de intercomunicação.
インターン ❶ [実習生] estagiário/ria. ❷ [病院で] praticante de hospital, futuro/ra médico/ca, médico/ca residente; [制度] estágio (m), internato (m), residência (f).
いんたい 引退 retirada (f). ～する retirar-se, aposentar-se, afastar-se. あの力士はもう～した Aquele lutador (m) de sumô já └não é mais atuante [está afastado].
インタビュー entrevista (f). ～する entrevistar.
インチ polegada (f).
いんちき [詐欺] fraude (f), golpe (m); [ごまかし] falsificação (f). ～な falso/sa, fraudulento/ta. ～をする dar o golpe, enganar a alguém; trapacear, fazer trapaça (no jogo). ～にひっかかる ser enganado/da, ser vítima de fraude, cair no golpe. そこには～があった Aí houve fraude.
いんちょう 院長 ❶ [病院の] diretor/ra de hospital. ❷ [学校の] diretor/ra de estabelecimento de ensino.
インデックス índice (f).
インテリ intelectual.
インテリア decoração (f) de interiores. ♦インテリアデザイナー decorador/ra de interiores. インテリアデザイン decoração (f) de interiores.
インド Índia (f). ～の indiano/na.
インドア indoor. ♦インドアゲーム jogo (m) indoor. インドアスポーツ esporte (m) indoor. インドアプール piscina (f) coberta.
いんとう 咽頭 [解] faringe (f). ♦咽頭炎 [医] faringite (f).
イントネーション entonação (f), entoação (f). ⇨抑揚 (よくよう).
インドネシア Indonésia (f). ～の indonésio/sia.
イントロ (ダクション) introdução (f).
いんないかんせん 院内感染 infecção (f) hospitalar.
いんのう 陰嚢 [解] escroto (m).
インバーター 【電】inversor (m).
インパクト impacto (m). …に～を与える causar impacto a …. この題名には～が足りない Falta impacto neste título.
いんぶ 陰部 [解] partes (fpl) púdicas, órgãos (mpl) genitais.
インフォーマル ～な informal. ♦インフォーマル経済 economia (f) informal. インフォーマルドレス vestido (m) informal.
インフォーマント [言] informante, colaborador/ra de pesquisa linguística.

インフォームドコンセント 【医】consentimento (m) mediante informação.
インプット [コンピュ] processo (m) de entrada. …を～する dar entrada a [de] …. パソコンにデータを～する inserir os dados no computador.
インフラ (ストラクチャー) infra-estrutura (f).
インフルエンザ influenza (f), gripe (f). 鳥～は世界的な大流行病になりかねない A influenza aviária pode se tornar uma pandemia. 私は～で寝込んでしまいました Eu peguei uma gripe e acabei ficando de cama. ♦インフルエンザウイルス vírus (m) da gripe. 新型インフルエンザ(H1N1) gripe H1N1 [アリッピ アガウン エーニ ウン]. 鳥インフルエンザ influenza └das aves [aviária], gripe do frango.
インフレ (ーション) inflação (f). インフレを抑える conter a inflação. インフレを招く provocar [causar] a inflação. インフレ inflacionista, inflacionário/ria. インフレ対策を講じる tomar medidas └antiinflacionárias [contra a inflação]. 今あの国は～に見舞われている Atualmente aquele país └está com [está tendo] inflação. 今ブラジルのインフレ率はどのくらいですか Qual é o índice de inflação no Brasil agora? ♦インフレ政策 política (f) inflacionista. インフレ率 índice (m) [taxa (f)] de inflação.
いんぺい 隠蔽 ocultação (f), encobrimento (m), sonegação (f) (de informação). 真実を～する ocultar [encobrir] a verdade. ～工作をする fazer manobras para encobrir uma ilegalidade [irregularidade].
インボイス 【経】fatura (f).
いんぼう 陰謀 complô (m), conjuração (f), conspiração (f). ～を暴く revelar [delatar, descobrir] uma conspiração. ～を企てる conspirar, planejar um complô. 政府に対して～が企てられている Estão tramando uma conspiração contra o governo. ミナスの～ Inconfidência (f) Mineira. ♦陰謀家 conspirador/ra.
インポテンツ impotência (f) sexual.
いんもう 陰毛 pelos (mpl) púbicos.
いんよう 引用 citação (f). ～する citar. ♦引用符 aspas (fpl). 引用文 citação (f).
いんよう 飲用 ～に適すること potabilidade (f). ♦飲用水 água (f) potável.
いんりょう 飲料 bebida (f). ♦飲料水 água (f) potável. アルコール飲料 bebida alcoólica. 清涼飲料水 refrigerante (m).
いんりょく 引力 força (f) de atração; [地球の] força de gravidade, gravidade (f) terrestre. 万有～の法則 lei (f) da gravitação universal. ♦引力圏 esfera (f) da gravitação.

う

う 鵜 【鳥】corvo-marinho (*m*).

う 卯 【干支】(signo (*m*) do) Coelho (*m*).

ウイークエンド fim (*m*) de semana.

ウイークデー dia (*m*) de semana, dia útil.

ウイークポイント ponto (*m*) fraco.

ういういしい 初々しい cândido/da, puro/ra, ingênuo/nua, inexperiente. あの新入社員たちは～ Aqueles novos empregados da companhia são puros.

ウイキョウ 茴香 【植】funcho (*m*).

ういざん 初産 o primeiro parto (*m*).

ウイスキー uísque (*m*).

ういてんぺん 有為転変 vicissitudes (*fpl*), instabilidade (*f*), altos (*mpl*) e baixos (*mpl*). 人生の～ os altos e baixos da vida.

ういまご 初孫 o primeiro neto/a primeira neta.

ウイルス ❶ 【医】vírus (*m*). ♦ ウイルス感染 virose (*f*). ウイルス性肝炎 hepatite (*f*) viral. ウイルス性髄膜炎 meningite (*f*) viral. ❷ 【コンピュータ】vírus. ♦ アンチウイルスソフト software (*m*) [programa (*m*)] antivírus.

ウインカー seta (*f*), pisca-pisca (*m*). ～を出す dar a seta, sinalizar com o pisca-pisca (se vai virar à direita ou à esquerda).

ウインク piscadela (*f*), piscar (*m*). ～する piscar, dar uma piscada.

ウイング 【サッカー】ponta. ♦ 右 [左] ウイング ponta direita (esquerda).

ウインタースポーツ esporte (*m*) de inverno.

ウインチ guincho (*m*), sarilho (*m*), guindaste (*m*).

ウインドー ❶ vitrine (*f*). ♦ ウインドーショッピング sair para ver lojas (sem comprar). ウインドーディスプレー decoração (*f*) [arranjo (*m*)] de vitrine. ショーウインドー vitrine. ❷ 【コンピュータ】janela (*f*).

ウインドブレーカー 【服】jaqueta (*f*) quebra-vento [corta-vento], feita especialmente para proteger o corpo contra o vento.

ウインナコーヒー café (*m*) vienense.

ウインナソーセージ salsicha (*f*) vienense.

ウール lã (*f*). ～の手袋 luva (*f*) de lã.

ウーロンちゃ ウーロン茶 chá (*m*) *oolong*, tipo (*m*) de chá chinês.

***うえ** 上 ❶ 〔上部〕parte (*f*) superior [de cima]. ～から下まで de cima ao topo. ～から3行目を見てください Vejam a terceira linha a partir do topo (da página). ～に em cima, na parte de cima [superior]. あのビルの～に何があるのですか O que é que há 《《口語》tem》 em cima daquele prédio? 戸棚の一番～にあるボールを取ってくれますか Por favor, poderia me passar a vasilha que está na parte mais alta do armário? ～の superior, da parte de cima, que está em cima. その～の方のセーターをください Por favor, dê-me esse pulôver de cima [que está em cima do outro]. 橋の～を渡る atravessar a ponte. ❷ 〔年長〕(o/a) mais velho/lha. 私の一番～の兄 o mais velho de meus irmãos. 年～の人 a pessoa mais velha. ❸ 〔上位〕hierarquicamente superior. 彼の地位は私の地位よりも～だ A posição dele é superior à minha. ～からの命令ですから É que a ordem vem lá de cima. 我々のほうが技術が～だから Nossa tecnologia é superior (à deles). ❹ 〔追加〕além disso, além do mais, e 〔イ〕, também 《タンベン イ》, e ainda, 《口語》ainda por cima, como se não bastasse. あのレストランは味がよくない～に値段が高かった Aquele restaurante, além de a comida ser ruim, era caro. 彼女は炎天下で待たされた～にどなられてしまった Ela teve que esperar debaixo do sol e, ainda por cima [como se não bastasse], ralharam com ela. ❺ 〔…の観点で〕segundo 《セグンド》. 帳簿の～ではその会社は黒字だった Segundo o livro de contabilidade, essa companhia operava no azul. ❻ 〔…の後で〕depois de, após 《アポース》. もう少し考えた～お返事申しあげます Vou dar-lhe uma resposta, depois de pensar melhor (no caso). そのことを承知の～であのような言い方をなさったわけですか O/A senhor/ra falou daquele jeito, (estando) ciente disso? 酒の～でのけんかは水に流そうよ Briga que acontece enquanto se bebe é para se esquecer (no dia seguinte)./Vamos deixar para lá as brigas que aconteceram quando bebíamos. 酒の～での話だから気にしないでください Não ligue porque ele falou quando estava bêbado. ❼ 〔前述〕o que foi citado anteriormente. ～で既に触れたように como dito anteriormente [acima]. ♦ 上様 Para 〈V. S. [Vossa Senhoria]〉 《em recibos etc》. 父上 (o senhor meu) pai. 母上 (a senhora minha) mãe. 《forma de tratamento respeitoso》

うえ 飢え fome (*f*). ～を訴える queixar-se de fome. 一日サツマイモ一個で～をしのぐ matar [enganar] a fome com uma batata doce por dia.

ウエーター garçom (*m*).

ウエート ❶ 〔重量〕peso (*m*). ～をオーバーする ficar com excesso de peso, ultrapassar o limite de peso. ♦ ウエートリフティング 〔スポー

ッ] levantamento (m) de peso. ❷ [重要度] importância (f), valor (m). 野党の政策では減税を～を占めていた Na política da oposição, dava-se prioridade à diminuição dos impostos. 少子化対策に～を置く priorizar [valorizar mais] as estratégias quanto à redução da taxa de natalidade.

ウエートレス garçonete (f).

ウェーブ ❶ onda (f). ♦マイクロウェーブ microondas (fpl). ❷ ondulação (f). 髪の～ onda [ondulação] (dos cabelos). 髪に～を入れる ondular os cabelos, deixar os cabelos ondulados, frisar os cabelos, deixar os cabelos encarocolados [anelados].

うえかえ 植え替え transplantação (f). レタスの苗の～ transplantação das mudas de alface. ～をする transplantar.

うえかえる 植え替える transplantar. 苗を小さな鉢から大きな鉢に～ transplantar as mudas do vaso pequeno para o grande.

うえき 植木 planta (f). ♦植木鉢 vaso (m) de plantas. 植木屋 jardineiro (m); arborista.

うえこみ 植え込み ❶ sebe (f) (de arbustos). ❷ canteiro (m). 歩道に～をする fazer um canteiro na calçada.

うえじに 飢え死に ～をする morrer de fome.

ウエスタン 《映》filme (m) do oeste americano.

ウエスト cintura (f). ～が70センチのスカートを探しているのですが Estou procurando uma saia de setenta centímetros de cintura. あなたの～は何センチですか Qual a medida da sua cintura? ♦ウエストライン linha (f) da cintura. ローウエストズボン calça (f) de cintura baixa.

ウエット ❶ [湿った] molhado/da. ♦ウエットスーツ roupa (f) de mergulho. ウエットティッシュ lenço de papel úmido [molhado]. ❷ [情にもろい] sentimental.

ウエディング casamento (m). ♦ウエディングケーキ bolo (m) de casamento. ウエディングドレス vestido (m) de casamento, vestido de noiva.

うえる 植える plantar. 私はバラを庭に植えました Eu plantei uma roseira no jardim.

うえる 飢える ❶ [空腹] passar fome. この地域には飢えている人が多くいる Nesta região há muita gente passando fome. ❷ [渇望] ansiar, carecer. 愛情に飢えている子供 criança (f) que carece de amor.

ウェルダン [料] bife (m) bem passado.

うお 魚 peixe (m). ♦魚市場 mercado (m) de peixes. 魚釣り pesca (f); pescaria (f).

うおうさおう 右往左往 ～する ir de um lado para o outro, ficar desorientado/da.

ウォークマン 《商標》*walkman* (m), toca-fitas (m) portátil com fones que se adaptam aos ouvidos.

ウォーミングアップ aquecimento (m).

うおざ 魚座 (signo (m) de) peixes (mpl).

ウォッカ vodca (f).

ウォッチ ❶ [時計] relógio (m). ♦ストップウォッチ cronômetro (m). ❷ [見張り] sentinela.

うおのめ 魚の目 calo (m), calosidade (m).

うか 羽化 eclosão (f). セミが～した A cigarra eclodiu. 蝶が～した A crisálida se transformou em borboleta.

うかい 迂回 desvio (m), volta (f). ～する desviar-se, mudar de direção, fazer um desvio, dar uma volta. 渋滞を避けて～する dar uma volta [fazer um desvio] para fugir do engarrafamento. ♦迂回路 desvio.

うかい 鵜飼い 《漁》 modalidade (f) de pesca em que se utilizam corvos-marinhos especialmente treinados para capturar *ayu*, espécie de truta. ❷ [人] pescador/ra que treina corvos-marinhos para pescar *ayu*.

うがい gargarejo (m). ～する gargarejar. 塩水で～する gargarejar com água e sal. ♦うがい薬 medicamento (m) para gargarejo.

うかうか ～している ficar distraído/da, descuidar-se. ～と相手の戦略に乗る cair na cilada do outro por distração [descuido]. ～時を過ごす passar o tempo sem fazer nada. ～と暮らす viver sem pensar nem planejar. 状況が状況だから～していられない Vamos ficar mais atentos, que a situação não está boa.

うかがい 伺い ❶ [訪問] visita (f). 来週金～してもよろしいでしょうか Posso visitar o/a senhor/ra a semana que vem? ❷ [質問] pergunta (f). ～を立てる consultar uma pessoa sobre algo; perguntar a uma pessoa os dias disponíveis para receber uma visita. 人の家には～を立ててから行ったほうがよい É melhor não aparecer de repente na casa dos outros.

*****うかがう** 伺う ❶ [聞く] ouvir [オウヴィール]. ところによりますと segundo dizem [se diz/ tenho ouvido]. ご機嫌を～ querer saber como vai uma pessoa (hierarquicamente superior). ❷ [訪問する] visitar [ヴィズィタール]. 明日お宅に伺ってもよろしいでしょうか Será que posso visitar o/a senhor/ra, amanhã? 今から伺ってもよろしいでしょうか Posso ir visitá-lo/la agora? ❸ [尋ねる] perguntar [ペルグンタール]. ちょっと伺いますが Posso perguntar uma coisa?/Uma informação, por favor?

*****うかがう** 窺う ❶ [のぞく] espiar [エスピアール], espreitar [エスプレイタール]; ❷ [様子をみる] adivinhar [アヂヴィニャール], deduzir [デドゥズィール]. 人の顔色を～ adivinhar os sentimentos do outro [pela expressão do rosto [《口語》pela cara]. ❸ [待つ] esperar por, ficar aguardando. よい機会を～ ficar à espera de uma boa oportunidade. 反撃の機会を～ esperar pelo momento da revanche.

うかつ ～な imprudente. そんな事を言った私は

～でした Eu fui muito imprudente em dizer uma coisa dessas.

うかびあがる 浮かび上がる ❶〔水面に出る〕emergir, vir à tona, aparecer na superfície da água. 魚が水面に浮かび上がった O peixe subiu à superfície da água [à tona]. ❷〔事実などが判明する〕surgir, aparecer. 新しい容疑者が浮かび上がった Surgiu um/uma novo/va suspeito/ta. ❸〔めぐまれない境遇がよくなる〕subir, sair (de uma situação ruim). チームは最下位から浮かび上がった A equipe saiu da zona de rebaixamento. どん底の暮らしから～ sair ∟de uma vida miserável [da miséria].

うかぶ 浮かぶ 〔水で〕flutuar; 〔浮かび上がる〕vir à tona; 〔頭に〕ocorrer. すばらしい考えが私の頭に浮かんだ Agora me ocorreu uma ideia maravilhosa.

うかべる 浮かべる 〔水に〕fazer flutuar; 〔涙を〕ficar (com lágrimas). 微笑を浮かべて com um sorriso nos lábios. 彼は目に涙を浮かべて訴えた Ele me disse (isso) com lágrimas nos olhos.

うかる 受かる passar, ser aprovado/da. 試験に～ ser aprovado/da [passar] no exame.

うかれる 浮かれる ficar alegre, ficar feliz da vida, perder a razão momentaneamente pela alegria demasiada. 浮かれ騒ぐ fazer folia.

ウガンダ Uganda (m). ～の ugandense.

うき 雨季 época (f) das chuvas. 日本では6月から7月までが～です No Japão, a época das chuvas vai de junho a julho.

うき 浮き boia (f).

うきあしだつ 浮き足立つ inquietar-se [agitar-se] a ponto de querer fugir da situação, estar prestes a fugir, ficar com vontade de fugir.

うきうき 浮き浮き ～する ficar eufórico/ca, ficar alegre. 夏休みが近づいているので息子が～している Meu filho está alegre porque as férias de verão se aproximam.

うきくさ 浮き草 ❶〔植〕lentilha-d'água (f); planta (f) aquática flutuante. ❷《比》vida (f) (de) nômade. ～みたいな生活をする levar uma vida errante, ter vida de nômade.

うきぐも 浮雲 nuvem (m) solta [errante].

うきしずみ 浮き沈み vicissitudes (fpl), altos (mpl) e baixos (mpl). 世の～ vicissitudes da vida.

うきでる 浮き出る ❶〔水面に〕vir à tona. 石油が水面に浮き出ていた Via-se o petróleo flutuando na superfície da água. ❷ sobressair-se, ver-se. 空にくっきり浮き出ている山々 montanhas que se veem nítidas no céu.

うきぶくろ 浮き袋 ❶〔救命用〕boia (f), salva-vidas (m). ❷〔魚の〕bexiga (f) natatória (dos peixes).

うきぼり 浮き彫り alto-relevo (m). …を～にする 1) talhar … em alto-relevo. 2)《比》acentuar, dar relevo a …, pôr … em relevo, realçar, fazer … sobressair. このニュースは公害の悪影響を～にした Com esta notícia acentuaram-se as consequências negativas da contaminação ambiental./Esta notícia deu ênfase às influências negativas da contaminação ambiental. ♦ 浮き彫り細工 artesanato (m) em alto-relevo.

うきめ 憂き目 infelicidade (f), desgraça (f), sofrimento (m). ～を忍ぶ suportar uma situação penosa. 失恋の～を見る[にあう] sofrer de uma decepção amorosa, ter uma experiência amarga com o amor.

うきよえ 浮世絵 【美】 ukiyoé (m) 《pintura do dia-a-dia da era Edo, reproduzida ainda hoje em xilogravura》. ♦ 浮世絵師 pintor/ra de ukiyoé, mestre (m) da xilogravura japonesa.

***うく 浮く** ❶〔水上・空中に〕flutuar [フルトゥアール], ficar suspenso/sa no ar. 油が水面に浮いていた O óleo flutuava na superfície da água. ❷〔ゆるむ〕afrouxar [アフロウシャール], ficar frouxo/xa, ficar bambo/ba. 釘が浮いている O prego está bambo. 歯が浮いている O dente está frouxo [mexendo]. ❸〔余る〕sobrar [ソブラール], economizar [エコノミザール]. 今日は社長にごちそうになったので食費が浮いた Deu para economizar a despesa com refeição porque o presidente da companhia me convidou [pagou a minha]. ❹〔気分が〕ficar [estar] eufórico/ca. 浮かぬ顔をする ficar [estar] com uma cara triste. ❺〔順応しない〕não estar bem adaptado/da, ficar de fora. 彼はグループの中で浮いてしまっている Ele não está bem adaptado ao grupo. ¶ 歯が～話 uma história ∟que causa calafrios [de arrepiar]. 宙に浮いたプロジェクト projeto (m) que não foi realizado. 宙に浮いた財産 herança (f) que não teve herdeiros.

うぐいす 鶯 〔鳥〕rouxinol (m) do Japão.

ウクライナ Ucrânia (f). ～の ucraniano/na.

ウクレレ 〔音〕guitarra (f) havaiana.

うけ 受け ❶〔人望〕prestígio (m), reputação (f), cotação (f), popularidade (f). ～がよい(悪い) ser bem (mal) visto/ta [aceito/ta], ter uma boa (má) cotação [fama]. 彼は女性の～がよい Ele é benquisto pelas mulheres. ❷〔商品などの〕acolhimento (m), acolhida (f), cotação (f), aceitação (f). 客に～のよい品 artigo (m) ∟bem cotado [de boa aceitação] entre os fregueses, artigo que tem ∟muita saída [boa venda]. ❸ receptáculo (m), caixa (f). ♦ 名刺受け porta-cartão (m) de visitas. 郵便受け caixa dos correios. ❹〔ゲームや試合などで〕defesa (f). ～に回る passar à defesa, tomar a defensiva. ❺ aceitação (f), consentimento (m). その仕事をお～いたします Aceito (fazer) esse serviço.

うけい 右傾 tendência (f) direitista. 〜する pender para a direita, ter tendência direitista. 〜派の de tendência direitista.

うけいれ 受け入れ aceitação (f). ◆受け入れ家族 família (f) anfitriã. 受け入れ国 país (m) anfitrião.

うけいれる 受け入れる ❶ aceitar, receber, acolher. 人を気持ちよく〜 receber bem uma pessoa. 難民を〜 acolher refugiados/das. ❷ aceitar, acolher (ideias). 彼らがその考えを〜のに時間がかかるでしょう Vai-se levar algum tempo até que eles possam aceitar a ideia.

うけうり 受け売り venda (f) a varejo. 〜の de segunda mão, sem prioridade. 〜で何かを言う《比》dizer [repetir] coisas que os outros disseram como se elas fossem suas próprias ideias.

うけおい 請負 empreitada (f). ◆請負業者 firma (f) empreiteira. 請負人 empreiteiro/ra.

うけおう 請け負う empreitar. 私の会社は橋の建造を請け負った A minha firma foi contratada como empreiteira para construir uma ponte.

うけざら 受け皿 ❶〔小皿〕pires (m). ❷《比》receptáculo (m). 定年退職者の〜を考える pensar no reemprego dos aposentados.

うけたまわる 承る (forma de cortesia para) ❶〔聞く〕ouvir. 社長がご伝言を承っておくようにと申しておりました O presidente ordenou-me que lhe ⌊pedisse para deixar [ouvisse o] recado. ❷〔伝え聞く〕ouvir dizer. 〜ところによると彼は入院しているとか… Segundo o que ⌊ouvi dizer [dizem], ele está hospitalizado, não é? ❸〔承諾する〕receber (as ordens de), aceitar (fazer). ご用命を承ります Estou 〜 à sua disposição [às suas ordens].

うけつぐ 受け継ぐ ❶ herdar, suceder a, tomar posse de. 父親の商売を〜 herdar os negócios do pai. ❷ herdar (geneticamente). 母親の才能を〜 herdar o talento da mãe.

うけつけ 受付 ❶ aceitação (f), recebimento (m). 願書〜の期限 prazo (m) de aceitação dos requerimentos. ❷ recepção (f), portaria (f), atendimento (m). ここの〜は予約制ですか O atendimento aqui é com hora marcada?/Aqui é hora marcada? ◆受付係 recepcionista. 受付時間 horário (m) de atendimento [expediente (m)]. 予約受付 marcação (f) de consulta [hora, horário]; aceitação (f) de reservas.

うけつける 受け付ける ❶〔応対する〕aceitar, receber. 願書は4月1日から〜 Vamos receber [aceitar] requerimentos a partir de primeiro de abril. ❷〔聞き入れる〕ouvir. 彼は人の意見を受け付けない Ele não ouve opinião dos outros./Ele não dá ouvidos ao que a gente fala. ❸〔食べ物などを〕aceitar. 彼女はもう食べ物を受け付けている Ela já está aceitando comida. 私の胃はからいものを受け付けない Meu estômago ⌊não aceita [rejeita] coisas ardidas.

うけとめる 受け止める ❶ pegar, apanhar. 落ちてきた凧を〜 apanhar ⌊o papagaio [a pipa] que veio caindo. ❷ responder, reagir, enfrentar. どんな批判も冷静に〜 reagir calmamente a qualquer crítica. ❸ interpretar, reconhecer. 事態を重く〜 interpretar um fato com gravidade. 彼女はそのことを…と受け止めている Ela interpreta o fato como sendo ….

うけとり 受取 recibo (m). これはそのお金の〜です Este é o recibo desse dinheiro. ◆受取人 recebedor/ra; 〔郵便物の〕destinatário/ria; 〔為替, 荷物の〕consignatário/ria; 〔保険金, 年金などの〕beneficiário/ria.

＊うけとる 受け取る ❶〔受領する〕receber [ヘセベール], aceitar [アセイタール]. 手紙を〜 receber uma carta. このプレゼントを受け取ってください Por favor, aceite este presente. ❷〔解釈する〕interpretar [インテルプレタール], entender [エンテンデール]. 人の言ったことを間違えて〜 interpretar [entender] mal o que foi dito.

うけながす 受け流す não levar a sério. 質問を〜 esquivar-se à resposta (de uma pergunta). 冗談として〜 fingir não perceber 〔口語〕fazer que não percebeu〕a mensagem e levar na brincadeira; levar na brincadeira para não criar caso.

うけみ 受け身 passividade (f), atitude (f) passiva. 動詞を〜にする colocar o verbo na voz passiva. ◆受け身形〖文法〗voz (f) passiva.

うけもち 受け持ち cargo (m), encargo (m), incumbência (f). 一年生の〜の先生 professor/ra encarregado/da do primeiro ano.

うけもつ 受け持つ …を〜 encarregar-se de …. それはあなたが受け持ってください Você se encarregue disso. 彼女は三年生を受け持っている Ela ⌊está [é a] encarregada do terceiro ano.

＊うける 受ける ❶〔得る〕aceitar [アセイタール], receber [ヘセベール]. 苦情を〜 receber queixas. ショックを〜 receber [levar] um choque. 注文を〜 aceitar uma encomenda. 損害を〜 sofrer danos. 賞を〜 receber um prêmio. ❷ prestar [プレスタール], passar por. 試験を〜 prestar exame. 私はあの会社の入社試験を受けました Eu prestei exame para entrar naquela companhia. オーディションを〜 passar por uma audição. ❸ ser tratado/da, ser submetido/da a, passar por. 彼女は手術を受けた Ela foi ⌊submetida a [passou por] uma cirurgia. 私はこの病院で治療を受けたいのですが… Por favor, gostaria de ser tratado neste hospital…. ❹ ter aulas, comparecer a aulas. 私はコンピューターの授業を受けている Eu estou ₋tendo aulas [fazendo um curso] de computador. ❺ ter [テール], ser vítima de. 日本に来てカルチャーショックを受けました Quando vim ao Japão, tive um choque cultural. ❻ tirar gargalhadas, ser engraçado. ピエロは〜ため身振りをたくさん勉強する O palhaço estuda muito os gestos para tirar gargalhadas. ❼ 《比》ser alvo de zombaria. あの人、あんなこと言っちゃって、〜よね Acho que ela está sendo alvo de zombaria, falando aquilo, não é então? ❽ …を受けて em consequência de …, em função de …, tendo em vista …, correspondendo a …, diante de …. 住民の要望を受けて... respondendo ao pedido dos moradores.... 今回の事故を受けてより厳しい立法を考えている Em função deste acidente, está-se pensando em criar leis mais rigorosas. ❾ herdar [エルダール], ter o sangue de. 父の血を〜 ter o sangue do pai.

うけわたし 受け渡し entrega (f). 〜する entregar. ♦受け渡し場所 local (m) da entrega. 受け渡し日 data (f) da entrega.

*うごかす 動かす ❶〔物を〕mover [モヴェール]. テーブルを〜 mudar a mesa de lugar, remover a mesa. ❷〔休を〕mexer [メシェール]. 彼女は体を〜ことができなかった Ela não conseguia se mexer. ❸〔機械などを〕fazer funcionar, acionar [アスィオナール], manobrar [マノブラール], pôr em movimento. エンジンを〜 pôr os motores em movimento, acionar os motores. ❹〔心を〕emocionar [エモスィオナール]. 私は彼女の言葉に深く動かされました Fiquei profundamente comovido/da com as palavras dela. ❺〔変更する〕alterar [アウテラール], mudar [ムダール], mexer com. 日程を〜 alterar [mudar] ₋o programa [a agenda]. この納期は〜ことができません Não se pode mexer com este prazo de entrega.

うごき 動き 〔活動〕movimento (m); 〔傾向〕tendência (f). 彼女は〜が鈍い Ela tem os movimentos lentos./Ela é lenta nos movimentos. その機械の〜具合を見てください Verifique o funcionamento dessa máquina. ビジネスマンはいつも世界の〜に注目している O homem de negócios está sempre atento às tendências mundiais.

*うごく 動く ❶〔休が〕mover-se [モヴェール スィ]. 私は疲れて動けなかった Estava tão cansado/da que não conseguia nem me mexer. ❷〔機械などが〕andar [アンダール], funcionar [フンスィオナール]. この機械は電気で〜 Esta máquina é elétrica. ストで電車は動いていない Os trens estão parados por causa da greve. あの時計は動いていますか está andando [funcionando]? ❸〔措置を講ずる〕agir [アジール], tomar medidas. 当局が動きだした As autoridades começaram a tomar medidas. ❹〔変わる〕mudar [ムダール]. 情勢は彼に有利に動いた A situação se tornou vantajosa para ele. 動かぬ証拠が出てきた Apareceu uma prova incontestável.

うさ 憂さ tristeza (f), frustração (f). 〜を晴らす distrair-se, espairecer-se. 〜晴らしに映画を見に行った Fui ao cinema (para) espairecer. ♦憂さ晴らし espairecimento (m), distração (f).

うさぎ 兎 〔動〕coelho (m).

うさんくさい 胡散臭い suspeito/ta, que causa desconfiança. その商品が安すぎるのが〜 Estou desconfiado/da porque o artigo está barato demais./O artigo barato demais está me deixando ₋desconfiado/da 《口語》com pulga atrás da orelha. 〜人が家の前にいる Um sujeito meio suspeito está em frente de casa.

うし 牛 〔動〕〔雄〕boi (m); 〔雌〕vaca (f). ♦牛小屋 estábulo (m). 子牛 bezerro/rra.

うし 丑 〔干支〕(signo (m) do) Boi (m).

うじ 氏 ❶〔家名〕nome (m) de família. ❷〔家系〕linhagem (f), origem (f), nascença (f). 〜より育ちだ A educação (f) vale mais que a linhagem.

うじうじ 〜と sem se decidir, vacilante. 彼は〜している Ele é indeciso./Ele ₋é cheio de não-me-toques [não é cuca-fresca].

うしお 潮 maré (f).

うしかいめんじょうのうしょう 牛海綿状脳症 (BSE) 〔医〕encefalite (f) espongiforme bovina (EEB).

うじがみ 氏神 〔宗〕divindade (f) xintoísta local.

*うしなう 失う perder [ペルデール]. 私はけっして希望を失わなかった Eu nunca perdi a esperança. あの火事で私は財産を失ってしまいました Perdi a minha fortuna naquele incêndio.

うじむし 蛆虫 ❶〔虫〕verme (m). ❷《比》〔ろくでなし〕verme, canalha (m).

うじゃうじゃ 〜と em grande quantidade. あそこにはカブトムシが〜いる Lá ₋tem muitos [está cheio de] besouros. 〜文句を言う queixar-se sem parar.

*うしろ 後ろ ❶〔背後〕costas (fpl) [コースタス], trás (m) [トラース], parte (f) de trás. 〜の de trás, traseiro/ra, posterior. あの人は〜から見ると私の父とそっくりだった Aquele sujeito visto por trás era idêntico a meu pai. ちょっと〜へ下がっていただけますか Poderia ₋ir para trás [recuar] um pouco? ❷〔後方〕costas. 〜から私を呼ぶ声が聞こえた Eu ouvi alguém me chamando de trás de mim. ❸〔後部〕parte do fundo, parte posterior. 車の〜のタイヤがパンクした O pneu de trás (do carro) furou. …の〜に atrás de …, na parte de trás de …. 私の家の〜に高級マンションがある Atrás da minha casa há um apartamento de luxo. ❹〔見えない部分〕parte que não se vê, parte de trás. たんすの〜 parte de trás do guarda-roupa. 彼は〜で黒幕に操られている Ele está sendo manipulado ∟por não sei quem [por alguém invisível].

うしろがみ 後ろ髪 cabelos (*mpl*) da parte de trás da cabeça. 彼と別れるとき〜を引かれる思いがした Quando me despedi dele, foi custoso seguir em frente, pelas saudades que já sentia./Quando me despedi, senti o apego que tinha a ele.

うしろすがた 後ろ姿 aparência (*f*) de costas, as costas. ここから彼の〜が見える Consigo ver as costas dele daqui. 彼女は〜が美しい Ela tem uma bela aparência de costas./Ela é bonita de costas. 彼は〜が弟そっくりだ Ele, visto por trás, é a figura do irmão mais novo.

うしろだて 後ろ盾 ❶ 〔支援, 庇護〕apoio (*m*), ajuda (*f*), proteção (*f*). ❷〔庇護者〕protetor/ra, 《口語》pistolão (*m*). 彼には強力な〜がある Ele tem o apoio de ∟uma pessoa muito influente [um pistolão].

うしろまえ 後ろ前 〜に (com a parte) de trás para a frente, ao contrário. 彼はシャツを〜に着ていた Ele estava com a camisa vestida de trás para a frente.

うしろむき 後ろ向き ❶ 〜に歩く andar para trás. ❷〔消極的〕passivo/va, negativo/va. 問題を解決するに当たって〜になる deixar de ser positivo/va para resolver uma questão. 〜の姿勢で com a frente voltada para trás; 《比》de maneira negativa.

うしろめたい 後ろめたい (estar) com a consciência pesada. そんなことをしたら〜な気分になる Se fizer uma coisas dessas, fico com a consciência pesada.

うしろゆび 後ろ指 〜を指される ser motivo de acusação; ser motivo de mexerico. 〜を指されることは一つもしていない Nunca fiz nada de errado [condenável].

うす 臼 pilão (*m*). 〜で餅をつく socar o arroz cozido no pilão.

うず 渦 ❶ redemoinho (*m*), remoinho (*m*), giro (*m*). 〜を巻く rodopiar, girar, redemoinhar, remoinhar. ❷《比》turbilhão (*m*), confusão (*f*). 彼は争いの〜に巻き込まれた Ele foi envolvido na confusão.

うすあかり 薄明かり penumbra (*f*), meia-luz (*f*). 〜で読書をすると目を傷めますよ Se você fica lendo no escuro, vai estragar a vista, hein?

うすあじ 薄味 〜の com pouco tempero, suave. このスパゲッティを〜でお願いできますか Poderia, por favor, preparar este espaguete com pouco sal?

*****うすい 薄い** 〔厚さ〕fino/na [フィーノ/ナ]; 〔色〕claro/ra [クラーロ/ラ]; 〔濃度〕fraco/ca [フラッコ/カ]. 〜コーヒー café (*m*) fraco. パンを薄く切ってください Corte o pão em fatias finas, por favor. このコーヒーをもっと薄くしてください〔ホットの場合〕Acrescente água quente neste café, por favor.

うすうす 薄々 vagamente, levemente. 〜感じる sentir vagamente. 私はその事件を〜覚えていた Tinha uma vaga lembrança do acontecido.

うすがた 薄型 〜の *slim* [エズリ—ム], fino/na. ◆薄型テレビ televisão (*f*) ∟*slim* [de plasma], televisão tela plana.

うすぎ 薄着 〜をする vestir pouca roupa.

うすぎり 薄切り 〜にする cortar fino. 〜のハム fatia (*f*) fina de presunto. パンを〜にしてください Corte o pão em fatias finas, por favor.

うずく 疼く ❶ dar pontadas, doer. 虫歯が〜 Dói o dente cariado. 〜ような痛み dor (*f*) ∟lancinante [que dá pontadas]. ❷ sofrer de remorsos, ficar dilacerado/da. 悔恨の情に心が〜 O coração está dilacerado de remorsos.

うずくまる 蹲る agachar-se, acocorar-se, encolher-se agachado. 彼は腹痛でその場にうずくまってしまった Acabou por se agachar de dor de barriga, ∟no próprio local [aí mesmo].

うすぐらい 薄暗い sombrio/bria, meio escuro/ra.

うすくらがり 薄暗がり penumbra (*f*).

うすげしょう 薄化粧 〜の pouco maquilado/da, maquilado/da de leve. 山はもう〜していた A montanha já estava coberta com uma fina camada de neve.

うすっぺら 薄っぺら 〜な〔物が〕fino/na; 〔軽薄な〕superficial.

うすで 薄手 fino/na, de pouca espessura. 〜のコート casaco (*m*) de tecido fino.

うすび 薄日 部屋に〜がさしている Há uma réstia de sol no quarto.

ウズベキスタン Uzbequistão (*m*). 〜の uzbeque.

うずまき 渦巻 〔水, 風, 毛〕redemoinho (*m*), remoinho (*m*); 〔らせん〕espiral. 〜状の em espiral.

うずまく 渦巻く redemoinhar, remoinhar. 川が渦巻いていた O rio redemoinhava [remoinhava]. 煙が渦巻いていた A fumaça subia em espiral. 私は怒りが渦巻いていた Eu estava com o coração agitado de raiva.

うずまる 埋まる ⇨埋/うまる.

うすめ 薄目 olhos (*m*) parcialmente abertos. 〜を開く entreabrir os olhos. 私は〜を開けて泥棒を見た Abri um pouco os olhos e vi o ladrão.

うすめ 薄め 〜の〔濃度〕(tendendo para o) fraco [diluído]; 〔厚さ〕(tendendo para o) fino; 〔色〕(tendendo para o) claro. 〜の味 sabor (*m*) relativamente leve. 〜のコーヒーが好きです Gosto de café fraco. 〜の板 madeira (*f*) fina. 〜のピンク色のスカート saia (*f*) de um rosa tendendo para o claro. 〜に〔濃

度] (tendendo para o) fraco [diluído]; [厚さ] (tendendo para o) fino. コーヒーは~にお願いします Gostaria de um café que não seja muito forte, por favor. そのハムは~に切ってください Corte esse presunto em fatias finas, por favor.

うすめる 薄める 〔味〕tornar suave; 〔水を足す〕diluir, misturar com água. そのジュースを2倍に薄めてください Acrescente água em volume igual a esse suco.

うずめる 埋める ❶ enterrar. 庭に宝物を~ enterrar um tesouro no jardim. ❷ esconder. ハンカチに顔を~ esconder o rosto no lenço. ❸ encher. 道路の穴を砂利で~ encher o buraco da rua com pedregulhos.

うずら 鶉 〖鳥〗codorna (f), codorniz (f). ~の卵 ovo (m) de codorna.

うずらまめ 鶉豆 〖植〗espécie (f) de feijão com pintas.

うせつ 右折 ~する virar à direita. ~禁止 《掲示》Proibido virar à direita.

うそ 嘘 mentira (f). ~をつく mentir. 彼が~をつくとすぐわかる A gente logo percebe quando ele está mentindo. ~八百を並べる contar uma completa mentira. ~も方便 A mentira às vezes pode ser boa para se resolver pacificamente uma questão. ¶ うそ! Ai, não!/Não acredito!

うそ 鷽 〖鳥〗dom-fare (m).

うそつき 嘘つき mentiroso/sa.

うた 歌 canção (f), canto (m); 〔詩〕poesia (f). 私が彼女に~を歌ってあげましょう Eu vou cantar para ela.

うたいもんく 謳い文句 lema (m), *slogan* (m). あの店の~は何でもぎりぎりに安くすることだ O lema daquela loja é abaixar o preço até o limite. 野党の~は「国民の生活を第一に」だ A bandeira da oposição é "A vida da população em primeiro lugar".

*__うたう 歌う__ ❶ cantar [カンタール]. シャンソンを~ cantar uma canção francesa. 調子外れに~ cantar desafinado. 大声で~ cantar em voz alta. 小声で~ cantar em voz baixa. ピアノの伴奏で~ cantar com acompanhamento de piano. どうぞ私たちにもう1曲歌ってください Cante mais uma música para nós, por favor. ❷ 〔詩や歌をつくる〕exprimir em verso, cantar. 詩は島の自然の美しさを歌っている O poema exprime [canta] as belezas naturais da ilha.

うたう 謳う insistir.

うたがい 疑い ❶ 〔疑念〕suspeita (f), dúvida (f), desconfiança (f). …の~を抱く ter dúvida [suspeita] de …, desconfiar de …. …の~が晴れる eliminar a suspeita de …. ~のまなざし olhar (m) de suspeita [desconfiança]. その病気の~のある人たちを診察します Vamos examinar pessoas com suspeita da doença. ❷ 〔嫌疑〕acusação (f), suspeita. …の~がかかっている estar sob suspeita de. AにBの~をかける suspeitar A de B. 彼は情報を漏らした見返りに賄賂(ろ)を受け取った~で逮捕された Ele foi preso por suspeita de delação premiada.

うたがいぶかい 疑い深い desconfiado/da, incrédulo/la. 私が何を言っても君に~目で見られる Não importa o que eu diga, você sempre vai me ver com olhos incrédulos.

*__うたがう 疑う__ ❶ 〔疑念〕suspeitar [スス ペイタール], duvidar de, ficar [estar] suspeito/ta de. 疑われる ser suspeito/ta. 疑われている estar sendo suspeito/ta, estar sob suspeição. ~に足る正当な理由 razão (f) suficiente para ser suspeito/ta. ❷ 〔嫌疑〕desconfiar de, acusar [アクザール]. 彼は警察に泥棒なのではないかと疑われた A polícia desconfiou que ele era um ladrão. 彼らは私がそのお金を盗んだのではないかと疑っています Eles desconfiam que eu tenha roubado esse dinheiro.

うたがわしい 疑わしい ❶ suspeito/ta, suspeitoso/sa, duvidoso/sa, que não dá para acreditar, inacreditável, não ser digno/na de confiança. 彼の言うことは~ O que ele fala não é digno de confiança. ❷ 〔確かでない〕incerto/ta. 勝利はまだ~ A vitória ainda está incerta.

うたげ 宴 banquete (m), festa (f). ~を催す organizar uma festa.

うたごえ 歌声 canto (m), voz (f) de quem canta, cantoria (f). ♦ 歌声喫茶 casa (f) de chá em que os fregueses cantam em coro.

うたたね うたた寝 soneca (f). ~をする tirar uma soneca, cochilar.

うだる 茹だる ❶ 〔ゆでられる〕ficar cozido/da. ❷ 〔暑さに苦しむ〕sufocar(-se) de calor, derreter de tão quente. ~ような暑さ calor (m) sufocante.

うたれる 打たれる, 撃たれる ❶ 〔銃に〕levar um tiro, ser atingido/da por uma bala. ❷ 〔雨に〕apanhar. 雨に打たれる apanhar chuva forte. ❸ 〔感動する〕ficar comovido/da [emocionado/da]. 彼の誠実さに強く打たれた Fiquei muito emocionado/da com a sinceridade dele. ❹ 〔恐怖に〕ficar chocado/da [impressionado/da].

*__うち 内__ ❶ 〔内部〕espaço (m) de dentro, interior (m) [インテリオール]. 鬼は外, 福は~ Fora o diabo e para dentro a felicidade! ❷ 〔内心〕íntimo (m) [インチモ]. 心の~で dentro de minha alma. 彼は苦しい胸の~を明かした Ele revelou o seu sofrimento íntimo. ❸ 〔自分のグループ〕grupo (m) [グルッポ] 《pertencente ao falante》. ~の会社では na nossa companhia. ~の社長 o nosso presidente/a nossa presidenta. ~の人 meu marido. ~の人たち pessoal (m) de casa. お~の方によろしくお伝えください Mande lembranças aos seus (familiares). ❹ 〔期間内〕em [エン], durante [ドゥラン

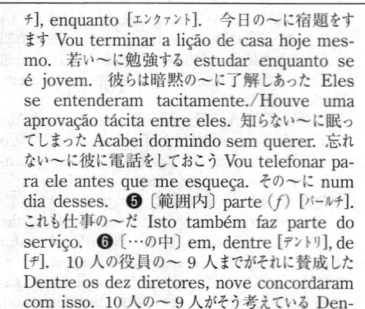

うち チ], enquanto [エンクァント]. 今日の〜に宿題をすます Vou terminar a lição de casa hoje mesmo. 若い〜に勉強する estudar enquanto se é jovem. 彼らは暗黙の〜に了解しあった Eles se entenderam tacitamente./Houve uma aprovação tácita entre eles. 知らない〜に眠ってしまった Acabei dormindo sem querer. 忘れない〜に彼に電話をしておこう Vou telefonar para ele antes que me esqueça. その〜に num dia desses. ❺〔範囲内〕parte (f) [パールチ]. これも仕事の〜だ Isto também faz parte do serviço. ❻〔…の中〕em, dentre [デントリ], de [デ]. 10人の役員の〜9人までがそれに賛成した Dentre os dez diretores, nove concordaram com isso. 10人の〜9人がそう考えている Dentre dez pessoas, nove pensam dessa forma. 二つの〜どちらかを選ぶ escolher um dos dois.

うち 家 casa (f), lar (m). 〜を建てる construir uma casa. 〜にいる estar em casa. 〜を空ける ausentar-se do lar. 〜に帰りたい Quero voltar para casa. あなたの〜はどこですか Onde é [fica] a sua casa? 私の祖母はいつも〜にいます A minha avó está sempre em casa.

うちあける 打ち明ける confessar, confidenciar, revelar, abrir-se com. 本当のことを〜 contar a verdade, abrir o jogo, revelar um segredo. …に恋を〜 confessar o amor a …. 一部始終を〜 contar tudo, abrir o jogo. 彼は私に胸の内を打ち明けた Ele se abriu comigo.

うちあげる 打ち上げる ❶〔空中に〕lançar. 人工衛星を〜 lançar um satélite artificial (no espaço). ❷〔波が物を〕trazer, lançar. 死体が岸に打ち上げられた Apareceu um cadáver na praia. ❸〔興行, 仕事など〕encerrar. 打ち上げ会をする fazer festa de encerramento das atividades (que comes e bebes).

うちあわせ 打ち合わせ ajuste (m) prévio, acerto (m) prévio. AさんとBの件について〜する combinar com A sobre o caso B. ♦打ち合わせ会議 reunião (f) preliminar.

うちあわせる 打ち合わせる combinar [fixar, organizar] previamente, acertar de antemão. 会合の日取りを打ち合わせましょう Vamos combinar o dia da reunião.

うちうち 内々 〜の particular, familiar. 〜のこと assunto (m) particular. …を〜で処理する resolver 〜 particularmente [em família].

うちかえす 打ち返す tornar a bater, devolver. ボールを〜 rebater [devolver] a bola. 波が打ち返していた As ondas rebentavam na praia e voltavam ao mar.

うちかつ 打ち勝つ vencer. 困難に打ち勝って成功を収めた Ele teve bom êxito, vencendo as dificuldades.

うちがわ 内側 parte (f) interna, lado (m) interno [de dentro]. …の〜で no interior de …, dentro de …. ドアは〜から閉まっている A porta está fechada do lado de dentro. たるの〜を洗ってください Lave a parte de dentro da pipa [do barril], por favor.

うちき 内気 timidez (f), vergonha (f). 〜な tímido/da, envergonhado/da.

うちきず 打ち傷 〚医〛 contusão (f), lesão (f).

うちきり 打ち切り fim (m), termo (m). 会議を〜にする interromper [suspender, encerrar (pela metade)] a reunião. 番組は〜になった O programa foi suspenso [encerrado (pela metade)].

うちきる 打ち切る cortar, suspender, interromper. 交渉を〜 interromper as negociações. 調査を〜 suspender uma pesquisa. 援助を〜 suspender uma ajuda 《financeira ou material》.

うちきん 内金 sinal (m), depósito (m), caução (f). 〜を払う pagar o sinal. 〜は1万円です O sinal [A caução] é de dez mil ienes.

うちけす 打ち消す ❶〔否定する〕desmentir, negar. うわさを〜 desmentir o boato. ❷〔消す〕apagar. 波の音に打ち消されてあなたの言っている事が聞こえない Não dá para ouvir o que você está falando, devido ao ruído das ondas do mar.

うちげんかん 内玄関 entrada (f) de serviço.

うちこむ 打ち込む ❶〔くぎなどを〕pregar, cravar, fincar. くぎを壁に〜 pregar um prego na parede. ❷〔熱中〕ficar entusiasmado/da com, entusiasmar-se com, dedicar-se a. 研究に〜 dedicar-se de corpo e alma à pesquisa. 私は仕事に打ち込んでいました Eu estava concentrado/da no trabalho. ❸《スポーツ》〔ボールなどを〕bater a bola para; atacar 《em esgrima ou *kendo*》. ❹〔データを〕colocar [inserir] dados (no computador). データをコンピュータに〜 inserir dados no computador. メールに個人情報を打ち込まないでください Favor não inserir dados pessoais nos *e-mails*. ❺ colocar [aplicar] (concreto ou argamassa). 建物の基礎にコンクリートを〜 aplicar o concreto na fundação [no alicerce, na base] do edifício.

うちじゅう 家中 ❶〔家の中〕dentro de toda a casa. 財布を〜を捜す procurar a carteira na casa inteira. ❷〔全家族〕todos de casa [da família]. 昨日は〜で出かけた Ontem saí com a família inteira [com toda a família].

うちそこなう 打ち損なう não acertar em …. ボールを〜 não acertar na bola. くぎを〜 não acertar na cabeça do prego.

うちだす 打ち出す ❶ imprimir. コンピュータにインプットしたデータを〜 imprimir os dados do computador. ❷〔模様などを〕bater para modelar. ブラジルの蝶が打ち出された銅の壁掛け quadro (m) de cobre com relevo de borboleta brasileira. ❸〔計画などを〕apresentar, propor. 彼は会議でおもしろい計画を打ち出した Ele apresentou um plano interessante na

うちたてる 打ち立てる　estabelecer, fundar. 平和国家を～ fundar as bases de um país pacífico. 方針を～ estabelecer as diretrizes. 新しく打ち立てられた方針 nova linha (f) (política), novas diretrizes (fpl).

うちつける 打ち付ける　pregar, fixar. 板をドアに～ pregar a madeira na porta.

うちでし 内弟子　discípulo/la [aprendiz] que mora na casa do mestre.

うちでのこづち 打ち出の小槌　varinha (f) de condão, fórmula (f) mágica.

うちとける 打ち解ける　perder a reserva, ficar franco/ca. 打ち解けた franco/ca. 打ち解けない reservado/da. 打ち解けて com franqueza. 二人はすぐに打ち解けて話し始めた Os/As dois/duas logo começaram a conversar francamente.

うちなる 内なる　interior. ～声 voz (f) interior.

うちのめす 打ちのめす　❶ derrubar com uma pancada. ❷《比》abalar (psicologicamente). …に打ちのめされる ficar abalado/da com ….

うちひしぐ 打ちひしぐ　oprimir, destruir. 悲しみに打ちひしがれた oprimido/da pela tristeza.

うちポケット 内ポケット　bolso (m) interior.

うちぼり 内堀　fosso (m) interior (de um castelo).

うちまく 内幕　o que está por trás dos bastidores. ～を明かす revelar um segredo.

うちまた 内股　parte (f) interior das coxas. ～で歩く andar com os pés virados um para o outro.

うちまわり 内回り　linha (f) que corre ∟em sentido anti-horário [na parte interior] 《em relação à outra que corre na parte exterior》, numa circular. 東京の山手線の～は新宿から渋谷方向に走っている A linha Yamanote de Tóquio que corre em sentido anti-horário vai de Shinjuku a Shibuya.

うちみ 打ち身　contusão (f).

*****うちゅう** 宇宙　universo (m) [ウニヴェールソ], espaço (m) [エスパッソ]. ～の espacial, cósmico/ca, sideral. ロケットを～に打ち上げる lançar um foguete no espaço. 銀河系は～の一部に過ぎない A Via Láctea não passa de uma parte do cosmo.
  ♦宇宙開発 exploração (f) espacial. 宇宙時代 era (f) espacial. 宇宙進化論 cosmogonia (f). 宇宙船 nave (f) espacial, espaçonave (f). 宇宙飛行 voo (m) espacial. 宇宙飛行士 astronauta, cosmonauta. 宇宙旅行 viagem (f) espacial.

うちょうてん 有頂天　彼は合格の知らせを聞いて～になった Ele ficou eufórico, ao ouvir a notícia de que passou no exame.

うちよせる 打ち寄せる　❶〔波が〕trazer. 波が岸に～ As ondas ∟batem nas margens [banham as praias]. 浜辺に打ち寄せられた海藻 Algas marinhas ∟trazidas (pelas ondas) nas praias [que as ondas trouxeram às praias]. ❷〔敵が〕vir se aproximando, vir se atirando. 敵の大軍が打ち寄せてきた O grande exército inimigo veio se aproximando contra nós.

うちわ 内輪　círculo (m) familiar. ～で葬式をする fazer um funeral só com a família. ～のもめごと briga (f) em família.

うちわ 団扇　abanico (m). そのご飯を～であおいでください Por favor, abane o arroz com o abanico (ao fazer *sushi*).

うちわけ 内訳　detalhe (m), itens (mpl) de uma conta.

*****うつ** 打つ, 撃つ　❶ bater [バテール]. タイプライターを～ bater à máquina, datilografar. 彼は倒れて石で頭を打った Ele caiu e bateu com a cabeça numa pedra. 彼は毎シーズン 40 本以上のホームランを打った Ele conseguia mais de quarenta *home-runs* durante cada temporada. ❷〔ピストルなどで〕atirar [アチラール], dar um tiro, disparar [ヂスパラール]. 銃を撃つ disparar a arma. 「手をあげろ、さもないと撃つぞ」 "Mãos ao alto! Senão eu atiro". ❸ mandar [マンダール]. 電報を～ mandar um telegrama. ❹〔不意を〕atacar [アタカール]. 不意を～ atacar alguém de surpresa. ❺ pregar [プレガール], bater. くぎを～ pregar um prego. 地面にくいを～ cravar uma estaca na terra. ❻ tomar [トマール]. 注射を～ tomar uma injeção. ❼ tocar [トカール]. 鐘を～ tocar o sino. ❽〔感動させる〕comover [コモヴェール]. 今の講演は大いに人の胸を～話だった A conferência que acabamos de ouvir foi muito comovente. ¶ ～手はない Não há nada a fazer. 他に～手はなかった Não havia outra medida senão a que tomei.

うつ 鬱　〖医〗depressão (f). ～になってしまった Acabei ficando com depressão./〖口語〗Acabei ficando num [de] baixo astral. ♦鬱状態 situação (f) depressiva, estado (m) depressivo. 鬱病 depressão (f).

うっかり　por descuido, sem querer. 私は～秘密を漏らしてしまった Eu acabei revelando um segredo por descuido.

*****うつくしい** 美しい　bonito/ta [ボニット/タ], belo/la [ベーロ/ラ]. ～目をしている ter olhos bonitos. 美しく着飾る enfeitar-se, embelezar-se. 花は庭を美しくする As flores embelezam [enfeitam] o jardim. 彼女は一段と美しくなった Ela ficou mais bonita do que antes.

うつくしさ 美しさ　beleza.

うっけつ 鬱血　〖医〗congestionamento (m), congestão (f). ♦鬱血性肝硬変 cirrose (f) congestiva.

うつし 写し　cópia (f), duplicata (f), transcrito (m). 契約書の～を取る tirar uma cópia do contrato.

*****うつす** 写す, 映す　〔写真を〕fotografar [フォトグラ

ファール]；〔反射して映す〕refletir [ヘフレチール]；〔文書などを〕copiar [コピアール]；〔映写する〕passar [パサール] (um filme). あなたの写真を写してもいいですか Posso fotografar você?

*うつす 移す ❶〔移動〕deslocar [デズロカール], trasladar [トラズラダール], remover [ヘモヴェール]. 千人もの人がより安全な場所に移された Mais de mil pessoas foram removidas para áreas mais seguras. あの段ボールをこちらに移してください Ponha aquela caixa de papelão aqui. ❷〔移転〕mudar [ムダール], transferir [トランスフェリール], deslocar. 外国人登録の部署を五階に移しました Transferimos a seção de registro de estrangeiros para o quinto andar. ❸〔実行に〕cumprir [クンプリール], passar [パサール], fazer sair de … passando para …. プロジェクトを実行に〜 fazer um projeto sair do papel. 公約を行動に〜 cumprir promessa de campanha. ❹〔感染させる〕 私はあの人に風邪を移された Peguei um resfriado dela./Ela me passou o resfriado. ❺〔向ける〕mudar, deslocar. 関心を別の分野に〜 mudar a área de interesse [o foco de estudo]. 視線を〜 mudar o olhar, olhar de outra forma [maneira]. ¶時を移さずこの報告書をまとめてください Faça este relatório imediatamente [sem demora], por favor.

うっすら 〜と levemente, vagamente, de leve. 〜と口紅をぬる passar batom nos lábios de leve. 〜と目を開ける entreabrir os olhos. …を〜と覚えている lembrar-se vagamente de …. 山には〜と雪が積もっている A montanha está coberta por [com, de] uma fina camada de neve.

うっそう 鬱蒼 〜とした[と茂った] frondoso/sa, espesso/ssa, denso/sa.

うったえ 訴え ❶〔告訴〕acusação (f). 〜を起こす mover uma ação judicial, recorrer à justiça. ❷ queixa (f). 患者の〜を聞く ouvir as queixas (de dor) do paciente.

*うったえる 訴える ❶〔告訴〕acusar [アクザール], denunciar [デヌンスィアール], processar [プロセサール], apresentar queixa contra. …で訴えられる ser acusado/da de …, ser denunciado/da [processado/da] por …. 国を〜 abrir processo contra o país. ハンセン病患者は国を相手取って損害賠償を訴えた Os hansenianos exigiram do Governo indenização pelos danos sofridos. ❷〔不平・痛みを〕protestar [プロテスタール], reclamar [ヘクラマール], queixar-se [ケイシャール スィ]. 頭痛を〜 queixar-se de dor de cabeça. 不平を〜 queixar-se, mostrar-se insatisfeito/ta. 無実を〜 protestar a inocência. ❸〔頼る〕recorrer a, fazer uso de, apelar para. けっして武力に訴えてはいけない Nunca se deve apelar para as armas. ❹〔心を動かす〕impressionar [インプレスィオナール], tocar [トカール], atrair [アトライール]. この文には何か〜ものがある Esta frase tem algo que nos impressiona.

うっとうしい 鬱陶しい ❶〔天気が〕pesado/da, deprimente, sombrio/bria, desagradável. 梅雨は〜 A época das chuvas é sombria [desagradável]. ❷〔不愉快な〕desagradável, incômodo/da. このギブスが〜 Este gesso está me incomodando.

うっとり 〜する ficar encantado/da [extasiado/da, fascinado/da]. 〜させる encantar, cativar, fascinar. 〜て em (estado de) êxtase, extasiado/da. 〜と音楽に耳を傾ける escutar uma música extasiado/da. 〜させるような encantador/ra, cativador/ra, fascinante. 〜とした目で絵を見ていた Olhava para o quadro [a pintura], com olhos encantados.

うつぶせ 俯せ 〜に de bruços. 〜になってください Fique [Deite] de bruços.

うっぷん 鬱憤 ressentimento (m), cólera (f) reprimida. 〜を晴らす desabafar-se.

うつぼ 鱓 〔魚〕moreia (f).

うつむく 俯く olhar para baixo, ficar cabisbaixo. 彼は自分の言動を恥じてうつむいていた Ele estava cabisbaixo, envergonhando-se da própria atitude.

うつり 映り imagem (f), reflexo (m). この地方ではテレビの〜がよくない A recepção (f) [imagem] da TV [televisão] não é boa nesta área.

うつりかわり 移り変わり transição (f), mudança (f), evolução (f). 日本では季節の〜がはっきりしている No Japão, a mudança das quatro estações do ano é bem nítida. 流行の〜に敏感である ser sensível à evolução da moda.

うつりかわる 移り変わる mudar, passar, evoluir. 流行はめまぐるしく〜 A moda muda rapidamente. 時代は〜 O mundo evolui.

うつりぎ 移り気 inconstância (f), volubilidade (f). 〜な inconstante, volúvel.

*うつる 写る aparecer na fotografia, ser fotografado/da, ficar revelado/da, sair [サイール]. 私はその写真に写っていない Eu não apareço nessa fotografia. このカメラはよく〜 Esta câmera é boa. この休暇の写真はよく写っている As fotos dessas férias ficaram bem reveladas [saíram bem]. 彼女は写真写りがいい Ela é fotogênica.

*うつる 映る ❶ projetar-se [プロジェタール スィ]. 壁に映った自分の影と遊んでいた Brincava com a própria sombra [silhueta] projetada na parede. ❷ refletir-se [ヘフレチール スィ], estar refletido/da, espelhar-se [エスペリャール スィ]. 鏡に窓が映っている Vê-se a janela refletida no espelho. 彼女の顔がショーウインドーに映っていた O rosto dela se refletia na vitrine. ❸ aparecer [アパレセール], projetar-se. 彼女はテレビの画面にアップで映った Ela apareceu na tela de TV [televisor/televisão] bem de perto. このテレビはあまりよく映らない Esta televisão está com a imagem imperfeita.

*うつる 移る ❶ [移動する] passar [パサール]. では次の話題に移りましょう Então, vamos passar para o assunto seguinte. ❷ [移転] mudar-se [ムダール スィ], transferir-se [トランスフェリール スィ]. この会社の本店は横浜に移った A matriz desta companhia mudou-se para Yokohama. ❸ [しみつく] passar, transmitir-se [トランスフェリール スィ]. たばこのにおいがシャツに移った O cheiro do cigarro passou para a camisa. ❹ [時が経過する] evoluir [エヴォルイール], passar. 人類はインターネット時代に移った A humanidade passou para a era da *internet*. ❺ [感染する] passar, pegar [ペガール]. 彼女のインフルエンザが私に移ったようだ Parece que ela me passou a gripe./Parece que eu peguei a gripe dela.

うつろ 空ろ ～な vazio/zia; [空(から)の] oco/ca; [ほんやりした] vago/ga, apático/ca. ～な心で暮らす viver com um vazio no coração. 中が～になった木 árvore (f) cujo tronco está oco. ～な目をしている estar com olho de peixe morto. ～な顔をする ficar com uma cara apática, fazer-se de desentendido/da.

うつわ 器 ❶ [入れ物] recipiente (m), vasilha (f), receptáculo (m). ガラスの～に盛る colocar em uma vasilha de vidro. ❷ [器量] calibre (m), capacidade (f), valor (m). ～が大きい ser uma pessoa tolerante, ter um coração grande; ser uma pessoa capacitada, ter capacidade. ～が小さい ser uma pessoa mesquinha [intolerante]; não ter capacidade. 彼は大統領の～ではない Ele não tem calibre para ser Presidente.

*うで 腕 ❶ braço (m) [ブラッソ], [手から肘(ひじ)まで] ante-braço [アンテ ブラッソ]. ～を折る quebrar [fraturar] o braço. ～を組んで reflectir cruzando os braços. 彼氏と～を組んで歩く andar de braço dado com o namorado. 彼女は～にハンドバッグを提げていた Ela estava com uma bolsa no braço. ❷ [技量・能力] habilidade (f) [アビリダーヂ], capacidade (f) [カパスィダーヂ], talento (m) [タレント]. ～が上がる melhorar [progredir] ∟no trabalho [na profissão]. ～を試しをする testar a capacidade. あの寿司屋は～がいい Aquele homem do *sushi* ∟sabe fazer um *sushi* gostoso [é bom no *sushi*]. ¶ 彼は～まくりした Ele arregaçou as mangas. 両～を広げて人を迎える acolher alguém de braços abertos. ～を貸す dar a mão, ajudar.

うできき 腕利き pessoa (f) habilidosa (na sua profissão). ～の大工 marceneiro/ra ∟habilidoso/sa [muito jeitoso/sa].

うでぐみ 腕組み ～をする cruzar os braços. ～をして de braços cruzados.

うでくらべ 腕比べ competição (f). 料理の～をする fazer uma competição entre os cozinheiros.

うでたてふせ 腕立て伏せ 〖スポーツ〗flexão (f) (de braço).

うでどけい 腕時計 relógio (m) de pulso.

うでまえ 腕前 habilidade (f), jeito (m). ～を見せる mostrar a habilidade. 彼のテニスのプロ並みの～だ Ele joga tênis como um verdadeiro profissional.

うでわ 腕輪 pulseira (f).

うてん 雨天 chuva (f). ～のために高校野球は延期された A partida de beisebol colegial foi adiada devido à chuva. ～の場合には se chover, em caso de chuva. ～順延 Se chover, a atividade será suspensa até ∟um dia propício [o próximo dia sem chuva].

うど 独活 〖植〗arália (f).

うとい 疎い ❶ ser desligado/da, não estar ciente de, não conhecer. 多くの詩人は現実的なことに～ Muitos poetas são desligados da realidade. あの人は損得に対して～ Ele não liga muito para vantagens e desvantagens das coisas. ❷ [疎遠] distante, não íntimo/ma.

うとうと ～する cochilar, dormitar, passar pelo sono.

うどん 〖料〗macarrão (m) japonês 《do tipo grosso, branco》.

うながす 促す ❶ [催促する] incitar, cobrar, apressar. 答えを～ cobrar uma resposta rápida. 金の返済を～ cobrar o dinheiro emprestado, apressar a devolução [amortização] da dívida. ❷ [注意を] aconselhar, chamar a atenção para, exortar, advertir. …に注意を～ chamar a atenção de alguém para …. ❸ [促進する] estimular, fomentar. 成長を～ホルモン hormônio (m) de crescimento.

うなぎ 鰻 〖魚〗enguia (f).

うなされる ter pesadelo, delirar. 昨夜はうなされた Eu tive um pesadelo ontem à noite.

うなじ 項 nuca (f), cerviz (f).

うなずく 頷く afirmar [assentir, concordar] com a cabeça. 深く～ afirmar baixando a cabeça profundamente. 彼は黙って軽くうなずいた Ele baixou a cabeça de leve para afirmar que concordava. 彼がブラジルで暮らしたいというのもうなずける Compreende-se perfeitamente que ele queira viver no Brasil.

うなだれる abaixar a cabeça, ficar de cabeça baixa. 思わぬ失敗に～ ficar cabisbaixo/xa diante de um fracasso inesperado.

うなばら 海原 oceano (m), mar (m).

うなり 唸り uivo (m) 《dos animais》; zumbido (m), uivo (m) 《dos ventos》; gemido (m) 《de dores》. けが人の～声が聞こえていた Ouviam-se os gritos de dor dos feridos./Ouviam-se os feridos gritarem de dor. ♦うなり声 gemido (m); rugido (m).

うなる 唸る gemer, rugir. ライオンが～ O leão ruge. モーターが～ O motor ruge. けが人達が

呻っていた Os feridos gemiam (de dor).
うに 【動】ouriço-do-mar.
うぬぼれ 自惚れ presunção(f), convencimento(m). 彼女は〜が強い Ela é uma pessoa presunçosa [convencida].
うぬぼれる 自惚れる presumir-se, ser vaidoso/sa. うぬぼれた presunçoso/sa, convencido/da.
うね 畝 ❶ cômoro(m), canteiro(m) elevado para plantação, elevação(f) e sulco(m) feitos na terra a lavrar. 畑に〜を作る preparar o terreno de plantação com sulcos e elevações. ❷〔高低〕reentrâncias(fpl) e saliências(fpl).
うねり ❶〔山〕ondulação(f) das colinas. ❷〔波〕altura(f) das ondas. 波の〜は2メートルとなるでしょう A altura das ondas será de dois metros.
うねる serpentear, ondular. 私たちはうねった山道を歩いて行った Nós fomos andando pelo caminho sinuoso da montanha.
うのみ 鵜呑み …を〜にする engolir … inteiramente;《比》acreditar cegamente [sem mais nem menos] em …. 人の話を〜にする acreditar cegamente [gratuitamente] no que os outros dizem.
うは 右派 ala(f) política da direita. 〜の directista. 〜の人 direitista.
うば 乳母 ama(f) seca (de leite).
うば 姥 velha(f).
うばいあい 奪い合い disputa(f). 水の〜 disputa pela água. 座席の〜をする disputar um assento.
うばいあう 奪い合う disputar. ボールを〜 disputar a bola. 電車の中で座席を〜 disputar um assento no trem.
*__うばう__ 奪う ❶ tirar [チラール], roubar [ホウバール], usurpar [ウズルパール]. 津波は多くの命を奪ってしまった As ondas *tsunami* [gigante] tiraram a vida de muita gente. 私は所持金を全部奪われてしまった Roubaram-me[《口語》Me roubaram] todo o dinheiro que eu tinha em mãos. ❷〔サッカー〕desarmar [デザルマール], recuperar a bola. 相手のボールを〜 tirar[《口語》roubar] a bola do adversário, desarmar o adversário. ❸〔心などを〕fascinar [ファスィナール], encantar [エンカンタール]. 彼は彼女に心を奪われてしまった Ele ficou completamente fascinado por ela.
うばぐるま 乳母車 carrinho(m) de bebê.
うぶ 〜な puro/ra, cândido/da, ingênuo/nua.
うぶげ 産毛 ❶〔鳥類の〕penugem(f). ❷〔桃、赤ん坊の〕lanugem(f).
うぶごえ 産声 choro(m) do bebê ao nascer. 東京で〜を上げる《比》nascer em Tóquio.
うぶゆ 産湯 primeiro banho(m) (do bebê). 赤ん坊に〜をつかわせる dar o primeiro banho ao bebê.

うへん 右辺 ❶ lado(m) direito. ❷【数】segundo(m) membro (de uma equação).
うま 馬 【動】〔雄〕cavalo(m);〔雌〕égua(f). ♦ 馬小屋 estrebaria(f).
うま 午 《干支》(signo(m) do) Cavalo(m).
うまい ❶〔味〕gostoso/sa, delicioso/sa, saboroso/sa, bom/boa. 何か〜ものを食べに行こう Vamos comer alguma coisa gostosa! うまそうなケーキ bolo(m) apetitoso [que dá água na boca]. ❷〔上手〕hábil, bom/boa em. 彼は私より車の運転が〜 Ele é melhor do que eu no volante. 彼女は料理が〜 Ela é boa na cozinha./Ela cozinha bem.
うまく bem, habilmente, com habilidade. 彼はとても〜日本語をしゃべる Ele fala muito bem o japonês. 〜いく dar-se bem, correr bem, dar certo. あの二人は〜いっていない Os dois não se dão bem. 今日の会議は〜いった A reunião de hoje correu bem. 旅行の話が〜いくといいですね Tomara que a viagem dê certo [você consiga viajar], não é mesmo?
うまづら 馬面 rosto(m) alongado [comprido].
うまとび 馬跳び pula-sela(m).
うまのほね 馬の骨 desconhecido/da qualquer. どこの〜ともわからない人を家に泊めるわけにはいかない Não posso hospedar um desconhecido qualquer.
うまのり 馬乗り 〔馬に乗ること〕cavalgada(f);〔遊び〕cavalinho(m). お父さんと子供は〜遊びをした O pai ficou de quatro, e subiu nas suas costas e eles brincaram de cavalinho.
うまや 厩 estábulo(m), estrebaria(f).
うまる 埋まる ❶〔覆われる〕enterrar-se, cobrir-se, entupir-se. 線路が砂で埋まっていた As ferrovias estão cobertas de areia. ❷〔いっぱいになる〕ficar cheio/cheia, ficar repleto/ta. 夏になると浜は海水浴客で〜 A praia fica cheia de banhistas no verão. ❸〔損失などが〕cobrir, indenizar, compensar. そのような損害は私の半年分の給料をはたいても埋らない Nem o meu salário de seis meses cobre uma dívida dessas.
うまれ 生まれ nascido/da em, originário/ria de. 私はブラジル〜です Sou nascido/da [Nasci] no Brasil. 彼は戦前〜だ Ele nasceu antes da guerra. 高貴な〜の人 pessoa(f) de boa família. 農家の〜である ser filho/lha de agricultores.
うまれかわる 生まれ変わる ❶〔再び生まれる〕renascer, reencarnar. 私は女に生まれ変わりたい Gostaria de ser uma mulher, se puder renascer. ❷〔別人になる〕transformar-se, tornar-se completamente diferente. 彼はまるで生まれ変わったように働き者になった Ele se tornou tão trabalhador, que parece uma outra pessoa.
うまれこきょう 生まれ故郷 terra(f) natal.

うまれつき 生まれつき de nascença.

うまれながら 生まれながら de nascença. 〜の inato/ta.

***うまれる** 生まれる ❶ nascer [ナセール].〔★日本語の「生まれる」といった形から、nascer 動詞を受身形にしてしまう学習者がいるが、この動詞を点的な一つの出来事として使用する場合は受身形にしない〕. パウロの家に新しい家族が生まれた Nasceu um novo membro na casa de Paulo./ Chegou gente nova na casa de Paulo. 私は 2001 年に名古屋で生まれた Eu nasci em dois mil e um em Nagoya. 私たちは初めての赤ちゃんが生まれたのでとても幸せだ Nós estamos muito contentes [felizes] porque tivemos o nosso primeiro filho. 彼(彼女)は生まれたままの姿で部屋から出てきた Ele (Ela) saiu do quarto ∟como veio ao mundo [nu/nua]. ❷〔★「生まれていた」のように、線的な状態、あるいは完了を表すとき、ser の未完了過去形+nascer の過去分詞といった形が使える〕. 当時、あなたはまだ生まれてもいなかった Nesse tempo, você nem era nascida ainda. ❸〔生じる〕surgir [スルジール]. そこでその考えが生まれたのだ Foi aí que surgiu a ideia.

***うみ** 海 mar (m) [マール];〔大洋〕oceano (m) [オセアーノ];〔海岸〕praia (f) [プライア]. 日本はすべてを〜に囲まれている O Japão está cercado de mar por todos os lados. 〜の上を走る navegar, percorrer o mar (em navio). 〜が荒れている O mar está bravo. 〜の男 marinheiro. 〜の家 casa (f) de praia. 〜へ行く ir à praia. 〜で泳ぎましょう Vamos nadar no mar./Vamos tomar banho de mar.

うみ 膿 pus (m). …から〜を出す tirar o pus de …. 傷口から〜が出ている A ferida está com pus. 〜を持つ ficar [estar] com pus.

うみ 生み pais (mpl) biológicos;〔創立者〕fundador/ra. 〜の母 mãe (f) biológica. 〜の苦しみ dores (fpl) do parto;《比》sofrimentos (mpl) da criação《de obra de arte etc》.

うみがめ 海亀 〔動〕tartaruga (f) do mar.

うみせんやません 海千山千 〜の人 pessoa (f) ∟experimentada [com muita experiência de vida, que já viu coisas negativas da vida]; macaco (m) velho, macaco de rabo coçado, raposa (f) matreira, safado/da.

うみつける 産み付ける pôr ovos em, desovar. …に卵を〜 pôr ovos em ….

うみつばめ 海燕 〔鳥〕procelária (f).

うみどり 海鳥 ave (f) marinha.

うみなり 海鳴り bramido (m) do mar. 〜していた O mar bramia./Ouvia-se o bramido do mar.

うみべ 海辺 praia (f), beira-mar (f). 〜のホテル hotel que fica ∟à beira-mar [na orla marítima].

うみへび 海蛇 〔動〕cobra (f) do mar.

***うむ** 産む ❶ dar à luz, parir [パリール]. 子を〜 dar à luz um filho. 彼女は双子の女の子を産んだ Ela deu à luz duas gêmeas. ❷ 卵を〜 botar um ovo. ❸〔生じる〕gerar [ジェラール], produzir [プロドゥズィール], causar [カウザール]. 努力が天才を〜 O esforço é que faz (nascer) um gênio./O gênio nasce é do esforço. 彼はブラジルが産んだ最高の作家だ Ele é o melhor escritor que o Brasil teve [produziu].

うむ 膿む formar pus. 傷口が膿んでしまった Formou(-se) pus na ferida.

うむ 有無 existência (f) ou não, o haver ou não haver, o ter ou não ter. 図書館に行ってこの本の〜を尋ねた Fui à biblioteca saber se eles tinham ou não este livro.

うめ 梅 〔植〕ameixa (f) japonesa. 〜の木 ameixeira (f).

うめあわせ 埋め合わせ compensação (f), indenização (f). きょうの失敗の〜は必ずします Farei sem falta a compensação da falha de hoje.

うめあわせる 埋め合わせる compensar; indenizar.

うめく 呻く gemer.

うめしゅ 梅酒 licor (m) de ∟ume [ameixa japonesa].

うめず 梅酢 vinagre (m) de ∟ume [ameixa japonesa].

うめたて 埋め立て aterro (m). ♦埋め立て工事 obras (fpl) de terraplenagem [aterro]. 埋め立て地 terreno (m) aterrado, terrapleno (m).

うめたてる 埋め立てる aterrar, terraplanar.

うめぼし 梅干 ameixa (f) japonesa conservada em sal e folhas vermelhas chamadas de *chiso*.

うめみ 梅見 〜に行く ir ver flores de ameixeiras.

うめもどき 梅もどき 〔植〕espécie (f) de azevinho.

うめる 埋める 〔土に〕enterrar;〔穴などを〕encher;〔損失などを〕cobrir;〔水などに〕pôr água (em). おふろのお湯が熱かったら水でうめてください Se a água da banheira estiver muito quente, acrescente água fria.

うもう 羽毛 pena (f), plumagem (f), plumas (fpl). ♦羽毛布団 edredom (m), acolchoado (m) de plumas.

うやまう 敬う respeitar, venerar. 師を〜 respeitar o mestre. 〜べき人 pessoa (f) respeitável.

うやむや 〜にする deixar confuso/sa, deixar indeciso/sa. 〜な返事 resposta (f) vaga.

うよきょくせつ 紆余曲折 ❶ sinuosidade (f), movimento (m) sinuoso, vaivém (m), ziguezague (m). ❷《比》avanços (mpl) e recuos (mpl), complicações (fpl). この問題は〜を経て解決した Este problema foi resolvido depois de muitos avanços e recuos.

うよく 右翼 ala (f) [facção (f)] da direita.

彼は～だ Ele é ᴅda direita [direitista].

*うら 裏　verso (m) [ヴェルソ]; fundos (m) [フンドス]; parte (f) de trás; [舞台裏] lado (m) oculto, bastidores (mpl) [バスチドーリス]. ～に続く continua no verso. ～を見ると verso. 足の～ planta (f) do pé. 靴の～ sola (f) do sapato. 着物の～ forro (m) do quimono.

うらおもて 裏表　❶ verso (m) e anverso (m). 紙の～を間違えてプリントをしてしまったAcabei imprimindo no verso do papel. ❷ [裏返し] avesso (m). 靴下を～にはくpôr as meias do avesso. ❸ hipocrisia (f). 彼には～がある Ele tem duas faces [《口語》caras].

うらがえし 裏返し　avesso (m). 彼は靴下を～にはいていた Ele estava com a meia do [no] avesso.

うらがえす 裏返す　❶ virar do [pelo] avesso. そのジーパンを裏返して干してください Por favor, vire essa calça rancheira do avesso para secar. トランプを～ virar as cartas (para baixo). ❷ virar. ビーフステーキは～タイミングがむずかしい É difícil saber a hora de virar o bife.

うらがき 裏書　❶ endosso (m). 小切手に～をする endossar um cheque. ❷ [証明] prova (f). ～する provar.

うらがね 裏金　suborno (m), dinheiro (m) ilícito. 彼は…に～を渡した疑いがもたれている Ele está sendo suspeito de ter subornado ….

うらがわ 裏側　o outro lado. …の～ o outro lado de …. 家の～に物置を置く colocar um depósito no quintal da casa.

うらぎり 裏切り　traição (f). ◆裏切り行為 ato (m) de traição. 裏切り者 traidor/ra.

うらぎる 裏切る　trair. 友を～ trair o/a amigo/ga. 夫を～ enganar o marido. 期待を～ trair as esperanças, decepcionar.

うらぐち 裏口　❶ porta (f) de serviço, porta dos fundos. ❷ 《比》meio (m) ilícito. ◆裏口入学 entrada (f) na faculdade por meios ilícitos.

うらごし 裏ごし　このジャガイモを～してください Passe estas batatas na peneira.

うらづけ 裏付け　❶ [支持] apoio (m). ❷ [証拠] prova (f). ～を取る colher provas. 犯行の～となる事実 fato (m) que serve como prova do delito. ◆裏付け捜査 investigação (f) para colher provas. ❸ [根拠] fundamento (m), base (f). 彼の言い分には何の～もない A opinião dele não tem nenhum fundamento. ❹ [確証] confirmação (f), corroboração (f).

うらどおり 裏通り　ruela (f), rua (f) secundária.

うらない 占い　adivinhação (f); predição (f). ◆占い師 adivinho/nha.

うらなう 占う　adivinhar [prever] o futuro, predizer. 手相を～ ler as mãos. トランプで～ praticar a cartomancia, adivinhar por meio de cartas de jogar. 景気の動向を～ prever a evolução da situação econômica.

うらにわ 裏庭　quintal (m).

うらばなし 裏話　bastidores (mpl); o que se diz por trás.

うらばんぐみ 裏番組　programa (m) de rádio ou televisão transmitido na mesma hora de outro mais popular.

うらびょうし 裏表紙　contra-capa (f).

うらみ 恨み　ressentimento (m), ódio (m), queixa (f), rancor (m). …に対して～を抱くficar com ódio de …, guardar rancor contra …. 私は彼に何の～も持っていません Eu não tenho nada contra ele. いつか部長への～を晴らしたい Quero me vingar do gerente algum dia.

うらみち 裏道　❶ rua (f) de trás, rua secundária. ❷ 《比》maus caminhos (mpl).

うらむ 恨む　ter raiva de, ficar ressentido/da com, guardar rancor por. 人に恨まれるようなことはしないほうがいい É sempre bom não fazer coisas que causem rancor aos outros. 親を～ ter raiva dos pais, nutrir rancor pelos pais.

うらやましい 羨ましい　invejável. ～わ Que inveja!

うらやましがる 羨ましがる　invejar, sentir [ter] inveja. …を～ ter inveja de …, invejar.

うらやみ 羨み　inveja (f).

うらやむ 羨む　ter inveja de …. 彼は私の成功をうらやんだ Ele ficou com inveja do meu sucesso.

うららか　～な bom/boa, bonito/ta, agradável. きょうは～な天気ですね Hoje está um tempo bonito, não?

ウラン　【化】urânio (m). ～を濃縮する enriquecer o urânio. ～の濃縮 enriquecimento (m) de urânio. ～濃縮ウラン urânio enriquecido. 劣化ウラン urânio não-enriquecido.

うり 瓜　(espécie (f) de) melão (m). ¶ ～二つ idêntico/ca, muito semelhante [parecido/da], mesma cópia (f). 彼女は母親に～二つだ Ela é ᴌa cópia [sósia] da mãe.

うりあげ 売り上げ　venda (f), total (m) das vendas. 一日の～ venda diária. ～を伸ばす aumentar as vendas. ～は全て慈善事業に送られている O lucro das vendas vai todo ele para obras de caridade. この会社の～は伸びているAs vendas desta companhia estão crescendo. ◆売り上げ報告書 relatório (m) das vendas. 純売り上げ高 total líquido das vendas. 総売り上げ高 total bruto das vendas.

うりいえ 売り家　casa (f) à venda.

うりいそぐ 売り急ぐ　apressar-se em vender, ter pressa de vender.

うりきれ 売り切れ　esgotamento (m) de mercadorias. 本日～《掲示》Esgotaram-se

うりきれる 売り切れる　ser vendido/da até o último artigo [estoque]. ご希望の靴は売り切れた Os sapatos que você queria já foram todos vendidos.

うりこ 売り子　vendedor/ra, balconista.

うりこみ 売り込み　promoção (f) de vendas. 新辞書を学校に〜に行く ir promover o novo dicionário nas escolas.

うりこむ 売り込む　vender, promover a venda de, lançar, fazer a propaganda de. 新製品を〜 promover (a venda de) um novo produto. 自分を〜 autopromover-se.

うりさばく 売り捌く　❶ vender ﹂bem [em grandes quantidades]. ❷ vender todo o estoque, vender tudo. コンサートのチケットを一手に〜 ter a exclusividade da venda de ingressos para um concerto.

うりだし 売り出し　liquidação (f), oferta (f). ♦歳末売り出し liquidação de fim de ano. 特価売り出し oferta com preços especiais.

うりだす 売り出す　pôr [colocar] à venda. その本は今売り出されています Esse livro está à venda agora.

うりつける 売りつける　vender à força, impingir. 問題のある土地を〜 impingir ao comprador um terreno com problemas. 私は安物を売りつけられた Fizeram-me comprar um artigo barato (por algo melhor).

うりて 売り手　vendedor/ra. 今は就職活動をする学生たちの〜市場だ Agora, os estudantes que procuram emprego estão em situação vantajosa (porque o número de vaga das empresas é maior do que o número dos que vão se formar). ♦売り手市場 mercado (m) ﹂com muita demanda e pouca oferta [favorável aos vendedores].

うりね 売値　preço (m) de venda.

うりば 売り場　seção (f) de (venda de) …. ♦食料品売り場 seção de comestíveis.

うりもの 売り物　artigo (m), mercadoria (f), objeto (m) de venda. このテレビは〜ではありません。見本です Esta televisão não está à venda. É amostra.

うりょう 雨量　quantidade (f) de chuva, índice (m) pluviométrico. ♦雨量計 pluviômetro (m).

***うる** 売る　vender [ヴェンデール]. あの店は安いクーラーを売っている Aquela loja vende ar-refrigerado [condicionador de ar] barato. 私は彼に古い自動車を3万円で売った Eu vendi o meu carro velho para ele por trinta mil ienes.

うるう 閏　intercalação (f). ♦閏年 ano (m) bissexto.

うるおい 潤い　❶〔湿気〕umidade (f). 〜のある目 olhos (mpl) úmidos. ❷〔滋味〕charme (m), graça (f). 〜のある声 voz (f) charmosa. 〜のある文体 estilo (m) saboroso. ❸〔利益〕riqueza (f), lucro (m). 〜のある生活 vida (f) monetariamente confortável. 〜のある生活を送る levar a vida.

うるおう 潤う　❶〔湿る〕umedecer-se, ficar molhado/da, tornar úmido/da. ❷〔豊かになる〕enriquecer-se, ficar rico/ca. この地方は新しい産業で潤っている Esta região está rica com a nova indústria.

うるおす 潤す　❶〔湿らす〕umedecer, molhar de leve, hidratar, irrigar. のどを〜 matar a sede, beber água; 〔アルコールで〕tomar bebida alcoólica. ナイル川はエジプトを〜 O rio Nilo irriga o Egito. ❷〔豊かにする〕enriquecer, tornar rico/ca. 家計を〜 ajudar a economia doméstica.

ウルグアイ　Uruguai (m). 〜の uruguaio/guaia.

***うるさい**　〔騒々しい〕barulhento/ta [バルリェント/タ]; 〔迷惑な〕incômodo/da [インコーモド/ダ]; 〔口やかましい〕exigente [エズィジェンチ], resmungão/gona [ヘズムンガォン/ゴーナ]. この地区は飛行機の騒音が実に〜 Esta região é realmente barulhenta por causa do ruído dos aviões. 僕、酒には〜んだよね Em matéria de saquê sou exigente, sabe?

うるし 漆　charão (m), laca (f).

うるちまい 粳米　arroz (m) não glutinoso.

***うれしい** 嬉しい　contente [コンテンチ], feliz [フェリース]. メールをいただいてとてもうれしかったです Fiquei muito feliz [contente de [em] receber o seu e-mail. 彼女はパーティーでうれしそうだった Ela ﹂parecia feliz [parecia contente, estava alegre] na festa. まあ〜 Que bom!/Que ótimo!

うれしなき 嬉し泣き　choro (m) de alegria. 彼女は〜をした Ela chorou de alegria.

うれっこ 売れっ子　pessoa (f) ﹂popular [de sucesso]. あの歌手は〜だ Aquele cantor está fazendo sucesso.

うれのこり 売れ残り　mercadoria (f) ﹂que sobrou [não vendida]. クリスマスケーキの〜は半額だ O bolo de Natal não vendido (até o dia vinte e quatro) fica com a metade do preço.

うれる 売れる　vender-se, ter procura, ter saída. これはよく売れていますが… Isto aqui tem muita saída, sabe?

うれる 熟れる　amadurecer, ficar maduro/ra, madurar. よくうれたバナナ uma banana bem madura.

うろおぼえ うろ覚え　memória (f) imprecisa, vaga lembrança (f). …について〜である ter uma vaga lembrança de …, não se lembrar de … senão vagamente.

うろこ 鱗　escama (f).

うろたえる　atrapalhar-se, perder a calma, ficar em pânico. このくらいの地震でうろたえてはいけません Você não pode perder a calma por causa de um tremor de terra tão insignificante como este. 〜な Fique calmo/ma!/

Não se apavore!

うろつく vagar, rondar.

うわあご 上顎 〖解〗maxilar (m) superior, queixo (m) de cima.

うわがき 上書き〔表書き〕endereço (m). データを～保存する〖コンピ〗substituir os dados.

うわき 浮気 infidelidade (f), leviandade (f). ～する trair o/a parceiro/ra. 彼は絶対に～しない人だ Ele é uma pessoa incapaz de trair a esposa [ser infiel à esposa]. ～な infiel, leviano/na. ♦浮気者〔男〕homem (m) infiel,〔女〕mulher (f) leviana [infiel].

うわぎ 上着 casaco (m); jaqueta (f).

うわくちびる 上唇 〖解〗lábio (m) superior.

うわさ 噂 boato (m), rumor (m). ～する soltar boatos,《口語》fazer fofoca. ～になる dar o que falar. ～が広がる espalhar-se o boato. 彼は車を売ったという～が広がっている Corre um boato de que ele vendeu o carro. それは～に過ぎない Isso não passa de boato. それは根も葉もない～だ Isso é um boato sem pé nem cabeça. 山田がまた当選するのではないかといった～が流れている Há rumores sobre a reeleição de Yamada. ～をすれば影《口語》Falando do diabo aparece o rabo.

うわっつら 上っ面 aparência (f), superfície (f). 物事の～ばかりを見ている人は成功しない A pessoa que só olha a superfície das coisas não tem sucesso.

うわて 上手 superioridade (f); habilidade (f), esperteza (f). 彼のほうが私より～だった Ele foi mais hábil do que eu./《口語》Ele levou vantagem sobre mim.

うわぬり 上塗り ❶ última demão (f) de tinta. 壁の～をした Dei [Apliquei] a última demão de tinta na parede. ❷《比》reincidência (f) de um erro [uma atitude negativa]. 恥の～をする redobrar a vergonha.

うわのせ 上乗せ ～する dar um aumento sobre a quantia já estabelecida. 利用者側は 5% の～に同意した Os usuários concordaram em pagar um extra de 5% [cinco por cento].

うわのそら 上の空 ～で distraidamente. 彼は～だ Ele está no mundo da lua.

うわばき 上履き sapatilha (f)《espécie de tênis que se usa dentro das escolas japonesas》.

うわべ 上辺 exterior (m), superfície (f), aparência (f). ～を飾る manter as aparências, fingir. 人を～だけで判断する julgar uma pessoa somente pela aparência. 彼は物事の～しか見ない Ele analisa apenas superficialmente as coisas.

うわまぶた 上瞼 〖解〗pálpebra (f) superior.

うわまわる 上回る superar. 今回は去年会場を埋め尽くした 8 千人をさらに～ことが期待される A expectativa é de que dessa vez o público supere as oito mil pessoas que lotaram o auditório o ano passado. 利益は私たちの期待を上回った Os lucros superaram as nossas expectativas. 集められた募金は目標を上回った A arrecadação (de donativos) superou a meta.

うわむき 上向き ❶ estado (m) de algo virado para cima. ～に寝る deitar-se de costas. ⇨仰向(ぎょうむ)け. ❷〔騰貴〕tendência (f) para melhor, melhoria (f). 景気は～である A economia está melhorando. 株式の相場は～だ A bolsa de valores está em alta.

うわやく 上役 funcionário/ria (hierarquicamente) superior, chefe.

うん 〔返事〕Sim! ～と言う dizer sim, dizer que sim. ～もすんとも言わない não pronunciar uma palavra. ～ともすんとも言ってこない não dar nenhuma notícia. ～とうなずく menear a cabeça em sinal de consentimento [afirmativamente].

うん 運 (boa ou má) sorte (f). ～のよい que tem sorte, sortudo/da. ～のいい日 dia (m) de sorte. 今日は～がよかった Hoje tive sorte. 何と～のよい日だろう Mas que dia de sorte é esse! ～の悪いことに por azar. ～よく por sorte. ～悪く por azar, por falta de sorte, infelizmente. 私は～悪く電車に乗り遅れてしまった Por azar meu, acabei perdendo o trem. 時の～ sorte, acaso (m). 警官に見られたのが～の尽きだった O azar foi que acabei sendo visto/ta pelo policial. ～を天に任せる confiar no destino.

うんえい 運営 administração (f), gestão (f). ～する administrar, dirigir. 学校を～する dirigir [ser diretor/ra de] uma escola. ♦運営委員会 comitê (m) de administração. 運営費 despesas (fpl) de administração. 議会運営 administração da Assembleia.

うんが 運河 canal (m) fluvial. …に～を通す〔開く〕construir um canal em …, canalizar.

うんかい 雲海 mar (m) de nuvens.

うんきゅう 運休〔parada〕dos serviços de transporte, paralisação (f). 事故のため電車は一部～になっています Devido ao acidente, os trens estão parcialmente paralisados. …線は積雪のため～中だ A linha … está parada por causa do acúmulo de neve.

うんこう 運行 ❶〔列車, バスの〕serviço (m) (de transportes). ～する fazer o serviço. 列車の～が乱れている O serviço dos trens〔《ポ》 comboios〕está com o horário alterado. 列車の～を再開する recomeçar [reiniciar] o serviço dos trens. 列車の～が再開された Voltou a haver [《口語》ter] trens. ❷〔天体の〕movimento (m) (dos astros).

うんこう 運航 ❶〔船の〕serviço (m) de navegação. この船は横浜・サントス間を～している Este navio faz o serviço entre Yokohama e Santos. ❷〔飛行機の〕voo (m). 地震

のため飛行機は～できる状態ではない Por causa do terremoto, o avião não tem condições de voar. 午後から～を再開します Depois do meio-dia, voltaremos a ter voos.

うんざり ¶ また彼のその話を聞くのは～だ Estou bem enfadado/da de ter que ouvir a história dele outra vez./《俗》Estou cheio/cheia de ouvir essa história dele novamente.

うんせい 運勢 destino (m), sorte (f). ～がいい（悪い）ter boa (má) sorte. …の～を見る adivinhar a sorte de ….

うんそう 運送 transporte (m). ～する transportar. ◆運送業者[会社] companhia [agência] de transportes. 運送人 carregador/ra. 運送料 carreto (m), despesas (fpl) de transporte, frete (m).

うんち fezes (f);《幼》cocô (m). ～をする defecar; fazer cocô.

うんちく 蘊蓄 profunda erudição (f), conhecimentos (mpl) adquiridos através de longos anos. ～のある erudito/ta. ～を傾ける revelar os conhecimentos [a erudição] que (se) tem.

うんちん 運賃 preço (m) do transporte;〔船の〕frete (f);〔電車, 地下鉄〕tarifa (f). ◆片道運賃 preço do transporte [da passagem] de ida. 往復運賃 preço do transporte [da passagem] de ida e volta.

うんでい 雲泥 ～の差 diferença (f) enorme, grande diferença. 試すのと試さないのでは～の差がある Há uma grande diferença entre experimentar e não experimentar.

*****うんてん** 運転 ❶〔車〕condução (f) [コンドゥサォン], direção (f) [ヂレサォン]. 電車の～士 condutor de trem. ～免許証を他人に貸すことは禁じられている É proibido emprestar a carteira de habilitação. 酒気帯び～をしてはいけません É proibido guiar o carro em estado de embriaguez. 彼は車の～がうまい Ele é bom no volante. ～する guiar, dirigir. ～するときは必ず免許証を携帯していなければなりません É preciso portar [levar consigo] a carteira de motorista sempre que estiver dirigindo. ◆運転記録計 tacômetro (m). 運転手 motorista. 運転席 assento (m) do motorista. 運転免許証 carteira (f) de motorista. 酒酔い運転 ato (m) de dirigir bêbado/da [embriagado/da]. 運転免許証違反 infração (f) por dirigir alcoolizado. ❷〔機械〕operação (f) [オペラサォン]. リフトの～手 operador/ra de empilhadeira. ～する operar. ◆運転手 operador/ra.

うんと muito, bastante. ～がんばる esforçar-se muito.

*****うんどう** 運動 ❶〔身体の〕exercício (m) [エゼルスィッスィオ], esporte (m) [エスポールチ], ginástica (f) [ジナースチカ]. ～をする fazer exercícios [ginástica]. 彼女は～神経がよい Ela tem reflexos rápidos. 走るのはいい～になる Correr é um bom exercício. ◆運動不足 falta (f) de exercícios. ❷〔社会的な〕movimento (m) [モヴィメント], campanha (f) [カンパーニャ]. 緑化～を行う realizar uma campanha para aumentar as áreas verdes. ◆運動資金 fundos (mpl) de campnha. 学生運動 movimento estudantil. 選挙運動 campanha eleitoral. ❸〔物体の〕movimento. ◆運動エネルギー energia (f) cinética. 円運動 movimento circular. 振り子運動 movimento do pêndulo.

うんどうかい 運動会 recreação (f) esportiva, gincana (f), encontro (m) atlético.

うんどうぐ 運動具 artigo (m) para esporte.

うんどうぐつ 運動靴 tênis (m) 《calçado》.

うんどうじょう 運動場 campo (m) esportivo.

うんぬん 云々 e assim por diante, etc [エチセーテラ], e tal e tal.

うんぱん 運搬 transporte (m), frete (m). これは飛行機で～できますか Dá para se transportar isto aqui de avião? ～する transportar, carregar. ◆運搬車 veículo (m) de transporte. 運搬人 carregador/ra. 運搬費 despesas (fpl) de transporte, frete.

*****うんめい** 運命 destino (m) [デスチーノ], fado (m) [ファード]. …に～づけられている estar fadado/da [destinado/da] a …. ～の出会い encontro (m) fatal. ～とあきらめる resignar-se à própria sorte. ～を切り開く ser dono/na [senhor/ra] do próprio destino. この計画は失敗する～にあった Este plano estava fadado ao fracasso. ◆運命論 fatalismo (m). 運命論者 fatalista.

うんゆ 運輸 transporte (m). ◆運輸機関 meios (mpl) de transporte. 運輸業 empresa (f) de transporte. 海上運輸 transporte marítimo.

うんよう 運用 aplicação (f), emprego (m). 資金の～ aplicação do capital. 資金を～する aplicar o capital.

え

え 絵 〔デッサン〕desenho (m) [デゼーニョ]; 〔油絵など〕pintura (f) [ピントゥーラ]; 〔額に入った〕quadro (m) [クァードロ]; 〔絵本などの〕ilustração (f) [イルストラサォン]. ～を描く pintar; desenhar; ilustrar. ～を習う aprender ⌊pintura [a pintar]. 風景を～に描く pintar uma paisagem. ～入りの雑誌 revista (f) ilustrada. この～はピカソが描いたものですか Esta pintura é de Picasso?

え 柄 cabo (m). ほうきの～ cabo de vassoura. ナイフの～ cabo de faca.

エア ar (m).

エアコン condicionador (m) de ar, ar-condicionado (m).

エアバッグ air-bag (m) [エールベーギ]. ～の付いた車 carro (m) dotado de air-bag.

エアメール correio (m) aéreo. この手紙を～で出してください Mande esta carta (por) via aérea, por favor.

エアロビクス 《スポーツ》aeróbica (f).

えい 鱏 〘魚〙raia (f).

えいえん 永遠 eternidade (f). ～の eterno/na. ～に eternamente. ～に残る eternizar, imortalizar. ～に残る eternizar-se, imortalizar-se.

えいが 映画 filme (m), cinema (m). 雨のシーンを～にとる filmar uma cena de chuva. 私はきのう～を見に行った Ontem eu fui ⌊ver um filme [ao cinema].
♦映画化 adaptação (f) cinematográfica. 映画館 cinema (m). 映画監督 diretor/ra de cinema. 映画撮影 filmagem (f). 映画人 cineasta. 映画スター ator/atriz [estrela] de cinema. 映画製作 produção (f) cinematográfica. ドキュメント映画 documentário (m). 無声映画 cinema mudo.

えいかいわ 英会話 conversação (f) em inglês.

えいかく 鋭角 〘数〙ângulo (m) agudo. ♦鋭角三角形 triângulo (m) acutângulo.

えいきゅう 永久 eternidade (f). ～に em definitivo, para sempre. ～に職場を離れる deixar o cargo em definitivo. ♦永久歯 dente (m) permanente, segunda dentição (f).

*****えいきょう 影響** ❶ influência (f) [インフルエンスィア]. …に～を与える influenciar …. …の～を受ける ser influenciado/da por …. 子供に対する母親の～は大きいです É grande a influência da mãe nos [sobre os] filhos. 日本の若者は西洋の文化の～を受けている Os jovens japoneses estão influenciados pela cultura ocidental. 読書好きなのは母の～だ O meu gosto pela leitura ⌊é influência 〔《口語》vem〕 da minha mãe. …に悪～を及ぼす causar má influência sobre [em] …. ❷ ato (m) ou efeito (m) de afetar, efeito (m) [エフェイト], consequências [コンセクエンスィアス]. 台風の～が心配される As possíveis consequências do tufão (que está para vir) preocupam. 山手線が5時間不通になり30万人の乗客に～が出た A linha Yamanote parou por cinco horas e trezentos mil passageiros foram afetados (pelo problema).

えいぎょう 営業 comércio (m), negócio (m), serviço (m). ～する funcionar, trabalhar, abrir (a casa comercial). ～時間は午前8時から午後6時までです《掲示》Aberto/ta das oito da manhã até às seis da tarde. 14日, 15日は～いたしません《掲示》Não funcionaremos nos dias quatorze e quinze. ～中《掲示》aberto, em funcionamento [atividade]. ～用《掲示》para uso comercial. ～の自由 liberdade (f) de comércio. ♦営業時間 horário (m) de funcionamento. 営業所 agência (f), estabelecimento (m) (comercial). 営業成績 resultado (m) das vendas. 営業部 departamento (m) de vendas. 営業妨害 obstrução (f) do comércio.

*****えいご 英語** inglês (m) [イングレース] (a língua). 彼女は上手に～が話せます Ela fala bem o inglês. この赤い花は～で何と言うのですか Como se chama esta flor vermelha em inglês?

えいこう 栄光 ❶ glória (f), auréola (f). ❷ 〔名誉〕honra (f). ～に輝く ficar coberto/ta de glória. ブラジルのチームに勝利の～が輝いた O brilho da vitória resplandeceu no time brasileiro.

えいこく 英国 a Inglaterra (f). ～の da Inglaterra, inglês/glesa. ♦英国人 inglês/glesa (o povo).

えいさいきょういく 英才教育 educação (f) especial para as crianças dotadas.

えいじしんぶん 英字新聞 jornal (m) em inglês.

えいしゃ 映写 projeção (f). ♦映写機 projetor (m).

えいじゅう 永住 imigração (f), residência (f) permanente. …に～する fixar residência em …, residir permanentemente em …, radicar-se em …, morar para sempre em …, imigrar em [para] …. 私はブラジルに～したいと思っています Gostaria de morar para sempre no Brasil. ～権をとる adquirir o vis-

to de residência, tirar visto permanente ….
～権の手続きの方法を教えてください Por favor, diga-me os trâmites necessários para se tirar o visto de residência permanente. ◆永住者 imigrante, residente com visto permanente.

えいしょう 詠唱 〚音〛ária (f).

エイズ 〚医〛AIDS (f) 〔アーイデス〕, Síndrome (f) da Imuno-Deficiência Adquirida (SIDA). ◆エイズ患者 aidético/ca, 《ポ》sidático/ca.

＊えいせい 衛生 higiene (f) 〔イジェーニ〕. ～の higiênico/ca. それは～的ではない Isso é anti-higiênico. あのレストランはあまり～的ではない A higiene daquele restaurante deixa a desejar. 不～ falta (f) de higiene. ◆公衆衛生 higiene pública. 精神衛生 higiene mental.

えいせい 衛星 satélite (m).
◆衛星国 país (m) satélite. 衛星都市 cidade (f) satélite. 衛星放送 transmissão (f) via satélite. 気象衛星 satélite meteorológico. 軍事衛星 satélite militar [bélico]. 人工衛星 satélite artificial. 通信衛星 satélite de comunicações.

えいぞう 映像 imagem (f). テレビの～ imagem de televisão. ◆映像周波数 frequência (f) de imagem, vídeofrequência. 映像送信機 videotransmissor (m). 映像文化 cultura (f) da imagem. 映像メディア mídia (f) audio-visual.

えいち 英知 grande sabedoria (f), profunda inteligência (f).

エイチアイブイ HIV 〚医〛〔ヒト免疫不全ウイルス〕Vírus (m) da Imunodeficiência Humana, HIV 〔アガーイーヴェーイ〕. ◆HIV感染者 portador/ra de HIV positivo. ⇨エイズ.

えいびん 鋭敏 ～な sensível, perspicaz, penetrante. ～に com perspicácia.

エイプリルフール primeiro (m) de abril, dia (m) da mentira.

えいぶん 英文 texto (m) em inglês. ～和訳された traduzido do inglês para o japonês. ◆英文科 departamento (m) de literatura inglesa.

えいへい 衛兵 guarda, sentinela (f).

えいみん 永眠 falecimento (m), passamento (m), morte (f). ～する falecer, morrer.

えいやく 英訳 tradução (f) em inglês. 次の文章を～してください Traduza o texto seguinte para o inglês.

えいゆう 英雄 herói/heroína.

＊えいよう 栄養 alimento (m) 〔アリメント〕, nutriente (m) 〔ヌトリエンチ〕. ～のある nutritivo/va. これは～があります Isto aqui é nutritivo. ～失調の子供たち crianças (fpl) subnutridas. バナナには多くの～が含まれている A banana tem alto valor nutritivo. ヒツジの肉は～価が高い A qualidade da carne de carneiro como nutriente é superior. ◆栄養学 nutrição (f), nutricionismo (m). 栄養士 nutricionista.

栄養失調 desnutrição (f), subnutrição (f). 経鼻栄養管 〚医〛sonda (f) de nutrição naso-gástrica.

えいり 営利 ganho (m), lucro (m), benefício (m). ～の lucrativo/va. ～を目的としている ter como objetivo o lucro, ter fins lucrativos. ◆営利事業 empresa (f) comercial. 営利主義 mercantilismo (m). 非営利団体 organização (f) sem fins lucrativos.

エイリアン extraterrestre.

ええ ❶ sim. ❷〔否定疑問の場合〕《em respostas a perguntas negativas》não. ⇨はい.

エーイーディー AED defibrilador (m) cardíaco《defibrilador externo automático》.

エージェント agente.

エース ás (m), a maior força (f). 彼はこのチームの～だ Ele é o ás da equipe.

エーティーエム ATM caixa (m) eletrônico, caixa automático para depósitos e saques de dinheiro.

エーテル 〚化〛éter (m).

エール grito (m) ou palavra (f) de estímulo. …に～を送る estimular …, consolar ….

えがお 笑顔 rosto (m) sorridente, cara (f) risonha. ～を見せる sorrir a …. 店に来た客を～で迎える receber os fregueses com sorriso nos lábios. 苦しい時も～を絶やさない não deixar de sorrir mesmo em situações difíceis.

えかき 絵描き pintor/ra.

えがく 描く ❶〔描写〕descrever. この小説はブラジルの奥地をよく描いている Este romance descreve bem o sertão brasileiro. ❷〔絵などで〕representar. この絵は雪国を描いている Este quadro representa uma região onde neva muito. ❸〔図形などを〕desenhar, traçar. 円を～ traçar um círculo. ❹〔スケッチ〕esboçar. ❺〔心に〕imaginar, visualizar. あるシーンを心に～ visualizar uma cena.

＊えき 駅 estação (f) 〔エスタサォン〕《de trem》. 東京へ行く道を教えてください Por favor, poderia me mostrar o caminho para a estação de Tóquio?／Por favor, como é que se vai à estação de Tóquio? ◆駅員 funcionário/ria de estação. 駅長 chefe de estação.

えき 益 lucro (m). ⇨利益.

えきか 液化 liquefação (f), condensação (f) 《de gás》. ～する liquefazer-se, virar líquido, condensar. ◆液化ガス gás (m) liquefeito.

えきがく 疫学 epidemiologia (f).

エキサイティング ～な excitante, empolgante. ～な試合 competição (f) empolgante.

エキサイト ～する ficar [estar] excitado/da, excitar-se.

えきしょう 液晶 cristal (m) líquido. ◆液晶カメラ câmera (f) com display de cristal líquido. 液晶テレビ televisão (f) [televisor (m)] de cristal líquido.

エキス ❶ extrato (m). ❷〔本質〕essência

エキストラ 〖映〗figurante, extra.
エキスパート experto (*m*), especialista, perito/ta.
エキスポ exposição (*f*), exibição (*f*).
エキセントリック 〜な excêntrico/ca, original, diferente. 〜な人 pessoa (*f*) excêntrica.
エキゾチック 〜な exótico/ca. 〜な顔立ち rosto (*m*) exótico.
えきたい 液体 líquido (*m*). 〜の líquido/da, fluido/da. ♦ 液体燃料 combustível (*m*) líquido.
えきでん 駅伝 〖スポーツ〗〔駅伝競走〕corrida (*f*) de revezamento de longa-distância.
えきびょう 疫病 epidemia (*f*), enfermidade (*f*) contagiosa, peste (*f*). 〜がヨーロッパじゅうにはやった A epidemia alastrou-se [propagou-se] por toda a Europa.
えきべん 駅弁 lanche (*m*) vendido nas estações de trem.
エクアドル Equador (*m*). 〜の equatoriano/na.
エクササイズ exercício (*m*).
エクスプレス 〔急行列車〕expresso (*m*).
えくぼ covinha (*f*) 《do rosto》.
えぐる 抉る ❶ extirpar, tirar, arrancar, remover. 腫れ物を〜 extirpar um tumor. ❷ 〔問題などを〕extrair, descobrir, conseguir obter, conhecer o que estava escondido. 問題の核心を〜 descobrir [extrair] o essencial de uma questão. ❸ 〔心を〕ferir, machucar, dilacerar. 悲しみに胸をえぐられる思いだった Sentia como se a tristeza me atravessasse o coração.
エクレア 〖料〗bomba (*f*) de chocolate.
えげつない vulgar, deselegante. 〜態度 maneiras (*fpl*) vulgares. えげつなさ vulgaridade (*f*), falta (*f*) de elegância.
エコ ecologia (*f*), eco-. 〜の ecológico/ca. ♦ エコカー carro (*m*) ecológico. エコマーケティング *marketing* (*m*) ecológico.
エゴ ❶ 〔利己主義〕egoísmo (*m*). ❷ 〔自我〕ego (*m*).
エゴイスト egoísta.
エゴイズム egoísmo (*m*).
エコー 〖医〗ressonância (*f*) magnética. 〜をする〔検査をする〕fazer exame de ressonância magnética.
えごころ 絵心 inclinação (*f*) para a pintura.
エコノミー economia (*f*). ♦ エコノミークラス classe (*f*) econômica. エコノミークラス症候群 síndrome (*f*) da classe econômica.
エコノミスト economista.
えこひいき parcialidade (*f*), favoritismo (*m*), proteção (*f*). あの現場監督は〜する Aquele supervisor [mestre-de-obras (*m*)] é muito parcial. 〜をする先生は嫌われてしまう O/A professor/ra que é parcial com os alunos acaba sendo malquisto/ta.
エコロジー ecologia (*f*).
エコロジスト ecólogo/ga.
えさ 餌 〔飼料〕ração (*f*) animal, ceva (*f*); 〔豚の〕lavagem (*f*); 〔まぐさ〕forragem (*f*); 〔おとり〕isca (*f*). 豚に〜をやってください Por favor, dê comida [ração] aos porcos.
えじき 餌食 ❶ presa (*f*), isca (*f*). …の〜になる ser presa de …. カエルはヘビの〜となった O sapo acabou sendo presa da cobra. ❷ 《比》vítima (*f*). マスコミの〜にされる ser vítima da mídia.
エジプト Egito (*m*). 〜の egípcio/cia.
えしゃく 会釈 〜する abaixar a cabeça 《em sinal de cumprimento》, inclinar a cabeça como cumprimento.
エスエフ SF ficção (*f*) científica. ♦ SF小説 romance (*m*) de ficção científica.
エスカレーター escada (*f*) rolante. 〜で上がる〔下りる〕subir (descer) de escada rolante. 〜に乗る pegar a escada rolante.
エスカレート escalada (*f*), expansão (*f*), aumento (*m*) progressivo. 〜する expandir-se, evoluir, aumentar ∟progressivamente [numa escalada]. コップ一杯のビールは構わないけれど、〜するからこわい Não faz mal tomar um copo de cerveja, mas o medo é que essas coisas evoluem. 反政府運動が〜した O movimento contra o governo se expandiu.
エスコート escolta (*f*). 〜する escoltar.
エステ ⇨エステティック.
エステティシャン esteticista.
エステティック estético/ca. 〜サロンへ行く ir ao esteticista.
エストニア Estônia (*f*). 〜の estoniano/na.
エストロゲン 〖化〗estrógeno (*m*), hormônio (*m*) feminino.
エスニック étnico/ca. ♦ エスニック料理 comida (*f*) étnica.
エスプレッソ café (*m*) expresso, expresso (*m*), cafezinho (*m*).
エスペラント esperanto (*m*).
えせ 似非- falso/sa, pseudo-. 〜紳士 falso cavalheiro (*m*).
えそ 壊疽 〖医〗gangrena (*f*).
えだ 枝 ramo (*m*), galho (*m*). 〜を張る ramificar-se. 血管は〜にわかれている As veias se ramificam.
えたい 得体 〜の知れない misterioso/sa, impalpável.
えだげ 枝毛 cabelo (*m*) ∟espigado [com ponta dupla].
エタノール 〖化〗etanol (*m*).
えだまめ 枝豆 feijão-soja (*m*) verde, soja (*f*) ainda na vagem. その〜をゆでてください Escalde essa soja verde, por favor.
えだわかれ 枝分かれ ramificação (*f*). …に〜する ramificar-se em ….

エチオピア Etiópia (f). ～の etíope.
エチケット boas maneiras (fpl), etiqueta (f), educação (f). ～を守る respeitar as regras da boa conduta, observar a etiqueta. あなたの言動は～に反しています O seu procedimento está contra as boas maneiras.
エチレン 〖化〗etileno (m).
えっきょう 越境 ～する passar [violar, atravessar] a fronteira.
エックスきゃく エックス脚 genuvaro (m), pernas (fpl) com joelho em X [cambaias].
エックスせん X線 raios (mpl) X. ～写真を撮る tirar raios X, tirar radiografia.
えっけんこうい 越権行為 abuso (m) de poder.
エッセイスト ensaísta.
エッセー ensaio (m).
エッセンス essência (f).
えっとう 越冬 hibernação (f), passagem (f) do inverno. ～する hibernar, passar o inverno, transpor os rigores do inverno.
えつらん 閲覧 leitura (f) de livro na biblioteca. ～する ler [consultar] livro na biblioteca. ♦閲覧室 sala (f) de consulta [leitura]. 閲覧者 usuário/ria da sala de leitura.
えと 干支 os signos (mpl) do zodíaco oriental.
えどじだい 江戸時代 Era (f) Edo (1603～1868).
エトセトラ et cetera, etc [エチセーテラ].
-えない -得ない ⇨-ざるを得ない
エナメル verniz (m).
エニシダ 〖植〗giesta (f).
エヌジーオー NGO Organização (f) Não-Governamental.
エヌピーオー NPO Organização (f) sem Fins Lucrativos.
***エネルギー** ❶〔活動力〕energia (f) [エネルヂーア]. ❷〖理〗energia (f) [エネルジーア]. ♦位置エネルギー energia potencial. 原子力エネルギー energia nuclear. 省エネルギー economia (f) de energia. 代替エネルギー energia alternativa.
えのきだけ espécie (f) de cogumelo miúdo.
えのぐ 絵の具 jogo (m) de pintura. ♦油絵の具 tinta (f) para pintura a óleo. 水彩絵の具 guache (m).
えはがき 絵葉書 cartão (m) postal.
えび 海老 〖動〗camarão (m).
エピソード episódio (m). ～を交えて講演をする fazer uma conferência ilustrada com episódios.
エピネフリン 〖化〗epinefrina (f) (＝アドレナリン).
エピローグ epílogo (m).
エフエム FM frequência (f) modulada. ♦FM放送 emissão (f) em frequência modulada.
えふで 絵筆 pincel (m).
エプロン avental (m).

エポックメーキング que marca época, memorável,《比》divisor (m) de águas.
えほん 絵本 livro (m) ilustrado《em geral para crianças》.
エマージェンシー emergência (f).
えまきもの 絵巻物 pintura (f) de várias cenas em papel enrolado.
エムアールアイ MRI 〖医〗Imagem (f) por Ressonância Magnética.
エムディー MD minidisco (m).
エメラルド esmeralda (f). ♦エメラルドグリーン verde (m) esmeralda.
えもじ 絵文字 emoticon (m)《figura (f) com função de letra》;〔看板などに使う〕letra (f) enfeitada usada em painéis.
えもの 獲物 〔狩りの〕caça (f);〔漁の〕pesca (f).
えら 鰓 brânquia (f), guelra (f).
エラー erro (m). ～をする errar.
***えらい 偉い** ❶〔偉大な〕grande [グランヂ], importante [インポルタンチ]. 彼はきっと～科学者になるだろう Acho que ele vai ser um grande cientista. 彼は今に偉くなる Ele promete um belo futuro. それが君の～ところだ Aí está a sua qualidade mais louvável. えらい! Muito bem!/Grande! Grande! ❷〔はげしい〕violento/ta [ヴィオレント/タ];〔大変な〕horrível [オヒーヴェウ];〔つらい〕penoso/sa [ペノーソ/ザ], aflitivo/va [アフリチーヴォ/ヴァ];〔重大な〕grave [グラーヴィ]. ～嵐だ A tempestade está violenta. そんなことをしたら～ことになる Se você fizer uma coisa dessas, isso vai ter consequências graves. ～目にあう passar por apuros [aflições].
えらそう 偉そう ～な de grandes ares, que age como se fosse importante. ～に pretensiosamente, arrogantemente, cheio de grandes ares, 《口語》de nariz empinado. ～にする agir arrogantemente, ficar de nariz empinado, empinar o nariz. ～なことを言うな Pare de contar vantagem.
***えらぶ 選ぶ** ❶〔選択する〕optar [オピタール], escolher [エスコリェール], preferir [プレフェリール]. ガールフレンドの誕生日のためにプレゼントを選んでいます Estou escolhendo um presente para o aniversário da minha namorada. 私は日本国籍を選びました Eu ⌐optei pela [escolhi a] nacionalidade japonesa. この二つのブラウスのうちどちらを選びますか Qual blusa você prefere [escolheria] entre essas duas? ❷〔選出する〕selecionar [セレスィオナール]. 彼はノーベル平和賞に選ばれた Ele foi selecionado para o Prêmio Nobel da Paz./Ele ganhou [recebeu] o Prêmio Nobel da Paz. ❸〔選挙で〕escolher, eleger [エレジェール]. だれが総理大臣に選ばれるだろうか Quem será que vai ser escolhido/da [eleito/ta] para primeiro/raministro/tra, não? ¶選ばれた escolhido/da; eleito/ta; selecionado/da; preferido/da.

えり 襟 gola(f). シャツの〜 colarinho(m) da camisa.
エリア área(f).
えりあし 襟足 nuca(f).
エリート elite(f). ◆エリートサラリーマン assalariado(m) ⌊qualificado [de alta categoria].
えりまき 襟首 nuca(f), cogote(m).
えりぐり 襟ぐり decote(m).
えりごのみ えり好み atitude(f) extremamente seletiva. 〜をする escolher somente as coisas preferidas repelindo outras. 〜をせずに何でも食べる comer de tudo sem deixar nada.
エリトリア Eritreia(f). 〜の eritreu/treia.
えりまき 襟巻き cachecol(m). 彼女は赤い〜を首に巻いていた Ela estava com um cachecol vermelho no pescoço.
*える 得る 〔取得する〕obter [オビテール], adquirir [アヂキリール], ganhar [ガニャール]; 〔もらう〕receber [ヘセベール], ganhar; 〔票を〕colher [コリェール]. 学位を〜 obter um diploma. 金を〜 ganhar dinheiro. 名声を〜 adquirir fama. 報賞を〜 receber uma recompensa. 賞を〜 receber um prêmio. 愛を〜 conquistar o amor. この会社でいい給料と地位を〜ことが希望です O meu desejo aqui nesta companhia é obter um bom salário e uma boa posição. 私はそのことで何も〜ところがなかった Não tinha nada a ganhar com isso.
エルサルバドル El Salvador. 〜の salvadorenho/nha.
エルニーニョ 【気象】 El Niño(m). ◆エルニーニョ現象 fenômeno(m) El Niño.
エレガント 〜な elegante. ここでそういうことを言うのは〜じゃない Não é elegante falar uma coisa dessas aqui.
エレキギター violão(m) eletrônico.
エレクトーン órgão(m) eletrônico.
エレクトロニクス eletrônica(f).
エレベーター elevador(m). 〜に乗る(を降りる) subir no (descer do) elevador.
エロチシズム erotismo(m), sensualidade(f).
エロチック 〔色っぽい〕erótico/ca, sensual.
えん 円 ❶〔円形〕círculo(m). 〜を描く traçar um círculo. ◆円運動 movimento(m) circular. 同心円 círculo concêntrico. 半円 semicírculo(m). ❷〔貨幣〕iene(m). ◆円相場 cotação(f) do iene. 円高 alta(f) (cotação(f)) do iene. 円高不況 recessão(f) causada ⌊pelo iene forte [pela alta do iene]. 円安 baixa(f) (cotação(f)) do iene. 円レート taxa(f) do iene.
えん 縁 relação(f), conexão(f), laço(m). これをご〜にたびたび会いましょう Que este encontro de hoje seja o primeiro de muitos outros. あの会社とは〜を切ります Vou cortar as relações com aquela companhia.
えんえき 演繹 【哲】dedução(f). 〜する deduzir. ◆演繹法 método(m) dedutivo.
えんか 塩化 【化】cloração(f), salificação(f). 〜する salificar, clorar. ◆塩化水素 ácido(m) clorídrico. 塩化ナトリウム cloreto(m) de sódio, sal(m). 塩化ビニール cloreto de vinilo. 塩化物 cloreto.
えんか 演歌 canção(f) popular que canta o amor e as fraquezas humanas num tom típico de voz.
えんかい 宴会 banquete(m), festa(f). 〜を開く dar um banquete. ◆宴会場 salão(m) de festas.
えんかく 遠隔 distância(f). 〜の remoto/ta, distante, de longe. 〜操縦する teleguiar. 〜操縦された teleguiado/da, comandado/da à distância. ◆遠隔医療システム sistema(m) de atendimento médico à distância. 遠隔操作 controle(m) ⌊remoto [à distância].
えんかつ 円滑 〜に sem contratempos, normalmente. 万事〜に運んだ Tudo correu ⌊normalmente [sem contratempos]. 会議は〜に進んだ A reunião correu ⌊bem [às mil maravilhas, sem atritos].
えんがわ 縁側 corredor(m) que dá para o jardim da casa japonesa.
えんがん 沿岸 litoral(m), costa(f). 〜の costeiro/ra, litorâneo/nea. 〜を航行する cabotar, fazer navegação de cabotagem. ◆沿岸漁業 pesca(f) costeira. 沿岸警備艇 guarda(f) costeira. 沿岸航行 cabotagem(f).
えんき 延期 adiamento(m), prorrogação(f), prorrogação [extensão(f)] do prazo. 〜する prorrogar o prazo, estender a data limite, adiar. 図書館で借りている本の返却日を〜してもらいます Vou pedir ⌊o adiamento [a prorrogação] do prazo de devolução do livro que emprestei da biblioteca. パーティーは来週に〜された A festa foi adiada para a semana que vem. ◆延期期間 【法】prazo(m) dilatório.
えんき 塩基 【化】base(f).
えんぎ 演技 representação(f), trabalho(m) de ator ou atriz. 〜する representar. あの女優は〜がうまい Aquela atriz trabalha bem.
えんぎ 縁起 presságio(m), augúrio(m). 〜の悪い de mau presságio. それは〜が悪い Isso dá azar. 彼はとても〜をかつぎます Ele é muito supersticioso. ¶〜でもない Não diga uma coisa dessas que dá azar!
えんきょく 婉曲 〜な indireto/ta. 申し出を〜に断る recusar uma proposta indiretamente [empregando eufemismos]. ◆婉曲表現 eufemismo(m).
えんきょり 遠距離 longa distância(f). 〜通勤は大変だ Trabalhar longe do serviço é ⌊duro 《《口語》barra pesada]. ◆遠距離恋愛 amor(m) [paixão(f)] à distância.
えんきん 遠近 o longe e o perto. 〜両用の

ンズ lentes (*fpl*) bifocais. ◆遠近画法 perspectiva (*f*).

えんげ 嚥下 ～する engolir. ◆嚥下困難 disfagia (*f*), dificuldade (*f*) de engolir.

えんけい 円形 círculo (*m*), forma (*f*) circular [redonda]. ～の circular, redondo/da. ◆円形劇場 anfiteatro (*m*). 円形動物 nematelmintos (*mpl*). 円形脱毛症〖医〗alopécia (*f*) areata.

えんげい 園芸 〔花の〕jardinagem (*f*), floricultura (*f*); 〔野菜の〕horticultura (*f*). ～を楽しむ curtir a jardinagem. ◆園芸家 jardineiro/ra, horticultor/ra.

えんげい 演芸 representação (*f*). ◆演芸場 anfiteatro (*m*).

えんげき 演劇 teatro (*m*), drama (*m*). ～の teatral, dramático/ca.

エンゲルけいすう エンゲル係数〖経〗coeficiente (*m*) de Engel, porcentagem (*f*) das despesas com a comida em relação às despesas gerais da família.

えんご 援護 assistência (*f*), auxílio (*m*), ajuda (*f*) financeira. ～する assistir, socorrer.

えんざい 冤罪〖法〗erro (*m*) de decisão jurídica. ～を被る ser vítima de erro jurídico. ◆冤罪判決 sentença (*f*) equivocada.

エンサイクロペディア enciclopédia (*f*).

えんさん 塩酸〖化〗ácido (*m*) clorídrico.

えんざん 演算〖数〗cálculo (*m*), operação (*f*).

えんし 遠視 hipermetropia (*f*). ～である ser hipermetrope.

えんじ 園児 criança (*f*) que frequenta o jardim de infância.

エンジニア engenheiro/ra.

エンジニアリング〔工学技術〕engenharia (*f*).

えんしゅう 演習 ❶〔練習〕exercício (*m*) prático, prática (*f*). ❷〔ゼミナール〕seminário (*m*), oficina (*f*), *workshop* (*m*). ◆演習室 laboratório (*m*), sala (*f*) de aulas práticas. ❸〔軍事〕manobras (*fpl*). ～を行う manobrar (as tropas, o exército).

えんしゅう 円周〖数〗circunferência (*f*). ◆円周率 constante (*f*), o π (pi, relação da circunferência com o diâmetro).

えんしゅつ 演出 representação (*f*), interpretação (*f*). ～する dirigir a cena. ◆演出家 diretor/ra de teatro, encenador/ra, dramaturgo/ga.

えんじょ 援助 ajuda (*f*), auxílio (*m*). ～する ajudar, auxiliar. 開発途上国に対する日本の～をどう思いますか O que acha da ajuda japonesa aos países em desenvolvimento? ◆援助交際 espécie (*f*) de alcoviteirice, ajuda às relações sexuais ilícitas. 人道的援助 ajuda humanitária.

エンジョイ ～する divertir-se, recrear-se, entreter-se. 彼らは生活を～することを知っている Eles sabem se divertir [aproveitar a vida, 《口語》curtir a vida].

えんしょう 炎症〖医〗inflamação (*f*), flegmão (*m*). のどが～を起こしている A garganta está inflamada. 腎臓の～ inflamação dos rins.

えんじょう 炎上 ～する incendiar-se, inflamar, pegar fogo.

えんじる 演じる representar. 彼は映画の中で社長の役を演じました No filme, ele representou o papel de presidente de uma companhia.

えんしん 遠心 ◆遠心分離器 centrífuga (*f*). 遠心力 força (*f*) centrífuga.

エンジン motor (*m*), máquina (*f*). ～をかけてください Ligue o motor, por favor. ～が止まってしまいました Morreu o motor.

えんすい 円錐 cone (*m*). ～形の cônico/ca.

えんすい 塩水 água (*f*) salgada.

エンスト〖車〗parada (*f*) do motor. 私の車は～してしまった O motor do meu carro parou.

えんせい 遠征 expedição (*f*). ～する fazer uma expedição. 私たちはサッカーの試合で大阪へ～した Nós fomos até Osaka para participar de um jogo de futebol. ◆遠征隊 expedição (*f*).

えんぜつ 演説 discurso (*m*). ～する fazer discurso. ～がうまい(へたである) ser um bom (mau) orador/uma boa (má) oradora. ～口調で num tom declamatório. ◆演説者 orador/ra. 政治演説 discurso político. 選挙演説 discurso de campanha eleitoral.

えんせん 沿線 彼は西武鉄道の～に住んでいます Ele mora perto da linha (ferroviária) Seibu.

えんそ 塩素〖化〗cloro (*m*). …を～で消毒する desinfetar … com cloro. ◆塩素酸カリウム clorato (*m*) de potássio.

えんそう 演奏 execução (*f*) musical. ～する executar, tocar. 私たちのオーケストラは毎週土曜日にチャリティーで～をしている A nossa orquestra realiza um concerto beneficente todos os sábados. ◆演奏者 executante; instrumentista; 〔ピアノの〕pianista.

えんそうかい 演奏会 ❶ concerto (*m*). ❷〔独奏会〕recital (*m*). ◆定期演奏会 concerto regular.

えんそく 遠足 excursão (*f*). ～に行く fazer uma excursão. 私は学校の～で奈良に行ったことがあります Já fui em excursão escolar a Nara.

エンターテイナー animador/ra (de um evento).

エンターテインメント entretenimento (*m*), diversão (*f*).

エンタープライズ empresa (*f*).

えんたい 延滞 atraso (*m*). あの会社は納税を～している Aquela companhia está atrasada com o pagamento dos impostos. ♦延滞金 pagamentos (*mpl*) atrasados. 延滞利息 juros (*mpl*) atrasados. 延滞料金 multa (*f*) pelo atraso da devolução (de vídeos etc).

エンダイブ 〖植〗endívia (*f*).

えんだん 縁談 arranjo (*m*) de casamento. 両家の～をまとめる arranjar um casamento, servindo de intermediário/ria entre duas famílias.

えんだん 演壇 estrado (*m*), tablado (*m*).

えんちゅう 円柱 coluna (*f*), cilindro (*m*). コリント式の～ coluna coríntia.

えんちょう 延長 prolongamento (*m*), extensão (*f*). ～する prolongar; prorrogar, estender. 滞在を～する prolongar a estadia. 私は滞在をさらに2か月～した Eu estendi a minha permanência por mais dois meses. 支払期限を～していただけないでしょうか Será que não dá para adiar o prazo do pagamento? 試合の～戦〖サッカー〗prorrogação (*f*) do jogo. それは私の考えの～線にある Isso está na mesma linha do meu pensamento. ♦延長記号〖音〗fermata (*f*).

えんちょう 園長 〖幼稚園の〗diretor/ra de jardim de infância, 〖動物園の〗diretor/ra de jardim zoológico, 〖植物園の〗diretor/ra de jardim botânico.

えんてん 炎天 ～下で sob o sol abrasador.

えんとう 円筒 cilindro (*m*). ～状の cilíndrico/ca.

えんどう 〖植〗ervilha (*f*). ～豆のさやを取ってください Tire as vagens das ervilhas, por favor./Você descasca essas ervilhas para mim?

えんとつ 煙突 chaminé (*f*).

エントリー 〔競技などへの参加申し込み〕inscrição (*f*).

エンドルフィン endorfina (*f*). ～は痛みを和らげる A endorfina alivia a dor. ♦ベータエンドルフィン beta-endorfina (*f*).

エンドレス sem fim, interminável.

エントロピー entropia (*f*).

えんばん 円盤 disco (*m*). ♦円盤投げ lançamento (*m*) de discos. 空飛ぶ円盤 disco (*m*) voador.

えんぴつ 鉛筆 lápis (*m*). ～を削る apontar o lápis. ♦鉛筆削り apontador (*m*) de lápis. 鉛筆箱 estojo (*m*). 赤鉛筆 lápis vermelho.

えんぶん 塩分 taxa (*f*) de sal (contida num alimento). ～控えめでお願いします Com um mínimo de sal possível, por favor.

えんぽう 遠方 lugar (*m*) distante. ～の longínquo/qua.

えんまん 円満 ausência (*f*) de conflitos entre pessoas, harmonia (*f*). ～な harmonioso/sa, de paz. 課長の家は～な家庭です A família do chefe (de seção) é muito unida. ～に暮らす viver em paz [harmonia].

えんめい 延命 sobrevida (*f*). ～装置は施さないでください Não me coloquem aparelhos (de sustentação da vida), por favor.

えんよう 遠洋 alto mar (*m*). ♦遠洋漁業 pesca (*f*) em alto mar. 遠洋航海 navegação (*f*) transoceânica.

えんよう 援用 citação (*f*) para provar uma afirmação. ～する citar exemplos concretos ou partes de livros para corroborar o que se afirmou.

えんりょ 遠慮 reserva (*f*), discrição (*f*), recato (*m*); cerimônia (*f*). ～する 1)〔儀礼的に〕fazer cerimônia. どうぞご～なく Não faça cerimônia./Esteja à vontade. ご～なく召し上がってください Sirva-se sem cerimônia, sim? 2)〔控えめである〕ser reservado/da [discreto/ta, restraído/da]. ～深い reservado/da, discreto/ta, recatado/da. ～のない sem reservas, sem cerimônias, indiscreto/ta,《口語》saidinho/nha. ～のない批判 crítica (*f*) aberta. 3)〔控える〕acanhar-se, recusar algo por discrição, abster-se de algo por discrição. ～して表現を控える não se manifestar por discrição. ～なく何でも話してください Fale tudo francamente. 《婉曲》たばこは～ください Obrigado por não fumar./Abstenha-se de fumar, por favor. 隣の人に～してたばこを吸わなかった Não fumou para não incomodar o/a vizinho/nha. その夕食会は～させていただきます Desculpe, mas não poderei comparecer a esse jantar. ～なく私の研究室にいつでも来てください Venha sempre que precisar ao meu gabinete, sem acanhamento, sim?

お

お 尾 rabo (*m*), cauda (*f*).

お 緒 〔ひも〕cordão (*m*). ぞうりの〜が切れた A tira de pano da sandália japonesa arrebentou. ¶ 彼は堪忍袋の〜が切れてしまった Ele perdeu a paciência.

おあいそ お愛想 ❶〔お世辞〕palavras (*fpl*) de cortesia, amabilidades (*fpl*). ❷〔勘定〕conta (*f*) (de restaurante). 〜をお願いします A conta, por favor.

オアシス oásis (*m*). 部屋は彼にとって〜のようだった O quarto era como um oásis para ele.

おあずけ お預け ❶〔犬に〕おあずけ! Espera! (deixar o cão esperar pela comida). ❷〔延期〕adiamento (*m*), engavetamento (*m*). 計画が〜になった O projeto foi engavetado 〔《口語》deixado de molho〕.

おい 甥 sobrinho (*m*).

おい 老い velhice (*f*), terceira idade (*f*).

おいおい 追い追い ❶〔だんだん〕gradualmente, pouco a pouco, progressivamente, paulatinamente. 〜わかってくる entender pouco a pouco. ❷〔そのうち〕dentro de algum tempo. 設備が〜できてくると思う Acho que os equipamentos chegarão prontos dentro de algum tempo.

おいかえす 追い返す mandar embora, repelir.

おいかける 追いかける …を〜 correr atrás de …, seguir a pista de ….

おいかぜ 追い風 vento (*m*) favorável. 〜を受けて de vento em popa.

おいこし 追い越し ultrapassagem (*f*). 〜のための右側車線通行禁止 Proibido ultrapassar pela direita. ◆追い越し違反 infração (*f*) por ultrapassagem indevida. 追い越し禁止 ultrapassagem proibida.

おいこす 追い越す ultrapassar. その車は私のトラックを追い越そうとした Esse carro quis ultrapassar o meu caminhão.

おいこみ 追い込み esforço (*m*) de último momento. 我々の仕事は〜の段階に入りました Entramos na etapa final do nosso trabalho.

おいこむ 追い込む levar a. どんなことが人を自殺に〜のだろう Que motivos levam as pessoas a se suicidar?

おいしい gostoso/sa, delicioso/sa. このみそ汁はとても〜です Esta sopa de soja está muito gostosa.

おいしげる 生い茂る crescer abundantemente [a olhos vistos]. 道端に草が生い茂っている O capim cresceu em abundância ao longo do caminho.

おいすがる 追いすがる agarrar e segurar. 娘は〜父親の手を振り払って家を出た A filha soltou-se das mãos do pai que a agarrava e fugiu de casa.

おいだす 追い出す expulsar, mandar embora.

おいたち 生い立ち antecedentes (*mpl*) pessoais, histórico (*m*) de uma pessoa.

おいつく 追い付く …に〜 alcançar, emparelhar.

おいつめる 追い詰める perseguir e encurralar, acossar. 彼らは敵によって窮地に追い詰められた Eles foram encurralados no canto pelo inimigo.

おいで お出で おいで Venha cá. きょうは社長が〜になります Hoje vai vir o presidente da companhia. よく〜くださいました Seja bemvindo/da. また〜ください Espero que venha mais vezes. お父様は〜ですか O senhor seu pai está em casa?

おいはらう 追い払う afugentar, espantar, dispersar.

おいめ 負い目 gratidão (*f*), dívida (*f*). 私は彼に〜がある〔恩義〕Devo-lhe um favor./Tenho muito a agradecer para ele./〔罪悪感〕Carrego um sentimento de culpa diante dele./Tenho uma consciência pesada pelo que lhe fiz. …に〜を感じる sentir-se em dívida com …, sentir-se constrangido/da diante (um favor recebido).

おいる 老いる envelhecer, ficar velho/lha. 美しく〜 ser um/uma idoso/sa bem conservado/da.

オイル óleo (*m*). ◆オイルショック crise (*f*) do petróleo [energética], choque (*m*) do petróleo. オイルタンク tanque (*m*) de gasolina. オイルチェンジ troca (*f*) de óleo. オイルマネー petrodólar (*m*), petroeuro (*m*). サラダオイル óleo de salada.

おう 王 rei (*m*). 〜の real.

***おう 追う** ❶〔牛、馬などを〕tocar [トカール], perseguir [ペルセギール]. 牛を〜 tocar as vacas. ❷〔追跡〕ir atrás de, rastrear [ハストレアール]. 犯人の行方を〜 rastrear o/a criminoso/sa. 警察に追われる ser perseguido/da pela polícia. 彼は毎日仕事に追われています Ele está superatarefado todos os dias. ❸〔求める〕buscar [ブスカール], ir atrás de. 流行を〜 ir atrás de [seguir a] moda. 理想を〜 buscar o ideal. ¶ 日を追って暖かくなってきた Está esquentando a cada dia que passa. 順序を追って説明していきます Vou explicar seguindo a ordem dos itens.

おう　負う ❶〔背に〕carregar《nas costas》. ❷〔恩に着る〕dever. 私のこの成功は皆さんに負っています Eu devo este êxito a todos vocês. ❸〔責任を〕assumir, responsabilizar-se por. この不祥事に対して責任を負います Eu me responsabilizo por este acontecimento infeliz. ❹〔傷を負う〕machucar-se, ferir-se, ficar ferido/da, sofrer, levar, ser vítima de …. 彼は幼いころ足に傷を負った Ele └sofreu lesões [foi lesado] no pé quando criança. 私はひどい傷を負ってしまった Eu fiquei gravemente ferido/da.

おうい　王位 trono (m), coroa (f). ～を争う disputar └o trono [a coroa]. …の～を奪う arrebatar a coroa de [a] …, destronar ….老父の～を継ぐ suceder no trono ao velho pai. ～を退く renunciar ao trono, abdicar do [o] trono.

おういん　押印 ～する carimbar.

*****おうえん　応援** torcida (f)〔トルスィーダ〕. ～する torcer. ♦応援団 grupo (m) de torcedores.

おうか　謳歌 ～する exaltar, cantar a alegria de. 青春を～する cantar a alegria da juventude.

おうかくまく　横隔膜 〚解〛diafragma (m).

おうかん　王冠 coroa (f) real.

おうぎ　扇 leque (m), abano (m). ～形の em forma de leque. …を～であおぐ abanar …. 自分を～であおぐ abanar-se (com um leque).

おうきゅう　応急 urgência (f). …に～手当をする dar os primeiros auxílios (mpl) [socorros (mpl)] a …. ～措置をとる tomar medidas de urgência.

おうきゅう　王宮 palácio (m) real.

おうけ　王家 família (f) real, casa (f) real.

おうこく　王国 reinado (m).

おうごん　黄金 ouro (m). ～の dourado/da, de ouro. ♦黄金時代 idade (f) de ouro.

おうし　雄牛 boi (m).

おうじ　王子 príncipe (m).

おうしざ　牡牛座 〚星座〛(signo (m) do) touro.

おうしつ　王室 família (f) real.

おうじて　応じて …に～ de acordo com …, conforme …, em conformidade com …, segundo …, respondendo a …;〔比例して〕em razão de …, proporcionalmente a …. 収入に～生活する ter um estilo de vida de acordo com suas condições. 仕事の量に～…に給料を支払う pagar a … proporcionalmente ao volume de trabalho. 罪に～罰する punir de acordo com o crime. 場合に～ segundo [de acordo com, conforme] as circunstâncias, dependendo do caso. 注文(予算)に～ segundo [de acordo com] o pedido (orçamento).

おうしゅう　欧州 a Europa (f). ♦欧州共同体 Comunidade (f) Europeia. 欧州連合 União (f) Europeia.

おうしゅう　押収 〚法〛confisco (m), apreensão (f), embargo (m). 財産の～ apreensão [confisco] de bens. 書類を～する embargar documentos. 証拠物件を～する apreender evidências. ♦押収品目録 (f) lista de itens confiscados.

おうじょ　王女 princesa (f).

おうしょく　黄色 amarelo (m). ♦黄色人種 raça (f) amarela.

おうじる　応じる ❶〔答える〕aceitar; atender. 相談に～用意がある estar pronto/ta para discutir um assunto. どんな注文にも応じます Estamos em condições de atender a qualquer pedido. ❷〔承諾〕aceitar, concordar com (uma proposta). この条件に応じてくれますか Você aceita estas condições? ❸〔従う〕obedecer. …の命令に～ obedecer às ordens de …. ❹〔必要に〕satisfazer. 必要に～ satisfazer (a) uma necessidade.

おうしん　往診 visita (f) do médico à casa de um doente, visita (f) de um enfermo pelo médico. ～する examinar um enfermo em sua casa, visitar um enfermo para exame. 先生は今～中です O médico saiu para visitas agora. ♦往診料 honorários de visita médica.

おうせつしつ　応接室 sala (f) de visitas. お客様を～へお通しください〔訪問客〕Faça o/a visitante entrar na sala de visitas./〔得意先〕Conduza o/a cliente à sala de visitas.

おうせつま　応接間 sala (f) de visitas.

おうだ　殴打 murro (m), espancamento (m). ～する espancar.

おうたい　応対 recepção (f), atenção (f). 彼は客の～が上手です Ele atende bem os fregueses. 親切な(不親切な)～をする receber bem (mal) a uma pessoa.

おうだん　横断 travessia (f). ～する fazer a travessia. 通りを～する atravessar a rua. ～できる通り rua (f) que se pode atravessar. ～歩道でない所では道路を～してはいけません É proibido atravessar a avenida fora da faixa de pedestres. ♦横断橋 passarela (f). 横断歩行者妨害 impedimento (m) da passagem de pedestres. 横断歩道 faixa (f) de pedestres, passagem (f) para pedestres. 大陸横断鉄道 ferrovia (f) transcontinental.

おうだん　黄疸 〚医〛icterícia (f).

おうちゃく　横着 ～な〔ずるい〕esperto/ta, astuto/ta;〔図々しい〕descarado/da,《口語》cara de pau;〔怠惰な〕preguiçoso/sa.

おうちょう　王朝 dinastia (f), reinado (m).

おうてん　横転 tombo (m), tombamento (m). ～する cair de lado, tombar. ♦横転事故 (acidente com) tombamento de veículo.

おうと　嘔吐 vômito (m), náusea (f). ～する vomitar.

おうとう　応答 resposta (f). ～する responder. ～がない não obter resposta.

おうとつ 凹凸 concavidade (f) e convexidade (f). ～のある côncavo/va e convexo/xa.

おうなつ 押捺 ここに指紋を～してください Coloque aqui a sua impressão digital. ◆指紋押捺 impressão (f) digital.

おうねつびょう 黄熱病 【医】febre (f) amarela.

おうひ 王妃 rainha (f).

*__おうふく__ 往復 ida (f) e volta (f) [イーダ イ ヴォウタ]. ～する ir e voltar. 私は会社への～にいつもその橋を渡っています Eu sempre atravesso essa ponte, na ida e na volta da companhia. ◆往復切符 passagem (f) de ida e volta. 往復はがき cartão (m) postal com cartão-resposta de porte pago.

おうへい 横柄 ～な arrogante, insolente. ～な態度で com arrogância, arrogantemente. ～な口をきく falar com arrogância.

おうべい 欧米 a Europa (f) e os Estados (mpl) Unidos. ◆欧米諸国 os países (mpl) da Europa e (dos) Estados Unidos. 欧米人 os europeus e os americanos; os ocidentais.

おうぼ 応募 candidatura (f), participação (f). …に～する candidatar-se a …, participar de …. コンクールに～する participar de um concurso. ◆応募者 candidato/ta.

おうぼう 横暴 ～な despótico/ca, tirânico/ca, arbitrário/ria. ～なやり方で de uma maneira tirânica.

おうむ 鸚鵡 【鳥】papagaio (m). ¶ ～返しに言う repetir como um papagaio.

おうむがい 鸚鵡貝 【貝】náutilo (m).

おうめん 凹面 concavidade (f), superfície (f) côncava.

*__おうよう__ 応用 aplicação (f) [アプリカサォン]. ～する aplicar. ～できる(できない) aplicável (inaplicável). この原理はこの場合に～できますか Será que dá para aplicar aquele princípio neste caso aqui? ～される ser aplicado/da, aplicar-se. ◆応用数学 matemáticas (fpl) aplicadas. 応用問題 exercícios (mpl) de aplicação.

おうらい 往来 〔行き来〕vai-e-vem (m), idas (fpl) e vindas (fpl); 〔通行〕circulação (f). 絶え間ないトラックの～ um contínuo vai-e-vem de caminhões. 車の～がはげしい通り rua (f) com intensa circulação de veículos.

おうりょう 横領 usurpação (f), apropriação (f). 公金の～ desfalque (m) do dinheiro público. …を～する usurpar …, apropriar-se (injustamente) de ….

おうレンズ 凹レンズ lente (f) côncava.

おえつ 嗚咽 soluço (m). ～する soluçar.

おえる 終える finalizar, acabar, terminar. 学業を～ terminar〔concluir〕os estudos. 大学を～ terminar a faculdade, formar-se em universidade. 私は昨日その報告書を書き終えた Ontem eu terminei de escrever esse relatório. その仕事を3時間で終えられますか Será que dá para terminar esse trabalho em três horas?

おおあたり 大当たり 〔芝居などの〕grande sucesso (m); 〔くじの〕grande sorte (f).

おおあめ 大雨 temporal (m), aguaceiro (m). ～にあう pegar um aguaceiro.

*__おおい__ 多い 〔数が〕numeroso/sa [ヌメローゾ/ザ]; 〔量が〕em grande quantidade, muitos/tas [ムイントス/タス]; 〔回数が〕frequente [フレクエンチ]. 多くの muitos/tas, uma grande quantidade de, numerosos/sas. あなたは欠席が～ Você falta muito. 日本では初秋のころには台風が～ No começo do outono, vem muito tufão no Japão. この地方にはカモが～ Nesta região há muitos patos silvestres. そう言う人が～ Há muita gente que diz isso. ブラジルはマンガンが～ O Brasil é rico em manganês. 今年は収穫が多かった Este ano ｡tivemos uma boa colheita [a colheita foi boa]. ¶ 多くの場合 na maioria ｡dos casos [das vezes]. 多ければ～ほどいい Quanto mais (houver) melhor.

おおい 覆い cobertura (f), capa (f). ～をする cobrir. ～をとる descobrir, tirar a cobertura de …. ～のある coberto/ta. ～のない descoberto/ta. そのいすの～を取ってください Por favor, tire a capa dessa cadeira.

おおいに 大いに muito, grandemente, completamente. 彼はこの事件に～関係がある Ele está bastante envolvido neste caso. ～賛成です Estou completamente de acordo.

おおいりまんいん 大入り満員 cheio/cheia, superlotado/da. 劇場は～だった O teatro estava superlotado.

*__おおう__ 覆う cobrir [コブリール], esconder [エスコンデール]. あまりの恥ずかしさに両手で顔を覆いました De tanta vergonha, eu escondi o rosto com as mãos. 富士山の頂上はまもなく雪で覆われるでしょう Logo, logo o cume do monte Fuji ficará coberto de neve.

オーエー OA informatização (f). ～化する informatizar. ◆OA機器 equipamentos (mpl) para informatizar.

オーエル OL 〔女性事務員〕funcionária (f) (de uma empresa).

おおおにばす 大鬼蓮 【植】vitória-régia (f).

おおがかり 大掛かり ～な de grande envergadura〔escala〕. ～なプロジェクト projeto (m) de grande envergadura.

おおかぜ 大風 vento (m) forte.

おおがた 大型 ～の de tamanho grande, de grande porte. ◆大型貨物自動車等通行止め《掲示》Proibido trânsito de veículos de carga de grande porte. 大型自動車 veículo (m) de grande porte. 大型自動車通行止め《掲示》Proibido trânsito de veículos de grande porte para passageiros. 大型自動車等無資格運転 ato (m) de dirigir veículos grandes sem a qualificação necessária.

大型連体 feriados (mpl) alongados; 《俗》emendão (m), feriadão (m).
オーガニック orgânico/ca. ♦ オーガニック食品 alimentos (mpl) orgânicos.
おおかみ 狼 lobo (m).
おおがら 大柄 ❶ [模様] motivo (m) [padrão (m), estampa (f)] grande. ❷ [体格] corpo (m) ⌞grande [bem constituído]. ～な人 corpulento/ta, pessoa (f) bem constituída.
おおかれすくなかれ 多かれ少なかれ em maior ou menor grau.
*****おおきい** 大きい 〔広さや容積が〕grande [グランデ], espaçoso/sa [エスパソーソ/ザ]; 〔偉大な〕grande, valoroso/sa [ヴァロローソ/ザ]; 〔背が〕alto/ta [アールト/タ]; 〔幅が〕largo/ga [ラールゴ/ガ]; 〔声が〕alta. ～口をしている ter uma boca grande. 世界でいちばん～都市 a maior metrópole do mundo. あまりの喜びに我々は大きな声で歌った De tanta felicidade, acabamos cantando em voz alta. 部屋を大きくする tornar o quarto mais espaçoso. 店を大きくする aumentar o tamanho da loja. 虫めがねは文字を大きくする A lupa amplia o tamanho das letras. けんかを大きくする atiçar uma briga. 私の子供は大きくなった Meus filhos cresceram. 火事が大きくなった O incêndio se propagou. 窓を大きく開けてください Abra bem a janela. ¶ ～ことを言う vangloriar-se, 《俗》contar vantagens. ～顔をする ser arrogante [altivo/va], 《俗》empinar o nariz. ～声では言えないが... Cá entre nós ....
おおきさ 大きさ tamanho (m), grandeza (f). あなたの靴の～を測らせてください Deixe-me medir o tamanho dos seus sapatos. 同じ～の皿を三枚持ってくる trazer três pratos do mesmo tamanho. ...を～の順に並べる dispor [colocar] ... em ordem de tamanho. これくらいの～の魚を釣った Pesquei um peixe desse tamanho!
おおきに 大きに 《方》muito obrigado/da 《dialeto de Kyoto e Osaka》.
オーきゃく O脚 genuvalgo (m), joelho (m) em O,《口語》pernas (fpl) de caubói.
おおく 多く 〔たくさん〕grande quantidade (f) de coisas, muito, bastante;〔大部分〕maioria (f). 参加者の～は学生だった A maioria dos ⌞participantes [que participaram] era estudante. 彼は～を知っている Ele sabe ⌞muito [muitas coisas]. ～の muito/ta, bastante, bom/boa. ～の金を投じる investir um bom dinheiro. ～の人々が戦争で死んだ Muitos morreram naquela guerra. ～の場合 na maioria das vezes. ¶ おしゃべりは～しくじるものだ Falar muito ⌞muitas vezes [em geral, geralmente] ao fracasso.
オーク 【植】carvalho (m).
オークション leilão (m), licitação (f). ～にかける levar a leilão, leiloar.

オーケー 〔承知した〕OK [オーケイ, オーカー], entendido, tudo bem. ～する concordar. ～を出す autorizar, aprovar. ¶ 万事～だ Está tudo bem [certo].
おおげさ 大げさ exagero (m). ～な exagerado/da. ～な話 uma história exagerada. ～に言うな Não exagere. 彼はいつも～に言います Ele sempre exagera as coisas.
オーケストラ orquestra (f).
おおごえ 大声 voz (f) alta.
おおさじ 大匙 colher (f) grande 《do tamanho da de sopa》.
おおざっぱ 大雑把 ～な imperfeito/ta, desleixado/da, descuidado/da, 〔おおよその〕aproximado/da. ～な性格 caráter (m) desleixado [negligente, displicente]. ～な仕事 um trabalho descuidado. ～に em geral, por alto. ～に言うと falando ⌞em geral [em linhas gerais]. ～に計算すると calculando por alto.
おおさわぎ 大騒ぎ tumulto (m), barulho (m).
オージー OG antiga aluna (f), antigo membro (m).
おおしけ 大時化 grande agitação (f) do mar 《causada por tufão etc》.
おおすじ 大筋 ❶ 〔要約〕argumento (m), resumo (m). ❷ 〔大要〕tese (f) central. 論文の～を紹介してください Apresente a tese central de sua dissertação. ❸ 〔大略〕linhas (fpl) gerais. ...に対して～で合意する chegar a um acordo em linhas gerais acerca de ....
オーストラリア a Austrália. ～の australiano/na. ♦ オーストラリア人 australiano/na (o povo). オーストラリア大陸 continente (m) australiano.
オーストリア Áustria (f). ～の austríaco/ca.
おおずもう 大相撲 sumô (m) profissional. ♦ 大相撲九州場所 grande torneio (m) de sumô realizado em Kyushu, no mês de novembro. 大相撲初場所 grande torneio (m) de sumô realizado em janeiro.
おおぜい 大勢 muitas pessoas (fpl), multidão (f), muitos/tas. ～の muitos/tas, um grande número de, numerosos/sas. 外国から～の観光客が日光を訪れます Muitos turistas estrangeiros vêm visitar Nikko. 彼らは～でやってきた Eles vieram em massa.
おおそうじ 大掃除 limpeza (f) grossa, faxina (f).
オーソドックス ～な ortodoxo/xa.
オーダー encomenda (f). ～する encomendar. ～メードの encomendado/da, feito/ta sob encomenda [medida].
おおだすかり 大助かり grande ajuda (f). ～でした Foi uma grande ajuda!
おおっぴら ～に abertamente.
おおづめ 大詰め desfecho (m), fim (m). ～

を迎える chegar ao fim.

おおて 大手 ◆大手メーカー grande indústria (f).

オーディーエー **ODA** Assistência (f) Oficial para o Desenvolvimento.

オーディオビジュアル audiovisual (m). 〜の audiovisual.

オーディション teste (m) de audição 《para artistas》.

オート- ❶〔自動車の〕automobilístico/ca. 〜レース corrida (f) de automóvel. ❷〔自動の〕automático/ca. 〜ロックのドア porta (f) com fechadura automática.

おおどうぐ 大道具 decoração (f) de teatro, cenário (m). ◆大道具方 encenador/ra.

おおどおり 大通り avenida (f).

オートバイ motocicleta (f), moto (f).

オードブル aperitivo (m), entrada (f), tira-gosto (m), antepasto (m), salgadinhos (m).

オートマチック 〜の automático/ca. ◆オートマチックカメラ máquina (f) (fotográfica) automática. オートマチック車 carro (m) de câmbio automático. ⇨自動.

オートミール farinha (f) de aveia.

オートメーション automatização (f). 〜化する automatizar.

オーナー dono/na, proprietário/ria.

オーバー ❶〔コート〕casaco (m), sobretudo (m). ❷〔誇張した〕〜な exagerado/da. ❸〔超過〕excesso (m).

オーバーオール macacão (m), jardineira (f), 《ポ》fato-macaco (m).

オーバーヒート superaquecimento (m), sobreaquecimento (m). 〜する sobreaquecer, ficar sobreaquecido/da, aquecer demais.

オーバーラップ sobreposição (f). 〜する sobrepor (uma imagem sobre a outra). 現実と思い出が〜していた A realidade e as recordações se sobrepunham [misturavam, confundiam].

オオハシ 〔鳥〕tucano (m).

おおはば 大幅 ❶ largura (f) grande. ❷ grande escala (f). 〜な値上がり（値下がり） grande alta (f)（baixa (f)）de preços. 〜な超過 superávit (m) de grande escala. 〜な変動 flutuação (f) de grande escala. 〜な修正 correção (f) drástica. 価格が〜に上がった Os preços subiram consideravelmente. 規則が〜に変わった Os regulamentos mudaram muito. 彼らは〜に食い違っていた Eles se desentendiam consideravelmente.

オービー **OB** antigo aluno (m)（membro (m)）.

オープニング abertura (f), começo (m). ◆オープニングゲーム jogo (m) de abertura. オープニングセレモニー cerimônia (f) de abertura.

オーブン forno (m). ◆オーブントースター torradeira (f) de forno. オーブンレンジ forno dupla função 《convencional e micro-ondas》.

オープン abertura (f); inauguração (f). 来月一日 〜《掲示》Inauguração no Dia Primeiro do Mês que Vem. 〜する abrir, inaugurar. 店を〜する abrir [inaugurar] uma loja. ¶ 〜な態度で話す falar francamente [abertamente, com franqueza]. ◆オープン価格 preço (m) aberto.

オーボエ 〔音〕oboé (m). ◆オーボエ奏者 oboísta.

おおみず 大水 inundação (f). 〜になる dar inundação, inundar. この雨がすぐやまなければこの辺の町は〜になるだろう Se essa chuva não parar imediatamente, as cidades dessa redondeza vão ficar inundadas.

おおみそか 大晦日 o último dia (m) do ano, Réveillon (m).

おおむぎ 大麦 〔植〕cevada (f).

おおめ 大目 〜に見る fazer vista grossa de [a] …, deixar passar, perdoar.

おおもじ 大文字 letra (f) maiúscula.

おおもの 大物 〔スケールの大きい〕pessoa (f) de coração grande [generosa], gente (f) grande;〔財界の〕magnata (m),《俗》mandachuva. 彼は〜だ Ele é 〜gente grande [um grande homem].

おおもり 大盛り 〜の mais cheio/cheia que o normal. ライス〜でお願いします Por favor, gostaria de 〜um prato de arroz bem cheio [uma pratada de arroz], sim?

おおや 大家 proprietário/ria de casa alugada.

おおやけ 公 〜の público/ca. 〜に publicamente. 〜にする publicar, tornar público/ca. 〜の立場 posição (f) oficial. B社との契約は〜にされなかった O contrato com a companhia B não foi publicado oficialmente.

おおやすうり 大安売り liquidação (f), oferta (f).

おおやまねこ 大山猫 〔動〕lince (m).

おおゆき 大雪 nevasca (f), tempestade (f) de neve. 〜は予測を越えた A nevasca foi muito 〜maior do que o [além do] previsto. 〜に見舞われた場所 lugares (mpl) atingidos pela nevasca.

およそ ⇨およそ.

オーラ aura (f).

おおらか 大らか 〜な generoso/sa, que perdoa com facilidade, que tem coração grande, magnânimo/ma, desprendido/da.

オーラル ◆オーラルコミュニケーション comunicação (f) oral.

オール ❶〔ボートの〕remo (m). ❷〔全部〕todo.

オールスターゲーム 〔スポーツ〕all-star game (m), jogo (m) de exibição com os melhores jogadores.

オールドボーイ formado, veterano.

オールナイト noite (f) toda. ◆オールナイトサービス serviço [atendimento] por toda a noite. オールナイト上映 exibição (f) durante a noite [madrugada].

オールバック cabelo (m) penteado todo para trás.

オールラウンド versátil, 《口語》pau-para-toda-obra. ♦オールラウンドプレーヤー jogador/ra versátil.

オーロラ aurora (f) (polar), aurora (boreal ou austral).

おか 丘 colina (f), outeiro (m).

おかあさん お母さん mãe (f), mamãe (f). ~, ここへ来て Venha cá, mamãe! ~はお元気ですか A (senhora) sua mãe está forte?

おかえし お返し retribuição (f) 《de um presente ou favor recebido》, troco (m). ~をした〔皮肉, 悪意〕Deu o troco.

おかえりなさい Bem-vindo/da de volta à casa.

おかかえ お抱え ~の privativo/va, particular. 取締役~の運転手 chofer (m) particular do diretor.

おかげ お陰 (…の)~で graças a …. …の~である depender de …. 私の成功はすべて彼の~です O meu êxito dependeu inteiramente dele.

おかしい 〔通常でない〕incomum;〔変な〕estranho/nha, esquisito/ta;〔こっけいな〕ridículo/la, engraçado/da;〔おもしろい〕divertido/da, engraçado/da. 私はこの上着を着るととてもおかしく見える Eu fico muito engraçado com este casaco. そんなことをしたら~ですよ Não faça isso que não fica bem. 彼は言動が~ Ele não regula bem. おかしくてたまらなかった Não pude deixar de rir, de tão engraçado.

おかす 侵す ❶〔侵入〕invadir. 国境を~ invadir uma fronteira. 国籍不明機が空を侵した Uma nave de nacionalidade desconhecida invadiu o território aéreo. ❷〔侵害〕desrespeitar a soberania, violar. ~ことのできない永久の権利 direito (m) eterno inviolável.

おかす 冒す ❶〔危険などを〕arriscar, desafiar. 彼は生命の危険を冒して人命救助をした Ele salvou (a vida de) uma pessoa, arriscando a própria vida. ❷〔冒瀆〕blasfemar, profanar. 芸術の神聖を~ profanar o aspecto sagrado da arte. ❸〔病気が〕atacar, danificar, causar dano a. すでに癌(がん)は全身を冒していた O câncer já tinha atacado todo o corpo.

おかす 犯す ❶〔罪などを〕cometer. 殺人罪を~ cometer um homicídio. 大食の罪を~ cometer o pecado da gula. ❷〔規則などを〕transgredir, violar. 校則を~ transgredir os regulamentos da escola. そうするとあなたは社則を~ことになります Assim, você estará violando os regulamentos da companhia. ❸〔女性を〕estuprar, violentar.

おかず 〔ごはんの〕comida (f) que acompanha o arroz.

おかっぱ 〔髪型〕penteado (m) com franja. ~にする cortar o cabelo deixando franja na testa.

おがむ 拝む rezar, orar.

おかゆ お粥 papa (f) de arroz.

オカリナ 【音】ocarina (f). ♦オカリナ演奏 execução (f) de ocarina.

オカルト oculto/ta, sobrenatural, supernatural, supranatural.

おがわ 小川 riacho (m), córrego (m), rio (m) pequeno. ~のせせらぎ murmúrio (m) do riacho.

おかわり お代わり ~をする repetir《comida, em geral》. コーヒーの~はいかがですか Aceita [Quer] mais uma xícara de café? ご飯の~をしていいですか Será que posso repetir o arroz?

おかん 悪寒 calafrio (m), arrepios (mpl), tremor (m) com sensação de frio. 風邪を引いて~がする Peguei um resfriado e está me dando calafrios.

おかんむり お冠 ⇨冠.

おき 沖 alto mar (m).

-おき -置き cada. 1日~に um dia sim um dia não, em dias alternados, cada dois dias. 3メートル~に釘を打つ pôr pregos La cada três metros [de três em três metros]. 20分~に電車が発車する A cada vinte minutos sai um trem./Os trens partem de vinte em vinte minutos. オリンピックは4年~に開かれます As Olimpíadas se realizam a cada quatro anos.

おきあがる 起き上がる levantar-se, pôr-se de pé. マット運動で前転して~ rolar para frente e levantar-se na ginástica.

おきかえ 置き換え substituição (f), inversão (f). 語の~ inversão [substituição] de palavras.

おきかえる 置き換える trocar, substituir. 語の順序を~ inverter a ordem das palavras. 花瓶を人形と~ substituir o vaso pela boneca.

おきざり 置き去り ~にする abandonar. 妻子を~にする abandonar a esposa e os filhos.

オキシドール água (f) oxigenada, peróxido (m) de hidrogênio.

おきっぱなし 置きっぱなし ~にする usar e deixar 《sem colocar de volta no lugar》. 自転車を道に~にする deixar a bicicleta na rua.

おきて 掟 lei (f), estatuto (m); norma (f).

おぎなう 補う ❶〔補足する〕complementar, suplementar, cobrir. 塾は学校がやれないことを~のにおい Os cursinhos são bons para cobrir as deficiências da escola. 彼らはライバルというよりは補い合う関係である Eles estão mais numa relação de complementaridade do que de rivalidade. ❷〔供給する〕suprir. 暑い夏にはビタミンCを~ことが重要です No verão, é importante suprir a falta de vitamina

C, porque faz calor. ❸ 〔損失を〕indenizar, cobrir, reparar. 損失を~ reparar uma perda.

おきなかし 沖仲仕 estivador/ra.

おきにいり お気に入り ❶ 〔人〕favorito/ta, queridinho/nha. ~の favorito/ta. 娘の~のバンド a banda favorita de minha filha. ❷ 〔〈インターネット〉〕favoritos (mpl).

おきば 置き場 depósito (m). 資材~はどこですか Onde é [fica] o depósito de materiais?

おきびき 置き引き roubo (m) de algo deixado ou esquecido (por alguém).

おきまり お決まり ~の rotineiro/ra, costumeiro/ra, de sempre. それは~の言い訳だ Esse é o pretexto de sempre.

おきもの 置き物 objeto (m) de adorno [decoração].

*****おきる 起きる** ❶ 〔目覚める〕acordar [アコルダール]; 〔起床する〕levantar-se [レヴァンタール スィ]. 早く~ acordar cedo, 《俗》pular cedo da cama. 私は毎朝6時に起きます Eu me levanto todos os dias às seis horas da manhã. 私は遅くまで起きている Eu sempre fico acordado/da até tarde. 眠らずにずっと起きていた Fiquei acordado/da a noite toda./Passei a noite em claro. 起きたばかりなので食欲がない Estou sem apetite porque acabei de acordar. ❷ 〔事件などが〕acontecer [アコンテセール], haver [アヴェール]. 昨日火災が起きた Ontem houve um incêndio. 何が起きたの O que aconteceu?

おきわすれる 置き忘れる esquecer, deixar. 喫茶店のテーブルの上に財布を置き忘れてしまった Acabei esquecendo a carteira em cima da mesa do café. 私は眼鏡をどこに置き忘れたんだろう Onde será que eu deixei meus óculos?

*****おく 置く** ❶ pôr [ポール], colocar [コロカール]; deixar [デイシャール]. 花瓶をテーブルの上に~ colocar [pôr] o vaso sobre a mesa. テーブルの上に本が置いてある Há um livro sobre a mesa. その話はひとまずおいて本題に入りましょう Vamos deixar essa história para depois e tratar agora do assunto principal. 彼は机に書類を置いて行った Ele se foi deixando a papelada na mesa. ❷ 〔置いておく〕deixar, ter [テール]. 家にはいつも消火器を置いておきましょう Tenha [Deixe] sempre em casa um extintor. ❸ 〔人, 物を据える〕運転手を~ contratar um chofer. 支店を~ abrir uma filial. ¶ 窓を開けておく deixar a janela aberta. おみやげを買っておく deixar compradas as lembranças. それは彼に言わないでおいたほうがいい É melhor ⌐não dizer [deixar de dizer] isso a ele.

おく 億 cem milhões. 1~人 cem milhões de pessoas. 2~円 duzentos milhões de ienes.

*****おく 奥** fundos (mpl) 〔フンドス〕; 〔国の〕interior (m) 〔インテリオール〕. 心の~ fundo do coração. ~の間 sala (f) dos fundos.

おくがい 屋外 ~で ao ar livre. ◆屋外スポーツ esporte (m) ao ar livre.

おくさま 奥様 senhora (f); esposa (f). 鈴木さんの~ A senhora Suzuki. ~によろしく Lembranças à sua esposa.

おくじょう 屋上 açoteia (f), cobertura 《de um prédio》.

オクターブ 【音】oitava (f). 1~上げる subir uma oitava. 2~下げて弾いてください Toque duas oitavas abaixo, por favor.

おくち 奥地 interior (m) 《de um país》.

おくない 屋内 interior (m) 《de um prédio》. ◆屋内スポーツ esporte (f) de salão.

おくのて 奥の手 trunfo (m).

おくば 奥歯 dentes (mpl) posteriores.

おくびょう 臆病 covardia (f). ~な covarde, tímido/da.

おくぶかい 奥深い profundo/da, denso/sa. 富士山のそばにある森は~ A floresta próxima ao monte Fuji é densa. ~意味 significado (m) profundo.

おくゆかしい 奥床しい refinado/da na modéstia; recatado/da e fino/na. ~態度 atitude (f) modesta e atraente. 奥床しさ elegância (f) discreta.

おくゆき 奥行き profundidade (f). ~のある profundo/da, que tem profundidade. この店は~が5メートルある Esta loja tem cinco metros de profundidade. この家はとても~がある Esta casa é comprida em profundidade.

オクラ 【植】quiabo (m).

おくらせる 遅らせる ❶ retardar, atrasar. 舞台の進行を~ retardar o andamento da encenação. 計画の実施を~な Não retarde a execução do plano. ❷ adiar. 卒業を2年~ atrasar a formatura em dois anos.

おくりかえす 送り返す devolver, mandar de volta.

おくりがな 送り仮名 letras (fpl) do silabário japonês colocadas em seguida ao ideograma chinês para indicar a desinência japonesa da palavra.

おくりさき 送り先 destinatário/ria.

おくりじょう 送り状 fatura (f). …の~を作る faturar …. 商品の~を書く faturar a mercadoria. ◆送り状金額 importância (f) da fatura. 商業（領事）送り状 fatura comercial (consular).

おくりだす 送り出す enviar, mandar. 息子を学校へ~ mandar o filho à escola.

おくりもの 贈り物 presente (m). 誕生日の~ presente de aniversário. Bさんに~を presentear B. 彼に何か~をしましょう Vamos ⌐dar um presente para ele [presenteá-lo].

*****おくる 贈る** dar ~ de presente.

*****おくる 送る** ❶ 〔発送する〕enviar [エンヴィアール], mandar [マンダール]. 企業案内書を1部送ってください Mande-me um guia da companhia, por favor. この書類は航空郵便で会社に送られてきた Esse documento chegou à companhia (por) via aérea. ❷〔人といっしょに行く〕ir com, levar [ﾚｳﾞｧｰﾙ];〔車で〕levar de carro;〔玄関まで〕acompanhar até a porta;〔見送る〕despedir-se de. 家まで送りましょうか Quer que o/a leve até sua casa? 私たちは彼を送りに空港へ行きました Fomos ao aeroporto (nos) despedir dele. ❸〔過ごす〕levar 《vida》. 私は幸せな毎日を送っています Estou levando uma vida feliz.

*おくれる 遅れる ❶〔遅刻する〕chegar atrasado/da. けさ私は会社に5分遅れた Hoje de manhã eu cheguei na companhia com cinco minutos de atraso. 遅れてすみません Desculpe o atraso. 踏切事故で列車が遅れた O trem se atrasou por causa do desastre da cancela. ❷〔時計が〕atrasar [ｱﾄﾗｻﾞｰﾙ]. 私の時計は1日に1分～ O meu relógio atrasa um minuto por dia. ❸〔進歩などが〕atrasar-se [ｱﾄﾗｻﾞｰﾙ ｽｲ], estar atrasado/da. 日本は環境保護の面で西欧諸国に遅れていた O Japão estava atrasado no campo da preservação do meio ambiente, comparativamente aos países da Europa Ocidental.

おけ 桶 tina (f). ◆ふろ桶 banheira (f) de estilo japonês.

おこがましい 〔生意気な〕presunçoso/sa;〔出過ぎた〕atrevido/da. おこがましくも…を言う atrever-se a〔ter a ousadia de〕dizer …. ～言い方をする falar com presunção. 自分で言うのも～けど実は数学が得意なのだ Modéstia à parte, na verdade sou bom em matemática.

オコジョ 〚動〛 arminho (m).

*おこす 起こす ❶〔目を覚まさせる〕despertar [ﾃﾞｽﾍﾟﾙﾀｰﾙ], acordar [ｱｺﾙﾀﾞｰﾙ]. あしたの朝6時に起こしてください Por favor, acorde-me amanhã de manhã às seis horas. ❷〔立てる〕levantar [ﾚｳﾞｧﾝﾀｰﾙ]. 転んだ老人を～ levantar um/uma idoso/sa que caiu. 木を～ endireitar uma árvore. ❸〔引き起こす〕causar [ｶｳｻﾞｰﾙ], provocar [ﾌﾟﾛｳﾞｫｶｰﾙ]. 事故を～ causar um acidente. 行動を～ agir. 訴訟を～ abrir um processo. 問題を～ criar problemas. 火事を～ provocar um incêndio. こんな失敗は2度と起こしてもらいたくありません Não quero que repita nunca mais um erro desses. ❹〔始める〕começar [ｺﾒｻｰﾙ], fundar [ﾌﾝﾀﾞｰﾙ], criar [ｸﾘｱｰﾙ], estabelecer [ｴｽﾀﾍﾞﾚｾｰﾙ]. 新事業を～ fundar uma nova empresa. 戦争を～ começar uma guerra. ❺〔生じさせる〕gerar [ｼﾞｪﾗｰﾙ], produzir [ﾌﾟﾛﾄﾞｩｼﾞｰﾙ]. 電気を～ gerar eletricidade. ❻〔発作、病気などを〕ter [ﾃｰﾙ], ficar com; pegar. ぜんそくの発作を～ ter uma crise de asma. 肺炎を～ ficar com pneumonia. ❼〔音声を文字化する〕インタビューの録音テープを～ transcrever [pôr no papel] a gravação de uma entrevista. ❽〔土、畑を〕土を～ revolver a terra.

おごそか 厳か ～な solene, augusto/ta, majestoso/sa. ～に solenemente, augustamente, majestosamente.

おこたる 怠る negligenciar, descuidar de, ser negligente. 職務を～ ser negligente [descuidado/da] no trabalho. 注意を～ distrair-se, deixar de prestar atenção. 車の適切な整備を～ ser negligente com a manutenção adequada [devida manutenção] do carro. （車の）運転中は前方注意を怠ってはいけません Não descuide da sua frente, quando estiver no volante.

おこない 行い ação (f), ato (m), atitude (f), procedimento (m), conduta (f). 勇気ある～ um ato de coragem. よい～をする fazer uma boa ação. 彼女はよい～で母親に褒められた A mãe a elogiou pelo bom procedimento./Ela foi elogiada pela mãe por ter agido bem. 彼は日頃の～がいいから… É que ele é sempre muito bom.

*おこなう 行う ❶〔催す〕dar [ﾀﾞｰﾙ], fazer [ﾌｧｾﾞｰﾙ]. 行われる acontecer, ter lugar, 《俗》rolar. 彼女の送別会は～のですか Você vai dar a festa de despedida dela? 今年のフェスタ・ジュニーナは浜松で行われた As Festas Juninas deste ano aconteceram [tiveram lugar, rolaram] em Hamamatsu. ❷〔実行する〕fazer, cumprir [ｸﾝﾌﾟﾘｰﾙ]; executar [ｴｾﾞｸﾀｰﾙ], realizar [ﾍｱﾘｻﾞｰﾙ]. 彼は自分の言ったとおりに行った Ele cumpriu direitinho o que disse. 今日は予定どおり会議を行います Hoje, vamos fazer a conferência, como combinado [programado].

おこり 起こり 〔起源〕origem (f);〔原因〕causa (f). 事の～はこうだった A coisa começou assim.

おごり 奢り ❶〔ぜいたく〕luxo (m), extravagância (f). ❷〔ごちそうすること〕今日は私の～ですよ Hoje você é meu/minha convidado/da./《俗》Hoje eu te convido.

おごり 驕り orgulho (m), arrogância (f). ～高ぶる tomar uma postura [ser] arrogante.

おこりっぽい 怒りっぽい nervoso/sa, enjoado/da, exigente, irritadiço/ça.

*おこる 起こる ❶〔突発する〕estalar [ｴｽﾀﾗｰﾙ], sobrevir [ｿﾌﾞﾚｳﾞｨｰﾙ], rebentar [ﾍﾍﾞﾝﾀｰﾙ]. 今のままでは戦争が～かもしれない Se continuar assim, é capaz de rebentar uma guerra. ❷〔出来事、不和〕acontecer [ｱｺﾝﾃｾｰﾙ], ocorrer [ｵｺﾍｰﾙ], passar [ﾊﾟｯｻｰﾙ]. あなたたちの間に何が起こっているのですか O que está acontecendo [《俗》rolando] entre vocês? ❸〚理〛gerar [ｼﾞｪﾗｰﾙ], produzir [ﾌﾟﾛﾄﾞｩｼﾞｰﾙ]. 物体を摩擦すると電気が～ A fricção entre dois corpos gera eletricidade. ❹〚医〛ter um ataque [acesso] de. そういうものばかり食べていると脳卒中が起こりやすくなるよ Se você só come essas coisas, fica mais propenso a ter um AVC (acidente vascular cerebral), viu?

おこる 怒る ficar [estar] bravo/va, aborrecer-se, zangar-se, ficar [estar] zangado/da.

怒った顔 cara (f) de zangado/da. 怒って zangando-se. 怒らせる irritar, aborrecer. 課長は何のことで怒っているのですか Com o que é que o/a chefe está zangado/da? 彼は口答えをして父親を怒らせてしまった Ele acabou irritando o pai, por ter respondido 《俗》ter sido respondão. 彼は息子に対して怒っている Ele está zangado com o filho.

おごる 奢る ❶〔ぜいたくをする〕viver luxuosamente, levar uma vida luxuosa, esbanjar. ❷〔人にごちそうする〕pagar 《uma refeição》a alguém, convidar, convidar para comer e beber, pagar a conta. 今度は私におごらせてください Da próxima eu pago, está bem? お礼に今晩夕食を~よ Eu vou pagar um jantar para você hoje à noite, em agradecimento 《a isto aqui》. Está bem?

おごる 驕る〔高ぶる〕ser altivo/va;〔思い上がる〕ensoberbecer-se, vangloriar-se. ¶ ~平家は久しからず Quem se vanglória do poder não dura muito.

おさえる 抑える, 押さえる ❶〔動かないようにする〕prender, segurar. ピンで押さえる prender com alfinete [prendedor]. この箱を手で押さえていてください Por favor, fique segurando esta caixa 《com as mãos》. ❷〔反乱などを〕oprimir. 反日運動を抑える sufocar o movimento anti-japonês. ❸〔感情をこらえる〕conter, refrear, deter, reprimir. 上役はかんしゃくを抑える必要があります Um superior precisa conter o temperamento explosivo. 笑いを抑えられなかった Não pude conter o riso. 彼女は怒りを相当抑えている Ela tem muita raiva reprimida. ❹〔捕らえる〕prender. 現場を押さえる prender em flagrante [na cena do crime]. ❺〔重要な点をしっかりつかむ〕compreender, captar. 論文の大筋を押さえる captar a tese central da dissertação. テーマを軽く押さえておこう Vamos analisar e entender o tema sem muito compromisso. ❻〔差し押さえる〕〔法〕embargar. 財産を押さえる embargar os bens. ❼〔確保する〕reservar. ホテルの部屋を押さえておいたか Já fez a reserva no [reservou o quarto de] hotel?

おさがり お下がり〔衣類〕roupa (f) da pessoa mais velha herdada pela mais nova. 兄の~を着る vestir a roupa usada do irmão mais velho.

おさきに お先に ~失礼します Com licença《na hora de fazer algo ou se retirar antes dos outros》. ~どうぞ Por favor ..../Passe você primeiro.

おさげ お下げ trança (f) 《de cabelo》.

おざしき お座敷 ~がかかる ser (a gueixa) chamada para um banquete.

おさない 幼い〔幼少の〕pequeno/na;〔幼稚な〕infantil, pueril, simplista. 彼(彼女)の~ころに em sua tenra idade, em sua infância. ~時から desde a infância, desde menino/na.

あなたの考えはちょっと~かな A sua ideia não seria um pouco simplista?

おさななじみ 幼馴染 amigo/ga de infância, companheiro/ra de brincadeiras de criança.

おさまる 収まる, 治まる, 納まる, 修まる ❶〔静まる〕acalmar-se [アカウマール スィ], terminar [テルミナール スィ], ser resolvido/da, resolver-se [ヘゾウヴェール スィ]. やっと兄弟げんかが収まった Enfim terminou [resolveu-se] a briga entre os irmãos. 銃撃戦が治まった Cessou [Parou] o tiroteio. 下痢が治まった Parou a diarreia. ❷〔消える〕apagar-se [アパガール スィ]. 火事が治まった Apagou-se o incêndio. ❸〔もどる〕recuperar [ヘクペラール], retornar a. 元の位置に治まっている Recuperou o antigo posto [cargo]. ❹〔満足する〕ficar satisfeito/ta, aceitar [アセイタール]. この結論で双方がきっと納まるだろう Com esta decisão os dois lados certamente vão ficar satisfeitos.

おさめる 収める, 治める, 納める, 修める ❶〔払う〕pagar [パガール]. 税金はどこで納めるのですか Onde é que se paga o imposto? ❷〔注文品を〕entregar [エントレガール]. この品物をあのスーパーに納めてください Por favor, entregue essas mercadorias naquele supermercado. ❸〔贈り物を〕aceitar [アセイタール]. どうぞお納めください Tenha a bondade de aceitar 《presentes etc》. ❹〔混乱を静める〕apartar [アパルタール], pacificar [パスィフィカール], apaziguar [アパズィグァール]. 彼は兄弟げんかを収めた Ele apartou a briga dos irmãos. ❺〔やわらげる〕acalmar [アカウマール]. これは痛みを治める薬だ Este remédio faz parar [acalmar] a dor. ❻〔入れる〕colocar [コロカール], incluir [インクルイール], conservar [コンセルヴァール], reunir [ヘウニール], coligir [コリジール], guardar [グァルダール]. 思い出を胸に収める guardar as lembranças no coração. 財布をポケットに収める guardar a carteira no bolso. その図書館には15世紀の聖書が収められている Há bíblias do século quinze conservadas nessa biblioteca. その雑誌にはブラジルに関する研究論文が収められている Nessa revista estão reunidos [coligidos, compilados] estudos sobre o Brasil. ❼〔勝つ〕ganhar [ガニャール], conseguir [コンセギール]. 結局勝利を収めた No fim ganharam [conseguiram a vitória].

おさらい treino (m), prática (f), repetição (f); ensaio (m). ~する treinar, praticar, repetir, ensaiar. 毎晩日本語を~することが重要です O importante é praticar o japonês todas as noites.

おし 押し〔おもし〕peso (m);〔押すこと〕empurrão (m). ズボンに~をしておいてください Alise as calças, por favor. ¶ 彼は~がきく Ele é muito influente.

おじ 伯〔叔〕父 tio (m), titio (m). ~が桃を送ってくれた O meu tio me enviou pêssegos. 《おじさん》não corresponde a "senhor" e pode ser depreciativo quando não tem o

おしあう

sentido de "tio". Prefere-se chamar o interlocutor pelo sobrenome+san ou deixar o verbo sem sujeito). ⇨おば.

おしあう 押し合う empurrar-se, acotovelar-se, dar encontrões. 出入口で押し合わないでください Não empurrem na entrada e saída./《掲示》É Proibido Empurrar na Entrada e Saída.

おしあける 押し開ける abrir empurrando, abrir com força.

おしあげる 押し上げる empurrar (alguém) para cima 《no ar》, levantar.

おしあてる 押し当てる apertar, pregar, prensar. ドアに耳を~ colar a orelha à porta. 血が出る傷口にガーゼを~ estancar o sangue [a ferida] com uma gaze.

おしい 惜しい 〔残念だ〕(ser) lamentável, (ser) pena; 〔貴重な, もったいない〕precioso/sa. 時間をこんなつまらない会議に使うのは~ É uma pena perder tempo com uma conferência tão insignificante como essa. おしい! Que pena!/Quase!

おじいさん 〔祖父〕avô (m); 《幼》vovô (m); 〔老人〕velho (m), velhinho (m), ancião (m).

おしいれ 押し入れ armário (m) embutido (estilo japonês).

おしえ 教え ensinamento (m), lição (f). この物語には一つの~があります Nesta história tem uma lição de moral.

おしえご 教え子 aluno/na.

おしえこむ 教え込む inculcar, incutir, fazer entrar na cabeça de. 子供たちにお年寄りにする礼儀を~ incutir [fazer entrar] na cabeça das crianças o respeito pelos mais velhos. 新入社員に会社のやり方を~ ensinar 〔por completo, com empenho〕o *modus operandi* da companhia ao novato.

*****おしえる 教える** 〔勉強などを〕ensinar [エンシィナール]; 〔告げる〕avisar [アヴィザール], informar [インフォルマール]; 〔示す〕mostrar [モストラール], indicar [インディカール]; 〔説明する〕explicar [エスプリカール]; 〔明らかにする〕esclarecer [エスクラレセール]. …に会議の日時を~ dizer [informar sobre] o dia e a hora da conferência a …. 子供たちにバイオリンを~ ensinar [dar aulas de] violino às crianças. …に秘密を~ revelar um segredo a …. 事故のことを誰も教えてくれなかった Ninguém me falou [contou] do acidente. 東京駅へ行く道を教えてください Por favor, poderia me mostrar o caminho para a estação de Tóquio? あなたにそのパソコンの使い方を教えてあげましょう Vou lhe ensinar como se usa esse computador. あなたの住所を教えてください Dê-me [Me dá] o seu endereço./Deixe o seu endereço.

おしかえす 押し返す fazer recuar, repelir, empurrar.

おしかける 押し掛ける apresentar-se sem ser convidado/da. 大勢で~ aparecer em bando (sem ser chamado/da).

おじぎ reverência (f). ~をする inclinar [abaixar] a cabeça cumprimentando. 私は社長に丁寧に~をしたつもりだけれど… Eu pensei que tinha cumprimentado direito o presidente (da companhia), mas ….

おしきる 押し切る ❶ cortar pressionando com força. ❷〔反対を〕desafiar a vontade de. 彼らは親の反対を押し切って結婚した Eles se casaram apesar da resistência dos pais.

おしこむ 押し込む meter … à força, forçar … para dentro. 満員電車に乗客を~ empurrar passageiros para dentro de um trem lotado.

おしころす 押し殺す ❶ asfixiar, matar apertando. ❷ conter, abafar, refrear. 感情を~ segurar os sentimentos. 怒りを~ conter a ira. 声を押し殺して話す falar em [com] voz abafada.

おしずし 押し寿司 〔料〕*sushi* (m) prensado numa caixa, cujo ingrediente principal é a cavala.

おしだす 押し出す empurrar … para fora. 敵をリングの外に~ empurrar o inimigo para fora do ringue. 油絵の絵の具を~ espremer a bisnaga da tinta a óleo.

おしつけがましい 押し付けがましい impositivo/va, coercitivo/va. ~態度で仕事を頼む ser impositivo/va ao pedir um trabalho.

おしつける 押しつける empurrar; forçar, obrigar. 嫌な仕事をあまり押しつけないでください Não me empurre muito os serviços maçantes 〔《俗》chatos〕. あなたは人に責任を押しつけています Você está responsabilizando os outros pelo que (você) fez. 自分の意見を他人に~と嫌われる A gente acaba sendo malquisto/ta quando impõe a própria opinião.

おしっこ urina (f); 《幼》pipi (m), xixi (m). ~をする urinar; fazer pipi.

おしつぶす 押しつぶす comprimir até achatar, esmagar, amassar, esborrachar; 〔精神的に〕arrasar, dizer as últimas a. 押しつぶされて死ぬ morrer esmagado/da. 雪で家が押しつぶされた A casa ficou achatada com a neve.

おしとおす 押し通す persistir em …, insistir em …, teimar. 彼はその計画を押し通した Ele foi até o fim com o plano dele.

おしのける 押しのける empurrar (alguém) para os lados, afastar. 野次馬を押しのけて進む avançar afastando os curiosos. 出世するために人を~ passar por cima dos outros para vencer na vida.

おしべ 雄蕊 〔植〕estame (m), androceu (m).

おしぼり お絞り toalhinha (f) molhada para limpar as mãos 《em restaurantes etc》.

おしまい fim (m). 彼がそんなことを言ったのならもう~だ Se ele disse uma coisa dessas já é um caso perdido.

おしむ 惜しむ 〔出し惜しむ〕economizar, poupar;〔残念に思う〕lamentar, sentir, deplorar;〔大事にする〕valorizar, dar valor a. 費用を惜しまずにやってください Faça (isso) sem se preocupar com os gastos. 骨身を惜しまずに働く trabalhar sem poupar esforços. 彼女は皆に惜しまれて死んだ A morte dela foi sentida por todos. 命を~ prezar a vida. 時間を~ valorizar o tempo. ¶ ~べき lamentável, deplorável.

おしゃぶり chupeta (f).

おしゃべり falatório (m), conversa (f). ~をするな〔禁止〕Não converse;〔注意〕Olha esse falatório …. 仕事をしながら~をしてはいけません Não conversem durante o serviço. ~な人 pessoa (f) tagarela.

おじゃま お邪魔 ⇨邪魔(じゃま).

おしゃれ ~な chique, elegante; vaidoso/sa. ~をする enfeitar-se, vestir-se esmeradamente. あなた、今日は~じゃないの Você está chique hoje, não?

おしょう 和尚 monge (m) principal (de templo budista).

おじょうさん お嬢さん ❶〔他人の娘〕sua filha (f). ~はお元気ですか Sua filha está bem? ❷〔呼びかけ〕senhorita (f). ~、こちらからどうぞ Senhorita, por aqui, por favor. ❸〔育ちのよい娘〕moça (f) mimada, menina (f) rica. 彼女は~育ちだ Ela é filhinha de papai.

おしょく 汚職 corrupção (f), suborno (m). ~する deixar-se subornar [corromper], sujar as mãos. ♦ 汚職官吏 funcionário/ria corrupto/ta. 汚職事件 caso (m)〔escândalo (m)〕de corrupção.

おしよせる 押し寄せる ❶ avançar [marchar] até. 津波が海岸の家々に押し寄せていた As ondas gigantes avançavam até as casas do litoral. ❷ atacar, invadir. 敵軍が押し寄せてくる O exército inimigo está avançando até nós. ❸ invadir, aparecer [vir] (em grande quantidade, em bando). 倒産すると債権者が会社に押し寄せてくる Quando uma firma vai à falência, os credores a invadem.

おしり お尻 nádegas (f), traseiro (m).

おしろい 白粉 pó-de-arroz (m).

おしんこ お新香 picles (mpl) japoneses.

*****おす 押す** ❶ empurrar〔エンプハール〕. ドアを~ empurrar a porta. 書類に印を~ carimbar o documento. ❷ assegurar-se〔アセグラール スィ〕, certificar-se〔セルチフィカール スィ〕. 念を~ confirmar. ❸ apertar〔アペルタール〕, pressionar; atacar. 玄関で呼び鈴を押してください Aperte ⌊a campainha na〔o botão da〕porta de entrada. 今味方のチームが押している Agora a nossa equipe está pressionando (o adversário).

おす 雄 macho (m).

オスカー 〔映〕Óscar (m), Prêmio (m) da Academia (de Artes e Ciências Cinematográficas de Los Angeles).

おすそわけ お裾分け ~する partilhar.

おすみつき お墨付き certificado (m) de garantia, visto (m) validando um documento. 会計士がその粉飾決算に~を与えていた疑いがある Há a suspeita de que o contador ⌊dava o visto no〔assinava o〕falso balanço.

オセアニア a Oceania (f),《ポ》Oceânia (f). ~の最大の国はオーストラリアだ O maior país da Oceania é a Austrália.

おせじ bajulação (f);《俗》badalação (f). ~を言う bajular; badalar. ~ばかりを言う人は嫌われてしまう Uma pessoa que só fica bajulando acaba sendo malquista.

おせっかい お節介 intromissão (f). ~な intrometido/da, metediço/ça. ~をする intrometer-se na vida alheia,《俗》meter o nariz onde não se é chamado.

オセロ 〔ゲーム〕otelo (m), reversi (m).

おせん 汚染 contaminação (f), poluição (f). ~する contaminar, poluir. ~された contaminado/da. 東京の空気はすごく~されている O ar de Tóquio está bastante poluído. ダイオキシンに~された作物 produtos (mpl) agrícolas contaminados com dioxina. 水銀に~は現代的問題だ A contaminação com mercúrio é um problema atual. ♦ 環境汚染 poluição do meio ambiente. 大気汚染 poluição do ar.

*****おそい 遅い** 〔時刻が〕tarde〔タールヂ〕;〔速力が〕lento/ta〔レント/タ〕. ~時間 altas horas (fpl) da noite. 遅く tarde; lentamente. 彼はいつも夜遅くまで起きている Ele sempre fica acordado até às altas horas da noite. 彼はいつも帰りが~ Ele sempre volta tarde. ここは春が来るのが~ Aqui a primavera vem tarde. その夫婦は子供ができるのが遅かった Esse casal teve filhos muito tardiamene. もう~のでそろそろ失礼いたします Como já é tarde, vamos nos despedindo. 進歩が~ progredir lentamente. 返事が~ levar tempo para responder. 分かりが~ ser lento/ta na compreensão. ~スピードで com velocidade reduzida. ¶ 遅くなる retardar, chegar mais tarde, atrasar-se;〔スピードが〕desacelerar, tornar-se menos rápido/da. 今日は会社に着くのが遅くなる Hoje vou chegar mais tarde no serviço.

*****おそう 襲う** 〔敵が〕atacar〔アタカール〕, assaltar〔アサウタール〕, agredir〔アグレヂール〕;〔天災などが〕surpreender〔スルプレンデール〕, vir〔ヴィール〕, cair〔カイール〕. 大噴火がその地方を襲った Uma grande erupção surpreendeu a região. 私は強盗に襲われた Fui assaltado/da (por um ladrão). 彼は盗むために老婆を襲った Ele agrediu uma velha para roubo. 死の恐怖に襲われる ser atacado/da [acometido/da] pelo medo da morte. 襲われた者 o/a assaltado/da.

おそかれはやかれ 遅かれ早かれ cedo ou tarde.

おそなえ お供え 〔行為〕oferenda (f). ～をする dar [fazer] uma oferenda. ♦お供え物 oferenda (f).

おそばん 遅番 〔午後の〕turno (m) da tarde; 〔夜の〕turno da noite. 私はきょう～なので Hoje eu trabalho no turno da tarde [noite].

おそらく talvez, provavelmente. ～あしたは雨でしょう Provavelmente vai chover amanhã./Talvez [É provável que] chova amanhã.

おそれ 恐れ ❶〔危険〕risco (m), perigo (m). 彼が仕事で失敗する～はない Não tem [há] perigo de ele falhar no trabalho. 台風が来る～がある Há eminência de vir um tufão. そうしたらあなたはその飛行機に乗り遅れてしまう～がある Assim você corre o risco [perigo] de perder o avião. ❷〔恐怖〕medo (m), temor (m). ～を知らぬアルピニスト alpinista intrépido/da [que não tem medo de nada]. 人々は戦争に対して～をいだいている O povo está com medo da guerra. ❸〔可能性〕probabilidade (f).

おそれいる 恐れ入る ser [ficar] grato/ta. 恐れ入りますがもう少し詰めていただけませんか Por favor, poderiam se apertar um pouco (para eu poder me sentar?) (num banco comprido, por exemplo). 恐れ入ります Muito obrigado/da.

おそれおおい 恐れ多い respeitável, digno/gna. ～人 pessoa (f) muito respeitável pela experiência de vida ou capacidade profissional. 恐れ多くも…なさる dignar-se a …. 口に出るも～ことながら… Atrevo-me a dizer com o mais profundo respeito que ….

おそれる 恐れる ter medo de, temer, ficar com receio de. …をひどく～ morrer de medo de …. 見つかるのを～ ficar com medo de ser descoberto/ta. 死を恐れない não temer a [ter medo da] morte. 恐れさせる amedrontar, meter medo a, aterrorizar. …を恐れて com medo de …. 私は商談の約束の時間に遅れはしないかと恐れた Eu fiquei com medo de chegar [de que chegasse] atrasado/da para a negociação. ～ものは何もない Não há nada a temer. ¶ 恐れながら… temendo parecer ousado/da, …. 恐れながら申し上げます… Tomo a liberdade de lhe dizer que ….

*__おそろしい__ 恐ろしい terrível [テヒーヴェウ], horrível [オヒーヴェウ], medonho/nha [メドーニョ/ニャ]. ～光景 uma cena horrível. ～罪を犯すcometer um crime abominável. ～ことを言う dizer horrores. ～目にあう passar por uma situação terrível. 自然を破壊することは～ことだ É horrível destruir a natureza./Destruir a natureza é um ato abominável.

おそわる 教わる aprender, estudar. ⇨習う.

オゾン ozônio (m). ♦オゾン層 camada (f) de ozônio, ozonosfera (f). オゾンホール buraco (m) da camada de ozônio.

おたがい お互い ～の mútuo/tua, recíproco/ca. ¶ ～様ですよ Não se preocupe, que provavelmente eu teria feito o mesmo. ⇨互い.

おたく お宅 ❶〔相手の家〕casa (f) 《do interlocutor》. ～の住所を教えていただけますか Poderia me dar o seu endereço? ～はどちらですか Onde (é que) o/a senhor/ra mora? ❷〔あなた〕você, tu. ～の名前は Qual é o nome do/da senhor/ra? ～の奥様 sua esposa. ～の娘さんはお元気ですか Como vai a filha do/da senhor/ra? ❸〔マニア〕fanático/ca, aficcionado/da, aquele que entende profundamente de um *hobby*. ♦アニメおたく aficcionado por "animê".

おだて 煽て bajulação (f), elogio (m),《卑》puxação (f) de saco. ～に乗る deixar-se levar por elogios, acreditar em bajulações. 課長はすぐ～に乗る Se elogiarem o chefe do departamento, ele faz tudo que lhe pedem.

おだてる 煽てる bajular, elogiar, lisonjear,《卑》puxar o saco de. 相手をおだてていいように使う elogiar o [puxar o saco do] outro e conseguir dele o que se quer.

おたふくかぜ おたふく風邪 〔医〕caxumba (f).

おだやか 穏やか ～な〔波や風が〕calmo/ma; 〔おとなしい〕quieto/ta, pacífico/ca; 〔気候が〕agradável, calmo/ma. ～な風 vento (m) doce [agradável]. ～な眠り sono (m) tranquilo. ～な批評 crítica (f) moderada. ～な生活を送る levar uma vida tranquila. ～になる ficar calmo/ma, acalmar-se. ～に calmamente, tranquilamente, com calma. ～に話す falar com calma. いつも～にしている conservar-se sempre calmo/ma. ～さ tranquilidade (f), serenidade (f). あなたが～な人で助かります Que bom que você é [seja] uma pessoa pacífica.

おち 落ち ❶〔手落ち〕omissão (f), deslize (m), falha (f), falta (f). リストに～がある Está faltando algo na lista./A lista não está completa. ❷〔結果〕resultado (m), desfecho (m). そんなことをしていたら失敗するのが～だ Se você continuar fazendo isso vai acabar errando [falhando]. ❸〔話のおもしろい結末〕moral (f) de uma história cômica, graça (f) (da piada). 大阪人はいつも相手の話の～を探している As pessoas de Osaka estão sempre procurando um sentido cômico na fala dos outros.

おちあう 落ち合う encontrar-se [juntar-se, reunir-se] com. 彼らは3時に会議室で～ことになっている Eles se comprometeram a se encontrar na sala de reunião às três horas.

おちいる 陥る ❶〔はまる〕cair em, ficar atolado/da em. ❷ ficar em estado crítico

おとうと

[perigoso]. 困難に～ ficar em apuros. 昏睡(こんすい)状態に～ entrar em coma, ficar em estado de coma. あの会社は財政困難に陥っていた Aquela companhia estava em crise financeira. ❸〔計略などに〕cair em. 罠(わな)に～ cair na armadilha.

おちかづき お近付き ～になる travar conhecimento. ～の印に como sinal do prazer de tê-lo/la conhecido.

おちこぼれ 落ちこぼれ aluno/na atrasado/da.

おちこぼれる 落ちこぼれる ficar atrasado/da nos estudos.

おちこむ 落ち込む 〔落ちる〕cair (em algum lugar), baixar; 〔精神的に〕deprimir-se, ficar [estar] deprimido/da; ficar [estar] numa fossa, ficar [estar] numa baixa. 私は落ち込んでいる Estou num baixo astral. 景気が落ち込んでいる A economia está em baixa. 地面が落ち込んだ O solo (se) afundou.

おちつき 落ち着き calma (f), serenidade (f), tranquilidade (f). ～を失う perder a calma. ～を取り戻す recobrar [recuperar] a calma. ～のない inquieto/ta, agitado/da. ～のある calmo/ma.

おちつく 落ち着く 〔静まる〕acalmar-se; 〔定住する〕instalar-se (em), fixar residência (em). 私たちはようやく新居に落ち着きました Até que enfim nós nos instalamos na nova casa. このカフェは落ち着かない Não me sinto à vontade neste café. 彼女は結婚して落ち着いた Ela se estabilizou, casando-se.

おちど 落ち度 falha (f), erro (m), descuido (m). カードの偽造と盗難に遭った預金者側に～があれば補償金額が減る Caso tenha havido descuido por parte do correntista vítima de clonagem e roubo de cartão, ele terá a indenização diminuída.

おちば 落ち葉 folhas (fpl) caídas.

おちぶれる 落ちぶれる decair, arruinar-se.

おちゃ お茶 chá (m). その件については～を飲みながら相談しましょう Quanto a esse caso, vamos conversar, tomando um chá. ¶ そんなことは～の子(さいさい)だ Isso é café pequeno 《sentido figurado》./Isso é bico. ⇨茶.

おちょうしもの お調子者 《口語》pessoa (f) sem personalidade [que se deixa levar pela opinião dos outros], 《俗》maria-vai-com-as-outras; pessoa (f) que logo entra na dança e gosta de folia.

おちょこ お猪口 tacinha (f) de saquê.

*＊**おちる 落ちる** 〔ほとりと〕cair [カイール]; 〔試験に〕cair, não passar, ser reprovado/da; 〔成績が〕cair, abaixar [アバイシャール]; 〔崩れ落ちる〕desabar [デザバール]; 〔洗って〕sair [サイール]. 私は階段から落ちて大けがをした Eu caí da escada e fiquei gravemente ferido. 今期は営業成績が落ちてしまった As nossas vendas caíram neste período agora. 洪水で古い橋が落ちた A ponte velha caiu com a inundação. あのレストランは味が落ちた Aquele restaurante decaiu [já não é tão gostoso como antes]. あの歌手は人気が落ちている Aquele cantor está perdendo a popularidade [decaindo]. 彼女は恋に落ちた Ela se apaixonou. この染みは洗えば落ちます Esta mancha sai, lavando.

おっくう 億劫 ～な que dá preguiça. 働くのが～です Estou com preguiça de trabalhar.

おつげ お告げ oráculo (m), revelação (f), mensagem (f) divina.

おっちょこちょい ～な frívolo/la, leviano/na, 《俗》avoado/da; que julga ou procede irrefletidamente, que logo entra na dança.

*＊**おっと 夫** marido (m) [マリード], esposo (m) [エスポーゾ].

おっぱい seio (f), peito (m), mama (f), teta (f).

おつり お釣り troco (m). はい～です Está aqui o troco./《俗》Olha o troco. 1万円で～がありますか Tem troco para dez mil ienes? 今～がないのですが... Estou sem troco agora.... ～は取っておいてください Fique com o troco, sim? ～をください Me dá [Dê-me] o troco, por favor.

おてあげ お手上げ ～である não haver mais recurso [não ter saída]. こうも原油が上がり続けると、もう～だ Não posso fazer mais nada se o preço do petróleo continua subindo desse jeito.

おてあらい お手洗い 〔洗面所〕lavabo (m); 〔トイレ〕banheiro (m), toalete (m), 《ポ》casa-de-banho (f), quarto-de-banho (m). ～をお借りしてもよろしいでしょうか Onde é [fica] o toalete [banheiro], por favor?

おでこ testa (f) 《coloquial》.

おてつだいさん お手伝いさん empregada (f) doméstica. ～がいる ter empregada doméstica. ～を雇う arranjar uma empregada doméstica.

おでん 〖料〗cozido (m) estilo japonês, com *kon'nyaku*, nabo, ovo cozido, polvo etc.

おてんば お転婆 menina (f) [garota (f)] sapeca [travessa, moleca]. ♦お転婆娘 menina moleca.

*＊**おと 音** som (m) [ソン]; 〔雑音〕barulho (m) [バルーリョ], ruído (m) [フイード]; 〔大きな音〕estrépito (m) [エストレッピト], estrondo (m) [エストロンド]. バイオリンの～が聞こえてきた Ouvi o som de um violino. エンジンの～がした Ouviu-se o barulho do motor. テレビの～がうるさい A televisão está muito barulhenta. テレビの～を下げてください Abaixe o volume da televisão, por favor. 彼は～を立てて食べる Ele come fazendo barulho. 彼は大きな～をたてて戸を閉めて行った Ele se foi batendo a porta com um estrondo.

おとうさん お父さん pai (m), papai (m).

*＊**おとうと 弟** irmão (m) mais novo [イルマォンマーイス ノーヴォ]. 末の～ caçula (m). 義理の～

cunhado(m). ♦弟分 subordinado(m).

おとおし お通し 【料】prato(m) pequeno que acompanha bebida alcoólica num bar.

おどおど ～する mostrar-se tímido/da [acanhado/da], ficar nervoso/sa [inseguro/ra]. ～した tímido/da, acanhado/da, titubeante. ～と timidamente, nervosamente.

おどかす 脅かす ameaçar, intimidar. ⇨脅(き)す.

おとぎばなし おとぎ話 história(f) da carochinha.

おどけもの brincalhão/lhona, palhaço/ça.

おどける fazer-se de bobo/ba, fazer palhaçadas. おどけた歩き方をする andar ∟comicamente [de um modo divertido].

***おとこ 男** homem(m) [オーメン]. ～らしい másculo. ～の約束 palavra(f) de homem. ～の友達 amigo(m) homem. ～狂い ninfomania(f). ～嫌いである ter aversão aos homens. ～同士で話す falar de homem para homem. 彼は～の中の～である Ele é um verdadeiro homem. 彼女は～みたいな女だ Ela parece homem./【俗】Ela é mulher macha. ¶～を立てる salvar a face. ～が立たない perder a face. ～を作る arranjar um amante.

おとこずき 男好き ～の女 mulher(f) que ∟gosta de [tem a mania de se meter com] homens. ～のする顔 rosto(m) de mulher que atrai homens.

おとこのこ 男の子 menino(m).

おどし 脅し ameaça(f), chantagem(f). 彼女は～がきかない人 Ela não se assusta com ameaças. ♦脅し文句 palavras(fpl) de ameaça.

おとしあな 落とし穴 armadilha(f), engano(m). …の～に落ちる cair na armadilha de ….

おとしだま お年玉 presente(m) (em geral em dinheiro) que se dá às crianças, no ano-novo.

おどしとる 脅し取る extorquir [roubar] com ameaças, adquirir com violência, tirar à força. 彼女は金を脅し取られた Ela foi ameaçada e roubada./Extorquiram∟-lhe o dinheiro [o dinheiro dela].

おとしもの 落とし物 objeto(m) perdido.

***おとす 落とす** ❶ deixar cair, derrubar [デルバール]. どこかで財布を落としてしまった Eu ∟derrubei [deixei cair] a minha carteira ∟em algum lugar [não sei onde]. ❷〔速度などを〕diminuir [ヂミヌイール]. スピードを～ diminuir a velocidade. テンポを落としてください Por favor, diminua o ritmo (da música). ❸〔品質などを〕baixar [バイシャール], perder [ペルデール]. …の質を～ baixar a qualidade de …. このことで彼は品格を落としました Com isso ele perdeu a própria dignidade. ❹〔除去する〕tirar [チラール]. この汚れを落としてください Tire esta sujeira daqui, por favor./Limpe aqui, por favor.

❺〔取りそこなう〕falhar [ファリャール], perder, não conseguir. 単位を～ não conseguir os créditos. ボールを～ perder a bola. ❻〔落第させる〕reprovar [ヘプロヴァール]. 私は多くの学生を落とします Eu reprovo muitos estudantes. ❼〔攻め取る〕tomar [トマール], subjugar [スビジュガール]. 城を～ tomar [subjugar] um castelo. ❽〔失う〕perder. 命を～ morrer [perder a vida]. ❾〔落札する〕arrematar [アヘマタール]. 競りで有名人の絵を～ arrematar [comprar] o quadro de um artista famoso em leilão. ❿〔さげをつける〕dar um final humorístico. 彼は話の最後で～のが上手い Ele é bom em arrematar histórias com um final engraçado. ⓫〔入れる〕【料】pôr na comida. カレーに生卵を～ pôr um ovo cru no *curry*. ⓬〔相手を従わせる〕dobrar [ドブラール], fazer concordar. 卸売り業者は最後に店主を落として商品を売り込んだ O atacadista por fim convenceu o dono da loja a vender seu produto. ⓭〔だます〕enganar [エンガナール], fazer cair (na armadilha, em um truque). 人を無実の罪に～ fazer uma pessoa se passar por culpada. ⓮〔必要なものを抜かす〕esquecer [エスケセール], omitir [オミチール]. 言い～ esquecer de falar. ⓯〔金を使う〕deixar [デイシャール], gastar [ガスタール]. 観光客はいつもたくさんのお金をこの町に落としていく Os turistas sempre deixam muito dinheiro nesta cidade. ⓰〔控除する〕deduzir [デドゥズィール], pagar [パガール]. 交通費を個人経費で～ deduzir do orçamento para gastos pessoais as despesas com o transporte. ⓱『ユンゲ』copiar [コピアール]. 企画書を USB メモリーに～ copiar o plano no *pendrive*.

おどす 脅す ameaçar, intimidar, amedrontar; 〔脅迫する〕fazer chantagem contra. 彼はナイフで殺すぞと私を脅した Ele ameaçou matar-me com a faca. 麻薬業者は子供たちを脅して盗みをさせている Os traficantes de droga obrigam as crianças a cometer roubos ∟através de [sob] ameaças.

おとずれ 訪れ vinda(f), chegada(f) (em geral de coisa agradável). 春の～ chegada [vinda] da primavera.

おとずれる 訪れる 〔訪問する〕visitar; 〔やってくる〕vir, chegar. 先生の自宅を～ visitar o professor em sua casa. パリを～ ir a [visitar] Paris. 秋が～とこの山は真っ赤になります Quando chega o outono esta montanha fica completamente vermelha [avermelhada].

おととい 一昨日 anteontem, antes de ontem.

おととし 一昨年 dois anos atrás, há dois anos.

***おとな 大人** adulto/ta [アドゥールト/タ]. ～の adulto/ta. ～の考え方 ideia(f) adulta. 入場料は～ 700 円です O preço da entrada é de setecentos ienes para os adultos. ～3枚ください Três adultos, por favor. ～になる tornar-se adulto/ta, atingir a maioridade. 〜になったら何になりたい O que você quer ser quando for adulto/ta?

おとなげない 大人気ない imaturo/ra, pueril, infantil. あなたのしたことは〜ふるまいだった O que você fez mostrou falta de maturidade [não é atitude de um/uma adulto/ta].

おとなしい 〔穏やかな〕quieto/ta, calmo/ma; 〔人間が〕dócil; 〔馬などが〕manso/sa; 〔性格など〕pacífico/ca; 〔色〕suave, sóbrio/bria, discreto/ta. 私の彼女はおとなしくて親切です A minha namorada é quieta e boazinha. この犬は〜 Este cão é manso. ¶ おとなしく引き下がる retirar-se sem criar caso. おとなしくしていなさい Fique quieto/ta!

おとめざ 乙女座 〖星座〗(signo (m) de) virgem (f).

おとり 囮 chamariz (m), isca (f), armadilha (f). 〜の鮎 truta (f) para isca. ミミズを〜に使う usar uma minhoca como isca. ◆ 囮商品 carro-chefe (m). 囮捜査 investigação (f) com artifício (para prender um criminoso).

おどり 踊り dança (f); bailado (m). 彼女は〜がうまい Ela dança bem.

おどりば 踊り場 〔階段の〕patamar (m) (da escada).

おとる 劣る ser inferior a, ser pior do que. これはあれより質が劣りますか Isto aqui é inferior àquilo? 私はバイオリンでは彼に劣らない Eu toco violino tão bem quanto ele./Eu sou tão bom/boa no violino quanto ele. ゴルフにかけては誰にも劣らない Em matéria de golfe, não fico atrás de ninguém.

おどる 踊る dançar. 私と踊ってくれませんか Não quer dançar comigo?/Vamos dançar?

おどる 躍る palpitar. うれしさに胸が躍った Meu coração palpitou de alegria.

おとろえる 衰える 〔衰退〕decair, declinar; 〔体力など〕enfraquecer; 〔嵐など〕diminuir. 午後には台風はだんだん衰えてくるでしょう Acho que na parte da tarde o tufão vai começar a diminuir pouco a pouco. あなたは最近視力が衰えていませんか A sua vista não está ficando fraca esses dias?

おどろき 驚き 〔びっくり〕susto (m); 〔驚嘆〕admiração (f), surpresa (f). あなたがこの作品を3か月で作ったなんて〜だね Que admirável que você tenha feito esta obra em três meses!

*__おどろく 驚く__ 〔予期しないことで〕assustar-se [アスステァル スイ], ficar [estar] surpreso/sa, levar [tomar] um susto; 〔驚嘆する〕ficar [estar] admirado/da, ficar [estar] maravilhado/da. 驚かす assustar, surpreender, admirar. 〜べき surpreendente, assustador/ra, admirável. 驚いたことには para a minha (nossa) surpresa .... 驚いて assustando-se. 驚いて逃げる fugir assustado/da. 驚いてものが言えない perder a fala [voz] de tanto susto. 私は父の突然の来日を聞いて驚いた Fiquei surpreso/sa ao saber que o meu pai viria assim, de repente, ao Japão. 私は熊に出会ってとても驚いた Fiquei apavorado/da ao ver um urso na minha frente. 子供たちは何に驚いているのですか Com o que é que as crianças estão assustadas?

*__おないどし 同い年__ 我々は〜です Nós temos a mesma idade.

おなか お腹 barriga (f). 〜が痛い Estou com cólica./《俗》Estou com dor de barriga. 子供たちが〜を空かして学校から帰ってくる Os filhos vão voltar da escola com fome. 〜が空いたでしょう、給食にしましょう Estão com fome, não é? Pois vamos à merenda!

*__おなじ 同じ__ 〔同一の〕mesmo/ma [メーズモ/マ]; 〔等しい〕igual [イグーアル]; 〔同価値の〕equivalente [エキヴァレンチ]; 〔共通の〕comum [コムン]; 〔類似の〕semelhante [セメリャンテ]. 〜国の人 conterrâneo/nea, compatriota. 〜間隔で a intervalos iguais. 〜く da mesma maneira, igualmente. 〜くらい tanto quanto. 彼は私と〜くらいの収入ですか Ele ganha tanto quanto eu? 私は彼と趣味が〜である Eu tenho o mesmo gosto que ele. それらの面積は〜だ Eles têm a mesma superfície./A superfície deles é igual. それは結局〜ことだ Isso, no fim, dá ∟no mesmo [na mesma]. 仕事は終わったも〜だ O serviço está praticamente terminado. …と意見を〜くする ter a [ser da] mesma opinião que …. 〜ような家 casas (fpl) parecidas [semelhantes]. 私と〜ようにやってください Faça como eu. 私も彼女と〜ように臆病だ Sou tão medroso/sa quanto ela.

オナニー onanismo (m), masturbação (f).

おなら flatulência (f), ventosidade (f), gases (fpl). 〜をする soltar gases; 《俗》peidar.

おに 鬼 figura (f) demoníaca, ogre (m); diabo (m), demônio (m). 仕事の〜 escravo (m) do trabalho. ¶ 〜は外福は内 Fora os diabos e para dentro a sorte!《palavras de esconjuro pronunciadas no dia 3 de fevereiro》.

おにごっこ 鬼ごっこ pega-pega (m); 〔目隠し鬼〕cabra-cega (f).

おねがい お願い pedido (m). …に〜をする pedir um favor a …. あなたに〜があります Por favor, tenho um pedido a lhe fazer. 山田さんを〜します Por favor, poderia falar com o senhor Yamada? 《ao telefone》.「あの箱をここに持ってきましょうか」「はい、〜します」Quer que eu traga aquela caixa aqui? —Sim, por favor. ⇨願い.

おねじ 雄ねじ parafuso (m).

おねしょ enurese (f). 〜をする fazer xixi na cama, urinar na cama.

おの 斧 machado (m). 〜で薪を割る rachar a lenha com machado.

おのおの 各々 (de) cada um/uma. あなたた

おのずと 自ずと automaticamente, sem querer. 自然に興味を持てば～人間関係の苦しみは消えていく Se uma pessoa se interessa pela natureza, ela vai sem querer se livrando dos problemas dos relacionamentos humanos.

オノマトペ onomatopeia (*f*).

おば 伯[叔]母 tia (*f*), titia (*f*). ～さんはお元気ですか A sua tia vai bem? 《「おばさん」não corresponde a "senhora" e pode ser depreciativo quando não tem o sentido de "tia"》⇨おじ.

おばあさん 〔祖母〕avó (*f*);《幼》vovó (*f*);〔老人〕velha (*f*), velhinha (*f*), anciã (*f*).

おばけ お化け fantasma (*m*). あの墓地には～が出るといううわさですが... Dizem que naquele cemitério sai [tem] fantasma ....

おばな 雄花 〔植〕flor (*f*) ⌊estaminada [masculina, com estames].

おはよう お早う Bom dia!

おはらい お祓い ritual (*m*) xintoísta para benzer. ～を受ける ser benzido/da. ～する benzer, realizar uma cerimônia de purificação.

おび 帯 〔服〕faixa (*f*) larga《de quimono, que faz o papel de cinto》. ♦帯芯 estaminela (*f*) do *obi*. 帯ひも fita (*f*) que se amarra sobre o *obi*. 黒帯 faixa (*f*) preta. 白帯 faixa branca.

おびえる 怯える ficar com medo (de), intimidar-se (com). 怯えさせる amedrontar, intimidar, pôr medo em. 怯えた amedrontado/da, intimidado/da.

おびきよせる 誘き寄せる atrair com artimanha. おとりで小鳥を～ atrair o passarinho com isca. 敵を～ atrair o inimigo com um presente de grego.

おひたし お浸し 〔料〕legume (*m*) cozido e demolhado em molho de soja, vinagre, etc. その白菜を～にしてください Cozinhe essa acelga em água fervente, retire e escorra numa peneira, colocando depois em molho de soja e vinagre.

おびただしい 夥しい numeroso/sa, abundante. ～損害を被る ter prejuízos consideráveis [incalculáveis]. ～出血 hemorragia (*f*) abundante. おびただしく consideravelmente, abundantemente.

おひつ お櫃 vasilha (*f*) para levar o arroz cozido à mesa.

おひつじざ 牡羊座 〔星座〕(signo (*m*) de) áries (*f*) [carneiro (*m*)].

おひとよし お人好し bonachão/chona, bonzinho/boazinha.

おひや お冷 ❶〔水〕água (*f*) fria [fresca]. ～を一杯ください Dê-me um copo de água fria, por favor. ❷〔飯〕arroz (*m*) cozido e frio.

おびやかす 脅かす ❶〔脅迫する〕ameaçar, pôr em perigo, ser uma ameaça para. 核兵器は世界の平和を～ As armas nucleares ameaçam a paz mundial. 密漁は漁の将来を脅かしている A pesca clandestina está pondo em perigo o futuro da pesca legal. ❷〔こわがらせる〕intimidar, atemorizar, fazer medo em. ～こと ameaça (*f*); intimidação (*f*).

おびる 帯びる ❶〔引き受ける〕encarregar-se de, revestir-se de. 任務を～ encarregar-se de uma missão. ❷〔ある性質・感じをもつ〕ter, estar com, impregnar-se de, imbuir-se de, ficar imbuído/da de. 丸みを帯びた花瓶 vaso (*m*) arredondado. 彼は酒気を帯びていた Ele estava embriagado. ❸〔身につける〕levar (consigo), ir com. 剣を～ levar a espada à cintura, portar a espada.

おひれ 尾鰭 ❶ cauda (*f*) e barbatanas (*fpl*). ❷《比》floreios (*mpl*), acréscimo (*m*) supérfluo. ～のついた história (*f*) ⌊exagerada [cheia de floreios].

おびれ 尾鰭 barbatana (*f*) caudal.

オフ desligado/da. ラジオを～にしてくれますか Você pode desligar o rádio para mim, por favor?

オファー oferta (*f*), proposta (*f*). ～する fazer uma oferta [proposta].

オフィシャル ～な oficial, público/ca. ♦オフィシャルゲーム jogo (*m*) oficial.

オフィス escritório (*m*). ♦オフィスアワー horário (*m*) de funcionamento, expediente (*m*). オフィスオートメーション automatização (*f*) de escritório. オフィス街 zona (*f*) de escritórios, área (*f*) empresarial《de uma cidade》.

オフェンス 〔スポーツ〕ataque (*m*).

おふくろ お袋 (própria) mãe (*f*). ～の味 sabor (*m*) ⌊caseiro [da comida da própria mãe]. ～さん元気ですか Sua mãe está bem?《cumprimento coloquial entre homens》

オブザーバー (aquele/la que participa de algo somente como) observador/ra.

オフサイド 〔サッカー〕impedimento (*m*). 審判は～の判定で重大なミスを犯した O árbitro cometeu um grande erro na marcação do impedimento.

オブジェ 〔美〕objeto (*m*) de arte.

オプション opção (*f*). それは～です Isso é opcional. ♦オプション取引市場 mercado (*m*) de opções.

オフセット ♦オフセット印刷 impressão (*f*) *offset*.

おぶつ 汚物 excrementos (*mpl*).

オフライン 〔コンピ〕fora da linha. ♦オフラインシステム sistema (*m*) de processamento de informação desconectado à Internet.

オフレコ ～で *em off*, para informação parti-

cular.
おべっか bajulação (f);《俗》badalação (f). ~を使う bajular;《俗》badalar. ♦おべっか使い bajulador/ra, badalador/ra,《卑》puxa-saco.
オペラ ópera. ♦オペラ歌手 cantor/ra de ópera. オペラグラス binóculo (m) de teatro. オペラ座 (teatro (m) de ópera.
オペレーター operador/ra, telefonista.
おぼえ 覚え ❶〔記憶〕memória (f). ❷〔学習〕aprendizagem (f). 彼は~がいい Ele tem boa memória./Ele aprende bem as coisas.
おぼえがき 覚え書き ❶〔短信〕bilhete (m). ~を部下に送る enviar um bilhete para o subalterno. ❷〔外交文書〕memorando (m). 大使は大統領に~を送った O embaixador enviou [mandou] um memorando ao presidente do país. ❸〔メモ〕anotação (f). ~をする fazer uma anotação, tomar nota.
おぼえている 覚えている estar lembrado/da de, lembrar(-se de), saber de cor. B社の電話番号を覚えていますか Você sabe de cor o número do telefone da companhia B? 君は書類をどこに忘れてきたか覚えてますか Você se lembra onde deixou ∟a papelada [os documentos]? 一緒に箱根に行った時のことを覚えていますか Você se lembra de quando fomos juntos a Hakone? 彼らに会議で何度か会ったのを~ Lembro-me de ter-me encontrado com eles algumas vezes nas reuniões. ~限りでは até onde vai a minha memória, pelo que me lembro.
*****おぼえる 覚える** ❶〔習得する〕aprender [アプレンデール]. 私はポルトガル語を覚えようとしています Acho que vou aprender português. 仕事を早く~といいですね Seria bom ∟você aprender [que você aprendesse] logo o serviço, não? ❷〔暗記する〕aprender de cor, memorizar [メモリザール]. このリストを覚えておいてください Por favor, memorize esta lista aqui. ❸〔感じる〕sentir [センチール]. 痛みを~ sentir uma dor. 疲労を~ sentir cansaço, sentir-se cansado/da.
おぼつかない 覚束ない inseguro/ra, vacilante. ~足取りで com passos vacilantes [inseguros]. ~ポルトガル語で com um português vacilante [inseguro].
おぼれる ❶ afogar-se 私がおぼれかかっているのを救ってくれたのはあなたですか Foi você que me salvou quando eu estava quase me afogando? ❷〔耽(ふけ)る〕viciar-se. 彼の父は酒におぼれて一生をだめにした O pai dele se viciou na bebida e estragou a vida.
おぼん お盆 ❶〔トレイ〕bandeja (f). ❷〖宗〗festa (f) dos antepassados.
オマージュ homenagem (f). 無名な芸術家への~ homenagem a artistas ∟desconhecidos [sem nome]. 亡き恩師への~ homenagem ao professor falecido.
オマーン Omã (m). ~の omani.

おまいり お参り visita (f) ao templo. お寺に~をする visitar um templo (budista). 明日神社に~しましょう Vamos amanhã ao santuário xintoísta.
おまえ お前 você《modo de chamar uma pessoa íntima ou de hierarquia inferior》.
おまけ ❶〔値引き〕desconto (m), abatimento (m). 10%~しておきます Vou lhe dar um desconto de 10% [dez por cento]. ❷〔付録・景品〕prêmio (m), suplemento (m). このチョコレートには~が付いている Estes chocolates trazem um prêmio. お店の人は~に飴(あめ)をくれた A lojista me deu uma bala de presente. これは~です Isto é cortesia da casa.
おまけに ainda por cima, além disso.
おまもり お守り amuleto (m).
おまる 〔便器〕penico (m), urinol (m).
おまわりさん お巡りさん policial, guarda.
おむつ fralda (f). ~をしている usar fralda. ~を取り替える trocar a fralda. ♦おむつカバー calcinha (f) de plástico para cobrir a fralda. おむつかぶれ assadura (f) de fralda. 紙おむつ fralda descartável.
オムニバス compilação (f) de trabalhos《em televisão, cinema, teatro etc》sobre um mesmo tema.
オムライス 〖料〗omelete (f) com recheio de arroz.
オムレツ omelete (f).
オメガ ômega (m), fim (m), Ω, ω. ♦オメガ航法 sistema (m) de navegação ÔMEGA.
おめかし ~する enfeitar-se, vestir-se bem;〔軽蔑的〕emperiquitar-se, empetecar-se. ⇨おしゃれ.
おめでた ❶ acontecimento (m) feliz. ❷ gravidez (f). ~ですよ Você está grávida, viu? Parabéns.
おめでとう Parabéns!/Felicidades! クリスマス~ Feliz Natal! 新年~ Feliz Ano-Novo!/Boas Entradas! お誕生日~ Parabéns pelo aniversário./Feliz Aniversário!
おもい 思い ❶〔考え〕pensamento (m), ideia (f), reflexão (f), meditação (f). ~にふける meditar, refletir, ponderar. 不安な~である estar inquieto/ta, ter ansiedade. ❷〔経験〕experiência (f). こわい~をする experimentar um grande medo. 恥ずかしい~をする passar vergonha. 嫌な~をする passar por uma situação constrangedora, ter uma experiência desagradável. やっとの~でここまで来た Vim até aqui às custas de um grande esforço. ❸〔愛情〕amor (m), afeição (f). …に~を寄せる afeiçoar-se a …, amar …, entusiasmar-se por …. …に~を打ち明ける declarar o amor a …. 彼は母親~だ Ele pensa muito na mãe./Ele é muito bom para a mãe dele. ❹〔期待, 願望〕desejo (m), expectativa (f). …の~をかなえる realizar o desejo de …. ~もよらない出来事 acontecimen-

おもい

to (m) inesperado.

おもい 重い pesado/da [ペザード/ダ]; [重大な] grave [グラーヴィ]. この箱は～ですよ Esta caixa está [é] pesada, viu? 彼の病気はそんなに～のですか A doença dele é tão grave assim? 重くなる 1) [重量] ficar pesado/da. 2) [責任] aumentar. 私の責任が重くなった Minha responsabilidade aumentou. 3) [法] [罪] agravar-se. 4) [病気] piorar, ficar pior. 彼の肝炎は重くなってしまった A hepatite dele piorou. …を重くする fazer … ficar mais pesado/da, pôr peso em …; [より重大にする] agravar; [悪化させる] fazer piorar. 事態を重くみる considerar séria a situação. 人を重くみる considerar uma pessoa (como capacitada), respeitar uma pessoa. ¶ 〜足取り passos (mpl) pesados [lentos]. 口が～ ser taciturno/na, falar pouco. 気が重くなる ficar preocupado/da. 私には鰻(うなぎ)はちょっと～ A enguia é um pouco pesada para mim.

おもいあがる 思い上がる ficar orgulhoso/sa [convencido/da].

おもいあたる 思い当たる lembrar-se de, ter ideia de, ocorrer (na memória).

おもいおもい 思い思い 〜の livre, que está de acordo com a própria vontade. みんなそれぞれ～のことを言っていた Cada um falava o que queria. 〜に [各自のやり方で] cada qual à sua maneira; [別々に] separadamente, cada qual para o seu lado. パーティーが終わったらみんな～に帰っていった Quando a festa terminou, todos se foram, cada um para o seu lado.

おもいがけない 思いがけない inesperado/da, imprevisto/ta. 思いがけなく inesperadamente, de repente. 〜ことが起こった Aconteceu um imprevisto.

おもいきって 思い切って com coragem; com todas as forças, decididamente.

おもいきり 思い切り ❶ [あきらめ] resignação (f); [決断] decisão (f). 彼は～が悪いですね Ele custa para desistir das coisas, não?/Ele não se resigna facilmente, não? ❷ [思う存分] 〜安く売る vender o mais barato possível.

おもいこむ 思い込む estar [ficar] convencido/da de …, estar crente [certo/ta] de que …. 彼は西洋文化のほうが勝れていると思い込んでいる Ele está crente (de) que a cultura ocidental é superior (à oriental). 私はこの治療は効くと思い込んでいた Eu estava certo/ta de que este tratamento ia fazer efeito.

おもいしる 思い知る perceber, conhecer, dar-se conta de, sentir profundamente. 自然災害を前にして人間の無力さを～ dar-se conta da incapacidade humana diante de acidentes naturais. 《口語》思い知ったか、このほら吹きめが Conheceu [Percebeu], seu papudo?!

おもいすごす 思い過ごす imaginar demais. それは私の思い過ごしだった Isso era apenas [não passava de] imaginações minhas.

おもいだす 思い出す lembrar-se de …, recordar-se de …. 私はその歌を聴くと戦争を～ Quando ouço essa música, lembro-me do tempo da guerra. 失礼ですがお名前を思い出せないのですが... Desculpe, mas não consigo me lembrar do seu nome .... …を思い出させる fazer lembrar, lembrar. AにBを思い出させる remeter A a B, fazer A lembrar-se de B. この博物館の中で一番昔を思い出させる空間は、この部屋です O espaço que mais remete aos tempos antigos neste museu é esta sala./O espaço que mais lembra [faz (a gente) lembrar] os tempos antigos é esta sala.

おもいちがい 思い違い engano (m). 〜をする enganar-se. それは君の～ではありませんか Será que você não está enganado/da?

おもいつく 思いつく ter ideia de … de repente, ocorrer, passar pela cabeça. だれがその計画を思いついたのですか Quem teve a ideia desse plano? いいアイディアを思いついた Agora me ocorreu uma boa ideia. そんなことは思いつきもしなかった Isso nem passou pela minha cabeça.

おもいつめる 思い詰める ❶ cismar, pensar insistentemente em, ruminar. あまり思いつめないように... Não fique cismando ..../Não esquenta! ❷ meter na cabeça. 彼は思いつめて真夜中に彼女に会いに行ってしまった Ele cismou de ver [meteu na cabeça que tinha que ver] a namorada no meio da noite e foi.

おもいで 思い出 recordação (f), lembrança (f). この旅は私にとって良いへになるでしょう Acho que guardarei uma boa lembrança desta viagem. …の〜に como lembrança de …. 〜話をする falar do passado.

おもいどおり 思い通り 〜の [満足のいく] satisfatório/ria; [望みどおりの] desejado/da. 彼は〜の結果が得られた Ele obteve o resultado que queria. 〜に 1) como desejado/da, como se esperava, satisfatoriamente. 全ては～に行った Tudo correu como se esperava. 2) como bem entende. 彼は会社を自分の～にしている Ele administra a companhia como bem entende. 〜に生きる [自分のポリシーに従って] viver convictamente [segundo a própria filosofia de vida]; [わがままである] ser voluntarioso/sa.

おもいとどまる 思いとどまる renunciar à ideia de, desistir de, abandonar a ideia de. 思いとどまらせる dissuadir, fazer desistir, fazer abandonar a ideia de. 私は彼が彼女と結婚するのを思いとどまらせた Eu o fiz desistir de casar-se com ela.

おもいなおす 思い直す ❶ [再考] reconside-

おもいのこす　思い残す　deixar algo por fazer, ter algo de que se arrepender. 何も～ことはない Não tenho nada a me arrepender (pois fiz tudo o que devia fazer).

おもいもよらない　思いも寄らない　inesperado/da, não imaginado/da, surpreendente. 彼が負けるとは思いも寄らなかった Nunca imaginaria que ele fosse perder./Quem iria imaginar que ele fosse perder! 今日ここに来てくれるなんて思いも寄らなかった Nem pensei [Nem passou pela minha cabeça] que você viesse hoje. 今日ここでお会いするとは～ことでしたね Que suspresa encontrá-lo/la aqui hoje!

おもいやり　思いやり　piedade (f), generosidade (f), consideração (f). ～のある generoso/sa, piedoso/sa, humano/na, que tem muita consideração com os mais fracos. 彼は部下に対して～があまりないですね Ele não tem muita consideração com os subalternos, não?

*****おもう　思う**　❶ pensar [ペンサール], achar [アシャール], considerar [コンスィデラール], acreditar [アクレディタール], julgar [ジュウガール]. …だと～ achar [pensar, acreditar, julgar, calcular] que …. その服はきれいだと～ Acho esse vestido bonito./Acho que esse vestido é bonito. それは恥ずかしいことだと思った Achei isso ∟vergonhoso [uma vergonha]. それが正しいと～ Acredito que isso está certo. きょうは雨が降ると思います Acho que hoje vai chover. この計画についてどう思いますか O que você acha desse plano? 彼には名古屋で会えると思っています Eu calculo que vou poder me encontrar com ele em Nagoya. 西洋ではあまり黙っているとばかだと思われる No ocidente, uma pessoa muito calada é considerada boba. 私は…と思われた Pensaram que eu era [fosse] …. ❷〔…のことを思う〕pensar em …, lembrar-se de …. 夏を思わせる暖かさ um calor que faz ∟lembrar o [pensar no] verão. 今日はあなたのことを思っていた Hoje estava ∟pensando em [me lembrando de] você. そのことを～と頭が痛くなる Eu fico com dor de cabeça quando ∟penso nisso [me lembro disso]. ❸〔…のためを思う〕pensar fazer o bem para. 私はあなたのためを思って厳しいことを言ったのです Eu fui severo/ra com você pensando no seu bem. ❹〔…しようと思う〕pensar em, tencionar [テンスィオナール], ter [estar com] a intenção de, ter planos de. この夏休みは箱根に1週間滞在しようと思います Estou pensando em [Estou querendo] ir a Hakone por uma semana, nestas férias de verão. 週刊誌を買おうと思っていたけれども買えなかった Eu ∟pensava em [ia] comprar uma revista semanal, mas não deu (para comprar). ❺〔…だといいと思う〕esperar [エスペラール]. あした快晴だといいと～ Espero que amanhã faça ∟sol [um tempo bom]. ❻〔好ましくないことを予測して〕estar com medo [receio] de que. あしたは雨が降るのではないかと思います Estou com medo de que chova amanhã. ❼〔…かしらと思う〕ficar [estar] com dúvida se, duvidar se. 私はほんとうに日本にいたのだろうかと思った Eu fiquei com dúvida se eu quero realmente ficar no Japão (ou não). ❽〔望む〕desejar [デゼジャール], querer [ケレール]. 何事も～ようには行かない As coisas nunca acontecem da maneira como se deseja.

おもうぞんぶん　思う存分　até não poder mais, à farta. ～泣く chorar até não poder mais. ブラジルの肉を～食べたい Quero comer carne brasileira até dizer chega.

おもうつぼ　思う壺　armadilha (f), cilada (f), resultado (m) desejado (por outrem). 敵の～にはまる cair como um patinho na cilada do inimigo.

おもかげ　面影　❶ semelhança (f), sinal (m). 彼女には昔の～がある Ela está bastante mudada. あなたには叔父様の～がありますね Você ∟é parecido/da com [faz lembrar] o senhor seu tio, não é mesmo? ❷〔跡〕vestígios (mpl), traços (mpl). オウロプレットの町にはブラジルの植民地時代の～がある Em Ouro Preto, vemos vestígios do Brasil colonial.

おもかじ　面舵　～を取る virar o leme para a direita, virar o estibordo.

おもさ　重さ　peso (m);〔重要性〕importância (f), gravidade (f). 病気の～ gravidade de uma doença. 責任の～を感じる sentir o peso da responsabilidade. この小包の～は3キロです Este pacote pesa três quilos./O peso deste pacote é de três quilos. この鶏の～はどのくらいですか Quanto pesa esta galinha?/Qual é o peso desta galinha? …の～を計る pesar.

おもし　重石　peso (m), coisa (f) pesada. 漬物に～をする colocar um peso sobre os legumes de conserva.

*****おもしろい　面白い**　〔興味深い〕interessante [インテレサンチ], atraente [アトラエンチ];〔こっけいな〕divertido/da [デヅェルチード/ダ], cômico/ca [コーミコ/カ]. 彼の話は～ですか Você acha interessante o que ele fala? あの落語はおもしろかった Aquele conto cômico estava muito divertido. あの映画は全然おもしろくなかった Aquele filme ∟não estava nada interessante [《俗》estava chatíssimo]. 彼女はいつも～かっこうをしている O modo de ela se vestir é engraçado. 話をおもしろく聞く ouvir com interesse o que o outro fala. おもしろおかしく comicamente, de maneira divertida. 彼女はおもしろくない顔をした Ela se mostrou descontente./《俗》Ela fez uma cara de quem comeu e não

おもしろがる 面白がる　divertir-se, recrear-se, achar graça. おもしろがらせる distrair, entreter, divertir. 病院の患者は落語を聞いておもしろがっていた Os pacientes do hospital se divertiam ouvindo contos cômicos japoneses.

おもしろはんぶん 面白半分　～に em parte por brincadeira, meio brincando (meio a sério). ～に言う falar por brincadeira.

おもしろみ 面白み　encanto (m), interesse (m), graça (f). ～のある encantador/ra, interessante, gracioso/sa. ～のない uma pessoa ˻sem graça [pouco interessante, insípida]. 歌舞伎の～はどういうところにあるのでしょうか Onde estaria [Poderia me explicar onde está] o interesse do cabúqui?

おもちゃ brinquedo (m). ～の電車 trem (m) de brinquedo. ♦おもちゃ屋 loja (f) de brinquedos.

***おもて** 表　[外] lado (m) de fora; [布などの] lado direito; [正面] fachada (f) [ファシャーダ]; [うわべ] o exterior, as aparências; [戸外] fora [フォーラ]. ～に車が停まった Parou um carro lá fora. ～に出る sair para fora. コインの～cara (f) [anverso (m)] da moeda. 日本人はあまり気持ちを～に出さない Os japoneses não exteriorizam muito os sentimentos. ～で遊びなさい Vai [Vão] brincar lá fora. ♦表玄関 entrada (f) principal.

おもな 主な　principal. これが私の解雇の～理由ですか É ˻esta a razão [este o motivo] principal da minha demissão?

おもに 主に　principalmente; [たいてい] geralmente, na maioria das vezes; [大部分は] em sua maioria. 会食者たちは～中国人だった Os convivas eram, em sua maioria, chineses. あの地方は～トウモロコシを生産している Aquela região produz principalmente o milho.

おもに 重荷　carga (f), peso (m), fardo (m). ～を背負う carregar um peso nas costas; ficar encarregado/da de uma grande responsabilidade. ～をおろす livrar-se de uma carga pesada; livrar-se do peso da responsabilidade. 良心の～をおろす desencarregar a consciêcia.

おもみ 重み　[重さ] peso (m); [威厳] dignidade (f). 雪の～で com o peso da neve. ～のある grave, digno/na. ～のある論拠 argumento (m) de peso. 伝統の～ peso da tradição.

おもむき 趣　❶[風情] charme (m), bom gosto (m), elegância (f), atração (f), glamour (m) [グラモール]. エキゾチックな～のある寺 templo (m) de gosto exótico. ❷[様子] aspecto (m), feição (f), ar (m). 南仏の～が漂っている町 cidade (f) com aspectos do sul da França. ❸[趣旨] teor (m) (do discurso), conteúdo (m) (da mensagem).

おもむく 赴く　❶[行く] ir [partir] para. 任地に～ partir para o local do seu posto. ❷[向かう] 病気が快方に赴いている A doença está melhorando.

おもり 重り　chumbada (f) (de pesca).

おもわく 思惑　❶[考え] intenção (f), cálculo (m). といった～をにじませた Deixou transparecer tal intenção nas entrelinhas. ～違いだった Errei nos cálculos. 全ては～どおりにいった Tudo aconteceu conforme calculado [previsto]. ❷[評判] opinião (f) dos outros. 世間の～を気にする ˻ficar preocupado/da [importar-se] com a opinião alheia. ❸[投機] cálculo, especulação (f). 株価の～ cálculo especulativo das ações.

おもわず 思わず　sem querer. 私は～笑ってしまった Eu acabei rindo sem querer.

おもわせぶり 思わせぶり　～な insinuante, sugestivo/va. ～な態度 atitude (f) sugestiva. …に～をする sugerir [insinuar] algo a …, ficar insinuando sem falar francamente a …; dar falsas esperanças a ….

おもんじる 重んじる　respeitar, considerar, dar importância a. 人命を～ respeitar a vida humana. …を重んじない não respeitar …, fazer pouco caso de …. 富よりも愛を～ dar mais importância ao amor do que à riqueza.

***おや** 親　progenitor/ra [プロジェニトール/ラ]; [父] pai (m) [パイ]; [母] mãe (f) [マンイ]; [両親] pais (mpl) [パーイス]. 生みの～ pais biológicos. 育ての～ pais ˻adotivos [de criação]. ～のような paternal. 先生は～のように私を大事にしてくれた Recebia do professor uma atenção paternal./O professor era bastante paternal comigo. ¶ この～にしてこの子あり Tal pai, tal filho.

おやかた 親方　chefe (m), mestre (m), capataz (m). 大工の～ mestre de carpinteiro.

おやこ 親子　pais (mpl) e filhos (mpl). ♦親子電話 telefone (m) com extensão. 【料】親子どんぶり tigela (f) de arroz cozido com galinha e ovo.

おやこうこう 親孝行　ato (m) ˻que contenta [de contentar] os pais. ～をする fazer um bem para alegrar os pais. ～のつもりで pensando ˻fazer um bem para [contentar] os pais.

おやじ 親父　《口語》❶ pai (m). 頑固な～ pai teimoso. ❷ dono (m), patrão (m). 飲み屋の～ dono de bar.

おやしらず 親知らず　[歯] (dente (m) do) siso (m). ～が生えた Nasceu o dente do siso.

おやすみなさい お休みなさい　Boa noite! (na despedida).

おやつ　merenda (f). ～を食べる merendar, lanchar, comer a merenda. ～の時間 hora (f) ˻da merenda [de recreio].

おやゆび 親指　dedo (m) polegar, polegar

(m).

およぎ　泳ぎ　nado (m), natação (f). ひと～する dar uma nadadela. ～の上手な人 bom/boa nadador/ra. 私に～を教えてくれませんか Não quer me ensinar a nadar? ♦泳ぎ手 nadador/ra.

＊およぐ　泳ぐ　❶ nadar [ナダール]. 君は海で泳いだことがありますか Você já nadou no mar? ❷〔よろめく〕cambalear [カンバレアール], perder o equilíbrio. 君の体は泳いでいる O seu corpo está cambaleando [《口語》bambeando].

およそ　❶〔約〕aproximadamente, mais ou menos. ～300 冊の本が売れた Venderam-se mais ou menos trezentos livros. ❷〔あらまし〕o conjunto geral, o grosso. その仕事の終わりの～の見当はついた O grosso da obra já está terminado. ❸〔まったく〕completamente. そんなことしても～意味がない Isso não faz sentido nenhum.

およばれ　お呼ばれ　《口語》convite (m) para uma refeição. その日は彼は部長の家に～なんです Esse dia ele está convidado para jantar na casa do chefe de departamento.

および　及び　e, e também. 東京, 大阪～福岡で em Tóquio, Osaka e Fukuoka.

およぶ　及ぶ　❶〔達する〕atingir, alcançar, estender-se a. 二人の話は家庭生活にまで及んだ A conversa dos dois atingiu até a vida particular. それは国家レベルに及んだ Isso ˻se estendeu ao [foi extensivo ao] nível nacional. 力の～限りがんばります Vou me esforçar tanto quanto possível. 200 万円に～費用はわが学部としては少し高い Uma despesa que atinja dois milhões de ienes é um tanto grande para o nosso departamento. ❷〔匹敵する〕igualar-se a. 営業成績で彼に～者はいない Não há quem o alcance nos resultados da venda. ❸〔否定形で〕及ばない não haver necessidade de《na negativa》. わざわざ言うには及びません Nem há necessidade de se dizer isso, de tão evidente. ¶ 及ばぬ恋 um amor impossível.

およぼす　及ぼす　exercer, causar. …に影響を～ influir em …. ～に害を～ causar dano a ….

オランウータン　〔動〕orangotango (m).

オランダ　Holanda (f). ～の holandês/desa.

おり　折　❶〔時〕ocasião (f), oportunidade (f), circunstância (f), momento (m). 京都に参りました～, 大変お世話になりました Obrigado pela hospitalidade quando visitei Kyoto. ❷〔機会〕ocasião favorável [propícia]. ～を見て社長にあなたのことを話しておきます Vou ver uma ocasião propícia para falar do seu caso ao patrão. ❸〔畳んだ〕dobra (f). 紙を四つ～にする dobrar o papel em quatro. これを三つ～にしてください Dobre isto aqui ˻em três [três vezes], por favor. 真ん中の線まで谷～にすること Dobrar em vale até a linha central. ♦谷折 dobra em vale [vinco]. 山折 dobra (convexa). ❹〔箱〕caixa (f) (montável). ♦菓子折 caixa de doces.

おり　檻　jaula (f). ～に入れる enjaular. 猛獣の～ jaula de feras.

おり　澱　sedimento (m).

オリーブ　〔植〕oliveira (f); 〔実〕azeitona (f). ♦オリーブ油 azeite (m).

オリエンテーション　orientação (f).

オリエンテーリング　〔スポーツ〕orientação (f).

おりかえし　折り返し　〔襟などの〕lapela (f), bainha (f). ¶ ～お電話願います Peço retornar a ligação. 必ず～お電話いたします Darei o retorno sem falta.

おりかえす　折り返す　❶〔ズボンのすそなど〕dobrar, redobrar. ❷〔ひき返す〕retornar, fazer meia-volta.

おりがみ　折り紙　dobradura (f).

オリジナリティー　originalidade (f).

オリジナル　❶〔独創的な〕original. この作品には～なところがない Nesta obra não há nada de original./Esta obra é muito comum. この料理は当店の～です Este é um novo prato à moda da casa. ❷〔原本〕original (m). ♦オリジナルグッズ artigos (mpl) com marca comercial. オリジナルTシャツ camiseta (f) com logomarca.

おりまげる　折り曲げる　dobrar, curvar, torcer. パイプを～ dobrar um tubo. 腰を～ dobrar a cintura, curvar-se.

おりめ　折り目　❶〔ひだ〕prega (f), vinco (m), dobra (f). ズボンに～を付ける vincar as calças. ～どおりに畳む dobrar pela prega. ❷〔物事のけじめ〕educação (f), boas maneiras (fpl), polidez (f). 母は～正しい人でした Minha mãe era uma pessoa que se importava muito com as boas maneiras.

おりもの　織物　tecido (m). ～の têxtil. ♦織物業 comércio (m) de tecidos; tecelagem (f). 織物工業 indústria (f) têxtil. 織物工場 fábrica (f) de tecidos.

＊おりる　降りる, 下りる　❶ descer [デセール]. あなたはどこで降りますか Em que estação você vai descer? 駅を間違えて降りてしまったのですが... Eu desci numa estação errada …. 上の階から降りてください Desça do andar de cima. 船(飛行機)から降りる desembarcar do navio (avião). ❷ cair [カイール]. 今朝は霜が降りていました Hoje de manhã havia caído uma geada. ❸ baixar [バイシャール], dar [ダール], conceder [コンセデール]. ビザが下りた Foi concedido o visto. ❹ deixar (o cargo), demitir-se de, sair de. 彼は役を降りた Ele ˻se demitiu do [deixou o] cargo. 私はこのプロジェクトを降ります Vou ˻sair desse [deixar esse] projeto. ❺ trancar [トランカール], fechar [フェシャール]. 門の錠が下りていた O portão estava trancado. ❻ sair de, deixar de [デイシャール]. 高速道路を降りる dei-

オリンピック Olimpíadas (*fpl*), Jogos (*mpl*) Olímpicos. ～の olímpico/ca. ～に出場する participar dos jogos olímpicos. ♦オリンピック聖火 chama (*f*) olímpica. オリンピック村 vila (*f*) olímpica.

***おる 折る** 〔畳む, 折り曲げる〕dobrar [ドブラール]; 〔ぽっきり〕quebrar [ケブラール], partir [パルチール]; 〔骨を〕fraturar [フラトゥラール], quebrar [ケブラール]. 木の枝を～ quebrar o galho de uma árvore. 指を折って数える contar nos dedos. 紙を四つに～ dobrar em quatro uma folha de papel. ページの端を～ dobrar o canto de uma página. その紙を二つに折ってください Por favor, dobre esse papel uma vez. 足の骨を折ってしまいました Acabei fraturando a perna.

おる 織る tecer, fazer tecido. ウールで織られた生地 tecido (*m*) de lã. /機を～; trabalhar no tear. 織り方 técnica (*f*) da tecelagem.

おる 居る estar 〔★「いる」に対する丁寧語〕《formas de cortesia para「いる」》.「お母様はいらっしゃいますか」「はい, おります」(「いいえ, おりませんが…」)A senhora sua mãe está? — Sim, está. (Não, não está.) ⇒居(い)る.

オルガン órgão (*m*). ♦オルガン奏者 organista.

オルゴール caixinha (*f*) de música.

おれい お礼 ❶〔謝辞〕agradecimento (*m*). ～の印に em sinal de agradecimento. ～を言う agradecer. 厚く～を申し上げます Desejo expressar os meus profundos agradecimentos. ❷〔謝礼〕gratificação (*f*), honorários (*mpl*). ～をする〔謝礼〕gratificar, dar uma gratificação; 〔品物〕dar um presente de agradecimento. ❸〔返礼〕retribuição (*f*). 今日手伝ってくれた～に夕食をごちそうしますよ Vou convidá-lo para um jantar, ⌐como retribuição ⌐em sinal de agradecimento⌐ à ajuda de hoje.

おれる 折れる 〔骨折など〕partir, quebrar, fraturar; 〔曲がる〕dobrar, virar; 〔譲歩〕ceder. 鉛筆の芯が折れた A ponta do lápis quebrou. 風で木の枝が折れた O galho da árvore partiu com o vento. 腕が折れてしまった Acabei fraturando o braço. あなたが少し折れてくれたら, とても助かるんですけどね Se você cedesse um pouco, ajudaria tanto a gente, não é mesmo? 次の角を右に折れて三軒目です É a terceira casa, virando-se à direita na próxima esquina.

オレンジ laranja (*f*); 〔木〕laranjeira (*f*). ～色の (da cor da) laranja 〔★色を表す場合は不変化語〕. ～色のブラウス blusa (*f*) laranja. ～色の靴 sapatos (*mpl*) laranja. ♦オレンジエード laranjada (*f*).

おろおろ ～する ficar ⌐atarantado/da 〔sem saber o que fazer〕. ～と atrapalhadamente, desnorteadamente, 《口語》feito uma barata tonta. ～した様子で com um jeito confuso [aflito].

おろか 仕事は～, 住む場所さえない Não têm nem lugar para morar, e muito menos emprego./Não só não têm lugar para morar como emprego também.

おろか 愚か ～な bobo/ba. 私はそんな迷信を信じるほど～ではありません Não sou tão bobo/ba para acreditar numa superstição dessas.

おろし 卸 atacado (*m*). ～で買う (売る) comprar (vender) por atacado. ♦卸売り業者 atacadista. 卸値 preço (*m*) de atacado.

***おろす 降ろす, 下ろす** ❶〔高い所から降ろす〕descarregar [デスカヘガール], abaixar [アバイシャール], fazer descer. 家具を3階から～ descer os móveis do segundo andar. 両手を～ abaixar os braços. 彼らはトラックから荷物を下ろしています Eles estão descendo as mercadorias do caminhão. ❷〔すり下ろす〕ralar [ハラール]. その大根を下ろしてください Por favor, rale esse nabo. ❸〔銀行などから〕sacar [サカール]. 銀行からお金を下ろしてきます Vou sacar dinheiro do banco e já volto. ❹〔取りのける〕tirar [チラール]. 鍋を火から～ tirar a panela do fogo. ❺〔乗客を〕fazer descer, deixar [デイシャール]. 私をここで降ろしてください Deixe-me aqui, por favor. ❻〔新品を〕estrear [エストレアール]. 靴を～ estrear um sapato novo. ❼〔地位を〕demitir [デミチール], rebaixar [ヘバイシャール]. 彼は主役の座から下ろされた Não permitiram que ele continuasse como protagonista. ❽〔調理で〕cortar [コルタール]. 魚を三枚に～ cortar o peixe em filetes (retirando a espinha, a cabeça e a barrigada).

おわらい お笑い história (*f*) engraçada. ♦お笑い番組 programa (*m*) cômico.

おわり 終わり fim (*m*); 〔活動の〕término (*m*), encerramento (*m*); 〔小説などの〕desfecho (*m*); 〔演劇などの〕conclusão (*f*). ～の final. ～に por fim, no fim; para terminar, como conclusão. ～のない sem fim, infinito/ta. 夏の～に no fim do verão. ～のことば discurso (*m*) de encerramento. 始めから～まで do começo ao fim. 夏もそろそろ～ですね O verão está ⌐quase no fim [terminando], não é? 今日の仕事はこれで～ですか Com isto está terminado o serviço de hoje? 今日はこれで～です Hoje, ficamos por aqui.

***おわる 終わる** acabar [アカバール], terminar [テルミナール]. 私の会社は8時に始まって5時に終わります O expediente da minha companhia ⌐começa às oito (horas) e termina às cinco (vai das oito às cinco horas). この会合はすぐに～でしょうか Esta reunião vai terminar logo? 工事は来週～ As obras vão terminar a semana que vem. 集会はあと5分で～ A reunião vai terminar ⌐dentro de [daqui a] cinco minutos. パーティーは滞りなく終わった A festa terminou bem [sem ter havido nenhum contratempo]. 食べ～ terminar de comer. …を終わらせる terminar, finalizar, pôr fim a …, encerrar. 昼食を済ませてから友人の家に行った Fui à casa do amigo depois de almoçar [do almoço].

***おん** 恩 gratidão (f) [グラチダォン], favor (m) [ファヴォール]. ~知らずの ingrato/ta. このご~はけっして忘れません Nunca esquecerei esta bondade. ~をあだで返す cuspir no prato em que comeu. ~に着せる valorizar. 彼女は~に着せずには何もやらない Ela não faz nada sem valorizar as coisas que faz./Ela não faz nada sem contar vantagem. ~着せがましい態度で com atitude arrogante de quem faz um favor. ~着せがましいことを言う demonstrar que está esperando reconhecimento.

オン ❶ ligado/da. ラジオを~にしてくれますか Você pode ligar o rádio para mim, por favor? ◆オンエア no ar. ❷〖ゴルフ〗~する cair no green.

おんいき 音域〖音〗escala (f).

おんいん 音韻 fonema (m). ◆音韻論 fonologia (f).

おんかい 音階 escala (f) musical. ~練習をする exercitar a escala musical. ~を弾く tocar escala. ◆全(半)音階 escala diatônica (cromática). 長(短)音階 escala maior (menor).

おんがえし 恩返し retribuição (f) de um favor recebido. ~をする retribuir um favor recebido. ~に como retribuição [retorno] ao favor recebido.

*****おんがく** 音楽 música (f) [ムーズィカ]. ◆音楽家 músico/ca. 音楽会 audição (f), concerto (m).

おんきゅう 恩給 pensão (f), aposentadoria (f).

おんきょう 音響 ~の sonoro/ra. ~効果のよい劇場 teatro (m) com boa acústica. このホールの~効果はすばらしい Esta sala de concertos tem uma excelente acústica. ◆音響効果 efeitos (mpl) sonoros. 音響測深機 sonda (f) de profundidade (com ecômetro).

おんけい 恩恵 favor (m), benefício (m). 科学技術の~ benefícios da tecnologia. …の~を受ける receber um favor de …, ser beneficiado/da por …. …に~を施す beneficiar, conceder um favor a ….

おんこう 温厚 ~な gentil, afável. ~な人柄 caráter (m) gentil [doce]. ~な人 pessoa (f) de caráter gentil [amável], pessoa de paz.

おんし 恩師 antigo mestre (m).

おんしつ 温室 estufa (f). ~で花を育てる cultivar flores na estufa. ◆温室効果 efeito (m) estufa.

おんしゃ 恩赦 indulto (m). ~にあずかる ser anistiado/da. 服役囚に~を与える dar o indulto ao/à prisioneiro/ra.

おんじん 恩人 benfeitor/ra. あなたは命の~です Eu lhe devo a vida.

オンス onça (f)《medida = 28,349g》.

おんすい 温水 água (f) quente. ◆温水プール piscina (f) climatizada.

おんせい 音声 voz (f). ~による指示 comando (m) por [de] voz. ◆音声伝達システム sistema (m) de comando de voz.

おんせつ 音節〖言〗sílaba (f). ~に区切る fazer a divisão silábica. ◆第一音節 a primeira sílaba. 閉音節 sílaba fechada. 開音節 sílaba aberta. 単音節 monossílabo (m). 二音節 dissílabo (m). 三音節 trissílabo (m).

おんせん 温泉 termas (fpl);〔鉱泉〕spa (m);〔温泉場〕estância (f) hidromineral, estação (f) de águas, águas (fpl), balneário (m). ~に入る tomar banho nas águas termais. ◆温泉宿 estância balnear, balneário. 温泉療法 cura (f) termal.

おんそく 音速〖理〗velocidade (f) (de propagação) do som. ◆音速障壁 barreira (f) do som. 超音速 velocidade supersônica.

おんぞん 温存 ~する preservar, conservar, guardar … com cuidado.

おんたい 温帯 zona (f) temperada. ◆温帯気候 clima (m) temperado. 温帯地方 regiões (fpl) temperadas.

おんだん 温暖 ~な quente, temperado/da, ameno/na (clima). 地球の~化は自然災害を引き起こす O aquecimento global [efeito estufa] faz ocorrer [causa] os desastres naturais. ◆温暖化 aquecimento (m). 温暖前線 frente (f) quente.

おんち 音痴 desafinado/da. 私は方向~なのです Eu não tenho senso de direção [orientação].

おんちゅう 御中 慶応大学法学部~ Aos excelentíssimos [ilustríssimos] senhores do Departamento de Direito da Universidade de Keio《em envelopes de correspondência comercial, quando o destinatário é coletivo》.

おんど 温度 temperatura (f). …の~を上げる(下げる) elevar (abaixar) a temperatura de …. ~を調整する regular a temperatura. ~が5度上がった(下がった) A temperatura subiu (baixou) cinco graus. ~が5度に上がった(下がった) A temperatura subiu (caiu) para cinco graus. 今の~は何度ですか A quantos graus está a temperatura agora? この部屋の~は20度です A temperatura desta sala é de vinte graus. きょうは~がだいぶ低く(高く)なるでしょう Acho que hoje a temperatura vai abaixar (subir) bastante.

おんど 音頭 ~を取る ser mestre de cerimônias, dirigir festas, coordenar eventos. 彼が乾杯の~を取ったのです Foi ele quem fez o brinde. ◆音頭取り mestre de cerimônias, dirigente, apresentador/ra, animador/ra.

おんどけい 温度計 termômetro (m).

おんどり 雄鶏 galo (m).

おんな 女 mulher (f) [ムリェール]. 〜らしい feminina.

おんなぐせ 女癖 〜が悪い ser mulherengo.

おんなたらし 女たらし sedutor (m), galanteador (m), Don Juan.

おんなのこ 女の子 menina (f).

オンパレード grande parada (f); em desfile, em grande quantidade, em seguida. 映画スターの〜 grande parada de estrelas de cinema. 値上げの〜である É uma alta (f) de preços uma atrás da outra.

おんぶ 〜する carregar alguém (em geral, bebê) nas costas (coloquial). ¶ それではまるで「〜にだっこ」ではありませんか É ... Se dá a mão, quer o pé, não é?

おんぷ 音符 〔音〕 nota (f) (musical).
  ◆全音符 semibreve (f). 2分音符 mínima (f). 4分音符 semínima (f). 8分音符 colcheia (f). 16分音符 semicolcheia (f). 32分音符 fusa (f). 64分音符 semifusa (f).

オンブズマン *ombudsman* (m), ouvidor/ra, funcionário/ria que investiga queixas dos cidadãos contra os órgãos da administração pública.

おんよみ 音読み leitura (f) à maneira chinesa dos ideogramas. 漢字を〜する ler o *kanji* [ideograma] à maneira chinesa.

オンライン *internet* (f) *online* [インテルネッチ オンラーイン], conectado/da à *internet*, na rede, no ar. 〜で結ばれた conectado/da à *internet*. 〜ショッピングをする fazer compras via *internet*.
  ◆オンラインシステム sistema (m) *online*.

おんりょう 音量 volume (m) (do som). 〜を上げる aumentar o volume. 〜を下げる baixar [diminuir] o volume.

おんわ 温和 〜な〔人柄が〕 tranquilo/la, pacífico/ca;〔気候が〕 temperado/da, suave 《clima》. わが社の会長は非常に〜な人です O presidente da nossa companhia é uma pessoa muito pacífica.

か

か 可 〔評点〕C, sofrível, aceitável, razoável, passável 《em nota escolar, classificação》.

か 科 〔動植物の〕família (f) 《em botânica ou zoologia》; 〔学校・病院などの〕seção (f), departamento (m). 胃が痛いのですが何～に行けばよいのですか〔病院の中で〕Eu estou com dor de estômago. Em que seção eu devo ir? 《já dentro do hospital》/ 〔病院へ行く前に〕Eu estou com dor de estômago. Que médico eu devo consultar? 《ainda fora do hospital》 ◆ネコ科 família dos felídeos. バラ科 família das rosáceas. ポルトガル文学科 faculdade (f) de Literatura Portuguesa.

か 蚊 〖虫〗mosquito (m), pernilongo (m). 私は～に刺されてしまった Eu levei uma mordida [picada] de mosquito.

か 課 〔教科書の〕lição (f), unidade (f); 〔官庁・会社などの〕seção (f). 試験の範囲は何～までですか Até que lição vai cair no exame? 私は出版社の人事～に勤めています Eu trabalho na seção de pessoal de uma editora.

-か ❶ 〔疑問〕《partícula interrogativa que se coloca no final de uma frase》この近くに交番があります～ Há algum posto policial por aqui? 彼はきのう会社へ来ました～ Ele veio à companhia ontem? 〔学校・病院などの〕あなたは日本語を話せます～ Você sabe falar japonês? どうしてきのう電話をくれなかったのです～ Por que você não me telefonou ontem? ビールをもう1杯いかがです～ Que tal mais um copo de cerveja? 彼はどのうまい選手がほかにいるだろう～ Será possível haver jogador melhor que ele? ❷ 〔感動〕Que coisa! 髪を金髪に染めちゃうの～, ぼくは黒髪が好きだけどね Imagine pintar o cabelo de loiro, pois eu, por mim, prefiro cabelos pretos. ❸ 〔選択〕《indica alternativa》ou. 彼女は作家～何かだ Ela é escritora ou algo parecido. 日本酒～ビール～どちらにしますか Você quer saquê ou cerveja? ❹ 〔不確実〕《indica incerteza》se. 私は行く～どうかわからない Eu não sei se eu vou. そのプロジェクトを実行する～どうかが課題だ Resta saber se vamos levar avante o projeto. あれは何日～前のことだ Aquilo aconteceu faz uns 〖não sei quantos〗dias. 学校に着く～着かないうちに雨が降り出した Mal [Apenas] cheguei à [na] escola, começou a chover.

が 蛾 〖虫〗mariposa (f).

*-が ❶ 〔主語を表す〕《indica sujeito》山田～前田にそれを伝えたのです Foi o Yamada que transmitiu isso ao Maeda. ❷ 〔希望や感情の対象を表す〕《indica objeto de desejo, preferência etc》私は夏～好きです Eu gosto do verão. ❸ 〔「しかし」という意味の場合, mas [マース]に相当する〕《equivale ao "mas" do português》彼女が好きだ～, 彼女は私を好きではない Eu gosto dela, mas ela não gosta de mim. ❹ 〔「そして」という意味の場合, e [イ]に相当する〕《equivale a aditiva "e" do português》きのう子供をつれて動物園に行きした～, とても楽しんでくれました Ontem eu levei os meus filhos ao zoológico e eles se divertiram muito. ❺ 〔ものごとを断定的に言うのを避ける場合に使われる〕《serve para atenuar uma afirmativa》今日じゅうにこの仕事を終わらせてもらいたいのです～ Seria tão bom se você pudesse terminar este serviço hoje mesmo, mas ... (será que vai dar?). ❻ 〔主語の位置で強調を表す〕《tem função enfática em posição de sujeito》私ではなく彼～行きます Não sou eu que vou, é ele que vai.

カー carro (m). マイ～を持つ ter um carro particular. ◆カーエアコン ar (m) condicionado de carro. カーコンポ caixas (fpl) acústicas (do carro). カーナビゲーター navegador (m) de carro.

カーキいろ カーキ色 cáqui (m), cor (f) de tijolo. ～の制服 uniforme (m) cáqui.

ガーゼ gaze (f), gaza (f). ◆滅菌ガーゼ gaze esterilizada.

カーソル 〖コンピュ〗cursor (m). ～を持っていきたいところに移動してマウスの左側を押すこと levar o cursor para a parte desejada e apertar o botão esquerdo do *mouse*.

カーディガン jaqueta (f) de lã, cardigã (m).

カーテン cortina (f). 舞台の～ pano (m) de boca. ～を開ける(閉める) abrir (fechar) a cortina. ～を引く puxar a cortina. ◆カーテンリング argola (f) de cortina.

カート ❶ carrinho (m) 《de compras (スーパーの中の), de feira (青空市場, またはスーパー行きの), de bagagem (飛行場等の)》. ◆キャリーカート carrinho de bagagem portátil. ❷ 〖スポーツ〗karting (m). ❸ 〖ゴルフ〗carrinho de golfe. ❹ 〖ﾃﾆｽ〗carrinho [cesta (f)] de compras.

カード ❶ cartão (m). …をクレジット～で支払う pagar ... no [com o] cartão/pôr ... no cartão. ◆キャッシュカード cartão de saques. クリスマスカード cartão de Natal. クレジットカード cartão de crédito. 磁気カード cartão magnético. ❷ 〔図書館などの〕ficha (f). ～に取る pôr em fichas, catalogar. ❸ 〔トランプの〕carta (f), naipe (m). ❹ 〔切り札〕trunfo (m).

❺〖サッカー〗cartão. 審判はイエロー〜を出し遅れた O juiz demorou a dar o cartão amarelo. 彼はレッド〜をもらってしまった Ele acabou recebendo um cartão vermelho. ◆イエロー(レッド)カード cartão amarelo (vermelho).

ガード ❶〖陸橋〗ponte (m), viaduto (m). ❷〖護衛〗escolta (f), defesa (f), proteção (f). 〜の弱い人 uma pessoa 」indefesa [que não sabe se defender muito bem]. ◆ガードマン segurança, guarda. ❸【スポーツ】defesa (f). あのチームは〜が弱い Aquela equipe tem uma defesa fraca.

カートリッジ cartucho (m), fita (f). プリンターの〜を取り替える trocar [fazer a reposição de] cartuchos da impressora. ゲームの〜 fita [cartucho] de video-game. インクの回収が郵便局で行われている A reciclagem [coleta] dos cartuchos (da impressora) está sendo realizada nos correios.

ガードル cinta (f), cinta-liga (f), cinta elástica, faixa (f) abdominal.

ガードレール defesa (f) (ao longo das ruas japonesas, para a prevenção de acidentes).

ガーナ Gana (m). 〜の ganense.

カーニバル carnaval (m).

カーネーション 〖植〗cravo (m).

カービング escultura (f). ◆フルーツカービング arte (f) de talhar frutas ou verduras para ornar mesa de banquete.

カーブ curva (f); 〖野球〗arremesso (m) que faz curva. 〜する fazer uma curva. 道はこの先で急に〜するから気をつけてください Tome cuidado que esta rua tem uma curva perigosa [brava] logo adiante. 〜でスピードを下げる diminuir a velocidade nas curvas. ◆急カーブ curva fechada.

カーフェリー balsa (f).

カーペット carpete (m). 私たちはここに〜を敷くつもりです Nós pretendemos carpetar isto aqui.

ガーベラ 〖植〗gérbera (f).

カーボベルデ Cabo Verde. 〜の cabo-verdiano/na.

カール caracol (m) de cabelo, cacho (m). 髪に〜をかける encaracolar [enrolar] o cabelo.

ガールフレンド amiga (f); 〖恋人〗namorada (f).

*かい 会 ❶〖団体〗associação (f) [アソシアサォン], agremiação (f) [アグレミアサォン]. 〜に入る entrar numa [integrar uma] associação. 〜を創設する fundar uma associação. ◆医師会 associação dos médicos. ❷〖集まり〗reunião (f) [ヘウニアォン], seção (f) [セサォン]. ◆説明会 seção de explicação. 父母会 reunião dos pais, associação de pais. ❸〖パーティー〗festa (f) [フェースタ], reunião [ヘウニアォン]. 〜を催す dar [organizar] uma festa [reunião]. あす会社の食堂でちょっとした〜をする予定です Pretendemos fazer [dar] uma festinha no refeitório da companhia, amanhã. ◆歓迎会 festa de boas-vindas. 謝恩会 festa dos alunos em agradecimento aos professores no fim do curso. ❹〖展覧会〗exposição (f) [エスポズィサォン]. ◆美術展覧会 exposição de arte.

かい 回 〖度数〗vez (f); 〖勝負〗partida (f), rodada (f). 2〜に分けて払う pagar em duas vezes. 3〜続けて勝つ ganhar (a partida) três vezes em seguida. 5〜目に na quinta vez. 〜を重ねるごとにうまくなる progredir a cada tentativa. バーゲンセールは年に3〜開かれます A liquidação é realizada três vezes por [ao] ano. 月に何〜休めますか Quantas vezes por [ao] mês eu posso folgar?

かい 貝 marisco (m).

かい 階 andar (m) 《de prédio》. あなたのマンションは何〜建てですか Quantos andares tem o prédio do seu apartamento? 私の会社は36〜にあります A minha companhia fica no trigésimo quinto andar. ◆一階 andar térreo. 二階 primeiro andar. 地階 subsolo (m).

かい 櫂 remo (m).

かい 甲斐 valor (m), efeito (m). Aをする〜がある Vale a pena fazer "A"./"A" merece ser feito/ta. 私は働いた〜があって昇格した Valeu a pena trabalhar, já que subi de posto. 彼は努力した〜がなかった Seus esforços foram em vão. 努力の〜もなく apesar dos esforços.

-かい -界 círculo (m), mundo (m). ◆芸能界 mundo dos atores e cantores.

がい 害 〖損失〗prejuízo (m); 〖害悪〗mal (m). 〜する prejudicar, causar prejuízo a; fazer mal a. 〜を被る sofrer um prejuízo. …に〜のある prejudicial a …, nocivo/va a …. …に〜のない inofensivo/va a …, que não faz mal a …. 人間に〜を及ぼさない化学物質 substância (f) química 」não prejudicial [que não faz mal] ao ser humano. 自動車の排気ガスは健康に〜を及ぼす O gás do carburador dos automóveis 」faz mal [é nocivo] à saúde. 彼はアルコールで健康を〜してしまった Ele acabou prejudicando [estragando] a saúde por beber muito. 私は彼の感情を〜したのでしょうか Será que eu o ofendi?

かいあげ 買い上げ compra (f). ◆買い上げ価格 preço (m) de compra.

かいあさる 買い漁る comprar 」tudo o que se vê na frente [a torto e a direito], fazer compras por impulso.

ガイアナ Guiana (f). 〜の guianense.

かいいき 海域 águas (f) territoriais. 日本の〜 águas territoriais japonesas.

かいいぬ 飼い犬 cão (m) doméstico.

かいいれ 買い入れ compra (f), aquisição (f). ◆買い入れ価格 preço (m) de compra.

かいいれる 買い入れる comprar; 〖輸入する〗importar.

かいいん 会員 sócio/cia, membro (de um

かいうん　海運 clube, associação etc. ～を募る recrutar [juntar] sócios. あのスポーツクラブは～制です Você tem que ser sócio para frequentar aquele clube esportivo. ♦会員証 cartão (m) de sócio. 名誉会員 sócio/cia honorário/ria.

かいうん　海運 transporte (m) marítimo. ♦海運会社 companhia (f) [empresa (f)] de transportes marítimos. 海運業 serviço (m) de transportes marítimos, comércio (m) marítimo. 海運業者 agente marítimo.

かいうん　開運 boa sorte (f). ～のお守り amuleto (m) da boa sorte.

かいえん　開園 ❶ abertura (f) de um jardim. ♦開園時刻 horário (m) de abertura de um jardim. ❷〔開設〕inauguração (f) de um jardim.

かいえん　開演 início (m) de uma sessão [representação]. ～時刻は午後 2 時です A sessão (f) vai se iniciar às duas da tarde. ～中は入場できませんので、よろしくお願いします Não posso a mal [Espero a sua compreensão para o fato de] que é proibida a entrada durante a representação.

かいおうせい　海王星　【天】(planeta (m)) Netuno (m).

かいおき　買い置き armazenamento (m). …の～をする estocar …, fazer provisões de …, prover-se de …, deixar comprado … para garantir [por precaução]. 砂糖の～がある ter reserva [estoque] de açúcar.

かいか　開化 processo (m) civilizatório, abertura (f) de uma cultura para o progresso. ♦文明開化 abertura (f) para a civilização.

かいか　開花 florescência (f). ～する florescer. ♦開花期 período (m) de florescência.

かいが　絵画 pintura (f), quadro (m). ～的 pitoresco/ca. ♦絵画展 exposição (f) de pintura.

がいか　外貨 moeda (f) estrangeira. ～を獲得する obter divisas. ♦外貨準備高 reserva (f) de divisas. 外貨預金 depósito (m) em moeda estrangeira.

かいかい　開会 abertura (f) 《de uma sessão》; inauguração (f). ～する iniciar uma sessão. ～のあいさつをお願いします Faça o discurso de abertura, por favor. ♦開会式 cerimônia (f) de abertura.

かいがい　海外 exterior (m), estrangeiro (m). ちょっと～へ行ってきます Vou fazer uma viagenzinha [rápida viagem] ao exterior. 昨年は～に行っていました O ano passado estava no estrangeiro [fora do país]. 自衛隊の～派遣 envio (m) de tropas de auto-defesa japonesas ao exterior. ♦海外市場 mercado (m) estrangeiro. 海外資本 capitais (mpl) estrangeiros. 海外日系人協会 Associação (f) Kaigai Nikkeijin Kyokai. 海外ニュース notícias (fpl) do exterior. 海外貿易 comércio (m) exterior. 海外放送 transmissão (f) ao exterior. 海外旅行 viagem (f) ao exterior.

かいかえる　買い替える comprar, trocando o que se tem por um novo. 車を～ vender o carro velho, trocando-o por um novo.

かいかく　改革 reforma (f). ～する reformar. 入管制度を～したほうがいい É melhor reformar o sistema de entrada de estrangeiros no [ao] país. ♦社会改革 reforma (f) social.

がいかく　外角　❶ 【数】ângulo (m) externo. ❷〔野球〕canto (m) externo.

かいかつ　快活 ～な alegre, vivo/va, ativo/va.

かいかぶり　買いかぶり supervalorização (f), apreço (m) ou valorização (f) excessiva. それは～ですよ Isso é muito elogio!

かいかぶる　買いかぶる superestimar. あなたは私を買いかぶりすぎている Você está superestimando a minha capacidade.

かいがら　貝殻 concha (f).

かいかん　会館 casa (f), prédio (m); salão (m). ♦学生会館 casa dos estudantes. 市民会館 centro (m) cultural dos moradores da cidade. 文化会館 Casa da Cultura.

かいかん　快感 prazer (m), deleite (m). ～を覚える sentir prazer.

かいかん　開館 ❶ abertura (f) de um edifício. ♦開館時間 horário (m) de serviço. ❷〔開設〕inauguração (f) de um edifício. ～する abrir [inaugurar] um edifício.

かいがん　海岸 praia (f), beira-mar (f), beira (f) do mar, costa (f), litoral (m), orla (f) marítima. ～に行く ir à praia. ～を散歩する passear na praia. ～に沿って航行する navegar ao longo da costa. ～で週末を過ごしませんか Você não quer passar o fim de semana numa praia (com a gente)?

がいかん　外観 aparência (f), aspecto (m). ～をつくろう salvar as aparências. ～を飾る ostentar-se, mostrar-se, exibir-se. 人を～で判断する julgar as pessoas pela aparência. ～は当てにならない As aparências enganam. このマンションは～だけ立派だ Este prédio residencial só é bonito por fora.

がいかんざい　外患罪　【法】crime (m) de lesa-pátria.

かいき　会期 〔議会の〕sessão (f); 〔期間〕período (m). 古代エジプト展の～ período de abertura da exposição do Egito antigo.

かいき　回帰 ♦南(北)回帰線 Trópico de Capricórnio (Câncer).

かいき　怪奇 ～な misterioso/sa. ♦怪奇小説 novela (f) de terror.

かいき　回忌 aniversário (m) de falecimento. 父の七～ sexto aniversário do falecimento de meu pai.

*__かいぎ　会議__ conferência (f) [コンファレンス(ィ)ア],

reunião (f) [ﾍｳﾆｱｫﾝ]. ～する ter uma conferência. ～を開く iniciar uma conferência. ～を召集する convocar uma conferência. ～に出席する〔聴く〕assistir a uma conferência; 〔参画する〕participar de uma conferência. ～中である estar em conferência [reunião]. その問題は～にかけなければならない Esse problema precisa ser resolvido em reunião. それは密室で行われた～で決められたことだ Isso foi resolvido em reuniões a portas fechadas. ♦会議室 sala (f) de conferências. 会議録 ata (f). 国際会議 conferência internacional. 商工会議所 Câmara (f) do Comércio.

がいき 外気 ar (m) livre. ～に当たる〔～浴をする〕tomar ar livre. 窓を開けて～を入れる abrir a janela e deixar o ar entrar. ♦外気温度 temperatura (f) ao ar livre.

かいきゃく 開脚 pernas (fpl) abertas. ♦開脚跳び salto (m) com pernas abertas.

かいきゅう 階級 ❶〔身分〕classe (f) social. ♦階級意識 consciência (f) de classe. 階級社会 sociedade de classes. 階級闘争 luta (f) 〔conflito (m)〕de classes. 支配階級 classe (f) dominante. 上流階級 classe (f) alta. 知識階級 classe intelectual. 中産階級 classe média. 労働者階級 classe operária. ❷〔位〕hierarquia (f), categoria (f) hierárquica. ～が上がる subir de posto. ♦階級制 sistema (m) hierárquico.

かいきょう 海峡 estreito (m), canal (m).

かいぎょう 改行 ～する mudar de linha; fazer um novo parágrafo.

かいぎょう 開業 abertura (f), inauguração (f), fundação (f). ～する abrir (um negócio), começar a exercer (alguma profissão), inaugurar, fundar. カフェを～する abrir um café. 弁護士を～する abrir um escritório de advocacia. 医者を～している ter um consultório médico. ♦開業医 médico/ca com consultório próprio.

かいきん 皆勤 assiduidade (f) (ao emprego ou à escola). ～する assistir regularmente a, não faltar nunca a, ser um/uma frequentador/ra assíduo/dua de. ♦皆勤賞 prêmio (m) de assiduidade.

かいきん 解禁 levantamento (m) 〔revogação (f)〕de uma proibição. ます漁が～になった Começou a estação de pesca de trutas. 牛肉の輸入が～になる A proibição à importação da carne de vaca vai ser revogada.

かいきんシャツ 開襟シャツ camisa (f) esporte.

かいぐん 海軍 marinha (f). ♦海軍基地 base (f) naval.

かいけい 会計 ❶〔金銭の取り引き〕contabilidade (f). ～監査をする revisar [inspecionar] as contas. ♦会計課 contadoria (f), (seção (f) de) contabilidade. 会計係 contador/ra. 会計学 contabilidade. 会計監査 revisão (f) 〔inspeção (f)〕de contas. 会計監査役 revisor/ra de contas. 会計検査院 Tribunal (m) de Contas. 会計事務所 contadoria, escritório (m) de contabilidade. 会計年度 ano (m) fiscal. 会計簿 livro (m) de contas. 会計法〔法〕lei (f) das contas públicas. 会計報告 prestação (f) de contas. 公認会計士 contabilista juramentado/da. ❷〔勘定〕conta (f). ～をすませる pagar a conta. ～をお願いします〔店員に〕A conta, por favor./〔客に〕Aqui está a conta.

***かいけつ 解決** solução (f) [ｿﾙｻｫﾝ], resolução (f) [ﾍｿﾙｻｫﾝ]. ～する resolver, solucionar. 問題を円満に～する resolver uma questão pacificamente (obtendo um bom entendimento das partes). ～の糸口を見つける descobrir [achar] a chave 〔《俗》dica〕para a solução (de um problema). 問題の早期～を図る procurar resolver uma questão lo quanto antes [o mais rápido possível]. それは何の～にもならない Isso não adianta [resolve] nada. それは未～のままだ Isso ainda está por resolver [é um assunto pendente]. その問題は～したのですか Já se resolveu o problema?

かいけん 会見 entrevista (f). …と～する entrevistar-se com …. 記者～を行う conceder uma entrevista coletiva à imprensa.

がいけん 外見 aparência (f). ⇨外観.

かいこ 解雇 dispensa (f) de um/uma empregado/da, demissão (f), 《俗》degola (f). ～する despedir, demitir, mandar embora, degolar. 私は何の予告もなしに～された Eu fui despedido/da sem nenhum aviso prévio. この春約300人が～が予定されている Nesta primavera vão ser despedidos/das cerca de trezentos/tas trabalhadores/ras. ♦不当解雇 dispensa [degola] abusiva de empregados/das.

かいこ 蚕 bicho-da-seda (m). ～を飼う criar os bichos da seda.

かいご 介護 tratamento (m) 〔cuidado (m)〕de doente, deficiente ou pessoa idosa. ～する tratar [cuidar] de um doente, deficiente ou pessoa idosa. ♦介護報酬 remuneração (f) por serviços prestados aos doentes, idosos etc. 介護保険 seguro (m) para tratamento de pessoa idosa. 在宅介護 cuidados a domicílio dados aos doentes e idosos. 要介護度 grau (m) ʟda necessidade de cuidados [da dependência] de um idoso ou doente.

かいこう 開校 inauguração (f) de uma escola. ♦開校記念日 aniversário (m) da fundação de uma escola.

かいこう 開港〔港〕inauguração (f) de um porto; 〔空港〕inauguração de um aeroporto. ～する inaugurar um porto; inaugurar um aeroporto.

かいこう 開講 inauguração (f) de um curso. ～する abrir [criar, inaugurar] um curso; começar uma série de conferências.

かいごう 会合 reunião (f), assembleia (f). ～を開く organizar uma reunião [assembleia]. ～を重ねて問題を解決する resolver um problema depois de várias reuniões.

*がいこう 外交 ❶ diplomacia (f) [ヂプロマスィー ア]. ～的な diplomático/ca. ◆外交官 diplomata. 外交関係 relações (fpl) diplomáticas. 外交使節団 missão (f) diplomática. 外交特権 imunidade (f) diplomática. 外交方針 linha (f) de política externa. 近所外交 política (f) de boa vizinhança. ❷ [及回りの仕事] trabalho (m) ⌊externo [de rua]. 彼は保険の～をしている Ele está vendendo seguros a domicílio.

かいこく 戒告 advertência (f). ～する advertir. ◆戒告処分 reprimenda (f).

*がいこく 外国 país (m) estrangeiro, estrangeiro (m) [エストランジェーイロ]. ～の estrangeiro/ra. ～製の de fabricação estrangeira. 私はまだ～へ行ったことがありません Eu nunca fui ao estrangeiro.

◆外国為替 câmbio (m) estrangeiro. 外国為替相場 cotação (f) de câmbio. 外国語 língua (f) estrangeira. 外国人 estrangeiro/ra (pessoa). 外国人登録 registro (m) de estrangeiro. 外国人登録証明書 carteira (f) de identidade de estrangeiro. 外国人労働者 trabalhador/ra estrangeiro/ra. 外国製品 artigo (m) [produto (m)] importado. 在日外国人 estrangeiro/ra residente no Japão.

がいこつ 骸骨 esqueleto (m). ～の esquelético/ca. ～のような esquelético/ca.

かいこん 開墾 desbravamento (m). ～する desbravar. ◆開墾地 terra (f) desbravada (para cultivo).

かいさい 開催 celebração (f). ～する celebrar, dar, realizar. ～される celebrar-se, dar-se, ter lugar. 会議はリオで～された A conferência ⌊foi realizada [teve lugar] no Rio. ～地となる ser a sede de, sediar. ◆開催地 sede (f).

がいさい 外債 empréstimo (m) exterior. ～を募る emitir [levantar] um empréstimo no exterior.

かいさつ 改札 controle (m) [fiscalização (f)] de passagens. 東京駅の～口で待ち合わせましょう Vamos nos encontrar na catraca da estação de Tóquio. ◆改札口 catraca (f), roleta (f), borboleta (f).

かいさん 解散 separação (f), dispersão (f), dissolução (f); [閉会] término (m). ～する dispersar-se, dissolver-se, separar-se. ～させる dispersar, dissolver, separar. 国会が～した O Parlamento foi dissolvido. 私たちのグループは午後3時に駅前で～した O nosso grupo se separou às três horas na frente da estação. デモ隊を～させる dispersar ⌊os manifestantes [a passeata].

かいざん 改竄 falsificação (f), adulteração (f). ～する falsificar, adulterar. 菓子の製造年月日を～する falsificar a data da fabricação do doce.

がいさん 概算 cálculo (m) aproximado. ～する fazer um cálculo aproximado. 結婚式に必要な費用を～してください Faça um cálculo aproximado das despesas necessárias ao casamento.

かいさんぶつ 海産物 produtos (m) marítimos.

かいし 開始 início (m), começo (m). ～する iniciar, começar. A社との交渉はいつ～しますか Quando vamos iniciar as negociações com a companhia A?

かいじ 開示 revelação (f), explicação (f), esclarecimento (m), explicitação (f). ～する revelar, explicar, esclarecer, fazer esclarecimento, explicitar. 勾留 (こうりゅう) の理由を～する fazer um esclarecimento acerca da prisão preventiva. 情報を～する informar, dar informações. 自己～する revelar-se, explicar-se, ser claro/ra, fazer-se claro/ra.

かいじ 界磁 〚電〛ímã (m) indutor. ◆界磁電流 corrente (f) indutora.

がいし 外資 capital (m) estrangeiro. ◆外資系企業 empresa (f) de capital estrangeiro. 外資導入 introdução (f) de capitais estrangeiros.

がいじ 外耳 〚解〛 ouvido (m) externo. ◆外耳炎 〚医〛otite (f) externa.

がいして 概して em geral.

かいしめ 買い占め compra (f) em caráter exclusivo, monopolização (f) [açambarcamento (m)] dos produtos do mercado.

かいしめる 買い占める comprar em caráter exclusivo, monopolizar.

*かいしゃ 会社 companhia (f) [コンパニーア], empresa (f) [エンプレーザ]. 私はA～に勤めています Eu trabalho na companhia A. ～を立ち上げる fundar uma empresa.

◆会社員 funcionário/ria de uma empresa. 親会社 matriz (f). 株式会社 sociedade (f) anônima, companhia de fundo acionário. 子会社 filial (f). 合弁会社 parceria (f), empresas (fpl) associadas. 金融会社 companhia de finanças. 信託会社 companhia fiduciária. 持株会社 companhia *holding*. 有限会社 companhia limitada.

かいしゃく 解釈 interpretação (f). AをBと～する interpretar A como sendo B. …を善意に～する interpretar … no bom sentido. 間違えて～される ser mal interpretado/da.

かいしゅう 回収 recuperação (f); [資金の]

cobrança (f). ~する recuperar; cobrar. 今回の損金は~できますか Será que dá para recuperar [reaver] o prejuízo desta vez? ♦廃品回収 coleta (f) de materiais recicláveis.

かいしゅう 改修 reparação (f), recuperação (f), conserto (m). ~する reparar, recuperar, consertar. ♦改修工事 obra (f) de reparação.

かいしゅう 改宗 conversão (f). ~する converter-se, mudar de religião.

かいじゅう 怪獣 monstro (m).

がいしゅつ 外出 saída (f). ~する sair. 彼は~しています Ele não está no momento. 私が~中にだれか来ましたか Alguém veio na minha ausência?

かいじょ 解除 cancelamento (m), rescisão (f), anulação (f). ~する cancelar, rescindir, anular, suprimir. 契約を~する rescindir [anular] um contrato. 輸出制限を~する cancelar a restrição das exportações. ♦武装解除 desarmamento (m).

かいしょう 快勝 vitória (f) brilhante, triunfo (m) completo. ~する vencer brilhantemente o adversário.

かいしょう 解消 ❶〔約束などの〕cancelamento (f), anulação (f), dissolução (f). 契約を~する anular um contrato. ❷〔ストレスなどの〕solução (f), via (f) de escape, alívio (m). ストレスを~する aliviar o estresse. 彼はボクシングで不公平に対する憤りを~することができた Achou no boxe uma via de escape ao ódio à injustiça.

かいじょう 会場 local (m) de reunião [exposição, concerto]. 展覧会の~はどこですか Onde é o local da exposição?

かいじょう 海上 mar (m), alto mar. ~の marítimo/ma. ♦海上自衛隊 Força (f) de Autodefesa Marítima. 海上保安庁 Departamento (m) de Segurança Marítima, Guarda (f) Costeira do Japão. 海上保険 seguro (m) marítimo. 海上輸送 transporte (m) marítimo. 海上輸送人 fretador/ra.

かいじょう 開場 abertura (f) 《do local para concerto, exposição etc》. 午後6時~《掲示》Abre-se [Abriremos] às seis horas da tarde.

がいしょう 外傷 ❶ ferimento (m) externo. ~を負う ter um ferimento externo. ❷ 〖医〗lesão (f), trauma (m).

かいしょく 会食 reunião (f) com refeição. 打ち合わせを兼ねて~する reunir-se para decidir alguns assuntos enquanto se come.

かいしょく 解職 destituição (f) do cargo. …を~する despedir … do emprego, destituir … do cargo.

がいしょく 外食 alimentação (f) fora de casa. ~する comer fora [num restaurante].

かいしん 回診 giro (m), visita (f) do médico aos pacientes do hospital. ~する fazer o giro. ♦回診時間 hora (f) do giro.

かいしん 改心 〔後悔〕arrependimento (m); 〔改めること〕emenda (f), reabilitação (f). ~する arrepender-se; emendar-se, reabilitar-se.

かいじん 怪人 monstro (m) com poderes mágicos.

がいじん 外人 estrangeiro/ra (pessoa). ~の do estrangeiro, estrangeiro/ra. ♦外人墓地 cemitério (m) dos estrangeiros.

かいすい 海水 água do mar (m). ♦海水魚 peixe (m) do mar. 海水パンツ calção (m) de banho. 海水帽 touca (f) de banho.

かいすいよく 海水浴 banho (m) de mar. ~をする tomar um banho de mar. あす~に行きませんか Não quer ir tomar banho de mar amanhã? ♦海水浴場 praia (f) para se banhar.

かいすう 回数 número (m) de vezes. 最近あなたは遅刻の~が増えましたね De uns tempos para cá, você está chegando mais vezes atrasado/da, não? ♦回数券〔地下鉄〕bilhete (m) múltiplo, 〔バス〕passe (m).

がいすう 概数 〖数〗número (m) aproximado〔arredondado〕. 結果を~で表してください Apresente o resultado em números aproximados.

がいする 害する estragar, arruinar, prejudicar; 〔感情を〕ofender, ferir. 健康を~ estragar [prejudicar] a saúde. 私はチーフの感情を害してしまった O chefe ficou aborrecido [acabou se ofendendo] comigo./Eu acabei ofendendo o chefe.

かいせい 快晴 céu (m) aberto. 天気は~だ O tempo está esplêndido [maravilhoso].

かいせい 改正 emenda (f), reforma (f). ~する emendar 《leis etc》. 法律の~ emenda (f) de lei. ♦条約改正案 projeto (m) de revisão do tratado.

かいせき 会席 reunião (f). ♦会席料理 refeição (f) completa servida em reuniões.

かいせき 懐石 refeição (f) parca servida na cerimônia do chá (=懐石料理).

かいせき 解析 análise (f). ~する analisar.

かいせつ 解説 explicação (f), comentário (m). ~する explicar, comentar. ニュースを~する fazer um comentário das notícias. ♦解説者 comentarista.

かいせつ 開設 abertura (f), estabelecimento (m), fundação (f). ~する abrir, estabelecer, fundar. 大阪に支店を~しました Abri uma filial em Osaka.

かいせん 回線 ❶ 〖電〗circuito (m) elétrico. ~がショートした Deu um curto circuito. ❷ 〔電話の〕linha (f) telefônica. 電話の~がふさがっている A linha telefônica está ocupada.

かいせん 開戦 início (m) da guerra. ~する iniciar a guerra.

かいせん 疥癬 〔医〕escabiose (f), sarna (f). ～にかかった sarnento/ta.

かいせん 回旋 rotação (f).

かいぜん 改善 melhora (f), melhoria (f). ～する melhorar, aperfeiçoar, aprimorar. ～される ser melhorado/da [aperfeiçoado/da, aprimorado/da]. 学校のシステムを～する melhorar o sistema escolar. この計画には～の余地が大いにあります Este plano ainda tem muitos pontos a melhorar [a serem melhorados]. ～されるべき que deve ser melhorado/da, que merece um aprimoramento. この工場の労働条件は～されるべきだ As condições de trabalho desta fábrica precisam ser melhoradas.

がいせん 凱旋 regresso (m) triunfante [glorioso]. 故国に～する voltar à pátria triunfantemente. ♦凱旋門 arco (m) do triunfo.

かいそ 改組 reorganização (f), remodelação (f), reestruturação (f). ～する reorganizar, remodelar, reestruturar.

かいそう 回想 recordação (f), retrospecto (m), lembrança (f). ～する recordar-se de, relembrar, lembrar-se de.

かいそう 回送 reenvio (m), reexpedição (f). ～する reenviar, reexpedir. この手紙を次の移転先へご〜ください Favor reexpedir esta carta para o novo endereço que é o seguinte. ♦回送バス ônibus (m) que vai para a garagem. 回送列車 trem (m) fora de serviço.

かいそう 改装 renovação (f) das instalações, reforma (f). …の～をする reformar …, renovar as instalações de …. 店内～のため休業《掲示》Fechado para reforma.

かいそう 海草 alga (f) marinha.

かいそう 階層 〔社会の〕camada (f) social; 〔建築物の〕andar (m). さまざまな～の人々 pessoas (fpl) 〔《俗》gente (f)〕de várias camadas sociais.

かいぞう 改造 reforma (f), reconstrução (f). 家を～する reformar a casa.

かいそく 快速 alta velocidade (f), rapidez (f). ♦快速電車 trem (m) rápido, expresso (m).

かいぞく 海賊 pirata (m). ♦海賊版 edição (f) pirata.

かいたい 解体 ❶〔機械の〕desmonte (m). 機械を～する desmontar uma máquina. ❷〔建物の〕demolição (f). ♦解体屋 (empresa (f)) demolidora (f) (de prédios). ❸〔組織の〕desarticulação (f), desmembramento (m), desmantelamento (m). ソ連の～ desmantelamento da União Soviética.

かいたく 開拓 exploração (f), cultivo (m), colonização (f). ～する explorar, cultivar, colonizar. 新しい研究分野を～する criar [iniciar] uma nova área de estudo. 市場を～する abrir um novo mercado. ♦開拓者 colonizador/ra, explorador/ra; 〔新分野の〕iniciador/ra, pioneiro/ra. 開拓地 terra (f) explorada, colônia (f).

かいだし 買い出し ❶〔仕入れ〕compra (f) por atacado no mercado. ～に行く ir comprar no atacado. ❷〔日用品などの〕compra de materiais necessários para alguma realização. パーティーの～に出かける sair para comprar os alimentos e materiais necessários à festa.

かいだめ 買い溜め aprovisionamento (m). …の～をする ter … em depósito. …の～をする aprovisionar-se de …, comprar … para armazenar, estocar ….

かいだん 階段 escada (f). ～の踊り場 patamar (m) da escada. ～を上る(下りる) subir (descer) a escada. ～を上ると入口があります Subindo a escada, você vai ver a porta de entrada. ♦階段教室 anfiteatro (m). 非常階段 escada de emergência. 螺旋(らせん)階段 escada em caracol, escada espiral.

かいだん 会談 conferência (f), reunião (f); discussão (f), conversa (f). …と～する conferenciar [discutir] com …. ♦トップ会談 conferência de cúpula.

かいだん 怪談 conto (m) de terror.

ガイダンス orientação (f). ～をする orientar. 学生に課目選択の～をする orientar os estudantes na escolha das matérias [disciplinas] do curso.

かいちく 改築 reconstrução (f); 〔改修〕reforma (f). ～する reconstruir; reformar. ♦改築工事 obras (f) de reconstrução [reforma].

かいちゅう 回虫 lombriga (f), verme (m) intestinal.

がいちゅう 害虫 inseto (m) nocivo.

かいちゅうでんとう 懐中電灯 lanterna (f).

かいちょう 会長 presidente/ta 《de uma associação, companhia》.

かいちょう 快調 bom funcionamento (m), bom estado (m). 機械は～だ A máquina está em bom estado [funcionando bem].

かいちょう 回腸 〔解〕(intestino (m)) íleo (m). ♦回腸炎〔医〕ileíte (f), enterite (f).

かいつう 開通 inauguração (f) de uma estrada [um túnel, viaduto]; abertura (f) ao tráfego. 新しい橋の～はいつですか Quando vão inaugurar a nova ponte?

かいつけ 買い付け ❶ compra (f) por atacado, aquisição (f). ❷〔調達〕abastecimento (m). ～の店 loja (f) onde se é freguês assíduo.

かいて 買い手 comprador/ra. その製品は多くの～がついた Esse produto teve muitos compradores. ♦買い手市場 mercado (m) favorável ao comprador 《com muita oferta e pouca procura》.

かいてい 改訂 revisão (f). ♦改訂版 edição (f) revista.

かいてい 海底 fundo (m) do mar. ♦海底電信 telégrafo (m) submarino. 海底トンネル túnel (m) submarino.

かいてい 開廷 【法】abertura (f) da corte [sessão, audiência]. ～する abrir a corte [sessão, audiência].

かいてき 快適 ～な cômodo/da, agradável, confortável. ～な休暇 férias (fpl) agradáveis. ～に agradavelmente, comodamente, confortavelmente, de um modo agradável. ～に旅行をする viajar com todo o conforto [contente], ter [fazer] uma boa viagem. 今度の家は～です Esta casa agora é muito agradável.

かいてん 回転 giro (m), rodízio (m), movimento (m) giratório; 〔自転〕rotação (f). ～する girar, rodar, dar um giro. ～させる fazer girar [rodar]. 頭の～が速い ter o raciocínio rápido, ter presença de espírito. 客の～のいい店 loja muito frequentada [com muito movimento]. 彼は空中で2～した Ele fez [deu] duas piruetas. このモーターは1秒間に何～するのですか Quantas rotações por segundo dá este motor? ♦回転資金 fundo (m) rotativo. 回転寿司 restaurante de *sushi* com bufê giratório. 回転ドア porta (f) giratória. 回転木馬 carrossel (m) giratório.

かいてん 開店 abertura (f); inauguração (f) (de loja). ～する abrir, funcionar. 10時～《掲示》(Esta loja) abre às dez horas. 当店は日曜日にも～しています《掲示》Trabalhamos aos domingos.

ガイド ❶〔人〕guia. このツアーには日本語～が付きます Há um guia japonês para esta excursão. 日本語～の手配は可能ですか Seria possível arranjar um guia que falasse japonês? ～をする ser guia, trabalhar como guia. ♦バスガイド guia de ônibus, rodomoço/ça. ❷〔本〕guia (m) de viagem. ブラジルの～ブックはありますか Há um guia de viagem do Brasil? ～ブックに載っているホテルに泊まりたいです Eu gostaria de me hospedar em um hotel que esteja no guia de viagem.

かいとう 回答 resposta (f). ～する responder. ベースアップの～を求める reivindicar a resposta para o pedido de aumento de salário. 今日彼から～がありました Hoje obtive resposta dele. 私は…とアンケートで～した Respondi na enquete que ….

かいとう 解凍 descongelamento (m). ～する descongelar. ♦自然解凍 descongelamento natural.

かいとう 解答 resposta (f). ～する responder. 問題の～ solução (f) de um problema, resposta a uma dada questão. 学生の～を採点する corrigir as respostas dos estudantes dando-lhes uma avaliação, avaliar as respostas dos estudantes. 問題の～を出す resolver um problema; dar as respostas das questões. 彼の～は正しい A resposta dele está correta.

がいとう 街灯 iluminação (f) de rua.

がいとう 街頭 rua (f), praça (f), cidade (f). ～で na rua, na praça. ♦街頭インタビュー entrevistas (fpl) com os transeuntes. 街頭演説 discurso (m) feito nas ruas ou nas praças.

がいとう 該当 ～の correspondente. …に～する entrar na categoria de …, aplicar-se a …, corresponder a …, conformar-se com …. その規定に～する者はまだ現れていない Ainda não apareceram pessoas com os requisitos exigidos pelo regulamento.

かいどく 解読 decifração (f). ～する decifrar. 暗号電報を～する decifrar um criptograma. 遺伝子情報を～する decifrar os dados contidos no gene.

かいどく 買い得 boa compra (f), pechincha (f). このスカートは～だ Esta saia está barata.

ガイドライン diretriz (f). ～を決める estabelecer as diretrizes [a linha de conduta].

かいならす 飼いならす domesticar. 飼いならされた domesticado/da.

かいなん 海難 naufrágio (m). ～に遭う naufragar, sofrer um desastre marítimo. ♦海難救助 socorro (m) dos náufragos. 海難事故 sinistro (m) marítimo; 〔難破〕naufrágio. 海難信号 sinal (m) de perigo marítimo, SOS.

かいにゅう 介入 ❶ intervenção (f). ❷〔干渉〕intromissão (f). …に～する intervir em …, intrometer-se em …. 第三者の～ intervenção de terceiros. ♦軍事介入 intervenção militar.

かいにん 解任 afastamento (m), demissão (f). ～する demitir, afastar. ～される ser demitido/da, ser afastado/da.

かいぬし 飼い主 dono/na (de um animal doméstico).

かいね 買い値 preço (m) de compra. その割引をするとこの商品は～を割る Se eu lhe der esse desconto, esta mercadoria vai ficar abaixo do preço de compra.

がいねん 概念 noção (f), ideia (f) geral; conceito (m), concepção (f). ～的な conceitual. …についての～を与える dar uma ideia (geral) de …. 基礎的な経済～ conceitos básicos de economia.

かいば 海馬 【解】hipocampo (m).

がいはく 外泊 pernoite (m) fora de casa. ～する dormir fora de casa, não voltar para casa para dormir. 昨夜は～したのですか Você dormiu fora ontem à noite?

かいはつ 開発 desenvolvimento (m); 〔資源などの〕exploração (f). ～する desenvolver; explorar. 資源を～する explorar os recursos naturais. 新製品を～する部署 seção (f) de desenvolvimento de novos produtos. ♦開

発途上国 país (m) em desenvolvimento.
かいばつ 海抜 altitude (f) acima do nível do mar. 富士山は～3776メートルです A altura do Monte Fuji é de três mil setecentos e setenta e seis metros acima do nível do mar.
がいはんしつ 外反膝 (X脚) 〔医〕genuvalgo (m), joelho (m) em X.
がいはんぼし 外反母趾 〔医〕joanete (m).
かいひ 会費 quota (f), taxa (f). 学会の年～ taxa anual de uma associação de estudos. そのパーティーの一人いくらですか Quanto é cada um vai pagar nessa festa?/Quanto é a entrada dessa festa? この前のパーティーの～を払ってください Por favor, pague a (taxa da) festa do outro dia.
かいひ 回避 ～する evitar. 衝突を～する evitar o choque;〔逃れる〕escapar. 責任を～する fugir à responsabilidade.
がいひ 外皮 ❶〔植物の〕cutícula (f), epiderme (f). ❷〔動物の〕epiderme (f), tegumento (m). ◆外皮系 sistema (m) tegumentar.
かいひょう 開票 apuração (f) de votos. ～する abrir as urnas. ◆開票速報 informação (f) imediata dos resultados da eleição.
がいぶ 外部 parte (f) exterior, o exterior. 家の～ o exterior da casa. ～の人 pessoa (f) de fora (da estrutura ou grupo). ～に秘密が漏れた Houve ∟vazamento do segredo [quebra de sigilo].
かいふう 開封 abertura (f) de uma carta. ～の郵便物を受け取る receber um objeto postal aberto. 手紙を～する abrir uma carta. 手紙を～で出す mandar [enviar] uma carta aberta. ～後 após [depois de] abertа a embalagem.
かいふく 回復 recuperação (f). 経済の～ recuperação da economia. 病気の～ cura (f) da doença. 病人の～ restablecimento (m) do/da doente. ～する〔病気が〕recuperar-se, sarar. 名誉を～する reabilitar-se. 故障した部分の～には時間がかかります Vai levar um bom tempo para se consertar a parte enguiçada. 彼女はまだ病気が～していないのですか Ela não sarou ainda? ◆回復期 convalescença (f).
かいふくしゅじゅつ 開腹手術 〔医〕laparotomia (f), celiotomia (f).
かいぶつ 怪物 monstro (m).
かいへい 開閉 o abrir e o fechar, a abertura e o fechamento. このドアの～は自動的だ Esta porta abre e fecha automaticamente. ◆開閉器〔電〕interruptor (m). 開閉橋 levadiça (f), ponte (f) levadiça.
がいへき 外壁 muro (m) exterior [externo], parede (f) exterior [externa].
かいへん 改変 modificação (f), mudança (f), inovação (f). ～する modificar, mudar, inovar.
かいへん 改編 reorganização (f). ～する reorganizar.
かいほう 解放 liberação (f), libertação (f), emancipação (f). ～する liberar, libertar, emancipar. …から～される libertar-se [livrar-se, ficar livre] de …. 奴隷を～する libertar [emancipar] os escravos. 負債から～される livrar-se [ficar livre] de uma dívida. ハイジャックの犯人たちは人質をすべて～した Os sequestradores do avião soltaram todos os reféns.
かいほう 開放 abertura (f) ao público. ～的 aberto/ta. ～的な人 pessoa (f) aberta. ～する abrir ao público. 校庭を～する disponibilizar o pátio da escola ao público, colocar o pátio da escola à disposição do público. この会館は一般に～されていますか Esta casa está aberta ao público em geral?
かいほう 介抱 ～する cuidar de …, assistir [atender] a … (um doente, um bêbado). 病人を～する assistir a um doente, cuidar de um enfermo [paciente].
かいほう 会報 boletim (m) de uma associação.
かいぼう 解剖 anatomia (f);〔検死〕autópsia (f). 遺体を～する fazer a autópsia de um cadáver. ◆解剖学 anatomia (f). 解剖学者 anatomista.
かいまく 開幕 〔演劇〕início (m) de uma peça;〔試合〕início do campeonato. ～を告げるベルが鳴った Bateu o sinal do início ∟da peça [do campeonato].
かいむ 皆無 nada (m), zero (m). 彼女は古典文学の知識は～だった Os conhecimentos dela sobre a literatura clássica eram nulos.
がいむ 外務 ◆外務省 Ministério (m) das Relações Exteriores, Ministério dos Negócios Estrangeiros. 外務大臣 Ministro/tra das Relações Exteriores.
かいめい 解明 ～する apurar, esclarecer, descobrir. 問題点を～する elucidar [esclarecer] os pontos problemáticos. 事件を～する apurar uma ocorrência.
かいめつ 壊滅 ❶ destruição (f), ruína (f) total. ❷〔敗北〕derrota (f). ❸〔全滅〕aniquilamento (m). ～する ser destruído/da, ficar em ruína, aniquilar-se. 地下組織は～した A organização subversiva foi completamente derrotada. ～させる destruir, arruinar, aniquilar. 津波は町を～させた A cidade ficou em ruínas devido às ondas *tsunami*.
かいめん 海面 superfície (f) do mar. ～が上がっている O nível do mar está subindo.
がいめん 外面 ❶ face exterior (m), superfície (f). ❷〔見かけ〕aparência (f). ～的な superficial, aparente. ～的な美しさ beleza (f) aparente. 彼は物事の～しか見ない Ele só julga as coisas pela aparência./Ele só pensa nas coisas superficialmente.
かいもどす 買い戻す resgatar, comprar de

かいもの 買い物　compra (f). お得な〜 boa compra, compra vantajosa. 損な〜 má compra, compra desvantajosa. 青空市で〜をする fazer compras na feira, fazer a feira. 私はあの店でちょっと〜をしてきます Vou fazer compras naquela loja e já volto. ♦買い物客 freguês/guesa, cliente. volta. 〜ことのできない irresgatável.

がいや 外野　〚野球〛campo (m) externo. ♦外野手 jogador/ra que ocupa uma posição no campo externo. ¶ 〜うるさいぞ Você não tem [Vocês não têm] nada a ver com o assunto!

かいやく 解約　anulação (f) de contrato, rescisão (f). 定期預金の〜 resgate (m) da poupança a prazo. 一方的な〜 rescisão unilateral do contrato. 〜する rescindir [anular] um contrato, cancelar. 生命保険を〜する rescindir a apólice de seguro de vida. ♦解約手数料 multa (f) pela rescisão de contrato, comisso (m). 解約払戻金 reembolso (m) pela rescisão de contrato.

かいよう 海洋　oceano (m), mar (m). 〜の oceânico/ca, marítimo/ma. 〜の一次生産力 produção (f) [matéria (f) prima] marítima. ♦海洋汚染 poluição (f) marítima. 海洋学 oceanografia (f). 海洋学者 oceanógrafo/fa. 海洋性気候 clima (m) marítimo.

かいよう 潰瘍　〚医〛úlcera (f). 胃に〜ができる ficar com úlcera no estômago. 私は胃に〜[胃に〜]がある Tenho (Estou com) úlcera no estômago.

がいよう 概要　resumo (m), sumário (m).

かいらい 傀儡　fantoche (m), marionete (m). ♦傀儡政権 governo (m) de títere, governo fantoche.

がいらい 外来　〜の 1) vindo/da do exterior [estrangeiro], de origem estrangeira, importado/da. 2) vindo/da de fora. ♦外来患者 paciente não hospitalizado/da 《que veio de fora do hospital》. 外来語 palavra (f) de origem estrangeira. 外来個体群 〚生〛população (f) invasora. 外来思想 ideologia (f) importada. 外来種 〚生〛espécie (f) invasora [importada, vinda de fora].

かいらく 快楽　prazer (m), prazeres (mpl); [官能的な] voluptuosidade (f). 〜的な voluptuoso/sa, sensual. 〜を追い求める ir atrás dos [buscar os] prazeres. 〜にふける entregar-se aos prazeres. ♦快楽主義 hedonismo (m), epicurismo (m). 快楽主義者 hedonista, epicurista.

かいらん 回覧　leitura (f) de um aviso [uma circular] que deve ser passado/da de mão em mão. 〜する mandar [passar] uma circular. ♦回覧板 circular (f) 《enviada pela prefeitura (ou escola) para o primeiro de uma lista de membros [participantes] que, depois de lê-la e assiná-la, deve passá-la para o seguinte da lista》.

かいり 乖離　〚心〛alienação (f). 〜する alienar-se. 彼は〜状態に陥ってしまった Ele acabou tendo um estreitamento de consciência./《口語》Acabou dando um curto-circuito nele.

かいり 海里　milha (f) marítima (= 1852m).

かいり 解離　〚化〛dissociação (f). ♦解離圧 pressão (f) de dissociação. 解離エネルギー energia (f) de dissociação.

かいりつ 戒律　mandamento (m), preceito (m). 〜を守る guardar [observar] os preceitos. 〜を破る violar os preceitos.

がいりゃく 概略　resumo (m), sumário (m). 彼はその計画の〜を述べた Ele apresentou a súmula desse plano.

かいりゅう 海流　corrente (f) marítima.

かいりょう 改良　melhoramento (m), aperfeiçoamento (m). 〜する melhorar, aperfeiçoar. それは〜の余地がある Isso ainda pode ser melhorado. ♦品種改良 melhoramento das espécies.

かいろ 回路　〚電〛circuito (m) elétrico. ♦回路遮断機 interruptor (m) de circuito elétrico. 集積回路 circuito integrado.

かいろ 海路　rota (f) marítima, via (f) marítima. 〜で神戸に行く ir a Kobe por via marítima.

かいろ 懐炉　aquecedor (m) de bolso 《que pode ser colocado em várias partes do corpo》.

がいろじゅ 街路樹　árvores (f) de uma alameda [aleia (f)].

かいわ 会話　conversação (f); [対話] diálogo (m). 〜体の coloquial. …と〜する conversar com …. 彼はポルトガル語の〜が上手だ Ele sabe falar bem o português.

かいん 下院　Câmara (f) dos Deputados. ♦下院議員 deputado/da. 下院議長 presidente/ta da Câmara dos Deputados.

*かう 買う　comprar [コンプラール]. 友人から家を〜 comprar uma casa de um/uma amigo/ga. …をクレジットカードで〜 comprar … no [com o] cartão (de crédito). …を現金で買います Vou comprar … à vista. …をクレジットで買いました Eu comprei … a prestação [a prazo]. お土産を買ってきてください Compre-me suvenires. 〜ますか? 君はそのお金で何を〜つもりですか O que você pretende comprar com esse dinheiro? ¶ …の才能を高く〜 apreciar muito o talento de …. …の怒りを〜 provocar a ira de …. 仲裁を買って出る oferecer-se para ser o/a mediador/ra.

かう 飼う　criar, ter. 何か動物を飼っていますか Tem algum animal de estimação?

カウボーイ　caubói (m), vaqueiro (m) do oeste americano.

ガウン　roupão (m).

カウンセラー ❶ psicólogo/ga. ❷ 〔学校の〕conselheiro/ra escolar, orientador/ra educacional. ❸ 〔職場の〕consultor/ra psicológico/ca do local de trabalho.

カウンセリング orientação (*f*); 〔心理面の〕aconselhamento (*m*) psicológico.

カウンター ❶ balcão (*m*). 〜の売り子 caixeiro/ra de balcão. ❷ 〔計数器〕contador (*m*).

カウンターアタック 《サッカー》contra-ataque (*m*). 〜をする contra-atacar. チームは〜するために敵を引き寄せた O time atraiu o adversário para contra-atacar.

カウント conta (*f*), contagem (*f*). 〜する contar. 彼は人数に〜されていない Ele não está incluído no grupo. ♦カウントダウン contagem regressiva.

かえ 替え ❶ 〔着替え〕muda (*f*) [troca (*f*)] de roupa. シャツの〜 muda de camisa. ❷ 〔代わり〕substituição (*f*).

*****かえす 返す** ❶ 〔人に〕devolver [デヴォウヴェール]. ❷ 〔場所に〕pôr no lugar. この書類をもとの場所に返しなさい Ponha essa papelada no lugar. ❸ 〔借金を〕reembolsar [ヘエンボウサール]. きのうの 6000 円をいつ返してくれますか Quando você vai me devolver os seis mil ienes de ontem? ❹ 〔言葉を〕responder [ヘスポンデール], reagir [ヘアジール], contradizer [コントラヂゼール]. お言葉を〜ようですがそれは会議で決めたことと違っています Pode parecer que estou querendo contradizê-lo, mas isso está diferente do que foi decidido na reunião. ❺ 〔取り返す〕recuperar [ヘクペラール], restaurar [ヘスタウラール]. ¶ 礼を〜 devolver La gentileza [o favor]. 昨日は静か過ぎて〜波の音しか聞こえなかった Ontem estava tão silencioso que só se ouvia o som do Lir e vir [vaivém] das ondas.

かえす 帰す fazer [deixar, mandar] ir embora.

かえす 孵す incubar, fazer chocar. 鶏は卵を孵した A galinha chocou o ovo.

かえだま 替え玉 ❶ substituto/ta, testa-de-ferro. ♦替え玉受験 ato (*m*) de fazer uma prova no lugar de outra pessoa. ❷ 〔映〕dublê. ❸ 〔料〕massa (*f*) extra em restaurantes de Lmacarrão chinês [*ramen*].

かえって pelo contrário, até, ao invés de melhorar, longe de fazer bem. 彼女はまじめすぎて〜嫌われている Sua seriedade demasiada, longe de inspirar simpatia, está causando antipatia. 私は手術を受けたら〜癌が大きくなってしまった Meu câncer acabou até crescendo depois da operação. 考えれば考えるほど〜わからなくなった Quanto mais pensava, menos entendia das coisas. 私の助けは〜彼の迷惑になってしまった A minha ajuda acabou sendo até um incômodo para ele. それは〜やらないほうがよかった Teria sido até melhor não fazer isso. 彼女は前より〜彼が好きになった Agora ela gosta dele mais do que antes até. おじいさんのほうが若者より〜よく働く Os idosos trabalham até mais do que os jovens.

かえで 楓 〔植〕bordo (*m*) 《árvore》; 〔枝〕madeira (*f*) de bordo.

かえり 帰り volta (*f*), regresso (*m*). 〜が早い(遅い) voltar cedo (tarde). 〜を急ぐ apressar-se a voltar. 〜じたくをする preparar-se para voltar. 行きも〜も歩く andar na ida e na volta. 〜に家の家によってもいいですか Posso passar na sua casa, na volta?

かえりみち 帰り道 caminho (*m*) de volta [regresso]. 学校の〜で na volta da escola.

かえりみる 顧みる ❶ 〔振り向く〕olhar para trás, voltar-se. ❷ 〔回顧する〕relembrar, recordar. 学生時代を顧みれば恥ずかしいことの数々だ Se me lembrar do meu tempo de estudante, quantas e quantas vergonhas .... 顧みれば 20 年も昔のことだ Olhando para trás, isto já tem vinte anos. ❸ 〔気にかける〕olhar (por), cuidar de. 彼は家族を顧みない Ele não cuida da família.

*****かえる 変える** ❶ mudar [ムダール], transformar [トランスフォルマール]. 住所を〜 mudar-se, mudar de casa; mudar de endereço. 話題を変えましょう Vamos mudar de assunto. 先生にしかられて以来太郎君は態度を大分変えた Desde o sermão do professor, Taro mudou radicalmente de atitude. ❷ reverter [ヘヴェルテール]. 状況を〜 reverter uma situação.

*****かえる 換える, 替える, 代える** ❶ trocar [トロカール], cambiar [カンビアール], permutar [ペルムタール]. この 1 万円札を 500 円硬貨に替えてください Favor trocar esta nota de dez mil ienes por moedas de quinhentos ienes. ❷ renovar [ヘノヴァール]. 金魚ばちの水を換える trocar a água do aquário. ❸ substituir [スビスチトゥイール]. いくら費用がかかっても息子の命には代えられない Não importa a quantia, não há nada que substitua a vida de meu filho!

*****かえる 帰る** voltar [ヴォウタール], retornar [ヘトルナール]; ir para casa. いつ出張からお帰りになったのですか Quando o/a senhor/ra voltou da viagem? それでは、帰りましょうか Então, vamos voltar para casa? お帰りなさい 《俗》Oi, correu tudo bem hoje?/Oi +相手の名前. あの方は手術されてそのまま帰らぬ人となりました Aquele senhor sofreu uma cirurgia e veio a falecer.

*****かえる 返る** ❶ voltar (ao estado anterior), recuperar-se [ヘクペラール スィ]. 彼は正気に返らないので病院に連れて行くべきだ Como ele não volta a si, é melhor levá-lo a um hospital. ❷ ser devolvido/da. 本はもう図書館に返ってきた O livro já foi devolvido à biblioteca.

かえる 蛙 〔動〕sapo (*m*), rã (*f*).

かえる 孵る 〔卵が〕chocar, dar choca 《o ovo》. 卵がかえった O ovo chocou.

かお 顔 rosto(m) [ホースト], cara(f) [カーラ], face(f) [ファッスィ], ar(m) [アール]. ～を赤らめる enrubescer, corar. ～をしかめる mostrar-se zangado/da, 《俗》fazer cara feia [de quem comeu e não gostou]. …と～を合わせる encontrar-se com …. …の～を知っている conhecer … de vista. …に～をそむける virar o rosto [a cara] para …. …に～を出す comparecer a …, ir a … só para dar um alô. ～がつぶれる perder a face. そんなことをしてもらっては私の～がつぶれますよ Se você me faz uma coisa dessas, eu perco a face [《俗》a minha cara cai no chão]. …の～を立てる dar uma saída honrosa a …. ～が広い ter muitos conhecidos. …に～がきく ter influência [ascendência, poder, domínio] sobre …. 親の～に泥をぬる desonrar o nome dos pais. 彼はその計画については何も知らないような～をしている Ele está se fazendo de desentendido com relação a esse plano.

かおあわせ 顔合わせ ❶〔会合〕primeiro encontro(m), apresentação(f). 新郎新婦の家族は～をした As famílias dos noivos se conheceram [se apresentaram]. ❷〔俳優の共演〕representação(f) conjunta de atores famosos.

かおいろ 顔色 cara(f), aspecto(m). あなたはきょう～が悪い Hoje você está pálido [com aspecto doentio].

かおく 家屋 casa(f).

かおじゃしん 顔写真 fotografia(f) (só) do rosto (para documentos).

カオス caos(m).

かおだし 顔出し ～する〔パーティーなどに〕aparecer [comparecer] numa reunião;〔ご機嫌伺いに〕ir perguntar pela saúde ou situação de alguém. 彼女は最近あまり私のところへ～していない Recentemente ela não tem vindo me ver. 会合にちょっと～してきます Vou à reunião só para fazer um ato de presença [dar um alô].

かおだち 顔立ち feições(fpl), fisionomia(f). ～がよい ter boa aparência. 彼は～が整っている Ele tem feições bem moldadas. 彼は～が父親そっくりだ Ele é a cara do pai.

かおつき 顔つき semblante(m), expressão(f), aspecto(m), cara(f). 不愉快そうな～をする fazer cara de desagrado《口語》de quem comeu e não gostou》. 彼は厳しい～をしている Ele tem uma expressão sisuda [grave]. 意味ありげな～をする fazer cara de quem quer insinuar alguma coisa.

かおなじみ 顔馴染み conhecido/da de longos anos, velho/lha conhecido/da.

かおぶれ 顔触れ membros(mpl), pessoal(m). いつもの～が来た Vieram os membros de sempre. 新内閣の～ integrantes do novo gabinete.

かおまけ 顔負け ～する reconhecer-se [sentir-se] inferior, ficar admirado/da. 彼はあまりにも優れているので専門家も～だ Ele é tão excelente que até os profissionais se sentem inferiores.

かおみしり 顔見知り pessoa(f) conhecida, conhecido/da. 彼とは～であるがしゃべったことはない Eu o conheço de vista mas nunca conversei com ele.

かおり 香り cheiro(m), aroma(m).

かおる 香る cheirar, exalar um bom cheiro [aroma].

がか 画家 pintor/ra.

かがい 加害 〖法〗agressão(f), ofensa(f). ♦加害者 agressor/ra, autor/ra (da agressão).

かがい 課外 ～の extracurricular. ♦課外活動 atividade(f) extracurricular.

かかえこむ 抱え込む ❶ carregar. ❷ assumir algo oneroso. 多くの仕事を～ encarregar-se de uma grande quantidade de serviços. 難題を一人で～ assumir sozinho/nha a solução de um problema difícil.

かかえる 抱える ❶〔腕などに〕levar algo (alguém) nos braços, carregar. 彼女は荷物を抱えて急いで出ていった Ela saiu correndo com o pacote nos braços. ❷〔負担になるものを〕ter, enfrentar, sustentar. 彼は家族を抱えている Ele tem uma família para sustentar. その家族は病人を抱えていた Essa família tinha um doente para cuidar [precisava cuidar de um doente]. 国は多くの問題を抱えている O país enfrenta [está com] muitos problemas. 仕事を山ほど抱えている estar super atarefado.

カカオ 〖植〗cacau(m).

かかく 価格 preço(m). 価格統制 controle(m) dos preços. 価格破壊 baixa(f) forçada dos preços. 価格表 lista(f) dos preços. 市場価格 preço de mercado. 末端価格 preço ao consumidor final. ⇨値段.

かがく 化学 química(f). ～的な químico/ca. ～的に quimicamente.

♦化学記号 símbolo(m) químico. 化学作用 ação(f) química. 化学式 fórmula(f) química. 化学者 químico/ca. 化学繊維 fibra(f) sintética química. 化学調味料 condimento(m) químico. 化学反応 reação(f) química. 化学肥料 adubo(m) químico. 化学兵器 arma(f) química. 化学変化 transformação(f) química. 化学薬品 produto(m) químico. 化学療法 quimioterapia(f). 無機化学 química inorgânica. 有機化学 química orgânica.

かがく 科学 ciência(f). ～的 científico/ca. ～的に cientificamente. ♦科学技術 técnica(f) científica. 科学者 cientista. 自然科学 ciências(fpl) naturais.

ががく 雅楽 〖音〗música(f) tradicional da

corte imperial japonesa.

かかげる 掲げる 〔看板など〕levantar, erguer, alçar;〔旗など〕hastear, içar. ブラジルの国旗が掲げてあるところが大使館です A embaixada é o prédio onde está com a bandeira brasileira hasteada. プラカードを掲げて歩く andar com o cartaz erguido.

かかし 案山子 espantalho (m) 《para proteger a lavoura dos pássaros e outros inimigos》.

かかす 欠かす deixar faltar, deixar de (＋不定詞)〔＋infinitivo〕. 彼は1日も散歩を欠かさない Ele não deixa de passear [fazer o seu passeio] nem um dia. 欠かせない indispensável, imprescindível. 水は生物に欠かせないものである A água é indispensável aos seres vivos. ブラジル人は1日もコーヒーを～ことができない Os brasileiros não podem passar nem um dia sem o café. 私は一度も欠かさず会に出席した Nunca faltei às reuniões.

かかと 踵 ❶ calcanhar (m). アキレスの～ calcanhar-de-aquiles (＝弱点). ❷〔靴の〕salto (m)《de sapato》. 靴の～が減っている O salto de sapato está gasto.

かがみ 鏡 espelho (m). ～を見る ver-se no espelho. ～に映る refletir-se no espelho.

かがみびらき 鏡開き cerimônia (f) xintoísta que consiste em desfazer o enfeite de ano-novo e comer o bolo de arroz.

かがみもち 鏡餅 bolo (m) de arroz em forma redonda e achatada.

かがむ agachar-se, acaçapar-se.

かがやかしい 輝かしい brilhante, promissor/ra, resplandescente. ～未来 um futuro brilhante [promissor].

かがやき 輝き brilho (m), cintilação (f), resplandescência (f).

かがやく 輝く 〔光る〕brilhar, cintilar, resplandecer;〔明滅して〕brilhar intermitentemente. 彼の顔を見たとたんに輝いた O rosto dele se iluminou assim que me viu. 彼女はいつも輝いている Ela está sempre entusiasmada com alguma coisa.

かかり 係 ❶〔担当〕cargo (m), serviço (m). ❷〔担当者〕encarregado/da 《de algo》. 彼が会計～だ Ele é o encarregado de caixa. ～の者がいないのでまたお電話いただけますでしょうか Sendo que o encarregado está ausente no momento, poderia fazer o favor de nos telefonar numa outra ocasião? ◆係員 encarregado/da. 係長 chefe de seção.

-がかり ❶〔入用〕uso (m), emprego (m)《de tempo ou mão-de-obra》. これは4人～で一年かかる仕事だ Isto é trabalho de um ano para quatro pessoas. 一日～でクリスマスツリーを飾りました Levamos um dia inteiro para enfeitar a árvore de Natal. ❷〔ついで〕passagem (f). 通り～に結婚式を見た Vi de passagem um casamento. ❸〔類似〕seme-

lhança (f). 芝居～に de modo [maneira] teatral.

＊かかる 掛かる 〔費用が〕custar [クスタール];〔時間が〕levar [レヴァール];〔病気に〕ficar com, apanhar [《口語》pegar] (uma doença);〔医者に〕consultar [コンスウタール], ir a;〔成否が〕depender de;〔ぶら下がる〕pender [ペンデール], estar pendurado/da;〔わなどに〕cair (numa cilada etc). 新幹線で大阪までいくらかかりますか Quanto custa o trem bala daqui até Osaka? 君の家から会社までどのくらいかかりますか Quanto tempo se leva da sua casa até a companhia? 鳥インフルエンザに～ apanhar [ficar com, pegar] a gripe aviária. 結核に～ ficar com tuberculose. 彼は病気にかかりやすいのですか Ele é uma pessoa que fica doente à-toa? 1年に何回医者にかかりますか Quantas vezes por ano você vai ao médico? この企画が成功するかどうかは君の努力にかかっている O sucesso ou o fracasso deste projeto vai depender do seu esforço. 壁に絵がかかっている Há um quadro (de pintura) pendurado na parede. わなに～ cair na cilada [armadilha], ser ludibriado/da.

-がかる ❶ puxar para, tender a. 赤みがかった雲 nuvens (fpl) avermelhadas. ❷ assemelhar-se a. 芝居がかった言い方 modo (m) de falar teatral.

かかわらず apesar de; não obstante. 私の忠告にも～, 彼女は退職した Ela pediu demissão, apesar do meu conselho em contrário.

かかわり 関わり ❶ relação (f). ❷ envolvimento (m), ligação (f). 彼は事件への～を否定した Ele negou o seu envolvimento no caso.

かかわりあい 関わり合い relação (f), relacionamento (m). どうしてあんな連中と～を持つのだ Por que você se relaciona com pessoas daquela categoria?

かかわる 関わる ❶〔関係する〕relacionar-se [ter relação] com, envolver-se em. 彼女はこの事件にかかわっている Ela está envolvida no caso. ❷〔影響する〕ter influência sobre, comprometer, afetar. これは日本の将来に～問題かもしれない Este é um problema que pode comprometer [afetar] o futuro do Japão. これは彼の名誉に～問題だ Este é um assunto que compromete [põe em jogo] a honra dele.

かき 下記 ～の abaixo mencionado/da. 私の住所は～のとおりです O meu endereço é o seguinte.

かき 夏季 verão (m). ◆夏季講座 curso (m) de verão.

かき 夏期 período (m) de verão. ◆夏期休暇 férias (fpl) de verão.

かき 火器 arma (f) de fogo.

かき 火気 fogo (m). この部屋は～厳禁です《掲示》Proibido o uso de fogo nesta sala.

かき 牡蠣 〖貝〗ostra (f).
かき 垣 cerca (f).
かき 柿 caqui (m). ♦干し柿 caqui seco.
*かぎ 鍵 chave (f) [シャーヴィ]. 窓に～をかける fechar a janela a chave, trancar a janela. この戸は～がかからないのですか〔壊れている〕A fechadura desta porta está quebrada?/〔かぎが付いていない〕Esta porta não tem fechadura.
かきあげる 書き上げる terminar de escrever. 論文を～ aprontar [terminar de escrever] uma tese.
かきあつめる 掻き集める 〔落ち葉など〕ciscar; reunir, colher. 貯金をかき集めなければ払えません Só vou poder pagar somando todas as minhas economias.
かきいれどき 書き入れ時 momentos (mpl) de atividade intensa.
かきうつす 書き写す copiar, transcrever.
かきおき 書き置き recado (m), nota (f) escrita, bilhete (m). ～をする deixar um recado [bilhete].
かきおろし 書き下ろし livro (m) em primeira mão, escrito especialmente para a recente publicação.
かきかた 書き方 ❶〔書法〕modo (m) de escrever. ❷〔習字〕caligrafia (f).
かきごおり かき氷 〔料〕doce (m) de gelo ralado coberto de xarope.
かきことば 書き言葉 linguagem (f) escrita.
かきこみ 書き込み ❶〔注記〕anotação (f). ❷〔記入〕preenchimento (m) de dados pessoais. ♦書き込み用紙 formulário (m) 《para preencher os dados pessoais numa repartição etc》.
かきこむ 書き込む ❶ apontar, anotar. 手帳に工事の予定を～ agendar o cronograma das obras. ❷ preencher (um formulário). 書き込み用紙に生年月日を～ escrever a data de nascimento no formulário. この書き込み用紙に書き込んでください Por favor, preencha este formulário.
かきそえる 書き添える acrescentar por escrito.
かきたてる 掻き立てる atiçar, acirrar. 火を～ atiçar [avivar] o fogo. …の好奇心を～ incitar [aguçar] a curiosidade de …. 反政府感情を～ incitar [acirrar] os sentimentos antigovernistas.
かきつばた 杜若 〖植〗Iris (m) (do Japão).
かきて 書き手 autor/ra, escritor/ra.
かきとめ 書留 この手紙を～にしてください Por favor, queria mandar esta carta registrada. ♦書留小包 colis (m) registrado. 書留郵便 encomenda (f) registrada. 書留料金 taxa (f) de registro.
かきとめる 書き留める tomar nota. 忘れないうちに書き留めてください Tome nota antes que esqueça.
かきとり 書き取り ❶〔書き留めること〕ato (m) de tomar nota. ❷〔口述〕ditado (m). ～をする tomar nota do que foi ditado;〔ディクテーション〕fazer o ditado.
かきなおす 書き直す escrever de novo, refazer, reescrever. この報告書は～必要がある É preciso refazer este relatório.
かきね 垣根 cerca (f).
かぎばり 鉤針 gancho (m).
かきまぜる かき混ぜる misturar.
かきまわす かき回す 〔料理など〕mexer;〔ごちゃごちゃにする〕revolver, remexer. 引き出しの中をかき回さないでください Não remexa a gaveta.
かきみだす かき乱す perturbar, abalar, causar confusão em. 平和を～ perturbar a paz. …の気持ちを～ deixar … psicologicamente abalado/da, mexer com o coração de ….
かきむしる 掻きむしる arrancar, despedaçar. 髪の毛を～ arrancar os cabelos.
かきゅう 下級 categoria (f) inferior, nível (m) inferior. ～の inferior, de classe baixa. ♦下級裁判権〖法〗jurisdição (f) inferior. 下級裁判所 juízo (m) [tribunal (m)] inferior, tribunal de primeira instância. 下級審 instância (f) inferior. 下級審裁判官 juiz/juíza inferior.
かぎょう 家業 ocupação (f) ou comércio (m) da família. ～を継ぐ continuar os negócios do pai.
かぎらない （…とは）限らない nem sempre. ためになる本が必ずしもおもしろいとは限らない Nem sempre um livro útil é interessante.
かぎり 限り ❶〔限度〕limite (m). 我々の予算には～がある Nossa verba tem limites. 医者を～なく信頼する ter [depositar] uma confiança sem limites [ilimitada] no médico. ❷〔期間〕enquanto. 命ある～この仕事を続けます Enquanto for vivo/va, vou continuar trabalhando nisto aqui. ❸〔条件〕contanto que. 雨が降らない～散歩をする dar uma caminhada contanto que não chova. ❹〔範囲〕o mais … possível. できる～すぐにこの仕事を片付けなさい Termine este serviço o mais cedo possível. 私の知る～では até onde eu sei. 私に関する～ no que ㎗diz respeito a mim [me concerne]. それはうれしい～です Isso só pode me deixar feliz!
かぎる 限る ❶ limitar. 人数を～ limitar o número de pessoas. この図書館の利用者は18歳以上に限られている É proibida a entrada de menores de dezoito anos nesta biblioteca (国会図書館のこと)《caso da Biblioteca do Parlamento, em Tóquio》. ❷ restringir. 問題はそのことに限らない O problema ㎗não se restringe a isso [não está só nisso]. そればかりとは限らない Não se pode dizer que é só isso. 健康のためには歩くに～ Para se ter boa saúde, é só andar./A saúde se restringe nisto:"andar". ビールは生に～ Cerveja,

Tem que ser chope!/Nada melhor que um chope quando se tratar de cerveja! ¶ …に限って logo. 彼に限ってそんなことをするはずがない Você acha que logo ele iria fazer uma coisa dessas? 今日に限って財布を忘れてきてしまった Logo hoje fui esquecer a carteira.

*かく 描く ［鉛筆、ペン、クレヨンで絵、図形を］desenhar ［デゼニャール］, pintar ［ピンタール］, traçar ［トラサール］. 絵を〜 pintar um quadro. 円を〜 traçar um círculo. この紙に駅から君の家までの地図をかいてください Por favor, trace aqui neste papel o mapa da estação até à sua casa.

*かく 書く escrever ［エスクレヴェール］. 詩を〜 escrever poesia; ser poeta. 小説を〜 escrever um romance ［ser romancista］. 字をじょうずに〜 ter boa caligrafia. その書類には何と書いてありますか O que está escrito nesse documento? あなたはもうあの報告書を書きましたか Você já escreveu aquele relatório?

かく 欠く ❶［不足する］faltar, estar com falta de, não ter, ［estar com］ carência de. 〜ことのできない que não pode faltar, que não se pode deixar de fazer, imprescindível, de primeira necessidade. 自動車は私たちの生活に〜ことができない O automóvel é uma coisa imprescindível na nossa vida. 彼女を有罪にするには証拠を〜 Faltam provas para decidir ∟a sua culpabilidade ［《口語》a culpabilidade dela］. ❷［怠る］descuidar, faltar a. 礼儀を〜 ser indelicado/da. 義理を〜 faltar ao dever social, deixar de cumprir um dever social. ❸［壊す］quebrar ［partir］ parte de. 皿を〜 partir uma parte do prato.

かく 掻く ❶［指などで］coçar. 頭を〜 coçar a cabeça. ❷［シャベルなどで］remover, cavar e amontoar com pá. 道路の雪をかきましょう Vamos remover a neve da rua. ❸［落ち葉などを］juntar com o ciscador. ❹［体の外に出す］exalar, deixar sair. 汗を〜 suar, transpirar. ❺［こねる］remexer, amassar, misturar. からしを〜 amassar ［remexer, bater］ a mostarda (em pó, colocando-lhe água). ❻［削る］raspar, ralar. かつおぶしを〜 raspar o peixe bonito seco.

かく 核 ［生・理］núcleo (m). 〜の nuclear. 〜のごみ lixo (m) nuclear. 〜の傘 garantia (f) de segurança obtida através da proteção de uma potência possuidora de armas nucleares, guarda-chuva nuclear. 〜の傘に入る ser protegido/da por uma potência possuidora de armas nucleares. 加工された〜廃棄物 lixo nuclear processado. 日本は〜廃棄物を加工するのが大変な国である O Japão é um país que tem dificuldade em reprocessar lixos nucleares.

♦核エネルギー energia (f) nuclear. 核拡散防止条約 Tratado (m) de Não Proliferação das Armas Nucleares. 核家族 família (f) nuclear. 核実験禁止条約 Tratado de Proibição dos Testes Nucleares. 核戦争 guerra (f) nuclear. 核弾頭 ogiva (f) nuclear. 核弾頭ミサイル míssil (m) com ogivas nucleares. 核燃料 combustível (m) nuclear. 核爆弾 bomba (f) nuclear. 核分裂 cisão (f) nuclear. 核兵器 arma (f) nuclear. 核(兵器)保有国 potência (f) nuclear. 核融合 fusão (f) nuclear. 地下核実験 teste (m) nuclear subterrâneo.

かく 格 ❶ grau (m), categoria (f), posição (f). 〜が上がる ser promovido/da; elevar-se como ser humano e social. そんなことを言ったら〜が下がりますよ Se você diz uma coisa dessas, você se rebaixa. この分野ではあなたと彼とでは〜が違う（あなたのほうが上です）Nesta área de estudos, ele nem chega a seus pés. ❷［文法］caso (m). 〜変化させる declinar. ♦格変化 declinação (f). 主格 nominativo (m). 属格 genitivo (m). 与格 dativo (m). 対格［目的格］acusativo (m). 呼格 vocativo (m). 奪格 ablativo (m).

かく 角 ［数］ângulo (m). ♦鋭角 ângulo agudo. 三角 triângulo (m). 四角 quadrado (m). 直角 ângulo reto. 鈍角 ângulo obtuso. ⇨角度.

かく 各- cada …. 懇談会に〜クラスから二人ずつ代表者を出してください Enviem dois representantes de cada classe para a mesa redonda.

かく 隔- sim … não. 〜日に dia sim dia não. 〜行に書く escrever ∟em linhas alternadas ［uma linha sim uma linha não］.

かぐ 家具 mobília (f), móveis (mpl). あなたのアパートに〜はもうそろいました O seu apartamento já está com a mobília completa? ♦家具付きアパート apartamento (m) mobiliado. 家具屋 mobiliária (f), loja (f) de móveis.

▶家具のいろいろ◀
| 椅子 (いす) cadeira ［カデイラ］(f)
| ひじ掛け椅子 poltrona ［ポウトローナ］(f)
| ソファー sofá ［ソファー］(f)
| 机 escrivaninha ［エスクリヴァニーニャ］(f)
| テーブル mesa ［メーザ］(f)
| 箪笥 (たんす) guarda-roupa ［グァルダ ホーウバ］(m)
| 本棚 estante de livros ［エスタンチ ヂ リーヴロス］(f)
| カーテン cortina ［コルチーナ］(f)
| ブラインド persiana ［ペルスィアーナ］(f)
| じゅうたん tapete ［タペッチ］(m)
| ベッド cama ［カーマ］(f)

かぐ 嗅ぐ cheirar. ちょっと〜 dar uma cheirada (em). この花のにおいをかいでごらんなさい Experimente cheirar esta flor.

がく 額 ❶ quadro (m). 絵を〜に入れる colocar a pintura num quadro. 〜を壁にぶらさげる pendurar o quadro na parede. ❷［金額］

かくあげ 格上げ promoção (f). 〜する promover. 〜の見込みのある/da a 〜.

かくい 各位 senhores e senhoras, a quem possa interessar. 教授〜 (com todo o respeito dirijo-me) a todos os professores 《não se coloca "sama"（様）depois deste termo, pois ele já é de muito respeito》.

かくいつ 画一 uniformidade (f) (=画一性). 〜的な uniforme, padronizado/da. 〜化する uniformizar, padronizar. 〜的には処理できない問題 um problema que ∟não possibilita uma solução padronizada 《《口語》 não dá para ser resolvido uniformemente》. 〜的な社会 sociedade (f) uniforme. ◆画一化 uniformização (f), padronização (f). 画一料金 preço (m) único.

かくう 架空 〜の〔空想の〕imaginário/ria, fictício/cia;〔実在しない〕só de nome; falso/sa, frio/fria. 〜の明細書 nota (f) fria [falsa]. 〜名義で com nome falso.

かくえきていしゃ 各駅停車 (trem) comum 《que para em todas as estações》. この電車は〜ですか Este trem para em todas as estações? /《口語》 Este trem é o pinga-pinga?

かくかい 各階 cada andar (m) [piso (m)]. 〜止まりのエレベーター elevador (m) que para em todos os andares. ジュースの自動販売機が〜に設置してある Vendedoras automáticas de refrigerantes estão instaladas em todos os andares.

かくがり 角刈り corte (m) de cabelo à escovinha. 〜にする cortar o cabelo à escovinha.

がくかんせつ 顎関節〔解〕articulação (f) temporomandibular 《articulação da mandíbula com o crânio》. ◆顎関節症〔医〕disfunção (f) da articulação temporomandibular.

かくぎ 閣議 reunião (f) ministerial, conselho (m) de ministros. 問題を〜にかける submeter uma questão à apreciação do conselho ministerial. 〜を開く realizar uma reunião ministerial. ◆定例閣議 reunião ordinária de ministros. 臨時閣議 reunião extraordinária de ministros.

がくげいかい 学芸会 festival (m) de música e teatro dado pelos alunos.

かくげつ 隔月 〜の bimestral. この雑誌は月2回ではなく〜に刊行されている Esta revista é bimestral e não bimensal.

かくげん 格言 provérbio (m).

かくご 覚悟 〔心構え〕disposição (f);〔決心〕resolução (f). …に対して〜している estar preparado/da para …. あなたは何が起ころうと〜ができていますか Você está preparado/da para tudo o que vier [venha]?

かくさ 格差 diferença (f), assimetria (f), defasagem (f), disparidade (f). AB 間に〜を付ける estabelecer diferenças entre A e B. 都市と地方の〜を是正する corrigir a disparidade entre as grandes metrópoles e o interior do país. 発展の〜を縮める reduzir as assimetrias de desenvolvimento. 男女間の賃金〜が広がっていた A defasagem entre os salários das mulheres e os dos homens estava crescendo. ◆格差社会 sociedade (f) ∟estratificada [de "camadas" hierárquicas]. 企業格差 diferença (f) de nível entre as empresas.

かくさく 画策 ❶ planejamento (m). ❷《比》trama (f), maquinação (f) 〜する〔計画する〕fazer projetos;〔陰謀〕intrigar, maquinar.

かくさん 拡散 ❶ difusão (f), proliferação (f). 核兵器の〜防止条約 Tratado (m) de Não Proliferação das Armas Nucleares (TNPAN). ❷〔理〕difusão (f).

かくざとう 角砂糖 açúcar (m) em cubos.

かくじ 各自 cada qual, cada um/uma por si. 当日は〜弁当を持参のこと Nesse dia, levar [trazer] cada qual o seu lanche.

がくし 学士 licenciado/da, bacharel. ◆学士号 licenciatura (f), título (m) de bacharel. 法学士 licenciado/da [bacharel] em direito. 理学士 licenciado/da em ciências.

がくし 学資 despesas (f) com a educação.

かくしあじ 隠し味 condimento (m) quase imperceptível ao paladar, mas que deixa o gosto da comida consistente. 〜に砂糖を入れる pôr açúcar em uma quantidade bem pequena 《numa comida salgada》.

かくしき 格式 ❶ posição (f) social, condição (f) social. 〜の高い人 pessoa (f) de condição social elevada. ❷ formalidades (fpl), etiqueta (f) social. 〜を重んじる dar importância às formalidades.

かくしごと 隠し事 segredo (m). 〜をする ter segredos.

かくじつ 確実 certeza (f), segurança (f). そこには〜性がある Aí há uma grande probabilidade. 〜な certo/ta, seguro/ra. 〜な情報 informação (f) de fonte fidedigna. 〜な方法 meio (m) seguro. 〜に com certeza, seguramente. 彼は〜に来る Ele virá, com toda a certeza./Estou certo/ta de que ele virá.

かくしどり 隠し撮り 〜をする tirar uma fotografia furtivamente. 〜は禁じられている Tirar uma fotografia furtivamente é proibido.

がくしゃ 学者 pesquisador/ra, acadêmico/ca.

かくしゅ 各種 cada espécie (f), cada variedade (f). 花屋は〜の花を取りそろえている O/A florista tem na sua loja todas as espécies de flores. タルトとケーキ〜 tortas (fpl) e bolos (mpl) diversos. チーズ〜 queijos (mpl) sortidos 《em menus de restaurantes》.

かくしゅう 隔週 〜の quinzenal, que se realiza em semanas alternadas. 〜に semana sim semana não, a cada duas semanas, de quinze em quinze dias.

がくしゅう 学習　aprendizagem (f), estudo (m). 〜する aprender, estudar. 日本語を〜する外国人が増えている Está aumentando o número de estrangeiros que estudam o japonês. ♦学習意欲 motivação (f) de estudo. 学習指導要領 diretrizes (fpl) do ensino. 学習者 estudante, aluno/na, aprendiz. 学習塾 escola (f) complementar.

がくしょう 楽章　［音］movimento (m) (de sinfonia, suíte, balé etc). ♦第一楽章 primeiro movimento.

かくしん 核心　núcleo (m), âmago (m). 問題の〜に触れる tocar o âmago da questão.

かくしん 確信　convicção (f), certeza (f), confiança (f). 〜している estar convicto/ta de, ter a certeza de. 君はこのプロジェクトがうまくいくと〜していますか Você tem certeza de que este projeto vai dar certo? 彼は万事うまく行くと〜していた Ele estava certo [confiante] de que tudo ia dar certo.

かくしん 革新　inovação (f). 〜的な inovador/ra. ♦技術革新 inovação técnica.

***かくす** 隠す　❶ esconder [エスコンデール], ocultar [オクウタール]. 金をマットレスの下に〜 esconder o dinheiro debaixo do colchão. 木の陰に身を〜 esconder-se atrás da árvore. ❷ encobrir [エンコブリール], dissimular [ヂスィムラール]. 真実を〜 encobrir a verdade. あなたは何か重要な事実を私に隠していませんか Você não está me escondendo algum fato importante? ❸ disfarçar [ヂスファルサール]. 親は子供に悲しみを隠したOs pais disfarçaram a tristeza diante dos filhos.

***がくせい** 学生　estudante [エストゥダンチ]. 〜の estudantil, de estudante. 〜時代に no tempo de estudante. ♦学生運動 movimento (m) estudantil. 学生証 cateira (f) de estudante. 学生割引 desconto (m) de estudante.

かくせいき 拡声器　alto-falante (m).

かくせいざい 覚醒剤　［薬］drogas (fpl) estimulantes, estimulantes (mpl). 彼は〜所持のため逮捕された Ele foi preso por porte de estimulantes. 〜の使用 uso (m) de drogas estimulantes. 〜の密輸入 contrabando (m) de drogas estimulantes. ♦覚醒剤取締法違反 ［法］infração (f) à Lei de Controle de Substâncias Estimulantes.

がくぜん 愕然　〜とする ficar pasmo/ma [estupefato/ta, atônito/ta] e sem ação.

かくだい 拡大　❶［拡張］ampliação (f), expansão (f). 〜鏡 lupa (f). 拡大政策 política (f) de expansão. ❷［増加］aumento (m). …を〜する ampliar …, estender …, aumentar …. 写真を〜する ampliar uma foto. …を100倍に〜する ampliar … em cem vezes. 法律を〜解釈する ampliar o sentido de uma lei. 戦争が〜していた A guerra estava 〜se intensificando [alcançando grandes proporções].

かくち 各地　cada lugar (m); diversos lugares (mpl). 世界〜のニュースを伝える transmitir notícias do mundo inteiro.

かくちょう 拡張　expansão (f), ampliação (f). 〜する estender, ampliar. ♦拡張工事 obra (f) de expansão.

かくづけ 格付け　classificação (f). 〜する classificar. …と〜された considerado/da como …, classificado/da em [de, como] …. 〜が下げられる ser rebaixado/da na classificação.

かくてい 確定　confirmação (f), decisão (f). 会議の日取りを〜する marcar definitivamente o dia da reunião. 〜の certo/ta, definido/da, fixo/xa. ♦確定申告 declaração (f) definitiva (do imposto de renda). 確定判決 ［法］sentença (f) definitiva.

カクテル　coquetel (m), drink (m). ♦カクテルグラス copo (m) para coquetel. カクテル光線 mistura (f) de luzes. カクテルドレス vestido (m) (próprio) para coquetel. カクテルパーティー festa (f), coquetel (m), recepção (f). カクテルラウンジ bar (m) de aeroporto, hotel etc. シュリンプカクテル coquetel de camarão.

かくど 角度　❶［数］ângulo (m). 〜を測る medir o ângulo. ♦角度定規 esquadro (m). ❷《比》ponto (m) de vista, perspectiva (f). 問題を別の〜で解釈してみる ver uma questão sob 〜um ângulo [uma perspectiva] diferente, mudar o quadro de pensamento na interpretação de uma questão. ⇨角(¹).

かくとう 格闘　❶ luta (f) corporal. 〜する lutar corpo a corpo. ❷《比》labuta (f), lida (f), enfrentamento (m). むずかしい問題と〜する enfrentar [lidar com] um problema difícil.

かくとく 獲得　obtenção (f), aquisição (f). 外貨の〜 obtenção de moeda estrangeira. 〜する conseguir, conquistar. 当時女性は選挙権を〜したばかりだった Na época, as mulheres tinham acabado de conquistar o direito ao voto.

かくにん 確認　confirmação (f), verificação (f), comprovação (f). 〜する confirmar, comprovar, verificar. 死体を〜する identificar o cadáver. 未〜の não identificado/da, não confirmado/da. そのときは彼女の死はまだ〜されていなかった A morte dela ainda não estava confirmada nesse momento. ♦確認事項 pontos (mpl) a confirmar [verificar]. 確認訴訟 ［法］ação (f) declaratória.

かくねん 隔年　〜の bienal. 〜に a cada dois anos; ano sim ano não.

がくねん 学年　❶［学校年度］ano (m) escolar [letivo]. ❷［同一段階の学生の］grau (m), série (f), ano (m).

がくひ 学費 custo (m) de mensalidades escolares, despesas (fpl) ʟescolares [com os estudos, com a escola]. ～を払う pagar as despesas escolares, arcar com o custo escolar.

がくふ 楽譜 〖音〗 partitura (f), escrita (f) musical.

がくぶ 学部 faculdade (f). ◆学部長 diretor/ra de faculdade, decano (m). 法学部 faculdade (f) de direito.

がくぶち 額縁 quadro (m). 絵を～に入れる colocar [pôr] a pintura num quadro, emoldurar [enquadrar] a pintura.

かくべつ 格別 ～な extraordinário/ria, excepcional, digno/na de nota, especial. ～に especialmente, particularmente. 今年の暑さは～だ O calor deste ano é algo extraordinário. 去年は～変わった事もなかった O ano passado não aconteceu nada de especial.

かくほ 確保 garantia (f), reserva (f), ato (m) de assegurar ou manter algo. 座席を～する reservar um assento, guardar lugar. 資源を～する garantir (para si) os recursos naturais. 食糧を～する assegurar a reserva dos alimentos. 保安要員を～する garantir a presença do pessoal de segurança.

かくまく 角膜 〖解〗 córnea (f). ◆角膜移植 trasplante (m) de córnea. 角膜炎 〖医〗 inflamação (f) da córnea.

かくめい 革命 revolução (f). ～的な revolucionário/ria. ～を起こす causar [fazer] uma revolução. あの国で～が起きたら大変だ Vai ser terrível se houver [rebentar] uma revolução naquele país. ◆革命運動 movimento (m) revolucionário. 産業革命 revolução industrial. 反革命 contra-revolução (f). 武力革命 revolução armada. 平和革命 revolução pacífica.

がくめい 学名 nome (m) científico.

がくめん 額面 〖経〗 valor (m) nominal. 株の～を超える ultrapassar o valor nominal das ações. ～を割る ficar abaixo do valor nominal.

がくもん 学問 ❶ estudo (m). ～をする pesquisar algo academicamente. ❷ erudição (f), saber (m). あの先生は～のある人だ Aquele professor é erudito. ❸ ramo (m) da ciência. 犯罪学という～は比較的新しい A criminologia é um ramo da ciência relativamente novo.

がくや 楽屋 camarim (m).

かくやく 確約 promessa (f) certa [segura]. ～する fazer uma promessa positiva, prometer com toda a certeza. ～を取る receber uma promessa certa.

かくやす 格安 ～の extremamente barato/ta. ～の値で売る vender muito barato. ◆格安品 artigo (m) muito barato, pechincha (f).

かくり 隔離 isolamento (m), quarentena (f). 伝染病患者を～する isolar [pôr de quarentena] os doentes contagiosos. ◆隔離病院 lazareto (m). 隔離病棟 pavilhão (m) de isolamento.

かくりつ 確率 ❶ probabilidade (f). 今日は雨の～は非常に低い A probabilidade de chover hoje é muito baixa. ❷ 〖数〗 probabilidade. ◆確率論 teoria (f) das probabilidades. 統計的確率 probabilidade estatística.

かくりつ 確立 estabelecimento (m), consolidação (f). 方針の～ estabelecimento das diretrizes. ～する estabelecer, consolidar. 制度を～する consolidar um sistema.

かくりょう 閣僚 membro (m) do gabinete ministerial.

がくりょく 学力 capacidade (f) intelectual, conhecimento (m). 学生たちの～が低くなっている A capacidade dos estudantes está caindo. ◆学力テスト exame (m), avaliação (f) escolar. 基礎学力 conhecimento básico.

かくれが 隠れ家 esconderijo (m), homízio (m), valhacouto (m). 犯人の～ valhacouto dos criminosos.

がくれき 学歴 ❶ histórico (m) escolar [acadêmico]. ◆学歴書 histórico escolar [acadêmico]. ❷ habilitações (fpl) acadêmicas, currículo (m), estudos (mpl). 履歴書に～を書いてください Por favor coloque suas habilitações acadêmicas no currículo. ～がある ter estudos. ◆学歴社会 sociedade (f) que dá muita importância ao currículo. 学歴信仰 crença (f) de que o currículo reflete a capacidade de uma pessoa. 最終学歴 habilitação (f) acadêmica máxima.

*****かくれる** 隠れる esconder-se [エスコンデール スィ], ocultar-se [オクウタール スィ]. 彼は塀の後ろに隠れた Ele se escondeu atrás do muro. あの家はバラの木に隠れて見えない Não dá para ver aquela casa, pois fica escondida atrás das roseiras.

かくれんぼ 隠れん坊 jogo (m) de esconde-esconde.

がくわり 学割 desconto (m) para estudantes.

かけ 賭け ❶ aposta (f), jogo (m). ～に勝つ (負ける) ganhar (perder) a aposta. ❷ 〖比〗 desafio (m). それは大きな～になる Isso vai ser bastante arriscado.

-かけ -掛け ❶ 〔未了の動作〕 incompleto/ta, que está por completar. やり～の仕事 trabalho (m) incompleto a terminar. ❷ 〔道具〕 que é para pendurar. タオル～ suporte (m) para toalhas. 洋服～ cabide (m).

*****かげ** 影 ❶ 〔投影〕 sombra (f) [ソンブラ]. ◆影法師 silhueta (f). ❷ 〔映像〕 reflexo (m) [ヘフレキソ], imagem (f) [イマージェン]. 水に山の～がうつっている A imagem da montanha está refletida nas águas. ❸ 〔姿〕 figura (f) [フィギー

かげ 陰 ❶ sombra (f) [ソンブラ]. ビルの〜で休む descansar à sombra de um prédio. 〜になる ficar na sombra, ficar escuro/ra. ❷ por trás. 〜で…の悪口を言う falar mal de … pelas costas. 人を〜で操る manejar uma pessoa nos bastidores. 〜口をたたく falar mal das pessoas por trás delas. あの事故の〜には何らかの不正がありそうだ Por trás daquele acidente deve haver algo ilegal.

がけ 崖 precipício (m), abismo (m). 〜が崩れた O despenhadeiro desabou. 彼は〜から落ちた Ele caiu do precipício. 生きるか死ぬかの〜っぷちに立たされている estar entre a vida e a morte. 〜っぷちの与党 partido (m) do governo em apuros. ♦ 崖崩れ desabamento (m) de terra do despenhadeiro. 崖っぷち beira (f) do abismo.

-がけ -掛け ❶ 〔身につけた状態〕estado (m) de algo colocado no corpo. 包帯をたすき〜にする usar a atadura └presa ao [atada ao, amarrada ao] ombro. ❷ 〔人数を表す言葉と〕《número (m) de pessoas que cabem num assento.》 七人〜のいす assento (m) para sete pessoas. ❸ 〔割合〕porcentagem (f). 定価の 2〜20% [vinte por cento] do preço fixo. ❹ 〔途中〕passagem (f), ocasião (f). 行き〜に祖母の家に寄る aproveitar a ocasião para visitar a avó, visitar a avó de passagem.

かけい 家系 linhagem (f), genealogia (f), estirpe (f). ♦ 家系図 árvore (f) genealógica.

かけい 家計 orçamento (m) familiar, economia (f) doméstica. 〜簿をつける lançar as entradas e as saídas no livro de contabilidade familiar. 〜に響く pesar no orçamento familiar. 〜を切り詰める cortar as despesas familiares. 〜が苦しい levar uma vida difícil. ♦ 家計簿 apontamento (m) de despesas diárias.

かけい 花茎 〚植〛pedúnculo (m).

かげき 歌劇 ópera (f). 〜を演じる representar uma ópera. ♦ 歌劇場 teatro (m) de ópera. 歌劇団 companhia (f) de ópera.

かげき 過激 〜な 〔極端〕extremista, exagerado/da; 〔考え方などが〕radical; 〔色合い・服装などが〕espalhafatoso/sa, extravagante. 〜な服装とスタンダードな服装 jeito (m) ousado de vestir e jeito comportado de vestir.

かけきん 掛け金 pagamento (m) periódico ou não que o/a segurado/da faz à companhia seguradora. 保険の〜 prêmio de seguro.

かけごと 賭け事 aposta (f), jogo (m) de azar. 〜をする jogar, apostar.

かけこみ 駆け込み ato (m) de entrar correndo. 〜乗車をする pegar o trem correndo. ♦ 駆け込み寺 templo (m) budista que acolhia mulheres fugidas dos maridos nos tempos feudais.

かけこむ 駆け込む entrar correndo [precipitadamente]. 電車に〜 pegar o trem correndo. ♦ 大使館に駆け込む procurar um refúgio [refugiar-se] na embaixada.

かけざん 掛け算 multiplicação (f), 《口語》conta (f). 〜をする multiplicar, fazer a conta de multiplicar. ⇨乗法.

かけすて 掛け捨て 〔保険の〕seguro (m) em que o prêmio pago periodicamente não é devolvido ao assegurado, mas que dá as devidas indenizações quando necessárias.

かけだし 駆け出し principiante. 〜の新聞記者 jornalista [repórter] inexperiente

かけつ 可決 adoção (f). 〜する adotar, fazer passar. 法案は賛成100票、反対50票で〜された O projeto de lei └foi adotado [passou] por cem votos a favor contra cinquenta.

かけっこ 駆けっこ corrida (f). 〜をする apostar uma corrida.

-かけて 月曜から金曜に〜 de segunda a sexta-feira. サッカーに〜はだれにも負けない Tratando-se de [Em matéria de] futebol, não fico atrás de ninguém. 名誉に〜誓う dar a palavra de honra.

かけはなれる かけ離れる ❶ 〔距離が〕estar [ficar] longe [distante]. 彼らは現実から非常にかけ離れて生きている Eles vivem muito ausentes da realidade. ❷ 〔異なる〕grande diferença (f), discrepância (f), disparidade (f). 我々の意見はかけ離れていた Nossas opiniões diferiam muito./Havia uma discrepância entre nossas opiniões.

かけひき 駆け引き ❶ 〔戦場で〕manobra (f) militar, estratégia (f). ❷ 〔交渉で〕tática (f) diplomática. 〜がうまい ter habilidade [ser hábil] nas negociações, ser um/uma bom/boa negociador/ra. 〜をする manipular com habilidade, negociar manobrando [《口語》blefando].

かけぶとん 掛け布団 edredão (m), coberta (f) acolchoada. ♦ 掛け布団カバー lençol (m) que cobre todo o acolchoado, feito um saco.

かげぼし 陰干し secagem (f) à sombra. このブラウスは〜にしてください Seque esta blusa à sombra, por favor.

かけら fragmento (m), caco (m), pedaço (m). ガラスの〜 caco de vidro.

かける 掛ける、懸ける、架ける ❶ 〔つるす〕pendurar [ペンドゥラール]. 帽子を壁に〜 pendurar o chapéu na parede. 看板を〜 pendurar └o letreiro [a placa]. ❷ 〔覆う〕cobrir [コブリール]. ひざに毛布を〜 cobrir os joelhos com um co-

かける　bertor. ❸〔載せる〕pôr [ポール], colocar [コロカール]. 秤(はかり)に…を〜 pôr … na balança, pesar …. 眼鏡を〜 pôr os óculos. ❹〔さし渡す〕colocar, construir [コンストルイール]. 川に橋を〜 colocar [construir] uma ponte sobre o rio. ❺〔注ぐ〕deitar [デイタール], derramar [デハマール], pôr. 植物に水を〜 deitar água nas [aguar as, regar as] plantas. サラダにドレッシングを〜 colocar molho na salada. 食べ物に塩を〜 pôr sal na comida. ❻〔縄などを〕atar [アタール], amarrar [アマハール]. 小包みにひもを〜 amarrar o pacote com um barbante. ❼〔費やす〕gastar [ガスタール], empregar [エンプレガール]. …に手を〜 empregar tempo e energia em …. この仕事に2時間かけました Gastei duas horas para fazer este serviço. ❽〔作動させる〕acionar [アスィオナール]. 車にブレーキを〜 brecar o carro. 背広にアイロンを〜 passar o terno [《ポ》fato] a ferro, passar ferro no terno. 板にかんなを〜 passar aplainador na madeira, aplainar a madeira. コートにブラシを〜 passar uma escova no casaco. ❾〔電話などを〕ligar [リガール], telefonar [テレフォナール]. 電話を〜 ligar o telefone, telefonar. 家の電話から〜 ligar pelo telefone residencial. 携帯から〜 ligar pelo celular. ❿ propor [プロポール], submeter [スビメテール]. …を裁判に〜 levar … ao tribunal. 問題を会議に〜 propor a discussão de [discutir] um problema na reunião. ⓫ prestar [プレスタール], preocupar-se com. …に気を〜 prestar atenção a …, interessar-se por …. …に情けを〜 compadecer-se de …. ⓬ dirigir [ヂリジール]. …に言葉を〜 dirigir a palavra a …. ⓭ levar [レヴァール], consultar [コンスウタール]. 子供を医者に〜 levar o filho ao médico. ⓮〔税を〕tributar [トリブタール], taxar [タシャール], impor taxas a. 酒とたばこに税金を〜 tributar bebidas e cigarros. ⓯ segurar [セグラール], fazer seguro de, pôr no seguro. 車に保険を〜 fazer seguro de carro, pôr no carro no seguro. ⓰〔腰かける〕sentar-se [センタール スイ]. どうぞお掛けになってください Sente-se, por favor./Tenha a bondade de sentar-se. ⓱ 【数】〔掛け算する〕multiplicar [ムウチプリカール]. 2〜2 はいくつですか Quantos são dois vezes [por] dois? 5に5を〜といくつになりますか Quanto fica multiplicando cinco por cinco?

かける　欠ける　❶〔欠如する〕faltar. 彼女が〜と仕事がはかどらない Quando ela falta ao serviço, o trabalho não avança normalmente. あなたに欠けているものは感謝の気持ちだ O que falta em você é aquele sentimento de gratidão. この全集が完結するにはまだ一冊欠けている Ainda falta um tomo para que esta coleção fique completa. ❷〔破損する〕quebrar, partir. 歯が欠けている estar com um dente partido. コップが欠けてしまった O copo partiu.

かける　駆ける　〔人が〕correr; 〔馬が〕sair em disparada, correr, galopar.

かける　賭ける　❶ jogar as fichas em, apostar em. 彼はその優勝杯に全てを賭けている Ele joga todas as fichas na taça. 彼は(商売の成功を)クレープの機械に賭けた Ele apostou (o sucesso do comércio) na máquina de crepe. ❷〔危険を冒す〕arriscar. 命をかけて戦います Lutarei (pela causa) arriscando a vida.

-かける　❶〔始める〕estar para, começar a. 眠りかけたら電話が鳴ってしまった Estava prestes a dormir [quase dormindo], quando tocou o telefone. 大事な約束を忘れかけていた Quase ia esquecendo [Estava a ponto de esquecer] um compromisso importante. ❷ dirigir-se a, falar com. 環境保護団体に働き〜 dirigir-se à associação de ambientalistas (pedindo-lhe para mover uma ação).

*かげん　加減　❶〔調節〕〜する regular [ヘグラール], moderar [モデラール], ajustar [アジュスタール], adaptar [アダピタール]. 患者の体力に応じて歩く距離を〜してください Diferenciem a distância da caminhada, conforme a capacidade física de cada paciente./Adaptem a distância da caminhada à capacidade física de cada paciente. テレビの音を〜する regular o som da televisão. 〜の温度を〜する regular a temperatura de…. 冗談もいい〜にしてください Por favor, modere-se na brincadeira, sim? ❷〔味の〕塩を入れて味を〜する pôr sal para temperar a comida. ♦ 塩加減 quantidade (f) de sal a colocar [colocada] na comida. ❸〔程度〕お風呂の湯はいい〜だった A temperatura do banho de imersão estava no ponto. 彼女はいい〜な人だ Ela não é muito séria. ❹〔影響〕陽気の〜で頭が痛い Estou com dor de cabeça por influência do [por causa do] tempo. ❺〔健康〕お〜はいかがですか Como está de saúde? ¶ 〜して com moderação, moderadamente, comedimente. 〜して患者に病状を伝える transmitir comedidamente ao cliente o seu estado de saúde.

*かこ　過去　❶ passado (m) [パサード]. 〜の出来事 acontecimento (m) passado. ❷ 【文法】pretérito (m) [プレテーリト]. ♦ 過去分詞 particípio (m) passado. 完了[完全]過去 pretérito perfeito. 未完了[不完全]過去 pretérito imperfeito. 大過去 pretérito mais-que-perfeito.

かご　籠　cesta (f). 小鳥を〜に入れる colocar um passarinho na gaiola, engaiolar um passarinho. 友人のお見舞いに果物の〜を持って行きます Vou levar uma cesta de frutas para o meu amigo [a minha amiga] doente. ♦ 鳥籠 gaiola (f).

かこい　囲い　❶ cercamento (m) de uma área, ato (m) de cercar. 土地に〜をする cercar um terreno. ❷ cerca (f), sebe (f), tapume (m). 私は庭の〜を壊された A cerca do meu jardim foi quebrada./Quebraram a cerca do meu jardim. ❸ curral (*m*), chiqueiro (*m*), terreno (*m*) cercado, cercado (*m*). 豚を～に入れる colocar o porco no chiqueiro. 家畜を～に入れる encurralar o gado, meter o gado no curral. 家畜を～から出す tirar o gado do curral. ❹ armazenagem. ♦ 囲い米 arroz (*m*) armazenado. 囲い物 coisas (*f*) guardadas em armazém. 囲い者 concubina (*f*).

かこう 下降 baixa (*f*), declínio (*m*), queda (*f*), descida (*f*). …は～線をたどっている … está descrevendo uma curva descendente; 《比》…は └descendo [em declínio].

かこう 加工 manufatura (*f*), elaboração (*f*), transformação (*f*). ～する manufaturar, elaborar, transformar. ♦ 加工業 indústria (*f*) de transformação. 加工食品 produtos (*mpl*) alimentícios manufaturados.

かこう 河口 desembocadura (*f*), embocadura (*f*), foz (*f*), boca (*f*) (de um rio). 利根川の～ desembocadura do Rio Tone. ♦ 河口地帯 estuário (*m*).

かこう 河港 porto (*m*) fluvial.

かこう 火口 cratera (*f*). ♦ 火口丘 colina (*f*) vulcânica. 火口湖 lago (*m*) vulcânico.

かごう 化合 〔化〕combinação (*f*) química. ～する combinar-se, misturar-se. ～させる combinar, misturar. 水素と酸素を～させると水になる Quando o hidrogênio se mistura com o oxigênio ele se transforma em água. ♦ 化合物 composto (*m*) químico.

かこうがん 花崗岩 〔鉱物〕granito (*m*).

かこく 過酷 ～な cruel, severo/ra, rigoroso/sa, duro/ra. ～な労働条件 condições (*f*) de trabalho cruéis.

*__かこむ 囲む__ rodear [ﾎﾃﾞｱｰﾙ], cercar [ｾﾙｶｰﾙ], sitiar [ｼﾁｱｰﾙ], circundar [ｽｨﾙｸﾝﾀﾞｰﾙ]. 数字を丸で～ fazer um círculo em volta de um número. 敵を～ cercar o inimigo. 家族全員で食卓を囲んで団らんをした Sentamo-nos a família inteira em volta da mesa e conversamos.

かさ 笠 〔頭にかぶる〕chapéu (*m*) (de palha, bambu);〔電灯の〕quebra-luz (*m*), abajur (*m*);〔キノコの〕chapéu do cogumelo.

かさ 傘 guarda-chuva (*m*), sombrinha (*f*), 《リオ方言》chapéu (*m*). ～をさす abrir o guarda-chuva. ～をつぼめる fechar o guarda-chuva. ♦ 傘立て bengaleiro (*m*), guarda-chuveiro (*m*). 折り畳み傘 guarda-chuva (*m*) dobrável [portátil].

かさ 嵩 ❶〔容積〕volume (*m*). ～のある volumoso/sa. ～のある荷物 bagagem (*f*) volumosa. ❷〔量〕quantidade (*f*). ♦ 水嵩 quantidade (*f*) d'água.

かさい 火災 incêndio (*m*), fogo (*m*). ～を起こす provocar um incêndio, incendiar. ～に遭う ser vítima de um incêndio. 昨日はあの通りに～があった Houve um incêndio naquela rua ontem. ♦ 火災報知器 alarme (*m*) de incêndio. 火災保険 seguro (*m*) contra incêndios.

かざい 家財 ❶ bens (*mpl*) da casa. ❷〔家具〕móveis (*mpl*).

がさい 画才 talento (*m*) para └a pintura [o desenho etc]. ～がある ter talento para a pintura.

がさがさ ❶〔紙の音〕新聞を～させながら読む ler o jornal fazendo barulho. ❷〔ざらざらの〕áspero/ra. ～している手 mãos (*fpl*) ásperas. ❸〔上品でない〕barulhento/ta, grosseiro/ra, sem fineza. ～した人 pessoa (*f*) barulhenta e não fina.

かざかみ 風上 barlavento (*m*), direção (*f*) de onde sopra o vento. ～に向かう ir contra o vento.

かざぐるま 風車 ❶〔おもちゃ〕brinquedo (*m*) com hélices que giram com a força do vento,《口語》girocóptero (*m*). ❷〔ふうしゃ〕rodízio (*m*) de um moinho.

かざしも 風下 sotavento (*m*), lado (*m*) contrário ao vento. ～にある estar a sotavento, apanhar vento. ～に立つ estar em posição desfavorável.

かざす 手を～ proteger os olhos da luz do sol com as mãos. 明かりに一万円札をかざしてみる examinar a nota de dez mil ienes sob a luz. 火に手を～ esquentar as mãos no calor do fogo.

がさつ ～な grosseiro/ra, que carece de calma nas atitudes.

かさなる 重なる ❶ sobrepor-se, amontoar-se, acumular-se. ❷ coincidir. 会議が三つ重なった Tive três reuniões ao mesmo tempo.

かさねぎ 重ね着 ～する vestir duas ou mais peças de roupa uma em cima da outra. Tシャツを～ vestir duas camisetas uma em cima da outra.

かさねる 重ねる ❶〔積み重ねる〕amontoar, acumular, sobrepor, empilhar. 皿を～ empilhar os pratos. ❷〔繰り返す〕repetir. 失敗を～ repetir os fracassos (um atrás do outro).

かさばる 嵩張る ter [fazer] volume, ser volumoso/sa. かさばった荷物 bagagem (*f*) volumosa. これは～から持っていかない Eu não vou levar isto porque ocupa muito lugar [espaço].

カザフスタン Cazaquistão (*m*). ～の cazaque.

かさぶた 瘡蓋 cicatriz (*f*), crosta (*f*), casquinha (*f*) (de ferimento). ～ができた Fez casca./Cicatrizou-se. ～がとれた Caiu a casca.

かざむき 風向き ❶ direção (*f*) do vento. ～を見る ver de que lado sopra o vento. ～が変わった A direção do vento mudou. ❷〔形勢〕situação (*f*), conjuntura (*f*). ～が悪い A situação está ruim./《口語》A coisa vai mal. ❸〔機嫌〕humor (*m*). 今日は彼の〜はいい(悪い) Hoje ele está de bom (mau) humor.

かざり 飾り enfeite (*m*), decoração (*f*), adorno (*m*). クリスマスツリーの〜 enfeite de árvore de Natal. 〜のない sem enfeite, sem graça; simples. ♦ 飾りボタン botão (*m*) de enfeite. 飾り窓 janela (*f*) postiça.

かざりつけ 飾り付け decoração (*f*), enfeites (*mpl*), ornamentação (*f*). ウインドーの〜をする decorar [enfeitar] a vitrine. クリスマスの〜をする colocar os enfeites de Natal. 会場の〜を片付ける desfazer [《口語》desmanchar] a decoração do salão de festas.

かざる 飾る ❶〔…を…で美しくする〕enfeitar … com […], adornar … com [de] …. 家を花で〜 enfeitar [adornar] a casa com [de] flores. ❷〔陳列する〕expor. 雛祭りには女の子たちは(家の中で)人形を〜 Durante as festividades do *Hinamatsuri*, as meninas expõem as bonecas num canto da casa. あの店はいつもおしゃれなものをウインドーに飾っている Aquela loja expõe sempre coisas chiques nas suas vitrines. ❸ arranjar, dispor. 花を〜 arranjar [dispor] as flores. ❹ disfarçar, fingir. 自分を〜 mostrar-se mais do que na verdade é.

かさん 加算 ❶ soma (*f*), adição (*f*). ❷ acréscimo (*m*). 〜する somar, adicionar, acrescentar. ♦ 加算税 imposto (*m*) adicional.

かざん 火山 vulcão (*m*). 〜の vulcânico/ca. 〜が爆発した O vulcão explodiu. 〜が噴火した O vulcão entrou em erupção.

♦ 火山活動 atividade (*f*) vulcânica. 火山岩 rocha (*f*) vulcânica. 火山帯 área (*f*) vulcânica. 火山灰 cinza (*f*) vulcânica, piroclasto (*m*). 火山噴火 erupção (*f*) vulcânica. 海底火山 vulcão submarino. 活火山 vulcão ativo. 休火山 vulcão inativo. 死火山 vulcão extinto. 泥火山 vulcão de lama.

かし 歌詞 letra (*f*) (de uma canção).

かし 瑕疵〔法〕vício (*m*), defeito (*m*), irregularidade (*f*) que pode invalidar um ato jurídico. 合意の〜 vício de consentimento. 意思の〜 vício de vontade.

かし 菓子 doce (*m*). ♦ 洋菓子 doce estilo europeu. 和菓子 doce japonês.

かし 華氏 *Fahrenheit* (*m*). 摂氏 100 度は〜では 212 度だ Cem graus centígrados são duzentos e doze na escala *Fahrenheit*.

かし 貸し ❶ empréstimo (*m*). 彼女に 10 万円の〜がある Emprestei cem mil ienes para ela./Ela me deve cem mil ienes. 〜借り empréstimo (*m*) e dívida (*f*), crédito (*m*) e débito (*m*). これで〜借りなしだね Com isto estamos quites, não é mesmo? ❷ favor (*m*). あのとき彼女を助けてやった〜がある Ela me deve um favor, por tê-la socorrido naquele dia.

かじ 家事 afazeres (*mpl*) domésticos, cuidados (*mpl*) da casa, serviço (*m*) doméstico. 〜を分担する distribuir os serviços domésticos entre os membros da família. 〜と職業を両立させる conciliar os afazeres domésticos com a profissão.

かじ 火事 incêndio (*m*). 〜を消す apagar [extinguir] o fogo, trabalhar no combate às chamas. 〜を出す[起こす] causar incêndio. 私の家は〜にあってしまった Tivemos um incêndio em casa. 〜だ Fogo! 山火事 incêndio (*m*) florestal.

かじ 舵 leme (*m*), timão (*m*). 〜を取る manejar o timão de uma embarcação;《比》governar. ♦ 舵取り timoneiro/ra;《比》chefe, guia.

がし 餓死 morte (*f*) por inanição [fome, desnutrição]. 〜する morrer de fome [inanição, desnutrição].

かしいしょう 貸し衣装 traje (*m*) de locação. 〜をする alugar Luma roupa [um traje].

かじかむ ficar adormecido/da, ficar hirto/ta (de frio). 寒さで手が〜 ficar com as mãos enrijecidas [entorpecidas] de frio.

かしきり 貸し切り fretamento (*m*), reserva (*f*). 〜にする fretar, reservar, alugar. あのレストランは〜になっていた Aquele restaurante estava alugado (para um grupo). 貸し切り《掲示》reservado [alugado]. ♦ 貸し切りバス ônibus (*m*) fretado.

かしきん 貸し金 dinheiro (*m*) emprestado. 〜を取り立てる cobrar o dinheiro emprestado.

かしこい 賢い inteligente, astuto/ta. あの子は年の割にはとても〜 Aquela criança é muito inteligente para a idade. 悪〜 espertalhão/lhona.

かしこまる 畏まる ❶〔うやうやしい態度をとる〕comportar-se respeitosamente, tomar uma atitude respeitosa. ❷〔承知する〕acatar respeitosamente, obedecer com muito gosto. 畏まりました Às suas ordens. (Farei do jeito que me foi dito, com todo o gosto).

かしだし 貸し出し empréstimo (*m*), locação (*f*). 本の〜 locação dos livros. その本は〜中だ Esse livro está emprestado. ♦ 貸し出し金利 juro (*m*) sobre o empréstimo.

かしだす 貸し出す emprestar. 図書を〜 emprestar livros. その店は自転車を貸し出していますか Essa loja (aí) aluga bicicletas?

かしち 貸し地 terreno (*m*) de aluguel.

かしつ 過失 erro (*m*) cometido sem más intenções. 業務〜致死の疑いで逮捕された Foi preso/sa por suspeita de homicídio culposo durante o trabalho. 彼は自身の〜により公訴された Ele foi julgado por cometer uma falta grave. ♦ 過失傷害 lesão (*f*) corporal culposa. 過失致死罪 homicídio (*m*) ∟sem intenção [culposo]. 過失犯 [法] crime (*m*) culposo. 重過失 culpa (*f*) [falta (*f*)] grave.

かじつ 果実 〖植〗fruta (*f*). ♦果実酒 licor (*m*) de frutas.

かしつき 加湿器 umedecedor (*m*).

かしつけ 貸し付け 〖経〗empréstimo (*m*). ～する emprestar, fazer um empréstimo. …に～を依頼する pedir um empréstimo a …. 銀行は～商品の30％を削減した Os bancos cortaram 30% [trinta por cento] das linhas de crédito. ♦貸し付け係 funcionário/ria da seção de empréstimos. 貸し付け可能資金枠 disponibilidades (*fpl*) para empréstimo. 貸し付け金 dívida (*f*) ativa. 貸し付け限度額 limite (*m*) máximo de financiamento. 貸し付け部門 seção (*f*) de crédito [empréstimo]. 短期貸し付け financiamento (*m*) a curto prazo. 中期貸し付け financiamento (*m*) a médio prazo. 長期貸し付け financiamento (*m*) a longo prazo. ⇨借り入れ.

かしぬし 貸し主 proprietário/ria, locador/ra. ～の許可なしでは工事をしてはいけない Não se pode fazer obras sem a autorização do proprietário.

カジノ cassino (*m*).

カシミア lã (*f*) de caxemira. ～のスカート saia (*f*) de caxemira.

かしや 貸家 casa (*f*) de aluguel.

かしゃ 貨車 vagão (*m*) de carga.

かじや 鍛冶屋 [人] ferreiro (*m*), ferrageiro (*m*); [店] oficina (*f*) de ferreiro.

かしゅ 歌手 cantor/ra.

かじゅ 果樹 árvore (*f*) frutífera. ♦果樹園 pomar (*m*).

カジュアル ～な informal, casual. ♦カジュアルウェア roupa (*f*) [vestuário (*m*)] informal, traje (*m*) esporte.

かしゅう 歌集 〔歌唱集〕livro (*m*) de canções; 〔短歌集〕coleção (*f*) de *tanka* (poemas curtos).

かじゅう 加重 ❶ ato (*m*) de aumentar o peso de algo. …に～をかける aumentar o peso de …. ❷ 〖法〗agravamento (*m*). …の責任が～する aumentar a responsabilidade de …. ♦加重情状 circunstâncias (*fpl*) agravantes. 加重罰金 multa (*f*) agravada com sobretaxa. ❸ ponderação (*f*). ♦加重平均 média (*f*) ponderada.

かじゅう 果汁 suco (*m*) de frutas.

かじゅう 過重 sobrecarga (*f*). ～な責任 responsabilidade (*f*) demasiadamente pesada. ～な労働 trabalho (*m*) muito pesado, sobrecarga de trabalho.

がしゅう 画集 álbum (*m*) [livro (*m*)] de gravuras [fotos, ilustrações, imagens].

カシューナッツ castanha (*f*) [noz (*f*)] de caju.

かしょ 箇所 lugar (*m*), parte (*f*), ponto (*m*). レポートには数～まちがいがあった Havia alguns erros ∟na dissertação [no trabalho]. ♦修正箇所 partes (*fpl*) a corrigir.

かじょう 箇条 artigo (*m*), cláusula (*f*). ～書きにする classificar numerando, itenizar.

かじょう 過剰 excesso (*m*). ～の superabundante, excedente, em excesso. ♦過剰人口 superpopulação (*f*). 過剰生産 superprodução (*f*). 過剰防衛 excessiva autodefesa (*f*). 自意識過剰 autoconsciência (*f*) demasiada.

がしょう 画商 comerciante de quadros.

がしょう 賀正 Feliz [Próspero] Ano Novo! 《em cartões》.

かしょうひょうか 過小評価 subestimação (*f*). …を～する subestimar …, minimizar, não dar o devido valor a.

かしょくしょう 過食症 〖医〗bulimia (*f*), cinorexia (*f*), aplestia (*f*), 《口語》fome (*f*) canina. ～である ter [sofrer de] bulimia.

かしら 頭 ❶〔頭部〕cabeça (*f*). ❷ chefe, cabeça, líder.

-かしら ❶ será que …? どうして春はこう眠いの～ Por que será que dá tanto sono na primavera? ❷ mesmo? あなたのお名前は何でしたー Como era o seu nome mesmo?

かしらもじ 頭文字 ❶ 〔大文字〕letra (*f*) maiúscula. ❷ 〔一番目の字〕inicial (*f*) 《letra》. 私の～は N. T. です As minhas iniciais são N. T.

かじる ❶ morder, roer. リンゴを～ morder a maçã. ネズミがチーズをかじった O rato roeu o queijo. 親のすねを～ ser dependente dos pais. ❷ 〔比〕ter um conhecimento rudimentar de. 彼は法律をかじっている Ele conhece um pouco as leis./Ele sabe um pouco de direito.

かしわ 柏 〖植〗carvalho (*m*), roble (*m*). ♦柏餅 〖料〗bolo (*m*) de arroz embrulhado em folha de carvalho 《que se come no dia dos meninos, 5 de maio》.

かしん 過信 excesso (*m*) de confiança (*f*). …を～する ter confiança demasiada em …. 彼は自分の腕を～してかえって失敗する Ele acaba errando por confiar demais em sua habilidade.

かじん 歌人 poeta/poetisa de *tanka* (poema (*m*) curto).

***かす 貸す** emprestar [エンプレスタール]; 〔賃貸する〕alugar [アルガール]. 月20万円で家を～ alugar a casa por duzentos ienes mensais. 家を2年契約で～ alugar a casa com contrato de dois anos. 君のUSBメモリーを2,3日貸してくれますか Poderia me emprestar o seu *pendrive* por dois ou três dias? たばこの火を貸してください Por favor, poderia me dar fogo? 手を～ ajudar, dar uma ajuda. 彼は人の言うことに耳を貸そうともしない Ele não dá ouvidos ∟ao que os outros falam para ele [aos conse-

かす 粕 borra (f) de arroz (formada na fabricação do saquê). 魚の〜漬け 【料】peixe (m) conservado em borra de arroz. ◆酒粕 borra de arroz que se depositou na fermentação do saquê.

***かず 数** quantidade (f) [ｸｧﾝﾁﾀﾞｰﾃﾞ]; número (m) [ﾇｰﾒﾛ]; cifra (f) [ｽｨｯﾌﾗ]. 住民の〜 número de habitantes. 2桁の〜 número de dois dígitos. 〜が増える(減る) aumentar (diminuir). 車の〜が年々増えつつある O número de carros está aumentando a cada ano. 〜が合っている A conta está certa. 〜をこなす adquirir experiência através de muita prática. 彼は弁護士として〜をこなしている Ele é um advogado experimentado. 招待客の〜の中に入っている estar entre ˻os [o número de] convidados. それはものの〜に入らない Isso não conta. ¶ 〜ある中で entre muitos. 〜多い numeroso/sa; 〜少ない pouco numeroso/sa; raro/ra. 〜限りない inúmero/ra, incontável.

***ガス ❶** gás (m) [ｶﾞｰｽ]. この辺には都市〜が来ていますか Por aqui há gás de rua? 〜臭いを感じる sentir o cheiro do gás. 〜抜きをする retirar o gás de um recinto intoxicado; 《比》dar um desabafo bem humorado para alguma insatisfação. 〜中毒で死ぬ morrer intoxicado/da com gás. ◆ガス警報機 alarme (m) contra vazamento de gás. ガスストーブ aquecedor (m) a gás. ガステーブル fogão (m) a gás. ガスバーナー bico (m) do gás. ガスボンベ botijão (m) de gás. ガスマスク máscara (f) anti-gás. ガスもれ escape (m) de gás. ガス湯わかし器 aquecedor de água a gás. ガス料金 tarifa (f) de gás. ガスレンジ fogão (m) a gás. 催涙ガス gás lacrimogênio. 天然ガス gás natural. 天然ガスパイプライン gasoduto (m). 都市ガス gás de rua. 排気ガス gás de carburador. ❷ [ｶﾞｿﾘﾝ] gasolina (f) [ｶﾞｿﾘｰﾅ]. ◆ガス欠 falta (f) de gasolina. ❸ [体内ガス] flatulência (f) [ﾌﾗﾄｩﾚﾝｼｨｱ], 《口語》gases (mpl) [ｶﾞｰｽｨｽ], 《卑》peido (m) [ﾍﾟｰｲﾄﾞ]. おなかに〜が溜まっている ter gases no intestino.

かすいたい 下垂体 【解】hipófise (f).

かすか 微か 〜な tênue, ligeiro/ra, fraco/ca. 〜な明かり iluminação (f) fraca. 〜に vagamente. …を〜に覚えている lembrar-se vagamente de ….

カスタード 【料】creme (m) de leite e ovos. ◆カスタードプリン pudim (m) feito de creme de leite e ovos.

カスタネット castanholas (fpl).

カステラ 【料】pão-de-ló (m).

かずのこ 数の子 ovas (fpl) de arenque.

かすみ 霞 bruma (f), neblina (f).

かすみそう 霞草 【植】cravo-de-amor (m), gipsófila (f).

かすむ 霞む [天気] ficar brumoso/sa; [目などが] ficar turvo/va. 彼女の目は涙でかすんだ Os olhos dela ficaram turvos ˻de [com as] lágrimas.

かすめる 掠める ❶ roubar, surrupiar. 人の財布を〜 surrupiar a carteira dos outros. ❷ passar de raspão, roçar, relar. 砲弾が彼の脚をかすめた A bala do canhão passou roçando [relando] ˻a sua perna 《口語》a perna dele]. ❸ passar sorrateiramente por, iludir, enganar. 監視の目を〜 iludir a vista do vigia.

かすりきず かすり傷 arranhão (m), arranhadura (f).

かする 課する impor. …に税金を〜 lançar imposto a …. 学生に課題を〜 dar um trabalho aos estudantes.

かすれる [声が] enrouquecer, ficar rouco/ca; [字が] falhar. そのペンで書くと字が〜 As letras falham [ficam falhas] quando se escreve com essa caneta. 彼女は声がかすれている Ela está rouca.

かぜ 風邪 [鼻風邪] resfriado (m); [インフルエンザ] gripe (f), influenza (f). 〜をひく ficar resfriado/da [com gripe], pegar ˻um resfriado [uma gripe, uma influenza]. 〜をひいている estar resfriado/da, estar ˻com gripe [gripado/da]. …に〜をうつす passar ˻o resfriado [a gripe] para …. …に〜をうつされる pegar ˻a gripe [o resfriado] de …. 〜をひかないように気をつけなさい Tome cuidado para não ficar resfriado/da. きょうは〜をひいたので会社を休みます Hoje não vou à companhia porque peguei uma gripe.

***かぜ 風** vento (m) [ｳﾞｪﾝﾄ]; ventania (f) [ｳﾞｪﾝﾀﾆｱ]. 〜が吹く ventar, fazer vento. 〜のある ventoso/sa. きょうは〜が強いですね Hoje o vento está forte, não? 外は北〜が強く吹いている Lá fora o vento do norte está soprando forte. そのことは国の発展に追い〜となっている Isso está ˻sendo vento favorável para [favorecendo] o progresso da nação. ◆追い風 vento favorável, vento em popa. そよ風 brisa (f).

かぜあたり 風当たり ❶ força (f) do vento. 〜が強い場所 lugar (m) ˻de vento forte [onde o vento bate forte]. ❷ 《比》crítica (f), pressão (f). 政府に対する〜が強くなってきた A crítica contra o governo está se tornando severa.

かせい 火星 Marte (m).

かぜい 課税 tributação (f), taxação (f). 〜する tributar, taxar. 〜対象となる ser taxável. ◆課税品 produto (m) sujeito a taxação. 課税免除 isenção (f) de imposto.

かせいふ 家政婦 empregada (f) doméstica, faxineira (f). ◆家政婦紹介所 agência (f) de empregadas.

かせき 化石 fóssil (m). 〜になる fossilizar-se. ◆化石化 fossilização (f).

かせぐ 稼ぐ embolsar, lucrar, ganhar dinheiro. 私は生活費を~のに必死です Estou trabalhando desesperadamente para ganhar a vida. 彼は給料の他にアルバイトで千ドル稼いでいる Ele embolsa mil dólares com bicos, além do salário.

かせつ 仮説 hipótese (f). ~的 hipotético/ca. ~を立てる levantar [formular] uma hipótese.

かせつじゅうたく 仮設住宅 abrigos (mpl) improvisados [provisórios].

カセット cassete (m). ◆カセットテープ fita-cassette (f). カセットテープレコーダー gravador (m) de fita-cassette.

かぜとおし 風通し ventilação (f). この部屋は~が良い(悪い) Esta sala está bem (mal) ventilada.

かぜよけ 風除け proteção (f) contra o vento, para-brisa (m). ~のあるテラス terraço (m) com proteção contra o vento.

かせん 下線 sublinha (f). 動詞に赤で~を引く sublinhar os verbos de vermelho. ◆下線部 parte (f) sublinhada.

かせん 化繊 fibra (f) sintética. ◆化繊製品 produto (m) de fibra sintética.

かせん 架線 fio (m) elétrico, cabo (m). ◆架線工事 instalação (f) de cabos [fios elétricos].

かそ 過疎 ~の despovoado/da. ~地域での採算性 lucratividade (f) das regiões despovoadas. ~化する despovoar. ◆過疎化 despovoamento (m). 過疎地域 região (f) despovoada, região de baixa densidade demográfica.

かそう 下層 camada (f) inferior. ◆下層階級 classe (f) baixa.

かそう 仮装 fantasia (f). ◆仮装行列 desfile (m) de fantasias.

かそう 火葬 cremação (f). 遺体を~する cremar um cadáver. ◆火葬場 crematório (m).

がぞう 画像 ❶ retrato (m), figura (f). 高僧の~ figura de bonzo virtuoso. ❷ imagem (f). テレビの~が悪い A imagem da televisão está ruim.

*かぞえる 数える contar [コンタール], computar [コンプタール]. 数えきれない inúmero/ra, que não dá para contar, incontável.

かぞく 加速 aceleração (f). ~する acelerar, ganhar velocidade. この車は~性に優れている Este carro tem uma excelente aceleração. 自転車に~が付く A bicicleta ganha velocidade. ◆加速装置 acelerador (m). ⇨加速度.

*かぞく 家族 família (f) [ファミーリア]. ~の familiar, familial. ~を養う sustentar a família. ~の面倒をみる cuidar da família. 彼は~も同然である Ele já faz parte da família./Ele é como se fosse da família. ~の一員である ser membro da família. ~で出掛ける sair com a família. あなたの家は何人~ですか Quantas pessoas tem na sua família? 私は毎夏~連れで旅行をします Todo verão eu viajo com a família toda. ◆家族計画 planejamento (m) familiar. 家族構成 composição (f) familiar《número de pessoas, status delas etc》. 家族手当 subsídio (m) familiar, auxílio-família (m). 大家族 grande família, família numerosa, família patriarcal.

▶家族関係を表す語◀
兄弟 irmão [イルマォン] (m)
姉妹 irmã [イルマン] (f)
父 pai [パイ] (m)
母 mãe [マンイ] (f)
両親 pais [パーイス] (mpl)
子供 criança [クリアンサ] (f)
息子 filho [フィーリョ] (m)
娘 filha [フィーリャ] (f)
祖父 avô [アヴォッ] (m)
祖母 avó [アヴォー] (f)
叔父・伯父 tio [チーオ] (m)
叔母・伯母 tia [チーア] (f)
いとこ primo [プリーモ] (m), prima [プリーマ] (f)
甥(おい) sobrinho [ソブリーニョ] (m)
姪(めい) sobrinha [ソブリーニャ] (f)
孫 neto [ネット] (m), neta [ネッタ] (f)

かそくど 加速度 aceleração (f). ~的な acelerado/da. ~的に aceleradamente. ~的に人口が増える A população cresce aceleradamente. ◆加速度計 acelerômetro (m).

ガソリン gasolina (f). ~が切れた A gasolina acabou. ~スタンドで~を入れる pôr gasolina no posto de gasolina. ~を満タンでお願いします Encha o tanque (de gasolina), sim? ◆ガソリンスタンド posto (m) de gasolina.

かた 型 forma (f); tamanho (m); modelo (m); molde (m). ~にはまった formal. シリコンでできた~ molde feito com silicone.

*かた 肩 ombro (m) [オンブロ]. なで~である ter os ombros caídos. ~幅が広い(狭い) ter os ombros largos (estreitos). ~にかつぐ carregar nos ombros. ~をもむ fazer massagem nos ombros. ~をすくめる encolher os ombros. ~がこる ficar com os ombros endurecidos. ~をたたく 1) bater nos ombros, dar uma batida de leve nos ombros. 2) [もむ] massagear os ombros para relaxar. 3) [退職を促す] propor alguém a deixar o posto. 課長は私の~をぽんとたたいた O chefe bateu no meu ombro de leve. 私は~の荷が下りた Fiquei aliviado/da [livre do peso da responsabilidade]. ~の力を抜く relaxar-se, descontrair-se. …の~を持つ ficar do lado de …, tomar o partido de ….

かた 過多 excesso (m), superabundância (f). ◆胃酸過多 〖医〗hiperacidez (f) gástrica. 供給過多 excesso (m) de oferta. 脂肪過多 〖医〗obesidade (f).

-かた -方 〔…気付〕aos cuidados de … 《em cartas》; 〔方法〕meio (m), maneira (f), modo (*m*). 好きなやり~でやりなさい Faça isso do jeito que você quiser.

-がた -型 ❶ tipo (*m*). ♦血液型 tipo de sangue. AB型 tipo (de sangue) AB. ❷ modelo (*m*). 最新~の車 (carro (*m*)) último modelo. ¶ 大(中/小)~の de tamanho grande (médio/pequeno).

-がた -形 forma (*f*). T字~の em forma ˪de [da letra] T.

-がた -方 ❶ (indica plural diante dos pronomes de tratamento de segunda pessoa) あなた~ os/as senhores/ras, 《口語》vocês. ❷ quase, perto. 夜明け~ próximo do amanhecer.

かたあし 片足 uma perna só. ~で立つ ficar de pé com uma perna só.

カタール Catar (*m*). ~の catariano/na.

*****かたい 堅い** ❶ duro/ra [ドゥーロ/ラ], sólido/da [ソーリド/ダ]. ~肉 carne (*f*) dura. ~結び目 nó (*m*) cego [apertado]. ❷ [強固な] firme [フィールミ]. 私の信念は~ A minha convicção é firme. ❸ [まじめな] sério/ria [セーリオ/ア]. ~人 pessoa (*f*) escrupulosa [séria]. ~本 livro (*m*) sério. ❹ [確実な] certo/ta [セールト/タ], seguro/ra [セグーロ/ラ]. ~商売 negócio (*m*) seguro. 勝利は~ A vitória é certa. ❺ [厳重な] firme, rígido/da [ヒージド/ダ]. 口の~人 pessoa que sabe guardar segredos. ❻ [がんこな] obstinado/da [オビスチナード/ダ], teimoso/sa [テイモーソ/サ]. 彼は堅すぎる Ele é muito teimoso [um cabeça-dura]./Ele não tem flexibilidade de espírito. ❼ [打ち解けない] reservado/da [ヘゼルヴァード/ダ], tenso/sa [テンソ/サ], retraído/da [ヘトライード/ダ]. 堅く duramente, rigidamente, firmemente. 堅くする tornar duro/ra, endurecer. 堅くなる ficar duro/ra, enrijecer-se, enrijecer-se.

かたい 下腿 canela (*f*) 《parte da perna entre o joelho e o pé》.

かだい 課題 ❶ lição (*f*) de casa, tarefa (*f*). あの講座は~が多くてやり切れない Aquele curso passa tanto trabalho de casa que já não se aguenta. ❷ [解決しなければならない問題] problema (*m*) a resolver. これからの~ um problema a resolver daqui por diante. こうしたケースをいかに減らすかが~となっている O como reduzir esses casos é que está sendo um problema. ~が指摘された Foram apontados problemas (para o caso). ただ、~があります Há, porém, um senão. ❸ tema (*m*), assunto (*m*) (de uma conferência etc).

かだい 過大 ~な excessivo/va, exagerado/da. ~に excessivamente, exageradamente. ~に評価する superestimar, valorizar demais. ♦過大評価 superestimação (*f*).

-がたい -難い difícil de. その考え方は受け入れ~ Essa ideia é difícil de se aceitar. あれは彼にとって納得し~ことだった Ele estava com dificuldades para se convencer da razoabilidade daquilo.

がたおち がた落ち queda (*f*) brusca. あの事件があってからあの学校の評判は~だ Desde aquele incidente a reputação daquela escola caiu bruscamente.

かたおもい 片思い amor (*m*) não correspondido.

かたおや 片親 um dos pais. ~しかない ter só pai ou mãe.

かたがき 肩書き título (*m*), posição (*f*) social. 教授の~を持つ ser professor/ra titular (de uma faculdade).

-かたがた de passagem, aproveitando (a ocasião). もしお暇がありましたら散歩~明治神宮にお参りしてください Se tiverem tempo, façam uma caminhada e deem uma passada no Templo Meiji./Se tiverem tempo, deem um passeio e aproveitem para passar no Templo Meiji. ⇨-がてら.

がたがた ❶ barulho (*m*) de trepidação. ~する trepidar. そのワゴンテーブルを~させないで運んでね Favor não trepidar ao deslocar o carrinho, está bem? ~の車 carro (*m*) velho caindo aos pedaços. ❷ tremedeira (*f*) causada por medo ou frio. こわくて~震える tremer de medo. 寒さで~震える tremer de frio. ❸ reclamação (*f*), desculpa (*f*). ~言うな Não fique reclamando!

かたかな 片仮名 silabário (*m*) japonês de traços retos usado para dar ênfase a certas palavras ou transcrever as estrangeiras.

かたがみ 型紙 molde (*m*) de papel. ~を当てて革を裁断する cortar o couro por um molde de papel. ~に合わせて布を切る cortar ˪o pano [a fazenda] de acordo com o molde de papel.

かたがわ 片側 um lado. 道の~で[に] num lado da rua. ~通行 《掲示》sentido (*m*) único. ~通行止め 《掲示》trânsito (*m*) só por um lado.

かたがわり 肩代わり 【法】sub-rogação (*f*), ato (*m*) de assumir (a dívida) do outro, substituição (*f*) do devedor por outra pessoa. 友人の借金を~する assumir a dívida do amigo.

かたき 敵 ❶ [人] inimigo/ga. 人を目の~にする implicar com alguém;《口語》ter birra de alguém. ❷ rival. ♦恋敵 rival no amor. 商売敵 concorrente. ❸ [行為] vingança (*f*). 父の~を打つ vingar o pai.

かたくな 頑な ~な obstinado/da, teimoso/sa. ~な態度をとる tomar uma atitude obstinada. ~な心の持ち主 pessoa (*f*) ˪de coração duro [teimosa]. ~に obstinadamente, com obstinação. 彼はその事件について~に口を閉ざしていた Ele teimava em ficar de boca fechada sobre o caso.

かたくるしい 堅苦しい formal, cerimonioso/sa.

かたぐるま 肩車 〜をする levar alguém ou algo escarranchado nos ombros.

かたこと 片言 ❶ balbuciamento (m) [balbucio (m)] de bebê. この赤ん坊はもう〜を言っている O bebê já balbucia algumas palavras. ❷ uma ou duas palavras (fpl) de língua estrangeira. 彼は〜交じりに日本語を話していた Ele falava [《口語》arranhava] algumas palavras em japonês.

かたこり 肩凝り 〖医〗rigidez (f) no ombro. 〜の症状がある ter sintomas (mpl) de rigidez no ombro.

かたさ 堅さ dureza (f), rigidez (f), firmeza (f). 鋼鉄の〜 rigidez do aço. 頭の〜 falta (f) de compreensão [meiguice, doçura, flexibilidade]. 決意の〜を示す mostrar-se firme nas resoluções.

かたすみ 片隅 canto (m), recanto (m), cantinho (m). 街の〜で暮らす viver num canto da cidade. 部屋の〜で弁当を食べた Comi lanche num cantinho da sala. 記憶の〜にそれが残っていたようだ Parece que isso estava guardado no cantinho da memória.

***かたち** 形 〔形態〕forma (f) [フォールマ]; 〔輪郭〕figura (f) [フィゲーラ]; 〔型〕modelo (m) [モデーロ]. …を〜づくる dar forma a …. どんな〜の靴がお好きですか Gosta de sapatos de que tipo? そしてその計画は〜づくられていった E o projeto foi tomando forma. 〜ばかりのお礼ですが... É um agradecimento muito modesto, mas .... 〜だけのもの algo (m) que é só └para constar [para inglês ver]. ¶偶然会った〜にする fazer de conta que se encontraram por acaso.

かたづく 片付く ❶〔整頓〕ficar em ordem. 部屋は片付いていた A sala estava └em ordem [arrumada]. ❷〔解決〕resolver-se, ser [ficar] resolvido/da. 事件はようやく片付いた Até que enfim se resolveu o caso. ❸〔終わる〕terminar, acabar. ❹〔嫁ぐ〕.

がたつく ❶ tremer. このテーブルはがたついている Esta mesa treme. ❷ não funcionar bem. この機械はがたついていた Esta máquina não estava funcionando direito.

かたづける 片付ける ❶〔整頓〕arrumar, pôr em ordem. 部屋を〜 arrumar └o quarto [a sala]. ❷〔元の位置に置く〕pôr no lugar. ❸〔解決〕resolver. 問題を〜 resolver um caso. ❹〔排除〕desfazer-se de. いらないものを〜 desfazer-se de [jogar fora] um objeto desnecessário. ❺〔終わらす〕terminar. 私には今日中に片付けなければならない仕事がたくさんある Eu tenho muito serviço para terminar hoje mesmo. ❻〔嫁がせる〕(fazer) casar. すでに二人の娘を片付けた Já casou as duas filhas.

かたつむり 蝸牛 〖動〗caracol (m).

かたて 片手 uma mão só. 〜で料理するcozinhar com uma mão. 辞書を〜にポルトガル語を勉強する estudar português com um dicionário na mão.

かたてま 片手間 〜の仕事 trabalho (m) avulso. 仕事の〜に nos intervalos entre um trabalho e outro.

かたどり 型取り moldagem (f). 〜する moldar.

かたな 刀 espada (f).

かたはば 肩幅 largura (f) dos ombros. 〜が広い（狭い）ter ombros largos (estreitos). 脚を〜に開く abrir as pernas na largura dos ombros.

かたぶつ 堅物 pessoa (f) rigorista [rigorosa, austera].

かたほう 片方 ❶〔片側〕um lado (m). 〜に傾く pender para um lado. 〜の言い分だけを聞く ouvir só um lado da história, ouvir só uma das partes do litígio. ❷〔一対の片方〕um só de um conjunto de dois objetos iguais [par]. 〜の手袋をなくした Perdi uma das luvas. 〜の目が見えなくなった Fiquei cego de um olho.

かたまり 塊 ❶ pedaço (m), massa (f), bloco (m). 塩の〜 pedra (f) de sal. 血の〜 sangue (m) coagulado. 肉の〜 pedaço (m) de carne. ソースに〜ができた O molho ficou com caroço./Formaram-se caroços no molho. ❷〔集団〕grupo (m). ひと〜の学生 um grupo de estudantes. ひと〜になって em grupo. ❸〔比〕símbolo (m), encarnação (f). 彼は善意の〜だ Ele é a bondade em pessoa.

***かたまる** 固まる ❶〔固くなる〕endurecer (-se) [エンドゥレセール (スイ)], solidificar-se [ソリヂフィカール スイ]. 溶けたバターがまた固まった A manteiga derretida endureceu de novo. ❷〔凝結する〕coagular(-se) [コアグラール (スイ)]. 血が固まった O sangue coagulou(-se). ❸〔集まる〕aglomerar-se [アグロメラール スイ], juntar-se [ジュンタール スイ]. 外国でブラジル人同士で〜と目立つ Quando os brasileiros se aglomeram no estrangeiro dão na vista. ❹〔しっかり定まる〕tomar consistência, consolidar-se [コンソリダール スイ]. 政府案が固まった O governo formulou a sua proposta definitiva.

かたみ 形見 objeto (m) de lembrança.

かたみ 肩身 私は〜が狭い Eu me sinto envergonhado/da [diminuído/da].

かたみち 片道 ida (f). ここからあそこまで〜2時間かかる Levam-se duas horas daqui até lá, só de ida. 〜3枚ください Dê-me [Me dá] três bilhetes de ida, por favor. ♦片道乗車券 bilhete (m) (só) de ida.

かたむき 傾き 〔傾斜〕inclinação (f); 〔傾向〕tendência (f).

***かたむく** 傾く ❶〔傾斜する〕inclinar (para). この柱は少し右に傾いていませんか Esta coluna não está um pouco inclinada para a direita? ❷〔傾向〕tender a. みんなの気持ちが賛成するほうに傾いた O sentimento de todos tendeu para a aprovação da ideia. ❸〔衰える〕decair [デカイール], entrar em decadência, perigar [ペリガール]. 私の商売は傾いていた Os meus negócios não iam bem. ❹〔日，月が〕pôr-se [ポール スイ], declinar [デクリナール]. 太陽は西に～ O sol se põe no oeste.

かたむける 傾ける ❶〔傾斜〕(fazer) inclinar. 体を～ inclinar-se, inclinar o corpo. 彼はびんを傾けてワインを注いだ Ele verteu [entornou] o vinho inclinando a garrafa. ❷〔集中〕dedicar, aplicar. …に耳を～ ouvir … com atenção. 彼は全精力を傾けて事業を成功させた Ele levou a cabo ⌊a empresa [o trabalho] empenhando todas as forças. ❸〔滅ぼす〕arruinar. 国を～ arruinar o país.

*かためる **固める** ❶〔凝固〕solidificar [ソリデフィカール], endurecer [エンドゥレセール]; endurecer [エンドゥレセール]. セメントを～ endurecer o cimento. うそで固めた話 pura mentira (f). ❷〔強固〕consolidar [コンソリダール], tornar firme [estável]. 基礎を～ consolidar a base. 辞職の意向を～ fazer um firme propósito de demissão. 身を～ estabelecer-se, casar-se. ❸〔防備〕defender [デフェンデール]. 守りを～ reforçar a defesa.

かたやぶり 型破り originalidade (f), criatividade (f). ～な original, fora dos padrões normais, criativo/va. ～な議論 uma discussão diferente.

かたよる 偏る ❶〔一方へ傾く〕desviar-se, inclinar-se. 船の進路が南に偏った A rota do navio desviou-se para o sul. ❷〔バランスが悪い〕ficar [estar] mal equilibrado/da. 栄養が偏った食事 uma alimentação mal equilibrada. ❸ ser parcial. その思想は偏っている Essa ideologia é parcial.

かたらう 語らう ❶〔語り合う〕ter uma conversa íntima com. 友と～ conversar intimamente com um amigo. ❷〔誘う〕propor, convidar. 友人を語らって海外旅行をする convidar os amigos para uma viagem ao exterior.

かたり 語り narração (f). ♦ 語り手 narrador/ra.

かたりあう 語り合う conversar juntos sobre algo, falar-se. 我々は大学時代の思い出を語り合った Falamos sobre as lembranças do nosso tempo de faculdade.

かたりあかす 語り明かす passar a noite conversando.

かたりつぐ 語り継ぐ passar de geração em geração contando, contar de pais a filhos.

かたる 語る 〔…を〕dizer; 〔…について〕falar de 〔sobre〕; 〔物語る〕contar, narrar. 戦争の思い出を～ contar as lembranças da guerra. 外国人たちに日本での体験を語ってもらいましょう Vamos pedir aos estrangeiros que contem as suas experiências no Japão. 政治を～ falar de política.

カタルシス ❶ catarse (f). ❷〔心〕terapia (f) de psicodrama.

カタログ ❶ catálogo (m). ❷〔ユニㇳ〕catálogo.

かだん 花壇 canteiro (m).

*かち **価値** ❶ valor (m) [ヴァロール]. ～のある de valor. ～の低い de pouco valor. ～がないこと coisa (f) ⌊insignificante [sem valor]. 絵の～を評価する estimar o valor de um quadro (de pintura). ～観の違う人たちと働くのはむずかしい É difícil trabalhar com pessoas de valores culturais diferentes. ♦ 価値観 conceito (m) dos valores (culturais). 価値判断 juízo (m) de valores. ～ preço (m) [プレッソ]. この時計は5万円の～がある Este relógio custa [vale] cinquenta mil ienes. ❸ …する～がある valer a pena, fazer sentido. あの映画は見る～がある Aquele filme ⌊vale a pena ver [merece ser visto]. 今それをやって見る～はある Vale a pena [Faz sentido] tentar fazer isso agora. ¶ それは計り知れない～がある Isso não tem preço.

かち 勝ち vitória (f), triunfo (m). 早い者～ Pega quem vier primeiro.

-がち (…し)～である tender a [ter tendência para], ter o costume de (+不定詞)《+infinitivo》. 彼は遅れ～だ Ele ⌊tem o costume de [costuma] chegar atrasado. 彼は被害妄想に陥り～だ Ele tem facilidade para se sentir perseguido. 人はとかく誤りを犯し～である Os homens tendem a cometer erros./O ser humano erra muito facilmente.

かちあう かち合う ❶〔重なり合う〕coincidir. A 社訪問と B 社訪問の約束時間がかち合っていませんか Não estão coincidindo os horários de visita à companhia A e à companhia B? ❷〔衝突〕cruzar, encontrar de súbito.

かちかち ❶〔音〕tiritar, tremer (de frio); barulho (m) de relógio. 時計の～でよく眠れない Não consigo dormir direito por causa do tique-taque do relógio. ❷〔固い〕duro/ra. 道路が氷で～になっている A estrada está congelada. ❸ duro/ra, tenso/sa. 発表する度に緊張して～になる Toda vez que vou me apresentar fico nervoso/sa e tenso/sa. ❹ teimoso/sa. 彼は頭が～だ Ele é um cabeçadura.

かちかん 価値観 valores (mpl). ～の回復 resgate (m) de valores. ～を取り戻す resgatar valores.

かちき 勝気 espírito (m) forte《em geral empregado para mulheres》. ～な女 mulher (f) ⌊valente [de espírito forte]; mulher que não quer ⌊perder [estar por baixo] de ninguém. ⇨ 負けず嫌い.

かちく 家畜 gado (m). ～を飼う criar o gado. ♦ 家畜小屋 estábulo (m).

かちすすむ 勝ち進む ter uma série de vitórias.

かちほこる 勝ち誇る estar [ficar]

envaidecido/da da vitória. 勝ち誇って triunfante.
かちょう 課長 chefe de seção.
がちょう 鵞鳥 〖鳥〗ganso (*m*). ♦鵞鳥足行進 passo (*m*) de ganso.
かちょうきん 課徴金 sobretaxa (*f*).
かつ 且つ não só... mas também; e; além disso. 彼は医者で～作家だ Ele é médico e, ao mesmo tempo, escritor. 我々は驚き～喜んだ Ficamos não só assustados mas também contentes.
*かつ** 勝つ ganhar [ガニャール], vencer [ヴェンセール], derrotar [デホタール]. 敵に～ vencer [derrotar] o/a inimigo/ga. 訴訟に～ ganhar o processo. 5対1で～ vencer de cinco a um. 困難に打ち～ vencer as dificuldades. どっちが勝ったのですか Quem [Qual deles] venceu?
カツ 〖料〗qualquer fritura (*f*) à milanesa. ♦カツ丼 tigela (*f*) de arroz coberto de fatias de porco à milanesa. 牛カツ empanado (*m*) de carne de vaca.
かつえき 滑液 〖医〗sinóvia (*f*). ♦滑液包 bursa (*f*).
かつお 鰹 〖魚〗bonito (*m*). ♦鰹節 〖料〗bonito desidratado [seco].
かっか 閣下 〖2人称〗Vossa Excelência,; 〖3人称〗Sua Excelência.
がっか 学科 seção (*f*) 《de faculdade》.
がっかい 学会 ❶〖団体〗associação (*f*) acadêmica. ❷〖会合〗congresso (*m*).
かつかざん 活火山 vulcão (*m*) ativo.
がっかり ～する ficar [estar] decepcionado/da [desencorajado/da], decepcionar-se, desencorajar-se. ～させる decepcionar, deixar ··· decepcionado/da. ～した様子で com um ar abatido. 私はその結果に～した Fiquei decepcionado/da com o resultado.
かっき 活気 ânimo (*m*), vigor (*m*), energia (*f*). ～のある animado/da, vigoroso/sa, vivo/va. ～のない desanimado/da, sem vigor, sem vida. ～のない町 cidade (*f*) morta [sem muito movimento]. ～にあふれた cheio/cheia de vida [vigor, ânimo, energia]. ～づける animar, ativar, tornar animado/da [ativo/va, vigoroso/sa]. ～づく animar-se, ativar-se, ficar [tornar-se] animado/da. ～を取り戻す reanimar-se, revigorar-se, voltar a ter a energia que tinha antes.
がっき 学期 trimestre (*m*) escolar (no Japão), semestre (*m*) escolar (no Brasil), período (*m*) escolar. 日本では3～は1月から始まります No Japão, o terceiro trimestre escolar começa em janeiro. ♦学期末試験 exame (*m*) de fim de trimestre 《no Japão》.
がっき 楽器 instrumento (*m*) musical. 彼はいろいろな～が弾ける Ele sabe tocar vários instrumentos. ♦管楽器 instrumento de sopro. 弦楽器 instrumento de cordas. 打楽器 instrumento de percussão.

かっきてき 画期的 ～な que faz [marca] época. その発明は～なものだ Essa invenção vai ficar na história.
がっきゅう 学級 classe (*f*), turma (*f*) 《de escola》. ～編成をする formar [organizar] classes. ♦学級文庫 biblioteca (*f*) da classe. 学級閉鎖 feriado (*m*) dado a uma classe devido a uma epidemia.
かつぐ 担ぐ ❶〖肩などに〗carregar, levar. リュックサックを背中に～ carregar [levar] uma mochila nas costas. 彼は病院へ担ぎ込まれた Ele foi levado ao hospital. ❷〖だます〗enganar, burlar. ❸〖迷信などを信じる〗ser supersticioso/sa. 縁起を～ crer em superstições [crendices].
かっけ 脚気 beribéri (*m*).
かっこ 括弧 parêntese (*m*). ～に入れる colocar entre parênteses. ～内の箇所 parte (*f*) que está entre parênteses.
かっこう 格好 forma (*f*), figura (*f*). ～がいい elegante, chique. ～が悪い deselegante. だらしない～になる ficar desleixado/da. ～をつけて salvar as aparências; 〖もったいぶる〗fazer-se de difícil. こんな～で失礼します Desculpe estar vestido/da dessa maneira. それは～がつかない Isso não fica bem.
かっこう 郭公 〖鳥〗cuco (*m*).
*がっこう** 学校 escola (*f*) [エスコーラ]. ～を休む faltar às aulas. ～へ入る [上がる] entrar na escola. ～を卒業する formar-se na escola [no ginásio, no colégio]. ～をやめる deixar a escola, desistir de estudar. 明日は～がない Amanhã não há aula.
♦学校給食 merenda (*f*) escolar. 学校教育 educação (*f*) escolar. 小学校 escola primária. 中学校 ginásio (*m*). 高等学校 escola de segundo grau, colégio (*m*). 専門学校 escola ιtécnica [de especialização]. 私立学校 escola particular. 公立学校 escola pública.
かっこく 各国 cada país (*m*). ♦世界各国 cada país do mundo; todos os países do mundo.
かっさい 喝采 aplauso (*m*), salva (*f*) de palmas, ovação (*f*). 観客の中からいっせいに～が起こった Os espectadores aplaudiram todos ao mesmo tempo./Foi um aplauso geral.
がっさく 合作 obra (*f*) em conjunto. ♦日米合作映画 filme (*m*) produzido pelo Japão e Estados Unidos.
がっさん 合算 soma (*f*), total (*m*). 全商品の値段を～すると17万円を超える Se somarmos o valor de todos os produtos, o valor ultrapassa cento e setenta mil ienes.
かつじ 活字 tipo (*m*), letra (*f*) de imprensa, caráter (*m*). ～を組む compor os tipos. ～を拾う catar os tipos. ～体で記入する preencher em letra de fôrma.
がっしゅく 合宿 viagem (*f*) de estudos em

grupo.

がっしょう 合唱 coro (*m*), coral (*m*). ～する cantar em coro.

がっしょう 合掌 ～する juntar as mãos 《para rezar》.

かっしょく 褐色 cor (*f*) parda, pardo (*m*). ～の pardo/da.

かっせい 活性 ～の ativo/va. ～化する ativar. ♦活性化 ativação (*f*). 活性炭素 carvão (*m*) ativo. 活性ビタミン vitamina (*f*) ativa.

かっそう 滑走 deslizamento (*m*). ♦滑走路 pista (*f*) (de aeroporto).

がっそう 合奏 concerto (*m*). ～する tocar em conjunto.

カッター cortador (*m*).

カッターシャツ camisa (*f*) de manga comprida sem o punho.

がったい 合体 união (*f*), junção (*f*). ～する unir-se, fundir-se. ～させる unir, fundir, juntar, colocar. ロボットアームをスペースシャトルに～させる colocar o braço-robô na nave espacial.

ガッツ coragem (*f*), 《口語》garra (*f*), 《卑》culhão (*m*).

かつて ❶ outrora; uma vez; antigamente, antes. 彼は～いい生活をしていた Antigamente ele ₋vivia bem [era rico]. この家は～は店だった Esta casa era antes [primitivamente] uma loja. ❷〔疑問文で〕já;〔否定文で〕nunca. あなたは～こんな物を見たことがありますか Você já viu uma coisa dessas? そんなものは～見たことがない Nunca vi uma coisa dessas.

かって 勝手 ❶〔台所〕cozinha. 勝手口 entrada (*f*) de serviço. ❷〔事情〕estado (*m*), circunstâncias (*fpl*). この町は～がわからない Eu não conheço muito bem esta cidade. この機械の～がわからない Não sei como manejar esta máquina. ❸〔随意〕capricho (*m*), voluntariedade (*f*). ～な caprichoso/sa, egoísta. ～に〔好きなように〕como quiser, a seu modo;〔許可なしに〕sem licença. ～にしなさい Faça como quiser [bem entender]! ～に召し上がれ Sirvam-se à vontade, sim? 彼の言動は～すぎる O modo de he agir é egoísta demais. その場合はあなたの～です Nesse caso, ₋cabe a você decidir [você pode fazer do jeito que quiser].

がってん 合点 ¶～だ Estou de acordo. ⇨合点(ガッテン).

カット ❶〔切断〕corte (*m*). ～する cortar, dar uma cortada. 髪の毛を～する cortar o cabelo. ♦ヘアカット corte de cabelo. ❷〔削除〕supressão (*f*), corte. テキストの重複部分の～ corte de pleonasmos do texto. ❸〔削減〕redução (*f*). 賃金カット redução do salário. ❹〔裁縫〕corte. ❺〔映〕corte (de cena). あのシーンは検閲により～された Aquela cena foi cortada devido à censura. ❻〔さし絵〕gravura (*f*), ilustração (*f*) (de uma publicação). あの小説は～が良いから売れた Aquele romance vendeu bem por causa de suas belas ilustrações. ❼〔宝石の〕lapidação (*f*) de pedra preciosa. ❽〔スポーツ〕cortada (*f*).

ガット ❶〔ラケットやバイオリンの弦などに用いる糸〕corda (*f*)《de guitarra ou raquete, feita de tripa de carneiro》. ❷〔関税と貿易に関する一般協定〕GATT, Acordo (*m*) Geral sobre Tarifas Aduaneiras e Comércio.

*__かつどう__ 活動 atividade (*f*)〔アチヴィダーヂ〕, ação (*f*)〔アサォン〕, movimento (*m*)〔モヴィメント〕. ～的 atuante, ativo/va, dinâmico/ca. 彼は～的な教会を支持している Ele defende uma igreja atuante. ～を始める entrar em ação. ～する agir, atuar. ～させる pôr em ação. ♦活動範囲 raio (*m*) de ação.

かっぱ 合羽 capa (*f*) (para chuva).

かっぱ 河童 animal (*m*) lendário que vive nos rios.

かっぱつ 活発 ～な animado/da, vivo/va, ativo/va. ～に ativamente, vivamente, com vigor. ～な若者 jovem dinâmico/ca. ～な会話 conversa (*f*) animada. …と～な議論を戦わす ter uma discussão animada com …. ～な火山活動 atividade (*f*) vulcânica muito viva. ～な商店街 rua (*f*) comercial ₋bastante movimentada [com muito movimento]. 彼女は動作が～である Ela é bastante dinâmica. ～にする animar, avivar, estimular, tornar vivo/va, excitar. ～になる animar-se, tornar-se [ficar] mais ativo/va.

カップ ❶ xícara (*f*), chávena (*f*). ♦カップケーキ bolinho (*m*), *muffin* (*m*). コーヒーカップ xícara de café. ❷〔スポーツ〕〔サッカーのカップ戦など〕copa (*f*). ♦ブラジルカップ Copa do Brasil. リベルタドーレスカップ Taça (*f*) Libertadores. ワールドカップ Copa do Mundo. ❸〔ブラジャーの〕cavidades (*fpl*) do sutiã;〔サイズ〕tamanho (*m*) do sutiã.

カップル casal (*m*), par (*m*)

がっぺい 合併 ❶ união (*f*), associação (*f*), fusão (*f*). 企業の～ fusão de empresas. 銀行の～ fusão de bancos. ～する fundir(-se), juntar(-se), unir(-se). ～させる fundir, unir, anexar. X社とY社は～して大会社になった A Companhia X e a Y se fundiram e formaram uma grande companhia. ♦吸収合併 incorporação (*f*). 町村合併 fusão de cidades [vilas]. ❷〔医〕この病気は～症を起こしやすい Esta doença ₋provoca frequentemente [é fácil de provocar] outras doenças. ♦合併症 complicação (*f*) (provocada pelo aparecimento simultâneo de várias doenças).

かつぼう 渇望 ânsia (*f*), sede (*f*). …を～する estar ansioso/sa por …, ter um desejo ardente de ….

がっぽん 合本 encadernação (de revistas, livros ou jornais em um único volume).

かつまく　滑膜　〔関節の〕membrana (f) sinovial. ◆滑膜炎〔医〕sinovite (f).

かつやく　活躍　atividade (f), desempenho (m). ～する agir, desenvolver uma atividade. ご～はいつも伺っております Sempre ouço falar das suas atividades.

かつやくきん　括約筋　〖解〗esfíncter (m), músculo (m) anular. ～がゆるんでいる O esfíncter está relaxado. ◆肛門括約筋 esfíncter do ânus.

かつよう　活用　❶〔利用〕utilização (f), aproveitamento (m).　太陽エネルギーの～ aproveitamento da energia solar. ～する aproveitar. 人材をうまく～する aproveitar bem as pessoas de capacidade, colocar a pessoa certa no posto certo. ❷〖文法〗conjugação (f). ～する conjugar-se. 動詞を～させる conjugar um verbo.

かつら　鬘　peruca (f).

かつりょく　活力　vitalidade (f), força (f), energia (f). ～にあふれた cheio/cheia de vitalidade, ativo/va.

かつれい　割礼　〔宗〕circuncisão (f).

カツレツ　iguaria (f) preparada à milanesa. ◆ビーフカツレツ bife (m) à milanesa.

かて　糧　alimento (m). 心の～ alimento do espírito. 生活の～を得る ganhar ⌊a vida [o pão de cada dia].

かてい　仮定　hipótese (f), suposição (f). ～する supor, admitir por hipótese. …と～して supondo que …, admitindo por hipótese que …. あくまでも～の話ですが... Isso não passa de uma hipótese, mas .... そのことが真実だと～しよう Vamos supor que isso seja (a) verdade.

*かてい　家庭**　família (f), lar (m) [ラール]. ～的な familiar, caseiro/ra. 私の夫は～的な人です O meu marido é muito caseiro. 彼はどんな～で育ったのですか Em que tipo de família ele foi criado? ～の放棄 abandono (m) de lar. ～の事情で por motivos de família. ～を持つ ter [constituir] família, casar-se. ～的な雰囲気 ambiente (m) familiar [caseiro]. ～用 para uso (m) doméstico. ◆家庭科 disciplina (f) de trabalhos domésticos, economia (f) doméstica. 家庭科室 sala (f) de aula de economia doméstica. 家庭教育 educação (f) familiar. 家庭裁判所 tribunal (m) de assuntos familiares. 家庭生活 vida (f) em família. 家庭内暴力 violência (f) do lar. 家庭不和 desarmonia (f) do lar. 家庭訪問 visita (f) do/da professor/ra às famílias dos alunos. 家庭用品 artigos (m) domésticos. 家庭欄 coluna (f) [página (f)] de assuntos domésticos. 家庭料理 comida (f) caseira.

かてい　課程　curso (m), programa (m) de estudos. 義務教育の～を終える terminar os estudos obrigatórios. 高等科～を修了してい る ter um diploma superior. ◆修士課程 curso de mestrado. 博士課程 curso de doutorado.

かてい　過程　processo (m). …の～にある estar ⌊no processo [em vias] de …. ◆生産過程 processo de produção.

かていきょうし　家庭教師　professor/ra particular. ～をする dar aulas particulares. ～につく ter aulas particulares, contratar um professor particular. 私は週1回英語の～をしています Eu dou aula particular de inglês uma vez por semana.

カテーテル　〖医〗cateter (m).

カテゴリー　categoria (f). ～に分ける dividir em categorias.

カテドラル　catedral (f).

-がてら　de passagem, aproveitando (a ocasião). ドライブ～実家によってみた Aproveitando o passeio de carro, fui à casa de meus pais. ⇨-かたがた.

がてん　合点　❶〔理解〕ato (m) de convencer-se, compreensão (f), entendimento (m). 彼は～が早い Ele é rápido em compreender as coisas./〘口語〙Ele pega rápido (as coisas). 彼は早～してしまった Ele concluiu precipitadamente (e errou). ～がいく話 uma história compreensível [convincente]. ❷〔承知〕consentimento (m), anuência (f).

*かど　角**　❶〔曲がり角〕esquina (f) [エスキーナ]. 私の家はその～を右に曲がって2軒目です A minha casa é a segunda, virando-se essa esquina à direita. ❷〔角度〕ângulo (m) [アングロ]. ～のある angular, angulado/da, que tem ângulo. ～のとれた人 pessoa (f) sociável [amável, dócil]. そう言うと～が立つ Se você diz uma coisa dessas, acaba ⌊comprando briga [ferindo as pessoas].

かど　過度　excesso (m). ～の excessivo/va. 彼は～の緊張で倒れてしまった Ele acabou sucumbindo de tanta tensão.

かとう　下等　～な baixo/xa, inferior; vulgar. ◆下等動物 animais (mpl) inferiores.

かとう　果糖　frutose (f), levulose (f).

かどう　華道　(arte (f) do) arranjo (m) floral.

-かどうか　se. 次回は私が来られる～わかりません Eu não sei se da próxima vez eu vou poder vir ou não. ⇨か.

かとうせいじ　寡頭政治　oligarquia (f).

かとき　過渡期　fase (f) [período (m)] de transição.

かどまつ　門松　adorno (m) de ramos de pinheiro e bambu colocado às portas das casas ou local de trabalho, no início do ano novo. ～を立てる adornar a entrada das casas ou do local de serviço com ramos de pinheiro e bambu.

かとりせんこう　蚊取り線香　incenso (m) para afugentar mosquitos.

カトリック católico/ca. ♦カトリック教 religião (f) católica, catolicismo (m).

かな 仮名 *kana* (f), escrita (f) silábica japonesa. ⇨片仮名, 平仮名.

かなあみ 金網 tela (f) metálica.

かない 家内 ❶〔家族〕família (f). ♦家内安全 bem-estar (m) da família. ❷〔妻〕a própria esposa (f). 〜は今日家におりませんが Hoje a minha esposa não está em casa.

かなう 叶う 〔望みが〕realizar-se. 願いがかなった Meus desejos se realizaram. かなわぬ恋 amor (m) impossível. かなわぬ願い desejo (m) irrealizável.

かなう 敵う igualar-se a …, ganhar de …. 営業成績ではだれも彼に〜者はいない Quanto aos recordes de venda, não há quem ganhe dele. 暑くてかなわない O calor está insuportável.

かなう 適う 〔適合〕ser conforme [corresponder, responder] a. 規則に〜 estar de acordo com os regulamentos. 道理にかなった(かなわない) razoável (irrazoável). 法規にかなった(かなわない) legal (ilegal).

かなえる 叶える satisfazer. あなたの望みをかなえてあげたいのですが... Gostaria de satisfazer os seus desejos, mas ….

かなぐ 金具 ornamento (m) metálico, peças (fpl) metálicas.

かなくず 金屑 ferro (m) velho, sucata (f).

*__かなしい__ 悲しい triste [トリステ]. 〜出来事があった Houve um acontecimento triste./ Aconteceu uma coisa triste. 悲しそうな tristonho/nha. 彼女は悲しそうにしていた Ela estava tristonha.

かなしみ 悲しみ tristeza (f), dor (f). 〜にふける ficar mergulhado/da em tristeza, não conseguir vencer a tristeza. 〜をこらえる vencer a tristeza. 〜のあまり記憶喪失になってしまった Acabou perdendo a memória pela tristeza demasiada.

かなしむ 悲しむ entristecer-se, ficar triste. 友人の死を〜 lamentar a morte do/da amigo/ga. 彼女はまだ夫の死をとても悲しんでいる Ela ainda está muito triste com a morte do marido. …を悲しませる entristecer …, magoar …, deixar … triste. 親を悲しませてしまった Acabei entristecendo os meus pais. あなたを悲しませたくなかった Não queria deixar você triste.

カナダ o Canadá. 〜の do Canadá, canadense. ♦カナダ人 canadense (o povo).

かなづち 金槌 martelo (m). 〜で打ったらいかが Que tal você bater com um martelo?

カナッペ 〔料〕canapé (m).

かなぶん 〔虫〕escaravelho (m).

かなめ 要 ❶ eixo (m). ❷ ponto (m) essencial [principal]. 議論の〜 ponto principal da discussão.

かなもの 金物 ferramenta (f). ♦金物店 ferramentaria (f).

*__かならず__ 必ず 〔きっと〕sem falta, de todo o jeito; com toda a certeza; 〔常に〕sempre [センプリ]; 〔必然的に〕necessariamente [ネセサーリアメンチ], inevitavelmente [イネヴィタヴェウメンチ]; 〔ぜひとも〕custe o que custar. あすは〜出社します Amanhã compareço à companhia sem falta. 私は〜毎日散歩する Eu sempre dou a minha caminhada diária. 彼らが会うと〜けんかになる Quando eles se encontram acabam brigando inevitavelmente. パーティーには〜来てね Venha à festa ∟sem falta [custe o que custar], está bem? 〜しも…ではない nem sempre (+直説法)《+indicativo》. 値段の安い品物が〜しも売れるわけではない Nem sempre um artigo barato tem boa saída.

かなり muito, bastante,《婉曲》um bocado. 〜の〔相当な〕considerável;〔多い〕muito, bastante. あなたの会社は〜よい給料だそうですね Dizem que a sua companhia paga bem, não é? その仕事は〜時間がかかりますね Esse serviço vai ser bastante demorado, não? 駅までは〜ある Há uma boa distância até a estação. 〜待たされた Esperei muito [bastante]. 〜の金を使った Gastei uma quantia considerável de dinheiro. 〜の値下がりがあった Houve uma queda sensível nos preços.

カナリア 〔鳥〕canário (m).

かに 蟹 〔動〕caranguejo (m), siri (m).

かにく 果肉 polpa (f) (da fruta).

かにざ 蟹座 〔星座〕(signo (m) de) câncer (m) [caranguejo (m)].

かにゅう 加入 inscrição (f), afiliação (f), entrada (f), ingresso (m). 〜する inscrever-se. あなたは生命保険に〜していますか Você tem seguro de vida? …ご〜の皆様へ特別なお知らせです Uma notícia especial para todos os inscritos na associação …. ♦加入者 inscrito/ta.

カヌー ❶ canoa (f). ♦カヌー競技 competição (f) de canoa. ❷〔カヤック〕caiaque (m).

*__かね__ 金 dinheiro (m) [ヂニェーイロ]. 会社に〜が入る entrar dinheiro na empresa. 〜に困る estar mal de dinheiro, ter problemas com dinheiro. 〜に目がくらむ ser seduzido/da pelo dinheiro. 〜に物を言わせる conseguir o que se pretende com o dinheiro. 〜の都合をつける angariar fundos, arranjar [fazer] dinheiro. 〜を銀行に預ける depositar dinheiro no banco. 銀行から〜をおろす sacar dinheiro do banco. 〜を出す pagar. 〜を払う pagar. …に〜をかける aplicar dinheiro em …. …から〜を借りる emprestar dinheiro de …, pedir [pegar] dinheiro emprestado de …. …に〜を貸す emprestar dinheiro para …. 〜を儲(もう)ける lucrar. 〜をせびる chantagear, extorquir. 〜を貯(た)める juntar dinheiro, poupar. 〜を使う gastar dinheiro. …に〜を投じる investir dinheiro em …. …から〜を取る co-

brar dinheiro de ⋯, extorquir ⋯. その仕事に対してお⋯をもう払ってもらいましたか Já lhe pagaram por esse serviço?

かね 鐘 sino (*m*). 教会の～が鳴った Bateu o sino da igreja.

かねあい 兼ね合い equilíbrio (*m*), balanço (*m*). 予算との～で equilibrando o orçamento (com os planos). 両者の～がむずかしい O difícil é o equilíbrio entre as duas partes.

かねかし 金貸し ❶〔行為〕empréstimo (*m*) de dinheiro. ❷〔人〕usurário/ria.

かねつ 加熱 aquecimento (*m*). ～する levar ao fogo.

かねつ 過熱 superaquecimento (*m*). ～する aquecer demasiadamente.

かねもうけ 金儲け lucro (*m*). ～をする lucrar [ganhar dinheiro]. ～がうまい saber ganhar dinheiro.

かねもち 金持ち rico/ca.

かねる 兼ねる ❶〔用途を〕servir ao mesmo tempo de, servir também como. この部屋は会議室と応接室とを兼ねている Esta sala serve ao mesmo tempo de sala de reuniões e de visitas. ❷〔職を〕desempenhar ao mesmo tempo. 彼は二つの役を兼ねている Ele acumula duas funções. ❸ ⋯しかねる não conseguir, ser incapaz. それは僕にはできかねる Isso é algo além da minha capacidade [que não consigo fazer]. ❹ ⋯しかねない ser capaz de (+ 不定詞)《+infinitivo》; ser possível (+que +接続法)《+que +subjuntivo》; poder (+ 不定詞)《+infinitivo》. 彼は銀行強盗もやりかねないやつだ Ele é alguém capaz de cometer um roubo a [roubar um] banco. それは大惨事につながりかねなかった Isso poderia ter ocasionado uma grande catástrofe./Era bem possível que isso tivesse ocasionado uma grande catástrofe.

かねん 可燃 〔可燃性〕combustibilidade (*f*), propriedade (*f*) de combustão (incineração). ♦ 可燃ごみ lixo (*m*) incinerável. 可燃物 substância (*f*) inflamável.

かのう 可能 possibilidade (*f*) (=可能性). ～な possível, praticável, realizável. 通行な～な道路 estrada (*f*) possível de transitar. ～にする possibilitar, permitir, tornar possível. 道路の整備は商品の低コスト運搬を～にする A manutenção de estradas possibilita [permite, torna possível] o transporte barato de mercadorias. ～な限り tanto quanto possível. ～な限りお手伝いいたします Eu o/a ajudarei tanto quanto possível [no que for possível]. 彼の信頼回復の～性はあります か Será que ele tem a possibilidade de recuperar a confiança?《俗》Será que ele ainda pode limpar a barra? 彼女ならそれをやった～性があります É bem possível que ela tenha feito isso./Ela é bem capaz de ter feito isso.

かのう 化膿 〖医〗purulência (*f*), supuração (*f*). ～する supurar. ♦ 化膿性感染 infecção (*f*) piogênica. 化膿性腎(じん)炎 nefrite (*f*) supurativa. 化膿性肺炎 pneumonia (*f*) supurativa. 化膿性鼻炎 rinite (*f*) purulenta. 化膿止め supurativo (*m*), antiséptico (*m*).

***かのじょ 彼女** ela (*f*) [エーラ];〔恋人〕namorada (*f*) [ナモラーダ]. ～の dela, a ela (*f*), a ela. ～に lhe, a ela. ～自身 ela mesma. ～たち elas. 彼と結婚するのは～自身の問題です Se vai casar com ele ou não, (isso) é problema dela.

かのじょら 彼女ら elas (*fpl*). ～の delas, seu/sua. ～を as (*fpl*), a elas. ～に lhes, a elas. ～自身 elas mesmas.

かば 河馬 〖動〗hipopótamo (*m*).

かば 樺 〖植〗vidoeiro (*m*), bétula (*f*).

カバー ❶ cobertura (*f*), capa (*f*). ⋯に～をかける pôr capa em ⋯, encapar ⋯. ♦ ブックカバー capa de livro. ベッドカバー colcha (*f*). ❷ cobertura, compensação (*f*). ～する cobrir. 赤字を～する cobrir o déficit. ❸ abrangência (*f*), abarcamento (*m*), cobertura. その報告は全ての問題点を～していない Essa apresentação não está abrangendo todos os aspectos. ❹〖スポーツ〗defesa, cobertura. ❺〖音〗cover (*m*), versão (*f*) (de música). ♦ カバーバージョン versão (*f*) cover.

カバーチャージ couvert (*m*) [クヴェール].

カバーリング ❶〔ベッドカバー〕colcha (*f*). ❷〖サッカー〗cobertura (*f*). チームが攻撃に出ていてカウンターアタックを受けた場合ゴールキーパーは～をする Quando o time está no ataque, o goleiro faz a cobertura em caso de contra-ataque.

かばう 〔庇護〕proteger;〔弁護〕defender. 身を～ proteger-se, cuidar de si, cuidar-se. 親にしかられた妹を～ defender a irmã mais nova contra os pais que a ralharam.《俗》que levou bronca dos pais).

かばつ 可罰 ～的〖法〗punível. ～的行為 ato (*m*) punível. ♦ 可罰性〖法〗punibilidade (*f*).

かばやき 蒲焼き 〖料〗maneira (*f*) especial de assar peixe, com molho de soja e açúcar. うなぎの～ enguia (*f*) assada com molho doce de *shoyu*.

かばん 鞄 〔旅行かばん〕mala (*f*);〔スーツケース〕maleta (*f*), valise (*f*);〔書類かばん〕pasta (*f*). 荷物を～に詰める fazer a mala.

かはんしん 下半身 parte (*f*) inferior do corpo (da cintura para baixo).

かはんすう 過半数 a maioria, a maior parte (*f*). ～を得る obter a maioria (dos votos). ～の投票により決定する decidir pela maioria dos votos. 課長をはじめ、課の～の者はその案に賛成した A começar pelo chefe, a maioria da seção concordou com a ideia.

かび 黴 bolor (*m*), mofo (*m*). ～のにおい

がする Está cheirando a mofo. 〜の生えた embolorado/da. ◆黴防止剤 fungicida (m).

がびょう 画鋲 percevejo (m).

かびる 黴びる embolorar, ficar embolorado/da, ganhar mofo [bolor], criar mofo [bolor]. かびたパン pão (m) embolorado. ミカンがかびてしまった A mexerica ficou embolorada.

かびん 花瓶 vaso (m) (de flores).

かびん 過敏 〜な excessivamente sensível, hipersensível, suscetível. ◆過敏症〚医〛eretismo (m).

かぶ 株 ❶〔木の〕pé (m), toco (m). 1〜のレタス um pé de alface. ❷〚経〛(título (m) de) ação (f). 〜価の暴落 queda (f) brusca da cotação das ações. 〜の値動き mercado (m) de ações. ◆株価 preço (m) [cotação (f)] da ação. 株主 acionista. 株主総会 assembleia (f) geral de acionistas. 株主配当金 dividendo (m) das ações. ❸《比》estima, valor. 彼は東京大学に入ってから〜が上がった Desde que ele entrou na Universidade de Tóquio sua fama cresceu.

かぶ 下部 parte (f) inferior.

かぶ 蕪 nabo (m) 《redondo》.

カフェ 〔喫茶店〕café (m), cafeteria (f). ◆ネットカフェ cybercafé (m) [サイベルカフェー] (com computadores e revistas de histórias em quadrinhos).

カフェイン cafeína (f). 〜抜きの descafeinado/da, sem cafeína. ◆カフェイン中毒〚医〛cafeinismo (m).

カフェオレ café (m) com leite, 《口語》pingado (m), média (f), 《ポ》galão (m).

カフェテラス café (m), cafeteria (f) (com mesas na calçada).

カフェテリア café (m), cafeteria (f), restaurante (m); 〔学校や会社などの〕refeitório (m), lanchonete (f) (de auto-atendimento).

かぶき 歌舞伎 cabúqui (m) (teatro de maquilagem, que teve início no século XVII [dezessete], o auge na era Edo e continua até hoje). ◆歌舞伎役者 ator (m) de cabúqui.

かふくぶ 下腹部 parte (f) inferior do ventre.

かぶさる ❶〔おおう〕estar suspenso/sa (sobre), cobrir. 伊豆半島の辺りは厚い雲がかぶさっていた Grossas nuvens cobriam a região da Península Izu. ❷〔負担がかかる〕ficar [ser] encarregado/da, ficar [ser] responsável. 突然石油の販売の責任が私にかぶさってきた Fui subitamente encarregado/da das vendas de petróleo.

かぶしき 株式 ação (f). 〜を発行する emitir ações.

◆株式会社 sociedade (f) anônima. 株式市場 mercado (m) de ações. 株式証券 取引所 bolsa (f) de valores. 株式相場 câmbio (m) das ações. 株式配当金 dividendo (m). 株式売買 compra (f) e venda (f) de ações, especulação (f).

カフスボタン abotoadura (f).

かぶせる 被せる ❶〔おおう〕cobrir, tapar. 種に土を〜 cobrir a semente com a terra. ❷〔ほかの人に負わせる〕jogar a culpa em alguém, passar responsabilidade a alguém. あの人はいつも自分の責任を他人に〜人だ Ele é uma pessoa que costuma passar suas responsabilidades aos outros.

カプセル ❶〚薬〛cápsula (f). 〜入りの薬 remédio (m) em cápsula. ❷〔密閉した容器〕cápsula espacial. ◆タイムカプセル cápsula do tempo.

かふそく 過不足 o ter a mais ou a menos. 〜なく na devida quantidade, convenientemente. 観光客にお弁当を〜なく配分する distribuir os lanches entre os turistas sem deixar sobrar nem faltar.

カプチーノ café (m) capuccino.

かぶと 兜 elmo (m).

かぶとむし 甲虫 besouro (m). あの少年は〜を飼っていた Aquele menino tinha [criava] besouros de estimação em casa.

かぶる 被る ❶ pôr, estar com. 帽子を〜 pôr um chapéu. 彼は帽子をかぶっていましたか Ele estava com [de] chapéu? かぶとをかぶっていた侍 samurai (que está) com elmo. ❷〔おおわれる〕cobrir-se com, estar coberto/ta de. 机はほこりをかぶっていた A escrivaninha estava coberta de pó. バケツの水をかぶってしまった Acabei tomando um balde d'água na cabeça. 私はいつも毛布をかぶって寝る Eu sempre me cubro com o cobertor até o rosto para dormir. ❸〔罪などを〕assumir a culpa [tomar responsabilidade] do/da outro/tra. 彼は罪をかぶった Ele assumiu a culpa do/da outro/tra.

かぶれる ❶〔皮膚が〕ficar com erupções cutâneas. ❷〔感化される〕ficar [estar] influenciado/da por. 西洋文化に〜 ficar influenciado/da pela cultura ocidental.

かふん 花粉 pólen (m). ◆花粉症〚医〛alergia (f) a pólens, polenose (f), febre (f) do feno, rinite (f) alérgica.

かべ 壁 parede (f). 彼は〜にルノワールの絵をかけた Ele pendurou uma pintura de Renoir na parede. ◆壁紙 papel (m) de parede [para forrar paredes]. 壁新聞 mural (m) de notícias. ❷〚サッカー〛barreira (f). フリーキックの〜を作る formar a barreira para cobrança de falta. ❸《比》barreira. 言葉の〜 barreira da língua. 残念だけどあなたと私の間には〜ができてしまった Infelizmente criou-se uma barreira entre nós.

かへい 貨幣 moeda (f). 〜を発行する emitir moeda. ◆貨幣価値 valor (f) monetário. 貨幣経済 economia (f) monetária.

かべパス 壁パス 〚サッカー〛tabela (f), tabelinha (f). ゴール前で~を重視する彼のスタイルは観衆を魅了する O estilo dele que prioriza a tabela na área encanta os espectadores.

かべん 花弁 〚植〛pétala (f).

かほう 下方 ~修正する fazer uma correção abaixando o número apresentado anteriormente, diminuir o número apresentado anteriormente.

かほう 加法 〚数〛adição (f). ⇨足し算.

かほご 過保護 super-proteção (f), 《口語》paparicação (f). 子供を~に育てる criar uma criança com excesso de cuidados, 《口語》paparicar uma criança.

カポジにくしゅ カポジ肉腫 〚医〛Sarcoma (m) de Kaposi.

かぼちゃ 南瓜 abóbora (f); moranga (f).

ガボット 〚音〛gavota (f).

ガボン Gabão (m). ~の gabonense.

かま 窯 forno (m). 陶芸用の~ forno (m) de cerâmica.

かま 釜 panela (f). うどんを~茹でにする cozinhar o macarrão japonês numa panela com água a ferver. ♦電気釜 panela elétrica.

かま 鎌 foice (f). ~で刈る ceifar com a foice. ~をかける querer jogar verde e colher maduro.

かまう 構う 〔心配する〕preocupar-se com; 〔配慮する〕considerar, importar-se com. かまわない Não faz mal./Não me importo. たばこを吸ってもかまいませんか Não faz mal eu fumar?/Posso fumar? 人のことにはかまわないでください Não se importe com os outros. どうぞおかまいなく Não se incomode com a gente.

かまえ 構え postura (f), posição (f). 彼は首相に真実を述べる~である Ele está preparado para falar a verdade ao Primeiro-Ministro/à Primeira-Ministra.

かまえる 構える ❶ construir, instalar. 店を~ instalar uma loja. ❷ tomar uma postura. 横柄に~ tomar uma postura arrogante, comportar-se arrogantemente. のんきに~ ficar muito à vontade, ter calma demais.

がまがえる 蝦蟇蛙 〚動〛sapo (m).

かまきり 蟷螂 〚虫〛louva-a-deus (m).

かまくらじだい 鎌倉時代 Era (f) Kamakura (1192～1333).

かまち 框 〚建〛caixilho (m).

かまぼこ 蒲鉾 〚料〛massa (f) de peixe triturado e endurecido em forma semicilíndrica.

がまん 我慢 paciência (f), perseverança (f), resistência (f). ~する reprimir-se, conter-se, segurar-se, aguentar, suportar, ter paciência. …を~する reprimir, segurar, conter, aguentar, suportar. 痛みを~する suportar [aguentar] a dor. 怒りを~する conter [reprimir] a raiva [fúria]. 私はそのようなことを全部~してきた Eu ∟vim aguentando [tenho aguentado] tudo isso. 私はめちゃくちゃなことをずいぶんと~した Suportei muitos absurdos./《俗》Eu engoli muitos sapos. それは~できない Eu ∟não suporto [não consigo suportar] isso./《俗》Eu não aguento essas coisas! ~してみます Vou tentar me conter. あなたはずいぶんと~しなくてはなりません Você vai ter que ter muita paciência! マリア、~しなさい Contenha-se, Maria!/《俗》Se segura, Maria! ~できますか Dá para aguentar [suportar]? 今日はたばこが~できてよかった... Foi bom que hoje eu consegui ficar sem fumar .... 彼女は~強い Ela é muito paciente. ~しがたい痛み（暑さ）dor (calor) insuportável. ~できない não poder se segurar, não poder conter, não resistir. コーヒーを飲んではいけないのだけれど、そのにおいをかぐと~ができなくなるんです Não posso tomar café, mas quando vem o cheiro, não resisto. 私はあなたを~できない Eu não aguento você./Você é insuportável.

かみ 神 Deus (m).

かみ 紙 papel (m). ♦紙切れ pedaço (m) de papel. 紙コップ copo (m) de papel.

*かみ 髪 cabelo (m) 〚ｶﾍﾞｰﾛ〛. ~を切ってもらう cortar o cabelo. ~の毛 cabelo (m). ~を長くする deixar crescer o cabelo. ~の長さをそろえてください Poderia me aparar o cabelo? 母に~を切ってもらいました Foi a minha mãe que me cortou o cabelo.

かみあう 噛み合う ❶ 〔互いに〕morder-se um ao outro, devorar-se mutuamente. ❷ 〔歯車〕engrenar. 歯車が噛み合っていない As rodas dentadas não estão bem engrenadas. ¶ 彼らの意見は噛み合っていなかった As opiniões deles se desencontravam.

かみあわせ 噛み合わせ ❶ mastigação (f). 上の歯と下の歯の~が悪い Os dentes de cima não estão bem encaixados com os de baixo. ❷ 〔歯車〕engrenagem (f).

かみかざり 髪飾り adorno (m) [enfeite (m)] de cabelo.

かみがた 髪型 penteado (m). ~を変える mudar o penteado. その~は似合っていますね Esse penteado combina bem com você, não é? どんな~にしますか Que penteado prefere?/Como quer o corte?

かみきりむし 〚虫〛longicórneo (m).

かみくず 紙屑 lixo (m) de papel, papel (m) para jogar fora.

かみくだく 噛み砕く ❶ triturar, mastigar. ❷ 〔わかりやすく説明する〕explicar com palavras mais fáceis, 《口語》falar mastigadinho.

かみころす 噛み殺す ❶ matar à dentada. ❷ 〔抑える〕reprimir, conter. あくびを~ conter um bocejo.

かみしばい 紙芝居 narração (f) de histórias infantis com exibição de gravuras.

かみしめる 噛み締める ❶ mastigar bem. ❷ 《比》digerir, pensar bem; sentir profundamente. 先生の言ったことを～ pensar bem no que disse o/a professor/ra. 自分の失敗を～ amargar as consequências do próprio erro.

かみそり 剃刀 navalha (f), gilete (f). ♦電気かみそり barbeador (m) elétrico.

かみだな 神棚 altar (m) caseiro 《xintoísta》.

かみつ 過密 densidade (f) saturada. ♦過密ダイヤ horário (f) muito apertado de trem. 過密都市 cidade (f) superpovoada.

かみつく 噛み付く ❶ morder. 犬にかみつかれる ser mordido/da por um cachorro. ❷ [抗議する] protestar, gritar, reclamar. 患者が医者にかみついていた O paciente estava protestando contra o médico.

かみテープ 紙テープ serpentina (f).

かみなり 雷 trovão (m).

かみばさみ 紙挟み 〔ファイル〕pasta (f); 〔クリップ〕clipe (m).

かみはんき 上半期 primeiro semestre (m).

かみひとえ 紙一重 por um triz. ～で攻撃を避けることができた Ele conseguiu desviar do golpe por um triz.

かみひも 紙紐 cordão (m) de papel, fita (f) de papel.

かみぶくろ 紙袋 〔袋〕saco (m) de papel; 〔手さげ袋〕sacola (f) de papel.

かみやすり 紙やすり lixa (f) de papel.

かみわざ 神業 prodígio (m).

かみん 仮眠 soneca (f). ～する tirar uma soneca.

かむ 鼻を～ assoar-se, limpar o nariz.

かむ 噛む morder; [そしゃくする] mastigar; [ガムなど] mascar; [ネズミなどが] roer. その犬はかみますから気をつけてください Tome cuidado que esse cão morde.

ガム chiclete (m).

がむしゃら ferocidade (f), excesso (m). ～に com ferocidade, como um/uma louco/ca. ～に勉強する estudar feito louco/ca. あなたはそんなに～に目標に向かってはいけない Você não deve perseguir a meta com tanta ferocidade.

ガムテープ fita (f) adesiva larga.

カムバック retorno (m), volta (f), regresso (m). ～する retornar, voltar, regressar. あの歌手は～するだろうか Será que aquela cantora vai retornar aos palcos?

カムフラージュ camuflagem (f), máscara (f), disfarce (m). ～する camuflar, mascarar, disfarçar. ♦カムフラージュ柄 motivo (m) [estampa (f)] militar, estampa (f) de camuflagem.

かめ 亀 [動] tartaruga (f).

かめ 瓶 jarro (m), pote (m), cântaro (m).

かめい 加盟 afiliação (f). …に～する afiliar-se a …, associar-se a …. 組合に～する entrar num sindicato. 日本は国連に～している O Japão é um país membro da ONU. ♦加盟国 país (m) membro. 加盟者 afiliado/da.

加盟店 loja (f) afiliada.

カメオ camafeu (m).

カメラ câmera (f), câmara (f), máquina (f) fotográfica; [ビデオの] gravadora (f), filmadora (f). ♦カメラアングル ângulo (f) de câmera. カメラマン cameraman (m), fotógrafo/fa, o/a câmera. カメラワーク trabalho (m) de câmera, técnica (f) de filmagem. 監視カメラ câmera de vigilância. 防犯カメラ câmera de segurança.

カメルーン Camarões (mpl).

カメレオン [動] camaleão (m).

かめん 仮面 máscara (f). ～をつけた mascarado/da. ～をつける colocar [pôr] uma máscara. ～を脱ぐ tirar a máscara. ♦仮面行列 mascarada (f). 仮面舞踏会 baile (m) de máscaras, mascarada.

がめん 画面 ❶ imagem (f), tela (f). テレビの～が明るい A imagem da televisão está clara. ♦画面解像度 padrão (m) de vídeo, resolução (f) de vídeo. ⇨ 画像. ❷ pintura (f), quadro (m). この写真は～にうまく収まっている Esta foto está bem enquadrada.

かも 鴨 [鳥] pato/ta silvestre. ¶ …を～にする enganar a …, aproveitar-se de ….

かもい 鴨居 [建] dintel (m), lintel (m).

かもく 科目 disciplina (f), matéria (f). ♦科目履修 curso (m) sequencial. 試験科目 matéria de exame. 選択科目 matéria optativa. 必須科目 matéria obrigatória.

かもしか [動] antílope (m).

かもしだす 醸し出す dar, originar, causar. ここは和やかな雰囲気を醸し出している Aqui se vê um ambiente de paz.

-かもしれない talvez, pode ser que, é possível [provável] que (+接続法) 《+subjuntivo》. 彼は来ている～ Pode ser 《É possível》 que ele já tenha vindo. 起こる～災害 desastres (mpl) [calamidades (fpl)] que podem acontecer. 彼の言うとおり～ Talvez ele tenha razão. 午後は雨が降る～ Talvez chova na parte da tarde.

かもつ 貨物 carga (f). ♦貨物車 vagão (m) (carro (m)) de carga. 貨物船 navio (m) cargueiro. 貨物引換証 guia (m) de embarque. 貨物輸送機 avião (m) de carga. 貨物列車 trem (m) de carga.

かものはし [動] ornitorrinco (m).

カモフラージュ ⇨ カムフラージュ.

カモミール [植] camomila-vulgar (f).

かもめ 鷗 [鳥] gaivota (f).

かや 蚊帳 mosquiteiro (m). 麻の～ mosquiteiro de linho. ～をつるす pendurar um mosquiteiro. ～の外 fora da história 《[口語] jogada》. その人は～の外ということで… Vamos deixá-lo 《[口語] deixar ele》 fora da história?

かやく 火薬 pólvora (f).

カヤック caiaque (m), canoa (f) esquimó.

かゆ 粥 papa (f) de arroz.
かゆい 痒い que coça, que faz comichão. ここが～ Está coçando aqui. あなたの言っていることは痛くもかゆくもない Aquilo que você diz para mim não fede nem cheira. ～ところに手が届くやり方 modo prestativo [obsequioso] e completo de atender.
かゆみ 痒み coceira (f), comichão (m).
かよい 通い ❶〔通航〕carreira (f), linha (f). アメリカ～の船 navio (m) de carreira para os Estados Unidos. ❷〔通勤〕ir e vir do trabalho ou da escola. ～のお手伝い empregada (f) doméstica diária.
かよう 通う ❶〔しばしば行く〕frequentar, ir regularmente a. 通いなれた道 um caminho familiar. ❷〔通学, 通勤〕私はバスで学校に通っています Eu sempre vou [venho] à escola de ônibus. ❸〔血, 電流が〕circular. 彼はまだ血が通っている Ele ainda mostra sinais de vida. ❹〔心などが〕ter reciprocidade (de carinho), ter uma comunicação com. 心が～医者と患者の関係 relação (f) em que há uma comunicação humana entre médico e paciente.
かようきょく 歌謡曲 música (f) popular.
がようし 画用紙 papel (m) para desenho.
かようび 火曜日 terça-feira (f). ～に na terça-feira. ～ごとに nas [às] terças-feiras.
かよわい か弱い delicado/da, frágil, débil. 病後の～体 corpo (m) debilitado de convalescente.
から 殻 〔卵などの〕casca (f);〔貝殻〕concha (f). 卵の～をかいてください Descasque o ovo./Tire a casca do ovo.
から 空 ～の vazio/zia. ～にする esvaziar. ～になる esvaziar-se, ficar vazio/zia. ～の空き箱 (f) vazia. ～の手で〔目的を達成せずに〕de mãos abanando;〔お土産を持たずに〕sem levar [trazer] presentes.
***-から** ❶〔時間, 距離〕de [ヂ], desde [デースヂ]. それ～（というもの）desde então,《口語》de lá para cá. …～…まで de … a …. 飛行機でサンパウロ～リオまでのどのくらいの時間がかかるのですか Quanto tempo se leva de São Paulo ao Rio de avião? ここ～駅までのどのくらいありますか Que distância tem daqui até à estação? 入社して～2年が過ぎました Já se passaram dois anos desde que eu entrei nesta companhia. ❷〔材料, 動機〕de, com [コン]. このアルコールはサトウキビ～作られる Este álcool é feito a partir da cana de açúcar. ❸〔理由, 原因〕por [ポル], por causa de, como [コーモ], porque [ポルケッ], devido a. 健康上の理由～ por motivo de saúde. 好奇心～ por curiosidade. 外見～判断する julgar pela aparência. ～来る vir de, ser decorrente de, ter como causa. 彼の病気は過労～来ています A causa da doença dele é ʟestafa [excesso de trabalho]. きょうは熱がある～学校を休みます Hoje vou faltar à aula porque estou com febre. ❹〔出所〕de, que vem de, da parte de, por, junto a. 上～の命令 ordem (f) que vem de cima. 親～しかられる ser repreendido/da pelos pais,《口語》levar bronca dos pais. 皆～愛される ser amado/da de [por] todos. ご両親～あなたへの手紙を預かっています Estou com uma carta ʟenviada pelos [dos] seus pais. 彼～電話があった Tive um telefonema dele./Ele me telefonou. あの会社は政府～融資を受けることができた Aquela companhia conseguiu financiamento junto ao governo.

がら 柄 〔模様〕desenho (m), padrão (m).
カラー ❶〔襟〕gola (f), colarinho (m). ❷〔色〕cor (f). ♦カラー写真 fotografia (f) ʟcolorida [em cores]. カラーセラピー〔医〕cromoterapia (f). カラーフィルム filme (m) colorido. カラーテレビ televisão (f) a cores. ❸〔特色〕característica (f). ♦スクールカラー característica da escola. チームカラー característica do time.
がらあき がら空き quase vazio/zia. バスは～だ O ônibus ʟestá quase vazio [《口語》só tem uns gatos pingados]. 店は～だった A loja estava quase sem clientela (clientes).
からあげ 唐揚げ〔料〕fritura (f). 鶏の～ frango (m) frito a passarinho.
*****からい** 辛い ardido/da [アルヂードダ], picante [ピカンテ]. このカレーはあなたには辛すぎましたか Este caril [curry] estava muito picante para você?
カラオケ karaokê (m).
からかう brincar com …, mexer com …, gozar de …, tirar um sarro de …. からかわないでください Não mexa comigo.
からから ～の〔乾いた〕seco/ca, ressequido/da;〔空っぽの〕vazio/zia.
がらがら ❶〔くずれる〕壁が～と崩れて落ちた A parede foi abaixo fazendo barulho. ❷〔うがい〕～とうがいをする gargarejar fazendo ruído. ❸〔玩具〕chocalho (m), guizo (m). ❹〔人柄〕～な rude. ～した人 pessoa (f) sem modos finos. ❺〔声〕～の rouco/ca, rude. ～声〔かれた〕voz (f) rouca;〔細くない〕voz sem ser em falsete, voz que não é cultivada como a das atendentes das lojas japonesas. ❻〔空っぽ〕～の vazio/zia. ～の劇場 teatro (m) vazio.
がらがらへび がらがら蛇〔動〕cascavel (f).
がらくた ❶ bugiganga (f), traste (m), trecos (mpl). ❷〔古物〕objetos (mpl) usados. ♦がらくた市 feira (f) de objetos usados, bazar (m).
からくち 辛口 ～の 1) salgado/da. ～の鮭 salmão (m) bastante salgado. 2) seco/ca. ～のワイン vinho (m) (de sabor) seco. 3) severo/ra, duro/ra. ～の批評 crítica (f) severa.
からくり ❶〔装置〕dispositivo (m). ♦からくり

人形 boneco (*m*) de corda. ❷ mecanismo (*m*). 政治の〜 mecanismos da política. ❸〔計略〕estratagema (*m*), ardil (*m*), artimanha (*f*), tramoia (*f*). 敵の〜を見破る descobrir o estratagema do inimigo.

からげんき 空元気 aparência (*f*) de coragem, energia (*f*) forçada. 〜を出してがんばる persistir com energia forçada.

からし 辛子 mostarda (*f*).

からす 枯らす ❶ deixar secar [murchar], matar. 霜はコーヒーの木を〜 A geada mata o cafeeiro. 除草剤で雑草を〜 matar as ervas daninhas com herbicida. ❷ fazer secar. 材木を〜 pôr a madeira a secar. ❸ enrouquecer. 声を〜 deixar a voz rouca [enrouquecida].

からす 烏 〚鳥〛corvo (*m*).

*****ガラス** vidro (*m*) [ヴィードロ]. ♦ガラス屋〔店〕vidraçaria (*f*);〔人〕vidraceiro/ra. 窓ガラス vidraça (*f*).

ガラスばり ガラス張り 〜の 1) envidraçado/da. 〜の窓 janela (*f*) envidraçada. テラスを〜にする envidraçar um terraço. 2)《比》transparente. 〜の中で行われる政治 política (*f*) transparente.

からすみ 〚料〛ovas (*fpl*) de tainha [muge] salgadas e secas.

からすむぎ 烏麦 〚植〛aveia (*f*).

*****からだ** 体 ❶〔身体〕corpo (*m*) [コールポ], físico (*m*) [フィーズィコ]. 〜の corporal, físico/ca. 〜が大きい(小さい) ter um corpo grande (pequeno). 彼女はいい〜をしている Ela tem um corpo ⌊bonito [bem proporcionado]. 〜を動かす fazer exercícios. 〜を休める descansar. 〜を売る prostituir-se. 〜を許す entregar-se, deixar-se possuir sexualmente. この服は私の〜に合わない Este vestido ⌊não me serve [não é do meu tamanho]. 午後は〜が空いている Estou [Vou estar] livre à tarde. ❷〔健康〕saúde (*f*) [サウーヂ]. 〜にいい(悪い) Isso faz bem (mal) à saúde. 〜をこわす estragar a saúde. 彼女はまだ元の〜に戻っていない Ela ainda não se restabeleceu completamente. 〜を大事にしてください Cuide bem da saúde, sim?/《俗》Se cuida, *tá*?

▶体の部位◀

頭	cabeça [カベッサ] (*f*)
髪	cabelo [カベーロ] (*m*)
顔	rosto [ホースト] (*m*)
額	testa [テースタ] (*f*)
目	olho [オーリョ] (*m*)
耳	orelha [オレーリャ] (*f*)
鼻	nariz [ナリース] (*m*)
口	boca [ボッカ] (*f*)
唇 (くちびる)	lábio [ラービオ] (*m*)
頬 (ほお)	bochecha [ボシェッシャ] (*f*)
顎 (あご)	queixo [ケーイショ] (*m*)
首	pescoço [ペスコッソ] (*m*)
肩	ombro [オンブロ] (*m*)
胸	peito [ペーイト] (*m*)
腹	barriga [バヒーガ] (*f*)
背	costas [コースタス] (*fpl*)
腰	quadril [クァドリーウ] (*m*)
尻	nádegas [ナーデガス] (*fpl*)
腕	braço [ブラッソ] (*m*)
肘 (ひじ)	cotovelo [コトヴェーロ] (*m*)
手	mão [マォン] (*f*)
脚	perna [ペールナ] (*f*)
膝 (ひざ)	joelho [ジョエーリョ] (*m*)
足	pé [ペー] (*m*)

からたち 枳殻 〚植〛tangerina (*f*) silvestre.

からだつき 体付き constituição (*f*) física, aspecto (*m*) físico.

からっかぜ 空っ風 vento (*m*) seco e forte.

カラット 〔宝石の重量の単位〕quilate (*m*);〔金の純度の単位〕quilate (*m*).

からっぽ 空っぽ 《口語》〜な vazio/zia. 〜な頭 cabeça (*f*) vazia. 財布は〜だった A carteira estava vazia. レントゲンを取るために胃を〜にして来てください Venha com o estômago vazio ⌊para tirar [porque vamos tirar] chapa.

からつゆ 空梅雨 estação (*f*) chuvosa sem chuva.

からて 空手 〚スポーツ〛karatê (*m*), caratê (*m*). ♦空手家 carateca.

ガラナ guaraná (*m*).

-からには desde que, uma vez que, já que. 大学にはいった〜まじめに勉強しなきゃ É preciso estudar com seriedade, já que entrou na faculdade.

からぶき 乾拭き 〜をする limpar com [esfregar] pano seco.

からぶり 空振り 〚スポーツ〛golpe (*m*) em falso;〔失敗〕fracasso (*m*).

カラフル estado (*m*) de algo multicolorido. 〜な multicolorido/da, abundante em cores, que tem muitas cores. 〜なカーペット tapete (*m*) multicolorido.

からまつ 唐松 〚植〛lariço (*m*).

からまる 絡まる enroscar-se, enredar-se. ツタがバラの木に絡まっていた A trepadeira estava enroscada na roseira.

からまわり 空回り 〜する 1) patinar, mover-se em falso. エンジンを〜させる pôr (o motor) em ponto morto. 2) não chegar a nenhuma conclusão. 議論は〜していた A discussão não chegava a lugar algum.

からみ 辛味 〔塩で〕gosto (*m*) [sabor (*m*)] salgado;〔からしなどで〕sabor picante [ardido]. 〜の利いたイカの塩辛 conserva (*f*) de lula bem salgada.

-がらみ -搦み ligação (*f*), relacionamento (*m*). 選挙〜で政局が混乱している A situação política está ⌊em desordem [《口語》confusa] por causa das eleições. 〜の de aproximadamente, com cerca de. 50〜の男 homem (*m*) ⌊de aproximadamente [com

cerca de] cinquenta anos de idade.
からむ 絡む ❶ enredar-se, enroscar-se, enlaçar-se. ⇨絡まる. ❷ estar intimamente ligado/da [ter estreita relação] com. この問題には金が絡んでいる Este problema está intimamente ligado com o dinheiro. ❸ pôr defeito em … para provocar uma briga. 酔っ払いが電車の中で絡んできた Um bêbado veio provocar uma briga no trem.
カラメル caramelo (m).
がらりと ❶〔全く〕completamente, totalmente, de todo. ❷〔急に〕bruscamente, repentinamente, subitamente. 〜態度を変えた Mudou repentinamente de atitude. ❸〔格子戸を〕ruidosamente. 格子戸を〜開ける abrir a porta ⌐de correr [corrediça] ruidosamente.
がらんと 〜した部屋 cômodo deserto/ta [vazio/zia]. 部屋は〜していた O quarto estava sem móveis.
かり 借り dívida (f). 私は彼に5000円の〜がある Eu lhe devo cinco mil ienes. 〜を返す pagar [reembolsar] uma dívida. あなたには〜があります Eu ⌐me sinto em dívida com [devo muito a] você.
かり 仮 〜の〔臨時の〕provisório/ria, temporário/ria;〔試験的な〕experimental. 〜にも nem que seja por hipótese, de jeito nenhum. 〜にもそんなことを言ってはいけない Você não pode dizer uma coisa dessas, de jeito nenhum. 〜に provisoriamente, temporariamente; experimentalmente. 〜にあなたが正しいとしよう... Suponhamos por hipótese que você esteja certo.... 〜にそうだとしても ... Mesmo que as coisas sejam ⌐do jeito [da maneira] como você diz .... ♦仮納付 pagamento (m) provisório.
かり 雁 ganso (m) silvestre.
かり -狩り ❶ caça (f). 〜をする caçar, apanhar, catar. 潮干〜に行く ir catar conchas. ♦猪狩り caça ao javali. ❷ coleta (f). ♦トリュフ狩り coleta de trufas. ❸ ato (m) de ver [apreciar]. ♦紅葉狩り passeio (m) para apreciar as folhas outonais do bordo. ❹ caça (f), busca (f). 山〜を行う realizar uma busca na montanha 《atrás de um criminoso etc》. ♦魔女狩り caça às bruxas.
かりあげ 刈り上げ corte (m) dos cabelos (da parte de trás da cabeça). 頭の後ろを〜にする cortar o cabelo curto somente na parte de trás da cabeça.
かりあげる 借り上げる alugar inteiramente (um prédio, uma lavoura etc). 会社は社員のためにマンションを借り上げた A companhia alugou um prédio inteiro de apartamentos para os funcionários.
かりあげる 刈り上げる cortar o cabelo curto somente na parte de trás da cabeça.
かりいれ 借り入れ 〔経〕empréstimo (m). ♦抵当借り入れ empréstimo hipotecário. ⇨貸し付け.
かりいれ 刈り入れ colheita (f). 農家は今稲の〜に忙しい Agora os agricultores estão ocupados com a colheita do arroz. 今は小麦の〜時だ Agora é época da colheita do trigo.
かりいれる 刈り入れる colher, ceifar, fazer a colheita de.
カリウム 〔化〕potássio (m).
カリエス 〔医〕cárie (m). ♦脊椎カリエス cárie espinal.
カリカチュア caricatura (f).
がりがり ❶〔かたいものを噛んだりひっかいたりする音〕《som de arranhar, raspar》リンゴを〜かじる comer a maçã a 《grandes》dentadas. 猫が窓を〜ひっかく O gato arranha a janela. ❷〔ひどく痩せている〕〜に痩せた人 pessoa (f) magrela.
カリキュラム ❶〔コース・講座の計画〕currículo (m), conjunto de disciplinas constantes de um curso. ❷〔授業の一覧表〕programa (m) das aulas de um ano letivo. 〜を作成する planejar [programar] as aulas de um ano letivo.
かりじむしょ 仮事務所 escritório (m) provisório.
かりしゃくほう 仮釈放 liberdade (f) condicional. 彼は殺人の刑に服しているが〜中だ Ele cumpre pena de homicídio, mas está em liberdade condicional.
かりしゅっしょ 仮出所 liberdade (f) condicional (obtida por pagamento de fiança).
かりしょぶん 仮処分 solução (f) provisória.
カリスマ carisma (m). 〜的な carismático/ca. ♦カリスマ美容師 atendente carismático/ca de um salão (m) de beleza.
かりずまい 仮住まい residência (f) temporária. 親戚の家に〜をする morar temporariamente na casa de um/uma parente/ta.
かりち 借り地 terreno (m) alugado [arrendado].
かりて 借り手 inquilino/na, locatário/ria. あのアパートは〜がつかないままだ Não há quem alugue aquele apartamento./Está difícil arranjar inquilino para aquele apartamento. ⇨借り主.
かりとる 刈り取る ceifar, cortar. 畑の雑草を〜 remover as ervas daninhas [fazer uma capinagem] da lavoura.
かりぬい 仮縫い 〔裁縫〕〔行為〕alinhavo (m);〔衣服〕(roupa f para) prova (f). 〜する alinhavar, fazer a prova.
かりぬし 借り主 ❶〔アパートなどの〕locatário/ria, inquilino/na. ❷〔土地などの〕arrendatário/ria. ❸〔金などの〕devedor/ra.
カリフラワー couve-flor (f).
がりべん がり勉 〜する estudar com afinco (principalmente para exames).
かりめんきょ 仮免許 ❶〔車の〕carteira (f)

かりゅう 下流 parte (f) baixa de um rio.
かりゅう 顆粒 grânulo (m).
かりゅうど 狩人 caçador/ra.
かりょく 火力 poder (m) calorífico. ～を強く(弱く)する aumentar (diminuir) o fogo. そのレンジは～が強い(弱い) Esse fogão tem o fogo muito forte (fraco). ♦火力発電 geração (f) de energia termoelétrica. 火力発電所 central (f) [usina (f)] termoelétrica.

****かりる** 借りる ❶ 〔金品を〕pedir [tomar, pegar] emprestado, alugar [アルガール]. 彼はしばしば友人から金を借りています Ele está frequentemente pedindo dinheiro emprestado aos amigos. ❷ abrir crédito. 中小企業がもっと銀行からお金を借りられるようにしなくてはならない É preciso aumentar o acesso das pequenas e médias empresas a créditos nos bancos. ❸ 〔賃貸〕alugar, morar de aluguel em. 彼は西日暮里のマンションを借りている Ele está alugando [morando de aluguel em] um apartamento em Nishi-Nippori. ❹ 〔助けを求める〕pedir ajuda. あなたの力を借りたい Quero (contar com) sua ajuda (para o trabalho). 先生の知恵を～ aconselhar-se com o professor. 彼の胸を借りたい《比》Quero pedir a ajuda dele para treinar. ❺ citar [スィタール]. 聖書の一節を～ citar um versículo da Bíblia. ❻ 〔使用する〕usar [ウザール]. 電話を借りてもいいですか Posso usar o telefone? お手洗いをお借りしてもよろしいでしょうか Será que posso ir ao toalete?

かりん 花梨 ⇨マルメロ.

かる 刈る cortar, aparar; ceifar. 稲を～ ceifar o arroz. 芝を～ cortar [aparar] a grama. 頭を～ cortar [aparar] o cabelo.

かる 狩る ❶ caçar. 猪を～ caçar javalis. ❷ apanhar. 山でキノコを～ apanhar cogumelos nas montanhas. ❸ ir apreciar [ver]. もみじを～ ir ver as folhagens avermelhadas do bordo no outono.

****かるい** 軽い leve [レーヴィ], ligeiro/ra [リジェーイロ/ラ]. 軽くする tornar leve, aliviar. ～荷物 bagagem (f) leve. ～仕事 serviço (m) leve. その知らせを聞いて私の心は軽くなった Eu fiquei aliviado ao ouvir essa notícia.

かるいし 軽石 pedra-pomes (f).

かるがるしい 軽々しい ligeiro/ra, leviano/na, imprudente, descuidado/da. ～ふるまい conduta (f) impensada [imprudente]. 軽々しく de ligeiro, ligeiramente, com imprudência, inconsideradamente, irrefletidamente. 軽々しく引き受ける encarregar-se de algo levianamente. 見知らぬ人と軽々しく口をきいてはいけない Não se deve falar com qualquer estranho, sem mais nem menos.

かるがると 軽々と com toda a facilidade, sem dificuldades, facilmente.

de motorista provisória. ❷ 〔車以外の〕licença (f) provisória.

カルキ 〚化〛cloreto (m) de cálcio. お湯を沸かすと～がとぶ Quando se ferve a água, o cloreto de cálcio vai embora.

カルシウム cálcio (m). ♦カルシウム不足 〚医〛hipocalcemia (f).

カルタ carta (f) 《com poemas clássicos japoneses》 que se joga em geral no ano-novo. ～をする jogar cartas.

カルチャー cultura (f). ♦カルチャーショック choque (m) cultural. カルチャーセンター centro (m) cultural.

カルテ ficha (f) médica, histórico (m) do/da paciente.

カルテット 〚音〛quarteto (m).

カルデラ 〚地質〛grande cratera (f), caldeira (f), depressão (f) de terreno no fundo de lagoa. ♦カルデラ湖 lago (m) de cratera.

カルテル 〚経〛cartel (m).

カルト 〚宗〛culto (m).

かるはずみ 軽はずみ imprudência (f), precipitação (f), leviandade (f), falta (f) de cuidado. ～な imprudente, leviano/na, descuidado/da. ～な事をする cometer uma imprudência, agir precipitadamente. ～な行動 ato (m) imprudente, leviandade. ～にものを言う falar sem medir as palavras.

****かれ** 彼 ele (m) [エーリ]. ～の dele, seu/sua. ～を o (m), a ele. ～に lhe, a ele. ～自身 ele mesmo. 私はこれから～と会社を始めようと思っています Eu estou pensando em iniciar uma empresa com ele.

かれい 鰈 〚魚〛rodovalho (m). ♦子持ち鰈 rodovalho com ovas.

カレー curry (m), caril (m). ♦カレー粉 pó (m) de curry [caril]. カレーライス arroz (m) com curry [caril].

ガレージ garagem (f).

がれき 瓦礫 escombros (mpl), entulho (m). ～の下敷きになった女の子が救出された Resgataram uma garota que tinha sido soterrada por escombros.

かれこれ ❶ 〔いろいろ〕isto e mais aquilo, uma coisa e outra. ～するうちに期日が過ぎてしまった Enquanto eu fazia isto e mais aquilo, o prazo acabou se esgotando. ❷ 〔およそ〕aproximadamente, mais ou menos, cerca de. 日本に住み始めて～40年になる Faz mais ou menos quarenta anos que moro no Japão.

かれし 彼氏 namorado (m). 彼女には～がいる Ela tem namorado.

カレッジ curso (m) técnico superior; faculdade (f) especializada em alguma disciplina.

かれは 枯れ葉 folha (f) seca [murcha, morta]. ♦枯れ葉剤 desfolhante (m), gás (m) desfolhante.

****かれら** 彼ら eles (mpl) [エーリス]. ～の deles, seu/sua. ～を os (mpl), a eles. ～に lhes, a

eles. 〜自身 eles mesmos.

かれる 嗄れる 〔声が〕enrouquecer, ficar rouco/ca.

*****かれる** 枯れる secar [セカール], murchar [ムルシャール]. 霜が下りるとこの花は〜でしょう Se cair geada, acho que esta flor vai queimar [morrer].

かれん 可憐 〜な bonitinho/nha, engraçadinho/nha, mimoso/sa. 庭に〜な花が咲いている Há uma flor muito mimosa no jardim.

カレンダー calendário (*m*). ◆日めくりカレンダー efemérides (*fpl*).

かろう 過労 estafa (*f*), esgotamento (*m*) por excesso de trabalho. 彼は〜がもとで病気になった Ele ficou doente por ∟estafa [excesso de trabalho]. 〜死する morrer ∟de estafa [por excesso de trabalho]. ◆過労運転 dirigir ∟exausto [em estado de exaustão]. 過労死 morte (*f*) por estafa.

がろう 画廊 galeria (*f*) 《de artes》.

かろうじて 辛うじて com muita dificuldade, a muito custo. 始業時間に〜間に合いました Eu penei para chegar na hora do início do trabalho. あの事故から〜逃れることができました Consegui escapar daquele acidente a muito custo.

カロチン ⇨カロテン.

カロテン 〖化〗caroteno (*m*). ◆ベータカロテン betacaroteno (*m*).

カロリー caloria (*f*). 〜が高い(低い) ter alta (baixa) taxa de calorias. 〜制限をする fazer uma dieta hipocalórica, ter restrição de calorias. この食事は700キロ〜ある Esta refeição tem setecentas quilocalorias. ◆低カロリー食 dieta (*f*) hipocalórica.

かろんじる 軽んじる menosprezar, não dar importância a, fazer pouco caso de, pôr de lado, não levar em conta. 命を〜 não dar a devida importância à vida. 友を〜 fazer pouco caso dos amigos.

*****かわ** 川 rio (*m*) [ヒーオ]. 〜に沿って ao longo do rio. 〜向こうに do outro lado do rio. あした〜へ釣りに行きませんか Não quer ir pescar com a gente no rio amanhã? ◆川魚 peixe (*m*) de água doce.

かわ 皮, 革 〔皮膚〕pele (*f*); 〔果物の〕casca (*f*); 〔皮革〕couro (*m*); 〔獣の〕pele (*f*). …の皮をむく descascar …. ◆革製品 artigo (*m*) de couro.

*****がわ** 側 ❶ lado (*m*) [ラード]. こちら〜に deste lado aqui. 向こう〜に do outro lado. 君はこの紙の表〜と裏〜の区別ができますか Você consegue ver a diferença entre o lado direito e o avesso deste papel? ◆外側 lado de fora. 内側 lado de dentro. 向かい側 lado oposto. ❷ parte (*f*) [パールチ], lado. 労働者〜の要求 exigência (*f*) [pedido (*m*)] da parte dos operários [trabalhadores]. 彼は意見を出したが会社〜はそれを聞き入れなかった Ele deu a sua opinião, mas a companhia, por sua vez, não o ouviu. ◆敵側 lado inimigo.

*****かわいい** 可愛い 〔きれいな〕bonitinho/nha [ボニチーニョ/ニャ]; 〔愛らしい〕mimoso/sa [ミモーゾ/ザ], gracioso/sa [グラシィオーゾ/ザ], engraçadinho/nha [エングラサヂーニョ/ニャ]; 〔愛される〕amado/da [アマード/ダ], querido/da [ケリード/ダ]. 恵子は私の〜娘です Keiko é minha filha muito querida. 彼女は〜 Ela é uma gracinha!

かわいがる 可愛がる tratar com carinho [mimo], afagar; amar. この子供は家中の人に可愛がられている Esta criança é querida da família toda. 彼女は先生に可愛がられていた Ela era o xodó do/da professor/ra.

かわいくない 可愛くない ser arrogante, não saber ser humilde, não ter graça.

かわいさ 可愛さ graciosidade (*f*); amor (*m*).

かわいそう 可哀相 〜な coitado/da. 〜な人 pessoa (*f*) que merece compaixão, um/uma coitado/da. 〜な孤児 um/uma pobre órfão/fã. …を〜に思う ter piedade [dó] de …. そんな〜なことをしてはいけない Não faça uma coisa tão cruel. 〜に, その少年は泣き出した Coitado do menino, ele começou a chorar.

かわいた 乾いた, 渇いた seco/ca; ressequido/da.

かわいらしい 可愛らしい engraçadinho/nha.

かわうそ 川獺 〖動〗lontra (*f*).

かわかす 乾かす secar. 日光で洗濯物を〜 secar a roupa lavada ao sol. 乾燥機で洗濯物を〜 secar a roupa lavada na secadora.

かわかみ 川上 montante (*f*) [nascente (*f*)] de um rio.

かわく 乾く secar. 私の髪はまだ乾いていない Meus cabelos ainda ∟não estão secos [estão molhados]. 天気が良いので洗濯物がよく〜 A roupa lavada seca rápido porque o dia está ensolarado.

かわく 渇く ❶ ficar com sede, ter sede, estar ∟sedento/ta [com sede]. 私はのどが渇いた Estou com [Tenho] sede. ❷《比》ter sede de, ansiar por. 母親の愛に渇いた子供 criança (*f*) com sede de amor materno..

かわぐつ 革靴 sapato (*m*) de couro.

かわしも 川下 jusante (*f*) de um rio.

かわす 交わす trocar. 握手を〜 trocar apertos de mão. 彼らは挨拶を交わした Eles se cumprimentaram.

かわす 躱す esquivar-se de, evitar, safar-se de. 攻撃を〜 evitar o [esquivar-se do] ataque. 質問を〜 evitar a [fugir da, safar-se da] pergunta.

かわせ 為替 ❶〖経〗câmbio (*m*). 「〜はいくらですか」「1ドル95円です」A quanto está o câmbio? —A noventa e cinco ienes o dólar. ◆為替銀行 banco (*m*) de trocas cambiais. 為替市場 mercado (*m*) de câmbios. 為替取引 operações (*fpl*) cambiais. 為替レート taxa (f) de câmbio. 円為替 cotação (f) do iene. 外国為替 câmbio estrangeiro. 固定為替相場 cotação de câmbio fixo. 自由為替相場 cotação de câmbio livre. ドル為替 cotação do dólar. 内国為替 câmbio interno [doméstico]. 変動為替相場 cotação de câmbio flutuante. ❷【経】letras (fpl) de câmbio. ～で送金する enviar dinheiro por vale postal. ～を現金化する converter uma letra de câmbio em dinheiro. ～を買う comprar letras de câmbio. ～を売る vender letras de câmbio. ♦郵便為替 vale (m) postal.

かわせい 革製 ～の de couro. 本～のハンドバッグ bolsa (f) de couro legítimo.

かわせみ 翡翠 〚鳥〛guarda-rios-comum (m), pica-peixe (m).

かわぞい 川沿い margem (f) [beira (f)] do rio. ～のレストラン restaurante (m) ⌐junto ao rio [à beira do rio].

かわぞこ 川底 leito (m) do rio.

かわむき 皮むき ❶〔道具〕descascador (m). ジャガイモの～ descascador de batatas. ❷〔行為〕descascamento (m), descasque (m). ピーナツの～ descascamento do amendoim.

かわら 川原 banco (m) de areia da beira de um rio.

かわら 瓦 telha (f). ♦瓦屋根 telhado (m) de telha.

かわり 代わり ❶〔代用〕〔人〕substituto/ta; 〔物〕substitutivo (m), sobressalente (m), peça (f) de reposição. ～の substituto/ta; sobressalente, de reposição; alternativo/va. 前の校長の～の人 substituto/ta do diretor/ra anterior. ～のタイヤ estepe (m), pneu (m) ⌐de reserva [sobressalente]. ～の解決案 solução (f) alternativa. …の～に em lugar de, em vez de, em substituição a …. …の～をする〔人〕substituir, representar; 〔物〕servir de …, substituir. 私が兄の～に参ります Eu irei [virei] no lugar do meu irmão (mais velho). ❷〔代償〕troca (f), compensação (f). ～に何を上げようか O que eu posso lhe dar em troca [agradecimento]? このパソコンは高いがその～に頑丈にできている Este computador pessoal é caro, mas, em compensação, dura mais. ❸〔食物の〕ato (m) de repetir um prato nas refeições. ～をする repetir um prato. コーヒーのお～はいかがですか Que tal [Aceita, Quer] mais uma xícara de café?

かわり 変わり ❶〔変更, 異状〕mudança (f), alteração (f), revisão (f). 計画に～はない Não há nenhuma alteração no plano./〔口語〕O plano está como antes. Não mudou nada. 私の決心に～はない Estou firme na minha decisão [resolução]. お～ありませんか Tudo bem com ⌐o/a senhor/ra [〚俗〛você]? ❷〔相違〕diferença (f). この二者には何の～もない Não há diferença nenhuma entre os/as dois/duas. 二国とも満足していることに～はない Ambos os países continuam igualmente satisfeitos.

かわりだね 変わり種 ❶ variação (f) da espécie. ～の花 flor (f) diferente da normal. ❷〔人〕pessoa (f) excêntrica [diferente] (=変わり者).

かわりめ 変わり目 ponto (m) de mudança. 季節の～に entre uma estação e outra.

かわりやすい 変わり易い ❶ instável, muito variável. ～天気 tempo (m) instável. このごろは天気が～ O tempo está muito inconstante esses dias. ❷ inconstante. 気が～人 pessoa (f) inconstante.

*かわる 代わる ❶〔代わりをする〕substituir [スビスチトゥイール]. 昼食のあいだ代わってくれない? Será que você poderia me substituir enquanto vou almoçar? いつか太陽エネルギーが原子力に取って～だろう Um dia a energia solar substituirá a energia nuclear. 今の大統領に～人がいない Não há ninguém que substitua o presidente atual. 彼女に代わります (電話で) Vou passar o telefone para ela. ご出席の皆さんに代わって... em nome de todos os presentes .... ❷〔交換する〕trocar [トロカール]. 席を代わろうか Vamos trocar de lugar?

*かわる 変わる ❶〔変化〕mudar [ムダール], variar [ヴァリアール], transformar-se [トランスフォマールスィ], alterar-se [アウテラール スィ], modificar-se [モディフィカール スィ]. 彼女は日本に来てずいぶん変わった Ela mudou muito depois que veio ao Japão. 市の名前が変わった O nome da cidade mudou./A cidade mudou de nome. 天気が急に変わった O tempo mudou de repente. このブラウスは色が変わってしまった Esta blusa ⌐desbotou [ficou com a cor alterada, ficou com uma cor diferente]. 悲しみが喜びに変わった A tristeza deu lugar à alegria. 時間割は変わっない O horário ⌐continua o mesmo [não mudou]. ❷〔異なる〕ser diferente [diferir] de. 値段は店によって～ Os preços diferem ⌐conforme as lojas [de loja para loja]. ❸〔移転する〕mudar-se para, transferir-se para. 別の会社に～ mudar de companhia. 彼は住まいが変わった Ele mudou de casa./Ele se mudou.

かわるがわる 代わる代わる alternadamente, um atrás do outro/uma atrás da outra.

かん 勘 intuição (f), sexto sentido (m). 私の～が当たった (外れた) A minha intuição ⌐estava certa (falhou). 彼は～が良い (悪い) Ele tem boa intuição (uma percepção lenta).

かん 巻 ❶〔書籍の〕volume (m), tomo (m). その百科辞典は30～あります Essa enciclopédia tem trinta volumes. ❷〔巻いたもの〕rolo (m), bobina (f).

かん 感 〔感覚〕senso (m); sentido (m); sensação (f); [気持ち] sentimento (m), emoção (f). 昨日は~柊まってことばも出なかった Ontem perdi a fala, de tão emocionado/da. ♦空腹感 sensação de fome. 五感 os cinco sentidos. 責任(義務)感 sentimento de responsabilidade (do dever). 第六感 o sexto sentido.

かん 管 tubo (m), cano (m).

かん 缶 lata (f).

かん 間 durante, em; entre. 三日~で em três dias. 5分~の休憩をする fazer um intervalo de cinco minutos. その~ durante esse tempo. 過去20年~ nos últimos vinte anos. 今後5年~ durante os cinco anos futuros [vindouros]. 東京札幌~の距離 distância (f) entre Tóquio e Sapporo. 両国~の文化交流 intercâmbio (m) cultural entre os dois países.

がん 癌 【医】câncer (m). 発~性の cancerígeno/na. ♦癌患者 canceroso/sa. 癌細胞 célula (f) cancerosa. 乳癌 câncer de mama. 肺癌 câncer nos pulmões.

がん 雁 【鳥】 ganso (m).

かんい 簡易 ~な simples, fácil. ♦簡易公判手続き procedimento (m) para julgamento simplificado. 簡易裁判所 tribunal (m) sumário, juizado (m) de pequenas causas, tribunal de causas simples. 簡易生命保険 seguro (m) de vida dos correios.

かんいっぱつ 間一髪 ~のところで事故を免れる escapar de um acidente por um triz. 私は~の差で列車に間に合った Quase perdi o trem.

かんえん 肝炎 hepatite (f). ♦ウイルス性肝炎 hepatite viral. 急性肝炎 hepatite aguda. 血清肝炎 hepatite serosa. C型肝炎 hepatite tipo C. 慢性肝炎 hepatite crônica.

がんえん 岩塩 【地質】sal (m) de rocha, halita (m), sal-gema (m).

かんおけ 棺おけ caixão (m) 《de defunto》.

かんか 感化 influência (f). …に~される ser influenciado/da por ….

がんか 眼科 oftalmologia (f). ♦眼科医 oftalmologista, médico/ca oculista.

かんかい 寛解 【医】remissão (f).

かんがい 灌漑 irrigação (f). ~する irrigar. ♦灌漑用水路 canal (m) de irrigação.

かんがえ 考え ❶ [思考] pensamento (m), ideia (f). ~の進んだ人 pessoa (f) com ideias avançadas. ❷ [思いつき] ideia, sugestão (f). 何かよい~が浮かびましたか Teve alguma ideia boa? ❸ [想像] そんな~はぜんぜん思いつかなかった Nem cheguei a pensar nisso./Essa ideia nem me ocorreu./Isso nem passou pela minha cabeça. ❹ [意見] opinião (f), ideia. 自分の~をまとめる colocar as próprias ideias numa ordem compreensível. みんなの~をまとめる dizer em poucas palavras [resumir] todas as opiniões [a opinião de todos os participantes]. あなたの お~は Qual é a sua opinião a respeito?/O que você pensa disso? …について~を述べる opinar [dar uma opinião] a respeito de …. ❺ [意図] intenção (f), plano (m), desejo (m). 私はブラジルに行く~でポルトガル語を勉強しています Estou estudando português com a intenção [porque tenho planos] de ir ao Brasil. ❻ [考慮] consideração (f). …を~に入れる levar … em consideração, considerar …. …を~に入れない não levar … em consideração, não considerar …, ignorar …. ❼ [思慮] prudência (f), reflexão (f), ponderação (f). ~深い人 pessoa (f) sensata [prudente, ponderada]. ~の浅い人 pessoa precipitada, imprudente. 前後の~もなく irrefletidamente, precipitadamente.

かんがえかた 考え方 modo (m) [maneira (f)] de pensar. ~の違い diferença (f) na maneira de encarar as coisas. それが若者のものの~だ Essa é a mentalidade dos jovens.

かんがえつく 考え付く lembrar, ocorrer. それは考えつきませんでした Isso não me ocorreu./Isso nem passou pela minha cabeça.

かんがえなおす 考え直す repensar, pensar de novo,; mudar de ideia.

***かんがえる** 考える ❶ [思考, 熟考, 考慮] pensar [ペンサール]. それについて考えておきます Vou pensar no caso. 彼は将来についてあまり考えない Ele quase nunca pensa sobre o futuro. 決定はよく考えたうえでしなさい Só decida depois de pensar bem. 人のことを~ pensar nos outros. ❷ [予期] esperar [エスペラール], supor [スポール]. 考えていたより複雑な問題だ É uma questão mais complicada que eu supunha [pensava]. ❸ [見なす] considerar [コンスィデラール]. 当時まで鉛は無害なものと考えられていた O chumbo era considerado inofensivo até então. ❹ [意図] ter a intenção de, pensar em, planejar [プラネジャール]. 来年ブラジルへ行こうと考えている Estou pensando em [com intenção de] ir ao Brasil o ano que vem. ❺ [想像] imaginar [イマジナール], pensar. こんな日に出かけるなんて考えられない É inimaginável [impensável] sair num dia desses. ❻ [反省] retratar-se [ヘトラタール スィ], refletir [ヘフレチール], reconsiderar [ヘコンスィデラール]. 考えてみると私が悪かった Pensando bem, eu é que estava errado/da. ❼ [覚悟, 用意] preparar-se para. 万一の場合を~ preparar-se para o pior.

***かんかく** 感覚 ❶ sentido (m) [センチード]; sensibilidade (f) [センスィビリダーヂ]; senso (m) [センソ]. ~の鋭い perspicaz, que tem muita sensibilidade, muito sensível. ~のない sem sentido, insensível. 寒さで指の~を失う ficar com os dedos dormentes [insensíveis] por causa do frio. 美の~ sensibilidade estética. ユーモアの~ senso (m) de humor. ❷ noção (f) [ノサォン]. 彼は善悪についての~がない

Ele não tem a noção do bem e do mal. ❸ sensação (f) [センササォン]. そこでは私の国は役に立たないという～を得ました Tive a sensação de que aí o meu país não seria útil. ❹ consciência (f) [コンスィエンスィア]. そういう～はなかった Eu não ⌊tinha consciência [estava consciente] disso.

かんかく 間隔 intervalo (m), distância (f); espaço (m), espaçamento (m). ～をあける espaçar, deixar um espaço, separar. 行の～をあける(つめる) aumentar (reduzir) o intervalo entre as linhas. 前の車との～をあけないと危険です É perigoso não manter distância do carro da frente./Mantenha distância do carro da frente, que senão é perigoso. 1メートル～にバラの木を植える plantar roseiras a um metro de intervalo. 一定の～をおいて a intervalos regulares [iguais]. 電車は10分～で出発(到着)する Os trens partem (chegam) a cada dez minutos [de dez em dez minutos].

かんかつ 管轄 [法] jurisdição (f), competência (f), alçada (f). ～する exercer controle sobre, controlar. それは私の～じゃない Isso não é da minha alçada./Não tenho competência para isso. ♦管轄官庁(裁判所) autoridade (f) (tribunal (f)) competente. 管轄区域 área (f) de jurisdição. 管轄侵害 invasão (f) de competência. 管轄違い incompetência (f) (para julgar).

かんがっき 管楽器 instrumento (m) de sopro.

カンガルー [動] canguru (m).

かんき 喚起 despertar (m), suscitação (f), alerta (m). これに対して注意を～する despertar [chamar] a atenção para isto. 世論を～する alertar [despertar, excitar] a opinião pública.

かんき 寒気 frio (m). ～が入り込んで気温が下がった O frio veio e a temperatura caiu [abaixou]. ♦寒気団 massa (f) de ar frio.

かんき 換気 ventilação (f). ～する ventilar, trocar de ar. ♦換気扇 exaustor (m).

かんきつるい 柑橘類 [植] frutas (f) cítricas《como limão, laranja etc》.

かんきゃく 観客 espectador; [集合的] audiência (f).

***かんきょう 環境** ambiente (m) [アンビエンチ], meio (m) ambiente. ～に優しい道路 estrada (f) ambientalmente correta. ～(保護)の観点から正しいやり方で植えられた plantado/da corretamente do ponto de vista ambiental.

♦環境省 Ministério (m) do Meio Ambiente. 環境破壊 destruição (f) do meio ambiente. 環境保護 proteção (f) [preservação (f)] ambiental. 環境保護団体 grupo (m) ambientalista. 環境ホルモン hormônio (m) poluente. 家庭環境 ambiente familiar. 自然環境 ambiente natural, ambiente da natureza.

かんきり 缶切り abridor (m) de latas.

かんきん 監禁 encarceramento (m), cativeiro (m). 彼女は誘拐されて20日間～された Ela foi sequestrada e ficou vinte dias ⌊em cativeiro [《口語》encurralada].

かんきん 換金 [経] troca (f) [conversão (f)] de bens em dinheiro. 小切手を～する descontar [converter em dinheiro] um cheque.

かんきん 桿菌 bacilo (m).

かんぐる 勘繰る desconfiar, suspeitar (do que não foi dito nem pensado).

***かんけい 関係** ❶ [関連] relação (f) [ヘラサォン]. 両者の間には～が認められない Não consigo ver nenhuma relação entre essas duas coisas. …と～する, …と～のある que se relaciona com, que diz respeito a. それは神社と～する話だ Isso é um assunto que diz respeito aos templos xintoístas. それはこの問題と何の～もない Isso não tem nada a ver com o caso./《口語》Isso não vem ao caso. 美人であるかないかは～ないですよ Beleza não se põe na mesa./《口語》Beleza não tem nada a ver. それは各自の精神状態と大いに～している Isso tem muito a ver com o estado psicológico de cada pessoa. ♦関係者 pessoa (f) envolvida, interessado/da. 関係代名詞 (副詞) pronome (m) (advérbio) relativo. 親子関係 relação entre pais e filhos. 国際関係 relações internacionais. ❷ [関与] envolvimento (m) [エンヴォヴィメント], cumplicidade (f) [クンプリスィダーヂ], participação (f) [パルチスィパサォン]. 私はそのこと ～ないですよ Eu não tenho nada a ver com o caso [peixe]./Eu lavo as minhas mãos. ～ありますね É pertinente, sim. ～あるよね Tem a ver, sim. これはあなたには～ありません No te interessa!/Você não tem nada a ver com isso! ❸ [情交] relação sexual,《俗》transa (f) [トランサ]. …と～を持つ ter relação sexual com,《俗》transar com,《俗》trepar. 彼らは～がある Eles já transaram./Eles têm relação (sexual). 僕はもう多くの女性と～を持った Já transei com muitas.

かんけい 環形 forma (f) ⌊circular [em anel]. ♦環形動物 anelídeo (m).

***かんげい 歓迎** boa acolhida (f), recepção (f) cordial;《掲示》boas-vindas (fpl) [ボーアス ヴィンダス]. ～する acolher bem, receber bem. …を両手を広げて～する acolher … de braços abertos. 私は彼の家族から心からの～を受けました Eu fui recebido/da com muito carinho pela família dele. ♦歓迎会 festa (f) de recepção [boas-vindas].

かんけいしゃ 関係者 as partes (fpl) [as pessoas (fpl)] envolvidas. ～以外立入禁止《掲示》Proibida a entrada ⌊de pessoal não autorizado [de pessoas não envolvidas]. ～

一同 todas as partes envolvidas. ～各位 a quem possa interessar; a todos os interessados. ◆報道関係者 a imprensa (*f*).
かんげき 感激 emoção (*f*). ～の涙を流す chorar de emoção. ～する emocionar-se, ficar emocionado/da. ～させる emocionar, tocar, comover, causar emoção a. こんなによくしていただいて～です Estou emocionado/da por terem me tratado tão bem.
かんけつ 完結 término (*m*), conclusão (*f*). ～する acabar, terminar, concluir-se.
かんけつ 簡潔 ～な breve, conciso/sa, sucinto/ta. ～に brevemente, de uma maneira sucinta. ～さ concisão (*f*), brevidade (*f*). 彼の報告はいつも～で要領を得ている O relato dele é sempre sucinto e pertinente.
かんげんがく 管弦楽 música (*f*) de orquestra (*f*). …を～に編曲する orquestrar, adaptar … para a orquestra. ◆管弦楽団 orquestra. 管弦楽法 orquestração. 室内管弦楽団 orquestra de câmara.
かんご 看護 enfermagem (*f*). 病人を～する cuidar de um doente.
がんこ 頑固 ～な obstinado/da, teimoso/sa, de cabeça dura. ～に obstinadamente, com teimosia. ～になる ficar teimoso/sa. ～さ teimosia (*f*), obstinação (*f*). あの人は～に主張しますね Como ele/ela insiste nas coisas, não? ◆頑固者 teimoso/sa.
かんこう 観光 turismo (*m*). 京都は世界的～地の一つです Kyoto é uma das cidades turísticas mais famosas do mundo. ～ビザの延長 extensão (*f*) do visto de turista. リオデジャネイロの～名所はどこですか Quais são os pontos turísticos do Rio de Janeiro? この場所はよく～客が訪れる Este lugar é muito visitado por turistas.

> ◆観光ガイド〔人〕guia turístico/ca. 観光開発 desenvolvimento (*m*) do turismo. 観光客 turista. 観光業者 agência (*f*) de turismo, agência de viagens. 観光コース roteiro (*m*) turístico. 観光シーズン época (*f*) de turismo. 観光団 grupo (*m*) de turistas. 観光地 lugar (*m*) de interesse turístico. 観光バス ônibus (*m*) de turismo [excursão]. 観光名所 ponto (*m*) turístico. 観光旅行 viagem (*f*) de turismo. 国内観光 turismo interno.

かんこう 刊行 publicação (*f*), impressão (*f*). ～する publicar, editar. ◆刊行年月日 data (*f*) da publicação. 刊行物 texto (*m*) publicado, publicação. 定期刊行物 publicação periódica.
かんこう 感光 ～させる expor à luz. ◆感光紙 papel (*m*) fotossensível.
かんこうちょう 官公庁 órgão (*m*) público, repartições (*fpl*) públicas.
かんこうへん 肝硬変 〚医〛cirrose (*f*) hepática.

かんこく 勧告 conselho (*m*), recomendação (*f*), aviso (*m*). 医師の～を受ける receber conselhos do médico. ～する recomendar, aconselhar. ◆勧告書 aviso por escrito.
かんこく 韓国 a Coreia (*f*) do Sul. ～の da Coreia, coreano/na, sul-coreano/na. ◆韓国語 coreano (*m*) 《a língua》. 韓国人 coreano/na 《o povo》.
かんごく 監獄 cárcere (*m*), prisão (*f*).
かんごし 看護師 enfermeiro/ra. ◆女性看護師 enfermeira (*f*).
かんこんそうさい 冠婚葬祭 celebrações (*fpl*) tradicionais 《como maioridade, casamento, funeral, nas quais os parentes se reúnem》.
かんさ 監査 inspeção (*f*), controle (*f*).
かんさい 完済 pagamento (*m*) por completo, liquidação (*f*) (de uma dívida etc). 債務を～する saldar o débito.
かんさい 関西 região (*f*) oeste, região (*f*) de Kyoto-Osaka e arredores 《em oposição à região leste, região de Tóquio e arredores》.
かんざいにん 管財人 administrador/ra, curador/ra, procurador/ra. ◆破産管財人 administrador/ra de falência, síndico/ca.
かんざけ 燗酒 saquê (*m*) quente.
かんざし 簪 grampo (*m*) ornamental de cabelo.
*かんさつ 観察** observação (*f*) [オブセルヴァサゥン], exame (*m*) [エザーミ]. ～する observar, examinar. 彼のやり方をよく～してください Observe bem a maneira como ele faz as coisas. ～の仕方を教える ensinar a observar. ～できる observável. それはたまにしか～できない Isso é (senão) raramente observável. 彼女は～力が鋭い Ela é uma boa observadora. ◆観察者 observador/ra. 観察力 capacidade (*f*) de observação.
かんさん 換算 câmbio (*m*), conversão (*f*). ～する converter. 分数を少数に～する converter uma fração em número decimal. 1ドルは円に～するといくらですか Quantos ienes dá [vale] um dólar? ◆換算表 tabela (*f*) de conversões.
かんし 冠詞 〚文法〛artigo (*m*). ◆定冠詞 artigo definido. 不定冠詞 artigo indefinido.
かんし 漢詩 poesia (*f*) tradicional chinesa.
かんし 監視 vigia (*f*), vigilância (*f*), observação (*f*). ～の目をくぐる escapar à vigilância. ～する vigiar. ～されている estar sendo vigiado/da, estar sob vigilância. ◆監視カメラ câmera (*f*) de vigilância. 監視対象犯罪 crime (*m*) monitorado. 監視体制 sistema (*m*) de controle.
かんし 鉗子 fórceps (*m*). ◆鉗子分娩 〚医〛parto (*m*) a fórceps.
かんじ 幹事 organizador/ra, administrador/ra, secretário/ria. 飲み会の～ organizador/ra

かんじ 150

de uma reunião de comes e bebes. ♦幹事長 secretário/ria geral.

かんじ 漢字 caracteres (*mpl*) chineses, ideograma (*m*), *kanji*.

かんじ 感じ ❶ 〔感覚〕sensação (*f*); 〔触角〕tato (*m*). この布はざらざらした～がする Este tecido dá uma sensação áspera. ❷ 〔気持ち〕sentimento (*m*). ～を出す demonstrar os sentimentos. ～を出して歌う cantar de maneira expressiva. ❸ 〔印象〕impressão (*f*). ～の良い(悪い) agradável (desagradável). …の～を与える dar a impressão de …. …に良い(悪い)～を与える dar uma boa (má) impressão a …. 彼女は～の良い人だ Ela é uma pessoa simpática [agradável]. あの店員は～が悪いですね Aquele/la balconista atende mal, não é?

がんじがらめ ～にする prender firmemente. 囚人を～に縛る amarrar firmemente o/a prisioneiro/ra. ～になる ficar preso/sa [coagido/da]. 規則で～になる《比》ficar incapacitado/da de agir por causa do regulamento.

かんしき 鑑識 ❶ 〔美術品などの〕apreciação (*f*), avaliação (*f*) (de uma obra de arte). ❷ 〔犯罪上の〕identificação (*f*) criminal. 現場に残された指紋や血痕を～する identificar [examinar] as impressões digitais e os rastros de sangue deixados no local do crime. 警察の～課 seção (*f*) de identificação da polícia.

がんじつ 元日 o dia primeiro do ano.

かんして 関して …に～ quanto a …, com relação a …, quando se trata de …, com respeito a …. 彼は仕事に～は何でも知っている Se é coisa de serviço, ele sabe de tudo. ⇨関する.

かんじとる 感じ取る perceber, notar 《uma situação delicada》.

かんしゃ 感謝 gratidão (*f*), agradecimento (*m*). ～する agradecer. ～の手紙 carta (*f*) de agradecimento. ～の印に em sinal de gratidão. …に対して～している ser grato/ta por …. 私は叔母に非常に～しております Devo muito [Sou grato/ta] à minha tia. ご親切に対し深く～いたします Agradeço profundamente a sua bondade. ♦感謝祭 Festa (*f*) de Ação de Graças.

かんじゃ 患者 paciente, doente; 〔集合的〕clientela (*f*). ♦外来患者 paciente não internado/da. 入院患者 paciente internado/da [hospitalizado/da]. 末期患者 paciente terminal.

かんしゃく 癇癪 ataque (*m*) de cólera. ～を起こす ter um ataque de cólera. 課長はひどい～持ちです O/A chefe da seção é muito nervoso/sa.

かんじやすい 感じ易い sensível, suscetível, melindroso/sa, emotivo/va.

かんしゅ 看守 carcereiro/ra.

かんしゅう 慣習 costume (*m*), uso (*m*). この会社の～に従ってください Siga os costumes desta companhia.

かんしゅう 観衆 espectadores (*mpl*), audiência (*f*), público (*m*). ♦大観衆 multidão (*f*) de espectadores.

かんじゅく 完熟 amadurecimento (*m*) completo. ～する amadurecer por completo.

かんじゅせい 感受性 sensibilidade (*f*). ～の豊かな人 pessoa (*f*) sensível (ao belo e às artes).

がんしょ 願書 requerimento (*m*) [pedido (*m*)] por escrito. ～を出す fazer [apresentar] um pedido [requerimento]. ♦入学願書 pedido para admissão em uma escola.

かんしょう 干渉 intervenção (*f*). …に～する interferir [intervir, intrometer-se] em. むやみに他人の事に～してはいけません Não se intrometa em negócios alheios, sem mais nem menos. ♦干渉主義 intervencionismo (*m*). 不干渉政策 política (*f*) da não intervenção. 武力干渉 intervenção armada.

かんしょう 感傷 sentimentalismo (*m*), saudosismo (*m*). ～に浸る entregar-se ao sentimentalismo [saudosismo]. ～的 sentimental, nostálgico/ca, saudosista. ～的に sentimentalmente. ～的になる ficar sentimental. ♦感傷主義 sentimentalismo.

かんしょう 観賞 apreciação (*f*). ♦観賞魚 peixe (*m*) para aquário. 観賞用植物 planta (*f*) ornamental.

かんしょう 鑑賞 apreciação (*f*). ～する apreciar (com espírito crítico), ver, observar, assistir a. 彼は現代美術に対して～眼がない Ele não tem olhos para ver as artes plásticas modernas. ♦芸術映画鑑賞 apreciação (crítica) de filmes de arte. 能楽鑑賞 sessão (*f*) de apreciação do teatro nô.

かんじょう 勘定 ❶ 〔計算〕cálculo (*m*), conta (*f*). ～する contar, fazer a conta, calcular. ～をまちがえる errar na conta. この～はまちがえている(合っている) Esta conta está errada (certa). ❷ 〔支払い〕pagamento (*m*), conta (*f*). ～を払う[済ます, 持つ] pagar a conta. お～は5000円です O total a pagar fica em cinco mil ienes. お～をお願いします A conta, por favor. ❸ 〔考慮〕consideração (*f*). ～に入れる considerar, levar em consideração. ¶～高い人 pessoa (*f*) calculista [interesseira].

****かんじょう** 感情 sentimento (*m*) [センチメント]; 〔感動〕emoção (*f*) [エモサォン]; 〔激情〕paixão (*f*) [パイシャォン]. ～的 sentimental, afetivo/va, emotivo/va, emocional. ～が高まる ficar excitado/da. ～のこもったスピーチ discurso (*m*) cordial [caloroso]. ～に走る deixar-se levar pelos sentimentos [pelas emoções]. ～に訴える apelar para [atrair] a compaixão dos outros. 一時の～に駆られて行動する agir

irrefletidamente, obedecendo ao impulso do momento. 〜を抑える controlar os próprios sentimentos, controlar-se, segurar-se. 他人の〜を害する ofender os outros. 彼は〜を害してしまった Ele se ofendeu./Ele ficou ofendido. 課長はめったに〜を表に出しません O/A nosso/sa chefe quase nunca demonstra os sentimentos.

かんじょう 環状 forma (f) circular. ♦環状線〔鉄道〕ferrovia (f) que circunda e interliga as grandes estações 《como a *Yamanote-sen* de Tóquio》；〔道路〕rodovia (f) que circunda as grandes cidades. 環状道路 rodoanel (m).

かんじょう 冠状 forma (f) de coroa. ♦冠状静脈 veias (fpl) coronárias. 冠状動脈 artérias (fpl) coronárias.

がんじょう 頑丈 〜な forte, robusto/ta, resistente, sólido/da, firme. 〜な机 mesa (f) firme [resistente]. この家は〜に作られている Esta casa está firmemente construída. 〜な体格の robusto/ta.

かんしょく 感触 ❶〔触感〕tacto (m), tato (m). この板は〜がよい（悪い）Esta madeira é agradável (desagradável) ao tacto. ❷ sensação (f), impressão (f). アメリカと日本はうまく行っているという〜がある Tem-se a sensação [impressão] de que a relação entre os Estados Unidos e o Japão vão bem.

かんしょく 間食 〜をする comer (algo) entre as refeições.

*****かんじる** 感じる ❶〔知覚〕sentir [センチール]；〔経験する〕experimentar [エスペリメンタール], vivenciar [ヴィヴェンスィアール]. 空腹を〜 sentir [ter] fome. 空腹を感じている estar com fome. 指に痛みを〜 sentir dores nos dedos. ❷〔感覚を得る〕sentir que …, sentir-se [センチール スィ]. 私はポルトガル語が上達していると〜 Sinto que estou progredindo no português. 私は幸せだと〜 Sinto que sou feliz./Sinto-me feliz. 怒りを〜 sentir raiva. 喜びを〜 sentir-se [ficar] feliz [contente]. それはよくないと何となく感じている Tenho a leve impressão de que isso não é bom.

*****かんしん** 感心 admiração (f) [アヂミラサォン]. …に〜する admirar；〔褒める〕elogiar；〔驚く〕assustar-se；〔感銘する〕ficar impressionado/da com …, ficar admirado/da com …. 私は彼の仕事ぶりに〜しました Eu fiquei admirado/da com o modo de ele trabalhar. 彼女が日本の寒さに耐えたのは〜だ É admirável que ela tenha suportado o frio do Japão. それはあまり〜しませんね Acho que isso não é muito bom. ¶ 感心感心! Ótimo! Excelente!／《俗》Grande! Grande!

*****かんしん** 関心 interesse (m) [インテレッスィ], curiosidade (f) [クリオズィダーヂ]. …の〜を引く chamar a atenção de …. …に対して〜を持つ（持たない）ter interesse por (não ter interesse por, ignorar, ser indiferente a). アメリカは陸上侵略に〜はない A invasão por terra não é do interesse dos Estados Unidos./Não interessa aos Estados Unidos a invasão por terra. ♦関心事 assunto (m) de interesse. ⇨興味.

かんじん 肝心 〜な principal, importante, essencial. 〜なことを忘れていた Tinha me esquecido de uma coisa muito importante. 先生の講義には〜な点が抜けていた Faltava o ponto mais importante na aula do/da professor/ra. 〜な時になって彼がいなくなった Ele desapareceu num momento crucial. 筋肉を鍛えるにはストレッチが〜だ Para fortalecer os músculos, é essencial fazer alongamentos.

かんすう 関数 〔数〕função (f) matemática. 〜の funcional. ♦関数記号 símbolo (m) funcional. 関数方程式 equação (f) funcional. 三角関数 equação trigonométrica. 二次関数 equação de segundo grau.

かんする 関する ❶〔関係する〕sobre, relacionado/da com, de. 園芸に〜書物 livro (m) sobre jardinagem. これは市場調査に〜彼の論文ですか Essa é a monografia dele sobre a pesquisa de mercado? 現在の都市交通に〜問題は何ですか Quais são os problemas do [relacionados com o] tráfego atual das metrópoles? ❷〔影響する〕que afeta, concernente a, que concerne. 名誉に〜問題 questão (f) de honra. ¶ …に関して, …に〜点で no que se refere a, com [em] relação a.

*****かんせい** 完成 acabamento (m) [アカバメント]. 〜する acabar. いつその工事は〜するのですか Quando vai terminar essa obra? 〜に近い estar quase ᴌacabando [no fim]. ♦完成品 produto (m) acabado.

かんせい 感性 〔哲〕sensibilidade (f) (fina e apurada). 鋭い〜 sensibilidade aguçada. 〜を磨く aprimorar a sensibilidade.

かんせい 歓声 grito (m) de alegria, aclamação (f). 〜をあげる aclamar, dar vivas a.

かんせい 閑静 tranquilidade (f), calma (f), sossego (m). 〜な tranquilo/la, calmo/ma, sossegado/da. 〜な住宅地 bairro (m) residencial tranquilo.

かんぜい 関税 taxa (f) alfandegária, direitos (mpl) aduaneiros. 〜のかかる（かからない）製品 artigo (m) sujeito a (isento de) taxa alfandegária. …に〜を課する impor taxa alfandegária em [sobre] ….

がんせいひろう 眼精疲労 〔医〕vista (f) cansada, astenopia (f)

かんせつ 間接 〜の indireto/ta. 〜的に indiretamente. 〜の影響 influência (f) indireta. ♦間接照明 iluminação (f) indireta. 間接税 imposto (m) indireto. 間接目的語 〔文法〕objeto (m) indireto. 間接話法 〔文法〕discurso (m) indireto.

かんせつ 関節 〖解〗articulação (f). 腕の〜が外れてしまいました Eu desloquei o braço. 膝や腰の〜痛を訴える queixar-se de dores articulares do joelho e quadril. ベトは左膝の〜手術を受けた Beto foi submetido a uma artroplastia do joelho esquerdo. ◆関節炎〖医〗dores (f) articulares, artrite (f). 関節鏡 artroscopia (f). 関節症 artropatia (f). 関節痛 dores articulares. 関節軟骨炎 artrocondrite (f). 関節リウマチ reumatismo articular.

かんせん 幹線 linha (f) principal. ◆幹線道路 rodovia (f) principal.

かんせん 感染 〖医〗transmissão (f), infecção (f), contágio (m). …に〜する adquirir …, ser contaminado/da por …, pegar …. 彼はHIVに〜してしまった Ele acabou sendo contaminado pelo HIV. この病気は〜しません Esta doença não é contagiosa. ◆感染経路 via (f) de transmissão. 感染症 doença (f) contagiosa. 感染性皮膚炎 dermatite (f) contagiosa. ウイルス感染 infecção por vírus. ウイルス感染症 doença (f) viral contagiosa. 空気感染 contágio (m) [atmosférico [pelo ar].

かんせん 汗腺 〖解〗glândulas (fpl) sudoríparas.

かんせん 乾癬 〖医〗psoríase (f).

***かんぜん 完全** perfeição (f) [ペルフェイサォン]. 〜な perfeito/ta, completo/ta, total, absoluto/ta. 〜に com perfeição, perfeitamente, totalmente; 〔すっかり〕completamente. 〜な自由 liberdade (f) total. 〜な勝利 vitória (f) completa. 〜な沈黙 silêncio (m) absoluto. 彼は目標を〜に達成した Ele atingiu completamente o objetivo. ◆完全看護 assistência (f) completa 《num hospital》. 完全犯罪 crime (m) perfeito.

かんそ 簡素 simplicidade (f). 〜な simples, modesto/ta. 〜な食事 refeição (f) simples. 〜に com simplicidade, modestamente. 〜化する simplificar. ◆簡素化 simplificação (f).

がんそ 元祖 ❶ antepassados (mpl). ❷ fundador/ra, iniciador/ra, pioneiro/ra. この洋服屋の〜は父だ O fundador desta loja de roupas é meu pai.

かんそう 乾燥 secura (f), sequidão (f). 〜する secar, enxugar. 〜した seco/ca, enxuto/ta. 肌の〜 secamento (m) [perda (f) de umidade] da pele. ◆乾燥機 secadora (f). 乾燥剤 dessecativo (m), secante (m).

かんそう 感想 impressão (f). その設計図について君の〜はどうですか O que você achou desse gráfico? この会社に対するあなたの〜を述べてください Qual a sua impressão desta companhia?

かんぞう 肝臓 〖解〗fígado (m). ◆肝臓炎〖医〗afecção (f) hepática, hepatite (f). 肝臓癌(ガﾝ) câncer (m) de fígado, hepatoma (m).

かんぞう 甘草 〖植〗alcaçuz (m).

かんそく 観測 observação (f). 〜する observar. ¶ …と〜筋は言っている Observadores dizem que …, 〜によると segundo os observadores. ◆観測記録 registro (m) dos dados de observação. 観測者 observador/ra. 観測所 observatório (m). 気象観測 observação (f) meteorológica.

カンタータ 〖音〗cantata (f), ária (f). バッハの〜 cantata de Bach.

カンタービレ 〖音〗cantabile, suave, cantado.

かんたい 寒帯 zona (f) glacial [frígida]. ◆寒帯動物〔植物〕animal (m) 〔vegetal (m)〕da zona frígida; 〔集合的〕fauna (f) 〔flora (f)〕da zona frígida.

かんたい 艦隊 esquadra (f), frota (f). ◆小艦隊 esquadrilha (f). 連合艦隊 esquadra aliada.

かんだい 寛大 generosidade (f), tolerância (f). 〜な tolerante, generoso/sa, indulgente. 〜に com tolerância. 今回のミスには〜な処置をお願いいたします Por favor, seja tolerante com a falha desta vez. 〜な人 pessoa (f) generosa.

がんたい 眼帯 〔病気などで〕tapa-olho (m) 《por estética ou doença》. 〜をかける usar um tapa-olho.

かんだかい 甲高い agudo/da, estridente. 〜声 voz (f) estridente.

かんたく 干拓 drenagem (f), recuperação (f) de terra por drenagem. 沼を〜する drenar o pântano. ◆干拓地 terreno (m) recuperado por drenagem.

かんたん 感嘆 admiração (f), exclamação (f). 〜する admirar, pasmar, ficar admirado/da, maravilhar-se. 〜の声を上げる exclamar de admiração. 〜すべき admirável, maravilhoso/sa, digno/na, que deve ser admirado/da. ◆感嘆詞〖文法〗interjeição (f). 感嘆符〖文法〗ponto (m) de exclamação. 感嘆文〖文法〗oração (f) exclamativa.

***かんたん 簡単** simplicidade (f) [スィンプリスィダーデ]; 〔容易さ〕facilidade (f) [ファスィリダーデ]. 〜な simples; fácil. 〜に de uma maneira simples, facilmente. 取り扱いの〜な機械 máquina (f) fácil de manejar. 〜な食事 refeição (f) leve. その作業は〜なものですか Esse serviço é uma coisa simples? それは〜だよ (Isso) não tem mistério, não! 〜に考える facilitar. 物事をそんなに〜に考えたら失敗するよ Se você facilita tanto as coisas, pode falhar, hein?

がんたん 元旦 dia (m) de ano-novo, 1.° [Primeiro] de janeiro.

かんだんけい 寒暖計 termômetro (m).

かんち 感知 percepção (f). 〜する perceber, detectar. 危険を〜する perceber [pressentir] o perigo. ◆火災感知器 alarme (m) de incêndio.

かんちがい　勘違い　engano (m), mal-entendido (m), equívoco (m). ～する enganar-se, entender mal. 彼はテロリストと～されてしまった Ele foi confundido com um terrorista./ Tomaram-no por um terrorista. ごめんなさい，それは私の～でした Desculpe, eu estava enganado/da.

がんちゅう　眼中　…の～にない não ter importância a [para] …. 彼にとってあの人の存在はまったく～になかった Para ele aquela pessoa era como se não existisse. ～にある dar importância a, considerar. 彼の～にあるのは金だけだ Ele só se importa com o dinheiro./Ele só tem dinheiro na cabeça.

かんちょう　官庁　repartição (f) pública.

かんちょう　浣腸　〖医〗 enema (m), clister (m), lavagem (f) intestinal. ～する fazer lavagem intestinal.

かんつう　貫通　perfuração (f), penetração (f), atravessamento (m), trespasse (m). ～する furar, perfurar, atravessar. 山を～するトンネル túnel (m) que atravessa a montanha. 弾丸が肩を～した A bala atravessou [trespassou] o ombro.

かんつう　姦通　adultério (m). ♦ 姦通罪 crime (m) de adultério.

かんづく　感づく　perceber, suspeitar, adivinhar.

かんづめ　缶詰　enlatado (m), lata (f). サケの～ salmão (m) enlatado. オリーブの～を一つください Dê-me [Me dá] uma lata de azeitona, por favor.

かんてい　官邸　residência (f) oficial. ♦ 首相官邸 residência oficial do primeiro ministro. 大統領官邸 residência do presidente.

かんてい　鑑定　apreciação (f) [exame (m), avaliação (f), parecer (m)] de um especialista. 現場に残された血痕(こん)を～する examinar os rastros de sangue deixados no local do crime. ♦ 鑑定書 laudo (m) pericial. 精神鑑定 exame (m) psiquiátrico.

かんてん　観点　ponto (m) de vista, ótica (f), prisma (m), ângulo (m). …の～から見る ponto de vista de …, na ótica de …. アナリストの～からはアジアの国々は今不景気に Na ótica dos analistas, os países asiáticos estão em recesso. この問題を違った～から検討しましょう Vamos examinar esse problema sob um ângulo diferente.

かんてん　寒天　ágar-ágar (m), gelose (f).

かんでん　感電　choque (m) elétrico. ～する receber [levar] um choque elétrico.

かんでんち　乾電池　pilha (f).

かんど　感度　sensibilidade (f). 高～の de alta sensibilidade.

かんとう　関東　região (f) leste《em oposição a Kansai, região oeste》. ♦ 関東大震災 grande terremoto (f) de Kanto (1923). 関東平野 planície (f) de Kanto.

*****かんどう　感動**　emoção (f) [エモォサォン]. ～的 (な) emocionante. ～しやすい emotivo/va. ～を覚える ficar emocionado/da, emocionar-se. ～する ficar [estar] emocionado/da, emocionar-se. ～して涙を流す chorar de emoção. 私はあなたのやり方に～しました Eu fiquei emocionado/da com a sua maneira de agir. …を～させる deixar … emocionado/da, emocionar.

かんどう　勘当　deserdação (f). ～する deserdar, renegar (o filho).

*****かんとく　監督**　❶ controle (m) [コントローリ], inspeção (f) [インスペサォン], fiscalização (f) [フィスカリザサォン]；〔人〕inspetor/ra [インスペトール/ラ], fiscal [フィスカゥ]. ～する vigiar, controlar, fiscalizar. 私がこの現場の～ですが… Eu sou o supervisor [contramestre, capataz] desta seção. ♦ 現場監督 capataz (m). 工事監督 mestre (m) de obras. ❷ 〖映〗 diretor/ra [ヂレトール/ラ], cineasta [スィネアースタ]. ❸ 〖劇〗 diretor/ra de cena. ❹ 〖スポーツ〗 técnico/ca [テッキニコ/カ], treinador/ra [トレイナドール/ラ].

カントリー　❶ país (m). ♦ カントリーリスク risco-país (m). ❷ campo (m), interior (m). ～ルックの com aparência interiorana. 今日は～ルックですね Hoje você está vestido/da a caipira, não é? ♦ カントリードレス vestido (m) caipira.

かんな　鉋　cepilho (m). …に～をかける alisar … com o cepilho, acepilhar.

カンナ　〖植〗 cana (f).

かんない　館内　dentro do edifício, dentro do pavilhão. ～禁煙〖掲示〗Proibido fumar dentro do edifício./《婉曲》Obrigado por não fumar dentro do edifício.

カンニング　《俗》 cola (f). ～をする colar [trapacear] (num exame). 彼は～の現場をおさえられた Ele foi pego colando no exame. …に～をさせる passar cola para ….

かんぬき　閂　tranca (f). 戸に～をかける fechar a porta com uma tranca, trancar a porta. ～をはずす tirar a tranca, destrancar.

かんぬし　神主　sacerdote xintoísta.

かんねん　観念　〔考え〕 ideia (f), conceito (m), noção (f); 〔感覚〕 modo (m) de sentir; 〔あきらめ〕 resignação (f). あなたは時間の～がなさすぎる A sua falta de noção de tempo é demais. あなたは責任の～に乏しいです Você não tem muito senso de responsabilidade. ♦ 固定観念 ideia fixa. 道徳観念 senso (m) moral.

がんねん　元年　o primeiro ano de uma era. 昭和～ ano um da Era Showa (1925).

かんのう　官能　❶〔感覚器官の働き〕funções (fpl) orgânicas, sentido (m) 〔dos cinco sentidos〕. ～を刺激する estimular os sentidos. ❷〔性的感覚〕sensualidade (f), lascívia (f), voluptuosidade (f). ♦ 官能小説 ro-

かんぱ

mance (m) de caráter sensual [erótico].

かんぱ 寒波　onda (f) de frio.

カンパ ❶ 〔資金集め〕arrecadação (f) de fundos. ~する arrecadar fundos. ❷ 〔金〕fundo (m) [dinheiro (m)] arrecadado.

かんぱい 乾杯　brinde (m). ~する brindar. あなたの健康を祝して~ Vamos beber à sua saúde! 乾杯! Saúde!

カンバス ⇨キャンバス.

かんばつ 干ばつ　seca (f).

カンパニー companhia (f), empresa (f), firma (f). ♦カンパニーエコノミスト economista empresarial. カンパニーマガジン periódico (m) interno, revista (f) interna. カンパニーユニオン sindicato (m) empresarial. ペーパーカンパニー empresa (f) de fachada.

がんばる 頑張る perseverar, esforçar-se, ser esforçado/da,《口語》aguentar firme,《口語》ter garra. 成功するにはがんばらなくてはならないですよね É preciso ter garra [esforçar-se] para vencer na vida, não é? よくがんばりましたね Você foi muito esforçado/da. では がんばってください〔仕事〕Então, um bom trabalho!/〔勉強〕Então, um bom estudo! 試験がんばってね Boa sorte nos exames, sim? 手術の時はしっかりがんばってね Aguente [《俗》*Guenta*] firme na hora da operação, está bem [《俗》*tá*]? これからがんばりますので、よろしくお願いいたします Peço a sua colaboração [a colaboração de todos] e prometo me esforçar o máximo.

かんばん 看板　placa (f), letreiro (m).

かんぱん 甲板　convés (m). 上 (下/前/後) ~ convés superior (inferior/de proa/de popa). ~に上る subir ao [no] convés.

かんパン 乾パン　biscoito (m) duro《para ser conservado e consumido em tempo de calamidade》.

がんばん 岩盤　〔地質〕camada (f) rochosa, leito (m) de rocha.

かんび 完備　~された equipado/da com [de], provido/da de. 冷暖房が~されたホテル hotel (m) com ar condicionado e aquecimento.

ガンビア Gâmbia (f). ~の gambiano/na.

かんびょう 看病　tratamento (m) de um doente. ~する cuidar [tratar] do/da doente, assistir o/a doente. ~疲れする cansar-se por tratar de um/uma paciente. 徹夜で母親を~する velar a mãe doente. 手厚く~する cuidar de um/uma doente com muita dedicação.

かんぶ 幹部　〔集合的〕direção (f); 〔幹部社員〕executivo/va. ♦幹部会 junta (f) diretiva.

かんぶ 患部　parte (f) lesada.

かんぷ 姦夫　adúltero (m).

かんぷ 姦婦　adúltera (f).

かんぷう 完封　~する〔野球〕impedir que o time adversário faça um ponto. 彼は相手チームを~した Ele não deixou o time adversário fazer nem um ponto.

かんぷきん 還付金　restituição (f) em dinheiro. 源泉徴収税の~ restituição (parcial ou total) do imposto de renda descontado na fonte.

カンフル ❶ cânfora (f). ❷《比》lenitivo (m).

かんぺき 完璧　perfeição (f). ~な perfeito/ta. ~に com perfeição, perfeitamente.

がんぺき 岸壁　cais (m); molhe (m).

かんべつ 鑑別　classificação (f), categorização (f); diferenciação (f), discernimento (m), distinção (f). ひなの~ separação (f) de pintos machos e fêmeas. ~する classificar, categorizar, separar; discernir, diferenciar, distinguir. ♦鑑別診断 diagnóstico (m) diferencial. 少年鑑別所 reformatório (m).

かんべん 勘弁　❶ 〔許し〕perdão (m). 今回のことはどうか~してください Perdoe-me, por favor, pelo que fiz desta vez. ❷ 〔免除〕dispensa (f). それは~してください Dispense-me disso, por favor.

かんぼう 官房　secretaria (f) de órgãos governamentais. ♦内閣官房長官 chefe do gabinete.

かんぼう 監房　cela (f) (de prisão).

かんぽう 漢方　medicina (f) (tradicional) chinesa. ♦漢方医 médico/ca que segue a medicina chinesa. 漢方薬 erva (f) medicinal, medicamento (m) chinês.

がんぼう 願望　desejo (m), cobiça (f). ~する desejar (ardentemente), cobiçar, almejar.

カンボジア Camboja (m). ~の cambojano/na.

かんぼつ 陥没　depressão (f), afundamento (m). 地盤の~ abaixamento (m) de terreno, depressão do solo. ~する afundar-se, abaixar-se. 道路が~した A estrada afundou-se. ♦頭蓋骨陥没 depressão do osso craniano.

がんぽん 元本　capital (m).

ガンマせん ガンマ線　〔理〕raios (mpl) gama.

かんまん 干満　fluxo (m) e refluxo (m).

かんまん 緩慢　❶ lentidão (f), lerdeza (f), morosidade (f). ~な lento/ta, moroso/sa, lerdo/da. 政府の対応は~だった A reação do governo foi lenta [lerda, morosa]./Faltou agilidade na reação do governo. ❷ 〔経〕estagnação (f). ~な estagnado/da. 金融市場は~だ O mercado financeiro está estagnado.

かんみ 甘味　doçura (f), sabor (m) doce [adocicado]. ♦甘味料 substância (f) que adoça. 人工甘味料 adoçante (m)《como sacarina, aspartame etc》, adoçante artificial.

かんむり 冠　coroa (f). ~を授ける coroar. ~をかぶる coroar-se. ¶ ~を曲げる ficar mau humor [ofendido/da]. 社長は今日お~

だ O presidente está hoje ＿de mau humor [mal-humorado].

かんめい 感銘 emoção (f), impressão (f) profunda. …に〜を与える causar uma impressão profunda a …, comover [emocionar] …. …に〜を受ける emocionar-se [comover-se] com …. あの言葉に〜を受けた Fiquei emocionado [impressionado] com aquelas palavras.

がんめん 顔面 face (f). ◆顔面神経 〖解〗 nervo (m) facial. 顔面神経痛 〖医〗 nevralgia (f) facial. 顔面麻痺(ひ) paralisia (f) facial.

かんもん 喚問 〖法〗 intimação (f) [notificação (f), citação (f)] jurídica 《para comparecer ou responder perante autoridade judiciária, civil etc》. 国会は証人を〜した O Parlamento ＿citou [intimou a comparecer, convocou] a testemunha. 証人〜を要求する exigir a convocação da testemunha. 〜を受ける receber uma citação [intimação].

かんゆう 勧誘 convite (m), angariação (f), aliciamento (m). 〜する convidar, angariar, aliciar, juntar. 生命保険の〜をする convidar uma pessoa a fazer seguro de vida.

かんよ 関与 participação (f), envolvimento (m). 〜する participar em [de], envolver-se [em]. 国政に〜する envolver-se na política nacional.

かんよう 寛容 generosidade (f), compreensão (f), indulgência (f), magnanimidade (f), tolerância (f). 〜な generoso/sa, indulgente, tolerante.

かんよう 慣用 uso (m) corrente. ◆慣用句 expressão (f) idiomática, frase (f) feita.

かんようしょくぶつ 観葉植物 planta (f) ornamental.

がんらい 元来 originariamente, desde sempre, por natureza. 彼女は〜優しい人だ Ela é naturalmente amável.

かんらく 陥落 capitulação (f), rendição (f), queda (f). 〜する capitular, render-se. 首都が〜した A capital capitulou [rendeu-se]. 攻撃に軍隊が〜した O exército rendeu-se ao ataque inimigo.

かんらん 観覧 ato (m) de apreciar ou assistir a (um espetáculo, uma partida etc). 相撲を〜する assistir à partida de sumô. ◆観覧車 roda (f) gigante (de um parque de diversões). 観覧席 assento (m) da plateia, lugar (m) da audiência, palanque (m) do estádio.

かんり 管理 administração (f). 〜する administrar. …の〜下にある estar sob o controle de …. 〜職に就く subir em postos de comando. ◆管理室 gerência (f), administração (f); gabinete (m) do gerente. 管理職 cargo (m) de chefia, cargo administrativo. 管理人〔アパートなどの〕zelador/ra. 管理費 despesas (fpl) administrativas. 品質管理 controle (m) de qualidade.

かんりゃく 簡略 concisão (f), brevidade (f). 〜な conciso/sa, breve. 〜な記事 artigo (m) conciso. 〜化する simplificar. ◆簡略化 simplificação (f).

かんりゅう 寒流 corrente (f) fria.

かんりょう 完了 acabamento (m), conclusão (f); 〖文法〗 perfeito (m). 〜する acabar, terminar, concluir. 準備〜 Tudo pronto para começar.

かんりょう 官僚 burocrata, funcionário/ria público/ca;〔集合的に〕burocracia (f). 〜的な burocrático/ca. ◆官僚主義 burocratismo (m). 高級官僚 alto/ta oficial do governo.

かんれい 寒冷 frio (m), temperatura (f) muito baixa. 〜な地帯 latitudes (fpl) frias. ◆寒冷前線〖気象〗frente (f) fria.

かんれい 慣例 uso (m), costume (m), hábito (m), praxe (f), convenção (f). 〜の habitual, convencional, tradicional, consuetudinário/ria. 昔からの〜に従う seguir os costumes ancestrais [velhos, antigos]. 〜に逆らう ir contra [quebrar] os velhos costumes.

かんれん 関連 relação (f), conexão (f). …と〜する relacionar-se com …, associar-se a [com] …, ter relação com …, atrelar-se a …. 社会的に認められることと経済状態の〜性 relacionamento (m) da situação econômica com aprovação social. 世界の33％の死亡は水の問題と〜している. 33％［Trinta e três por cento］das mortes no mundo estão associadas ＿ao [com o] problema da água. …に〜して com relação a …, com respeito a …, com referência a …. 〜質問をする fazer uma pergunta afim. ◆関連会社 companhia (f) afiliada, subsidiária (f). 関連性 relacionamento (m), ligação (f). 関連訴訟 〖法〗 ação (f) conexa.

かんろく 貫禄 dignidade (f), respeitabilidade (f), glamour (m) respeitável. あの先生は〜がある Aquele professor tem dignidade [respeitabilidade].

かんろに 甘露煮 〖料〗 cozido (m) em uma mistura de *shoyu*, saquê e muito açúcar ou mel até cristalizar. コイの〜 cozido (m) de carpa com açúcar e molho de soja. ユズの〜 cidra (f) cristalizada.

かんわ 緩和 abrandamento (m), atenuação (f), afrouxamento (m). 〜する abrandar, atenuar, suavizar, afrouxar, relaxar, aliviar. 痛みを〜する aliviar a dor. 緊張を〜する relaxar a tensão. 政府はテロ対策を〜した O governo suavizou as medidas de segurança contra os terroristas. ◆緩和剤 lenitivo (m), paliativo (m). 規制緩和 desregulamentação (f). 緊張緩和 apaziguamento (m) das tensões.

き

***き 木** 〔樹木〕árvore (f) [アールヴォリ]; 〔木材〕madeira (f) [マデーイラ]. 桜の～ cerejeira (f). 梅の～ ameixeira (f). 松の～ pinheiro (m). 高い～ árvore (f) alta. 低い～ arbusto (m). ～を植える plantar uma árvore. ～に登る subir numa árvore. ～の, ～でできた de madeira. その机は～でできています Essa mesa é de madeira.

***き 気** ❶ 〔性格, 気性〕temperamento (m) [テンペラメント], natureza (f) [ナトゥレーザ]. ～が短い (ser) nervoso/sa [impaciente]. ～が長い (ser) paciente. ～が荒い (ser) violento/ta [grosseiro/ra]. ～立てがいい (ser) prestativo/va; não se melindrar com ofensas insignificantes. ～が大きい (ser) corajoso/sa, ter coragem; não ligar para pequenos problemas,《口語》(ser) cuca fresca. ～が小さい (ser) medroso/sa, tímido/da. ～が早い (ser) precipitado/da [apressado/da]. ❷ 〔感情, 意識〕disposição (f) [ヂスポズィサォン], sentimento (m) [センチメント], consciência (f) [コンスィエンスィア]. ～が変わる mudar de ideia,《口語》mudar de programa. ～が狂う [変になる] enlouquecer, ficar doido/da. ～が軽く [楽に] なる ficar tranquilo/la. ～が滅入る [沈む] abater-se, desanimar-se, ficar desanimado/da [abatido/da]. ～が散る ficar dispersivo/va, distrair-se. ～がとがめる pesar na consciência. ～が遠くなる [を失う] desmaiar, perder os sentidos. ～が引ける sentir-se constrangido/da《diante de um favor recebido etc》. ～に障る melindrar, ofender. それは彼の～に障った Isso o ofendeu [melindrou]. ～になる preocupante. ～になるもの coisa (f) preocupante. 彼女にとって年齢はあまり～になるものではない Para ela, a idade não é ⌊uma coisa tão preocupante [uma coisa que preocupa tanto, uma preocupação tão séria]. どうして彼は日本に行く～になったのだろう Por que será que ele quis ir ao Japão? …を～にする ser atingido/da por …, ser incomodado/da por …, ser suscetível a …. あの人はああいう人なのだから～にしないでね É o jeito dele/dela. Não leve em conta, *tá*? あの人は何でもすぐに～にする人です Ele/Ela é muito suscetível [melindroso/sa]. 彼はポストを失ったことをあまり～にしなかった Ele não ficou muito incomodado por perder o posto. 彼女は～が動転してしまった Ela ficou ⌊em estado de choque [abalada]. ～休めのため por desencargo de consciência. そうやって～が済むのなら… Se isso vai te fazer bem …. ～をもむ [～が～でない] preocupar-se demasiadamente, ficar [estar] muito preocupado/da. …に～をつける tomar cuidado com …. …に～を配りをする ficar atento/ta a …. すみません, 時間にはあまり～を配っていませんでした Desculpe-me, não estava muito atento/ta à questão do horário. ～が抜ける perder o entusiasmo. ～を引き締める redobrar a atenção,《比》arregaçar as mangas. ～を落とす perder o entusiasmo. ～を落ち着かせる [静める] acalmar os nervos, acalmar-se. ～は確かですか Você está bem da cabeça? 休日に出社するなんて～が重い É um pouco deprimente ir para a empresa num dia livre. ❸ 〔意志, 関心〕vontade (f) [ヴォンターヂ], interesse (m) [インテレッスィ], entusiasmo (m) [エントゥズィアーズモ]. 何の～なしに ao acaso, sem querer. ～のない返事 resposta (f) desinteressada. 私のところで働く～がありますか Você tem vontade de trabalhar na minha companhia? 彼はあなたに～があるようだ Parece que ele ⌊gosta [está a fim] de você. 彼らは～が合う Eles se dão bem. その話にはあまり～が乗らなかった Não me sentia muito atraído/da por essa proposta. ～が多い interessar-se por muitas coisas; 〔軽はずみである〕ser leviano/na [superficial]. あのように苦いものが好きな人の～が知れない Não consigo entender gente que gosta de coisa tão amarga. ～が向く sentir-se inclinado/da para, dar [ter] vontade de. ～が向いたらハイキングに行きます Se me der ⌊vontade [《口語》na bola, na telha, na cabeça], vou à excursão./Se tiver vontade, vou à excursão. ～に入る gostar de, ter interesse por. 彼女はこの公園が～に入ったようだ Parece que ela gostou deste parque. 彼の態度は～に入らない Não gosto da atitude dele. 誰でも贈り物をもらえば悪い～はしないものだ Ninguém desgosta de ganhar presentes./Qualquer um gosta de ganhar presentes. ～を晴らす espairecer (o espírito [a cabeça]). ～を持たせる fazer rodeios, criar expectativa, fazer-se de rogado/da. 何事も～の持ちようだ Tudo depende de sua predisposição [força de vontade em vencer uma situação]. 彼は～のおけない友人だ Ele é um amigo com quem se pode estar à vontade. ❹ 〔配慮, 気配り〕atenção (f) [アテンサォン], cuidado (m) [クイダード], esmero (m) [エズメーロ]. 彼女は～が利く Ela é prestativa (pois percebe qual ajuda lhe está sendo solicitada). この服は～が利いている Este vestido está chique. ～を利かす

る usar a cabeça (para perceber a ajuda que está sendo necessária). ～がつく **1)**〔配慮が行き届く〕(ser) observador/ra e prestativo/va. あの女性はよく～がつく人だ Ela é bastante prestativa. **2)**〔認識する〕perceber, tomar consciência de, dar por, ver, notar, dar conta de, descobrir. 私はダイヤの指輪がなくなっているのに～がついた Percebi que o meu anel de diamantes não estava mais no lugar./Dei pela falta do meu anel de diamantes. あなたはまだその問題の重要性に～がついていない Você ainda não percebeu a gravidade desse problema. あなたは課長が部屋から出ていったのに～がつかなかったのですか Você não se deu conta de que o/a chefe saiu? ～がついた時はもう遅い Quando você vê já é tarde. **3)**〔意識を取り戻す〕cair em si, recuperar os sentidos, recobrar a consciência. ～がついたちょうど出発の時間だった Quando dei por mim já estava na hora de partir. ～がつくと自分の部屋で寝ていた Quando recobrei os sentidos já estava deitado em minha cama. …の～を引く chamar a atenção de …. …に～を入れる botar empenho [afinco] em …. ～を紛らす distrair-se, espairecer(-se), esfriar a cabeça (pensando em outras coisas). …に～を許す dar confiança a …. ❺〔印象, 感覚〕impressão (f) [ｲﾝﾌﾟﾚｻｫﾝ], sensação (f) [ｾﾝｻｻｫﾝ]. それは～のせいだ Isso é impressão [imaginação] sua. ～がする ter impressão, sentir. あの人を見たことがあるような～がする Tenho a impressão de que já vi aquela pessoa [eu conheço aquela pessoa de vista]. ～を回す imaginar, conjeturar. ❻〔雰囲気〕ar (m) [ｱｰﾙ], atmosfera (f) [ｱﾁﾓｽﾌｪｰﾗ], ambiente (m) [ｱﾝﾋﾞｴﾝﾁ]. ～がつまる sentir o ar [ambiente] pesado, sentir-se pouco à vontade. ❼〔本質など〕essência (f) [ｴｾﾝｼｱ], aroma (m) [ｱﾛｰﾏ]. ～が抜けた酒 bebida (f) alcoólica insípida. ～が抜けたビール cerveja (f) choca.

ギア 〔歯車〕roda (f) dentada; 〔車の〕marcha (f), câmbio (m). ～チェンジする trocar marchas, mudar de marcha, passar a marcha. ♦ファースト(セカンド/サード)ギア primeira (segunda/terceira) marcha.

きあい 気合 ❶〔掛け声〕grito (m) (de guerra). ～をかける dar gritos de animação, incentivar para a luta. ❷ energia (f), espírito (m) de luta. …に～を入れる animar …, elevar a moral de …. コーチはチームに～を入れた O/A treinador/ra elevou a moral do time. 試験の準備をしていないけれど～でがんばってみる Não estudei para a prova, mas vou tentar fazer o máximo na hora. 私は試合開始前から～負けしていた Eu me senti derrotado/da [fiquei intimidado/da] já antes do jogo só de ver a auto-confiança do adversário.

きあつ 気圧 〖気象〗pressão (f) atmosférica.

♦高気圧 alta pressão atmosférica. 低気圧 baixa pressão atmosférica.

ぎあん 議案 projeto (m) de lei; proposta (f) a ser apresentada numa conferência. この企画書をあしたの会議の～として提出したいのですが Gostaria de propor este plano na reunião.

キー ❶〔鍵〕chave (f). ♦スペアキー chave reserva. ❷〔手がかり〕chave. ❸〔鍵盤〕teclado (m), tecla (f). ピアノの～ teclado de piano.

キーウィ 〖鳥〗quivi (m).

キーステーション estação (f) mestre.

きいちご 木苺 〖植〗〔実〕framboesa (f); 〔木〕framboeseira (f), framboeseiro (m).

きいと 生糸 seda (f) crua, seda bruta. ♦生糸市場 mercado (m) da seda.

キーパー goleiro/ra (= ゴールキーパー).

キープ ❶〔ボトルキープ〕ato (m) de deixar a própria garrafa de bebida num bar. ❷〔スポーツ〕proteção (f), avanço (m) protegendo a bola. ～する manter, proteger.

キーボード teclado (m).

キーホルダー chaveiro (m), porta-chaves (m).

キーマン pessoa (f) principal, pessoa-chave.

*__**きいろ 黄色**__ amarelo (m) [ｱﾏﾚｰﾛ]. ～の amarelo/la. ～がかった amarelado/da. ～っぽくなる ficar amarelado/da. ～になる amarelecer, ficar amarelo/la. ～くする amarelar, tornar amarelo/la.

キーワード palavra-chave (f).

きいん 起因 causa (f), origem (f), raiz (f). その癌(がん)はたばこに～する Esse câncer (m) foi causado por fumo [pelo uso de cigarro].

ぎいん 議員 parlamentar, deputado/da. ♦議員特権 imunidade (f) parlamentar. 議員倫理 decoro (m) parlamentar. 下院議員 deputado/da. 国会議員 parlamentar. 市会議員 vereador/ra. 上院議員 senador/ra.

ぎいん 議院 dieta (f), parlamento (m), congresso (m), câmara (f), casa (f). ♦参議院 Câmara Alta, 《ブ》Senado. 衆議院 Câmara (f) Baixa, 《ブ》Câmara dos Deputados. 両議院制 sistema (m) bicameral.

キウイ 〖植〗kiwi (m).

きうん 機運 oportunidade (f), momento (m) propício. ～に乗ずる(を失する) aproveitar (perder) a oportunidade. …の～が熟す chegar o momento propício para (+不定詞)《+infinitivo》.

きうん 気運 tendência (f), ambiente (m), espírito (m). 改革の～ tendência à reforma, espírito de reforma.

きえいる 消え入る morrer, esvair-se. ～ような声 voz (f) débil [fraca], fiozinho (m) de voz. 恥ずかしくて身も心も～思いだ Estou morrendo de vergonha.

*__**きえる 消える**__ ❶〔火, 光などが〕apagar-se [ｱ

バガール スイ], extinguir-se [エスチンギール スイ], desaparecer [デザパレセール], cessar [セサール], sair [サイール]. 火事はもう消えた O incêndio já se apagou [se extinguiu]. 明かりが消えた As luzes se apagaram. 胸の痛みが消えない A dor no peito não desaparece [cessa]. 私の髪のたばこのにおいがなかなか消えない O cheiro de cigarro no meu cabelo não sai [passa]. 罪は消えない Os pecados não se apagam [são perdoados]. ❷〔姿が〕desaparecer [デザパレセール]. 船は水平線に消えて行く O navio vai desaparecendo no horizonte. ❸〔薄れて〕borrar [ボハール], apagar [アパガール]. 字が消えてしまった As letras ficaram borradas [apagadas]. ❹〔とけて〕derreter [デヘテール], desfazer [デスファゼール]. 泡が〜まで até se desfazer a espuma. 山の雪はまだ消えていない A neve das montanhas ainda não derreteu.

ぎえんきん 義援金 donativo (m), doação (f). 〜を募る juntar [arrecadar] donativos.

きおうしょう 既往症 〔医〕antecedentes (mpl), doença (f) já curada《que consta na história clínica do paciente》. 彼は肺結核の〜がある Ele já teve tuberculose pulmonar, mas está curado.

***きおく 記憶** memória (f) [メモーリア], lembrança (f) [レンブランサ], recordação (f) [ヘコルダサォン]. …を〜する memorizar …, lembrar-se de …, guardar … na memória. 無意識の〜 memória inconsciente. 〜違い erro (m) [lapso (m)] de memória. 時間が経つと〜があせる Com o passar do tempo as lembranças vão ficando mais vagas. あの事件の〜ははっきりしている Tenho claro na memória aquele caso. 〜に留める guardar na memória. 確かな〜 memória exata [clara]. 〜にございません Desculpe-me, mas não me lembro disso. 私が〜している限りでは彼はそうは言わなかったのではないか Se não me falha a memória, ele não disse isso, disse?

♦記憶術 mnemônica (f). 記憶障害 amnésia (f). 記憶喪失 perda (f) de memória. 記憶装置 〘コンピ〙 memória. 記憶力 capacidade (f) de memorização. 仮想記憶 〘コンピ〙 memória virtual. 固定記憶装置 〘コンピ〙 disco (m) rígido [duro], *hard disk* (m). 主記憶装置 〘コンピ〙 memória interna [principal]. 情動記憶〔心〕memória emocional. 短期記憶〔心〕memória recente [de curta duração]. 長期記憶〔心〕memória de longa duração. 補助記憶装置 〘コンピ〙 memória externa [secundária].

きおくれ 気後れ perda (f) de coragem, timidez (f). 〜(が)する sentir-se tímido/da, coibir-se. 人前では〜してうまく話せない Na frente de muitas pessoas [do público], fico tímido/da e não consigo me expressar bem.

キオスク quiosque (m), banca (f) (de jornal). ♦キオスク端末 〘コンピ〙 estação (f) multimídia.

きおん 気温 temperatura (f) do ar. きょうは〜が30度に上がるそうです Dizem que hoje a temperatura vai subir até trinta graus. きのうはだいぶ〜が下がりましたね Ontem a temperatura abaixou bastante, não é?

ぎおん 擬音 〔劇〕som (m). 〜を出す produzir efeitos sonoros. ♦擬音係 encarregado/da de efeitos sonoros. 擬音語 onomatopeia. 擬音効果 efeito (m) sonoro.

きか 帰化 naturalização (f). 〜する naturalizar-se. 私は日本に〜して永住したいのですが… Eu queria me naturalizar japonês/japonesa e ficar no Japão para sempre. 彼は〜ブラジル人だ Ele é brasileiro naturalizado. ♦帰化植物 planta aclimatada [trazida de fora do país]. 帰化人 pessoa (f) naturalizada. 〔史〕migrantes (mpl) que vinham do continente para o Japão na antiguidade. 帰化選手 jogador/ra [atleta] naturalizado/da. 帰化動機書 justificativa (f) para naturalização. 帰化動物 animal trazido de fora do país. 特別 (簡易)帰化 〘法〙naturalização especial (facilitada). 普通帰化 〘法〙naturalização comum.

きか 幾何 〘数〙geometria (f). 〜級数的に増える aumentar em progressão geométrica. ♦幾何級数 progressão (f) geométrica. ⇨**幾何学**.

きか 気化 evaporação (f), gaseificação (f). 〜する evaporar(-se), gaseificar-se.

きが 飢餓 fome (f). ♦飢餓輸出 exportação (f) de produtos de primeira necessidade, restringindo o consumo doméstico, para obtenção de divisas. 飢餓療法 tratamento (m) de uma doença através do jejum.

ぎが 戯画 caricatura (f), charge (f). 〜化する caricaturizar, fazer uma charge [caricatura] de.

ギガ 〘コンピ〙 giga (m), *gigabyte* (m)《unidade de medida de informação equivalente a 1024 *megabytes*》.

***きかい 機会** chance (f) [シャンスィ], oportunidade (f) [オポルトゥニダーヂ], ocasião (f) [オカズィアォン]. 〜あるごとにあの人は私をいじめた Aquela pessoa não perdia uma chance de abusar de mim. こういう〜はめったにありませんよ É muito difícil ter uma oportunidade dessas, *viu*! 〜をねらう ficar atento à espera de uma oportunidade. 〜を逃す deixar passar uma chance. またの〜に〔婉曲〕Fica para a próxima. ♦機会均等 igualdade (f) de oportunidades. ⇨**チャンス**.

***きかい 機械** máquina (f) [マッキナ]. 〜的 maquinal. 〜化する mecanizar, introduzir máquinas no processo de produção. 〜を組み立てる montar uma máquina. 〜を分解する

desmontar uma máquina. あなたの工場にはどのような～がありますか Que tipo de máquinas tem na sua fábrica? ♦ 機械工学科 departamento (*m*) de engenharia mecânica. 機械工 mecânico/ca, operador/ra de máquinas, operário/ria mecânico/ca, maquinista. 熟練機械工 mecânico/ca habilidoso/sa.

きかい 器械 instrumento (*m*), aparelho (*m*). ♦ 器械体操 ginástica (*f*) com aparelhos. 医療器械 aparelho (*m*) médico. 光学器械 instrumento (*m*) ótico.

きかい 奇怪 bizarro/rra, misterioso/sa, enigmático/ca. ～な風貌(ぼう) aparência (*f*) grotesca [bizarra].

きがい 危害 dano (*m*), prejuízo (*m*). …に～を加える causar prejuízo [dano] a …, fazer mal a ….

ぎかい 議会 assembleia (*f*), câmara (*f*), Dieta (*f*), parlamento (*m*). ～を招集 (解散) する convocar (dissolver) a assembleia. ♦ 議会委員会 comissão (*f*) parlamentar. 議会政治 parlamentarismo (*m*). 議会制度 sistema (*m*) parlamentarista. 議会制民主主義 democracia (*f*) parlamentarista.

きがいしゅうしゅく 期外収縮 [医]〔心臓の〕palpitação (*f*), extra-sístoles (*f*), contração (*f*) [batida (*f*)] ventricular prematura.

きがえ 着替え 〔行為〕troca (*f*) [muda (*f*)] de roupa;〔服〕roupa (*f*) para trocar.

きがえる 着替える mudar [trocar] de roupa. 普段着からよそ行きに～ mudar da roupa de ficar em casa para a de sair.

きかがく 幾何学 [数] geometria (*f*). ♦ 幾何学模様 padrão (*m*) geométrico. 解析幾何学 geometria analítica. 射影幾何学 geometria projetiva. 代数幾何学 geometria algébrica. 微分幾何学 geometria diferencial. 非ユークリッド幾何学 geometria não-euclidiana. フラクタル幾何学 geometria fractal. 平面幾何学 geometria plana. ユークリッド幾何学 geometria euclidiana.

きがかり 気がかり aflição (*f*), receio (*m*), preocupação (*f*), apreensão (*f*), inquietação (*f*). 私には～なことがある Tenho algo que me ⌊preocupa [aflige, deixa apreensivo/va, deixa receoso/sa]. 私の父が～だ Estou preocupado/da com meu pai. 彼の行方が～だ Seu paradeiro me deixa apreensivo/va [aflito/ta, preocupado/da, receoso/sa]. 私には～ことが多い Tenho muito com o que me preocupar.

きかく 企画 plano (*m*), projeto (*m*). 斬新な～を会社は要求しています A companhia está querendo um projeto original. ♦ 企画書 plano (*m*) (por escrito).

きかく 規格 padrão (*m*), norma (*f*). その部品は JIS～ に合っていますか Essa peça está de acordo com o padrão JIS? ～化する padronizar, normalizar. ♦ 規格化 padronização (*f*), normalização (*f*), estandardização (*f*). 規格生産 produção (*f*) padronizada. 規格品 produto (*m*) estandardizado, artigo (*m*) padronizado.

きかざる 着飾る 〔よそ行きを着る〕enfeitar-se, embonecar-se, abonecar-se; endomingar-se;〔豪勢に，入念に〕emperiquitar-se, vestir-se com esmero;〔礼服を着る〕vestir-se com roupas de gala, engalanar-se. 彼女は入念に着飾っている Ela está toda emperiquitada [produzida]. みんなは着飾ってパーティーに行った Todos se engalanaram e foram para a festa.

きかせる 聞かせる 〔知らせる〕contar, explicar;〔歌う〕cantar,〔弾く〕tocar. 私たちに営業のノウハウを聞かせてください Explique para nós o *know-how* de vendas. 子供に童謡を～ cantar canções infantis para as crianças; fazer as crianças ouvirem canções infantis.

きかせる 利かせる ❶ fazer uso de, usar. 気を～ ser prestativo/va; usar a cabeça para perceber o que não foi dito. 機転を～ ter presença de espírito. ❷ fazer funcionar, tirar proveito de. 辛味を利かせた料理 comida (*f*) ⌊muito picante [bastante ardida, com muita pimenta].

きがね 気兼ね constrangimento (*m*), acanhamento (*m*), medo (*m*) de incomodar, incômodo (*m*), embaraço (*m*). ～する sentir-se constrangido/da com [a] …, incomodar-se com …, acanhar-se, ter medo de incomodar o outro. この会社では上司に～する必要はありません Nesta companhia não é preciso se incomodar com o superior. ～しないでください Fique à vontade./Não se incomode comigo. ～しないで家に来てくださいね Não se acanhe de vir me visitar em casa, sim? ～しないで sem reserva, à vontade.

きがる 気軽 ～に〔もったいぶらずに〕prontamente, sem se fazer de rogado/da;〔軽薄に〕imprudentemente;〔気楽に〕à vontade. ～な fácil, leve. ～な服装 roupa (*f*) leve. ～にいつでも相談にお出かけください Sinta-se à vontade em [Não se acanhe de] vir me ver sempre que precisar, sim?

きかん 器官 [解] órgão (*m*). ♦ 器官系 aparelho (*m*), sistema (*m*). 消化器官 aparelho digestivo. 発声器官 aparelho fonador.

きかん 基幹 ❶ base (*f*), núcleo (*m*). ～的 essencial, de base, principal. ♦ 基幹産業 indústria (*f*) de base. 基幹的交通網 rotas (*fpl*) de tráfego principais. ❷ [インタネ] *backbone* (*m*) de uma rede. インターネット～に接続する conectar-se ao *backbone* da *internet*.

きかん 帰還 ❶ volta (*f*), regresso (*m*), retorno (*m*), repatriação (*f*). ～する voltar, regressar, retornar. 無言の～をする voltar morto/ta (da guerra). 基地へ～する regressar à base. 祖国へ～する regressar à pá-

きかん tria, repatriar-se. ◆帰還者 repatriado/da, retornado/da. 帰還兵 veterano/na (de guerra). ❷〔電気〕realimentação (f). ◆帰還コイル bobina (f) de regeneração [reação]. 正(負)帰還 realimentação (f) positiva (negativa).

きかん 期間 〔継続期間〕duração (f);〔時限〕período (m). バーゲン〜は2日間です A liquidação vai durar dois dias./A duração de liquidação vai ser de dois dias. 試験の〜中は... durante o período [a época] dos exames .... 保証〜中の sob garantia. ◆有効期間 tempo (m) [período] de validade.

***きかん** 機関 ❶〔エンジン〕motor (m)〔モートル〕. ◆機関士 maquinista. 永久機関 moto-perpétuo (m), moto-contínuo (m). 蒸気機関 máquina (f) [locomotiva (f)] a vapor. 内燃機関 motor de combustão interna. ❷〔機構〕instituição (f)〔インスチトゥイサォン〕, órgão (m)〔オールガォン〕, organização (f)〔オルガニザサォン〕. ◆教育機関 instituição educacional. 行政機関 órgão administrativo. 国際労働機関 Organização Mundial do Trabalho. 国連機関 Organização das Nações Unidas. 執行機関 órgão executivo. 司法機関 órgão judicial. 情報機関 serviço (m) de inteligência. 世界貿易機関 Organização Mundial do Comércio. 世界保健機関 Organização Mundial da Saúde. 立法機関 órgão legislativo. ❸〔手段〕meio (m)〔メーイオ〕. 成田空港まで行くのにどの交通が一番速いですか Qual é o meio de transporte mais rápido para se ir ao aeroporto de Narita?/Qual é a condução mais rápida para o aeroporto de Narita? ◆通信機関 meio de comunicação.

きかん 気管 〔解〕traqueia (f). ◆気管切開〔医〕traqueostomia (f). 気管軟骨 anel (m) (cartilaginoso) traqueal. 気管分岐部 bifurcação (f) traqueal.

きがん 祈願 oração (f). 〜する orar, rezar. 安全を〜する rezar por segurança.

ぎがん 義眼 olho (m) artificial.

きかんし 気管支 〔解〕brônquio (m). 彼女は〜炎を患っている Ela sofre de bronquite. 〜ではなくて，〜炎ですね Isto é bronquite, não é asma, não, tá? ◆気管支炎 bronquite (f). 気管支拡張薬〔薬〕broncodilatador (m). 気管支ぜんそく asma (f) brônquica.

きかんし 機関誌 boletim (m) informativo de uma instituição.

きかんしゃ 機関車 locomotiva (f). ◆蒸気機関車 locomotiva a vapor.

きかんじゅう 機関銃 metralhadora (f). 〜で撃つ metralhar.

きき 危機 crise (f), momento (m) crítico. 〜の crítico/ca. 〜を脱する escapar [livrar-se] da crise;《口語》dar a volta por cima da crise. 〜一髪で助かる salvar-se por um triz [por um fio de cabelo]. 〜一髪で悲劇になるところだった Teria sido uma tragédia por um fio. この〜に際しては社員全員ががんばるしかありません Diante desta crise, não há outra saída senão a união dos esforços de todos os funcionários. ◆エネルギー危機 crise (f) energética. 経済危機 crise econômica. 食糧危機 crise alimentar. 通貨危機 crise cambial.

きき 機器 instrumento (m), aparelho (m). ◆教育機器 equipamentos (mpl) didáticos (audio-visual etc).

ききあきる 聞き飽きる cansar-se [aborrecer-se] de ouvir algo. 彼の文句はもう聞き飽きた Estou cansado《口語》careca] de tanto escutar suas queixas.

ききいれる 聞き入れる ouvir [aceitar] (um conselho), dar ouvidos a, atender a (um pedido). 先生は私の願いを聞き入れてくれた O professor atendeu ao meu pedido.

ききおぼえ 聞き覚え conhecimento (m) de ouvido. その声には〜がある Essa voz me é familiar [conhecida]./Essa voz não me é estranha.

ききかえす 聞き返す ❶〔もう一度問う〕repetir a pergunta, perguntar de novo. 先方の名前を〜 perguntar o nome do outro [do interlocutor] pela segunda vez. ❷〔繰り返して聞く〕ouvir [escutar] novamente. 録音テープを〜 ouvir a gravação outra vez. ❸〔逆にこちらからも聞く〕contestar com outra pergunta.

ききぐるしい 聞き苦しい 〔音が〕que fere os ouvidos, desagradável aos ouvidos./〔内容が〕ofensivo/va, injuriante; indecoroso/sa, vergonhoso/sa. 〜言葉 palavras (fpl) ofensivas [que ofendem moralmente].

ききこみ 聞き込み indagação (f), investigação (f), inquirição (f). 〜をする investigar, indagar, inquirir. 一軒一軒〜をする conduzir uma investigação de porta em porta.

ききじょうず 聞き上手 bom/boa ouvinte. 〜である ser um bom ouvinte; saber fazer boas perguntas para o outro falar. 〜な人 bom/boa ouvinte, pessoa que sabe ouvir o outro; pessoa(?) hábil em fazer o outro falar [arrancar uma informação nova dos entrevistados].

ききだす 聞き出す sondar, arrancar uma informação de. 彼からは秘密を〜ことはできなかった Dele, não pude arrancar nenhum segredo.

ききちがい 聞き違い equívoco (m), mal-entendido (m). それは君の〜だ Você não escutou direito./Foi você quem ouviu mal.

ききちがえる 聞き違える ouvir mal.

ききて 聞き手 aquele/la que ouve, ouvinte;〔インタビューなどで〕entrevistador/ra.

ききながす 聞き流す ❶〔注意を向けずに聞く〕ouvir sem prestar muita atenção, fazer entrar por um ouvido e sair pelo outro. いらいらしないために彼の言っていることは全て聞き流していた Para não me irritar, tudo o que ele dizia entrava por um ouvido e saía pelo outro. ❷〔問題視しない〕não fazer caso de, ser indulgente, ser generoso/sa. 私は変なことを言ったが彼は聞き流してくれた Apesar de eu ter dito coisas ruins, ele não fez caso disso (por generosidade).

ききべた 聞き下手 ~な人 mau/má ouvinte; pessoa (f) inábil em └fazer o outro falar [arrancar uma informação nova dos entrevistados].

ききめ 効き目 eficácia (f), efeito (m). この薬は頭痛に~があります Este remédio serve para (curar) a dor de cabeça.

ききもらす 聞き漏らす deixar escapar. 彼のメールアドレスを聞き漏らした Acabei deixando de perguntar o endereço eletrônico dele. 一言も聞き漏らさない escutar atentamente sem perder uma palavra.

ききゃく 棄却 rejeição (f). ~する rejeitar. 裁判所は控訴を~した O tribunal rejeitou a apelação.

ききゅう 気球 aerósato (m).

ききょう 帰郷 volta (f) [retorno (m)] à terra natal. ~する regressar à terra natal. ~中である estar de regresso à terra natal.

ききょう 気胸 〖解〗pneumotórax (m).

きぎょう 企業 empresa (f), companhia (f), negócio (m), firma (f), empreendimento (m). ~的 empresarial, industrial, comercial. ~を起こす começar [fundar, estabelecer, firmar] └uma empresa [um negócio]. ♦企業化 comercialização (f), industrialização (f). 企業家 empresário/ria, homem/mulher de negócios. 企業整備〖再編成〗reorganização (f) de uma empresa. 企業秘密 segredo (m) [sigilo (m)] empresarial [industrial, comercial]. 大企業 grande empresa. 多国籍企業 (empresa) multinacional (f). 中小企業 pequenas e médias empresas. 中小企業庁 Agência de Pequenas e Médias Empresas (do Japão). 零細企業 microempresa (f).

ぎきょうだい 義兄弟 ❶〔兄弟の契りを約束した人どうし〕irmão (m) por juramento. ❷〔義理の兄弟〕cunhado (m)

ぎきょく 戯曲 drama (m), peça (f) de teatro. ♦戯曲化 transformação (f) em peça de teatro, dramatização (f), teatralização (f). 戯曲家 dramaturgo/ga, dramatista.

ききん 基金 fundo (m) (monetário). ♦救済基金 fundo de socorro.

ききん 飢饉 carestia (f), penúria (f).

ききんぞく 貴金属 metal (m) precioso. ♦貴金属商 ourivesaria (f), joalheria (f).

*****きく 聞く, 聴く** ❶ ouvir [オウヴィール]. ラジオを~ ouvir rádio. だれも彼の言うことを聞いていなかったのですか Ninguém estava ouvindo o que ele falou? 聞き始める começar a ouvir [escutar]. 来年からニュースを聞き始めようと思っている Penso em começar a escutar o noticiário, a partir do ano que vem. ❷〔注意して聞く〕escutar [エスクタール]. 作業上の注意を話しますのでしっかりと聞いてください Escutem bem, que eu vou dar as instruções sobre o trabalho. ❸〔…のことを耳にする〕ouvir sobre …. ❹〔尋ねる〕perguntar [ペルグンタール]. 道を~ perguntar o caminho. 時間を~ perguntar as horas. 値段を~ perguntar o preço. わからないことは何でも聞いてください Se não entenderem alguma coisa, podem me perguntar, seja o que for. 彼は彼女のお父さんが元気かどうかを聞いた Perguntou pelo pai dela. …と聞きたいところだが... É o caso de se perguntar se …. ❺ ir saber. 泊まり客が京都に行きたいのかどうか聞きにいった Foi saber se o hóspede queria conhecer Kyoto ou não. ❻ dar ouvidos a …. …に対して~耳を持たない não dar ouvidos a …, não ter ouvidos para …. 彼の言い分を聞いてやる必要がありますね É necessário ouvir os argumentos dele, não é? ❼ interpretar [インテルプレタール], entender [エンテンデール]. ❽〔従う〕obedecer [オベデセール], seguir [セギール]. 彼は課長の忠告を全然聞かない Ele └não ouve [não segue] nem um pouco os conselhos do/da chefe. お母さんの言うことを聞きなさい Obedeça às ordens de sua mãe!

きく 利く ❶ funcionar. ブレーキが利かない O breque não está funcionando. 右腕が利かない estar com o braço direito paralizado. 気が~ ser prestativo/va, perceber o que foi dito. 機転が~ ter presença de espírito. 辛味の利いた料理 comida (f) └condimentada [com muita pimenta]. ❷ ter a possibilidade de, ser possível de, resistir. 洗濯の~スーツ terno (m) lavável. 修理が利かない車 carro sem conserto. 保険が~ケース caso (m) em que é possível usar o seguro [o seguro é válido, o seguro se aplica]. 無理の~体 um físico [corpo] resistente. 祖父はもう体の無理が利かない Meu avô não resiste mais à sobrecarga de serviço.

きく 効く ser bom/boa para, dar resultado, produzir [fazer] efeito. この薬は風邪によく~ Este remédio é muito bom para └o resfriado [a gripe].

きく 菊 〖植〗crisântemo (m).

きぐ 危惧 ameaça (f), temor (m), dúvida (f), apreensão (f), desconfiança (f), insegurança (f). その企業について深い~の念を抱かざるをえない Não posso deixar de ter em profunda consideração os riscos envolvidos nesse empreendimento. ♦絶滅危惧種 espécie ameaçada (de extinção).

きぐ 器具 instrumento (m), aparelho (m), utensílio (m), equipamento (m), máquina (f), maquinário (m), maquinaria (f). ♦ 救命器具 equipamento de emergência [socorro, resgate]. 工場器具 equipamento [maquinário, maquinaria] de fábrica. 照明器具 luminária (f), equipamento de iluminação. 調理器具 utensílio de cozinha. 配線器具 equipamento elétrico.

きくず 木屑 aparas (fpl) de madeira, serrim (m), forragem (f).

きぐつ 木靴 tamancos (mpl) de madeira. ～を履く calçar [usar] tamancos.

きくばり 気配り ❶ solicitude (f), zelo (m) em prestar assistência. ❷ consideração (f) (pelo sentimento dos outros), sensibilidade (f), atenção (f). ～のいい人 atencioso/sa, pessoa (f) solícita. …に～をする ser atencioso/sa para (com) …; prestar atenção a …, tomar cuidado com …. 細かい～をする ser prestativo/va nos mínimos detalhes; prestar atenção em detalhes. 彼は～が足りない Ele é um pouco insensível [desatencioso]./Ele não tem tato〚《口語》desconfiômetro〛.

きくらげ 木耳 〖植〗orelha-de-judas (f).

きぐろう 気苦労 preocupação (f), sofrimento (m) espiritual. …に～をかける causar preocupações a …, fazer … sofrer espiritualmente.

きけい 奇形 deformidade (f), anomalia (f). 催～の teratogênico/ca. ♦ 奇形発生〖医〗teratogênese.

ぎけい 義兄 cunhado (m) 《mais velho que o cônjuge》.

きげき 喜劇 comédia (f). ～的 cômico/ca. ♦ 喜劇俳優 ator/atriz cômico/ca, comediante.

きけつ 帰結 consequência (f), resultado (m), conclusão (f). 現状からの当然の～ consequência (f) natural da situação atual. ♦ 帰結節〖文法〗oração (f) consecutiva.

ぎけつ 議決 deliberação (f), decisão (f) após discussão ou voto, ato (m) de discutir e votar. ～する decidir, votar, deliberar. ～権を持つ ter direito ao voto, ter voz deliberativa. ♦ 議決権 direito (m) ao voto.

きけん 危険 perigo (m), risco (m), ameaça (f). ～な perigoso/sa. ～な仕事 um trabalho perigoso [arriscado]. …の～がある haver [ter] perigo de …. ～な目に遭う deparar-se [confrontar-se] com uma situação de perigo. ～を避ける evitar o perigo. 彼は生命の～を冒してその研究を完成した Ele levou a cabo essa pesquisa arriscando a vida. 父は死の～にさらされている Meu pai está correndo perigo de vida. そうするとあなたは間違った判断を下してしまう～にさらされる Assim você corre o risco de fazer um julgamento errôneo [equivocado]. それは～である Isso é perigoso. それは感染の～を伴う Isso oferece [traz] perigo de contaminação. ミツバチの～性 a periculosidade das abelhas. ～性の高い仕事 trabalho (m) altamente perigoso. その岩は崩れ落ちる～性がある Essa rocha está com perigo de desabamento./Há perigo de essa rocha desabar. 爆発物を《掲示》Perigo de explosão!/Atenção! Material Explosivo. ♦ 危険思想 ideologia (f) perigosa. 危険信号 sinal (m) de perigo. 危険人物 pessoa (f) perigosa. 危険性 periculosidade (f). 危険地帯 zona (f) perigosa. 危険物 objeto (m) perigoso. 危険分子 elemento (m) perigoso.

きけん 棄権 renúncia (f) a um direito. 選挙を～する abster-se de votar. マラソンを途中で～する abandonar a maratona no meio do caminho. ♦ 棄権者 abstencionista; desistente.

きげん 期限 prazo (m), data (f), vencimento (m), período (m), expiração (f), fim (m) [termo (m)] (de certo prazo). この仕事は～を守ることが一番大事だ Neste trabalho o mais importante é observar os prazos [as datas]. 決められた～内に翻訳を終わらせる terminar a tradução dentro de um prazo fixo [do prazo]. その申し込みの～は切れている O prazo para a inscrição já venceu [terminou, acabou, expirou]. それはもう～切れだ Isso já passou do prazo [da data]. ～が満了する completar-se [terminar] o prazo. ～を延長する prorrogar [prolongar, alongar] o prazo. ～を決める marcar [definir, determinar, fixar, pôr] uma data [um prazo]. 10日～で com prazo para o dia dez. ～切れの牛乳 leite (m) vencido, leite com o prazo vencido [a data vencida]. その店は～切れの商品を売っていたことで閉店に追い込まれた A loja foi fechada por vender produtos vencidos. ♦ 消費期限 data [prazo, período] de validade (com relação à segurança de consumo de um produto). 賞味期限 data [prazo, período] de validade (com relação à qualidade de um produto). 納税期限 prazo [data] (-limite) para o pagamento de impostos. 有効期限 data [prazo, período] de validade (de uso de um produto).

きげん 機嫌 humor (m). …の～をとる agradar; 〔おべっかを使う〕bajular. 彼は上～(不～)だ Ele está de bom (mau) humor. ご～はいかがですか Como vai você?

きげん 起源 origem (f). …に～を持つ ter as suas origens em …. …の～は19世紀にまで遡る As origens de … remontam ao século dezenove.

きげん 紀元 era (f). ～前100年 cem anos antes de Cristo.

*きこう clima (m) [クリーマ]. ～の climático/ca. 不順な～ tempo (m) instável. 日本は～が温和です O clima do Japão é temperado [suave]. ♦ 気候条件 condições (fpl) climáticas. 海洋性気候 clima marítimo. 大

陸的気候 clima continental. 熱帯性気候 clima tropical.

きこう 寄港 escala (f) 《de viagem》. 船は燃料と食料補給のため神戸に～した O navio fez escala em Kobe para se abastecer de combustíveis e alimentos.

きこう 寄稿 colaboração (f) (para jornal, revista etc). ～する colaborar, contribuir (com artigo para jornal, revista etc). ◆寄稿家 colaborador/ra.

きこう 機構 organismo (m), organização (f), mecanismo (m), estrutura (f). ◆経済機構 estrutura econômica. 国際機構 organização internacional.

きこう 気孔 ❶〔動〕poro (m) (da pele dos animais). ❷〔植〕estômato (m).

きこう 紀行 diário (m) [relato (m)] de viagem. ◆紀行作家 escritor/ra de viagens, escritor/ra viajante.

*きごう 記号 signo (m) [スィーギノ], símbolo (m) [スィンボロ]. ◆化学記号 símbolo químico.

ぎこう 技巧 arte (f), técnica (f). ～を凝らした作品 obra (f) tecnicamente [artisticamente] bem elaborada.

きこうし 貴公子 jovem nobre.

*きこえる 聞こえる ❶〔耳に入る〕ouvir [オウヴィール]. 今物音が聞こえましたか Você ouviu algum ruído agora? ❷〔聞くことができる〕conseguir ouvir. 私の声が聞こえますか Você consegue ouvir a minha voz? ❸〔…のように聞こえる〕soar como, parecer [パレセール]. その話は日本人には非常に奇妙に～でしょう Essa história deve soar muito estranha aos ouvidos de um japonês. おっしゃったことは職務怠慢としか聞こえない Só consigo interpretar [entender] o que o/a senhor/ra acabou de falar como sendo negligência no trabalho.

きこく 帰国 regresso (m) ao país natal. 彼は～したばかりです Ele acabou de regressar ao país. ～の途につく pôr-se a caminho do país natal. ◆帰国子女 crianças (fpl) e adolescentes japoneses que completaram parte de sua escolaridade no estrangeiro e estão de volta ao Japão.

きごころ 気心 caráter (m), índole (f), jeito (m) [maneira (f)] de ser. ～の知れた人 pessoa (f) íntima [familiar] (da qual não se espera uma atitude surpreendente [inesperada]). あの3人の男性は～の知れた仲だ Os três ∟se entendem muito bem [são amigos íntimos, não tomam atitudes inesperadas].

ぎこちない ❶〔動作が〕desajeitado/da, deselegante. 彼は動作が～ Ele é desajeitado nos modos./Ele tem os movimentos desajeitados. ❷〔表現が〕não fluente, duro/ra. ～文章 estilo (m) duro.

きこなす 着こなす saber se vestir bem. 彼女は和服の着こなしがうまい Ela sabe vestir bem o quimono.

きこん 既婚 ～の casado/da. ◆既婚者 casado/da.

きざ 気障 ～な afetado/da, pedante, presumido/da, esnobe.

きさい 記載 menção (f). ～する escrever, mencionar, fazer menção. 別項～のごとく como mencionado em outro parágrafo. 一覧の～事項 itens (mpl) mencionados numa lista. ◆記載漏れ omissão (f) de menção.

きざい 機材 equipamento (m) (para fazer [montar, fabricar] uma máquina); equipamento mecânico; material (m). ～を集める coletar o equipamento (necessário). ◆録音機材 material de gravação.

ぎざぎざ recorte (m) denteado, linha (f) em ziguezague. ～のある葉 folha (f) denteada. ～のある硬貨 moeda (f) com borda serrilhada. ～をつけながら紙を切る cortar o papel fazendo um ziguezague.

きさく 気さく franqueza (f). ～な de caráter franco [aberto], sincero/ra. あの人は～な人だから気を遣わないでいいよ Ele/Ela é uma pessoa que deixa qualquer um à vontade, por isso não se acanhe. ～に francamente, abertamente, com franqueza, sinceramente, com simplicidade.

きさく 奇策 estratégia (f) inteligente [astuta, hábil].

きざし 兆し sinal (m). 春の～ prenúncio (m) da primavera. 老いの～ sinal da velhice. 景気回復の～はありますか Há sinais de recuperação econômica.

きざっぽい 気障っぽい um tanto esnobe [afetado/da].

きざみたばこ 刻み煙草 tabaco (m) picado [esmiuçado] para cachimbo.

きざむ 刻む ❶〔細かく〕picar, cortar em pedaços pequenos. 野菜を～ cortar os legumes em pequenos pedaços, picar os legumes. ❷〔心に〕gravar ･･･ (na memória). 彼女の言葉が彼の記憶に強く刻まれた As palavras dela ficaram profundamente gravadas na memória dele. ❸〔彫刻する〕esculpir, gravar. 墓石に名前を～ gravar o nome na pedra do túmulo. ❹〔時を〕marcar os segundos. 時計が時を刻んでいた O relógio marcava os segundos com o seu tique-taque.

きさん 起算 início (m) (de contagem). ･･･日から～する (começar a) contar a partir do dia ･･･. 今日から～して contando ∟desde [a partir de] hoje. 期間の～点 ponto (m) inicial de um período de tempo.

きし 岸 〔川の〕margem (f); 〔海の〕beira (f), costa (f). ～から遠ざかる（に近づく）afastar-se (aproximar-se) da margem [costa]. 川の向こう～に na outra margem do rio.

きし 騎士 cavaleiro (m).

きし 棋士 jogador/ra profissional de gô ou

shogi (espécie de xadrez).

きじ 生地 ❶〔布地〕pano (m), tecido (m). 薄い(厚い)～ tecido fino (grosso). しわのよらない～ tecido que não amarrota. 木綿の～ tecido de algodão. ◆プリント生地 tecido estampado. ❷〔パン, ピザなどの〕massa (f)《de pão etc》.

きじ 記事 artigo (m). 新聞に～を書く escrever (um) artigo para (um) jornal. その～は朝刊に載っていた Esse artigo estava no jornal da manhã. ◆社会記事 crônica (f) social.

きじ 雉 〔鳥〕faisão (m).

ぎし 技師 engenheiro/ra, técnico/ca. ◆土木(機械)技師 engenheiro/ra civil (mecânico/a). 録音技師 técnico/ca de som.

ぎし 義姉 cunhada (f)《irmã mais velha do cônjuge》.

ぎし 義歯 〔医〕dentadura (f), prótese (f) dentária. ◆総義歯 dentadura (f) completa.

ぎし 義肢 prótese (f), membro (m) artificial. ◆義肢装具士 protetista, ortesista.

きしかいせい 起死回生 milagre (m), mágica (f). ～のゴール gol (m) milagroso [decisivo].

ぎしき 儀式 cerimônia (f), ritual (f). ～ばった cerimonioso/sa, solene, formal. このような～ばった会はいやですね É desagradável uma reunião formal como esta, não? ～ばらずにやりましょう Vamos fazer a coisa sem muitas formalidades, está bem?

きじく 機軸 ❶〔軸〕eixo (m) (da roda). ❷〔方法〕método (m), ideia principal (m). 新～を生む inovar, criar um novo método.

きしつ 気質 temperamento (m). 激しい～の de temperamento violento. 怒りっぽい～ temperamento irritadiço. ◆芸術家気質 veia (f)〔inclinação (f)〕artística.

きじつ 期日 data (f), dia (m) fixo; 〔期限〕vencimento (m), prazo (m). ～までに dentro do prazo previsto, antes da data de vencimento. 納品の～を決める fixar a data de entrega da mercadoria. ～を守る observar〔respeitar〕o prazo.

きしどう 騎士道 ideal (m) de cavalaria.

ぎじどう 議事堂 (Palácio (m) da) Assembleia (f) (Nacional). ◆国会議事堂〔日本の〕(Palácio Nacional da) Dieta (f);〔ブラジルの〕(Palácio do) Congresso (m) (Nacional).

きしべ 岸辺 beira (f) de córrego, rio etc.

きしむ 軋む ranger (f). タイヤをきしませて走る correr〔sair〕cantando pneu.

きしゃ 汽車 trem (m).

きしゃ 記者 repórter, jornalista. ～会見を開く convocar uma coletiva de imprensa, dar uma entrevista coletiva. 国境なき～団 Repórteres (mpl) sem Fronteiras. 彼は～会見中に新聞～たちを厳しく非難した Ele fez uma crítica severa aos jornalistas durante uma coletiva de imprensa. ◆記者会見 coletiva (f) de imprensa, entrevista (f) concedida aos repórteres, entrevista coletiva à imprensa. 記者クラブ clube (m) da imprensa (do Japão), *Kisha Club* (m). 事件記者 repórter policial. 新聞記者 repórter de jornal, jornalista. スポーツ記者 repórter esportivo/va.

きしゃ 貴社 Vossa Empresa (f)《em correpondências》.

きしゃく 希釈 〔化〕diluição (f). ～する diluir. ◆希釈剤 diluente (m). 希釈量 quantidade (f) diluída.

きしゅ 旗手 ❶ porta-bandeira (m). ❷《比》chefe, cabeça (m). 女性解放運動の～ chefe do movimento feminista.

きしゅ 機種 tipo (m) (de máquina, carro ou avião), modelo (m). ◆新機種 novo modelo.

きしゅ 機首 nariz (m)〔frente (f)〕do avião.

きしゅ 騎手 cavaleiro (m), jóquei (m).

きじゅ 喜寿 os setenta e sete anos de idade. ◆喜寿祝 celebração (f) do aniversário de setenta e sete anos.

ぎしゅ 義手 〔医〕mão (f) mecânica.

きじゅうき 起重機 guindaste (m), grua (f). ～で車を持ち上げる levantar o carro com um guindaste.

きしゅく 寄宿 vida (f) em residência alheia. ◆寄宿学校 internato (m). 寄宿舎 prédio (m) de residência temporária para estudantes ou funcionários de uma instituição, pensionato (m).

きじゅつ 記述 relato (m), descrição (f). ～的 descritivo/va. ～する descrever. ◆記述文法 gramática (f) descritiva.

*****ぎじゅつ 技術** técnica (f)〔テッキニカ〕, tecnologia (f)〔テクノロジーア〕, arte (f)〔アールチ〕. 会話の～ arte da conversação. ～的 técnico/ca, tecnológico/ca. それは～的にむずかしい Isso é difícil, tecnicamente falando. ◆技術援助 ajuda (f) tecnológica. 技術革新 inovação (f) tecnológica. 技術者 técnico/ca. 技術導入 introdução (f) de uma técnica. 技術用語 termo (m) técnico. 先端技術 tecnologia (f) de ponta.

*****きじゅん 基準** critério (m)〔クリテーリオ〕, modelo (m)〔モデーロ〕. …を～にして tendo … como base, tomando por base …. ～を設けて仕事をする ser criterioso/sa no trabalho. ～を設けて判断する decidir com base em critérios pré-estabelecidos. それは一つの～でしかない Isso ⌐não é senão [não passa de] um dos critérios. ◆基準価格 preço (m) base.

きしょう 気性 temperamento (m), natureza (f). 彼女は～が激しい Ela é muito temperamental.

きしょう 気象 fenômeno (m) atmosférico.
◆気象衛星 satélite (m) meteorológico. 気象観測 observação (f) meteorológica.

きしょう 気象台　observatório (m) meteorológico. 気象庁　Agência (f) de Meteorologia do Japão (JMA). 気象通報　boletim (m) meteorológico. 気象予報　previsão (f) meteorológico. 気象予報士　previsor/ra do tempo, meteorologista 《de rádio ou TV》.

きしょう 記章　distintivo (m), insígnia (f), medalha (f). 〜をつける pôr [colocar] o distintivo. 帽子に〜をつけている trazer um distintivo no chapéu.

きしょう 起床　〜する levantar-se (da cama). ♦起床時間 hora (f) de se levantar (da cama).

ぎしょう 偽証　falso testemunho (m). 〜する levantar falso testemunho. ♦偽証罪 perjúrio (m).

きしょうてんけつ 起承転結　desenrolar (m) ordenado de uma exposição; estrutura (f) ordenada de começo, meio e fim.

きじょうゆ 生醤油　【料】molho (m) de soja cru, *shoyu* (m) cru [puro].

きしょく 気色　humor (m), cara (f). 〜の悪い desagradável.

ぎじろく 議事録　ata (f) (de sessão).

きしん 鬼神　demônio (m), divindade (f) vingativa.

ぎしん 疑心　suspeita (f), desconfiança (f). 〜を抱く ficar desconfiado/da. 〜暗鬼になる cair numa situação em que se └suspeita de tudo [desconfia de qualquer coisa].

ぎじん 擬人　personificação (f). 〜化する personificar. 〜化された personificado/da. ♦擬人観 antropomorfismo (m). 擬人法 personificação, prosopopeia (f).

きす 鱚　【魚】badejo (m).

キス　beijo (m). 〜をする beijar.

＊きず 傷　❶ ferida (f) [フェリーダ], ferimento (m) [フェリメント], machucado (m) [マシュカード]. 彼は全治1週間の〜を負いました Ele teve uma ferida que levou sete dias para ser tratada. 車の〜がきれいに修理された O arranhão no carro foi devidamente reparado. ♦切り傷 corte (m). 〜跡 cicatriz (f) [スィカトリース]. 足の〜がなおった A ferida do pé cicatrizou-se.

きずあと 傷跡　cicatriz (f). 額に〜がある ter uma cicatriz na testa. 手術しても〜が残るだろう Mesmo após a cirurgia ainda ficará uma cicatriz. …の心に深い〜を残す deixar uma cicatriz profunda na alma de ….

きすい 既遂　【法】consumação (f). ♦既遂罪【法】crime (m) consumado.

きすう 基数　número (m) cardinal [cardeal].

きすう 奇数　número (m) ímpar.

きずく 築く　❶ construir, edificar. 城を〜 construir um castelo. …の土台を〜 estabelecer as bases de …. ❷ constituir, fazer, formar. 家庭を〜 constituir uma nova família. 富を〜 fazer fortuna.

きずぐすり 傷薬　【薬】pomada (m).

きずぐち 傷口　abertura (f) [boca (f)] da ferida. 〜に薬を塗る aplicar pomada na ferida. 〜を消毒する desinfetar a ferida. 〜が開いてしまった Abriu-se a ferida. 〜がふさがった Fechou-se [Cicatrizou-se] a ferida. 〜を縫う costurar [coser] a ferida, dar pontos na ferida.

きずつく 傷つく　〔身体が〕ficar ferido/da, machucar-se;〔心が〕ofender-se, ficar ofendido/da. 傷ついている estar ferido/da [machucado/da]; estar ofendido/da.

きずつける 傷つける　〔身体的に〕ferir, machucar, riscar, arranhar;〔精神的〕ofender.

きずな 絆　vínculo (m), laço (m). 二人は恋愛の〜で結ばれている Laços de amor unem os dois. 〜をたち切る romper os laços [vínculos]. 夫婦の〜 laços matrimoniais.

きせい 奇声　voz (f) estranha. 〜を発する emitir uma voz estranha.

きせい 寄生　parasitismo (m). ♦寄生虫 parasita (m) (inseto).

きせい 帰省　volta (f) à terra natal. 〜する voltar à terra natal. ♦帰省客 pessoa (f) que está temporariamente de volta à terra natal; pessoa que viaja de volta à terra natal. 帰省ラッシュ *rush* (m) [ラッシュ] de volta à terra natal (em feriados).

きせい 既成　existência (f), consumação (f), término (m). 〜観念にとらわれる ser prisioneiro/ra de [deixar-se levar por] ideias fixas. ♦既成事実 fato (m) consumado, coisa (f) acabada. 既成政党 partido (m) político existente [atual].

きせい 既製　manufatura (f), confecção (f). 〜の já feito/ta, confeccionado/da, pronto/ta para o uso. ♦既製品 produto (m) acabado. 既製服 roupa (f) feita.

きせい 気勢　entusiasmo (m), ânimo (m). 〜を上げる entusiasmar. 〜を削がれる desanimar-se, ficar desencorajado/da.

きせい 規制　regulamentação (f), regulamento (m), restrição (f), controle (m). 〜する regulamentar, controlar. 自主〜する regulamentar-se, controlar-se. ♦規制標識 sinalização (f) de regulamentação. 交通規制 regras (fpl) do trânsito. 自主規制 controle (m) voluntário.

ぎせい 犠牲　sacrifício (m). …を〜にする sacrificar …. 〜を払う fazer sacrifícios, fazer algo a todo o custo. 彼は自分を〜にしてその仕事を成し遂げた Ele se sacrificou para realizar o trabalho. 昨日の地震で15人の〜者が出た O terremoto de ontem fez quinze vítimas. どんな〜を払っても a todo custo, a qualquer preço. ♦犠牲者 vítima (f).

ぎせいご 擬声語　onomatopeia (f), palavra (f) onomatopeica.

きせいちゅう 寄生虫　parasita (m). 〜がおなか

の中にいる estar com vermes nos intestinos. ♦寄生虫学 parasitologia (f). 寄生虫病 [医] verminose (f).

きせき 奇跡 milagre (m). 今度の成功は全くの〜だった Desta vez tivemos bons resultados por um verdadeiro milagre.

きせき 軌跡 ❶ [数] lugar (m) geométrico. 点Pの〜 lugar geométrico de um ponto P. ❷ pegadas (fpl), trajeto (m). 心の〜 trajeto espiritual.

ぎせき 議席 lugar (m), assento (m), cadeira (f) (no Parlamento etc). この選挙で野党は参議院の84〜を獲得した Nestas eleições a oposição conseguiu oitenta e quatro assentos no Senado. ♦議席数 número (m) de cadeiras (no Parlamento etc).

***きせつ** 季節 estação (f) do ano. 〜遅れの retardatário/ria. 〜はずれの temporão/rã, que está fora da estação. 〜はずれの暑さ calor (m) fora de época. ブドウの〜 estação (f) das uvas. 日本人は〜感をとても大事にしている Os japoneses ⌊prezam muito a [dão muita importância à] sazonalidade. ♦季節感 sazonalidade (f), sentimento (m) cíclico das estações do ano. 季節風 monção (f). 季節物［果物や野菜］frutas (fpl) e legumes (mpl) da estação. 季節労働 trabalho (m) sazonal. 季節労働者 safrista, boia-fria, 《ポ》jornaleiro/ra.

ぎぜつ 気絶 desmaio (m). 〜する desmaiar. 〜して倒れる cair desmaiado/da.

きせる 着せる ❶ [服を] vestir. 子供に服を〜 vestir uma criança. …にコートを〜 ajudar 〜 a vestir [pôr] o casaco. ❷ [罪を] imputar. 彼に罪を〜 imputar-lhe um crime.

キセル 煙管 ❶ cachimbo (m). ❷《俗》［ただ乗り］ato (m) de tomar o trem ou o metrô só pagando o primeiro e o último bilhetes (estratagema que era possível quando as catracas ainda não eram automatizadas). 〜をする tomar o trem sem pagar devidamente. ♦煙管客 passageiro (m) ⌊ilegal [que não pagou tudo].

きせん 汽船 navio (m) a vapor, vapor (m).

きせん 貴賎 a nobreza (f) e a plebe (f). 〜の別なく sem distinção de classes sociais.

きぜん 毅然 〜とした firme, resoluto/ta, decidido/da. 〜とした態度 atitude (f) resoluta [decidida]. 〜とした口調で em [com um] tom firme. 彼はいつも〜としている人だ Ele é uma pessoa de atitudes resolutas [firmes]. 〜として com firmeza [resolução], firmemente, resolutamente.

ぎぜん 偽善 hipocrisia (f). 〜的な hipócrita. ♦偽善者 hipócrita.

***きそ** 基礎 ❶ base (f) [ベース₁], fundamento (m) [フンダメント]. 〜的な básico/ca, fundamental. 〜から…を勉強する estudar … desde o começo. 彼は〜があまりしっかりしていない Ele não tem muita base. ♦基礎控除額 [会計] dedução (f) básica do imposto de renda. 基礎体温 temperatura (f) basal. 基礎代謝 metabolismo (m) basal. 基礎知識 conhecimentos (mpl) básicos. ❷ [建] alicerce (m) [アリセールスィ]. ♦基礎工事 construção (f) dos alicerces.

きそ 起訴 [法] acusação (f). 〜する acusar, indiciar, processar. 〜を取り下げる retirar a acusação. その人を〜するのに十分な証拠がある Há indícios suficientes para a sua acusação. ♦起訴状 acusação (f) formal. 起訴陪審 júri (m).

きそう 競う competir, desafiar. …と技を〜 competir com … em alguma habilidade.

きそう 起草 redação (f), elaboração (f). 〜する redigir, elaborar. 法案を〜する redigir uma proposta de lei. ♦起草者 redator/ra, elaborador/ra.

きぞう 寄贈 doação (f). 〜する oferecer, doar. 図書館に本を〜する doar um livro à biblioteca. ♦寄贈品 oferta (f).

ぎそう 偽装 camuflagem (f), disfarce (m). 〜する camuflar, disfarçar. 〜した camuflado/da, disfarçado/da. ♦偽装結婚 casamento (m) ⌊fraudulento [de fachada]. 偽装工作 manobras (fpl) de camuflagem. 偽装殺人 assassínio (m) camuflado. 偽装倒産 falência (f) fraudulenta.

ぎぞう 偽造 falsificação (f),《口語》clonagem (f). 小切手の〜 clonagem de cheque. キャッシュカードの〜 clonagem de cartão (m) magnético. 〜する falsificar,《口語》clonar. 貨幣を〜する falsificar [clonar] moeda. 〜された falsificado/da, falso/sa,《口語》clonado/da. ♦偽造貨幣 moeda (f) falsa. 偽造小切手 cheque (m) falsificado [clonado]. 偽造紙幣 nota (f) falsa [clonada]. 偽造パスポート passaporte (m) falsificado.

きそうほんのう 帰巣本能 instinto (m) das aves de voltar ao ninho.

***きそく** 規則 regra (f) [ヘーグラ], regulamento (m) [ヘグラメント]. 〜的な regular, constante. 〜の庭の池にこぼれる水 água (f) que cai regularmente no lago do jardim. 〜を守る respeitar o regulamento. 〜正しい regular, constante. 〜正しい生活を送る levar uma vida organizada. それは〜違反である Isso vai [está] contra o regulamento;［交通］Isso é uma infração. ♦規則動詞 [文法] verbo (m) regular. 交通規則 regras (fpl) [leis (fpl), normas (fpl)] de trânsito.

きぞく 貴族 nobreza (f). 〜的 nobre. ♦独身貴族 pessoa (f) com bom salário que, por ser solteira, pode levar vida de rico.

きぞく 帰属 pertencimento (m). 博物館は地域の住民に〜意識をもたらす Os museus dão à população local noção de pertencimento. 帰属意識 noção (f) de pertencimento.

ぎそく 義足 〘医〙perna (f) mecânica.
きそん 既存 ～の existente. ～の事実 fato (m) (existente).
きそん 毀損 ❶ dano (m) (moral). …の名誉を～する difamar …. ◆名誉毀損 difamação (f). ❷ dano (material), estrago (m). 商品の～ dano causado às mercadorias. ～する estragar, causar danos a, danificar.
*****きた** 北 norte (m) [ノールチ]. ～の setentrional, do norte. ～に ao norte. ～の方に no norte. …の～側に ao norte de …. ～よりの風 vento (m) do norte. ◆北側 lado (m) norte. 北国 regiões (fpl) do norte. 北半球 hemisfério (m) ∟setentrional [do norte]. 北ヨーロッパ Europa (f) ∟Setentrional [do Norte].
ギター violão (m). ～を弾く tocar violão. ◆ギター奏者 violonista, violão.
きたアメリカ 北アメリカ América (f) do Norte. ～の norte-americano/na. ◆北アメリカ大陸 América do Norte, continente (m) norte-americano. ⇨北米.
*****きたい** 期待 espera (f) [エスペーラ], expectativa (f) [エスペキタチーヴァ], esperança (f) [エスペランサ]. …を～する esperar …, ter ∟expectativa [a esperança] de …, contar com …. 彼はその製品がマーケットで非常に売れることを～している Ele tem esperanças de que [Ele espera que] o produto ∟vai conquistar [conquiste] o mercado./Ele espera conquistar o mercado com o produto. 私は新製品の開発を皆さんに～している Espero que desenvolvam novos produtos. そのパーティーに多くのブラジル人が来ることを～している Espero o comparecimento de muitos brasileiros na festa. ～に反する não corresponder às expectativas. ～に反して contra as expectativas. ～が高まる As expectativas crescem. …に～を持たせる dar esperanças a …. …の～にこたえる corresponder às expectativas de …. 選手たちは監督の～にこたえることができなかった Os jogadores não conseguiram atender à expectativa do técnico. チームの成果は～はずれだった O time não ∟rendeu às expectativas [correspondeu às expectativas]. 研究の結果に対する～ expectativas sobre o resultado da pesquisa. ゲームの結果は～どおりになった O resultado do jogo ∟foi como o esperado [correspondeu às expectativas]. 結果は～どおりになりましたか O resultado ficou dentro do que os senhores esperavam?/〘口語〙O resultado saiu do jeito que vocês queriam? ◆期待はずれ decepção (f).
きたい 機体 corpo (m) principal do avião 《sem os motores》, fuselagem (f). ～のデザイン design (m) da fuselagem, desenho (m) do corpo do avião.
きたい 気体 gás (m), corpo (m) gasoso.
ぎたい 擬態 ❶ 〘生〙mimetismo (m). カメレオンの～ mimetismo do camaleão. ❷〔模倣〕imitação (f) (de um animal). ～の mimético/ca. ◆擬態語 mimese (f).
ぎだい 議題 tema (m) de discussão. …を～にする tratar de [discutir sobre] … em conferência. …が～になる ser tema [assunto (m)] de conferência. きょうの会議の～は何ですか Qual é o tema de discussão da reunião de hoje?
きたえる 鍛える 〔金属を〕forjar; 〔心身を〕fortificar, robustecer. 鉄を～ forjar o ferro. 体を～ fortalecer-se fazendo exercícios. スポーツは体を～ O esporte nos deixa fisicamente mais fortes. チームを～ treinar um time.
きたく 帰宅 retorno (m) ao lar. ～する voltar para casa. ～の途中で no caminho (de volta) para casa.
きたけ 着丈 comprimento (m) (da gola à barra) de uma roupa. ～をはかる medir uma roupa da gola à barra.
きだて 気立て disposição (f), caráter (m). 彼女は～のよい人だ Ela é uma pessoa muito amável [simpática].
*****きたない** 汚い ❶ sujo/ja [スージョ/ジャ], imundo/da [イムンド/ダ],《俗》porco/ca [ポールコ/カ]. ～靴 sapatos (mpl) sujos. 字が～ ter letra feia. 汚くなる ficar sujo/ja. 汚くする sujar. ❷〔卑劣な〕vil [ヴィーウ], desonesto/ta [デゾネスト/タ], sujo/ja. 彼は金に～ Ele é um sujo em matéria de dinheiro. ❸〔下品な〕vulgar [ヴウガール]. 言葉遣いが～ falar de uma maneira vulgar.
きたる(べき) 来る(べき) vindouro/ra, que vem, próximo/ma. 役員会はきたる25日に開かれます A reunião dos diretores vai ser realizada no próximo dia vinte e cinco.
きち 基地 base (f). ◆海軍基地 base (f) naval. 空軍基地 base aérea.
きち 機知 espírito (m), humor (m). ～とユーモアに富むことは重要です É importante ter bastante espírito e humor.
きちじつ 吉日 dia (m) de (boa) sorte.
きちょう 貴重 ～な precioso/sa, de valor. ～な助言 conselho (m) de grande valia. ◆貴重品 objetos (m) de valor.
きちょう 機長 comandante (m) (de bordo).
きちょう 記帳 ❶ contabilização (f), registro (m) (no livro de contas). 売り上げを～する lançar o resultado das vendas no livro de contas. ❷ registro (m) (do nome) em um livro. 芳名録に御～ください Por favor, deixe o seu nome no livro de registro. ◆記帳係 guarda-livros (m).
ぎちょう 議長 presidente 《de uma reunião ou assembleia》.
きちょうめん 几帳面 ～な〔仕事に関して〕metódico/ca; 〔身の回りに関して〕ordeiro/ra; 〔時間に〕pontual. ～に cuidadosamente, meticulosamente, metodicamente. うちの父

はとても〜です O meu pai é muito metódico.

きちんと 〔正確に〕devidamente, corretamente, na sua devida forma;〔時間どおりに〕pontualmente. 〜した〔整然とした〕em ordem, direitinho/nha, bem arrumado/da;〔清潔な〕asseado/da, limpo/pa;〔正確な〕pontual, correto/ta, exato/ta;〔規則正しい〕regular;〔完全な〕perfeito/ta. 〜時間どおりに来てください Seja pontual. 家賃を〜払う pagar o aluguel no dia certo. 生徒を〜しつける educar bem os alunos. 〜座る sentar-se direito. 彼女の机の上はいつも〜している A mesa dela está sempre em ordem. 彼はお金のことは〜している Ele é pontual em matéria de pagamento.

きつい 〔窮屈〕apertado/da;〔仕事が〕apertado/da, duro/ra, pesado/da;〔言葉などが〕duro/ra, áspero/ra;〔顔つきが〕severo/ra;〔風が〕forte. きつくする apertar. きつくなる ficar apertado/da. この上着は背中がきつすぎる Este paletó está apertado demais na parte das costas. 今の仕事は〜ですか Está muito pesado o trabalho atual?

きつえん 喫煙 fumo (m). 〜する fumar. ◆喫煙室 sala (f) de fumar. 喫煙者 fumante. 喫煙車 vagão (m) para fumantes. 喫煙所 espaço (m) para fumantes. 受動喫煙者 fumante passivo/va. 非喫煙者 não-fumante.

きづかい 気遣い consideração (f), preocupação (f), atenção (f), solicitude (f). お〜ありがとうございました Obrigado/da pela consideração. どうぞお〜なく Esteja [Fique] à vontade.

きづかう 気遣う preocupar-se com …. 友人の健康を〜 preocupar-se com a saúde do/da amigo/ga. …を気遣って preocupando-se com …, preocupado/da com …. 何も〜ことはありません Não se preocupe com nada.

きっかけ oportunidade (f), ocasião (f),《口語》gancho (m). ブラジル人と友達になる〜がなかなかつかめない Está sendo difícil arranjar uma oportunidade para fazer amizade com brasileiros.

きっかり em ponto. 彼は約束の8時〜に来ました Ele veio às oito horas em ponto, como combinado.

きづかれ 気疲れ fadiga (f) mental, estresse (m). 〜する ficar estressado/da.

キック 【サッカー】chute (m), pontapé (m).
◆キックオフ〔サッカーの試合開始〕pontapé inicial (de uma partida). アウトサイドキック chute com parte externa do pé. インサイドキック chute de condução, chute de chapa. インステップキック chute com peito do pé. オーバーヘッドキック bicicleta (f). コーナーキック escanteio (m). ゴールキック tiro (m) de meta. トウキック chute de bico. ヒールキック chute de calcanhar. 直接 (間接) フリーキック tiro livre direto (indireto). ボレーキック voleio (m).

きづく 気づく perceber, notar.

キックボクシング kick-boxing (m), boxe (m) tailandês.

ぎっくりごし ぎっくり腰 lumbago (m), dor (f) aguda na região lombar. 〜になる ter um lumbago [dores na região lombar].

きつけ 着付け 〔着た様子〕modo (m) de se vestir;〔着ること〕ato (m) de vestir o quimono;〔着せること〕ato (m) de ajudar alguém a se vestir. 花嫁の〜をする vestir uma noiva.

きつけぐすり 気付け薬 medicamento (m) analético [que reanima];〔飲み物〕bebida (f) forte que reanima.

きっさ 喫茶 ato (m) de tomar chá. ◆喫茶店[室] café (m), cafeteria (f), casa (f) de chá.

きっすい 生っ粋 〜の legítimo/ma, autêntico/ca, genuíno/na. 〜のニューヨークっ子 nova-iorquino (m) legítimo [autêntico].

キッチュ 〜な kitsch [キッチ], de mau gosto, brega.

キッチン cozinha (f).

きつつき 啄木鳥 【鳥】pica-pau (m).

きって 切手 selo (m). 封筒に〜を貼る selar o envelope. ◆切手収集 coleção (f) de selos. 郵便切手 selo postal.

きっと ❶〔間違いなく〕sem falta, sem dúvida, com toda a certeza. 彼は〜試験に合格するでしょう Tenho a certeza de que ele vai passar no exame. 〜君を一生愛すると思う Eu sei que eu vou te amar por toda a minha vida. 〜来てね Venha sem falta, sim? ❷〔多分〕provavelmente, talvez. 明日は〜雨でしょう Acho que amanhã vai chover. あの本は読んでない〜すごいと思う Ainda não li aquele livro mas provavelmente é bom.

きつね 狐 【動】raposa (f). 〜色の castanho/nha claro/ra, de cor castanha clara. 〜色に焼く dourar (uma comida). 〜の襟巻き cachecol (m) de pele de raposa. ◆狐色 castanho (m) claro ((cor)).

きっぱり 〜と abertamente, terminantemente, decididamente, claramente, categoricamente. 〜断る recusar categoricamente [definitivamente]. 〜あきらめる renunciar totalmente [decididamente]. 〜と言う dizer claramente [abertamente], falar em tom decidido. 〜とした態度 atitude (f) decidida [categórica].

きっぷ 切符 〔乗り物の〕bilhete (m), passagem (f);〔劇場などの〕ingresso (m), entrada (f). 音楽会の〜を買ってくれましたか Você me comprou a entrada do concerto? ◆切符売り場 bilheteria (f). 往復切符 bilhete de ida e volta. 片道切符 bilhete (só) de ida.

きづまり 気詰まり constrangimento (m). 〜である estar [sentir-se] incomodado/da

[constrangido/da]. 彼といると～だ Quando estou com ele me sinto incomodado/da.
きてい 規定 ❶〔規則〕regulamento (*m*), regras (*fpl*), normas (*fpl*). ～する regulamentar. ～の手続き devidas formalidades (*fpl*). ～どおりの prescrito/ta, devido/da, estipulado/da. ～どおりに devidamente, conforme o regulamento. 概念を～する definir a ideia geral. 上部構造は下部構造によって～される A parte superior da estrutura é determinada pela inferior. ♦規定種目 modalidades (*fpl*) obrigatórias. 交戦規定 regras de conflito [combate]. 服装規定 regras de vestuário. 両罰規定 cláusula (*f*) de extensão da punição ao empregador por culpa *in eligendo* (má escolha do empregado). ❷〔約定〕estipulação (*f*), valoração (*f*). ～する estipular, valorar. ♦規定料金 preço (*m*) [taxa (*f*)] estipulado/da. ❸〔化〕〔溶液濃度の単位〕unidade (*f*) de densidade de uma solução. ♦規定度 normalidade (*f*). 規定溶液 solução (*f*) normal.
ぎてい 義弟 cunhado (*m*) (irmão mais novo do cônjuge ou marido da irmã mais nova).
ぎていしょ 議定書 protocolo (*m*). ～を批准する ratificar o protocolo. ♦京都議定書 Protocolo de Kyoto.
きてき 汽笛 apito (*m*), sirene (*f*) (de navio, locomotiva etc). ～を鳴らす apitar.
きてん 基点 ❶ ponto (*m*) de referência. あの家を～として半径1キロ以内に no raio de um quilômetro em torno daquela casa. ♦方位基点 pontos (*mpl*) cardeais. ❷〔数〕espaço (*m*) pontual, ponto (*m*) de base.
きてん 機転 esperteza (*f*), presença (*f*) de espírito, tato (*m*). 彼は～がきく Ele é vivo [esperto]. 彼は～がきかない Ele não tem ˻presença de espírito [tato]. ～をきかせる agir com tato.
きてん 起点 ponto (*m*) de partida, começo (*m*). …を～とする ter … como ponto de partida, começar em ….
きでん 貴殿 Vossa Senhoria (*f*).
ぎてん 儀典 rito (*m*), regras (*fpl*) de cerimônia.
きと 帰途 volta (*f*) para casa. ～に no caminho de volta. ～につく pôr-se a caminho de casa.
きとう 祈祷 oração (*f*), reza (*f*). ～する rezar, fazer as preces.
きどう 気道〔解〕traqueia (*f*).
きどう 起動 arranque (*m*), ato (*m*) de acionar uma máquina. パソコンを～する ligar o computador, pôr o computador em funcionamento. コンピューターを再～する reiniciar o computador.
きどう 軌道〔天体の〕órbita (*f*); 〔鉄道の〕via (*f*). この計画もようやく～に乗りました Até que enfim este plano entrou nos eixos.

きどうりょく 機動力 força (*f*) motriz.
きとく 危篤 agonia (*f*), perigo (*m*) de morte, estado (*m*) grave de um doente. ～である estar ˻à beira da morte [morrendo, nas últimas]. 彼は～だ Ele está ˻à beira da morte [agonizando]. ♦危篤患者 paciente ˻prestes a morrer [que está morrendo]. 危篤状態 estado (*m*) de moribundo.
きとく 既得 ～の já possuído/da, adquirido/da, investido/da. ♦既得権 direitos (*mpl*) adquiridos [investidos].
きどり 気取り presunção (*f*). 彼は芸術家～だ Ele gosta de se passar por um artista. 彼らは夫婦～だ Eles se portam como se estivessem casados. ～のない sem afetação, natural, franco/ca. ♦気取り屋 presunçoso/sa, afetado/da, artificial.
きどる 気取る afetar-se, ser formal, esnobar. 気取って with afetação. ここではそんなに～必要はありません Não é preciso ser tão formal aqui.
きない 機内 ～で dentro do avião, a bordo da aeronave. ～食はつきますか Será servida comida no avião? ♦機内預け入れ荷物 bagagem (*f*) checada. 機内食 comida (*f*) servida no avião.
きなが 気長 ～な paciente, sem pressa. ～な人 pessoa (*f*) paciente. ～に sem pressa, lentamente, pacientemente. ～に待つ esperar pacientemente.
きなこ 黄な粉 farinha (*f*) de soja adocicada. ♦きなこ餅〔料〕bolinho (*m*) de arroz polvilhado com farinha de soja.
ギニア Guiné (*f*). ～の guineano/na.
ギニアビサウ Guiné-Bissau (*f*). ～の guineense.
きにいる 気に入る gostar de …. 私はそれが気に入った Eu gostei disso aí. 社長は君の実行力がとても気に入ったようです Parece que o/a presidente/ta (da companhia) gostou muito do seu espírito empreendedor. この料理が～といいのですが Espero que goste desta comida.
きにする 気にする inquietar-se com, ficar perturbado com, preocupar-se com …. この程度の傷は気にしないでください Não se preocupe com uma ferida dessas. 彼女はもう少し服装を気にするべきだよ Ela devia se preocupar um pouco mais com o modo de se vestir.
きにゅう 記入 ～する〔記帳〕anotar, escrever, registrar; 〔空欄〕preencher. この用紙にお名前を～してください Coloque o seu nome neste papel. ♦記入例 modelo (*m*) de preenchimento (de formulário).
きぬ 絹 seda (*f*). ～100% seda pura. ♦絹糸 fio (*m*) de seda. 絹織物 tecido (*m*) de seda. 絹ごし豆腐〔料〕queijo (*m*) de soja [tofu (*m*)] filtrado com tecido de seda.
きぬけ 気抜け〔張り合いがなくなること〕apa-

tia (f), desânimo (m);〔炭酸飲料水などの〕desgaseificação (f). ～する ficar apático/ca [desanimado/da], perder a força. このビールは～している Esta cerveja ficou desgaseificada [perdeu o gás, ficou insípida].
ギネスブック Livro (m) Guinness dos Recordes.
*きねん 記念 memória (f)［メモーリア］, lembrança (f)［レンブランサ］;〔祭〕comemoração (f)［コメモラサゥン］. ～する comemorar. ～の comemorativo/va. …の～日 dia (m) (comemorativo) de …, aniversário (m) de …. ♦記念切手 selo (m) comemorativo. 記念写真 foto (f) comemorativa.
ぎねん 疑念 suspeita (f), desconfiança (f), dúvidas (fpl). ～を晴らす acabar com as dúvidas, esclarecer as coisas. …に対して～を抱く ter dúvidas a respeito de …, suspeitar de …,《口語》ficar com a pulga atrás da orelha (a respeito de …).
きねんひ 記念碑 monumento (m), lápide (f), memorial (m). ～の建設 ereção (f) do monumento.
きねんひん 記念品 suvenir (m), *souvenir* (m), lembrança (f), objeto (m) de recordação, memorabilia (f).
*きのう 昨日 ontem［オーンテン］. ～の朝 ontem de [pela] manhã. ～の午後 ontem depois do almoço, ontem de [à, pela] tarde. ～の夕方 ontem de [à, pela] tarde, ontem de [à] tardinha, ontem ao anoitecer. ～の夜 ontem à [de] noite. それは～今日のことではないIsso já tem uma longa história. ～はどうもMuito obrigado/da por ontem.
*きのう 機能 função (f)［フンサゥン］, funcionamento (m)［フンスィオナメント］, faculdade (f)［ファクゥダーヂ］. ～する funcionar, desempenhar sua função, preencher uma função. …の～を果たしている estar servindo [fazendo o papel] de …, estar funcionando como …. ～的な funcional. ～的に funcionalmente. 器官の～ função orgânica. この機械は～を発揮している Esta máquina está funcionando bem. この課はうまく～していない Esta seção não funciona bem. お父さんの心臓はあまりうまく～していないようだ Parece que o coração de meu pai não está funcionando muito bem. ♦機能減退〚医〛hipofunção (f). 機能亢進〚医〛hiperfunção (f). 機能主義 funcionalismo (m). 機能主義者 funcionalista. 機能障害〚医〛impedimento (m) [desordem (f)] funcional, mau funcionamento de um órgão. 機能図 diagrama (m) funcional. 機能低下〚医〛decadência (f) funcional, enfraquecimento de um órgão. 機能不全〚医〛disfunção (f).
きのう 帰納 〚哲〛indução (f). ～する induzir. ♦帰納法 método (m) indutivo.
ぎのう 技能 habilidade (f) técnica. …をする～を持っている ter a habilidade de fazer …, dominar a técnica para fazer …, saber fazer …, saber + 不定詞 (+ infinitivo). ♦技能検定試験 exame (m) oficial de formação profissional. 言語技能 habilidade linguística. 特殊技能 habilidade especial.
きのこ 茸 cogumelo (m). ～狩りをする apanhar cogumelos. ～狩りに行く ir apanhar cogumelos.
きのどく 気の毒 ～な pobre, coitado/da. …を～に思う ter dó de …. お～ですがその品は売り切れました Sinto muito mas esse artigo está esgotado.
きのぼり 木登り ～をする trepar em árvores.
きのみ 木の実 fruto (m), noz (f).
きのみきのまま 着の身着のまま (estado (m) de não ter nada além da) roupa (f) do corpo. ～でその建物から避難する evacuar o prédio com a roupa do corpo.
きのめ 木の芽 broto (m), rebento (m). ♦木の芽時 primavera (f), estação (f) dos rebentos.
きのり 気乗り interesse (m), entusiasmo (m). ～しない返事をする dar uma resposta desanimada [desinteressada]. この旅行計画にはどうも～(が)しない Não estou muito animado/da com esse plano de viagem.
きば 牙 presa (f) (dentição animal);〔象の〕defesa (f)《elefantes》.
きば 騎馬 equitação (f). ♦騎馬隊 cavalaria (f). 騎馬民族 povo (m) nômade que anda a cavalo.
きはく 希薄 ❶ rarefação (f), baixa densidade (f). ～な pouco denso/sa;〔気体が〕rarefeito/ta;〔液体が〕diluído/da. ～にする diluir, rarefazer. 山の空気は～だ O ar das montanhas é rarefeito. ♦希薄化 diluição (f), rarefação (f). 希薄溶液 solução (f) diluída. ❷［乏しい］estado (m) de ter pouco [pouco desenvolvimento]. 彼は危機感が～だ Ele tem pouca noção de crise./Sua noção de crise é pouco desenvolvida.
きはく 気迫 energia (f), determinação (f), espírito (m) de luta. ～に欠ける ter pouca energia.
きはつ 揮発 volatilização (f). ～性の volátil. ♦揮発性 volatilidade (f). 揮発油 benzina (f).
きばつ 奇抜 ～な excêntrico/ca, extravagante. それは少し～なアイディアだと思いませんか Não acha essa ideia um pouco extravagante?
きばむ 黄ばむ tornar-se amarelo/la, amarelecer, amarelar, ficar amarelo/la. 黄ばんだシャツ camisa (f) amarelada (com o tempo). イチョウの木が黄ばみ始めた As nogueiras do Japão começaram a amarelar.
きばらし 気晴らし distração (f), recreação (f), passatempo (m). ～をする distrair-se, espairecer-se. ～にゴルフをする praticar golfe

para se espairecer. ～に一杯どうですか Não quer tomar um gole para se distrair um pouco?

きばる 気張る ❶〔奮発する〕ser pródigo/ga, ser generoso/sa. チップを～ ser pródigo/ga na gorjeta. ❷〔張り切る〕esforçar-se.

きはん 規範 ❶〔規準〕norma (f), regra (f). ～を遵守する seguir [observar, cumprir] as regras. ～を定める definir [determinar] as regras. 日本人の～意識が希薄化している A noção de obediência às regras dos japoneses vem [está] desaparecendo. ♦ 行動規範 regras de comportamento. 社員規範 normas dos funcionários, regras de pessoal. 社会規範〔社〕norma social. ❷〔模範〕exemplo (m), modelo (m), critério (m). ♦ 漢字字体規範 modelo de letras chinesas.

きばん 基盤 base (f); fundamento (m). その党の支持～ base eleitoral do partido.

きはんじこう 既判事項 【法】coisa (f) julgada.

きはんりょく 既判力 【法】autoridade (f) da coisa julgada. ～ある判決 sentença (f) transitada em julgado. ～を生ずる transitar em julgado.

きびき 忌引き falta (f) por luto. ～休暇を取る faltar ao trabalho ⌊por motivo de luto [devido a falecimento na família].

きびきび ～した vivo/va, ativo/va. ～と vivazmente, ativamente. ～した動作 movimento (m) vivo [ágil, ativo]. ～した文章 estilo (m) literário vivo [incisivo]. ～と働く trabalhar ativamente.

*****きびしい 厳しい** rigoroso/sa [ヒゴローソ/ザ], rígido/da [ヒージド/ダ], severo/ra [セヴェーロ/ラ], duro/ra [ドゥーロ/ラ]. 子供に～ ser severo/ra com os filhos. ～規律 disciplina (f) rigorosa. ～現実 dura realidade (f). ～寒さ frio (m) rigoroso. ～暑さ calor (m) intenso. 厳しく severamente. …に対して厳しくする ser duro/ra [severo/ra] com …. もし就業規則に違反したら厳しく注意されるだろう Se você não respeitar as normas de trabalho, você vai ser severamente advertido/da. 自分に厳しすぎる ser severo/ra demais consigo mesmo/ma.

きひん 気品 distinção (f), fineza (f), classe (f). ～のある distinto/ta, fino/na, elegante.

きびん 機敏 agudeza (f), agilidade (f), prontidão (f), presença (f) de espírito. ～な ágil, rápido/da, que tem presença de espírito. ～に rapidamente, prontamente, com agilidade e tato. 仕事を～にやりなさい Faça o serviço com agilidade e tato.

きふ 寄付 contribuição (f), doação (f). ～をする contribuir, doar. この救済基金にご～を願います Por favor, contribua para este fundo de socorro. ～金を募る recolher donativos, angariar fundos. ♦ 寄付金 doação (f), donativo (m).

ぎふ 義父〔継父〕padrasto (m);〔養父〕pai (m) adotivo;〔しゅうと〕sogro (m).

ギブアップ abandono (m), desistência (f). ～する abandonar, desistir.

ギブアンドテーク troca (f) de favores. それは～だ Isso é "toma lá dá cá".

きふく 起伏 ❶〔地形の〕relevo (m), ondulação (f). ～の多い地形 terreno (m) ⌊muito acidentado [com muito relevo]. ❷〔人生などの〕altos (mpl) e baixos (mpl). ～の多い生涯 uma vida atribulada [agitada, conturbada]. ⌊[bre].

きふじん 貴婦人 senhora (f) distinta [no-↑

ギプス gesso (m). 脚に～をはめる engessar a perna, pôr gesso na perna.

きぶつ 器物 recipiente (m), utensílio (m), (peça (f) de) mobília (f). ♦ 器物損壊〔破損〕danificação (f) de objetos.

ギフト presente (m). ♦ ギフトカード cartão (m) de presente. ギフトショップ loja (f) de presentes.

きふるす 着古す vestir uma roupa até ela se gastar [surrar, desbotar]. 着古したドレス vestido (m) surrado.

キプロス Chipre. ～の cipriota.

きぶん 気分 estado (m) de ânimo, disposição (f) do espírito. …する～になる ficar [estar] ⌊com vontade [a fim (de (+不定詞)《+infinitivo》. こんな単純なミスをして泣きたい～です Estou com vontade de chorar por ter cometido um erro tão elementar. ～がよい sentir-se bem, estar disposto/ta; estar de bom humor. ～が悪い〔体が〕sentir-se mal, estar indisposto/ta;〔精神が〕estar de mau humor, estar em baixo astral. ～転換をする espairecer-se. ♦ 気分屋 temperamental.

きべん 詭弁 sofisma (m). ～を弄(ﾛｳ)する usar sofismas, sofismar. ♦ 詭弁家 sofista.

きぼ 規模 escala (f), dimensão (f), envergadura (f). 大～に em grande escala. 大～な工事 obra (f) de grande envergadura. 業務の～を広げる estender o campo de atividades.

ぎぼ 義母〔継母〕madrasta (f);〔養母〕mãe (f) adotiva;〔しゅうとめ〕sogra (f).

きほう 気泡 bolha (f) de ar, borbulha (f), espuma (f). ～を発する borbulhar, efervescer.

*****きぼう 希望** esperança (f) [エスペランサ], expectativa (f) [エスペキタチーヴァ], desejo (m) [デゼージョ]. ～する desejar, esperar. ～に燃えている estar ⌊cheio/cheia de esperanças [esperançoso/sa]. ～を失う perder as esperanças. …の～どおりに conforme ⌊o desejo [as expectativas] de …; como … queria. …の～に反して contra ⌊o desejo [as expectativas] de …. ご～をかなえてあげたいのですが... Gostaria de satisfazer o seu desejo, mas ….

あなたの~する職種は何ですか Que tipo de serviço você gostaria de fazer? ~する会社に入れるとよろしいですね Seria bom se você conseguisse entrar na companhia ⌊desejada [que você quer], não? やっと~がかないました Enfim o meu desejo se realizou. あなたの言ったことで~がわきました Suas palavras me deram esperança. ~としてはもっと早く会社に来て欲しいですね《婉曲》Gostaria que viesse mais cedo à companhia, se fosse possível. ♦希望校 escola (f) em que se deseja entrar. 希望者 candidato/ta. メーカー希望価格 preço (m) sugerido pela fábrica.

ぎほう 技法 técnica (f) (artística), método (m), arte (f).

きぼり 木彫り talha (f), escultura (f) em madeira. ~の鳥 pássaro (m) de madeira.

*きほん 基本 base (f) [バース1], fundamento (m) [フンダメント]. ~からやり直す recomeçar do começo. 日本語の~ができていない não ter base em japonês. ~的 básico/ca, fundamental. ~的に basicamente, fundamentalmente. ♦基本給 salário-base (m). 基本的人権 direitos (mpl) fundamentais do homem.

ぎまい 義妹 cunhada (f) (irmã mais nova do cônjuge).

きまえ 気前 ~のよさ generosidade (f), prodigalidade (f). ~がいい ser generoso/sa, ser pródigo/ga, ser desprendido/da. ~のいいところを見せる mostrar-se generoso/sa, desfazer-se em prodigalidades.

きまぐれ 気まぐれ capricho (m), inconstância (f). ~に arbitrariamente, caprichosamente, sem critério. ~な天気だ O tempo está bem variável. そんな~は社会では通用しない Um capricho desses não passa numa vida social.

きまじめ 生真面目 ~な muito sério/ria, conscencioso/sa, escrupuloso/sa.

きまずい 気まずい 〔人が〕constrangido/da, embaraçado/da; 〔状況が〕desagradável, desconfortável. ~関係 relação (f) ruim. ~沈黙 silêncio (m) embaraçoso [desconfortável]. 気まずそうに com embaraço. ~思いをする ficar ⌊sem graça [constrangido/da, embaraçado/da]. 気まずく別れる ter uma separação em clima ruim. 彼とは~関係になってしまった As relações entre mim e ele se esfriaram. ~ときににこにこする民族がいる Há povos (mpl) que sorriem em situações embaraçosas [desagradáveis].

きまつ 期末 fim (m) de termo, fim (m) de período. ♦期末残高 saldo (m) [balanço] ao fim do período. 期末試験 prova (f) de fim de período.

きまま 気まま capricho (m). ~にふるまう agir caprichosamente. ~である ser de lua.

きまり 決まり 〔規則〕regra (f); 〔習慣〕costume (m), hábito (m). ~悪い estar sem graça. ~悪くなる ficar ⌊constrangido/da [embaraçado/da, sem graça], ficar desconcertado/da; 《俗》perder o rebolado. 私はあの人の前に出るといつも~悪い Eu sempre fico desconcertado/da diante dele. それは会社の~だから仕方がない Não podemos fazer nada, pois ⌊esse é o regulamento [essa é a regra] da companhia.

きまりきった 決まりきった ❶ fixo/xa, determinado/da, de praxe. ~挨拶 saudação (f) de praxe. ❷ 〔当然の〕evidente, natural. あの先生は~ことばかり言っている Aquele professor só diz coisas ⌊já sabidas [evidentes, óbvias]. ❸ 〔単調な〕regular, monótono/na, rotineiro/ra. ~生活 vida (f) monótona [rotineira]. 日常の~事柄 rotina (f) do dia-a-dia.

きまりもんく 決まり文句 chavão (m), clichê (m), frase (f) feita.

*きまる 決まる ❶ 〔決定される〕fixar-se [フィキサール スィ], determinar-se [デテルミナール スィ], ficar [estar] decidido/da, decidir-se [デスィディール スィ], definir-se [デフィニール スィ], optar por, ficar determinado/da, ter (lugar ou data) previsto/ta. 私の出発日はまだ決まっていない Ainda não ⌊está decidido [se decidiu] o dia da minha partida. その仕事はまだ着手の日時が決まっていない Esse serviço ainda não tem data prevista para se começar. 夏休みは山に(行くことに)決まりました Decidiu-se que vamos às montanhas, nas férias de verão./Optamos pelas montanhas para as férias de verão. ❷ 〔確実である〕ser lógico [óbvio]. そうするに決まっているでしょう Lógico que eu vou fazer isso, não é? ❸ 〔服装が改まって整っている〕ficar elegante. それを着ると~よ Com essa roupa, você fica elegante, viu?

ぎまん 欺瞞 fraude (f), golpe (m), falcatrua (f), armação (f), esquema (m). ~的 な fraudulento/ta. ~的な人 pessoa (f) astuta. 国民を~する政治 política (f) que ilude o povo. ♦自己欺瞞 ato (m) de ⌊enganar-se a si mesmo [iludir-se].

きみ 君 você. ~の seu/sua, seus/suas. ~を o/a. ~に lhe. ~のもの o seu/a sua, os seus/as suas. ~自身 você mesmo/ma. 《Esse tratamento só é usado para inferiores, amigos ou namorada》.

きみ 気味 sensação (f). あの彫像は何となく~が悪い Aquela estátua, não sei porquê, dá uma sensação ruim.

きみ 黄身 gema (f) (do ovo).

-ぎみ -気味 ❶ ligeiramente, um tanto, um pouco. 今日は遅れ~なので失礼します Com licença, já preciso ir indo porque hoje estou ⌊um pouco [ligeiramente] atrasado/da. ❷ com tendência a, com sintomas de. 物価は上がり~だ Os preços tendem a subir. この時計はちょっと遅れ~だ Este relógio tende a atrasar um pouco. 今日は風邪～なのです Hoje estou com sintomas de resfriado.

きみがよ 君が代 hino (m) nacional do Japão.

きみじか 気短 ～な impaciente, irritável, precipitado/da;《俗》de pavio curto.

きみつ 機密 segredo (m), sigilo (m), confidência (f), informação (f) secreta. ～を守る guardar segredo, proteger o sigilo. ～を漏らす revelar um segredo, quebrar o sigilo. ♦機密事項 informação (f) confidencial.

きみどり 黄緑 verde (m) limão, limão (m), cor (f) verde-amarelada [amarelo-esverdeada]. ～のシャツ camisa (f) de cor limão.

きみょう 奇妙 ～な estranho/nha, extravagante, excêntrico/ca, curioso/sa, raro/ra. ～な動物 animal estranho [esquisito, raro]. ～な人 pessoa estranha [esquisita]. ～な話 conversa [história] estranha [curiosa, esquisita]. ～なことに今年雪が降らなかった Estranhamente, não nevou este ano.

*__ぎむ 義務__ obrigação (f) [オブリガサォン], dever (m) [デヴェール]. ～を課す impor uma obrigação a …. 生徒たちに時間厳守を～づける Obrigar os alunos a respeitar rigorosamente o horário. ～を怠る faltar ao dever. ～の～を負う adquirir a obrigação de …, ficar encarregado/da de …. 私たちは～を果たさなければならない Nós temos que cumprir a obrigação. シートベルト使用の～づけ obrigatoriedade (f) do uso de cinto de segurança. ♦義務感 sentido (m) de dever. 義務教育 ensino (m) obrigatório. 義務づけ obrigatoriedade, exigência (f), imposição (f). 守秘義務 sigilo (m) profissional.

きむずかしい 気難しい exigente, difícil de contentar. あの老人は～人ですか Aquele/la senhor/ra idoso/sa é muito exigente [《口語》enjoado/da]?

きめ 木目 ❶ fibra (f) das plantas. ❷ textura (f). ～の細かい肌 pele (f) fina. ～の細かいサービスで観光客を引きつける atrair os turistas com um atendimento atencioso.

きめい 記名 assinatura (f). 無～の sem nome. ♦記名小切手 cheque (m) nominal. 記名債権 título (m) de crédito nominativo. 記名証券 título nominativo. 記名投票 voto (m) nominal. 無記名投票 voto secreto.

ぎめい 偽名 nome (m) falso.

きめつける 決めつける decidir [julgar] unilateralmente; repreender [decidir algo, culpar alguém] sem ouvir razões [opiniões]. 彼は私を犯人と～ Ele me culpa de ser o criminoso, sem mais nem menos.

きめて 決め手 fator (m) decisivo, chave (f). これが成功への～だ Esta é a chave para o sucesso. それが殺人犯を見つける～となった Essa foi a chave para se descobrir o assassino.

*__きめる 決める__ ❶ [決定する] decidir [デスィディール], determinar [デテルミナール], definir [デフィニール], fixar [フィキサール]. インタビューの日時を～ agendar uma entrevista, decidir o dia e a hora da entrevista. 次の会合の日と場所を決めてください Favor fixar a data e o local da próxima reunião. その製品の売り出し日を早く決めましょう Vamos definir logo o dia do lançamento desse produto. ❷ [決心する] resolver [ヘゾウヴェール]. 私は彼と結婚すると決めた Eu resolvi casar com ele. ❸ [選ぶ] escolher [エスコリェール], nomear [ノミアール]. 課長を～ escolher o chefe do departamento. ❹ [約束する] combinar [コンビナール], optar por. それは電話で決めましょうね Vamos combinar isso por telefone, sim? ❺ […する習慣がある] decidir ter o costume de. 私は毎朝散歩することに決めている Tenho o costume de ˪passear [dar uma caminhada] todas as manhãs.

きも 肝 ❶ [肝臓] fígado (m). ❷ entranhas (fpl). 魚の～ tripas (fpl) de peixe. ♦砂肝 moela (f) (de galinha etc). ❸ [度胸] coragem (f), bravura (f), garra (f). ～試しに como prova (f) de valentia. 彼は～が太い Ele é audaz [corajoso]. ～が小さい人 uma pessoa tacanha [medrosa, covarde]. あの人は～がすわっている Ele ˪é firme [não perde a razão à-toa]. ❹ alma (f), espírito (m). ～をつぶす ficar atônito/ta [estupefato/ta]. ～を冷やす espantar-se, horrorizar-se. ～に銘じる gravar [guardar] algo na memória (para nunca mais repetir o erro).

*__きもち 気持ち__ ❶ sensação (f) [センササォン], ânimo (m) [アーニモ]. ～いい agradável, gostoso/sa. ～悪い desagradável, nojento/ta. 変な～がする Está dando uma sensação estranha. グループは～を一つにした O grupo se sintonizou muito bem. ❷ humor (m) [ウモール], estado (m) de espírito. ～のいい人 pessoa (f) ˪de bom humor [bem disposta]. 彼はこの仕事を～よくやってくれた Ele fez este serviço de boa vontade. ❸ sentimento (m) [センチメント]. 彼の～になって考えてください Pense em como ele se sente./Ponha-se no lugar dele. 田中さんのお～はよくわかりますが… Eu entendo muito bem o que sente o senhor Tanaka, mas …. ❹ [けんそんして] gratidão (f) [グラチドォン], intenção (f) [インテンサォン]. ほんの～です (Este presente) é apenas para demonstrar minha gratidão./É um pequeno presente em sinal de agradecimento. ❺ [ほんの少し] um pouco. 課長は～だけ給料を上げてくれた O chefe aumentou meu salário ˪só um pouco./Recebi um aumento (de salário) simbólico.

きもの 着物 [和服] quimono (m); [衣服] roupa (f). ～を着る vestir quimono; vestir uma roupa. ～を着ている estar vestido/da de quimono; estar vestido/da. ～を脱ぐ tirar o quimono; tirar a roupa. ～を着替える trocar de roupa.

ぎもん　疑問 ❶ dúvida (f). 説明に対して～がある ter dúvidas a respeito do que foi explicado. ～を呈する expressar as suas dúvidas, mostrar-se intrigado/da. ～を解く tirar ⌊dúvidas [uma dúvida], esclarecer as dúvidas. …を～に思う[…に～を感じる] ter dúvidas em relação a …. 彼が成功するかどうかは～です Não se sabe se ele vai alcançar êxito ou não. ♦ 疑問点 pontos (mpl) duvidosos. ❷ 〔疑い〕suspeita (f). ～を晴らす esclarecer as dúvidas, desfazer as suspeitas, explicar-se. …に対して～を抱く ficar com [ter] suspeitas a respeito de …. ❸ 『文法』interrogação (f). ♦ 疑問詞 interrogativo (m). 疑問代名詞 pronome (m) interrogativo. 疑問符 ponto (m) de interrogação. 疑問文 frase (f) interrogativa.

きやく　規約 acordo (m), estatuto (m), código (m). ♦ 利用規約 contrato (m) de uso, licença (f) de uso.

きゃく　客 ❶ 〔訪問客〕visita (f), visitante. お～様がお見えです Chegou uma visita. ❷ 〔顧客〕cliente, freguês/guesa; 〔集合的〕clientela (f). ♦ お客様サービスセンター Central de Atendimento ao Cliente. ❸ 〔招待客〕convidado/da, conviva. 豪華な食事が～に出された Foi servida uma lauta refeição aos convidados. ～をもてなす receber os convidados com muita hospitalidade, acolher [tratar] os convivas com cordialidade. ❹ 〔乗客〕passageiro/ra. ❺ 〔観客〕espectador/ra; 〔集合的〕público (m).

*__ぎゃく　逆__ o contrário (m) [オ コントラーリオ]. ～の contrário/ria. …を～にする virar … do [ao] contrário. あなたは～方向に来てしまいました Você veio na direção oposta. その機械のハンドルを～に回してください Vire a manivela dessa máquina ao contrário.

ギャグ piada (f). 講演の途中で～を入れる fazer piadas no meio da conferência.

きゃくあし　客足 clientela (f). この店には～が多い Esta loja tem uma boa clientela. この店は～が遠のいてしまった Esta loja perdeu a clientela.

ぎゃくこうか　逆効果 efeito (m) contrário [oposto]. ～の contraproducente. 部下を褒めすぎるのは～になる Elogiar demais os subordinados é contraproducente [tem efeito contrário do que se pretende].

ぎゃくさつ　虐殺 massacre (m), carnificina (f), assassinato (m) cruel. 敵の人種を～する assassinar cruelmente a raça inimiga. ♦ 虐殺者 assassino/na cruel.

ぎゃくさん　逆算 cálculo (m) inverso. ～する fazer o cálculo inverso. 在庫から～すると利益は約1000万円になる Se fizermos o cálculo inverso a partir do estoque, teremos um lucro de dez milhões de ienes.

きゃくしつ　客室 quarto (m) de hóspedes (de um hotel etc).

きゃくしゃ　客車 vagão (m) de passageiros.

ぎゃくしゅう　逆襲 contra-ataque (m), contra-ofensiva (f). ～する 『軍』contra-atacar, atacar em revide, fazer contra-ataque; 〔論争〕contestar, responder a … contestando.

ぎゃくじょう　逆上 frenesi (m), fúria (f). ～する subir o sangue à cabeça; perder a cabeça; ficar furioso/sa. 父は彼のことばを聞いて～した Meu pai ⌊perdeu a cabeça [ficou furioso] ao ouvir o que ele disse.

きゃくしょうばい　客商売 ramo (m) comercial dos serviços (como indústria hoteleira, restaurantes, espetáculos e diversões); lojas (fpl) em geral.

きゃくしょく　脚色 adaptação (f), 『劇』dramatização (f). ～する adaptar, dramatizar. ♦ 脚色者 adaptador/ra, dramaturgo/ga.

きゃくせき　客席 〔乗り物〕assento (m) do passageiro./〔劇場などで〕assistência (f), audiência (f).

ぎゃくせつ　逆接 『文法』relação (f) de duas frases ligadas por conjunção coordenativa adversativa.

ぎゃくせつ　逆説 paradoxo (m). ～的な paradoxal. ～的に paradoxalmente. ～的な言い方ですけど… O que eu vou dizer parece paradoxal, mas ….

きゃくせん　客船 navio (m) de passageiros.

ぎゃくたい　虐待 maus-tratos (mpl), judiação (f); tortura (f). ～する maltratar, judiar de. ♦ 児童生徒虐待 maus-tratos em [contra] alunos. 幼児虐待 abuso (m) infantil.

きゃくちゅう　脚注 nota (f) (de rodapé). ～をつける colocar [pôr] uma nota (de rodapé).

ぎゃくてん　逆転 inversão (f), reviravolta (f). 事態を～させる inverter a situação, 《口語》virar a mesa, virar o negócio, dar a volta por cima (da situação). ～勝利を収める vencer ⌊invertendo a situação [virando a mesa]. 形勢が～した Inverteu-se a situação. 赤字が～した Inverteu-se o déficit. ♦ 逆転装置 (dispositivo) inversor (m).

きゃくぶ　脚部 『解』perna (f).

きやくぶんすう　既約分数 『数』fração (f) irredutível.

きゃくほん　脚本 ❶ 『劇』peça (f) teatral. ❷ 『映』roteiro (m). ♦ 脚本家 『劇』dramaturgo/ga; 『映』roteirista.

きゃくま　客間 sala (f) de visitas.

ぎゃくもどり　逆戻り ❶ volta (f). ❷ recuo (m), volta (f), retrocesso (m). ～する **1)** voltar, vir de novo. 寒さが～した O frio ⌊voltou [《口語》veio de novo]. **2)** recuar, voltar, retroceder. 教育を古くさいやり方に～させる retroceder o ensino às formas antiquadas.

ぎゃくりゅう　逆流 refluxo (m). 血の～ refluxo sanguíneo. 胃の〜 refluxo estomacal.

ギャザー franzido (m). スカートに〜を寄せる franzir a saia.

きゃしゃ 華奢 〜な fino/na; delicado/da, frágil. 〜な体つきをした女性 uma mulher que tem o corpo delicado. この机は〜にできている Esta mesa é frágil.

きやすい 気安い descontraído/da, sem cerimônia, sem reservas, tranquilo/la. 〜お店 loja (f) descontraída [despojada]. 気安く descontraidamente, sem reservas. 彼になら気安く相談できる Com ele posso me consultar tranquilamente. 気安く私に話しかけないで Não se dirija a mim com tanta intimidade./Tenha mais respeito ao falar comigo.

キャスター ❶〚人〛〚ラジオ・テレビ〛locutor/ra. ❷〚家具の〛rodízio (m) (rodinha (f) fixa aos pés de móveis para que possam ser movidos facilmente).

キャスティング ❶〚映・劇〛elenco (m), distribuição (f) de papéis de uma peça. ❷〚釣り〛ato (m) de preparar o anzol e a vara para a pesca.

キャスト 〚映・劇〛elenco (m), distribuição (f) de papéis de uma peça ou filme; ator/atriz que figura no elenco. ♦ミスキャスト escolha (f) infeliz de um/uma ator/atriz no elenco de uma peça ou filme.

きやすめ 気休め consolo (m), conforto (m). 〜を言わないでください Não tente me consolar. それは〜に過ぎない Isso não passa de uma tentativa de consolo.

きゃっか 却下 rejeição (f). 〜する rejeitar, repelir.

きゃっかん 客観 〜的な objetivo/va, imparcial. 〜的に objetivamente, imparcialmente. 〜化する objetivar. 物事を〜的に見る ver as coisas objetivamente [com objetividade]. ♦客観化 objetivação (f). 客観性 objetividade (f), imparcialidade (f).

ぎゃっきょう 逆境 adversidade (f), infortúnio (m), desgraça (f). 〜にある estar passando por ⌊dificuldades [uma situação difícil]. 〜に陥る cair na desgraça. 〜と戦う lutar contra as adversidades. 〜にめげず sem se render a adversidades, 《口語》dando a volta por cima da desgraça.

ぎゃっこう 逆光 contra-luz (m). 〜で a contra-luz.

キャッシュ ❶〚現金〛dinheiro (m) vivo. ❷〚小切手や手形などの現金化〛troca (f) em dinheiro vivo (de cheques, promissória etc). ♦キャッシュカード cartão (m) magnético (de caixa (m) eletrônico). キャッシュレス pagamento (m) com cheque ou cartão de crédito.

キャッシング ❶〚現金化〛troca (f) em dinheiro. ❷〚現金を貸しだすこと〛empréstimo (m) em dinheiro. ♦キャッシングサービス〚消費者金融の一つ〛companhia (f) de concessão de crédito;〚クレジットカード会社その他が会員に一定限度の現金を融資すること〛concessão (f) de empréstimo em dinheiro pela companhia de crédito ou de seguro (de vida, contra acidente etc) dentro de um limite estipulado.

キャッチ ❶ ato (m) de pegar, captura (f). ❷〚電話〛botão (m) de chamada de espera, botão *flash* (=キャッチホン). 〜で取りましたので折り返しお電話いたします Como eu estou numa ligação (na primeira linha), dou-lhe o retorno logo em seguida.

キャッチセールス ato (m) de vender em locais movimentados (artigos ou cartão de identidade de associados etc).

キャッチフレーズ frase (f) chamativa de propaganda, lema (m), *slogan* (m) publicitário.

キャッチャー 〚野球〛receptor/ra, apanhador/ra.

キャップ 〚ふた〛tampa (f);〚帽子〛boné (m).

ギャップ abismo (m), discrepância (f), lacuna (f), brecha (f). ブラジル人と日本人の価値観の間には〜があった Via-se [Havia] um abismo entre os valores brasileiros e os japoneses. ♦ジェネレーションギャップ diferença (f) de gerações.

キャディー 〚ゴルフ〛*caddie*.

キャパシティー ❶〚容量, 許容量〛capacidade (f). ❷〚収容人員〛espaço (m) para ocupação, capacidade (f). ❸〚受容力〛tolerância (f), generosidade (f).

キャバレー cabaré (m), boate (f).

キャビア caviar (m).

キャビネット ❶〚整理棚〛estante (f). ❷〚電〛gabinete (m). マイクロコンピューターの〜 gabinete de micro.

キャプション legenda (f) de fotografias ou gráficos (em jornais, revistas etc).

キャプテン ❶ capitão/tã. ❷〚スポーツ〛capitão/tã do time. ♦キャプテンマーク faixa (f) de capitão/tã.

キャブレター carburador (m).

キャベツ repolho (m).

キャミソール combinação (f).

ギャラ cachê (m).

キャラクター ❶ personagem (de romance, teatro, mangá etc). ♦キャラクター商品 artigos (mpl) com desenhos de personagens de mangá da moda. ❷〚文字, 記号〛caracteres (mpl).

キャラバン caravana (f).

キャラメル caramelo (m).

ギャラリー galeria (f). ♦アートギャラリー galeria de arte.

キャリア ❶ carreira (f). 〜を積む fazer carreira. ♦キャリアウーマン mulher (f) profissional, profissional (f). ❷ funcionário/ria público/ca que passou no exame nacional de ingresso ao funcionalismo. ♦ノンキャリア funcionário/ria de instituições públicas sem aprovação no exame nacional.

キャリートレード 〖経〗*carry trade* (m) 《operação (f) do mercado de câmbio que lucra com a diferença entre as taxas de juros de diferentes países, isto é, com a compra da moeda de país que cobra juros baixos e sua aplicação em país que fornece juros altos》.

ギャル ❶〔若い女〕garota (f). ❷〔ギャル系〕garota que usa maquiagem e vestimentas chamativas e incomuns.

ギャング quadrilha (f), bando (m) de ladrões armados.

キャンセル cancelamento (m). ～する cancelar. 乗車券（入場券）を～する cancelar uma passagem (entrada). 予約を～する cancelar uma reserva. この航空券の～リミットはいつですか Qual é o prazo para se cancelar esta passagem?/Até quando se pode cancelar esta passagem? ～待ちである estar na lista de espera. ～待ちになりますが... Vai ter que ficar na lista de espera .... ♦キャンセルリミット limite (m) [prazo (m)] de cancelamento.

キャンデー bala (f) 《guloseima》.

キャンドル vela (f).

キャンドルサービス ❶〖宗〗procissão (f) de velas. ❷〔結婚披露宴で〕evento (m) em festa de casamento japonês em que os noivos acendem as velas de todas as mesas dos convidados.

キャンバス ❶〔画布〕tela (f) (de pintura). ❷〔麻の布〕lona (f) (impermeável), pano (m) de estopa, encerado (m). ～のテント barraca (f) [tenda (f), bivaque (m)] de lona. ❸〔野球〕primeira, segunda e terceira bases (fpl).

キャンパス *campus* (m) (universitário, da faculdade). ♦キャンパスビジネス comércio (m) realizado pelos estudantes dentro e fora da escola.

キャンピングカー carro-reboque (m) de campismo.

キャンプ ❶〔小屋〕tenda (f). ❷〔野営〕acampamento (m). ❸〔登山隊の基地〕base (f) de acampamento dos alpinistas. ～する acampar. ♦キャンプ場 parque (m) de acampamento. キャンプファイアー fogueira (f) de acampamento. ❹〖スポーツ〗〔野球やボクシングなどの合宿練習〕concentração (f).

ギャンブル jogo (m), aposta (f). ～は好きですか Gosta de jogos de azar?

キャンペーン ❶〔選挙の〕campanha (f) (eleitoral). ❷〔商品の〕campanha publicitária. ～を繰り広げる desenvolver uma campanha. ♦キャンペーンガール garota (f) de campanha. キャンペーンセール campanha de venda.

きゆう 杞憂 medo (m) [temor (m)] imaginário, inquietude (f) infundada, ansiedade (f) [preocupação (f)] desnecessária. 彼の恐怖は～にすぎすぎない O medo dele não passa de sua imaginação [é infundado].

きゅう 九 nove (m). 第～の, ～番目の nono/na. ～倍 nove vezes (fpl). ～分の一 um nono.

*****きゅう** 急 ❶〔危急〕perigo (m) [ペリーゴ], situação (f) alarmante. ❷〔危機〕crise (f) [クリーズィ], situação (f) crítica. ❸〔緊急〕emergência (f) [エメルジェンスィア]. ～に備える preparar-se para uma emergência. ～な 1)〔坂など〕escarpado/da, abrupto/ta. ～な坂 uma ladeira íngreme. ～なカーブ curva (f) acentuada [perigosa]. 2)〔流れが〕rápido/da. 3)〔急ぎの〕urgente, 〔突然の〕repentino/na. 車に～ブレーキを掛ける frear o carro bruscamente. 彼は昨日～な用事で大阪に出張した Ele viajou a trabalho ontem para Osaka para resolver um assunto urgente. ～に de repente, repentinamente, 《口語》de supetão.

きゅう 旧 ～の antigo/ga. ♦旧ソ連 antiga União (f) Soviética.

きゅう 球 globo (m), esfera (f), bola (f). ～状の esférico/ca.

きゅう 級 〔学年〕ano (m) (escolar);〔等級〕classe (f), categoria (f).

きゅう 灸 〖医〗moxa (f). ～をすえる aplicar a moxa, fazer moxabustão. ❷《比》castigo (m). そんなことをしたら～をすえるぞ Olha que se você fizer isso vou te dar um castigo.

キュー ❶〔ビリヤードで〕taco (m) de bilhar. ❷〔放送で〕aceno (m), sinal (m). ～を出す dar o sinal.

きゅういん 吸引 absorção (f), sucção (f). ～する absorver. このコードレスクリーナーは～力が強い Esta aspiradora portátil sem fio tem um alto poder de sucção. ♦吸引力 poder (m) de sucção.

きゅうえん 休演 〖劇〗suspensão (f) da apresentação.

きゅうえん 救援 salvação (f), socorro (m). ～する socorrer. ～物資が送られた Enviaram-se suprimentos. ♦救援隊 tropa (f) de resgate. 救援物資 suprimentos (mpl).

きゅうか 休暇 férias (fpl). …に～を与える dar férias a …. ～を取る tirar férias. ～中である estar de férias. ～中に durante as férias. ～で出かける sair de férias. 有給～をとりたいのですが Queria tirar férias remuneradas. 私の会社は夏には 7 日間の～があります Na minha companhia, damos [temos] férias de sete dias no verão. ♦出産休暇［母親の］licença-maternidade (f); ［父親の］licença-paternidade (f). 病気休暇 licença (f) de saúde.

きゅうかい 球界 mundo (m) do beisebol.

きゅうかく 嗅覚 ❶ olfato (m). ♦嗅覚神経

nervo (m) olfativo. ❷〔動物の〕faro (m). 豚は犬よりも十倍〜が鋭い O porco tem um faro dez vezes mais desenvolvido que o cachorro.

きゅうがく 休学 interrupção (f) dos estudos, trancamento (m) de matrícula. 〜する trancar a matrícula.

きゅうかざん 休火山 vulcão (m) inativo.

きゅうかん 休刊 suspensão (f) da publicação. 〜する suspender a publicação. 今日は夕刊が〜になった Hoje a (publicação da) edição da tarde foi suspensa.

きゅうかん 休館 feriado (m) (de museu, biblioteca etc). 月曜日〜《掲示》Fechado às Segundas-feiras.

きゅうかん 急患 (paciente de) caso (m) urgente [de emergência]. 〜です, 救急車をお願いします Por favor, mande-nos uma ambulância, que é um caso de emergência.

きゅうかんちょう 九官鳥 〚鳥〛mainá (m).

きゅうき 吸気 inspiração (f), inalação (f) de ar.

きゅうぎ 球技 jogo (m) de bola.

きゅうきゅう 救急 urgência (f). 患者を〜搬送する levar [transportar] um paciente com urgência na ambulância. 家にはいつも〜箱を置いておきましょう Tenha [Deixe] sempre em casa um *kit* de primeiros socorros.

> ♦救急患者 paciente de urgência. 救急救命士 profissional habilitado/da a dar os [fazer uso dos] primeiros socorros (ao paciente de urgência). 救急車 ambulância (f). 救急箱 primeiros socorros (mpl). 救急箱 *kit* (m) [estojo (m)] de primeiros socorros. 救急搬送 transporte (m) [traslado (m)] urgente (de um paciente). 救急病院 pronto-socorro (m). 救命救急センター pronto-socorro (m); centro (m) de atendimento de emergência (de um hospital).

きゅうきょ 急遽 depressa, rapidamente. 〜対策を立て直す repensar rapidamente a estratégia.

きゅうきょ 旧居 residência (f) antiga, residência anterior.

きゅうぎょう 休業 descanso (m), fechamento (m) de um comércio. 明日はあの店の〜だ Amanhã aquela loja não abre. 本日〜《掲示》Fechado por Hoje. ♦休業日 dia (m) de folga.

きゅうきょく 究極 extremo (m). 〜の final, último/ma. 〜的に finalmente. 〜の目的 fim (m) último, objetivo (m) final.

きゅうきん 球菌 〚生〛micrococo (m), bactéria (f) esférica. 肺炎球菌 pneumococo (m). ブドウ球菌 estafilococo (m). レンサ球菌 estreptococo (m).

きゅうくつ 窮屈 〜な〔狭い〕estreito/ta, apertado/da;〔きつい〕apertado/da;〔気持ちが〕incômodo/da, pouco à vontade. この靴はちょっと〜だ Este sapato está um pouco apertado. この国の社会は〜ですか Esta sociedade é muito formal [rígida]? あの学校はあまりにも〜だ Aquela escola tem uma disciplina rígida demais. あの人といっしょにいると〜だ Eu não fico [《口語》A gente não fica] muito à vontade perto dele/dela.

きゅうけい 休憩 intervalo (m), folga (f), descanso (m). 〜する descansar, fazer um intervalo. 私の会社では昼に 60 分の〜時間があります Na minha companhia, temos uma folga de sessenta minutos para o almoço. ちょっと〜しましょうか Vamos fazer uma pausa? ♦休憩時間 hora (f) de descanso [recreio].

きゅうけい 求刑 〚法〛demanda (f) de pena. 〜する pedir uma pena. 被告に死刑が〜された Foi pedida pena de morte para o/a acusado/da.

きゅうけいじょ 休憩所 lugar (m) de descanso, sala (f) de repouso.

きゅうげき 急激 〜な rápido/da, repentino/na, acelerado/da. 〜に rapidamente, bruscamente, de repente. 〜な変化 mudança (f) brusca. 〜な発展を遂げる conseguir um desenvolvimento rápido.

きゅうけつ 吸血 sucção (f) de sangue. ♦吸血鬼 vampiro/ra. 吸血動物 animal (m) sanguessuga, vampiro/ra.

きゅうご 救護 socorro (m), salvamento (m), salvatagem (f). 〜する socorrer, prestar assistência a. ♦救護班 brigada (f) [equipe (f)] de salvamento.

きゅうこう 急行 o rápido (m), o expresso (m). ♦急行券 bilhete (m) do expresso. 急行料金 taxa (f) do expresso. 特別急行列車 expresso especial.

きゅうこう 休校 feriado (m) escolar. きょうは〜だ Hoje não há aula. 学校は臨時〜だ A escola está fechada provisoriamente.

きゅうこう 休講 cancelamento (m) de aula. 〜する não dar aula, cancelar aula. 来週鈴木先生の〜講義は〜だ Não haverá [《口語》Não tem] aula do professor Suzuki na semana que vem.

きゅうこうか 急降下 ❶ descida (f) rápida. 飛行機の〜 voo (m) picado do avião. 〜する descer em picado. ❷ baixa (f) brusca. 温度の〜 baixa brusca de temperatura.

きゅうこうばい 急勾配 declive (m) íngreme [escarpado], grande inclinação (f). ジェットコースターは〜で走る A montanha-russa corre em subidas e descidas íngremes.

きゅうこん 求婚 pedido (m) de casamento. マリアに〜する pedir a mão de Maria.

きゅうこん 球根 raiz (f) esférica, bulbo (m). チューリップの〜 bulbo da tulipa. 〜状の bulbiforme. ♦球根植物 planta (f) de raiz bulbiforme.

きゅうさい 救済 salvação (f), assistência (f), socorro (m). ～する socorrer, salvar, ajudar. …から～を受ける receber ajuda de …. 難民の～に尽くす dedicar-se à ajuda dos [aos] refugiados. 貧困家庭を～する auxiliar uma família pobre. ♦救済活動 atividades (fpl) de assistência social. 救済基金 fundos (mpl) de socorro. 救済者 salvador/ra.

きゅうし 休止 ❶『詩学』pausa (f). ❷ interrupção (f), suspensão (f). ～する interromper, suspender. バスの運転を～する suspender o (serviço de) ônibus. ♦休止符『音』pausa (f).

きゅうし 急死 morte (f) repentina. ～する morrer repentinamente [de repente].

きゅうし 臼歯 【解】dente (m) molar, molar (m).

きゅうじ 給仕 [事務所などの] contínuo (m); [食堂などの] garçom/garçonete.

きゅうしき 旧式 ～の velho/lha, desusado/da, antiquado/da. この機械は～すぎますね Esta máquina é antiquada demais, não é?

きゅうじつ 休日 feriado (m).

ぎゅうしゃ 牛舎 estábulo (m), lugar (m) coberto onde se recolhe o gado vacum.

きゅうしゅう 吸収 absorção (f). ～する absorver; [内容を] assimilar. このタオルは水をよく～する Esta toalha absorve bem a água.

きゅうじゅう 九十 noventa. 第～の, ～番目の nonagésimo/ma.

きゅうしゅつ 救出 salvamento (m). 人質を～する libertar reféns. 難破者を～する socorrer os náufragos.

きゅうじゅつ 弓術 técnica (f) de atirar com arco, arqueria (f).

きゅうしょ 急所 parte (f) vital; [弱点] ponto (m) fraco; [要点] ponto essencial. 弾は～をはずれた A bala não atingiu as partes vitais. ～を突いた質問 pergunta (f) pertinente. ～をはずれた質問 pergunta ⌐não pertinente [《口語》fora de propósito, que não vem ao caso]. 彼の話はいつも～をついている O que ele fala toca sempre o essencial.

きゅうじょ 救助 salvamento (m), resgate (m). ～する salvar. ♦救助隊 equipe (f) de salvamento, tropa (f) de resgate.

きゅうじょう 休場 ❶[劇場などが] feriado (m) (do teatro, arena, ginásio etc). ❷[人が] ausência (f) de um/uma ator/atriz, lutador (m) de sumo etc (no espetáculo, na luta etc).

きゅうじょう 球場 campo (m) de beisebol.

きゅうじょう 窮状 situação (f) difícil. ～を訴える queixar-se das dificuldades.

きゅうしょうがつ 旧正月 ano-novo (m) pelo calendário lunar.

きゅうじょうしょう 急上昇 subida (f) rápida [repentina], [飛行機などの] rápida escalada (f), rápida ascensão (f) (de um avião). 物価が～している Os preços estão subindo rapidamente. 飛行機は～した O avião tomou altitude rapidamente.

きゅうしょく 休職 licença (f), ato (m) de deixar temporariamente o serviço. ～する faltar ao trabalho (tirando licença). 彼らは～を命ぜられた Eles foram obrigados a deixar o trabalho temporariamente. ～中である estar de licença.

きゅうしょく 求職 procura (f) de emprego, demanda (f) de trabalho. ～活動をする procurar emprego. ♦求職活動 atividades (fpl) em busca de um emprego.

きゅうしょく 給食 merenda (f) escolar. ～当番をお願いします É a sua vez de distribuir a merenda aos colegas.

ぎゅうじる 牛耳る dominar, controlar. 全てを牛耳ろうとする querer controlar tudo. あの人は妻に牛耳られている A esposa é que manda nele.

きゅうしん 休診 folga (f) do consultório. 本日～《掲示》Hoje não haverá ⌐consultas [atendimento médico]. 休診《掲示》Fechado《em clínicas médicas》. ♦休診日 dias (mpl) de descanso da clínica médica.

きゅうしん 急進 ～的な radical. ～的に radicalmente. ♦急進主義 radicalismo (m). 急進派 facção (f) radical.

きゅうじん 求人 oferta (f) de trabalho, procura (f) [demanda (f)] de pessoal. ～広告を見て参りました Eu vi o anúncio de emprego nos classificados do jornal e vim. ♦求人広告 anúncio (m) de oferta de emprego. 求人欄 coluna (f) de ofertas de trabalho. 有効求人倍率 taxa (f) de desemprego em relação à demanda das empresas.

きゅうしんりょく 求心力 ❶[理] movimento (m) centrípeto. ❷《比》poder (m) de liderança, força (f) carismática. ～の低下 enfraquecimento (m) do poder de liderança.

きゅうす 急須 bule (m) pequeno《para chá》.

きゅうすい 給水 abastecimento (m) de água. 町に～する distribuir água potável para os centros urbanos, abastecer a cidade de água. ～を制限する racionar a água. ♦給水計量器 registro (m). 給水車 caminhão-pipa (m). 給水制限 racionamento (m) de água. 給水栓 hidrante (m). 給水塔 caixa (f) de água. 給水ポンプ bomba (f) hidráulica. 給水量 volume (m) de água abastecida. 時間給水 racionamento (m) de água em determinadas horas.

きゅうせい 急性 ～の agudo/da. ♦急性腎炎 nefrite (f) aguda. 急性肺炎 pneumonia (f) aguda.

きゅうせい 旧姓 sobrenome (m) de solteiro/ra.

きゅうせい 急逝 morte (f) repentina [súbita].

きゅうせき 旧跡 lugar (m) [《ポ》sítio (m)] histórico, ruínas (fpl). ♦名所旧跡 ruínas famosas.

きゅうせきほう 求積法 [数]planimetria (f), mensuração (f).

きゅうせっき 旧石器 [史]utensílios (mpl) de pedra paleolíticos. 〜の paleolítico/ca. ♦旧石器時代 Era (f) Paleolítica.

きゅうせん 休戦 trégua (f), cessar-fogo (m), armistício (m). 〜する cessar fogo temporariamente. ♦休戦条約 Tratado (m) de Paz.

きゅうぞう 急増 aumento (m) [crescimento] rápido. 〜する aumentar [crescer] rapidamente [num ritmo acelerado]. 凶悪事件が〜している Os incidentes violentos têm aumentado rapidamente. ♦人口急増地帯 região (f) de forte expansão demográfica.

きゅうそく 休息 intervalo (m), descanso (m). 〜する descansar, fazer uma pausa [um intervalo]. ♦休息所 lugar (m) de descanso [repouso, parada]. ⇨休憩

きゅうそく 急速 〜な rápido/da. 〜に rapidamente. A社が〜に成長した理由は何ですか Qual o motivo do rápido crescimento da companhia A?

きゅうたい 球体 globo (m), esfera (f).

きゅうだん 球団 time (m) profissional de beisebol.

きゅうだん 糾弾 acusação (f), denúncia (f). 〜する acusar, denunciar.

きゅうち 窮地 aperto (m), apuros (mpl), dilema (m). 〜に陥る ficar em apuros [numa situação difícil], entrar num beco sem saída. 友人を〜に陥れる pôr o/a amigo/ga numa situação difícil, deixar o/a amigo/ga num aperto. この不況で我が国は〜に追い込まれた Esta depressão econômica colocou o nosso país numa situação difícil. 〜を脱する sair [escapar] de um aperto.

きゅうちゃく 吸着 [理・化]absorção (f). ♦吸着剤 absorvente (m).

きゅうちゅう 宮中 corte (f) imperial.

きゅうてい 休廷 [法]recesso (m). ♦休廷期間 férias (fpl) forenses.

きゅうてい 宮廷 corte (f), palácio (m) real [imperial].

きゅうていしゃ 急停車 parada (f) repentina. 〜する dar uma parada repentina, parar de repente.

きゅうてん 急転 mudança (f) brusca [repentina]. 〜する mudar bruscamente [repentinamente]. 事態は〜した A situação mudou bruscamente. 〜直下に repentinamente, de repente. 問題は〜直下に解決した O problema foi resolvido repentinamente.

きゅうでん 宮殿 palácio (m).

キュート 〜な engraçadinho/nha, bonitinho/nha.

きゅうとう 給湯 abastecimento (m) de água quente. ♦給湯器 aquecedor (m) (de água), boiler (m) [ボイレル].

きゅうどう 弓道 arte (f) de atirar com arco, arqueria (f) japonesa.

ぎゅうにく 牛肉 carne (f) bovina, carne de vaca. 生産履歴がはっきりしている〜を買いたい Quero comprar carne de boi rastreado.

ぎゅうにゅう 牛乳 leite (f) [de vaca]. 〜を搾る ordenhar as vacas. ♦牛乳瓶 garrafa (f) de leite.

きゅうば 急場 emergência (f). 〜をしのぐ tomar uma medida de emergência.

キューバ Cuba. 〜の cubano/na.

きゅうばん 吸盤 ❶[動]ventosa (f). ❷ ventosa. 〜で壁にフックをくっつける grudar o gancho na parede com uma ventosa.

きゅうひ 給費 bolsa (f) de estudos. 〜を受ける receber uma bolsa. ♦給費生 bolsista, 《ポ》bolseiro/ra. 給費生試験 prova (f) para bolsa de estudos.

キュービズム [芸術]cubismo (m).

きゅうピッチ 急ピッチ ritmo (m) acelerado. 工事が〜で進んでいる As obras avançam rapidamente.

キューピッド [神話]cupido (m).

きゅうびょう 急病 enfermidade (f) repentina [aguda]. ♦急病患者 paciente que requer tratamento urgente, caso (m) urgente.

きゅうふ 休符 [音]pausa (f).

♦全休符 pausa de semibreve. 2分休符 pausa de mínima. 4分休符 pausa de mínima. 8分休符 pausa de colcheia. 16分休符 pausa de semicolcheia. 32分休符 pausa de fusa. 64分休符 pausa de semifusa.

きゅうふ 給付 doação (f), subsídio (m), verba (f). 療養費の〜 subsídio para tratamento de doenças. 現物〜する dar um subsídio em espécie.

きゅうへん 急変 mudança (f) repentina [brusca, súbita, imprevista] (em geral para pior). 〜する mudar repentinamente [subitamente, bruscamente]. 天候が〜したら山を降りましょう Se o tempo piorar repentinamente, vamos descer da montanha. 病状が〜した O quadro da doença piorou repentinamente.

きゅうぼ 急募 recrutamento (m) urgente. 従業員〜《掲示》Precisa-se de Funcionários com Urgência.

きゅうぼう 窮乏 pobreza (f) extrema, miséria (f). ♦窮乏化 empobrecimento (m).

ぎゅうほせんじゅつ 牛歩戦術 tática (f) de retardar a votação 《empregada pelos par-

きゅうむ 急務 trabalho (m) urgente. 環境保護教育が目下の〜だ O ensino da consciência ambiental é uma questão urgente.

きゅうめい 救命 salva-vidas (m). ♦救命浮き輪 boia (f) salva-vidas. 救命具 equipamento (m) salva-vidas. 救命胴衣 colete (m) de salvação. 救命ボート barco (m) salva-vidas.

きゅうめい 究明 investigação (f), indagação (f), exame (m). 〜する esclarecer, investigar, inquirir, indagar. 事件の真相を〜する averiguar a verdade do caso.

きゅうゆ 給油 〔灯油の〕abastecimento (m) de querosene; 〔ガソリンの〕abastecimento de gasolina. 〜する 〔燃料を補給する〕pôr querosene em, pôr gasolina em; 〔潤滑油をさす〕lubrificar. ♦給油所 posto (m) (de abastecimento) de combustível, posto (de gasolina).

きゅうゆう 旧友 velho/lha amigo/ga.

きゅうゆう 級友 colega de classe.

きゅうよ 給与 salário (m). ♦給与支払い明細書 nota (f) com especificação detalhada do pagamento de salário; holerite (m). 給与所得 renda (f) líquida (depois de deduzidas as despesas para o cálculo de imposto a pagar). 給与水準 nível (m) salarial. 給与体系 sistema (m) de salários. 臨時給与 salário extra.

きゅうよう 休養 repouso (m). 〜する repousar.

きゅうよう 急用 assunto (m) urgente. 〜ができましたので失礼いたします Com licença, tenho que me retirar, porque estou com um assunto urgente para resolver.

きゅうらく 急落 〚経〛 baixa (f) [queda (f)] repentina. 〜する baixar [cair] repentinamente. ドルが〜した A cotação do dólar baixou [caiu] de repente [repentinamente, bruscamente].

きゅうり 胡瓜 pepino (m).

きゅうりゅう 急流 corrente (f) [correnteza (f)] forte. ボートで〜を下る descer as corredeiras de bote.

きゅうりょう 給料 salário (m). 私の1か月の〜はいくらになりますか Qual vai ser o meu salário mensal? 〜は銀行振り込みです O salário vai ser creditado na sua conta bancária. ♦給料日 dia (m) de pagamento.

きゅうりょう 丘陵 morro (m), colina (f).

きゅうれき 旧暦 calendário (m) antigo. 〜の正月 ano-novo (m) pelo calendário antigo.

キュレーター curador/ra 《de museus de arte》.

キュロットスカート 〚服〛 saia-calça (f).

きよ 寄与 contribuição (m). …に〜する contribuir para ….

きよい 清い ❶〔澄んだ〕puro/ra, claro/ra, limpo/pa. 〜流れ correnteza (f) límpida. ❷〔世の中のけがれに染まっていない〕puro/ra, inocente, casto/ta, cândido/da, imaculado/da. 心の〜人 pessoa (f) de coração puro. 〜目 olhos (mpl) puros. 〜交際 relação (f) casta. 清き一票 um voto limpo.

きよう 器用 habilidade (f), destreza (f), jeito (m). 〜な hábil, jeitoso/sa, destro/tra, que tem jeito. 〜に habilmente, com muito jeito, com desenvoltura. 彼は〜にその古いテレビを修理した Ele consertou essa televisão velha com muito jeito.

きよう 起用 promoção (f), nomeação (f). 〜する nomear, designar, eleger, promover, escolher. …を秘書に〜する nomear … [promover … a, designar …, eleger …, escolher … como, escolher … para ser] secretário/ria.

*__きょう__ 今日 hoje 〔オージ〕. 〜にも ainda hoje. 〜から desde hoje, a partir de hoje. 〜から二か月 de hoje a dois meses. 〜の午後 hoje de [à] tarde. 〜の新聞 jornal (m) de hoje. 〜このごろ esses dias, nos dias de hoje. あなたの安否を気遣う〜このごろです Esses dias vivo preocupado/da com a sua saúde e outras coisas mais. 〜まで até hoje. 〜は何日ですか Que dia é hoje? 〜はこれで終わりにしましょう Hoje, ficamos por aqui.

きょう 凶 má sorte (f).

きょう 経 escrituras (fpl) sagradas do budismo, sutra (m).

-きょう -強 um pouco mais de …, … e algo mais. 今日は1万円〜稼いだ Hoje trabalhei e ganhei 10 mil ienes e algo mais. あの大学では学生の30％〜 がはしかにかかってしまった Um pouco mais de 30% [trinta por cento] dos estudantes daquela faculdade tiveram sarampo.

ぎょう 行 linha (f) 《pauta》. 上から3〜目 terceira linha contando de cima para baixo. 下から5〜目 quinta linha contando de baixo para cima. 1〜置きに uma linha sim, uma linha não; em linhas alternadas; pulando uma linha.

きょうあく 凶悪 atrocidade (f). 〜な atroz, malvado/da, cruel. 〜な犯罪 crime (m) hediondo. ♦凶悪犯 criminoso/sa perverso/sa.

きょうい 胸囲 diâmetro (m) do tórax.

きょうい 脅威 ameaça (f). 〜となる constituir (uma) ameaça. …の〜にさらされている estar ameaçado/da [sob a ameaça] de ….

きょうい 驚異 prodígio (m). 〜的な prodigioso/sa, espetacular. 〜的 admirável, maravilhoso/sa. 貴社は〜的な成長を遂げましたね A sua companhia conseguiu um crescimento espetacular, não é?

*__きょういく__ 教育 educação (f) 〔エドゥカサォン〕, instrução (f) 〔インストルサォン〕; ensino (m) 〔エンスィーノ〕; 〔養成〕formação (f) 〔フォルマサォン〕. 〜

する educar; instruir; ensinar; formar. ～を受ける fazer os seus estudos, estudar, ir à escola. ～的 educativo/va, instrutivo/va. ～的見地からは... do ponto de vista educacional .... ちゃんと～を受けた人 pessoa (f) devidamente instruída, pessoa preparada [culta].
♦ 教育委員会 conselho (m) regional de educação. 教育映画 filme (m) educativo. 教育学 pedagogia (f). 教育学部 faculdade (f) de pedagogia. 教育者 educador/ra, pedagogo/ga. 教育実習 prática (f) de ensino, estágio (m) pedagógico. 教育実習生 estagiário/ria (pedagógico/ca). 教育費 despesas (fpl) educacionais [com educação], mensalidades (fpl) escolares. 教育法 método (m) de ensino, pedagogia (f). 学校教育 educação (f) escolar. 初等/中等/高等)教育 ensino primário (secundário/superior).

きょういん 教員 professor/ra. ♦ 教員組合 sindicato (m) dos professores.

きょうえきひ 共益費 custos (mpl) condominiais, taxa (f) condominial, despesas (fpl) comuns《de um conjunto residencial, como luz do corredor, jardim etc》, condomínio (m). 家賃は～込みで5万円です O aluguel é mais ienes, incluindo Los custos condominiais [o condomínio].

きょうえん 共演〔映・劇〕atuação (f) em conjunto (em uma peça ou filme). …と～する atuar em conjunto com …. ♦ 共演者 coator/ra.

きょうか 強化 fortalecimento (m), reforço (m); intensificação (f). ～する fortalecer, reforçar, intensificar. 警備を～する reforçar a guarda [vigilância]. 爆撃が～された O bombardeio foi intensificado. 筋肉を～する fortalecer os músculos. ♦ 強化合宿 estágio (m) para treino intensivo, concentração (f).

きょうか 教科 disciplina (f), matéria (f) (de estudo).

きょうかい 協会 associação (f). ～を設立する fundar uma associação.

きょうかい 境界 limite (m). 両国間の～を決める delimitar a fronteira entre dois países. ♦ 境界線 fronteira-linha (f), linha (f) divisória.

きょうかい 教会 igreja (f).

ぎょうかい 業界 mundo (m) dos negócios; setor (m) comercial; setor (m) industrial. ♦ 業界新聞 jornal (m) └do comércio [da indústria]. 製鉄業界 setor de siderurgia.

きょうがく 共学 educação (f) mista.

きょうかしょ 教科書 livro (m) didático.

きょうかつ 恐喝 chantagem (f), extorsão (f). ～する extorquir, chantagear. ♦ 恐喝罪 crime (m) de chantagem. 恐喝犯 chantagista.

きょうかん 共感 simpatia (f). …に対して～をおぼえる sentir simpatia por …. …の～を得る ganhar a simpatia de …. …の～を呼ぶ inspirar simpatia a …, atrair simpatia de …. …と～する simpatizar-se com …, sintonizar com ….

きょうかん 教官 professor/ra. ♦ 指導教官 orientador/ra (acadêmico/ca).

きょうき 凶器 arma (f) (usada em crimes). 持ち～による暴行 agressão (f) à mão armada. ～による傷害 lesão (f) corporal causada por arma.

きょうき 狂喜 júbilo (m), alegria (f) louca. ～して louco/ca de alegria.

きょうき 狂気 loucura (f), demência (f). ～の沙汰(さた) loucura, deliberação (f) louca. それは～の沙汰だ Isso é o máximo de loucura.《口語》A loucura chegou aí e parou.

***きょうぎ 競技** jogo (m) [ジョーゴ], competição (f) [コンペチサォン]. ♦ 競技者 jogador/ra. 競技場 estádio (m). 水泳競技 competição (f) de natação. 陸上競技 atletismo (m).

きょうぎ 協議 deliberação (f), consulta (f), discussão (f). ～中 em deliberação. 有益な[有意義な]～ uma conferência proveitosa [significativa]. ～する deliberar, discutir, consultar. 対策を～する elaborar a estratégia a uma discussão. ～がまとまった Chegamos a um acordo. それは～の上決めたことです Isso foi deliberado por aprovação mútua. ♦ 協議会 reunião (f), conferência (f), conselho (m). 協議事項 assuntos (mpl) └de discussão [da pauta]. 協議離婚〔法〕divórcio (m) em consenso comum.

きょうぎ 教義 doutrina (f), dogma (m). ～上の doutrinal, dogmático/ca.

きょうぎ 狭義 sentido (m) restrito (de um termo). 言葉を～に解釈する interpretar uma palavra em sentido restrito.

***ぎょうぎ 行儀** comportamento (m) [コンポルタメント]. ～がいい (ser) bem comportado/da. ～が悪い (ser) mal comportado/da, não ter modos. ～よくする comportar-se bem. 子供たちに～を教えてください Ensine as crianças a se portarem.

きょうきゅう 供給 ❶ abastecimento (m), aprovisionamento (m), fornecimento (m). 水の～は十分ですか O abastecimento de água está (sendo) suficiente? ～する abastecer, aprovisionar, fornecer, prover, proporcionar. ～を受ける ser abastecido/da, receber, abastecer-se. あの組織は外国から武器の～を受けている Aquele esquema recebe armas de estrangeiro. ♦ 供給源 fonte (f) (de abastecimento). 供給路 via (f) de abastecimento. ❷〔経〕oferta (f). 需要と～ demanda (f) e oferta (f). ♦ 供給過剰 oferta excessiva. 供

給者 fornecedor/ra. 供給不足 falta (f) de oferta.

きょうぐう 境遇　situação (f);〔身の上〕condição (f), estado (m). 気の毒な～にいる estar numa situação ⌐miserável [digna de compaixão, que causa compaixão]. 今の～では海外旅行はできない Agora ⌐não tenho [estou sem] condições para fazer uma viagem ao exterior.

きょうくん 教訓　ensinamento (m), lição (f). ～的な moralizante. 私たちは今度の経験からよい～を得た Nós aprendemos muito com esta última experiência. ブラジルはそこからどんな～を得られるでしょう Que lição o Brasil pode tirar disso?

ぎょうけつ 凝結　〖理〗condensação (f). ～する condensar-se. ♦凝結点 ponto (m) de congelamento.

ぎょうけつ 凝血　〖医〗❶〔固まること〕coagulação (f) sanguínea. ♦凝血因子〔血液の〕fator (m) de coagulação (f) (do sangue). ❷〔固まった血液〕coágulo (m) de sangue. ～する coagular.

きょうけん 狂犬　cachorro (m) louco. ♦狂犬病〖獣医〗raiva (f). 狂犬病予防注射 vacinação (f) contra a raiva.

きょうげん 狂言　〔能の〕farsa (f) 《teatro》;〔仕組んだうそ〕ato (m) simulado.

きょうこ 強固　～な sólido/da, firme. 意志の～な人 pessoa (f) firme em seus propósitos. ～な基礎を築く construir bases sólidas.

ぎょうこ 凝固　❶〖理〗solidificação (f). ♦凝固点 ponto (m) de congelamento, temperatura (f) de solidificação. 凝固熱 calor (m) de solidificação. ❷〖化〗coagulação (f). ～した血 coágulo (m) de sangue. ～する solidificar-se, coagular-se. 血液の～作用 coagulação do sangue. 血は傷口から出ると～する O sangue coagula-se ao sair da ferida. ♦凝固剤 coagulante (m). 凝固物 coágulo.

きょうこう 強硬　～な firme, inflexível, drástico/ca. ～な手段をとる tomar medidas drásticas. …に対して～な態度をとる ser [mostrar-se] intransigente com …. ～に firmemente, duramente, obstinadamente. ♦強硬路線 linha (f) dura.

きょうこう 強行　～する forçar algo. 裁決を～する forçar uma votação. 強風にもかかわらず道路のアスファルト工事は～された Mesmo com vento forte, o asfaltamento da via foi forçado.

きょうこう 恐慌　❶〔恐怖〕terror (m), pânico (m). ～状態に陥る aterrorizar-se, entrar em estado de pânico. ❷〖経〗crise (f) (econômica), pânico (financeiro). ♦大恐慌 grande crise financeira.

きょうこう 教皇　Papa (m).

きょうこう 胸腔　〖解〗tórax (m), cavidade (f) torácica.

きょうこつ 胸骨　〖解〗esterno (m).

きょうさ 教唆　〖法〗incitamento (m), incitação (f), instigação (f). ～する incitar, instigar. ♦教唆犯 autor/ra intelectual (do crime), incitador/ra, instigador/ra. 殺人教唆罪 crime (m) de instigação de assassinato.

きょうさい 共催　co-patrocínio (m). ～する patrocinar conjuntamente.

きょうさい 共済　mútuo socorro (m). ♦共済組合 associação (f) de ajuda mútua, sociedade (f) mutualista, cooperativa (f). 交通災害共済 seguro (m) contra acidentes de trânsito.

きょうさい 恐妻　esposa (f) amedrontadora. ♦恐妻家 marido (m) que tem medo da mulher.

きょうざい 教材　material (m) didático.

きょうさく 凶作　má colheita (f), colheita escassa.

きょうさくしょう 狭窄症　〖医〗estenose (f).

きょうざめ 興醒め　decepção (f). ～なことをする decepcionar, deixar alguém sem graça. 彼の下手な話に我々は～した Ficamos sem graça com a conversa dele.

きょうさんしゅぎ 共産主義　comunismo (m). ～の comunista. ～的な com tendências comunistas. ♦共産主義者 comunista.

きょうさんとう 共産党　partido (m) comunista. ♦日本共産党 Partido (m) Comunista Japonês.

きょうし 教師　professor/ra. ～をする ser professor/ra, ensinar (na escola).

きょうじ 教示　ensino (m). ご～ください Peço-lhe respeitosamente que me ⌐ensine [dê aulas].

ぎょうし 凝視　olhar (m) fixo. 人を～する fixar [cravar] os olhos numa pessoa.

***ぎょうじ** 行事　cerimônia (f) [セリモーニア], solenidade (f) [ソレニダーデ]; evento (m) [エヴェント]. ♦行事予定表 programa (m) de eventos.

きょうしきょく 狂詩曲　〖音〗rapsódia (f).

きょうしつ 教室　sala (f) de aula; curso (m). ボサノバ～を開く abrir um curso de bossa-nova. ♦階段教室 anfiteatro (m).

ぎょうしゃ 業者　comerciante, negociante, industrial. 当社に出入りの～ fornecedor (m) para nossa companhia. ♦業者間協定 acordo (m) entre empresas.

きょうじゃく 強弱　❶〔強さと弱さ〕o forte e o fraco. ～を競う competir pela superioridade. ❷〔強度〕grau (m) de intensidade. ❸〖音〗dinâmica (f) (musical) (=強弱法). 音の～ intensidade (f) do som. ～をつけて歌う cantar distinguindo o grau de intensidade nas frases musicais. ❹〖音声〗acento (m). ポルトガル語は～アクセントの言語だ O português é uma língua com sílabas fortes e fracas.

きょうじゅ 享受　～する desfrutar [fruir]

(de), gozar (de) [ter]. 平和を~する gozar da [a] paz.

きょうじゅ 教授 ❶ [教えること] ensino (m), ato (m) de dar aulas. ♦教授法 didática (f). ❷ [人] professor/ra titular. ♦教授会 reunião (f) dos titulares (de uma faculdade). 准教授 professor/ra associado/da. 名誉教授 professor/ra emérito/ta.

きょうしゅう 教習 treinamento (m). ♦教習所 sala (f) de treinamento. 自動車教習所 auto-escola (f).

きょうしゅう 郷愁 nostalgia (f), saudade (f) (da terra natal). 学生時代への~に駆られる sentir [ficar com] muita saudade do tempo de estudante. ~を感じる sentir saudade. ~を誘う causar saudade.

きょうしゅく 恐縮 ~する [ありがたく] ficar agradecido/da; [すまないと] sentir muito 《pelo incômodo que está causando》. こんなに親切にしていただいて~です Fico muito agradecido/da pela sua bondade. ~ですがその書類を取ってくださいませんか Sinto incomodá-lo/la, mas poderia me dar [passar] essa papelada aí?

ぎょうしゅく 凝縮 [理] condensação (f). ~する condensar. 水蒸気の~ condensação do vapor.

きょうじゅつ 供述 depoimento (m), testemunho (m). ~する prestar declarações, testemunhar. アリバイを~する apresentar o álibi. ♦供述書 declaração (f). 供述人 declarante.

ぎょうしょ 行書 escrita (f) corrida, caligrafia (f) semicursiva.

ぎょうしょう 行商 comércio (m) ambulante. ♦行商人 vendedor/ra ambulante.

きょうしょく 教職 magistério (m). ~に就く dedicar-se ao ensino. ♦教職課程 curso (m) de complementação pedagógica, licenciatura (f). 教職免許 licença (f) para ensino.

きょうしん 共振 [理] ressonância (f).

きょうしんざい 強心剤 [薬] medicamento (m) cardiotônico.

きょうしんしょう 狭心症 [医] angina (f), estenocardia (f); angina pulmonar.

きょうせい 共生 ❶ coexistência (f). 自然との~ coexistência com a natureza. ❷ [生] simbiose (f). ♦共生生物 simbionte (m).

きょうせい 強制 coação (f), coerção (f), imposição (f). ~する coagir, forçar, impor. 彼らは私が彼の案に賛成するように~した Eles me forçaram a concordar com essa ideia. ~的な compulsório/ria, obrigatório/ria, forçado/da. ~捜査に乗り出す dar início a uma investigação coerciva. 紛れもなく~猥褻(わいせつ)罪があった Ocorreu um crime de ato obsceno sem sombra de dúvida. ♦強制執行 execução (f) judicial. 強制収容所 campo (m) de concentração. 強制処分 medida (f) compulsória (legal). 強制送還 [本国への場合] repatriação (f) forçada, [本国でない場合] deportação (f). 強制捜査 investigação (f) coerciva. 強制着陸 aterrissagem (f) forçada. 強制力 poder (m) coercitivo. 強制労働 trabalho (m) forçado. 強制猥褻(罪) atentado (m) ao pudor, crime (m) de ato obsceno.

きょうせい 矯正 correção (f). ~可能な corrigível. ~する corrigir, endireitar. 歯列を~する alinhar os dentes.

ぎょうせい 行政 administração (f) (pública). ~の administrativo/va, executivo/va. ~的な措置をとる tomar medidas administrativas. ♦行政官庁 autoridade (f) administrativa. 行政機関 órgão (m) administrativo. 行政区 circunscrição (f). 行政警察 polícia (f) administrativa. 行政指導 controle (m) administrativo. 行政手続き procedimento (m) administrativo.

ぎょうせき 業績 [成果] resultado (m); [作品, 仕事] obra (f), trabalho (m) realizado. 会社の~が上向く Os resultados da companhia melhoram. 当社の~が不振だ Os resultados desta companhia 《não estão bons [《婉曲》deixam a desejar》. 彼女は言語学界で大きな~を残した Ela deixou importantes trabalhos no campo da linguística.

きょうそ 教祖 chefe de uma seita religiosa.

*__きょうそう 競争__ competição (f), [コンペティション], páreo (m) [パーリオ]. ~する competir. 我が社はあの会社と売り上げ額で~している A nossa companhia está competindo com aquela (companhia) para ver quem vende mais. ~に勝つ (負ける) ganhar (perder) uma competição. ~に勝つ(負ける)価格 preço (m) competitivo. ~は厳しかった O páreo foi difícil. 今の世の中は~が激しい O mundo de hoje é bastante competitivo. ~心をあおる estimular o espírito de competitividade. ♦競争相手 rival. 競争心 espírito (m) de competitividade. 競争入札 licitação (f). 競争率 grau (m) de concorrência (numa prova). 競争力 competitividade (f). 自由競争 livre concorrência (f). 生存競争 luta (f) pela sobrevivência.

きょうそう 競走 corrida (f). …と~する apostar uma corrida com …. ~に勝つ ganhar uma corrida, chegar em primeiro lugar numa corrida. ~に負ける perder uma corrida. ハードル~に出場する participar de uma corrida de [com] obstáculos. ♦競走馬 cavalo (m) de corrida.

きょうそうきょく 協奏曲 [音] concerto (m), peça (f) musical para solista e orquestra.

きょうそうきょく 狂想曲 [音] capricho (m).

きょうそん 共存 coexistência (f). ~する coexistir. ♦平和共存 coexistência pacífica.

きょうだい　兄弟　〔男の〕irmão (m) [イルマォン], 〔女の〕irmã (f) [イルマーン]. ～の fraternal, fraterno/na. 君には何人～がいますか Quantos irmãos você tem? ♦兄弟愛 amor (m) fraternal. 兄弟げんか briga (f) entre irmãos. 兄弟弟子 discípulos/las do/da mesmo/ma professor/ra.

きょうだい　鏡台　penteadeira (f), toucador (m).

きょうたく　供託　〖法〗consignação (f), depósito (m). 供託預かり人 depositário/ra. 供託金 depósito (m). 供託者 consignador/ra. 供託物 mercadorias (fpl) em consignação.

きょうたん　驚嘆　admiração (f), espanto (m). ～に値する作品 obra (f) digna de admiração. 人々を～させる映画 filme (m) que causa admiração às pessoas.

きょうだん　教壇　estrado (m) do professor em sala de aula. 日本では～に立つ先生はあまり派手なかっこうはしないものだ No Japão, é praxe o/a professor/ra em sala de aula não estar emperiquitado/da [não estar enfeitado/da em demasia, vestir-se de forma simples].

きょうちくとう　夾竹桃　〖植〗oleandro (m).

きょうちょ　共著　colaboração (f) na confecção de uma obra. …と～で本を書く escrever um livro em colaboração com …. ♦共著者 co-autor/ra (de uma publicação).

きょうちょう　協調　cooperação (f), colaboração (f). ～的な colaborador/ra, de cooperação, conciliador/ra. …と～する cooperar com …, colaborar com …. …と～して em cooperação [colaboração] com …. ～性がある ter espírito de colaboração.

きょうちょう　強調　ênfase (f). ～する enfatizar, insistir, acentuar. 改善の必要を～する insistir na [enfatizar a] necessidade da melhora. その企画を通すにはこの点を～する必要があります Para esse plano ser aceito, precisamos enfatizar este ponto.

きょうつい　胸椎　〖解〗vértebras (fpl) torácicas.

*****きょうつう　共通**　～の comum [コムーン]. 彼らは～の利害によって結ばれている Eles estão ligados por interesses comuns. これは彼らの～点だ Este é o ponto em comum entre eles. 彼らは～点が一つもない Eles não têm nada em comum.

きょうてい　協定　convênio (m), acordo (m), pacto (m). ～を結ぶ firmar um acordo. AとBの間で～が結ばれた O acordo foi assinado 《口語》por A e B. ～を破る violar o acordo. ♦協定価格 preço (m) acordado. 二国間(多国間)協定 acordo bilateral (multilateral).

きょうてい　競艇　regata (f), corrida (f) de embarcações.

きょうてん　教典　livro (m) sagrado. イスラム教の～ Alcorão (m), Corão (m).

きょうてん　経典　sutra (f).

ぎょうてん　仰天　びっくり～する ficar pasmado/da [atônito/ta], assustar-se.

きょうと　教徒　fiel, crente.

きょうど　強度　❶〔強さの程度〕(poder de) resistência (f), força (f), intensidade (f). 建材の～を測定する fazer um teste de resistência dos materiais de construção. ❷〔程度のはなはだしいこと〕grau (m) elevado. ～の近眼 miopia (f) forte.

きょうど　郷土　terra (f) natal. ♦郷土色 cor (f) local.

きょうとう　教頭　vice-diretor/ra (de uma escola).

きょうどう　共同　cooperação (f), colaboração (f), ação (f) conjunta. ～の comum. …と～で em ação conjunta com …, em cooperação com …, em parceria com …. …を～で使う usar … juntos/tas, usar … em comum. ～で作業をしなければならない Eles precisam fazer ações conjuntas. AとBはミサイル製造のために～開発を行っている A e B estão desenvolvendo programas em conjunto para a fabricação de mísseis. ～声明を発表する publicar [fazer a apresentação de] uma declaração conjunta. ♦共同生活 vida (f) em comum. 共同募金 contribuição (f) coletiva.

きょうどう　協同　cooperação (f), colaboração (f). ♦協同精神 espírito (m) cooperativo.

きょうどうくみあい　協同組合　associação (f) cooperativa. ♦協同組合員 sócio/cia de associação cooperativa. 生活協同組合 cooperativa (f) de consumidores.

きょうどうたい　共同体　comunidade (f), sociedade (f) comunitária.

きょうねん　凶年　❶ ano (m) de má colheita. ❷〈比〉ano de azar.

きょうばい　競売　leilão (m), venda (f) em hasta pública. 車を～にかける pôr um carro em leilão [leiloar o carro]. ～で車を落とす arrematar um carro no leilão. ～で値を付ける dar o seu lance no leilão, oferecer um preço pelo bem apregoado em leilão. その家具は～で高値がついた O móvel alcançou um lance alto. ♦競売人 leiloeiro/ra, pregoeiro/ra.

きょうはく　強迫　coerção (f), constrangimento (m). ～する coagir, constranger, exercer pressão sobre. ♦強迫観念 obsessão (f).

きょうはく　脅迫　intimidação (f), ameaça (f). ～的な ameaçador/ra. ～する intimidar, ameaçar. 君は僕を～するつもりか Você quer me ameaçar? ♦脅迫者 intimidador/ra, chantagista. 脅迫状 carta (f) de ameaça.

脅迫電話 telefonema (m) de ameaça.
きょうはん 共犯 cumplicidade (f). ♦共犯者 comparsa, cúmplice.
きょうふ 恐怖 terror (m), pavor (m), grande medo (m). ～を感じる aterrorizar-se. ～に襲われる ficar aterrorizado/da [em pânico]. ～を感じさせる amedrontar, dar medo a. ～のあまり足がすくむ de tanto medo. ～におののく tremer de medo. …に～心を抱かせる meter medo em …, aterrorizar …. ♦恐怖症 fobia (f). 恐怖心 medo (m), pavor (m). 恐怖政治 política (f) de terror. 対人恐怖症 antropofobia (f). 閉所恐怖症 claustrofobia (f).
きょうぶ 胸部 peito (m), tórax (m). ♦胸部外科 cirurgia (f) torácica. 胸部疾患 afecção (f) torácica.
きょうふう 強風 vento (m) forte, ventania (f); vendaval (m). ♦強風警報 alarme (f) de vendaval. 強風注意報 aviso (m) de vendaval.
きょうへん 共編 co-edição (f). ♦共編者 co-autor/ra.
きょうべん 教鞭 vara (f) usada pelos professores. ～をとる lecionar, ser professor/ra.
きょうぼう 共謀 conluio (m), conspiração (f). …と～する conspirar com …, conluiar-se com …. …と～して em conluio com …, em conspiração com ….
きょうぼう 凶暴 ～さ brutalidade (f), barbaridade (f). ～な brutal, bárbaro/ra, de caráter bruto. ～なふるまい conduta (f) violenta. ～な人 pessoa (f) bruta [violenta]. ～性のある患者 paciente com tendências à violência.
きょうほん 教本 ❶〔宗教などの〕doutrina (f). ❷〔教科書〕livro (m) de estudo, apostila (f).
ぎょうまつ 行末 fim (m) da linha (de um escrito). ～を揃える justificar〈alinhar o lado direito da página no caso de um escrito horizontal em alfabeto〉.
***きょうみ** 興味 interesse (m) [インテレッスィ], curiosidade (f) [クリオズィダーヂ]. ～深い interessante. …に～がある que tem interesse [se interessa] por …. 私は化学に～があるのです Tenho interesse pela [na] química. …に～を抱く interessar-se por …, ficar interessado/da por …. …それは～がわく話だ Esse é um assunto que desperta interesse [curiosidade]./Esse é um assunto interessante [curioso]. 先生がそんなことを言うと学生はその分野に対する～を失ってしまう Se o professor diz uma coisa dessas, o estudante acaba perdendo o interesse pela área. 栄養学講座の学生は人間の体に～がある人でなければならない O estudante do curso de nutrição deve ser um curioso [ter interesse pelo] corpo humano. ～本位の番組〔ラジオ・テ

レビ〕programa (m) sensacionalista. ⇨関心.
ぎょうむ 業務 serviço (m), função (f) (profissional). これは～命令です Esta é uma ordem empresarial. ～中の em exercício. ♦業務時間 horário (m) de expediente. 業務執行妨害〔法〕interferência (f) no exercício profissional. 業務上横領〔法〕apropriação (f) indébita no exercício profissional, peculato (m). 業務上過失致死〔傷害〕〔法〕morte (f) 〔ferimento (m)〕 corporal devido a conduta negligente no exercício da função.
きょうめい 共鳴 ❶〔理〕〔反響〕ressonância (f), repercussão (f). ～する ressoar, ressonância, fazer eco. ♦共鳴吸収 absorção (f) de ressonância. 共鳴箱 ressoador (m), caixa (f) acústica [de ressonância]. ❷〔共感〕simpatia (f). …と～する simpatizar-se com …, ter simpatia por …, compartilhar a opinião de …. 私は彼女の考えに～した Eu concordei com ela. ♦共鳴者 simpatizante, seguidor/ra.
きょうやく 共訳 co-tradução (f). 聖書を友人と～する traduzir a Bíblia com um amigo.
きょうゆ 教諭 professor/ra 《de escola primária ou secundária》.
きょうゆう 共有 propriedade (f) comum. ～する ter … em comum.
きょうゆう 享有 ～する gozar [usufruir] (de), ter. 自由を～する gozar da [ter] liberdade.
きょうよう 教養 educação (f), cultura (f), instrução (f). ～のある que tem instrução, culto/ta, preparado/da, instruído/da. ～のない人 pessoa (f) não culta [não educada, sem instrução]. ～を身につける estudar, instruir-se. ～を高める aumentar os conhecimentos. ♦教養学部 faculdade (f) de cultura geral; ciclo (m) básico (de uma universidade). 教養課程 curso (m) de disciplinas básicas, curso de cultura geral. 教養番組 programa (m) cultural.
きょうよう 共用 uso (m) comum, uso público. ～の de uso comum, público/ca. ～する compartilhar, usar em comum. ～の水道 água (f) de uso comum.
きょうよう 強要 coação (f); extorsão (f). ～する forçar, obrigar, coagir; extorquir. 自白を～される ser forçado/da [obrigado/da] a confessar. 囚人の自白を～する extorquir uma confissão do preso. 金融会社は彼に借金の支払いを～した A financiadora obrigou-o a pagar o empréstimo.
きょうらく 享楽 prazer (m), gozo (m). ～にふける entregar-se aos prazeres. ♦享楽主義 epicurismo (m), hedonismo (m).
きょうらん 狂乱 loucura (f), doidice (f). ～する enlouquecer; ficar furioso/sa. 半～で meio louco/ca, furioso/sa.

きょうり 郷里 terra (f) natal.
きょうり 教理 doutrina (f), dogma (m).
きょうりゅう 恐竜 dinossauro (m).
＊きょうりょく 協力 cooperação (f) [コオペラサォン], colaboração (f) [コラボラサォン]; 《口語》força (f) [フォルサ]. ～が得られる conseguir colaboração. ～を呼びかける pedir colaboração. ～的な colaborador/ra, prestativo/va. 彼女はいつも～的だ Ela é sempre muito prestativa. ～する colaborar, cooperar. 地球環境を守るために～しましょう Vamos colaborar para preservar o meio ambiente. ちょっと～してよ Dá uma força aí! ♦協力者 colaborador/ra.
きょうりょく 強力 ～な forte, potente, poderoso/sa. ～なエンジン motor (m) potente [de grande potência]. ～に energicamente, com força. ～な洗剤 detergente (m) forte. ～な内閣 gabinete (m) forte. ～に政策を遂行する pôr energicamente em prática o programa político. ～な味方を得た Obtive um/uma forte aliado/da.
きょうれつ 強烈 ～な forte, intenso/sa; [激しい] violento/ta. ～な色彩 cores (fpl) vivas e fortes. ～な悪臭を放つ soltar um cheiro forte e desagradável. 彼女は～な個性の持ち主だ Ela tem uma personalidade muito forte. ～に～なパンチを食らわす dar um golpe violento a ….
ぎょうれつ 行列 ❶ [順番を待つ] fila (f). チケットを買うために～を作ってください Façam fila para comprar os bilhetes. 開店前から長い～ができていた Tinha uma fila longa antes de a loja abrir. ～に割り込む furar a fila. その後ろにつく ir para o final da fila, entrar na fila. ❷ [パレード] desfile (m), parada (f). 祭りの～が続く A parada continua. ❸ [宗教の] procissão (f). ❹ [数] matriz (f). ♦行列式 determinante (f).
きょうわこく 共和国 república (f). ♦共和国検事総長 [法] Procurador/ra Geral da República. 共和国顧問会議 Conselho (m) da República.
きょえいしん 虚栄心 vaidade (f), vanglória (f). ～が強い人 vaidoso/sa.
＊きょか 許可 permissão (f) [ペルミサォン], licença (f) [リセンサ]; autorização (f) [アウトリザサォン]. ～する conceder autorização, autorizar. 課長は君が大阪に出張することを～してくれるだろう Acho que o chefe vai permitir que você vá a Osaka (a negócios). ～を求める pedir autorização. …の～を得る obter [conseguir] permissão [autorização] para …. 私は外出～をもらった Obtive permissão para sair. ～なしで sem autorização [permissão]. 彼女は～なく外泊した Ela dormiu fora sem permissão. 輸入申請が～された O requerimento de importação foi deferido. …さんをB学会へ入会することを～する admitir … na Associação de Estudos B. ～証を発行する emitir certificado de autorização. 子供が一人でブラジルに旅行するには両親の旅行～書が必要です Para que uma criança possa viajar só para o Brasil, é necessária permissão dos pais por escrito. ここの釣りは～制だ É preciso obter licença para se pescar aqui. ♦許可証 licença, certificado (m) de autorização. 許可制 sistema (m) de licença. 通行許可証 salvo-conduto (m). 輸出(輸入)許可証 licença de exportação (importação). 旅行許可書 autorização (f) de viagem por escrito.
ぎょかいるい 魚介類 frutos (mpl) do mar.
きょがく 巨額 grande quantidade (f). ～の金 grande quantidade de dinheiro. ～の資金 (予算) capital (m) (orçamento (m)) enorme.
ぎょかく 漁獲 o que se pescou, 《口語》pesca (f). ♦漁獲高 quantidade (f) de peixes pescados.
ぎょぎ 虚偽 falsidade (f). ～の falso/sa. ♦虚偽表示 declaração (f) falsa.
ぎょぎょう 漁業 pesca (f). ♦漁業権 direito (m) de pesca. 遠洋漁業 pesca em alto mar.
きょく 局 [官庁などの] repartição (f) pública. ♦局留め posta (f) restante. 放送局 emissora (f), estação (f) de rádio ou TV.
きょく 曲 música (f), peça (f) musical. 1歌う cantar uma canção. ～弾いてください Toque uma peça para a gente.
きょく 極 ❶ [地質] polo (m). ♦極地 regiões (f) polares. ❷ [理] polo (m). ♦プラス(マイナス)極 polo positivo (negativo).
きょくう 極右 extrema direita (f).
きょくげい 曲芸 malabarismo (m), acrobacia (f).
きょくげん 極限 o limite máximo. ～に達する chegar ao limite máximo. 先生の忍耐は～に達した A paciência do/da professor/ra chegou ao limite. ♦極限状況 situação (f) limite. 極限値 [数] valor (m) limite.
きょくさ 極左 extrema esquerda (f). ♦極左分子 elementos (mpl) ultra-esquerdistas.
きょくせつ 曲折 ❶ curva (f), meandro (m). ～する serpentear, ziguezaguear. ❷《比》vicissitudes (fpl), reveses (mpl).
きょくせん 曲線 curva (f). ～を描く traçar uma curva.
きょくたん 極端 extremidade (f), extremo (m). ～な exagerado/da, extremo/ma. ～に exageradamente, extremamente. その表現は～すぎます Esse modo de falar é radical [extremado] demais.
きょくち 局地 ～的な local, de localidade limitada. ～的な豪雨 uma forte chuva local. ♦局地紛争 conflito (m) local.
きょくち 極致 cúmulo (m), auge (m). 幸せの～にいる estar no sétimo céu.
きょくど 極度 o extremo, grau (m) [li-

mite (*m*)〕 máximo. 〜の extremo/ma, excessivo/va. 〜の緊張 tensão (*f*) extrema. 〜の疲労で por estar excessivamente cansado/da. 〜に extremadamente, excessivamente. 失敗を〜に恐れる temer excessivamente uma falha. 〜に疲れる cansar-se ao extremo, ficar esgotado/da.

きょくとう 極東 Extremo Oriente (*m*).

きょくぶ 局部 〜的な local, parcial. ◆局部麻酔 anestesia (*f*) local.

きょくめい 曲名 título (*m*) de música.

きょくめん 局面 〔情勢〕 situação (*f*); aspecto (*m*), face (*f*). この〜を打開する必要があります É preciso sair desta fase.

きょくりょく 極力 ao máximo, na medida do possível. トラブルは〜避ける evitar ao máximo as complicações [confusões], 《口語》fazer o máximo para não criar caso. 会社再建のために〜努力しましょう Vamos nos esforçar ao máximo [Faremos todo o possível] para a reconstrução da companhia.

きょけつ 虚血 〔医〕isquemia (*f*), suspensão (*f*) ou deficiência de irrigação sanguínea. 〜性心筋梗塞(こうそく)になった Teve um enfarte do miocárdio por isquemia.

きょこう 挙行 realização (*f*), celebração (*f*). 〜する realizar, celebrar.

ぎょこう 漁港 porto (*m*) pesqueiro.

きょしき 挙式 celebração (*f*) de casamento. 〜する celebrar um casamento.

きょじゃく 虚弱 〜な fraco/ca, débil.

きょしゅ 挙手 〜する levantar a mão. 賛成の方は〜をお願いします Levantem a mão os que concordam.

きょじゅう 居住 〜する morar, residir. 〜権の侵害 violação (*f*) do direito de residência. ◆居住権〔法〕direito (*m*) de residência. 居住者 morador/ra, habitante. 居住地 domicílio (*m*), residência (*f*). 居住地証明書 certificado (*m*) de residência.

きょしょう 巨匠 grande mestre (*m*). レンブラントは絵画の〜だ Rembrandt é um grande mestre da pintura.

ぎょじょう 漁場 zona (*f*) de pesca.

きょしょくしょう 拒食症 〔医〕anorexia (*f*), inapetência (*f*). ◆拒食症患者 anoréxico/ca.

きょじん 巨人 gigante/ta.

キヨスク ⇨キオスク

きょせい 去勢 〔医〕castração (*f*).

きょぜつ 拒絶 rejeição (*f*), recusa (*f*), não aceitação (*f*). 〜する rejeitar, recusar, não aceitar. 要求を〜する recusar um pedido. 人を〜する rejeitar pessoas.

きょぜつはんのう 拒絶反応 ❶〔医〕rejeição. 〜の問題 problema (*m*) da rejeição. 彼は腎臓移植したが〜を起こしてしまった Ele fez transplante de rins mas deu rejeição. ❷〔嫌悪すること〕《比》aversão (*f*), rejeição (*f*). 核兵器に〜を示す demonstrar aversão pelas armas nucleares.

ぎょせん 漁船 navio (*m*) pesqueiro.

ぎょそん 漁村 vila (*f*) de pescadores.

きょだい 巨大 〜な gigantesco/ca, enorme.

きょだつ 虚脱 ❶〔医〕desfalecimento (*m*). ❷ apatia (*f*), letargia (*f*).

きょっけい 極刑 pena (*f*) capital, pena de morte.

ぎょっと 〜する levar um susto, sobressaltar-se, ficar gelado/da. 〜して立ち止まる parar sobressaltado/da. そのことを聞いて私は〜した Fiquei gelado ao ouvir isso.

きょてん 拠点 base (*f*), posição (*f*), ponto (*m*) de apoio. ◆軍事拠点 base militar.

きょとう 巨頭 grande figura (*f*). ◆巨頭会談 reunião (*f*) de cúpula de grandes chefes de Estado.

きょとう 挙党 unanimidade (*f*) partidária. ◆挙党体制 sistema (*m*) baseado na unanimidade dentro de um partido.

きょどう 挙動 comportamento (*m*), conduta (*f*). 〜不審の男 homem (*m*) de comportamento suspeito.

きょとんと com ar de estranheza, sem saber como reagir. 〜する ficar ［com ar de estranheza [atônito/ta, sem saber como reagir］. 〜して com um ar de estranheza. 私が変なことを言ったので皆が〜した顔をしてしまった Como eu disse algo estranho, todos ficaram atônitos.

きょねん 去年 ano (*m*) passado. 〜から desde o ano passado. 〜に no ano passado. 〜まで até o ano passado. 〜の夏 verão (*m*) do ano passado.

きょひ 拒否 recusa (*f*), negação (*f*). 〜する recusar, negar. アメリカは彼にビザを〜した Os Estados Unidos lhe negaram o visto (de entrada).

ぎょふ 漁夫 pescador (*m*).

きょよう 許容 tolerância (*f*). 〜できる tolerável, admissível, perdoável. 〜する admitir, tolerar. ◆許容限度 limite (*m*) de tolerância. 許容範囲 margem (*m*) de tolerância. 許容量 quantidade (*f*) admissível.

ぎょらい 魚雷 torpedo (*m*).

*****きょり 距離** ❶ distância (*f*) 〔ﾃﾞｨｽﾀﾝｽｨｱ〕; alcance (*m*) 〔ｱｳｶﾝｽｨｱ〕. 長(短)〜の de longa (curta) distância. AとBの間の〜を測る medir a distância entre A e B. そのコンビニはここから歩いて10分の〜にある Essa loja de conveniência fica a dez minutos a pé daqui. このホテルから空港までの〜を教えてください Por favor, qual é a distância entre este hotel e o aeroporto? ◆短距離列車 trem (*m*) de trajeto curto. ❷〔違い〕 diferença (*f*) 〔ﾃﾞｨﾌｪﾚﾝｻ〕, distância. 現実と理想の間の〜 diferença entre a realidade e o ideal.

ぎょるい 魚類 peixes (*mpl*). ◆魚類学 ictiologia (*f*). 魚類学者 ictiólogo/ga.

きょろきょろ ～する olhar inquietamente de um lado para o outro. 周辺を～見回す olhar as redondezas. 目を～させる olhar de um lado para o outro.

きよわ 気弱 timidez (f). ～な tímido/da, acanhado/da.

*__きらい__ 嫌い ❶〔好きでないこと〕aversão (f)〔アヴェルサォン〕, ódio (m)〔オーヂォ〕, antipatia (f)〔アンチパチーア〕, repugnância (f)〔ヘプギンスィア〕. …が～である não gostar de. あなたは歌うことが～ですか Você não gosta de cantar? …が～になる acabar desgostando de …, não gostar mais de …. 彼はアボカドに関して食わず～だ Ele não gosta de abacate ⌐sem nunca ter comido [sem fundamento]. ♦女嫌い〔人〕misógino (m);〔性質〕misoginia (f). 結婚嫌い〔人〕misógamo/ma;〔性質〕misogamia (f). ❷〔傾向〕tendência (f)〔テンデンスィア〕. 彼女は何でも大げさに話すきらいがある Ela costuma contar tudo com exagero.

*__きらう__ 嫌う não gostar de [ナォン ゴスタール デ], ter aversão a [por], ter repugnância por [a, de], detestar [デテスタール]. サボテンは湿気を～ O cáctus não gosta de umidade./A umidade faz mal ao cáctus. 彼女はみんなの嫌われ者だった Ela era detestada por todos./Ninguém gostava dela.

きらきら ～する〔金属など〕reluzir, cintilar;〔星など〕brilhar. 何かが～光っている Tem algo brilhando aí.

きらく 気楽 ～な despreocupado/da, descontraído/da, relaxado/da. ～にする ficar à vontade. 皆さんどうぞ～にしてください Fiquem à vontade, por favor.

きらめく cintilar, brilhar. 星がきらめいている As estrelam estão cintilando.

きり 切り fim (m), intervalo (m), momento (m), limite (m). …に～をつける dar [pôr] um fim a …, encerrar, acabar. 人間の欲望には～がない A ambição humana não tem fim [limites]. ～がいいところでコーヒーブレイクをしましょう Vamos tomar café na hora que der para para um pouco. この仕事を、次の人が続けやすいように～がいいところまでがんばります Vou fazer este trabalho até tal ponto que facilite à pessoa seguinte dar continuidade.

きり 桐 〔植〕paulównia (f). ♦桐たんす guarda-roupa (m) de paulównia.

きり 錐 verruma (f), broca (f), tradinha (f). ～で穴を空ける abrir um buraco com verruma.

きり 霧 neblina (f), nevoeiro (m), cerração (f). きょうは～が深い Hoje a cerração está forte.

-きり ❶〔だけ〕só, apenas. 今月の給料はこれ～か O salário deste mês é só [apenas] isto? 彼らは二人～だった Eles estavam a sós. 二人～で行こう Vamos só nós dois. ❷〔以来〕e, e nunca mais. 夫は戦争に行った～帰ってこなかった Meu marido foi à guerra e nunca mais voltou. 寝た～になる ficar inválido/da 《sem nunca mais poder deixar a cama》.

ぎり 義理 ❶〔個人的な〕obrigação (f), sentimento (m) de gratidão. ❷〔社会的な〕conveniências (fpl) sociais, convencionalismo (m). …に～を立てる cumprir a obrigação para com …. ～を欠く faltar às conveniências sociais; ser ingrato/ta. ～堅い人 pessoa (f) cumpridora dos deveres sociais; pessoa muito grata. ❸〔血縁に準じたあいだがら〕tipo (m) de relação com a família do cônjuge. ～の兄 cunhado. ～の母 sogra. ¶あなたにそんなことを言えた～ではないでしょう Você não tinha o direito de dizer uma coisa dessas, não é? ～にもあの子がかわいいと言えなかった Nem por cortesia [educação] consegui dizer que aquela menina era bonita.

きりあげる 切り上げる ❶ acabar, terminar, concluir, por fim a. 仕事を早く切り上げよう Vamos acabar o trabalho o quanto antes. ❷ dar ⌐uma (um tempo), suspender, pausar. 活動を～ suspender as atividades. ❸〖数〗arredondar para cima. 5以上の端数を～ arredondar para cima decimais superiores a cinco. ❹〖経〗valorizar, subir. 円を～ valorizar o iene.

きりかえる 切り替える trocar, mudar, transferir. 線路のポイントを～ mudar a direção do trilho. 頭を～ mudar o ⌐quadro de pensamento [modo de visão] acerca de algo;《比》adaptar-se a uma nova situação. 手形を～ renovar a letra de câmbio.

きりかぶ 切り株 ❶〔木の〕toco (m) (de uma árvore cortada). ❷〔麦などの〕restolho (m), palha (f) ou caule (m) que fica enraizado no chão após a colheita.

きりきず 切り傷 corte (m)《ferimento》.

ぎりぎり 彼は時間～に来た Ele veio em cima da hora. 私は時間～まで働いた Eu trabalhei até o último momento. これが出せる～の費用です Este é o limite máximo de despesas que eu posso pagar.

きりぎりす 〖虫〗esperança (f).

きりくず 切り屑 aparas (fpl) (de madeira).

きりくち 切り口 ❶ abertura (f), corte (m). 袋の～ abertura (f) do saco. ❷ análise (f), método (m). 鋭い～の分析 uma análise penetrante. …に新しい～を与える dar uma nova abordagem a ….

きりさげ 切り下げ 〖経〗desvalorização (f). ドルの～ desvalorização do dólar.

きりさげる 切り下げる 〖経〗desvalorizar. 円を～ desvalorizar o iene.

きりさめ 霧雨 chuvisco (m), garoa (f). ～が降る chuviscar, garoar. ～が降っている Está chuviscando [garoando]. 昨日は～だった Ontem chuviscou [garoou].

ギリシャ Grécia (f). ～の grego/ga.

きりすてる　切り捨てる ❶ livrar-se (do desnecessário). 仕事のために細かい感情は〜 deixar de lado sentimentos mesquinhos em prol do trabalho. ❷〚数〛arredondar para baixo. 5以下の端数を〜 arredondar para baixo decimais inferiores a cinco.

キリストきょう　キリスト教 〚宗〛religião (f) cristã, Cristianismo (m). ◆キリスト教徒 cristão/tã.

きりたおす　切り倒す abater talhando. 木を〜 cortar [derrubar] uma árvore.

きりつ　規律 disciplina (f), ordem (f), regulamento (m). 〜を保つ manter a disciplina [ordem]. 〜を守る guardar a ordem. 〜を破る quebrar [romper] a ordem. 〜に反する ir contra a ordem. …を〜に従わせる disciplinar …. 〜を乱す perturbar a ordem. 〜を正す impor a ordem. 〜正しい生活を送る levar uma vida ordenada. 学内を〜正しくさせる impor a disciplina na escola.

きりつ　起立 〜する levantar-se. 〜!《号令》De pé!/Levantem-se!

きりつめる　切り詰める restringir, encurtar; reduzir, economizar. 袖を〜 encurtar as mangas. 費用を切り詰めてください Reduza os gastos, por favor. この給料ではかなり生活費を切り詰めないとやっていけません Com este salário, preciso economizar muito para poder viver.

きりとりせん　切り取り線 picote (m).

きりぬき　切り抜き recorte (m).

きりぬく　切り抜く recortar. 新聞を〜 recortar o jornal.

きりぬける　切り抜ける superar, vencer;《俗》dar a volta por cima. 何としてもこの困難を切り抜けなければならない Precisamos superar essa dificuldade de qualquer jeito.

キリバス Kiribati (m).

きりばな　切り花 flor (f) cortada 《para alguma ornamentação》.

きりはなす　切り離す ❶ separar, apartar. 車両を列車から〜 separar [desacoplar] um vagão da composição. その二つの問題は切り離して考えるべきだ Esses dois assuntos têm que ser tratados em separado. 切り離せない inseparável. 両者は切り離せない関係にある Ambos estão inseparavelmente ligados. ❷ cortar. 袖の一部分を〜 cortar fora uma parte da manga (da roupa).

きりふき　霧吹き pulverizador (m), vaporiza-dor (m).

きりふだ　切り札 ❶ trunfo (m). 〜を出す jogar [dar, lançar mão de, usar] trunfo. 最後の〜 última (f) cartada, cartada (f) final, trunfo. 政治的な〜 um trunfo político.

きりぼしだいこん　切り干し大根 〚料〛nabo (m) seco cortado em tiras.

きりみ　切り身 filé (m), fatia (f), pedaço (m), posta (f). 〜の魚 filé de peixe, posta de peixe.

きりゅう　気流 〚気象〛corrente (f) atmosférica. ◆下降気流 corrente atmosférica descendente. 上昇気流 corrente atmosférica ascendente. 乱気流 turbulência (f).

きりょう　器量 beleza (f) 《facial feminina, em geral》. 〜のよい bonita.

ぎりょう　技量 habilidade (f), técnica (f), perícia (f).

きりょく　気力 ânimo (m), energia (f). 〜の充実した cheio/cheia de vigor. 〜のない deasanimado/da, sem ânimo, desencorajado/da. …する〜がない não ter ânimo para (+不定詞) (+infinitivo). 今日は働く〜がない Hoje ⌐não tenho [estou sem] ânimo para trabalhar.

きりん 〚動〛girafa (f).

*きる　切る** ❶〔刃物で〕cortar [コルタール]. はさみで紙を〜 cortar o papel com a tesoura. 私は手の指を切った Eu ⌐me cortei no [cortei o] dedo da mão. ❷〔切符を〕picotar [ピコタール]. 切符を〜 picotar o bilhete. ❸〔縁を〕cortar (relações com). …と縁を〜 cortar relações com …. ❹〔スイッチ，電話を〕cortar, desligar [デズリガール]《telefone etc》. 電源を〜 desligar a tomada, tirar a tomada da parede; desligar o aparelho eletrodoméstico. パソコンの電源を切る desligar o computador. ❺〔始める〕começar [コメサール], dar um começo. 新しいスタートを〜 recomeçar. 口を〜 começar a falar. ❻〔ある金額より少ない状態になる〕ser [estar, ficar] abaixo. バブル時代にはドル相場は百円を切った No tempo da bolha, o dólar esteve abaixo de cem ienes. ¶堤防を〜 romper o dique. トランプを〜 cortar o baralho, embaralhar. 小切手を〜 passar um cheque. 日限を〜 estabelecer uma data limite. よく水を〜 escorrer bem a água. 舟は風を切って走っていた O barco cortava o vento. 相手の話の流れを〜 interromper a conversa do outro. 十字を〜 fazer o sinal da cruz.

*きる　着る** vestir(-se) [ヴェスチール (スィ)], pôr [ポール], trazer [トラゼール], usar [ウザール], trajar [トラジャール]. 〜を〜 vestir [pôr] um casaco. …を着ている estar vestido/da de …. 彼女は黒い服を着ていた Ela estava vestida de preto./Ela trazia um vestido preto. 私の会社では全員が紺の制服を着ている Na minha companhia, todos usam uniforme azul-marinho. 君は会社に何を着て行きますか Com que roupa você vai à companhia?

キルギス Quirguistão (m). 〜の quirguiz.

キルティング acolchoado (m). 〜する acolchoar.

キルト kilt (m), saia (f) escocesa.

ギルド guilda (f), corporação (f).

きれ　切れ 〔布切れ〕pano (m);〔1片〕retalho (m). 肉1〜 uma fatia (f) de carne.

*きれい　奇麗** 〜な〔かわいい〕mimoso/sa [ミモー

ゾ/ザ], gracioso/sa [グラシィオーゾ/ザ], bonitinho/nha [ボニチーニョ/ニャ]; 〔美しい〕bonito/ta [ボニト/タ]; 〔清潔な〕limpo/pa [リンポ/パ]. ～に (de um modo) bonito [limpo]. あなたの手はいつも～ですね As suas mãos estão sempre limpas, não? ここを～にしてください Limpe aqui, por favor. ～な人 mulher (f) bonita.

ぎれい 儀礼 cortesia (f). ♦儀礼的訪問 visita (f) de cortesia. 通過儀礼 rito (m) de passagem, iniciação (f).

きれいごと 奇麗事 desculpa (f), disfarce (m). ～を言う dizer coisas bonitas mas irrealizáveis. あなたは何でも～で済ます Você resolve tudo por alto maquiando a situação. この件は～では済まされない Não se pode [não dá para] deixar esse assunto resolvido por alto encobrindo a realidade. 課長は～を並べるだけで何も解決しない O chefe só disfarça a situação com palavras bonitas e não resolve nada. ～はいらない É necessário ação, não desculpas!

きれこみ 切れ込み recorte (m). ～のある recortado/da. ～の入った紙 papel (m) recortado. 布に～を入れる recortar o pano.

きれじ 切れ痔 〔医〕hemorróidas (fpl) inflamadas.

きれつ 亀裂 ❶ fenda (f), rachadura (f), ruptura (f), greta (f), brecha (f), rachão (m). ～を生じる rachar, fazer aparecer [surgir] uma greta [fenda, brecha, rachadura]. ～が生じる abrir-se [surgir] uma fenda [rachadura, greta, brecha]. 船腹に～が生じた Apareceu um buraco no casco do barco. ❷ dissensão (f), racha (f), ruptura (f), rompimento (m). 政党に～が生じる formar-se uma racha no partido político.

-きれない ser impossível. 僕はこの量は食べ～ Isto é muito para eu comer [mim]. この量だったら食べきれますか Se for esta porção, dá para você comer tudo? ここに8人は入り～ Aqui não entram [não cabem] oito pessoas. 空には数え～ほど星がある Existem incontáveis estrelas no céu. 彼は待ちきれなくて帰った Cansado de esperar, ele voltou para casa. 大人になり～人 pessoa (f) que não consegue amadurecer [se tornar adulta].

きれなが 切れ長 ～の目 rasgado/da, puxado/da. ～の目 olhos (mpl) puxados.

きれはし 切れ端 pedaço (m). ノートの～ pedaço de papel de um caderno. 布の～ trapo (m).

きれま 切れ間 ❶〔切れてあいた部分〕claro (m), abertura (f). 雲の～ brecha (f) entre as nuvens. 雲の～から月が見えた Deu para ver a lua por entre as nuvens. ❷〔絶え間〕intervalo (m), pausa (f), interrupção (f).

きれめ 切れ目 ❶ corte (m), abertura (f), fratura (f). …に～を入れる fazer um corte [rasgo] em …. 塀の～ gretas (fpl) de um muro. ❷〔物事のひと区切り〕pausa (f), interrupção (f). 相手の話の～を見つけて会話に参加するのはむずかしい É difícil achar um espaço [uma pausa, um intervalo] na fala do outro para entrar na conversa. ❸〔終わり〕fim (m). 金の～が縁の～ Foi-se o dinheiro, foram-se os amigos.

きれる 切れる ❶〔刃物が〕cortar, estar bem afiado/da. このナイフはよく～ Esta faca corta bem [está bem afiada]. このナイフは切れない Esta faca está cega [não está afiada]. ❷〔切断〕partir-se, rasgar, arrebentar, cortar-se. ロープは米の重みで切れた A corda arrebentou com o peso do arroz. 親戚との縁が切れた Cortaram-se [Romperam-se] as relações [os laços] com os parentes. ❸〔堤防が〕rebentar, ceder, ruir, romper-se. 昨日オランダで堤防が切れた Ontem um dique rompeu-se na Holanda. ❹〔ガソリンなどが〕acabar, faltar, estar sem estoque. ガソリンが切れて車が止まってしまった A gasolina acabou e o carro parou. ❺〔期限が〕esgotar, expirar, vencer, terminar, passar. 私のバスの定期券は明日で～ O prazo de validade do meu passe de ônibus vai expirar amanhã. ❻《口語》〔突然怒り出す〕perder a calma [as estribeiras], ficar fora de si, 〔医〕ter a síndrome do pânico de violência. それで私は切れてしまった Isso me tirou do sério. ❼〔機敏な〕(ser) inteligente. あんなに～男はめったにいない É difícil (de) encontrar um homem inteligente como aquele. ❽〔電気が〕queimar. 電気が切れた A luz [lâmpada] queimou. ❾〔電話が〕parar, cair. 電話が切れた A ligação caiu./O telefone parou [desligou-se]. ¶はい、トランプはもう切れている Pronto, o baralho já está embaralhado.

きろ 岐路 encruzilhada (f), cruzamento (m). 人生の～に立たされる estar numa grande encruzilhada [num período crítico] da vida.

キロ ❶〔キログラム〕quilo (m). 私の体重は50～です Eu peso cinquenta quilos. コーヒーは1～でおいくらですか Quanto é o quilo de café? ❷〔キロメートル〕quilômetro (m).

***きろく 記録** 〔文書〕anotação (f) [アノタサォン], registro (m) [ヘジストロ]; 〔議事録〕ata (f) [アッタ]; recorde (m) [ヘコールヂ]. ～する registrar. 我々は彼が～を破ることを期待しています Nós esperamos que ele bata o recorde. ～的 recorde, sem precedentes. ～的なメダル獲得数 número (m) recorde de medalhas (recebidas).

キログラム quilograma (m).
ギロチン guilhotina (f).
キロバイト quilobyte (m) [キロバイチ].
キロヘルツ quilohertz (m).
キロボルト quilovolt (m) [キロヴォウチ]. ♦キロボルトアンペア quilovolt-*ampère*.

キロメートル quilômetro (m).
キロリットル quilolitro (m).
キロワット quilowatt (m) [キロワッチ]. ♦キロワット時 quilowatt-hora.

*****ぎろん** 議論 debate (m) [デバッチ], discussão (f) [ヂスクッサォン]. ～する trocar opiniões, discutir, debater. きょうはその計画について～しましょう Hoje vamos discutir sobre esse plano, está bem? その会議では活発な～が行われている Nessa conferência está havendo um debate acirrado. このあたりでこの～を終えたいと思います Gostaria de terminar por aqui o nosso debate de hoje. そこは～のあるところですけどねぇ Isso é discutível, não é?

きわ 際 borda (f), beira (f). 石垣の～に na borda do paredão de pedra. 猫は壁～に並んでいる Os gatos estão enfileirados junto à parede. 別れ～に no momento da despedida. 死に～に na hora da morte, no leito de morte.

ぎわく 疑惑 suspeita (f). …を～の目で見る ver … com suspeita, desconfiar de …. ～を生む levantar [causar] suspeita. ～を招くようなことをする fazer coisas que provocam suspeita. ～を解くために説明する explicar-se para se livrar de suspeitas. 彼女の証言には～が持たれている Desconfiam da veracidade do testemunho dela.

きわだつ 際立つ destacar-se, distinguir-se, sobressair, saltar aos olhos. 際立たせる destacar, realçar. 際立った de destaque, que se destaca, distinto/ta, notório/ria, especial. 彼は国際政界で際立った存在だ Ele é uma figura de destaque no mundo da política internacional. 際立って背が高い destacar-se pela altura, ser de estatura extremamente alta. 同僚の凡庸さが彼女の才能を際立たせている A mediocridade de seus companheiros faz seu talento se destacar.

きわどい ❶〔危険な〕perigoso/sa, arriscado/da. ～ところで por μm triz [pouco]. 私は～ところで助かった Salvei-me por pouco. ～勝負 jogo (m) muito disputado. ～芸当 manobra [façanha] perigosa. ❷〔みだらな〕quase obsceno/na, indecente por pouco. ～内容の映画 filme (m) de conteúdo que beira a indecência.

きわまる 窮まる, 極まる ❶〔終わる〕terminar, parar, cessar. 株価の騰貴は窮まるところを知らない O aumento das ações não para. ❷〔極限に達する〕chegar ao máximo, atingir o limite. 迷惑極まりない言動 atitude (f) extremamente incômoda. ❸〔行き詰まる〕estar ⌊encurralado/da [sem saber o que fazer]. 進窮まる estar num beco sem [não ter] saída.

きわみ 極み auge (m), limite (m), extremo (m). ぜいたくの～ cúmulo (m) da luxúria.

きわめて 極めて muito, extraordinariamente, extremamente. ～重要な sumamente importante. ～重大な状態 estado (m) extremamente crítico.

きわめる 窮める, 極める, 究める ❶〔行きつく〕atingir, alcançar. 富士山の頂上を～ alcançar o topo do Monte Fuji. 真理を～ alcançar a verdade. ❷〔非常に深いところまで知る〕penetrar, dominar. 社会学を～ penetrar a fundo no estudo das ciências sociais. 彼女は弓道の奥義をきわめている Ela domina os segredos da arquearia japonesa. ❸〔極度〕ser extremo/ma. 口をきわめてほめる fazer os maiores elogios.

きわもの 際物 ❶ artigo (m) de interesse passageiro. ～の本 livro (m) da hora, obra (f) do momento. ❷〔時の話題のエッセイ〕artigo (m) da época ou estação.

きをつけ 気を付け ～をする pôr-se em posição ereta e sem movimentos;《比》tomar uma atitude respeitosa. 気をつけ《号令》Sentido!

きん 筋 〖解〗músculo (m). ♦筋ジストロフィー distrofia (f) muscular. 筋線維 fibra (f) muscular. 筋電図 eletromiograma (m). 筋トレ musculação (f), treinamento (m) com pesos,《口語》malhação (f). 横紋筋 músculo esquelético. 屈筋 músculos retratores. 骨格筋 músculo (estriado) esquelético, músculo estriado. 伸筋 músculos extensores. 随意筋 músculos voluntários. 不随意筋 músculos involuntários. 平滑筋 músculo liso.

きん 菌 ❶〔ばい菌〕micróbio (m), microorganismo (m). ❷〔菌類〕fungo (m).

きん 金 ouro (m). ～色の dourado/da, áureo/rea, da cor do ouro. ～色の光 brilho (m) dourado. ♦金色 dourado (m).

ぎん 銀 prata (f). ～色の prateado/da, da cor da prata. ♦銀製品 artigo (m) de prata.

きんいつ 均一 uniformidade (f). ～な uniforme, único/ca. ～に com uniformidade. 料金を～にする fixar um preço único. ♦均一料金 preço (m) único. 百円均一 Todos os produtos (artigos) a preço único de cem ienes (cada)./Tudo a cem ienes (cada).

きんいっぷう 金一封 dinheiro (m) como presente, envelope (m) com dinheiro (para dar de presente). ～を包む[与える] dar [entregar] dinheiro como presente.

きんえん 禁煙 《掲示》Proibido Fumar./《婉曲》Obrigado por não Fumar. この部屋は～ですか É proibido fumar nesta sala? ♦禁煙車 carro (m) dos não-fumantes, vagão (m) para não-fumantes. 禁煙席 assento (m) para não-fumantes.

きんえん 筋炎 〖医〗miosite (f), inflamação (f) dos músculos.

きんか 金貨 moeda (f) de ouro. ♦金貨払い pagamento (m) em ouro.

ぎんか　銀貨 moeda(f) de prata.
ぎんが　銀河 ❶〔天〕Via(f) Láctea, Estrada(f)〔Carreira(f), Carreiro(m)〕de Santiago. ❷ galáxia(f). ♦銀河系 sistema(m) galático. 銀河団 aglomerado(m)〔grupo(m), cúmulo(m)〕de galáxias. 超銀河団 superaglomerado(m) de galáxias.
きんかい　近海 águas(fpl) costeiras. 静岡の〜で perto das costas de Shizuoka. 近海漁業 pesca(f) costeira. 近海もの peixe(m) costeiro. 近海輸送 cabotagem(f), navegação(f) costeira.
きんかい　金塊 lingote(m) de ouro, pepita(f) de ouro.
きんがく　金額 quantia(f) de dinheiro, soma(f), importância(f). ここに使った〜を書いてください Escreva aqui a quantia que você gastou.
きんがしんねん　謹賀新年 Desejo-lhe um próspero Ano Novo./Feliz Ano Novo!《em cartões》.
ぎんがみ　銀紙〔銀色の紙〕papel(m) prateado;〔アルミホイル〕papel alumínio.
きんかん　金冠 coroa(f) de ouro. 歯に〜をかぶせる pôr uma coroa de ouro no dente. 〜をかぶせた歯 dente(m) de ouro.
きんかん　金柑〔植〕tangerina-kinkan(f).
きんかん　金環〔天〕anel(m) de ouro. ♦金環食 eclipse(m) anular.
きんがん　近眼 miopia(f). 〜の míope. 私は〜なのです Eu sou míope./Eu tenho miopia.
きんかんがっき　金管楽器〔音〕instrumento(m) de sopro de metal. 〜の合奏団 grupo(m) de instrumentos de sopro de metal. ♦金管楽器部 seção(f) dos metais(de uma orquestra).
きんき　禁忌 ❶ tabu(m). 宗教上の〜 tabu religioso. 〜を犯す violar o tabu. 〜に触れる ir contra o tabu. ❷ contra-indicação(f). 薬に〜を示す contra-indicar um remédio. ♦禁忌薬 remédio(m) contra-indicado.
ぎんぎつね　銀狐〔動〕raposa(f) prateada.
きんきゅう　緊急 urgência(f), emergência(f). 〜の urgente, de urgência. 〜の事件 caso(m) urgente. 〜の用事で devido a um imprevisto. 〜の場合にはここに連絡してください Em caso de emergência, contatar o seguinte endereço. 緊急措置 medidas(fpl) de urgência. 緊急避難 evacuação(f) de urgência.
きんぎょ　金魚 peixinho(m) dourado. …に〜の糞(ﾌﾝ)のようについて歩く seguir〔acompanhar〕… como uma sombra. ♦金魚すくい jogo(m) de festivais japoneses onde se apanham peixinhos dourados com uma rede de papel japonês. 金魚鉢 aquário(m).
きんきょう　近況 estado(m) atual, condição(f) atual. 〜を知らせてください Conte-me como está sua vida ultimamente〔estão as coisas nesse momento〕. ♦近況報告 notícias(fpl)〔relato(m), informe(m)〕do estado atual de algo ou de alguém.
きんぎょそう　金魚草〔植〕boca-de-leão.
きんきん　近々 nesses dias, em breve. 〜ご連絡します Entrarei em contato em breve.
きんく　禁句 tabu(m), palavra(f) tabu, tema(m) tabu. 彼女にとってそれは〜だ Para ela, isso é um tabu. 結婚式のときには別れるとか切れるとかは〜だ Palavras como "separar" e "cortar" são tabu em cerimônias de casamento(no Japão).
キングサイズ 〜の supergrande.
きんけい　近景 paisagem(f) que se vê de perto.
きんけん　金券 ❶ nota(f)〔certificado(m)〕conversível em ouro. ❷《比》voucher(m)〔ヴァーウシェル〕, título(m) de crédito〔certificado(m)〕conversível em mercadoria ou serviço.
きんけん　金権 poder(m) do dinheiro, influência(f) do dinheiro. 〜が政治を支配する O poder do dinheiro comanda a política. ♦金権国家 plutocracia(f). 金権政治家 político/ca mercenário/ria, plutocrata.
きんけん　勤倹 trabalho(m) e poupança(f). 〜貯蓄する trabalhar e poupar. ♦勤倹貯蓄 dinheiro(m) conseguido através de trabalho árduo e poupança.
きんげん　謹厳 gravidade(f), austeridade(f), reserva(f). 〜な sério/ria, grave, austero/ra. 〜な顔つき expressão(f) grave, semblante(m) sério.
きんげん　金言 ditado(m), máxima(f), aforismo(m), provérbio(m), adágio(m), axioma(m). ♦金言名句 ditados(mpl) e provérbios(mpl).
きんこ　金庫 ❶ cofre(m), caixa-forte(f). …をホテルの〜に預ける depositar … no cofre do hotel. 〜を〜に入れてしまう guardar … em um caixa-forte. 〜破りをする assaltar um caixa-forte. ♦金庫破り〔行為〕assalto(m) a um cofre;〔人〕ladrão/dra especialista em abrir cofres. 貸し金庫 cofre de aluguel. ❷〔金融機関〕banco(m), caixa(f) econômica. ♦信用金庫 banco de crédito. ブラジル連邦貯蓄金庫 Caixa Econômica Federal.
きんこ　禁錮〔法〕detenção(f), reclusão(f), prisão(f). …を無期〜刑に処する condenar … à prisão perpétua. ♦禁錮囚 preso/sa.
きんこう　均衡 equilíbrio(f). 〜のとれた equilibrado/da. 〜をとる equilibrar. 〜を得る conseguir o equilíbrio. 〜を保つ manter o equilíbrio. 二つの国は力の〜を保っている Os dois países mantêm um equilíbrio de forças. 〜を破る romper o equilíbrio. 二国間の力の〜が破れた Rompeu-se〔Perdeu-se〕o equilíbrio de forças entre os dois países.

需給残高は〜がとれている A balança entre a oferta e a procura se mantém equilibrada. 国際収支の〜 equilíbrio da balança de pagamentos internacionais. ♦不均衡 desequilíbrio (*m*).

きんこう 近郊 subúrbio (*m*), arredores (*mpl*). 〜の住宅 residência (*f*) no [de] subúrbio. ♦近郊農業 agricultura (*f*) suburbana.

きんこう 金鉱 ❶ mina (*f*) de ouro, filão (*m*) de ouro. ♦金鉱採掘 mineração (*f*) de ouro. 金鉱探査 busca (*f*) por ouro. ❷ 〔金を含む鉱石〕 minério (*m*) de ouro.

*ぎんこう 銀行 banco (*m*) [バンコ]. 〜にお金を預ける depositar dinheiro no banco. 〜からお金を引き出す sacar dinheiro do banco. ♦銀行員 bancário/ria. 銀行通帳 caderneta (*f*) de conta corrente bancária. 銀行振替 débito (*m*) em conta bancária. 銀行振込 depósito (*m*) em conta corrente. 銀行預金 poupança (*f*) bancária, depósito (*m*) bancário.

きんこんしき 金婚式 bodas (*fpl*) de ouro do casamento. 〜を祝う celebrar as bodas de ouro.

ぎんこんしき 銀婚式 bodas (*fpl*) de prata.

きんさ 僅差 pouca diferença (*f*). 〜で勝つ (負ける) ganhar (perder) por uma pequena diferença.

きんざいく 金細工 ourivesaria (*f*).

きんさく 金策 expedientes (*mpl*) para arranjar [tentar obter] dinheiro (para um determinado fim). 〜に駆けずり回る correr atrás de empréstimos. 〜に窮する ficar sem recursos, não ter como arranjar dinheiro.

*きんし 禁止 proibição (*f*) [プロイビサォン], interdição (*f*) [インテルヂサォン]. 〜する proibir. この通りでは駐車は〜されている Você não pode estacionar nesta rua. /《掲示》Proibido estacionar. 通り抜け〜《掲示》Proibida Passagem./Rua (*f*) Interditada. (関係者以外) 立入〜《掲示》Proibida a Entrada (de Estranhos). 立入〜の果樹園 pomar (*m*) de ingresso vedado, pomar de entrada proibida.

きんし 近視 miopia (*f*). ⇨近眼.

きんし 菌糸 〔植〕hifa (*f*) 《dos fungos cujo conjunto forma o micélio》.

きんしつ 均質 homogeneidade (*f*). 〜的な材料 material (*m*) homogêneo. 〜化する homogeneizar. ♦均質化 homogeneização (*f*).

きんじつ 近日 〜中に dentro de poucos dias, um dia desses; em breve. 〜中にお伺いいたします Eu o/a visitarei um dia desses. 〜開店《掲示》Inauguração-Breve. Aguardem!

きんじとう 金字塔 ❶ pirâmide (*f*). ❷《比》obra (*f*) monumental.

きんしゅ 禁酒 abstemia (*f*), abstinência (*f*) (de bebidas alcoólicas). 私は今〜している Não estou ingerindo álcool [bebendo coisa alcoólica] agora. ♦禁酒法〔法〕Lei (*f*) Seca.

きんしゅ 筋腫 〔医〕mioma (*m*), tumor (*m*). ♦子宮筋腫 mioma do útero.

きんじゅう 禽獣 os animais, as aves e as bestas.

きんしゅく 緊縮 ❶〔ひきしめること〕redução (*f*), restrição (*f*). ❷〔切り詰め〕austeridade (*f*), corte (*m*) de despesas. 〜する reduzir as despesas, economizar. 財政を〜する reduzir as atividades financeiras. ♦緊縮予算 orçamento (*m*) limitado [apertado].

きんじょ 近所 vizinhança (*f*), cercanias (*fpl*), arredores (*mpl*). 〜の vizinho/nha. 〜の人 vizinho/nha. この〜はここから近くです Aqui é perto. 隣の犬の鳴き声は〜迷惑だ O latido do cão da casa ao lado é um incômodo para a vizinhança. 〜付き合いをうまくする ter boa relação com os vizinhos. ♦近所外交 política (*f*) da boa vizinhança. 近所付き合い trato (*m*) com os vizinhos, relação (*f*) com a vizinhança.

ぎんしょう 吟唱 recitação (*f*) melódica de poesia. 〜する recitar melodicamente (uma poesia).

きんじる 禁じる proibir. ⇨禁止.

きんしん 謹慎 atitude (*f*) de reserva, ato (*m*) de se confinar. 〜する abster-se de aparecer em público. 〜中である estar afastado/da da vida pública. 自宅〜を命じられる ser obrigado/da à reclusão domiciliar [a ficar em casa].

きんしん 近親 parentesco (*m*) próximo. ♦近親婚 endogamia (*f*), casamento (*m*) consanguíneo [endogâmico]. 近親交配 cruza (*f*) consanguínea. 近親者 parente próximo. 近親相姦 incesto (*m*). 近親繁殖 reprodução (*f*) endogâmica.

きんせい 均整 proporção (*f*), simetria (*f*). 〜のとれた bem proporcionado/da. 〜のとれていない desproporcionado/da.

きんせい 禁制 proibição (*f*), interdição (*f*). この山は女人〜だった Era proibida a subida de mulheres nesta montanha.

きんせい 近世 Idade (*f*) Moderna 《do século XIV ao fim do XVI, mais ou menos》, tempos (*mpl*) modernos. 〜の moderno/na. 江戸時代は〜の一部だ O período Edo é uma parte da Idade Moderna (do Japão). ♦近世史 história (*f*) moderna.

きんせい 金星 Vênus (*m*).

きんせい 金製 confecção (*f*) em ouro. 〜の de [em] ouro.

ぎんせい 銀製 confecção (*f*) em prata. 〜の de [em] prata.

ぎんせかい 銀世界 paisagem (*f*) coberta de neve.

きんせん 金銭 dinheiro (*m*). 〜に汚い ser sujo/ja em matéria de dinheiro. 〜に細かい ser meticuloso/sa em matéria de dinheiro. ～上の monetário/ria, financeiro/ra, pecuniário/ria. ～上の援助 ajuda (*f*) financeira. …を～的に援助する ajudar … financeiramente.

きんせんか 金盞花 〘植〙calêndula (*f*).

きんぞく 勤続 serviço (*m*) contínuo. ～年数に応じて em proporção aos anos de serviço contínuo. 30 年～する trabalhar trinta anos numa mesma empresa. 彼女はこの職場に～すること 10 年だ Ela ocupa este posto há dez anos. 彼はこの工場に 20 年～した後引退した Ele se aposentou depois de trabalhar vinte anos nesta fábrica. ♦勤続年限 período (*m*) de serviço contínuo.

きんぞく 金属 metal (*m*). ～製の de metal, metálico/ca. ～疲労で車軸が折れた O eixo da roda quebrou devido à fadiga do metal. 金属性 qualidade (*f*) de metálico, metalicidade (*f*). 金属板 metalógrafo (*m*). 貴金属 metal precioso. 軽金属 metal leve. 重金属 metal pesado. 卑金属 metal comum.

きんだい 近代 Idade (*f*) Moderna, época (*f*) moderna. ～の(的な) moderno/na. ～化する modernizar. ♦近代化 modernização (*f*). 近代国家 estado (*m*) moderno. 近代史 história (*f*) moderna. 近代人 homem (*m*) moderno.

きんだん 禁断 proibição (*f*), abstinência (*f*). ～の果実 fruto (*m*) proibido. ♦禁断症状 síndrome (*f*) de abstinência. 性的禁断 abstinência sexual, celibato (*m*).

きんちさん 禁治産 〘法〙interdição (*f*) civil, incapacitação (*f*). ～宣告をする interditar. ～の宣告を受ける ficar interdito/ta. ～の申し立て demanda (*f*) de interdição. ♦禁治産者 interdito/ta, incapacitado/da (de exercer função civil devido a distúrbios mentais etc).

きんちゃく 巾着 ❶ algibeira (*f*), saquinho (*m*) fechado por cordinhas. ❷〘料〙saquinho (*m*) de *tofu* frito recheado com bolinho de arroz.

きんちょう 緊張 ❶ tensão (*f*), nervosismo (*m*). ～する ficar nervoso/sa [tenso/sa]. ～している estar nervoso/sa. ～した nervoso/sa. 彼は～した顔をしている Ele está com uma expressão tensa. ～した雰囲気 ambiente (*m*) tenso [pesado, carregado]. 初めて社長室に入ったときは～しました Fiquei nervoso quando entrei na sala do presidente pela primeira vez. 国際間の～が高まっている Está aumentando a tensão internacional. ～が解ける relaxar-se, acalmar-se, passar a tensão. ～をほぐす aliviar a tensão, acalmar os nervos. ♦緊張緩和 *détente* (*f*) [ｱﾞﾃｰﾝﾃ], dissuasão (*f*), distensão (*f*). 緊張状態 estado (*m*) de tensão. ❷ atenção (*f*), concentração (*f*). もっと～して仕事をしてください Por favor, faça o serviço com mais atenção [concentração]. ❸ rigidez (*f*), tensão. ～した筋肉 músculo (*m*) tenso [teso, retesado, esticado].

きんてんさい 禁転載 reprodução (*f*) proibida.

きんとう 均等 igualdade (*f*). ～な igual. ～に分ける distribuir com igualdade, dividir em partes iguais. 教育の機会～ igualdade de oportunidades escolares. ♦男女雇用機会均等法 lei (*f*) da igualdade de oportunidades de trabalho para ambos os gêneros.

きんとう 近東 Oriente (*m*) Médio. ♦近東諸国 países (*mpl*) do Oriente Médio.

きんとん 金団 〘料〙purê (*m*) de batata doce. ♦栗金団 purê (*m*) de batata doce com castanha.

ぎんなん 銀杏 〘植〙semente (*f*) da nogueira-do-Japão.

きんにく 筋肉 〘解〙músculo (*m*). ～の収縮 contração (*f*) dos músculos. ～痛を感じる sentir dor nos músculos. ～痛を和らげる aliviar a dor muscular. ～トレーニングで鍛えられた体 um corpo (*m*) malhado. 体を～トレーニングで鍛えた人たち pessoal (*m*) malhado. ♦筋肉増強剤 esteroides (*mpl*) (androgênicos anabólicos), anabolizantes (*mpl*), *doping* (*m*). 筋肉注射 injeção (*f*) intramuscular. 筋肉痛 〘医〙mialgia (*f*), dor (*f*) muscular. 筋肉トレーニング musculação (*f*), treinamento (*m*) com pesos, 《口語》malhação (*f*).

きんねん 近年 estes últimos anos (*m*).

きんぱく 緊迫 tensão (*f*), emoção (*f*). ～する ficar tenso/sa. 情勢は～している A situação está tensa. ～した空気が感じられる Percebe-se o ambiente tenso. ～した試合 jogo (*m*) tenso [emocionante]. ♦緊迫感 sensação (*f*) de tensão, clima (*m*) tenso.

きんぱく 金箔 folha (*f*) [lâmina (*f*)] de ouro, folhagem (*f*) a ouro. …に～をかぶせる folhear … a ouro.

ぎんぱく 銀箔 folha (*f*) [lâmina (*f*)] de prata.

きんぱつ 金髪 cabelo (*m*) loiro. ～の loiro/ra, louro/ra. ～の外国人 estrangeiro/ra de cabelos louros [loiros]. ～に染める pintar os cabelos de loiro [louro].

ぎんぱつ 銀髪 cabelos (*mpl*) ∟prateados [que estão embranquecendo].

きんぴら 金平 〘料〙raiz (*f*) de bardana cortada em palitos finos e cozida em molho de soja, óleo, açúcar e saquê.

きんぴん 金品 bens (*mpl*) e dinheiro (*m*). ～を受け取る receber presentes em bens e dinheiro.

きんぷん 金粉 pó (*m*) de ouro.

きんべん 勤勉 aplicação (*f*), diligencia (*f*). ～な diligente, trabalhador/ra. ～に com diligência, com aplicação.

きんぺん 近辺 proximidade (*f*), vizinhança (*f*), cercanias (*fpl*), arredores (*mpl*). こ

の～にスーパーはないでしょうか Será que tem algum [Não tem nenhum] supermercado por aqui? ドル相場は 90 円台後半から 85 円～まで下落した O preço do dólar em relação ao iene caiu de mais de noventa ienes para cerca de oitenta e cinco ienes.

きんぽうげ 金鳳花 〖植〗ranúnculo (m).

きんほんい（せいど）金本位（制度） sistema (m) monetário com padrão-ouro.

きんまきえ 金蒔絵 laca (f) de ouro. ～の laqueado/da a ouro. ～の箱 caixa (f) laqueada a [revestida com] ouro.

ぎんみ 吟味 seleção (f) rigorosa. …をよく～して選ぶ selecionar … rigorosamente, examinar bem … e escolher, 《口語》escolher … a dedo. よく～されたワイン vinho (m) bem selecionado [escolhido].

きんみつ 緊密 ～な íntimo/ma, estreito/ta. 両国の関係を～化する desenvolver uma relação íntima entre os dois países.

きんみゃく 金脈 ❶〔金の鉱脈〕filão (m) [veio (m)] de ouro. ❷〔資金を引き出せる所・人〕patrocinador/ra, financeiro/ra, rede (f) de dinheiro. ◆不正金脈 rede (f) de dinheiro ilegal.

きんむ 勤務 serviço (m), trabalho (m). ～する trabalhar, preencher uma função. 会社に 20 年間～する trabalhar numa companhia durante vinte anos. ～中に durante o serviço. ～外に fora do serviço. あなたの～先はどこですか Onde você trabalha? ～中におしゃべりしないでください Não converse durante o serviço. ◆勤務時間 horas (fpl) de trabalho. ◆勤務成績 rendimento (m) de trabalho. 勤務評定 avaliação (f) do rendimento de trabalho. 三交替勤務 serviço em três turnos. 超過勤務 horas (fpl) extras (de trabalho). 夜間勤務 serviço noturno.

きんむりょくしょう 筋無力症 〖医〗miastenia (f), fraqueza (f) muscular.

きんメダル 金メダル medalha (f) de ouro. ～を争う competir por uma medalha de ouro. ～を受賞する receber uma medalha de ouro.

ぎんメダル 銀メダル medalha (f) de prata. ⇨金メダル.

きんめっき 金鍍金 douração (f), douradura (f), folheação (f) a ouro. …に～する folhear … a ouro, dourar ….

ぎんめっき 銀鍍金 cromagem (f) de prata.

きんもつ 禁物 coisa (f) proibida. 油断は～だ A despreocupação é o nosso maior inimigo. この国では飲酒は～だ A bebida alcoólica é proibida neste país. 高血圧には塩辛いものは～だ Quem tem pressão alta deve se abster de comida muito salgada.

きんゆ 禁輸 proibição (f) de exportação e (ou) importação; embargo (m) comercial. ～措置を取る tomar medidas de proibição. ◆禁輸品 artigo (m) de contrabando. 禁輸品目 lista (f) de artigos proibidos (de exportar ou importar).

きんゆう 金融 financiamento (m), finanças (fpl), crédito (m).

◆金融会社 companhia (f) financeira. 金融業［機関］instituição (f) financeira [bancária]. 金融業者 financeiro/ra. 金融工学 engenharia (f) financeira [computacional]. 金融市場 mercado (m) financeiro. 金融資本 capital (m) financeiro. 金融制度 sistema (m) financeiro. 金融庁 Agência (f) de Serviços Financeiros. 間接金融 financiamento (m) indireto. 直接金融 financiamento (m) direto. 闇金融 agiotagem (f). 闇金融業者 agiota.

ぎんゆうしじん 吟遊詩人 trovador/ra, menestrel.

きんようび 金曜日 sexta-feira (f). ～に na sexta-feira. ～ごとに nas [as] sextas-feiras.

きんよく 禁欲 ascese (f). ～的な ascético/ca. ～的な生活をおくる levar uma vida de mortificação. ～する abster-se dos prazeres mundanos. ◆禁欲主義 ascetismo (m), ascese (f). 禁欲主義者 asceta. 禁欲生活 vida (f) ascética.

きんらい 近来 nos últimos tempos, recentemente.

きんり 金利 juros (mpl). ～を引き上げる（下げる）aumentar (abaixar) a taxa de juros. ◆金利率 taxa (f) de juros.

きんりょう 禁漁 proibição (f) de pesca. ～を開始する（解く）declarar o início (fim) do defeso. ◆禁漁期 defeso (m). 禁漁区 reserva (f) de pesca.

きんりょう 禁猟 proibição (f) de caça. ～を開始する（解く）declarar o início (fim) do defeso. ◆禁猟期 defeso (m). 禁猟地区 reserva (f) de caça.

きんりょく 筋力 força (f) muscular. ～がある ter músculo. ◆筋力トレーニング treinamento (m) para fortalecer os músculos, musculação (f).

きんりん 近隣 vizinhaça (f), proximidade (f). ◆近隣諸国 países (mpl) vizinhos.

きんるい 菌類 〖植〗fungos (mpl).

きんろう 勤労 trabalho (m). ～の義務〖法〗dever (m) do trabalho. ◆勤労意欲 vontade (f) de trabalhar. 勤労階級 classe (f) trabalhista [trabalhadora]. 勤労学生 estudante trabalhador, 〖法〗empregado/da estudante. 勤労感謝の日 Dia (m) de Ação de Graças ao Trabalho, Feriado (m) em Agradecimento ao Trabalho. 勤労者 trabalhador/ra. 勤労所得 remuneração (f) do trabalho, salário (m).

く

く 九 nove (m). 第〜の nono/na. ⇨九(きゅう).

く 区 bairro (m), distrito (m). 新宿〜 distrito de Shinjuku. ♦区役所 repartição (f) pública de bairro. 連邦区 Distrito Federal.

く 句 frase (f), locução (f), expressão (f); verso (m). ♦慣用句 expressão idiomática. 形容詞(副詞, 前置詞)句〔文法〕locução adjetival (adverbial, prepositiva).

く 苦 〔苦痛〕sofrimento (m), pena (f), dor (f); 〔心配〕preocupação (f). 病気を〜にする preocupar-se com a doença. その仕事は〜にならない Esse trabalho não me é difícil [não é difícil para mim, não me cansa].

ぐ 具 ❶〔道具〕instrumento (m). ❷〔料理に入れる実(み)〕ingrediente (m). みそ汁の〜 ingredientes da sopa de soja.

ぐあい 具合 〔状態〕condição (f);〔方法〕jeito (m). 体の〜 estado (m) de saúde. 肉を食べて胃の〜が悪くなった A carne me desarranjou o estômago. 私はきょうは〜が悪くて飲めません Hoje eu não posso beber porque estou me sentindo mal. きょうは〜はどうですか Como está se sentindo hoje? どんな〜にやりますか De que jeito vamos fazer isso? ステーキの焼き〜はどうしますか Como quer o bife, bem passado ou mal passado? すべては〜よく運んだ Correu tudo bem.

グアテマラ Guatemala (f). 〜の guatemalteco/ca.

くい 悔い arrependimento (m), insatisfação (f). 〜を残す arrepender-se. 勝敗を別として〜のない試合をしろ Independente de se ganhar ou perder, quero que vocês façam um bom jogo.

くい 杭 estaca (f). …に〜を打つ fincar [cravar] uma estaca em …. 土地を〜で囲む cercar um terreno com estacas. ♦杭打ち機 martinete (m).

くいあらす 食い荒らす corroer, roer. 虫に食い荒らされた家具 móvel (m) corroído [carcomido] pelos bichos.

くいあらためる 悔い改める arrepender-se (e fazer algo para se redimir).

くいあわせ 食い合わせ ❶〔食べ物の〕mistura (f) de comidas. ❷〔建具などの〕cunha (f).

くいいじ 食い意地 gula (f), glutonaria (f). 〜が張っている人 glutão/tona.

クイーン ❶〔トランプの〕rainha (f) (de baralho). ❷〔チェスの〕rainha (do jogo de xadrez).

くいき 区域 zona (f), distrito (m). ♦管轄区域 jurisdição (f), vara (f). 危険区域 zona perigosa. 駐車禁止区域 zona de estacionamento proibido. (郵便の)配達区域 zona de distribuição postal.

くいこむ 食い込む ❶ penetrar. 木片がつめと肉の間に食い込んだ Entrou uma ferpa entre a unha e a carne. ゴムが腕に食い込んでいる A borracha está apertando muito forte o braço. ❷ invadir, penetrar. 外国市場に〜 penetrar no mercado estrangeiro.

くいしばる 食いしばる apertar os dentes. 歯を食いしばって我慢する apertar os dentes e aguentar.

くいしんぼう 食いしん坊 comilão/lona.

クイズ charada (f), quiz (m) [クイズ]. ♦クイズ番組 programa (m) de charadas [de perguntas e respostas], quiz show (m).

くいちがい 食い違い desacordo (m), divergência (f); 〔誤解〕engano (m), mal-entendido (m).

くいちがう 食い違う contradizer, haver um mal-entendido. その話はぼくの聞いた話と〜 Essa história está diferente da que eu ouvi. 話が食い違っています Há um mal-entendido nessa história aí.

クイックコーナー sala (f) de auto-atendimento 《em bancos》

くいとめる 食い止める deter, fazer parar, segurar, frear. 延焼を食い止めなければならない É preciso deter a propagação do fogo. 被害を最小限に〜ようにします Vou me empenhar para [em] reduzir os danos ao mínimo.

くいる 悔いる arrepender-se de. 私はそれを言ったことを悔いている Estou arrependido/da [Eu me arrependo] de ter dito isso.

くう 食う ❶ comer. ⇨食べる. ❷〔消費〕gastar. このエンジンはガソリンを食いすぎる Esta máquina gasta gasolina demais. これは時間を〜仕事だ Este é um trabalho que leva muito tempo (para se fazer). ❸〔生活する〕viver. 〜に困らる viver na penúria [miséria]. 〜に困らない ter o suficiente para viver. ¶ その手は食わぬ Não caio nessa (cilada), não. 〜か食われるかの闘争 uma luta muito acirrada. 何食わぬ顔をする fingir que não sabe de nada. 人を食ったことを言う dizer coisas insolentes.

クウェート Kuwait (m). 〜の kuwaitiano/na.

くうかん 空間 espaço (m); espaço vago. 〜の espacial. ♦宇宙空間 espaço cósmico, o espaço. 三次元空間 espaço tridimensional.

*くうき 空気 ar (m) [アール], atmosfera (f) [アチモスフェーラ]. 新鮮な〜を吸う respirar [to-

mar｜ar fresco. …を～に当てる expor … ao ar, arejar. ～の流通の良い bem ventilado/da [arejado/da]. 部屋に～を入れましょうか Vamos ventilar o quarto? タイヤに～を入れてください Encha o pneu, por favor. 部屋じゅうに重苦しい～が漂った A sala inteira ficou com um ambiente pesado. ♦空気抵抗 resistência (f) do ar. 空気伝染 contágio (m) pelo ar. 空気枕 almofada (f) pneumática. 空気冷却機 refrigerador (m) de ar.

くうぐん 空軍 força (f) aérea, aeronáutica (f). ♦空軍基地 base (f) aérea.

くうこう 空港 aeroporto (m). すみません、～の出発(到着)ターミナルはどちらでしょうか Por favor, onde é o terminal de partida (chegada)? 「何時に～に行けばいいでしょうか」「出発の2時間前までに～にお越しください」A que horas devo ir ao aeroporto? —Por gentileza, esteja lá até duas horas antes da partida. ♦国際空港 aeroporto internacional.

くうしゃ 空車 táxi (m) livre.

くうしゅう 空襲 bombardeio aéreo (m), ataque (m) aéreo. ♦空襲警報 alarme (m) anti-aéreo.

ぐうすう 偶数 número (m) par.

くうせき 空席 lugar (m) vago, vaga (f);［座席］assento (m) desocupado. ～ができた［座席］Desocupou um lugar;［地位］Vagou um posto.

*****ぐうぜん 偶然** casualidade (f)［カズアリダーヂ］, coincidência (f)［コインスィデンスィア］, eventualidade (f)［エヴェントゥアリダーヂ］. ～の casual, acidental. ～に por acaso, por coincidência, coincidentemente. ～の錯誤【法】erro (m) acidental. ～の一致で por pura coincidência. 私たちは～同じバスに乗り合わせていた Por coincidência, estávamos no mesmo ônibus. 私は～この本をブラジルで見つけた Achei este livro por acaso no Brasil.

くうそう 空想 imaginação (f), fantasia (f). ～する imaginar, fantasiar. ♦空想科学小説 romance (m) de ficção científica.

ぐうぞう 偶像 ídolo (m).

くうちゅう 空中 ～の aéreo/rea, atmosférico/ca. ～で no ar. ～を飛ぶ voar. ♦空中撮影 fotografia (f) aérea. 空中戦 combate (m) aéreo;［サッカー］jogada (f) aérea, jogada pelo alto.

くうちょう 空調 ar (m) condicionado. ♦空調設備 (instalação (f) do) sistema (m) de ar condicionado.

くうちょう 空腸 【解】intestino (m) jejuno.

クーデター coup d'état (m)［クーデター］, golpe (m) de Estado.

くうどう 空洞 caverna (f), cavidade (f). この木は～になっている Esta árvore tem uma cavidade. 肺に～ができた Produziu-se uma cavidade no pulmão. ～化する tornar-se oco/ca;［取り決めなどが］perder o efeito. ♦空洞化 esvaziamento (m) da parte interna. 空洞れんが tijolo (m) oco.

くうはく 空白 branco (m); margem (f); lacuna (f), vazio (f). ～のページ página (f) em branco. ～を埋める preencher uma lacuna [um vazio].

くうばく 空爆 bombardeio (m) aéreo. ～を受ける ser bombardeado/da por aviões.

ぐうはつ 偶発 ～的な acidental, casual, eventual, ocasional, contingente;【法】fortuito/ta, incidental, eventual. ～的に acidentalmente, por acaso. ♦偶発事故 caso (m) fortuito. 偶発的故意 dolo (m) incidental. 偶発的損害 dano (m) eventual.

くうふく 空腹 fome (f). ～な faminto/ta. ～を紛らす enganar o estômago. 私は～です Eu estou com fome. ～時にこの薬を飲まないでください Não tome este remédio com o estômago vazio.

くうぼ 空母 porta-aviões (m).

クーポン ❶［切り取り式の券］cupom (m) (promocional, de desconto, destacável), cupão (f). ❷［切符など］tíquete (m)［bilhete (m)］numerado que confere certos direitos ao seu portador.

くうゆ 空輸 transporte (m) aéreo.

クーラー ［部屋の］refrigerador (m) de ar, ar (m) condicionado;［機械の］radiador (m).

クーリングオフ 【経】sistema (m) de proteção ao cliente (segundo o qual é possível cancelar-se uma reserva ou um contrato, sem nenhum ônus, desde que dentro do período estipulado).

クール ❶［涼しい］fresco/ca. ❷［冷静な］racional, cerebral,《口語》(de) cuca fresca. あの人は～な人だからそのようなことは気にしていない Ele é cuca fresca e por isso não está fazendo o caso dessas coisas.

くうろ 空路 rota (f) aérea. ～で (por) via aérea.

くうろん 空論 teoria (f) inaplicável.

クエスチョンマーク ponto (m) de interrogação.

クオリティー qualidade (f). ♦クオリティーコントロール controle (m) de qualidade.

くかい 句会 reunião (f) de poetas de haicai (que podem ser profissionais ou não).

くかく 区画 seção (f), lote (m). ～する demarcar, delimitar, dividir. ～整理をする reajustar a divisão do terreno; demarcar as ruas.

くがく 苦学 ato (m) de pagar os estudos com o próprio trabalho. ～をする estudar num período e trabalhar em outro.

くがつ 九月 setembro (m). ～に em setembro, no mês de setembro.

くかん 区間 trajeto (m). 列車の運転～ trajeto de um trem. 200 円～ trajeto [trecho (m)] de duzentos ienes.

くき 茎 haste (f), caule (m).

くぎ 釘 prego (m). …に〜を打つ pregar [pôr] um prego em …. …の〜を抜く tirar o prego de …. 足に〜が刺さったのですか Entrou um prego no seu pé?

くぎづけ 釘付け 〜にする pregar. 〜になる ficar preso/sa. 今週一杯仕事に〜だ Ficarei preso/sa ao trabalho nesta semana inteira. ショックのあまり僕はその場に〜になった Não consegui me mexer de tão chocado. ♦釘付け相場〚経〛cotação (f) estável.

くぎぬき 釘抜き pé-de-cabra (m), truncha (f) 《ferramenta》.

くきょう 苦境 situação (f) difícil, apuros (mpl). 〜にある estar ιem dificuldades [numa situação difícil]. 〜を乗り切る sair de uma situação difícil [《口語》dar a volta por cima].

くぎり 区切り ❶〔句読〕pontuação (f), divisão (f). ❷〔休止〕intervalo (m), término (m);〔終わり〕término (m). …に〜をつける terminar …, concluir …. 〜の良いところで今日の仕事を終わりにしましょう Vamos parar por um lugar bom de se terminar o trabalho de hoje.

くぎる 区切る dividir, cortar, separar. 文章を〜 dividir uma frase. その箱を区切ってください Por favor, divida essa caixa em vários compartimentos.

くくる 括る ❶〔束ねる〕amarrar, atar. 雑誌をまとめて紐(ひも)で〜こと Deve-se ajuntar as revistas e amarrar com uma corda. その新聞の束(たば)をくくりましょう Vamos amarrar essa pilha de jornais. ボートを縄で木にくくりつける amarrar o barco na árvore com uma corda. 首を〜 enforcar-se. ❷〔しめくくる〕terminar, encerrar. 花火でパーティーをくくった Terminou-se a festa com fogos de artifício. ❸〔まとめる〕くくられる ser padronizado/da [generalizado/da, esteteotipado/da]. 我々はくくられたくない Nós não queremos ser esteteotipados./Não queremos que generalizem nosso comportamento. ¶高を〜 menosprezar. 相手が弱く見えるからと言って高をくくってはいけない Jamais menospreze um adversário por ele parecer fraco.

くぐる passar por baixo de. トンネルを〜 passar pelo túnel. ガードを〜 passar por baixo do viaduto. 法律の網を〜 iludir a lei.

ぐげん 具現 realização (f), materialização (f). アイディアを〜化する concretizar [materializar] uma ideia, tornar uma ideia realidade.

ぐこう 愚行 ato (m) de desatino [loucura], 《口語》besteira (f). 〜を繰り返す repetir besteiras.

*くさ 草** erva (f) [エールヴァ], capim (m) [カピーン]. 〜を取る capinar, arrancar as ervas (daninhas). 〜をはむ pastar. 近いうちに庭の〜取りをしてください Gostaria que você capinasse o jardim um dia desses.

くさい 臭い ❶ fedorento/ta, de mau cheiro, fedido/da, fétido/da. ガス〜 Está com cheiro de gás. この部屋は〜 Este quarto está ιcom mau cheiro [cheirando mal]. 口が〜 estar com [ter] mau hálito. アルコール〜 cheirar a álcool. ❷〔疑わしい〕《口語》com um quê de trapaça. 試合のその引き分けはちょっと臭かった O empate ιnão me cheirou bem [teve sabor de marmelada]. どうもあいつが〜 Ele parece ser suspeito.

ぐざい 具材 ingrediente (m), componente (m). 小麦粉はパンの主な〜だ A farinha de trigo é o principal ingrediente [componente] do pão.

くさかり 草刈り ceifa (f) de erva. 〜をする cortar a relva. ♦草刈り鎌 foice (f).

くさとり 草取り monda (f). 〜をする mondar, arrancar as ervas daninhas.

くさばな 草花 flor (f) silvestre [campestre].

くさび cunha (f). …に〜を打ちこむ cravar uma cunha em …. ♦くさび形 forma (f) de cunha. くさび形文字 caráter (m) cuneiforme.

くさぶき 草葺 ♦草葺屋根 telhado (m) de palha.

くさもち 草餅 〚料〛bolinho (m) de arroz misturado com artemísia.

くさや 〚料〛carapau (m) salgado e seco de cheiro forte.

くさやきゅう 草野球 beisebol (m) amador praticado em campo aberto.

くさらす 腐らす deixar apodrecer. …の気を〜 desanimar [desencorajar] ….

くさり 鎖 corrente (f). 犬は〜でつないでおいてください Deixe o cachorro preso numa corrente.

くさる 腐る ❶ apodrecer. 腐った卵 ovo (m) podre. この魚は腐っている Este peixe está podre. 日本の夏は食べ物が腐りやすい No verão japonês, os alimentos logo apodrecem. ❷〔気持ちが〕ficar deprimido/da, desencorajar-se. 彼は試験に落ちて腐っている Ele está desanimado [deprimido] porque não passou no exame.

くさわけ 草分け 〔パイオニア〕pioneiro/ra, primeiro/ra explorador/ra;〔創設者〕fundador/ra.

くし 駆使 ❶〔使いこなす〕domínio (m). ❷〔最大限に利用する〕pleno uso (m). 〜する 1) dominar, saber usar facilmente. コンピューターを〜する dominar o uso do computador. 2) fazer uso pleno de, usar completamente. あらゆる最新の技術を〜して船を建造した Construíram um barco usando toda a tecnologia de ponta disponível.

くし 串 espeto (m), brochete (f), palito (m)

くし 櫛　pente (m). 〜で髪をとかす pentear o cabelo.

くじ 籤　sorteio (m), rifa (f). 〜を引く tirar a sorte. 〜に当たる ser sorteado/da.

くじく 挫く　torcer. 滑って足をくじいてしまいました Eu escorreguei e acabei torcendo o pé.

くじける 挫ける　desanimar-se. たった1回の失敗でくじけてはいけないよ Não se desanime logo na primeira falha.

くじびき 籤引き　sorteio (m), rifa (f). 〜で順番を決める decidir a ordem por sorteio.

くじゃく 孔雀　〔鳥〕pavão (m)

くしゃみ　espirro (m). 〜をする espirrar.

くじょ 駆除　extermínio (m). 〜する exterminar, acabar com. シロアリを〜する exterminar ᴌos cupins [as formigas brancas].

くじょう 苦情　reclamação (f), queixa (f), resmungos (mpl). …に〜を言う queixar-se a …, fazer uma reclamação a …, reclamar para …. …の〜を言う fazer uma reclamação de [contra] …, ir reclamar de [contra] …, ir queixar-se de [contra] …. 彼らは電話サービスの質が悪いという〜を受けた Eles receberam a reclamação de que o serviço telefônico era de má qualidade. 兵舎では〜があった Houve resmungos nas casernas.

くじら 鯨　〔動〕baleia (f).

くしん 苦心　〔苦労〕sofrimento (m);〔努力〕esforço (m), empenho (m), trabalho (m) árduo. 〜の trabalhado/da. 〜の作 obra (f) trabalhada [de longo trabalho], fruto (m) de muito trabalho. 〜する empenhar-se, esforçar-se, fazer um grande esforço, trabalhar arduamente. 〜したかいがありました Valeu a pena o esforço.

ぐしん 具申　relato (m). …を〜する expressar a própria opinião. ◆具申書 relatório (m).

くず 屑　lixo (m). ◆屑かご cesto (m) de lixo. ⇨ごみ.

くすくす　〜笑う dar uma risadinha. 女の子たちは何も言わないで〜笑った As meninas deram uma risadinha abafada, sem dizerem nada.

ぐずぐず　〔のろく〕lentamente;〔ためらって〕com hesitação. 〜する〔手間どる〕demorar;〔残る〕restar, ficar para trás;〔ちゅうちょする〕vacilar, ficar hesitante. 彼女はほかの人々が立ち去った後まで〜していた Mesmo depois que os outros se foram, ela ainda ficou por algum tempo, fazendo não sei o quê. 〜するな Ande logo!

くすぐったい　sentir cócegas [〔口語〕cosquinhas]. 背中が〜 sentir cócegas nas costas.

くすぐる　❶ fazer cócegas. 背中を〜 fazer cócegas nas costas. ❷〔人の心を軽く刺激していい気持ちにさせる〕agradar, contentar, fazer sentir-se importante. 自尊心を〜 massagear o ego.

くずす 崩す　〔破壊する〕destruir, derrubar;〔両替〕trocar 《dinheiro》;〔下げる〕baixar, reduzir. 壁を〜 demolir uma parede. 体調を〜 ficar ᴌdoente [com a saúde abalada]. バランスを〜 perder o equilíbrio. 値を〜 baixar o preço. この1万円札をくずしてもらえないでしょうか Poderia me trocar esta nota de dez mil ienes?

ぐずつく　❶〔天気が〕estar instável. 今日天気がぐずついている O tempo está instável hoje. ❷〔ぐずぐずする〕tardar (a ser resolvido/da), estar lento/ta. その問題はぐずついている Estão demorando para resolverem o problema.

くずてつ 屑鉄　ferro (m) velho, resíduos (mpl) de ferro, sucata (f).

くすのき 樟　〔植〕canforeira (f).

くすぶる　fumegar 《sem queimar de uma vez》;〔すける〕sujar-se com fuligem;〔発展しない〕estagnar-se, não se resolver, ficar pendente. 焼けた家がくすぶっている A casa incendiada está fumegando. 家の中で〜 ficar em casa (sem fazer nada). 問題はまだくすぶっています O problema ainda está pendente.

*くすり 薬　remédio (m) [ﾍﾒｰﾁﾞｫ], medicamento (m) [ﾒﾁﾞｶﾒﾝﾄ]. 〜一服 uma dose de remédio. 消化の〜 digestivo (m). 〜を飲む tomar remédio. …に〜を飲ませる dar [administrar] remédio a …. 〜を処方する prescrever [receitar] um medicamento. これはかぜ〜ですか Isto aqui é remédio para o resfriado? この〜は私には合いません〔効かない〕Este remédio não faz efeito em mim./〔副作用〕Eu não me dou com este remédio. この〜は副作用がありますか Este remédio tem efeito colateral? この〜はよく効く Este remédio é bom. その失敗は彼にはよい〜になった Esse fracasso foi para ele uma boa lição. ◆薬屋〔店〕farmácia (f), drogaria (f);〔人〕farmacêutico/ca.

くすりゆび 薬指　dedo (m) anular.

くずれる 崩れる　〔つぶれる〕desmoronar-se, desabar;〔壊れる〕quebrar-se;〔粉々になる〕despedaçar-se;〔倒れる〕cair;〔下がる〕cair, baixar;〔形が〕desfazer-se, deformar-se;〔天気が〕piorar. トラックの重みで橋が崩れた A ponte caiu com o peso do caminhão. 荷が崩れないようにしっかりと結べよ Amarre bem para que a carga não se desmorone, está bem? 物価が崩れてきた Os preços das mercadorias ᴌcomeçaram a cair [estão baixando]. 雨でヘアスタイルが崩れてしまった Com a chuva o penteado se desfez. 形の崩れた靴 sapatos (mpl) deformados. 午後から天気は崩れるだろう O tempo vai piorar à tarde.

くすんだ　apagado/da, opaco/ca. 〜色の空 céu

(m) cinza [cinzento]. 私は～色のカーテンが好きだ Eu gosto de cortinas cinza-escuro [fumê].

くせ 癖 mania (f), hábito (m). いつもの～で por força do hábito. 悪い～ mau costume (m), vício (m), maus hábitos (mpl). 足を組むといった姿勢は悪い～だ Cruzar as pernas é um vício de postura. …が…になる … tornar-se um hábito. …する～がつく adquirir o hábito de …, acostumar-se a …, viciar-se em …. 他人に…する～をつけさせる acostumar outra pessoa a …. 自分に早寝の～をつける habituar-se [adquirir o hábito] de dormir cedo. ～を直す corrigir um vício; consertar uma mania. やっとこの悪い～がなくなった Até que enfim este vício acabou! あの先生の話し方には～がある A maneira de falar daquele professor é peculiar./Aquele professor tem uma maneira peculiar de falar. ¶ 無くて七～ Cada um com sua mania.

くせげ 癖毛 cabelo (m) não liso, cabelo que logo fica encaracolado.

-くせに embora, ainda que, se bem que, apesar de. その～ apesar disso. 彼は金持ちの～けちだ Ele é avarento [《俗》pão-duro], apesar de ser rico. 来るって言った～どうして来なかったの Por que você não veio ⌊apesar de ter dito [se falou] que viria?

くせもの 曲者 ❶〔怪しい者〕homem (m) suspeito, mulher (f) suspeita. ❷〔老獪 (ろうかい) な人〕pessoa (f) astuta, macaco (m) velho. ❸〔油断できないこと〕coisa (f) ⌊traiçoeira [perigosa, com aparência de segura]. あなたの純情な態度が～なのよ Na verdade, a sua atitude ingênua é que é traiçoeira, sabia?

くせん 苦戦 luta (f) desesperada. ～する travar uma batalha difícil. Yチームは今度の試合で～を強いられるだろう A próxima partida será (uma luta) dura para o time Y.

くそ 糞 fezes, 《卑》merda (f), 《卑》bosta (f). ～をする defecar, 《卑》cagar. 味噌も～も一緒にする Não saber diferenciar o joio do trigo, confundir alhos e bugalhos. ¶ ～そっ《卑》Bosta!/Merda!/Vai pro inferno! 学校なんて～食らえだ Que a escola vá para o inferno!/Maldita escola!

くそぢから 糞力 força (f) inesperada das horas difíceis.

くそどきょう 糞度胸 ～がある ter uma coragem extraordinária, ter um valor extraordinário.

くそまじめ 糞真面目 seriedade (f) demasiada, sisudez (f). ～な人 pessoa (f) demasiadamente séria. 彼女は～だ Ela é séria demais.

くだ 管 cano (m), tubo (m).

ぐたい 具体 ～的 concreto/ta. ～的に concretamente. ～例を挙げる citar exemplos concretos. その計画が～化するといいですね Seria bom se esse plano se concretizasse, não é mesmo?

くだく 砕く partir, quebrar; 〔すりつぶす〕triturar, moer, esmigalhar; 〔くじく〕destruir, desanimar; 〔わかりやすく説く〕explicar de maneira acessível. 岩を～ quebrar uma rocha. パンを～ esmigalhar o pão. 希望を～ destruir uma esperança. 砕いて話すと falando ⌊de maneira mais acessível [《口語》mais mastigadinho].

くたくた estar esgotado/da de tanto cansaço. もう～だ Não tenho forças para fazer mais nada.

くだける 砕ける romper(-se), quebrar(-se); 〔割る〕partir(-se); 〔希望などが〕destruir-se. 砕けやすい quebrável, fácil de quebrar. こなごなに～ fragmentar-se, esmigalhar-se. 砕けた 1) quebrado/da. 2)〔平易な〕familiar, acessível. 砕けた人 pessoa (f) ⌊acessível [franca, fácil de lidar]. そうするとガラスが砕ける Se fizer isso, quebra o vidro. 砕けた態度で com uma atitude descontraída.

ください 下さい ❶〔もらいたい〕…を～ Dê-me … por favor. お水を一杯～ Dê-me um copo de água, por favor. ❷〔依頼〕…して～ Faça … por favor; Faça o favor de (＋不定詞)《＋infinitivo》; (命令形)《imperativo》＋por favor. 右手をご覧～ Olhem à direita por favor. その機械を直して～ Conserte essa máquina, por favor./Faça o favor de consertar essa máquina. 至急その件の報告書を書いて～ Escreva o relatório desse caso, urgentemente. どうぞお掛け～ Sente-se por favor.

くださる 下さる dar, conceder. 先生はこの本を(私に)下さった O professor me deu este livro. 店長が書いて下さったマニュアル a cartilha que o gerente escreveu para a gente. ご心配下さってありがとうございました Muito obrigado/da por ter-se preocupado comigo (私に対して) [conosco (我々に対して)].

くだす 下す ❶〔地位を低い所へ移す〕degradar, rebaixar. 官位を～ degradar [rebaixar] um funcionário público. ❷〔命令などを〕conceder, dar. 命令を～ dar uma ordem. 判事は判決を下した O juiz pronunciou a sentença. ❸〔結論を〕concluir. 結論を～ concluir, dizer uma conclusão. ❹〔体から外に出す〕evacuar, expelir. 腹を～ evacuar fezes liquefeitas, ter diarreia [disenteria]. 虫を～ evacuar um verme tomando um vermicida. ❺〔すらすらと一気に終わらす〕fazer algo de uma vez só. 小説を書き～ escrever um romance em uma sentada.

くたびれる cansar-se, ficar cansado/da. ⇨疲れる.

くだもの 果物 fruta (f). ♦果物ナイフ faca (f) de fruta. 果物畑 pomar (m). 果物屋 frutaria (f).

▶おもな果物◀
あんず abricó [アブリコー] (m)
いちご morango [モランゴ] (m)
いちじく figo [フィーゴ] (m)
オレンジ laranja [ラランジャ] (f)
グレープフルーツ toranja [トランジャ] (f)
さくらんぼ cereja [セレージャ] (f)
すいか melancia [メランスィーア] (f)
なし pêra [ペーラ] (f)
パイナップル abacaxi [アバカシー] (m)
バナナ banana [バナーナ] (f)
パパイヤ mamão [ママォン] (m)
ぶどう uva [ウーヴァ] (f)
プラム ameixa [アメーイシャ] (f)
マンゴー manga [マンガ] (f)
みかん tangerina [タンジェリーナ] (f)
メロン melão [メラォン] (m)
もも pêssego [ペッセゴ] (m)
りんご maçã [マサーン] (f)
レモン limão [リマォン] (m)

くだらない〔ばかげた〕bobo/ba, ridículo/la;〔おもしろくない〕sem interesse;〔取るに足らない〕trivial, insignificante, sem importância, irrelevante. この席でそんな～話はするな Não fale coisas tão bobas num lugar destes.

くだり 下り descida (f), baixada (f). ♦下り列車 trem (m) que vai da capital a outros lugares.

くだりざか 下り坂 descida (f)《de ladeira》. ～である〔人気などが〕estar declinando《fama etc》;〔天気が〕estar para piorar《tempo》. 彼の人気は～だ A fama dele está declinando./Ele está perdendo a popularidade. 暑さも～だ O calor está ficando mais ameno. 天気は明日から～だ O tempo vai piorar de amanhã em diante.

くだる 下る ❶〔低い所へ〕descer. 坂を～ descer a ladeira. 山を～ descer a montanha. ❷〔判決などが〕ser pronunciado/da 〔dado/da〕. 実刑判決が下った Foi pronunciada uma pena de prisão. ❸〔下痢する〕ter diarreia. ¶…を下らない não ser menos que …. 参加者数は 400 人を下らないだろう O número de participantes não será menos que quatrocentos.

*__くち 口__ boca (f)《ポッカ》. 食べ物を～に入れてものを言うな Não fale com a boca cheia. ～を滑らせる acabar falando o que não se deve. …に～を出す intrometer-se em …. …に～止めをする pedir segredo a …. ～がうまい ser bajulador/ra《口俗》badalador/ra》. ～が悪い ser falador/ra, ter a língua solta. ～が悪い ser má língua, ser sarcástico/ca; ter língua venenosa. ～が臭い ter mau hálito. ～をきく〔話をする〕falar;〔仲をとりもつ〕servir de intermediário/ria. ～数が少ない ser de poucas palavras, ser discreto/ta, ser lacônico/ca. ～やかましい ser rabugento/ta, ser ranzinza. ¶就職～はありませんか Não tem emprego (para mim)?

ぐち 愚痴 queixume (m), lamentação (f), lamento (m). ～を言う choramingar, chorar, lamentar.

くちうるさい 口うるさい exigente, minucioso/sa nas exigências, rabugento/ta.

くちえ 口絵 frontispício (m).

くちぎたない 口汚い ❶〔ものの言い方が下品な〕grosseiro/ra nas palavras, que se exprime vulgarmente. ❷〔食べ物にいやしい〕guloso/sa, comilão/lona, glutão/tona.

くちぐせ 口癖 expressão (f) favorita. 彼女は～のように"知らない"と言っていた Como se fosse um vício ela dizia sempre "Sei lá …" (não tenho nada a ver com isso).

くちぐるま 口車 lisonja (f), língua (f). そんな～に乗る私ではありません Eu não me deixo levar pela conversa dos outros.

くちげんか 口喧嘩 discussão (f),《口語》bate-boca (m). ～する discutir, brigar, criar polêmica.

くちごたえ 口答え réplica (f), resposta (f). ～をする retrucar, responder. …に～をする replicar a …, responder mal a …. ～ばかりしていないで言うことを聞きなさい Não seja respondão/dona e obedeça!

くちコミ 口コミ divulgação (f) boca-a-boca, propaganda (f) de boca em boca. ～で宣伝していきましょう Vamos fazendo a divulgação boca-a-boca. 彼は～で客を得た Conquistou o público no boca-a-boca.

くちごもる 口ごもる gaguejar, balbuciar;〔はっきりと言わない〕não falar claramente. 口ごもりながら礼を言う balbuciar agradecimentos. 問い詰められて～ ficar sem poder responder diante de um severo interrogatório.

くちさき 口先 lábia (f). ～のうまい bajulador/ra,《卑》puxa-saco. 彼女は～だけなのだから… Pois o que ela fala é só da boca para fora …./Ela não passa de uma bajuladora.

くちずさむ 口ずさむ cantarolar. おばあさんは昔の歌を口ずさんでいた A avó cantarolava músicas antigas.

くちだし 口出し intromissão (f). …に～をする intrometer-se em …,《口語》meter o bico em …. 余計な～をするな Não ˩se meta [meta o bedelho] onde não é chamado/da!/Vai cuidar da sua vida! 夫婦げんかには～をしないものだ Em briga de marido e mulher não se mete a colher.

くちどめ 口止め proibição (f) de falar. ～されている estar proibido/da de falar. …の～をする impor silêncio a …;〔金などで〕comprar o silêncio de …, subornar. ♦口止め料 calaboca (m), dinheiro (m) dado para comprar o silêncio (de alguém).

くちなおし 口直し comida (f) ou bebida (f) para tirar o mau sabor de outras tomadas anteriormente. お～にこれを飲んでください To-

me isto para tirar o gosto (ruim) da boca.
くちなし 梔子 〚植〛gardênia (f).
くちにする 口にする ❶〔口に入れる〕comer, beber, tomar. 病人は何も口にしなかった O paciente não comeu nem bebeu nada. ❷〔話す〕falar, dizer. そういうことは～ものではない Isso são coisas que não devem ser ditas.
くちばし 嘴 bico (m)〔em geral das aves〕. ～でついばむ debicar, picar. 彼はまだ～が黄色い Ele ainda é inexperiente.
くちばしる 口走る dizer [falar] sem querer. 秘密を～ deixar escapar um segredo.
くちび 口火 〔ガス器具などの〕piloto (m) (bico de gás). ガスコンロの～をつける acender o gás [o fogão a gás]. …の～を切る começar. 会話の～を切る iniciar [dar início a] uma conversação.
くちびる 唇 lábios (mpl). ～をかむ morder os lábios.
くちぶえ 口笛 assobio (m). ～を吹く assobiar.
くちぶり 口ぶり jeito (m) [maneira (f)] de falar. 彼はこの国をばかにしている～だった Ele falava de um modo que dava a entender que desprezava este país.
くちべた 口下手 qualidade (f) de quem não sabe se expressar bem. 彼は～だ Ele tem dificuldade em se fazer entender.
くちべに 口紅 batom (m). ～をつける passar batom.
くちまね 口真似 imitação (f) da fala. ～をする imitar, mimicar.
くちもと 口元 lábios (mpl), beiço (m). ～に微笑を浮かべる ter um sorriso nos lábios, sorrir de leve. ～をゆがめる fazer um ríctus.
くちやくそく 口約束 promessa (f) verbal. ～をする prometer de boca. ～だけではだめだ Só promessa verbal não é o suficiente.
くちょう 口調 tom (m), tom de voz. 穏やかな～で em tom suave. おごそかな～で em tom solene.
くつ 靴 sapato (m). ～を磨く engraxar os sapatos. ～を履く calçar [pôr] os sapatos. ～を脱ぐ descalçar [tirar] os sapatos. 32 サイズの～を履いている calçar sapato de tamanho trinta e dois.

♦靴ひも cadarço (m) de calçados. 靴べらcalçadeira (f). 靴屋〔店〕loja (f) de calçados;〔人〕sapateiro/ra. 運動靴 tênis (m)《calçado》. 革靴 sapato de couro. ゴム長靴 galocha (f). 長靴 bota (f). 半長靴 botina (f).

くつう 苦痛 dor (f), sofrimento (m). …に～を訴える causar dor a …, fazer … sofrer. ～を訴える queixar-se de dores. ～を和らげる aliviar [atenuar] a dor. この仕事は彼女には～だ Este trabalho é um sofrimento para ela. ⇨痛み.
くつがえす 覆す derrubar. 定説を～ derru-

bar uma teoria estabelecida. 判決は覆された〚法〛A sentença foi revogada (f).
クッキー bolacha (f).
くっきり claramente, distintamente, bem nítido/da. その山は青空に～とそびえていた Essa montanha se destacava bem nítida no céu azul.
くっさく 掘削 escavação (f). ～する escavar. ♦掘削機 escavadora (f).
くつした 靴下 meia (f). ～を履く calçar [pôr] meias. ～を履いている estar com meias. ～を脱ぐ tirar [descalçar] as meias. この～は一足で千円です Estas meias custam mil ienes o par.
くつじょく 屈辱 humilhação (f), desonra (f), vergonha (f). ～的な humilhante. …に～を与える humilhar [envergonhar] …. ～を感じる sentir vergonha [humilhação]. ～を受ける sofrer uma humilhação. ～に耐える aguentar uma humilhação.
クッション ❶ almofada (f). ❷《比》amortecedor (m), colchão (m) de isolamento.
くっしん 屈伸 extensão (f) e contração (f). ～自在の elástico/ca, flexível.
グッズ 〔商品〕produtos (mpl). ♦パーティーグッズ artigos (mpl) para festa.
くつずみ 靴墨 graxa (f) de sapato.
ぐっすり ～眠る dormir profundamente. 彼は～眠っている Ele está dormindo profundamente〚口語〛no sétimo sono〛.
くっする 屈する〔服従〕sujeitar-se [render-se, ceder] a. 彼女の要求に～ ceder aos pedidos da namorada, fazer a vontade da namorada.
くつずれ 靴擦れ ferida (f) causada pelos sapatos. かかとに～ができた Formou uma bolha no calcanhar.
くっせつ 屈折 ❶ curva (f). 川の～部 parte (f) sinuosa do rio. ❷〚理〛refração (f). ～する〔折れ曲がる〕entortar; refratar-se. レンズは光を～させる A lente refrata os raios de luz. ♦屈折角(率) ângulo (m) (índice (m)) de refração. 屈折計 refratômetro (m). 屈折光線 raio (m) refratado. 屈折望遠鏡 telescópio (m) refrator. 屈折力 poder (m) de refração. ❸ ～した心情 coração (m) complexado.
くつぞこ 靴底 sola (f) de sapato.
ぐったり ～している estar debilitado/da [sem forças]. 疲れて～している estar esgotado/da [exausto/ta]. 彼女は暑さで～していた Ela estava exausta [debilitada] com o calor. ～疲れる ficar extremamente cansado/da,《口語》ficar morto/ta de cansaço.
くっつく grudar, pegar, aderir, colar;〔男女が〕juntar-se. セロハンテープが本の表紙にくっついてはがれない A fita adesiva colou na capa do livro e não quer sair.
くっつける 〔粘着〕grudar, colar;〔結合〕jun-

tar. AをBに〜 juntar A com B. 二つの机を〜 colocar duas mesas lado a lado.

ぐっと ❶〔一息に〕de uma vez. 〜飲み干す beber de uma vez. 重いドアを〜押した Empurrou a pesada porta de uma vez. ❷〔一段と〕consideravelmente, muito. 午後から客が〜減った À tarde, diminuiu muito o número de clientes. ❸〔感動で胸がいっぱいになる様子〕com grande intensidade, profundamente, muito. あの映画のシーンを見て胸に〜きた A cena daquele filme me tocou muito.

くっぷく 屈服 submissão (f), rendição (f). 敵の帝国に〜する render-se [submeter-se] ao império inimigo. 〜させる obrigar a render-se, submeter, subjugar.

くつみがき 靴磨き ❶ engraxamento (m) de sapato. 〜をする engraxar o sapato. ❷〔人〕engraxate.

くつろぐ 寛ぐ ficar à vontade. どうぞくつろいでください Por favor, fique à vontade./Você está na sua casa.

くつわ 轡 freio (m).

くてん 句点 ponto (m) final.

くどい 〔長い〕demasiado longo/ga, prolixo/xa;〔しつこい〕insistente;〔味が〕muito condimentado/da (gorduroso/sa);〔色〕carregado/da. 父の話はいつも〜 A conversa do meu pai é sempre repetitiva e longa. 〜ようだが... Desculpe-me por repetir várias vezes a mesma coisa, mas ...

くとうてん 句読点 sinal (m) de pontuação. この報告書は〜がないので読みにくい Esse relatório está difícil de ler porque está sem os sinais de pontuação. 〜を打つ pontuar.

くどく 口説く ❶〔説得する〕convencer, persuadir. 人を口説き落とす conseguir persuadir uma pessoa. 私は彼をボランティア活動に参加するよう口説いてみた Eu procurei convencê-lo a participar de um trabalho voluntário. ❷〔言い寄る〕seduzir cortejando. 女を〜 seduzir uma mulher cortejando-a.

くどくど prolixamente;〔しつこく〕com insistência. 〜(と)説明する explicar ⌊prolixamente [com redundância]. 〜言うな〔文句を〕Não fique me ⌊atormentando [cobrando desse jeito]!/〔同じことを〕Não fique repetindo a mesma coisa!

ぐどん 愚鈍 〜さ imbecilidade (f), estupidez (f), burrice (f). 〜な imbecil, burro/rra, estúpido/da.

くないちょう 宮内庁 Secretaria (f) da Casa Imperial, Agência (f) da Casa Imperial. ♦ 宮内庁病院 Hospital (m) da Casa Imperial.

くなん 苦難 sofrimento (m), desgraça (f). 〜に耐える suportar os sofrimentos.

***くに** 国 país (m)〔パイース〕;〔地方〕região (f)〔ヘジアォン〕;〔故郷〕terra (f) natal. あなたはどちらの〜のご出身ですか De que país você é?

くにくのさく 苦肉の策 último recurso (m).

〜を講じる pensar no último recurso (para resolver um problema).

ぐにゃぐにゃ 〜の mole, esponjoso/sa. 〜になる amolecer. ケーキが膨らまないで〜になった O bolo não cresceu e ficou mole.

くぬぎ 椚 〔植〕carvalhom (m) do Japão.

くねる retorcer-se, contorcer-se. 身をくねらせ retorcer [contorcer] o corpo. 彼女は挑発的に体をくねらせた Ela contorceu-se de maneira provocativa.

くのう 苦悩 agonia (f), angústia (f). 彼女の顔には〜の色が表われていた A agonia era visível no rosto dela./O rosto dela demonstrava angústia. 〜する angustiar-se, atormentar-se, sofrer.

くばる 配る 〔分配する〕distribuir, repartir;〔配達する〕entregar. トランプを〜 distribuir [dar] as cartas. 新聞を〜 entregar jornais. 人に気を〜 ser atencioso/sa [solícito/ta] com as pessoas. 仕事に気を〜 ser atento/ta no trabalho.

***くび** 首 ❶ pescoço (m)〔ペスコッソ〕. 彼女は〜を絞められて死んだ Ela foi vítima de esganadura. ♦ 首回り tamanho (m) do colarinho. ❷〔頭〕cabeça (f)〔カベッサ〕. ...の〜を切る decapitar .... 〜をかしげる inclinar a cabeça para um dos lados em sinal de dúvida ou suspeita. 〜を縦に振る aceder, cabecear em sinal de aprovação. 〜を横に振る não concordar, balançar a cabeça para os lados em sinal de desaprovação. ❸〔解雇〕despedida (f)〔デスペヂーダ〕, demissão (f)〔デミサゥン〕. ...の〜を切る despedir .... 社員を〜にする despedir um empregado. 〜になる ser despedido/da, ser demitido/da, ser mandado/da embora. もっと一生懸命働かないと会社を〜になるよ Se não trabalhar com mais aplicação, vai ser despedido da companhia, hein? ¶ 借金で〜が回らない状態である estar saturado/da de dívidas. お会いできる日を〜を長くして待っています Estou esperando ansiosamente o dia do nosso encontro./Não vejo a hora de vê-lo/la. ...に〜を突っ込む〔参加〕participar de [em] ...,〔始める〕começar [uma empresa etc);〔おせっかい〕intrometer-se em ....

くびかざり 首飾り colar (m).

くびすじ 首筋 nuca (f); cogote (m).

くびったけ 首っ丈 estado (m) de pessoa apaixonada. 彼はあの婦人に〜だ Ele está apaixonado por aquela senhora.

くびつり 首吊り enforcamento (m), suicídio (m) por estrangulação, suspendendo-se pelo pescoço. 〜自殺をする enforcar-se.

くびわ 首輪 coleira (f). 犬に〜をつける colocar coleira no cachorro.

くふう 工夫 〔発明〕invenção (f);〔考案〕ideia (f);〔手段〕recurso (m), meio (m). 〜する dar um jeito; inventar, usar da criatividade. この製品にはたくさんの〜が凝らされてい

る Neste artigo, pode-se ver muita criatividade.
くぶん 区分 divisão (f), classificação (f); seção (f). ~する dividir, classificar. これ(ら)を製品別に区分して箱に入れてください Por favor, separe estas coisas conforme o artigo e coloque-as nas devidas caixas.
*****くべつ 区別** distinção (f) [デスチンサォン]; discernimento (m) [デセルニメント]; separação (f) [セパラサォン]. ~する distinguir, diferençar, discernir; separar. AとBを~する distinguir Lentre A e B [A de B]. 公私の~ができる saber discernir o público do particular. 老若男女の~なく sem distinção de idade ou sexo.
くぼみ 窪み concavidade (f), cavidade (f), depressão (f). 地面の~ cova (f), baixada (f), depressão (f), baixa (f) de terreno.
くぼむ 窪む baixar, afundar. くぼんだ côncavo/va, fundo/da. くぼんだ目 olhos (m) fundos.
くま 熊 〖動〗urso (m).
くま 隈 〖医〗olheira (f). ~ができる ficar com olheira.
くまで 熊手 rastelo (m).
くみ 組 〔学校の〕classe (f), turma (f); 〔集団, 団体〕grupo (m); 〔対〕par (m); 〔セット〕jogo (m), aparelho (m). 私の娘は3年Bの~です Minha filha está na classe B do terceiro ano. 4人一~になってわかれてください Façam um grupo de quatro pessoas. 手袋一~ um par de luvas. 一~になった鍋 um jogo de panelas.
くみあい 組合 associação (f), união (f), sindicato (m). ~に加入する entrar num sindicato. ~を結成する formar um sindicato. ~の sindical. ♦組合員 membro (m) do sindicato. 組合運動 movimento (m) sindical. 協同組合 cooperativa (f). 労働組合 sindicato dos trabalhadores.
くみあわせ 組み合わせ combinação (f); 〔取り合わせ〕conjunto (m), sortimento (m). あの二人は社長と副社長としていい~だ Os dois se combinam muito bem, um como presidente e o outro como vice-presidente (da companhia).
くみあわせる 組み合わせる combinar; compatibilizar; 〔競技などで〕emparceirar (組にする); opor (対戦させる).
くみかえる 組み替える reorganizar, recombinar. 遺伝子を~ recombinar os genes. 日程を~ reorganizar o cronograma.
くみきょく 組曲 〖音〗suíte (f).
くみたて 組み立て montagem (f), composição (f), armação (f). ♦組み立て工場 montadora (f).
くみたてる 組み立てる montar, compor. 自動車を~ montar um automóvel.
くみとる 汲み取る ❶ extrair. ❷〔考慮する〕compreender, considerar.

クミン 〖植〗cominho (m).
くむ 汲む ❶ extrair, tirar; 〔いっぱいにする〕encher. バケツに水をくんでください Encha o balde de água. ❷〔気持ちを〕compreender, considerar. 会社の事情をくんでください Por favor, leve em consideração a situação da companhia.
くむ 組む ❶〔交差させる〕cruzar. 腕を~ cruzar os braços. 互いに腕を組んで散歩する passear de braços dados. ひざ(足)を組んでソファーに座る sentar(-se) no sofá de pernas cruzadas. ❷〔組み立てる〕armar, instalar. 足場を~ montar o andaime. ❸〔組織する〕programar, organizar. 旅行を~ organizar uma viagem. ❹〔仲間になる〕associar-se. 彼は父親と組んで会社を始めた Ele associou-se ao pai e montou uma empresa. …と手を~ associar-se a …, colaborar com …. 二人ずつ組んで練習しよう Vamos formar pares e praticar. 今度の試合では私は彼と~〔ペアを組む〕No próximo jogo farei par com ele./〔対戦する〕No próximo jogo jogarei contra ele. ❺〔活字を〕compor. 活字を~ compor a matriz.
くめん 工面 jeito (m) de arranjar. 金を~する dar um jeito de arrumar dinheiro. 金の~がつかなかった Não deu para arranjar dinheiro, embora tivesse tentado.
くも 蜘蛛 aranha (f). ~の巣 teia (f) de aranha.
*****くも 雲** nuvem (f) [ヌーヴェン]. ~が出てきた As nuvens começaram a aparecer./O céu começou a ficar nublado. ~が切れて青空がのぞいた As nuvens desapareceram e o céu ficou claro. 厚い~におおわれる ser coberto/ta por nuvens espessas [densas, cerradas]. ~のかかった nublado/da. ~のない空 céu aberto/ta.
くもつ 供物 oferenda (f), oferta (f). お~をささげる fazer uma oferenda.
くもまく くも膜 〖解〗aracnoide (f). ♦くも膜下出血 〖医〗hemorragia (f) subaracnóidea.
くもゆき 雲行き ❶ tempo (m), aspecto (m) do céu. ~が怪しい Ameaça chover. ❷〔形勢〕situação (f). ~が怪しい a situação está perigosa. 日伯の政治関係の~が怪しくなっていた A relação política entre o Japão e o Brasil estava perigando.
くもり 曇り céu (m) encoberto [nublado]. ~後晴れ céu nublado passando a claro.
くもる 曇る 〔天気〕nublar, ficar [estar] nublado/da; 〔目, ガラスなど〕ficar embaçado/da, embaçar. 曇った nublado/da; embaçado/da. きょうは曇っている Hoje está nublado. 鏡が曇っている O espelho está embaçado.
くやしい 悔しい mortificante, frustrante. 私は~ Estou Lcom raiva [frustrado/da]. ああ~ Que raiva!
くやしがる 悔しがる estar [ficar] com raiva,

estar [ficar] frustrado/da, mortificar-se, remoer-se. 彼はあの簡単な失敗をとても悔しがった Ele ficou muito frustrado com o erro elementar que fez.

くやしさ 悔しさ raiva (*f*), frustração (*f*), mortificação (*f*).

くやしまぎれ 悔し紛れ ～に levado/da pela raiva [cólera].

くやむ 悔やむ lamentar, sentir. 私はその会合に出席できなかったのを悔やんでいます Lamento não ter podido comparecer a essa reunião. お悔やみ申し上げます〔会話、カード〕Meus pêsames./〔電報〕Partilhando dor família, condolências 《telegrama》.

くよう 供養 ofício (*m*) pelos mortos.

くよくよ ～する inquietar-se com, preocupar-se com …. そんな程度のミスで～してはいけないよ Não fique tão preocupado/da por causa de [com] um erro desse nível.

くら 倉、蔵 celeiro (*m*), armazém (*m*). …を～にしまう armazenar … no celeiro [armazém].

くら 鞍 sela (*f*), selim (*m*). 馬に～をつける selar o cavalo.

***くらい 暗い** ❶〔明暗〕escuro/ra [エスクーロ/ラ], sombrio/bria [ソンブリーオ/リーア]. ～部屋 quarto (*m*) sombrio [escuro]. ❷〔精神的に〕taciturno/na [タシトゥールノ/ナ], sombrio/bria, triste [トリースチ], tristonho/nha [トリストーニョ/ニャ]. ～会議 reunião (*f*) tristonha [sombria]. 彼女は～人だ Ela é uma pessoa sombria [triste]. 私はあの時～気持ちになってしまった Naquela hora, eu fiquei triste. 暗くなる 1)〔明暗〕escurecer. だんだん暗くなってきた Começou a escurecer. 2) ficar triste. そのような話を聞くと暗くなってしまう Fico triste ao ouvir uma história dessas. ここのところ彼は暗くなっていた Ele vivia [andava] taciturno esses dias.

くらい 位 ❶〔階級〕grau (*m*), categoria (*f*), posto (*m*). ～が高い (ser) de alta dignidade [posto elevado]. ～が上がる subir de posto, ser promovido/da. ～が下がる ser rebaixado/da. …の～を上げる〔下げる〕promover (rebaixar) …. ❷〔数字〕casa (*f*). 35の一の～は5である A primeira casa de trinta e cinco é cinco.

-くらい 〔およそ〕… mais ou menos, cerca de …;〔比較〕tanto quanto …, tão … (tanto) que;〔ほとんど〕quase, praticamente;〔程度〕a ponto de. このお寺は300年～前に建てられたものです Esse templo foi construído há cerca de trezentos anos. 君～に日本語が話せればよいと思うよ Acho que, sabendo falar japonês tanto quanto você, está bom, *viu*! 費用はどの～ですか Quanto vai ser o custo?/Quanto vai custar tudo isso? この質問は子供にでも答えられる～やさしい Esta pergunta é tão fácil que até as crianças conseguem responder. 勉強する～なら寝ているほうがましだ Eu prefiro ficar dormindo do que estudar. 秋の夕暮れ～寂しいものはない Não há nada mais tristonho do que uma tarde de outono. 仕事は終わったといってもよい～だ O trabalho já está quase no fim. 口もきけない～驚いた Eu me assustei a ponto de perder a fala./Eu me assustei tanto que perdi a fala.

グライダー planador (*m*), avião (*m*) desprovido de motor de propulsão.

クライマックス clímax (*f*), auge (*m*), ponto (*m*) culminante [alto]. ～に達する atingir o clímax [ponto culminante, auge]. 花火大会は～に達した O *show* de fogos de artifício atingiu seu clímax. ～の ponto alto do filme. ♦クライマックスシーン cena (*f*) do clímax [culminante].

グラウンド〔競技場〕campo (*m*) esportivo. サッカーの～ campo de futebol.

クラクション buzina (*f*) (de automóvel). ～を鳴らす tocar a buzina do carro. ～を鳴らさないでください Não buzine.

ぐらぐら ～する 1)〔揺れる〕mover-se, oscilar. このテーブルは～する Esta mesa não está firme. この家は～している Esta casa ameaça cair. 歯が一本～している Tenho um dente frouxo [mole]. 2)〔考えが不安定な様子〕vacilar. 彼の意見はまた～している Ele está hesitando [vacilando] de novo para opinar. 3)〔煮え立つ様子〕湯が～煮立っている A água está fervendo.

くらげ 水母〚動〛medusa (*f*), água-viva (*f*).

くらし 暮らし vida (*f*). ～を立てる ganhar a vida, sustentar-se. ～に困っている levar uma vida difícil, estar em dificuldades.

グラジオラス〚植〛gladíolo (*m*).

クラシック clássico/ca 《música etc》. ♦クラシック音楽 música (*f*) clássica.

***くらす 暮らす** viver [ヴィヴェール]. 幸福に～ viver feliz, levar uma vida feliz. のんきに～ levar [ter] uma vida despreocupada. 1か月8万円では暮らせない Não se pode viver com oitenta mil ienes ao mês. 彼らは息子の給料で暮らしている Eles vivem com o [às custas do] salário do filho. いかがお暮らしですか Como vai?

クラス ❶ classe (*f*), turma (*f*). ♦クラス委員 representante da classe. クラス会 reunião de ex-colegas de classe. ❷〔等級〕classe, categoria (*f*). ファースト～の de primeira classe. ♦エコノミークラス classe econômica. エコノミークラス症候群〚医〛síndrome (*f*) da classe econômica, trombose (*f*) venosa profunda 《distúrbios (*mpl*) de circulação sanguínea causados pela longa viagem em classe econômica ou em outro estado sedentário》. ビジネスクラス classe executiva.

グラス〔コップ〕copo (*m*);〔ガラス〕vidro (*m*). ♦グラスファイバー fibra (*f*) de vidro. シャンパン

グラス taça (f) de champanha.

グラタン 〔料〕gratinado (m). ♦ナスグラタン gratinado de berinjela. マカロニグラタン macarrão (m) ao forno.

クラッカー ❶〔菓子〕biscoito (m) salgado. ❷〔爆竹〕bombinha (f) cônica (de estalos, usada em festas). 〜を鳴らす (fazer) estalar bombinhas.

ぐらつく vacilar, ficar abalado/da, não estar firme. 椅子がぐらついている A cadeira não está firme. 彼らの計画はぐらついている O projeto deles ainda não está definido. その事件は彼の決心をぐらつかせてしまった Esse acontecimento abalou a sua determinação. その事で総理の人気はぐらついた Com isso, a popularidade do primeiro-ministro ficou abalada. 彼の地位はぐらついている A posição dele está ameaçada.

クラッチ embreagem (f). ♦クラッチペダル pedal (m) de embreagem.

グラデーション gradação (f) (de cores).

グラニューとう グラニュー糖 açúcar (m) granulado.

グラビア ❶ fotogravura (f). ♦グラビア印刷 impressão (f) por fotogravura. ❷〔雑誌の〕página (f) ilustrada.

クラブ ❶ clube (m). ♦クラブ活動 atividades (f) de clube [grêmio estudantil]. テニスクラブ clube de tênis. ❷〔ゴルフの〕taco (m) de golfe. ❸〔トランプの〕paus (mpl).

グラフ ❶ gráfico (m) (tabela). 〜をかく traçar um gráfico. 〜にする representar em gráfico. ❷〚数〛gráfico.

グラフィック ♦グラフィックデザイナー designer (m) gráfico. グラフィックデザイン artes (fpl) gráficas.

クラフトし クラフト紙 papel (m) kraft.

*__くらべる 比べる__ comparar [コンパラール]. 二つの物を〜 comparar duas coisas. AをBと〜 comparar A com [a] B. この店はほかと比べて安い Comparando com as outras, esta loja é barateira. 去年の同じ時期に比べて経済は上向いている Comparando-se com a [Comparativamente à] mesma época do ano passado, a economia está melhor.

グラマー mulher (f) fisicamente atraente.

くらむ 眩む ❶ cegar-se, ofuscar-se, ficar cego. 私は光に目がくらんだ A luz me cegou os olhos./Fiquei ofuscado pela luz. 金に目が〜 ficar cego por dinheiro. ❷〔めまいがする〕ter vertigens. 目の〜ような絶壁 (大金) precipício (m) (soma (f) de dinheiro) que dá vertigem.

グラム grama (m) 《peso》. このハムを200〜ください Poderia me dar duzentos gramas deste presunto aqui? 100〜超過していますがよろしいですか Está com mais de cem gramas, não faz mal?

くらやみ 暗闇 escuridão (f). ネコは〜の中でもよく見える Os gatos enxergam bem, mesmo na escuridão.

クラリネット 〔音〕clarinete (m).

グランプリ Grand Prix (m).

くり 栗 〔木〕castanheiro (m); 〔実〕castanha (f).

くりあげる 繰り上げる adiantar. 次回の会議は1週間繰り上げましょう Vamos adiantar [antecipar em] uma semana a próxima reunião.

グリーティングカード cartão (m) de felicitações.

クリーニング serviço (m) de lavanderia. 服を〜に出したいのですが Gostaria de mandar uma roupa para o tintureiro [a lavanderia]. これをドライ〜してください Lave isto aqui a seco, por favor. ♦クリーニング屋〔店〕lavanderia (f); 〔人〕lavadeiro/ra. ドライクリーニング lavagem (f) a seco.

クリーム creme (m). ♦生クリーム〔ホイップ用〕creme chantilly; 〔コーヒー用〕creme de leite, nata (f). 栄養クリーム creme nutritivo 《para a pele》. クレンジングクリーム creme de limpeza.

くりいれる 繰り入れる transferir, acrescentar. AをBに〜 transferir A para B; acrescentar A em B. 利子を元金に〜 acrescentar juros ao capital, capitalizar os juros. 来年の予算に〜 transferir para o orçamento do ano que vem. ♦繰り入れ金 dinheiro (m) transferido.

くりいろ 栗色 castanho (m), marrom (m). 〜の髪（目）cabelos (mpl) (olhos (mpl)) castanhos.

クリーン 〜な limpo/pa. ♦クリーンエネルギー energia (f) limpa.

くりかえし 繰り返し repetição (f), reiteração (f).

くりかえす 繰り返す repetir, reiterar. 質問を繰り返してください Repita a pergunta, por favor. 私の言ったとおり繰り返してください Repita, por favor. このような誤りを二度と繰り返さないように注意しなさい Tome cuidado para não repetir um erro desses, nunca mais. 歴史は繰り返される A história se repete.

クリケット criquete (m).

グリコーゲン 〔生・化〕glicogênio (m).

くりこし 繰り越し 〚会計〛transporte (m). 次ページへ〜 soma (f) à volta, soma e segue. 前ページより〜 soma anterior. ♦繰り越し金 soma da volta. 繰り越し損益 transporte de déficit e superávit. 前期繰り越し残高 saldo (m) do período anterior.

くりさげる 繰り下げる retardar, adiar. 運動会は1週間繰り下げられた A recreação esportiva foi adiada uma semana.

クリスチャン cristão/tã. ♦クリスチャンネーム nome (m) de batismo.

クリスマス Natal (m). 〜おめでとう Feliz Na-

グリセリン 〖化〗glicerina (f).
クリック 〜する [㌯㌯] clicar.「開く」のアイコンを〜する clicar no ícone "abrir".
クリップ clipe (m), grampo (m) para papéis. この書類は〜で留めますか O senhor quer que eu prenda esses papéis com clipes?
クリニック clínica (f).
くりぬく 刳り貫く ❶ escavar. 彼らは木の幹をくりぬいて舟を作った Eles escavaram o tronco da árvore e fizeram um barco. ❷ retirar, arrancar. りんごの芯(㍲)を〜 retirar o miolo da maçã. 目の玉を〜 arrancar os olhos.
くりひろげる 繰り広げる ❶ desenrolar, desenvolver, desdobrar. 繰り広げられる desenvolver-se, desenrolar-se. 私たちの前で残酷な光景が繰り広げられた Uma cena cruel se desenrolou diante de nós. ❷ exibir, apresentar, mostrar. 熱戦を〜 desenvolver um jogo com entusiasmo. 立派な試合を〜 mostrar um jogo maravilhoso.
グリル ❶〔焼き網〕grelha (f). ❷〔洋風軽食堂〕restaurante (m) de comida ocidental. ❸〔網焼き料理〕grelhado (m).
グリンピース ervilha (f).
****くる** 来る ❶〔自分のほうへ近づく〕chegar [ｼｪｶﾞｰﾙ] (到着する), vir [ｳﾞｨｰﾙ]. 〜こと (f), comparecimento (m). バスが来た O ônibus chegou. 彼はもう来ましたか Ele já chegou [veio]? …しに〜 vir fazer …. ❷〔訪問する〕visitar [ｳﾞｨｼﾞﾀｰﾙ]. 今日うちに来ますか Você vem me visitar hoje? ❸〔時期が来る〕chegar, começar [ｺﾒｻｰﾙ], vir. 梅雨が明けたら真夏が〜 O verão intenso chegará [começará] quando a estação chuvosa passar. 日も〜日も dia após dia. ❹〔起こる〕acontecer [ｱｺﾝﾃｾｰﾙ], ocorrer [ｵｺﾍｰﾙ], surgir [ｽﾙｼﾞｰﾙ], vir. 不況が〜 Acontecerá uma recessão. ❺〔あることが原因になって生じる〕originar [ｵﾘｼﾞﾅｰﾙ], vir. ストレスから来た病気 doença (f) originada do estresse. ❻ …ときたら, …と〜と, …ときては 〜 se (ênfase). 子供のお元気いものときたら目がなかった Quando era criança se era doce que estava na minha frente, não conseguia me segurar. ¶ あの先生の授業はぴんと来ない Não dá para entender a aula daquele professor.「彼をどう思いますか」「ぴんと来ないですね」O que você acha dele? — Não me sinto atraído/da por ele.

-くる (…てくる) ❶ vir ⌊para mim [em minha direção] (あるいは, vir + 本動詞の現在分詞) (ou vir + gerúndio); aproximar-se. …から帰ってくる voltar de …. 彼はボールを投げてきた Ele mandou a bola para mim. 彼がやってきた Ele veio ⌊vindo [se aproximando] (em minha direção). もうすぐ順番が回ってくる A minha vez aproxima-se. 今日台風がやってくるそうです Dizem que hoje ⌊vai vir [virá, vem, pode vir] um tufão. 彼らは技術力を付けてきている Eles vêm progredindo tecnicamente. 社員が秩序正しく働けば技術は自然に身に付いて〜 Se o/a funcionário/ria é bom/boa na disciplina, a técnica vem por acréscimo. ❷ ir fazer algo e voltar. おにぎりを買ってくる Vou comprar um bolinho de arroz e volto. このバケツに水を入れてきてください Você vai pegar água neste balde para mim, tá? ❸〔…し始める, …になり始める〕começar a (+不定詞)〔+infinitivo〕. 暗くなってきた Começou a escurecer. 雨が降ってくる Vai começar a chover. ❹ (continuar + 現在分詞) (continuar + gerúndio), (本動詞の完了過去複合形[完了過去単純形/現在形]) (perfeito composto do verbo principal, perfeito simples ou presente). 今までがんばってきた Continuei me esforçando até agora./Tenho me esforçado até agora. 昔からこの町で暮らしてきた Moro nesta cidade desde antigamente./Tenho vivido aqui há muito tempo. ずっとそう考えられてきた Durante muito tempo se pensou assim. ¶ そんなこと言ってこないでよ Não ⌊me venha [vem] com essa, não!

くるう 狂う 〔気が〕enlouquecer, ficar [estar] maluco/ca 《俗》biruta;〔機械などの調子が〕encrencar, enguiçar;〔順序が〕ficar [estar] misturado/da, ficar [estar] em desordem;〔計画が〕transtornar-se. 女に〜 apaixonar-se por uma mulher. あなたの時計は狂っていませんか O seu relógio não está maluco? この機械はどこか狂っている Esta máquina está com algum enguiço. 予定が狂った O cronograma ficou prejudicado./Tivemos que alterar a agenda. 暑さで胃の調子がくるってしまった O calor me desarranjou o estômago. 狂った人 louco/ca, maluco/ca. 狂ったように怒っていた Estava transtornado/da de ira [raiva].

クルー tripulação (f), os/as tripulantes.
グループ grupo (m). ♦グループ活動 atividade (f) em grupo. グループディスカッション debate (m) em grupo.
グルコース 〖生・化〗glicose (f), glucose (f).
グルジア Geórgia (f). 〜の georgiano/na.
****くるしい** 苦しい ❶〔つらい〕penoso/sa [ﾍﾟﾉｰｿﾞ/ｻﾞ], doloroso/sa [ﾄﾞﾛﾛｰｿﾞ/ｻﾞ]. 私はおなかが非常に〜 Estou com dor de barriga terrível. 息が〜 respirar com dificuldade. ❷〔困難が〕difícil [ｼﾞﾌｨｼｲｳﾙ], duro/ra [ﾄﾞｩｰﾛ/ﾗ], árduo/dua [ｱｰﾙﾄﾞｩｵ/ﾄﾞｩｱ]. 〜仕事 trabalho (m) duro. ❸〔経済的に〕necessitado/da [ﾈｾｼｽﾀｰﾄﾞ], indigente [ｲﾝﾃﾞｨｼﾞｪﾝﾃ], pobre [ﾎﾟｰﾌﾞﾚ]. 生活が〜 viver com dificuldades financeiras. 〜生活を送る levar uma vida ⌊necessitada [de indigente, de pobre].

くるしみ 苦しみ sofrimento (m), dor (f), pena (f). 産みの〜 dores (fpl) do parto. 死

の~ agonia (f) da morte. ~に耐える aguentar [suportar,《俗》aturar] os sofrimentos. 我々の~は彼らの~に比べれば何でもない O nosso sofrimento não é nada, comparado com o deles. あなた方はこれからいろいろな~にあうことを覚悟してください De agora em diante, vocês têm que estar preparados para sofrimentos de todo tipo.

くるしむ 苦しむ sofrer, atormentar-se, ter dores. 胃痛で~ sofrer do estômago. 騒音に~ sofrer com o barulho (da redondeza). あなたの言うことは理解に~ Tenho dificuldades para entender o que você fala.

くるしめる 苦しめる fazer sofrer, atormentar, afligir, causar dores a. 心を~ atormentar-se. 借金に苦しめられる sofrer com as dívidas.

グルタミン 〖化〗glutamina (f). ◆グルタミン酸 ácido (m) glutâmico.

グルテン glúten (m).

くるぶし 〖解〗tornozelo (m), maléolo (m).

***くるま 車** ❶ automóvel (m) [アウトモーヴェウ], carro (m) [カーホ]. ~に乗る entrar no carro. ~から降りる descer do carro. ~を運転する guiar carro. ~で行く ir de carro. 3時に~で迎えに行きます Vou buscar ∟você [o senhor, a senhora] de carro às três horas. ❷〔タクシー〕táxi [タッキスィ]. ~を呼ぶ chamar um táxi. ~を拾う apanhar [tomar] um táxi. ❸〔車輪〕roda (f) [ホーダ].

くるまいす 車椅子 cadeira (f) de rodas.

くるまえび 車海老 lagostim (m), camarão (m) grande.

くるまよい 車酔い enjoo (m) de carro.

くるまよせ 車寄せ pórtico (m), portal (m).

くるまる cobrir-se (com), envolver-se (com). 彼はコートにくるまっていた Ele estava envolto num casaco./Ele se cobria com um casaco.

くるみ 胡桃 〖植〗nogueira (f);〔実〕noz (f). ◆胡桃割り quebra-nozes (m).

くるむ envolver em, cobrir com, embrulhar com. 赤ん坊を毛布でくるんでください Cubra o nenê com uma manta. そのキャンデーをこの紙でくるんでください Embrulhe essa bala com este papel.

グルメ ❶〔人〕apreciador/ra de comida gostosa, gourmet. ❷〔食通〕degustação (f).

くるわせる 狂わせる 〔人を〕fazer enlouquecer, enlouquecer;〔計画などを〕transtornar;〔順序などを〕desordenar, pôr em desordem. 機械を~ avariar [desregular] uma máquina. 先入観が私の判断を狂わせた Os preconceitos [As ideias feitas] atrapalharam a minha decisão.

くれ 暮れ fim (m) de ano.

グレー ❶〔ねずみ色〕cinza (m). ~の cinza. ~の靴 sapatos (mpl) cinza. ❷〔白髪交じりの頭髪〕cabelos (mpl) grisalhos.

クレーター cratera (f).

グレードアップ avanço (m), subida (f) de nível. ~する avançar, adiantar, subir de nível. あのチームは~した Aquele time ∟subiu de nível [teve uma subida de nível].

グレープフルーツ toranja (f).

クレーム reclamação (f), queixa (f). …に対して~をつける reclamar de …, queixar-se de …. 契約違反だと客から~がついた Houve uma reclamação, da parte do cliente, de infração ao contrato. そうやると~がつくよ Se fizermos assim, é possível que recebamos uma queixa, viu?

クレーン guindaste (m). ◆クレーン車 guincho (m).

クレジット 〖経〗crédito (m), empréstimo (m). ~(~ライン)を設定する〖経〗abrir [estabelecer] um crédito (uma linha de crédito). ◆クレジットカード cartão (m) de crédito. クレジット部門 setor (m) de vendas a crédito. オープンクレジット crédito aberto.

クレソン 〖植〗agrião (m).

クレッシェンド 〖音〗crescendo (m).

くれない 紅 vermelho (m) vivo, carmesim (m).

グレナダ Granada. ~の granadino/na.

クレヨン pastel (m) (de pintura).

くれる ❶〔与える〕dar. だれが君にこの時計をくれたのですか Quem lhe deu este relógio? ❷ …して~ fazer, ∟fazer o favor de [poder] (+ 不定詞)(+infinitivo). 彼は君のためなら何でもして~でしょう Acredito que ele fará tudo por você. ちょっとスーパーに行って~ Você ∟pode [faz o favor de] ir ao supermercado para mim? …してくれませんか Não quer me (+ 不定詞)(+infinitivo)?/Não quer (+不定詞)(+infinitivo)+para mim? お皿を洗ってくれませんか Não quer me lavar as louças?/Não quer lavar as louças para mim?

くれる 暮れる entardecer, anoitecer;〔年が〕terminar (o ano). 日が暮れてきた Está anoitecendo. 年が~までに antes de terminar o ano.

ぐれる cair em delinquência, tornar-se um marginal. 高校に入って息子がぐれた Meu filho virou delinquente quando entrou no segundo grau. ぐれた娘 filha (f) ∟transviada [《口語》que saiu do bom caminho].

クレンジングクリーム creme (m) de limpeza (de pele).

***くろ 黒** cor (f) preta, preto (m) [プレット].

クロアチア Croácia (f). ~の croata.

***くろい 黒い** preto/ta [プレット/タ], negro/gra [ネーグロ/ラ]. 色が~ ter a pele bronzeada [morena]. ~服 roupa (f) preta.

***くろう 苦労** 〔努力〕esforço (m) [エスフォールソ];〔心労〕sofrimento (m) [ソフリメント], pena (f) [ペーナ], padecimento (m) [パデシメント];〔めんどう〕trabalho (m) [トラバーリョ];〔困難〕dificuldade (f) [ヂフィクウダーヂ]. ~する sofrer, ter dificuldades. 〜して com dificuldades, a duras penas, com muito custo. 金の〜をする ter dificuldades financeiras. …に〜をかける dar trabalho a …, fazer … sofrer. 〜して子供を育てる criar filhos com muito sacrifício. 私の〜が実った Meus esforços deram resultado. それは取り越し〜だ Isso é sofrer por antecipação. この仕事にはどんな〜がありますか Que espécie de dificuldade você teve neste trabalho? 自分の言うことを理解してもらうのにずいぶん〜しました Eu sofri muito para ser compreendido/da. 〜の多い生活をする levar uma vida cheia de dificuldades [sacrificada]. ¶ご〜さま Obrigado/da (pelo trabalho que fez) 《expressão usada somente para inferiores》.

くろうたどり 黒鶫鳥 〚鳥〛melro-preto (m).

くろうと 玄人 profissional, especialista, entendido/da (no assunto).

クローク guarda-roupa (m). 〜にコートをあずける deixar o casaco no guarda-roupa 《em teatros, salas de concerto》.

クローズアップ ❶〔大写し〕close-up [クローズィアップ], enquadramento (m) muito próximo. …を〜で撮る fotografar [filmar] … com proximidade e destaque. ❷〔ある問題を大きくとりあげる〕〜する dar destaque a, enfatizar, realçar. 今夜のニュースでその事件が〜される Será dado destaque a esse caso no noticiário de hoje à noite.

クローバー 〚植〛trevo (m).

くろおび 黒帯 obi (m) preto, cinturão (m) negro de judô.

グローブ luvas (fpl).

クロール crawl [クラウ]. 〜で泳ぐ nadar 〔em estilo〕 crawl.

クロコダイル 〚動〛crocodilo (m).

くろざとう 黒砂糖 açúcar (m) mascavo.

くろじ 黒字 ❶ superávit (m), saldo (m) positivo. 〜になる ficar com superávit. 貿易収支の〜 superávit da balança comercial. ❷〔黒色で書いた字〕letra (f) em preto.

くろしお 黒潮 corrente (f) marítima preta.

クロス 〔サッカー〕cruzamento (f) 〔ゴール前へのパス〕. 彼は素晴らしい〜をあげるのでサイドプレーすべきだ Ele deve jogar pelos lados porque faz cruzamentos maravilhosos. ♦クロスバー trave (f) 〔ゴールの上杆〕.

くろずむ 黒ずむ escurecer, ficar preto/ta. 黒ずんだ negro/gra. 天井が煙で黒ずんでいる O teto está preto devido à fumaça.

クロスワードパズル palavras (f) cruzadas.

クロッカス 〚植〛croco (m).

グロッキー tonto/ta, grogue. 働きすぎてもうすっかり〜だ Já estou tonto/ta, de tanto trabalhar.

グロテスク 〜な grotesco/ca.

くろまく 黒幕 manipulador/ra dos bastidores. そいつが国内経済の〜だ É esse aí que controla [manipula] a economia nacional nos bastidores.

くろまつ 黒松 〚植〛pinheiro (m) preto.

くろまめ 黒豆 feijão (m) preto de soja.

クロレラ 〚植〛clorela (f).

クロロフィル 〚植〛clorofila (f).

クロロホルム clorofórmio (m).

クロワッサン croissant (m), pãozinho (m) em forma de meia-lua.

くわ 桑 〚植〛amoreira (f) 《suas folhas servem para alimentar o bicho-da-seda》.

くわ 鍬 enxada (f). 〜で耕す revolver a terra com enxada.

*くわえる 加える 〔付加〕acrescentar [アクレセンタール], juntar [ジュンタール], 〔挿入〕inserir [インセリール], pôr [ポール], incluir [インクルイール]. …に速度を〜 acelerar. それに水を加えてください Acrescente água nisso aí. 契約に1項目〜 incluir um artigo no contrato. …に手を〜 manusear, mexer. その曲がった松の枝には誰かが手を加えている Alguém conduziu esse galho de pinheiro torto.

くわえる 咥える levar [ter] … na boca, segurar … entre os dentes [lábios]. 彼はパイプをくわえて新聞を読んでいた Ele estava lendo o jornal com cachimbo na boca.

くわがた 〚虫〛cabra-loura (f), vaca-loura (f).

*くわしい 詳しい detalhado/da [デタリャード/ダ], minucioso/sa [ミヌスィオーゾ/ザ]. 〜説明 explicação (f) detalhada. 彼はその問題に〜 Ele conhece bem o problema.

くわずぎらい 食わず嫌い ❶ aversão (f) a uma comida sem nunca tê-la comido. 彼女は〜で魚を食べない Ela não gosta de peixe sem nunca tê-lo experimentado. ❷《比》preconceito (m). 彼は〜でゴルフをしない Ele tem preconceito contra o golfe. 彼は何でも〜だ Ele tem aversão às coisas sem motivo.

くわだて 企て plano (m), projeto (m); 〔不正な〕trama (m), manobra (f).

くわだてる 企てる ❶〔計画する〕planejar. 自殺を〜 planejar um suicídio. ❷〔たくらむ〕tramar. 陰謀を〜 tramar uma conspiração. 彼らは政府を転覆しようと企てている Eles estão tramando para acabar com o governo.

*くわわる 加わる 〔参加〕participar de [em], tomar parte em; 〔付加〕ser acrescido/da de. 君も私たちの旅行に加わりませんか Você não quer participar da nossa viagem? 給料に手当が加わりました O salário foi acrescido de ajuda de custo.

-くん -君 amigo/ga 《tratamento que se acrescenta ao nome de pessoa íntima ou inferior》. 山田〜は来ましたか O amigo Yamada veio?

ぐん 群 grupo (m). 〜をなす formar um grupo, agrupar-se, reunir-se. 〜をなして em

ぐん 軍 ❶ 【軍事】 forças (fpl) armadas, exército (m). 〜を起こす começar uma guerra. 〜を率いる conduzir uma tropa. 〜の機密 segredo (m) militar. ♦軍司令官 comandante das forças armadas. 軍司令部 quartel (m) general. ❷ 【スポーツ】 equipe (f). ♦女性軍 equipe feminina.

ぐんかん 軍艦 navio (m) de guerra.

ぐんぐん rapidamente. 〜大きくなる crescer rapidamente. 〜上達する melhorar rapidamente, fazer um progresso rápido.

ぐんこく 軍国 país (m) militarizado. 〜主義的の militarista. ♦軍国主義 militarismo (m). 軍国主義者 militarista.

ぐんじ 軍事 assuntos (mpl) militares. 〜的 militar. 〜的に militarmente. ♦軍事基地 base (f) militar. 軍事クーデター golpe (m) de estado militar. 軍事裁判 corte (f) marcial. 軍事作戦 operação (f) militar, estratégia (f) militar. 軍事政権 governo (m) militar. 軍事力 força (f) militar.

ぐんしきん 軍資金 fundos (mpl) [recursos (mpl)] militares.

ぐんしゅう 群衆 multidão (f), povo (m).

ぐんしゅう 群集 grupo (m), massa (f). ♦群集心理 psicologia (f) de massa.

ぐんしゅく 軍縮 redução (f) [limitação (f)] de armamentos.

くんしょう 勲章 condecoração (f). 〜を授ける dar [conferir, outorgar] uma condecoração, condecorar. 〜をもらう receber uma condecoração. ラベルに〜をつけている estar com [ter] uma condecoração na lapela.

ぐんじん 軍人 militar (m).

くんせい 燻製 defumação (f). 〜の defumado/da. 〜にする defumar. ♦燻製ニシン arenque (m) defumado.

ぐんせい 群生 【植】 vida (f) gregária, gregarismo (m). 〜の gregário/ria. 〜する crescer em colônia.

ぐんせい 軍政 governo (m) militar.

ぐんたい 軍隊 tropa (f), exército (m).

くんてん 訓点 sinais (mpl) de orientação em japonês para se ler um texto chinês. 〜を施す colocar os sinais de orientação para leitura (de um texto chinês).

ぐんとう 群島 arquipélago (m).

ぐんば 軍馬 cavalo (m) do exército.

ぐんび 軍備 armamentos (mpl), preparativos (mpl) de guerra. ♦軍備撤廃 desarmamento (m).

ぐんぷく 軍服 farda (f) militar.

ぐんむ 軍務 serviço (m) militar. ♦軍務放棄 abandono (m) de serviço militar.

くんよみ 訓読み leitura (f) japonesa do ideograma chinês.

*くんれん 訓練 treino (m) [トレーノ], treinamento (m) [トレイナメント], exercício (m) [エゼルスィッスィオ]; 【実習】 prática (f) [プラッチカ]. 〜する exercitar, treinar, formar. 私たちは一人前になるために厳しい〜を受けています Nós estamos sendo intensamente treinados/das para nos tornarmos profissionais. ♦訓練期間 período (m) de treinamento. 火災訓練 treino de evacuação [salvamento] em caso de incêndio.

くんれんじょ 訓練所 centro (m) de treinamento. ♦職業訓練所 escola (f) vocacional. テロリスト訓練所 centro de treinamento terrorista.

くんわ 訓話 discurso (m) edificante [moral, admonitório].

け

け 毛 〔髪の毛〕cabelo (*m*) [カベーロ]; 〔動物の, 体毛〕pelo (*m*) [ペロ]; 〔羊毛〕lã (*f*) [ラン]. ～深い peludo/da. ～が生える nascer o cabelo; nascer o pelo. 私はよく～が抜ける Me cai [Cai-me] muito o cabelo.

-け -家 os (+名字)《+sobrenome》, a Família (+名字) 《+sobrenome》. 佐藤～ os Sato, a Família Sato.

ケア tratamento (*m*), cuidados (*mpl*). ♦在宅ケア tratamento (*m*) 〔no lar [em família]. スキンケア cuidados com a pele.

けあな 毛穴 〖生〗poro.

けい 刑 castigo (*m*), pena (*f*), punição (*f*). …に～を課する infligir [impor, aplicar] uma pena a …. …を懲役5年の～に処する condenar … a cinco anos de prisão. …に～を宣告する dar a sentença a …. …の～を軽く（重く）する atenuar (agravar) a pena de …. ～1等を減じる aliviar [reduzir] a pena em um grau. ～に服する cumprir a pena, submeter-se à sentença. ～の時効 prescrição (*f*) da pena.

けい 系 ❶〔系統〕sistema (*m*). ♦神経系〖生〗sistema nervoso. ❷〔血統〕família (*f*), linhagem (*f*), genealogia (*f*). ドイツ～の de origem alemã. ♦イタリア系ブラジル人 brasileiro/ra de origem italiana. 男系 linhagem paterna. ❸〔学問の分野〕ramo (*m*). ♦人文社会系 ramo das Ciências Humanas e Sociais. ❹〔党派〕linha (*f*), tendência (*f*). 保守～の conservador/ra. 自由民主党～の liberal-democrata. 共産党～の組合 sindicato (*m*) de linha [tendência] comunista. ❺〖数〗corolário (*m*).

けい 罫 linha (*f*), pauta (*f*). ～を引く traçar uma pauta. ～のあるノート caderno (*m*) pautado.

げい 芸 arte (*f*).

ゲイ *gay* (*m*), homossexual (*m*),《口語》maricas (*mpl*),《卑》bicha (*f*), veado (*m*).

けいい 敬意 respeito (*m*), homenagem (*f*). …に～を表する prestar homenagem a …, homenagear …. …に～を表して em homenagem a ….

けいい 経緯 ❶〔いきさつ〕andamento (*m*), circunstâncias (*fpl*), desenrolar (*m*), curso (*m*) da história, pormenores (*mpl*); histórico (*m*). ～を話す explicar o desenrolar dos fatos. 事件の～をたどる fazer o histórico de um caso. 二国の間には関係が冷え込んだ～がある Há um passado de relações frias entre os dois países. ❷〔経緯度〕longitude (*f*) e latitude (*f*).

＊けいえい 経営 administração (*f*) [アヂミニストラサォン], direção (*f*) [ヂレサォン]. ～する administrar, dirigir. あの方は商店を～しているので す Ele dirige uma loja. 彼は～能力がある Ele tem capacidade administrativa. ♦経営学 administração de empresas [negócios]. 経営者 〔所有者〕patrão/troa, dono/na; 〔支配人〕gerente; 〔管理人〕administrador/ra. 経営費 despesas (*fpl*) de administração, gasto (*m*) da gestão, custo (*m*) operacional. 経営方針 diretrizes (*fpl*) da administração.

けいえん 敬遠 ～する manter … afastado/da, rejeitar. 私は外国人だという理由で～された Afastaram-se de mim por eu ser estrangeiro/ra.

けいおんがく 軽音楽 música (*f*) popular.

けいか 経過 curso (*m*), marcha (*f*), processo (*m*). ～する passar, transcorrer. あれから3年が～した Passaram-se três anos, desde então. 患者の～は良好です O paciente está melhorando dia-a-dia.

＊けいかい 警戒 precaução (*f*) [プレカウサォン], alerta (*m*) [アレールタ], cautela (*f*) [カウテーラ], cuidado (*m*) [クイダード], vigilância (*f*) [ヴィジランスィア]. ～する tomar ⌐precaução contra [cuidado com]. 大雨を～したほうがいい É melhor tomar cuidado com a chuva torrencial [forte]. ～を強める reforçar a vigilância. パンデミックに対する～レベルを上げる elevar o nível de alerta contra a pandemia. 金利上昇に～感がある O povo está se alarmando com a alta de juros. 〔天気予報で〕今日船舶は～が必要です Os navios precisam estar em alerta hoje. …に対して～する fazer alerta contra [para] …, prestar atenção a …, tomar cuidado com …. ～の心の強い人 pessoa (*f*) desconfiada. テロ行為に対する～態勢が敷かれた Foi montado [armado] um sistema de segurança contra os atos terroristas.

けいかい 軽快 ～な〔軽い〕leve, ligeiro/ra; 〔速い〕rápido/da, ágil; 〔気分〕alegre, disposto/ta, vivo/va. ～な足どり passos (*mpl*) ligeiros. ～な服装で com roupa leve. ～なリズムで a um ritmo rápido.

＊けいかく 計画 plano (*m*) [プラーノ], projeto (*m*) [プロジェット]. ～的 metódico/ca. ～する planejar, projetar. ～どおりに de acordo com o plano, como programado. 研究～を立てる planejar a [fazer um plano de] pesquisa. ～を実行する executar [realizar] o plano [projeto]. あれは～倒れに終わった Aquele projeto

けいかく 　acabou ficando no papel. 〜が狂った O plano não deu certo. 〜を変更する必要が出てきた Surgiu a necessidade de se alterar o projeto. 〜的に premeditamente, calculadamente. 〜性がある ser metódico/ca [sistemático/ca]. この夏休みは何か〜がおありですか Tem algum plano para estas férias de verão? その〜はうまく行きそうです Esse plano parece que vai dar certo. ♦計画的犯罪 crime (*m*) premeditado. 都市計画 plano (*m*) de urbanização.

けいかん 景観 bela vista (*f*), panorama (*m*). ビルの建設は〜を損なう A construção de edifícios estraga a vista da paisagem.

けいかん 警官 policial. ♦婦人警官 polícia (*f*) feminina.

けいき 刑期 〖法〗duração (*f*) da pena. 彼の〜が満了した Expirou a duração da sua pena. 彼は〜を終えて今は働いている Ele cumpriu toda a pena e agora está trabalhando. 彼は〜の短縮が認められた A duração da sua pena foi encurtada. ♦刑期満了 expiração (*f*) da duração da pena.

*****けいき** 景気 〔世間一般の〕estado (*m*) das coisas; 〔市況, 商況〕tendência (*f*) do mercado; 〔経済状態〕situação (*f*) econômica, conjuntura (*f*) econômica. お宅の〜はいかがですか Como vão as coisas na sua casa? 〜の回復 recuperação (*f*) da economia. 〜の後退 recessão (*f*) econômica. 〜の後退を防ぐ〔阻止する〕evitar (impedir) a recessão econômica. 〜のいい掛け声 voz (*f*) animada.

けいぐ 敬具 atenciosamente, cordialmente, respeitosamente 《termo de final de cartas》.

げいげき 迎撃 interceptação (*f*) de um ataque, contra-ataque (*m*). 大気圏内で敵のミサイルを〜ミサイルで落とす derrubar o míssil inimigo com o míssil de interceptação dentro da atmosfera. ♦迎撃ミサイル míssil (*m*) de interceptação, escudo (*m*) antimíssil.

けいけん 敬虔 〜な piedoso/sa, devoto/ta, fiel. 〜なクリスチャン um/uma cristão/tã devoto/ta [praticante].

*****けいけん** 経験 experiência (*f*) [エスペリエンスィア]. 〜する experimentar, ter a experiência de. 〜豊かな muito experimentado/da, bem vivido/da, muito experiente. 〜を生かす aproveitar a experiência. 〜を積む acumular experiências. 〜のある看護師 enfermeiro/ra experiente. あなたはこのような仕事の〜がありますか Você tem experiência nesse tipo de serviço? このことは私自身の〜から言っているのです Eu estou dizendo isto pela minha própria experiência. ♦経験年数 tempo (*m*) de experiência. 未経験者 inexperiente, novato/ta.

けいげん 軽減 redução (*f*), alívio (*m*). 〜する reduzir, aliviar. 税を〜する reduzir os impostos. 痛みを〜する diminuir o sofrimento, aliviar a dor.

けいけんそく 経験則 regra (*f*) formulada através de experiências (do passado). それは過去の〜から学んだものだ Isso é uma regra que eu aprendi com as minhas experiências do passado [por experiência própria].

けいこ 稽古 treino (*m*), exercício (*m*), prática (*f*); lição (*f*). 〜する treinar, praticar, exercitar. バイオリンの〜をする〔授業〕ter aulas de violino; 〔練習〕treinar violino. ピアノの〜の日 dia (*m*) de lição de piano.

けいご 敬語 termo (*m*) honorífico, expressões (*fpl*) de respeito.

けいご 警護 escolta (*f*), custódia (*f*). 〜する escoltar. …に身辺を〜してもらう ser escoltado/da por …. 要人の〜にあたる escoltar uma pessoa importante.

*****けいこう** 傾向 tendência (*f*) [テンデンスィア], predisposição (*f*) [プレヂスポズィサォン], inclinação (*f*) [インクリナサォン]. …する〜がある ter a tendência de [tender a] (+不定詞)(+infinitivo). 彼は何でも大げさに言う〜がある Ele tem a tendência de falar tudo com exagero./Ele costuma exagerar as coisas. 物価は上昇する〜にある A tendência é a elevação do custo de vida.

けいこう 経口 via (*f*) oral. ♦経口水分補給 hidratação (*f*) oral. 経口摂取 ingestão (*f*). 経口避妊薬 (pílula (*f*)) anticoncepcional (*m*). 経口薬 medicamento (*m*) oral.

けいこう 蛍光 fluorescência (*f*). ♦蛍光顕微鏡 〖理〗microscopia (*f*) fluorescente. 蛍光灯 lâmpada (*f*) fluorescente.

げいごう 迎合 adulação (*f*), fácil concordância (*f*) com ideias dos outros. 彼はすぐ他人の主義に〜する Ele adere facilmente às ideias dos outros. ♦大衆迎合主義 populismo (*m*).

けいこうぎょう 軽工業 indústria (*f*) leve.

けいこく 渓谷 vale (*m*), garganta (*f*), canyon (*m*), canhão (*f*).

けいこく 警告 advertência (*f*), aviso (*m*), admoestação (*f*). 〜する advertir, avisar, admoestar, aconselhar. 〜なしに sem aviso prévio. 医師は(患者に)しばらくは激務をしないように〜した O médico avisou (o/a paciente) para não fazer serviço pesado por algum tempo.

けいさい 掲載 publicação (*f*). 〜する publicar.

*****けいざい** 経済 economia (*f*) [エコノミーア]. 〜的な econômico/ca. 〜的に economicamente. 〜的に恵まれる ser economicamente favorecido/da.

♦経済学 ciências (*f*) econômicas. 経済危機 crise (*f*) econômica. 経済産業省 Ministério (*m*) da Economia e do Comércio. 経済事情 situação (*f*) econômi-

ca. 経済成長率 taxa (f) de crescimento econômico. 経済大国 potência (f) econômica. 経済白書 relatório (m) oficial do governo sobre assuntos econômicos, livro (m) branco da economia. 経済力 poder (m) econômico.

けいざい 軽罪 〔法〕delito (m) menor. ⇨軽犯罪.

***けいさつ** 警察 polícia (f) [ポリスィア], rádio (f) patrulha. …を〜に引き渡す entregar … à polícia. 〜の厄介になる ter contas [dívida] com a polícia. 〜を呼ぶのですが Precisava chamar a polícia …. 〜の鑑定 laudo (m) policial. ♦警察学校 academia (f) de polícia. 警察官 policial, guarda, polícia. 警察管区 circunscrição (f) [distrito (m)] policial. 警察機動隊 tropa (f) [batalhão (m)] de choque (policial). 警察犬 cão (m) policial. 警察国家 estado (m) policial. 警察署 delegacia (f) de polícia, posto (m) policial. 警察隊 força (f) policial. 警察庁 Agência (f) Nacional de Polícia. 警察手帳 credencial (f) de policial. 警察当局 autoridade (f) policial. 軍警察 polícia militar. 秘密警察 polícia secreta. 文民警察 polícia civil. 連邦警察 polícia federal.

けいさん 計算 ❶ cálculo (m), conta (f), aritmética (f). 〜する calcular, contar, computar, fazer ˩uma conta [um cálculo]. 〜を誤る calcular errado, errar na conta. それで〜があう Com isso a conta fica certa. この〜は合っていない Esta conta não está certa. 〜違い erro (m) de cálculo. 〜に入れる colocar na conta. 〜が早い ser bom/boa ˩de conta [no cálculo]. 〜が下手だ ser ruim de conta. 〜上はそうである Segundo os cálculos, é assim. 〜可能な calculável, computável. 代金を〜してください A conta, por favor. 売り上げの見積もり〜書 conta orçamentária de vendas. 計算尺 régua (f) de cálculo. 計算書 extrato (m) da conta. 計算センター centro (m) de computação. (電子卓上)計算器 calculadora (f) (eletrônica). ❷《比》consideração (f), conta. 〜ずくの calculado/da. 〜高い calculista. この条件は〜に入ってなかった Estas condições não tinham sido levadas em conta.

けいし 軽視 〜する menosprezar, negligenciar, fazer pouco caso de, descuidar-se de. 風邪を〜してはいけません Não se descuide da gripe.

けいし 罫紙 papel (m) pautado.

けいじ 刑事 ❶ caso (m) criminal [policial]. 〜上の責任を問われる ser acusado/da de responsabilidade criminal. ♦刑事裁判 julgamento (m) [processo (m)] criminal. 刑事事件 causa (f) criminal. 刑事責任 responsabilidade (f) penal. 刑事訴訟 ação (f) [processo (m)] criminal [penal]. 刑事訴訟法 código (m) de processo penal. 刑事被告 réu/ré, acusado/da. ❷〔刑事巡査〕detetive, investigador/ra (policial).

けいじ 掲示 aviso (m), anúncio (m). 〜する anunciar em letreiros [placas]. 〜板にポスターを貼る afixar um cartaz no [ao] quadro de avisos. ♦掲示板 mural (m) [quadro (m)] (de avisos, de recados), 〔ポ〕tabela (f) (de avisos), 〔インターネット〕mural (de recados), fórum (m) (de discussão), BBS (m) [ベベエッスィ].

***けいしき** 形式 forma (f) [フォールマ], fórmula (f) [フォールムラ], formalidade (f) [フォルマリダーヂ]. 〜的な, 〜張った formal. その点については彼らは〜を重んじすぎる Nesse aspecto eles são formais demais.

けいしちょう 警視庁 〔法〕Departamento (m) da Polícia Metropolitana.

けいじどうしゃ 軽自動車 automóvel (m) pequeno (de menos de 660cc).

けいしゃ 傾斜 declive (m), inclinação (f). この柱は少し右に〜している Essa coluna está um pouco inclinada para a direita.

げいしゃ 芸者 gueixa (f), cortesã (f). 〜を揚げる contratar uma gueixa para animar um jantar. 〜遊びをする divertir-se com gueixas.

***げいじゅつ** 芸術 arte (f) [アールチ]. 〜的 artístico/ca. ♦芸術家 artista. 芸術品 obra (f) artística.

けいしょう 敬称 título (m) honorífico. 〜を略す sem menção de títulos.

けいしょう 継承 sucessão (f). 茶の湯の技芸は親から子へと〜されていった As técnicas da cerimônia do chá foram passadas de pais para filhos.

けいしょう 軽傷 ferida (f) leve, ferimento (m) leve. 〜を負う ser levemente ferido/da. その人は〜を負った Essa pessoa sofreu [teve] um ferimento leve.

けいしょう 軽症 doença (f) sem muita gravidade. 〜で済んで良かった Foi bom que a doença ˩não se agravou [não piorou]. ♦軽症患者 paciente com doença ˩leve [sem gravidade].

けいじょう 形状 forma (f), contorno (m). …の〜をなす ter a [estar em] forma de ….

けいじょう 経常 ordinário/ria. ♦経常収支 conta (f) corrente. 経常利益 lucro (m) ordinário.

けいじょう 計上 〜する incluir no cálculo. 旅費を予算に〜する incluir as despesas de viagem no orçamento.

けいしょく 軽食 comida (f) leve. ♦軽食堂 lanchonete (f).

けいず 系図 ❶ genealogia (f), linhagem (f). ❷〔図〕árvore (f) genealógica.

けいすう 係数 〔数〕coeficiente (m), módulo (m).

けいせい 形勢 situação (f), estado (m) de coisas, circunstâncias (f). 〜が我々にとって不利になった A situação ficou desfavorável para nós.

けいせい 形成 formação (f), constituição (f). 〜する formar, constituir, compor. 人格を〜する formar a personalidade. ♦形成外科 〚医〛cirurgia (f) plástica. 形成層〚植〛câmbio (m).

けいせき 形跡 rastro (m), sinal (m), indício (m). 部屋に泥棒が入った〜がある Há sinais [indícios] de que entrou um ladrão no quarto.

けいせん 経線 〚地理〛meridiano (m).

けいそう 軽装 〜する vestir roupas leves. 〜で旅行する viajar com roupas leves.

けいそく 計測 medição (f), medida (f). 〜する medir. ♦計測器 aparelho (m) de medir, medidor (m).

けいぞく 継続 continuação (f), seguimento (m);〔更新〕prolongamento (m), renovação (f) (de contratos etc). 〜的 contínuo/nua, seguido/da. 〜する continuar; prolongar, renovar. 契約を〜する renovar o contrato. 学問を〜する continuar os estudos. 新聞購読を〜する renovar a assinatura do jornal. 〜して sem interrupção, de maneira ininterrupta, continuadamente, seguidamente.

けいそつ 軽率 leviandade (f), imprudência (f). 〜な imprudente, irrefletido/da. 〜なことをする cometer imprudências. 〜に imprudentemente, levianamente. 〜に判断してはいけません Não julgue (as coisas) levianamente. 今動くのは〜である É imprudente agir agora./Agir agora é uma imprudência. 彼女は〜にも夜出かけてしまった Ela teve a imprudência de sair à noite.

けいたい 携帯 〜する levar (algo) consigo. 〜用の portátil. ♦携帯電話 (telefone (m)) celular (m).

けいだんれん 経団連 〚経〛Federação (f) das Indústrias do Japão.

けいちつ 啓蟄 época (f) em que os bichos hibernados voltam sobre a terra, atraídos pelo aroma das ameixeiras e o canto dos pássaros, o que acontece por volta de cinco ou seis de março.

けいつい 頸椎 〚解〛vértebra (f) cervical.

けいてき 警笛 alarme (m), apito (m), klaxon (m), buzina (f). 〜を鳴らす soar [tocar] a buzina, buzinar, apitar.

けいと 毛糸 fio (m) de lã;〔玉〕novelo (m) de lã.

けいど 経度 longitude (f).

けいど 軽度 leveza (f). 〜の障害者 pessoa (f) de grau leve de deficiência.

けいとう 系統 sistema (m). 〜的 sistemático/ca. 〜的に sistematicamente. 〜立てる sistematizar. 〜立てて説明する explicar metodicamente. ポルトガル語とイタリア語は同じ〜の言語である O português e o italiano pertencem à mesma família de línguas. ♦系統立て sistematização (f). 神経系統 sistema nervoso.

げいとう 芸当 ❶ arte (f), habilidade (f). 猿に〜を仕込む treinar um macaco a fazer artes. ❷ prodígio (m). そんな〜は私にはできない Eu não seria capaz de tal prodígio.

けいどうみゃく 頸動脈 〚解〛carótida (f).

げいにん 芸人 artista. ♦大道芸人 saltimbanco (m).

げいのう 芸能 arte (f). ♦芸能界 mundo (m) dos artistas [do espetáculo]. 芸能人〔映画, 演劇などの〕ator/atriz;〔歌手〕cantor/ra. 大衆芸能 arte popular. 民族芸能 arte folclórica.

けいば 競馬 corrida (f) de cavalos, hipismo (m), turfe (m). ♦競馬場 hipódromo (m), prado (m).

ケイパー 〚植〛alcaparra (f).

けいはく 軽薄 〜な frívolo/la, leviano/na, imprudente.

けいはつ 啓発 iluminação (f); esclarecimento (m), instrução (f); conscientização (f). 〜する iluminar, esclarecer, conscientizar. 国民の政治意識を〜する politizar o povo. 私はこの講演で大いに〜された Esta conferência me foi muito instrutiva./Aprendi muito com esta conferência.

けいばつ 刑罰 pena (f), punição (f). 〜の penal. ♦刑罰制度 sistema (m) penal.

けいはんざい 軽犯罪 delito (m) menor, contravenção (f), crime (m) pequeno. ♦軽犯罪法 lei (f) das contravenções penais.

けいひ 経費 gastos (mpl), despesas (fpl), custo (m). 〜削減が叫ばれている A redução dos custos está na pauta dos dias atuais. それは〜がかかる Isso custa caro [tem um custo]. …を〜でおとす lançar … como [nas] despesas gerais. ♦諸経費 despesas diversas. 必要経費 despesas necessárias. ⇨費用.

けいび 警備 guarda (f), vigilância (f). 〜する vigiar, exercer vigilância a [sobre]. …の〜を強化する reforçar a vigilância de [em] …. 国境〜を敷く exercer vigilância sobre as [às] fronteiras. ♦警備員 guarda, vigia, segurança.

けいび 経鼻 〚医〛via (f) nasal. ♦経鼻栄養管〔経鼻胃チューブ〕sonda (f) de nutrição naso-gástrica. 経鼻内視鏡 endoscopia (f) nasal. 経鼻ワクチン vacinação (f) nasal.

けいひん 景品 prêmio (m).

げいひんかん 迎賓館 casa (f) [palácio (m)] para hóspedes ilustres (do governo).

けいふ 継父 padrasto (m).

けいぶ 警部 inspetor/ra de polícia.

けいべつ 軽蔑 desprezo (m), menosprezo

(m), desdém (m). ～する desprezar, menosprezar, desdenhar. ～すべき desprezível. …を～するように見る olhar … com desprezo [desdém]. 社会は働かない人を～する A sociedade ⌊tem desprezo pelos [despreza os] que não trabalham. 彼らはこのような行為を～した Eles desprezaram tal atitude.

けいぼ 継母 madrasta (f).

けいほう 刑法 direito (m) [código (m)] penal.

けいほう 警報 alarme (m), sinal (m) de alarme. ～を出す dar [soar] o alarme. ♦警報器 alarme (m) (o aparato). 火災警報 alarme de incêndio. 雪崩(なだれ)警報 alarme de avalanche. 暴風雨警報 alarme de tempestade.

けいむしょ 刑務所 prisão (f), cadeia (f), cárcere (m). …を～に入れる mandar … para a cadeia, encarcerar. ～を出る sair da cadeia [prisão]. 彼は～に入っている Ele está ⌊na cadeia [preso, encarcerado]. ♦刑務所職員 carcereiro/ra.

けいもう 啓蒙 iluminação (f); esclarecimento (m), instrução (f), educação (f). ～的な esclarecedor, instrutivo. ～する iluminar, esclarecer, instruir. 国民を～する esclarecer o povo. ♦啓蒙運動 movimento (m) iluminista. 啓蒙主義 iluminismo (m).

けいやく 契約 [法] contrato (m), pacto (m), convênio (m), compromisso (m). ～の contratual. ～する fechar um contrato. 売買～を結ぶ firmar um contrato de compra e venda. ～によると de acordo com o contrato. ～を承認する ratificar o contrato. ～を守る respeitar o contrato. ～を更新する renovar o contrato. ～を解除する rescindir [anular] o contrato. ～書に署名する assinar o contrato. ～の変更 alteração (f) [modificação (f)] de contrato.

♦契約違反 violação (f) do contrato. 契約期間 prazo (m) (de validade) do contrato. 契約期限 termo (m) do contrato. 契約金 despesas (fpl) de contrato, custas (fpl) contratuais. 契約項目 termos (mpl) do contrato. 契約者 contratante. 契約社員 funcionário/ria contratado/da. 契約書 contrato. 契約不履行 quebra (f) de contrato. 仮契約 contrato provisório. 口頭契約 contrato verbal. 諾成契約 contrato consensual. 賃貸契約書 contrato de aluguel.

けいゆ 経由 via, passando por. 私はハワイ～でサンフランシスコへ行きました Fui a São Francisco via Havaí. その情報はブラジル大使館～で入手した Obtivemos essa informação através da [por intermédio da] Embaixada Brasileira. ～する passar por.

けいようし 形容詞 ❶ [文法] adjetivo (m). ～化する adjetivar. ♦形容詞句 locução (f) adjetiva. 形容詞節 oração (f) adjetiva. 地名形容詞 adjetivo pátrio. 品質形容詞 adjetivo qualitativo. ❷〔性質などを現す形容語〕epíteto (m).

けいらん 鶏卵 ovo (m) de galinha.

けいり 経理 contabilidade (f). ～を操作する fazer ⌊caixa dois [uma maquiagem de contas]. ♦経理課 seção (f) de contabilidade. 経理士 contador/ra. 経理部 departamento (m) de contabilidade.

けいりゃく 計略 complô (m), conspiração (f), cilada (f). ～を巡らす armar uma cilada. ～を用いる usar de estratagema. 私は彼の～にはまってしまったようだ Parece que caí na cilada dele.

けいりゅう 渓流 torrente (f).

けいりょう 計量 medida (f), medição (f); [重さの] pesagem (f). ～する medir, pesar. ♦計量カップ copo (m) graduado. 計量単位 unidade (f) de medida.

けいりょう 軽量 peso (m) leve. …を～化する reduzir o peso de …. ♦軽量化 redução (f) de peso.

けいりん 競輪 ciclismo (m). ♦競輪選手 ciclista.

けいれい 敬礼 continência (f), reverência (f). 国旗に～する saudar a [fazer uma continência à] bandeira nacional.

けいれき 経歴 carreira (f), *curriculum vitae* (m), antecedentes (mpl) [currículo (m)]. あなたの～をここに簡単に書いてください Escreva aqui o resumo do seu histórico [currículo].

けいれつ 系列 ❶ linha (f). 彼の小説はリアリズムの～に属する Seu romance se situa dentro da linha realista. ❷ [理] série (f). ❸ [生] sistema (m). [経] filiação (f), agrupamento (m). ～化する agrupar. 企業の～化 agrupamento (m) industrial. S社の～になる colocar-se dentro da linha da companhia S. ♦系列会社 companhia (f) subsidiária, companhia afiliada.

けいれん 痙攣 ❶ [医] convulsão (f), espasmo (m), câimbra (f), cãibra (f). ～する ter convulsões. 彼は足が～した Ele teve câimbra nos pés. 全身に～を起こす ter um ataque convulsivo. ❷〔顔面の〕tique (m) (nervoso). ⇨攣(つ)る.

けいろ 経路 via (f), trajeto (m), caminho (m), rota (f). この麻薬はどんな～で日本に入ってきたのか Por que vias esta droga entrou no Japão?

けいろう 敬老 respeito (m) aos idosos. ♦敬老の日 Dia (m) ⌊dos Anciãos [do Idoso].

ケーキ bolo (m). ♦クリスマスケーキ bolo de Natal. ショートケーキ bolo de chantilly em geral com morangos. バースデーケーキ bolo de aniversário. ホットケーキ panqueca (f).

ゲージ ❶〔測定〕aparelhos (mpl) de medida.

♦ゲージ理論 〖理〗 teoria (f) de gauge [aferição]. ❷〔軌間〕鉄道の~ bitola (f) de ferrovia. ❸〔射撃〕散弾銃の~ diâmetro (m) [calibre (m)] de arma de escopeta [fuzil, espingarda, rifle]. ❹〔編み物〕fieira (f), quantidade (f) base de malhas (numa tecelagem).

ケース ❶〔入れ物〕estojo (m), caixa (f), invólucro (m) 《de instrumentos musicais, equipamentos etc》. ~に入れる pôr [colocar, guardar] em uma caixa. ❷〔場合〕caso (m). ~バイ~です depende do caso. …は~バイ~で検討しましょう Vamos verificar … caso a caso. ♦ケーススタディー estudo (m) de caso. ケースワーカー assistente social que trata de casos individuais.

ゲート portão (m) de embarque, sala (f) de embarque. JAL221便のお客様、31番~にお進みください Senhores passageiros da JAL voo número duzentos e vinte e um, dirijam-se, por gentileza, ao portão de embarque número trinta e um.

ゲートボール 〖スポーツ〗 gateball (m) [ゲイトボウル].

ケーブル cabo (m). ♦ケーブルカー bondinho (m), teleférico (m), 《ポ》funicular (m), 《ポ》ascensor (m). ケーブル心線 cabo principal. ケーブルテレビ televisão (f) a cabo. ケーブル敷設船 navio (m) especializado na instalação de cabos submarinos. 海底ケーブル cabo submarino.

ゲーム jogo (m), partida (f). ~をする jogar. ~に勝つ ganhar [vencer] no [o] jogo. ~に負ける perder no [o] jogo. ♦ゲームセット fim (m) de jogo. ゲームセンター centro (m) de diversões. テレビゲーム videogame (m) [ヴィーデオゲーイム], jogo (m) eletrônico.

けおとす 蹴落とす 〔足で蹴って下へ落とす〕 derrubar … a patadas [com um pontapé]; 〔競争相手を強引に押しのける〕passar a perna a, derrubar alguém para subir de posto. 同僚を蹴落として出世する subir de posto [promover-se] tirando o lugar dos colegas.

けおりもの 毛織物 tecido (m) de lã.

けが 怪我 ferida (f), ferimento (m), lesão (f). ~をする sofrer uma lesão [ferida], ser ferido/da. 指に~をする ferir-se no dedo. 大~をする ser gravemente ferido/da. ~をさせる ferir. 軽い~ ferimento (m) leve. ひどい~ ferida (f) grave. お~はありませんか Não se feriu? ♦怪我人 ferido/da.

げか 外科 cirurgia (f). ♦外科医 cirurgião/giã.

けがす 汚す manchar, sujar. 家名を~ manchar o nome da família, desonrar a família. 神を~ blasfemar contra uma divindade.

けがれ 汚れ ❶〔不浄〕impureza (f). ❷〔侮辱〕desonra (f), vergonha (f). ❸〔瀆(とく)神〕profanação (f). ~のない limpo/pa, puro/ra, inocente, imaculado/da. …の~を払う〔清める〕purificar ….

けがわ 毛皮 pele (f) 《de animais》. ~のコート casaco (m) de pele.

げき 劇 teatro (m), drama (m). ~的 teatral, dramático/ca. ~的な効果 efeito (m) dramático. ~的に変わる mudar dramaticamente. ~化する teatralizar, dramatizar. ♦劇化 teatralização (f), dramatização (f). 劇作家 teatrólogo/ga.

げきか 激化 intensificação (f). ~する intensificar-se. 議論が~した Intensificou-se o debate.

げきが 劇画 história (f) em quadrinhos, quadrinhos (mpl).

げきげん 激減 diminuição (f) drástica, redução (f) grande e repentina. ~する diminuir [reduzir-se] visivelmente. インディオの人口が~した Diminuiu drasticamente a população indígena. 米の売り上げが~した As vendas do arroz diminuíram drasticamente em pouco tempo.

げきじょう 劇場 teatro (m), anfiteatro (m), casa (f) de espetáculos.

げきじょう 激情 emoção (f) violenta. ~に駆られる ser levado/da [tomado/da] pela emoção, sentir uma forte emoção.

げきしん 激震 ❶ terremoto (m) violento. ❷《比》grande abalo (m). 世界中に~を起こす causar um grande abalo pelo mundo afora.

げきせん 激戦 batalha (f) feroz [renhida], combate (m) violento. ♦激戦地 campo (m) de luta sangrenta.

げきぞう 激増 aumento (m) repentino, crescimento (m) repentino [rápido]. ~する aumentar [crescer] repentinamente [rapidamente]. あの町は人口が~している Naquela cidade está aumentando bruscamente a população. 輸入が~した Houve um rápido crescimento nas importações.

げきたい 撃退 repulsa (f), repúdio (m). ~する repelir, repudiar, afastar.

げきだん 劇団 grupo (m) [companhia (f)] teatral.

げきちん 撃沈 ataque (m) que causa naufrágio de um navio. ~する atacar e afundar um navio.

げきつい 撃墜 derrubada (f), 《ポ》derrube (m). 飛行機の~事件 incidente (m) da queda do avião.

げきつう 激痛 dor (f) intensa [violenta, aguda]. 先生、ここに~が走っているのですが Estou tendo [com] dores intensas aqui, doutor/ra.

げきど 激怒 ❶ ira (f), furor (m), raiva (f). ❷〔不正に対する〕indignação (f). ~する indignar-se, enfurecer-se, ficar enfurecido/da [indignado/da, furioso/sa]. 彼は市長の態度に~した Ele ficou furioso com a atitude do/da prefeito/ta. ～させる exasperar, irritar, enfurecer, encolerizar, deixar enfurecido/da [indignado/da, furioso/sa].

げきどう 激動 ❶ mudança (f) brusca. ❷〔社会の〕convulsão (f) [agitação (f)] social. ◆激動期 período (m) de convulsão social. ～する世界 mundo (m) em revolução.

げきとつ 激突 choque (m) violento [brusco, repentino]. 車の～ colisão (f) violenta de carros. …と～する chocar fortemente contra …, colidir violentamente com ….

げきは 撃破 derrota (f). 敵を～する derrotar ᴌo/a adversário/ria [o/a oponente].

げきへん 激変 mudança (f) violenta [brusca, repentina]. 株式相場の～ flutuação (f) violenta da bolsa de valores. 技術の～に対応する必要がある É preciso adaptar-se às mudanças repentinas da tecnologia. ～する mudar violentamente [bruscamente, repentinamente].

げきむ 激務 trabalho (m) exaustivo [penoso]. ～に耐える aguentar firme um trabalho exaustivo.

げきやく 劇薬【薬】droga (f) potente, medicamento (m) forte que exige uso cauteloso,《口語》medicamento (m) pesado. ～は依存症を引き起こす可能性がある O medicamento pesado pode causar dependência.

けぎらい 毛嫌い aversão (f), preconceito (m), antipatia (f). ～する implicar com, não gostar de. 怠け者を～する sentir [ter] aversão por preguiçosos.

げきりゅう 激流 corrente (f) [correnteza (f)] forte. ～に対応して生きる《比》viver contra a corrente.

げきれい 激励 estímulo (m), encorajamento (m). ～する animar, estimular, encorajar.

げきろん 激論 discussão (f) violenta. …と～を戦わす ter uma discussão bem viva com.

けげん 怪訝 ～な de desconfiança, ～な cara (f) de desconfiado/da. ～な顔をする mostrar estranheza. ～そうに suspeitosamente.

げこう 下校 saída (f) da escola. ～する voltar da escola para casa. ～の途中で no caminho de volta da escola (para casa). ◆下校時間 horário (m) de saída da escola.

げこくじょう 下克上 inversão (f) social [hierárquica].

けさ 今朝 hoje de manhã, esta manhã (f). ～はとても寒いですね Que frio que está fazendo esta manhã, não?

げざい 下剤【薬】purgante (m), laxativo (m).

げざん 下山 descida ᴌda montanha (do morro, do monte). ～する descer a montanha. ◆下山道 caminho (m) [trilha (f)] para descer a montanha.

けし 芥子【植】papoula (f). ◆芥子粒 semente (f) da papoula;《比》coisa (f) minúscula [microscópica].

げし 夏至 solstício (m) de verão.

けしいん 消印 carimbo (m) postal. この手紙には～が押してある Esta carta está com o selo carimbado.

けしかける instigar, incitar, acirrar, provocar. 犬を～ atiçar um cão. ストを～ provocar uma greve.

けしからん《口語》❶〔無礼な〕insolente, impertinente. ❷〔恥ずべき〕indigno/na, vergonhoso/sa. ❸〔許しがたい〕inadmissível, imperdoável. 彼は社長に～ふるまいをした Ele se comportou indevidamente ᴌdiante do [com o] presidente da companhia.《口語》～やつだ É um tipo imperdoável. ～ことだ É um caso inadmissível.

けしき 景色 paisagem (f), vista (f). 窓から の～はいかがですか Está gostando da paisagem [vista] da janela?

けしゴム 消しゴム borracha (f) (de apagar).

けじめ distinção (f). 公私の～をつける distinguir entre o público e o privado. 善悪の～がつかない não saber distinguir entre o bem e o mal.

げしゃ 下車 ato (m) de desembarcar de um veículo. ～する descer do trem (ônibus). 途中～する descer do veículo antes do final da viagem.

げしゅく 下宿 pensão (f)《moradia》. ～する morar numa pensão.

げじゅん 下旬 terceiro terço (m) do mês. 2月～に no fim do mês de fevereiro.

けしょう 化粧 maquiagem (f), pintura (f). ～する maquiar-se, pintar-se. この～品は私の肌に合いません Este cosmético não combina com a minha pele. ◆化粧室 toalete (m). 化粧水 tônico (m), tonificante (m)《para a pele》. 化粧せっけん sabonete (m). 化粧タイル azulejo (m). 化粧道具 maquiagem (f). 化粧品 cosmético (m). 化粧品店 perfumaria (f).

けじらみ 毛虱【生】piolho (m) ladro [púbico],《口語》chato (m). ◆毛虱症 pediculose (f) púbica.

けしん 化身 encarnação (f), personificação (f).

***けす 消す**〔火, 文字, 電燈などを〕apagar [アパガール];〔テレビ, ラジオなどを〕desligar [デズリガール]. 悪臭を～ remover o mau cheiro. 毒を～ neutralizar um veneno, frustrar a ação de um veneno. 姿を～ desaparecer. 線を引いて文字を～ riscar uma letra, eliminar uma letra com um risco. 寝る前にガスを消してください Desligue o gás antes de dormir, por favor. この看板は消してもよいのですか Posso apagar este letreiro?

げすい 下水 esgoto (m). ～が詰まってしまったのですが水道屋さんを紹介していただけますか O canal de esgoto entupiu. Será que poderia

ゲスト convidado/da.

けずりくず 削り屑 aparas (fpl), rebarbas (fpl), sobras (fpl).

けずり節 削り節 〖料〗flocos (mpl) de bonito seco e ralado.

***けずる** 削る apontar [アポンタール]; reduzir [ヘドゥズィール]. 鉛筆を～ apontar o lápis. 経費を～ reduzir as despesas.

けぞめ 毛染め tintura (f) do cabelo.

けた 桁 ❶〖建〗viga (f), trave (f). ❷〔数字〕dígito (m), algarismo (m). 4～の数字 número (m) de quatro dígitos [algarismos]. あの国のインフレ率は2～台だった A taxa da inflação naquele país era de dois dígitos. この計算は2～間違えている Esta conta está com erro de dois algarismos. ¶ブラジルの広さは日本とは～が違う A extensão do Brasil não tem comparação com a do Japão. ～外れの大きさ uma grandeza [um tamanho, uma extensão] sem comparação [extraordinário/ria]. ～外れに desmesuradamente, extraordinariamente.

げた 下駄 calçado (m) japonês de madeira, (espécie (f) de) tamanco (m) japonês. ♦下駄箱 armário (m) de sapatos (instalado, em geral, na entrada das casas japonesas ou de estabelecimentos).

けだかい 気高い nobre, magnânimo/ma.

げだつ 解脱 〖仏教〗libertação (f) dos desejos vãos [da vaidade], nirvana (m), iluminação (f).

けだもの animal (m), besta (f).

けだるい 気だるい mole, preguiçoso/sa, lânguido/da. 私は体が～ Sinto uma preguiça inexplicável. 彼は気だるそうに話す Ele fala mole [preguiçosamente].

けち avarento/ta; 《俗》pão-duro/ra. …に～をつける pôr《口語》botar] defeito em ….

ケチャップ ketchup (m) [ケチュッピ].

けつあつ 血圧 pressão (f) arterial, pressão (f) sanguínea. ～が高い ter [estar com] a pressão alta. ♦血圧計 relógio (m) de pressão. 最高血圧 pressão arterial máxima. 最低血圧 pressão arterial mínima.

けつい 決意 resolução (f), decisão (f), determinação (f). 固い～ resolução firme [inabalável]. ～する resolver, decidir. ～を新たにする tomar uma nova resolução.

けついん 欠員 posto (m) vago, vaga (f). ～の vago/ga. ～を補う preencher [suprir] uma vaga. …に～が生じた Surgiu [Apareceu] uma vaga em …. そのポストは～になっている Esse posto está vago.

けつえき 血液 sangue (m). ～の sanguíneo/nea. ♦血液型 tipo (m) sanguíneo. 血液供給者 doador/ra de sangue. 血液バンク banco (m) de sangue. 汚染血液 sangue contaminado.

けつえん 血縁 consanguinidade (f), parentesco (m).

***けっか** 結果 resultado (m) [ヘズウタードゥ], consequência (f) [コンセクェンスィア], fruto (m) [フルット]. 悪い～を招く trazer más consequências. いろいろと考えた～ depois de pensar muito. ～は意外でした O resultado foi inesperado. 手術の～は思わしくないようです Parece que o resultado da operação não está [é] satisfatório. ～を出す apurar, mostrar. 調査はそれが実行可能だという～を出した A pesquisa apurou [mostrou] que isso é viável. 良い～が出た Deu (bom) resultado.

けっかく 結核 tuberculose (f). ♦結核菌 bacilo (m) da tuberculose. 肺結核 tuberculose pulmonar.

げつがく 月額 quantidade (f) paga por mês; mensalidade (f), pagamento (m) [taxa (f)] mensal. それは～にすると1万円になる Isso, convertido em quantidade mensal, fica em dez mil ienes. 会員は～2千円です A taxa mensal para os sócios é de dois mil ienes.

けっかん 欠陥 defeito (m). ～のある defeituoso/sa. 事故は設備の～によるものでした O acidente se deve à falha do equipamento. ♦欠陥商品 artigo (m) defeituoso; material (m) estragado.

けっかん 血管 〖解〗veia (f), vaso (m) sanguíneo. ♦血管拡張薬 (medicamento (m)) vasodilatador (m). 血管収縮薬 (medicamento (m)) vasoconstritor (m). 血管造影 angiografia (f). 毛細血管 artéria (f).

げっかん 月刊 publicação (f) mensal. ♦月刊雑誌 revista (f) mensal.

けつぎ 決議 decisão (f), resolução (f). ～する decidir, resolver. 我々はブラジルに支店を出すことを～した Resolvemos abrir uma filial no Brasil.

けっきゅう 血球 〖解〗glóbulo (m) sanguíneo. ♦赤血球 glóbulo (m) sanguíneo vermelho, eritrócito (m), emácia (f). 白血球 glóbulo (m) sanguíneo branco, leucócito (m).

げっきゅう 月給 salário (m) mensal. ⇨給料.

けっきょく 結局 afinal, finalmente, no fim das contas, enfim. 心配していたが～何も起こらなかった Estava preocupado/da, mas enfim não aconteceu nada. それは～高いものにつく Isso acaba saindo caro (afinal de contas).

けっきん 欠勤 falta (f) ao serviço [trabalho]. ～する faltar ao serviço. ～扱いにする considerar como falta. ♦欠勤届 aviso (m) [notificação (f)] de falta (ao trabalho). 無断欠勤 falta sem aviso prévio.

げっけい 月経 regra (f), menstruação (f). ～がある ter menstruação, ter a regra. ♦月経不順 irregularidade (f) menstrual, menstruação irregular. 月経用ナプキン absorvente (*m*), faixa (*f*) higiênica [sanitária].

げっけいじゅ 月桂樹　〖植〗loureiro (*m*). 〜の葉 folha (*f*) de louro.

けっこう 欠航　suspensão (*f*) do serviço《marítimo ou aéreo》. 〜する suspender o serviço. 連絡船は暴風雨のため〜した O serviço do *ferry* foi suspenso [cancelado] devido à tempestade.

けっこう 決行　execução (*f*), realização (*f*). 〜する executar, realizar. ストを〜する entrar em greve, fazer greve. スト〜中《掲示》(Estamos) em greve. 小雨でも旅行は〜しますか Vai-se realizar a viagem, mesmo com (esta) garoa?

けっこう 結構　❶ 〜な 1) bom/boa. お元気で〜です Que bom que você está bem. 2) [すばらしい] magnífico/ca, esplêndido/da, excelente, ótimo/ma. 〜な贈り物をありがとうございました Obrigado/da pelo lindo presente. 〜なお菓子 doce (*m*) gostoso. 3) [皮肉] bom/boa, invejável 《ironia》. 〜な身分状況 (*f*) invejável. それは〜なことだ Que coisa boa, hein?　❷ [かなり] suficientemente, bastante, até que. このワインは〜いける Este vinho está bastante bom. この本も〜役に立つ Este livro até que é útil.　❸ [じゅうぶん] bem. 私はここで〜です Estou bem aqui. 水で〜です Pode ser água. もう〜です Não, obrigado/da, já estou satisfeito/ta. 返済はいつでも〜です Pode devolver quando quiser. どちらでも〜です Tanto faz. なおさら〜です Tanto melhor.

けっこう 血行　circulação (*f*) do sangue. 〜をよくする melhorar a circulação (do sangue). 〜が悪い (良い) ter má (boa) circulação (*f*) 《sanguínea》. ♦血行障害 problemas (*mpl*) de circulação.

けつごう 結合　união (*f*), combinação (*f*), ligação (*f*). 〜する unir-se, combinar-se, ligar-se. 〜させる unir, combinar, ligar. 水は酸素と水素の〜によってできる A água é o resultado da combinação do oxigênio e do hidrogênio. ♦分子結合 combinação (*f*) de moléculas.

げっこう 月光　luar (*m*).

げっこう 激昂　indignação (*f*), revolta (*f*). 〜する ficar indignado/da [revoltado/da]. 新しい法案に野党が〜した A oposição ficou indignada com o novo projeto de lei.

けっこん 結婚　casamento (*m*). …と〜する casar-se com …. 〜させる fazer casar, unir … em matrimônio. 〜している ser [estar] casado/da. 〜式を挙げる realizar a cerimônia de casamento. 〜の matrimonial. 〜のきずな laços (*mpl*) matrimoniais. 〜届を出す registrar o casamento no civil. ご〜おめでとうございます Parabéns pelo casamento!

‖ ♦結婚式 cerimônia (*f*) de casamento. ‖ 結婚証明書 certidão (*f*) de casamento. 結婚生活 vida (*f*) conjugal. 結婚披露宴 festa (*f*) de casamento. 結婚指輪 aliança (*f*). 偽装結婚 casamento falso. 見合い結婚 casamento arranjado. 恋愛結婚 casamento de inclinação [amor].

けっこん 血痕　rastro (*m*) [vestígio (*m*)], indício (*m*), mancha (*f*) de sangue.

けっさい 決済　liquidação (*f*) [acerto (*m*)] de contas. 〜する ajustar as contas, pagar. 借金を〜する pagar [liquidar] uma dívida. 未〜の por liquidar, pendente. ♦決済方法 forma (*f*) de reembolso.

けっさく 傑作　obra (*f*) prima.

けっさん 決算　balanço (*m*), liquidação (*f*). 〜報告をする fazer o relatório de contas. 総〜をする fazer o balanço geral. ♦決算期 período (*m*) de balanço. 決算報告書 relatório (*m*) de balanço.

*****けっして** 決して　〜…ない nunca [ヌンカ], jamais [ジャマーイス]; de maneira alguma, de modo nenhum. これは〜彼の過失ではありません Isto aqui não é falha dele, de modo algum. ご親切は〜忘れません Nunca esquecerei a sua bondade.

げっしゃ 月謝　mensalidade (*f*).

けっしゅ 血腫　〖医〗hematoma (*m*).

けっしゅう 結集　agrupamento (*m*), concentração (*f*). 〜する reunir, agrupar, juntar, concentrar. 総力を〜する reunir todas as forças.

げっしゅう 月収　ganho (*m*) mensal. 今の〜で十分に暮らせますか Dá para se viver bem com o que ganha agora mensalmente?

けつじょ 欠如　falta (*f*), ausência (*f*), carência (*f*). 政治能力の〜 incompetência (*f*) [falta de competência] política. 想像力の〜 falta de imaginação. 注意力の〜 falta de atenção. 〜する faltar, carecer de. 彼には集中力が〜している Ele ᴌnão tem muita [carece de] (capacidade de) concentração.

けっしょう 決勝　final (*f*). ♦決勝戦 final 《de uma competição》. 準決勝 semifinal (*f*). 準々決勝 quartas-de-final (*fpl*).

けっしょう 結晶　cristalização (*f*). 〜する cristalizar-se. 〜させる cristalizar. 努力の〜 fruto (*m*) do esforço.

けっしょう 血漿　〖医〗plasma (*m*).

けっしょうばん 血小板　〖解〗plaqueta (*f*) sanguínea.

けっしょく 血色　cor (*f*) do rosto. 〜がよい estar corado/da, ter um rosto corado/da (e saudável). 〜が悪い estar pálido/da, não ter um aspecto saudável. 〜がよくなる ficar corado/da, recobrar a cor do rosto. 〜が悪くなる empalidecer.

げっしょく 月食　eclipse (*f*) lunar. ♦皆既 [部分] 月食 eclipse total [parcial] da lua.

*****けっしん** 決心　resolução (*f*) [ヘゾルサォン], decisão (f) [デスィザォン], determinação (f) [デテルミナサォン]. 〜する resolver(-se), decidir(-se). 私はその計画を遂行する〜をしています Estou decidido/da a levar avante esse plano. 彼は会社を辞める固い〜をした Fez um firme propósito de deixar a companhia. 〜がつく chegar a uma decisão. そのときは彼女はもう〜がついていた Aí ela já ┗tinha decidido [《口語》estava de caso pensado]. 〜が鈍る vacilar nas decisões. 彼女は出かけるか家に残るか〜がつかなかった Ela vacilava entre sair e ficar em casa.

けっせい 結成 formação (f), constituição (f), organização (f). 労働組合を〜する organizar um sindicato dos trabalhadores. 新チームの〜 formação de um novo time. 最近〜された recém-formado/da, organizado/da recentemente. ♦結成式 cerimônia (f) de inauguração.

けっせい 血清 〚薬〛soro (m), antitoxina (f). ♦血清肝炎〚医〛hepatite (f) serosa. 血清療法 soroterapia (f).

けっせき 欠席 falta (f). …に〜する faltar a …. ♦欠席届 aviso (m) de falta.

けっせき 結石 〚医〛cálculo (m), pedra (f). ♦腎臓結石 cálculo renal.

けっせん 決戦 batalha (f) decisiva.

けっせん 血栓 trombo (m). ♦血栓症〚医〛trombose (f). 血栓塞(そく)栓症 tromboembolismo. 血栓性静脈(動脈)炎 trombroflebite (f) (tromboarterite (f)).

けっそく 結束 ❶ união (f), solidariedade (f). ❷〔同盟〕aliança (f), liga (f). 〜する unir-se, aliar-se, ligar-se. 〜して敵と戦う lutar unidos contra o inimigo. 党内の〜は固い O partido é muito unido. …の〜を固める consolidar a unidade de ….

けっそん 欠損 ❶〔一部が欠けて不完全になること〕perda (f). 部品の〜 perda de uma peça. ❷〔金銭的な損失〕déficit (m), prejuízo (m). 百万円の〜が出た Tivemos um prejuízo de um milhão de ienes. 〜を埋める cobrir um déficit. ♦欠損家庭 família (f) órfã [que perdeu um protetor].

けつだん 決断 decisão (f), resolução (f), determinação (f). 〜する resolver, decidir. 〜力に富んだ人 pessoa (f) de 〜力に欠けている indeciso/sa, irresoluto/ta. 店長は〜力に乏しい O gerente não tem muita capacidade de decisão. ♦決断力 capacidade (f) de decisão.

けっちゃく 決着 conclusão (f), decisão (f) final. この件にできるだけ早く〜をつけたい Quero ┗resolver este caso [pôr fim a esta questão] o mais cedo possível. あの問題はまだ〜がついていない Aquele problema ainda está ┗por resolver [pendente].

けっちゅうのうど 血中濃度 〚医〛concentração (f) plasmática.

けっちょう 結腸 〚解〛cólon (m), colo (m). S字〜の sigmoide (f). ♦結腸炎〚医〛colite (f). 上行結腸 cólon ascendente. 下行結腸 cólon descendente. 横行結腸 cólon transversal.

*けってい 決定 decisão (f) [デスィザォン], resolução (f) [ヘゾルサォン], determinação (f) [デテルミナサォン]. 〜する decidir, resolver, determinar; fixar. 〜的な decisivo/va. 出発の日時を〜する fixar a data da partida. ♦決定権 poder (m) decisório.

けっていだ 決定打 ❶〚スポーツ〛golpe (m) decisivo. ❷〔物事の決着をつける行動〕argumento (m) decisivo, palavra (f) decisiva.

けってん 欠点 defeito (m). 〜を改める corrigir os defeitos. …の〜を指摘する indicar os defeitos de ….

けっとう 決闘 duelo (m).

けっとう 血統 sangue (m), linhagem (f). ⇨家柄.

けっとうしょ 血統書 pedigree (m) [ペヂグリー]. 〜付きの犬 cachorro (m) pedigree [com certificado de origem].

けっとうち 血糖値 grau (m) [taxa (f)] de glicemia. ♦血糖値検査 exame (m) de glicemia.

ゲットー gueto (m).

けつにょう 血尿 〚医〛hematúria (f), sangue (m) na urina.

けっぱく 潔白 inocência (f). 〜な inocente; puro/ra. 〜を証明する provar a inocência; 《俗》limpar a barra.

げっぷ arroto (m). 〜をする arrotar.

げっぷ 月賦 prestação (f) (mensal). …を〜で買う comprar … ┗a prestação [a prazo]. ⇨ローン.

けっぺき 潔癖 〔不潔をきらうこと〕mania (f) de limpeza;〔誠実〕amor (m) à pureza, probidade (f); honestidade (f), escrupulosidade (f). 〜な probo/ba, puritano/na; escrupuloso/sa, honesto/ta.

けつべん 血便 〚医〛sangue (m) nas fezes, fezes (fpl) com sangue.

けつぼう 欠乏 falta (f), carência (f), escassez (f). 資金の〜 falta (f) de recursos. 〜する faltar. 今この国で〜しているのは食料です O que está faltando agora neste país são os alimentos.

けつまくえん 結膜炎 〚医〛conjuntivite (f). 〜である ter [estar com] conjuntivite. 〜になる ficar com conjuntivite.

けつまつ 結末 fim (m), término (m); solução (f);〔小説などの〕desfecho (m).

げつまつ 月末 fim (m) de mês.

けつゆうびょう 血友病 〚医〛hemofilia (f).

げつようび 月曜日 segunda-feira (f). 〜に na segunda-feira. 〜ごとに às [nas] segundas-feiras.

げつれい 月例 〜の mensal. ♦月例報告 relatório (m) mensal.

けつれつ 決裂 rompimento (f), ruptura (f). 会談は～した As conversações ˪se interromperam [se romperam, foram interrompidas]. ♦交渉決裂 ruptura (f) de negociações.

けつろ 結露 condensação (f) do orvalho. ビールグラスの～ condensação formada no copo de cerveja,《口語》suor (m) do copo de cerveja. ～ができる ficar embaçado/da. 冬には窓グラスに～ができる No inverno os vidros ficam embaçados.

*__けつろん 結論__ conclusão (f) [コンクルヂゾン]. ～として como conclusão, concluindo, para concluir. ～に達する chegar a uma conclusão. …という～に達する chegar à conclusão de que …. ～を急ぐ querer tirar logo uma conclusão. ～を下す concluir; decidir. …と～づける concluir que …. すぐに～を出す必要がありますか É preciso decidir já?

げてもの 下手物 coisa (f) exótica [incomum, rara]. ♦下手物食い apreciador/ra de petiscos exóticos;《比》apreciador/ra de pessoas ou coisas diferentes.

げどく 解毒【医】desintoxicação (f). セロリには～作用がある O salsão tem a propriedade desintoxicadora. ～する desintoxicar. ♦解毒剤 antídoto (m).

けなげ 健気 ～な valente, bravo/va; admirável, meritório/ria. ～に bravamente, admiravelmente. ～さ coragem (f).

けなす 貶す ❶［面と向かって］ofender, criticar, rebaixar. ❷［陰で］criticar, falar mal de.

けなみ 毛並み（状態 (m) da) pelugem (f). ～の美しい馬 cavalo (m) de pelugem bonita.

ケニア Quênia (f). ～の queniano/na.

げねつざい 解熱剤【薬】antifebril (m), antipirético (m), febrífugo (m),《口語》remédio (m) para a febre.

けねん 懸念 apreensão (f), medo (m), receio (m). ～する temer, recear. この計画は失敗に終わるのではないかと私は～している Estou ˪com medo [receoso/sa] de que este projeto fracasse. 事件の長期化が～されている Receia-se que a solução do caso demore para vir. ～を払拭する tirar o receio [medo].

ゲノム genoma (m). ♦ヒトゲノム genoma da espécie humana.

けはい 気配 ar (m), indício (m), sinal (m). 春の～を感じますか Você sente que a primavera está chegando?

けばけばしい vistoso/sa, chamativo/va《pejorativo》.

げばひょう 下馬評 rumor (m) (criado por terceiros). 次期大統領をめぐる～ rumores (mpl) ˪sobre o [acerca do] próximo presidente.

けびょう 仮病 simulação (f) de uma enfermidade [doença], doença (f) fingida. ～を使う fingir uma enfermidade, simular doença.

げひん 下品 ～な baixo/xa, não fino/na, reles, sem classe. 私の言葉遣いは～ですか Será que o meu modo de falar é ˪feio [de classe baixa]?

けぶかい 毛深い peludo/da. 彼の胸は～ O peito dele é peludo.

けむ 煙 ¶…を～に巻く enganar disfarçando.

けむい 煙い cheio/cheia de fumaça.

けむし 毛虫【虫】taturana (f), lagarta (f) peluda.

けむたがる 煙たがる guardar distâncias com, manter-se afastado/da de, não se sentir à vontade com. 彼は高慢なのでみんなに煙たがられている Ninguém se sente à vontade com ele, pois é arrogante demais.

けむり 煙 fumaça (f). ～を立てる fazer fumaça. ～が目にしみる Os olhos estão ardendo com a fumaça. ♦土煙 nuvem (f) de pó.

けむる 煙る fumegar;〔かすむ〕enevoar-se. 雨に～東京タワー Torre (f) de Tóquio enevoada na chuva.

けもの 獣 animal (m), besta (f).

けやき 欅【植】zelkova (f).

ゲラ【印】galé (f). ♦ゲラ刷り galé, prova (f) de granel. ゲラ刷り機 (mesa (f) de) copidesque (m).

けらい 家来 vassalo/la, súdito/ta, servidor/ra. …の～である estar a serviço de …. …の～になる tornar-se vassalo/la [súdito/ta] de ….

げらく 下落 baixa (f), depreciação (f). ～する depreciar-se, baixar, desvalorizar-se. 株価の～ desvalorização (f) [depreciação] das ações. 株価が～した As ações ˪caíram [se desvalorizaram].

けり solução (f). 問題に～をつける solucionar um problema. 問題に～がついた O problema ˪foi solucionado [teve solução].

げり 下痢 diarreia (f), desarranjo (m) intestinal; disenteria (f). ～をしている estar com diarreia.

ゲリラ guerrilha (f).

ける 蹴る chutar, dar um pontapé em;〔要求などを〕negar, não aceitar.

ゲル【化】gel (m). ～状の gelatinoso/sa. ♦オルガノゲル organogel (m). キセロゲル xerogel (m). ヒドロゲル hidrogel (m).

ケルト【史】celta (m). ♦ケルト人 povo (m) celta.

ゲルマニウム【化】germânio (m).

ゲルマン ♦ゲルマン語 língua (f) germânica. ゲルマン語派 grupo (f) das línguas germânicas. ゲルマン民族 germanos (mpl), etnia (f) germânica.

けれども mas, porém, todavia; apesar de (+ 不定詞)《+infinitivo》; embora, ainda que, mesmo que (＋接続法)《＋subjuntivo》. 少々熱がある〜たいした病気ではないようだ Tem um pouco de febre, mas parece que (a doença) não é grave./Parece que a doença não é tão grave ∟apesar de ter [embora tenha] um pouco de febre.

ゲレンデ 〖スポーツ〗pista (f) de esqui [esquiar].

ケロイド queloide (m). それは〜になる Isso provoca queloide.

けろりと ❶〔すっかり〕completamente, inteiramente. 〜忘れる esquecer completamente. ❷〔平然と〕tranquilamente, como se nada tivesse acontecido. 彼はひどいことを言われても〜している Ele continua ∟tranquilo [《口語》na dele] mesmo que lhe digam atrocidades.

けわしい 険しい 〔崖(がけ)などが〕escarpado/da, abrupto/ta, íngreme;〔顔つきなどが〕severo/ra.

けん 件 caso (m), assunto (m). その〜を解決するにあたって一生懸命になる empenhar-se na solução do caso. 至急を要する〜で上京する vir (ir) a Tóquio para resolver um caso urgente. この〜に関しては彼に相談しなさい Quanto a este caso, consulte-o.

けん 券 bilhete (m), vale (m), cupão (m), talão (m). ♦往復券 passagem (f) de ida e volta. 乗車券 passagem. 商品券 vale-compras (m). 入場券 ingresso (m), entrada (f).

けん 剣 espada (f).

けん 圏 esfera (f), círculo (m), âmbito (m), área (f). ♦首都圏 área (f) metropolitana. ポルトガル語圏 países (mpl) ∟de fala portuguesa [lusófonos].

けん 権 direito (m). ♦財産権 direito de propriedade. スト権 direito de greve.

けん 県 província (f). 〜の provincial. ♦県知事 governador/ra provincial. 県行政 repartição (f) provincial. 県立図書館 biblioteca (f) provincial.

けん 腱 〖解〗tendão (m). ♦アキレス腱 tendão de aquiles.

-けん -軒 casa (f). 1〜ごとに em cada casa, em todas as casas. 私の家は角から2〜目です A minha casa é a segunda depois da esquina.

げん 弦 〖音〗corda (f).

けんあく 険悪 〜な〔波乱含みの〕ameaçador/ra, inquietante, alarmante;〔深刻な〕sério/ria, grave. 〜な顔つき rosto (m) hostil [grave]. 情勢は〜になりつつある A situação está se agravando. 会議は〜な雰囲気だった Na conferência reinava uma atmosfera hostil [agitada, violenta].

げんあつ 減圧 descompressão (f). 〜する descomprimir. ♦減圧症 〖医〗mal (m) de descompressão. 減圧弁 válvula (f) de descompressão.

けんあん 懸案 assunto (m) ∟pendente [que está por decidir]. その問題はまだ〜になっている Esse problema ainda está pendente [por resolver]. 〜の pendente, suspenso/sa. …を〜としておく deixar … ∟pendente [sem resolver]. 長年の〜事項 questões (fpl) deixadas pendentes por muitos anos. ♦懸案事項 cláusulas (fpl) pendentes,《口語》assuntos a resolver.

げんあん 原案 plano (m) [proposta (f)] original. 〜どおりに工事を実行する realizar a obra ∟segundo [de acordo com] o plano original.

けんい 権威 autoridade (f); prestígio (m); competência (f). その学説はもう〜を失っている Essa teoria já ∟caiu em descrédito [está desacreditada]. 〜ある influente. 〜ある評論家 crítico/ca competente. 考古学の〜である ser uma autoridade em arqueologia. 部下に対して〜を持っている ter autoridade [poder] com [sobre] os subalternos. 〜主義的な autoritário/ria. ♦権威主義 autoritarismo (m).

けんいん 牽引 tração (f), guincho (m). 〜する puxar, arrastar. 車を〜する guinchar um carro, puxar o carro com o guincho. 彼はチームの〜車だった Ele liderava [comandava] o time. ♦牽引車 carro (m) de reboque, guincho.

*****げんいん 原因** causa (f) [カーウザ], razão (f) [ハザォン], motivo (m) [モチーヴォ]. …の〜となる vir a ser a causa de …. 〜と結果 a causa e a consequência (f). 火災の〜 causa do incêndio. 〜不明の de causa [origem] desconhecida. …を〜を突き止める investigar [buscar] as causas de …. 彼は過労が〜で倒れた Ele ficou doente por estafa [esgotamento]. この機械が止まったのは何が〜ですか Qual foi a causa da paralisação desta máquina? ♦原因究明 busca (f) [investigação (f)] das causas.

けんえい 県営 administração (f) provincial. ♦県営住宅 habitações (fpl) administradas pela província.

げんえい 幻影 ilusão (f), alucinação (f), visão (f). 〜を抱く ter ilusões, acariciar sonhos.

けんえき 検疫 inspeção (f) sanitária, quarentena (f). 〜をする quarentenar, fazer quarentena. …の〜をする isolar … para exame e, se necessário, pôr de quarentena. 〜を受ける ficar em quarentena. 〜中である estar em quarentena. ♦検疫官 oficial de quarentena. 検疫港 porto (m) de quarentena.

げんえき 現役 vida (f) ativa (de trabalho, esporte etc). 〜である ser atuante, estar em exercício de sua atividade. 〜の em atividade, na ativa. 彼は〜のテニス選手の中で一番う

力のある人だ Ele é o maior jogador de tênis em atividade. ～の兵士たち soldados (mpl) na ativa. ～を退く retirar-se da ativa [《口語》jogar a toalha]; 〚サッカー〛pendurar as chuteiras. 産後～に復帰する voltar à atividade depois do parto. ¶ 彼は～で大学に合格した Ele entrou na universidade imediatamente depois de terminar o colegial. ◆現役選手 atleta atuante.

けんえつ 検閲 censura (f). ～する censurar, exercer censura sobre [em]. この映画は～にひっかかった Este filme foi censurado. ◆検閲官 censor/ra, censura. 検閲機関 censura.

げんえん 減塩 〚医〛redução (f) de sal. ～する reduzir [cortar] ｏ [a ingestão de] sal. ◆減塩醤油 molho (m) de soja [shoyu] com pouco sal. 減塩食 refeição (f) com pouco sal. 減塩レシピ receita (f) com pouco sal.

けんお 嫌悪 repugnância (f), aversão (f). …を～する sentir [ter] repugnância a [por] …, ter [sentir] aversão a [por] …. …に～の念を起こさせる inspirar repugnância a ….

けんおん 検温 〚医〛termometria (f). ～する medir a temperatura [febre]. ◆検温器 termômetro.

けんか 喧嘩 briga (f), disputa (f); [殴り合い] rixa (f), pancadaria (f); [口げんか] bateboca (m), altercação (f). ～の種 pomo (m) da discórdia. ～っ早い (ser) briguento/ta, agressivo/va. ～を売る comprar briga, desafiar. ～を買う aceitar um desafio. ～する brigar. 君たちは何を～しているの Por que vocês estão brigando? 昨日学校で～が起きた Ontem houve uma briga na escola.

けんか 献花 oferecimento (m) de flores ao/à defunto/ta. ～する 彼は～台に花を添えた Ele colocou flores sobre o altar do/da defunto/ta. ◆献花台 altar (m) para se oferecerem flores ao/à defunto/ta.

げんか 原価 preço (m) de custo. ～以下で売ることはできません Não posso vender mais barato do que o preço de custo. ◆生産原価 preço de fábrica.

げんか 減価 redução (f) de preço. ◆減価償却〚経〛depreciação (f).

げんが 原画 quadro (m) [pintura (f)] original, original (m).

けんかい 見解 opinião (f), parecer (m), ponto (m) de vista. 会議では様々な～が出された Ouviram-se vários pontos de vista na reunião. ～の一致 acordo (m), unanimidade (f). ～の相違 desacordo (m), divergência (f) de opiniões. 彼は生徒の教育について校長と～を異にしていた Ele tinha uma opinião diferente da do diretor quanto à educação dos alunos. 公式～を発表する dar o parecer oficial. ◆公式見解 versão (f) [posição (f)] oficial. ⇨意見.

けんがい 圏外 ～に 1) fora (f) do âmbito [alcance]. 当選～にある não ter possibilidade de ganhar na eleição. その町は暴風雨～にある Essa cidade está fora da zona de tempestade. 2) 〚電話〛fora da área de serviço. お掛けになった電話は現在電源を切っているか～にいるため掛かりません Esse telefone está desligado ou encontra-se fora da área de serviço.

けんがい 県外 fora da província.

げんかい 厳戒 vigilância (f) rigorosa, alerta (m). ～態勢をしく tomar posição de alerta.

げんかい 限界 limite (m). ～に達する atingir o limite. ～を越える ultrapassar os limites. …の～を定める delimitar …. すべてに～がある Tudo tem o seu limite. それは私の能力の～を超えている Isso está além do limite de minha capacidade. 私は体力の～を感じている Estou sentindo o limite de minhas forças. ◆限界角 ângulo (m) limite. 限界効用〚経〛utilidade (f) marginal. 限界状況 situação (f) extrema.

げんがい 言外 sentido (m) implícito, não-dito (m). ～の意味を取る entender o sentido implícito, ler nas estrelinhas《口語》captar a mensagem. ～にほのめかす insinuar, deixar implícita a mensagem.

けんがく 見学 visita (f). 私たちはそのハイテク工場へ～に行った Nós fomos visitar essa fábrica de tecnologia de ponta.

げんかく 厳格 ～な severo/ra, rigoroso/sa. 彼女は～な家庭で育った Ela foi criada numa família austera.

げんかく 幻覚 〚心〛alucinação (f). ～の alucinatório/ria. ～症状を起こす ter alucinações.

げんがく 弦楽 〚音〛música (f) de cordas. ◆弦楽器 instrumento (m) (musical) de cordas, cordas (fpl). 弦楽四重奏 quarteto (m) de cordas.

けんがん 検眼 exame (m) de vista. ～する fazer exame de vista.

げんかん 厳寒 frio (m) extremo [rigoroso].

げんかん 玄関 vestíbulo (m), hall (m) de entrada, entrada (f).

けんぎ 嫌疑 suspeita (f). 彼に殺人の～がかかっている Ele está sendo suspeito de assassínio.

***げんき 元気** ânimo (m) [アーニモ], força (f) [フォールサ]; [健康] saúde (f) [サウーヂ]. ～づく animar-se, encorajar-se. ～づける animar, encorajar. ～な animado/da; com saúde. ～に com ânimo. ～がある ter energia [vitalidade]. ～がない estar sem energia, desencorajado/da. それで私は～が出た Com isso eu me reanimei./Isso me elevou o moral. 彼は1週間もすれば～になって退院するでしょう Com mais uma semana, ele ficará bom e terá alta. 「お～ですか」「はい、おか

げさまで」Como vai?/Tudo bem? —Bem, obrigado/da. 今日も一日お〜でお過ごしください Tenham todos um bom dia! さあ〜を出しましょう Vamos! Coragem [Ânimo]!

げんぎ 原義 sentido (m) original [primitivo].

けんぎかい 県議会 Assembleia (f) Provincial. ♦県議会議員 deputado/da provincial.

*****けんきゅう** 研究 estudo (m) [エストゥード], pesquisa (f) [ペスキーザ]. 動物学の〜者 estudioso/sa de Zoologia. 〜する pesquisar. 彼は大学院で電子工学を〜している Ele está fazendo pós-graduação em eletrônica. ♦研究員 pesquisador/ra, membro (m) do instituto de pesquisas. 研究室 gabinete (m) de estudos do/da professor/ra [pesquisador/ra]. 研究所 instituto (m) [laboratório (m)] de pesquisas. 研究生 estudante estagiário/ria. 国立国語研究所 Instituto (m) Nacional de Pesquisas da Língua Japonesa.

げんきゅう 原級 ❶ classe (f) [turma (f)] atual. ♦原級留置 repetição (f) de ano. ❷ 『文法』grau (m) positivo.

げんきゅう 減給 redução (f) [corte (m)] de salário. ♦減給処分 pena (f) de redução de salário.

げんきゅう 言及 referência (f), …に〜する referir-se [fazer referência] a …, mencionar [citar] …, falar de [fazer menção a] …, aludir a …. 彼女は論文の中でその点に〜した Ela se referiu a esse ponto na sua tese.

けんぎゅうせい 牽牛星 『天』Altair (m).

けんきょ 検挙 detenção (f), prisão (f) (provisória). 〜する prender, deter. 数人の〜者が出た Alguns foram detidos.

けんきょ 謙虚 modéstia (f), humildade (f). 〜な modesto/ta, recatado/da, humilde, simples. 彼女はとても〜です Ela é muito simples [humilde]. 日本人の〜さは相手を安心させる配慮のようだ A humildade do japonês parece ser uma gentileza que dá tranquilidade ao interlocutor.

けんぎょう 兼業 〜する acumular duas ou mais profissões. ♦兼業農家 agricultor/ra [trabalhador/ra rural] que exerce uma outra profissão.

げんきょう 元凶 o/a grande [maior, principal] culpado/da [responsável]. 地球温暖化の〜 o maior responsável pelo aquecimento global.

げんきょう 現況 situação (f) [estado (m)] atual. 病気の〜 estado atual da doença. ♦気象現況 condições (fpl) meteorológicas atuais.

けんきん 献金 contribuição (f), doação (f). 〜する contribuir, doar. ♦政治献金 contribuição a um partido político.

げんきん 現金 dinheiro (m) em espécie; dinheiro em caixa. ドルを〜で持っていく levar dólar em dinheiro. 〜で買う comprar à vista, comprar a dinheiro. 〜に替える converter em dinheiro. ♦現金書留 carta (f) registrada que leva dinheiro em espécie. 現金払い pagamento (m) em dinheiro.

げんきん 厳禁 proibição (f) estrita. 私語〜《掲示》Conversas Paralelas Estão Estritamente Proibidas.

げんけい 原型 modelo (m), protótipo (m).

げんけい 原形 forma (f) original.

げんけい 減刑 『法』comutação (f) [redução (f)] da pena. 禁固 20 年留〜されて 15 年になった A pena de vinte anos de reclusão foi comutada para quinze anos. ♦減刑嘆願 petição (f) de comutação da pena.

げんけいしつ 原形質 『生』protoplasma (m).

けんけつ 献血 doação (f) de sangue. 〜をする doar sangue.

けんけん 〜する [片足で] saltar a pé-coxinho.

けんげん 権限 atribuição (f), autoridade (f), poder (m), competência (f), jurisdição (f). …に〜を与える conceder atribuições a …, conferir [outorgar] poderes a …. …の〜に属する estar dentro das atribuições de …. …する〜がある ter autoridade para [direito de] (+不定詞) (+infinitivo), estar autorizado/da para (+不定詞) (+infinitivo). それは私の〜外だ Isso está fora de minha competência. 〜の委譲 delegação (f) de autoridade. …に〜を委任する delegar autoridade a ….

げんご 言語 língua (f), idioma (m).
♦言語教育 ensino (m) das línguas. 言語習得 aquisição (f) de uma língua. 言語障害 『医』afasia (f), disfasia (f); problemas (mpl) da fala, deficiências (fpl) na fala. 言語地図 atlas (m) linguístico. 自然言語 linguagem (f) natural. 人工言語 idioma artificial. 第一言語 primeira língua. 第二言語 segunda língua.

げんご 原語 língua (f) original.

*****けんこう** 健康 saúde (f) [サウーデ]. 〜な com saúde; saudável. 〜な人 pessoa (f) forte, pessoa de boa saúde. 〜を回復する recuperar a saúde. 〜を害する prejudicar [《口語》estragar] a saúde. それは〜的だ Isso é saudável. 彼は〜だ Ele tem saúde. これは〜に良くない Isso não é bom para a saúde. 先日の〜診断の結果はいかがでしたか Qual foi o resultado do exame (médico) de outro dia? 定期的な〜診断 consulta (f) médica de rotina. ♦健康食品 alimentos (mpl) saudáveis [naturais]. 健康診断 exame (m) médico, exame de saúde. 健康診断書 atestado (m) (médico) de saúde. 健康保険 seguro (m) de saúde, seguro-saúde (m). 健康保険証 carteira (f) de seguro-saúde.

げんこう 原稿 [手書きの] manuscrito (m); [印刷用の] original (m), data (f) 《porção de originais que se dá ao tipógrafo para compor). ♦原稿用紙 papel (m) quadriculado para o manuscrito em japonês. 原稿料 remuneração (f) pelo manuscrito [original].

げんこう 現行 ～の vigente, em vigor. ♦現行法 lei (f) em vigor.

けんこうこつ 肩甲骨 〖解〗escápula (f), omoplata (f).

げんこうはん 現行犯 flagrante delito (m). 犯人を～で逮捕する prender o/a criminoso/sa em flagrante delito. 彼は万引きの～で捕まった Ele foi preso em flagrante delito quando roubava numa loja.

げんごがく 言語学 linguística (f). ♦言語学者 linguista (m). 応用言語学 linguística aplicada. 構造言語学 linguística estrutural. 社会言語学 sociolinguística. 心理言語学 psicolinguística. 対照言語学 linguística contrastiva. 認知言語学 linguística cognitiva.

げんこく 原告 〖法〗litigante, acusador/ra. ♦原告側 parte (f) litigante.

けんこくきねんび 建国記念日 Dia (m) da Fundação Nacional.

けんこつ 拳骨 punho (m), mão (f) fechada. …を～で殴る dar um soco em ….

*けんさ 検査** ❶ inspeção (f) [インスペサォン], verificação (f) [ヴェリフィカサォン], controle (m) [コントローリ], exame (m) [エザーミ]. 製造工程の～ inspeção do processo de fabricação. パスポートの～ controle de passaportes. 私たちは空港で手荷物の～を受けた Examinaram a nossa bagagem de mão no aeroporto. それはもう～済みです Isso já ᴌestá examinado [passou pela inspeção]. これからあなたの身体～をする必要があります Eu preciso revistar você agora. ❷ 〔医療の〕exame (médico), análise (f) clínica. …の～をする examinar …, fazer um exame de …; revistar …. ～を受ける ser examinado/da, passar por um exame. 私は眼底～を受けた Passei pelo exame de fundo de olho. 私は胃の～を受けなければならない Eu tenho que fazer um exame de estômago.

♦検査官(検査員) examinador/ra, inspetor/ra, fiscal. 血液検査 exame de sangue. 肝機能検査 exame de função hepática. 視力検査 exame de ᴌvista [acuidade visual]. 腎機能検査 exame de função renal. 身体検査〔学校で〕exame médico de crianças em escolas;〔警察などで〕revista (f) corporal (em busca de objetos escondidos). 聴力検査 exame de acuidade auditiva. DNA鑑定検査 exame de identificação de DNA. 肺機能検査 exame de função pulmonar.

けんざい 健在 boa saúde (f). ～である ter boa saúde, ir bem, funcionar bem, estar em forma. 御両親が御～で何よりですね Que ótimo que seus pais estão bem de saúde, não é mesmo? 彼の…はまだ～だ … dele ainda funciona perfeitamente bem.

けんざい 建材 materiais (mpl) de construção. ♦加工建材 materiais trabalhados. 人工建材 material (m) artificial. 非加工建材 materiais brutos.

けんざい 顕在 evidência (f). ～化する manifestar-se, tornar-se evidente [claro/ra, visível]. ♦顕在失業率 porcentagem (f) de desemprego manifesto.

げんさい 減債 amortização (f) [pagamento (m) parcial] de dívida. ～する amortizar [pagar parcialmente] a dívida. ♦減債基金 fundo (m) de amortização.

*げんざい 現在** 〔名詞で〕atualidade (f) [アトゥアリダーヂ], momento (m) presente, o presente;〔副詞で〕hoje em dia, agora [アゴーラ];〖文法〗presente (m) [プレゼンチ]. ～の atual, presente. ～では hoje em dia. ～のところでは por ora, por enquanto. ～まで até agora, até o presente momento, até os dias atuais. ～の問題 problemas (mpl) atuais [de hoje]. ～を生きる viver o presente. ♦現在高 quantia (f) disponível. 現在地〔地図などで〕"Você está aqui"《orientação em mapa local de uma cidade em forma de mural》. 現在分詞 〖文法〗gerúndio (m).

げんざい 原罪 pecado (m) original.

けんざかい 県境 fronteira (f) entre as províncias.

けんさく 検索 consulta (f), busca (f). ～する consultar, buscar. …を辞書で～する consultar … no dicionário. この辞書は～に便利だ Este dicionário é fácil de consultar. ♦検索カード ficha (f) catalográfica. 情報検索 busca de informações.

げんさく 原作 obra (f) original, o original. ♦原作者 autor/ra (original).

けんさつ 検察 〖法〗investigação (f). ♦検察官 promotor/ra público/ca. 検察庁 repartição (f) do promotor público. 検察当局 promotoria (f).

けんざん 検算 〖数〗verificação (f) da conta. ～する verificar a conta, fazer a verificação da conta.

げんさん 原産 ～の originário/ria. 日本～のサル macaco (m) originário do Japão. たばこは南米～だ O tabaco é originário da América do Sul. ♦原産国 país (m) de origem. 原産地 procedência (f), terra (f) de origem. 原産地証明書 certificado (m) de origem.

げんさん 減産 redução (f) [diminuição (f)] de produção. ～する reduzir [diminuir] a produção de. 各メーカーは20%の～を行うことになった Resolveu-se que cada fabricante vai reduzir em 20% [vinte por cento] a sua produção.

けんし 検死 autópsia (f), necrópsia (f). ～する fazer a autópsia de um cadáver, examinar um cadáver, autopsiar. ◆検死官 médico-legista (m), médica-legista (f).

けんし 犬歯 dente (m) canino.

けんじ 検事 〘法〙promotor/ra.

げんし 原始 〜の primitivo/va. 〜的な primitivo/va. ◆原始社会 sociedade (f) primitiva. 原始人 povo (m) primitivo.

げんし 原子 átomo (m). 〜の atômico/ca, nuclear. ◆原子核 núcleo (m) atômico. 原子分裂 fissão (f) nuclear. 原子爆弾 bomba (f) atômica. 原子番号 número (m) atômico. 原子物理学 microfísica (f), física (f) nuclear. 原子兵器 arma (f) nuclear. 原子兵器削減 diminuição (f) [redução (f)] das armas nucleares.

げんし 原紙 papel (m) estêncil.

げんし 減資 〘経〙redução (f) de capital.

けんしき 見識 discernimento (m), perspicácia (f), clarividência (f). 〜がある ser perspicaz, ter discernimento. 〜のある人 pessoa (f) perspicaz 〘《口語》que entende das coisas〙; pessoa íntegra [de princípios]. 〜の高い人 pessoa orgulhosa [arrogante].

けんじつ 堅実 firmeza (f), solidez (f), estabilidade (f). 〜な方法 método (m) seguro. 〜な投資 investimento (m) seguro. 〜に firmemente, seriamente. 〜に暮らす levar uma vida estável, viver honestamente.

***げんじつ** 現実 realidade (f) 〔ヘアリダーテ〕. 〜の real. 〜的 realista. 非〜的〔空想的〕irreal; 〔実現不可能な〕impraticável, inviável. 〜化する realizar. ◆現実化 realização (f). 現実主義 realismo (m). 現実主義者 realista. 現実性 realidade (f). 現実的政策 política (f) realista.

けんじゃ 賢者 sábio/bia, pessoa (f) inteligente. 愚者は経験から学び〜は歴史から学ぶ O ignorante aprende pela experiência, enquanto que o sábio aprende estudando história.

げんしゅ 元首 soberano/na, cabeça, chefe de estado.

げんしゅ 厳守 estrita observação (f), rigorosa observância (f). 〜を〜する observar … estritamente [rigorosamente]. 時間を〜する observar a maior pontualidade possível. 時間〜のこと《掲示》Roga-se [Pede-se] a máxima pontualidade.

げんしゅ 原種 ❶ 〔元の品種〕espécie (f) de origem. ❷ 〔種子〕batata-semente (f).

けんしゅう 研修 estágio (m), estudo (m) e prática (f), treinamento (m), adestramento (m). 〜を受ける aprender na prática, fazer estágio. 〜中 em fase de estágio. 研修所 instituto (m) de formação profissional. 研修生 estagiário/ria. 海外研修旅行 viagem (f) de estudos no estrangeiro. 新人研修 curso (m) de treinamento de novos funcionários (de uma empresa).

けんじゅう 拳銃 pistola (f), revólver (m).

げんしゅう 減収 diminuição (f) de produção ou renda. 昨年より2割の〜になる Nossa renda vai diminuir 20%〔vinte por cento〕em relação ao ano anterior. 大豆は例年に比べて10%の〜だった A produção de soja foi 10%〔dez por cento〕menor do que a média dos anos anteriores.

げんじゅう 厳重 〜な severo/ra, rigoroso/sa. 〜に severamente, rigorosamente. 規則を〜に守る seguir [respeitar] rigorosamente os regulamentos.

げんじゅうしょ 現住所 endereço (m) atual.

げんじゅうみん 原住民 povos (mpl) nativos, indígena, nativo/va, aborígene. アメリカ大陸の〜 índio/dia.

げんしゅく 厳粛 solenidade (f). 〜な solene. 〜に solenemente.

けんじゅつ 剣術 esgrima (f).

げんしょ 原書 texto (m) original, o original. バイロンを〜で読む ler Byron no original.

けんしょう 憲章 Carta (f) Constitucional. ◆国際連合憲章 Carta (f) das Nações Unidas.

けんしょう 懸賞 prêmio (m).

けんしょう 検証 inspeção (f), investigação (f). 〜する averiguar, inspecionar. ◆検証許可状 mandado (m) de inspeção obrigatória. 現場検証 inspeção local.

げんしょう 減少 diminuição (f), recuo (m), declínio (m), decréscimo (m), redução (f). 〜する diminuir, decrescer, reduzir-se, abaixar, cair. 人口の〜 diminuição da população. デパートの売り上げは2%〜した As vendas nas lojas de departamentos caíram em [tiveram um recuo de, tiveram um declínio de] 2%〔dois por cento〕. あそこは学生数の〜が続いている Naquela escola o número de estudantes não para de diminuir [continua a diminuir]. ダムの水量が〜しつつある O nível das águas da barragem está abaixando.

***げんしょう** 現象 fenômeno (m) 〔フェノーメノ〕. 〜的には a julgar pelos sintomas [sinais], a julgar pelas aparências. ◆現象学 fenomenologia (f). 現象学者 fenomenólogo/ga. 自然現象 fenômeno da natureza. 社会(生理)現象 fenômeno social (fisiológico).

げんじょう 現状 situação (f) presente, estado (m) atual. この国の経済の〜 situação (f) econômica atual deste país. 〜ではそれは不可能だ Isso é impossível diante da situação atual. 〜維持の方向で行きましょう Vamos manter a situação atual./Vamos deixar como está.

けんしょうえん 腱鞘炎 〘医〙tendinite (f)

けんじょうご 謙譲語 modalidade (f) de expressão de cortesia que indica humildade.

げんしょく 原色 cor (f) pura [fundamental, primária, básica]. ◆三原色 três cores primárias [fundamentais].

げんしりょく 原子力 energia (f) atômica [nuclear]. ～の平和利用 uso (m) pacífico da energia nuclear. ♦原子力時代 era (f) atômica. 原子力潜水艦 submarino (m) nuclear. 原子力戦争 guerra (f) nuclear [atômica]. 原子力発電所 central (f) [usina (f)] nuclear.

けんしん 検診 exame (m) médico. ～を受ける submeter-se a um exame médico. ♦子宮癌(ガン)検診 exame de câncer de útero. 乳癌検診 exame de câncer de mama.

けんしん 献身 abnegação (f), altruísmo (m), dedicação (f). ～的 dedicado/da.

げんじん 原人 homem (m) primitivo. ♦直立原人 *homo erectus* [オーモ エレックトゥス]. 北京原人 Homem de Pequim.

けんじんかい 県人会 associação (f) das pessoas oriundas de mesma província.

げんすい 元帥 〖軍事〗 ❶〖陸軍〗marechal. ❷〖海軍〗almirante.

げんすいばく 原水爆 bombas (fpl) atômica e de hidrogênio. ♦原水爆禁止運動 movimento (m) contra o uso de bombas atômicas e de hidrogênio.

けんすう 件数 número (m) de casos. 人身事故の発生～ número de acidentes com vítimas humanas.

げんすん 原寸 tamanho (m) natural. ～大の写真 foto (f) em tamanho natural.

けんせい 牽制 ～する frear, conter, moderar o ímpeto de, procurar [tentar] pôr fim a. 野党の動きを～する conter as movimentações do partido oposicionista. 彼の辞任論が広がるのを～した Tentou ⌊frear o alastramento da [evitar que se alastrasse a] ideia de que ele deve renunciar ao cargo.

げんせい 原生 〖生〗formas (fpl) simples de vida. ♦原生生物 protista. 原生動物 protozoário/ria. 原生林 floresta (f) [mata (f)] virgem.

げんせい 厳正 exatidão (f); rigor (m); imparcialidade (f). ～な〖厳しい〗rigoroso/sa; 〔公平な〕imparcial; 〔正確な〕exato/ta, justo/ta. ～に rigorosamente; exatamente; justamente. ～中立を守る manter uma neutralidade absoluta. ～な裁判 julgamento (m) justo. ～に審査する examinar com imparcialidade.

げんぜい 減税 diminuição (f) [redução (f)] de imposto, diminuição (f) de carga tributária. 政府は中小企業の～を考えている O governo pensa ⌊na diminuição da [em diminuir a] carga tributária das pequenas e médias empresas.

げんせき 原石 minério (m) bruto, pedra (f) [rocha (f)] bruta. ダイヤモンドの～ pedra bruta de diamante, diamante (m) sem polimento;《比》grande talento (m) ainda não cultivado.

*けんせつ 建設 construção (f) [コンストルサォン]. ～する construir. ～的な construtivo/va. ～中 em construção. ～的な批判 crítica (f) construtiva. ♦建設会社 construtora (f). 建設現場 local (m) da construção. 建設資材 materiais (fpl) de construção.

けんぜん 健全 ～な são/sã, salutar, saudável. ～な環境 ambiente (m) saudável. 財政の～化 saneamento (m) financeiro. 心身共に～である ser são/sã de corpo e alma.

げんせん 厳選 seleção (f) rigorosa. ～する escolher com muito critério. この商品は～された材料で作られています Este artigo foi produzido com os ingredientes (materiais) escolhidos ⌊com muito critério《口語》a dedo].

げんせん 源泉 ❶ fonte (f), origem (f). ♦源泉課税 imposto (m) descontado [retido] na fonte. 源泉徴収 retenção (f) na fonte. ❷ nascente (f). 神田川の～ nascente do rio Kanda.

げんそ 元素 〖化〗elemento (m) químico. ♦元素記号 símbolo (m) químico. 元素周期表 tabela (f) periódica dos elementos. 元素分析 análise (f) elementar. 希土類元素 elemento raro, terra-rara (f). 遷移元素 elemento de transição. 放射性元素 elemento radioativo. 四元素説 teoria (f) dos quatro elementos. 四大元素 quatro elementos (mpl) (naturais [da natureza]).

けんぞう 建造 construção (f). ～する construir. ～中である estar ⌊em obras [em construção]. 船を一隻～中である Estamos construindo um navio./Temos um navio em construção em nossos estaleiros. ♦建造物 edifício (m), prédio (m). 歴史的建造物 monumento (m) histórico.

げんそう 幻想 ilusão (f), fantasia (f). ～的な fantástico/ca. ～的な絵 pintura (f) fantástica. ～を抱く alimentar [conceber] ilusões, iludir-se, sonhar. ♦幻想曲 fantasia (f). 幻想交響曲 sinfonia (f) fantástica.

げんぞう 現像 revelação (f)《fotos》. ～する revelar. このフィルムを～してください Revele este filme, por favor. ♦現像液 revelador (m).

げんそく 原則 princípio (m). ～として em princípio, (como) regra geral.

げんそく 減速 diminuição (f) [redução (f)] da velocidade. ～する diminuir [reduzir] a velocidade, desacelerar. セカンドに～する diminuir a velocidade para a segunda. ♦減速装置 desacelerador (m), engrenagem (f) de redução da velocidade.

けんそん 謙遜 modéstia (f). ～する demonstrar modéstia, ser modesto/ta. ～して com modéstia, com humildade, modestamente,

げんぞん 現存 existência (f). ~の existente. これは~する最古の木造建築です Esta é a mais antiga obra arquitetônica em madeira que existe aqui.

けんたい 倦怠 sensação (f) de cansaço ou aborrecimento. ~を覚える sentir-se aborrecido/da. ♦倦怠期 período (m) de tédio.

げんだい 現代 idade (f) contemporânea, tempos (mpl) modernos. ~の contemporâneo/nea. ~の日本の技術的進歩 atual progresso (m) tecnológico do Japão. ~では nos dias de hoje, atualmente. ~化する modernizar. ♦現代音楽 música (f) contemporânea. 現代化 modernização (f). 現代っ子 jovem moderno/na.

けんだま 剣玉 bilboquê (m).

げんたん 減反 〘農〙redução (f) da área de cultivo [plantio]. ~する reduzir [diminuir] a área de cultivo.

けんち 見地 ponto (m) de vista. 新しい~から…を見る considerar … sob um novo ponto de vista [ângulo]; mudar [deslocar] o quadro de pensamento acerca de …. 経済的~からすれば do ponto de vista econômico.

げんち 現地 lugar (m) em questão;〔災害の〕local (m) da calamidade. ~の人 morador/ra local. ♦現地時間 hora (f) local. 現地視察団 equipe (f) de inspeção local. 現地集合 encontro (m) no local do evento. 現地調査 pesquisa (f) local, estudo (m) de campo. 現地報告 relatório (m) enviado do lugar em questão.

*****けんちく 建築** arquitetura (f) [アルキテクトゥーラ]. ~する construir, edificar. ~の arquitetônico/ca. ~中である estar em construção. ~確認を取る obter o aval de construção. ~確認がおりた A permissão [O aval] da construção saiu.

♦建築家 arquiteto/ta. 建築会社 construtora (f). 建築学 arquitetura (f). 建築基準法 lei (f) fundamental de construção. 建築工事 obras (fpl) de construção. 建築資材 material (m) para construção. 建築設計事務所 escritório (m) de arquitetura. 建築廃材 entulho (m) de material de construção. 建築費 custo (m) de construção (f). 建築物 obra (f) arquitetônica;〔家〕casa (f);〔ビル〕prédio (m), edifício (m). 建築様式 estilo (m) arquitetônico. 一級建築士 arquiteto/ta habilitado/da de primeiro nível. 高層建築 arranha-céus (m). 二級建築士 arquiteto/ta habilitado/da de segundo nível.

けんちょ 顕著 ~な 1)〔著しい〕notável, visível. ~な相違 diferença (f) acentuada. ~な功績 feito (m) notável. 2)〔明白な〕evidente, patente, visível, indiscutivelmente claro/ra. ~な効果 efeito (m) claramente visível. ~な事実 fato (m) evidente. 日本経済の発展は~だ O progresso da economia japonesa é indiscutível. 3)〔例証となる〕ilustrativo/va. ~な例 um exemplo bem ilustrativo. ~に claramente, visivelmente, notavelmente. 薬の効果が~に現れていた O efeito do remédio se tornava patente [se via claramente].

げんちょ 原著 livro (m) [manuscrito (m)] original, original (m).

げんちょう 幻聴 alucinação (f) [ilusão (f)] acústica [sonora, auditiva].

げんつき 原付 com motor (m). ♦原付自転車 motocicleta (f).

けんてい 検定 aprovação (f), autorização (f) oficial. ~する examinar, inspecionar; aprovar. ♦検定試験 exame (m) de certificado.

げんてい 限定 limitação (f), restrição (f). ~する limitar, restringir. 以前は保育士の受験資格は女性に~されていた Antes, restringia-se [limitava-se] às mulheres o exame para professor de creche. ♦限定版 edição (f) limitada. 限定販売 venda (f) limitada. 期間限定商品 produto (m) de venda por tempo limitado. 地域限定 exclusivo/va da região.

げんてん 原典 texto (m) original. ♦原典版〘音〙edição (f) urtext.

げんてん 原点 ❶〔出発点〕ponto (m) de partida. ❷〘数〙〔基準点〕origem (f). 座標軸の~ origem de eixos de coordenadas. ❸〔根源〕origem, princípio (m), início (m). ~に帰る voltar ao princípio.

げんてん 減点 diminuição (f) de pontos (nas notas escolares ou em carteiras de habilitação). シートベルトを着用しないと免許証の点数が5点~される Haverá redução de cinco pontos na carteira se o motorista não usar o cinto de segurança.

げんど 限度 limite (m). 200万円がお貸しできる~です O limite máximo do nosso empréstimo é de dois milhões de ienes. ~を越す passar dos limites. 自分の~を知る conhecer os próprios limites.

けんとう 検討 exame (m), estudo (m). ~する examinar. 再~する reexaminar, examinar de novo. その問題を~しておきます Vou examinar esse caso. それは更に~を要する Isso requer um novo exame. その件は~中である Esse caso está sendo examinado. ♦再検討 reexame (m). ⇨考慮.

けんとう 見当 cálculo (m), estimativa (f). ~をつける calcular, estimar. この仕事が何時間かかるのか~がつかない Não tenho a mínima ideia do tempo que se vai levar para terminar este trabalho. 店長の~が外れた O gerente calculou mal [se enganou nos cálculos]. 建設費の~はだいたいついています Já estão calculados os gastos aproximados da construção./Já se sabe mais ou menos quanto vai ser o custo da obra. 私の~では50人くらいの人がパーティーに来るでしょう Segundo os meus cálculos, vão vir mais ou menos cinquenta pessoas na festa.

けんどう 剣道 esgrima (m) japonês, *kendo* (m).

げんとう 厳冬 inverno (m) rigoroso. ♦厳冬期 período (m) de inverno rigoroso.

げんどう 言動 palavras (fpl) e ações (fpl), declarações (fpl) e atitudes (fpl). ~を慎む portar-se com prudência, ser contido/da [prudente] nas palavras e nas ações.

げんどうき 原動機 motor (m). ♦原動機付自転車 motocicleta (f).

けんとうし 遣唐使 〚史〛delegado (m) (enviado) do Japão à China na dinastia Tang.

けんとうちがい 見当違い engano (m), erro (m). ~の inoportuno/na, inconveniente, despropositado/da, fora de propósito. ~な意見を言う dar uma opinião fora de propósito. 彼は責任者ではないのだから、彼を責めるのは~だ Não faz sentido acusá-lo, pois ele não é o responsável.

げんどうりょく 原動力 ❶força (f) motriz. ❷《比》energia (f) [força] propulsora. 希望が彼女の働く~である A esperança que ela tem é a força motriz que a faz trabalhar.

けんない 圏内 …の~に dentro ⌊do âmbito [da esfera, do alcance] de …. 当選~にある ter a possibilidade de ganhar as eleições. 優勝~にある ter a possibilidade de vencer na competição. 長崎は台風の暴風雨~に入った A cidade de Nagasaki já está dentro da zona do tufão.

けんない 県内 dentro da [na] província.

げんに 現に 〔実際に〕realmente, verdadeiramente, sem sombra de dúvida. ~そこにいた私がそう言っているのだから間違いないでしょう Não há erro, pois quem está dizendo isso sou eu, que realmente estava no local. 戦争は~始まっている A guerra já começou realmente [de fato]. ~君が今言ったじゃないか Foi você mesmo que acabou de dizer isso agora, não foi?

けんにょう 検尿 exame (m) de urina. ~する examinar a urina, fazer um exame de urina.

けんにん 兼任 ~する desempenhar duas ou mais funções ao mesmo tempo. 幾つかの職務の~ acúmulo (m) de alguns cargos (ao mesmo tempo). その会議では大統領は外相を~している Nessa reunião, o Presidente está desempenhando, além de sua função, o papel de Ministro do Exterior.

げんば 現場 lugar (m) do acontecimento. 事故の~ local (m) do acidente. ♦現場監督 responsável pela construção, mestre/tra de obras. 建設現場 local da construção.

げんぱい 減配 ❶〚経〛redução (f) de dividendo (distribuído entre os acionistas). ~する reduzir o dividendo. 5%~する reduzir o dividendo em 5% [cinco por cento]. 業績不振で~せざるを得ない Temos que reduzir os dividendos dos sócios devido ao mau desempenho da companhia. ❷〔配給の〕redução (f) da distribuição de ração.

けんばいき 券売機 máquina (f) automática de vender bilhetes. 食券は~でどうぞ Compre o vale-refeição na máquina.

げんばく 原爆 bomba (f) atômica. ♦原爆症 enfermidade (f) causada pela radiação da bomba atômica. 原爆被害者 vítima (f) da bomba atômica.

げんばつ 厳罰 pena (f) pesada [severa]. ~に処される ser gravemente castigado/da, ser dado/da uma pena severa. ♦厳罰化 agravamento (m) da pena.

げんぱつ 原発 ❶〔原子力発電所〕central (f) [usina (f)] nuclear. ❷〚医〛causa (f), origem (f). ~性の primário/ria. ♦原発不明癌(がん) câncer (m) de origem desconhecida.

けんばん 鍵盤 teclado (m). ピアノの~ teclado de piano.

けんびきょう 顕微鏡 microscópio (m). …を~で見る examinar … com o microscópio. ♦電子顕微鏡 microscópio (m) eletrônico.

げんぴん 現品 ❶〔現在ある品物〕mercadoria (f) (em estoque), estoque (m). ~限り7割引〚掲示〛desconto (m) de 70% [setenta por cento] para estas mercadorias somente. ❷〔じっさいの品物〕mercadoria, artigo (m), produto (m). ♦現品引き換え払い pagamento (m) na entrega do produto.

げんぶがん 玄武岩 〚地質〛basalto (m).

けんぶつ 見物 visita (f) a lugares de interesse, turismo (m). ~する visitar, fazer turismo (em). 去年の秋私たちは鎌倉の寺院を~した No outono do ano passado, visitamos os templos de Kamakura. 高見の~《比》ato (m) de assistir aos problemas alheios omitindo-se à sua participação. ♦見物人 visitante, turista. ⇨観光.

げんぶつ 現物 ❶ espécie (f). ~で支払う pagar em espécie. ~と引き換えに代金を支払う pagar no ato da entrega da mercadoria. ♦現物給付 salário (m) em espécie. 現物売買 comércio (m) em espécie. ❷〔実物〕objeto (m) concreto [real, em si]. ❸〚経〛títulos (mpl) no disponíveis. 現物取引 transação (f) à vista.

けんぶん 見聞 conhecimentos (mpl), experiência (f), observação (f). ~を広げる enri-

げんぶん 原文 texto (m) [manuscrito (m)] original. 〜のまま (assim) como no texto original, sic [スィック].

げんぶんいっち 言文一致 uniformização (f) das linguagens falada e escrita.

けんぺいりつ 建蔽率 〚建〛 proporção (f) da área construída em relação à área do terreno.

けんべん 検便 exame (m) de fezes.

げんぼ 原簿 livro (m) de registro original. ♦戸籍原簿 registro (m) civil original.

けんぽう 憲法 constituição (f). 〜上の constitucional. ♦憲法違反 inconstitucionalidade (f); violação (f) da constituição. 憲法記念日 Dia (m) da Constituição.

げんぽう 減法 〚数〛 subtração (f). ⇨引き算.

けんぼうしょう 健忘症 〚医〛 amnésia (f).

げんぽん 原本 livro (m) [documento (m)] original, original (m).

けんま 研磨 polimento (m). 〜する polir.

げんまい 玄米 arroz (m) integral. ♦玄米パン pão (m) (de farinha de trigo) integral.

けんまく 剣幕 modo (m) furioso de se dirigir a alguém. 店長はたいへんな〜で怒っていた O gerente estava furioso.

げんみつ 厳密 〜な rigoroso/sa, preciso/sa. 〜に rigorosamente. 〜に言えば... estritamente falando ..., falando mais exatamente ..., falando em minúcias .... 言葉の〜な意味 sentido (m) estrito da palavra. 〜に言えばこれは間違っている Falando mais exatamente, isto está errado. 彼女の論文には〜が足りない A tese dela carece de rigor./Falta rigor na tese dela.

けんむ 兼務 〜する acumular duas ou mais funções, ocupar dois ou mais cargos simultaneamente. ⇨兼任.

けんめい 懸命 empenho (m), esforço (m). 〜に com afinco, desesperadamente, com todas as forças. 〜の努力 grande empenho, esforço sobrehumano. 〜に努力する esforçar-se até não poder mais, empenhar-se o máximo. 彼は〜に会社を救おうとした Ele fez todo o possível para salvar a companhia.

けんめい 賢明 sensatez (f), prudência (f). 〜な sensato/ta, sábio/bia, perspicaz. 〜に prudentemente, sabiamente, com bom senso. 〜な意見 observação (f) [opinião (f)] pertinente. ここで先を急ぐのは〜だとは思いません Não acho que seja sensato apressar-se agora.

げんめい 言明 declaração (f), afirmação (f). 〜する declarar, afirmar, dizer claramente. 彼は〜を避けた Ele evitou dizer claramente [declarar, afirmar].

げんめつ 幻滅 desilusão (f). 〜を感じる ficar desencantado/da [desiludido/da], decepcionar-se, ficar decepcionado/da.

げんめん 原綿 algodão (m) em rama.

げんもう 原毛 lã (f) bruta.

けんもん 検問 blitz (m) [ブリッツ]. 〜をする fazer blitz.

げんや 原野 descampado (m), campo (m). 〜を切り開く desbravar [cultivar] o campo.

けんやく 倹約 economia (f), contenção (f) de despesas. 言葉の〜 economia (f) de palavras. 私たちは〜中です Estamos economizando [em contenção de despesas]. 〜する economizar, não desperdiçar, fazer economia, gastar com moderação, poupar, conter as despesas. 君はもっとガソリンを〜しなければならない Você tem que economizar mais gasolina. ♦倹約家 pessoa (f) econômica.

げんゆ 原油 petróleo (m) bruto [não refinado]. 〜価格の高騰 aumento (m) do preço do petróleo bruto.

けんよう 兼用 múltipla [dupla] utilidade (f). この部屋は寝室と勉強部屋〜だ Este quarto serve ao mesmo tempo para dormir e estudar. 晴雨〜の傘 guarda-sol (m) que serve também como guarda-chuva.

***けんり** 権利 direito (m) [デレイト]. 〜を取得する adquirir [obter] um direito. 投票する〜を得た Conquistou o direito de votar. 〜を放棄する renunciar a seus direitos. …に〜を譲渡する transferir seus direitos a …. 〜を行使する exercer [fazer valer] seus direitos. …の〜を侵害する usurpar o direito de …. …の〜がある ter direito a [de] …. 先生にはそこまで生徒を罰する〜はない O professor não tem o direito de castigar o aluno a esse ponto. それはあなたの当然の〜だ Isso é seu direito, sem sombra de dúvida. だれが見ても当然の〜として彼らはそれを要求してきた Eles reclamaram esse direito como se isso fosse uma coisa muito natural. …を請求する〜 direito de reivindicar [《口語》pedir] …. あなたたちには 3 年間日本で働く〜があります Vocês têm o direito de trabalhar durante três anos no Japão. ♦権利金 (借家などの) fiança (f). 権利書 escritura (f), documento (m) comprovativo de um direito.

げんり 原理 princípio (m). 〜を立てる estabelecer um princípio. アルキメデスの〜 princípio de Arquimedes. ♦イスラム原理主義 fundamentalismo (m) islâmico.

げんりゅう 源流 ❶ nascente (f), fonte (f). 信濃川の〜 nascente do Rio Shinano. ❷ 《比》origem (f). 文明の〜 origem da civilização.

げんりょう 原料 〔物の〕material (m), matéria (f) prima; 〔料理などの〕ingrediente (m). ワインの〜はブドウです O vinho é feito de uva. これはどんな〜で作られていますか Do que é feito isto aqui?

げんりょう 減量 diminuição (f) de quantidade; 〔体重〕perda (f) de peso. 〜中である

estar fazendo regime (para perder peso). 私は20キロの〜に成功した Consegui emagrecer [perder] vinte quilos.

けんりょく 権力 autoridade (*f*), poder (*m*); 〔影響力〕influência (*f*). 〜に屈する render-se ao poder. 〜の座に着く chegar ao poder. 〜のない sem autoridade, sem influência. 〜の乱用 abuso (*m*) de poder. 〜を行使する exercer o poder. 〜を握る assumir o poder. ♦権力争い disputa (*f*) [luta (*f*)] pelo poder. 権力者 pessoa (*f*) influente, os poderosos. 国家権力 poder (*m*) estatal, o Estado (*m*).

げんろん 言論 expressão (*f*), opinião (*f*); 〔出版〕imprensa (*f*). 〜の自由 liberdade (*f*) de imprensa [expressão]. ♦言論界 imprensa (*f*). 言論統制 controle (*m*) [censura (*f*)] da imprensa.

こ

***こ** 子 〔人間の〕filho/lha [フィーリョ/リャ], menino/na [メニーノ/ナ]; 〔動物の〕filhote (m) [フィリョッチ], cria (f) [クリーア]. 男の～ menino (m). 女の～ menina (f). ～を生む〔人間〕ter filhos, ter [dar à luz] um filho;〔動物〕ter cria. いい～にしている comportar-se bem. ～としての filial. ～として filialmente.

こ 弧 arco (m). ～を描く traçar [fazer, desenhar] um arco.

こ- 故- o/a já falecido/da.

-こ -個 卵5～ cinco ovos (mpl). それは1～200円です Isso aí são duzentos ienes cada.

-こ -戸 世帯数100～の村 vila (f) de cem casas.

ご 五 cinco (m). 第～の, ～番目の quinto/ta. ～倍 cinco vezes (fpl). ～分の一 um quinto.

ご 碁 jogo (m) (de tabuleiro) "gô". ～を打つ jogar o "gô". ♦碁石 as pedras do "gô".

ご 語 〔単語〕palavra (f); 〔言語〕língua (f). あなたは何か国～を話すことができますか Quantas línguas você sabe falar? ♦日本語 língua japonesa.

-ご -後 ❶ […すぎたら] depois de …, após …. 5年～に帰ります Voltarei após [depois de] cinco anos. ❷ […に] depois. 2か月～にその事件が起きた O incidente aconteceu dois meses depois. その～ depois disso, de lá para cá. 土木工事は去年までは伸びてきたがその～は就職口の数を減らしている A construção civil cresceu até o ano passado, mas, de lá para cá, está diminuindo o número de vagas. ❸ [今から] …後に] daqui a …. 大統領選挙は3年～に控えている As eleições presidenciais estão marcadas para daqui a três anos. 30分～にまた来てください Volte daqui a trinta minutos. ❹ 〔それ以来〕desde …; desde que …. あなたは高校を卒業～ずっとこの会社に勤めているのですか Você trabalha aqui desde que se formou no curso colegial?

コアラ 〘動〙coala (m).

*コい 濃い ❶ 〔茶などが〕forte [フォールチ]. このコーヒーはあなたに濃すぎますか Este café está forte demais para você? ❷〔色が〕escuro/ra [エスクーロ/ラ]. 私はもっと～緑がいいです Gosto de um verde mais escuro. ❸ 〔化粧などが〕espesso/ssa [エスペッソ/サ], concentrado/da [コンセントラード/ダ]. ～化粧の人 pessoa (f) de pintura carregada. ❹ 〔程度がたかい〕denso/sa [デンソ/サ]. 中身の～研究 uma pesquisa de muito conteúdo.

こい 恋 amor (m), paixão (f). …に～する amar …, apaixonar-se por …. …に～している estar apaixonado/da por …. ～に破れる ter desilusão amorosa. …に～を打ち明ける declarar [confessar] o amor a …, fazer a declaração de amor a …. ～は盲目 O amor é cego. ～している人 pessoa (f) apaixonada. ～に落ちる ficar apaixonado/da, apaixonar-se.

こい 鯉 〘魚〙carpa (f). ～の滝登り subida (f) das carpas contra a queda da cachoeira;《比》ato (m) de nadar contra a corrente num grande esforço. まな板の～ pessoa (f) indefesa, que se acha diante de quem está com a faca e o queijo na mão. 手術台の患者はまな板の～だ O cliente na mesa de operação está diante de quem tem a faca e o queijo na mão.

こい 故意 ato (m) propositual; dolo (m), má intenção (f), ma-fé (f). ～の intencional, intencionado/da, deliberado/da. ～に intencionalmente, com intenção, deliberadamente, de propósito, propositadamente. 私は～にそうしたのではない Não foi minha intenção fazer isso. /《口語》Não fiz isso de propósito. ♦故意殺人 homicídio (m) doloso. 故意犯 crime (m) doloso.

こい 語彙 vocabulário (m), léxico (m). ～が豊富〔貧弱〕である ter um vocabulário rico (pobre). ～を増やす enriquecer [aumentar] o vocabulário. ♦基本語彙 vocabulário básico.

こいき 小粋 ～な catito/ta, elegante. ～な女性 mulher chique [elegante]. ～な身なり modo (m) chique de se vestir.

こいごころ 恋心 amor (m) ao sexo oposto, paixão (f) amorosa. 淡い～を抱いている ter uma paixão inconfessa.

こいし 小石 pedrinha (f).

こいしい 恋しい saudoso/sa. あなたは故国が～と思いますか Você sente saudades do seu país?

こいぬ 子犬 cachorrinho/nha.

こいのぼり 鯉幟 bandeira (f) [flâmula (f)] de papel ou pano em forma de carpa《que as famílias com filhos homens enfeitam o jardim ou a porta da casa por volta do dia 5 de maio, o "Dia das Crianças"》.

こいびと 恋人 namorado/da. 彼は～ができた Ele arranjou uma namorada. 彼らは～同士だ Eles são namorados./Eles estão namorando.

コイル 〘電〙bobina (f). ♦誘導コイル bobina de indução.

コイン moeda(f). ◆コインランドリー pague-e-lave(m) [lavanderia(f) automática]. コインロッカー cofre(m) para bagagem, armário(m) de bagagem 《geralmente instalado em locais públicos e utilizado com a inserção de moedas》.

こう assim, da seguinte maneira. 話は〜だ O caso é o seguinte. 〜と知っていたら来なかった Se eu soubesse que era assim, não teria vindo. 〜も時間がかかるとは思ってもみなかった Nunca pensei que isso levasse tanto tempo.

こう 項 ❶〖法〗cláusula(f) (de um contrato etc). ◆第1条第2項 artigo(m) um, parágrafo(m) [cláusula(f)] dois. ❷〖数〗termo(m).

こう- 抗- 〖薬〗anti-. 〜ウイルス薬 drogas(f) antivirais. 〜鬱(う)剤 antidepressivo(m). 〜炎症剤 antiinflamatório(m). 〜痙攣(けい)剤 antiespasmódico(m). 〜てんかん剤 antiepilético. 〜ヒスタミン剤 anti-histamínico(m).

こう- 高- 〖医〗hiper-. 〜血圧症 hipertensão(f) arterial. 〜血糖症 hiperglicemia(f). 〜コレステロール血症 hipercolesterolemia(f). 〜脂血症 hiperlipemia(f).

ごう 号 número(m). 7〜室 quarto(m) número sete. 今週〜 número(m) desta semana 《revista》.

こうあつ 高圧 alta pressão(f). 〜的 opressivo/va, coercitivo/va, dominador/ra. 〜的な態度 atitude(f) opressiva. 〜的なものの言い方 modo(m) de falar coercitivo. ◆高圧線 cabo(m) de alta tensão. 高圧電流 corrente(f) elétrica de alta tensão.

こうあん 公安 segurança(f) pública. ◆公安委員会 comissão(f) de controle da segurança pública. 公安官 agente de segurança. 公安審査委員会 Comissão(f) de Exame da Segurança Pública. 公安調査庁 Agência(f) de Investigação de Segurança Pública.

こうあん 考案 plano(m), concepção(f). 〜する planejar, formular, conceber. 新方法を〜する pensar em ∟novos meios [novas maneiras], 《口語》bolar novos meios.

こうい 好意 〔善意〕boa intenção(f); 〔好感〕simpatia(f). …に〜を持つ ter simpatia por …, estar a favor de …. 〜的な amável, favorável. 〜的な態度 atitude(f) amigável. 彼は私の仕事に対して〜的だった Ele aprovava o meu trabalho. 彼はこの計画に対して〜的です Ele está a favor deste plano. 〜的に amavelmente, favoravelmente. ¶ ご〜に感謝します Agradeço a sua gentileza.

こうい 校医 médico/ca da escola.

*****こうい** 行為 ato(m)〔アット〕, ação(f)〔アサゥン〕. ◆行為者 autor/ra, agente. 不法行為 ação ilegal.

ごうい 合意 consentimento(m) mútuo, acordo(m) recíproco. 〜に達する chegar a um acordo. 〜の上で de comum acordo. 〜を取り付ける conseguir um acordo. 彼らの間で〜が成立した Eles entraram em acordo. その法案は合意が得られなかった Esse projeto de lei não obteve acordo (da maioria). 〜による離別 〖法〗separação(f) consensual.

こういう tal, semelhante, assim. 〜本です É um livro assim. 〜ふうにこの機械は扱います Esta máquina se maneja assim. では〜ふうにしてください Então, faça ∟da seguinte maneira [assim].

こういしつ 更衣室 vestiário(m), cabine(f).

こういしょう 後遺症 〖医〗sequela(f).

こういん 工員 operário/ria 《de fábrica》.

こういん 行員 bancário/ria.

ごういん 強引 〜に à força, contra a vontade. 彼は〜すぎます Ele força demais as coisas.

ごうう 豪雨 chuva(f) torrencial.

こううん 幸運 boa sorte(f). 〜な de sorte, afortunado/da. 〜にも por sorte, felizmente. ¶ 〜を祈ります Boa sorte!

こううんき 耕耘機 cultivador(m) [trator(m)] agrícola, máquina(f) agrícola para cultivar o solo.

こうえい 光栄 honra(f). お褒めいただいて〜に思います O seu elogio é uma honra para mim.

こうえい 公営 administração(f) pública.

こうえき 交易 comércio(m), tráfico(m). 〜する traficar, comerciar. ◆国際交易 comércio internacional. 自由交易 livre comércio.

こうえき 公益 interesse(m) público. 〜を図る planejar um serviço de interesse público. ◆公益事業 obras(fpl) públicas.

こうえつ 校閲 revisão(f) (de provas de uma publicação). 〜する revisar, rever. ◆校閲者 revisor/ra.

こうえん 公園 jardim(m), parque(m). ◆国立公園 Parque Nacional.

こうえん 公演 performance(f), apresentação(f), turnê(f). 〜をする fazer uma apresentação, apresentar-se. ◆海外公演 turnê internacional. 地方公演 turnê pelo interior do país.

こうえん 後援 patrocínio(m), auspício(m). 〜する patrocinar, apoiar. この事業に〜をお願いします Pedimos o seu apoio para este empreendimento. ◆後援者 patrocinador/ra.

こうえん 講演 conferência(f). 〜する fazer conferência. ◆講演会 conferência. 講演者 conferencista.

こうおつ 甲乙 ❶ o/a primeiro/ra e o/a segundo/da (em ordem ou qualidade). 契約書の〜 contratador/ra e contratante; (duas primeiras) partes(fpl) de um contrato; 〔賃貸契約〕locador/ra e locatário/ria 《no caso de alugar um imóvel》. ❷〖差〗diferença(f). 両者の間に〜をつけがたい É difícil

[Não há como] diferenciar os dois.

こうおん 高温 alta temperatura (*f*). ～多湿の気候 clima (*m*) de alta temperatura e alta umidade.

こうおん 高音 『音』som (*m*) alto; tom (*m*) agudo.

こうおんどうぶつ 恒温動物 animal (*m*) ˪homotérmico [de sangue quente].

*こうか 効果 ❶ efeito (*m*) [エフェイト], (bom) resultado (*m*). ～的な[のある] eficiente, eficaz. ～的に eficazmente, com eficácia, com eficiência. ～のない ineficaz, ineficiente. ～を現わす fazer [produzir] efeito, dar resultado. この薬は風邪に～がある Este remédio é bom para o resfriado. 復習すると授業の～が上がる A eficácia das aulas aumenta quando se faz a revisão. あんな忠告は～がない Aquele aviso não faz sentido (algum). ◆経済効果 mérito (*m*) econômico, vantagem (*f*) econômica. ❷ 『劇・映』efeito. ◆効果音 efeitos acústicos [sonoros].

こうか 校歌 hino (*m*) escolar.

こうか 硬化 endurecimento (*m*), rigidez (*f*). ～する endurecer, enrijecer. ◆硬化症 『医』esclerose (*f*). 動脈硬化症 arteriosclerose (*f*).

こうか 硬貨 moeda (*f*).

こうか 降下 descida (*f*), queda (*f*). ～する descer em vertical, cair; abaixar. 飛行機が急～した O avião desceu rapida e verticalmente. 気温が急～している A temperatura está abaixando [caindo] rapidamente.

こうか 高価 ～な caro/ra (de preço elevado). ～な書物 livro (*m*) caro. それは～な物につく Isso vai sair caro. これは～である Isto é [custa] caro. ～に売りつける vender caro. この時計は～で私には買えません Este relógio é muito caro e eu não posso comprar [comprá-lo].

こうか 高架 鉄道の～工事 obras (*fpl*) para a construção de um ˪elevado ferroviário [viaduto do trem]. ◆高架線 『電』cabo (*m*) aéreo; [鉄道] viaduto (*m*) do trem. 高架道路 elevado (*m*).

ごうか 豪華 ～な luxuoso/sa. ◆豪華版 [本の] edição (*f*) de luxo.

こうかい 公開 abertura (*f*) ao público. ～の público/ca, aberto/ta ao público. …を～する abrir … ao público. このプールは一般に～されていますか Esta piscina está aberta ao público? ◆公開講演 conferência (*f*) aberta ao público.

こうかい 後悔 arrependimento (*m*), remorso (*m*). ～する arrepender-se, ficar com remorso. ～している estar arrependido/da, estar com remorso. 私は彼女につらくあたったことを～している Estou arrependido/da por [Arrependo-me de] tê-la tratado mal. 後で～しないようにがんばろう Vamos dar o máximo para não nos arrependermos depois.

こうかい 航海 navegação (*f*), viagem (*f*) de navio. ～する navegar. ◆航海士 oficial (*m*) de navio. 航海者 navegador/ra.

こうがい 公害 poluição (*f*) (do meio ambiente). ～を引き起こす causar poluição; poluente. それは～を引き起こす Isso causa poluição./Isso é um poluente. ～を引き起こす物質 substância (*f*) poluente. ◆公害対策基本法 [法] lei (*f*) básica contra a poluição. 公害等調整委員会 Comissão (*f*) de Arbitragem Ambiental. 公害病 doença (*f*) causada pela poluição. 騒音公害 poluição sonora.

こうがい 郊外 subúrbio (*m*), zona (*f*) suburbana. 私は東京の～に住んでいます Eu moro nos arredores de Tóquio. ◆郊外住宅地 zona residencial suburbana.

こうがい 口蓋 『解』palato (*m*), céu (*m*) da boca. ～の palatal. ～化する palatalizar. ～化した palatalizado/da. ◆口蓋音 [音声] palatal (*m*). 口蓋化 palatalização (*f*). 口蓋子音 consoante (*f*) palatal. 口蓋垂 úvula (*f*), 《口語》sininho (*m*) da garganta, campainha (*f*). 口蓋母音 vogal (*f*) palatal. 硬口蓋 palato duro. 軟口蓋 palato mole.

ごうかい 豪快 ～な magnífico/ca, suntuoso/sa, maravilhoso/sa. ～な笑い riso (*m*) alegre e espontâneo. ～なキック belo chute (*m*). ～に笑う dar uma risada alegre e espontânea.

ごうがい 号外 número (*m*) extra.

こうかいどう 公会堂 salão (*m*) municipal de eventos.

こうかがくスモッグ 光化学スモッグ smog (*m*) fotoquímico 《mistura de fumaça e nevoeiro》. ◆光化学スモッグ注意報 alerta (à população) contra smog fotoquímico.

こうかく 広角 [写] ângulo (*m*) amplo. ◆広角レンズ grande angular (*f*).

こうかく 降格 rebaixamento (*m*). ～する rebaixar-se, cair. あの選手は14番から16番に～した Aquele jogador ˪foi rebaixado [caiu] de décimo quarto para o décimo sexto lugar. 私は～されてしまった Fui rebaixado/da na empresa. 今回あのチームは勝利したので～圏から脱出した Aquele time venceu nesta rodada e saiu da zona de rebaixamento.

こうがく 光学 ótica (*f*). ◆光学器械 instrumento (*m*) ótico.

こうがく 工学 engenharia (*f*). ◆工学士 engenheiro/ra. 工学部 faculdade (*f*) de engenharia. 遺伝子工学 engenharia genética. 宇宙工学 engenharia espacial. 機械工学 engenharia mecânica. システム工学 engenharia de sistemas. 造船工学 engenharia naval. 電気工学 engenharia elétrica. 電子工学 engenharia eletrônica. 土木工学 engenharia civil.

*ごうかく 合格 aprovação (*f*) [アプロヴァサォン].

…に～する ser aprovado/da [passar] em …. ～させる aprovar, deixar passar. 彼はB大学に～した Ele passou na Universidade B. 私は運転免許試験に～した Consegui tirar a carta de motorista. ♦合格者 candidato/ta aprovado/da. 合格点 nota (f) para passar.

こうがくしん 向学心 curiosidade (f) intelectual, sede (f) de saber.

こうかくるい 甲殻類 crustáceos (mpl).

こうかつ 狡猾 astúcia (f), ardil (m), sagacidade (f), artimanha (f). ～な手段を用いる usar de artimanhas. ～に立ち回る ser astucioso/sa, agir astuciosamente.

こうかん 交感 simpatia (f), correspondência (f). ♦交感神経 〖解〗 nervos (mpl) do sistema simpático, nervo (m) simpático. 副交感神経 〖解〗 nervos do sistema parassimpático, nervo parassimpático.

*こうかん 交換 intercâmbio (m) [インテルカンビオ], permuta (f) [ペルムッタ], troca (f) [トロッカ], substituição (f) [スビスチトゥイサォン]; [外貨などの] câmbio (m) [カンビオ]. ～する trocar, permutar, substituir. 意見を～する trocar ideias. AとBを～する trocar A e B. Aと～にBを与える dar B em substituição a A. AをBに～する substituir A por B. ～するレート taxa (f) de câmbio. 電話交換手 telefonista.

こうかん 好感 simpatia (f). …に～を与える dar boa impressão a …. 彼女の態度は～が持てます As atitudes dela são muito simpáticas.

こうがん 睾丸 〖解〗 testículo (m).

ごうかん 強姦 estupro (m). ～する estuprar. ♦強姦者 estuprador (m).

こうき 好機 boa oportunidade (f), momento (m) oportuno, ocasião (f) favorável, chance (f). ～をつかむ aproveitar uma (boa) oportunidade. ～を逃がす perder uma chance, deixar escapar uma oportunidade.

こうき 後期 segunda metade (f) de uma época; período (m) final. ♦後期印象派 pós-impressionismo (m). 後期試験 exame (m) [teste (m)] do final do segundo semestre.

こうき 高貴 nobreza (f), fineza (f). ～な nobre, fino/na, distinto/ta. ～な人 nobre, pessoa (f) distinta. ～の出身である ser de família [linhagem] nobre, ter sangue nobre. ～な精神 espírito (m) nobre.

こうぎ 広義 sentido (m) amplo [lato]. ～の解釈 interpretação (f) em sentido lato. …を～に解釈する interpretar … no sentido amplo da palavra [em um sentido amplo]. ～には em seu sentido amplo [lato].

こうぎ 抗議 protesto (m). …に～する protestar contra …. ～するデモをする realizar uma passeata [marcha coletiva, caminhada] em sinal de protesto a [contra] …. 彼らは人種差別に～した Eles protestaram contra a discriminação racial.

こうきあつ 高気圧 alta pressão (f) atmosférica, anticiclone (m). 大陸から～が張り出してくるでしょう Um anticiclone continental se estenderá no céu do país. ♦移動性高気圧 anticiclone migratório.

こうきしん 好奇心 curiosidade (f). ～の強い muito curioso/sa. ～が強い ter muita curiosidade. …の～をそそる estimular a curiosidade de …. ～旺盛(おうせい)な com muita curiosidade. 豊かな～の持ち主である É uma pessoa cheia de curiosidade. あなたは他人の事に対して～が強すぎます Você se preocupa demais com a vida dos outros.

こうきゅう 高級 ～な de alta classe, de luxo.

こうきゅう 硬球 bola (f) rígida 《de tênis etc》.

ごうきゅう 号泣 soluço (m), pranto (m), choro (m). ～する prantear, chorar.

こうきょ 皇居 palácio (m) imperial 《do Japão》.

こうきょう 公共 ～の público/ca, de uso comum, governamental. ～の利益のために em benefício comum. ～の乗り物 transporte (m) público [coletivo]. ♦公共機関 órgão (m) governamental. 公共事業 empresa (f) pública. 公共施設 instalações (fpl) públicas. 公共職業安定所 agência (f) pública de empregos. 公共投資 investimento (m) público. 公共放送局 emissora (f) pública. 公共料金 tarifa (f) de serviços públicos.

こうきょう 好況 prosperidade (f), economia (f) em alta. 市場が～に向かっている O mercado está em alta. ～を показать mostrar [dar] sinais de prosperidade. ♦好況時 período (m) de prosperidade [próspero].

*こうぎょう 工業 indústria (f) [インドゥーストゥリア]. ～の industrial. ～化する industrializar. 日本は世界で最も～の進んだ国の一つです O Japão é um dos países mais industrializados do mundo.

♦工業化 industrialização (f). 工業技術 tecnologia (f). 工業国 país (m) industrializado. 工業製品 produto (m) manufaturado. 工業団地 complexo (m) industrial. 工業デザイナー designer industrial, desenhista-industrial, desenhista de produto. ♦工業都市 cidade (f) industrial. 工業力 potencial (m) industrial.

こうぎょう 鉱業 indústria (f) mineral, exploração (f) de minas. ♦鉱業権 direito (m) de mineração.

こうきょうがくだん 交響楽団 交響楽団 orquestra (f) sinfônica.

こうきょうきょく 交響曲 sinfonia (f).

こうぎょうけん 興行権 direito (m) de produção de espetáculos.

こうきん 公金 dinheiro (m) público. ♦公金横領 concussão (f), peculato (m), desvio

(m) de dinheiro público.

こうきん　抗菌　～の antibacteriano/na, antibiótico/ca. ～加工の com adicionamento (m) [adicionação (f), acréscimo (m)] de antibacterianos (ao produto). ◆抗菌グッズ artigo (m) com adicionamento de substâncias antibacterianas.

こうきん　拘禁　〖法〗 carceragem (f). ～する deter, encarcerar.

こうぐ　工具　ferramenta (f). ◆工具店 loja (f) de ferramentas.

こうくう　航空　aviação (f), navegação (f) aérea. ～の aéreo/rea. ～郵便で (por) via aérea. ～会社のご希望はありますか Tem preferência por alguma companhia aérea? ～券の値段を教えていただけますか Poderia me dizer os preços das passagens, fazendo um favor? ～券の予約をお願いします Gostaria de reservar uma passagem. 「～券のタイプはいかがなさいますか?」「オープンタイプ（フィクスタイプ）でお願いします」Que tipo de passagem deseja? — Aberta (Fixa), por favor.
◆航空会社 companhia (f) aérea. 航空機 avião (m). 航空基地 base (f) aérea. 航空券 passagem (f) (de avião). 航空写真 fotografia (f) aérea. 航空標識 luzes (fpl) da pista (de decolagem ou so). 航空法 lei (f) de aeronáutica civil. 航空郵便 correio (m) aéreo. 航空路 rota (f) aérea.

こうけい　光景　cena (f), espetáculo (m).

こうけい　口径　❶〔ピストルの〕calibre (m) 《de arma》. ❷〔レンズの〕abertura (f) 《de lente》.

こうげい　工芸　artesanato (m). ◆工芸家 artesão/sã. 工芸品 artesanato (m).

ごうけい　合計　total (m), soma (f), montante (m). ～の total. ～する fazer a soma (de). ～100レアルになる São cem reais ao todo [no total]. 今月の売り上げの～はいくらですか Qual é o total das vendas deste mês?

こうけいき　好景気　prosperidade (f) econômica, alta conjuntura (f) econômica. ～の próspero/ra. ～である prosperar, estar em plena prosperidade [em alta].

こうけいしゃ　後継者　sucessor/ra, herdeiro/ra.

こうげき　攻撃　ataque (m). ～する atacar. ～を受ける ser atacado/da, sofrer um ataque. ～的 agressivo/va. ～的な態度をとる tomar atitudes agressivas, ser agressivo/va. ～の的となる ser o alvo dos ataques;〖比〗ser o alvo das críticas [acusações]. ◆奇襲攻撃 ataque de surpresa.

こうけつあつ　高血圧　hipertensão (f). ～である sofrer de [ter] hipertensão. 彼は～予備軍だ Ele está a caminho da hipertensão.

こうけん　後見　tutela (f). …を～する ser tutor/ra de …, ter … sob tutela. ◆後見人 tutor/ra. 法定後見人 tutor/ra legal [legítimo/ma]. 遺言後見人 tutor/ra testamentário/ria.

こうけん　貢献　contribuição (f). …に～する contribuir para [com] …. この発明は技術革新に大いに～するだろう Esta invenção vai contribuir enormemente para uma revolução tecnológica. 彼は国の経済の発展に～した Ele contribuiu para o desenvolvimento econômico do país.

こうげん　高原　planalto (m).

こうげん　公言　declaração (f) pública, revelação (f). ～する declarar publicamente, dizer abertamente.

こうげん　抗原　〖医〗antígeno (m).

こうげん　光源　〖理〗fonte (f) luminosa [de luz].

ごうけん　合憲　〖法〗conformidade (f) com a Constituição. ～の constitucional, conforme a constituição. ～的に constitucionalmente, em conformidade com a constituição. この法律は～ではない Esta lei não é constitucional. ◆合憲性 constitucionalidade (f).

こうげんびょう　膠原病　〖医〗colagenose (f).

こうご　交互　～の alternado/da. ～に alternadamente.

こうご　口語　linguagem (f) falada.

ごうご　豪語　presunção (f), vanglória (f), imodéstia (f). ～する ser imodesto/ta, gabar-se, vangloriar-se. 50人やっつけたと～する gabar-se de ter derrotado cinquenta adversários.

こうこう　口腔　〖解〗cavidade (f) bucal. ◆口腔衛生 higiene (f) bucal.

こうこう　孝行　dedicação (f) filial. ～な carinhoso/sa para os pais. 君は親～だ Você é um bom filho./Você é uma boa filha.

こうこう　高校　curso (m) colegial, segundo grau (m). ～に入る fazer o curso colegial, entrar no colégio. ～に通う cursar o (curso) colegial. ～を卒業する formar-se no curso colegial. 私は～2年生です Eu estou no segundo ano do curso colegial [segundo grau]. ◆高校生 colegial, aluno/na do segundo grau. 工業高校 curso técnico. 定時制高校 curso (colegial) noturno.

こうごう　皇后　imperatriz (f) 《do Japão》, rainha-mãe (f) 《do Japão》.

こうごうせい　光合成　〖生〗fotossíntese (f).

こうこがく　考古学　arqueologia (f). ～の arqueológico/ca. ◆考古学者 arqueólogo/ga.

こうこく　広告　propaganda (f), comercial (m), publicidade (f), anúncio (m). …の～をする fazer propaganda de …. 私は新聞の～を見て参りました Eu vi o anúncio no jornal e vim. ◆広告欄 página (f) de anúncios.

こうこく　抗告　〖法〗agravo (m), embargo (m), apelo (m). ～をなす interpor agravo. ◆抗告人 apelante.

こうこつ 恍惚 ❶ êxtase (m), enlevo (m). ～としている estar ∟em êxtase [extasiado/da, em estado enlevado]. ❷ [老人の] esclerose (f) da terceira idade. ～の人 pessoa (f) esclerosada.

こうさ 交差 cruzamento (m), intersecção (f). ～する cruzar(-se). 鉄道と道路が～する地点で no ponto em que a ferrovia se cruza com a estrada. ～点では必ず一時停止しなさい Sempre dê uma parada no cruzamento. ♦交差点 cruzamento, encruzilhada (f). 立体交差 intersecção de vias a vários níveis.

こうさ 黄砂 areias (fpl) amarelas 《que vêm da China》. ～が観測された Foi observada a presença de areias amarelas. ～混じりの雨で視界が悪くなる A visibilidade fica prejudicada pelas chuvas que trazem as areias amarelas.

こうざ 口座 conta (f). ～を開く abrir uma conta. その家族の秘密が～が島の銀行で見つかった Foi descoberta uma conta secreta da família no banco da ilha. 銀行に～を開いてください Por favor, abra [faça] uma conta no banco. 銀行に～を持っていますか Tem conta no banco? YをBの～に振り込んでください Favor depositar Y na conta corrente de B. ♦口座番号 número (m) da conta bancária. 口座振替 débito (m) (automático) em conta corrente.

こうざ 講座 curso (m), aula (f), cadeira (f). ♦夏季講座 curso de verão. 書道上級講座 curso avançado de caligrafia japonesa. 日本語中級講座 curso intermediário de japonês. ポルトガル語初級講座 curso de português para principiantes; curso básico de português.

こうさい 交際 relacionamento (m), convivência (f) social. …と～する dar-se com …, relacionar-se com …. …と～を断つ romper [cortar relações] com …. ～範囲が広い ter um grande círculo de amizades. ～好きの sociável. 最近彼女はブラジル人の男性と～している Recentemente ela ∟está saindo [tem saído] com um brasileiro. 彼とは～しないほうがいいです É melhor não se relacionar com ele. ♦交際費 despesas (fpl) com os deveres sociais.

こうさい 公債 [経] bônus (m), título (m) de dívida pública. 国は昨日新たに～を発行した O país emitiu ontem novos títulos de dívida pública. ～を償還する resgatar a dívida pública. ～を募集する abrir a subscrição para títulos de dívida pública. ♦公債証書 apólice (f) [título (m)] de dívida pública.

こうさい 虹彩 [解] íris (f).

こうざい 功罪 os bons feitos e os maus feitos, o lado bom e o lado mau, as vantagens e as desvantagens (de alguém ou de alguma realização).

こうさく 交錯 emaranhado (m), mistura (f), mescla (f). ～する emaranhar-se, misturar-se, mesclar-se, confundir-se. 現実と幻想が～している A fantasia e a realidade misturam-se [confundem-se]. 嫌悪と悲しみが～した気持ちだ Sinto uma mistura de repugnância e tristeza.

こうさく 工作 artes (f) manuais; [学校の] trabalho (m) manual; [計略] manobra (f). ～する fabricar; fazer um trabalho manual; [たくらむ] manobrar, tramar, servir-se de artifícios. 陰で～する manobrar nos bastidores. ♦工作室 oficina (f).

こうさく 耕作 lavoura (f), cultivo (m). ～する cultivar, lavrar (uma terra). ～に適した土地 terra (f) cultivável [arável]. ♦耕作者 lavrador/ra, cultivador/ra. 耕作面積 área (f) (de terra) cultivável.

こうさつ 考察 reflexão (f), consideração (f), ponderação (f), exame (m). ～する refletir, considerar, ponderar, examinar. 日本社会の高齢化問題について～する refletir sobre ∟o problema [a questão] do envelhecimento da sociedade japonesa.

こうさん 降参 rendição (f), capitulação (f). …に～する render-se a …. ¶～しろ《口語》 Renda-se! ～だ Eu me rendo!

こうざん 鉱山 mina (f). ～を採掘する explorar uma mina. ～の mineiro/ra. ♦鉱山技師 engenheiro/ra mineiro/ra. 鉱山業 atividade (f) mineira. 鉱山地帯 região (f) rica em minas. 鉱山労働者 (trabalhador/ra) mineiro/ra. 鉄鉱山 mina de ferro.

こうざん 高山 montanha (f) alta. ♦高山植物 flora (f) alpina.

こうし 公私 o público (m) e o particular (m) [privado (m)]. ～にわたって tanto na vida pública como na privada. ～を混同してはいけません Não confunda os interesses públicos com os particulares.

こうし 子牛 bezerro/rra, vitelo/la.

こうし 格子 grade (f), barras (fpl). ～のはまった窓 janela (f) com grades. ♦格子組み armação (f) da grade. 格子縞 padrão (m) em xadrez.

こうし 講師 conferencista, leitor/ra. 大学の専任～ professor/ra titular. ♦非常勤講師 professor/ra horista.

＊こうじ 工事 obra (f) [オーブラ], trabalhos (mpl) de construção. ～を監督する supervisionar [fiscalizar] as obras. ～中 [掲示] Em obras. ♦工事現場 local (m) da construção. 工事費 gastos (mpl) [despesas (fpl)] de construção. ガス(電気)工事 instalação (f) de gás (eletricidade). 道路工事 construção (f) de estradas.

こうじ 麹 malte (m), arroz (m) fermentado.

こうしき 公式 fórmula (f), formalidade (f), oficialidade (f); [数] fórmula. ～の formal,

oficial. ~に oficialmente.
こうしつ 皇室 família (f) imperial.
こうしつ 硬質 dureza (f), rijeza (f). ~の duro/ra, rígido/da.
こうじつ 口実 pretexto (m), desculpa (f). …を~に a pretexto de (+不定詞あるいは名詞)《+infinitivo ou substantivo》, a pretexto de que (+直説法)《+indicativo》. 頭痛を~に学校を休んだ Faltou à aula a pretexto de estar com dor de cabeça. ~を見つけて仕事を休んではいけません Não pode arranjar um pretexto para faltar ao serviço, *viu*!
こうじつせい 向日性 heliotropismo (m). ♦向日性植物 planta (f) heliotrópica.
こうしゃ 公社 empresa (f) pública.
こうしゃ 後者 o/a último/ma, este/esta/estes/estas. ロッキー山脈もアンデス山脈も大きな山脈である. 前者は北アメリカに~は南アメリカにある Tanto as Rochosas como os Andes são grandes cordilheiras. Aquelas estão na América do Norte e estes, na América do Sul. ⇨前者.
こうしゃ 校舎 edifício (m) da escola.
こうしゃ 降車 descida (f) do trem, desembarque (m). ♦降車口 porta (f) de descida do trem [desembarque]. 降車ホーム plataforma (f) de desembarque.
こうしゃく 侯爵 marquês (m). ♦侯爵夫人 marquesa (f).
こうしゃく 公爵 duque (m). ♦公爵夫人 duquesa (f). 公爵領 ducado (m).
こうしゅ 好守 boa defesa (f). 『野球』二塁を~する defender [guardar] bem a segunda base.
こうしゅ 巧手 ❶ boa jogada (f), golpe (m) habilidoso. ❷〖人〗perito/ta.
こうしゅ 攻守 ofensiva (f) e defensiva (f), ataque (m) e defesa (f). ~所を変える passar da ofensiva à defensiva (ou vice-versa).
こうしゅう 公衆 público (m). ~の público/ca. ~の面前で em público, publicamente, 《口語》na frente de todo o mundo. ~のために para o bem ⌊de todos [geral]. ♦公衆衛生 sanidade (f) pública. 公衆電話 telefone (m) público. 公衆便所 banheiro (m) público. 公衆浴場 banho (m) público.
こうしゅう 口臭 〖医〗halitose (f),《口語》mau hálito (m). ~がひどい ter mau hálito.
こうしゅう 講習 curso (m). 生け花の~を受ける fazer um curso de [ter aulas de] iquebana. 日本語の夏期~を開く organizar um curso de verão de japonês; dar aulas de japonês no verão. ♦講習会 curso (m).
こうじゅつ 口述 exposição (f) oral. …を~する expor … oralmente. ~を筆記する escrever o ditado. ♦口述試験 exame (m) oral.
こうじゅつ 後述 ~する referir ⌊depois [a seguir].

こうしょ 高所 lugar (m) elevado. ♦高所恐怖症 acrofobia (f), medo (m) mórbido de lugares elevados, aversão (f) à altura.
こうじょ 控除 dedução (f). 健康保険料の~額 quantidade (f) da dedução (da renda) referente aos seguros de saúde. ~する deduzir. 総所得の20％を~する deduzir 20％ [vinte por cento] da renda total. ♦基礎控除 dedução básica.
*こうしょう 交渉 negociação (f) [ネゴシィアサォン]. …と~する negociar com …. …との~を断つ romper as negociações com …. …との~を開始する iniciar [entabular, travar] as negociações com …. 平和~をする negociar a paz. ~が成立(決裂)した As negociações ⌊chegaram a um bom resultado [se romperam]. この問題については現在A社と~中です Quanto a esta questão, estamos negociando com a companhia A.
こうしょう 公証 autenticação (f), reconhecimento (m) legal. ~する autenticar. ♦公証人 tabelião/lioa[liã]. 公証役場 cartório (m) de tabelião, tabelião (m).
こうしょう 口承 tradição (f) oral. ♦口承文学 literatura (f) oral.
こうしょう 校章 distintivo (m), emblema (m).
こうしょう 高尚 ~な sofisticado/da, de alta qualidade, nobre. ~な趣味 gosto (m) sofisticado.
こうじょう 向上 〔改善〕melhoramento (m); 〔進歩〕progresso (m). ~する progredir; melhorar. ~させる elevar, fazer progredir; melhorar. ~心がある ter vontade de ⌊se aperfeiçoar [progredir]. 品質の~ melhoria (f) de qualidade. 生産性を~させるには何が必要でしょうか O que é preciso para elevar a produtividade? 彼の日本語力は~してきた O japonês dele começou a melhorar.
*こうじょう 工場 fábrica (f) [ファーブリカ]. ~で働く trabalhar em fábrica. ♦工場団地 complexo (m) industrial. 工場地帯 zona (f) fabril. 工場長 diretor/ra de fábrica. 工場排水 efluente (m), águas (fpl) residuais. 工場労働者 operário/ria de fábrica. 工場渡し価格 preço (m) de fábrica. 自動車工場 fábrica de automóveis.
ごうじょう 強情 teimosia (f), obstinação (f). ~な teimoso/sa, obstinado/da. ~を張る ser teimoso/sa, teimar, insistir. ⇨頑固.
こうじょうせい 恒常性 〖生理〗homeóstase (f).
こうじょうせん 甲状腺 〖解〗tireoide (f). ♦甲状腺炎 tireoidite (f). 甲状腺機能亢進(፰፻ኢን) 症 hipertireoidismo (m). 甲状腺機能低下症 hipotireoidismo (m). 甲状腺腫 bócio (m).
こうしょく 公職 cargo (m) público, posto (m) oficial [governamental]. ~に就く assumir um cargo público. 彼女は~に就いてい

た Ela era uma funcionária pública [do governo]. ♦公職選挙法 lei (f) das eleições públicas.
こうじょりょうぞく　公序良俗　【法】ordem (f) e moral (f) públicas. 〜に反する ir contra a ordem e a moral públicas.
こうじる　講じる　❶〔講義をする〕フランス文学を〜 dar uma conferência sobre literatura francesa. ❷〔手段をとる〕…の手段を〜 empregar meios para …. 最良の策を〜 empregar o melhor meio possível. 万全の策を〜 preparar-se para tudo.
こうしん　更新　renovação (f). 〜する renovar. 契約を〜する renovar um contrato. 〜可能なパスポート passaporte (m) renovável. 記録を〜する quebrar o recorde (anterior), conquistar um recorde. ドルは史上最安値を〜した O dólar registrou a maior baixa até agora.
こうしん　行進　marcha (f), parada (f); desfile (m). 〜する marchar, desfilar. ♦行進曲 marcha (f).
こうしんこく　後進国　país (m) subdesenvolvido.
こうしんじょ　興信所　❶ agência (f) privada de investigação (f) secreta, agência de detetives privados. 人の素行調査を〜に依頼する pedir para uma agência de detetives investigar a conduta diária de uma pessoa. ❷【商】agência de informações comerciais.
こうしんりょう　香辛料　condimentos (mpl), tempero (m). 料理に〜を入れる temperar [condimentar] a comida.
こうすい　硬水　【化】água (f) dura《com elevado conteúdo mineral》.
こうすい　降水　precipitação (f) atmosférica (da chuva, da neve etc). ♦降水量 quantidade (f) precipitada (de chuva, neve, garoa etc).
こうすい　香水　perfume (m). …に〜をつける pôr perfume em …. 〜のにおいがする estar perfumado/da.
こうずい　洪水　inundação (f). 〜にあう ser inundado/da. 田畑が〜にあってしまった A lavoura foi [está] inundada. あの橋まで流されてしまった A inundação levou embora a ponte. ノアの〜 dilúvio (m).
こうせい　公正　imparcialidade (f), justiça (f). あなたの判定は〜を欠いている Falta imparcialidade no seu julgamento. 〜評価 crítica (f) imparcial [justa]. ♦公正証書 escritura (f) pública.
こうせい　厚生　saúde (f) e bem-estar (m). ♦厚生年金保険 pensão (f) do seguro de previdência social. 厚生労働省 Ministério (m) do Trabalho e Saúde.
こうせい　後世　posteridade (f), gerações (fpl) futuras. …を〜に伝える passar … para a posteridade [as gerações futuras].
こうせい　恒星　【天】estrela (f) fixa.
こうせい　攻勢　ataque (m), ofensiva (f). ♦政治攻勢 ataque político.
こうせい　更正　retificação (f), emenda (m), correção (f). 〜する retificar, emendar, corrigir. ♦更正決定【法】decisão (f) (judicial) de reforma.
こうせい　更生　❶〔生き返ること〕renascimento (m), renovação (f). ❷〔正常に戻すこと〕regeneração (f), reabilitação (f).（悪の道などから）〜する regenerar-se, redimir-se, emendar-se. 犯罪者を〜させる regenerar um criminoso, fazer o criminoso se corrigir. ❸〔リサイクル〕reforma (f), restauração (f), recauchutagem (f). ♦更生タイヤ pneu (m) recauchutado.
こうせい　校正　revisão (f) (de provas de uma publicação). 〜する corrigir [rever, fazer a revisão de]. ♦校正係 revisor/ra.
こうせい　構成　composição (f), formação (f). 〜する compor, constituir, formar. 文章の〜 estrutura (f) [sintaxe (f)] de uma frase. 私たちのクラスは30名で〜されている A nossa classe é formada de trinta alunos. アミノ酸は蛋白質の〜成分だ O aminoácido é um elemento constituinte da proteína. ♦構成員 membro (m). 構成要素 elemento (m) constituinte. 家族構成 composição de uma família [familiar].
ごうせい　合成　composição (f);【化】síntese (f). ♦合成ゴム borracha (f) sintética. 合成写真 fotomontagem (f). 合成繊維 fibra (f) sintética. 合成皮革 couro (m) sintético [artificial].
ごうせい　豪勢　luxo (m), ostento (m), pompa (f), opulência (f). 〜な luxuoso/sa, suntuoso/sa. 〜な邸宅 casa (f) suntuosa. 〜に暮らす viver no luxo.
こうせいぶっしつ　抗生物質　antibiótico (m).
こうせき　功績　mérito (m), feito (m) notável. 〜を立てる realizar um feito notável. 教育界に〜を残す deixar uma contribuição valiosa no campo da educação. 医学に〜のあった人 pessoa (f) que deixou uma contribuição importante no campo da medicina.
こうせき　鉱石　mineral (m).
こうせつ　降雪　queda (f) de neve, nevada (f). ♦降雪量 quantidade (f) de neve caída [nevada].
こうせん　交戦　beligerância (f), combate (m), guerra (f). …と〜を travar um combate com …. 〜中(の) em guerra. ♦交戦国 país (m) beligerante. 交戦状態 estado (m) de guerra. 交戦地帯 zona (f) de combate.
こうせん　光線　luz (f), raio (m). ♦レーザー光線 raios laser.
こうぜん　公然　〜の público/ca, aberto/ta. 〜と表明する declarar publicamente. あなたがその手紙を書いたのは〜の事実だ Está evidente

que quem escreveu a carta foi você. 〜の秘密 segredo (m) de conhecimento geral.

こうそ 公訴 【法】ação (f) pública, acusação (f). 〜を申し立てる instaurar processo judicial. 〜を取り消す retirar a acusação. ◆公訴棄却 desistência (f) de processo judicial. 公訴提起 instauração (f) do processo judicial.

こうそ 控訴 【法】apelação (f), recurso (m). 〜する apelar, mover [interpor] um recurso. ◆控訴期間 prazo (m) para interpor o recurso. 控訴棄却 desistência (f) de apelação.

こうそ 酵素 enzima (f), levedura (f), fermento (m). ◆消化酵素 enzima digestivo.

こうそう 抗争 antagonismo (m), conflito (m), rivalidade (f). ◆内部抗争 conflito interno.

こうそう 構想 plano (m), projeto (m), ideia (f). 〜を練る planejar, elaborar, idealizar, arquitetar. 小説の〜を練る planejar um romance.

*こうぞう **構造** estrutura (f) [エストルトゥーラ], mecanismo (m) [メカニーズモ]. 〜上の estrutural. 〜的に estruturalmente. この車には〜上の欠陥があります Este carro está com defeito no mecanismo. ◆構造改革 reforma (f) estrutural, reestruturação (f). 構造主義 estruturalismo (m). 構造主義者 estruturalista. 社会構造 estrutura social. 二重構造 dupla estrutura.

こうそうけんちく 高層建築 arranha-céus (m).

こうそく 高速 alta velocidade (f). ◆高速道路 estrada (f), rodovia (f) expressa.

こうそく 拘束 restrição (f), limitação (f), impedimento (m). …を〜する cercar, prender em local sem saída, confinar, encurralar. 容疑者の身柄を〜する deter o/a suspeito/ta. 彼らは参加者を 6 時間にわたって〜した Encurralaram os participantes por seis horas. その規定は〜力がない Esse regulamento não tem ∟força restritiva [poder (m) coercivo]. ◆拘束時間 [仕事による] horas (fpl) de trabalho; [仕事以外の] horas em que se ficou confinado/da em local sem saída.

こうそく 校則 regulamento (m) escolar.

こうそく 梗塞 infarto (m). ◆心筋梗塞 infarto do miocárdio. 脳梗塞 infarto cerebral.

こうぞく 後続 sequência (f). 〜の sucessivo/va, seguinte. 〜する vir a seguir. ◆後続車 carro (m) que vem atrás.

こうぞく 皇族 família (f) imperial 《do Japão》.

ごうぞく 豪族 clã (m), família (f) poderosa (de província).

こうたい 交替 ❶ substituição (f), troca (f). 自民党の世代〜 renovação (f) dos membros do Partido Liberal-Democrata (do Japão). 〜の人を待つ esperar pelo/la substituto/ta. 〜させる substituir, trocar. A をBと〜させる substituir A por B. 監督は選手〜を命じた O técnico mandou fazer uma substituição de jogadores. ❷ revezamento (m). 〜する revezar-se. 3〜制で働く trabalhar em três turnos. この工場は3〜制だ Esta fábrica funciona em três turnos. それは警察官の勤務〜の時に起きたことだ Isso foi na hora da troca de turnos dos policiais. 選手の〜があった Os jogadores se revezaram. 彼らは〜で運転している Eles estão se revezando no volante. 政権の〜 revezamento no poder. 看護師の〜 revezamento de enfermeiros. ◆交替時間 hora (f) da mudança de turno. 交替制 sistema (m) de turnos [revezamento]. 交替制勤務 serviço (m) em turnos.

こうたい 後退 ❶ [沈滞] retrocesso (m). 景気後退 recessão (f) econômica. ❷ [退却] retirada (f), recuo (m). 米軍に〜が命じられた Foi dada ordem de retirada ao exército norte-americano. ❸ [下降] queda (f), rebaixamento (m). その国の平均寿命は世界88位に〜した O país caiu para o octogésimo oitavo país do mundo em expectativa média de vida. 選手は7位から12位に〜した O jogador foi rebaixado do sétimo para o décimo segundo lugar. ❹ [バック] ré (f), recuo. 自転車を少し〜させてください Recue um pouco a bicicleta, por favor.

こうたい 抗体 【医】anticorpo (m). 〜を作る formar anticorpos.

こうだい 広大 〜な extenso/sa, vasto/ta, imenso/sa.

こうたいごう 皇太后 imperatriz (f), rainha-mãe (f).

こうたいし 皇太子 príncipe (m) herdeiro. ◆皇太子妃 princesa (f) imperial.

こうたく 光沢 brilho (m). 〜のある brilhante. 〜のない opaco/ca, sem brilho. …の〜を出す lustrar, polir, dar brilho a.

ごうだつ 強奪 extorsão (f), saque (m), assalto (m), pilhagem (f). 殺人を含む〜 latrocínio (m). ◆強奪団 grupo (m) de extorsão.

こうだん 公団 corporação (f) pública. ◆公団住宅 conjunto (m) habitacional de aluguel razoável. 道路公団 corporação pública para a construção de estradas.

こうだん 講壇 [講義用] cátedra (f); [説教用] púlpito (m). 〜に立つ exercer o magistério.

こうち 高地 planalto (m), terra (f) alta. ◆高地療法 tratamento (m) médico ∟em terras elevadas [《口語》na montanha].

こうち 拘置 detenção (f), custódia (f). 〜する deter 《um criminoso》. ◆拘置所 centro (m) de detenção, prisão (f).

こうち 耕地 solo (m) de cultivo, terra (f)

para plantio. ♦ 可耕地 terra (f) cultivável. 耕地面積 área (f) de terra cultivada.

こうちゃ 紅茶 chá (m) preto. リーフの～ chá em folhas 《sem ser em saquinhos》. ～をいれる pôr [preparar] um chá (preto).

こうちゃく 膠着 aglutinação (f). 会談は～状態に陥った As conversações ficaram paralizadas. ♦ 膠着語〖言〗língua (f) aglutinante.

こうちゅう 甲虫 〖虫〗besouro (m), escaravelho (m) (espécime (f) de insetos que têm dois pares de asas duras como os coleópteros, coprófagos etc).

こうちょう 好調 〔人〕bom estado (m), boa saúde (f); 〔機械など〕bom funcionamento (m), boas condições (fpl). 絶～である estar em perfeito estado de saúde, estar em forma. サッカー選手は～だ O jogador (de futebol) está em forma. この機械は～だ Esta máquina está ͺfuncionando bem [em boas condições]. 私の事業は～です Os meus negócios vão bem.

こうちょう 校長 diretor/ra de escola. ♦ 校長室 diretoria (f).

こうちょうかい 公聴会 audiência (f) pública. その件について～を開く予定だ Pretendemos realizar uma audiência pública sobre o assunto.

こうちょうどうぶつ 腔腸動物 celenterado (m), animal (m) celenterado.

こうちょく 硬直 rigidez (f), endurecimento (m). 財政の～化 estagnação (f) financeira. ～する enrijecer, ficar teso/sa, endurecer. ～した teso/sa, rígido/da, hirto/ta. 体が～している O corpo está endurecido. ♦ 死後硬直 rigidez cadavérica.

*****こうつう** 交通 tráfego (m) [トラッフェゴ], trânsito (m) [トランズィト]; transporte (m) [トランスポールチ]. その事故で～が大混乱になった Com esse acidente, o trânsito ficou completamente em desordem. ～費を支給する pagar as despesas de transporte. ～量が多い道路 estrada (f) com grande volume de trânsito.

> ♦ 交通安全 segurança (f) no trânsito. 交通違反 infração (f) de trânsito. 交通機関 meios (mpl) de transporte. 交通規則 regras (fpl) de trânsito. 交通事故 acidente (m) de trânsito. 交通渋滞 engarrafamento (m), congestionamento (m) (de trânsito). 交通信号 semáforo (m), farol (m), sinaleira (f), sinal (m) de tráfego. 交通整理 controle (m) de tráfego. 交通反則金 pagamento (m) de infração de trânsito. 交通費 despesas (fpl) de transporte.

こうつごう 好都合 conveniência (f). ～な conveniente. ～に convenientemente. 研究に～な本の部分 parte (f) de um livro útil à pesquisa. 彼がその時に来たのは～だった Foi bom ele ter vindo naquela hora./O fato de ele ter vindo naquela hora calhou bem. 会議が一日延びたのでかえって～だった Foi até bom a conferência ter sido adiada em um dia.

こうてい 公定 regulamentação (f) oficial. ♦ 公定価格 preço (m) oficial. 公定相場〖経〗cotação (f) oficial. 公定歩合〖経〗taxa (f) básica de juros.

こうてい 校庭 pátio (m) de escola.

こうてい 皇帝 imperador (m).

こうてい 肯定 afirmação (f), concordância (f). ～する afirmar, concordar com. ～的な afirmativo/va, positivo/va. ～も否定もしない recusar-se a tomar uma posição, omitir-se,《口語》não dizer nem sim nem não. 彼はそれに対して～的だった Ele estava de acordo com isso. ～的な意見 opinião (f) positiva. ♦ 肯定文 frase (f) (oração (f)) afirmativa.

こうていえき 口蹄疫 febre (f) aftosa.

こうてき 公的 público/ca. 彼が～資金をそのように使うのは望ましくないですね Não é recomendável que ele proceda dessa forma com o dinheiro público./《口語》Não é justo ele gastar assim o dinheiro da gente, né? ♦ 公的資金 dinheiro (m) público. 公的生活 vida (f) pública.

こうてつ 更迭 remodelação (f). ～する mudar [substituir] os membros. 閣僚を～する fazer uma remodelação ministerial. そのサッカー監督は成績が悪かったので～された Como aquele técnico de futebol teve um resultado ruim, ele foi despedido.

こうてつ 鋼鉄 aço (m). ♦ 鋼鉄板 placa (f) de aço.

こうてん 交点 ponto (m) de intersecção.

こうてん 公転 〖天〗translação (f) da Terra. 地球は太陽の回りを～している A Terra gira em torno do Sol. ♦ 公転軌道 órbita (f) de translação.

こうてん 好転 melhoramento (m), melhoria (f), mudança (f) favorável. ～する mudar para melhor, melhorar. 状況の～ melhoria da situação. 会社の業績は～しつつある Os resultados comerciais da companhia estão melhorando. ♦ 好転反応〖医〗fase (f) de um processo de melhora [recuperação] de uma doença.

こうでん 香典 oferenda (f) em dinheiro entregue nos funerais à família do falecido. ♦ 香典返し presente (m) em agradecimento ao *koden* recebido.

こうてんせい 後天性 adquirido/da, contraído/da. ♦ 後天性免疫不全症 Síndrome (f) da Imunodeficiência Adquirida, AIDS (f).

こうど 高度 altitude (f), altura (f). ～の elevado/da, avançado/da. ～に altamente. ♦ 高度経済成長 desenvolvimento (m) econômico acelerado.

こうとう 口頭 oralidade (f). ～の oral, verbal. ～で oralmente, verbalmente. ♦口頭協議〖法〗acordo (m) verbal. 口頭試験 prova (f) [exame (m)] oral.

こうとう 喉頭 〖解〗laringe (f). ♦喉頭炎〖医〗laringite (f). 喉頭蓋(がい)〖解〗glote (f).

こうとう 高等 ～な superior/ra, alto/ta, de nível avançado. ～な技術 técnica (f) avançada. ♦高等学校 escola (f) de ensino médio [segundo grau], curso (m) colegial. 高等教育 ensino (m) superior [universitário]. 高等裁判所〖法〗Suprema Corte (f), Supremo Tribunal (m).

こうとう 高騰 alta (f), encarecimento (m). 最近物価がだんだん～してきている Ultimamente os preços vêm subindo cada vez mais [gradualmente]. ♦地価高騰 encarecimento de terreno.

*こうどう 行動** ação (f) [アサォン], ato (m) [アット], comportamento (m) [コンポルタメント], atitude (f) [アチトゥーヂ], conduta (f) [コンドゥッタ]. ～する agir, atuar, comportar-se. …に移る passar a agir. …を～に移す pôr … em ação. ～方針を決める fixar a [decidir-se por uma] linha de conduta. …の～を監視する vigiar [observar] o comportamento de …. ～的 ativo/va. 団体～する agir em grupo. 彼は～力のある人だ Ele é uma pessoa muito ativa [dinâmica]. ♦行動範囲 campo (m) de ação. 行動力 atividade (f), energia (f). 自由行動 tempo (m) livre (num programa de atividades em grupo). 団体行動 atividade (f) grupal.

こうどう 講堂 sala (f) de conferências, salão (m).

ごうとう 強盗 〔行動〕roubo (m) à mão armada, assalto (m); 〔人〕assaltante, ladrão/dra, bandido/da. ～を働く assaltar. ～に押し入られる ser vítima (f) de um assalto à mão armada. ♦強盗殺人 latrocínio (m). 強盗団 quadrilha (f). 銀行強盗〔行為〕assalto a um banco; 〔人〕assaltante de banco.

ごうどう 合同 ❶ união (f), fusão (f). …と～する unir-se com [a] …, associar-se a …. …を～とさせる unir … a …. …と～で em conjunto com …. ～で会議を行う fazer uma reunião conjunta. ♦合同委員会 comitê (m) conjunto. 合同事業 empreendimento (m) conjunto. ❷〖数〗〔図形の〕congruência (f).

こうとうは 高踏派 〖文学〗Parnasianismo (m), Escola (f) Parnasiana.

こうとうぶ 後頭部 〖解〗região (f) occipital.

こうどく 購読 assinatura (f) 《de revistas etc》. ～する assinar. 私はブラジルの新聞をしている Eu sou assinante de um jornal brasileiro. ♦購読者 assinante.

こうどく 講読 leitura (f). ～する ler.

こうない 校内 ～で dentro da escola.

こうないえん 口内炎 〖医〗afta (f).

こうにゅう 購入 compra (f) 《em geral, de coisas de grande porte como máquina de lavar, terreno etc》. ～する comprar, adquirir. ♦購入価格 preço (m) de compra. 購入能力 poder (m) de compra [aquisitivo].

こうにん 公認 reconhecimento (m) [autorização (f)] oficial. …を～する reconhecer … oficialmente, autorizar …. ～の reconhecido/da oficialmente, autorizado/da, legalizado/da. ♦公認会計士 contador/ra público/ca [titulado/da]. 公認記録 registro (m) oficial. 公認候補者 candidato/ta reconhecido/da pelo partido. 未公認記録 registro não reconhecido oficialmente.

こうにん 後任 sucessor/ra. …の～として任命される ser nomeado/da como sucessor/ra de …. …の～になる suceder … em seu cargo, substituir …. …が見つかるまでやめないでください Por favor, não deixe o cargo, até que eu arranje [até eu arranjar] alguém que fique no seu lugar.

こうねつひ 光熱費 despesas (fpl) de luz e gás.

こうねん 光年 〖天〗ano-luz (m).

こうねんき 更年期 〖医〗〔女性の〕menopausa (f), 〔男性の〕andropausa (f). 女性はだいたい 45 歳で～に入る As mulheres começam a viver a menopausa aproximadamente aos quarenta e cinco anos de idade. ♦更年期障害 climatério (m), indisposições (fpl) da menopausa.

こうのう 効能 efeito (m). この薬は肝臓病に対して～がある Este remédio é bom [eficaz] para doenças do fígado. ♦効能書き bula (f) (de remédio), indicações (fpl).

こうのとり 鸛 〖鳥〗cegonha (f).

こうのもの 香の物 picles (mpl) japonês.

こうは 硬派 facção (f) (política, militar) dura.

こうは 光波 〖理〗ondas (fpl) luminosas.

こうば 工場 fábrica (f). ⇨工場(こうじょう).

こうはい 交配 〖生〗hibridação (f), cruzamento (m).

こうはい 後輩 pessoa (f) que entrou depois de outra em uma instituição ou empresa. 彼は会社で私の 2 年～です Ele entrou na companhia dois anos depois de mim.

こうはい 荒廃 devastação (f). アマゾンの～ devastação da Amazônia. モラルの～ ruína (f) moral.

こうばい 公売 〖法〗leilão (m) público, hasta (f) pública. …を～に付する pôr … em leilão, leiloar ….

こうばい 勾配 ❶〔傾き〕inclinação (f), declive (m). 20 度の～をつける fazer um declive de vinte graus. ❷〔斜面〕aclive (f), subida (f). 急な～の登りはきつい É difícil enfrentar uma subida íngreme [《口語》brava].

こうばい 紅梅 〖植〗ameixeira (f) de flores vermelhas. ◆紅梅色 rosa (m) claro.

こうばいすう 公倍数 〖数〗múltiplo (m) comum. ◆最小公倍数 mínimo múltiplo comum [mmc].

こうばいりょく 購買力 poder (m) ⌊aquisitivo [de compra].

こうばしい 香ばしい de sabor consistente acompanhado de aroma 《como o de amendoim, amêndoa, gergelim etc》. ピーナツをいっているときの～香り aroma (m) de amendoins quando estão sendo tostados.

こうはつ 後発 partida (f) posterior. ～の 1) atrasado/da. ～のバス ônibus (m) que partiu depois de um outro. 2) 〖薬〗genérico/ca. ～ 後発医薬品 medicamento (m) genérico, genérico (m) (= ジェネリック医薬品).

こうはん 公判 〖法〗audiência (f) pública.

こうはん 後半 ❶ segunda parte (f), segunda metade (f). ❷ ［サッカー］segundo tempo (m). ◆後半戦 ［スポーツ］segunda parte (f) do jogo.

こうはん 鋼板 chapa (f) de aço.

こうばん 交番 posto (m) policial.

こうひ 公費 gastos (mpl) públicos, desembolso (m) público. ～で出張する viajar a expensas públicas. ～を乱用する usar e abusar do dinheiro público.

こうび 交尾 acasalamento (m), cópula (f). ～する unir-se para procriar, acasalar(-se), copular, 《口語》cruzar. ◆交尾期 cio (m), época (f) do acasalamento.

ごうひ 合否 resultado (m) de um exame, aprovação (f) ou reprovação (f). ～を決定する decidir ⌊os resultados de um exame 〖《口語》se aprova ou não〗.

こうひょう 公表 anúncio (m) público [oficial], proclamação (f), publicação (f). …を～する anunciar … em público [oficialmente], tornar … público/ca [oficial].

こうひょう 好評 boa reputação (f), boa aceitação (f), popularidade (f). ～な popular, bem aceito/ta. あの映画は～です Aquele filme está bem cotado. あなたの講演は～でした A sua conferência teve boa aceitação. 評論家たちの間で～を博する ser ⌊elogiado/da [bem aceito/ta] pela crítica.

こうふ 交付 entrega (f) (de um mandato judicial etc); emissão (f). 免許証の～ emissão de carta de motorista. ～する entregar; emitir. ◆交付金 subsídio (m) (dado pelo Governo às associações públicas). 再交付 emissão de segunda via. 再交付不申請 não solicitação (f) de segunda via.

こうふ 公布 promulgação (f), publicação (f) oficial de uma lei. ～する promulgar, anunciar oficialmente.

こうふ 坑夫 mineiro/ra, trabalhador/ra em minas de carvão.

こうふう 校風 espírito (m) ［tradição (f)］ de uma escola.

こうふく 幸福 felicidade (f). ～な feliz. ～に feliz. 〖★ felizmente は「～に」の意味では使われない。「幸いにして，運よく」といった意味で使われる〗この上なく～である estar ⌊muito feliz [no sétimo céu]. 彼らは～に暮らしています Eles vivem muito felizes. ◆幸福感 sensação (f) [sentimento (m)] de felicidade.

こうふく 降伏 rendição (f), capitulação (f). …に～する render-se [entregar-se] a …. ◆無条件降伏 rendição incondicional.

こうぶつ 好物 comida (f) preferida. それは大～です Gosto muito disso.

こうぶつ 鉱物 mineral (m). ～の mineral. ◆鉱物界 reino (m) mineral. 鉱物学 mineralogia (f). 鉱物学者 mineralogista.

*こうふん 興奮** excitação (f) ［エスィタサォン］, entusiasmo (f) ［エントゥズィアーズモ］. ～する ficar excitado/da, exaltar-se, entusiasmar-se. ～させる exaltar, excitar, entusiasmar. 今日のコンサートに観客は～した Os espectadores ficaram entusiasmados com o concerto de hoje. なんでそんなに～しているのですか Por que está tão excitado/da? 私は～しやすい ［素敵なものを前にして］ Eu logo fico entusiasmado/da com as coisas./〔怒りで〕Eu logo fico nervoso/sa. そう～するな Calmo/ma! ～して しゃべる人は他の人を疲れさせる Pessoas que falam com entusiasmo cansam (as outras). 群衆の～がやっと静まった Até que enfim aplacou-se a ira da multidão. ◆興奮剤 estimulante (m). 興奮状態 estado (m) de excitação.

こうぶん 構文 estrutura (f) da frase, construção (f) gramatical. ◆構文論 sintaxe (f).

こうぶんしょ 公文書 documento (m) oficial. ◆公文書偽造 falsificação (f) de documento oficial.

こうへい 公平 justiça (f), imparcialidade (f). ～な justo/ta, imparcial. ～に imparcialmente, com justiça. ～な判断を下す ser imparcial no julgamento, julgar com justiça. ～を欠く faltar à justiça, ser parcial.

こうへん 後編 última ［segunda］parte (f) (de uma obra literária etc).

ごうべん 合弁 ❶ parceria (f), empreendimento (m) conjunto de duas ou mais empresas; colaboração (f) com o capital estrangeiro. 外国資本との～会社を設立する formar uma sociedade mista com capital estrangeiro. ◆合弁会社 sociedade (f) ⌊mista [de capital misto]. 日仏合弁会社 companhia (f) franco-japonesa. ❷〖植〗～の gamopétalo/la. ◆合弁花 flor (f) gamopétala. 合弁花冠 corola (f) gamopétala.

こうほ 候補 〔立候補〕candidatura (f); 〔候補者〕candidato/ta. …を～に立てる lançar … como candidato/ta. ～に立つ ser candidato/

こうぼ ta, candidatar-se. ◆候補地 lugar (m) proposto (para construir algo).

こうぼ 公募 edital (m), aviso (m) oficial. 株式を～する colocar [oferecer] ações em concorrência pública. 社員を～する recrutar empregados oficialmente [publicamente].

こうぼ 酵母 fermento (m). パンの天然～ fermento natural do pão. ◆酵母菌 levedura (f).

こうほう 広報 ❶〔通知〕informação (f) pública, aviso (m) oficial. ❷〔文書〕boletim (m) de informação pública. ◆広報課 seção (f) de informação pública. 広報活動 relações (fpl) públicas.

こうほう 後方 parte (f) de trás, traseira (f). ～に atrás, para trás. ◆後方部隊 batalhão (m) da retaguarda.

こうぼう 攻防 ataque (m) e defesa (f), ofensiva (f) e defensiva (f). 与野党の激しい～が行われる予定だ Espera-se que haja uma discussão acirrada entre o ataque e a defesa dos partidos da oposição e do governo.

こうぼう 興亡 prosperidade (f) e decadência (f). ローマ帝国の～ o esplendor e a queda do Império Romano.

ごうほう 合法 legalidade (f), legitimidade (f). ～的な legal. ～的な手段で por vias legais. ～的に legalmente. ～化する legalizar, tornar legal. それは～的でない Isso é ilegal. ◆合法性 legalidade (f).

こうま 子馬 〔小さい〕pônei (m);〔馬の子供〕potro (m).

こうまく 硬膜 【解】dura-máter (f). ◆硬膜外麻酔 anestesia epidural. 硬膜周囲麻酔 anestesia (f) peridural.

こうまん 高慢 orgulho (m). ～な altivo/va, orgulhoso/sa. 彼は～だ Ele é altivo [orgulhoso]. 彼女は～ちきだ Ela é impertinente. 部下の～の鼻をへし折る abaixar as cristas do/da subalterno/na.

ごうまん 傲慢 ～な arrogante, insolente. ～さ arrogância (f), insolência (f).

こうみ 香味 cheiro (m) [aroma (m), fragrância (f)] e seu sabor. ◆香味料 tempero (m), condimento (m).

こうみゃく 鉱脈 veio (m), filão (m). ◆金鉱脈 filão de ouro.

こうみょう 巧妙 ～な hábil, astucioso/sa, ardiloso/sa. ～に habilmente, com astúcia, com jeito. ～さ habilidade (f), destreza (f). ～に仕組まれた策略 estratégia (f) habilmente preparada.

こうみん 公民 cidadão/dã. ◆公民館 centro (m) comunitário 《centro de atividades sociais e educacionais dos residentes do município》. 公民権 direitos (mpl) civis [cívicos].

こうむ 公務 negócios (mpl) oficiais, serviço (m) público. ～で a serviço público. ◆公務執行妨害 obstrução (f) do exercício de incumbências oficiais.

こうむいん 公務員 funcionário/ria público/ca. ◆公務員等任用試験 concurso (m) público para funcionários. 国家公務員 funcionário (do governo) federal [nacional]. 地方公務員 funcionário (do governo) regional [local, distrital, estadual].

こうむる 被る 〔損害など〕sofrer;〔恩恵など〕receber, ser favorecido/da por. 損害を～ sofrer danos, ser prejudicado/da. 私は地震でたいへんな損害を被った Eu fui muito prejudicado/da com o terremoto.

こうめいせいだい 公明正大 justiça (f), igualdade (f). ～な社会 sociedade (f) justa e aberta. ～にやりましょう Vamos agir com justiça.

こうもく 項目 artigo (m), parte (f), item (m)《de lei ou escrito》. ～別に artigo por artigo. 5～に分ける dividir (um artigo) em cinco itens.

こうもり 蝙蝠 【動】morcego (m).

こうもん 校門 portão (m) da escola.

こうもん 肛門 ânus (m).

ごうもん 拷問 tortura (f), suplício (m). …を～にかける torturar …, submeter … à tortura [ao suplício].

こうやく 公約 ❶[政] compromisso (m) oficial, promessas (fpl) [compromisso] de campanha. …を～する prometer … oficialmente. ～を果たす cumprir uma promessa de campanha. ❷[商] compromisso público (de uma empresa).

こうやく 膏薬 pomada, emplastro (m). やけどに～を塗る aplicar uma pomada na queimadura.

こうよう 公用 serviço (m) público, negócios (mpl) oficiais [públicos]. ～の oficial. ～の土地 terras (fpl) públicas. ～で出張する sair em viagem a serviço do Estado [oficial de negócios]. ◆公用語 língua (f) [idioma (m)] oficial. 公用車 carro (m) oficial. 公用旅券 passaporte (m) oficial.

こうよう 効用 utilidade (f), eficácia (f), efeito (m). ～のある útil, eficaz, que faz efeito. ～のない inútil, ineficaz, que não faz efeito nenhum.

こうよう 紅葉 avermelhamento (m) e amarecimento (m) das folhas das árvores《no outono》;〔葉〕folhas (fpl) caducas.

こうようじゅ 広葉樹 【植】árvore (f) de folhas largas. ◆広葉樹林 floresta (f) de árvores de folhas largas.

ごうよく 強欲 cobiça (f), ganância (f). ～な ganancioso/sa, avaro/ra.

こうら 甲羅 carcaça (f).

こうらく 行楽 passeio (m), excursão (f). きょうは～日和だ Hoje está um tempo ideal para excursões. ◆行楽客 turista.

こうり 小売り varejo (m). ～する vender a varejo. ～で a varejo. ♦小売り店 loja (f) onde se vende a varejo.

こうり 公理 ❶〔数〕axioma (m), postulado (m). ❷ máxima (f), axioma (m).

こうり 功利 utilidade (f). ～的な utilitário/ria. ♦功利主義 utilitarismo (m). 功利主義者 utilitarista.

こうり 高利 ❶〔大きな利益〕lucro (m) alto. ❷〔高い利息〕juro (m) alto, usura (f). ～でお金を貸す emprestar dinheiro a juros altos. ♦高利貸し agiota, usurário/ria.

ごうり 合理 ～的 racional. ～的に racionalmente. 経営の～化を考えています Estou pensando em racionalizar a administração. ♦合理化 racionalização (f).

こうりつ 公立 ～の público/ca, oficial, do governo. ♦公立病院 hospital (m) público.

こうりゃく 攻略 conquista (f), tomada (f). ～する conquistar, tomar.

こうりゅう 交流 〔電流の〕corrente (f) alternada;〔交際〕intercâmbio (m). …と～がある ter relações com …. 二国間の経済～は盛んになってきた O comércio entre os dois países está se tornando intenso. ♦文化交流 intercâmbio cultural.

こうりゅう 拘留 detenção (f), prisão (f). ～する deter, prender. ♦拘留状 mandado (m) de detenção [prisão].

ごうりゅう 合流〔流れの〕confluência (f);〔人の〕encontro (m). 二つの川の～点 ponto (m) de confluência de dois rios. ～する confluir;〔落ち合う〕encontrar-se. ホテルで～しましょう Vamos nos encontrar no hotel.

こうりょ 考慮 consideração (f). …を～する levar … em conta [consideração], considerar, ponderar. その問題は～中だ Essa questão está sendo estudada. 全ての点を～に入れた上でお返事申し上げます Vou responder-lhe depois de ponderar [〔口語〕levar em conta] todos os pontos (da questão). 私たちの意見も～してください Por favor, leve também em consideração as nossas opiniões.

こうりょう 光量〔理・電〕quantidade (f) de luz, intensidade (f) de radiação.

こうりょう 校了 término (m) de 〔revisão [correção (f) de provas]〔de uma publicação〕.

こうりょう 香料 ❶〔香水〕aroma (m), perfume (f). ❷〔香辛料〕especiaria (f) (para condimentar alimentos). ソースに～を入れる adicionar especiarias ao molho.

こうりょく 効力 eficácia (f), validade (f). ～のある eficaz, válido/da. ～のない ineficaz. ～を発生する começar a ter validade, entrar em vigor. この契約はいつから～を生じますか A partir de quando este contrato terá validade? このパスポートは既に～がない Este passaporte já 〔está com o prazo expirado [não tem mais validade].

こうりょく 抗力〔理〕resistência (f), reação (f) da compressão.

こうれい 恒例 ～の habitual, costumeiro/ra.

こうれい 高齢 idade (f) avançada, terceira idade, senilidade (f). ～の idoso/sa, velho/lha. ♦高齢化社会 sociedade (f) 〔da terceira idade [de idade avançada]. 高齢者 idoso/sa, ancião/ciã, velho/lha. 高齢労働者 trabalhador/ra idoso/sa.

ごうれい 号令 ordem (f), voz (f) de comando.

こうろ 航路〔海路〕rota (f) de navegação [linha (f)] marítima;〔空路〕rota de navegação [linha] aérea. ～標識を港に設置する instalar balizas no porto. ♦航路標識 baliza (f). 定期航路 serviço (m) regular de navegação marítima (aérea).

こうろ 香炉 incensário (m) fixo.

こうろう 功労 mérito (m), trabalho (m) [ação (m)] meritório/ria. あの先生はこの大学に～があった Aquele/la professor/ra prestou grandes serviços 〔em benefício desta universidade [a esta universidade]. 彼は戦争の終結に～があった Ele 〔contribuiu muito [foi de grande valia] para o fim da guerra. ♦功労者 benemérito/ta, pessoa (f) que prestou relevantes serviços a uma comunidade.

こうろん 口論 discussão (f), bate-boca (m). …と～する discutir [brigar] com …. ⇨けんか

こうわ 講和 paz (f). ～条約を結ぶ assinar um tratado de paz. ♦講和条約 tratado (m) de paz.

こうわん 港湾 porto (m). ♦港湾施設 instalações (fpl) portuárias. 港湾労働者 estivador/ra.

*****こえ 声** voz (f)〔ヴォース〕. 鳥の～ gorjeio (m) [canto (m)] dos pássaros. 虫の～ canto (m) dos insetos. ～がかれる ficar rouco/ca. ～を出す soltar a voz; falar. 彼は～がよい Ele tem boa voz. …に～をかける dar um alô a …. もう少し大きな(小さな)～で話してください Fale em voz um pouco mais alta (baixa).

ごえい 護衛〔人〕guarda, segurança. ～する guardar; escoltar. ♦護衛隊 escolta (f).

こえた 肥えた〔人が〕gordo/da;〔土地が〕fértil. ～土 terra (f) fértil.

こえだ 小枝 ramo (m), galho (m).

こえだめ 肥溜め fossa (f) destinada a receber dejetos.

*****こえる 越える,超える** ultrapassar [ウツトラパサール]. 障害を～ vencer obstáculos. 30度を～暑さ calor (m) de mais de [que ultrapassa os] trinta graus. ～ことができない insuperável, invencível. 限界を～ passar dos limites. 国境を～ atravessar a fronteira. 今期の売り上げは我々の予想を超えた O saldo das vendas deste período agora ultrapassou as

コークス　coque (m) 《carvão》.

ゴージャス　〜な suntuoso/sa, deslumbrante, fascinante, luxuoso/sa. 〜なホテル hotel (m) suntuoso. 〜な食事 refeição (f) luxuosa.

*コース　❶〔通る道〕percurso (m) 〖ペルクルソ〗, rota (f) 〖ホッタ〗, itinerário (m) 〖イチネラーリオ〗, trajetória (f) 〖トラジェトーリア〗. 〜から外れる desviar-se da trajetória. ❷〔スポーツ〕pista (f) 〖ピースタ〗, raia (f) (da piscina). ❸〔課程〕curso (m) 〖クールソ〗. ポルトガル語の〜をとる escolher a disciplina de língua portuguesa (dentro de uma faculdade). 予定の〜に進む seguir a carreira planejada. ◆初級コース curso ⌊elementar [para principiantes]. 博士コース curso de doutoramento. ❹〔食事の〕menu (m) completo, refeição (f) completa. 洋食の〜しかなかった Só havia ⌊refeição completa [menus completos] de comida ocidental. ❺〔方向〕direção (f) 〖ヂレサン〗. 〜を変える〔方向〕mudar de direção.

コースター　❶〔遊園地の乗り物〕pista (f) para tobogã, pista inclinada. ❷〔コップ敷き〕descanso (m) para copos, porta-copos (m).

コーチ　treinador/ra, instrutor/ra. 〜する treinar. ◆フィジカルコーチ〖サッカー〗preparador/ra físico/ca.

コーディネーション　coordenação (f). 〜がうまくいった A coordenação esteve boa.

コーディネート　〜する coordenar.

コーティング　revestimento (m), cobertura (f).

コート　❶〔球技の〕quadra (f). ◆テニスコート quadra de tênis. ❷〔衣服〕casaco (m), jaqueta (f), jaleco (m), sobretudo (m), 〔レインコート〕impermeável (m). 〜を着る vestir [pôr] o casaco. 〜を脱ぐ tirar o casaco.

コード　❶〔電気の〕cabo (m); 〔家庭用電気器具の〕fio (m) elétrico. ❷〔符号〕código (m). ◆コード番号 cifra (f). バーコード código de barras. プレスコード código da imprensa. ❸〔和音〕cifra (f), acorde (m).

コートジボワール　a Costa do Marfim. 〜の marfinense.

コーナー　❶〔隅〕ângulo (m), canto (m). ❷〖スポーツ〗córner (m). ◆コーナーキック chute (m) de escanteio. ❸〔一区画〕seção (f), departamento (m). ◆喫煙コーナー área (f) de fumantes. ベビー用品コーナー seção de produtos para bebê. 無料相談コーナー balcão (m) de consultas gratuitas. ❹〔テレビ・ラジオ〕お天気〜 hora (f) da previsão do tempo. リクエスト〜 hora (de atender ao pedido) do ouvinte.

コーヒー　café (m). この〜メーカーは〜の量を選べる機能が付いている Esta cafeteira tem seletor para a quantidade de café. 〜を煎る torrar o café. 〜を入れる pôr café. 〜を入れてくる providenciar um café 〔★ 話者はコーヒーを入れる場所から離れた所にいる〕. 〜を煎ること〔煎り方〕torrefação (f) 〖torra (f)〗 do café. お客様に〜を入れましょうか Vamos pôr um café para ⌊o/a nosso/nossa cliente (a nossa visita)?

◆コーヒーカップ xícara (f) de café. コーヒー豆 grão (m) de café. コーヒーミル moinho (m) [moedor (m)] de café. コーヒーメーカー cafeteira (f) automática. アイスコーヒー café gelado. インスタントコーヒー café solúvel [instantâneo]. ブラックコーヒー café puro [preto]. ミルクコーヒー café com leite.

コーラス　〔合唱〕coral (m), canto (m) em coro, coro (m); 〔合唱団〕grupo (m) coral, coral; 〔合唱曲〕coro. 〜で歌う cantar em coro. 〜のメンバー corista, coralista. ⇨合唱.

コーラン　〖宗〗Corão (m) 《livro (m) sagrado do islamismo》.

こおり　氷　gelo (m). この湖は冬になると一面に〜が張ります Este lago fica com a superfície toda congelada quando chega o inverno. ◆氷砂糖 açúcar (m) em pedra, açúcar-cande (m). 氷まくら bolsa (f) de gelo. 氷水 água (f) com gelo.

こおる　凍る　congelar-se, ficar [estar] congelado/da. 凍らせる congelar, deixar congelar. 道路が凍っているので気をつけてください Tome cuidado que a rua está congelada.

ゴール　〖スポーツ〗gol (m). すばらしい〜 (得点)《口語》golaço (m), gol de letra. 勝利の〜を決める marcar um gol de vitória. 〜を入れる marcar um gol, mandar a bola para a rede. 1点目の〜を入れる fazer um a zero [abrir o placar]. 〜インする〔サッカーで〕marcar gol; 〔トラック競技で〕baliza (f); 《比》alcançar a meta.

◆ゴールエリア pequena área (f). ゴールキーパー goleiro/ra; 〔相手の〕goleiro/ra do time adversário. ゴールキック tiro (m) de meta. ゴールポスト trave (f). ゴールライン linha (f) de fundo. オウンゴール gol contra.

コールサイン　sinal (m) de chamada (telefônica).

コールタール　alcatrão (m).

ゴールデンアワー　horário (m) ⌊nobre [de maior audiência da TV].

ゴールデンウィーク　feriadão (m) de maio, feriado (m) prolongado.

コールドクリーム　creme (m) para amaciar a pele. ⌈pido.

コールドゲーム　〖スポーツ〗jogo (m) interrom-↑

こおろぎ　蟋蟀　〖虫〗grilo (m).

コーン　❶〔アイスクリームの〕cone (m), casquinha (f) 《comestível, de sorvete》. ❷〔とう

もろこし] milho (m). ♦コーンスターチ maizena (f). コーンフレーク flocos (mpl) de milho.

こがい 戸外 exterior (m). 〜で fora de casa, ao ar livre, a céu aberto. 〜で夜を過ごす dormir [passar a noite] ao relento.

ごかい 誤解 mal-entendido (m), equívoco (m), confusão (f). 〜する interpretar mal. 〜を招く causar um mal-entendido. 〜を解く pôr fim a um mal-entendido. 彼女は私の言ったことを〜している Ela me entendeu mal. 〜しないでください Por favor, não leve a mal [não interprete mal]. 「associada.

こがいしゃ 子会社 filial (f), companhia (f)↑

コカイン cocaína (f). ♦コカイン中毒 vício (m) em cocaína. コカイン中毒者 viciado/da em cocaína. コカイン服用者 usuário/ria de cocaína.

こかく 呼格 〔文法〕(caso (m)) vocativo.

ごかく 互角 igualdade (f), equilíbrio (m) (entre dois participantes). 〜の勝負 luta (f) [partida (f), disputa (f)] equilibrada.

ごがく 語学 estudo (m) das línguas. 〜的な linguístico/ca. 〜的に linguisticamente. ♦語学教育 ensino (m) de línguas. 語学教師 professor/ra de línguas (estrangeiras). 語学ラボ laboratório (m) de línguas.

ごかくけい 五角形 〔数〕pentágono (m).

こかげ 木陰 sombra (f) de árvore.

こがす 焦がす queimar, deixar queimar, tostar. 魚を焦がしてしまった Acabei queimando o peixe.

こがた 小型 〜の de tamanho reduzido, de pequeno porte. ♦小型カメラ câmera (f) de tamanho pequeno. 小型自動車 carro (m) pequeno.

こかつ 枯渇 esgotamento (m). 泉の〜 esgotamento de uma fonte. この国の鉱物資源はあと10年で〜する Os recursos minerais deste país vão se esgotar em dez anos. 働きすぎて才能を〜させる acabar com o talento por trabalhar demais.

ごがつ 五月 maio (m). 〜に em maio, no mês de maio.

こがねむし 黄金虫 〔虫〕escaravelho (m).

こがら 小柄 〜な de estatura (f) pequena, baixo/xa.

こがらし 木枯らし vento (m) de inverno. 〜の吹く寒い日 dia (m) frio em que sopra o vento de inverno.

こがわせ 小為替 vale (m) postal.

ごかん 五感 os cinco sentidos (mpl).

ごかん 語幹 〔文法〕radical (m) [raiz (f)] da palavra.

ごかん 語感 ❶〔ことばのニュアンス〕matizes (mpl) [nuança (f)] das palavras. この2語は〜が違う Estas duas palavras têm matizes diferentes. ❷〔ことばに対する感覚〕sensibilidade (f) linguística. 彼は〜が鋭い Ele tem uma grande sensibilidade linguística.

ごかんせい 互換性 compatibilidade (f). ソフトの〜 compatiblidade entre os dados.

ごがん 護岸 proteção (f) das margens (de rio ou mar) contra a força das águas. ♦護岸工事 construção (f) de diques nas margens de um rio ou na costa do mar.

こかんせつ 股関節 〔解〕articulação (f) coxofemoral. ♦股関節脱臼(だっきゅう) deslocação (f) [luxação (f)] coxofemoral.

こき 呼気 ❶〔医〕expiração (f). 〜する respiração (f). ♦呼気アルコール濃度 densidade (f) de álcool na respiração. 呼気性呼吸困難 〔医〕dispneia (f) inspiratória.

ごき 語気 tom (m) de voz ao falar, maneira (f) de falar. 彼は〜が荒い Ele é ríspido ao falar. 〜を和らげる abrandar a voz ao falar.

ごぎ 語義 sentido (m) [acepção (f), significado (m)] de um termo.

こきおろす こき下ろす ❶〔しごいて落とす〕debulhar (trigo, milho etc). ❷〔ひどくけなす〕denegrir, criticar duramente. 散々に〜 malhar sem dó nem piedade. ライバルの研究を〜 criticar duramente a pesquisa do rival.

ごきげん 御機嫌 ❶ disposição (f), humor (m). 〜いかがですか Como está hoje? 彼は〜斜めだ Ele está de mau humor. ❷〔気分のよい様子〕boa disposição (f). 〜な顔をしている estar com cara alegre.

こきざみ 小刻み 〜に pouco a pouco, gradativamente. 〜に歩く andar a passos curtos. 〜に揺れる trepidar.

こきつかう こき使う …を〜 sobrecarregar … de trabalho, tocar, fazer … trabalhar arduamente, esgotar.

こぎつける 漕ぎ着ける atingir, chegar, conseguir, conseguir chegar. やっと…に〜 finalmente chegar a …. 私はやっと借金を返すところまでこぎつけた Por fim consegui quitar a dívida./Finalmente cheguei ao fim do pagamento da dívida.

こぎって 小切手 cheque (m). 〜で支払う pagar com cheque. ♦小切手帳 talão (m) de cheques. 不渡り小切手 cheque (f) sem fundo.

ごきぶり 〔虫〕barata (f).

こきゃく 顧客 freguês/guesa, cliente fixo/xa, comprador/ra habitual [certo/ta]. ♦顧客名簿 lista (f) da clientela.

こきゅう 呼吸 respiração (f). 〜する respirar. 深く〜する respirar fundo. ♦呼吸器 aparelho (m) respiratório. 呼吸器科 pneumologia (f). 呼吸困難 dispneia (f); 《口語》dificuldades (fpl) na respiração. 呼吸不全 insuficiência (f) respiratória. 胸式呼吸 respiração (f) pulmonar. 人工呼吸 respiração artificial. 腹式呼吸 respiração do tipo abdominal.

*こきょう 故郷 terra (f) natal [テーハ ナタウル]. 〜の人 conterrâneo/nea, compatriota. 〜に

こく 帰る voltar à terra natal. あなたの〜はどちらですか Onde é a sua terra natal?

こく 濃く espessamente, fortemente, densamente. コーヒーを〜入れる pôr um café forte. 化粧を〜する carregar na pintura. 〜なる ficar denso/sa, ficar escuro/ra, ficar forte. グァッシュを塗りすぎて緑色がちょっと〜なってしまった O verde ficou um pouco escuro [forte] por ter pintado demais com o guache.

こく 酷 〜な cruel, severo/ra. 〜な批評 crítica (f) severa 그것は あまりにも〜だ Isso é cruel demais. 〜な言い方をさせてもらうなら... Se me permitem falar um pouco duramente ....

こぐ 漕ぐ remar. ボートを〜 remar o barco.

ごく 極く muito, bem.

ごくあく 極悪 malvadez (f), atrocidade (f). 〜非道な cruel, abominável. 〜非道なことをする cometer uma grande atrocidade, ter um comportamento atroz. 〜非道な人 pessoa (f) desnaturada [desumana].

ごくい 極意 segredos (mpl) de uma arte, princípios (mpl) essenciais. 〜をきわめる aprender os segredos de uma arte.

こくえい 国営 administração (f) nacional [estatal]. 〜の nacional, do Estado, estatal. 〜化する nacionalizar. ♦国営化 nacionalização (f). 国営企業 empresa (f) estatal.

こくえき 国益 benefício (m) nacional, interesse (m) da nação. 〜に反する行為 ação (f) prejudicial aos interesses nacionais. 〜を考えた政策 estratégia (f) política que considera os interesses nacionais.

こくえん 黒煙 nuvens (fpl) negras [pretas]. その火事で〜がもうもうと立ち上がった Com esse incêndio, nuvens negras de fumo subiram ao céu intensamente.

こくおう 国王 rei (m). 〜の real.

こくご 国語 língua (f) nacional, língua pátria.

こくさい 国際 〜的な internacional.

♦国際会議 conferência (f) [congresso (m)] internacional. 国際機構 organismo (m) internacional. 国際協力 acordo (m) internacional. 国際協力 cooperação (f) internacional. 国際警察 polícia (f) internacional. 国際結婚 casamento (m) entre pessoas de nacionalidade diferente. 国際市場 mercado (m) internacional. 国際司法裁判所 Tribunal (m) Internacional de Justiça. 国際社会 comunidade (f) internacional. 国際収支 balanço (m) financeiro. 国際通貨基金 Fundo (m) Monetário Internacional. 国際電話 telefonema (m) internacional. 国際法 direito (m) internacional. 国際連合 Organização (f) das Nações Unidas.

こくさい 国債 dívida (f) pública, título (m) do Tesouro.

こくさん 国産 〜の〔工業製品〕de fabricação nacional; 〔農産物〕de produção nacional. ♦国産自動車 carro (m) nacional. 国産品 produto (m) nacional.

こくし 酷使 uso (m) demasiado. 人を〜する fazer uma pessoa trabalhar arduamente. エンジンを〜する forçar um motor.

ごくじょう 極上 〜の da melhor [mais alta] qualidade.

こくじょく 国辱 vergonha (f) nacional, desonra (f) para a nação.

こくじん 黒人 negro/gra; 〔婉曲〕pessoa (f) de cor.

こくぜい 国税 imposto (m) nacional. ♦国税庁 Agência (f) Nacional de Impostos.

こくせいちょうさ 国勢調査 recenseamento (m), censo (m).

こくせき 国籍 nacionalidade (f). 日本の〜を取得する adquirir [conseguir] a nacionalidade japonesa. ドイツ〜の観光客 turista de nacionalidade alemã. 日本の〜を取りたいのですが Gostaria de me naturalizar japonês/nesa. 〜はどこですか Qual a sua nacionalidade? ♦二重国籍者 indivíduo (m) de dupla nacionalidade.

こくそ 告訴 denúncia (f), queixa (f). 〜する denunciar, acusar, processar. 〜を取り下げる retirar a acusação.

こくち 告知 notificação (f), aviso (m), anúncio (m). 〜する notificar; anunciar na tabela de avisos. ♦告知権 〖法〗direito (m) ao aviso prévio. 告知者 denunciante. 告知板 tabela (f) de avisos.

こくど 国土 território (m) nacional. ♦国土交通省 Ministério (m) do Território, Infraestrutura e Transporte. 国土交通大臣 Ministro/tra dos Transportes. 国土地理院 Instituto (m) Geográfico Nacional.

こくどう 国道 estrada (f) nacional. 〜1号線 estrada nacional número um.

ごくどう 極道 insubmissão (f), indisciplina (f), extremismo (m). ♦極道者 fora-da-lei, mafioso/sa, gangster, pertencente a uma quadrilha ou grupo mafioso, yakuza.

こくない 国内 interior (m) do país. ♦国内市場 mercado (m) interno. 国内需要 demanda (f) interna. 国内線 voo (m) doméstico.

こくないしょう 黒内障 〖医〗amaurose (f).

こくないそうせいさん 国内総生産 Produto (m) Interno Bruto, PIB [ピービー]. 一人当たり〜 PIB per capita.

こくはく 告白 confissão (f). 〜する confessar. 恋を〜する declarar o amor. 秘密を〜する revelar um segredo. 過ちを〜する confessar o erro [a falta que cometeu].

こくはつ 告発 ❶ acusação (f). ❷ 〖法〗denúncia (f), delação (f). 談合入札の〜 denúncia de cartel. ⋯を警察に～する denunciar ⋯ à polícia. 彼は詐欺罪で～された Ele foi acusado de estelionato. ♦告発人 delator/ra, denunciante. 内部告発 delação de um fato ilegal da instituição por um de seus funcionários.

こくばん 黒板 quadro (m) negro. ♦黒板消し apagador (m).

こくひ 国費 despesas (fpl) públicas [nacionais], gastos (mpl) do Estado. ～で出張する viajar com dinheiro público. ♦国費留学生 bolsista financiado/da pelo governo nacional.

ごくひ 極秘 segredo (m) absoluto, sigilo (m) máximo. ～の estritamente confidencial. ～で em segredo absoluto. 事件を～にする deixar o acontecido no máximo sigilo.

こくふく 克服 vencimento (m) (de uma dificuldade). ～する vencer. 困難を～する vencer as dificuldades,《口語》dar a volta por cima (das dificuldades).

こくほう 国宝 tesouro (m) nacional.

こくぼう 国防 defesa (f) nacional.

*****こくみん** 国民 povo (m) [ポーヴォ]. 日本人は礼儀正しく勤勉な～だと言われています Dizem que o povo japonês é um povo educado e diligente. ♦国民健康保険 seguro-saúde (m) do governo. 国民性 característica (f) nacional. 国民年金 pensão (f) nacional. 日本国民 o povo japonês.

こくもつ 穀物 cereal (m), grão (m).

こくゆう 国有 propriedade (f) estatal. ～の da propriedade do Estado, estatal, nacional. ～化する nacionalizar. ♦国有化 nacionalização (f). 国有財産 bens (mpl) estatais, propriedade do Estado. 国有地 terreno (m) do Estado. 国有林 floresta (f) estatal.

ごくらく 極楽 paraíso (m), elísio (m), campos (mpl) elísios, éden (m). ～のような paradisíaco/ca, edênico/ca. ♦極楽浄土 paraíso (dos budistas).

こくりつ 国立 ～の nacional, estatal. ♦国立博物館 Museu (m) Nacional.

こくるい 穀類 cereais (mpl), grãos (mpl).

こくれん 国連 Organização (f) das Nações Unidas, ONU [オーヌ].

ごぐん 語群 [言] grupo (m) de palavras.

こけ 苔 musgo (m).

ごけ 後家 viúva (f).

こけい 固形 sólido (m). ～の sólido/da. ゼリー状のグァバジャムではなく～のをください Por favor, eu quero goiabada em barra e não em geleia. ♦固形食料 alimentos (mpl) sólidos. 固形石けん sabão (m) em pedra [barra]. 固形燃料 combustível (m) sólido. 固形物 [理] corpo (m) sólido.

ごけい 互恵 reciprocidade (f), benefício (m) mútuo. ～の mútuo/tua, recíproco/ca. ♦互恵条約 Tratado (m) de Reciprocidade.

ごけい 語形 estrutura (f) do vocábulo, forma (f) da palavra.

こけこっこう cocorocó, cacacá. 雄鶏は～と鳴く O galo canta.

こげちゃ 焦茶 marrom (m) escuro.

こげつき 焦げ付き ❶ comida (f) queimada e grudada no fundo da panela. ❷ [経] ローンの～ empréstimo (m) [crédito (m)] irrecuperável.

こげつく 焦げ付く ❶ [食物] queimar e grudar-se, carbonizar-se. 焦げ付いたご飯 arroz (m) queimado e grudado no fundo da panela. もっと火を弱くしないと焦げ付いてしまう É preciso abaixar o fogo que senão a comida vai grudar no fundo da panela. ❷ [経] [回収不能になる] ficar irrecuperável, congelar-se (em economia). 貸し金が焦げ付いた問題 problema (m) da dívida irrecuperável [《口語》podre].

こげめ 焦げ目 それに～をつけてください Dê uma tostada nisso aí.

こける 痩ける ficar chupado/da, ficar cavado/da. やせて頬がこけてしまった Emagreceu e ficou com as bochechas chupadas [cavadas]. 頬のこけた人 pessoa (f) com bochechas chupadas [cavadas].

こける 転ける [ころぶ] cair, escorregar.

-こける 眠り～ dormir profundamente. 笑い～ cair de tanto rir.

こげる 焦げる queimar-se. 何か～においがしませんか Não está sentindo um cheiro de coisa queimada?

ごげん 語源 etimologia (f), origem (f) de uma palavra. ある単語の～を調べる buscar a etimologia de uma palavra. その語の～はドイツ語だ Essa palavra vem do alemão. ♦語源学 etimologia (f). 語源学者 etimólogo/ga.

*****ここ** aqui [アキー]. ～に(へ) aqui. ～まで até aqui. ～にカメラがあります Há [Tem] uma câmera aqui. カメラは～にあります A câmera está aqui. ～から駅まで何メートルくらいありますか Quantos metros tem daqui até a estação?

ここ 古語 palavra (f) arcaica [obsoleta], arcaísmo (m).

*****ごご** 午後 parte (f) da tarde [パルチ ダ タールヂ]; depois do almoço [デポイス ド アウモッソ]. きょうの～ hoje à tarde, hoje depois do almoço. あすの～ amanhã à tarde.

ココア chocolate (m) 《de beber》.

こごえ 小声 voz (f) baixa. ～で em voz baixa. ～で話す falar baixo.

こごえる 凍える ficar [estar] gelado/da. 凍え死ぬ morrer de frio. 私の指は寒さで凍えています Os meus dedos estão duros de tanto frio.

ここく 故国 país (m) natal.

ここち 心地 ～よい agradável, cômodo/da, confortável. 生きた～がしない Eu me sinto mais morto/ta que vivo/va. この家は住み～が

よい Esta casa é confortável./Eu me sinto bem morando nesta casa. その靴の履き〜はいかがですか Como se sente com esses sapatos?

こごと 小言 resmungo (m). 〜を言う resmungar. 課長に〜ばかり言われています O meu chefe está sempre resmungando comigo.

ここのつ 九つ nove (em contagens).

*****こころ 心** ❶ coração (m) [コラサゥン], espírito (m) [エスピリット], mente (f) [メンチ], imaginação (f) [イマジナサゥン], alma (f) [アーウマ]. 〜の糧(で) alimento (m) da alma. …を〜に描く imaginar …. 彼女の姿が〜に浮かんだ A imagem dela veio à mente. マドレデウスを聞くと〜が癒される Quando ouço Madredeus fico calmo/ma./Ouvir Madredeus me faz bem à alma. 〜を痛める話 história (f) a cortar o coração [doer a alma]. ❷ 〔感情〕sensibilidade (f) [センシビリダーヂ], sentimento (m) [センチメント], pensamento (m) [ペンサメント]. 感謝の〜のない人 pessoa (f) sem sentimento de gratidão. 〜から coração. 〜からのもてなし recepção (f) calorosa. 私たちは〜からあなた方を歓迎します Nós acolheremos vocês de todo o coração. 彼は〜のことで〜を悩ましていた Ele sofria com isso./Ele se preocupava muito com isso. 彼女はピカソの絵に〜を奪われた Ela ficou fascinada [encantada] pelo quadro de Picasso. 純粋な人は〜を動かす Pessoas (fpl) puras ᴗnos sensibilizam 〘口語〙 mexem com a gente. …に〜を許す abrir-se com …, permitir-se abrir o coração para …. 〜がはずむ ficar emocionado/da [contente]. 彼は〜が乱れている Ele está perturbado [desnorteado]. 彼らは〜が通う二人だ Eles dois se entendem mutuamente./Eles dois se dão bem um com o outro. モダンジャズに〜をひかれる gostar de [sentir-se atraído/da por] jazz contemporâneo. 顔で笑って〜で泣く rir por fora enquanto chora por dentro. 〜を打つ話 história (f) que toca o coração. 〜を込めて手紙を書いた Escrevi uma carta com o coração. 〜を鬼にして生徒をしかる mostrar-se cruel para o bem do futuro do aluno. ❸ 〔思いやり〕bondade (f) [ボンダーヂ], generosidade (f) [ジェネロズィダーヂ]. 〜の大きい人 pessoa ᴗcom um grande coração [generosa]. 彼は〜が狭い Ele é mesquinho [tacanho]. 〜のない人 pessoa sem coração [bondade, compaixão, piedade]. 〜の温かい人 pessoa terna [afetuosa, cordial]. ❹ 〔気配り〕atenção (f) [アテンサゥン], solicitude (f) [ソリスィトゥーヂ]. 〜ある人 pessoa (f) bondosa [sem crueldade]. …に対して〜を尽くす ser solícito/ta com …, cuidar de …, zelar por …. ストリートチルドレンに〜を向ける voltar a atenção para as crianças de rua. もっとよくしてあげられなくて〜残りです Sinto não ter podido fazer mais por você (vocês). ❺ 〔意志〕vontade (f) [ヴォンターヂ], inclinação (f) [インクリナサゥン]. 〜のおもむくままに生きる viver ᴗlivremente [à vontade]. 〜ならずも contra a vontade, a contragosto. 〜を決める decidir-se. それを見ると僕は作品を作りたくなって〜が騒ぐ Quando vejo isso fico ansioso por produzir logo a minha obra. ❻ 〔性格〕índole (f) [インドリ], caráter (m) [カラッテル]. 〜を入れ替える arrepender-se, mudar de convicção [caráter], converter-se. ❼ 〔記憶〕memória (f) [メモーリア]. …を〜に留める guardar … na memória. 〜を〜に刻む gravar … na memória [mente]. ❽ 〔意向〕agrado (m) [アグラード]. …の〜にかなう agradar a …, satisfazer …. ❾ 〔深い意味〕significado (m) [スィギニフィカード], espírito (m) (da coisa). 茶の湯の〜 o espírito da cerimônia do chá. ❿ 〔謎(なぞ)で答えの説明〕o porquê da resposta (f) (de charadas).

こころあたり 心当たり ideia (f). 〜がある ter ideia (acerca de algo). 全然〜がない não fazer a menor ideia. 彼の居場所に関して何か〜がありますか Você ᴗsaberia dizer [teria ideia de] onde ele está?

こころえ 心得 ❶ 〔規則〕regras (fpl), instruções (fpl). 春休みの〜 instruções para o feriado de primavera. ❷ 〔知っている〕conhecimento (m), informação (f). 英語の〜がある ter algum conhecimento de inglês.

こころちがい 心得違い mal-entendido (m). 〜をする entender mal, confundir-se.

こころえる 心得る ❶ 〔理解する〕compreender, entender. ❷ 〔知っている〕saber, conhecer. 彼は礼儀を心得ている人だ Ele é uma pessoa bem educada. ❸ 〔身につける〕ter conhecimento geral de …, ter noção de …. パソコンを〜心得ておくという É bom ter uma noção básica de computação. ¶ はい、心得ました Entendido! Tudo bem.

こころおきなく 心おきなく ❶ 〔気がねせず〕sem fazer cerimônia, sem reserva, com franqueza, à vontade. ❷ 〔安心して〕livre de preocupações, sem se inquietar com nada.

こころがけ 心掛け prudência (f), atitude (f), cuidado (m). 〜がいい precavido/da, prudente. 〜が悪い imprudente. 緊急時にあわてないように普段の〜が大切だ É importante estar preparado para o pior, se não, você se confunde em uma emergência.

こころがける 心掛ける ter em mente, ter como meta, procurar. 時間厳守を〜 procurar ser pontual. 水の倹約を〜 procurar economizar água. 毎日運動をするよう心がけている Tenho como meta diária fazer exercícios físicos.

こころがまえ 心構え atitude (f) de espírito, preparação (f) mental. いざというときの〜ができている estar preparado/da [pronto/ta] para o inesperado.

こころがわり　心変わり　彼女は～してしまった Ela mudou de ideia e me abandonou.

こころぐるしい　心苦しい　sentir-se constrangido/da, estar pesaroso/sa. あなたにこんなことを頼むのは～ Fico constrangido/da em pedir isto a você. 津波の被災者を思うと～ Fico com muita pena quando penso nas vítimas ⌊das ondas gigantes [dos *tsunamis*].

こころざし　志　〔志望, 意図〕aspiração (*f*), intenção (*f*); 〔善意〕boa vontade (*f*). ～を遂げる alcançar [conseguir] o objetivo. ～が高い ter um objetivo nobre. 御～ありがとうございます Muito agradecido/da pela bondade [por ter-se preocupado tanto comigo].

こころざす　志す　pretender, aspirar, querer ser. 外交官を～ pretender ser diplomata, aspirar à diplomacia.

こころづかい　心遣い　atenção (*f*), solicitude (*f*).

こころづけ　心付け　gorjeta (*f*), propina (*f*).

こころづよい　心強い　彼は心強かった Ele se sentia ⌊seguro [encorajado (por alguém)].

こころない　心無い　insensato/ta, sem coração, cruel. ～言葉に傷つく ficar ferido/da por palavras cruéis. ～ことをする agir com crueldade, fazer algo cruel.

こころばかり　心ばかり　～のものですがどうぞお収めください É um pequeno presente de agradecimento, mas aceite por favor.

こころぼそい　心細い　彼は心細かった Ele se sentia inseguro [desamparado].

こころまち　心待ち　espera (*f*) ansiosa, aguardo (*m*). …を～にする esperar … ansiosamente, estar ansioso/sa para que chegue o dia de …. 彼は車を買いに行く日を～にしている Ele está ansioso [rezando] para que chegue logo o dia de ir comprar o seu carro.

こころみ　試み　prova (*f*), tentativa (*f*); 〔プラン〕plano (*m*). 新しい～ um plano diferente. ～に a título de experiência, para experimentar. ～に新しい機械を使ってみる experimentar usar a máquina nova.

こころみる　試みる　tentar, provar, experimentar, ensaiar. 何度も～ tentar várias vezes. 脱走を～ tentar fugir.

こころもとない　心許ない　estar incerto/ta, estar apreensivo/va. 心許なく思う sentir-se inquieto/ta [apreensivo/va]. 彼の将来は～ Tenho dúvidas quanto ao futuro dele. 彼女はこんな安月給で暮らしていけるかどうか～ Ela não tem certeza se vai poder viver com um salário tão baixo.

こころゆくまで　心ゆくまで　até se satisfazer por completo. ～お買い物をお楽しみください Divirtam-se com as compras até se satisfazerem ⌊por completo [plenamente].

こころよい　快い　agradável, confortável. ～返事をする dar uma boa resposta. …に～もてなしをする receber bem a …. 快く de bom grado, com toda a boa vontade. 彼は快く私の願いを聞き入れてくれた Ele aceitou o meu pedido com muita boa vontade.

ごさ　誤差　margem (*f*) de erro. 調査の～ margem de erro da pesquisa. ～を最小限に抑える evitar a margem de erro ao máximo.

ござ　esteira (*f*) 《de pique-nique》. 芝生に～を敷く estender a esteira no gramado.

ごさい　後妻　segunda mulher (*f*) [esposa (*f*)]. ～を迎える contrair matrimônio pela segunda vez. …を～に迎える casar-se com … em segundas núpcias.

コサイン　【数】co-seno (*m*).

こざかな　小魚　peixe (*m*) miúdo.

こさく　小作　arrendamento (*m*) de terra. ♦ 小作権 direitos (*mpl*) do/da arrendatário/ria. 小作制度 sistema (*m*) de arrendamento de terra. 小作人 arrendatário/ria. 小作農 produção (*f*) agrícola em terras arrendadas.

こさじ　小匙　colherzinha (*f*), colher (*f*) de chá. …に～一杯の塩を入れる pôr [colocar] uma colher de chá de sal em ….

こさめ　小雨　chuvisco (*m*), chuva (*f*) miúda. ～が降る chuviscar.

ごさん　誤算　erro (*m*) de cálculo. そこには～があった Aí houve um erro de cálculo. 親が結婚に反対したことは彼にとって～だった Ele nunca havia pensado que os pais se opusessem ao casamento.

***こし　腰**　❶ quadril (*m*) [クァドリール], ancas (*fpl*) [アンカス], cintura (*f*) [スィントゥーラ], cadeiras (*fpl*) [カデーイラス]. ～の曲がった人 pessoa (*f*) encurvada. ～が太い ter a cintura grossa. ～が細い ter a cintura fina. ～が痛い ter [estar com] dor ⌊no quadril [nas cadeiras]. 地面に～を下ろす sentar-se no chão. 椅子に～を掛ける sentar-se numa cadeira. ～を上げる levantar-se, ficar de pé; 〔比〕〔仕事に着手する〕começar um trabalho. ～を振る mexer as cadeiras. ～がふらふらしている não ter as pernas firmes. ～をかがめる ficar de cócoras, agachar-se. …を～にさげる carregar … à cintura. ♦ 腰紐(⸺) cinta (*f*) para amarrar o quimono. ❷ 〔意気込み〕ânimo (*m*) [アーニモ], entusiasmo (*m*) [エントゥズィアーズモ], afinco (*m*) [アフィンコ]. ～が抜ける ficar paralisado/da (de medo). ～がくだける desanimar-se; deixar algo pela metade. 彼の話の～を折ってしまった Interrompi a fala dele./Acabei cortando o assunto. ❸ 〔落ち着き〕quietude (*f*) [キエトゥーヂ]. 彼は～が据わらない人だ Ele é uma pessoa que não para quieta. 彼は～が重い Ele ⌊é preguiçoso [demora para pôr mãos à obra]. 彼女は～が軽い Ela é leviana. ¶ 彼は～が低い

Ele é modesto [humilde]. 彼女は～が高い Ela é arrogante [metida].

こじ 固辞 recusa (f), rejeição (f). ～する recusar veementemente [persistentemente]. 悪役を～する recusar o papel de vilão (em uma peça).

こじ 孤児 órfão/fã. ♦孤児院 orfanato (m).

こじ 誇示 ostentação (f). ～する ostentar.

-ごし -越し ❶ [場所] …を窓～にながめる olhar … através da janela. …を塀～にのぞき espreitar … por cima do muro. 隣人と生垣～に話す falar com o vizinho através da cerca. ❷ [時] 3年～の借金 dívida (f) de três anos. 5年～の懸案 problema (m) pendente há cinco anos.

ごじ 誤字 erro (m) de grafia, erro no emprego do ideograma 《geralmente, chinês》.

こじあける こじ開ける abrir forçando.

こしいた 腰板 〖建〗 rodapé (m).

こしかけ 腰掛け ❶ [いす] cadeira (f); [スツール, ベンチ] banco (m). ❷ [一時的に勤める仕事や地位] cargo (m) provisório. ♦腰掛け仕事 trabalho (m) provisório.

こしかける 腰掛ける sentar-se. ベンチに～ sentar-se num banco. ここに腰かけてもよろしいですか Posso me sentar aqui?

こじき 乞食 pedinte, mendigo/ga.

こしつ 個室 quarto (m) individual [particular].

こしつ 固執 insistência (f), fixação (f). …に～する ficar [estar] ᴌobcecado com [fixado em] …, insistir [persistir] em …. 自分の意見に～する insistir na própria opinião.

ゴシック ～の gótico/ca. ♦ゴシック建築 arquitetura (f) gótica. ゴシック式 estilo (m) gótico. ゴシック体〖印〗 gótico (m). ゴシック美術 arte (f) gótica.

こじつけ sofisma (m). その解釈は～だ Essa interpretação é forçada. それは～の論理だ Isso é ᴌum sofisma 《〖口語〗uma lógica um tanto forçada》.

こじつける sofismar, tergiversar, dar uma interpretação forçada. こじつけた forçado/da, artificial. こじつけた解釈 interpretação (f) forçada.

ゴシップ mexerico (m); 《俗》 fofoca (f), fuxico (m).

こしぼね 腰骨 ❶ 〖解〗 osso (m) ilíaco [coxal], bacia (f). ❷ [やりとおす気力] paciência (f), persistência (f). 彼は～が強い Ele é muito persistente.

こしゅ 固守 tenacidade (f), aferro (m). 信条を～する apegar-se a seus princípios.

ごじゅう 五十 cinquenta. 第～の, ～番目の quinquagésimo/ma.

ごじゅうかた 五十肩 〖医〗 capsulite (f) adesiva, periartrite (f) de ombro, 《口語》ombro (m) congelado. 父は2年前から～で悩んでいます Meu pai vem sofrendo de ombro congelado há dois anos.

ごじゅうそう 五重奏 quinteto (m).

こじゅうと 小姑 cunhadas (fpl) da mulher ou do marido.

こじゅうと 小舅 cunhados (mpl) da mulher ou do marido.

ごじゅうのとう 五重の塔 pagode (m) de cinco andares.

ごしょ 御所 Palácio (m) Imperial 《do Japão》.

ごじょ 互助 cooperação (f), ajuda (f) mútua. ♦互助会 associação (f) de apoio mútuo.

こしょう 呼称 denominação (f), nome (m). …と～される ser chamado/da [denominado/da] de …. ♦公式呼称 nome oficial.

*こしょう 故障 enguiço (m) [エンギッソ]. ～する enguiçar. ～のある enguiçado/da, errado/da, encrencado/da. エンジンの～ enguiço do motor. 機械の～ pane (f) mecânica. このテレビは～しているのですが... Esta televisão está encrencada [enguiçada] ....

こしょう 胡椒 〖植〗 pimenta (f). …に～をかける pôr pimenta em ….

ごしょく 誤植 erro (m) de imprensa.

こしらえる 拵える fazer. ⇨作る

こじらせる complicar. 問題を～ complicar o problema. 病気を～ piorar [agravar] uma doença; [ぶり返す] ter uma recaída.

こじれる complicar-se; 《俗》embananar-se; piorar, agravar-se. 話がこじれてしまった As conversações se complicaram. 風邪がこじれたら困る Se o resfriado (a gripe) piorar, vai ser ruim.

*こじん 個人 indivíduo (m) [インヂヴィードゥオ]. 語学の上達には～差がある As pessoas diferem uma da outra no avanço do estudo das línguas. ～の自由 liberdade (f) individual. ～的な individual, pessoal, particular. ～的な理由で por razões pessoais. ～的に individualmente, pessoalmente. 彼を～的によく知っています Eu o conheço bem pessoalmente. ♦個人経営 administração (f) particular. 個人差 diferença (f) entre indivíduos. 個人事業主 auto-emprego (m), *self-employment* (m) [セーウフィエンプロイメンチ]. 個人指導 orientação (f) individual; aula (f) particular. 個人情報 informações (fpl) pessoais. 個人レッスン aula (f) particular.

こじん 故人 falecido/da. ～を偲ぶ会 reunião (f) centralizada em um/uma falecido/da.

ごしん 誤審 erro (m) judiciário. ～する cometer um erro judiciário.

ごしん 誤診 diagnóstico (m) errado, erro (m) de diagnóstico. ～する fazer um erro de diagnóstico.

ごしん 護身 defesa (f) própria, auto-defesa (f). ～用の para defesa própria. ♦護身術 arte (f) de se defender.

こじんしゅぎ 個人主義 individualismo (m).
♦個人主義者 individualista.

*こす 越す, 超す ❶ [越えて行く] atravessar [アトラヴェサール], ir além de …, ultrapassar [ウウトラパサール]. 山を～ atravessar a montanha. 難関を～《比》vencer [superar] uma dificuldade. ❷ [通過] passar [パサール]. 年を～ entrar no ano-novo, fazer a passagem de ano. ❸ [まさる] ser melhor do que. それに越したことはない Não há nada melhor que isso. ❹ [超過] exceder [エㇲㅅㅇㅔㄷㅔ ール], passar, ultrapassar. 40度を～暑さ calor (m) ᴸde mais de [que ultrapassa os] quarenta graus. ❺ [引っ越す] mudar-se [ムダールスイ], mudar de casa.

こす 濾す filtrar, coar. 濾紙(?)で油を～ filtrar óleo com filtro de papel. コーヒーを～ coar o café.

こすい espertalhão/lhona, sabido/da;《俗》vivo/va. ➩ずるい.

こずえ 梢 extremidade (f) dos galhos de uma árvore.

コスタリカ Costa Rica (f). ～の costariquenho/nha.

コスト custo (m), despesas (fpl); preço (m) de fábrica. 生産～を下げる reduzir o custo de produção. ♦コストアップ alta (f) de preço (m) de fábrica. コスト削減 corte (m) de despesas, redução (f) do custo de produção. コストダウン redução do preço de fábrica. コストパフォーマンス relação (f) custo benefício.

コスプレ *cosplay* (m) [コースプレーイ]. 私はセーラームーンの～をして名古屋の～コンクールに応募します Vou participar do concurso de *cosplay* em Nagoya fantasiando-me de *Sailor Moon*.

コスモス 《植》cosmos (m).

こする 擦る esfregar. ブラシで靴をこすりましたか Você escovou os sapatos? 窓のペンキをこすり落としてください Por favor, raspe a tinta da janela. 目はこすらないほうがいい É melhor não esfregar os olhos.

こせい 個性 personalidade (f), característica (f) pessoal. ～的である ter personalidade. ～的な人 pessoa (f) com muita personalidade, pessoa diferente. ～の強い人 pessoa (f) de forte personalidade. ～がある ter personalidade. ～がない não ter personalidade. ～を伸ばす desenvolver a personalidade. 彼は～が強い Ele tem uma personalidade muito forte.

こせいだい 古生代 〖地質〗Era (f) Paleozóica.

こせいぶつ 古生物 fóssil (m). ♦古生物学 paleontologia (f).

コセカント 〖数〗co-secante (f).

こせき 戸籍 registro (m) do estado civil 《situação (f) jurídica de uma pessoa em relação à família ou à sociedade, considerando-se o nascimento, filiação, sexo etc》. ～謄本を取る obter uma via do atestado [certidão] do estado civil. ♦戸籍抄本 extrato (m) do registro do estado civil. 戸籍謄本 atestado (m) [certidão (f)] do estado civil. 戸籍筆頭人 pessoa (f) que encabeça a lista dos familiares que constam no registro civil. 戸籍簿 livro (m) de registro civil.

こせき 古跡 monumento (m) histórico.

こぜに 小銭 trocado (m). 私は～がない Não tenho trocado.

*ごぜん 午前 parte (f) da manhã [パールチ ダ マニャーン]; antes do almoço [アンチス ド アウモッツ]. ～に na parte da manhã, antes do almoço. ～2時に às duas (horas) da madrugada. ～10時に às dez horas da manhã. 日曜日の～に no domingo de manhã. きょうの～に hoje na parte da manhã. ～中ずっと durante toda a manhã.

ごせんふ 五線譜 〖音〗pentagrama (m), pauta (f).

-こそ justamente, exatamente. これ～私がほしかったものです É justamente isso que eu queria. 今～行動を起こすべきだ É agora que a gente tem de agir. 私～失礼しました Sou eu que peço desculpas. 「ありがとうございました」「こちら～」Muito obrigado/da. ― Obrigado/da, (digo) eu./Sou eu que agradeço./Eu é que agradeço.

ごそう 護送 ❶ [保護して] escolta (f), acompanhamento (m) para proteção. 金塊を～する transportar lingotes de ouro sob proteção. 大統領を～する escoltar o presidente. ❷ [監視して] escolta, acompanhamento para vigilância. ～されながら監獄を出た Saiu da cadeia sob escolta. ♦護送車 carro (m) de escolta (do prisioneiro).

ごぞく 語族 〖言〗família (f) ou grupo (m) de línguas.

こそこそ ～と às escondidas, furtivamente, sorrateiramente. ～と逃げ出す《口語》escapulir na surdina, fugir pé ante pé.

こそどろ こそ泥 larápio/pia, surrupiador/ra.

*こたい 固体 sólido (m) [ソーリド]. ～の sólido/da. ～にする solidificar.

こだい 古代 antiguidade (f). ～の遺物 relíquias (fpl) da antiguidade. ♦古代エジプト Egito (m) Antigo. 古代ギリシア Grécia (f) Antiga. 古代史 história (f) ᴸantiga [da antiguidade].

こだい 誇大 exagero (m), extravagância (f). ～妄想を抱く ter mania de grandeza. ♦誇大妄想狂 megalomania (f).

こたえ 答え resposta (f); [解答] solução (f). 正しい～ resposta correta [certa]. 間違った～ resposta incorreta [errada]. ～を出す dar uma resposta; encontrar uma solução. この問題に関して彼からは何の～もなかった Quanto a esta questão, não tive nenhuma resposta dele.

***こたえる 応える** 〔影響する〕afetar [アフェタール]; 〔応じる〕corresponder a, satisfazer [サチスファゼール], atender a. この暑さは~ Este calor me afeta muito. 新しい要求に~ atender a novas exigências. ご期待に~ようにします Vou fazer o possível ᄂpara corresponder às expectativas [para não decepcionar].

***こたえる 答える** responder [ヘスポンデール]. 私の質問に答えてください Responda à minha pergunta. 「はい」と~ responder ᄂafirmativamente [que sim]. 「いいえ」と~ responder ᄂnegativamente [que não]. 「いいえ」と彼は小さな声で答えた Ele respondeu [disse] "não" em voz baixa.

ごたごた ❶〔混乱〕confusão (f), desordem (f). ~していたので、ご無沙汰しました Desculpe-me por não contatá-lo/la por todo esse tempo, pois estava envolvido/da [《口語》enrolado/da] numa tremenda confusão. ❷〔もめごと〕disputa (f), briga (f), desavença (f). うちは~が絶えない Em casa não faltam desavenças.

こたつ 炬燵 braseira (f) 〈debaixo duma mesa, com coberta pendente em volta, para se aquecer no inverno〉. ~にあたる aquecer-se à braseira.

こだま 谺 eco (m). ~する fazer eco, ecoar.

こだわり espírito (m) seletivo, seleção (f) rigorosa, perfeccionismo (m), 《口語》mania (f) de perfeição. ~の料理を完成する aprontar um prato com seleção rigorosa dos ingredientes e modos de preparar. ~の多い人 pessoa (f) ᄂperfeccionista [detalhista, dada a minúcias]. ~のない人 pessoa fácil de lidar, pessoa que não se importa muito com detalhes. ~に~なく sem fazer caso de ⋯, sem dar importância a ⋯, sem se importar com ⋯. ~を棄てる deixar de ser perfeccionista [seletivo/va].

こだわる ❶〔固執する〕aferrar-se a. ❷〔気にする〕preocupar-se com. 形式に~ apegar-se à forma. くだらないことに~ preocupar-se com ᄂcoisas irrelevantes [minúcias]. 彼は細かいことにこだわらない性格だ Ele tem um caráter de não se preocupar com pormenores. ❸〔厳選する〕selecionar rigorosamente, ter mania de perfeição.

コタンジェント 《数》co-tangente (f).

ごちそう comida (f) boa, banquete (m). ~する oferecer comida boa; 〔払う〕pagar uma refeição. ⋯に夕食を~する oferecer um jantar para ⋯. 友人に寿司を~する convidar um/uma amigo/ga para um *sushi*. きょうは私に~させてください Deixe-me pagar hoje./Hoje eu o/a convido. 何も~はありませんが... Não temos nada de especial a oferecer, mas .... どうも~さまでした〔夕食〕Muito obrigado/da pelo jantar./〔昼食〕Muito obrigado/da pelo almoço.

こちょう 誇張 exagero (m). ~する exagerar. その報告は非常に~されている Essa informação está muito exagerada.

ごちょう 語調 tom (m) de voz, entonação (f). ~を変える mudar de tom. ~を強める (和らげる) levantar (baixar) o tom de voz. 激しい~で num tom acerbo.

こちら ❶〔場所〕aqui, cá. ~は木村ですが...〔電話で〕Aqui fala o Kimura. ~でお待ちいただけますか O/A senhor/ra poderia esperar aqui, por favor? ❷〔方向〕(para) cá, (por) aqui, esta [nesta] direção. ~へいらしてください Venha para cá, por favor. どうぞ~へ Por aqui, por favor. ~を向いてください Vire-se para o lado de cá, por favor. ❸ de cá. 学校は駅の~側にあります A escola fica do lado de cá da estação. ❹〔人や物〕este/ta; 〔物〕isto (m). ~のほうが物がいいと思います Acho que este [esta/isto] aqui é de melhor qualidade. 鈴木さん、~は中村夫人です〔紹介で〕Senhor Suzuki, esta é a senhora Nakamura. ❺〔私(たち)〕eu (meu/minha), nós (nosso/nossa). 問題は~側にあると思う Acho que o problema está em ᄂnós [《口語》na gente]. 夕食代は~持ちですので... A despesa do jantar ficará por nossa conta. 「ありがとう!」「~こそ」Obrigado/da! — Sou eu que agradeço [Somos nós que agradecemos].

こぢんまり ~した pequenino/na e aconchegante. ~と暮らす viver modestamente. 私の家はこぢんまりしています A minha casa é bem pequenina.

こつ habilidade (f), jeito (m), 《口語》macete (m), segredo (m), tato (m). ⋯の~を覚える aprender o segredo de ⋯, pegar o jeito [macete] de ⋯. これには~がいる É preciso ter jeito para fazer isto. 彼は商売の~を心得ている Ele tem habilidade para o comércio.

こっか 国家 Estado (m), nação (f). ~の estatal, nacional.

♦ 国家機関 órgão (m) estatal. 国家元首 chefe (m) de Estado. 国家公務員 funcionário/ria do Estado. 国家試験 concurso (m) público nacional. 近代国家 nação (f) moderna. 主権国家 Estado soberano.

こっか 国歌 hino (m) nacional.

こっかい 国会 Dieta (f), Congresso (m), Parlamento (m). ~を召集する(解散する) convocar (dissolver) o Parlamento. ♦ 国会議員 parlamentar, membro (m) da Dieta Nacional. 国会議事堂 Palácio (m) da Dieta. 国会図書館 Biblioteca (f) da Dieta Nacional. 国会召集(解散) convocação (f) (dissolução (f)) do Parlamento.

こづかい 小遣い mesada (f). あなたの毎月の~はどのくらいですか Quanto é a sua mesada? ♦ 小遣い帳 livrinho (m) de contas (de mesadas).

こっかく 骨格 〖解〗esqueleto(m). ~のたくましい男 homem(m) de compleição robusta. ♦骨格筋 músculos(mpl) esqueléticos. 骨格系 sistema(m) esquelético. 骨格図 diagrama(m) de esqueleto. 骨格模型 modelo(m) de esqueleto. 細胞骨格 citoesqueleto(m). 外骨格 exoesqueleto(m). 内骨格 endoesqueleto(m).

ごっかん 極寒 frio(m) intenso [rigoroso].

こっき 国旗 bandeira(f) nacional. ~を掲げる hastear [içar] a bandeira nacional.

こっきょう 国境 fronteira(f), limite(m). ~の fronteiriço/ça, limítrofe. ~を越える atravessar a fronteira. ブラジルは南はウルグアイと~を接している O Brasil se limita ao sul com o Uruguai. ♦国境画定 demarcação(f) de fronteira. 国境地帯 região(f) [zona(f)] fronteiriça.

コック cozinheiro/ra.

コックピット cabine(f) do piloto.

こっけい 滑稽 humor(m); ridículo(m). ~な humorístico/ca; ridículo/la, engraçado/da. 彼の話し方はどこか~だ Tem alguma coisa engraçada no modo de ele falar.

こっこ 国庫 tesouro(m) nacional, 〖経〗Tesouro(m) Público. ♦国庫債券 título(m) do tesouro nacional. 国庫収入 receita(f) pública. 国庫補助金 fundos(mpl) do tesouro nacional, dinheiro(m) do tesouro.

ごっこ ~する brincar de, imitar;〔ふりをする〕fazer de conta. お医者さん~をする brincar de médico. 彼らは仕事場で仲良し~をしている Eles fazem de conta que são bons amigos no local de serviço.

こっこう 国交 relações(fpl) diplomáticas. …と~を結ぶ estabelecer relações diplomáticas com …. …と~を断絶する romper relações diplomáticas com …. ~を回復する reestabelecer relações diplomáticas. ~を正常化する normalizar as relações diplomáticas. ♦国交断絶 ruptura(f) das relações diplomáticas. 日伯(間)国交 relações diplomáticas entre Japão e Brasil.

ごつごうしゅぎ 御都合主義 oportunismo(m). ♦御都合主義者 oportunista.

こっこく 刻々 ~と de minuto em minuto, sem parar. ~と進歩する技術 tecnologia(f) que progride de minuto em minuto. 町の新聞は~と事件を伝えた Os jornais da cidade noticiaram o acontecido sem parar./As notícias do acontecido foram transmitidas uma atrás da outra pelos jornais da cidade.

こつこつ ❶〔努力の様子〕sem parar, com perseverança, com constância. ~(と)勉強する estudar com constância. ❷〔軽く打つ音〕~と戸をたたく bater na porta.

こつずい 骨髄 〖解〗medula(f) óssea. ♦骨髄移植〖医〗transplante(m) da medula. 骨髄穿刺(せんし)〖医〗punção(f) da medula óssea.

こっせつ 骨折 fratura(f) óssea. ~する fraturar. 私は腕を~した Eu fraturei o braço.

こつそしょうしょう 骨粗鬆症 〖医〗osteoporose(f).

こっそり 〔低い声で〕bem baixinho;〔内緒で〕secretamente, em segredo;〔だれにも気づかれないように〕furtivamente, pé ante pé. 今~と入ってきたのはだれですか Quem é esse que entrou agora furtivamente?

こった 凝った elaborado/da, sofisticado/da, rebuscado/da, refinado/da. ~文体 estilo(m) rebuscado. ~料理を作る cozinhar com muito esmero.

こづつみ 小包 pacote(m). ~を郵便で送る enviar um pacote pelo correio. ♦小包郵便 encomenda(f) postal. 小包郵便料 tarifa(f) da encomenda postal.

こってり ❶ ~した料理 comida(f) pesada [gordurosa]. ❷ 選手はコーチに~油をしぼられた Os jogadores levaram uma bronca do técnico.

こっとうひん 骨董品 antiguidade(f), peça(f) de antiquário.

こつばん 骨盤 〖解〗pelve(f), pélvis(f), bacia(f).

こつぶ 小粒 grãozinho(m), grão(m) pequeno. ~の miúdo/da, de grão pequeno. ~の人 pessoa(f) pequena.

コップ copo(m). ~1杯の水をください Dê-me 《口語》Me dá] um copo de água, por favor.

コッペパン pãozinho(m), bisnaga(f), bisnaguinha(f), pão(m) de leite,《ポ》paposeco.

こつみつど 骨密度 densidade(f) óssea.

こて 鏝 ❶ ferro(m) de passar. ❷〔理髪の〕ferro(m) de frisar o cabelo.

こてい 固定 fixação(f). ~した fixo/xa. ~する fixar, pregar. 壁に棚を~する fixar a estante na parede. ♦固定価格 preço(m) fixo. 固定観念 ideia(f) fixa [feita]. 固定客 cliente assíduo/dua, freguês/freguesa. 固定給 salário(m) fixo. 固定資産 bens(mpl) imóveis. 固定資産税 imposto(m) sobre os bens imóveis.

こてきたい 鼓笛隊 〖音〗fanfarra(f), banda(f) de tambores e flauta.

こてん 個展 exposição(f) invidual. ~を開く organizar e inaugurar uma exposição particular.

こてん 古典 os clássicos(mpl). ~的 clássico/ca. ♦古典主義 Classicismo(m). 古典主義者 clássico/ca, classicista. 新古典主義 Neo-classicismo(m).

ごてん 御殿 palácio(m). ~を建てる construir um palácio.

***こと** 事 ❶〔事柄〕coisa(f) [コーイザ], fato(m) [ファット], assunto(m) [アスント]. ⓐ それは笑い

~ではない Isso não é brincadeira. ⓑ …という～ o fato [o certo, o caso] (é que). 彼はもっと日本にいたいという～は確かだ O certo é que ele quer ficar mais no Japão. あの国との関係をつなげたいというねらいがあるという～だ O fato é que se tem a intenção de continuar as relações com aquele país. ⓒ (★不定詞を用いて) 女優になる～が彼女の夢だった O sonho dela era ser atriz. 私は遊ぶ～が好きです Eu gosto de me divertir. ⓓ …という～になる concluir-se que …; decidir-se que …, resolver-se que …. よってそれは実行不可能だという～になる Conclui-se daí que isso é irrealizável [impossível de se pôr em prática]. 政府はその製品の輸入を自由化する～になった Resolveu-se que o governo vai liberar a importação desse produto. ❷〔出来事〕acontecimento (m)［アコンテシメント］. ～あることに たびに acontece algo. あの店長は～あるごとに部下をいじめていた Aquele gerente judiava do subalterno todas as vezes em que acontecia algo. その事実が公表されたら、それこそ～だ Se esse fato se tornar público, será um escândalo [《口語》uma bomba]! ～なきを得る sair-se bem, contornar uma dificuldade,《口語》dar a volta por cima. そうして彼は～なきを得た Assim, ele conseguiu evitar contratempos [dar a volta por cima]. ❸〔事情, 状況〕caso (m)［カーゾ］. どんな～があろうとも僕はいつも君を守る Haja o que houver, eu sempre te protegerei. …する～が (も) ある (às vezes [de vez em quando] + 現在形) (às vezes + presente do verbo). 彼は時々会社に遅れる～がある (あった) Às vezes ele chega (chegava) atrasado no serviço. ～を荒立てる provocar confusão, arrumar encrenca,《口語》criar caso. ❹〔やるべき仕事〕私はする～がたくさんあります Tenho muita coisa a fazer. ❺〔内容, 意味〕…の～である ser, significar, equivaler a …. フォーゴというポルトガル語で火の～である A palavra portuguesa "fogo" significa "hi" (em japonês). ❻〔習慣〕…～にする ter um costume como modo de vida. 私はそういうとき黙る～にしています Nesses casos, costumo ficar calado. 毎年ブラジルに行く～にしています Costumo ir ao Brasil todo ano. ～になっている ser de praxe. あの国のコンサートは30分遅れで始まる～になっている É de praxe os concertos começarem com trinta minutos de atraso naquele país. ❼〔経験〕experiência (f)［エスペリエンスィア］. …た～がある = já + 完了過去形/já + 複合大過去形/já + ter の完了過去形 + experiência de + 不定詞/ter の完了過去形 + 名詞.《já + 現在形》+ um passado de + 名詞.《já + perfeito do verbo/já + mais-que-perfeito composto do verbo/já + perfeito de "ter" + experiência de + infinitivo do verbo/perfeito (presente) de "ter" + um passado de substantivo》. …た～がない = nunca + 完了過去形/nunca + 複合大過去/nunca + ter の完了過去形 + experiência de + 不定詞あるいは名詞《nunca + perfeito do verbo/nunca + mais-que-perfeito composto do verbo/nunca + perfeito de "ter" + experiência de + infinitivo do verbo ou substantivo》.

彼女はブラジルに行った～がある Ela já foi ao Brasil. オウロプレートに行った～がありますか Você já esteve em Ouro Preto? あなたはパパイヤを食べた～がありますか Você já tinha comido [comeu] mamão (papaya)? 空腹で5時間も炎天で立っていた～はありますか Você já teve a experiência de ficar cinco horas de pé debaixo do sol e sem comer nada? いじめに遭った～のある子供達は深く傷ついている Crianças que tiveram [têm] um passado de maus-tratos estão profundamente machucadas. そんなことは聞いた～がない Nunca ouvi falar de uma coisa dessas./Isso eu nunca soube! そんなことは考えた～がない Nunca tinha pensado [pensei] nisso. 私はそんなひどいことを言われた～がない Nunca me foram ditas palavras tão cruéis. 私は人を愛した～がない Nunca tive a experiência de amar alguém.〔★英語ではこういう場合現在完了形を使うがポルトガル語では完了過去単純形が使われる〕.

❽〔予定〕…する～になっている estar combinado que [resolvido que] (+本動詞の活用形) 《+ forma conjugada do verbo principal》, ficar de [dever] (+ 不定詞)《+ infinitivo》. 自衛隊はイラクの復興を助ける～になっている Está resolvido que as Forças de Auto-Defesa vão ajudar a reconstrução do Iraque. 今日彼女は来る～になっている Ela deve vir hoje./Está combinado que ela vem hoje. 私たちは出かける～になっていたのですよね Nós ficamos de [《口語》Era para a gente] sair, não é? ❾〔決心〕fazer de conta que …; decidir, resolver. 私は今日ここに来なかった～にしよう Faz de conta que eu não apareci aqui hoje. 来年試験を受ける～にした Decidi prestar exame o ano que vem. 厚生労働省はA薬の輸入を自由化する～にした O Ministério do Trabalho e Bem Estar Social resolveu liberar a importação do remédio A. ❿〔伝聞〕…という～である Diz-se que …./Os fatos parecem ser esses. 彼は犯罪の現場に行っていないという～である Ele diz que não foi ao local do crime. ⓫〔必要〕…する～はない não ter que …. 失敗したからといって何も元気をなくす～はない Você não tem que ficar deprimido/da só porque cometeu um erro. ⓬〔期間〕tempo (m)［テンポ］. 長い～掛かって私に翻訳を提出してきた Demorou muito (tempo) para me entregar a tradução. ⓭〔感嘆〕Oh! Que …! まあ, すばらしいバラだ～ Oh, que rosa maravilhosa! ラブレターを何度読み返した～か Já nem sei quantas vezes li a carta de amor! ❹ 〔義務, 命令〕 dever (m) [デヴェール]. 学校に遅刻しない～ Não chegar atrasado na escola. 学生はとにかく勉強する～だ A vida do estudante se resume nisto: estudar, estudar e estudar. ¶ うまく～を運ぶ conduzir [levar] bem um assunto (negócio), dar bom andamento a um processo. …を～ともせずに sem se importar com …. ～を分けて passo a passo. プロセスは～を分けて説明する Explicarei o processo passo a passo. あの授業からは出ただけの～はある Aquela aula vale a pena assistir sempre./《口語》Aquela aula, se você assiste, você nunca se arrepende.

こと 琴 harpa (f) japonesa.

こどう 鼓動 palpitação (f), pulsação (f). ～する palpitar, pulsar, bater. 心臓の～ batimento (m) [pulsação] do coração. 心臓の～が速くなっている O coração está batendo forte.

ことかく 事欠く faltar. 彼女は毎日の食事にも～生活をしていた Ela levava uma vida em que nem tinha dinheiro suficiente para o sustento diário.

ことがら 事柄 coisa (f), assunto (m), questão (f), matéria (f). 扱いにくい～ questão [assunto] difícil de tratar. ⇨ 事.

こどく 孤独 solidão (f). ～な solitário/ria, só. 私は今～な生活を送っています Agora estou levando uma vida solitária. ♦ 孤独死 morte (f) solitária.

ことごとく inteiramente, totalmente, sem exceção, sem deixar nada. ～破壊する destruir tudo. 畑の害虫を～退治する exterminar [acabar com] os insetos nocivos da lavoura. 私の事業は～失敗に終わった Todas as minhas empresas acabaram fracassando. ⇨ す べて.

ことさら 殊更 ～(に) 1)〔特に〕 especialmente, particularmente. それは～(に) 説明する必要もない Não é preciso explicar isso particularmente. 2)〔故意に〕 de propósito, intencionalmente. 警察は～(に) 沈黙を守っている A polícia está mantendo [tem mantido] o silêncio intencionalmente.

ことし 今年 este ano (m). ～いっぱい antes do [até o] fim do ano. ～の春 esta primavera (f). ～のあなたの目標は何ですか Que objetivos você tem este ano?/Quais são as suas metas para este ano?

ことづけ 言付け recado (m). …に～をする dar recado para …. 父の～があります Tenho um recado de meu pai para você. 彼に何か～はありませんか Você não tem algum recado para ele?

ことなかれしゅぎ 事無かれ主義 atitude (f) de omissão para forçar uma aparência de paz. 彼は～だから… É que ele é omisso e prefere forçar uma aparência de paz./《婉曲》É que ele é pacífico e não gosta de criar caso.

ことなる 異なる ser diferente (de). 異なった diferente. …と異なった考え方をする ter ideias diferentes de …. これと君の意見と～点はどこですか Em que ponto você discorda disto? 習慣は国によって～ Os costumes diferem de país para país.

ことに 殊に principalmente, especialmente. 私は彼が好きです、～その人柄が好きです Eu gosto dele, principalmente da personalidade dele.

-ごとに todo/toda/todos/todas; cada (vez). 私は会う～彼が好きになります Cada vez que o encontro, eu gosto [fico gostando] mais dele. カトリックの人は日曜日～礼拝に行きます Os católicos vão todos os domingos à missa. バスは10分～出ています Os ônibus estão partindo de dez em dez minutos./Temos um ônibus a cada dez minutos.

***ことば** 言葉 ❶ palavra (f) [パラーヴラ]. ～をかえて言えば em outras palavras, isto é, ou seja. …に～をかける dirigir a palavra a …. … と～を交わす trocar algumas palavras com …. お～に甘えて… Sem querer abusar da sua boa vontade …./Abusando, então, da sua boa vontade …. ♦ 言葉遣い modo (m) de ∟usar a palavra [se expressar]. ❷〔表現〕 expressão (f) [エスプレサォン], modo (m) de se expressar. ～巧みに com muita habilidade verbal. 政治家は～をあやつるのが上手だ Os políticos jogam bem com as palavras. 私は～を慎む seletivo no falar. 私は～に尽くせない苦労をした O que eu sofri não dá para expressar em palavras. 日本人同士でも～が通じない時がある Mesmo entre japoneses, acontece de não se entenderem. 彼の～には角がある Ele é mordaz nas suas expressões. ❸〔言葉遣い〕 linguagem (f) [リングアージェン]. 彼は～が荒い Ele tem um modo de falar grosseiro. 彼女は～がきれいだ Ela usa uma linguagem elegante [refinada]. ～の壁 barreira (f) da linguagem. ♦ 書き言葉 linguagem escrita. 話し言葉 linguagem falada [oral]. はやり言葉 expressão (f) da moda. ❹〔実際に言われた事柄〕 discurso (m) [ヂスクールソ]. あなたの～を信じます Eu acredito nas suas palavras [no que você está dizendo]. 感謝の～を申し上げます Gostaria de dirigir-lhe algumas palavras de agradecimento. あの人はいつも～が足りない Ele sempre explica de menos. お～(を返すよう)ですが… O/A senhor/ra me dá licença, mas …. 彼は～に詰まった Ele ficou sem palavras. 彼は～を濁した Ele não soube o que dizer. 理由を聞かれて彼女は～を濁した Quando foi perguntado o motivo, ela deu uma resposta evasiva. 漱石の～を借りれば… segundo as palavras de [segundo o que diz] Soseki

.... ～じりをとらえる implicar com as palavras, pegar no pé de algo que foi dito em sua parte mais insignificante.

ことぶき 寿 ❶〔祝詞〕felicitações (*fpl*), congratulações (*fpl*) 〔letra que se escreve em geral em caixas de presente etc〕. ❷〔長寿〕longevidade (*f*).

*****こども 子供** ❶〔児童〕criança (*f*) 〔クリアンサ〕. ブラジルの～たち crianças (*fpl*) do Brasil. 私は～のころよく泣いていた Quando era criança chorava muito. 夏休み中の公園は大勢の～でにぎわう Durante as férias de verão, os parques ficam animados pela quantidade de crianças. ～っぽい infantil, pueril, imaturo/ra. ～らしいやり方 atitude (*f*) própria de criança. ～らしい～ uma criança normal. ～の日 Dia (*m*) da Criança. ♦子供クラブ clube (*m*) das crianças (do Japão). ❷〔息子・娘〕filho/lha 〔フィーリョ/リャ〕; crianças 〔クリアンサス〕〔★ 複数で使われ, 所有名詞を伴わない〕. うちの～〔私の〕meu/minha filho/lha; 〔私たちの〕nosso/nossa filho/lha. ～は何人いますか Quantos filhos tem? ～ができる〔妊娠する〕engravidar-se, ficar grávida; 〔子どもが産まれる, 子供を産むこと〕ter filhos. 結婚して二人の～ができた Desse casamento, tiveram dois filhos. 今日は～たちが親戚の家から戻ってきます Hoje, as crianças [os meus filhos] voltam da casa dos parentes. ❸〔幼稚な大人〕criança. 私は彼に～扱いされてしまった Ele me tratou como se eu fosse uma criança. 君はまだまだ～だったんだね Percebo agora que você ainda é uma criança, sabe? 君は年齢に似合わず～だよ《口語》Você é muito moleque para ser homem e muito homem para ser moleque.

こともあろうに 事もあろうに para agravar a situação, 《口語》ainda por cima. X戦争は住民に非難を浴びている. ～, Y大使館を誤爆してしまった A Guerra X está recebendo críticas da população local. E, para agravar a situação, acabaram bombardeando erroneamente a Embaixada Y. ～スキーに行ったら背骨を骨折してしまった Vejam que coisa, eu fui esquiar e acabei fraturando a coluna.

ことり 小鳥 pássaro (*m*), passarinho (*m*).

ことわざ provérbio (*m*). ～にも言うように「3人寄れば文殊の知恵」です É como diz o provérbio "Mais veem quatro olhos que dois"〔★「4つの目は2つの目よりも多く(を見る)」の意〕.

ことわり 断わり 〔拒絶〕recusa (*f*), negação (*f*); 〔禁止〕proibição (*f*); 〔通知〕aviso (*m*); 〔許可〕permissão (*f*), licença (*f*). ～なしに〔無許可で〕sem permissão, sem licença; 〔予告なしに〕sem aviso prévio. 土足お～《掲示》É proibido entrar de sapato./《婉曲》Obrigado por não entrar de sapato. 18歳未満お～《掲示》Proibida a Entrada de Menores (de dezoito anos).

ことわる 断る 〔拒絶する〕recusar, não aceitar, negar; 〔許しを求める〕pedir permissão, pedir licença; 〔通告する〕avisar. 私は彼の申し出を断わった Eu recusei [não aceitei, neguei] a proposta dele. 宴会の招待を断わらなければならない Tenho que recusar o convite à festa.

こな 粉 poeira (*f*), pó (*m*). ♦粉薬 remédio (*m*) em pó, pó medicinal. 粉石鹸 sabão (*m*) em pó. 粉チーズ queijo (*m*) ralado. 粉ミルク leite (*m*) em pó. 粉雪 neve (*f*) em pó.

こなごな 粉々 ～にする reduzir … a pó, desmanchar, esmigalhar. 窓ガラスが～に割れた A vidraça da janela se esmigalhou.

こにもつ 小荷物 bagagem (*f*) pequena; pacote (*m*).

コニャック conhaque (*m*) (francês).

ごにん 誤認 engano (*m*), equívoco (*m*). ～する enganar-se, equivocar-se. AをBと～する tomar A por B. ♦誤認逮捕 detenção (*f*) por engano.

コネ contato (*m*)《de amizade, influência》, conhecimento (*m*), 《俗》costa (*f*) quente. …と～がある ter costas quentes em …, ter acesso a …, ter conhecimentos em …. あの会社には～がある Tenho conhecimentos naquela companhia.

こねる 捏ねる 〔パン生地など〕amassar. 粘土を～ amassar a argila. ¶だだを～〔子供が〕fazer birra, fazer pirraça, fazer-se de mimado/da. 理屈を～ sofismar, chicanear.

*****この** este/esta/estes/estas 〔エスチ/エスタ/エスチス/エスタス〕. ～ような tal, deste jeito. ～辞書 este dicionário (*m*). ～ようにしてください Faça assim [desta maneira], por favor. ～リンゴとあのリンゴ esta maçã (*f*) e aquela (maçã). 彼女は～春結婚します Ela vai se casar [na próxima] primavera. ～冬はあまり寒くなかった Este inverno não foi muito frio [foi ameno].

このあいだ この間 outro dia (*m*). ¶ ～はどうも Muito obrigado/da por outro dia.

このごろ この頃 〔近来〕recentemente, esses dias; 〔当今〕agora, hoje em dia. ～の若者 os jovens de hoje. ～山田君にお会いになりましたか Você se encontrou com o Yamada nesses dias [recentemente]? ～田舎に帰っていません Recentemente não tenho ido [estou indo] à minha terra natal. 【★ recentemente, esses dias が否定文で使われた場合, 動詞は完了過去複合形か現在進行形になる】《Quando "recentemente, esses dias" são usados em frases negativas, o verbo fica no perfeito composto ou no progressivo presente》

このさい この際 estas circunstâncias (*fpl*), esta oportunidade (*f*). ～はっきりさせよう Nestas circunstâncias [Nesta oportunidade], vamos falar tudo francamente./《口語》

Já que as coisas estão neste pé, vamos pôr os pingos nos is. 〜だから彼に相談したほうがいいと思う Já que as circunstâncias são estas, acho melhor consultá-lo.

このさき　この先 ❶〔時間的に〕de agora em diante, daqui por diante, no futuro, a partir de agora. 私たちは〜どうなるのかしら O que será de nós daqui ∟por diante〚《口語》*pra* frente〛? ❷〔空間的に〕logo ali, um pouco adiante. 駅は〜です A estação (de trem) fica logo ali (adiante). 〜通り抜け禁止《掲示》Proibida a passagem.

このつぎ　この次 〜の próximo/ma, seguinte. 〜の駅で降ります Vou descer na estação seguinte [na próxima estação]. 〜あなたに会う時、私はもう就職しているかな Será que, quando eu o/a encontrar na próxima vez, eu já terei emprego fixo? 〜はもっとうまくやれると思いますので、今回の不出来は許してください Perdoe-me por este serviço mal feito, pois acho que poderei melhorar da [na] próxima vez. 〜の土曜日に no próximo sábado. 〜のページから a partir da página seguinte. 書類の郵送は〜に残しましょう Vamos deixar o envio das papeladas para a próxima vez.

このとおり　この通り assim, desta maneira; 〔見てのとおり〕como você está vendo.

このとき　この時 esta hora (*f*), este momento (*m*). 〜以来 a partir deste momento, desde então.

このは　木の葉 folha (*f*) 〚de árvore〛. ⇨葉.

このぶん　この分 esta situação (*f*), este jeito (*m*), este andamento (*m*). 〜だと会議は長引きそうだ Neste andamento [Se continuar nesse ritmo], a conferência pode prolongar mais do que o esperado. 〜では雪は積もらないでしょう Pelo visto, a neve não vai se acumular muito. 〜でいけば良い収穫が得られるでしょう Do jeito que está, vamos ter uma boa colheita. 〜なら来週は退院できますよ Se não houver nenhum imprevisto, você poderá ∟sair do hospital [ter alta] a semana que vem.

このへん　この辺 esses lados (*mpl*). 〜に por aqui, por esses lados, por essas bandas. 〜に銀行はありますか Será que há algum banco por aqui?

このほか　この他 além disso, algo mais. 〜に必要なものがあったら言ってください Se precisar de mais alguma coisa, é só falar, está bem?

このまえ　この前 outro dia (*m*). 〜の passado/da, da outra vez, da vez passada. 〜の日曜日 domingo (*m*) passado. 〜いっしょにいたのはだれですか Quem é aquele/la que estava com você outro dia?

このましい　好ましい 〔望ましい〕desejável, preferível; 〔好感の持てる〕favorável, bom/ boa. 〜青年 moço (*m*) simpático. 好ましくないやり方 modo (*m*) de fazer ∟que deve ser evitado [não muito racional, não muito prático]. 好ましくない人 pessoa (*f*) indesejada, intruso/sa; 〔外交〕*persona non grata* (*f*). そのやり方のほうが〜です É preferível essa maneira.

このまま 〜真っ直ぐ行ってください Vá direto [em frente] por este caminho mesmo. 〜にしておいてください Deixe isto como está./ Deixe assim mesmo.

このみ　好み gosto (*m*), preferências (*fpl*). …の〜に合う agradar a …, ser do gosto de …. 消費者の〜にこたえる atender às preferências do consumidor. あなたの〜の柄はどれですか De que padrão [estampado] você gosta?

このむ　好む gostar (de). ⇨好き.

このよ　この世 este mundo (*m*), vida (*f*) terrestre. 〜を去る morrer. 〜の terrestre. 〜のものとも思えない美しさ beleza (*f*) divina.

こはく　琥珀 âmbar (*m*) amarelo, súcino (*m*).

ごはさん　御破算 ❶〔そろばんで〕anulação (*f*) no meio do cálculo. 〚no caso de cálculo por ábaco〛 〜にする anular o cálculo. ❷〔白紙の状態に戻すこと〕ato (*m*) de ∟voltar ao princípio [deixar como estava]. その件は〜にしよう Vamos esquecer o assunto.

こはだ 〚魚〛sável (*m*).

ごはっと　御法度 proibição (*f*), tabu (*m*).

こばむ　拒む recusar. ⇨断わる.

こはるびより　小春日和 veranito (*m*), veranico (*m*).

こはん　湖畔 margem (*f*) de lago.

こばん　小判 antiga moeda (*f*) de ouro de forma oval. ¶ 猫に〜 dar pérolas aos porcos 〚★「豚に真珠」の意〛.

ごはん　ご飯 arroz (*m*) 〚já cozido〛; 〔食事〕refeição (*f*). 〜を炊く cozinhar o arroz; 〔食事のしたくをする〕preparar a refeição. 〜にしましょう Vamos comer. ◆ 朝ご飯 café (*m*) da manhã, desjejum (*m*). 昼ご飯 almoço (*m*). 晩ご飯 jantar (*m*).

こばんざめ　小判鮫 〚魚〛rêmora (*f*), peixe-piolho (*m*).

こび　媚 lisonja (*f*), adulação (*f*); 〔女の〕coqueteria (*f*), coquetismo (*m*). 〜を売る lisonjear; ser coquete [volúvel].

ごび　語尾 ❶〔文法〕terminação (*f*) de um vocábulo, desinência (*f*). ◆ 語尾変化 flexão (*f*), conjugação (*f*). ❷〔ことばの終わり〕final (*m*) de uma palavra. 〜を濁す ∟não pronunciar [engolir] o final das palavras.

コピー fotocópia (*f*), xérox (*m*), cópia (*f*). …を〜する tirar um xérox de …;《口語》xerocar. この〜を 20 枚私にください Tire vinte cópias disto aqui, por favor. この書類の〜をとっていただけますか Poderia tirar uma cópia deste documento? ◆ コピー機 copiadora (*f*).

ごびゅう　誤謬 erro (*m*), equívoco (*m*), engano (m). 〜を犯す cometer um erro, enganar-se. 人間の裁きには〜がある A justiça humana é falha.

こびりつく aderir-se a, grudar em, agarrar-se a. ガムが服にこびりついてしまった O chiclete grudou na roupa. 彼は試験のことが頭にこびりついている Ele não pensa em outra coisa 「que não [a não ser] o exame./O exame não lhe sai da cabeça.

こびる 媚びる ❶ bajular, 《俗》badalar. 上役に〜 adular um superior. ❷〔女性が〕mostrar-se coquete, insinuar-se, oferecer-se sensualmente.

こぶ 昆布 〖植〗alga (f) comestível. 〜の出し汁〖料〗caldo (m) de alga. ◆昆布巻き〖料〗alimento (m) enrolado em alga comestível.

こぶ 瘤 galo (m), inchação (f).

ごふ 護符 amuleto (m), talismã (m).

こふう 古風 tecido〔古くさい〕antiquado/da;〔昔風で〕à moda antiga.

ごふく 呉服 tecido (m) para quimono. ◆呉服屋 loja (f) de tecidos para quimono.

ごぶごぶ 五分五分 〜の igual. 〜になる〔同点〕empatar-se, ficar empatados/das. これで〜だ Agora estamos empatados/das. 可能性は〜だ A possibilidade é de cinquenta por cento.

ごぶさた 御無沙汰 ¶ 長い間〜をして申し訳ありません Desculpe-me por não ter dado notícias por tanto tempo. 山田さん、〜しております Há quanto tempo, senhor/ra Yamada.

こぶし 拳 punho (m), mão (f) fechada. 〜を握る cerrar os punhos. ⇨げんこつ.

コブラ〖動〗naja (f).

こぶり 小降り〔雨の〕chuvisco (m). 雨が〜になってきた A chuva está diminuindo (de intensidade).

こふん 古墳 mausoléu (m) 《da classe governante da antiguidade》.

こぶん 古文 literatura (f) clássica. ◆古文体 estilo (m) arcaico.

こぶん 子分 ❶〔部下〕subalterno/na, seguidor/ra, subordinado/da. 彼はあの政治家の〜になった Ele se uniu ao grupo daquele político. ❷〔助手〕partidário/ria, ajudante. ❸〔被保護者〕protegido/da. 親分と〜 o chefe (m) e seus protegidos (mpl). …を〜にする fazer de … seu protegido/da.

こふんじだい 古墳時代 Era (f) Kofun.

ごへい 語弊 impropriedade (f)〔inexatidão (f)〕no emprego de uma palavra. こういうと〜があるかもしれないが… Não seria muito exato [apropriado] dizer uma coisa dessas, mas ….

こべつ 個別 〜の individual. 〜に individualmente, separadamente, particularmente, um/uma por um/uma. ◆個別指導 orientação (f) individual. 個別審査 exame (m) individual. 個別折衝 negociação (f) individual.

ごほう 語法〖文法〗gramática (f).

ごほう 誤報 informação (f) errada, notícia (f) equivocada.

ごぼう 牛蒡 bardana (f).

こぼす ❶ derramar. 私はテーブルにコーヒーをこぼした Eu derramei café na mesa. ❷〔不平を言う〕reclamar, queixar-se. いつも忙しいとこぼしている Está sempre reclamando da falta de tempo.

こぼれる derramar(-se);〔溢(ﾌﾟ)れる〕transbordar. ビールがこぼれた Derramou(-se) a cerveja. シャンパンがグラスからこぼれた A champanha transbordou a [da] taça.

こぼんのう 子煩悩 〜な父親 pai (m) extremoso 《que se preocupa excessivamente com os filhos》.

こま 独楽 pião (m). 彼らは〜を回して遊んだ Eles brincaram de rodar o pião.

こま 駒 ❶〔馬〕potro (m). ❷〔チェスの〕pedra (f). ❸〔バイオリンなど弦楽器の〕cavalete (m). ❹〔自分で自由に使える人や物〕pessoa (f) que vai trabalhar em lugares requisitados para garantir a continuidade da "panelinha profissional". 部長は部下を〜として使う O chefe do departamento move os subordinados como peças de um jogo.

ごま 胡麻〖植〗gergelim (m).

コマーシャル comercial (m), anúncio (m).

こまいぬ 狛犬 par (m) de estátuas de cães de guarda em santuários xintoístas.

*こまかい **細かい**〔詳しい〕detalhado/da [ﾃﾞﾀﾘｬｰﾄﾞ/ﾀﾞ];〔性格が〕minucioso/sa [ﾐﾇｽｨｵｰｿ/ｻﾞ], cuidadoso/sa [ｸｲﾀﾞﾄﾞｰｿ/ｻﾞ], detalhista [ﾃﾞﾀﾘｰｽﾀ];〔小さい〕pequeno/na [ﾍﾟｹｰﾉ/ﾅ], miúdo/da [ﾐｳｰﾄﾞ/ﾀﾞ]. 〜仕事 trabalho (m) minucioso.〜字 letra (f) miúda. 細かく detalhadamente, minuciosamente. 細かくする 1)〔詳しく〕detalhar, cortar em pedaços. その肉を細かく切ってください Corte essa carne em pedacinhos. 2)〔金をくずす〕trocar. 5千円札を細かくしてください Por favor, troque-me cinco mil ienes.

ごまかし engano (m), tapeação (f).

ごまかす ❶〔欺く〕enganar, tapear, esconder. 年齢を〜 esconder a idade. ごまかされないように気をつけなさい Tome cuidado para não ser enganado/da. ❷〔着服する〕não pagar (dívidas), surrupiar, deixar de pagar uma parte do que deve, 《口語》driblar, calotear. つり銭を〜 surrupiar uma parte do troco. ❸〔取りつくろう〕despistar, camuflar, disfarçar. その場を〜 camuflar [remediar, salvar] uma situação (prestes a se tornar indecorosa para si). 失敗を〜 disfarçar [esconder] o erro.

こまぎれ 細切れ carne (f) picada. 牛肉の〜 carne de vaca picada.

こまく 鼓膜〖解〗tímpano (m).

こまち 小町 a moça (f) mais bonita 《do bairro etc》.

こまつな 小松菜 〖植〗couve (f) chinesa, repolho (m) chinês.

こまねずみ 独楽鼠 〖動〗camundongo (m). 彼女は～のように働いている Ela está trabalhando como uma máquina.

こまものや 小間物屋 loja (f) de miudezas.

こまらせる 困らせる …を～ 1) deixar … em apuros, fazer … passar por dificuldades. 2) 〔当惑〕confundir, desconcertar. 答えにくい質問をして人を～ confundir o outro fazendo-lhe perguntas difíceis de responder. 3) 〔迷惑〕incomodar. 無理を言って先生を～ incomodar o professor com pedidos absurdos.

*こまる 困る 〔苦労する〕sofrer [ソフレール], passar por dificuldades; 〔当惑〕ficar perplexo/xa, ficar confuso/sa. 金に～ ter problemas financeiros. 車のことで～ ter problemas com o carro. 困ったことに鍵を忘れた Que maçada! Esqueci a chave. 私は生活に困っています Eu estou levando uma vida difícil. あなたは何に困っているのですか Qual é o seu problema? 私は返事に困ってしまった Fiquei sem saber como responder.

ごみ lixo (m). ～の分別収集 coleta (f) seletiva de lixo. ～を出す levar o lixo até o local de coleta. ～を分別する separar o lixo (entre plásticos, papéis, latas etc). ここに～を捨てないでください〔掲示〕Por favor, não jogue lixo aqui. ～は決められた曜日以外には出さないでください Favor respeitar o calendário da coleta de lixos.

♦ごみ入れ lata (f) de lixo. ごみ収集車 caminhão (m) do lixeiro. ごみ袋 saco (m) de lixo. 可燃ごみ lixo queimável [combustível, incinerável]. 資源ごみ lixo reciclável. 粗大ごみ lixo ┗de grande porte [volumoso]. 生ごみ lixo ┗de cozinha [molhado]. 不燃ごみ lixo ┗não-queimável [não-combustível, não-incinerável]. 有害ごみ lixo nocivo 《como pilhas, lâmpadas fluorescentes》.

こみあげる 込み上げる assomar. 怒りが込み上げてきた Fiquei enfurecido/da. 私は目に涙が込み上げてきた Lágrimas assomaram-me aos olhos.

こみいる 込み入る complicar-se. 込み入った話 história (f) complicada. 込み入った機械 máquina (f) difícil de lidar. 彼女には込み入った事情があるようだ Ela parece estar ┗envolvida num caso complicado [《口語》numa enrascada].

コミカル ～な cômico/ca, engraçado/da.

ごみごみ ～した cheio/cheia e desordenado/da. 大阪は建物が～している Osaka é uma cidade onde há muitos prédios construídos desordenadamente.

こみち 小道 atalho (m), vereda (f), caminho (m) estreito; 〔散歩道〕passeio (m).

コミック ❶ história (f) em quadrinhos, manga (m) [マンガー]. ❷ 〔雑誌〕revista (f) de (história em) quadrinhos, quadrinhos (mpl).

コミッション ❶ 〔手数料〕comissão (f), porcentagem (f), percentagem (f). ❷ 〔賄賂(ワイロ)〕suborno (m), propina (f). ❸ 〔委員会〕comissão (f), junta (f).

コミュニケ comunicado (m). ～を提出する entregar um comunicado. ～を発表する publicar um comunicado. ♦ジョイントコミュニケ comunicado em conjunto, declaração (f) em comum.

コミュニケーション comunicação (f). …と～をする comunicar-se com …. ♦コミュニケーションギャップ hiato (m) de comunicação.

*こむ 込む, 混む ficar cheio/cheia [lotado/da]; 〔道路など〕ficar congestionado/da. こんでいる estar cheio/cheia [lotado/da]; estar congestionado/da. 今はどの道がこんでいますか Qual o caminho que está congestionado agora?

ゴム borracha (f). ～製の de borracha. ♦ゴム印 carimbo (m) de borracha. ゴム長靴 galocha (f). 消しゴム borracha (f) de apagar).

こむぎ 小麦 〖植〗trigo (m). ♦小麦粉 farinha (f) de trigo.

こむらがえり cãimbra (f).

こめ 米 arroz (m). ～をとぐ lavar o arroz. ♦米俵 saco (m) [saca (f)] de arroz. 米粒 grão (m) de arroz. 米所 área (f) (região (f)) produtora de arroz. 米櫃(ビツ) caixa (f) [tulha (f)] de arroz; 〔生活の糧(カテ)〕sustento (m), ganha-pão (m).

こめかみ fonte (f), têmporas (fpl) (região temporal da cabeça).

コメディアン comediante.

コメディー comédia (f).

こめる 込める 〔弾などを〕carregar, pôr; 〔含める〕incluir.

ごめん ご免 ❶ 〔謝罪〕desculpa (f). 遅れて～なさい Desculpe-me pelo atraso. 昨日は～ね《口語》Desculpe-me por ontem, tá? ❷ 〔許可〕licença (f). ～ください 〔だいたい相手が見えているとき〕Com licença./〔開けっぴろげの家の主人が見当たらないとき〕Ó de casa!

コメンテーター comentarista.

コメント comentário (m). ノー～ sem comentários. …について～する comentar [fazer comentários] sobre …, comentar ….

ごもく 五目 mistura (f) de diversos itens. ♦五目ご飯 〖料〗prato (m) de arroz misturado com frango, legumes etc.

こもじ 小文字 letra (f) minúscula.

こもり 子守 pajem (f), babá (f). ～をする cuidar de um bebê, pajear. ♦子守歌 canção (f) de ninar.

こもる 籠る 〔部屋, 家に〕fechar-se em …,

こもれび 木漏れ日 raios (*mpl*) solares que penetram por entre os galhos das árvores.

コモロ Comores (*fpl*). 〜の comorense.

こもん 顧問 conselheiro/ra, consultor/ra.

こもんじょ 古文書 texto (*m*) [documento (*m*)] antigo.

こや 小屋 rancho (*m*), cabana (*f*), choça (*f*).

ごやく 誤訳 tradução (*f*) errada. 〜する traduzir errado.

こゆう 固有 [特有の] …〜の próprio/pria de …, peculiar a …; [生来の] inerente a; [特性的] característico/ca de. 日本〜の習慣 costumes (*mpl*) peculiares ao Japão. ♦固有名詞 nome (*m*) [substantivo (*m*)] próprio.

こゆび 小指 [手の] dedo (*m*) mínimo, mindinho (*m*); [足の] dedinho (*m*) do pé.

こよい 今宵 esta noite (*f*).

こよう 雇用 emprego (*m*). 〜する empregar. 〜の創出 geração (*f*) de empregos. 〜を創出する gerar empregos. 〜率の増加 crescimento (*m*) do índice de emprego.

♦ 雇用期間 período (*m*) de emprego. 雇用契約 contrato (*m*) de trabalho, vínculo (*m*) empregatício. 雇用者 empregador/ra, patrão/troa. 雇用条件 condições (*fpl*) de emprego. 雇用保険 seguro-desemprego (*m*). 雇用保険被保険者証 certificado (*m*) de seguro-desemprego. 雇用率 índice (*m*) de emprego. 終身雇用 emprego vitalício. 被雇用者 empregado/da.

ごよう 御用 [仕事] serviço (*m*). 何の〜ですか O que deseja? 何か〜はありませんか Em que posso servi-lo/la? ♦御用聞き fornecedor/ra de mercadoria, abastecedor/ra a domicílio.

コヨーテ [動] coiote (*m*).

こよみ 暦 calendário (*m*). 〜をめくる consultar o calendário. 〜の上ではもう春なんですけどね… Segundo o calendário já é primavera, mas ….

コラーゲン [化] colágeno (*m*).

こらえる [抑える] conter, segurar; [がまんする] aguentar, suportar. 怒りを〜 reprimir a cólera. 涙を〜 conter as lágrimas. この痛みは〜ことができない Esta dor não dá para aguentar. 彼は笑いをこらえきれなかった Ele não pôde conter o riso./Ele ficou perdido de riso. こらえきれない insuportável, 《口語》que não dá para aguentar. ⇨我慢.

ごらく 娯楽 entretenimento (*m*), diversão (*f*). ♦娯楽場 centro (*m*) de diversões. 娯楽部門 setor (*m*) de entretenimento.

こらしめ 懲らしめ castigo (*m*), punição (*f*), repreensão (*f*), lição (*f*). 〜を受ける ser castigado/da. それは彼にとってよい〜になる Esse vai ser um castigo eficiente para ele. 〜のためにお父さんは子供に小遣いを与えなかった Como castigo o pai não deu mesada ao filho.

こらしめる 懲らしめる castigar, punir, repreender, dar uma lição. 悪党を〜 dar uma lição a um bando de malandros.

こらす 凝らす concentrar. …に目を〜 fixar o olhar em …. 彼女は展示会をよりよくするためにいろいろと工夫を凝らした Ela concentrou esforços para melhorar a exposição.

コラボレーション colaboração (*f*).

コラム coluna (*f*) 《de jornal, periódico etc》, ensaio (*m*); artigo (*m*), quadro (*m*) explicativo 《dentro de um dicionário etc》.

コラムニスト colunista, cronista.

ごらん 御覧 どうぞ〜ください Veja, por favor. 〜のとおり… como se vê…, como o senhor/a senhora está vendo….

こり 凝り rigidez (*f*), tensão (*f*). 肩の〜をほぐす aliviar a tensão dos ombros 《com massagens etc》. 肩の〜がとれてよかった Ainda bem que consegui acabar com a tensão nos ombros. 肩の〜を訴える queixar-se de tensão nos ombros.

こりごり 〜する não querer nunca mais. …は〜である estar farto/ta de …, não querer mais saber de …. 株はもう〜だ Nunca mais vou lidar [《口語》mexer] com ações. 彼女は彼はもう〜だと言っている Ela não quer mais saber dele.

こりしょう 凝り性 〜の人 pessoa (*f*) que logo se apaixona por algo e se concentra nisso; perfeccionista.

こりつ 孤立 isolamento (*m*). 〜させる isolar, afastar, deixar só. 〜する isolar-se, ficar [estar] só, ficar [estar] isolado/da. 〜した isolado/da, solitário/ria. 彼はクラスで〜している Ele vive isolado do resto da classe./Ele não tem nenhum amigo na classe. 町は台風で〜した A cidade ficou incomunicável devido ao tufão.

こりょうりや 小料理屋 restaurante (*m*) pequeno 《de comida japonesa que oferece saquê à noite》.

ゴリラ [動] gorila (*m*).

こりる 懲りる aprender uma lição, inibir-se pela experiência negativa do passado. 今度の失敗で彼も懲りたでしょう Acho que a falha desta vez lhe serviu de lição. 彼女は失敗に懲りなかった O fracasso não a inibiu [desanimou].

こる 凝る ❶ [熱中する] ficar [estar] apaixonado/da por …, virar fanático/ca por

… うちの父は釣りに凝っている O meu pai está apaixonado pela pesca. ❷ 〔肩など〕ficar [estar] endurecido/da. この作業をすると肩が凝ります Este serviço endurece os ombros. ❸ 〔工夫する〕服装に～ vestir-se bem [com esmero], 《口語》produzir-se. 文体に～ rebuscar o estilo.

コルク cortiça (f). ♦コルク樫(がし) 【植】sobreiro (m). コルク栓 rolha (f).

コルチゾール cortisol (m).

ゴルフ golfe (m). ～をする jogar golfe. ♦ゴルフクラブ taco (m). ゴルフ場 campo (m) de golfe. ゴルフボール bola (f) de golfe.

ゴルファー jogador/ra de golfe, golfista.

***これ** isto [イースト], isto aqui; este/esta/estes/estas [エスチ/エスタ/エスチス/エスタス]. ～は何ですか O que é isto? ～を彼に送ってください Mande isto para ele, por favor. ～が私の家です Esta é a minha casa.

***これから** 〔今後〕de agora em diante; 〔今すぐ〕a partir de agora, agora mesmo. ～気をつけてくれればいいです Se vai tomar cuidado de agora em diante, tudo bem.

これきり apenas [só] isto. 今日の食事は～なのか Isto é tudo que temos para comer hoje?/Hoje só tem isso para comer? 私は～母に会えないだろう Esta será a última vez que vejo minha mãe. 君の顔を見るのもう～だ Esta será a última vez que verei seu rosto./Já não nos veremos novamente [mais].

コレクション coleção (f). ♦パリコレクション coleção de Paris.

コレクター colecionador/ra.

コレクトコール chamada (f) a cobrar.

これしき insignificante, ninharia (f), miséria (f). ～の金が何になる Com essa miséria [ninharia] de dinheiro não dá para fazer nada! ～の傷で泣くなよ Não chore por um machucado tão insignificante [arranhão de nada]!

コレステロール colesterol (m). ♦善玉(悪玉)コレステロール colesterol bom (ruim).

これだけ ❶ 〔こんなに〕tanto, isto tudo. ～説明してもまだ自分でできないのか Mesmo depois de explicar tanto, ainda não consegue fazer sozinho? ❷ 〔これのみ〕apenas [só] isto [este/ta], nada mais. 全部で～だ É só isto./Isto é tudo./Não há mais nada. お母さんの持っていたのは～だ Isto é tudo que mamãe tinha. おじいさんに～しか我々に残せなかった Isto é tudo que o avô nos deixou. ～は確かだ Pelo menos isto é certo [garantido]. ～は絶対に秘密にしておいてください Peço-lhe que guarde pelo menos isto como segredo.

これっきり ⇨これきり.

これほど tanto; 〔形容詞、副詞の前で〕tão. ～の美人も珍しい Uma mulher tão bonita [Uma beleza] como essa é rara. ～頼んでもだめですか Mesmo eu pedindo tanto assim, não será possível?

これまで até agora, até aqui.

コレラ cólera (f) 《doença》. ♦コレラ患者 (paciente) colérico/ca.

ころ 頃 tempo (m), época (f). クリスマスの～ na época do Natal. その～には私はニューヨークに着いているでしょう Por essa época (já) vou estar em Nova Iorque. 私が若かった～ quando eu era jovem. その～はそうだった Nessa época, as coisas eram assim. その～までに até aí. 梅の～ estação (f) das ameixeiras. ⇨時.

ごろ 語呂 eufonia (f), harmonia (f) das palavras. ♦語呂合わせ jogo (m) de palavras, trocadilho (m).

-ごろ -頃 ❶ 〔時を漠然と示す〕mais ou menos, lá pelo/pela/pelos/pelas …, por volta de …. 午後5時～に às cinco horas mais ou menos, lá pelas cinco horas. 新社屋は来年の2月～にはでき上がります O novo prédio da companhia vai ficar pronto por volta de fevereiro do ano que vem. ❷ 〔ちょうどよい時期〕ponto (m), estado (m) apropriado para ser degustado. このメロンは黄色くなったら食べ～だ Este melão está no ponto (para ser comido) quando ele fica amarelo.

ころがす 転がす fazer rodar [rolar]; 〔倒す〕derrubar. ボールを～ fazer rolar uma bola. 彼はガスボンベを転がしていた Ele rolava o bujão de gás.

ころがりこむ 転がり込む 〔逃げる〕entrar rodando; refugiar-se. 彼らは交番に転がり込んだ Eles se refugiaram num posto policial. 彼は友人の家に転がり込んだ Ele foi pedir pousada [hospedagem] na casa de um/uma amigo/ga. 私に思わぬ財産が転がり込んだ Herdei inesperadamente uma grande fortuna.

ころがる 転がる rodar, rolar; 〔倒れる〕cair rolando; 〔寝ころぶ〕deitar-se, atirar-se (na cama); 〔ひっくり返る〕cair, virar-se; 〔ありふれたものとしてある〕haver [encontrar-se] em grandes quantidades, ser banal. そんな話はどこにでも転がっている Histórias como essa são banais. チャンスはいくらでも転がっている Oportunidades [Chances] não faltam./《口語》Chances temos aos montes.

ころされる 殺される ser morto/ta, ser assassinado/da. 彼女は泥棒に殺された Ela foi morta pelo/la ladrão/dra. 彼はナイフで刺し殺された Ele foi assassinado a golpes de faca.

***ころす** 殺す ❶ matar [マタール], assassinar [アサスィナール]. 相手をナイフで刺し～ matar o outro a golpes de faca. 私を～気ですか Você está querendo me matar? ❷ 〔抑える〕conter [コンテール], anular [アヌラール], reprimir [ヘプリミール]. 息を～ prender a respiração. 声を～ abafar a voz. 感情を～ anular [reprimir] os sentimentos. 笑いを～ abafar o riso. 自分を

ごろつき

～ anular-se a si mesmo/ma. 自分を～こと anulação (f) de si mesmo/ma, evasão (f) de si. ❸ [はたらきをとめる] anular, destruir [デストルイール]. せっかくのデザインを～着こなし modo (m) de vestir que acaba anulando o belo trabalho do/da *designer*.

ごろつき malandro (m), canalha (m) (que não trabalha e vive de chantagens). ～にゆすられる ser vítima de chantagem de um malandro.

コロッケ [料] croquete (m). ～に衣をつけて揚げてください Favor panar o croquete e fritar.

ころっと ⇨ころりと.

コロナ [天] coroa (f) (do sol ou da lua).

ころぶ 転ぶ cair, cair por terra, [口語] levar um tombo. 石につまずいて～ cair tropeçando numa pedra, tropeçar numa pedra e cair. すべって～ escorregar, deslizar, cair escorregando. 転ばないように気をつけなさい Tome cuidado para não cair, sim? ¶ 転ばぬ先の杖 É melhor prevenir do que remediar. どちらに転んでも損はない De qualquer jeito não ˪vai haver [vamos ter] prejuízo.

ころも 衣 ❶ [衣服] vestimenta (f). ♦衣替え troca (f) de roupa conforme a estação. ❷ [食物] 天ぷらに～をつける empanar o *tempura*. フライに～をつける panar um ingrediente destinado a uma fritura à milanesa.

ころりと ❶ (cair) rolando. どんぐりが～落ちた A glande caiu rolando. 百円玉が～排水口に落ちた A moeda de cem ienes caiu no ralo (da pia). ❷ [突然] subitamente, repentinamente. ～ぬ死ぬ morrer subitamente [repentinamente]. ❸ [簡単に] facilmente, sem mais nem menos. 試合に～負ける perder o jogo muito facilmente. ～だまされる ser enganado/da facilmente, [口語] cair como um patinho. ❹ [すっかり] completamente. ～忘れる esquecer completamente.

コロン ❶ (água (f) de) colônia (f). ❷ [文法] dois pontos (mpl) (:). ♦セミコロン ponto-e-vírgula (m) (;).

コロンビア Colômbia (f). ～の colombiano/na.

こわい 怖い [恐ろしい] terrível, temível; [恐怖を与える] amedrontador/ra, que causa [mete] medo a; [厳格な] severo/ra, duro/ra; [危険な] perigoso/sa. ～先生 professor/ra severo/ra. ～顔をする mostrar-se zangado/da. ～病気 doença (f) perigosa. …がこわくなる ficar com medo de …. 私は癌(ガン)が～ Eu tenho medo de câncer. あの映画はものすごくこわかったです Aquele filme me deu muito medo. ⇨恐ろしい.

こわいろ 声色 tom (m) de voz.

こわがる 怖がる ter medo de, temer. 泳ぐのを～ ter medo de nadar. 何も～ことはない Não há nada a temer. 彼は犬を～ Ele tem medo de cachorro. 寓話の鬼などで子供をこわがらせるのはよくない Não é bom fazer medo nas crianças com monstros de fábulas.

こわき 小脇 …を～に抱える levar [carregar] … debaixo do braço.

こわごわ timidamente, com medo.

*****こわす 壊す** ❶ quebrar [ケブラール], partir [パルチール], espicaçar [エスピカサール]. 壷(ツボ)を壊してしまった Quebrei o vaso. 壊される ser quebrado/da. ❷ [だめにする] estragar [エストラガール], arruinar [アフィナール], prejudicar [プレジュヂカール]. 胃を～ estragar o estômago. お腹を～ ficar ruim do intestino, ter diarreia. 雰囲気を～ quebrar a harmonia (do ambiente). たばこを吸って彼は体をこわした Ele arruinou a saúde com o cigarro. ❸ [取りこわす] demolir [デモリール]. ビルを～ demolir o prédio. ❹ [貨幣をくずす] trocar [トロカール]. 一万円札を～ trocar uma nota de dez mil ienes.

こわだか 声高 voz (f) alta. ～に言う falar ˪alto [em voz alta].

こわっぱ 小童 «俗» moleque (m), pirralho (m), guri (m).

こわばる 強張る endurecer, ficar teso/sa. あの人は恐怖で体がこわばっていた O corpo dele tinha ficado teso de pavor./Ele estava sem poder se mexer de tanto medo.

こわれもの 壊れ物 coisa (f) quebrável. こわれもの《表示》[荷物などに] frágil.

*****こわれる 壊れる** ❶ quebrar-se [ケブラール スィ], partir-se [パルチール スィ], escangalhar-se [エスカンガリャール スィ]. あの壷(ツボ)は壊れている Aquele vaso ˪está quebrado [quebrou-se]. そのお皿は壊れやすいから気をつけてね Tome cuidado que esse prato é frágil, está bem? ❷ [故障する] avariar [アヴァリアール], danificar-se [ダニフィカール スィ], estragar-se [エストラガール スィ], quebrar [ケブラール]. 壊れた時計 relógio (m) quebrado. 家の洗濯機が壊れた A máquina de lavar da minha casa quebrou.

こん 紺 azul-marinho (m). ～のネクタイ gravata (f) de cor azul-marinho.

こんいん 婚姻 casamento (m), matrimônio (m). 市役所に～届を出す registrar o casamento na prefeitura. ♦婚姻届 registro (m) de casamento.

こんかい 今回 esta vez (f), desta vez. ～はこれでいいけれど、今度から気をつけてくださいね Desta vez passa, mas tome cuidado (a partir) da próxima vez, está bem?

こんがらかる emaranhar-se, embaraçar-se; [複雑になる] complicar-se, «口語» embananar. 頭がこんがらかってきた Estou ficando confuso/sa.

こんがん 懇願 rogo (m), súplica (f). ～する solicitar, pedir encarecidamente, suplicar. …に救援物資を～する solicitar socorros de víveres a …. …の～により a pedido de ….

こんき 婚期 idade (f) de casar. ～を逸する passar da idade de casar.

こんき 根気 paciência (f), perseverança (f). 〜のある paciente, perseverante. 〜よく com paciência, pacientemente, com perseverança. 語学の勉強には〜が大切です Para se aprender uma língua, o importante é ter perseverança.

こんきゅう 困窮 ❶〔貧乏〕pobreza (f) extrema, miséria (f), penúria (f). ❷〔物事の処置に苦しむこと〕apuros (mpl), aperto (m). 〜する achar-se na miséria, ficar extremamente pobre; ficar em apuros. ◆困窮者 pobre, carente, necessitado/da.

こんきょ 根拠 fundamento (m), razão (f); base (f). 〜のない sem fundamento. どんな〜で君はそんなことを言うのか Com que fundamento você está dizendo uma coisa dessas? ◆根拠地 base (f) de operação.

ゴング gongo (m). 〜が鳴った Soou o gongo.

コンクール concurso (m). 〜に出る participar de um concurso.

コンクリート concreto (m). ◆鉄筋コンクリート concreto armado.

ごんげ 権化 encarnação (f), personificação (f). 悪の〜 encarnação do mal.

こんけつ 混血 mestiçagem (f). ◆混血児 mestiço (m).

こんげつ 今月 este mês (m). 〜の初めに no começo deste mês. 〜の半ばに em meados deste mês. 〜の終わりごろに lá pelo fim deste mês. 〜末に no fim deste mês. 〜中に durante este mês. ◆《雑誌の》今月号 número (m) deste mês《de revista》.

こんご 今後 de agora em diante, daqui para a frente, no futuro. 〜何が起こるかわかりません Não se sabe o que vai acontecer daqui para a frente. 〜は気をつけてください Tome cuidado de agora em diante, sim? 〜ともよろしくお願いいたします Conto com a sua gentileza de sempre.

コンゴ Congo (m). 〜の congolês/lesa.

コンゴみんしゅきょうわこく コンゴ民主共和国 a República Democrática do Congo.

こんごう 混合 mistura (f). 〜する misturar. コンクリートは水とセメントと砂の〜である O concreto é uma mistura de água, cimento e areia. ◆混合肥料 adubo (m) misto. 混合物 mistura (f), misto (m), composto (m).

こんごう 根号 〔数〕radical (m). ◆根号指数 expoente (m) do radical.

コンコース hall (m)［オーク］de entrada 《de aeroporto, estação de trem》.

ごんごどうだん 言語道断 〜な inconcebível; imperdoável. 〜な行為 atitude (f) imperdoável.

コンサート concerto (m), reunião (f) musical, *show* (m).

こんさい 根菜 raiz (f) comestível 《como cenoura, nabo etc》.

こんざつ 混雑 〔殺到〕aglomeração (f), afluência (f);〔車の〕congestionamento (m);〔混乱〕desordem (f), confusão (f). 〜する aglomerar; congestionar; virar [dar] confusão. 交通が〜している O trânsito está carregado [congestionado, engarrafado]. 〜に巻き込まれる pegar um congestionamento [engarrafamento]. 〜する時間を避ける evitar as horas ᴅᴏ *rush* [de pico].

コンサルタント conselheiro/ra, assessor/ra, consultor/ra.

こんしゅう 今週 esta semana (f). 〜の日程は Qual é ʟᴏ programa [a agenda] desta semana? 〜の土曜日に neste sábado (m). 〜中に nesta semana mesmo, ainda nesta semana, esta semana. 〜の初めに no começo desta semana. 〜の半ばに em meados desta semana. 〜の終わりに no fim desta semana.

こんじょう 根性 〔気性〕caráter (m), temperamento (m);〔気力〕garra (f), força (f) de vontade. 〜がある ter perseverança, ser perseverante, ter força de vontade. 〜のない男 homem (m) fraco e sem garra. この仕事をやり通すには相当な〜がいる Para levar a cabo esse serviço, é preciso muita força de vontade. ◆島国根性 insularidade (f), espírito (m) estreito.

こんしんかい 懇親会 reunião (f) ᴅe contato [amigável], festa (f) de confraternização. 〜を開く organizar uma reunião amigável.

こんすい 昏睡 coma (f). 〜状態に入る entrar em estado de coma, ficar em coma. ◆昏睡状態 estado (m) de coma.

こんぜつ 根絶 erradicação (f), extirpação (f); exterminação (f), destruição (f) total. 〜する erradicar, extirpar; exterminar, destruir. 天然痘は〜された A varíola tinha sido erradicada.

コンセプト concepção (f), conceito (m), noção (f), ideia (f).

こんせん 混線 linha (f) cruzada. 電話が〜している O telefone está com linha cruzada.

こんぜん 婚前 antes do casamento. 〜の pré-matrimonial.

コンセンサス consenso (m).

コンセント tomada (f).

コンソメ 〔料〕consomê (m), caldo (m).

コンダクター ❶〔指揮者〕maestro/trina, regente 《de orquestra, banda etc》. ❷〔ガイド〕guia 《de museu, exposição etc》. ◆ツアーコンダクター guia de excursão turística.

コンタクト contato (m). 今弁護士と〜を取れますか Você pode contatar o advogado agora? コミュニティーと〜をもつといろいろと勉強になります Quando a gente toma contato com a comunidade aprende muito.

コンタクトレンズ lente (f) de contato. ◆ソフトコンタクトレンズ lentes (fpl) de contato gelatinosa. ハードコンタクトレンズ lentes de contato rígidas.

こんだて 献立 cardápio (*m*), menu (*m*).

こんたん 魂胆 intenção (*f*) secreta, propósito (*m*) oculto; segundas intenções (*fpl*). 相手の〜を見抜く perceber a intenção secreta do outro. 見え透いた〜 segundas intenções fáceis de perceber. ああ、そういう〜だったんですか Ah! Eram essas as suas intenções, é?

こんだんかい 懇談会 mesa (*f*) redonda, discussão (*f*) informal.

コンチェルト 〔音〕concerto (*m*) (com orquestra e solo).

こんちゅう 昆虫 inseto (*m*). ♦昆虫学 insetologia (*f*), entomologia (*f*). 昆虫学者 entomologista, entomólogo/ga, insetologista.

コンツェルン 〔経〕consórcio (*m*) (financeiro).

コンテ 〔映〕*storyboard* (*m*),《ポ》continuidade (*f*).

こんてい 根底 base (*f*), fundamento (*m*), raiz (*f*). 〜から fundamentalmente, radicalmente. 社会を〜から変える transformar fundamentalmente a sociedade. ヨーロッパ人の思想の〜にはキリスト教がある O cristianismo está na base do pensamento europeu.

コンディション condição (*f*). 〜が良い〔体調〕estar em forma.

コンテスト concurso (*m*), competição (*f*). 君は〜に参加しますか Você quer [vai] participar do concurso? ♦スピーチコンテスト concurso de oratória.

コンテナ contêiner (*m*), cofre (*m*) de carga.

コンデンサー condensador (*m*).

コンデンスミルク leite (*m*) condensado (açucarado).

コンテンツ conteúdo (*m*).

コント historinha (*f*) curta e cômica.

こんど 今度 da [na] próxima vez. 〜の próximo/ma. 〜の日曜日 próximo domingo (*m*). 〜こそは成功したい Desta vez sim, quero ter êxito. 〜彼に会ったらそう言ってください Da próxima vez que você se encontrar com ele, diga-lhe isso.

こんどう 混同 confusão (*f*). 〜する confundir. AとBを〜する confundir A com B. この二つの事柄はとかく〜される Essas duas coisas são sempre confundidas.

コンドーム camisa-de-vênus (*f*), preservativo (*m*), *condom* (*m*) [コンドン], camisinha (*f*).

ゴンドラ gôndola (*f*).

コントラスト contraste (*m*). …と〜をなす contrastar com …, formar [fazer] contraste com …. この絵では明暗の〜が生きている Neste quadro, o contraste entre o claro e o escuro está jogando um papel relevante.

コントラバス 〔音〕contrabaixo (*m*), baixo (*m*), rabecão (*m*).

コンドル 〔鳥〕condor (*m*).

コントロール controle (*m*), domínio (*m*). 〜する controlar, equilibrar, ter o controle de. 細部に渡って〜する controlar os mínimos detalhes. 感情を〜する equilibrar as [controlar as, ter o controle das] emoções. サッカー選手が自分の感情を〜できるように環境を整えなければならない É preciso condicionar o jogador de futebol a equilibrar as emoções. ♦コントロールタワー torre (*f*) de controle. コントロールパネル painel (*m*) de controle. セルフコントロール autocontrole (*m*), controle de si. バースコントロール controle da natalidade.

こんとん 混沌 caos (*m*), confusão (*f*), desordem (*f*). あの国の経済はまだ〜としている A economia daquele país ainda está confusa. 〜たる国際情勢 situação (*f*) internacional caótica.

こんな tal, assim. 〜時には em tais circunstâncias. 〜に a tal ponto, tão. 〜にむずかしい問題 uma questão tão difícil. 〜に働く人は見たことがない Nunca vi uma pessoa trabalhar tanto. 〜ふうに assim, desse modo, dessa maneira. 〜に説明しても君はわからないか Você não entende, mesmo eu explicando tantas vezes assim?

*****こんなん** 困難 dificuldade (*f*) [ヂフィクウダーヂ]; apuro (*m*) [アプーロ], adversidade (*f*) [アヂヴェルスィダーヂ]; 〔障害〕obstáculo (*m*) [オビスタックロ]. 〜な difícil; adverso/sa. 〜に打ち勝つ superar as dificuldades. 〜に陥る ficar [estar] numa situação difícil. 私は仕事場で〜に直面していた Eu enfrentava dificuldades em locais de serviço. この仕事を一週間以内に完了するのは〜だ É difícil terminar este serviço em uma semana. ♦呼吸困難 dispneia (*f*), dificuldade de respirar. 財政困難 dificuldades financeiras, falta (*f*) de verba.

こんにち 今日 〔このごろ〕hoje em dia; 〔現代〕atualmente. 〜の日本 o Japão ˪de hoje [atual]. 〜の若者たち os jovens de hoje. 〜まで até agora, até hoje. 〜までのところ por enquanto. 〜より desde [a partir de] hoje. 〜ではそれはめったに見られません Hoje em dia isso é difícil de se ver.

こんにちは Boa tarde.

こんにゃく 蒟蒻 ❶〔植〕espécie (*f*) de inhame [cará]. ♦こんにゃくいも tubérculo (*m*) de inhame. こんにゃく粉 farinha (*f*) de inhame. ❷〔料〕gelatina (*f*) comestível de inhame. ♦糸こんにゃく tiras (*fpl*) gelatinosas de inhame à semelhança de macarrão.

コンパ festa (*f*) informal 《dos estudantes》. 〜を開く realizar [dar] uma festa.

コンパクト 〔化粧道具〕estojo (*m*) de pó de arroz. 〜な compacto/ta, pequeno/na. 〜サイズの de tamanho pequeno. ♦コンパクトカー carro (*m*) compacto. コンパクトディスク *Compact Disc* (*m*), CD (*m*) [セーデー].

コンパス compasso (*m*) 《instrumento para traçar circunferências》.

コンパチ [ヨンパチ] compatibilidade (f). ～である ser compatível. XはYと～だ O X é compatível com Y.

こんばん 今晩 esta noite (f), hoje à noite. 彼は～ここへ来ますか Ele vem hoje à noite aqui?

こんばんは Boa noite 《no encontro》.

コンビ par (m). 彼らは良い～だ Eles fazem um bom par.

コンビーフ carne (f) (de boi) enlatada.

コンビナート complexo (m) [parque (m)] industrial. ◆石油化学コンビナート complexo industrial petroquímico.

コンビニエンスストア loja (f) de conveniência.

コンピューター computador (m). ～のプログラム programa (m) de computador. データを～にかける processar os dados no computador. ◆コンピューターウイルス vírus (m) informático [de computador]. コンピューターグラフィックス computação (f) gráfica. コンピューターゲーム jogo (m) eletrônico. コンピューターネットワーク rede (f) informática.

▶コンピュータ関連用語◀
- パソコン PC [ペーセー] (m), computador pessoal [コンプタドール ペソアーウ] (m)
- ノートパソコン laptop [ラップトッピ] (m), notebook [ノートブッキ] (m)
- モニター monitor [モニトール] (m)
- キーボード teclado [テクラード] (m)
- マウス mouse [マウス] (m)
- モデム modem [モウデミ] (m)
- プリンター impressora [インプレソーラ] (f)
- ハードディスク disco rígido [ヂスコ ヒジド] (m)
- ディスクドライブ unidade de disco [ウニダーヂヂ ヂスコ] (m)
- フロッピーディスク disquete [ヂスケッチ] (m)
- **CD-ROM** CD-ROM [セデホン] (m)
- ハードウェア maquinaria [マキナリーア] (f), hardware [ハルヂウェアル] (m)
- ソフトウェア programa [プログラーマ] (m), software [ソフチウェアル] (f)
- プログラム programa [プログラーマ] (m)
- メモリ memória [メモーリア] (f)
- インストール instalação [インスタラサォン] (f)
- ファイル arquivo [アルキーヴォ] (m)
- フォルダ pasta [パースタ] (f)
- アイコン ícone [イーコニ] (m)
- ウインドウ janela [ジャネーラ] (f)
- カーソル cursor [クルソール] (m)
- クリックする clicar [クリカール]

こんぶ 昆布 ⇨昆布(こ).

コンプレックス complexo (m) de inferioridade. ～がある ter complexo de inferioridade. ～による被害妄想に陥る ficar com mania de perseguição causada pelo complexo de inferioridade. ⇨劣等感, 優越感.

こんぺいとう 金平糖 bala (f), confeito (m).

コンベヤー esteira (f) [correia (f)] transportadora, linha (f) de produção.

コンボ [音] pequena orquestra (f) de *jazz*.

こんぼう 棍棒 bordão (m), cacete (m).

こんぼう 混紡 mescla (f), tecido (m) cuja urdidura é composta de uma ou mais fibras. 綿と化繊の～ mescla de algodão e fibras sintéticas.

こんぽう 梱包 embalagem (f), empacotamento (m). ～する embrulhar, embalar, empacotar. ◆梱包機 empacotadora (f). 梱包業者 embalador/ra, empacotador/ra.

こんぽん 根本 raiz (f), base (f), fundamento (m). ～的な fundamental, radical, básico/ca. ～的に fundamentalmente, radicalmente. ～をくつがえす demolir [desmentir, contestar] os fundamentos de …. …の～を理解する compreender o essencial de …. あなたの考え方は～的に間違っている O seu modo de pensar parte de um pressuposto errado. ◆根本原理 princípio (m) fundamental.

コンマ vírgula (f). …に～を置く colocar uma vírgula em …. AとBを～で切る separar A e B com uma vírgula.

こんや 今夜 hoje à noite, esta noite. ～のテレビ番組 programa (m) de televisão desta noite [de hoje à noite]. ～じゅうに já [ainda] nesta noite.

こんやく 婚約 noivado (m), compromisso (m) de casamento. ～を破棄[解消]する desfazer o noivado. ～する ficar noivo/va. …と～している ser [estar] noivo/va de …. ◆婚約公示 edital (m) de casamento. 婚約者 noivo/va. 婚約指輪 anel (m) de noivado, aliança (f).

こんよく 混浴 [風呂] banho (m) misto [unissex]; [温泉] termas (fpl) mistas [unissex].

こんらん 混乱 confusão (f), desordem (f). ～する [状況が] virar uma confusão; [人が] confundir-se, ficar confuso/sa. その事故で交通が大～した Com esse acidente, o trânsito ficou completamente confuso [congestionado]. 彼は頭が～している Ele está confuso.

こんろ 焜炉 fogareiro (m) (portátil); fogão (m). ◆石炭こんろ fogão a carvão. 電気 (ガス, カセット)こんろ fogareiro elétrico (a gás, de cartucho). ビルトインこんろ fogão embutido. 薪こんろ fogão a lenha.

こんわく 困惑 perplexidade (f). ～する ficar perplexo/xa [atrapalhado/da, sem saber o que fazer]. …～させる deixar … perplexo/xa. 彼は～していた Ele estava perplexo./Ele não sabia o que fazer./《口語》Ele estava baratinado.

さ

＊さ 差 ❶ diferença (f) [ヂフェレンサ], variação (f) [ヴァリアサォン]. 私と彼の身長にはあまり～がない A minha estatura e a dele não diferem muito./Eu e ele temos pouca diferença de estatura. あなたたちの給料は月によって～がある O salário de vocês varia conforme o mês. ❷ defasagem (f) [デファザージェン], disparidade (f) [ヂスパリダーヂ], abismo (m) [アビーズモ]. 貧富の～ defasagem [abismo] entre ricos e pobres. 3点～で試合に勝つ ganhar o jogo por dois pontos. …に～をつける 1) diferençar [discriminar] …. 2)〔等級〕graduar …. AとBの間で給料に～をつける fazer uma diferença entre os [dar um tratamento diferente nos] salários de A e B. 3) passar à frente de …(como adversário). ❸〖数〗resto (m) [ヘースト], diferença. 7と4の～は3である A diferença entre sete e quatro é três./Sete menos quatro são três.

ざ 座 ❶〔席〕assento (m), lugar (m). ～につく tomar o seu lugar, instalar-se, sentar-se no seu devido assento. ～をはずす sair de [deixar o] lugar. ❷〔集まりの席〕grupo (m) reunido, reunião (f). ～をしらけさせる jogar um balde de água fria na reunião (que estava boa). ❸〔地位〕posto (m), posição (f), status (m). 妻の～ o lugar da esposa, posição [status] de esposa. …を権力の～から引きずりおろす tirar … do poder, destronar …, destituir … da soberania.

サーカス circo (m).

サーキット ❶〖電〗circuito (m). ❷〖スポーツ〗〔競走用環状コース〕circuito, pista (f) sinuosa e fechada (própria para corridas de carros). ❸〔スポーツ〕〔巡回競技会〕competição (f) itinerante. ❹〖映・劇〗circuito (comercial).

サークル ❶ círculo (m), grupo (m) de atividades, grêmio (m), agremiação (f). 主婦の～ círculo das donas de casa. 大学の～ centro (m) acadêmico. ❷〖スポーツ〗círculo (m). ◆(サッカーグラウンドの)センターサークル grande círculo.

ざあざあ 朝から雨が～降っている Chove muito forte [torrencialmente] desde de manhã./Chove facas e canivetes desde que amanheceu. ～降りの雨 chuva (f) torrencial, 《口語》pé-d'água (f), aguaceiro (m). 水を～流す fazer escorrer a água com abundância e força.

サージ 〖服〗sarja (f).

サーズ 〖医〗SARS (Síndrome (f) Respiratória Aguda e Severa).

サーチ ❶ pesquisa (f). ❷〔インターネット〕busca (f). ◆サーチエンジン site (m) [サーイチ] de busca (de informações).

サーチライト holofote (m).

サーバー ❶〔テニスなどで〕sacador/ra (de tênis etc). ❷〔コンピュータ〕servidor (m) (de arquivos, web, e-mail etc).

＊サービス 〔業務〕serviço (m) [セルヴィッソ],〔応対〕atendimento (m) [アテンヂメント]. これは～ですか Isso é de graça? ジュース(炭酸飲料水)はどうですか、～ですよ Vai um refrigerante? É por conta da casa? そのホテルは～がよいので有名です Esse hotel é famoso pelo (seu) bom atendimento. 彼女には～精神がある Ela é muito prestativa. ◆サービス料 serviço. 機内サービス serviço de bordo. 無料医療サービス serviço médico gratuito.

サービスエリア ❶〔高速道路の〕área (f) de descanso [parada (f)] em autoestradas, posto (m) de serviço. ❷〔テレビ・ラジオ・電話で〕área de cobertura da difusão (de televisão, rádio, telefones celulares etc). ❸〔ガス、電気、水道などの〕área onde há disponibilização de gás, luz, água etc. [★ポルトガル語のárea de serviço は洗濯機や乾燥機などが置かれている家の中の仕事場である]

サーブ 〖スポーツ〗saque (m) (de tênis etc). ～する sacar.

サーファー 〖スポーツ〗surfista. ◆ネットサーファー internauta.

サーフィン 〖スポーツ〗surfe (m). ～をする surfar. ネット～をする surfar a internet.

サーフボード prancha (f) de [para] surfe.

サーベル sabre (m), espada (f) curta.

サーモグラフィー 〖医〗termografia (f).

サーモスタット termostato (m).

サーモン 〖魚〗salmão (m).

サーロイン contrafilé (m). ◆サーロインステーキ〖料〗bife (m) de contrafilé, olho (m) da alcatra, top (m) sirloin.

さい 際 ❶〔とき〕ocasião (f), momento (m). 近くにお越しの～は私の家にお寄りください Quando vier por perto, passe na minha casa, sim? ❷〔場合〕circunstâncias (fpl), caso (m). この～だから許してあげます Já que as circunstâncias são estas [estamos nesta situação], eu o/a perdoo.

さい 才 talento (m), aptidão (f), habilidade (f). 文学の～がある ter talento para a literatura.

さい 犀 〖動〗rinoceronte (m).

さい 賽 dado (m) (de jogo). 彼はにんじんを～の目に切った Ele cortou a cenoura em cubos. ～は投げられた Os dados foram [estão] lançados.

-さい -歳 ano(s) [idade]. あなたは何～ですか Quantos anos [Que idade] você tem? 私は21～です Eu tenho vinte e um anos. 私は65～で定年になります Vou-me aposentar com [aos] sessenta e cinco anos.

ざい 財 riqueza (f), fortuna (f). ～を成す enriquecer-se, fazer fortuna.

さいあい 最愛 ～の o/a mais querido/da, queridíssimo/ma. ～の妻 queridíssima [bem-amada] esposa (f).

さいあく 最悪 péssimo/ma, o/a pior. あなたは～の場合を覚悟していますか Você está preparado/da para o pior?

ざいあく 罪悪 pecado (m). ～感にさいなまれる sofrer por sentimento de culpa. ♦罪悪感 sentimento (m) de culpa.

さいえん 菜園 horta (f). ♦家庭菜園 quintal (m), horta.

サイエンス ciência (f). ♦サイエンスフィクション ficção (f) científica.

さいかい 再会 reencontro (m). ～する reencontrar-se. 私は幼なじみと～した Eu me reencontrei com um amigo/uma amiga de infância. 我々の～を祝して乾杯しよう Vamos brindar o nosso reencontro.

さいかい 再開 reabertura (f). ～する reabrir, recomeçar. 列車の運転を～する recomeçar o serviço dos trens (que estava parado por algum motivo). ～との外交関係を～する reatar as relações diplomáticas com …. …と交渉を～する reabrir as negociações com …. シンポジウムは明日から～される運びとなった Chegamos a uma etapa em que poderemos recomeçar o simpósio amanhã.

さいかい 最下位 a posição mais baixa, o grau mais baixo. 社会の～層 a camada mais baixa da sociedade.

***さいがい 災害** acidente (m) [アシデンチ], calamidade (f) [カラミダーヂ], catástrofe (f) [カタストロフィ], desastre (m) [デザーストリ]. ～を受ける sofrer [ser vítima de] uma calamidade. ♦災害対策 procedimentos (mpl) em caso de desastres. 災害地 local (m) da calamidade. 災害防止 prevenção (f) contra acidentes. 災害保険 seguro (m) contra acidentes [desastres]. 住宅災害 desastre danificador de casas.

ざいかい 財界 círculos (mpl) [centros (mpl), setores (mpl)] financeiros, mundo (m) ∟econômico [dos negócios]. ～のリーダー líder (m) dos círculos financeiros. ♦財界人 homem/mulher de negócios.

ざいがい 在外 ～の residente ∟no exterior [no estrangeiro]. ♦在外資産 bens (mpl) de pessoas jurídicas e físicas no exterior. 在外商社 empresas (fpl) comerciais estabelecidas no estrangeiro. 在外邦人 japoneses (mpl) residentes no estrangeiro.

さいかく 才覚 inteligência (f), engenho (m), presença (f) de espírito.

ざいがく 在学 ～中に no tempo de estudante. 私の弟は明治大学に～しています O meu irmão mais novo estuda na Universidade Meiji. 私は～中によくあそこへ行きました Eu ia muito lá quando era estudante. ♦在学証明書 certificado (m) de matrícula.

さいかくにん 再確認 reconfirmação (f). ～する reconfirmar.

さいき 再帰 ♦再帰代名詞〚文法〛pronome (m) reflexivo. 再帰動詞〚文法〛verbo (m) reflexivo [pronominal].

さいき 再起 〔病気から〕restabelecimento (m), recuperação (f). ～する restabelecer-se, recuperar-se, recobrar a saúde. 2か月入院して彼は事故から～した Depois de ficar internado dois meses ele se recuperou daquele acidente. ～不能な irrecuperável.

さいきん 最近 recentemente, ultimamente, esses dias. ～の recente. つい～まで até bem pouco tempo. つい～まで彼は日本にいました Ele estava no Japão até há bem pouco tempo.

★recentemente, ultimamente, esses dias といった副詞, 副詞句は動詞が肯定形のとき, 二つの時制が共起可能である： ⓐ 完了過去単純形〈一回限りの出来事〉～サントス市でクラシック音楽のコンサートがあった Recentemente houve um concerto de música clássica em Santos. ⓑ 完了過去複合形〈反復的な出来事を表す場合〉～サントス市ではよくクラシック音楽のコンサートがある Recentemente tem havido muitos concertos de música clássica em Santos. ★recentemente, ultimamente, esses dias といった副詞, 副詞句は動詞が否定形のとき, 完了過去複合形〈発話時で一つの事実がなかったことを確認する場合〉のみが共起可能となる。～ブラジルに行っていない Recentemente não tenho ido ao Brasil.

さいきん 細菌 〚生〛bactéria (f). ♦細菌学 bacteriologia (f). 細菌学者 bacteriologista. 細菌感染症〚医〛bacteriose (f). 細菌検査 análise (f) bacteriológica. 細菌性髄膜炎〚医〛meningite (f) bacteriana. 細菌戦 guerra (f) biológica. 細菌尿症〚医〛bacteriúria. 細菌培養 cultivo (m) microbiano. 細菌兵器 arma (f) biológica. 細菌療法 bacterioterapia (f).

ざいきん 在勤 ～する trabalhar, estar em serviço, estar empregado/da. リオ支店に～中である estar trabalhando na filial do Rio. ♦海外在勤手当 subsídios (mpl) de serviço no exterior.

さいく 細工 ❶〔作品〕obra (f), trabalho

(m), 〔製作〕confecção (f), 〔技能〕artesanato (m). このネックレスにはデリケートな〜がしてある Neste colar podemos ver um trabalho delicado. 竹〜をする trabalhar com bambu. ♦金組細工 ourivesaria (f). 手細工 trabalho manual [feito à mão]. ❷〔策謀〕artifício (m), estratagema (m). 〜する recorrer a artifícios [subterfúgios]. 彼はドアに〜をして簡単に開かないようにした Usou de algum artifício para que a porta não abrisse facilmente. 彼は何か〜をして儲(%)けようとしている Ele está querendo ganhar dinheiro através de algum estratagema.

さいくつ 採掘 extração (f), exploração (f) mineira. 〜する extrair, explorar (uma mina). 石切り場から石を〜する extrair pedra de uma pedreira [rocha].

サイクリング ciclismo (m); viagem (f) de bicicleta. 今度いっしょに〜に行きませんか Não quer passear de bicicleta com a gente um dia desses?

サイクル ❶ ciclo (m), período (m). ❷〔理〕ciclo. 60〜の電流 corrente (f) elétrica de sessenta *hertz*. 周波数3キロ〜の音波 onda (f) sonora de três quilociclos de frequência.

サイクロン ciclone (m), furacão (m).

さいけいれい 最敬礼 reverência (f) profunda.

さいけつ 採決 votação (f), decisão (f). 〜の結果(como) resultado (m) da votação.

さいけつ 採血 〔医〕coleta (f) de sangue, retirada (f) de sangue, punção (f) sanguínea. 〜する tirar (o) sangue.

さいけつ 裁決 veredito (m), decisão (f). 〜する dar o veredito, decidir. 下院は予算の変更を〜した A Câmara dos Deputados decidiu pela mudança do orçamento.

さいげつ 歳月 tempo (m), anos (m). それ以来5年の〜が流れた Desde então, passaram-se cinco anos.

サイケデリック 〜な psicodélico/ca.

さいけん 債券 〔経〕título (m) (de empréstimo), obrigações (fpl), empréstimo (m). 〜を発行する emitir títulos. ♦短期債券 títulos (mpl) de curto prazo. 中期債券 títulos de médio prazo. 長期債券 títulos de longo prazo.

さいけん 債権 〔経〕crédito (m). …に対して〜を有する ter crédito com …, ser credor/ra de …. ♦債権国 nação (f) credora. 債権者 credor/ra. 債権者会議 reunião (f) dos credores. 債権者詐害 fraude (f) contra credores. 債権者遅滞 mora (f) do credor. 債権法 lei (f) do crédito. 不良債権 empréstimos (mpl) irrecuperáveis.

さいけん 再建 reconstrução (f), reedificação (f), restabelecimento (m). 〜する reconstruir, reedificar; restabelecer. 広島のいくつかの建物は戦後〜されなかった Alguns prédios em Hiroshima não foram reconstruídos depois da guerra.

さいげん 再現 reaparecimento (m), ressurgimento (m); reprodução (f). ファッションの〜 reaparecimento da moda. ピカソの絵を〜する reproduzir uma pintura de Picasso.

さいげん 際限 limite (m). 〜のない sem limites, infinito/ta, ilimitado/da. 〜なく infinitamente, ilimitadamente.

ざいげん 財源 recursos (m) financeiros.

さいけんさ 再検査 nova inspeção (f); 〔医〕novo exame (m) médico. 〜をする reexaminar; fazer um novo exame médico.

さいけんとう 再検討 revisão (f), reconsideração (f), reexame (m). 〜する reexaminar, rever.

さいこ 最古 〜の o/a mais antigo/ga.

さいご 最後 fim (m), final (m); 〔限度〕limite (m), prazo (m) final. 〜の último/ma. 〜に por último, finalmente. 最初から〜まで do começo ao fim. 私の部屋は〜から2番目です A minha sala é a penúltima. あしたが〜だ. それ以上は待てません Amanhã é o último dia. Não posso esperar mais que isso. 〜までがんばりましょう Vamos lutar [nos esforçar] até o fim.

さいご 最期 os últimos momentos (mpl), a morte.

ざいこ 在庫 depósito (m); estoque (m). 〜が切れる ficar sem estoque. 冬のために食料の〜を抱える estocar comida para o inverno. 〜を補給する abastecer o estoque. それはちょっと〜を切らしているのですが... Quanto a esse artigo, estamos sem estoque .... ♦在庫帳簿 livro (m) de estoque. 在庫品 produto (m) [mercadoria (f)] em estoque. 在庫量 quantidade (f) em estoque.

さいこう 最高 o máximo (m), o melhor (m). 〜の o/a mais alto/ta, supremo/ma, máximo/ma, o/a melhor. 彼が会社で〜の地位の人です Ele é quem ocupa o cargo mais elevado da companhia. きのうの夕食は〜だったね O jantar de ontem estava o máximo, não? この車は〜速度200キロです A velocidade máxima deste carro é de duzentos quilômetros por hora. ♦最高気温 temperatura (f) máxima. 最高記録 recorde (m). 最高血圧 pressão (f) arterial máxima. 最高裁判所 Supremo Tribunal (m), Suprema Corte (f).

さいこう 再考 reconsideração (f). 〜する reconsiderar, repensar. 彼は会議で決めたことを〜することにした Ele resolveu reconsiderar sobre o que se decidiu na reunião. 〜の上で depois de reconsiderar. 〜の余地はない Não há lugar para reconsideração.

さいこう 採鉱 mineração (f). 〜する explorar uma mina; trabalhar numa mina.

ざいこう 在校 ❶〔学校の中にいること〕pre-

sença (*f*) na escola ou faculdade. 教授は午前中に〜《掲示》O titular estará na faculdade durante o período da manhã. ❷〔在学〕estado (*m*) de estar matriculado na escola ou faculdade. ◆在校生 aluno/na matriculado/da na escola [faculdade].

さいこうちょう　最高潮 auge (*m*), clímax (*m*). マリオのゴールで試合は〜に達した A partida chegou ao clímax com o gol de Mário. 私が着いた時祭りは〜だった Quando eu cheguei, as festividades estavam no auge.

さいこうふ　再交付 reemissão (*f*). カードの〜 reemissão do cartão, emissão (*f*) da segunda via do cartão. 保険証を〜していただけますか Poderia expedir mais uma via da carteira de seguro-saúde?

さいこく　催告　《法》intimação (*f*), requerimento (*m*). 〜する requerer, intimar. 家賃の支払いを〜する requerer o pagamento do aluguel.

サイコセラピスト psicoterapeuta, psiquiatra.

さいころ dado (*m*), (peça cúbica).

さいこん　再婚 segundo casamento (*m*), segundas núpcias (*fpl*). 〜する casar(-se) de novo, casar-se em segundas núpcias.

さいさん　再三 repetidas [muitas] vezes (*fpl*).

さいさん　採算 ganho (*m*), lucro (*m*), compensação (*f*). 〜がとれる lucrativo/va, compensador/ra, que compensa. この取引は〜があわない Este negócio não vale a pena [compensa]. 全然〜のとれない事業 uma empresa nada lucrativa. 〜するとこの取引は〜がとれなくなる Essa transação não vai compensar [valer a pena] se fizer isso.

***ざいさん　財産** ❶ fortuna (*f*) [フォルトゥーナ]; tesouro (*m*) [テゾーウロ]. 彼はそれで〜稼いでしまった Ele acabou fazendo uma fortuna com isso. ◆財産家 ricaço/ça, pessoa (*f*) de meios. ❷〔法〕bens (*mpl*) [ベンス], patrimônio (*m*) [パトリモーニオ], propriedade (*f*) [プロプリエダーデ]. 〜の共有 comunhão (*f*) de bens. 〜を失う perder os bens [o patrimônio]. 〜を差し押さえる sequestrar os bens. 〜を継ぐ herdar os bens. 〜を残す deixar herança.

◆財産管理 curadoria (*f*). 財産刑 pena (*f*) de multa. 財産権 direito (*m*) de bens. 財産罪 crime (*m*) contra o patrimônio. 財産譲渡 transferência (*f*) [alienação (*f*), cessão (*f*)] de bens. 財産所得 rendimento (*m*), receita (*f*) do patrimônio. 財産申告 declaração (*f*) de bens. 財産相続 herança (*f*) de bens. 財産相続人 herdeiro/ra dos bens. 財産の損害 dano (*m*) material. 財産評価 avaliação (*f*) de bens. 財産分与 partilha (*f*) de bens. 財産目録 inventário (*m*) de bens. 共有財産 propriedade comum [conjunta]. 公共財産 patrimônio público. 国有財産 patrimônio do Estado. 私有財産 propriedade particular.

❸《比》fortuna [フォルトゥーナ], tesouro [テゾーウロ], coisa (*f*) muito preciosa. 健康が私の〜だ A boa saúde é que é a minha fortuna. その人間関係はあなたにとって〜です Esse relacionamento pessoal é um tesouro para você.

さいし　妻子 esposa (*f*) e filhos (*mpl*). 〜を養う sustentar a família. 〜持ちである ser pai (*m*) de família. 彼には養わなければならない〜がいる Ele tem família a [para] sustentar.

さいじつ　祭日 feriado (*m*). ⇨祝日.

ざいしつ　材質 qualidade (*f*) do material.

さいしゅ　採取 extração (*f*). 〜する extrair, colher. …の指紋を〜する obter a impressão digital de …. 患者の血液を〜する colher sangue do/da paciente. 大豆から油を〜する extrair óleo da soja.

さいしゅう　採集 coleção (*f*). 〜する colecionar, fazer coleção de. ◆昆虫採集 coleção de insetos.

さいしゅう　最終 〜の o/a último/ma, final, definitivo/va. それだと私は〜のバスに乗り遅れてしまう Assim, eu acabo perdendo o último ônibus. 最終学歴 a última escola (*f*) cursada, o grau (*m*) acadêmico mais elevado atingido por uma pessoa. 最終決定 decisão (*f*) definitiva. 最終段階 a última etapa (*f*). 最終日 o último dia. 最終目的 objetivo (*m*) final.

ざいじゅう　在住 residência (*f*). 〜する residir, morar. 日本〜のブラジル人 brasileiro/ra residente no Japão. 在住者 morador/ra.

さいしゅつ　歳出 gastos (*mpl*) anuais (de um Estado).

さいしゅっぱつ　再出発 recomeço (*m*). 〜する recomeçar [《口語》começar tudo de novo].

さいしょ　最初 começo (*m*), princípio (*m*), início (*m*). 〜の o/a primeiro/ra, inicial. 〜に em primeiro lugar, primeiramente, primeiro. 〜は o [no] começo. 〜から desde o início. 〜から最後まで do início [começo] ao fim. 〜の3日間 os três primeiros dias (*mpl*). 〜はいつもむずかしい O começo é sempre difícil. 彼は〜は黙っていた No começo ele estava calado [não falou nada].

さいしょう　最小 〜の mínimo/ma, o/a menor. 画面を〜化する minimizar a tela. …の被害を〜にとどめる minimizar [reduzir ao mínimo] os prejuízos com [de] …. ◆最小化 《コンピ》minimização (*f*) (da tela). 最小公倍数 《数》mínimo múltiplo (*m*) comum.

さいじょう　最上 〜の de primeira qualidade, o/a melhor, os/as melhores. ◆最上品 artigo (*m*) de primeira qualidade. 最上級《文法》superlativo (*m*). 絶対最上級《文法》superlativo absoluto. 相対最上級《文法》superlativo relativo.

さいじょう 斎場 local (m) do velório 《onde se celebra uma cerimônia fúnebre》.

ざいじょう 罪状 detalhes (mpl) do crime. ～を否認する negar [não admitir] os detalhes do crime. ～を認める reconhecer o crime. ～を自白する confessar o crime. あなたの～は明らかだ É evidente a sua culpa. ◆罪状認否 reconhecimento (m) ou negação (f) do crime.

さいしょうげん 最小限 limite (m) mínimo, o mínimo. ～にする limitar ao mínimo. …の被害を～にとどめる minimizar [reduzir ao mínimo] os prejuízos com [de] …. ◆必要最小限 o mínimo necessário.

さいしょく 菜食 alimentação (f) vegetariana, comida (f) vegetariana. ◆菜食主義 vegetarianismo (m). 菜食主義者 vegetariano/na.

ざいしょく 在職 ～する ocupar um posto. ～している estar empregado [ocupando um posto]. ～10年以上の人々 pessoas (fpl) com mais de dez anos de serviço. 私は～30年です Tenho trinta anos de casa [de serviço]. ～中はお世話になりました Muito obrigado/da por tudo o que me fez durante a permanência no emprego. ◆在職期間 tempo (m) [período (m)] de permanência no emprego.

さいしん 最新 ～の o/a mais novo/va. ～の流行 a última moda (f). ～のニュース as notícias (fpl) mais recentes, últimas notícias, as últimas novidades (fpl). ～型の車 carro (m) último modelo. ～技術 tecnologia (f) de ponta.

さいしん 再審 revisão (f) de processo. ～する rever [fazer a revisão de] um processo.

さいしん 再診 〔医〕 reexame (m), novo exame (m), retorno (m) médico, nova consulta (f) médica.

サイズ tamanho (m); 〔洋服の〕 manequim (m); 〔かさばり〕 volume (m). お望みの～は何番ですか Qual é o seu número [tamanho]?／Que manequim o/a senhor/ra veste? 私の靴の～は20です Eu calço número vinte. この靴の～は私に合わない Estes sapatos não me servem./Estão um pouco grandes (pequenos) para mim.

ざいす 座椅子 cadeira (f) sem pernas colocada sobre o *tatami*.

さいせい 再生 〔音,映像の〕 reprodução (f); 〔廃品の〕 reciclagem (f); 〔失われた器官の〕 regeneração (f). ～する reproduzir; reciclar; regenerar. 音を～する reproduzir um som. 紙を～する reciclar papéis usados. 細胞を～する regenerar as células. ◆再生紙 papel (m) reciclado.

ざいせい 財政 administração (f) financeira, finanças (fpl). ～上の financeiro/ra. ～が豊かである estar financeiramente bem. ～難にある estar com [ter] dificuldades financeiras. 国の～を立て直す sanear a economia nacional. ◆財政赤字 déficit (m) financeiro. 財政状態 situação (f) financeira.

さいせいき 最盛期 ❶ apogeu (m), época (f) áurea. ❷ 〔出さかり〕 alta estação (f). ブドウは今が～だ Agora é a estação das uvas. イチゴはもう～を過ぎた A estação dos morangos já passou./Já não é mais época de morangos.

さいせき 採石 extração (f) de pedra. ～する extrair pedra. ◆採石場 pedreira (f).

さいせき 砕石 ❶ britamento (m). ❷ pedra (f) britada. ～する britar. ◆砕石機 britadeira (f).

ざいせき 在籍 …に～する estar matriculado/da [inscrito/ta, registrado/da] em …. ◆在籍者 pessoa (f) matriculada [registrada], inscrito/ta. 在籍人数 número (m) de pessoas registradas.

さいせん 再選 reeleição (f). ～する reeleger. ～される ser reeleito/ta.

さいせん 賽銭 dinheiro (m) dado a um templo ou santuário. ～を上げる colocar um dinheirinho no receptáculo apropriado (de um templo ou santuário).

さいぜん 最善 ～の o/a melhor. 私は売り上げを伸ばすために～の努力をした Eu fiz o máximo (esforço) para aumentar o saldo das vendas.

さいぜんせん 最前線 ponta (f), primeira linha (f).

さいせんたん 最先端 o/a mais moderno/na, o/a mais adiantado/da. 彼女のファッションは～を行っている A moda dela é a mais moderna. ◆最先端技術 tecnologia (f) de ponta.

さいそく 催促 reclamação (f), cobrança (f). ～する reclamar, cobrar, pressionar. 彼らは私に借金の返済を～した Eles me pressionaram a pagar a dívida. もし私がその電話をするのを忘れたら～してくださいね Se eu me esquecer de dar esse telefonema, você me cobra, *tá*?

サイダー soda (f) açucarada 《refrigerante》.

さいだい 最大 ～の máximo/ma, o/a maior. 世界～の滝 a maior cachoeira (f) do mundo. 画面を～化する maximizar a tela. それが今までに我が社で作った～のトラックです Esse é o maior caminhão fabricado pela nossa companhia até agora. ◆最大圧力 pressão (f) máxima. 最大化 〔コンピュ〕 maximização (f). 最大公約数 〔数〕 máximo divisor (m) comum. 最大積載量 capacidade (f) máxima de carga. 最大速力 velocidade (f) máxima.

さいだいげん 最大限 o máximo. 彼は自分の地位を～に利用した Ele se aproveitou ao máximo [tanto quanto possível] da posição que tinha.

さいたかね 最高値 o preço mais alto. 原油

価格は〜を更新した O preço do petróleo bateu recorde.
さいたく 採択 adoção (f). 〜する adotar.
ざいたく 在宅 〜する estar [ficar] em casa. お父さんはご〜ですか O seu pai está em casa? ♦在宅ケア assistência (f) a domicílio 《dada a um doente ou idoso acamado》.
さいたん o/a mais curto/a. この道は駅まで〜距離です Esse caminho é a distância mais curta até a estação.
さいたん 採炭 mineração (f) de carvão-de-pedra. 〜する explorar uma mina de carvão-de-pedra. ♦採炭夫 mineiro (m).
さいだん 祭壇 altar (m). 〜を設ける formar um altar. 〜に花を添える colocar flores no altar.
さいだん 裁断 ❶ 〔カッティング〕 corte (m), talho (m). 服地を〜する cortar o pano da roupa (para costurar), talhar a roupa. 型紙に合わせて布を〜する cortar o pano [a fazenda] de acordo com o molde de papel. 〜された革で靴を作る fazer um sapato com o corte do couro. ❷ 〔判断〕 decisão (f). 〜を下す decidir. あなたの〜を待っています Espero a sua decisão.
ざいだん 財団 fundação (f). ♦財団法人 fundação de pessoa jurídica com utilidade pública.
さいちゅう 最中 …の〜に no meio de …, durante …. 会議の真っ〜に em plena reunião.
ざいちゅう 在中 《em geral em envelopes de correspondência》. 見積書〜《表示》 orçamento (m) incluído.
さいてい 最低 〜の〔最も低い〕 o/a mínimo/ma, o/a mais baixo/xa; 〔最も悪い〕 o/a pior, péssimo/ma. このレストランは〜だ Este restaurante é péssimo [muitíssimo ruim]. それは５万円はかかる Isso vai custar no mínimo cinquenta mil ienes. ♦最低気温 temperatura (f) mínima. 最低血圧〔医〕pressão (f) arterial mínima. 最低賃金 salário (m) mínimo.
さいてき 最適 〜な o/a mais adequado/da [apropriado/da], o/a ideal, o/a melhor. 健康に〜な環境 ambiente (m) ideal para a saúde. 彼はその仕事に〜だ Ele é o mais indicado para esse tipo de trabalho.
さいてん 採点 avaliação (f). 〜する avaliar, dar nota a. テストを〜する corrigir e dar uma nota no teste. あの先生は〜が甘い（厳しい）Aquele/la professor/ra é generoso/sa (severo/ra) nas notas.
サイト site (m) [サイト], sítio (m). チャット〜は恋人探しを主な目的としているわけではない O site de bate-papo não tem a objetividade central de namoro. 〜を作る construir um site. 有害〜にアクセスできないようにする impedir o acesso ao site nocivo [impróprio]. ♦チャットサイト site de bate-papo.

さいど 再度 mais uma vez [outra vez, de novo]. 入学試験に落ちたけれど〜挑戦をしたい Fui reprovado/da no vestibular, mas vou tentar de novo.
サイド ❶ lado (m). ♦サイドカー sidecar (m) [サイドカー], carrinho (m) atrelado a uma moto. サイドステップ passo (m) lateral. サイドテーブル mesa (f) auxiliar. サイドブレーキ freio (m) de mão, breque (m) de mão. サイドボード aparador (m). サイドミラー retrovisor (m) externo. ❷ 〔サッカー〕 lateral (f) 《サッカーのサイドラインス》. 監督がピッチ〜で大声を上げていた O técnico gritava na lateral do campo. ♦サイドライン linha (f) lateral. 右（左）サイドバック lateral direito/ta (esquerdo/da).
さいどう 細動 〔医〕fibrilação (f). ♦心室細動 fibrilação ventricular. 心房細動 fibrilação atrial.
サイトメガロウイルス 〔生〕citomegalovírus
さいなん 災難 ❶ 〔不幸〕desgraça (f), infortúnio (m), infelicidade (f). 彼女に思わぬ〜が振りかかった Sobreveio-lhe [Ela teve] uma desgraça inesperada. 〜に遭う sofrer [ter] uma desgraça. とんだ〜でしたね Que desgraça o/a senhor/ra [você] teve que sofrer! ❷ 〔災害〕calamidade (f), desastre (m). あの人の家族は〜続きだった Sua família sofreu uma calamidade atrás da outra.
ざいにち 在日 residência (f) [estada (f)] no Japão. 〜中に durante a sua [minha, nossa] permanência no Japão. ♦在日期間 período (m) de estadia no Japão. 在日ブラジル人 brasileiro/ra residente no Japão.
さいにゅう 歳入 receita (f) anual. 歳出が〜を超過している As despesas anuais estão excedendo as receitas.
さいにゅうこく 再入国 reentrada (f) num país. ♦再入国許可 visto (m) de reentrada no país.
ざいにん 在任 〜する ocupar um posto; permanecer [estar] na terra onde se ocupa um posto. 〜中は大変お世話になりました Muito obrigado/da por tudo o que me fizeram durante a minha permanência.
ざいにん 罪人 criminoso/sa, condenado/da.
***さいのう 才能** talento (m) [タレント], capacidade (f) [カパシダーデ]. 〜のある capaz, de talento. 持って生まれた〜 talento inato. 〜をじゅうぶんに発揮する mostrar plenamente a própria capacidade. 語学的〜がある ter habilidade [jeito] para línguas.
サイバー ciber- [シベル]. ♦サイバーカフェ cibercafé (m) [シベルカフェ]. サイバーテロ ciberterrorismo (m) [シベルテロリーズモ].
さいはい 采配 comando (m), chefia (f), direção (f). 監督の〜がチームを勝利に導く O comando do técnico leva o time à vitória. 〜をふるう comandar, dirigir.
さいばい 栽培 cultivo (m), cultura (f). 花の

~ cultivo de flores. 花を~する cultivar flores. ♦栽培法 método (m) de cultivo, modo (m) de cultivar. 温室栽培 cultura em estufa.

ざいはく 在伯 residência (f) no Brasil. ♦在伯邦人 japoneses (mpl) residentes no Brasil.

さいはつ 再発 ❶ recidiva (f), nova ocorrência (f). 事故の~を防ぐために para evitar uma nova ocorrência do acidente. ❷〔病気の〕recaída (f), recidiva (f). 癌(がん)が~した Houve uma recidiva do câncer.

ざいばつ 財閥 grande grupo (m) empresarial, conglomerado (m); grupo de plutocratas;〔比〕pessoas (fpl) ricas e influentes.

さいはっこう 再発行 ❶〔書物などの〕reedição (f). ~する reeditar. ❷〔領収書などの〕reemissão (f). ~する reemitir.

さいはん 再版 reimpressão (f). ~する reimprimir.

さいはん 再犯 reincidência (f) (de crime), recidiva (f). ~の場合は刑が重くなる Na reincidência a pena é aumentada. ♦再犯者 reincidente.

****さいばん 裁判**【法】juízo (m) [ジュイーゾ], julgamento (m) [ジュウガメント], justiça (f) [ジュスチッサ], processo (m) [プロセッソ]. ~外の extrajudicial. ~外の執行名義 título (m) de execução extrajudicial. ...に対して~権を持つ ter a jurisdição sobre .... 公正な~ julgamento justo. ...を~にかける processar ..., julgar ..., submeter ... a julgamento [justiça]. ~沙汰(ざた)にする recorrer [ir] à justiça. ...を~で争う disputar ... judicialmente, brigar na justiça por .... ~を受ける ser julgado/da. その件は~中だ Esse caso está em julgamento. ~に負ける perder a causa. ♦裁判員 jurado/da. 裁判官 juiz/juíza. 裁判供託 depósito (m) judicial. 裁判記録 ata (f) judicial. 裁判権 jurisdição (f). 裁判書記部 cartório (m). 裁判籍 competência (f), foro (m). 裁判別居 separação (f) litigiosa.

さいばんしょ 裁判所 tribunal (m), juizado (m). ~の命令書 ordem (f) judicial. ~の令状 alvará (m) judicial.

> ♦家庭裁判所 tribunal de assuntos familiares. 刑事裁判所 tribunal criminal. 高等裁判所 tribunal de segunda instância. 最高裁判所 Corte (f) Suprema, Tribunal (m) Superior; Supremo Tribunal do Japão;〔ブラジルの〕Supremo Tribunal Federal. 地方裁判所 tribunal regional. 民事裁判所 tribunal civil.

さいひょうか 再評価 revalorização (f), reavaliação (f). ~する revalorizar, reavaliar.

さいふ 財布 carteira (f)《de dinheiro》.

さいぶ 細部 detalhe (m), pormenor (m). ~にわたって em detalhe, detalhadamente.

さいほう 裁縫 costura (f). ~する costurar. ~を習う estudar corte e costura. ♦裁縫箱 caixa (f) de costura.

さいぼう 細胞 ❶【生】célula (f). ~障害性の citotóxico/ca. ♦細胞核 núcleo (m) celular. 細胞学 citologia (f). 細胞質 citoplasma (m). 細胞性免疫 imunidade (f) celular. 細胞組織 tecido (m) celular. 細胞病理学 citopatologia (f). 細胞分裂 divisão (f) celular. 細胞膜 membrana (f) celular. 幹細胞 células tronco. 癌(がん)細胞 célula cancerígena [cancerosa]. ❷【政・社】célula. 共産党の~ célula comunista.

さいほうそう 再放送 retransmissão (f) (de um programa de rádio ou TV). 番組を~ retransmissão de um programa. 番組を~する retransmitir um programa.

サイボーグ ciborgue (m).

さいまつ 歳末 fim (m) de ano. ♦歳末大売り出し liquidação (f) de fim de ano, promoção (f) de vendas de fim de ano.

さいみつ 細密 ~の minucioso/sa, pormenorizado/da, detalhado/da. ♦細密画 miniatura (f).

さいみん 催眠 hipnose (f). ~術にかかる ficar hipnotizado/da. ♦催眠術 hipnotismo. 催眠状態 estado (m) hipnótico, transe (f). 催眠療法 hipnoterapia (f).

さいむ 債務【経】dívida (f), passivo (m), débito (m), obrigação (f). ~を履行する liquidar [pagar] a dívida. ~の削減 diminuição (f) [redução (f)] da dívida. ~の削減をする diminuir [reduzir] a dívida. ~の削減をしてもらう ter a dívida diminuída [reduzida]. ~の超過 excesso (m) do passivo sobre o ativo. 200万円の~がある ter uma dívida de dois milhões de ienes. ♦債務国 país (m) devedor. 債務者 devedor/ra. 債務不履行 inadimplência (f), não pagamento (m) de dívida. 債務不履行者 inadimplente. 対外債務 dívida externa.

ざいむ 財務 assuntos (mpl) financeiros. ♦財務管理 administração (f) financeira. 財務省 Ministério (m) das Finanças. 財務大臣 Ministro/tra das Finanças.

ざいめい 罪名 nome (m) do crime.

ざいもく 材木 madeira (f) de construção. ♦材木屋 madeireira (f).

さいよう 採用 ❶〔雇用〕admissão (f), emprego (m), contratação (f). ❷〔任用〕nomeação (f). ❸〔提案などの〕adoção (f), aceitação (f), uso (m). ~する admitir, empregar, nomear, adotar, usar. 彼は商社に~された Ele teve uma colocação numa empresa comercial. 日本ではメートル法が~されている No Japão se usa o sistema métrico. 工業化政策を~する adotar a política de industrialização. 新人を~する empregar novos funcionários (recém-formados pela faculdade). ♦

採用基準 condições (fpl) de admissão. 採用試験 exame (m) de admissão [colocação]. 採用人員 número (m) de vagas. 採用通知 (carta (f) de) aviso (m) de admissão. 採用申し込み aplicação (f) para o emprego, pedido (m) de emprego. 仮採用 emprego em período de experiência. 現地採用 contratação local, emprego de pessoal no país em que se acha a filial.

ざいらい 在来 ～の corrente, tradicional. ～の習慣に従って… seguindo os costumes tradicionais …. ♦ 在来線 antiga ferrovia (f) 《em relação a uma nova》.

ざいりゅう 在留 permanência (f), residência (f). ♦ 在留外国人 residente estrangeiro. 在留期間 período (m) de permanência. 在留期限 prazo (m) de permanência. 在留資格 categoria (f) [*status* (m)] de permanência [residência].

さいりょう 最良 ～の o/a melhor. 外国語を学ぶ～の方法を教えてください Diga-me qual é a melhor maneira de se aprender uma língua estrangeira.

さいりょう 裁量 arbítrio (m). 彼は課長の～で昇進した Ele foi promovido por arbítrio do diretor da seção. この問題に関しては君の～に任せる Quanto a este problema, ⌐decida você mesmo [confio no seu bom senso]. ♦ 自由裁量 livre arbítrio.

*****ざいりょう 材料** material (m) [マテリアーウ], matéria (f) [マテーリア]; 〔資料〕 dados (m) [ダードス]; 〔題材〕 assunto (m) [アスント]; 〔食品の〕 ingrediente (m) [イングレヂエンチ]. ♦ 材料費 despesas (fpl) com os [custo dos] materiais. 原材料 matéria-prima (f). 建築材料 materiais para construção.

さいるい 催涙 催涙ガス gás (m) lacrimogêneo. 催涙弾 bomba (f) lacrimogênea.

サイレン sirena (f), sirene (f). ～を鳴らす tocar a sirena. 昼の～が鳴っている A sirena do meio-dia está tocando.

サイレント ❶〔映〕filme (m) mudo. ❷ ～な silencioso/sa. ♦ サイレント楽器 instrumento (m) musical (eletrônico) silencioso 《que se ouve com fones de ouvido》. サイレントマジョリティー maioria (f) silenciosa. ❸〔医〕sem efeito (visível), não manifesto/ta. ♦ サイレントエイズ AIDS (f) não manifesta. サイレントストーン cálculo (m) (renal) sem efeito aparente.

サイログロブリン 〔生化学〕tiroglobulina (f).
さいわい 幸い felicidade (f); 〔副詞として〕 felizmente. ～すぐ仕事が見つかりました Felizmente achei logo um emprego. ⇨ 幸運, 幸福.

*****サイン** ❶〔合図〕sinal (m), código (m) [コーヂゴ]. ～を送る dar sinal. ♦ サインプレー jogada (f) que segue sinais [instruções] do técnico (imperceptíveis ao adversário). ❷〔署名〕assinatura (f) [アスィナトゥーラ]; 〔直筆〕autógrafo (m) [アウトーグラフォ]. ～する assinar. この書類に～してください Assine este documento, por favor. ❸〔数〕seno (m) [セーノ].

サウジアラビア a Arábia Saudita. ～の árabe-saudita.

サウダージ saudade (f).

サウナ sauna (f), banho (m) de vapor. ♦ サウナ風呂 sauna (f).

サウンドトラック trilha (f) sonora. ⇨ サントラ.

*****-さえ** até [アテー]; só [ソー]; nem mesmo [sequer]. そんなことは子供で～できるのに… Isso aí, até uma criança consegue fazer e no entanto …. あなた～来てくれればこの契約は成立する Venha pelo menos você que, assim, podemos firmar este contrato. 親で～それを知らなかった Nem mesmo os pais sabiam disso.

さえぎる 遮る 〔中断する〕interromper; 〔妨げる〕obstruir. 光を～ interceptar a luz. 人の話を遮らないでください Não interrompa a conversa dos outros, por favor.

さえずり canto (m) [gorjeio (m)] dos pássaros.

さえずる cantar, gorjear. ここから小鳥がさえずっているのが聞こえる Daqui dá para se ouvir os passarinhos cantarem.

さえる 冴える ❶〔音〕ouvir-se nitidamente. あの夜コオロギの鳴き声がさえて聞こえた Naquela noite se ouvia com clareza o canto dos grilos. ❷〔光〕ver-se com clareza 月光がさえている Vejo claramente o brilho da lua. ❸〔色〕ter cor viva. さえた色 cor (f) brilhante [viva]. ❹〔神経などがたかぶる〕 estar desperto/ta [lúcido/da]. 君は今日頭がさえているね Hoje você está inspirado/da, não? 私は目がさえて眠れない Não consigo dormir por estar muito ativo/va. ❺〔顔色や表情がいきいきする〕sentir-se disposto/ta, 《口語》 estar com alto-astral. 気分がさえない sentir-se deprimido/da [desanimado/da], 《口語》 estar com baixo-astral. 顔色がさえない ter um ar triste.

さお 竿 vara (f), pértiga (f), varapau (m). ♦ 竿竹 bambu (m) para secar roupas.

*****さか 坂** ladeira (f) [ラデーイラ], declive (m) [デクリーヴィ]. 急な～ subida (f) brava [íngreme], rampa (f). ～を上る〔下る〕 subir (descer) a ladeira. ♦ 下り坂 descida (f), declive (m). 上り坂 subida (f), aclive (m).

さかい 境 limite (m), fronteira (f). …と～を接する limitar-se com …. 私は今生きるか死ぬかの～目にいる Estou (no limite) entre a vida e a morte. 私たちの家と公園の～目に塀がある Há um muro entre a nossa casa e o parque.

さかうらみ 逆恨み ❶〔人の好意を逆にとってうらむこと〕ódio (m) [ressentimento (m)] pela pessoa pela qual foi beneficiado/da. アド

バイスしてあげたのに～された Dei um bom conselho e acabei sendo odiado/da. ❷〔うらまれるはずの人が逆に相手をうらむこと〕ódio da pessoa pela qual mereceria ser odiado/da, ressentimento (m) sem fundamento. 生徒たちから～を受けるいわれはない Não vejo por que [o porque de] ser odiado/da por meus alunos.

さかえる 栄える prosperar, florescer. 芸術が栄えた世紀 século (m) em que floresceram as artes. あのデパートは栄えている Aquela loja de departamentos está prosperando.《口語》vai bem.

さかき 榊 〚植〛japoneira (f) templária.

さがく 差額 diferença (f) (de valor). （料金の）～を支払う pagar a diferença. 利益は売り上げと支出の～である O lucro é a diferença entre as despesas e o montante de vendas.

さかご 逆子 ❶〔骨盤位〕posição (f) pélvica fetal. ❷〔胎児〕feto (m) sentado.

さかさま 逆さま ～に às avessas, de ponta-cabeça, de cabeça para baixo. 壁に絵を～に掛けてしまいました Eu acabei pendurando o quadro de ponta-cabeça na parede.

さかさまつげ 逆さ睫毛 〚医〛triquíase (f).

***さがす 捜す, 探す** procurar [プロクラール];〔探し当てる〕achar [アシャール]. 職を～ procurar um emprego. 引き出しの中を捜す procurar (algo) na gaveta. 何を捜しているのですか O que você está procurando? 彼女の電話番号を電話帳で捜してください Procure o número do telefone dela na lista telefônica. 私の家を捜すのにずいぶん苦労したでしょう Você deve ter sofrido muito para achar a minha casa, não é?

さかずき 杯 tacinha (f) de saquê.

さかだち 逆立ち ～する ficar de ponta-cabeça;《俗》plantar bananeira.

さかだつ 逆立つ ficar arrepiado/da. 髪が～ ficar de cabelos em pé.

さかだてる 逆立てる arrepiar, eriçar, ouriçar. 毛を～ eriçar os pelos.

***さかな 魚** peixe (m) [ペーイシ]. ♦ 魚釣り pesca (f). 魚屋〔店〕peixaria (f);〔人〕peixeiro/ra.

▶おもな魚◀

いわし sardinha [サルヂーニャ] (f)
うなぎ enguia [エンギーア] (f)
かつお bonito [ボニット] (m)
さけ salmão [サウモォン] (m)
さば cavala [カヴァーラ] (f)
たら bacalhau [バカリャーウ] (m)
にしん arenque [アレンキ] (m)
まぐろ atum [アトゥーン] (m)
ます truta [トルッタ] (f)

さかな 肴 prato (m) que acompanha bebidas alcoólicas (=酒の肴).

さかなで 逆撫で ～する levantar os pelos (de um cavalo etc.), coçar no sentido contrário à inclinação dos pelos;《比》irritar. …の神経を～する dizer ofensas a … (com o propósito de irritar).

さかのぼる 〔上流に〕subir contra a corrente;〔権利など〕ter um efeito retroativo;〔習慣など〕remontar a. 新しい賃金は4月にさかのぼって支給されます O novo salário terá um efeito retroativo a abril. この習慣の起源は江戸時代 A origem deste costume remonta à Era Edo.

さかば 酒場 bar (m), boteco (m), botequim (m).

さかみち 坂道 ladeira (f), rampa (f). ⇨坂.

さかもり 酒盛り festa (f) com comes e bebes.

さかや 酒屋 〔店〕loja (f) de bebidas;〔人〕comerciante de bebidas.

さからう 逆らう opor-se a, desobedecer, ir contra. …に逆らって opondo-se a …, contra a vontade de …. 世論に～ ir contra a opinião pública. 流れに逆らって泳ぐ nadar contra a corrente. 命令に～のはよくない Não é bom desobedecer às ordens. 彼は両親の意志に逆らって日本に来た Ele veio ao Japão contra a vontade dos pais.

さかり 盛り 〔絶頂〕apogeu (m);〔花が〕plena florescência (f);〔人生の〕flor (f) da idade;〔食べ物などが〕plena estação (f);〔発情期〕cio (m). ～がついている estar no cio. 梨はもう～を過ぎた As peras já estão fora da estação./Já não é época de pera.

***さがる 下がる** ❶〔低くなる〕abaixar [アバイシャール], descer [デセール]. 値段が下がった O preço abaixou. 温度が下がった A temperatura abaixou [caiu]. 彼の成績は下がった As notas dele baixaram. 私は努力したけれど営業成績が下がってしまった Eu fiz os meus esforços, mas o saldo foi uma queda nas vendas. ❷〔退出する〕retirar-se [ヘチラール スィ], sair [サイール]. もう下がってよろしい Já pode se retirar. ❸〔後ろへ〕retroceder [ヘトロセデール], recuar [ヘクアール]. 後ろへ2歩下がってください Por favor dê dois passos para trás. ❹〔ぶら下がる〕pendurar [ペンドゥラール], pender [ペンデール], estar dependurado/da. ¶彼の実績には頭が～ Abaixo minha cabeça diante de /《口語》Tiro meu chapéu para o [seu (bom)] desempenho.

さかん 盛ん ～な〔栄えている〕próspero/ra;〔心からの〕caloroso/sa, cordial;〔よく行われている〕ativo/va. 日本は貿易の～な国だ O Japão é um país muito ativo no comércio exterior. 我々は～な歓迎を受けた Nós fomos recebidos calorosamente. ～に雨が降りますね Está chovendo sem parar, não?

さかん 左官 pedreiro/ra, gesseiro/ra. (=～屋) ♦ 左官工事 trabalho (m) de pedreiro/ra [gesseiro/ra].

***さき 先** 〔先端〕ponta (f) [ポンタ], extremida-

de (f) [エストレミダーチ]; 〔先頭〕 **frente** (f) [フレンチ]; 〔順序の〕 **primeiro/ra** [プリメーイロ/ラ]; 〔未来〕 **futuro** (m) [フトゥーロ]; 〔続き〕 **continuação** (f) [コンチヌアサオン]; 〔出先〕 **durante** [ドゥランチ], **em** [エン]. 指の～ ponta do dedo. ～のとがった靴 sapato (m) pontiagudo (bicudo). ～に na ponta; na frente; primeiro; 〔向こう〕 mais adiante, depois. ～に行ってください、すぐ後から行きます Vá na frente, que eu vou logo atrás. どっちを～にやりましょうか Qual dos dois vamos fazer primeiro? まだ～が長いんだから、がんばって Você ainda tem ∟uma vida inteira [toda uma vida] pela frente .... Vamos lá! ～のことはわからない Não se pode prever o futuro. それは～の話だ Isso não é para já. その～を話してください Conte-me ∟a continuação da história [o que aconteceu depois]. お～に失礼します Com licença, preciso me retirar antes.

さき 左記 esquerda (f); **seguinte** (m). それは～の図のとおりです Isso é como no desenho ∟à esquerda [seguinte].

さぎ 詐欺 burla (f), **fraude** (f), **vigarice** (f). …に～を働く dar o golpe a …, passar o conto do vigário a …, fazer trapaça com …. ～に遭う ser vítima de uma fraude, ir no conto do vigário. 詐欺師 **vigarista**. 詐欺破産 **falência** (f) fraudulenta. 転売詐欺 **estelionato** (m).

さぎ 鷺 〖鳥〗 **garça** (f).
さきおとつい há três dias, três dias atrás.
さきおととし há três anos, três anos atrás.
さきがけ 先駆け ❶ 〔先んじること〕 **iniciativa** (f), **liderança** (f). 流行の～となる ser o/a lançador/ra da moda. ❷ 〔先駆者〕 **pioneiro/ra, precursor/ra**. 独立運動の～である ser o/a precursor/ra do movimento da independência.

さきがける 先駆ける ser precursor/ra. 夏に先駆けて水着のファッションショーが開かれた Antecipando-se ao verão, houve um *show* de trajes de banho.

さきざき 先々 ❶ 〔行くすべての所〕 todos os lugares onde se vai. 彼女は行く～で大歓迎を受けている Ela está sendo recebida calorosamente em todas as partes onde vai. ❷ 〔未来〕 **futuro** (m) distante. ～の生活に困らないように para se assegurar contra as vicissitudes do futuro.

サキソフォン 〖音〗 **saxofone** (m).
さきだたれる 先立たれる sobreviver a alguém, perder alguém muito querido. 私が夫に先立たれてから5年になる Faz cinco anos que perdi meu esposo.

さきだつ 先立つ preceder, ir antes. 試合に先立って antes de começar o jogo. 討論を始めに先立ち antes de começar a discussão. 海外旅行したいが～ものがない Quero fazer uma viagem ao estrangeiro, mas não tenho dinheiro [meios].

さきどり 先取り ❶ 〔前もって受け取ること〕 ～する receber adiantado (uma quantia). 原稿料を～する receber adiantado o pagamento dos originais enviados à editora. ❷ 〔他人より先に物事をすること〕 **antecipação** (f). 時代を～する antecipar-se à época.

さぎばしる 先走る agir ∟com precipitação [precipitadamente], precipitar-se em. 先走った考え **ideia** (f) demasiado avançada para a época. 先走った結論 **conclusão** (f) precipitada. 先走ったことをする fazer coisas irrefletidamente [prematuramente].

さぎばらい 先払い pagamento (m) adiantado. このお店は料金～です Paga-se adiantado nesta loja. クリーニング屋では大体～をする Em tinturarias [lavanderias] costuma-se pagar adiantado.

さきほど 先程 momentos antes, (ainda) há pouco, faz pouco tempo, faz alguns minutos. 彼は～出て行きました Ele saiu há pouco 《口語》 agorinha mesmo. ～お電話がありました Tivemos um telefonema para o/a senhor/ra, faz alguns minutos. ～は失礼いたしました Desculpe-me ∟pelo que fiz momentos antes [por aquela hora].

さきまわり 先回り antecipação (f). ～する antecipar-se, adiantar-se.
さきみだれる 咲き乱れる atingir a plena florescência. 桜が咲き乱れている As flores das cerejeiras estão em plena florescência.

さきもの 先物 〖経〗〔商品〕 **artigo** (m) de entrega futura. ～買いをする arriscar uma especulação. ♦ 先物契約 **contrato** (m) a termo. 先物市場〔取引〕 **mercado** (m) [**comércio** (m)] a termo, mercado de futuros. 先物相場 **preço** (m) de mercado ∟a termo [para entrega futura].

さきゅう 砂丘 duna (f).
さきゆき 先行き futuro (m). ～が懸念される Há uma apreensão ∟com o [pelo] futuro. ～不透明である O futuro está incerto.

*******さぎょう 作業 trabalho** (m) [トラバーリョ], **obra** (f) [オーブラ], **operação** (f) [オペラサォン]. 今彼は～中ですか Ele está trabalhando agora? ♦ 作業員 **operário/ria**. 作業時間 **horas** (fpl) de trabalho. 作業台 **mesa** (f) de trabalho. 作業服 **uniforme** (m) de trabalho, **macacão** (m).

さく 割く、裂く ❶ 〔切って分離する〕 **rasgar, dilacerar, rachar**. 干し鱈(だら)を裂く desfiar o bacalhau seco. 裂いた干し鱈 **bacalhau** (m) seco desfiado. 紙を裂く rasgar o papel. ❷ 〔人と人の仲を引き離す〕 **separar, dividir**. 仲の良い二人の間を裂く separar duas pessoas que se dão bem. ❸ 〔分け与える〕 **arranjar, dar, ceder** 《tempo》. 恋人と会うために時間を割く arranjar tempo para se encontrar com o/a namorado/da. 私に5分割いていただけますか Pode me ceder cinco minutinhos?

さく　咲く　florescer, abrir(-se). バラが咲いた As rosas se abriram. 桜が咲いている A cerejeira está em flor./As cerejeiras estão floridas.

さく　柵　cerca (f). 庭に〜をめぐらす cercar o jardim. 家畜を〜の中に入れる encurralar o gado. あの土地は有刺鉄線で〜がしてある Aquele terreno está cercado de arame farpado.

さく　策　❶ meio (m), medida (f). …のために〜を講じる buscar [tomar] medidas para …. ❷〔案〕plano (m). 〜を巡らす traçar um plano, tentar vários meios. ❸〔術策〕ardil (m), truque (m). 〜を弄(ﾛｳ)する fazer uso de um ardil. 〜が尽きた Já não há mais nada a fazer./Esgotaram-se todos os meios (para resolver a questão).

さくいん　索引　índice (m).

さくがんき　削岩機　〖鉱物〗perfurador (m) de rochas.

さくげん　削減　redução (f), diminuição (f). 〜する reduzir, diminuir. 予算を〜する reduzir o orçamento. 人員を〜する reduzir o quadro de pessoal.

さくご　錯誤　engano (m), equívoco (m). ♦試行錯誤 tentativas (fpl) e erros (mpl). 時代錯誤 anacronismo (m).

さくさん　酢酸　〖化〗ácido (m) acético.

さくし　作詞　composição (f) da letra (de música). 〜する compor a letra de música. ♦作詞家 compositor/ra de letra de música.

さくじつ　昨日　ontem. ⇨昨日(ｷﾉｳ).

さくしゃ　作者　autor/ra. その本の〜はだれですか Quem é o autor desse livro [dessa obra]?

さくしゅ　搾取　exploração (f). 〜する explorar, aproveitar-se de. 〜された explorado/da. ♦搾取者 explorador/ra. 被搾取階級 classe (f) social explorada.

さくじょ　削除　eliminação (f), anulação (f), supressão (f). 〜する suprimir, apagar, cortar; 〔ｺﾝﾋﾟ〕deletar, apagar, eliminar. 〜された anulado/da, cortado/da, apagado/da; deletado/da. 本文から2行〜する suprimir duas linhas do texto. 会員名簿から…の名前を〜する cortar o nome de … da lista dos associados.

さくせい　作成　elaboração (f), preparação (f), confecção (f). 〜する elaborar, preparar, redigir, fazer. 契約書の〜 redação (f) de um contrato. 契約書を〜する redigir um contrato. デビットノートを〜する formular a nota de débito. 試験問題を〜する preparar as questões do exame. 法案を〜する elaborar um projeto de lei. 計画を〜する traçar um plano.

サクセスストーリー　história (f) [caso (m)] de sucesso.

さくせん　作戦　estratégia (f), manobra (f), operação (f), tática (f). 〜を立てる elaborar um plano de operação [ação]. 〜上 estrategicamente falando.

さくづけ　作付け　plantação (f). 大豆の〜面積 área (f) de plantação da soja.

さくにゅう　搾乳　ordenha (f). 〜する ordenhar. ♦搾乳器 máquina (f) de ordenhar.

さくねん　昨年　ano (m) passado.

さくばん　昨晩　a noite passada, esta noite, ontem à noite.

さくひん　作品　obra (f). ブラームスの〜 peça (f) (musical) de Brahms. これはだれの〜ですか De quem é esta obra? ♦文学作品 obra literária.

さくぶん　作文　composição (f), redação (f). 〜を書く redigir, fazer uma redação. 「木」というテーマについて〜を書く fazer uma redação com o tema [sobre] "árvore". 彼女は英〜が上手だ Ela redige [escreve] bem em inglês.

さくもつ　作物　produto (m) agrícola. 今年の〜はとても出来がよかった Tivemos uma boa colheita este ano.

さくや　昨夜　ontem à noite, última noite.

さくら　桜　〖植〗〔花〕flor (f) de cerejeira; 〔木〕cerejeira (f). 〜色の de um rosa pálido [claro]. 満開の〜 cerejeira em plena florescência, florescência (f) esplêndida da cerejeira. ♦桜前線 frente (f) das cerejeiras em plena florescência.

さくらがい　桜貝　concha (f) cor de rosa.

さくらそう　桜草　〖植〗primavera (f).

さくらん　錯乱　perturbação (f), confusão (f). 精神が〜する ficar perturbado/da [confuso/sa]. ♦精神錯乱 perturbação (f) mental, demência (f).

さくらんぼ　cereja (f).

さぐり　探り　sondagem (f), investigação (f). 先方の意向に〜を入れる sondar as intenções do outro.

さくりゃく　策略　estratagema (m), ardil (m), truque (m), manobra (f). 〜を巡らす pensar em artifícios, tramar, manobrar. 〜を用いる valer-se de um estratagema. ♦策略家 manobrador/ra.

さぐる　探る　〔調べる〕sondar, procurar descobrir, espreitar; 〔捜す〕procurar, buscar. …の秘密を〜 sondar os segredos de …. 手で〜 tatear. 彼女の本心を知るために顔色を探った Olhei bem no rosto dela para saber das suas verdadeiras intenções. ポケットの中を探ったらパスポートが出てきた Achei o passaporte apalpando os [procurando nos] bolsos.

ざくろ　石榴　〖植〗romã (f). ♦石榴石 granada (f).

さけ　酒　〔日本酒〕saquê (m);〔アルコール飲料〕bebida (f) alcoólica. 〜を飲む beber (bebidas alcoólicas), tomar saquê. 彼は〜が強い(弱い) Ele é forte (fraco) na bebida. 強い〜 bebida (f) forte. 弱い〜 bebida fraca.

~で悩みを忘れる esquecer as mágoas, ⌊bebendo《口語》enchendo a cara⌉. ～の勢いで por força do álcool. ～の上のけんかだから大目に見ようよ Vamos perdoar, que a briga foi por força do álcool. 彼は～癖が悪い Ele é um mau bebedor. 彼は～臭い Ele está cheirando a álcool. やけ～を飲む beber por desespero para esquecer as mágoas. ～に酔う embriagar-se. そろそろお～にしませんか Vamos à bebida, então? ♦ 酒かす borra (f) do saquê. 酒類 bebidas (fpl) alcoólicas. 大酒飲み beberrão/rrona.

さけ 鮭 〚魚〛salmão (m). ♦燻製鮭 salmão defumado.

さげすみ 蔑み desprezo (m), menosprezo (m).

さげすむ 蔑む desprezar, menosprezar.

さげどまり 下げ止まり patamar (m) mais baixo. 土地の値段は今が～だ Os preços dos terrenos estão agora no ⌊seu patamar mais baixo《口語》fundo do poço⌉.

さけび 叫び grito (m); clamor (m). 負傷者の～ grito dos feridos. 改革の～ grito [clamor] pela reforma. 不正に対する国民の～ grito [clamor] do povo contra a injustiça. 彼らはその提案に反対の～声を上げた Eles gritaram contra essa proposta.

さけぶ 叫ぶ ❶ gritar, dar [soltar] um grito; clamar. 助けて～ gritar "Socorro!". 値上げ反対を～ dar um grito de protesto [protestar, clamar] contra a alta dos preços. ❷《比》(受け身形で) ser o assunto mais falado, ser um assunto premente. 今は世界中で水の節約が叫ばれている Fala-se muito em economizar água no mundo inteiro./A economia de água está na pauta dos objetivos do mundo inteiro.

さけめ 裂け目 ❶〔皮膚の〕greta (f). ❷〔陶器など〕racha (f). ❸〔地面、氷など〕fenda (f). ❹〔衣類など〕rasgão (m).

さける 裂ける ❶〔大地などが〕fender-se, rachar-se. ❷〔布地などが〕romper, rasgar. 裂けたズボン calça (f) rasgada.

*****さける** 避ける evitar [エヴィタール]. 彼との対立は避けたほうがいい É melhor evitar brigas com ele. あの人は私を避けている Ele/Ela está me evitando. その問題は避けては通れるわけにはいかない Não dá para [Não se pode, Não há como] evitar esse problema./Esse problema é inevitável. 人目を避けて暮らす viver escondido/da.

*****さげる** 下げる ❶〔低くする〕abaixar [アバイシャール], derrubar [デフバール]. 頭を～ abaixar a cabeça. …に頭を～ 《比》subordinar-se a …. 品質を～ abaixar [piorar] a qualidade, degenerar. 品質を下げないで値段を～方法はないだろうか Será que não há um meio de abaixar o preço sem perder a qualidade? …の程度を～ abaixar o nível de …. …の値段を～ diminuir [abaixar] o preço de …. 物価を～ abaixar o custo de vida. 温度を～ derrubar [abaixar] a temperatura. ❷〔片づける〕tirar [チラール], retirar [ヘチラール]. 食器を～ tirar a mesa. ❸〔後方へ動かす〕recuar [ヘクアール]. トラックを後ろに～ recuar o caminhão. ❹〔掛ける〕pendurar [ペンドゥラール]. 窓にカーテンを～ colocar [pôr] uma cortina na janela. 窓に鳥かごを～ pendurar a gaiola na janela.

さげる 提げる carregar [levar, trazer] ⌊dependurado/da [a tiracolo]. ショルダーバッグを肩に～ carregar [levar, trazer] uma bolsa a tiracolo nos ombros.

ざこう 座高 estatura (f) de uma pessoa sentada. ～が高い ter o tronco longo. 彼女は～が90センチある Ela mede noventa centímetros sentada.

さこく 鎖国 isolamento (m) nacional [de um país]. ～する fechar o país ao estrangeiro, isolar o país. 日本はほぼ二百年間にわたり～状態にあった O Japão esteve em estado de isolamento nacional durante quase duzentos anos. ♦ 鎖国主義 isolacionismo (m). 鎖国政策 política (f) de isolamento nacional.

さこつ 鎖骨 〚解〛clavícula (f).

ざこつ 坐骨 〚解〛ossos (mpl) ⌊ilíacos [da bacia]⌉, sacro (m) e cóccix (m) [コークスィス]. ♦ 坐骨神経 nervo (m) ciático. 坐骨神経痛 (f) ciática.

ざこね 雑魚寝 ～する dormir no chão.

ささ 笹 〚植〛espécie (f) de bambu rasteiro.

ささい 些細 ～な sem importância, insignificante. ～な貢献 uma contribuição singela. ～なこと coisa (f) sem importância. そんな～なことに腹を立ててはいけませんよ Não esquente a cabeça por uma coisinha dessas.

ささえ 支え apoio (m), sustento (m), suporte (m).

さざえ turbilho (m). ～のつぼ焼き 〚料〛turbilho assado na própria concha.

*****ささえる** 支える ❶ apoiar [アポイアール], sustentar [ススデンタール], dar apoio (moral, financeiro) a …. 私は父親を金銭的に支えています Eu estou dando apoio financeiro ao meu pai. 私は家族を～ために働いている Eu estou trabalhando para sustentar a família. 私は写真に多くを支えられています Eu tenho na fotografia um grande apoio. ❷ amparar [アンパラール]. 少しめまいがするので支えてください Por favor, me ampare, pois estou com tontura. 患者さんの腕を支えてください Pegue no braço do/da paciente.

ささくれ radícula (f) [espigão ou pele levantada junto à raiz da unha]. 指に～ができる ter um espigão no dedo.

ささげる 捧げる dedicar, oferecer. 国家に一命を～ sacrificar-se pela pátria. …に花を～ oferecer flores a …. 母親に処女作を～ dedicar a primeira obra à própria mãe. 彼はこ

の研究に生涯をささげた Ele dedicou a vida toda a esta pesquisa./Ele deu a vida por esta pesquisa.

さざなみ pequena onda (f), ondulação (f).

ささみ ささ身 carne (f) branca do frango.

ささやか 〜な pequeno/na, modesto/ta. 〜な贈り物 um presente (m) modesto [simples].

ささやき 囁き sussurro (m), murmúrio (m).

ささやく 囁く sussurrar, murmurar.

ささる 刺さる fincar-se, cravar-se, espetar (-se). 魚の骨がのどに刺さった Espetou uma espinha na garganta. 指に針が刺さった A agulha espetou no dedo.

さざんか 山茶花 【植】espécie (f) de camélia.

さじ 匙 colher (f). 〜1杯 uma colher. そこに大〜2杯のしょうゆを入れてください Coloque aí duas colheres de sopa de *shoyu*. ¶ 〜をなげるにはまだ早い Ainda é cedo para desistir (do que se está fazendo). ♦ 大匙 colher grande [de sopa]. 小匙 colher pequena [de chá] (nas receitas).

さしあたり 差し当たり por ora, para o momento, por enquanto. 正式に決まるまでは〜この仕事をやってください Por enquanto, fique fazendo este serviço, até que se resolvam as coisas oficialmente. 〜これで間に合わせよう Vamos nos contentar com isso por enquanto.

さしいれ 差し入れ ❶ 〔挿入〕inserção (f). ❷ 〔刑務所への〕suprimento (m), fornecimento (m). 囚人に食べ物を〜する entregar comida ao/à preso/sa. ❸ 〔慰労のための〕oferta (f) de algo para animar. 道端でビラを配っている人たちにお茶の〜があった Ofereceram chá para os que estavam distribuindo folhetos na rua.

さしいれる 差し入れる ❶ 〔挿入する〕inserir. ❷ 〔刑務所に〕suprir, fornecer. 囚人たちに衣類を差し入れた Deu roupas aos presos. ❸ 〔慰労のために〕oferecer algo para animar. 被災者たちにサンドイッチを差し入れた Ofereceram sanduíches às vítimas do acidente.

さしえ 挿し絵 ilustração (f), figura (f).

さしおく 差し置く ❶ 〔無視〕desrespeitar, ignorar, passar por cima. 副委員長は委員長を差し置いて決定を下した O vice-presidente da comissão passou por cima do presidente e tomou uma decisão. ❷ 〔放っておく〕deixar de lado. 何を差し置いても antes de mais nada, antes de tudo. 彼らは私を差し置いて計画を進めた Eles me deixaram de lado e levaram o projeto adiante.

さしおさえ 差し押さえ apreensão (f), confisco (m), arresto (m). 密輸品に対する〜を行う arrestar [embargar] os artigos de contrabando. ♦ 差し押さえ物件 bem (m) confiscado. 差し押さえ令状 mandato (m) de arresto.

さしおさえる 差し押さえる apreender, confiscar, embargar, arrestar. 被告人の財産を〜 embargar [arrestar, confiscar] os bens do réu.

さしかかる 差し掛かる ❶ 〔その場に近づく〕aproximar-se. 列車はトンネルに差し掛かった O trem se aproximou do túnel. ❷ 〔その時期になりかかる〕começar a entrar. あの町は雨期に差し掛かっていた A temporada de chuvas estava começando naquela cidade./Aquela cidade estava entrando na estação das chuvas.

さしがね 差し金 incitação (f), instigação (f). …の〜で sob [com] a instigação de …. このトラブルはみんな彼の〜だった Foi ele quem incitou todas estas encrencas.

さしき 挿し木 chantão (m), tanchão (m).

ざしき 座敷 ❶ 〔場所〕sala (f) de *tatami* em estilo japonês. ❷ 〔宴(?今)〕banquete (m).

さしきず 刺し傷 punhalada (f), ferimento (m) feito com punhal, (marca (f) de) facada (f).

さしこみ 差し込み ❶ 〔挿入〕inserção (f). ❷ 〖電〗tomada (f). ♦ 差し込みプラグ ficha (f) macho, plugue (m). ❸ 〔腹などの急激な痛み〕dor (f) convulsiva.

さしこむ 射し込む 〔光が〕penetrar, entrar (luz solar etc). 日が部屋に射し込んでいた A luz do sol penetrava no quarto.

さしこむ 差し込む ❶ inserir, enfiar, introduzir. テレビのプラグをコンセントに〜 plugar [ligar] a televisão a uma tomada. プラグを差し込んでください Ligue [Enfie] o plugue na tomada, por favor. ❷ 〔腹などが急に痛む〕sentir um dor aguda. 〜痛み dor (f) aguda.

さしず 指図 instrução (f), ordem (f), indicação (f). …に〜する dar instruções [ordens] a …. …の〜に従う seguir as instruções [ordens] de …. 〜をあおぐ pedir instruções. 先生の〜どおりに歩く andar ʟsegundo [de acordo com] as instruções do mestre. 君の〜は受けない Não aceito ordens de você. ♦ 指図式小切手 cheque (m) à ordem. 支払い指図書 ordem (f) de pagamento. ⇨命令.

さしせまった 差し迫った iminente, urgente, premente. そこには〜危険性はない Não há perigo iminente nisso. 〜仕事 trabalho (m) urgente. 今日は〜用事がある Tenho um assunto urgente a resolver hoje.

さしせまる 差し迫る aproximar-se, ficar iminente. 試験の時間が差し迫っている A hora do exame está se aproximando. 戦争が差し迫っていた A guerra estava iminente.

さしだしにん 差出人 remetente.

さしだす 差し出す 〔提供する〕oferecer, apresentar; 〔手を伸ばす〕estender 《a mão》.

さしつかえ 差し支え ❶ impedimento (m),

obstáculo (m). ❷ inconveniência (f), problema (m), inconveniente (m). そのようにしても一向に〜ないです Não há inconveniente nenhum em fazer desse modo.

さしつかえる 差し支える afetar, estorvar, constituir obstáculo, atrapalhar. それは仕事に〜 Isso afeta o trabalho. あまり飲むと明日の仕事に〜 Se beber muito o trabalho de amanhã não vai render muito.

さしでがましい 差し出がましい intrometido/da, impertinente, ousado/da. 〜事をする comportar-se de forma invasiva. …に一口を利く falar coisas ousadas a …, ser impertinente ao falar com ….

さしとめ 差し止め proibição (f), suspensão (f). 税関での〜件数 número (m) de casos barrados na alfândega.

さしとめる 差し止める interditar, suspender; barrar, proibir a entrada de. 記事を〜 proibir a publicação de um artigo. 税関で偽ブランド品ということで差し止められた件数が増えている Está aumentando o número de falsos artigos de grife [marca] barrados na alfândega.

さしのべる 差し伸べる estender. …に手を〜 estender [dar] a mão a …. …に援助の手を〜 ajudar …, auxiliar …, prestar ajuda a ….

さしはさむ 差し挟む inserir. 口を〜な Não se intrometa (na conversa)!/《口語》Não meta o bico [bedelho] onde não é chamado! …に疑問を〜 pôr … em dúvida. 彼の証言には疑問を〜余地はない O testemunho dele não deixa margem para dúvidas. …に異議を〜 protestar contra ….

さしひかえる 差し控える moderar-se; abster-se. 発言を〜 calar-se, falar pouco. 食事を〜 ser moderado/da no comer, comer pouco.

さしひく 差し引く deduzir, descontar, subtrair. 給料から税金を〜と10万円の手取りだ Deduzindo o imposto do salário, saio ganhando cem mil ienes.

さしみ 刺身 【料】peixe (m) cru 《cortado em fatias》, sashimi (m).

さしもどす 差し戻す devolver, mandar de volta. 一審に〜 【法】remeter os autos ao tribunal de primeira instância. ♦差し戻し審【法】instância (f) devolvida.

ざしょう 座礁 encalhe (m), encalhamento (m). 浅瀬に〜する tocar um banco. 舟が〜した O barco encalhou na rocha escondida no mar.

さす 刺す cravar, enfiar; morder. 蚊に刺された levar uma mordida [picada] de mosquito. 人の背中をナイフで〜 dar uma facada nas costas de alguém. ビーフステーキにフォークを〜 espetar o garfo no bife. 〜ような痛み dor (f) aguda [lancinante].

さす 射す 〔日が〕penetrar, entrar 《raios solares》.

さす 差す 〔注ぐ〕pôr [ポール], deitar [デイタール], verter [ヴェルテール];〔傘など〕abrir [アブリール]. 目薬を〜 pôr [aplicar] colírio nos olhos. この機械に油を差しましょう Vamos pôr óleo nesta máquina. 傘を差さないんですか Não vai abrir o guarda-chuva?

さす 指す 〔指し示す〕indicar [インヂカール], apontar [アポンタール];〔名指す〕apontar, chamar [シャマール];〔将棋、碁を〕jogar [ジョガール]. 時計の針は4時を指していました O ponteiro do relógio estava indicando quatro horas.

さす 挿す 花瓶(かびん)に花を〜 pôr flores no vaso.

さすが ❶〔期待にたがわず〕de acordo com o que se esperava, de acordo com a fama que tem. 〜名人 Que proeza! Merece a fama que tem. 〜ママ Ótimo! É o que a gente esperava da senhora, mãe. ブラジルは〜に暑い O Brasil é realmente muito quente. ❷〔それだけは別だと思っていたもののやはり〕diferentemente do que se espera. 〜の私もあのときは怒ってしまった Eu, que sou tão pacífico/ca, acabei ficando bravo/va naquela hora. 〜のチャンピオンも年には勝てなかった Até mesmo um/uma campeão/peã deixou-se vencer pela idade. 社長に頼まれては私も〜に断れなかった Como a tarefa foi pedida pelo presidente, mesmo eu que sou tão durão/rona, não pude recusar.

さずかりもの 授かりもの dádiva (f), presente (f).

さずかる 授かる receber, ser dotado/da de; 〔教えを〕iniciar-se em …. 子を〜 ter um filho.

さずける 授ける dar, conferir;〔教える〕ensinar, instruir, iniciar. 学位を〜 conferir um título acadêmico a. 知恵を〜 ensinar dicas, aconselhar.

サスペンス suspense (m). ♦サスペンス映画 filme (m) de suspense.

サスペンダー suspensórios (mpl).

さすらい 〜の errante, nômade. 〜の生活を送る levar uma vida errante.

さすらう errar, vagar.

さする 摩る ❶〔激しく〕esfregar, coçar. ❷〔なでる〕acariciar, afagar, alisar. 背中を〜 esfregar as costas.

ざせき 座席 assento (m), banco (m), cadeira (f), lugar (m). 車の後部〜 banco de trás do carro. 私は窓ぎわの〜に着いた Eu me sentei no banco do lado da janela. 私は通路側の〜がいいです〔空港のカウンターや旅行会社などで〕Eu quero um assento do lado do [que dá para o] corredor. 〜の予約をしたいのですが Gostaria de reservar um assento [uma cadeira, um lugar]. 窓側（通路側）の〜にしてください Por favor, reserve-me o assento [a poltrona] da janela (do corredor). ♦座席指

定券〔車〕passagem (f) de lugar marcado;〔劇場〕ingresso (m) de cadeira numerada.

させつ 左折 ~する virar à esquerda. ~禁止《掲示》Proibido virar à esquerda.

ざせつ 挫折 fracasso (m), frustração (f). ~する fracassar; frustrar-se. 計画は~した O projeto fracassou. 一度~したことに再挑戦する desafiar-se (novamente) a fazer uma coisa em que se fracassou uma vez. 今の若者は~に弱い Os jovens atuais não sabem lidar com o fracasso. ♦挫折感 sentimento (m) de frustração, sensação (f) de fracasso.

***させる** 〔相手の意志に関係なく〕mandar fazer (algo);〔相手の望むように〕deixar fazer (algo);〔頼んで〕mandar vir, encomendar [エンコメンダール]. 子供たちに自分の部屋を掃除させましょう Vamos mandar as crianças limparem os próprios quartos. それをもう一度私にさせてください Deixe-me fazer isso mais uma vez. だれかを手伝いに来させましょう Vamos pedir para alguém vir ajudar.

させん 左遷 rebaixamento (m). ~する rebaixar. 彼は北海道の支店に~された Ele foi rebaixado para a filial de Hokkaido.

ざぜん 座禅《宗》zazen (m), meditação (f) (sentada de pernas cruzadas, estilo zen-budista). ~をする praticar meditação. ~を組む sentar-se em meditação.

さぞ seguramente, sem dúvida, certamente, com certeza. 月から見た地球は~きれいでしょう A Terra vista da Lua deve ser bonita, com certeza. ~お疲れでしょう Certamente você deve estar cansado/da.

さそい 誘い convite (m). ~を断る recusar o convite. ~に応じる aceitar o convite.

さそう 誘う〔招待〕convidar;〔促す〕induzir, provocar, causar, suscitar. 涙を~ suscitar lágrimas. 眠りを~ provocar [dar] sono. 友人を旅行に~ convidar um/uma amigo/ga para viajar juntos/tas [para uma viagem]. 彼が私を誘ってくれたのですか Foi ele que me convidou?

さそり 蠍《動》escorpião (m). ♦蠍座《星座》(signo (m) de) escorpião (m).

さだか 定か certo/ta, seguro/ra. これは~な情報ではない Esta não é uma informação de fonte fidedigna. それを誰が決めたのか~ではない Não se sabe ao certo quem decidiu isso.

さだまる 定まる ❶〔決まる〕decidir-se, resolver-se, determinar-se. まだ会議の日時が定まっていない Ainda não se decidiu a data da reunião. ❷〔落ち着く〕estabilizar-se. 天候が定まらない O tempo está instável.

さだめる 定める decidir, resolver, determinar, fixar, regulamentar. 法が~ところによると como manda a lei. それは法によって定められている Isso está regulamentado por lei.

ざだんかい 座談会 colóquio (m), reunião (f) para trocar ideias a respeito de um determinado tema.

さち 幸 ❶〔幸福〕felicidade (f). ❷〔産物〕fruto (m). 海の~山の~ frutos do mar, frutos da montanha.

さつ 札 nota (f) 《de dinheiro》. 千円~ nota de mil ienes.

-さつ -冊 (usado na contagem de livros, cadernos etc) 2~の本 dois livros. 彼は英語の本を何~持っていますか Quantos livros de inglês ele tem?

ざつ 雑 ~な mal-acabado/da, malfeito/ta,《口語》tosco/ca. ~な仕事 trabalho (m) malfeito〔《口語》matado〕. ~にできている feito/ta de qualquer maneira. 彼は性格が~だ Ele tem um caráter imoderado.

さつい 殺意 desejo (m) [intenção (f)] de matar. ~を抱く ter o desejo de matar.

さつえい 撮影 filmagem (f), rodagem (f). ~する〔写真〕fotografar;〔映画〕filmar. 記念~する tirar uma fotografia de lembrança. ~禁止《掲示》Proibido fotografar. ♦撮影機 câmera (f) de filmagem. 撮影所 estúdio (m).

ざつおん 雑音 ruído (m), interferências (fpl);《比》más línguas (fpl). このラジオは~が入る Este rádio está com muitas interferências. ~は気にしないでおきましょう É melhor não ligar para as más línguas.

さっか 作家 escritor/ra, autor/ra. 彼の職業は~である Ele é escritor. ♦古典作家 autor/ra clássico/ca. 劇作家 dramaturgo.

ざっか 雑貨 ♦雑貨店 armazém (m) de secos e molhados. 日用雑貨 artigos (mpl) de uso diário.

サッカー futebol (m). ~する jogar futebol. サッカークラブ clube (m) de futebol. サッカー選手 jogador/ra de futebol. 女子サッカー futebol feminino. ビーチサッカー futebol de praia.

▶**おもなサッカー用語**◀

ボール bola [ボーラ] (f)
選手 jogador [ジョガドール] (m)
チーム equipe [エキッピ] (f)
監督 treinador [トレイナドール] (m), técnico [テクニコ] (m)
ワールドカップ Copa do Mundo [コッパドムンド] (f)
サポーター torcedor [トルセドール] (m), torcedora [トルセドーラ] (f)
フーリガン hooligan [フリガン] (m)
オフェンス ataque [アタッキ] (m)
ディフェンス defesa [デフェーザ] (f)
パス passe [パッスィ] (m)
ドリブル drible [ドリブリ] (m)
ヘディング cabeçada [カベサーダ] (f)
カウンターアタック contra-ataque [コントラアタッキ] (m)
シュート chute [シュッチ] (m)
ゴール gol [ゴーウ] (m)

オフサイド impedimento [インペディメント] (*m*)
イエローカード cartão amarelo [カルタォン アマレーロ] (*m*)
レッドカード cartão vermelho [カルタォン ヴェルメーリョ] (*m*)
さつがい 殺害 assassinato (*m*), homicídio (*m*). ～する assassinar, matar. ♦殺害現場 local (*m*) do assassinato.
さっかく 錯覚 ilusão (*f*). AとBを～する tomar a A como B. ブラジルにいるという～を起こす ter a ilusão de estar no Brasil. 目の～ ilusão (*f*) ótica.
さっかく 錯角 【数】ângulos (*mpl*) alternos internos.
ざつがく 雑学 《軽蔑的》conhecimento (*m*) amplo sem ser de especialista, saber (*m*) enciclopédico e inútil. ～の大家 pessoa (*f*) que sabe um pouco de tudo, enciclopédia (*f*) ambulante.
サッカリン 【化】sacarina (*f*).
さつき 皐 【植】rododendro (*m*).
さっき àquela hora; faz pouco tempo. ⇨先程.
さっき 殺気 ar (*m*) belicoso, sede (*f*) de sangue, ferocidade (*f*). 会場には～が漂っていた Reinava um ar belicoso na sala de reunião. ～だった群衆 multidão (*f*) superexcitada. ～だった目で com olhos ferozes.
ざっきちょう 雑記帳 agenda (*f*), caderno (*m*) de rascunho.
さっきゅう 早急 urgência (*f*). ～に com urgência, sem demora.
さっきょく 作曲 composição (*f*) musical. ～活動を行う compor músicas, ser compositor/ra. …を～する compor …. ♦作曲家 compositor/ra.
ざっきょビル 雑居ビル prédio (*m*) multiuso (que abriga escritórios, bares e lojas).
さっきん 殺菌 esterilização (*f*), desinfecção (*f*), pasteurização (*f*). ～する esterilizar. ♦殺菌牛乳 leite (*m*) pasteurizado. 殺菌剤 bactericida (*m*). 殺菌力 capacidade (*f*) de esterilização.
ざっきん 雑菌 【生】germes (*mpl*) variados, várias bactérias (*f*).
サック [指の] dedeira (*f*); [コンドーム] preservativo (*m*).
ざっくばらん ～に 《口語》com franqueza, sem papas na língua. ～にものを言う falar com franqueza, dizer tudo o que pensa (sobre algo), não medir as palavras. ～な人 pessoa (*f*) franca.
ざっこく 雑穀 cereais (*mpl*).
さっさと depressa, logo.
さっし 冊子 livro (*m*), panfleto (*m*).
さっし 察し empatia (*f*). ～がつく poder imaginar [adivinhar] mais ou menos do que se trata, ter empatia. 彼女は～がよい Ela lê bem o coração dos outros. お～のとおりです É exatamente como o/a senhor/ra imagina.
サッシ caixilho (*m*) de janela. ♦アルミサッシ caixilho de alumínio.
ざっし 雑誌 revista (*f*). ～を取る assinar uma revista. ♦月刊雑誌 revista mensal. 週刊雑誌 revista semanal.
ざっしゅ 雑種 ～の mestiço/ça, híbrido/da. ～の犬 cachorro (*m*) vira-lata.
ざっしゅうにゅう 雑収入 entradas (*fpl*) diversas (além da fixa).
ざっしょく 雑食 polifagia (*f*). ～の onívoro/ra, polífago/ga. 犬は～動物だ Os cachorros são onívoros./《口語》O cachorro come de tudo.
さつじん 殺人 homicídio (*m*), assassinato (*m*), assassínio (*m*). ～を犯す cometer um assassinato [homicídio]. ～罪に問われる ser acusado/da de homicídio. ～容疑で逮捕される ser preso/sa por suspeita de homicídio. ～的 terrível, de morte. ～的な暑さ um calor terrível. ♦殺人事件 caso (*m*) de homicídio. 殺人者 assassino/na, homicida. 殺人未遂 tentativa (*f*) de homicídio. 殺人容疑者 suspeito/ta de homicídio. 無差別殺人 homicídio indiscriminado.
さっする 察する ❶ 〔推察〕imaginar, presumir, sentir, supor. ～ところとてもご多忙なのですね Pelo visto [Pelo que imagino], o/a senhor/ra deve estar muito ocupado/da, não é mesmo? ❷ 〔理解〕compreender, ter empatia com relação a, simpatizar com, sentir. ご悲嘆のほどお察しいたします Compartilho ⌐de vossa dor (da dor de V.S.). 彼らの立場も察してやりなさい Seja compreensivo/va com a situação deles. 私の苦しみを察してください Por favor compreenda minha dor.
ざつぜん 雑然 ～と confusamente, desordenadamente, em desordem. ～とした bagunçado/da, confuso/sa, desordenado/da. ～としているキッチン cozinha (*f*) bagunçada. 商品が～と置いてある Os produtos estão colocados desordenadamente. 私の説明はまだ～としている Minha explicação ainda está confusa.
さっそう 颯爽 elegância (*f*), garbo (*m*), galhardia (*f*); vitalidade (*f*), disposição (*f*). ～とした garboso/sa, elegante. ～とした姿 figura (*f*) garbosa. 彼は軍服を着て～と歩いている Ele caminha garbosamente com a farda. あなたはいつも～としていらっしゃる Você está sempre disposto/ta e cheio/cheia de vida.
ざっそう 雑草 erva (*f*) daninha.
さっそく 早速 imediatamente, em seguida, logo. そのことは～父に報告いたします Eu vou imediatamente informar o meu pai ⌐disso aí [sobre isso].
ざっそん 雑損 【経】prejuízos (*mpl*) diversos. ♦雑損控除 dedução (*f*) no imposto de renda pelos prejuízos que teve no ano.

ざった 雑多 ～な variado/da, diversificado/da. 種々～な色の混ざったコート casaco (m) de cores misturadas. 種々～な参列者 participantes (mpl) da mais variada espécie.

さつたば 札束 maço (m) de notas.

ざつだん 雑談 charla (f), conversa (f) à toa, conversa amigável. ～する charlar, conversar, bater papo, trocar ideias. お茶でも飲みながら～しましょう Vamos conversar tomando chá?

さっち 察知 percepção (f). ～する perceber.

さっちゅうざい 殺虫剤 inseticida (m).

さっと ❶〔突然に〕de repente. 雨は～降って～やんだ A chuva veio e parou de repente. ❷〔すばやく〕rapidamente, agilmente. 早く起きて～朝食を作った Acordei cedo e preparei rapidamente o café da manhã. 泥棒は～身をかわして警察から逃げた O ladrão esquivou-se com agilidade e fugiu da polícia. 猫は大きな音を聞いて～隠れた O gato ouviu um grande ruído e se escondeu correndo [rapidamente].

ざっと sumariamente (falando); rapidamente; por cima. 話は～次のとおりです O caso é o seguinte, falando rapidinho [sumariamente falando]. そのパンフレットに～目を通しておいてください Dê uma olhada nesse folheto aí. ～見積もると... Fazendo um cálculo aproximado ....

さっとう 殺到 afluência (f), avalancha (f), invasão (f) súbita de gente. ～する afluir, precipitar-se, acudir em multidão. 問い合わせが会社に～しています... Estão enchendo a companhia de perguntas .... その部品の注文が～しているので... Como [Já que] está chovendo o pedido dessas peças ....

ざっとう 雑踏 ❶〔人ごみ〕afluência (f) [grande movimento (m)] de pessoas. 彼は～に紛れて姿を消した Ele se aproveitou da multidão reunida no local para desaparecer. 劇場の入り口の～ grande afluência de pessoas à entrada do teatro. ❷〔交通の混雑〕congestionamento (m), engarrafamento (m).

さっぱり ❶〔まったく...ない〕nada,《口語》bulufas. イタリア語が～わからない Não entendo nada [bulufas] de italiano. ❷～した〔清潔な〕asseado/da, limpo/pa;〔味が〕de sabor leve;〔性格が〕descomplicado/da;《俗》de cuca fresca.

ざっぴ 雑費 gastos (mpl) diversos, pequenos gastos.

さっぷうけい 殺風景 ～な insípido/da, sem sabor; morto/ta; sem decoração, vazio/zia.

さつまいも 薩摩芋 batata (f) doce.

ざつむ 雑務 afazeres (mpl) variados.

ざつよう 雑用 pequenos afazeres (mpl) que não são da profissão ou dos estudos necessários [de pouca importância,《口語》chatos]. ～が多い ter um monte de coisas fora de sua área [de pouca importância, chatas] para fazer. ～に追われる ser obrigado a fazer muitas coisas supérfluas.

さて então, bem. ～そろそろ帰ろうか Bem, vamos embora? ～どうしよう Então, o que faremos agora? ～いざ机に向かうとなかなか書けない No momento em que me sento na escrivaninha disposto/ta a escrever, não me vem a inspiração [vêm as palavras].

さてい 査定 avaliação (f). ～する avaliar.

サディスト sádico/ca.

サディズム sadismo (m).

さておき deixando [pondo] de lado, à parte. その事実の信頼性は～... Credibilidade do caso à parte ....

さてつ 砂鉄 areia (f) ferruginosa.

さては ❶〔それでは〕então. ～だます気だな Então, está querendo me enganar? ❷〔そのうえ〕além de. 彼はテニス、ゴルフ、～車にいたるまで熱中している男だ É um homem louco por tênis, golfe e, além disso, carros.

サテン〚服〛cetim (m).

さといも 里芋〚植〛taro (m), inhame-coco (m).

さとう 砂糖 açúcar (m). 紅茶に～をいくつ入れますか Quantos tabletes [Quantas colheres] de açúcar quer pôr no chá? ♦砂糖入れ açucareiro (m). 角砂糖 açúcar em tabletes [cubos].

さどう 作動 funcionamento (m). ～する funcionar. 機械を～させる fazer a máquina funcionar, pôr a máquina em funcionamento, manobrar a máquina. ～中の em ação, em funcionamento.

さどう 茶道 cerimônia (f) do chá.

さとうきび 砂糖黍〚植〛cana-de-açúcar (f).

さとご 里子 filho/lha adotivo/va. ～をむかえる adotar um/uma filho/lha.

さとごころ 里心 nostalgia (f), saudade (f) do lar.

さとす 諭す explicar, fazer entender, aconselhar, convencer, persuadir. 親が子を～のは当たり前だ É natural os pais aconselharem os filhos (a agirem bem). 彼は生徒たちに訓練の大切さを諭した Ele explicou aos alunos (sobre) a importância do treino. 私は彼女に麻薬をやめるように諭した Eu a persuadi a deixar as drogas.

さとり 悟り ❶ compreensão (f), entendimento (m), intuição (f), percepção (f). この子はまだ5歳なのに～が早い Esta criança entende as coisas rapidamente apesar de ter só cinco anos. ❷〚仏教〛iluminação (f). ～を開く ser iluminado/da, atingir a iluminação, compreender a verdade absoluta.

さとる 悟る ❶ perceber, entender, compreender, ver, dar-se conta de. これ以上上達できないことを悟った Eu vi [percebi, compreendi, me dei conta de] que não posso melhorar mais. どろぼうの計画は警察に悟られた A polícia compreendeu o plano do ladrão. 彼は相対性理論の本質を悟った Ele compreendeu a essência da teoria da relatividade. 悟ったような口を利くな Não faça pose de entendido! ❷〖仏教〗atingir um estado de iluminação. 長い修行の後人生の意味を悟った Após longa provação espiritual consegui entender o sentido da vida.

サドル selim (*m*), assento (*m*) de bicicleta.
さなぎ 蛹 crisálida (*f*), ninfa (*f*).
さなだむし 真田虫 〖動〗tênia (*f*).
さのう 砂嚢 moela (*f*) de galinha.
さは 左派 facção (*f*) da esquerda. 〜の esquerdista.
さば 鯖 〖魚〗cavala (*f*), cavalinha (*f*), sarda (*f*). しめ〜 〖料〗cavala fatiada e em salmoura. 〜の味噌煮 〖料〗cavala cozida com massa de soja adocicada, ameixa japonesa e gergelim. ¶ 〜を読む 1) falsear. 彼はいつも 10 歳〜を読んでいる Ele sempre diz que é dez anos mais novo do que é. 2) falar a mais ou a menos para garantir, mentir por segurança. 1 週間でできる仕事だが〜を読んで 2 週間と言っておいた É um trabalho que se pode fazer em uma semana, mas por via das dúvidas disse que levaria duas.
サバイバル sobrevivência (*f*). ♦ サバイバルキット *kit* (*m*) [キット] de sobrevivência. サバイバルマニュアル manual (*m*) de sobrevivência.
さばき 捌き ❶〔取り扱い〕manejo (*m*), manuseio (*m*). シェフの包丁〜 manejo da faca do chefe (de cozinha). ❷〔売ること〕venda (*f*). 在庫の〜 venda do estoque.
さばき 裁き julgamento (*m*). 〜を受ける ser julgado/da.
さばく 砂漠 deserto (*m*).
さばく 捌く ❶〔売る〕vender. 切符を〜 vender todos os bilhetes. ❷〔処理〕lidar, manipular, manejar. そのような仕事を一人でなんて無理だ É impossível uma pessoa só dar conta deste trabalho. ❸〔統御〕controlar. 群集を〜 controlar a multidão.
さばく 裁く julgar, dar sentença; resolver, solucionar. 被告人を〜 julgar o réu. 混乱を〜 resolver confusões.
さばさば 〜した franco/ca, aberto/ta; aliviado/da, com sensação de liberdade. 彼女と離婚してやっと〜した Por fim, me sinto aliviado por ter-me separado dela.
サバンナ 〖地質〗savana (*f*).
さび 錆 ferrugem (*f*). ナイフに〜がついた A faca enferrujou. ドラム缶の〜落としをしてください Tire a ferrugem do tambor 《grande vasilha metálica》, por favor.
*さびしい **寂しい** solitário/ria [ソリタリオ/ア]. 寂しがる sentir-se só. 君が引っ越しした後はさびしくなるでしょう Acho que vamos sentir muito a sua falta depois que você se mudar. あの冷たさの背後にはとっても寂しがり屋な人が隠れているんだよ Atrás daquela máscara de frieza existe uma pessoa muito carente, sabe?
ざひょう 座標 〖数〗coordenada (*f*). ♦ 座標原点 ponto (*m*) de encontro dos eixos. 座標軸 eixo (*m*) das coordenadas.
さびる 錆びる enferrujar. 錆びた enferrujado/da.
さびれる 寂れる decair, perder a animação, entrar em declínio. さびれた decaído/da. あのショッピングセンターはすっかりさびれた Aquele *shopping center* perdeu toda a animação [decaiu].
サファイア safira (*f*).
サファリパーク jardim (*m*) zoológico estilo safári.
サブカルチャー subcultura (*f*).
サブタイトル ❶ subtítulo (*m*). ❷〖映〗legenda (*f*).
ざぶとん 座布団 almofada (*f*) japonesa 《que serve de assento》.
サフラン 〖植〗açafrão (*m*).
サプリメント suprimento (*m*) (vitaminas etc). ♦ サプリメント錠剤 suprimento em comprimidos.
さべつ 差別 ❶ discriminação (*f*). 〜的な discriminatório/ria. …を〜待遇する dar um tratamento discriminatório a …, discriminar …. ♦ 差別撤廃 abolição (*f*) da discriminação. 差別用語 termo (*m*) discriminatório [preconceituoso]. 黒人差別 discriminação contra negros. 人種差別 discriminação racial. 男性差別 misandria (*f*). ❷〔区別〕diferenciação (*f*), distinção (*f*), separação (*f*), discriminação (*f*). 〜をつける diferenciar, separar, distinguir, discriminar. ♦ 差別化戦略 〖経〗diferenciação (*f*).
さほう 作法 boas maneiras (*fpl*). 食事の〜 boas maneiras à mesa. ⇨ 行儀
サポーター ❶〔人〕torcedor/ra. ❷〔応援団〕torcida (*f*). ❸〖スポーツ〗suporte (*m*). 店で売られている〜 suportes vendidos comercialmente. ひざに〜をつける pôr [colocar] suportes nos joelhos.
サボタージュ sabotagem (*f*). 〜する sabotar, fazer sabotagem.
サボテン 〖植〗cacto (*m*).
さほど さほど…(ない)(nem)… tanto. ⇨ それほど
サボる 〔義務などを〕faltar à obrigação, fazer um serviço matado. 仕事を〜 faltar ao serviço por malandragem. 授業を〜 matar aula, cabular.
さま 様 ⇨ 格好(かっこう)
-さま -様 Senhor/ra. 山田〜 Senhor/ra Yamada.
サマータイム horário (*m*) de verão.
さまざま 様々 〜な diversos/sas; diferentes;

múltiplos/plas; variados/das. ～な意見 várias [diversas, diferentes] opiniões. そこには～な原因がある É um caso de causas múltiplas. あの花屋には～な花が置いてあった Naquela floricultura havia flores de toda sorte [espécie]. ～な面から問題を考える pensar no problema sob vários aspectos. (商品の大きさによって)お値段は～です Temos vários preços (conforme o tamanho da mercadoria).

さます 冷ます esfriar. スープを～ esfriar a sopa. …の興奮を～ esfriar os ânimos de …, fazer … perder o entusiasmo.

さます 覚ます 目を～〔目を〕acordar, despertar(-se);〔迷いを〕dissuadir-se, perder a ilusão. 目を覚ましなさい Abra os olhos! 自分の酔いを～ cessar de estar bêbado/da, desembriagar-se. 他人の酔いを～ desembriagar, fazer cessar a embriaguez a alguém.

さまたげ 妨げ obstáculo (m), entrave (m), estorvo (m). …の～になる ser obstáculo para ….

さまたげる 妨げる 〔ふさぐ〕estorvar, impedir, pôr obstáculos a;〔乱す〕perturbar. それは会社の成長を妨げています Isso está prejudicando o crescimento da nossa companhia. あの音は安眠を妨げています Aquele ruído está perturbando o sono. あの車は通行を妨げていた Aquele carro estorvava o trânsito.

さまよう errar, vagar. 街を～ andar pelas ruas da cidade sem destino. 生死の境を～ estar entre a vida e a morte.

サミット conferência (f) de cúpula.

*** さむい 寒い** frio/fria [フリーオ/ア]. 今朝はとても～ Está bem frio esta manhã. ～所に立っていないで火のそばに来ませんか Não quer vir perto do fogo, em vez de ficar de pé, aí no frio?

さむがり 寒がり friorento/ta. 私は～なので窓を閉めてください Por favor, feche a janela que eu sou friorento/ta.

さむがる 寒がる queixar-se do frio, ser friorento/ta.

さむけ 寒気 calafrio (m). ～がする ter [sentir] calafrios.

さむさ 寒さ frio (m). ～に備える prevenir-se contra o frio. ～をしのぐ suportar o frio.

さむらい 侍 samurai (m), guerreiro (m).

さめ 鮫 〖魚〗tubarão (m).

さめる 冷める ❶〔熱い物が〕esfriar, ficar frio/fria. スープが冷めてしまった A sopa esfriou. 冷めないうちにお食べください Sirva-se antes que esfrie a comida. ❷〔情熱などが〕esfriar, serenar, acalmar-se. 彼は熱意が冷めた O entusiasmo dele esfriou. 仕事に対する熱が冷めてしまいました Perdi o entusiasmo pelo trabalho. 私の彼に対する愛情は冷めてしまった O meu amor por ele acabou esfriando.

さめる 褪める 〔あせる〕desbotar. 日に焼けてカーテンの色がさめてしまった A cor da cortina desbotou com o sol.

さめる 覚める 目が～ acordar, despertar (-se). 朝7時に目が覚めた Acordei [Eu me despertei] às sete horas da manhã. 寝ても覚めても私はそのことを考えています Dormindo ou acordado/da, eu estou sempre pensando nisso. 酔いが～ desembebedar-se. 私は酔いが覚めた Passou a minha bebedeira [embriaguez].

サモア Samoa. ～の samoano/na.

さもないと se não; ou então. 急ぎなさい、～バスに乗り遅れます Apresse-se. Se não, vai perder o ônibus.

さや 莢 vagem (f) 《cápsula do feijão》.

さやいんげん 莢隠元 〖植〗feijão (m) verde.

さやえんどう 莢豌豆 〖植〗ervilha (f).

ざやく 座薬 〖薬〗medicamento (m) em supositório, supositório (m).

さゆ 白湯 água (f) quente.

さゆう 左右 a esquerda (f) e a direita (f). ～を見る ver ao redor, ver à direita e à esquerda. …に～される ser influenciado/da por …. この商売はドルの相場に～されやすい Este comércio é facilmente influenciável pela cotação do dólar. ◆左右対称 simetria (f). 左右非対称 assimetria (f).

*** さよう 作用** ação (f) [アサォン];〔機能〕função (f) [フンサォン];〔効果〕efeito (m) [エフェーイト]. …に～する atuar [agir] sobre …. これは電気の～でそうなるのです Isso fica assim por ação da eletricidade. ◆化学作用 ação (f) química.

さようなら até logo;〔次の日にまた会える人に〕até amanhã;〔すぐ会える人に〕até já;〔親しい間柄で〕tchau;〔しばらく会えなくなる人に〕adeus;〔旅立つ人に〕boa-viagem.

さよく 左翼 ala (f) esquerda (política). ～的 esquerdista, de tendência esquerda. ◆左翼団体 grupo (m) de esquerda [esquerdista].

さよなら ⇨さようなら.

さより 〖魚〗peixe-agulha (m).

さら 皿 prato (m);〔平皿〕prato raso;〔深皿〕prato de sopa;〔受け皿〕pires (m). ～をかたづけましょう Vamos tirar [arrumar] a mesa?

ざら それは～にある Isso existe em toda parte [《口語》aos montes]. これはそう～にはない品だ Este artigo é um tanto raro.

さらあらい 皿洗い 〔人〕lava-pratos;〔行為〕lavagem (f) dos pratos. ～をする lavar pratos. ◆皿洗い機 máquina (f) de lavar louça.

さらいげつ 再来月 daqui a dois meses.

さらいしゅう 再来週 daqui a quinze dias. ～の日曜日 domingo (m) seguinte ao próximo.

さらいねん 再来年 daqui a dois anos.

さらう ❶〔誘拐〕raptar, sequestrar. 子供がさらわれた Raptaram uma criança. ❷ roubar, levar. ボートが波にさらわれた O barco foi levado pela onda. 金をさらって逃げる fugir levando o dinheiro. パーティの出席者の人気を～roubar a atenção dos participantes da festa.

サラきん サラ金 〖経〗empresa (f) que presta dinheiro sem exigir hipoteca, mas a juros excessivos; agiota.

さらけだす さらけ出す revelar. 無知を～revelar a ignorância. 今日は私の秘密をすべてさらけ出します Vou revelar hoje todos os meus segredos.

さらさ 更紗 〖服〗saraça (f).

ざらざら ～した áspero/ra. その布は～しませんか Esse pano não é áspero?

さらす ❶〔水, 太陽, 薬品等によって漂白したり, あくを抜く〕branquear, descolorir; deixar de molho. 切ったごぼうを水に～ deixar a bardana cortada de molho na água. ❷〔雨, 風, 太陽等に当たるままにする〕expor (à intempérie). シャツを日光に～ expor a camisa ao sol. ❸〔危険な状態に置く〕arriscar, expor. 命を危険に～ expor a vida ao perigo, arriscar a vida. 危険に身をさらすな Não se exponha ao perigo. ❹ 恥を～ expor algo vergonhoso, passar vergonha.

サラダ salada (f). ◆サラダ油 óleo (m) de salada. サラダドレッシング molho (m) de salada.

さらに 更に 〔なお一層〕cada vez mais, mais ainda; 〔もう一度〕outra vez, de novo, novamente; 〔その上に〕além disso. ～挑戦する tentar ⌞outra vez [de novo, novamente]. ～森の奥に進む avançar floresta adentro, adentrar a floresta. ～5か月支払いを延期する adiar o pagamento por mais cinco meses. 彼は～売上げを伸ばすでしょう Acho que ele vai melhorar mais ainda o saldo das vendas. ～悪いことに母が入院してしまったのです O que é pior ainda [E para piorar] a minha mãe acabou hospitalizada.

サラブレッド ❶ cavalo (m) de raça, puro-sangue (m). ❷〖比〗pessoa (f) de boa linhagem, cujos ancestrais também são excelentes no que ela faz.

サラミ 〖料〗salame (m). ◆サラミ戦術 estratégia (f) gradual e lenta (executada aos poucos, como o ato de cortar um salame em fatias finas).

ざらめ 粗目 açúcar (m) cristalizado.

サラリー salário (m), ordenado (m).

サラリーマン assalariado (m); empregado/da de escritório.

さらりと ❶〔すっかり〕completamente, inteiramente. 失敗を～忘れる esquecer um erro não se apegando demais a ele. ❷〔あっさり〕com toda a naturalidade. 彼はその仕事を～やってのけた Ele fez esse trabalho como se não fosse nada./《口語》Para ele esse trabalho foi um café pequeno. ❸ ～した de agradável maciez. ～した髪 cabelo (m) agradável de se mexer.

サランラップ 《商標》⇨ラップ.

ざりがに 〖動〗lagostim (m) de água doce.

サリチルさん サリチル酸 〖化〗ácido (m) salicílico.

サリドマイド 〖化〗talidomida (f). ～は眠り薬として使われていた A talidomida era usada como sedativo. ～は胎児に奇形を発生させる A talidomida provoca teratogenia em fetos.

サリン 〖化〗sarin (m).

*****さる 去る** ❶〔退去する〕ir-se embora, partir 〔パルチール〕; 〔終ою〕terminar 〔テルミナール〕, passar 〔パサール〕. 友人はきのう東京を去ってリオへ向かいました O meu amigo partiu ontem de Tóquio para o Rio de Janeiro. 台風は去った O tufão passou 〔já se foi〕. 痛みは去った A dor passou. 政界を～ retirar-se do mundo político. ❷〔過ぎ去った〕～8月3日 no dia três de agosto próximo passado.

さる 猿 〖動〗macaco (m).

さる 申 〔干支〕(signo (m) do) Macaco (m).

ざる 笊 cesta (f) de bambu.

さるすべり 百日紅 〖植〗escumilha (f).

ざるそば 〖料〗macarrão (m) de trigo sarraceno servido frio em cesto de bambu.

サルビア 〖植〗sálvia (f), sangue-de-adão (m), alegria-dos-jardins (f).

サルファざい サルファ剤 〖薬〗sulfa (f).

サルモネラ 〖生〗salmonela (f).

-ざるをえない -ざるを得ない …せ～ ver-se obrigado/da a (+不定詞)《+infinitivo》, não ter como não fazer (+名詞)《+substantivo》, não haver outro jeito senão (+不定詞)《+infinitivo》. 私たちは旅行を中止せざるを得なかった Nós nos vimos obrigados a cancelar a viagem. 仕事の依頼を承認せざるを得なかった Não houve escolha senão aceitar o trabalho solicitado. あれは本当であると考えざるを～ Não há outro jeito senão pensar que aquilo é verdade.

-ざれる ⇨-れる.

サロン ❶〔応接間〕sala (f) de visitas. ❷〔喫茶店〕salão (m) 〔casa (f)〕de chá. ❸〔美容院〕salão de beleza.

さわかい 茶話会 chá (m), reunião (f) social com chá e doces.

さわがしい 騒がしい 〔やかましい〕ruidoso/sa, barulhento/ta; 〔不穏な〕tumultuoso/sa, agitado/da. ～子供 criança (f) barulhenta [sem sossego]. ～世の中 mundo agitado [tumultuoso].

さわがす 騒がす agitar, perturbar, alarmar, escandalizar. あの事件は全国を騒がせた Aquele evento escandalizou [agitou] todo o país. お騒がせしてすみません Desculpe pelo incômodo.

さわぎ 騒ぎ ❶〔騒がしさ〕barulho (m), agitação (f), perturbação (f). ◆馬鹿騒ぎ baderna (f),《口語》agito (m). 胸騒ぎ intranquilidade (f). ❷〔騒動〕tumulto (m). ～を起こす

さわぎたてる 騒ぎ立てる fazer muito barulho, fazer um estardalhaço, gritar, 《口語》 fazer um carnaval. 彼は些細(ﾅﾞ)なことで~ Ele faz um estardalhaço por coisas pequenas. 火事だと~ gritar que está acontecendo um incêndio.

***さわぐ 騒ぐ** ❶ [騒がしくする] fazer barulho, agitar-se [ｱｼﾞﾀｰﾙ ｽｲ], fazer festa, fazer folia. 飲んで~ beber e fazer folia [farra, barulho]. チームの勝利でファンたちが町中を騒がせた Os fãs agitaram [animaram] toda a cidade por causa da vitória do time. そんなに騒いではいけない Não façam [Vocês não podem fazer] tanto barulho assim! ❷ [動揺して] agitar-se. そのスキャンダルでマスコミは騒いだ A imprensa agitou-se por causa desse escândalo. ❸ [あわてる] apressar-se [ｱﾌﾟﾚｻｰﾙ ｽｲ], perder a calma. ~な Acalme-se! ❹ [不満で] reclamar [ﾍｸﾗﾏｰﾙ], protestar [ﾌﾟﾛﾃｽﾀｰﾙ]. 増税で~ protestar contra o aumento dos impostos. ❺ [要求して] lutar por, mobilizar-se para. 賃上げで~ lutar pelo aumento de salários.

ざわつく agitar-se, fazer barulho. 歌手の告白で観客がざわついた Os espectadores se agitaram com a declaração do/da cantor/ra. ⇨ ざわめく.

ざわめき agitação (f), alvoroço (m); murmúrio (m), protesto (m), tumulto (m). 応援団の間で~が起こった Ocorreu um tumulto na torcida.

ざわめく agitar-se, alvoroçar-se, tumultuar. 観客がざわめいた Os espectadores se agitaram. 風に竹の葉が~ As folhas de bambu farfalham com o vento.

さわやか 爽やか ~な fresco/ca. ~にする refrescar, tornar disposto/ta. ~になる tornar-se [ficar] disposto/ta. 私はよく眠ったので今朝は気分がまったく~になった Como eu dormi bem, fiquei bem disposto/ta esta manhã.

さわら 鰆 [魚] cavala (f) japonesa, sororoca (f) 《espécie de peixe》.

さわる 触る mexer em, tocar em. 額に~ pôr a mão na testa. 子供は何にでも~ A criança mexe em tudo. 展示品に触らないでください《掲示》Não toque nos objetos em exposição.

さわる 障る ❶ [感情を害する] ofender, irritar. 気に~言い方はやめてください Não fale coisas que possam ofender os outros. その態度は神経に~ Fico com raiva de uma atitude como a sua. ❷ [妨げる] obstruir, atrapalhar. 子供の将来に~やり方 uma postura que atrapalha o futuro da criança. ❸ [健康を害する] prejudicar. たばこは健康に~ O cigarro prejudica a saúde.

さん 三 três (m). 第~の, ~番目の terceiro/ra. ~倍 três vezes (fpl). ~分の一 um terço. ~度目の terceira vez (f).

さん 産 ❶ [分娩] parto (m). お~をする dar à luz [ter] um filho, parir. 彼女はお~が軽かった(軽かった) Ela teve um parto infeliz (feliz). ♦早期産 parto prematuro. ❷ [産出] de …, originário/ria de …, produto (m) de …. 静岡~のお茶 chá (m) de Shizuoka. 四国~のものは何でもおいしい Todos os produtos de Shikoku são gostosos.

さん 酸 ácido (m).

-さん 《口語》tratamento menos formal do que "sama". 中村~ Senhor/ra Nakamura.

さんいん 産院 maternidade (f).

***さんか 参加** participação (f) [ﾊﾟﾙﾁｽｲﾊﾟｻｳﾝ]. …に~する participar de [em], tomar parte em. マラソン大会に~する participar da maratona. Aさんはこの作品の製作に~した A produção da obra contou com o trabalho do/da senhor/ra A./O/A senhor/ra A participou da produção da obra. 今度の遠足に皆さんも~してほしい Eu quero que todos vocês participem também da nossa próxima excursão. ♦参加者 participante.

さんか 産科 [医] obstetrícia (f). ♦産科医 obstetra.

さんか 酸化 oxidação (f). ♦酸化物 óxido (m). 酸化防止剤 anti-oxidante (m). 金属酸化物 óxido metálico.

さんがい 三階 segundo andar (m) 《no Japão, o andar térreo é o primeiro andar》

ざんがい 残骸 destroços (mpl); escombros (mpl). 事故にあった車の~ destroços de um carro acidentado. ~から子供を救い出す salvar [resgatar] uma criança dos escombros.

さんかく 三角 [数] triângulo (m). ~の triangular. /~錐(ｽｲ) ABCDの体積を求めよ. / Ache o volume da pirâmide triangular ABCD.

♦三角関数 função (f) trigonométrica. 三角形 triângulo. 三角定規 esquadro (m). 三角錐 pirâmide (f) triangular. 正三角形 triângulo equilátero. 直角三角形 triângulo retângulo [retangular]. 二等辺三角形 triângulo isósceles. 不等辺三角形 triângulo escaleno.

さんかく 参画 participação (f). …に~する participar de [em] ….

さんがく 山岳 montanhas (fpl). ♦山岳地帯 região (f) montanhosa.

ざんがく 残額 saldo (m), resto (m).

さんがつ 三月 março (m). ~に em março, no mês de março. ~には必ず durante o mês de [já em] março sem falta.

さんかん 参観 visita (f). ~する visitar. 授業

を～する assistir à aula que o filho está recebendo na escola (para ver o seu comportamento e a qualidade da aula dada pelo professor). ◆授業参観日 dia (*m*) em que as aulas estão abertas à visita dos pais.

さんぎいん 参議院 Câmara (*f*) Alta, Senado (*m*). ◆参議院議員 senador/ra. 参議院議長 presidente/ta do Senado.

さんきゃく 三脚 tripé (*m*).

ざんぎゃく 残虐 crueldade (*f*), atrocidade (*f*). ～な cruel, atroz. ◆残虐行為 ato (*m*) cruel [atroz]. 残虐性 caráter (*m*) cruel, crueldade.

*****さんぎょう 産業** indústria (*f*) [インドゥーストリア]. ～の industrial. ～化する industrializar. ～を盛んにする desenvolver a indústria. ～を合理化する racionalizar a indústria. ～の合理化 racionalização (*f*) industrial.

◆産業界 círculo (*m*) industrial, empresariado (*m*). 産業革命 Revolução (*f*) Industrial. 産業政策 política (*f*) industrial. 産業廃棄物 dejetos (*mpl*) industriais. 産業部門 setor (*m*) industrial. 産業ロボット robô (*m*) industrial. 自動車産業 indústria automobilística. 第1次(2次/3次)産業 indústria primária (secundária/terciária).

ざんぎょう 残業 horas (*fpl*) extras. ～する fazer hora extra. 2時間の～をする fazer duas horas extras. 今日も～ですか Vai fazer hora extra hoje outra vez? ◆残業手当 pagamento (*m*) das horas extras.

ざんきん 残金 saldo (*m*), resto (*m*), o que falta pagar.

サンクチュアリ santuário (*m*). クジラの～ santuário das baleias.

サングラス óculos (*mpl*) escuros, óculos solares.

ざんげ confissão (*f*). 罪を～する confessar os pecados.

さんけつ 酸欠 falta (*f*) [insuficiência (*f*)] de oxigênio (no ar ou na água), hipoxia (*f*), anoxia (*f*). ～で倒れる cair por anoxia.

さんけづく 産気づく começar a sentir as dores do parto.

さんげん 三限 a terceira aula (*f*) (do dia) (=三時限). ～は欠席するかも... Talvez eu falte à terceira aula.

さんけんぶんりつ 三権分立 separação (*f*) dos três poderes (legislativo, administrativo e judicial).

さんご 珊瑚 〚動〛coral (*m*). ◆珊瑚礁 recife (*m*) coralíneo.

さんご 産後 (período (*m*)) pós-parto (*m*). ～は安静が一番 O mais importante 「no pósparto [depois que se ganha o bebê]」é ficar de repouso [resguardo].

さんこう 参考 ❶〔参照〕referência (*f*), consulta (*f*). …を～に usar … como referência, consultar …. 私はいつもこの辞書を～にしている Eu sempre consulto este dicionário. ❷ sugestão (*f*), 《口語》dica (*f*). ～になる ser sugestivo/va. ～と言っていただいて大変～になりました Obrigado/da pelas opiniões que me serviram de sugestões [dicas] valiosas. それはとても～になりました Essa informação foi muito instrutiva [útil] para mim./Gostei muito do que o/a senhor/ra falou. Obrigado/da. あなたのご意見を～にして levando em conta a sua opinião. この雑誌は私の仕事の～になる Esta revista contém sugestões úteis para o meu trabalho. ご～までに se tiver interesse, dê uma olhada (nas informações que estou-lhe enviando, apenas para constar). ◆参考書 livro (*m*) de consulta, obra (*f*) de referência [consulta]. 参考資料 material (*m*) de consulta, documentos (*mpl*) de consulta, dados (*mpl*) de referência. 参考人 testemunha (*f*). 参考文献 bibliografia (*f*).

ざんこく 残酷 crueldade (*f*). ～な cruel. ～に cruelmente. …に～な仕打ちをする tratar … 「com crueldade [cruelmente]. 動物に～なふるまいをする ser cruel com os animais. ～さ crueldade (*f*). それは～だ Isso é uma crueldade!

さんさい 山菜 verduras (*fpl*) (naturais) da montanha. ◆山菜料理 comida (*f*) de verduras (naturais) da montanha.

さんざい 散剤 〚薬〛medicamento (*m*) em pó.

さんざい 散在 ～する estar disperso/sa, existir espalhadamente, encontrar-se aqui e acolá. 富士山の周囲に湖が～している Algumas lagoas se encontram espalhadas ao redor do Monte Fuji.

さんさしんけい 三叉神経 〚解〛trigêmio (*m*). ◆三叉神経痛 〚医〛neuralgia (*f*) [nevralgia (*f*)] do trigêmio.

さんさろ 三叉路 cruzamento (*m*) de três ruas, trifurcação (*f*) de um caminho.

さんざん 散々 ❶ duramente, extremamente, excessivamente, muito. 彼は大学を卒業するために～苦労した Ele sofreu duramente para se formar na universidade. ～迷惑をかけて申し訳ありませんでした Desculpe-me por incomodar tanto. 彼は私を～待たせた Ele me fez esperar muito. ❷ terrível. ～な目に遭う passar por um mau bocado.

さんじ 惨事 catástrofe (*f*), calamidade (*f*), grande desastre (*m*). ～を引き起こす provocar 「um acidente terrível [uma catástrofe]. どうしてこんな～が起きたのですか Como foi acontecer uma catástrofe dessas?

さんじ 賛辞 elogio (*m*), louvor (*m*). …に～を述べる enaltecer …, tecer elogios a ….

さんじげん 三次元 três dimensões (*fpl*). ～の tridimensional.

さんじほうていしき　三次方程式　【数】equação (f) do terceiro grau.

さんじゅう　三十　trinta. 30冊の本 trinta livros. 第～の、～番目の trigésimo/ma.

さんじゅう　三重　～の triplo/pla. ◆三重唱[奏]【音】trio (m).

さんしゅこんごう　三種混合　【薬】tríplice (f). ◆三種混合予防接種【医】vacinação (f) da tríplice.

さんしゅつ　産出　produção (f). ～する produzir. ブラジルは多量のコーヒーを～している O Brasil produz uma grande quantidade de café. ◆産出高 total (m) de produção, produção total. 産出量 quantidade (f) produzida. 石油産出国 país (m) produtor de petróleo.

ざんしょ　残暑　calor (m) do verão após o dia oito de agosto e antes do equinócio de outono. ¶ ～お見舞い申し上げます Espero que esteja bem apesar deste resto de calor.

さんしょう　参照　referência (f), consulta (f), comparação (f). ～する consultar, referir-se a, comparar com, conferir com. 原文を～する consultar o texto original. 40ページ～のこと ver [veja] página quarenta. 第3章を～されたい Conferir [Confira] com o capítulo três.

さんじょう　三乗　【数】cubo (m). 5の～は125である Cinco (elevado) ao cubo são cento e vinte e cinco. 5を～する elevar cinco ao cubo. 125の～根は5である A raiz cúbica de cento e vinte e cinco é cinco. ◆三乗根 raíz (f) cúbica.

さんしょううお　山椒魚　【魚】salamandra (f).

さんしょく　三色　três cores (fpl). ～の三色の、três cores, tricolor. ◆三色旗 bandeira (f) tricolor. 三色すみれ【植】amor-perfeito (m).

さんしょく　三食　três refeições.

さんじょく　産褥　【医】puerpério (m), (período (m)) pós-parto. ◆産褥痙攣〈けい〉 convulsão (f) puerperal. 産褥子癇〈かん〉 eclâmpsia (f) puerperal. 産褥熱 febre (f) puerperal.

さんしん　三振　strike out (m), eliminação (f) por três strikes.

ざんしん　斬新　～な inovador/ra, original, moderno/na. ～な概念 conceito (m) inovador. ～な企画 um plano inovador [original].

さんすい　山水　montanhas (fpl) e rios (mpl). ◆山水画 pintura (f) de montanhas e rios.

さんすう　算数　aritmética (f). ～に弱い ser fraco/ca em aritmética.

さんする　産する　produzir. ⇨産出.

さんせい　三世　〔3代目の〕terceiro/ra. ◆日系ブラジル三世 sansei [サンセーイ]; cidadão/dã brasileiro/ra neto/ta de emigrante [imigrante] japonês.

***さんせい　賛成**　aprovação (f) [アプロヴァサォン]. (…に)～する aprovar, concordar (com …), ser pró-…, ser a favor (de …). 彼女の計画に～します Eu concordo com o plano dela. 君はその案に～なのですか、反対なのですか Você é pró [a favor] ou contra essa ideia? ～してくれますか Você concorda? 《俗》Você topa? 賛成! Apoiado!

さんせい　酸性　acidez (f). ～の ácido/da. ～にする acidificar. 海水の～化 acidificação (f) da água do mar. ◆酸性雨 chuvas (fpl) ácidas. 酸性土壌 terra (f) ácida.

さんせいけん　参政権　direito (m) ao voto.

さんせん　参戦　participação (f) numa guerra. ～する participar de uma guerra, entrar em guerra.

さんぜん　産前　antes do parto. ～産後 antes e depois do parto.

さんそ　酸素　oxigênio (m). ◆酸素化合物 óxido (m), composto (m) binário de oxigênio e outro elemento. 酸素吸入 inalação (f) de oxigênio. 酸素欠乏症【医】anoxia (f), hipoxia (f), baixo teor (m) de oxigênio. 酸素ボンベ garrafa (f) de oxigênio. 酸素マスク máscara (f) de oxigênio. 活性酸素 oxigênio ativo.

ざんぞう　残像　【心】imagem (f) consecutiva, pós-imagem (f).

ざんぞん　残存　～する restar, sobreviver, subsistir. 因習が根強く～している Velhos costumes ainda estão muito arraigados. ◆残存者 sobrevivente. 残存部数 exemplares (mpl) que restam.

ざんだか　残高　saldo (m). 私の預金の～はいくらですか Quanto é o saldo da minha conta? ◆残高参照 consulta (f) de saldos. 残高表 balancete (m), folha (f) de balanço. 貸越残高 saldo credor. 借越残高 saldo devedor. (銀行)預金残高 saldo bancário. 現金残高 saldo em caixa.

サンタクロース　Papai-Noel (m).

サンダル　sandália (f). ～を履く calçar sandálias.

さんだんじゅう　散弾銃　espingarda (f) de caça. ～を乱射する disparar a espingarda de caça.

さんだんとび　三段跳び　salto (m) triplo.

さんだんろんぽう　三段論法　【哲】silogismo (m). ～で論じる argumentar em forma silogística.

さんち　産地　região (f) produtora (de). 青森県はリンゴの主な～です A província de Aomori é a principal (região) produtora de maçãs.

さんちょう　山頂　topo (m) da montanha, cimo (m), pico (m).

ざんてい　暫定　～的な provisório/ria, temporário/ria. ～的に provisoriamente, temporariamente, emergencialmente. ～措置を取る tomar medidas provisórias. ◆暫定予算 verba (f) provisória.

サンデー　sundae (m) [サンダーイ] 《sorvete com

さんど 三度 ❶ três vezes. 〜目に na terceira vez. ❷〚音〛terça (f). ♦長(短)三度 terça maior (menor).

さんど 酸度 〚化〛grau (m) de acidez.

サンドイッチ sanduíche (m).

さんとう 三等 o terceiro lugar (m). ♦三等切符 bilhete (m) de terceira classe. 三等客 passageiro/ra de terceira classe. 三等賞 o terceiro prêmio (m).

さんどう 賛同 aprovação (f), consentimento (m), anuência (f), acordo (m). 〜する aprovar, consentir em, anuir a. …の〜を得る obter aprovação de …, ser aprovado/da por …. …の〜を求める pedir a aprovação de ….

さんどう 散瞳 〚医〛midríase (f), dilatação (f) da pupila. ♦散瞳薬 colírio (m) para dilatar a pupila.

ざんとう 残党 sobreviventes do grupo derrotado.

さんとうきん 三頭筋 〚解〛músculo (m) tricípite.

さんとうぶん 三等分 〜する dividir em três partes iguais.

サントメ・プリンシペ São Tomé e Príncipe. 〜の são-tomense.

サントラ trilha (f) sonora.

ざんにょうかん 残尿感 sensação (f) de retenção urinária.

さんにん 三人 três pessoas (fpl). ♦三人組 grupo (m) de três pessoas, trio (m), tríade (f). 三人称〚文法〛terceira pessoa.

ざんにん 残忍 crueldade (f), atrocidade (f). 〜な cruel, atroz.

さんねん 三年 três anos (mpl). 〜ごとの trienal. ♦三年生 terceiranista.

ざんねん 残念 pena (f). 〜なことに infelizmente. 〜ながらお供はできません É uma pena, mas ㇄não posso acompanhá-lo/la [não posso ir com você]. それを聞いて〜です Sinto muito ouvir isso./Sinto muito por isso. 〜がる lamentar, arrepender-se. 彼はブラジルに行かなかったことを〜がっている Ele lamenta [se arrepende de] não ter ido ao Brasil. ♦残念賞 prêmio (m) de consolação.

さんば 産婆 parteira (f). 〜を呼びにやる mandar chamar uma parteira. 〜の仕事をする servir de [trabalhar como] parteira.

サンバ 〚音〛samba (m). 〜を演奏する tocar samba. 〜を踊る sambar, dançar samba.

さんばい 三倍 três vezes (fpl), triplo (m). 3 の〜は9である Três vezes três são nove. …を〜にする multiplicar … por três. 売り上げを〜に伸ばす triplicar as vendas.

さんぱい 参拝 visita (f) a um templo.

ざんぱい 惨敗 derrota (f) completa. 〜を喫する sofrer uma derrota completa.

さんばいず 三杯酢 〚料〛molho (m) de vinagre, açúcar e sal.

さんばし 桟橋 molhe (m), cais (m); lugar (m) de embarque e desembarque «de embarcação». 船は〜に着いた O navio atracou ao cais. 船を〜に横付けする encostar o navio [a embarcação] ao cais.

さんぱつ 散髪 〜する cortar os cabelos. 〜に行ってらっしゃい Vá cortar o cabelo. 私は友人に〜してもらった O meu amigo me cortou o cabelo.

ざんぱん 残飯 restos (mpl) de comida.

さんはんきかん 三半規管 〚解〛canais (mpl) semicirculares do ouvido interno.

さんぴ 賛否 prós (mpl) e contras (mpl). それについては〜を問わねばならない Quanto a esse problema, é preciso submetê-lo à votação. その案には〜両論がある Quanto a essa medida, as opiniões se dividem em prós e contras./Há argumentos a favor e contra essa ideia. 〜が相半ばしている Há um empate de opiniões contra e a favor./Os prós e contras estão em igual número./Temos o mesmo número de votos a favor e contra.

ザンビア Zâmbia (f). 〜の zambiano/na.

さんびょうし 三拍子 〚音〛compasso (m) ternário [de três tempos]. 〜の曲 peça (f) musical em três tempos.

さんぷ 散布 pulverização (f). 除草剤の〜 pulverização de herbicida. 〜する pulverizar. 殺虫剤を〜する pulverizar inseticida.

さんぷく 山腹 meia encosta (f), meia descida (f) [subida (f)] de uma montanha. 〜にある家 casa (f) construída [que fica] ㇄a meia encosta [na metade do declive] de uma montanha.

さんふじんか 産婦人科 ginecologia (f) e obstetrícia (f). ♦産婦人科医 ginecologista e médico/ca.

さんぶつ 産物 produto (m), fruto (m). ♦主要産物 produto principal. 農産物 produto agrícola.

サンプル amostra (f).

さんぶん 散文 prosa (f).

さんぽ 散歩 passeio (m) «a pé». 〜する passear. 〜に出掛ける sair a passeio. いい天気だ，ちょっと〜に行こう Que tempo bom! Vamos passear um pouco?

さんま 秋刀魚 bicuda (f) «espécie de peixe».

-さんまい -三昧 ⇨ -三昧(ざんまい)

-ざんまい -三昧 «indica concentração, consagração» 読書〜に余暇を費やす passar todo o tempo livre lendo. ぜいたく〜に暮らす levar uma vida de luxo.

さんまいめ 三枚目 ator (m) cômico.

サンマリノ San Marino. 〜の são-marinense.

さんまん 散漫 distração (f), falta (f) de atenção (f), descuido (m). 〜な distraído/da, desatento/ta. 注意力〜な少年 um meni-

さんみ 酸味　acidez (f). これは〜が強い Isto tem muita acidez.
さんみゃく 山脈　serra (f).
さんめんきじ 三面記事　artigo (m) da terceira página de um jornal com assuntos locais e criminais.
さんめんきょう 三面鏡　toucador (m) com três espelhos.
さんゆこく 産油国　país (m) produtor de petróleo.
さんようすうじ 算用数字　algarismo (m) arábico.
さんようちゅう 三葉虫　[動] trilobite (m).
さんらん 産卵　〔魚の〕desova (f);〔鳥などの〕postura (f) (de ovos). 〜する〔鳥などが〕pôr ovos;〔魚が〕desovar. ♦産卵期 época (f) da postura (desova).
さんりゅう 三流　terceira categoria (f). 〜の

no distraído. 〜になる divagar, perder-se. 彼の話は〜になった Ele perdeu o fio do discurso.

de terceira categoria.
ざんりゅう 残留　❶〔残った物〕resíduo (m). …に〜する deixar resíduos em …. 肉や牧場に〜する可能性のある除草剤 herbicidas (mpl) que podem deixar resíduos na carne ou nas pastagens. ♦残留農薬 herbicidas (mpl) e inseticidas (mpl) residuais. 残留物 resíduo (m). ❷〔人が居残ること〕estado (m) de quem acaba ficando. ♦中国残留日本人孤児 filho/lha de japoneses que acabou ficando na China, após o término da Segunda Guerra Mundial.
さんりんしゃ 三輪車　triciclo (m). 〜に乗る andar de triciclo.
サンルーム　varanda (f) envidraçada, jardim (m) de inverno.
さんれつ 参列　assistência (f), presença (f). …に〜する assistir [comparecer] a. 式典に〜する assistir à cerimônia. ♦参列者 participante, presente, assistente.

し

- **し** 四 quatro (*m*). ⇨四(よ).
- **し** 市 cidade (*f*). ～の municipal. ♦市当局 autoridade (*f*) municipal. 福岡市 cidade de Fukuoka.
- *__し__ 死 morte (*f*) [モールチ]. 不慮の～ morte inesperada [repentina]. ～の恐怖 terror (*m*) [temor (*m*), medo (*m*)] da morte. ～の床にある estar à beira da morte. 自然～する morrer de morte morrida [natural], 《口語》morrer de velho [velhice]. 扶養者の事故～ morte por acidente do sustentador/ra (de família etc). ～に瀕する estar morrendo. ～を覚悟する preparar-se para a morte, aceitar a própria morte; estar disposto/ta a morrer. 私は敵に囲まれて～を覚悟した Rodeado/da de inimigos, pensei que ia morrer. …の～を早める precipitar [acelerar] a morte de …. 彼は妻を～に至らせるまで深くナイフで刺した Ele esfaqueou a esposa à morte. ♦安楽死 eutanásia (*f*). 事故死 morte por acidente. 尊厳死 ortotanásia (*f*).
- **し** 氏 Senhor/ra. 山田～ Senhor/ra Yamada.
- **し** 詩 〔総称的〕poesia (*f*), 〔一編の〕poema (*m*), 〔詩句〕versos (*mpl*), 〔連〕estrofe (*f*). ～を作る compor poesia [poema, versos]. ～を読む ler um poema. 季節の変わり目には～を感じる Sinto poesia na mudança das estações. ♦自由詩 versos livres. 定型詩 poesia com forma fixa.
- **シ** 〔音〕si, nota (*f*) si.
- **-し** e, além disso, além do mais. これもやらなくてはならない～, あれもやらなくてはならない～... Tem que fazer isso e mais aquilo e não sei mais o quê ....
- **じ** 地 ❶〔地面〕terra (*f*). ❷〔絵の〕tela (*f*) (de um quadro). ❸〔本来身に備わっている性質〕natureza (*f*), caráter (*m*). 彼は～が出てしまった Ele acabou revelando o seu verdadeiro caráter. ❹〔人の肌〕pele (*f*). ～が荒れる ficar com a pele áspera. ～が黒い ter a pele escura. ❺〔織り地〕textura (*f*). ¶～の文 parte (*f*) descritiva (de uma novela).
- **じ** 字 letra (*f*).
- **じ** 痔 hemorróidas (*fpl*).
- **-じ** -時 … hora (*f*). 今は何～ですか Que horas são agora? 1～です É uma hora. 3～半です São três (horas) e meia [trinta minutos]. 4～15分です São quatro e quinze. 5～10分前です São dez para as cinco.
- **しあい** 試合 competição (*f*), jogo (*m*), partida (*f*). ～に勝つ vencer uma competição. ～に負ける perder uma competição. ♦親善試合 (jogo) amistoso (*m*).
- **しあげ** 仕上げ acabamento (*m*), arremate (*m*) final; 〔塗装〕última demão (*f*); 〔金属, 木材など〕polimento (*m*) (final). …に最後の～をする dar o arremate final a …. この作品は～が美しい Esta obra ∟tem [está com] um belo acabamento./Esta obra está bem acabada.
- **しあげる** 仕上げる terminar, acabar. 金曜日までに私はこの仕事をしあげます Eu terminarei esse serviço até sexta-feira.
- **しあさって** 明明後日 dois dias depois de amanhã, daqui a três dias.
- **シアター** teatro (*m*), auditório (*m*). ♦ホームシアター *home-theater* (*m*).
- **しあつ** 指圧 pressão (*f*) com os dedos. ～する fazer pressão com os dedos. ♦指圧師 terapeuta que se utiliza do *shiatsu*. 指圧点 ponto (*m*) de pressão. 指圧療法 terapia (*f*) que utiliza a técnica de pressão com os dedos, *shiatsu*, (*m*).
- **しあわせ** 幸せ felicidade (*f*). ～な feliz. ～に felizmente, feliz. …を～にする fazer a felicidade de …, fazer … feliz. 彼らは～に暮らしている Eles vivem felizes. ～にも彼は自分の作品を完成することができた Felizmente ele conseguiu terminar a sua obra. ～なことに彼らは結婚することができた Felizmente eles puderam se casar. どうぞお～に! Muitas felicidades! ♦幸せ者 felizardo/da.
- **しあん** 思案 pensamento (*m*), reflexão (*f*), consideração (*f*), meditação (*f*). ～に暮れる estar absorto/ta em reflexão, estar concentrado/da num pensamento. 彼は～顔でコーヒーを飲んでいた Ele bebia o café com cara [ar] de pensativo. ～に余る não saber o que fazer. ～する pensar, refletir, meditar, considerar.
- **じい** 辞意 desejo (*m*) [intenção (*f*)] de demissão. ～をもらす acabar expressando (em sigilo) o desejo de se demitir. 首相は～表明をした O primeiro-ministro expressou claramente a intenção de se demitir.
- **シーアールピー CRP** 〖生化学〗〔C反応性蛋白〕PCR [ペーセーエーヒ], proteína (*f*) C reativa.
- **ジーエヌピー GNP** Produto (*m*) Nacional Bruto.
- **シーエム** comercial (*m*), propaganda (*f*), mensagem (*f*) publicitária.
- **しいく** 飼育 criação (*f*) (de gado etc). ～する criar. ♦飼育者 criador/ra.
- **シーシー cc** centímetro (*m*) cúbico.

じいしき　自意識 consciência (f) de si mesmo/ma. 〜過剰である ser excessivamente consciente [ter demasiada consciência] de si mesmo/ma.

シースルー transparente. 〜のブラウス blusa (f) transparente.

シーズン estação (f), época (f), temporada (f). 今は(ハイ)〜ですから É porque estamos na alta temporada [estação]. 〜オフのカニ caranguejo (m) fora de época. ◆プレシーズン『スポーツ』pré-temporada (f).

シーソー gangorra (f). ◆シーソーゲーム『スポーツ』partida (f) disputada ponto a ponto.

しいたけ　椎茸 cogumelo (m) japonês, shitake (m). ◆干し椎茸 cogumelo desidratado [seco, liofilizado].

しいたげる　虐げる oprimir. 虐げられた階層 classe (f) oprimida.

シーチキン [商標] atum (m) ou peixe (m) bonito (ao sal e óleo em lata).

シーツ lençol (m).

シーディー CD (m) [セーデー], disco (m) compacto.

シーティースキャナー　CTスキャナー aparelho (m) para tomografia computadorizada.

シーディーロム CD-ROM (m) [セデキン].

シート ❶ [座席] assento (m), banco (m), poltrona (f), cadeira (f). ◆シートベルト cinto (m) de segurança. シルバーシート assento (m) preferencial, assento reservado aos idosos. ❷ [防水の] lona (f) impermeável, impermeável (m). ❸『スポーツ』posição (f) defensiva.

ジーパン calça (f) rancheira, calça (f) jeans.

ジープ jipe (m).

シーフード frutos (mpl) do mar.

しいる　強いる forçar (… a …). 酒を〜のはよくない Não é bom forçar os outros a beberem.

シール adesivo (m), auto-adesivo (m).

しいれ　仕入れ compra (f) no atacado. この飲み屋は〜がいい Este bar tem bons fornecedores (de ingredientes). ◆仕入れ価格 preço (m) de compra. ◆仕入れ先 fornecedor/ra.

しいれる　仕入れる ❶ comprar no atacado. 問屋から夏物を〜 comprar roupas de verão no atacadista. ❷《比》obter. 情報を〜 obter informações.

しいん　子音 『文法』consoante (f). ◆有声 (無声) 子音 consoante sonora (surda).

しいん　死因 causa mortis, causa (f) de morte. 乳癌(ケン)は女性の〜として二番目に多い O câncer de seio é a segunda maior causa de morte das mulheres. ◆死因相続『法』sucessão (f) causa mortis.

しいん　試飲 prova (f) de bebida, degustação (f) (de bebida). 〜する degustar, provar. ワインの〜会 reunião (f) para provar vinhos. コーヒーを〜する provar um café. ◆試飲会 encontro (m) de provadores de bebidas.

シーン cena (f). ショッキングな〜 cena chocante. ◆ラストシーン última cena. ラブシーン cena de amor.

じいん　寺院 templo (m) 《budista》.

ジーンズ calça (f) jeans [rancheira].

しうち　仕打ち tratamento (m), trato (m). ひどい〜を受ける ser muito maltratado/da.

しうんてん　試運転 viagem (f) de teste 《de trens etc》.

シェア participação (f). ◆マーケットシェア participação no mercado.

しえい　市営 administração (f) municipal. 〜の municipal. ◆市営アパート apartamento (m) de administração municipal. 市営バス ônibus (m) municipal.

しえい　私営 administração (f) particular. 〜の privado/da, (de administração) particular. ◆私営化 privatização (f). 私営バス ônibus (m) de empresa privada.

じえい　自営 administração (f) própria. 〜業を営む ter um negócio por conta própria, ter um negócio próprio. ◆自営業 empresa (f) independente [autônoma]. 自営農民 agricultor/ra proprietário/ria.

じえい　自衛 auto-defesa (f). ◆自衛隊 Força (f) de Auto-Defesa.

シェイク batida (f). 〜する misturar, bater.

シェイプアップ 〜する fazer exercícios (para manter a forma física). ◆シェイプアップ方法 métodos (mpl) para manter a boa forma física.

シェーカー coqueteleira (f), batedor (m) de bebidas.

シェーバー barbeador (m).

しえき　使役 ◆使役動詞『文法』verbo (m) causativo.

ジェスチャー ❶ [身ぶり] gesto (m), mímica (f). イタリア人は話すときよく〜をする Os italianos usam muitos gestos para falar. ◆ジェスチャーゲーム jogo (m) de mímica. ❷ [見せかけ] performance (f), gesto (para conseguir popularidade). それはあの政治家の単なる〜だ Isso não passa de gesto do político para conseguir popularidade [《口語》Ibope].

ジェットき　ジェット機 avião (m) a jato.

ジェットコースター montanha-russa (f).

ジェトロ　JETRO (f), Organização (f) Japonesa do Comércio Exterior.

ジェネリック genérico (m). ◆ジェネリック医薬品 medicamento (m) genérico, genérico.

ジェネレーション geração (f). ◆ジェネレーションギャップ distância (f) de gerações, abismo (m) entre as gerações.

シェパード cão (m) pastor, pastor (m), cão policial.

シェフ chefe culinário/ria [de cozinha], cozinheiro/ra (de forno e fogão), mestre-

cuca (m).
ジェラシー ❶〔男女間の〕ciúme (m). ❷〔ねたみ〕inveja (f).
シエラレオネ Serra Leoa (f).
シェルター abrigo (m) (temporário). ◆核シェルター abrigo contra ataque nuclear.
しえん 支援 ajuda (f), auxílio (m). ～する ajudar, auxiliar.
じえん 耳炎 【医】otite (f). ◆外耳炎 otite externa. 中耳炎 otite média. 内耳炎 otite interna.
ジェンダー ❶〖文法〗gênero (m). ❷〔男女の性〕sexo (m).
ジェントルマン cavalheiro (m).
しお 塩 sal (m). …の～抜きをする dessalgar …. …に～を振る pôr [passar] sal em …. ◆塩魚 peixe (m) salgado.
しお 潮 maré (f). ～が上がる(引く) Sobe (Abaixa) a maré. ～がどんどん引いている A maré está abaixando com muita rapidez. ◆引き潮 maré baixa. 満ち潮 maré alta.
しおかげん 塩加減 quantidade (f) de sal contida numa comida. ～がよい estar bom/boa de sal. ～を見る provar uma comida para ver se está boa de sal.
しおかぜ 潮風 brisa (f) do mar.
しおから 塩から 〖料〗ovas (fpl) de peixe ou lula preparadas com muito sal.
しおからい 塩辛い bem salgado/da.
しおき 仕置き castigo (m) físico. 子供にお～をする castigar [punir] uma criança.
しおくり 仕送り envio (m) [remessa (f)] de dinheiro (em geral para estudo ou sustento). 毎月息子から6万円の～をしてもらっている Recebo todos os meses a quantia de sessenta mil ienes do meu filho para me sustentar.
しおけ 塩気 quantidade (f) de sal. このサラダは～が足りない Está faltando sal nesta salada.
しおづけ 塩漬け ～の conservado/da em sal. ～にする salgar. ～の肉 carne (f) salgada. ～のナス beringela (f) conservada em sal.
しおどき 潮時 boa oportunidade (f), ocasião (f) propícia. 今が～だ Agora é que é a chance. ～を待つ esperar por uma ocasião propícia. ～を逃す deixar escapar uma boa oportunidade.
しおひがり 潮干狩り caça (f) de mariscos durante a maré baixa. ～に行く ir à praia pegar mariscos.
しおみず 塩水 água (f) salgada (com sal). ～を飲む tomar água com sal.
しおもみ 塩揉み ～をする espremer com sal. キュウリの～をする espremer pepino com sal.
しおやき 塩焼き assado (m) com sal. イワシの～ sardinha (f) com sal assada na grelha. …を～にする assar … com sal.
しおらしい dócil, meigo/ga; humilde. しおらしくしているから許してあげる Vou perdoá-lo/la porque está se comportando humildemente.
しおり 栞 ❶〔本にはさむ〕marcador (m) de livro. 本に～をはさむ inserir [colocar] o marcador no livro. ❷〔手引〕guia (m), manual (m).
しおれる 萎れる murchar. 花瓶の花がしおれてしまった A flor do vaso murchou.
しおん 歯音 〖音声〗som (m) dental, consoante (f) dental.
しか 鹿 【動】veado/da, cervo/va.
しか 歯科 odontologia (f). ◆歯科医 dentista. 歯科衛生士 higienista dentário/ria. 歯科矯正学 ortodontia (f). 歯科大学 Faculdade (f) de Odontologia.
しか 市価 preço (m) de mercado, preço corrente. ～の1割引で com um desconto de 10% [dez por cento] sobre o preço de mercado.
-しか senão, só. ～…ない não há senão, só. 私は100円～持っていません Tenho só cem ienes. その仕事は彼に～できないでしょう Só ele será capaz de fazer esse tipo de serviço. 彼は仕事のこと～考えていない Ele não pensa senão em trabalho./Ele só pensa em trabalho. 私にはそれ～やれない Não consigo fazer mais que isso. 私はコイン～持っていない Só tenho moedas. それ～考えられなかった Não havia outra interpretação possível./Não pude pensar em outra coisa além disso. 土曜日に～暇がない Não tenho tempo livre, fora os sábados. ここまで来たらやる～ない A esta altura do campeonato, não há outro remédio senão levar a coisa adiante./Agora, a gente tem que realizar isso, de todo jeito!/Agora, não tem como voltar!
じか 時価 〖経〗cotação (f) do dia, preço (m) corrente. ◆時価発行株 ações (fpl) emitidas à cotação do mercado.
じが 自我 ego (m), o eu (m). ～に目覚める conhecer-se por gente. ～を意識する ter consciência do próprio ego. ～が強い ser egocêntrico/ca.
しかい 司会 ～する〔討論〕presidir [coordenar] um debate;〔宴会〕animar uma festa, ser o mestre-de-cerimônias. ◆司会者〔討論〕coordenador/ra, presidente da mesa;〔宴会〕animador/ra, mestre-de-cerimônias (m);〔演芸〕apresentador/ra. だれが～をするのですか〔討論〕Quem vai presidir [coordenar]?/〔宴会〕Quem vai ser o/a animador/ra da festa?/〔演芸〕Quem vai ser o/a apresentador/ra?
しかい 市会 Câmara (f) Municipal. ◆市会議員 vereador/ra.
しかい 視界 ❶ visibilidade (f). ～が広がった A visibilidade aumentou. ～が狭まると… Quando a visibilidade diminuir …. ❷ alcance (m) da vista, ângulo (m) visual, campo

(m) de visão. 飛行機がわれわれの～から消えた O avião desapareceu do nosso campo de visão.

しがい 市街 ♦市街地 área (f) urbana.

じかい 次回 a próxima vez (f), a vez seguinte. ～の próximo/ma. その問題は～に回しておきましょう Vamos deixar esse problema para resolver na próxima vez.

しがいせん 紫外線 raios (mpl) [radiações (fpl)] ultravioleta. ♦紫外線指数 índice (m) UV [ウーヴェー]. 紫外線療法 tratamento (m) com raios ultravioleta.

しがいでんわ 市外電話 telefone (m) interurbano. ～をかける dar um telefonema interurbano.

しかえし 仕返し vingança (f). …の～をする vingar(-se de) ….

しかく 四角 [数] quadrado (m). ～に切る cortar em quadrado. ♦四角形 quadrilátero (m).

しかく 死角 ponto (m) cego (da retina).

しかく 視覚 visão (f). ～に訴える apelar ao sentido da vista. ～的な visual. ～的に visualmente. ♦視覚器官 órgão (m) visual. 視覚障害者 deficiente visual. 視覚神経 nervos (mpl) visuais.

*****しかく** 資格 ❶ qualificação (f) [クァリフィカサォン], habilitação (f) [アビリタサォン]. …に～を与える dar um ∟certificado de habilitação [diploma] a …, qualificar …. ～を取る obter um certificado de habilitação. ～を失う ser desqualificado/da. ～がある ser diplomado/da, ter qualificação, ter diploma. ～のない que não tem diploma, não-qualificado/da. 私は看護師の～があります Eu tenho diploma de enfermeira. ♦資格試験 exame (m) de habilitação. 無資格者 desqualificado/da. 有資格者 qualificado/da. ❷ qualidade (f) [クァリダーヂ]. …の～で na qualidade de …. 私はこの会社の共有者の～で会議に参加します Eu vou participar da reunião na qualidade de co-proprietário/ria desta companhia. ❸ [必要条件] requisito (m) [ヘキズィット]. ♦入会資格 requisitos necessários para ser aceito/ta numa associação. 入社資格 requisitos para ingressar em uma companhia. ❹ [身分] status (m) [エスタットゥクス]. ♦在留資格 status de permanência.

しがく 史学 história (f). ♦史学科 faculdade (f) de história.

しがく 私学 escola (f) particular.

じかく 自覚 consciência (f) de si. ～する ser consciente (de …), tomar consciência de, perceber que …. 彼女は自分の欠点を～していますか Ela está consciente dos próprios defeitos? 私は自分の実力のなさを～した Tomei consciência de que [Percebi que] não tenho capacidade. ～症状がある sentir sintomas (da doença). ♦自覚症状 sintoma (m) subjetivo [perceptível ao paciente].

しかけ 仕掛け ❶ [装置] mecanismo (m), dispositivo (m). このドアは10時以降自動的に閉まる～がついている Esta porta tem um dispositivo que a tranca automaticamente após as dez horas. ♦ぜんまい仕掛け dispositivo de corda. ❷ [しくみ] sistema (m). 格差社会は貧困を保持する～になっている A sociedade desigual está sendo um sistema de manutenção da pobreza. ❸ [からくり] artifício (m), engenho (m), jeito (m), truque (m), maneira (f). 手品の～ segredo (m) do truque de mágica.

しかける 仕掛ける ❶ [着手する] começar, iniciar. 課長は仕事を仕掛けたままで家に帰った O chefe da seção voltou para casa deixando o trabalho ∟por fazer [pela metade]. ❷ [しむける] provocar, originar, incitar. 彼は夫婦げんかを仕掛けた Ele provocou a briga entre o casal. ❸ [とりつける] armar, montar, instalar. テロリストグループが空港に爆弾を仕掛けた O grupo terrorista armou [plantou] uma bomba no aeroporto.

しかざん 死火山 vulcão (m) extinto.

*****しかし** mas [マース], porém [ポレン], contudo [コントゥード]. 彼女は良い先生だが～良い母ではないEla é boa professora, mas não é uma boa mãe. ¶ ～今日は暑いな… Que coisa! Que calor que hoje está fazendo, não?

しかじか assim por diante, tal e tal, isto e aquilo (＝かくかくしかじか).

じかじゅせい 自家受精 autofecundação (f), autogamia (f).

じかじゅふん 自家受粉 [植] autopolinização (f).

じかせい 自家製 ～の feito/ta em casa, caseiro/ra. ～のケーキ bolo (m) ∟caseiro [feito em casa].

じかせん 耳下腺 [解] parótida (f). ♦耳下腺炎 [医] parotidite (f).

じがぞう 自画像 auto-retrato (m).

しかた 仕方 modo (m) de fazer. あなたはそれを自分の～でしてよい Você pode fazer isso do seu jeito.

しかたなしに 仕方無しに sem outra alternativa, à força, contra a vontade. ～なく…する fazer … a contra gosto.

しかた(が)ない 仕方(が)無い ❶ [役に立たない] ser inútil, não ∟adiantar [valer a pena]. あいつは～やつだ Ele é um sujeito inútil. 今になってそんなことを言っても～ Não adianta nada você dizer essas coisas só agora. ❷ [どうすることもできない] ser irresistível, insuportável, intolerável, que não dá para suportar. 胃が痛くてしかたがなかった Tinha uma dor de estômago irresistível. それは～ことだ Isso não tem jeito mesmo. 彼は罰せられても～ Ele merece ser castigado./Ele deu motivos para ser castigado. 規則だから～ Re-

gulamento é regulamento. 過ぎてしまったことは～ O passado já passou. ¶ **しかたがない!** Paciência!/Que remédio, não é?/Não tem outro jeito!

じかちゅうどく 自家中毒 auto-intoxicação (f), intoxicação (f) interna [endógena].

しかつ 死活 vida (f) ou morte (f). それは～問題だ Isso é uma questão de vida ou morte.

しがつ 四月 abril (m). ～に em abril, no mês de abril. ～の初めに no começo de abril.

じかつ 自活 ～する viver com os próprios recursos, manter-se a si mesmo/ma, viver do próprio trabalho, ganhar a vida por si só. 彼はアルバイトで～しているのですか Ele está se mantendo com Lbicos [ganhos avulsos]?

じかに diretamente. ～手紙を手渡す entregar uma carta em mãos. 床に～座る sentar-se no chão. …を～から～聞く ouvir … diretamente de ….

しかねない ser capaz de. あの人ならそれを～ Ele/Ela é capaz de fazer isso.

じかはつでん 自家発電 ♦ 自家発電装置 gerador (m) elétrico particular.

しばばね 屍 cadáver (m).

しがみつく agarrar-se a …, abraçar … fortemente. そんなにしがみつかないでください Não me agarre [pegue] tanto assim! 彼女は流されないように木にしがみついていた Ela se agarrava a uma árvore para não ser levada pela corrente de água.

しかめっつら しかめっ面 carranca (f),《口語》cara (f) feia.

しかめる 顰める 顔を～ franzir a testa,《口語》fazer cara feia.

しかも e ainda por cima, e além do mais. 私はあなたにこの仕事をしてもらいたい、～すぐに Eu queria que você fizesse este serviço e já.

じかよう 自家用 ～の destinado/da ao Lconsumo doméstico [uso pessoal]. ～に para o consumo doméstico. ～車を持つ ter carro próprio. ♦ 自家用車 carro (m) particular.

しかる 叱る ficar bravo/va com, repreender. そんなことをするとお巡りさんにしかられますよ Não faça isso, que o guarda vai ficar bravo, hein?

しかるべき 然るべき oportuno/na, conveniente, devido/da, competente, apropriado/da. ～時が来たら話す Conversarei no momento oportuno. ～時期に em seu devido tempo. ～形で de forma conveniente. ～理由がなくして sem motivo específico. ～人の仲介で por mediação de uma pessoa competente. 一言の挨拶があって～だ《Nesse caso》devia haver uma palavrinha pelo menos de agradecimento (desculpas). それはそうって～です Isso deve ser assim mesmo.

しかん 弛緩 atonia (f). ♦ 弛緩薬 relaxante (m).

しかん 子癇 〖医〗eclâmpsia (f).

しがん 志願 aspiração (f), alistamento (m) voluntário. …に～する aspirar a …, candidatar-se a …, 私はその会社に～します Vou me candidatar para entrar nessa companhia. ♦ 志願者 candidato/ta. 志願兵 soldado (m) voluntário.

*じかん 時間** ❶〔時〕tempo (m)〔テンポ〕. ～がないのです Não tenho tempo. すみませんが～がないのでその仕事は受けられません Sinto muito mas não podemos aceitar esse serviço por falta de tempo. この翻訳をするのにどれくらい～がかかりますか Quanto tempo leva para fazer esta tradução? ～を稼ぐ ganhar tempo. ～を都合する arranjar tempo. ～を無駄にする perder tempo, gastar tempo à toa. それは～の無駄だ Isso é perda de tempo. 我々はちょうど会議の～にまにあった Nós chegamos a tempo para a conferência. わざわざ私のために～を割いていただいてありがとうございました Muito obrigado por ter reservado um tempo para me atender. ～をつぶす matar o tempo. ～との競争 corrida (f) contra o tempo [relógio]. そろそろ行かなければならない～が来てしまいました Está chegando a hora de eu ir./Eu estou na minha hora. ♦ 睡眠時間 tempo (m) de sono. ❷〔時間表〕horário (m)〔オラーリオ〕♦ 時間割〔授業の〕horário (m)〔仕事や旅行などの日程〕cronograma (m). 営業時間 horário comercial. ❸〔時刻〕hora (f)〔オーラ〕. 1～ uma hora. ～決めで por hora. ～を守る ser pontual. ～どおりに na hora, de acordo com o horário. 閉店の～ hora (f) de fechar (a loja). 東京まで何～かかりますか Quantas horas demora [se leva] para chegar em Tóquio? ここまで来るのに1～かかった Levei uma hora para vir até aqui.

じかんがいろうどう 時間外労働 trabalho (m) extra, trabalho fora do expediente, hora (f) extra.

しき 式 ❶〔儀式〕cerimônia (f). ～を挙げる celebrar. 結婚～を挙げる realizar a cerimônia de casamento. ❷〔型〕método (m), sistema (m), estilo (m). 今日のパーティーは日本～でいきましょう Vamos dar a festa de hoje no estilo japonês. これは新～のパソコンだ Este é um computador novo modelo. ❸〔数・化〕fórmula (f).

しき 四季 as quatro estações (fpl) do ano. ～の移り変わり transição (f) das quatro estações.

しき 指揮 ❶ comando (m). …の～の下にある estar sob o comando de …. ♦ 指揮官 comandante. ❷〔音〕regência (f). 小澤征爾の～で sob a regência do maestro Seiji Ozawa. ♦ 指揮者 regente, maestro/trina. 指揮台 estrado (m) do maestro. 指揮棒 batuta (f).

しぎ 鴫 〖鳥〗narceja (f).
じき logo. ⇨まもなく.
じき 次期 o/a próximo/ma. ♦次期社長 o/a próximo/ma presidente/ta (da companhia).
じき 時期 tempo (m), época (f). 同じ~に na mesma época. 毎年この~には雨が降る Todos os anos chove nesta época. ~尚早 (しょうそう)の prematuro/na. そういうことで訴訟を起こすのはまだ~尚早です Ainda é cedo para recorrer (à justiça) por um problema desses./É prematuro recorrer por um problema desses. その処置を~尚早と見なした Considerou a medida prematura. この計画を実施するには~が悪い O momento não é propício [oportuno] para a realização deste plano.
じき 磁器 porcelana (f).
じき 磁気 magnetismo (m).
しきい 敷居 umbral (m), ombreira (f).
しぎかい 市議会 Assembleia (f) Municipal. ♦市議会議員 vereador/ra.
しききん 敷金 depósito (m) pago ao locador do apartamento 《usado para cobrir aluguéis atrasados, consertos do imóvel e limpeza após a sua desocupação. Em alguns casos, a parte restante do depósito é restituída ao inquilino》.
しきさい 色彩 ❶ cor (f), colorido (m), coloração (f). ~に富んだ cheio/cheia de cores, rico/ca em cores. ~感覚がある ter sensibilidade às cores. ~に乏しい desbotado/da, monótono/na. ❷〔性質〕característica (f), caráter (m). 宗教的な~を帯びたデモが起こった Ocorreu uma passeata de caráter religioso.
しきざき 四季咲き ~の que floresce em todas as estações do ano.
しきし 色紙 grande cartão (m) quadrado para se escreverem poemas, felicitações e mensagens.
しきじ 式辞 discurso (m) de saudação.
しきじゃく 色弱 〖医〗discromatopsia (f), daltonismo (m).
しきじょう 式場 local (m) da cerimônia, salão (m) de cerimônia. ♦結婚式場 salão de cerimônia do casamento.
しきそ 色素 matéria (f) corante [colorante]; 〔生物〕pigmento (m). ♦メラニン色素 melanina (f).
しきたり 仕来り costume (m), tradição (f). これが我が家の~だ Isto é um costume [uma tradição] em 〔de〕nossa casa. ~に従って seguindo a tradição, de acordo com o costume. ~に反する ir contra o costume.
しきち 敷地 terreno (m). 工場の~ terreno da fábrica.
しきちょう 色調 tonalidade (f). 明るい~の家具 mobílias (fpl) de tonalidade clara. 渋い~ tonalidade sóbria.

しきつめる 敷き詰める cobrir totalmente, colocar (algo) em toda a extensão (de algo). 庭に砂利を~ colocar pedregulhos em toda a extensão do jardim.
しきてん 式典 cerimônia (f), celebração (f).
じきひつ 直筆 ~の escrito/ta de próprio punho, autografado/da. ~の手紙 carta (f) escrita de próprio punho.
しきふ 敷布 lençol (m).
しきぶとん 敷布団 colchão (m), acolchoado (m) correspondente ao colchão. ♦敷布団カバー lençol (m) 《invólucro que cobre o colchão》.
しきべつ 識別 distinção (f), discernimento (m). ~する identificar, discernir. AとBを~できない não conseguir distinguir A e B. ♦識別力 capacidade (f) de discernimento.
しきもう 色盲 daltonismo (m). ~の daltônico/ca.
しきもの 敷物 esteira (f) ou tapete (m) que se estende no chão para andar, sentar-se ou colocar algo em cima.
しきゅう 支給 〔支払い〕pagamento (m); 〔分配〕distribuição (f). ~する pagar; distribuir. 月給15万円を~します Pagamos o salário de cento e cinquenta mil ienes mensais.
しきゅう 至急 urgentemente, com urgência. ~の urgente. 彼は~の用事で大阪へ行きました Ele foi a Osaka por um serviço urgente. ~救急車を呼んでください Por favor, chame uma ambulância com toda a urgência.
しきゅう 子宮 〖解〗útero (m). ♦子宮外妊娠 〖医〗gravidez (f) ectópica. 子宮癌(がん) câncer (m) de útero. 子宮癌検診 exame (m) de câncer de útero. 子宮筋腫 mioma (m) uterino. 子宮腔 cavidade (f) uterina. 子宮後屈 〖医〗retroversão (f) uterina. 子宮摘出術 histerectomia (f). 子宮内膜症 endometriose (f).
じきゅう 時給 salário-hora (m), pagamento (m) por hora. ~いくらですか Quanto o/a senhor/ra paga por hora?/Quanto é o salário-hora?
じきゅうじそく 自給自足 auto-suficiência (f); 〔国の〕autarquia (f). ~の auto-suficiente; autárquico/ca. 日本は食糧を~していません O Japão não é auto-suficiente em alimentos.
じきゅうせん 持久戦 ❶ guerra (f) prolongada [de desgaste]. ❷ 〖スポーツ〗jogo (m) de resistência. ~に持ち込む recorrer a um jogo de resistência.
しきゅうたい 糸球体 〖解〗glomérulo (m). ♦糸球体腎炎 〖医〗glomerulonefrite (f).
じきゅうりょく 持久力 resistência (f). ~がある ter resistência, ser resistente. 彼は~がある Ele é infatigável [resistente].
しきょ 死去 falecimento (m). ~する falecer.

しきょう　司教 bispo (m). 〜の episcopal. ♦ 司教区 diocese (f).

しぎょう　始業 início (m) dos trabalhos. ♦ 始業時間〔仕事〕horário (m) para o início do trabalho;〔授業〕horário do início das aulas. 始業式 cerimônia (f) de início das aulas.

じきょう　自供 confissão (f) voluntária, reconhecimento (m) do delito. 〜する confessar o crime. 彼はその殺人事件に関係したことを〜した Ele confessou ter-se envolvido no assassinato.

***じぎょう　事業** ❶ empreendimento (m) [エンプレエンディメント], empresa (f) [エンプレーザ], negócio (m) [ネゴッスィオ]. 〜に成功する ter sucesso nos negócios. 〜に失敗する fracassar nos negócios. 〜を営む dirigir um negócio. ♦ 事業家 empresário/ria. 事業計画 projeto (m). 事業資金 capital (m) operacional. 事業所得 receita (f). 事業年度 ano (m) fiscal. ❷ obra (f) [オーブラ], atividade (f) [アチヴィダーヂ]. ♦ 慈善事業 obra de caridade. 福祉事業 obra de assistência social.

しきょうひん　試供品 amostra (f).

しきょく　支局 filial (f), sucursal (f).

しきり　仕切り divisória (f). 箱に〜を付ける colocar [fazer] divisórias numa caixa. 部屋の〜 divisória de uma sala.

しきりに 〔しばしば〕com muita frequência;〔熱心に, 盛んに〕insistentemente;〔間断なく〕continuamente. 最近〜地震があります Recentemente temos tido muitos terremotos.

しきる　仕切る ❶〔区切りをつける〕dividir. 屏風(びょうぶ)で部屋を二つに〜する dividir o quarto em dois com um biombo. ❷〔とりしきる〕dominar, mandar,〔口語〕ser o manda-chuva. 彼女はパーティーを仕切っている Ela está dirigindo o cerimonial da festa. ❸〔決算する〕acertar [fechar] (as contas). 明日は今年の決算を仕切りましょう Amanhã vamos fechar o orçamento deste ano.

しきん　資金 fundo (m);〔資本金〕capital (m). 〜を調達する levantar fundos. 〜を集める angariar fundos. 彼らは100万円の〜で商売を始めた Eles começaram um negócio com um capital de um milhão de ienes. ♦ 資金難 dificuldades (fpl) financeiras. 回転資金 capital de giro. 奨学資金 fundo para bolsas de estudos. 政治資金 dinheiro (m) para atividades políticas.

しぎん　詩吟 recitação (f) de poemas chineses.

しきんきょり　至近距離 distância (f) muito próxima. 〜で鉄砲を撃つ atirar à queima-roupa. 〜でそのオブジェの写真を撮った Tirou a fotografia do objeto de arte de uma distância bem próxima.

しく　詩句〘詩学〙verso (m); estrofe (f).

***しく　敷く** estender [エステンデール], estirar [エスチラール], esticar [エスチカール]. 床にじゅうたんを〜

colocar um tapete no assoalho. 二つの町の間に鉄道を〜 construir uma estrada de ferro entre duas cidades. この座布団をどうぞ敷いてください Sente-se nesta almofada, por favor.

じく　軸 ❶ eixo (m). ♦ 車軸 eixo das rodas (de um carro). ❷〔中心〕eixo, pólo (m), centro (m), pivô (m). 悪の枢〜 Eixo do Mal. ❸〘数〙eixo. ♦ 座標軸 eixo de coordenadas. 縦軸 eixo das ordenadas. 横軸 eixo das abcissas.

しぐさ modos (mpl), gestos (mpl), pose (f). 彼女は〜がかわいい Ela tem um jeito engraçadinho.

ジグザグ zigue-zague (m). この道は〜している Essa rua é em zigue-zague [sinuosa].

しくじる falhar, errar. テストを〜 falhar [ser reprovado/da] no exame. ⇨失敗.

ジグソーパズル quebra-cabeça (m).

しくつ　試掘 prospecção (f) (de jazidas minerais), sondagem (f). 〜する prospectar [sondar] (um terreno por escavação).

シグナル sinal (m).

しくはっく　四苦八苦 〜する sofrer, ficar em apuros. 〜して得た金 dinheiro (m) ganho com muita dificuldade.

しくみ　仕組み mecanismo (m), estrutura (f), organização (f), sistema (m). 機械の〜 mecanismo de uma máquina. 社会の〜 sistema social.

しくむ　仕組む ❶ tramar, maquinar. ❷〘機械〙montar (uma máquina etc).

シクラメン〘植〙ciclâmen (m).

しぐれ　時雨 chuva (f) de fim de outono.

じけ　時化 ❶ agitação (f) do mar (que atrapalha a pesca). ❷《比》produção (f) fraca, recessão (f).

しけい　死刑 pena (f) de morte, pena capital. …を〜に処する condenar … à morte. 〜になる ser condenado/da à morte. 〜を執行する executar a sentença de morte. 彼は〜を宣告されるかも知れない Ele pode ser condenado à morte./Ele pode pegar a pena de morte. ♦ 死刑囚 condenado/da à morte. 死刑廃止 abolição (f) da pena de morte.

***しげき　刺激** ❶〔励み〕estímulo (m) [エスチームロ], incentivo (m) [インセンチーヴォ]. …に〜を与える estimular …, incentivar …. …に〜を受ける ser estimulado/da por …, ser incentivado/da por …. 彼の昇進はほかの者たちによい〜になるでしょう Acho que a promoção dele vai ser um bom estímulo para os outros. ❷〔興奮〕excitação (f) [エスィタサォン], irritação (f) [イヒタサォン], estímulo. 〜を求める procurar algo excitante. 〜の強い食べ物 comida (f) picante. それは〜が強い Isso é muito picante. ♦ 刺激物 estimulante (m). ❸〔はずみ〕impulso (m) [インプーウソ]. 〜する 1) estimular [エスチムラール], incentivar [インセンチヴァール]. 2) aguçar [アグサール], acirrar [アスィハール]. 3)

excitar [エスィタール], estimular, irritar [イリタール]. 科学に対する興味を～する aguçar o interesse pela ciência. 国民の革命精神を～する acirrar o espírito revolucionário do povo. 食欲を～する abrir o apetite. たばこの煙は目を～する A fumaça do cigarro irrita os olhos. ～的な estimulante, excitante; picante.

しけつ 止血 estancamento (m) da hemorragia. ～用の com fins hemostáticos. ♦ 止血剤【薬】anti-hemorrágico (m), hemostático (m).

しげみ 茂み espessura (f), frondosidade (f), moita (f).

しける 時化る 〔海が〕ficar tempestuoso/sa [bravio/via, agitado/da]. しけた顔をする《口語》fechar a cara, ficar com cara de quem comeu e não gostou.

しける 湿気る ❶ umedecer-se, adquirir umidade, ficar úmido/da, 《口語》pegar umidade. しけている estar úmido/da. 長雨で畳が～ Com as chuvas prolongadas o *tatami* fica úmido. ❷ perder a crocância, 《口語》ficar mole. クッキーがしけてしまった A bolacha perdeu a crocância [ficou mole].

しげる 茂る frondejar, tornar-se espesso/ssa. 茂った frondoso/sa, espesso/ssa.

*****しけん 試験** ❶〔学校などの〕exame (m) [エザーミ], teste (m) [テースチ], prova (f) [プローヴァ]. ～をする fazer exame, fazer teste, fazer prova. ♦ 試験科目 matérias (fpl) de exame. 試験問題 questões (fpl) de exame. 口頭試験 exame oral, prova oral. 筆記試験 exame escrito, prova escrita. 模擬試験 exame simulado, simulado (m), prova simulada. ❷〔性能などの〕teste, prova. ～的に a título de teste, a título de prova, só para experimentar. このマイクはもう～済みだ Este microfone já foi testado. ♦ 試験管 tubo (m) de ensaio, proveta (f). 試験所 laboratório (m). 試験台 mesa (f) de experiência.

しけん 私権【法】direito (m) privado.

しげん 資源 recursos (mpl). ～を開発(保護)する explorar (proteger) os recursos naturais. 限りある～ fonte (f) finita de energia. 日本は天然～に乏しい O Japão é pobre em recursos naturais. ♦ 資源エネルギー庁 Agência (f) de Recursos Minerais e Energia. 資源ごみ lixo (m) reciclável.

*****じけん 事件** caso (m) [カーゾ], incidente (m) [インスィデンチ], acontecimento (m) [アコンテスィメント]. 歴史上の～ um acontecimento histórico. ～の核心 eixo (m) dos acontecimentos. 詐欺～を起こす cometer uma fraude. 大～が起きた Aconteceu um caso muito grave. 恐ろしい～が相次いでいる Crimes (mpl) hediondos estão acontecendo em série [sucessivamente]. ♦ 盗難事件 caso de roubo. 民事(刑事)事件 caso civil (criminal).

じげん 時限 ❶〔授業時間〕hora (f) escolar, período (m) escolar. 第3～は数学だ A terceira aula é matemática. ❷〔期限〕tempo (m) limitado [determinado]. ♦ 時限スト greve por tempo determinado [de duração limitada]. 時限爆弾 bomba-relógio (f).

じげん 次元 ❶【数】dimensão (f). 二～の de duas dimensões, bidimensional. 三～の世界 mundo (m) da terceira dimensão [tridimensional]. ♦ 二次元 duas dimensões (fpl). 四次元 a quarta dimensão. ❷ categoria (f), nível (m). ～の違う話 assunto (m) de outro nível [outra ordem]. 同じ～の da mesma ordem [categoria].

しご 死後 depois da morte. ～の póstumo/ma, *post-mortem*. ～の世界 o outro mundo. ～二週間たっている死体 cadáver (m) de um morto há duas semanas. ♦ 死後硬直【医】rigidez (f) cadavérica.

しご 死語 ❶〔使われなくなった言語〕língua (f) morta. ❷〔すたれた言葉〕palavra (f) obsoleta [《口語》já desusada].

しご 私語 cochicho (m). 授業中の～はやめましょう Vamos deixar de conversas particulares em aula.

*****じこ 事故** acidente (m) [アスィデンチ];〔小さな〕incidente (m) [インスィデンチ];〔大きな〕catástrofe (f) [カターストロフィ]. ～を防止する prevenir [evitar] acidentes. ～を起こす causar [provocar] um acidente. ～の際には em caso de acidente. きのう～にあってしまいました Ontem eu tive [sofri] um acidente. ～を起こさないように気をつけて… Cuidado para não causar acidentes. ♦ 事故死 morte (f) acidental. 交通事故 acidente de automóvel, acidente de trânsito. 人身事故 acidente com vítimas humanas [envolvendo lesão corporal].

じこ 自己 ❶【医】auto-. ♦ 自己疾患 doenças (fpl) auto-imunes. 自己免疫 auto-imunidade (f). ❷【法】próprio, voluntário/ria. ♦ 自己資本 capital (m) próprio. 自己占有 posse (f) direta. 自己破産 falência (f) voluntária. ❸【心】si mesmo/ma, auto-. ～を知る conhecer-se a si mesmo/ma, 《口語》enxergar-se. ～暗示に掛ける auto-sugestionar-se. ～表現する expressar-se. ～実現する realizar-se. ～弁護をする justificar-se, defender-se. ～本位の人 pessoa (f) egoísta. ～嫌悪に陥る sentir auto-aversão, sentir ódio [repugnância] de si mesmo/ma. ～流で à própria maneira, do próprio jeito. 私はそれは～流でやってます Isso eu faço do meu jeito. アメリカ人は～主張が強すぎる Os americanos impõem muito sua opinião. 日本ではあまり～主張をしないほうが物事がうまく運ぶ No Japão, as coisas seguem melhor quando não se insiste na própria opinião. 彼は～を表現するのが苦手だ Ele tem dificuldade para expressar seus sentimentos./《口語》Ele não tem muito jeito para se expressar. ～紹介をしま

しょう Vamos nos apresentar./Vamos fazer a nossa auto-apresentação. 今日の夕食は〜負担としましょうね《口語》No jantar de hoje, cada um paga o seu, está bem? ♦自己暗示 auto-sugestão (f). 自己嫌悪 auto-aversão (f). 自己主張 insistência (f) na [imposição (f) da] própria opinião. 自己中心 egoísmo (m). 自己批判 autocrítica (f). 自己分析 auto-análise (f). 自己防衛 autodefesa (f). 自己満足 presunção (f), auto-satisfação (f).

しこう 嗜好 gosto (m). 〜の問題 questão (f) de gosto. ♦嗜好品〔ぜいたく品〕artigos (mpl) de luxo;〔食べ物〕comida (f) favorita [preferida].

しこう 思考 pensamento (m). ♦思考力 capacidade (f) de pensar.

しこう 指向 〔方向〕direção (f), direcionamento (m). 機械化を〜する Direcionar-se à mecanização. ♦指向性アンテナ antena (f) direcional.

しこう 施工 ⇨施工(せこう).

しこう 施行 〔法〕entrada (f) em vigor, aplicação (f). 法令を〜する pôr um decreto em vigor. 〜される vigorar, entrar em vigor. その法令は先月から〜されている Essa lei está em vigor desde o mês passado. (法令の)〜期日 data (f) da entrada em vigor (de uma lei).

しこう 歯垢 placa (f) bacteriana.

じこう 時効 〔法〕prescrição (f). その犯罪は10年で〜になった O crime prescreveu em dez anos. その事件はすでに〜だ Esse caso já prescreveu. まだ〜を迎えていない事件 uma ocorrência que ainda não prescreveu. ♦時効中断 suspensão (f) da prescrição.

じごう 次号 próximo número (m) (em revistas etc). 〜に続く Continua no próximo número.

しこうさくご 試行錯誤 método (m) educacional, segundo o qual se aprende através de tentativas e erros; sistema (m) pelo qual se chega a uma solução através de tentativas e erros (e consertos). 〜を繰り返してよいものができる Consegue-se um bom produto, indo por tentativas e erros.

じごうじとく 自業自得 castigo (m) merecido. 彼が失敗したのは〜だ O fracasso dele foi bem merecido. それは〜だ Você está colhendo o que semeou até agora./《口語》Bem feito!

じごえ 地声 voz (f) própria (que não é cultivada).

しごく 扱く 〔厳しく訓練する〕treinar rigorosamente.

*****しこく** 時刻 hora (f) [オーラ]. 〜は4時30分です São quatro horas e meia [trinta minutos]. 約束の〜に na hora combinada, no horário combinado. 〜どおりに pontualmente. 時計を正しい〜に合わせる acertar o relógio. 〜表で調べる consultar a tabela de horário. ♦時刻表 tabela (f) de horário (de trens etc).

じごく 地獄 inferno (m). あれは生き〜だ Aquilo é um inferno em vida.

しこつ 指骨 〔解〕falange (f) dos dedos.

*****しごと** 仕事 〔職業〕carreira (f) [カヘーイラ], profissão (f) [プロフィサォン]; 〔作業〕serviço (m) [セルヴィッソ], trabalho (m) [トラバーリョ];〔職〕emprego (m) [エンプレーゴ]. 君も〜がもっと早くなるといいね Seria bom se você ficasse mais rápido no trabalho, não? この〜はすぐ覚えられます Você vai aprender logo este serviço. 彼は〜に掛かるのが遅い Ele demora muito para começar a trabalhar. この〜はきつい Este trabalho é pesado. 彼は〜中だ Ele está em serviço. 〜中にしゃべってはいけません Não converse durante o serviço. 〜中禁煙《掲示》Proibido Fumar em Serviço. さあ〜だ Então, mãos à obra, gente! 私は今〜がない Eu estou sem emprego agora. ちゃんと〜をする fazer o serviço direito, trabalhar para valer. …を〜としている trabalhar com, lidar com, mexer com. 私には本の出版を〜としている友人がいます Tenho amigos que mexem com a publicação de livros. ♦仕事着 macacão (m), roupa (f) de trabalho.

しこみ 仕込み ❶〔訓練〕treinamento (m), ensino (m). ❷〔料〕ato (m) de deixar fermentar.

しこむ 仕込む ❶〔訓練する〕transmitir, ensinar, passar. 長男に芸を〜 transmitir as técnicas [a arte] ao filho mais velho. …に行儀作法を〜 ensinar as boas maneiras a …. ❷〔発酵の手はずを整える〕deixar … fermentar, fazer conserva de …. 麹(こうじ)を〜 pôr fermento.

しこり ❶ endurecimento (m) muscular,《口語》caroço (m). ❷《比》ressentimento (m). そのことで〜が残るとよくない Não é bom que guardem rancor disso.

しこん 歯根 〔解〕raiz (f) dentária.

しさ 示唆 sugestão (f). 〜する sugerir, dar a entender que [dar sinais de que] (+直説法)(+indicativo). 大統領は金利が下がると〜した O presidente deu sinais de que os juros vão abaixar. 〜に富む談話 um diálogo sugestivo [cheio de ideias sugestivas]. …に〜をあたえる dar sugestões a ….

じさ 時差 diferença (f) de horas devido aos fusos horários. リオ・東京間の〜は何時間ですか Quantas horas de diferença há entre Rio e Tóquio? ♦時差出勤 entrada (f) em serviço em horário escalonado. 時差ぼけ sono (m) causado pelo traslado repentino para regiões de fusos horários diferentes.

しさい 司祭 sacerdote (m).

しざい 私財 bens (mpl) privados. …に〜を投

しざい 資材 material (*m*). ♦資材置き場 depósito de materiais.
じざい 自在 伸縮〜の flexível, elástico/ca.
しさく 施策 medida (*f*), política (*f*).
しさくひん 試作品 amostra (*f*) (de um produto experimental).
じざけ 地酒 bebida (*f*) fermentada local, saquê (*m*) típico da região.
しさつ 視察 inspeção (*f*). 〜する inspecionar. ♦視察旅行 viagem (*f*) de inspeção.
しさつ 刺殺 〜する matar 〔a facadas〕〔à punhalada〕.
じさつ 自殺 suicídio (*m*). 〜する suicidar-se, matar-se. ピストルで〜する suicidar-se [matar-se] com um revólver. 飛び降りで〜する atirar-se de um precipício. ♦自殺者 o/a suicida. 自殺未遂 tentativa (*f*) de suicídio.
じさない 辞さない não temer, não se intimidar diante de, não hesitar em [estar pronto/ta para] (＋不定詞) 《＋infinitivo》. 死をも〜 não temer nem mesmo a morte. 我々はストライキをも〜 Estamos prontos para ir à greve, (se for necessário). ⇨辞する.
しさん 資産 fortuna (*f*), bens (*mpl*), propriedade (*f*). 〜がある ter propriedades, ter patrimônio. ♦資産家 homem (*m*) [mulher (*f*)] de bens. 資産凍結 congelamento (*m*) dos bens. 資産表〔会計〕balancete (*m*). 固定資産 bens imóveis. 流動資産 ativo (*m*) em circulação.
しざん 死産 nascimento (*m*) de um bebê morto. 〜する ter um bebê morto. ♦死産児 natimorto (*m*). 死産率 natimortalidade (*f*).
じさん 持参 〜する trazer ou levar consigo. 各自弁当を〜してください Tragam cada um o seu lanche. 履歴書〜のこと trazer o *curriculum vitae* [currículo].
しし 獅子 leão (*m*) lendário 《meio leão e meio dragão》. ♦獅子舞 dança (*f*) do leão 《vista em cabúqui e festividades religiosas》.
しじ 指示 ❶〔指し示すこと〕indicação (*f*). ♦指示代名詞〔文法〕pronome (*m*) demonstrativo. 指示標識 sinalização (*f*), indicação (*f*). 方向指示器〔車〕pisca-pisca (*m*). ❷〔指図〕instruções (*fpl*). …に〜を与える dar instruções a…. 今すぐ〜を与えますから待っていてください Espere um pouco, que eu já vou dar as instruções. …から〜を受ける receber instruções de…. …に〜される ser instruído/da por …. …の〜に従う seguir as instruções de …. 店長はその報告書を一週間以内に仕上げるように〜した O gerente disse que queria o relatório pronto em uma semana.
しじ 支持 apoio (*m*), aprovação (*f*), respaldo (*m*). 〜する apoiar. 彼の提案はみんなに〜されるだろう Acho que todo o mundo vai apoiar a ideia dele. 〜を得る obter aprovação, ter apoio. 〜を取り付ける buscar aprovação, obter apoio. ある機関の〜を得ている ter o respaldo [apoio] de uma organização. 国民の〜を得ていない não ter o respaldo [apoio] do povo. ♦支持者 partidário/ria, sustentáculo.
じじ 時事 acontecimentos (*mpl*) atuais. ♦時事問題 problemas (*mpl*) da atualidade.
ししざ 獅子座 〖星座〗(signo (*m*) do) leão.
ししつ 資質 dom (*m*) natural, qualidade (*f*) inata.
ししつ 脂質 〔解〕lípide (*f*),《口語》gordura (*f*).
*****じじつ 事実** realidade (*f*) [ヘアリダーデ], fato (*m*) [ファット]. 私は〜に基づいて話をしているのです Estou falando com base na realidade. それは〜に反することだ Isso não está de acordo com a realidade. それは〜だ Isso é verdade. 〜無根の sem fundamento. あのメールの内容は〜無根でした O conteúdo daquele *e-mail* não tinha fundamento. 〜上の別居〖法〗separação (*f*) de fato. ブラジルで離婚するには２年間以上〜上の別居状態になる必要がある Para se divorciar no Brasil, é necessário ficar dois anos em regime de separação de fato.
ししとう 獅子唐 〔植〕pimentão (*m*) verde.
ししゃ 使者 mensageiro/ra, enviado/da.
ししゃ 支社 sucursal (*f*), filial (*f*).
ししゃ 死者 morto/ta. その事故で〜が出た O acidente fez vítimas fatais.
ししゃかい 試写会 pré-estreia (*f*) 《*avant-première*》.
ししゃく 子爵 visconde (*m*). ♦子爵夫人 viscondessa (*f*).
じしゃく 磁石 ímã (*m*).
ししゃごにゅう 四捨五入 〜する arredondar uma conta.
じしゅ 自主 〜的 voluntário/ria. 〜的に por iniciativa própria. 輸出の〜規制をする autolimitar-se na exportação. ♦自主規制 controle (*m*) voluntário, auto-restrição (*f*), autocontrole (*m*).
ししゅう 刺繍 bordado (*m*). 〜する bordar.
ししゅう 詩集 coleção (*f*) de poemas.
ししゅう 歯周 〔解〕alvéolo (*m*) dentário. ♦歯周炎 periodontite (*f*). 歯周病 piorreia (*f*) [pus (*m*)] do alvéolo dentário. 歯周病学 periodontia (*f*).
しじゅう 四十 quarenta.
しじゅう 始終 ❶ do começo ao fim. ❷ sempre, constantemente, frequentemente.
じしゅう 自習 auto-instrução (*f*). 〜する estudar por conta própria.
しじゅうかた 四十肩 ⇨五十肩.
しじゅうから 四十雀 〖鳥〗chapim-real (*m*).
しじゅうくにち 四十九日 ❶〔その日〕o quadragésimo-nono dia após o falecimento (de um indivíduo). ❷〔その儀式〕cerimônia (*f*) budista realizada nesse dia.
しじゅうしょう 四重唱 〖音〗quarteto (*m*)

しじゅうそう　四重奏　〔音〕quarteto (m). ♦弦楽四重奏 quarteto de cordas.

じしゅく　自粛　autocontrole (m). 派手な結婚式を～する abster-se de dar festa de casamento luxuosa.

ししゅつ　支出　despesas (fpl), gastos (mpl), saída (f). ～する gastar. ～を抑える conter as despesas. ～を減らす diminuir as despesas. 収入と～ as entradas e as saídas. ～は控えめに Contenha as despesas. ♦支出額 total (m) das despesas. 臨時支出 gastos extraordinários.

ししゅんき　思春期　puberdade (f). ～になる atingir a puberdade.

ししょ　司書　bibliotecário/ria.

じしょ　辞書　dicionário (m). ～を引く consultar o dicionário. ～で単語を調べる procurar [buscar] uma palavra no dicionário. ♦辞書編集 lexicografia. 辞書編集者 lexicógrafo/fa.

じしょ　地所　terreno (m).

ししょう　師匠　mestre/tra, professor/ra.

ししょう　支障　obstáculo (m), impedimento (m). ～が生じた Surgiu um obstáculo. ～を来たす trazer complicações. そのことは捜査に～を来たすかもしれない Isso pode prejudicar as buscas.

しじょう　史上　história (f). ～まれな出来事 um caso raro na história. ～空前の犯罪 um crime sem igual [sem precedentes] na história.

しじょう　市場　mercado (m). ～を独占する monopolizar o mercado. ～を獲得する conquistar o mercado. それは～性がある Isso é comerciável. バブル時代には就職活動をする人たちは売り手～だった Na época da bolha econômica, a situação era favorável para os que procuravam emprego.

♦市場経済 economia (f) de mercado. 市場調査 pesquisa (f) de mercado. 売り手市場 mercado ˪favorável para os vendedores [com muita demanda e pouca oferta]. 卸売り市場 mercado atacadista. 買い手市場 mercado ˪favorável para os compradores [com muita oferta e pouca demanda]. 株式市場 mercado de ações. 小売市場 mercado varejista. 国内(海外)市場 mercado interno (externo).

しじょう　紙上　～で no papel, no jornal. その女優は～をにぎわした Essa atriz foi muito comentada na imprensa. ♦紙上討論 debate (m) no jornal.

しじょう　試乗　～する fazer a rodagem de um carro, experimentar um carro, guiar um carro para experimentar. ♦試乗車 carro (m) para teste.

じしょう　自称　～する autoproclamar-se, autodenominar-se, considerar-se. 彼らは～音楽家だったが, ただの素人だった Eles se diziam músicos, mas eram apenas amadores. 彼女は～詩人である Ela se considera poeta.

***じじょう　事情**　〔状況〕situação (f) [スィトゥアサォン], circunstância (f) [スィルクンスタンスィア], estado (m) de coisas; 〔理由〕razão (f) [ハザゥン], motivo (m) [モチーヴォ]; 〔場合〕caso (m) [カーゾ]. ～で por motivo de força maior. 家庭の～で por razões familiares. あなたの～を考慮します Eu vou levar em consideração a sua situação. ～の許す限り出席します Desde que as circunstâncias me permitam, eu vou comparecer. 以下の～でパーティーには出席できません Não posso participar da festa pelos seguintes motivos. 私の場合も～は同じです A minha situação é a mesma. そうなると～は変わってくる Então, a situação já é outra./Aí a coisa muda de figura. 財界の～に明るい Conhecer bem o mundo econômico. ♦交通事情 condição (f) de trânsito. 住宅事情 situação (f) habitacional.

ししょうかぶ　視床下部　〖解〗hipotálamo (m).

ししょうしゃ　死傷者　mortos (mpl) e feridos (mpl). 土砂崩れによって50人の～が出た Devido ao deslizamento houve o saldo de cinquenta mortos e feridos.

ししょく　試食　degustação (f). ～する provar, degustar.

じしょく　辞職　demissão (f), renúncia (f). ～する pedir demissão, renunciar ao cargo.

ししょばこ　私書箱　caixa (f) postal.

ししん　指針　❶ ponteiro (m), indicador (m). ❷《比》roteiro (m), guia (f).

しじん　詩人　poeta/tisa.

じしん　地震　terremoto (m). ～に強い町 cidade (f) à prova de terremotos.

***じしん　自信**　autoconfiança (f) [アウトコンフィアンサ], confiança (f) em si, segurança (f) [セグランサ]. ～のある confiante, seguro/ra de si. ～のない inseguro/ra. 自分に～がある ter confiança em si. ～ありげに com ares de quem está seguro/ra. ～をもって com segurança. ～がつく ganhar confiança em si mesmo. ～たっぷりである ter muita confiança em si mesmo/ma. ～を失う perder a confiança em si. この仕事をする～はないです Sinto-me incapaz de fazer este serviço. 私は試合では～を持っていた Eu me sentia confiante no jogo. これは私の～作です Esta é a obra da qual muito me orgulho. ♦自信過剰 excesso (m) de confiança.

じしん　自身　o/a próprio/pria. ～の próprio/pria. あなた～ você mesmo/ma. 彼～ ele próprio, ele mesmo. 彼女～ ela própria, ela mesma. 私～ eu próprio/pria, eu mesmo/ma. 我々～ nós mesmos/mas.

ししんけい　視神経　〖解〗nervo (m) ótico.

しずい　歯髄　〖解〗polpa (f) dentária.

じすい 自炊 〜する cozinhar a própria comida.

しすう 指数 ❶ indicador (m), índice (m). その川の周辺にいる鳥の数は水質の〜として重要です O número desses pássaros ao redor do rio é importante como indicador da qualidade da água. ♦消費者物価指数 índice de preços ao consumidor. 知能指数 quociente (m) de inteligência. ❷《数》expoente (m), potência (f). ♦指数関数 função (f) exponencial. 指数方程式 equação (f) exponencial.

*****しずか 静か** 〜な silencioso/sa [スィレンスィオーソ/ザ], tranquilo/la [トランクィーロ/ラ], sossegado/da [ソセガード/ダ], calmo/ma [カーウモ/マ], quieto/ta [キエット/タ]. 〜に tranquilamente, com calma, em silêncio. 〜でない barulhento/ta, sem sossego. 〜な部屋 quarto (m) calmo [sossegado]. 〜な海 mar (m) calmo. 〜でない場所 lugar (m) barulhento. 10時過ぎになるとこの辺りは〜になります Depois das dez horas, isto aqui fica um silêncio. 〜に! Silêncio!

しずく 滴 gota (f)《d'água》. 〜が垂れている Estão caindo gotas d'água.

しずけさ 静けさ tranquilidade (f), sossego (m), calma (f).

システー 〔修道院の尼僧〕irmã (f), freira (f).

システム ❶ sistema (m). 外国の〜を取り入れる introduzir [adotar] um sistema estrangeiro. 〜の導入 adoção (f) de um sistema. ♦システムキッチン cozinha (f) planejada. 教育システム sistema educacional. ❷《コンピ》sistema (m). ♦システムアナリスト analista de sistemas. システムエンジニア engenheiro/ra de sistemas. システム工学 engenharia (f) de sistemas. システムプログラム programa (m) sistemático. オンラインシステム sistema online. ❸〔サッカー〕esquema (m) tático. ヨーロッパのサッカーで最もよく用いられる〜は伝統的な4-4-2だ O sistema tático mais utilizado no futebol europeu é o tradicional quatro-quatro-dois.

じすべり 地滑り desmoronamento (m) de terra.

しずまりかえる 静まり返る ficar em um profundo silêncio. その日町は静まり返っていた Nesse dia, reinava um profundo silêncio na cidade.

しずまる 静まる acalmar-se, apaziguar-se, tranquilizar-se. 風が静まりましたね O vento se acalmou, não?

*****しずむ 沈む** afundar-se [アフンダール スィ];〔太陽が〕pôr-se [ポール スィ]《o sol》. 沈んだ表情 cara de deprimido/da, cara tristonha. 私たちは田んぼの中にひざまで沈んだ Nós entramos no brejo do arrozal até a altura do joelho.

しずめる 沈める afundar, fazer submergir.

しずめる 鎮める, 静める ❶〔鎮める〕acalmar, sossegar, tranquilizar, fazer calar, silenciar. 騒いでいる学生たちを静める silenciar os [impor silêncio aos] estudantes irrequietos. ❷ suavizar, aliviar. 痛みを鎮める suavizar [aliviar] a dor. ❸ pacificar, apaziguar. 騒ぎを鎮める apaziguar o tumulto. 彼の怒りを鎮めるにはどうしたらいいだろう Como podemos acalmá-lo? 気を鎮めてください Acalme-se, por favor!

じする 辞する demitir-se, pedir demissão. 役職を〜 renunciar ao cargo [posto], demitir-se do posto [cargo]. ⇨辞さない.

*****しせい 姿勢** ❶ postura (f)[ポストゥーラ], posição (f)[ポズィサォン]. 彼女は〜がよい Ela tem uma boa postura. 〜を正す endireitar-se. 楽な〜で numa postura relaxada. ❷《比》atitude (f)[アチトゥーデ], postura. 前向きな〜 atitude [postura] positiva. 首相はその国の復興支援を続ける〜を示した O primeiro-ministro posicionou-se a favor da continuação da ajuda à reconstrução do país. 景気後退の時期とあって投資家は慎重な〜を見せた Dado o período de recesso, os investidores assumiram uma postura de cautela. 彼はまだ反対の〜を崩していない Ele ainda não abandonou a postura oposicionista.

しせい 市政 administração (f) municipal.

しぜい 市税 imposto (m) municipal.

じせい 時世 tempo (m), época (f). よいご〜だった Bons tempos aqueles! 彼らはどうして〜についていけなかったのですか Por que eles não conseguiram acompanhar as tendências da época?

じせい 自制 autocontrole (m), autodomínio (m). 〜心を失う perder o autocontrole [(espírito (m) de) autodomínio]. 〜心を取り戻す recuperar o autocontrole. 〜する autocontrolar-se, conter-se, dominar-se a si mesmo/ma, controlar-se. そして私は〜することを覚えました E aprendi a me autocontrolar. ♦自制力 capacidade (f) de autocontrole [de autocontrolar-se].

しせいかつ 私生活 vida (f) privada [particular]. 他人の〜に口出しをする intrometer-se na vida particular dos outros.

しせいかん 死生観 modo (m) de ver [interpretar] a vida e a morte.

しせいじ 私生児 filho/lha ilegítimo/ma [natural].

しせき 史跡 monumento (m) histórico;〔遺跡〕ruínas (fpl). 京都にはたくさんの〜があります Em Kyoto tem [há] muitos monumentos históricos.

しせき 歯石 tártaro (m) dentário. ♦歯石除去 limpeza (f) de tártaro dentário.

しせつ 使節 enviado/da. ♦使節団 delegação (f).

*****しせつ 施設** instituição (f)[インスチトゥイサォン], estabelecimento (m)[エスタベレスィメント]. ♦公共施設 instalação (f) pública. 慈善施設 insti-

tuição(f) de caridade. スポーツ施設 associação (f) esportiva.

しせつこつ 指節骨 〚解〛falange (f).

しせん 視線 olhar (m). …と〜を合わせる olhar nos olhos de …, encarar. …から〜をそらす desviar o olhar de …. 皆の〜を集める atrair o olhar ⌞todo [todo o mundo]. 彼と〜が合ってしまった Acabei olhando nos olhos dele.

*しぜん 自然** naturaleza (f) [ﾅﾄｩﾚｰｻﾞ]. 母なる〜 Mãe (f) Natureza. 地方にはまだ〜がたくさん残っている No interior, ainda há muita natureza. 〚★ natureza は複数で使われない〛 〜の natural, espontâneo/nea; lógico/ca, de se esperar. 〜の法則 lei (f) natural. 〜の成り行き resultado (m) natural (das coisas). 〜の成り行きに任せましょう Vamos deixar que as coisas sigam o seu curso. 彼の演技は〜ではない A atuação dele não é natural. 彼女はとても〜です Ela é muito espontânea. ああなるのは全く〜だった Era muito natural que as coisas tivessem levado aquele fim. 〜に naturalmente, de um modo natural, com naturalidade; por si mesmo/ma, sozinho/nha. それは〜にわかることです Isso é algo que você vai acabar entendendo ⌞naturalmente [com o tempo]. 〜にふるまう agir com naturalidade. けがは〜に治った A ferida se curou sozinha. ♦ 自然乾燥 secagem (f) natural. 自然現象 fenômeno (m) natural. 自然死 morte (f) natural. 自然食 alimento (m) natural. 自然数 número (m) natural. 自然淘汰 seleção (f) natural (pela sobrevivência do mais apto). 自然分娩 〚医〛parto (m) natural. 自然変異 mutação (f) natural. 自然法 direito (m) natural. 自然保護 preservação (f) da natureza. 自然流産 〚医〛aborto (m) espontâneo.

じぜん 事前 〜の prévio/via. 〜に de antemão, previamente, antecipadamente. 〜協議をする fazer uma consulta prévia. 〜通告なしで sem aviso (m) prévio.

じぜん 慈善 beneficência (f). 〜の beneficente. ♦ 慈善事業 obra (f) beneficente.

しぜんしゅぎ 自然主義 naturalismo (m). ♦ 自然主義文学 literatura (f) naturalista.

しそ 紫蘇 〚植〛perila (f).

しそ 私訴 〚法〛ação (f) privada.

しそう 思想 pensamento (m), ideologia (f). 〜的 ideológico/ca. 〜の相違 divergência (f) ideológica. 〜の自由 liberdade (f) de pensamento. ♦ 思想家 pensador/ra. 思想統制 controle (m) da opinião pública. 思想犯 criminoso/sa político/ca. 危険思想 ideias (fpl) subversivas. 現代思想 pensamento contemporâneo.

しそう 試走 corrida (f) experimental, rodagem (f). 〜する experimentar um carro. ♦ 試走車 carro (m) em corrida experimental.

しそうのうろう 歯槽膿漏 〚医〛piorreia (f) [pus (m)] do alvéolo dentário.

しそく 子息 filho (m). 御〜はお元気ですか O seu filho está bem?

じそく 時速 velocidade (f) horária. 列車は〜 100 キロで走っています O trem está correndo a uma velocidade de cem quilômetros por hora. ♦ 最高時速 velocidade máxima (por hora).

じぞく 持続 duração (f), continuação (f). 〜する durar, continuar. 〜可能な発展 progresso (m) sustentável. ♦ 持続期間 período (m) de duração. 持続性 durabilidade (f).

しそこない し損ない ❶〔間違い〕erro (m), falha (f). ❷〔する機会を逃すこと〕o que se deixa de fazer por esquecimento ou falta de oportunidade.

しそこなう し損なう ❶〔失敗する〕errar, malograr. ❷ deixar de fazer algo por erro. 免許証の更新を〜 esquecer [perder a oportunidade] de renovar a carteira de motorista.

しそん 子孫 descendente, 〔総称〕descendentes, posteridade (f). …の〜である ser descendente de …, descender de ….

じそんしん 自尊心 amor (m) próprio, orgulho (m). 〜の強い muito orgulhoso/sa. そんなことをするのは私の〜が許しません O meu orgulho ⌞não permite que faça [não me permite fazer] uma coisa dessas.

*した 下** parte (f) inferior [ﾊﾟﾙﾁ ｲﾝﾌｪﾘｵｰﾙ]. 〜の inferior. 〜の階 andar (m) debaixo. 〜のサイズの de tamanho menor. ひざ〜までのスカート saia (f) que cobre os joelhos. …の〜に embaixo de …, debaixo de …, sob …. 箱を階段の〜に置く colocar a caixa debaixo da escada. スーツケースを〜に置く pôr a mala no chão. 〜の方に lá embaixo, na parte inferior. 〜の方に降りる descer para baixo. もっと〜に mais abaixo. 〜を見る olhar para baixo. 〜から5行目 quinta linha (f) contando debaixo para cima. 彼女は私より三つ〜だ Ela é três anos mais nova do que eu. 書類は棚の〜の段にあります A papelada está na prateleira inferior da estante. 彼の家は坂の〜でしたね Se não me engano, a casa dele fica na baixada da ladeira, não é?

した 舌 língua (f). 〜の先 ponta (f) [extremidade (f)] da língua. 〜を出す mostrar a língua. 〜をかむ morder a língua. 〜が荒れる ficar com a língua áspera. …に〜を巻く ficar admirado/da com ….

したあご 下顎 〚解〛maxila (f) inferior, queixo (m).

したあじ 下味 〚料〛tempero (m) anterior a um outro.

したい 死体 cadáver (m), corpo (m) morto; 〔人間の〕restos (mpl) mortais. 彼女は〜となって見つかった Ela foi encontrada morta.

-したい querer (+不定詞)《+infinitivo》. 私は彼女と結婚〜 Eu quero me casar com ela. 近いうちにお目にかかりたいですね Gostaria de me encontrar com você um dia desses. …〜気持ちである estar com vontade de …. なんとなく一杯飲みたい気分 Estou com uma vontade de beber, não sei por que.

-しだい -次第 ❶〔すぐに〕logo que, assim que, conforme. 着き〜あなたに電話をします Assim que chegar lá, eu telefono para você. ❷ …〜である depender de …. それはあなた〜です Isso depende de você.

じたい 事態 situação (f), estado (m) de coisas, circunstâncias (fpl). 〜を悪化させる agravar a situação. 〜を解決する resolver a situação. 現在の〜においては… no estado atual das coisas …. 困難な〜に直面して diante das circunstâncias difíceis. 最悪の〜を予想する imaginar o pior. ♦ 緊急事態 estado de emergência.

じたい 辞退 recusa (f). 〜する abdicar-se de, recusar, negar, não aceitar. あの有名な俳優はアカデミー賞を〜した Aquele artista famoso recusou o Oscar. せっかくですがそのお話は〜させていただきます Sinto muito, mas não posso aceitar a sua proposta. 弔花ご〜申し上げます Dispensam-se as flores./Favor não enviar flores.

*じだい 時代 época (f) [エッポカ], era (f) [エーラ], período (m) [ペリーオド]. 〜遅れの fora de moda. 私の学生〜に no meu tempo de estudante.

> ♦ 時代劇 filme (m) de época. 時代小説 romance (m) de época. 黄金時代 era de ouro [anos dourados]. 恐竜時代 tempo (m) dos dinossauros. 原始時代 Paleolítico (m), 《口語》 tempo das cavernas [idade da pedra]. 戦国時代 Período das Guerras Civis (de 403 a. C. a 221a. C., na história chinesa; de 1493 a 1573, na história japonesa). 大航海時代 Era ⌐das Grandes Navegações [dos Grandes Descobrimentos]. チャンバラ時代劇 filme [novela (f), série (f)] ⌐samurai [capa e espada]. 歴史時代小説 romance ⌐histórico [de ficção histórica].

しだいに 次第に pouco a pouco. ⇨だんだん.

したう 慕う ❶〔心がひかれる〕sentir [ter] saudades, sentir falta. 母国を〜 sentir saudades do país. ❷〔敬愛する〕admirar. あの画家はすべての見習いに慕われる Aquele/la pintor/ra é admirado/a por todos os aprendizes. ❸〔あとを追う〕seguir (por gostar). 彼女は大阪に移った先生を慕って東京を出た Ela deixou Tóquio, seguindo o professor que se mudou para Osaka. ❹〔愛する〕gostar de, sentir intimidade por, amar. 私は彼を父親のように慕っていた Eu o amava como a um pai.

したうけ 下請け subempreitada (f). ♦ 下請け業者 subempreiteira (f), companhia (f) que vive de subempreitadas.

したえ 下絵 esboço (m) ⌐do quadro [da pintura].

*したがう 従う ❶〔後について行く〕seguir [セギール]. ❷〔服従する〕seguir, obedecer [オベデセール], submeter-se a. 彼の忠告に従ったほうがいいです É melhor seguir os conselhos dele. 彼はそこを立ち退く命令に従わなかったので逮捕された Foi preso por reagir à ordem de deixar o local.

したがえる 従える ❶〔服従させる〕subjugar. ❷〔伴う〕levar consigo, ser acompanhado/da de.

したがき 下書き rascunho (m).

したがって 従って ❶〔だから〕portanto, por isso. 彼は年寄りだ、〜疲れやすい Ele é idoso, portanto, logo se cansa. ❷〔…どおりに〕conforme, de acordo com. 彼は習慣に〜何もかもやっている Ele faz tudo de acordo com os costumes. ❸〔…につれて〕à medida que. 原油価格が上がるに〜物価も上がる À medida que o preço do petróleo sobe, o preço das mercadorias também sobe.

-したがる querer (+不定詞)《+infinitivo》. ⇨したい.

したぎ 下着 roupa (f) de baixo, roupas íntimas, roupa-branca, lingerie (f) [ランジェヒー].

したく 支度 ❶〔準備〕preparativos (mpl), preparação (f); 〔食卓の〕arrumação (f) (de mesa). 〜する preparar-se (para), fazer os preparativos (de). 食卓の〜をする pôr [arrumar] a mesa. 出掛ける〜をする preparar-se para sair. 開店のための〜をする preparar a loja para abrir. 身〜をする aprontar-se (para sair), trocar de roupa. その時間は夕食の〜で忙しいですが A essa hora estou ocupado/da porque estou preparando o jantar. ♦ 支度金 ajuda (f) de custo.

じたく 自宅 a própria casa. あの大学生は〜通いだ Aquele estudante frequenta a faculdade morando na própria casa. 彼は〜謹慎の処分を受けている Ele está em regime de prisão domiciliar. ご〜の電話番号を教えていただけますか Será que poderia me dar o número de telefone de sua residência?

したごころ 下心 intenção (f) oculta, segundas intenções (fpl). 彼の行動には〜がある Ele tem segundas intenções em suas atitudes./Ele é calculista.

したごしらえ 下拵え preparo (m) anterior, preparativos (mpl). 夕食の〜をする preparar os ingredientes para o jantar, deixando as comidas semi-prontas. 国際会議の〜をする fazer um trabalho preparatório do congresso internacional.

したじ 下地 ❶〔基礎〕base (f), alicerce (m). ❷〔壁の〕base (f) da parede a ser pintada. ♦下塗り primeira pintura (f) [demão (f)] da parede.

しだし 仕出し entrega (f) de refeições a domicílio. ♦仕出し弁当 refeição (f) em caixas entregue a domicílio.

したしい 親しい 〔仲のよい〕íntimo/ma, próximo/ma;〔よく知っている〕familiar. 彼とは前から～です Eu e ele somos amigos íntimos há um bom tempo. …と親しくする ter um relacionamento íntimo com …. …と親しくなる tornar-se amigo/ga íntimo/ma de ….

したじき 下敷き ❶〔文房具〕base (f), apoio (m), folha (f) de plástico duro ou papelão (geralmente colocado sob o papel para escrever). ❷〔ものの下に敷かれること〕～になる ser [ficar] soterrado/da. 瓦礫の～になる ficar debaixo dos escombros. ❸〔手本〕base (f), fundação (f) de uma obra ou ideia. 彼は何年もの研究を～にしてあの本を書いた Ele se baseou na pesquisa de anos para escrever aquele livro.

したしげ 親しげ …と～に話す falar com intimidade [como amigo/ga íntimo/ma] com ….

したしみ 親しみ simpatia (f), amizade (f), intimidade (f). 彼は彼に～を感じた Eu me simpatizei com ele.

したしむ 親しむ ❶〔仲よくする〕simpatizar, fazer amizade (com). 子供はすぐ新しいクラスメートと～ As crianças logo se tornam amigas dos novos colegas de classe. 親しみやすい〔人〕sociável, simpático/ca;〔人, 物〕acessível. 親しみにくい anti-social, antipático/ca. ❷〔なじむ〕acostumar-se, familiarizar-se (com). 日本人がブラジル文学に～機会をもっと作りたい Queremos criar mais oportunidades para os japoneses se familiarizarem com a literatura brasileira.

したじゅんび 下準備 preparo (m) anterior, preparativos (mpl). ⇨したごしらえ.

したしらべ 下調べ pesquisa (f) preliminar, preparação (f) de pesquisa.

したたか ～な女性 mulher (f) altiva e forte.

したたらず 舌足らず ❶ de expressão incompleta. 課長の説明は～だった A explicação do chefe de seção estava incompleta [deixou a desejar]./Faltaram alguns itens na explicação do chefe de seção.

したたる 滴る gotejar. 額から汗がしたたっていた O suor gotejava da testa. 血の～傷口 ferida (f) sangrando. 血の～ようなビーフステーキ bife (m) suculento.

したづみ 下積み ❶〔荷物の〕carga (f) colocada abaixo de outras. ❷〔人の〕classe (f) inferior. ～の life vida (f) de baixa classe. その歌手は～が長かった Esse/Essa cantor/ra viveu muito tempo na obscuridade.

したて 仕立て corte (m) e costura (f). ～のよいスーツ conjunto (m) bem acabado. ♦仕て屋 alfaiate/ta; costureiro/ra.

したてる 仕立てる ❶〔服を〕costurar, confeccionar. 洋服を仕立ててもらう mandar fazer um vestido sob medida. ❷〔人を〕treinar. 息子をサッカー選手に～ treinar o filho para ser jogador de futebol.

-したところだ acabar de (＋不定詞)《＋infinitivo》. ⇨ところ.

したどり 下取り ～をする entregar o que se tem como entrada e comprar algo melhor. 車の～をしてもらう trocar o carro velho pelo novo, fazer com que aceitem o carro velho como parte do pagamento do mais novo.

したぬり 下塗り primeira demão (f) de tinta.

したばき 下履き calçado (m) para pisar o solo.

じたばた ～もがく debater-se, agitar-se violentamente. いまさら～してもしようがない É tarde demais para lutar.

したばたらき 下働き trabalho (m) de preparação para um trabalho maior. ～をする trabalhar como auxiliar.

したばら 下腹 abdômen (m), barriga (f).

したび 下火 ❶ fogo (m) que já amainou [sem força]. ❷《比》já sem muita força. ストライキの勢いは～になった A greve já está sem muita força.

したびらめ 舌平目 〚魚〛língua-de-mulata (f).

したまち 下町 cidade (f) baixa. 私の父は～に小さな店を持っています O meu pai tem uma lojinha na cidade baixa.

したまわる 下回る ser inferior a …, ficar abaixo de …. 会社の利益は予想を下回った O lucro da companhia foi abaixo do esperado [que se esperava].

したみ 下見 inspeção (f) [checagem (f)] (de antemão). ～する ver antecipadamente para examinar. 遠足の～をする ir ver o local da excursão para examinar o grau de sua conveniência. ♦下見板〘建〙tábuas (fpl) pregadas horizontalmente (por fora da parede).

したむき 下向き estado (m) de algo virado para baixo. ～加減で歩く andar olhando para baixo. 茶碗は～に置いてください Coloque a tigela de arroz virada para baixo.

したやく 下役 subordinado/da, subalterno/na.

しだれ 枝垂れ ♦枝垂れ桜 cerejeira (f) de ramos pendentes. 枝垂れ柳 salgueiro-chorão (m), salso-chorão (m).

じだん 示談 transação (f), arranjo (m), acordo (m). 交通事故を～にする entrar em acordo num acidente automobilístico.

じだんだ 地団駄 ～を踏む bater o pé (por teimosia).

しち 七 sete (m). ～番目の sétimo/ma. ⇨七

(ぞ).

しち 質 penhor (m). ~に入れる penhorar. ♦ 質権『法』direito (m) pignoratício. 質権者 credor/ra pignoratício/cia.

じち 自治 autonomia (f), governo (m) autônomo. ♦ 自治会 associação (f) de moradores do bairro [do distrito autônomo]. 自治区 distrito (m) (território (m)) autônomo.

しちがつ 七月 julho (m). ~に em julho, no mês de julho. ~の中旬に em meados de julho.

しちかっけい 七角形 [数] heptágono (m).

しちごさん 七五三 celebração (f) dos aniversários de três, cinco e sete anos de idade de uma criança.

しちじゅう 七十 setenta.

じちたい 自治体 órgão (m) [corporação (f)] autônomo/ma. ♦ 地方自治体 órgão autônomo local.

しちふくじん しちふくじん sete deuses (mpl) da sorte e da felicidade, a contar Ebisu (恵比寿), Daikokuten (大黒天), Bishamonten (毘沙門天), Benzaiten (弁才天), Fukurokuju (福禄寿), Juroojin (寿老人) e Hotei (布袋).

しちめんちょう 七面鳥 [鳥] peru (m).

しちや 質屋 casa (f) de penhores.

しちゃく 試着 ~する provar 《uma roupa》. ♦ 試着室 provador (m) 《de roupa, nas lojas》.

シチュー 『料』guisado (m), ensopado (m).

しちょう 市長 prefeito/ta.

しちょうかく 視聴覚 ~の audiovisual. ♦ 視聴覚教育 educação (f) audiovisual.

しちょうしゃ 視聴者 telespectador/ra.

しちょうそん 市町村 cidades (fpl), vilas (fpl) e aldeias (fpl); municípios (mpl).

しちょうりつ 視聴率 índice (m) de audiência, ibope (m). ~を得る obter [ganhar] ibope. ~が高くなる dar ibope.

しちりん 七輪 fogareiro (m).

しつ 室 [作業部屋] sala (f), escritório (m), gabinete (m). 私の部屋は5号~です A minha sala é a número cinco.

*****しつ 質** qualidade (f) [クァリダーヂ]. ~のよい（悪い）de boa(má) qualidade. 我々の製品の~を高めたいと思っています Estou querendo melhorar a qualidade dos nossos produtos. 彼は量より~を選びます Ele prefere a qualidade à quantidade./Ele dá mais valor à qualidade do que à quantidade.

じつ 実 ~の real; verdadeiro/ra. ~の兄 irmão (m) verdadeiro [de sangue]. ~の母 mãe (f) biológica, mãe verdadeira. ~は na verdade, falando a verdade. ~に realmente, verdadeiramente; [非常に] muito, extremamente. ~は私が電源を切るのを忘れたのです Falando a verdade, fui eu que (me) esqueci de tirar o fio (elétrico) da tomada. 彼は ~にいい人だ Ele é realmente uma boa pessoa.

しつい 失意 desespero (m), desilusão (f).

じついん 実印 carimbo (m) registrado [legal] 《espécie de firma reconhecida》.

しつう 歯痛 dor (f) de dente, odontalgia (f).

じつえん 実演 [商品使用法の] demonstração (f); [演劇の] atração (f), show (m). 売り手が新しい商品の~をしていた O vendedor estava fazendo a demonstração da utilização do novo artigo.

しつおん 室温 temperatura (f) do interior de um edifício.

じっか 実家 casa (f) paterna. 妻の~ casa dos pais da esposa. 出産のため~へ帰る voltar temporariamente à casa dos pais para dar à luz um filho.

しつがい 室外 fora da sala [do quarto].

しつがいけん 膝蓋腱 tendão (m) de patela. ♦ 膝蓋腱反射 reflexo (m) patelar.

しつがいこつ 膝蓋骨 『解』patela (f), rótula (f).

しっかく 失格 reprovação (f), desqualificação (f). ~させる desqualificar, eliminar. ~する ser desqualificado/da [eliminado/da]. そんなことをすると母親として~です É indigno de uma mãe de família fazer uma coisa dessas.

しっかり ~した firme, forte, sólido/da. ~と bem, fortemente. 彼は~した人ですか Ele é uma pessoa firme? ~した体格の男性 homem (m) robusto. ~したテーブル mesa (f) firme [que não balança]. ~した足どりで歩く andar com passos firmes. ~と勉強する estudar firme. ~しろ [元気だして] Ânimo!; [抜かりなく] Não seja bobo!

じっかん 実感 sensação (f) real, o que se sente realmente, impressão (f) real. …を~する dar-se conta de [sentir] … por experiência, experimentar. 生活が良くなったという~がわかない Não tenho a sensação de [sinto] que a vida melhorou. ~をこめてその事故について話してくれた Contou-nos sobre o acidente com muita realidade.

しっき 漆器 objeto (m) de laca.

しつぎおうとう 質疑応答 perguntas (fpl) e respostas (fpl).

しっきゃく 失脚 perda (f) de posição. ~する perder a posição.

しつぎょう 失業 desemprego (m). ~する desempregar-se, ficar desempregado/da [sem emprego]. 先月1995年以降最も高い~率が記録された No mês passado foi registrado o maior índice de desemprego desde mil, novecentos e noventa e cinco. 彼は~している Ele está desempregado. ♦ 失業者 desempregado/da. 失業手当て auxílio (m) desemprego. 失業保険 seguro-desemprego (m). 失業率 índice (m) de desemprego.

じっきょう 実況 situação (f) real, estado (m) das coisas, cena (f) ao vivo. ◆実況見分 relatório (m) de inspeção do local do acidente. 実況放送 transmissão (f) ao vivo.

じつぎょう 実業 empresa (f), negócios (mpl). ◆実業家 empresário/ria, negociante. 実業界 empresariado (m).

しっきん 失禁 〚医〛incontinência (f). ～する ter incontinência. ◆尿失禁 incontinência urinária [da urina].

シック ❶〔しゃれた〕chique. ～な帽子 chapéu (m) chique. ❷〔病気の〕doente. ◆シックハウス症候群 síndrome (f) dos edifícios doentes. シックユーモア humor (m) doentio.

しっくい 漆喰 argamassa (f). …に～を塗る aplicar a argamassa em ….

しっくり …と～行く combinar [dar-se bem, ajustar-se bem] com. あの夫婦は～行っていない Aquele casal não está se dando bem. そのソファはこの部屋に～合う Esse sofá combina bem com esta sala.

じっくり com calma, sem pressa; com cuidado, com capricho. ～をする fazer … com calma e dedicação. ～について～考える pensar bem [refletir demoradamente] sobre …. ～読む ler com cuidado.

しつけ 仕付け alinhavo (m). ～糸を取る tirar o alinhavo. …に～をかける alinhavar.

しつけ 躾 treino (m), disciplina (f), educação (f). 彼らは子供に対する～が厳しい Eles são muito severos na educação dos filhos.

しっけ 湿気 umidade (f). ～のある úmido/da. ～のない seco/ca.

しつける 仕付ける alinhavar. スカートの裾(そ)を～ alinhavar a bainha da saia.

しつける 躾ける educar, ensinar, treinar, disciplinar. 子供を～のはむずかしい É difícil educar as crianças.

しつげん 失言 palavra (f) imprudente, deslize (m), lapso (m). ～する cometer um deslize, falar algo indevido.

しつげん 湿原 brejo (m), pantanal (m). ◆湿原植物 vegetação (f) pantanosa.

じっけん 実権 poder (m) efetivo. ～を握る assumir o poder.

＊じっけん 実験 experimento (m) [エスペリメント], prova (f) [プローヴァ]. ～する experimentar. ～的 experimental. ～的に experimentalmente. ～台になる servir de cobaia. それはまだ～段階にあった Isso ainda estava em fase experimental. これはもう～済みだ Isto já foi testado. ◆実験室 laboratório (m). 実験台 cobaia (f). 実験農場 fazenda (f) piloto.

＊じつげん 実現 realização (f) [ヘアリザサォン], execução (f) [エゼクサォン]. …が～する realizar-se. …を～する executar, levar a cabo …. 夢を～させる realizar um sonho. ～可能な realizável. ～不可能な irrealizável.

＊しつこい 〔執念深い〕insistente [インシステンチ], 〔わずらわしい〕fastidioso/sa [ファスチヂオーゾ/ザ]; 〔食物が〕pesado/da [ペザード/ダ], gorduroso/sa [ゴルドゥローゾ/ザ]; 〔色が〕carregado/da [カヘガード/ダ]. しつこく insistentemente, com insistência. しつこく頼む pedir com insistência. 先生にしつこく質問する importunar o/a professor/ra com muitas perguntas.

しっこう 執行 ❶〚法〛execução (f) (da pena), cumprimento (m) (da lei). ～の訴訟手続き processo (m) de execução. 懲役1年～猶予2年 pena de um ano de prisão com dois de suspensão condicional de execução da pena. 刑を～する executar 　a pena [a sentença]. ◆執行異議 embargos (mpl) suspensivos da execução. 執行官 agente da execução, oficial de justiça. 執行権 poder (m) executivo. 執行部 poder executivo. 執行猶予 suspensão (f) condicional de execução de pena. 強制執行 execução forçada. 死刑執行人 carrasco (m). ❷ execução (de um plano), realização (f) (de um projeto). ◆執行委員 membro (m) do comitê executivo. 執行委員会 comitê (m) executivo. 執行機関 órgão (m) executivo (do governo). 執行者 executor/ra. 執行部 departamento (m) de executivos. 執行命令 ordem (f) de execução.

しっこう 失効 invalidação (f) (de um direito, regulamento etc), anulação (f), caducidade (f). ～する invalidar-se, caducar, perder a validade, vencer. ～した権利 direito (m) prescrito. 書類は～した O documento invalidou-se.

じっこう 実行 prática (f), execução (f), realização (f). ～可能な praticável, realizável. ～不可能な impraticável, irrealizável. ある考えを～に移す pôr em prática uma ideia. ～力のある人 pessoa (f) 　de ação [dinâmica]. その計画は～不可能だ Esse plano é impraticável [inviável]. ～する pôr … em execução, realizar, levar a cabo …. 契約を～する cumprir o contrato.

しつごしょう 失語症 〚医〛afasia (f), perda (f) da fala.

＊じっさい 実際 fato (m) [ファット], verdade (f) [ヴェルダーヂ], realidade (f) [ヘアリダーヂ]; prática (f) [プラッチカ]. ～の verdadeiro/ra, real. ～的な prático/ca. ～に de fato, verdadeiramente, de verdade; na realidade, realmente. 彼女の話は～と食い違っている Há uma diferença entre o que ela fala e a realidade. ～にやってみないとサーフィンのむずかしさはわからない Não se compreendem as dificuldades do surfe se não se pratica de verdade. それは～に起きたことなのですか Isso é coisa que aconteceu mesmo? ～には na realidade, no fundo, na prática. ～上 na prática. そのプロジェクトは～には実

施されなかった Na verdade, o projeto não foi levado adiante [acabou ficando no papel]. それは~には不可能だ Isso é impossível [inviável] na prática. ~問題としてそれは可能なのですか Será que isso é viável no campo da prática?

じつざい 実在 existência (f) real. ~する existir na realidade. ~の人物 personagem real. ♦実在論 realismo (m).

じっし 実施 realização (f), execução (f). ~する pôr … em prática, levar a cabo …, realizar, efetuar. この規則は4月1日以降されます Este regulamento entrará em vigor a partir de primeiro de abril.

じっしつ 実質 ❶ substância (f), realidade (f). ❷〔本質〕essência (f). ~のない sem substância; [表面的] supérfluo/flua. ~的な substancial. ~的に substancialmente, no fundo, fundamentalmente, na essência. 両者は~的に相違ない Praticamente, não há diferença entre os dois. それは~的には先ほどの意見と同じだ Essa opinião é, no fundo, a mesma da anterior. 彼は~上のリーダーだ Ele é que é o líder na realidade. 外見~ともに tanto na aparência como na realidade. ♦実質所得（賃金）renda (f) (salário (m)) real.

じっしゅう 実習 prática (f); aula (f) prática, exercícios (mpl) práticos. ~する praticar, fazer exercícios. 工場で~する dar aulas práticas na fábrica. 病院で~する ser estagiário/ria nos hospitais. ♦実習生 estagiário/ria, aprendiz. 教育実習 prática de ensino.

じっしゅう 実収 renda (f) líquida.

じっしょう 実証 demonstração (f), mostra (f), prova (f). ~を~する demonstrar …, com prova, provar …. ~的な positivo/va. ~的に positivamente. その事実によって私の理論は~された Minha teoria foi confirmada com esses fatos. ~主義の positividta. ♦実証主義 positivismo (m). 実証主義者 positivista.

じつじょう 実情 situação (f) real, circunstâncias (fpl) atuais. …の~を調査する investigar a situação exata de …. ~を…に述べる contar a … como andam as coisas. このプロジェクトはこの会社の~に合っている Este projeto está de acordo com a situação desta companhia.

しっしょく 失職 perda (f) de emprego. ~する perder o emprego.

しっしん 失神 desmaio (m), desfalecimento (m). ~する desmaiar, desfalecer. 彼女はその事故を見て~しそうになった Ao ver o acidente, ela quase desmaiou. ♦失神状態 estado (m) de inconsciência.

しっしん 湿疹 〖医〗eczema (m).

じっしんほう 十進法 〖数〗sistema (m) decimal.

じっすう 実数 〖数〗número (m) real.

しっせいしょう 失声症 〖医〗afonia (f), perda (f) de voz.

しっせき 叱責 repreensão (f). ~する repreender. ~を受ける ser repreendido/da. 失策を~する repreender pelo erro [pela falha].

じっせき 実績 resultados (mpl) reais. ~を上げる obter bons resultados, apresentar resultados positivos.

じっせん 実践 prática (f). …を~する pôr … na prática [em execução]. ~的な prático/ca. ~的な学問 aprendizagem (f) [estudo (m)] com aplicação prática. 理論と~の間には隔たりがある Há uma distância entre a teoria e a prática. ♦実践哲学 filosofia (f) prática. 実践道徳 moral (f) de prática.

しっそ 質素 sobriedade (f), simplicidade (f). ~な sóbrio/bria, simples. ~に com sobriedade. 今の給料では食べる物も着る物も~にしないとやっていけません Com o salário que eu ganho agora, tenho que moderar na comida e na roupa, senão não dá para viver.

しっそう 失踪 ausência (f), desaparecimento (m), 〖口語〗sumiço (m). ~する desaparecer, sumir. ♦失踪者 ausente. 失踪宣告 〖法〗declaração (f) de ausência (decisão (f) judicial que considera uma pessoa como morta após sete anos de desaparecimento).

しっそう 疾走 ~する correr a toda velocidade.

じつぞんしゅぎ 実存主義 existencialismo (m). ♦実存主義者 existencialista.

じったい 実体 〖哲〗substância (f); [本質] essência (f). ~のある substancial. ~のない sem substância, sem existência real. ~のない会社 empresa (f) fantasma.

しったかぶり 知ったかぶり pedantismo (m). ~をする ser sabichão/chona, ser metido/da; fingir que sabe (algo que não sabe). ~をする人 sabichão/chona, metido/da, pessoa (f) que gosta de mostrar erudição apesar de saber pouco.

しっち 湿地 terra (f) úmida; pântano (m).

じっち 実地 prática (f). ~を踏んでいる ter experiência. それが~に役立つかどうか疑問です Eu duvido se isso aí vai ser útil na prática. ♦実地訓練 treinamento (m) prático. 実地検証 〖法〗inspeção (f) judicial. 実地試験 teste (m) prático.

じっちゅうはっく 十中八九 oito ou nove em dez, oitenta ou noventa por cento, a maioria. それは~確実だ Isso é noventa por cento certo.

しってん 失点 pontos (mpl) perdidos (num jogo ou na opinião pública).

しっと 嫉妬 ciúme (m), inveja (f). ~深い ciumento/ta, invejoso/sa. ~する ficar com ciúmes, ficar com inveja. 彼らは~からそんなことを言うのだ Eles falam isso por inveja.

しつど 湿度 umidade (f). 日本の夏は～が高い O verão do Japão é bastante úmido. ♦湿度計 higrômetro (m).

じっと com atenção, atentamente, fixamente; [我慢強く] com paciência. …を～見つめる olhar … fixamente, fixar os olhos em …. ちょっと～していてください Fique sem se mover, só um instantinho. 私は～待っていました Eu fiquei esperando com muita paciência.

しっとり ❶ [湿っている] úmido/da, molhado/da (de maneira agradável). ～とした肌 pele (f) úmida. ❷ [落ち着いている] tranquilo/la, sereno/na. ～と落ち着いた感じの女性 mulher (f) serena e tranquila.

しつない 室内 interior (m) 《de um prédio ou casa》. ♦室内アンテナ antena (f) interna [interior]. 室内温度 temperatura (f) interna. 室内装飾 decoração (f) de interiores. 室内テニス tênis (m) de salão. 室内プール piscina (f) coberta.

じつに 実に ⇨**実**(5).

しつねん 失念 lapso (m) de memória, esquecimento (m). ～する ter um lapso de memória, esquecer.

じつは 実は ⇨**実**(5).

***しっぱい 失敗** falha (f) [ファーリャ], fracasso (m) [フラカッソ], malogro (m) [マローグロ], erro (m) [エーホ]. ～する falhar, sair-se mal, ir mal, errar, fracassar. 彼女にこの仕事をやらせたのは～だった Foi um erro ter dado este serviço para ela. この実験はどうして～したのだろうか Por que será que este experimento falhou? 彼は商売に～した Ele fracassou nos negócios.

じっぴ 実費 preço (m) de custo. ～で売る vender a preço de custo.

しっぴつ 執筆 ～する escrever. ～活動をする escrever, ter atividades de escritor. ♦執筆者 escritor/ra, autor/ra.

しっぷ 湿布 compressa (f) (úmida). その足に～しましょう Vamos aplicar uma compressa úmida nesse pé aí.

じつぶつ 実物 o objeto em si, a coisa em si. ～を見てから買います Vou comprar depois de ver a coisa em si. ～大の de tamanho natural. この模型は～大ですか Esta maquete está em tamanho natural?

しっぺい 疾病 doença (f), enfermidade (f).

しっぺがえし しっぺ返し ❶ [仕返し] retaliação (f), vingança (f), 《口語》troco (m). ❷ [反動] reação (f).

しっぽ 尻尾 rabo (m), cauda (f). ～を振る abanar o rabo. …の～をつかむ 《比》adivinhar (descobrir) o estratagema de ….

じつぼ 実母 mãe (f) verdadeira [biológica].

しつぼう 失望 desilusão (f), decepção (f), desengano (m). ～させる decepcionar, desiludir, desenganar. (…に)～する decepcionar-se (com …), ficar decepcionado (com …), ter uma desilusão. 課長は今月の営業成績に～した O/A chefe ficou decepcionado/da com o saldo das vendas deste mês.

じつむ 実務 serviço (m) na prática. ～の経験がある ser experiente [ter prática] no trabalho. ♦実務経験 experiência (f) no serviço, prática (f).

しつめい 失明 perda (f) da vista [visão], cegueira (f). ～する perder a vista [visão], ficar cego/ga.

しつもん 質問 pergunta (f), interrogação (f). (…に)～する perguntar (a …), fazer perguntas (a …), interrogar. ～に答える responder a uma pergunta [às perguntas]. ～してもいいですか Posso fazer uma pergunta? どうぞご～ください Faça (Façam) perguntas, por favor. 何かもっと～がありますか Tem (Têm) mais alguma pergunta? ♦質問表 questionário (m).

じつよう 実用 prática (f); uso (m) prático. ～的 prático/ca. ～性のない器具 utensílio (m) ∟sem praticidade [sem utilidade prática]. ～的政策 política (f) pragmática. ♦実用主義 pragmatismo (m). 実用主義者 pragmatista. 実用性 utilidade (f), praticidade (f). 実用品 objeto (m) de uso prático. 実用ポルトガル語 português (m) prático.

しつりょう 質量 ❶ 【理】massa (f). ♦質量数 número (m) da massa. 原子核質量 massa nuclear. ❷ [質と量] a qualidade e a quantidade. その食材は～共に我々の夕食会に適していた Tanto a qualidade como a quantidade dos ingredientes estavam adequadas ao nosso jantar.

じつりょく 実力 capacidade (f), competência (f). ～のある competente, que tem capacidade, capaz. 課長をつとめる～がある ter capacidade para desempenhar o papel de chefe de seção. ポルトガル語の～がある ser forte em português. ～に訴える apelar para a força (física). ～を示す provar que tem capacidade, mostrar a capacidade que tem. この仕事はぼくの～を越えています Este serviço está acima da minha capacidade. 非常に～のあるプロたち profissionais (mpl) altamente capacitados/das. ♦実力者 pessoa (f) influente.

しつれい 失礼 falta (f) de educação, indelicadeza (f), 《俗》gafe (f). ではこれで～します Com licença, eu preciso me retirar. ～ですがお名前は何とおっしゃいますか Por favor, como é o seu nome? 失礼! Desculpe!/Perdão! 「～します」「どうぞ」Com licença. — Toda. それは～ですが失礼に当たる考慮だ! ～ながら私はその提案に反対します Desculpe-me, mas eu sou contra essa sugestão. お話中～ですがおたずねしていいでしょうか Desculpe por interromper (a conversa), mas será que posso fazer uma pergunta? これは

~ Queira me desculpar! ～しました Desculpe-me o incômodo (＝おじゃましました). ちょっと～〔相手の話を中断するとき〕Permita-me, Senhor/ra [Sr./Sra.] ... (para interromper a conversa)./〔その場所を去る場合〕Com licença, Senhor/ra [Sr./Sra.] ... (para se retirar do lugar).

じつれい　実例　exemplo (*m*). ～を2,3挙げてご説明ください Explique, dando dois ou três exemplos.

しつれん　失恋　desilusão (*f*) no amor. ～する desiludir-se no amor;《口語》levar o fora do/da namorado/da.

してい　師弟　o mestre e o discípulo. ♦師弟関係 relação (*f*) de mestre e discípulo.

してい　指定　indicação (*f*), determinação (*f*); designação (*f*). ～する indicar, determinar; designar; marcar. 時間と場所を～してください Determine a hora e o lugar, por favor. ♦指定席 assento (*m*) reservado, cadeira (*f*) numerada.

してき　指摘　indicação (*f*), referência (*f*), menção (*f*). ～する lembrar, indicar, apontar, mencionar, mostrar, referir-se a, fazer menção de. 彼に計算の間違いを～した Apontei-lhe os erros da conta. 彼は黒人がブラジルの経済にどれくらい貢献したかを～した Ele lembrou o quanto os negros tinham contribuído para a economia brasileira. 教授は私の報告書の誤りをいくつか～した O professor apontou alguns erros que havia no meu relatório. ご～のとおりです Exatamente./O/A senhor/ra tem toda a razão.

してき　私的　particular, privado/da, pessoal. これは～な意見ですが Esta é uma opinião muito particular, mas ....

してき　詩的　poético/ca.

してつ　私鉄　ferrovia (*f*) particular.

-しては　por ser …, para …, apesar de …. このカメラは安物に～そんなに悪くない Esta câmera não é tão ruim pelo preço que custou. 彼女は年齢に～ちょっと小さい Ela é um pouco pequena para a idade.

してん　支店　filial (*f*), sucursal (*f*). …に～を開設する abrir uma filial em …. 世界各国に～を持つ企業 empresa (*f*) com sucursais no mundo inteiro. ♦支店長 gerente (*m*) (de filial).

してん　支点　【理】fulcro (*m*), ponto (*m*) de apoio da alavanca.

してん　視点　ponto (*m*) de vista. …について～を変えて考える pensar sobre … ∟mudando o ponto de vista [deslocando o quadro de pensamento].

しでん　市電　bonde (*m*). ～で行く ir de bonde, tomar o bonde.

じてん　時点　あの～ではまだ何も決められなかった Naquele momento [Naquela altura do campeonato] ainda não se podia resolver nada.

じてん　自転　rotação (*f*). 地球の～ rotação da Terra.

じてん　辞典　dicionário (*m*). ⇨辞書.

じでん　自伝　autobiografia (*f*). ～風の autobiográfico/ca.

じてんしゃ　自転車　bicicleta (*f*). ～で行く ir de bicicleta. ～をこぐ pedalar uma bicicleta. あなたは～に乗れますか Você sabe andar de bicicleta?

しどう　指導　orientação (*f*), direção (*f*). ～する orientar, guiar, dirigir. …の～の下に sob a direção de …. 今後ともよろしくご～ください Espero que continue me dando a sua valiosa orientação. ♦指導者 orientador/ra, dirigente, líder. 職業指導 orientação profissional.

しどう　私道　rua (*f*) particular.

じどう　児童　criança (*f*) (em idade escolar). ♦児童劇 teatro (*m*) infantil. 児童憲章 Carta (*f*) dos Direitos da Criança. 児童心理学 psicologia (*f*) infantil. 児童福祉施設 instituição (*f*) de assistência infantil. 児童文学 literatura (*f*) infantil. 児童保護法【法】Lei (*f*) de Proteção à Criança e à Juventude. 児童労働 trabalho (*m*) infantil.

じどう　自動　～の automático/ca. ～的に automaticamente. このドアは～です Esta porta é automática. ～化する automatizar. ♦自動化 automatização (*f*). 自動改札口 catraca (*f*) automática, roleta (*f*) automática. 自動操縦装置 piloto (*m*) automático. 自動二輪車 motocicleta (*f*). 自動販売機 máquina (*f*) de venda automática, distribuidora (*f*) [servidora (*f*)] automática.

じどうし　自動詞　【文法】verbo (*m*) intransitivo.

じどうしゃ　自動車　automóvel (*m*), carro (*m*). ～を運転する guiar carro. 彼は毎朝～で会社へ行きます Ele vai à companhia de carro todas as manhãs. ～の保険に入る fazer seguro de carro.

♦自動車教習所 auto-escola (*f*). 自動車競走 corrida (*f*) de carros. 自動車検査証 certificado (*m*) de revisão do veículo [automóvel]. 自動車産業 indústria (*f*) automobilística. 自動車事故 acidente (*m*) de automóvel, acidente de trânsito. 自動車損害賠償責任保険 seguro (*m*) de responsabilidade civil. 自動車販売店 concessionária (*f*), revendedora (*f*). 自動車部品 autopeça (*f*). 自動車保険 seguro (*m*) de carro. 中古自動車 carro usado, carro de segunda mão.

しとげる　為遂げる　⇨成し遂げる.

しとやか　淑やか　～な delicado/da, gentil. ～に delicadamente, com graça.

しどろもどろ　incoerência (*f*), confusão (*f*). ～の incoerente, confuso/sa, atrapalhado/da. あなたの答えは～だ A sua resposta está incoerente [confusa]. 生徒が～に弁解した O aluno tentou se justificar atrapalhadamente.

しな 品 〔商品〕artigo (*m*), mercadoria (*f*), gênero (*m*); 〔品物〕objeto (*m*), coisa (*f*). ♦ 品不足 falta (*f*) de mercadoria.

しない 市内 dentro da cidade. ♦ 市内観光 passeio (*m*) na cidade. 市内通話 chamada (*f*) local.

しない 竹刀 espada (*f*) de bambu (usada na prática de esgrima).

-しない não (+ 直説法現在形) 《+ presente do indicativo》. あの人は勉強〜 Ele/Ela não estuda. ⇨-ない.

しなう 撓う vergar(-se), curvar(-se), inclinar-se, pender, ceder. 柳の枝はいつもしなっている Os galhos do chorão são elásticos e pendentes.　スタンドは応援団の重さでしなってしまった A arquibancada acabou cedendo ao peso dos torcedores.

しなうす 品薄 falta (*f*) de mercadoria. 〜状態が続く バター manteiga (*f*) que continua em falta [faltando]. この商品は今〜です Este artigo está em falta no momento.

しなおし し直し ato (*m*) de 〔fazer algo de novo〕[refazer algo].

しなおす し直す refazer, fazer de novo, tornar a fazer.

しながき 品書き ❶ 〔メニュー〕cardápio (*m*), menu (*m*). ❷ 〔商品のリスト〕lista (*f*) de mercadorias. ❸ 〔結納の〕lista (*f*) de dotes.

しなかず 品数 quantidade (*f*) de mercadorias. 〜が多い ter muitas mercadorias. この店は〜が少ない Esta loja é pobre em mercadorias./Falta muita mercadoria nesta loja.

-しなかった não (+ 直説法完了, 未完了過去形) 《+ pretérito perfeito ou imperfeito do indicativo》. きのうは洗濯を〜 Ontem eu não lavei roupa. 昔はそういうことは〜 Antigamente não se fazia isso.

しなぎれ 品切れ esgotamento (*m*) [falta (*f*)] de mercadoria em estoque. すみません, それは〜なのです Sinto muito, mas esse artigo está esgotado.

-しなさい Faça [Façam] (+ 名詞)《+ substantivo》, (あるいは他の動詞の命令形)(ou imperativo de um outro verbo). 静かに〜 Não faça [façam] barulho./Silêncio! おとなしく〜 Fique quieto/ta./Fiquem quietos/tas.

しなさだめ 品定め avaliação (*f*), apreciação (*f*) (de artigo, pessoa etc). 製品(人)の〜をする avaliar [apreciar, julgar] produtos (pessoas). 新入部員の〜をする fazer 〔uma análise [um julgamento] dos novos membros do clube escolar.

しなだれる しな垂れる ❶ inclinar-se, pender, curvar-se. ❷ 〔甘えて人に寄りかかる〕encostar-se em, apoiar-se em. 恋人の肩に〜 〔しなだれかかる〕encostar-se ao [no] ombro do namorado.

しなばん 品番 número (*m*) do artigo, número da mercadoria.

しなびる 萎びる murchar, enrugar, definhar, secar. しなびた果物 fruta (*f*) murcha. しなびた老人 velho/lha enrugado/da.

シナプス sinapse (*f*).

しなもの 品物 artigo (*m*), mercadoria (*f*).

シナモン canela (*f*).

しなやか 〜な flexível, maleável. 〜な竹 bambu (*m*) flexível. 〜に歌う cantar graciosamente. 〜に体を動かす movimentar o corpo 〔livremente [com maleabilidade], ter jogo de cintura.

シナリオ 〘映・劇・テレビ〙 *script* (*m*) 〘イスクリップト〙, roteiro (*m*). 全ては〜どおりだった Tudo foi como planejado. ♦ シナリオライター autor/ra de *script*, roteirista.

しなれる 死なれる perder alguém por motivo de morte, morrer. 夫に死なれて一年が経つ Faz um ano que meu marido morreu. 津波で家族に死なれた人たち pessoas (*fpl*) 〔cujos familiares [com familiares que] morreram vítimas das ondas *tsunami*.

しなん 至難 extrema dificuldade (*f*). 〜のわざ tarefa (*f*) extremamente difícil.

じなん 次男 segundo filho (*m*).

シニア ❶ 〔年長の〕sênior. ❷ 〔上級生の〕(estudante) de ano escolar superior. ❸ 〔老年の〕idoso/sa. ♦ シニア海外ボランティア voluntários (*mpl*) idosos (entre 40 e 69 anos de idade) que colaboram no exterior com os conhecimentos adquiridos ao longo da vida profissional. シニア住宅 residência (*f*) (visando ao conforto) dos idosos.

しにかける 死にかける ficar à beira da morte, quase morrer. 彼は死にかけていた Ele estava 〔à beira da morte [quase morrendo, em processo de morte].

しにかた 死に方 modo (*m*) de morrer.

しにがみ 死に神 deus (*m*) da morte. 〜にとりつかれる estar à beira da morte.

シニカル 〜な cínico/ca.

しにぎわ 死に際 a hora da morte. 〜に à hora da morte.

しにく 歯肉 〘解〙gengiva (*f*). ♦ 歯肉炎 〘医〙gengivite (*f*). 歯肉マッサージ massagem (*f*) gengival.

しにせ 老舗 loja (*f*) antiga, loja de tradição.

しにそこなう 死に損なう ❶ 〔命拾いをする〕escapar à morte. ❷ 〔自殺未遂で〕falhar na tentativa de suicídio.

しにみず 死に水 água (*f*) para molhar os lábios do/da moribundo/da. 〜を取る assistir o/a moribundo/da até o fim.

しにめ 死に目 momento (*m*) da morte. 母の〜に会えなかった Não pude estar com minha mãe na hora da morte dela.

しにものぐるい 死にもの狂い 〜の desesperado/da. 〜で desesperadamente, feito um/

しにん uma desesperado/da. 彼は次の昇進試験に合格するために〜で勉強をした Ele estudou feito um desesperado para passar no próximo exame de promoção.

しにん 死人 morto/ta. ¶ 〜に口なし Os mortos não falam.

じにん 辞任 demissão (*f*), renúncia (*f*). 〜する pedir demissão, demitir-se, renunciar (ao cargo).

***しぬ** 死ぬ ❶ morrer [モヘール]. 火事が原因で7人死んだ Morreram sete pessoas, vítimas de um incêndio./Um incêndio ⌊acabou com a vida de [matou] sete pessoas./Um incêndio deixou sete pessoas mortas. 彼は学校の友達に〜まで殴られた Ele foi espancado até a morte por colegas de escola. 〜ほど惚(ほ)れる morrer de amores por alguém. 生きるか〜かの瀬戸際にいる estar entre a vida e a morte. 〜かと思った Até pensei que ia morrer! カエルは死んでも食べたくない Não quero comer rã nem morto/ta! そんな恥をかくなら死んだほうがましだ É melhor morrer que passar (por) tal vergonha. 仕事がつらくて死にそうだ O trabalho é tão duro que estou quase morrendo./Eu comprei uma passagem para o céu em suaves prestações. ❷ [力がない] ficar sem força. 風が死んでいる O vento perdeu o ímpeto. ❸ [有効に使われない] perder a função. 汚い部屋ではせっかくの絵も死んでしまう Num quarto sujo, um quadro tão lindo acaba não sendo notado.

じぬし 地主 dono/na de terreno, proprietário/ria de terras.

シネマ cinema (*m*).

シネラマ cinerama (*m*).

しのうこうしょう 士農工商 as quatro classes sociais da época feudal japonesa 《guerreiros, agricultores, artesãos e comerciantes》.

しのぐ 凌ぐ [我慢する] aguentar, tolerar, suportar; [勝る] superar; [防ぐ] proteger-se de. 日本の冬はしのぎやすいですか O inverno do Japão é fácil de suportar? この部品に関してはドイツ製を〜ものはない Quanto a esta peça, não há nenhuma que supere a alemã.

しのばせる 忍ばせる levar (algo) oculto [às escondidas], deixar penetrar ocultamente, dissimular. 声を〜 falar baixo, soltar uma voz quase imperceptível. 刀を〜 levar uma espada às escondidas.

しのびあし 忍び足 〜で com passos furtivos. 〜で歩く andar na ponta dos pés.

しのびがたい 忍び難い insuportável, imperdoável, difícil de suportar.

しのびこむ 忍び込む …に〜 entrar furtivamente em ….

しのびない 忍びない insuportável. 動物の虐待は見るに〜 Não consigo ver os animais sendo maltratados. 私の口からそのことを告げるのは〜 Corta-me o coração dar essa notícia.

しのびよる 忍び寄る aproximar-se sem ser percebido/da. ライオンは獲物の背後に〜 O leão aproxima-se por trás de sua presa sem ser percebido. 冬が忍び寄ってきた O inverno veio chegando sem que percebêssemos.

しのぶ 偲ぶ pensar em algo com saudades; [思い出す] recordar. …をしのばせる fazer lembrar …. 昔をしのんで lembrando o passado com saudades, saudoso/sa do passado.

しのぶ 忍ぶ ❶ [我慢する] suportar, aguentar. 恥を〜 suportar a vergonha. ❷ [隠れる] esconder-se, ocultar-se, passar desapercebido/da. 世を〜 esconder-se do mundo, viver como recluso/sa.

しば 芝 grama (*f*), relva (*f*). 〜を刈る cortar a grama, capinar. ♦ 芝刈り機 capinadeira (*f*), cortador (*m*) de grama.

じば 磁場 campo (*m*) magnético.

***しはい** 支配 domínio (*m*) [ドミーニオ], governo (*m*) [ゴヴェールノ], controle (*m*) [コントローリ]. 〜する dominar, governar, controlar; predominar. ここではその意見が〜的です Por aqui, essa é a opinião ⌊predominante [que predomina]. BをCの〜下におく colocar B sob controle de C. 感情に〜される ser levado/da pelos sentimentos. ♦ 支配階級 classe (*f*) dominante. 支配人 gerente. 総支配人 gerente geral. 副支配人 subgerente.

しばい 芝居 teatro (*m*). 〜の de teatro, teatral. 3幕の〜 peça (*f*) teatral em três atos. 〜を見に行く ir ao teatro. 〜紙芝居 teatro de imagens 《em geral, para crianças, com vários quadros desenhados e mostrados um em seguida ao outro, por um narrador》.

じはく 自白 confissão (*f*). 〜する confessar-se culpado/da; confessar que (+直説法) 《+indicativo》; confessar (+名詞) 《+substantivo》. 彼はこの機械を壊したことを〜した Ele confessou que quebrou essa máquina. 彼は犯した罪を〜した Ele confessou o crime.

じばく 自爆 ataque (*m*) suicida (com avião); atentado (*m*) suicida (com bomba). ♦ 自爆テロ atentado terrorista suicida.

じばさんぎょう 地場産業 produção (*f*) ⌊local tradicional [da terra]. 〜を奨励する estimular a produção local.

しばしば frequentemente, muitas vezes, com frequência. 彼は〜欠勤する Ele falta ao trabalho frequentemente.

しはつ 始発 ♦ 始発駅 estação (*f*) inicial. 始発列車 o primeiro trem 《do dia》.

じはつてき 自発的 espontâneo/nea; [自ら進んでする] voluntário/ria. 〜に por espontânea vontade. 彼女は〜に協力を申し出た Ela se ofereceu a colaborar.

しばふ 芝生 grama (*f*), relva (*f*), gramado (*m*). 〜を刈る cortar a grama. 〜に入らない

でください《掲示》Proibido Pisar na Grama./ Favor não Pisar na Grama.

しはらい 支払い pagamento (m). ～済み〔領収書等で〕Pago. ～を求める reclamar o pagamento. ～を延ばす adiar o pagamento. ローンの～期限が過ぎた Venceu o prazo de pagamento da prestação. この代金のお～はいつになりますか Quando vai ser o pagamento desta quantia? ♦ 支払い期日 data (f) de pagamento. 支払い停止 suspensão (f) de pagamentos. 支払い能力 solvabilidade (f), condições (fpl) para pagar. 支払い日 dia (m) de pagamento. 支払い不能 insolvência (f). 支払い方法 sistema (m) [forma (f)] de pagamento. 支払い命令 ordem (f) de pagamento.

しはらう 支払う pagar. パン屋に勘定を～ pagar as contas do padeiro [o padeiro]. 夕食の費用を～ pagar o jantar. 従業員に給料を～ pagar os empregados. 借金を～ quitar [saldar] a dívida. 現金で～ pagar em dinheiro. 分割払いで～ pagar parcelado. ホテル代を～ pagar as contas do hotel.

***しばらく 暫く** 〔短い間〕um pouco, um momento; 〔長い間〕longamente [ロンガメンチ], muito tempo. ～お待ちください Espere um momentinho, por favor. ～ですね Faz tempo, não? / (Há) quanto tempo, não?

***しばる 縛る** amarrar [アマハール], atar [アタール]. …に縛られる sujeitar-se a …, ficar preso/sa a …, amarrar-se a …. その小包をひもで縛ってください Amarre esse pacote com barbante, por favor. ブラジル人は時間に縛られるのが嫌いですね Os brasileiros não gostam de ficar presos ao horário, não é mesmo?

しはん 市販 venda (f) nas lojas. ～されている que está à venda nas lojas. これはもう～されていない Isto aqui não se vende mais [《口語》já sumiu do mercado].

じばん 地盤 ❶〔足場〕fundação (f), base (f), alicerce (m) (de terreno). ～を固める consolidar os alicerces. ❷〔土地〕terreno (m), solo (m), piso (m). ここは～が固い（緩い）O terreno aqui é firme (movediço). ♦ 地盤沈下 rebaixamento (m) [afundamento (m)] do solo. ❸〔勢力範囲〕base (de influência). ～を広げる estender o âmbito [a base] de influência.

しはんき 四半期 trimestre (m), um quarto do ano.

しはんびょう 紫斑病 【医】púrpura (f).

しひ 私費 despesa (f) própria. ～で払んでいる(com o dinheiro) do próprio bolso. ～で留学する custear os estudos no exterior com o próprio dinheiro [sem o auxílio de bolsas de estudo]. ♦ 私費外国人留学生 estudante de intercâmbio estrangeiro sem bolsa de estudos.

じひ 慈悲 misericórdia (f), compaixão (f), piedade (f). ～深い misericordioso/sa, piedoso/sa.

じひ 自費 por conta própria. ♦ 自費出版 edição (f) própria.

シビア grave, difícil, severo/ra. ～なゲーム jogo (m) difícil. ～な仕事 trabalho (m) difícil. 不況で就職活動はますます～になってきている Com a recessão, está ficando cada vez mais difícil arranjar um emprego fixo.

じびいんこうか 耳鼻咽喉科 otorrinolaringologia (f). ♦ 耳鼻咽喉科医 otorrinolaringologista (médico dos ouvidos, nariz e garganta).

しひょう 指標 índice (m), indicador (m). ♦ 経済指標 indicador econômico.

じひょう 辞表 carta (f) de demissão. ～を提出する apresentar uma carta de demissão. ～を受理(却下)する aceitar (não aceitar) a demissão.

じびょう 持病 doença (f) crônica, achaque (m).

しびれ 痺れ dormência (f), formigamento (m).

しびれる 痺れる ficar dormente [adormecido/da]. しびれた dormente, adormecido/da. 足がしびれた O meu pé adormeceu./Meu pé está formigando.

しびん 尿瓶 urinol (m)《do doente》.

しぶ 支部 sucursal (f), filial (f). ♦ 支部長 gerente de filial.

しぶい 渋い ❶〔味〕de sabor adstringente, 《口語》que puxa [trava] a boca. そのグアバは～ですか Essa goiaba está travando [travando a boca, travando na boca, puxando a boca]? ❷〔好み〕sóbrio/bria, de gosto sóbrio. あなたの服装はいつも～ですね Você tem um gosto sóbrio para se vestir, não é mesmo?/Você é sóbrio/bria para se vestir, não é?

しぶおんぷ 四分音符 〔音〕semínima (f).

しぶき 飛沫 borrifo (m), respingo (m). ～を上げる levantar borrifos de água.

しふく 私服 traje (m) civil, roupa (f) normal (não de uniforme). ～で学校に通う ir à escola sem uniforme. ♦ 私服刑事 agente (m) (vestido) à paisana [com traje civil].

しふく 私腹 o próprio bolso (m). ～を肥やす encher o bolso com o dinheiro público.

ジプシー ❶ cigano/na. ❷〔放浪生活をする人〕nômade.

しぶしぶ 渋々 a contragosto, sem vontade. 彼は係員の指示に～従った Ele seguiu as instruções do encarregado a contragosto.

ジブチ Djibuti (m).

しぶつ 私物 objeto (m) (de uso) pessoal. 彼は会社の車を～化している Ele usa o carro da companhia como se fosse o seu./Ele apropriou-se do carro de sua companhia. ♦ 私物化 apropriação (f).

じぶつ　事物　coisas (fpl).

ジフテリア　【医】difteria (f).

しぶとい　obstinado/da, teimoso/sa,《口語》cabeçudo/da. 〜風邪 resfriado (m) 〜insistente [que não passa]. 彼は意外と〜やつだ Ele é um sujeito surpreendentemente teimoso.

シフトレバー　【車】câmbio (m).

しぶる　渋る　hesitar em, mostrar relutância em. 金を出し〜 mostrar relutância em soltar o dinheiro, pagar de má vontade, ser mão fechada, não querer abrir a mão.

***じぶん　自分**　❶ o/a próprio/pria [オ/ア プロップリオ/ア], si mesmo/ma [スィー メーズモ/マ], se [スィ], eu [エウ], si próprio/pria. 〜の de si mesmo/ma, próprio/pria;〔個人の〕pessoal. 〜で por si mesmo/ma, sozinho/nha. もう〜でやれますか Já sabe fazer sozinho/nha? もっと〜の時間が欲しいです Eu queria mais tempo livre. 〜本位の egocêntrico/ca. 〜の目で確かめる verificar com os próprios olhos. 〜に言い聞かせる aconselhar-se a si mesmo/ma. 〜自身を守る defender-se por conta própria. 知識を〜のものにする adquirir conhecimentos. 領土を〜のものにする tomar posse [apropriar-se] de terras. ❷ eu [エウ]. 〜は30歳です Eu tenho trinta anos. ¶ 〜から言うのもおかしいけれど... Modéstia à parte .... 〜は何よ Olha quem fala!

じぶんかって　自分勝手　〜な egoísta. 〜に arbitrariamente, a seu capricho. 彼は〜なので人から嫌われています Ninguém gosta dele, porque ele faz tudo do jeito dele.

しへい　紙幣　papel (m) moeda; nota (f).

じへいしょう　自閉症　【医】autismo (m). ♦自閉症患者 autista.

しへんけい　四辺形　【数】quadrilátero (m).

しほう　司法　justiça (f). 〜試験を受ける prestar concurso no exame da Ordem dos Advogados.
　♦ 司法行政 administração (f) judicial. 司法警察 polícia (f) judiciária. 司法権 poder (m) judiciário. 司法試験 exame (m) de habilitação para magistrado 《corresponde a exame da Ordem dos Advogados do Brasil》. 司法書士 escrivão (m) judicial. 司法書類 documento (m) jurídico. 司法制度 sistema (m) judicial [forense]. 国際司法裁判所 Tribunal (m) Internacional de Justiça (em Haia).

しほう　四方　〜(八方)に por todos os lados, em todas as direções. この湖は〜を山に囲まれています Este lago está todo cercado de montanhas.

しぼう　子房　【植】ovário (m).

しぼう　志望　desejo (m), aspiração (f). 〜する desejar, aspirar, preferir. あなたはどういう職種を〜しますか Que tipo de serviço você gostaria de fazer? ♦志望校 escola (f) em que se quer entrar [preferida]. 志望者 candidato/ta.

しぼう　死亡　morte (f). 〜する morrer. 病気による〜 morte por doença. 死亡する morto/ta. 死亡診断書 atestado (m) de óbito. 死亡届 aviso (m) de óbito. 死亡率 taxa (f) de mortalidade. 事故死亡 morte por acidente.

しぼう　脂肪　gordura (f). この肉は〜が多い Esta carne está muito gorda. これより〜の少ない牛肉はありますか Tem carne (de vaca) mais magra do que esta? ♦脂肪肝 esteatose (f) hepática, fígado (m) gorduroso. 脂肪酸 ácido (m) graxo. 脂肪腫 lipoma (m). 脂肪性肝硬変 cirrose (f) gorduroso. 脂肪腺 glândulas (fpl) sebáceas. 脂肪組織 tecido (m) adiposo. 脂肪塞栓(ｾﾝ) embolia (f) gorduroso. 脂肪代謝 metabolismo (m) de gordura. 脂肪便 【医】esteatorreia. 植物性脂肪 gordura (f) vegetal. 動物性脂肪 gordura animal, banha (f).

じほう　時報　〔報知〕boletim (m);〔時刻の〕horas (fpl). ラジオの〜に時計を合わせる ajustar o relógio de acordo com as horas indicadas pela rádio.

しぼむ　murchar-se, ficar murcho/cha. 花がしぼんだ A flor murchou. 風船がしぼんだ A bexiga ficou murcha.

しぼり　絞り　❶〔レンズの〕abertura (f) 《de lentes de câmeras》;〔写真機の〕diafragma (m)《de câmera》. ❷〔染め方〕modalidade (f) de tintura que consiste em amarrar as partes que não se quer tingir.

しぼりかす　絞り糟　bagaço (m).

しぼりき　絞り機　espremedor (m).

しぼる　絞る　❶〔洗濯物など〕torcer, enxugar;〔果物など〕espremer. 洗濯物を〜 torcer a roupa lavada. レモンを絞りましょうか Quer que eu lhe esprema o limão? ❷〔限定する〕delimitar. ディスカッションのテーマを〜 delimitar o tema da discussão. ❸〔叱(ｼｶ)る〕repreender. 昨日は先生に絞られた Ontem fui repreendido/da pelo/la《口語》levei um sabão do professor/ra.

***しほん　資本**　capital (m) [カピターウ], fundo (m) [フンド]. 〜金5千万円の会社 companhia (f) com um capital de cinquenta milhões de ienes. 〜主義の capitalista.
　♦資本家 capitalista. 資本金 capital (social). 資本主義 capitalismo (m). 資本主義経済 economia capitalista. 資本主義国家 país (m) capitalista. 営業資本 capital de operação. 金融資本 capital financeiro. 固定資本 capital fixo. 流動資本 capital circulante [de giro].

***しま　島**　ilha (f) [イーリャ]. 〜の insular.

しま　縞　listra (f), risca (f).

しまい　姉妹　irmãs (fpl). ♦姉妹都市 cidades irmãs [com tratado de irmandade]. 異文

姉妹 meias-irmãs de mesma mãe. 異母姉妹 meias-irmãs de mesmo pai.

しまう 仕舞う〔置く，入れる〕guardar；〔かたづける〕arrumar；〔閉店する〕fechar．しまっておく deixar guardado/da．この書類はその箱にしまっておきます Vou deixar esta papelada guardada nessa caixa．店を〜 fechar a loja.

-しまう（…てしまう） ❶ (acabar + 現在分詞 あるいは ir の完了過去形 + 不定詞)《acabar + gerúndio ou perfeito de ir + infinitivo》．車をぶつけてしまえた Acabei batendo o carro．あなたはそんなことを言ってしまったのですか Você foi falar uma coisa dessas? ❷ 行って〜 ir-se embora．残念ながら彼はもう行ってしまいました Sinto muito, mas ele já se foi. ❸ (acabar + de + 不定詞, あるいは acabar + com + 名詞)《acabar + de + infinitivo ou acabar + com + substantivo》．早くその本を読んでしまいなさい Acabe de ler esse livro logo．今日はもう洗濯をしてしまった Hoje já acabei de lavar a roupa．早くその仕事を終わらせてしまいなさい Acabe logo com esse serviço aí.

しまうま 縞馬〔動〕zebra (f).

じまく 字幕〔映・テレビ〕legenda (f) (de um filme), letreiro (m). ポルトガル語の〜付きの com legendas em português. ここにある映画はすべて〜付きです Todos os filmes daqui estão legendados. ♦ 字幕放送 transmissão (f) de um programa ⌐legendado [com letreiros⌐].

しまぐに 島国 país (m) insular. ♦ 島国根性 insularidade (f), estreiteza (f) 《de espírito》.

-しましょう vamos (+ 不定詞)《+ infinitivo》．さあ，休憩〜 Bem, vamos descansar. ⇨-しよう.

-しません não (+ 直説法現在形)《+ presente do indicativo》．彼らはあまり勉強〜 Eles não estudam muito. ⇨-ない.

しまつ 始末 ❶〔結果〕fim (m), desfecho (m). 老後の彼は橋の下で暮らす〜だった O desfecho da vida dele foi morar debaixo da ponte. ❷〔処理〕solução (f), resolução (f). 〜する acabar com, despachar, resolver, solucionar, pôr em ordem. あの問題を早く〜しましょう Vamos resolver logo aquele problema. あの生徒は〜に負えない Aquele aluno é impossível. ❸〔顛末〕satisfação (f), explicação (f). 〜書を書かされる ser obrigado/da a dar uma explicação por escrito.

しまった しまった Oh, não!/Puxa!/Meu Deus!/Errei!/Que burrice (a minha)!/Pronto!

しまながし 島流し desterro (m), exílio (m). 〜にする exilar, desterrar. 〜になる ser desterrado/da, ser exilado/da.

しまり 締まり ❶ concisão (f). 〜のない文 frase (f) prolixa. ❷ cuidado (m). 〜のない 服装 modo (m) deseixado de se vestir.

しまりす 縞栗鼠〔動〕esquilo (m) listrado.

しまる 閉まる fechar-se. 自動的に〜 fechar-se automaticamente. 自動的に〜ドア porta (f) automática. 会社の玄関は夕方の6時に閉まってしまいます A entrada principal da companhia fecha às seis horas da tarde. この店は何時に閉まりますか A que horas fecha esta loja?

じまん 自慢 orgulho (m), satisfação (f); jactância (f). 〜を〜する orgulhar-se de …, vangloriar-se de …, gabar-se de …. 彼は父親が大会社の重役であることを〜している Ele se gaba de ser o filho do diretor de uma grande companhia.

しみ 染み〔皮膚の・生地などの〕mancha (f). 私は顔に〜ができてしまった Apareceu uma mancha no meu rosto. この〜は洗っても落ちなかった Esta mancha não saiu, mesmo lavando. このコートの〜は取れますか Será que esta mancha do casaco sai?

じみ 地味 〜な sóbrio/bria, modesto/ta, discreto/ta. 〜な服 roupa (f) sóbria. 〜に暮らす viver modestamente.

しみこむ 染み込む infiltrar-se em, penetrar em; embeber. 雨が乾いた土に染み込んでいた A água das chuvas penetrava na terra ressequida./A terra seca embebia toda a água da chuva. スポンジに水を染み込ませる embeber uma esponja em água.

しみじみ 〜と profundamente, com sentimento. 〜と反省する retratar-se profundamente. 〜と親への感謝の気持ちを表した Expressei profunda gratidão por meus pais. 〜と夕焼けを眺めていた Fiquei olhando demoradamente o pôr-do-sol. 〜とした語り口で過去について話す falar com calma e nostalgia sobre o passado.

じみち 地道 atitude (f) [postura (f)] de humildade, perseverança, constância e honradez. 〜な努力 esforço (m) constante e perseverante. 〜な人 pessoa (f) humilde e honrada que age com perseverança e diligência. 〜に対して〜にがんばる agir com perseverança, firmeza e constância para …. 〜に働く trabalhar firme e constantemente sem querer ⌐mostrar a capacidade [《口語》aparecer⌐].

しみつく 染み付く manchar. 洋服に汗が染み付いてしまった A roupa acabou ficando com mancha agarrada de suor.

しみったれ pão-duro/ra.

しみぬき 染み抜き …の〜をする tirar as manchas de ….

シミュレーション simulação (f). ♦ シミュレーションゲーム jogo (m) de simulação. 投資シミュレーション simulação de investimento. フライトシミュレーション simulação de voo.

しみる 染みる ❶〔染み込む〕penetrar, infiltrar-se em. ❷ 〔痛む〕arder. この薬は染みますから気をつけてください Tome cuidado que este remédio arde. ❸ 〔強く感じる〕寒さが身にしみる O frio me penetra até aos ossos.

しみん 市民 cidadão/dã. ～権を得る obter a cidadania. ◆市民権 cidadania (f).

＊じむ 事務 trabalho (m) de escritório. この問題は～的に処理しましょう Vamos resolver este problema de uma maneira prática. 国連の～総長 Secretário/ria Geral das Nações Unidas. ◆事務員 funcionário/ria de escritório. 事務所(室) escritório (m). 事務用品 artigos (mpl) para escritório.

ジム ❶ 〔スポーツクラブ〕academia (f), ginásio (m) de esportes. ❷ 〔練習場〕boxe (m), salão (m) de exercícios. ～に通う frequentar a academia, praticar malhação com frequência.

しむける 仕向ける incitar, instigar, mover, condicionar, induzir, persuadir. 息子が旅行をするように仕向けた Persuadi meu filho a viajar. 彼が小説を出版するように仕向けた Inciteio a publicar o romance. /《口語》Fiz ele publicar o romance.

しめ 締め fecho (m) de conta. ～を出す fechar a conta.

しめあげる 締め上げる ❶ 〔きつく締める〕apertar bem. ❷ 〔厳しく追及する〕apertar com perguntas. 犯人を～ apertar o/a criminoso/sa com perguntas.

しめい 使命 missão (f). 重大な～を帯びる encarregar-se de uma missão importante.

しめい 指名 designação (f), nomeação (f). ～する designar, nomear. 今度の入札の結果我が社が～された Como resultado da última concorrência pública, a nossa companhia foi a nomeada. ～手配する buscar um/uma criminoso/sa identificado/da.

しめい 氏名 nome (m) completo, nome e sobrenome (m). ～を名乗る dizer o nome. ⇨姓名.

しめかざり 注連飾り enfeite (m) de corda de palha entrelaçada com enfeites de papel branco que representam o pássaro, ou seja, a alma dos mortos, colocado em geral na porta das casas ou dos templos xintoístas, principalmente no ano-novo.

しめきり 締め切り prazo (m). 締め切り《掲示》Fechado. Proibido abrir. ～を延期してください Por favor, adie o prazo. このレポートの提出は明日が～だ O prazo para a entrega deste trabalho é amanhã. ◆締め切り日 data (f) limite, vencimento (m) do prazo.

しめきる 締め切る, 閉め切る fechar, encerrar. 戸を閉め切って会議を行った Realizou a reunião a portas fechadas. 申し込みは明日の5時で締め切る Vamos encerrar o prazo de entrega das inscrições às cinco horas de amanhã.

しめくくり 締めくくり remate (m), conclusão (f).

しめくくる 締めくくる arrematar, concluir.

しめし 示し ～がつかない não ter autoridade para disciplinar (por ter dado mau exemplo).

しめじ espécie (f) de cogumelo pequeno.

じめじめした úmido/da, chuvoso/sa.

＊しめす 示す ❶ 〔指し示す〕indicar 〔インヂカール〕, apontar 〔アポンタール〕, assinalar 〔アスィナラール〕, dizer 〔ヂゼール〕. 目標を～ dizer os objetivos. その調査によって賄賂の額が示された Essa investigação apontou as cifras da corrupção. 赤はストップを～ O vermelho indica "parada". 方向を～ indicar a direção. 寒暖計は23度を示していた O termômetro estava indicando vinte e três graus. ❷ 〔気持ちなどを表して見せる〕mostrar(-se) 〔モストラール (スィ)〕, manifestar 〔マニフェスタール〕. …に対して難色を～ mostrar-se relutante em aceitar …. 彼は実力を示した Ele mostrou a capacidade que tinha. ブラジル人は日本の地域活動に関心を示してくれた Os brasileiros se mostraram interessados nas atividades bairristas do Japão. ❸ 〔見せる〕dar 〔ダール〕. 例を～ dar exemplos. 彼は私たちによい見本を示してくれた Ele nos deu um bom exemplo.

しめだす 締め出す excluir; enxotar.

しめつ 死滅 extinção (f), desaparecimento (m). ～する extinguir-se, desaparecer. ～した動物 animal (m) extinto. ～しつつある種族 espécie (f) em vias de extinção, raça (f) que está prestes a extinguir-se [desaparecer]. 細菌を～させる exterminar [fazer desaparecer, extinguir] ⌞os micróbios [as bactérias]⌝.

じめつ 自滅 ❶ 〔自然滅亡〕destruição (f) natural. ❷ 〔自己破滅〕autodestruição (f), destruição de si mesmo/ma. ～する destruir-se naturalmente, perder-se; 〔敗北〕provocar a própria ruína, destruir-se [arruinar-se] a si próprio/pria, provocar a própria derrota. 彼はあの発言で～した Aquelas palavras o levaram à própria destruição.

しめつける 締め付ける ❶ 〔強く締める〕apertar (com firmeza), estrangular. ネクタイで首を～ apertar o pescoço com uma gravata. ❷ 〔圧迫する〕oprimir, apertar. 最近会社の厳しい規則に締め付けられるように感じてきた Recentemente tenho me sentido oprimido/da pelas regras rígidas da empresa.

しめっぽい 湿っぽい úmido/da.

しめて 締めて ao todo, no total. ～おいくらですか Quanto é no total?

しめなわ 注連縄 ⇨注連飾り.

しめり 湿り umidade (f).

しめる 占める ocupar, deter. 第一位を～ estar em [ocupar o] primeiro lugar. …で過半数を～ obter a maioria em …. 彼は会社で

重要な地位を占めている Ele ocupa um posto importante na companhia. 女性はその分野で40%を占めている Nesse campo, as mulheres detêm uma porcentagem de 40% [quarenta por cento]./A porcentagem das mulheres nesse campo é de 40% [quarenta por cento].

*しめる　絞める　apertar [アペルタール]. 首を〜 apertar o pescoço.

*しめる　締める　[縛る] amarrar [アマハール]；[きつくする] apertar [アペルタール]；[合計を出す] fechar [dar o total de] uma conta. ネクタイを〜 pôr a gravata. ねじを〜 apertar o parafuso. シートベルトを〜 apertar o cinto de segurança. 勘定を〜 fechar [encerrar] a conta. そのボトルのふたは強く〜といいです Essa garrafa, você tem que tampar com muita força.

*しめる　閉める　fechar [フェシャール]. 店を〜 fechar a loja. 鍵を掛けてドアを〜 trancar a porta. そのドアを閉めてもらえますか Você pode fechar essa porta para mim?

しめる　湿る　umedecer, tornar-se [ficar] úmido/da. 湿った úmido/da. 湿った空気 ar (m) úmido. 湿らせる umedecer, umidificar.

しめん　紙面　página (f) de jornal ou revista. この事件に多くの〜が当てられた Muitas páginas de jornal foram dedicadas a este acontecimento.

じめん　地面　solo (m), chão (m), terra (f). 私は〜に落ちてしまいました Eu acabei caindo no chão.

しも　下　parte (f) ∟de baixo [inferior]. 〜の句〖文学〗segunda metade (f) de um poema japonês tradicional.

しも　霜　geada (f). 〜が降りる cair geada.

しもき　下期　segundo semestre (m).

しもざ　下座　❶ [末席] o assento mais afastado do convidado de honra. ❷ [舞台] lado (m) esquerdo do palco por onde saem de cena os atores.

しもじも　下々　〜のもの classe (f) baixa, 《ポ》gente (f) do povo.

じもと　地元　〜の人たち povo (m) local.

しもどけ　霜解け　derretimento (m) da geada.

しもばしら　霜柱　pilarzinho (m) de gelo (que se forma em terra mole).

しもはんき　下半期　segundo semestre (m).

しもふり　霜降り　[服] 〜の mesclado/da. 〜のコート casaco (m) de tecido mesclado. 〜の牛肉 carne (f) de vaca com pintas de gordura.

しもやけ　霜焼け　frieira (f) 《afecção cutânea》.

しもよけ　霜よけ　abrigo (m) contra a geada.

しもん　指紋　impressão (f) digital. 私は彼の〜を取らなければならないのですが Eu preciso colher as suas impressões digitais .... 彼は入国管理局で〜をとられた Tiraram a impressão digital dele na imigração. 犯人の〜が残っていた O criminoso havia deixado as impressões digitais. ♦指紋押捺 (おう) impressão digital《o ato》.

しもん　諮問　consulta (f). 〜する consultar. ♦諮問機関 órgão (m) consultivo.

じもん　自問　autoquestionamento (m). 〜する perguntar-se a si mesmo. 〜自答する ponderar.

しや　視野　visão (f), campo (m) visual. 〜が広い（狭い）ter uma visão ampla (estreita) das coisas. 〜が広い人 pessoa (f) de ampla visão. 短期的な〜に立つ não ter muita visão do futuro, não saber planejar a longo prazo. 長期的な〜に立つ pensar longe, saber planejar a longo prazo. 〜を広げる ampliar a visão das coisas, ter novas perspectivas sobre as coisas. 旅行はいつの場合も〜を広げてくれる As viagens sempre servem para ampliar a visão.

じゃあく　邪悪　maldade (f). 〜な mau/má.

ジャージー　jérsei (m), tecido (m) de malha fina. 〜のTシャツ camiseta (f) de malha.

しゃあしゃあ　descaradamente, sem ter vergonha, 《口語》na ∟cara-de-pau [cara dura]. 〜とうそをつく mentir ∟descaradamente [na cara dura]. 彼はあんなに悪い事をしておいて〜としている Ele se faz de desentendido, mesmo depois daquela maldade.

ジャーナリスト　❶ [新聞・雑誌記者] jornalista. ❷ [報道記者] repórter 《de rádio ou televisão》.

ジャーナリズム　jornalismo (m).

シャープ　〖音〗sustenido (m). ♦ダブルシャープ dobrado [duplo] sustenido.

シャープペンシル　lapiseira (f).

シャーベット　〖料〗sorvete (m) de frutas.

シャーペン　⇨シャープペンシル.

シャイ　〜な tímido/da, envergonhado/da. 〜な人 pessoa (f) tímida.

ジャイカ　JICA　Agência (f) de Cooperação Internacional do Japão.

しゃいん　社員　funcionário/ria de companhia. 正〜の定員が増えて良かった Que bom que aumentou a quota de funcionários contratados formalmente. 多くのブラジル人は正〜ではない Muitos brasileiros (mpl) estão trabalhando ∟na informalidade [sem carteira assinada]. ♦正社員 empregado/da regular de [contratado/da formalmente em] uma companhia. 派遣社員 trabalhador/ra cadastrado/da ∟em agências de emprego [no poupa-tempo].

しゃおん　謝恩　gratidão (f), agradecimento (m). ♦謝恩会 festa (f) de agradecimento (aos professores por parte dos alunos na ocasião da formatura).

しゃか　釈迦　Buda (m). ¶〜に説法 ensinar o padre-nosso ao vigário.

ジャガー　〖動〗jaguar (m), onça-pintada (f).

しゃかい　社会 sociedade (f) [ソスィエダーヂ]. ~の social. ~的に socialmente. ~に貢献する colaborar com a sociedade, trabalhar para o bem da sociedade. 貧困は~問題となっている A pobreza está sendo um problema social. ♦ 社会学 sociologia (f). 社会学者 sociólogo/ga, cientista social. 社会主義 socialismo (m). 社会主義者 socialista. 社会生活 vida (f) social. 社会保険 seguro (m) social. 社会保障制度 sistema (m) de seguridade social. 階級社会 sociedade de classes. 消費社会 sociedade de consumo. 上流社会 alta sociedade. 多民族社会 sociedade plurirracial.

じゃがいも　じゃが芋 batata (f).

しゃがむ agachar-se.

しゃがれた　嗄れた rouco/ca. 声がしゃがれてしまった A minha voz ficou rouca.

しゃかんきょり　車間距離 distância (f) entre carros que correm na mesma direção. 前車と十分に~をとってください Mantenha distância com o carro da frente.

しゃく　癪 irritação (f), aborrecimento (m). ~にさわる ficar irritado/da, ficar com raiva (de), irritar-se (com), ficar chateado/da (com); 〔何か、だれかが〕ser irritante. あいつはどうも~にさわるやつだ Aquele sujeito é irritante.

-じゃく　-弱 um pouco menos que, quase. 8キロ~ quase oito quilômetros.

じゃくし　弱視 〚医〛 astenopia (f), vista (f) fraca.

しゃくしじょうぎ　杓子定規 ~な que não consegue sair das regras, de visão ou compreensão limitada, 《口語》 bitolado/da, quadrado/da, sem jogo de cintura.

しやくしょ　市役所 prefeitura (f).

じゃくたいか　弱体化 enfraquecimento (m). ~する enfraquecer-se, debilitar-se.

しゃくち　借地 arrendamento (m) de terra. ♦ 借地人 arrendatário/ria.

じゃぐち　蛇口 torneira (f). ~を開ける(閉める) abrir (fechar) a torneira.

じゃくてん　弱点 ponto (m) fraco.

しゃくど　尺度 medida (f), escala (f), padrão (m), critério (m). 共通の~ medida comum. 彼は自分の~で人を判断するくせがある Ele tem o mau hábito de julgar as pessoas unilateralmente a partir do próprio ponto de vista.

しゃくなげ　石楠花 〚植〛 rododendro (m).

じゃくにくきょうしょく　弱肉強食 lei (f) do mais forte [do mais hábil], lei da selva. 産業界は~だ No ramo industrial prevalece a lei do mais forte.

しゃくねつ　灼熱 ignição (f), incandescência (f). ~した incandescente.

じゃくねん　若年 juventude (f), 《口語》 gente (f) jovem. ♦ 若年性認知症 〚医〛 esclerose (f) do sistema nervoso central de jovens.

しゃくはち　尺八 〚音〛 flauta (f) de bambu.

しゃくほう　釈放 libertação (f) (do preso). ~する libertar, soltar, pôr em liberdade. ♦ 仮釈放 liberdade (f) condicional.

しゃくめい　釈明 justificação (f), explicação (f), defesa (f). ~する justificar-se, explicar-se. 同僚の非難に対して~した Justifiquei-me em reação às críticas do colega de trabalho. ~を求める buscar [exigir] uma explicação. 彼の行為は~の余地がない Não existe explicação [justificativa] para o seu comportamento./Não há como justificar o seu comportamento.

しゃくや　借家 casa (f) alugada [de aluguel]. 私は~住まいだ Moro em casa alugada. ♦ 借家人 inquilino/na.

しゃくやく　芍薬 〚植〛 peônia (f).

しゃくよう　借用 empréstimo (m). ~する pedir [receber] emprestado. ♦ 借用語 estrangeirismo (m), palavra (f) estrangeira introduzida num idioma. 借用者 pessoa (f) que recebe empréstimo. 借用証書 título (m) de dívida, nota (f) promissória.

しゃくん　社訓 lema (m) de uma companhia. 我が社の~は誠実と勤勉です O lema da nossa companhia é sinceridade e diligência.

しゃけ　鮭 salmão (m).

しゃげき　射撃 〚発砲〛 tiro (m), disparo (m); 〔スポーツとして〕 tiro ao alvo. ~する efetuar [dar] um tiro, disparar, atirar em; praticar tiro ao alvo.

ジャケット ❶ 〚服〛 jaqueta (f). ❷ 〔CDなどの〕 capa (f). CDの~ capa do CD.

しゃけん　車検 revisão (f) periódica obrigatória (da parte mecânica do carro), revisão de carro, vistoria (f).

じゃけん　邪険 crueldade (f), frieza (f). ~な frio/fria, cruel, impiedoso/sa. ~に cruelmente, duramente. 従業員を~に扱う ser frio/fria com os funcionários.

しゃこ ❶ 〚魚〛 espécie (f) de lagosta. ❷ 〚鳥〛 francolim-pintado (m), perdiz (f).

しゃこ　車庫 garagem (f). 車を~に入れる colocar o carro na garagem.

しゃこう　社交 relações (f) sociais. ~的 sociável. 非~的な anti-social. ♦ 社交界 alta sociedade (f). 社交辞令 linguagem (f) diplomática, expressões (fpl) de gentileza, elogios (mpl). 社交性 sociabilidade (f). 社交ダンス dança (f) de salão.

しゃこう　遮光 anteparo (m) da luz. ~する interromper os raios luminosos.

しゃさい　社債 título (m) [obrigação (f)] de crédito. ~を発行する emitir obrigações. 公社債 título (de crédito) do tesouro. 短期社債 título de crédito a curto prazo. 長期社債 título de crédito a longo prazo.

しゃざい 謝罪 pedido (m) de desculpa(s). 正式に～を要求する exigir um pedido de desculpas formal. ～する pedir desculpa(s) [perdão].

しゃさつ 射殺 ～する matar a tiros, fuzilar.

しゃし 斜視 estrabismo (m). ～の estrábico/ca, vesgo/ga.

しゃじ 謝辞 palavras (fpl) de agradecimento. ～を述べる agradecer, manifestar gratidão.

しゃじく 車軸 eixo (m) da roda.

しゃじつ 写実 descrição (f) objetiva. ～的な realista. ♦写実主義 realismo (m).

しゃしょう 車掌 [集金係] cobrador/ra (de ônibus ou trem).

しゃじょう 車上 parte (f) interior de um carro. ♦車上狙(ねら)い arrombamento (m) de carro.

***しゃしん 写真** foto (f) [フォット], fotografia (f) [フォトグラフィーア]. ～を現像する revelar uma fotografia. ～が私の趣味です A fotografia é o meu *hobby*. ～を撮る tirar uma fotografia, fazer uma foto. 私はそのビルを背景にしてあなたの～を撮りたい Quero fazer uma foto de você com o prédio no fundo. ♦写真家 fotógrafo/fa. 写真機 câmera (f), máquina (f) fotográfica. カラー写真 fotografia colorida.

ジャズ [音] *jazz* (m). ♦ジャズダンス dança (f) *jazz*. ジャズバンド *jazz-band* (m).

ジャスミン [植] jasmim (m).

しゃせい 写生 esboço (m), desenho (m) (através da observação da paisagem ou modelo reais). ～する esboçar, copiar desenhando. 風景を～する desenhar uma paisagem (vendo-a *in loco*).

しゃせい 射精 ejaculação (f). ～する ejacular.

しゃせつ 社説 editorial (m).

しゃせん 斜線 linha (f) oblíqua. ～を引く traçar uma linha oblíqua.

しゃせん 車線 pista (f) de trânsito. ♦追い越し車線 faixa (f) de ultrapassagem.

しゃそく 社則 regulamento (m) da companhia, estatuto (m) da companhia.

しゃたい 車体 carroçaria (f).

しゃたく 社宅 conjunto (m) residencial dos funcionários de uma companhia.

しゃだん 遮断 interrupção (f), corte (m). ～する interromper, cortar.

しゃだんほうじん 社団法人 pessoa (f) corporativa jurídica.

しゃち 鯱 [動] orca (f).

しゃちょう 社長 presidente/ta de companhia.

シャツ camisa (f). ～を着る vestir [pôr] uma camisa. ～を脱ぐ tirar a camisa. ～一枚で働く trabalhar em mangas de camisa. ♦スポーツシャツ camisa esporte. 半袖シャツ camisa de mangas curtas. ポロシャツ camisa polo. ワイシャツ camisa de colarinho.

ジャッカル [動] chacal (m).

しゃっかん 借款 empréstimo (m). 中国への円～を続ける continuar a conceder empréstimo em ienes à China. ♦円借款 empréstimo em ienes.

じゃっかん 若干 um pouco, alguns. ～の… [量] uma pequena quantidade de …, [数] alguns/algumas …. ～名の人 algumas pessoas (fpl). まだ問題点が～残っています Ainda há [《口語》tem] alguns pontos problemáticos.

しゃっきん 借金 dívida (f). ～する contrair [fazer] dívidas, endividar-se [《口語》pegar empréstimo]. ～を返す saldar [quitar, pagar, amortizar] uma dívida, honrar as dívidas. 病院への～を返す saldar as dívidas hospitalares. ～がある ter dívidas, estar endividado/da. …に 5 千円の～がある dever cinco mil ienes a ～. ～を取り立てる cobrar uma dívida. ～の免除 perdão (m) de dívidas. ～を踏み倒す dar calote. あなたは銀行にどれくらい～をしていますか Quanto você deve ao banco?

しゃっくり soluço (m). ～が出る soluçar, estar com soluço.

ジャッジ ❶ [審判員, 裁判官] juiz/juíza. ❷ 《スポーツ》[ボクシング, レスリングの副審] árbitro (m) auxiliar. ❸ [判定] julgamento (m), arbitragem (f). 審判の～は厳しかった O julgamento do árbitro foi severo.

シャッター ❶ persiana (f), veneziana (f); [店などの] persiana (f) de aço, taipais (mpl). 台風が来ているから～を降ろそう Vamos fechar as portas da loja porque o tufão está aí. ❷ [カメラの] obturador (m). ～を切る disparar o obturador. ～チャンスを逃す deixar passar uma chance de tirar uma boa foto. ♦シャッターチャンス instante (m) ideal para fotografar. シャッターボタン disparador (m).

しゃてい 射程 alcance (m) do tiro. ～距離の長い大砲 canhão (m) de tiro (m) de longo alcance. ～内に入る estar ao alcance do tiro.

しゃてき 射的 tiro (m) ao alvo. ～をやる praticar o tiro ao alvo. ♦射的場 barraca (f) de tiro ao alvo (para diversão).

しゃどう 車道 pista (f) de rolamento, parte (f) da rua destinada aos veículos.

じゃどう 邪道 heterodoxia (f), procedimento (m) heterodoxo [não-ortodoxo, não-convencional]; caminho (m) errado. 彼のやっていることは～だ O que ele faz não é ortodoxo./Ele sai do convencional [dos padrões]. ～に陥る transviar-se.

シャトル circular, que vai e vem. リオとサンパウロの間の～便 ponte (f) aérea entre Rio e São Paulo. ♦シャトル外交 diplomacia (f) em que os chanceleres de dois países se visi-

しゃない 社内 dentro da empresa. ◆社内電話 telefone (m) interno da empresa.
しゃば 娑婆 ❶〔仏教の〕mundo (m) terrestre (que não é o céu). ❷ mundo livre (em relação à prisão). 〜に出る sair da prisão.
しゃひ 社費 despesas (fpl) da companhia. 〜でブラジルへ行く ir ao Brasil com as despesas pagas pela companhia.
しゃふつ 煮沸 fervura (f). 〜する ferver.
しゃぶる chupar.
しゃべる 喋る falar;〔告げる〕contar;〔雑談する〕conversar. よく〜人 falador/ra,〔口語〕tagarela. 大声で〜 falar em voz alta. 口から出まかせを〜 falar à-toa [sem pensar]. しゃべりすぎる falar demais. そのことは人にしゃべってはいけません Você não pode contar isso a ninguém, está bem?
シャベル pá (f).
しゃへん 斜辺 ❶ lado (m) oblíquo. ❷〔数〕hipotenusa (f) (de um triângulo reto).
シャボン sabão (m). ⇨石鹸(せっ).
シャボンだま シャボン玉 bolha (f) de sabão. 〜を吹く fazer bolhas de sabão.
じゃま 邪魔 estorvo (m), incômodo (m). 〜する estorvar, incomodar, atrapalhar. 仕事の〜をする atrapalhar o serviço dos outros. 交通の〜になる atrapalhar o trânsito. 人の話を〜してはいけません Você não pode interromper a conversa dos outros. お〜しました Desculpe o incômodo ((ao retirar-se)). 人を〜者扱いにする tratar uma pessoa como (se ela fosse) uma intrusa. ◆邪魔物 estorvo (m), obstáculo (m). 邪魔者 presença (f) incomodativa, intruso/sa.
ジャマイカ Jamaica (f). 〜の jamaicano/na.
しゃみせん 三味線〔音〕instrumento (m) tradicional de três cordas semelhante ao violão.
ジャム geleia (f).
しゃめん 斜面 plano (m) inclinado, declive (m), rampa (f).
しゃもじ espécie (f) de colherão para servir o arroz cozido.
じゃり 砂利 cascalho (m), pedregulho (m).
しゃりょう 車両〔車〕veículo (m);〔鉄道の〕vagão (m). 〜通行禁止《掲示》Passagem (f) Proibida para Veículos.
しゃりん 車輪 roda (f).
しゃれ 洒落 ❶〔冗談〕jogo (m) de palavras, trocadilho (m), dito (m) engraçado. 〜を言う dizer gracejos, fazer trocadilhos. ❷〔おしゃれ〕bem-vestir (m), elegância (f), refinamento (m) (no vestir).
しゃれい 謝礼 remuneração (f), gratificação (f); honorários (mpl). 講師に〜をする entregar honorários a um/uma conferencista.
しゃれる 洒落る ser ∟fino/na [refinado/da, de bom gosto]. しゃれた服 roupa (f) chique. しゃれた山小屋 chalé (m) [choupana (f)] de bom gosto. しゃれた感じの写真集 livro (m) de fotos refinado. しゃれたことを言う falar coisas interessantes.
じゃれる brincar (com). 犬が座布団に〜 O cachorro brinca com a almofada.
シャワー chuveiro (m). 〜を浴びる tomar banho de chuveiro. 〜のお湯が出ませんが... Por favor, a água quente do chuveiro não ∟está saindo [sai].
ジャングル floresta (f), selva (f).
じゃんけん jogo (m) semelhante ao par-ou-ímpar dos brasileiros.
シャンソン canção (f) francesa.
シャンデリア lustre (m), candelabro (m).
ジャンパー〖服〗casaco (f) ((de outono e inverno)), jumper (m), blusão (m).
シャンパン champanhe (m), champanha (m), vinho (m) espumante [frisante].
ジャンプ pulo (m), salto (m). 〜する dar um pulo, pular.
シャンプー xampu (m). 〜をする lavar a cabeça. 〜とブローをする lavar e pentear o cabelo.
シャンペン champanha (m). ⇨シャンパン.
ジャンル gênero (m).
しゅ 主 ❶〔主人〕dono/na, proprietário/ria. ❷〔主要〕o principal, o mais importante. 〜たる動機 o motivo [a motivação] principal. 〜として principalmente, sobretudo.
しゅ 朱 vermelho (m) (levemente alaranjado). 〜の色 cor (f) vermelha.
しゅ 種 espécie (f), classe (f), tipo (m). 〜の起源 origem das espécies. ある〜の主婦たちはそれを買う Certas donas de casa compram isso. この〜の本はあまり売れない Este tipo de livro não se vende muito.
しゅい 首位 o primeiro lugar. 〜を占めるために para ocupar o topo da tabela.
しゆう 私有 propriedade (f) privada [particular]. 〜の privado/da. 〜地につき立ち入り禁止《掲示》Propriedade Particular: Entrada Proibida. ◆私有財産 bens (mpl) privados. 私有地 terreno (m) [propriedade] particular.
しゅう 周 volta (f). 公園を一〜する dar uma volta no parque.
*しゅう 週 semana (f) [セマーナ]. 1〜間 uma semana. 今〜 esta semana. 来〜 a semana que vem. 先〜 a semana passada. 隔〜に uma semana sim, uma semana não./de quinze em quinze dias.
じゆう 自由 liberdade (f). 〜な livre. 〜に livremente; com domínio, fluentemente. 〜になる ficar livre, libertar-se. 一個人の〜 liberdade individual. 言論の〜 liberda-

de de expressão. ～である ser livre, não estar preso/sa,《口語》não ter amarras. 子供は～でいいい Que bom ser criança, já que ⌞não tem amarras [é livre], não é mesmo? それは君の～でいいよ Isso fica por sua conta./ Isso aí deixo à sua escolha. どうぞ～にお取りください〔食べ物〕Sirva-se (Sirvam-se) à vontade./〔パンフレットなど〕Distribuição Gratuita./〔見本〕Amostra Grátis. 12時から1時までは～行動です Das doze à uma(hora) é (tempo) livre《em viagens e excursões》. 貿易の～化 liberalização (f) do comércio exterior. ～化する liberalizar. ～にポルトガル語が話せる falar português fluentemente.
♦自由化 liberalização (f). 自由形〔水泳〕nado (m) livre. 自由競争〔経〕livre concorrência (f). 自由刑〔法〕pena (f) privativa de liberdade. 自由経済 economia (f) de mercado. 自由権〔法〕direito (m) de liberdade. 自由主義 liberalismo (m). 自由主義者 liberal. 自由席 assento (m) não reservado, cadeira (f) não numerada.

じゅう 十 dez (m). ～倍 dez vezes (fpl). ～分の一 um décimo. 第～の, ～番目の décimo/ma.

じゅう 銃 arma (f) (de fogo), revólver (m), espingarda (f). ～を構える fazer pontaria, ⌞apontar [mirar com] a arma. ～を撃つ disparar a arma, atirar. ～弾 bala (f) 《de revólver》. 機関銃 metralhadora (f). 空気銃 espingarda de pressão.

*-**じゅう -中** ❶〔場所〕por toda a parte. それは世界～で問題になっている Isso está sendo um problema no mundo inteiro. …～に por todo/da o/a …, por toda a extensão de …. 体～にあざができている Está com hematomas ⌞por toda a extensão do [por todo o] corpo. ❷〔期間〕durante todo/da o/a. ここは一年～暑い Aqui faz calor o ano todo [inteiro]. あの人は一日～泣いていた Ela ficou chorando o dia inteiro [todo]. ❸〔…の中で〕dentre [デントリ], de [ヂ]. 彼は町～で一番金持ちだ Ele é o mais rico ⌞da [dentre os habitantes] cidade.

しゅうい 周囲〔円周〕perímetro (m);〔付近〕arredores (mpl), vizinhança (f). この町は～が約20キロあります Esta cidade tem um perímetro de uns vinte quilômetros. ～の人々 pessoas (fpl) em volta. ～の影響を受ける ser influenciado/da pela redondeza. ～を見回す olhar em volta (ao redor) de si. ～にはだれもいませんでしたか Não havia ninguém em volta?

じゅうい 獣医 veterinário/ria.

じゅういちがつ 十一月 novembro (m). ～には em novembro, no mês de novembro. ～上(中/下)旬に no começo (em meados/no fim) de novembro.

しゅうえき 収益 ganho (m), lucro (m), benefício (m), rendimento (m). ～のある仕事 trabalho (m) lucrativo. ～をあげる produzir lucro. ～を生む produzir lucro, render. 展覧会の～ lucro da exposição. 一日の～ rendimento diário. ～の確保が課題となっている O problema é a garantia de lucro (minimamente necessário).

しゅうかい 集会 reunião (f);〔会合〕assembleia (f). ～に出る assistir a uma reunião, participar de uma assembleia.

***しゅうかく 収穫** colheita (f)〔コリェータ〕;〔収益〕rendimento (m)〔ヘンヂメント〕;〔成果〕resultado (m)〔ヘズウタード〕;〔ブドウの〕vindima (f)〔ヴィンヂーマ〕. 稲の～ colheita do arroz. ～する colher《produtos agrícolas》. 今年の～はいかがですか Que tal a colheita deste ano? ♦収穫期 período (m)〔época (f)〕de colheita. 収穫機 colheitadeira (f).

しゅうかく 臭覚 ⇨嗅覚(きゅう).

しゅうがく 就学 escolaridade (f). ～する entrar na escola. ♦就学年齢 idade (f) escolar. 就学率 índice (f) de escolaridade.

じゅうかく 縦隔〔解〕mediastino (m)《região entre os dois pulmões》.

しゅうがくりょこう 修学旅行 excursão (f) escolar《em geral no fim do curso》.

じゅうがつ 十月 outubro (m). ～に(は) em outubro, no mês de outubro. ～上(中/下)旬に no começo (em meados/no fim) de outubro.

***しゅうかん 習慣** costume (m)〔コストゥーミ〕. ～的な habitual, costumeiro, usual, costumeiro/ra. ～的に habitualmente, por costume. ～の違い diferença (f) de costumes. 昔からの～を守る conservar os velhos costumes. それは我々の昔からの～なのです Esse é um costume nosso que vem de velhos tempos. 彼女はあのスーパーに毎朝行く～がある Ela tem o costume de ir àquele supermercado todas as manhãs. 少しは日本の～にも従ってもらわないと… Era preciso que vocês respeitassem um pouco os costumes japoneses, não?

しゅうかん 週間 semana (f). 二～前に há duas semanas. 三～後に daqui a três semanas. 一～おきに de quinze em quinze dias, semana sim semana não. ～週間ニュース atualidades (fpl) da semana. 交通安全週間 semana educacional para prevenção de acidentes de trânsito.

しゅうかんし 週刊誌 revista (f) semanal.

しゅうかんじょう 収監状〔法〕ordem (f) de prisão. 裁判官は～を出した O/A juiz/juíza expediu a ordem de prisão.

しゅうき 周期 período (m), ciclo (m). 排卵の～ ciclo de ovulação. ～的 periódico/ca, cíclico/ca. ～的に periodicamente. それは～的にくるものだ Isso é uma coisa que acontece

しゅうぎいん 衆議院 Câmara (f) dos Deputados [Baixa] 《correspondente à Federais, no Brasil》. ♦衆議院議員 deputado/da.

しゅうきゅう 週休 descanso (m) semanal. ♦週休2日制 semana (f) de cinco dias.

しゅうきゅう 週給 salário (m) semanal. 私は～で働いている Eu sou pago/ga por semana.

じゅうきょ 住居 moradia (f), residência (f), domicílio (f). ～の domiciliar, residencial. ～を変える mudar de residência. …に～を定める fixar residência em …. ♦住居侵入 invasão (f) [violação (f)] de domicílio. 住居手当て subsídio (m) de habitação.

***しゅうきょう 宗教** religião (f) [ヘリヂァン]. ～的な religioso/sa. ♦宗教画 pintura (f) religiosa. 宗教改革 reforma (f) religiosa; 〖史〗a Reforma. 宗教裁判所 tribunal (m) eclesiástico; 〖史〗Inquisição (f).

しゅうぎょう 就業 ～する pôr-se a trabalhar. ～中禁煙〖掲示〗Proibido Fumar em Trabalho. ♦就業規則 normas (fpl) de trabalho. 就業時間 horas (fpl) de trabalho. 就業日 dias (mpl) de trabalho.

しゅうぎょう 終業 ❶〔仕事の〕fim (m) de expediente de trabalho. ❷〔学校〕encerramento (m) das atividades de um curso, fim das aulas (de um semestre ou ano). ♦終業式 cerimônia (f) de encerramento das aulas.

じゆうぎょう 自由業 profissão (f) liberal.

じゅうぎょういん 従業員 empregado/da, funcionário/ria. あの会社には300人の～がいる Naquela companhia há [trabalham] trezentos funcionários. 私はこの工場の～です Eu sou empregado/da desta fábrica.

しゅうきょく 終局 fim (m), desfecho (m). ～を迎える entrar na fase final.

しゅうきん 集金 cobrança (f), arrecadação (f). ～する fazer a cobrança, cobrar, arrecadar dinheiro. ♦集金人 cobrador/ra.

シュークリーム bombinhas (fpl) [carolinas (fpl)] (recheadas com creme).

しゅうけい 集計 soma (f), total (m). ～する somar, contar. 投票を～する somar os votos, contar o número de votos. ♦途中集計 cifra (f) provisional.

じゅうけいしょう 重軽傷 ferimento (m) (grave ou leve). 地震で500人の～が出た Quinhentas pessoas sofreram ferimentos de gravidades diversas com o terremoto.

しゅうげき 襲撃 ataque (m), assalto (m), acometida (f). ～する atacar, assaltar, acometer. …からの～を受ける sofrer um ataque de ….

じゅうけつ 充血 〖医〗congestão (f). ～する congestionar-se. 患者の目が～していた Os olhos do paciente estavam vermelhos. ～した目 olhos (mpl) congestionados.

しゅうごう 集合 encontro (m). ～する encontrar-se em grupo. ～の時間と場所 hora e local do encontro. ♦集合名詞〖文法〗substantivo (m) coletivo. 現地集合 encontro no local da atividade.

じゅうこうぎょう 重工業 indústria (f) pesada.

じゅうこん 重婚 bigamia (f). 日本では～は違法だ No Japão, a bigamia é ilegal.

ジューサー centrífuga (f).

しゅうさい 秀才 pessoa (f) muito inteligente;《俗》crânio (m).

じゅうざい 重罪 〖法〗crime (m) grave. 殺人は～の一種だ O assassinato é um tipo de crime grave.

しゅうし 修士 mestre. ♦修士課程 curso (m) de mestrado.

しゅうし 収支 receita (f) e despesa (f), entradas (fpl) e saídas (fpl), ativo (m) e passivo (m). ♦経常収支 receita e despesa ordinárias. 貿易収支 balanço (m) do comércio exterior.

しゅうじ 習字 caligrafia (f). ～をする praticar caligrafia.

じゅうし 重視 ～する dar importância a …, importar-se muito com ….

じゅうじ 十字 cruz (f), símbolo (m) da cruz. ～を切る fazer o sinal da cruz, benzer-se, persignar-se. ～形の cruciforme, em [com] forma de cruz. ♦十字軍 cruzada (f). 十字形 cruz, forma (f) de cruz. 十字砲火 fogo (m) cruzado.

じゅうじ 従事 …に～する ocupar-se com …, dedicar-se a …, trabalhar com …. ～している estar trabalhando com [em] …, dedicar-se a …. 彼は成人教育に～している Ele se dedica à educação dos adultos.

じゅうじか 十字架 cruz (f), crucifixo (m). ～を負う carregar a cruz, 《比》sofrer.

しゅうじつ 終日 o dia inteiro. ～禁煙〖掲示〗Proibido fumar o dia inteiro.

じゅうじつ 充実 plenitude (f). ～する ficar satisfeito/ta. ～させる aperfeiçoar, tornar mais completo/ta. ～した生活を送る levar uma vida gratificante, viver a plenitude da vida. 今日は私にとって～した一日だった Hoje foi um dia pleno para mim. ～感のある仕事を求める procurar uma profissão que traga satisfação pessoal. この著書は内容が～している Este livro tem conteúdo satisfatório [é rico em conteúdo].

しゅうしふ 終止符 ponto (m) final. …に～を打つ pôr um ponto final em …;《比》acabar com …, pôr fim a ….

じゅうしまつ 十姉妹 〖鳥〗manon (m).

しゅうしゅう 収拾 controle (m), domínio

(m). …を〜する controlar …. 事態を〜する controlar a situação. 爆発事件で〜がつかない騒ぎが起こった Devido à explosão houve uma comoção incontrolável.

しゅうしゅう 収集 coleção (f). 〜する colecionar. 私の趣味は切手〜です O meu *hobby* é colecionar selos. ♦収集家 colecionador/ra.

しゅうしゅく 収縮 contração (f). 〜する contrair-se, encolher.

じゅうじゅん 従順 〜さ submissão (f), obediência (f), docilidade (f). 〜な obediente, submisso/ssa, dócil. 彼は〜ですね Ele é obediente, não?

じゅうしょ 住所 endereço (m). ご〜と電話番号を教えてくださいますか Poderia me dar o seu endereço e o número do telefone? ♦住所録 caderneta (f) de endereços.

じゅうしょう 重傷 ferida (f) grave. 私は〜を負ってしまった Fui gravemente ferido/da.

じゅうしょう 重症 caso (m) grave. ♦重症患者 paciente em estado grave.

じゅうしょうしゅぎ 重商主義 【経】mercantilismo (m). 〜の do mercantilismo. ♦重商主義者 mercantilista.

しゅうしょく 修飾 ❶ enfeite (m), adorno (m). 〜する enfeitar, adornar. ❷【文法】qualificação (f). 〜する qualificar, modificar. ♦修飾語 qualificativo (m).

しゅうしょく 就職 emprego (m), colocação (f). 〜する obter um emprego [uma colocação], entrar numa companhia. あなたはこの会社に〜するつもりですか Você pretende entrar nesta companhia? 〜口を探す procurar um emprego. ♦就職活動 procura [atividades em busca] de emprego. 就職口 emprego (m), colocação (f). 就職試験 exame (m) de admissão numa companhia. 就職難 grande falta (f) de empregos (em relação à procura).

じゅうじろ 十字路 encruzilhada (f).

しゅうしん 就寝 〜する〔寝床に就く〕ir para a cama, ir dormir [deitar-se];〔眠っている〕dormir. 〜中である estar dormindo. ♦就寝時間 horário (m) de dormir.

しゅうしん 終身 〜の perpétuo/tua, vitalício/cia. 判決は〜刑だった A decisão foi de prisão perpétua. ♦終身刑【法】prisão (f) perpétua. 終身雇用 emprego (m) vitalício. 終身年金 pensão (f) vitalícia.

しゅうじん 囚人 【法】prisioneiro/ra, detento/ta, interno/na.

じゅうしん 重心 centro (m) de gravidade.

ジュース suco (m). ♦オレンジジュース suco de laranja. 野菜ジュース suco de verduras [vegetais].

しゅうせい 修正 〔訂正〕emenda (f), correção (f);〔写真など〕retoque (m). 〜する corrigir, emendar; retocar. 法案を〜する emendar um projeto de lei. 文を〜する retocar [corrigir] um texto. ♦修正液 líquido (m) corretivo.

しゅうせい 習性 hábito (m), costume (m); peculiaridade (f). 昆虫の〜 procedimentos (mpl) peculiares aos insetos.

しゅうぜい 収税 arrecadação (f) [cobrança (f)] de imposto.

しゅうせき 集積 acumulação (f), amontoamento (m). 〜する acumular, amontoar. 証拠を〜する reunir provas. ごみの〜所 depósito (m) de lixo. 集積回路 circuito (m) integrado. 集積所 armazém (m), depósito.

しゅうせん 終戦 fim (m) da guerra. 〜後 após a guerra. 〜後の do pós-guerra. 〜になった時 quando a guerra terminou.

しゅうぜん 修繕 conserto (m), reparo (m). 〜する consertar. ⇨修理.

しゅうそ 臭素 【化】bromo (m).

じゅうそう 重曹 【化】bicarbonato (m) de sódio.

しゅうそく 収束 ❶【数・理】convergência (f). ♦収束レンズ lente (f) convergente. ❷〔まとまりがつくこと〕conclusão (f), solução (f), resolução (f). 〜する convergir; solucionar-se, ser resolvido/da.

じゅうぞく 従属 subordinação (f); dependência (f). …に〜する subordinar-se a …, depender de …. ♦従属節【文法】oração (f) subordinada.

しゅうたい 醜態 conduta (f) vergonhosa, atitude (f) escandalosa. 酔っ払って〜をさらす ficar bêbado/da e ter uma conduta vergonhosa [《口語》dar um escândalo].

じゅうたい 渋滞 congestionamento (m), engarrafamento (m). 〜の列 fila (f) de engarrafamento. 交通が〜していたので遅れました Eu me atrasei porque o trânsito estava engarrafado. ♦交通渋滞 engarrafamento de trânsito.

じゅうたい 重体 estado (m) grave. 彼女は今〜です Ela está gravemente doente (ferida).

じゅうだい 十代 *teen* (m), adolescente, idade (f) entre os dez e os dezenove anos. 〜のパーティー festa (f) para *teens*. 〜の人の言葉づかい linguagem (f) *teen*. 彼は〜だ Ele é um *teen*.

じゅうだい 重大 〜な〔重要な〕importante;〔たいへんな〕grave, sério/ria. 〜な時機 momento (m) crucial. 〜な過失 erro (m) grave. 〜化する tornar-se sério/ria, agravar-se. …を〜視する levar … a sério, dar grande importância a …. 〜な用件があるのですが Tenho um assunto importante para falar …. それは〜問題ですね Isso é um problema grave, não é mesmo? ♦重大性 gravidade (f), importância.

じゅうたく 住宅 residência (f), moradia (f), casa (f), habitação (f).

♦住宅街 bairro (m) residencial. 住宅金融公庫 caixa (f) de crédito imobiliário. 住宅公団 organismo (m) imobiliário semigovernamental. 住宅手当て subsídio (m) de habitação. 住宅難 falta (f) de moradia. 住宅問題 problema (m) habitacional. 住宅ローン prestação (f) da casa própria; financiamento (m) imobiliário. 公営住宅 conjunto (m) residencial público.

しゅうだん 集団 grupo (m), coletividade (f). ~的な coletivo/va, grupal. 日本人はすぐ~を作る Os japoneses logo formam grupos. ♦集団移民 imigração (f) em massa. 集団休暇 férias (fpl) coletivas. 集団契約 contrato (m) coletivo. 集団指導 orientação (f) em grupo, orientação coletiva. 集団就職 colocação (f) em massa. 集団生活 vida (f) coletiva. 集団訴訟 ação (f) coletiva.

じゅうたん 絨毯 tapete (m), carpete (m). 部屋じゅうに~を敷きましょう Vamos carpetar [acarpetar] a sala toda (o quarto todo).

しゅうちしん 羞恥心 sentimento (m) de pudor. ~がない não ter pudor. ~は文化によっても世代によっても違う O sentimento do pudor varia de cultura para cultura e de geração para geração.

しゅうちゃく 執着 apego (m) demasiado (a algo). 金銭に~する apegar-se exageradamente ao dinheiro, ter obsessão por dinheiro.

しゅうちゃくえき 終着駅 estação (f) terminal. この列車の~は東京です A estação terminal deste trem é Tóquio.

しゅうちゅう 集中 concentração (f), centralização (f). ~する concentrar-se, centralizar-se. 討論は環境問題に~した A discussão se centralizou no problema ambiental. 私はその作品の完成に全精力を~した Eu concentrei todos os meus esforços Lno acabamento [na realização] dessa obra. ~力がある ter concentração. ♦集中豪雨 tromba-d'água (f). 集中講義 curso (m) intensivo. 集中治療室 Unidade (f) de Terapia Intensiva (UTI [ｳｰﾃｰｲｰ]). 集中爆撃 bombardeio (m) intenso. 集中力 concentração (f).

しゅうちょう 酋長 cacique (m), chefe de tribo.

しゅうてん 終点 〔バスの〕ponto (m) final; 〔駅〕estação (f) terminal.

じゅうてん 重点 ponto (m) essencial. …に~を置く dar maior importância a …, enfatizar …. 英語の勉強を~的にやる dar prioridade ao estudo do inglês (em relação às outras matérias).

じゅうでん 充電 carga (f). ~する carregar. バッテリーに~する carregar a bateria.

しゅうでんしゃ 終電車 último trem (m) (do dia).

しゅうと 舅 sogro (m).

シュート 〖サッカー〗chute (m); 〖バスケット〗arremesso (m). ~を打つ 〖サッカー〗chutar; 〖バスケット〗arremessar.

しゅうとう 周到 perfeição (f) minuciosa. ~な minuciosamente perfeito/ta, sem falhas até nos mínimos detalhes, cuidadoso/sa, esmerado/da. ~な計画 plano (m) ⌊perfeitamente elaborado [minucioso/sa, meticuloso/sa]. ~な準備 preparativos (mpl) minuciosos.

じゅうどう 柔道 judô (m).

しゅうどういん 修道院 convento (m), mosteiro (m).

しゅうどうし 修道士 frei (m), irmão (m).

しゅうどうじょ 修道女 freira (f), irmã (f).

しゅうとく 習得 aprendizagem (f); aquisição (f) (de uma técnica etc). ~する aprender.

しゅうとめ 姑 sogra (f).

じゅうなん 柔軟 ~な flexível. ~さ flexibilidade (f). ~な政策 política (f) flexível. もっと~に考えるとよいです É bom pensar com mais flexibilidade.

じゅうにがつ 十二月 dezembro (m). ~に em dezembro, no mês de dezembro. ~上(中/下)旬に no começo (em meados/no fim) de dezembro.

じゅうにし 十二支 horóscopo (m) chinês, os doze signos (mpl) do horóscopo chinês. ★Rato 子 (ﾈ), Boi 丑 (ｳｼ), Tigre 寅 (ﾄﾗ), Coelho 卯 (ｳ), Dragão 辰 (ﾀﾂ), Cobra 巳 (ﾐ), Cavalo 午 (ｳﾏ), Carneiro 羊 (ﾋﾂｼﾞ), Macaco 申 (ｻﾙ), Galo 酉 (ﾄﾘ) e Javali 亥 (ｲ).

じゅうにしちょう 十二指腸 〖解〗(intestino (m)) duodeno (m). ♦十二指腸潰瘍 (ｶｲﾖｳ) 〖医〗úlcera (f) duodenal.

しゅうにゅう 収入 renda (f), receita (f). ~と支出 receita (f) e despesa (f), entradas (fpl) e saídas (fpl). 月30万円の~で暮らす viver com uma renda mensal de trezentos mil ienes. ~が多い(少ない) ganhar bem (mal). ~以内で(以上の)生活をする viver dentro (além) das possibilidades econômicas. その仕事は~にならない Esse trabalho não dá dinheiro. 現在の~では少ないですか O que você ganha agora é pouco? ♦収入源 fonte (f) de renda. 収入印紙 selo (m) fiscal. 固定収入 renda fixa. 雑収入 receitas diversas.

しゅうにん 就任 posse (f), tomada (f) de posse de um cargo. ~する tomar posse de um cargo. 大統領に~する tomar posse como presidente. ♦就任演説 discurso (m) (da tomada de posse).

しゅうねん 執念 obsessão (f), obstinação (f), 《口語》ideia (f) fixa. ~深い rançoso/sa, rancoroso/sa, vingativo/va. 優勝に~を燃やす ficar obstinado/da [obcecado/da] pela vitória. ～が実って彼は優勝した A sua obstinação resultou na vitória.

-しゅうねん -周年 aniversário (m)《de fundação ou acontecimento》. 来年でこの会社は創立20～になります O ano que vem, esta companhia vai celebrar [comemorar] o vigésimo aniversário da fundação. 今日は結婚15～です Hoje estou fazendo quinze anos de casada/o.

しゅうのう 収納 recolhimento (m), recebimento (m), cobrança (f); armazenamento (m). ～する recolher, receber, cobrar; armazenar, guardar. ◆収納庫 depósito (m). 収納スペース espaço (m) para armazenamento. 収納力 capacidade (f) de [para] armazenamento.

しゅうは 宗派 seita (f) religiosa.

しゅうはすう 周波数 frequência (f) (elétrica, radiofônica etc). ～300キロサイクルで放送する transmitir na faixa [banda] de radiofrequência de trezentos quilociclos [quilohertz]. ◆周波数帯 faixa (f) [banda (f)] de frequência.

しゅうばん 終盤 fase (f) [etapa (f)] final. ～に入る aproximar-se do fim, entrar na última etapa. 選挙戦は～に入った A campanha eleitoral entrou na última etapa.

じゅうびょう 重病 doença (f) grave.

しゅうふく 修復 restauração (f), reparação (f). ～する restaurar, reparar, melhorar.

しゅうぶん 秋分 equinócio (m) de outono.

***じゅうぶん** 十分 ～な bastante [バスタンチ], suficiente [スフィスィエンチ]. ～に bastante, suficientemente. そのことには～気を遣いました Prestei bastante atenção nisso. 時間が～にある Temos tempo suficiente. その展覧会は見る価値が～にある Essa exposição vale mesmo a pena ver. 全員が食べるだけの～な料理がない Não há [Não temos] comida suficiente para todos./A comida não vai dar para todos.

しゅうへん 周辺 ❶〔周囲〕circunferência (f), entorno (m). ～には一軒も病院がなかった No entorno não havia nenhum hospital. …の～に em torno de …, ao redor de …. ❷〔都市などの〕periferia (f), contorno (m). 東京～の住宅地 bairro (m) residencial ao redor de Tóquio, cidade (f) dormitório de Tóquio. ◆周辺地区 vizinhança (f), bairros (mpl) da periferia. ❸〔社会環境〕meio (m) social. 容疑者の～を探る pequisar o meio social do/da suspeito/a.

シューマイ 焼売 〖料〗ravióli (m) chinês cozido a vapor.

しゅうまつ 週末 fim (m) de semana. 彼らは～に会っている Eles se encontram nos fins de semana. この～までには報告は提出します Entregarei o relatório até o final [fim] desta semana.

***じゅうみん** 住民 residente [ヘズィデンチ], morador/ra [モラドール/ラ], habitante [アビタンチ]. ◆住民課 Seção (f) de Atendimento ao Cidadão. 住民税 imposto (m) residencial. 住民登録 registro (m) de residência. 住民票 certificado [atestado] de residência.

じゆうみんしゅとう 自由民主党 Partido (m) Liberal Democrático (do Japão).

じゅうもう 絨毛 ❶〖解〗vilo (m); pilosidade (f) intestinal. ❷〖生〗lanugem (f).

じゅうもんじ 十文字 forma (f) de cruz. ～の em forma de cruz, cruciforme. ～に em cruz, em forma de cruz. 新聞の束をひもで～に結ぶ amarrar a pilha de jornais com um barbante em cruz. 板を～に重ねる cruzar as madeiras. そこで道が～になっている Aí as ruas se cruzam.

しゅうや 終夜 toda a noite, a noite inteira. ◆終夜営業喫茶店 café (m) [salão (m) de chá] com vinte e quatro horas de serviço.

じゅうやく 重役 diretor/ra.

じゅうゆ 重油 óleo (m) pesado.

しゅうゆう 周遊 excursão (f). ◆周遊券 bilhete (m) de viagem circular《válido durante um certo prazo e uma certa distância》.

しゅうよう 収容 ～する acomodar, dar asilo a …; acolher, receber. 200人以上～できる病院 hospital (m) que pode internar mais de duzentos pacientes. この部屋は何人～できますか Quantas pessoas pode acomodar esta sala? / Quantas pessoas cabem nesta sala? ◆強制収容所 campo (m) de concentração. 難民収容所 campo (m) de refugiados.

しゅうよう 収用 desapropriação (f). ～する expropriar, desapropriar. ◆強制収用 expropriação (f) forçada.

***じゅうよう** 重要 ～な importante [インポルタンチ]. 我々にとってこの予算を取ることが非常に～だ O mais importante para nós é receber esta verba. …を～視する dar importância a …, considerar … importante. ～でない sem importância, irrelevante. ～な役割を演じる representar um papel importante. ◆重要事項 assunto (m) importante. 重要書類 documentos (mpl) importantes. 重要人物 personagem (m) importante. 重要性 importância (f). 重要文化財 bem (m) [patrimônio (m)] cultural importante.

じゅうらい 従来 até agora, até então. ～の tradicional. この機械は～の方法では製造できない Não se pode construir esta máquina com [através dos] métodos tradicionais. このパソコンは～のモデルより2倍も早い Este computador é duas vezes mais rápido que os modelos atuais. ～どおり como de costume, como até agora. ～どおりの de sempre. 競技方法は～どおりです Vamos realizar a competição de acordo com as regras de sempre. ～どおりのレートでお金を両替した Troquei o dinheiro pela taxa de sempre.

しゅうらく 集落 aldeia(f).

しゅうり 修理 conserto(m), reparo(m). 〜する consertar. 〜の利く reparável, que dá para consertar. 〜の利かない irreparável, que não dá para consertar. このワープロは〜が必要です Este processador de textos está precisando de conserto. 工場は機械装置の〜のため休止中である A fábrica está desativada para os reparos das máquinas. ◆修理代 preço(m) do conserto.

しゅうりょう 修了 término(m), conclusão(f) (de um curso). 〜する concluir, terminar (um curso). ◆修了証書 certificado(m) de conclusão (de um curso).

しゅうりょう 終了 término(m), fim(m), conclusão(f), encerramento(m). 〜する terminar, concluir, encerrar. 本日―《掲示》Por Hoje Está Terminado o Expediente. ◆終了式 cerimônia(f) de encerramento.

じゅうりょう 重量 peso(m). …の〜を計る pesar. 〜のある pesado/da. 〜のない leve, sem peso. ◆重量超過 excesso(m) de peso. 正味重量 peso líquido. 制限重量 peso máximo. 総重量 peso bruto.

じゅうりょく 重力 gravidade(f), gravitação(f). ◆無重力状態 estado(m) de ausência de gravidade.

シュールレアリスム 〚美〛 surrealismo(m). 〜の画家 pintor/ra surrealista.

しゅうれっしゃ 終列車 último trem(m) 《do dia》.

しゅうろう 就労 trabalho(m), emprego(m). 〜する trabalhar, empregar-se, ser empregado/da. ◆就労時間 horas(f) de trabalho. 就労日数 dias(m) de trabalho. 就労ビザ visto(m) de trabalho. 外国人就労者 trabalhador/ra estrangeiro/ra. 不法就労 ato(m) de trabalhar ilegalmente, emprego(m) ilegal, trabalho(m) ilegal.

しゅうろく 収録 gravação(f). 〜する gravar. テレビ番組の〜 gravação de programa de televisão.

しゅうわい 収賄 ato(m) de aceitar suborno, corrupção(f). 〜の疑いで逮捕される ser preso/sa por suspeita de corrupção. ◆収賄事件 caso(m) de suborno.

ジューンブライド noiva(f) de junho [que se casa em junho].

しゅえい 守衛 guarda, vigia, segurança.

ジュエリー 〚宝石〛 joia(f); 〚宝石類〛 joias(fpl). ◆ジュエリーデザイナー joalheiro/ra, designer de joias.

しゅえん 主演 〜する representar o papel principal. ◆主演者 ator/atriz principal.

しゅかく 主格 〚文法〛 (caso(m)) nominativo(m).

しゅかん 主観 subjetividade(f). 〜的 subjetivo/va, pessoal, parcial. 〜的な判断 julgamento(m) parcial. 〜的なものの見方 ponto(m) de vista subjetivo. 〜的に subjetivamente. あなたの意見はとても〜的です A sua opinião é muito pessoal. ◆主観論 subjetivismo(m).

しゅぎ 主義 princípio(m). 〜として por princípio. 〜を守る persistir nos princípios, teimar em agir de acordo com os princípios. 〜に反する〔行動〕 ir contra os princípios; 〔状態〕 estar contra〔não estar de acordo com〕 os princípios. もうけ〜である ter como princípio o lucro, trabalhar por dinheiro. 〜のある(ない)人 pessoa(f) de (sem) princípio.

しゅぎょう 修行 ❶ treinamento(m), aprendizagem(f). ❷〚宗〛 provação(f), mortificações(fpl). 〜する treinar. 〜を積む treinar-se. 私はまだまだ〜が足りない Ainda estou despreparado/da.

じゅぎょう 授業 aula(f). 〜をする dar aula. 中国語の〜を受ける tomar aulas de chinês. 経済学の〜に出る assistir à aula de economia. あしたは〜がない Amanhã não haverá aula. 〜を休む faltar à aula,《口語》cabular a aula. H先生の〜は5番教室です A aula do/da professor/ra H é na sala número cinco. B先生は今〜中です O/A professor/ra B está em [está dando] aula agora. ◆授業料 preço(m) da aula, taxa(f) escolar; 〔月謝〕 mensalidade(f).

じゅく 塾 escola(f) suplementar de repetição, preparatório(m), cursinho(m) 《para alunos de primeiro e segundo graus》.

じゅくご 熟語 expressão(f) idiomática.

しゅくじ 祝辞 palavras(fpl) de congratulação. 〜を述べる dirigir palavras de congratulação. 〜を送る enviar uma mensagem de congratulação.

じゅくした 熟した maduro/ra.

しゅくじつ 祝日 feriado(m). 国民の〜 dia(m) de feriado nacional.

しゅくしゃ 宿舎 hospedagem(f); alojamento(m). 我々は〜も提供できます Nós podemos fornecer inclusive o alojamento. 〜を用意する preparar um alojamento. 新しい議員〜が都心に建設された Construiu-se um novo alojamento para os parlamentares no centro da cidade.

しゅくしゃく 縮尺 escala(f) reduzida. 〜1000分の1の地図 mapa(m) na escala de um para mil.

しゅくしゅ 宿主 〚生〛 hospedeiro(m) (do parasita).

しゅくしょう 縮小 encolhimento(m), redução(f), diminuição(f). 〜コピーを取ってください Você me tirar uma 〔redução〔cópia reduzida〕, sim? …を〜する reduzir, encolher, diminuir. 〜する retrair-se; 〚コンピ〛 minimizar. 画面を〜する 〚コンピ〛 minimizar a tela. 我々の会社は今生産の〜をしている Agora a nossa companhia está reduzindo a produção. 生産を～する reduzir a produção. …が～する encolher, reduzir-se. この国の経済は～した A economia deste país encolheu. ◆縮小コピー cópia (f) em tamanho reduzido [reduzida], redução. 軍備縮小 redução dos armamentos.

しゅくず 縮図 cópia (f) reduzida, redução (f), miniatura (f). 人生の～ epítome (m) da vida.

じゅくす 熟す amadurecer. リンゴが～のを待つ esperar [as maçãs amadurecerem [que as maçãs amadureçam]. 機が～のを待つ esperar o momento oportuno (para agir).

じゅくすい 熟睡 sono (m) profundo. ～する dormir profundamente [como uma pedra], ter um sono profundo.

しゅくだい 宿題 dever (m) de casa, tarefa (f), lição (f) para [de] casa. ～をする fazer a lição de casa. ～を出す passar lição para casa.

じゅくたつ 熟達 proficiência (f), habilidade (f). ～した hábil, com muita prática, experto/ta.

じゅくち 熟知 conhecimento (m) [saber (m)] profundo. …を～している conhecer … profundamente, 《口語》 conhecer … como a palma da mão, saber muito sobre ….

しゅくちょく 宿直 plantão (m), vigia (f) noturna. ～する ficar de guarda [plantão] (à noite). 今夜は私が～です Hoje à noite vou ficar de plantão. ◆宿直医師 médico/ca de plantão. 宿直員 o/a vigia. 宿直室 sala (f) de plantão.

しゅくでん 祝電 telegrama (m) de congratulação. ～を打つ mandar um telegrama de congratulação.

しゅくどう 縮瞳 【医】miose (f).

じゅくどく 熟読 leitura (f) atenta. ～する ler com atenção.

しゅくはく 宿泊 hospedagem (f), alojamento (m), acomodação (f). ～する hospedar-se, alojar-se. ◆宿泊者 hóspede. 宿泊者名簿 registro (m) de hóspedes. 宿泊費 despesas (fpl) de alojamento. 宿泊料〔ホテルなど〕diária (f).

しゅくふく 祝福 felicitação (f). ～する desejar felicidades a, felicitar.

しゅくめい 宿命 destino (m), fatalidade (f). ⇨運命.

じゅくれん 熟練 perícia (f), destreza (f), habilidade (f). ～した bem treinado/da, experimentado/da, com muita prática. ◆熟練工 operário/ria especializado/da [qualificado/da].

しゅげい 手芸 trabalho (m) manual, artes (fpl) manuais. ◆手芸品 (peça (f) de) trabalho manual.

じゅけいしゃ 受刑者 【法】condenado/da, preso/sa, presidiário/ria. 多くの～が刑務所の工場で働いている Muitos condenados trabalham nas fábricas da prisão.

しゅけん 主権 soberania (f).

じゅけん 受験 prestação (f) de exame. ～する prestar exame. 大学を～する prestar [fazer] o vestibular. 高校を～する prestar [fazer] o vestibulinho. 彼は弁護士になるために国家試験を～した Ele prestou concurso 《obrigatório do governo》 para advogado. ◆受験生 vestibulando/da. 高校受験 vestibulinho (m). 大学受験 exame (m) vestibular. 中学受験 exame (m) de admissão.

しゅご 主語 【文法】sujeito (m). ～と述語 sujeito e predicado (m). 無～の動詞 verbo (m) sem sujeito.

しゅこうぎょう 手工業 indústria (f) artesanal.

しゅこうげい 手工芸 trabalho (m) manual, artesanato (m).

しゅごしん 守護神 divindade (f) protetora.

しゅさい 主催 organização (f), promoção (f), patrocínio (m). ～する organizar, promover, patrocinar. ◆主催国 país (m) promotor. 主催者 organizador/ra, patrocinador/ra.

しゅざい 取材 cobertura (f), coleta (f) de informações, reunião (f) de materiais. …について～する reunir dados [informações, materiais] sobre …. この小説は歴史に～している Este romance se baseia em fatos históricos. その放送局は被害者の密着～をした Essa emissora fez uma reportagem acompanhando de perto as vítimas. ◆取材記者 repórter. 取材源 fonte (f) de notícias. カメラ取材 reportagem (f) gravada.

しゅさんち 主産地 principal região (f) produtora. イチゴの～ centro (m) produtor de morangos.

しゅし 種子 semente (f), caroço (m).

しゅし 趣旨 〔目的〕propósito (m), objetivo (m); 〔意図〕intenção (f), desejo (m); 〔要点〕ponto (m) essencial. 問題の～ ponto (m) chave da questão. 会議の～がよくわかりません Não estou entendendo muito bem o objetivo da reunião.

じゅし 樹脂 resina (f). ～の resinoso/sa. ◆樹脂加工 processamento (m) da resina. 合成樹脂 resina sintética.

しゅじい 主治医 médico (m) responsável (pelo paciente).

しゅじゅ 種々 ～の vários/rias. ⇨いろいろ.

しゅじゅつ 手術 operação (f), cirurgia (f), intervenção (f) cirúrgica. ～を受ける ser submetido/da [submeter-se] à cirurgia, ser operado/da, sofrer uma intervenção cirúrgica. 私は胃の～を受けた Fui operado/da do estômago. ～する operar. ◆手術室 sala (f) de operação.

しゅしょう 首相 primeiro-ministro/primeira-ministra.

じゅしょう 受賞 recebimento (m) de prêmio. ～する receber prêmio, ser premiado/da. ◆受賞者 premiado/da.

じゅしょう 授賞 ～する premiar. ◆授賞式 cerimônia (f) de entrega de prêmios.

しゅしょく 主食 alimento (m) básico. 米を～とする ter o arroz como alimento básico.

しゅしん 主審 〖スポーツ〗árbitro/tra.

しゅじん 主人 ❶ dono/na, patrão/troa. ❷〔夫〕marido (m). ～は今出かけております O meu marido ʟvoltou [está ausente]. ご～はお帰りでしょうか O seu marido ʟvoltou [está de volta]?

じゅしん 受信 recepção (f) (de sinal ou mensagem). ～する receber, captar. この部屋は携帯電話の～がしやすい（しにくい）A recepção do celular nesta sala é boa (ruim). E メールを～する receber um *e-mail*. ◆受信機 receptor (m). 受信人 destinatário/ria, receptor/ra. 受信料 taxa (f) de recepção. (E メール)受信箱 caixa (f) de entrada.

しゅじんこう 主人公 ❶〔小説などの〕protagonista, herói/roína (de uma obra literária). ❷〔出来事の〕personagem central (de um evento).

じゅせい 受精 〖動物の〗fecundação (f);〖植物の〗polinização (f). ～させる fecundar. ～する ser fecundado/da, fecundar-se. ◆受精卵 óvulo (m) fecundado.

じゅせい 授精 inseminação (f), fecundação (f). ～する fecundar. 試験管～を試みる tentar ter um bebê de proveta. ◆試験管授精 fertilização (f) *in vitro*. 人工授精 inseminação artificial.

しゅせいぶん 主成分 principal componente (m).

しゅせき 主席 chefe ʟde uma nação [de um Estado]. ◆国家主席 presidente (de um país).

しゅせき 首席 primeiro lugar (m), primeiro posto (m). ～にいる estar na cabeça. ～で大学を卒業する formar-se pela faculdade em primeiro lugar. ～を占める ocupar o primeiro posto. ◆首席委員 chefe da comissão. 外交団首席 decano (m) do corpo diplomático.

しゅせつ 主節 〖文法〗oração (f) principal.

しゅたい 主体 ❶〖哲〗sujeito (m);〖哲〗individualidade (f), personalidade (f). ～性のない人 pessoa (f) sem personalidade. ❷〔組織や集合の中心〕parte (f) principal. 工場の労働者を～とした町 cidade (f) constituída principalmente de operários de fábrica.

しゅだい 主題 tema (m).

じゅたい 受胎 〖生〗fecundação (f), concepção (f). ～する conceber.

*****しゅだん 手段** meio (m) [メーイオ], recurso (m) [ヘクールソ];〔方法〕método (m) [メットド], processo (m) [プロセッソ]. 最後の～として como último recurso. あらゆる～を尽くす usar de todos os meios possíveis. ～を誤る tomar medidas errôneas. ～を講じる pensar em《口語》bolar) meios (para resolver algo). 外交～で por vias diplomáticas. 暴力的～に訴える recorrer à violência, utilizar-se de violência,《口語》apelar para a violência. ◆輸送手段 meio de transporte.

*****しゅちょう 主張** 〔意見〕opinião [オピニアォン];〔権利などの〕reclamação (f) [ヘクラマサォン], reivindicação (f) [ヘイヴィンヂカサォン];〔力説〕insistência (f) [インスィステンスィア]. ～する opinar que [insistir que] (+直説法)《+indicativo》; reclamar (por), reivindicar; insistir em (+名詞), insistir em (+que+直説法)《+substantivo ou +que+indicativo》. 権利を～する reivindicar ʟseus [os próprios] direitos. ～を押し通す insistir [persistir] na própria opinião. 相続の分け前を～する reivindicar a parte da herança que lhe (lhes) pertence. ～をひるがえす mudar de opinião [《口語》programa]. 彼はまったなしの改革を～している Ele insiste (em) que a reforma é urgente. ～を撤回する retirar a opinião. 無罪を～する insistir na própria inocência, defender-se.

しゅつえん 出演 ～する atuar, representar um papel em. テレビに～する sair [aparecer] na televisão. ◆出演者 elenco (m). 出演料 cachê (m).

しゅっか 出火 incêndio (m). ～する incendiar(-se), pegar fogo, queimar-se. 風呂場から～した O fogo do incêndio começou no banheiro./A origem do incêndio estava no banheiro. ～の原因を調べる investigar a origem [causa] do incêndio. たばこの吸殻がその家の～原因だったのです Foi a ponta de cigarro que causou incêndio na casa. ◆出火地点 ponto (m) inicial de um incêndio.

しゅっか 出荷 ❶〔荷物を出すこと〕despacho (m) de carga, envio (m) de mercadoria, expedição (f). ❷〔市場に出すこと〕lançamento (m) (de produtos) no mercado. ～する despachar a carga; colocar (um produto) no mercado. ◆出荷先 destino (m) da carga mercado (m) a que se destina o produto.

しゅつがん 出願 requerimento (m), pedido (m). ～する requerer, pedir. ◆出願者 requerente.

しゅっきん 出勤 presença (f) no serviço. ～する ir ao serviço. ～簿にサインする assinar o ponto. 休日～する trabalhar num feriado. ～途中で事故にあう ter um acidente a caminho do trabalho. ◆出勤時間 hora (f) de início do trabalho. 出勤日 dia (m) de trabalho. 出勤簿 livro (m) de ponto.

しゅっけつ 出欠 presença (f) ou ausência (f). ～をとる controlar a presença;〔授業で〕fazer a chamada (nas aulas). 会への～を知らせる informar se vai comparecer ou não a uma reunião.

しゅっけつ 出血 ❶〖医〗hemorragia (f), perda (f) de sangue. 〜する sangrar, ter uma hemorragia. 〜を止める estancar [parar] uma hemorragia. ここから〜しているのです Está sangrando aqui./Está saindo sangue daqui. ◆出血性ショック choque (m) hemorrágico. 出血多量 grande hemorragia. 内出血 hemorragia interna. ❷《比》perda (f), prejuízo (m). ◆出血大サービス venda (f) com prejuízo.

しゅつげん 出現 aparecimento (m). 〜する aparecer.

じゅつご 述語 〖文法〗predicado (m).

しゅっこう 出向 transferência (f) temporária. 彼は銀行に〜している Ele foi enviado ao banco (afiliado) para aí trabalhar temporariamente.

しゅっこう 出港 partida (f) do porto. 〜する zarpar, partir do porto. ◆出港手続き trâmites (mpl) [formalidades (fpl)] da partida.

しゅっこう 出航 〔船の〕partida (f) de um navio;〔航空機の〕partida de um avião. 〜する partir, levantar âncora, zarpar; partir, levantar voo.

しゅっこう 出講 〜する sair para dar aulas. ◆出講手当 ajuda (f) de custo para ir lecionar.

じゅっこう 熟考 consideração (f) cuidadosa [madura]. 〜する pensar bem, refletir. 計画を〜する pensar [refletir] bem sobre um projeto.

しゅっこく 出国 saída (f) de um país. 〜する deixar um país, partir. ◆出国許可書 permissão (f) de saída (de um país).

しゅっさん 出産 parto (m). 〜する dar à luz. 男の子を〜する dar à luz um menino. 無事〜する ter um parto feliz. ご〜おめでとうございます Parabéns pelo nascimento do bebê! ◆出産祝い presente (m) dado aos pais do recém-nascido. 出産手当 auxílio-maternidade. 出産予定日 data (f) prevista para o parto. 高齢出産 parto em idade avançada.

しゅっし 出資 〖経〗investimento (m), financiamento (m). …に〜する investir em …. …に共同で〜する investir em … em sociedade. ◆出資額 montante (m) do investimento. 出資金 capital (m) [dinheiro (m)] investido. 出資者 investidor/ra.

しゅっしゃ 出社 chegada (f) ao trabalho [à companhia]. 彼女は9時に〜する Ela chega à companhia às nove horas.

しゅっしょ 出所 ❶〔出どころ〕fonte (f), origem (f). 〜不明の de fonte desconhecida. ❷〔出獄〕soltura (f) da prisão. 〜する sair da prisão, ser solto/ta. ◆仮出所 liberdade (f) condicional.

しゅっしょう 出生 nascimento (m). ◆出生地 local (m) de nascimento. 出生届 registro (m) de nascimento. 出生率 (taxa (f) de) natalidade (f).

しゅつじょう 出場 participação (f). …に〜する participar de [em]. ◆出場停止〖サッカー〗suspensão (f).

しゅっしん 出身 あなたはどちらのご〜ですか De onde você é?/Você é natural de onde? 〜校はどちらですか Onde você fez seus estudos? ◆出身校 escola (f) (faculdade (f)) em que se formou. 出身地 local (m) de nascimento. 官僚出身者 ex-burocrata.

しゅっすい 出水 alagamento (m), inundação (f). 〜した家 casa (f) alagada [inundada]. 〜する alagar-se, inundar-se.

しゅっせ 出世 êxito (m) social;〔昇進〕promoção (f). 〜する ter êxito, ser alguém na vida, vencer na vida. 努力しなければ〜はできない Sem esforços, não se vence na vida.

しゅっせい 出生 ⇨出生(しゅっしょう).

*しゅっせき 出席 presença (f)〔プレゼンサ〕, assistência (f)〔アスィステンスィア〕. 〜をとる fazer a chamada. …に〜する comparecer a …, participar de …. そのパーティーには何人か〜していましたか Quantas pessoas estavam presentes nessa festa? ◆出席者 participante, presente. 出席簿 livro (m) de chamada. 出席率 índice (m) de frequência escolar.

しゅつだい 出題 matéria (f) de exame. 〜範囲は二学期にやったところです A matéria de exame vai ser o que eu dei no segundo semestre. 〜する apresentar as perguntas do exame.

しゅっちょう 出張 viagem (f) a serviço, viagem de negócios. 課長の〜先はどちらですか Para onde o/a chefe vai viajar? 〜中である estar em viagem de serviço, estar viajando a serviço. ◆出張所 agência (f), sucursal (f). 出張費 despesas (fpl) de viagem (a serviço da companhia).

しゅってん 出典 fonte (f). 〜を示す indicar a fonte.

しゅつど 出土 desenterramento (m). 〜する desenterrar-se. ◆出土品 achado (m) arqueológico.

しゅっとう 出頭 comparecimento (m), presença (f). …に〜する comparecer a [em], apresentar-se a [em]. 〜を求める exigir o comparecimento de …. 〜命令を受ける receber uma ⌞convocação [ordem de comparecimento]. ◆出頭命令 ordem (f) de comparecimento.

しゅつどう 出動 mobilização (f). 〜する pôr-se em ação, mobilizar-se. 軍隊を〜させる mobilizar [enviar] as tropas, pôr as tropas em ação. 自衛隊の〜を要請する pedir a mobilização da Força de Auto-Defesa. 救助隊が〜した A equipe de resgate entrou em ação. ◆出動命令 ordem (f) de mobilização.

しゅつにゅう 出入 entrada (f) e saída (f).

ブラジルの〜国カードの書き方を教えていただけますか Por favor, poderia me dizer como se preenche o cartão de entrada-saída do Brasil? ♦出入国 entrada e saída de um país; imigração (f). 出入国カード cartão (m) de entrada-saída.

しゅつば 出馬 〜する candidatar-se, apresentar-se como candidato.

***しゅっぱつ** 出発 partida (f) [パルチーダ]. 〜する partir. 大阪へ〜する partir para Osaka. 東京を〜する partir de Tóquio. 15分遅れで〜する partir com atraso de quinze minutos. 〜の準備をする fazer os preparativos ˪da [para a] partida. 〜の際に na hora [no momento] da partida. 飛行機の〜時間は何時ですか A que horas parte o avião? お父さんはいつヨーロッパ旅行に〜するのですか Quando é que o seu pai vai partir para a Europa? ♦出発点 ponto (m) de partida.

しゅっぱん 出版 publicação (f), edição (f). 〜する publicar. その本は年末までには〜される Esse livro vai ser publicado até o fim do ano. ♦出版界 círculos (mpl) editoriais. 出版権 direitos (mpl) editoriais. 出版社 editora (f). 出版部数 tiragem (f). 出版物 publicação (f), obra (f) publicada. 限定出版 edição limitada.

しゅっぴ 出費 gasto (m), despesa (f). 〜を切り詰める必要があります É preciso diminuir [reduzir] as despesas. 夕食の〜は2万円となった As despesas com o jantar ficaram em vinte mil ienes.

しゅっぴん 出品 exposição (f), ato (m) de expor. 〜する expor, exibir. 展示会に〜する expor (a própria obra) na exposição [mostra, exibição].

しゅつりょく 出力 ❶ [電] potência (f) da central elétrica, capacidade (f) geradora. 〜1キロワットの de um *quilowatt* de potência. ♦最大出力 potência máxima. ❷ [コンピュ] saída (f), rendimento (m) do computador. ♦出力メーター indicador (m) do nível de saída.

しゅと 首都 capital (f) 《de um país》. ブラジルの〜はどこですか Onde [Qual] é a capital do Brasil?

しゅどう 手動 〜の de mão, acionado/da à mão.

じゅどう 受動 passividade (f). 〜的な passivo/va. ♦受動喫煙 fumo (m) passivo. 受動形 [文法] forma (f) passiva. 受動態 [文法] voz (f) passiva.

しゅどうけん 主導権 poder (m) de liderança. 〜を握る tomar a liderança.

しゅとく 取得 obtenção (f), aquisição (f). 〜する obter, adquirir, conseguir. 就労ビザの〜 obtenção do visto de trabalho. ♦不動産取得税 imposto (m) sobre a aquisição de bens imóveis.

しゅとして 主として principalmente, entre outras coisas, sobretudo. 私の会社では〜電気製品を製造しています A nossa companhia produz principalmente artigos eletrônicos.

ジュニア ❶ [年下の人] júnior (m). ❷ [息子] filho (m).

しゅにく 朱肉 tinta (f) vermelha para carimbo.

じゅにゅう 授乳 amamentação (f). 〜する amamentar. 一日に6回〜する amamentar (o bebê) seis vezes ao dia. ♦授乳期 período (m) de amamentação.

しゅにん 主任 chefe, encarregado/da de uma seção. そのことは〜に聞いてください Isso você pergunta ao/à encarregado/da da seção, está bem?

しゅのう 首脳 líder, cabeça (m). ♦首脳会議 reunião (f) de cúpula.

しゅはん 主犯 o/a principal culpado/da (de um crime).

しゅび 守備 defesa (f). 〜につく [スポーツ] pôr-se na posição de defesa. 〜を厳重にする reforçar a defesa. ♦守備位置 posição (f) de defesa. 守備兵 guarda.

しゅび 首尾 ❶ [経過] andamento (m), curso (m). ❷ [結果] consequência (f), resultado (m). 〜よく com êxito. 物事を〜よくやり遂げる resolver as coisas com êxito. 彼は〜よく切り抜けた Ele conseguiu sair-se bem (da situação difícil). ❸ [一貫] coerência (f), consistência (f). 〜一貫した consistente, coerente. 彼のすることには一〜一貫したところがない Não há consistência no que ele faz./As atitudes dele são incoerentes.

しゅひぎむ 守秘義務 dever (m) de ˪guardar segredo [sigilo]. 職業上の〜 sigilo (m) profissional. 彼は〜違反を疑われている Há a suspeita de ele ter desrespeitado o sigilo profissional./Ele é suspeito de ter quebrado o sigilo profissional.

しゅひん 主賓 homenageado/da, convidado/da de honra. …を〜としてパーティーを催す organizar [dar] uma festa em honra a …. 今日の〜はどなたですか Quem é o/a homenageado/da (da festa) de hoje?

しゅふ 主婦 dona (f) de casa.

しゅぶん 主文 ❶ [判決の] adjudicação (f) formal, dispositivo (m). ❷ [文法] proposição (f) [oração (f)] principal.

しゅほう 手法 técnica (f), procedimento (m).

***しゅみ** 趣味 hobby (m) [ホービ], passatempo (m) [パサテンポ]. 私は〜で数学を勉強している Sou um aficionado do estudo da matemática. 君の〜はなんですか Qual é o seu *hobby*?

シュミーズ combinação (f), roupa (f) íntima feminina.

じゅみょう 寿命 expectativa (f) de vida; duração (f), durabilidade (f). この機械の〜はどれくらいですか Qual a durabilidade des-

ta máquina？ その猫は～が短かった Esse gato não viveu muito [morreu logo]. **それを～を縮める** Isso encurta a vida. ♦ 平均寿命 expectativa de vida.

しゅもく 種目 ❶ artigo (m), produto (m). ❷ 〖スポーツ〗 modalidade (f). ～別に por modalidades.

じゅもん 呪文 palavras (fpl) mágicas. ～を唱える dizer palavras mágicas.

しゅやく 主役 papel (m) principal；〔人〕protagonista. …の…を演じる desempenhar o papel principal de …, protagonizar …；〔演劇などで〕interpretar o papel principal de …, protagonizar …, ser o protagonista de …

しゅよう 主要 ～な principal. ♦ 主要道路 rodovia (f) principal.

しゅよう 腫瘍 tumor (m). ～を切除する extirpar o tumor. ♦ 腫瘍学 oncologia (f). 悪性腫瘍 tumor maligno. 良性腫瘍 tumor benigno.

じゅよう 需要 procura (f), demanda (f). ～と供給の法則 lei (f) da oferta e da demanda. 車の～はまだまだ増えるでしょう Acho que a demanda do automóvel ainda está em crescimento. ～がある ter procura. ～を満たす satisfazer a demanda.

しゅらば 修羅場 ❶ 〔劇・文学〕cena (f) de luta sangrenta. ❷ 〖比〗 situação (f) de conflito acirrado de interesses. 数々の～をくぐる passar por várias situações difíceis.

しゅりゅう 主流 ❶ tendência (f) dominante, corrente (f) principal. 今はこの理論が～を占めている Atualmente esta é a teoria dominante. ❷ 〖芸術〗 main stream (m).

しゅりゅうだん 手榴弾 granada (f) de mão.

しゅりょう 狩猟 caça (f). ～する caçar.

*しゅるい **種類** espécie (f) [エスペッスィエ]；sorte (f) [ソールチ]；categoria (f) [カテゴリーア]；tipo (m) [チッポ], gênero (m) [ジェーネロ]. 同じ～のだ mesma espécie, do mesmo gênero. …とは違う～の de uma espécie diferente de …. あらゆる～の人達 pessoas (fpl) [gente (f)] de tudo quanto é tipo [toda espécie]. 違う～のアジサイ hortênsia (f) de uma variedade diferente. この果樹園ではいろいろな～のリンゴが栽培されています Neste pomar estão plantadas muitas espécies de macieiras. それを～別に分けてください Separe isso aí, conforme a espécie.

シュレッダー fragmentadora (f) de papel.

しゅわ 手話 linguagem (f) de sinais [gestual], dactilologia (f), quirologia (f).

じゅわき 受話器 fone (m) 《do telefone》, auscultador (m). ～を取る tirar o fone do gancho. ～を置く colocar o fone no gancho.

しゅわん 手腕 ❶ habilidade (f), destreza (f). ❷ 〔才能〕 talento (m). ❸ 〔能力〕 capacidade (f). ～のある hábil, competente, capaz, talentoso/sa. ～を発揮する mostrar o talento [a habilidade, a capacidade]. 彼は政治的～がある Ele tem talento político. あの人は商売の～に欠けている Ele/Ela não tem muita habilidade em negócios./Falta-lhe habilidade para negociar.

しゅん 旬 ❶ época (f) mais apropriada para se degustar um comestível. 今はイチゴが～だ Agora é época de morangos. ❷ 《比》 época mais propícia para se fazer algo.

じゅん 順 ordem (f), turno (m). ABC[アルファベット]～ em ordem alfabética. 番号～ em ordem numérica. ～を待つ esperar a vez. ～に名前を言ってください Digam os nomes, um/uma por um/uma.

じゅんい 順位 lugar (m), colocação (f), classificação (f). 〖サッカー〗 ボタフォゴの～は8位だった O Botafogo estava colocado em oitavo lugar.

じゅんえき 純益 lucro (m) líquido. この店は1日50万円の～をあげています Esta loja tem um lucro líquido diário de quinhentos mil ienes.

じゅんかい 巡回 ❶ 〔各地を回ること〕 volta (f), giro (m). ～する dar voltas, girar, realizar-se em diferentes lugares. ブラジルの領事館は出稼ぎ人が住んでいる町を回って～サービスを行っている O consulado brasileiro realiza serviços itinerantes em cidades onde residem *dekasseguis*. ♦ 巡回展示会 mostra (f) itinerante. 巡回図書館 biblioteca (f) itinerante. ❷ 〔見回ること〕 ronda (f), patrulha (f), patrulhamento (m). ～中の警官 policial sem patrulha 〔vigilante〕. ～する rondar, patrulhar. 町を～する patrulhar a cidade. ♦ 巡回区域 zona (f) de patrulhamento.

しゅんかしゅうとう 春夏秋冬 as quatro estações do ano.

じゅんかつゆ 潤滑油 ❶ lubrificante (m). それは～が利いている Isso está bem lubrificado [azeitado]. ❷ 《比》 graxa (f) na máquina, o que ajuda a harmonizar duas partes em disputa, algo que atenua o atrito. ～の役を果たす servir de mediador/ra.

しゅんかん 瞬間 instante (m), momento (m). …～に no momento em que …, assim que …, logo que …. ～的な momentâneo/nea, instantâneo/nea. 決定的～ momento decisivo. まさにその～に nesse exato momento. 彼は社長を見た～に立ち上がった Ele se levantou assim que viu o presidente (da companhia). ♦ 瞬間湯沸かし器 aquecedor (m) instantâneo de água.

じゅんかん 循環 ❶ ciclo (m), volta (f)；círculo (m). ～する circular. 幸不幸の時期は～する As épocas de felicidade e infelicidade são cíclicas. ♦ 循環小数 〖数〗 dízima (f) periódica. 循環バス o (ônibus) circular. 悪循環 círculo vicioso. 好循環 círculo virtuoso. ❷ 〔血液の〕 circulação (f). 血液の～ circu-

しゅんぎく 春菊 〖植〗folha (f) de crisântemo comestível.

じゅんきゅう 準急 semi-expresso (m) (trens).

じゅんきょうじゅ 准教授 professor/ra adjunto/ta.

じゅんきん 純金 ouro (m) puro.

じゅんさ 巡査 guarda, policial.

じゅんし 巡視 ronda (f) de inspeção, patrulhamento (m). ～する rondar (por), patrulhar.

じゅんじゅんに 順々に em ordem. ⇨順番.

*じゅんじょ 順序 ordem (f) [オールデン]. ～立てて仕事をする trabalhar sistematicamente [metodicamente]. この～を逆にしてください Inverta a ordem disto aqui, está bem? 部品は一定の～に従って流されてきます〔流れ作業で〕As peças vêm (conduzidas) numa determinada ordem 《numa esteira》.

じゅんしん 純真 pureza (f). ～な puro/ra. ～な心 coração (m) puro.

*じゅんすい 純粋 ～な puro/ra [プーロ/ラ]. ～に puramente. ～さ pureza (f). ～のブラジル人 brasileiro/ra puro/ra [genuíno/na]. ～な気持ちで com um sentimento desinteressado, por idealismo.

じゅんちょう 順調 ～な〔正常〕normal;〔好調〕favorável, bom. ～に em ordem, normalmente; favoravelmente, bem. 君の仕事は～ですか O seu serviço vai bem? ～にいけばこの品は今週中にできあがります Se tudo correr bem, esse artigo vai ficar pronto até o fim desta semana. 「患者の術後の状態はどうですか」「全て～です」 Como está o estado pós-operatório do paciente? — Tudo em ordem!

しゅんとう 春闘 reivindicação (f) anual de aumento de salário pelos empregados das empresas 《que acontece em abril》.

じゅんとう 順当 ～な normal; razoável; justo/ta. ～に normalmente, naturalmente. ～に行けば se tudo correr normalmente [bem]; se não acontecer nenhum imprevisto. 私たちのチームは～に勝ち進んだ Como ∟se esperava [esperado], o nosso time venceu a partida.

じゅんのう 順応〔気候・風土に〕adaptação (f), aclimatação (f). …に～する adaptar-se a …, acostumar-se a …. 環境に～する adaptar-se ao ambiente. ブラジル人は日本の地方の習慣に～しつつある Os brasileiros estão ∟se adaptando [passando por um processo de adaptação] aos costumes locais do Japão. ～性がある ser capaz de adaptar-se, ter capacidade de adaptação. ◆順応性 adaptabilidade (f), capacidade (f) adaptativa.

じゅんばん 順番 ordem (f), vez (f). ～に em ordem; cada um por sua vez. ～を待つ esperar a vez. ～にお願いします〔人〕Um/Uma ∟por vez [de cada vez], está bem?/〔物〕Coloque isso em ordem, por favor!

*じゅんび 準備 preparo (m) [プレパーロ], preparativos (mpl) [プレパラチーヴォス], preparação (f) [プレパラサォン]. ～する preparar-se, aprontar-se. …の～をする preparar-se para …, fazer os preparativos de …, preparar. 出かける～はできていますか Está pronto/ta para sair? ～が整っている Está tudo pronto. ～中〔掲示〕(loja) (f) em preparação para abrir. 試験の～をする estudar para uma prova. まさかの時の～をしておきましょう Vamos nos preparar para uma eventualidade. ◆準備金〔経〕fundo (m) de reserva. 準備体操 aquecimento (m) (do corpo). 法廷準備金〖法〗fundo de reserva legal.

しゅんぶん 春分 equinócio (m) de primavera.

じゅんもう 純毛 pura lã (f). ～の de pura lã.

じゅんれい 巡礼 ❶〔行為〕peregrinação (f), romaria (f). ❷〔人〕peregrino/na. ～する peregrinar, fazer uma peregrinação. 四国の各地を～する peregrinar pelas várias partes da ilha de Shikoku. イスラム教徒は一生に一度はメッカに～する Os muçulmanos peregrinam a Meca pelo menos uma vez na vida.

じゅんれつ 順列〖数〗permutação (f), arranjo (m) linear. ◆順列組み合わせ permutações (fpl) e combinações (fpl).

しょ 書 ❶〔文字〕letra (f). ❷〔書道〕caligrafia (f). ～が上手である ter boa caligrafia, ter letra bonita. ❸〔手紙〕carta (f). ❹〔書物〕livro (m), obra (f) escrita.

しょ 署 ❶〔役所〕repartição (f) pública. ❷〔警察署〕delegacia (f). ～へ同行してください Acompanhe-me [Venha comigo] até a delegacia, sim?

しょ- 諸- vários/rias, diversos/sas, diferentes. ～外国を訪問する visitar diferentes países. ～問題を解決する resolver vários problemas.

じょい 女医 médica (f).

しょいんづくり 書院造り 〖建〗estilo (m) do interior da casa japonesa que se iniciou no Período Muromachi (de 1336 a 1573).

ジョイントベンチャー parceria (f), joint-venture (f).

しよう 仕様 ❶〔しかた〕modo (m) de fazer. それはどう～もない Isso não tem remédio. ❷〔仕様書〕lista (f) de materiais utilizados na confecção de uma mercadoria. 建築の～書 especificação (f) dos materiais ∟usados [a usar] na construção de um edifício.

しよう 使用 uso (m), emprego (m). ～する usar, empregar. この機械は今～できません Esta máquina não pode ser usada agora. それはいろいろの目的に〜できます Isso pode ser usado para vários fins. 〜上の注意 observações (*fpl*) sobre o uso. 〜中《掲示》Ocupado. ♦使用者 usuário/ria. 使用人 empregado/da. 使用料 preço (*m*) de aluguel, custo (*m*) de uso.

しよう 子葉 〘植〙cotilédone (*m*).

しよう 私用 particular. 申し訳ありませんが〜で外出しなければなりません Desculpe, vou precisar sair por um assunto particular. 〜電話禁止《掲示》Proibido o uso do telefone para assuntos particulares.

-しよう, -しましょう ❶ vamos (＋不定詞)《＋infinitivo》. さあ, 一休みしましょう Bem, vamos descansar um pouco. ❷ …しようとする tentar (＋不定詞)《＋infinitivo》. 私はその仕事をしようとするのですがうまくいきません Eu tento fazer esse serviço, mas não dá certo. ❸ …しましょうか Vamos (＋不定詞＋名詞)《＋infinitivo＋substantivo》; Quer que (＋接続法＋名詞)《＋subjuntivo＋substantivo》. そのことは母には言わないでしょうか Vamos omitir isso à minha mãe? これをどこに置きましょうか Onde eu ponho isto aqui?/Onde o/a senhor/ra quer que eu ponha isto aqui? ❹ …しようかな Será que (＋直接法)《＋indicativo》. ぼくもそれをしようかな Será que eu também faço isso?

しよう 賞 prêmio (*m*). 〜を取る receber um prêmio. …に〜を与える dar um prêmio a ….

しよう 省 ministério (*m*). ♦厚生労働省 Ministério do Trabalho e Bem-Estar.

しよう 章 capítulo (*m*). 第3〜にそれが書いてあります Isso está escrito no terceiro capítulo.

しよう 証 certificado (*m*). ♦学生証 caderneta (*f*) de estudante. 保険証 certificado (*m*) de saúde.

しよう 背負う ⇨背負う.

じよう 嬢 お〜〜 Senhorita (*f*). お〜さん moça (*f*); filha (*f*). なんてかわいいお〜さんでしょう Mas que filha [moça] bonitinha!

じよう 情 ❶〔感情〕sentimento (*m*). ❷〔情緒〕emoção (*f*). ❸〔愛情〕afeição (*f*), ternura (*f*). ❹〔まごころ〕cordialidade (*f*). 〜のない sem coração, frio/fria, insensível. 〜の深い amoroso/sa, afetuoso/sa, terno/na, cordial, caloroso. 〜のこもった cheio/cheia de amor [ternura]. 〜にほだされる ficar tocado/da pela ternura. 〜にもろい人 pessoa (*f*) de coração mole. 〜をこめて com ternura, afetuosamente, cordialmente. 親子の〜 amor (*m*) entre pais e filhos.

じよう 畳 medida (*f*) de um *tatami*. (＝ um retângulo de mais ou menos 170cm × 80cm). この部屋は何〜ですか Quantos *tatamis* tem Leste quarto [esta sala]?

しようあく 掌握 domínio (*m*), posse (*f*) e controle (*m*). 〜する assumir e controlar. 会社の経営を〜する assumir a administração da companhia e controlar os subalternos. 彼は軍を〜しきれなくなっている Ele não está mais conseguindo controlar o exército.

しょういだん 焼夷弾 bomba (*f*) incendiária.

しょういん 勝因 motivo (*m*) da vitória.

じょういん 上院 Câmara (*f*) Alta, Senado (*m*). ♦上院議員 Senador/ra.

じょうえい 上映 〜する passar [projetar, pôr em cartaz] (um filme). その映画はまだA劇場で〜しています Esse filme, ainda estão passando no cinema A./Esse filme ainda está em cartaz no cinema A.

しょうえん 小宴 pequena reunião (*f*) com comes e bebes. 〜を開く dar uma pequena refeição informal.

じょうえん 上演 representação (*f*). 喜劇の〜 representação de uma comédia. 〜する representar.

じょうおん 常温 〔平常の〕temperatura (*f*) habitual; 〔正常な〕temperatura normal; 〔一定の〕temperatura constante; 〔平均の〕temperatura média.

しょうおんき 消音器 〔車などの〕silenciador (*m*), silencioso (*m*); 〔銃などの〕silenciador; 〔ピアノの〕pedal (*m*) abafador de piano.

*****しょうか** 消化 ❶ digestão (*f*) [デジェスタゥン]. 〜器性の digestivo/va. 私は〜不良を起こしている Estou com indigestão [dispepsia]. ♦消化器 〘解〙aparelho (*m*) digestivo. 消化剤 digestivo (*m*). 消化器科 gastrenterologia (*f*). 消化不良 indigestão (*f*). ❷〔理解〕assimilação (*f*) [アスィミラサゥン]. その話を全部〜するには時間が掛かる Vai levar tempo para eu digerir essa história toda. 〜された triturado/da, assimilado/da. 〜されて身についた知識 um saber triturado que integrou o sistema da pessoa. ❸〔残らず処理すること〕ato (*m*) de cumprir [fazer, absorver] (o programado). スケジュールを〜する cumprir o cronograma.

しょうか 消火 extinção (*f*) do fogo. 〜する extinguir [apagar] o fogo. ♦消火器 extintor (*m*).

しょうが 生姜 gengibre (*m*).

じょうか 浄化 limpeza (*f*), depuração (*f*), purificação (*f*). 〜する limpar, depurar, purificar. ♦浄化槽 tanque (*m*) de purificação da água, purificador (*m*). 浄化装置 depurador (*m*), aparato (*m*) para depurar.

*****しょうかい** 紹介 apresentação (*f*) [アプレゼンタサゥン]. 〜する apresentar. 自己〜する fazer uma auto-apresentação, auto-apresentar-se. ご〜します. こちらが丸山先生です Vou lhe apresentar o professor Maruyama. 御社の担当者に〜していただけませんか O/A senhor/ra não poderia me apresentar ao encarregado da sua firma? ♦紹介状 carta (*f*) de apresentação [recomendação].

しょうかい　商会 firma (f), companhia (f), casa (f) comercial.

しょうかい　照会 referência (f), informação (f). 〜する pedir referências ⌐de alguém [de algo]. 彼の成績については母校に〜してください Quanto ao histórico escolar dele, informe-se na escola onde ele se formou. ◆照会状 carta (f) pedindo informações acerca ⌐de alguém (de algo).

しょうがい　傷害 ferimento (m), lesão (f) corporal. ◆傷害致死罪 crime (m) de lesão [agressão (f)] mortal. 傷害保険 seguro (m) contra acidentes.

しょうがい　生涯 vida (f) toda [inteira]. 〜を通じて por [durante] toda a vida. 〜の友 amigo/ga ⌐de vida inteira [eterno/na]. あなたには〜ここに住んでほしい Eu gostaria que você morasse a vida toda aqui. ◆生涯教育 educação (f) permanente, formação (f) contínua.

しょうがい　障害 ❶ 〔邪魔〕 obstáculo (m), dificuldade (f), estorvo (m). 彼のおしゃべりは仕事の〜になっています A conversa dele está sendo um estorvo ao trabalho. ◆障害物競走 corrida (f) de obstáculos. ❷ 〔心身の〕 deficiência (f), enfermidade (f). 彼は左腕が麻痺する〜が残った Ele ficou com o braço esquerdo paralisado. ◆胃腸障害 problema (m) ⌐gastroenterológico [《口語》do estômago e intestinos]. 言語障害 problema na fala, deficiência na fala. 身体（精神）障害者 deficiente físico/ca (psíquico/ca).

しょうかく　昇格 promoção (f). …に〜する promover-se a …, ser promovido/da a ….

しょうがくきん　奨学金 bolsa (f) de estudos. 〜を受ける receber bolsa de estudos.

しょうがくせい　小学生 aluno/na do curso primário

しょうがくせい　奨学生 bolsista.

しょうがつ　正月 ano-novo (m); 〔1月〕 janeiro (m). ◆正月休み férias (f) de ano-novo.

しょうがっこう　小学校 escola (f) primária.

しようがない　仕様がない ❶ não ter jeito (para resolver a questão), não ter solução. それは〜 Isso não tem solução./Paciência! やってしまったことはもう〜 Não há mais remédio para o que já se fez./O que não tem remédio, remediado está. ❷ ser um incômodo. 〜人だなあ… Mas você é impossível, não?

しょうき　正気 〔理性〕razão (f), juízo (m); 〔意識〕 consciência (f). 〜を失う perder a razão; perder a consciência, desmaiar. 〜に返る recuperar a razão; voltar a si. あの時私は〜ではなかった Naquela hora eu não estava com a cabeça no lugar. 君は〜でそんなことを言っているのか Você está falando sério?

しょうぎ　将棋 xadrez (m) japonês. 〜の駒 peça (f) de xadrez japonês. あなたは〜を指しますか Você joga xadrez japonês? 人が出口に殺到して皆〜倒しになってしまった As pessoas ⌐acorreram em massa [afluíram] à saída e caíram uma em cima da outra. 〜倒しのような結果 efeito (m) dominó. ◆将棋倒し brincadeira (f) em que se colocam as peças do xadrez japonês enfileiradas e em pé, uma atrás da outra, de modo que a empurrada na primeira delas deixe cair todas as outras. 将棋盤 tabuleiro (m) de xadrez japonês.

じょうき　上記 〜のとおり conforme descrito acima.

じょうき　蒸気 vapor (m). ◆蒸気機関車 maria-fumaça (f), trem (m) com locomotiva a vapor. 蒸気タービン turbina (f) a vapor.

じょうぎ　定規 régua (f).

しょうきゃく　焼却 incineração (f), queima (f). 〜する incinerar, queimar. ◆焼却炉 incinerador (m).

じょうきゃく　乗客 passageiro/ra. ◆乗客名簿 lista (f) de passageiros.

しょうきゅう　昇給 aumento (m) (de salário, pagamento). 今年の〜額はどのくらいですか Quanto vai ser o aumento deste ano?

じょうきゅう　上級 grau (m) superior. ◆上級裁判所 tribunal (m) superior. 上級職 posto (m) superior. ポルトガル語上級講座 curso (m) avançado de português.

しょうきゅうし　小臼歯 〔解〕 dente (m) pré-molar.

しょうきょ　消去 supressão (f), eliminação (f). 〜する eliminar, apagar, suprimir. 迷惑メールを〜する apagar o *e-mail* indesejado.

しょうぎょう　商業 comércio (m). 〜の comercial. 〜に従事する dedicar-se ao comércio. 〜化する comercializar. ◆商業化 comercialização (f). 商業銀行 banco (m) comercial. 商業通信文 correspondência (f) comercial. 商業取引 transação (f) comercial. 商業ポルトガル語 português (m) comercial.

じょうきょう　上京 〜する ir (vir) a Tóquio 《capital》.

***じょうきょう　状況** situação (f) [スィトゥアサォン], condição (f) [コンヂサォン], circunstância (f) [スィルクンスタンスィア]. 〜次第で conforme a situação, dependendo das circunstâncias. 〜の変化に応じて de acordo com a mudança das circunstâncias [conforme a situação mude]. 〜によって左右される行動 comportamento (m) determinado pelas circunstâncias. そのような〜では… Nesse tipo de situação …. あなたは経済的な〜を考えていない Você não está pensando na situação econômica. 現在の〜のもとではその計画はやめにしたほうがよいでしょう Dadas as circunstâncias atuais, acho melhor desistir desse projeto. ◆状況証拠 prova (f) circunstancial. 状況判断 apreciação

(f) [exame (m), julgamento (m)] da situação. 経済状況 conjuntura (f) econômica.
しょうきょく 消極 〜的 passivo/va. 〜的なエゴイズム egoísmo (m) por omissão. 〜的な態度を示す tomar uma atitude passiva. 社長はその案に対して〜的だった O presidente da companhia não ﬁcou [se mostrou] muito entusiasmado com a ideia. ♦消極性 passividade (f).
しょうきん 賞金 prêmio (m) em dinheiro. 〜を出す dar um prêmio em dinheiro. 〜を得る obter [conseguir] um prêmio em dinheiro.
じょうきん 常勤 〜の regular, titular, efetivo/va. 〜の先生 professor/ra titular [efetivo/va]. ♦常勤者 trabalhador/ra de período integral.
じょうくう 上空 espaço (m) aéreo, céu (m). 町の〜を飛行機が飛ぶ O avião sobrevoa a cidade. 200メートル〜に a uma altura de duzentos metros sobre a superfície da terra. 東京の〜を飛ぶ voar sobre Tóquio, sobrevoar Tóquio. 〜から do alto do céu.
しょうぐん 将軍 general (m).
じょうげ 上下 〜する ir para cima e para baixo, flutuar entre um extremo e outro. 〜に para cima e para baixo. 背広の〜 terno (m)《paletó e calças》. 〜2巻の本 livro (m) em dois volumes. 鉄道は〜線とも不通 O trem está paralizado [A ferrovia está interditada] nos dois sentidos. ♦上下関係 relação (f) entre superior e inferior, hierarquia (f).
しょうけい 小計 subtotal (m).
しょうけい 承継 sucessão (f). ♦承継人 sucessor/ra.
じょうけい 情景 cena (f).
しょうけいもじ 象形文字 ideograma (m). 中国の〜 ideograma (m) figurativo chinês. 古代エジプトの〜 hieróglifo (m) do antigo Egito.
しょうげき 衝撃 ❶ choque (m), impacto (m). …に〜を与える dar um impacto a …, chocar …. 〜から〜を受ける um impacto de …. ♦衝撃波【理】onda (f) de choque. ❷ abalo (m) [choque] emocional. 大統領の死は国民に大きな〜を与えた A morte do presidente deu um grande choque para a população./A população ficou muito abalada com a morte do presidente. 〜的な chocante, espantoso/sa. 〜的なニュース notícia (f) chocante.
しょうけん 証券 títulos (mpl), valores (mpl), apólice (f), debênture (f). ♦証券会社 corretora (f) de valores.
しょうげん 証言【法】testemunho (m), depoimento (m). 〜台に立つ depor, ser testemunha. 〜をする dar testemunho. …と〜する atestar que (+直接法)《+indicativo》. …の〜によると segundo o testemunho de …. 彼は法廷で〜した Ele deu testemunho em juízo. 判事は〜を聞いた O juiz ouviu o depoimento. ♦証言者 testemunha (f)《★男性を指していても女性扱詞》.

しょうげん 象限【数】quadrante (m), quarta parte (f) da circunferência.

*****じょうけん 条件** condição (f) [コンデｨサォン]. 〜付きの condicional. …に〜をつける impor condições a …. 必要な〜を満たす satisfazer os requisitos. 〜付きで受け入れる aceitar sob condições. それは〜次第だ Isso depende (das condições). この〜でその提案に賛成します Eu concordo com a proposta, desde que seja nestas condições. あなたが来るという〜でパーティーを企画します Vou planejar a festa com a condição de que você venha. ♦条件反射 reflexo (m) condicionado. 条件法《文法》【文法】oração (f) (modo (m)) condicional. 労働条件 condições (fpl) de trabalho.

*****しょうこ 証拠** prova (f) [プローヴァ], evidência (f) [エヴィデンスィア]. 〜不十分で por insuficiência de provas. 十分の〜がある ter provas suficientes. 〜立てる provar, comprovar. 〜になる servir de prova. これはあなたが無罪であ〜だ Isto é prova de que você é inocente. 何を〜にそんなことが言えるのですか Que provas teria para dizer uma coisa dessas? ♦証拠隠滅 destruição (f) de provas. 証拠調べ exame (m) de provas. 証拠品 comprovante (m), objeto (m) de prova.

しょうご 正午 meio-dia (m). 〜に ao meio-dia. 〜ごろ lá pelo meio-dia, ao meio-dia mais ou menos. 〜までに até ao meio-dia.

しょうこう 小康〔病人の〕acalmia (f), pequena melhora (f), período (m) de serenidade;〔紛争などの〕trégua (f), paz (f) momentânea, acalmia. 〜を得る ter um momento de paz; obter suspensão temporária de hostilidades. ♦小康状態 estado (m) de pequena melhora; trégua.

しょうこう 症候【医】sintoma (m). ♦症候群【医】síndrome (f). 心的外傷後ストレス症候群 (PTSD) Transtorno (m) por Estresse Pós-Traumático (TEPT).

しょうごう 照合 comparação (f), confronto (m), cotejo (m). 〜する comparar, confrontar, cotejar. 指紋を〜する comparar as impressões digitais. 被告人の供述と証人の証言との〜 cotejo do depoimento do acusado com as declarações da testemunha. 書類の原文とそのコピーを〜する cotejar as cópias de documentos com os originais.

しょうごう 称号 título (m), qualificação (f). …の〜を〜する conferir o título de … a …. 博士の〜を受ける receber o título de doutor.

しょうこうぎょう 商工業 o comércio e a indústria.

しょうこうねつ 猩紅熱 〖医〗escarlatina (f).
しょうこく 小国 país (m) pequeno.
じょうこく 上告 〖法〗recurso (m), apelação (f). 〜する entrar com recurso, recorrer da sentença.
しょうさい 詳細 detalhe (m), pormenores (mpl), minúcias (fpl). 〜な detalhado/da, pormenorizado/da, minucioso/sa. 〜に detalhadamente, pormenorizadamente, minuciosamente. もっと〜な説明書はないのですか Não tem um folheto com explicação mais detalhada? その計画の〜については会長にお聞きください Quanto aos detalhes do planejamento, pergunte ao presidente da associação, por favor.
じょうざい 錠剤 〖薬〗comprimido (m); 〔糖衣錠〕drágea (f). この〜を1日3回食後（食前）に服用のこと《表示》Tomar esses comprimidos, três vezes ao dia, depois (antes) das refeições.
しょうさん 賞賛 elogio (m). 〜する elogiar. 〜すべき louvável.
しょうさん 勝算 perspectivas (fpl) de ganho [vitória], esperança (f) de ganhar. 〜のない試合 competição (f) sem perspectivas de vitória.
しょうさん 硝酸 〖化〗ácido (m) nítrico. ♦硝酸銀 nitrato (m) de prata. 硝酸ナトリウム nitrato de sódio.
しょうし 少子 ♦少子化 declínio (m) [diminuição (f)] de natalidade. 少子社会 sociedade (f) com baixo índice de natalidade.
しょうし 焼死 morte (f) causada pelo fogo. 〜する morrer queimado/da. 彼は一体で発見された Ele foi encontrado com o corpo carbonizado./O corpo dele foi encontrado carbonizado. ♦焼死体 corpo (m) carbonizado.
しょうじ 商事 ❶〔商業・商売に関する事柄〕assuntos (mpl) comerciais. ❷〔商事会社〕empresa (f) comercial. ♦商事組合 associação (f) comercial. 商事裁判所 〖法〗juízo (m) comercial. 商事債務 dívida (f) comercial.
しょうじ 障子 porta (f) [janela (f)] corrediça de bambu e papel. ♦障子紙 papel (m) branco que se cola no bambu do *shoji*.
じょうし 上司 superior/ra. 彼は私の〜です Ele é meu superior.
*__しょうじき__ 正直 honestidade (f) 〔オネスチダーヂ〕; franqueza (f) 〔フランケーザ〕. 〜な honesto/ta; franco/ca. 〜に honestamente; francamente. そこで見たことを〜に話してください Conte-me direitinho [com franqueza] o que você viu aí.
じょうしき 常識 senso (m) comum, bom senso. 〜的な de bom senso; 〔平凡な〕banal. それは〜です〔知識〕Isso é uma coisa que todo o mundo sabe./〔行動〕Isso é regra geral. そのやり方はちょっと〜外れでしたね Essa atitude foi um pouco insensata, não?
しょうしゃ 勝者 ganhador/ra, vencedor/ra. 〜となる ganhar (uma partida), ser o/a vencedor/ra de um jogo.
しょうしゃ 商社 companhia (f) comercial. ♦商社マン funcionário (m) de companhia.
しょうしゃ 照射 irradiação (f). ♦X線照射 aplicação (f) de raio X.
じょうしゃ 乗車 〜する subir [embarcar] no trem (ônibus), tomar o trem (ônibus). 〜拒否する recusar passageiros. 〜券を拝見します Favor mostrar o bilhete. ♦乗車口 entrada (f) 《de um veículo》. 乗車券 bilhete (m). 乗車券売場 bilheteria (f).
しょうしゅう 召集 convocação (f), recrutamento (m). 〜する convocar, recrutar. 臨時国会を〜する convocar uma sessão extraordinária da Dieta. A選手はブラジル代表チームに〜された O jogador A foi convocado para a seleção brasileira. ♦召集兵 o/a recruta.
じょうしゅう 常習 彼らは遅刻の〜者だ Eles costumam chegar sempre atrasados. 麻薬の〜者 toxicômano/na. ♦常習犯 crime (m) habitual, delinquente habitual, reincidência (f).
じょうじゅつ 上述 〜のとおり conforme mencionado [citado] acima.
しょうじゅん 照準 pontaria (f). 〜をあわせる acertar a pontaria. ♦照準器 mira (f).
じょうじゅん 上旬 primeiro (m) terço do mês. 4月〜に durante os primeiros dez dias de abril, num dos primeiros dez dias de abril.
しょうしょ 証書 ❶〔債務の〕título (m). ♦借用証書 título de dívida. ❷〔文書〕documento (m), escritura (f). 〜を作成する lavrar uma escritura [um documento]. ❸〔証明書〕certificado (m), diploma (m). ♦卒業証書 certificado de formatura.
しょうじょ 少女 menina (f).
じょうじょ 乗除 〖数〗multiplicação (f) e divisão (f).
しょうしょう 少々 um pouco; 〔時間〕um momentinho, um instantinho. 私は日本語を〜話せます Eu sei falar um pouco de japonês. ここで〜お待ちください Espere aqui um instantinho, sim?
しょうじょう 症状 sintoma (m). …の〜を呈する apresentar [ter] sintomas de …. 〜をやわらげる aliviar os sintomas. どういった〜がありますか Quais os sintomas que tem?
しょうじょう 賞状 diploma (m), certificado (m) de mérito.
じょうしょう 上昇 subida (f), elevação (f). 〜する subir, elevar-se. 物価の〜 elevação (f) do preço das mercadorias, alta (f) dos preços.
じょうじょう 上場 〖経〗registro (m) na Bol-

sa de Valores. ～する indexar [registrar] ações na Bolsa de Valores. ◆上場株 ações (fpl) indexadas. 上場企業 empresa (f) cujas ações têm registro na Bolsa de Valores.

しょうじる 生じる 〔起こる〕surgir, ocorrer, acontecer;〔生み出す〕produzir, gerar;〔引き起こす〕causar, criar. よい結果を～produzir bons resultados. 事故は不注意から～Os acidentes acontecem por falta de cuidado.

しょうしん 傷心 desgosto (m), mágoa (f), aflição (f). ～である estar com o coração ferido [aflito/ta, magoado/da]. ～を癒すために旅行をする viajar para esquecer a dor (do coração).

しょうしん 小心 timidez (f), covardia (f). ◆小心者 tímido/da, covarde.

しょうしん 昇進 promoção (f). ～する ser promovido/da, subir. ～させる promover, fazer subir. ◆昇進制度 sistema (m) de promoção.

しょうじん 精進 abstinência (f) de carne e peixe. ◆精進揚げ vegetais (mpl) fritos. 精進料理 comida (f) vegetariana.

*****じょうず** 上手 ～な hábil [アービル], bom/boa [ボン/ボーア].～に habilmente, bem. 字を～に書く ter uma boa caligrafia. 絵を～にかく pintar (desenhar) bem. ～に立ち回る agir com tática [taticamente, com jeito]. ここではだれがいちばん～に日本語は話せますか Quem fala melhor o japonês aqui? 彼女は包装がとても～です Ela é muito boa para embrulhar (pacotes).

しょうすい 小水 urina (f). お～を取りましょう Vamos colher [coletar] a sua urina.

しょうすい 憔悴 enfraquecimento (m), debilitação (f), esgotamento (m). ～する extenuar-se, enfraquecer-se, debilitar-se, esgotar-se. ～した extenuado/da, enfraquecido/da, debilitado/da. 彼は心労でかなり～している Ele está bastante enfraquecido com o desgosto. ～しきった顔 aparência (f) de estar completamente esgotado/da.

じょうすいどう 上水道 aqueduto (m).

しょうすう 小数 【数】número (m) decimal. ～第 3 位まで計算してください Calcule até a terceira casa decimal. ◆循環小数 dízima (f) periódica. 無限小数 (número) decimal infinito. 有限小数 (número) decimal finito.

しょうすう 少数 pequeno número (m), pequena quantidade (f), minoria (f). ～の minoritário/ria, da minoria. 社内のほんの一人かそれ位しかいないはずです Só uma pequena minoria aqui dentro da companhia deve estar sabendo disso. PTAの集会では父親はいつも～だ Nos encontros da associação de pais e mestres, os homens são sempre a minoria. ◆少数意見 opinião (f) minoritária. 少数派 grupo (m) minoritário. 少数民族 minoria étnica.

じょうすう 乗数 【数】multiplicador (m).

しょうする 称する chamar-se;〔口実〕ter como pretexto. 鈴木と～男 um homem chamado [de nome] Suzuki. 彼は病気と称して会社を休む Ele falta ao serviço com o pretexto de que está doente.

しょうする 証する ❶〔証明する〕certificar, atestar. 本人であることを～ものを持ってきてください Traga o que ateste que você é a própria pessoa. ❷〔保証する〕garantir, assegurar.

じょうせい 情勢 situação (f). ⇨状況.

しょうせつ 小節 【音】compasso (m).

しょうせつ 小説 romance (m). ◆小説家 romancista. 推理小説 romance policial. 歴史小説 romance (m) histórico. 連載小説 romance em série.

しょうせん 商船 navio (m) mercantil.

しょうそ 勝訴 【法】ganho de causa (em tribunal). ～する ganhar a causa.

じょうそ 上訴 【法】apelação (f), recurso (m). ～する apelar, recorrer. ～の取り下げ desistência (f) do recurso. ～の放棄 deserção (f). ～の理由 razões (fpl) de apelação. ～権を放棄する renunciar ao direito de recorrer. ◆上訴権 direito (m) de apelação. 上訴答弁書 contra-razões (fpl).

じょうぞう 醸造 〔発酵〕fermentação (f);〔蒸留〕destilação (f). ～する fermentar; destilar.

しょうぞうが 肖像画 retrato (m) 《em pintura etc》.

しょうぞうけん 肖像権 【法】direito (m) a imagem.

しょうそく 消息 notícia (f), informação (f);〔手紙〕carta (f). …の～がある ter notícias de …, saber do paradeiro de …. ～を絶つ deixar de dar notícias, não dar mais sinal de vida. その漁船は依然～を絶っている Aquele barco pesqueiro ainda não deu sinais de vida.

しょうぞく 装束 ❶ traje (m). 父の亡骸(なきがら)に死に～を着せる vestir o pai morto. 白装束 veste (f) branca 《em geral de cerimônia religiosa》. ❷【劇】indumentária (f). 能の～ indumentária do teatro nô.

しょうたい 招待 convite (m). ～する convidar. ◆招待状 convite (m).

しょうたい 正体 o verdadeiro caráter (m), o que se é na realidade. ～を現わす acabar mostrando o que é, desmascarar-se.

*****じょうたい** 状態 estado (m) [エスタード], situação (f) [スイトゥアサォン], condição (f) [コンヂサォン]. 治療が終わっても彼はまだ安定した～には戻っていない Mesmo após o tratamento, ainda não está em uma situação estável. その～を変えるために para reverter a situação. 乗れる～になっている車 carro (m) em condições de uso.

駅の構内は混乱〜です Está uma confusão dentro da estação. ◆生活状態 condições (fpl) de vida. 精神状態 estado mental [de espírito].

じょうたい 上体 〖解〗busto (m), parte (f) superior do corpo. 〜を前に倒す baixar a parte superior do corpo para a frente.

じょうたい 常態 rotina (f), estado (m) normal. 〜化する rotinizar-se. その会社では不正なやり方が〜化してしまった Nessa companhia, o ilegal acabou se rotinizando. ◆常態化 rotinização (f).

しょうだく 承諾 consentimento (m), anuência (f). 親の〜を得る obter o consentimento dos pais. 〜する consentir, anuir, concordar, aceitar. Y社はこの条件で契約することを〜した A companhia Y concordou em assinar o contrato nestas condições. ◆承諾書 consentimento por escrito. 事後承諾 aprovação (f) post factum.

じょうたつ 上達 progresso (m) (em aprendizagem etc). 〜する progredir. ⇨進歩.

しょうだん 商談 negociação (f). 〜をまとめる fechar um negócio, concluir uma negociação. 〜がまとまる concluir-se uma [chegar-se a um acordo numa] negociação comercial.

じょうだん 冗談 brincadeira (f), humor (m). 〜を言う brincar, ser espirituoso/sa, ser divertido/da. ご〜でしょう! Ah! Você está brincando! 冗談、冗談! Brincadeira!

しょうち 承知 ❶〔承諾する〕consentimento (m), concordância (f), permissão (f). お互いの〜の上で de comum acordo. 〜する concordar, consentir, permitir. 〜しました De acordo./Sim, senhor/ra. 〜してくれますか Você concorda? 彼はここで働くことを〜してくれた Ele consentiu em trabalhar aqui. 母は私がブラジルへ行くことを〜してくれなかった Minha mãe não permitiu que eu fosse ao Brasil. 親に修士課程に進むことを〜させる fazer com que os pais concordem em fazer o mestrado. ❷〔知っている〕saber (m), ciência (f). 〜を〜の上で sabendo que …, ciente de que …. 皆様ご〜のとおり como todos sabem …, como é da ciência de todos …. 危険は百も〜で行きます Vou perfeitamente ciente do perigo. 〜を〜している estar sabendo de (que) …, estar ciente de (que) …. ❸〔許す〕perdão (m). ダイエットを破ったら〜しないから… Não vou perdoar se você quebrar a dieta, viu? ⇨承諾.

しょうち 招致 convite (m), 〜する convidar, atrair. 観光客を京都に〜する atrair os turistas a Kyoto. オリンピックを東京に〜する lutar para Tóquio sediar [para que Tóquio possa sediar] as Olimpíadas.

しょうちゅう 焼酎 aguardente (m) de arroz.

じょうちょ 情緒 ❶〔雰囲気〕atmosfera (f), ambiente (m). 京都の〜が好きだ Gosto da atmosfera de Kyoto. ❷〔感情〕emoção (f). 〜不安定な人 pessoa (f) emocionalmente instável. ◆情緒不安定 instabilidade (f) emocional.

しょうちょう 小腸 〖解〗intestino (m) delgado.

しょうちょう 象徴 símbolo (m). 〜的 simbólico/ca. 〜する simbolizar. 〜派〔主義〕の simbolista. 彼は〜派の詩人だ Ele é um poeta simbolista. ◆象徴派〔主義〕simbolismo (m).

じょうでき 上出来 〜である ser [estar] bem feito/ta [executado/da]. 彼の舞台の演出は〜だった O trabalho dele no palco foi ótimo./Ele teve um grande êxito no palco. これは〜だ Isto está perfeito [ótimo]!/《口語》Isso tá joia! 彼にしては〜だね Para ser uma obra dele, não está mal, não?

しょうてん 商店 loja (f), casa (f) comercial. ◆商店街 centro (m) comercial, rua (f) comercial.

しょうてん 焦点 foco (m). 〜の focal. 問題の〜 ponto (m) essencial da questão, enfoque (m) do problema. …に〜を合わせる 〖理〗focalizar. 注目の〜になる ser o alvo das atenções, atrair as atenções.

じょうと 譲渡 〖法〗alienação (f). 〜する alienar, ceder, transferir. 財産を〜する alienar os bens. ◆譲渡禁止 inalienabilidade (f). 譲渡禁止物 bens (mpl) inalienáveis.

しょうとう 消灯 〜する apagar as luzes. ◆消灯時間 hora (f) de apagar as luzes.

しょうどう 衝動 impulso (m), ímpeto (m). 〜的 impulsivo/va. 〜的に impulsivamente. 〜に駆られる ser levado/da por um impulso. 〜買いをする comprar por impulso. 〜買いっていうのは良くないですよね Aquele ímpeto de você comprar logo que vê não é bom, não é? ◆衝動買い compra (f) impulsiva.

じょうとう 上等 〜の de boa qualidade. ◆上等品 artigo (m) de primeira qualidade.

しょうどく 消毒 esterilização (f), higienização (f). 〜する esterilizar, desinfetar, higienizar. ◆消毒薬 desinfetante (m), anti-séptico (m).

***しょうとつ 衝突** ❶〔車などの〕colisão (f) [コリザォン], trombada (f) [トロンバーダ]. (…と)〜する bater (em …), colidir (com …). (二台の)車の正面に〜があった Houve uma colisão de frente (de dois carros). 車が正面〜した Os carros colidiram de frente. ❷〔意見・利害などの〕choque (m) [ショッキ], confronto (m) [コンフロント], conflito (m) [コンフリット]. 利害の〜 conflito (m) de interesses. 〜を避ける evitar choques [confrontos]. …と〜する chocar com …, entrar em confronto com …. 学生たちは警察と〜した Os estudantes entraram em confronto com a polícia. 私は彼と意見が〜した A minha opinião chocou-se com a dele.

じょうない　場内　recinto (m), interior (m) de um salão [estádio]. ～で no interior ⌞da sala [do salão, do estádio]. ～禁煙《掲示》Proibido fumar neste recinto. ～全体が熱気に満ちていた O estádio inteiro estava bastante entusiasmado.

しょうに　小児　bebê (m), criança (f). ～の infantil. ～用の薬 remédio (m) infantil. 小児科 pediatria (f). 小児科医 pediatra. 小児虐待 abuso (m) infantil. 小児語 linguagem (f) infantil. 小児喘息(ぜんそく) bronquite (f) asmática infantil. 小児病 doença (f) infantil. 小児麻痺(まひ) paralisia (f) infantil, poliomielite (f).

しょうにゅうどう　鍾乳洞　gruta (f) calcária.

しょうにん　商人　comerciante.

しょうにん　承認　reconhecimento (m); [賛成] aprovação (f); [同意] consentimento (m). ～する reconhecer; aprovar; consentir. …の～を求める(得る) requerer (obter) a aprovação de …. 姉を法定相続人として～する reconhecer a irmã mais velha como herdeira legítima. 君たちはこれをやるのに監督の～を得たのか Vocês obtiveram a aprovação do/da chefe para fazer isto?

しょうにん　証人　testemunha (f). ～を喚問する convocar a testemunha. ～台に立つ subir ao banco das testemunhas. ～になる servir de testemunha. ～を立てる levantar testemunhas. ◆証人尋問 interrogatório (m) das testemunhas.

じょうにん　常任　～の permanente. 国連の～理事国 países (mpl) com assento permanente no Conselho de Segurança da ONU. ◆常任委員会 comitê (m) permanente.

じょうねつ　情熱　paixão (f), entusiasmo (m), ardor (m), fervor (m). ～的な entusiástico/ca, fervoroso/sa. ～的に apaixonadamente, fervorosamente. …に～を傾ける entusiasmar-se por …, apaixonar-se por …. 学問への～ paixão pelos estudos. ◆情熱家 entusiasta.

しょうねん　少年　menino (m). ◆少年時代 tempo (m) de menino.

しょうねんば　正念場　❶ [歌舞伎などで] ápice (m) da peça, clímax (m). ❷ [重大な局面] momento (m) crucial em que se mostra o talento que tem. ～の年 ano (m) crucial. ～に差し掛かる aproximar-se do momento crucial.

しょうのう　小嚢　[解] vesícula (f).

しょうのう　小脳　[解] cerebelo (m). ◆小脳皮質 córtex (m) cerebelar.

しょうのう　樟脳　cânfora (f).

じょうば　乗馬　equitação (f). ～する montar a cavalo. ◆乗馬クラブ clube (m) ⌞hípico [de equitação]. 乗馬服 traje (m) de montar.

しょうはい　勝敗　vitória (f) ou derrota (f). ～を決める decidir a vitória. ～を争う disputar a vitória.

しょうばい　商売　comércio (m), negócio (m). ～する comerciar, negociar. ～はどうですか Como vão os negócios? 彼の～は繁盛していました Os negócios dele não vão bem. これは～になる Isto é comerciável. ～柄そういう顔をしていなければならないのです É preciso ficar com essa cara, devido à natureza da profissão. ◆商売敵(がたき) rival nos negócios. 商売柄 caráter (m) [natureza (f)] da profissão. 商売人 comerciante.

じょうはつ　蒸発　evaporação (f), vaporização (f), [揮発] volatilização (f), 《比》fuga (f), desaparecimento (m), 《口語》sumiço (m). ～する evaporar-se, vaporizar-se; volatilizar-se;《比》desaparecer, sumir. 水は～してしまった A água evaporou. 彼女は～してしまった Ela ⌞desapareceu [sumiu do mapa].

じょうはんしん　上半身　parte (f) superior do corpo, tronco (m) e cabeça (f). ～を起こす levantar o tronco, ficar sentado/da com as pernas em posição horizontal. ブラジルの男性は人前で～裸でいることがある O homem brasileiro às vezes fica nu da cintura para cima diante de terceiros.

*__しょうひ　消費__　consumo (m) [コンスーモ]. ～する consumir. 水の年間～量 consumo anual de água. ◆消費者 consumidor/ra. 消費社会 sociedade (f) de consumo. 消費者保護法 lei (f) de proteção ao [do] consumidor. 消費税 imposto (m) sobre o consumo. 耐久消費財 bens (mpl) de consumo duráveis. 電力消費財 bens de consumo de ⌞energia elétrica [eletricidade, força].

じょうひ　上皮　[動・植] epitélio (m).

じょうび　常備　…を～する prover-se de … permanentemente. ◆家庭常備薬 medicamentos (mpl) que se têm sempre no lar.

しょうひょう　商標　marca (f) 《de fábrica》. ◆登録商標 marca registrada.

しょうひん　商品　artigo (m), mercadoria (f), gênero (m). その～は扱っていません Nós não lidamos [trabalhamos] com esse artigo. それは～化できます Isso é comercializável. ◆商品券 vale-compras (m).

しょうひん　賞品　prêmio (m).

じょうひん　上品　～な distinto/ta, refinado/da, fino/na. ～にふるまう agir ⌞de maneira distinta [elegantemente, com muita compostura].

しょうぶ　勝負　competição (f), partida (f), jogo (m). …と～をする competir com …; jogar com …. ～に勝つ(負ける) ganhar (perder) a partida. この～は君の勝ちだ Você ganhou a partida. ～はついた Terminou a partida./Decidiu-se a partida.

しょうぶ　菖蒲　[植] ácoro (m), cálamo-aromático (m), cálamo (m).

*__じょうぶ　丈夫__　～な [体が] forte [フォールチ],

しょうふだ 正札 etiqueta (f) de preço fixo. 商品に～をつける etiquetar as [colocar etiquetas nas] mercadorias. 商品の～をつけ変える trocar as etiquetas ⌊das mercadorias [dos artigos].

じょうぶつ 成仏 ～する atingir o nirvana; morrer em paz.

しょうぶん 性分 caráter (m), temperamento (m), natureza (f). 短気な～である ser impaciente.《口語》ter pavio curto. 私はそんなことのできない～だ Não está em mim fazer uma coisa dessas.

しょうべん 小便 urina (f); 《俗》xixi (m). ～をする urinar; fazer xixi (palavra de uso masculino).

じょうほ 譲歩 concessão (f). ～する ceder, fazer concessões. ～的な態度に出る tomar uma atitude concessiva, ser concessivo/va, procurar ceder. この点について少し～していただけませんか O/A senhor/ra não poderá nos ceder um pouco neste ponto? 彼は～できない人だ Ele não sabe ceder. ♦譲歩節【文法】oração (f) concessiva.

しょうほう 商法 ❶〔方法〕maneira (f) de comerciar. ❷〔法律〕código (m) comercial.

しょうぼう 消防 combate (m) a um incêndio. ♦消防士 bombeiro/ra. 消防自動車 carro (m) de bombeiro. 消防署 posto (m) de bombeiros. 消防団員 bombeiro/ra. 消防庁 Agência (f) da Defesa Civil.

*じょうほう 情報** informação (f) [インフォルマサン], dado (m) informativo; notícia (f) [ノチッスィア]. ～が入る receber informações. 政府の～処理システムの全てを統合する integrar todos os sistemas de informática do governo. ～を入手する obter informações. 入手した～ informação recebida [obtida]. その件についてはなんの～も入っていません Quanto a este caso, não recebemos nenhuma informação (ainda). …に～を与える informar …. ～を漏らす (deixar) vazar informações. ～を提供する prestar [dar, fornecer] informações. ～を裏付ける confirmar uma informação. 信頼すべき筋からの～ informação [notícia] de fonte fidedigna.

♦情報科学 informática (f). 情報機関 serviço (m) secreto, inteligência (f). 情報源 fonte (f) de informações. 情報検索 busca (f) de informações. 情報公開保障令【法】*habeas data* [アーベアス ダッタ]. 情報収集 coleta (f) de dados. 情報処理 processamento (m) de dados. 情報処理システム sistema (m) de informática. 情報操作 manipulação (f) de informação. 情報不足 falta (f) de informação, desinformação (f). 情報網 rede (f) de informações. 情報漏れ vazamento (m) de informações. 極秘情報 informação confidencial. 個人情報 dados (mpl) pessoais.

じょうほう 乗法【数】multiplicação (f). ⇨掛け算.

じょうほうしゅうせい 上方修正 correção (f) para mais. ～する elevar os números de um dado.

しょうほん 抄本 cópia (f) parcial. ♦戸籍抄本 cópia (parcial e certificada) do registro civil. ⇨謄本(記).

しょうみ 正味 ～の líquido/da. ～300グラムの肉 carne (f) com peso líquido de trezentos gramas. ♦正味重量 peso (m) líquido.

しょうみきげん 賞味期限 prazo (m) de validade. ～の切れている食べ物 comida (f) com prazo de validade vencido.

じょうみゃく 静脈【解】veia (f). ♦静脈造影 flebografia (f) (gráfico de variação da pulsação nas veias). 静脈注射 injeção (f) intravenosa [endovenosa]. 静脈瘤(ﾘｭｳ)【医】varicose (f), varizes (fpl). 深部静脈血栓 trombose (f) venosa profunda. 大静脈 veia cava.

じょうむいん 乗務員 ❶〔電車等の〕pessoal (m) (de trem, metrô etc). ❷〔船・飛行機の〕tripulante (de navio, avião), membro (m) da tripulação. ♦乗務員名簿 lista (f) ⌊do pessoal (dos tripulantes).

しょうめい 照明 iluminação (f). ♦照明係 técnico/ca de iluminação. 照明器具 luminária (f), lustre (m), candelabro (m). 間接照明 luz (f) [iluminação] indireta. 直接照明 luz (f) [iluminação] direta.

しょうめい 証明〔立証〕prova (f), demonstração (f);〔証明書〕certificado (m). ～する comprovar, certificar. …の無実を～する comprovar a inocência de …. 上記の者は本学の学生であることを～する Certifico que o/a interessado/da é estudante de nossa faculdade. ♦証明書 certificado (m), atestado (m). 雇用予定証明書 atestado de ajuste de emprego, contrato (m) de trabalho provisório. 婚姻受理証明書 certidão (f) de casamento. 身分証明書 carteira (f) de identidade. 無犯罪証明書 certidão (f) negativa de antecedentes criminais.

しょうめつ 消滅 ❶ desaparecimento (m), extinção (f). ～する desaparecer, extinguir-se. 自然～する extinguir-se por si. ❷【法】prescrição (f), extinção (f). 上訴するための～期間 prazo (m) extintivo para abrir um recurso. 権利の～ prescrição (f) dos direitos. ♦消滅期間 prazo extintivo. 消滅時効 prescrição extintiva.

しょうめん 正面 fachada (f). ～の da frente, frontal. その建物の～ a fachada desse

prédio. 〜のドア porta (f) da frente, entrada (f) principal. 〜から攻撃する atacar 〜de frente [frontalmente]. 〜切って言う dizer francamente, ser incisivo/va. …と…一衝突する chocar-se de frente com …, colidir frontalmente com ….

しょうもう 消耗 consumo (m). 〜する consumir. ♦消耗品 artigo (m) de consumo.

じょうもん 縄文 《史》padrão (m) decorativo obtido pela pressão de cordas de palha nos objetos de barro. ♦縄文式土器 cerâmica (f) Jomon. 縄文時代 Era (f) Jomon.

じょうやく 条約 tratado (m), pacto (m), acordo (m). 〜に調印する assinar um tratado. 〜を批准する ratificar um tratado. 〜の調印(批准) assinatura (f) (ratificação (f)) de um tratado. 〜を守る(犯す) observar (violar) um tratado. …と…を結ぶ concluir um tratado com …. その〜は8月1日より効力を発する Esse acordo entrará em vigor a partir de primeiro de agosto. ♦条約加盟国 país (m) signatário do tratado. 核不拡散条約 Tratado de Não-Proliferação de Armas Nucleares. 平和条約 Tratado de Paz.

しょうゆ 醤油 molho (m) de soja, *shoyu* (m). ♦醤油差し molheira (f).

しょうよ 賞与 gratificação (f), prêmio (m), bônus (m). 年末〜をもらう receber uma gratificação de fim de ano.

しょうよう 商用 negócios (mpl). 〜で出かける sair a negócios. ♦商用語 termo (m) comercial. 商用文 correspondência (f) comercial.

しょうよう 小葉 《解》lóbulo (m). ♦肺小葉 lóbulo pulmonar.

じょうようしゃ 乗用車 carro (m) de passageiros.

*__しょうらい__ 将来 futuro (m) [フトゥーロ]. 〜のdo futuro, futuro/ra. 〜に no futuro. 近い〜に num futuro próximo. 遠い〜に num futuro longínquo. 〜の計画を立てる fazer projetos para [planejar] o futuro. 〜性のある企業 uma empresa 〜de futuro [que promete]. 彼は〜性がある Ele tem futuro.

しょうり 勝利 vitória (f), triunfo (m). …に対して〜を収める vencer …, alcançar vitória sobre …, triunfar de …. 大学受験に〜する方法 métodos (mpl) para se passar no exame vestibular. ♦勝利者 vitorioso/sa, vencedor/ra.

じょうりく 上陸 desembarque (m). 〜する desembarcar. 水兵の〜 desembarque de marinheiros. リオに〜する desembarcar no Rio. 台風は四国に〜した O tufão atingiu a Ilha de Shikoku.

しょうりゃく 省略 〔そっくり省略〕omissão (f); 〔一部省略〕abreviação (f). 〜する omitir; abreviar.

じょうりゅう 上流 〔川の〕curso (m) superior de um rio. ♦上流階級 classe (f) alta.

じょうりゅう 蒸留 destilação (f). 〜する destilar. ♦蒸留器 destilador (m); 〔酒の〕alambique (m). 蒸留工場 destilaria (f). 蒸留酒 aguardente (m), cachaça (f), bebida (f) destilada. 蒸留水 água (f) destilada.

しょうりょう 少量 pequena quantidade (f). 〜の pouco/ca, em pequena quantidade. コップ1杯の水にこの薬を〜入れてください Coloque 〜esse remédio em pequena quantidade [《口語》(só) um pouquinho desse remédio] num copo de água.

じょうるり 浄瑠璃 balada (f) japonesa com música de *shamisen* e outros instrumentos de acompanhamento da Era Edo (1603 a 1867), que trata da guerra entre os clãs Heike e Genji, ocorrida na Idade Média japonesa (1192 a 1568) e que é em geral ilustrada pelo teatro de marionetes tradicional chamado *Bunraku*.

しょうれい 奨励 estímulo (m), fomento (m), encorajamento (m). 〜する estimular, fomentar, encorajar. ♦奨励金 subsídio (m).

しょうれい 省令 portaria (f). その機関だけが〜に準じている Só essa entidade 〜está de acordo com [seguiu, obedeceu] a portaria.

じょうれん 常連 ❶ companhia (f) [grupo (m)] habitual. ❷〔常客〕freguês/guesa habitual.

じょうろ 如雨露 regador (m) 《de plantas》.

しょうわくせい 小惑星 《天》asteroide (m).

しょうわじだい 昭和時代 Era (f) Showa (1926〜1989).

しょえん 初演 a primeira apresentação (f) de uma peça teatral ou musical etc.

ショー *show* (m) [ショーウ].

ショーウインドー vitrine (f). 〜を飾る enfeitar a vitrine. 〜に飾っておく deixar na vitrine.

ジョーク ❶〔冗談〕brincadeira (f). ❷〔小話〕piada (f).

ショーツ ❶〔短ズボン〕*short* (m) [ショールチ], calça (f) curta. ❷〔婦人用パンティー〕calcinha (f), calça (f).

ショート ❶〔短い〕curto/ta. ♦ショートカット (ヘア) cabelos (mpl) curtos. ショートパンツ calças (fpl) curtas, *short* (m) [ショールチ]. ❷〔電〕curto-circuito (m). 〜する dar curto-circuito. ❸〔野球〕〔遊撃手〕interbase (m).

ショートケーキ 《料》bolo (m) de chantilly com morangos.

ショール xale (m).

ショールーム sala (f) de exposições.

しょか 初夏 início (m) de verão, primeira fase (f) de verão.

じょがい 除外 exclusão (f). 〜する excluir. その問題は〜して考えよう Vamos pensar no caso, excluindo esse problema.

しょかん 書簡 carta (f), correspondência

しょき (f) (oficial). 日本の総理大臣がアメリカの大統領に〜を送った O primeiro-ministro do Japão enviou uma carta oficial ao Presidente dos Estados Unidos. ◆書簡体 estilo (m) epistolar. 書簡文学 literatura (f) epistolar.

しょき 初期 〔冒頭〕começo (m), princípio (m); primeiro período (m), fase (f) inicial. 病気は〜のうちに治療したほうがよい Sempre é bom tratar uma doença na sua fase inicial.

しょき 書記 secretário/ria; escrivão/vã. ◆書記官 〖法〗escrevente, escrivão/vã. 書記官長 cartório (m) de justiça. 書記長 secretário/ria geral.

しょきゅう 初級 classe (f) elementar, classe de principiantes. 日本語の〜コース curso (m) de japonês para principiantes.

じょきょく 序曲 〖音〗abertura (f), prelúdio (m).

ジョギング 〖スポーツ〗jogging (m) [ジョーギン], cooper (m) [クーペル]. 〜をする fazer cooper [jogging].

しょく 職 ❶〔勤め口〕emprego (m), colocação (f), trabalho (m). 〜についている estar empregado/da. 〜を得る obter um emprego. 私は〜を失った Eu perdi o meu emprego. 彼は〜を求めている Ele está procurando um emprego. ❷〔地位・職務〕posição (f), posto (m), cargo (m), função (f). ❸〔技術〕técnica (f), arte (f), ofício (m). 何か手に〜をつけたいのですが... Gostaria de aprender um ofício.

しょく 食 refeição (f). 1日3〜 três refeições por dia. 1日に何〜食べていますか Quantas refeições você faz por dia? 〜を断つ必要があります É preciso ⌊abster-se de comer [jejuar]. 〜する comer, tomar. 〜が進む ficar com apetite (e comer muito). 〜が細い comer pouco. ◆食生活 hábitos (mpl) alimentares. 食中毒 intoxicação (f) alimentar. 宇宙食 alimento (m) espacial, comida (f) de astronauta.

しょくあたり 食あたり intoxicação (f) alimentar.

しょくいく 食育 educação (f) alimentar; plano (m) educacional para a boa [correta] alimentação, em escolas e lares, do ponto de vista da saúde e economia global.

しょくいん 職員 funcionário/ria, empregado/da; 〔集合的に〕pessoal (m). ◆職員会議 reunião (f) de funcionários. 職員組合 sindicato (m) dos funcionários. 職員室 sala (f) dos funcionários.

しょぐう 処遇 tratamento (m). 〜する tratar. 冷たい〜を受ける receber um tratamento frio. 敬意をもって老人を〜する tratar os idosos com respeito.

しょくえん 食塩 sal (m) de cozinha. ◆食塩水 solução (f) salina. 生理食塩水 soro (m) fisiológico.

*****しょくぎょう 職業** profissão (f) [プロフィソン], ofício (m) [オフィッス╱オ], trabalho (m) [トラバーリョ]. 〜的な〔〜上の〕profissional. 〜上の秘密 sigilo (m) profissional. 自分に合った〜に就く acertar na carreira. 「ご〜は何ですか」「私の〜は医者です」Qual é a sua profissão? — Eu sou médico/ca. ◆職業意識 consciência (f) profissional. 職業訓練 treinamento (m) profissional. 職業適性検査 teste (m) ⌊de vocação profissional [vocacional]. 職業病 doença (f) profissional. 職業別電話帳 lista (f) telefônica classificada [classificados (mpl)]. 公共職業安定所 Agência (f) Pública de Empregos.

しょくご 食後 〜に depois das [após as] refeições.

*****しょくじ 食事** refeição (f) [ヘフェイサォン]; 〔昼食〕almoço (m) [アウモッソ]; 〔夕食〕jantar (m) [ジャンタール]. 〜をする comer, fazer a refeição; alimentar-se; 〔昼食をとる〕almoçar; 〔夕食をとる〕jantar. 軽い〜を取る ter uma leve refeição, tomar [fazer] uma refeição leve, comer uma coisa leve. 〜に呼ばれる ser convidado/da para um almoço (jantar). 〜中 durante a refeição. 今は〜中だ Agora eu estou comendo [almoçando, jantando]. 〜の準備をする preparar a refeição. これから〜の用意をしなければならないので... Então, com licença que agora eu tenho de ⌊preparar a refeição [fazer a comida] .... 〜の後片付けをする tirar a mesa e arrumar a cozinha. 〜を抜く pular uma refeição. 〜を出す servir a refeição. 〜をおごる pagar uma refeição a alguém. 外で〜をする comer fora. 〜をしながらそのことについて話しましょう Vamos falar sobre isso enquanto comemos [almoçamos, jantamos]. 〜は何時ですか A que horas é a refeição? お〜は何時にいたしましょうか A que horas posso servir a refeição? お〜は何時に召し上がりますか A que horas o/a senhor/ra gostaria de fazer a refeição? ◆食事時間 hora (f) da refeição.

しょくじ 食餌 〖医〗alimentação (f). 〜の alimentar. 〜制限をしています Eu estou fazendo regime (alimentar)./Estou de dieta. ◆食餌療法 tratamento (m) através da alimentação controlada.

しょくじ 植字 〖印〗composição (f) gráfica. ◆植字工 compositor/ra.

しょくしゅ 職種 tipo (m) de serviço (profissão).

しょくしゅ 触手 tentáculo (m). 〜を伸ばす estender os tentáculos.

しょくしん 触診 〖医〗apalpação (f), palpação (f). 〜する apalpar.

しょくじんしゅ 食人種 canibal, antropófago/ga.

しょくぜん 食前 〜に antes das refeições. この薬を1日2回〜に服用してください Tome o

しょくそう 褥瘡 〖医〗escara (f), crosta (f) de ferida.

しょくたく 食卓 mesa (f) para refeições. ~の用意をする pôr a mesa. ~を片付ける retirar a mesa, tirar [limpar] a mesa. ~をかこむ juntar-se à mesa. ~につく sentar-se à mesa. どうぞ~についてください Por favor, vamos chegando à mesa. ♦食卓塩 sal (m) de mesa.

しょくちゅうどく 食中毒 intoxicação (f) alimentar. ♦集団食中毒 intoxicação alimentar ʟem massa [generalizada].

しょくつう 食通 gastrônomo/ma. あなたは~ですね Você tem um ótimo paladar, não é mesmo?

しょくどう 食堂 〔会社などの〕sala (f) de refeições, refeitório (m); 〔ホテルなどの〕restaurante (m). ♦食堂車 vagão-restaurante (m). 軽食堂 cafeteria (f), lanchonete (f), lancheteria (f). 社員食堂 refeitório (m) dos funcionários (de uma companhia).

しょくどう 食道 〖解〗esôfago (m). ♦食道炎 〖医〗esofagite (f). 食道潰瘍 〖医〗úlcera (f) esofágica.

しょくにん 職人 artesão/sã. ♦職人気質 espírito (m) de artesão.

しょくば 職場 local (m) de trabalho; 〔事務所〕escritório (m); 〔工場など〕oficina (f). ~に復帰する voltar ao trabalho, retomar o cargo. ♦職場結婚 casamento (m) entre colegas de trabalho.

しょくばい 触媒 catalisador (m). ♦触媒作用 ação (f) catalítica.

しょくはつ 触発 ❶ explosão (f) por contato. ❷《比》influência (f), estímulo (m), contágio (m). 私はこの著書に~されてボランティア活動を始めた Comecei a trabalhar como voluntário/ria, estimulado/da [influenciado/da] por este livro.

しょくパン 食パン 〖料〗pão (m) de forma.

しょくひ 食費 despesas (fpl) alimentares, gastos (mpl) com a comida. 月々の~はどのくらいですか Quanto você gasta em comida, por mês?

しょくひん 食品 gêneros (mpl) alimentícios. ♦食品売場 seção (f) de alimentos 《numa loja de departamentos》. 食品衛生 higiene (f) alimentícia. 食品工業 indústria (f) alimentícia. 食品公害 contaminação (f) de alimentos. 食品店 mercearia (f), armazém (m). 食品添加物 aditivo (m) alimentar (químico). インスタント食品 (alimentos (mpl)) instantâneos (mpl). 加工食品 alimentos industrializados. 自然食品 produtos (mpl) [alimentos (mpl)] naturais. 保存食品 alimentos não-perecíveis. 冷凍食品 (alimentos) congelados (mpl).

*****しょくぶつ 植物** planta (f) [プランタ], vegetal (m) [ヴェジェターウ], flora (f) [フローラ], vegeção (f) [ヴェジェタサォン]. ~性の vegetal. ~的な vegetativo/va. ♦植物園 jardim (m) botânico. 植物界 〖生〗Reino (m) Vegetal. 植物学 Botânica (f). 植物学者 botânico/ca. 植物群 flora. 植物状態 〖医〗estado (m) vegetativo. 植物性油脂 óleo (m) vegetal. 植物分類学 Botânica Sistemática, taxonomia (f) vegetal.

しょくべに 食紅 corante (m) alimentar.

しょくみん 植民 ❶ colonização (f). ❷〔移住者〕imigrante. ♦植民省《ポ》Ministério (m) Ultramarino.

しょくみんち 植民地 colônia (f). …の~化 colonização de …. ~的な colonial. ~時代 período (m) colonial. 植民地主義 colonialismo (m). 植民地政策 política (f) colonial. 新植民地主義 neo-colonialismo (m).

しょくむ 職務 cargo (m), função (f), obrigação (f) profissional. ~を全うする cumprir com seus deveres (profissionais). ~を怠る faltar com seus deveres (profissionais). ~を果たす desempenhar ʟsua função [seu ofício]. ~に就く tomar posse de um cargo. ~に忠実である ser fiel à sua função. ~上 em razão do cargo, profissionalmente. ~上の profissional. 彼は~怠慢のために免職になった Ele foi despedido por sua negligência profissional. …に~質問をする pedir a ··· a comprovação de sua identidade. ~質問をしますが… Vou lhe fazer um questionamento policial. ♦職務規定 regulamento (m) profissional. 職務権限 atribuições (fpl) profissionais. 職務質問 inquérito (m) policial.

しょくもう 植毛 transplante (m) de cabelos.

しょくもつ 食物 comida (f), alimento (m), comestível (m). ~を与える dar de comer a ···. ~を摂取する alimentar-se, nutrir-se. ~を断つ abster-se (de alimentos). ♦食物アレルギー alergia (f) alimentar.

しょくやすみ 食休み descanso (m) após as refeições.

しょくよう 食用 ~の comestível. ♦食用油 óleo (m) de cozinha.

しょくよく 食欲 fome (f), apetite (m), vontade de comer. ~がある ter apetite. ~をそそる abrir o apetite. このごろ~がないのです Não tenho tido apetite esses dias. 今は~がないのですが… Agora estou sem apetite …./Agora eu não estou com fome. ♦食欲不振 falta (f) de apetite; 〖医〗anorexia (f).

しょくりょう 食料 alimentos (mpl). ♦食料品 alimentos (mpl), produtos (mpl) [gêneros (mpl)] alimentícios. 食料品店 mercearia (f), armazém (m) (de secos e molhados).

しょくりょう 食糧 víveres (*mpl*), provisões (*fpl*), comestíveis (*mpl*). …に~を供給する abastecer … de víveres. ♦食糧危機 crise (*f*) de alimentos. 食糧事情 situação (*f*) alimentar. 食糧庁 Secretaria (*f*) de Abastecimento de Víveres, Agência (*f*) de Abastecimento.

しょくりん 植林 silvicultura (*f*), cultura (*f*) de árvores florestais, reflorestamento (*m*). ~する reflorestar, arborizar.

しょくれき 職歴 antecedentes (*mpl*) profissionais, currículo (*m*) profissional.

しょけい 処刑 execução (*f*). ~する executar.

しょけん 初見 〖音〗leitura (*f*) de uma partitura à primeira vista. ~でソナタを弾く tocar uma sonata à primeira vista.

じょげん 助言 conselho (*m*), aviso (*m*), advertência (*f*). ~する aconselhar, advertir, avisar. …に~を与える dar um conselho a …. …に~を求める pedir um conselho a …. 課長の~を得て何とか仕事を完成することができました Eu pude terminar o serviço graças aos conselhos ˪do/da senhor/ra [do/da chefe].

しょこ 書庫 ❶〔図書館の〕estante (*f*) de biblioteca. ❷〔個人の〕biblioteca (*f*) (particular).

しょこう 初校 primeiras provas (*fpl*) (para correção, em edição de livros etc).

じょこう 徐行 ~する abrandar a marcha do carro, reduzir a velocidade do carro, andar devagar. あなたは~場所で減速しませんでしたね Você não reduziu a velocidade do carro na zona de baixa velocidade, não foi? 徐行《掲示》Devagar! ♦徐行場所違反 infração (*f*) por não ter reduzido a marcha do carro em zona de baixa velocidade.

しょこく 諸国 ❶ vários países (*mpl*). ❷ todos os países. ♦欧米諸国 países da Europa e os Estados Unidos.

しょこん 初婚 primeiro casamento (*m*).

しょさい 書斎 escritório (*m*), gabinete (*m*) de estudos.

しょざい 所在 ❶〔建物などの位置〕localização (*f*). 会社の~地 localização [endereço (*m*)] da companhia. 不祥事の責任の~をはっきりさせる[追求する] inquirir [indagar, averiguar] onde está o responsável pelo escândalo. ♦所在地 domicílio (*m*). ❷〔居所〕paradeiro (*m*). 彼は~をくらました Ele desapareceu./Não se sabe mais o seu paradeiro.

じょさいない 如才ない hábil no trato com as pessoas, simpático/ca, sociável.

じょさんし 助産師 obstetra.

しょじ 所持 ❶〖法〗〔携帯〕porte (*m*). ~する portar, transportar consigo. …の正当な~人 legítimo/ma portador/ra de …. 武器の不法~ porte ilegal de armas. そのジャーナリストは日本のパスポートを~していた Esse jornalista ˪tinha [era portador de] passaporte japonês. ♦所持品 artigos (*mpl*) de porte. 所持品検査 inspeção (*f*) policial sobre artigos de porte. ❷〔所有〕posse (*f*). 犯人は被害者の~品を奪って逃げた O criminoso fugiu extorquindo os pertences da vítima. 彼は銃を~する資格を取っていた Ele tinha obtido licença para portar (possuir) armas. あなたの~金は Quanto é o dinheiro que você tem [possui]?

じょし 助詞 〖文法〗partícula (*f*) 《termo gramatical japonês que corresponde a preposição da gramática portuguesa, mas que inclui terminações verbais, como o「が」e o「ば」de「彼が来れば」(= se ele vier).》

じょし 女子 moça (*f*), mulher (*f*). ♦女子大学 universidade (*f*) feminina. 女子チーム equipe (*f*) feminina.

しょしがく 書誌学 bibliologia (*f*). ♦書誌学者 bibliólogo/ga.

しょしき 書式 forma (*f*), formulário (*m*), fórmula (*f*). 契約書を~どおりに書く redigir o contrato em sua devida forma. この書類は~どおりに書かれていない Este documento não está redigido em sua devida forma.

じょしつ 除湿 desumidificação (*f*). ~する desumidificar. ♦除湿機 desumidificador (*m*).

じょしゅ 助手 auxiliar, ajudante, assistente. 車の~席 assento (*m*) ao lado do motorista.

しょしゅう 初秋 início (*m*) de outono, primeira fase (*f*) do outono.

しょしゅん 初春 início (*m*) de primavera, primeira fase (*f*) da primavera.

しょじょ 処女 virgem (*f*). ♦処女作 a primeira obra (de um autor). 処女地 terra (*f*) virgem. 処女膜 〖解〗hímen (*m*).

じょじょに 徐々に pouco a pouco, paulatinamente, gradualmente.

しょしん 初審 〖法〗julgamento (*m*) em primeira instância.

しょしん 初心 ❶ propósito (*m*) inicial, ideal (*m*) do começo. ~に帰ってがんばります Vou me esforçar lembrando-me do propósito inicial. ❷〔習いはじめ〕início (*m*) de aprendizagem. ⇨ 初心者.

しょしん 初診 primeira consulta (*f*) (médica). ♦初診料 preço (*m*) [taxa (*f*)] da primeira consulta.

しょしん 所信 convicção (*f*), parecer (*m*). ~を述べる dar o seu parecer. 首相の~表明演説 discurso (*m*) do primeiro-ministro sobre seu programa político.

しょしんしゃ 初心者 principiante, novato/ta, discente no início de sua aprendizagem. ~マークを車につけてください Coloque no carro o símbolo de principiante. ♦初心者マーク símbolo (*m*) de motorista principiante (que se coloca no carro).

じょすう 序数 〚数〛ordinal(*m*). ◆序数詞 número(*m*) ordinal 《como "primeiro, segundo" etc》.

じょすう 除数 〚数〛divisor(*m*). ◆被除数 dividendo(*m*).

しょする 処する condenar, sentenciar. …を死刑に〜 condenar … à morte. 罰金に処せられる levar uma multa, ser multado/da.

じょせい 女性 〔性〕sexo(*m*) feminino;〔女〕mulher(*f*). 〜的な〔女性が〕feminina;〔男性が〕afeminado(*m*). 〜専用の exclusivo/va para mulheres.

じょせい 助成 ajuda(*f*), subsídio(*m*), fomento(*m*), subvenção(*f*). …の研究を〜する subsidiar [ajudar financeiramente] as pesquisas de …. 農業を〜する fomentar a agricultura. …に〜金を与える dar subsídio a …, subsidiar …. ◆助成金 subsídio, subvenção.

じょせつ 除雪 remoção(*f*) da neve. 〜する remover a neve. ◆除雪作業(trabalho(*m*) de) remoção da neve. 除雪車 carro(*m*) para limpar [retirar] a neve das estradas.

しょせん 所詮 afinal de contas, enfim. 〜治らない病気だったのだから Afinal de contas, era uma doença incurável mesmo.

じょそうざい 除草剤 herbicida(*m*).

しょぞく 所属 filiação(*f*), ligação(*f*). 無〜の政治家 político/ca independente [sem filiação partidária]. …に〜する pertencer a …. 彼は強豪チームに〜している Ele pertence a um time muito forte. ◆所属機関 organismo(*m*)〔órgão(*m*)〕a que (se) pertence.

しょたい 所帯 família(*f*). 〜を持つ constituir família. 彼のところは 10 人家族の大〜だ Ele tem uma família grande de dez pessoas. ◆所帯主 chefe de família. 所帯持ち casado/da.

じょたい 除隊 ❶〔満期の〕licença(*f*) do serviço militar. ❷〔病気・事故による〕isenção(*f*) por invalidez. 〜になる ficar livre do serviço militar. ◆除隊兵 soldado/da licenciado/da; soldado/da isento/ta do serviço militar.

しょたいめん 初対面 o primeiro encontro(*m*) entre as pessoas. 〜のときは礼儀を外さないほうがよい É melhor não ser muito informal no primeiro encontro com as pessoas.

しょだな 書棚 estante(*f*) de livros.

*****しょち 処置** ❶ medida(*f*) [メヂーす], solução(*f*) [ソルサォン], remédio(*m*) [ヘメーヂオ], providência(*f*) [プロヴィデンスィア]. …に対して必要な〜を取る tomar medidas necessárias [uma providência necessária] para …. …の〜に困る não saber como resolver …, não saber o que fazer com …. 彼はその問題の〜を誤った Ele falhou na solução do problema./Ele tomou medidas erradas para resolver a ques-tão. ❷ tratamento(*m*) [トラタメント]. 〜する tratar. 未〜の虫歯 cárie(*f*) não tratada. ◆応急処置 primeiros socorros(*mpl*).

しょちゅうみまい 暑中見舞 (cartão(*m*) de) cumprimentos(*mpl*) de verão. 暑中お見舞申し上げます Espero que esteja gozando de boa saúde, apesar do calor.

しょちょう 初潮 menarca(*f*), a primeira menstruação(*f*).

しょっかく 触覚 tato(*m*), sentido(*m*) do tato.

しょっかく 触角 ❶〔昆虫の〕antena(*f*) 《de inseto》. ❷〔植物や動物の〕tentáculo(*m*) 《de plantas ou animais》.

しょっかん 食間 período(*m*) entre as refeições. 〜に水を飲んでください Beba água entre as refeições. この薬は〜に飲むものです Este remédio deve 《口語》é para] ser tomado entre as refeições.

しょっき 食器 louça(*f*), pratos(*mpl*). 〜を洗う lavar louças. ◆食器洗い機 (máquina (*f*)) lava-louças(*f*). 食器棚 armário(*m*) de louças.

▶おもな食器◀
コップ copo [コッポ](*m*)
カップ xícara [シッカラ](*f*)
ティーカップ xícara de chá [シッカラ ヂ シャー](*f*)
グラス copo [コッポ](*m*)
ジョッキ caneca de cerveja [カネッカ ヂ セルヴェージャ](*f*)
スプーン colher [コリェール](*f*)
フォーク garfo [ガールフォ](*m*)
ナイフ faca [ファッカ](*f*)
箸(はし) pauzinhos [パウズィーニョス](*mpl*)

ジョッキ caneca(*f*) de cerveja [para chope]. 〜2杯ください Duas canecas de chope, por favor 《na choperia》.

ショック ❶〔物理的な衝撃〕choque(*m*), impacto(*m*). 電流の〜を受けた Levei um choque [uma descarga elétrica]. この時計は〜にも強い Este relógio é resistente a choques [impactos]. ◆ショックアブソーバー amortecedor(*m*). 電気ショック choque elétrico. ❷〔心の動揺〕trauma(*m*), choque. 〜を受ける ficar traumatizado/da, levar um choque. 〜を与える chocar, traumatizar. 〜から立ち直る recuperar-se de um choque. それは非常に〜だった Isso me chocou muito./Eu fiquei muito chocado/da com isso. ◆ショック療法 tratamento(*m*) de choque. カルチャーショック choque cultural.

しょっけん 職権 〚法〛autoridade(*f*) (inerente a um cargo), atribuições(*fpl*). 〜によるde ofício. 〜を行使する exercer a autoridade, usar das atribuições do cargo. 〜を乱用する abusar da autoridade.

しょっけん 食券 ficha(*f*) 《de alimentos preparados》, vale-refeição(*m*). 〜をレジでお

求めください《掲示》Fichas no Caixa.

ショット ❶〔射撃〕tiro (m), disparo (m). ❷〚スポーツ〛〔打球〕batida (f) da bola. ゴルフの～ tacada (f) (de golfe). ❸〚映〛tomada (f).

しょっぱな 初っ端 começo (m), princípio (m). ～から logo de início.

ショッピング compras (fpl). ～をする fazer compras. ◆ショッピングカート carrinho (m) de compras. ショッピングセンター shopping center (m)〚ショッピン センテル〛. ショッピングバッグ sacola (f) de compras.

ショップ loja (f), casa (f) comercial. ◆コーヒーショップ café (m). ペットショップ loja de animais de estimação, pet shop (m)〚ペッチ ショッピ〛.

しょてい 所定 ～の determinado/da, fixo/xa, prescrito/ta, estipulado/da. ～の期間内に dentro do prazo prescrito. ～の手続きを取る passar pelos trâmites necessários. ～の位置に着く ocupar os devidos lugares. ～の用紙に記入してください Preecha os formulários, por favor.

しょてん 書店 livraria (f).

しょとう 初冬 início (m) de inverno, primeira fase (f) do inverno.

しょとう 初等 ～の primário/ria, elementar. ◆初等教育 ensino (m) primário.

しょどう 書道 arte (f) caligráfica japonesa. ～を習う aprender caligrafia.

じょどうし 助動詞 〚文法〛verbo (m) auxiliar.《Em japonês, ele pode ser representado pela terminação verbal, como pelo「れる」de「しかられる」= ser repreendido》.

しょとく 所得 renda (f). ～税の源泉徴収 imposto (m) de renda descontado na fonte. 一人当たりの～ renda *per capita*. 彼は年間500万円の～がある Ele ganha cinco milhões de ienes por ano. ◆所得税 imposto de renda. 低所得層 classe (f) de renda baixa.

しょなのか 初七日 serviço (m) religioso do sétimo dia após morte de uma pessoa.

しょにち 初日 o primeiro dia (m).

しょにゅう 初乳 colostro (m), o primeiro leite (m) de uma parida.

しょにんきゅう 初任給 o primeiro salário (m)《de um funcionário de contrato efetivo》.

しょばつ 処罰 castigo (m), punição (f). ～する castigar, punir. ～を受ける receber a punição, ser punido/da.

しょはん 初版 a primeira edição (f).

しょはん 初犯 ❶〔犯罪〕o primeiro crime (m). ❷〔人〕réu/ré ⌐primário/ria 〚sem antecedentes criminais〛.

しょひょう 書評 crítica (f) literária.

しょぶん 処分 ❶〔処理〕liquidação (f), ato (m) de jogar fora. ～する liquidar, jogar fora. 在庫品を～しなければなりません Precisamos liquidar todo o estoque. ❷〔処罰〕castigo (m), punição (f). ～する castigar, punir. ～を受ける ser castigado/da〚punido/da〛. …の～を決める decidir-se por castigar. 彼は～が解けた Ele foi perdoado. ◆懲戒処分 castigo disciplinar.

じぶん 序文 ❶ prefácio (m), prólogo (m), preâmbulo (m). ❷〔序論〕introdução (f).

しょほ 初歩 primeiros passos (mpl), rudimentos (mpl). 文法の～ rudimentos de gramática. ～的な rudimentar, elementar.

しょほう 処方 receita (f), prescrição (f) médica《o ato》. 薬を～する receitar um medicamento〚remédio〛. ◆処方箋(ﾝ) receita (f) médica《o papel》.

じょほう 除法 〚数〛divisão (f). ⇨割り算.

じょみゃく 徐脈 〚医〛bradicardia (f).

しょみん 庶民 povo (m). ～的 popular.

しょむ 庶務 assuntos (mpl) gerais. ◆庶務課 seção (f) de assuntos gerais. 庶務係 encarregado/da de assuntos gerais.

しょめい 署名 assinatura (f), firma (f). ～する assinar, firmar. ここに～してください Assine aqui, por favor. ～運動をする fazer um abaixo-assinado.

じょめい 除名 exclusão (f), expulsão (f). ～する excluir, expulsar.

しょめん 書面 documento (m) escrito, o escrito, carta (f). ～で知らせる avisar por escrito. …を～にする escrever …, documentar …, pôr … por escrito. …に～を送る enviar uma carta a ….

しょもつ 書物 livro (m).

じょや 除夜 véspera (f) do ano-bom. ～の鐘 badalada (f) do sino《de um templo budista》à meia noite da véspera do ano-bom.

しょゆう 所有 propriedade (f), posse (f). ～する possuir, ter. その土地は国家の～地だ Esse terreno é propriedade do Estado. この お店の～者はあなたですか Esta loja pertence ao/à senhor/ra?/Esta loja é do/da senhor/ra? ～権の移転 transferência (f) de propriedade. ◆所有格〚文法〛caso (m) possessivo〚genitivo〛. 所有権〚法〛direito (m) de ⌐posse〚propriedade〛. 所有権証明書 certificado (m) de posse. 所有権放棄 abandono (m) do direito de propriedade. 所有者 proprietário/ria.

じょゆう 女優 atriz (f).

しょよう 所要 necessidade (f). ～の necessário/ria. 空港までの～時間はどのくらいですか Quanto tempo se gasta para chegar ao aeroporto? 郵便の～日数 dias (mpl) necessários para uma carta chegar ao seu destino. ◆所要時間 tempo (m) necessário, o tempo que se gasta.

*****しょり** 処理 ❶〔化学的な〕tratamento (m)〚トラタメント〛, processamento (m)〚プロセサメント〛. ～されていない水 água (f) não tratada. 未～の

ごみ lixo (m) não tratado. 〜する tratar, processar. ニューロンは情報を〜している Os neurônios processam as informações. ❷ 〔措置〕 providências (fpl) [プロヴィデンスィアス], despacho (m) [デスパッショ]. 〜する despachar, pôr em ordem. その書類を〜してください Por favor, despache essa papelada.

じょりょく 助力 ajuda (f), auxílio (m), assistência (f). 〜する ajudar, auxiliar, assistir, dar assistência a. …の〜を受ける receber ajuda de …. 〜を請う pedir ajuda. …の〜で com a ajuda de …, graças à assistência de ….

しょるい 書類 documentos (mpl), papelada (f), documentação (f). 〜を作成する redigir um documento. 〜送検する 〔法〕 enviar documentos referentes a um caso criminal à repartição do promotor público. ♦書類入れ pasta (f) de documentos. 書類審査 exame (m) da documentação dos candidatos numa seleção.

ショルダーバッグ bolsa (f) a tiracolo.

しょろう 初老 começo (m) da velhice. 〜の 鬱病 depressão (f) do início da velhice.

じょろん 序論 introdução (f), prólogo (m), prefácio (m).

しら inocência (f). 〜を切る fingir inocência, fingir que não sabe de nada (para sair de uma situação difícil).

じらい 地雷 mina (f) (de guerra). 〜を…に 敷設する minar …, colocar mina em …. …から〜を取り除く remover minas de …. ♦地雷原 campo (m) de minas.

しらが 白髪 cabelos (mpl) brancos.

しらかば 白樺 〔植〕bétula (f) branca.

しらき 白木 madeira (f) ao natural 《sem ser pintada com verniz ou tinta》.

しらける 白ける ❶ 〔色が薄くなって白くなる〕 perder a cor, esbranquecer. ❷ 〔興がさめる〕 perder a graça. 彼の一言で座が白けてしまった Por causa do que ele falou, o ambiente acabou perdendo a graça.

しらこ 白子 ❶ 〔魚の〕 líquido (m) seminal dos peixes. ❷ 〔医〕 albino/na.

しらさぎ 白鷺 〔鳥〕 garça (f) branca.

しらじらしい 白々しい transparente, claro/ra. 〜嘘(ネ)を言う mentir descaradamente, 《口語》dizer algo que está na cara que é mentira. 白々しく descaradamente, sem nenhuma vergonha.

しらす 白子 filhote (m) da sardinha. 〜干し filhotes da sardinha secos.

-しらず -知らず que não sabe [conhece]. 世 間〜 ingênuo/nua, que não conhece a malícia do mundo.

じらす 焦らす impacientar, irritar, fazer jogo duro. 女性を〜テクニック técnica (f) de fazer jogo duro para conquistar a namorada. じらさずに早く答えを教えてください Não faça jogo duro e diga logo a resposta.

しらずしらず 知らず知らず inconscientemente, involuntariamente, sem perceber [querer], sem se dar conta. 〜友人を傷つけてしまった Sem querer, magoei meu amigo. 〜のうちに寝てしまった Acabei dormindo sem perceber.

しらずに 知らずに inconscientemente, sem querer; sem saber.

しらせ 知らせ ❶ 〔通知〕aviso (m), informação (f). 〜を受ける receber um aviso, ser informado/da. ❷ 〔きざし〕 prenúncio (m), aviso (m), pressentimento (m). 虫の〜が あった Tive um pressentimento. ¶ それではお〜です 〔コマーシャル〕 Então, vamos aos comerciais!

しらせる 知らせる informar, avisar, dar um aviso a. 誰がそれを君に知らせたのですか Quem lhe disse isso?/Quem lhe deu esse aviso? 後で住所を知らせてください Depois você me dá o seu endereço, está bem? 彼は親にも知らせずに国を出た Ele saiu do país sem mesmo avisar os pais. もう警察に知らせました Eu já avisei a polícia.

しらたま 白玉 〔料〕 bolinho (m) de farinha de arroz. ♦白玉粉 farinha (f) de arroz.

しらばくれる fingir-se de desentendido/da, fazer-se de inocente, fazer-se de tonto/ta, ser dissimulado/da, 《口語》ser sonso/sa.

シラバス programação (f) curricular, conteúdo (m) do planejamento anual das aulas (de uma universidade).

しらふ 素面 estado (m) de pessoa não alcoolizada. 〜で sem beber. 〜では言えないことがある Há coisas que não dá para se dizer sem estar embriagado/da.

しらべ 調べ ❶ investigação (f); verificação (f). 〜を受ける ser investigado/da. ♦在庫 調べ verificação do estoque. ❷ 〔音〕 melodia (f), execução (f) de um instrumento.

しらべもの 調べ物 pesquisa (f). 〜をする pesquisar.

しらべる 調べる ❶ 〔調査する〕 pesquisar, estudar, investigar, examinar, obter informações sobre. 東京に住んでいるブラジル人の人数 を〜 pesquisar o número de brasileiros residindo em Tóquio. ❷ 〔チェックする〕 verificar, inspecionar, examinar, checar. 所持品を〜 examinar os pertences. 私たちは空港で手荷物を調べられた Examinaram a nossa bagagem de mão no aeroporto. ❸ 〔辞書などで〕 consultar, procurar, buscar, fazer uma busca. 電話帳でその人の番号を調べてください Procure na lista telefônica o número dessa pessoa. ❹ 〔尋問する〕 interrogar, inquirir, investigar, apurar. 容疑者を〜 interrogar o/a suspeito/ta.

しらみ 虱 〔虫〕piolho (m).

しらゆり 白百合 〔植〕açucena (f), lírio (m)

しられる　知られる tornar-se [ser] conhecido/da. ブラジルはコーヒーの産地として知られているO Brasil é conhecido como o país produtor de café.

しらんかお　知らん顔 ～をする fingir que não vê, fazer-se de desentendido/da. 不正行為を前にして～をする fazer vista grossa para um ato de corrupção.

しり　尻 ❶〔一般に〕nádegas (fpl);〔肛門〕ânus (m);《口語》bunda (f), traseiro (m);《卑》cu (m), rabo (m). 彼はまだ～が青い Ele ainda é inexperiente [novato/ta]. ～が重い ser demorado/da (para fazer algo). ～が軽い ser leviano/na,《口語》ser galinha. ～が長い人 pessoa (f) que faz visitas demoradas. 夫を～に敷く dominar o marido, mandar no marido. …の～を叩く fazer … trabalhar (estudar) mais. 女の～を追い回す correr atrás de mulheres,《口語》ir atrás de rabo de saia. 頭隠して～隠さず esconder-se mal, esconder só a cabeça e não esconder o traseiro. ❷ anca (f) (de animal), rabo.

シリア　Síria (f). ～の sírio/ria.

しりあい　知り合い conhecido/da. あなたはどこで彼と～になったのですか Aonde você o conheceu? あなたはここに～がいるのですか Você tem alguém conhecido aqui?/Você conhece alguém aqui?

しりあう　知り合う conhecer-se. 我々はブラジルで知り合った Nós nos conhecemos no Brasil. 私は京都で彼と知り合った Eu o conheci em Kyoto.

しりあがり　尻上がり ❶〖音声〗entonação (f) ascendente. 疑問文はだいたい～だ As frases interrogativas têm em geral entonação ascendente. ❷《比》melhoria (f). ～の市況 mercado (m) em vias de melhora.

シリアス ～な sério/ria. ～な問題 problema (m) sério.

シリーズ série (f), seriado (m). …を～でお伝えします Vamos transmitir … em série.

しりがる　尻軽 ～な leviano/na, volúvel.

じりき　自力 esforço (m) próprio. ～で por si só, sem a ajuda de ninguém. ～で立ち直る recuperar-se com as próprias forças, restabelecer-se sem a ajuda de ninguém. ♦ 自力更正 regeneração (f) por esforço próprio.

しりきれとんぼ　尻切れとんぼ inacabado/da.

シリコーン〖化〗silicone (m).

しりごみ　尻込み ～をする hesitar, retrair-se, recuar《diante de uma dificuldade ou algo amedrontador》, ficar intimidado/da, intimidar-se.

シリコン〖化〗silício (m).

しりさがり　尻下がり ❶〖音声〗entonação (f) descendente. ～である ter entonação descendente. ❷《比》piora (f), tendência (f) para baixar. ～の市況 mercado (m) em queda.

しりぞく　退く recuar, retroceder;〔引退する〕retirar-se, deixar o trabalho. どうして彼は職を退いてしまったのですか Por que ele deixou o cargo?

しりぞける　退ける recusar, expulsar, repelir, descartar. 社長は私の提案を退けた O presidente (da companhia) descartou a minha proposta.

しりつ　市立 ～の municipal. ♦ 市立図書館 biblioteca (f) municipal.

しりつ　私立 ～の particular, privado/da. ♦ 私立学校 escola (f) particular.

じりつ　自律〖哲〗autonomia (f).

じりつ　自立 independência (f), auto-suficiência (f). ～する〔独立する〕ficar [ser] independente;〔自活する〕manter-se a si mesmo. 彼は～している Ele é independente [auto-suficiente].

じりつしんけい　自律神経 nervo (m) autônomo. ♦ 自律神経系 sistema (m) nervoso autônomo. 自律神経失調症 desequilíbrio (m) do sistema nervoso autônomo.

しりとり　尻取り jogo (m) em grupo onde cada participante diz uma palavra que começa com a última sílaba da palavra usada pelo participante anterior.

しりぬぐい　尻拭い …の～をする pagar pelos erros de …; ser obrigado/da a fazer um serviço que cabe a …. 彼はいつも～をさせられている Ele sempre ⌐paga pelos erros dos outros [《口語》paga o pato].

しりめつれつ　支離滅裂 incoerência (f), inconsistência (f). ～な incoerente. 校長のスピーチは～だった O discurso do/da diretor/ra da escola.

しりもち　尻餅 ～をつく cair de nádegas, cair batendo com as nádegas no chão.

しりゅう　支流 afluente (m).

しりょ　思慮 reflexão (f). ～深い prudente. ～がない imprudente. こんなところで課長の悪口を言うとは君は～がない Você é muito imprudente em falar mal do/da chefe num lugar desses.

しりょう　史料 documento (m) histórico, material (m) histórico.

しりょう　資料 documentos (mpl), dados (mpl). 私はその報告書のための～集めに忙しい Estou muito ocupado/da com a coleta de dados para esse relatório.

しりょう　飼料 alimentos (mpl) para o gado;〔まぐさ〕forragem (f), pasto (m). ⇨餌(え).

しりょく　視力 vista (f). 私は～が弱い Tenho (uma) vista fraca. ♦ 視力検査 exame (m) de vista.

しりょく　資力 recursos (mpl) financeiros, meios (mpl).

シリンダー cilindro (m). 400～のバイク moto

(f) de quatrocentas cilindradas.

しる 知る ❶ saber [サベール], vir a saber de, inteirar-se de, ser sabedor/ra de. … について知っている saber de [sobre] …. …ということを知っている saber que … (＋直説法 = 何かを情報として知っている)《＋indicativo》. 彼はそのことを知っている Ele sabe disso. 私はブラジルのことを何も知らない Eu não sei nada do Brasil. 大統領が死んだということを知っていましたか Você sabia que o presidente faleceu? 私が～ところに寄ると que eu saiba; até onde sabemos; até onde eu sei. 私はあまりそういうことは知らない Eu não sou muito sabedor/ra dessas coisas. 私の知らないうちに sem eu saber, 《口語》pelas minhas costas. ❷〔見て知っている〕conhecer [コニェセール]. 私はあなたのご両親を知っている Eu conheço os seus pais. 彼はリオを知っている Ele conhece o Rio. 彼らは知り合いである Eles são conhecidos. ❸ conhecer (profundamente). 彼女はその作者について深く知っている Ela conhece profundamente o/a autor/ra./Ela é uma profunda conhecedora do/da autor/ra. 彼はこの機械をよく知っています Ele conhece bem esta máquina. ❹ aprender por experiência. 私はそれを長い経験で知った Eu aprendi isso através de uma longa experiência. ❺〔関係する〕ter a ver com, ser da conta de, competir a. 僕は知らないよ Eu não quero nem saber./Eu não tenho nada a ver com isso. ❻〔感じる〕sentir [センチール], ter [テール]. 恥を知れ Tenha mais vergonha! 恩を～ sentir gratidão. ❼〔体験で〕ter experiência, vivenciar [ヴィヴェンスィアール], passar por, conhecer. 彼は空腹の辛さを知らない Ele ⌐não vivenciou a [nunca passou pela] penúria da fome. 今の子供達は戦争の怖さを知らない As crianças de hoje não conhecem os horrores da guerra. ❽ ser conhecido/da por, ser famoso/sa por. その学校は生徒たちに厳しくすることで知られている Essa escola é conhecida pela rigidez no tratamento aos alunos.

しる 汁 caldo (m);〔果物の〕suco (m);〔スープ〕sopa (f). ～の多い suculento/ta. レモンの～を絞ってください Favor espremer o limão.

シルエット ❶ silhueta (f), perfil (m) ❷〔洋服などの〕contorno (m), perfil (m). ドレスの～ contorno de um vestido. このスカートは女性らしい～を作っている Esta saia dá formas femininas.

シルク seda (f). ～100% 100% [cem por cento] seda.

シルクハット cartola (f).

シルクロード Rota (f) [Caminho (m)] da Seda.

しるこ 汁粉〔料〕papa (f) de feijão adocicado com bolinhas de arroz.

*****しるし 印** sinal (m) [スィナール], marca (f) [マールカ];〔徴候〕presságio (m) [プレサージオ];〔象徴〕símbolo (m) [スィンボロ]. …に～をつける pôr ⌐um sinal [uma marca] em …. このバッジは会員の～です Este distintivo ⌐mostra [é sinal de] que você é membro (desta associação). 感謝の～にこれを差し上げます Quero lhe dar isto como sinal de agradecimento.

しるす 記す〔書き付ける〕escrever, anotar;〔記述する〕descrever; marcar.

シルバー ❶〔銀〕prata (f). ♦シルバーアクセサリー acessório (m) [adereço (m)] de prata. ❷〔高齢者〕idoso/sa. ♦シルバーシート assento (m) reservado para idosos e deficientes físicos, assento preferencial 《em veículos coletivos》. シルバーマーク adesivo (m) indicando motorista idoso/sa.

しれい 指令 ordem (f), instrução (f), comando (m). ～を出す dar ordem. …の～を発する dar ordem de …. …の～を受ける receber ordem de …. ～どおりに動く atuar de acordo com as instruções.

じれい 辞令〔任命書〕documento (m) de nomeação. ～をもらう ser nomeado/da. ♦外交辞令 linguagem (f) diplomática. 社交辞令 linguagem protocolar, expressão (f) de gentileza.

しれつ 歯列 posicionamento (m) dos dentes. ♦歯列矯正 correção (f) da posição dos dentes, ortodontia (f).

しれつ 熾烈 ～な feroz, violento/ta. ～な戦い combate (m) violento [feroz]. 我が社は不景気時に～な競争を生き抜いた Minha companhia sobreviveu à feroz competição na época da depressão econômica. ウラン獲得をめぐる～な争い disputa (f) violenta para obter urânio.

じれったい irritante pela lentidão. 彼女は遅いので～ Fico impaciente com a lentidão dela./A lentidão dela me irrita.

しれない 知れない não conseguir entender. そのようなことを言う人の気が～ Não dá para entender [Não consigo entender] uma pessoa que diz uma coisa dessas. …かも～ ⇨かもしれない

しれる 知れる ❶〔知られる〕chegar ao conhecimento de. このことが店長に～と困ったことになる Se este fato chegar ao conhecimento do gerente [Se o gerente acabar sabendo do fato] vai ser um problema. ❷〔わかる〕revelar(-se). そんなことを言うとお里が～よ Se você diz uma coisa dessas, acaba revelando a origem (que não há de ser muito fina).

しれわたる 知れ渡る tornar-se conhecido/da por toda parte. あの俳優の死は世界中に知れ渡った A notícia da morte daquele/la ator/atriz se espalhou pelo mundo.

しれん 試練 provação (f). ～を乗り越える vencer a uma provação. 人生の～に堪える resistir às provações da vida. それは一つの～

だった Isso foi uma provação. こういう～を経て我が社の力量が増すのだ A nossa companhia se fortifica através de provações como essa.

ジレンマ dilema (*m*).

しろ 城 castelo (*m*).

***しろ 白** ❶ [色] branco (*m*) [ブランコ], cor (*f*) branca. ～の branco/ca. ❷ [無罪] inocente [イノセンチ].

しろあと 城跡 ruínas (*fpl*) de castelo.

しろあり 白蟻 [虫] cupim (*m*).

***しろい 白い** branco/ca [ブランコ/カ]. 白さ brancura (*f*), alvura (*f*). ～目で見られる ser mal visto/ta. ～ものを着る vestir-se de branco. 白くする tornar … branco/ca, embranquecer, branquear. 白くなる tornar-se branco/ca. 壁を白く塗る pintar a parede de branco.

しろうしょう 脂漏症 [医] seborreia (*f*).

しろうと 素人 amador/ra, não profissional, diletante. ～くさい [人] que parece amador/ra; [仕事] que parece obra [trabalho] de amador/ra. 彼は～にしてはゴルフがうまい Por ser amador, ele joga bem o golfe. ～ばなれした que não parece obra de amador. ～向きの法律書 livro (*m*) de direito para amadores.

しろくま 白熊 [動] urso (*m*) branco.

しろくろ 白黒 ❶ branco (*m*) e preto (*m*). ♦ 白黒映画 filme (*m*) em preto e branco. ❷ 《比》 o certo e o errado, o bom e o mau. ～をはっきりさせる esclarecer o problema, 《口語》 definir direito o que é bom e o que é mau.

しろざけ 白酒 saquê (*m*) branco (que se bebe principalmente no dia 3 de março, na festa das meninas).

しろざとう 白砂糖 açúcar (*m*) refinado.

じろじろ ～見る fixar a vista em …, olhar … fixamente.

しろタク 白タク táxi (*m*) clandestino.

シロップ xarope (*m*).

しろっぽい 白っぽい esbranquiçado/da. ～スカート saia (*f*) de cor clara.

しろねずみ 白鼠 [動] rato (*m*) branco.

しろバイ 白バイ 《口語》 ❶ [車] motocicleta (*f*) da polícia rodoviária. ❷ [人] policial rodoviário/ria (de motocicleta).

シロホン [音] xilofone (*m*).

しろみ 白身 ❶ [魚] carne (*f*) branca (do peixe). ♦ 白身魚 peixe (*f*) de carne branca. ❷ [卵の] clara (*f*) do ovo. 黄身と～を分けてください Separe a gema da clara, por favor.

しろめ 白目 [解] parte (*f*) branca do olho, esclerótica (*f*).

しわ 皺 ruga (*f*). 額に～をよせる franzir a testa [o cenho]. ～がよる enrugar-se.

しわがれる 嗄れる enrouquecer, ficar rouco/ca. たばこを吸い続けて声がしわがれてきた Depois de fumar em seguida, minha voz começou a ficar rouca. しわがれた声 voz (*f*) rouca.

しわくちゃ 皺くちゃ ～の (な) 1) enrugado/da. ～なおじいさん ancião (*m*) [velho (*m*)] enrugado. 2) amarrotado/da. ～なスカート saia (*f*) amarrotada. ～にする deixar ficar enrugado/da; amarrotar, deixar amarrotado/da.

しわけ 仕分け classificação (*f*), separação (*f*). ～をする classificar, fazer a classificação.

しわざ 仕業 ato (*m*), obra (*f*). これはだれの～か Quem fez isto aqui?

じわじわ pouco a pouco, lenta e constantemente. 敵を～攻める atacar o inimigo lenta e constantemente. ～と首を絞める estrangular … lentamente.

しわす 師走 mês (*m*) de dezembro, correria (*f*) de fim de ano.

しわよせ 皺寄せ problema (*m*) causado por outros. ～を受ける sofrer com os problemas causados por outros, 《口語》 pagar o pato. ～する passar o problema [《口語》o abacaxi, a batata quente] para os outros. 不況の～がいつも零細企業に及ぶ As microempresas sempre acabam sendo vítimas da depressão econômica.

しん 心 ❶ [心臓] [解] coração (*m*). ～エコー検査 ecocardiograma (*m*). ♦ 心内膜 endocárdio (*m*). ❷ [精神] espírito (*m*), coração (*m*). ♦ 愛国心 espírito patriótico. ❸ [心の底] fundo (*m*) do coração. 社長は～はいい人だ No fundo, o nosso presidente é uma boa pessoa. 夫は～からブラジルが好きだった Meu marido gostava do Brasil do fundo do coração.

しん 新 ～の novo/va. ♦ 新感覚 sensibilidade (*f*) moderna. 新政策 nova política (*f*).

しん 真 verdade (*f*). ～の verdadeiro/ra, de verdade, real. ～に verdadeiramente, na verdade, realmente. 彼の父親は～の意味の紳士です O pai dele é um verdadeiro cavalheiro. あなたがほかへ行きたい～の理由は何ですか Qual o verdadeiro motivo de você querer ir a outro lugar?

しん 芯 [果物などの] núcleo (*m*), caroço (*m*), talo (*m*) (de frutas); [ろうそくやランプの] pavio (*m*), mecha (*f*), torcida (*f*) (de velas etc); [鉛筆の] ponta (*f*), estilete (*m*) de grafita (de lápis); [人の本性] caráter (*m*); [体の] ossos (*mpl*), medula (*f*) dos ossos. ろうそくの～ pavio (*m*) da vela. このタマネギは～が腐っている Esta cebola está com o miolo podre. このご飯は～がある Este arroz está meio cru. ～の強い人 uma pessoa de caráter forte. ～まで冷えてしまった O frio acabou penetrando até aos ossos.

-しん -審 [法] 第一～で em primeira instância.

しんあい 親愛 afeto (*m*), afeição (*f*), amor

(m). ～なるマリア様へ〔手紙などで〕Para a querida amiga Maria《em cartas》. ～の情を表す expressar o afeto.

しんい 真意 ❶〔本当の気持ち〕verdadeira intenção (f). あなたが仕事を辞める～は何ですか Qual será a verdadeira intenção de sua demissão? ❷〔本当の意味〕verdadeiro sentido (m). あの映画の～は何だろう Qual será o verdadeiro sentido daquele filme? ⇨本心.

じんい 人為 ～的 artificial. ～的に artificialmente.

しんいり 新入り novato/ta, recém-chegado/da.

じんいん 人員 〔人数〕número (m) de pessoas; 〔職員〕pessoal (m), quadro (m) de pessoal. ♦人員整理 redução (f) do pessoal [quadro de pessoal]. 可動人員 mão (f) de obra disponível.

じんう 腎盂 【解】pelve (f) renal. ♦腎盂炎【医】pielite (f).

しんえん 深淵 abismo (m), precipício (m), desfiladeiro (m).

しんえん 深遠 profundidade (f), profundeza (f). ～な profundo/da. ～な信仰 fé (f) profunda. ～な言葉 palavras (fpl) profundas. ～な意味 sentido (m) profundo. ～な理論 uma teoria difícil de entender 《de tão profunda》.

じんえん 腎炎 【医】nefrite (f).

しんおん 唇音 〔音声〕som (m) labial, consoante (m) labial.

しんか 真価 verdadeiro valor (m), mérito (m). …の～を問う questionar o valor de ・・・. ～を発揮 mostrar o verdadeiro valor.

しんか 進化 evolução (f). ～する evoluir. ♦進化論 evolucionismo (m), darwinismo (m).

シンガーソングライター 【音】cantor/ra que é ao mesmo tempo compositor/ra e autor/ra da letra da música.

しんかい 深海 mar (m) profundo.

しんがい 侵害 violação (f), invasão (f). ～する violar, invadir, infringir. ♦侵害者 agressor/ra. 人権侵害 violação dos direitos humanos. プライバシー侵害 violação [invasão] da privacidade.

しんがい 心外 ～な 1)〔意外な〕surpreendente, inesperado/da. 君がそんなことを言うなんて～だ Eu não esperava isso de você. 2)〔残念な〕deplorável, lamentável. そんな結果になるとは～だ Esse resultado é lamentável. / É lamentável que as coisas tenham tomado tal rumo.

しんがお 新顔 novato/ta, recém-chegado/da,《口語》cara nova. ～の店員 O/A empregado/da novato/ta da loja.

しんがく 進学 ingresso (m) em escola de grau superior. ～する ingressar em escola de grau superior, continuar os estudos. 大学に～する ir para a universidade. 私の息子はこの4月に高校へ～します O meu filho vai entrar no curso colegial agora em abril. ♦進学塾 cursinho (m) para os vestibulandos. 高校進学率 porcentagem (f) de alunos que chegam ao curso colegial.

しんがく 神学 teologia (f). ♦神学者 teólogo/ga.

じんかく 人格 personalidade (f), caráter (m). 外国人の～を尊重する respeitar a individualidade de cada estrangeiro. ♦人格者 pessoa (f) virtuosa. 人格障害【心】desordem (f) de personalidade. 二重人格 dupla personalidade. 法的人格 pessoa jurídica.

しんがた 新型 ❶ novo modelo (m). この車は最～ですか Este carro é último modelo? ♦新型パソコン computador (m) (de) último modelo. ❷ novo tipo (m). ♦新型ウイルス novo tipo de vírus.

しんがっき 新学期 novo período (m) escolar [letivo].

しんかぶ 新株 【経】ação (f) nova. 本日当社の～購入受け付けは終了しました Encerrou-se hoje a subscrição das ações novas de nossa empresa. ♦新株引き受け権 direito (m) preferencial para subscrição das ações novas.

シンガポール Cingapura. ～の cingapuriano/na.

しんかん 新刊 nova edição (f) [publicação (f)]. ♦新刊書 livro (m) recém-publicado.

しんかん 新館 novo edifício (m) (de uma loja de departamentos etc).

しんかんせん 新幹線 trem-bala (m). ♦東海道新幹線 nova linha (f) de Tokaido 《linha leste-oeste de *Shinkansen*》.

しんき 新規 ～に人を採用する admitir novos empregados. ♦新規加入者 novo membro (m) 《de associações etc》.

しんぎ 信義 honestidade (f), confiança (f). ♦信義誠実【法】boa-fé (f).

しんぎ 審議 discussão (f), deliberação (f). その問題は～中である Esse problema está em discussão. …を～にかける submeter ・・・ a discussão [exame]. …について～する discutir sobre ・・・, examinar ・・・. ♦審議会 conselho (m) deliberativo.

しんぎ 真偽 verdade (f) ou falsidade (f). ある事柄の～を確かめる verificar a autenticidade [veracidade] de um caso. その噂(うわさ)の～はともかくとして，どう対応するかを考えましょう Pensemos em como agir, deixando para depois a questão da veracidade do boato.

しんきいってん 心機一転 mudança (f) completa de modo de viver. ～して仕事にとりかかる trabalhar com uma nova disposição de espírito.

しんきゅう 進級 passagem (f) de ano (letivo). ～する passar de ano, ser aprovado/da.

しんきょ 新居 nova residência (f). 東京に～

を構える constituir um lar (fixando residência) em Tóquio.

しんきょう 心境 estado (m) de espírito, ânimo (m). ～の変化 mudança (f) dos ânimos. 現在の～はいかがですか Como está seu estado de espírito agora [《口語》vai o seu astral]?

しんきょうまく 心胸膜 〖解〗pleura (f) pericárdica.

しんきょく 新曲 nova música (f) (de um compositor ou de um grupo).

しんきろう 蜃気楼 fenômeno (m) no qual aparecem paisagens ou imagens tremelicadas, no horizonte ou no céu, provocado pela irregularidade na densidade do ar; (espécie (f) de) miragem (f).

しんきろく 新記録 novo recorde (m).

しんきん 心筋 〖解〗miocárdio (m). ♦心筋炎 〖医〗miocardite (f). 心筋梗塞(こうそく) 〖医〗infarto (m) do miocárdio. 心筋症 〖医〗cardiomiopatia (f). 心筋不全 〖医〗insuficiência (f) miocárdica.

しんきん 真菌 〖植〗fungo (m). ♦真菌学 micologia (f). 真菌症 〖医〗micose (f).

しんきんかん 親近感 simpatia (f), intimidade (f). ぼくは彼に対して～を覚えた Eu senti uma grande simpatia por ele.

しんぐ 寝具 roupas (fpl) de cama 《travesseiros (mpl), colchões (mpl), acolchoados (mpl), lençóis (mpl), fronhas (fpl), cobertores (mpl) etc》.

しんくう 真空 vazio (m), vácuo (m). ♦真空管 tubo (m) de vácuo, válvula (f) eletrônica. 真空パック embalagem (f) a vácuo, embalagem a alto vácuo. 真空パック製品 produto (m) embalado a vácuo.

シンクタンク *think tank* (m) [スィンキ タンキ], grupo (m) de pessoas inteligentes encarregadas de dar boas ideias para o progresso do país.

シングル ❶ simples. ❷ de solteiro/ra. ♦シングルベッド cama (f) de solteiro. シングルマザー mãe (f) solteira.

シングルス ❶ 〚ゴルフ〛partida (f) simples. ❷ 〚テニス・卓球〛partida de singulares.

シンクロナイズドスイミング natação (f) sincronizada, nado (m) sincronizado.

***しんけい 神経** ❶ 〖解〗nervo (m) [ネールヴォ]. ～の dos nervos. ～を抜く tirar os nervos 《dos dentes》.

♦神経炎 〖医〗neurite (f). 神経科医 neurologista. 神経外科 neurocirurgia (f). 神経外科医 neurocirurgião/giã. 神経細胞 célula (f) nervosa. 神経支配 inervação (f). 神経腫 neuroma (m). 神経症 〖医〗neurose (f). 神経衰弱 〖医〗neurastenia (f). 神経性下痢 〖医〗diarreia (f) psicossomática. 神経性食欲不振症 〖医〗anorexia (f) nervosa. 神経節 gânglio (m). 神経線維 fibra (f) nervosa. 神経組織 sistema (m) nervoso. 神経単位 neuro (m), neurônio (m). 神経中枢 centro (m) nervoso. 神経痛 〖医〗neuralgia (f), nevralgia (f). 神経内科 neurologia (f). 神経病 〖医〗neuropatia (f). 神経病患者 neuropata. 神経麻痺 neuroparalisia (f). 視神経 nervo (m) óptico.

❷ 〚ものごとを感じるはたらき〛estado (m) de espírito [psicológico], característica (f) psicológica. ～にさわる mexer com os nervos. 無～な insensível. ～質な nervoso/sa, irritadiço/ça. ～を静める acalmar os nervos. ～をとがらせる ficar nervoso/sa. この仕事は～が疲れます Este serviço cansa os nervos. ♦神経安定剤 calmante (m).

しんげき 新劇 〖劇〗novo estilo (m) de teatro japonês com influência ocidental, introduzido no fim do século dezenove.

しんげつ 新月 lua (f) nova.

しんけん 真剣 ～な sério/ria. ～に seriamente. そのことは～に考えましょう Vamos pensar seriamente no caso.

しんけん 親権 〖法〗direito (m) de paternidade, guarda (f) [custódia (f)] dos filhos. ♦親権争い briga (f) [luta (f)] pela custódia dos filhos.

じんけん 人権 direitos (mpl) humanos. ～を守るために defender os direitos humanos. それは～無視です Isso é uma desconsideração [um desrespeito] aos direitos humanos. ♦基本的人権 direitos humanos fundamentais.

しんげんせいショック 心原性ショック 〖医〗choque (m) cardiogênico.

しんげんち 震源地 ❶ epicentro (m). ～は…キロの深さだった O epicentro dos tremores foi a … quilômetros de profundidade. ❷ 《比》causa (f), origem (f). 彼は会社の混乱の～だった Ele foi a causa da desordem na empresa.

じんけんひ 人件費 custos (mpl) de mão-de-obra.

しんご 新語 neologismo (m).

しんこう 信仰 fé (f), religião (f). ～する ter fé. ～の篤(あつ)い devoto/ta. ～の自由 liberdade (f) de crença.

しんこう 進行 marcha (f), avanço (m), progresso (m), andamento (m). ～中 em curso, em andamento. ～中の工事 obras (fpl) em andamento. 地球の温暖化はもう～中です O aquecimento global já está em curso. 電車の～方向に向かって一番前の出口に出てください Vá na direção tomada pelo trem e saia pela saída mais ao fundo 《em plataformas》. 会議の～を助ける auxiliar o andamento de uma reunião. 動詞の～形 〖文法〗forma (f) progressiva do verbo. ～する avançar, progredir. あなたの癌(がん)は相当～しています O seu câncer está num estado bem avançado. 仕事の～具合はいかがですか Como está o andamento do serviço? ♦進行係〔パーティーなどで〕mestre-cerimônias；〔テレビ番組などで〕apresentador/ra, animador/ra；〔会議やシンポジウムなどで〕coordenador/ra.

しんこう　振興　promoção (f), estímulo (m). ～する promover, estimular, encorajar. 工業を～する fomentar a indústria. 地球に優しい農業の～を図る promover uma agricultura ecológica. フェアトレードを～する fomentar o comércio justo.

しんこう　新興　surgimento (m) recente, aparecimento (m) e ascensão (f) notória, desenvolvimento (m). ♦新興階級 classe (f) emergente. 新興国 país (m) ⌊emergente [em vias de rápida ascendência]. 新興産業 nova indústria (f), indústria em desenvolvimento. 新興宗教 nova religião (f).

しんこう　親交　amizade (f), relação (f) amistosa. …と～を結ぶ estabelecer uma relação de amizade com …. …と～がある ter relações amistosas com ….

しんごう　信号　❶ sinal (m). ～を出す fazer [emitir] sinal. ♦信号燈 sinaleiro/ra. 停止信号 sinal de parar. 手旗信号 sinal por meio de banderinha. 電気信号 sinal elétrico. ❷〔信号機〕semáforo (m), farol (m), sinaleiro (m). ～が青(赤)になった O sinal abriu (fechou). ～は赤だった O sinal estava fechado. ～が変わった時 quando o sinal mudou. あなたは～を無視しましたね Você desobedeceu o sinal, não foi? ～を守ってください Obedeça [respeite] o sinal [semáforo, sinaleiro, farol]. ♦信号無視 não cumprimento (m) de semáforo, desrespeito (m) ao semáforo, não observação (f) do sinal de trânsito.

*****じんこう　人口**　população (f) [ポプラサォン]. ～の多い populoso/sa. ～の増加 crescimento (m) ⌊da população [demográfico]. ～の減少 redução (f) [diminuição (f)] da população. この町の～はどれくらいありますか Qual é a população desta cidade? この町の～は約20万です A população desta cidade é de duzentos mil habitantes mais ou menos. 東京は大阪より～が多い Tóquio é mais populosa do que Osaka. あの町は急に～が増加した Houve uma explosão demográfica naquela cidade. ♦人口増加率 taxa (f) de crescimento demográfico. 人口調査 censo (m). 人口統計学 demografia (f). 人口統計学者 demógrafo/fa. 人口密度 densidade (f) demográfica.

じんこう　人工　artificialidade (f). ～の artificial；〔合成の〕sintético/ca. ～の artificial. …に～呼吸器を装着する colocar pulmão artificial em …. 彼は～呼吸で息をしている Ele respira graças a um ⌊pulmão [aparelho de respiração] artificial.

♦人工衛星 satélite (m) artificial. 人工甘味料 adoçante (m) artificial. 人工呼吸 respiração (f) artificial. 人工呼吸器 pulmão (m) artificial, respirador (m) artificial, aparelho (m) de respiração artificial. 人工受精〔医〕inseminação (f) artificial. 人工受粉 polinização (f) artificial. 人工知能 inteligência (f) artificial. 人工中絶 aborto (m) provocado. 人工透析 hemodiálise (f). 人工皮革 couro (m) sintético. 人工孵化(法)〔生〕método de incubação artificial.

しんこきゅう　深呼吸　respiração (f) profunda. ～をする respirar fundo [profundamente].

しんこく　深刻　～な grave, sério/ria. ～に gravemente, seriamente. 君はそれをそんなに～に考える必要はない Você não precisa pensar tão seriamente no caso. 事態は～化してしまった A situação se agravou.

しんこく　申告　declaração (f). 所得税の～をする declarar o imposto de renda. ～するものはありますか Tem algo a declarar? ～するものは何もありません Não tenho nada a declarar《em alfândegas etc》. それは～の必要はありません Não há necessidade de declarar isso. ♦申告者 declarante. 申告書 declaração. 確定申告 (re-)declaração (f) de imposto de renda. 財産申告 declaração de bens. 納税申告 declaração de impostos.

シンコペーション　〔音〕síncope (f).

しんこん　新婚　～の recém-casado/da. ～旅行はどちらへいらしたのですか Aonde ⌊você foi (vocês foram) de lua de mel?

しんさ　審査　exame (m), inspeção (f), investigação (f), seleção (f). ～する examinar. 応募者を～する examinar os candidatos. ～に通る passar no exame. 彼は～の結果1等となった O júri concedeu-lhe o primeiro prêmio. ♦審査員 examinador/ra. 審査会 júri (m). 資格審査 exame de habilitação [qualificação].

しんさい　震災　catástrofe (f) ⌊causada por terremoto [sísmica]. ～に遭う ser vítima de um desastre ⌊de terremoto [sísmico]. ♦震災者 vítima (f) de desastre sísmico.

じんざい　人材　pessoal (m) capaz, material (m) humano. 人材不足 falta (f) de mão-de-obra capaz. 人材派遣業 empreiteira (f).

しんさく　新作　nova obra (f)《literária, musical etc de um autor ou músico》.

しんさつ　診察　❶〔病人の様子を調べること〕consulta (f) médica. ❷〔病名や程度を判断すること〕diagnóstico (m). ～する dar consulta, examinar; diagnosticar. ～を受ける consultar, ser examinado/da, ser diagnosticado/da. すみません、山田先生の～時間は何時でしょうか A que horas é a consulta do Dr. [Doutor] Yamada, por favor? 今日は山田先生の

しんざつおん　～はあるのでしょうか Será que hoje tem consulta do Dr. Yamada? ♦診察券 cartão(m) de consulta. 診察時間 horário(m) de consulta. 診察室 sala(f) de consulta. 診察日 dias(mpl) de atendimento (médico). 診察料 honorários(mpl) médicos, preço(m) da consulta.

しんざつおん 心雑音 〖医〗sopro(m) cardíaco.

しんし 紳士 cavalheiro(m). ～的 de cavalheiro, cavalheiresco.

しんし 真摯 sinceridade(f), seriedade(f). ～な態度 atitude(f) sincera. 失敗を～に受け止める tomar a sério o erro cometido.

じんじ 人事 administração(f) de pessoal. ♦人事異動 transferência(f) de pessoal. 人事院 Administração(f) Nacional dos Servidores. 人事課 seção(f) de pessoal. 人事部 departamento(m) de pessoal.

しんしき 新式 ～の moderno/na, novo/va, de estilo novo.

シンジケート sindicato(m).

しんしつ 寝室 dormitório(m), quarto(m) (de dormir).

しんしつ 心室 〖解〗ventrículo(m). ♦心室細動 fibrilação(f) ventricular. 心室性期外収縮 extra-sístole(f) ventricular. 心室中隔欠損症 defeito(m) do septo interventricular.

しんじつ 真実 verdade(f). ～の verdadeiro/ra. それは～に反します Isso não é verdade [é contrário à verdade]. ～を曲げないでください Não distorça a verdade, por favor. 彼の言うことには～味がある Há verdade no que ele diz. ～はどこにあるのか Quem está com a verdade?/Quem está falando a verdade?/Qual o depoimento verdadeiro? ～のように como verdadeiro.

しんしゃ 新車 carro(m) [automóvel(m)] novo 〖《口語》zero, zero-quilômetro, zerinho〗.

しんじゃ 信者 crente, devoto/ta.

じんじゃ 神社 templo(m) 《xintoísta》.

ジンジャーエール ginger ale(m), refrigerante(m) de gengibre.

しんしゅ 新種 variedade(f) nova 《de um produto agrícola》.

しんじゅ 真珠 pérola(f).

じんしゅ 人種 raça(f). ～の racial. ～の別なく sem distinção de raça. ♦人種差別 discriminação(f) racial. 人種差別主義者 racista. 人種主義 racismo(m). 人種偏見 preconceito(m) racial. 人種問題 problema(m) racial. 黄色人種 raça amarela. 白色人種 raça branca.

しんじゅう 心中 suicídio(m) de amantes; suicídio em grupo. ～する suicidar-se em grupo ou com uma outra pessoa. 彼は妻と無理～を図った Ele forçou a esposa a se suicidar com ele. ♦一家心中 suicídio de uma família inteira.

しんしゅく 伸縮 elasticidade(f)《＝伸縮性》. ～性を高める aumentar a elasticidade. ～自在の elástico/ca. そのジーパンは～自在だ Essa calça *jeans* tem elasticidade.

しんしゅつ 進出 avanço(m) [expansão(f)] 《para novos territórios》. …に～する avançar [expandir-se] por …. 決勝戦に～する ser qualificado/da para as finais, chegar às finais. 政界に～する lançar-se na política. この分野には多くの女性が～している Muitas mulheres já trabalham neste setor 《emp》. 海外に～する expandir os negócios no exterior. 我が社は次の～地として当地を予定しています Esta região é o próximo mercado que nossa companhia pretende conquistar.

しんしゅつ 滲出 exsudação(f). 湿疹の～ exsudação do eczema. ～する exsudar.

しんしゅん 新春 ano-novo(m). ～おめでとうございます Feliz Ano-Novo!

しんじゅん 浸潤 ❶〔液体の〕infiltração(f) 《de líquidos em sólidos》. 油の～ infiltração do óleo. ❷〔考えなどの〕infiltração 《de ideias》. 新しい考え方が民衆の間に～してきた Uma forma nova de pensar tem se infiltrado na população. ❸〔医〕〔肺への〕infiltração (nos pulmões).

しんしょ 新書 livro(m) novo, livro recém-editado. ♦新書版 edição(f) de bolso.

しんしょ 親書 carta(f) pessoal escrita e autografada 《por um chefe de estado e enviada para o chefe de estado de outro país》. 大臣の～をA首相に手渡した Entreguei em mãos a carta escrita pessoalmente pelo ministro ao Primeiro-Ministro A.

しんじょう 心情 sentimentos(mpl), íntimo(m).

しんしょうしゃ 心障者 portador/ra de necessidades especiais, deficiente físico/ca.

しんしょく 侵食 erosão(f); corrosão(f), oxidação(f). 風による～ erosão eólica [causada pelo vento]. ♦侵食作用 ação(f) corrosiva.

***しんじる 信じる** ❶〔信仰, 信用〕acreditar [アクレヂタール], crer [クレール]. 私は彼の話を～ Eu acredito no que ele fala. 私は神を信じています Eu acredito em Deus. 信じられない話 uma história inacreditável 〖《口語》que não dá para acreditar〗. それは信じがたいですね Isso é difícil de acreditar, não? 信じられない Não dá para acreditar!/Ai, não acredito. ❷〔信頼〕confiar [コンフィアール], estar certo/ta [seguro/ra] de. 私は彼の成功を～ Eu estou certo/ta de que ele se sairá bem.

しんしん 心身 corpo(m) e alma(f). 残業続きで～ともに疲れ果てた Eu fiquei esgotado/da, tanto física como mentalmente, depois de fazer horas extras seguidas. ～統一する unir corpo e alma. ♦心身症 doença(f) psi-

しんそう

cossomática. 心身障害者 deficiente físico e mental.
しんしん 津々 muito. …に対して興味~である estar muito interessado em ….
しんしん 信心 fé (f), devoção (f). ⇨信仰.
しんじん 新人 novato/ta;〔歌手など〕debutante; novo membro (m) (de associação, equipe etc). ♦新人賞 prêmio (m) conferido ao melhor debutante.
じんしん 人身 corpo (m) humano. ♦人身事故 acidente (m) com vítimas (humanas). 人身売買 comércio (m) de seres humanos. 人身保護法〔法〕*habeas corpus*〔アーベアス コールプス〕.
しんすい 浸水 inundação (f). ~する ficar inundado/da, ficar debaixo d'água. ♦床上浸水 inundação até por cima do assoalho. 床下浸水 inundação até por baixo do assoalho.
しんすい 進水 lançamento (m) de um navio ou barco(na água). ~する lançar um navio à [na] água. ~式を行う realizar a cerimônia do lançamento de um navio. ♦進水式 cerimônia (f) de batismo.
しんずい 真髄 essência (f), espírito (m), quinta-essência (f). 東洋美術の~を語る discorrer sobre a essência das artes plásticas orientais. 柔道の~ o espírito do judô.
しんせい 申請 solicitação (f), petição (f). ~する solicitar, requerer. ~を受理する aceitar a petição. ~を却下する rejeitar a petição. ブラジルのビザ~に必要な書類を教えていただきたいのですが Poderia informar quais os documentos necessários para tirar o visto brasileiro, por favor? ♦申請書 requerimento (m).
しんせい 神聖 santidade (f), divindade (f). ~な santo/ta, divino/na, sagrado/da.
しんせい 新制 novo sistema (m). ♦新制大学 universidade (f) com sistema atualizado.
しんせい 新星 ❶〔天〕nova estrela (f). ❷〔スター〕novo astro (m), nova estrela.
じんせい 人生 vida (f) (humana). 幸せな~を生きるために para viver uma vida feliz. ♦人生観 concepção (f) de vida. 人生経験 experiência (f) de vida.
しんせいかつ 新生活 vida (f) nova. ~を始める começar uma vida nova.
しんせいじ 新生児 neonato (m), criança (f) recém-nascida, recém-nascido/da. ♦新生児黄疸(おうだん) icterícia (f) neonatal. 新生児学 neonatologia (f). 新生児死亡 morte (f) neonatal. 新生児集中治療室 Unidade (f) de Terapia Intensiva do Neonato.
しんせいひん 新製品 novo artigo (m), novo produto (m).
しんせかい 新世界 o Novo Mundo (m).
しんせき 親戚 parente/ta. 彼は私とは近い~関係にあります Ele é meu parente próximo.
シンセサイザー〔音〕sintetizador (m).
*****しんせつ** 親切 bondade (f)〔ボンダーヂ〕, gentileza (f)〔ジェンチレーザ〕, boa vontade (f). ~な bondoso/sa, amável, gentil, prestativo/va, bom/boa. ~に amavelmente, gentilmente, com boa vontade. 彼は子供にとても~だ Ele é muito bom com as crianças. もう少し~に教えてやれば彼の成績はきっと上がる Se a gente lhe ensinar com mais um pouco de boa vontade, acho que ele vai mostrar melhores resultados. 彼は~にも私を駅まで送ってくれた Ele foi realmente gentil〔《口語》gentil demais〕em me trazer (levar) até a estação. ご~にありがとうございます Muito obrigado/da pela gentileza. ~に甘える aceitar a gentileza. それではご~に甘えてお願いします Então, não querendo abusar da sua boa vontade, aceito a gentileza. ♦不親切 falta (f) de gentileza, indelicadeza (f).
しんせつ 新設 ~する estabelecer (algo) novo, fundar (algo) novo. ~の学校 escola (f) recém-fundada.
しんせつ 新説 teoria (f) nova. ~を立てる propor uma nova teoria.
しんせっきじだい 新石器時代 Era (f) Neolítica, Idade (f) da Pedra Polida.
しんせん 新鮮 ~な 1) fresco/ca. ~な魚 peixe (m) fresco. 2) refrescante. ~な空気 ar (m) fresco [puro]. 3) original, novo/va. 外国人の考え方は~だ O modo de pensar dos estrangeiros tem o frescor da novidade.
しんぜん 親善 amizade (f), boas relações (fpl). 日伯~を促進するために para promover as boas relações entre o Japão e o Brasil. ♦親善試合 (jogo (m)) amistoso (m). 親善使節 delegação (f) amistosa. 国際親善 boas relações internacionais.
じんせん 人選 seleção (f) de pessoal,《口語》escolha (f) de gente. 首相は閣僚の~をした O primeiro-ministro escolheu o gabinete ministerial. 彼らは委員の~を誤った Eles erraram na seleção dos membros do comitê. 私は候補者の~に漏れた Não fui escolhido/da na seleção dos candidatos para a eleição.
しんそう 新装 renovação (f), redecoração (f). ♦新装開店祝い festa (f) de inauguração da loja reformada.
しんそう 深層 fundo (m), âmago (m). ♦深層構造〔言〕estrutura (f) profunda [fundamental]. 深層心理学 psicologia (f) do subconsciente.
しんそう 真相 verdade (f), realidade (f). ~を探るために彼は本社に行った Ele foi à matriz a fim de investigar a realidade. ~は誰にもわからない Ninguém sabe a verdade. ~究明を求める exigir a averiguação dos fatos. ~を究明する averiguar a verdade.

しんぞう 心臓 〖解〗coração (m). 私は〜をどきどきさせて試験場に入った Eu entrei na sala de exame com o coração batendo. 〜発作を起こす ter um ataque cardíaco. 彼は〜の強い男だ 1) Ele tem um coração forte. 2)《比》Ele é corajoso. ♦心臓移植 transplante (m) do coração. 心臓障害 cardiopatia (f). 心臓喘息(ぜんそく) asma (f) cardíaca. 心臓肥大 cardiomegalia (f). 心臓病 doença (f) cardíaca. 心臓ペースメーカー marca-passo (m). 心臓発作 ataque (m) ⌊do coração [cardíaco]. 心臓マッサージ massagem (f) cardíaca. 心臓麻痺(まひ) parada (f) cardíaca.

じんぞう 人造 〜の artificial. ♦人造湖 lago (m) artificial. 人造ゴム borracha (f) sintética.

じんぞう 腎臓 rim (m), rins (mpl). ♦腎臓炎 nefrite (f). 腎臓結石 cálculo (m) renal.

しんぞく 親族 parentes (mpl). ♦親族会議 reunião (f) de família. 親族関係 relação (f) ⌊familiar [de parentesco]. 直系親族 parentes em linha reta. 傍系親族 parentes colaterais.

しんそこ 心底 fundo (m) do coração. 〜から感心する ficar admirado/da do fundo do coração. 彼女に〜ほれた Estou verdadeiramente apaixonado por ela.

しんそつ 新卒 recém-formado/da (= 新卒者). 〜の採用 contratação (f) de recém-formados. ♦第二新卒 pessoa (f) formada com emprego fixo que busca uma segunda possibilidade de trabalho.

しんたい 身体 corpo (m) humano. 〜の físico/ca, corporal. ♦身体検査〔学校などの〕exame (m) físico; 〔警察などの〕revista (f) (corporal). 身体検査令状 autorização (f) de revista (de corpo). 身体障害 deficiência (f) física. 身体傷害罪 crime (m) de lesão corporal. 身体障害者 deficiente físico/ca. 身体障害認定 Reconhecimento (m) de Portador de Deficiência Física.

しんたい 進退 ❶ avanço (m) e recuo (m). ❷〔去就〕renúncia (f) ou permanência (f) no cargo. その議員の〜問題が残っている Ainda há o problema da renúncia ou não do deputado.

しんだい 寝台 cama (f). ♦寝台車 vagão-leito (m), vagão-dormitório (m), carro-leito (m).

じんたい 人体 corpo (m) humano. 〜に有害な prejudicial ⌊a [para a] saúde humana. 〜に無害な inofensivo/va à saúde humana. ♦人体実験 experimento (m) com o corpo humano.

▶おもな人体の器官◀
心臓 coração [コラサォン] (m)
肺 pulmão [プウマォン] (m)
食道 esôfago [エゾーファゴ] (m)
胃 estômago [エストーマゴ] (m)
十二指腸 duodeno [ドゥオデーノ] (m)
小腸 intestino delgado [インテスチーノ デウガード] (m)
虫垂 apêndice [アペンヂスィ] (m)
大腸 intestino grosso [インテスチーノ グロッソ] (m)
肝臓 fígado [フィーガド] (m)
胆嚢(たんのう) vesícula biliar [ヴェズィックラ ビリアール] (m)
膵臓(すいぞう) pâncreas [パンクリアス] (m)
腎臓 rim [ヒン] (m)

じんたい 靭帯 〖解〗ligamento (m) (fibroso). カルロスは右ひざの〜を損傷した Carlos sofreu uma ruptura do ligamento do joelho direito.

しんたいりく 新大陸 o novo continente (m).

しんたかね 新高値 〖経〗nova alta (f) (na bolsa de valores etc). 株式市場は〜を更新した A bolsa de valores registrou uma nova alta.

しんたく 信託 ❶〖法〗fideicomisso (m), fidúcia (f). 〜の委託者 fideicomitente. 〜の受益者 fideicomissário/ria. ♦信託統治 curadoria (f), fideicomisso. ❷〖経〗dinheiro (m) a crédito. ♦信託銀行 banco (m) fiduciário de crédito. 信託者 fiador/ra. 信託財産 hipoteca (f). 貸付信託 empréstimo a crédito. 金銭信託 empréstimo (m). 投資信託 investimento (m) a crédito.

しんだん 診断 diagnóstico (m). 〜する diagnosticar. 〜を誤る diagnosticar errado, errar no diagnóstico. 彼女は卵巣に癌(がん)があると〜された O diagnóstico deu que ela tem câncer no ovário. 定期健康〜を受けに医者に行ってください Vá ao médico fazer um exame periódico de saúde. ♦診断書 certificado (m) [laudo (m), atestado (m)] médico. 健康診断 exame (m) ⌊médico [de saúde].

しんちく 新築 〜する construir (algo) novo. 〜の novo/va, recém-construído/da. 家を〜する construir uma casa nova. 私の会社は現在本社ビルを〜中です A minha companhia está construindo um prédio novo para a matriz. ♦新築祝い inauguração (f) ⌊da nova casa (do novo prédio).

しんちゃ 新茶 chá (m) ⌊novo [da primeira colheita da estação].

しんちゃく 新着 nova remessa (f). ♦新着雑誌 revista (f) recém-chegada. 新着図書 livros (mpl) recém-chegados.

しんちゅう 心中 interior (m) do coração, sentimentos (mpl) íntimos. 〜を明かす abrir-se, revelar os sentimentos íntimos, abrir o jogo.

しんちゅう 真鍮 latão (m).

しんちゅう 進駐 ocupação (f) militar. ♦進駐軍 exército (m) [forças (fpl)] de ocupação.

しんちょう 慎重 cautela (*f*), prudência (*f*). ～な prudente. ～に prudentemente, com cuidado, cuidadosamente. ～を期する問題 uma questão que requer prudência [cautela]. ～な態度 atitude (*f*) prudente [cautelosa]. ～に事を運ぶ agir com cautela [cautelosamente]. 政府の今後の対応が～に見守られている Os próximos passos do governo estão sendo vistos com cautela. それについては～に検討しておきます Quanto a isso, vou deixar examinado com muito cuidado.

しんちょう 新調 スーツを～する fazer um terno novo.

しんちょう 身長 estatura (*f*), altura (*f*). 小学生の～を測定する medir a estatura dos alunos do primário. ～が伸びましたね Você cresceu [ficou mais alto/ta], não é mesmo? 明日は皆さんの～を測ります Amanhã vamos medir a altura [estatura] de vocês. 君はどれくらい～がありますか Qual é a sua estatura?/Quanto você tem de altura? 私の～は180センチです Tenho um metro e oitenta (de altura). ♦身長測定 medição (*f*) de estatura.

じんちょうげ 沈丁花 〖植〗timeleácea (*f*).

しんちんたいしゃ 新陳代謝 ❶〖生化学〗metabolismo (*m*). ❷《比》renovação (*f*). 会社の役員の～をする renovar a diretoria de uma empresa, substituir os antigos diretores de uma empresa por outros.

しんつう 心痛 ansiedade (*f*), preocupação (*f*), aflição (*f*).

じんつう 陣痛 dor (*f*) do parto. ♦陣痛誘発 indução (*f*) de parto.

しんてい 進呈 oferta (*f*). ～する oferecer.

しんてき 心的 psicológico/ca. ～の心的外傷後ストレス障害(PTSD) síndrome (*m*) do estresse pós-traumático. 心的作用 função (*f*) psíquica [mental].

じんてきしゅつじゅつ 腎摘出術 〖医〗nefrectomia (*f*), extração (*f*) de rim.

しんてん 伸展 extensão (*f*), expansão (*f*). 事業の～ extensão dos negócios. 勢力の～を図る buscar aumentar as forças [o poder].

しんてん 親展 "confidencial" (em cartas etc).

しんてん 進展 avanço (*m*), progresso (*m*), desenvolvimento (*m*). ～する progredir, desenvolver(-se), evoluir. 事態の～への期待を示した Demonstrou a esperança de [para] uma melhoria da situação. 事件が～して大事に至った O incidente se desenvolveu e chegou a um nível crítico. 二人の関係は～しなかった A relação dos dois não se desenvolveu.

しんでん 神殿 santuário (*m*), templo (*m*) xintoísta.

しんでんず 心電図 eletrocardiograma (*m*). ～を取る fazer um eletrocardiograma.

しんと 信徒 discípulo/la, adepto (*m*).

しんど 深度 profundidade (*f*). …の～を計る medir [sondar] a profundidade de …. ♦深度計 sonda (*f*).

しんど 進度 grau (*m*) de progresso [avanço]. 組によって～が違う O progresso difere conforme as classes. ～の遅い(早い)生徒 aluno/na que progride lentamente (rapidamente).

しんど 震度 magnitude (*f*) (sísmica) na escala *Shindo* 《da Agência Meteorológica do Japão, diferente da escala Richter》. ～4の地震 terremoto (*m*) de magnitude quatro na escala *Shindo*.

しんとう 浸透 ❶〔入り込むこと〕penetração (*f*). …に～する penetrar em …. ♦浸透性 permeabilidade (*f*). ❷〔しみ込むこと〕infiltração (*f*). …に～する infiltrar-se em …. 水が土壌に～した A água infiltrou-se na terra. ❸〖理・化〗osmose (*f*). ♦浸透圧 pressão (*f*) osmótica. ❹〔思想などの〕assimilação (*f*). 新しい考えの～ assimilação de novas ideias.

しんとう 神道 《宗》xintoísmo (*m*).

しんとう 親等 grau (*m*) de parentesco.

しんどう 振動 abalo (*m*), tremor (*m*), vibração (*f*), oscilação (*f*). ～する tremer, trepidar, vibrar, oscilar. 音の～数 frequência (*f*) de um som. ♦振動運動 movimento (*m*) oscilatório.

しんどう 震動 tremor (*m*), abalo (*m*). 地震の～ abalo sísmico. ～する tremer, abalar-se. かすかな～が感じられた Deu para se sentir um tremor bem de leve. ～させる sacudir, agitar, abalar.

じんどう 人道 humanidade (*f*). ～的 humanitário/ria. それは～に反する Isso é desumano. ♦人道主義 humanitarismo (*m*). 人道主義者 humanitarista.

シンドローム 〖医〗síndrome (*f*). ♦バーンアウトシンドローム síndrome do esgotamento.

シンナー 〖化〗diluente (*m*), tíner (*m*), *thinner* (*m*) [ティーネル].

しんないまくえん 心内膜炎 〖医〗endocardite.

しんなり flexível, maleável, mole. 湯通しをして～した野菜 verduras (*fpl*) tornadas moles passando água quente.

しんにち 親日 ～的 pró-japonês. ♦親日家 japonófilo/la, admirador/ra do Japão.

しんにゅう 侵入 invasão (*f*). ～する invadir. 夜中に誰かが室内に～したようだ Parece que alguém invadiu a sala de noite. ♦侵入者 invasor/ra. 家宅侵入 invasão de domicílio. 不法侵入 invasão ilegal.

しんにゅう 新入 ♦ 新入社員 novo/va empregado/da, novato/ta, recém-admitido/da. 新入生 novo/va estudante [aluno/na], calouro/ra.

しんにん 信任 confiança (f). ♦信任投票 voto (m) de confiança.

しんにん 新任 ～の recém-nomeado/da, novo/va. こちらが～の山田課長です Este é o senhor Yamada, o recém-nomeado chefe de seção.

しんねん 信念 convicção (f). …という～を持つ ter a convicção de que (+直説法)《+indicativo》. ～の強い人 pessoa (f) de firme convicção.

しんねん 新年 ano-novo (m). ～おめでとうございます Feliz Ano-Novo! ♦新年会 festa (f) de ano-novo.

***しんぱい 心配** ❶ preocupação (f) [プレオクパサォン], receio (m) [ヘセーイオ], temor (m) [テモール]. 彼女は～性だ Ela é uma pessoa muito preocupada com as coisas [cheia de ansiedade]. …に対して～する preocupar-se com …, ficar preocupado/da com …. 今度の試験で合格点が取れるかどうか～だ Estou preocupado/da se vou conseguir passar no próximo exame ou não. 私の病気については～しないでください Não se preocupe ⌊quanto à [com a] minha doença. 当時ポルトガル人が日本を植民地化するのではないかという～があった Nessa época existia a preocupação de que os portugueses iriam colonizar o Japão. …に～をかける causar preocupação a …. ご～をおかけしてすみませんでした Desculpe-me pela preocupação que causei. ～ご無用です Não há necessidade de se preocupar. さぞご～でしょう Você deve estar bem preocupado/da. 何か～事でもあるのですか Você está preocupado/da com alguma coisa? ♦心配性 preocupação excessiva. ❷ preocupação,《口語》perigo (m) [ペリーゴ]. そうしたらあなたは失業の～がなくなる Assim você não corre mais o perigo de perder o emprego. ～はいらないですよ Não tem perigo, não!

じんぱい 塵肺 〔医〕pneumoconiose (f).

しんぱく 心拍 〔医〕pulsação (f) cardíaca, batimento (m) cardíaco. ♦心拍数 número (m) de pulsações por minuto.

ジンバブエ Zimbábue (m). ～の zimbabuano/na.

シンバル 〔音〕címbalo (m), pratos (mpl).

しんぱん 審判 ❶〔法〕〔裁判官〕juiz/juíza; 〔裁判〕julgamento (m), sentença (f). ～を下す dar a sentença. ～をする〔スポーツ〕arbitrar; 〔法〕julgar. ❷〔スポーツ〕〔人〕árbitro/tra (de um jogo); 〔こと〕arbitragem (f) (de um jogo).

しんぱん 新版 ❶〔改版〕nova edição (f). ❷〔新刊〕publicação (f) nova.

しんぴ 神秘 mistério (m). ～的 misterioso/sa, místico/ca.

しんひだい 心肥大 〔医〕hipertrofia (f) cardíaca.

しんぴょうせい 信憑性 credibilidade (f), qualidade (f) do que é digno de confiança. あなたの言っていることは～に欠ける Não dá para acreditar no que você está dizendo.

しんぴん 新品 artigo (m) novo, mercadoria (f) nova. これは～同様ですね Isto aqui parece uma coisa nova, não?

しんぷ 新婦 noiva (f) (no dia do casamento). ♦新郎新婦 os noivos (mpl) (no dia do casamento). ⇨花嫁.

しんぷ 神父 padre (m), sacerdote (m) (do catolicismo).

シンフォニー 〔音〕sinfonia (f). ⇨交響曲.

しんふぜん 心不全 〔医〕insuficiência (f) cardíaca.

じんふぜん 腎不全 〔医〕insuficiência (f) renal.

シンプル ～な〔簡単な〕simples; 〔飾り気のない〕sem ornamentos.

***しんぶん 新聞** jornal (m) [ジョルナーウ]. きょうの～ jornal de hoje. Y～を取っています Eu assino o jornal Y. ～で読んだところによると… Conforme o que eu li no jornal …. ♦新聞記者 jornalista. 新聞配達 entrega (f) de jornais; 〔人〕jornaleiro/ra, entregador/ra de jornais.

じんぶんかがく 人文科学 ciências (fpl) humanas.

しんぺん 身辺 o que está ou acontece ao redor de alguém. ～を整理する arrumar as coisas ao redor de si. 彼の～が危ない A vida dele ⌊corre [está em] perigo.

***しんぽ 進歩** progresso (m) [プログレッソ], desenvolvimento (m) [デゼンヴォウヴィメント], avanço (m) [アヴァンソ]. ～する progredir, desenvolver-se, avançar. ～的 progressista. ～的な考え方 ideias (fpl) avançadas. ～が早い (遅い) progredir rapidamente (lentamente). 医学の～ progresso [avanço] da medicina. めざましい～を遂げる fazer enormes progressos. 彼の日本語が～した理由は何ですか Qual foi o motivo desse progresso dele no japonês? この会社は著しい～を遂げている Esta companhia está progredindo notavelmente.

しんぼう 辛抱 paciência (f). ～する ter paciência, ser paciente, suportar. ～強い paciente. 私は～強くこの工場で働いたかいがあった Valeu a pena ter trabalhado nesta fábrica com muita paciência. 彼は～強く待てない Ele não é paciente ⌊para esperar [na espera]./Ele não tem paciência de espera. もう少し～だ Mais um pouco de paciência./Aguente só mais um pouco.

しんぼう 心房 〔解〕átrio (m), aurícula (f) do coração. ♦心房細動 fibrilação (f) atrial. 心房中隔欠損症 〔医〕defeito (m) do septo interatrial. 右心房 aurícula direita. 左心房 aurícula esquerda.

しんぼう 心棒 eixo (m).

じんぼう 人望 popularidade (f), prestígio

(m). ～を失う perder a popularidade, ser desacreditado/da. 鈴木社長は社員にすごく～があります O presidente Suzuki goza de muita simpatia entre os empregados.

しんぼく 親睦 amizade (f). 私たちは町内の～を図るためにときどき会合します De vez em quando, a gente se reúne para promover a amizade entre os vizinhos.

シンポジウム simpósio (m).

シンボル símbolo (m). ♦シンボルマーク emblema (m), logomarca (f), logotipo (m).

しんまい 新米 ❶ [米] arroz (m) novo. ❷ [人] novato/ta, principiante.

しんまく 心膜 [解] pericárdio (m).

じんましん 蕁麻疹 [医] urticária (f). ～が出る ter [ficar com] urticária, urticar. ビールを飲んだら～が出てしまった A cerveja me urticou.

しんみ 親身 ～な bondoso/sa. ～になって話を聞く ouvir as mágoas do outro como se ele fosse alguém da família.

しんみつ 親密 ～な íntimo/ma. 彼らは～な間柄だ Eles são bastante íntimos. ⇨親しい.

じんみゃく 人脈 relações (fpl) pessoais. 政界に～を持っている人 pessoa (f) que tem acesso aos meios políticos.

しんみり ～する ficar comovido/da. ～した話 história (f) melancólica. ～と 1) tranquilamente, silenciosamente, sossegadamente. 二人で～とコーヒーを飲む beber o café sossegadamente a dois. 2) melancolicamente. 昔の話を～とする contar [falar sobre] o passado melancolicamente.

じんみん 人民 povo (m). ～の popular. ～の～による～のための政治 governo (m) do povo, pelo povo e para o povo. 人民解放軍 exército (m) da libertação. 人民管理 controle (m) popular. 人民裁判 júri (m) popular. 人民政府 governo (m) civil. 人民投票 plebiscito (m).

しんめ 新芽 broto (m), rebento (m).

じんめい 人名 nome (m) de pessoa. ♦人名辞典 dicionário (m) biográfico.

じんめい 人命 vida (f) humana. ♦人命救助 salvamento (m) de vida humana.

シンメトリー simetria (f).

しんもつ 進物 presente (m). ご～ですか Quer que eu o embrulhe para presente?

じんもん 尋問 interrogatório (m). ～する fazer o interrogatório, interrogar. ～を受ける ser interrogado/da. 土地侵入をした人たちは～を受けるらしい Parece que as pessoas que invadiram terras terão que responder a inquérito. ♦誘導尋問 pergunta (f) tendenciosa.

しんや 深夜 altas horas (fpl) da noite. ♦深夜営業 funcionamento (m) (de um estabelecimento comercial) até altas horas da noite. 深夜放送 transmissão (f) da madrugada (pela rádio ou TV). 深夜割増料金 taxa (f) adicional noturna.

しんやく 新薬 novo remédio (m).

しんやくせいしょ 新約聖書 O Novo Testamento (m) (Bíblia).

しんゆう 親友 amigo/ga íntimo/ma.

*__しんよう__ 信用 ❶ confiança (f) [コンフィアンサ], crédito (m) [クレージト]. …を～する confiar em …, acreditar em …. あなたの言葉を～する Acredito em suas palavras. それは～にかかわる問題だ Isso é uma questão de confiança. ～のできる人 pessoa (f) confiável [de confiança]. ～のおけない pouco confiável. ～しやすい crédulo/la. 彼の話は～できる Isso é confiável [digno de confiança]. …の～を得る ganhar a confiança de …. …の～がある gozar da confiança de …. ～を失う perder a confiança. 私は彼の言うことをあまり～していない Eu não confio muito no que ele fala. あそこは～のおける店だ Aquela é uma loja de confiança. 彼はみんなに～されている Todo o mundo confia nele./Ele tem boa reputação. …を～して confiando em …, dando crédito a …. ❷ [経] crédito. ～で買う comprar a crédito. ～量を規制する regular o volume de crédito. ～状を開設する abrir [estabelecer] carta de crédito. ～状の条件を変更する alterar as condições da carta de crédito. ♦信用貸し empréstimo (m) a crédito. 信用金庫 sociedade (f) de crédito. 信用組合 cooperativa (f) de crédito. 信用状 carta (f) de crédito. 信用政策 política (f) de crédito. 信用調査 investigação (f) de crédito (para empréstimo). 信用取引 transação (f) a crédito. 信用販売 venda (f) a crédito. 回転信用状 carta de crédito rotativa. 長期(中期/短期)信用 crédito a longo (médio/curto) prazo. 取り消し不能信用状 carta de crédito irrevogável.

しんようじゅ 針葉樹 [植] conífera (f), árvore (f) de folhas aciculadas como o pinheiro.

*__しんらい__ 信頼 confiança (f) [コンフィアンサ]. その国の人たちと～関係を築く estabelecer uma relação de confiança com a população do país. ～しがたい pouco confiável. ～に値する人 uma pessoa digna de confiança [confiável]. 友人を～する confiar no/na amigo/ga. …の～を裏切る trair a confiança de …. …の～に応える corresponder às expectativas de … [à confiança depositada por …]. このニュースは～できる筋から聞いたものです Esta notícia eu ouvi de fonte fidedigna. 彼は部下から～されている Ele tem a confiança de seus subordinados. 彼は～のおける人だ Ele é uma pessoa digna de confiança. ♦信頼関係 relação (f) de confiança (mútua).

しんらつ 辛辣 ～な表現 expressão (f) acerba. ～な批評 crítica (f) contundente.

しんり 心理 psicologia (f), mentalidade (f). 〜的な psicológico/ca. 〜的に psicologicamente. 彼は〜的に参っているようだ Parece que ele está abatido psicologicamente [《口語》na fossa]. ♦心理学 psicologia. 心理学者 psicólogo/ga. 産業心理 psicologia da indústria. 児童心理 psicologia infantil. 犯罪心理 psicologia criminal.

しんり 真理 verdade (f). 〜の追求 a busca da verdade.

しんりゃく 侵略 invasão (f), ocupação (f). 〜する invadir. この国は敵国に〜されたことがなかった Este país nunca tinha sido invadido por um país inimigo. ♦侵略行為 invasão. 侵略国 país (m) invasor. 侵略者 invasor/ra.

しんりょう 診療 atendimento (m) médico-hospitalar, consulta (f) médica e tratamento (m). 〜する examinar (e tratar) o paciente. ♦診療時間 horário (m) de atendimento médico, expediente (m) (médico). 診療所 clínica (f), consultório (m) médico. 無料診療 atendimento (m) médico gratuito.

しんりょく 新緑 verde (m) tenro (da folhagem na primavera).

じんりょく 人力 força (f) humana. これは〜で可能(不可能)なことだ Isto é humanamente possível (impossível).

じんりょく 尽力 esforço (m). …の〜で graças aos ofícios [esforços] de …. ご〜に深く感謝いたします Agradeço profundamente os esforços que fez para me ajudar.

しんりん 森林 floresta (f). 〜の florestal. 無差別な〜伐採 desmatamento (m) indiscriminado. ♦森林破壊 desmatamento (m). 森林保護 preservação (f) florestal. 森林浴 passeio (m) nas florestas (para tomar ares).

しんるい 親類 parente/ta. 〜付き合いをする relacionar-se com os parentes. …と〜付き合いをする relacionar-se com … como se fosse alguém da família. ♦親類付き合い relacionamento (m) entre os parentes. ⇨親戚.

じんるい 人類 humanidade (f), ser (m) humano. ♦人類愛 amor ʟao [para com o] ser humano. 人類学 antropologia (f). 人類学者 antropólogo/ga.

しんれき 新暦 calendário (m) novo, calendário solar.

しんれつ 唇裂 [医] lábio (m) leporino.

しんろ 進路 ❶ [人が将来進む方向] futuro (m), carreira (f). 卒業後の〜を決める decidir a carreira a seguir depois da formatura. ❷ [進んで行く道] rumo (m) a seguir, caminho (m), curso (m). 台風の〜 rumo do tufão. 〜を妨げる obstruir o caminho. 〜前方の横断歩道 faixa (f) de pedestres perpendicular à via. ♦進路変更禁止違反 mudança (f) ilegal de faixa.

しんろ 針路 direção (f). 〜を西へとる dirigir-se para o oeste.

しんろう 心労 sofrimento (m), desgosto (m), desgaste (m). 〜が重なる ter desgaste (psicológico) acumulado.

しんろう 新郎 noivo (m) (no dia do casamento). ⇨新婦.

しんわ 神話 mito (m). 〜の mítico/ca. ♦ギリシャ神話 mitologia (f) grega.

す

す 巣 〔鳥の〕ninho (*m*). ハチの～ colmeia (*f*). クモの～ teia (*f*) de aranha.

す 酢 vinagre (*m*). …に～をかけましたか (Já) pôs vinagre no/na …? 肉を～で味つける envinagrar a [pôr vinagre na] carne. わかめの～づけ alga (*f*) marinha em salmoura. ♦ 酢入れ vinagreira (*f*). 酢製造(販売)人 vinagreiro/ra.

ず 図 〔絵図〕figura (*f*), desenho (*m*); 〔さし絵〕figura (*f*); 〔図解〕ilustração (*f*); 〔図表〕diagrama (*m*), esquema (*m*), gráfico (*m*). ～を描く traçar uma figura, desenhar. …を～で説明する explicar … com ilustrações, ilustrar ….

ず 頭 cabeça (*f*). ～に乗る ficar arrogante.

すあし 素足 pés (*mpl*) descalços [nus]. ～に靴を履く calçar sapatos sem meia.

ずあん 図案 desenho (*m*). ～をかく desenhar. ♦ 図案用紙 papel (*m*) para desenho.

ずい 髄 ❶ medula (*f*) (dos ossos). 骨の～まで até à medula dos ossos. ❷〔要所〕essência (*f*), âmago (*m*).

すいあげる 吸い上げる absorver, extrair, succionar para cima.

すいあつ 水圧 pressão (*f*) hidráulica.

すいい 推移 mudança (*f*), transcurso (*m*). 時代の～ transcurso (*m*) dos tempos. 季節の～につれて com o passar das estações.

すいい 水位 nível (*m*) de água. 川の～が上がっている O nível da água do rio está subindo. ～が下がった O nível da água abaixou.

ずいいち 随一 ～の primeiro/ra em qualidade. 当代～の作家 o/a melhor escritor/ra de nosso tempo. イタリア～のブドウの産地 a melhor região (*f*) produtora de uvas da Itália.

スイート ❶ doce (*m*). ～な doce. ～なメロディーー uma melodia doce. ♦ スイートポテト doce de batata doce. ❷〔音〕〔ジャズで〕execução (*f*) lenta.

スイートピー 〔植〕ervilha-de-cheiro (*f*).

すいえい 水泳 natação (*f*). ～する nadar. ～を習う aprender a nadar, ir à aula de natação. ♦ 水泳選手 nadador/ra profissional. 水泳パンツ maiô (*m*), calção (*m*) de banho.

すいえき 膵液 〔生理〕suco (*m*) pancreático.

すいおん 水温 temperatura (*f*) da água.

すいか 西瓜 〔植〕melancia (*f*).

すいがい 水害 danos (*mpl*) causados por inundação. ～に見舞われる ser vítima dos [sofrer os] danos da inundação. ♦ 水害地 área (*f*) inundada.

すいかずら 忍冬 〔植〕madressilva (*f*).

すいがら 吸い殻 ponta (*f*) de cigarro.

すいぎん 水銀 mercúrio (*m*).

すいげんち 水源地 fonte (*f*) de um rio.

すいこう 推敲 ～する reescrever, elaborar, melhorar, retocar, polir. エッセーを～する melhorar o ensaio retocando-o várias vezes, trabalhar o texto do ensaio. …の～を重ねる reescrever … repetidas vezes.

すいこう 遂行 cumprimento (*m*). 任務の～ cumprimento do dever. 計画の～ execução (*f*) do projeto. ～する cumprir. 仕事を～する realizar o trabalho.

ずいこう 随行 ♦ 随行員 membro da comitiva. 随行団 comitiva (*f*).

すいこむ 吸い込む 〔液体を〕absorver;〔空気などを〕aspirar. 朝の空気を～ aspirar o ar da manhã.

すいさつ 推察 suposição (*f*), conjetura (*f*). ～する supor, conjeturar; adivinhar. ⇨推測.

すいさん 水産 ♦ 水産業 indústria (*f*) pesqueira. 水産庁 Agência (*f*) de Recursos Marítimos. 水産物 produtos (*mpl*) marítimos [pesqueiros].

すいさんか 水酸化 ♦ 水酸化ナトリウム 〔化〕hidróxido de sódio. 水酸化物 〔化〕hidróxido (*m*).

すいし 水死 morte (*f*) por afogamento. ～する morrer afogado/da.

すいじ 炊事 preparo (*m*) dos alimentos, cozinha (*f*). ～する cozinhar. ♦ 炊事場 cozinha (o lugar). 炊事用具 bateria (*f*) de cozinha (jogo de panelas etc).

ずいじ 随時 a todo momento, a qualquer hora, sempre (que se queira). ～出し入れできる預金 depósito (*m*) que se pode sacar a qualquer momento. あの学校は入学を～受け付けている Aquela escola está com as portas permanentemente abertas para inscrição.

すいしつ 水質 qualidade (*f*) da água. ♦ 水質検査 análise (*f*) da água.

すいしゃ 水車 moinho (*m*) de água.

すいじゃく 衰弱 enfraquecimento (*m*), abatimento (*m*), prostração (*f*), fraqueza (*f*). ～する enfraquecer(-se), abater(-se), perder a resistência. 病人は非常に～している O/A doente está bastante debilitado/da. 高熱で子供は～した A criança ficou abatida com a febre.

すいしゅ 水腫 〔医〕hidropisia (*f*).

すいじゅん 水準 nível (*m*), padrão (*m*). …の～を上げる(下げる) elevar (abaixar) o nível de …. ～の高い品物 artigo (*m*) de (alta) qualidade. この製品は少し～が低い Este produto é de qualidade um pouco inferior. ◆生活水準 nível [padrão] de vida.

すいしょう　水晶 cristal (m). ◆水晶体〔目の〕cristalino (m). 水晶時計 relógio (m) de quartzo.

すいじょうき　水蒸気 vapor (m) (de água).

すいしん　推進 ❶〔促進〕promoção (f). 平和運動を～する promover o movimento pela paz. ❷ propulsão (f). ◆推進器 propulsor (m). 推進軸 eixo (m) propulsor. 推進力 força (f) propulsora.

すいしん　水深 profundidade (f) da água. ～3メートルから10メートルのところに潜る mergulhar-se na água numa profundidade de três a dez metros. ～の深い港 porto (m) de água profunda. ◆水深図 mapa (m) topográfico submarino.

すいじんしょう　水腎症　〔医〕hidronefrose (f).

スイス Suíça (f). ～の suíço/ça.

すいせい　彗星　〔天〕cometa (m).

すいせい　水性 aquosidade (f). ～の aquoso/sa, solúvel em água.

すいせい　水星　〔天〕Mercúrio (m).

すいせい　水生 ～の aquático/ca. ◆水生植物 planta (f) aquática. 水生動物 animal (m) aquático.

すいせん　垂線 linha (f) perpendicular. ～を引く traçar uma perpendicular.

すいせん　推薦 recomendação (f). ～する recomendar. 部長が次の課長に君を～しています O diretor (do departamento) está recomendando você para o próximo chefe de seção. ◆推薦状 carta (f) de recomendação.

すいせん　水仙　〔植〕narciso (m).

すいせんべんじょ　水洗便所 toalete (m) com descarga de água.

すいそ　水素 hidrogênio (m). ◆水素爆弾 bomba (f) hidrogenada [de hidrogênio], bomba H.

すいそう　吹奏 sopro (m). ～する tocar (um instrumento de sopro). ◆吹奏楽器 instrumento (m) de sopro.

すいそう　水槽 tanque (m), caixa (f) d'água; 〔魚などの〕aquário (m).

すいぞう　膵臓　〔解〕pâncreas (m). ◆膵臓炎〔医〕pancreatite (f).

すいそく　推測 dedução (f), suposição (f), cálculo (m). ～する deduzir, supor, calcular. これは単なる私の～にすぎませんが… Isto não passa de uma suposição minha, mas …. 私の～は当たりました(外れました) A minha suposição estava correta (errada).

すいぞくかん　水族館 aquário (m) 《o prédio》.

すいたい　衰退 decadência (f), declínio (m), queda (f). ローマ帝国の～ queda (f) do Império Romano. ～する decair. ～の一途をたどる seguir ⌐caminho rumo à [o curso da] decadência.

すいちゅう　水中 dentro d'água, debaixo d'água. ～の aquático/ca, submarino/na. ～に沈む mergulhar (dentro d'água). ◆水中撮影 fotografia (f) submarina. 水中眼鏡 óculos (mpl) (máscara (f)) de mergulho. 水中翼船 hidrofólio (m).

すいちょく　垂直 verticalidade (f). ～の vertical. ～に verticalmente. ◆垂直線 linha (f) vertical.

すいつく　吸い付く ser atraído/da por, pegar-se 《por sucção》.

すいつける　吸い付ける atrair. 磁石は鉄を～O ímã [《ポ》íman] atrai o ferro.

スイッチ interruptor (m) (de luz). ～を入れる(切る) ligar (desligar). ラジオの～を入れる ligar o rádio.

すいてい　推定 estimativa (f), cálculo (m). …と～する estimar [calcular, supor] que …. …と～される supõe-se que …. ◆推定死亡 morte (f) presumida.

すいてき　水滴 gota (f) d'água. 木の葉に～がついた Formou-se uma gota d'água na folha da árvore.

すいでん　水田 arrozal (m) de brejo.

すいとう　水筒 cantil (m).

すいとう　水痘　〔医〕varicela (f), catapora (f). ⇨水疱瘡(ほうそう).

すいどう　水道 ❶ água (f) encanada. ～の水 água (f) encanada. ～の蛇口 torneira (f) (de água). ～を引く instalar o encanamento (m) de água,《口語》puxar a água. ◆水道管 cano (m) de água. 水道局 departamento (m) municipal de água e esgoto. 水道工事 obra (f) de encanamento de água. 水道設備 instalação (f) para abastecimento de água. 水道屋 encanador/ra. 水道料金 conta (f) de água; tarifa (f) de água. ❷〔海峡〕canal (m). ◆豊後水道 canal de Bungo.

すいとうしょう　水頭症　〔医〕hidrocefalia (f).

すいとうぼ　出納簿 livro (m) de caixa.

すいとりがみ　吸取紙 mataborrão (m).

すいとる　吸い取る absorver, chupar; enxugar.

すいなん　水難　〔災害〕sinistro (m) marítimo ou fluvial;〔溺死〕afogamento (m). ～に遭う ser vítima de um desastre causado pela água, afogar-se.

すいはんき　炊飯器 panela (f) automática de cozer arroz.

すいひつ　随筆 ensaio (m). ◆随筆家 ensaísta. 随筆欄 coluna (f) (de ensaio).

すいぶん　水分 umidade (f), água (f). ナシは～の多い果物だ A pera é uma fruta suculenta. ～補給をする hidratar(-se). 特に夏には常に～補給をしておきましょう Esteja sempre hidratado/da, principalmente no verão. ♦水分補給 hidratação (f).

ずいぶん bastante; muito; bem. 〜暑いですね Que calor, não? 彼女は仕事がずいぶん速くなった Agora ela já está trabalhando bem mais rápido. ⇨かなり.

すいへい 水平 horizontalidade (f). 〜の horizontal. 〜に horizontalmente. この石を〜に積んでください Vá amontoando estas pedras de modo que formem um plano horizontal. ♦水平線 horizonte (m) (marítimo).

すいほう 水泡 bolha (f) de água.

すいほう 水疱 〖医〗bolha (f), borbulha (f).

すいぼくが 水墨画 sumie (m), pintura (f) a tinta nanquim.

ずいまく 髄膜 〖解〗meninge (f). ♦髄膜炎〖医〗meningite (f). 髄膜炎菌 meningococo (m).

すいみゃく 水脈 veio (m) de água. 〜を掘り当てる achar um veio de água.

すいみん 睡眠 sono (m). 〜が浅い(深い) ter o sono leve (profundo, pesado). あなたの一日の〜時間はどのくらいですか Quantas horas você dorme por dia? 私は今日〜不足です Hoje estou com sono atrasado. 〜をしっかり [十分]取らないとね... É preciso dormir bem, não é, senão .... ♦睡眠時無呼吸症候群〖医〗síndrome (f) da apneia do sono. 睡眠障害 distúrbio (m) do sono. 睡眠病 doença (f) do sono. 睡眠薬〖薬〗sonífero (m), remédio (m) para dormir, soporífero (m), sedativo (m).

スイミングクラブ escola (f) de natação.

すいめん 水面 superfície (f) d'água. 〜に浮かび上がる subir à tona [à flor d'água].

すいものの吸い物 〖料〗sopa (f) (japonesa de peixe, em geral temperado com molho de soja).

すいもん 水門 comporta (f), eclusa (f).

すいようえき 水溶液 solução (f) de água, água (f) solvente.

すいようび 水曜日 quarta-feira (f). 〜に na quarta-feira. 〜ごとに às [nas] quartas-feiras, todas as quartas-feiras.

すいり 推理 dedução (f), suposição (f), inferência (f). 〜する deduzir, supor, inferir. ♦推理小説 romance (m) policial.

すいりょく 推力 〖理〗força (f) de propulsão.

すいりょく 水力 força (f) hidráulica. ♦水力発電所 usina (f) hidrelétrica.

すいれん 睡蓮 〖植〗nenúfar (m), lírio-d'água (m).

すいろ 水路 ❶ curso (m) de água, canal (m). ❷ rota (f) (de uma embarcação). ♦水路図 mapa (m) hidrográfico.

すいろん 推論 raciocínio (m), inferência (f), dedução (f). 〜する raciocinar, inferir, deduzir.

スイング ❶ 〖スポーツ〗ato (m) de girar (rodar) o bastão do beisebol ou o taco do golfe. ❷ 〖ボクシング〗golpe (m) lateral. ❸ 〖音〗*swing* (m), *music swing* (m).

すう 吸う 〔空気など〕aspirar, respirar; 〔飲む〕chupar, tomar; 〔吸収〕absorver. たばこを〜 fumar. このスポンジはよく水を〜 Esta esponja absorve [chupa] bem a água. たまには外に出て新鮮な空気を吸いませんか Não quer sair e respirar ar puro de vez em quando?

すう 数 número (m). 〜的な numérico/ca. 〜的に numericamente. ♦奇(偶)数 número ímpar (par). 基(序)数 número cardinal (ordinal). 単数 singular. 複数 plural. ⇨数字.

すう- 数- 〜回 algumas vezes (fpl). 〜日前 alguns dias (mpl) antes. 〜十(百)人の敵 algumas [umas] dezenas (fpl) (centenas (fpl)) de inimigos. 〜千年前 uns milhares de anos atrás.

スウェーデン Suécia (f). 〜の sueco/ca.

すうがく 数学 matemática (f). 〜の matemático/ca. 〜的な正確さ exatidão (f) matemática rigorosa. ♦数学者 matemático/ca. 応用(純粋)数学 matemáticas aplicadas (puras).

すうし 数詞 〖文法〗numeral (m). ♦基数詞 numeral cardinal. 序数詞 numeral ordinal.

すうじ 数字 número (m), cifra (f). 〜アラビア数字 algarismo (m) arábico. ローマ数字 algarismo romano.

すうしき 数式 fórmula (f), equação (f).

すうじく 枢軸 eixo (m). ♦枢軸国 Países (mpl) do Eixo.

すうじつ 数日 alguns [vários] dias (mpl). 後〜で18歳になる Mais alguns dias e vou fazer dezoito anos./Faltam mais alguns dias para eu completar dezoito anos. 〜後 após alguns dias, alguns dias depois. 私は〜間家にこもっていた Fiquei alguns dias sem sair de casa.

ずうずうしい 図々しい descarado/da, impudente; 《俗》cara-de-pau, folgado/da. ずうずうしく descaradamente. ずうずうしくする portar-se atrevidamente.

ずうずうしさ 図々しさ descaramento (m), atrevimento (m).

スーダン Sudão (m). 〜の sudanês/nesa.

すうち 数値 〖数〗valor (m) numérico.

スーツ 〔女性の上着とスカート〕tailleur (m), costume (m), conjunto (m); 〔男性の〕terno (m), paletó (m), 《ポ》fato (m); 〔女性のパンツスーツ〕terno. ♦スリーピーススーツ conjunto de (terno de) três peças. ダークスーツ terno escuro.

スーツケース mala (f) de mão, valise (f).

すうにん 数人 algumas pessoas (fpl). 講演には〜しか来なかった Só vieram algumas pessoas na conferência.

すうねん　数年 alguns [vários] anos. ～間に dentro de [em] alguns anos. この製品は研究に～をかけてできた Este artigo foi produzido com pesquisa de vários anos. ～前の商品 produto (m) de alguns anos atrás. ここ～医学は非常に進歩している A medicina tem avançado a passos largos já há alguns anos.

スーパー [スーパーマーケット] mercado (m), supermercado (m), 《ブ・南部》super (m).

スーパースター (super-)estrela (f) (de cinema, televisão etc).

スーパーマーケット supermercado (m).

スーパーマン Super-Homem (m), *Superman* (m).

すうはい　崇拝 adoração (f), culto (m). ～する adorar, render culto a. ◆崇拝者 adorador/ra, admirador/ra.

スープ sopa (f), caldo (m), consomê (m). ～を飲む tomar sopa. ◆スープ入れ sopeira (f). スープ皿 prato (m) de sopa.

ズームレンズ objetiva (f) de foco variável.

すうりょう　数量 quantidade (f).

すうれつ　数列 [数] sequência (f) de números, progressão (f). ◆等差数列 progressão aritmética. 等比数列 progressão geométrica.

すえ　末 fim (m), final (m). 6月の～に em (nos) fins de junho. ～の息子(娘) caçula.

スエード [服] camurça (f).

すえおく　据え置く deixar como está. 料金を～ não subir nem abaixar o preço.

すえつけ　据え付け instalação (f); montagem (f). ～の instalado/da.

すえつける　据え付ける instalar; [組み立てる] montar. ここに新しい機械を据え付けようと思っています Estou pensando em instalar aqui [uma] máquina nova.

すえっこ　末っ子 caçula.

すえながく　末長く para sempre, por muito tempo.

すえる　据える colocar, instalar. ⇨置く.

ずが　図画 desenho (m). ～をかく desenhar. ◆図画用紙 papel (m) para desenho.

スカート saia (f). ～をはく vestir [pôr] uma saia. 小林さんは緑の～をはいている方です A senhorita Kobayashi é aquela (que está) de saia verde.

スカーフ lenço (m) (de cabeça ou pescoço).

ずかい　図解 ilustração (f). ～する ilustrar.

ずがいこつ　頭蓋骨 [解] crânio (m), caveira (f), osso (m) craniano.

スカイダイビング [スポーツ] *skydiving* (m).

スカウト [行為] busca (f) (de pessoas de talento); [人] descobridor/ra. ～する descobrir [buscar] pessoas de talento.

すがお　素顔 rosto (m) lavado (sem maquiagem). 彼女はお化粧をしたときより～のほうが美しい Ela fica mais bonita sem pintura do que quando está maquiada.

すかさず logo, imediatamente, sem demora, no mesmo instante. 問題点を～追及する perseguir imediatamente os pontos problemáticos. ～相手の油断に乗じる aproveitar no mesmo instante o descuido do adversário.

すかし　透かし marca (f) de água (em papéis). ～入りの紙幣 nota (f) com marca de água.

すかす　透かす deixar um espaço, espaçar. 枝を～ podar os galhos. …を透かして見る ver através de …. 木々の間を透かして富士山が見えた O Monte Fuji pôde ser visto por entre as árvores. 闇を透かして見る ver através da escuridão.

ずかずか ～と sem cerimônia, sem acanhamento. ～と人の家に上がり込む entrar sem cerimônia na casa dos outros.

すがすがしい　清々しい fresco/ca, refrescante, agradável. ～風 vento (m) refrescante.

すがすがしさ　清々しさ frescor (m). 晴れた朝の～ frescor de uma manhã de sol.

*__すがた　姿__ [人の] figura (f) [フィグーラ], imagem (f) [イマージェン], silhueta (f) [スィリュエッタ]; [形] forma (f) [フォールマ]; [外観] aparência (f) [アパレンスィア]; [ある場所にいること] presença (f) [プレゼンサ]. …に～を現す aparecer em …, estar presente em …. ～を消す desaparecer, esconder-se. 日本の真の～を見ていってください Quero que você veja a verdadeira imagem do Japão. 彼はその会合に～を見せなかった Ele não apareceu nessa reunião. 人をその～で判断してはいけない Não se deve julgar as pessoas pela aparência.

スカラシップ bolsa (f) de estudo. ～をもらう receber uma bolsa de estudo.

すがる　縋る [しがみつく] agarrar-se a, aferrar-se a; [頼りにする] recorrer a, pedir ajuda a; [哀願] implorar, suplicar. 希望に～ aferrar-se a uma esperança. …の人情に～ implorar a piedade de ….

すかれる　好かれる ser querido/da de [por] …, ser estimado/da por …, cativar …. 彼女は社内のだれからも好かれている Ela é querida de [por] todos da firma.

ずかん　図鑑 pequena enciclopédia (f) ilustrada.

スカンク [動] cangambá (m), 《口語》doninha (f) fedorenta.

*__すき　好き__ ～な querido/da [ケリド/ダ], preferido/da [プレフェリド/ダ], favorito/ta [ファヴォリト/タ]. ～である gostar de …, amar. …のほうが～である preferir …, gostar mais de …. どこにでも～な所へ行きなさい Vá aonde você quiser (ir). いつでも～なときに来てください Venha quando você quiser (vir). 私はコーヒーのほうが紅茶よりも～です Eu prefiro o café ao chá. / Eu gosto mais de café do que de chá. …が～になる ficar gostando de …, tomar gosto por …. そうして彼女はお料理が～

になっていった E assim, ela foi tomando gosto pela cozinha.
すき 隙 ❶〔空間〕brecha(f), fenda(f), greta(f). 壁に〜ができている Há uma brecha [fresta] na parede. ❷〔油断〕descuido(m), falta(f) de atenção. 〜を見せる mostrar-se descuidado/da [distraído/da, leviano/na]. 相手の〜をねらって逃げる ficar à espera da distração do outro e fugir (na primeira oportunidade). 油断した〜に財布を盗まれてしまった Me roubaram [Roubaram-me] a carteira enquanto eu estava distraído/da./Foi só eu me distrair e me roubaram a carteira.
すき 犂 arado(m), charrua(f)《instrumento agrícola puxado por vacas ou cavalos》.
すき 鋤 pá(f) japonesa《instrumento agrícola de uso manual》.
すぎ 杉 cipreste(m).
-すぎ -過ぎ 〔時間〕depois de …, passado/da;〔程度〕demais, demasiado. 私は2時に着きました Eu cheguei depois das duas horas. 3時20分〜です São três horas e vinte minutos. 彼が倒れたのはやはり働き〜ですか Ele ficou doente por excesso de trabalho, mesmo?/Foi mesmo por estafa que ele ficou doente? それは言い(やり)過ぎですよ Assim você está 」falando demais (indo longe demais).
スキー esqui(m). 〜をする esquiar. ♦スキー場 campo(m) [estação(f)] de esqui;〔ゲレンデ〕pista(f) de esqui.
スキーヤー esquiador/ra.
すききらい 好き嫌い gostos(mpl) e aversões(fpl), preferências(fpl). うちの母は〜が激しい A minha mãe 」tem um gosto exigente [é muito seletiva].
すぎさる 過ぎ去る passar, ir-se. 青春は過ぎ去ってしまった Lá se foi a minha juventude.
すきずき 好き好き それは〜です Isso depende do gosto de cada um.
スキット teatrinho(m) para ilustrar uma explicação, no ensino de uma língua.
すきっぱら 空きっ腹 estômago vazio. 〜でこの薬を飲まないように Não tome este remédio 」com o estômago vazio [sem ter comido nada].
スキップ pulo(m). 〜する pular, saltar;〔トランプ等で〕passar a vez.
すきとおる 透き通る transparecer, ficar [estar] transparente. 透き通った transparente, cristalino/na, límpido/da. 透き通った水 agua(f) transparente.
-すぎない 過ぎない …に〜 não ser mais (do) que …, não passar de …, ser apenas …. これは推測に〜話だ Essa história não passa de uma suposição. 私は命令されたとおりにやったに〜 Eu só fiz o que me foi mandado.

すきま 隙間 ❶〔あいた空間〕espaço(m)《entre duas coisas》, frincha(f), vão(m). 菓子を〜なく箱に詰める colocar os doces 」bem juntinhos [sem deixar espaço entre eles] na caixa. ♦隙間風 corrente(m) de ar que entra pelas frinchas. ❷〔ひま〕intervalo(m), folga(f). 仕事の〜をみて休む fazer um intervalo ao ver que há uma folga no trabalho. ❸〔裂け目〕buraco(m), fenda(f). 垣根の〜から覗く olhar pelo buraco da cerca.
すきやき すき焼き 〚料〛carne(f) de vaca cozida com legumes, queijo de soja, *shoyu* e açúcar, que se come com ovo cru.
スキャナー 〚コンピ〛*scanner*(m)〔イスカーネル〕.
スキャン 〜する〚コンピ〛escanear.
スキャンダル escândalo(m).
スキューバダイビング 〚スポーツ〛*scuba diving*(m), mergulho(m).
スキル habilidade(f), técnica(f).
***すぎる 過ぎる** 〔通過〕passar〔パサール〕;〔時が〕passar〔パサール〕, transcorrer〔トランスコヘール〕;〔度が〕passar dos limites, ir longe demais. 危険な状態は過ぎましたのでご安心ください Fique (Fiquem) tranquilo/la (tranquilos/las) que já passou o perigo. 約束の期限はとうに過ぎましたよ Faz um tempão que expirou o prazo estipulado, *viu*? 食べすぎる comer demais. 飲み過ぎてしまった Bebi demais.
ずきん 頭巾 capuz(m), lenço(m) de cabeça.
スキンケア tratamento(m) da pele;〔化粧品〕produtos(mpl) de cuidado [tratamento] de pele.
スキンシップ contato(m) físico.
すく 空く 〔おなかが〕ficar [estar] com fome;〔場内が〕esvaziar-se, ficar [estar] menos lotado/da. お腹がすきましたか Ficou com fome?/Está com fome? バスは昼ごろにはすいています O ônibus fica [está] menos lotado na hora do almoço〔no Japão〕.
すく 梳く pentear. 髪を〜 pentear o cabelo.
すく 鋤く charrurar. 畑を〜 lavrar o campo com charrua.
***すぐ** ❶ logo〔ローゴ〕, já〔ジャー〕. 〜に imediatamente, de imediato, já, da noite para o dia. 彼女は〜に来ます Ela não vai demorar./Ela já vem./Ela vem já já. それは〜にできるものではないです Isto não é coisa que se faz da noite para o dia. あなたは〜怒りますね Você logo fica bravo/va, não? 〜彼に電話をしてください Telefone para ele imediatamente. これは〜壊れるのです Isto quebra 」logo [muito facilmente]. ❷〔いなや〕assim que《★+接続法 は未来を意味する場合;あとは直説法》《+subjuntivo, com ideia de futuro; + indicativo, com ideia de presente ou pretérito》ベビーシッターが来たら〜に出掛けます Vou sair assim que a *baby-sitter* vier [venha]. 授業が終わったら〜に夫に電話した Eu telefonei para

o meu marido, assim que a aula terminou.
すくい 救い 〔援助〕ajuda (f); 〔宗教上の〕salvação (f). ～を求める procurar [pedir] ajuda. …に～の手を差し伸べる prestar socorro [ajuda] a …, ajudar, socorrer, auxiliar. これは～がたい状態だ É uma situação irreparável. ～がたい頑固な男 um cabeça-dura incorrigível [incurável]. 彼は～ようのないアル中だ Ele é um alcoólatra que não tem cura.

すくう 救う ❶ salvar, socorrer, ajudar. 貧しい人を～ ajudar os pobres. …の命を～ salvar a vida de …. 難民を～ための募金 contribuição (f) para ajudar os refugiados. …を危険から救い出す salvar … de um perigo. 彼はおぼれる子を救い上げた Ele salvou uma criança do afogamento. 病気から～ curar. ❷〔憂いなどをなくさせる〕aliviar, libertar. 今のその言葉で私は救われた Eu fiquei aliviado/da me libertei dos problemas graças ao que você me disse agora.

すくう 掬う apanhar, tirar, tomar《com pás, conchas etc》. 手で水を～ apanhar água com as mãos. 灰汁(ｱｸ)を～ tirar a escuma. 魚を網ですくい上げる apanhar um peixe com rede. そのシャベルで砂をすくってください Tire a areia com essa pá.

スクーター escúter (m).
スクープ furo (m) de reportagem.
スクールバス ônibus (m) escolar.

*****すくない 少ない** pouco numeroso/sa, pouco, ca [ﾎﾟｰｳｺ/ｶ]. より～ menos. 最も～ o/a menor. 四国は雨が～ Chove pouco em Shikoku. 出費が昨年より～ Temos menos despesas que o ano passado. 彼の収入は会社で最も～ Ele ganha o menor salário da companhia. ～くする diminuir, reduzir. 従業員の数を少なくする reduzir [diminuir] o número dos empregados. 会う機会が少なくなった Espaçaram-se os encontros./Diminuiu-se o número de encontros. これは実用的価値は～ Isto tem pouco valor prático [pouca praticidade].

すくなくとも 少なくとも pelo menos, ao menos. ～週1回は報告書を出してほしい Gostaria que entregasse o relatório pelo menos uma vez por semana.

すくめる 竦める encolher. 肩を～ encolher os ombros.

スクラップ ❶〔新聞などの〕recorte (m) [extrato (m)] de jornal ou revista. ♦スクラップブック pasta (f) de recortes de jornal ou revista. ❷〔屑(ｸｽﾞ)鉄〕sucata (f).

スクラム ～を組む ficar de braços dados《em sinal de união》.

スクランブル ～の estalado/da em várias direções. ♦スクランブルエッグ ovos (mpl) mexidos. スクランブル交差点 cruzamento (m) onde todos os semáforos fecham para o pedestre poder atravessar livremente.

スグリ 〔植〕groselha (f).
スクリーニング ♦スクリーニング検査 exame (m) de triagem.
スクリーン tela (f) (de projeção).
スクリプト ❶ script (m), texto (m) de peça de teatro [televisão, rádio]. ❷〔手書きの原稿〕manuscrito (m).
スクリュー hélice (f); 〔ねじ〕parafuso (m). ♦スクリュードライバー chave (f) de parafuso [de fenda].

すぐれる 優れる ❶ ser melhor do que, ser superior a, passar, ser excelente. 優れた作品 obra (f) de excelente qualidade. 彼の英語力は部内のだれよりも優れている O inglês dele é o melhor do departamento. ❷〔気分・健康を〕estar bem, sentir-se bem. 気分がすぐれない não estar se sentindo bem;《口語》estar num baixo-astral. 健康が優れない não estar bem de saúde.

すげ 菅 〔植〕junça (f).
ずけい 図形 ❶ figura (f) (para explicar algo). ❷〔数〕figura. 平面図形 figura plana. 立体図形 figura sólida.
スケート 〔スポーツ〕patinagem (f), patinação (f); 〔靴〕patim (m), patim de rodas. ～に行く ir patinar. ♦スケート場 pista (f) de patinação.
スケートボード 〔スポーツ〕patinete (f), skate (m).
スケール ❶〔規模〕tamanho (m), dimensão (f), volume (m); calibre (m), envergadura (f); escala (f), padrão (m). ～の大きい de grande envergadura. ～の小さい de pequena envergadura. ～の大きい人 pessoa (f) que não faz questão de minúcias. ❷〔物差し〕régua (f).
スケジュール programa (m), cronograma (m), agenda (f), calendário (m). ストライキは学校の～を乱した A greve atrapalhou o calendário escolar. 彼は厳しい～をこなした Ele cumpriu uma agenda cheia. あなたの午後の～はどうなっていますか Qual o seu programa para hoje à tarde?
スケッチ esboço (m), croqui (m). ～する esboçar, desenhar, delinear. ♦スケッチブック caderno (m) de esboço. ❷〔小説・楽曲などの〕peça (f) teatral pequena.
すけべえ 助平 lascívia (f), sensualidade (f), libidinagem (f). ～な sensual, libidinoso/sa, lascivo/va, descarado/da,《卑》tarado/da; 〔言葉が〕malicioso/sa. ～なこと obscenidade (f). ～おやじ velho (m) tarado. ～根性の男 homem (m) sem-vergonha.
すける 透ける ser transparente. 顔が透けて見えるベール véu (m) que deixa ver o rosto.
スケルトン ❶〔解〕esqueleto (m). ❷〔船などの骨組み〕estrutura (f). ❸〔中が透けて見えるもの〕objeto (m) com superfície transparente e estrutura interna à mostra [《口

語》aparecendo].

スコア escore (*m*), placar (*m*), contagem (*f*) de pontos. ♦スコアボード marcador (*m*), placar.

すごい 凄い 〔恐ろしい〕horrível, terrível; 〔驚くべき〕assustador/ra, espantoso/sa; 〔激しい〕violento/ta; 〔非常な〕sensacional, extraordinário/ria, fora do comum. ～雨 chuva (*f*) violenta. ～ごちそうだ Quanta しcomida boa [coisa gostosa]! その歌手の人気は～ものだった A popularidade desse/dessa cantor/ra é uma coisa extraordinária. すごい Grande!/Que incrível!

ずこう 図工 (disciplina (*f*) escolar que consiste em) desenho (*m*) e trabalhos (*mpl*) manuais.

スコール borrasca (*f*), tempestade (*f*) forte e passageira (em geral de verão).

すごく 凄く muito, extraordinariamente, tremendamente. 彼は仕事が～速い Ele é bem rápido para trabalhar. 彼女は包装が～上手だ Ela sabe fazer pacotes muito bem./Ela é muito boa na embalagem.

*__すこし 少し__ 〔程度〕um pouco, um tanto, algo [アーウゴ]; 〔量〕pequena quantidade de, um pouco de, alguns/algumas [アウグンス/アウグーマス]; 〔時間〕um instante, um momento. ～ずつ pouco a pouco, aos poucos, gradualmente. ～前に um pouco antes. ～で quase, por pouco. もう～で彼女のことをあきらめるところだった Estava a ponto de desistir dela./Estava quase desistindo dela. 彼はもう～で決勝戦に出るところだった Ele esteve próximo [perto] de participar da final./Faltou pouco para que ele pudesse participar da final. ～しかない não ter ＿＿, ter só ＿＿, ter pouco ＿＿. 私はこの町には友人が～しかない Eu tenho poucos amigos nesta cidade. ～もない não ter nem um pouco (de), não ter nada de ＿＿. コーヒーも～もない Não tenho nem um pouco de café. その用紙をもう～ください Me dá [Dê-me] mais um pouco desse papel. ～でも操作を間違えたらたいへんです Se errar um pouquinho só [um pouco que seja] no manejo, vai ser um desastre. ～お待ちください Um momento, por favor. そこが～痛いです Aí dói um pouco.

すごす 過ごす 〔暮らす〕passar 《o tempo》. 夏休みは田舎でのんびりと～予定です Eu pretendo passar as férias de verão descontraidamente no interior. いかがお過ごしですか Como está passando?

スコッチ ♦スコッチウイスキー uísque (*m*) escocês.

スコップ pá (*f*).

すこやか 健やか ～な saudável, são/sã. ～な体 corpo (*m*) são. ～に育つ crescer saudavelmente.

すさまじい 凄まじい ❶ 〔恐ろしい〕terrível, horrível. ～光景 visão (*f*) [cena (*f*)] terrível. それは言葉では表せないほど～光景だった Essa foi uma cena tão terrível que não pode ser expressa através de palavras. ❷ 〔ものすごい〕inacreditável, espantoso/sa. 彼は毎日～練習を続けている Todos os dias ele continua realizando um espantoso treino. 私は駅で人に囲まれて～勢いで引っ張られていった Cercado/da pelas pessoas na estação, fui arrastado/da com inacreditável ímpeto.

すさむ 荒む ficar árido/da [insensível, duro/ra, frio/fria]. 世の中が荒んできた O mundo está ficando muito árido. 荒んだ心 coração (*m*) endurecido [insensível].

ずさん 杜撰 ～な pouco esmerado/da, muito defeituoso/sa, imperfeito/ta. ～な工事 obra (*f*) しinescrupulosa [feita com muita imperfeição]. ～な管理 controle (*m*) descuidado. この計画は～だ Este plano está sem pé nem cabeça.

すし 鮨, 寿司 〔料〕*sushi* (*m*) 《iguaria (*f*) à base de bolinho de arroz cozido e preparado com vinagre, açúcar e saquê》. ♦すし屋 restaurante (*m*) de *sushi*. いなりずし bolinho (*m*) de arroz envolto numa fritura fina de queijo de soja. にぎりずし bolinho de arroz sobre o qual se colocam frutos do mar crus ou cozidos. 巻きずし espécie (*f*) de rocambole de arroz, envolto em algas marinhas e enrolado com recheio de legumes ou frutos do mar.

*__すじ 筋__ ❶ 〔筋肉の〕nervo (*m*) [ネールヴォ], ligamento (*m*) [リガメント]. 足の～を違える torcer o pé. ❷ 〔繊維〕fibra (*f*) [フィーブラ]. ❸ 〔小説などの〕argumento (*m*) [アルグメント], intriga (*f*) [イントリーガ]. ❹ 〔論理〕lógica (*f*) [ロージカ]. ～の通った話 um assunto (*m*) razoável, uma história (*f*) coerente. ～の通らない sem lógica, absurdo/da. 君の言うことは～が通っていない O que você está falando não tem lógica. ❺ 〔情報源〕fonte (*f*) de informação. ♦外交筋 fontes (*fpl*) diplomáticas. ❻ 〔素質〕aptidão (*f*) [アピドォン], jeito (*m*) [ジェーイト]. 彼女はピアノの～が良い Ela tem queda para o piano. ❼ 〔線〕risca (*f*) [ヒースカ], traço (*m*) [トラッソ], linha (*f*) [リーニャ]. ～を引く traçar uma linha. ズボンの～ dobra (*f*) [risca (*f*), vinco (*f*)] de calças.

すじあい 筋合い direito (*m*), razão (*f*), motivo (*m*). 文句を言われる～はない Não tenho motivos para ser criticado/da./Ninguém tem o direito de me criticar.

すじがき 筋書き plano (*m*), enredo (*m*), *script* (*m*). それは～どおりの結果になった Isso saiu しcomo 〔《口語》do jeito que foi〕planejado. 物事は決して～どおりに運ばない As coisas nunca saem de acordo com o planejado [*script*].

ずしき 図式 diagrama (*m*), esquema (*m*).

~化して説明する explicar ⌐através de esquemas [esquematizando]. ♦図式化 esquematização (f).

すじこ 筋子 ova (f) de salmão em salmoura.

すしづめ すし詰め superlotado/da. 我々は電車の中で~だった Nós ficamos como sardinhas enlatadas no trem.

すじみち 筋道 razão (f), lógica (f), congruência (f) [coerência (f)] entre as ideias. ~を立てて話す falar ⌐metodicamente [dispondo os itens a transmitir em ordem lógica]. ~の通った razoável, lógico/ca, coerente, congruente. ~の通らない irrazoável, ilógico/ca, incoerente, incongruente.

すじむかい 筋向い ~の que está obliquamente do lado oposto (quase em frente, mas não exatamente em frente). 私の家の~の家 casa (f) obliquamente oposta à minha. レストランは大学の~にあります O Restaurante fica do lado oposto à faculdade mas não exatamente em frente.

すじょう 素性 linhagem (f), origem (f). ~の良い(卑しい) de boa família (de família humilde). ~の知れない de origem desconhecida.

ずじょう 頭上 por cima da [sobre a] cabeça. ~を見上げる olhar para cima. ~を飛ぶ voar por cima da cabeça. ~注意《掲示》Cuidado com a cabeça.

すす 煤 fuligem (f). ~だらけの cheio/cheia de fuligem.

すず 鈴 sino (m) pequeno, guizo (m). ~が鳴っている O sino está tocando.

すず 錫 estanho (m).

すずかけ 篠懸 [植] plátano (m).

すすき 薄 [植] espécie (f) de gramínea (usada para enfeitar o altar da festividade caseira de ver a lua).

すすぎ 濯ぎ enxaguadela (f). 衣類の~を丁寧にする enxaguar bem a roupa.

すずき 鱸 [魚] robalo (m) (japonês).

すすぐ 濯ぐ enxaguar. 口を~ bochechar.

*__すずしい__ 涼しい fresco/ca [フレースコ/カ], refrescante [ﾊﾌﾚｽｶﾝﾃ]. ~風 brisa (f) refrescante. この部屋のほうが~です Este quarto [apartamento] é mais fresco. だいぶ涼しくなりましたね Refrescou bastante, não?/Ficou bem mais fresco, não? ¶ ~顔をする mostrar-se indiferente ao problema que criou, 《口語》fazer cara de quem não tem nada a ver com o problema.

すずしさ 涼しさ frescor (m).

*__すすむ__ 進む 〔前進〕avançar [アヴァンサール], andar [アンダール]; [進歩] avançar, progredir [プログレディール], adiantar [アヂアンタール]. ぐんぐん(ゆっくり)~ avançar rapidamente (lentamente). 今後私の~べき道 caminho (m) que eu devo seguir no futuro. 進んだ思想 ideias avançadas. 私の時計は10分進んでいる O meu relógio está dez minutos adiantado. 彼の癌(ｶﾞﾝ)はそうとう進んでいる O câncer dele ⌐está bastante avançado [se agravou bastante]. 食が~ ter apetite. 大学に~ seguir os estudos na universidade. それは気が進まない Não me sinto disposto/ta a fazer isso./《口語》Não estou a fim de fazer isso [disso]. もう少し前に進んでください Avance (Avancem) mais um pouco para a frente, por favor./Um passinho à frente, por favor! きょうは工事があまり進まなかった Hoje as obras não adiantaram muito. 仕事は計画どおりに進んでいますか O serviço está adiantando ⌐normalmente [de acordo com o cronograma]?

すずむ 涼む tomar ar fresco.

すすめ 勧め conselho (m); recomendação (f). 親の~に従って大学へ行く fazer os estudos na universidade seguindo o conselho dos pais.

すずめ 雀 [鳥] pardal (m).

すずめばち 雀蜂 [虫] vespa (f).

すすめる 薦める, 勧める ❶ [推奨する] recomendar. …に生命保険に入ることを~ recomendar … a fazer seguro de vida. 医者は私にどこか保養に行くように勧めた O médico me recomendou ir descansar em alguma estação de repouso. ❷ [勧告する] aconselhar. …に大学へ行くことを~ aconselhar … a estudar na faculdade. ❸ [奨励する] estimular. 男性に料理を習うことを~ estimular os homens a frequentar curso de culinária. ❹ [提供する] oferecer. 客にコーヒーを~ oferecer café às visitas.

すすめる 進める ❶ [前進させる] adiantar, avançar. 時計を~ adiantar o relógio. 工事を早く~ acelerar as obras. ❷ [はかどらせる] dar seguimento, prosseguir. 会議を~ dar seguimento à conferência. ❸ [増進させる] estimular, fomentar. 機械化を~ fomentar a mecanização. 食前酒は食欲を~ O aperitivo abre o apetite.

すずらん 鈴蘭 [植] lírio-do-vale (m).

すずり 硯 pedra (f) para triturar tinta-da-china com água.

すすりなき すすり泣き choro (m) soluçado. 彼女は~をしながら家に帰った Ela voltou para casa chorando aos soluços.

すする 啜る ❶ [吸い上げて飲む] sorver fazendo barulho. 母はお茶を~ Minha mãe bebe chá fazendo barulho. ❷ [鼻汁を吸い込む] fungar, aspirar. 私はアレルギーのせいでかなり鼻を~ Eu fungo muito (o nariz) por causa da alergia.

すそ 裾 ❶ bainha (f), barra (f), aba (f). スカートの~を上げる levantar a barra da [fazer bainha na] saia. ズボンの~をまくる dobrar a barra da calça. ~を引きずる andar arrastando a bainha. ❷ [ウェディングドレスなどの長い

すそ] cauda (f) (de vestido de noiva). ❸ 〔山の〕pé (m) de montanha, falda (f), sopé (m). ❹ 〔髪の毛の〕cabelo (m) da nuca.

スター estrela (f), astro (m) 《de cinema etc》.

スターター 〔始動装置〕motor (m) de arranque.

スタート começo (m); partida (f). 彼は好~を切った Ele deu um ótimo começo./Ele começou bem. ~する começar; partir. ~の合図をする dar o sinal de partida, dar o sinal de início. ランナーは寺の境内から~する Os corredores vão partir do pátio do templo budista. ⇨出発.

スタイリスト ❶ estilista. ◆パーソナルスタイリスト estilista pessoal. ❷〔気取り屋〕pessoa (f) afetada, pessoa preocupada com a aparência.

スタイル estilo (m), modelo (m), gênero (m), formato (m). 彼女は~がいい Ela tem um corpo bonito.

スタジアム estádio (m). その日はマラカナン~は満員だった Nesse dia o Estádio do Maracanã estava lotado. ◆サッカースタジアム estádio de futebol.

スタジオ ❶ 〔テレビなどの〕estúdio (m) de gravação (de música, de televisão). ❷〔芸術家の〕estúdio artístico, oficina (f) artística, ateliê (m).

すだつ 巣立つ deixar o ninho, tornar-se independente.

スタッフ ❶ quadro (m) de pessoal, *staff* (m), corpo (m) administrativo, equipe (f) (de assistentes e auxiliares), corpo de assistentes. ❷〖映·劇〗quadro de pessoal.

スタミナ resistência (f) física, vigor (m), robustez (f), força (f). マラソンは~が必要なスポーツだ Maratona é um esporte que exige resistência física. ~をつける食べ物 alimento (m) que dá força.

すだれ 簾 cortina (f) de bambu.

すたれる 廃れる cair da moda [em desuso]. 廃れた fora de moda [uso], obsoleto/ta. その製品はやがて~でしょう Acho que um dia esse produto vai sair de moda.

スタンス ❶ posição (f), postura (f). 自由な~で発言する expressar-se sem nenhuma postura definida. ❷『スポーツ』posição das pernas para bater a bola.

スタンダード padrão (m), modelo (m), norma (f), critério (m). ~な padronizado/da, regular, típico/ca.

スタンド ❶ 〔電灯〕abajur (m), luminária (f). ❷〔酒場などの〕balcão (m). ❸〔競技場などの〕arquibancada (f). 選手はゴールをとって~を沸かせた O jogador levou a arquibancada à loucura com o gol.

スタンバイ ❶ prontidão (f). ❷〔コンピュータ〕espera (f), *stand-by* (m). 私のパソコンは~にならない O meu computador não fica [entra] em *stand-by* [modo de espera].

スタンプ ❶〔消印〕selo (m). ❷〔ゴム印〕carimbo (m). …に~を押す carimbar …, estampar ….

スチーム vapor (m). ◆スチームアイロン ferro (m) a vapor.

スチール aço (m). ~製の de aço. ◆ステンレススチール aço inoxidável.

スチュワーデス aeromoça (f), comissária (f) de bordo.

スチュワード aeromoço (m), comissário (m) de bordo.

-ずつ 一つ~ um por um/uma por uma. 一人~ um por um/uma por uma. 二人~入ってください Entrem dois/duas por vez, por favor.

ずつう 頭痛 dor (f) de cabeça. 私は~がするEstou com [Tenho] dor de cabeça. ◆頭痛薬 remédio (m) para dor de cabeça.

すっかり completamente, totalmente, de todo/da. 私はもう一回復しました Eu já estou completamente recuperado/da.

ずつき 頭突き cabeçada (f).

ズッキーニ abobrinha (f).

すっきり ~した髪型 penteado (m) simples e de bom gosto. ~した身なりをする vestir-se com simplicidade e bom gosto. 気持ちが~する sentir-se aliviado/da. シャワーを浴びて~した Senti-me outro/tra depois do banho de chuveiro. この書き方のほうが文章が~する Escrevendo-se deste modo a frase fica mais clara [enxuta]. この問題はどうも~しない Este problema ainda não está de todo resolvido.

ズック ❶〔布地〕lona (f). ❷〔靴〕tênis (m) (calçado).

すってんてん ~になる ficar sem um vintém.

すっと ❶〔軽快に〕rapidamente, prontamente. 彼は~席を立った Ele se levantou rapidamente [prontamente]. ❷〔音もなく〕sem fazer barulho, silenciosamente. 真っ暗な部屋に彼は~入ってきた Ele entrou silenciosamente no quarto escuro. ❸〔気分が〕com alívio. 胸が~した (Fiquei aliviado/da porque) a ânsia passou. シャワーを浴びて~した Tomei um banho de chuveiro e agora me sinto outro/tra.

ずっと 〔程度〕muito mais;〔時間〕para sempre, eternamente, ininterruptamente, o tempo todo;〔距離〕um bom pedaço. このほうがあれより~いい Este tá aqui é bem melhor do que aquele/la. あなたはそれ以来~ここに住んでいるのですか Desde então, você sempre morou aqui? 列車がとても込んでいたので私は大阪から~立ち続けでした Eu fiquei em pé o tempo todo desde Osaka, porque o trem estava muito lotado. この道を~歩いてください Vá por este caminho um bom pedaço./Vá sempre em frente. そのプロジェクトは~続

すっぱい 酸っぱい azedo/da. 酸っぱさ acidez (f). このみかんは～ Esta mexerica está azeda.

すっぽかす cabular, faltar ao compromisso. 仕事を～ faltar ao trabalho (por malandragem).

すっぽん 鼈 〔動〕tartaruga-de-carapaça-mole-chinesa (f).

すで 素手 mãos (fpl) vazias, mãos sem instrumentos. ～で魚を捕る pegar um peixe só com as mãos. ～による暴行 agressão (f) física sem uso de arma.

スティック ❶〔棒〕bastão (m). ～で叩く bater com um bastão. ニンジンを～状に切る cortar a cenoura a palito. ❷〔口紅〕batom (m). ❸〔音〕〔ばち〕baqueta (f) (de instrumento de percussão). ～でドラムを叩く tocar bateria com baqueta.

ステーキ bife (m).

ステージ palco (m).

ステーション estação (f), posto (m). ♦サービスステーション〔インフォメーションの〕posto de informações;〔ガソリンの〕posto de gasolina;〔修理などの〕posto de assistência técnica. ～ビル prédio (m) da estação (de trem). ～ワゴン perua (f), van (f).

ステータス status (m), condição (f) social; posição (f) na empresa. ♦ステータスシンボル sinal (m) de prestígio.

すてき 素敵 ～な maravilhoso/sa, bonito/ta, fascinante, atraente. ～な人 pessoa (f) atraente. ～な着こなし modo (m) de vestir elegante. ～なドレス vestido (m) bonito.

すてご 捨て子 criança (f) abandonada.

ステッカー etiqueta (f). …に～を貼る colar uma etiqueta em ….

ステッキ bengala (f). ～をついて歩く andar de bengala.

ステップ ❶〔ダンスの〕passo (m). 新しい～を習う aprender um novo passo de dança. ❷〔段階〕passo, caminho (m). 成功への～ passos (mpl)〔caminho (m)〕para o sucesso. ～バイ～で技能を身に付ける aprender uma técnica passo a passo [metodicamente]. 彼は～を踏み出すことができた Ele conseguiu dar um passo à frente. ❸〔階段の〕degrau (m). ❹〔乗り物の〕estribo (m). ❺〔草原〕estepe (f). ♦ステップ気候 clima (m) característico das estepes.

すでに 既に já; antes. 彼は～帰りました Ele já foi embora. 私が～言ったように… Como eu disse antes ….

*****すてる** 捨てる ❶〔不要物を処分する〕jogar fora, desfazer-se de …. 生ごみはここに捨ててください Jogue aqui o lixo de cozinha, por favor. 川に有害な廃棄物が捨てられた Foram lançados rejeitos [dejetos] tóxicos no rio. ❷〔放棄する〕abandonar [アバンドナール], renunciar a …, abdicar-se de …, abrir mão de …. 権利を～ renunciar aos direitos. 祖国を～ abandonar a pátria. 勝負を～ abandonar o jogo. ❸〔手放す〕perder [ペルデール], dar fim a …, acabar com …. 命を～ dar fim à [acabar com a] vida. 希望を～ perder as esperanças. ¶ 捨てたもの o que foi jogado fora;《比》algo imprestável [inútil, para ser jogado fora]. 日本の経済はまだ捨てたもんじゃない A economia japonesa ainda não é de se jogar fora.

ステレオ estéreo (m).

ステレオタイプ estereótipo (m). ～な estereotipado/da.

ステロイド 〔医〕esteroide (m).

ステンドグラス vitral (m).

ステンレス aço (m) inoxidável.

スト greve (f). ～に入る entrar em greve. ～を中止する suspender a greve. 私たちは～を決行中です Estamos em greve. ♦スト権 direito (m) de greve. ゼネスト greve geral. ハンガースト greve de fome. ⇨ストライキ.

ストーカー 〔人〕assediador/ra, aquele/la que fica de tocaia para assediar alguém. ♦ストーカー規制法 lei (f) que proíbe o assédio. ストーカー行為 assédio (m).

ストーブ aquecedor (m)《de ambiente》. ♦石油ストーブ aquecedor a querosene. 電気ストーブ aquecedor elétrico.

すどおり 素通り ～する passar sem parar.

ストール estola (f).

ストッキング meia (f) (comprida de náilon para mulheres). ～を脱ぐ tirar as meias. ～をはく pôr meias.

ストック estoque (m), reserva (f). ～する armazenar, estocar, formar estoque de ….

ストップ parada (f). ～する parar. ～させる fazer parar. 工事が～した As obras pararam. ストップ Pare! ♦バスストップ parada de ônibus.

ストップウォッチ cronômetro (m). ～でタイムをはかる cronometrar.

すどまり 素泊まり hospedagem (f) sem refeições.

ストライキ ～に入る entrar em greve. ～をする fazer greve. ♦ストライキ参加者 grevista. ⇨スト.

ストライク 〔野球・ボウリング〕strike (m). ♦ストライクゾーン〔野球〕zona (f) de strike.

ストライプ ❶ listra (f), tira (f). ❷〔軍事〕〔袖章〕divisa (f) (de sargento ou cabo).

ストリップ striptease (m) [イストゥリップチーズィ]. ～をする desvestir-se, desnudar-se, despir-se.

ストレート ❶〔率直な〕direto/ta, sem rodeios. ～な発言 declaração (f) direta. ブラジル人は～ですね Os brasileiros vão direto ao assunto, não? ❷ 〔まっすぐな〕 reto/ta, sem curvas. 〜な道 caminho (m) reto. 〜へアに仕上げる alisar os cabelos, fazer um alisamento (japonês) nos cabelos. ◆ストレートジーンズ calça (f) jeans de corte reto. ストレートヘア cabelo (m) ⌊liso [sem ondas, escorrido]. ❸ 〔続けざま〕 seguidamente. ◆ストレート勝ち vitórias (fpl) consecutivas [seguidas]. ❹ 〔ウイスキーなどを水で薄めないこと〕 sem mistura, puro/ra. ◆ストレートコーヒー café (m) feito com o pó de uma única espécie; 〔ミルクなしの〕 café servido sem leite. ❺ 〔ポーカー, 麻雀で〕 *straight* (m). ❻ 〖野球〗 bola (f) arremessada em linha reta. ❼ 〖ボクシング〗 soco (m) direto.

ストレス ❶ estresse (f), tensão (f). それは〜がたまる Isso é estressante. 〜解消のために para ⌊se descontrair [se espairecer, se entreter, desestressar, se distrair]. ❷ 〖音声学〗 acentuação (f).

ストレッチ 〖スポーツ〗 alongamento (m). 〜運動をする fazer alongamento.

ストレプトマイシン 〖薬〗 estreptomicina (f).

ストロー canudo (m).

すな 砂 areia (f). 〜の多い arenoso/sa. 〜で埋める cobrir com areia. ◆砂時計 ampulheta (f). 砂場 piscina (f) de areia. 砂浜 praia (f) de areia.

すなお 素直 〜な de bom gênio, fácil de conduzir; puro/ra, natural, simples. 〜な子供 criança (f) obediente. 〜な人 pessoa (f) pura [simples], pessoa fácil de conduzir. 〜に生徒の意見を取り入れる aceitar a opinião dos alunos de braços abertos. 〜に私に従ってください Obedeça-me sem hesitações. 彼は〜に告白した Ele confessou francamente.

スナック ❶ 〔スナックバー〕 casa (f) noturna, bar (m). ❷ 〔軽食〕 lanche (m), merenda (f). ◆スナック菓子 lanche, petisco (m).

スナップ ❶ 〔留め金〕 fecho (m). ❷ 〔写真〕 fotografia (f) tirada de improviso.

すなぶくろ 砂嚢 〔鳥の〕 moela (f) (de ave).

すなわち 即ち quer dizer, ou seja, isto é, digo. 今咲いている花—梅はもうすぐ散る As que estão em florescência agora, isto é, as ameixeiras, vão desflorescer logo. 祖父は彼の長男, 〜私の父にその全財産を残した O meu avô deixou toda a fortuna para o seu primogênito, digo, para o meu pai.

スニーカー tênis (m), sapato (m) de lona.

すぬける 図抜ける sobressair. 彼は図抜けて頭がよい Ele tem uma inteligência excepcional.

すね 脛 perna (f), canela (f). ¶ 〜に傷を持つ ter um peso na consciência. …の〜をかじる depender (economicamente) de …; estar [ficar] na cola de …. 親の〜をかじっている間は... enquanto estiver dependendo (eco-nomicamente) dos pais …. ◆脛当て caneleira (f). 脛かじり parasita, carrapato (m).

すねる 拗ねる ficar emburrado/da [de mau-humor], aborrecer-se. 世を〜 ser cínico/ca [misantropo/pa]. あの女の子はお店でおまけをもらわなかったのですねてしまった Aquela menina ficou emburrada porque não ganhou o brinde de naquela loja.

ずのう 頭脳 cabeça (f), cérebro (m).

スノーボード 〔競技〕 *snowboard* (m); 〔板〕 prancha (f) de *snowboard*.

すのこ ❶ 〔風呂場などの〕 estrado (m), plataforma (f) de madeira, 〔デッキ〕 *deck* (m) de madeira. ❷ 〔台所のシンクの〕 fileira (f) de tábuas para escorrer (dentro de uma pia).

すのもの 酢の物 〖料〗 prato (m) temperado com vinagre, açúcar e sal.

スパイ espião/piã.

スパイク ❶ espinho (m), ferrão (m); 〔スパイクシューズ〕 chuteira (f). ❷ 〔スポーツ〕 〔バレーボールで〕 ataque (m), cortada (f) (no vôleibol).

スパイス tempero (m), condimento (m), especiaria (f), pimenta (f). 〜のきいた apimentado/da, ardido/da. ◆スパイスチキン frango (m) apimentado.

スパゲッティ 〔料理〕 espaguete (m), macarronada (f) 《prato》; 〔麺〕 espaguete, macarrão (m) 《massa》. 〜をゆでてください Cozinhe o macarrão, por favor. 〜スパゲッティミートソース espaguete (m) ⌊ao molho de tomate e carne [à bolonhesa].

すばこ 巣箱 〔鳥の〕 ninho (m) artificial; 〔ハチの〕 colmeia (f) 《em apicultura》.

すばしっこい ágil, rápido/da, esperto/ta. すばしっこく rapidamente, com agilidade. 囚人はすばしっこく逃げた O prisioneiro escapou ⌊com agilidade [com esperteza, astutamente]. すばしっこく立ち回る comportar-se astutamente. すばしっこさ agilidade (f), ligeireza (f); esperteza (f), astúcia (f).

すはだ 素肌 pele (f) ⌊nua [sem nada por cima]. 〜のままでいる ficar sem pintura [maquilagem].

ずばぬける ずば抜ける destacar-se, distinguir-se, sobressair, ser extraordinário/ria. ずば抜けて excepcionalmente, extraordinariamente. あのボクサーはずば抜けて強い Aquele/la lutador/ra de boxe é extraordinariamente forte. 彼女の記憶力のよさはずば抜けている A capacidade de memorização dela é extraordinária.

すばやい 素早い bem rápido/da. 素早く muito rapidamente.

すばらしい 素晴らしい maravilhoso/sa, magnífico/ca, formidável, esplêndido/da. 〜眺め vista (f) maravilhosa. 素晴らしく maravilhosamente, admiravelmente. 素晴らしさ maravilha (f).

ずばり 〜当てる acertar em cheio. 〜と言う falar sem rodeios, ser incisivo/va ao falar. まさにそのもの〜です É isso aí!/Tirou a palavra da minha boca!

スパルタ ♦スパルタ教育 educação (f) à espartana [rigorosa].

スパン 〔空間的〕distância (f), espaçamento (m); 〔時間的〕período (m). 30 年の持続可能なプラン plano (m) sustentável por um período de trinta anos. 今回の企画は長い〜で考えるべきだ O projeto desta vez tem de ser pensado dentro de um longo período (de planejamento).

スピーカー alto-falante (m).

スピーチ discurso (m). 〜をする fazer [pronunciar] um discurso. ♦スピーチセラピー terapia (f) da fala.

スピード velocidade (f), rapidez (f). 〜を上げる(落とす) aumentar (reduzir) a velocidade. 〜を上げてください Aumente a velocidade, por favor. 曲がり角では車の〜を落としなさい Na esquina, reduza a velocidade (do carro). 〜アップする aumentar a velocidade; ser mais rápido/da. 〜強化の練習をする 〚スポーツ〛treinar para aumentar a velocidade. ♦スピード違反 excesso (m) de velocidade. スピード制限 limite (m) de velocidade.

ずひょう 図表 gráfico (m).

スピロヘータ 〚生〛espiroqueta (f).

スピン ❶ rodopio (m), pirueta (f). 〜する rodopiar, dar pirueta. ❷〔テニス・卓球〕rodopio da bola. ❸〔車〕derrapagem (f) ou giro (m) (causados por brecada repentina).

スフィンクス esfinge (f).

スプーン colher (f). …に〜 2 杯の塩を入れる colocar duas colheres de sal em …. ♦ティースプーン colher de chá.

スフォルツァンド 〚音〛*sforzando*.

ずぶとい 図太い descarado/da, atrevido/da, 〚口語〛cara de pau.

ずぶぬれ ずぶ濡れ 〜の todo/da molhado/da, molhado/da até os ossos, ensopadíssimo/ma, encharcado/da. 〜である estar ensopado/da. 〜になる ficar ensopado/da, ensopar-se. にわか雨にあって〜になった Tomei um aguaceiro e fiquei todo/da molhado/da.

スプリング ❶〔ばね〕mola (f). 〜のきいた椅子 (ソ) cadeira (f) muito fofa. ♦スプリングボード trampolim (m). スプリングマットレス colchão (m) de molas. ❷〔春〕primavera (f). ♦スプリングコート casaco (m) de meia-estação.

スプリンクラー ❶〔水やり用の〕irrigador (m) de aspersão, borrifador (m). ❷〔火災用の〕sistema (m) automático de aspersão (colocado no teto para extinguir incêndios).

スフレ 〚料〛suflê (m).

スプレー *spray* (m). ♦ヘアスプレー *spray*, fixador (m) de cabelo, laquê (m).

すべ 術 modo (m), maneira (f). なす〜 modo de fazer, jeito (m) de fazer. …をなす〜もない não ter nem jeito para …. 友人を助ける〜もなかった Nem houve como [jeito de] ajudar o/a amigo/ga. …する〜を心得ている saber (como) [saber a arte de] (+不定詞) 《+infinitivo》.

スペア objeto (m) [peça (f)] de reserva [reposição], reserva (f). ♦スペアキー chave (f) de reserva. スペアタイヤ pneu (m) sobressalente, estepe (m).

スペイン Espanha (f). 〜の espanhol/nhola.

スペース ❶〔空間〕espaço (m), abertura (f), intervalo (m), vaga (f). 本棚に〜がもうとれない Não há 《〚口語〛tem》 mais como abrir espaço na estante de livros. 皆さん、いすといすの間の〜をもっと空けてください Vamos aumentar o espaço entre as cadeiras, sim? ❷〔空白〕espaço em branco, margem (f). 原稿の両脇に〜を空けておいてください Deixe uma margem nos dois lados do manuscrito, está bem? ❸〔紙面〕página (f) de jornal ou revista reservada (a um jornalista ou tema). ❹〔宇宙空間〕espaço (m) (sideral), cosmo (m), universo (m). ♦スペースシャトル nave (f) espacial. スペースステーション estação (f) espacial.

スペクタクル espetáculo (m), exibição (f).

スペシャル especial, particular. ♦スペシャルレポート relatório (m) especial.

すべすべ 〜した liso/sa, lisinho/nha. 〜した皮膚 pele (f) lisa.

＊すべて tudo [トゥード] (m). 〜の todo/toda/todos/todas. 〜のもの tudo. 〜の人 todo o mundo, todos. 〜の点において sob todos os aspectos. 〜順調だ Está tudo em ordem./Vai tudo às mil maravilhas. 彼らは〜私の取引先です Eles são todos meus clientes. 私が私の知っている〜です Isso é tudo o que eu sei. ⇨皆.

すべらす 滑らす deixar escorregar. 足を〜 escorregar. 口を〜 falar algo sem querer, deixar escapar um segredo. 足を滑らせて階段から落ちました Meu pé escorregou e caí da escada.

すべり 滑り deslizamento (m). 障子の〜が悪い(良い) A janela (porta) corrediça de papel está deslizando mal (bem).

すべりだい 滑り台 escorregador (m).

すべりどめ 滑り止め ❶〔車のタイヤの〕objeto (m) colocado junto aos pneus do carro parado 《para evitar deslizamento em ladeiras》. ❷〔階段〕tira (f) de borracha colocada em escadas 《para evitar o escorregamento dos usuários》. ❸〔チェーン〕corrente (f) colocada em volta dos pneus do carro 《para evitar derrapagem na neve》. 今日は大雪が降るので車でお出かけの方は〜が必要です Quem vai sair de carro hoje vai precisar colocar corrente nos pneus porque haverá muita neve. ❹〔受験のさいに〕《口語》faculdade (f) ou colégio (m) nos quais o vestibulando presta exame para garantir seu lugar no caso de não passar em outros de sua preferência. 私は～にA大学も受けました Como medida de segurança, prestei exame na Universidade A também.

すべりやすい 滑りやすい escorregadiço/ça, escorregadio/dia, fácil de escorregar.

スペリング grafia (f), ortografia (f); soletração (f).

すべる 滑る 〔物, 足が〕deslizar, escorregar; 〔車が〕derrapar; 〔スケートで〕patinar; 〔試験などに失敗する〕ser reprovado/da, não passar, levar bomba. 皿が手から滑ってしまった O prato escapou das minhas mãos. ついつい口が滑って秘密を漏らしてしまった Acabei revelando um segredo por deslize.

スポイト pipeta (f).

スポーク raio (m) (de roda).

スポークスマン porta-voz.

スポーツ esporte (m). ～をする fazer [praticar] esporte. 君の好きな～は何ですか Qual é o seu esporte predileto?
♦ スポーツアカデミー academia (f) de esporte. スポーツ医療 medicina └do esporte [desportiva]. スポーツウェア traje (m) esportivo. スポーツカー carro (m) esportivo. スポーツシャツ camisa (f) esporte. スポーツセンター centro (m) esportivo. スポーツ専門医 médico/ca do esporte. スポーツマン esportista.

ずぼし 図星 ato (m) de acertar em cheio. 私の言ったことは～でしょう É exatamente como eu disse, não é?/Acertei em cheio, não é?

スポット ❶〔スポットライト〕holofote (m), projetor (m) de luz. ❷〔場所〕ponto (m), local (m), área (f). 渋谷は若者に人気の～だ Shibuya é um ponto muito apreciado pelos jovens. ♦ 観光スポット área turística, ponto turístico. ❸〔飛行場で〕ponto de subida ou descida do avião pelos passageiros num aeroporto. ❹〔スポット広告〕comercial (m), intervalo (m) comercial.

スポットライト holofote (m), projetor (m) de luz.

ずぼら ～な desleixado/da, relaxado/da, descuidado/da, preguiçoso/sa. 彼は～だ Ele não cumpre direito as obrigações.

ズボン calças (fpl). ～をはく pôr calças. ～を脱ぐ tirar as calças.

スポンサー patrocinador/ra.

スポンジ esponja (f).

スマート ～な 1) elegante, esbelto/ta. ～な女性 uma mulher esbelta [elegante]. 2) fino/na. ～に着こなす vestir-se elegantemente. 問題を～に解決する resolver um problema └com habilidade [sem perder a compostura].

すまい 住まい moradia (f), casa (f). お～はどちらですか Onde o/a senhor/ra mora?

スマイル sorriso (m).

すましじる 澄まし汁 〔料〕sopa (f) japonesa à base de peixe e legumes.

すます 済ます 〔終わらせる〕acabar, terminar; 〔間に合わせる〕contentar-se com …, prescindir de …, passar sem …. 勘定を～ pagar a conta. 仕事を済ませてからあなたの家に行きます Vou à sua casa depois de terminar o serviço. 今年の冬はストーブなしで済ませます Vou passar este inverno sem o aquecedor.

すます 澄ます ❶〔液体を〕tornar límpido/da, purificar, tornar transparente. ❷〔耳などを〕apurar. 耳を～ ouvir com atenção, apurar o ouvido. ❸〔態度などを〕afetar-se, ficar afetado/da. 彼女はつんと澄ましている Ela é afetada [pedante, antipática].

すまない Perdão!/Sinto muito!

すみ 墨 tinta (f) 〈oriental para caligrafia〉. ～をする friccionar [esfregar] a barra de tinta na pedra para fazer tinta. イカの～ tinta da lula. タコが～を吐いた O polvo expeliu tinta.

すみ 炭 carvão (m) 〈vegetal〉. …を～で焼く assar … na brasa. ～を焼く fazer carvão. ～をおこす acender o carvão.

すみ 隅 canto (m), recanto (m). 部屋の～ canto do quarto. 左上 (下) の～ canto (m) superior (inferior) esquerdo. ～から～まで捜したが見つからなかった Procurei em tudo quanto é canto mas não achei. 故郷は～から～まで知っている A minha terra natal eu conheço de cabo a rabo. ¶ ～に置けない敵 inimigo (m) que não se pode menosprezar 〔《口語》subestimar〕.

-ずみ -済み já feito/ta, concluído/da. 売約～ contrato (m) de venda fechado. 検査～ inspecionado/da. 用～の書類 documento (m) sem mais utilidade. 払い～ pago.

すみえ 墨絵 *sumie* (m).

すみごこち 住み心地 ～のよい家 casa (f) confortável. この村は～がよい Esta vila (f) é agradável de se viver. 新しい家の～はどうですか Como vai de casa nova?

すみこみ 住み込み ato (m) de morar no local de trabalho. ～で働く trabalhar dormindo no local de trabalho.

すみつく 住みつく …に～ estabelecer-se em …, fixar residência em …, instalar-se em ….

すみび 炭火 fogo (m) de carvão. ♦ 炭火焼きコーヒー café (m) torrado na brasa.

すみません 済みません ❶〔謝罪〕Desculpe!/Perdão! このお手紙が遅れて～. 〔★ 謝るよりは遅れた理由を並べた後で次のように書くのが普通のようである〕Essa é a razão pela qual esta carta vai chegar tão tarde em suas mãos.

「すみません!」「いいえ」Desculpe! — Não há de que!/Nada!/Ora! ❷〔失礼します〕Com licença. ❸〔ありがとう〕Obrigado/da. ❹ por favor. 〜が時間を教えてくださいませんか Por favor, poderia me dizer as horas?

すみやか 速やか 〜さ rapidez (*f*), velocidade (*f*). あまりの〜さに驚く ficar admirado/da com uma rapidez fora do comum. 〜な rápido/da, veloz, ligeiro/ra, célere. 〜に rapidamente, imediatamente. 〜に返答をいただきありがとうございます Obrigado pela resposta rápida. 彼は〜にあの問題を処理した Ele resolveu aquele assunto rapidamente.

すみれ 菫 〔植〕violeta (*f*).

*****すむ 住む** morar [モラール]. 彼女は30年間日本に住んだ Ela morou trinta anos no Japão. 彼女は30年日本に住んでいる Ela mora há trinta anos no Japão./Ela tem trinta anos de Japão. 彼女は30年前に日本に住み始めた Ela começou a morar no Japão há trinta anos. 私は東京の郊外に住んでいます Eu moro nos arredores de Tóquio. 彼はどこに住んでいるのですか Onde ele mora?

すむ 済む 〔終わる〕acabar, terminar;〔切り抜ける〕resolver-se;〔間に合う〕ser suficiente, prescindir de, dispensar. そこでの仕事が済んだらすぐ帰社しなさい Assim que terminar o serviço daí, volte para a companhia. 済んだことは仕方がない Não vale a pena lamentar o passado. 気が〜 ficar satisfeito/ta, ficar com a consciência tranquila. 夕食はもう済みましたか Já jantou? 冷房なしで〜所 lugar onde se pode prescindir de ar condicionado. 金で〜問題ではない É um problema que não dá para ser resolvido com o dinheiro.

すむ 澄む tornar-se límpido/da, ficar [estar] transparente. 澄んだ límpido/da, transparente, puro/ra. 澄んだ水 água (*f*) límpida. 澄んだ空 céu (*m*) limpo. 澄んだ空気 ar (*m*) puro.

スムーズ liso/sa, suave; normal. 〜に sem dificuldades, harmoniosamente. 会議が〜に進むようにプリントを配る distribuir impressos para que tudo corra bem na reunião [para a reunião correr normalmente]. 全ては〜に運んだ Tudo correu normalmente [sem contratempos].

ずめん 図面 desenho (*m*), esboço (*m*); figura (*f*), esquema (*m*). 〜を引く traçar uma figura.

すもう 相撲 sumô (*m*), luta (*f*) tradicional japonesa. 〜を取る lutar sumô. ♦相撲取り lutador (*m*) de sumô.

スモークサーモン salmão (*m*) defumado.
スモークチーズ queijo (*m*) defumado.
スモークフィルム filme (*m*) de controle solar (para carros).
スモッグ *smog* (*m*), névoa (*f*) seca. ♦光化学スモッグ nevoeiro (*m*) fotoquímico.
すもも 李 〔植〕〔木〕ameixeira (*f*);〔実〕ameixa (*f*).

すやき 素焼き objeto (*m*) de cerâmica não esmaltado. 〜の cozido/da e não esmaltado/da.

すやすや tranquilamente, calmamente. 〜眠る dormir pacificamente.

-すら mesmo …, até …;〔否定〕nem mesmo [sequer]. 子供で〜そのくらいのことは知っています Até criança sabe uma coisa dessas. ラッシュのとき上げた腕を下げること〜できなかった Na hora do *rush*, nem sequer podia abaixar o braço levantado.

スライディング 〔野球〕ato (*m*) de deslizar para uma base. ♦スライディングタックル 〔サッカー〕carrinho (*m*).

スライド diapositivo (*m*), eslaide (*m*). ♦スライド制 〔経〕correção (*f*) monetária. スライド表 tabela (*f*) variável.

ずらす ❶〔移す〕mover, mudar, deslocar. 机を左に〜 deslocar a escrivaninha para a esquerda. 自分の体を〜 mover-se. ❷〔日時を〕atrasar, deslocar. 会議の日取りを2日〜 atrasar a conferência por dois dias.

すらすら 〔容易に〕com facilidade, com desenvoltura;〔言葉を〕fluentemente, correntemente. 彼女はポルトガル語を日本語に〜と訳した Ela traduziu do português para o japonês com a maior facilidade.

スラックス calças (*fpl*). 〜をはく pôr [estar de] calças. 〜を脱ぐ tirar as calças.

スラム favela (*f*), bairro (*m*) pobre [miserável].

スランプ desânimo (*m*), queda (*f*) brusca de interesse numa atividade, apatia (*f*), inatividade (*f*). 〜に陥る 〔経〕estagnar-se;〔人〕ficar com depressão no trabalho,《口語》ficar em baixo astral. 〜を脱する 〔経〕sair do marasmo;〔人〕voltar a ser ativo/va no trabalho,《口語》sair do baixo astral.

すり 掏摸 batedor/ra de carteira. 〜に用心しなさい Tome cuidado com os/as trombadinhas. 電車内で〜をする bater a carteira no trem.

すり 刷り impressão (*f*). 辞書の2〜 segunda impressão do dicionário.

すりかえる すり替える trocar. AをBに〜 trocar A por B. 真珠を偽物と〜 trocar a pérola por uma falsificação.

すりきず 擦り傷 arranhão (*m*). 〜を負う ter [levar] um arranhão.

すりきり 擦り切り 〜の raso/sa. 砂糖を大さじ〜1杯入れる colocar uma colher de sopa rasa de açúcar.

すりきれる 擦り切れる ficar puído/da [esgarçado/da], ficar roto/ta, desgastar-se. すり切れた gasto/ta, roto/ta. 襟がすり切れてしまった A gola ficou puída [esgarçada].

すりこむ 擦り込む ❶〔こすってしみこませる〕esfregar. 軟膏(なんこう)を皮膚に〜 esfregar a po-

mada na pele. ❷〔すりつぶして混ぜ入れる〕triturar e misturar. ごまをすり込んだ味噌 massa (f) de soja com gergelim triturado.

スリッパ chinelo (m) 《de usar dentro de casa》.

スリップ ❶〔婦人用下着〕combinação (f) 《roupa íntima feminina》. ❷〔すべること〕escorregão (m), escorregadela (f), derrapada (f). ～する escorregar, derrapar. 私の車はここで～しました Meu carro derrapou aqui.

すりつぶす 擂り潰す moer, triturar.

スリナム Suriname (m). ～の surinamês/mesa.

すりぬける 擦り抜ける escapar. 魚は手の間をすり抜けてしまった O peixe acabou escapando [deslizando] das minhas mãos. 監視の目をうまく～ escapar habilmente do vigia.

すりばち 擂り鉢 almofariz (m).

すりへらす 磨り減らす ❶〔こすって〕desgastar (com o uso). ❷ esgotar, desgastar (os nervos). そこで神経をすり減らしてもしょうがない Não adianta nada ficar se remoendo por causa disso.

すりへる 磨り減る ❶〔こすれて〕desgastar-se, gastar-se. 靴のかかとが磨り減ってしまった O salto do meu sapato se desgastou. ❷〔神経などが〕esgotar-se.

すりみ 擂り身 massa (f) de peixe moído.

スリム ～な delgado/da, esbelto/ta, esguio/guia.

すりむく 擦り剥く esfolar, escoriar. ひじを～ esfolar o cotovelo, ficar com o cotovelo esfolado. 彼は石につまずいてひざをすりむいたのです Ele tropeçou numa pedra e esfolou [arranhou] o joelho.

スリラー ♦スリラー映画 filme (m) de terror, filme de suspense. スリラー小説 romance (m) de terror.

スリランカ Sri Lanka. ～の cingalês/lesa.

スリル suspense (m).

*****する 為る** ❶ fazer [ファゼール] (＋名詞)《＋substantivo》. そんなばかなことを～な Não faça uma besteira dessas. ❷《★「を」の前の名詞と同じ語幹の動詞で訳すことがある》(traduz-se, às vezes, por um verbo com a mesma radical que o substantivo anterior ao「を」》私は昨日たくさんの仕事をした〔★仕事 = trabalho → trabalhar〕 Ontem eu trabalhei muito. この車はすぐに修理を～必要がある〔★修理 = conserto → consertar〕 É preciso consertar já este carro aqui. 彼女は時間どおりに来る約束をした〔★約束 = promessa → prometer〕 Ela prometeu vir na hora. ❸〔スポーツなど〕praticar [プラチカール]. 私は医者に何かスポーツを～ように言われている O médico disse para eu praticar um esporte. ❹〔ゲームなど〕jogar [ジョガール], fazer. マージャンを～ jogar *majong*. ❺〔…を…にする〕fazer, tornar [トルナール]. 私は彼女を幸せにします Eu vou fazê-la [torná-la] feliz. ❻〔値段が〕custar [クスタール]. それはいくらしますか Quanto custa isso aí? これはだいたい2千円します Isto custa por volta de dois mil ienes./《口語》O preço disso aí gira em torno de dois mil ienes. ¶ …と～ Digamos que …. 昨日はあなたに電話をしつづけた Ontem fiquei te telefonando o tempo todo.

する 刷る imprimir. パンフレットを200部～ imprimir duzentos exemplares de folhetos [panfletos].

する 掏る surrupiar, roubar. 財布を～ bater a carteira. 財布をすられた Bateram a minha carteira.

する 擦る esfregar, riscar. マッチを～ riscar o fósforo.

ずる trapaça (f). ～をする trapacear.

ずるい astuto/ta, esperto/ta, trapaceiro/ra. ～人 trapaceiro/ra, trapaceador/ra.

ずるがしこい ずる賢い astuto/ta, esperto/ta.

ずるがしこさ ずる賢さ malícia (f), astúcia (f);《口語》jogo (m) de cintura. 彼らがブラジル人選手の～を学んだならサッカーがおもしろくなるだろう Se eles aprendessem a malícia dos brasileiros, o futebol ficaria mais interessante.

ずるさ astúcia (f), esperteza (f).

ずるずる ～滑る escorregar. ～引きずる arrastar. ～と 1) aos poucos, sem perceber. 彼は～とギャングの仲間に入っていった Ele foi aos poucos entrando na gangue. 2) indefinidamente. ～と結論を引き延ばす protelar indefinidamente a conclusão. 3) sem parar. ～と鼻をすする ficar fungando o nariz sem parar.

ずるずるべったり ～な関係 relação (f) mantida sem muito interesse das partes. ～一緒に暮らしてきた Viemos vivendo juntos por viver.

すると então …. ～彼は笑いだした Então, ele começou a rir.

するどい 鋭い 〔とがった〕afiado/da, agudo/da; 〔鋭敏な〕perspicaz, penetrante. 鋭く severamente, duramente. ～ナイフ faca (f) bem afiada. ～痛み dor (f) aguda. ～目つき olhar (m) penetrante. ～観察 observação (f) perspicaz. ～批判 crítica (f) severa. 鋭くする afiar, apontar, aguçar; tornar perspicaz, apurar.

するどさ 鋭さ agudeza (f); perspicácia (f); fineza (f).

するやすみ ずる休み cabulice (f), falta (f) (ao serviço ou às aulas) por malandragem. ～をする〔授業〕cabular aula.

ずれ ❶ deslocamento (m). 1ミリの～ deslocamento de um milímetro. ❷〔意見などの相違〕diferença (f), defasagem (f), divergência (f). 意見の～ divergência de opiniões.

-ずれ -擦れ atrito (m), desgaste (m). 床～ ferida (f) que se forma nas costas devido à longa permanência na cama. 彼は世間〜している Ele conhece a malícia do mundo.

すれすれ ❶〔ほとんど触れそうになって〕rente. 水面〜に飛ぶ voar rente à agua. ❷〔やっと間に合って〕por um triz, por pouco. 時間〜に着く chegar de última hora. 〜で試験に合格する não ser reprovado/da na prova por um triz. 私は発車〜に電車に駆け込んだ Tomei o trem segundos antes da partida./Quase perdi o trem.

すれちがう 擦れ違う cruzar(-se). 私は彼と駅前ですれ違った Eu cruzei com ele na frente da estação. 彼らはスーパーのそばですれ違った Eles se cruzaram perto do supermercado.

ずれる deslizar-se, deslocar-se; 〔意見など〕não bater com, discrepar de, divergir de, não concordar com. これは2ミリずれている Isto está com um deslocamento de dois milímetros. あの人の意見は私のとずれている Ele diverge do meu modo de pensar. あの人は少しずれている Ele está um pouco fora.

スレンダー delgado/da, esbelto/ta, esguio/guia.

スロー 〜な lento/ta, vagaroso/sa. 〜な動き movimento (*m*) lento.

スローイン 《スポーツ》arremesso (*m*).

スローガン *slogan* (*m*), lema (*m*).

スロープ declive (*m*), rampa (*f*).

スローモーション câmera (*f*) lenta. 〜のシーン cena (*f*) em câmera lenta. ♦スローモーション映像 imagem (*f*) em câmera lenta.

スロバキア Eslováquia (*f*). 〜の eslovaco/ca.

スロベニア Eslovênia (*f*). 〜の esloveno/na.

スワジランド Suazilândia (*f*). 〜の suazi.

すわり 座り estabilidade (*f*). このテーブルは〜が悪い Esta mesa está instável [balançando]. ソファーの〜心地はどうですか O sofá está confortável?

すわりこむ 座り込む sentar-se para ficar. 人の家に上がって〜 entrar na casa dos outros e ali ficar muito tempo. 市役所の前で〜 sentar em frente à prefeitura em sinal de protesto.

***すわる** 座る sentar-se [センタール スィ]. 座らせる fazer sentar, sentar. いすに〜 sentar-se na cadeira. ちゃんと〜 sentar-se direito. 楽に〜 sentar-se à vontade. どうぞお座りください Sente-se, por favor. 会社では君の隣にだれが座っているの Quem se senta ao seu lado na companhia?

すんげき 寸劇 peça (*f*) teatral curta.

すんぜん 寸前 um pouco [instantes] antes. …の〜に segundos antes de …. 開会式〜に着く chegar um pouco antes [quase na hora] da cerimônia de abertura (da sessão). あそこは荒廃〜にある Aquele lugar está às vésperas da ruína.

すんだん 寸断 〜する fragmentar, cortar em pedaços. 地震で鉄道が〜された O terremoto cortou as ferrovias em várias partes./As ferrovias ficaram incomunicáveis [bloqueadas] por causa do terremoto.

ずんどう 寸胴 〜な人 pessoa (*f*) quase sem cintura.

すんなり facilmente, sem dificuldades, sem contratempos. …を〜受け入れる aceitar … sem dificuldades. 〜した人 pessoa (*f*) esbelta.

すんぽう 寸法 medida (*f*), número (*m*) 《de calçado, roupa etc》, dimensões (*fpl*) 《de uma caixa》. …の〜をとる tirar as medidas de …. 〜を間違える errar na medição. 今日午後洋服屋が私の〜をとりに来る Hoje à tarde, o alfaiate vai vir tirar as minhas medidas. …の〜を測って作る fazer … sob medida. 私の〜に合わせてスーツを作ってもらう Vão fazer um terno sob medida para mim.

せ

せ 背 〔人間〕costas (*fpl*);〔動物〕lombo (*m*);〔いす〕encosto (*m*), espaldar (*m*);〔身長〕estatura (*f*). いすの～ encosto (*m*) da cadeira. ～が伸びる crescer. 君と彼とではどちらが～が高いですか Quem é mais alto, você ou ele? 山を～にして写真を撮りましょうか Vamos tirar uma foto com a montanha atrás [no fundo]? ⇨背中.

せい 所為 〔過失〕culpa (*f*);〔原因〕causa (*f*). …の～で por culpa de …; por causa de …, devido a …. 私の不注意の～で皆さんにご迷惑をお掛けいたしました Desculpem-me o transtorno que eu causei com o meu descuido, sim?

せい 姓 sobrenome (*m*).

せい 性 ❶〔男女の〕sexo (*m*);〔性質〕natureza (*f*). …と～関係を持つ ter relações sexuais com …. ～に目覚める amadurecer sexualmente. ◆性教育 educação (*f*) sexual. 性産業 indústria (*f*) sexual. 性犯罪 crime (*m*) sexual. 性病 doença (*f*) venérea. 性ホルモン hormônio (*m*) sexual. 性本能 instinto (*m*) sexual. ❷〖文法〗gênero (*m*). ◆女性(男性)名詞 substantivo (*m*) do gênero feminino (masculino).

せい 正 ❶ normal, original, efetivo/va. ◆正社員 funcionário/ria efetivo/va de empresa. ❷〖数〗positivo/va. ～数と負数を掛けると負数になる Multiplicando um número positivo com um número negativo dá um número negativo. ◆正数 número (*m*) positivo. ❸〖数〗regular. ～多角形ではすべての辺の長さは等しい Em um polígono regular, todos os lados têm comprimento igual. ◆正多角形 polígono (*m*) regular.

せい 生 vida (*f*). この世に～を受ける nascer, vir ao mundo. ～あるもの ser (*m*) vivo.

せい 精 ❶〔精力〕energia (*f*), vitalidade (*f*). ～を出して働く trabalhar com afinco. ❷〔精霊〕ninfa (*f*). 水の～ ninfa das águas.

せい 聖 santo/ta, são. ～パウロ São Paulo. ～アントニオ Santo Antônio. ～テレサ Santa Teresa.

-せい -世 geração (*f*). ドン・ペドロ二～ D. (Dom) Pedro II (Segundo). 日系三～ terceira geração dos imigrantes de origem japonesa.

-せい -制 sistema (*m*).

-せい -製 …の～ de produção …, de fabricação …;〔材料〕feito/ta de …. 日本～の de fabricação japonesa. このいすは木～ではなくプラスチック～です Esta cadeira é de plástico e não de madeira.

ぜい 税 ❶ imposto (*m*). ～を納める pagar o imposto.

◆税額 valor (*m*) do imposto. 税源 fontes (*fpl*) de imposto. 税法 legislação (*f*) tributária. 観光税 imposto sobre turismo. 間接税 imposto indireto. 金融取引税 Imposto sobre Operações Financeiras. 源泉徴収所得税 imposto de renda retido [descontado] na fonte. 個人所得税 imposto de renda de pessoa física. 固定資産税 imposto sobre bens imóveis. 市県民税 imposto municipal e provincial. 譲渡税 imposto de transmissão. 消費税 imposto de consumo. 相続税 imposto de herança. 滞納税 imposto atrasado, imposto devido e não pago. 地方税 imposto local. 直接税 imposto direto. 付加税 imposto adicional. 不動産所得税 imposto sobre propriedade predial e territorial urbana. 法人所得税 imposto de renda de pessoa jurídica. 輸出税 imposto de exportação. 輸入税 imposto de importação. 累進税 imposto progressivo.

❷ taxa (*f*). この航空券料金には空港～は含まれておりません A taxa de embarque não está incluída no preço da passagem. 空港～は現地払いとなります Vai precisar pagar a taxa de embarque no local (do destino)./O imposto do aeroporto fica para ser pago no local. ◆空港税 taxa de embarque, taxa do aeroporto.

せいあつ 制圧 opressão (*f*), domínio (*m*). ～する oprimir, dominar, ter o domínio de; submeter. 敵軍を～する submeter o exército inimigo. 海上を～する controlar os [ter o domínio dos] mares.

せいい 誠意 sinceridade (*f*), boa vontade (*f*), boa fé (*f*). ～のある sincero/ra, de boa fé. ～のある人 uma pessoa sincera. ～を示す demonstrar boa fé [vontade]. ～をもって交渉すれば契約はきっと成立します Negociando com boa fé, o contrato será firmado com toda a certeza. 彼は～に欠けている Ele não tem muita sinceridade./Falta-lhe sinceridade.

せいいき 声域 〖音〗amplitude (*f*) de voz.

せいいき 聖域 recinto (*m*) sagrado.

せいいっぱい 精一杯 com todas as forças. ～努力する fazer o possível [o máximo], dar o máximo de si. この収入では日々暮らし

せいうち 海象 【動】morsa (f).

せいうん 星雲 【天】nebulosa (f).

せいえき 精液 sêmen (m).

せいえん 声援 estímulo (m), encorajamento (m) com voz alta, aplausos (mpl), grito (m) de encorajamento. ファンたちの〜 torcida (f) dos fãs. 〜を送る estimular, aplaudir, animar, torcer, fazer claque.

せいおう 西欧 a Europa (f) Ocidental. 〜では na Europa Ocidental. ♦西欧諸国 países (mpl) da Europa Ocidental. 西欧文明 civilização (f) europeia ocidental.

せいか 成果 resultado (m), fruto (m). 給料は固定給ですか、それとも〜主義ですか O pagamento é na fixa ou na avaliação do desempenho? おかげさまで予想以上の〜を上げることができました Graças a vocês, pudemos obter melhores resultados do que o previsto.

せいか 生家 casa (f) onde se nasceu. 夏目漱石の〜 casa onde nasceu Natsume Soseki.

せいか 聖歌 canto (m) religioso.

せいか 聖火 tocha (f) sagrada, fogo (m) sagrado. オリンピックの〜 chama (f) olímpica. ♦聖火リレー desfile (m) da tocha olímpica.

せいか 製菓 fabricação (f) de doces. ♦製菓業 indústria (f) de doces.

せいか 青果 verduras (fpl) e frutas (fpl). ♦青果市場 mercado (m) de verduras e frutas.

せいかい 政界 mundo (m) político. 〜に入る ingressar [entrar] no mundo político. 〜を退く deixar a [retirar-se da] vida política.

せいかい 正解 resposta (f) correta; boa solução. 〜を見つけだす encontrar a resposta certa. ¶ 正解! Certo!/Acertou!/É isso aí!

せいかがく 生化学 bioquímica (f).

***せいかく** 性格 〔気質〕temperamento (m) [テンペラメント]; caráter (m) [カラッテル], gênio (m) [ジェーニオ]. 〜の不一致 incompatibilidade (f) de temperamentos. 彼は〜が良い(悪い) Ele tem (um) bom (mau) gênio. 彼女は内気な〜だから... É porque ela é tímida .... あの兄弟はまったく〜が違うよ Aqueles dois irmãos têm um caráter completamente diferente. 彼は疑い深い〜だ Ele é muito desconfiado./Ele logo desconfia dos outros. 彼女は〜が明るい(暗い) Ela é alegre (sombria, triste). その役所は行政的〜を持っている Esse estabelecimento público tem um caráter administrativo.

***せいかく** 正確 〜さ exatidão (f) [エザチドォン], correção (f) [コヘサォン]; precisão (f) [プレスィザォン]; pontualidade (f) [ポントゥアリダーヂ]. 歴史的〜さ exatidão histórica. 〜な 1) correto/ta, exato/ta, certo/ta. 〜な時刻 hora (f) certa. 〜な情報 informação (f) correta. 文法的に〜な文 frase (f) gramaticalmente correta. 2) preciso/sa. その家族が被った被害を〜な数字で表すのはむずかしい É difícil calcular em números precisos [exatamente] quanto essa família foi prejudicada. 3) pontual. もう少し時間に〜であって欲しいなぁ... Gostaria que fosse um pouco mais pontual .... 〜に 1) corretamente, exatamente. ニュースを〜に伝える transmitir corretamente a notícia. 見たことを〜に話す contar o que viu com exatidão. 2) precisamente, com precisão. この板を〜に測ってください Meça esta madeira aqui com precisão, por favor. 3) pontualmente. 時間に〜に到着する chegar pontualmente.

せいかく 製革 curtume (m).

せいがく 声楽 música (f) vocal. ♦声楽家 cantor/ra, vocalista.

***せいかつ** 生活 vida (f) [ヴィーダ], modo (m) de vida, modo de viver. 〜する viver. 〜必需品がない Faltam artigos de primeira necessidade. 〜が豊かである ter uma vida confortável. 〜に困る viver com dificuldades. 〜保護を受ける receber assistência social. １か月10万で〜できますか Dá para se viver com cem mil ienes ao mês? 私たちは〜が苦しいです Estamos com uma vida muito difícil. 彼女は〜の仕方が違うから... É porque eu e ela temos estilos de vida diferentes .... こういうことは私たちの日常〜ではごく普通のことだ Estas coisas são muito comuns no nosso dia-a-dia. 住民の〜水準を向上させる elevar [melhorar, fazer avançar] o padrão de vida dos habitantes. 〜に困る levar uma vida difícil. 幸せな〜をする levar uma vida feliz.

♦生活科 estudos (mpl) do meio social. 生活協同組合 associação (f) cooperativa dos consumidores. 生活資金 fundo (m) de subsistência. 生活習慣 hábitos (mpl) do cotidiano. 生活習慣病 males (mpl) da vida moderna. 生活状態 condição (f) de vida. 生活水準 nível (m) [padrão (m), qualidade (f)] de vida. 生活費 custo (m) de vida. 生活必需品 artigos (mpl) de primeira necessidade. 生活保護 assistência (f) social. 生活様式 estilo (m) de vida. 社会生活 vida em sociedade. 日常生活 vida cotidiana. 年金生活者 aposentado/da, pensionista.

せいかん 精悍 intrepidez (f), bravura (f). 〜な intrépido/da, impávido/da. 彼は〜な目つきをしている Ele tem um olhar destemido.

せいがん 請願 【法】petição (f), requerimento (m). 〜する requerer, fazer uma petição. 〜を却下する indeferir [rejeitar] a petição. 〜書を提出する apresentar uma petição escrita. ♦請願者 requerente.

ぜいかん 税関 alfândega (f). 〜の aduaneiro/ra, alfandegário/ria. ～を通る passar pela alfândega. ◆税関申告書 declaração (f) alfandegal. 税関吏 aduaneiro/ra, fiscal da alfândega.

せいがんざい 制癌剤 〖薬〗remédio (m) contra o câncer, medicamento (m) anticancerígeno.

せいき 世紀 século (m). 20～ século vinte. 21～ século vinte e um. ◆世紀末 fim (m) de século, final (m) de século.

せいき 正規 ～の regular, formal;〔合法的な〕legal. ～のルートで por via legal. 私は～の手続きを踏みましたが... Eu cumpri todas as formalidades requeridas, mas .... ◆非正規労働者 trabalhador/ra L não-regular [irregular].

せいき 性器 〖解〗genitália (f), órgãos (mpl) sexuais, órgãos genitais, sistema (m) reprodutor. ◆性器クラミジア感染症〖医〗infecção (f) por Chlamydia genital.

せいき 生気 ânimo (m), vitalidade (f), vigor (m). ～に満ちた cheio/cheia de vitalidade. ～のない sem vida, sem vigor. ～を取り戻す recuperar o vigor.

せいぎ 正義 justiça (f). ～の味方 justiceiro/ra. 彼は～の感の強い人だ Ele é uma pessoa muito justa.

せいきゅう 性急 ～な apressado/da, rápido/da. ～に apressadamente, rapidamente. ～に答えを出す dar uma resposta apressada, ser precipitado/da ao concluir, concluir precipitadamente.

せいきゅう 請求 pedido (m), solicitação (f); demanda (f), requisição (f). ～する pedir, solicitar; demandar, requerer. ～に応じる atender ao pedido. ～書をお送り致しますのでよろしくお願いいたします Mandamos a nota e contamos com a sua devida atenção. ◆請求額 quantia (f) solicitada. 請求権 direito (m) de petição. 請求書 nota (f), fatura (f). 請求人 solicitador/ra, reclamante.

せいぎょ 制御 controle (m), domínio (m). ～する controlar, dominar. ◆自動制御装置 equipamento (m) de controle automático.

せいきょう 生協 associação (f) cooperativa dos consumidores.

せいきょう 盛況 sucesso (m). ～である ser um sucesso.

せいぎょう 正業 ocupação (f) [profissão (f)] honesta. ～を営む ganhar honestamente a vida.

せいぎょう 生業 ocupação (f), profissão (f).

せいきょうぶんり 政教分離 separação (f) da política e da religião.

ぜいきん 税金 imposto (m). この給料はもう～が引かれています Este salário já está com o imposto descontado. ～を払う pagar imposto. それは～がかかる Isso custa imposto. ～の申告をする fazer a declaração de imposto. ⇨税.

せいけい 生計 vida (f), subsistência (f). 私はこの仕事で～を立てている Eu estou ganhando a vida com este trabalho.

せいけい 整形 ortopedia (f). ～手術をする〔骨の〕fazer uma operação ortopédica;〔美容〕fazer uma cirurgia plástica.

せいけい 政経 a política e a economia.

せいけいげか 整形外科 ortopedia (f). ◆整形外科医 ortopedista. 美容整形外科 cirurgia (f) estética.

せいけつ 清潔 limpeza (f), asseio (m), higiene (f). ～な limpo/pa, higiênico/ca, asseado/da. ～そうな人 pessoa (f) de aspecto bem asseado. ～にする limpar, assear, deixar limpo/pa. この部屋をいつも～にしておきなさい Deixe esta sala sempre limpa.

せいけん 政権 poder (m) político; governo (m), administração (f). ～を握る chegar ao poder. ～を失う perder o poder. ～の座に着く chegar ao poder. ～にある estar no poder. ◆政権交替 troca (f) [alternância] de governo. オバマ政権 o governo [a administração] Obama. 連立政権 governo de coligação.

せいけん 生検 〖医〗biópsia (f).

せいげん 制限 limite (m), restrição (f). ～する limitar, restringir. スピードを～する limitar a velocidade. ～速度は時速30キロである A velocidade limite é de trinta quilômetros a hora. 食事を～する ter restrição de certos alimentos. カリウムを～する ter restrição de potássio. ～なく sem limites [restrições]. ～を越える ultrapassar os limites. 年齢～はありません Não há limite [restrição] de idade. ◆制限速度 velocidade (f) limite. 産児制限 controle (m) da natalidade. 輸入制限 limitação (f) das importações.

せいげん 正弦 〖数〗seno (m), função (f) seno. 90度の～は1に等しい O seno de noventa graus equivale a um.

せいご 生後 período (m) após o nascimento. ～間もない赤ちゃん bebê (m) recém-nascido, neonato (m). ～2か月の赤ちゃん nenê de dois meses. ～10か月で com dez meses de vida.

せいこう 成功 êxito (m), sucesso (m), resultados (mpl) positivos. 大～ um grande sucesso [êxito]. ～する〔人が〕sair-se bem, ir bem, ser bem sucedido/da em, ter sucesso em, dar-se bem em;〔物事が〕dar certo;〔人, 物事が〕ter êxito. 私は～したい〔何かにおいて〕Quero ser bem sucedido./〔人生において〕Quero ser alguém na vida./Quero ser uma pessoa bem sucedida na vida. 日本で最も～している企業家の一人 um dos empresários mais bem sucedidos no Japão. 私たちの計画はついに～した O nosso plano finalmente deu certo. 彼は実験に～した Ele obteve

せいこう 精巧 perfeição (f), esmero (m). ～な perfeito/ta. ～にできている機械 máquina (f) bastante sofisticada.

せいこう 性交 relação (f) sexual, cópula (f),《口語》transa (f). ～する ter relação sexual [copular,《口語》transar] (com …). ♦性交不能症 impotência (f) sexual.

せいこう 製鋼 fabricação (f) de aço. ♦製鋼業 indústria (f) do aço. 製鋼所 usina (f) de aço, alto-forno (m).

せいこうい 性行為 ato (m) sexual. ♦性行為感染症 (STD) Doenças (fpl) Sexualmente Transmissíveis (DST).

せいこつ 整骨 ortopedia (f). ♦整骨医 médico/ca ortopedista, ortopedista.

せいごひょう 正誤表 errata (f).

ぜいこみ 税込み ～の com o imposto incluído. ～で imposto (m) incluído. ♦税込み価格 preço (m) com o imposto incluído.

せいざ 星座 ❶ constelação (f). ❷ 【占星】signo (m). あなたの～は何ですか Qual é o seu signo?

せいざ 正座 posição (f) correta de se sentar 《de joelhos e sobre os calcanhares, como fazem os judocas》.

せいさい 制裁 sanção (f), castigo (m), punição (f). ～を受ける receber [sofrer] uma punição. …に～を加える dar uma punição a …, castigar …. ♦経済制裁 sanção econômica.

せいさい 生彩, 精彩 brilho (m), vivacidade (f). 彼はクラスメートの中で精彩を放つ Ele se destaca entre os colegas. この文章は生彩がない Este texto não tem vida. 最近の彼女は生彩がない Recentemente ela está sem ânimo [desanimada].

せいさい 正妻 esposa (f) legítima.

せいざいしょ 製材所 serraria (f).

せいさく 政策 política (f). ～をたてる estruturar um programa político. ブラジルの対ボリビア～ política do Brasil para com a Bolívia. ♦外交政策 política diplomática. 金融政策 política monetária. 経済政策 política econômica. 財政政策 política financeira.

せいさく 製作 produção (f), fabricação (f). ～する fabricar, produzir. ♦製作者 produtor/ra, fabricante. 製作所 fábrica (f). 製作費 custo (m) de produção.

せいさつよだつ 生殺与奪 vida (f) e morte (f). …に対して～の権を握る ter poder de vida e morte sobre ….

*せいさん 生産 produção (f) [プロドゥサォン], fabricação (f) [ファブリカサォン]. ～する produzir, fabricar. 我が社の織物の～高は4％のシェアを占めています A participação (do total) da nossa produção de tecidos no mercado é de 4％ [quatro por cento]. ～性を向上させたいのです Estamos querendo aumentar a produtividade. ♦生産者 produtor/ra, fabricante. 生産高 produção total. 生産能力 capacidade (f) produtiva. 生産物 produto (m). 大量生産 produção em série.

せいさん 精算 acerto (m) [ajuste (m)] de contas. ～する ajustar [acertar] as contas. 運賃の～をする pagar a diferença do preço da passagem 《em geral, na hora da chegada ao destino》.

せいさん 成算 esperança (f) [perspectiva (f)] de sucesso. それは～があってのことでした Nós o fizemos porque tínhamos perspectiva [estávamos certos] do sucesso. ～なしに sem perspectiva [esperança] de êxito.

せいさん 清算 liquidação (f). ～する liquidar, saldar, solver uma conta. 借金を～する saldar uma dívida.

せいさん 青酸 【化】ácido (m) cianídrico. ♦青酸カリ cianeto (m) de potássio.

せいさんかくけい 正三角形 【数】triângulo (m) equilateral. ～では三つの辺の長さは等しい Num triângulo equilátero, os três lados têm comprimento igual.

せいさんざい 制酸剤 antiácido (m).

せいし 静止 parada (f), imobilização (f). ～する imobilizar-se, parar. ～している状態 (situação (f) de) imobilidade (f). ♦静止軌道 órbita (f) geoestacionária.

せいし 制止 ordem (f) de parar. 警官の～ ordem de parar do policial. ～する mandar parar, refrear, reprimir, conter, suster.

せいし 正視 ～する encarar [olhar de frente]. 現実を～する encarar a realidade de frente.

せいし 生死 vida (f) e morte (f). ～にかかわる問題 questão (f) de vida ou (de) morte.

せいし 精子 espermatozoide (m). ♦殺精子薬 【薬】espermicida (m).

せいし 製糸 fiação (f). ♦製糸業 indústria (f) de fiação. 製糸工場 fábrica (f) de fiação.

せいし 製紙 fabricação (f) de papel. ♦製紙工場 fábrica (f) de papel. 製紙業 indústria (f) de papel.

*せいじ 政治 política (f) [ポリッチカ]. ～に携わる meter-se [envolver-se] em política. ～的 político/ca. ～的自由 liberdade (f) política. 彼は～的関心が薄い Ele não tem muito [tem pouco] interesse pela política. ～的色彩の濃い団体 grupo (m) com tendências políticas acentuadas.

♦政治運動 movimento (m) político. 政治家 político/ca. 政治活動 atividade (f) política. 政治学 ciências (fpl) políticas. 政治学者 cientista político/ca. 政治献金 doação (f) [contribuição (f)] política. 政治工作 manobra (f) política.

政治体制 regime (m) político. 政治犯 criminoso/sa político/ca. 政治犯罪 crime (m) político. 政治欄 coluna (f) política (de um jornal).

せいじ 青磁 porcelana (f) verde-pálida.

せいしき 正式 formalidades (fpl), modo (m) completo, legal ou oficial de realizar algo. ～な formal, oficial, legal. ～に formalmente, oficialmente, legalmente. ～な訪問visita (f) oficial. ～な旅券 passaporte (m) legal. ～な服装をする vestir-se ⌐formalmente [conforme manda a etiqueta]. ～な訴訟手続き procedimento (m) regular. ～な裁判 julgamento (m) processual. ～な手続きを踏む cumprir as formalidades. ～に通告するinformar oficialmente. ～に契約する contratar formalmente. ～に結婚する contrair matrimônio legalmente. ～に履歴書を書きなさい Escreva o seu ⌐currículo [curriculum vitae] formalmente.

せいしつ 性質 〔気質〕caráter (m), temperamento (m); natureza (f). ～のよい(悪い)de bom (mau) gênio, de bom (mau) caráter. 仕事の～上それは不可能です Isso é impossível pela própria natureza do trabalho.

せいじつ 誠実 sinceridade (f). ～な sincero/ra. ～に sinceramente, de boa fé. ～さに欠ける人 pessoa (f) desonesta [desleal, sem sinceridade]. 彼女は～だ Ela é sincera.

せいしゃいん 正社員 funcionário/ria efetivo/va.

せいしゅ 清酒 saquê (m) refinado.

せいしゅく 静粛 silêncio (m), tranquilidade (f). ～な silencioso/sa, tranquilo/la. ～に com tranquilidade, silenciosamente. ～する manter calma, manter silêncio. ご～に願います《掲示》Silêncio, por favor!/Colabore: Mantenha o silêncio. 《em escolas, hospitais etc》.

せいじゅく 成熟 maturidade (f), amadurecimento (m). ～する amadurecer. ～した maduro/ra.

せいしゅん 青春 juventude (f). 私の～時代 quando eu era jovem. ～は2度と来ない A juventude nunca volta. ◆青春時代 juventude.

せいじゅん 清純 pureza (f). ～な puro/ra, inocente, imaculado/da. ～な乙女 virgem (f) [donzela (f)] imaculada. ～な少女 menina (f) pura.

せいしょ 聖書 Bíblia (f). ◆旧約聖書 o Velho Testamento (m). 新約聖書 o Novo Testamento.

せいしょ 清書 〔できあがりのもの〕trabalho (m) passado a limpo; 〔行為〕ato de passar a limpo (um trabalho). ～する passar … a limpo. この見積書はもう少しきれいにしてください Passe a limpo este orçamento com um pouco mais de capricho, por favor.

せいじょう 正常 ～な normal. ～に normalmente. ～化する normalizar. ～でない anormal. ～に戻る voltar ao normal. ◆正常化 normalização (f). 日朝国交正常化交渉 negociações (fpl) para a normalização das relações entre o Japão e a Coreia do Norte.

せいじょう 政情 situação (f) política. この国は～が不安定だ A situação política deste país é instável.

せいしょうねん 青少年 juventude (f), jovens (mpl). ◆青少年犯罪 delinquência (f) juvenil.

せいしょく 生殖 reprodução (f), geração (f), procriação (f). ～する reproduzir-se, procriar, multiplicar-se. 女性の～器 órgão (m) reprodutor da mulher. 男性の～器官 gão reprodutor do homem. ～機能を持っている ter função reprodutora. ◆生殖器 órgão reprodutor. 生殖不能症 impotência (f).

せいしょく 聖職 sacerdócio (m). ～につく ordenar-se, tornar-se sacerdote. ◆聖職者 clérigo (m), sacerdote (m), sacerdotiza (f). 聖職者協会 grupo (m) de clérigos, clero (m).

*__せいしん__ 精神 espírito (m) [エスピーリット], alma (f) [アーウマ], mente (f) [メンチ]. ～的な espiritual; 〔心理的〕psicológico/ca; moral. 今はこの仕事を成し遂げることに～を集中することだ Agora é o caso de você se concentrar para levar a cabo este serviço. ◆精神安定剤 calmante (m). 精神医学 psiquiatria (f). 精神衛生 higiene (f) mental. 精神科 psiquiatria (f). 精神科医 psiquiatra (f). 精神障害者 portador/ra de distúrbio psiquiátrico. 精神病 psicose (f). 精神分析 psicanálise (f). 精神療法 psicoterapia (f). 精神力 força (f) espiritual.

せいじん 成人 ❶maioridade (f). ～の日 Dia (m) da Maioridade. ◆成人式 cerimônia (f) do Dia da Maioridade. ❷〔人〕adulto/ta. ～する tornar-se adulto/ta, atingir a maioridade. 息子たちはみな～している Meus filhos já são todos adultos. ◆成人映画 filme (m) pornográfico.

せいじん 聖人 santo/ta.

せいず 製図 desenho (m) técnico. ～する desenhar.

せいすう 整数 〖数〗número (m) inteiro.

せいすう 正数 〖数〗número (m) positivo.

せいせい 生成 geração (f); 〔形成〕formação (f); 〔生産〕produção (f). ～する gerar; formar; produzir. ◆生成文法 gramática (f) gerativa.

せいせい 精製 refinamento (m), refino (m). ～する refinar. 砂糖を～する refinar o açúcar. 素精糖は～されていない砂糖だ O açúcar mascavo é aquele que não passa pelo refino industrial. ◆精製塩 sal (m) refinado. 精製所 refinaria (f).

せいせい 清々 ～する ficar aliviado/da, sentir-se novo/va, refrescar-se. シャワーを浴びて～する Sinto-me novo/va após o banho. 試験が済んで～した Fiquei aliviado/da depois da prova. 彼女と別れて～した Senti um alívio separando-me dela.

せいぜい 〔多くとも〕no máximo;〔よくても〕na melhor das hipóteses;〔悪くても〕na pior das hipóteses. それは～で 2 千円ぐらいでしょう Acho que isso custa no máximo dois mil ienes. 罰金は～6 千円ぐらいです Na pior das hipóteses, a multa seria em torno de seis mil ienes.

ぜいせい 税制 sistema (m) tributário. ♦税制改革 reforma (f) do sistema tributário [tributária]. 税制調査会 Comissão (f) do Sistema Tributário.

ぜいぜい 息をするとのどが～する respirar com dificuldade.

せいせいどうどう 正々堂々 ～と cara a cara, dignamente, com dignidade. ～と勝負しよう Vamos lutar com dignidade./Vamos fazer um jogo limpo. ～たる勝負 jogo (m) limpo.

せいせき 成績 resultado (m), classificação (f). 数学の～が良い(悪い) ser bom/boa (fraco/ca) em matemática. 良い～をとる obter bons resultados [resultados satisfatórios]. 彼は学校では～がよかったのですが… Ele era bom aluno na escola, mas …. 今月の営業～を上げたいのです Gostaria de melhorar o resultado das vendas este mês. ♦成績表 boletim (m), caderneta (f) escolar.

せいせつ 正接 〖数〗tangente (f).

せいぜん 生前 vida (f). ～が健在 enquanto vivo/va. ♦生前贈与 〖法〗transmissão (f) (de bens) entre vivos. 生前贈与税 imposto (m) sobre transmissão *inter vivo*.

せいせんしょくひん 生鮮食品 alimentos (mpl) deterioráveis.

せいそ 清楚 asseio (m). ～な asseado/da, limpo/pa. ～な身をしている estar vestido/da de maneira asseada e simples.

せいそう 正装 traje (m) de gala [formal]. ～する vestir-se de gala. ～して行く ir (vestido/da) de gala. 「招待状などで」「～のこと」Traje: formal.「～には及びません」Traje: informal.

せいそう 清掃 limpeza (f). ⇨掃除.

せいぞう 製造 fabricação (f), manufatura (f), produção (f). ～する fabricar, produzir, manufaturar. ♦製造業 indústria (f) de produção [manufatureira]. 製造年月日 data (f) de fabricação. 製造元 fabricante. ⇨生産.

せいそうけん 成層圏 estratosfera (f).

せいそく 生息 habitação (f). ～する viver, habitar. 水中に～する viver na água. 地中に～する habitar [viver] debaixo da terra. ♦生息条件 *habitat* (m) [アビター]. 生息地 área (f) de habitação.

せいぞろい 勢揃い reunião (f) de todos os membros de uma instituição com um objetivo determinado. 家族全員が～した Reuniram-se todos os membros da família.

せいぞん 生存 existência (f), sobrevivência (f). ～する existir, sobreviver. ♦生存競争 luta (f) pela sobrevivência. 生存者 sobrevivente.

せいたい 声帯 corda (f) vocal. ♦声帯ポリープ pólipo (m) das cordas vocais.

せいたい 生態 hábitos (mpl). ミツバチの～ hábitos [modo (m) de viver] das abelhas. ～学 ecológico/ca. ♦生態学 ecologia (f). 生態学者 ecólogo/ga. 生態系 sistema (m) ecológico.

せいだい 盛大 ～な solene, pomposo/sa. ～な送別会 festa (f) de despedida solene. ～に com grande pompa, solenemente. 結婚式は～に行われた As bodas se celebraram com grande pompa.

ぜいたく 贅沢 luxo (m), luxúria (f). ～な de luxo. ～な品 artigos (mpl) de luxo.

せいたん 生誕 nascimento (m). 北原白秋～の地 local (m) de nascimento de Kitahara Hakushu. モーツァルト～100年祭 centenário (m) do nascimento de Mozart.

せいち 整地 terraplenagem (f). ～する terraplenar.

せいち 聖地 Terra (f) Santa.

せいちゅう 成虫 〖虫〗imago (f)《forma (f) definitiva de um inseto》.

せいちょう 成長 ❶〔人や動物が育って大きくなること〕crescimento (m); amadurecimento (m). ～する crescer, amadurecer. 彼女は痛い目に遭って～した Ela amadureceu [cresceu como ser humano] depois que sofreu. ♦成長期 período (m) de crescimento. 成長ホルモン hormônio (m) de crescimento. ❷〔物事の規模が大きくなること〕crescimento, desenvolvimento (m), progresso (m). ～する crescer, desenvolver-se. A社のこの数年における～にはめざましいものがある Há algo de notável no progresso da companhia A nesses últimos anos. ♦成長株 ação (f) de empresa em crescimento. 成長率 taxa (f) de crescimento. 経済成長 crescimento econômico. 高度成長 crescimento econômico acelerado.

せいちょう 清聴 ato (m) de ouvir com atenção. ご～ありがとうございました Obrigado/da pela atenção.

せいつう 精通 conhecimento (m) profundo, domínio (m) perfeito. …について～している conhecer bem …, ter um profundo conhecimento de …, estar bem a par de …. あの先生はブラジルの歴史に～している Aquele/la professor/ra conhece bem a história do Brasil. 彼は会計業務に～している Ele tem um bom conhecimento de [domina bem a] contabilidade.

せいてい 制定 legislação (f), promulgação (f) de uma lei. 法律を〜する legislar, estabelecer uma lei, promulgar.

せいてき 性的 〜な sexual. ♦性的虐待 assédio (m) sexual. 性的暴行 estupro (m). 性的魅力 atração (f) sexual.

せいてつじょう 製鉄所 fábrica (f) siderúrgica.

せいてん 晴天 tempo (m) bom.

せいてんかん 性転換 transexualidade (f). ♦性転換者 transexual. 性転換手術 cirurgia ∟transexual [de mudança de sexo].

せいでんき 静電気 eletricidade (f) estática.

*せいと 生徒 aluno/na [アルーノ/ナ].

せいど 制度 ❶ 〔組織〕 sistema (m). 〜を導入する introduzir ∟um sistema [uma instituição]. ♦教育制度 sistema educacional. ❷ 〔体制〕 instituição (f). 〜上の institucional. ❸ 〔政治〕 regime (m). 〜化する sistematizar, institucionalizar. 週休二日を〜化する sistematizar a semana de cinco dias. 〜を設ける criar um sistema. 〜を改める reformar um sistema. ♦新 (旧) 制度 novo (velho) sistema. 封建制度 regime feudal.

せいど 精度 precisão (f). この機械は〜が低い Esta máquina é de baixa precisão. 〜の高いレンズ lente (f) de alta precisão. ♦精度管理 controle (m) de qualidade.

せいとう 政党 partido (m) político. 〜を結成する formar um partido político. 〜を脱退する deixar o seu partido. ♦政党政治 política (f) de partido. 革新政党 partido progressista. 保守政党 partido conservador.

せいとう 正当 legitimidade (f). 〜な legítimo/ma, justo/ta. 〜な解雇 demissão (f) justa. 〜な権利 direito (m) justo. 〜な報酬を要求する exigir uma remuneração justa. 〜な要求 pedido (m) justo. 〜な報酬 remuneração (f) merecida [justa]. 〜化する justificar; dar razões para uma ação ou medida. 当社ではあなたの能力を〜に評価しているつもりですが Acho que nesta companhia estamos apreciando devidamente o seu valor. 彼の攻撃は〜防衛だった Ele atacou em legítima defesa./O ataque dele foi em legítima defesa. ♦正当化 justificação (f). 正当占有 posse (f) justa. 正当防衛 legítima defesa (f).

せいとう 正統 ortodoxia (f); legitimidade (f). 〜な ortodoxo/xa; 〔合法的〕 legítimo/ma. 〜的な意見 opinião (f) ortodoxa. 〜な遺産相続人 herdeiro/ra legítimo/ma. ♦正統派 escola (f) ortodoxa.

せいとう 精糖 ❶ refinação (f) de açúcar. ❷ açúcar (m) refinado. 〜業 indústria (f) açucareira. 精糖工場 usina (f) [engenho (m)] de açúcar. 粗精糖 açúcar não refinado, açúcar mascavo.

せいとう 製陶 olaria (f), fabricação (f) de cerâmica.

せいどう 制動 freagem (f), frenagem (f), freada (f). ♦制動距離 distância (f) ∟de freagem [depois de se pisar no freio]. 制動装置 dispositivo (m) de freagem.

せいどう 青銅 bronze (m). 〜製の feito/ta de bronze.

せいどういつせいしょうがい 性同一性障害 transtorno (m) de identidade de gênero.

せいとん 整頓 ordem (f). 〜する pôr em ordem, arrumar. 工場内はいつもきちんと整理〜しておかなければ危険です É preciso deixar a fábrica sempre em ordem que senão é perigoso.

せいなん 西南 sudoeste (m).

せいなんせい 西南西 oés-sudoeste (m).

ぜいにく 贅肉 excesso (m) de gordura (do corpo). 私は〜が付いてきた Estou ficando ∟gordo/da [com excesso de gordura]. 〜を取る tirar o excesso de gordura, emagrecer.

ぜいぬき 税抜き 〜の(で) sem o imposto, sem incluir o imposto.

せいねん 成年 maioridade (f). 〜に達する chegar à maioridade. ♦成年者 adulto/ta, maior (de idade). 未成年者 menor (de idade).

せいねん 青年 moço/ça, jovem. 私の〜時代に no meu tempo de jovem, quando eu era moço/ça [jovem].

せいねんがっぴ 生年月日 data (f) de nascimento.

せいのう 性能 qualidade (f); rendimento (m). 高〜のレーダー radar (m) de alta precisão. そのエンジンの〜はよい O rendimento desse motor é bom. 今度の新車の〜はどうですか Como está funcionando [Que tal] o seu novo carro?

せいのう 精嚢 〖解〗 vesícula (f) seminal.

せいは 制覇 ❶ conquista (f), domínio (m). 市場を〜する dominar o mercado. 世界を〜する conquistar o mundo. ❷ 〖スポーツ〗 conquista. 〜する conquistar a vitória.

せいはん 正犯 autor/ra principal do crime.

せいはんごう 正反合 〖哲〗 tese (f), antítese (f) e síntese (f).

せいはんたい 正反対 〜の diametralmente oposto/ta. 彼らは〜の意見を持っている Eles têm opiniões diametralmente opostas.

せいび 整備 preparação (f); manutenção (f), conservação (f). 環境の〜 preparação do meio ambiente. 不良による事故 acidente (m) ∟devido a [por] falta de manutenção. 〜する instalar, preparar, equipar; fazer a conservação de, dar manutenção a. 飛行機を〜する fazer a conservação [manutenção] do avião. ♦整備員 pessoal (m) de manutenção. 整備工 mecânico/ca. 整備工場 oficina (f) mecânica. 整備点検 exame

(m) de manutenção. 整備不良 manutenção incorreta, falta (f) de manutenção.

せいひょう 製氷 fabricação (f) de gelo. ◆製氷工場 fábrica (f) de gelo.

せいびょう 性病 doença (f) venérea. ◆性病科 venereologia (f). 性病科医 venereologista.

せいひれい 正比例 〖数〗razão (f) [proporção] (f) direta. …に～する estar na proporção direta de ….

せいひん 製品 produto (m), artigo (m). これが我が社が自信を持って開発した～です Este é o produto que a nossa companhia desenvolveu com muita segurança [confiança]. ◆日本製品 artigo (m) de fabricação japonesa.

せいふ 政府 governo (m). ～の governamental, do governo. ～を支持する apoiar o governo. ～を倒す derrubar o governo. ◆政府機関 órgão (m) governamental. 政府当局 autoridades (fpl) governamentais.

せいぶ 西部 região (f) oeste.

せいふく 制服 uniforme (m). ～を着た店員 atendente 」em uniforme [uniformizado/da]. あなたの会社には～がありますか Na sua companhia tem uniforme?

せいふく 征服 conquista (f), domínio (m), subjugação (f). ～する conquistar, dominar, subjugar; vencer ⌊as dificuldades [os obstáculos]. 自然を～する dominar a natureza. エベレストを～する conquistar o Everest (vencendo obstáculos). ◆征服者 conquistador/ra. 征服欲 desejo (m) de conquista, ambição (f) de conquistar.

せいぶつ 生物 ser (m) vivo. ◆生物医学 biomedicina (f). 生物学 biologia (f). 生物学者 biólogo/ga. 生物工学 biotecnologia (f). 生物兵器 arma (f) biológica.

せいぶつ 静物 natureza (f) morta. ◆静物画 pintura (f) de natureza morta.

せいふん 製粉 moagem (f). ～する moer.

せいぶん 成分 composição (f); ingrediente (m); elemento (m). これはどのような～からできているのですか Do que é feito isto aqui? ◆主成分 ingrediente principal. 副成分 ingrediente secundário.

せいべつ 性別 diferença (f) de sexo [gênero]. ～を問わずに sem distinção de gênero, independentemente do sexo.

せいへん 政変 mudança (f) de governo; mudança de gabinete. 武力的～ golpe (m) de Estado.

せいぼ 歳暮 presente (m) de fim de ano. ◆歳暮売り出し promoção (f) de venda de presente de fim de ano.

せいぼ 聖母 Virgem (f) Maria, Nossa Senhora (f).

せいほう 製法 processo (m) de manufatura, método (m) de fabricação.

せいほうけい 正方形 〖数〗quadrado (m). ～の quadrado/da.

せいほく 西北 noroeste (m).

せいほくせい 西北西 oés-noroeste (m).

せいほん 製本 encadernação (f). ～する encadernar. この本は～がよい Este livro está bem encadernado. ◆製本所[工場] ateliê (m) de encadernação. 製本屋 encadernador/ra.

せいまい 精米 〔精米すること〕beneficiamento (m) do arroz; 〔精白した米〕arroz (m) beneficiado. ～する beneficiar o arroz. ◆精米機 máquina (f) beneficiadora de arroz.

せいみつ 精密 ～な preciso/sa, exato/ta, rigoroso/sa, minucioso/sa. ～に com precisão [exatidão], exatamente, com rigor. ～さ precisão (f), exatidão (f). 数学的～さで com precisão matemática. その機械の～度はどのくらいですか Qual o grau de precisão dessa máquina? ～検査を受ける fazer um check-up minucioso, ser submetido/da a um exame rigoroso. ◆精密機械 máquina (f) de precisão. 精密検査 exame (m) médico minucioso.

せいむ 政務 negócios (mpl) de Estado.

ぜいむ 税務 tesouro (m), fisco (m), erário (m), fazenda (f) pública. ～の fiscal. ◆税務署 delegacia (f) fiscal.

せいめい 生命 vida (f). ～の vital. …のために～を危険にさらす arriscar [expor] a vida para …. ～保険に入る fazer seguro de vida. この製品の～は安全性にある A segurança é a alma [vida] deste produto. ◆生命科学 ciências (fpl) da vida. 生命保険 seguro (m) de vida. 生命力 força (f) vital, vitalidade (f).

せいめい 姓名 nome (m) completo, nome e sobrenome (m). ～を名乗る dizer o nome. ◆姓名判断 adivinhação (f) baseada no nome, onomatomancia (f). ⇨氏名.

せいめい 声明 declaração (f), comunicado (m) oficial. ～する declarar, anunciar. 共同～を出す fazer uma declaração conjunta.

ぜいもく 税目 especificações (fpl) de imposto 《como: imposto de renda, imposto predial etc》.

せいもん 正門 entrada (f) principal. 工場の～はどちらですか Onde fica a entrada principal da fábrica?

せいやく 制約 restrição (f), limitação (f). ～する restringir, limitar. 行動の～を受ける ser limitado/da nas atitudes. 時間の～ restrição de horário. 文法上の～ restrição gramatical.

せいやく 製薬 fabricação (f) de remédios [medicamentos]. ◆製薬会社 empresa (f) farmacêutica.

せいやく 誓約 juramento (m), compromisso (m). ～を守る(破る) cumprir (romper) um juramento [compromisso]. …に忠誠を～す

せいゆ 製油 ❶ óleo (*m*) refinado. ❷ refinação (*f*) de óleo. ♦製油所 refinaria (*f*) de óleo.

せいゆう 声優 dublador/ra, ator/atriz de dublagem de filmes.

せいよう 西洋 o Ocidente. 〜の ocidental. 〜化する ocidentalizar. ♦西洋化 ocidentalização (*f*). 西洋人 o/a ocidental. 西洋料理 comida (*f*) [cozinha (*f*)] ocidental.

せいよう 静養 repouso (*m*). 〜する repousar.

せいよく 性欲 libido (*m*), desejo (*m*) sexual. 〜がある ter libido, ter apetite sexual. 〜を満足させる satisfazer o apetite sexual.

せいり 整理 ordem (*f*), arranjo (*m*), arrumação (*f*). 〜する arrumar, pôr em ordem, arranjar. 交通〜をする controlar o trânsito [tráfego]. 部屋を〜する arrumar o quarto. 借金を〜する saldar as dívidas. ♦整理券 senha (*f*). 整理だんす cômoda (*f*). ⇨整頓

せいり 生理 ❶ fisiologia (*f*). 〜の…を嫌う detestar … visceralmente, ter aversão visceral a …. ♦生理学 fisiologia (*f*). 生理現象 fenômeno (*m*) fisiológico. 生理食塩水 soro (*m*) fisiológico. 生理的黄疸 icterícia (*f*) fisiológica. ❷〔月経〕menstruação (*f*), regras (*fpl*). 最後の〜はいつでしたか Quando foi a sua última menstruação? 私は〜が遅れているんです A minha menstruação está atrasada. 今日私は〜なんです Hoje estou menstruada. ♦生理痛 cólica (*f*) menstrual. 生理用ナプキン absorvente (*m*) (feminino).

せいりきがく 静力学 〖理〗estática (*f*).

ぜいりし 税理士 tributarista, consultor/ra fiscal.

せいりつ 成立 〔協定など〕estabelecimento (*m*), conclusão (*f*);〔組織など〕formação (*f*);〔法案など〕aprovação (*f*), adoção (*f*). 〜する estabelecer-se, firmar-se; formar-se; ser aprovado/da. 内閣の〜 formação de um gabinete. 契約の〜 conclusão de um contrato. 法案の〜 adoção de um projeto de lei. 〜させる concluir, firmar; aprovar; formar; adotar. 予算が〜しました O orçamento foi aprovado. 契約を〜させました Concluímos [Firmamos] o contrato.

ぜいりつ 税率 alíquota (*f*) [taxa (*f*)] de imposto. …の〜を上げる(下げる) elevar (abaixar) a taxa [alíquota] de imposto de ….

せいりゃく 政略 tática (*f*) política. 〜的な político/ca. 〜的に politicamente. ♦政略結婚 casamento (*m*) por conveniência.

せいりゅう 整流 〖電〗retificação (*f*), comutação (*f*). 〜する retificar. ♦整流管 válvula (*f*) retificadora. 整流器 retificador (*m*). 整流子 comutador (*m*).

せいりょう 声量 volume (*m*) da voz. 〜がある ter uma voz forte.

せいりょういんりょう 清涼飲料 refrigerante (*m*).

せいりょく 勢力 poder (*m*), influência (*f*); força (*f*). 〜のある influente. 台風の〜は衰えてきた O tufão está perdendo a força. ♦勢力争い luta (*f*) pelo poder. 勢力家 pessoa (*f*) influente.

せいりょく 精力 energia (*f*), vitalidade (*f*). 〜的 vigoroso/sa, cheio/cheia de vitalidade. 彼は今度の研究に全〜を集中している Ele está concentrando todos os esforços na pesquisa atual.

せいれい 政令 〖法〗decreto (*m*) governamental.

せいれき 西暦 calendário (*m*) ocidental; era (*f*) cristã.

せいれつ 整列 alinhamento (*m*), disposição (*f*) em fila. 〜する fazer [dispor-se em] fila, enfileirar-se.

せいろう 蒸籠 recipiente (*m*) de bambu para cozinhar a vapor.

せいろん 正論 raciocínio (*m*) teoricamente perfeito, argumento (*m*) lógico. 〜をはく dar um argumento teoricamente perfeito (que pode não funcionar na prática).

セーシェル Seychelles (*fpl*). 〜の seichelense.

セーター suéter (*m*), pulôver (*m*).

セーフ ❶〖野球〗salvo/va. ❷〖テニス・卓球〗dentro. セーフ! (bola (*f*)) dentro! ❸〖比〗〔事なきを得ること〕a salvo, objetivo (*m*) cumprido. セーフ! Consegui!/Deu tempo!

セーブ 〜する economizar;〖野球〗manter a liderança até o fim da partida;〖コンピ〗salvar, gravar (dados). このファイルをハードディスクに〜してください Salve este arquivo no disco rígido, por favor.

セーフティー segurança (*f*). ♦セーフティーグッズ artigos (*mpl*) inspecionados e aprovados. セーフティードライバー motorista prudente [cuidadoso/sa]. セーフティーネット rede (*f*) de proteção;〖経〗rede protetora, rede de segurança. セーフティーベルト cinto (*m*) de segurança.

セーラーふく セーラー服 uniforme (*m*) escolar estilo marinheiro.

セール liquidação (*f*), promoção (*f*), desconto (*m*). ♦期間限定セール liquidação por período limitado.

セールス ❶〔販売〕venda (*f*). ❷〔訪問販売〕venda de porta em porta, venda ambulante. ♦セールスウーマン vendedora (*f*) de porta em porta. セールスポイント pontos (*mpl*) positivos, diferencial (*m*). セールスマン vendedor (*m*) de porta em porta.

せおう 背負う 〔背中に〕carregar nas costas, sustentar;〔引き受ける〕assumir, encarregar-se de. 一家を〜 sustentar a família. 借金を

~ contrair dívidas. 責任を~ assumir uma responsabilidade.

せかい 世界 mundo (*m*) [ムンド]. ~的な mundial. ~じゅうの mundo todo [inteiro]. ~じゅうに no mundo inteiro, pelo mundo todo. ~的に mundialmente. ~的な不況 recessão (*f*) mundial. ~じゅうに広まる espalhar-se pelo mundo inteiro. ~の果てまで até o fim do mundo. ~各国から de todos os países do mundo. 学問の~ círculos (*mpl*) acadêmicos. 動物の~ mundo animal.
 ♦世界一 o melhor [o maior] do mundo. 世界一周旅行 volta (*f*) ao mundo. 世界観 visão (*f*) do mundo. 世界史 história (*f*) universal. 世界新記録 novo recorde (*m*) mundial. 世界地図 mapa-múndi (*m*). 世界保健機関 Organização (*f*) Mundial da Saúde. 全世界 o mundo inteiro. 第2次世界大戦 Segunda Guerra (*f*) Mundial.

せかす 急かす apressar, apertar, pressionar. 私は彼に仕事を急かされている Ele está me pressionando para que eu faça o serviço rápido. そんなに~な Não me apresse tanto.

せかせか ~した afobado/da, irrequieto/ta, impaciente. ~と歩く andar apressadamente. いつも~している人 uma pessoa sempre irrequieta.

せがむ pedir com insistência. 私は母にせがんで洋服を買ってもらった Minha mãe me comprou um vestido por eu lhe ter pedido com insistência./《口語》Eu importunei tanto a minha mãe para que me comprasse um vestido que ela acabou atendendo ao pedido.

セカント 〖数〗secante (*f*).

せき 咳 tosse (*f*). ~をする tossir. ~が出るのです Tenho tosse./Estou tossindo. 一晩じゅう~をしてしまいました Eu tossi a noite toda. ~止めをください Me dá [Dê-me] um xarope (para a garganta), por favor.

せき 堰 barragem (*f*), dique (*m*), eclusa (*f*).

せき 席 assento (*m*), banco (*m*), cadeira (*f*). ~につく sentar-se. ~を取る 〔予約〕reservar um assento; 〔争って〕pegar lugar. ~をはずす sair do lugar (momentaneamente). …に~を譲る ceder lugar a …. 〔乗り物で〕窓側の席 assento do lado da janela. 通路側の席 assento do lado do corredor. ♦指定席 assento reservado. スタンド席 arquibancada (*f*). ボックス席 camarote (*m*). 升席 frisa (*f*), camarote quase no nível da plateia.

せき 積 〖数〗produto (*m*), resultado (*m*) da multiplicação. 3と7の~は21である Três vezes sete são vinte e um./Três multiplicado por sete dá vinte e um.

せき 籍 ❶〔戸籍〕registro (*m*) civil. 妻を~に入れる inscrever o nome da esposa no registro civil. …の~を抜く apagar o nome do/da … do registro civil. ❷〔一員〕registro em instituições de ensino, associações etc. 大学に~を置いたまま留学する estudar no estrangeiro trancando a matrícula na faculdade.

せきうん 積雲 〖気象〗cúmulo (*m*).
せきえい 石英 quartzo (*m*).
せきがいせん 赤外線 raios (*mpl*) infravermelhos.
せきぐん 赤軍 exército (*m*) vermelho.
せきさい 積載 carga (*f*), carregamento (*m*). トラックに資材を~する carregar [colocar] o material no caminhão. ~物大きさ制限超過違反 (infração (*f*) por) ultrapassagem (*f*) [excesso (*m*)] do limite máximo de carga.
 ♦積載能力 capacidade (*f*) de carga. 積載量 quantidade (*f*) de carga. 過積載 excesso (*m*) de carga.
せきざい 石材 pedra (*f*) para construção.
せきじゅうじ 赤十字 Cruz (*f*) Vermelha. ♦赤十字病院 Hospital (*m*) da Cruz Vermelha.
せきじゅん 席順 ordem (*f*) dos assentos. 会議の~を決める determinar o assento que cada participante deve tomar na reunião.
せきしょ 関所 posto (*m*) ⊥fiscal [de fiscalização].
せきじょう 席上 ocasião (*f*) da reunião. 結婚式の~で durante a cerimônia de casamento, por ocasião da festa de casamento.
せきずい 脊髄 〖解〗medula (*f*) espinhal. ♦脊髄炎 〖医〗mielite (*f*). 脊髄麻酔 anestesia (*f*) raquidiana.
せきせいいんこ 〖鳥〗periquito-australiano (*m*), periquito-comum (*m*).
せきせつ 積雪 neve (*f*) acumulada (no solo). 3センチの~が観測された Foi observado um acúmulo de neve de três centímetros. ~で列車が立ち往生した O trem ficou paralizado com a neve acumulada (nos trilhos).
 ♦積雪量 quantidade (*f*) de neve acumulada. 予想積雪量 quantidade prevista de acumulação de neve.
せきぞう 石像 estátua (*f*) de pedra.
せきたん 石炭 carvão-de-pedra (*m*), hulha (*f*).
せきちゅう 脊柱 〖解〗coluna (*f*) vertebral, espinha (*f*) dorsal.
せきつい 脊椎 〖解〗coluna (*f*) vertebral. ♦脊椎炎 〖医〗espondilite (*f*). 脊椎動物 animal (*m*) vertebrado. 脊椎分離症 〖医〗espondilose (*f*).
せきどう 赤道 (linha (*f*) do) equador (*m*). ~の equatorial. ~直下の国 país (*m*) equatorial. ♦北(南)赤道海流 corrente (*f*) equatorial do norte (sul).
せきどうギニア 赤道ギニア Guiné Equatorial (*f*). ~の guinéu-equatoriano/na.

せきとめる　堰き止める　represar, barrar.
せきにん　責任　❶ responsabilidade (f), obrigação (f). ～感の強い人 uma pessoa ∟muito responsável [de muita responsabilidade]. 彼は人事課の～者だ Ele é o responsável [encarregado] do departamento de pessoal. それは無～だ Isso é uma ∟irresponsabilidade [falta de responsabilidade]. …に対して～を取る responsabilizar-se por …, assumir a responsabilidade de …. それに対する～はみんなで取らなければならない Todos têm que ∟se responsabilizar por isso [assumir a responsabilidade disso]. 彼は今回の問題に対して～を取って辞めた Ele ∟se responsabilizou [assumiu a responsabilidade] pelo problema que causou e se demitiu. 彼には説明～がある Ele tem a obrigação de se esclarecer. それは～が重いです Isso é um assunto de muita [grande] responsabilidade. ～の重い仕事 trabalho (m) de muita responsabilidade. ～の重さが彼のストレスになっていた O peso da responsabilidade é que ∟o estava estressando [era estressante para ele]. ♦責任感 senso (m) de responsabilidade. 責任者 o/a responsável, o/a encarregado/da. ❷［法的な］responsabilidade, encargo (m), obrigação, ônus (m). 遊具の故障に対する～は公園側にある A responsabilização pelo mau funcionamento do brinquedo é para o parque. あなたには～能力があります Você tem responsabilidade criminal. 被告人に損害の～を追求する exigir do/da acusado/da a responsabilidade pelos danos. ♦責任能力 imputabilidade (f), responsabilidade (f) criminal. 挙証責任［法］ônus da prova. 刑事責任 responsabilidade penal. 民事責任 responsabilidade cível. 連帯責任 responsabilidade solidária.
せきばらい　咳払い　pigarro (m), expectoração (f). ～する pigarrear, expectorar; pigarrear para dar sinais da própria presença. 図書館でうるさくすると～をされることがある Quando se faz barulho em bibliotecas ouvem-se pigarros repreensivos.
せきはん　赤飯　［料］arroz (m) cozido com feijão vermelho (oferecido, em geral, em dias de festa).
せきひ　石碑　pedra (f) tumular.
せきぶん　積分　［数］cálculo (m) integral. ～する integrar. ♦積分方程式 equação (f) integral.
せきむ　責務　obrigação (f), dever (m). ～を果たす cumprir (com) a obrigação.
せきめん　石綿　【鉱物】asbesto (m), amianto (m).
せきめん　赤面　ruborização (f); faces (fpl) tornadas rubras pelo sentimento de pudor. ～する ficar corado/da [ruborizado/da]. ♦赤面恐怖症 eritrofobia (f).
せきゆ　石油　petróleo (m). ～の抽出と精製 extração (f) e refino (m) do petróleo. ♦石油化学工業 indústria (f) petroquímica. 石油危機 crise (f) do petróleo. 石油ストーブ aquecedor (m) a querosene.
セキュリティー　segurança (f), proteção (f). ♦セキュリティーシステム sistema (m) de segurança.
せきらら　赤裸々　franqueza (f). ～な告白 confissão (f) franca. ～にものを言う dizer as coisas como elas são.
せきらんうん　積乱雲　【気象】cúmulo-nimbo (m), nuvem (f) de trovão.
せきり　赤痢　［医］disenteria (f), diarreia (f). ♦赤痢菌 bacilo (m) da disenteria. アメーバ赤痢 disenteria amebiana.
せく　急く　apressar-se. 気が～ estar com pressa, ser impaciente. そんなにせいてはいけない Não seja tão apressado [impaciente]. 気ばかりせいて勉強がはかどらない Tanta pressa e nada de os estudos renderem! ¶ せいては事を仕損じる A pressa é inimiga da perfeição.
セクシー　～な sexualmente atraente, voluptuoso/sa,《俗》gostoso/sa.
セクシュアルハラスメント　assédio (m) [molestação (f)] sexual. ～にあう ser molestado/da sexualmente, sofrer abusos sexuais.
セクション　❶［部分］seção (f), fatia (f), parte (f). ❷［部署］divisão (f), departamento (m).
セクハラ　assédio (m) sexual. ⇨セクシュアルハラスメント.
せけん　世間　mundo (m); sociedade (f). ～話をする ter uma conversa de comadre, fofocar. ～離れしている人 pessoa (f) ∟diferente [que foge aos padrões comuns da sociedade]. ～並みの生活さえできればよかった Queria apenas ter uma vida comum. ～並みのことをしていればよい Basta fazer como os outros fazem. ～を騒がす dar uma sensação, dar o que falar. ～は広いようで狭い O mundo parece grande, mas é pequeno. ♦世間知らず ingênuo/nua, que não sabe ver o mundo com malícia, que não conhece as malícias do mundo. 世間話 conversa (f) de comadre,《口語》fofoca (f).
せけんてい　世間体　aparências (fpl). ～を気にする preocupar-se com o que pensam os outros, ligar para as aparências. ～をつくろう salvar as aparências.
セコイア　【植】sequoia (f).
せこう　施工　execução (f) de obras, construção (f). ～する executar as obras; construir um prédio. ♦施工主 financiador/ra da construção.
セシウム　【化】césio (m).
せしゅうせい　世襲制　sistema (m) hereditário.
せすじ　背筋　dorso (m), costas (fpl). ～が

寒い ter [sentir] frio nas costas. ～を伸ばす endireitar-se. ～に冷たいものが走った Senti um calafrio nas costas.

ゼスチャー ⇨ジェスチャー.

セスナキ セスナ機 avião (m) Cessna.

ぜせい 是正 ajuste (m), correção (f). ～する corrigir, ajustar.

せせこましい ❶ [狭くて窮屈である] apertado/da, pequeno/na. ～家 casa (f) apertada. ❷ [こせこせしてゆとりがない] tacanho/nha, de visão estreita. ～人 pessoa (f) tacanha.

せせらぎ [浅い水の流れ] riacho (m); [その水音] murmúrio (m) do riacho.

せせらわらい せせら笑い riso (m) zombeteiro.

せせらわらう せせら笑う rir com desprezo, zombar.

せぞく 世俗 vulgo (m), século (m), mundo (m). ～的な [教会に対して] civil, laico/ca, secular; [卑俗な] mundano/na, vulgar. ～な快楽 prazeres (mpl) mundanos. ～的な名声 fama (f) mundana. 彼女は～的な人だ Ela é vulgar.

せたい 世帯 família (f). ♦世帯主 chefe de família. 二世帯住宅 casa (f) para duas famílias, casa geminada para duas gerações.

せだい 世代 geração (f). 現代の～ geração atual. 同一～の da mesma geração. 我々は～が違う Somos de [Pertencemos a] gerações diferentes. ♦世代交代 alternância (f) [troca (f)] de gerações.

セダン [車] sedan (m), sedã (m).

せちがらい 世知辛い difícil de viver. ～世の中 mundo (m) difícil de (se) viver.

せつ 節 ❶ [時] ocasião (f), momento (m). その～はありがとうございました Obrigado/da por me ajudar (naquela ocasião). ❷ [節操] princípio (m), virtude (f). ～を守る manter os princípios. ❸ [段落] parágrafo (m) (de texto); [聖書の] versículo (m) (da Bíblia); [章の] passagem (f), parte (f) (de capítulo). ❹《文法》oração (f). ♦主節 oração principal. 従属節 oração subordinada. ❺ [一区切り] rodada (f). リーグ戦の第3～ [サッカー] terceira ～ rodada do campeonato.

せつ 説 teoria (f), opinião (f); interpretação (f). 私はあなたの～に賛成です Estou de acordo com a sua teoria.

ぜつえん 絶縁 ❶ [不和] ruptura (f), rompimento (m), desavença (f). 息子と～する romper as relações com o filho. …と～状態にある estar com as relações rompidas com …. ❷《理》isolação (f). ～する isolar. ♦絶縁材 material (m) isolador. 絶縁線 fio (m) isolado. 絶縁体 corpo (m) isolador. 絶縁テープ fita (f) isoladora.

せっかい 切開 [医] incisão (f), operação (f). ～する cortar, abrir, operar, fazer uma operação. ♦切開手術 operação cirúrgica. 側腹切開 laparotomia (f).

せっかい 石灰 cal (f). ♦生石灰 cal viva. 石灰化 calcificação (f).

せっかい 折角 ～の [親切な] amável, gentil; [待望の] tão esperado/da. ～のご忠告ですが私の計画はもう変更できません Agradeço o seu conselho gentil, mas o meu plano já não pode mais ser alterado. ～の休日も雨だったO tão esperado feriado virou dia de chuva.

せっかち ～な impaciente, apressado/da.

せっかん 折檻 castigo (m) físico. ～する castigar.

せつがん 接岸 atracação (f). 岸壁に～する atracar no cais.

せつがんレンズ 接眼レンズ ocular (f) (de microscópio ou telescópio).

せっきゃく 接客 recepção (f), atendimento (m) dos visitantes. ～中である estar atendendo um visitante. ♦接客係 recepcionista.

せっきょう 説教 sermão (m). …に～する passar sermão em ….

ぜっきょう 絶叫 grito (m), exclamação (f). ～する clamar, gritar.

せっきょく 積極 ～的な positivo/va, de espírito empreendedor; [活発な] dinâmico/ca, ativo/va. ～的に ativamente, positivamente. 仕事に～的にたずさわる ocupar-se positivamente [com boa vontade] de um trabalho. ブラジル人は～的でいいですね Que bom que os brasileiros sejam dinâmicos, não é? 彼は～性に欠けると思う Eu acho que falta nele o espírito empreendedor.

せっきん 接近 aproximação (f). …に～する aproximar-se de …. 台風が沖縄に～している O tufão está se aproximando de Okinawa. 前の車にあまり～しないでください Não se aproxime demais do carro à [da] frente.

せっく 節句 festa (f) sazonal. 端午の～ Festa dos Meninos. 桃の～ Festa das Meninas.

ぜっく 絶句 ～する calar-se (repentinamente), ficar sem palavras.

セックス sexo (m). …と～する fazer sexo com …, ter relação sexual com …,《口語》transar com ….

せっけい 設計 desenho (m), projeto (m). ～する desenhar, projetar. このビルはだれが～したものですか Quem projetou este prédio? ♦設計図 desenho (m), projeto (m).

せっけっきゅう 赤血球 [解] glóbulo (m) vermelho, hemácia (f), eritrócito (m).

せっけん 接見 ❶ audiência (f). …と～する ter uma audiência com …. 明日大統領が知事に～することになっている O/A presidente vai conceder uma audiência ao/à governador/ra amanhã. ❷《法》visita (f) (a um preso). 受刑者と～する visitar um presidiário (na prisão). ～を禁止する proibir visitas. ♦接見室 sala (f) de visitas.

せっけん 石鹸 sabão (m), sabonete (m). …を〜で洗う lavar … com sabão, ensaboar. 〜で洗える布地 pano (m) que se pode lavar [lavável] com sabão. ♦石鹸入れ saboneteira (f). 化粧石鹸 sabonete. 粉石鹸 sabão em pó. 洗濯石鹸 sabão.

せつげん 節減 redução (f). ♦経費節減 redução [contenção (f)] das despesas.

ゼッケン pano (m) numerado (que os atletas trazem nas costas e no peito).

せっこう 石膏 gesso (m).

せつごう 接合 junção (f), união (f). 〜する juntar, unir.

ぜっこう 絶交 rompimento (m) de relações. …と〜する romper relações com …. もう君とは〜だ Eu não quero mais nada com você./Parei com você.

ぜっこう 絶好 〜の ótimo/ma, excelente. この〜の機会を逃がすな Não perca esta ótima oportunidade.

せっこつ 接骨 【医】coaptação (f), redução (f) de ossos fraturados. ♦接骨医 médico/ca ortopedista.

ぜっさん 絶賛 elogio (m) rasgado. …を〜する elogiar, fazer elogios rasgados a …, cobrir … de elogios. 〜に値する ser 〔dignio/na de elogio [elogiável]. 〜発売中《掲示》Lançamento (m) de Sucesso.

せっし 摂氏 centígrado (m). 〜12度の水 água (f) a doze graus centígrados.

せつじつ 切実 〜な sério/ria, urgente, intenso/sa. 〜な問題 problema (m) sério. 〜な要求 pedido (m) urgente. 少子化対策が今〜な課題になっている O combate à diminuição da natalidade é agora uma tarefa de primeira importância. 〜に intensamente, seriamente.

せっしゅ 接種 inoculação (f), vacinação (f). 〜する inocular, vacinar. マラリア熱の予防の〜を受ける ser vacinado/da contra a malária. ♦接種法 inoculação. 予防接種 vacinação preventiva.

せっしゅ 摂取 ingestão (f), assimilação (f). 〜する ingerir, assimilar. ♦カロリー摂取量 quantidade (f) de calorias ingeridas.

せつじょ 切除 corte (m), ressecção (f), excisão (f). 〜する cortar, fazer uma excisão. 胃の一部を〜する cortar uma parte do estômago.

せっしょう 折衝 negociação (f). …と〜する negociar com …. 〜中の em negociação.

せっしょく 接触 contato (m); 〔手などの〕toque (m). 車の〜事故 batida (f) de carro. …と〜する entrar em contato com …, contatar; tocar. できるだけ早くA社と〜したほうがよい É melhor entrar em contato com a companhia A, o mais cedo possível. 電気の〜が悪い O contato elétrico está ruim. ♦接触点 ponto (m) de contato.

せつじょく 雪辱 revanche (f). 〜を果たす ter uma revanche.

ぜっしょく 絶食 jejum (m). 〜する jejuar. ♦絶食療法 terapia (f) [tratamento] do jejum.

セッション sessão (f) (de palestra, aula, reunião etc). ♦ジャムセッション 〖音〗jam session (f).

せっすい 節水 economia (f) de água, racionamento (m) de água. 〜する racionar água, reduzir o consumo de água.

せっする 接する 〔接触する〕entrar [estar] em contato com; tocar; 〔隣接する〕limitar-se com. 彼女の家は海岸に接している A casa dela dá para a praia. 南はアルゼンチンに接している Limita-se ao sul com a Argentina.

せっする 節する economizar. ⇨節約.

ぜっする 絶する exceder, ultrapassar. 想像を〜残酷さ uma crueldade inimaginável. 言語に〜痛み uma dor indescritível.

せっせい 摂生 cuidado (m) com a saúde. 不〜な descuidado/da com a saúde. 〜する(を怠る) tomar cuidado com a (descuidar da) saúde.

せっせい 節制 moderação (f); abstinência (f). 〜する moderar-se, abster-se. 経費節約のために水道と電気は特に〜してください Para a economia [contenção] dos gastos, moderem-se principalmente no consumo de água e luz.

ぜっせい 絶世 〜の美人 mulher (f) de beleza perfeita.

せっせと diligentemente, sem parar. 〜学校に通う frequentar a escola assiduamente. 〜働く trabalhar [sem descansar [diligentemente]. 〜金をためる juntar dinheiro sem pensar em outra coisa.

せっせん 接戦 luta (f) renhida.

せっせん 接線 〖数〗tangente (f), linha (f) tangencial.

ぜっせん 舌戦 guerra (f) de palavras, 《口語》bate-boca.

せっそう 節操 ❶ constância (f), integridade (f), integridade de princípios. 〜がない inconstante, sem princípios. 〜を守る ser íntegro/gra, ser fiel a seus princípios. ❷ 〔貞操〕castidade (f), fidelidade (f). 〜のない女性 mulher (f) infiel.

せつぞく 接続 ❶ 〖電〗ligação (f), junção (f). 〜する juntar, ligar, conectar. これは右の線と〜するのですか Isto aqui é para ligar com o fio da direita? ❷ 〔コンピ〕plugar, conectar. ❸ 〖交通〗conexão (f), ligação この列車は次の駅で急行に〜しますか Este trem [《ポ》comboio] tem conexão com o expresso na próxima estação? ❹ 〖文法〗ligação das orações. ♦接続法 modo (m) subjuntivo. 従属接続詞 conjunção (f) subordinativa. 等位接続詞 conjunção (f) coordenativa.

せっそくどうぶつ 節足動物 〖動〗artrópodes

(*mpl*).

せったい 接待 recepção (*f*). 〜する recepcionar. お茶の〜をお願いします Sirva um chá, por favor. ♦接待係 recepcionista. 接待費 despesas (*fpl*) de recepção.

***ぜったい 絶対** absoluto (*m*) [ｱﾋﾞｿﾙｯﾄ]. 〜的な[〜の] absoluto/ta, total. 〜的な信仰 fé (*f*) absoluta. 〜的な信頼 confiança (*f*) absoluta. 〜の真理 verdade (*f*) absoluta. 『哲』 verdade. 社長の命令は〜だ A ordem do presidente é indiscutível. 彼は命令に〜服従はできない Ele não consegue obedecer a uma ordem completamente [cegamente]. この道を走る自動車の〜量が多い（少ない） A quantidade absoluta de automóveis que andam por esta rua é grande (pequena). 〜に〔肯定〕absolutamente, em absoluto, totalmente;〔否定〕nunca, absolutamente (não). それは〜に許されないことだ Isso é absolutamente [totalmente] imperdoável. 彼は〜にうそをつかない人だ Ele é uma pessoa que nunca mente. 〜安静にしていなさい Fique em repouso absoluto. 親はこの結婚に〜反対だ Os pais são absolutamente contra este casamento. 彼が〜正しいとは言えない Não podemos dizer que ele está absolutamente certo. ♦絶対音感『音』ouvido (*m*) absoluto. 絶対温度 temperatura (*f*) absoluta. 絶対権 poder (*m*) absoluto. 絶対湿度『理』umidade (*f*) absoluta. 絶対主義 absolutismo (*m*). 絶対速度 velocidade (*f*) absoluta. 絶対多数 maioria (*f*) absoluta. 絶対値『数』valor (*m*) absoluto. 絶対優位 vantagem (*f*) absoluta. 絶対零度『理』zero (*m*) absoluto.

ぜつだい 絶大 〜な muito grande, enorme, imenso/sa. 〜な支持を得る obter um apoio enorme. 〜な努力を払う fazer os maiores esforços, dar o máximo de si.

ぜったいぜつめい 絶体絶命 〜の状態 situação (*f*) desesperadora [crítica]. 〜である estar entre a espada e a parede. …を〜の窮地に追い込む encostar … na parede.

せつだん 切断 corte (*m*), amputação (*f*). 〜する〔手術の〕cortar, amputar. 足を〜する amputar a perna. 私は機械に挟まれて指を〜してしまった Fui prensado na máquina e acabei perdendo um pedaço do dedo. ♦切断面 secção (*f*), superfície (*f*) do corte.

ぜったん 舌端 『解』ponta (*f*) da língua.

せっち 設置 instalação (*f*), implantação (*f*), estabelecimento (*m*). 〜する estabelecer, instalar, implantar. 当銀行は新しいコンピューターシステムの〜のため3日と4日は閉店となります O banco estará fechado nos dias três e quatro para a implantação de um novo sistema de informática.

せっちゃく 接着 aderência (*f*). ♦接着剤 adesivo (*m*); cola (*f*).

せっちゅう 折衷 mistura (*f*), combinação (*f*). 〜する misturar, combinar. 和洋〜でいきましょう Vamos combinar o estilo japonês e o ocidental.

ぜっちょう 絶頂 auge (*m*), apogeu (*m*).

せってい 設定 estabelecimento (*m*), criação (*f*), instituição (*f*). ある状況を〜する criar mentalmente [imaginar] uma determinada circunstância. 問題の〜の仕方が間違っている O problema está mal colocado.

セッティング ❶ ajuste (*m*), fixação (*f*). ❷ 『テレビ』montagem (*f*), cenário (*m*).

せってん 接点 『数』ponto (*m*) de encontro (de duas linhas).

せつでん 節電 economia (*f*) de eletricidade, racionamento (*m*) elétrico. 〜する economizar eletricidade.

セット ❶〔一組〕jogo (*m*), serviço (*m*)《de louças etc》. 食器の〜を買う comprar um jogo de louças. ♦紅茶（コーヒー）セット jogo de chá (café). ❷『スポーツ』〔テニスなどで〕*set* (*m*) [ｾｯﾄ], tempo (*m*), período (*m*). ❸『映・劇』cenário (*m*), estúdio (*m*). ❹〔調整〕ajuste (*m*); penteado (*m*). テーブルを〜する pôr a mesa. 髪の毛を〜する pentear o cabelo, fazer um penteado. 髪を〜してもらう ao cabeleireiro pentear, ir pentear ao cabeleireiro. 目覚まし時計を7時に〜する ajustar o despertador para as sete (horas).

せつど 節度 moderação (*f*), reserva (*f*), recato (*f*). 〜のある行動 atitude (*f*) recatada [moderada]. 〜を失う perder a moderação [reserva]. 〜を守る manter o recato.

せっとう 窃盗 roubo (*m*), furto (*m*). 〜する furtar, roubar. 〜を働く roubar, furtar, praticar um roubo. 〜の罪によって pelo crime de furto. 〜の容疑で suspeita de furto. 〜の容疑で逮捕される ser preso/sa sob (suspeita de) furto. ♦窃盗団 quadrilha (*f*). 窃盗犯人 ladrão/dra. 重窃盗『法』furto qualificado. 単純窃盗 furto simples.

せっとうじ 接頭辞 『文法』prefixo (*m*).

せっとく 説得 persuasão (*f*). 〜する persuadir. いくら〜しても彼を動かすことができなかった Por mais que eu o persuadisse, não consegui convencê-lo.

セットプレー 『スポーツ』〔サッカーなどで〕jogada (*f*) de bola parada. 〜で1点を挙げる fazer um gol de bola parada.

せつな 刹那 momento (*m*) presente, instante (*m*). 〜的 momentâneo/nea, passageiro/ra. 〜の歓楽にふける mergulhar nos prazeres do momento.

せつない 切ない triste, aflitivo/va. 〜思いをする sentir angústia, ficar aflito/ta. 〜胸のうちを明かす revelar uma dor íntima. 〜別れ despedida (*f*) triste.

せつなさ 切なさ tristeza (*f*), aflição (*f*).

せつに 切に sinceramente, encarecidamente, de todo o coração, vivamente. 君の上京

せっぱく 切迫 iminência (f), premência (f), urgência (f); tensão (f), sensação (f) de urgência. 〜する estar-se aproximando, estar iminente. 〜した premente, iminente. 原稿の締切日が〜している Está se aproximando o prazo para a entrega dos originais. 〜した事態 situação (f) tensa, estado (m) de urgência. ◆切迫流産 『医』iminência de aborto.

せっぱつまる 切羽詰まる ficar entre a espada e a parede, ser encostado/da à [na] parede. せっぱつまって…する não ter outro remédio senão (＋不定詞)《＋infinitivo》. 彼はせっぱつまって告白した Ele não teve outro remédio senão confessar./Ele se viu forçado a confessar. 私はせっぱつまらないと原稿が書けない Eu só consigo escrever quando o prazo de entrega do trabalho está aí.

ぜっぱん 絶版 edição (f) esgotada. その本は〜になっている Esse livro está esgotado.

せつび 設備 instalação (f), equipamento (m). 〜する equipar, instalar. 〜の整った bem equipado/da. 工場に機械を〜する instalar máquinas na fábrica. 300人収容の〜がある ter acomodação para trezentos hóspedes. 私の会社はだいたい〜が整っています A minha companhia está mais ou menos bem equipada. ◆設備投資 inversão (f) em instalações e equipamentos. 工業設備 equipamento industrial.

せつびじ 接尾辞 『文法』sufixo (m).

ぜっぴん 絶品 obra (f) magnífica sem-par.

せっぷく 切腹 haraquiri (m) [アラキリー], suicídio (m) por estripação. 〜する praticar haraquiri [o suicídio por estripação].

せつぶん 節分 dia (m) que precede o início da primavera《em geral, 3 de fevereiro, quando se jogam feijões dentro de casa, dizendo "Fora o diabo e para dentro a felicidade!"》.

ぜっぺき 絶壁 precipício (m), abismo (m), lugar (m) escarpado.

ぜつぼう 絶望 desespero (m). 〜する desesperar-se, ficar [estar] desesperado/da. 〜的な de perder a esperança, desesperador/ra. 私はけっして〜しない Eu não me desespero nunca./Eu não fico desesperado/da de jeito nenhum.

ぜつみょう 絶妙 〜な maravilhoso/sa, admirável, magnífico/ca. 〜な演技 trabalho (m) maravilhoso《de ator/atriz, cantor/ra etc》.

せつめい 説明 explicação (f). 〜する explicar, dar uma explicação sobre […]. 〜の〜を求める pedir uma explicação [sobre] …. テキストの〜 comentário (m) de texto. 〜し得る explicável. 〜できない inexplicável. 〜的な explicativo/va. 仕事の〜は担当の者から聞いてください Peça (a) explicação do serviço, através do/da encarregado/da da seção. どうしてこういうミスが起こるのか〜してください Explique-me por que surgem essas falhas. ◆説明会 sessão (f) de orientação [explicativa]《de uma atividade》. 説明書 manual (m) de utilização, explicação do modo de usar《uma máquina, um aparelho etc》.

ぜつめつ 絶滅 〔なくすこと〕extermínio (m), aniquilamento (m), erradicação (f); 〔自然に〕extinção (f) completa. 〜する desaparecer completamente, ser condenado/da à destruição total. 〜させる exterminar, destruir, aniquilar. 〜した種族 raça (f) extinta. 〜に瀕(ひん)している ameaçado/da de desaparecer [extinção], estar em processo de extinção.

せつやく 節約 economia (f). 〜する economizar, poupar. 時間の〜 economia de tempo. 時間を〜する economizar tempo. エネルギーを〜する poupar energia. 出費を〜する reduzir [conter] as despesas. コンピューターを導入すればどのくらい人件費が〜できますか Se introduzirmos o computador, quanto poderemos economizar no custo da mão de obra? ◆節約家 econômico/ca.

せつりつ 設立 estabelecimento (m), fundação (f). 〜する fundar. 学校を〜する fundar uma escola. 学校の〜 fundação de uma escola. 委員会を〜する organizar um comitê. 私の会社は20年前に〜された A minha companhia foi fundada há vinte anos. ◆設立者 fundador/ra.

せつわ 説話 narrativa (f). ◆説話体 estilo (m) narrativo.

せとぎわ 瀬戸際 momento (m) crucial [crítico]. 生きるか死ぬかの〜にいる estar na terrível margem da sobrevivência, estar (na linha (f)) entre a vida e a morte.

せともの 瀬戸物 〔陶磁器〕cerâmica (f); 〔磁器〕porcelana (f).

せなか 背中 costas (fpl). 〜を丸める arquear as costas. …に〜を向ける dar as costas para …. いすを〜合わせにしましょうか Vamos juntar as cadeiras pelos encostos? 〜が痛みますか Está com dor nas costas?

ぜにあおい 銭葵 『植』malva (f).

ぜにいれ 銭入れ porta-moedas (m).

ぜにん 是認 aprovação (f). 〜する aprovar. 弁解を〜する admitir justificativas.

セネガル Senegal (m). 〜の senegalês/lesa.

ゼネコン grande empresa (f) construtora.

ゼネスト greve (f) geral.

せのび 背伸び ❶ 〜する esticar-se de pé, empinar-se. ❷ 〔実力以上のことをしようとする〕estado (m) de querer ser algo acima da própria capacidade. 〜する mostrar-se acima do que é.

せばまる 狭まる estreitar-se, ficar estreito/

せばめる ta, reduzir-se. この廊下は狭まっていく Este corredor está se estreitando. 許容範囲が狭まっている A tolerância está se reduzindo. 本を読まないと視野が〜 Sem leitura, reduz-se o campo de visão.

せばめる 狭める estreitar, reduzir, tornar (algo) mais estreito. 彼らは道幅を50センチ狭めた Eles estreitaram a rua em cinquenta centímetros. 活動範囲を〜 reduzir o campo de ação.

せばんごう 背番号 número (m) do jogador (escrito nas costas do uniforme).

ぜひ 是非 ❶〔善悪〕o certo e (ou) o errado;〔事の当否〕propriedade (f). 物事の〜がわかる saber discernir o bem do mal [o certo do errado]. プロジェクトの〜を問う questionar a propriedade de um projeto. ❷〔必ず〕custe o que custar, sem falta. 〜この計画を実行したい Quero realizar este projeto a todo o custo. 〜来てください Venha sem falta. ⇨必ず.

せびれ 背びれ barbatana (f) dorsal.

せびろ 背広 terno (m),《ポ》fato (m).

せぼね 背骨 espinha (f) dorsal, coluna (f) vertebral.

*****せまい 狭い** estreito/ta [エストレート/タ], apertado/da [アペルタード/ダ]. 狭さ estreiteza (f), aperto (m). 狭くする estreitar, tornar estreito/ta [apertado/da]. 狭くなる estreitar-se, tornar-se estreito/ta, ficar apertado/da. 〜道 rua (f) estreita. この部屋はちょっと〜です Esta sala está [é] um pouco apertada [pequena]. ¶ 了見の〜人 pessoa (f) ∟de espírito estreito [tacanha].

せまる 迫る〔強いる〕exigir, forçar, pressionar;〔近づく〕aproximar-se, estar iminente. 必要に迫られて por (pura) necessidade. 目前に迫った危険 perigo (m) iminente. 時間が〜 Está chegando a hora. 報告書の締め切りが3日後に迫っています Só tem mais três dias para vencer o prazo de entrega do relatório. ¶ 悲しみが胸に〜 ficar com o coração apertado pela tristeza.

せみ 蝉〔虫〕cigarra (f).

ゼミ ⇨ゼミナール.

セミコロン ponto (m) e vírgula.

セミナー seminário (m).

ゼミナール seminário (m);〖学校〗grupo (m) de pesquisa com orientação de um/uma professor/ra. 智子先生は来年度〜を開く A professora Tomoko vai realizar um seminário no próximo ano letivo./A professora Tomoko vai começar um grupo de pesquisa no próximo ano letivo.

セミプロ semi-profissional.

せめて pelo menos, ao menos. この仕事をしあげるのに〜もう一週間は欲しかった Queria pelo menos mais uma semana para terminar este serviço.

せめる 攻める atacar, investir contra. 城を〜 sitiar [invadir] um castelo. 攻め合う atacar-se mutuamente. 攻め立てる atacar repetidamente [sem parar].

せめる 責める〔追究〕perseguir;〔非難〕acusar, reprovar, criticar. あまり人の過失を責めても何もならないから... Pois não adianta nada ficar criticando as falhas dos outros ....

セメント cimento (m).

せもたれ 背もたれ respaldo (m), encosto (m) de cadeira. 〜の高い椅子(ﾂ) cadeira (f) de respaldo alto.

-せよ ainda que, mesmo que, quer … quer. 彼に〜彼女に〜 seja ele, seja ela. 進むに〜引き返すに〜 quer siga adiante quer volte atrás. 大学に受かったに〜受からなかったに〜飲んじゃおう Vamos beber tenhamos passado ou não no vestibular.

ゼラチン gelatina (f). 〜状の gelatinoso/sa.

ゼラニウム〖植〗gerânio (m).

セラピー〖心〗terapia (f), tratamento (m). ♦サイコセラピー psicoterapia (f).

セラピスト〖心〗terapeuta.

セラミック de cerâmica (f). 〜の歯 dente (m) de cerâmica. ♦セラミックアート (arte (f) de) cerâmica. セラミックコンデンサー condensador (m) de cerâmica. セラミックファイバー fibra (f) de cerâmica.

セラミックス ❶ cerâmica (f). ♦ファインセラミックス cerâmica fina. ❷〔製品〕utensílio (m) de cerâmica, artefato (m) de cerâmica.

せり 競り〖経〗leilão (m), licitação (f). 〜にかける leiloar, pôr em leilão. ♦競り売り leilão (f), hasta (f).

せりあう 競り合う rivalizar-se, competir.

ゼリー gelatina (f).

セリウム〖化〗cério (m).

せりおとす 競り落とす comprar em leilão.

せりふ 台詞 ❶ diálogo (m). ❷〖映・劇〗papel (m), parte (f). 〜を言う dizer a sua parte. 〜を覚える decorar [aprender] a sua parte. 彼は一回しが上手だ A declamação dele é excelente./Ele declama muito bem. そんな事を年上の人に向かって言う〜か Como você se atreve a dizer uma coisa dessas para os mais velhos? 彼はどこかで聞いたような〜しか言わない Ele só abre a boca para falar chavão [lugar-comum, clichê].

セルビア Sérvia (f). 〜の sérvio/via.

セルフサービス auto-atendimento (m). 〜のレストラン self-service (m) [セウフィセールヴィスィ], restaurante (m) self-service.

セルフタイマー timer (m) [ターイメル], temporizador (m);〔写真〕disparador (m) automático.

セルライト〔皮下脂肪の塊〕celulite (f).

セルロイド celuloide (m).

セルローズ celulose (f).

セレナーデ〖音〗serenata (f).

セレブ celebridade (f), pessoa (f) famosa [célebre]. 彼女は~だ Ela é uma celebridade.

セレモニー ❶〔儀式〕cerimônia (f), solenidade (f). ❷〔形, エチケット〕formalismo (m), protocolo (m), etiqueta (f).

ゼロ zero (m). ~から始める começar do zero [nada]. 経済は~成長だった O crescimento da economia foi nulo [zero]./A economia teve um crescimento (m) nulo. ◆ゼロメートル地帯 terras (fpl) ao nível do mar.

ゼロックス 〖商標〗 xérox (m).

セロテープ fita (f) adesiva [colante]; 〖商標〗 fita Durex.

セロトニン serotonina (f).

セロハン celofane (m). ◆セロハンテープ fita (f) adesiva, fita colante,《ポ》fita-cola.

セロリ salsão (m).

せろん 世論 opinião (f) pública. ◆世論調査 pesquisa (f) de opinião pública.

せわ 世話 ❶〔面倒をみること〕cuidado (m), ajuda (f). ~する cuidar. 子どもたちの~をする cuidar das crianças. ❷〔厄介〕trabalho (m), incômodo (m) causado aos outros. ~をかける dar trabalho, incomodar. ❸〔斡旋(あっせん)〕apresentação (f), intermediação (f), ato (m) de intermediar. 先生は生徒に就職の~をした O/A professor/ra arranjou trabalho para o/a aluno/na. 叔父が私のお嫁さんの~をしてくれた Meu tio apresentou a minha esposa.

せわしない irrequieto/ta, apressado/da, agitado/da. ~人 trapalhão/lhona. ~日々を送る levar dias agitados.

*__せん__ 千 mil [ミーウ]. ~倍 mil vezes (fpl). ~分の一 um milésimo (m). 第~の, ~番目の milésimo de …. 何~という milhares de …. ~九百九十(1990)年に em [no ano de] mil novecentos e noventa.

せん 栓 tampa (f) (de garrafas etc). ~を抜く abrir a garrafa, sacar uma rolha. ◆コルク栓 rolha (f) de cortiça.

せん 線 ❶ linha (f), traço (m). ~状の linear. ~を引く traçar uma linha; determinar o limite. 区画に~を引きする traçar a linha de demarcação dos lotes. ◆平行線 paralela (f). ❷〔方向〕caminho (m), direção (f). 日本のサッカーはいい~を行ってる O futebol japonês está no bom caminho. ❸〔方針〕plano (m), diretriz (f). よし、この~で行こう Muito bem. Vamos seguir este plano. ◆〔鉄道路線〕linha férrea. ◆東海道線 linha Tokaido. ローカル線 linha local. ❺〔航路〕linha marítima. ❻〔プラットホーム〕plataforma (f). 一番~におでください Dirija-se à plataforma número um. ❼〔電話〕linha. ◆電話線 linha telefônica.

せん 腺 〖解〗 glândula (f). ~状の glandular. ◆外分泌腺 secreção (f) glandular externa. 内分泌腺 secreção glandular interna.

ぜん 善 bem (m). ¶ ~は急げ Por bem, mãos à obra!

ぜん 禅 〖宗〗 zen (m), uma seita do budismo que prega a descontração através do esquecimento de si, tendo como processo a prática dos trabalhos manuais e a suscitação do amor à natureza. ◆禅寺 mosteiro (m) [templo (m) budista] zen.

ぜん- 全- todo/da o/a …, o/a … todo/da, o/a … inteiro/ra; 〔複数〕todos/das os/as …. ~世界 o mundo (m) todo [inteiro], todo o mundo. これは~ブラジル人に行き渡る問題だ Este é um problema que atinge todos os brasileiros.

ぜん- 前- anterior, ex-. ~条によると… Segundo a cláusula anterior …. ~住所 endereço (m) anterior. ~大統領 o/a ex-presidente.

ぜんあく 善悪 o bem e o mal, o certo e o errado. ことの~を判断する discernir o bem do mal. ~をわきまえてもらわないと… Se você não sabe distinguir o bem do mal, não dá …./Você precisa discernir o bem do mal, senão não dá ….

せんい 繊維 fibra (f). ~の多い fibroso/sa. ◆繊維産業 indústria (f) têxtil. 繊維質 fibrosidade (f). 繊維腫 fibroma (m). 繊維症 fibrose (f). 合成繊維 fibra sintética. 植物繊維 fibra vegetal. 食物繊維 fibra alimentar. 天然繊維 fibra natural.

ぜんい 善意 boa intenção (f), boa vontade (f). ~の de boa-fé, bem intencionado/da. ~の人 pessoa (f) ⌐bem intencionada [de boa vontade]. ~から…をやる fazer … com boas intenções. ~から agir de boa-fé. 私は何でも~に解釈することにしている Eu costumo pegar [interpretar] tudo no bom sentido.

ぜんいき 全域 toda a região (f), toda a área (f). 関東地方~にわたった被害 danos (mpl) que atingiram toda a região ⌐de Kanto [leste]. 自然科学~に関係する発見 uma descoberta que interessa a toda a área de ciências naturais.

せんいん 船員 marinheiro/ra, navegante. ◆船員労働委員会 Comissão (f) de Relações Trabalhistas de Marinheiros.

ぜんいん 全員 todos/das, todos os membros de um grupo. 彼の提案は~の支持を受けた A proposta dele recebeu o apoio de todos.

ぜんえい 前衛 vanguarda (f). ~的 vanguardista, de vanguarda. ◆前衛美術 arte (f) de vanguarda.

せんえつ 僭越 ousadia (f), atrevimento (m). 大変~ですがY家を代表して一言申し上げます Desculpem-me o atrevimento mas vou usar da palavra representando a família Y.

せんか 専科 curso (m) especializado.

ぜんか　前科 antecedentes (*mpl*) criminais. ～がある ter antecedentes criminais. ～2犯の人 pessoa (*f*) com dois antecedentes criminais. ◆前科抹消【法】baixa (*f*) na culpa. 前科者 pessoa (*f*) com antecedentes criminais.

せんかい　旋回 volta (*f*), rotação (*f*), giro (*m*). ～する dar voltas, circular, girar.

せんがい　選外 desclassificação (*f*). ～となる não ser selecionado/da (num concurso etc). ◆選外佳作 (obra) (*f*) que recebeu) menção (*f*) honrosa.

ぜんかい　全快 cura (*f*) completa de uma doença, recuperação (*f*) completa da saúde.

ぜんかい　全開 abertura (*f*) completa. エンジンを～にする abrir completamente as válvulas do motor para darem força máxima.

ぜんかい　前回 a vez (*f*) passada, a vez anterior. ～の precedente, último/ma. ～の会議で決めたように... Como decidimos na última reunião [reunião passada]...

ぜんかい　全会 toda a assembleia (*f*).

ぜんかい　全壊 destruição (*f*) completa [total]. 地震で～した家屋 casa (*f*) completamente destruída pelo terremoto.

ぜんかいいっち　全会一致 unanimidade (*f*). ～で法案は可決された O projeto de lei foi aprovado por unanimidade.

ぜんがく　全額 soma (*f*) total. ～現金で払う pagar tudo em dinheiro (vivo).

ぜんがく　禅学 doutrina (*f*) zen (do budismo).

ぜんがくれん　全学連 Federação (*f*) Nacional de Estudantes Universitários.

せんかん　戦艦 navio (*m*) de guerra, couraçado (*m*).

せんがん　洗顔 lavagem (*f*) do rosto. ～する lavar o rosto. ◆洗顔クリーム creme (*m*) de limpeza (facial).

せんがん　洗眼 lavagem (*f*) dos olhos. ～する lavar os olhos.

ぜんき　前期 o primeiro período, o primeiro semestre. ◆前期繰越金 saldo (*m*) da conta anterior [do exercício anterior]. 前期試験 exame (*m*) do primeiro semestre.

ぜんき　前記 ～の acima mencionado/da, supracitado/da.

せんきゃく　船客 passageiro/ra de navio.

*****せんきょ　選挙** eleição (*f*) [エレイサォン]. ～する realizar eleição. ◆選挙権 direito (*m*) ao voto. 選挙裁判所 tribunal (*m*) [justiça (*f*)] eleitoral. 総選挙 eleição geral.

せんきょ　占拠 ocupação (*f*). ～する ocupar. ◆不法占拠 ocupação ilegal.

せんぎょ　鮮魚 peixe (*m*) fresco.

せんぎょう　専業 ocupação (*f*) exclusiva, profissão (*f*). ◆専業主婦 dona (*f*) de casa (que não trabalha fora). 専業農家 agricultor/ra que se dedica exclusivamente à lavoura (e não faz bico).

せんきょうし　宣教師 missionário/ria.

ぜんきょく　全曲 〔一曲を全部〕toda a música (*f*); 〔ある分野の全ての曲〕todas as músicas (*fpl*). ショパンの～を弾く executar todas as obras de Chopin.

せんぎり　千切り corte (*m*) de legumes em fios compridos. ショウガを～にする cortar o gengibre em fios.

せんくしゃ　先駆者 pioneiro/ra.

ぜんくしょうじょう　前駆症状 【医】pródromos (*mpl*), sintoma (*m*) precursor.

ぜんくつ　前屈 ❶ inclinação (*f*) para a frente, estado (*m*) de estar inclinado/da para a frente. ◆前屈運動 exercício (*m*) de vergar o corpo para a frente. ❷【医】anteversão (*f*).

ぜんけい　全景 vista (*f*) geral.

ぜんけい　前景 o primeiro plano (*m*).

せんけいコンジローム　尖圭コンジローム 【医】condiloma (*m*) acuminado.

せんげつ　先月 o mês (*m*) passado. ～から desde o mês passado. ～に no mês passado.

せんけつもんだい　先決問題 problema (*m*) de solução urgente.

せんげん　宣言 declaração (*f*), proclamação (*f*). ～する declarar, proclamar. ◆人権宣言 declaração (*f*) dos direitos humanos. 独立宣言 proclamação (*f*) da independência.

ぜんけん　全権 plenos poderes (*mpl*). ...に～を委任する conferir plenos poderes a .... 全権委員 plenipotenciário/ria. 全権委任状 procuração (*f*) outorgando plenos poderes. 特命全権大使 Embaixador (*m*) Extraordinário e Plenipotenciário.

せんけんのめい　先見の明 ～のある previdente, que prevê bem as coisas. 私にもう少し～があったら退職しなかった Se eu enxergasse um pouco mais o futuro, não teria me demitido.

せんご　戦後 pós-guerra (*m*). ～に depois da guerra. ～の日本 o Japão do pós-guerra.

ぜんご　前後 〔場所〕à frente e atrás; 〔時間〕antes e depois; 〔だいたい〕mais ou menos. ...の～に na frente e atrás de ...; antes e depois de .... 車の～に置く deixar na frente e atrás do carro. 自分の～を見回す olhar ao redor de si. 食事の～に薬を飲む tomar o remédio antes e depois das refeições. 2時～にあなたの家に着きます Chegarei na sua casa às duas horas mais ou menos [lá pelas duas horas, 《俗》tipo duas horas]. 彼は50歳～のようです Parece que ele tem mais ou menos cinquenta anos. その話は～していま す Inverteram-se os fatos nessa história aí. ¶ 文の～関係 contexto (*m*).

せんこう　選考 seleção (*f*), escolha (*f*). ～

する selecionar, escolher. ～に漏れる não ser escolhido/da. ～される ser escolhido/da [selecionado/da]. ♦ 選考委員会 comitê (*m*) de seleção. 第一次選考 primeira seleção.

せんこう 先行 antecedência (*f*), precedência (*f*). ～する anteceder, preceder, 《口語》 vir antes.

せんこう 専攻 especialização (*f*) acadêmica, área (*f*) de concentração. …を～する especializar-se em ….

せんこう 穿孔 perfuração (*f*). ～する perfurar, fazer [abrir] um furo. ～性の perfurante, perfurado/da. ♦ 穿孔性潰瘍 (かいよう) úlcera (*f*) perfurada. 胃穿孔 perfuração (*f*) estomacal [gástrica].

せんこう 線香 incenso (*m*) (solidificado em forma de varinha). ～をたく queimar incenso. ♦ 線香花火 fogo (*m*) de artifício em forma de varinha.

ぜんこう 善行 boa conduta (*f*), bom comportamento (*m*). ～を表彰する (たたえる) premiar (louvar) o bom comportamento. ～のため刑期が短くなった 《法》 Sua pena foi reduzida por bom comportamento.

せんこく 宣告 ❶ 〔正式に知らせること〕 declaração (*f*). 癌(がん)を～する declarar [transmitir] ao paciente que ele está com câncer. ❷ 〔判決を言い渡すこと〕 pronunciamento (*m*), condenação (*f*), sentença (*f*). ～する sentenciar, condenar. 死刑を～される ser condenado/da à morte.

ぜんこく 全国 o país (*m*) todo [inteiro], todo o país. ～的に por todo o país, em nível nacional. 日本～で por todo o Japão. ～的な規模で em escala nacional.

せんごくじだい 戦国時代 Era (*f*) Sengoku (1467～1590).

ぜんごさく 善後策 medida (*f*) corretiva. ～を講じる tomar medidas corretivas.

せんこつ 仙骨 《解》 sacro (*m*).

センサー sensor (*m*). ～が危険を感知しなかった O sensor não detectou o perigo.

せんさい 繊細 ～さ delicadeza (*f*), fineza (*f*), fragilidade (*f*). ～な fino/na, delicado/da, frágil. ～な神経の持ち主である ter uma sensibilidade delicada.

せんさい 先妻 ex-esposa (*f*), esposa (*f*) anterior.

せんさい 戦災 danos (*mpl*) da guerra. ～に遭う sofrer os danos da guerra.

せんざい 洗剤 detergente (*m*). この～は汚れがよく落ちる Este detergente limpa bem. ♦ 合成洗剤 detergente sintético. 中性洗剤 detergente neutro.

せんざい 潜在 potencialidade (*f*), possibilidade (*f*), latência (*f*). ～する existir em estado latente, existir potencialmente. ～的な latente. ～的インフレ inflação (*f*) latente. ♦ 潜在意識 《心》 subconsciente (*m*). 潜在失業者 desempregados (*mpl*) não inscritos. 潜在性感染 《医》 infecção (*f*) latente.

ぜんさい 前菜 《料》 tira-gosto (*m*), salgadinhos (*mpl*), entrada (*f*).

ぜんざい 《料》 doce (*m*) de feijão com massa de arroz e açúcar.

せんさく 詮索 ～する inquirir, indagar, esquadrinhar, 《口語》 meter o nariz em. ～好きな人 pessoa (*f*) demasiado curiosa, intrometido/da.

せんさばんべつ 千差万別 grande variedade (*f*). 人の顔は～だ Os rostos humanos se diferenciam um do outro (numa infinita variedade)./Não há um rosto igual ao outro. これに関しては人それぞれ～のやり方がある Quanto a isto, cada um tem o seu modo de fazer./Quanto a isto, os modos de fazer variam de pessoa para pessoa.

せんざんこう 穿山甲 《動》 pangolim (*m*).

せんし 先史 pré-história (*f*). ♦ 先史時代 era (*f*) pré-histórica.

せんし 戦士 ❶ 〔いくさに出る兵士〕 soldado (*m*), guerreiro/ra. ♦ 無名戦士 soldado desconhecido. ❷ 〔社会運動などで先頭に立って活躍する人〕 aquele/la que luta por uma causa, defensor/ra, soldado. 自由の～ soldado da liberdade.

せんし 戦死 morte (*f*) na guerra; morte em campo de batalha. ～する morrer na guerra.

せんじ 戦時 tempo (*m*) de guerra. ～中に no tempo da guerra, durante a guerra.

ぜんし 全紙 ❶ 〔紙〕 o papel todo. ❷ 〔新聞の一面〕 página (*f*) inteira de um jornal. ❸ 〔全ての新聞〕 todos os jornais.

せんしつ 船室 camarote (*m*) de navio.

せんじつ 先日 outro dia. ～はどうもありがとうございました Muito obrigado/da por outro dia.

ぜんじつ 前日 o dia anterior. その事故の～に no dia anterior ao acidente.

せんしゃ 戦車 tanque (*m*) de guerra.

せんしゃ 洗車 lavagem (*f*) de carro. ～する lavar o carro.

ぜんしゃ 前者 o/a anterior; o/a primeiro/ra; aquele/la. 私は～よりも後者のほうが優れていると思います Eu acho que este/ta é melhor do que aquele/la./Eu acho que o que foi mostrado depois está melhor do que o primeiro. ⇨後者.

せんしゅ 選手 〔競技の〕 jogador/ra; 〔陸上競技の〕 atleta. ♦ 選手権大会 campeonato (*m*). 選手村 aldeia (*f*) olímpica dos atletas. ブラジル選手権 《サッカー》 Campeonato Brasileiro (de Futebol). 野球選手 jogador/ra de beisebol.

せんしゅ 船主 proprietário/ria de navio.

せんしゅ 船首 proa (*f*) de navio.

せんしゅ 腺腫 《医》 adenoma (*m*).

せんしゅう 先週 a semana (*f*) passada. ～の日曜日 no domingo da semana passada.

ぜんしゅう 全集 obras (fpl) completas.
ぜんしゅう 禅宗 seita (f) zen (do budismo).
せんじゅうみん 先住民 população (f) indígena, povo (m) nativo. 南米の〜 índio/dia.
せんしゅうらく 千秋楽 último dia (m) (de apresentação de sumô, peça teatral etc).
せんじゅつ 戦術 tática (f);〔戦略〕estratégia (f). 〜上の estratégico/ca, tático/ca. ♦ 戦術家 tático/ca.
ぜんじゅつ 前述 o já mencionado. 〜のとおり como acima [já] mencionado.
ぜんしょ 全書 obra (f) completa.
せんじょう 戦場 campo (m) de batalha.
せんじょう 洗浄 lavagem (f), irrigação (f). 〜する lavar, irrigar. ♦ 胃洗浄 lavagem gástrica. 腸洗浄器 clister (m).
ぜんしょう 全勝 〜する ganhar todas as partidas, ter uma vitória completa.
ぜんしょう 全焼 〜する queimar tudo (num incêndio). あの家は〜した Aquela casa virou cinzas.
せんしょくたい 染色体 〖生〗cromossomo (m). ♦ 染色体異常 aberração (f) dos cromossomos.
せんじる 煎じる extrair (as propriedades medicinais de uma erva) por cozimento. 茶を〜 ferver o chá.
せんしん 先進 avanço (m), desenvolvimento (m).
せんしん 専心 dedicação (f). ...に〜する dedicar-se a ... (de corpo e alma). 彼はこの研究に〜している Ele está dando tudo de si para esta pesquisa.
ぜんしん 全身 o corpo todo. 〜にやけどを負った Ficou com [Sofreu] queimaduras no corpo todo. ♦ 全身麻酔 anestesia (f) geral.
ぜんしん 前進 avanço (m), progresso (m). 〜する avançar, progredir. 一歩〜する dar um passo à frente.
せんしんこく 先進国 país (m) avançado.
せんす 扇子 leque (m).
センス senso (m), gosto (m), percepção (f). 彼女は〜が良い Ela tem bom gosto. ユーモアの〜がある ter senso de humor. ユーモアの〜がある人 pessoa (f) com bom senso de humor.
せんすい 潜水 submersão (f). 〜する mergulhar, submergir. ♦ 潜水艦 submarino (m). 潜水夫 mergulhador (m).
*****せんせい 先生** 〔学校の〕professor/ra [プロフェソール/ラ]; mestre/tra [メーストリ/トラ];〔教習所の〕instrutor/ra [インストルトール/ラ];〔医者〕doutor/ra [ドウトール/ラ].
せんせい 宣誓 juramento (m). 〜する jurar, fazer juramento. 試合の前に選手たちは〜をした Antes da competição os jogadores fizeram um juramento. ♦ 宣誓翻訳［通訳］人〖法〗tradutor/ra juramentado/da.

せんせい 専制 absolutismo (m), autocracia (f). ♦ 専制君主 monarca (m) absoluto.
ぜんせい 全盛 〜の em plena prosperidade. 彼は今が〜期です Agora ele está no auge da prosperidade.
せんせいこうげき 先制攻撃 敵に〜をする tomar a dianteira no ataque ao inimigo.
センセーショナル 〜な sensacional.
ぜんせかい 全世界 o mundo inteiro.
ぜんせきにん 全責任 toda a responsabilidade (f). 〜を負う assumir toda a responsabilidade.
ぜんせつ 前節 parágrafo (m) anterior.
ぜんせつ 前説 ❶〔前に述べた説〕opinião (f) exposta anteriormente. ❷〔前人の説〕teorias (fpl) já existentes.
せんせん 宣戦 declaração (f) de guerra. ...に〜を布告する declarar guerra a ....
せんせん- 先々- 〜月に há [faz] dois meses. 〜週は faz [há] duas semanas, quinze dias atrás. 彼は〜週からここで働いている Ele trabalha aqui há duas semanas. 彼は〜月(に)ここに来た Ele veio aqui há dois meses.
せんぜん 戦前 antes da guerra.
ぜんせん 前線 ❶〖気象〗frente (f). 関西地方に梅雨〜が停滞している A faixa de chuvas está parada na região de Kansai. ♦ 温暖前線 frente de ar quente. 寒冷前線 frente de ar frio. 梅雨前線 frente das chuvas. ❷〖軍事〗frente de batalha.
ぜんぜん 全然 ❶〔否定文で〕nada, absolutamente (não). この本は〜役に立たない Este livro não serve para nada. 市は水不足の問題を〜解決していない A prefeitura não resolveu o problema da falta de água, nem de longe. 私は社内のことは〜わかりません Eu não sei nada da organização interna da companhia. 「突然お伺いしてご迷惑だったでしょうか」「いいえ、〜」Será que foi incômodo eu vir aqui assim de repente? —Absolutamente./Será que eu atrapalhei você, vindo tão de repente? —Não, em absoluto. ❷〔まったく〕puramente, completamente, inteiramente, diametralmente. その話には〜論理性がない Essa história está completamente ilógica [não tem nem um pouco de lógica].
せんぞ 先祖 antepassado (m). 〜伝来の hereditário/ria, transmitido/da de geração a geração.
せんそう 戦争 guerra (f);〔戦闘〕batalha (f);〔敵対行為〕hostilidades (fpl);〔紛争〕conflito (m). 冷たい〜 guerra fria. 〜をする guerrear com ..., fazer guerra a [contra] .... 〜を開始する entrar em guerra com, travar guerra contra. 〜を中止する suspender as hostilidades. 〜の停止 suspensão (f) das hostilidades. ...と〜中である estar em guerra com .... 〜中に durante a guerra. 〜に勝つ(負ける) ganhar (perder) a guerra. 〜が勃

発した A guerra arrebentou. ◆戦争状態 estado (*m*) de guerra. 戦争犯罪 crime (*m*) de guerra. 戦争犯罪者 criminoso/sa de guerra. 核戦争 guerra nuclear. 受験戦争 competição (*f*) acirrada nos exames vestibulares. 侵略戦争 guerra de invasão.

せんそう 船倉 porão (*m*) de navio.

ぜんそうきょく 前奏曲 ❶ 〖音〗prelúdio (*m*). ❷〖ある事柄の前触れ〗prenúncio (*m*).

せんそく 船側 costado (*m*) de navio.

せんぞく 専属 exclusividade (*f*). チーム〜のプレーヤー jogador/ra exclusivo/va do time. ◆専属契約 contrato (*m*) de exclusividade.

ぜんそく 喘息 〖医〗asma (*f*). ◆喘息患者 asmático/ca.

ぜんそくりょく 全速力 máxima velocidade (*f*). 私は〜で走った Eu corri a toda a velocidade.

センター ❶ centro (*m*). ◆カルチャーセンター centro cultural. コミュニティーセンター centro comunitário. ❷〖スポーツ〗centro;〖野球〗〔中堅手〕jardineiro/ra central. ◆センターフォワード avançado-centro (*m*). センターライン linha (*f*) do centro.

せんたい 戦隊 armada (*f*), esquadra (*f*) (de navios de guerra).

せんたい 船隊 frota (*f*) de navios. ◆捕鯨船隊 frota de baleeiros.

せんたい 蘚苔 〖植〗musgo (*m*), briófita (*f*).

ぜんたい 全体 o todo, totalidade (*f*), conjunto (*m*). 〜の todo/da. 〜で no total, no conjunto, no geral. 〜として見ると visto de um modo geral. 〜として君の計画はそう悪くない No conjunto, o seu plano não está tão ruim. 町〜がにぎわっていた A cidade toda estava animada. ヨーロッパ〜に por [em] toda a Europa. ◆全体会議 assembleia (*f*) geral. 全体主義 totalitarismo (*m*). 全体主義国家 país (*m*) totalitário. 全体主義者 totalitarista.

ぜんだいみもん 前代未聞 〜の inaudito/ta, sem precedentes, jamais ouvido/da. それは〜の事件だ Esse é um caso sem precedentes.

せんたく 洗濯 lavagem (*f*) de roupa. 〜する lavar roupa. スカートを〜する lavar a saia. 服を〜屋に出す entregar a roupa suja para o tintureiro. 〜物を干す estender as roupas (no varal). 〜物を取り込む colher as roupas estendidas no varal. 〜物をたたむ dobrar as roupas lavadas e secas. ◆洗濯機 máquina (*f*) de lavar roupa. 洗濯ばさみ prendedor (*m*) de roupa. 洗濯物 roupa (*f*) para lavar. 洗濯屋〖店〗lavanderia (*f*);〔人〕lavadeira (*f*), tintureiro/ra.

せんたく 選択 seleção (*f*). 〜する selecionar, escolher. どちらを〜するかは君の自由だ Você é livre para escolher. ◆選択科目 matéria (*f*) optativa. 選択肢 opções (*fpl*).

せんだって outro dia (*m*). ⇨先日.

せんたん 先端 ❶ ponta (*f*), extremidade (*f*). 時代の〜を行く estar na vanguarda. 流行の〜を行く服 roupa (*f*) de última moda. ◆先端技術 tecnologia (*f*) de ponta. ❷ primeira linha (*f*).

せんだん 船団 frota (*f*) de navios. ◆輸送船団 frota de navios cargueiros.

せんち 戦地 campo (*m*) de batalha.

ぜんち 全治 cura (*f*) [recuperação (*f*)] completa. 〜する curar-se [sarar] completamente. 〜1か月の傷を負いました Eu levei um ferimento que requer um mês de tratamento.

ぜんち 前置 anteposição (*f*). 〜される ser anteposto/ta. ◆前置詞 〖文法〗preposição (*f*). 前置詞句 locução (*f*) prepositiva. 前置胎盤 〖医〗placenta (*f*) prévia.

センチ（メートル） centímetro (*m*).

センチメンタル 〜な sentimental, sensível, emotivo/va.

せんちゃ 煎茶 chá (*m*) verde japonês (de qualidade média).

せんちゃく 先着 que chega primeiro, que chega antes dos outros. 〜順にお並びください Ponham-se em fila por ordem de chegada. 〜100名様に記念品を差し上げます Ofereceremos um brinde aos primeiros cem fregueses (que vierem à nossa loja nesse dia).

せんちょう 船長 capitão (*m*) de navio.

ぜんちょう 全長 comprimento (*m*) total. このトンネルは〜3キロである O comprimento total deste túnel é de três quilômetros.

ぜんちょう 前兆 presságio (*m*).

せんて 先手 antecipação (*f*), iniciativa (*f*). 〜を打つ antecipar-se, tomar a dianteira.

せんてい 剪定 poda (*f*), corte (*m*) da extremidade dos galhos. 〜する podar, cortar a extremidade dos galhos. ◆剪定ばさみ tesoura (*f*) de poda.

ぜんてい 前庭 〖解〗vestíbulo (*m*) (do ouvido).

ぜんてい 前提 ❶〖哲〗pressuposto (*m*), premissa (*f*). 三段論法の大〜と小〜 premissa maior e premissa menor do silogismo. 文化的な〜 pressupostos culturais. ❷ condição (*f*). 結婚を〜としてお付き合いしたいと思います Gostaria de namorar com você, tendo em vista o casamento. ◆前提条件 condição prévia.

せんてつ 銑鉄 〖鉱物〗ferro (*m*) gusa.

せんてん 先天 congenialidade (*f*). 〜的 de nascença, inato/ta, congênito/ta. 彼の病気は後天的ではなく〜的 A doença dele não é adquirida, de nascença, é〜性 do congênito/ta. ◆先天性 congenialidade (*f*). 先天性奇形 anomalia (*f*) congênita.

せんでん 宣伝 propaganda (*f*), publicidade (*f*), comercial (*m*). …の〜をする fazer pro-

せんど 鮮度 frescor (m). ~の高い魚 peixe (m) bastante fresco. ~が落ちる perder o frescor. ~を保つ conservar o frescor.

ぜんと 前途 futuro (m), perspectiva (f). ~有望である ser de futuro, ter futuro. 我が社の~は極めて明るい A nossa companhia promete (um futuro brilhante).

ぜんど 全土 todo o território (m). それは日本~に蔓延(まんえん)した Isso se espalhou por todo o território japonês [Japão]. それは日本~にある Isso existe [temos] no Japão todo.

せんとう 先頭 cabeça (f). …の~に立つ ser o cabeça de …, ser o/a líder de …, liderar.

せんとう 戦闘 combate (m), batalha (f), luta (f). ~を開始する começar [travar] um combate. 二つの国が~を交えた Os dois países travaram combate. 敵と~を交わす batalhar com o inimigo. ~を中止する suspender o combate. ~態勢にある estar preparado/da para o ataque. ♦戦闘員 combatente. 戦闘機 avião (m) de caça.

せんとう 銭湯 banho (m) público (estilo japonês).

せんどう 扇動 agitação (f), instigação (f). ~する agitar, instigar, estimular. 暴動を~する instigar o povo a amotinar-se, provocar um motim [uma insurreição].

せんどう 船頭 barqueiro/ra.

ぜんとう 前頭 〖解〗sincipúcio (m), parte (f) anterior e superior da cabeça. ♦前頭葉 lobo (m) frontal do cérebro.

ぜんどう 蠕動 〖生〗movimento (m) peristáltico. ~する movimentar-se como um verme.

セントクリストファー・ネイビス São Cristóvão e Névis.

セントビンセントおよびグレナディーンしょとう セントビンセント及びグレナディーン諸島 São Vincente e Granadinas.

セントラル ♦セントラルヒーティング aquecimento (m) central. セントラルリーグ 〖野球〗Liga (f) Central.

セントルシア Santa Lucia (f).

ぜんにちせい 全日制 sistema (m) de educação com tempo integral.

せんにゅうかん 先入観 preconceito (m), ideia (f) pré-concebida. …に対して~を持つ ter um preconceito em relação a …. ~にとらわれる deixar-se levar por um preconceito. ~を捨てる livrar-se de preconceitos.

せんにん 専任 trabalho (m) a tempo integral. ♦専任講師 professor/ra efetivo/va.

せんにん 選任 escolha (f), nomeação (f) (de uma pessoa para realizar uma função). ~する nomear, escolher, eleger. ~上の過失 〖法〗culpa (f) *in eligendo* (devida à escolha de funcionário incapaz).

せんにん 仙人 eremita que vive nas montanhas.

ぜんにん 善人 boa pessoa (f). ~ぶる fazer o papel de bom/boa menino/na, fazer-se de bonzinho.

ぜんにんしゃ 前任者 antecessor/ra.

せんぬき 栓抜き 〔コルクの〕saca-rolhas (m); 〔ビール瓶などの〕abridor (m) de garrafas. ⇨ 栓.

せんねん 専念 dedicação (f), concentração (f). …に~する dedicar-se a …, entregar-se a ….

ぜんねん 前年 ano (m) anterior. ~比で comparativamente ao ano anterior, com relação ao ano passado. 今年の10万人当たりの殺人率は~に比べて1%減った A taxa de homicídios por 100 mil habitantes este ano diminuiu em 1% [um por cento] em relação ao ano passado [anterior]. ~同月比 comparativamente [em comparação] ao mesmo mês do ano anterior.

せんのう 洗脳 lavagem (f) cerebral. ~する fazer uma lavagem cerebral. 彼は~されてしまったようだ Parece que fizeram uma lavagem cerebral nele.

ぜんのう 全能 onipotência (f). ~の todo-poderoso/sa.

ぜんのう 前納 pagamento (m) adiantado. ~する pagar adiantado.

ぜんのう 前脳 〖解〗cérebro (m) anterior.

せんばい 専売 monopólio (m) (a exploração). ~にする monopolizar. ♦専売権 monopólio (o direito).

せんぱい 先輩 veterano/na (o/a mais antigo/ga na casa ou na escola). 彼は大学で一年~だった Ele estava um ano à minha frente na faculdade. その道では私のほうが彼女より~だ Nesse campo sou mais antigo/ga que ela.

せんぱく 船舶 navio (m), embarcação (f). ♦船舶会社 companhia (f) de navegação.

せんばつ 選抜 seleção (f). ~する selecionar. ♦選抜試験 exame (m) de seleção. 選抜チーム time (m) selecionado.

せんぱつ 先発 partida (f) anterior. ~の 1)〔前に出発した〕avançado/da, adiantado/da. ~のバス ônibus (m) que partiu [que vai partir] antes de um outro. 2)〔前に生産された〕produzido/da anteriormente.

せんばん 旋盤 torno (m). ~にかける tornear. ♦旋盤工 torneiro/ra.

せんぱん 戦犯 ❶〔罪〕crime (m) de guerra. ❷〔人〕criminoso/sa de guerra.

ぜんはん 前半 ❶ a primeira parte (f), a primeira metade (f). この小説の~はおもしろい A primeira metade deste romance é interessante. ❷〖スポーツ〗o primeiro tempo (m).

ぜんぱん 全般 ~的な geral, global. ~的に em geral, geralmente. ~的に言うと falando de modo geral.

せんび 船尾　popa (f), traseira (f) da embarcação.

*__せんぶ__ 全部　tudo (m) [トゥード]. ～で ao todo, no total. 君に～任せる Deixo tudo por sua conta. 彼はワイン1本を～飲んでしまった Ele acabou bebendo toda a garrafa do vinho. 費用は～で5万円かかります O total da despesa será de cinquenta mil ienes. 彼女は～で3千円持っていた Ela tinha três mil ienes no total. ～でいくらですか Quanto custa ao todo?/Quanto sai tudo?

ぜんぶ 前部　parte (f) dianteira.

せんぷう 旋風　redemoinho (m), ciclone (m), furacão (m).

せんぷうき 扇風機　ventilador (m).

せんぷく 潜伏　❶〘医〙incubação (f). ～している estar incubado/da. ♦潜伏期間 período (m) de incubação. ❷〔犯罪者が〕～する esconder-se. 犯人は～中だ O/A criminoso/sa está foragido.

せんぷく 船腹　❶〔船の胴〕casco (m)〔porão (m)〕de navio. ❷〔積載量〕capacidade (f) de carga de navio.

ぜんぶん 全文　texto (m) integral, todo o texto.

ぜんぶん 前文　❶〔前に書いた文章〕frase (f) anterior. ～のとおり como acima referido, como dito anteriormente. ❷〘法〙preâmbulo (m). 憲法の～ preâmbulo da constituição.

せんべい 煎餅　〘料〙biscoito (m) de farinha de arroz.

せんべつ 選別　escolha (f), seleção (f). ～する escolher, selecionar.

せんべつ 餞別　presente (m) de despedida《em geral, em dinheiro》.

せんぽう 先方　a outra parte (f), as pessoas (fpl) com quem se vai fazer algo. ～のスケジュールを聞く perguntar sobre o cronograma da outra parte.

ぜんぼう 全貌　visão (f) de conjunto. 事件の～を明らかにする esclarecer todos os aspectos do caso.

ぜんぽう 前方　parte (f) dianteira, frente (f). ～の que está na frente, anterior. 50メートル～に a cinquenta metros à frente. ～を見て運転してください Guie o carro olhando para a frente. ～不注意 descuido (m) na observação da parte dianteira. ～に注意《掲示》Atenção à sua Frente!

せんぼつ 戦没　morte (f) em campo de batalha. ～する morrer em guerra. ♦戦没者 morto/ta em guerra.

ぜんまい　corda (f)《de mecanismos》. ～を巻く dar corda.

せんまん 千万　dez milhões. この家は6～円です Esta casa custa sessenta milhões de ienes.

せんむ 専務　superintendência (f). ♦専務取締役 diretor/ra superintendente [executivo/va].

せんめい 鮮明　～な nítido/da, claro/ra. ～に nitidamente, claramente. この印刷は～ですね Esta impressão está bem nítida, não?

ぜんめつ 全滅　aniquilamento (m), extermínio (m), destruição (f) total. ～する aniquilar-se, ser completamente destruído/da. ～させる aniquilar, exterminar, destruir totalmente.

せんめん 洗面　lavagem (f) do rosto. ♦洗面器 bacia (f) para lavar o rosto. 洗面所 lavatório (m), lavabo (m); banheiro (m), toalete (m). 洗面道具 *nécessaire* (f) [ネセセール]《com produtos para higiene facial e bucal》.

ぜんめん 全面　toda a superfície (f). ～の total, inteiro/ra. ～的に totalmente, inteiramente. 彼を～的に支持する Eu o apoio totalmente. ♦全面軍縮 desarmamento (m) total. 全面広告 propaganda (f) que ocupa uma página inteira《em jornais e revistas》.

ぜんめん 前面　❶dianteira (f), frente (f). ❷〔建物の〕fachada (f). ❸〔前景〕primeiro plano (m). 問題を～に打ち出す colocar um problema em primeiro plano. ～の que está adiante de …, na frente de …. バイオエネルギー問題が国際経済の～に押し出されてきた O problema da bioenergia passou a ser de interesse primordial na economia internacional.

せんもう 譫妄　〘医〙delírio (m).

*__せんもん__ 専門　especialidade (f) [エスペスィアリダーヂ]. ～を～にする especializar-se em …. ～家の意見を聞く consultar um profissional. 私の～分野は19世紀の文学です A minha área de concentração [especialização] é a literatura do século XIX [dezenove]. 彼は中世の歴史が～です Ele se especializou [Ele é um especialista] em história medieval. 国際法～の法律学者 jurista especializado/da em Direito Internacional. それは私の～外です Isso não é [está fora] da minha especialidade.《失礼ですが》ご～は何でしょうか Será que eu poderia saber em que o/a senhor/ra se especializou? 先生のご～は電子工学ですか O senhor é especialista em engenharia eletrônica? 私の会社はカメラのレンズを～に作っています A minha companhia é especialista na fabricação de lentes de câmera. うちは輸入～なので輸出は一切しておりません A nossa companhia só importa e não exporta nada.《口語》あの人は外food～なんだから Aquela lá não cozinha. Só come fora! ♦専門医 médico/ca especialista. 専門家 profissional, especialista. 専門学校 escola (f) técnica. 釣り道具専門店 loja (f) especializada em artigos de pesca.

せんもん 泉門　〘解〙moleira (f), fontanela (f).

ぜんや 前夜　véspera (f). ♦前夜祭 festa (f)

da véspera.

せんやく 先約 compromisso (*m*) anterior. ～がある ter um compromisso anterior. ～があるのでその日はパーティーに行けませんが... Não posso ir à festa nesse dia, que eu já tenho um compromisso.

せんゆう 占有 ocupação (*f*), posse (*f*). ～回収の訴え ação (*f*) de reintegração de posse. 土地の～ ocupação do terreno. ～する ocupar, tomar posse de. ♦ 占有権 direito (*m*) de posse. 『法』不法占有 posse ilegítima, invasão (*f*).

せんよう 専用 …の reservado/da para …, de uso exclusivo de …. 職員～入り口《掲示》Entrada Exclusiva de Funcionários. ♦ 専用機 avião (*m*) particular.

ぜんら 全裸 nudez (*f*) completa. ～になる ficar completamente nu/nua.

せんりつ 旋律 melodia (*f*).

ぜんりつせん 前立腺 『解』próstata (*f*). ♦ 前立腺炎 prostatite (*f*), inflamação (*f*) da próstata. 前立腺肥大 hipertrofia (*f*) da próstata.

せんりゃく 戦略 estratégia (*f*). ～的な estratégico/ca. ～的要所 ponto (*m*) importante sob o ponto de vista estratégico. ～上 estrategicamente (falando). ～上の理由で por motivos estratégicos. ～を立てる criar 〖口語〗bolar〗 uma estratégia. ♦ 戦略家 estrategista.

ぜんりゃく 前略 ❶ 〔手紙などで〕entrando diretamente no assunto, sem os devidos cumprimentos protocolares .... (abreviação da introdução habitual de uma carta japonesa, onde se fala de clima etc). ❷ 〔引用文で〕omissão (*f*) da parte anterior (da citação).

せんりゅう 川柳 〖文学〗verso (*m*) humorístico de dezessete sílabas.

せんりょう 占領 ocupação (*f*), possessão (*f*). ～する ocupar, conquistar. …の～下にある estar sob a ocupação de …. 要塞(ようさい)の～ tomada (*f*) de um forte. 広いスペースを一人で～する ocupar sozinho/nha um largo espaço, ter um grande espaço só para si. ♦ 占領軍 exército (*m*) de ocupação.

せんりょう 染料 tintura (*f*), corante (*m*), colorante (*m*).

ぜんりょう 善良 ～な bom/boa, de boa fé.

ぜんりょうせい 全寮制 regime (*m*) de internato completo.

せんりょく 戦力 potência (*f*) 〔força (*f*), poder (*m*)〕 militar. ～を増強する reforçar a força militar. 即～ 〖軍事〗poder de ataque imediato; 〖経〗poder de ação imediata.

ぜんりょく 全力 ～を尽くします Vou fazer todo o possível 〔tudo o que puder〕./Vou dar o máximo (nisto aqui). ～をあげて com todas as forças.

ぜんりん 前輪 roda (*f*) dianteira. ♦ 前輪駆動 tração (*f*) dianteira.

ぜんりん 善隣 boa vizinhança (*f*). ～外交を保つ manter uma política exterior da boa vizinhança.

せんれい 先例 precedente (*m*). ～のない sem precedentes. ～がない não ter precedentes. ～を作ってしまう acabar abrindo precedentes. ～を作るのはまずい Não é bom abrir precedentes.

せんれい 洗礼 batismo (*m*). ～を施す batizar. ～を受ける ser batizado/da. ♦ 洗礼名 nome (*m*) de batismo.

ぜんれい 前例 ❶ precedente (*m*). ～を根拠にする apoiar-se num precedente. それは～のないことだ Isso é um caso sem precedentes. それで～を作ることになるから慎重にやりましょう Vamos agir com cautela, pois 〔ou então〕 acabaremos abrindo precedentes com isso. ❷ 〔前にあげた例〕exemplo (*m*) anterior.

ぜんれき 前歴 antecedentes (*mpl*). 窃盗(せっとう)の～がある ter ficha na polícia por roubo.

ぜんれつ 前列 primeira fila (*f*). ～左から3番目 o/a terceiro/ra da primeira fila contando da esquerda para a direita.

せんれん 洗練 refinamento (*m*). ～された refinado/da, fino/na. ～された作品 obra (*f*) de fino acabamento.

せんろ 線路 ferrovia (*f*), trilho (*m*). ～内に入らないでください Por favor, não desça à via./Favor não descer à via.

ぜんわん 前腕 〖解〗antebraço (*m*).

そ

そ 祖 ❶ ancestrais (*mpl*). ❷ 〔創始者〕 fundador/ra, pai (*m*).

ソ 〔音〕 sol (*m*), nota (*f*) sol.

そあく 粗悪 má qualidade (*f*). 〜な de má qualidade. ♦粗悪品 artigo (*m*) de qualidade inferior.

そいね 添い寝 〜する dormir ao lado (do bebê etc).

***そう** sim [スィン]; assim [アスィーン].「私は〜思いますが」「〜ですか」Eu penso assim. — Ah! sim? 〜ではない Não é assim. 〜とは限らない não (é) necessariamente (assim). 〜しましょう Vamos fazer assim. 〜だと思います Creio [Acho] que sim. 〜ですね... Pois é ....「私は約束に遅れてくるのは嫌いです」「私も〜です」Não gosto de chegar atrasado. — Eu também (não gosto).

そう 沿う ❶ margear, ir ao longo de. 皇居の外堀に沿って行く ir ao longo do fosso externo do Palácio Imperial. 島の沿岸に沿って航行する costear a ilha num [de] navio. ❷ 〔方針などに従う〕estar de acordo com. 民主主義に沿った考え方 modo (*m*) de pensar que está de acordo com a democracia.

そう 僧 bonzo (*m*) 《sacerdote budista》.

そう 層 〔地〕estrato (*m*), camada (*f*); 〔階級〕classe (*f*), categoria (*f*). 貧しい〜 classe (*f*) pobre. ♦オゾン層 ozonosfera (*f*), camada (*f*) de ozônio.

そう- 総- ❶ 〔全部の〕geral, amplo/pla, total, global. 内閣の〜辞職 demissão (*f*) geral do gabinete. 〜額 importância [soma] global. 〜工費 despesa (*f*) geral das obras de construção. 〜人口 população (*f*) total. 〜選挙 eleições (*fpl*) gerais. ❷ 〔総計の〕integral, bruto/ta. 〜売上高 receita (*f*) bruta. 〜収入 renda (*f*) bruta. 〜重量 peso (*m*) bruto. 〜投資 investimento (*m*) bruto. 〜利益 lucro (*m*) bruto. ❸ 〔共同の〕coletivo/va. 〜有 posse (*f*) coletiva.

ぞう 像 imagem (*f*); estátua (*f*).

ぞう 象 〔動〕elefante/ta.

そうあん 草案 minuta (*f*), rascunho (*m*), esboço (*m*). 契約の〜を作成する redigir a minuta do contrato.

そうい 相違 diferença (*f*); 〔まちまちなこと〕divergência (*f*); 〔不一致〕discrepância (*f*); discordância (*f*). 〜する diferir [ser diferente, divergir, discrepar] de. その点については二人の間には意見の〜はなかった Quanto a esse ponto, não houve divergência de opiniões entre os dois. それは原文と〜している Isso está diferente do texto original. 右 [上記] のとおり〜ありません Afirmo que o que precede está conforme a verdade.

そうい 創意 originalidade (*f*), criatividade (*f*), engenho (*m*). 〜に富んだ作品 uma obra original [engenhosa]. 〜工夫がある ter originalidade [criatividade], ser criativo/va, ter ⌊capacidade de invenção [engenhosidade].

そういう tal, assim, esse/essa. 〜行動は良くない Tal procedimento não é bom./Não é recomendável que você proceda [se porte] dessa maneira. 〜のが彼の意見でした Tal era ⌊o seu parecer [a sua opinião]. 〜場合には nesse caso, em tais casos. 〜ふうに dessa maneira, assim, desse modo. 〜ふうにうまくいくといいですけどね Bom seria que as coisas saíssem tão bem assim, não é mesmo? 〜訳で por essa razão, por isso, portanto. 〜ことならいたしかたがない Se é assim, não há outro remédio./Nesse caso, não há senão aceitar a situação como está. では〜ことにしましょう Então, vamos ficar assim. 〜話は聞いてない Ainda não me contaram sobre isso.

ぞういん 増員 aumento (*m*) de pessoal. 〜する aumentar o pessoal. 警察官を2千人〜する Vão aumentar dois mil policiais. 〜される教育機関は小学校と中学校だ As instituições de ensino que vão ter o seu quadro de pessoal aumentado são as escolas primárias e o ginásio.

そううつびょう 躁鬱病 〔心〕ciclotimia (*f*), psicose (*f*) maníaco-depressiva. 〜の人 ciclotímico/ca, indivíduo (*m*) que apresenta alternâncias de excitação e depressão. 〜である sofrer de ciclotimia [transtorno (*m*) bipolar], apresentar alternâncias de excitação e depressão, ser ciclotímico/ca.

ぞうえいざい 造影剤 〔医〕meio (*m*) de contraste.

ぞうえん 造園 arte (*f*) da jardinagem. 〜する jardinar, tratar de [cultivar] um jardim. ♦造園家 arquiteto/ta paisagista, jardinista; jardineiro/ra.

ぞうお 憎悪 ódio (*m*), rancor (*m*), repugnância (*f*). 〜する odiar, detestar. …に対して〜の念を抱いている ter ódio de ….

そうおう 相応 adequação (*f*). 彼は努力したのでそれ〜の成果を期待している Como ele se esforçou, espera a sua devida recompensa. 年〜の着こなし modo (*m*) de se vestir adequado à idade. 彼女は年〜に見える Ela aparenta ter a idade que tem.

そうおん 騒音 barulho(m), ruído(m). バイクの～がひどい O barulho das motos está infernal! ◆騒音公害 poluição(f) sonora. 騒音防止条例 regulamento(m) contra ruídos [a poluição sonora]. 騒音防止措置 medida(f) preventiva contra ruídos. 騒音レベル nível(m) de ruído.

ぞうか 増加 aumento(m), crescimento(m). ～する aumentar, crescer. 今年の売り上げは昨年よりも5％～した As vendas deste ano aumentaram em 5% [cinco por cento] comparativamente ao ano passado. この機械は輸出が～している Está aumentando a exportação dessas máquinas. ◆増加率 taxa(f) de aumento.

ぞうか 造花 flor(f) artificial.

そうかい 爽快 ～な refrescante, fresco/ca. ～さ frescura(f), frescor(m). この森林は～な気分にしてくれる Esta floresta é refrescante [reconfortante]. 気分が～だ Estou me sentindo bem [reconfortado/da].

そうかい 総会 assembleia(f) geral. …を～にかける submeter … ao plenário. ◆総会屋 acionista possuidor de poucas ações que, sabendo de algum segredo da companhia, ameaça revelá-lo na assembleia dos acionistas, caso não tenha alguma compensação. 株主総会 junta(f) geral de acionistas.

そうがく 総額 soma(f) total, importância(f) total, o total. ～…になる A soma total fica em …. この損失は～で5千万円を超しますか Será que este prejuízo vai ultrapassar o total de cinquenta milhões de ienes?

ぞうがく 増額 aumento(m) de soma [montante]. ～する aumentar, subir. 賃金の15％～を要求する exigir um aumento de 15% [quinze por cento] no salário. 賃金を17万円に～する subir o salário para cento e setenta mil ienes. 子供の小遣いを2千円だけ～する aumentar a mesada da criança em apenas dois mil ienes.

そうかん 創刊 lançamento《de uma revista》. ◆創刊号 primeiro número(m).

そうかん 相関 inter-relação(f), relação(f) mútua, correlação(f). ～的な correlativo/va. 環境と人々の性格の～関係 inter-relação entre o meio-ambiente e o temperamento das pessoas. AはBと～関係にある A está em correlação com B. ◆相関係数〖数〗coeficiente(m) de correlação.

そうかん 送還 repatriação(f). ～する deportar. ◆強制送還 deportação forçada.

そうがんきょう 双眼鏡 binóculo(m).

ぞうかんごう 増刊号 número(m) especial《de revista》. ◆秋季増刊号 número suplementar de outono.

そうき 早期 fase(f) inicial, começo(m). C型肝炎の～発見の重要性について話しています Estamos falando na importância do diagnóstico precoce da hepatite C. ◆早期発見 diagnóstico(m) precoce.

そうぎ 争議 conflito(m), disputa(f). ◆労働争議 disputa trabalhista.

そうぎ 葬儀 funeral(m), enterro(m), pompas(fpl) fúnebres. ～に参列する participar de um enterro. ～を執り行う realizar a cerimônia fúnebre. ～は10日午後3時に執り行います Os funerais terão lugar no dia dez às três horas da tarde. ◆葬儀場 velório(m), local(m) para cerimônias fúnebres. 葬儀屋 agente funerário, casa(f) funerária.

ぞうき 臓器 〖解〗órgão(m). ◆臓器移植 transplante(m) de órgãos. 臓器提供 doação(f) de órgãos. 臓器提供者 doador/ra de órgãos.

ぞうきばやし 雑木林 pequena floresta(f).

そうきゅう 早急 ～に imediatamente, depressa, com urgência.

そうぎょう 創業 fundação(f). ～する fundar.

そうぎょう 操業 funcionamento(m). ～を停止する parar [deixar] de funcionar. ～を開始する começar a funcionar.

そうきん 送金 remessa(f) [envio(m)] de dinheiro [valores]. ～する remeter valores. 小切手で10万円～する remeter cem mil ienes em cheque. …に～する enviar dinheiro a …. ◆送金受取人 destinatário/ria da remessa de dinheiro. 送金者 remetente do dinheiro. 外国送金 remessa de dinheiro para o exterior. 郵便送金為替 transferência(f) postal.

ぞうきん 雑巾 trapo(m), pano(m) de chão.

そうぐう 遭遇 encontro(m) inesperado [fortuito]. 敵に～する encontrar-se inesperadamente com o inimigo. 台風に～する ser surpreendido/da por um tufão.

ぞうげ 象牙 marfim(m). ◆象牙細工 artefato(m) em [de] marfim. 象牙質〖解〗dentina(f).

そうけい 総計 total(m), soma(f). ⇨合計.

そうげい 送迎 ～する levar e trazer. 学校の～バス van(m) de levar as crianças à escola e trazê-las de volta.

ぞうけいびじゅつ 造形美術 artes(fpl) plásticas.

ぞうけつざい 増血剤 medicamento(m) hematopoético.

そうけん 送検 envio(m)《de documentos》para julgamento. ～する enviar《documentos》à justiça. その会社の社長を書類～した Enviaram-se documentos à justiça para abrir um processo contra o presidente da companhia.

そうげん 草原 〔南米〕pampa(f);〔ロシア〕estepe(f). ◆熱帯草原 savana(f).

ぞうげん 増減 aumento(m) e diminuição(f). ～する aumentar e diminuir. 私の収入

そうこ 倉庫 depósito (m), armazém (m). ～に入れる armazenar, colocar no depósito.

そうご 相互 ～の mútuo/tua, recíproco/ca. ⇨互い.

ぞうご 造語 palavra (f) inventada. ♦新造語 neologismo (m).

そうごう uma coisa e outra, isso e mais aquilo. ～するうちに雪が降ってきてしまった Enquanto se fazia isso e mais aquilo, começou a nevar.

そうこう 草稿 rascunho (m), esboço (m).

*そうごう 総合 síntese (f) [スィンテシィ]. ～する sintetizar. ～的な sintético/ca, geral, global. この問題は～的に判断してください Julgue este problema de uma maneira global. ♦総合開発 desenvolvimento (m) total e equilibrado. 総合学習 estudos (mpl) gerais. 総合雑誌 revista (f) ⌊de interesse geral [não especializada]. 総合病院 hospital (m) de clínica geral.

そうこうかい 壮行会 festa (f) de despedida para encorajar (alguém que está de partida para alguma atividade).

そうこうきょり 走行距離 quilometragem (f) (do carro). ♦走行距離計 indicador (m) de quilometragem.

そうごん 荘厳 solenidade (f), grandiosidade (f). ～な sublime, majestoso/sa. ～な儀式 cerimônia (f) pomposa.

そうさ 捜査 investigação (f) criminal; busca (f). …を～する investigar, fazer uma investigação de …; dar [fazer] uma busca a …. ～網を張る montar uma rede de investigação. ～を開始する começar a investigação. ～を打ち steam parar de investigar. …の公平を図る assegurar a imparcialidade da investigação. ♦捜査員 investigador/ra, detetive. 捜査機関 órgão (m) de investigação. 捜査記録 registro (m) de investigação. 捜査差し押さえ busca e apreensão (f), revista (f) e confisco (m). 捜査差押許可状 mandato (m) [alvará (m)] de busca e apreensão. 捜査本部 centro (m) de investigações. 捜査(令)状 mandato de busca. 家宅捜査 investigação domiciliar.

そうさ 操作 operação (f), manobra (f). ～する operar, manejar. この機械は～が簡単だ Esta máquina é fácil de manejar.

そうさい 相殺 compensação (f). ～する compensar, equilibrar, descontar. 私は彼と貸し借りを～した Liquidamos, eu e ele, o crédito e a dívida que tínhamos. ♦相殺勘定 conta (f) de compensação.

そうさい 総裁 presidente (m). ♦副総裁 vice-presidente.

そうさく 創作 invenção (f), criação (f). ～する inventar, criar.

そうさく 捜索 investigação (f), busca (f), procura (f). …を～する investigar, fazer uma investigação de …. ～を開始する abrir uma investigação. ～願いを出す [品物の場合] pedir à polícia para averiguar um caso; [行方不明の人の] pedir à polícia para buscar um desaparecido. ♦捜索状 mandato (m) de busca. 捜索隊 equipe (f) de investigação. 家宅捜索 busca (f) domiciliar. ⇨捜査.

ぞうさつ 増刷 reimpressão (f), nova tiragem (f) [impressão (f)]. ～する reimprimir. …を2000部～する reimprimir dois mil exemplares de ….

そうざん 早産 parto (m) prematuro. ～で生まれる nascer ⌊prematuramente [antes do termo normal da gestação]. ～する [母親が主語] ter um parto prematuro. ♦早産児 (bebê (m)) recém-nascido prematuro.

ぞうさん 増産 aumento (m) de produção. …を～する aumentar a produção de ….

そうじ 掃除 limpeza (f); [大掃除] faxina (f). ～する limpar, [掃く] varrer. 大～をする fazer a faxina. 年末には毎年大～をやります Nós sempre fazemos uma faxina geral no fim do ano. ここに～をかけてください Passe (um) aspirador aqui, sim? ♦掃除機 aspirador (m) de pó. 掃除道具 utensílios (mpl) de limpeza. 掃除人 limpador/ra, varredor/ra, faxineiro/ra.

そうじ 相似 【数】semelhança (f), analogia (f). ～の semelhante, análogo/ga. 三角形 ABC と三角形 DEF は～関係にあることを証明せよ Comprove que os triângulos ABC e DEF têm relação de semelhança.

ぞうし 増資 aumento (m) de capital, capitalização (f). ～する aumentar o capital, capitalizar.

そうしき 葬式 enterro (m), funeral (m). 私たちはきのう彼の～に参列しました Ontem nós fomos ao enterro dele. ⇨葬儀.

そうしつ 喪失 perda (f), privação (f). ～する perder, ser privado/da de. 記憶を～する perder a memória. 財産の～ privação de bens. ♦記憶喪失 perda da memória, amnésia (f). 自信喪失 crise (f) de autoconfiança.

そうじて 総じて em geral, geralmente. ～言えば falando em geral.

そうしゃ 奏者 executante (de um instrumento musical). ♦フルート奏者 flautista.

そうじゅう 操縦 direção (f); [飛行機など] pilotagem (f); [船など] navegação (f), pilotagem; [機械など] manobra (f). ～する dirigir, manobrar, manejar; pilotar, navegar. 人をうまく～する《比》saber controlar [levar] as pessoas. ♦操縦士 piloto (m), navegador/ra. 副操縦士 copiloto (m).

そうしゅうにゅう 総収入 renda (f) bruta.

ぞうしゅうわい 贈収賄 corrupção (f), ato (m) do/da subornador/ra e do/da subornado/da.

そうじゅく 早熟 precocidade (f). ～な precoce, prematuro/ra.

そうしゅん 早春 começo (m) da primavera.

ぞうしょ 蔵書 coleção (f) de livros. 彼には2万冊の～がある Ele tem [possui] uma biblioteca particular de vinte mil livros. ♦蔵書目録 catálogo (m) da biblioteca.

そうじょう 相乗 〖数〗multiplicação (f). ♦相乗平均 média (f) geométrica.

そうしょく 草食 ～の herbívoro/ra. ♦草食動物 animal (m) herbívoro.

そうしょく 装飾 decoração (f), ornamentação (f). ～的 decorativo/va, ornamental. ～する decorar, ornar. ♦装飾音 〖音〗ornamento (m). 装飾業者 decorador/ra de interiores. 装飾美術 arte (f) decorativa. 装飾品 ornamento (m). 室内装飾 decoração de interiores.

ぞうしょく 増殖 〖生〗proliferação (f). ～する proliferar-se. 癌(がん)細胞は～してしまった O câncer proliferou-se.

そうしん 送信 ❶ transmissão (f), emissão (f). ♦送信アンテナ antena (f) transmissora. 送信機 transmissor (m), emissor (m). ❷ envio (m). Eメールの～ envio de e-mail. ～する transmitir, emitir; enviar. Eメールを～する enviar um e-mail. ～済みEメール e-mail já enviado. ♦ (Eメール)送信箱 caixa (f) de e-mails enviados [saída].

ぞうしん 増進 aumento (m), fortalecimento (m). ～する aumentar, fortalecer. 能率を～する melhorar o rendimento. 食欲を～する estimular o apetite. 会社の生産能力を～させる aumentar [elevar] a capacidade de produção da companhia.

そうしんぐ 装身具 〔アクセサリー〕bijuteria (f);〔宝石〕joia (f).

ぞうすい 増水 enchente (f) (de um rio etc). ～する encher. 大雨で川が～している O rio está enchendo por causa da chuva forte. 川が～してその岸辺の家は洪水になった O rio encheu e inundou as casas à sua margem. ♦増水期 época (f) [temporada (f)] de enchentes.

ぞうすい 雑炊 〖料〗sopa (f) grossa de arroz e legumes.

そうすう 総数 soma (f), total (m) em números. 参加者の～は3千人だった O total dos participantes foi de três mil pessoas.

ぞうぜい 増税 aumento (m) de imposto. ～する aumentar [elevar] o imposto.

そうせつ 創設 fundação (f), instituição (f). ～する fundar, instituir.

ぞうせつ 増設 aumento (m) das instalações ou serviços. 機械を～する instalar mais máquinas, aumentar máquinas. コンピューターのメモリを～する aumentar a capacidade de memória do computador. 学部を～する construir uma nova faculdade (dentro da universidade).

ぞうせん 造船 construção (f) naval. ♦造船技師 engenheiro/ra naval. 造船業 construção naval. 造船所 estaleiro (m).

そうせんきょ 総選挙 eleição (f) geral.

そうそう ❶〔そんなに〕repetidamente, sempre. ～だまされはしませんよ Não serei enganado/da tantas vezes e tão facilmente. 物事は～うまくいくものではない Nem sempre as coisas vão tão bem como se espera. ❷〔思い出して〕Ah! sim! ～, そうでしたね É mesmo!/Agora me lembro, era assim mesmo, sim. ❸〔ところで〕a propósito, já ia (me) esquecendo. あ, ～, 明日のことを決めなければ... A propósito, temos que decidir sobre amanhã ....

そうそう 早々 〔始まりに〕no começo;〔直後に〕imediatamente após, logo após. ～に logo, logo depois; com pressa, às pressas. ～に帰宅をする voltar cedo para casa às pressas. 帰宅～電話があった Tive um telefonema, logo ao chegar em casa. 開店～から忙しかった A loja esteve ocupada desde o momento da abertura. 彼は～に立ち去った Ele foi embora com pressa. 来年～ nos primeiros dias do ano que vem.

そうぞう 創造 criação (f); invenção (f). ～する criar; inventar. ♦創造主 o Criador. 創造物 criatura (f). 創造力 capacidade (f) criativa. 天地創造 criação do mundo.

そうぞう 想像 imaginação (f). ～する imaginar. ～できない inimaginável, inconcebível. それは私には～できないことです Eu não consigo imaginar uma coisa dessas./Isso é uma coisa inimaginável para mim. ～力が豊かである ter (muita) imaginação. ～力に乏しい não ter imaginação. ♦想像力 imaginação, faculdade (f) imaginativa.

そうぞうしい 騒々しい barulhento/ta, ruidoso/sa.

そうぞく 相続 〖法〗sucessão (f), herança (f). ～する suceder, herdar. 財産管理人は被～人の財産のリストを作った O curador fez a lista dos bens do de cujo. ♦相続争い disputa (f) sobre a herança, guerra (f) de partilha. 相続人 herdeiro/ra. 相続税 imposto (m) sobre a herança [de transmissão *causa mortis*]. 被相続人 de cujo (m), finado/da.

-そうだ ❶〔いまにも…しそうだ〕estar perto de [estar prestes a] (＋不定詞) (＋infinitivo), quase (＋直説法) (＋indicativo). データが見つかりそうなのでちょっと待ってください Espere um pouco, por favor, pois estou perto de encontrar [quase encontrando] os dados. 私はもう少しで車にひかれそうになった Eu quase fui atropelado/da por um carro. ❷ 〔…らしい〕parece que(+直説法)《+indicativo》, espera-se que(+接続法)《+subjuntivo》, pode ser que [talvez](+接続法)《+subjuntivo》. 私は仕事を休まないほうがよさ〜 Parece que é melhor [Talvez seja melhor] eu não faltar ao trabalho. 今日は雨になり〜 Parece que hoje vai chover. これによって与野党の論争は激しさを増し〜 Espera-se que com isso o debate entre os partidos da oposição e do governo fique mais acirrado [intenso]. 今年の夏は長くなり〜 O verão deste ano promete ser longo. ❸ 〔…だそうだ〕segundo dizem, dizem que(+直説法)《+indicativo》. 彼は辞任する〜 Dizem que ele vai se demitir. ❹ 〔…のように見える〕ter a aparência de, parecer(+形容詞，あるいは+que+直説法)《+adjetivo ou+que+indicativo》. この仕事はむずかしそうですね Este trabalho parece difícil, não é?

そうたい 早退　仕事を〜する sair mais cedo do trabalho. 学校を〜する sair mais cedo da escola.

そうたい 相対　〜的 relativo/va. 〜的に relativamente. ♦相対性 relatividade(f). 相対性理論 teoria(f) da relatividade. 相対的価値 valor(m) relativo.

そうだい 壮大　〜な magnífico/ca, grandioso/sa.

ぞうだい 増大　aumento(m), ampliação(f). 〜する aumentar, ampliar.

そうだん 相談　consulta(f). (…に)〜する consultar, pedir conselhos a …. …の〜に乗る prestar(serviços de) consultoria a …. 〜してアドバイスを受ける receber um conselho após consulta. 少しご〜したいことがあるのですが Tenho uma coisa para lhe consultar. Pode ser? ♦相談相手 consultor/ra, conselheiro/ra, confidente. 相談窓口 seção(f) de consultoria.

そうち 装置　aparato(m), mecanismo(m), dispositivo(m). ♦安全装置 dispositivo de segurança. 延命装置 equipamento(m) médico de manutenção da sobrevida(de um/uma doente).

そうち 送致　〔法〕envio(m). 〜する enviar, mandar. 〜される ser mandado/da.

ぞうちく 増築　ampliação(f) de edifício ou casa. 〜する ampliar [aumentar a área construída de] edifício ou casa. 彼女は〜工事をしている Ela está ampliando a casa.

そうちょう 早朝　〜に de manhã cedo, de manhãzinha.

そうてい 想定　hipótese(f), suposição(f). 〜する supor, pressupor. 地震発生を〜した訓練 treinamento(m) supondo um terremoto. …を〜して論じる discursar no [com o, baseado/da no] pressuposto de que ….

ぞうてい 贈呈　oferta(f), doação(f). 〜する oferecer, doar. 著書を…に〜する oferecer o próprio livro a …. ♦賞品贈呈式 cerimônia(f) de entrega dos prêmios.

そうてん 争点　ponto(m) em questão, motivo(m) principal do conflito. 法律上の〜 questão(f) legal. 〜を明らかにする deixar claro o motivo principal do conflito.

そうでん 送電　〔電〕condução(f) de eletricidade [energia elétrica]. 〜する conduzir eletricidade. ♦送電線 cabo(m) elétrico.

そうとう 相当　〜な〔かなりの〕muito, bastante, considerável. 彼はその取引で〜な金額をもらった Ele ganhou uma soma considerável com a transação. 〜に muito, bastante, consideravelmente, suficientemente. あなたの家は駅から〜離れた所ですね A sua casa fica muito longe da estação, não é? …に〜する〔同等である〕corresponder a …, equivaler a …. 1ドルは95円に〜する Um dólar vale noventa e cinco ienes. あなたの能力に〜する給料を支払います Nós lhe pagaremos um salário à altura da sua capacidade.

そうどう 騒動　〔動乱〕tumulto(m), motim(m);〔争い・もめごと〕briga(f), disputa(f). 〜を起こす organizar um motim, causar uma agitação. ♦お家騒動〔遺産相続などの〕briga em família(pela partilha da herança);〔会社・団体などの〕disputa(pela sucessão).

そうどういん 総動員　mobilização(f) geral.

そうなん 遭難　acidente(m), desastre(m);〔船の〕naufrágio(m). 〜する sofrer um acidente; naufragar. ♦遭難者 vítima(f) de acidente;〔海などの〕náufrago/ga.

ぞうに 雑煮　〔料〕bolinhos(mpl) de arroz em sopa de galinha e legumes《prato de ano-novo》.

そうにゅう 挿入　inserção(f), introdução(f). AをBに〜する inserir [introduzir] A em B.

そうは 掻爬　〔医〕curetagem(f). …を〜する curetar, raspar … com cureta.

そうば 相場　cotação(f), preço(m) corrente; preço de mercado. 今日はドルの〜は上がっている(下がっている) Hoje a cotação do dólar está em alta(em baixa). それは〜の価格だ Esse preço está razoável [normal]. ♦ドル相場 cotação do dólar.

そうはつせい 早発性　〔医〕precocidade(f). ♦早発性痴呆(ちほう)症 esclerose(f) precoce do sistema nervoso central, caduquice(f) precoce.

ぞうはん 造反　manifestação(f) contra um estado de coisas, revolta(f) contra um regime existente. 〜した不平分子 elementos(mpl) revoltosos. 郵政民営化〜組 grupo(m) anti-privatização dos serviços de correio.

そうび 装備　equipamento(m), armamento(m); aparelhamento(m). 〜する equipar-se, armar-se, aparelhar-se de algo. この船は原子力エンジンを～している Este navio está equipado com motor de energia atômica. 兵士に重（軽）～させる armar um soldado pesadamente (levemente). ◆登山装備 apetrechos (*mpl*) para o alpinismo.

ぞうひびょう　象皮病　〖医〗elefantíase (*f*).

そうびょう　躁病　〖医〗mania (*f*). ◆躁病者 maníaco (*m*).

そうふ　送付　envio (*m*), expedição (*f*), remessa (*f*). ～する enviar, mandar, remeter. ◆送付先〔場所〕destino (*m*), endereço (*m*); 〔人〕destinatário/ria.

ぞうふ　臓腑　entranhas (*fpl*).

そうふう　送風　ventilação (*f*). ◆送風機 ventilador (*m*).

ぞうぶつ　臓物　artigo (*m*) roubado, objeto (*m*) de furto. ◆臓物購買 compra (*f*) (de objeto de furto). 臓物収受 receptação (*f*) (de objeto de furto).

ぞうへいじょ　造幣所　Casa (*f*) da Moeda.

そうべつかい　送別会　festa (*f*) de despedida; 《俗》bota-fora (*f*).

そうほう　双方　ambas as partes, os dois lados. ～の合意で de comum acordo. ～の友人 amigo/ga dos/das dois/duas. ～の言い分を聞いてから após ouvir ambas as partes. ～ともに譲歩して欲しいと思います Gostaria que ambas as partes fizessem as suas concessões.

そうぼうべん　僧帽弁　〖医〗válvula (*f*) mitral.

そうほん　草本　〖植〗erva (*f*). ◆草本植物 planta (*f*) herbácea. 一年生草本 erva anual.

そうむ　総務　assuntos (*mpl*) gerais. ◆総務省 Ministério (*m*) dos Assuntos Internos e Comunicações (do Japão). 総務部 departamento (*m*) de assuntos gerais [administração geral]. 総務部長 diretor/ra do departamento de administração geral.

そうめい　聡明　inteligência (*f*), perspicácia (*f*). ～な人 pessoa (*f*) inteligente [perspicaz].

ぞうもつ　臓物　entranhas (*fpl*) de animal (para cozinhar e comer).

ぞうよ　贈与　〖法〗doação (*f*). ～する doar, dar. ～に財産を～する doar os bens a …. ◆贈与者 doador/ra. 贈与税 imposto (*m*) de doação. 贈与物 donativo (*m*). 死因贈与 doação *mortis causa*. 生前贈与 doação *inter vivos*. 被贈与者 donatário/ria. 片務的贈与 doações unilaterais.

ぞうり　草履　sandálias (*fpl*) japonesas.

そうりだいじん　総理大臣　primeiro-ministro, primeira-ministra.

そうりつ　創立　fundação (*f*). ～する fundar. この会社の～記念日はいつですか Quando é o aniversário da fundação desta companhia? ◆創立者 fundador/ra.

ゾウリムシ　〖虫〗paramécio (*m*).

そうりょ　僧侶　monge (*m*) budista, bonzo (*m*).

そうりょう　送料　porte (*m*), frete (*m*), preço (*m*) de transporte;〔郵税〕franquia (*f*), tarifa (*f*). 品物の～を払う pagar o frete da mercadoria. ～支払済み porte pago. ～無料 frete grátis.

そうりょうじ　総領事　cônsul (*m*) geral. ◆総領事館 consulado (*m*) geral.

そうろん　総論　argumento (*m*) geral, ideia (*f*) geral.

ぞうわい　贈賄　suborno (*m*). ～する subornar. ～を受ける receber suborno, ser subornado/da.

そえぎ　添え木　tala (*f*), tabuinha (*f*). 折れた足に～をする colocar uma tala na perna partida.

そえる　添える　juntar, acrescentar, servir com. …に添えて juntamente com …. 申込書に写真を添えて出してください Favor apresentar o requerimento juntamente com uma fotografia. ポークスペアリブ，ニンジン煮野菜添え costeleta (*f*) de porco com guarnição de cenouras e legumes cozidos. これはマスタードを添えて出してください Isto deve ser servido com mostarda.

そえん　疎遠　distanciamento (*m*), afastamento (*m*), perda (*f*) de contato. …と～になる distanciar-se de …, afastar-se de …. 友人たちと～になる perder [deixar de ter] contato com os amigos. 彼女達の仲はあの事件以来～になっている Elas se distanciaram após aquele incidente.

ソーシャルワーカー　assistente social.

ソース　〖料〗molho (*m*). ◆ウスターソース molho inglês.

ソーセージ　salsicha (*f*). ◆サラミソーセージ salame (*m*).

ソーダ　soda (*f*). ◆ソーダ水 soda 《refrigerante》.

ソーラー　solar, que tem o sol como fonte de energia. ◆ソーラーカー carro (*m*) solar. ソーラーシステム sistema (*m*) solar [de energia solar]. ソーラーハウス casa (*f*) com captadores solares《em geral no telhado》, casa (*f*) solar [com energia e aquecimento solares].

ゾーン　zona (*f*), área (*f*), região (*f*).

そかい　疎開　evacuação (*f*) (para se salvar dos bombardeios). ～する evacuar uma área (prestes a ser bombardeada). 町から～させる evacuar a cidade.

そがい　疎外　exclusão (*f*). ～する excluir. ～感を持つ sentir-se [ter a sensação de estar] excluído/da [posto/ta de fora].

そがい　阻害　impedimento (*m*), obstrução (*f*). ～する impedir, obstruir, ser obstáculo para, atrapalhar. 工業の発展を～する ser um obstáculo para [atrapalhar] o desenvolvimento industrial.

-そく -足 par(m). 靴2～ dois pares de sapatos. 靴下を3～千円で買う comprar três pares de meias a mil ienes. この靴下を10～ください Dê-me [Me dá] dez pares desta meia aqui.

そぐ 削ぐ desbastar, tirar os excessos de.

ぞく 俗 ～な〔卑俗的〕vulgar;〔通俗的〕comum, popular;〔世俗的〕mundano/na, profano/na. ～ないい方をすれば em linguagem corriqueira. ～な表現 expressão(f) vulgar [popular]. ～な趣味 mau gosto(m), gosto pouco refinado. ～に vulgarmente, comumente, ordinariamente.

ぞく 族 ❶〔血統〕família(f). **❷**〔部族〕tribo(f). **❸**〔種族〕raça(f). ◆モンゴル族 raça mongol. **❹**〔氏族〕clã(m), casta(f). **❺**〔共通点を持つ集団〕grupo(m) dos que tomam atitudes semelhantes.

ぞくあく 俗悪 ～な grosseiro/ra, de mau gosto. ～な映画 filme(m) de nível baixo.

そくい 即位 ascensão(f) [subida(f)] ao trono. ～する ascender [subir] ao trono. ～させる entronizar. ◆即位式 cerimônia(f) da ∟proclamação do rei [coroação](f).

そくが 側臥 ato(m) de deitar-se de lado. ◆側臥位〔診察室などで〕posição(f) de quem está deitado de lado, decúbito(m) lateral.

ぞくご 俗語 linguagem(f) popular; gíria (f).

そくざ 即座 ～の pronto/ta, imediato/ta. ～に prontamente, de imediato. 私は～に決定しなければならなかった Tive que decidir prontamente.

そくし 即死 morte(f) instantânea. ～する morrer na hora, ter morte instantânea. 彼は～した Ele teve morte instantânea./《口語》Ele morreu na hora.

そくじ 即時 ～の imediato/ta, instantâneo/nea. ～に imediatamente, instantaneamente. 住民を～に退去させる dar ordem de evacuação imediata à população. ～払い pagamento(m) imediato (no ato da compra).

そくじつ 即日 no mesmo [próprio] dia. ～開票する contar os votos no mesmo dia da eleição.

ぞくしゅつ 続出 sucessão(f), ocorrência(f) em série [progressão]. ～する multiplicar-se, ocorrer ∟sucessivamente [em série]. 故障車が～した Os carros quebraram sucessivamente. 希望者が～した Multiplicaram-se os candidatos.

そくしん 促進 ativação(f), aceleração(f), fomento(m). ～する ativar, acelerar, fomentar. プロジェクトの実行を～する acelerar a realização de um projeto. 産業の発展を～する fomentar a [promover o desenvolvimento da] indústria. 消化を～する ajudar a digestão. 食欲を～する abrir o apetite. ◆販売促進 promoção(f) de vendas.

そくする 即する estar ∟de acordo com [adaptado a], corresponder a. この計画は時代に即していない Este projeto está defasado. …に即して em conformidade com …, conforme …, de acordo com …. 規則に即して em conformidade com as regras. 法律に即して segundo (ditam) as leis. 現代に即した教え方 método(m) de ensino atualizado.

ぞくする 属する pertencer a, fazer parte de, integrar, ser membro de. 彼は何部に属しているのですか Em que departamento ele está?/A que departamento ele pertence? 彼はそのグループに属していた Ele pertencia ao grupo./Ele integrava o grupo./Ele ∟era membro [fazia parte] do grupo.

ぞくせい 属性 ❶ caráter(m) genérico. **❷**〖哲〗atributo(m), propriedade(f). **❸**〖文法〗atributo.

そくせき 即席 ～の instantâneo/nea. ◆即席料理 comida(f) instantânea.

そくせき 足跡 ❶ pegada(f), rasto(m), rastro(m), vestígio(m). **❷**《比》contribuição (f). …に大きな～を残す deixar uma grande contribuição a ….

ぞくせつ 俗説 crença(f) popular. ～では de acordo com a crença popular,《口語》segundo o que se diz por aí.

そくせん 塞栓 〖医〗embolia(f). ◆空気塞栓 embolia aérea. 脂肪塞栓 embolia gordurosa.

ぞくぞく 続々 sucessivamente, sem cessar, um/uma após o/a outro/tra, sem interrupção, um/uma atrás do/da outro/tra. この品は注文が～来ています Os pedidos deste artigo estão vindo um atrás do outro. 救援物資が～と集まった Os donativos foram chegando um atrás do outro. ⇨つぎつぎ.

ぞくぞくする 〔寒さで〕tremer;〔鳥肌がたつ〕ficar arrepiado/da;〔病気、寒さなどで〕sentir um calafrio. 背中が～ Estou com um frio nas costas.

そくたつ 速達 correio(m) expresso, serviço(m) de encomenda expressa. この小包は～ですか Este pacote vai expresso? ～でお願いします〔郵便局の窓口で〕Expresso, por favor 《no guichê do correio》.

そくだん 即断 〔即座の判断〕decisão(f) rápida [imediata]. ～を要する件 caso(m) que requer decisão imediata.

そくだん 速断 〔早まった判断〕decisão(f) precipitada. ～は禁物だ Decisão precipitada é o que deve ser evitado.

ぞくっぽい 俗っぽい banal, vulgar, que tende para o vulgar. ～飾り decoração(f) de gosto vulgar.

ぞくっぽさ 俗っぽさ (ar(m) de) vulgarida-

そくてい 測定 medição (f). ～する medir.
そくど 速度 velocidade (f). ～を上げる aumentar a velocidade. ～を落とす diminuir [reduzir] a velocidade. ◆速度違反 infração (f) por excesso de velocidade. 速度計 velocímetro (m). 最高速度 velocidade-limite (f), velocidade máxima.
そくとう 即答 resposta (f) imediata. …に～する responder imediatamente [prontamente] a ….
そくとうよう 側頭葉 〘解〙lobo (m) lateral do cérebro.
そくどく 速読 leitura (f) dinâmica. ～する ler rapidamente.
そくばい 即売 venda (f) de artigos no próprio local da exibição. ～する vender artigos no próprio local da exibição. ◆展示即売会 exposição (f) e venda de artigos.
そくばく 束縛 restrição (f), limitação (f); pressão (f). ～する sujeitar, prender, limitar. …の言論の自由を～する limitar [tirar] a liberdade ⌐da palavra [de imprensa] a …. 伝統に～される ser prisioneiro/ra das tradições. 夫の行動を～する prender muito o marido, controlar demais a vida do marido. 時間に～される ficar [estar] preso/sa ao horário.
ぞくはつ 続発 sucessão (f), ocorrência (f) em série. ～する suceder, ocorrer ⌐sucessivamente [em série]. 事故が～した Ocorreram sucessivos acidentes./Houve repetidos acidentes.
ぞくぶつ 俗物 pessoa (f) vulgar.
そくぶつてき 即物的 objetivo/va, realista, que se prende aos fatos.
ぞくへん 続編 continuação (f) de filme, livro etc. ～を書く escrever a continuação de livro.
そくほう 速報 últimas notícias (fpl), notícia (f) de última hora, *flash* (m). ～する informar imediatamente. ◆選挙速報 últimas notícias sobre o resultado das eleições.
ぞくほう 続報 informação (f) complementar.
そくめん 側面 lado (m), face (f); flanco (m). ～の lateral. 敵の～を突く atacar o inimigo de flanco. それは同一物の異なった～だ Isso são as (várias) faces diferentes de uma coisa só. 物事をいろいろな～から見る ver as coisas sob vários aspectos. 彼女には暗い～もあった Ela tinha também o seu lado triste. ◆側面攻撃 ataque (m) de flanco. 側面衝突 choque (m) [batida (f)] lateral.
そくりょう 測量 agrimensura (f), medição (f) de terras. ～する medir o terreno. 農地を～する agrimensar. ◆測量技師 agrimensor/ra. 測量図 mapa (m) com as medidas do terreno.

そくりょく 速力 velocidade (f). ～を出す(落とす) aumentar (diminuir) a velocidade. 全～で走る correr com a máxima velocidade.
そくわんしょう 側弯症 〘医〙escoliose (f), desvio (m) da coluna vertebral para um lado.
そけい 鼠径 〘解〙～の inguinal. ◆鼠径ヘルニア hérnia (f) inguinal.
ソケット 〘電〙〔電球などの〕soquete (m), porta-lâmpadas (m); 〘機械〙〔差し込みになっている部品の受けの部分〕peça (f) da extremidade de um tubo que o liga à máquina. チューブの～をかちっという音がするまでガスストーブに差し込む enfiar a ponta do tubo no aquecedor a gás até ele fazer o barulho de conexão.
そけん 訴権 〘法〙direito (m) de ação. ◆訴権消滅 perempção (f).
*そこ aí [アイー]. ～に(へ, で) aí. ～は contraposição, enquanto que. ～は危険です Aí é perigoso. ～の電話帳をください Me pega [Passe-me] essa lista telefônica aí. ～なんですよ. É isso aí …./Justamente ….
そこ 底 fundo (m); 〔靴の〕sola (f). 海の～ fundo do mar. 樽の～が抜けている O barril está ⌐sem fundo [vazando]. 日本の景気後退は～をついた A recessão japonesa ⌐abaixou até onde podia [chegou ao fundo do poço]. 食糧が～をついた Esgotaram-se os víveres. ～が知れない Isso é insondável. 彼の知識は～が浅い Os conhecimentos dele são superficiais. 靴の～を張り替えたいのですが Gostaria de trocar a sola do meu sapato. 心の～からおわび申し上げます Peço-lhe desculpas do fundo do coração. ◆川底 fundo do rio. 谷底 fundo do vale.
そこく 祖国 pátria (f).
そこそこ aproximadamente, mais ou menos. 彼女は24歳～で結婚した Ela casou-se com aproximadamente vinte e quatro anos. 私がここに来てからまだ2週間～だ Faz ⌐uns [cerca de] dois meses apenas que vim para cá. ～に sumariamente pela pressa. 彼は昼ご飯も～に家を出た Depois de um almoço apressado [Mal terminado o almoço], saiu de casa.
そこぢから 底力 força (f) [energia (f)] latente, potencial (m). 問題解決のために～を出す aplicar toda a energia que tem na solução do problema. ～のある人 pessoa (f) cheia de energia.
そこなう 損なう 〔心身を〕estragar, prejudicar, aborrecer, ferir; 〔ものを〕estragar, deteriorar, prejudicar. 私は健康を損なって前の会社を辞めました Eu deixei a companhia anterior por doença. 輸送中に損なわれた食料品 alimentos (mpl) deteriorados [estragados] com o transporte. ごみが街の景観を損なっている O lixo está prejudicando [estragando] a vista panorâmica da cidade.

-そこなう -損なう perder, fracassar em, não conseguir (+不定詞)《+infinitivo》; escapar a … por pouco, quase (+直説法)《+indicativo》. 私は電車に乗り損なった Eu perdi o trem./Não consegui pegar o trem. 彼は死に損なった Ele quase morreu./Ele escapou à morte por pouco.

そこなし 底無し sem fundo. ～の沼 atoleiro (m) ⌐muito fundo [que não dá pé]. ～の酒飲み barril (m) furado.

そこぬけ 底抜け ～の sem fim, sem limites, sem fundo. ～の騒ぎ orgia (f). ～にいい人 pessoa (f) de uma bondade infinita.

そこね 底値 〔経〕preço (m) ⌐mais baixo [mínimo] possível. 土地は～をついた O preço do terreno ⌐atingiu o seu limite mínimo [《口語》abaixou até onde podia].

そこねる 損ねる ❶ ferir, ofender. …に対して気分を～ melindrar-se [ficar sentido/da, aborrecer-se] com …. ❷ estragar. 肝臓の具合を～ estragar o fígado. ⇨損なう.

-そこねる -損ねる falhar, não conseguir, deixar de, perder (a oportunidade de). …を買い～ ⌐não conseguir [deixar de] comprar. 今日は彼女に電話をし損ねた Hoje deixei de telefonar para ela por descuido./Hoje perdi a oportunidade de telefonar para ela. 今朝はバスに乗り損ねた Hoje de manhã perdi o ônibus.

そこひ 底翳 〔医〕〔白内障〕catarata (f); 〔緑内障〕glaucoma (m).

そこびえ 底冷え frio (m) penetrante. 今朝は～がする Esta manhã está fazendo um frio de rachar.

そこら ❶ aí. ～を散歩する dar um passeio por aí. ～中に por todas as partes. どこか～に em alguma parte, por aí. ❷ aproximadamente, mais ou menos. その車は百万円か～だ Esse carro vale ⌐aproximadamente [cerca de] cem mil ienes. 100メートルか～ ao redor de [mais ou menos] cem metros. 彼は60歳か～だ Ele tem uns sessenta anos. 3時か～に来てください Venha lá pelas três (horas).

そざい 素材 material (m). この靴の～は何ですか Qual é o material deste sapato? 小説を書くために～を集める ajuntar [coletar] o material para escrever um romance.

ソサエティー sociedade (f), associação (f). ♦ハイソサエティー alta sociedade.

そし 阻止 obstrução (f), impedimento (m). ～する obstruir, impedir, interceptar, parar. 警察はデモを～した A polícia impediu [parou] a manifestação. 野党は法案の承認を～しようとしている O partido da oposição está querendo impedir a aprovação do projeto de lei.

そしき 組織 organização (f); 〔構成〕constituição (f), formação (f); 〔体系〕sistema (m); 〔構造〕estrutura (f); 〔生物の〕tecido (m). ～する organizar; formar, constituir; sistematizar. ～的 sistemático/ca, organizado/da. ～化する sistematizar. ～的の～ composição (f) [constituição] de um gabinete. 内閣を～する formar um ministério, compor um gabinete. 協会を～する organizar uma sociedade (f) [associação (f)]. 物質の～ constituição de uma substância. 会社の～はどのようになっていますか Como está organizada esta companhia? ♦組織委員会 comitê (m) de organização. 組織化 sistematização (f). 筋肉組織 tecido (m) muscular. 神経組織 sistema nervoso. 社会組織 estrutura [organização] social.

そしつ 素質 qualidade (f) inata, aptidão (f), dom (m), talento (m); 《口語》jeito (m). 物書きの～がある ter talento para escrever. 彼女は語学の～がある Ela ⌐dá [tem jeito] para línguas. 天性の～を伸ばす cultivar as qualidades inatas.

*そして e [イ], e então, então [エンタォン].

そしな 粗品 pequeno presente (m) [brinde (m)], presentinho (m) (que as lojas oferecem aos clientes em dias especiais).

そしゃく 咀嚼 mastigação (f). ～する mastigar. ♦咀嚼運動 movimento (m) mastigatório. 咀嚼器 〔解〕aparelho (m) mastigatório.

そしょう 訴訟 pleito (m), ação (f) judicial, litígio (m), processo (m). ～を起こす recorrer à justiça, levantar um processo. ～を取り下げる abandonar o pleito. ～に勝つ ganhar o processo. ～に負ける perder o processo. ～手続きの終了 extinção (f) do processo. ～手続きの中断 interrupção (f) do processo. ～手続きの停止 suspensão (f) do processo. ～上の和解 transação (f) judicial. ～の放棄 abandono (f) do processo. ♦訴訟書類 peça (f) dos autos. 訴訟手続き trâmites (mpl) legais do processo. 訴訟当事者 parte (f) do processo. 訴訟費用 custas (fpl) processuais. 刑事訴訟 ação criminal, ação penal, processo criminal, processo penal. 民事訴訟 processo civil.

そしょく 粗食 alimentação (f) frugal.

そすう 素数 〔数〕número (m) primo.

そせい 粗製 ❶ fabricação (f) tosca, má produção (f). 粗製乱造 ato (m) de fabricar produtos inferiores em grandes quantidades. ❷ 〔精製していない半製品〕produto (m) não-refinado. ♦粗製糖 açúcar (m) não-refinado.

そせん 祖先 antepassados (mpl), ancestrais (mpl). 父(母)方の～ ascendência (f) paterna (materna). ♦祖先崇拝 culto (m) aos [dos] antepassados.

そそう 粗相 descuido (m), desatenção (f), gafe (f). ～をする〔失敗をする〕cometer uma gafe; 〔大小便を漏らす〕urinar ou defecar em lugares impróprios.

そそぐ 注ぐ 〔河口などに〕desembocar (em); 〔注ぐ〕pôr, despejar; 〔集中する〕concentrar. …に目を~ fixar os olhos em …, fitar …. カップにコーヒーを~ pôr café na xícara. 植木に水を~ aguar as plantas. この川は太平洋に注いでいる Este rio desemboca [deságua] no Pacífico. この側面に目を~必要があります É preciso prestar atenção a este aspecto.

そそっかしい atrapalhado/da, avoado/da; precipitado/da, imprudente. 君はひどく~ね Você é bem atrapalhado/da, hein?

そそのかす 唆す seduzir a …, induzir a …. 彼は誰にそそのかされてこの事件を起こしたのだろう Quem será que o induziu a criar este caso?

そそる excitar, estimular, despertar. 興味を~ despertar o interesse. 食欲を~ abrir o apetite. 涙を~ような話 uma história que faz chorar.

そだいごみ 粗大ごみ ⇨ごみ.

そだち 育ち criação (*f*). 彼女は~がよい Ela é de boa família. 彼女は育ちがよい/Ela é bastante educada.

そだつ 育つ 〔成長する〕crescer; 〔養育〕formar-se. 私は田舎で生まれて田舎で育ちました Eu nasci e fui criado/da no interior.

そだてる 育てる ❶〔養育する〕criar. 子供を~ criar filhos. 豚を野放しで~ criar porcos à solta [fora do chiqueiro]. ❷〔教え導く〕educar, cultivar. 音楽の才能を~ cultivar um talento musical. ❸〔養成する〕treinar. 部下を~ treinar os subalternos. 選手を~ treinar os atletas.

そち 措置 medida (*f*), providência (*f*). ~を講じる tomar providências. 法的~をとる tomar medidas judiciais. 今回のミスにはどのような~をとるつもりですか Que medidas pretende tomar com relação a esta última falha? 市は改善を~を求めた A prefeitura ordenou que se tomassem providências para melhorar a situação.

そちら esse/essa, isso; aí. ~をください Dê-me isso aí, por favor. ~へお伺いします (Não se incomode, que) eu vou até aí [onde o/a senhor/ra está]. ~の番ですよ É a sua vez, *viu*?

そつ descuido (*m*), deslize (*m*), falha (*f*). ~のない男 um homem irrepreensível [cuidadoso, impecável].

そつい 訴追 【法】acusação (*f*).

そつう 疎通 entendimento (*m*), compreensão (*f*). 意思の~ entendimento mútuo perfeito. この家族は意思の~がうまくいっていない Os membros desta família não estão se entendendo muito bem.

ぞっか 俗化 vulgarização (*f*). ~する vulgarizar-se, popularizar-se.

ぞっかく 属格 【文法】caso (*m*) genitivo.

そっき 速記 taquigrafia (*f*), estenografia (*f*). ~する taquigrafar, estenografar. ♦速記者 taquígrafo/fa, estenógrafo/fa.

そっきょう 即興 improvisação (*f*). ~の (的な) improvisado/da. …を~的に演奏する improvisar …. na execução, executar … de improviso. ♦即興演奏家 músico/ca [musicista] improvisador/ra. 即興曲 improviso (*m*). 即興詩人 poeta/tisa improvisador/ra.

そつぎょう 卒業 graduação (*f*), formatura (*f*); conclusão (*f*) de um curso. ~する graduar-se, formar-se, diplomar-se; concluir um curso. あなたは何年の~ですか Em que ano você se formou? 彼女は東京大学の~生です Ela é graduada pela Universidade de Tóquio. 中学を~する formar-se no ginásio, ter o ginásio, obter o diploma do primeiro grau. ¶ そんな悩みはもう~した Já passei da [não estou mais na] fase de sofrer por essas coisas. ♦卒業式 formatura (*f*), colação (*f*) de grau. 卒業証書 certificado (*m*), diploma (*m*). 卒業生〔卒業式の日で〕formando/da [graduando/da], 〔…の卒業生〕formando/da [graduando/da] por ….

そっきん 側近 pessoa (*f*) chegada a uma autoridade. 首相の~ pessoa chegada ao primeiro-ministro/à primeira-ministra.

ソックス meia (*f*) soquete.

そっくり ❶〔よく似ている〕idêntico/ca, tal e qual. 君はお母さん~だね Você é a cara da mãe, não? 本物~の偽物です É uma imitação tal e qual o original. ❷〔すべて〕todo/da, inteiro/ra. 彼は父親の財産を~受け継いでいる Ele recebeu toda a herança do pai.

そっけつ 即決 decisão (*f*) imediata [no ato]. ~する decidir rapidamente [no ato]. ♦即決裁判 decisão (*f*) logo após argumentação perante o tribunal, julgamento (*m*) sumário.

そっけない 素っ気ない frio/fria, brusco/ca, seco/ca, desinteressado/da, indiferente. ~返事をする dar uma resposta seca. …をそっけなく断る recusar … secamente. …に対してそっけなくする tratar … com frieza [indiferença].

そっこう 即効 efeito (*m*) imediato. ~がある ter efeito imediato. ♦即効薬 remédio (*m*) de efeito imediato.

ぞっこう 続行 continuação (*f*) do que está fazendo. 仕事を~する continuar o serviço, não cessar de trabalhar. 交渉は~されている As negociações estão em curso.

ぞっこく 属国 protetorado (*m*), país (*m*) dependente [dominado (por outro)]; possessão (*f*), colônia (*f*).

ぞっこん loucamente. ~ほれている estar loucamente apaixonado/da.

そっせん 率先 ~して por iniciativa própria. ~して…する tomar a iniciativa de (+不定詞) (+infinitivo).

そっちょく 率直 franqueza (*f*). ~な franco/

ca. ～な返答 resposta (f) franca. ～な人 pessoa (f) franca. ～に francamente, com franqueza, sem rodeios. ～に意見を言う dar uma opinião (f), opinar francamente. ～に言うと francamente falando, deixando de rodeios. どうぞ～に言ってください Fale francamente, por favor./Pode falar francamente.

そって 沿って seguindo …, ao longo de …. 川に～行ってください Vá adiante, ao longo do rio. ⇨沿う.

そっと 〔静かに〕silenciosamente; pé ante pé; 〔ひそかに〕secretamente, em surdina. …を～抜け出す sair pé ante pé de …. …に～金をつかませる dar propina a … discretamente [sem que ninguém perceba]. 秘密を～明かす revelar um segredo em surdina. …を～しておく deixar … em paz. 私を～しておいてください Deixem-me em paz.

ぞっと ～する estremecer, aterrorizar-se, ficar arrepiado/da. …を～させる dar calafrios a …, fazer … estremecer, horrorizar …. そのことを思い出すだけで～する Só de me lembrar disso, ﹂me sinto muito mal [fico arrepiado/da]. その事故を見て私は～した Eu fiquei horrorizado/da ao ver o acidente./A cena do acidente me causou calafrios. 彼女はそれが～するほどきらいらしい Parece que isso a repugna a ponto de lhe dar arrepios. ～するような horripilante, repugnante, de arrepiar, arrepiante.

そっとう 卒倒 desmaio (m). ～する desmaiar.

そで 袖 manga (f) (de roupa). 半～のシャツ camisa (f) de manga curta. ～なしのワンピース vestido (m) sem manga. ～をまくる arregaçar as mangas. シャツの～口 punho (m) da camisa. ¶～の下 suborno (m). 警察に～の下を使う subornar o policial. ♦袖口 punho; canhão (m) da manga.

ソテー sauté (m).

そてつ 蘇鉄 〚植〛cicadácea (f).

***そと 外** fora [フォーラ]. ～で fora, ao ar livre. …の～へ para fora de …. ～へ出る sair para fora. ～からの雑音 barulho (m) (que vem) de fora. ～から見た家 casa (f) vista de fora. ～で食事をする comer ao ar livre; comer ﹂fora [no restaurante]. …を～に連れ出して行く levar … ﹂a tomar ares [a passeio]. ～の世界 mundo (m) exterior. 火事だ, ～へ出ろ Fogo! Saiam para fora! 窓から～へ物をほうってはいけません Não atire as coisas pela janela. 日本人はあまり感情を～に出さない Os japoneses não exteriorizam muito os sentimentos.

そとがわ 外側 lado (m) ﹂externo [de fora].
そとば 卒塔婆 tabuleta (f) das campas.
そとぼり 外堀 fosso (m) exterior (de um castelo).
そとまわり 外回り 〔外勤〕serviço (m) externo, trabalho (m) de vendedor. ～の仕事は辛い O trabalho de vendedor é ﹂duro [〚口語〛barra pesada]. ¶ 東京の山手線の～は品川から新宿の方向に走っている A linha que corre na parte exterior da linha Yamanote em Tóquio vai de Shinagawa a Shinjuku.

そなえ 備え provisão (f), preparação (f). ～のある munido/da de provisões, abastecido/da, provido/da. ～のない desprevenido/da, sem provisões, desprovido/da. …のために～を固める prover-se [precaver-se, fazer preparativos] para …. 万一の～に para prevenir-se contra ﹂uma emergência [alguma eventualidade]. 地震への～をする preparar-se [munir-se de provisões] para o terremoto. ¶～あれば憂いなし Provisão é prevenção./Quem poupa não teme.

そなえつけ 備え付け ～の instalado/da.
そなえつける 備え付ける equipar com, colocar [instalar] … em, montar. 家に家具を～ mobiliar a casa. ホテルの廊下に消火器を～ instalar o extintor nos corredores do hotel. 寮の各部屋にはテレビが備え付けられています Tem [Há] televisão em cada quarto do alojamento.

そなえもの 供え物 oferenda (f).
そなえる 供える oferecer, colocar como oferenda.

そなえる 備える ❶〔設備する〕munir, equipar, instalar. 暖房を備えた部屋 sala (f) equipada com [de] aquecedor de ar. ❷〔準備する〕prevenir-se, preparar-se. 不測の事態に～備えて preparar-se para um imprevisto. 老後に備えて老人ホームの会員になった Tornei-me sócio/cia de um asilo de velhos ﹂preparando-me para a velhice [pensando na minha velhice]. ❸〔有する〕ser dotado/da de, ter. 彼はこの仕事に必要な能力を備えている人だ Ele é uma pessoa dotada de qualidades [habilidades] necessárias para realizar este serviço. ⇨準備, 装備.

ソナタ 〚音〛sonata (f).
そなわる 備わる ❶〔備え付けてある〕ficar provido/da [equipado/da]. そのアパートはエアコンが備わっている Esse apartamento está equipado de ar condicionado. ❷〔身につけている〕ter, possuir. 条件が備わっている社員 empregado/da ﹂com [que preenche] os requisitos necessários.

ソネット 〚詩学〛soneto (m).

***その** esse/essa/esses/essas [エッスィ/エッサ/エッスィス/エッサス]. ～テーブル essa mesa (f) (aí). 太郎と～妹 o Taro e sua irmã mais nova. 彼女には～気力がない Ela não tem [Falta nela] essa força de vontade. ～ような tal, desse jeito. ～ように de tal maneira, desse jeito.

そのうえ その上 ainda por cima, além disso; 〔それから〕depois, em seguida. 彼女は美しいし～優しい Ela é bonita e, além disso, carinhosa. 彼は父を失い～仕事もやめさせられ

た Além de perder o pai, ele foi despedido do serviço. まず私に相談して〜で決めてください Consulte-me primeiro e depois decida./Só decida depois de me consultar. 〜困ったことには… E o pior ainda é que ….

そのうち dentre. 〜に〔いつか〕um dia desses, um dia;〔まもなく〕logo, dentro de poucos instantes. 彼は〜戻って来ます Ele volta ﹁logo [daqui a pouco]. 事故にあったのは三人だが〜二人は死んでいる Foram três os acidentados, sendo que dois ⌐deles [dentre eles] morreram.

そのかわり その代わり 〔交換に〕em troca (disso), em lugar de …;〔しかし〕mas,〔補償として〕em compensação. あの先生は厳しいが〜教え方が上手である Aquele/la professor/ra é severo/ra mas, em compensação, ensina bem. 私が彼にチョコレートをあげて〜に彼が私に夕食をおごった Eu dei chocolate para ele e ele me pagou um jantar em agradecimento.

そのくせ e no entanto, apesar disso, mesmo assim. 彼はいつも忙しがっている、〜よく飲み会に行く Ele sempre se diz ocupado e, no entanto, vai sempre beber com alguém.

そのくらい その位 ❶〔その程度〕mais ou menos isso, esse tanto,《口語》tipo isso aí. 論文なら彼も〜は書いている Se se trata de teses, ele também já escreveu mais ou menos isso. 〜のことなら私にもできる Se é isso aí, eu também posso fazer. 〜のことで泣いてはいけないよ Ora, não chore por uma coisa dessas. 今のところは〜で十分です Esse tanto é o bastante para o momento. ❷〔そこまで〕a esse ponto. 私は〜怒っているのです Eu estou zangado a esse ponto.

そのご その後 depois, mais tarde;〔それ以来〕depois disso, desde então. 〜の posterior, subsequente. 〜彼女がどうなったのかわからない Não sei o que terá acontecido com ela depois daquilo. 〜いかがお過ごしですか Como tem passado desde então?

そのころ その頃 nesse tempo, nessa época; por essa tempo, por essa época. 〜は私は若かった Nesse tempo eu era jovem. 〜の日本は平和だった Havia paz no Japão de então. 〜までにはこの翻訳を提出できるでしょう Até então acho que poderei entregar esta tradução. 〜から desde então, a partir dessa época.

そのた その他 e os outros, e o resto, e o restante, etc〔エトセーテラ〕. 〜業務中の運転手たち e outros motoristas em serviço. 〜のものe outras coisas mais. それでは鍬(⌐)、鋤(⌐)、〜の道具を持ってきてください Traga, então, a enchada, a pá e outras ferramentas mais.

そのため 〔目的〕para isso;〔理由〕por isso;〔結果〕portanto, consequentemente. 彼は〜に来たのです Ele veio aqui para isso. 彼女は病気になった、〜学校を休んだ Ela ficou doente, por isso faltou às aulas. ⇨ため.

そのて その手 ❶〔そういう方法〕esse estratagema (m). 〜にはもう乗らない Já não vou mais atrás dessa conversa. ❷〔そのような事柄〕essa espécie (f), esse gênero (m). 〜の物 esse gênero de coisas,《口語》esse tipo de coisa.

そのとおり その通り 〜です É isso mesmo./O/A senhor/ra tem razão./Exatamente./É isso aí!/Falou!

そのとき その時 〔頃〕então, nessa ocasião, nesse tempo, nessa época;〔時間〕nessa hora, nesse momento. 〜から desde então. 〜は何をしていましたか O que você fazia na época (nessa hora)? 〜の社長は誰だったかしら Quem era mesmo o presidente na ocasião? 出発しようとしていたちょうど〜 justo na hora da partida. 〜までは彼が好きだった Até então, gostava dele. 〜までにはこの仕事をやっておきます Até aí vou deixar pronto este serviço.

そのば その場 〜で 1)〔即座に〕aí mesmo, no ato, na hora. 〜で…を決定する decidir … na hora. 〜で勘定を払う pagar a conta na hora. 2)〔現行犯で〕em flagrante. 彼は〜でつかまった Ele foi preso 〔《口語》pego〕em flagrante. 〜に居合わせる estar no lugar por acaso. 〜をつくろう〔〜しのぎをする〕encobrir uma situação difícil com falsa aparência, disfarsar, paliar. 〜しのぎに de expediente, paliativamente, para sair do apuro. 何とか〜を切り抜けた Lançou mão de todos os expedientes para escapar da situação embaraçosa./Usou de um expediente sagaz para encontrar uma saída para a situação. 〜限りの約束 compromisso (m) vão. 彼の発言はいつも〜限りだ Ele só fala por falar./Ele nunca cumpre o que diz.

そのはず その筈 〜だ É natural. 彼は病気だが それも〜だ Ele está doente, mas isso ⌐era de se esperar [não seria surpresa nenhuma]. ⇨はず.

そのひ その日 esse dia (m), nesse dia. 〜にとれた野菜 verduras (fpl) colhidas [apanhadas, tiradas] no dia. 〜は私の誕生日です Esse dia é (o) meu aniversário. 〜は先約があります Nesse dia já tenho compromisso. 〜の収入 receita (f) [entrada (f)] do dia. 〜のうちに仕事を終える terminar o serviço ⌐no dia [no mesmo dia em que se começou]. 〜限りの切符 bilhete (m) válido por um dia. 〜に限って justo nesse dia. 〜暮らしをする 〔やっと〕ter só o que comer no dia;〔自由に〕levar uma vida boêmia, viver despreocupado/da do futuro.

そのへん その辺 redondezas (fpl), arredores (mpl), cercanias (fpl); aí. 〜を歩く andar por aí, passear pelas redondezas. 〜に

por aí. それは〜に置きました Isso deixei por aí. 〜でやめておきましょう Vamos parar por aí. 〜のことはよくわからない 1)〔事柄に対して〕Não entendo muito bem ⌞disso [desse tipo de coisa]. 2)〔出来事に対して〕Não estou entendendo muito bem do que aconteceu de verdade.

そのほか その他 etc [エチセーテラ], e o resto. 〜のもの e outras coisas mais, e o resto. 〜の会員 ⌞e o resto de [e os outros] membros. 〜に além disso. ⇨その他.

そのまま tal como está. 〜にしておく deixar como está. 〜そこにいてください Fique aí onde você está [Não saia do lugar], sim?

そのもの その物 a própria coisa, em pessoa; em si. 彼は無礼〜だ Ele é a grosseria em pessoa. 彼は調査〜が好きなのだ É que ele gosta da pesquisa em si. 彼の行為〜には問題はないのだが A conduta dele em si ⌞não apresenta problemas [《口語》não tem nada demais], mas ....

*そば 側 〔近い所〕perto [ペールト]. 〜に perto. …の〜に perto de …. …の〜に寄る aproximar-se de …. …の〜を通る passar por perto de …. 私の〜を離れないでください Não saia de perto de mim, sim? 私のアパートはこのすぐ〜です O meu apartamento fica bem perto daqui. そのホテルは湖の〜にあります Esse hotel fica perto de um lago. ¶ 彼はお金が入る〜から使ってしまう Ele vai gastando o dinheiro à medida que ganha.

そば 蕎麦 〔植物〕trigo (m) sarraceno;〔食品〕macarrão (m) de trigo sarraceno. ♦ 蕎麦湯 água (f) quente que serviu para cozinhar o macarrão de trigo sarraceno e que é servido à mesa, ao lado do macarrão.

そばかす sarda (f). 〜だらけの顔 rosto (m) sardento [sardoso].

そばだてる 耳を〜 arrebitar [levantar] a orelha, ficar de orelha em pé, apurar o ouvido.

そびえる erguer-se, mostrar-se ereto/ta, estar bem saliente. 雲に〜高層ビル arranha-céus que se ergue até as nuvens.

そびょう 素描 esboço (m), desenho (m). 〜する desenhar.

-そびれる perder a oportunidade de. ブラジルに行き〜 perder a oportunidade de ir ao Brasil. 結婚し〜 passar da idade de se casar.

そふ 祖父 avô (m). 父方の〜 avô paterno. 母方の〜 avô materno.

ソファー sofá (m). ♦ソファーベッド sofá-cama (m).

ソフト ❶〔柔らかい〕mole, suave, fofo/fa. ♦ソフトクリーム 【料】sorvete (m) italiano fofo. ❷〔柔軟な〕flexível. ❸〔ﾆﾐﾋﾞｭ〕soft (m) 〔ソフチ〕. ♦ソフトウェア software (m), programa (m). ソフトウェアエンジニアリング engenharia (f) de software.

ソフトタッチ toque (m) suave. 〜で描く pintar com mão leve.

ソフトドリンク bebida (f) não alcoólica.

ソフトボール 【スポーツ】softbol (m) 《modalidade (f) de beisebol》.

そふぼ 祖父母 os avós, o avô e a avó.

ソプラノ 【音】soprano (m). ♦ソプラノ歌手 cantor/ra soprano, o/a soprano.

そぶり 素振り jeito (m), modos (mpl), sinais (mpl). 彼女は部屋を出る〜をした Ela fez menção de sair da sala. 怪しい〜の人 pessoa (f) de modos estranhos. 何も知らぬ〜をした Fez (de conta) que não estava sabendo de nada.

そぼ 祖母 avó (f). 父方の〜 avó paterna. 母方の〜 avó materna.

そぼく 素朴 simplicidade (f). 〜な simples, rudimentar. だが訴えるものがあった O estilo da cerâmica local era rudimentar, mas era expressivo.

そまつ 粗末 〜な modesto/ta, frugal. 〜にする〔無駄にする〕desperdiçar;〔大事にしない〕tratar mal a …. 〜な食事 comida (f) simples, alimentação (f) frugal. 親を〜にする não tratar bem dos pais. 物を〜に取り扱う ser descuidado/da no manuseio [manejo] das coisas. 食べ物を〜にする desperdiçar comida. 体を〜にする descuidar-se, não cuidar da saúde. お金を〜にしてはいけません Não desperdice [esbanje] dinheiro.

ソマリア Somália (f). 〜の somali.

そまる 染まる 〔色がつく〕colorir-se, tingir-se, ficar tingido/da [tinto/ta];〔感化される〕ser influenciado/da, receber a influência de. よく染まった布 tecido (m) bem tingido. 赤で染まったスカート saia (f) tingida de [em] vermelho. 今の若者は西洋文化に染まっている Os jovens atuais estão ⌞influenciados pela [embebidos na] cultura ocidental.

そむく 背く opor-se a …, contrariar, desobedecer a …; trair; violar. 風習に〜 ir [agir] contra os costumes. 法に〜 violar [transgredir] uma lei. …の信頼に〜 trair a confiança de …. …の期待に背いて contra as expectativas de …. 彼は部長の命令に背いて首になった Ele desobedeceu às ordens do diretor de departamento e foi despedido.

そむける 背ける …に顔を〜 virar a cara a …. …から目を〜 desviar os olhos de ….

ソムリエ sommelier (m). ♦野菜ソムリエ profissional que sabe distinguir as boas verduras das más. ワインソムリエ sommelier (do vinho).

そめ 染め tintura (f). これは〜が良い(悪い) Isto está bem (mal) tingido. ♦染め色 cor (f) da tintura. 染め物 tecido (m) tingido.

そめる 染める tingir, colorir. 髪を黒く〜 tingir o cabelo de preto.

そもそも para começar, em primeiro lugar, em princípio, antes de mais nada. 〜人間というものは愚かである Para começar, o ser humano é bobo. これが〜事故のもとだった Esta foi, em princípio, a causa do acidente.

そや 粗野 〜な rude, tosco/ca, grosseiro/ra. 彼女は態度が〜だ As maneiras dela são rudes [grosseiras]./Ela é rude [grosseira] com as pessoas. 〜に振る舞う portar-se grosseiramente [rudemente].

そよう 素養 conhecimento (m); cultura (f). 〜のある人 pessoa (f) culta. …の〜がある ter conhecimentos de ….

そよかぜ そよ風 brisa (f). 〜が吹いている Está soprando uma brisa agradável.

***そら 空** céu (m) [セーウ]. 晴れた(曇った)〜 céu aberto (nublado). 〜の旅 viagem (f) de avião. 〜を飛ぶ voar pelo [no] ar. ¶ 〜で de cor, de memória. ♦ 空模様 tempo (m), aspecto (m) do céu.

そらす 反らす 〔体を〕empertigar-se, empinar-se; 〔板などを〕empenar, tornar convexo/xa [empenado/da].

そらす 逸らす desviar. 話を〜 desconversar, desviar a conversa. 目を〜 desviar ∟os olhos [o olhar].

そらまめ 空豆 〔植〕fava (f).

そらみみ 空耳 ❶ alucinação (f) auditiva, sensação (f) de pensar que ouviu. それはあなたの〜だったと思う Acho que você não pensou que ouviu. ❷ 〔聞こえないふりをすること〕ato (m) de ∟fingir não ter ouvido nada [《口語》 fazer de conta que não ouviu nada]. 〜を使う fingir [fazer de conta] que não ouviu.

そり 橇 〔小型の〕trenó (m), carrinho (m) de neve; tobogã (m). 〜に乗る subir no trenó. 〜で山を下る descer a montanha de trenó [tobogã.]

そりかえる 反り返る ❶ 〔板などが〕curvar-se, vergar, empenar. 板が雨で反り返ってしまった A madeira acabou empenando com a chuva. ❷ 〔威張って〕empertigar-se. 威張って椅子(ﾂ)に〜 empertigar-se recostado/da na cadeira.

ソリスト 【音】solista.

そりゅうし 素粒子 【理】partícula (f) elementar.

そる 剃る rapar, raspar. ひげを〜 fazer a barba, barbear. 脚の毛を〜 rapar [depilar] a perna.

そる 反る 〔板など〕empenar-se. 雨で床板が反ってしまった A chuva acabou empenando o assoalho de tábuas.

ゾル 【化】sol (m) aquoso, solução (m) coloidal. ♦ ゾル化 transformação (f) em sol.

***それ** isso [ｲｯｿ], isso aí, o/a [ｵ/ｱ], ele/ela [ｴ-ﾘ/ｴｱﾗ]. 〜らは[が] eles/elas, esses/essas. 〜らを os/as. 〜の dele/dela, desse/dessa, disso. 〜らの deles/delas, desses/dessas. 〜(ら)に lhe(s). 〜以後 (以前) depois (antes) disso, após isso, até aí. 〜よりあれが良い É melhor aquilo (lá) do que isso (aí). 〜相応の condizente com isso. 〜もそうだけど… Isso é verdade também, mas …. 〜を自覚した上で consciente disso. 〜には及びません Não é preciso se incomodar. 〜で結構です Isso é o bastante./Isso chega. 〜はいい考えだね Essa é uma boa ideia, né? すみません、〜はなんですか Por favor, o que é isso? 〜は私のです Isso é meu. 〜を持って来てください Passe-me isso, por favor./Traga-me isso, por favor. 〜がどうしたの《皮肉》 E daí, tem algo a reclamar?/Aconteceu alguma coisa?

それいらい それ以来 a partir disso, desde então. 〜彼女と連絡を取っていない Desde então, não ∟tenho [tenho tido] contato com ela.

それから então, desde então, e depois, depois disso, a partir de então. 〜どうしましたか 〔何をしたか〕E depois, o que você fez?/〔何が起きたか〕E depois, o que aconteceu?

それこそ isso sim, esse/essa sim. 〜私が探していた情報だ Essa sim é a informação que eu procurava. 秘密が漏れたら〜大変だ Se o segredo for descoberto isso sim (é que) será ∟um caso sério [uma catástrofe].

それぞれ cada, cada um/uma, cada qual; respectivamente. これらのペンダントは〜 200 円です Estes pingentes custam duzentos ienes cada. 〜自分の机に戻りなさい Voltem cada um ∟para a sua carteira [no seu lugar]! 〜の能力に合わせて宿題を与える dar tarefas diferenciadas conforme a capacidade de cada um. 好みは人〜である Cada um [qual] tem o seu gosto. 私には息子が二人おりますが、〜 30歳と 36歳です Tenho dois filhos, sendo que têm, respectivamente, trinta e trinta e seis anos.

それだけ ❶ 〔それのみ〕só isso. きょうは〜にしておきましょう Por hoje é só. 〜しか考えつかなかった Ocorreu-me só essa ideia. 〜はごめんだ Faço tudo, menos isso. ❷ 〔程度〕tanto quanto, tanto mais, quanto mais … mais. 出席者が多くなれば〜意見も多くなる Quanto mais participantes, mais opiniões também. 早く出れば〜早く帰れる Quanto mais cedo sair, mais cedo poderei voltar. 値段は高いが〜のことはある O preço está caro, mas vale a pena.

それで então, e; por isso. ⇨だから、そして、それから、ところで.

それでこそ isso sim, só assim. 〜本当の親友だ Isso sim é um/uma amigo/ga de verdade!

それでは então …. 〜これで失礼します Então, com licença que vou indo.

それでも apesar disso, contudo, não obstante. 〜…なら se mesmo assim …. 〜あなたが

行けないのなら... Se mesmo assim você não pode [puder] ir .... ～そのことが不可能なら仕方がないです Se mesmo assim ⌊isso não for possível [isso for impossível], ⌊ não há outro jeito [paciência]!

それどころ ～ではない não estar ⌊em tal situação [em tais condições]. 「遊びに行こうか」「今は忙しくて～じゃない」Vamos sair (para nos divertir)? — Não posso, não estou em tais condições, de tão ocupado.

それどころか ❶〔反対に〕pelo contrário, de maneira alguma, longe disso. 私は反対はしない、～協力しようとさえ思っている Eu vou opor-me à ideia, pelo contrário, até estou pensando em colaborar. ❷〔さらに〕além disso, além do mais. 彼女は役に立たない、～じゃまなことをする Ela não serve, além disso, atrapalha.

それとなく indiretamente. ～探る sondar, jogar verde e colher maduro. 彼は～忠告した Ele avisou [advertiu] de leve.

それとも ou, ou então. 紅茶にしますか、～日本茶にしましょうか Quer chá preto ou chá verde japonês?

それなのに apesar disso, apesar de tudo, no entanto. ～あなたはメールを一通もくれなかった Apesar disso você não me mandou nem um *e-mail*. 彼は金持ちだ、～けちだ Ele é rico e, no entanto, é avarento [《口語》pão-duro].

それなり ～に a seu modo, à sua maneira, de certo modo. このレポートは～にまとまっている De um certo modo, este relatório está bem acabado.

それにしては se é assim, sendo assim. この日本語は外国人が書いたのかしら。～うまく書けているわね Este texto em japonês foi escrito por um estrangeiro? Ah! Então, está muito bem escrito, não é? (apesar de deixar a desejar).

それにしても mesmo assim, ainda assim. 冬だが～寒い Mesmo sabendo que agora é inverno, ainda assim está muito frio. ～彼女は遅すぎる Mesmo assim ela está atrasada demais.

それにつけても a propósito de tudo isso, mas em relação a isso, com tudo isso. ～思い出すのは大学時代だ O que tudo isso me lembra é a minha época de universitário/ria.

それは ～さておき seja como for, deixando isso de lado. ～それとしてあなたにお願いがある Deixando isso de lado por enquanto, tenho algo a lhe pedir. ～そうですね Você tem razão./Também acho. ～そうでしょう。 É claro que sim./É natural que seja assim .... ～～親切な子だった Era uma criança extremamente gentil.

それほど **それ程** ❶〔思ったほど〕tão, tanto (quanto se pensava). ～痛くない Não está doendo tanto quanto eu calculava (que ia doer). ❷〔そんなに〕tanto assim, desse jeito. ～勉強したらいい大学に受かるにちがいない Já que você estuda ⌊tanto [desse jeito] vai passar em boas faculdades, com certeza. ～不思議な話はない Não há nada mais estranho que isso.

それまで até então; até aí. ～ブラジル人に会ったことはなかった Até então [aí] nunca ⌊tinha visto [tinha tido a oportunidade de conhecer] um brasileiro. ～にはこの報告書を書いておきます Até aí, ⌊deixarei pronto [terminarei] este relatório. ¶ それまで! Chega!/Basta!

それる **逸れる** desviar-se, afastar-se;〔弾が〕não acertar. 校長の話はよくわき道に～な O diretor (da escola) vive desviando do assunto principal.

ソロ〔音〕solo *(m)*. ～でピアノを弾く tocar piano solo. ♦ソロ奏者〔歌手〕solista.

そろい **揃い**〔一式〕conjunto *(m)*, jogo *(m)*. ～の igual, uniforme. ～食器一そろい jogo completo de louças (porcelanas).

そろう **揃う** ❶ estar completo/ta, estar reunido/da. これで資料がそろった Com isso o material está completo. 昔は食事の時には家族全員がそろったものだ Antigamente na hora da refeição todos os membros da família estavam reunidos. まだ皆そろっていない Ainda não estão todos reunidos. この大学には優秀な学者がそろっている Esta faculdade conta com excelentes estudiosos. 品物がそろっている店 loja *(f)* com boa variedade de produtos. ❷ ser igual, ser uniforme. あの道は家並みがそろっている Naquela rua as casas formam uma fileira uniforme. この箱のりんごは大きさがそろっている As maçãs desta caixa têm todas o mesmo tamanho. 軍人の足並みがそろっている Os militares estão marchando no mesmo ritmo. ここは社員の意見がそろっている《比》Nesta companhia, os funcionários têm a mesma opinião [atitude]. そろって juntos/tas, unidos/das. 夫婦そろってパーティーに呼ばれた Tanto o marido como a esposa foram convidados para a festa. 皆そろって新しい法案に反対した Todos se opuseram unidos ao novo projeto de lei.

そろえる **揃える**〔集める〕completar, colecionar;〔整理する〕ordenar, arranjar;〔一様にする〕igualar, uniformizar. 靴を～ colocar em ordem os sapatos《deixados na entrada das casas japonesas》. スキー用品を～ prover-se de objetos necessários ao esqui. データを～ coletar dados. 両足を～て跳ぶ saltar com os pés juntos. 髪を切り～ aparar os cabelos. …と歩調を～ acertar os passos com …. 口をそろえて…を言う dizer … em uníssono. 良い先生をそろえている学校 escola *(f)* com uma

そろそろ boa equipe de professores. 当店は各種の品をそろえております Esta loja oferece [tem] uma boa variedade de produtos. このカードをアルファベット順にそろえてください Ponha essas fichas em ordem alfabética, por favor.

そろそろ ❶ [ゆっくり] devagar, lentamente. ～と歩く andar devagar [lentamente]. ❷ [まもなく] dentro de instantes, daqui a pouco. 彼はもう～帰るでしょう Acho que ele vai voltar logo. ～夕食の時間だ Está chegando a hora do jantar. ～帰ろうか Vamos indo? ～11時には寝よう Vamos dormir, que daqui a pouco são onze horas. ～仕事を始めましょう Vamos começar a trabalhar, não é?

ぞろぞろ sucessivamente, um atrás do outro, uma atrás da outra. 映画館から人がぞろぞろ(と)出てきた Os espectadores vinham saindo do cinema um atrás do outro.

そろばん 算盤 ábaco (m).

ソロモンしょとう ソロモン諸島 Ilhas Salomão (fpl).

そわそわ ～する inquietar-se, ficar inquieto/ta [irrequieto/ta]. ～して com inquietação, sem sossego.

そん 損 prejuízo (m), perda (f), desvantagem (f). ～な desvantajoso/sa, desfavorável. ～をする ter prejuízo, sair perdendo, perder, levar desvantagem, ficar no prejuízo. ～な立場にある estar numa posição ingrata [desvantajosa]. ～な買い物をする fazer má compra. …の～になる ser desvantajoso/sa para …. ～を埋め合わせる compensar [reparar] um dano [prejuízo]. ～をして売る vender … com prejuízo. …に～をさせる causar prejuízo a …. その取引で私は100万円～した Eu tive um prejuízo de [perdi] um milhão de ienes com essa transação. 彼はどのくらいの～をしたのですか Quanto ele perdeu?/Qual foi o prejuízo dele?

そんえき 損益 vantagem (f) e desvantagem (f). ～を計算する calcular os lucros e as perdas.

そんがい 損害 prejuízo (m), dano (m). ～賠償を追求する exigir indenização [reparação] de danos. ～を与える causar dano a …. ～を受ける sofrer danos, ser prejudicado/da. この霜でコーヒー園が～を受けます O cafezal vai ficar prejudicado com essa geada. ◆損害賠償 indenização (f) [reparação (f)] de danos. 損害保険 seguro (m) contra danos.

そんけい 尊敬 respeito (m), admiração (f). ～する respeitar, admirar. ～に値する merecer respeito, ser respeitável. ～すべき respeitável, admirável, que merece respeito.

そんげん 尊厳 dignidade (f). 私は人間としての～を傷つけられた Feriram a minha dignidade (de ser humano). ◆尊厳死 ortotanásia (f).

*__そんざい 存在__ existência (f) [エジステンスィア], presença (f) [プレゼンサ]. ～する existir, encontrar-se, achar-se; ocorrer. 神の～ existência de Deus. 神は～する Deus existe. 日本の南に～する島々 ilhas ㇐que se encontram [existentes] ao sul do Japão. 彼女は～感のある人だ Ela é uma pessoa que tem presença. その種の動物はアマゾン川に～する Essa espécie de animal ocorre no Rio Amazonas. あなたたちはこの町に必要な～です Vocês são uma presença indispensável nesta cidade. ◆存在物(者) ser (m). 存在理由 razão (f) de ser. 存在論 ontologia (f).

ぞんざい ～な descuidado/da, grosseiro/ra. ～な仕事 serviço (m) malfeito [《口語》matado]. ～な言葉 palavra (f) rude [grosseira]. 人を～に扱う tratar as pessoas ㇐com indelicadeza [grosseiramente], ser indelicado/da com as pessoas. そんな～な口のきき方をしてはいけません Não fale de maneira tão grosseira assim.

そんしつ 損失 perda (f), prejuízo (m). 彼の死は我が社にとって大きな～です A morte dele representa uma grande perda para a nossa companhia. ⇨損, 損害.

そんしょう 損傷 danificação (f), dano (m), estrago (m). …に～を与える danificar …, causar dano [estrago] a …. ～を受ける[ficar] danificado/da. 車体の～が著しい Dá para se notar bem os danos da carroceria (do carro).

ぞんじる 存じる 《forma de cortesia para shiru 知る》❶ [知る] saber, conhecer. ❷ [思う] pensar, esperar, desejar.

そんぞく 存続 ❶ subsistência (f). ❷ [続くこと] permanência (f), duração (f), continuação (f). ～する subsistir, permanecer, continuar. まだ古いシステムが～している Ainda subsiste o antigo sistema. 会社を～させる dar continuidade à empresa, manter a empresa. ◆存続期間 período (m) de duração.

そんちょう 尊重 estima (f), consideração (f), respeito (m). ～する considerar, respeitar. ～すべき que deve ser considerado/da, que merece respeito. 世論を～する levar a opinião pública em consideração. 人命を～する respeitar a vida humana. 相手の気持ちを～する acatar [considerar, respeitar] os sentimentos do outro. 他人のプライバシーを～しなければなりません É preciso respeitar a privacidade dos outros.

そんちょう 村長 prefeito/ta 《de um povoado》, administrador/ra distrital.

そんとく 損得 vantagem (f) e desvantagem (f). ～抜きで sem se levar em conta as vantagens e as desvantagens, desinteressadamente falando. ～は問題ではない Não é questão de vantagem ou desvantagem.

そんな tanto, tal, desse jeito. ～はずはない Não pode ser. ～わけで por isso. どうせ～こ

とだろうと思った Era o que se esperava mesmo. ～ことになるとは思わなかった Nunca pensei que isso fosse acontecer [ficar desse jeito]. ～にたくさんは要らない Não preciso de tanto assim. 私は～大金は持っていません Eu não tenho tanto dinheiro assim. どうして～ことをしたのですか Por que você fez uma coisa dessas? ～ときには私のところへ来てください Em casos assim, venha falar comigo, está bem? ～人にはもう何をしてもだめですよ Para tal pessoa, já não adianta fazer mais nada. あなたが～人ではないってことをみんなわかっていますよ A gente sabe que você não é disso. 私も～経験があります Eu também tenho uma experiência desse tipo.

ゾンビ zumbi (*m*), morto/ta-vivo/va.

ぞんぶん 存分 ～に sem reserva, com toda a liberdade. ここであなたの能力を思う～に発揮してください Mostre aqui toda a sua capacidade. ～に召し上がってください Por favor, sirva-se [coma] quanto quiser, está bem?

そんみん 村民 habitante de um povoado.

ぞんめい 存命 ～する estar vivo/va. ご主人の御～中に quando o seu marido ainda estava vivo.

そんらく 村落 aldeia (*f*).

た

た 他 o/a outro/tra, os/as outros/tras. ～の… outro/tra …, o/a outro/tra …, um/uma outro/tra …. その～ e o resto, e os/as outros/tras. その～大勢 e muitos/tas outros/tras. ～の例をいくつか挙げよう Vou dar outros exemplos.

た 田 arrozal (m), brejo (m) de arroz. ～に水を引く irrigar o arrozal. ～を耕す lavrar a terra para o plantio do arroz.

-た ❶ 〔過去を表す〕 (indica passado). その日バスは遅れて来～ O ônibus veio atrasado nesse dia. この広場は前は狭かっ～ Antes, esta praça era pequena. ❷ 〔現在まで続いている事実を発話時に認識したことを表す→現在形を使用する〕 (indica um fato que continua desde o passado e que foi notado no momento da fala → traduz-se pelo presente). あなたのお名前はたしかマリアさんでし～ね Se não me engano, o seu nome é Maria, não é? 君はまだ美しくて若かっ～んだね Percebo agora que você ainda é bonita e jovem, não é mesmo? ❸ 〔過去の非現実的な仮定法の帰結を表す→だいたい過去未来完了形を使用する〕 (consequência numa frase hipotética irreal do passado→traduz-se, em geral, pelo futuro do pretérito composto). もっと早く来ればよかっ～ね Teria sido melhor se tivéssemos vindo mais cedo, não é mesmo? 行く前に彼女に電話したほうがよかっ～ね Teria sido melhor telefonar [se tivéssemos telefonado] para ela antes de ir, não é?

-だ 〔★おおむね ser, estar, ficar 動詞の直説法現在形に相当〕 (forma não polida de 「です」; corresponde, em geral, ao presente do indicativo dos verbos ser, estar, ficar). ⇨ある, -です.

ターゲット ❶ 〔標的〕 alvo (m). ❷ 〔目標〕 objetivo (m). ❸ 〔購買対象者〕 público (m) alvo.

ダース dúzia (f). ボールペン半～ meia dúzia de caneta esferográfica. ブラジルでバナナを1～100円で売ってた No Brasil, estavam vendendo banana a cem ienes a dúzia.

ダーツ ❶ 〔投げ矢遊び〕 jogo (m) de dardos. ❷ 『裁縫』 pence (f), prega (f).

タートルネック 〔服〕 gola (f) rolê.

ターニングポイント ponto (m) de virada.

ターバン ❶ 〔頭に巻く長い布〕 turbante (m). ❷ 〔それに似せた婦人帽〕 chapéu (m) feminino em forma de turbante.

ダービー ❶ 〔競馬〕 grande corrida (f) de cavalo. ❷ 〔大競争〕 grande desafio (m), grande disputa (f). ❸ 〔一位争い〕 disputa pelo primeiro lugar.

タービン turbina (f). ♦ガスタービン turbina a gás. 蒸気タービン turbina a vapor. 水力タービン turbina hidráulica.

ターボ turbo (m), turbina (f). ～をかける ligar o turbo, passar a fazer algo com velocidade. ♦ターボエンジン motor (m) turbo [turbinado]. ターボジェットエンジン motor (m) turbo a jato.

ターミナル ❶ terminal (m), ponto (m) final. ♦バスターミナル estação (f) rodoviária. ❷ 〔末端部〕 final (m). ❸ 〖コンピュ〗 〔端末装置〕 terminal (m).

ダーリン 〔呼びかけ〕 Querido/da!

タール piche (m), alcatrão (m).

ターン virada (f). ～する virar.

ターンテーブル ❶ 〔レコードプレーヤーの〕 prato (m) de toca-discos. ❷ 〔転車台〕 plataforma (f) giratória.

たい 対 contra; a; com. ブラジルは5～3でサッカーの試合に勝った O Brasil venceu por cinco a três no jogo de futebol. ブラジル～日本の試合 jogo (m) entre Brasil e Japão. 日本の～伯政策 política (f) do Japão em relação ao Brasil. ♦対日貿易 comércio (m) com o Japão.

たい 態 〖文法〗 voz (f). ♦受動態 voz passiva. 能動態 voz ativa.

たい 隊 equipe (f), grupo (m); 〔軍〕 tropa (f).

たい 鯛 〖魚〗 pargo (m).

タイ Tailândia (f). ～の tailandês/desa.

-たい querer (+ 不定詞) (+ infinitivo). ⇨-したい.

だい 代 〔時代〕 época (f); 〔世代〕 geração (f). 20～の (pessoa) (f) com idade) da casa dos vinte. 70年～の流行 moda (f) dos anos setenta.

だい 台 ❶ 〔物をのせる〕 suporte (m), mesinha (f), estante (f). ♦譜面台 estante de música. 踏み台 suporte, andaime (m). ❷ 〔数量の範囲〕 casa (f). 気温は20度～になるでしょう A temperatura vai ficar na casa dos vinte graus. 気温は30度～まで上がるでしょう A temperatura vai subir até aos trinta graus.

だい 大 ❶ grande. ～なり小なり seja grande, seja pequeno/na; grande ou pequeno/na. 人には～なり小なり欠点があるものだ O ser humano sempre tem defeitos, sejam eles grandes ou pequenos. ～は小を兼ねる O grande pode substituir o pequeno. ❷ muito, grande. 彼女は私の～の友人だ Ela é muito amiga minha. 彼は～のサッカーファンだ Ele é um grande aficionado ao futebol.

だい 題 título (*m*). …に～をつける dar um título a …, intitular. …という～の映画 filme (*m*) intitulado [que se intitula] ….

だい- 大- grande. ～政治家 grande estadista. ～損害 grandes perdas (*fpl*). ～惨事 acidente (*m*) terrível, catástrofe (*f*). それは～問題だ Isso é um grande problema.

だい- 第- 《serve para indicar ordem》. ～1番 número (*m*) um, primeiro/ra. ～三者 a terceira pessoa [parte]. ～6条～4項『法』artigo (*m*) sexto, parágrafo (*m*) quarto. ベートーベンの～九 nona sinfonia (*f*) de Beethoven.

-だい -大 tamanho (*m*). 等身～の de tamanho natural.

たいあたり 体当たり investida (*f*) com o corpo, encontrão (*m*). ～でドアを開ける abrir uma porta à força. ～してがんばります Lutarei com toda a força!

たいあん 対案 contraproposta (*f*).

だいあん 代案 um segundo projeto (*m*), um projeto em substituição (ao que não deu certo), uma proposta (*f*) alternativa. ～を出す apresentar uma proposta alternativa.

たいい 大意 ideia (*f*) principal; 〖概略〗resumo (*m*).

たいい 退位 abdicação (*f*) (ao trono). ～する abdicar ao trono. 王を～させる destronar [depor] o rei.

だいい 代位 abdicação (*f*) 『法』sub-rogação (*f*). ♦代位者 sub-rogado/da. 代位弁済 pagamento (*m*) por sub-rogação.

たいいく 体育 educação (*f*) física. ～の日 Dia (*m*) da Educação Física. ～体育館 ginásio (*m*) (esportivo). 体育祭 festival (*m*) esportivo, competição (*f*) esportiva. 体育大会 competição de atletismo.

だいいち 第一 primeiro lugar (*m*). ～の primeiro/ra. ～に em primeiro lugar, primeiramente, antes de mais nada. 健康が～だ A saúde em primeiro lugar. 安全～〖掲示〗A Segurança (*f*) em Primeiro Lugar. それはできない. ～金がない Isso não dá para fazer. Para começar, não tenho dinheiro. ♦第一印象 a primeira impressão (*f*). 第一段階 a primeira etapa (*f*).

だいいちぎ 第一義 significado (*m*) principal [mais importante], ponto (*m*) essencial. ～的な questão (*f*) fundamental. ～的に essencialmente, fundamentalmente, principalmente.

だいいちじ 第一次 primeiro/ra. ♦第一次世界大戦 A Primeira Guerra Mundial.

だいいちにんしゃ 第一人者 a maior autoridade (*f*) 《em dada disciplina ou área》.

だいいっき 第一期 primeira fase (*f*). ♦第一期工事 a primeira fase das obras. 第一期生 turma (*f*) dos primeiros estudantes de uma faculdade (escola).

だいいっしゅ 第一種 primeira categoria (*f*). ♦第一種運転免許証 carteira (*f*) de motorista de primeira categoria. 第一種免許 habilitação (*f*) de categoria I [um].

だいいっしん 第一審 『法』primeira instância (*f*), primeiro grau (*m*), primeiro julgamento (*m*). ♦第一審裁判所 juizado (*m*) de primeira instância. 第一審判事 juiz/juíza de primeira instância. 第一審判決 decisão (*f*) de primeira instância.

だいいっせん 第一線 ❶〔戦場で〕vanguarda (*f*). ❷ primeira linha (*f*). 彼はこの世界の～で活躍している人だ Ele é o melhor profissional desta área.

だいいっぽ 第一歩 primeiro passo (*m*). …への～を踏み出す dar o primeiro passo para ….

たいいん 退院 alta (*f*) (médica), saída (*f*) [alta] do hospital. ～する receber [ter] alta, sair do hospital. 彼女は3週間後～した Ela recebeu [teve] alta do hospital após três semanas. 彼女には～の予定がない Não há previsão de alta para ela. 来週はもう～できますよ A semana que vem já pode sair do hospital, *viu*?

たいいんれき 太陰暦 calendário (*m*) lunar.

ダイエット dieta (*f*). 今は～中です Agora estou em dieta. ♦ダイエット食品 alimento (*m*) dietético.

たいおう 対応 〔相互の〕correspondência (*f*), equivalência (*f*); 〔左右の〕simetria (*f*); 〖数〗homologia (*f*). …に～する corresponder a, equivaler a, ser equivalente a; ser simétrico/ca a, estar simétrico/ca [apresentar simetria] em relação a; 〔対抗する〕fazer face a, combater. その二つの角は～している Esses dois ângulos são homólogos. そのポルトガル語に～する日本語が見つからない Não estou encontrando um termo japonês que corresponda a esse termo português. 政府はその問題を解決するにあたって～が遅れた O governo demorou em tomar medidas para resolver a questão.

だいおうじょう 大往生 morte (*f*) serena. ～を遂げる ter morte serena, expirar serenamente.

ダイオード 〖電〗díodo (*m*).

ダイオキシン 〖化〗dioxina (*f*).

たいおん 体温 temperatura (*f*) (do corpo). ～が高い(低い) ter [estar com] a temperatura alta (baixa). 今の私の～は38度2分です Agora estou com trinta e oito graus vírgula dois de febre. ～を測りましょう Vamos medir a temperatura. ～が上がっていますね A sua temperatura subiu [está subindo], não?/ A sua temperatura está alta, não? ♦体温計 termômetro (*m*).

たいか 大家 autoridade (f) 《em alguma matéria ou assunto》.
たいか 大火 grande incêndio (m).
たいか 対価 compensação (f), valor (m) correspondente [equivalente].
たいか 耐火 resistência (f) ao fogo. ♦耐火建築 construção (f) à prova de fogo.
たいか 退化 degeneração (f); 〔器官などの〕atrofia (f). ～する degenerar; ficar atrofiado/da.
たいが 大河 rio (m) grande. ♦大河小説 romance (m) longo.
だいか 代価 preço (m), custo (m). 戦争の～ o preço da guerra.
たいかい 大会 congresso (m), festival (m); convenção (f). ～を開く organizar um congresso. ～を終了する finalizar um congresso.
たいかい 大海 oceano (m).
たいかい 退会 separação (f), abandono (m). ～する separar-se, retirar-se, sair (de uma organização), deixar, abandonar (uma sociedade). ～届を出す entregar notificação (f) de saída (de uma organização).
たいがい 体外 extracorpóreo/rea. ♦体外受精 fertilização (f) in vitro. 体外透析 diálise (f) extracorpórea. 体外離脱体験 experiência (f) extracorpórea.
たいがい 大概 ❶〔一般に〕geralmente, por via de regra, em geral. ～の em geral, a maioria de. ～の場合に na maioria dos casos, em geral. 日本の家は～木造建築です As casas japonesas são em geral de madeira. 私は～9時に寝ています Geralmente durmo às nove horas. ❷〔ほとんど〕quase. あの家族なら私は～知っている Eu conheço quase todos daquela família.
たいがい 対外 ～的な exterior, internacional. 通貨の～価値 câmbio (m) da moeda no exterior. ♦対外援助 auxílio (m) a país estrangeiro. 対外関係 relações (fpl) externas [internacionais]. 対外債務 dívida (f) externa. 対外支払い pagamentos (mpl) ao exterior. 対外政策 política (f) externa [internacional]. 対外貿易 comércio (m) exterior.
たいかく 体格 constituição (f) física, estrutura (f) física, compleição (f). ～がよい ter um bom porte físico. ～が悪い ter uma má constituição física. 彼は～がよい Ele é alto e robusto. ～検査を受ける submeter-se a um exame médico.
たいかく 対格 〔文法〕caso (m) acusativo.
たいがく 対角 〔数〕ângulo (m) oposto.
たいがく 退学 〔やめること〕fuga [evasão] (f) escolar; 〔やめさせること〕jubilação (f), expulsão (f). ～する deixar os estudos. ～を…処分にする expulsar … da escola.
だいがく 大学 faculdade (f); 〔総合大学〕universidade (f). ～に入る entrar na faculdade. ～を卒業する graduar-se [formar-se] pela universidade, concluir o curso universitário.
♦大学学部長 diretor/ra de faculdade. 大学生 universitário/ria. 大学総長 reitor/ra de universidade. 大学入試 exame (m) vestibular. 大学ノート caderno (m) grande de anotações. 大学病院 hospital (m) universitário. 公立大学 universidade pública. 国立大学 universidade nacional [do Estado]. 国連大学 Universidade das Nações Unidas. 私立大学 universidade privada [particular]. 短期大学 instituto (m) universitário de dois anos. 放送大学 universidade do ar.
だいがくいん 大学院 curso (m) de pós-graduação universitária.
たいかくせん 対角線 〔数〕diagonal (f). ～を引く traçar uma diagonal.
だいかこ 大過去 〔文法〕pretérito (m) mais-que-perfeito.
だいかぞく 大家族 família (f) grande 《em comparação à família nuclear》.
たいかん 体感 o que o corpo humano sente (na pele). 今日の～温度は30度になるでしょう Hoje vamos ter uma sensação calorífica [térmica] de trinta graus. 今日は～的にはそう寒くはならないでしょう Hoje não vamos sentir muito frio. ♦体感温度 sensação (f) calorífica [térmica], grau (m) de temperatura sentido pelo corpo humano.
たいかん 戴冠 coroação (f). ♦戴冠式 cerimônia (f) de coroação.
たいかん 退官 jubilação (f), aposentação (f). ～する aposentar-se (de trabalho público). ♦定年退官 aposentadoria por idade.
たいがん 対岸 margem (f) oposta. それは遠い国々にとって～の火事だった Isso era algo que não atingia diretamente os países distantes.
だいかん 大寒 dia (m) vinte de janeiro mais ou menos, dia que marca o meio do inverno e o dia mais frio do ano, quando acontecem tradicionalmente os treinos de artes marciais no frio.
だいかんみんこく 大韓民国 ⇨韓国(かんこく).
たいき 大器 grande talento (m). ♦大器晩成 Os grandes talentos costumam maturar tarde.
たいき 大気 atmosfera (f), ar (m). ♦大気圧 pressão (f) atmosférica. 大気汚染 poluição (f) do ar. 大気汚染物質 gases (mpl) poluentes (da atmosfera).
たいき 待機 prontidão (f), alerta (m). ～する estar em alerta, ficar de prontidão. 警察は犯人の隠れている家の前で～している A polícia está posicionada em frente à casa onde se esconde o criminoso. ～していてください Fiquem a postos (e aguardem)!

たいぎ 大儀 〜な trabalhoso/sa, cansativo/va. 疲れて食べるのも〜だ Estou tão cansado/da que até estou com preguiça de comer.

だいぎいん 代議員 representante, delegado/da.

だいきけん 大気圏 atmosfera (f).

だいぎし 代議士 deputado/da.

だいきぼ 大規模 grande porte (m), grande escala (f). 〜な de grande porte.

たいきゃく 退却 retirada (f). 〜する retirar-se.

たいきゅう 耐久 〜性に優れた商品 artigo (m) bastante durável [resistente]. 〜力のある resistente. ♦耐久消費財 bens (mpl) de consumo duráveis. 耐久性 resistência (f), durabilidade (f). 耐久力 durabilidade (f), resistência (f).

だいきゅうし 大臼歯 〖解〗dente (m) molar.

たいきょ 退去 evacuação (f), saída (f), retirada (f). 〜する evacuar, sair [retirar-se] de. 学生を学校から〜させる ordenar os estudantes a evacuarem a escola. ♦退去届 notificação (f) de saída (de moradia).

たいきょう 胎教 educação (f) pré-natal (da criança que está no útero).

たいきょく 大局 situação (f) geral. 〜的に分析する analisar as coisas no seu conjunto. 〜的には問題ない De maneira geral não há problemas.

たいきん 大金 grande quantidade (f) de dinheiro. それは〜ですよ Isso é muito dinheiro!

だいきん 代金 importância (f), preço (m), quantia (f). …の〜を払う pagar o preço de ⋯, pagar a importância de ⋯. …の〜を受け取る receber a importância de ⋯. ♦代金引換払い pagamento (m) no ato da entrega.

だいく 大工 carpinteiro/ra, marceneiro/ra. ♦大工仕事 carpintaria (f), marcenaria (f).

***たいぐう 待遇** 〔応接〕recepção (f) [ヘセピサォン], acolhida (f) [アコリーダ], tratamento (m) [トラタメント]; 〔給料〕salário (m) [サラーリオ], pagamento (m) [パガメント]; 〔旅館などの〕serviço (m) [セルヴィッソ]. 〜する tratar, receber; pagar; servir. 現在の〜に満足していますか Está satisfeito/ta com o tratamento que está recebendo atualmente? このホテルは〜が良い(悪い) Este hotel serve bem (mal)./O serviço deste hotel é bom (não é bom). この会社は〜が良い(悪い) Esta companhia paga bem (mal). 特別〜を受ける receber um tratamento especial. 労働者の〜改善を要求する exigir o melhoramento das condições trabalhistas.

たいぐう 対偶 〖数〗contraposição (f), antítese (f).

たいくつ 退屈 tédio (m). 〜な entediante, cansativo/va. 〜させる entediar, aborrecer, cansar. …に〜する aborrecer-se com ⋯, cansar-se de ⋯. 〜しのぎに para matar o tempo.

たいぐん 大群 grande número (m), bando (m).

たいけい 体型 tipo (m), figura (f), forma (f) do corpo.

***たいけい 体系** sistema (m) [スィステーマ]. 〜化する sistematizar. 〜的な sistemático/ca.

たいけい 大系 síntese (f), linhas (fpl) gerais.

だいけい 台形 〖数〗trapézio (m). 〜の trapezoide, trapezoidal. 〜の面積の計算をする calcular a área de um trapézio.

たいけつ 対決 confronto (m), enfrentamento (m). AはBと〜した A confrontou-se com B. 原告と被告を判事の前で〜させる fazer o/a acusador/ra e o/a acusado/da se confrontarem diante do juiz.

たいけん 体験 experiência (f) pessoal, experiência própria. 〜する experimentar, vivenciar. 〜を生かす aprender com a experiência e aplicá-la. 教室で習った理論を実際に〜してみる vivenciar as teorias aprendidas em sala de aula. あなたはこの〜をどこかで生かせるでしょう Acho que você poderá aproveitar esta experiência em algum lugar. 無料〜受付中《掲示》aula (f) experimental de graça. ♦体験記 relato (m) de experiências pessoais, memórias (fpl). 体験談 relato [história (f)] sobre experiências vividas. 初体験 primeira experiência, primeiro (m) contato.

たいけん 大権 poder (m) (supremo), prerrogativa (f), privilégio (m). 〜を発動する fazer uso do privilégio.

たいげん 体現 encarnação (f), personificação (f).

たいこ 太鼓 tambor (m) 《instrumento musical》. …を鐘や〜で捜し回る procurar ⋯ fazendo estardalhaço. ¶…に〜判を押す garantir, dar fiança a ⋯. ♦太鼓持ち bajulador/ra, 《口語》puxa-saco. 大太鼓 tambor grande.

***たいこう 対抗** ❶ rivalidade (f) [ヒヴァリダーヂ]. 〜する rivalizar. 水泳にかけては彼に〜できる者はいない Ninguém consegue rivalizar com ele na natação. ♦対抗馬 cavalo (m) rival; candidato/ta rival (nas eleições). ❷ combate (m) [コンバッチ]. エイズに〜するために para combater a AIDS. ❸ oposição (f) [オポズィサォン]. 映画会社に〜して映画を作成した Produziu o filme (mesmo indo) contra a produtora. ♦対抗案 contra-projeto (m).

たいこう 大綱 princípio (m) fundamental, linhas (fpl) gerais (de um projeto).

たいこう 対向 estado (m) em que um está em frente ao outro. ♦対向車 veículo (m) que corre em direção contrária ao outro num trânsito.

だいこう 代行 substituição (f), desem-

たいこうじあい 対校試合 torneio (m) interescolar.

だいこうぶつ 大好物 comida (f) favorita.

たいこく 大国 país (m) grande; grande nação (f). ♦経済大国 potência (f) econômica. 超大国 superpotência (f).

だいこくばしら 大黒柱 ❶ [建] coluna (f) mestra da casa. ❷ [中心となる人・物] sustentáculo (m), esteio (m). 一家の〜 sustentáculo da família.

だいごみ 醍醐味 grande sabor (m), encanto (m) verdadeiro. …の〜を味わう deleitar-se plenamente com ….

だいこん 大根 nabo (m). ♦大根おろし nabo ralado.

たいさ 大佐 coronel (m). ♦海軍大佐 capitão (m) do navio de guerra.

たいさ 大差 grande diferença (f). 〜で負ける perder por uma grande diferença. その二つの製品は品質において〜がある Há uma grande diferença na qualidade desses dois produtos. 彼の実力は専門家と〜ない Sua capacidade não difere muito da de um profissional.

だいざ 台座 pedestal (m).

たいざい 滞在 permanência (f), estada (f), estadia (f). …に〜する ficar em …, permanecer em …. あなたは何日間日本に〜しますか Quantos dias você vai permanecer no Japão? サンパウロ〜中は大変お世話になりました Muito obrigado/da por tudo, durante a minha permanência em São Paulo. ♦滞在期間 prazo (m) de permanência. 滞在費 despesas (fpl) de estadia. 滞在ビザ visto (m) de permanência. 長期（短期）滞在 permanência longa (curta). 不法滞在 permanência ilegal.

たいざい 大罪 ❶ [法] grande crime (m), delito (m) grave. ♦大罪人 grande criminoso/sa, facínora (m). ❷ [宗] pecado (m) mortal.

だいざい 題材 material (m). …のための〜を集める coligir [coletar] material para ….

たいさいぼう 体細胞 célula (f) somática.

*****たいさく 対策** medida (f) [メヂーダ], guerra (f) [ゲーハ], combate (m) [コンバッチ]. 〜を講じる pensar em [planejar,《口語》bolar] medidas de solução. 〜を取る usar de [fazer uso de, tomar] medidas de solução. 安全〜はどのようにしていますか Que medidas de segurança você está tomando? ♦温暖化対策 combate ao aquecimento (global). 登校拒否対策 guerra à evasão escolar.

たいさく 大作 obra (f) monumental, grande obra muito elaborada.

たいさん 退散 retirada (f), dispersão (f), debandada (f). 〜する retirar-se, dispersar-se, debandar. 〜させる dispersar, debandar.

だいさん 第三 o/a terceiro/ra. 〜に em terceiro lugar. 〜者の立場に立つ tomar uma posição neutra. ♦第三紀 [地質] era (f) terciária. 第三次産業 indústrias (fpl) terciárias, setor (m) do comércio e serviços. 第三者 os terceiros. 第三世界 o terceiro mundo (m).

たいし 大使 embaixador/ra. ♦大使館 embaixada (f). 大使夫人 embaixatriz (f).

たいじ 胎児 [医] feto (m), embrião (m). 〜のイメージ imagem (f) do feto. ♦胎児医学 medicina (f) fetal. 胎児死亡 morte (f) fetal. 胎児心音 ruídos (mpl) [som (m)] do coração do feto.

たいじ 退治 extermínio (m). 〜する exterminar. ♦害虫退治 extermínio (m) de pragas.

*****だいじ 大事** coisa (f) importante [séria, grave], assunto (m) grave. 〜をなしとげる realizar uma grande tarefa. 〜に至る atingir um ponto crítico, ter consequências desastrosas. 〜をとって por segurança, por precaução, por via das dúvidas. 〜をとる agir com cuidado [precaução]. 彼はもう風邪（ｶｾﾞ）は治っていたが〜をとって外に出なかった Ele já tinha sarado do resfriado mas, por precaução, não saiu de casa. 〜な importante, precioso/sa; querido/da. 〜な友人 um/uma amigo/ga ᒻimportante [muito querido/da]. 〜な時 um momento (m) importante. 〜な点 ponto (m) crucial. 今〜なことは黙って状況を見つめることだ O importante agora é observar a situação em silêncio. 〜に cuidadosamente, com carinho, com cuidado. 体を〜にする cuidar-se, cuidar da saúde. 人を〜にする tratar bem de uma pessoa. …を〜に閉まっておく guardar … com cuidado [carinho]. 健康を〜にする cuidar da saúde. お〜に Estimo as melhoras, sim?/Cuide-se, sim?/《口語》Se cuida, tá?

ダイジェスト resumo (m). ♦ダイジェスト版 edição (f) resumida.

たいしかん 大使館 embaixada (f). ♦駐日ブラジル大使館 Embaixada do Brasil no Japão.

だいしぜん 大自然 natureza (f).

たいした 大した 〔偉大な〕grande; 〔非常な〕extraordinário/ria, maravilhoso/sa; 〔重大な〕sério/ria, grave. 彼の病気は〜ことはない A doença dele não é tão grave assim. それは〜ことではない Isso é irrelevante./Isso não é grave./Isso não é nada. AとBの間には〜違いはない Não há ᒻtanta diferença [diferença relevante] entre A e B. それは〜ものだ Isso é maravilhoso./《口語》Grande! Grande!

たいしつ 体質 ❶〔体の〕constituição (*f*). ❷〔組織などの〕cultura (*f*). 談合の〜は長年続いたが法改正でなくなるでしょう A cultura do cartel existiu por muitos anos, mas com a reforma da lei é provável que desapareça.

たいして 大して muito. 〜…ない não … muito. これは〜売れないでしょう Acho que isto aqui não vai (se) vender muito./Acho que isto não vai ter muita saída. 山は〜寒くなかった Não fez tanto frio (como se esperava) nas montanhas.

-たいして -対して …に〜 com …, para com …, em relação a …, sobre. …に〜怒る zangar-se〔ficar bravo/va〕com …. …に〜好奇心がある ter curiosidade ⌊por [em relação a, sobre] …. あなたのご親切に〜感謝します Agradeço muito a sua bondade.

たいしゃ 代謝 metabolismo (*m*). ◆代謝産物 metabólito (*m*). 基礎代謝 metabolismo basal. 蛋白(質)代謝 metabolismo proteico.

たいしゃ 大赦 anistia (*f*), indulto (*m*), perdão (*m*) coletivo. 〜を行う conceder ⌊anistia [perdão coletivo] (em comemorações nacionais).

たいしゃ 退社 ❶〔帰宅〕saída (*f*) da firma. 〜する sair da firma. 彼はその日 3 時に〜した Nesse dia ele saiu do trabalho às três horas. ◆退社時間 horário (*m*) de saída (da empresa, do trabalho). ❷〔退職〕demissão (*f*). 〜する demitir-se, aposentar-se. 私は〜を決意した Decidi deixar [abandonar] ⌊a firma [o emprego].

だいしゃ 台車 carro (*m*) de mão, carrinho (*m*), carroça (*f*).

だいじゃ 大蛇 〔動〕cobra (*f*) grande.

たいしゃく 貸借 ❶〔貸し借り〕débito (*m*) e crédito (*m*), dever (*m*) e haver (*m*). ❷〔土地などの〕locação (*f*), arrendamento (*m*). ❸〔金融の〕empréstimo (*m*). …と〜関係がある ter relações (*fpl*) financeiras com …. 〜を清算する liquidar as contas. ◆貸借期限 prazo (*m*) de empréstimo. 貸借契約書 contrato (*m*) de financiamento [empréstimo]; contrato de aluguel (locação, arrendamento). 貸借対照表 balancete (*m*), folha (*f*) de balanço.

たいしゅう 大衆 multidão (*f*), massa (*f*). 〜的 popular.

たいじゅう 体重 peso (*m*) do corpo. 〜を量る medir [tirar] o peso. 私は〜が 45 キロあります Eu peso quarenta e cinco quilos. 〜はいくらありますか Quanto você pesa?/Qual é o seu peso? 私は〜が増えました O meu peso aumentou. 私は〜が 10 キロ減ったら… Quando [Se] eu perder dez quilos .... ◆体重減少 perda (*f*) de peso. 体重増加 aumento (*m*) [ganho (*m*)] de peso.

たいしょ 対処 tomada (*f*) de medidas. 〜する tomar medidas para algo, fazer frente a algo, providenciar. 新たな事態に〜する tomar medidas para (fazer frente a) uma situação nova.

たいしょ 大暑 dias (*mpl*) mais quentes do verão, por volta de 22 ou 23 de julho.

***たいしょう 対象** objeto (*m*) [オブジェット], mira (*f*) [ミーラ], objetivo (*m*) [オブジェクチーヴォ], alvo (*m*) [アークヴォ]. 研究の〜 objeto de pesquisa. 課税の〜となる製品 produto (*m*) sujeito a imposto. 老人を〜にした映画 filme (*m*) destinado aos idosos. 地球の温暖化が議論の〜となった O aquecimento global foi o tema central do debate. この新製品はだれを〜にしているのですか Qual seria o público alvo deste novo produto?/《口語》Para que camada de gente vocês pretendem vender este novo artigo?

たいしょう 大将 〔陸、空軍〕general (*m*); 〔海軍〕almirante (*m*).

たいしょう 大賞 grande [primeiro] prêmio (*m*).

たいしょう 対照 contraste (*m*);〔比較〕comparação (*f*). 〜する contrastar, comparar. A と B とを〜する comparar A com B. ブラジルと日本は〜的ですね O Brasil e o Japão são bem contrastantes, não?

たいしょう 対称 simetria (*f*). 〜的 simétrico/ca.

たいじょう 退場 ❶〔劇〕saída (*f*) de cena. 舞台から〜する sair de cena. ❷〔スポーツ〕saída de campo. …を〜させる 〜に〜を命じる〕expulsar … do campo. 〜させられた選手 jogador/ra expulso/sa (do campo). 〜する sair do campo. ◆退場処分 expulsão (*f*).

だいしょう 代償 ❶ compensação (*f*), recompensa (*f*), remuneração (*f*). …の〜として como compensação de [a] …. 戦争の勝利の〜として多くの血が流された A vitória da guerra foi paga com muito sangue. いかなる〜を払っても a qualquer preço, a todo o custo. ❷〔賠償〕indenização (*f*), reparação (*f*). 損害の〜として一千万円を要求した Exigiu dez milhões de ienes como indenização dos [aos] danos sofridos.

だいしょう 大小 ❶ o pequeno e o grande. ❷〔大きさ〕tamanho (*m*). 商品の〜により運送料は変わって来ます O custo do transporte varia de acordo com o tamanho da mercadoria.

たいしょうじだい 大正時代 Era (*f*) Taisho (1912〜1926).

だいじょうぶ 大丈夫 seguro/ra もう〜だ Já estamos seguros. 〜ですか Você está bem?/ Precisa de ajuda? もう〜ですよ Você já está fora de risco [perigo], *viu*? この水は飲んでも〜だ Esta água é potável. 戸締まりはもう〜ですか Já fechou todas as portas e janelas? 間に合うから〜 Fique sossegado/da, que vai dar tempo. 〜まかせておいてください Pode contar comigo!

たいじょうほうしん 帯状疱疹 【医】herpes (*m*) zoster,《口語》cobreiro (*m*).

だいじょうみゃく 大静脈 【解】cava (*f*) [veia (*f*) cava].

たいしょく 退職 ato (*m*) de ⌊se retirar do [deixar o] trabalho; 〔辞職〕demissão (*f*). 〜する demitir-se; 〔定年退職する〕aposentar-se. ♦退職金 pensão (*f*), aposentadoria (*f*). 退職届 pedido (*m*) de demissão. 結婚退職 ato de deixar o trabalho por motivo de casamento. 定年退職 aposentadoria, demissão por idade.

たいしょくかん 大食漢 comilão/lona.

たいしん 耐震 resistência (*f*) aos terremotos. 家の〜性 resistência de uma casa aos terremotos. 〜性のあるビル prédio (*m*) à prova de terremotos. 〜技術を取り入れる adotar uma tecnologia anti-terremoto.

たいじん 対人 ♦対人関係 relações (*fpl*) pessoais. 対人恐怖症 【医】antropofobia (*f*). 対人恐怖症患者 antropofóbico/ca. 対人賠償保険 seguro (*m*) contra terceiros (dos motoristas).

たいじん 対陣 renúncia (*f*), afastamento (*m*), retirada (*f*). 野党は大統領に〜を迫っている O partido de oposição está exigindo a renúncia do presidente. 〜する renunciar, retirar-se.

だいじん 大臣 ministro/tra. ♦法務大臣 Ministro/tra da Justiça.

だいず 大豆 【植】soja (*f*), feijão-soja (*m*).

たいすう 対数 【数】logaritmo (*m*). A を底とする X の〜 logaritmo de X de base A.

だいすう 代数 【数】álgebra (*f*). …を〜で解く resolver … algebricamente. ♦代数方程式 equação (*f*) algébrica.

だいすき 大好き 〜な muito querido/da. 彼女は動物が〜です Ela gosta muito de animais. あなたの〜なリンゴですよ Olhe a maçã, sua fruta preferida.

たいする 対する ❶ para. フラメンゴチームに対するサントスチームの敗北 derrota (*f*) do Santos para o (time do) Flamengo. ❷ sobre. 政府は借金に〜利子を払わなくてはならないだろう O governo terá de pagar juros sobre as dívidas. ❸ com, a. 目上に〜口の開き方 o modo de falar ⌊aos [com os] superiores. ❹ para com, perante. 社会に〜責任感 senso (*m*) de responsabilidade ⌊para com [perante] a sociedade. ❺ a. 家族に〜愛情 amor (*m*) à família. ❻ em oposição a, em comparação com, contra. 300 票に〜 200 票 trezentos votos contra duzentos. ❼ com relação a …, frente a …. ドルに〜レアルの下落 desvalorização (*f*) do real frente ao dólar. ❽ contra. 権力に〜戦い luta (*f*) contra o poder. 敵に〜攻撃 ataque (*m*) contra o inimigo.

たいせい 体制 regime (*m*) (político, econômico). その国に新〜が確立された Foi estabelecido um novo regime político no país. 彼らは〜側 (に反対) だ Eles são ⌊partidários do (contrários ao) regime vigente.

たいせい 体勢 postura (*f*), posição (*f*) (do corpo).

たいせい 大勢 tendência (*f*) geral. 世界の〜 tendência mundial. 〜に従う conformar-se ⌊com as [às] tendências gerais.

たいせい 大成 ❶ realização (*f*). 〜する conseguir ser alguém na sua área. 作家として〜する realizar-se como um escritor. ❷〔いろいろ集めて一つにまとめあげること〕compilação (*f*) (das obras de um autor).

たいせい 態勢 posição (*f*), postura (*f*) (diante de uma situação). 受け入れ〜を整える preparar-se para receber《alguém ou evento》. 防衛〜を取る assumir uma posição defensiva.

たいせい 胎生 【生】viviparidade (*f*). ♦胎生動物 (animal (*m*)) vivíparo (*m*).

たいせいよう 大西洋 Oceano (*m*) Atlântico.

たいせき 体積 ❶【数】volume (*m*). …の〜を計る medir o volume de …. 四面体 ABCD の〜を計算しなさい Calcule o volume do tetraedro ABCD. この荷物の〜は 4 立方メートルだ O volume desta bagagem é de quatro metros cúbicos. ❷〔容積〕capacidade (*f*). ♦体積膨張 dilatação (*f*) cúbica.

たいせき 堆積 acumulação (*f*); sedimentação (*f*). 〜する acumular-se, amontoar-se, empilhar-se; depositar-se (no fundo), sedimentar. 〜した落ち葉 folhas (*fpl*) caídas amontoadas. ♦堆積平野 planície (*f*) sedimentar. 堆積物 material (*m*) acumulado; sedimento (*m*).

たいせき 退席 〜する retirar-se, levantar-se do assento e sair.

*　**たいせつ 大切** 〜な importante [インポルタンチ]; 〔人, 物〕querido/da [ケリード/ダ]; 〔動物〕de estimação. 注意が〜だ O importante é prestar atenção. 親を〜にする tratar [cuidar] bem dos pais. 彼女を〜に思う amar a namorada. 水を〜に使う não desperdiçar a água. 今のあなたにとっていちばん〜なものは何ですか O que é o mais importante para você agora? お体を〜にしてください Cuide-se bem./Cuide da sua saúde.

たいせつ 大雪 ❶ dia (*m*) 7 de dezembro mais ou menos, quando a pesca da albacora [rabo-amarelo] e outros peixes de inverno torna-se farta, os animais como o urso iniciam a hibernação e os frutos ⌊da avenca japonesa [do bambu celeste] amadurecem. ❷〔おおゆき〕nevasca (*f*), nevada (*f*).

たいせん 大戦 grande guerra (*f*), guerra mundial. 第一 (二) 次世界〜 Primeira (Segunda) Guerra (Mundial).

たいせん　対戦　［スポーツ］disputa (f) [confronto (m), partida (f), jogo (m)] contra. ブラジルチームと～する jogar contra a equipe brasileira. Aチームとの～成績 resultados (mpl) dos confrontos com a equipe A.

だいぜんてい　大前提　［論］premissa (f) maior.

たいそう　体操　ginástica (f), educação (f) física. ～する fazer ginástica.
♦ 体操競技 competição (f) de ginástica. 体操選手 ginasta. 体操服 uniforme (m) de educação física. 器械体操 ginástica com aparelhos. 柔軟体操 exercício (m) de flexibilidade. 準備体操 exercícios (mpl) de aquecimento. 美容体操 estética (f). ラジオ体操 ginástica (através de orientação dada) por rádio.

だいそつ　大卒　～の formado/da em faculdade; com diploma universitário.

だいそれた　大それた　audacioso/sa, insensato/ta, imoderado/da, desmedido/da, 《口語》louco/ca. ～な uma ideia audaciosa [louca]. ～たくらみ um projeto ousado [insensato]. ～まねをする agir audaciosamente, ser descomedido/da nas atitudes, ser insolente.

たいだ　怠惰　❶ preguiça (f), indolência (f). ❷［仕事嫌い］folga (f), ociosidade (f). ～な preguiçoso/sa, ocioso/sa, indolente. ～な暮らしを送る viver na ociosidade, levar uma vida ociosa.

だいたい　代替　substituição (f), alternativa (f). 石油の～エネルギー源に投資する investir numa fonte de energia alternativa ao petróleo. ♦ 代替性 estado (m) de algo substituível. 代替物［法］bem (m) fungível. 非代替性 estado (m) de algo insubstituível.

だいたい　大体　❶［あらまし］resumo (m). 会議の～をまとめる fazer resumo da conferência. ❷［大部分］maioria (f). 出席者の～は賛成した A maioria dos presentes concordou. ❸ ～の aproximado/da. ～の時間 hora (f) aproximada. ❹［おおよそ］mais ou menos, algo como, aproximadamente, por alto. 今年はビールによって～3億ドルのお金が動いた A cerveja este ano movimentou algo como [mais ou menos, 《口語》tipo] trezentos milhões de dólares. ～わかりました Entendi mais ou menos o que o/a senhor/ra quer dizer. ❺［本質的に］essencialmente, antes de tudo; mais das vezes, quase sempre. ～その考えが間違いだ Antes de tudo o erro está nesse modo de pensar. ～君が悪いんだ No fundo você é que está errado./Geralmente ［Na maioria das vezes］, você é que está errado.

だいだい　代々　～の hereditário/ria, que se transmite de geração a geração. 彼の家は～弁護士である A família dele é de gerações de advogados. 先祖～の宝物 tesouro (m) herdado. 先祖～の墓地 cemitério (m) da família.

だいだいいろ　橙色　cor (f) de laranja, laranja (m). ～の da cor da laranja, laranja, alaranjado/da. ～の靴 sapatos (mpl) laranja [da cor da laranja].

だいたいこつ　大腿骨　［解］fêmur (m).

だいだいてき　大々的　～な enorme, vasto/ta, amplo/pla. ～に em grande escala, amplamente. ～に宣伝する fazer propaganda em grande escala. マスコミはその事件を～に報道した A mídia fez uma ampla cobertura do caso.

だいたすう　大多数　a maioria (f), a maior parte (f). その国では字が読めない人たちが～を占めている Nesse país, a maioria é analfabeta. 彼は～の支持を得た Ele teve [obteve] o apoio da maioria.

たいだん　対談　conversa (f) [diálogo (m)] (entre duas pessoas sobre um tema); entrevista (f).

だいたん　大胆　～な ousado/da, atrevido/da. ～に atrevidamente, de uma maneira ousada. 彼の計画はあまりに～だ O plano dele é ousado demais.

だいち　台地　pequeno planalto (m).

だいち　大地　terra (f), solo (m).

たいちょう　体調　condição (f) física. ～が良い（悪い）estar bem (mal) de saúde. ～が整っている estar em forma [em boas condições físicas]. ～を崩してしまいまして... É que eu fiquei doente ....

たいちょう　体長　comprimento (m) do corpo. ～約10メートルの蛇 cobra (f) com o comprimento de quase dez metros.

たいちょう　隊長　comandante de tropa, chefe.

だいちょう　台帳　livro-mestre (m). ...を～に記入する registrar ... no livro-mestre, fazer a escrituração de ....

だいちょう　大腸　［解］intestino (m) grosso. ♦ 大腸癌(がん) câncer (m) do intestino grosso. 大腸内視鏡検査 colonoscopia (f).

たいちょうかく　対頂角　［数］ângulos (mpl) verticalmente opostos.

タイツ　meia-calça (f).

*****たいてい　大抵**　geralmente ［ジェラウメンチ］, quase sempre. 私は～8時には出勤しております Eu em geral já estou no serviço às oito horas. ⇨大概(たいがい).

タイト　～な 1）［ぴったりした］justo/ta. ～スカート saia (f) justa. 2）［時間的に余裕のない］apertado/da. ～なスケジュール cronograma (m) apertado [lotado].

*****たいど　態度**　❶［動作］atitude (f) ［アチトゥーヂ］, maneira (f) ［マネーイラ］. ～が大きい ser arrogante. それは親に向かってとる～ではない Isso não são maneiras de tratar os pais. 君は

ちょっと〜が悪い Você tem maneiras um pouco grosseiras./Você não está sendo muito educado/da. ❷ 〔考え方〕postura (f) [ポストゥーラ], posicionamento (m) [ポズィスィオナメント]. 彼はまだ〜を明確にしていない Ele ainda não se posicionou claramente./Ele ainda não definiu a sua postura [que postura tomar]. 〜を決めてください Decida-se, por favor. この問題に対する彼の〜はどうでしたか Qual foi a atitude dele diante deste problema?

たいとう 台頭 ascenção (f), subida (f). 民族主義的な〜 ascenção dos nacionalismos. 〜する ganhar força. 選挙で新人が〜してきた Os novatos começaram a ganhar força nas eleições.

たいとう 対等 〜の igual. 〜に à altura, de igual para igual. このクラブではみんな〜です Neste clube todos são iguais. アメリカでは医者と患者の関係は〜である Nos Estados Unidos a relação entre médico e cliente é de igual para igual. あの会社では男女〜の条件で働いている Naquela firma ambos os sexos trabalham em condições de igualdade.

たいどう 胎動 movimento (m) fetal.

だいどう 大道 rua (f), via (f) pública. ◆大道演説 discurso (m) de rua. 大道芸人 saltimbanco (m).

だいどうみゃく 大動脈 〖解〗aorta (f). ◆大動脈弁 válvula (f) aórtica. 大動脈弁狭窄（きょうさく）〖医〗estenose (f) aórtica.

だいとうりょう 大統領 presidente (de uma nação). ◆大統領令 decreto-lei (m). 副大統領 vice-presidente.

だいとかい 大都会 grande cidade (f), metrópole (f).

たいとく 体得 aprendizado (m) por experiência. 〜する dominar bem, fazer seu. 空手道の技を〜する aprender bem [dominar] as técnicas de caratê (através de um apurado treinamento).

だいどころ 台所 cozinha (f). ◆台所仕事 serviço (m) de cozinha. 台所用品 utensílios (mpl) de cozinha.

▶おもな台所用品◀

ガスレンジ	fogão a gás [フォガオン ア ガース] (m)
オーブン	forno [フォールノ] (m)
鍋	panela [パネーラ] (f)
圧力鍋	panela de pressão [パネーラ ヂ プレサォン] (f)
やかん	chaleira [シャレイラ] (f)
グリル	grelha [グレーリャ] (f)
フライパン	frigideira [フリヂデイラ] (f)
包丁	faca de cozinha [ファッカ ヂ コズィーニャ] (f)
皮むき器	descascador [デスカスカドール] (m)
ミキサー	liquidificador [リキヂフィカドール] (m)
まな板	tábua de bater carne [ターブア ヂ バテール カールニ] (f)
ボウル	tigela [チジェーラ] (f)
はかり	balança [バランサ] (f)

タイトル título (m). ◆タイトルページ página (f) [folha (f)] de rosto (de um livro). タイトルマッチ 〖スポーツ〗disputa (f) pelo título, final (f).

たいない 体内 dentro do corpo. ◆体内受精 fecundação (f) interna.

たいない 胎内 dentro do útero. 母の〜で no ventre [útero] materno. ◆胎内感染 infecção (f) pré-natal.

だいなし 台無し 〜にする arruinar, estragar. 彼の不注意からこの計画は〜になってしまった Este plano foi por água abaixo por causa do descuido dele.

ダイナマイト dinamite (f).

ダイナミック 〜な dinâmico/ca.

ダイナモ dínamo (m).

だいに 第二 o/a segundo/da. 〜の segundo/da. 来月の〜土曜日に会いましょう Vamos nos encontrar no segundo sábado do mês que vem. 私の〜の故郷 minha segunda pátria (f). ◆第二次産業 setor (m) secundário, indústria (f). 第二次世界大戦 A Segunda Guerra Mundial. 第二種免許 habilitação (f) de categoria II [dois]. 第二バイオリン segundo violino.

だいにしん 第二審 〖法〗segunda instância (f), segundo grau (m). ◆第二審裁判所 juizado (m) de segunda instância. 第二審判事 juiz/juíza de segunda instância. 第二審判決 decisão (f) de segunda instância.

たいにち 対日 com relação ao [relativo/va ao] Japão. 〜投資を促進する estimular o investimento (dos estrangeiros) no Japão. ◆対日感情 sentimentos (mpl) para com o Japão. 対日貿易赤字 déficit (m) no comércio com o Japão.

だいにゅう 代入 〖数〗substituição (f).

たいにん 退任 aposentadoria (f); renúncia (f), demissão (f). 〜する aposentar-se; renunciar, demitir-se.

ダイニング jantar (m). ◆ダイニングキッチン cozinha (f) americana. ダイニングルーム sala (f) de jantar.

たいねつ 耐熱 resistência (f) ao calor. 〜性の resistente ao calor. ◆耐熱ガラス (鋼) vidro (m) (aço (m)) termorresistente. 耐熱服 roupa (f) resistente ao calor.

たいのう 滞納 atraso (m) [falta (f)] de pagamento. 税金の〜 atraso no pagamento de impostos. 税金を〜する deixar de pagar imposto no seu devido prazo. ◆滞納金 débitos (mpl) atrasados.

だいのう 大脳 〖解〗cérebro (m). ◆大脳皮質 córtex (m) cerebral.

だいのじ 大の字 ¶ 〜になって寝る dormir com os braços e as pernas abertos [estendidos] (à semelhança da letra "大").

たいはい 大敗 grande derrota (f) [perda (f)]. ～を喫する sofrer uma grande derrota.
たいばつ 体罰 castigo (m) físico. …に～を加える dar castigo físico a ….
たいはん 大半 a grande maioria (f). 彼は給料の～を飲んでしまう Ele acaba gastando quase todo o salário na [com a] bebida.
たいばん 胎盤 〖解〗placenta (f). ♦ 胎盤血栓 trombose (f) placentária.
たいひ 堆肥 adubo (m) animal.
たいひ 対比 comparação (f), contraste (m). ～する comparar, contrastar. AとBを～する comparar A com B, fazer uma comparação entre A e B.
タイピスト datilógrafo/fa.
だいひつ 代筆 ～する escrever em lugar de outro.
たいびょう 大病 doença (f) grave. ～を患う ficar com doença de cura difícil.
*****だいひょう 代表** ❶ representação (f) 〔ヘブレゼンテサォン〕. ～する representar. これが我が社を～する商品です Este é o artigo que representa o carro-chefe de nossa companhia. 彼女は日本を～してオリンピックに出た Ela participou das Olimpíadas, representando o Japão./Ela representou o Japão nas Olimpíadas. ♦ 代表質問 perguntas (fpl) dos representantes dos partidos na Dieta. 代表者 representante. 代表取締役 diretor/ra executivo. 代表取締役社長 diretor/ra presidente. 比例代表制度 sistema (m) de representação proporcional. ❷ 〖スポーツ〗〔選ばれた人〕 seleção (f) 〔セレサォン〕. ブラジル～ Seleção Brasileira. サンドロはブラジル～に招集された Sandro foi convocado à [para a] Seleção Brasileira. ❸ 〔典型の〕 o fato de ser representativo [típico]. ～的な representativo/va, típico/ca. この作家の～作にはどのようなものがありますか Quais (são) as obras mais representativas deste autor?
ダイビング mergulho (m), salto (m) de mergulho. ♦ スカイダイビング paraquedismo (m). スキューバダイビング mergulho com bomba de oxigênio. スキンダイビング mergulho sem bomba de oxigênio.
タイプ ❶ 〔型〕tipo (m); 〔形式〕forma. 私はスマートな女性が～だ Mulheres esbeltas fazem o meu tipo. ❷ 〔書体〕〖印〗tipo (m), fonte (f).
*****だいぶ 大分** 〔非常に〕muito 〔ムイント〕; 〔長い間〕muito tempo; 〔たくさん〕grande quantidade (f). その仕事は～時間がかかりそうですね Esse serviço está com jeito de levar muito tempo? ～お待ちになりましたか Esperou muito?
ダイブ ❶ 〔潜る〕mergulho (m). ❷ 〔航空機の急降下〕mergulho. 飛行機が～をした O avião mergulhou.
たいふう 台風 tufão (m); vendaval (m); 〔ハリケーン〕furacão (m). ～圏内にある estar dentro da área atingida pelo tufão. ～が国の海岸を襲う O tufão atinge a costa do país. ～9号は北上していて今夜は長崎に上陸する予報である O tufão número nove está se deslocando para o norte e a previsão é de que atinja Nagasaki hoje à noite. ～一過、快晴になった Depois do tufão, veio a calmaria. ～の目に no olho do furacão.
だいふくもち 大福餅 〖料〗bolinho (m) de arroz recheado de feijão doce.
たいぶつ 対物 ♦ 対物事故 acidente (m) com destruição de uma construção. 対物レンズ objetiva (f).
だいぶつ 大仏 grande estátua (f) de Buda.
だいぶぶん 大部分 a maioria (f), a maior parte (f). ⇨大半.
タイプライター máquina (f) de datilografar, máquina de escrever.
たいぶんすう 帯分数 〖数〗número (m) misto.
たいへいよう 太平洋 Oceano (m) Pacífico.
*****たいへん 大変** ～な 〔むずかしい〕difícil 〔ヂフィッスィウ〕; 〔重大な〕sério/ria 〔セーリオ/ア〕, grave 〔グラーヴィ〕; 〔多くの〕muito/ta 〔ムイント/タ〕, considerável 〔コンスィデラーヴェウ〕; 〔激しい〕terrível 〔テヒーヴェゥ〕, violento/ta 〔ヴィオレント/タ〕. ～に muito. ～な暑さ um calor terrível [medonho]. ～な金額 grande soma (f) de dinheiro. ～な損害 danos (mpl) [prejuízos (mpl)] consideráveis. ～な成功をおさめる fazer um grande sucesso. ～な誤りを犯してしまった Fiz um erro muito grave. ～お待たせいたしました Desculpe-me por tê-lo/la feito esperar tanto!/Desculpe a grande demora, sim? お世話になりました Muito obrigado/da por tudo.
たいへん 対辺 〖数〗lado (m) oposto.
たいべん 胎便 〖医〗mecônio (m), fezes (fpl) do feto.
だいべん 代弁 ato (m) de falar em lugar de outrem. …を～する falar por [em nome de] …. マスコミは世論を～する A mídia é porta-voz da opinião pública. ♦ 代弁者 o/a porta-voz.
だいべん 大便 fezes (fpl). ～をする defecar; 《幼》fazer cocô.
たいほ 逮捕 detenção (f), prisão (f), captura (f). ～する deter, prender, capturar. 彼は飲酒運転で～された Ele foi preso por dirigir alcoolizado. ♦ 逮捕状 ordem (f) de prisão.
たいほう 大砲 canhão (m).
たいぼう 待望 ～の muito esperado/da, decantado/da. これが～の新製品です Este é o novo produto tão esperado.
だいほん 台本 ❶ 〔オペラの〕texto (m). ❷ 〔オペラの〕libreto (m). ❸ 〔映画の〕script (m) 〔イスクリッピチ〕.
たいま 大麻 maconha (f), haxixe (m). ♦ 大麻樹脂 maconha. 大麻取締法違反 infração (f) da lei de proibição da maconha.

タイマー ❶〔タイムスイッチ〕timer (m) [ターイメル], temporizador (m). ❷〔ストップウォッチ〕cronômetro (m).

たいまい 玳瑁 〖動〗tartaruga-de-pente (f).

たいまつ 松明 tocha (f). ～をともす acender a tocha. ◆松明行列 procissão (f) de tochas.

たいまん 怠慢 negligência (f), preguiça (f); descuido (m). ～な preguiçoso/sa, negligente. 職務～で逮捕された Foi preso/sa por negligência profissional. ◆職務怠慢 negligência no serviço, falta (f) ao dever.

だいみょう 大名 senhor (m) feudal.

タイミング hora (f) certa [oportuna]. それは～がよかった Isso foi bem oportuno./Isso aconteceu em boa hora. あなたが今ここに来たのは～がよかった Você chegou na hora certa. ～悪く inoportunamente, numa hora imprópria.

タイム ❶〔記録, 時間〕tempo (m). ～を取る cronometrar, calcular [medir] o tempo. 彼の～は2分30秒だった O tempo dele foi de dois minutos e trinta segundos. ◆タイムアップ término (m) do tempo; 〖スポーツ〗fim (m) de jogo. タイムカプセル cápsula (f) do tempo. タイムキーパー cronometrista. タイムスイッチ interruptor (m) elétrico automático, *timer* (m). タイムスリップ viagem (f) no tempo. タイムテーブル quadro (m) de horários. タイムマシーン máquina (f) do tempo. タイムリミット prazo (m), tempo limite, dia (m) limite. ❷〔プレイ中止〕tempo. ～をかける pedir tempo. ～アウトをとる pedir [solicitar] tempo perdido. タイム! Espere um instante! ❸〖植〗tomilho (m).

タイムカード cartão (m) de ponto.

タイムリー na hora apropriada [certa]. ～な企画 plano (m) oportuno. ◆タイムリーヒット 〖野球〗rebatida (f) indefensável que faz corredor chegar [corredores chegarem] ao home base.

タイムレコーダー relógio (m) de ponto, relógio (m) registrador, registrador (m).

だいめい 題名 título (m) (de uma obra). 小説に～をつける intitular um romance.

だいめいし 代名詞 ❶〖文法〗pronome (m). ◆関係代名詞 pronome relativo. 疑問代名詞 pronome interrogativo. 再帰代名詞 pronome reflexivo. 指示代名詞 pronome demonstrativo. 人称代名詞 pronome pessoal. 不定代名詞 pronome indefinido. ❷〖比〗sinônimo (m). 彼女は平和の～になっていた Ela era sinônimo de paz.

たいめん 体面 〔評判〕reputação (f); 〔威信〕dignidade (f); 〔体裁〕aparências (fpl); 〔名誉〕honra (f). それは私の～にかかわる問題です Esse é um problema que afeta a minha honra. 家族の～を汚す desonrar a família. ～を繕う salvar [manter] as aparências. ～を上そうしなければならない É preciso agir desse modo para salvar a face.

たいめん 対面 entrevista (f), encontro (m). 兄弟の初めての～ o primeiro encontro entre os irmãos (desde que nasceram). …と～する ter uma entrevista com …, encontrar-se com …, ver-se. 彼らは初めて～した Eles se viram [se encontraram] pela primeira vez.

たいもう 体毛 pêlo (m) (do corpo).

だいもく 題目 ❶ título (m). ❷ tema (m), pauta (f). 会議の～ tema [pauta] da conferência.

タイヤ pneu (m) [ペネーウ]. ～を取り替える trocar o pneu. ～に空気を入れる encher o pneu. ～がパンクした O pneu furou. ◆タイヤチェーン corrente (f) de pneu.

ダイヤ ❶〔列車の運行表〕horário (m) de trem, avião etc. ～が乱れている O horário dos trens está descontrolado [irregular]. ❷〔宝石〕diamante (m). ❸〖トランプ〗ouros (mpl).

たいやく 大役 missão (f) importante, papel (m) importante. ～を果たす cumprir uma missão importante. ～を引き受ける aceitar [assumir] uma missão importante.

たいやく 対訳 texto (m) bilíngue (com original e tradução ao lado). ～で出版された小説 romance (m) publicado em edição bilíngue. ◆法律用語対訳集 coletânea (f) bilíngue de termos técnicos de direito. 和葡対訳版 edição (f) bilíngue japonês-português.

だいやく 代役 〖劇･映〗❶〔こと〕substituição (f) de um/uma ator/atriz. ❷〔人〕substituto/ta de um/uma ator/atriz. 病気の俳優の～をつとめる substituir um/uma ator/atriz doente.

ダイヤモンド diamante (m).

ダイヤル ❶〔メーターなどの指針盤〕registro (m). ❷〔電話をかけること〕discagem (f). ～を回す discar. ～する discar. ◆フリーダイヤル discagem gratuita.

たいよ 貸与 empréstimo (m). ⇨貸す.

たいよう 大洋 oceano (m). ◆大洋性気候 clima (m) oceânico.

たいよう 太陽 sol (m). ～の solar, do sol. ～の黒点 mancha (f) solar. ～が上る(沈む) O sol nasce (se põe). ～がまぶしい O sol está deslumbrante [ofuscante]./O sol está me ofuscando [ofuscando a vista].

◆太陽エネルギー energia (f) solar. 太陽観測 heliospia (f). 太陽系(暦) sistema (m) (calendário (m)) solar. 太陽光線 raios (mpl) solares. 太陽電池 bateria (f) solar. 太陽熱 calor (m) do sol.

だいよう 代用 substituição (f). ～する substituir. AをBで～する substituir A por B. この箱はテーブルの～になる Esta caixa pode servir de mesa. この部品の～品を見せてください

Mostre-me algo que possa substituir esta peça. ♦代用品 *ersatz* (*m*) [エールザッツ], sucedâneo (*m*), substituto (*m*).

たいようねんすう 耐用年数 vida (*f*) útil, anos (*mpl*) de duração.

だいよん 第四 ～の quarto/ta. ♦第四紀〔地質〕período (*m*) quaternário.

たいら 平ら ～な plano/na. ～にする tornar plano/na, nivelar, aplainar. 土地を～にする nivelar [aplainar] um terreno.

たいらげる 平らげる comer tudo, comer sem deixar restos. 彼は料理をきれいに平らげた Ele comeu tudo o que tinha no prato.

***だいり** 代理 ❶ substituição (*f*) [スビスチトゥイサォン], intermediação (*f*) [インテルメディアサォン], [人] substituto/ta [スビスチトゥット/タ]. 社長の～をする substituir o presidente da companhia. 店長の～で参りました Vim como substituto do gerente. ♦代理業 trabalho (*m*) de intermediário. 代理業者 agente, intermediário/ria. 代理店 agência (*f*), sucursal (*f*). 広告代理業 agência de publicidade. 旅行代理店 agência de viagem. ❷〔法〕representação (*f*) [ヘプレゼンタサォン]. ～人による婚姻 casamento (*m*) por procuração. …の～をする representar …. ♦代理権 poder (*m*) de representação. 代理人 representante, procurador/ra. 代理判事 juiz/juíza substituto/ta. 法廷代理人 delegado/da.

***たいりく** 大陸 continente (*m*) [コンチネンチ]. ～の continental (*m*). ～的 descontraído/da, despreocupado/da. ♦大陸棚 plataforma (*f*) continental.

だいりせき 大理石 mármore (*m*).

***たいりつ** 対立 oposição (*f*) [オポズィサォン]. 利益の～ conflito (*m*) de interesses. …と～する ser o/a oposto/ta a …, opor-se a …. 二人の意見は～している A opinião dos dois se opõem (não se batem). 両者の～は激しさを増している A oposição entre as duas partes está se acirrando.

たいりゅう 対流 〔理〕convecção (*f*) (do ar quente). ♦対流圏 troposfera (*f*).

たいりょう 大漁 boa pesca (*f*). 今年は～だった Este ano tivemos uma boa pesca.

たいりょう 大量 grande quantidade (*f*). ～に em grande quantidade. ～の em grande quantidade. ♦大量解雇 demissão (*f*) em massa. 大量出血 perda (*f*) excessiva de sangue. 大量生産 produção (*f*) em série.

たいりょく 体力 resistência (*f*) física. 彼は～が回復した Ele recobrou as energias [forças]. 暑さのために彼らは～を消耗した Eles perderam as forças [a resistência] por causa do calor.

たいりん 大輪 ❶ roda (*f*) grande. ❷〔植〕corola (*f*) grande. ～の菊 crisântemo (*m*) (de corola) grande.

タイル azulejo (*m*). ～を壁にはる azulejar a parede, revestir a parede com azulejos. ♦タイル職人 azulejista, assentador/ra de azulejos.

ダイレクト direto/ta. ♦ダイレクトメール mala (*f*) postal, carta (*f*) de propaganda enviada diretamente às pessoas pelas empresas, através dos correios.

だいろっかん 第六感 sexto sentido (*m*), intuição (*f*). 私はその時～が働いた Nessa hora o meu sexto sentido funcionou bem.

たいわ 対話 diálogo (*m*). …と～する manter um diálogo [dialogar] com …. 小説を一体に書き直す reescrever um romance em forma de diálogo.

たいわん 台湾 Taiwan. ～の taiwanês/nesa.

たいんしょう 多飲症 〔医〕polidipsia (*f*), sede (*f*) excessiva, hidromania (*f*).

たうえ 田植え transplante (*m*) da muda do arroz para o brejo. ～をする transplantar a muda do arroz para o brejo.

タウリン taurina (*f*), substância (*f*) existente na bílis do boi e que serve para baixar o colesterol.

タウン cidade (*f*). ♦タウン誌 revista (*f*) [guia (*m*)] local.

ダウン ❶ queda (*f*), perda (*f*). ～する 1) cair doente. 私は二晩徹夜して～してしまった Depois de passar duas noites em claro, acabei caindo doente. 2)〔ボクシング〕ser derrotado/da, ir à lona. ♦イメージダウン perda da boa imagem. コストダウン redução (*f*) de custo. プライスダウン queda de preço. ❷〔羽毛〕almofada (*f*) de plumas. ♦ダウンジャケット casaco (*m*) forrado de plumas.

ダウンしょうこうぐん ダウン症候群 〔医〕Síndrome (*f*) de Down, mongolismo (*m*).

ダウンロード ～する 〔インターネット〕fazer *download* [ファゼール ダウンローヂ], baixar.

たえがたい 耐え難い insuportável, intolerável. それは私には～ことだ Isso é insuportável para mim./Eu não suporto isso.

だえき 唾液 saliva (*f*). ♦唾液腺 glândula (*f*) salivar.

たえず 〔絶え間なく〕continuamente; sem cessar, sem parar;〔常に〕sempre, constantemente, o tempo todo. ～勉強する estudar sem parar. ～不平を言う queixar-se o tempo todo. ～本を読んでいる ler o tempo todo. あのビルの明かりは～についている As luzes daquele prédio estão sempre acesas.

たえま 絶え間 ～ない contínuo/nua, incessante. ～なく sem parar, sem intervalos, continuamente. ～ないファンの列 fila (*f*) interminável de fãs. ～ない努力 esforços (*mpl*) contínuos. 自動車が～なく通りますね Os carros estão passando sem parar, não? ⇨絶えず.

たえる 絶える ❶〔絶滅〕extinguir-se, desaparecer, acabar, aniquilar-se. ❷〔終わ

る〕interromper, cessar. 家系が絶えてしまう A linhagem da família vai acabar desaparecendo. 私は心配事が絶えない Eu nunca estou livre de preocupações. 息が絶える exalar o último suspiro.

たえる 耐える ❶〔我慢する〕aguentar, resistir a, suportar, tolerar;《俗》engulir sapos. 試練に〜 suportar as provações. 彼はこの困難によく耐えた Ele resistiu bem a essa adversidade. 私はこれ以上の屈辱には耐えられません Eu não suporto mais humilhação como essa. 見るに耐えない醜い態度 uma atitude insuportável de se ver. ❷〔耐久力, 持続力のある〕resistir a, ser à prova de. 熱に〜 resistir ao calor. 火に〜 ser à prova de fogo. 水に〜 ser impermeável.

だえん 楕円 〔数〕elipse (f). 〜形の oval, ovalado/da, elítico/ca. ♦楕円体 elipsoide (m).

たえんき 多塩基 〔化〕polibásico (m). ♦多塩基酸 ácido (m) polibásico.

***たおす 倒す** ❶〔倒壊〕derrubar [デフバール], fazer cair. 木を〜 derrubar uma árvore. ❷〔転倒〕inclinar [インクリナール]. 椅子(♀)を〜 inclinar uma cadeira. 体を横に〜 inclinar o corpo para o lado. ❸〔くつがえす〕derrubar [デフバール]. 政府を〜 derrubar o governo. ❹〔負かす〕derrotar [デホタール]. 敵を〜 derrotar o inimigo. ❺〔殺す〕matar [マタール], abater [アバテール]. 一発パンチで〜 matar com um soco só. 動物を〜 abater um animal. ❻〔借金を返さないで相手に損害を与える〕calotear [カロチアール], dar um calote, não pagar. 借りたお金を〜 não pagar o dinheiro emprestado.

タオル toalha (f). 〜を〜掛けにかける pendurar [colocar] a toalha no toalheiro. ぬれた〜を絞る torcer a toalha molhada. この〜で足をふいてください Enxugue o pé com esta toalha. ♦タオル掛け toalheiro (m). バスタオル toalha de banho. フェースタオル toalha de rosto.

***たおれる 倒れる** 〔立っているものが〕cair [カイール], tombar [トンバール];〔病気で〕cair doente;〔崩れる〕desmoronar [デズモロナール];〔くつがえる〕ser derrotado/da, cair. あお向けに(うつ伏せに)〜 cair └de costas (de bruços). あの木は倒れかかっている Aquela árvore está └prestes a cair [quase caindo]. 大地震でもこの家は倒れません Esta casa não vai desmoronar mesmo com um grande terremoto. 彼が倒れたのは過労のせいです Ele caiu doente porque trabalhou demais.

たか 高 quantidade (f), volume (m), valor (m). この時期の売り上げは〜が知れている O lucro nesta época é insignificante. テストは簡単だろうと〜をくくって勉強しなかったらひどい目にあった Tive uma experiência terrível por └fazer pouco caso da [não dar importância à] prova, supondo que seria fácil, e não estudar.

たか 鷹 〔鳥〕falcão (m).

たが 箍 aro (m). 生ビールの樽の〜が外れた Os aros do barril de chope afrouxaram-se. 〜を外す afrouxar os aros;《比》perder os limites. 〜が緩む ficar frouxo/xa;《比》envelhecer, desgastar-se, ficar fraco/ca (com a idade). 彼女は年のせいで〜が緩んだ Ela se enfraqueceu com a idade. 一回戦に大勝したのでチームの〜が緩んでいる Como o time obteve uma grande vitória na primeira partida, eles não estão mais dando tudo de si. 〜を締める concentrar-se em (algo), dar tudo de si.

-だか -高 ❶〔金額〕montante (m). 売上〜 total (m) da venda. ❷〔値段の上がること〕alta (f), aumento (m), valorização (f). ドル〜 alta do dólar. ドルは10円〜となっている O dólar subiu dez ienes.

だが mas, porém. ⇨-が.

***たかい 高い** 〔物理的に〕alto/ta [アールト/タ];〔値段が〕caro/ra [カーロ/ラ];〔理想, 地位などが〕alto/ta, elevado/da [エレヴァード/ダ];〔声, 温度, 圧力など〕alta. 彼は私より5センチ背が〜 Ele é cinco centímetros mais alto que eu. 富士山は日本でいちばん〜山です O Monte Fuji é o (monte) mais alto do Japão. 〜水準 nível (m) elevado. 〜熱がある ter uma febre alta. 〜声で話す falar em voz alta. 〜地位を占める ocupar uma alta posição. 物価が〜 A vida está cara. この値段は高すぎませんか Não acha que este preço está muito caro [alto]? 彼は〜理想を抱いている Ele tem ideais elevados. 高くなる elevar-se, subir. 日本でも物価は少しずつ高くなっています Mesmo no Japão, o preço das mercadorias está subindo pouco a pouco. 高くつく sair caro/ra. それはかえって高くつくでしょう Acho que isso vai sair até mais caro. 私はあの青年を高く買っている Eu acho que aquele jovem └tem qualidades [promete].

たかい 他界 o outro mundo. 〜する falecer.

たがい 互い reciprocidade (f). 〜の mútuo/tua, recíproco/ca.「この間は助かりました」「いいえ, お〜様ですよ」Obrigado/da pela ajuda outro dia. — De nada, eu também posso precisar de você. 苦しいのはお〜さまですよ Todos nós estamos sofrendo do mesmo jeito. 〜に mutuamente, reciprocamente, um ao outro/uma à outra. 彼らは〜に向かい合って立っている Eles estão de pé um └em frente ao outro [de frente para o outro]. みんなお〜に信頼し合っている Todos se confiam mutuamente./Todo o mundo confia em todo o mundo. お〜に助け合っていってください Ajudem-se mutuamente, está bem? お〜に気をつけましょう Vamos tomar cuidado, tanto eu como você (vocês).

だかい 打開 〜する superar, vencer; resolver. 困難を〜する superar as dificuldades. 〜し

得る superável, possível de [que pode] ser resolvido/da. 何かこれに対する～策はありませんか Será que não há um meio de se resolver isto aqui?

たがいちがい　互い違い alternância (*f*). ～に alternadamente. それでは、ブラジル人と日本人で～に座りましょうか Então, que tal nos sentarmos alternadamente, brasileiros e japoneses?

たがえる　違える quebrar, faltar a. 約束を～ não cumprir a promessa, faltar ao compromisso. 時間を違えずに pontualmente.

たかが 〔せいぜい〕apenas, só;〔単に〕simplesmente. 相手は～子どもではないか (Fique sossegado/da) seu rival não passa de uma criança. ～1000円くらいのことで大騒ぎするな Não fique fazendo questão de quantias como mil ienes.

たかく　多角 ～的な multilateral, de vários ângulos [aspectos]. ～化する diversificar. ～的に物事を検討する examinar as coisas sob vários ângulos [de maneira multilateral]. ♦多角化 diversificação (*f*). 多角経営 administração (*f*) multi-empresarial; exploração (*f*) de diversos ramos do comércio. 多角農業 policultura (*f*). 多角貿易 comércio (*m*) exterior multilateral.

たがく　多額 grande quantidade (*f*) de dinheiro. ～の遺産を遺す deixar uma grande de herança. ～の納税者 pagador/ra de altos impostos. ～の資金 uma grande quantidade (*f*) de recursos. ～の出費をする gastar muito em algo.

たかさ　高さ ❶ altura (*f*). これは～が10メートルぐらいだ Isto aqui tem uma altura de dez metros mais ou menos. あなた方は背の～がほぼ同じですね Vocês têm quase a mesma altura, não? ～制限 limite (*m*) de altura. 声の～ altura da voz. ❷ altitude (*f*). 富士山の～は何メートルですか De quantos metros é a altitude do Monte Fuji?

たかしお　高潮 onda (*f*) gigantesca causada por fortes tempestades ou tufões. ♦高潮警報 alarme (*m*) de ondas gigantescas.

たかだい　高台 morro (*m*), terreno (*m*) elevado, outeiro (*m*), colina (*f*).

たかだか　高々 ❶〔高く〕no topo, bem [muito] alto. トロフィーを～と持ち上げる erguer [levantar] bem alto o troféu. 彼は計画が成功して鼻～だった Ele estava muito orgulhoso do sucesso do plano. ❷〔せいぜい〕quando muito, no máximo, não mais que. 予算は～20万円だろう O orçamento deve ser, no máximo, (de) dois milhões de ienes.

だがっき　打楽器 instrumento (*m*) de percussão.

たかっけい　多角形 〔数〕polígono (*m*). ～の poligonal.

たかとび　高跳び ♦走り高跳び salto com altura. 棒高跳び salto com vara.

たかとび　高飛び fuga (*f*). ～する fugir para longe.

たかなみ　高波 ondas (*fpl*) altas. ～にさらわれる ser levado/da por uma grande onda.

たかなり　高鳴り som (*m*) alto. 胸の～ palpitação (*f*) forte do coração.

たかなる　高鳴る soar forte, palpitar com força.

たかね　高値 preço (*m*) alto [caro]. ～で売る vender caro. ♦新高値 preço recorde.

たかね　高嶺 cume (*m*) elevado [imponente]. 富士の～ cume imponente do Monte Fuji. ¶～の花 algo desejado e inacessível [inatingível]. 彼女は僕にとって～の花だ Ela é uma mulher muito acima do meu alcance.

たがね　鏨 buril (*m*), cinzel (*m*).

たかのぞみ　高望み desejo (*m*) fora de alcance [demasiado alto]. ～する estabelecer um objetivo alto demais.

たかびしゃ　高飛車 arrogância (*f*), prepotência (*f*), insolência (*f*). ～な arrogante, prepotente, insolente. ～に出る ter uma atitude arrogante; ser senhor/ra de si deixando a humildade demasiada.

たかぶる　高ぶる sentir-se excitado/da [nervoso/sa, ansioso/sa]. 彼は神経が高ぶっている Ele está excitado [nervoso]./Ele está com os nervos à flor da pele.

たかまり　高まり aumento (*m*), subida (*f*). 感情の～ aumento da emoção. 人気の～ aumento da popularidade.

たかまる　高まる elevar-se, subir;〔増加する〕aumentar, crescer. 感情が～ ficar excitado/da. その問題に対する外国人の関心が高まっている O interesse dos estrangeiros pelo problema está crescendo. この計画に対する反対意見が高まってきている Estão aumentando as opiniões contrárias a este plano.

たかみ　高み lugar (*m*) elevado. ～の見物をする ser um/uma simples curioso/sa, assistir como um simples espectador.

*****たかめる　高める** elevar [エレヴァール];〔増大させる〕aumentar [アウメンタール];〔向上〕melhorar [メリョラール]. …に対して声を～ levantar a voz com …. 教養を～ために学校へ行く ir à escola para se tornar mais culto/ta. …の品質を～ melhorar a qualidade de …. 生産性を～ aumentar a produtividade. このやり方は効率を～と思う Acho que este modo de trabalhar rende mais.

たがやす　耕す lavrar, cultivar. 田を～ cultivar o arrozal. 耕せる土地 terreno (*m*) cultivável.

たから　宝 tesouro (*m*);〔大切なもの〕preciosidade (*f*).

*****だから** 〔理由が先行する〕por isso;〔理由が後置される〕porque [ポルケ]. あなたの病気が心配～来ました Eu vim porque fiquei

たからか

preocupado/da com a sua doença./Eu fiquei preocupado/da com a sua doença e por isso eu vim.
たからか 高らか sonoro/ra, alto/ta. ～に歌う cantar num tom elevado.
たからくじ 宝くじ loteria (f). ～を当てる ganhar na loteria. 私は～に当たった Eu ganhei na loteria. ♦宝くじ券 bilhete (m) de loteria (f).
たからじま 宝島 ilha (f) do tesouro.
たかる 〔集まる〕juntar, formigar;〔せびる〕mendigar, explorar. 砂糖を出して置くとアリがたかりますよ Se você deixa o açúcar fora (do armário), junta formiga, hein?
-たがる querer sempre, querer com insistência. 年寄りは昔を語り～ものだ Os velhos gostam sempre de falar do passado. 馬に乗り～ querer andar a cavalo. 一人になり～ querer ficar sozinho/nha. 彼は学校に行きたがらない Ele não quer ir à escola. みんな誰が悪かったのか知りたがっている Está todo o mundo querendo [curioso/sa] saber quem é o culpado. 彼女はリオに行きたがっていた Ela estava querendo ir ao Rio. その子供は母親に会いに行きたがってどうしようもなかった A criança quis ir ver sua mãe de todo jeito.
たかん 多感 sensibilidade (f) delicada. ～な sensível, emotivo/va, suscetível, impressionável. ～な年頃 idade (f) em que se é muito sensível (emocionalmente).
たかんしょう 多汗症 〖医〗hiperidrose (f), suor (m) excessivo.
たき 滝 cachoeira (f); catarata (f).
たぎ 多義 polissemia (f), ambiguidade (f). ♦多義語 palavra (f) polissêmica.
だきあう 抱き合う abraçar-se. 母と娘は飛行場で抱き合った Mãe e filha abraçaram-se no aeroporto.
たきぎ 薪 lenha (f). 火に～をくべる pôr mais lenha no fogo.
タキシード fraque (m).
だきしめる 抱き締める abraçar, estreitar … entre os braços, dar um abraço em ….
だきつく 抱きつく abraçar, atirar-se nos braços de. 彼女はお母さんに抱きついた Ela se atirou nos braços da mãe.
たきび 焚き火 fogueira (f). ～をする fazer fogueira.
*だきょう 妥協 contemporização (f) [コンテンポリザサォン];〔互譲〕concessão (f) mútua;〔和解〕conciliação (f) [コンスィリアサォン]. ～する acomodar-se às circunstâncias; fazer concessões; chegar a um acordo. 状況に～する acomodar-se às circunstâncias. 友人と～する pôr-se de acordo com o/a amigo/ga. ～的態度をとる tomar [assumir] uma atitude conciliatória. 結局一点は見いだせませんでした Não conseguimos chegar a um acordo até o fim.
たきょく 多極 〖電〗multipolo (m). ♦多極化 multipolarização (f).
たく 炊く, 焚く ❶ cozer, cozinhar. ご飯を～ cozinhar [fazer, cozer] o arroz. ご飯を日本風にたけますか Sabe cozinhar o arroz à moda japonesa? ❷ queimar, acender. 線香を～ queimar o incenso.
たく 宅 ❶〔自分の家〕minha [nossa] casa (f). ❷〔自分の夫〕meu marido (m). ～も参ります Meu marido também vai.
タグ ❶〔品質などが書かれた商品の下げ札〕etiqueta (f), tag (m). ❷〔値札〕etiqueta com preço.
だく 抱く ❶ carregar … nos braços, levar … no colo;〔抱擁〕abraçar. 彼女は子供を抱いていた Ela estava com uma criança no colo. ❷〔卵を〕chocar. 鶏に卵を抱かせる fazer a galinha chocar ovos.
たくあん 沢庵 〖料〗nabo (m) em conserva.
たぐい 類 espécie (f), gênero (m), tipo (m). ～まれな raro/ra, excepcional, singular. そういう～の人には話しかけないほうがいい É melhor não dirigir a palavra a esse tipo de gente.
たくえつ 卓越 excelência (f), superioridade (f). ～する destacar-se, sobressair-se. ～した excelente, que sobressai, distinto/ta. 彼は～した能力を持っている Ele tem um talento excepcional. 彼は日本史の研究において～している Ele se destaca nos estudos de História do Japão.
*たくさん muito [ムィト], em abundância, bastante;《幼》de montão. ～の muito/ta/tos/tas, numeroso/sa. 私には急ぎの仕事が～あります Tenho muito serviço urgente. ここでは～お勉強しちゃうんだよ《幼》Aqui vocês aprendem de montão! もう～いただきました〔食事の後で〕Já estou satisfeito/ta. もう～だ Chega!/Basta!
タクシー táxi (m). ～の基本料金 bandeirada (f). ～の運転手 motorista de táxi, taxista. ～に乗る tomar um táxi, subir num táxi. ～で行く ir de táxi. ～をつかまえる pegar um táxi. ♦タクシー代 preço (m) do táxi, tarifa (f) do táxi.
たくじしょ 託児所 creche (f).
たくじょう 卓上 de (colocar sobre a) mesa. ～サイズの辞書 dicionário (m) de tamanho grande. ～サイズのパソコン computador (m) de tamanho pequeno. ♦卓上電話 telefone (m) de mesa.
たくす 託す ⇨託する.
たくする 託する ❶〔頼みあずける〕confiar, encomendar, encarregar, incumbir, entregar, depositar. 息子の世話を誰かに～ encarregar alguém de cuidar do filho. 私は友人に託して彼女へプレゼントを送った Eu enviei um presente a ela por meio de um/uma amigo/ga. 希望を息子に～ depositar esperanças no filho. ❷〔かこつける〕atribuir falsamente, pretextar. 彼は入院に託してレポートの締め切りを

延ばした Ele atrasou a entrega do relatório sob pretexto de internação.

たくそう 宅送 entrega (f) a domicílio. …を～する entregar … a domicílio.

たくち 宅地 ❶ 〔住宅用地〕lote (m), terreno (m) para construção de casas. ～開発をする fazer o loteamento, lotear. ❷ 〔すでに家のある〕terreno sobre o qual está construída uma residência.

だくてん 濁点 sinal (m) que se coloca na parte superior direita de algumas letras do silabário japonês. ～の付いた「さ」は「ざ」と発音される A pronúncia do "sa" com o "dakuten" é "za".

タクト batuta (f). ～を振る reger uma orquestra.

たくはい 宅配 entrega (f) a domicílio. ～便で…を送る enviar … através do serviço de entrega a domicílio. ⇨宅送.

たくましい 逞しい ❶ 〔体格の〕vigoroso/sa, forte; robusto/ta. ❷ 〔精神の〕valente.

たくみ 巧み ～な hábil, destro/tra. ～に habilmente, bem. 彼は～に斧(😊)を使います Ele sabe usar bem o machado. 彼女は言葉～に人をだます Ela sabe ludibriar as pessoas com belas palavras.

たくらみ 企み trama (f), maquinação (f); 〔陰謀〕intriga (f), complô (m).

たくらむ 企む tramar, maquinar; intrigar, conspirar. 謀反を～ tramar um complô. たくらんで intencionalmente. …とたくらんで em cumplicidade com ….

たくわえ 蓄え ❶ 〔貯蔵〕provisão (f), reserva (f). 食糧の～ provisão de alimentos. ❷ 〔貯蓄〕poupança (f), depósito (m). 銀行に少し～があります Tenho algum depósito no banco.

たくわえる 蓄える ❶ reservar, poupar, acumular, armazenar. お金を～ poupar dinheiro. 知識を～ acumular conhecimento. 力を～ acumular energias. ❷ 〔ひげなどを〕deixar crescer.

たけ 丈 estatura (f), altura (f), comprimento (m). ～が高い ser alto/ta. ～が長い ser [estar] comprido/da. このズボンの～を短くしてください Encurte essas calças, por favor.

たけ 竹 〖植〗bambu (m), taquara (f), taboca (f). ¶ ～を割ったような人 pessoa (f) franca, 《口語》cuca (f) fresca. ♦ 竹細工 artesanato (m) de bambu. 竹竿(🙂) vara (f) de bambu. 竹藪(🙂) bambuzal (m), moita (f) de bambus, taquaral (m), taboçal (m).

*-**だけ** só [ソー], somente [ソメンチ]; exclusivo/va [エスクルスィーヴォ/ヴァ], exclusivamente [エスクルスィヴァメンチ]. あなた～が行くのですか É só você que [quem] vai? 荷物はこれ～ですか A bagagem é só isso? それは私～のものです Isso é exclusivamente meu./Isso é só meu. 私が今持っているお金はこれ～です Isto aqui é todo o dinheiro que eu tenho agora. あなたは4, 5日休む～でよくなるでしょう É só descansar uns quatro ou cinco dias que você vai ficar bom/boa. サッカーは秩序～でできるものではない O futebol não se faz só com disciplina.

だげき 打撃 golpe (m); 〔損害〕dano (m), prejuízo (m). あの地震は会社に大きな～を与えた Aquele terremoto causou um grande prejuízo à nossa companhia.

たけだけしい 猛々しい ❶ 〔獰猛(🙂)〕feroz. ～獣 animal (m) feroz. ❷ 〔ずうずうしい〕descarado/da, atrevido/da.

だけつ 妥結 acordo (m). ～する chegar a um acordo.

たけつしつ 多血質 ～の de temperamento corajoso e prestativo.

だけど ⇨だが.

たけなわ 酣 auge (m), apogeu (m). 春～だ Estamos no auge da primavera.

たけのこ 竹の子 broto (m) de bambu. そのころにはディスコが雨後の～のようにできた Nessa época, brotaram discotecas em tudo quanto é lugar. ♦ 竹の子生活 sobrevivência (f) dura vendendo os próprios pertences.

たける 長ける ser talentoso/sa em, ter talento [habilidade] para. 店長は店員の気持ちを見抜くことに長けている O nosso gerente tem jeito para ler os sentimentos dos lojistas.

たげん 多元 pluralidade (f). ～的 pluralístico/ca. ♦ 多元方程式 〖数〗equação (f) a várias incógnitas.

たこ 凧 papagaio (m), quadrado (m), pipa (f). ～を上げる empinar um quadrado [papagaio].

たこ 蛸 〖動〗polvo (m).

たこ 胼胝 〖医〗calo (m), calosidade (f). 彼の手のひらに～ができた Formaram-se calos nas palmas das mãos dele. その話は耳に～ができるほど聞いた Estou até careca de tanto ouvir essa história.

だこう 蛇行 ～する ziguezaguear, serpentear.

たこうしき 多項式 〖数〗polinômio (m). 二次の～ polinômio de segundo grau. ♦ 多項式関数 função (f) polinomial. 多変数多項式 polinômio de múltiplas variáveis.

たこく 他国 país (m) estrangeiro, outro país.

たこくせき 多国籍 ～の multinacional. ♦ 多国籍企業 empresa (f) multinacional.

タコメーター taquímetro (m), tacômetro (m).

たさい 多彩 ～な colorido/da, multicor, multicolorido/da; 〔変化に富んだ〕variado/da, diverso/sa. ～な催しもの atrações (fpl) variadas.

たさい 多才 versatilidade (f). ～な versado/da em muitos assuntos, de talentos variados, versátil. 彼は～(な人物)だ Ele é uma pessoa que tem muitos talentos [versátil].

ださく 駄作 obra (*f*) mal acabada, obra de segunda importância.

たさつ 他殺 homicídio (*m*), assassinato (*m*).

たさん 多産 fecundidade (*f*); fertilidade (*f*), produtividade (*f*). ～な produtivo/va, fértil; fecundo/da. ～の女性 mulher de muitos partos. 米の～地帯 região (*f*) fértil em arroz.

ださん 打算 cálculo (*m*), interesse (*m*). ～的な calculista, interesseiro/ra. ～的に interessadamente. ～的に動く agir por interesse próprio.

たし 足し …の～にする suprir [complementar] …. アルバイトをして家計の～にする Farei bico e ajudarei nas despesas da casa. おせんべいでも食べて腹の～にしなさい Coma biscoitos de arroz para enganar [forrar] o estômago. それは何の～にもならない Isso não serve para nada.

だし 山車 carro (*m*) alegórico de festivais religiosos.

だし 出し ❶ [だし汁] caldo (*m*). 昆布で～を取る preparar o caldo com alga marinha. この味噌汁はかつお～が利いている Esta sopa de soja está com o bom gosto do caldo do peixe bonito. ❷ [手段, 口実] meio (*m*), pretexto (*m*). …の～に使われる ser aproveitado/da para …; ser desculpa para …. 病気を～にして授業を欠席する faltar à aula dando como desculpa a doença.

だしあう 出し合う trocar, compartilhar. 意見を～ trocar opiniões. 食事の費用を～ compartilhar as despesas da refeição.

だしいれ 出し入れ ato (*m*) de tirar e pôr. 銀行での金の～ o saque e o depósito de dinheiro num banco.

だしおしみ 出し惜しみ relutância (*f*) em dar ou pagar. 費用の～ relutância (*f*) em pagar as despesas. わずかな金を～する dar de má vontade uma quantia ínfima de dinheiro.

*たしか 確か [多分] talvez [タウヴェース], provavelmente [プロヴァヴェウメンチ], se não me engano. ～な seguro/ra, certo/ta. ～に certamente; sem falta; sem dúvida. ～にそうだ É sem dúvida isso mesmo./Com certeza! それは～な情報ですか Essa notícia é de fonte fidedigna [confiável]? ～なことは彼がいい先生だということだ O que é certo é que ele é um bom professor. ～以前お会いしたことがありますね Acho que [Se não me engano,] nós já nos conhecemos, não?

たしかめる 確かめる confirmar; verificar; averiguar. 真相を～ averiguar a verdade. この計算をもう一度確かめます Vou verificar [checar] esta conta de novo. この人の住所を確かめてください Verifique o endereço desta pessoa aqui, por favor. 私が戸を閉めたかどうか確かめてください Por favor, verifique se eu fechei a porta.

だしがら 出し殻 resíduos (*mpl*) da extração. 茶の～ borra (*f*) do chá, folhas (*fpl*) de chá que restaram depois de haver estado em suspensão [infusão] na água quente.

タジキスタン Tadjiquistão (*m*). ～の tadjique.

たしざん 足し算 〖数〗 adição (*f*), soma (*f*). ～をする somar, fazer uma adição. ⇨加法.

たじたじ boquiaberto/ta, chocado/da; atrapalhado/da, perplexo/xa. ～となる ficar chocado/da [boquiaberto/ta]; ficar perplexo/xa《口語》atrapalhado/da]. 記者会見の質問攻めに大統領は～となった O presidente ficou atrapalhado porque o crivaram de perguntas na entrevista coletiva.

だしっぱなし 出しっぱなし ❶ [物を] ato (*m*) de não guardar. 銀行から取って来たお金を～にする não guardar o dinheiro sacado no banco. ❷ [水を] ato (*m*) de 「deixar aberto/ta [não fechar]. 水道の水を～にする deixar a água da torneira aberta [escorrendo].

たしなみ 嗜み ❶ [趣味, 嗜好(しこう)] conhecimento (*m*), gosto (*m*). 彼はワインの～がある Ele é um conhecedor de vinhos. ❷ [慎み] modéstia (*f*), recato (*m*), discrição (*f*). ～を欠く faltar à modéstia.

たしなむ 嗜む apreciar, gostar de. ボサノバを～ apreciar a bossa-nova. ミナス州の酒を～ gostar das cachaças de Minas.

たしなめる repreender, reprovar, recriminar.

だしぬけ 出し抜け improviso (*m*), ato (*m*) repentino. ～に de supetão, de repente. ～に殴りかかる começar a bater (no outro) de repente. ⇨突然.

だしもの 出し物 programa (*m*).

たじゅう 多重 multiplicidade (*f*). ～の múltiplo/pla. ◆多重債務〖経〗 múltiplas dívidas (*fpl*). 多重人格〖心〗 múltipla (*f*) personalidade, transtorno (*m*) dissociativo de identidade.

たしゅたよう 多種多様 grande variedade (*f*), multiplicidade (*f*), diversidade (*f*). ～の variado/da, diversificado/da, de toda sorte.

たしょう 多少 [いくらか] um pouco; [量] quantidade (*f*). ～の um pouco de. ～の金ならありますが Se for pouco dinheiro, eu tenho …. これは注文の～にかかわらず作りましょう Vamos fabricar isto aqui, independentemente da quantidade de pedidos. まだ～の望みがあります Ainda tenho um pouco de esperança. 彼はコンピュータについて～の知識がある Ele tem alguns conhecimentos de informática.

たしょくしょう 多食症 〖医〗 bulimia (*f*).

たじろぐ titubear, vacilar; ficar perplexo/xa. 外国人を前にして～ ficar perplexo/xa diante de estrangeiros.

だしん 打診 ❶〔医〕percussão (f). …を～する dar pequenas batidas em … 《em exame médico》. ♦打診器 plessímetro (m). ❷〔意向を探る〕ato (m) de sondar. 社長の意向を～する sondar as intenções do presidente da companhia.

たしんきょう 多神教 politeísmo (m). ～の politeísta.

たす 足す somar, acrescentar. 12＋24は36です Doze mais vinte e quatro são trinta e seis. スープに塩を～ acrescentar sal à sopa.

***だす 出す** ❶〔中から外へ移動させる〕pôr para fora. 危ないから車の窓から顔を出さないでください Não ponha o rosto [a cabeça] para fora da janela 《do carro》, que é perigoso. ごみは決められた日に出しましょう Favor jogar o lixo nos dias determinados. ❷〔取り出す〕tirar [チラール], extrair [エストライール]. 私はバッグから財布を出した Tirei a carteira da bolsa. ❸〔見せる〕fazer aparecer, demonstrar [デモンストラール], expressar [エスプレサール], transpirar [トランスピラール]. 彼は怒りを顔に出した Ele demonstrou aborrecimento. ❹〔送る〕despachar [デスパシャール], mandar [マンダール], enviar [エンヴィアール], levar [レヴァール]. 手紙を～ mandar uma carta; levar uma carta ao correio. ❺〔提出する〕apresentar [アプレゼンタール], entregar [エントレガール]. レポートを～ entregar um trabalho. 企画書を～ apresentar um plano. ❻〔発する〕pôr em ação, emitir [エミチール], gerar [ジェラール]. 声を～ soltar a voz. ❼〔スピードを〕aumentar [アウメンタール], gerar. スピードを～ aumentar a velocidade. ❽〔出品する〕expor [エスポール], exibir [エズィビール]. 作品を展覧会に～ exibir obras em exposição. ❾〔出版する〕publicar [プブリカール], editar [エヂタール]. 彼女は多くの本を出している Ela tem várias obras publicadas. あの出版社はろくでもない本しか出していない Aquela editora só publica obras de baixo nível. ❿〔払う〕pagar [パガール]. 今日は僕がお金を～よ Hoje eu pago a conta. ⓫〔食事などを〕oferecer [オフェレセール], servir [セルヴィール], dar [ダール]. ウエーターが料理を～ A garçonete serve a comida. 彼女は出席者一同にビールを出してくれた Ela ofereceu cerveja a todos os presentes. ⓬〔生じさせる〕causar [カウザール], provocar [プロヴォカール], deixar [デイシャール]. 津波は多くの被害者を出した As ondas *tsunami* [gigante, gigantescas] deixaram muitas vítimas. ⓭〔輩出する〕produzir [プロドゥズィール], formar [フォルマール]. この学校は多くの有名人を出している Esta escola tem formado muita gente famosa. ⓮〔店を〕abrir 《loja etc》. 彼は駅前に新しく店を出した Ele abriu uma nova loja na frente da estação.

-だす começar a 《＋不定詞》《＋infinitivo》. 雨が降りだした Começou a chover.

たすう 多数 ❶〔多人数〕maioria (f). ～の majoritário/ria. その分野では女性が～を占めている Nessa área, a maioria é formada por mulheres. ♦多数党 partido (m) majoritário. 絶対多数 maioria absoluta. ❷〔数の多いこと〕grande número (m). ～の参加者が見込まれている Estamos contando com um grande número de participantes. ⇨多く.

たすうけつ 多数決 decisão (f) pela maioria. ～で決めましょう Vamos decidir pela maioria.

たすかる 助かる 〔危険, 死を逃れる〕ser salvo/va;〔死を逃れる〕sobreviver, escapar à morte;〔労力や費用が省かれて楽になる〕receber ajuda e ficar aliviado/da. 地震で助かった人たち os sobreviventes ao terremoto. やっと命が～ ser salvo/va [escapar à morte] por pouco. あなたがいろいろとやってくれたので助かりました A sua ajuda foi muito preciosa. Obrigado/da. これで家計が助かりました Isto ajudou bastante a economia da família. お陰様で助かりました Muito obrigado/da pela ajuda.

たすけ 助け ❶ ajuda (f), socorro (m). …の～を求める pedir ajuda [socorro] a […]. ～に行く ir socorrer, ir ajudar. ❷〔足し〕colaboração (f), contribuição (f). それは我が家の家計の～になる Isso vai ser positivo para a nossa economia doméstica.

たすけあい 助け合い ajuda (f) mútua. ♦歳末助け合い運動 campanha (f) de fim de ano para a ajuda mútua.

たすけあう 助け合う ajudar-se mutuamente, colaborar. お互いに助け合いましょう Vamos nos ajudar mutuamente.

たすけだす 助け出す salvar, tirar da dificuldade. …を危険から～ salvar … do perigo.

たすけぶね 助け船 ❶ barco (m) salva-vidas. ❷〔助力〕socorro (m), ajuda (f). …に～を出す prestar socorro a …, ajudar ….

***たすける 助ける** ❶〔助力する〕ajudar [アジュダール], colaborar com. ちょっと助けて《手を貸して》 Oi! Dá uma força aí! いつも彼に仕事を助けてもらっています Ele sempre me ajuda no serviço. ❷〔救助する〕salvar [サウヴァール], socorrer [ソコヘール]. …の命を～ salvar a vida de …. 助けて Socorro! ❸〔ある作用を促す〕facilitar [ファシリタール], ajudar, contribuir para. パパイヤは蛋白質の消化を～ O mamão facilita a digestão da proteína.

たずさわる 携わる …に～ 1)〔従事〕dedicar-se a …. 芸術に～人たち pessoas (fpl) que se dedicam à arte. 辞書の編集に～ dedicar-se à editoração [edição] de um dicionário. 2)〔関与〕tomar parte [participar] em [de] …. 政治に～ tomar parte na política. ボランティア活動に～ participar de um trabalho voluntário.

たずねびと 尋ね人 pessoa (f) desaparecida e procurada.

たずねもの 尋ね者 procurado/da pela polícia.

***たずねる 尋ねる** perguntar [ペルグンタール], interrogar [インテホガール], fazer uma pergunta a. なぜかを〜 perguntar por que. 君に尋ねたいことがあるのだが Tenho uma coisa a perguntar para você. ちょっとお尋ねしますが、駅はどちらですか Por favor, onde é a estação?

*たずねる **訪ねる** 〔場所，人〕visitar [ヴィズィタール], fazer uma visita a;〔人〕ir ver …. 私は午後山本さんを事務所に〜約束をしている Eu prometi visitar o senhor Yamamoto no escritório dele na parte da tarde.

だせい **惰性** inércia (f), hábito (m). 〜で por força do hábito.

だせん **唾腺** 〖解〗glândulas (fpl) salivares.

たそがれ **黄昏** crepúsculo (m), anoitecer (m).

ただ **多々** muito/ta. その失敗の原因は〜ある Há muitas causas para essa falha.

ただ **只** 〔無料〕〜の gratuito/ta, de graça, grátis. 〜で gratuitamente, de graça. 〜で働く trabalhar de graça. 入場は〜です É entrada franca. 君に〜でそれをあげます Eu lhe dou isso de graça. ⇨無料.

ただ **唯** 〔単に〕comum, simples; só; só que. 〜…しさえすればよい Basta [É só] (＋不定詞)《＋infinitivo》. 〜…でさえあればよいのに Se pelo menos fosse … já seria bom. 〜…でさえあればよい Basta que seja …. 〜…だけでなくまた Não só … mas também. 私は〜冗談を言っていただけです Eu só estava brincando. 君は〜私といっしょに行きさえすればよい Basta [É só] você ir comigo. 君はよくできる。〜ちょっと仕事がのろい Você tem muita capacidade. Só que é um pouco lerdo [vagaroso].

だだ **駄々** 〜をこねる fazer pirraça. 母親に対して〜をこねる pirraçar a mãe, fazer pirraça com a mãe. 〜をこねてはいけません Não insista [sem razão [com bobagens].

だだい **多大** 〜な grande, imenso/sa. 〜な努力を費やして com um grande esforço. …に〜な影響を及ぼす influir grandemente em ….

だたい **堕胎** 〖医〗aborto (m) provocado. 〜する abortar. ♦堕胎罪 crime (m) de aborto.

ダダイスト 〖美〗dadaísta.

ダダイズム 〖美〗dadaísmo (m).

ただいま 〔今すぐ〕já, agora mesmo. 〜のところ por enquanto. 〜までのところでは até agora. 〜参ります Já vou./Vou já. 〜から a partir de agora. 彼は〜着いたところだ Ele chegou agora há pouco./Ele acabou de chegar. 彼は〜出かけております Ele não está no momento. ¶ ただいま Cheguei!/Estou de volta./Oi!

たたえる **称える** elogiar, homenagear.

たたかい **戦い，闘い** luta (f), combate (m), batalha (f). 〜に勝つ(負ける) ganhar (perder) uma batalha.

たたかいぬく **戦い(闘い)抜く** lutar até o fim [sem nunca desistir,《口語》até não poder mais].

*たたかう **戦う，闘う** ❶ lutar por, esforçar-se por obter. 一致団結して〜 lutar unidos. 平和のために〜 lutar pela paz. 裁判で〜 lutar por alguma causa no tribunal. ❷〔困難などと〕combater [コンバテール], lutar contra, fazer uma guerra contra. 偏見（侵略者/寒さ）と〜 lutar contra o preconceito (os invasores/o frio). ❸〔競争する〕competir [コンペチール], disputar [ヂスプタール]. 優勝をかけて〜 disputar a vitória. Aチームと〜 competir com o time A. 正々堂々と〜 lutar com meios justos; jogar limpo.

たたかわす **戦わす，闘わす** ❶ fazer lutar. カブトムシとカブトムシを〜 fazer os besouros lutarem [brigarem]. ❷〔互いの意見をぶつけ合う〕discutir, debater, trocar ideias. 地域の問題について議論を〜 debater problemas do bairro.

たたき **三和土** sala (f) de cimento batido.

たたき **叩き** ❶〖料〗carne (f) ou peixe (m) crus batidos com a faca de modo que fiquem quase moídos. 鯵(ぁじ)の〜 *tataki* de cavala. ❷〖料〗peixe ou carne assados direta e ligeiramente no fogo. 鰹(ゕっぉ)の〜 *tataki* de peixe bonito.

たたきあげる **叩き上げる** subir do zero (numa carreira profissional, com muito esforço e treino).

たたきおこす **叩き起こす** ❶〔寝ている人をむりやり起こす〕obrigar a acordar. 電話のベルで〜 despertar [fazer acordar] com a chamada telefônica. ❷〔戸をたたいて家の人を起こす〕acordar (alguém) batendo insistentemente.

たたきこむ **叩き込む** ❶〔入れる〕《口語》enfiar (à força). 犯罪者を刑務所に〜 colocar o/a criminoso/sa à força na cadeia. ❷〔たたいて打ち込む〕bater com o martelo em, enfiar. 箱に釘を〜 martelar [enfiar] um prego na caixa. ❸〔教え込む〕ensinar fazendo repetir, fazer aprender à força. 英語の単語を〜 enfiar o vocabulário de inglês na (cabeça do discente, fazendo-o repetir muito).

たたきだい **叩き台** base (f) do debate. …を議論の〜とする tomar … como base para debate. 見積もりをあまり細かく書くと〜にされてしまう Se se escreve o orçamento muito detalhadamente, ele acaba servindo de base para pechincha.

たたきなおす **叩き直す** ❶ endireitar. 曲がった釘を〜 endireitar um prego à martelada. ❷《比》emendar, fazer mudar de comportamento, corrigir, endireitar. 君の意地の悪い根性をたたき直してやる Vou corrigir esse seu temperamento maldoso.

*たたく **叩く** bater em …, golpear [ゴウピアール]. 手を〜 bater palmas. だれかが戸をたたいている Alguém está batendo à porta. 疲れたから肩をたたいてください Por favor, dê umas batidas nos meus ombros, que eu estou cansado/

ただごと 只事 coisa (f) banal, fato (m) insignificante do dia-a-dia 【★否定を伴って】《usado com negativo》これは～ではない Isso não é brincadeira [é coisa séria].

ただし 但し mas; só que. ⇨しかし.

*ただしい 正しい justo/ta [ジュースト/タ], correto/ta [コヘット/タ], certo/ta [セールト/タ], acertado/ta [アセルタード/ダ]. 正しくない incorreto/ta. 正しく acertadamente, corretamente. 正しく生きる levar uma vida honesta. ～判断 uma decisão acertada. 状況を正しく判断する julgar acertadamente uma situação. ～寸法 medida (f) exata. ～答え resposta (f) correta. ～行い conduta (f) honesta. ある単語を正しく発音する pronunciar corretamente um termo. その場合の～やり方は患者を隔離することではない A conduta correta para o caso não é o isolamento dos doentes. 君がそう考えるのは～ Você tem razão em pensar assim. あなたは～テーブルマナーを知っていますか Você conhece bem as boas maneiras à mesa?

ただしがき 但し書き ressalva (f). ～付きの com ressalva, condicional.

ただす 正す corrigir, retificar, endireitar. 間違いを～ corrigir os erros. 姿勢を～ endireitar a postura. 座り方を～ endireitar a forma de se sentar.

ただす 糺す averiguar, examinar, investigar; inquirir, indagar. 元をただせば originalmente. …の身元を～ inquirir sobre os antecedentes de ….

ただす 質す ❶〔聞く〕indagar, inquirir. ❷〔調べる〕examinar, investigar. 話の真偽を～ verificar se a história é verdadeira ou não. ❸〔確かめる〕confirmar, certificar-se de.

たたずまい vista (f), aspecto (m). 家の～ aparência (f) de uma casa.

たたずむ 佇む ficar parado/da em pé. 海岸に～ ficar contemplando a paisagem da praia.

たたせる 立たせる ❶ fazer levantar-se, ajudar a levantar-se. ❷〔罰として〕obrigar a ficar de pé (de castigo).

ただただ só, apenas. ～恐縮する não poder fazer outra coisa senão ficar profundamente constrangido/da e agradecido/da 《diante de um favor recebido》.

ただたんに 只単に simplesmente, somente.

ただちに 直ちに imediatamente, logo em seguida. ⇨すぐ.

ただのり 只乗り transporte (m) gratuito (em veículos). ～する viajar ⌐de graça [sem pagar a passagem].

ただばたらき 只働き trabalho (m) de graça. ～する trabalhar de graça.

たたみ 畳 esteira (f) que forra o chão das casas japonesas, tatami (m) [タクーミ].

たたみこむ 畳み込む ❶ dobrar (para dentro). ❷〔しっかりと心の中にしまう〕guardar para si [no íntimo].

たたむ 畳む ❶ dobrar. 洗濯物を～ dobrar as roupas lavadas. 布団を～ dobrar o edredom (e guardar). その地図を畳んでください Dobre esse mapa aí, por favor. ❷〔店などを〕fechar, fazer cessar o funcionamento de …. 店を～ fechar a loja《para sempre》.

ただよう 漂う flutuar, derivar-se; 〔満ちる〕encher o ambiente. 焦げ臭いにおいが漂っている Está cheirando a coisa queimada.

たたり 祟り maldição (f), praga (f).

たたる 祟る ❶ ser amaldiçoado/da, ser castigado/da. ❷〔ある行為が悪い結果をもたらす〕ter como motivo. 彼は酒の飲みすぎがたたって死んだ O motivo de sua morte foi o vício da bebida./Ele morreu porque bebeu demais.

ただれ 爛れ 〖医〗ferida (f), inflamação (f).

ただれる 爛れる 〖医〗inflamar-se, ficar inflamado/da.

たち 質 caráter (m), temperamento (m), natureza (f). 彼女は怒りっぽい～だ Ela tem ⌐um temperamento irritadiço [《口語》o pavio curto]. あの人は～が悪い Ele/Ela é mau caráter. ～の悪い冗談 brincadeira (f) de mau gosto. ～の悪い風邪(㊎)を引く pegar uma gripe difícil de curar. ⇨性質.

-たち -達 e outros, e companhia. 私～ nós. あの人～ eles/elas. あなた～ vocês. マリア～ Maria e companhia.

たちあい 立ち会い presença (f), comparecimento (m). 本人の～のもとで na presença da própria pessoa. …の～を求める requerer a presença de …. ◆立ち会い人 testemunha (f).

たちあう 立ち会う assistir a, presenciar, ser testemunha de. 結婚に～ ser testemunha de casamento. …の手術に～ assistir à operação de ….

たちあおい 立葵 〖植〗malva-rosa (f).

たちあがり 立ち上がり ❶ começo (m). ～でつまずく falhar logo de início. ❷ arranque (m) de uma máquina. このコンピューターは～が早い Este computador ⌐inicia rápido [tem a iniciação rápida].

たちあがる 立ち上がる ❶〔起立する〕levantar-se, pôr-se de pé. いすから～ levantar-se da cadeira. ❷〔奮起する〕levantar-se, entrar em ação. 暴政に対して～ levantar-se [insurgir-se] contra a tirania. ❸〔回復する〕recuperar-se de uma situação difícil. 地震のショックから～ recuperar-se do choque [abalo emocional] causado pelo terremoto. ❹〔コンピュ〕iniciar, inicializar-se. このソフトは自動的に～ Este software inicializa-se automaticamente.

たちいふるまい 立ち居振る舞い porte (m), comportamento (m). ～に気をつけなさい Tenha modos, sim?

たちいりきんし 立入禁止 《掲示》Proibida a

Entrada de Pessoas Estranhas.

たちいる　立ち入る ❶〔入る〕entrar em …, invadir. ❷〔干渉〕intrometer-se [interferir] em. 立ち入った話ですが... Desculpe-me a intromissão, mas .... 立ち入ったことを聞きますが... Desculpe-me a pergunta indiscreta, mas ....

たちうお　太刀魚〔魚〕peixe-espada (*f*).

たちおうじょう　立ち往生 ❶ imobilização (*f*), paralisação (*f*). ～する ficar imobilizado/da. ❷〔当惑〕embaraço (*m*), perplexidade (*f*). ～する ficar atrapalhado/da [perplexo/xa] (sem saber como resolver a situação).

たちおくれる　立ち遅れる começar com atraso, atrasar-se, arrancar atrasado/da.

たちかた　裁ち方 corte (*m*) da roupa a costurar.

たちぎき　立ち聞き ～する escutar às escondidas. 内緒話を～した Eu escutei uma conversa secreta furtivamente [às escondidas].

たちきる　断ち切る cortar, romper (com). 過去を～ romper com o passado.

たちぐい　立ち食い ～する comer em pé (no balcão).

たちくらみ　立ちくらみ vertigem (*f*), tontura (*f*). ～がする Tenho vertigens quando me levanto.

たちこめる　立ち込める saturar-se, ficar saturado/da, encher-se. 彼の部屋にはたばこの煙が立ち込めていた A sala dele estava saturada de fumaça de cigarro. 霧が空港に立ち込めていた O aeroporto estava encoberto pela [coberto de] névoa.

たちさる　立ち去る ir-se, partir. 彼女は教室から立ち去った Ela foi-se da sala de aula.

たちっぱなし　立ちっぱなし estado (*m*) de alguém que está de pé por muito tempo. 電車が込んでいたので50分～だった Fiquei cinquenta minutos em pé direto porque o trem estava cheio.

たちどおし　立ち通し ～である ficar de pé o tempo todo. 今日は店が忙しかったので～だった Como hoje estivemos muito ocupados na loja, ficamos de pé o tempo todo.

たちどころに de imediato, rapidamente. 問題を～解く resolver um problema imediatamente [《口語》na hora]. ～効く薬 um remédio de efeito imediato.

たちどまる　立ち止まる parar, deter-se. こんなところで立ち止まらないでください Não parem num lugar desses, por favor.

たちなおる　立ち直る recuperar-se, levantar-se. 彼は事故の痛手から立ち直りましたか Ele se recuperou do golpe do acidente?

たちならぶ　立ち並ぶ alinhar-se, enfileirar-se. この通りには古本屋が立ち並んでいる Nesta rua vemos sebos um atrás do outro.

たちのき　立ち退き ❶〔移転〕traslado (*m*). ❷〔明け渡し〕entrega (*f*), evacuação (*f*), desocupação (*f*). ❸〔追い立て〕despejo (*m*). 彼女はアパートから～を命じられた Ordenaram-lhe que despejasse o apartamento. ◆立ち退き先〔新しい住居〕novo domicílio (*m*);〔一時的な〕domicílio temporário;〔避難先〕local (*m*) de refúgio. 立ち退き料 compensação (*f*) pelo despejo.

たちのく　立ち退く ❶〔移転する〕desocupar [sair de] um lugar, mudar-se de um lugar para outro. ❷〔明け渡す〕evacuar. …に家を立ち退かせる obrigar … a evacuar a casa. ❸〔避難する〕refugiar-se.

たちのぼる　立ち上る subir, elevar-se. 煙が～ A fumaça sobe no ar.

***たちば　立場** ❶〔境遇〕posição (*f*) [ポズィサォン], situação (*f*) [スィトゥアサォン], lugar (*m*) [ルガール]. 有利な(不利な)～ posição vantajosa (desvantajosa). ある～をとる posicionar-se de uma certa maneira. 自分の～を固める posicionar-se. 自分の～を説明する explicar a própria situação. …の側の～に立つ posicionar-se a favor de …. …と反対の～をとる posicionar-se contra …. Xは大統領とは反対の～をとった X posicionou-se contra o presidente. これで彼の～は一層苦しくなる Com isto ele vai ficar numa situação bem pior. それで私の～がなくなる Assim, eu fico numa situação difícil. 彼は自分の～をわきまえている Ele sabe o seu lugar. アメリカでは医者と患者は対等な～で話す Nos Estados Unidos, o médico e o cliente se falam de igual para igual. ❷〔見地〕qualidade (*f*) [クァリダーヂ], condição (*f*) [コンヂサォン], lugar. …の～で na condição [qualidade] de …. 同盟国の～で na condição [qualidade] de país associado. 被告人の～で na condição [qualidade] de réu. 相手の～に立って物事を考える pensar nas coisas colocando-se no lugar do outro [empatizando-se com o outro].

たちはだかる　立ちはだかる ❶ obstar, impedir o trânsito, obstruir, barrar a passagem a [de], postar-se à frente de, 《口語》aparecer no meio do caminho para impedir a passagem. ❷《比》ser obstáculo, obstruir. そこにはむずかしい問題が立ちはだかっている Há aí um problema difícil de transpor.

たちばな　橘〔植〕laranjeira (*f*) silvestre.

たちばなし　立ち話 conversa (*f*) de pé 《em geral entre as vizinhas, na rua ou no supermercado》. ～をする conversar de pé.

たちまち　忽ち imediatamente, num instante. この商品は～売れてしまった Este artigo (se) vendeu num instante.

たちまわる　立ち回る ❶〔歩き回る〕mexer-se, correr para lá e para cá 《para arranjar algo》. ❷〔行動する〕agir. うまく～ agir sabiamente, saber contornar uma situação.

たちみ 立ち見 ～する assistir a uma peça ou filme de pé.

たちむかう 立ち向かう afrontar, confrontar, fazer frente a. 危険に～ fazer frente ao [enfrentar o] perigo. 社長に～ afrontar o [opôr-se ao] chefe. 敵に～ enfrentar os inimigos. 困難に～ enfrentar as dificuldades.

だちょう 駝鳥 〖鳥〗avestruz (m).

たちよみ 立ち読み ～する ler um livro numa livraria de pé sem o comprar.

たちよる 立ち寄る dar um pulo em, passar por. こちらにおいでになりましたらぜひお立ち寄りください Se vier por aqui perto, passe 《口語》 dê um pulo [em] em casa.

たつ 建つ edificar-se, construir-se. お寺は丘の上に建っている O templo (budista) está construído sobre a colina. ビルがどんどん建っていく Constroem-se cada vez mais prédios. この間まで田んぼだったのに家がどんどん建っている Até outro dia isto aqui era um arrozal e agora estão construindo uma casa atrás da outra. あそこに高いビルが建っているでしょう Você está vendo aquele prédio alto lá?

たつ 断つ [断念する] abster-se. たばこを～ abster-se do fumo.

*__たつ 立つ__ ❶ levantar-se [レヴァンタール スイ], pôr-se de pé, ficar vertical no mesmo lugar. 立ったまま…する fazer … de [em] pé. 彼は立ったままコーヒーを飲んでいた Ele estava tomando café em pé. 雨の中で1時間も立ち尽した Fiquei em pé direto por uma hora na chuva. 立っている estar de [em] pé. もう立っていられない Não consigo mais ficar de [em] pé. 茶柱が立っているからいいことがあるわよ Olha, as folhas formaram uma coluninha dentro da xícara de chá, por isso acontecerá uma coisa boa, *viu*? ❷ [出発する] partir [パルチール]. 明日ブラジルに立ちます Amanhã vou partir para o Brasil. 席を～ deixar o lugar, sair do lugar. ¶ ～鳥跡を濁さず Tente não deixar uma má impressão quando partir. ❸ [立ちのぼる] subir [スビール], levantar [レヴァンタール]. 煙が～ A fumaça sobe. 掃くとほこりが～からやめてください Não varra que levanta poeira. ❹ [ある位置に身をおく] ficar [フィカール], tornar-se [トルナール スイ]. 先に～ ficar na frente. 教壇に～ exercer a profissão de [tornar-se] professor; dar aulas. ❺ [出現する] aparecer [アパレセール], surgir [スルジール]. 嫌な噂(うわさ)が立っている Está se espalhando um boato desagradável. 目に～ saltar aos olhos. ❻ [立派な働きをする] funcionar bem. 腕が～ ser habilidoso/sa. 役に～ ser útil. ❼ [くずれないでしっかり保たれる] manter [マンテール], preservar [プレゼルヴァール], salvar [サウヴァール]. そうしたら社長の顔が～ Assim, o presidente da companhia vai ter a honra preservada./Assim, podemos salvar a face do nosso presidente. その収入では暮らしが立たなかった Com esse salário não dava para sustentar os gastos. 問題の解決のめどが～ conseguir ter uma perspectiva sobre a solução do problema. 来週は予定が立たない Não posso agendar nada para a semana que vem.

たつ 経つ passar. 1週間もたてば em uma semana, passando uma semana. 時がーのは早い O tempo voa [passa depressa]. 時間が～につれて com o passar do tempo, com o passar do tempo, conforme o tempo passa. あなたがここに来てもう 3 年経ちましたか... Quer dizer que já se passaram três anos desde que você veio para cá ...? あの電子レンジは使い始めてからまだ一年半しか経っていない Aquele microondas só tem um ano e meio de uso./Faz só um ano que se começou a usar aquele microondas.

たつ ❶ [断絶する] interceptar, barrar, cortar, romper. 外交関係を～ romper as relações diplomáticas. ❷ 〖電〗[遮断する] romper, cortar, interromper. 電流を～ cortar a transmissão de energia, cortar a corrente elétrica. ❸ [根絶] exterminar, erradicar, acabar com. 悪の根を～ erradicar o mal.

たつ 裁つ talhar, cortar. 生地を(型に合わせて)～ talhar [cortar] um tecido de acordo com o molde.

たつ 辰 〖干支〗(signo (m) do) Dragão (m).

だついしつ 脱衣室 vestiário (m). 日本の～は個別になっていないところが多い Muitos vestiários do Japão não têm compartimentos individuais.

だっかい 脱会 ～する sair de uma associação. 協同組合を～する sair da cooperativa. ♦脱会届 pedido (m) de saída.

だっかく 奪格 〖文法〗(caso (m)) ablativo (m).

たっかん 達観 visão (f) sábia [filosófica]. 人生を～する compreender o que é a vida.

だっきゃく 脱却 旧弊を～する livrar-se [libertar-se] de um sistema ruim e antigo.

たっきゅう 卓球 pingue-pongue (m), tênis (m) de mesa. ～をする jogar pingue-pongue. ♦卓球台 mesa (f) de pingue-pongue.

だっきゅう 脱臼 〖医〗desarticulação (f), luxação (f), deslocamento (m), destroncamento (m) 《dos ossos》.

タックル ❶ 〖サッカー〗rasteira (f), carrinho (m). ❷ 〖スポーツ〗[足での] rasteira (f), [肩での] ombrada (f), *tackle* (m) [ターコウ]. ❸ [釣りの] anzol (m).

だっこ 抱っこ ～する dar colo. ママ～ Quero colo, mamãe!

だっこう 脱肛 〖医〗prolapso (m) anal [retal].

だっこく 脱穀 debulha (f). ～する debulhar. ♦脱穀機 debulhadora (f).

だつごく 脱獄 fuga (f) da prisão. ～する fu-

だつサラ 脱サラ　~をする sair da condição de assalariado. 私は~をして飲食店を開きました Eu saí da firma e abri um restaurante.

だつしふんにゅう 脱脂粉乳　leite (m) em pó desnatado.

だっしめん 脱脂綿　algodão (m).

たっしゃ 達者　~な〔健康〕forte, saudável;〔得意〕hábil.

ダッシュ ❶〔急発進〕arrancada (f), arranque (m). ~する dar a partida no carro; arrancar a toda a velocidade. ❷〔数学, 論文など〕linha (f). エーダッシュ (A') A-linha. ❸〔記号〕travessão (m).

だっしゅう 脱臭　~を~する desodorizar ⋯, tirar o cheiro de ⋯. ♦ 脱臭剤 desodorante (m).

だっしゅつ 脱出 ❶ fuga (f), evasão (f). ❷〔安住の地を求めての〕êxodo (m). ~する fugir, evadir-se, escapar. 彼は国外へ~した Ele fugiu ao estrangeiro. 農村人口の工業地帯への~が起きている Está havendo um êxodo da população rural às zonas industriais.

だっしょく 脱色　descoloração (f), perda (f) da cor. ~する descolorar-se, descolorir-se. ⋯を~させる descolorar ⋯. 髪の毛を~する descolorir [oxigenar] os cabelos. ♦ 脱色剤 descolorante (m).

たつじん 達人　〔専門家〕perito/ta, mestre, entendido/da (em um determinado assunto). 同時通訳の~ experto (m) [expert] em tradução simultânea.

だっすい 脱水 ❶〔洗濯物〕secagem (f) (de roupa). ❷〔化〕desidratação (f). ~する escorrer, ressecar, desalagar. ♦ 脱水機〔洗濯物の〕secadora (f) de roupa, centrífuga (f);〔空気の〕desumidificador (m);〔化〕desidratador (m). ❸〔医〕desidratação (f). ~症状を起こす mostrar sintomas de desidratação, desidratar-se.

たっする 達する　〔達成する〕atingir, alcançar;〔到達する〕chegar, alcançar;〔ある数量に〕somar, elevar-se a. 山の頂上に~ chegar ao cimo da montanha. 合意に~ chegar-se a [atingir] um acordo. あなたの仕事は基準に達していない O seu trabalho não tem nível./《婉曲》O seu trabalho não atinge o padrão. 利益は200万円に~ Os lucros somam [elevam-se a] dois milhões de ienes.

だっする 脱する ❶〔脱出〕escapar, superar. ピンチを~ escapar de apuros. ❷〔会などを〕sair. クラブを~ sair do clube.

たっせい 達成　realização (f), cumprimento (m). ~する realizar, alcançar, cumprir, honrar. 目標を~する atingir [conseguir] um objetivo, alcançar a meta. ブラジルは IMF が定めた目標を~した O Brasil honrou as metas estabelecidas pelo FMI. 何とか今月の売上目標を~することができた Alcançamos a duras penas ᴌa meta [o objetivo] de vendas deste mês. その後は~感があった Depois disso, ᴌtínhamos uma sensação de missão cumprida [《口語》ficava na gente um sentimento de realização]. ♦ 達成感 sensação (f) de ᴌmissão cumprida [dever cumprido], sentimento (m) de realização.

だつぜい 脱税　evasão (f) tributária, sonegação (f) de imposto. 彼は~によって懲役3年の判決を受けた Ele foi condenado a três anos de prisão por evasão fiscal. ♦ 脱税品 artigo (m) de contrabando.

だっせん 脱線　descarrilamento (m); digressão (f), divagação (f). ~する descarrilar; digredir. 電車が~した O trem descarrilou. 社長の話はいつも本題から~する A conversa do presidente (da companhia) sempre se perde em divagações.

だっそ 脱疽　〖医〗gangrena (f). ~性の gangrenoso/sa.

だっそう 脱走　fuga (f). ~する fugir. 監獄からの~者 fugitivo/va de uma penitenciária. ♦ 脱走兵 desertor/ra.

*たった　só [ソー], apenas [アペーナス]; simples [スィンプリス]. ~今 neste ᴌinstante [exato momento],《口語》agorinha mesmo. ~今帰りました Voltei agorinha mesmo.

だったい 脱退 ❶ 〖法〗renúncia (f). ❷ abandono (m), desistência (f), saída (f), separação (f). ⋯から~する sair de ⋯, abandonar ⋯.

タッチ ❶ toque (m). ❷〔関係する〕contato (m), relacionamento (m). それに関しては~~でいたい Não quero me envolver nisso. ❸〔美〕〔筆致〕toque de pincel.

だっちょう 脱腸　〖医〗hérnia (f). ~になる ter uma hérnia.

-たって　mesmo que, ainda que. 走ったって間に合わない Mesmo que se corra, não vai dar tempo.

だって　〔なぜなら〕porque, pois, é porque. 今日は出かけない. ~ひどい雨が降っているから Hoje não vou sair pois está chovendo torrencialmente.

-だって ❶〔⋯でさえ〕mesmo, até, também. 大人~まちがえる Mesmo os adultos erram./Os adultos também erram. ❷〔~もまた〕também. 君は疲れているけどぼく~疲れているんだ Você está cansado/da, mas eu também estou.

だつデフレ 脱デフレ　saída (f) [domínio (m)] da deflação. ~で経済はよくなるでしょう A economia melhorará com o domínio da deflação.

たづな 手綱　rédea (f). 馬の~をとる tomar as rédeas da cavalgadura. ⋯の~をゆるめる afrouxar a rédea a ⋯.

たつのおとしご 竜の落とし子　〖魚〗cavalo-marinho (m).

だっぴ 脱皮 troca (f) de pele. 〜する 1) tirar as escamas, mudar de pele. 蛇は〜する A cobra muda de pele. 2)《比》progredir deixando de lado os pensamentos antigos. 彼は考え方が古かったが〜したようだ Ele tinha um modo de pensar antiquado, mas parece que se livrou disso.

たっぴつ 達筆 caligrafia (f) [letra (f)] bonita. 彼女は〜だ Ela tem letra bonita./Ela é uma ótima calígrafa.

タップ ❶〔水道〕torneira (f). ❷〔コンセント〕tomada (f) elétrica.

タップダンス sapateado (m).

たっぷり em abundância;〔十分に〕suficientemente. ここから駅まで〜30分はかかる Leva-se nada menos que trinta minutos daqui até a estação. 時間がまだ〜ある Ainda temos muito tempo [tempo de sobra]. 愛嬌(あいきょう)〜である ser extremamente simpático/ca. 〜食べる comer fartamente.

ダッフルコート〔服〕casaco (m) [jaqueta (f)] com capuz.

だつぼう 脱帽 〜する tirar o chapéu. 彼女の業績には誰もが〜してしまいます O trabalho dela é de tirar o chapéu.

たつまき 竜巻《気象》tornado (m); remoinho (m).

だつもう 脱毛 ❶〔自然の〕queda (f) de cabelo. 〜脱毛症《医》alopécia (f), calvície (f). ❷〔美容の〕depilação (f). 足の〜 depilar as pernas. ♦ レーザー脱毛 depilação a *laser*.

だつらく 脱落 ❶ omissão (f), falta (f), lacuna (f). あの文章は3行〜していた Naquele texto faltavam três linhas. ❷〔仲間についていけなくなること〕deserção (f), desistência (f), apostasia (f). ある宗教から〜する cometer a apostasia de deixar uma religião. 彼はそのキャンペーンから〜した Ele saiu [desistiu] do movimento. ♦ 脱落者 desistente, desertor/ra.

たて 盾 escudo (m), proteção (f). …を〜にする usar … como proteção; usar … como pretexto. 相手の失敗を〜に取る usar o deslize do outro para atacá-lo. 法律を〜にとる basear-se [escudar-se] na lei. …を〜にとって sob o pretexto de …, escudando-se em …. 親に〜をつく opor-se a [contrariar] seus pais. 〜の半面しか見ない só enxergar uma face do problema.

*****たて 縦** altura (f)［アウトゥーラ］. 〜の longitudinal;〔垂直の〕vertical. 頭を〜に振る balançar [menear] a cabeça de cima para baixo.

-たて recém-, fresco/ca. 絞り〜のオレンジジュース suco (m) de laranja espremido na hora. でき〜のほやほや(の) novinho/nha em folha. 大学を出〜の若者 jovem recém-formado/da. 生まれ〜の赤ちゃん bebê (m) recém-nascido. 生み〜の卵 ovo (m) fresco. 汲み〜の水 água (f) fresca. ペンキ塗り〜《掲示》Tinta Fresca. 焼き〜のパン pão (m) fresco, pão saído do forno. それは焼き〜のパンですよ Esse pão saiu do forno agora, *viu*?

だて 〜に por afetação, para se mostrar; para inglês ver; à-toa.

-だて -建て ❶〔建物で〕tipo (m) de construção. 一戸〜の家 casa (f) independente. 10階〜のビル prédio (m) de dez andares. ❷〔通貨で〕tipo de moeda usada como padrão no comércio exterior. 石油輸出国はもうドル〜で石油を売りたくないと言っている Os países exportadores de petróleo não querem mais vender petróleo em dólares.

たてうり 建て売り ♦ 建て売り住宅 casa (f) nova pronta para vender.

たてかえ 建て替え reconstrução (f). 家の〜 reconstrução da casa.

たてかえ 立て替え pagamento (m) de dinheiro (em lugar de outra pessoa).

たてかえる 建て替える reconstruir,《口語》construir de novo.

たてかえる 立て替える pagar em lugar de alguém. ちょっと立て替えておいてください Pague por mim agora, que depois eu lhe pago.

たてかける 立てかける apoiar. はしごを壁に〜 apoiar uma escada contra a [na] parede.

たてがみ ❶〔馬の〕crina (f) (de cavalo). ❷〔ライオンの〕juba (f) (de leão).

たてごと 竪琴〔音〕harpa (f), lira (f).

たてこむ 立て込む ❶〔場所, 催し物が〕estar cheio/cheia, ficar abarrotado/da. あの歌手のコンサートはいつも立て込んでいる Os *shows* daquele cantor estão sempre cheios. ❷〔仕事が〕ter muito. 注文が立て込んでいる Estamos com muitos pedidos. ¶ すみません、今はちょっと立て込んでいますので… Desculpe, estamos um pouco atrapalhados, agora./〔食事中〕Desculpe, estamos almoçando [jantando].

たてこもる 立て籠る〔家に〕fechar-se (dentro de casa),〔部屋に〕encerrar-se (dentro do quarto).

たてじく 縦軸《数》eixo (m) vertical (das coordenadas).

たてじま 縦縞 listras (fpl) verticais.

たてつづけ 立て続け sucessão (f), continuação (f). 〜に sucessivamente, ininterruptamente. 〜に質問をする fazer perguntas uma atrás da [após a] outra.

たてつぼ 建て坪 área (f) construída. この家の〜は30坪だ A área construída desta casa é de noventa e nove metros quadrados.《坪 = 3,306 metros quadrados》.

たてなおし 建て直し reconstrução (f), reedificação (f). ビルの〜 reedificação de um prédio.

たてなおす 建て直す reconstruir, reedificar. 家を〜 reconstruir uma casa.

たてなおす　立て直す　〔作り直す〕endireitar, reorganizar, refazer. 体勢を～ endireitar a postura. 財政を～ reestabelecer as finanças. 計画を～ replanejar, refazer o projeto. スト体制を～ reconstruir o sistema de greve.

たてふだ　立て札　placa (f), letreiro (m).

たてまえ　建て前　❶〔方針〕princípio (m), política (f) oficial, ideal (m) a que se quer chegar.　❷〔表向きの方針〕aparência (f), fachada (f).　状況はあまり変わらなかったからあの対策は～だけだった Aquela medida foi só de fachada, já que a situação não mudou muito.　本音と～はしばしば矛盾している Frequentemente as pessoas dizem uma coisa enquanto pensam outra.　～ではなく本音を聞かせてください Não quero ouvir formalidades, mas sim o que você realmente pensa.　～と本音を使い分けられないようでは大人になれない Se você não sabe discernir a verdade que pode ser dita e a que não pode, nunca vai ser um/uma adulto/ta, viu?　❸〔むね上げ〕construção (f) da estrutura de uma edificação ou a respectiva cerimônia (f) de conclusão.

だてまき　伊達巻　〔料〕iguaria (f) de ovo adocicado e enrolado em geral servida no ano-novo.

たてまし　建て増し　ampliação (f) de um prédio, construção (f) de um anexo. ～をする ampliar a casa, construir um anexo.

たてまつる　奉る　❶〔献上する〕oferendar, oferecer (a Deus).　❷〔あがめる〕respeitar, adorar. あがめ～ adorar, reverenciar.

たてもの　建物　prédio (m), edifício (m).

たてゆれ　縦揺れ　abalo (m) ∟vertical [《口語》para cima e para baixo] (de um terremoto).

たてる　建てる　construir. 橋を～ construir uma ponte. やっと念願のマイホームを～ことができました Até que enfim consegui construir a minha própria casa ∟que eu tanto queria [com a qual tanto sonhava].

***たてる　立てる**　❶ levantar [レヴァンタール], erguer [エルゲール]. 旗を～ hastear a bandeira. 電信柱を～ levantar um poste.　❷〔立てておく〕deixar de pé, levantar. 瓶を～ deixar a garrafa de pé. コートの襟を～ levantar a gola do casaco.　❸〔発生させる〕fazer [ファゼール], levantar, provocar (um fenômeno). ほこりを～ levantar poeira. あまり音を立てないでください Não faça muito barulho, por favor.　❹うわさを～ espalhar boatos.　❺ 計画を～ fazer um plano, projetar.　❻ …の顔を～ salvar a face de …, dar uma boa honrosa a …. 彼が課長なのだから彼を立てて置いたほうがいい É melhor respeitá-lo, salvando-lhe a honra, pois ele é o chefe da seção. その国の大統領の顔を立てながら戦争を終わらせるのはむずかしい É complicado terminar uma guerra, dando uma saída honrosa ao presidente do país.　❼ 暮らしを～ ganhar a vida. 筋道を立てて…を説明する explicar … ∟com [estabelecendo um] método, explicar … logicamente.　❽ 間に人を～ colocar alguém como intermediário. …を証人に～ escolher … para [como] testemunha.　❾ 伺いを～ indagar, procurar saber. 伺いを立ててから訪問をする visitar uma pessoa após indagar se ela pode receber visitas.　❿ 客のために抹茶を～ pôr chá verde em pó para os convidados.

だでん　打電　envio (m) de telegrama. ～する enviar um telegrama.

…たというはなしだ　…たという話だ　Dizem que (+直説法完了過去形, あるいは, 直説法過去未来完了形)《+pretérito perfeito simples ou futuro do pretérito composto do indicativo). 彼らは民間人を殺し～ Dizem que eles mataram civis./Eles teriam matado civis.

だとう　妥当　～な adequado/da, apropriado/da;〔正当な〕justo/ta, razoável. ～な価格 preço (m) razoável. ～な報酬 salário (m) justo. そういうときはお礼をするのが～ですね Acho que nesse caso é conveniente levar [dar] algum presente em (sinal de) agradecimento, não? ♦妥当性 justeza (f), propriedade (f), pertinência (f).

たどうし　他動詞　〔文法〕verbo (m) transitivo.

たとえ　〔譲歩〕mesmo que, ainda que, embora; nem que seja. ～一つでもそれを食べたほうがよい É bom que você coma isso, nem que seja um só. ～なんと言われようと私はそれを実行します Mesmo que digam horrores de mim, eu vou pôr isso em prática. たとえ課長が反対してもこの計画は進めます Eu vou levar avante este projeto, mesmo que o chefe (de seção) dê o contra.

たとえ　譬え　comparação (f), exemplo (m).

たとえば　例えば　por exemplo. ～の話ですが… É apenas uma hipótese, mas ….

たとえる　譬える　exemplificar, comparar. A を B に～ comparar A a [com] B. 人生は旅にたとえられる A vida pode ser comparada a uma viagem. たとえようもない ser incomparável.

たどたどしい　titubeante, vacilante. ～ポルトガル語を話す falar um português não muito fluente.

たどりつく　辿り着く　…に～ chegar a [alcançar] (com muito custo).

たどる　seguir. 家路を～ seguir o caminho de volta. 記憶を～ procurar na memória.

たな　棚　estante (f). ここにこの～をつるしてください Fixe esta estante aqui, por favor. この～に小包を載せていってよろしいですか Será que posso ir colocando os pacotes nesta estante? ♦網棚 bagageiro (m)《em veículos co-

letivos).
たなあげ 棚上げ ～する deixar de colocar (certos artigos) no mercado até uma ocasião propícia;《比》arquivar,《口語》meter (o processo) na gaveta. この問題はしばらく～だ Vamos resolver este problema numa outra ocasião.
たなおろし 棚卸し inventário (m), balanço (m), checagem (f) de estoque. ～をする fazer o inventário [balanço] (das mercadorias). ～のため休業しております《掲示》Fechado para balanço.
たなばた 七夕 festa (f) das estrelas Vega e Altair《7 de julho》.
たなん 多難 muitas dificuldades (fpl). 前途～なプロジェクト projeto (m) com muitas dificuldades pela frente.
たに 谷 vale (m). 気圧の～ centro (m) de baixa pressão atmosférica.
だに 《虫》ácaro (m), carrapato (m).
たにがわ 谷川 rio (m) que corre num vale.
たにそこ 谷底 fundo (m) de um vale.
たにま 谷間 ❶ vale (m). ❷《比》vão (m) entre coisas altas. ビルの～ vão entre os prédios.
たにん 他人 ❶〔自分以外の人〕o/a outro/tra, o próximo, os outros. ◆他人恐怖症 antropofobia (f). ❷〔親族でない人〕aquele/la que não é parente. 赤の～ pessoa (f) sem relação de parentesco nenhuma. ◆他人行儀 comportamento (m) cerimonioso [formal].
たぬき texugo (m). ¶ 取らぬ～の皮算用 Não conte os pintos senão depois de nascidos.
*__たね 種__ ❶〔種子〕semente (f)［セメンチ］. ～をまく semear. ❷〔秘密〕segredo (m)［セグレード］, truque (m)［トルッキ］. ～を明かす revelar o truque [segredo]. ❸〔もと〕motivo (m)［モチーヴォ］, causa (f)［カーウザ］, origem (f)［オリージェン］. 子供の成績が悩みの～です As notas do meu filho/da minha filha (na escola) que são o motivo dos aborrecimentos. ❹〔主題〕assunto (m)［アスント］, tópico (m)［トッピコ］, tema (m)［テーマ］. それはいい話の～になる Isso vai ser um bom assunto para conversa.
たねなし 種無し sem semente. ◆種無しレーズン passas (fpl) sem semente.
たねまき 種蒔き semeadura (f).
たねんせい 多年生〔植〕perene, que dura muitos anos. ◆多年生植物 planta (f) perene.
-だの ou ··· ou ···, ora ··· ora ···, ··· e ···. 大根～にんじん～いろいろ持ってきた Trouxe nabos e cenouras e não sei mais o quê.
*__たのしい 楽しい__ agradável［アグラダーヴェウ］, alegre［アレーグリ］, divertido/da［ヂヴェルチード/ダ］, prazeroso/sa［プラゼローゾ/ザ］,《口語》legal［レガーウ］. ～こと divertimento (m), passatempo (m). 楽しく de uma maneira agradável. 仕事を忘れて楽しく飲もうよ Vamos esquecer o trabalho e nos divertir bebendo, está bem? きょうはとても～１日でした Hoje foi um dia legal./Hoje foi um dia muito agradável. パーティーはとても楽しかったです A festa foi muito boa [legal]. この仕事は～です Este serviço é prazeroso.
たのしげ 楽しげ ～なパーティー festa (f) alegre (que parece prazerosa). ～に働く trabalhar com alegria (demonstrando prazer).
たのしませる 楽しませる dar prazer, divertir, fazer divertir, entreter, agradar. 耳を～音楽 músicas (fpl) que recreiam os [dão prazer aos, agradam os] ouvidos. 孫はお祖母さんを楽しませてくれる O/A neto/ta entretem [diverte] a avó.
たのしみ 楽しみ ❶〔快楽〕prazer (m). 読書の～ o prazer da leitura. ❷〔娯楽〕divertimento (m), entretenimento (m). 週末に～がなくては働けません Não dá para trabalhar sem se ter um entretenimento no final da semana. ❸〔趣味〕hobby (m). あなたの～はなんですか Qual é o seu hobby? ❹〔気晴らし〕distração (f), espairecimento (m). 仕事の合間に少し～を入れないとストレスになってしまう Se não há uma distração no meio do serviço, acabamos estressados. テレビを見るのが私の～です A minha distração é assistir (à) televisão. ❺ desejo (m) ardente, sentimento (m) de busca ansiosa, espera (f) prazerosa, um prazer muito esperado. 今度の会議でお会いすることを～にしております Estou ansioso/sa por [de] vê-lo/la na próxima conferência. 明日のハイキングが～です Estou ansioso/sa de ir à excursão amanhã./《口語》Não vejo a hora de ir à excursão amanhã. お～に Aguardem!
たのしむ 楽しむ divertir-se, passar um tempo agradável. 音楽を聞いて～ passar um tempo agradável ouvindo música. 人生を～ levar a vida,《口語》curtir a vida.
たのみ 頼み ❶〔依頼〕pedido (m). あなたに一つ～があります Preciso pedir uma coisa para você./Tenho um pedido a lhe fazer さあ、あなたの～を聞きましょう Então, vamos (lá) ouvir o seu pedido. ❷〔頼り〕recurso (m), esperança (f). ···を～にする confiar em ···, contar com ···. あなたを～にしています Conto com você. あなただけが～のです Só você pode me ajudar. ～になる人 pessoa (f) ⌊digna de confiança [com quem se pode contar]. ～の綱が切れてしまった Lá (se) foi a última esperança.
*__たのむ 頼む__ pedir［ペヂール］, rogar［ホガール］. ···に頼まれて a pedido de ···. 君の助けを～ Peço-lhe que me ajude. 家(オフィス)の留守番をするように頼まれたのですか Pediram para você tomar conta ⌊da casa (do escritório)? 私は友人に就職の世話を頼みました Eu pedi uma colocação para um amigo meu. タクシーを頼みた

いのですが... Eu queria chamar um táxi ....

たのもしい 頼もしい 〔信頼できる〕digno/na de confiança;〔有望な〕que tem um futuro promissor. 彼の参加で〜味方を得た Com a participação dele consegui um partidário de confiança.

*__たば__ 束 〔パック〕pacote (m) [パコッチ];〔花の〕ramalhete (m) [ハマリェッチ];〔荷物の〕trouxa (f) [トローシャ];〔まきなどの〕feixe (m) [フェーシ], maço (m) [マッソ], molho (m) [モーリョ]. 〜にする entrouxar, enfeixar, empacotar; formar um ramalhete (com). 〜にして em feixe, em ramos. ラディッシュを一〜買う comprar um maço de rabanetes. ♦ 花束 buquê (m) [ramalhete] de flores.

だは 打破 vencimento (m). 敵を〜する derrotar [vencer] o inimigo.

たばこ 煙草 cigarro (m). 〜を吸う fumar (um cigarro). 〜をやめる deixar de fumar. 〜を吸ってもよろしいですか Posso fumar? ♦ たばこ中毒症 tabagismo (m). たばこ屋 tabacaria (f).

タバスコ molho (m) de pimenta.

たはた 田畑 lavoura (f), campos (mpl) cultivados.

たはつ 多発 ocorrência (f) frequente. 交通事故が〜している Estão ocorrendo muitos acidentes de trânsito.

たばねる 束ねる enfeixar, empacotar. 髪を〜 atar os cabelos. この新聞をたばねましょうか Quer que eu empacote esses jornais aqui?

たび 度 〜に todas as vezes que. 私が彼の家へ行く〜に彼は留守でした Todas as vezes que eu ia à casa dele, ele estava ausente.

たび 旅 viagem (f). 列車の〜 viagem de trem. 空の〜 viagem de avião. 〜に出る partir de viagem. 〜をする viajar. 〜を続けることができるように para poder seguir viagem. ♦ 旅日記 diário (m) de viagem. ⇨旅行.

たび 足袋 meias (fpl) japonesas.

たびかさなる 度重なる acontecer repetidamente. 〜不幸 frequentes acontecimentos infelizes.

たびげいにん 旅芸人 artista itinerante.

たびさき 旅先 〔旅行中の場所〕locais (mpl) visitados durante a viagem;〔最終の目的地〕destino (m) de viagem. 〜で病気になる adoecer em viagem.《口語》ficar doente durante a viagem.

たびじたく 旅支度 preparativos (mpl) de viagem. 〜をする fazer as malas.

たびだち 旅立ち partida (f) (para a viagem).

たびだつ 旅立つ partir de viagem.

たびたび frequentemente;《口語》volta e meia, vira e mexe. 私は〜あの俳優を見かけます Eu tenho visto aquele/la ator/atriz várias vezes. 〜すみません Desculpe-me por amolar tantas vezes. ⇨しばしば.

たびづかれ 旅疲れ cansaço (m) de viagem.

たびびと 旅人 viajante; turista.

たびやくしゃ 旅役者 ator/atriz itinerante [ambulante].

ダビング cópia (f)《de CD, DVD ou videoteipe》. ...を〜する tirar uma cópia de ....

タフ 〜な forte, vigoroso/sa, incansável.

タブー tabu (m).

だぶだぶ 〜の grande demais, muito folgado/da. このセーターは〜だ Este suéter está grande demais [muito folgado].

だふや だふ屋 cambista, revendedor/ra de bilhetes.

たぶらかす 誑かす ❶〔異性を〕enganar (o sexo oposto), seduzir. ❷〔だます〕enganar, lograr, defraudar. 人をたぶらかして金品を巻き上げる roubar uma pessoa enganando-a.

ダブる ❶〔二重にする〕dobrar, duplicar. 持っていた CD と同じものを買ってしまったのでダブってしまった Comprei um CD igual ao que tinha e agora tenho dobrado [em duplicata]. ❷〔日程が〕coincidir, cair no mesmo dia e hora. あいにくですが、その日は企画会議とダブっていてパーティーには出席できません Infelizmente, não vou poder ir à festa, porque ela cai no mesmo dia e hora da reunião de planejamento. 彼女とのデートと試験がダブってしまった O encontro com a namorada acabou coincidindo com o dia do exame. ❸〔二重になる〕sobrepor. 活字がダブって見える Estou vendo as letras sobrepostas.

ダブル duplo/pla, duplicado/da. 〜の背広 terno (m) de quatro botões, casaco (m) trespassado, casaco assertoado. ♦ ダブルプレー jogada (f) dupla. ダブルベッド cama (f) de casal.

ダブルクリック 〜する 〘ユンピ〙 clicar duas vezes.

ダブルス 〘スポーツ〙 dupla (f). 〜をする jogar em duplas. ♦ 女子ダブルス dupla feminina. 男子ダブルス dupla masculina.

ダブルロック tranca (f) [chave] dupla. ドアを〜する fechar a porta com chave dupla.

タブレット ❶〔錠剤〕comprimido (m), pastilha (f). ❷〔飴の〕bala (f).

タブロイド tabloide (m).

たぶん talvez, provavelmente. 彼は〜今度は成功するだろう Talvez ele tenha êxito [tenha êxito] desta vez./Provavelmente ele vai vencer [ter êxito] desta vez.

たべかけ 食べかけ algo (m) meio comido. 彼女は人の〜は食べない Ela não come sobra dos outros.

たべかた 食べ方 ❶〔作り方〕modo (m) de preparar (um ingrediente de comida). ❷〔食べる方法〕modo de comer. ❸〔行儀〕maneiras (fpl) à mesa. 彼女の〜はあまり上品ではない As maneiras dela à mesa não são muito finas.

たべごろ 食べ頃 época (f) boa para se comer (algo). 今は桃が〜だ Agora o pêssego está no ponto.

たべざかり 食べ盛り fase (f) de crescimento (em que se come muito). 〜の子供 criança (f) em fase de crescimento.

たべすぎ 食べ過ぎ alimentação (f) muito farta; 《俗》comilança (f). 〜は体によくない Comer demais faz mal à saúde.

たべずぎらい 食べず嫌い preconceito (m) contra uma comida. 私はパパイヤは〜なんです Eu não gosto de mamão sem nunca ter comido.

たべすぎる 食べすぎる comer demais. 私は食べすぎてしまった Eu comi demais.

たべのこし 食べ残し sobras (fpl) [restos (mpl)] de comida. お昼の〜が冷蔵庫に入っていた As sobras do almoço estavam na geladeira.

たべのこす 食べ残す não comer tudo, deixar comida no prato. 飢えている人々のことを考えると〜なんてもったいない É um desperdício deixar comida no prato quando se pensa nas pessoas que passam fome.

たべほうだい 食べ放題 肉が〜のレストラン restaurante (m) onde se pode comer carne à vontade.

たべもの 食べ物 comida (f), alimento (m). 何か〜をください Me dá [Dê-me] alguma coisa para comer, por favor.

たべられる 食べられる ser comestível. このキノコは食べられない Este cogumelo └não é comestível [não se come, 《口語》não dá para comer].

***たべる 食べる** comer [コメール], tomar [トマール]; viver [ヴィヴェール]. 朝食を〜 tomar o └café da manhã [《ポ》pequeno almoço]. 昼食を〜 almoçar. 夕食を〜 jantar. 外で〜 comer fora. 食べさせる dar de comer a …, alimentar. お刺身は食べられますか Consegue comer peixe cru? 私は何でも食べます Eu como de tudo. さあ食べに行きましょうか Vamos sair para comer, então? 昼食に何を食べようか O que vamos comer no almoço? 1か月10万円では食べていけない Não se pode viver com cem mil ienes ao mês. 〜ことが彼の唯一の楽しみです Comer é o único prazer dele.

たへんけい 多辺形 《数》polígono (m).

だほ 拿捕 captura (f). 〜する apreender, capturar.

たほう 他方 o/a outro/ra; por outro lado, enquanto que. 一方は黒で〜は黄色です Um/Uma é preto/ta e o/a outro/tra, amarelo/la. この会社は自動車の部品が専門だが，〜コンビニエンスストアにも手を出している Esta é uma revendedora (小売商) [fabricante (メーカー)] de auto-peças, mas ela possui também lojas de conveniência. 円高になった。〜日経株価が下がった Houve alta do iene. Por outro lado, o mercado de ações japonês operou em baixa. ブラジル人の出稼ぎ人は減った。〜中国人が増えた O número de trabalhadores brasileiros diminuiu, enquanto que o de chineses aumentou.

たぼう 多忙 sobrecarga (f) de serviço. 〜な ocupado/da, atarefado/da. ご〜中おじゃましてすみません Desculpe-me por ter tomado o seu precioso tempo.

たほうめん 多方面 diversas áreas (fpl), vários campos (mpl). 〜に活躍する trabalhar em várias atividades.

だぼくしょう 打撲傷 《医》contusão (f). ひざに〜を負う contundir o joelho.

たま 〜の raro/ra, pouco frequente. 〜に às vezes, de vez em quando. 社長はここには〜にしか来ない O presidente (m) raramente vem aqui. 〜の休みに歯医者に行く ir ao dentista num dos raros feriados. 〜には電話をしてくださいよ Ligue-me nem que seja de vez em quando, sim?

たま 弾 bala (f), projétil (m). 〜の来る所にいる estar sob fogo cruzado. 〜の届く所に ao alcance da bala. 銃に〜を込める carregar a arma. 銃から〜を抜く descarregar a arma. 〜除(よ)けの à prova de balas. 彼は〜に当たって死んだ Ele foi baleado e morreu. ♦流れ弾 bala (f) perdida.

たま 球，玉 bola (f); moeda (f). 球を投げる jogar bola. ♦百円玉 moeda de cem ienes.

***たまご 卵** ovo (m) [オーヴォ]; 《魚の》ova (f) [オーヴァ]. 〜を産む pôr ovos. 〜をかえす chocar ovos, fazer eclodir [descascar] o ovo. 〜がかえった O ovo eclodiu [descascou]. 〜をかきまぜる mexer [bater] ovos. 〜を抱く chocar ovos. 〜の殻 casca (f) do ovo. 〜の黄(白)身 gema (f) (clara (f)) do ovo. 〜形の oval. ¶弁護士の〜 futuro/ra advogado/da.

♦卵焼き omelete (f) à moda japonesa. いり卵 ovos mexidos. 生卵 ovo cru. 半熟卵 ovo meio cozido. ゆで卵 ovo (m) cozido.

だまされる 騙される ser enganado/da (por), ser ludibriado/da (por); [詐欺にあう] ser vítima de um conto do vigário.

たましい 魂 alma (f). 〜を込めて働く entregar-se ao trabalho de corpo e alma.

だましとる 騙し取る roubar, passar o conto do vigário a, trapacear. 彼は老婆から預金をだまし取った Ele passou o conto do vigário a uma senhora idosa e roubou as suas economias./Ele roubou a conta bancária de uma senhora idosa, passando-lhe o conto do vigário.

たまじゃくし 玉杓子 concha (f), colherão (m).

だます 騙す enganar, trapacear. 彼らは老人たちをだまして金を巻き上げた Eles enganaram os idosos e roubaram todo o dinheiro deles.

たまたま acidentalmente, por coincidência, por acaso. 私たちは～そこを通った Nós passamos aí por acaso. ～起こったいくつかのケース casos (*mpl*) isolados [esporádicos, pontuais].

たまつき 玉突き bilhar (*m*). ～をしに行こうか Vamos jogar bilhar? ♦玉突き衝突 colisão (*f*) de veículos em série, choque (*m*) em cadeia, 《口語》engavetamento (*m*). 玉突き台 mesa (*f*) de bilhar.

たまねぎ 玉葱 cebola (*f*).

たまむし 【虫】besouro-cai-cai (*m*), besouro-manhoso (*m*). ♦玉虫色 verde-roxo (*m*) metálico; cor (*f*) iridescente.

たまもの 賜物 ❶ dom (*m*), dádiva (*f*), presente (*m*). ❷ fruto (*m*), resultado (*m*). 努力の～ fruto do esforço.

だまらせる 黙らせる fazer calar, calar, silenciar.

たまらない 堪らない 〔耐えられない〕insuportável, intolerável, que não dá para aguentar [suportar, tolerar]; 〔抑えきれない〕que não dá para conter [segurar]. この暑さは～ Eu não aguento este calor./Este calor é insuportável. 彼の話はおかしくてたまらなかった A conversa dele estava tão engraçada que não pude conter o riso. 私はこの仕事が退屈で～のです Eu não suporto este trabalho, de tão monótono.

たまりかねて 堪り兼ねて não podendo suportar [aguentar, resistir, tolerar]. 彼女は～泣いてしまった Não podendo mais, ela acabou chorando.

たまりば 溜まり場 学生の～場 lugar (*m*) de convívio para estudantes.

たまる 溜まる, 貯まる 〔ほこりなどが〕acumular-se, amontoar-se; 〔お金が〕ajuntar(-se); 〔仕事などが〕acumular-se. 貯金はいくらたまりましたか Quanto dinheiro você ajuntou? 仕事がたまってきたので毎日残業しています Estou fazendo horas extras todos os dias, porque o trabalho começou a acumular. あなたは貯金がたまっていますね Você está com dívidas acumuladas, não?

だまる 黙る calar-se; ficar quieto/ta, ficar calado/da. 黙らせる fazer calar. 黙りなさい Cale-se!/Silêncio! 黙って em silêncio, sem reclamar, caladamente; sem dar satisfação, sem se explicar. 彼は黙って会議に欠席した Ele faltou à reunião [conferência] sem dar satisfação. あなたはいつも黙っていますね Você está sempre calado/da, não?

たまわる 賜る ter a honra de receber uma pessoa importante. 式にご出席賜りたくお願い申し上げます Solicitamos a sua nobre presença em nossa cerimônia.

たみ 民 povo (*m*).

ダミー ❶〔型見本〕amostra (*f*), maquete (*f*). ❷〔射撃の標的人形〕alvo (*m*) feito de boneco. ❸〔身代わり〕substituto/ta. 壁に～の窓をつける colocar uma janela falsa na parede. ♦ダミー会社 empresa (*f*) fantasma.

タミフル 【薬】tamiflu (*m*).

ダム represa (*f*). あの川に～を作る計画がある Estão planejando construir uma represa naquele rio.

たむけ 手向け oferenda (*f*). ～の花 flores (*fpl*) de oferenda.

たむける 手向ける oferendar, oferecer, dedicar. 死者に花を～ oferecer flores a um morto.

たむろ 屯 aglomeração (*f*). ～する reunir-se, aglomerar-se.

***ため** 為 para [バラ]. …の～に〔利益〕para, por, a favor de, em benefício de [a]; 〔理由〕por, por causa de, devido a, por motivo de. その～に〔理由〕por causa disso, por essa razão; 〔目的〕para isso. 社長は社員の～を思ってそう言ったのです O presidente (da companhia) falou isso, pensando nos funcionários. 私は社会の～に何かしたい Eu quero fazer alguma coisa em benefício de [à] sociedade. 彼は病気の～に会社を休みました Ele faltou ao serviço por motivo de doença. 私は始発電車に乗る～に早く起きました Eu acordei cedo para tomar o primeiro trem. 日本に来てたいへん～になりました Foi muito bom [proveitoso] eu ter vindo ao Japão.

だめ 駄目 ～な〔役に立たない〕inútil;〔不可能な〕impossível. それは～だ Isso não pode ser. ～にする estragar, tornar inútil. 水につかって箱の中身はすっかり～になってしまった O conteúdo da caixa estragou completamente por ter ficado debaixo d'água. もっと勉強しなくちゃ～だ Você precisa estudar mais. そんなやり方じゃ～だ Assim, não dá! 彼に頼んでも～だ Não adianta pedir para ele. もう～だ! Pronto! Estou perdido/da./Ai! Estou frito/ta./Já não dá mais! ¶ だめだめ Não! Não!

ためいき 溜め息 suspiro (*m*). ～をつく suspirar. ほっと～をつく dar um suspiro de alívio.

ためいけ 溜め池 reservatório (*m*) de água, açude (*m*), cacimba (*f*).

ダメージ dano (*m*), prejuízo (*m*). ～を受ける ser danificado/da, ser prejudicado/da, levar prejuízo.

ためし 例し precedente (*m*), histórico (*m*). そんなやり方で売れた～がない Não há histórico de [Nunca tivemos] bons resultados vendendo dessa maneira.

ためし 試し prova (*f*), ensaio (*m*). ～に para experimentar, a título de teste. この新製品を～に 1 か月使ってみてくださいませんか Não quer usar esse novo produto durante um mês, só para experimentar?

ためす 試す experimentar, tentar, provar, testar. 最新型のパソコンを～ testar um computador de última geração. いろいろな方法を

～ experimentar vários métodos. 薬を動物に～ experimentar um remédio em animais.

だめもと 駄目もと sem expectativas de dar certo, 《口語》só por tentar. ～で頼んでみる Vou tentar pedir, mesmo sem esperanças. ～であの大学を受ける Vou prestar o exame daquela [naquela] faculdade mesmo sem esperança de passar.

ためらい vacilação(f), titubeio(m), hesitação(f). ～を示す mostrar-se indeciso/sa.

ためらう vacilar, titubear. ためらわずに sem vacilar, sem titubear. ためらわずに思っていることを言いなさい Fale o que está pensando sem vacilar.

ためる 貯める、溜める 〔金を〕poupar, economizar, juntar;〔取って置く〕reservar, armazenar;〔満たす〕encher. 金を～ juntar dinheiro. 私はアルバイトをして 5 万円ためました Eu fiz um bico e juntei cinquenta mil ienes. おふろに水をためてください Encha a banheira de água, por favor. そんなに仕事をため込んだら後で苦しくなりますよ Se você acumula tanto serviço assim, depois vai sofrer, hein?

ためん 多面 muitos lados (mpl)〔aspectos (mpl)〕. ～的な multifacetado/da; ♦~ versátil. ♦多面体《数》poliedro(m). 正多面体 poliedro regular.

たもうしょう 多毛症 〔医〕hirsutismo(m).

たもくてき 多目的 propósitos(mpl) múltiplos, várias finalidades(fpl), fins(mpl) diversos. ～の multifuncional, (de) multi-uso. ♦多目的ホール salão(m) para fins diversos, 《口語》ambiente(m) que serve para várias coisas.

たもつ 保つ manter, guardar; conservar. 秩序を～ manter a ordem. 体面を～ salvar as aparências. 平静を～ não esquentar a cabeça. あの人とは一定の距離を保ったほうがいい Com ele/ela é melhor manter uma certa distância.

たもと 袂 〔和服の〕parte(f) inferior da manga de quimono;〔そば〕proximidade(f). 橋の～で perto da ponte.

たやす 絶やす ❶〔滅ぼす〕exterminar. 害虫を～ exterminar os insetos nocivos. ❷〔切らす〕deixar esgotar [acabar]. 小麦を絶やさないようにする procurar não deixar esgotar o trigo. 笑顔を絶やさない人 pessoa(f) que está sempre sorrindo.

たやすい fácil, simples. たやすく facilmente, com facilidade. ～仕事 serviço(m) leve [de fácil execução]. 口で言うのは～ Falar é fácil (, fazer é difícil).

たよう 多様 ～な diversificado/da, variado/da. ～化する diversificar-se. ～化させる diversificar. 日本の社会も～化してきましたね A sociedade japonesa está começando a se diversificar, não? ♦多様化 diversificação(f).

多様性 diversidade(f), variedade(f).

たより 便り notícia(f), 〔手紙〕carta(f), correspondência(f). 彼からはしばしば～があります Eu sempre tenho notícias dele. ブラジルに帰ったら～をください Escreva-me quando voltar ao Brasil, sim?

たより 頼り …を～にする contar com …, ter confiança em …, confiar em …; depender de …. ～になる digno/na de confiança. あなたを～にしています Conto com você. あの人の約束は～にならない Não se pode confiar na promessa dele/dela. 困ったときに貯金ほど～になるものはない Nas horas difíceis, não há coisa que mais ajude do que dinheiro poupado.

たよりない 頼りない ～人 pessoa(f) fraca com quem não se pode contar. ～返事 resposta(f) indecisa (que dá insegurança ao outro).

たよる 頼る ❶ depender de. 日本語をまじめに学びたいのなら漢字をローマ字化したものに頼っていてはいけない Se quer estudar o japonês a sério, não se pode estar dependendo da romanização dos caracteres. 彼はまだ親に頼りきっている Ele ainda está muito [completamente] dependente dos pais. ❷ contar com. 彼らは親戚を頼って日本にきた Vieram ao Japão, contando com o apoio dos parentes. 頼りがいのある人 pessoa(f) confiável, pessoa com quem se pode contar (na hora das necessidades).

たら 鱈 bacalhau(m). ♦鱈子 ova(f) de bacalhau. 干し鱈 bacalhau desidratado [liofilizado].

-たら se …. ⇨もし.

たらい 盥 bacia(f).

たらいまわし 盥回し rotação(f);〔押しつけること〕jogo(m) do empurra-empurra. 政権の～ rotação(f) do poder político. 嫌な問題を～にする passar o "abacaxi" adiante, passar a bola para frente.

だらく 堕落 corrupção(f), depravação(f). ～する corromper-se, perverter-se. ～させる corromper, perverter. ～した corrompido/da, pervertido/da.

-だらけ ～の cheio/cheia de, impregnado/da de. 血～の服 roupa(f) cheia de manchas de sangue. 傷～の心 coração(m) muito ferido [machucado]. 借金～の会社 empresa(f) muito endividada [cheia de dívidas]. この報告書は間違い～だ Este relatório está cheio de erros. 彼女の髪の毛は泥～だった Os cabelos dela estavam impregnados de lama.

だらける relaxar-se, ficar preguiçoso/sa. だらけた preguiçoso/sa, indolente, apático/ca. だらけていないで体操する fazer ginástica vencendo a preguiça. 彼らはだらけた生活を送っている Eles estão levando uma vida relaxada.

だらしない relaxado/da, descuidado/da, negligente. だらしなく com descuido, negligentemente. ～生活を送る levar uma vida desregrada. 部屋をだらしなくしておく deixar o quarto ᴌem desordem [bagunçado]. 彼はいつも～服装をしている Ele sempre se veste de uma maneira relaxada./Ele é descuidado no modo de vestir. 彼女は金銭に～ Ela é muito relaxada em matéria de dinheiro.

たらす 垂らす deixar suspenso/sa, pendurar. 髪を～ deixar o cabelo solto. よだれを～ babar. 彼は額から汗を垂らしていた Ele estava com a testa pingando suor.

-たらず -足らず menos de …. 彼は1時間～のうちにこの仕事をしてしまった Ele acabou fazendo este serviço em menos de uma hora. 私はそのとき千円～の金しかなかった Nessa hora, eu não tinha nem mil ienes. ⇨以下.

だらだら preguiçosamente, sem ânimo;《俗》na lengalenga. ～仕事をするな Não faça o serviço nessa lengalenga.

タラップ [船の] rampa (f); [飛行機の] escada (f).

たらばがに 鱈場蟹 caranguejo (m) gigante.

たらふく ～食べる comer bem (até ficar satisfeito/ta).

-たり ❶ ora … ora …. 寒かっ～暑かっ～ではっきりしません O tempo está meio indeciso, pois ora faz frio e ora faz calor, não é mesmo? そのころは田舎と東京を行っ～来～していた Nesse tempo eu fazia um vai-e-vem entre Tóquio e o interior. **❷** por exemplo, às vezes, há casos em que. 余りきついことは先生に言えなかっ～するじゃない Às vezes [Há casos, por exemplo, em que] não dá para dizer coisas tão severas [incisivas] para um professor, não é mesmo?

ダリア [植] dália (f).

たりない 足りない ❶ [不足である] não ser suficiente. まだ勉強が～ Ainda tenho muito o que aprender. **❷** [頭の働きが悪い] ser meio bobo/ba. 彼は少し～ Ele é meio bobo. **❸** [価値がない] …に～ não valer a pena, não merecer, não ser preciso. これは議論するに～ Isto não vale a pena discutir./Isto não merece ser discutido. 恐れるに～ não é preciso ter medo.

たりょう 多量 ～の muito/ta, grande quantidade de …. ～に abundantemente, em grande quantidade. これは～に仕入れてしまったのです Nós acabamos comprando isto aqui em grande quantidade.

だりょく 惰力 força (f) de inércia.

たりる 足りる bastar, ser suficiente, ser o bastante, chegar. 足りない faltar, não ser suficiente, não bastar, não chegar. それを買うには～ません Eu não tenho ᴌdinheiro suficiente [condições] para comprar isso. 彼は常識が足りない Falta nele o ᴌbom senso [senso comum].

たる 樽 barril (m). ♦樽酒 saquê (m) conservado em barril. 樽生 chope (m) em barril. ビヤ樽 barril de cerveja.

だるい 私は体が～ Estou ᴌcom preguiça [com o corpo mole]. 足が～ Eu sinto a perna pesada.

だるさ moleza (f), languidez (f), preguiça (f).

タルタルソース molho (m) tártaro.

タルト torta (f). ♦フルーツタルト torta de fruta.

だるま ❶ boneco (m) redondo sem pernas e braços que dá sorte. ♦だるま市 feira (f) de *daruma* 《que acontece em geral no começo do ano, nos templos budista ou xintoísta. O povo o compra e pinta só um olho de preto, desejando algo, para pintar o outro quando o desejo for realizado》. **❷**《比》bola (f), algo (m) redondo. ♦火だるま bola de chamas [fogo]. 雪だるま bola de neve.

たるむ 弛む ❶ [綱などが] afrouxar-se, ficar frouxo/xa. 襟のゴムがたるんでしまった O elástico da gola ficou frouxo. **❷** [筋肉, 皮膚, 精神などが] relaxar-se, ficar relaxado/da (no trabalho ou nos estudos). 結婚してから彼はたるんでいる Depois que ele se casou, ficou muito relaxado.

たれ 垂れ [料] molho (m) para tempero. 焼き鳥の～ molho de galetinhos à moda japonesa.

***だれ 誰** [だれが] quem [ケン]; [だれの] de quem; [だれに, だれを] a quem. ～か alguém. ～でも quem quer que seja, qualquer um/uma. ～も…ない ninguém. あれは～ですか Quem é aquele/la lá? これは～の本ですか De quem é este livro? あなたは～に会いたいのですか Com quem você quer ᴌfalar [se encontrar]? ドアのところに～がいます Tem [Há] alguém à porta. この中で～か自動車の運転ができる人はいますか Alguém de vocês sabe guiar (carro)?/Há alguém aqui que saiba dirigir? それは～にでもできる作業ですか É um serviço que qualquer um consegue fazer? まだ～も来ていません Ainda não veio ninguém.

たれさがる 垂れ下がる estar suspenso/sa, pender, ficar inclinado/da para baixo. 雪の重みで木の枝は～ Com a neve, os galhos das árvores ficam pendentes. 柳の枝が川に垂れ下がっていた Os galhos do chorão pendiam sobre o rio.

たれながし 垂れ流し ❶ [医] incontinência (f). 小便を～にする ter ᴌincontinência urinária [micção involuntária]. **❷** [廃液などの] despejamento (m). その工場は水銀を川に～にしていた Essa fábrica fazia despejamento de mercúrio no rio. **❸** [慎みのないこと] desregramento (m), falta (f) de controle. 言葉の～ fala (f) incontinente, falta de moderação ao falar.

たれながす 垂れ流す ❶ [大小便を] defecar

[urinar] involuntariamente. ❷ despejar. 汚水を川に~ despejar águas sujas no rio.
たれまく 垂れ幕 pano (*m*) de palco.
たれる 垂れる ❶ 〔下にたらす〕cair, pender, inclinar-se. 枝が垂れていた Os galhos estão inclinados. 髪が美女の肩まで垂れていた O cabelo pendia sobre os ombros da moça bonita. ❷ 〔したしる〕pingar, escorrer. 蛇口から水が垂れている Está pingando água da torneira. ❸ 〔下にさげる〕abaixar, baixar. 頭を~ baixar a cabeça. しっぽを~ baixar a cauda.
タレント ❶ 〔歌手〕cantor/ra. ❷ 〔俳優〕ator/atriz. ❸ 〔才能のある人〕pessoa (*f*) talentosa.
*-だろう ❶ 〔話し手の疑問の意味を表す〕《indica dúvida do falante》será que. 彼は来るの~か Será que ele vai vir? ❷ 〔推量を表す〕《indica hipótese》. deve ser, talvez 〔タウヂェーズ〕(+接続法の現在, 未完了過去, 複合完了過去, 大過去)《 + presente, imperfeito, perfeito composto, mais-que-perfeito do subjuntivo》, acho que (+直説法現在, 過去, 未来)《 + presente, pretérito, futuro do indicativo》. 彼はあした来る~ Talvez ele venha amanhã./Acho que ele virá amanhã. あそこに見えるのが東京タワー~ Aquilo que a gente está vendo lá deve ser a Torre de Tóquio./Acho que aquilo que a gente está vendo lá é a Torre de Tóquio. (…する)~に (直説法過去未来に相当)《corresponde ao futuro do pretérito do indicativo》. 彼だったらそうする~に Se fosse ele, faria assim. (…した)~に (直説法複合過去未来に相当)《corresponde ao futuro do pretérito composto do indicativo》. 彼だったらそうした~に Se fosse ele, teria feito assim. ❸ 〔聞き手にある状況を思い浮かべさせる用法〕《função de fazer o interlocutor imaginar uma situação》. você vê, imagine só. この前話したとおり~ Você vê [Imagine só], ficou exatamente do jeito que lhe contei outro dia. ❹ 〔相手に念押しをして確認を取る表現〕《indica confirmação de algo com o interlocutor》. 彼はきょう本当に来るの~ね Ele vem mesmo hoje, não é?/Ele vem hoje, não vem? ⇨-でしょう.
タワー torre (*f*). ♦ 東京タワー Torre de Tóquio.
たわいない 〔取るに足らない〕trivial; 〔ばかげた〕bobo/ba. ~話をする falar de coisas corriqueiras.
たわけもの 戯け者 bobo/ba, estúpido/da.
たわごと 戯言 bobagem (*f*), disparate (*m*). ~を言う dizer disparates.
たわし escova (*f*) para esfregar.
たわむれる 戯れる brincar. 蝶は菜の花に戯れていた A borboleta estava brincando com as flores da colza. 子犬が枕に戯れている O cachorrinho está brincando com o travesseiro. 女に~ mexer com uma mulher.

たん 痰 escarro (*m*), catarro (*m*). ~を吐く expelir escarro, escarrar, expectorar. ~が出ます Estou com catarro.
たん 端 origem (*f*), início (*m*). …に~を発する 〔始まり〕originar-se de …, ter sua origem em …, vir de …, começar com; 〔原因〕começar por. 国境紛争に~を発した戦争 guerra (*f*) que começou por [com] conflitos de fronteira. …に~を発した金融不安 apreensão (*f*) financeira causada por ….
タン 【料】língua (*f*) (牛や豚の舌肉). ♦ タンシチュー guisado (*m*) de língua.
だん 団 missão (*f*), grupo (*m*), equipe (*f*), delegação (*f*). ♦ 外交団 missão diplomática. 科学調査団 missão científica. 教授団 equipe de professores universitários.
だん 壇 estrado (*m*), tablado (*m*); 〔演壇〕tribuna (*f*); 〔教会の〕púlpito (*m*).
だん 段 〔階段の〕degrau (*m*); 〔棚などの〕estante (*f*), prateleira (*f*). 棚のいちばん下の~にこの本を置いてください Coloque este livro na prateleira mais baixa da estante, por favor. ♦ 石段 escada (*f*) de pedra.
だんあつ 弾圧 opressão (*f*), repressão (*f*). ~する oprimir, reprimir. ~されている estar oprimido/da. ~の opressor/ra.
*たんい 単位 unidade (*f*) 〔ウニダーヂ〕; 〔授業の〕crédito (*m*) 〔クレーヂト〕, ponto (*m*) 〔ポント〕. 重さの~ unidade de peso. ~をもらう receber [ganhar] créditos.
たんいつ 単一 ~の só, único/ca, simples. ♦ 単一民族 povo (*m*) (formado) de uma raça só.
だんいん 団員 membro (*m*) de um grupo.
たんおんかい 短音階 【音】escala (*f*) menor.
たんか 単価 preço (*m*) por unidade. ~200円でどうですか Que tal (se o preço for) duzentos ienes por unidade?
たんか 担架 maca (*f*). …を~で運ぶ transportar …sobre a [na] maca.
たんか 炭化 carbonização (*f*). ~させる reduzir a carvão, carbonizar. ~する ficar reduzido/da a carvão, carbonizar-se. ♦ 炭化水素 hidrocarboneto (*m*). 炭化物 carboneto (*m*).
たんか 短歌 【文学】poema (*m*) japonês com trinta e uma sílabas.
だんか 檀家 família (*f*) registrada como contribuidora num templo budista. ♦ 檀家制度 sistema (*m*) de registro de famílias em templos budistas para facilitar a descoberta e perseguição dos cristãos.
タンカー navio-tanque (*m*). ♦ 石油タンカー petroleiro (*m*).
だんかい 段階 grau (*m*), etapa (*f*); 〔局面〕fase (*f*). 発展の諸~ etapas [estágios (*mpl*)] do desenvolvimento. ~的に gradualmente, por etapas. それは現~においてはもう無理です A essa altura do campeonato, isso

だんかい já é impossível. 今は準備〜です Agora estamos na fase de preparativos. 第一〜であの調査は失敗した Aquela investigação falhou já na primeira etapa.

だんかい 団塊 〜の世代 geração (f) nascida na década de 1950.

だんがい 弾劾 acusação (f). 〜する acusar. ♦弾劾裁判 processo (m) de acusação.

たんかん 胆管 ♦胆管炎〖医〗colangite (f). 胆管造影 colangiografia (f).

たんがん 嘆願 solicitação (f), pedido (m); instância (f). 〜する pedir, solicitar. ♦嘆願書 petição (f), instância (f). 嘆願者 solicitante, requerente.

だんがん 弾丸 bala (f) 《projétil》.

たんき 短期 período (m) curto, prazo (m) curto. 〜の de curta duração. 〜間に num curto período. ♦短期大学 cursos (mpl) sequenciais, curso (m) tecnológico, curso superior com duração de dois anos. 短期滞在 permanência (f) temporária. 短期貯金 depósito (m) a curto prazo.

たんき 短気 impaciência (f). 〜な impaciente, nervoso/sa. 〜である ser impulsivo/va [explosivo/va], irritar-se facilmente, 《俗》ter o pavio curto. 主人は〜だけどいい人です O meu marido é nervoso, mas é uma boa pessoa. 〜を起こしてはいけないよ Não perca a paciência, não, *viu*?

たんきゅう 探究 investigação (f), pesquisa (f), busca (f). 〜心に富んでいる ter espírito ∟de pesquisa [investigador]. 〜する investigar, buscar.

たんきょり 短距離 curta distância (f). ♦短距離競争 corrida (f) de curta distância. 短距離弾道ミサイル míssil (m) balístico de curto alcance. 短距離輸送 transporte (m) de curta distância.

タンク ❶〔液体の〕tanque (m). ♦ガソリンタンク tanque de gasolina. ❷〔戦車〕tanque, carro-de-combate (m).

タングステン〖化〗tungstênio (m).

タンクトップ〖服〗camiseta (f).

タンクローリー caminhão-tanque (m), caminhão-pipa (m), caminhão-cisterna (m), carro-tanque (m).

だんけつ 団結 união (f), solidariedade (f). 〜する unir-se, juntar-se. 彼らは〜が強い Eles são unidos. 彼らは〜して戦った Eles lutaram unidos.

たんけん 探検 exploração (f), expedição (f). 〜する explorar, fazer uma expedição. ♦探検隊 equipe (f) de exploradores.

たんげん 単元 unidade (f) de estudos, parte (f) de um programa de estudos.

だんげん 断言 declaração (f), afirmação (f). 〜する declarar, afirmar categoricamente, ser taxativo/va. …と〜する declarar [afirmar] categoricamente que (+直説法) (+ indicativo).

たんご 単語 vocábulo (m). ♦単語カード ficha (f) de vocabulário.

たんご 端午 〜の節句 Festa (f) dos Meninos (5 de Maio).

タンゴ tango (m).

だんこ 断固 〜とした resoluto/ta, decidido/da, firme. 相手のプレッシャーに対して〜とした態度をとった Tomou uma atitude firme diante de pressões do outro. 社長はその問題を解決するため〜とした処置をとると言った O presidente da companhia disse que vai tomar medidas rigorosas para resolver o caso. 〜として terminantemente, decididamente, firmemente, com firmeza. 彼は〜としてその提案に反対した Ele se opôs firmemente [terminantemente] a essa proposta. 共謀に関わることを〜拒否します Recuso-me categoricamente a me envolver em mancomunações.

だんご 団子 bolinho (m) de farinha de arroz.

たんこう 探鉱 prospecção de ∟minérios [jazidas minerais]. 〜する explorar uma região à procura de [prospectar] jazidas minerais.

たんこう 炭坑 mina (f) de carvão. ♦炭坑地帯 região (f) carbonífera.

だんこう 団交 negociação (f) coletiva.

だんごう 談合 combinação (f), acordo (m) ilegal entre as empresas do mesmo setor para a fixação de preços de seus serviços antes da concorrência pública.

たんこうしき 単項式〖数〗monômio (m).

たんこうぼん 単行本 volume (m) de um livro editado à parte, volume independente.

だんさ 段差 desnível (m) do terreno.

ダンサー dançarino/na.

たんさいぼう 単細胞 uma só célula (f). 〜の unicelular. 〜の人 pessoa (f) simplista (com pouca inteligência). ♦単細胞植物 planta (f) unicelular. 単細胞生物 ser (m) unicelular. 単細胞動物 animal (m) unicelular, unicelular (m), protozoário (m).

たんさく 探索 investigação (f), busca (f). 〜する investigar, buscar.

たんさく 単作 monocultura (f).

たんざく 短冊 ❶ tira (f) de papel. 〜にお願いを書く escrever um pedido numa tira de papel. ❷ tira (f), retângulo (m). ニンジンを〜に切る cortar a cenoura em tiras.

タンザニア Tanzânia (f). 〜の tanzaniano/na.

たんさん 炭酸 ácido (m) carbônico. ♦炭酸塩 carbonato (m). 炭酸ガス gás (m) carbônico. 炭酸カルシウム carbonato de cálcio. 炭酸水 água (f) gasosa. 炭酸ナトリウム carbonato de sódio.

だんし 男子〔少年〕menino (m);〔男性〕homem (m). 〜の masculino.

タンジェント〖数〗tangente (f).

たんじかん 短時間 〜に num curto (espaço

de) tempo, num instante.
だんじき 断食 jejum (*m*). 〜する jejuar.
だんじて 断じて ❶〔絶対に〕a qualquer preço, sem falta. 〜を拒否する recusar … a qualquer preço. ❷〔決して…も〕nunca, jamais. それは〜許さない Nunca vou perdoar isso.
だんしゃく 男爵 barão (*m*). 〜夫人 baronesa (*f*).
たんじゅう 胆汁 bílis (*f*). ♦胆汁性肝硬変 cirrose (*f*) biliar.
たんしゅく 短縮 encurtamento (*m*);〔縮小〕redução (*f*);〔要約〕abreviação (*f*). 〜する encurtar; reduzir; abreviar. 現時点での操業〜はむずかしいでしょう No momento, acho difícil uma redução operacional. 彼らは労働時間の〜を要求しています Eles estão requerendo a redução da jornada de trabalho.
たんじゅん 単純 〜な superficial, unilateral, simplista;〔軽蔑的〕simplório/ria. 〜に de uma maneira simples, superficialmente. あの人は〜だから... É porque ele/ela é muito simplista .... 〜化する simplificar. ♦単純化 simplificação (*f*). 単純労働 trabalho (*m*) braçal [não qualificado].
たんしょ 短所 defeito (*m*), ponto (*m*) negativo, ponto fraco. 〜を直す corrigir os defeitos. 自己の〜を自覚する conscientizar-se dos próprios defeitos [pontos fracos]. 長所と〜 qualidades (*fpl*) e defeitos.
だんじょ 男女 homem (*m*) e mulher (*f*). 〜を問わず sem distinção de sexo. ♦男女共学 escola (*f*) mista. 男女雇用機会均等法 lei (*f*) da igualdade de oportunidade de trabalho para ambos os sexos. 男女同権 igualdade (*f*) de direitos para ambos os sexos.
たんじょう 誕生 nascimento (*m*). 〜する nascer. お〜日はいつですか Quando é o seu aniversário? お〜日おめでとう Parabéns pelo aniversário!/Feliz Aniversário! ♦誕生カード cartão (*m*) de aniversário. 誕生日 aniversário (*m*). 誕生プレゼント presente (*m*) de aniversário.
たんしょく 単色 ❶〔1色〕monocromia (*f*). 〜の monocromático/ca. ❷〔光の七原色〕cada uma das sete cores fundamentais.
たんしん 単身 〜で só, sozinho/nha. ♦単身赴任 transferência (*f*) de funcionário a trabalho longe da família.
たんしん 短針 ponteiro (*m*) de horas.
たんす 箪笥 guarda-roupa (*m*).
ダンス dança (*f*). 〜をする dançar. ♦ダンスパーティー baile (*m*). ダンスホール salão (*m*) de baile.
たんすい 淡水 água (*f*) doce. ♦淡水魚 peixe (*m*) de água doce.
だんすい 断水 corte (*m*) de água. 〜する cortar a água. 30町が〜している Trinta cidades estão com o fornecimento de água cortado. 十時から十一時まで〜します Haverá corte de água das dez às onze horas.
たんすいかぶつ 炭水化物 〚化〛carboidrato (*m*). ♦炭水化物代謝 metabolismo (*m*) de carboidrato.
たんすう 単数 singular (*m*). 〜の singular. …に〜をつけて pôr … no singular. ♦単数名詞 substantivo (*m*) singular. 3人称単数 terceira pessoa (*f*) do singular.
たんせい 丹精 zelo (*m*), empenho (*m*) sincero, devoção (*f*). 〜を込めて仕上げた製品 um artigo (*m*) fabricado com todo o empenho [de corpo e alma].
だんせい 男性 sexo (*m*) masculino. 〜的な másculo, viril. ♦男性用化粧品 cosméticos (*mpl*) para homens.
だんせい 弾性 elasticidade (*f*). 〜の elástico/ca. ♦弾性限界 limite (*m*) da elasticidade.
たんせき 胆石 〚医〛cálculo (*m*) biliar [biliar], colélito (*m*). ♦胆石症 colelitíase (*f*).
だんぜつ 断絶 interrupção (*f*), ruptura (*f*). 〜する interromper-se, cortar-se. 世代の〜を感じる sentir a defasagem das gerações.
だんせん 断線 ruptura (*f*) de fio elétrico.
だんぜん 断然 positivamente, decididamente, completamente. このほうがあれより〜よい Este aqui é bem [muito] melhor que aquele.
たんそ 炭素 〚化〛carbono (*m*), carbônio (*m*). ♦二酸化炭素 bióxido (*m*) de carbono.
だんそう 断層 ❶〔地質〕falha (*f*) geológica, desnível (*m*) do solo. ♦断層地震 terremoto (*m*) que ocorre no momento do desnivelamento do solo. 活断層 falha (ativa) capaz de ocasionar terremotos. ❷ plano (*m*). ♦断層撮影〚医〛tomografia (*f*). ❸〔食い違い〕desnível, diferença (*f*). 世代間の考え方に〜がある Há um desnível entre os modos de pensar de diferentes gerações.
だんそう 男装 traje (*m*) masculino. 〜の女性 mulher (*f*) vestida de homem. 〜する vestir-se de homem, usar traje masculino.
たんそきん 炭疽菌 〚生〛antraz (*m*).
だんぞく 断続 〜的な intermitente, não contínuo/nua. 〜的に com intervalos, intermitentemente, sem continuidade.
だんそんじょひ 男尊女卑 respeito (*m*) aos homens e desprezo (*m*) pelas [às] mulheres, predomínio (*m*) dos homens sobre as mulheres.
たんたい 単体 〚化〛substância (*f*) simples (formada de um só elemento).
たんだい 短大 cursos (*mpl*) sequenciais, curso (*m*) tecnológico, curso superior com duração de dois anos.
だんたい 団体 grupo (*m*), organização (*f*), entidade (*f*). 〜生活をする viver em grupo.

♦団体行動 atividade (*f*) coletiva. 団体旅行 viagem (*f*) ∟coletiva [em grupo]. 圧力団体 grupo de pressão.

たんたん 淡々 ～と com simplicidade, sem emoção. ～とした〔あっさりした〕simples, desinteressado/da;〔執着のない〕desapegado/da, indiferente. 彼は～とした口調で心境を語った Ele falou do seu estado emocional ∟em um tom sereno [serenamente].

だんだん 段々 gradualmente; pouco a pouco. ～暖かくなってきました Está esquentando cada vez mais. 仕事に～慣れてきますね Parece que você está se acostumando pouco a pouco ao serviço, não?

だんだんばたけ 段々畑 lavoura (*f*) em socalcos.

たんち 探知 detecção (*f*), farejamento (*m*). ～する detectar, farejar, rastrear pistas. ♦探知機 aparelho (*m*) detector, radar (*m*). 探知犬 cão (*m*) farejador [policial].

だんち 団地 conjunto (*m*) residencial.

たんちょう 単調 monotonia (*f*). ～な monótono/na. 私は～な生活を送っています Estou levando uma vida monótona. 流れ作業は～だ O trabalho na esteira é monótono.

たんちょう 短調 〔音〕escala (*f*) menor. ハ～のソナタ sonata (*f*) em dó menor.

たんちょう 丹頂 〔鳥〕grou (*m*) japonês, grou-da-manchúria (*m*).

だんちょう 団長 chefe de grupo.

たんつぼ 痰壺 escarradeira (*f*), cuspideira (*f*).

たんてい 探偵 detetive (*m*).

だんてい 断定 afirmação (*f*). ～する afirmar.

ダンディー ～な elegante. ～な男性 um homem elegante. 彼は～だ Ele é elegante.

たんてき 端的 ❶〔率直な〕direto/ta, franco/ca, claro/ra. ～に言えばそのプロジェクトは失敗だった Falando ∟francamente [sem rodeios], aquele projeto foi uma falha. ❷〔手っ取り早い〕imediato/ta. ～な効き目のある薬 remédio (*m*) de efeito imediato.

たんてつ 鍛鉄 〔鍛え上げること〕fundição (*f*) de ferro;〔鍛え上げた〕ferro (*m*) fundido.

たんと muito/ta, bastante. ～召し上がれ Coma bastante!

たんとう 担当 cargo (*m*), encargo (*m*), incumbência (*f*). …を～する encarregar-se de …, ficar encarregado/da [incumbido/da] de …; ser o/a encarregado/da de …. 課長は会計を～した O/A chefe da seção se encarregou da contabilidade. 一年生を～している先生 professor/ra responsável pelo primeiro ano. ♦担当者 encarregado/da, responsável.

たんとう 短刀 punhal (*m*). ～で刺す apunhalar. 彼は嫉妬心から彼女を～で刺した Ele a apunhalou por ciúme.

たんどう 胆道 〔解〕canal (*m*) [conduto (*m*)] biliar. ♦胆道炎〔医〕colangite (*f*). 胆道鏡検査 colangioscopia (*f*).

だんとう 弾頭 ogiva (*f*), projétil (*m*). ♦核弾頭 ogiva nuclear.

だんとう 暖冬 inverno (*m*) ameno.

だんどう 弾道 trajetória (*f*) de um projétil. ♦弾道弾迎撃ミサイル antimíssil (*m*), míssil (*m*) antibalístico.

たんどく 単独 ～の〔個々の〕individual;〔独立の〕independente. ～に individualmente;〔独力で〕por si mesmo. 彼がこの仕事を～でやりました Ele fez este serviço sozinho. これは私が～でやったことです Isto é uma coisa que fiz sozinho/nha. ～行動を取る atuar por conta própria. ♦単独内閣 gabinete (*m*) formado por um só partido. 単独犯 crime (*m*) sem cúmplice.

だんトツ de longe o/a primeiro/ra, de longe o/a melhor. 彼は世界で～でナンバーワンのチャンピオンである Ele é de longe o melhor campeão do mundo.

だんどり 段取り ordem (*f*) de procedimento, plano (*m*). 結婚式の～を決める decidir a ordem de procedimento para realizar a cerimônia de casamento. ～よく計画を進める realizar o plano metodicamente. 工事は～よく進んでいる A obra avança sem nenhum obstáculo. 料理の～ ordem dos vários passos para a preparação de uma comida. 自分の言いたいことが人に伝わるには～が大事だ O importante é seguir uma determinada ordem dos assuntos para se fazer entender.

だんな 旦那 〔夫〕marido (*m*);〔あるじ〕patrão (*m*);〔よびかけ〕senhor.

たんなる 単なる simples, puro/ra. それが～うわさであればよいのだが Se isso for um simples boato, tudo bem, mas ….

たんに 単に simplesmente, só, somente; simples. それは～冗談にすぎない Isso não passa de uma simples brincadeira.

たんにん 担任 professor/ra encarregado/da de uma classe 《no primeiro e segundo graus》. ～する ser o/a responsável de uma classe.

タンニン tanino (*m*).

だんねつ 断熱 ♦断熱材 isolante (*m*) térmico.

たんねん 丹念 esmero (*m*), cuidado (*m*). ～な cuidadoso/sa. ～に調べる investigar ∟com cuidado [cuidadosamente].

だんねん 断念 ～する abandonar, desistir de, renunciar a. ⇒あきらめる.

たんのう 堪能 ❶ habilidade (*f*), destreza (*f*), perícia (*f*), maestria (*f*). ～な hábil, destro/tra, perito/ta. 彼は日本語が～である Ele tem um japonês fluente./Ele domina o japonês. ❷〔満足〕satisfação (*f*). ～する deleitar-se com, deliciar-se com, ficar safisfeito/ta com. 彼は日本料理を～した Ele se deliciou com a comida japonesa (até dizer chega)./《口語》Ele curtiu muito a comida japonesa.

たんのう 胆嚢 【解】vesícula (*f*) biliar. ♦胆嚢炎【医】colecistite (*f*).

たんぱ 短波 ondas (*fpl*) curtas. ♦短波放送 transmissão (*f*) em ondas curtas.

たんぱく 淡白 ～な suave, simples; 〔味が〕de sabor (*m*) leve; 〔人が〕indiferente. 彼はお金に～である Ele é indiferente ao dinheiro.

たんぱく 蛋白 proteína (*f*), albumina (*f*). 尿に～が出ています Tem albumina na sua urina./Você está com albuminúria. ♦蛋白源 fonte (*f*) de proteínas. 蛋白質 proteína. 蛋白尿【医】albuminúria (*f*). 動物性（植物性）蛋白質 proteína animal (vegetal).

タンバリン 【音】tamborim (*m*).

たんパン 短パン calças (*fpl*) curtas.

だんぱん 談判 〔強くかけあうこと〕reclamação (*f*) (a); 〔話し合い〕negociação (*f*) (com). ～する reclamar a, negociar com.

たんぴん 単品 uma unidade 《de um jogo ou conjunto》. これは～で売ってくれますか Este artigo pode ser vendido em separado? この皿は～扱いはしません Este prato só pode ser vendido em conjunto com o jogo. ハンバーガーはセットにしますか、～にしますか Quer só o hambúrguer ou com acompanhamento?

ダンピング dumping (*m*).

ダンプカー caçamba (*f*) [caminhão (*m*)] basculante.

タンブラー copo (*m*) sem pé.

ダンベル 〚スポーツ〛peso (*m*), haltere (*m*). ～体操をする praticar ginástica com halteres. ♦ダンベル体操 halterofilismo (*m*), ginástica (*f*) com halteres.

たんぺん 短編 ♦短編映画 filme (*m*) de curta metragem. 短編小説 conto (*m*).

だんぺん 断片 fragmento (*m*). ～的な fragmentário/ria. 私の知識は～的なものです Os meus conhecimentos são parciais.

たんぼ 田んぼ arrozal (*m*) 《em brejos》.

たんぽ 担保 【法】caução (*f*), garantia (*f*), penhor (*m*), hipoteca (*f*). ～を設定する estabelecer a caução. ～に入れる hipotecar. ～を～に取る tomar … como caução. 土地を～に銀行から金を借りた Emprestei dinheiro do banco hipotecando o terreno. ♦担保物 coisa (*f*) dada em garantia. 担保物権 direito (*m*) real. 商品担保 penhor de mercadoria. 不動産担保 hipoteca imobiliária.

だんぼう 暖房 aquecimento (*m*), calefação (*f*). ～する aquecer. ～付きの部屋 quarto (*m*) com aquecimento. ♦暖房器具 aquecedor (*m*).

だんボール 段ボール papelão (*m*) ondulado [corrugado].

たんぽぽ 【植】dente-de-leão (*m*).

タンポン ❶【医】〔止血用のガーゼなど〕tampão (*m*). ❷〔生理用の綿棒〕absorvente (*m*) interno.

たんまつ 端末 ❶〚コンピュ〛terminal (*m*) (de computadores). ♦端末機 terminal central. ❷〔はし、終わり〕ponta (*f*), fim (*m*).

だんまつま 断末魔 agonia (*f*) da hora da morte.

たんめい 短命 vida (*f*) curta. 彼は～だった Ele viveu pouco./Ele teve uma vida curta.

だんめん 断面 secção (*f*); corte (*m*). ♦断面図 secção, corte. 横断面 corte transversal. 縦断面 corte vertical.

だんやく 弾薬 munição (*f*). ♦弾薬庫 paiol (*m*).

だんゆう 男優 ator (*m*).

たんらく 短絡 【電】curto circuito (*m*); 《比》simplismo (*m*). ～的な考え方 modo (*m*) de pensar simplista.

だんらく 段落 ❶〔文章などの〕parágrafo (*m*). ❷〔物事の区切り〕fase (*f*). 仕事の第一～は終えた Terminamos a primeira fase do trabalho.

だんらん 団欒 conversa (*f*) íntima entre amigos ou familiares. ♦一家団欒 intimidade (*f*) em família.

たんり 単利 【経】juro (*m*) simples.

だんりゅう 暖流 corrente (*f*) marítima quente.

だんりょく 弾力 elasticidade (*f*); flexibilidade (*f*). ～のある elástico/ca, flexível. ♦弾力性 elasticidade (*f*); 《比》flexibilidade (*f*).

たんれい 端麗 beleza (*f*), elegância (*f*). ～な belo/la, elegante. ♦容姿端麗 boa aparência (*f*).

たんれん 鍛錬 treinamento (*m*), exercício (*m*). ～する treinar, exercitar.

だんろ 暖炉 lareira (*f*).

だんわ 談話 〔話〕bate-papo (*m*); 〔意見など〕discurso (*m*). ～の分析 análise (*f*) do discurso. ♦談話室 sala (*f*) de reunião informal.

ち

ち 地 terra (f). 〜の利を占める ocupar uma posição vantajosa. ♦天地 o céu (m) e a terra (f).

***ち 血** sangue (m) [サンギ]. 〜が出る sangrar, sair sangue. 〜を流す derramar sangue. 〜を吐く vomitar sangue. 〜まみれの ensanguentado/da, todo/da sujo/ja de sangue. 〜だらけになる ficar coberto/ta de sangue. 傷口から〜が出ています A ferida está sangrando./Está saindo sangue da ferida. 〜を止める estancar uma hemorragia. 〜も涙もない cruel, desumano/na. 貴族の〜を引いた de linhagem (f) nobre. 〜のつながり laços (mpl) de sangue. ♦血止め hemóstase (f), estancamento (m) da hemorragia. 血止め薬 hemostático (m), antihemorrágico (m). 鼻血 hemorragia (f) nasal, sangue do nariz.

チアガール garota (f) líder de torcida.
チアノーゼ [医] cianose (f).
チアリーダー cheerleader (m), líder de torcida.

ちあん 治安 segurança (f) pública, ordem (f) pública. 〜を維持する(乱す) manter (perturbar) a ordem pública. この国は〜がいいです Este país é bem seguro. あなたの国は〜が悪いのですか O seu país ∟não tem segurança pública [não é seguro]?

***ちい 地位** [位置] posição (f) [ポズィサォン], situação (f) [スィトゥアサォン]; [階層] classe (f) social; *status* (m) [エスタットゥクス]. 〜が上がる(下がる) subir (abaixar) de posição. 〜の高い人 pessoa (f) ∟que ocupa alto cargo [de posição alta]. 高い〜につく ocupar um posto elevado, chegar a ocupar um posto elevado. 社会的〜が低い(高い) ter uma posição social baixa (alta). 責任のある〜 posição de responsabilidade.

ちいき 地域 região (f). 〜的な regional. 〜によっては conforme as regiões. それは〜によって違う Isso varia de região para região. ♦地域開発 desenvolvimento (m) regional. 地域研究 estudo (m) [pesquisa (f)] regional. 地域社会 sociedade (f) local.

***ちいさい 小さい** [大きさが] pequeno/na [ペケーノ/ナ]; [年が] jovem [ジョーヴェン]; [声・音が] baixo/xa [バイショ/シャ]; [問題など] de pouca importância. 〜子供たち crianças (fpl) pequenas. 〜家 casa (f) pequena. 〜声 voz (f) baixa. 〜声で話す falar ∟em voz baixa [baixo]. 彼女は年のわりには〜 Ela é pequena para a idade (dela).

ちいさく 小さく そのジャガイモを〜切ってください Pique essa batata em pedacinhos, por favor. その荷物をもっと〜できませんか Não dá para diminuir o volume dessa bagagem? テレビの音を〜してください Abaixe o volume da televisão, por favor.

チーズ queijo (m). ♦チーズケーキ *cheese-cake* (m) [シーズ ケーキ], bolo (m) de queijo.
チーター [動] guepardo (m), chita (f).
チーフ chefe.
チーム time (m), equipe (f). 〜ワークに徹する trabalhar como num jogo em time. ♦チームカラー cor (f) do time. チームプレー time (m), jogo (m) em equipe. チームメート membro (m) do mesmo time, colega de grupo. チームワーク trabalho (m) em equipe.

ちえ 知恵 inteligência (f), sabedoria (f); esperteza (f), sagacidade (f); boa ideia (f). 〜のある inteligente, esperto/ta. 何かいい〜があったら貸してください Se tiver alguma ideia boa, diga para a gente, está bem?

チェーン ❶ [鎖] cadeia (f), corrente (f). タイヤに〜をつけたほうがいいです É melhor colocar corrente nos pneus. ♦タイヤチェーン corrente (f) (para encapar o pneu em dias de neve). ❷ [経] cadeia (f). ♦チェーン店 cadeia de lojas; franquia (f) (loja de uma cadeia).

チェコ a República Tcheca. 〜の tcheco/ca.
チェス xadrez (m). 〜の盤 tabuleiro (m) de xadrez. 〜の駒 peça (f) de xadrez.
チェック ❶ bloqueio (m). 〜する parar, barrar. ❷ [点検] verificação (f), checagem (f). 〜する verificar, checar. オイルを〜してください Verifique o óleo, por favor. 〜をすり抜ける escapar da checagem. ♦チェックポイント ponto (m) ∟problemático [a verificar]; [検問所] posto (m) de vigilância. チェックリスト lista (f) de pontos a checar, *check list* (m). ❸ [市松模様] xadrez (m). ❹ [小切手] cheque (m). ♦トラベラーズチェック *traveler's check* (m), cheque de viagem. ❺ [チェス] xeque (m) (em xadrez). ♦チェックメイト xeque-mate (m).

チェックアウト *check-out* (m) [シェッカウチ], registro (m) de saída (em hotel). 〜する [ホテル] pagar a conta do hotel; fazer o *check-out*. 今日〜をしたいのですが... Gostaria de ∟acertar as contas [fazer o *check-out*] hoje. このホテルの〜の時間は何時まででですか Até que horas se pode fazer ∟o registro de saída [o *check-out*] deste hotel?

チェックイン ❶ [ホテルと空港] *check-in* (m)

[シェッキン]. ❷ 〔ホテルのみ〕registro (m) de entrada. ~する 〔ホテル〕registrar-se num hotel; fazer o *check-in*;〔空港〕apresentar-se no balcão (no aeroporto). もうこのホテルの〜の手続きをしましたか Já fez o registro de entrada [chegada] deste hotel?

チェリー 〖植〗 ❶ 〔桜〕cerejeira (f). ❷ 〔サクランボ〕cereja (f).

チェロ violoncelo (m). ~を弾く tocar violoncelo. ♦チェロ奏者 violoncelista.

ちえん 遅延 atraso (m). 3時間の〜 três horas (fpl) de atraso. ~する atrasar-se. 列車は1時間〜した O trem chegou com uma hora de atraso./O trem se atrasou por uma hora.

チェンジ ❶ 〔交換〕revezamento (m), troca (f). ❷ 〔スポーツ〕substituição (f). ❸ 〖テニス・バレー〗ato (m) de inverter, trocar (o lado da quadra). ❹ 〔両替〕câmbio (m), troca (f) de dinheiro. ❺ 〔乗り換え〕baldeação (f). ~する revezar, trocar, substituir, baldear, fazer baldeação.

チェンバロ 〖音〗cravo (m).

ちか 地下 subsolo (m). ~の subterrâneo/nea. ♦地下街 *shopping center* (m) subterrâneo. 地下茎 〖植〗caule (m) subterrâneo. 地下室 〔家の〕porão (m);〔ビルの〕subsolo (m). 地下水 água (f) subterrânea. 地下道 passagem (f) subterrânea.

ちか 地価 preço (m) do terreno. ~が上がった（下がった）O preço do terreno subiu (baixou). ♦地価高騰 aumento (m) do preço do terreno.

*ちかい **近い** ❶ 〔距離的に〕perto [ペールト], próximo/ma [プロッスィモ/マ]. ❷ 〔時間的に〕próximo/ma, breve [ブレーヴィ]. ~のうちに em breve, logo. ~のうちにお会いしたいと思います Queria me encontrar com você um dia desses. ❸ 〔ほぼ〕quase [クアーズィ], perto de. 祭りは1万人に〜人出でにぎわった O festival ficou muito animado com a participação de quase dez mil pessoas. あなたの仕事は完璧ではないが目標とされているものに〜 O seu trabalho não está perfeito, mas perto do que a gente acredita que deve ser. ❹ 〔類似的、親密な〕semelhante [セメリャンチ], chegado/da [シェガード/ダ]. 英語は文語的になるとポルトガル語に〜 Mesmo o inglês, quando ele é literário, se assemelha ao português. ❺ 〔近視〕míope [ミーオピ]. 私は目が〜から... É que sou míope ....

ちかい 地階 subsolo (m).

ちかい 誓い promessa (f), voto (m). ~を立てる jurar. ~を破る romper o juramento (m).

ちがい 違い diferença (f); erro (m). 計算〜 erro (m) de cálculo. AとBの〜 diferença entre A e B. バスで行っても地下鉄で行っても〜はないでしょう Dá na mesma ir de ônibus ou de metrô. そこには品質の〜があります Aí tem uma diferença de qualidade. 新しい製品と既存のものとの〜 diferença do novo produto para o já existente. 1分〜で電車に乗り遅れました Eu perdi o trem por um minuto.

ちがいだな 違い棚 estante (f) de enfeite com prateleiras desencontradas.

ちがいない 違いない dever (+不定詞)《+infinitivo》. …したに〜 dever (+不定詞の完了形)《+infinitivo perfeito》. 彼の言ったことはほんとうに〜 O que ele disse deve ser verdade. 彼女はブラジルのことを考えて寂しがっているに〜 Ela deve estar triste, com saudades do Brasil. 彼はまじめだから仕事を間に合わせたに〜 Ele deve ter feito o serviço no devido prazo, pois é muito sério.

ちがいほうけん 治外法権 〖法〗extraterritorialidade (f).

ちかう 誓う prometer, jurar. …に忠誠を〜 jurar fidelidade a …. もうたばこを吸わないと彼は誓った Ele prometeu ∟não fumar mais [que não fumaria mais].

*ちがう **違う** 〔異なる〕ser diferente, diferir [ヂフェリール], diferenciar-se [ヂフェレンスィアール スィ];〔間違っている〕estar errado/da;〔単純な否定〕Não [ナォン]! …と違って diferentemente de …. 彼と違って私は怠け者です Sou diferente dele. Sou preguiçoso. これとは〜方法が何かありませんか Não tem um (outro) meio diferente deste? 私は君とはこの点で意見が〜 Neste ponto, eu tenho uma opinião diferente da sua./Neste ponto, a minha opinião difere da sua. 「この事故の責任は君にある」「それは違います」 A responsabilidade deste acidente é sua. — Não, isso não é a verdade. 「あなたが担当者ですか」「いいえ、違います」 Você é que é ┐o/a encarregado/da [o/a responsável]? — Não, senhor/ra. 彼と私は歳が3つ違います Eu e ele temos três anos de diferença 《na idade》. ちょっと〜んだけど... Não é bem por aí, hein?

ちがえる 違える ❶ deslocar, desconjuntar. 筋を〜 torcer um músculo. 寝〜 torcer o pescoço durante o sono. ❷ 〔まちがえる〕errar, enganar-se, trocar. 薬を飲み〜 tomar o remédio errado. 文の意味を取り〜 entender errado o sentido de uma frase.

ちかく 近く ❶ 〔距離〕~の próximo/ma. ~に perto. このへんに郵便局はありませんか Será que não tem [há] um correio por aqui (perto)? ~に住む人同士 pessoas (fpl) que moram próximas (umas das outras). 彼女の家は小学校の近くだ A casa dela fica perto da escola. ❷ 〔時間〕em breve, logo, dentro em pouco. 彼は近くブラジルへ行く Ele está indo ao Brasil logo, logo. 彼女と別れて3年近くになる Faz quase três anos que me separei dela.

ちかく 地殻 〖地質〗crosta (f) terrestre, li-

ちかく 知覚 percepção (f) sensorial. 〜する perceber, captar pelos sentidos. 〜できる perceptível. 〜できない imperceptível. ◆知覚神経 nervo (m) sensitivo.

ちかごろ 近頃 recentemente, ultimamente, esses dias. 〜の若者 os jovens de hoje. 〜よく彼に会っています Tenho me encontrado muito com ele esses dias.

ちかすい 地下水 água (f) subterrânea. 〜を汲み上げる tirar à bomba a água subterrânea.

ちかづく 近づく …に〜 aproximar-se de …, chegar perto de …. …に近づかない não se aproximar de …, manter-se afastado/da de …, manter-se distante de …. 彼は無愛想で近づきにくい Ele é muito carrancudo e por isso é difícil de (se) fazer amizade com ele. 危険だからあの建物には近づいてはいけません Não se aproxime daquele prédio que é perigoso. 仕事は完成に近づいた O trabalho já está quase no fim. クリスマスがだんだん近づいてきましたね O Natal já está aí, não?

ちかづける 近づける aproximar, pôr perto. 机を窓に〜 aproximar a escrivaninha da janela. 目をそんなに本に近づけてはいけません Não leia tão de perto.

ちかてつ 地下鉄 metrô (m). 〜で行く ir de metrô, tomar o metrô. ◆地下鉄駅 estação (f) de metrô.

ちかみち 近道 atalho (m). 〜をする ir pelo caminho mais curto, cortar o caminho. 駅へ行く〜はないでしょうか Não tem [há] um atalho [caminho mais curto] para se ir à estação?

ちかよる 近寄る …に〜 aproximar-se de …, chegar perto de …, fazer amizade com …. …に近寄らない não chegar perto de …, não se aproximar de …, manter distância de …. 彼に近寄らないほうがいい É melhor não chegar muito perto dele./《俗》É melhor não se meter com ele. ➩ 近づく.

***ちから** 力 ❶ 〔体力〕 resistência (f) [ヘズィステンスィア], força [フォールサ], energia (humana). 〜のおよぶ限り até não poder mais, na medida do possível. 〜がある ter força, ser resistente. 〜が出る adquirir força. 〜が尽きる chegar ao limite das próprias forças, perder a força. 〜ずくで à força. 肩の〜を抜いてください Relaxe a tensão dos músculos. ❷ 〔理〕 força (f), energia (f) [エネルジーア], potência (f) [ポテンスィア]. 自然の〜 força da natureza. 蒸気の〜 energia do vapor. ❸ 〔影響力〕 poder (m) [ポデール], força. 金の〜 poder do dinheiro. 法の〜に訴える recorrer à lei. ◆力関係 relação (f) de forças [poderes]. ❹ 〔努力〕 esforço (m) [エスフォールソ], empenho (m) [エンペーニョ]. …に〜を入れる esforçar-se para …, empenhar-se em …, dar importância a …. …と〜を合わせる colaborar com …. 社長は自分の〜でここまで来たんですよ O presidente da nossa companhia é o que é agora, por esforço próprio. 〜いっぱいがんばります Vou me esforçar o máximo. ❺ 〔気力〕 vigor (m) [ヴィゴール], energia. 〜を全て子育てに向ける concentrar toda a energia na educação dos filhos. 〜を落とす ficar desalentado/da, perder o ânimo. ❻ 〔能力〕 capacidade (f) [カパスィダーデ]. 〜のある competente, capaz. 彼にはこれをポルトガル語に訳す〜はない Ele não tem capacidade para traduzir isto aqui para o português. それは私の〜ではできません Não tenho capacidade para fazer isso./Isso está além da minha capacidade. 〜試しに試験を受けてみる prestar exame para testar a própria capacidade. ❼ 〔助力〕 ajuda (f) [アジューダ], auxílio (m) [アウスィーリオ]. …の〜になる prestar auxílio a …, ser útil a …, ajudar …, colaborar (com), cooperar (com). …に〜を貸す prestar ajuda a …, auxiliar …. …に〜を借りる pedir ajuda a …, ser socorrido/da por ….

ちからしごと 力仕事 trabalho (m) braçal. 彼は今〜をしている Agora, ele é trabalhador braçal.

ちからづよい 力強い vigoroso/sa, enérgico/ca; que dá ânimo, que encoraja, que inspira confiança. 〜言葉 palavras (fpl) animadoras. あなたがいてくれて力強かったです Eu me senti reconfortado/da por você estar ao meu lado. 君が我々の計画に賛成だと聞いて力強く感じます Sinto-me encorajado/da em saber que você está de acordo com o nosso plano.

ちからもち 力持ち forte, de grande força física.

ちかん 痴漢 bolinador (m), tarado (m) sexual. 〜をする bolinar. ◆痴漢行為 bolina (f), bolinação (f).

ちきゅう 地球 globo (m) terrestre, planeta (m), Terra (f). 〜の温暖化に対して戦う combater o aquecimento global. 〜上に[na] sobre a terra. ◆地球儀 globo terrestre (usado em aula ou como objeto de adorno). 地球物理学 geofísica (f). 地球物理学者 geofísico/ca.

ちぎょ 稚魚 filhote (m) de peixe.

ちきょうだい 乳兄弟 irmão/mã de leite.

ちぎる despedaçar, picar. パンを手で〜 despedaçar o pão com a mão. その紙を細かくちぎってください Por favor, pique esse papel em pedaços pequenos.

ちぎれる rasgar-se, romper-se, fazer-se em pedaços. ちぎれた rasgado/da, despedaçado/da, feito/ta em pedaços. ちぎれたポスター cartaz (m) rasgado.

チキン frango (*m*), galinha (*f*)《a carne》. ♦ チキンカツ〖料〗frango frito à milanesa. チキンナゲット〖料〗*nugget* (*m*) de frango. チキンライス〖料〗risoto (*m*) de frango.

ちく 地区 distrito (*m*), bairro (*m*). ♦工業地区 bairro industrial. 住宅地区 bairro residencial. 商業地区 bairro comercial.

ちくさん 畜産 gado (*m*), criação (*f*) de gado, pecuária (*f*). ～を営む dedicar-se à pecuária, ser pecuário/ria. ♦畜産家 pecuário/ria, pecuarista. 畜産学 zootecnia (*f*). 畜産業 indústria (*f*) de gado.

ちくじ 逐次 um após o outro/uma após a outra, sucessivamente. ♦逐次通訳 interpretação (*f*) consecutiva.

ちくしょう 畜生〔動物〕besta (*f*);〔ばか〕bobo/ba, besta. こん～ Ô seu/sua besta!《uso masculino》.

ちくせき 蓄積 acúmulo (*m*), acumulação (*f*). ～する acumular. 資本の～ acúmulo de capital [fundos]. 疲労が～するとよくない Não é bom ficar com o cansaço acumulado.

ちくちく ～する picar, irritar, formigar.

ちくでん 蓄電 carga (*f*) elétrica. ～する carregar a energia elétrica. ♦蓄電器 condensador (*m*) elétrico.

ちくのうしょう 蓄膿症 〖医〗sinusite (*f*); empiema (*m*).

ちぐはぐ desacordo (*m*);〔不ぞろい〕irregularidade (*f*);〔論理の〕incoerência (*f*). ～な irregular, desigual; incoerente. ～な色 cores (*fpl*) que não estão combinando. ～なことを言う dizer coisas incoerentes. ～な気持ち sentimentos (*mpl*) confusos.

ちくび 乳首 〖解〗mamilo (*m*), bico (*m*) da mama.

ちくりと ～蚊が刺した Levei uma picada de mosquito. ～皮肉を言う dizer uma ironia picante (a);《俗》dar uma picotada (em).

ちくわ 竹輪 〖料〗pasta (*f*) de peixe endurecida em forma de cilindro.

ちけい 地形 relevo (*m*), configuração (*f*) do solo.

チケット ❶〔切符〕ingresso (*m*), bilhete (*m*). リサイタルの～ ingresso de recital. ❷ passagem (*f*) (aérea). 帰りの～ passagem de volta [retorno].

ちこく 遅刻 atraso (*m*). ～する atrasar-se. 急がないとデートに～するよ Vá depressa, se não, vai se atrasar no encontro (com ele/ela), hein? きょうは仕事に何分～しましたか Quantos minutos você se atrasou hoje no serviço? あしたは家族の事情でちょっと～します Amanhã vou me atrasar um pouco, por causa de um problema na família.

ちこつ 恥骨 〖解〗púbis (*m*).
チコリ 〖植〗chicória (*f*).
ちさい 地裁 tribunal (*m*) regional.
ちし 地誌 〖地理〗topografia (*f*) local.

ちし 致死 ～の letal. ♦致死因子 fator (*m*) letal. 致死量 dose (*f*) letal.

ちじ 知事 governador/ra. 明日は～選挙です Amanhã serão realizadas as eleições para governador. ♦副知事 vice-governador/ra.

*****ちしき** 知識 conhecimento (*m*) [コノエスィメント], saber (*m*) [サベール]. …について深い(浅い)～がある ter um conhecimento profundo (superficial) de [sobre] …. …について予備の～がない não ter nenhum conhecimento prévio sobre …. 経済学の初歩の～がある ter um conhecimento elementar de economia. ～を得る adquirir conhecimentos. 経験によって得た～ conhecimentos adquiridos por experiência. それについてはまったく～がないです Sou completamente ignorante nisso. 彼はその機械について驚くほどの～を持っている Ele tem um conhecimento extraordinário dessa máquina./Ele conhece essa máquina feito a palma da mão. ♦知識人 intelectual.

ちじき 地磁気 〖質〗magnetismo (*m*) terrestre.

ちじく 地軸 〖質〗eixo (*m*) terrestre.

ちしつ 地質 natureza (*f*) do terreno. ～学の geológico/ca. ～を調べる sondar a natureza do terreno. ♦地質学 geologia (*f*). 地質学者 geólogo/ga. 地質分析 análise (*f*) do solo.

ちじょう 地上 ❶〔地面〕terra (*f*). ～で na terra. ～の terrestre. ❷〔この世〕este mundo (*m*).

ちじん 知人 conhecido/da.

*****ちず** 地図 mapa (*m*) [マッパ]. 日本の～をください Poderia me dar um mapa do Japão? ♦世界地図 mapa-múndi (*m*).

ちすじ 血筋 linhagem (*f*).

ちせい 知性 inteligência (*f*), intelecto (*m*). ～的 intelectual.

ちせい 地勢 〖地理〗topografia (*f*). ♦地勢図 planta (*f*) topográfica.

ちせつ 稚拙 infantilidade (*f*), falta (*f*) de maturidade. ～な行動 comportamento (*m*) infantil.

ちそう 地層 〖地質〗estrato (*m*)《em geologia》.

ちたい 地帯 zona (*f*), região (*f*). ♦安全地帯 zona de segurança.

ちたい 遅滞 atraso (*m*). ♦遅滞納税者 contribuinte em atraso.

チタン 〖化〗titânio (*m*). ♦チタン合金 liga (*f*) de titânio. チタンフレーム armação (*f*) de titânio.

*****ちち** 父 pai (*m*) [パイ]. ～の日 Dia (*m*) dos Pais.

ちち 乳 leite (*m*). ～を絞る〔牛などの〕ordenhar;〔人間の〕tirar o leite da mama.

ちちおや 父親 pai (*m*).

ちちかた 父方 lado (*m*) do pai, linha (*f*) paterna.

ちぢかむ 縮かむ　encolher-se, arrochar-se, apertar-se, comprimir-se.

ちぢこまる 縮こまる　encolher-se, acocorar-se, retrair-se. 寒さで体が～ encolher-se de frio.

ちちばなれ 乳離れ　❶ desmama (f). ❷《比》independência (f) psicológica. ～する desmamar;《比》ter autonomia, ficar psicologicamente independente.

ちぢまる 縮まる　❶〔衣類が〕encolher. セーターを洗ったら縮まってしまった Eu lavei o suéter e ele encolheu. ❷〔長さが〕diminuir, reduzir. 距離が縮まった A distância diminuiu [foi reduzida].

ちぢみおり 縮み織り　〔服〕crepe (m).

ちぢむ 縮む　encolher(-se); 〔幅が〕estreitar(-se); 〔長さが〕encurtar(-se). このブラウスは洗濯したら縮みますか Será que esta blusa encolhe ao lavar?

ちぢめる 縮める　encurtar; estreitar; apertar. このズボンは長すぎるので縮めていただけますか Esta calça está muito comprida. Será que dá para encurtar [encurtá-la]? 私は滞在期間を縮めたいのですが... Eu queria encurtar a minha permanência.

ちちゅうかい 地中海　mar (m) Mediterrâneo.

ちぢらせる 縮らせる　❶〔しわを寄せる〕enrugar. ❷〔髪をカールする〕encrespar, encaracolar, ondular, tornar crespo/pa.

ちぢれげ 縮れ毛　cabelo (m) crespo.

ちぢれる 縮れる　encrespar-se.

ちつ 膣　〖解〗vagina (f). ♦膣炎〖医〗vaginite (f).

ちつじょ 秩序　ordem (f), disciplina (f). ～を回復する restabelecer a ordem. ～を守る manter a ordem. ～を乱すようなことはよくないです Não é bom fazer coisas que perturbem a ordem. ♦社会秩序 ordem social.

ちっそ 窒素　nitrogênio (m).

ちっそく 窒息　asfixia (f). ～する asfixiar-se, sufocar-se. ～させる asfixiar, sufocar. ～死する morrer por asfixia.

ちっとも　nada, de jeito nenhum. 彼は～親の言うことを聞かないのです Sabe, ele não obedece os pais de jeito nenhum. そして彼女は～勉強をしないんですよね《口語》E ela, nada de estudar, sabe?

チップ　❶〔心付け〕gratificação (f), gorjeta (f), propina (f). ウエーターに～をやる dar gorjeta ao garçom. ～をはずむ dar uma boa gorjeta. 日本には～の習慣がない No Japão não há o costume da gorjeta./Não se costuma dar gorjetas no Japão. ❷〖料〗fatia (f) fina e redonda. ♦ポテトチップ batata (f) frita. ❸〖コンピ〗caixa (f) de circuito integrado, *chip* [シッピ]. ❹〔木材〕lasca (f) (de madeira). ❺〔野球〕bola (f) roçada levemente pelo bastão.

ちっぽけ　～な insiginifcante, ínfimo/ma.

ちてき 知的　intelectual, mental. ♦知的財産 propriedade (f) intelectual. 知的障害者 portador/ra de deficiência mental. 知的所有権 direito (m) à propriedade intelectual.

ちてん 地点　ponto (m), lugar (m). 岩はここから5キロの～にあった As rochas se situavam a cinco quilômetros daqui.

ちとせ 千歳　mil anos (mpl). ♦千歳飴 bala (f) comprida 《que as crianças japonesas ganham no dia do "shichigosan", quando comemoram os três, cinco e sete anos de idade》.

ちどり 千鳥　〖鳥〗tarambola (f), maçarico (m). ～足で歩く cambalear de bêbado.

ちなみに 因みに　a propósito, por falar nisso, para acrescentar, é que …. 我々は水曜日がお休みです, ～これは組合の決まりなのです Nós descansamos às quartas-feiras. É que isso é um regulamento do sindicato.

ちなむ 因む　associar-se, relacionar-se, fazer jus a. ～に因んで a propósito de …, em homenagem a …, em memória de …. 私の名は祖父にちなんで名付けられたそうです Dizem que o meu nome foi posto em memória do meu avô. 彼女は生まれた場所にちなんでりお子という名前がつけられた Fazendo jus ao lugar em que nasceu puseram-lhe o nome de Rioko.

ちのう 知能　inteligência (f). ～の高い inteligente. ♦知能指数 quociente (m) de inteligência, Q. I. [ケーイー].

ちのみご 乳飲み子　criança (f) de peito, lactente.

ちび　〔背の低い人〕pessoa (f) baixa; 〔子供〕criança (f). うちの～達 os/as baixinhos/nhas de casa.

ちびっこ　criança (f). ～達 os baixinhos. ♦ちびっこコンサート concerto-mirim (m).

ちびる　《幼》urinar nas calças.

ちぶ 恥部　❶ partes (fpl) vergonhosas do corpo. ❷《比》partes vergonhosas de uma sociedade, de um país etc.

ちぶさ 乳房　peito (m), teta (f), seio (m).

チフス　tifo (m).

ちへいせん 地平線　horizonte (m) (terrestre). ～のかなたに além do horizonte.

***ちほう** 地方　região (f) [ヘジアォン]. ～の regional, local. ♦地方色 cor (f) local.

ちまき 粽　〖料〗arroz (m) cozido embrulhado em folha de bambu《que se come na festa dos meninos no dia 5 de maio》.

ちまた 巷　rua (f), público (m). ～の声 voz (f) do povo.

ちまみれ 血まみれ　～の ensanguentado/da. ～になる ficar ensanguentado/da.

ちまめ 血豆　〖医〗esquimose (f), bolha (f) de sangue.

ちみつ 緻密　～な elaborado/da, detalhado/da,

minucioso/sa, preciso/sa. ～な計画 um plano bem detalhado e elaborado. ～な推理 um argumento bastante coerente. ～さに欠ける議論 uma discussão incongruente [confusa]. ⇨精密.

ちめい 地名 nome (*m*) de lugar, topônimo (*m*).

ちめい 致命 ～的な fatal, mortal. 彼は～傷を負った Ele teve ferimento mortal./Ele foi mortalmente ferido. 外交政策の失敗が政府の～傷となった O fracasso da política externa constituiu-se numa ferida mortal para o governo. ♦致命傷 ferimento (*m*) mortal [fatal].

ちめいど 知名度 grau (*m*) de reputação, renome (*m*). ～の高い食品メーカー fabricante de alimentícios de renome.

ちゃ 茶 chá (*m*). ～を入れる pôr [fazer] chá. ～を飲む tomar chá. お～にしましょうか Vamos tomar chá? お～を出してください Sirva chá, por favor. お～をもう1杯いかがですか Que tal mais um chá?/Aceita mais chá? ♦茶筒 lata (*f*) de chá. 茶畑 plantação (*f*) de chá. ⇨お茶.

チャージ ❶ 〔充電〕recarregamento (*m*). ～する recarregar. ❷〔給油〕abastecimento (*m*). ～する abastecer (o carro). ❸〔スポーツ〕infração (*f*) em que o jogador derruba o outro que está sem bola. ❹〔料金〕tarifa (*f*), taxa (*f*).

チャーシュー 〖料〗lombinho (*m*) de porco assado ao molho de *shoyu*.

チャーター fretamento (*m*), fretagem (*f*), frete (*m*) (航空機やバスなどを借り切ること). ～する fretar. ♦チャーター便 voo (*m*) fretado, *charter* (*m*).

チャーハン 〖料〗prato (*m*) de arroz frito com legumes e carnes estilo chinês.

チャーミング ～な encantador/ra, charmoso/sa, atraente.

チャームポイント diferencial (*m*), atração (*f*).

チャイム ❶ sinal (*m*). ～が鳴ったから教室に行こう Vamos à sala de aula que o sinal tocou [deu o sinal]. ❷〔呼び出しなどのベル〕campainha (*f*).

ちゃいろ 茶色 marrom (*m*), castanho (*m*). ～の marrom, castanho/nha. ～の髪 cabelos (*mpl*) castanhos. ～の目 olhos (*mpl*) castanhos. ～の靴 sapatos (*mpl*) marrons. ～のハンドバッグ bolsa (*f*) marrom.

ちゃうけ 茶請け acompanhamento (*m*) do chá (como doces e biscoitos).

ちゃがし 茶菓子 doces (*mpl*) que acompanham o chá.

ちゃかす 茶化す ridicularizar, caçoar de; 《俗》gozar de. 人の話をちゃかしてはいけません Não ₋fique caçoando [gozando] ₋do que a gente fala [do que os outros falam]!

-ちゃく -着 ❶ 〔衣服〕conjunto (*m*), par (*m*). 服3～ 〔ドレス〕três vestidos (*mpl*); 〔背広上下〕três ternos (*mpl*). ❷〔到着〕que chega. 彼は4時～の列車で来ます Ele vem no trem das quatro (horas). 彼は50m走で2～になった Ele chegou em segundo lugar na corrida de cinquenta metros.

ちゃくじつ 着実 ～な seguro/ra; 〔不断の〕constante; 〔規則正しい〕regular. ～に seguramente, constantemente, regularmente, com regularidade. あなたの日本語は～に進歩しています O seu japonês está progredindo regularmente bem.

ちゃくしゅ 着手 仕事に～する começar o [dar início ao] trabalho; pôr 《口語》botar] as mãos na massa.

ちゃくしゅつし 嫡出子 〖法〗filho/lha legítimo/ma. ～として扱われる ser tratado/da como filho/lha legítimo/ma. ～と認める legitimar. ♦非嫡出子 filho/lha ilegítimo/ma.

ちゃくしょう 着床 〖生〗nidação (*f*), fixação (*f*) do ovo fecundado na mucosa uterina. 受精卵の～ implantação (*f*) do ovo fecundado na mucosa uterina.

ちゃくしょく 着色 coloração (*f*); colorido (*m*). ～する colorar, colorir. 染料で…を青く～する colorir … de azul com corante. ♦人工着色料 corante [colorante] (*m*) artificial.

ちゃくしん 着信 ❶ chegada (*f*) de correspondência. ❷〔携帯電話の〕chamada (*f*). ～音を消しておく deixar (o celular) sem o som de recepção. ♦着信音 bip (*m*) de chamada, som (*m*) de recepção. 着信履歴 histórico (*m*) das ligações recebidas. 不在着信記録 registro (*m*) de ligação não atendida.

ちゃくせいしょくぶつ 着生植物 〖植〗epífita (*f*), epífito (*m*), planta (*f*) que se apoia em outra para obter melhor localização quanto à luz 《como samambaia, orquídea etc》.

ちゃくせき 着席 ～する sentar-se. ご～ください Sente-se (Sentem-se) por favor.

ちゃくそう 着想 ideia (*f*). あなたはいつも～がいい Você sempre tem boas ideias.

ちゃくちゃく 着々 regularmente, progressivamente, com regularidade. 工事は～と進んでいます As obras avançam ₋regularmente [de vento em popa].

ちゃくばらい 着払い pagamento (*m*) no ato da entrega [chegada] da encomenda.

ちゃくふく 着服 roubo (*m*). ～する roubar, afanar, surrupiar. 公金を～する roubar o dinheiro público.

ちゃくメロ 着メロ 〔携帯電話の〕*ringtone*, toque (*m*), melodia (*f*) de recepção do celular.

ちゃくよう 着用 ～する vestir-se. ～してくる vir vestido/da. 礼服を～のこと (vir [participar] de) traje a rigor.

ちゃくりく 着陸 pouso(m), aterrissagem(f), aterragem(f). 〜する aterrissar, aterrar, pousar (em terra). 無〜飛行をする realizar um voo sem escalas. 緊急〜する fazer um pouso de emergência.

ちゃこし 茶こし coador(m) de chá. 〜で茶をこす coar o chá com o coador.

ちゃさじ 茶さじ colher(f) de chá. 〜2杯の砂糖を入れてください Ponha duas colheres de chá de açúcar.

ちゃしつ 茶室 sala(f) especial de cerimônia do chá.

ちゃしぶ 茶渋 sarro(m) do chá.

ちゃしゃく 茶杓 colher(m) de chá usado na cerimônia do chá.

ちゃせん 茶筅 batedor(m) de chá usado na cerimônia do chá.

ちゃたく 茶托 pires(m) 〘em geral de madeira para xícara de chá verde japonês〙.

ちゃだんす 茶箪笥 aparador(m) de louças, armário(m) de cozinha.

ちゃち 〜な de má qualidade, fraco/ca. 〜な考え方 pensamento(m) superficial, filosofia(f) de almanaque. 〜な仕事 trabalho(m) fácil 〘que pode ser executado por qualquer pessoa〙.

チャック zíper(m), fecho(m) ecler. 〜を閉める(開ける) fechar (abrir) o zíper.

ちゃづけ 茶漬け 【料】arroz(m) cozido infuso em chá verde japonês.

ちゃっこう 着工 início(m) da construção〔obra〕. 〜する pôr a primeira pedra, pôr mãos à obra.

チャット 〘チャット〙 bate-papo(m). 〜をする bater papo. ♦チャット仲間 grupo(m) de bate-papo. チャットルーム sala(f) de bate-papo.

チャド Chade. 〜の chadino/na.

ちゃつみ 茶摘 colheita(f) de chá.

ちゃどうぐ 茶道具 utensílios(mpl) usados na cerimônia do chá.

ちゃのま 茶の間 sala(f) de estar. ⇨居間.

ちゃのみばなし 茶飲み話 bate-papo(m), conversa(f) de comadre.

チャペル capela(f).

ちやほや 〜する 〔色々とサービスをしながら〕festejar com mordomias; 〔褒める〕elogiar; 〔甘やかす〕mimar.

ちゃめっけ espírito(m) de brincalhão. 彼は〜を出してこう言った Ele disse o seguinte brincando.

ちゃや 茶屋 ❶〔店〕loja(f) de chá. ❷〔人〕lojista de chá. ❸〔旅行者用の〕tenda(f) de chá para turistas. ❹〔遊興所〕taberna(f).

ちゃらんぽらん desleixado/da, irresponsável.

チャリティー caridade(f). ♦チャリティーコンサート concerto(m) beneficente. チャリティーショー espetáculo(m) beneficente.

ちゃりんこ 〔自転車〕bicicleta(f).

チャレンジ desafio(m), tentativa(f). 新しい仕事に〜する tentar fazer um novo trabalho, aceitar o desafio de um novo trabalho.

チャレンジャー 〔挑戦者〕desafiante.

ちゃわん 茶碗 〔茶飲み〕xícara(f) de chá; 〔ご飯の〕tigela(f) de arroz.

ちゃわんむし 茶碗蒸し 【料】espécie(f) de pudim salgado, com legumes e carnes.

ちゃんこなべ ちゃんこ鍋 【料】cozido(m) de carne, peixe, vegetais e cogumelos 《para dar força ao lutador de sumô》.

チャンス oportunidade(f), chance(f). …の〜を…に与える dar a oportunidade de … a …. 日本にいるブラジル人に教育の〜を与える oportunizar a educação aos brasileiros no Japão; dar aos brasileiros do Japão o acesso 〔a oportunidade〕à educação.

ちゃんと corretamente, direitinho. 〜した人 pessoa(f) direita 〔de confiança〕. 〜した服装 traje(m) decente.

チャンネル canal(m). 〜を変える mudar de canal. その番組は6〜でやっています Esse programa está passando no canal seis. 10〜に回してください Passe〔Mude〕para o canal dez.

チャンピオン ❶〘スポーツ〙campeão/peã. ♦チャンピオンベルト cinturão(m) (do campeão). 世界チャンピオン campeão/peã mundial. ❷〔第一人者〕excelente especialista (numa dada disciplina).

ちゃんぽん ❶【料】iguaria(f) com pasta chinesa, carne e legumes. ❷〔まぜること〕mistura(f). 〜にする misturar.

ちゆ 治癒 cura(f). 〜する curar, sarar. 傷は一週間で〜した A ferida sarou em uma semana. 患者の〜力 capacidade(f) de se restabelecer 〔restabelecimento(m)〕do/da paciente. ♦治癒率 índice(m) de cura, probabilidade(f) de cura.

***ちゅう 中** 〔中間〕meio(m) 〔メーイオ〕, metade(f) 〔メターヂ〕; 〔平均〕média 〔メーヂア〕. 〜の上 acima da média. 〜の下 abaixo da média.

ちゅう 宙 espaço(m). 〜に浮く pairar no ar; 《比》ficar sem direção, não ter onde ir. 財産が〜に浮いた A herança ficou sem herdeiros.

ちゅう 注 anotação(f). 〜を付ける escrever uma anotação.

-ちゅう -中 ❶〔間〕durante, dentro de. 休暇〜に durante as férias. 2, 3日〜に dentro de dois ou três dias. 午前〜に durante o período da manhã, de manhã. ❷〔進行中〕em, em estado de. 建設〜のビル prédio(m) em construção. そのとき私たちは勤務〜でした Nessa hora, nós estávamos em serviço. あの電話はいつもお話〜です Aquele telefone está sempre ocupado. 工事〜《掲示》Em Obras. 故障〜《掲示》quebrado/da. 彼

は逃亡～である Ele continua foragido/da. ❸〔なか〕dentro, dentre. 空気の～の二酸化炭素 bióxido (m) de carbono do ar. 不幸への幸いdos males o menor. 出席者10人～3人はブラジル人だった Dentre dez presentes [participantes], três eram brasileiros.

*ちゅうい 注意 ❶〔留意〕atenção (f) [アテンサォン];〔用心〕cuidado (m) [クイダード], precaução (f) [プレカウサォン], cautela (f) [カウテーラ]. ～深い cuidadoso/sa, cauteloso/sa, prudente. ～深く cuidadosamente, cautelosamente, com cuidado, com precaução. ～事項を読み上げる ler em voz alta os avisos importantes. …に～する〔に気をつける〕prestar atenção a …, tomar cuidado com …;〔に文句を言う〕chamar a atenção de …, repreender …. (…の)～を引く chamar [atrair] a atenção (de …). …に～を向ける prestar atenção a [em] …, voltar a atenção em [para] …. …しないように～する tomar cuidado para não (＋不定詞)《＋infinitivo》. 健康に～する cuidar da saúde. …に対して相手方の～を促した Chamou a atenção do outro para [sobre] …. ～して聞く escutar com atenção. ～して聞きなさい Preste atenção! 車を買うときには燃費にも～を払ったほうがよい Na hora de comprar um carro, é melhor ver também se gasta muita gasolina ou não. ご～ください Preste [Prestem] atenção! 注意《掲示》Atenção! ◆注意書き anotação (f), nota (f), informação (f); lista (f) de itens a observar. 注意力 capacidade (f) de concentração. ❷〔法〕advertência (f) [アヂヴェルテンスィア]. 注意義務obrigação (f) de advertência [cautela].

チューインガム chiclete (m), goma (f) de mascar. ～をかむ mascar chiclete.

*ちゅうおう 中央 centro (m) [セントロ];〔中間〕meio (m) [メーイオ]. ～の central. 私の事務所は2階の～にあります O meu escritório fica na parte central do segundo andar《equivale ao primeiro andar brasileiro》. ～分離帯を乗り越える passar para o outro lado da via atravessando o canteiro central. ◆中央分離帯 canteiro (m) central. 中央郵便局 correio (m) central. 中央レーン faixa (f) central da via, pista (f) do meio. 中央労働委員会 Comissão (f) Central de Relações Trabalhistas.

ちゅうおうアフリカ 中央アフリカ a República Centro Africana.

ちゅうか 中華 ◆中華なべ frigideira (f)《grande e funda, estilo chinês》. 中華料理 comida (f) chinesa.

ちゅうかい 仲介 mediação (f), intermédio (m). ～の～をする servir de intermediário/ria a [em] …, mediar em …, intermediar. ～の労を取る atuar como mediador/ra. 彼は公共事業の～料の問題に関与している疑いが持たれている Ele é suspeito de envolvimento em questões de propina de intermediação de obras públicas. ◆仲介者 intermediário/ria, mediador/ra. 仲介手数料 comissão (f) do intermediário. 仲介ブローカー agência (f) intermediária.

ちゅうがえり 宙返り pirueta (f) no ar, cambalhota (f) no ar. ～する dar cambalhotas no ar.

ちゅうがく 中学 curso (m) ginasial, segunda metade (f) do primeiro grau《★ブラジルでは小学校と中学校とが分かれていない》《corresponde aos quinto, sexto, sétimo e oitavo anos do primeiro grau brasileiro》. 彼は～三年生だ Ele está no terceiro ano ginasial. ◆中学校 ginásio (m), segunda metade do primeiro grau. 中学生 ginasiano/na, aluno/na da segunda metade do primeiro grau.

ちゅうがた 中型 tamanho (m) médio. ～の de tamanho médio. ◆中型車 carro (m) de tamanho médio.

ちゅうかん 中間 meio (m). …の～に no meio de …, na metade de …. 橋の～に no meio da ponte. それは東京と大阪の～にある Isso fica a meio caminho entre Tóquio e Osaka. ◆中間搾取 exploração (f) feita por intermediários [atravessadores]. 中間色 cor (f) neutra. 中間テスト exame (m) no meio de um trimestre escolar. 中間報告 informação (f) provisória, informe [resultado] (m) parcial.

ちゅうき 中期 ❶ médio prazo (m). 昨日100万ドルの～債券が発行された Ontem foram emitidos um milhão de dólares em títulos de médio prazo. ◆中期国債ファンド dívida (f) pública nacional de médio prazo, título (m) do ⌞Tesouro [Tesouro Nacional] de médio prazo. ❷〔中ごろ〕meado (m), meados (mpl). 18世紀の～ nos meados (mpl) do século dezoito.

ちゅうき 注記 anotação (f).

ちゅうきゅう 中級 curso (m) médio [intermediário].

ちゅうきょり 中距離 distância (f) média. ◆中距離走 corrida (f) de média distância. 中距離弾道ミサイル míssil (m) de médio alcance.

ちゅうきん 鋳金 fundição (f). ◆鋳金家 fundidor/ra. 鋳金工 operário/ria metalúrgico/ca.

ちゅうきんとう 中近東 Oriente (m) Médio.

ちゅうけい 中継 transmissão (f). ◆衛星中継 transmissão via satélite. 生中継 transmissão ao vivo.

ちゅうけん 中堅 corpo (m) principal (de uma organização). ◆中堅企業 empresa (f) representativa de uma sociedade. 中堅サラリーマン assalariado/da ativo/va《cujo trabalho é extremamente significativo para a empresa e a sociedade).

ちゅうげん 中元 presente (*m*) dado aos superiores ou relacionados, no começo do verão.

ちゅうこ 中古 ❶ ～の de segunda mão, usado/da. ♦中古自動車 carro (*m*) usado [de segunda mão]. 中古車販売店 concessionária (*f*) [loja (*f*)] de carros usados. 中古品 artigo (*m*) de segunda mão. ❷〔時代区分〕era (*f*) medieval e antiga (da história).

ちゅうこく 忠告 conselho (*m*);〔警告〕advertência (*f*). ～する aconselhar, dar conselho a; advertir, avisar. ～を受ける receber uma advertência. …の～を守る seguir [acatar] o conselho de …. …の～にそむく não seguir o conselho de …. 君は彼の～に従ったほうがよい É melhor você seguir os conselhos dele.

ちゅうごく 中国 a China (*f*). ～の da China, chinês/nesa. ♦中国語 chinês (*m*) (a língua). 中国人 chinês/nesa (o povo).

ちゅうごし 中腰 posição (*f*) do corpo curvado. ～になる ficar com o corpo curvado. 長時間にわたる～はきつい É duro ficar com o corpo curvado durante longas horas.

ちゅうさい 仲裁 〔調停〕mediação (*f*);〔法〕arbitragem (*f*). ～する mediar, arbitrar; intervir. ♦仲裁裁定 sentença (*f*) arbitral. 仲裁者 árbitro/tra; mediador/ra.

ちゅうざい 駐在 permanência (*f*), residência (*f*). ～する residir, permanecer. ブラジルへの駐日本大使 embaixador/ra do Japão no Brasil. ♦駐在員 representante.

ちゅうさんかいきゅう 中産階級 classe (*f*) média.

ちゅうし 中止 parada (*f*);〔一時的な〕interrupção, suspensão (*f*). ～する parar; interromper, suspender. この工事はどうして～になったのですか Por que estas obras foram suspensas?

ちゅうじ 中耳 〔解〕ouvido (*m*) médio. ♦中耳炎〖医〗otite (*f*) média.

ちゅうじつ 忠実 fidelidade (*f*), lealdade (*f*). ～な fiel, leal. ～に fielmente, lealmente. ～な翻訳 tradução (*f*) fiel. 彼は約束を～に守る人です Ele é um grande cumpridor da palavra./Ele cumpre tudo o que promete.

ちゅうしゃ 注射 injeção (*f*). …に～をする dar [fazer, aplicar] injeção a …. ～してもらう tomar [levar, fazer] injeção. あなたは～をしてもらいましたか Você tomou injeção? あなたはAさんに～をしましたか Você deu injeção ao senhor A? ♦注射液 conteúdo (*m*) da seringa, injeção. 注射器 seringa (*f*). 注射針 agulha (*f*) de seringa. 筋肉内注射 injeção intramuscular. 静脈内注射 injeção intravenosa. 致死薬注射 injeção letal. 使い捨て注射器 seringa descartável. 点滴静脈注射 terapia (*f*) intravenosa [endovenosa]. 皮下注射 injeção hipodérmica [subcutânea]. 皮内注射 injeção intracutânea. 予防注射 vacinação (*f*).

ちゅうしゃ 駐車 estacionamento (*m*). ～する estacionar, parar, encostar. ～中の車 carro (*m*) parado [estacionado]. ～禁止〖掲示〗Proibido Estacionar./Estacionamento Proibido. ♦駐車違反 infração (*f*) de estacionamento, parada em local proibido. 駐車禁止区域 área (*f*) de estacionamento proibido. 駐車場 (parque (*m*) de) estacionamento, garagem (*f*).

ちゅうしゃく 注釈 nota (*f*), anotação (*f*).

ちゅうしゅつ 抽出 extração (*f*). ～する extrair.

ちゅうじゅん 中旬 meados (*mpl*)《mais ou menos de dez aos vinte dias do mês》. 4月～に em meados (do mês) de abril.

ちゅうしょう 中傷 ofensa (*f*), calúnia (*f*), difamação (*f*). ～する ofender, caluniar, difamar. …から～を受ける ser ofendido/da por ….

ちゅうしょう 抽象 abstração (*f*). ～化する abstrair. ～的な abstrato/ta. ～的に abstratamente, de modo abstrato. ～的に考える pensar de modo abstrato. それは～論に過ぎない Isso não passa de uma discussão abstrata. ♦抽象画 pintura (*f*) abstrata. 抽象名詞〖文法〗substantivo (*m*) abstrato.

ちゅうしょうきぎょう 中小企業 pequenas e médias empresas (*fpl*). ♦中小企業庁 Agência (*f*) de Pequenas e Médias Empresas.

ちゅうしょく 昼食 almoço (*m*). ～を取る almoçar.

***ちゅうしん** 中心 centro (*m*) [セントロ]. ～の central. 町の～ centro da cidade. ♦中心軸 eixo (*m*) central. 中心人物 figura (*f*) importante. 中心点〖数〗centro.

ちゅうすい 虫垂 〖解〗apêndice (*m*) (vermiforme). ♦虫垂炎〖医〗apendicite (*f*).

ちゅうすう 中枢 centro (*m*). ♦中枢神経系〖解〗sistema (*m*) nervoso central.

ちゅうせい 中世 Idade (*f*) Média, período (*m*) medieval. ～の medieval. ♦中世騎士 cavaleiro (*m*) medieval. 中世史 história (*f*) medieval. 中世ヨーロッパ Europa (*f*) medieval.

ちゅうせい 中性 ❶〖化〗neutro (*m*). ～の neutro/tra. 中性脂肪 gordura (*f*) neutra. 中性洗剤 detergente (*m*) neutro. ❷〖文法〗(gênero (*m*)) neutro.

ちゅうせき 沖積 〖地質〗aluvião (*m*). ♦沖積土 terreno (*m*) aluvial.

ちゅうぜつ 中絶 ❶〔妊娠の〕〖医〗aborto (*m*) provocado, interrupção (*f*) voluntária da gravidez. ～する fazer um aborto. ❷〔プロジェクト等の〕interrupção (*f*), suspensão (f).

ちゅうせん 抽選 sorteio (m), rifa (f). ～する sortear, rifar. ～に当たる ser sorteado/da.

ちゅうぞう 鋳造 fundição (f), cunhagem (f). 貨幣を～する cunhar moedas.

チューター tutor/ra.

ちゅうたい 中退 abandono (m) de um curso pela metade. 大学を～する abandonar a carreira universitária sem terminar, deixar a universidade no meio do curso. 彼は高校～だ Ele deixou o curso colegial pela metade./Ele não finalizou o segundo grau.

ちゅうだん 中断 interrupção (f); suspensão (f); descontinuidade (f). ～する interromper; suspender. 会議は一時～された A conferência foi suspensa por algum tempo. 平和交渉は～している As negociações para a paz estão suspensas. 試合を 20 分～しましょう Vamos interromper o jogo por vinte minutos.

ちゅうだん 中段 degrau (m) do meio. 本棚の～に na estante do meio 《da estante de livros》. その皿は食器棚の～にあります Esse prato está na prateleira do meio do armário.

ちゅうちょ 躊躇 vacilo (m), titubeio (m). ～する vacilar, ficar vacilante, titubear. …するのを～する vacilar em …, duvidar se … ou não. 私は今年ブラジルに行くかどうか～している Estou ⌊duvidando [em dúvida] se vou ou não (vou) ao Brasil este ano. ～しながら com vacilação, com titubeio, titubeando, vacilando. ～せずに sem vacilação, sem titubeio, sem vacilar, sem titubear.

ちゅうづり 宙吊り suspensão (f) no ar. ～になる ficar suspenso/sa no ar.

ちゅうてん 中点 〔数〕ponto (m) central (de uma linha).

ちゅうとう 中東 Oriente (m) Médio.

ちゅうとうきょういく 中等教育 ensino (m) médio.

ちゅうどく 中毒 ❶ intoxicação (f), envenenamento (m). …で～する ficar [ser] intoxicado/da [envenenado/da] com …, intoxicar-se [envenenar-se] com …. 急性アルコール～になる entrar em coma alcoólico. ～死する morrer intoxicado/da, ter morte por intoxicação. ♦中毒患者 (paciente) intoxicado/da. 一酸化炭素中毒 intoxicação por monóxido de carbono. 食中毒 intoxicação alimentar. ❷ vício (m), dependência (f), mania (f). ビデオゲームは～になる Os videogames ⌊causam dependência [viciam]. 彼は活字～だ Ele um vício em leitura.

ちゅうとはんぱ 中途半端 coisa (f) mal acabada. ～な que não está acabado/da, inacabado/da; 〔不完全な〕incompleto/ta, malfeito/ta. 彼女は～なことをしない Ela nunca deixa as coisas pela metade./Ela faz tudo até o fim. ～な態度を取る tomar uma atitude indecisa. 私は物事を～にしておくのは嫌いだ Não gosto de deixar as coisas ⌊por acabar [malfeitas].

チューナー sintonizador (m).

ちゅうなんべい 中南米 América (f) Central e do Sul, América Latina. ♦中南米諸国 países (mpl) latino-americanos. ⇨ラテンアメリカ.

ちゅうにかい 中二階 〔店の〕sobreloja (f); 〔家の〕pavimento (m) situado entre o rés-do-chão e o primeiro andar e caracterizado pelo pé-direito reduzido.

ちゅうにゅう 注入 injeção (f). A に B を～する injetar [inculcar] B em A. ♦注入教育 educação (f) à base de decorar,《口語》educação na base da decoreba.

チューニング ❶〔ラジオ・テレビ〕sintonização (f). ～する sintonizar. ❷〔音〕afinação (f). ～する afinar.

ちゅうねん 中年 meia-idade (f), idade (f) madura. ～の男 homem (m) de meia-idade. ～である ser uma pessoa madura, estar na meia-idade. ～を過ぎている passar ⌊da meia-idade [dos quarenta]. ♦中年期 meia-idade. 中年太り ganho (m) de peso da meia-idade.

ちゅうのう 中脳 〔解〕mesencéfalo (m), cérebro (m) médio.

ちゅうは 中波 onda (f) média. ♦中波放送 transmissão (f) em ondas médias.

チューバ 〔音〕tuba (f).

ちゅうび 中火 fogo (m) médio. ～で煮る cozinhar em fogo médio.

ちゅうぶ 中部 centro (m). ～の central. ♦中部地方 região (f) central.

チューブ ❶ tubo (m). ゴムの～ tubo de borracha. ～入りの… tubo de …, … em tubo. ～入り歯磨剤 tubo de pasta de dente, pasta (f) dental em tubo. ～入り絵の具 tubos de guache. ❷〔タイヤの〕câmara (f) de ar. ❸〔医〕sonda (f).

ちゅうぼう 厨房 cozinha (f).

ちゅうもく 注目 atenção (f), observação (f), reparo (m). …に～する prestar atenção a [em] …. 実験結果に～している ficar [estar] atento/ta aos resultados da pesquisa. そのことに～していかなければならない Temos que ficar [estar] atentos para isso. 前方に～せよ Preste atenção à sua frente./Olhe bem em frente. …の～を引く chamar [atrair] a atenção de …. …の～に値する merecer a atenção de …, ser digno/na da atenção de …. ～すべき notável, que deve ser observado/da. 彼は皆の～の的になった Ele foi o centro [alvo] da atenção de todos. 彼に皆の～が集まった A atenção de todos se voltou para ele. この出来事はマスコミの～を受けた O episódio recebeu atenção da mídia.

ちゅうもん 注文 encomenda (f), pedido

(*m*), demanda (*f*); 〔法〕petição. ～する encarregar, pedir. ～を出す fazer um pedido. ～を受ける receber ∟uma encomenda [um pedido]. ～を取り消す cancelar uma ∟encomenda [um pedido]. ～を確認する confirmar o pedido. ご～が入り次第 assim que chegar o seu pedido. ～に応じて de acordo com o pedido. この服は～して作らせたEsta roupa foi feita por encomenda. …に～書を送る enviar ∟um pedido [uma lista de pedidos] a …. …に～をつける fazer um pedido especial a …; impor condições a …. この製品の～はインターネットで行います O pedido deste produto é feito ∟na [através da] *Internet*. それは無理な～だ Isso (já) é pedir demais./ Isso é impossível de atender. ◆注文品 encomenda, pedido. 注文服 roupa (*f*) feita por encomenda.

ちゅうや 昼夜 dia (*m*) e noite (*f*).

ちゅうりつ 中立 neutralidade (*f*), imparcialidade (*f*). ～的 neutro/tra, imparcial. ～的な立場を取る tomar uma posição neutra, ser imparcial. ◆中立国 país (*m*) neutro. 中立地帯 zona (*f*) neutra.

チューリップ 〔植〕tulipa (*f*).

ちゅうりゅう 中流 ❶〔地理〕curso (*m*) médio. アマゾン川の～ curso médio do Rio Amazonas, (região (*f*) do) médio (*m*) Amazonas. ❷〔社〕classe (*f*) média. ◆中流意識 consciência (*f*) de classe média. 中流階級 classe média. 中流家庭 família (*f*) de classe média.

ちゅうわ 中和 neutralização (*f*). ～する neutralizar. ◆中和剤 neutralizador (*m*).

チュニジア Tunísia (*f*). ～の tunisiano/na.

チュニックコート 〔服〕casaco-túnica (*m*).

ちょ 著 da autoria de. 夏目漱石～ da autoria de Natsume Soseki.

チョイス 〔選択、選んだ物〕escolha (*f*).

ちょう 兆 bilhão (*m*). 2～ dois bilhões.

ちょう 庁 repartição (*f*) do governo, agência (*f*).

ちょう 町 cidade (*f*), vila (*f*), bairro (*m*), quarteirão (*m*).

ちょう 腸 〔解〕intestino (*m*). ◆腸間膜 mesentério (*m*). 腸結核 〔医〕tuberculose (*f*) intestinal. 腸結石 〔医〕cálculo (*m*) intestinal. 腸出血 hemorragia (*f*) intestinal. 腸チフス 〔医〕febre (*f*) tifoide. 腸閉塞 (*f*) 〔医〕obstrução (*f*) intestinal. 腸壁 parede (*f*) intestinal. 小腸 intestino fino. 大腸 intestino grosso.

ちょう 蝶 〔虫〕borboleta (*f*). ～のさなぎが羽化した A crisálida da borboleta ∟eclodiu [transformou-se em borboleta]. 蝶ネクタイ gravata (*f*) borboleta. 蝶結び nó (*m*) de borboleta.

ちょう 長 ❶〔首領〕chefe. 一家の～ chefe de família. ❷〔長所〕qualidade (*f*).

ちょう- 超- extremamente, super-, ultra-. ～大型旅客機 avião (*m*) gigante. ～高層ビル prédio (*m*) muito alto. ～高速列車 trem (*m*) ultra-rápido. ～小型カメラ mini-câmera.

-ちょう -朝 ❶〔王朝〕dinastia (*f*), reinado (*m*). フェリペ2世～ reinado de Felipe II [segundo]. 殷～ Dinastia Shang. 漢～ Dinastia Han. 晋～ (Primeira) Dinastia Jin. 隋～ Dinastia Sui. 唐～ Dinastia Tang. 明～ Dinastia Ming. 清～ Dinastia Qing [Manchu]. ❷〔時代〕período (*m*), era (*f*), época (*f*). 平安～ era Heian.

-ちょう -調 tom (*m*), modo (*m*). 変ロ長～の em si bemol maior. ロック～の音楽 música (*f*) em estilo roque [*rock*].

ちょうい 弔意 condolências (*fpl*). ～を表する expressar condolências.

ちょうい 潮位 nível (*m*) da maré.

ちょういん 調印 assinatura (*f*). ～する assinar. 平和条約の～式 cerimônia (*f*) de assinatura do tratado de paz.

ちょうえき 懲役 pena (*f*) de trabalhos (*mpl*) forçados [obrigatórios]. ～に服する cumprir uma pena de trabalhos forçados. …を～10年に処する condenar ∟a dez anos de trabalhos forçados. ◆懲役刑 pena (*f*) de prisão. 懲役囚 condenado/da [preso/sa].

ちょうえつ 超越 〔哲〕transcendência (*f*). ～的 transcendental. ～する transcender, superar.

ちょうえん 腸炎 〔医〕enterite (*f*), colite (*f*), inflamação (*f*) intestinal. ◆腸炎ビブリオ vibrião (*m*) causador da enterite. 潰瘍(かいよう)性大腸炎 colite (*f*) ulcerosa [ulcerativa].

ちょうえん 長円 〔数〕elipse (*f*).

ちょうおん 長音 vogal (*f*) longa.

ちょうおんかい 長音階 〔音〕escala (*f*) maior.

ちょうおんそく 超音速 velocidade (*f*) supersônica. ◆超音速ジェット機 jato (*m*) supersônico.

ちょうおんぱ 超音波 ondas (*fpl*) ultrassônicas, ultra-som (*f*). ◆超音波探傷検査 〔医〕exame (*m*) ultrasônico.

ちょうか 超過 excesso (*m*). …を～する ultrapassar o limite de …. この会社では休日の仕事は35％の～料金をもらうことになっている Nesta empresa temos direito a um adicional de 35% [trinta e cinco por cento] no trabalho em dias de folga. ◆超過勤務 hora (*f*) extra, trabalho (*m*) fora do expediente normal. 超過勤務手当 pagamento (*m*) das horas extras de trabalho. 超過料金 adicional (*m*).

ちょうかい 懲戒 repreensão (*f*), reprimenda (*f*). ◆懲戒処分 medida (*f*) disciplinar. 懲戒免職 demissão (*f*) disciplinar.

ちょうかく 聴覚 audição (*f*), ouvido (*m*).

～を失う perder a audição,《口語》ficar surdo/da. ◆聴覚器官 órgãos (mpl) auditivos. 聴覚障害者 deficiente auditivo,《口語》surdo/da. 聴覚神経 nervos (mpl) auditivos.

ちょうかく 頂角 〚数〛ângulo (m) vertical.

ちょうがく 鳥学 ornitologia (f).

ちょうかん 朝刊 jornal (m) da manhã.

ちょうき 長期 período (m) longo. ～の prolongado/da, longo/ga. ～にわたって a longo prazo. ～にわたる durar por muito tempo. ～の天気予報 previsão (f) do tempo a longo prazo. ◆長期믜付 (手形) empréstimo (m) (letra (f)) a longo prazo. 長期計画 projeto (m) a longo prazo. 長期戦 guerra (f) longa, luta (f) longa.

ちょうきょう 調教 treinamento (m). ～する treinar, domesticar, amansar. ◆調教師 domador/ra, treinador/ra.

ちょうきん 彫金 gravura (f) em metal. ◆彫金師 gravador/ra.

ちょうけい 長径 〚数〛eixo (m) maior da elipse.

ちょうけし 帳消し quitação (f). …の借金を～にする tornar … quite [livre da dívida], desobrigar … do pagamento da dívida.

ちょうげんじつしゅぎ 超現実主義 surrealismo (m). ◆超現実主義者 surrealista.

ちょうこう 兆候 ❶〔病気の〕sintoma (m). 彼女は胃癌(がん)の～を見せている Ela está com sintomas de câncer no estômago. ❷〔前兆〕presságio (m), augúrio (m). ❸〔しるし〕indício (m), sinal (m). 患者は回復の～を見せている O cliente está com sinais de recuperação.

ちょうこう 聴講 ～する assistir a uma aula como ouvinte. ◆聴講生 (aluno/na) ouvinte.

ちょうごう 調合 composição (f), preparação (f). 薬を～する preparar um medicamento (com os ingredientes necessários).

ちょうこく 彫刻 escultura (f). ～する esculpir. ◆彫刻家 escultor/ra.

ちょうこつ 腸骨 〚解〛ílio (m), ilíaco (m). ～の ilíaco/ca.

*ちょうさ 調査 ❶ investigação (f) [インヴェスチガサォン], pesquisa (f) [ペスキーザ]. ～する fazer uma pesquisa, pesquisar, investigar. その件は～中である O caso está ʟsob investigação [sendo estudado]. ～を進める adiantar na pesquisa, levar a investigação adiante. …の身元を～する fazer uma busca sobre o passado de …. ◆調査委員会 comitê (m) de investigação. 調査員 investigador/ra. 調査書 relatório (m). 調査団 equipe (f) de investigação. 調査報告 relatório (m) de investigação. 市場調査 pesquisa de mercado. ❷〔人口などの〕censo (m) [センソ].

ちょうざい 調剤 preparação (f) de remédio. ～する preparar remédio. ◆調剤師 farmacêutico/ca.

ちょうざめ 蝶鮫 〚魚〛esturjão (m).

*ちょうし 調子 ❶〔音〕tom (m) [トン]. 楽器の～を合わせる afinar um instrumento; afinar uma orquestra. ～が合っている estar ʟafinado/da [no mesmo tom]. ～が外れる〔狂う〕destoar, sair de tom. ～をそろえて歌う cantar ʟem uníssono [a uma só voz]. ～を上げる subir o tom. …の～を変える modular …. ❷〔アクセント〕tom, acento (m) [アセント]; 〔抑揚〕entonação (f) [エントナサォン],《ポ》entoação (f) [エントアサォン]; 〔色合い〕matiz (m) [マチース]. 強い～で話す falar em tom forte. 怒った～で叫ぶ gritar em tom irritado. 皮肉な～で com tom irônico. ～を変える mudar de tom. ❸〔状態〕estado (m) físico [mental]; andamento (m) [アンダメント]. ～がよい〔人〕estar [sentir-se] bem;〔機械など〕estar funcionando bem. この機械は～が悪い Esta máquina não está funcionando bem./ Esta máquina está avariada. 仕事が～よく運んでいる O trabalho vai [está] bem. 胃の～がおかしい O estômago está funcionando mal./ Estou mal do estômago. あの選手は～がよい Aquele jogador está em (boa) forma. この～で行くと se for neste passo, se continuar neste ritmo. ¶～づく entrar num bom ritmo. ～に乗る deixar-se levar pela euforia. 彼は～ものだ Ele é uma pessoa fácil de ser levada. あの人は～がいい Tudo nele é da boca para fora.

ちょうし 銚子 jarrinha (f) de saquê para se servir na mesa. お～をつけてください Sirva aqui uma jarrinha de saquê quente, por favor.

ちょうじ 弔辞 mensagem (f) de condolências. ～を述べる expressar as condolências.

ちょうじが 超自我 〚心〛superego (m).

ちょうじかん 長時間 longas horas (fpl), muito tempo (m). ～にわたって durante ʟmuitas horas [longo tempo]. ～時間停車する estacionar por longo tempo (em áreas restritas).

ちょうしぜん 超自然 o sobrenatural. ～的な sobrenatural.

ちょうしはずれ 調子外れ desafinação (f), dissonância (f). ～の desafinado/da, dissonante, destoante. ～に歌う cantar desafinadamente, desafinar, destoar.

ちょうしゃ 庁舎 edifício (m) governamental. ◆合同庁舎 edifício conjunto (de vários serviços governamentais).

ちょうじゃ 長者 milionário/ria. ◆億万長者 multi-bilionário/ria.

ちょうしゅ 聴取 audição (f). ◆聴取者 ouvinte.

ちょうじゅ 長寿 longa vida (f), longevidade (f). ～の食卓 comida (f) saudável;《比》comida macrobiótica. ◆長寿社会 sociedade

(f) da terceira idade.

ちょうしゅう 徴収 arrecadação (f), cobrança (f). ～する arrecadar, cobrar. ◆徴収額 montante (m) arrecadado, quantia (f) arrecadada.

ちょうしゅう 聴衆 audiência (f), auditório (m). ～を引きつける才能 talento (m) de prender a atenção do [cativar o] auditório.

ちょうしょ 長所 ❶ [強み] ponto (m) forte, mérito (m), qualidade (f). ❷ [利点] vantagem (f). …の～を認める reconhecer ﾑo valor [os méritos] de …. あなたの～と短所についてお聞かせください Fale-me sobre suas qualidades e seus defeitos. 彼の～は非常に穏やかだということだ Ele tem a qualidade de ser muito calmo./O bom dele é que é muito calmo. 自分の～を生かす方法 maneira (f) de cultivar [desenvolver] as próprias qualidades.

ちょうしょ 調書 relatório (m); protocolo (m), registro (m) público. ～を作成する fazer um relatório; 〖法〗autuar. ～に取る pôr em registro, registrar.

ちょうじょ 長女 a filha (f) mais velha, primogênita (f).

ちょうしょう 嘲笑 caçoada (f), zombaria (f). …の～的になる ser alvo de caçoada de …, ser ridicularizado/da por …. …を～する pôr … em ridículo, fazer de … objeto de riso, caçoar de …, zombar de …, rir de ….

ちょうじょう 頂上 cume (m), cimo (m), topo (m), pico (m). 山の～ o topo da montanha. ～を極める alcançar o topo da montanha.

ちょうしょく 朝食 café (m), café da manhã, desjejum (m), 《ポ》pequeno (m) almoço. ～を食べる tomar o café (da manhã), fazer o ﾑdesjejum [pequeno almoço]. トーストと紅茶の～を取る comer uma torrada e tomar um chá preto de café da manhã, fazer o desjejum com uma torrada e um chá preto.

ちょうじり 帳尻 balanço (m) das contas. ～を合わせる fazer com que a conta fique certa. ～をごまかす falsificar as contas. そうすると～が合わなくなる Se fizer assim, as contas não vão dar certo.

ちょうしん 聴診 〖医〗auscultação (f). ～する auscultar;《口語》verificar [examinar] o coração e os pulmões. 胸に～器を当てる aplicar o estetoscópio ao tórax, auscultar o tórax,《口語》examinar o coração e os pulmões. ◆聴診器 estetoscópio (m),《ポ》auscultador (m).

ちょうしんけい 聴神経 〖解〗nervo (m) auditivo [acústico].

ちょうせい 調整 ajuste (m), regulagem (f). 時計を～する ajustar o relógio, acertar as horas. ～中《掲示》em [sob] conserto. ◆年末調整 reajuste (m) do imposto de renda (no fim do ano). 微調整 sintonização (f), afinação (f), modulação (f).

ちょうせい 調性 〖音〗tonalidade (f) (musical). ◆調性音楽 música (f) tonal. 無調性音楽 música atonal.

ちょうぜい 徴税 cobrança (f) de impostos. ～する cobrar impostos.

ちょうせつ 調節 regularização (f), regulação (f), controle (m), ajuste (m). ～する regularizar, regular, controlar, ajustar. ラジオの音を～する ajustar o som de rádio. 温度を～する ajustar a temperatura.

ちょうせん 挑戦 desafio (m), provocação (f). ～する desafiar, provocar. ～的な desafiante, provocante, agressivo/va. 世界記録に～する desafiar o recorde mundial. ～に応じる aceitar o desafio, responder à provocação. ◆挑戦者 desafiador/ra, desafiante. 挑戦状 carta (f) de desafio.

ちょうせんみんしゅしゅぎじんみんきょうわこく 朝鮮民主主義人民共和国 a Coreia do Norte. ～の norte-coreano/na.

ちょうぞう 彫像 escultura (f), estátua (f) esculpida. 大理石の～ estátua de mármore.

ちょうたいこく 超大国 superpotência (f).

ちょうだいもの 頂戴物 presente (m) recebido. ～をする receber um presente.

ちょうたつ 調達 provisão (f), abastecimento (m). 食料の～ aprovisionamento (m), angariação (f) de alimentos. A を B に～する prover B de A, abastecer [aprovisionar] B com A. 洪水の被害者のために食料や衣類を～する angariar alimentos e roupas para os desabrigados das enchentes, prover os desabrigados das enchentes de alimentos e roupas. 資金を～する angariar [juntar, reunir] fundos.

ちょうちょう 長調 〖音〗escala (f) maior. ◆ト長調 sol (m) maior.

ちょうちょう 蝶々 borboleta (f).

ちょうちん 提灯 lanterna (f) de papel.

ちょうつがい 蝶番 ❶ dobradiça (f). ❷ 〖解〗articulação (f), junta (f).

ちょうてい 調停 mediação (f), arbitragem (f). 争いを～する arbitrar uma contenda [disputa]. ～役を務める servir de mediador/ra, arbitrar. ◆調停書 documento (m) de compromisso. 調停役 árbitro/tra, mediador/ra.

ちょうてん 頂点 ❶ [てっぺん] cume (m), cimo (m), topo (m), pico (m). ❷ [絶頂] ponto (m) culminante, auge (m), apogeu (m). 危機の～ o ponto mais crítico. 人気の～にいる estar no auge da fama [popularidade]. ❸ 〖数〗vértice (m). 四角形の～ vértice do quadrado.

ちょうでん 弔電 telegrama (m) de pêsames [condolências]. ～を打つ enviar um telegrama de pêsames.

ちょうでんどう 超伝導 〔電〕supercondução (f). ♦超伝導体 supercondutor (m).

ちょうど 丁度 ❶〔まさに〕justo, justamente. ❷〔正確に〕precisamente, exatamente. 〜4時にàs quatro horas em ponto. 〜よい時に来た Veio na hora certa [no momento oportuno]. 私が〜出かけようとしていたときに電話が鳴った Justo quando ia sair, o telefone tocou. このスカートは彼女に〜いい Esta saia cai bem nela. 〜真ん中に bem no meio.

ちょうとっきゅう 超特急 super-expresso (m), trem (m) de alta-velocidade.

ちょうないかい 町内会 associação (f) dos habitantes do bairro.

ちょうなん 長男 primogênito (m), o primeiro filho (m).

ちょうにん 町人 citadino/na, habitante de cidade;〔商人〕comerciante;〔職人〕artesão/sã.

ちょうは 長波 ondas (fpl) longas.

ちょうば 調馬 adestramento (m) [treinamento (m)] de cavalos. 彼は〜師だ Ele é adestrador de [trabalha em adestramento de] cavalos. ♦調馬師 adestrador/ra [amansador/ra, treinador/ra] de cavalos.

ちょうはつ 挑発 provocação (f), desafio (m). 〜する provocar, desafiar; 〜的な provocativo/va, desafiador/ra;〔欲情をそそる〕provocante, sedutor/ra. 〜に乗る responder a uma provocação, aceitar o desafio.

ちょうはつ 長髪 cabelos (mpl) longos.

ちょうばつ 懲罰 〔法〕punição (f), castigo (m), pena (f). 〜を受ける ser punido/da [castigado/da].

ちょうふく 重複 repetição (f) [redundância (f)]. 〜する repetir, duplicar.

ちょうへい 徴兵 recrutamento (m) militar. ♦徴兵免除 dispensa (f) do serviço militar. 徴兵猶予 adiamento (m) do serviço militar.

ちょうへん 長編 obra (f) longa. ♦長編映画 filme (m) de longa metragem.

ちょうぼ 帳簿 livro (m) de contabilidade. 〜を調べる verificar as contas. 〜をつける fazer o registro das contas. ♦帳簿係 contador/ra.

ちょうほう 重宝 ❶〔大切な宝物〕tesouro (m), preciosidade (f). ❷〔便利なこと〕praticidade (f), utilidade (f). いただいた電子レンジは大変〜しています O micro que me deram está sendo muito útil para mim. 彼は何でもやってくれるので仕事場で〜がられている Ele está sendo querido no local de trabalho porque faz de tudo.

ちょうほうけい 長方形 〔数〕retângulo (m). 〜の retangular.

ちょうみ 調味 …を塩コショウで〜する condimentar [temperar] … com sal e pimenta. ♦調味料 tempero (m), condimento (m).

ちょうみん 町民 habitante de cidade, citadino/na.

ちょうもん 弔問 〜に訪れる fazer uma visita de condolências. ♦弔問客 visita (f) de condolências.

ちょうり 調理 cozinha (f). 〜する cozinhar. ♦調理師 cozinheiro/ra. 調理場 cozinha (f). 調理法 receita (f).

ちょうりつ 調律 afinação (f). ピアノを〜する afinar o piano. ピアノの〜 afinação do piano. ♦調律師 afinador/ra.

ちょうりゅう 潮流 ❶ corrente (f) marítima. ❷〔時勢の〕tendência (f) geral. 〜に逆らう ir contra a tendência geral, remar contra a maré.

ちょうりょく 聴力 audição (f). ♦聴力測定 audiometria (f), exame (m) de acuidade auditiva.

ちょうるい 鳥類 as aves (fpl). 〜の ornitológico/ca. ♦鳥類学 ornitologia (f). 鳥類学者 ornitólogo/ga.

ちょうれい 朝礼 reunião (f) matutina antes do início do trabalho (das aulas).

ちょうろう 長老 ancião/ciã, velho/lha venerado/da.

*__ちょうわ__ 調和 harmonia (f) [アルモニーア], combinação (f) [コンビナサォン], concordância (f) [コンコルダンスィア]. 〜する harmonizar, combinar, concordar. カーペットの色がカーテンの色とよく〜している A cor do carpete combina bem com a da cortina. それら二つは完全に〜している Esses dois estão em perfeita harmonia. 心と身体の〜 harmonia de corpo e alma. 〜した色 cores que combinam. 〜を乱す quebrar a harmonia.

チョーク giz (m).

ちよがみ 千代紙 papel (m) japonês (colorido usado em geral) para dobraduras.

ちょきん 貯金 ❶〔行為〕depósito (m), economia (f), poupança (f). ❷〔金〕economias. 〜する poupar, economizar. 〜をおろす sacar o dinheiro economizado. 〜で生活する viver das economias. ♦貯金通帳 caderneta (f) bancária. 貯金箱 cofre (m).

ちょくえい 直営 administração (f) [gestão (f)] direta. …〜の de administração direta de …, dirigido/da diretamente por …, sob gestão direta de ….

ちょくげき 直撃 ataque (m) direto. …を〜する atacar … diretamente [em cheio]. …に〜を与える dar um golpe direto a …. 台風の〜を受ける ser diretamente afetado/da pelo tufão. この不景気は中小企業を〜した Esta recessão econômica atacou de frente [em cheio] as médias e pequenas empresas.

ちょくご 直後 …の〜に imediatamente depois de [após] …. バブルの〜に imediatamente após a época da bolha.

ちょくし 直視 〜する encarar de frente. 現実を〜する ver a realidade de frente, ser re-

ちょくしゃ 直射 〔光の〕incidência (f) direta de luz. 〜日光を浴びる receber diretamente os raios solares, expor-se diretamente ao sol.

ちょくしん 直進 〜する seguir reto. あなたはあの十字路まで〜してください Você ˻segue [pode seguir] reto até aquele cruzamento. 航空機は目的地へ向かって〜した A aeronave foi direto ao destino.

*ちょくせつ 直接 〜の direto/ta [ﾃﾞﾚｯﾄ/ﾀ], imediato/ta [ｲﾒｼﾞｱｯﾄ/ﾀ]. 〜的である ser direto/ta, ser incisivo/va. 〜に diretamente. 〜お会いしてお話をしましょう Vamos nos encontrar e conversar ˻pessoalmente [《口語》 cara a cara]. 私に〜会いに来てくれてありがとう《口語》Obrigado/da por estar aqui em carne e osso. それはあなたに〜関係ない Isso não tem nada a ver diretamente com você. 〜に〜申し出る dirigir-se diretamente a …. 〜を〜火にかける pôr [colocar] … diretamente no fogo. ♦直接交渉 negociações (fpl) diretas. 直接税 imposto (m) direto. 直接選挙 eleição (f) direta. 直接目的語 [文法] complemento (m) direto, objeto (m) direto. 直接話法 [修辞] estilo (m) direto, discurso (m) direto.

ちょくせつほう 直説法 〚文法〛 modo (m) indicativo.

ちょくせん 直線 linha (f) reta. 〜を引く traçar uma linha reta. 〜距離で100メートルある Temos cem metros de distância em linha reta. ♦直線運動 movimento (m) retilíneo. 直線距離 distância (f) em linha reta. 直線コース pista (f) em linha reta.

ちょくぜん 直前 …の〜に imediatamente antes de …. 試験の〜 pouco antes da prova. 〜の変更 alteração (f) de última hora. あのビルは崩壊〜だ Aquele prédio está prestes a cair.

ちょくそう 直送 remessa (f) direta. 産地〜のミカン mexerica (f) enviada diretamente pelo lavrador.

ちょくちょう 直腸 〚解〛 intestino (m) reto (m). ♦直腸炎 [医] proctite (f). 直腸鏡検査 retoscopia (f). 直腸癌(ｶﾞﾝ) [医] câncer (m) do intestino reto.

ちょくつう 直通 direto/ta. 博多まで〜の新幹線に乗りたいのですが Gostaria de tomar um trem bala que vá direto a Hakata. このバスは山中湖まで〜ですか Este ônibus (m) vai direto a Yamanakako? この電話は校長室と〜だ Este telefone tem ligação direta com a diretoria da escola. ♦直通電話 ligação (f) direta.

ちょくばい 直売 venda (f) direta. ♦産地直売品 produtos (mpl) vendidos diretamente pelo fabricante.

ちょくほうたい 直方体 〚数〛 paralelepípedo (m) retangular.

ちょくめん 直面 enfrentamento (m). …に〜する deparar com …, fazer frente a …. 危機に〜している estar diante de uma crise. 危険に〜する enfrentar o perigo.

ちょくやく 直訳 tradução (f) literal. 〜する traduzir literalmente.

ちょくゆにゅう 直輸入 importação (f) direta. …を〜する importar … diretamente, fazer importação direta de ….

ちょくりつ 直立 verticalidade (f), posição (f) vertical. 〜する pôr-se em posição vertical, ficar em pé, endireitar-se; elevar-se. 〜不動の姿勢をとる pôr-se em posição de sentido.

ちょこ 猪口 pequena taça (f) de saquê.

チョコレート chocolate (m). 〜入りの com chocolate. 〜色の da cor do chocolate. ♦チョコレートケーキ bolo (m) de chocolate.

ちょさくけん 著作権 direitos (mpl) autorais.

ちょしゃ 著者 autor/ra (de livro). ♦著者目録 catálogo (m) de autores.

ちょしょ 著書 obra (f) (literária), livro (m), publicação (f). 〜を出す publicar um livro.

ちょすい 貯水 reserva (f) de água. ♦貯水槽 reservatório (m) de água. 貯水池 reservatório (m), caixa (f) d'água, açude (m), represa (f). 貯水量 volume (m) de água em reserva.

ちょぞう 貯蔵 depósito (m), armazenamento (m). 〜する armazenar, guardar.

ちょちく 貯蓄 poupança (f), economia (f), depósito (m). 〜する poupar, economizar, fazer economia.

ちょっか 直下 ❶ logo abaixo. ♦赤道直下 logo abaixo do equador. ❷ verticalmente. ♦直下型地震 abalo (m) sísmico vertical, terremoto (m) que faz a terra tremer verticalmente.

ちょっかい intromissão (f). …に〜を出す intrometer-se em ….

ちょっかく 直角 〚数〛 ângulo (m) reto. 〜の perpendicular. 〜に perpendicularmente. …と〜をなす formar ângulo reto com …. ♦直角三角形 triângulo (m) retângulo. 直角二等辺三角形 triângulo retângulo equilátero.

ちょっかつ 直轄 jurisdição (f) direta. 政府〜の de controle direto do governo.

ちょっかん 直観 intuição (f). 〜する intuir. 〜的な intuitivo/va. 〜的に intuitivamente, por intuição. 〜的にわかる entender intuitivamente.

チョッキ colete (m). ♦防弾チョッキ colete à prova de bala.

ちょっけい 直径 〚数〛 diâmetro (m). あれは直径2メートルありました Aquilo tinha dois metros de diâmetro.

ちょっけい　直系　linha (f) direta. …の～の子孫 descendente (m) direto de …. …の～会社 companhia (f) diretamente afiliada a …, subsidiária de ….

ちょっけつ　直結　…と～する estar diretamente ligado/da com …; [直接結びつける] pôr … em relação direta com …. 生産者と消費者を～するやり方がいいですね Seria bom conectar diretamente os fabricantes com os consumidores, não é?

ちょっこう　直行　…に～する ir diretamente a …. ◆直行便 voo (m) direto.

ちょっこうざひょう　直交座標　〚数〛plano (m) cartesiano.

ちょっと　〔時間〕um instante, um minutinho, um momentinho; 〔程度〕um pouco. ～の間 por um momento. ～前に um pouco antes, faz um minuto, há pouco. ～したことで por um (negocinho de) nada. ～お待ちください Espere um instantinho, por favor. ～お話してよろしいでしょうか Será que posso falar um pouco com você? ～わかりません Isso eu não entendo muito bem [sei muito bem]. 塩を～入れてください Ponha um pouco de sal. 私も～悪かった Eu tive o meu bocado de culpa também. ～出掛けてきます Vou dar uma saída rápida e volto já. それは～違うのではないか… Não é bem por aí …. ～したものを持っていきましょうか Vamos levar ⌊alguma coisa [um presentinho]? ちょっとちょっと Oi!/Olha!/Vem cá!/Espera aí!

チョップ　❶ 〚料〛〔骨付き肉〕costeleta (f). ❷ 〚テニス・卓球〛golpe (m), bola (f) com efeito.

ちょんまげ　丁髷　penteado (m) de samurai.

ちらかす　散らかす　desarrumar, desordenar; espalhar; 《俗》bagunçar. 彼は部屋をいつも散らかしている Ele está sempre com o quarto desarrumado./O quarto dele está sempre desarrumado [bagunçado].

ちらかる　散らかる　ficar desarrumado/da, ficar espalhado/da, 《俗》virar uma bagunça, ficar bagunçado/da, estar [ficar] de pernas para o ar. 紙が散らかっている Os papéis estão espalhados.

ちらし　散らし　folheto (m) de propaganda (colocado em geral entre as páginas dos jornais).

ちらしずし　散らし寿司　〚料〛espécie (f) de *sushi*, em que os peixes e outros ingredientes são colocados sobre uma tigela de arroz condimentado com vinagre, açúcar e sal.

ちらす　散らす　❶ espalhar, dispersar. ❷ 〔はれをなおす〕desfazer. 盲腸の炎症を薬で～ desfazer a inflamação do apêndice com medicamentos (sem operar).

-ちらす　-散らす　por todos os cantos. 秘密を言い～ revelar um segredo aos quatro ventos. どなり～ gritar a torto e a direito.

ちらばる　散らばる　ficar espalhado/da, dispersar-se. ガラスの破片があたりに散らばっている Os cacos de vidro estão espalhados [esparramados] por aí.

ちらほら　aqui e ali, aqui e acolá. 桜が～咲き始めた As flores das cerejeiras começaram a se abrir aqui e ali.

ちらりと　de relance, por acaso, levemente. …を～と見る dar uma olhada em …. …を～と耳にする ouvir … por acaso. 彼の顔には～疑いのそぶりが見えた Percebi um leve ar de desconfiança no rosto dele.

ちり　地理　geografia (f).

ちり　塵　poeira (f). ⇨ごみ, ほこり.

チリ　o Chile (m). ～の do Chile, chileno/na. ◆チリ人 chileno/na (o povo).

ちりがみ　塵紙　lenço (m) de papel.

チリソース　molho (m) de pimenta.

ちりぢり　散り散り　～になる dispersar-se, ir em debandada. ～になって逃げる fugir em debandada. 私の家族は～になってしまった A minha família se dispersou./Na minha família, cada um foi para o seu lado.

ちりとり　塵取り　pá (f) de lixo.

ちりばめる　鏤める　incrustar. 宝石をちりばめた王冠 coroa (f) real incrustada de pedras preciosas.

ちりめん　縮緬　〚服〛crepe (m).

ちりめんじゃこ　縮緬雑魚　〚料〛filhotes (mpl) de sardinha cozidos e secos.

ちりょう　治療　tratamento (m), terapia (f); 〔傷口などの〕curativo (m). ～不能の intratável. 薬による～ tratamento com medicação. ～中である estar em tratamento (médico). …に～を施す tratar …, dar tratamento a …; fazer curativo de …. まだこの病気の～法はないのです Ainda não existe tratamento para esta doença. 私はあの病院で～を受けている Eu estou sendo tratado/da naquele hospital. あなたは～が必要です Você precisa ⌊de tratamento médico [ser tratado/da por um médico]. あなたは被害者に～費と慰謝料を払わなければなりません Você tem que pagar as despesas de tratamento e indenização à vítima. ◆治療費 gastos (mpl) médicos, despesas (fpl) médicas. 治療法 terapêutica (f).

***ちる　散る**　〔四散〕dispersar-se [ﾃﾞｽﾍﾟﾙｻｰﾙ ｽｲ]; 〔花びら, 葉など〕cair [ｶｲｰﾙ], desfolhar [ﾃﾞｽﾌｫﾘｬｰﾙ], despetalar-se [ﾃﾞｽﾍﾟﾀﾗｰﾙ ｽｲ]; 〔気が〕distrair-se [ﾃﾞｽﾄﾗｲｰﾙ ｽｲ]. 桜はもうみんな散ってしまいましたね As flores das cerejeiras já caíram todas, não? 私はすぐ気が散って仕事を間違えてしまいます Eu ⌊logo me distraio [sou muito dispersivo/va] e acabo errando no serviço.

ちんあげ　賃上げ　aumento (m) de salário. ～を要求する exigir um aumento (m) de salário.

ちんあつ　鎮圧 repressão (f). 〜する reprimir, sufocar.

ちんか　沈下 afundamento (m). 〜する afundar. ♦地盤沈下 afundamento do terreno.

ちんぎん　賃金 ordenado (m), salário (m). よい〜で働く trabalhar com um bom ordenado. 〜を支払う pagar o salário. 〜を上げていただきたいのですが Gostaria que aumentasse o meu (o nosso) salário. あの窓口で〜を受け取ってください Receba o salário naquele guichê. ♦賃金格差 diferença (f) salarial. 賃金カット corte (m) salarial. 賃金生活者 assalariado/da. 賃金不払い o não pagamento (m) do salário. 賃金ベース salário-base (m). 最低賃金 salário mínimo.

ちんしゃ　陳謝 pedido (m) de desculpas. 〜する pedir perdão [desculpas].

ちんじゅつ　陳述 ❶ declaração (f), afirmação (f). 〜する afirmar, declarar. ♦陳述書 declaração (f) escrita. ❷ 〖法〗 depoimento (m). 〜する depor.

ちんじょう　陳情 petição (f), requerimento (m). 〜する pedir, requerer.

ちんせい　沈静 estabilidade (f). 景気が〜した A situação econômica estabilizou-se. ♦沈静化 estabilização (f).

ちんせい　鎮静 〜する acalmar. 〜剤を飲む tomar um calmante. それは〜作用がある Isso tem um efeito sedativo./〈口語〉Isso serve de calmante. ♦鎮静剤 〖医〗 calmante (m), sedativo (m).

ちんたい　沈滞 marasmo (m), estagnação (f), inércia (f), apatia (f). 〜する estagnar. 〜した estagnado/da.

ちんたい　賃貸 aluguel (m). 〜する alugar, dar de aluguel. ♦賃貸人 locador/ra. 賃貸マンション apartamento (m) alugado. 賃貸料 aluguel, preço (m) do aluguel.

ちんちょう　珍重 〜する apreciar muito. こういう物は日本では〜されています Isto é muito apreciado no Japão.

ちんつう　鎮痛 mitigação (f) [suavização (f), abrandamento (m)] da dor. ♦鎮痛剤 〖医〗 analgésico (m), remédio (m) para mitigar a dor. 鎮痛作用 efeito (m) mitigador da dor.

ちんでん　沈殿 〖化〗 sedimentação (f). 〜する sedimentar-se. ♦沈殿物 sedimento (m), borra (f).

ちんどんや　ちんどん屋 pequena banda (f) de músicos palhaços que apregoam nas ruas.

チンパンジー 〖動〗 chimpanzé (m).

ちんぴら 〔大物を気取ったりする人〕pessoa (f) que não é de nada e quer se mostrar; 〔やくざ〕malandro/dra; 〔不良少年少女〕delinquente.

ちんぷ　陳腐 banalidade (f). 〜な banal, vulgar, gasto/ta, 《口語》batido/da.

ちんぷんかんぷん coisa (f) confusa que não se entende. 〜な confuso/sa, atrapalhado/da. この授業はむずかしくて私には〜だ Esta aula é "chinês" para mim, porque é muito difícil de entender.

ちんぼつ　沈没 afundamento (m), submersão (f), naufrágio (m). 〜する afundar, naufragar.

ちんもく　沈黙 silêncio (m). 〜する calar-se, silenciar. 〜を守る guardar silêncio, manter-se calado/da. 〜を破る romper o silêncio.

ちんれつ　陳列 exposição (f), amostra (f), exibição (f). 〜する expor, exibir, mostrar. ♦陳列室 sala (f) de exposição. 陳列品 objeto (m) exposto.

つ

ツアー excursão (f), viagem (f) de turismo. ♦ツアーコンダクター guia do grupo de turistas. バックツアー passeio (m) de pacote [*seat in tour*]. プライベートツアー passeio [excursão (f)] privado/da.

つい 〔ほんの〕só, pouco; 〔うっかり〕por descuido; 〔間違って〕por engano; 〔思わず〕sem querer, involuntariamente. 〜いましがた agorinha mesmo, faz pouco tempo. 〜先週 ainda na semana passada. 私は〜そのことを彼に知らせてしまった Eu acabei lhe contando isso por descuido. 私は〜叫んでしまった Eu acabei gritando sem querer.

つい 対 par (m). 一〜の… um par de ….

ツイード 〘服〙tecido (m) de lã axadrezado (tipo escocês).

ついか 追加 adição (f), acréscimo (m), suplemento (m), adicional (m). 〜する acrescentar, adicionar. 〜の adicional, suplementar. 先程の注文にライスを〜してくれますか Poderia acrescentar arroz ao pedido que eu fiz há pouco [acabei de fazer]? ♦追加予算 orçamento (m) suplementar. 追加料金 taxa (f) adicional.

ついかんばん 椎間板 〘解〙disco (m). ♦椎間板ヘルニア〘医〙hérnia (f) de disco.

ついきゅう 追及 averiguação (f), indagação (f). 〜する averiguar, conhecer … ao certo, pedir satisfação de … a …, tirar a limpo com …. 私たちはこの失敗についての彼の責任を〜した Nós apuramos a responsabilidade dele com relação a esta falha. あまりよくわかっていないけれど、彼女を〜してみます Não estou entendendo direito da coisa, mas vou pedir satisfação disso a ela [〘俗〙tirar isso a limpo com ela]. 〜しない、〜しない Deixa, deixa!/Deixa isso pra lá!

ついきゅう 追求 busca (f), perseguição (f). 〜する buscar, perseguir. 快楽を〜する buscar [procurar] os prazeres.

ついこつ 椎骨 〘解〙vértebra (f).

ついし 追試 exame (f) de segunda época, exame suplementar para os que não passaram no primeiro.

ついしん 追伸 pós-escrito (m) (《P. S.》em cartas).

ついずい 追随 〜する seguir as pisadas de; imitar. 他の〜を許さない ser ímpar [inimitável, único/ca].

ついせき 追跡 perseguição (f). 〜する perseguir. …の〜調査をする rastrear …. あの車はパトカーに〜された Aquele carro foi perseguido pela (viatura de) polícia. ♦追跡調査 rastreamento (m).

ついたいけん 追体験 experiência (f) indireta (através de relatos ou audio-visuais). 戦争を生きた人たちの心情を〜する experienciar indiretamente (através de audio-visuais) os sentimentos dos que viveram a guerra.

ついたて 衝立 divisória (f). 〜で広間を仕切る dividir o espaço de um salão com uma divisória.

ツイッター twitter (m) 〔トゥイッテル〕.

*****ついて** …に〜〔…に関して〕sobre 〔ソーブリ〕, de 〔ヂ〕, com relação a, em 〔エン〕, a respeito de; 〔…ごとに〕por 〔ポル〕, a 〔ア〕. …に〜話す falar sobre …. …に〜考える pensar sobre [em] …. …に〜聞く perguntar sobre; 〔耳にする〕ouvir sobre. まだそれに〜ちゃんと書かれた書物はなかった Ainda não havia publicações sérias a respeito disso. 私の人生に〜語ってもいいでしょうか Vou falar da minha vida. Posso? 明治時代に〜勉強したい Quero estudar a Era Meiji./Quero fazer um estudo sobre a Era Meiji. 神父は聖書の中の洪水に〜話した O padre falou no [sobre o, do] dilúvio que aparece na Bíblia. そのことに〜の君の意見はどうですか Qual é a sua opinião com relação a isso aí?/O que você acha disso?

ついで 次いで depois, logo em seguida. …に〜 depois de …. 大阪は東京に〜大都市だ Osaka é a maior cidade depois de Tóquio. 祝辞があり〜乾杯となった Houve o discurso e, em seguida, brindamos./Depois do discurso brindamos.

ついていく ついて行く acompanhar, seguir, ir com. 彼について行けば Que tal acompanhá-lo?/Por que você não vai junto com ele? 私は授業についていけない Eu não estou conseguindo acompanhar a aula.

ついてくる ついて来る acompanhar, seguir, vir com. 私について来い Venha comigo!/Siga-me!

ついでに 序でに a propósito, de passagem, de quebra, já que …, aproveitando …. 〜ですが、… a propósito …. ご近所にいらっしゃいましたら〜お寄りください Se vier por perto, aproveite para passar em casa. この辺にいらしたら〜にお立ち寄りください Se vier para estes lados, aproveite e passe por aqui, está bem? 立った〜に電話帳を持ってきてください Já que está de pé [se levantou], traga-me [alcance, passe-me, pegue-me] a lista telefônica para mim, por favor. トウモロコシは６月祭りを

明るくし～町に利益をもたらす O milho alegra a festa junina e, de quebra, dá lucro à cidade.

ついとう 追悼 condolências (*fpl*). ～する chorar [lamentar] a morte de alguém. ♦追悼会 serviço (*m*) fúnebre.

ついとつ 追突 batida (*f*) por trás. …に～する bater por trás em …. 車の後部に～する bater na traseira do carro. 彼は後ろの車に～された O carro de trás bateu no carro dele.

ついに 遂に finalmente, enfim, por fim, afinal. 彼は～その仕事を完成した Até que enfim ele terminou o trabalho.

ついほう 追放 deportação (*f*), exílio (*m*), expulsão (*f*), expatriação (*f*), exclusão (*f*), desterro (*m*). ～する expulsar, excluir, desterrar, exilar, deportar, expatriar. 彼はあそこから～された Ele foi expulso [deportado] de lá. ナポレオンはエルバ島に～された Napoleão foi exilado na ilha de Elba.

ついやす 費やす gastar, despender; 〔消費〕consumir; 〔浪費〕esbanjar, dissipar, malbaratar. 全財産を競馬に～ dissipar toda a fortuna ∟no hipismo [na corrida de cavalos]. その仕事にそれ以上時間を～な Não perca mais tempo com esse trabalho.

ついらく 墜落 caída (*f*), queda (*f*). ～する cair. 飛行機が～した O avião caiu.

ツイン gêmeo/mea, geminado/da. ♦ツインベッド duas camas (*fpl*) postas lado a lado para casal. ツインルーム quarto (*m*) com duas camas; quarto duplo, cabine (*f*) dupla (no trem-leito).

つう 通 ❶〔精通した人〕entendido/da, especialista. 彼は日本の事情に～だ Ele é entendido em assuntos japoneses. ❷〔グルメ〕de bom gosto. 彼はワインに～である Ele tem bom gosto tratando-se de vinho.

ついん 通院 ida (*f*) ao hospital. ～する ir ao hospital. 週1回～治療をする tratar-se no hospital uma vez por semana. けがの通院 ida (*f*) ao hospital para tratar um ferimento.

つうか 通貨 moeda (*f*) corrente. ～の下落 desvalorização (*f*) monetária/ria. ♦通貨価値修正 correção (*m*) monetária. 通貨危機 crise (*f*) cambial. 通貨偽造罪 falsificação (*f*) de moeda. 世界通貨 moeda de referência mundial.

つうか 通過 〔列車などの〕passagem (*f*); 〔法案などの〕aprovação (*f*). ～する passar, atravessar; ser aprovado/da. 列車がトンネルを～した O trem atravessou o túnel. その企画は部長会を～した Esse projeto foi aprovado na reunião dos diretores. ♦通過客 passageiro/ra em trânsito. 急行列車通過駅 estação (*f*) onde não para o trem expresso.

つうかい 痛快 grande prazer (*m*) [satisfação (*f*)]. その映画は～だった Esse filme ∟me deu [foi] um grande prazer./Foi um grande prazer assistir esse filme. ～な文章 texto (*m*) extremamente agradável.

つうがく 通学 ～する ir à [frequentar a] escola.

つうかん 痛感 sensação (*f*) profunda. …を～する sentir [conhecer] … profundamente [verdadeiramente], conscientizar-se profundamente de …. 私は自分の無知を～した Conheci profundamente a minha ignorância. 文化の違いの恐ろしさを～した Conscientizei-me verdadeiramente do perigo das diferenças culturais.

つうき 通気 ventilação (*f*), arejamento (*f*) de um recinto. この部屋は～がよい Este quarto está bem arejado.

つうきん 通勤 ～する ir ao trabalho, deslocar-se diariamente para ir ao trabalho. 私は毎朝車で～しています Eu vou de carro ao trabalho todas as manhãs. ♦通勤時間 tempo (*m*) de deslocamento da residência ao local do trabalho. 通勤費 despesas (*fpl*) de transporte.

つうこう 通行 trânsito (*m*), tráfego (*m*), passagem (*f*). ～する passar, transitar, trafegar, dirigir. ～禁止《掲示》Passagem (*f*) Proibida. ～止め《掲示》Proibida a Entrada 《em rua fechada》. 車両～止め《掲示》Passagem Proibida para Veículos. ♦通行禁止違反 infração (*f*) por dirigir [transitar, trafegar] em local proibido. 通行区分違反 infração por dirigir em pista errada. 通行帯違反 violação (*f*) da zona de passagem de veículo. 通行人 transeunte, pedestre. 通行妨害 obstáculo (*m*) ao trânsito de pedestres, impedimento (*m*) da passagem de pedestres. 通行料 pedágio (*m*). 一方通行 mão (*f*) única.

つうこく 通告 notificação (*f*), aviso (*m*). ～を受ける receber ∟uma notificação [um aviso]. ～をする notificar, avisar. ♦通告センター centro (*m*) de notificação. 解雇通告 aviso (*m*) de demissão, 《俗》bilhete (*m*) azul. 最終通告 último (*m*) aviso.

つうしょう 通商 comércio (*m*) internacional, relações (*f*) comerciais. ♦通商条約 tratado (*m*) comercial.

つうしょう 通称 nome (*m*) popular, vulgo (*m*) 《pelo qual é conhecida uma pessoa ou entidade》. 日本銀行、～日銀 Nihon Ginko, mais conhecido como "Nichigin".

つうじょう 通常 habitualmente, normalmente. ～の ordinário/ria, habitual, normal, comum. ♦通常国会 sessão (*f*) ordinária do parlamento. 通常上訴 〔法〕recurso (*m*) ordinário. 通常訴訟手続き 〔法〕procedimento (*m*) ordinário. 通常逮捕 〔法〕prisão (*f*) [detenção (*f*)] ordinária. 通常版 edição (*f*) comum 《de livro, CD, DVD etc》. 通常郵便物 correspondência (*f*) comum.

つうじる 通じる〔道が〕levar a, conduzir a, ir a;〔わかる〕ser entendido/da, entender;〔に精通している〕ser conhecedor/ra de, ser versado/da em;〔電話など〕ligar. この道は駅に通じています Este caminho leva à estação. 彼には冗談が通じない Ele não entende as brincadeiras./Ele não tem senso de humor. 彼は4か国語に通じている Ele é versado em quatro línguas. ブラジルに電話が通じない Eu não estou conseguindo ligação (telefônica) para o Brasil.

*__つうしん__ 通信 correspondência (f)［コヘスポンデンスィア］, comunicação (f)［コムニカサォン］. …と～する comunicar-se com …, corresponder-se com ….
♦ 通信衛星 satélite (m) de comunicações. 通信教育 ensino (m) por correspondência, ensino à distância, teleducação (f). 通信記録 registro (m) de ligações. 通信工学 engenharia (f) da comunicação. 通信講座 curso (m) por correspondência. 通信士 rádio-telegrafista. 通信社 agência (f) de notícias. 通信販売 venda (f) por correspondência. 通信文 mensagem (f) escrita. 通信網 rede (f) de comunicações. 光通信 comunicação por fibra ótica.

つうせつ 痛切 ～な intenso/sa, grave, profundo/da. ～に intensamente, gravemente, profundamente. 私はその重要性を～に感じている Eu estou sentindo profundamente a importância disso.

つうせつ 通説 opinião (f) geral [comum, comumente aceita].

つうぞく 通俗 ～的な vulgar, banal, popular. ～的である ser popular [banal, vulgar]. ～化する vulgarizar, popularizar. ♦ 通俗化 vulgarização (f), popularização. 通俗劇 vaudeville (m). 通俗小説 romance (m) popular. 通俗性 banalidade (f).

つうたつ 通達 aviso (m), notificação (f), comunicado (m), circular (f). ～する avisar, notificar. …の～を出す avisar sobre ….

*__つうち__ 通知 aviso (m), informação (f)［アヴィーゾ］; notificação (f)［ノチフィカサォン］. ～する participar, fazer saber, anunciar, comunicar, avisar, informar; notificar. …の～を受ける receber o aviso de …. …の死亡の～を受ける receber o aviso de morte de …. 結婚を～する participar [anunciar] o casamento. その～を私は受けていません Eu não recebi esse aviso. ♦ 通知書 aviso (m), notificação (f).

つうちひょう 通知表 boletim (m) escolar.

つうちょう 通帳 caderneta (f). ♦ 預金通帳 caderneta bancária.

つうどく 通読 leitura (f) rápida. ～する ler rapidamente.

ツーピース conjunto (m) de duas peças (principalmente vestuário).

つうふう 痛風【医】gota (f). ♦ 偽痛風【医】condrocalcinose (f), pseudogota (f).

つうぶん 通分【数】redução (f) (de frações) a um denominador comum. 二つの分数を～する reduzir duas frações a um denominador comum.

つうほう 通報 informe (m), aviso (m), alerta (m), comunicado (m). …を…に～する informar … sobre …; denunciar …. …を警察へ～する comunicar [denunciar] … à polícia. ♦ 気象通報 anúncio (m) meteorológico.

つうやく 通訳〔行為〕interpretação (f), tradução (f);〔人〕intérprete. ～する traduzir, servir de intérprete. ♦ 同時通訳 tradução simultânea. 逐次通訳 tradução consecutiva.

つうよう 通用 ～する〔言葉が〕ser falado/da, entender-se;〔切符が〕ser válido/da;〔お金が〕ter valor, ser aceito/ta;〔規則, 説などが〕ter validade, estar em vigor. ラテンアメリカでは英語があまり～しません Na América Latina não é muito difundido o inglês. この規則は今どきもう～しません Este regulamento não tem mais validade hoje em dia.

ツーリスト turista.

ツール ❶〔道具〕ferramenta (f), instrumento (m). ❷〔手段〕meio (m). ❸〔動力機械〕máquina (f) ⌐de [movida a] energia mecânica.

つうれい 通例 costume (m), regra (f) geral. ～は年に1回株主総会を開いている Regra geral [De ordinário, Habitualmente, Via de regra], realizamos a reunião [assembleia] dos acionistas uma vez por ano. それが～だ Isso é o que é o normal. あの地域は夏祭りをするのが～だ É costume realizar-se uma festividade de verão naquele bairro./Naquele bairro tem-se o costume de realizar uma festividade de verão.

つうれつ 痛烈 ～な violento/ta, duro/ra. ～な皮肉を言う dizer ironias picantes. ～に violentamente, duramente. …を～に批判する criticar … violentamente.

つうろ 通路 passagem (f), corredor (m).

つうわ 通話 chamada (f) (telefônica). ♦ 通話料 tarifa (f) telefônica. 国際通話 chamada internacional. 指名通話 chamada de pessoa a pessoa, chamada nominal.

つえ 杖 bastão (m), bengala (f). ～をついて歩く andar de bengala.

つかい 使い〔伝言〕mensagem (f), recado (m);〔任務〕incumbência (f), missão (f);〔人〕mensageiro/ra, contínuo (m). ～に行く〔伝言〕ir dar um recado;〔買い物〕ir fazer compras. お～の用件は何でしょうか Qual o objetivo da visita? 佐藤さんの～で来ました Vim da parte do senhor Sato.

つかいかた 使い方 modo (m) de usar, manuseio (m), manejo (m). ナイフとフォークの〜を知っている saber como manejar faca e garfo. 金の〜を知らない não saber aplicar o seu dinheiro. 電気製品の適切な〜 manuseio (m) adequado do aparelho eletrônico. この薬は〜を誤ると害になります Este remédio vai lhe fazer mal se você o tomar errado. 私はこの機械の正しい〜がわからない Eu não sei como usar esta máquina direito.

つかいこむ 使い込む ❶〔公金を〕desfalcar, subtrair parte de. 部長が会社の金を使い込んだ O chefe de departamento desfalcou o dinheiro da companhia. ❷〔使い慣らす〕usar muito. 革製品は〜ほどよい Quanto mais se usam os artigos de couro mais bonitos eles ficam.

つかいすて 使い捨て 〜の descartável.

つかいだて 使い立て お〜してすみませんが郵便局まで行っていただけますか Desculpe o incômodo, mas poderia ir até o correio?

つかいはたす 使い果たす esgotar, consumir [gastar] tudo, dissipar, desperdiçar. 給料を〜 gastar todo o salário. 彼は家のリフォームに全財産を使い果たした Ele gastou toda a fortuna na reforma da casa. 力を〜 esgotar-se, ʟesgotar [acabar com] suas forças. パソコンのメモリを〜 gastar [desperdiçar] toda a memória do computador.

つかいふるす 使い古す gastar pelo uso. 使い古された gasto/ta pelo uso, surrado/da. このズボンは私の使い古しですがよかったらどうぞ Estas calças ʟsão usadas [estão gastas pelo uso], mas se quiser eu dou para você.

つかいみち 使い道 utilidade (f), uso (m), jeito (m) [modo (m), maneira (f)] de usar. このパソコンはまだ〜がある Este computador ainda ʟé utilizável [pode ser usado]. それは〜がない Isso não serve para nada./Isso é inútil. これは〜広いかもしれない Isso pode ser de grande uso. 彼は金の〜を知らない Ele não sabe gastar dinheiro. この箱はどんな〜があるのかな Que uso se pode fazer desta caixa?/Em que podemos empregar esta caixa? この予算の〜はもう決まっている Esta verba já tem destino.

つかいわける 使い分ける usar adequadamente, distinguir os vários usos de. 母は材料によって包丁を〜 Minha mãe usa facas diferentes conforme os ingredientes da comida. 彼は3か国語を〜 Ele domina três línguas com igual facilidade. 状況によって言葉をうまく〜 saber empregar as palavras ʟde acordo com [conforme] as circunstâncias.

***つかう** 使う, 遣う ❶〔物を〕usar [ウザール], fazer uso de, manejar [マネジャール]. ナイフとフォークを〜 usar garfo e faca. 使われている ser usado/da. 使われていない não ser usado/da, estar em desuso, estar fora de uso. ワープロなんてもう使われていない Os processadores de textos já estão ultrapassados./《口語》Processador (m) de textos? Já era! ❷〔取り扱う〕manejar, manusear [マヌゼアール]. あなたはこの電子レンジを〜ことができますか Você sabe manejar este forno de microondas? ❸〔人を〕fazer trabalhar, empregar [エンプレガール]. 人を〜のは簡単ではない Não é fácil ʟfazer os outros trabalharem [lidar com empregados]. 私は人を使わないで一人でやりたい Eu não quero ʟempregar pessoas [ter empregados] e sim fazer tudo sozinho/nha. ❹〔言語を〕falar [ファラール]. 私はあそこではめったに英語を使わない Eu quase nunca falo inglês lá. ❺〔金を〕gastar [ガスタール]. 彼女は週に500レアルをガソリンに使っている Ela gasta quinhentos reais por semana com [em] gasolina. レストランで金を使わない客は歓待されない O freguês que não gasta dinheiro em restaurantes não é benvindo. 今日はいくら使いましたか Quanto você gastou hoje? ❻〔あるしぐさをする〕fazer uso de um certo gesto. 上目を〜 ver a algo olhando de baixo para cima. ❼〔策を〕fazer uso de um estratagema. 仮病を〜 fingir doença, fingir-se doente, fazer-se de doente. …にお世辞を〜 bajular …, badalar …. 居留守を〜 fingir-se ausente, fingir ʟque não está [não estar] em casa. …のために袖の下を〜 subornar alguém para …. ¶あのレストランによく使います Eu vou muito àquele restaurante. 気を〜 ser solícito/ta [atencioso/sa], agradar. 私に対して気を遣わないでね Não se incomode comigo, ok?

つかえる 仕える servir. 主人に忠実に〜 servir fielmente ao amo.

つかえる 使える servir, ser útil. このボールペンは使えない Esta caneta esferográfica não serve. 彼は使えない Ele não serve para nada!

つかえる 支える ❶〔物に妨げられて〕bater. 彼は頭が天井に〜ほど背が高い Ele é alto a ponto de bater com a cabeça no teto. ❷〔ふさがれる〕ficar [estar] obstruído/da [bloqueado/da, travado/da, entupido/da]. 下水がつかえている O esgoto está entupido. 言葉に〜 não saber o que dizer. 彼は声がのどにつかえて出なかった A voz dele travou na garganta e não saía. 私は餅(㉝)がのどにつかえた O bolinho de arroz prendeu-se na minha garganta. ❸〔胸などが〕ficar perturbado/da. お父さんは感動して胸がつかえてしまった Meu pai ficou mudo de emoção. ❹〔処理されるべきものが残って〕estar atolado/da, ficar congestionado/da, ficar parado/da (por ter a frente bloqueada). データが送られてこないので仕事がつかえている Como os dados não vieram ainda, o trabalho está parado. 車がつかえている O carro está parado (no trânsito). 彼は先がつかえていたので昇進できなかった Ele não podia subir (na empresa) pois os car-

つかのま 束の間 instante (*m*), momento (*m*). あの事故は〜の出来事だった Aquele acidente aconteceu em um piscar de olhos [foi questão de instantes]. 〜の命 vida (*f*) efêmera. 〜の幸せ felicidade (*f*) passageira.

つかまえる 捕まえる ❶ 〔とらえる〕pegar;〔逮捕する〕prender, deter. ネコがネズミを〜 O gato pega o rato. どろぼうを〜 prender o/a ladrão/dra. ❷ 〔握る〕pegar (em), agarrar em. 彼女は私の腕をつかまえた Ela pegou nos meus braços. ❸ 〔呼び止める〕chamar, pegar. タクシーをつかまえてください Por favor, chame [pegue] um táxi para mim, sim?

つかまる 捕まる ❶ 〔とらえられる〕ser preso/sa, ser detido/da, ser capturado/da. 早く犯人がつかまって欲しい Quero que o/a criminoso/sa seja preso/sa logo. ❷ 〔ひきとめられる〕ser pego/ga, ser barrado/da. 彼が遅いのは編集部でつかまってしまったからだ Ele está atrasado porque seguraram-no [《口語》seguraram ele] na redação. ❸ 〔しっかりつかむ〕agarrar-se 〔apoiar-se〕em. このロープにつかまってください Segure bem esta corda aqui. 私の肩につかまってください Apoie-se no meu ombro. ❹ 〔見つかる〕ser pego/ga. 彼女は忙しいのでなかなかつかまりません Ela é tão ocupada que é difícil pegá-la (em casa).

*****つかむ 掴む** ❶ 〔手でつかむ〕agarrar-se em, pegar [ペガール]. 鳥を手でつかんだ Pegou o pássaro com as mãos. それはお箸(はし)でつかんだほうが簡単です É mais fácil pegar isso aí com pauzinhos. ❷ 〔入手する〕obter [オビテール], agarrar [アガハール]. 彼は人生のチャンスをつかんだ Ele agarrou a chance de sua vida. ❸ 〔理解する〕apreender [アプレエンデール], compreender [コンプレエンデール]. 会議の要点を〜 compreender os pontos principais [essenciais] da reunião. 証拠を〜 ter as provas na mão. 観客の心を〜 compreender a plateia.

つかる 漬かる ❶ 〔水などにひたる〕inundar-se, submergir-se. 彼はお風呂で首までお湯に漬かった Ele afundou na banheira até ficar com a água quente na altura do pescoço. 台風で床が水に漬かった O solo da casa ficou inundado com o tufão. ❷ 〔ある状態などに入りきる〕ficar imerso/sa. 彼は日本の生活にどっぷり漬かっている Ele está imerso no dia-a-dia japonês (e por fora do que acontece no mundo). ❸ 〔漬け物が〕ficar de molho, ficar embebido/da de …. よく漬かった白菜 picles (*mpl*) de acelga bem gostosos [no ponto]. ブドウはコニャックに漬かっている〔コニャックから取り出した後の状態〕As uvas estão embebidas de coniaque.〔コニャックにまだ漬かっている状態〕As uvas estão imersas no conhaque.

つかれ 疲れ cansaço (*m*), fadiga (*f*). 彼は仕事の〜が出てきたようだ Parece que ele começou a sentir o cansaço do trabalho. 私は一夜寝ると〜が取れる Eu me recupero do cansaço, só de dormir uma noite./Eu durmo uma noite e consigo tirar o cansaço (do corpo). 〜を癒(いや)す descansar, repousar. 〜を知らない人 uma pessoa infatigável [que não se cansa].

つかれはてる 疲れ果てる extenuar-se, esgotar-se, cair de cansaço, estar morto/ta de cansaço. 疲れ果てた fatigado/da, extenuado/da, esgotado/da. 彼は疲れ果てた顔をしていた Ele estava com ar de muito cansaço. 彼は仕事をしすぎて疲れ果てた Ele ficou acabado [esgotado] de tanto trabalhar. 私はいつも疲れ果てて工場から帰る Eu sempre volto da fábrica morto/ta de cansaço.

つかれめ 疲れ目 〘医〙vista (*f*) cansada.

*****つかれる 疲れる** cansar-se [カンサール スイ], ficar cansado/da, fatigar-se [ファチガール スイ]. 私は今疲れています Eu estou cansado/da agora. この仕事は疲れますね Este serviço cansa, não? なんて疲れた顔をしているの Mas que cara de cansado/da! あの選手は後半になると疲れて運動量が落ちる Aquele jogador ficou cansado no segundo tempo e seu rendimento caiu.

*****つき 月** ❶ 〔暦の〕mês (*m*) [メース]. 〜の初めに no começo do mês. 〜の終わりに no fim do mês. 〜に一度 uma vez por [ao] mês. ❷ 〔天体〕lua (*f*) [ルーア]. 〜の世界 mundo (*m*) da lua. ♦ 月夜 noite (*f*) de luar.

▶月名◀

1月	janeiro [ジャネーイロ] (*m*)
2月	fevereiro [フェヴェレーイロ] (*m*)
3月	março [マールソ] (*m*)
4月	abril [アブリーウ] (*m*)
5月	maio [マーイオ] (*m*)
6月	junho [ジューニョ] (*m*)
7月	julho [ジューリョ] (*m*)
8月	agosto [アゴースト] (*m*)
9月	setembro [セテンブロ] (*m*)
10月	outubro [オウトゥーブロ] (*m*)
11月	novembro [ノヴェンブロ] (*m*)
12月	dezembro [デゼンブロ] (*m*)

つき 付き ❶ 〔付着〕viscosidade (*f*), aderência (*f*). このファンデーションは〜がよい Este creme base se espalha bem no rosto. ❷ 〔運〕sorte (*f*). 〜が回ってきた Chegou o dia da sorte! ❸ 〔付属〕com. バス, トイレ〜の部屋 quarto (*m*) com banheiro, apartamento (*m*).

-つき por, a/o. これは10個に〜300円です Isto aqui são dez unidades por trezentos ienes [trezentos ienes por dezena]. 1ダースに〜400円ですがよろしいでしょうか São quatrocentos ienes a dúzia. Pode ser?

*****つぎ 次** ❶ seguinte [セギンチ]. 〜の seguinte, próximo/ma. 〜の駅 a estação (*f*) seguinte, a próxima estação. 〜に em seguida. 〜の日に no dia seguinte. 〜の日曜日に no próximo domingo. 〜に何をしましょうか O que faço [devo fazer] depois disso? この~にここへ来るときには写真を持ってきてください Da próxima vez que vier aqui, traga uma fotografia. 私の言いたいことは~のとおりです O que eu quero dizer é o seguinte: ……. ~の方どうぞ O/A seguinte [próximo/ma], por favor. ~は em seguida. ~は…にする seguir com …. さあ~は今日の新聞の一面に参りましょう E seguimos agora com as [Em seguida, vamos às] manchetes de hoje. ~の指示 seguinte instrução (f). ❷ logo abaixo. 大統領の~の位 o posto logo abaixo do presidente.

つぎ 継ぎ emenda (f), remendo (m). ~に~をあてる emendar …. ~だらけの cheio/cheia de emendas. ~のあたったスカート saia (f) remendada.

つきあい 付き合い ❶〔交際〕trato (m) social, sociabilidade (f). ~のよい sociável, amável, afável. ~の悪い pouco sociável, ~にくい intratável, difícil de lidar. ❷〔人間関係〕relacionamento (m), companhia (f). あの家族とは~がない Não me relaciono com aquela família. お~で por amizade; por obrigação social. ~で飲む tomar álcool por obrigação social. 我々の社長は~が広い O presidente da nossa companhia tem muitos conhecidos. 彼とは長いお~ですから... É que eu e ele somos amigos de longa data.

つきあう 付き合う 〔友情〕ter amizade com, andar com;〔男女の〕namorar. 彼は彼女ともう2年間付き合っている Ele já namora com ela faz dois anos. 今晩食事に付き合ってくれないか Não quer jantar comigo hoje à noite?

つきあたり 突き当たり fundo (m), extremo (m), fim (m). ~を右へ曲がってください Favor dobrar à direita no fim da rua. 路地の~にある家 casa (f) que fica no fim do beco.

つきあたる 突き当たる …に~ dar em …;〔衝突する〕chocar-se com …. この道を真っ直ぐ行くと駅に突き当たります Indo por esta rua sempre em frente, você vai dar na estação.

つぎあわせる 継ぎ合わせる juntar, unir. 破片を~ juntar os cacos [fragmentos].

つきおとす 突き落とす derrubar, atirar, empurrar. クーデターで彼は大統領の座から突き落とされた O golpe de estado o tirou da presidência.

つぎき 接ぎ木 enxerto (m). ~する enxertar, fazer enxerto. ~のやり方を教える ensinar como fazer o enxerto. ミカンの木をオレンジの木に~する enxertar tangerineira em laranjeira.

つきぎめ 月極め ~で給料をもらう receber um salário mensal, ser pago/ga mensalmente. ~で払う pagar mensalmente. ♦月極め駐車場 estacionamento (m) pago por mês.

つぎこむ 注ぎ込む ❶〔液体を〕despejar (dentro). 瓶に油を~ despejar o óleo na garrafa. ❷〔金, 精力などを〕investir, empregar dinheiro ou pessoal em algo. …に資本を~ investir capitais em …. 全財産を家のリフォームに~ gastar toda a fortuna na reforma da casa. 全精力をマラソンに~ dedicar toda a energia à maratona.

つきさす 突き刺す cravar [enfiar, atravessar] … (em). ナイフで腹を~ dar uma facada na barriga. タイヤにくぎが突き刺さった Entrou um prego no pneu.

つきそう 付き添う acompanhar. …に付き添われる ser [estar] acompanhado/da de …. 病人に~ cuidar de [fazer companhia a, tomar conta de] um/uma doente.

つきだす 突き出す pôr para fora, lançar para a frente. …を警察に~ levar … à polícia, dar parte de ….

つきづき 月々 cada mês, mensalmente, por mês. ~20万円の収入がある ganhar duzentos mil ienes por mês. ~の出費 despesa (f) mensal.

つぎつぎ 次々 ~と um atrás do outro/uma atrás da outra, um/uma a um/uma. 彼の計画は~と失敗した Os planos dele foram por água abaixo, um atrás do outro. アイディアが~とわいてきた As ideias vinham em enxurrada. 事故が~と起こった Os acidentes ocorreram sucessivamente.

つきっきり 付きっ切り esmero (m) ㇐na assistência [no cuidado]. ~で病人の看病をする estar sempre à cabeceira de um doente atendendo com muita atenção. ~で学習指導をする orientar os alunos constantemente.

つきつめる 突き詰める ❶〔徹底的に考える〕examinar a fundo, investigar a sério, fazer um estudo minucioso de. 一つの問題を~ examinar a fundo um problema. 問題を~とこうなる O problema se ㇐reduz ao [resume no] seguinte. ❷〔思いつめる〕mergulhar-se na reflexão de, levar demasiadamente a sério, refletir demais. …を突き詰めて考える refletir demasiadamente sobre ….

つきでる 突き出る projetar-se para fora, sair fora, sobressair, avançar sobre. ベランダは庭に突き出ていた A varanda avançava sobre o jardim. 海に突き出た岬 promontório (m) que se projeta no mar. 突き出たあご(額) queixo (m) (testa (f)) saliente.

つきとおす 突き通す trespassar … em, fazer penetrar [atravessar] … em, furar … de lado a lado. 彼は敵の胸に刀を突き通した Ele atravessou a espada no peito do inimigo.

つきとめる 突き止める ❶〔発見〕descobrir. 麻薬の倉庫を~ descobrir o depósito das drogas. 真相を~ descobrir a verdade. ❷〔確認〕averiguar, apurar, assegurar-se de algo. 事故の原因を~ apurar a causa do acidente. ❸ identificar. その研究はAとBの因果関係を突き止めた O estudo identificou a relação de causa e efeito entre A e B. 専門家たちはその問題の原因を~ことができなかった

Os estudiosos não conseguiram identificar [determinar] as causas do problema. 警察官は … が本人であることを突き止めた O policial comprovou a identidade de ….

つきなみ 月並み ❶ 〔ありふれた〕trivialidade (f), banalidade (f), lugar-comum (m). 〜な ordinário/ria, comum, vulgar, trivial. 〜な表現 expressão (f) comum. 〜なアイディア ideia (f) vulgar. 〜な男 homem (m) medíocre. ❷ 〔毎月〕o que acontece a cada mês. 〜の mensal. 〜の会 reunião (f) mensal.

つきばらい 月払い pagamento (m) mensal. …を〜にする pagar … mensalmente.

つきひ 月日 tempo (m). 〜がたつにつれて à medida que o tempo passa [passava].

つきまとう 付きまとう seguir, perseguir, assediar. 彼は元彼女に付きまとわれている Ele está sendo perseguido pela ex-namorada. 不安が私に付きまとって離れない Uma ansiedade me persegue e não me sai da cabeça. 危険が〜仕事 trabalho (m) perigoso em si.

つきみそう 月見草 〔植〕onagra (f).

つぎめ 継ぎ目 junta (f), ponto (m) de junção (f), juntura (f); 〔縫い物の〕costura (f).

つきゆび 突き指 torcedura (f) do dedo. 〜をする torcer o dedo.

つきる 尽きる esgotar-se, consumir-se, acabar-se. 我々は食料が尽きてしまった Esgotaram-se os nossos víveres. 彼の話はいつまでたっても尽きそうになかった A conversa dele parecia └não ter mais fim ⌐não acabar nunca mais⌐.

***つく 付く** ❶ 〔くっつく〕grudar [グルダール], unir-se [ウニール スィ]. 血のついたハンカチ lenço (m) com mancha de sangue. ❷〔付属する〕com [コン]. 取っ手のついたコップ caneca (f), copo (m) com asa. 辞書にはCDがついている O dicionário tem CD. ❸〔付き添う〕acompanhar [アコンパニャール], ir com. 母について音楽会に行く ir ao concerto com a mãe. 〔味方する〕ficar do lado de, defender [デフェンデール], proteger [プロテジュール]. 労働者の側に〜 ficar do lado dos trabalhadores, ser o/a defensor/ra dos trabalhadores. ❺〔生じる〕ganhar [ガニャール]. つぼみが〜 ganhar botão. ぜい肉が〜 ficar com excesso de peso. ❻〔火が〕acender [アセンデール]. このライターはよくつかない Este isqueiro demora para acender. ❼〔値段が〕sair [サイール], ficar [フィカール]. 高く(安く)〜 sair caro (barato).

***つく 着く** chegar [シェガール]. …に〜 chegar a [em]. 食卓に〜 sentar-se à mesa. 私は日暮れ前にそこに〜でしょう Acho que vou chegar aí antes do pôr do sol. 私たちは香港に無事着きました Nós chegamos bem em Hong-Kong. きのうは遅く家に着きました Ontem cheguei em casa tarde.

つく 吐く うそを〜 mentir. ため息を〜 suspirar. 息を〜 descansar, respirar.

つく 就く ❶〔地位、職に〕ocupar, ser nomeado/da. 部長の職に〜 ocupar o cargo de diretor de empresa. 王位に〜 ser coroado/da, tornar-se rei/rainha. ❷〔始める〕preparar-se para, pôr-se a〜. 帰途に〜 preparar-se para voltar, pôr-se a caminho de volta. ❸〔師事する〕estudar algo com a ajuda de alguém, aprender com. 彼は先生についてパソコンを習っている Ele está aprendendo a usar o computador pessoal com um professor.

つく 搗く esmagar. もちを〜 fazer a massa do bolinho de arroz, esmagando no pilão o arroz cozido. 米を〜 refinar [beneficiar] o arroz.

つく 撞く 鐘を〜 bater o sino. まりを〜 bater na bola, brincar com a bola.

つく 突く 〔つっつく〕cutucar; 〔押す〕empurrar; 〔刺す〕enfiar. ひじで〜 cutucar com o cotovelo, dar uma cotovelada em. 鼻を〜におい cheiro (m) que ataca o nariz. 嵐をついて外出する sair com coragem apesar da tempestade. …の弱点を〜 tocar no ponto fraco de ….

つぐ 接ぐ ❶〔木を〕enxertar. レモンの木にライムの木を〜 enxertar limeira em limoeiro. ❷〔骨を〕juntar, unir, ligar. 足の骨を〜 pôr os ossos do pé no lugar.

つぐ 次ぐ ❶〔次に続く〕continuar, seguir. ❷〔次に位する〕vir depois. リオデジャネイロはサンパウロに〜大都市だ O Rio de Janeiro é a maior metrópole depois de São Paulo.

つぐ 注ぐ servir, verter, despejar, deitar, encher, pôr. お茶を〜 colocar chá na xícara, encher a xícara de chá, servir o chá. ワインをワイングラスに〜 deitar vinho na taça. ビールをおつぎいたしましょうか Quer que eu sirva de cerveja?/Gostaria de um copo de cerveja?

つぐ 継ぐ suceder, herdar; continuar. 私は父の跡を〜つもりです〔商売〕Eu pretendo continuar [herdar] os negócios do meu pai./〔医者、弁護士など〕Eu pretendo ficar com o consultório do meu pai./〔キャリア〕Eu pretendo seguir a carreira do meu pai.

つくえ 机 mesa (f) de estudo, escrivaninha (f); 〔学校の〕carteira (f). 〜に向かう sentar-se à mesa de estudos.

つくし 土筆 〔植〕cavalinha (f).

つくす 尽くす servir a, dedicar-se a, fazer muito por. …に最善を〜 dar o melhor de si para …, fazer o melhor possível para …, fazer o máximo que se pode fazer para …, empenhar-se em …, dar tudo por …. 私は最善を〜つもりです Estou pronto a └fazer o máximo que eu posso fazer ⌐dar o máximo possível, fazer o melhor possível⌐. 徳川氏は我が社の発展のために大いに尽くした O senhor Tokugawa fez muito pelo desenvolvimento da nossa

つくだに 佃煮 〖料〗verduras (*fpl*) ou mariscos (*mpl*) cozidos em molho de soja.

つくづく muito. ～嫌になる ficar muito enojado/da (de algo), ficar muito aborrecido/da (com algo).

つぐない 償い compensação (*f*), reparação (*f*); indenização (*f*). この事故の～として会社は彼に1千万円払うでしょう Acho que a companhia vai pagar dez milhões de ienes para ele, como indenização ˪deste [por este] acidente.

つぐなう 償う compensar, reparar; indenizar. …にかけた損失を～ indenizar [compensar] o prejuízo causado a …. 過ちを～ reparar uma falta. 罪を～ expiar um pecado.

つくねいも 捏ね芋 〖植〗cará (*m*), inhame-da-china (*m*).

つぐみ 鶫 〖鳥〗tordo (*m*).

つくり 旁 parte (*f*) direita do ideograma chinês.

つくりなおす 作り直す refazer, fazer (algo) de novo.

***つくる** 作る, 造る ❶〔製造する〕fazer [ファゼール], produzir [プロドゥズィール], fabricar [ファブリカール]. …で作られている ser feito/ta de …. ～を mandar fazer. 私の会社では車の部品を作っています Na minha companhia, produzimos autopeças. ケーキを作ることが彼女の趣味です O *hobby* dela é fazer bolos. その服は作らせたのですか Você mandou fazer essa roupa? これから夕食を作ります Vou começar a fazer o jantar agora. ❷〔建てる〕fazer, construir [コンストルイール]. 家を造る construir uma casa. 橋を造る construir uma ponte. 日本の家はだいたい木で造られている As casas japonesas, em geral, são feitas de madeira. ❸〔組織する〕fazer, organizar [オルガニザール], fundar [フンダール]. この会社は彼が作ったのです Esta companhia, foi ele que (a) construiu. ❹〔栽培する〕fazer, cultivar [クゥチヴァール], produzir. 私は庭の隅で野菜を作っています Eu cultivo verduras no cantinho do meu jardim. ❺〔創作する〕fazer, compor [コンポール], escrever [エスクレヴェール]. 詩を作る compor uma poesia.

つくろう 繕う ❶ serzir. 靴下を～ serzir meias. ❷〔ごまかす〕camuflar. 体裁を～ manter as aparências.

つけ 付け 〔勘定〕conta (*f*); fiado (*m*). …を～で買う comprar … fiado. …の～がまわってくる pagar pelo preço de …. 戦争の～がまわってきた Temos que pagar agora pelo que fizemos na guerra.

つげ 柘植 〖植〗buxo (*m*).

-づけ -付け datado/da de …. 本日～で私は主任になりました A partir de hoje, eu sou o chefe. 12月8日～の手紙 carta (*f*) datada de oito de dezembro.

つけあがる 付け上がる envaidecer-se, fazer-se presunçoso/sa, abusar. ～な Não seja presunçoso/sa! 彼女は優しくするとすぐ～ Não podem tratá-la com carinho que ela logo abusa. 彼はおだてられてつけあがっている A adulação o fez arrogante.

つけあわせ 付け合わせ guarnição (*f*). フライドポテトが～のビーフステーキ bife (*m*) ˪com guarnição [guarnecido] de batatas fritas. ブロッコリーをエビフライの～にする guarnecer os camarões à milanesa com os brócolis.

つけかえる 付け替える trocar, substituir, recolocar, repor, renovar. AをBと～ trocar A por B. 下水管を～ renovar o encanamento do esgoto. 電球を～ trocar a lâmpada.

つけぐすり 付け薬 〖薬〗medicamento (*m*) de aplicação externa. ～として軟膏(なんこう)を出しておきます Como medicamento de aplicação externa, vou receitar uma pomada.

つげぐち 告げ口 denúncia (*f*), delação (*f*). ～する denunciar (algo de alguém), dedar.

つけくわえる 付け加える acrescentar, adicionar. 彼の話に～ものは何もない Não tenho nada a acrescentar ao que ele disse. 一言付け加えさせてください Deixe-me acrescentar só uma coisa.

つけげ 付け毛 cabelos (*mpl*) postiços.

つけこむ つけ込む aproveitar-se (da fraqueza ou bondade alheia). 彼は私の弱みにつけ込んだ Ele se aproveitou dos meus pontos fracos.

つけね 付け根 junção (*f*), articulação (*f*). 脚の～ articulação das pernas.

つけもの 漬け物 picles (*mpl*) à moda japonesa.

***つける** 付ける ❶〔接着〕grudar [グルダール], colar [コラール], aderir [アデリール]. AをBに～ grudar A com B, aderir A a B. この紙をあの紙につけてください Cole esta folha de papel àquela outra, por favor. ❷〔取り付ける〕colocar [コロカール]. このバッジを襟に～といいですね É bom colocar este distintivo na lapela, não? ❸〔塗る〕passar [パサール], pôr [ポール]. パンにバターを～ passar manteiga no pão. 傷口に薬を～ passar um remédio na ferida. ❹〔付け加える〕adicionar [アヂスィオナール]. 利子をつけて金を返す devolver o dinheiro com juros. ❺〔付き添わせる〕fazer ˪seguir [ir atrás]. 見張りを～ colocar um vigia. ❻〔尾行する〕perseguir [ペルセギール], ir atrás de. 容疑者の跡を～ seguir os passos do suspeito. 刑事につけられる ser perseguido/da pelo detetive. ❼〔記入する〕escrever [エスクレヴェール], assinalar [アスィナラール]. 日記を～ escrever diário. ❽〔値段を〕dar (um preço a), marcar o preço de, pôr um preço em. このバッグに高い値をつけた Pôs um preço alto na bolsa. ❾〔電気, テレビなどを〕ligar [リガール], acender [アセンデール]. たばこに火をつけたいのですが… Gostaria de acender o cigarro …. テレビをつけますか Quer

[Vai] ligar a televisão?

つける 漬ける 〔漬け物を〕pôr em conserva, fazer picles com; 〔浸す〕deixar, banhar, molhar. 野菜を〜 pôr as verduras em conserva, fazer picles com os legumes. これはアルコールに漬けておいたほうがいい Isto aqui, é melhor deixar [conservar] dentro do álcool.

つける 着ける ❶〔身につける〕colocar, vestir, pôr. ワンピースを身に〜 pôr [vestir] um vestido. イヤリングを〜 pôr [colocar] brinco. ❷〔乗り物を〕encostar. ボートを岸に〜 encostar o barco à margem. 車を門の前に〜 encostar [estacionar] o carro na frente do portão.

つげる 告げる contar, revelar, informar; 〔言う〕dizer; 〔時間〕dar. だれが父にそのことを告げたのか Quem contou isso ao meu pai? 彼女に課長室へ来るように告げてください Diga a ela que é para vir à sala do chefe (de seção). 広場の時計が2時を告げた O relógio da praça deu [bateu] duas horas.

*__つごう 都合__ 〔好都合〕conveniência (f) [コンヴェニエンスィア]; arranjo (m) [アハンジョ]; 〔事情〕circunstâncias (f) [スィルクンスタンスィアス]. 〜がいい conveniente. 〜が悪い inconveniente. 〜をつける arranjar as coisas, dar um jeito. 彼がそのとき〜よく来てくれた Ele veio na hora H [na hora certa]. 3時ごろお伺いしたいのですが〜はよろしいでしょうか Gostaria de visitar o/a senhor/ra às três horas, mais ou menos, mas será que este horário é conveniente? 〜により本日は休ませていただきます《掲示》Fechado Hoje, por motivo de força maior 《nas lojas》. 〜がつき次第何います Eu irei aí [à sua casa], assim que eu arranjar as coisas por aqui. 5万円ばかり〜していただけないでしょうか O/A senhor/ra não poderia me arranjar uns cinquenta mil ienes?

つじつま 辻褄 〜が合う estar [ser] coerente. 彼の言うことはいつも〜が合わない O que ele fala é [está] sempre incoerente [contraditório]./Ele está sempre em contradição.

つた 蔦 〖植〗hera (f).

-づたい -伝い ao longo de. 線路〜に歩く andar ao longo do trilho do trem. 屋根〜に逃げる fugir andando de telhado em telhado.

つたえる 伝える ❶〔情報を〕contar, transmitir, noticiar, comunicar, dizer. 江川から電話があったと彼にお伝えください Diga a ele que o Egawa telefonou. 何か彼に〜ことがありますか Tem algum recado para ele? 私はそういうことを伝えたかったのです Era isso que eu queria passar. ❷〔よろしくと伝える〕dar lembranças a. どうぞご家族の皆様によろしくお伝えください Lembranças ⌐em casa [à família]. ❸〔外国から風習などを〕introduzir, trazer. カステラはポルトガル人によって日本に伝えられたものです O pão-de-ló foi introduzido no Japão pelos portugueses. ❹〔熱, 電気などを〕conduzir, transmitir. 金属は電気（熱）を〜 Os metais conduzem eletricidade (calor). ❺〔伝承する〕transmitir, deixar. 伝統を若者に〜 transmitir a tradição aos jovens.

つたわる 伝わる ❶〔伝承〕transmitir-se, ser transmitido/da [legado/da]. 代々〜 transmitir-se de geração em geração. ❷〔音, 光などが〕transmitir-se, propagar-se. 光は音より速く〜 A luz se propaga mais rapidamente que o som. ❸〔伝来〕ser introduzido/da [trazido/da]. その時代に鉄砲が日本に伝わった Nessa época, a arma de fogo foi introduzida no Japão. ❹〔うわさなどが〕espalhar-se, circular, propagar-se. そのニュースはすぐに町じゅうに伝わった Essa notícia se propagou [espalhou] pela cidade toda. ❺〔沿って行く〕ir ⌐através de [por]. 泥棒は塀を伝わって入ってきた O ladrão entrou pelos muros.

*__つち 土__ terra (f) [テーハ]; 〔耕土〕solo (m) [ソーロ]; 〔地面〕chão (m) [シャンン]. 肥えた〜 solo fértil. やせた〜 solo árido [estéril]. 〜を耕す cultivar [lavrar, arar] o solo.

つち 槌 martelo (m). 〜で打つ martelar, bater … com o martelo.

つちふまず 土踏まず concavidade (f) da planta do pé.

つつ 筒 tubo (m), rolo (m).

-つつ estar em vias de …. 人工衛星の農業への活用は実用化され〜ある O satélite artificial para a agricultura está sendo em ⌐comercialização [ser posto em prática].

つづき 続き continuação (f), sequência (f); 〔連続〕sucessão (f). 先月は晴天〜でした O mês passado tivemos muitos dias ensolarados. さっきの話の〜をしてください Continue a conversa [história] daquela hora. このドラマは先週の〜です Esta novela é a continuação da semana passada.

つづきがら 続き柄 parentesco (m), relação (f) familiar. 「あなたの世帯主との〜は何ですか」「妻です」Qual a sua relação com o chefe da família? — Esposa.

つっきる 突っ切る atravessar. 線路を〜 atravessar ⌐a ferrovia [os trilhos].

つつく cutucar; picar, bicar. 小鳥がパンをつついている O passarinho está bicando o pão. 彼は私のひじをつついた Ele cutucou o meu cotovelo.

*__つづく 続く__ ❶ continuar [コンチヌアーハ], durar [ドゥラール]. この雨はいつまで〜のでしょうか Até quando será que vai continuar [durar] esta chuva, não? 海は果てしなく続いていた O mar continuava até onde a vista alcançava. この道路は新宿まで〜 Esta avenida segue [continua] até Shinjuku. 訴訟はもう3年続いている O processo já ⌐dura [se arrasta] há três anos. エネルギーが〜限りがんばります Eu me esforçarei enquanto tiver energia. ❷ conduzir-se em sequência. 続いてお入りください

Entrem ˪em fila [um/uma após o/a outro/tra, um/uma atrás do/da outro/tra], por favor. ❸ continuar, seguir [セギール]. 記事は20ページに～ O artigo continua na página vinte. ❹〔次ぐ〕vir logo ˪em seguida [depois, atrás, abaixo]. 横浜は東京に続いて人口が多い都市だ Yokohama é a cidade com a maior população do Japão ˪depois [atrás, logo abaixo] de Tóquio.

つづける 続ける continuar, seguir, ficar, restar. 続けて em seguida, sem parar. …し˪continuar [ficar] (+現在分詞)《+gerúndio》. あなたは結婚後も働き続けますか Você vai continuar trabalhando mesmo depois de casada? お話を続けてください Continue a conversa, por favor./Continue falando. そして彼らはたっぷりと昼食を取って旅を続けた E, depois de um bom almoço, seguiram viagem. あのブラジル人は3時間以上もしゃべり続けた Aquele brasileiro ficou falando três horas sem parar. 昨日は君に電話をし続けたけどつながらなかった《口語》Fiquei te telefonando o tempo todo ontem, mas não consegui falar com você. まだ禁煙を続けているのですか Ainda continua tentando não fumar?

つっこむ 突っ込む pôr, introduzir, meter. ポケットに手を突っ込んで com as mãos no bolso.

つつじ〔植〕azálea (f), azaleia (f), rododendro (m).

つつしみ 慎み discrição (f), moderação (f);〔羞恥(しゅうち)心〕pudor (m), vergonha (f);〔謙遜〕modéstia (f). ～深い reservado/da, modesto/ta, discreto/ta. ～のない indiscreto/ta;《俗》cara de pau.

つつしむ 慎む ❶ ser discreto/ta [prudente], agir com reserva. 言動を～ ser discreto/ta nas maneiras. ❷〔…を控える〕moderar, controlar, abster-se de. 暴食を～ controlar a gula.

つつしむ 謹む ter respeito, ter simplicidade e modéstia nas expressões. 謹んでお悔やみを申し上げます Meus mais sinceros pêsames./É com grande respeito que lamento sua perda. 謹んで新年のお祝いを申し上げます É com grande respeito que lhe apresento meus mais sinceros votos de Feliz Ano-Novo.

つつましい 慎ましい ❶〔謙虚な〕modesto/ta, humilde. ❷〔控えめな〕reservado/da, discreto/ta. ❸〔質素な〕frugal, simples. 慎ましく modestamente, humildemente, discretamente.

つつみ 包み embrulho (m), pacote (m), embalagem (f). どうぞその～を開けてください Por favor, abra o embrulho [pacote]./Pode abrir o embrulho. ♦ 包み紙 papel (m) de embrulho.

つつみ 堤 margem (f), ribanceira (f).

つつむ 包む embrulhar. これを紙に包んでください Embrulhe isto aqui com papel. 包まないでけっこうです Não precisa embrulhar.

つづり 綴り grafia (f).

つづる 綴る ❶ grafar, escrever. 彼の名字はどう～のですか Como será que se escreve o sobrenome dele? ❷ compor, escrever, narrar, expressar. 文章に～ pôr ˪no papel [por escrito]. 会社の歴史をつづった本が出た Foi publicado um livro que narra a história da empresa. ❸ remendar, costurar, atar. 古い書類は紐(ひも)でつづられている Os documentos antigos estão atados por barbantes. あの服はボロ布をつづって作ったものだ Aquela roupa foi feita costurando-se trapos.

つて 伝手 relação (f), conexão (f). 親戚の～を頼って職を探す procurar emprego por intermédio [recomendação] dos parentes.

つとまる 勤まる ter compêtencia para, ser competente em, servir para. 私ではこの仕事は勤まらない Eu ˪não tenho condições [não sirvo] para este serviço.

つとめ 務め〔義務〕dever (m), obrigação (f). 子の～ dever filial. 母親の～を果たす cumprir os deveres de mãe.

＊つとめ 勤め〔仕事〕serviço (m)［セルヴィッソ］, trabalho (m)［トラバーリョ］, função (f)［フンサォン］, ofício (m)［オフィッスィオ］. ～から帰る voltar do serviço [trabalho]. ～に出かける ir ao serviço, ir trabalhar. ～を辞める deixar o emprego, pedir demissão, demitir-se.

つとめぐち 勤め口 colocação (f), emprego (m). ～がない ficar desempregado/da; não achar trabalho [emprego]. ～を探す procurar emprego. いい～を見つける achar um bom emprego.

つとめさき 勤め先 local (m) de trabalho [emprego]. ～はどちらですか Onde você trabalha?

つとめる 努める tentar [procurar, esforçar-se por [para]] (+不定詞)《+infinitivo》. 私たちは今の状態を改善しようと努めた Nós nos esforçamos para melhorar a situação atual. 努めて平静をよそおう fazer um esforço para se mostrar calmo/ma. 努めて何も買わないようにする procurar não comprar nada.

つとめる 務める assumir a função de, fazer o papel de, trabalhar como. 議長を～ assumir a função de presidente (de uma reunião). 案内役を～ servir de guia. 主役を～ fazer o papel principal, ser protagonista.

つとめる 勤める trabalhar. どこにお勤めですか Onde você trabalha? 私はコンビニエンスストアに勤めています Eu trabalho numa loja de conveniência.

つな 綱 corda (f). …のまわりに～を張る pôr uma corda à volta de …. …を～で引く puxar … com a corda. ～渡りをする andar na corda. ♦ 綱渡り funambulismo (m).

ツナ〔魚〕atum (m)《principalmente em lata).

つながり 繋がり vínculo (*m*), relação (*f*). 血の〜 laço (*m*) de sangue. ポルトガルの歴史はスペインの歴史と密接な〜がある A história de Portugal está intimamente ligada ⌊com a [à] da Espanha. 彼は上流階級と〜がある Ele tem ⌊acesso à [trânsito com a] alta sociedade. …と〜をもつ estabelecer relações com …. 私は事件と何の〜もない Não tenho ⌊nenhuma relação [nada a ver] com o caso.

つながる 繋がる ligar, ter ligação [vínculo, relação] com; ter acesso a, ter trânsito com. 電話がつながらない Não se consegue a ligação telefônica.

つなぎあわせる 繋ぎ合わせる ligar, unir, juntar. 2本の管を〜 conectar dois tubos. コードとコードを〜 ligar fio com fio.

つなぐ 繋ぐ ❶ unir, ligar, juntar. 友達と手をつないで歩く andar de mãos dadas com o/a amigo/ga. ❷ atrelar, amarrar. 犬を木に〜 amarrar o cachorro à árvore. 馬を荷車に〜 atrelar o cavalo à carreta. ❸ ligar, fazer uma ligação para. 電話を山本さんについでくれませんか Poderia fazer uma ligação para o senhor Yamamoto? はい、おつなぎいたしました Pronto, a ligação já está feita.

つなひき 綱引き cabo-de-guerra (*m*). 〜をする disputar cabo-de-guerra.

つなみ 津波 ondas (*f*) gigantes, ondas *tsunami*. ♦津波警報システム sistema (*m*) de alerta ⌊contra as [das] *tsunamis*.

つね 常 usual (*m*).

つねに 常に sempre;《俗》vira e mexe. 〜…すõ não parar de (+ 不定詞) (+ infinitivo); estar sempre (+ 現在分詞) (+ gerúndio). 金持ちが〜幸福とは限らない Nem sempre uma pessoa rica é feliz. あの青年は〜不平を言っている Aquele rapaz não para de resmungar./Aquele rapaz vira e mexe está reclamando.

つねる beliscar. 私はそれが夢ではないかと腕をつねってみた Eu experimentei beliscar o braço para ver se aquilo não era um sonho.

つの 角 corno (*m*), chifre (*m*);〔昆虫の〕antena (*f*). 〜のある corníforo, chifrudo.

つのる 募る ❶〔激しくなる〕aumentar, crescer, agravar-se, piorar, intensificar-se. 恐怖が〜 O medo aumenta. 困難が〜 As dificuldades aumentam [agravam-se]. 暑さは〜ばかりだった O calor só ⌊piorava [se intensificava]. ❷〔募集する〕juntar, arrecadar, angariar, recrutar, reunir. 寄付を〜 arrecadar [angariar] doações. 希望者を〜 recrutar [reunir] candidatos/tas.

つば 唾 saliva (*f*), cuspe (*m*). …から〜が出る sair saliva de …. 〜を出す expelir saliva, salivar. 〜を吐く cuspir. …に〜を引っかける cuspir sobre [em] ….

つばき 椿〔植〕camélia (*f*) japonesa.

つばさ 翼 asa (*f*).
つばめ 燕〔鳥〕andorinha (*f*).
ツバル Tuvalu (*m*). 〜の tuvaluano/na.
つぶ 粒 grão (*m*). 1〜 um grão. ♦雨粒 gota (*f*) de chuva.

つぶす 潰す ❶〔砕く〕esmagar, triturar, moer. 握りを〜 esmagar com as mãos. ❷〔機能を損なう〕estragar, fazer perder. カラオケで長時間を過ごして声をつぶしてしまった De tanto tempo que passei no *karaoke* ⌊perdi [estraguei, acabei com] a voz. ❸〔体面を損なう〕arruinar, pôr a perder. …の顔を〜 perder a honra, desonrar …, fazer … perder a face. ❹〔滅ぼす〕levar à falência [ruína], arruinar. 地方の小売店を〜 arruinar [acabar com, levar à falência] o pequeno comércio local. ❺〔畜殺する〕matar. 鶏を〜 matar uma galinha. ❻〔あいているところを埋める〕preencher (espaço ou tempo). 壁を塗り〜 pintar a parede toda. 暇を〜 matar o tempo, preencher o tempo livre, não ficar parado/da, arranjar o que fazer (no tempo livre). ❼〔…してそれ以上使えなくする〕usar até quebrar. 車を乗り〜 usar o carro até acabar com ele [até ele ficar imprestável].

つぶやき 呟き resmungo (*m*) (em voz baixa), rezinga (*f*), murmúrio (*m*).

つぶやく 呟く balbuciar, resmungar disfarçadamente, murmurar, rezingar (em voz baixa).

つぶる 瞑る tapar, fechar, cerrar. 目を〜 fechar os olhos. …に目を〜〔見てみぬふりをする〕fazer vista grossa a …, desviar ⌊os olhos [o olhar] de …, fazer-se de desentendido/da, fingir que não sabe de nada;〔我慢する〕aguentar, suportar;《口語》engolir sapos.

つぶれる 潰れる ❶〔こわれる〕ruir-se, vir abaixo, desmoronar, arrebentar, estourar. ニキビがつぶれた A espinha [O cravo, A acne] arrebentou [estourou]. つぶれかかった家 casa (*f*) prestes a ruir. ❷〔機能が失われる〕ser esmagado/da, arrebentar, ficar moído/da, triturar-se. 目が〜 perder a vista. 声が〜 perder a voz. ❸〔滅びる〕quebrar, falir, ir à falência, fechar. あの店はどうしてつぶれたのですか Por que aquela loja ⌊faliu [foi à falência, fechou]? ❹〔成立しなくなる〕falhar, arruinar-se, desperdiçar. 計画がつぶれた O plano foi arruinado. ❺〔体面が損なわれる〕顔が〜 perder a honra, perder a face, ficar malfalado.

つべこべ 〜言わずに私についてきなさい Siga-me sem discutir.

ツベルクリン〔医〕tuberculina (*f*). 〜反応は陽性（陰性）だった O teste tuberculínico deu positivo (negativo). ♦ツベルクリン反応 teste (*m*) ⌊tuberculínico [de Mantoux].

つぼ 坪 unidade (*f*) de medida de superfí-

つぼ 壺 pote (m), jarro (m), cântaro (m).
cie que equivale a 3,306 metros quadrados. この土地は一当たりおいくらですか Quanto custa este terreno por "tsubo"? ⇨建て坪.

つぼみ 蕾 botão (f) 《de flores》. バラの〜が開きましたね O botão da rosa se abriu, não?

つぼめる 〔狭くする〕estreitar, tornar mais estreito/ta;〔傘などを〕fechar, dobrar;〔口を〕franzir.

*つま 妻 esposa (f) [エスポーザ], mulher (f) [ムリェール].

つまさき 爪先 ponta (f) dos pés. 〜で歩く andar na ponta dos pés. 〜で立つ ficar na ponta dos pés. 彼は彼女を頭のてっぺんから〜までじろじろと見た Ele a analisou da cabeça aos pés. 〜上がりの道 subida (f) suave, ladeira (f) de subida gradual.

つまずき 躓き tropeço (m);〔失敗〕falha (f), erro (m).

つまずく 躓く tropeçar;〔失敗する〕falhar. 石に〜 tropeçar em uma pedra. 事業に〜 falhar numa empresa.

つまはじき 爪弾き …を〜にする excluir …, pôr … de fora. グループに〜される ser excluído/da do grupo.

つまみ ❶〔引き出しなどの〕botão (m). ❷〔ドアなどの〕maçaneta (f). ❸〔料〕〔酒, 食事の〕tira-gosto (m), petisco (m), salgadinhos (mpl). ❹〔一つまみ〕pitada (f). 一〜の塩を入れてください Ponha uma pitada de sal.

つまむ pegar; beliscar. 鼻を〜 tampar o nariz. どうぞつまんでください Sirva-se, por favor.

つまようじ 爪楊枝 palito (m).

つまらない 〔おもしろくない〕sem graça, insípido/da;〔取るに足らない〕trivial, insignificante;〔退屈な〕aborrecido/da, monótono/na, chato/ta. 〜物ですが... Não sei se você vai gostar, mas .... そんな〜ことで口論するのはよしなさい Parem de brigar por uma coisa tão insignificante.

つまり 〔すなわち〕portanto;〔要するに〕em resumo;〔言い替えれば〕quer dizer, ou seja, em outras palavras. 〜家主は私を追い出したいのです Em resumo, o proprietário da casa quer me mandar embora. 私の職業は教えること, 〜教師だ A minha profissão é ensinar, quer dizer, sou professor/ra.

つまる 詰まる 〔ふさがる〕entupir, obstruir-se;〔充満する〕ficar cheio/cheia. 息が〜 ficar sufocado/da. 返答に〜 ficar sem saber o que responder. びっしり詰まったスケジュール cronograma (m) bem apertado. 風邪をひいて鼻が詰まっている Estou com o nariz entupido por causa do resfriado. このパイプは泥で詰まっている Este cano está entupido de barro. 水道管が詰まってしまった A encanação de água entupiu. 下水管の詰まり具合を見る verificar o entupimento da tubulação de esgoto.

*つみ 罪 ❶〔宗〕pecado (m) [ペカード], culpa (f) [クーウパ]. 〜のない人たち pessoas (fpl) inocentes. 〜のない嘘(2) mentira (f) inconsequente, mentirinha (f). 〜のある culpado/da, pecador/ra. 〜の意識 sentimento (m) de culpa. 〜を犯す pecar. ❷〔法〕crime (m) [クリーミ], delito (m) [デリット]. 〜を犯す cometer um crime. …に〜を着せる incriminar …, imputar o crime a …. 〜を重ねる reincidir no crime. 〜を白状する confessar o crime. Aの〜でBを告発する denunciar B por crime de A. 〜となるべき事実 fatos (mpl) constituintes do crime. 〜に服する cumprir a pena. 〜を免れる escapar ao castigo, ser absolvido/da. あの人はどんな〜で告発されたのですか De que crime ele foi acusado? 殺人の〜で裁かれる ser julgado/da por (crime de) homicídio. ❸〔責任〕responsabilidade (f) [ヘスポンサビリダーヂ]. それに関して彼は〜がない No caso, a responsabilidade não é dele. …の〜を負う assumir a responsabilidade de …, tomar a si a culpa de …. ❹〔無慈悲なこと〕crueldade (f) [クルエウダーヂ], ato (m) desumano. 二人の仲を裂くのは〜なことだ Que judiação estragar a relação dos dois (que se dão tão bem).

つみかさね 積み重ね montante (m), pilha (f), acúmulo (m). 彼は努力の〜で成功した Ele teve sucesso por acúmulo de esforços.

つみかさねる 積み重ねる amontoar, empilhar, acumular. 箱を〜 empilhar caixas. 経験を〜 acumular experiências [anos de experiência]. 討議を〜 repetir discussões.

つみき 積み木 cubos (mpl), blocos (mpl) 《de brinquedo》.

つみこみ 積み込み ❶ carregamento (m). ❷ carga (f). トラックの〜作業をする efetuar o trabalho de carregar um caminhão.

つみこむ 積み込む carregar, embarcar (a carga). 貨物を列車に〜 carregar mercadorias no trem. 船に荷を〜 embarcar a carga no navio. サントス港でコーヒーが船に積み込まれる O café é embarcado no navio no porto de Santos.

つみだし 積み出し remessa (f), despacho (m). ♦積み出し港 porto (m) de embarque (de remessas). 木材積み出し remessa de madeira.

つみたてきん 積立金 reserva (f) financeira (acumulada paulatinamente).

つみに 積み荷 carga (f). 〜を船から降ろす descer a carga do navio. 〜をする carregar, efetuar a carga 《no porto》(m) de embarque. 積み荷保険 seguro (m) sobre a carga. 積み荷盗 roubo (m) de cargas. 積み荷目録 relação (f) de cargas.

つみびと 罪人 ❶〔犯人〕criminoso/sa, culpado/da. ❷〔宗教上の〕pecador/ra.

つみぶかい 罪深い pecaminoso/sa, muito [extremamente] culpado/da.

つむ 摘む colher《flores》.

つむ 積む carregar, pôr a carga em; 〔船に〕embarcar; amontoar. そこに石を積んでくれますか Poderia amontoar as pedras aí? 荷物は全部(トラックに)積みましたか Já pôs toda a carga (no caminhão)?／Já carreguei o caminhão?

つむぐ 紡ぐ fiar《reduzir a fio a lã, o algodão》, tecer. 綿を～ fiar o algodão. 布を～ tecer um tecido.

つむじ remoinho (*m*) de cabelo na cabeça. ¶ ～を曲げる ficar └de mau humor [aborrecido/da,《口語》enfezado]. ♦つむじ曲がり pessoa (*f*) esquisita [mal-humorada].

つめ 爪 unha (*f*). ～が伸びている ter [estar com] as unhas crescidas. ～が汚い ter [estar com] as unhas sujas. …を～で引っ掻く arranhar … com as unhas. …を～で掻く coçar … com as unhas. ～の手入れをする fazer as unhas. ～を切る cortar as unhas. ～を染める pintar as unhas. ～を伸ばす deixar crescer as unhas, deixar as unhas crescerem. ～を磨く polir as unhas. ♦爪やすり lixa (*f*) para as unhas.

-づめ -詰め ❶〔…に詰め込んだ〕que está dentro de …. 瓶～のピクルス picles (*mpl*) em garrafa. ❷〔もっぱらそれをもって判断する〕理～の人 pessoa (*f*) bem racional. ❸〔勤務〕本店～である trabalhar na matriz. ❹〔…しどおし〕泣き～である continuar chorando, ficar chorando o tempo todo.

つめあと 爪跡 ❶〔つめを立てたあと〕sinal (*m*) de unhada. …に～を付ける marcar … com as unhas, deixar arranhaduras [arranhões] em …. ❷〔災害のあと〕estragos (*mpl*), destroços (*mpl*), devastação (*f*). 広場には事故の～が残っていた Ainda havia destroços do acidente na praça.

つめあわせ 詰め合わせ sortido (*m*). ビスケットの～ biscoitos (*m*) sortidos.

つめあわせる 詰め合わせる misturar um pouco de cada coisa numa caixa.

つめかえ 詰め替え recarga (*f*), refil (*m*). ～用の洗剤 refil de detergente, detergente (*m*) para refil.

つめかえる 詰め替える tornar a encher, recarregar. このスーツケースは詰め替えればもっと入る Se refizer esta mala, cabem mais coisas nela. この洗剤をボトルに詰め替えてください Recarregue a garrafa com o refil do detergente, por favor.

つめきり 爪切り corta-unhas (*m*).

つめこみ 詰め込み ♦詰め込み教育 sistema (*m*) educacional segundo o qual se enche a cabeça do aluno de conhecimentos através da "decoreba".

つめこむ 詰め込む abarrotar, encher em demasia. かばんに書類を～ abarrotar a mala de documentos. 子供の頭に知識を～ encher a cabeça da criança com conhecimentos (através da "decoreba"). 乗客を詰め込んだ列車 trem (*m*) abarrotado de passageiros.

***つめたい 冷たい** frio/fria [フリーガ/ア], gelado/da [ジェラード/ダ]. 冷たさ frio (*m*); 〔冷淡〕frieza (*f*), indiferença (*f*). …を冷たく迎える receber … com frieza. 彼は～人ですね Ele é uma pessoa fria, não é? 何か～ものでもどうですか Não quer tomar alguma coisa gelada?

***つめる 詰める** ❶ carregar [カベガール], rechear [ヘシェアール], encher [エンシェール]. 瓶に水を～ encher a garrafa de água. クッションに綿を～ encher a almofada de algodão. スーツケースに衣類を～ colocar [pôr] a roupa na valise. ❷〔間隔を〕apertar (o espaço), chegar mais perto. 席を少々お詰めください Por favor, sentem mais perto para abrir espaço.／Sentem-se um pouco mais juntinhos, por favor.／Apertem-se um pouco mais《ao sentar-se num banco comprido》. ❸〔短くする, 切り詰める〕encurtar [エンクルタール], economizar [エコノミザール], cortar [コルタール], reduzir [ヘドウズィール]. 経費を～ cortar as despesas. スカートの丈を～ encurtar uma saia. ¶ 話を～ discutir mais detalhadamente.

つもり …～である pretender, ter a intenção de …, estar com a intenção de …, esperar. あなたは休みにどこへ行くですか Aonde você pretende ir └no feriado [nas férias]? 彼を傷つける～はなかった Eu não tinha a intenção de feri-lo. 冗談の～で言ったのですが... Falei brincando.

つもる 積もる acumular-se, amontoar-se. 雪が1メートルも積もった A neve se acumulou numa espessura de um metro. 私たちは借金が積もって苦しいです Nós estamos sofrendo com a dívida acumulada.

つや 艶 brilho (*m*). ～が出る brilhar. ～を出す polir, lustrar. ～のある lustroso/sa, brilhante.

つや 通夜 velório (*m*). 祖母の～をする velar o cadáver da avó.

つゆ 梅雨 época (*f*) das chuvas.

つゆ 汁 〔吸い物〕sopa (*f*) japonesa《de peixe e molho de soja》; 〔しる〕calda (*f*).

つゆ 露 orvalho (*m*), rocio (*m*).

***つよい 強い** forte [フォールチ], 〔たくましい〕vigoroso/sa [ヴィゴローゾ/ザ], robusto/ta [ホブスト/タ], 〔勇壮〕valente [ヴァレンチ], 〔強烈〕intenso/sa [インテンソ/サ], violento/ta [ヴィオレント/タ], vivo/va [ヴィーヴォ/ヴァ], 〔耐久性のある〕resistente [ヘズィステンチ], 〔性格が〕inflexível [インフレキスィーヴェウ], firme [フィールミ]. 強く fortemente, forte, com força; 〔激しく〕violentamente. 強くなる ficar forte, fortalecer-se. 彼はコンピューターに～ Ele é bom no computador.／O forte dele é o computador. 風が強く吹いている Está ventando muito forte. 今晩は雨が強く降るそうです Dizem que vai chover muito forte esta noite. 彼女は気が～ Ela tem

つよき 強気 ～の obstinado/da, confiante. ～の見通しである ser firme [positivo/va] nas previsões.

つよさ 強さ 〔力〕força (f), poder (m); 〔精力〕energia (f), vigor (m); 〔度合い〕intensidade (f).

つよび 強火 fogo (m) forte. ～で料理する cozinhar em fogo forte. ～にする aumentar o fogo.

*__つよまる 強まる__ ficar mais forte, intensificar-se [インテンスィフィカール スィ], tornar-se mais violento/ta, crescer [クレセール]. 風が強まってきた O vento está se intensificando [está ficando mais forte]. 彼の憎しみは強まってしまった A raiva dele acabou ficando mais forte [crescendo].

つよみ 強み vantagem (f), ponto (m) forte, o forte (m). あなたの～は日本語がしゃべれることだ O seu forte é saber falar o japonês. ブラジルの～は資源の豊富さだ O ponto forte do Brasil é a abundância de recursos (naturais).

*__つよめる 強める__ 〔強くする〕reforçar [ヘフォルサール], fortalecer [フォルタレセール]; 〔強烈にする〕intensificar [インテンスィフィカール]; 〔強調する〕enfatizar [エンファチザール], pôr ênfase em …. 音を～ aumentar o volume do som. 語気を強めて言う falar com ênfase. チームの力を～ fortalecer [aumentar a capacidade de] uma equipe. 火を～ aumentar o fogo. 制限を～ reforçar as restrições. このことは彼の怒りを～だけだった Isto só servia para deixá-lo com mais raiva ainda.

つら 面 《俗》cara (f). ～の皮が厚い ser descarado/da [《俗》cara-de-pau]. でかい～をする ser arrogante. 紳士～をしている fazer-se passar por um cavalheiro.

つらい 辛い cansativo/va, penoso/sa, difícil, doloroso/sa, duro/ra, pesado/da. 今の仕事は～ですか O serviço de agora é pesado? お別れするのが～です Estou muito triste por ter que me despedir de você./Esta despedida é muito dura para mim. 疲れていたので生徒につらく当たってしまった Como eu estava cansado/da, acabei sendo duro/ra com os alunos. 男は～よ É duro ser homem, sabia?

つらさ 辛さ dor (f), pena (f), amargura (f), tristeza (f). ～に耐える suportar uma dor.

つらぬく 貫く penetrar, atravessar, trespassar. アマゾン川はアマゾン平野を貫いて流れる O rio Amazonas atravessa a planície Amazônica. 弾丸が彼女の体を貫いた Um tiro [Uma bala] atravessou o corpo dela. あの主任は自分の考えを～人です Aquele chefe é uma pessoa que leva a cabo [põe em prática] as próprias ideias.

つらよごし 面汚し desonra (f), vergonha (f). ～な desonroso/sa, vergonhoso/sa. あなたはこの会社の～だ Você é a desonra [vergonha] desta companhia.

つらら 氷柱 carambina (f), caramelo (m), neve (f) congelada, estalactite (f) de gelo.

つり 釣り ❶〔魚の〕pesca (f). ～をする pescar. ～に行く ir pescar. 今度いっしょに～に行こうよ Da próxima vez, vamos pescar juntos? ♦釣り糸 linha (f) de pesca. 釣りざお vara (f) de pesca. 釣り道具 equipamento (m) de pesca. 釣り舟 barco (m) pesqueiro. ❷〔釣り銭〕troco (m). はい、90 円のお～です Pronto, são noventa ienes de troco. ちょっとお～がないのですが Desculpe, estou sem troco agora. お～はいりません Fique com o troco 《No Japão, quase não há o costume de oferecer gorjetas》.

つりあい 釣り合い equilíbrio (m); 〔左右相称〕simetria (f); 〔調和〕harmonia (f); 〔比例〕proporção (f). A と B の～をとる equilibrar A e B. 積み荷の～をとる equilibrar a carga. ～のとれた bem equilibrado/da [proporcionado/da], harmonioso/sa. ～のとれた夫婦 casal que combina bem.

つりあう 釣り合う …と～ equilibrar-se com …, harmonizar-se com …. 釣り合わせる (fazer) equilibrar, dar equilíbrio a …. 収入と釣り合った生活をしたほうがよい É melhor viver de acordo com o que se ganha.

つりがねそう 釣鐘草 〖植〗campainha (f).
つりがねむし 釣鐘虫 〖虫〗protozoário (m).
つりかわ 吊り革 alça (f), braçadeira (f).
つりせん 釣り銭 troco (m). ～のいらないように願います Paguem a quantia certa (de modo que não se precise dar o troco), por favor.
つりば 釣り場 pesqueiro (m), local (m) onde há peixe.
つりばし 釣り橋 ponte (f) pênsil.
つりほうたい 吊り包帯 tipoia (f), pano (m) que se prende ao pescoço para deixar o braço machucado suspenso à altura do peito.

つる 吊る suspender, pendurar. 橋を～ construir uma ponte pênsil. 腕をつっておく deixar o braço machucado suspenso (através de uma tipoia).

つる 攣る ter cãimbra. 私は足がつっている Estou com cãimbra nos pés. ⇨痙攣(ﾚﾝ).

つる 釣る pescar. 魚がよく釣れる川 rio (m) onde dá bastante peixe para pescar. 人を金で～《比》atrair pessoas com dinheiro.

つる 蔓 〖植〗gavinha (f), vergôntea (f). ～は壁を這(ﾊ)う As vergônteas trepam a parede. 地面に～が這っている O chão está coberto de vergônteas. ♦蔓植物 trepadeira (f).

つる 鶴 〖鳥〗grou (m), grua (f).
つるぎ 剣 espada (f).
つるくさ 蔓草 〖植〗trepadeira (f).
つるす 吊るす pendurar. 天井からランプをつるしてください Pendure a lâmpada do teto.

つるつる ～した liso/sa, escorregadio/dia.
つるはし 鶴嘴 picareta (*f*).
つれ 連れ companhia (*f*), companheiro/ra. …の～になる tornar-se companheiro/ra de ….
-づれ -連れ 二人～ casal (*m*); grupo (*m*) de duas pessoas. 子供～のカップル casal com filhos. 子供～である estar acompanhado/da de filhos.
-つれて conforme, à medida que. 時がたつにつれて彼はだんだん日本に慣れていった Conforme [À medida que] ia passando o tempo, ele foi se acostumando ao Japão.
つれる 連れる levar (trazer) 《pessoas》. 連れて来る trazer. 連れて行く levar. …を連れて com …, trazendo (levando) …. 私もいっしょに連れて行ってください Leve-me também, por favor. この冬スケートに連れて行ってやろう Vou levá-lo/la para patinar (no gelo) neste inverno. 警察に連れて行かれる ser levado/da pela polícia, ser preso/sa. 彼は私たちを連れて歩いて名所を見せてくれた Ele nos levou para mostrar os pontos turísticos. 連れて帰る trazer de volta. 連れ去る levar embora; [拉致] raptar.
つわり náuseas (*f*) de mulher grávida, enjoo (*m*) de gravidez.
ツンドラ tundra (*f*). ♦ツンドラ地帯 região (*f*) de tundras.

て

*て 手 ❶〔人間・動物の手〕mão (*f*) [マォン], braço (*m*) [ブラッソ]. 動物の〜 pata (*f*) de animal. 〜のひら（甲）palma (*f*) (dorso (*m*)) da mão. 右（左）〜 mão direita (esquerda). 〜の届くところに ao alcance da mão. この薬は子供の〜の届くところに置かないでください Este medicamento deve ser mantido fora do alcance das crianças. 〜渡しで em mão. 〜で mão, com a mão, manualmente. 〜で書く escrever a mão. 〜で縫う costurar manualmente. 〜で合図をする fazer sinais com a mão. お寿司はどうぞ〜で食べてください Por favor, comam o *sushi* com a mão mesmo. …と〜をつないで歩く andar de mãos dadas com …. 〜を上げる（下ろす）levantar (abaixar) ьa mão [o braço]. 〜を上げろ Mãos ao alto! 頭に〜をやる pôr a mão na cabeça. 〜を合わせる juntar as mãos. 〜を合わせて頼む implorar, pedir com as mãos juntas. 〜をついて謝る pedir perdão de joelhos. …の〜を握る apertar a mão de …. 〜を伸ばす esticar o braço. 〜をたたく bater palmas. 彼女は子供の〜を引いて歩いていた Ela estava levando uma criança pela mão. 子供の〜を取ってお習字を教える pegar pela mão da criança e ensinar caligrafia. 〜に取って見てください Pode pegar e ver (na mão). 〜に持つ segurar na mão. 〜を振る acenar (com a mão); dar tchau. 〜を触れるな《掲示》Não Mexa./Proibido Tocar. 食事に〜をつけないで Não toque na comida, por favor. 父親は娘に〜をあげたことがない O pai nunca bateu na filha. ❷〔取っ手〕cabo (*m*) [カーボ]. 鍋の〜 cabo da panela. ❸〔人手〕…に〜を貸す dar uma mãozinha a …, ajudar …. …の〜を借りる pedir ajuda a …. 猫の〜も借りたいほど忙しい Estou tão ocupado/da que gostaria de ajuda (até de um gatinho). パーティーをやるに〜が足りない Falta quem ajude fazer a festa. 工場は今〜が足りない Falta mão-de-obra na fábrica. 今忙しくてそんな細かいことにまで〜が回らない Estou muito ocupado/da para cuidar desses detalhes. 〜があいている estar livre, não ter nada para fazer. 〜がふさがっている estar ocupado/da, ter o que fazer. 今は〜が離せない Agora não posso deixar o que estou fazendo. ❹〔手間, 手数〕子供がやっと〜が離れた Finalmente as crianças conseguem se virar sozinhas. 1年間Bプロジェクトに〜をかけてきた Vim trabalhando há um ano no projeto B. 〜を抜く《俗》fazer um serviço matado [meia-boca], fazer um trabalho nas coxas. 〜の込んだ料理 comida (*f*) preparada com muito esmero. 〜の込んだ詐欺 fraude (*f*) elaborada. 観光客は〜がかかる O turista dá trabalho. ❺〔処置〕meio (*m*) [メーイオ], recurso (*m*) [ヘクールソ]; 〔手段〕método (*m*) [メトド], modo (*m*) [モード], maneira (*f*) [マネーイラ]; 〔やり方〕medida (*f*) [メヂーダ]. ずるい〜を使う usar um método injusto. 古い〜を使った Usou um velho truque. 詐欺師の〜に乗る cair na armadilha do vigarista, deixar-se enganar por um malandro. その〜にはもう乗らない… Não caio mais nessa, não …. その〜はくわない Não caio ьnessa [nesse truque]. 〜を尽くす tentar todos os meios possíveis, fazer de tudo. 逃げるより〜がない Não há outra saída senão fugir./Só resta fugir. 癌(がん)は末期だったので〜のつけようがなかった Por se tratar de um câncer na fase terminal já não se podia fazer mais nada. 〜を打つ tomar medidas (para chegar a um acordo, para solucionar um problema). 秘密が漏れないように〜を打っておいた Tomei medidas antecipadamente para que o segredo não se espalhasse. ペレはうまい〜を打ったね Pelé fez ótimas jogadas, não é mesmo? 打つ〜がない Não há remédio. 《口語》Não tem saída. 最後の〜として como último recurso. ❻〔トランプなどの〕jogo (*m*) [ジョーゴ]. 彼は良い〜をもっている Ele tem um bom jogo. ❼〔能力, 制御〕capacidade (*f*) [カパスィダーヂ]. 〜に負えない ser impossível controlar, ser incontrolável. 〜に負えないいたずらっ子 criança (*f*) moleca impossível. この事件の解決は私の〜に負えない A solução deste caso está fora do meu alcance./A solução deste caso está para além da minha capacidade. このわがままな子には〜がつけられない Não sei como lidar com uma criança tão pirraceira. 〜があがる fazer progressos, progredir. ❽〔種類〕espécie (*f*) [エスペッスィエ], tipo (*m*) [チッポ]. この〜のズボン calças (*fpl*) deste tipo. ❾〔所有〕…の〜をへて por intermédio de …. 〜に入れる conseguir, obter, adquirir. いいマグロが〜に入ったから飲もう Vamos beber que ganhei um bom atum. この本は現在〜に入りませんよ Não se consegue mais este livro atualmente, *viu*? 証拠を〜にしている ter uma prova. …の〜に渡る passar para as mãos de …. 敵の〜に落ちる cair nas mãos do inimigo. ❿〔関係〕…と〜を切る cortar relações com …, romper com …. アメリカと〜をつなぐ dar-se bem com os Estados Unidos. …から〜を引く desistir de …, abdicar-se de …. 事業に～を出す tomar parte em uma empresa. ¶ あのクラブに警察の～が入った Houve uma batida policial naquele clube. ～に汗を握って決勝戦を見た Vi a final com grande tensão. …の～にかかる ficar nas mãos de …; cair nas garras de …. 彼は敵の～にかかって奴隷にされた Ele caiu nas garras do inimigo e foi transformado em escravo. この辺で～を打てばいいのだ... Seria bom se se chegasse a um acordo por aqui .... 10万円なら～を打ちましょう Negócio fechado se for por cem mil ienes. 声が～に取るように聞こえる Ouve-se a voz claramente. 仕事に～をつける começar o trabalho. どこから～をつけてよいのかわからない Nem sei por onde começar. 夏休みは研究に～につかなかった Não pude me dedicar à pesquisa nas férias de verão. 彼が後らに回る等手捕に鳥のポーション Ele foi preso pela polícia. 商売の～を首都まで広げた Ampliaram os negócios até a capital. ～が早い ser ágil. 彼はけんかで～が早い Numa briga ele logo sai batendo. 女なら彼は～が早い Quando se trata de mulheres ele não mede meios. …に～を染める começar (a dar os primeiros passos) em …. ～を休める descansar, fazer uma pausa. ～も足も出ない estar perdido, não saber como resolver (a questão). …に～を焼く ter trabalho com …. 店の品物に～をつける roubar produtos da loja. 女に～を出す conquistar uma mulher. あの土地は高すぎて～が出ない Aquele terreno é caro demais e por isso está fora do meu alcance./《口語》Aquele terreno é tão caro que não dá para eu comprar. ～を入れる corrigir. 原稿に～を入れる corrigir um original. 絵（写真）に～を入れる retocar uma pintura (foto).

で 出 ❶〔出身〕de …, ser originário/ria de …, descender de …, ser de …, proceder de …. 彼は早稲田大学の～です Ele é formado pela Universidade Waseda. ❷〔出る度合〕水の～が悪い A água está saindo sem pressão./A torneira está meio entupida. ❸〔分量〕食べ～のある食事 uma refeição copiosa [abundante]. 読み～のある本 um livro volumoso.

*-で ❶〔場所〕em [エン]《indica lugar》. 駅～…に会う encontrar-se com … em …. 彼は九州～生まれた Ele nasceu em Kyushu. ❷〔手段，道具〕por [ポル], de [デ], com [コン], graças a, com a ajuda de《indica meio, instrumento》. 郵便（電報/手紙）～ por correio (por telegrama/por carta). 電話～話す falar pelo telefone. 詳細は電話～… Informações mais detalhadas, pelo telefone .... バス～行く ir de ônibus. 金づち～くぎを打つ bater um prego com o martelo. 彼は親の遺産～暮らしている Ele vive graças ao dinheiro herdado dos pais. 彼女は印税～暮らしている Ela vive dos direitos autorais. 彼は人工呼吸器～息をしている Ele respira com a ajuda de um pulmão artificial. ❸〔材料〕de《indica o material empregado》. この時計は金～できているのです Este relógio é de ouro. 日本の酒は米～作られています O saquê japonês é feito de arroz. ❹〔原因，理由〕de, com, por《causa de》《indica causa, motivo》. 癌(がん)～死ぬ morrer de câncer. 風邪～会社を休む faltar ao serviço por causa da gripe. 私はあなたのこと～気をもんでいる Eu estou preocupado/da com [por] você. ❺〔時間〕em, dentro de, daqui a《indica tempo》. 私は2週間～帰って来る Eu volto daqui a duas semanas. この仕事は3時間～できます Este serviço dá para ser feito em três horas. ❻〔価格〕a [ア], por《indica preço》. 私はそれを5千円～売りました Eu vendi isso aí a [por] cinco mil ienes. ❼〔年齢〕～の年齢で, à idade de …《indica idade》. ブラジルの女性はだいたい何歳～結婚しますか As mulheres brasileiras casam-se com que idade mais ou menos? 79歳～彼はこのアトリエで働き始めました Ele começou a trabalhar neste ateliê aos setenta e nove anos. ❽〔速度〕a《indica velocidade》. 私はそのとき時速60キロ～走っていました Nessa hora, eu estava correndo a sessenta quilômetros a [por] hora. ❾〔そして〕e [イ]. 私は50歳～夫は55歳です Eu tenho cinquenta anos de idade e meu marido, cinquenta e cinco.

であい　出会い ato (m) de duas ou mais pessoas se conhecerem, encontro (m). パーティーで素敵な～があるといいですね Que bom seria se você conhecesse pessoas interessantes na festa, não é mesmo?

であいがしら　出会い頭 ～の事故 acidente (m) que acontece no momento de veículos etc se cruzarem.

であう　出会う encontrar-se (com), cruzar com …, conhecer-se. 彼らは日本に来て初めて出会ったのです Eles se encontraram pela primeira vez [conheceram] no Japão. きょう駅前で彼に出会った Hoje eu cruzei com ele na frente da estação.

てあし　手足 as mãos e os pés, os braços e as pernas, os membros. 私は～が不自由なのです Tenho deficiência nos membros.

てあたりしだい　手当たり次第 ao acaso, indiscriminadamente; sem ver direito; 《俗》a olho. 彼は求人広告を見て～に応募した Ele leu o anúncio de empregos e foi ser candidatando ⌊sem ver direito [a olho]. 彼女は～にかばんに荷物を詰めていった Ela foi pondo na mala tudo o que via na frente dela.

てあつい　手厚い ❶ caloroso/sa, cuidadoso/sa. 看護師に～く看護を受ける ser tratado/da com todos os cuidados pelo/la enfermeiro/ra. ❷〔もてなしのよい〕hospitaleiro/ra, respeitoso/sa. ～もてなしを受ける receber um tratamento respeitoso e hospitaleiro.

てあて 手当(て) ❶〔給与〕auxílio(m), adicional(m). 給料のほかに住宅～ももらっている Além do salário, recebo também o auxílio moradia. 超過勤務には特別の～がつきます Vai haver uma remuneração especial para as horas extras (de trabalho). ♦ 皆勤手当 salário(m) adicional pela assiduidade. 家族手当 auxílio família. 資格手当 salário adicional de trabalhadores qualificados. 住宅手当 auxílio moradia. 役職手当 salário adicional de cargo administrativo (de responsabilidade). ❷〔治療〕tratamento(m), curativo(m). 患者が負っている傷の～をする tratar o [fazer o tratamento do] ferimento do/da paciente. 傷の～をしてもらう receber um tratamento [curativo] na ferida. 彼女はやけどをしたので今病院で～を受けている Agora ela está sendo tratada no hospital porque teve queimaduras. ♦ 応急手当 primeiros socorros(mpl).

てあみ 手編み tricô(m) feito à mão. ～のマフラー cachecol(m) ⌐de tricô [tricotado à mão].

てあらい 手洗い banheiro(m), toalete(m), sanitário(m). お～をお借りしてもよろしいでしょうか Será que posso ⌐ir ao [usar o] banheiro?

-である ⇨-です.

てい- 低- ❶ baixo/xa, os primeiros(mpl). ～学年 os dois primeiros anos do curso primário. ～姿勢 modos(mpl) humildes. ❷〖医〗hipo-, baixo/xa. ～血圧 hipotensão(f), pressão(f) (sanguínea) baixa.

ていあん 提案 proposta(f), sugestão(f). ～する propor, sugerir, fazer uma proposta, dar uma ideia. 新しい計画を～する propor um novo plano. ～を受け入れる aceitar uma proposta. 彼女は早めに出発しようと～した Ela sugeriu que partíssemos mais cedo do que o combinado.

ティー chá(m).

♦ ティーカップ xícara(f) de chá. ティースプーン colher(m) de chá. ティーセット〔紅茶用の茶碗の一そろい〕aparelho(m) de chá. ティータイム hora(f) do chá. ティーバッグ chá em saquinho. ティーポット chaleira(f), bule(m). ティールーム salão(m) de chá. アフタヌーンティー chá das cinco. ハーブティー chá de ervas. ミルクティー chá com leite. リーフティー chá em folhas.

ディーエヌエー DNA DNA (ácido(m) desoxirribonucleico) [デーエニアー]. ♦ DNA鑑定 teste(m) de DNA.

ティーシャツ camiseta(f).

ディーゼル diesel(m) [ディーゼウ]. ♦ ディーゼルエンジン motor(m) a diesel. ディーゼル車規制法 Lei(f) do Diesel (de restrição a uso de veículos a diesel).

ティーピーオー TPO critério(m) de etiqueta baseado nos fatores tempo, lugar e ocasião. ～にふさわしい態度をとる tomar uma atitude condizente com o tempo, lugar e ocasião.

ディーブイディー DVD DVD [デーヴェーデー].

ディープキス 《口語》beijo(m) de língua.

ディーラー concessionária(f), revendedora(f). (自動車の)～ concessionária [revendedora] de automóveis.

ていいん 定員 〔職員などの〕número(m) de vagas;〔乗物, 劇場などの座席数〕lotação(f). ～に達する completar o número de vagas, lotar. ～を超過する exceder o número de vagas. ～に満たない não completar o número de vagas, não lotar. このホールの～は何人でしょうか Quantas pessoas cabem neste auditório? ～外乗車 excesso(m) de (limite de) passageiros.

ティーンエージャー adolescente.

ていえん 庭園 jardim(m), parque(m).

ていおう 帝王 monarca(m), imperador(m). ～の monárquico/ca. ♦ 帝王切開〖医〗cesariana(f), parto(m) cesariano.

ていおん 低温 temperatura(f) baixa. ～殺菌する pasteurizar. ♦ 低温殺菌 pasteurização(f). 低温殺菌牛乳 leite(m) pasteurizado.

ていおん 低音 baixo(m), voz(f) grave. ～で em voz baixa. ♦ 低音歌手 baixo(m).

ていおん 定温 temperatura(f) constante. ♦ 定温動物 animal(m) homeotérmico.

ていか 低下 queda(f), baixa(f). ～する cair, baixar. 気温が大幅に～している〔進行形〕A temperatura está baixando bastante./〔完了形〕A temperatura está bastante baixa. 株価が～している〔進行形〕O valor das ações está caindo./〔完了形〕O valor das ações está baixo.

ていか 定価 preço(m) fixo, preço de tabela. この値段は～の30％引きです Este preço está com um desconto de 30% [trinta por cento] sobre o preço de tabela.

ていかいはつ 低開発 subdesenvolvimento(m). ♦ 低開発国 país(m) subdesenvolvido.

ていがく 低額 pequena quantia (de dinheiro). ♦ 低額所得 baixa renda(f).

ていがく 停学 suspensão(f) da escola. …を～処分にする suspender … da escola. あの生徒は2か月の～に処せられた Aquele/la aluno/na foi suspenso/sa por dois meses.

ていがく 定額 quantidade(f) fixa de dinheiro, valor(m) determinado. ～に達する alcançar uma quantia [soma] determinada. ♦ 定額貯金 depósito(m) fixo de dinheiro.

ていかん 定款 estatuto(m). ♦ 会社定款 estatuto da companhia.

ていかんし 定冠詞 〖文法〗artigo(m) definido.

ていき 定期 ～の regular, periódico/ca. ～的

に regularmente, periodicamente. ♦定期検査 exame (m) regular, revisão (f) periódica. 定期検診 chacape (m). 定期便 serviço (m) regular 《de transporte》. 定期預金 depósito (m) bancário a prazo (fixo).

ていき 提起 proposta (f), levantamento (m) (de uma questão). 問題を~する levantar uma questão. ~する [法] iniciar [levantar] uma questão, instituir um processo. 訴えを~する [法] iniciar a ação.

ていぎ 定義 definição (f), critério (m). ~する definir, fazer a definição de. …と~されるには para ser definido/da como …, para entrar no critério de ….

ていきあつ 低気圧 [気象] baixa pressão (f) atmosférica. ♦温帯低気圧 ciclone (m) da zona temperada. 熱帯低気圧 ciclone tropical.

ていきけん 定期券 passe (m) 《de condução》. この~はもう切れていますよ Este passe já está com o prazo expirado, viu?

ていきゅう 低級 ~な [下等な] inferior, baixo/xa;〔下品な〕vulgar.

ていきゅうび 定休日 dia (m) fixo de folga, folga (f) semanal regular 《em geral de lojas ou restaurantes》. この辺のお店の~はいつですか Em que dia da semana as lojas desta região costumam fechar [folgar]? 当店は水曜日が~です Esta loja fecha todas as quartas-feiras. 本日は《掲示》Hoje é dia de nosso descanso semanal./Hoje é a nossa folga da semana.

ていきょう 提供 ❶ oferta (f), oferecimento (m). ~する oferecer, abastecer, prover, disponibilizar. …に労力を~する prover … de mão-de-obra. …に情報を~する informar …, dar informações a …. ❷ patrocínio (m), oferta (f). この番組は…の~でお送りします Este programa é uma oferta [gentileza] de …. コルサの~でお送りしております Um oferecimento Corsa. ❸ [医] doação (f). ♦提供者 doador/ra.

ていきんり 低金利 [経] juro (m) baixo. ~で金を貸す emprestar dinheiro a juros baixos.

テイクアウト ⇨テークアウト.

ていくう 低空 ♦低空飛行 voo (m) a baixa altitude.

ていけい 定型 forma (f) fixa. ♦定型詩 composição (f) poética de forma fixa (como o soneto).

ていけい 定形 formato (m) padronizado, forma (f) padrão. ~外の fora do padrão. ♦定形郵便物 envelope (m) ou cartão (m) postal (de forma e tamanho) padronizados.

ていけい 提携 cooperação (f), associação (f). …と~する cooperar com …, associar-se com …. …と~して em cooperação com …. 両社は去年~してこの製品を開発した As duas companhias se associaram o ano passado para desenvolverem este produto.

ていけつ 締結 acordo (m), conclusão (f). ~する acordar, concordar, concluir. 条約 (契約) を~する acordar [concluir] um tratado (contrato). ブラジル・アルゼンチン間の自由貿易協定が締結された O tratado de livre comércio entre Brasil e Argentina foi acordado [concluído].

ていけつあつ 低血圧 [医] hipotensão (f), pressão (f) (sanguínea) baixa.

ていけっとうしょう 低血糖症 [医] hipoglicemia (f).

ていげん 提言 proposta (f). ~する propor.

*__ていこう__ 抵抗 resistência (f) [ヘジステンスィア], resiliência (f) [レズィリエンスィア];〔対抗〕oposição (f) [オポズィサォン]. …に~する resistir a, opor-se a, opor resistência a. ~力のある resistente, forte. ~力のない sem resistência, fraco/ca. ~しがたい irresistível. 逆境に対する~力 capacidade (f) de resiliência às adversidades. その考え方には~を感じるなあ… Não consigo aceitar esse modo de pensar, não

ていこく 定刻 horário (m) preestabelecido [determinado]. ~に no horário preestabelecido [determinado].

ていこく 帝国 império (m). ~の imperial. ♦帝国主義 imperialismo (m).

ていさい 体裁 aparência (f), apresentação (f), aspecto (m). ~のために para manter as aparências. 彼は~を気にする人ですから… É porque ele é uma pessoa que liga muito para as aparências …. そうすると商品の~が悪くなります Desse jeito, a apresentação da mercadoria não fica boa.

ていさんしょう 低酸症 [医] hipoacidez (f), hipocloridria (f).

ていし 停止 parada (f);〔中止〕suspensão (f);〔中断〕interrupção (f). ~する parar, deter, suspender. あそこは今活動を~している Lá as atividades estão temporariamente suspensas. …の販売を~する suspender a venda de …. ♦停止距離 distância (f) total até o carro parar, distância de parada total. 停止信号 sinal (m) fechado 《de parada》, sinal vermelho. 一時停止〔車など〕parada (f) momentânea; suspensão temporária. 支払い停止 suspensão de pagamento.

ていじ 定時 horário (m) ou período (m) estabelecido. ♦定時制高校 curso (m) colegial noturno. ⇨定刻.

ていじ 提示 apresentação (f). ~する apresentar, exibir, mostrar. 身分証明書を~する mostrar a carteira de identidade. 条件つきで引き受け~をする apresentar uma aceitação condicional.

ていしせい 低姿勢 postura (f) modesta. ~である ser modesto/ta, ter uma atitude humilde.

ていしつち 低湿地 lugar (m) baixo e úmido, pântano (m).

ていしぼう 低脂肪 baixo teor (m) de gordura. ♦低脂肪食 dieta (f) hipogordurosa. 低脂肪食品 alimento (m) não gorduroso [com baixo teor de gordura]. 低脂肪乳 leite (m) desnatado.

ていしゃ 停車 parada (f). 〜する parar. 各駅〜(の列車) trem (m) que para em todas as estações 《o comum》. 次の〜駅はどこですか Qual (é) a próxima parada? 次の〜は浜松です A próxima parada vai ser em Hamamatsu. この列車の〜時間は何分ですか Quantos minutos este trem vai ficar parado (na estação)?

ていしゅ 亭主 ❶ dono (m), patrão (m). ❷ marido (m). 〜を尻に敷く mandar no marido. ♦亭主関白 marido mandão.

ていじゅう 定住 fixação (f) de residência, permanência (f) a longo prazo. …に〜する radicar-se em …, fixar residência em …. ♦定住者 residente. 定住者ビザ visto (m) de residência, visto de permanência a longo prazo. 定住地 domicílio (m), habitação (f) fixa.

ていしゅうにゅう 定収入 renda (f) fixa.

ていしゅうは 低周波 〖電〗onda (f) de baixa frequência.

ていしゅつ 提出 apresentação (f), entrega (f), oferecimento (m). 〜する apresentar, entregar. 店長に辞表を〜する apresentar [entregar] uma carta de demissão ao/à gerente. 先生にレポートを〜する entregar o relatório ao/à professor/ra. レポートの〜期限を延ばしていただけるでしょうか Por favor, será que poderia adiar o prazo de entrega do trabalho [relatório]?

ていしょう 提唱 ❶ proposição (f). 〜する propor. ❷ apresentação (f). 理論を〜する apresentar uma tese [teoria]. ♦提唱者 proponente, autor/ra de uma proposição.

ていしょく 停職 suspensão (f) de emprego. …を〜処分にする dar uma suspensão de trabalho a …, suspender.

ていしょく 定職 emprego (m) fixo. 〜がない não ter [estar sem] emprego fixo. 〜につく obter um emprego fixo.

ていしょく 定食 refeição (f) comercial, prato (m) do dia, prato combinado. きょうの〜は何ですか Qual é o "prato do dia"?

でいすい 泥酔 embriaguez (f). 〜している estar embriagado/da [bêbado/da].

ていすう 定数 ❶ número (m) estabelecido, quórum (m). 〜を割る não atingir o quórum. ❷ 〖数〗constante (f). ♦定数比例 proporção (f) constante.

ディスカウント desconto (m). 〜する dar um desconto. ♦ディスカウントストア loja (f) que vende produtos a preços mais baratos. ディスカウントセール promoção (f), venda (f) especial com descontos, promoção (f) de vendas.

ディスカッション discussão (f), debate (m). 〜する discutir, debater. ♦パネルディスカッション painel (m) de discussão. フォーラムディスカッション foro (m).

ディスク disco (m). ♦ディスクドライブ 〖コンピ〗unidade (f) de disco. ハードディスク disco rígido. フロッピーディスク disquete (m).

ディスクジョッキー disc-jóquei (m), DJ (m).

ディスコ discoteca (f).

ディスプレー ❶ 〔展示〕exibição (f), mostruário (m). 〜する exibir, mostrar. ❷ 〔コンピュータの〕dispositivo (m) para apresentação visual.

ていする 呈する apresentar, demonstrar, dar sinais de.

ていせい 訂正 correção (f), emenda (f), retificação (f). 〜する corrigir, emendar, retificar.

ていせつ 定説 teoria (f) vigente. …が〜となっている. … é atualmente a opinião comumente aceita. 〜をくつがえす destruir a teoria vigente.

ていせん 停戦 trégua (f), armistício (m). 〜する suspender as hostilidades por um tempo determinado. ♦停戦協定 acordo (m) de armistício.

ていそ 提訴 〜する recorrer, levar um caso aos tribunais. この事件を法廷に〜しようと思います Acho que vou levar o caso aos tribunais [recorrer].

ていぞく 低俗 〜な vulgar, de baixo nível, sem categoria. 〜な雑誌 revista (f) vulgar.

ていたい 停滞 inércia (f);〔取引などの〕retração (f), estagnação (f). 〜する atrasar-se, retrair-se, estagnar-se, ficar em marcha lenta. 金融システムの〜 estagnação do sistema financeiro. 車の販売が〜している A venda de carros está em marcha lenta. 支払が〜している Os pagamentos estão atrasados.

ていたい 手痛い severo/ra, duro/ra, doloroso/sa. 〜打撃を受ける sofrer um duro golpe.

ていたく 邸宅 palacete (m), casarão (m), mansão (f);《口語》uma "senhora" casa (f).

ていち 低地 terra (f) baixa.

ていちゃく 定着 fixação (f), estabelecimento (m). 〜する fixar-se, estabelecer-se, ficar, criar raízes. そのファッションは〜した A moda se fixou [veio para ficar].

ていちょう 丁重 cortesia (f), polidez (f), respeito (m), gentileza (f). 〜に com todo o respeito, gentilmente. 〜に断られる ser polidamente [respeitosamente, gentilmente] rejeitado/da.

ていちょう 低調 apatia (f), desânimo (m).

～な inativo/va, fraco/ca. 今日は売上げが～だった As vendas foram fracas hoje. 雨のせいで客の出足が～だ A afluência dos clientes está fraca por causa da chuva.

ていちんぎん 低賃金 salário (m) baixo.

ティッシュペーパー lenço (m) de papel.

ていっぱい 手一杯 **～である** estar completamente ocupado/da com algo ⟨sem tempo para mais nada⟩. 今の仕事で～だからこれ以上はできない Estou completamente absorvido por este trabalho, por isso não consigo fazer mais nada.

ていてん 定点 〖数〗ponto (m) fixo. ◆**定点観察** observação (f) de um ponto fixo.

ていでん 停電 falta (f) de força (elétrica), corte (m) de eletricidade. **～する** ficar sem ⌊força (elétrica) [luz]. 明日は工事のため午後 1 時から 3 時まで幸町地区で～になります Amanhã, vamos ter que interromper a força (elétrica) na área de Saiwaicho, da uma às três (horas) da tarde, devido às obras.

*__ていど 程度__ grau (m) [グラーウ]; 〖水準〗 nível (m) [ニーヴェウ]; 〖範囲〗 extensão (f) [エステンサォン]; 〖限度〗 limite (m) [リミッチ]. 知能の～ nível de inteligência. ～の高い(低い) de alto (baixo) nível. それは～を越えている Isso já ultrapassa os limites. ある～までは até certo ponto, até certo grau. これは～の問題だった Isto era uma questão de bom-senso. どの～彼はこの件に関係しているのですか Até que ponto ele está envolvido neste caso? 被害の～はどのくらいでしたか Qual foi a extensão do dano [prejuízo]? 私は自分のアイデンティティーを失わない～にその場所の習慣に従う Eu sigo os costumes locais até onde não perca a minha identidade.

ていとう 抵当 hipoteca (f). **～に入れる** hipotecar. 家を～に入れてお金を借りる fazer um empréstimo hipotecando a casa. **～権を抹消する** cancelar a hipoteca. ◆**抵当権者** credor/ra hipotecário/ria. **抵当証書** título (m) hipotecário.

ていとく 提督 almirante (m).

ディナー ❶ jantar (m) oficial ⟨com comida ocidental⟩. ❷ jantar. ◆**ディナーパーティー** festa (f) com jantar.

*__ていねい 丁寧__ **～な** 〖礼儀正しい〗 educado/da [エドゥカード/ダ], polido/da [ポリード/ダ]; 〖注意深い〗 atento/ta [アテント/タ], cuidadoso/sa [クイダドーゾ/ザ]; 〖念入りな〗 minucioso/sa [ミヌスィオーゾ/ザ], esmerado/da [エズメラード/ダ]. **～に** delicadamente, polidamente; cuidadosamente, com cuidado, atentamente; minuciosamente. この箱は壊れ物ですから～に扱ってください Esta caixa ⌊é frágil [contém objetos frágeis]. Favor tomar cuidado com ela.

ていねん 定年 idade (f) determinada ⟨para se aposentar⟩. **～になる** chegar à idade de se aposentar. **～退職する** aposentar-se por idade. 日本では 60 歳で～退職する No Japão, aposentam-se com sessenta anos. ◆**定年退職** aposentadoria (f) por idade.

ていはく 停泊 ancoragem (f). **～する** ancorar. ◆**停泊地** ancoradouro (m).

ていひょう 定評 boa reputação (f), grande consideração (f), confiança (f). 彼の技術には～があります A capacidade técnica dele ⌊é reconhecida por todos [tem boa reputação].

ディフェンス 〖サッカー〗defesa (f). **プレスを～かける** marcar por pressão. ◆**ゾーンディフェンス** marcação (f) por setor. **プレスディフェンス** marcação por pressão. **マンツーマンディフェンス** marcação individual.

ディフェンダー 〖サッカー〗defesa, defensor/ra, zagueiro/ra.

ていへん 底辺 〖数〗base (f). 三角形の～ base do triângulo. 社会の～ camada (f) mais baixa da sociedade.

ていぼう 堤防 margem (f); dique (m). **～が切れた** O dique quebrou. **～を築く** construir um muro.

ディミヌエンド 〖音〗*diminuendo*.

ていめい 低迷 marasmo (m), depressão (f), estagnação (f). **～する** estagnar, entrar em inatividade, deixar de brilhar.

ていめん 底面 〖数〗base (f).

ていめんせき 底面積 〖数〗superfície (f) da base.

ていり 低利 juro (m) baixo. **～で金を借りる** fazer empréstimo a juros baixos.

ていり 定理 〖数〗teorema (m).

でいり 出入り entrada (f) e saída (f); 〖金銭の〗 receita (f) e gastos (mpl). **～する** 〖よく行く〗 frequentar; 〖出たり入ったりする〗 entrar e sair. **…に～を許されている** ter acesso a …. この会社に～している業者 os comerciantes ⌊que negociam [que mantêm contato] com esta companhia. 窓から～するな Não fique entrando e saindo pela janela.

でいりぐち 出入り口 porta (f) de entrada e saída.

ていりつ 定率 taxa (f) fixa.

ていりゅうじょ 停留所 parada (f). **バスの～** parada de ônibus, ponto (m) de ônibus.

ていりょう 定量 quantidade (f) fixa. ◆**定量分析** análise (f) quantitativa.

ていれ 手入れ 〖世話〗 cuidado (m); 〖修繕〗 reparo (m), conserto (m). **～のよい** bem cuidado/da, bem conservado/da. **～の行き届いた庭** jardim (m) bem cuidado. この機械をよく～しておいてください Mantenha esta máquina em bom estado, está bem?

ていれい 定例 **～の** ordinário/ria, regular. **～により** como de costume. ◆**定例閣議** assembleia (f) ministerial ordinária.

ディレクター ❶ 〖映·劇〗diretor/ra. ❷ 〖音〗regente. ❸ 〖ラジオ·テレビ〗diretor/ra de

てうす 手薄 falta (f) de pessoal. 〜な insuficiente, fraco/ca. 〜な守り defesa (f) fraca. 在庫が〜になる ficar com o estoque insuficiente [reduzido]. 相手の守備が〜なところを攻める atacar o inimigo pela sua parte fraca. こちらが少し〜だから何人かよこしてください Mande alguns para nos ajudar, que aqui falta gente.

てうち 手打ち ❶ conclusão (f) de contrato. そこで〜になった Aí foi fechado [concluído] o contrato. ❷ confecção manual. ♦手打ちうどん macarrão (m) feito à mão. ❸ reconciliação (f).

テークアウト take-out (m) [テイカーウチ], comida (f) para viagem.

テーゼ tese (f).

データ [コンピ] dado (m). 納税者の〜をアップデートする atualizar o banco de dados dos contribuintes. 〜を処理する processar os dados. 今はちょっと〜が不足しています Agora faltam-me (os) dados. ♦データバンク banco (m) de dados. データファイル arquivo (m) de dados.

デート encontro (m) de namorados. 〜する encontrar-se o/a namorado/da. 今日は〜があるので花を買っていきます Como hoje tenho encontro com a namorada, vou comprar flores. 私は5時に彼氏と〜があるので失礼します Com licença, que eu tenho um encontro com o meu namorado às cinco horas.

テープ ❶ [細長い帯状のもの] fita (f), tira (f), faixa (f). ❷ [投げるための] serpentina (f). ❸ [磁気テープ] fita magnética, teipe (m), tape (m) [テイプ]. 〜レコーダーをかける ligar o gravador. ♦テープレコーダー gravador (m) de fita magnética.

テーブル mesa (f) 《de refeições》. 〜につく sentar-se à mesa. みなさんどうぞ〜についてください Por favor, vamos sentando (à mesa). ♦テーブルクロス toalha (f) de mesa. テーブルスピーチ discurso (m) de banquete. テーブルマナー boas maneiras (fpl) à mesa.

テーブルチャージ couvert (m) [クヴェール] (カバーチャージ).

テーマ ❶ tema (m). 小説の〜 tema de um romance. ❷ [音] tema (musical). ♦テーマソング música (f) tema, trilha (f) sonora.

テーラー [人] alfaiate/ta; [店] alfaiataria (f). 〜で背広をあつらえる encomendar um terno no alfaiate. ♦テーラーメイド医療 medicina (f) com atendimento personalizado. テーラーメイド診断 avaliação (f) médica individualizada.

テールランプ [車] lanterna (f) traseira.

ておくれ 手遅れ もう〜だ Já é tarde demais. 〜にならないうちに早く病院に行きなさい Vá logo ao hospital, antes que seja tarde demais.

ておち 手落ち deslize (f), erro (m), falha (f); [手抜かり] negligência (f). それは私の〜だった Isso foi falha minha. 〜なく com cuidado, sem falhar.

ており 手織り tecelagem (f) manual. 〜の布 tecido (m) fabricado no tear manual.

てがかり 手掛かり [糸口] chave (f); [痕跡 (あと)] pista (f), vestígio (m). 犯人をさがす〜がない não ter nenhuma pista para rastrear o criminoso.

てがき 手書き escrita (f) à mão. 〜の manuscrito/ta, escrito/ta à mão.

てがける 手掛ける ❶ [扱う] tratar de, lidar com. それは手掛けたことのない仕事だ Esse é um trabalho com o qual nunca lidei. ❷ [着手する] começar. 私は今3本の小説を手掛けている Estou agora com três romances começados. ❸ [育てる] cuidar, educar, criar. 長年手掛けた弟子はかわいい Discípulos educados com carinho através de anos são muito queridos.

でかける 出掛ける [外へ] sair; [出発する] partir. 出掛けている estar fora, não estar, ter saído. 部長は出掛けています O diretor saiu [não está no momento]. 私はあす北海道へ〜予定です Eu pretendo partir para Hokkaido amanhã.

てかげん 手加減 moderação (f), ato (m) de maneirar, controle (m). 塩の入れ方を〜する pôr o sal moderadamente. 〜せずに弟子をしごく treinar o discípulo sem maneirar.

でかせぎ 出稼ぎ 〜に行く ir trabalhar em outras terras. 彼は日本に〜に来た Ele veio ao Japão para trabalhar.

てがた 手形 [経] nota (f), letra (f). 〜に裏書する endossar uma letra. 〜の裏面 verso (m) da letra. 〜の表面 anverso (m) da letra. 〜を振り出す emitir uma promissória. ♦為替手形 letra (f) de câmbio. 約束手形 [経] nota promissória.

でかた 出方 modo (m) de se relacionar. 相手の〜を見てから行動する agir depois de observar o modo de se relacionar do outro.

てかてか 〜の brilhante. 脂ぎって〜した顔 cara brilhante de suor. 〜する luzir, brilhar.

*****てがみ 手紙** carta (f) [カルタ]. 〜で por carta. 〜を書く escrever (uma) carta. …と〜のやり取りをする trocar correspondência com …, corresponder-se com …. …に〜を出す enviar [mandar] uma carta para …. 手書きの〜を出した Escrevi uma carta de próprio punho e mandei./Enviei uma carta escrita à mão. 〜を受け取る receber uma carta. 8月3日付けのお〜受け取りました Recebi a sua carta datada de três de agosto.

てがら 手柄 feito (m), façanha (f), proeza (f), ação (m) meritória. 犯人逮捕の〜をたてる realizar o ato de heroísmo de prender um criminoso.

でがらし 出がらし 〜のお茶 chá (m) insípido por terem sido suas folhas infusas várias vezes. このお茶はもう〜だからやめましょう Vamos deixar este chá que já não tem mais gosto.

てがる 手軽 〜な〔簡単な〕simples;〔容易な〕fácil. 〜な食事をとりましょう Vamos comer alguma coisa leve. 〜に海外旅行をする viajar ao estrangeiro com a maior facilidade. 〜に仕事を引き受ける aceitar um serviço sem se fazer de rogado/da.

****てき 敵** inimigo/ga [イニミーゴ/ガ];〔競争者〕adversário/ria [アデヴェルサーリオ/ア], rival [ヒヴァール]. 〜にまわる ficar do lado do/da inimigo/ga, tomar o partido do/da inimigo/ga. 〜をつくる atrair [fazer] inimigos. 〜をやっつける vencer o/a inimigo/ga.

-てき -滴 gota (f). 2, 3〜 duas a [ou] três gotas.

でき 出来 ❶〔出来栄え〕acabamento (m); feitio (m). この服の〜は良い O acabamento deste vestido está bom. その芝居はすばらしい〜だ Esse teatro está uma maravilha. ❷〔成績〕rendimento (m), resultado (m). 〜の良い(悪い)生徒 bom (mau) aluno/boa (má) aluna. 英語の〜が悪い ter más notas em inglês. ❸〔収穫〕colheita (f). 今年は米の〜がよい Este ano temos uma boa colheita do arroz.

できあい 出来合い 〜の feito/ta, confeccionado/da. 〜の服〔女性の〕vestido (m) feito;〔男性の〕terno (m) feito;〔男女性用〕roupa (f) feita.

できあがり 出来上がり acabamento (m). この服の〜は水曜日です Esta roupa vai ficar pronta na quarta-feira.

できあがる 出来上がる ficar pronto/ta, acabar-se, terminar. あの仕事はできあがったも同然だった Aquele trabalho estava praticamente terminado.

てきい 敵意 hostilidade (f), inimizade (f). …に対して〜を持つ ter inimizade por …. 〜のある態度をとる tomar uma atitude hostil.

てきおう 適応 adaptação (f), adequação (f). …に〜する adaptar-se [adequar-se] a …. …に〜できる ser adaptável a …. …に〜できない ser inadaptável a …, não ser adaptável a …. AをBに〜させる adaptar A a B. あなたは新しい会社に〜するのに時間がかかりましたか Você demorou (muito) para se adaptar à nova companhia? ♦適応性 adaptabilidade (f).

てきかく 的確 ❶〔適切〕pertinência (f), adequação (f). ❷〔正確〕exatidão (f), precisão (f). 〜な 1)〔pertinente, adequado/da, justo/ta, apropriado/da. 〜な措置をとる tomar medidas adequadas e justas (para uma situação). 2) exato/ta, preciso/sa, correto/ta. 〜に adequadamente, pertinentemente, apropriadamente. 〜に表現する expressar-se adequadamente (precisamente). 情勢を〜につかむ compreender corretamente uma situação.

てきかく 適格 competência (f) (adequada para um serviço), habilitação (f), qualificação (f) necessária. その場合は彼が〜者だ No caso, ele é a pessoa mais indicada. 彼は代表者として〜な人だ Ele tem os requisitos necessários para preencher o cargo de representante. ♦適格者 pessoa (f) qualificada [habilitada] (para um determinado cargo).

てきぎ 適宜 adequação (f). 〜の adequado/da, apropriado/da, conveniente, pertinente. 〜の処置をとる tomar medidas adequadas (às circunstâncias).

てきごう 適合 conformidade (f), adaptação (f). …に〜する conformar-se com …, adaptar-se a …. 新しい環境に〜する adaptar-se ao novo ambiente. 法律を現代に〜させる ajustar [adaptar] as leis à atualidade.

できごころ 出来心 capricho (m) do momento. 〜で levado/da por um impulso do momento. 〜を起こす acabar cedendo a uma pequena tentação.

できごと 出来事 〔偶然の〕acontecimento (m), caso (m);〔重大な〕acidente (m);〔小さな〕incidente (m);〔歴史的の〕fato (m), acontecimento. 思いがけない〜 imprevisto (m). 偶然の〜 acaso (m), acontecimento fortuito, casualidade (f). 今年の主な〜 os principais acontecimentos deste ano. その日はたいした〜もなかった Nesse dia não aconteceu nada de especial.

てきざい 適材 ♦適材適所 colocar a pessoa certa no seu devido posto [cargo], harmonizar as capacidades e os postos.

できし 溺死 morte (f) por afogamento. 〜する afogar-se, morrer afogado/da. 彼は川で〜した Ele se afogou no rio. ♦溺死者 afogado/da.

てきしゅつ 摘出 extração (f). 癌(がん)を〜する extrair o câncer.

テキスト texto (m);〔教科書〕livro (m) didático.

てきする 適する convir a, ser adequado/da a [para], cair bem em; adaptar-se a. …に適した próprio/pria para …, adequado/da para …. 食用に適した油 óleo (m) comestível. 飲用に適した水 água (f) potável. 米作に適した土地 terra (f) apropriada ao cultivo do arroz. 彼はその地位に適さない方だと思います Acho que ele não é uma pessoa adequada para o cargo. 彼は学校生活に適さない子供だ Ele é uma criança que não se adapta à vida escolar.

てきせい 適性 aptidão (f), capacidade (f), vocação (f). …に〜がある ter aptidão para …. ♦適性検査 teste (m) vocacional, exame (m) de aptidão. 職業適性 aptidão (f) profissional.

てきせつ 適切 ～な〔ふさわしい〕apropriado/da, pertinente, adequado/da;〔正しい〕preciso/sa, exato/ta;〔公平な〕justo/ta. ～に adequadamente. ～な言葉が見つかった Achei a palavra exata. ～な表現 uma expressão feliz. ～な例 um bom exemplo. それは～な判断だ Esse é um julgamento muito justo.

できそこない 出来損ない ～の falho/lha, defeituoso/sa, imperfeito/ta. ～のケーキ bolo (m) que não cresceu. ～の部品 peça (f) com defeito.

できそこなう 出来損なう sair com defeito, não ficar bom/boa. この料理はでき損なった Esta comida não ficou boa.

てきたい 敵対 hostilidade (f), inimizade (f), aversão (f). …に対して～する inimizar-se [indispor-se] com …. ♦敵対行為 atitude (f) hostil.

できだか 出来高 produção (f), rendimento (m). 今年の米の～は悪い Este ano a safra do arroz não foi boa quantitativamente falando. ♦出来高払い pagamento (m) por produção.

できたて 出来たて ～の feito/ta na hora, que acabou de ficar pronto/ta, saído/da do forno. ～のお料理 comida feita na hora.

てきちゅう 的中 acerto (m), pontaria (f). ～する atingir o alvo. 予想が～した As previsões deram certo. ♦的中率 taxa (f) de acerto.

てきど 適度 ～の moderado/da, adequado/da. ～に moderadamente, sem excesso, adequadamente.

*__てきとう 適当__ ～な〔適切な〕conveniente 〔コンヴェニエンチ〕, adequado/da〔アデクァード/ダ〕, apropriado/da〔アプロプリアード/ダ〕, propício/cia〔プロピースィオ/ア〕;〔いいかげんな〕〔仕事が〕malacabado/da〔マウアカバード/ダ〕, malfeito/ta〔マウフェイト/タ〕, matado/da〔マタード/タ〕,〔人が〕irresponsável〔イヘスポンサーヴェウ〕, não muito sério/ria. ～に convenientemente, adequadamente. ～な値段 preço (m) razoável. コーヒーに～な気候 clima (m) propício [apropriado] ao cultivo do café. …に～な人 pessoa (f) qualificada para …. ～な時に no momento oportuno. ～なところで切り上げて今日は帰りましょう Vamos interromper o serviço num ponto adequado e voltar para casa por hoje. 彼など～にあしらっておいたほうがよい É melhor não levar muito a sério o que ele fala [se ocupar muito com ele].

てきにん 適任 ～の competente para, qualificado/da para. 彼はその仕事にまさに～だ Ele é a pessoa mais qualificada para esse trabalho./Ele nasceu para fazer esse trabalho. ♦適任者 pessoa competente [qualificada] (para um tipo de serviço).

できばえ 出来栄え feitura (f), feitio (m), acabamento (m). これは～がいい(悪い) Isto está muito bem (mal) feito. ⇨**出来**(⑤).

てきぱき〔さっさと〕prontamente, rapidamente;〔事務的に〕de uma maneira prática. ～した rápido/da, ativo/va, expedito/ta. 彼は～とその仕事を片づけた Ele resolveu o serviço de uma maneira prática [prontamente].

てきはつ 摘発 denúncia (f), delação (f). ～する denunciar, fazer denúncia de, delatar. 脱税を～する denunciar um caso de sonegação de imposto.

できもの 出来物〖医〗〔腫れ物〕inchaço (m);〔吹き出物〕bolha (f). 背中に～ができていきます Você tem uma erupção cutânea [ferida] nas costas.

てきや 的屋 vendedor/ra ambulante que faz pregões em festividades religiosas, camelô (m).

てきやく 適役 ❶〔その役に適していること〕adequação (f) à função (de uma pessoa). ❷〔その人に適している役〕função (f) adequada (para uma pessoa). 彼は店長が～だ A função mais adequada para ele é a de gerente. ❸〔その役に適している人〕pessoa adequada [indicada]. それには彼が～だ Ele é a pessoa mais qualificada para ocupar esse posto./Ele nasceu para esse cargo.

てきよう 適用 aplicação (f). ～する aplicar, pôr … em prática. ～できる(できない) aplicável (inaplicável). …に～される aplicar-se a …. たしかにこの法律はそういう場合にも～できます Dá para aplicar esta lei nesses casos também, sim. この規則は外国人には～されない Este regulamento não se aplica aos estrangeiros.

てきりょう 適量 ❶ quantidade (f) apropriada [adequada]. ～を飲む beber moderadamente. 塩分を～に控える limitar o sal numa quantidade adequada. ❷〖薬〗dose (f) prescrita.

*__できる 出来る__ ❶〔なかったものが生ずる〕surgir〔スルジール〕, vir〔ヴィール〕, nascer〔ナセール〕, aparecer〔アパレセール〕. 用事ができてしまった Acabei tendo um assunto a resolver. できちゃった結婚 casamento (m) realizado pela gravidez de um filho entre o casal. 鼻の真ん中ににきびができちゃった Apareceu uma espinha no meio da ponta do nariz. ❷〔新たに作られる〕ser construído/da, ser feito/ta. 駅前にデパートができた Construíram [Fizeram] uma loja de departamentos na frente da estação. ❸〔仕上がる〕ficar pronto/ta, ser concluído/da. ビルの改装工事は今週中にできますか A reforma do prédio vai ser concluída esta semana? 夕食ができましたよ O jantar está pronto, sim? ❹〔上手である〕saber〔サベール〕, ser capaz de, ser bom/boa em. 彼女はポルトガル語も日本語も～ Ela sabe tanto português como japonês. 彼女は～人だ Ela é uma pessoa capacitada. ❺〔人柄がすぐれている〕ter caráter, ser íntegro/gra e carinhoso/sa, ser calmo/ma e ter empatia. お母様はできていらっしゃるから... Pois a senhora sua mãe é uma pessoa íntegra e carinhosa, não é mesmo? ❻ 〔…することが可能である〕poder [ポデール], ter o direito de. この図書館は誰でも利用〜 Todos podem se utilizar desta biblioteca. ❼ 〔材質が…である〕ser feito/ta de, ser produzido/da. この部品はプラスチックでできている Esta peça é feita de plástico. ❽ 〔作物が生長する〕vingar [ヴィンガール], crescer [クレセール], produzir-se [プロドゥズィール スィ], dar-se [ダール スィ]. パパイヤはこの土地ではあまりよくできない O mamão não vinga muito nesta terra. ❾ 〔可能である〕ser possível, dar para, poder [ポデール]. 私が〜ことなら何でもいたします(から) No que depender de mim, estarei às ordens. これ以上売り上げを伸ばすことはできないと思います Acho que não ∟dá para [é possível, podemos] aumentar as vendas mais do que isso. ❿ 〔男女がひそかに結ばれている〕ser amantes, estar profundamente envolvidos. あの二人はできている Aqueles dois são amantes.

できるだけ o mais [quanto] possível. 〜のこと o máximo. この分析は今使われている文法用語を〜用いている Esta análise emprega o mais possível os termos gramaticais atuais. 〜のことをした Fiz o máximo que podia. 〜早くその問題を解決してほしいと思います Queria que resolvessem o problema o quanto antes. あしたは〜早く出社してください Amanhã venha o mais cedo possível à companhia.

てきれいき 適齢期 nubilidade (f), idade (f) de se casar. 結婚〜の娘 moça (f) em idade de se casar.

てぎわ 手際 habilidade (f), destreza (f). 〜よく habilmente, com destreza. 〜がよい ser hábil [jeitoso/sa]. 〜よく問題を解決した Resolveu o problema ∟habilmente [com eficiência e rapidez]. ♦ 不手際 inaptidão (f), falta (f) de habilidade.

てぐち 手口 truque (m), trapaça (f). 凶悪な〜だ É um truque cruel.

でぐち 出口 saída (f).

てくてく 〜歩いて行く ir a pé.

テクニカル técnico/ca. ♦ テクニカルターム termo (m) técnico.

テクニシャン técnico/ca.

テクニック técnica (f).

テクノ ❶ 〔テクノロジー〕tecnologia (f). ♦ ニューテクノ nova tecnologia. ❷ 〘音〙〔テクノポップ〕techno (m) [テーキノ].

テクノロジー tecnologia (f).

てくび 手首 punho (m), pulso (m).

デクレッシェンド 〘音〙decrescendo.

でくわす 出くわす encontrar-se ∟de repente [por acaso] com …, 《俗》dar de cara com …. 街角を曲がったら事故現場に出くわしてしまった Quando virei a esquina, ∟acabei vendo por acaso [dei de cara com] um acidente. 映画館で旧友に出くわした Encontrei-me por acaso com ∟um velho amigo [uma velha amiga].

てこ 梃 alavanca (f).

てこずる ter dificuldades com, não saber o que fazer com, ficar embaraçado/da com. てこずらせる dar trabalho a, embaraçar. 私はこの仕事にてこずっている Estou tendo muitas dificuldades com este trabalho.

てごたえ 手ごたえ 〔反応〕reação (f), resposta (f); 〔効果〕efeito (m). 〜を示す reagir. 〜のある仕事 um trabalho que vale a pena ser feito. 彼を叱(しか)ったけれど〜はなかった Eu ralhei com ele mas não surtiu efeito. 確かな〜があった A reação foi firme. 弾は〜があった A bala atingiu o alvo com efeito.

でこぼこ desigualdade (f), irregularidade (f); 〔起伏〕altos (m) e baixos (m). 〜の desigual, acidentado/da, com altos e baixos. 〜道 〔穴だらけの〕caminho (m) esburacado; 〔起伏のある〕caminho ∟acidentado [cheio de altos e baixos].

デコレーション decoração (f), enfeite (m). ♦ デコレーションケーキ bolo (m) enfeitado [decorado], bolo (m) de festa.

てごろ 手頃 〜な 〔便利な〕prático/ca; 〔適している〕adequado/da, conveniente, apropriado/da; 〔値段が〕razoável. 初心者に〜な日本語の本をご存じないでしょうか Não conhece um livro apropriado de japonês para principiantes? 値段も〜ですね O preço também é razoável, não é mesmo?

てごわい 手強い ❶ 〔恐るべき〕temível, forte, de se temer. 〜敵 inimigo (m) temível. 将棋の〜相手 um/uma forte adversário/ria no jogo de xadrez japonês. 彼は〜競争相手です Ele é um forte rival. ❷ 〔扱いにくい〕exigente, que não é para brincadeiras. 〜客 freguês/guesa exigente.

デザート sobremesa (f). 〜にプリンを出す oferecer pudim como sobremesa. ♦ デザートワイン vinho (m) suave.

デザイナー desenhista, *designer* [デザーイネル]; 〔ファッションの〕estilista, desenhista de moda; 〔工業の〕desenhista-industrial, desenhista-de-produto.

デザイン desenho (m), *design* (m); 〔ファッションの〕desenho de modas; 〔工業の〕desenho industrial, desenho de produto. 〜する desenhar, projetar.

てさき 手先 ❶ ponta (f) dos dedos. 〜が器用(不器用)である ter as mãos jeitosas (inábeis). 〜の仕事 trabalho (m) manual. ❷ 〔手下〕agente, instrumento (m). …の〜になる tornar-se o instrumento de …

でさき 出先 lugar (m) de destino. 〜から電話をする telefonar do lugar aonde se foi [vai]. ♦ 出先機関 〔会社の〕filial (f), sucur-

てさぐり　手探り apalpadelas (fpl). ～で…を探す procurar … às apalpadelas.

てさげ　手提げ bolsa (f); 〔買い物袋〕sacola (f).

てざわり　手触り ～がよい(悪い) ser agradável (desagradável) ao tato. ～のよい生地 pano (m) gostoso de ㄴmexer [passar a mão].

でし　弟子 aluno/na, discípulo/la. …のところに～入りする tomar [ter] aulas com …, tornar-se discípulo/la de …. ～をとる aceitar [tomar] discípulos.

てしお　手塩 ¶ ～にかけて育てた子供 criança (f) criada com muito carinho. ～にかけた弟子はかわいい Um discípulo que você educou é sempre muito querido.

てした　手下 ❶〔部下〕subordinado/da, subalterno/na. ❷〔マフィアの〕capanga (m).

-でした ❶〔動詞の直説法完了過去形に対応〕《corresponde ao perfeito do indicativo》きのうは晴れ～ Ontem fez bom tempo. あなたは彼女に親切～か Você foi gentil com ela? ❷〔ser 動詞の直説法未完了過去形に対応: 過去のある状態が長く続いていた場合に用いられ, antigamente, naquele tempo, quando … などの副詞, 副詞句, 副詞節を伴うことが多い〕《corresponde ao imperfeito do indicativo do verbo ser》昔はこの町はにぎやか～よ Antigamente esta cidade era animada, sabe? ❸〔estar 動詞の直説法未完了過去形に対応: 過去のある状態が一時的な場合に用いられる〕《corresponde ao imperfeito do indicativo do verbo estar》きのうのパーティーはとても豪華～ね A festa de ontem estava bem luxuosa, não?

デジタル digital. ～化する digitalizar. ♦デジタル化 digitalização (f). デジタルカメラ câmera (f) digital. デジタル処理 processamento (m) digital. デジタルテレビ televisão (f) digital.

てじな　手品 mágica (f), prestidigitação (f).

でしな　出しな ～に no momento da saída. ～に電話が掛かってきた Tive que atender a um telefonema bem na hora da saída.

デシベル decibel (m).

でしゃばり ～の saidinho/nha, metido/da, atirado/da. ♦ でしゃばり屋 saidinho/nha, metediço/ça, atirado/da 《pessoa》.

でしゃばる　出しゃばる ❶〔目立ちたがる〕querer sobressair. ❷〔他人のことに〕ser intrometido/da. ～な Não se intrometa!／Não meta o nariz onde não foi chamado/da.

てじゅん　手順 ordem (f) de procedimento, plano (m), programação (f), sequência (f). 詳しい～を説明せずに sem explicar detalhadamente a ordem de procedimento. 仕事の～を間違える errar a ㄴordem de procedimento [sequência] de um trabalho. ～よく計画を進める realizar um plano racional, levar um plano avante com método. ビルの建設は～よく進んでいる A obra de construção do prédio avança sem contratempos. そうすることによって～のよい仕事ができます Assim procedendo, poderemos realizar um trabalho racional. ～を狂わせないでください Por favor, não atrapalhe o curso dos procedimentos. この仕事の～を決めましょう Vamos programar as etapas para a realização deste trabalho.

てじょう　手錠 algemas (fpl). …に～をかける algemar …, pôr algemas em …. …から～を外す tirar as algemas de …. 容疑者は～をはめられた状態で警察署に着いた O/A suspeito/ta chegou algemado/da à delegacia.

-でしょう ❶〔未来のことを言うとき〕《indica futuro》私はけっして彼女のことを忘れない～ Eu nunca vou me esquecer dela. ❷〔推測〕《indica suposição》acho que …, acredito que …. それなら私にもできる～ Se for isso, acho que eu também sei fazer. ❸〔念を押す意味で用いるとき〕《indica confirmação》あなたはきのうご欠席したん～ Você faltou ontem, não foi?

-です 〔おおむね永久的な特長や国籍, 職業, 宗教などを表わす時〕《quando indica característica permanente, nacionalidade, profissão ou religião》ser; 〔おおむね一時的な状態を表わす時〕《quando indica estado passageiro》estar. あなたは働き者～ね Você é trabalhador/ra, não é mesmo? 彼もブラジル人～か Ele também é brasileiro? 彼女たちはカトリック～ Elas são católicas. あなたは日本で幸せ～か Você está feliz no Japão? 彼はこの1週間ずっと病気～ Ele está doente faz uma semana.

てすう　手数 trabalho (m), incômodo (m). お～ながら, この手紙を出していただけますか Se não for incômodo, será que poderia pôr esta carta no correio? お～をおかけしてすみませんした Desculpe o trabalho que eu lhe dei.

てすうりょう　手数料 《経》taxa (f) de expediente, honorário (m). お金を振り込むために105円の～がかかります Para fazer o depósito é cobrada uma taxa de cento e cinco ienes.

ですぎる　出過ぎる ❶〔程度を超える〕sair demais. その蛇口は水が～ Está saindo muita água dessa torneira. ❷〔でしゃばる〕ser atrevido/da. 出過ぎた行動 comportamento (m) atrevido.

デスク ❶〔机〕escrivaninha (f), mesa (f) de escritório. ❷〔編集の責任者〕chefe de redação (de jornais, revistas etc). ♦デスクワーク trabalho (m) de escrivaninha [gabinete].

****テスト** teste (m) [テースチ], exame (m) [エザーミ]. …に～をする fazer teste em …. ～を受ける prestar teste [exame]. ♦テスト期間 época (f) de provas.

テストステロン 《化》testosterona (f), espécie (f) de hormônio masculino.

てすり　手すり corrimão (*m*). ～につかまる utilizar o corrimão.

てせい　手製 ～の feito/ta à mão. ～のケーキ bolo (*m*) feito em casa [caseiro].

てそう　手相 linhas (*f*) da palma da mão. ～を見る ler a mão.

てだて　手だて ⇨**手段, 方法**.

てだま　手玉 saquinho (*m*) de feijões usado num jogo de crianças. 人を～に取る fazer do outro o que se quer.

でたらめ contra-senso (*m*), absurdo (*m*), disparate (*m*). 彼の言っていることは～だ O que ele está falando é um absurdo [não tem sentido].

てぢか　手近 ～なところに置く deixar perto. ～な例を挙げる dar um exemplo corriqueiro [fácil de entender, familiar]. ～にある食材で料理する usar ingredientes que se têm à mão.

てちがい　手違い erro (*m*), engano (*m*). ～を生じる errar, cometer um engano. ～で por engano. 仕事の～が生じた Houve um contratempo no serviço.

てちょう　手帳 〔小型の〕caderneta (*f*);〔スケジュールの〕agenda (*f*).

てつ　鉄 ferro (*m*). ～の de ferro. ～の意志 vontade (*f*) ferrenha. ～のカーテン cortina (*f*) de ferro. ～を含む ferruginoso/sa.

てっかい　撤回 desistência (*f*), anulação (*f*);《法》revogação (*f*). ～する desistir, anular; revogar. 要求を～する desistir de um pedido. 今言ったことを～します Retiro o que acabei de dizer (agora).

てつがく　哲学 filosofia (*f*). ～的 filosófico/ca. ♦哲学者 filósofo/fa.

てつかず　手つかず ～の intacto/ta, em que ninguém pôs a mão. この仕事はまだ～だ Ainda não começaram este trabalho.《口語》meteram a mão na massa quanto a este trabalho].

てっかまき　鉄火巻 【料】um tipo de *sushi* que se assemelha ao rocambole, recheado com atum cru e enrolado em arroz cozido e algas.

てづかみ　手掴み ～にする pegar com a mão. ～で食べる comer com as mãos.

てっかん　鉄管 tubo (*m*) de ferro.

てつき　手つき movimento (*m*) das mãos 《com relação ao objeto de trabalho》. 慣れた～でパソコンを打つ digitar o computador com habilidade. 熟練した～で com as mãos de um mestre. 巧みな～で habilmente.

デッキ convés (*m*) do navio, coberta (*f*) de navio. ♦デッキチェア cadeira (*f*) de descanso.

てっきょ　撤去 retirada (*f*), remoção (*f*). ～する retirar, remover; desmontar, desmantelar, demolir. 自転車を駅前から～する retirar [remover] as bicicletas da frente da estação. 敵の基地を～する desmantelar uma base militar inimiga. 不法建造物を～する demolir uma construção ilegal.

てっきょう　鉄橋 ponte (*f*) de ferro.

てっきょう sem sombra de dúvida. ～彼女は死んでいるものと思った Tive certeza de que ela estava morta (mas não estava). ～彼が来たものと思った Eu estava certo/ta de que era ele quem tinha vindo.

てっきん　鉄筋 ～コンクリートの de concreto armado.

てづくり　手作り ～の feito/ta a mão, feito/ta em casa. ⇨**手製**.

てつけきん　手付金 depósito (*m*), sinal (*m*). ～を払う pagar o depósito, deixar o sinal.

てっこう　鉄工 metalúrgico/ca 《o/a operário/ria》. ♦鉄工所 fundição (*f*) 《a fábrica》.

てっこう　鉄鉱 ♦鉄鉱石 minério (*m*) de ferro.

てっこう　鉄鋼 ferro (*m*) e aço (*m*). ♦鉄鋼業 siderurgia (*f*).

てつごうし　鉄格子 grade (*f*) de ferro.

てっこつ　鉄骨 estrutura (*f*) [arcabouço (*m*), armação (*f*)] de ferro.

てっさく　鉄柵 grade (*f*) de ferro.

デッサン desenho (*m*), esboço (*m*).

てっしゅう　撤収 retirada (*f*). ～する retirar-se. 進駐軍の～ retirada das tropas de ocupação. 軍隊を～させる fazer a tropa [o exército] se retirar.

てつじょうもう　鉄条網 cerca (*f*) de arame farpado.

てつじん　哲人 sábio/bia, mestre/tra.

てつじん　鉄人 〔男〕homem (*m*) de ferro, 〔女〕mulher (*f*) de ferro. 10年間休まず出場しているこの選手は～だ Este/ta jogador/ra que joga há dez anos sem dar uma falta é um/uma homem/mulher de ferro.

てっする　徹する ❶〔しみとおる〕varar, transpassar, trespassar, penetrar. 骨身に～ような寒さ um frio que até parece penetrar nos ossos. ❷〔休まず続ける〕varar, passar por uma grande extensão de tempo. 夜を徹して会議が行われた A reunião durou [varou] a noite toda./Vararam a noite se reunindo [com a reunião]. ❸〔徹底する〕ir até ao fim, dedicar-se. 合理主義に～ ser íntegro/gra no racionalismo; devotar-se ao racionalismo.

てっせい　鉄製 ～の (feito/ta) de ferro.

てっせん　鉄線 【植】clematite (*f*).

てっそく　鉄則 regra (*f*) inviolável.

てったい　撤退 retirada (*f*), remoção (*f*). ～する retirar-se. 大都市を～する retirar-se da cidade grande. ♦撤退命令 ordem (*f*) de retirada.

てつだい　手伝い ajuda (*f*);〔人〕ajudante. この仕事をするには何人の～が必要ですか Quantos ajudantes são necessários para fazer

てつだう 500

este serviço? 何かお手伝いできることがありますか Tem alguma coisa para eu ajudar?/Quer que eu o/a ajude em alguma coisa?

てつだう 手伝う ajudar, auxiliar;《口語》dar uma mãozinha a [para]. 私を手伝ってくれませんか Não quer me ajudar um pouco? ちょっと手伝ってくださいな Dá uma força aí! あなたに手伝ってもらって助かりました Obrigado/da por ter-me ajudado.

でっちあげ でっち上げ história (f) inventada, caso (m) forjado. それはあなたの～ですよ Você montou a história.

でっちあげる でっち上げる inventar, forjar. 話を～ inventar uma história qualquer.

てつづき 手続き processo (m), formalidades (fpl), trâmites (mpl), procedimento (m). 入学の～をしてください Preencha as formalidades para se matricular na faculdade [de matrícula na faculdade]./Preencha o formulário de contrato de trabalho. ビザを取るための～を教えていただけますか Poderia me dizer qual o procedimento necessário para se conseguir um visto? それは～上の問題だ Isso é uma questão formal. 入国 (出国) ～を済ます cumprir os trâmites necessários de entrada no (saída do) país. 税関の～ formalidades alfandegárias.

てってい 徹底 radicalidade (f). 問題を～追及する procurar resolver uma questão exaustivamente. ～した[的な] completo/ta, radical, levado/da às últimas consequências. ～的な改革 uma reforma radical. 彼女の合理主義は～している Ela leva o racionalismo às últimas consequências. ～的に completamente, até às últimas consequências, até ao fim. その問題を～的に解明する必要がある É preciso esclarecer o caso radicalmente [ir até ao fim para esclarecer o caso]. 彼は会社の方針に～的に反対した Ele se opôs inteiramente [frontalmente] às diretrizes da companhia.

てつどう 鉄道 via (f) férrea. ～の ferroviário/ria. ～で por via férrea, de trem. ～を敷設する construir um caminho de ferro [uma via férrea]. ♦鉄道員 ferroviário/ria. 鉄道輸送 transporte (m) ferroviário.

デッドボール［野球］hit by pitch (m).

デッドライン prazo (m) final, data (f) limite.

てっとりばやい 手っ取り早い mais rápido/da, mais expedito/ta. 彼に直接聞いたほうが～ Podemos resolver (a questão) mais rapidamente perguntando diretamente para ele. 手っ取り早く料理を作る fazer uma comida rapidamente simplificando a receita. 手っ取り早く言えば em resumo.

でっぱ 出っ歯 dentes (mpl) salientes. ～の人 dentuço/ça.

てっぱい 撤廃 abolição (f), anulação (f), eliminação (f), revogação (f). 奴隷制の～ abolição da escravatura. ～する abolir, anular, eliminar, revogar. 法律を～する revogar a lei.

でっぱる 出っ張る ficar saliente. 出っ張った岬 cabo (m) que avança no mar. 出っ張ったバルコニー varanda (f) projetada. 彼は頬骨(ほおぼね)が出っ張っている Ele tem a maçã do rosto [o osso malar] saliente.

てっぱん 鉄板 chapa (f) de ferro. ～焼きをする grelhar [assar] … na chapa. ～焼きの assado/da na chapa.

てっぷん 鉄粉 pó (m) [limalha (f)] de ferro. ～を含む鉱石 mineral (m) ferruginoso/sa [ferroso/sa].

てっぺん cume (m), cimo (m), topo (m). 頭の～からつま先まで Da cabeça aos pés.

てつぼう 鉄棒 barra (f) de ferro; barra (f) fixa (ginástica).

てっぽう 鉄砲 espingarda (f) curta, fuzil (m).

てつや 徹夜 ～する passar a noite em claro, varar a noite. 私は夕べ～をしてこの報告書を仕上げました Eu passei a noite toda fazendo este relatório e terminei./Varei a noite para terminar o relatório.

でどころ 出所 origem (f), fonte (f). 銀行は客の金の～について調べなければならない Os bancos devem obter informações sobre a origem do dinheiro do cliente. 噂(うわさ)の～ origem do rumor.

デトックス desintoxicação (f).

てどり 手取り ❶［給料の］salário (m) líquido. ここの初任給は～でどのくらいですか Quanto é o salário líquido do primeiro ano de trabalho daqui? ❷［売り上げの］lucro (m) líquido (da venda).

てとりあしとり 手取り足取り ～教える ensinar algo a alguém com muita paciência.

テナー［音］tenor (m).

てなおし 手直し emenda (f), retoque (m); modificação (f), alteração (f). 計画の～ modificação de um plano. ～する emendar, retocar; modificar, alterar. 絵を少しばかり～する retocar o quadro aqui e acolá.

でなおす 出直す ❶［再び来る］vir [ir] novamente. ～のも面倒だ É trabalhoso vir [ir] outra vez. また出直してみます Vou vir novamente. ❷［最初からやり直す］recomeçar, tentar outra vez. 一から～ recomeçar a vida.

でなければ senão, caso contrário.

てなずける 手なずける ❶［自分になつかせる］domesticar, fazer-se obedecer. 犬を～ domesticar um cachorro. 彼は子供を～のがうまい Ele sabe fazer com que as crianças o obedeçam. ❷［うまく扱って味方に引き入れる］cativar, fazer com que as pessoas fiquem do seu lado. 部下を～ ganhar a confiança

てなみ 手並み habilidade (f). 職人の見事な~ habilidade extraordinária de um artesão. では彼のお~拝見といきましょう Vamos ver então a arte dele.

てならい 手習い ❶ aprendizagem (f) da pintura caligráfica. ❷《比》treino (m), prática (f), exercício (m). 六十の~ Nunca é tarde para aprender.

てならし 手馴らし exercício (m) preparatório, preparativos (mpl). …の~をする fazer os exercícios preparatórios para ….

てなれる 手慣れる ❶〔熟練する〕adquirir habilidade, acostumar-se a um tipo de serviço. 手慣れた手つき mãos (fpl) ⌊habilidosas [bem treinadas]. この仕事なら彼は手慣れたものだ Se é este tipo de serviço, ele está mais do que acostumado. ❷〔扱いなれる〕acostumar-se a usar (um certo utensílio). 手慣れた道具 ferramenta (f) a que se está acostumado a usar.

テナント ❶〔店〕loja (f) locada;〔事務所〕escritório (m) ⌊locado [tomado em aluguel] 《em um edifício》. ❷〔借り主〕locatário/ria.

テニス tênis (m). ~をする jogar tênis.

デニム 〖服〗sarja (f) grossa de algodão.

てにもつ 手荷物 bagagem (f) de mão. ♦手荷物預り所 guarda-volumes (m).

てぬい 手縫い ~のワンピース vestido (m) costurado à mão.

てぬかり 手抜かり erro (m), falha (f), omissão (f), descuido (m). 製品の確認に~があった Houve um descuido na verificação dos produtos. ~なく sem erro, cuidadosamente. 少しの~もないように気をつける ter cuidado para não cometer o menor erro.

てぬき 手抜き erro (m) proposital por omissão, omissão (f). ~をする omitir, falhar ⌊por negligência intencional]. 仕事を~をせずにきちんとやってください Não faça um serviço matado, sim? あの人は絶対に~をしない人だ Ele nunca deixa de fazer um serviço bem feito. ♦手抜き工事 obra (f) com falhas por omissões.

てぬぐい 手ぬぐい toalha (f) pequena.

テノール 〖音〗tenor (m). ♦テノール歌手 tenor.

てのひら 手のひら palma (f) da mão.

デノミ(ネーション) reforma (f) monetária.

てば 手羽 asa (f) de galinha.

-てば やってっ~ Estou te pedindo para fazer, ouviu?

では então …, bem …, bom. ~行きましょうか Vamos indo, então? ~また Então até mais.

-では 〔強調〕《expletivo》em; é que, é. この海岸~サッカーをしないこと《掲示》Não jogar futebol nesta praia. 子供はここで泳い~いけません As crianças não podem é nadar aqui. あの調子~日本人に嫌われるよ Daquele jeito ele/ela só pode ser malquisto/ta pelos japoneses.

デパート loja (f) de departamentos, magazine (m).

てはい 手配 arranjo (m), preparação (f). ~する arranjar, preparar. ホテルの~をお願いできますか Dá para reservar um quarto no hotel para mim? 車の~をしておきます Vou deixar um carro à disposição.

てはじめ 手始め ~に para começar …, começar 《+現在分詞》《+gerúndio》, começar por 《+不定詞》《+infinitivo》. まず~にこのカードを整理します Vou começar ⌊colocando [por colocar] em ordem estes cartões.

ではじめ 出始め ~の 1) das primeiras safras (fpl). ~の梨 as primeiras peras da estação. 2) que começam a ser comercializados/das. そういう商品は~は高いけれど段々安くなる Esse tipo de artigo é caro quando começa a ser comercializado, mas logo fica barato.

てばなし 手放し ~で abertamente, francamente, sem reserva. まだ入院が続く人のことを思うとあまり~で退院を喜べない Não dá para se alegrar abertamente da alta do hospital, quando se pensa em outros pacientes que ainda vão continuar hospitalizados.

てばなす 手放す soltar, abandonar, deixar; desfazer-se de, abrir mão de;〔売る〕vender. 私は車を手放してコンピューターを買いました Eu vendi o carro e comprei um computador. 彼は1日でもたばこを手放せない Ele não passa um dia sem cigarro.

でばん 出番 entrada (f) em cena, a vez de entrar em cena num palco. ~を待つ esperar a entrada em cena. そこであなたの~です E aí chegou a hora [vez] de você brilhar!

てびき 手引き guia (m), manual (m), cartilha (f) 《livro de instruções》.

デビュー estreia (f). ~する estrear, debutar. ♦公園デビュー integração (f) de uma criança no parque 《como uma pequena estreia social》.

てびょうし 手拍子 ~をとる marcar o compasso com as mãos.

でぶ 《口語》gorducho/cha.

てふき 手拭き toalha (f) de mão.

てぶくろ 手袋 luvas (fpl). ~をはめる pôr [calçar] as luvas. ~を脱ぐ tirar as luvas. ~をしている estar com luvas.

でぶしょう 出不精 sedentarismo (m). ~な sedentário/ria, que não gosta de sair de casa.

てぶら 手ぶら ~で com as mãos vazias, com as mãos abanando. ~で友人を訪ねる visitar um/uma amigo/ga sem levar presentes.

てぶり 手振り gestos (mpl), gesticulação (f). ~を交えて話をする falar gesticulando.

デフレ deflação (f). ～の deflacionário/ria. ～の傾向 tendência (f) deflacionária. ◆デフレ政策 política (f) deflacionária.

テフロン 〖商標〗teflon (m). ～加工のフライパン frigideira (f) anti-aderente.

デポジット depósito (m), sinal (m). このホテルの予約をするには～の支払いが必要です Para fazer a reserva neste hotel, é preciso pagar o depósito. このカードに含まれている 500 円の～はカードの返却とともに返金されます Este cartão inclui um depósito de quinhentos ienes que será devolvido ao usuário no momento da devolução (do cartão).

てほどき 手ほどき instruções (fpl) iniciais. 生徒に…の～をする iniciar os alunos em …, ensinar para os alunos as noções básicas de …. 講師に～を受ける receber do/da professor/ra os primeiros ensinamentos.

てほん 手本 modelo (m), exemplo (m). 彼は私たちによい～を示した Ele nos deu um bom exemplo.

てま 手間 〔時間〕tempo (m); 〔労力〕trabalho (m). ～を省く economizar tempo desistindo de alguns detalhes do trabalho. この修理は～が掛かります Este conserto vai dar muito trabalho. ◆手間賃 remuneração (f) pelo serviço; taxa (f) de serviço.

デマ rumor (m) falso, notícia (f) falsa, falso boato (m). ～を飛ばす espalhar falsos rumores.

てまえ 手前 ❶〔こちら側〕lado (m) próximo a si, lado de cá. 銀行の～に para o lado de cá do banco (para quem vai daqui para lá). 教会の少し～にタクシー乗り場があります Um pouco antes da igreja, (para quem vai daqui para lá) há [tem] um ponto de táxi. 終点の一つ～の駅で降りる descer na estação anterior ao ponto final. ❷〔体面〕respeito (m), consideração (f). …の～ por consideração a …. 世間の～そんなことはしないほうがいい É melhor não fazer isso, levando em consideração a opinião pública.

でまえ 出前 entrega (f) a domicílio, delivery (m)《em geral de comida》. ～用のピザ pizza (f) para viagem. きょうはおすしの～を頼みましょうか Vamos pedir para entregar um sushi em casa, hoje?/Vamos encomendar um sushi hoje?

でまかせ 出任せ disparate (m), absurdo (m). ～を言う falar bobagens, falar o que dá na telha;《俗》chutar. ～に答える chutar uma resposta.

でまど 出窓 bay window (m), janela (f) saliente.

てまどる 手間どる levar muito tempo, tomar tempo. 会議の準備に～ levar muito tempo para preparar uma conferência.

てまね 手真似 gesto (m), aceno (m). 私は承知の～をした Eu acenei positivamente.

てまねき 手招き ～する chamar alguém com o sinal da mão [com aceno de mão].

てまひま 手間暇 trabalho (m), tempo (m). ～かけて料理する cozinhar com capricho (não poupando tempo nem trabalho). ～かけた料理 comida (f) caprichada. ～かけた作品 obra (f) esmerada.

てまり 手毬 bola (f) japonesa. ◆手毬唄(うた) canção (f) que acompanha a brincadeira com a bola japonesa.

てまわし 手回し ❶〔用意〕preparo (m) de antemão. 彼はいつも～がいい Ele está sempre bem preparado./Ele é previdente. ❷〔手で回すこと〕manivela (f). ～のオルゴール caixinha (f) de música a manivela.

でまわる 出回る circular (no mercado). ビデオの海賊版が出回っている Vídeos pirata estão circulando no mercado.

てみじか 手短か ～に brevemente, suscintamente. ～に言うと em poucas palavras, para ser breve. スピーチをなるべく～にする fazer um discurso o mais breve possível (sem muito formalismo). ～にかつ正確に願います Seja breve e preciso, por favor.

でみせ 出店 banca (f), barraca (f) (de feiras, festividades etc). ◆出店荒らし roubo (m) de bancas.

てみやげ 手土産 presente (m) que se leva ao visitar alguém. ～を持って友人を訪ねる visitar um amigo levando-lhe um presente.

でむかえ 出迎え recepção (f). 成田までブラジルの親を～に行く ir até o Aeroporto de Narita buscar os pais que vieram do Brasil.

でむかえる 出迎える ❶〔歓迎する〕receber. 校長は客を丁寧に出迎えた O diretor da escola recebeu bem o/a visitante. ❷〔迎えに行く〕ir receber [buscar]. 彼は友人を～ために東京駅まで行った Ele foi buscar o/a amigo/ga na estação de Tóquio.

でむく 出向く ir em direção a outrem. こちらのほうからお宅に出向いて参ります Eu é que irei até a sua residência.

でめ 出目 olhos (mpl) esbugalhados.

デメリット ❶〔弊害〕demérito (m), desvantagem (f). ❷〔欠点〕defeito (m).

-ても mesmo que, ainda que. 一緒に帰ろう～いいですか Podemos voltar juntos? 彼が来～来なく～変わらない Tanto faz se ele vier [《口語》vem] ou não. どんなに苦しく～ por mais doloroso que seja. どんなことがあっ～ haja o que houver, aconteça o que acontecer. 雨が降ろう～あなたは行くのですか Você vai mesmo com chuva? 入っ～よろしいですか Posso entrar?

デモ manifestação (f), passeata (f). ～が行われた Foi realizada uma passeata. ～は鎮圧された A passeata foi sufocada [reprimida].

-でも 〔さえ〕mesmo, até; 〔どんな〕qualquer [quaisquer]; 〔たとえ〕mesmo que; 〔けれども〕

mas, entretanto, todavia; só que. それは子供に～できます Até uma criança sabe fazer isso. だれに～この仕事はできるでしょう Qualquer um consegue fazer esse serviço, acho.

デモクラシー democracia (f).

てもち 手持ち disponibilidade (f). ～の disponível. ～の現金 dinheiro (m) disponível em caixa. ～の外貨 reservas (fpl) de divisas estrangeiras. ～の材料で料理する cozinhar um prato com os ingredientes disponíveis.

てもちぶさた 手持ち無沙汰 ～で困っている estar com tédio por não ter o que fazer.

デモテープ fita (f) demo.

てもと 手元 ～に em mãos. …の～にある estar nas mãos de …. 私は今～にお金がない Eu não tenho dinheiro disponível agora. ～にあるデータによれば... Segundo os dados que eu tenho aqui (em mãos) ....

デモンストレーション ❶ demonstração (f). ❷ 〔宣伝〕 demonstração, propaganda (f) demonstrativa. ❸ 〔スポーツ〕 demonstração, jogo (m) demonstrativo. ❹ 〔デモ〕 passeata (f), manifestação (f).

デュエット 〔音〕 dueto (m).

てら 寺 templo (m) 〔budista〕. ～参りをする ir rezar num templo budista.

てらしあわせる 照らし合わせる comparar, cotejar, confrontar. 原文とゲラ刷りを～ cotejar 〔comparar〕 o original com as provas da impressão.

てらす 照らす iluminar, derramar luz sobre, alumiar, tornar … claro/ra. 広間を電球で～ iluminar a sala com uma lâmpada.

テラス ❶ 〔建〕 terraço (m), varanda (f) sem teto. ❷ 〔高地, 段丘〕 planalto (m) em degraus.

デラックス ～な de luxo, luxuoso/sa, de primeira. ◆デラックスホテル hotel (m) de luxo.

てりかえし 照り返し reverberação (f), reflexão (f) Lda luz 〔do calor〕.

デリカシー delicadeza (f), gentileza (f).

デリカテッセン *delicatessen* (f).

デリケート ～な 〔繊細な〕 delicado/da; sensível; 〔壊れやすい〕 fácil de quebrar, frágil; 〔微妙な〕 sutil; 〔かよわい〕 vulnerável, fraco/ca, suscetível.

てりやき 照り焼き 〔料〕 peixe (m) ou carne (f) temperados com molho de soja e açúcar e assados na grelha. 鶏肉を～にする grelhar galinha temperada com molho de soja e açúcar.

てりょうり 手料理 comida (f) caseira, prato (m) caseiro.

てる 照る brilhar. 降っても照っても com sol ou com chuva.

***でる 出る** ❶ sair [サイール], partir [パルチール]. 明日は12時に出ます Amanhã vou sair ao meiodia. 飛行場に付いたら飛行機はもう出た後だった Quando cheguei ao aeroporto, o avião já tinha partido. ❷ 〔流れ出る〕 vir [ヴィール], correr [コヘール]. そうしたら涙が出てきてしまった E aí vieram as lágrimas. ❸ 〔至る〕 dar em. この通りは教会のある広場に出ます Esta rua vai dar na praça com igreja. ❹ 〔卒業する〕 formar-se em. あの大学を出た人は頭が良い Quem se formou ∟naquela 〔por aquela〕 universidade é inteligente. ❺ 〔不意に浮上する〕 vir à tona. もしその話が出たら私の意見を言います Se o assunto vier à tona 〔Se tocarem no assunto〕, dou a minha opinião. ❻ 〔現われる〕 aparecer (em). ねぇねぇ, 今日はテレビに～のよ Sabe, hoje eu vou aparecer na televisão .... 秋になるとコオロギがたくさん～ Quando chega o outono, aparecem muitos grilos por aqui. なくしたネックレスが出てきた Apareceu 〔Achei〕 o colar que eu tinha perdido. 日が雲間から出た O sol apareceu entre as nuvens. ❼ 〔掲載される〕 haver [アヴェール], ter [テール]. その単語は辞書に出ていない Esse termo não tem no dicionário. ❽ 〔運行される〕 ter, haver. 日曜日はバスが出ていない Nos domingos não há ônibus 〔《ポ》 autocarro〕. ❾ 〔出席する〕 participar de, assistir a, estar presente em, comparecer a 〔em〕. 来週のパーティーに出ます Vou participar da festa da semana que vem. 今日はあの授業に出なかった Hoje não assisti àquela aula. 彼はあの会合に出ていた Ele estava presente naquela reunião. 会議に出ますか Vai (vir) à reunião?/Vai participar da reunião? ❿ 〔電話で応対する〕 atender a. あのとき電話に出たのはどなたですか Quem é que atendeu ao telefone daquela vez? ⓫ 〔生まれる〕 surgir [スルジール]. そういった面の研究者が日本人の間でもっと出てきて欲しいですよね É desejável 〔Seria bom〕 que pesquisadores dessa área surjam 〔surgissem〕 mais entre japoneses, não é mesmo? その話はあなたが欠席した会合で出たんですよ Essa conversa surgiu na reunião em que você esteve ausente. この前ちょっと話に出たけど... 〔婉曲〕 É que esse assunto foi ligeiramente ventilado outro dia ..../Já falei muitas vezes sobre isso./Já cansei de falar sobre isso. ⓬ 〔出版される〕 sair, ser publicado/da. 最近川端康成の良い翻訳が出た Recentemente saiu uma boa tradução do Yasunari Kawabata. ⓭ 〔与えられる〕 sair. 許可が出た Saiu a licença. ⓮ 〔産出される〕 haver [アヴェール], extrair-se [エストライール スィ]. ミナス州から多くの鉱物が～ Há muito minério no Estado de Minas. ⓯ 〔売れる〕 ter saída, vender-se bem. この本はよく出ています Este livro ∟tem boa saída 〔está se vendendo bem〕. ⓰ 〔生じる〕 ocasionar 〔オカズィオナール〕, fazer 〔ファゼール〕, deixar 〔デイシャール〕. 昨日の嵐で被害者が出た A tempestade de ontem fez 〔deixou〕 vítimas. ⓱ 〔目立つ, でしゃばる〕 sobressair [ソブレサイール], 《口語》 ser saidinho/nha. ⓲〔ある態度に出る〕mostrar-se [モストラール スィ], pôr-se [ポール スィ]. 下手に～ mostrar-se humilde, agir humildemente. あの国がその会議でどう～かが問題だ O problema vai ser o posicionamento daquele país nessa conferência. ¶ ～杭は打たれる Os que sobressaem são sempre mais atacados. まだ私の～幕ではないから... É que ainda não é hora de eu opinar .... 君の～幕ではない Você não foi chamado para opinar.

デルタ delta (m). ◆デルタ地帯 região (f) deltaica.

てるてるぼうず 照る照る坊主 bonequinho (m) que as crianças fazem com papel e penduram do telhado, desejando bom tempo para o dia seguinte.

てれかくし 照れ隠し ～に para esconder o embaraço, para disfarçar [dissimular] a timidez. 彼は～にあんなことを言ってしまったのだ Ele acabou dizendo aquilo ⌊para esconder o embaraço [por ter ficado envergonhado].

てれくさい 照れ臭い ❶〔ことがらが〕embaraçoso/sa, constrangedor/ra, vergonhoso/sa, que causa constrangimento. 褒められると～ O elogio ⌊é embaraçoso para mim [me causa constrangimento]. 人前で話すのは～ Para mim é constrangedor falar ⌊em público [na frente de muitas pessoas]. ❷〔人が〕embaraçado/da, envergonhado/da, constrangido/da. 照れ臭そうに sem jeito. そんなに褒められたら照れ臭くなる Eu fico ⌊sem jeito [constrangido/da] se me elogiam tanto assim.

テレパシー telepatia (f).

*テレビ** televisão (f) [テレヴィザォン], televisor (m) [テレヴィゾール]. ～をつける ligar (desligar) a televisão. ～で放送する transmitir pela televisão, televisionar. ～を見る ver [assistir à] televisão. ～を消しましょうか〔自分から申し出る場合〕Quer que eu desligue a televisão?/〔婉曲的な命令〕Vamos desligar a televisão? ～をつけてくれますか Poderia ligar a televisão para mim? ◆テレビゲーム video game (m) [ヴィーデオガェーイミ].

テレホンカード cartão (m) telefônico.

てれや 照れ屋 envergonhado/da, que logo fica embaraçado/da ⌊diante de elogios ou expressões de amor⌋.

てれる 照れる desconcertar-se, ficar envergonhado/da, ficar sem graça, ficar embaraçado/da, ficar ⌊encabulado/da [sem jeito, constrangido/da];〔俗〕perder o rebolado, ficar ressabiado/da. 日本人は褒められると～ Os japoneses ficam sem graça quando são elogiados. 恋の話なんかすると照れてしまう Eu fico envergonhado/da quando alguém fala de amor.

テロリスト terrorista.

テロ(リズム) terrorismo (m). ◆テロ新法 nova lei (f) de combate ao terrorismo. テロ対策 treinamento (m) anti-terrorismo.

てわけ 手分け divisão (f) de trabalho. …を～して探す sair em grupos separados à procura de …. みんなで～してこの仕事を今日中に終わらせましょう Vamos dividir este trabalho entre todos os presentes e terminá-lo ⌊hoje mesmo [ainda hoje], está bem?

てわたす 手渡す entregar em mãos. この手紙を彼に手渡してください Entregue esta carta para ele, por favor.

てん 天 céu (m). ～にも昇る心地でいた Estava no sétimo céu. ～の国 reino (m) dos céus.

*てん** 点 ❶〔2 直線が交わる部分〕ponto (m) [ポント]. 飛行機が～となって空に消えた O avião desapareceu no céu, como um pontinho. ❷〔評点〕nota (f) [ノッタ], crédito (m) [クレーヂト]. 答案に～をつける dar nota em uma prova. 良い～を取る tirar uma boa nota. 悪い～を取る tirar uma nota baixa. ～が甘い dar boas notas, ser generoso/sa nas notas. あの先生は～がからい Aquele/la professor/ra ⌊é severo/ra nas [não costuma dar boas] notas. ❸〔読点〕sinal (m) de pontuação ⌊ponto fim em fins de frase ou vírgula (f) de vírgula no meio da frase⌋. 文章に～をつける pontuar o texto, colocar ⌊ponto ou vírgula [os sinais de pontuação] no texto. ～が少ない文章は読みにくい Um texto com pouca virgulação e pontuação é ruim de ler. ❹〔スポーツ〕〔競技の得点〕ponto. ～をとる ganhar [marcar, fazer] pontos. ❺〔指し示す事柄〕ponto. この映画は全ての～で優れている Este filme é excelente sob todos os pontos de vista. …の～で no que se refere a …, com relação a …, do ponto de vista de …. それにより保管料の～で輸入のコストが減る Isso diminui o custo da importação no que se refere à armazenagem. ❻〔場所〕ponto. このディスカッションは出発～が問題だ O problema desta discussão está no ponto de partida.

でんあつ 電圧 voltagem (f), tensão (f) elétrica.

てんい 転移 〔病巣の〕metástase (f);〔精神分析〕transferência (f). 癌(ｶﾞﾝ)の～ metástase cancerosa, manifestação (f) de um foco secundário do câncer. 癌の肝～ metástase hepática. 癌が～する dar metástase. 癌はもう肺に～していた Já havia dado metástase do câncer nos pulmões./《口語》O câncer já tinha passado para os pulmões. ～性の metastático/ca. ～した癌 câncer (m) metastático.

でんい 電位 【電】potencial (m) elétrico. ◆電位差 diferença (f) de potencial. 電位差計 eletrômetro (m).

てんいん 店員 lojista, balconista, moço/ça da loja, atendente. あの～はサービスが悪い（良い）

Aquele/la balconista atende mal (bem).

でんえん 田園　interior (m), província (f). ～の rural, pastoral.

てんか 天下　❶ 〔世界〕 este mundo (m). ～一品の incomparável, sem igual neste mundo. ～一品のワイン um vinho sem igual, o melhor vinho do mundo. ～太平である Reina a paz neste mundo. ❷ 〔全国〕 todo o país (m), este país inteiro. ❸ 〔世間〕 público (m). ～に恥をさらす passar vergonha publicamente. ❹ 〔政権〕 política (f) de um país, poder (m). ～を取る subir ao poder. ❺ 〔思うままにふるまうところ〕 mundo, domínio (m), esfera (f) de influência. 家の中は彼女の～だ Na casa dela é ela quem manda.

てんか 添加　adição (f). ～する adicionar. 無～の sem aditivos. ♦ 食品添加物 aditivo (m) alimentar.

てんか 点火　ignição (f), inflamação (f). …に～する acender …, fazer … pegar fogo. ガスに～する acender o gás. ♦ 点火器 acendedor (m).

てんか 転嫁　imputação (f) de algo a alguém. 責任を～する 〔犯罪〕 imputar o outro pelos próprios crimes, 〔過失〕 responsabilizar o outro pelos próprios erros, 《口語》 jogar a culpa no outro.

でんか 殿下　〔三人称的〕 Sua Alteza Imperial. /〔二人称的〕 Vossa Majestade Imperial. ♦ 皇太子殿下 Sua Alteza, o Príncipe Herdeiro. 妃殿下 Sua Alteza, a Princesa.

でんか 電化　eletrificação (f). ～する eletrificar. ♦ 電化製品 artigos (mpl) eletrônicos.

でんか 電荷　〔理〕 carga (f) elétrica.

てんかい 展開　❶ desenvolvimento (m), evolução (m), andamento (m), desdobramento (m). 事態の～ desenvolvimento [andamento] da situação. ～する desenvolver-se, evoluir, desenrolar-se. ～させる desenvolver. 事態は大きく～した A situação mudou muito. その映画の物語はポルトガルを舞台に～される A história do filme se desenrola em Portugal. 両チームの間に熱戦が～された Houve [Desenrolou-se] uma partida emocionante entre os dois times. ❷ 〔視界にひろがること〕 desdobramento em um lance de vista. 眼前に富士山の眺望が～します Um panorama do Monte Fuji se estenderá diante dos seus olhos. ❸ 〔軍事〕 destacamento (m) de parte da tropa, porção (f) de tropa militar que se separa de sua unidade. 部隊を～させる destacar uma tropa, enviar parte de uma tropa para prestação de serviço específico. ❹ 〔コンピュ〕 descompactação (f), ato (m) de expandir (fazer voltar o arquivo que estava comprimido ao seu estado normal). ❺ 〔数〕 expansão (f), desenvolvimento (m).

てんかい 転回　reviravolta (f), volta (f), retorno (m), giro (m), rotação (f). ～する rodar, dar voltas, girar. 方針を180度～する mudar completamente de diretriz. ～禁止 《掲示》 Proibido Retornar.

でんかい 電解　〔電〕 eletrólise (f). ～する eletrolisar. ♦ 電解コンデンサー condensador (m) eletrolítico. 電解質 eletrólito (m).

でんがく 田楽　❶ 〔芸能〕 dança (f) rural da era Heian. ❷ 〔料〕 tofu (m) assado e temperado com massa de soja.

てんかん 転換　mudança (f), virada (f). 気分～する espairecer-se, distrair-se. ♦ 転換社債 〔経〕 obrigação (f) convertível em ações. 気分転換 distração (f), espairecimento (m). 方向転換 mudança de direção.

てんかん 癲癇　〔医〕 epilepsia (f), ataque (m) epilético.

てんがん 点眼　～する colocar colírio nos olhos. ♦ 点眼薬 colírio (m).

*てんき 天気　tempo (m) [テンポ] 《aspecto meteorológico》. きょうはいい～ですね Hoje está fazendo um bom tempo, não? きのうは嫌な～でしたね Ontem fez um mau tempo, não? 午後から～が崩れるそうです Dizem que vai chover na parte da tarde. きょうの～予報は「曇りときどき雨です」 A previsão do tempo para hoje é "nublado, com chuvas ocasionais". ♦ 天気予報 previsão (f) do tempo.

てんき 転機　❶ 〔転換期〕 momento (m) decisivo, divisor (m) de águas. ❷ 〔きっかけ〕 ocasião (f), motivo (m). その事件を～として彼は生き方を変えた Ele mudou seu estilo de vida tendo o incidente como ponto de partida.

でんき 伝記　biografia (f). ～的な biográfico/ca. ♦ 伝記作者 biógrafo/fa. 伝記小説 romance (m) biográfico.

*でんき 電気　eletricidade (f) [エレトリスィダーヂ], luz (f) [ルース]; 〔電球〕 lâmpada (f) elétrica. ～の elétrico/ca. ～をつけてください Acenda a luz, por favor. ～を消してくれますか Poderia apagar a luz para mim? ～を起こす produzir eletricidade. ～を切る cortar a eletricidade [luz].

♦ 電気かみそり barbeador (m) elétrico. 電気器具 aparelhos (mpl) eletrônicos. 電気仕掛け dispositivo (m) elétrico. 電気自動車 carro (m) elétrico, carro movido a eletricidade. 電気炊飯器 panela (f) eletrônica 《de cozer arroz》. 電気スタンド abajur (m). 電気洗濯機 máquina (f) de lavar roupa, lavadora (f) automática. 電気掃除機 aspirador (m) de pó. 電気屋 〔店〕 loja (f) de artigos eletrônicos; 〔人〕 eletricista. 電気冶金 eletrometalurgia (f). 電気誘導 indução (f). 電気溶接 soldadura (f) elétrica. 電気料金 conta (f) de luz.

でんきうなぎ 電気うなぎ　〔魚〕 peixe-elétrico

(*m*), poraquê (*m*).

でんきくらげ 電気くらげ [動] caravela-portuguesa (*f*), garrafa-azul (*f*), (espécie (*f*) de) urtiga-do-mar (*f*).

でんきゅう 電球　lâmpada (*f*). ～が切れた A lâmpada queimou. ～を取り替えてください Troque a lâmpada, por favor.

てんきょ 転居　mudança (*f*). ～する mudar-se. …に～の通知を出す〔住まいの〕participar a nova residência a …, 〔所在地変更の〕enviar o aviso de mudança de endereço a …. ⇨引っ越し.

でんきょく 電極　[電] eletrodo (*m*), polo (*m*).

てんきん 転勤　transferência (*f*), mudança (*f*) de posto, deslocamento (*m*) (de empregados etc) de um cargo para outro. ～する ser transferido/da (para uma outra agência ou filial). この会社は～がありますか Nesta companhia há transferência de empregados? ♦転勤先 novo posto (*m*), novo cargo (*m*).

てんぐ 天狗　❶ duende (*m*) ⌐de nariz comprido [com bico de corvo] e asas. ♦天狗鼻 nariz (*m*) comprido. ❷〔自慢する人〕pessoa (*f*) arrogante [convencida]. ほめられて～になる ficar orgulhoso/sa ao ser elogiado/da. 彼女は成功して～になってしまった O sucesso subiu à cabeça dela.

デングねつ デング熱　[医] dengue (*f*).

でんぐりがえし でんぐり返し　cambalhota (*f*). ～をする dar cambalhotas.

てんけい 典型　protótipo (*m*), modelo (*m*), estereótipo (*m*). ～的な típico/ca, representativo/va. ～的ではない atípico/ca, que não é representativo/va. それは鳥インフルエンザの～的な例だ Esse é um caso típico da gripe aviária.

でんげき 電撃　❶ choque (*m*) elétrico. ♦電撃療法 tratamento (*m*) por choques elétricos. ❷《比》ataque (*m*) de efeito imediato. ♦電撃作戦 operação (*f*) relâmpago.

てんけん 点検　exame (*m*), inspeção (*f*), vistoria (*f*), verificação (*f*). ～する examinar, inspecionar, vistoriar, verificar. 免許証を～する verificar a carteira de habilitação. 飛行機を～する inspecionar o avião. 車の定期～をする fazer a revisão periódica do carro.

でんげん 電源　tomada (*f*). ～を切る tirar o fio da tomada. ～を入れる colocar o fio na tomada.

てんこう 天候　tempo (*m*) 《aspecto climático》. ⇨天気.

てんこう 転向　conversão (*f*). …に～する converter-se a …, passar a ser …. 彼はプロゴルファーに～した Ele ⌐passou a ser [tornou-se] golfista profissional.

てんこう 転校　transferência (*f*) escolar. ～する transferir-se de uma escola para a outra. ♦転校生 transferido/da.

でんこう 電光　luz (*f*) elétrica; raio (*m*), relâmpago (*m*). ♦電光掲示板 painel (*m*) informativo. 電光ニュース letreiro (*m*), noticiário (*m*) de luminosos, espetacular (*m*).

てんごく 天国　céu (*m*), paraíso (*m*).

でんごん 伝言　mensagem (*f*), recado (*m*). …に～する dar um recado a [para] …. 何か(彼に)～がございますか Gostaria de deixar algum recado para ele?/Tem algum recado para ele? ～をお願いしてよろしいでしょうか Será que posso deixar um recado?

てんさい 天才　gênio (*m*), talento (*m*) inato. ～的な genial, dotado/da, talentoso/sa. ♦天才教育 educação (*f*) de crianças super-dotadas. 天才児 criança (*f*) prodígio.

てんさい 天災　calamidade (*f*) [desastre (*m*)] natural. ～に遭う ser vítima de um desastre natural.

てんさい 甜菜　[植] beterraba (*f*).

てんざい 点在　～する existir esparsamente [espalhadamente].

てんさく 添削　correção (*f*). ～する corrigir. テストの～をする corrigir os testes. 私の作文を～していただけますか Poderia corrigir a minha redação?

てんし 天使　anjo (*m*).

てんじ 展示　exposição (*f*), exibição (*f*) 《o ato》. ～する expor, exibir. ～会を開く organizar uma exposição. ～会に自分の作品を出す exibir a própria obra na exposição. ♦展示会 exposição (*f*), exibição (*f*) 《o evento》. 展示品 objetos (*mpl*) 《obras (*fpl*)》 em exibição. 教科書展示会 exibição [exposição] de livros didáticos. 自動車展示会 salão (*m*) do automóvel. ⇨陳列.

てんじ 点字　braile (*m*). ～を読む ler o braile.

でんし 電子　elétron (*m*).

♦電子オルガン órgão (*m*) eletrônico. 電子音楽 música (*f*) eletrônica. 電子計算機 calculadora (*f*) eletrônica. 電子顕微鏡 microscópio (*m*) eletrônico. 電子工学 eletrônica (*f*). 電子辞書 dicionário (*m*) eletrônico. 電子出版 publicação (*f*) eletrônica. 電子マネー moeda (*f*) eletrônica, dinheiro (*m*) eletrônico. 電子メール correio (*m*) eletrônico, *e-mail* (*m*). 電子レンジ forno (*m*) de microondas.

でんじ 電磁　[理] eletromagnetismo (*m*). ♦電磁波 ondas (*fpl*) eletromagnéticas. 電磁場 campo (*m*) eletromagnético. 電磁誘導 indução (*f*) eletromagnética.

てんじくねずみ 天竺鼠　[動] cobaia (*f*), porquinho-da-índia (*m*).

でんしゃ 電車　trem (*m*) (elétrico); 〔市街電車〕bonde (*m*). ～に乗る tomar o trem. ～を

降りる descer do trem. ♦電車賃 preço (*m*) da passagem (de trem). 通勤電車 trem de locomoção para o trabalho. 満員電車 trem lotado.

てんしゅ 店主 dono (*m*) da loja.

でんじゅ 伝授 iniciação (*f*), ensinamento (*m*). 〜する iniciar alguém em algum conhecimento. 刀作りの〜を受ける receber a iniciação na arte de fazer espadas. 彼は私に刀作りの方法を〜した Ele me ensinou a [iniciou na] arte de fazer espadas.

てんじょう 天井 teto (*m*). この家は〜が低い (高い) Esta casa tem o teto baixo (alto)./ O teto desta casa é baixo (alto). 〜桟敷に席をとる reservar (pegar) lugar na torrinha. ♦天井桟敷 poleiro (*m*), galeria (*f*), torrinha (*f*).

でんしょう 伝承 transmissão (*f*) (da tradição para gerações mais jovens), tradição (*f*) oral. ♦民間伝承 folclore (*m*), tradições (*fpl*) populares.

てんじょういん 添乗員 guia (*m*) [acompanhante (*m*)] de viagem.

てんしょく 天職 vocação (*f*); [天命] missão (*f*).

てんしょく 転職 mudança (*f*) de profissão ou emprego. 〜する mudar de profissão ou de emprego.

テンション ❶[精神的な緊張] tensão (*f*) psicológica. ❷[気分の盛り上がり] entusiasmo (*m*), animação. 〜の高い人 pessoa (*f*) entusiasmada [animada, empolgada], 《口語》pessoa agitada [elétrica]. 〜が下がる desanimar-se. ❸[理][張力] tensão (*f*).

てんじる 転じる mudar, alterar, desviar. よいほうに〜 mudar para melhor.

でんしん 電信 telegrafia (*f*), telégrafo (*m*).

でんしんばしら 電信柱 poste (*m*) de eletricidade.

てんしんらんまん 天真爛漫 candura (*f*), inocência (*f*). 〜な inocente, cândido/da. 〜な笑み sorriso (*m*) cheio de candura.

てんすう 点数 ❶ nota (*f*), ponto (*m*). …に〜をつける dar notas a [para] …. 上司をほめて〜を稼ぐ ganhar pontos elogiando o chefe. ♦点数表 tabela (*f*) de notas. ❷[商品などの数] número (*m*) de artigos.

てんせい 天性 natureza (*f*), característica inata [nata, congênita]. 彼女は〜の歌手だ Ela é uma cantora inata [por natureza, de nascimento]. 習慣は第二の〜だ O hábito é uma característica adquirida.

でんせつ 伝説 lenda (*f*), tradição (*f*).

てんせん 点線 linha (*f*) pontilhada.

でんせん 伝染 contágio (*m*), transmissão (*f*). 〜する contagiar, transmitir, propagar. 〜性の contagioso/sa. 〜病患者を隔離する isolar um/uma paciente contagiado/da (no lazareto). ♦伝染病 doença (*f*) contagiosa [《口語》que pega], epidemia (*f*). 空気伝染 contágio pelo ar. 接触伝染 contágio pelo contato.

でんせん 伝線 [靴下の] desfio (*m*). 靴下が〜してしまった A minha meia desfiou. 靴下が〜していますよ A sua meia está desfiada, *viu*?

でんせん 電線 fio (*m*) elétrico.

てんそう 転送 redirecionamento (*m*), reexpedição (*f*), reenvio (*m*). 〜する redirecionar, reenviar, reexpedir. 手紙を〜する reenviar a carta para um outro endereço. 転居先へ〜を請う Solicito redirecionar (esta carta) ao novo endereço.

てんたい 天体 astro (*m*), corpo (*m*) celeste. ♦天体望遠鏡 telescópio (*m*) astronômico.

てんたいしゃく 転貸借 sublocação (*f*). この契約にはアパートの〜を禁じる約款がある Este contrato tem uma cláusula que proíbe a sublocação do apartamento.

てんたいにん 転貸人 sublocador/ra. ⇨転貸借.

でんたく 電卓 calculadora (*f*) eletrônica de mesa.

でんたつ 伝達 comunicação (*f*), transmissão (*f*). 〜する comunicar, transmitir.

てんち 天地 ❶[天と地] céu (*m*) e terra (*f*). 〜の差《比》diferença (*f*) da noite para o dia. ブラジル人の考え方は日本人のそれと〜ほど違っている O modo de pensar dos brasileiros é completamente diferente dos dos japoneses. ❷[宇宙,世界] universo (*m*), mundo (*m*). 〜開闢以来 desde que o mundo é mundo. ♦天地創造 Criação (*f*) do Mundo. ❸[世界] mundo (*m*), esfera (*f*), ambiente (*m*). 新〜へ行く ir experimentar um mundo novo [diferente]. ❹♦[上下]《掲示》天地無用 não virar do contrário.

てんち 転地 mudança (*f*) de ares. 医者は療養のために私に〜を勧めた O médico me aconselhou a mudar de ares para me tratar (da doença).

でんち 電池 pilha (*f*); [バッテリー] bateria (*f*); acumulador (*m*). この〜は切れている Esta pilha está descarregada.

でんちゅう 電柱 poste (*m*) de eletricidade.

てんちょう 店長 gerente (de uma loja ou restaurante).

てんちょう 転調 [音] modulação (*f*). 〜する (させる) modular.

てんてき 天敵 inimigo (*m*) natural.

てんてき 点滴 ❶[しずく] gota (*f*) de água. ❷[医] injeção (*f*) intravenal, transfusão (*f*). ❸[医] instilação (*f*), soro (*m*). 患者に〜(を)する fazer uma transfusão para o/a paciente; dar soro ao/à paciente. 〜(を)してもらう receber uma transfusão; receber [tomar] soro. いつまで〜をやらなければならないのですか Até quando tenho que tomar soro? 〜が終わりかけたら看護師を呼んでください Chame

てんてん 点々 ～と 1)〔あちこちに散らばっているよう〕aqui e acolá. ナプキンに～と脂の染みがある O guardanapo está com ⌐manchas de gordura aqui e ali [algumas manchas de gordura]. 2)〔しずくがしたたり落ちるよう〕gota a gota. 傷口から血が～としたたっていた O sangue caía gota a gota da ferida.

てんてん 転々 ～とする errar, ir de um lugar para o outro. 彼は定職を求めてレストランというレストランを～とした Ele trabalhou em vários restaurantes à procura de emprego fixo. 人から人へ～と渡った芸術品 obra (f) de arte que passou de mão em mão.

てんでんばらばら ～な意見を出す dar opiniões (fpl) das mais divergentes. あそこでは皆～に勝手なことをする Lá cada um age como bem entende. 皆～に帰った Todos se foram, cada um para o seu lado.

でんでんむし でんでん虫 〔動〕caracol (m). ⇨かたつむり.

テント 〔材料〕toldo (m); tenda (f), barraca (f). ～を張る armar uma barraca, acampar. ～を畳む levantar acampamento.

てんとう 店頭 〔entrada (f)〕 da loja. …を～販売する vender … na entrada da loja. ～に商品を陳列する colocar as mercadorias na entrada (vitrine) da loja.

てんとう 点灯 iluminação (f), iluminamento (m). ～する iluminar, alumiar, acender a luz de.

てんとう 転倒 ❶ capotagem (f), capotamento (m). ～する capotar. 急ブレーキをかけて車が～してしまった Acabei provocando o capotamento do carro por ter freado de repente./O carro capotou com o freio repentino. ❷〔ひっくり返ること〕queda (f), tombo (m). 年寄りの～ queda de idosos. ～する levar um tombo, ter uma queda, cair.

でんとう 伝統 tradição (f). ～的 tradicional. ～を伝える levar a tradição adiante, transmitir a tradição para a posteridade. ～を守る conservar a tradição. この学校には200年の～がある Esta escola tem duzentos anos de história. ♦伝統芸能 arte (f) tradicional.

でんとう 電灯 luz (f) elétrica, lâmpada (f) elétrica. ～をつける(消す) acender (apagar) a luz.

でんどう 伝導 〔理〕transmissão (f), condução (f). ～する conduzir. ♦伝導体 condutor (m).

でんどう 伝道 propagação (f) da religião. ～する propagar a religião. ♦伝道師 missionário/ria.

でんどう 電動 ～の movido/da a eletricidade. ♦電動機 motor (m) elétrico. 電動力 força (f) eletromotriz.

てんどうせつ 天動説 teoria (f) geocêntrica, sistema (m) ptolomaico.

てんとうむし 天道虫 〔虫〕joaninha (f).

てんどん 天丼 〔料〕tigela (f) de arroz coberto de frituras e molho adocicado de *shoyu*.

てんにゅう 転入 mudança (f). ～する mudar-se, transferir-se. この町に～してきた人たち pessoas (fpl) que se mudaram para esta cidade. ♦転入届 aviso (m) de mudança.

てんにゅうがく 転入学 transferência (f) de escola. ～する transferir-se ⌐para uma outra escola [de uma escola para a outra], mudar de escola.

てんねん 天然 natureza (f). ～の natural. ♦天然ガス gás (m) natural. 天然記念物 espécies (fpl) raras (da natureza) protegidas por lei. 天然資源 recursos (mpl) naturais.

てんねんとう 天然痘 〔医〕varíola (f).

てんのう 天皇 imperador (m). ♦天皇誕生日 aniversário (m) do imperador. 天皇陛下 o Imperador atual, Sua Majestade (f) o Imperador.

てんのうせい 天王星 〔天〕Urano (m).

でんば 電場 〔電〕campo (m) elétrico.

でんぱ 電波 onda (f) elétrica.

てんばい 転売 revenda (f). ～する revender.

てんばつ 天罰 castigo (m) divino. ～を受ける ser castigado/da pelos deuses. 彼には～が下ったのだ Caiu sobre ele o castigo dos céus.

テンパる entrar em pânico, perder as estribeiras《por ter que fazer algo inesperado ou acima da capacidade》.

てんぴ 天日 sol (m). ～で乾かす secar ao sol.

てんぴ 天火 forno (m). …を～で焼く assar … no forno.

てんびき 天引き desconto (m) [dedução (f)] na fonte. ～する descontar [deduzir] do salário na fonte. 恩給のために給料の1割を～する descontar na fonte para a aposentadoria dez por cento do salário para a aposentadoria.

でんぴょう 伝票 ❶ nota (f). ❷〔送り状〕fatura (f). ～をきる fazer [passar] uma nota; faturar, expedir fatura (numa venda). ♦売上伝票 nota, fatura.

てんびん 天秤 balança (f). …を～にかける pesar … na balança;〔比〕comparar ….

てんびんざ 天秤座 〔星座〕(signo (m) de) libra (f), balança (f).

てんぷ 添付 ❶ anexação (f). ～する anexar. 願書に住民票の複写を～すること anexar a cópia do comprovante de endereço no requerimento. ♦添付書類 documento (m) ⌐anexo [em anexo]. ❷〔パソコン〕anexo (m). ♦添付ファイル arquivos (mpl) anexados.

でんぶ 〔料〕carne (f) de peixe esmigalhada, temperada e colorida de rosa.

でんぶ 臀部 〔解〕nádegas (fpl), glúteo (m).

てんぷく 転覆 capotagem (f). ～する virar

de ponta-cabeça, ficar de cabeça para baixo; 〔車など〕capotar. 我々の車が～した O nosso carro capotou.

てんぷら 天ぷら 〖料〗fritura (f) japonesa de pescados e verduras.

てんぶん 天分 dom (m) natural.

でんぷん 澱粉 amido (m), fécula (f). ～質の feculento/ta, amidoado/da.

テンペラ ♦テンペラ画 pintura (f) a têmpera.

てんぺん 天変 ♦天変地異 cataclismo (m), desastre (m) natural.

てんぽ 店舗 loja (f). ⇨店.

テンポ ritmo (m), velocidade (f). ～の速い(遅い) rápido/da (lento/ta), de ritmo acelerado (lento). 現代社会は変化の～が速い A sociedade atual muda muito rapidamente.

てんぼう 展望 panorama (m), vista (f);〔将来の〕perspectiva (f). あのビルディングは町の～を妨げている Aquele prédio está obstruindo o panorama da cidade. それは長期的な～を欠くプロジェクトだった Era um projeto sem muita perspectiva a longo prazo.

でんぽう 電報 telegrama (m). (…に)～を打つ mandar um telegrama (a …), telegrafar. ちょっと～を打ちたいのですがどこへ行ったらいいしょうか Por favor, onde será que eu posso telegrafar? 昨日会社に～を送った Enviei um telegrama à empresa ontem.

デンマーク Dinamarca (f). ～の dinamarquês/quesa.

てんまど 天窓 claraboia (f).

てんめつ 点滅 pisca-pisca (m). ～する pisca-piscar, piscar.

てんもんがく 天文 astronomia (f). ～の astronômico/ca. ♦天文学者 astrônomo/ma.

てんもんだい 天文台 observatório (m) astronômico.

てんやわんや grande confusão (f), barafunda (f), desordem (f),《口語》bagunça (f).

でんらい 伝来 〔伝承〕transmissão (f);〔外来〕introdução (f), importação (f). 先祖の～ tradicional, transmitido/da pelos ancestrais. 仏教の～ introdução do budismo. ～する ser introduzido/da, transmitir-se. ボサノバはブラジルから～したものだ A bossa-nova foi importada do Brasil.

てんらく 転落 ❶ queda (f). ❷《比》degradação (f). ～する **1)** cair. 彼女は10メートル～した Ela caiu de uma altura de dez metros. **2)**《比》cair, degradar-se. 我々のチームは最下位に～した Nosso time caiu para a última posição (no campeonato). ♦転落積載物 carga (f) capaz de cair ou escorregar do veículo.

てんらんかい 展覧会 exposição (f). ⇨展示.

でんりゅう 電流 corrente (f) elétrica. ♦電流計 amperímetro (m).

でんりょく 電力 força [energia] (f) elétrica. …に～を供給する fornecer energia elétrica a …. ～を節約する economizar energia elétrica. ～を消費する gastar energia elétrica. ♦電力計 wattímetro (m).

*__でんわ__ 電話 〔受話器〕telefone (m) [テレフォーニ];〔通話〕telefonema (m) [テレフォネーマ]. ～をかける telefonar. ～に出る atender ao telefone. …と～で話をする falar ao telefone com …. ～を切る desligar o telefone. ～を切らずにお待ちください Aguarde na linha, por favor./Não desligue. ～がつながりました、お話しください Já está feita a ligação. Pode falar. また午後に～します Eu volto a telefonar à tarde. あなたに～ですよ Telefonema para você. あしたまたお～ください Telefone outra vez amanhã, por favor. できるだけ早く折り返し～をいたします Darei (Daremos) o retorno o mais cedo possível. 西本から～があったと(彼に)お伝えください Diga a ele que o Nishimoto (lhe) telefonou. ～をお借りしてよろしいでしょうか Será que eu posso usar o telefone? ～番号を教えていただけますか Poderia me dizer o seu número de telefone? ～料金を払ってください Pague a conta de telefone.

♦電話回線 circuito (m) telefônico. 電話局 companhia (f) telefônica. 電話交換手 telefonista (f). 電話代 tarifa (f) telefônica. 電話ボックス cabina (f) telefônica. 電話帳 lista (f) telefônica. 電話番号 número (m) de telefone. 電話料金 conta (f) de telefone. 携帯電話 telefone celular, celular (m). 公衆電話 telefone público. 固定電話 telefone fixo. 長距離(国際, 市外)電話 telefonema a longa distância (internacional, interurbano). 留守番電話 secretária (f) eletrônica.

と

と 戸 porta (f). ~を開ける(閉める) abrir (fechar) a porta. ~が開く(閉まる) abrir-se (fechar-se) a porta. ~をたたく bater à porta. ~を開けてくださいますか Poderia abrir a porta para mim? ~を閉めましょうか〔自発的に申し出る場合〕Quer que eu feche a porta?/〔婉曲的な命令〕Vamos fechar a porta? だれかが~をたたいています Alguém está batendo à porta.

と 都 metrópole (f). 東京~ metrópole de Tóquio. ◆都庁 prefeitura (f) de Tóquio. 都電(バス)bonde (m) (ônibus (m)) metropolitano.

*-と ❶ e [イ]. 私~あなた~彼 eu, você e ele. ❷〔…といっしょ〕com [コン], junto com; 〔…と敵対して〕com, contra [コントラ]. 彼女(恋人)~映画に行きます Eu vou ao cinema ∟com ela (com a minha namorada)」. これをさっきの本~(いっしょに)送ってくれますか Poderia enviar isto aqui junto com aquele livro lá? 私は社長~けんかをしてしまった Eu acabei brigando com o presidente (da companhia). ❸〔…するとき〕quando [クァンド]; 〔ちょうどそのとき〕justo quando. あの人は怒る~こわいからね Ele/Ela mete [dá] medo quando fica bravo/va, não é mesmo? 部屋を出るとうちに電話が鳴った Justo quando eu ia sair do quarto, tocou o telefone. ❹〔もし…ならば〕se [スィ];〔…でなければ〕senão [セナォン]. あなたが来ない~彼はがっかりするでしょう Se você não vier, acho que ele vai ficar desanimado [decepcionado]. もっと一生懸命やらない~首になるよ Trabalhe com mais afinco, senão vai ser despedido/da, hein? ❺〔たとえ…でも〕mesmo que, ainda que (+接続法)《+subjuntivo》. たとえ計画が失敗しよう~私はあきらめません Mesmo que fracasse o projeto, não me darei por vencido/da./Mesmo que o projeto não dê certo, não desistirei (dele). ❻ ou〔オウ〕. あなたは春~秋~ではどちらが好きですか Você gosta mais da primavera ou do outono?

ト【音】sol (m). ◆ト音記号 clave (f) de sol. ト長調 sol maior. ト短調 sol menor.

ど 度 ❶〔程度〕grau (m), devido limite (m), devida medida (f). ~を越す passar dos limites, exceder-se, ir longe demais. 酒も~を越すと健康に悪い A bebida (f) alcoólica faz mal à saúde quando a tomamos demais. 彼はときどき冗談の~が過ぎる Às vezes ele se excede nas brincadeiras. ❷【数】〔角度〕grau (m). 45~の角度 ângulo (m) de quarenta e cinco graus. ❸〔回数〕vez (f), número (m) de vezes. もう一~説明していただけますか Poderia me explicar mais uma vez, fazendo um favor? この練習を二~繰り返してください Repita duas vezes este exercício. 三~目に na terceira vez. あそこには二~と行きたくない Nunca mais quero ir lá. 私たちが日本に来るのはこれで二~目だ Esta é a segunda vez que vimos ao Japão. 彼は月に二、三~ここに来る Ele vem aqui duas ou três vezes por mês. 三~に分けて run três vezes. 私が彼女に二~目に会ったのはパリだった Foi em Paris que eu a vi pela segunda vez. ❹〔経緯度の単位〕grau. 漁船は北緯20~西経30~のところで捕まった O barco pesqueiro foi capturado [《口語》pego] a vinte graus de latitude norte e trinta de longitude oeste. ❺〔温度〕grau. マイナス(プラス)3~ três graus negativos (positivos). 零下10~ dez graus abaixo de zero. 今日の気温は摂氏15~だ A temperatura de hoje é de quinze graus centígrados. 明日の最高気温は40~になるでしょう A temperatura (f) máxima de amanhã vai ser de quarenta graus. 私は今日38~の熱があります Hoje estou com trinta e oito graus de febre. ❻【音】〔音程〕grau, intervalo (m) musical. 長(短)3~ terceira maior (menor). 長4~の和音 acorde (m) de quarta maior. 2~ segunda. 3~ terceira. 4~ quarta. 5~ quinta. 6~ sexta. 7~ sétima. 8~ oitava. 完全5~ quinta justa. 増(減)3~ terceira aumentada (diminuída). ❼〔アルコール分〕grau. ~の強いウィスキー uísque ∟forte 「de elevado teor alcoólico」. 43~のブランデー conhaque (m) de quarenta e três graus. ❽〔レンズの屈折率〕dioptria (f), graduação (f). この眼鏡は~が合っていない Estas lentes não estão me servindo. ~の強い(弱い)眼鏡 lentes [óculos] fortes (fracas). ~を計る ver [medir] a dioptria (da lente).

ド【音】dó (m), nota (f) dó.

ドア porta (f). ~を開ける abrir a porta. ~を閉める fechar a porta. ◆ドアノブ maçaneta (f). 回転ドア porta giratória. 自動ドア porta automática. ⇨戸.

どあい 度合い intensidade (f), grau (m).

ドアボーイ porteiro (m) (= ドアマン).

とある um/uma certo/ta. ~国の王様 o rei de um certo país.

とい 問い pergunta (f). 次の~に答えよ Responda à(s) seguinte(s) pergunta(s). ⇨質

問.
とい 樋　calha (f), goteira (f).
といあわせ 問い合わせ　pedido (m) de informação. お～はこちらで《表示》Informações (fpl) aqui. それは～中だ Estamos nos informando a respeito.
といあわせる 問い合わせる　…に～ pedir informação a …, indagar …　de. そのことは担当者に問い合わせてみます Quanto a isso vou perguntar ao responsável (pelo assunto). それについては受付に問い合わせてください Quanto a isso ⌞informe-se na [dirija-se à] recepção, sim?
といき 吐息　❶〔吐く息〕bafo (m), baforada (f), bafejo (m),《口語》bafejada (f).　❷〔ため息〕suspiro (m). 安堵(ぁんど)の～をもらす dar um suspiro de alívio.
といし 砥石　pedra (f) de amolar, amoladeira (f).
といただす 問い質す　❶〔尋ねてはっきりさせる〕tirar satisfações, averiguar. 事の真偽を～ averiguar se o caso é verdadeiro ou falso, tirar satisfações para averiguar a ⌞verdade ou a falsidade [autenticidade] do caso. ❷〔問い詰める〕interrogar. 上司名を～ pressionar (/a interrogado/da) a dar [informar] o nome do chefe.
ドイツ　a Alemanha (f). ～の da Alemanha, alemão/alemã. ♦ドイツ語 alemão (m)《a língua》. ドイツ人 alemão/alemã《o povo》.
といつめる 問い詰める　pressionar com perguntas, submeter a interrogatório. 部長はなぜ遅刻したのかと部下を問い詰めた O chefe de departamento pressionou o/a subordinado/da a dizer o motivo do atraso. スパイは問い詰められても口を割らなかった Apesar de (ser) submetido a interrogatório, o/a espião/piã não abriu a boca.
といや 問屋　⇨問屋(とんや).
トイレ(ット)　toalete (m)〔トリレッチ〕, banheiro (m)〔バニェーイロ〕, sanitário (m)〔サニターリオ〕.　～はどこでしょうか Onde é o toalete, por favor? ～をお借りしてよろしいでしょうか Será que posso usar o toalete? ～の水が流れません〔詰まっている〕O banheiro está entupido.〔壊れている〕A descarga do banheiro está quebrada. ♦トイレットペーパー papel (m) higiênico.
とう 問う　❶〔尋ねる〕perguntar, interrogar, indagar. 友人の安否を～ perguntar pelo/la amigo/ga.　❷〔問題にする〕importar-se, exigir-se. この仕事に関しては年齢は問われません Para este serviço não importa a idade.
とう 党　partido (m) (político). ～を結成する formar um partido. ～に入る entrar num partido. ～を脱退する deixar (o [sair do]) partido. ♦党員 membro (m) de partido.
とう 塔　torre (f), pagode (m).
とう 当　❶〔道理にかなっていること〕～を得た justo/ta, razoável. ❷〔この, その〕～大学では nesta universidade.
とう 等　❶〔等級〕classe (f), grau (m), lugar (m). 1～をとる tirar o primeiro lugar. 1～で旅行する viajar em primeira classe. ❷〔…など〕et cetera [etc], e outras coisas mais, e assim por diante. 私はペン, ノート～を買った Eu comprei caneta, caderno etc.
とう 藤　rotim [ratan] (f), junco (m), vime (m). ～のステッキ bengala (m) de junco. ～いす assento (m) de rotim [ratan].
-とう -頭　cabeça (f). 牛60～ sessenta cabeças de bois [vacas].
*どう　❶〔どんな〕como〔コーモ〕, de que jeito, de que maneira? それで～なったの E como ficou? これから～なりますか Como é que fica então? 体の具合は～ですか Como está de saúde? 理由は～であっても seja qual for ⌞o motivo [a razão]. ❷〔どういうふうに〕～するか como fazer …. あなたはこれを～やって作ったのですか Como você fez isto? この部品を～はめるべきかわかりますか Você sabe como colocar esta peça? ～にでも好きなようにしてください Faça como ⌞quiser [bem entender]. もう～しようもない Não há mais nada a fazer. さあ～しよう E agora? ❸〔感想, 印象〕～であるか ser de que jeito?/ser como? ご旅行は～でしたか Como foi de viagem? この会社は～ですか O que acha desta companhia? あのブラウスは～かしら Que tal aquela blusa lá? ¶ ～でもいい Tanto faz./Isso é indiferente para mim.
どう 同　igual, mesmo/ma. ⇨同じ.
どう 胴　〔身体の〕corpo (m), tronco (m);〔衣服の〕corpo (m);〔楽器の〕caixa (f).
どう 銅　cobre (m). ～(製)の de cobre.
とうあつ 等圧　〖気象〗pressão (f) atmosférica igual. ♦等圧線 linha (f) isobárica.
とうあん 答案　〔答え〕resposta (f);〔答案用紙〕papel (m) de exame. ～を提出する entregar o exame. ～を集める recolher as folhas de respostas.
どうい 同意　conivência (f), consentimento (m), anuência (f), aprovação (f). そのためには家族の～が必要だ Para isso, é preciso haver convivência da família. …に～する consentir em …, concordar com …, aprovar …. 私はそのことに～します Eu concordo com isso./Eu subscrevo [assino] isso. 私はあなたがあそこへ行くことに～できない Eu não posso consentir em que você vá lá. …の～を得る obter o consentimento de …. ♦同意書 consentimento por escrito.
どういう　como, que. ～理由で por que razão? por que? これは～ふうにやるのですか Como [De que jeito] se faz isto? その仕事は～仕事ですか Como é esse serviço (aí)? 彼は～人間ですか Que tipo de pessoa é ele?
どういかく 同位角　〖数〗ângulos (mpl) correspondentes.
どういけん 同意見　mesma opinião (f). ～で

ある ser da [ter a] mesma opinião. 私は彼とまったく～です Tenho a mesmíssima opinião que ele./Concordo plenamente com ele.

どういげんそ 同位元素 〚理〛 isótopos (*mpl*).

どういたしまして 《como resposta a um agradecimento》de nada, não há de que, imagine!, ora ….

***とういつ** 統一 unidade (*f*) [ウニダーデ]; 〔統一性〕 uniformidade (*f*) [ウニフォルミダーデ]; homogeneidade (*f*) [オモジェネイダーデ]; unificação (*f*) [ウニフィカサゥン]; 〔統一化〕 uniformização (*f*) [ウニフォルミザサゥン]; homogeneização (*f*) [オモジェネイザサゥン]. ～する 〔一つのまとまりにする〕 unificar; 〔画一化する〕 uniformizar, homogeneizar. いろいろな意見の～をはかる fazer a síntese das opiniões diversas. 国を～する unificar o país. 精神を～する concentrar o espírito. ～のある(を欠いた)発表 exposição (*f*) coerente (sem muita coerência). ♦統一テーマ tema (*m*) comum.

どういつ 同一 ～の mesmo/ma, idêntico/ca, igual. …と～の水準にある ter o mesmo nível que …. 二つは完全に～の物だ Ambos são idênticos. AをBと～視する considerar A igual a B. ♦同一原理 〚哲〛 princípio (*m*) de identidade. 同一人物 a mesma pessoa (*f*). 同一性 identidade (*f*).

どういん 動員 movimentação (*f*), mobilização (*f*). 労働力を～する mobilizar a mão de obra. ♦動員令 ordem (*f*) de mobilização.

どうおん 同音 ❶〔同じ発音〕mesmo som (*m*). ♦同音異義語 〚文法〛 homônimo (*m*). ❷〔同じ高さの音〕mesmo tom (*m*). ～で歌う cantar em uníssono.

とうか 投下 lançamento (*m*) de cima para baixo. 爆弾の～ lançamento de bomba. ～する lançar de cima para baixo, fazer cair. …に爆弾を～する lançar uma bomba sobre ….

どうか por favor; de todo jeito. ～私に手紙をください Por favor, escreva-me, sim?

どうか 同化 assimilação (*f*), adaptação (*f*), integração (*f*). …に～する adaptar-se [assimilar-se] a, integrar-se a [em] …. …を～する assimilar …. ブラジル人は日本の社会に～するのが早い Os brasileiros integram-se rápidos na sociedade japonesa. 日本人はブラジルの社会に～していった Os japoneses foram se adaptando à sociedade brasileira. ～力のある assimilável, adaptável, que tem capacidade [facilidade] de assimilar-se [adaptar-se]. ♦同化作用 anabolismo (*m*).

どうか 銅貨 moeda (*f*) de cobre.

とうかいどう 東海道 estrada (*f*) de Tokaido. ♦東海道新幹線 a nova linha (*f*) Tokaido (o trem-bala).

とうかく 等角 ângulos (*mpl*) iguais. ♦等角三角形 triângulo (*m*) equiângulo.

とうかく 頭角 topo (*m*) da cabeça, cocuruto (*m*). ～を現す sobresair-se, destacar-se, distinguir-se. 彼は芸術家として～を現した Ele se destacou como artista.

どうかく 同格 ❶〔同じ資格〕mesma posição (*f*), mesma classe (*f*). ❷〚文法〛 aposto (*m*) (=同格語).

どうがく 同額 mesma importância (*f*) [quantia (*f*)]. …と～の da mesma importância que …, igual a …. 先月と～の給料をもらった Recebi um salário igual ao do mês passado.

どうかして de qualquer jeito, de um modo ou de outro. ～この仕事をきょうまでに間に合わせたかったのです Eu quis aprontar este serviço até hoje, de todo jeito.

どうかする ❶〔異変がある〕ter [estar com] algum problema, acontecer alguma coisa (com). どうかしましたか Aconteceu alguma coisa?/Está com algum problema? お子さんがどうかしたのですか Aconteceu alguma coisa com o seu filho/a sua filha? ❷〔正気ではない〕não estar com a cabeça no lugar, ficar ruim da cabeça. ごめんなさい. あの日は私どうかしていたんですよ... Desculpe! Acho que aquele dia eu não estava com a cabeça no lugar …. ❸〔何とかする〕tomar medidas, dar um jeito em. この状態をどうかしてください Por favor, dê um jeito nesta situação. ❹〔故障する〕enguiçar. このテレビはどうかしています Esta televisão está encrencada [enguiçada]. ～と às vezes, de vez em quando.

とうかつ 統括 abrangência (*f*), resumo (*m*), integração (*f*). ～的な abrangente, abarcador/ra, abarcante. ～する resumir incluindo tudo, abarcar, abranger, integrar. 全員の意見を～する resumir [incluir] todas as opiniões expressas. 全体を～する結論 conclusão (*f*) abrangente.

とうかつ 統轄 controle (*m*), administração (*f*), direção (*f*). ～する governar, controlar, administrar, dirigir, assumir a responsabilidade de. 大企業を～する dirigir uma grande empresa. ♦統轄者 diretor/ra, governador/ra; responsável.

とうがらし 唐辛子 pimenta (*f*) vermelha. ♦一味唐辛子 condimento (*m*) com somente uma espécie de pimenta.

とうかん 投函 ～する pôr (uma correspondência) na caixa do correio. この手紙を～してください Leve esta carta ao correio, por favor.

とうがん 冬瓜 〚植〛 abóbora-d'água (*f*).

どうかん 同感 …に～である concordar plenamente com …, ser da mesma opinião que …. まったくあなたの意見に～です Estou de pleno acordo com você [com a sua opinião].

とうき 冬期, 冬季 período (*m*) de inverno. ♦冬期休暇 férias (*fpl*) de inverno. 冬季オリンピック Olimpíadas (*fpl*) de Inverno.

とうき 投棄 despejo (*m*), abandono (*m*). ～

する jogar fora, despejar, abandonar. ごみを不法~する jogar lixo em lugar indevido [ilegal].
とうき 投機 especulação (f). ~する especular. ~的 especulativo/va. 株に~する comprar ações, especular com ações. ♦投機家 especulador/ra. 投機熱 febre (f) de especulação.
とうき 登記 〖法〗registro (m), registo (m), inscrição (f). ~する registrar, inscrever. ♦登記官 escrivão/vã, tabelião/liã de registros. 登記所 cartório (m). 登記証書 certidão (f) de registro. 登記済み registrado/da. 登記手続き formalidades (fpl) de registro. 登記簿 livro (m) de notas. 不動産登記 registro imobiliário.
とうき 陶器 louça (f), cerâmica (f).
とうき 騰貴 alta (f). ~する subir, elevar-se. 物価の~ alta (f) de preço.
とうぎ 討議 debate (m), discussão (f). …を~する discutir sobre …. ~中 em discussão.
どうき 動機 motivo (m), motivação (f). …が~となって motivado/da por …. 不純な~ motivação calculista [interessada]. 海外に行く~は十分ある ter motivos suficientes para ir ao estrangeiro. ♦動機づけ 〖心〗motivação.
どうき 動悸 palpitação (f). ~がする Tenho [Estou com] palpitação./O coração está batendo forte.
どうき 同期 mesmo período (m), mesma época (f). 昨年の~と比べて comparativamente ao mesmo período do ano passado. ♦同期生 colega de classe (que entrou na escola no mesmo ano).
どうき 銅器 utensílio (m) de bronze. ♦銅器時代 era (f) do bronze.
どうぎ 動議 moção (f), proposta (f). ~を出す apresentar uma proposta.
どうぎご 同義語 sinônimo (m).
とうきび 唐黍 ⇨とうもろこし.
とうきゅう 投球 lançamento (m) [arremesso (m)] de bola. ~する lançar [arremessar, atirar] a bola. ¶全力~して仕事に打ち込む concentrar todas as forças no trabalho. ♦全力投球 lançamento de bola com toda a força.
とうきゅう 等級 ❶ ranking (m) [ハンキン], categoria (f), classe (f). ~が上がる subir 〔de categoria [na classificação]. ワインに~を付ける classificar um vinho. ❷〔星の〕grau (m) de intensidade luminosa de um astro. 星の~ magnitude (f) [grandeza (f)] de uma estrela. ❸〔位〕posto (m). ~が上がる subir 〔de posto [na carreira], ser promovido/da. 彼は中佐に~が上がった Ele foi promovido a tenente-coronel.
とうぎゅう 闘牛 ❶〔競技〕tourada (f). ♦闘牛場 arena (f). ❷〔牛〕touro (m) de lide. ♦闘牛士 toureiro/ra; 〔とどめを刺す役〕matador/ra; 〔突き役〕picador/ra.
どうきゅう 同級 mesma classe (f). ♦同級生 colega de classe.
どうきょ 同居 coabitação (f). …と~する morar junto [coabitar] com.
どうきょう 同郷 …と~である ser conterrâneo/nea de …. ♦同郷人 compatriota.
どうぎょう 同業 ❶〔職種の〕mesma profissão (f). ❷〔業種の〕mesmo ramo (m) de comércio. 彼は私と~だ Ele exerce a mesma profissão que eu. ♦同業者 companheiro/ra da mesma profissão. 同業組合 sindicato (m) dos trabalhadores do mesmo ramo de negócios. 同業他社 outras companhias (fpl) do mesmo ramo.
とうきょく 当局 autoridades (fpl), autoridade (f) competente. この問題は関係諸~で討議される Este problema será discutido pelas autoridades competentes. 不審な人物を発見したら~に通報してください Se vir uma pessoa suspeita, notifique as autoridades. ♦学校当局 direção (f) da escola, autoridades escolares. 組合当局 autoridades sindicais. 市当局 autoridades municipais. 政府当局 autoridades governamentais.
***どうぐ 道具** 〔工具〕ferramenta (f) [フェラメンタ]; 〔世帯道具〕utensílio (m) [ウテンスィーリオ]; instrumento (m) [インストルメント]. ♦道具箱 caixa (f) de ferramentas. 大工道具 instrumentos de carpinteiro. 台所道具 utensílios de cozinha, apetrechos (mpl) culinários.
とうぐう 東宮 príncipe (m) herdeiro. ♦東宮御所 palácio (m) do príncipe herdeiro.
どうくつ 洞窟 caverna (f).
とうげ 峠 desfiladeiro (m);〔危機〕crise (f). ~を越す vencer a fase crítica.
とうけい 統計 estatística (f). …の~を取る fazer a estatística de …. 最近の~によれば… segundo as estatísticas mais recentes …. ♦統計学 estatística (f). 統計学者 especialista em estatística, estatístico/ca. 統計表 estatística.
とうげい 陶芸 cerâmica (f). ♦陶芸家 ceramista.
どうけし 道化師 palhaço/ça.
とうけつ 凍結 ❶ congelamento (m). ~する congelar, gelar. 川が~した O rio congelou-se. ~を解く descongelar, degelar. ♦凍結防止剤 anti-congelante (m). ❷〖経・法〗congelamento. ♦資産凍結 congelamento de bens. 賃金凍結 congelamento salarial.
とうけん 刀剣 arma (f) branca (de corte ou perfuração), espada (f), punhal (m), adaga (f).
どうけん 同権 direitos (mpl) iguais. ♦男女同権 igualdade (f) de direitos do homem e

da mulher.

とうこう 投稿 colaboração (f) (com artigos para um jornal etc). 新聞の～者 colaborador/ra do jornal. ～する colaborar (escrevendo artigos para jornais etc). ◆投稿欄 coluna (f) do leitor.

とうこう 登校 ida (f) à escola. ～する ir à escola, frequentar as aulas. ～拒否する evadir-se da escola, rejeitar-se a frequentar as aulas. ◆登校拒否 abstenção (f) escolar, evasão (f) escolar. 登校時間 hora (f) de ir à escola. 登校中 no caminho da escola.

とうこう 陶工 ceramista.

とうこう 刀工 cuteleiro/ra, fabricante de espadas.

とうごう 等号 〘数〙 sinal (m) de igual.

とうごう 統合 integração (f), unificação (f), unidade (f). 経済的～ integração (f) econômica. ～する integrar, unificar, unir. 2つの電話会社が～された Duas empresas telefônicas foram unificadas. 国民～の象徴 símbolo (m) da unidade nacional. ◆統合労働法 〘法〙 Consolidação (f) das Leis do Trabalho, CLT [セーエーリテー]. 地域統合 integração (f) regional 《como a União Europeia》.

どうこう 動向 ❶〔動き〕 movimento (m). ❷〔傾向〕 tendência (f). 経済の～ tendências econômicas. ファッションの～に注意している estar atento/ta às tendências da moda.

どうこう 同好 テニス同好会 sociedade (f) de amadores de tênis.

どうこう 同行 ～する acompanhar. 警官は私に～を求めた A polícia me pediu que o acompanhasse. 署まで～してください Acompanhe-nos até a polícia, por favor. ◆同行者 acompanhante; 〔旅の〕 companheiro/ra de viagem.

どうこう 瞳孔 〘解〙 pupila (f). ◆瞳孔散大 midríase (f).

とうごうしっちょうしょう 統合失調症 〘医〙 esquizofrenia (f).

とうこうせん 等高線 isóipsa (f), curva (f) de nível.

とうざ 当座 ❶〔さしあたり〕 momento (m). ～の do momento, provisório/ria. ～の住い moradia (f) temporária. ～の処置 medida (f) provisória. ～の必要品 artigos (mpl) necessários no momento. 彼女は～の小遣いには事欠かない Ela tem dinheiro suficiente para os pequenos gastos do momento. ～はこれで十分だ Isto é suficiente para o momento. ◆当座貸し empréstimo (m) temporário. 当座逃れ fuga (f) momentânea (do problema). ❷〘経〙 conta (f) (corrente). ～預金に振り込む depositar na conta corrente. ◆当座預金 conta corrente.

*****どうさ 動作** movimento (m) [ムヴィメント]; 〔行動〕 ação (f) [アサォン]; 〔ふるまい〕 comportamento (m) [コンポルタメント], maneiras (fpl) [マネーイラス]. あの人は～がのろい Ele/Ela é muito lento/ta [lerdo/da].

とうさい 搭載 ❶〔積み込むこと〕 carregamento (m), colocação (f) de carga. 核弾頭を～した爆撃機 bombardeiro (m) carregado de ogivas nucleares. ❷ carga (f). ◆搭載量 capacidade (f) de carga. ❸〔装備〕 transporte (m) de armas. 核を～する艦 navio (m) de guerra que transporta armas nucleares. ミサイルを～している戦闘機 avião (m) de guerra armado de mísseis.

とうざい 東西 ❶〔東と西〕 o leste e o oeste. ❷〔東洋と西洋〕 o Oriente e o Ocidente. 洋の～を問わず seja no Oriente, seja no Ocidente. ◆東西南北 os quatro pontos (mpl) cardeais.

とうさく 盗作 plágio (m). ～する plagiar. ◆盗作者 plagiário/ria.

どうさつ 洞察 perspicácia (f), percepção (f). ～する perceber, discernir. ～力のある perspicaz, que percebe bem a intenção dos outros. ◆洞察力 capacidade (f) de percepção.

とうさん 倒産 falência (f). ⇨破産.

どうさん 動産 bens (mpl) móveis.

どうざん 銅山 mina (f) de cobre.

とうし 凍死 morte (f) por congelamento [frio]. ～する morrer de frio [congelado/da].

とうし 投資 〘経〙 investimento (m), aplicação (f). 確実な～ investimento seguro. 多額の～ um investimento grande. …に…を～する investir … em …. 我が社は設備に大金を～した A nossa companhia investiu muito na instalação dos equipamentos. ◆投資家 investidor/ra. 投資会社 sociedade (f) de investimentos.

とうし 透視 visibilidade (f) por transparência. …を～する ver … através da transparência. ◆透視画 pintura (f) com perspectiva. レントゲン透視 〘医〙 radioscopia (f).

とうし 闘士 militante. 学生運動の～ militante do movimento estudantil.

とうし 闘志 espírito (m) de luta, espírito combativo, garra (f), raça (f), determinação (f). …満々である ser [estar] cheio/cheia de espírito combativo, ter muito ânimo para batalhar. あの選手は～をむき出しにするが感情のコントロールを失うことなくプレーする Aquele jogador joga com muita raça, mas sem perder o controle das emoções.

とうじ 当時 nesse [neste, naquele] tempo, nessa [nesta, naquela] época; do tempo de; então. 彼らは～19 歳だった Na época estavam com dezenove anos. 大学～の思い出 memórias (fpl) do tempo de estudante. 95 年～の流行 moda (f) do ano de noventa e cinco.

とうじ 冬至 solstício (m) de inverno.

どうし 動詞 verbo (m). ～の活用 conjugação (f) verbal. ♦規則動詞 verbo regular. 不規則動詞 verbo irregular. 自動詞 verbo intransitivo. 他動詞 verbo transitivo. 再帰動詞 verbo reflexivo.

どうし 同士 companheiro/ra, amigo/ga, colega. 学生～の話し合い conversa (f) entre os estudantes 《para se resolver algo》. 女～の争い rivalidade (f) entre mulheres. 私たちは恋人～だ Somos namorados.

どうじ 同時 ～に 1)〔一度に〕ao mesmo tempo, simultaneamente. ～にたくさんのことをやれるものではない É impossível fazer muitas coisas ao mesmo tempo. 2)〔ちょうどそのときに〕ao mesmo tempo que, justo quando. チャイムが鳴ると～に工場からは作業場を出た Assim que tocou o sinal, os/as operários/as saíram da fábrica.

どうじ 同次 〖数〗homogeneidade (f). ♦同次方程式 equação (f) homogênea.

とうしき 等式 〖数〗igualdade (f).

とうじしゃ 当事者 pessoa (f) interessada, partes (fpl) envolvidas, pessoa em cargo. ～に意見を聞く consultar os interessados, ouvir a opinião das pessoas envolvidas.

どうじだい 同時代 contemporaneidade (f). ～の contemporâneo/nea. ～を生きる viver a mesma época.

とうじつ 当日 ～には no dia. ～雨天の場合は se chover no dia. ～限り有効 ser válido/da somente no dia.

どうしつ 同室 mesmo quarto (m). ～する ficar no mesmo quarto.

どうじつ 同日 mesmo dia (m).

どうして ❶〔なぜ〕por que. 昨日は～来なかったのですか Por que não veio ontem? ❷〔どんなふうにして〕como, de que modo, o que. こういう場合は～よいのかわからない Não sei ιo que [como] fazer nesses casos. ～でも de qualquer modo.

どうしても muito, de todo jeito. 私は～一度日本に来たかった Eu queria muito vir ao Japão, pelo menos uma vez. ⇨とても.

とうしゃばん 謄写版 mimeografia (f). ～で刷る mimeografar.

とうしゅ 党首 chefe de partido (político).

とうしゅ 投手 〖野球〗arremessador/ra. ♦左腕投手 arremessador/ra canhoto/ta. 勝利投手 arremessador/ra da vitória. 先発投手 arremessador/ra que começa o jogo.

とうしょ 投書 carta (f) do leitor. …に～する escrever uma carta para ….

とうしょ 当初 começo (m), início (m). ブラジルに来た～ nos primeiros dias da estada no Brasil.

とうしょう 凍傷 frieira (f). ～にかかる ter frieiras.

とうじょう 登場 aparecimento (m), entrada (f) em cena. ～する aparecer, entrar em cena. ♦登場人物 personagem.

とうじょう 搭乗 embarque (m). ～する embarcar. ♦搭乗員 tripulante, tripulação (f). 搭乗券 cartão (m) de embarque. 搭乗時間 horário (m) de embarque.

とうじょう 同上 acima mencionado/da. ～の理由で pela razão acima referida, pelos motivos acima referidos.

* **どうじょう** 同情 compaixão (f) [コンパイショォン], dó (m) [ドー]. …に～する ficar com dó de …, ter compaixão de …, condoer-se de …. ～的 compadecido/da, condoído/da.

どうじょう 道場 ❶〔仏道の〕local (m) de prática budista. ❷〔武芸の〕academia (f). 柔道の～ academia de judô.

どうしょくぶつ 動植物 os animais e as plantas, a fauna e a flora.

とうじる 投じる ❶〔投げる〕jogar, lançar. 絶壁の上から海中に身を～ jogar-se no mar do alto de um abismo. ❷〔票を〕dar. 票を～ dar o seu voto, votar. ❸〔費やす〕investir. 事業に大金を～ investir uma grande soma na empresa.

どうじる 動じる atrapalhar-se, perder a calma, ficar atrapalhado/da.

とうしん 投身 ～する atirar-se para se matar. 女性はマンションの13階から～自殺をした A mulher atirou-se [jogou-se] do décimo terceiro andar de um prédio de apartamentos. 彼は川で～自殺を図った Ele tentou suicidar-se atirando-se ao [no] rio.

とうしん 答申 ～する entregar [apresentar] um relatório. ♦答申書 relatório (m).

どうしん 童心 candura (f) infantil, coração (m) de criança. ～にかえる reencontrar a candura infantil, sentir algo como nos tempos de criança.

どうしんえん 同心円 〖数〗círculo (m) concêntrico.

とうしんだい 等身大 tamanho (m) natural. ～の em [de] tamanho natural. ～の人形 boneco (m) em tamanho natural. ～の写真 foto (f) em tamanho natural.

とうすい 陶酔 ❶〔酔うこと〕embriaguez (f). ～する embriagar-se. ❷〔うっとりすること〕êxtase (m), enlevo (m). …に～する extasiar-se com …, ficar inebriado/da [extasiado/da] com …. ♦自己陶酔 narcisismo (m).

どうせ mesmo, de todo jeito, de qualquer forma. ～やらなければならない仕事なのだから、やってしまいましょうよ Já que é um trabalho que tem de ser feito mesmo, vamos terminar logo, não é? ～彼が勝つに決まっている Todo mundo sabe que ele vai ganhar a partida. ～そんなことになるだろうと思っていた Sabia que isso ia ser assim.

とうせい 統制 〔管理〕controle (m);〔規制〕regulamentação (f). ～する controlar; regulamentar. ～を強化する(ゆるめる) reforçar (moderar, aliviar, atenuar) a regulamentação. 言論を～する controlar a liberdade de expressão. 物価を～する controlar [regulamentar] os preços.

どうせい 同姓 mesmo sobrenome (m). 彼は私と～同名だ Ele tem o mesmo sobrenome e o mesmo nome que eu.

どうせい 同性 o mesmo sexo (m). ♦同性愛〔女性、男性の〕homossexualidade (f),〔男性の〕lesbianismo (m),〔男性の〕pederastia (f). 同性愛者 homossexual, lésbica (f), pederasta (m), gay (m).

どうせい 同棲 coabitação (f), concubinato (m). ～する coabitar, morar juntos, viver em relação de concubinato. あの二人は長い間～していた Eles viviam em relação de concubinato há muito tempo.

とうせき 透析 〚医〛diálise (f). ♦人工透析 hemodiálise (f). 腹膜透析 diálise peritoneal.

どうせき 同席 …と～する estar presente no mesmo lugar que …. そのパーティーで彼と～した Estive presente na mesma festa que ele.

どうせだい 同世代 mesma geração (f).

とうせん 当選 (êxito (m) na) eleição (f). ～する ser eleito/ta, ganhar as eleições;〔賞など〕ganhar prêmio. ～を無効にする invalidar uma eleição. 彼女の～は確実だ A eleição dela é certa./《口語》Ela vai ganhar as eleições na certa. ♦当選者 candidato/ta vencedor/ra, candidato/ta eleito/ta;〔賞などの〕laureado/da, premiado/da.

とうせん 当籤 ～する ser sorteado/da, ganhar a loteria, acertar ⌐no sorteio ¬na rifa. 一等に～する ganhar o primeiro prêmio. 当籤者 sorteado/da. 当籤番号 número (m) sorteado.

*__とうぜん__ 当然 ～の natural [ナトゥラーウ], óbvio/via [オービヴィオ/7], claro/ra [クラーロ/ラ]. ～の結果 resultado (m) ⌐muito natural [que se esperava]. ～の報償 recompensa (f) ⌐(mais do que) merecida. あなたが怒るのは～です É muito natural que você fique [esteja] bravo/va. ～彼はその結果を喜ぶでしょう Naturalmente ele vai ficar contente com o resultado.

どうせん 導線 〚電〛fio (m) condutor.

どうせん 銅線 fio (m) de cobre.

どうそ 同素 〚化〛alotropia (f). ♦同素体 corpo (m) alotrópico.

*__どうぞ__ ❶〔頼み〕por favor [ポル ファヴォール]. ～お入りください Entre, por favor. どうぞ〔食物をすすめて〕Sirva-se. ❷〔承知〕pois não, como não, com muito prazer, claro que sim.「これお借りしてもよろしいですか」「～」Será que você pode me emprestar isto? — Pois não./Claro que sim. ¶ ～よろしく Muito prazer.

とうそう 逃走 fuga (f). ～する fugir. ～した foragido/da. 彼は～している Ele está foragido. ♦逃走者 o/a foragido/da.

とうそう 闘争 luta (f), combate (m). ～する lutar contra, combater. 労使間の～ luta entre patrões e operários. 人種間の～ conflito (m) racial. ♦闘争心 espírito (m) combativo. 階級闘争 luta de classes.

どうそう 同窓 ♦同窓会 associação (f) dos/das ex-alunos/nas de uma escola;〔会合〕reunião (f) dos/das ex-alunos/nas de uma escola. 同窓生 colega da mesma escola.

どうぞう 銅像 estátua (f) de bronze.

とうそくるい 頭足類 〚動〛cefalópodes (mpl).

とうそつ 統率 comando (m), direção (f), liderança (f), chefia (f). ～する comandar, dirigir, chefiar. ～力がある saber dirigir. ♦統率力 poder (m) de comando, capacidade (f) de liderança.

とうた 淘汰 seleção, eliminação (f). ～する selecionar, eliminar. ♦自然淘汰 seleção (f) natural, sobrevivência (f) do mais hábil [forte].

とうだい 灯台 farol (m)《guia dos navegantes》. ♦灯台守 faroleiro/ra.

どうたい 胴体 ❶ tronco (m) (do corpo humano). ❷ corpo (m) (de uma máquina). ♦胴体着陸 aterrissagem (f) de bojo.

どうたい 動体 corpo (m) em movimento.

どうたい 導体 〚理〛condutor (m). ♦半導体 semicondutor (m). 不導体 isolador (m).

とうち 統治 domínio (m), governo (m), reinado (m). 国を～する governar [reinar sobre] um país. …の～下にある estar governado/da por …, estar sob o domínio de …. ～統治機関 órgão (m) governamental. 統治権 soberania (f). 統治者 governador/ra, soberano/na. 信託統治 regime (m) de tutela.

とうちゃく 到着 chegada (f). …に～する chegar a [em] …. 定刻に(遅れて)～する chegar ⌐no horário previsto (com atraso). ～順に em ordem de chegada. 成田に～する予定は何時ですか Qual é o horário previsto de chegada a Narita? ♦到着時刻 horário (m) de chegada. 到着ホーム plataforma (f) de chegada. 到着ロビー sala (f) de desembarque. 国内線(国際線)到着 desembarque (m) doméstico (internacional).

どうちゅう 道中 ～で durante a viagem, a caminho. ～気をつけて Boa Viagem!

とうちょう 盗聴 escuta (f) clandestina [ilegal]. ～する escutar clandestinamente. 電話を～する interceptar secretamente mensagens telefônicas. ♦盗聴装置 aparato (m) de escuta clandestina.

どうちょう 同調 ❶ anuência (f), consentimento (m), aprovação (f). ～する concordar, consentir, aprovar. 人の意見に～する concordar com a opinião dos outros. ❷〚電〛sintonização (f).

とうちょく 当直 plantão (m), turno (m) de vigia. ~する fazer plantão, ficar de vigia. ~の de plantão, de vigia. ♦当直医 médico/ca de plantão.

とうてい 到底 ～…ない não … de jeito nenhum, não … de forma alguma 《usado com o verbo na forma negativa》. それは～できない Isso não é possível, de jeito nenhum.

どうてい 童貞 ❶ castidade (f), virgindade (f). ❷〔人〕homem (m) casto. ～を守る guardar a castidade. ～を失う perder a castidade.

どうでも como queira [quiser], tanto faz. ～好きなようにしてください Faça como queira [quiser]./Tanto faz. それは～よいことでしょ Isso é coisa de pouca importância./Isso não vem ao caso. 彼女が来ようと来まいと～ いことだ Pouco importa se ela vem ou não.

どうてん 動転 perplexidade (f), atrapalhação (f). 私は気が～してしまった Fiquei completamente transtornado/da./《口語》Perdi completamente a cabeça.

どうてん 同点 ❶〔競技〕empate (m). ～と～になる empatar com …. ブラジルはアルゼンチンと2対2の～だった O Brasil empatou com a Argentina de dois a dois. ♦同点決勝 partida (f) de desempate. ❷〔成績〕mesma nota (f). ～の生徒たち alunos/nas com a mesma nota. 彼女たちは日本語のテストで～ だった Elas tiveram a mesma nota no teste de japonês.

とうとい 尊い〔尊敬すべき〕respeitável;〔高貴な〕nobre;〔貴重な〕precioso/sa. 生命ほど～ものはありません Não há coisa mais preciosa que a vida.

とうとう até que enfim, por fim. 彼は～長年の夢を実現した Até que enfim ele realizou o sonho de muitos anos. ⇨ついに.

どうとう 同等 igualdade (f). ～の igual. ～ に igualmente. …と～の権利を持つ ter os mesmos direitos que …. …と～の立場で em pé de igualdade com …, de igual para igual com …. …と～である ser equivalente [igual] a …, ser do mesmo nível que …. 大学卒業証書または～の資格ある者 pessoa (f) com diploma universitário ou qualificação equivalente. あの先生はすべての生徒を～に扱う Aquele/la professor/ra é imparcial com todos os alunos.

どうどう 堂々 ～とした imponente, majestoso/sa. ～としている人 pessoa (f) que não se intimida [que age com dignidade]. ～と意見を述べる opinar sem medo. ～と戦う lutar com dignidade.

どうどうめぐり 堂々巡り círculo (m) vicioso. 議論は～して果てがない A discussão não vai terminar nunca porque caiu num círculo vicioso.

どうとく 道徳 moral (f), moralidade (f). ～ 的 moral. ♦道徳教育 educação (f) moral. 社会(公衆)道徳 moralidade social (pública).

とうとつ 唐突 ～な repentino/na, brusco/ca. ～な発言 uma opinião repentina. ～に de repente. 彼は～にやってきた Ele apareceu de repente.

とうどり 頭取 presidente de banco.

どうなが 胴長 tronco (m) comprido. ～で短足の人 pessoa (f) de tronco comprido e pernas curtas.

とうなん 東南 sudeste (m). ♦東南アジア o sudeste da Ásia, o sudeste asiático, a Ásia do sudeste.

とうなん 盗難 roubo (m), furto (m), assalto (m). ～に遭う ser vítima de roubo, ser roubado/da, ser assaltado/da. ～届を出す declarar roubo à polícia, dar parte do roubo de … contra o roubo, assegurar … contra o roubo. 偽造カードによる～に対する補償制度 sistema (m) de indenização [compensação] contra roubos por cartões clonados. ♦ 盗難アラーム alarme (m) contra ladrões. 盗難車 carro (m) roubado. 盗難届出証明書 boletim (m) de ocorrência (de roubo). 盗難被害 prejuízos (mpl) (causados) por roubo. 盗難品 objeto (m) roubado. 盗難予防装置 dispositivo (m) de segurança contra o roubo.

とうなんとう 東南東 és-sudeste (m), lés-sudeste (m).

とうに há muito tempo. その問題は～解決済みですが… Esse problema já foi resolvido há muito tempo ….

どうにか〔どうにかこうにか〕de algum modo, a custo, com dificuldade. 彼らは～こうにか就職できた Eles conseguiram um emprego ainda que a muito custo [com muita dificuldade]. ～こうにか暮らしています Vai-se vivendo …. それは～ならないのですか Não dá para dar um jeito nisso?/Isso não tem solução?

どうにも de forma alguma, de maneira nenhuma. ～しようがない Não há mais nada a fazer./Esgotaram-se todos os meios (para resolver a questão). あの人は遅れてくる癖があって～ならない Ele/Ela tem a mania de chegar atrasado/da e não há meios de melhorar. 忙しすぎて～ならない Estou tão ocupado/da que não tenho tempo para mais nada.

とうにゅう 投入 ❶ introdução (f), envio (m). ～する introduzir, enviar. 全兵力を～する enviar toda a força militar. ❷〔経〕investimento (m). ～する aplicar, investir, injetar. 資金を～する investir fundos. 金融機関に公的資金を～する injetar fundo público nas instituições financeiras. ♦投入資本 capital (m) investido.

とうにゅう 豆乳 leite (m) de soja.

どうにゅう　導入 introdução (f), adoção (f). ～する introduzir, adotar. 新技術を～する introduzir novas técnicas. 新しい理論を～する adotar uma nova teoria. ◆導入部《音》prelúdio (m).

とうにょうびょう　糖尿病 〖医〗diabetes (mpl). ◆糖尿病性昏睡(こんすい) coma (m) diabético. 糖尿病性網膜症 retinopatia (f) diabética. 若年型糖尿病 diabetes juvenil. 腎性糖尿病 diabetes renal.

どうねん　同年 mesmo ano (m).

とうはつ　頭髪 cabelo (m).

とうばん　当番 turno (m), vez (f). 私が掃除の～に当たっています Hoje é a minha vez de fazer a limpeza. きょうはだれが～ですか De quem é o turno hoje?/Quem tem [está de] plantão hoje? ◆当番制 sistema (m) de revezamento, rotação (f) de turnos.

どうはん　同伴 ～する acompanhar, ir [vir] com …. ご家族で～でいらしてください Venha com a família, sim?

どうばん　銅版 gravura (f) em cobre.

とうひ　逃避 evasão (f), fuga (f), escape (m). ～的な evasivo/va;《比》covarde. ～する evadir-se de, fugir de. 現実から～する fugir da realidade. 真実からの～ evasão [fuga] da verdade.

とうひょう　投票 voto (m), votação (f). ～に行く ir votar. …に～する votar em …. 明日が～の日です O dia da votação é amanhã. 知事は県民の～によって選ばれる O governador é escolhido através do voto do povo da província. 議案を～に付す submeter um projeto a votação. 議案に賛成（反対）～をする votar a favor do (contra o) projeto. ～の結果可決する decidir algo por votação. 第1回の～で na primeira votação. ～の過半数を得て pela obtenção da maioria de votos. ◆投票権 direito (m) de [ao] voto. 投票者 eleitor/ra. 投票所 seção (f) eleitoral. 投票場 local (m) de votação. 投票総数 total (m) de votos. 投票箱 urna (f) eleitoral. 投票日 dia (m) da eleição. 投票用紙 cédula (f) eleitoral.

とうびょう　投錨 ancoragem (f). ～する ancorar.

とうびょう　闘病 luta (f) contra uma doença. 彼はもう長いこと～生活を送っている Ele vem lutando há muito tempo contra a doença.

とうひん　盗品 artigo (m) roubado. ◆盗品等譲り受け人 receptador/ra.

とうふ　豆腐 queijo (m) de soja.

とうぶ　東部 leste (m); região (f) leste.

どうふう　同封 ～する incluir [colocar] … no mesmo envelope, mandar … junto com a carta. 写真を～します〔手紙で〕 Mando (junto) com a presente (carta) algumas fotografias. ～の em anexo, que vai no mesmo envelope. ～のカードに記入の上、返送願います Pedimos a gentileza de preencher a ficha em anexo e nos reenviar [devolver].

***どうぶつ　動物** animal (m)［ｱﾆﾏｰｳ］；〔集合的，一地域の〕fauna (f)［ﾌｧｰｳﾅ］.
◆動物愛護協会 associação (f) de proteção aos animais. 動物園 jardim (m) zoológico; zoo (m). 動物界 reino (m) animal. 動物学 zoologia (f). 動物学者 zoólogo/ga. 動物実験 experiência (f) com animais. 動物社会学 zoo-sociologia (f). 動物性 animalidade (f). 動物生態学 zoo-ecologia (f). 動物性蛋白(たん)質 proteína (f) animal. 動物病院 clínica (f) veterinária.

とうぶん　当分 〔今のところ〕por enquanto;〔しばらくの間〕por algum tempo.

とうぶん　等分 divisão (f) em porções [partes] iguais. 費用を～する dividir as despesas em partes iguais. ケーキを6～する dividir o bolo em seis porções iguais. 油と酢を～に混ぜる misturar o óleo e o vinagre em quantidades iguais.

とうぶん　糖分 ❶ açúcar (m). ～が多い果物 fruta (f) com alto teor de [《口語》rica em] açúcar. ～の摂取を控える abster-se do açúcar. ～を含む conter açúcar. 果物の～ frutose (f). あなたの尿にはかなりの～が出ています A sua urina está com uma alta dose de açúcar. ◆糖分含有量 teor (m) de açúcar. ❷〖化〗sacarose (f).

とうへん　等辺 〖数〗equilátero (m). ◆二等辺三角形 triângulo (m) isósceles.

とうべん　答弁 resposta (f), réplica (f), justificativa (f). ～する contestar. ～を求める pedir uma explicação [resposta]. ～書を送付する期間は10日間だ O prazo para se enviar a contestação é de dez dias. ◆答弁書〖法〗contestação (f). 国会答弁 resposta de um/uma deputado/da no Parlamento;《比》resposta evasiva.

とうぼう　逃亡 fuga (f), deserção (f). ～する fugir, escapar, desertar. 国外へ～する fugir para o estrangeiro [para outro país]. 刑務所から～する escapar da prisão. ～中の em fuga. ～生活を送る levar a vida fugindo. ◆逃亡者 fugitivo/va, desertor/ra.

とうほく　東北 nordeste (m). ～の do nordeste, nordestino/na.

とうほくとう　東北東 és-nordeste (m), lés-nordeste (m).

とうほん　謄本 cópia (f), duplicata (f). ◆戸籍謄本 cópia (total e certificada) do registro civil. ⇨抄本.

どうまわり　胴回り cintura (f).

どうみゃく　動脈 〖解〗artéria (f). ◆動脈炎 arterite (f). 動脈血 sangue (f) arterial. 動脈硬化 arteriosclerose (f). 動脈造影 arteriografia (f). 動脈瘤(りゅう) aneurisma (m).

冠状動脈 artérias coronárias.

とうみん 冬眠 hibernação (f). ～する hibernar.

とうめい 透明 transparência (f). ～な transparente, límpido/da. この川の水は～だ A água deste rio é límpida [cristalina]. それは～じゃない Falta [Não há] transparência nisso./Isso não é [está] transparente./Isso é falta de transparência. ♦透明ガラス vidro (m) transparente. 透明度 grau (m) de transparência.

どうめい 同盟 aliança (f). …と～する aliar-se com …, tornar-se aliado/da de …. ♦同盟国 nações (fpl) aliadas.

どうメダル 銅メダル medalha (f) de bronze. ⇨金メダル.

とうめん 当面 ～の urgente, imediato/ta, para já. ～の目的 objetivo (m) imediato. ～の問題 problema (m) que exige solução imediata. ～の急務 assunto (m) urgente a ser tratado. …に～する enfrentar …, ter … à frente. 経済的な困難に～したとき no momento em que se enfrentam dificuldades econômicas. ～人手は足りている Por enquanto [Por ora] a mão-de-obra está sendo suficiente.

どうも ❶〔とても〕muito. お手紙～ありがとうございました Muito obrigado/da pela carta. この間は～ Muito obrigado/da por outro dia. ❷〔なんだか〕um tanto, não sei por quê. 私は～風邪をひいたらしい Não sei, mas parece que eu peguei um resfriado. ～この機械はわからない Não consigo compreender esta máquina, por mais que eu tente. この商売は～うまく行かない Pensando bem, este negócio não está indo muito bem.

とうもろこし 〖植〗milho (m).

とうやく 投薬 prescrição (f) de medicamento, medicação (f). ～する medicar, receitar um remédio, dar remédio. 患者に鎮静剤を～する dar um sedativo ao paciente.

どうやら 〔たぶん〕provavelmente; 〔やっと〕até que enfim, por fim; 〔なんとかやっています〕Assim, assim …./Vamos indo ….

とうゆ 灯油 querosene (m). ♦ストーブ aquecedor (m) a querosene.

とうよう 東洋 oriente (m). ～の do oriente, oriental. ～では no oriente. ♦東洋街 bairro (m) oriental. 東洋人 o/a oriental (o povo).

とうよう 登用 promoção (f). ～する promover. 人材を～する promover o pessoal capaz a cargos importantes. 彼は重要な地位に～された Ele foi promovido a um posto importante.

どうよう 動揺 〔揺れ〕trepidação (f); 〔振動〕sacudida (f); 〔不安〕agitação (f), perturbação (f). ～する trepidar; sacudir; 〔心が〕perder a calma, ficar perturbado/da.

どうよう 同様 ～に igualmente, como. ～な環境で em circunstâncias semelhantes. 彼は奥さん～に親切な人だ Ele é tão gentil quanto a esposa. 私もあなた～この計画には不賛成だ Eu sou contra este plano, assim como você.

どうよう 童謡 cantiga (f) [canção (f)] infantil. ♦童謡集 coletânea (f) de canções infantis.

どうらく 道楽 divertimento (m), diversão (f), distração (f).

どうらん 動乱 revolta (f). ～を引き起こす provocar uma revolta. ～を鎮める reprimir uma revolta.

*__どうり__ 道理 razão (f) [ﾗｿﾞﾝ]. ～にかなった razoável. あなたの言うことには～がある O que você diz ᴌ é lógico [tem lógica]./Você tem razão.

どうりきがく 動力学 〖理〗dinâmica (f), cinética (f).

とうりょう 等量 〖理・化〗equivalente (m); mesma quantidade (f). 熱の仕事～ equivalente mecânico do calor. ～の塩と砂糖を入れる colocar a mesma quantidade de sal e açúcar.

どうりょう 同僚 colega, companheiro/ra. 仕事の～ colega de trabalho.

どうりょく 動力 força (f) motriz.

どうるい 同類 mesma espécie (f) [categoria (f), classe (f)]. あいつらは～だ Eles são da mesma laia.

どうれつ 同列 ❶ mesma fila (f). ❷ mesmo nível (m). ～に論じられない課題 assuntos (mpl) [problemas (mpl)] que não podem ser discutidos em mesmo nível.

*__どうろ__ 道路 caminho (m) [ｶﾐｰﾆｮ], rua (f) [ﾌｰｱ]; estrada (f) [ｴｽﾄﾗｰﾀﾞ], via (f) [ｳﾞｨｰｱ]. ～沿いに ao longo da estrada. ～工事をする trabalhar em obras de estrada. 車庫として～を使用する usar a estrada para estacionar. ♦道路交通法 Lei (f) do Trânsito. 道路地図 mapa (m) rodoviário. 道路中央花壇 canteiro (m) central. 高速道路 via expressa, estrada de rodagem. 有料道路 estrada com pedágio.

とうろく 登録 registro (m), cadastramento (m). ～する registrar, cadastrar. ～済みの registrado/da. 外国人～をする fazer o registro de estrangeiros. 外国人～証明書の切り替え申請期間 prazo (m) para o pedido de renovação do (certificado de) registro de estrangeiros. ♦登録商標 marca (f) registrada. 登録証明書不携帯 falta (f) de posse de carteira (f) de registro. 登録番号 〔車〕número (m) de placa. 登録簿 cadastro (m). 外国人登録 registro [cadastramento] de estrangeiros. 外国人登録証明書 carteira (f) de identidade de estrangeiros. 住民登録 registro de residência [moradia].

とうろん 討論 discussão (f), debate (m). …について〜する discutir sobre …, debater sobre …. ◆討論会 debate (m).

どうわ 童話 história (f) infantil, história da carochinha.

とうわく 当惑 confusão (f), perplexidade (f), embaraço (m). 〜する ficar confuso/sa, ficar perplexo/xa, ficar embaraçado/da. 私は〜してしまいました Eu acabei ficando confuso/sa.

とお 十 dez (m). ⇨十(じゅう).

とおあさ 遠浅 〜の海岸 praia (f) com um suave declive.

*****とおい 遠い** 〔距離〕longe [ロンジ], distante [ヂスタンチ];〔時間〕distante [ヂスタンチ], remoto/ta [ヘモットタ];〔関係〕remoto/ta [ヘモットタ]. 〜町 cidade (f) longínqua [distante]. ここから次のバス停まではまだ〜ですか Ainda tem muita distância daqui até a próxima parada de ônibus? 私の家は駅から〜 A minha casa fica longe da estação. 〜昔に num passado remoto. 我が社の売り上げが2倍になるのも〜ことではない Não está muito longe o dia em que duplicaremos as vendas da nossa companhia. ¶彼は耳が〜 Ele ouve mal. 〜祖先 ancestral remoto/ta.

とおからず 遠からず logo, num futuro próximo. ⇨やがて.

とおく 遠く 〜の longínquo/qua, distante. 遠くに ao longe, num lugar distante. 遠くから de longe.

トーク bate-papo (m), entrevista (f). ◆トークショー programa (m) de entrevistas.

トーゴ Togo (m). 〜の togolês/lesa.

とおざかる 遠ざかる afastar-se de; retirar-se de, distanciar-se (de). 町の明かりが遠ざかっていった As luzes da cidade iam se distanciando. あの人たちから遠ざかったほうがよいと思います Acho melhor você se afastar daquelas pessoas.

とおざける 遠ざける ❶〔遠くへはなれさせる〕afastar, distanciar, pôr de lado. けんかしている二人を〜 afastar duas pessoas que estão brigando. 二人の敵同士を〜 empurrar dois inimigos para longe um do outro. 病人から子供を〜 afastar a criança de um doente. ❷〔つきあわないようにする〕evitar. 遊び人を遠ざけて勉強に打ち込む evitar pessoas que gostam de se divertir e dedicar-se aos estudos.

-どおし -通し através. 夜〜 a noite inteira. 一日中働き〜だった Trabalhei o dia inteiro sem parar [direto]. ずっと立ち〜だった Fiquei de pé o tempo todo.

*****とおす 通す** ❶〔通過させる〕deixar [fazer] passar. ガラスは光を〜 O vidro deixa a luz passar. ビニールは水を通さない O plástico é impermeável (à água). あの町に地下鉄を〜予定だった Havia planos de se construir um metrô naquela cidade. ❷〔中を抜けて向こう側に出す〕enfiar [エンフィアール], atravessar [アトラヴェサール]. その穴にひもを〜のはむずかしい É difícil enfiar o barbante nesse buraco. ❸〔論理的に整っているようにする〕ser erente [congruente]; levar avante, cumprir [クンプリール]. 筋を〜 ser razoável, ser lógico/ca [coerente] (ao conversar); cumprir etapas necessárias ao bom andamento de uma negociação. ❹〔目を〕dar uma olhada. 私の報告書に目を通してください Por favor, dê uma olhada no meu relatório. ❺〔ある状態を続ける〕continuar sendo (a vida inteira). 彼は最後まで独身を通した Ele foi um solteiro convicto a vida inteira. ❻〔部屋などに〕levar [レヴァール], conduzir [コンドゥズィール], fazer entrar, deixar entrar, fazer passar. 彼を私の部屋に通してください Por favor, faça-o《口語》faça ele〕entrar na minha sala. すみません, 通してください Por favor, deixe-me passar. ❼〔何かを仲立ちとする〕ter como intermediário/ria, passar por. …を通して por intermédio de, passando por, através de, por. 代理人を通して契約する fechar um contrato por intermédio de um delegado. あの人に会うためには秘書を通さないと… Para se encontrar com ela/ele, vai ter que passar pelo/la secretário/ria. ❽〔始めから終わりまで続ける〕…を通して sem parar, em seguida. あの選手はシーズンを通して活躍した Aquele jogador jogou toda a estação sem parar. 彼のコンサートは3日間通して行ったよ Eu assisti ao concerto dele três dias em seguida, sabia? ❾〔議案などを〕deixar passar, aprovar [アプロヴァール]. 議案を〜 aprovar uma proposta de lei. 息子の言い分を〜 aceitar as razões do filho.

トースター torradeira (f).

トースト torrada (f), tosta (f). 〜にバターをぬる passar manteiga na torrada.

トータル totalidade (f), soma (f), tudo (m). 〜な total.

とおって 通って passando por …. ⇨通る.

ドーナッツ 〘料〙rosquinha (f), donut (m), sonho (m)《o doce》.

トーナメント torneio (m).

ドーパミン 〘化〙dopamina (f).

ドーピング ❶ doping (m) [ドッピン]. ◆ドーピング検査 teste (m) anti-doping. ❷〘化〙dopagem (f).

とおぼえ 遠吠え uivo (m) (de cão ou lobo) que se ouve de longe. 月に向かって〜する犬 cão (m) que uiva para a lua. オオカミの〜が聞こえる Ouve-se ao longe o uivo do lobo. それは負け犬の〜に過ぎない Isso não passa de insulto covarde (de poder à distância).

とおまわし 遠回し 〜の indireto/ta. 〜な言い方 indireta (f), insinuação (f). 〜に indiretamente, com rodeios. 〜に言う falar com rodeios, usar de eufemismos, insinuar.

とおまわり 遠回り volta (*f*), rodeio (*m*). ~をする dar voltas. ⇨回り道.

ドーム domo (*m*), cúpula (*f*), abóbada (*f*). ♦ドーム球場 estádio (*m*) de beisebol coberto.

とおめ 遠目 ❶ vista (*f*) boa (que enxerga bem ao longe). ~が利く人 pessoa (*f*) que ᴸtem boa vista [enxerga bem ao longe]. ~には visto/ta de longe. ~にはその電信柱は木に見えていた De longe [À distância], esse poste parecia uma árvore. ❷〖医〗〔遠視眼〕presbitia (*f*), vista (*f*) cansada.

*****とおり 通り** rua (*f*) [ㇽーㇵ]. この～で彼に会いましたか Você se encontrou com ele nessa rua? ♦桜通り Rua das Cerejeiras.

-とおり -通り como, exatamente como. 言われた～にしなさい Faça exatamente como lhe mandei [mandaram]. 彼が言った～になった Aconteceu exatamente como ele havia dito./《口語》Ficou tudo do jeito que ele disse. いつもの～に como de costume. ご承知の～... como você sabe .... その～です É isso mesmo.

-どおり -通り conforme, segundo. 時間～に着く chegar na hora. 予定～に仕事を終える terminar o serviço conforme programado. 予想～に彼は遅れてきた Ele chegou atrasado, exatamente como imaginávamos./Dito e feito! Ele chegou atrasado.

とおりあめ 通り雨 chuva (*f*) passageira. ここに来る途中で～にあった No caminho para cá, peguei uma chuva passageira.

とおりがかり 通りがかり estada (*f*) transitória; passagem (*f*) por perto. ～の人 pessoa (*f*) de passagem, transeunte; forasteiro/ra. ～の客 cliente ᴸde passagem [não habitual]. ～に de passagem, a caminho. 会社の～にケーキ屋に立ち寄る passar pela confeitaria a caminho ᴸdo serviço [da companhia].

とおりこす 通り越す ❶〔通り過ぎる〕passar, ir além de. 駅を通り越してしまった Acabei passando da estação (que queria descer). ❷〔乗り切る〕superar, ultrapassar. 困難を～superar as dificuldades. ❸〔範囲を越える〕ser mais que. 寂しさを通り越して苦痛になってしまった A solidão foi tanta que acabou virando dor.

とおりぬける 通り抜ける passar, atravessar. トンネルを～ atravessar um túnel. この路地は通り抜けられない Esta rua não tem saída.

とおりま 通り魔 louco/ca que passa entre os pedestres e os fere com instrumento cortante.

とおりみち 通り道 passagem (*f*), caminho (*m*). 会社の～でこれを売っていました Estavam vendendo isto a caminho da companhia. ～をあけてください Por favor, ᴸdeem-me [me deem] passagem.

*****とおる 通る** ❶〔通過する〕passar por. …を通って passando por …. …のそばを～ passar por perto de …. あなたは帰宅途中に郵便局の前を通りますか Você passa em frente ao correio, na hora de voltar para casa? ❷〔合格する〕passar [ᵖᵃˢᵃʳ], ser aprovado/da. 私は面接試験に通ったのですか Será que eu passei no exame oral? ❸〔通用する〕ser aceito/ta, ter adeptos. そんな考えはここでは通らない Esse modo de pensar não ᴸterá aceitação [será aceito] aqui.

トおん トおん 〖音〗〔note (*f*)〕sol (*m*). ♦ト音記号 clave (*f*) de sol.

トーン ❶〔口調〕tom (*m*). ❷〖音〗〔音調〕tom. ❸〖美〗〔色調〕tom.

とかい 都会 cidade (*f*), metrópole (*f*). ～的 refinado/da, chique, urbano/na. ♦大都会 cidade grande, grande metrópole.

どがいし 度外視 ～する não considerar, não se ater a …, não ter … em conta, não se importar com ….

とかげ 蜥蜴 〖動〗lagarto (*m*).

とかす 梳かす 〔髪を〕pentear. 髪を～ passar pente no cabelo, pentear o cabelo.

とかす 溶かす dissolver, fazer derreter. 塩を水に～ dissolver o sal na água.

どかす 退かす retirar do lugar, tirar ᴸda frente [do caminho], mover para outro lugar, arredar do caminho (um obstáculo). そのトランクを退かしてください Tire essa mala do caminho, por favor.

とがった 尖った pontudo/da, pontiagudo/da, aguçado/da.

とがめ 咎め ❶〔批判〕crítica (*f*). ❷〔告発〕acusação (*f*). ❸〔非難〕reprovação (*f*). ❹〔叱責(しっせき)〕repreensão (*f*), reprimenda (*f*),《口語》bronca (*f*), pito (*m*). ～を受けるser repreendido/da, levar bronca [pito]. ❺〔呵責(かしゃく)〕remorso (*m*). 良心の～ dor [peso (*m*)] de consciência.

とがめる 咎める ❶〔責める〕censurar, repreender, reprovar. 過失を～ reprovar um erro. 国民は政治家の行為をとがめた O povo reprovou a atitude do político. ～ような口調(目つき)で em tom (com um olhar) de reprovação [censura]. ❷〔心が〕doer (na consciência), ficar com dor (de consciência). 彼は良心がとがめていた Ele estava com dor [peso] de consciência./Ele sentia remorsos. そういうことを言われると良心が～ Se me dizem uma coisa dessas, fico com dor de consciência. ❸〔問いただす〕interpelar. 巡査にとがめられる ser interpelado/da pela polícia.

とがらせる 尖らせる ❶ apontar, afinar a ponta de …. 鉛筆の先を～ apontar o lápis. ❷〔過敏にする〕deixar nervoso/sa. あの事件は私の神経をとがらせた Aquele incidente me deixou muito nervoso. ❸〔鋭く荒々しくす る〕levantar. 声を～ levantar a voz.

とがる　尖る ❶〔鋭くなる〕aguçar, ficar pontudo/da [pontiagudo/da], afunilar-se. とがった鉛筆 lápis (*m*) pontudo. とがった鼻 nariz (*m*) afilado [afunilado, aguçado]. ❷〔過敏になる〕ficar supersensível. 神経が～ irritar-se, exacerbar-se, ficar ⌊supersensível [com os nervos em pé]. ❸〔不機嫌になる〕zangar-se, aborrecer-se, ficar ⌊irritada [em grita, nervosa]. とがった声 voz (*f*) ⌊irritada [em grita, nervosa].

*****とき　時** ❶〔時間〕tempo (*m*)〔テンポ〕, hora (*f*)〔オーラ〕. ～がたつにつれて com o passar do tempo. ⇨ 時間. ❷〔瞬間〕…の～には na hora de …. その～ nessa hora, nisto, então. 私が子供の～ no meu tempo de criança, quando eu era criança. 彼は学生の～からそうでした Ele era assim, desde o tempo de estudante. ちょうどよい～に来た Você veio na hora certa. その～が来たらちゃんとやるでしょう Quando chegar a hora [《口語》Na hora do "vamos ver"], acho que ele/ela vai fazer direitinho. ❸〔…するとき〕quando〔クアンド〕. 子供たちがテレビを見ている～は一言もしゃべりません As crianças não falam um "a", quando estão vendo televisão. ❹〔…の間〕enquanto〔エンクァント〕. みんなが遊んでいる～に私は働いていた Eu estava trabalhando enquanto todo mundo se divertia.

とき　朱鷺〖鳥〗íbis (*f*).

どき　土器 utensílio (*m*) de barro, cerâmica (*f*). 縄文時代の～ cerâmica da era Jomon. ♦弥生式土器 cerâmica estilo Yayoi.

トキソプラズマ〖生〗toxoplasma (*m*).〖医〗♦トキソプラズマ症 toxoplasmose (*f*). トキソプラズマ脳炎 toxoplasmose cerebral.

どぎつい forte; espalhafatoso/sa, berrante; exagerado/da, carregado/da. ～言葉 palavra (*f*) forte. ～色 cor (*f*) berrante. ～化粧 pintura (*f*) carregada.

*****ときどき　時々** de vez em quando [デヴェースエンクァンド]. 彼女は～仕事をサボりますね De vez em quando ela cabula o serviço, não é? ～ここが痛むのです Dói aqui [Sinto uma dor aqui], de vez em quando.

どきどき 胸が～する〖医〗O meu coração está batendo muito forte./Tenho palpitações./《比》Estou nervoso/sa.

ときふせる　説き伏せる convencer, persuadir. ⇨説得する.

ときめき palpitação (*f*), vibração (*f*). 胸の～ emoção (*f*).

ときめく palpitar, pulsar, vibrar. 私はうれしくて胸がときめいている O meu coração está palpitando de felicidade. あの時のことを思うと今でも胸が～ Quando me lembro daquilo ainda fico com o coração quente.

ドキュメンタリー documentário (*m*). ♦ドキュメンタリー映画 filme (*m*) documentário.

ドキュメント ❶ documento (*m*), registro (*m*), arquivo (*m*). ❷〖ヨミンウ〗memória (*f*) do sistema.

どきょう　度胸 coragem (*f*), ousadia (*f*). ～のある corajoso/sa, ousado/da. ～のない sem coragem, tímido/da. 彼にはそれを実行する～があるだろうか Será que ele tem ⌊coragem de [《口語》peito para] ⌊realizar isso [pôr isso em prática]?

とぎれ　[中断] quebra (*f*), interrupção (*f*); [休止] pausa (*f*). ～なく sem parar.

とぎれとぎれ　途切れ途切れ ～の intermitente, descontínuo/nua. ～に話す falar com interrupções [pausa].

とぎれる　途切れる interromper-se, parar. 会話が途切れれました Houve uma pausa momentânea na conversa.

どきんと 私はそれを聞いて～した Eu senti uma pontada no coração ao ouvir isso.

とく　溶く ❶ dissolver. コーンスターチを水に～ dissolver a maizena na água. ❷ bater. 卵を～ bater o ovo.

*****とく　解く** ❶〔問題などを〕resolver [ヘゾウヴェール], solucionar [ソルスィオナール];〔縛ったものを〕desamarrar [デザマハール], desatar [デザタール], desfazer [デスファゼール]. 包みを～ desfazer [desembrulhar] um pacote. 靴の紐(%)を～ desamarrar os cordões do sapato. 謎を～ resolver um enigma. 契約を～ anular um contrato. 誤解を～ desfazer um mal-entendido.

とく　得 ～な proveitoso/sa, vantajoso/sa. ～をする ganhar, sair ganhando, lucrar, beneficiar-se, levar vantagem. 誰が一番～しているのかを見分けるのはむずかしい Fica difícil saber quem está levando ⌊a melhor [mais vantagem]. この仕事で私は～をしました Eu saí ganhando com este trabalho. まとめて買ったほうが～ですよ É mais vantajoso comprar em quantidade, *viu*? それは何の～にもならない Não ganhamos nada com isso.

とく　徳 virtude (*f*). ～の高い virtuoso/sa.

とぐ　研ぐ amolar. 砥石(tし)でナイフを～ amolar a faca com a pedra de amolar. 米を～ lavar o arroz.

どく　退く sair do lugar, dar lugar a …, afastar-se de …, dar passagem, sair do caminho. ちょっとそこをどいていただけますか Poderia me [nos] dar passagem, por favor? 仕事のじゃまにならないようにどいてください Por favor, saia [saiam] daqui para não estorvar o trabalho, sim?

どく　毒 veneno (*m*); tóxico (*m*). ～の入った envenenado/da. ～性の(ある) venenoso/sa. ～を盛る envenenar. たばこは体に～ですから É porque o cigarro faz mal à saúde. ♦毒消し antídoto (*m*).

とくい　得意 ❶〔得手〕o forte (de uma pessoa). 彼女は数学が～だ O forte dela é matemática./Ela é boa em matemática. ❷〔自慢〕orgulho (*m*), vaidade (*f*). ～がる(に

なる) ficar [estar] vaidoso/sa (de), vangloriar-se (de). ～になって(～げに) todo/da satifeito/ta, todo/da vaidoso/sa. 彼は昇任試験に受かったので～になっている Ele está todo orgulhoso porque passou no exame de promoção. ❸〔顧客〕clientela (f). あのお店はいいお～をもっているから繁盛していますね Aquela loja está lucrando bem porque tem bons fregueses, não é? ～先を回る visitar a clientela. ◆得意先 cliente, freguês/esa.

どぐう 土偶 【史】boneco (m) de barro da Era Jomon.

どくが 毒蛾 【虫】mariposa (f) venenosa.

どくがく 独学 autodidatismo (m), autodidaxia (f). ～する instruir-se sem professores, estudar algo sozinho/nha. ◆独学者 autodidata.

どくガス 毒ガス gás (m) venenoso. 火山の～煙 fumaça (f) tóxica do vulcão.

とくぎ 特技 especialidade (f), habilidade (f) especial, aptidão (f). 何か～をお持ちですか Tem alguma aptidão especial?

どくさい 独裁 autocracia (f), ditadura (f). ～的な ditatorial. 軍部の～ ditadura militar. ◆独裁者 ditador/ra. 独裁政権 governo (m) ditatorial.

とくさく 得策 estratégia (f) [maneira (f) de proceder] vantajosa. そのやり方はあまり～でない Essa maneira de proceder não é muito vantajosa.

どくさつ 毒殺 envenenamento (m). ～する envenenar, matar … com veneno.

とくさんぶつ 特産物 produto (m) especial. その地方の～ produto especial da região.

どくじ 独自 ～の 1)〔特徴的な〕original, singular. この画家は～の画風の持ち主である Este/ta pintor/ra tem um estilo 　muito original [〔口語〕que é só dele/dela). 2)〔個人的な〕pessoal, individual. 3)〔自身の〕próprio/pria. ～の考え方で行動する atuar com um critério próprio, atuar independentemente dos outros. 首相は～の見解を示した O primeiro-ministro/A primeira-ministra apresentou uma opinião original. ◆独自性 originalidade (f), peculiaridade (f), singularidade (f).

とくしつ 特質 característica (f), propriedade (f), peculiaridade (f).

とくしゃ 特赦 anistia (f). ～を行う (受ける) conceder (receber) anistia. 大統領は受刑者20人に～を与えた O presidente concedeu anistia a vinte presos.

どくしゃ 読者 leitor/ra. ～が多い ter um vasto público, ser lido/da por muitos. ◆読者欄 coluna (f) do leitor. 一般読者層 o comum dos leitores, os leitores em geral.

とくしゅ 特殊 ～な peculiar, particular, especial. ～な方法で com um método especial, de um modo diferente [peculiar]. ～なケースでは em casos especiais. ◆特殊性 particularidade (f), peculiaridade (f), característica (f).

とくしゅう 特集 特集号 número (m) especial. 特集番組 programa (m) especial.

どくしょ 読書 leitura (f). ～する ler. 彼はとても～家だ Ele gosta muito de ler.

とくじょう 特上 ～の de qualidade (f) superior. ～のにぎり寿司 sushi (m) de primeira.

とくしょく 特色 característica (f), particularidade (f), peculiaridade (f). ～のある característico/ca, que tem peculiaridade. ～のない medíocre, comum, sem característica. AをBと～づける caracterizar A como B. この会社の～は何ですか Quais as características desta companhia?

どくしん 独身 celibato (m). 彼女は～ですか Ela é solteira? ～主義者である ser solteiro/ra por convicção. ◆独身貴族 solteiro/ra que tem vida de rico por não ter família para sustentar. 独身者 solteiro/ra, celibatário/ria.

とくせい 特製 ～の de fabricação (f) especial.

どくぜつ 毒舌 língua (f) de víbora. ～をふるう ser mordaz. ◆毒舌家 sarcástico/ca.

どくせん 独占 monopólio (m), monopolização (f). ～する monopolizar. 利益を～する monopolizar o lucro. 親の愛を～する monopolizar o amor dos pais. ～的に exclusivamente. ～的な exclusivo/va, privativo/va. ◆独占会見 entrevista (f) exclusiva. 独占禁止法 lei (f) antimonopólio. 独占代理店 representação (f) exclusiva. 独占欲 desejo (m) de posse exclusiva.

どくそ 毒素 toxina (f). ◆抗毒素 antitoxina (f).

どくそう 独創 ～的 original; inventivo/va, criativo/va. ～力に富む ter grande capacidade criativa. ～性を欠く faltar à originalidade, não ter personalidade. 彼の作品には～性がない Ele não tem originalidade nas suas obras./Falta originalidade nas obras dele. もっと～的な企画はありませんか Não tem um projeto mais original? ◆独創性 originalidade (f); inventividade (f), criatividade (f). 独創力 capacidade (f) criativa.

どくそう 独奏 【音】solo (m) (instrumental). ～する executar um solo, apresentar-se em recital. 彼女はピアノを～した A pianista executou um solo./Ela executou um solo de piano. ◆独奏者 solista (f).

とくそく 督促 reclamação (f). …に…の支払いを～する enviar um aviso de pagamento de … a …. ◆督促状 aviso (m) de pagamento.

ドクター ❶〔医師〕médico/ca, doutor/ra. ～ストップがかかっているからアルコールは飲めない Não posso beber bebida alcoólica porque o meu médico proibiu. ❷〔博士〕doutor/ra.

♦ドクターコース curso (*m*) de doutoramento.
とくたいせい 特待生 bolsista 《aluno/na isento/ta de mensalidade por ter boas notas》.
とくだね 特種 furo (*m*) (jornalístico), notícia (*f*) (sensacional dada) em primeira mão.
どくだん 独断 decisão (*f*) arbitrária. 作品は~と偏見で選ばせていただきました Desculpem, mas escolhi a obra muito arbitrária e preconceituosamente 《dito, por exemplo, de um crítico de arte, nas seleções de um concurso, para se desculpar de uma eventual injustiça》.
とくちょう 特徴 característica (*f*), peculiaridade (*f*). ~的 característico/ca, representativo/va. ~のある peculiar, característico/ca. ~のない comum, medíocre, sem características relevantes. ~づけている caracterizar. それは彼女を~づけている Isso caracteriza bem a personalidade dela./Isso é bem característico dela. 控えめなのは日本人の~の一つです O modo recatado é uma das características dos japoneses.
とくちょう 特長 mérito (*m*), o forte, qualidade (*f*).
とくてい 特定 determinação (*f*) especial. ~の determinado/da, específico/ca, especial. ~物の目的なしに sem um objetivo específico. ~物の履行 〖法〗 execução (*f*) por coisa certa. ♦特定大型貨物自動車 caminhão (*m*) especial para carga. 特定債務 〖法〗 obrigação (*f*) certa. 特定物 〖法〗 coisa (*f*) certa.
とくてん 得点 ❶〖スポーツ〗 pontos (*mpl*) (obtidos), pontuação (*f*), 〖サッカー〗 gol (*m*). リーグの~王 o melhor artilheiro (*m*) da liga. 今~はいくつですか Quanto está o jogo? Bチームが4対1の~で勝っている O time B está vencendo por quatro a um. 相手に~を許す dar pontos ao adversário. ~する marcar pontos. ❷〔成績〕 notas (*fpl*). ♦得点掲示板 〖サッカー〗 placar (*m*); 〔成績〕 quadro (*m*) de notas (dos alunos).
とくてん 特典 privilégio (*m*), favor (*m*) especial, vantagem (*f*). …に~を与える privilegiar …, dar um privilégio a …. ~を得る obter um favor, ser favorecido/da. ここで5年間勤めると何か~がありますか Tem alguma vantagem se a gente trabalhar cinco anos aqui?
とくとう 特等 classe (*f*) especial. ♦特等席 assento (*m*) [lugar (*m*)] especial.
どくとく 独特 …~の próprio/pria de …, peculiar a …, característico/ca de …. この花には~のにおいがある Esta flor tem um cheiro todo especial [característico]. これは彼~の方法ですか Este é um método próprio dele?
とくに 特に em especial, especialmente; especificamente, particularmente, em particular. 彼女は今夜は~美しい Esta noite ela está mais bonita do que normalmente. 私は~言うことはない Não tenho nada a dizer em especial. 第二次世界大戦後~80年代以降はあの国の習慣は大きく変わった Desde o final da Segunda Guerra Mundial e a partir dos anos oitenta, especificamente, houve uma revolução nos costumes daquele país.
とくばい 特売 liquidação (*f*), promoção (*f*) de vendas. ~で…を買う comprar … numa liquidação. ♦特売場 seção (*f*) de vendas especiais. 特売日 dia (*m*) de promoção.
とくはいん 特派員 correspondente 《de jornal etc》.
どくぶつ 毒物 tóxico (*m*), substância (*f*) venenosa. ♦毒物学 toxicologia (*f*).
***とくべつ** 特別 ~な especial [エスペシアーウ], particular [パルチクラール], excepcional [エセピスィオナーウ]. …を~扱いする dar um tratamento especial a …. ~あつらえの着物 quimono (*m*) especialmente encomendado. ~に em especial, excepcionalmente. あなただけ~に私のコレクションを見せてあげる Vou fazer uma exceção e mostrar a minha coleção só para você. ~価格にてご奉仕いたします Estamos oferecendo com um preço especial. 彼が~そうなんだよ É ele que é assim./Só ele mesmo para ser desse jeito …. ~高価ではない 皿 não é tão valioso/sa assim. 10周年~号の雑誌 revista (*f*) (de) edição especial de 10 anos.
♦特別急行 (trem (*m*)) expresso (*m*). 特別号 número (*m*) especial. 特別高等警察 polícia (*f*) especial do serviço secreto 《CIA do Japão》. 特別国会 sessão (*f*) extraordinária do Parlamento. 特別出演 participação (*f*) especial. 特別職 posto (*m*) público especial. 特別製 fabricação (*f*) especial. 特別席 assento (*m*) especial. 特別注文 pedido (*m*) especial. 特別番組 programa (*m*) especial. 特別法犯 fatos (*mpl*) criminais da lei especial. 特別料金 preço (*m*) especial; taxa (*f*) extra.
どくへび 毒蛇 cobra (*f*) venenosa.
どくぼう 独房 solitária (*f*), cela (*f*) individual. 彼は他の受刑者とけんかしたことで~に送られた Ele foi mandado para a solitária por ter brigado com outro detento.
とくほん 読本 livro (*m*) de leitura.
ドグマ 〖宗〗 dogma (*m*).
どくむし 毒虫 〖虫〗 inseto (*m*) venenoso. ~に刺される levar picada de inseto venenoso.
とくめい 匿名 anonimato (*m*) (=匿名性); 〔変名〕 pseudônimo (*m*). ~の anônimo/ma. ~の通報 denúncia (*f*) anônima. ~のメールが届いた chegou um *e-mail* anônimo. ~で投書する enviar algo escrito sob anonimato. ~

を使う usar um pseudônimo. 〜で sob um pseudônimo; anonimamente.

どくやく 毒薬 veneno (m).

とくゆう 特有 〜の característico/ca, peculiar, próprio/pria. リューマチの症状 sintomas (mpl) característicos do reumatismo. この習慣はこの会社〜のものです Este costume é próprio desta companhia. 家と車は結婚前に買ったから〜財産とされる Eu comprei a casa e o carro antes do casamento, por isso são considerados bens incomunicáveis. ♦ 特有財産 [法] bens (mpl) incomunicáveis. 特有性 peculiaridade (f).

とくよう 徳用 〜の econômico/ca, vantajoso/sa. ♦ 徳用品 artigos (mpl) de promoção.

*****どくりつ** 独立 independência (f) [インデペンデンスィア]. 〜の independente. 〜する tornar-se [ficar] independente. 〜心のある independente, que tem espírito de independência. 〜を宣言する proclamar a independência. 明日は〜記念日です Amanhã é comemorado [Comemora-se amanhã] o dia da independência. 新しい会社の登録をつかさどる〜行政機関 autarquia (f) responsável pelo registro de novas empresas. 私は今は小さなお店を開いて〜しています Eu agora tenho uma pequena loja e sou independente. ♦ 独立行政機関 [法] autarquia. 独立国 país (m) independente. 独立変数 [数] variável (f) independente.

どくりつこっかきょうどうたい 独立国家共同体 Comunidade (f) dos Estados Independentes.

どくりょく 独力 próprias forças (fpl). 〜で com as próprias forças, «口語» sozinho/nha. ⇨ 独り

とくれい 特例 exceção (f), caso (m) especial. 〜を設ける fazer uma exceção. 〜を認める admitir uma exceção. 〜として por exceção. この規則には〜は認められない Não se admite exceção para esta regra.

とげ 刺 espinho (m). 指に〜が刺さった Entrou um espinho no meu dedo.

*****とけい** 時計 [ホロージオ] relógio (m). 〜仕掛けの時限爆弾 bomba-relógio (f). 〜を遅らす atrasar o relógio. 〜を進める adiantar o relógio. 〜を巻く dar corda no relógio. 〜をテレビの時報に合わせました Eu acertei o relógio pela televisão. あなたの〜では今何時ですか Que horas são no seu relógio?/Que horas tem? 私の〜は5分遅れていました O meu relógio estava cinco minutos atrasado.

♦ 時計屋 relojoaria (f). 腕時計 relógio de pulso. 水晶時計 relógio de quartzo. 砂時計 ampulheta (f). デジタル時計 relógio digital. 日時計 relógio solar. 目覚し時計 relógio despertador.

とけいそう 時計草 [植] passiflora (f).

とけいまわり 時計回り sentido (m) horário. 〜と反対に回す girar em sentido anti-horário.

とけこむ 溶け込む ❶ fundir-se, diluir-se. 炭酸が溶け込んだ水 água (f) gasosa; água com gás carbônico. ❷ [なじんで一体となる] integrar-se. 彼は我々のチームになかなか溶け込めないでいる Ele está com dificuldades de [para] se integrar no nosso time.

どげざ 土下座 〜する prostrar-se aos pés de alguém, pôr-se de joelhos aos pés de alguém.

とけつ 吐血 vômito (m) de sangue. 〜する vomitar sangue. ♦ 吐血症 [医] hemoptise (f).

とける 溶ける derreter(-se), fundir-se; [氷などが] degelar, derreter-se; [溶け込む] dissolver-se, diluir-se. 雪が溶け始めた A neve começou a derreter. タールは熱で〜 O piche se funde sob a ação do calor. 砂糖が水に溶けていた O açúcar se dissolveu [estava diluído] na água.

とける 解ける desamarrar-se, desatar-se; [問題が] resolver-se; [誤解などが] desfazer-se, desaparecer, esclarecer-se. 結び目が解けた O nó se desfez [desatou]. 数学の問題が解けてうれしかった Fiquei contente por ter conseguido resolver o problema de matemática. それで誤解が解けた Com isso, o mal-entendido se desfez.

とげる 遂げる conseguir, alcançar; realizar, cumprir. 目的を〜 atingir [alcançar] o objetivo. 思いを〜 realizar [satisfazer] o desejo.

どける 退ける tirar (do lugar em que está), remover. その机をどけてください Tire essa mesa do lugar, por favor.

とこ 床 cama (f). 〜につく deitar-se, dormir; [病気で] estar de cama. 〜を敷く estender o edredom sobre o *tatami* para dormir. 〜を上げる [寝具を片づける] arrumar a cama, retirar o edredom do *tatami* e guardá-lo no armário embutido. [病気が治って病床を離れる] sarar-se [recuperar-se] de uma doença, recobrar a saúde.

*****どこ** onde [オンデ]. 〜かで(に) em algum lugar, em alguma parte. 〜(に)でも onde quer que seja, em qualquer lugar. 〜へでも aonde quer que seja, a qualquer lugar. 〜の de onde, de que lugar. 〜へ行っていたのですか Onde você estava? こういうことは〜の会社にでもあることです Essas coisas acontecem em qualquer companhia. 〜に住んでいるのですか Onde você mora? あす〜でお会いしましょうか Onde vamos nos encontrar amanhã? 〜まで até onde. 日本語の勉強は〜まで進みましたか Até onde você foi nas lições de japonês?

とこう 渡航 travessia (f), viagem (f). 外国への〜 viagem ao exterior [estrangeiro]. 〜する ir ao exterior. 〜手続をする preencher os trâmites para ir ao estrangeiro. ♦ 渡航者

どごう 怒号　grito (*m*) de raiva. 〜する vociferar de raiva contra alguém ou algo.

とこずれ 床擦れ　úlcera (*f*) de decúbito, chaga (*f*) ocasionada pela permanência prolongada na cama em decúbito dorsal.

とことん　último extremo (*m*). 私は何かを始めると〜(まで)やらならいと気が済まない Quando começo alguma coisa, tenho que ir até o fim, senão não fico sossegado/da.

とこのま 床の間　recanto (*m*) sagrado da sala de *tatami* de uma casa japonesa, adornado de flores e quadros a serem apreciados.

どこまでも ❶〔果てしなく〕infinitamente, até o fim, até o fim do mundo. 〜続くブラジルの道路 estrada (*f*) brasileira infinitamente longa. ❷〔何が起ころうとも〕aconteça o que acontecer, haja o que houver. 〜この会社のために働きます Trabalharei para esta companhia haja o que houver.

とこや 床屋　〔店〕barbearia (*f*); 〔人〕barbeiro/ra.

*****ところ** 所　❶〔場所〕lugar (*m*) [ルガール]. 景色のよい〜 lugar bonito [pitoresco]. 危険な〜 lugar perigoso. 私が生まれた〜は浜松です Eu nasci em Hamamatsu./O lugar onde nasci é Hamamatsu. 私のいる〜から do lugar onde estou. 本を所定の〜に置く colocar o livro no seu devido lugar. 人々のいる〜で na frente de todo mundo, em público. いたる〜で por todas as partes, em tudo quanto é lugar. ❷〔住所〕endereço (*m*) [エンデレッソ], domicílio (*m*) [ドミスィーリオ]. 〜に…を知らせる dar o endereço a …. 友人の〜にいる estar na casa de um/uma amigo/ga. ❸〔点〕ponto (*m*) [ポント]. 強い(弱い)〜 ponto forte (fraco). 重要な〜 ponto importante [relevante]. 〔面〕aspecto (*m*) [アスペクット], lado (*m*) [ラード]. その話には少しオーバーな〜がある Há algo de exagerado nessa história. ❺〔箇所〕passagem (*f*) [パサージェン], parte (*f*) [パールチ]. 曲の簡単な〜を演奏する executar passagens [partes] fáceis de uma música. ❻〔…するところだ〕estar para (＋不定詞) (＋infinitivo). ちょうど私から電話を掛けようとしている〜でした Eu estava para lhe telefonar agora mesmo. ❼〔…しているところだ〕estar [エスタール] (＋現在分詞) (＋gerúndio). 彼は今なかに電話番号と住所を書いている〜です Agora ele está escrevendo o número do telefone e o endereço para você. ❽〔…したところだ〕acabar do 〔完了過去形＋de＋不定詞〕(perfeito de acabar ＋de＋infinitivo). 私は銀行へ行ってきた〜です Eu fui ao banco e acabei de voltar agorinha mesmo. 母は今出掛けた〜です A minha mãe acabou de sair agora. ❾〔もう少しで〕estar próximo [perto] de＋不定詞 (＋infinitivo); estar quase＋現在分詞 (＋gerúndio). 私はその問題を解決する〜だった Estava próximo de resolver [quase resolvendo] a questão. …と言いたい〜だけど Na verdade, o que eu quero dizer é que …, mas ….

-どころ【★「ではない」といった否定を伴って】《acompanhado de um negativo como 「ではない」》❶ não ser hora para, não ser lugar para. 今はそれ〜ではないでしょう Agora não é hora para isso. ❷ ser muito mais que. 北海道の冬は寒い〜じゃね O inverno de Hokkaido é muito mais do que frio. ❸ estar longe de. 残酷な事件は減る〜ではない Os crimes hediondos estão longe de diminuir.

-どころか ❶〔…とは反対に〕ao invés de, pelo contrário, longe de …, quanto menos, antes. 犯罪は減る〜むしろ増えている O número de crimes não diminuiu, pelo contrário, está aumentando. 部長は怒っている〜君に感謝しているよ O chefe não está com raiva, pelo contrário, está grato a você. 彼女はその手紙を読む〜封も切らなかった Ela nem sequer abriu o envelope, quanto menos leu a carta. ❷〔…は言うまでもなく〕nem … nem, não só … mas também. 日本語〜ポルトガル語もできない Não sabe nem japonês nem português.

ところで〔さて〕bem …, mas …;〔それはそうと〕a propósito, usando o que você disse como gancho …. 〜あなたはそれをどこで買ったのですか A propósito [Falando nisso], onde você comprou isso aí?

-ところで mesmo que, mesmo se, mesmo quando, embora, ainda que. 気晴らしになった〜アルコールは体に悪い O álcool, mesmo que ele sirva para espairecer, é sempre prejudicial à saúde. 今さら走った〜電車には間に合わない Mesmo que [Ainda que, Embora] corramos agora, (já é tarde e) não vai dar para pegar o trem.

ところてん 心太　【料】geleia (*f*) de ágar-ágar, que se serve cortada em fios.

ところどころ 所々　aqui e ali, de vez em quando, esparsamente. その生地は〜しみがあった Nesse tecido havia manchas ⌊aqui e ali [esparsas]. 〜家があるような寂しい町だった Era uma cidade desolada, esparsamente povoada. 関東地方は〜雨でしょう Na região ⌊de Kanto [leste], haverá chuvas esparsas.

とさか 鶏冠　crista (*f*) do galo.

どさくさ　confusão (*f*), tumulto (*m*); afobação (*f*). 〜まぎれに na confusão do momento, aproveitando-se do tumulto. 彼は火事の〜にまぎれて盗みを働いた Ele se aproveitou da confusão do incêndio para roubar. 私は引っ越しの〜で大事な書類をなくしてしまった Na confusão da mudança, acabei perdendo uns documentos importantes.

とざす 閉ざす　❶ fechar, cerrar. 扉を〜 fechar a porta. 心を〜 fechar-se. 口を閉ざしてい

ている estar calado/da [de boca fechada]. 不安に胸が閉ざされている estar cheio/cheia de insegurancas. ❷ 〔閉じ込められる〕obstruir, tapar, cobrir, bloquear. 道は土砂崩れで閉ざされている O caminho está bloqueado pelo deslizamento de terra. 窓が雪で閉ざされて開けられない Não se consegue abrir a janela, coberta pela neve.

とざん 登山 alpinismo (*m*). 〜する escalar [subir] uma montanha. この夏は富士に〜をしたいと思っています Estou querendo subir o monte Fuji neste verão.

とし 都市 cidade (*f*), metrópole (*f*). 〜の urbano/na. 〜化する urbanizar.
♦ 都市化 urbanização (*f*). 都市ガス gás (*m*) de rua. 都市計画 projeto (*m*) de urbanização. 都市国家 cidade-estado (*f*). 都市生活 vida (*f*) citadina. 都市対抗野球 jogo (*m*) de beisebol interurbano. 衛星都市 cidade satélite. 姉妹都市 cidades gêmeas [irmãs]. 大(中/小)都市 cidade grande (média/pequena). 大学都市 cidade universitária. マンモス都市 megalópole (*f*), cidade monstro.

*とし 年 〔暦の〕ano (*m*) [アーノ]; 〔年齢〕idade (*f*) [イダーヂ]. 〜取った velho/lha, idoso/sa, de idade avançada. 〜を取る envelhecer. 〜がたつにつれて com o passar dos tempos. 彼女は〜のわりには若く見える Ela é jovem para a idade (que tem). 私はあなたの〜のころはもっと働いた Eu, na sua idade, trabalhava mais.

どじ ❶ 〔行動〕besteira (*f*), burrice (*f*). 〜を踏む fazer besteira. ❷ 〔人〕desajeitado/da, besta. 私は〜なんです Eu sou um/uma desajeitado/da.

としうえ 年上 〜の人 pessoa (*f*) mais velha. …より〜である ser mais velho/lha que ….

としご 年子 pessoa (*f*) que nasceu com um ano de diferença em relação ao irmão ou à irmã. この姉妹は〜です Essas irmãs têm um ano de diferença. 僕には一つ〜の弟がいる Tenho um irmão um ano mais novo.

とじこみ 綴じ込み arquivo (*m*); encarte (*m*).
♦ 綴じ込み広告 propaganda (*f*) encartada.

とじこめる 閉じ込める encerrar, aprisionar, encurralar, enclausurar. 彼は私を山小屋に閉じ込めた Ele me encurralou num abrigo de alpinistas. 雨のため私は家に閉じ込められた Fui obrigado/da a ficar em casa por causa da chuva.

とじこもる 閉じ籠もる encerrar-se, fechar-se; ficar em casa; encurralar-se. 部屋に〜 fechar-se no quarto. 自分の殻に〜 fechar-se, não se comunicar com ninguém.

としごろ 年頃 idade (*f*), faixa (*f*) etária. 〜の casadouro/ra, que está em idade de se casar. 〜の娘 moça (*f*) casadoura. 私が君の〜にはもっと遊んだものだ Eu, na sua idade, me divertia mais.

としした 年下 〜の人 pessoa (*f*) mais jovem [nova]. …より〜である ser mais novo/va que ….

-として ❶ 〔資格〕como …, na condição de …, na qualidade de … 〔★ この後は定冠詞不使用〕. 私は春から音楽の先生〜働く予定だ Pretendo trabalhar como professor/ra de música a partir da primavera que vem. 約200万人の人々が独裁政権の被害者〜死んでいった Quase dois milhões de pessoas morreram vítimas da ditadura 〔★ vítimas に先行されるはずの como が省略〕. ❷ 〔…としておいて〕deixando de lado [como está] por enquanto, seja como for. それはそれ〜, 今日の会議は今までどおりに進めましょう Seja como for, vamos realizar a reunião de hoje como de costume, que depois penso no caso. ❸ 〔強調〕nem sequer. そこには一つ〜不良品はなかった Ali não havia nem sequer uma peça estragada. ❹ 〔ちょうど…する状態で〕pensando em. 彼女は帰ろう〜立ち上がった Ela se levantou da cadeira, pensando em ir embora. ❺ 〔ちょうどその時〕no momento em que, quando, ao+不定詞 (＋infinitivo). 電車に乗ろう〜財布がないことに気がついた No momento em que ia [Quando ia, Ao] subir no trem, percebi que estava sem a carteira [lembrei-me da carteira que havia esquecido]. ❻ 〔と判断して〕considerando que …, interpretando como …. 「機械の検査の必要はない」〜, 部下の意見を聞き入れなかった O chefe não ouviu a opinião do/da funcionário/ria, considerando (que seria) desnecessária uma inspeção da máquina.

-としては por ser …; na qualidade de …, como …. 私〜… Eu, por mim …. 安物のビデオ〜これはそんなに悪くない Este vídeo não está tão mau pelo preço. 社長〜それを許すわけにはいかない Eu, na qualidade de presidente (da companhia), não posso permitir uma coisa dessas.

どしどし 〔急速に〕rapidamente; 〔続けざまに〕um/uma atrás do/da outro/ra, numa rápida sequência; 〔遠慮なく〕sem cerimônia, sem hesitar.

としとる 年取る envelhecer.

とじまり 戸締り trancamento (*m*) das portas e das janelas. 〜をする fechar a porta (à chave); 〔戸も窓も〕trancar as portas e as janelas. 〜を厳重にして出かける trancar bem as portas e as janelas antes de sair.

どしゃくずれ 土砂崩れ deslizamento (*m*) de terra (e pedregulhos).

どしゃぶり 土砂降り chuva (*f*) forte, chuva torrencial, tempestade (*f*). 〜である estar chovendo canivetes, chover a cântaros [torrencialmente]. 夕べは〜だった Ontem choveu torrencialmente.

としょ 図書 livro (*m*). ♦ 図書券 vale-livro

(m). 図書室 biblioteca (f) 〈a sala〉. 参考図書 livro de consulta. 新刊図書 livro novo.

とじょう 途上 ❶〔事柄の進行中〕meio (m) do caminho, fase (f) de crescimento [desenvolvimento]. 子供は認知能力が発達~にある A capacidade cognitiva da criança está em fase de desenvolvimento. ♦発展途上国 país (m) em desenvolvimento. ❷〔目的地に行く途中〕caminho (m), direção (f), rumo (m). 帰宅の~で友人に会った Encontrei-me com um/uma amigo/ga no caminho de casa.

どじょう 土壌 ❶ solo (m), terra (f) para cultivo. 農薬で汚染された~ solo infestado de ↳agrotóxicos [inseticidas e herbicidas agrícolas]. ♦アルカリ性土壌 solo alcalino. 酸性土壌 solo ácido. ❷《比》ambiente (m). 麻薬業者が入り込める~ ambiente favorável à infiltração de traficantes de drogas.

としょかん 図書館 biblioteca (f) 〈o prédio〉. ~に本を返しに行きます Vou à biblioteca devolver um livro. ♦国会図書館 Biblioteca (f) Nacional ↳do Parlamento [da Dieta].

としより 年寄り pessoa (f) idosa, velho/lha, ancião/ciã. お~や体の不自由な方に席をお譲りください Por favor, ceda o lugar [assento] aos idosos e deficientes físicos.

*****とじる 閉じる** fechar [フェシャール], cerrar [セハール]. 目を閉じて com os olhos fechados [cerrados]. 店を~ fechar a loja. 自動的に~ fechar automaticamente. 「~」というボタンをクリックする clicar no botão "fechar". ❸〔終える〕encerrar [エンセハール], terminar [テルミナール], acabar [アカバール]. この事件は犯人の死亡で幕を閉じた Com a morte do criminoso este caso acabou.

とじる 綴じる ❶〔本を〕encadernar. 本を~ encadernar um livro. ❷〔ホチキスで〕grampear. 書類をホチキスで~ grampear os documentos.

としん 都心 centro (m) da cidade.

トス lançamento (m). ~を上げる《スポーツ》levantar 〈a bola, no voleibol〉.

どすう 度数 ❶〔回数〕número (m) de vezes. ❷〔温度、角度の〕número de graus. 寒暖計の~が下がっている A temperatura indicada pelo termômetro está abaixando.

どすぐろい どす黒い empretecido/da. ~血の跡 manchas (fpl) escuras de sangue. どす黒くなった壁 paredes (fpl) enegrecidas.

どせい 土星〔天〕Saturno (m). ~の輪 anéis (mpl) de Saturno.

どせい 土製 ~の de barro, feito/ta de barro.

どせき 土石 terra (f) e pedras (fpl). ♦土石流 avalancha (f) de terra e pedras.

とそう 塗装 pintura (f). ~する pintar 〈paredes etc〉. ♦塗装工〔壁の〕pintor/ra 〈de paredes〉, 〔車の〕pintor/ra de lataria 〈de carros〉. 塗装工事(obra (f) de) pintura. 塗装工場 oficina (f) de pintura de carros 〈★ブラジルでは大体 funilaria (=ブリキ屋) が車の塗装をする〉.

どそう 土葬 enterro (m). 遺体を~する enterrar um cadáver.

どそく 土足 ~で com os sapatos. ~禁止《掲示》É Proibido Entrar de Sapatos.

どだい 土台 base (f), fundação (f), alicerce (m). 理論の~ princípio (m) [base] de uma teoria. このビルは~がしっかりしている Este prédio tem os alicerces firmes [sólidos].

とだえる 途絶える interromper-se, cortar-se, acabar. 話が途絶えてしまった A conversa se interrompeu. 夜になるとこの通りは人通りが~ À noite, esta rua fica deserta. 彼からの便りは途絶えたままだ Não estou mais recebendo notícias dele.

とだな 戸棚 armário (m). ♦食器戸棚 bufê (m).

とたん 途端 …した~に na hora em que [justo quando, assim que]〈+直説法完了過去形〉《+pretérito perfeito do indicativo》. 受話器を置いた~にベルが鳴った Assim que eu pus o fone no gancho, o telefone começou a tocar.

トタン zinco (m). ♦トタン板 chapa (f) de zinco. トタン屋根 telhado (m) de zinco.

どたんば 土壇場 ~で no último momento; em momentos de crise. ~に追いやられる ver-se em apuros. ~でゲームは逆転した Houve uma reviravolta no jogo, no último momento./O jogo virou no último momento.

とち 土地 terreno (m);〔区画された〕lote (m);〔耕作の〕solo (m);〔地方〕região (f), local (m), localidade (f). ~つきの家 casa (f) com terreno. その~の人たち pessoas (fpl) da região [localidade]. 日本では~が高すぎる Os terrenos são caros demais no Japão. ♦土地所有者 proprietário/ria de terra.

どちゃく 土着 ~の autóctone, nativo/va. ♦土着民 povo (m) autóctone, indígena, nativo/va.

とちゅう 途中 ❶〔目的の場所に着くまでのあいだ〕meio (m) do percurso, metade (f) do caminho. ~下車する descer 〈de um veículo coletivo〉 no meio do percurso. ~で no caminho, no meio do caminho. …の~と a caminho de. 家に帰る~ no caminho de volta para casa. 病院に運ばれる~で死んだ Morreu a caminho do hospital. ❷〔ものごとの〕durante, no [a] meio do processo. 計画は~でやめた Desisti do projeto a meio do processo. その作業は~でやめないでください Não pare esse serviço no meio. 食事の~で席を立つ levantar-se da mesa ↳no meio da [durante a] refeição.

*****どちら**〔どちら(の)〕qual [クァーウ];〔どこ〕onde [オンヂ];〔どちら様〕quem [ケン]. ~も ambos/bas, os dois/as duas, tanto um/uma como o/a outro/tra. ～も…ない nenhum/ma dos/das dois/duas, nem um/uma nem outro/tra. 私は彼らの～も知らない Eu não conheço nenhum dos dois. ～でもいいです Qualquer um/uma serve./Tanto faz. ～かと言えばここにいたい Eu prefiro ficar aqui (se é que posso escolher). ～が私の傘がわからなくなってしまいました Eu não sei mais qual é o meu guarda-chuva. 私は酒もたばこも～もやりません Eu nem bebo nem fumo. お国は～ですか De que país você é? 社長は～へお出掛けですか Aonde vai o presidente (da companhia)? ¶ ～にしても em todo caso, de qualquer maneira. ～にしても出発したほうがいい De qualquer maneira, é melhor partir.

とっか 特価 preço (*m*) especial. ～で a um preço especial. ♦ 特価品 artigos (*mpl*) de saldo. 特価品売り場 seção (*f*) de liquidação.

どっかい 読解 leitura (*f*) e compreensão (*f*) de um texto. 学習者に～力をつける desenvolver no discente a capacidade de leitura e compreensão de um texto. ♦ 読解力 capacidade (*f*) de ler e entender um texto.

どっかり ❶ com todo o peso do corpo. 老人は優先席に～座った O ancião deixou-se cair no assento preferencial com todo o peso do corpo. ❷ sem preocupar-se com nada. 彼女は妻の座に～居座っていた Ela ocupava a posição de esposa sem se preocupar com mais nada.

とっかん 突貫 execução (*f*) rápida. ♦ 突貫工事 serviço (*m*) [obra (*f*)] a toque de caixa.

とっき 突起 protuberância (*f*), saliência (*f*). ～のある protuberante, saliente. ～する formar uma protuberância, ser protuberante.

とっきゅう 特急 expresso (*m*) especial.

とっきょ 特許 ❶ [発明、考案の] patente (*f*). …の～を取る patentear …. この商品を売る前に～庁に登録しなければならない Antes de vender esse produto, você tem de registrá-lo no Registro de Patentes. ～権の侵害 violação (*f*) de patentes. ♦ 特許局 [ブラジルの] departamento (*m*) de patentes 《do Brasil》. 特許権 direito (*m*) de patentes. 特許証 certificado (*m*) de patente. 特許庁 Registro (*m*) de Patentes. 特許法 Lei (*m*) de Patentes. ❷ [特別許可] licença (*f*) especial. …に～を与える conceder uma licença especial a ….

ドッキング acoplamento (*m*). ～する acoplar. AのBとの～が行われる "A" vai ser acoplado/da a "B".

とつぐ 嫁ぐ casar-se. 山田家に～ casar-se com um filho da família Yamada. 娘を嫁がせる (fazer) casar a filha, dar a mão da filha a alguém.

ドック doca (*f*), estaleiro (*m*); [人間ドック] seção (*f*) de checape. あしたは人間～に入るので休ませてください Preciso faltar amanhã porque vou fazer um checape [uma vistoria clínica, um exame médico completo].

とっくに faz [há] muito tempo. 私は～きょうのノルマを果たしました Faz tempo que eu acabei o serviço de hoje.

とっくり 徳利 jarrinha (*f*) de servir saquê. ～のセーター pulôver (*m*) de gola alta.

とっけん 特権 privilégio (*m*), prerrogativa (*f*). …に～を与える conceder privilégios a …. ♦ 特権階級 classe (*f*) privilegiada. 特権乱用 abuso (*m*) de privilégios.

とっこう 特効 efeito (*m*) específico [milagroso]. この薬は日焼けに～がある Este remédio é muito bom para queimadura de sol. ♦ 特効薬 〖医〗medicamento (*m*) específico.

とっこうたい 特攻隊 tropa (*f*) de ataque-suicida [aviões-suicida].

とっさ 咄嗟 instante (*m*), momento (*m*). ～の instantâneo/nea, momentâneo/nea. ～に no momento, em um instante, em um piscar de olhos, na hora, imediatamente, de repente, repentinamente. ～の思いつきで de improviso. ～の気転がきく ser vivo/va, ser perspicaz, ter presença de espírito. ～の判断力 capacidade (*f*) para resolver casos imprevistos. ～の場合 em caso imprevisto. ～の出来事 acontecimento (*m*) repentino. ～の一言 frases (*fpl*) úteis (para imprevistos). ～に出てきた説明 a primeira explicação (*f*) sacada da algibeira.

ドッジボール 〖スポーツ〗queimada (*f*). ～をする jogar queimada.

とっしゅつ 突出 proeminência (*f*), saliência (*f*). ～する sobressair, avançar. ～した proeminente, saliente.

とっしん 突進 avanço (*m*), precipitação (*f*). …に向かって～する lançar-se sobre [em], precipitar-se para [contra].

*__とつぜん 突然__ ❶ [急に] de repente, repentinamente [ヘペンチメンチ], subitamente [スビタメンチ], de supetão, inesperadamente [イネスペラダメンチ]. 彼は～私の家に来た Ele apareceu de repente [repentinamente, de supetão] na minha casa. ビルは～崩壊した Subitamente [De repente] o prédio desabou. ～の repentino/na, inesperado/da. ～の出来事 acontecimento (*m*) inesperado. ～死をする morrer de morte súbita. 鶏インフルエンザのウイルスに～変異が起きて人から人へ移るようになる可能性がある É possível que o vírus da gripe aviária sofra uma comutação e passe a ser transmissível de pessoa para pessoa. ～ですが… Desculpe ser repentino/na, mas … (falando de repente de um assunto). ♦ 突然死 morte (*f*) súbita. 突然変異 comutação (*f*), mutação (*f*) genética. ❷ [予告なしに] sem prévio aviso, sem antecedência. そ

の規則は〜施行された Esse regulamento entrou em vigor sem prévio aviso. 〜におじゃまをしてすみませんでした Desculpe-me por ter vindo sem avisar.

どっち qual. 赤と黒とでは〜がいい Qual dos dois prefere, o vermelho ou o preto? 行くのか行かないのか〜なの Vai ou não vai? Qual é a sua decisão? 〜にしてもたいして変わらない Seja como for, a diferença é pequena.

どっちみち de qualquer maneira. それは〜たいしたことではない De qualquer maneira, isso não é 〔coisa grave [grande coisa].

とっちめる repreender. 遅刻した人たちは皆とっちめられた Os que chegaram atrasados foram todos repreendidos.

とって 取って cabo (m), asa (f), pegadouro (m) 〔parte do objeto pela qual se lhe pega〕; 〔ドアの〕maçaneta (f).

-とって para …. ブラジル人に〜日本の冬は厳しい O inverno japonês é rigoroso para um brasileiro.

とっておき 取っておき 〜の reservado/da para ocasiões especiais, de muito valor. 〜のワインを提供する oferecer generosamente o vinho especial (reservado para algo importante).

とっておく 取っておく 〔保存する〕deixar guardado/da, conservar;〔座席など〕reservar, guardar;〔もらっておく〕ficar com. あなたのためにこのお刺身を取っておきました Guardei este *sashimi* para você. 座席を取っておきましょうか Quer que eu reserve um lugar para você?

とってかわる 取って代わる substituir. ⇨代わる.

とってくる 取ってくる ir buscar, ir pegar e voltar, trazer. 家に戻ってお金を取ってきます Vou voltar para casa e trazer o dinheiro.

ドット ❶〔点〕ponto (m). ❷〔インチ〕ponto. ❸〔水玉模様〕bolinhas (fpl). 〜のスカート saia (f) de bolinhas.

とつにゅう 突入 acometida (f), entrada (f). ゼネストに〜する entrar em greve geral. 犯人が立てこもる機内に警官隊が〜した Os policiais entraram bruscamente no avião onde se escondia o criminoso.

とっぱ 突破 ❶〔妨害、困難などの〕rompimento (m), ruptura (f). 敵陣を〜する romper as linhas inimigas. 〜口を切り開く abrir uma brecha. 問題の〜口を見出す achar a saída de um problema. 一発で入試の難関を〜したい Gostaria de vencer a grande barreira do vestibular de primeira. ❷〔超過〕ultrapassagem (f). 〜する ultrapassar. 10万円を〜する ultrapassar cem mil ienes.

とっぱつ 突発 〜する sobrevir, arrebentar. ♦突発事件 acontecimento (m) inesperado, contratempo (m).

とっぴ 突飛 〜な diferente, extravagante, excêntrico/ca. それはまた〜な発言ですね Mas essa também é uma opinião extravagante, não?

トッピング ❶〔ピザやラーメンの上に乗せるもの〕cobertura (f), o que se põe em cima da massa da pizza, do *soba*, do *ramen* etc. ❷〔アイスクリームなどの〕confeito (m).

トップ topo (m), o/a primeiro/ra. 〜レベルの de mais alto nível. ♦トップ会談 conferência (f) de cúpula. トップシークレット *top-secret* (m), segredo (m) ⌐do maior sigilo [absoluto]. トップスター o/a artista mais popular. トップダウン decisão (f) de uma empresa que vem de cima para baixo. トップニュース notícia (f) de primeira página.

とっぷう 突風 rajada (f) de vento, lufada (f) repentina. 〜にあおられる apanhar uma rajada de vento. 夕べ〜が吹いた Houve fortes rajadas de vento ontem à noite.

トップライト 〘建〙janela (f) do teto, mansarda (f) 〔屋根に付いている窓〕.

とつめん 凸面 〜の convexo/xa. ♦凸面鏡 espelho (m) convexo. 凸面レンズ lente (f) convexa.

どて 土手 margem (f), ribanceira (f);〔人工の〕dique (m).

とてつもない absurdo/da, desmesurado/da. 〜願い事 pedido (m) absurdo. 彼は〜ことを言う Ele fala coisas absurdas.

とても muito;〔とうてい〕nunca, dificilmente. きょうは〜忙しい日だった Hoje foi um dia muito agitado. この面では私は〜あなたに勝てません Neste campo, eu nunca [dificilmente] conseguiria vencê-lo/la. 〜…なので tão … que, tanto/ta … que. 彼は〜いい人なのでみんなから好かれる Ele é uma pessoa tão boa que todos gostam dele. 私は〜急いでいたのでドアにかぎをかけるのを忘れてしまった Eu estava com tanta pressa que esqueci de ⌐trancar a porta com a chave [passar a chave na porta].

とど 〘動〙leão-marinho (m).

とどうふけん 都道府県 Tóquio, Hokkaido, Osaka, Kyoto e outras províncias.

*****とどく** 届く alcançar [アウカンサール];〔到着する〕chegar [シェガール]. あなたはあの棚に手が届きますか Você alcança aquela prateleira? ここは足が〜〔水中で〕Aqui dá pé《dentro d'água》. 子供の手の届かないところに薬を置く deixar o remédio fora do alcance das crianças. この速達はいつ届きますか Quando chega esta carta expressa? 日本人の思いがブラジル人に届いたらしい Parece que os brasileiros compreenderam os sentimentos dos japoneses.

とどけ 届け aviso (m), declaração (f), informe (m), registro (m). 被害〜を出す apresentar [registrar] uma queixa de dano sofrido. 役場に出生〜を出す registrar o nascimento do filho na prefeitura. ♦届け用紙 formulário (m). 欠席届 aviso de ⌐falta (ao serviço) [ausência]. 婚姻届 registro de casamento. 死亡届 declaração de óbito. 出生届 registro de nascimento. 退職届 carta (f) de demissão.

とどけさき 届け先　destinatário (m).

とどけで 届け出　declaração (f), informe (m); registro (m). ♦届け出人 〔出生届などの〕declarante, representante; 〔被害届などの〕denunciante, queixoso/sa.

とどけでる 届け出る　apresentar, declarar, informar, registrar; solicitar por escrito, encaminhar um requerimento.

とどける 届ける　〔送り届ける〕mandar, enviar, despachar; 〔持って行く〕levar, entregar; 〔知らせる〕comunicar, participar, dar parte de; 〔役場などに〕registrar.　この包みをこの先に届けてもらいたい Quero que você leve este pacote a este endereço aqui.　君はもう住所の変更を総務課に届けたか Você já comunicou a mudança do seu endereço à seção de assuntos gerais [de administração geral]?　盗難を警察に〜 dar parte do roubo à polícia.

とどこおる 滞る　❶〔物事が〕acumular-se, ficar por fazer.　仕事が滞っている Estou com muito trabalho acumulado [por fazer].　❷〔支払いが〕atrasar-se.　彼からの支払いが滞っている Os pagamentos dele estão atrasados.

ととのう 整う　arrumar-se, ajeitar-se.　整った服装をしている estar bem vestido/da [arrumado/da].

ととのう 調う　ficar preparado/da [pronto/ta].　パーティーの用意が調った Está tudo pronto para a festa.　私たちは出発の準備が調った Estamos prontos para partir.　縁談が〜 firmar-se o noivado.

*****ととのえる** 整える　pôr em ordem, arrumar [アフマール], ajeitar [アジェイタール].　スーツを〜 ajeitar o paletó.　服装を〜 arrumar a roupa (já vestida); vestir-se, pôr roupa.　登校しやすい環境を整えよう Vamos nos esforçar para criar um ambiente que facilite a adesão escolar./Vamos criar um ambiente que previna a evasão escolar.

*****ととのえる** 調える　preparar [プレパラール], arranjar [アハンジャール], aprontar [アプロンタール], fazer os preparos de, deixar pronto/ta.　出張の準備を〜 fazer os preparativos da viagem (a serviço).　朝食を〜 preparar o café da manhã.　交渉を〜 concluir as negociações.　葬式に必要な物を〜 preparar os apetrechos necessários para o funeral.

とどまる 止まる, 留まる　❶ ficar, permanecer.　いつまであなたはここに〜予定ですか Até quando você pretende ficar aqui?　❷ limitar-se.　インフレ率は1%にとどまった O índice de inflação ficou estável em 1% [um por cento].　赤字の額は十億や二十億にとどまらなかった O prejuízo não foi somente de um ou dois bilhões.

とどめ 止め　…に〜を刺す〔人を刺したとき〕dar o golpe de misericórdia a …; 〔議論などで〕dar o golpe decisivo a …, reduzir … ao silêncio (em debates etc); 〔それ以上のものはない〕ser o/a melhor.　牛肉なら神戸に〜を刺す Não há carne de boi que supere a de Kobe.

とどめる 止める, 留める　❶〔動かないようにさせる〕deter, parar, pôr fim a.　足を〜 parar, fazer uma parada.　❷〔あとに残す〕deixar, fixar.　跡を〜 deixar rastros.　歴史に名を〜 deixar o nome na história.　…を記憶に〜 fixar … na memória.　❸〔限定する〕limitar, restringir.　…に〜 limitar-se a ….　荷物は必要なものだけにとどめてください Restrinja a bagagem às coisas necessárias.　国の問題を指摘するにとどめよう Vamos nos limitar a apontar os problemas do país.　私は彼に忠告するだけにとどめた Limitei-me a aconselhá-lo.

とどろく 轟く　❶ retumbar, ressoar.　❷ ser famoso/sa.　彼の名声は全世界にとどろいている Ele é conhecido no mundo inteiro.　❸ palpitar, bater mais forte.　驚きに私の胸はとどろいた Meu coração bateu mais forte de susto.

ドナー　doador/ra.　心臓の〜 doador/ra de coração.

となえる 唱える　〔お経など〕rezar; 〔提唱する〕propor, defender.　念仏を〜 recitar rezas budistas.　異議を〜 fazer uma objeção.　新説を〜 apresentar uma nova teoria.

トナカイ　rangífer (m), rena (f).

どなべ 土鍋　panela (f) de barro.

*****となり** 隣　vizinhança (f) [ヴィズィニャンサ], casa (f) vizinha.　〜の vizinho/nha.　…の〜に ao lado de ….　〜の人 vizinho/nha.　仕事場ではだれがあなたの〜にいますか Quem fica [se senta] ao seu lado no serviço?

どなりこむ 怒鳴り込む　ir [vir] protestar.　隣の住人がピアノの音がうるさいといってどなり込んできた O vizinho veio em casa reclamando do barulho do piano.

どなる 怒鳴る　berrar; 〔叫ぶ〕gritar; 〔声を上げる〕levantar a voz.　そんなに大声で〜必要はないでしょう Acho que não há necessidade de levantar a voz desse jeito, não é?

とにかく　em todo o caso; 〔結局〕enfim, afinal de contas.　〜この仕事は急いでくれ Em todo o caso, faça este serviço bem rápido.

とねりこ 梣　〖植〗freixo (m).

*****どの**　qual [クアール], que [キ].　〜家があなたの家ですか Qual casa é a sua?　〜ハンドバッグを買いますか Que [Qual] bolsa vai comprar?　〜道を行きましょうか Que caminho vamos pegar?　仕事は〜辺りまで進んでいますか Em que altura está o seu trabalho? ⇨どちら.

*****どのくらい**　❶ⓐ〔かかる時間〕《tempo que se leva》学校まで〜かかりますか Quanto tempo se leva da estação até a escola?　ⓑ〔行動にかけた時間の長さ〕《tempo empregado》há quanto tempo [quanto tempo faz que] (+ 現在形, あるいは, 現在

進行形》《+presente ou progressivo presente》. ～日本語を習っていますか Há quanto tempo ⌊estuda [está estudando] o japonês? ⓒ〔行動の後の時間の経過の長さ〕《tempo escorrido》 há quanto tempo [quanto tempo faz que] (+完了過去形)《+pretérito perfeito》. ブラジルに移民して～になりますか Quanto tempo faz que [Há quanto tempo] emigrou (imigrou) ao Brasil? ❷〔量〕quantos litros, quantos quilos. 米はあと～倉庫にありますか Quantos quilos de arroz temos ainda no depósito? ❸〔価格〕quanto (+ser, custar). この家は～するのですか Quanto custa [é] esta casa? ❹〔距離〕qual a distância. ここから病院まで～ありますか Qual (é) a distância daqui até o hospital? ❺〔高さ〕qual a altura. あなたの身長は～ですか Qual é a sua estatura [altura]?/Quantos centímetros tem de altura? ❻〔程度〕até que ponto, que grau de adiantamento, qual o nível. 彼は～ピアノが弾けますか Qual é o nível dele de piano?

どのへん どの辺　em que parte, onde mais ou menos. 大泉の～にお住みですか Em que parte de Oizumi o/a senhor/ra mora? 彼は今～にいるだろう Onde será que ele está agora, mais ou menos?

どのように　como, de que maneira [jeito, modo]. この果物は～していただくのですか Como é que se come esta fruta, por favor? あなたは～してここまで来たのですか De que jeito você veio até aqui?

トパーズ　topázio (m).

とばく　jogo (m) (de azar).

とばす 飛ばす　❶ fazer voar, lançar. 矢を～ lançar uma flecha. 彼女は風に帽子を飛ばされた O chapéu dela voou com o vento. ❷〔散らす〕borrifar, respingar. 車が通行人に泥水を飛ばした O carro respingou a roupa dos transeuntes. ❸〔走らせる〕disparar, fazer correr. 彼は車を飛ばして来た Ele veio correndo de carro. ❹〔発する〕dizer, soltar, espalhar, brincar. 冗談を～ soltar piadas, falar brincadeiras, brincar. デマを～ espalhar boatos. ❺〔左遷〕enviar. 彼は北海道に飛ばされた Ele foi enviado [transferido] para Hokkaido. ❻〔順番を〕passar [pular] a vez de. ❼〔飛ばして読む〕pular (um trecho) ao ler, deixar de ler (uma parte). ❽〔省略する〕omitir.

とばっちり　❶ ricochete (m), ação (f) reflexa, efeito (m) secundário. 彼はそのいかがわしい事件の～を受けた Ele acabou sendo envolvido nesse caso suspeito. ❷〔しぶき〕salpico (m), borrifo (m), respingo (m).

とび 鳶〔鳥〕milhafre (m)《ave de rapina》.

とびあがる 飛び上がる　〔空に〕voar, levantar voo;〔うれしさ・驚きなどで〕pular《de contentamento ou susto》.

とびいし 飛び石　alpondras (fpl), fileira (f) de pedras espaçadas. ♦ 飛び石連休 feriados (mpl) intercalados.

とびいた 飛び板　trampolim (m), prancha (f).

とびいり 飛び入り　～で参加する participar (de algum evento) sem ter-se ⌊inscrito [registrado para participar]. ～で申し訳ないけれど私も仲間に加えていただけないでしょうか Desculpem-me por vir de repente, mas será que poderiam me incluir no grupo? ♦ 飛び入り参加 participação (f) ⌊imprevista [sem se estar inscrito/ta].

とびうお 飛び魚 〚魚〛peixe-voador (m).

とびおきる 飛び起きる　pular da cama, levantar-se bruscamente.

とびおりる 飛び降りる　saltar pulando, descer pulando.

とびかう 飛び交う　❶ voar intercruzando, voar em várias direções. 蛾がランプの周りを飛び交っている As mariposas estão voando em torno da lâmpada. ❷〔噂(うわさ)などが〕circular, espalhar-se.

とびこえる 飛び越える　❶ pular por cima de, saltar, pular. 垣根を～ pular a cerca. 彼は2メートルのバーを飛び越えた Ele ⌊pulou por cima de [saltou] uma barra de dois metros. ❷〔順序を無視して〕queimar etapas, ultrapassar, passar por cima.

とびこみ 飛び込み　mergulho (m). ♦ 飛び込み台 trampolim (m).

とびこむ 飛び込む　❶〔鳥などが〕voar para dentro. ドアから鳥が飛び込んできた Um pássaro entrou voando pela porta. ❷〔水の中へ〕mergulhar. 海に～ mergulhar no mar. ❸〔部屋などの中へ〕entrar correndo [voando]. 部屋に～ entrar voando [correndo] no quarto. ❹〔思いがけない物事が〕acontecer inesperadamente. 思いがけないニュースが飛び込んで来た Recebi uma notícia inesperada. ❺〔自分から進んで関係をもつ〕meter-se por conta própria. 事件の渦中に～ meter-se a sério num caso.

とびだす 飛び出す　sair precipitadamente, lançar-se para fora.

とびたつ 飛び立つ　❶〔飛行機〕levantar voo, decolar. ❷ deixar, partir. 巣から～ deixar o ninho.

とびちる 飛び散る　espalhar-se [saltar] por todos os lados. 風で桜が～ As flores das cerejeiras se espalham com o vento.

とびつく 飛びつく　lançar-se a, saltar em;《比》aceitar prontamente. 会社は彼の提案に飛びついた O pessoal da companhia aceitou prontamente a proposta dele.

トピック　tópico (m).

とびぬける 飛び抜ける　distinguir-se, ser dotado/da de alguma característica rara, ser excepcional. 飛びぬけた頭脳に恵まれている ser dotado/da de ⌊uma rara inteligência [uma

とびのる 飛び乗る　tomar um veículo saltando. 走ってバスに飛び乗った Saltei para dentro do ônibus.

とびばこ 跳び箱　〖スポーツ〗cavalo (m). ～を飛び越える saltar sobre o cavalo.

とびはねる 飛び跳ねる　pular, saltitar.

とびひ 飛び火　❶〔医〕impetigo (m). ❷ chispa (f), fagulha (f), faísca (f). ～する espalhar-se o fogo, alastrar-se. 火事は対岸の家に～していた O incêndio tinha-se espalhado [alastrado] para as casas do outro lado do rio. ❸ repercussão (f), consequência (f). その財界のスキャンダルは政界へと～した Esse escândalo financeiro teve consequências no mundo político.

とびまわる 飛び回る　❶ brincar pulando por todos os lados. 校庭で～ brincar pulando no pátio da escola. ❷ correr para cá e para lá. 資金集めに～ correr para lá e para cá para arranjar dinheiro.

どひょう 土俵　〔相撲(ﾏﾓｳ)〕ringue (m), arena (f). ～際で〔比〕no momento final, no momento crítico.

とびら 扉　porta (f);〔本の〕página (f) de rosto. ～を開ける(閉める) abrir (fechar) a porta. ◆扉絵 frontispício (m).

どびん 土瓶　bule (m) de barro. ◆土瓶蒸し〖料〗sopa (f) de peixes e legumes cozida a vapor.

***とぶ** 飛ぶ, 跳ぶ　voar [ｳﾞｫｱｰﾙ];〔跳ねる〕pular [ﾌﾟﾗｰﾙ];〔噂(ｳﾜｻ)などが〕correr [ｺﾚｰﾙ], circular [ｽｨﾙｸﾗｰﾙ], espalhar-se [ｴｽﾊﾟﾘｬｰﾙ ｽｨ];〔首が〕ser demitido/da [despedido/da];〔ヒューズが〕queimar [ｹｲﾏｰﾙ], fundir-se [ﾌﾝｼﾞｰﾙ ｽｨ]. 空を飛ぶ voar no céu. つばめが青空を飛んでいた A andorinha voava no céu azul. あの飛行機はずいぶん高く(低く)飛んでいます Aquele avião está voando bem alto (baixo). サンパウロへ～ voar para São Paulo, ir de avião para São Paulo. 飛んで行く(来る) ir (vir) correndo. 彼は飛んで行った(来た) Ele foi (veio) correndo. …という噂が飛んでいる Corre [Está-se espalhando] um boato de que (+直説法)《+indicativo》. この製品は去年飛ぶように売れたのですよ Sabe que estes produtos saíram feito água no ano passado?／Esta mercadoria teve uma saída fenomenal no ano passado, sabia? 首が～ ser despedido/da do trabalho. ヒューズが飛んだ O fusível queimou [fundiu-se].

どぶ　〔下水〕esgoto (m), fosso (m);〔溝〕valeta (f).

どぶろく 濁酒　saquê (m) caseiro.

とべい 渡米　viagem (f) aos Estados Unidos.

とほ 徒歩　～で a pé. 私の家は駅から～で10分のところにあります A minha casa fica a dez minutos a pé da estação. あなたは～で通勤しているのですか Você vem (vai) trabalhar a pé?

とほう 途方　❶〔方法, 手段〕meio (m), método (m). ～に暮れる ficar perplexo/xa, ficar confuso/sa [《口語》desorientado/da, baratinado/da], ficar sem saber o que fazer. 彼は～に暮れた様子だった Ele parecia perplexo. ❷〔すじみち〕razão (f), lógica (f). ～もない sem lógica, absurdo/da, desmesurado/da. あなたは～もない要求をする人ですね Mas você (é uma pessoa que) faz exigências absurdas, não? ～もなく高い absurdamente caro/ra.

どぼく 土木　◆土木会社 companhia (f) de construção e obras públicas. 土木技師 engenheiro/ra civil. 土木工事 obras (fpl) de construção.

とぼける　❶〔知らないふりをする〕fingir 〔que não sabe [ignorância]. ❷〔わからないふりをする〕fingir que não entende, fazer-se de inocente. ❸〔こっけいな言動をする〕fazer-se de bobo. ❹〔世間はずれしている〕ser desligado/da (da realidade).

とぼしい 乏しい　〔不足した〕pobre, escasso/cassa; insuficiente. …に～ estar com falta de …, não ter muito/ta …. 乏しくなる ficar escasso/sa, começar a faltar. ～収入 renda (f) escassa. 私たちは食料がだんだん乏しくなってきた Estão começando a nos faltar os alimentos. 日本は天然資源に～ O Japão é pobre em recursos naturais. その分野では彼は経験に～ Ele tem pouca experiência no campo.／A experiência dele no campo é insuficiente.

どま 土間　cômodo (m) com chão de terra batida.

トマト　tomate (m). ◆トマトケチャップ ketchup (m)[ｹﾁｬｯﾌﾟ]. トマトピューレ massa (f) de tomate. プチトマト tomatinho (m) cereja.

とまどう 戸惑う　ficar perplexo/xa [desorientado/da], desnortear-se.

とまりぎ 止まり木　poleiro (m).

***とまる** 止まる, 留まる　parar [ﾊﾟﾗｰﾙ];〔鳥などが〕pousar [ﾎﾟｳｻﾞｰﾙ], parar;〔装置などが〕parar, enguiçar [ｴﾝｷﾞｻｰﾙ];〔痛みなどが〕passar [ﾊﾟｻｰﾙ], sarar [ｻﾗｰﾙ]. 小鳥が木の枝に留まった O passarinho pousou no galho da árvore. この電車は各駅に止まりますか Este trem para em todas as estações? エンジンが完全に～まで待ってください Espere até que o motor pare completamente. 冷房が止まってしまった O ar-condicionado [ar-refrigerado] parou [enguiçou]. 痛みが止まらないのですが A dor não sara [passa]....

とまる 泊まる　pousar, hospedar-se, ficar, permanecer, pernoitar. どうぞ私の家に泊まってください Pode pousar [dormir] na minha casa, viu?／Por favor, pouse [durma] na minha casa. もう 2, 3 日泊まっていってもいいです

か Será que posso pousar mais uns dois ou três dias? 日本人の家に～ときは2泊3日までが適当です Quando se vai hospedar numa casa japonesa, o ideal é passar duas noites, no máximo.　泊まりがけで遊びにいらっしゃいよ Venha pousar [dormir] em casa.

とみ　富 riqueza (f), bens (mpl), fortuna (f). ～を築く fazer fortuna, enriquecer-se. 観光がこの町の～の源だ O turismo é a fonte de riqueza desta cidade.

ドミニカ〔ドミニカ共和国〕a República Dominicana;〔ドミニカ国〕Dominica (f).

ドミノ dominó (m). ～をする jogar dominó. ♦ドミノ効果 efeito (m) dominó.

とむ　富む　…に～ ser rico/ca em …. 富んだ人 pessoa (f) rica, rico/ca. 人生経験に～人 pessoa (f) rica em experiências [experimentada]. ブラジルは天然資源に～ O Brasil é rico em recursos naturais.

とむらい　弔い ❶〔葬式〕funeral (m), enterro (m). ❷〔法事〕cerimônia (f) budista para rezar pelo morto.

とむらう　弔う〔死者を悼む〕chorar (a morte de);〔冥福を祈る〕rezar pela (paz da) alma de um/uma morto/ta;〔弔意を表す〕expressar as condolências a.

ドメインめい　ドメイン名〔ドメイン〕nome (m) de domínio.

***とめる　止める, 留める** parar [パラール], fazer parar, deter [デテール];〔車などを〕parar, estacionar [エスタスィオナール];〔スイッチ・栓などをひねって〕desligar [デズリガール];〔蛇口など〕fechar [フェシャール];〔流れなどを〕reter [ヘテール];〔固定する〕fixar [フィキサール];〔血などを〕estancar [エスタンカール], fazer parar, parar;〔思いとどまらせる〕fazer desistir, dissuadir [ヂスアヂール]. 出血を～ estancar uma hemorragia. 今水道を止めてもいいですか Será que posso fechar a torneira agora? ガスを止めてください Desligue o gás, por favor. エンジンを止めて Vou parar o motor. そのテレビを止めてくれませんか Não quer desligar essa televisão? 彼がブラジルに帰るのを止めようとしたのだが... Eu quis ∟fazê-lo 《口語》 fazer ele] desistir de voltar ao Brasil, mas ….

とめる　泊める hospedar, deixar pousar, alojar, acomodar. 今晩泊めてくれませんか Poderia me hospedar aqui hoje à noite?/Será que eu posso pousar [dormir] aqui hoje à noite? あのホテルは300人の客を～ことができる Aquele hotel tem capacidade para acomodar trezentos hóspedes.

とも　友 companheiro/ra. ⇨友達.

-とも ❶〔含めて〕incluindo. 送料～ 2500円です São dois mil e quinhentos ienes, incluindo frete. ❷〔両方とも〕ambos/bas, os dois/as duas. 娘は二人～社会人です As minhas duas filhas já trabalham. ❸〔強意〕claro que sim, com certeza. もちろん行きます～ Claro que vou sim./Irei, com certeza. ❹〔たとえ…でも〕mesmo que, embora, ainda que (+接続法) 《+subjuntivo》. 雨が降ろう～出かけます Vou sair, mesmo que chova [mesmo com chuva]. ❺〔およその限界〕(早くとも, おそくとも) por mais cedo (tarde) que seja; (少なくとも) pelo menos. 遅く～11時には帰宅します Voltarei para casa às onze horas no mais tardar.

ともかく　em todo o caso, de qualquer maneira. ～今すぐ来てください Em todo o caso, venha já está bem? ～やるだけやってみます Em todo caso, pelo menos vou tentar (fazer isso). 冗談は～ Brincadeira (f) [Piadas (fpl)] à parte. ⇨同様.

ともかせぎ　共稼ぎ estado (m) em que ambos os cônjuges trabalham (fora). うちは～だから É porque em casa trabalhamos os dois (marido e mulher) ….

ともだおれ　共倒れ ～になる cair [arruinar-se] em conjunto; arrastar o outro à ruína. あなた方が争ったら～になる Se vocês se rivalizarem, os dois vão sair perdendo.

ともだち　友達〔親友〕amigo/ga;〔仲間〕companheiro/ra;〔同僚〕colega. 一生の～ amigo/ga para a vida inteira. 信頼できる(できない)～ amigo/ga ∟de confiança (que não dá para confiar). 古くからの～ amigo/ga de longa data. もう～ができましたか Já fez amigos? 大山と私は親しい～です Eu e o Oyama somos amigos íntimos [do peito]. ～になってくれませんか Não quer ser meu/minha amigo/ga? …と～付き合いをする ter amizade com …. ～のいない sem amigos. ～として como amigo/ga. ♦飲み友達 companheiro/ra de bebedeira.

ともなう　伴う vir [ser, estar] acompanhado/da de, vir junto, trazer (levar) algo consigo, acompanhar. 雷にはだいたい雨が～ A trovoada é geralmente acompanhada de chuva. その工事には非常な危険が伴います Essa obra ∟é cheia de riscos [tem grandes perigos]. これは契約に～条件ですが Esta é uma condição que consta no contrato …. ⇨同伴する.

***ともに　共に** ❶〔いっしょに〕juntos/tas [ジュントス/タス], com [コン], em conjunto. ～遊ぶ divertir-se juntos/tas. …と食事を～する tomar uma refeição com …. ❷〔両方とも〕ambos/bas [アンボス/バス], tanto … como …. 父母～健在です Tanto o meu pai como a minha mãe estão com saúde. ❸〔同時に〕ao mesmo tempo que, conforme [コンフォールミ]. 歳をとると～物忘れがふえる A gente vai ficando cada vez mais esquecido/da, conforme vai envelhecendo.

ともばたらき　共働き ⇨共稼ぎ.

どもり　吃り gago/ga.

ともる　点る iluminar-se, ficar iluminado/da. 部屋に明かりがともっているので彼は帰っていると思

う Acho que ele já voltou porque o quarto dele está com a luz acesa.

どもる 吃る gaguejar.

とやかく 子供に～言う前に antes de dizer umas boas aos [criticar, repreender] seus filhos. 他人のことを～言うな Não se intrometa em assuntos alheios!

どよう 土用 canícula (f) 《os dias mais quentes do verão, em que se costuma comer a enguia para evitar o enfraquecimento causado pelo calor》.

どようび 土曜日 sábado (m). ～に no sábado, sábado. ～ごとに aos sábados, nos sábados.

どよめき ressonância (f), rumor (m), comoção (f).

どよめく ❶〔鳴り響く〕ressoar, retumbar. ❷〔騒ぐ〕agitar-se. 彼女が舞台に現れると会場はどよめいた Quando ela apareceu no palco, a plateia explodiu de entusiasmo.

とら 虎〔動〕tigre (m).

とら 寅〔干支〕(signo (m) do) Tigre (m).

トライ ❶ tentativa (f), prova (f). ～する tentar, experimentar. ブラジル料理に～したら Que tal provar comida brasileira? ❷〖ラグビー〗 try (m).

ドライ ❶〔乾いた〕seco/ca. ♦ドライフラワー flor (f) seca. ❷〔感情を表さない〕seco/ca, prático/ca. ❸〔ワインなどが辛口の〕seco. ♦ドライ赤ワイン vinho (m) tinto seco.

ドライアイス gelo-seco (m).

トライアスロン 《スポーツ》 triátlon (m), triatlo (m).

トライアングル triângulo (m).

ドライクリーニング lavagem (f) a seco. これを～していただけますか Poderia lavar isto aqui a seco? ～でないとだめですね Isto aqui precisa ser lavado a seco, não é?

ドライバー ❶〔ねじ回し〕chave (f) de fenda. ❷〔運転者〕motorista. ♦タクシードライバー taxista, motorista de táxi. ❸〖ゴルフ〗taco (m) para longas distâncias.

ドライブ passeio (m) de carro. ～する passear de carro, dar um passeio (m) de carro.

ドライブイン drive-in (m)《no Japão, em geral, um restaurante comum com estacionamento》.

ドライヤー secador (m) de cabelo. ♦カールドライヤー secador de cabelos com escova rotativa.

トラウマ〖心〗trauma (m). ～になる ficar traumatizado/da (com).

とらえる 捕える〔意味などを〕captar;〔逮捕する〕deter, capturar;〔ボールなど〕pegar, agarrar《bola etc》;〔動物など〕caçar;〔機会を〕aproveitar. 文章の意味をうまく～ captar [entender] bem o sentido de uma sentença. 人の心を～ entender as pessoas. 鳥を～ caçar um pássaro. 彼は機会をうまくとらえた Ele soube aproveitar bem a oportunidade.

トラクター trator (m).

トラコーマ〖医〗tracoma (m).

トラック ❶〔貨物自動車〕caminhão (m). ❷〔競走路〕pista (f).

ドラッグ ❶ remédio (m), medicamento (m). ♦ドラッグストア farmácia (f). ❷〔麻薬〕droga (f), entorpecente (m). ❸ ～する arrastar.

とらのまき 虎の巻 ❶ livro (m) de táticas militares secretas. ❷〔比〕manual (m) de segredos de uma profissão. 商売の～ manual de segredos [táticas] dos negócios. ❸〔学習者用の〕apostila (f). ❹〔教師用の〕manual (m) do mestre.

ドラフト制〖野球〗sistema (m) de seleção de novos jogadores.

トラブル problema (m), caso (m). あの人はすぐ～を起こす Ele/Ela logo cria caso. ♦トラブルメーカー pessoa (f) que cria problema [《口語》encrenqueira].

トラベラーズチェック traveler's (m), cheque (m) de viagem.

ドラマ drama (m). ♦テレビドラマ novela (f) de televisão.

ドラマー〖音〗baterista, tocador/ra de bateria, tamborileiro/ra, tocador/ra de tambor.

ドラマチック ～な dramático/ca.

ドラム〖音〗bateria (f)《instrumento musical》.

ドラムかん ドラム缶 tambor (m)

とらわれる 捕われる，囚われる ❶ tornar-se prisioneiro/ra, ser capturado/da (pelo inimigo). 囚われ人 prisioneiro/ra. ❷〔思想, 習慣に〕deixar-se levar por, pensar somente em. 先入観に捕われる ficar preso/sa a um preconceito. 伝統に捕われる ser conservador/ra. 女性は些細なことに捕われるものだ A mulher tende a ficar presa a minúcias.

トランク ❶ mala (f) de viagem. ❷〔車の〕porta-malas (m).

トランクス ❶ calça (f) curta para esporte. ❷〔下着〕roupa (f) íntima masculina.

トランシーバー〖電〗transceiver (m)[トランスィーヴェル], transreceptor (m), transceptor (m), transmissor-receptor (m).

トランジスター transistor (m). ♦トランジスターラジオ rádio (m) transistor [portátil].

トランプ carta (f), baralho (m). ～をする jogar cartas, jogar baralho.

トランペット trombeta (f). ♦トランペット奏者 trombeteiro/ra.

トランポリン trampolim (m), cama (f) elástica;《ポ》rede (f) de acrobatas.

*__とり__ 鳥 ave (f)[アーヴィ], pássaro (m)[パッサロ]. ♦鳥かご gaiola (f). 鳥肉 carne (f) de frango.

‖ ▶おもな鳥の名◀ ‖

| インコ periquito [ペリキット] (m)
| おうむ papagaio [パパガーイオ] (m)
| かっこう cuco [クッコ] (m)
| カナリア canário [カナーリオ] (m)
| かもめ gaivota [ガイヴォッタ] (f)
| からす corvo [コールヴォ] (m)
| きつつき pica-pau [ピッカ パウ] (m)
| こうのとり cegonha [セゴーニャ] (f)
| コンドル condor [コンドール] (m)
| すずめ pardal [パルダーウ] (m)
| たか falcão [ファウカォン] (m)
| つばめ andorinha [アンドリーニャ] (f)
| つる grou [グロウ] (m)
| はと pomba [ポンバ] (f)
| ふくろう coruja [コルージャ] (f)
| わし águia [アーギア] (f)

とり 酉 〖干支〗(signo (m) do) Galo (m). 彼女は～年だ Ela nasceu no ano do Galo. ♦酉年 ano (m) do Galo.

ドリア 〖料〗gratinado (m) de arroz com legumes, carnes e molho branco.

とりあう 取り合う ❶〔奪い合う〕disputar, lutar por algo. 席を～ disputar ⌞o assento [a vaga]. ❷〔互いに取る〕pegar-se mutuamente. 手を取り合って泣く chorar de mãos dadas. ❸〔相手にする〕dar atenção a, ligar para. …を取り合わない fazer pouco caso de …, não levar … em consideração. 彼に頼んでも取り合ってもらえなかった Mesmo pedindo, ele não me deu atenção.

とりあえず〔当分の間〕por enquanto, para o momento;〔すぐ〕antes de mais nada. ～…する apressar-se a (+infinitivo) 《+infinitivo》〔差し当たって〕fazer algo como quebra-galho. ～私が司会をつとめます〔会議の場合〕Para o momento, eu posso coordenar a reunião./〔パーティーの場合〕Eu serei o animador da festa ⌞por enquanto [por ora]. ～ここに住むことにした Resolvi morar aqui provisoriamente.

とりあげる 取り上げる〔手に〕pegar (algo) nas mãos;〔奪う〕tirar … de, tomar … de;〔没収する〕confiscar … de;〔聞き入れる〕levar … em consideração, ouvir, aceitar. 受話器を～ tirar o fone [auscultador] do gancho. 子供から携帯電話を～ tomar [tirar] da criança o telefone celular. それは～ほどの問題ではない Isso é um problema irrelevante./Isso é coisa pequena. 会社はどうして我々の要求を取り上げてくれないのだ Por que a nossa companhia não leva em consideração o nosso pedido?

とりあつかい 取り扱い tratamento (m);〔操作〕manipulação (f), manejo (m), manuseio (m). この機械の～に関しては何の及び腰ではない respeito ao manuseio desta máquina. その箱の～には注意してください Tome cuidado com essa caixa, está bem? 割れ物～注意《掲示》Frágil. ♦ 取り扱い所 local (m) ou agência (f) de despacho. 取り扱い高〖経〗total (m) de transações. 手荷物取り扱い所 guarda-volumes (m).

とりあつかう 取り扱う tratar de; manipular, manejar. …を目下(目上)として～ tratar … como um inferior (superior). この本は経済問題を取り扱っている Este livro trata de problemas econômicos. 取り扱いやすい(にくい) fácil (difícil) de manejar. その商品は取り扱っておりません Não trabalhamos com essa mercadoria.

とりい 鳥居 portal (m) [pórtico (m)] de um templo xintoísta.

とりいそぎ 取り急ぎ apressadamente; por enquanto. ～以下のご報告申し上げます Apresso-me a informá-lo/la do ⌞seguinte [que vai abaixo]. ～お礼まで Por enquanto vou apenas agradecer.

トリートメント tratamento (m). …の～をする tratar, fazer tratamento de …. 肌の～ tratamento de pele. ♦フェーシャルトリートメント tratamento facial. ヘアトリートメント tratamento capilar. ボディートリートメント tratamento corporal.

とりいれ 取り入れ colheita (f), safra (f). ⇨収穫.

とりえ 取り柄 qualidade (f), ponto (m) forte, valor (m). 彼の～は正直なところだ A qualidade dele está em sua honestidade. ～のない sem valor, inútil. 彼は～のない男だ Ele é um homem inútil.

トリオ ❶〖音〗〔重奏〕trio (m) (de instrumentos),〔重唱〕trio (de vozes). ❷〔重奏団〕trio, grupo (m) musical de três instrumentistas. ❸〔3人組〕grupo de três pessoas.

とりおさえる 取り押さえる ❶ segurar, dominar. 暴れ馬を～ segurar o cavalo bravo. ❷〔逮捕する〕prender. 犯人を現行犯で～ prender o criminoso em flagrante delito.

とりかえし 取り返し ～のつかない irreparável, irremediável. 私は～のつかないことをしてしまった Acabei fazendo uma coisa irremediável [irreparável]. そうなったらもう～がつかない Aí, não tem mais volta. 親は子供が～のつかないことになってしまうのがこわい Os pais temem que os filhos acabem num caminho sem volta. やってしまったことは～がつかない Não se pode mais consertar o erro que se cometeu.

とりかえす 取り返す recobrar, recuperar. 貸した金を～ ter o dinheiro emprestado de volta, recuperar o dinheiro emprestado. 無駄に過ごした時間を～ reaver [recuperar] o tempo perdido. 会社を長く休んでしまったので遅れた分を～のはむずかしい Como eu faltei muito ao trabalho, vai ser difícil pôr o serviço atrasado em dia.

とりかえる 取り替える trocar;〔代替〕substituir, repor. タイヤを～ trocar o pneu. この

部品を新しいのに取り替えたいのですが... Gostaria de trocar esta peça por uma nova .... 座席を取り替えよう Vamos trocar de lugar [assento].

とりかかる 取り掛かる começar, proceder a (＋名詞)《＋substantivo》, começar a (＋不定詞)《＋infinitivo》. 彼は新しい仕事に取りかかっています Ele começou um novo serviço. あなたはいつごろ調査に取りかかりますか Quando o/a senhor/ra vai proceder ao inquérito?

とりかこむ 取り囲む rodear, cercar. 彼はファンに取り囲まれている Ele está rodeado de fãs. 城は濠(ほり)で取り囲まれている Há um fosso em volta do castelo. ⇨囲む.

とりかわす 取り交わす trocar. Eメールを～ trocar e-mails. 契約を～ firmar um contrato.

とりきめ 取り決め 〔決定〕decisão(f); 〔約束〕acordo(m), convênio(m). ～を破る romper um convênio. …についての～を行う concluir um acordo [convênio] sobre …. ～によると segundo o que foi decidido, conforme o convênio. ～はそうではなかったはずだ Acho que não foi assim que decidimos.

とりきめる 取り決める decidir; arranjar. 式の次第を～ decidir os passos [o programa] da cerimônia. …の日付を～ fixar a data de …. 売買の条件を～ decidir as condições da transação.

とりくみ 取り組み empenho(m), luta(f), 〔競技〕competição(f). まじめな～ um empenho sério.

とりくむ 取り組む esforçar-se para, procurar vencer, enfrentar, empenhar-se em. 彼は人出不足の問題と取り組んでいる Ele está empenhado em resolver o problema da falta de mão-de-obra.

とりけし 取り消し anulação(f), cancelamento(m), recisão(f), revogação(f). ～のできる (できない) 〖法〗revogável (irrevogável). 予約の～を cancelar a reserva. ♦取り消し訴訟 〖法〗ação(f) anulatória.

とりけす 取り消す cancelar, anular, retirar. 注文を取り消したいのですが Queria cancelar o pedido. 彼は約束を取り消した Ele retirou a promessa.

とりこ 虜 ❶ prisioneiro/ra. 敵の～になる ficar prisioneiro/ra do/da inimigo/ga, ser preso/sa pelo/la inimigo/ga. **❷**《比》presa(f), cativo/va. ～にする cativar. あの美しい彼女の～になってしまった Agora só consigo pensar naquela bela menina.

とりこしくろう 取り越し苦労 sofrimento(m) por antecipação. ～をする sofrer por antecipação.

とりこむ 取り込む 〔取り入れる〕colher; 〔ごたごたする〕estar [ficar] atrapalhado/da. 洗濯物を取り込んでください Colha a roupa (estendida), por favor. 今はちょっと取り込んでいます

ので, その問題はあとで考えましょう Agora estou meio atrapalhado/da. Vamos pensar nesse problema depois?

トリコモナス 〖医〗tricomona(f).

とりこわし 取り壊し demolição(f).

とりこわす 取り壊す demolir, derrubar.

とりさげる 取り下げる retirar, desistir. 告訴を～ retirar a acusação. 立候補を～ desistir da candidatura.

とりざた 取り沙汰 rumor(m); opinião(f) pública. 鳥インフルエンザが～されている A gripe aviária está na pauta da opinião pública.

とりしまり 取り締まり vigilância(f), inspeção(f), regulamentação(f). 警察の～ policiamento(m). 2か月間の警察の～で騒ぎは落ち着いた Em dois meses de policiamento, a baderna acabou. 警察の～を強化する reforçar o policiamento [controle policial].

とりしまりやく 取締役 diretor/ra. ♦取締役会議 junta(f) diretiva. 取締役社長 diretor/ra presidente.

とりしまる 取り締まる ❶ 〔監視する〕vigiar, fiscalizar, supervisionar. 密輸を～ vigiar o contrabando. 違反業者を厳しく～地方政府 governo(m) local que fiscaliza severamente comerciantes [negociantes] ilegais. **❷** 〔規制する〕regulamentar, disciplinar, controlar. 反政府的な出版物を～ exercer o controle sobre impressos antigovernamentais.

とりしらべ 取り調べ investigação(f), exame(m), inquérito(m), interrogatório(m). …について警察の～を受ける ser interrogado/da pela polícia sobre …. ～を行う realizar [fazer] investigação, investigar. …の～を始める começar a investigação da/do …, abrir inquérito contra ….

とりしらべる 取り調べる investigar, inquirir, interrogar. 捕まった男を～ interrogar o homem preso.

とりそろえる 取り揃える ajuntar, arranjar, equipar-se de, prover-se de. 必要な部品を取りそろえなくてはなりません Precisamos arranjar as peças necessárias.

とりだす 取り出す antigorremter; extrair. 引き出しからペンを～ tirar a caneta da gaveta. コーヒーからカフェインを～ extrair a cafeína do café.

とりたて 取り立て cobrança(f), arrecadação(f).

とりたて 取りたて ～の fresco/ca, recém-tirado/da. ～の魚 peixe(m) fresco.

とりたてる 取り立てる cobrar, arrecadar. 税金を～ cobrar imposto.

とりちがえる 取り違える entender mal, confundir. AとBを～ 〔混同〕confundir A com B. AをBと～ tomar A por B.

とりつぎ 取り次ぎ mediação(f). ♦取り次ぎ店 agência(f); intermediário/ria.

とりつく 取り付く …に～ agarrar-se a. 赤ん坊が母親の膝に～ O bebê se agarra aos joelhos da mãe. …に取り付かれる 1) ficar obcecado/da por, obcecar-se por. ブラジル音楽の魅力に取り付かれる ficar obcecado/da pelo charme da música brasileira. 2) ser possuído/da por. 悪霊に取り付かれる ser possuído/da pelos espíritos malignos.

トリック truque (*m*), passe (*m*) de mágica.

とりつぐ 取り次ぐ servir de intermediário/ria a …; avisar ┗a visita [a chegada] de …, anunciar alguém a …. 社長に取り次いでいただきたいのですが Por favor, poderia me anunciar ao presidente (da companhia)?

とりつくろう 取り繕う ❶ remendar, consertar. ❷《比》salvar, encobrir com palavras, disfarçar. 過失を～ encobrir um erro. 体面を～ salvar as aparências. その場を～ salvar a situação.

とりつけ 取り付け instalação (*f*), colocação (*f*), montagem (*f*). ～簡単 De fácil instalação! ガス暖房の～ instalação de aquecedor a gás.

とりつける 取り付ける ❶〔備え付ける〕instalar, colocar. 電話を～ instalar um telefone. ❷〔成立させる〕conseguir, obter. 契約を～ conseguir um contrato. 約束を～ firmar um compromisso.

ドリッパー coador (*m*). ♦ コーヒードリッパー coador de café.

ドリップ ♦ ドリップコーヒー café (*m*) coado.

とりで 砦 forte (*m*), fortaleza (*f*), baluarte (*m*). ～を築く construir um forte. 社会主義の～ bastião (*m*) do socialismo.

とりなおす 取り直す ❶〔写・映〕tirar outra vez. シーンを～ filmar a cena outra vez. ❷ retomar, recuperar. 気を～ recuperar a coragem, reanimar-se. ❸〔相撲〕repetir a luta.

とりにいく 取りに行く ir buscar. 駅まで荷物を取りに行ってくれますか Você pode ir buscar a bagagem na estação para mim?

とりにがす 取り逃がす deixar escapar [fugir], perder. 泥棒を～ deixar fugir o ladrão. …するチャンスを～ perder [deixar escapar] a oportunidade de (+不定詞) (+infinitivo).

とりにくる 取りに来る vir buscar. あとでこれを取りに来ます Depois eu venho buscar isto aqui.

トリニダード・トバゴ Trinidad e Tobago. ～の trinitário-tobagense.

とりのぞく 取り除く eliminar, tirar (fora). 不良品があったら取り除いてください Se tiver algum artigo defeituoso [estragado], tire fora.

とりはからい 取り計らい arranjo (*m*), cuidados (*mpl*), favor (*m*), intervenção (*f*), intermediação (*f*). …の特別な～で graças aos cuidados especiais de …, por especial favor de ….

とりはからう 取り計らう arranjar, manejar. 良いように～ intervir [intermediar] para que as coisas tenham ┗um bom rumo [uma boa solução].

とりはずし 取り外し desmontagem (*f*), separação (*f*). ～のできる desmontável, separável. ～のできない inseparável (*f*), fixo/xa.

とりはずす 取り外す tirar, separar. 車輪を～ tirar a roda do carro.

とりはだ 鳥肌 pele (*f*) anserina, horripilação (*f*), arrepio (*m*). 私は～が立ってしまった Eu fiquei arrepiado/da.

とりひき 取り引き ❶ transação (*f*) comercial, operação (*f*), negócio (*m*), negociação (*f*). 損(得)な～ negócio que dá prejuízo (lucro). …に応じる aceitar um contrato. 現金(信用)～をする fazer negócio com pagamento à vista (a crédito). ～をまとめる fechar um negócio. …と～する negociar com …, comerciar com …. 現物の～ operação no disponível. ♦ 取り引き価格 valor (*m*) da transação (comercial). 闇取り引き transação (*f*) ilícita, mercado (*m*) negro. ❷ relações (*fpl*) comerciais. …と～を始める estabelecer relações comerciais com …. あの会社とは～がありません Não temos relações comerciais com aquela companhia. …との～を中止する cortar relações comerciais com …. 当店の～銀行 banco (*m*) com o qual esta loja trabalha. ♦ 取り引き相手 parceiro/ra comercial. 取り引き先 cliente. 取り引き時報 boletim (*m*) da bolsa. 取り引き所 bolsa (*f*) de ações. 取り引き所員 agente da bolsa. 取り引き高 número (*m*) de negócios, volume (*m*) de transações. 公正取り引き委員会 Comissão (*f*) de Regulamentação do Comércio.

トリプル triplo/pla.

ドリブル 〖スポーツ〗drible (*m*). ～する driblar, conduzir【★driblar は相手をドリブルでかわす, conduzir はボールを運ぶ】. マラドーナは相手選手達を～でかわした Maradona driblou os adversários.

とりぶん 取り分 parte (*f*), cota (*f*), quinhão (*m*). 私の～が非常に少ない A minha parte está muito pequena. これがあなたの～だ Esta é a sua parte. 相続者の正当な～ parte que cabe legalmente ao/à herdeiro/ra.

とりまき 取り巻き sequazes, seguidores/ras. 彼女の～連中 sequazes que andam à volta dela.

とりまく 取り巻く rodear, cercar; cortejar. 彼を～状況はかなり厳しい A situação que o cerca está bastante difícil./Ele está numa situação bastante difícil.

とりみだす 取り乱す ❶ desarrumar, bagunçar. 取り乱した教室 sala (*f*) de aula desarrumada 〖口語〗bagunçada]. ❷〔平静を失う〕inquietar-se, perturbar-se, descontrolar-se. 彼女は母親の死に取り乱してしま

た Ela acabou se descontrolando diante da morte da mãe. 彼は取り乱して答えられなかった Ele, perturbado, não conseguiu responder. 取り乱さずに行動をする agir sossegadamente [tranquilamente] (diante de algo perturbador).

トリミング ～する〚写〛recortar as bordas de (uma foto); 〚ペットの〛aparar os pelos de (um animal de estimação).

とりもどす 取り戻す ❶〔取り返す〕resgatar, recuperar, reaver. 盗まれたバイクを～ recuperar a moto roubada. ❷〔回復する〕recuperar, recobrar. 落ち着きを～ recuperar a calma. 元気を～ recobrar os ânimos. ❸〔元に戻す〕resgatar. 過去の希望を～ために resgatar a esperança do passado. 遅れを～ tirar o atraso. 無駄に過ごしてしまった時間を～ recuperar o tempo perdido.

どりょう 度量 ～の大きい generoso/sa. ～の狭い mesquinho/nha. あの人は～が狭い Ele/Ela é muito mesquinho/nha. 私には彼を許すだけの～がなかった Eu não era suficientemente tolerante para poder perdoá-lo.

*__どりょく 努力__ esforço (m) [エスフォールソ], empenho (m) [エンペーニョ], tentativa (f) [テンタティヴァ]. …に～を傾ける direcionar esforços para …, fazer esforço para …, não medir esforços para …. ～する esforçar-se, empenhar-se. ～の賜物 fruto (m) do esforço [empenho]. 被害者を助け出す～ tentativas [esforços] de salvamento das vítimas. 彼はいろいろと～しているようですね Parece que ele está se esforçando muito, não? ◆努力家 esforçado/da, batalhador/ra.

とりよせる 取り寄せる pedir, encomendar, mandar [fazer] vir. このカーペットは外国から取り寄せたものです Este tapete eu mandei vir do estrangeiro.

ドリル ❶〔穴あけ器〕perfuradora (f), verruma (f). ◆電気ドリル perfuradora elétrica. ❷〔反復練習〕exercício (m) de repetição.

とりわけ em particular, principalmente, em especial, entre outros/tras. 工場内では～火の用心をしてください Dentro da fábrica, tomem um cuidado especial com o fogo.

ドリンク bebida (f). ◆ドリンク剤 tônico (m) revigorante. ソフトドリンク bebida não alcoólica.

*__とる 取る, 撮る, 捕る, 採る, 執る__ ❶〔渡す, 手渡す〕pegar [ペガール], passar [パサール]. その書類を取ってくれませんか Passe-me essa papelada, por favor. ❷〔手に取る〕pegar na mão. まず手に取って確かめてみてください Antes de mais nada, pegue na mão e verifique, por favor. ❸〔得る〕tirar [チラール], obter [オビテール]. 私は運転免許を取りたいのですが Eu gostaria de tirar a carteira de motorista …. ❹〔捕らえる〕pegar, caçar [カサール]. 今度の日曜日にはザリガニを捕りに行こうか Vamos pegar caranguejo do rio, no próximo domingo? ❺〔奪う〕tirar, arrebatar [アヘバタール]; 〔時間, 場所を〕ocupar [オクパール]. あの人は私の仕事を取ってしまった Ele/Ela tirou [roubou] o meu trabalho. この仕事はあまり時間を取らないと思います Acho que este serviço não vai ocupar muito (o seu) tempo. ❻〔取っておく, 蓄えておく〕reservar [ヘゼルヴァール], guardar [グァルダール], deixar guardado/da. この手紙は取っておいてください Por favor, guarde esta carta aqui. ❼〔除く〕tirar, remover [ヘモヴェール]. じゅうたんの染みを取ってください Tire a mancha do carpete, por favor. ❽〔食べる〕fazer uma refeição, comer [コメール]. あなたは夕食を何時に取りますか A que horas você janta? ❾〔写真などを〕tirar (uma foto de) …, fotografar [フォトグラファール]. このカメラで私たちの写真を撮ってくださいますか Poderia nos fotografar com esta máquina? ❿〔新聞などを〕assinar [アッシナール] (jornais etc). あなたは何か新聞を取っていますか Você assina algum jornal?

ドル dólar (m). ～を円に替えていただきたいのですが Gostaria de trocar dólares em ienes.

トルクメニスタン Turcomenistão (m). ～の turcomano/na.

トルコ Turquia (f). ～の turco/ca.

トルネード 〚気象〛tornado (m). ⇨竜巻.

*__どれ__ qual [クァーウ], que [キ]. ～ほど(くらい) quanto/ta, quanto tempo. ～でも qualquer um/uma. ～ほど…ても por mais que …. あなたの荷物は～ですか Qual é a sua bagagem? あなたのかばんは～～ですか Quais são as suas malas? ～ほどお金がほしいのですか Quanto dinheiro você quer? ～くらい関西にいらっしゃいましたか Quanto tempo ficou na região de Kansai [oeste]? この箱は～くらい重いですか Quanto pesa esta caixa, mais ou menos? なくなったスーツケースは～くらいの大きさでしたか Qual era mais ou menos o tamanho da mala desaparecida? ～にしようかな Qual será que eu quero? ～か一つお選びください Escolha um/uma deles/las. ～も〔すべて〕todos/das; 〔どの一つも〕tanto um/uma como outro/tra. ～も…ない nenhum/ma, nem um/uma, nem outro/tra. 彼の絵は～もすばらしい As pinturas dele são todas maravilhosas. 彼女の小説は～も読みたくない Não quero ler nenhum romance dela.

トレイ ⇨トレー.

どれい 奴隷 escravo/va. 人を～にする escravizar uma pessoa. ～のように働く trabalhar como um escravo. ◆奴隷解放 abolição (f) da escravatura. 奴隷制度 escravidão (f).

トレー ❶ bandeja (f). 電子レンジの～ prato (m) [bandeja] do forno de microondas. ◆水切りトレー escorredor (m) de pratos. ❷〔発泡スチロールの〕bandeja (f) descartável (de isopor).

トレードマーク ❶〔商標〕marca (f) regis-

トレーナー ❶〔人〕treinador/ra, *personal trainer*. ❷〔服〕〔半袖の〕blusa (*f*) tipo *trainer*, camisa (*f*) para esportes;〔長袖の〕blusão (*m*) de moletom.

トレーニング treino (*m*), treinamento (*m*), exercício (*m*), prática (*f*). 〜する treinar, exercitar, praticar. ◆技術（戦術）トレーニング treinamento técnico (tático). 筋力トレーニング musculação (*f*). ハードトレーニング treino puxado [pesado]. フィジカルトレーニング treinamento físico.

ドレス vestido (*m*).

ドレスアップ 〜する vestir-se ⌐esmeradamente.

ドレスメーカー costureiro/ra.

とれたて 取れたて ⇨取りたて.

ドレッシー 〜な装いをする vestir-se esmeradamente.

ドレッシング molho (*m*) de salada.

トレパン calças (*fpl*) de ginástica.

とれる 取れる, 撮れる ❶〔鉱物などが〕ser encontrado/da, extrair-se;〔植物などが〕crescer, dar;〔造られる〕ser feito/ta de. あの地方ではたくさん金が〜んですってね Dizem que naquela região se extrai muito ouro, não é? 青森県ではたくさんりんごが〜んですよ Sabe que na província de Aomori dá muita maçã? 酢はぶどう酒からも〜 O vinagre pode ser feito de vinho também. ❷〔はずれる〕sair. そんなにボタンを引っ張ると取れちゃうよ Não puxe o botão desse jeito, que ele sai, *viu*? ❸〔除去される〕passar, sarar. 痛みは取れましたか A dor passou? ❹〔解釈される〕ser interpretado/da como. その言葉は皮肉とも取れる Essa expressão pode ser interpretada como ironia. ❺〔写真が〕ser tirado/da. この写真はよく撮れている Esta foto está muito boa.

トレンディー que está na moda.

とろ 【料】parte (*f*) gorda do atum (utilizada no *sushi* ou *sashimi*).

どろ 泥 lama (*f*), lodo (*m*). 〜だらけの cheio/cheia de lama, lamacento/ta. 〜はね運転をする guiar um veículo espirrando barro [lama]. ¶〜を吐く confessar o crime. 〜を被る ficar com a culpa. 親の顔に〜を塗る desonrar os pais. ◆泥水 água (*f*) lodosa. 泥道 rua (*f*) lamacenta. 泥よけ pára-lamas (*m*), guarda-lamas (*m*).

トローチ 【医】pastilha (*f*) para a garganta.

どろくさい 泥臭い 〔いなかじみた〕provinciano/na, 《口語》caipira;〔洗練されていない〕grosseiro/ra, não fino/na.

トロッコ vagonete (*m*).

ドロップ dropes (*mpl*).

どろどろ 〜の[〜した] 1) espesso/ssa. 〜した野菜ジュース suco (*m*) de verduras espesso. 2) enlameado/da, cheio/cheia de lama. 〜の靴 sapatos (*mpl*) ⌐enlameados [cheios de lama]. 3)《比》complicado/da e desagradável, com fraquezas humanas muito patentes. 彼女はできている人のようだけれど私には〜したものを見せた Ela parece ser uma pessoa muito sensata, mas, para mim, mostrou-me as fraquezas humanas.

どろぬま 泥沼 pântano (*m*), atoleiro (*m*). 〜から脱する sair do atoleiro. 〜にはまる ficar atolado/da, cair num atoleiro.

とろび とろ火 fogo (*m*) baixo [fraco]. 〜で煮る cozer [cozinhar] em fogo baixo. 〜にする abaixar o fogo.

トロフィー troféu (*m*).

どろぼう 泥棒 〔人〕ladrão/dra;〔強盗〕assaltante;〔行為〕roubo (*m*), assalto (*m*), furto (*m*). 〜にあう ser roubado/da. 昨夜〜に入られた Ontem à noite entrou ladrão na minha casa. 〜にかばんを盗まれた Roubaram a minha mala./O ladrão roubou a minha mala. 〜する roubar, furtar, assaltar.

とろみ 【料】espessura (*f*). スープに〜をつける engrossar ⌐o caldo [a sopa].

トロリーバス ônibus (*m*) elétrico, trólebus (*m*), trólei (*m*), 《ポ》troleicarro (*m*).

とろろ cará (*m*) ralado. ◆とろろ芋 cará.

とろろこんぶ とろろ昆布 variedade (*f*) de alga marinha.

どわすれ 度忘れ 〜する dar um branco. ちょっと〜してしまいました Deu um branco na minha cabeça./《口語》Me deu um branco.

トン tonelada (*f*). 砂2〜 duas toneladas de areia. セメントを2〜積んだトラック caminhão (*m*) ⌐carregado de [com] duas toneladas de cimento. ◆トン数 tonelagem (*f*). 総トン数 tonelagem bruta.

トンガ Tonga. 〜の tonganês/nesa.

どんかく 鈍角 【数】ângulo (*m*) obtuso. 線ABと線CDは交わる点で〜をなしている As retas AB e CD formam um ângulo obtuso no ponto de encontro. ◆鈍角三角形 triângulo (*m*) obtuso.

とんカツ 豚カツ 【料】carne (*f*) de porco à milanesa.

どんかん 鈍感 〜な insensível, obtuso/sa. 音楽に対して〜である ser insensível à música, não ter sensibilidade para a música.

どんぐり bolota (*f*), glande (*f*).

どんこう 鈍行 〜（列車）pinga-pinga (*m*), trem (*m*) que para em todas as estações.

とんざ 頓挫 ❶〔中断〕parada (*f*) súbita, interrupção (*f*) brusca. ❷ impasse (*m*), desgraça (*f*). 〜する fracassar, sofrer um impasse. 話し合いは〜した As negociações ⌐fracassaram [chegaram a um impasse].

とんじる 豚汁 【料】sopa (*f*) de soja com carne de porco e verduras.

どんぞこ どん底 o ponto mais profundo, as profundezas. 不幸の〜にある estar profundamente infeliz, 《口語》estar na fossa, estar no mais baixo astral. 貧乏の～にあった Vivia na maior pobreza.

どんちゃんさわぎ どんちゃん騒ぎ farra (f). ～をする fazer farra.

どんつう 鈍痛 dor (f) surda.

とんでもない absurdo/da, fora de propósito, impensável. ～答え resposta (f) └fora de propósito [que não vem ao caso]. ～ことを言う dizer coisas absurdas. ～要求をする pedir o impossível. ～間違いをする fazer [cometer] um erro crasso. 彼は～時間に私の家に来た Ele veio à minha casa numa hora mais imprópria. 彼女にとってはこんな時に笑うなんて～のよ Para ela, rir numa ocasião como esta? Nem pensar! 薬が効くなんて～ Você pensa que remédio cura? Qual nada!「ご迷惑じゃありませんか」「～」Não seria incômodo para você? — Absolutamente!/De maneira alguma!/《口語》Nada! Imagine!

どんでんがえし どんでん返し reviravolta (f), virada (f). その事件には～があった O caso └sofreu uma reviravolta [teve uma virada].

とんとん ❶ [同程度] igual, 《口語》elas por elas. 収支が～だ A renda está igual às despesas. 彼女の成績は昨年と～だった A qualificação dela foi a mesma do ano passado. ❷ [擬声語] *tum-tum*, *toc-toc* (som de batida leve e repetida). ～たたく bater fazendo *tum-tum*.

どんどん [速く] rapidamente; [継続して] sem parar; [矢継ぎ早に] sucessivamente, um/uma após o/a outro/ra. 私は～走って彼らに追いついた Eu corri, corri e alcancei-os [《口語》alcancei eles]. ～仕事をしましょう Vamos fazer o serviço rápido e sem parar, está bem?

とんとんびょうし とんとん拍子 ～に com facilidade; em bom passo. 彼女は～に出世できた Ela conseguiu subir na vida com facilidade. 計画が～に進んでいる O projeto está avançando de vento em popa.

*****どんな** [性質, 形など] de que jeito; [あらゆる] qualquer [ｸｧｳｹｰﾙ], quaisquer [ｸｧｲｽｹｰﾙ]. その人は～方ですか Que tipo de pessoa é ele/ela? 彼はあなたを助けるためなら～ことでもすると思います Acho que ele fará └de tudo [qualquer coisa] para ajudar você. おそらく～人でもこの仕事は断るでしょう Acho que qualquer um recusaria este trabalho. ～ことがあっても必ず私は参ります Eu └virei aqui [irei aí], aconteça o que acontecer.

どんなに ❶ como, quanto. そうなったら彼は～悲しむだろう Como ele vai ficar triste se as coisas acontecerem desse modo. ❷ [どんなに…しようとも] por mais que (+接続法)《+ subjuntivo) +não. 私は～がんばってもその試験には合格しないと思う Acho que não vou passar nesse exame por mais que eu me esforce.

トンネル túnel (m). 山に～を掘る abrir um túnel na montanha. ～を通る passar pelo [atravessar o] túnel. ♦海底トンネル túnel submarino.

とんび 鳶 ⇨鳶(とび).

ドンファン dom-joão (m), sedutor (m).

とんぷくやく 頓服薬 medicamento (m) que se usa somente quando o sintoma de uma doença aparece no paciente, em geral, uma dose do analgésico.

どんぶり 丼 tigela (f) grande. ♦丼物 iguaria (f) que consiste em arroz guarnecido de outros ingredientes e servido numa grande tigela.

どんぶりかんじょう 丼勘定 conta (f) sem se ater a minúcias. ～をする fazer a conta por alto.

とんぼ 蜻蛉 『虫』libélula (f), libelinha (f).

とんぼがえり とんぼ返り ❶ [宙返り] cambalhota (f) (completa) no ar. ～をする dar cambalhota no ar. ❷ [行ってすぐ戻ってくること] meia-volta (f). 彼は名古屋からやって来て～で帰って行った Ele veio de Nagoya e voltou └assim que fez o serviço [na mesma hora].

ドンマイ Não importa! Não se preocupe!

とんや 問屋 atacadista.

どんよく 貪欲 ganância (f), cobiça (f). ～な ganancioso/sa, cobiçoso/sa.

どんより ～した pesado/da; [暗い] sombrio/bria; [曇った] nublado/da. きょうは～したお天気ですね Hoje o tempo está nublado, não?

な

な 名 ❶ nome (*m*) [ノーミ]. ❷ 〔名声〕reputação (*f*) [ヘプタサゥン], fama (*f*) [ファーマ]. …の〜を汚す sujar o nome de …. あの店は〜が通っている Aquela loja é famosa. ❸〔名目, 口実〕pretexto (*m*) formal. 福祉の〜の下に寄付を募る angariar contribuições sob o pretexto de realizar obra beneficente. 〜ばかりの管理職 cargo (*m*) de gerência só de pretexto (para o/a empregador/ra não pagar os benefícios dos cargos de não gerência).

-な（…するな） não (forma um imperativo negativo). 動く〜 Não se mova!/Parado/da! 言う〜 Não fale!/Bico calado! そんな事をする〜よ Não faça isso …. 今晩彼に電話をするのを忘れる〜 Não se esqueça de telefonar para ele hoje à noite, está bem? 気にする〜 Não se preocupe./Não liga, não./Não esquenta!

-なあ 〔確認〕… não é mesmo?; 〔願い〕seria tão bom se [oxalá, tomara que] (+接続法) (+ subjuntivo); 〔感嘆〕que coisa!/que …! 君のはあまり上手じゃないな〜 Você não é muito bom/boa nisso, não é mesmo? 彼が君くらい日本語がうまく話せればいいのに〜 Seria tão bom se ele soubesse falar o japonês tão bem como você, não? 無理してこれを買わなければよかった〜 Que coisa! Eu não devia ter comprado isto com tanto sacrifício …. びっくりした〜 Que susto que eu levei! きれいだ〜 Que lindo/da!/〔女性に対して〕Como ela é bonita!

ナース enfermeira (*f*). ◆ナースコール campainha (*f*) para chamar enfermeira. ナースステーション sala (*f*) de enfermagem, sala das enfermeiras.

なあてにん 名宛人 destinatário/ria.

*ない 無い 〔存在しない〕não existir, não haver; 〔持っていない〕não ter, estar sem. もう時間が〜だろう Acho que não há mais tempo. 今はお金が〜 Agora eu 〜não tenho [estou sem] dinheiro. この学校には暖房が〜 Esta escola está sem calefação./Não há calefação nesta escola.

-ない não (forma a negação de um verbo). 私はきのうは家にいなかった Ontem eu não estava em casa. …では〜 não é …. 彼はブラジル人では〜 Ele não é brasileiro. 私は彼を知ら〜 Eu não o conheço. けっして…し〜 nunca …. 彼はけっして欠席しませんでした Ele nunca faltou. めったに…〜 quase nunca …. 彼はめったに風邪を引か〜 Ele quase nunca fica resfriado. だれも（何も）…し〜 ninguém … (nada …). 私はそれについては何も知ら〜 Eu não sei nada a respeito disso. ここではだれもこのような仕事をしたがら〜 Aqui ninguém quer fazer este tipo de serviço.

-ない -内 dentro de. 家庭〜暴力 violência (*f*) doméstica. レポートは期限〜に提出してください Favor entregar o relatório dentro do prazo.

ナイーブ 〜な cândido/da, inocente. 〜さ candura (*f*), pureza (*f*). あの婦人は子供のように〜だった Aquela senhora tinha a candura das crianças.

ないえん 内縁 〚法〛casamento (*m*) de fato, concubinato (*m*). 〜の妻 concubina (*f*). 彼は否定しているけど〜の妻がいる Ele nega, mas tem uma concubina.

ないか 内科 〚医〛clínica (*f*) geral. ◆内科医 médico/ca de clínica geral, o/a clínica geral.

ないがい 内外 〜の interno/na e externo/na, do interior e do exterior. 〜に dentro e fora; 〔国の〕no interior e no exterior do país. 学校の〜 no interior e fora da escola. 〜価格差 diferença (*f*) de preços entre o mercado doméstico e o internacional.

ないかく 内角 〚数〛ângulo (*m*) interno; 〚野球〛canto (*m*) interno. 四角形の〜 ângulos internos do quadrilátero.

ないかく 内閣 ministério (*m*), conselho (*m*) de ministros, gabinete (*m*) (ministerial). ◆内閣総理大臣 primeiro-ministro/primeira-ministra. 内閣府 Escritório (*m*) do Gabinete. 内閣法務局 Assessoria (*f*) Legislativa do Gabinete.

ないがしろ …を〜にする ignorar a presença de …, fazer que … não existe.

ないき 内規 regimento (*m*) interno, estatuto (*m*), regulamento (*m*). 下院の〜を勉強する estudar o regimento interno da Câmara dos Deputados.

ないこう 内向 introversão (*f*) (= 内向性). 〜的な性格 personalidade (*f*) introvertida.

ないさい 内債 dívida (*f*) interna. 国は今年20年間で最も大きい〜を記録した Este ano o país registrou a maior dívida interna nos últimos vinte anos.

ないざい 内在 imanência (*f*). 〜する ser imanente.

ないし 乃至 ou então. 1週間〜は10日間で em sete ou dez dias. 損害額は1万〜1万5千ドルだろう O prejuízo será por volta de dez a quinze mil dólares.

ないじ 内示 comunicação (*f*) oficiosa. 〜す

る comunicar [anunciar] oficiosamente.
ないじ 内耳 [解] ouvido (m) interno. ♦内耳炎 [医] otite (f) interna.
ないしきょう 内視鏡 [医] endoscopia (f). ~検査をするのでリドカイン（麻酔薬）を持ってきてください Traga a xilocaína (o anestésico) pois vamos fazer um exame de endoscopia. ♦内視鏡検査(法) exame (m) de endoscopia.
ナイジェリア Nigéria (f). ~の nigeriano/na.
ないじゅ 内需 consumo (m) interno, demanda (f) interna. ♦内需拡大 expansão (f) da demanda interna. 内需支援 estímulo (m) [apoio (m)] ao consumo interno.
ないしゅっけつ 内出血 [医] hemorragia (f) interna. ~する ter uma hemorragia interna.
ないしょ 内緒 segredo (m). ~の secreto/ta. ~で em segredo, secretamente. 妻には~だよ Minha mulher não pode saber, *tá*? ~話をする confidenciar. ♦内緒話 conversa (f) secreta, confidência (f).
ないしょく 内職 serviço (m) avulso que pode ser feito em casa. ~をする ganhar dinheiro trabalhando em casa.
ないしん 内心 ~では no fundo do coração. ~…だと思う pensar consigo mesmo/ma que …, dizer com os próprios botões que …. ~を打ち明ける dizer o que pensa, 《口語》 abrir o jogo. ~を隠す esconder as intenções, não dizer o que pensa.
ないしん 内診 [医] [婦人科の] exame (m) ginecológico. ~する fazer exame ginecológico.
ないしんしょ 内申書 certificado (m) confidencial dos resultados escolares de um aluno 《que é enviado da escola que ele está cursando atualmente para aquela em que ele quer entrar》, espécie (f) de atestado (m) de idoneidade moral, boletim (m) de avaliação pessoal.
ナイス ❶ [よい] agradável, simpático/ca, bom/boa, maravilhoso/sa. ~プレー Jogada maravilhosa!/Boa [linda] jogada! ❷ [おいしい] gostoso/sa. ❸ [上手な] habilidoso/sa.
ないせい 内政 política (f) interna. ♦内政干渉 interferência (f) nos assuntos internos de outro país.
ないせつ 内接 円に~する三角形 [数] triângulo (m) inscrito num círculo.
ないせん 内戦 guerra (f) civil.
ないせん 内線 ❶ [電気の] instalação (f) elétrica de uma casa. ❷ [電話の] extensão (f). ❸ [交換台] ramal (m). ~を呼び出す ligar no ramal. ~20番をお願いします Ramal vinte, por favor. ♦内線電話 telefone (m) interno, ramal.
ないそう 内装 decoração (f) de interiores; acabamento (m) (interno de uma construção). ♦内装工事 obras (fpl) de acabamento.
ないぞう 内臓 órgão (m) 《do tórax e abdômen》, víscera (f), entranha (f).
ナイター [スポーツ] jogo (m) noturno 《de beisebol ou de futebol》.
ないてい 内定 decisão (f) oficiosa [informal, não-oficial]. ~する decidir algo oficiosamente, designar a alguém informalmente. 彼は部長に~している Ele foi designado chefe do departamento oficiosamente [em caráter não-oficial]. ♦採用内定者 o/a que está empregado/da (numa companhia) por decisão ainda não-oficial, o/a aprovado/da por decisão informal.
ナイトクラブ clube (m) noturno.
ナイフ faca (f). ~とフォークで食べますか Quer comer com garfo e faca? これを~で切ってください Corte isto com a faca. この~は切れない Esta faca está cega.
ないぶ 内部 o interior. ~の事情 circunstâncias (fpl) internas.
ないふく 内服 ~する tomar por via oral. ♦内服薬 remédio (m) para tomar por via oral.
ないぶんぴつ 内分泌 [生] secreção (f) endócrina. ♦内分泌学 endocrinologia (f). 内分泌学者 endocrinologista (m). 内分泌腺 [解] glândula (f) endócrina.
ないみつ 内密 ~の confidencial, secreto/ta. ~に confidencialmente, secretamente. これは~にしておいてください Guarde esta informação em sigilo, por favor./《口語》Não diga a ninguém. ~に調査をする fazer uma pesquisa secretamente [em segredo, às ocultas]. ~の話 informação (f) secreta.
ないむ 内務 assuntos (mpl) internos (de um país). ♦内務省 Ministério (m) de Assuntos Internos. 内務大臣 ministro/tra de assuntos internos.
ないめん 内面 o interior, o íntimo. ~の, ~的 interior, íntimo/ma. ~的に interiormente, no fundo. 人間の~ o íntimo de uma pessoa [de um ser humano]. 社会の~ aspecto (m) interior de uma sociedade. それは~的問題でしょう Isso é um problema interior, não é verdade?/Isso é uma coisa lá dentro que a gente sente, não é?
ないものねだり 無い物ねだり ~をする pedir o impossível. それは~だ Isso é pedir o impossível.
ないや 内野 [野球] campo (m) interno. ♦内野手 defensor/ra do campo interno.
***ないよう 内容** conteúdo (m) [コンテウード]. 君の仕事の~を説明しよう Vou explicar o conteúdo do serviço para você.
ないらん 内乱 guerra (f) civil. ~を起こす (鎮める) causar uma (acabar com a) guerra civil.
ないりく 内陸 interior (m) (afastado da cos-

ナイロン náilon (*m*), *nylon* (*m*). ♦ナイロン靴下 meia (*f*) de náilon.

ナウル Nauru. ～の nauruano/na.

なえ 苗 muda (*f*).

なお ainda, ainda mais; 〔最後に〕por fim. そのほうが～よい Isso é melhor ainda. ～必ずその説明書は持って来ること Por fim, favor trazer sem falta o folheto explicativo.

なおかつ 尚且つ ❶〔それでもやはり〕mesmo, apesar de. 止められても～行く ir mesmo sendo barrado. ❷〔なおそのうえに〕e, além disso. 彼女は仕事が早くて～内容がいい Ela é rápida e eficiente no serviço.

なおさら 尚更 mais e mais. 褒められて～努力した Esforcei-me mais ainda por ter sido elogiado/da. 早起きはつらいが風邪を引いているときは～だ Se acordar cedo é penoso, ele fica mais penoso ainda quando se está com gripe. それだったら～だ! Uma razão a mais!

なおざり ～にする negligenciar, ignorar, descuidar de, fazer caso omisso de. 問題を～にする ignorar [negligenciar] um problema.

なおす 治す 〔病気, 人を〕curar (alguém) de, tratar …(de), sarar …; 〔傷を〕tratar de …, sarar …, curar …(feridas etc). 田中先生が私の腎臓炎を治してくれました Foi o doutor Tanaka que me curou da nefrite./O doutor Tanaka foi quem curou a minha nefrite. その傷を治しましょう Vamos tratar dessa ferida.

*__なおす 直す__ ❶〔修理する〕consertar [コンセルタール]. このテレビを直してもらいたい Queria que você me consertasse esta televisão. ❷〔訂正する〕corrigir [コヒジール]. 私の作文の間違いを直してください Corrija os erros da minha redação, por favor. ❸〔癖を〕deixar de, corrigir, emendar [エメンダール]. その癖を直したほうがいいですね É melhor você largar esse mau hábito, *viu*? ❹〔訳す〕traduzir [トラドゥジール], passar do … para o …. これを日本語に直してくれませんか Não quer me traduzir isto aqui para o japonês?

-なおす -直す recomeçar, refazer. やり～ refazer. 書き～ reescrever. 読み～ reler. 考え～ repensar, reconsiderar. 見～ rever, reconsiderar (para melhor). 写真を撮り～ fazer [tirar] a fotografia de novo. 出～ vir [ir] novamente; refazer [recomeçar] (do zero). 顔を洗って出直して来い Acorde e ponha-se no seu lugar!

なおる 治る 〔病気, 傷, 人が〕sarar (de), curar-se (de). この薬を飲めばすぐ治ります Tomando este remédio, você sara logo. この傷がなかなか治らないのですが Esta ferida está demorando para sarar. この薬で風邪が治りました Eu sarei da gripe, graças a este remédio.

*__なおる 直る__ ❶〔修理される〕ser (estar) consertado/da, ficar bom/boa, ser (estar) reparado/da, ficar (estar) pronto/ta. この自転車はあすまでに直りますか Será que esta bicicleta fica pronta até amanhã? ❷〔癖が〕corrigir-se [コヒジール スィ], sarar de, deixar (de). 彼はあの癖がなかなか直らない Está custando para ele tirar aquela mania dele.

*__なか 中__ o interior [オ インテリオール]. …の～に dentro de …, no ～で dentro de …, dentre …. …の～から de dentro de …, de …. …の～から出る sair de …. …の～へ para dentro de …. …の～へ入る entrar em …, entrar dentro de …. 箱の～から何か出てきましたか Saiu alguma coisa da caixa? このポテトは～まで煮えている Esta batata está completamente cozida. 雨の～を歩いた Andei debaixo da chuva. 彼女はクラスの～で一番美人だ Ela é a mais bonita da classe. 我々の～の誰かが必ず出席します Um/Uma de nós ⌐participará [estará presente] sem falta. 日本では靴をぬいで家の～に入ります No Japão, tiramos os sapatos para entrar numa casa. どうぞ～へお入りください Entre, por favor./Tenha a bondade de entrar.

なか 仲 …と～がよい dar-se bem com …. 私は社内のだれとでも～よくやっていくつもりです Eu espero me dar bem com todos da companhia. 彼らはとても～がいい Eles se dão muito bem./Eles são muito amigos.

*__ながい 長い__ comprido/da [コンプリード/ダ], longo/ga [ロンゴ/ガ]. ～間 (durante) muito tempo. それをもう少し長くすることはできませんか Não dá para alongar isso aí, mais um pouco? あなたはどれくらい長く日本に滞在するつもりですか Quanto tempo você pretende ficar no Japão? 彼とは～お付き合いだ Somos companheiros de longa data. 長く使える衣類が良く売れる Roupa que vende é aquela que pode ser usada por muito tempo.

ながい 長居 人のうちで～する ficar muito tempo na casa dos outros.

ながいき 長生き longevidade (*f*), vida (*f*) longa. ～する viver muitos anos, ter vida longa. いつまでもご健康で～してください Desejo que viva por muitos anos e com muita saúde. 日本の食べ物を食べたほうが～しますよ Você vive mais ⌐comendo [se comer] comida japonesa, *viu*? 私のおばあさんはとても～しました Minha avó viveu bastante.

ながいす 長椅子 canapé (*m*).

ながいも 長芋 〖植〗cará (*m*), inhame-da-china (*m*).

なかがい 仲買 corretagem (*f*). ～をする corretar, ser corretor/ra. ♦仲買業 profissão (*f*) de corretor, corretagem. 仲買手数料 comissão (*f*) de corretagem. 仲買人 corretor/ra, intermediário/ria, 《口語》atravessador/ra.

ながぐつ 長靴 botas (*fpl*) de cano longo.

なかごろ 中頃 meados (*mpl*). 今月の～に em

meados deste mês. 12月の〜に em meados de dezembro.

ながさ 長さ comprimento (*m*). 〜15センチのナイフ faca (*f*) com quinze centímetros de comprimento. この杖はどのくらいの〜ですか Qual é o comprimento desta bengala?/Quanto tem esta bengala de comprimento? これらの竹の〜をそろえて切ってください Corte estes bambus com o mesmo comprimento, por favor. アマゾン川の〜はどれくらいですか Qual (é) o comprimento do Rio Amazonas?

ながし 流し ❶ 〔台所の〕pia (*f*). ❷ 〜のタクシー táxi (*m*) de rua. 〜の芸人 artista ambulante.

ながしこむ 流し込む derramar [despejar, colocar] um líquido ⌞dentro de [sobre] algo. 地面にセメントを〜 derramar o cimento sobre o piso. 溶かした金属を鋳型に〜 despejar o metal líquido no molde. 型にケーキの生地を〜 colocar a massa do bolo na forma.

ながす 泣かす ☞泣かせる.

*ながす 流す** fazer escorrer, jogar 〔ジョガール〕; 〔注ぐ〕verter 〔ヴェルテール〕, deitar 〔デイタール〕. 汗を〜 suar, transpirar. 血を〜 derramar sangue, sangrar. 涙を〜 verter lágrimas [pranto]. ニュースを〜 difundir uma notícia. 橋が嵐で流された A ponte foi levada pela tempestade. そこに水を流さないでください Não jogue água aí. さあ1杯飲んで済んだことは水に流そう Bom, agora vamos beber um trago e esquecer as mágoas do passado.

なかせる 泣かせる ❶ fazer chorar. 子供を〜 fazer uma criança chorar. ❷ 〔涙が出るほど感動させる〕comover. 〜映画 filme (*m*) ⌞comovente [de fazer chorar]. ❸ 〔大いに嘆かせる〕afligir, entristecer. 母親を〜息子 filho (*m*) que entristece a mãe.

ながそで 長袖 manga (*f*) comprida. 〜のブラウス blusa (*f*) de manga comprida.

なかたがい 仲たがい desavença (*f*), briga (*f*). …と〜する romper [brigar] com …. あの夫婦はまた〜している Aquele casal está brigado de novo./《口語》Eles estão de mal outra vez.

なかだち 仲立ち mediação (*f*), intervenção (*f*). 〜をする ser intermediário/ria, intervir. …を〜として por intermédio de …. ♦ 仲立ち人 intermediário/ria.

ながたらしい 長たらしい prolixo/xa, redundante, demasiado longo/ga. 〜演説をする fazer [pronunciar] um discurso prolixo e enfadonho.

ながちょうば 長丁場 longa caminhada (*f*), que leva muito tempo para terminar. この仕事は〜になりそうだ Parece que este serviço vai levar muito tempo para terminar.

なかつぎ 中継ぎ intermediação (*f*); 〔人〕intermediário/ria, agente. 〜をする servir de intermediário/ria, agenciar. ♦ 中継ぎ貿易 comércio (*m*) de trânsito.

ながつづき 長続き 〜する durar, continuar por longo tempo. 〜しない não durar muito, 《口語》ser fogo de palha. 〜しない幸福 felicidade (*f*) de curta duração. このよい天気はあまり〜しないでしょう Acho que este tempo bom não vai durar muito.

なかなおり 仲直り reconciliação (*f*). …と〜する reconciliar-se com …. 〜したい気持ちが冷えてしまった Os desejos de reconciliação esfriaram.

なかなか ❶ 〔かなり〕muito. それは〜むずかしい Isso não é tão fácil assim. あなた方は〜よくやった Vocês fizeram [trabalharam] muito bem. 彼は〜の先生だ Ele é um professor e tanto. ❷ 〔容易には〕não … tão, não … tanto/ta, custar para …, ser um tanto difícil de …. バスは〜来ないですね O ônibus está custando para vir [chegar], não? 私は〜この仕事ができない Eu não consigo fazer este serviço, por mais que eu tente./Eu estou custando para aprender este serviço.

ながながと 長々と longamente, por muito tempo. 〜しゃべる falar por muito tempo, falar bastante.

なかにわ 中庭 jardim (*m*) interno.

ながねん 長年 muitos anos (*mpl*). 〜の懸念 um velho problema (*m*). 〜の習慣 velhos costumes (*mpl*). 私たちは〜の知り合いだ Somos conhecidos/das de longa data. 〜考えてきた計画 projeto (*m*) pensado por muitos anos. 〜に渡って durante muitos anos.

なかば 半ば 〔半分〕metade (*f*); 〔いくぶん〕parcialmente, em parte; 〔中旬〕meados. その仕事は〜できあがっています Esse serviço já está parcialmente feito. 2月〜にまた来ます Venho [Virei] outra vez em meados de fevereiro.

ながばなし 長話 conversa (*f*) longa. 〜をする conversar longamente, ter uma conversa longa.

ながびかせる 長引かせる prolongar, fazer durar. 論議を〜 prolongar a discussão.

ながびく 長引く prolongar-se, durar muito, arrastar-se. 彼の出張は1週間ほど〜でしょう Acho que a viagem (a serviço) dele vai se prolongar por mais ou menos uma semana. 裁判は延々と〜かも知れない O processo pode arrastar-se indefinidamente.

なかほど 中程 …の〜に(で) a meio caminho de [entre], no meio de …. 電車の〜までお進みください Entrem mais para dentro do trem./Favor entrar até os fundos do vagão. 豊田市と名古屋市の〜 a meio caminho entre a cidade de Toyota e Nagoya.

なかま 仲間 companheiro/ra; 〔友人〕amigo/ga; 〔同僚〕colega; 〔グループ〕grupo (*m*), companhia (*f*); 〔共犯者〕cúmplice. あなた

も〜に入りませんか Você não quer entrar no grupo, também? 彼は私の仕事〜です Ele é meu colega de serviço. …を〜に入れる pôr … no grupo. …を〜外れにする tirar [excluir] … do grupo;《口語》pôr … no [para o] escanteio, deixar [pôr] … de fora. …と付き合いをする ter relações de amizade com …. 彼らはすぐ〜割れする Aquele grupo logo entra em desavença.

なかみ 中身 conteúdo (m). その箱の〜を見せてもらえますか Poderia me mostrar o que tem dentro da caixa? 瓶の〜を空にしてください Por favor, esvazie a garrafa, sim? あの映画は〜がない Aquele filme não tem conteúdo [é vazio].

なかみせ 仲見世 conjunto (m) de lojas de lembranças situadas no pátio de um templo.

ながめ 眺め vista (f), panorama (m). 〜のいい部屋をお願いします Eu queria um quarto com uma boa vista.

ながめ 長め 〜のスカート saia (f) um pouco mais longa [comprida] que o normal. 髪を〜に切る não cortar muito o cabelo, deixar o cabelo semi-longo.

ながめる 眺める ver, contemplar, olhar fixamente. 星を〜 contemplar as estrelas. ここから富士山を〜ことができる Dá para se ver bem o Monte Fuji daqui./Daqui se pode ter uma boa vista do Monte Fuji.

ながもち 長持ち resistência (f). 〜する〔続く〕durar muito;〔耐久性がある〕resistir, ser forte;〔保存性がある〕conservar-se bem. この電池はどのくらい〜しますか Quanto tempo dura esta bateria?/Qual é a vida útil desta bateria? この生地は〜しますよ Esta fazenda [Este tecido] dura bastante, viu? 夏には食物は〜しない No verão, os alimentos estragam [deterioram] logo.

ながや 長屋 habitação (f) coletiva de casas de paredes-meias.

なかやすみ 中休み descanso (m), intervalo (m), pausa (f). 〜する fazer uma pausa.

ながゆ 長湯 〜する ficar muito tempo no ofurô [banho de imersão].

なかゆび 中指 dedo (m) médio.

なかよく 仲良く amigavelmente. 〜遊ぶ〔子供を〕brincar sem brigar. …と〜暮らす viver amigavelmente [em harmonia] com ….

なかよし 仲良し bom/boa amigo/ga. みんなと〜になりたい Quero ser amigo/ga de todos.

***-ながら** ❶〔…の間に〕enquanto [エンクァント]. お茶を飲み〜その問題について話し合いましょう Vamos discutir esse problema, enquanto tomamos um chá./Vamos falar [tratar] desse assunto, tomando um chá. ❷〔それなのに〕e no entanto. 彼は約束しておき〜来なかった Ele prometeu e, no entanto, não veio./Ele não apareceu, apesar de ter prometido (que viria). ¶〜ながら族 pessoas (fpl) multi-funcionais (que fazem várias coisas ao mesmo tempo).

ながれ 流れ〔小川〕corrente (f), riacho (m);〔流出〕curso (m), fluxo (m). 車の〜 sito (m). 人の〜 circulação (f) de pessoas. 人の〜に沿って行く ir seguindo o fluxo de pedestres [a corrente]. それは仕事の〜をより効率的にしてくれる Isso possibilita maior racionalidade no fluxo de trabalho. その〜に沿って行ってください Vá ao longo desse riacho. 下水の〜が悪いのです A água do esgoto está escorrendo mal ….

ながれさぎょう 流れ作業 trabalho (m) em esteira [linha de montagem].

ながれだま 流れ弾 bala (f) perdida. 彼は〜に当たって死んだ Ele foi morto por uma bala perdida./Ele foi vítima de uma bala perdida.

ながれぼし 流れ星 estrela (f) cadente.

***ながれる** 流れる ❶〔液体が〕correr [コヘール], fluir [フルイール]. 涙が彼女のほおを流れた Lágrimas correram no rosto dela. この川は南に流れている Este rio corre em direção ao sul. 下水が流れない O esgoto está entupido. ❷〔物事が〕circular [スィルクラール]. 車は順調に流れていますか Os veículos estão [O trânsito está] circulando normalmente? ❸〔時が〕passar [パサール]. 時が〜のは早い O tempo passa logo [depressa]. ❹〔伝わる〕circular, correr, espalhar-se [エスパリャール スィ]. 町中にうわさが流れた O boato se espalhou por toda a cidade. ❺〔中止になる〕ser cancelado/da, cancelar-se [カンセラール スィ]. 雨で試合が流れた O jogo foi cancelado com a chuva.

なき 亡き falecido/da. 〜母 minha mãe (f) falecida.

なぎ 凪 calma (f), calmaria (f), bonança (f). 〜になった O vento se acalmou./Veio a calmaria. ♦夕凪 calma da tarde.

なきがお 泣き顔 cara (f) de choro.

なきがら 亡骸 cadáver (m), corpo (m) do defunto. 泣きながら夫の〜に取りすがる agarrar o corpo do marido defunto chorando.

なきくずれる 泣き崩れる desmanchar-se em choros.

なきごえ 泣き声 ❶ choro (m). ❷〔涙声〕voz (f) chorosa, lamúria (f). ❸〔むせび泣き〕gemido (m). 〜を〜で言う dizer … com voz chorosa.

なきごえ 鳴き声 ❶〔犬〕ganido (m),〔羊〕balido (m),〔豚, 猪〕grunhido (m). ❷〔鳥〕pio (m), canto (m). ❸〔虫〕canto.

なきごと 泣き言 queixa (f), lamúria (f). 〜を言う queixar-se, lamentar-se.

なぎさ 渚〔砂浜〕praia (f);〔水際〕margem (f), beira (f).

なきじゃくる 泣きじゃくる chorar convulsivamente,《口語》abrir o berreiro.

なきじょうご 泣き上戸 pessoa (f) que chora ao beber.

なきだす 泣き出す começar [pôr-se] a chorar.

なきつく 泣き付く …に～ suplicar a, implorar a, pedir causando piedade.

なぎなた 薙刀 alabarda (f), antiga arma (f) de longa haste atravessada por lâmina em forma de meia lua.

なきにしもあらず 無きにしもあらず ter tem ainda que a possibilidade seja remota. それは～だ Não é que isso não exista./Existir, existe, sim.

なきねいり 泣き寝入り ～する 1) dormir chorando. 2)《比》desistir de defender uma causa.

なきべそ 泣きべそ ～をかく fazer cara de quem vai chorar [está quase chorando].

なきむし 泣き虫 chorão/rona.

*__なく 泣く__ chorar [ショラール];〔涙ぐむ〕lacrimejar [ラクリメジャール];〔涙を流す〕verter lágrimas;〔すすり泣く〕chorar soluçando. 彼女はうれし泣きに泣いた Ela chorou de felicidade.

*__なく 鳴く__ 〔猫が〕miar [ミアール];〔犬が〕latir [ラチール];〔小鳥, おんどりが〕cantar [カンタール];〔めんどりが〕cacarejar [カカレジャール];〔ひよこが〕piar [ピアール];〔牛が〕mugir [ムジール];〔羊が〕balar [バラール];〔山羊が〕berrar [ベハール].

なぐさめ 慰め consolo (m), consolação (f), conforto (m).

なぐさめる 慰める ❶ consolar, confortar, acalmar. 泣いている子供を～ acalmar uma criança que chora. 人の悲しみを～ aliviar a tristeza de alguém. ❷〔気を晴らす〕divertir, dissipar, distrair. 読書は私の憂鬱(うつ)な気分を慰めてくれる A leitura distrai o meu tédio.

なくす〔失う〕perder;〔削除する〕tirar. 希望を～ perder as esperanças. 信用を～ perder a confiança, ser desacreditado/da. 理性を～ perder a razão [《口語》cabeça]. 障害を～ tirar [retirar] os obstáculos. ⇨失う.

なくなる 亡くなる falecer, morrer.

なくなる 無くなる ❶〔見当たらない〕sumir, desaparecer, perder-se. 鍵がなくなった Perdi a chave. 私のかばんがなくなってしまいました A minha mala desapareceu [sumiu]. ❷〔尽きる〕acabar, esgotar-se. 貯金がなくなった Acabaram-se as minhas economias. お砂糖がなくなりました O açúcar acabou. ❸〔失う〕dissipar-se, perder-se. その話で食欲がなくなった Essa história me fez perder o apetite./Perdi o apetite com essa história.

なぐりあい 殴り合い rixa (f), troca (f) de murros.

なぐりあう 殴り合う …と～ trocar murros com …, ter uma rixa com ….

なぐりがき 殴り書き rabisco (m), garatuja (f).

なぐりこみ 殴り込み assalto (m). ～をかける assaltar.

なぐりころす 殴り殺す matar aos murros.

なぐりたおす 殴り倒す nocautear aos murros.

なぐる 殴る bater em, dar um soco em. 彼は私の顔を殴った Ele me bateu no rosto./《俗》Ele me deu um murro na cara. ⇨ぶつ.

なげいれ 投げ入れ〔生け花〕estilo (m) de arranjo floral.

なげかける 投げ掛ける atirar, lançar, dirigir. 小さな子どもに優しい言葉を～ dirigir palavras carinhosas às criancinhas. 疑問を～ levantar um problema. 波紋を～ fazer sensação.

なげかわしい 嘆かわしい deplorável, lamentável. ～事故 acidente (m) deplorável [lamentável]. 彼がそのようなことをしたとは～ことだ É lamentável [triste] que ele tenha feito uma coisa dessas.

なげき 嘆き ❶〔愚痴〕queixa (f), lamentação (f). ～の声 voz (f) chorosa. ❷〔苦しみ〕dor (f), pena (f), sofrimento (m). ～のあまり por excesso de sofrimento,《口語》por sofrer demais.

なげく 嘆く lamentar, deplorar. 友の死を～ chorar [lamentar] a morte do amigo. 非運を～ queixar-se da má sorte. あなたが勉強しないとお母さんが嘆いている Sua mãe se queixa de que você não estuda.

なげすてる 投げ捨てる atirar, jogar. ジュースの缶を窓から～ atirar a lata de suco da janela. ごみを投げ捨てないでください Não jogue lixo por aí./《掲示》Proibido Jogar Lixo Neste Local.

なげだす 投げ出す ❶ atirar, lançar. かばんを地面に～ atirar a mala no chão. 畳に脚を投げ出して寝る dormir com as pernas estendidas no *tatami*. ❷〔惜しげもなく差し出す〕entregar, sacrificar. 思想のために命を～ sacrificar a vida pelos ideais. ❸〔大事なことをあきらめてやめてしまう〕abandonar, renunciar a, desistir de. プロジェクトを～ desistir do projeto. 中途で仕事を～ abandonar o trabalho pela metade.

なげなわ 投げ縄 laço (m)《de caça》.

なげやり 投げやり ～な descuidado/da. ～に descuidadamente, com descuido. ～な仕事 trabalho (m) descuidado [《口語》matado]. 仕事を～にする trabalhar descuidadamente [《口語》de qualquer jeito].

*__なげる 投げる__ ❶ jogar [ジョガール], lançar [ランサール], atirar [アチラール]. …に石を～ …. その鍵をぼくに投げてくれ Jogue essa chave para mim. 海に身を～ atirar-se [lançar-se, jogar-se] no mar. 石がビルの6階から投げられた Uma pedra foi lançada do sexto andar de um prédio. ❷〔あきらめる〕desistir [デジスチール].

-なければ sem; se não tivesse …, se não houvesse …. 彼の援助が～は成功しませんで

した Se ele não me tivesse ajudado [Sem a ajuda dele], eu não teria tido êxito. 雪で~行っていた Se não fosse essa neve eu teria ido .... きみで~だめなんだ Tem que ser você.

なこうど 仲人 intermediário/ria [mediador/ra] em um casamento, 《口語》 casamenteiro/ra; padrinho/madrinha. ~をする arranjar um casamento. ~口をきく dizer coisas boas de uma pessoa (para arranjar um casamento etc).

なごむ 和む tranquilizar-se, acalmar-se.

なごやか 和やか ~な [穏やかな] pacífico/ca, de paz, agradável; [友好的な] amistoso/sa. ~な人 uma pessoa pacífica [de paz]. 夕食会は~な雰囲気だった O jantar estava com um ambiente agradável.

なごり 名残 ❶ vestígio (m), lembrança (f). そこには江戸時代の~がある Ali se conserva [há ainda] uma atmosfera da era de Edo. ❷ [別れを惜しむ気持ち] sentimento (m) de pena por ter que se despedir de algo ou alguém. ~を惜しむ despedir-se sem vontade, sentir a tristeza da partida. お別れするのは~惜しい Sinto ter que me despedir de você./É difícil [É-me custoso] me despedir do/da senhor/ra.

なさけ 情け [同情] compaixão (f), dó (m); [慈悲] misericórdia (f), caridade (f). ~のない cruel, desumano/na, implacável. …に~をかける ter piedade [compaixão] de …. ~容赦なく sem piedade, cruelmente, duramente. ¶ ~は人のためならず Ajudar o próximo é fazer um bem para a gente mesma.

なさけない 情けない miserável, lamentável. きょうの売り上げはまったく~結果に終わった O saldo das vendas de hoje foi muito lamentável.

なさけぶかい 情け深い misericordioso/sa, humano/na.

なざし 名指し 部下を~で批判する criticar o subalterno dizendo o nome dele.

なし 梨 [植] [日本の] pera-nashi (f), pera-japonesa; [洋梨] pera; [木] pereira. 洋~のタルト torta (f) de pera.

-なしで sem …. 彼は傘~出掛けてしまった Ele saiu sem o guarda-chuva. この会社は君たちの協力~はやっていけない Esta companhia não vai para a frente sem a colaboração de vocês.

なしとげる 成し遂げる realizar, cumprir, levar a cabo. 我々は大事業を成し遂げた Nós realizamos uma grande obra.

なじみ 馴染み familiaridade (f). ~の familiar, habitual, conhecido/da. ~のない estranho/nha, desconhecido/da. 私は彼と~が薄い Não o conheço muito bem. …と~になる ficar amigo/ga de …, fazer amizade com …. ~の客 cliente habitual, freguês/guesa assíduo/dua.

なじむ 馴染む [新しい土地に] acostumar-se a [com], habituar-se a …, aclimatar-se a …; [何かに] familiarizar-se com …, acostumar-se com …. もうこの土地になじみましたか Já se acostumou com esta terra?

ナショナリズム nacionalismo (m).

ナショナル ❶ [国立の] nacional. ♦ナショナルパーク parque (m) nacional. ❷ [全国的な] que abrange [atinge] o país todo.

なじる 詰る repreender. 怠慢を~ repreender a indolência. ~ような口調で num tom repreendedor.

なす 成す ❶ [やり遂げる] fazer, levar a cabo. 財を~ fazer fortuna. 名を~ tornar-se famoso/sa, fazer fama. ❷ [形作る] fazer, formar, construir. 意味をなさない Isso não faz sentido. 象が群れをなしている Os elefantes formam uma manada.

なす 為す fazer. 害を~ fazer mal, prejudicar. 彼は~すべを知らなかった Ele não sabia como fazer. ~べきことがたくさんある Tenho muita coisa a fazer.

なす 茄子 berinjela (f). ~のグラタン berinjela gratinada.

なすび 茄子 ⇨茄子(なす).

なすりあい 擦り合い acusação (f) mútua. 責任の~はよくない Não é bom ficar jogando a responsabilidade um no outro/uma na outra.

なすりつける 擦り付ける ❶ passar, esfregar. 子供が壁に泥をなすりつけた A criança esfregou barro na parede. ❷ [転嫁] atribuir, jogar (culpa, responsabilidade). 彼は他人に罪をなすりつけた Ele jogou a culpa nos outros. 責任を~ atribuir a responsabilidade a ….

＊なぜ 何故 por que [ポル ケッ]. ~なら porque …. ~彼は欠勤しているのですか Por que ele está faltando ao serviço? ~ならひどい風邪を引いているからです É porque ele está com uma gripe muito forte.

なぞ 謎 mistério (m), enigma (m).

なぞなぞ 謎々 charada (f). ~を解く resolver a charada.

なぞる ❶ [文字, 絵などの上をなすってそのとおりに書く] decalcar, calcar. 手本をなぞって書く escrever decalcando um modelo. ❷ [すでに作られている文章などをほぼそのまままねをする] imitar, reproduzir tomando por modelo. 彼の言ったことをなぞれば... Reproduzindo *ipsis litteris* o que ele disse ....

なだかい 名高い famoso/sa, célebre. …として~ ser famoso/sa como ….

なたね 菜種 semente (f) de colza. ♦菜種油 óleo (m) de colza.

なだめる 宥める acalmar, tranquilizar.

なだらか suave. ~な坂道 subida [descida] (f) suave.

なだれ 雪崩 avalancha (f).

なだれこむ 雪崩れ込む entrar como uma

avalancha. 群衆が劇場になだれ込んだ a multidão entrou no teatro impetuosamente.

ナチス ～の nazista.

ナチズム nazismo (*m*).

ナチュラル ❶ ～な natural. ～な味 sabor (*m*) natural. ♦ ナチュラルチーズ queijo (*m*) natural. ナチュラルフード alimento (*m*) natural. ❷〚音〛bequadro (*f*).

****なつ 夏** verão (*m*) [ヴェラォン]. ～の veranil. ～には no verão. 今年はどこで～を過ごすのですか Onde vai passar o verão este ano? ♦ 夏休み férias (*f*) de verão.

なついん 捺印 carimbagem (*f*). …に～する carimbar. ～された carimbado/da.

なつかしい 懐かしい saudoso/sa. ブラジルが～ですか Tem saudades do Brasil? ～ですね Que saudades, não?

なつかしむ 懐かしむ ❶〔快く思い出す〕recordar algo com saudades. 彼らは再会して青春時代を懐かしんでいた Eles se reencontraram e ficaram recordando com ternura os tempos da juventude. ❷〔離れていて寂しい〕sentir falta de. 故郷を～ sentir saudades da terra natal.

なづけおや 名付け親〔男〕padrinho (*m*), 〔女〕madrinha (*f*). …に～になる apadrinhar [amadrinhar] a …, fazer ⌐as vezes [o papel] de padrinho (madrinha) de ….

なづける 名付ける batizar, nomear.

ナッツ noz (*f*). ♦ マカダミアナッツ noz macadâmia.

-なっている …することに～ estar para fazer, estar escalado/da para (＋不定詞)(＋infinitivo), ser para (＋不定詞)(＋infinitivo). だれがその仕事をすることになっていたのですか Quem era para fazer esse serviço? きょうはみんなで夜の10時まで残業することに～ Hoje estamos todos escalados para fazer hora extra até dez horas da noite.

なってない ser ruim, ser um absurdo. この学校の生徒は礼儀に～ Os/As alunos/nas desta escola são muito mal educados/das.

ナット〚機械〛porca (*f*) (do parafuso).

なっとう 納豆〚料〛soja (*f*) fermentada.

なっとく 納得 ～する convencer-se, ficar convencido/da, entender. ～させる convencer, deixar convencido/da, fazer entender. ～し合う entrar em acordo. 彼にブラジル行きを断念することを～させた Convenci-o a desistir de ir ao Brasil. どうすれば彼を～させることができますか O que devo fazer para ⌐convencê-lo〚口語〛convencer ele]? ¶ ～のいく値段 preço (*m*) razoável.

なっぱ 菜っ葉 verduras (*fpl*), hortaliças (*fpl*).

なつばて 夏ばて cansaço (*m*) de verão. ～する enfraquecer-se com o calor do verão.

なつふく 夏服 roupa (*f*) de verão.

ナップザック mochila (*f*) simples e leve.

なつみかん 夏蜜柑〚植〕〚実〕espécie (*f*) de toranja;〔木〕toranjeira (*f*).

なつめ 棗〚植〕jujuba (*f*).

ナツメグ〚植〕noz-moscada (*f*).

なでおろす 撫で下ろす 胸を～ suspirar aliviado/da, dar um suspiro de alívio.

なでしこ 撫子〚植〕cravina (*f*).

なでる 撫でる acariciar, passar a mão em.

-など e outros/tras, *et cetera*, e assim por diante, e outras coisas mais. 私は台所用品や家具を～買わなくてはなりません Eu preciso comprar utensílios de cozinha, mobília e outras coisas mais.

などなど 等々 *et cetera* (etc), ou algo assim …, e não sei mais o quê …, e aquela coisa toda.

ナトリウム〚化〛sódio (*m*). ♦ 塩化ナトリウム cloreto (*m*) de sódio.

なな 七 sete (*m*). 第～の, ～番目の sétimo/ma. ～倍 sete vezes (*fpl*). ～分の一 um sétimo.

なないろ 七色 sete cores (*fpl*). ～の虹 as sete cores do arco-íris.

ななかまど 七竈〚植〛sorveira (*f*);〔実〕sorva (*f*).

ななくさ 七草 sete ervas (*fpl*). ♦ 七草粥 (がゆ)〚料〛sopa (*f*) [papa (*f*)] de arroz com as sete ervas da estação oferecida no dia 7 de janeiro.

ななじゅう 七十 setenta. 第～の, ～番目の septuagésimo/ma.

ななつ 七つ sete 《em contagens》.

ななめ 斜め ～の oblíquo/qua, enviesado/da;〔傾いた〕inclinado/da;〔対角線の〕diagonal. ～に obliquamente, de través, de viés; em diagonal. 道を～にわたる atravessar a rua ⌐obliquamente [de través]. ～に線を引く traçar uma linha em diagonal. 額が～になっていた O quadro estava inclinado/da.

****なに 何** ❶〔疑問〕o que [オ ケッ]. これは～ですか O que é isto? あなたは～がしたいの O que você quer fazer? 京都まで～で行きますか Quer ir a Kyoto de que? ～をするんだ O que ⌐você fazer [estão fazendo], meu Deus?! ❷〔否定〕nada [ナーダ]. あの人は～もしない Ele/Ela não faz nada. 今のところは～もいりません Não preciso de nada agora. 彼女は～不自由なく育った Ela cresceu sem ter lhe faltado nada./Nunca lhe faltou nada na fase de crescimento. ～が～だかさっぱりわからなくなってしまいました Fiquei sem entender mais nada. それは～にもならない Isso não vai dar em nada./Isso não leva a lugar nenhum. ❸〔何が何でも〕seja como for, custe o que custar. ～が～でもブラジルへ行きます Vou ao Brasil, custe o que custar! ❹〔全て〕tudo [トゥード]. ～から～まで本当にありがとうございました Muito obrigado/da por tudo, sim? ❺〔あまりよくないこと〕um tanto indelicado. ここへ来て[この

時点で]こんなことを言うのも〜ですが... Desculpe-me por dizer uma coisa dessas a essa altura do campeonato, mas ....

なにか 何か algo (*m*), alguma coisa (*f*). 〜食べるものはないですか Tem alguma coisa para comer? 〜食べますか Quer comer alguma coisa? 〜付け加えるものはありますか Tem algo a acrescentar? 〜につけて彼は文句を言う Ele se queixa de tudo. 〜と便利な品 objeto (*m*) útil para muitas coisas. それは〜の間違いだ Isso deve ser algum engano.

なにくわぬかお 何食わぬ顔 cara (*f*) de inocente. 〜をする fingir que não sabe de nada, fazer-se de inocente.

なにげない 何気ない involuntário/ria;〔さりげない〕inocente, natural. 彼は〜ふりをして金を盗み取った Agindo de maneira inocente roubou o dinheiro. 彼女の〜仕草が好きだ Eu gosto de seu jeito inocente de agir. 何気なく〔無意識に〕involuntariamente, inconscientemente,《口語》sem querer;〔むとんちゃくに〕inocentemente, com simplicidade. 何気なく自分の生涯を話してくれた Contou com simplicidade sobre sua vida. 何気なく下を見るとネックレスが落ちていた Ao olhar para baixo ∟involuntariamente [sem querer] vi um colar no chão. 私が何気なく言ったことが彼を傷つけた Aquelas palavras que eu disse inocentemente o magoaram. 〜様子で como sempre, com o tom habitual.

なにごと 何事 que, qualquer coisa (*f*);〔否定〕nada (*m*). 一体〜ですか O que aconteceu? 私に無断で休むとは〜ですか Que história é essa de faltar sem me avisar? 父は〜にも驚かない Meu pai não se assusta com nada. 〜も起こらなかったことにしましょう Vamos fingir [faz de conta] que não aconteceu nada. 〜が起こっても aconteça o que acontecer. 〜もなるようにしかならない Tudo acontece como deve acontecer. 〜もなく sem problemas, tranquilamente;〔無事に〕são e salvo/sã e salva, sem acidentes. 〜もなかったように como se nada tivesse acontecido.

なにしろ 何しろ seja como for, como vê, de qualquer forma. 〜事情が事情なので息子を許してやりました Seja como for, dadas as circunstâncias, eu decidi perdoar meu filho. 〜祖父は年寄りですからお許しください Por favor, perdoe meu avô, pois é de idade avançada, como você vê. 〜天気が悪かったので旅行に行けませんでした De qualquer jeito, não pudemos viajar devido ao tempo ruim. 〜このご時勢ですからね De qualquer forma, temos que considerar este estado de coisas.

なにもかも 何もかも tudo (*m*). 〜忘れて勉強する estudar esquecendo-se de tudo.

なにより 何より antes de tudo, antes de mais nada. 〜もまずお父さんに礼を言いなさい Antes de mais nada, agradeça a seu pai. 〜も重要なことは君がブラジルへ行くことだ O mais importante de tudo ւe que você vá ao Brasil [é você ir ao Brasil]. 〜悪いことは彼が病気になってしまったことだ O pior de tudo ւe que ele acabou ficando doente [é ele ter ficado doente]. それは私の〜の好物だ É disso que eu mais gosto. お元気で〜です O mais importante é saber que está bem.

なのはな 菜の花 〔植〕colza (*f*). ♦菜の花畑 plantação (*f*) extensa de colzas.

なのる 名乗る ❶〔名前を使う〕adotar (o nome de). 母の姓を〜 adotar o sobrenome da mãe. ❷〔名前を告げる〕chamar-se, dizer o nome. 山田と〜人が来た Aqui veio uma pessoa chamada Yamada.

なびく 靡く ❶〔ひるがえる〕ondular, desfraldar-se. 旗が風になびいていた A bandeira se desfraldava ao vento. ❷〔服従する〕ceder, curvar-se, render-se (a algo). 権力に〜 curvar-se diante das autoridades.

ナビゲーター navegador/ra. ♦カーナビゲーター computador (*m*) de bordo;〔人〕co-piloto (*m*).

ナプキン ❶〔食卓用〕guardanapo (*m*). ♦ナプキンリング argola (*f*) de guardanapo. 紙ナプキン guardanapo de papel. ❷〔生理用品〕absorvente (*m*).

なふだ 名札 crachá (*m*), cartão (*m*) de identificação. 〜をつける usar o crachá. 〜を背広の襟につける colocar o crachá na gola do paletó.

ナフタリン naftalina (*f*).

なべ 鍋 panela (*f*). 鍋料理 guisado (*m*) (que se come à medida que é cozido ou assado à mesa). 圧力鍋 panela de pressão.

なべやきうどん 鍋焼きうどん 《料》macarrão (*m*) japonês cozido em panela e molho de *shoyu*, com legumes e carnes.

なま 生 〜の 1)〔未加工の〕cru/crua, natural, fresco/ca. 〜の肉 carne (*f*) crua. 2)〔直接の〕vivo/va, direto/ta. 〜の声 voz (*f*) ւao vivo [ouvida diretamente]. 〜身の人間 pessoa (*f*) viva de carne-e-osso. 3)〔未熟な〕imperfeito/ta. 彼の芸はまだ〜だ A arte dele ainda deixa a desejar.

♦生クリーム creme (*m*) chantilly, creme de leite. 生卵 ovo (*m*) cru. 生中継[生放送]transmissão (*f*) ao vivo. 生ビール chope (*m*). 生水 água (*f*) sem ferver. 生もの alimento (*m*) cru. 生野菜 verdura (*f*) crua.

なまあたたかい 生暖かい tépido/da, morno/na. 〜風 vento (*m*) morno. なまあたたかさ tepidez (*f*).

なまいき 生意気 〜な impertinente, insolente. 〜なことを言う dizer coisas impertinentes, ser atrevido/da. 〜にも com atrevimento, impertinentemente. 私は〜にも彼に忠告をしないように忠告した Eu tive o atrevimento de aconselhá-lo a não fazer isso. ～を言うな Deixe de ser impertinente!

***なまえ** 名前 nome (*m*) 〔ノーミ〕. あなたのお～は Como é o seu nome?/Como você se chama? 私はあの人の～だけは知っている Eu o conheço só de nome. 失礼ですが、何というお～ですか Por gentileza, qual é o seu nome?

なまがし 生菓子 〔料〕 ❶ 〔和菓子〕 doce (*m*) de bolinho de arroz fresco, geralmente recheado de massa doce de feijão. ❷ 〔洋菓子〕 bolo (*m*) com creme ou frutas frescas.

なまかじり 生齧り ～の superficial, sumário/ria. 哲学を～している ter um conhecimento sumário da filosofia, conhecer a filosofia muito superficialmente.

なまぐさい 生臭い com [que tem] cheiro (*m*) de carne crua ou de sangue.

なまけもの 〚動〛 bicho-preguiça (*m*), preguiça (*f*).

なまけもの 怠け者 preguiçoso/sa, folgado/da, 《口語》 moloide, mole. ～になる ficar preguiçoso/sa.

なまける 怠ける 〔のらくらと〕 ficar [estar] folgado/da, estar [ficar] sem fazer nada; 〔ほったらかす〕 descuidar de. 彼は仕事を怠けていますね Ele não está trabalhando direito, não é?

なまこ 海鼠 〚動〛 lesma-do-mar (*f*), holotúria (*f*).

なまごみ 生ごみ lixo (*m*) biodegradável, 《口語》 lixo de cozinha [úmido].

なまざかな 生魚 peixe (*m*) cru.

なまじ ～な incompleto/ta, imperfeito/ta, superficial. ～なことではものにならない Não se consegue ser um profissional se o esforço é pequeno.

なまじっか ⇨ なまじ.

なます 膾 〚料〛 peixe (*m*) cru e legumes (*mpl*) em vinagrete. ¶ あつものに懲りて～を吹く Gato escaldado de água fria tem medo.

なまず 鯰 〚魚〛 bagre (*m*).

なまづめ 生爪 ～をはがす arrancar a unha.

なまなましい 生々しい 〔鮮明な〕 vivo/va; 〔新鮮な〕 fresco/ca. ～描写 descrição (*f*) crua. ～傷跡 cicatriz (*f*) recente.

なまにえ 生煮え ～の meio-cozido/da, mal-passado/da.

なまぬるい 生ぬるい tépido/da, morno/na.

なまはんか 生半可 ～な incompleto/ta, imperfeito/ta, superficial. ～な知識 conhecimentos (*mpl*) incompletos.

なまめかしい 艶めかしい feminina, que tem atração sexual, *sexy*.

なまもの 生物 alimento (*m*) cru (falando-se em geral de peixes ou carne). ～につきお早めにお召し上がりください Por ser um alimento cru [fresco], aconselha-se comê-lo o mais cedo possível.

なまやけ 生焼け ～の malpassado/da. ～の ビーフステーキ bife (*m*) malpassado.

なまやさしい 生易しい fácil, que se faz sem esforço. これは～仕事ではない Este trabalho não é fácil. ～努力では成功しない É preciso muito esforço para fazer sucesso./Não se vence na vida com pouco esforço.

なまり 訛り sotaque (*m*). 彼女はまだ～が抜けない Ela ainda tem sotaque. 彼は話し方に～がある Ele fala com sotaque.

なまり 鉛 chumbo (*m*). ♦ 鉛中毒 saturnismo (*m*).

なまる 訛る ❶ 〔転訛(てんか)〕 ser corruptela [corrupção] de, corromper-se. 「メディアス」がなまって「メリヤス」になった "Meriyasu" é uma corruptela de "Medias"./"Medias" corrompeu-se e tornou-se "Meriyasu". ❷ ter sotaque. 私の発音はまだなまっていますか Será que ainda tenho sotaque na pronúncia?

なみ 並 ～の comum, médio/dia, medíocre, banal, trivial. ～以上の頭脳 inteligência (*f*) acima da média [normal]. ～外れた extraordinário/ria, excepcional, fora do comum. ～以下の abaixo da média. ～たいていの努力ではそんなことはできない Não dá para se fazer uma coisa dessas com um esforço comum [qualquer].

なみ 波 onda (*f*), vaga (*f*). きょうは～が高いから気をつけてください Tome cuidado que hoje as ondas estão altas. 我々の事業は～に乗っている Os nossos negócios estão no bom caminho [andam de vento em popa].

-なみ -並み 世間～の暮らしがしたい Quero ter uma vida decente. ～を家族～に扱う tratar … como alguém da família.

なみうちぎわ 波打ち際 orla (*f*) marítima, praia (*f*).

なみうつ 波打つ ondular, ondear, formar ondas.

なみかぜ 波風 ❶ ondas (*fpl*) e vento (*m*) (do mar). ～が収まった O mar se acalmou. ❷ 《比》 contenda (*f*), briga (*f*). ～を立てる criar caso.

なみき 並木 fileira (*f*) de árvores. ♦ 並木道 alameda (*f*).

なみしぶき 波しぶき borrifo (*m*) das ondas.

なみだ 涙 lágrima (*f*). ～を流す verter lágrimas, deitar lágrimas, lacrimejar; 〔泣く〕 chorar. ～を浮かべて com lágrimas nos olhos. ～が彼女のほおを流れた Escorreram lágrimas no rosto dela.

なみだぐましい 涙ぐましい ❶ 〔同情を催す〕 que causa dó. ～努力をする fazer um esforço admirável. ❷ 〔感動的な〕 tocante, emocionante.

なみだぐむ 涙ぐむ ficar com lágrimas nos olhos.

なみだごえ 涙声 voz (*f*) chorosa.

なみだつ 波立つ encapelar-se. ～海 mar (*m*) agitado. 波立たせる agitar. 海が波立ち始

なみだもろい 涙脆い ser fácil de chorar. ~人 pessoa (f) ⌊fácil de chorar [com lágrimas fáceis, que chora facilmente, que logo chora].

なみなみ 並々 comum 《empregado em geral no negativo》. 彼は~ならぬ努力の結果成功した Ele fez sucesso graças a um esforço fora do comum.

ナミビア Namíbia (f). ~の namibiano/na.

なみよけ 波除け molhe (m), quebra-mar (m).

なめくじ 〔動〕lesma (f).

なめし 鞣し curtimento (m). ♦鞣し革 couro (m) curtido.

なめす 鞣す curtir. 革を~ curtir o couro.

なめらか 滑らか ~な liso/sa, suave, harmonioso/sa. ~に correntemente, fluentemente; calmamente, harmoniosamente, sem atritos. ~な文体 estilo (m) deslizante. 油をさして機械の動きを~にする lubrificar uma máquina.

なめる lamber; chupar. アイスクリームを~ lamber um sorvete. あめを~ chupar uma bala.

なや 納屋 depósito (m).

なやましい 悩ましい doloroso/sa, triste.

なやます 悩ます atormentar, fazer sofrer. 私は頭痛に悩まされている Eu sofro de dor de cabeça. そんなつまらない事で私を悩まさないでくれ Não me atormente com coisas tão sem importância.

なやみ 悩み 〔苦悩〕sofrimento (m), dor (f); 〔心配事〕preocupação (f). 金の~ preocupação (f) com o dinheiro. ~がある sofrer; ter preocupações. ぜいたくな~ preocupações de rico. ~の種 motivo (m) de preocupação.

なやむ 悩む atormentar-se, afligir-se, sofrer. 飛行機の騒音に~ sofrer com ⌊o ruído [a poluição sonora] dos aviões. 腰の痛みに~ sofrer com as dores do quadril.

*-なら ❶〔もし…なら〕se [スィ], caso [カーゾ]. 出かける~かさを持っていったほうがいい Se vai sair, é melhor levar o guarda-chuva. 私が君~その話はことわる Se eu fosse você, recusaria essa proposta. ⇨もし. ❷〔…に関しては〕パソコンのこと~彼にきくといいよ Se surgirem problemas com o computador pessoal, é bom perguntar para ele.

ならう 倣う seguir o exemplo de, imitar. 先例に~ imitar o exemplo anterior, seguir o exemplo do/da precedente. …にならって conforme …, em conformidade com …, segundo …, a exemplo de …, à maneira de …. EU がそのことに賛成すれば他の国も~だろう Se a União Europeia o aprovar, outros países seguirão seu exemplo.

*ならう 習う aprender [アプレンデール], estudar [エストゥダール]. 私は今ポルトガル語を習っています Eu estou estudando português agora. ¶~より慣れろ《諺》Mais vale a experiência que a ciência.

ならく 奈落 ~の底に落ちる cair nas profundidades ⌊do inferno [do desespero].

ならじだい 奈良時代 Era (f) Nara (710～794).

ならす 均す 〔平らに〕aplainar, nivelar. (学校の)運動場を~ aplainar o pátio da escola.

ならす 慣らす habituar alguém a …, acostumar alguém a …, fazer … se habituar a …. 体を寒さに~しかない O jeito é fazer com que o corpo se acostume ao frio. ⇨慣れる.

ならす 鳴らす soar, tocar. ベルを~ tocar ⌊a campainha [o sino].

-ならでは あのピアニストは東洋人~の味を出していた Aquele pianista se expressava de maneira tipicamente oriental.

*-ならない ser preciso [ter que] (+不定詞)《+infinitivo》. 会社の規則を守らなければ~ É preciso respeitar os regulamentos da companhia. これはやり直さなければ~ Você vai ter que [de] refazer isto aqui.

ならび 並び ❶〔列〕fila (f), linha (f). ❷〔建物の〕bloco (m), quadra (f). この~の8軒目の家 oitava (f) casa desta quadra. ❸〔道路の同じ側〕mesmo lado (m). 彼の家は病院の~にある A casa dele fica na mesma rua e no mesmo lado do hospital. ~なき incomparável, sem igual.

ならびに 並びに e, também, bem como, assim como, mas também, igualmente. 指名~年齢をご記入ください Escreva aqui o nome e a idade, por favor.

*ならぶ 並ぶ ❶〔整列〕enfileirar-se [エンフィレイラール スィ], ficar [entrar] na fila. その列に並んでください Entre nessa fila aí, por favor. ❷〔隣り合う〕ficar lado a lado, ficar ao lado de. ママと並んで歩く andar ao lado da mãe. パン屋と並んでレストランがある Há um restaurante ao lado da padaria./O restaurante fica ao lado da padaria. ❸〔匹敵する〕ser comparável a …, estar à altura de …. この仕事にかけては彼に~者はない Quanto a este serviço, não há ninguém ⌊que se possa comparar a ele [como ele].

ならべる 並べる pôr em fila, pôr [colocar] lado a lado; expor, arranjar. ショーウィンドーに本を~ expor os livros (à venda) na vitrine. テーブルに食器を~ pôr a mesa. この製品をあのテーブルの上に並べてください Coloque estes produtos em cima daquela mesa, um ao lado do outro.

ならわし 習わし 〔慣習〕costume (m).

-なり ❶〔…のいずれか〕seja … seja, ou … ou. 電話~手紙~で結果を知らせてください Transmita-me o resultado, ou por telefone ou por carta, está bem? ❷〔…するとすぐ〕assim que, logo que. 彼は親を見る~泣き出した Ele se pôs a chorar assim que viu os pais.

❸ 〔自己流のやり方で〕à sua maneira, de acordo com. 私は私~に生きていきます Vou vivendo à minha maneira [do meu jeito].

なりあがり 成り上がり novo-rico/nova-rica. ~的な行動 atitude (*f*) de novo-rico.

なりあがる 成り上がる elevar-se a, alçar. 彼は工員から社長に成り上がった Ele foi [subiu] de simples funcionário a presidente da empresa.

なりきん 成金 novo-rico/nova-rica.

なりすます 成り済ます passar por, fazer-se passar por. 警官に成りすまして盗みを働いた Roubou fazendo-se passar por um policial.

なりたつ 成り立つ ❶〔締結〕ser firmado/da [acordado/da, fechado/da]. 彼らの間で賃貸契約が成り立った O contrato de aluguel foi fechado entre eles. 二国間で合意が成り立った Um acordo foi estabelecido [Chegou-se a um acordo] entre os dois países. ❷〖化〗〔構成〕compor-se de. 塩はナトリウムと塩素で~ O sal é composto por cloro e sódio. ❸〔構成〕formar-se de. 委員会は10人の委員から成り立っている O comitê é composto por dez membros. ❹〔考えなどが〕ser lógico/ca, fazer sentido. そんな考え方は成り立たない Esse pensamento não tem lógica [é ilógico]. ❺〔存立〕render, produzir, 《口語》ir *pra* frente. そのようでは商売が成り立たない Desse jeito os negócios não vão *pra* frente. ❻〔成立〕ser baseado/da em, basear-se em, ser fundamentado/da em, ser assentado/da sobre. …で成り立っている baseado/da em …, erguido/da sobre …. 日本は秩序で成り立っている国だ O Japão é um país fundamentado na disciplina. 民主主義は自由と平等の原則の上に成り立っている A democracia se baseia nos princípios da liberdade e da igualdade.

なりひびく 鳴り響く ❶ ressoar, tocar, retumbar. ❷《比》espalhar-se.

なりふり 形振り ~構わず勉強する estudar sem se importar com as aparências.

なりゆき 成り行き ❶〔過程〕curso (*m*) dos acontecimentos, processo (*m*), rumo (*m*). 万事を~に任せる deixar as coisas seguirem seu curso, deixar-se levar pela corrente. ~に任せて deixando-se levar pela corrente, deixando as coisas acontecerem 《口語》 rolarem. それは自然の~だった Esse foi o curso natural das coisas. ❷〔展開〕desenrolar (*m*), desenvolvimento (*m*). 事の~を見る observar o desenrolar das coisas. ~次第ではやり方を変えるかもしれない Conforme for é possível que mudemos o jeito de fazer (a coisa). ❸〔状況〕circunstâncias (*fpl*), situação (*f*). 事の~上 dadas as circunstâncias. 私はその場の~でそうするしかなかった Dadas as circunstâncias, só pude agir dessa forma. ❹〔結果〕consequência (*f*), resultado (*m*).

なる 成る consistir em …, ser formado/da [composto/ta] de …. 事故調査委員会は8人の委員で成っている A comissão de inquérito está composta de oito membros.

*****なる 為る** ❶〔職業など〕ser [セール], tornar-se [トルナール スィ]. 大きくなったら何になりたい O que você quer ser quando crescer? 彼女は看護師になった Ela se tornou [escolheu a profissão de] enfermeira. / Agora ela é uma enfermeira. ❷〔状態など〕ficar [フィカール], tornar-se, ser. あなたと友達になりたい Quero ser [me tornar] seu/sua amigo/ga. 彼女はブルーを着るときれいに~ Ela fica bonita de azul. ❸〔…するように~〕passar a (+ 不定詞)《+infinitivo》. 彼は時間どおりに来るようになった Ele passou a chegar na hora./ Ele ficou pontual. 眠れなくなってしまった Perdi o sono. ❹〔経験、練習によって…できるようになる〕aprender a (+ 不定詞)《+ infinitivo》. 泳げるように~ aprender a nadar. 彼女は練習して漢字が読めるようになった Ela aprendeu a ler os caracteres (chineses) praticando. ❺〔結果が…になる〕resultar em, dar em, ficar, acontecer [アコンテセール]. どうしてこういうことになったのですか Por que foi acontecer tudo isso?/Por que as coisas ficaram desse jeito? 困りましたね、どう~ことでしょうね E agora, como é que fica [vai ser]? さあ、どう~か見るのですが... Agora, vamos ver no que dá, não é? ❻〖★状況による結果を表すとき、再帰代名詞による受身形で訳せる場合がある〗《quando indica resultado de uma circunstância, pode ser traduzido pela passiva sintética com "se"》今外務省は…することになる Agora, resolveu-se que o Ministério das Relações Exteriores vai fazer …. 〖★今外務省は…することにした. Agora, o Ministério das Relações Exteriores resolveu fazer ….〗 ❼〔時などが…になる〕fazer [ファゼール], ter [テール], haver [アヴェール]. ここに住んで18年になります Faz [Tem] dezoito anos que eu moro aqui. ❽〔…歳になる〕fazer, ficar com. 私は来月20歳になります Vou fazer vinte anos o mês que vem. ❾〔必然的に…になる〕fazer, ficar, ser de. 40 + 26 は 86 に~ Quarenta mais vinte e seis fazem [são] sessenta e seis. ❿〔次第に…なる、変化して…なる〕ficar …, fazer-se [ファゼール スィ] …《corresponde muitas vezes aos verbos incoativos do português》. 大きく~ crescer. 寒く~ ficar frio, esfriar. 赤く~ ficar vermelho/lha, enrubescer-se. 暗く~ escurecer. 暗く~とここは物騒だから… Quando escurece, isto aqui fica muito perigoso …. 牛乳が酸っぱくなった O leite azedou. 日ごとに暖かくなってきた Cada dia está esquentando mais. ⓫〔…から…になる〕virar [ヴィラール], mudar para …. 午後になって雨が雪になった Na parte da tarde, a chuva virou neve. 信号が赤から青になったとき... Quando o sinal mudou do vermelho para o verde ....

なる 生る 〔果物が〕 dar (frutos); estar carregado de, estar com. リンゴがたくさんなっています As macieiras estão carregadas de frutos. このミカンの木は実がならない Esta laranjeira não dá frutos.

なる 鳴る soar, tocar; 〔時計が〕 bater. ベルが鳴っている Está tocando o sino (a campainha). ⇨鳴らす.

ナルシスト narcisista, narciso/sa.

なるべく ❶〔できる限り〕 tão … quanto possível, o mais … possível. ～早くそれをしてください Faça isso o mais cedo possível. ❷〔できることなら〕 se possível. ～あなた方にこの仕事をやってもらいたい Se possível, gostaria que vocês (e não outros) fizessem este trabalho.

なるほど de fato, é mesmo, sim. なるほど Efetivamente!/É mesmo! ～あなたの言ったとおり雨は降らなかった Foi bem [exatamente] como você disse, não choveu.

なれ 慣れ ❶〔習慣〕 costume (m). ❷〔経験〕 experiência (f). ～で覚える aprender algo por força do hábito.

なれあい 馴れ合い 〔親しみ〕 intimidade (f); 〔結託〕 convivência (f), conluio (m).

ナレーション narração (f).

ナレーター narrador/ra, locutor/ra.

なれなれしい 馴れ馴れしい ousado/da, que vem com intimidades demasiadas, muito familiar, confiado/da, atrevido/da, folgado/da. …になれなれしくする tomar (de) liberdades com …. なれなれしく話す falar num tom familiar demais. まあ、～ Que intimidades são essas?!/Que confiança é essa?!

なれのはて 成れの果て triste fim (m) (de um/uma malfeitor/ra).

なれる 慣れる acostumar-se a [com] …, habituar-se com [a] …. 私はこういうつらい仕事に慣れていません Eu não estou acostumado/da com um serviço pesado como este. 社内の雰囲気にももう慣れましたか Já se acostumou ao ambiente da companhia, também? ⇨慣らす.

なわ 縄 corda (f). この荷物を～で縛ってください Amarre esta bagagem com uma corda. くいとくいの間に～を張りましょう Vamos estender uma corda entre as estacas. ◆縄ばしご escada (f) de corda.

なわとび 縄跳び pula-corda (m). ～をする brincar de pula-corda, pular corda.

なわばり 縄張り zona (f) de influência, domínio (m), jurisdição (f). を荒らす invadir o território alheio. ～を広げる ampliar a zona de influência.

なん 難 ❶〔困難〕 dificuldade (f). ◆就職難 problemas (mpl) da falta de emprego. ❷ 〔災難〕 perigo (m), acidente (m). ～を逃れる escapar a um perigo. ❸〔欠点〕 defeito (m), problema. 彼女は性格的に～がある A personalidade dela é problemática.

なん- 何- que …; quanto/ta …; qual …; muitos/tas. 今は～時ですか Que horas são agora? きょうは～曜日ですか Que dia da semana é hoje? あなたは～歳ですか Qual é a sua idade?/Que idade você tem? この会社には～人従業員がいますか Quantos funcionários trabalham nesta firma? もう～回も説明しましたよ Já expliquei várias [muitas] vezes, hein?

なんい 南緯 latitude (f) sul. ～30度 trinta graus de latitude sul.

なんいど 難易度 grau (m) de dificuldade.

なんか 南下 ～する ir ao sul, vir ao sul.

なんか 軟化 abrandamento (m), amolecimento (m). ～する abrandar-se, amolecer; adotar uma postura conciliadora. 彼の態度が～した Ele assumiu uma postura conciliadora. ◆脳軟化〔医〕 amolecimento [debilitação (f)] do cérebro.

なんかい 難解 ～な obscuro/ra, difícil de entender. ～な文章 texto (m) hermético. ～な箇所 trecho (m) obscuro. 現代詩の～さ hermetismo (m) da poesia contemporânea.

なんかん 難関 barreira (f), obstáculo (m). …の～を突破する vencer [superar] a barreira de…. 入学試験の～を突破する superar a barreira do vestibular-

なんきゅう 軟球 〔野球〕 bola (f) de borracha.

なんきょく 南極 ❶〔地理〕 pólo (m) sul, região (f) antártica. ～の antártico/ca. ◆南極圏 círculo (m) polar antártico. 南極大陸 Antártida (f), continente (m) antártico. ❷ 〔理〕 pólo sul (de um ímã).

なんきょく 難局 crise (f), situação (f) crítica, dificuldades (fpl). 政治的～ crise política. ～に打ち勝つ vencer as dificuldades. ～に直面する deparar com dificuldades, ver-se em situação difícil. ～を切り抜ける sair de uma situação difícil. 経済的な～を乗り切る superar uma crise econômica.

なんきん 軟禁 〔法〕 prisão (f) domiciliar, cárcere (m) privado. 彼女は自宅で～されたままである Ela continua em prisão domiciliar. …を～する colocar … em prisão domiciliar, vigiar … na própria residência (proibindo o seu contacto com pessoas de fora).

なんくせ 難癖 ～をつける pôr [《口語》 botar] defeito onde não existe.

なんこう 軟膏 pomada (f). …に～を塗る passar pomada em ….

なんこう 難航 ❶〔船〕 travessia (f) difícil; 〔航空機〕 voo (m) difícil. ❷《比》 dificuldade (f), morosidade (f). 交渉は～している As negociações estão encalhadas.

なんこうがい 軟口蓋 〔解〕palato (m) mole, véu (m) palatino.

なんこつ 軟骨 〔解〕cartilagem (f).

なんさい 何歳 Quantos anos? 彼女は〜ですか Quantos anos ela tem? 彼は私より20〜年上だ Ele é vinte e tantos anos mais velho que eu.

なんざん 難産 〔医〕parto (m) complicado [difícil].

なんじ 何時 que horas? 今〜ですか Que horas são agora? 講演は〜から〜までですか A conferência vai de que horas a que horas? 〜に駅に行けばよいのですか A que horas devo ir à estação?

なんじゃく 軟弱 fraqueza (f), debilidade (f). 〜な 1) frágil, pouco sólido/da. 〜な地盤 base (f) pouco sólida. あの沼の地盤は〜だ O terreno daquele pântano é frágil. 2) fraco/ca, débil, de caráter débil. 〜な性格 caráter (m) irresoluto. ♦軟弱外交 diplomacia (f) demasiadamente transigente.

なんしょく 難色 relutância (f). …に対して〜を示す manifestar oposição a …, opor-se a …, mostrar relutância ⌊com respeito a + 名詞《+substantivo》［em+不定詞《+infinitivo》].

なんすい 軟水 água (f) abrandada《sem muitos sais de cálcio, magnésio etc》.

なんせい 南西 sudoeste (f). マトグロッソ州はブラジルの〜部にある O estado de Mato Grosso fica no sudoeste do Brasil. あの丘は村の〜にある O morro fica a sudoeste da vila. ♦南西部[地方] região (f) sudoeste.

ナンセンス absurdo (m), contra-senso (m), disparate (m), coisa (f) sem sentido [noção]. 〜な sem sentido, sem noção. 私がその提案をしたらそれは〜だと言われた Quando eu dei essa sugestão, me disseram que isso não fazia sentido.

なんだ 何だ 〜それだったのか Ah! Era isso? 雨ぐらい〜 Que importa a chuva!

なんだい 難題 problema (m) difícil. 〜を持ち込む apresentar um problema impossível de resolver. 〜は…することにある A dificuldade está em《+不定詞》《+infinitivo》.

なんたいどうぶつ 軟体動物 moluscos (mpl).

なんだか 何だか ❶〔何であるか〕um tanto; não sei por quê mas …. 〜わかりますか Sabe o que é isto? ❷〔どういうわけか〕o que é …? 〜決まりが悪い Estou um tanto sem graça.

なんだかんだ 何だかんだ isso e aquilo, uma coisa ou outra. 〜言っても親が一番頼りになる Não importa o que se diga, é com os pais que se pode contar. 田舎に帰ると〜で10万円は必要だ Se você volta para a terra natal, ⌊precisa de cem mil ienes para uma coisa ou outra [acaba gastando cem mil ienes sem mais nem menos]. 〜と忙しい estar

ocupado ⌊aqui e ali [sem saber exatamente como]. 〜と文句ばかり言う se queixar aqui e ali, enfim de tudo.

なんちょう 難聴 〔医〕hipoacusia (f), capacidade (f) de audição reduzida. 〜である ouvir (estar ouvindo) mal.

なんて 何て ⇨なんと.

なんで 何で 〔理由〕por que; 〔手段〕de que; 〔道具〕com o que 〜学校に行かないの Por que você não vai à escola? 〜これを切りましたか Com o que cortou isto aqui? 〜今日は〜来ました. バス、それとも市電 Você veio de que hoje? De ônibus ou bonde? ⇨なぜ.

*****なんでも 何でも** qualquer coisa, (de) tudo. 私は〜食べます Eu como de tudo./Eu como qualquer coisa. 私は〜します Eu faço de tudo./Eu faço qualquer coisa. その機械については彼は〜知っている Ele conhece essa máquina a fundo./Ele domina essa máquina aí.

なんてん 難点 ponto (m) difícil, dificuldade o termômetro (m), defeito (m).

*****なんと 何と** que〔キ〕…, como〔コーモ〕…. きょうは〜いい天気でしょうね Que tempo bom (que) está fazendo hoje, não? それは〜いい考えだろう Mas que boa ideia! これは〜いう仕事なんだ〔できあがりの悪さに対して〕Mas que serviço matado é este?!〔嫌な仕事に対して〕Mas que serviço horrível é este?!

なんど 何度 ❶〔度盛り〕quantos graus (mpl). 温度計は〜を示していますか Quantos graus [Que temperatura] está indicando o termômetro? ❷〔幾度〕quantas vezes (fpl). あそこに〜行きましたか Quantas vezes foi lá? 〜かあなたに電話をしました Eu lhe telefonei algumas vezes. よかったら〜でもやりますよ Farei isso quantas vezes quiser.

なんど 納戸 depósito (m) dentro de casa.

なんとう 南東 sudeste (m). サンパウロ州はブラジルの〜部にある O estado de São Paulo fica no sudeste do Brasil. あの山は町の〜にある A montanha fica a sudeste da cidade. ♦南東部[地方] região (f) sudeste.

なんとか 何とか de um modo [jeito] ou de outro, de uma maneira ou de outra. 一人で〜やってみます Vou tentar ⌊resolver [《口語》me virar, dar um jeito] sozinho/nha. 〜してください Faça alguma coisa./《口語》Dê um jeito. 〜して a todo o custo, de qualquer jeito, a qualquer preço. 〜なる Ajeita-se./A gente dá um jeito. 〜なるさ Deve dar um jeito. 〜方法があるでしょう Deve haver alguma solução./《口語》Deve ter algum jeito. 〜やっています Vai-se vivendo./《口語》Estou me virando. 〜問題が解決した Enfim, conseguimos dar um jeito no problema. 〜いう人《口語》fulano/na de tal.

なんとなく 何となく sem saber por quê, sem uma razão específica, um tanto, um pouco. 彼女は〜好きじゃない Não sei bem a razão, mas eu não vou com a cara dela [topo ela]. 〜気分が悪い Estou um tanto indisposto/ta. 〜大学に行きたくない Não estou com vontade de ir à faculdade, não sei por quê.

なんとも 何とも ❶〔強調〕realmente, de fato. 〜申し訳ございません Sinto muitíssimo. 〜ばかげた出来事だ Que acontecimento mais absurdo. ❷〔否定〕nada. まだ〜言えません Ainda não se pode dizer nada definitivo [certo]. そのことについてはもう〜思っていません Não estou dando mais nenhuma importância para isso./《口語》Não estou mais nem aí./《口語》Já estou em outra. 事故に遭ったが〜なかった Tive um acidente mas não me aconteceu nada. ❸〔名状しがたい〕dificilmente expressível. 〜言えない幸せな気持ち um sentimento de felicidade inexpressível.

なんども 何度も muitas vezes, não [nem] sei quantas vezes. 私は〜電話したのですが Eu telefonei não sei quantas vezes, mas .... ⇨何べん.

なんなんせい 南南西 su-sudoeste (m).

なんなんとう 南南東 su-sueste (m).

なんにち 何日 ❶〔日数〕Quantos dias? あなたは〜日本に滞在しますか Quantos dias vai ficar [permanecer] no Japão? ❷〔日付〕Que dia? 昨日は〜でしたか Que dia foi ontem?

なんにも 何にも nada. 私は〜持っていない Não tenho nada. 私は〜知らない Não sei de nada. こんなことをしても〜ならないでしょう Acho que não adianta nada fazer uma coisa destas.

なんねん 何年 ❶〔年数〕Quantos anos? あなたは〜日本に住んでいますか Há quantos anos mora no Japão? ❷〔年次〕Que ano? あの人は〜生まれですか Em que ano ele/ela nasceu?

なんの 何の ❶〔疑問〕de que espécie, de que, para que. これは〜薬ですか/Para que serve este remédio? 〜ご用ですか Em que posso ser-lhe útil?/O que o/a senhor/ra deseja? ❷〔否定〕nenhum/ma, nada. 彼は〜役にも立たなかった Ele não serviu para nada. 彼女は絵画に〜興味も示さない Ela não demonstra nenhum interesse pela pintura. ¶ 〜かのと言って彼は来ない Ele nunca vem dando sempre um pretexto [uma desculpa]. 〜かのと言ってもあの大学が一番いい Por mais que falem mal dela, aquela é a melhor universidade. 〜気なしに sem querer, à-toa, irrefletidamente. あの仕事はむずかしいと言われていたけれど〜ことはない、簡単だった Diziam que aquele serviço era difícil, mas acho que sofri por antecipação (ao aceitá-lo), pois foi fácil.

なんぱ 難破 naufrágio (m). 〜する naufragar. ♦難破船 navio (m) naufragado.

ナンバー número (m). 彼女がその分野では〜ワンだ Ela é a melhor nessa área. ♦ナンバープレート placa (f) de licenciamnto, chapa (f). バックナンバー número atrasado de revista.

なんばん 何番 Que número? あなたの番号札は〜ですか Qual é o número de sua senha? あなたは〜目に着きましたか O/A senhor/ra chegou em que lugar? あなたの試験の成績は〜でしたか Que classificação você conseguiu no resultado dos exames? 電話番号は〜ですか Qual é o número de seu telefone?

なんばんじん 南蛮人 【史】《軽蔑的》bárbaros (mpl) do sul《termo que diz respeito também a tudo o que se refere a Portugal e Espanha dos séculos XVI e XVII》.

なんびょう 難病 doença (f) incurável ou de difícil tratamento.

なんぶ o sul, a região sul.

なんべい 南米 a América (f) do Sul. 〜の sul-americano/na, da América do Sul. ♦【経】南米南部共同市場 Mercosul (m). ⇨南アメリカ.

なんべん 軟便 【医】fezes (fpl) soltas,《口語》cocô (m) mole.

なんべん 何べん 〜も muitas vezes, não [nem] sei quantas vezes. 私は〜も説明(注意)しましたよ Eu expliquei (avisei) várias vezes, hein? ⇨何度も.

なんぼく 南北 norte (m) e sul (m). ♦南北アメリカ競技大会 Jogos (mpl) Panamericanos. 南北戦争 Guerra (f) de Secessão. 南北問題 Cisão (f) Norte-Sul.

なんぼくちょうじだい 南北朝時代 Era (f) Nanbokucho (1333〜1392).

なんまく 軟膜 【解】pia-máter (f).

なんみん 難民 refugiado/da. ブラジルは〜を引き受けている O Brasil recebe refugiados.

なんもん 難問 questão (f) difícil, enigma (m). 〜を出す fazer uma pergunta difícil. 〜を解く resolver uma questão difícil.

なんよう 南洋 os mares (mpl) do sul《do Pacífico, para os japoneses》.

に

に 二 dois/duas. 第〜の、〜番目の o/a segundo/da. 〜倍 duas vezes (fpl), o dobro. 〜分の一 uma metade (f), um meio (m).

に 荷 carga (f). 船に〜を積む carregar o navio, pôr carga no navio. トラックから〜を降ろしてください Descarregue [Descarreguem] o caminhão. この仕事は彼には〜が重すぎます Este serviço é muito pesado para ele.

*-に ❶〔時〕a [ア] (à [アァ], às [アァス], ao [アォ]). 1時〜 à uma hora. 8時〜 às oito horas. 正午〜 ao meio-dia. 夜の12時〜 à meia-noite. 何時〜 a que horas? ❷〔日，曜日〕em [エン], a [ア]. 月曜日〜 na segunda-feira. 月曜日ごと〜 às [nas] segundas-feiras. 一月〜 em janeiro, no mês de janeiro. 2007年〜 no ano de dois mil e sete, em dois mil e sete. ❸〔場所〕em [エン], a [ア], para [パラ]. 私は舞台〜上がった Eu subi no palco. 来年ブラジル〜行きますか Vai ao Brasil no ano que vem? 次の電車は1番ホーム〜到着する O próximo trem chega na plataforma número um. 私は神奈川県〜住んでいる Eu moro na província de Kanagawa. その会社は横浜〜あります Essa companhia fica em Yokohama. あした〜いますか Você está em casa amanhã? ❹〔…の中に〕em [エン], dentro de. 家〜入る entrar ⌐em [dentro de] casa. これを箱の中〜入れてください Ponha isto aqui ⌐dentro da [na] caixa. ❺〔…の上に〕em cima de, sobre [ソーブリ] この箱は戸棚の上〜おきましょうか〔自発的に申し出る場合〕Quer que eu coloque esta caixa em cima do armário?/〔婉曲的な命令〕Vamos colocar esta caixa em cima do armário? ❻〔…に向けて〕para [パラ], em direção a, a [ア]. 彼は昨日リオ〜向けて立ちました Ele partiu para o Rio, ontem. 右〜曲がる virar à direita. ❼〔目的〕将来医者〜なる ser médico no futuro. 銀行に金を下ろし〜行く ir ao banco sacar dinheiro. ❽〔人：間接目的語の場合〕a [ア], para [パラ]; me [ミ], te [チ], lhe [リェ], nos [ノス], vos [ヴォス], lhes [リェス]. 彼は私〜本を貸してくれた Ele me emprestou um livro./Ele emprestou um livro para mim. 私はマリア〜目覚まし時計をあげた Eu dei um relógio despertador para Maria. その問題は僕〜はむずかしい Essa questão é difícil para mim. ❾〔人と物：補語の場合〕como [コーモ], para [パラ], de [ヂ]. 彼らは山田氏を責任者〜選んだ Eles escolheram o Yamada como o responsável. 彼らは飲み物〜ビールを持ってきた Como bebida, eles trouxeram cerveja. 山は赤〜染まっている As montanhas estão pintadas [coloridas] de vermelho. 彼女は髪を金髪〜染めた Ela tingiu os cabelos de louro. AはB〜等しい A é igual a B. ❿〔割合〕十人〜一人 uma entre dez pessoas. 一週間〜三回 três vezes (fpl) por semana. ⓫〔列挙〕彼らはワイン〜日本酒〜ビールも持ってきた Eles trouxeram vinho e saquê e mais cerveja. ⓬〔受け身の動作主〕por (pelo, pela [ペラ], pelos [ペロス], pelas [ペラス]). 私は兄〜いじわるされている Estou sendo judiado/da pelo meu irmão mais velho.

ニ 〔音〕ré (m). ♦ニ長調 ré maior. ニ短調 ré menor.

にあう 似合う ornar com, combinar com, ficar bem a [para]; 〔適切〕condizer com. その赤の服はあなたによく似合いますね Esse vestido vermelho fica bem para [em] você, não?

ニアミス？ acidente (m) pela aproximação demasiada de dois aviões.

ニーズ necessidade (f). 消費者の〜に応(zこ)える corresponder às necessidades [exigências] do consumidor.

にいんせい 二院制 〔政〕bicameralismo (m), sistema (m) bicameral.

にえきらない 煮え切らない indeciso/sa, irresoluto/ta, ambíguo/gua, vago/ga. 〜男 homem (m) indeciso. 〜返事 resposta (f) ambígua [vaga]. 〜態度をとる tomar uma atitude vacilante.

にえくりかえる 煮え繰り返る ❶〔湯，やかんなどが〕borbulhar. ❷〔怒りで〕ficar com um ódio profundo. はらわたが〜 ferver de cólera.

にえる 煮える cozer, cozinhar. これはよく煮えている Isto está bem cozido. ジャガイモは〜のに時間が掛かるから… (É porque) a batata demora para cozer ….

におい 匂い, 臭い cheiro (m). 〜をかぐ cheirar. いい〜 bom cheiro, aroma (m), cheiro agradável. 嫌な〜 mau cheiro, cheiro desagradável, fedor (m). こげくさい〜 cheiro de coisa queimada. この部屋はまだペンキの〜がする Esta sala [Este quarto] ainda está com cheiro de tinta./Esta sala [Este quarto] está cheirando a tinta.

におう 匂う cheirar, exalar aroma. 私の庭のバラがにおっている As rosas do meu jardim estão cheirando bem.

におう 臭う cheirar mal, feder. 生ごみが〜 O lixo ⌐molhado [de cozinha] está cheirando mal.

においわす 匂わす ❶〔においを発する〕perfumar, exalar. 香水を~ exalar um perfume. ❷〔ほのめかす〕dar a entender, sugerir, insinuar, deixar transpirar, deixar ver. 反対の意向を~ dar a entender que não concorda 《com a proposta, a ideia geral》. 犯行を~供述depoimento (m) que insinua [deixa entrever] o crime.

にかい 二回 duas vezes (fpl). ~目 segunda vez. 月~の bimensal. 年~の semestral.

にかい 二階 segundo andar (m) 《equivale ao primeiro andar brasileiro》. ~建ての家 sobrado (m). ~の do segundo [primeiro] andar.

にがい 苦い amargo/ga; 〔不機嫌な〕descontente, magoado/da; 〔つらい〕triste. この果物は~ Esta fruta é [está] amarga. 部下のミスに課長は~顔をしていた O chefe (de seção) estava com a cara amarrada diante do erro cometido pelo subalterno. 私はあそこで~経験をしました Eu tive uma amarga experiência lá.

にがおえ 似顔絵 retrato (m) (desenhado), caricatura (f), charge (f); 〔犯人の〕retrato falado.

にがす 逃がす 〔放つ〕soltar, pôr em liberdade; 〔取りそこなう〕deixar fugir, deixar escapar; 〔機会などを〕perder. 私は小鳥を逃がしてやった Eu soltei o passarinho. 釣った魚を逃がしてしまった Deixei escapar o peixe que eu pesquei.

にがつ 二月 fevereiro (m). ~に(は) em fevereiro.

にがて 苦手 〔弱点〕ponto (m) fraco; 〔嫌い〕não gostar de. 私は料理が~です Eu não tenho jeito para cozinhar. どうもあの課長は~だ Não gosto muito daquele chefe (de seção).

にがみ 苦味 amargura (f), sabor (m) amargo. ~がある ter um ligeiro sabor amargo. ~のきいた(薄い)コーヒー café (m) muito (pouco) amargo. ~走った顔 face (f) austera.

ニカラグア Nicarágua (f). ~の nicaraguense.

にがわらい 苦笑い sorriso (m) amarelo. ~する dar um sorriso amarelo.

にきび espinha (f), acne (f).

にぎやか 賑やか ~な〔人込みの多い〕muito concorrido/da, muito movimentado/da; 〔活気のある〕animado/da; 〔陽気な〕alegre, animado/da. ブラジル人は~ですね Os brasileiros são alegres, não? あの通りは~ですよ Aquela rua é muito movimentada, viu?

にぎり 握り 〔ドアの〕maçaneta (f); 〔なべの〕asa (f), cabo (m). ¶ひと~の人 um punhado de gente.

にぎりこぶし 握り拳 punho (m), mão (f) fechada.

にぎりしめる 握り締める agarrar, empunhar algo com força. ハンドルを力いっぱい~ agarrar o volante com toda a força. 両手で相手の手を~ apertar a mão do companheiro com as duas mãos. 拳(こぶし)を~ cerrar a mão em punho. あの子はおもちゃを握り締めて誰にも譲らない Aquela criança segura o brinquedo e não o cede a ninguém.

にぎりずし 握り鮨 sushi (m), bolo (m) de arroz cozido e temperado em vinagrete com sobreposição de peixe cru, ovo etc.

にぎりめし 握り飯 bolo (m) de arroz cozido e comprimido que se leva como merenda.

*にぎる 握る ❶〔つかむ〕pegar [ペガール], apertar [アペルタール]; 〔手に入れる〕adquirir [アヂキリール], conseguir [コンセギール], alcançar [アウカンサール]. ハンドルを~ pegar no volante. …の手を~ apertar a mão de …. ❷〔支配する〕conquistar [コンキスタール], controlar [コントロラール]. 権力を~ conquistar o poder. ❸〔自分のものとする〕ter, deter. 証拠を~ ter as provas. …の秘密を~ ficar sabendo do segredo de …. ¶~を作る fazer sushi.

にぎわう 賑わう ser [estar, ficar] movimentado/da. どうしてあのスーパーはいつも買い物客でにぎわっているのでしょうか Por que será que aquele supermercado está sempre cheio de fregueses, não?

*にく 肉 carne (f) [カールニ]. ◆肉屋〔店〕açougue; 〔人〕açougueiro/ra.

▶肉のいろいろ◀

牛肉	carne de vaca [カールニ ヂ ヴァッカ] (f)
豚肉	carne de porco [カールニ ヂ ポールコ] (f)
マトン	carne de carneiro [カールニ ヂ カルネーイロ] (f)
ラム	carne de cordeiro [カールニ ヂ コルデーイロ] (f)
鶏肉	carne de frango [カールニ ヂ フランゴ] (f)
ひき肉	carne moída [カールニ モイーダ] (f)
ヒレ肉	filé [フィレー] (m)
タン	língua [リングア] (f)
レバー	fígado [フィーガド] (m)

にくい 憎い odioso/sa, detestável; 〔感心だ〕formidável, odioso/sa por ser bom/boa demais.

-にくい 〔困難である〕difícil de. 答え~質問 pergunta (f) difícil [《俗》chata] de responder. その意見には賛成し~ É difícil concordar com essa ideia 《opinião》. このパンプスは歩き~ Este escarpim não está me servindo [está ruim para andar]. 本当のことは言い~ときがある Às vezes é penoso dizer a verdade.

にくがん 肉眼 olho (m) nu. それは~では見えない Isso é invisível a olho nu.

にくしみ 憎しみ rancor (m), ódio (m), aversão (f). …に対して~を持つ ter ódio por …, odiar. 私は社長の~を買ってしまった Eu acabei comprando o rancor do/da presidente da companhia./O/A presidente da companhia

にくしょく 肉食 alimentação (f) à base de carne. 〜を好む gostar de comer carne. ♦肉食動物 animal (m) carnívoro.

にくしん 肉親 consanguinidade (f), parentesco (m). 〜の情 afeição (f) natural entre os consanguíneos. ♦肉親関係 relação (f) de consanguinidade.

にくせい 肉声 voz (f) natural.

にくたい 肉体 corpo (m);〔精神に対して〕carne (f) 《em oposição ao espírito》. 〜的 corporal, carnal. …と〜関係を結ぶ ter relações sexuais com …. ♦肉体労働 trabalho (m) braçal. 肉体労働者 operário/ria, trabalhador/ra braçal.

にくだんご 肉団子 〖料〗almôndega (f) (de carne).

にくばなれ 肉離れ 〖医〗distensão (f) muscular.

にくひつ 肉筆 〜の escrito/ta ou pintado/da à mão. 〜の手紙 carta (f) escrita à mão. ♦肉筆画 pintura (f) original do artista.

にくまれぐち 憎まれ口 dito (m) sarcástico [mordaz, picante], ofensa (f). 〜をたたく dizer coisas picantes (que atraem a antipatia dos outros), ofender.

にくまれる 憎まれる …に〜 ser odiado/da por …. 憎まれ役を引き受ける aceitar fazer o papel de vilão/lã.

にくまん（じゅう）肉饅（頭）〖料〗pão (m) chinês recheado com carne.

にくむ 憎む odiar, detestar. 〜べき detestável. 憎めない人 pessoa (f) inofensiva.

にくらしい 憎らしい odioso/sa, detestável. 私はあなたが〜から怒っているのではないのよ Não estou ralhando com você por estar com raiva de você, *viu*? 彼は〜ほど落ち着いている A tranquilidade dele causa inveja.

にぐるま 荷車 carroça (f), carreta (f).

にげごし 逃げ腰 〜になる preparar-se para fugir;《比》desinteressar-se por algo. 店長はこの計画に対して〜だ O gerente não está ␣interessado neste projeto [muito a fim deste projeto].

にげば 逃げ場 refúgio (m). 彼は〜がない Ele não tem para onde ␣fugir [se refugiar].

にげみち 逃げ道 ❶ fuga (f), escapatória (f), escape (m), saída (f), rota (f) de fuga. 〜を失う perder todas as formas de fugir, ficar sem escapatória. 〜を捜す buscar uma saída. 〜を作っておく deixar preparada uma escapatória, ter preparada uma forma de escapar. ❷〔口実〕pretexto (m), desculpa (f). 彼は〜を作るのが得意だ Ele é um especialista em inventar desculpas.

*****にげる 逃げる**〔のがれる〕escapar [エスカパール], fugir [フジール];〔回避する〕evitar [エヴィタール]. 泥棒は窓から逃げたらしい Parece que o ladrão fugiu pela janela. 責任ある仕事から〜 evitar trabalhos de responsabilidade. 彼は妻に逃げられた A esposa dele ␣fugiu [foi embora].

にげん 二元 〖哲〗dualidade (f). ♦二元方程式 〖数〗equação (f) com duas incógnitas. 二元論 dualismo (m). 二元論者 dualista.

にげん 二限 a segunda aula (f) do dia (＝二時限).

にこう 二項 〖数〗〜の binário/ria. ♦二項式 binômio (m). 二項分布 distribuição (f) binominal.

にこくじょうやく 二国条約〖法〗tratado (m) bilateral (entre dois países).

にごす 濁す ❶ turvar, tornar turvo/va, fazer … perder a transparência; poluir. 水を〜 turvar a água. 空気を〜 poluir o ar. ❷〔あいまいにする〕não deixar claro/ra. 言葉を〜 falar vagamente. 返事を〜 dar uma resposta evasiva, responder com evasivas.

ニコチン nicotina (f). ♦ニコチン中毒 nicotinismo (m).

にごった 濁った turvo/va, opaco/ca, embaciado/da. 〜水 água (f) ␣turva [sem transparência]. 〜目 olhos (mpl) embaciados [embaçados].

にこにこ 〜する sorrir. 〜して com sorriso nos lábios, sorrindo. あなたはいつも〜していますね Você está sempre sorrindo, não? こういうところで〜してはいけません Não sorria ␣num lugar desses [numa situação dessas].

にこみ 煮込み ♦煮込み料理 espécie (f) de guisado, cozido (m).

にこむ 煮込む cozer bem, em geral em fogo lento.

にこやか 〜な risonho/nha, sorridente; alegre, cheio/cheia de alegria; bem humorado/da; amável, gentil. 〜に sorrindo, com sorriso nos lábios. 彼女は〜に応対してくれた Ela me atendeu ␣sorrindo [com sorriso nos lábios, gentilmente].

にごる 濁る turvar-se, ficar turvo/va, perder a transparência;〔大気が〕poluir-se;〔水が〕turvar-se;〔発音が〕sonorizar-se.

にざかな 煮魚 〖料〗peixe (m) cozido com *shoyu*, açúcar e saquê.

にさんか 二酸化 〖化〗bioxidação (f). ♦二酸化物 bióxido (m).

にさんかたんそ 二酸化炭素 bióxido (m) [dióxido (m)] de carbono. 〜の放出 liberação (f) de bióxido de carbono (para a atmosfera). ♦二酸化炭素排出量取引 negociação (f) das quotas de gás carbônico.

*****にし 西** oeste (m)〔オエースチ〕. 〜の do oeste, ocidental. 〜に a oeste. 〜では no oeste. …の〜側に a oeste de …. 〜よりの風 vento (m) do oeste. その銀行は駅の〜口にあります Esse banco fica na saída oeste da estação. ♦西側 lado (m) oeste. 西半球 hemisfério (m) ocidental. 西ヨーロッパ Europa (f) Ocidental.

にじ

にじ 二次 ❶ segundo/da, secundário/ria. ～の secundário/ria. ◆二次会 segunda festa (*f*) (menor que a primeira, com pessoas mais íntimas). 二次感染〖医〗infecção (*f*) secundária. 二次試験 prova (*f*) de segunda fase, segundo (*m*) exame. 第二次世界大戦 Segunda Guerra Mundial [Grande Guerra]. ❷〖数〗quadrático/ca, de segundo grau. ◆二次関数 função (*f*) quadrática [de segundo grau]. 二次曲線 curva (*f*) quadrática [de segundo grau]. 二次不等式 inequação (*f*) quadrática [de segundo grau]. 二次方程式 equação (*f*) quadrática [de segundo grau].

にじ 虹 arco-íris (*m*). ほら，～が出たよ Olhem, apareceu o arco-íris!

ニジェール Níger (*m*). ～の nigerino/na.

にしき 錦〖服〗brocado (*m*) japonês. ¶ 故郷に～を飾る voltar à terra natal após vencer na vida.

にしきごい 錦鯉〖魚〗carpa (*f*) colorida.

にしきへび 錦蛇〖動〗píton (*m*).

にじげん 二次元 duas dimensões (*fpl*).

-にしては por ser, para. 8月～寒い Para [Por ser] agosto está frio.

にします 虹鱒〖魚〗truta (*f*) arco-íris.

にじみでる にじみ出る ❶〔液体がしみて表にあらわれる〕vazar, aparecer, vir à tona. 包帯から血がにじみ出ている O sangue está aparecendo sob a atadura. ❷〔自然と表にあらわれ出る〕transparecer, aflorar, transpirar. この浮世絵には作者の愛情がにじみ出ている Nesta gravura *Ukiyo-e* transparece a afeição do autor. 母の言葉には悲しみがにじみ出ていた As palavras da minha mãe transpiravam tristeza.

にじむ〔インクなどが〕borrar, manchar;〔汗などが〕ressudar, ressumar, ficar ensopado/da de, gotejar. 私のシャツは汗がにじんでいる A minha camisa está ensopada de suor. 彼の額に汗がにじんできた A testa dele começou a gotejar suor.

にじゅう 二十 vinte. 第～の，～番目の vigésimo/ma.

にじゅう 二重 ～の dobrado/da, duplo/pla. ～に duplamente. ～にする dobrar, duplicar. 物が～に見える ver as coisas dobradas. そんなことをしたら～の手間が掛かってしまいます Se fizer uma coisa dessas, vai ter um trabalho dobrado.

◆二重顎 queixo (*m*) duplo. 二重課税 dupla tributação (*f*) [taxação (*f*)]. 二重国籍 dupla nacionalidade (*f*). 二重唱〖音〗dueto (*m*) (de vozes). 二重人格 dupla personalidade (*f*). 二重スパイ agente (espião/ão) duplo/pla. 二重奏〖音〗dueto (instrumental). 二重底 fundo (*m*) duplo [falso]. 二重否定 dupla negativa (*f*). 二重母音 ditongo (*m*). 二重床〖建〗piso (*m*) elevado. 二重床工法 técnica (*f*) (de instalação) de piso elevado.

にじょう 二乗〖数〗quadrado (*m*), segunda potência (*f*). 3を～する elevar três ao quadrado. 2の～は4である Dois (elevado) ao quadrado são quatro. 9の～根は3である A raiz quadrada de nove é três. ◆二乗根 raiz (*f*) quadrada.

-にしろ ainda que, mesmo que, quer … quer. 彼が来る～来ない～この仕事を始めなければならない Quer ele venha, quer não, temos que começar a fazer este serviço.

にしん 鰊〖魚〗arenque (*m*). ～の燻製 (✍) arenque defumado. ◆鰊漁 pesca (*f*) de arenque.

ニス verniz (*m*). …に～を塗る envernizar, cobrir … com verniz.

にせ 偽 ～の falso/sa, falsificado/da; imitado/da. ～の報告 falso relato (*m*). ◆偽金 moeda (*f*) falsa.

にせい 二世 ❶〔日系〕nissei. 私は日系～です Eu sou nissei (descendente japonesa). ❷〔二代目〕チャールズ～ Charles II [Segundo].

にせさつ 偽札 cédula (*f*) [nota (*f*)] falsa (de dinheiro).

にせもの 偽物 ❶〔偽造品〕objeto (*m*) falsificado,《口語》artigo (*m*) adulterado. ❷〔模造品〕imitação (*f*), objeto (*m*) imitado.

にせる 似せる modelar … conforme …, fazer … à imagem de …, imitar, fazer … à semelhança de …. あの彫刻家は娘の姿に似せて像を作っている Aquele escultor está esculpindo uma estátua à imagem de sua filha. この庭は鶴 (ᠬ) と亀に似せて作ってあります Este jardim representa uma cegonha e uma tartaruga.

にだい 荷台 carroceria (*f*).

にだし 煮出し (obtenção (*f*) do) extrato (*m*) de um alimento através de sua fervura em água quente.

にたつ 煮立つ ferver, entrar em ebulição, levantar a fervura. なべが煮立っている A panela está fervendo. 煮立った湯で白菜をさっとゆでる cozinhar ligeiramente a acelga com a água em ebulição. お湯が煮立った A água ferveu [entrou em ebulição]. お湯が煮立ったらほうれん草を入れてください Ponha o espinafre (na panela) quando a água levantar fervura.

にたてる 煮立てる〔水などを〕ferver;〔食材などを〕cozinhar bem fervendo. ごぼうを煮立ててください Cozinhe bem a bardana em água fervendo, por favor. みそ汁は～と香りがなくなる Não se pode ferver muito a sopa de missô, que ela perde o aroma característico.

-にち -日〔日〕dia (*m*). 手紙は2,3～で届きます A carta vai chegar em dois ou três dias. 今日は何～ですか Que dia é hoje?

にちぎん 日銀〔日本銀行〕Banco (*m*) (Cen-

にちじ 日時 o dia e a hora. 会議の〜を決めましょう Vamos combinar o dia e a hora da reunião.

にちじょう 日常 o quotidiano (m) [cotidiano (m)]. 〜の quotidiano/na [cotidiano/na]. 〜の仕事 serviço (m) └diário [do dia-a-dia]. ♦日常茶飯事 coisa (f) banal do dia-a-dia. 日常生活 vida (f) quotidiana.

にちにちそう 日日草 【植】pervinca (f).

にちべい 日米 o Japão e os Estados Unidos. 〜の nipo-americano/na.

にちぼつ 日没 pôr (m) do sol, crepúsculo (m).

にちや 日夜 dia (m) e noite (f).

にちよう 日用 〜の de uso diário. ♦日用品 artigos (m) de uso diário.

にちようび 日曜日 domingo (m). 先週の〜に no domingo passado. 来週の〜から do próximo domingo em diante, a partir do próximo domingo. 〜ごとに aos [nos] domingos, todos os domingos.

にっか 日課 tarefa (f) diária. 〜をこなす cumprir o programa diário, dar conta da tarefa diária. きょうの〜はこれで終わりです Com isso terminamos o trabalho de hoje.

にっき 日記 diário (m). 〜をつける escrever diário.

にっきゅう 日給 salário (m) diário, diária (f), jornal (m). ここは〜いくらぐらいですか Quanto vocês pagam por dia? 〜8千円です A diária é de oito mil ienes. 私は〜で働きたいです Eu queria receber salário diário./Eu queria receber como diarista.

ニックネーム apelido (m), alcunha (f).

にづくり 荷造り empacotamento (m), embalagem (f). 〜する empacotar, embalar, acondicionar mercadorias em pacotes; [トランクなどの] fazer malas.

につけ 煮付け 【料】魚の〜 peixe (m) cozido em *shoyu*, saquê e açúcar.

にっけい 日系 〜の de origem japonesa. ♦日系人 pessoa (f) de origem japonesa.

ニッケル 【化】níquel (m). ♦ニッケルクロム鋼 aço (m) inoxidável. ニッケル鋼 aço-níquel (m).

にっこう 日光 raios (mpl) solares, sol (m). 〜浴をする tomar banho de sol.

にっこり 〜笑う sorrir. 〜笑って sorrindo.

にっころがし 煮っ転がし 【料】cozidão (m). 〜を作る fazer um cozidão.

にっし 日誌 diário (m). 学級〜をつける escrever o diário de classe. ♦業務日誌 relatório (m) diário do trabalho. 航海日誌 diário de bordo.

にっしゃびょう 日射病 insolação (f). 〜にかかる apanhar uma insolação.

にっしょう 日照 luz (m) solar. どの家屋も一日2時間の〜権がある Todo prédio tem o direito a duas horas de exposição ao sol. ♦日照権 direito (m) à exposição ao sol (de um edifício). 日照時間 tempo (m) de exposição ao sol.

にっしょく 日食 eclipse (f) solar.

にっすう 日数 número (m) de dias. それを仕上げるのにどれくらいの〜がかかりますか Quantos dias são necessários para terminar isso aí?

にっちゅう 日中 de dia. 〜には durante o dia. 〜の気温は39度まで上がるそうです Dizem que a temperatura vai subir até trinta e nove graus durante o dia.

にっちょく 日直 plantão (m). 私は今日〜です Hoje └estou [vou estar] de plantão. 今日の〜は誰ですか Quem é que └vai estar [está] de plantão hoje? 〜をする ficar [estar] de plantão.

にってい 日程 programa (m) do dia, agenda (f), horário (f), plano (m) de atividades, itinerário (m), cronograma (m). 旅行の〜を立てる organizar [planejar] o itinerário de viagem. 工事の〜を組む fazer o cronograma das obras. 彼の〜はつまっている Ele está com a agenda cheia [lotada].

ニット 【服】malha (f).

にっとう 日当 diária (f), paga (f) diária por jornada de trabalho, 《ポ》jorna (f). 〜を払う pagar a diária. 〜一万円を支給する pagar └a diária de dez mil ienes [dez mil ienes por dia de trabalho]. ここの〜はいくらですか Quanto é a diária que se paga aqui?

***にっぽん 日本** ⇨日本(にほん).

につまる 煮詰まる ❶ ficar (o caldo) mais espesso por cozer, tomar consistência. スープが〜としょっぱくなる Quando se coze demasiadamente a sopa, ela fica salgada. ❷ [結論に近づく] ganhar forma, ficar mais claro/ra. 問題が煮詰まってきた O problema está tomando uma forma mais definida.

につめる 煮詰める ❶ engrossar o molho do cozido. コーンスープを〜 engrossar a sopa de milho. ❷ [結論に近づける] aproximar … do remate, levar … à conclusão. プロジェクトを〜 dar corpo ao projeto.

にど 二度 duas vezes (fpl). 〜咲きの花 flor (f) que floresce duas vezes por ano. このレストランには〜と来ない Nunca mais voltarei a este restaurante!

にとう 二等 ❶ [乗り物で] segunda classe (f). 〜で旅行する viajar em segunda classe. 〜の切符 bilhete (m) de segunda classe. ♦二等車 vagão (m) de segunda classe. ❷ [競技で] segundo lugar (m). 〜でゴールインする chegar em segundo lugar, ser o/a segundo/da colocado/da.

にとうぶん 二等分 【数】bisseção (f). パンを〜する partir o pão └ao meio [em duas partes iguais]. ♦二等分線 bissetriz (f).

にとうへんさんかくけい 二等辺三角形 【数】

にどでま 二度手間 trabalho (m) duplicado e desnecessário, trabalho irracional. そんなことをしたら～になってしまう Se fizer isso, vai trabalhar duplamente sem necessidade.

ニトログリセリン nitroglicerina (f).

になう 担う ❶ 〔背負う〕 carregar nos ombros. 銃を～ carregar o fuzil no ombro. ❷ 〔引き受ける〕 ser responsável por, encarregar-se de. …の責任を担っている ter a responsabilidade de …, estar encarregado/da de …. 若者たちは国の未来を担っている Os jovens são os responsáveis pelo futuro do país.

ににんまえ 二人前 porção (f) para duas pessoas. カレーライスを～ください Dois arrozes 〔口語〕 arroz〕 ao molho *curry*, por favor.

にのつぎ 二の次 secundário/ria, de segunda importância. 遊びは～にして仕事をしましょう Vamos deixar os lazeres para depois e trabalhar!/《口語》 Primeiro a obrigação e depois a devoção!

-には 〔日, 曜日, 月〕 em (no, na, nos, nas), a (ao, à, aos, às); 〔時間〕 à (as, ao); 〔場所〕 em; 〔…に対して〕 a, para; 〔…するためには〕 a fim de. 土曜日～翻訳ができあがっています No sábado, a tradução vai estar pronta. 8時～ここに来ていてください Esteja aqui às oito horas. 日本～そんなものはありません No Japão, não existe uma coisa dessas. 彼女～そんなことはできません 〔彼女はできない〕 Ela não consegue fazer uma coisa dessas./〔彼女に対してできない〕 Não posso fazer uma coisa dessas para ela. そこまで行く～そうとうお金がかかります A gente gasta muito dinheiro para ir até aí. …ないこと～ 〔仮定〕 se, enquanto. 罰金を払わないこと～許せない Não perdoo enquanto a fiança não for paga.

にばい 二倍 o dobro, duas vezes (*fpl*). ～にする dobrar, duplicar. ～になる dobrar(-se), duplicar(-se). このパンはそのパンの～の大きさだ Este pão é duas vezes maior do que esse. そのやり方ではこの仕事は～の時間が掛かってしまいますよ Desse jeito, você vai levar o dobro do tempo necessário para este serviço, hein?

にばん 二番 segundo/da. 私は～目に着いた 〔競技, 競争で〕 Eu cheguei em segundo lugar.

にばんせんじ 二番煎じ mera imitação (f) 〔simples adaptação (f)〕 do que já existe.

にびょうし 二拍子 〔音〕 compasso (m) binário.

ニヒリスト niilista.

ニヒリズム niilismo (m).

ニヒル niilismo (m). ～な niilista.

にぶ 二部 ❶ 〔二つの部分〕 duas partes (*fpl*). ～に分かれている estar dividido/da em duas partes. ♦二部合唱 〔音〕 coro (m) de duas vozes. 二部合奏 〔音〕 dueto (m) instrumental. ❷ 〔第2部〕 segunda parte (f). この劇は～がおもしろい Quanto a esta peça teatral, a segunda parte é que é interessante. ❸ 〔部数〕 duas cópias (*fpl*). この書類のコピーを～お願いします Por favor, tire duas cópias deste documento. ❹ 〔夜間部〕 curso (m) noturno (de faculdade). ～の学生 estudante do curso noturno.

にぶい 鈍い 〔感性が〕 rude, obtuso/sa, bronco/ca; 〔動作が〕 lento/ta; 〔刃が〕 embotado/da. ～光線 luz (f) opaca. ～男 homem (m) obtuso 〔bronco〕. この包丁は切れ味が鈍くなった Esta faca está cega.

にぶおんぷ 二分音符 〔音〕 mínima (f).

にふだ 荷札 etiqueta (f), rótulo (m). …に～を付ける colocar uma etiqueta 《em pacotes etc》.

にぶる 鈍る tornar-se obtuso/sa, tornar-se rude; 〔刃物〕 perder o fio, embotar-se, ficar cega (a faca); 〔体が〕 ficar insensível, perder os sentidos. 足の感覚が～ perder a sensibilidade dos pés. 腕が～ perder a habilidade 《em algum ofício manual》. 大雪で客足が鈍ってしまった O número de fregueses diminuiu por conta da grande nevasca. 刀が鈍った A espada ∟ficou cega 〔perdeu o corte〕.

にぶん 二分 divisão (f) em duas partes. …を～する partir … em dois. ～の一 um meio (m), metade (f). この問題は世論を～した Este assunto dividiu em dois a opinião pública.

にぼし 煮干し 〔料〕 sardinha (f) pequena seca.

***にほん 日本** o Japão (m) 〔オ ジャパォン〕. ～の do Japão, japonês/nesa. ～製の japonês/nesa 《produtos etc》. ～円で em ienes (japoneses).

♦日本一 o/a número um do Japão. 日本画 pintura (f) japonesa. 日本海流 corrente (f) do Japão. 日本学 estudos (*mpl*) japoneses. 日本学者 especialista em estudos japoneses. 日本髪 penteado (m) japonês. 日本銀行 Banco (m) (Central) do Japão. 日本語 japonês (m) 《a língua》. 日本酒 saquê (m). 日本商工会議所 Câmara (f) do Comércio e Indústria do Japão. 日本人 japonês/nesa 《o povo》. 日本茶 chá (m) (verde) japonês. 日本脳炎 〔医〕 encefalite (f) japonesa. 日本農林規格 Normas (*fpl*) da Agricultura Japonesa. 日本舞踊 dança (f) tradicional japonesa. 日本放送教会 (NHK) Corporação de Radiodifusão Japonesa, NHK 〔エーヌアガーカー〕. 日本料理 culinária (f) japonesa.

にまいがい 二枚貝 〔貝〕 molusco (m) bivalve.

にまいじた 二枚舌 ～を使う ser incoerente,《口語》ter duas caras.
にまいめ 二枚目 ❶〔役〕papel (m) de galã. ❷〔美男〕《俗》bonitão (m).
にまめ 煮豆 〖料〗feijão (m) cozido.
にもつ 荷物 bagagem (f). 私は手～が3個あります Eu tenho três bagagens de mão. ～を預かってくれますか Poderia ficar com a minha bagagem? ～を受け取りに来ました Vim buscar [pegar] a minha bagagem. ♦荷物預かり所 guarda-volumes (m). 機内持ち込み手荷物 mala (f) de mão (a tomar o avião).
にもの 煮物 〖料〗cozido (m), comida (f) cozida (em geral com *shoyu*, açúcar e saquê).
にやにや dar um sorriso afetado, ficar sorrindo sem motivo.
ニュアンス nuance (f), nuança (f), matiz (m) cambiante, tom (m), diferença (f) sutil. ～をつかむ entender as nuances. 微妙な～の差 diferença (f) sutil de tom. …の～をあらわす nuançar …, dar diferentes gradações a …, matizar …
にゅういん 入院 hospitalização (f), internação (f). ～させる hospitalizar, internar. ～する internar-se, hospitalizar-se. 彼女は～しています Ela está hospitalizada [internada no hospital]. 彼は長期～した Ele ficou internado em um hospital por muito tempo. ♦入院証明書 certificado (m) de internação. 入院料 custo (m) de internação, despesas (fpl) hospitalares.
にゅうえき 乳液 loção (f) leitosa, hidratante (m).
にゅうか 入荷 entrada (f) de mercadoria. 春物が～しました Recebemos artigos de primavera.
にゅうかい 入会 inscrição (f). …に～する entrar em …, inscrever-se em …, tornar-se sócio/cia de …. ～金無用 Sem taxa de inscrição! ～金の必要はない Não é preciso pagar a taxa de inscrição. ♦入会金 taxa (f) de inscrição.
にゅうがく 入学 matrícula (f) numa escola ou faculdade. ♦入学願書 requerimento (m) de admissão [matrícula]. 入学金 taxa (f) de matrícula. 入学式 cerimônia (f) de entrada《numa escola》. 入学試験〔中学の〕exame (m) de admissão;〔高校の〕vestibulinho (m);〔大学の〕exame vestibular.
ニューカマー recém-chegado/da, recém-vindo/da, novato/ta.
にゅうがん 乳癌 câncer (m) ∟da mama [do seio].
にゅうぎゅう 乳牛 vaca (f) leiteira.
にゅうきょ 入居 instalação (f) numa residência para morar. アパートに～する ir morar [instalar-se] num apartamento alugado. ～者募集《掲示》Aluga-se. ♦入居者 inquilino/na.

にゅうきん 入金 ❶〔金を受け取ること〕recebimento (m) de dinheiro, depósito (m), receita (f). 昨日はその会社から私の口座に100万円の～があった Ontem a companhia depositou um milhão de ienes na minha conta. ♦入金伝票 vale (m), recibo (m). ❷〔金を払うこと〕pagamento (m). 銀行に月謝を～する pagar mensalidade escolar no banco. ❸〔金を預け入れること〕depósito (m). 自分の口座に～する depositar dinheiro na própria conta bancária. ❹〔内金〕sinal (m).
にゅうこう 入港 entrada (f) no porto. …に～する aportar em …, chegar ao porto de …, ancorar-se em …. ♦入港許可証 autorização (f) para entrar no porto. 入港税 direitos (mpl) portuários. 入港手続き formalidades (fpl) para entrar no porto.
にゅうこく 入国 entrada (f)《em um país》, imigração (f).
♦入国管理局 Escritório (m) de Imigração. 入国管理局職員 funcionário/ria ∟da [do Escritório de] Imigração. 入国許可 autorização (f) de imigração [para entrada《em um país》]. 入国許可証 (certidão (m) de) autorização (f) de entrada《em um país》. 入国検証 visto (m) (de entrada). 入国手続き trâmites (mpl) de entrada num país. 再入国許可 permissão (f) de reentrada (no país). 不法入国 entrada ilegal. 密入国 entrada ilegal.
にゅうさつ 入札 〖法・経〗licitação (f). ～する licitar, dar um lance. 入札者 licitador/ra. 最高入札者 licitante [licitador/ra] do maior lance.
にゅうさん 乳酸 〖化〗ácido (m) láctico. ♦乳酸菌 〖生〗lactobacilo (m).
にゅうし 乳歯 〖解〗dente (m) ∟de leite [decíduo], primeira dentição (f).
にゅうし 入試〔中学〕exame (m) de admissão;〔高校〕vestibulinho (m);〔大学〕exame vestibular.
にゅうじ 乳児 ❶ recém-nascido/da. ❷〖医〗〔出産から28日目まで〕neonato/ta;〔28日目から1歳まで〕lactente. ⇨赤ん坊.
ニュージーランド Nova Zelândia (f). ～の neozelandês/desa.
にゅうしゃ 入社 entrada (f) numa companhia, ingresso (m) numa firma. このたび～いたしました山田でございます Sou Yamada, recém-admitido/da na companhia.
にゅうしゅ 入手 ～する receber, obter. 手紙を～する receber uma carta.
にゅうしょう 入賞 ～する ganhar prêmio. 1等に～する ganhar o primeiro prêmio, ser o/a vencedor/ra do primeiro prêmio. ♦入賞作品 obra (f) premiada. 入賞者 premiado/da, ganhador/ra de prêmio.
にゅうじょう 入場 entrada (f);〔許可〕ad-

にゅうしょく 入植 colonização (f). …に〜する entrar em … como colono. ♦入植者 colono (m).

ニュース 〔知らせ〕notícia (f), novidade (f); 〔集合的〕noticiário (m). 最近の〜によると… De acordo com as últimas notícias …. …の〜を伝える dar notícia de …, noticiar. ニュース解説 comentário (m) de notícias. ニュース解説者 comentarista de notícias. ニュースキャスター locutor/ra de notícias, noticiarista. ニュース放送 noticiário (m).

にゅうせいひん 乳製品 laticínios (mpl).

にゅうせき 入籍 inscrição (f) no registro da família, registro (m). …を〜する inscrever [dar entrada de] … em um registro familiar.

にゅうせん 入選 〜する ser aceito/ta, ser escolhido/da.

にゅうせん 乳腺 【解】glândula (f) mamária.

にゅうたい 入隊 alistamento (m) no exército. 〜する alistar-se.

にゅうだん 入団 afiliação (f) (a uma associação, time ou grupo teatral). 〜する afiliar-se [agregar-se] (a uma associação, time ou grupo teatral).

にゅうとう 乳糖 lactose (f).

にゅうとう 乳頭 【解】mamilos (mpl), bico (m) da mama.

にゅうとう 入党 afiliação (f) a um partido. 〜する afiliar-se a um partido.

にゅうどうぐも 入道雲 〔気象〕cúmulos-nimbos (mpl).

にゅうねん 入念 〜な aprimorado/da, esmerado/da, cuidadoso/sa. 〜な仕上げ acabamento (m) caprichado. 〜に調べる verificar cuidadosamente.

にゅうぶ 入部 entrada (f) em um clube estudantil [empresarial]. 岡本さんは野球部に〜した Okamoto entrou no clube de beisebol.

にゅうぼう 乳房 〔人間の〕mama (f), peito (m), seio (m);〔動物の, または人間に対しての俗語; おっぱい〕teta (f). ♦乳房形成 【医】mamoplastia (f). 乳房切除術 【医】mastectomia (f).

にゅうもん 入門 ❶〔弟子入り〕〜する iniciar (uma arte, uma atividade). 私は山田先生のところに〜した Tornei-me discípulo do mestre Yamada. 彼らは友綱部屋に〜した新弟子だ Eles são os novos discípulos que entraram na academia (de sumô) Tomozuna. ❷〔初歩〕iniciação (f), introdução (f). ♦入門書 (livro (m) de) introdução (f). ポルトガル語入門 livro-didático (m) de (introdução à) língua portuguesa.

にゅうよう 入用 necessário/ria. ⇨必要.

にゅうようじ 乳幼児 recém-nascido/da. ♦乳幼児健康診査 exame (m) de saúde do/da recém-nascido/da.

にゅうよく 入浴 banho (m). 〜する tomar banho. 〜後湯船のお湯を流さないでください É favor não esvaziar a banheira depois do banho (no caso do banho japonês). ♦入浴室 banheiro (m). ⇨風呂.

ニューラル 【解】neural. ♦ニューラルネットワーク rede (f) neural [neuronal].

にゅうりょく 入力 〔コンピューターの〕entrada (f). コンピューターにデータを〜する dar entrada dos dados no computador.

ニューロン 【解】neurônio (m). 〜と〜のシナプス sinapses (fpl) dos neurônios. ♦ニューロンコンピューター neuro-computador (m).

にょう 尿 urina (f),《口語》〔おしっこ〕xixi (m). 〜を催す ter vontade de urinar,《口語》ficar com vontade de fazer xixi. 〜を出す urinar,《口語》fazer xixi, mijar. ♦尿管 【解】uréter (m). 尿管カテーテル sonda (f) ureteral. 尿検査 exame (m) de urina. 尿酸 【化】ácido (m) úrico. 尿失禁 【医】incontinência (f) urinária. 尿毒症 【医】uremia (f). 尿閉塞 【医】uretrofaxia (f), obstrução (f) da uretra. 尿療法 【医】urinoterapia (f). 利尿薬 diurético (m).

にょうそ 尿素 【化】ureia (f).

にょうどう 尿道 【解】uretra (f), canal (m) uretral, trato (m) urinário. ♦尿道炎 uretrite (f), inflamação (f) da uretra. 尿道カテーテル sonda (f) uretral. 尿道結石 cálculo (m) do trato urinário.

にょうぼう 女房 ❶ esposa (f), mulher (f). ♦女房役 braço (m) direito, homem (m) de confiança. 世話女房 esposa dedicada. ❷〔史〕cortesã (f).

にら 韮 【植】cebolinha (f) japonesa.

にらみあう 睨み合う olhar-se (fixamente) com hostilidade [inimizade].

にらむ 睨む encarar … com maus olhos, olhar … fixamente, lançar olhares furiosos a …. …をにらみつける dirigir um olhar hostil a ….

にらめっこ 睨めっこ sério (m), jogo (m) infantil que consiste em duas pessoas se fitarem nos olhos reciprocamente até uma acabar dando risada.

にらんせい 二卵性 〜の dizigótico/ca, biovular. ♦二卵性双生児 gêmeos (mpl) dizigóticos.

にりゅう 二流 segunda categoria (f). 〜の de segunda categoria [classe].

にりゅうか 二硫化 【化】bissulfuração (f). ♦二硫化炭素 bissulfito (m) de carbono. 二硫化物 bissulfito.

にりんしゃ 二輪車 veículo (m) de duas rodas《como a bicicleta ou a motocicleta》.

にる 似る puxar a [por], parecer-se com, ser a cópia de. 彼女はお母さんに非常によく似ている Ela se parece muito com a mãe./Ela puxou à [pela] mãe./Ela é a cópia [sósia] da mãe.

にる 煮る cozer, cozinhar. ⇨煮える.

にれ 楡 〖植〗olmo (m).

にわ 庭 〔花園〕jardim (m); 〔裏庭〕quintal (m).

にわか 俄か ~の súbito/ta, brusco/ca, repentino/na. ~仕込みの知識 conhecimento (m) rapidamente assimilado. ~に de repente, bruscamente. ~には賛成できません Não posso responder de imediato./《口語》Não dá para responder já.

にわかあめ 俄雨 chuva (f) repentina, aguaceiro (m), pancada (f) de água. きょうは~が降るかもしれない Talvez hoje caia um aguaceiro.

にわし 庭師 jardineiro/ra.

にわとこ 接骨木 〖植〗sabugueiro (m).

にわとり 鶏 〔雄鳥〕galo (m); 〔雌鳥〕galinha (f); 〔若どり〕frango (m). ~を飼う criar galinhas. 今朝~が鳴いた O galo cantou hoje de manhã.

にんい 任意 livre arbítrio (m). ~の opcional, facultativo/va, arbitrário/ria; voluntário/ria. ~に facultativamente, opcionalmente, arbitrariamente. …に警察へ~出頭を求める convidar … a apresentar-se à polícia. ♦ 任意保険 seguro (m) facultativo.

にんか 認可 autorização (f), aprovação (f). ~する autorizar, aprovar, sancionar. 道路建設の~がおりた Foi autorizada a construção da estrada. ~を受ける obter autorização, ser autorizado/da. ♦ 認可状 autorização (f), alvará (m).

にんき 人気 prestígio (m), popularidade (f). ~のある pretigiado/da, de prestígio, popular, 《口語》badalado/da. ~のある会社 empresa (f) ⌐de prestígio [prestigiada]. これは~商品です Este artigo tem muita saída. 私たちは昨日銀座の最も~のあるレストランに行った Ontem fomos ao restaurante ⌐de maior prestígio [mais badalado] (do bairro) de Ginza. ♦ 人気歌手 cantor/ra ⌐em sucesso [da moda].

にんき 任期 mandato (m). ~が終わった後 após o término do mandato. この四月で彼は~満了になる Neste abril expira o mandato dele.

にんぎょ 人魚 sereia (f).

にんぎょう 人形 〔玩具〕boneca (f); 〔人形劇などの〕boneco (m). ♦ 操り人形 fantoche (m), marionete (f).

にんげん 人間 ser (m) humano, o homem (m), gente (f). ~の humano/na. 超~的な sobrehumano/na. ~的に humanamente. あの人は~的な人です Ele/Ela é uma pessoa muito humana. ♦ 人間嫌い misantropo (m). 人間工学 engenharia (f) humana, ergonomia (f). 人間国宝 tesouro (m) nacional humano.

にんげんせい 人間性 humanidade (f). ~のない desumano/na. そんなことをしたら~が問われる Se fizer uma coisa dessas vão desconfiar do seu caráter humano.

にんげんドック 人間ドック checape (m), exame (m) médico minucioso que inclui inspeção clínica, exames laboratoriais e radiológicos. ~に入る fazer um checape.

にんげんみ 人間味 sentimentos (mpl) humanos. ~あふれる人 pessoa (f) cheia de sentimentos. ~のない人 pessoa desumana.

にんしき 認識 ❶ 〖哲〗conhecimento (m), cognição (f). ~する conhecer. 自分を~する conhecer-se a si próprio. ♦ 認識論 epistemologia (f), teoria (f) do conhecimento. ❷ 〔理解〕ideia (f) geral, percepção (f) comum. 今はそれが支配的な~だ Essa é atualmente a ideia predominante. 私はそのことについて彼らと~を共にした Compartilhei com eles a minha percepção sobre o assunto. 彼に対する~を新たにした Eu fiquei com uma nova ideia dele./Eu o vejo com outros olhos, agora. ❸ 〔知識〕conhecimentos (mpl). ブラジルに対する~を深めるために para aprofundar os conhecimentos sobre o Brasil. それは彼の~不足だ Isso vem da falta de conhecimento dele. 私はそのことについて~不足だった Quanto a isso, ⌐faltavam-me conhecimentos [eu tinha pouco conhecimento]. ❹ 〔スタンス〕postura (f), parecer (m), modo (m) de compreender, compreensão (f). その問題は早く解決すべきだという~に立った Sua postura era de que se deveria resolver logo o problema. それについて首相は …という~を示した O primeiro-ministro deu o seu parecer sobre isso, dizendo que ….

にんじゃ 忍者 ninja, soldado (m) espião (da era feudal do Japão).

にんしょう 人称 〖文法〗pessoa (f). 非~的 impessoal. ♦ 人称(非人称)不定詞 infinitivo (m) pessoal (impessoal). 一人称 primeira pessoa. 二人称 segunda pessoa. 三人称 terceira pessoa. 人称代名詞 pronome (m) pessoal.

にんしょう 認証 autenticação (f). ♦ 認証証書 documento (m) autenticado. 認証謄本 fotocópia (f) autenticada.

にんじょう 人情 sentimentos (mpl) humanos. ~のある humano/na. それは~に反する Isso é desumano.

にんしん 妊娠 gravidez (f). ~する engravidar-se, ficar grávida. ~している estar grávida, estar esperando. まだ~したくない Ainda não quero ⌐me engravidar [ficar grávida]. 彼女は今~7か月です Agora ela está grávida de sete meses. 女性の~を妨げる要因が幾つかある Há alguns fatores que impedem a mulher de engravidar. ~率を増やす aumentar a taxa de gravidez. ◆想像妊娠 gravidez imaginária.

にんじん 人参 cenoura (*f*).

にんずう 人数 número (*m*) de pessoas. 夕食会の~を調べてください Verifique o número de pessoas que ˎvão vir [vêm] ao jantar. まだ~が足りないです Ainda falta gente. ~がそろいました O número de pessoas está completo. 食事は~分だけあります Há comida suficiente para todos os presentes.

にんそう 人相 fisionomia (*f*). ~の悪い男 homem (*m*) mal encarado.

にんたい 忍耐 paciência (*f*), perseverança (*f*). ~する perseverar, ter paciência. ~強い paciente, perseverante. ~強く pacientemente, com paciência, com perseverança. ~力に欠ける não ter paciência, ser impaciente. ~力を必要とする仕事 trabalho (*m*) que requer muita paciência. ⇨我慢.

にんち 任地 local (*m*) de trabalho. 新しい~に赴く ir ao novo local de trabalho.

にんち 認知 ❶ reconhecimento (*m*), tomada (*f*) de consciência, compreensão (*f*). この病気に対する社会の~度はまだ低い Ainda falta ˎcompreensão [abertura (*f*) compreensiva] da sociedade para com esta doença. ❷ 〖法〗reconhecimento (*m*), legitimação (*f*), perfilhação (*f*). ~する reconhecer, legitimar. 子供を~する perfilhar o/a filho/lha ilegítimo/ma. ◆認知届 documento (*m*) de reconhecimento de paternidade (maternidade) (entregue a órgão público). ❸ 〖心〗reconhecimento, cognição (*f*). ◆認知症 〖医〗esclerose (*f*) (do sistema nervoso central), caduquice (*f*). 若年性認知 esclerose precoce.

にんてい 認定 autorização (*f*), reconhecimento (*m*). 贈賄(ぞうわい)を事実と~する reconhecer que houve o suborno. 法医学者はそのケースを過失死と~した O médico legista reconheceu o caso como sendo homicídio por imprudência. ◆認定書 certificado (*m*), diploma (*m*).

にんにく 〖植〗alho (*m*).

にんぷ 妊婦 mulher (*f*) grávida.

にんむ 任務 cargo (*m*); 〔勤め〕obrigação (*f*); 〔役目〕papel (*m*). ~を果たす cumprir uma missão. 重大な~を帯びる ser encarregado/da de uma missão importante. この作業を成し遂げるのは私の~だ É minha obrigação levar avante este serviço.

にんめい 任命 nomeação (*f*). …を大臣に~する nomear ... primeiro-ministro/primeira-ministra. 駐米大使に~される ser nomeado/da embaixador/ra (do Japão) ˎpara os [nos] Estados Unidos.

ぬ

ぬいぐるみ 縫いぐるみ 〜の de pelúcia. 〜の人形 boneco (*m*) de pelúcia.

ぬいめ 縫い目 costura (*f*). 〜のない靴下 meia (*f*) sem costura.

ぬう 縫う ❶ costurar. そのブラウスにボタンを縫いつけてください Coloque o botão nessa blusa. スカートを縫っていただきたいのですが Gostaria que me costurasse uma saia. 医者は患者のお腹を3針縫った O/A médico/ca deu três pontos na barriga do/da paciente. 患者は3針縫ってもらった O/A paciente levou [tomou] três pontos. ❷〔人や物の間を通り抜ける〕serpentear, andar [dirigir] costurando. 彼女は車で道を縫って走っていた Ela dirigia costurando o trânsito.

ヌー 〘動〙gnu (*m*).

ヌード nudez (*f*). 〜の nu/nua. 〜で写真を撮る tirar a fotografia em nu. ♦ヌード写真 fotografia (*f*) de (corpo) nu. ヌードショー show (*m*) de *striptease*.

ぬか 糠 farelo (*m*) de arroz. ¶〜に釘 ação (*f*) inútil, água (*f*) em cesto roto. ぬか漬け 〘料〙picles (*mpl*) fermentados em farelo de arroz com sal e água. ぬかみそ 〘料〙pasta (*f*) de farelo de arroz.

ぬかす 抜かす ❶〔省く〕saltar, pular, suprimir. 先生は出席をとるときに私の名前を抜かした Quando o/a professor/ra fez a chamada pulou meu nome. あなたは1ページ抜かして読んでいませんか Você não deixou passar uma página na sua leitura? ❷〔言いやがる〕dizer. 生意気を〜な Não seja impertinente!

ぬかり 抜かり descuido (*m*), inadvertência (*f*). 〜がない ser astuto/ta; 〔油断がない〕ser precavido/da, estar preparado/da. 〜なく sem deslizes, cautelosamente. その点に〜はありません Quanto a este particular não há erro [com o que se preocupar].

ぬかる ficar enlameado/da. 雪解けで道がぬかっている As ruas estão enlameadas com o derretimento das neves.

ぬかるみ lama (*f*), lamaçal (*m*). 〜にはまる ficar atolado/da na lama. ¶借金の〜にはまっている estar atolado/da em dívidas.

ぬき 抜き sem. 朝食〜で仕事に出かける ir para o trabalho sem (tomar) o café. 冗談は〜にして deixando de lado as piadas, sem brincadeiras. 食費は〜にしてもその旅行は高くついた Mesmo sem contar os gastos com alimentação, a viagem acabou sendo cara.

ぬきうち 抜き打ち 〜で de surpresa, de improviso. ♦抜き打ち検査 inspeção (*f*) sem aviso prévio.

*****ぬく 抜く** tirar [チラール], extrair [エストライール], sacar [サカール], arrancar [アハンカール]. 虫歯を抜いてもらう extrair um dente cariado. その瓶の栓を抜いてください Saque a rolha dessa garrafa. そのくぎは全部抜けますか Dá para arrancar todos esses pregos aí?

ぬぐ 脱ぐ 〔コート, 帽子など〕tirar; 〔靴, 手袋など〕descalçar, tirar. コートを〜 tirar o casaco. 帽子を脱がないの Não vai tirar o chapéu? 日本の家に入るときは靴を脱がなければなりません Temos que tirar o sapato, na hora de entrar numa casa japonesa.

ぬぐう 拭う enxugar. 涙を〜 enxugar as lágrimas. 汗はハンカチでぬぐいなさい Enxugue o suor com o lenço.

ぬくもり 温もり calor (*m*), tepidez (*f*). 家庭の〜 conforto (*m*) do lar. 肌の〜 tepidez da pele.

ぬけがら 抜け殻 ❶〘生〙exúvia (*f*), tegumento (*m*) deixado pelos artrópodes por ocasião das mudas. ヘビの〜 exosqueleto (*m*) 〘口語〙pele (*f*) velha de cobra. セミの〜 exosqueleto 〘口語〙carcaça velha de cigarra. ❷《比》restos (*mpl*), destroços (*mpl*). 母親が亡くなってからの彼は魂の〜同然だ Depois da morte da mãe ele ficou como um morto-vivo.

ぬけげ 抜け毛 cabelos (*mpl*) caídos. 〜を防ぐために para evitar a queda [perda] dos cabelos.

ぬけみち 抜け道 ❶ atalho (*m*). ❷〔法律などの〕escapatória (*f*).

ぬけめ 抜け目 〜のない esperto/ta, astuto/ta. 〜なく com astúcia.

ぬける 抜ける sair; 〔髪の毛, 歯など〕cair. 抜けている faltar, não figurar, escapar.

ぬげる 脱げる sair, escapar. この靴はすぐ〜のでインソールをください Eu queria palmilhas porque estes sapatos logo saem [escapam] dos pés.

ぬし 主 dono/na, proprietário/ria.

ぬすみ 盗み roubo (*m*); 〔強盗〕assalto (*m*). 〜を働く cometer um roubo [assalto].

ぬすみぎき 盗み聞き 〜する escutar às ocultas (às escondidas).

ぬすみみる 盗み見る olhar furtivamente, dar olhadelas furtivas.

ぬすむ 盗む ❶ roubar, furtar; 〔ひったくる〕assaltar; 〔くすねる〕surrupiar. 彼女は1500レアル盗まれた Ela foi roubada em mil e quinhentos reais. 彼は自転車を盗まれた A bicicleta dele foi roubada./Roubaram a bicicleta dele. 私は時計を盗まれた Roubaram o meu relógio./Me roubaram [Roubaram-me] o relógio. ❷〔他人の技芸などをひそかにまねる〕adquirir, aprender imitando. 師匠の芸を～ aprender a arte do mestre. ¶暇を盗んで映画館に行く arranjar um tempo livre para ir ao cinema.

ぬた 【料】missô (m) [massa (f) de soja] diluído/da com vinagre, açúcar e saquê. ◆ ねぎぬた cebolinha (f) cozida e temperada com *nuta*.

***ぬの 布** pano (m) [バーノ], tecido (m) [テスィード]. ◆布切れ peça (f) de tecido, pedaço (m) de pano. 布地 tecido.

ぬま 沼 brejo (m), pântano (m).

ぬらす 濡らす molhar, umedecer.

ぬりえ 塗り絵 desenho (m) só de contornos para ser colorido.

ぬりぐすり 塗り薬 【薬】pomada (f). ～をやけどに塗る passar pomada na queimadura.

ぬりたて 塗り立て ペンキ～ 《掲示》Tinta Fresca.

ぬりつぶす 塗り潰す pintar completamente. 壁を黒く～ cobrir a parede de preto. 町は祭り一色に塗りつぶされた A cidade foi tomada por um clima de festa.

*****ぬる 塗る** pintar [ピンタール]. ここは赤を塗ったらどうですか Que tal pintar isto aqui de vermelho? パンにバターを塗ってください Passe manteiga no pão, por favor.

ぬるい 温い morno/na, tépido/da.

ぬるぬる ～した〔すべりやすい〕escorregadio/dia. 私は油で手が～している Estou com as mãos meladas [pegajosas] de óleo. 流しのはけ口が～している O ralo da pia está melecado (de sujeira).

ぬるまゆ ぬるま湯 água (f) morna. ～で薬を飲む tomar o remédio com água morna. ¶～につかったような生活を送る levar uma vida mole.

ぬれぎぬ 濡れ衣 falsa acusação (f). ～を着る ser vítima de falsa acusação, ser incriminado/da 〔《口語》considerado/da culpado/da〕injustamente.

ぬれる 濡れる molhar-se. ぬれた molhado/da, úmido/da. ぬれた服を着替えたらどうですか Não quer trocar essa roupa molhada?

ね

ね 値 preço (*m*). 石油の～が上がった(下がった) O preço do petróleo subiu (baixou). …の…を上げる(下げる) aumentar (diminuir) o preço de …. …に～をつける avaliar, apreciar, estabelecer [fixar] o preço de …. ⇨値段.

ね 根 ❶〔植物の〕raiz (*f*). ～がつく enraizar-se, arraigar-se. ～づいた種 semente (*f*) enraizada. ～を張る lançar raízes. ❷〔根源〕origem (*f*), fonte (*f*). ～も葉もない sem fundamento. ❸〔素質〕natureza (*f*), caráter (*m*). 彼は～が正直だ No fundo, ele é honesto. ¶ ～がはえたように動かない não se mover [ficar parado/da] como se tivesse criado raízes. ～にもつ guardar rancor. ～掘り葉掘り聞く fazer uma pergunta atrás da outra.

ね 音 som (*m*);〔鳥, 虫の〕canto (*m*).

ね 子 〚干支〛(signo (*m*) do) Rato (*m*).

-ね não é? não é mesmo? não? いい天気ですね〜 Que tempo bonito, não? あのトラックの中には何もありませんよ〜 Acho que não há [tem] mais nada naquele caminhão, não é?

ねあがり 値上がり aumento (*m*) de preço, subida (*f*) de preço. ～する subir de preço. ガス料金が～した O preço do gás subiu. 株価の大幅な～が記録された Foi registrado um grande aumento de valor das ações.

ねあげ 値上げ aumento (*m*) de preço, subida (*f*) de preço. …の～をする aumentar o preço de …. 電車賃が10%～になった O preço do trem subiu 10% [dez por cento]. バス料金を20%～することになった Resolveram aumentar a tarifa do ônibus em 20% [vinte por cento].

ねあせ 寝汗 suores (*mpl*) noturnos. ～をかく suar à noite.

ねいき 寝息 respiração (*f*) durante o sono. 彼は～を立てている Ele está bem adormecido.

ネイティブ nativo/va. ♦ ネイティブスピーカー nativo/va, falante nativo/va.

ねいろ 音色 tom (*m*), timbre (*m*). 美しい～の melodioso/sa.

ねうち 値打ち ❶〔価値〕valor (*m*), valia (*f*). ～のある valioso/sa. ～のない sem valor. それ何の～もない Isso não tem nenhum valor. その本は読む～がある Esse livro vale a pena ser lido. ❷〔値段〕preço (*m*). ～が出る(下がる) aumentar (baixar) o preço. この彫刻は200万円の～がある Esta escultura vale dois milhões de ienes.

ネーブル 〚植〛laranja-da-baía (*f*), laranja-de-umbigo (*f*).

ネーミング nomeação (*f*).

ネームプレート placa (*f*) com o nome;〔胸につける〕crachá (*m*).

ネオ- novo/va, neo-. ～リアリズム neo-realismo (*m*). ～ロマンチシズム neo-romantismo (*m*). ～コン(サバティブ) neo-conservadores (*mpl*).

ねおき 寝起き ～が悪い acordar de mau humor.

ネオン néon (*m*). ♦ ネオンサイン anúncio (*m*) luminoso de néon.

ネガ negativo (*m*) (de fotos).

ねがい 願い〔望み〕desejo (*m*);〔頼み〕pedido (*m*). 私の～がかないました O meu desejo foi realizado. …の～を聞き入れる ouvir [acatar] o pedido de …. お～があるのですが Tenho um pedido a [lhe] fazer …. 田中さんをお～したいのですが〔電話で〕Por favor, o senhor Tanaka está? (ao telefone). ⇨お願い.

*****ねがう** 願う desejar [デゼジャール]; pedir [ペディール],《口語》torcer [トルセール]. 日本が優勝するよう～っています Estou torcendo para que o Japão vença a partida. あなたの幸せを願っています〔カードなどで〕Desejo-lhe muitas felicidades《em cartões etc》.

ねがえり 寝返り ～を打つ revirar-se na cama (durante o sono);〔比〕virar a casaca, trair.

ねがお 寝顔〔人〕rosto (*m*) de pessoa adormecida;〔ペット〕cara (*f*) de animal adormecido. あのネコは～がかわいい Aquele gato fica com a cara engraçadinha quando dorme.

ねかす 寝かす ❶ pôr … na cama, fazer … dormir, pôr … para dormir. 子どもを～ fazer a criança dormir. ❷〔発酵させる〕fermentar, levedar. パンの生地を12時間寝かしておいてください Deixe a massa do pão para descansar por doze horas. ❸〔活用しないでそのままにしておく〕conservar sem usar. 土地を寝かしておく deixar o terreno ⌐parado [sem usar nem vender]《em geral, esperando subir o preço》. ❹〔横にする〕deitar, deixar [pôr] em posição horizontal. 鍬(⌘)を寝かして置く deixar a enxada em posição horizontal.

ねかせる 寝かせる ⇨寝かす.

ネガティブ ❶〔写・映〕〔ネガ〕negativo (*m*). ❷〔電〕〔陰電気〕eletricidade (*f*) negativa. ❸〔理〕〔陰極〕polo (*m*) negativo. ❹ ～な〔消極的〕passivo/va, negativo/va. ♦ フォールスネガティブ〚医〛resultado (*m*) negativo falso.

ねぎ 葱 cebolinha (*f*).

ねぎる 値切る pedir desconto;《俗》pechinchar. 私は値切って1万円もまけさせた Eu ⌐pedi um desconto [pechinchei] e consegui um desconto de dez mil ienes.

ねぐせ 寝癖 ❶〔寝相〕modo (m) de dormir. ❷〔髪の毛の〕desalinho (m) do cabelo depois de dormir.

ネクタイ gravata (f). 〜をしたほうがいいですか Será que é melhor pôr gravata? 彼は〜をしていた Ele estava com gravata.

ネグリジェ négligé (m).

ねぐるしい 寝苦しい 昨夜は暑くて寝苦しかった Ontem à noite, estava difícil de ␣dormir [pegar no sono] por causa do calor.

ねこ 猫 gato/ta. 〜がにゃあにゃあ鳴く O gato mia. 〜の鳴き声 miado (m). ┃〜も杓子(しゃくし)も todo mundo (m). 〜の手も借りたいくらいだ Estamos muito ocupados ⟨querendo até que o gato nos ajude⟩. 〜をかぶる fingir, fazer cara de santo/ta. 〜かわいがりする mimar, amimar.

ねこかぶり 猫被り 〜の hipócrita, falsamente delicado/da.

ねごこち 寝心地 そのマットレスの〜はどうですか Como se sente dormindo nesse colchão?

ネゴシエーション negociação (f).

ねこじた 猫舌 彼は〜だ Ele não ␣gosta de [consegue comer] coisas quentes.

ねこぜ 猫背 corcunda. 〜である ter as costas curvas.

ねこそぎ 根こそぎ 泥棒に〜取られた Fui completamente roubado/da pelo ladrão. 悪を〜にする arrancar o mal pela raiz. 嵐で大木が〜にされた Uma grande árvore foi desenraizada pela tempestade.

ねごと 寝言 〜を言う falar dormindo.

ねこばば 猫ばば 〜をする surripiar, roubar ⟨o que foi esquecido por alguém⟩.

ねこむ 寝込む cair doente, ficar de cama. 私は風邪を引いて1週間寝込んでしまった Eu peguei uma gripe e fiquei uma semana de cama.

ねころぶ 寝転ぶ deitar-se, estender-se. 彼は寝転んでテレビを見ていた Ele estava deitado vendo televisão.

ねさげ 値下げ redução (f) do preço. 〜する reduzir o preço. ♦値下げ処分 liquidação (f).

ねざす 根ざす ❶〔根づく〕arraigar, pegar, fixar-se, lançar raízes, enraizar. ❷〔起因する〕enraizar [ter sua origem] em, provir de, derivar de. その争いは社会格差の問題に深く根ざしている O conflito está profundamente enraizado na questão da segregação social.

ねじ 螺子 parafuso (m). 〜を締めてください Aperte o parafuso. 〜を緩めないでください Não afrouxe [desaperte] o parafuso. 〜がばかになってしまった O parafuso ficou [está] bambo [gasto]. 〜を回す apertar o parafuso. ♦ねじくぎ parafuso. ねじ回し〔マイナス〕chave (f) de fenda;〔プラス〕chave Philips.

ねしずまる 寝静まる dormir tranquilamente ⟨deixando o ambiente silencioso⟩. 家中のものが〜を待つ esperar que a família adormeça e tudo fique tranquilo.

ねしょうべん 寝小便 〜する urinar na cama, urinar enquanto dorme.

ねじる 捩じる torcer, retorcer. 体を〜 contorcer-se, torcer o corpo. このふたはねじって開けます Esta tampa se abre torcendo.

ねじれ 捩じれ ❶ torção (f), torcedura (f). 針金の〜 torção (f) do arame. ❷〔数〕ponto (m) de torção.

ねすごす 寝過ごす dormir demais, perder a hora dormindo. 寝過ごして列車に乗り遅れました Dormi demais e perdi o trem.

ねずみ 鼠 〔動〕rato/ta. ♦鼠捕り ratoeira (f).

ねずみいろ 鼠色 cor (f) cinzenta [cinza], cinza (m). 〜の cinzento/ta.

ねずみこう 鼠講 sistema (m) de venda "em cadeia" ["em pirâmide"] ⟨proibido por lei⟩.

ねずみざん 鼠算 progressão (f) geométrica. 〜的に増える aumentar em progressão geométrica.

ねぞう 寝相 posição (f) de dormir. 〜が悪い dar muitas voltas [mover-se muito, debater-se] durante o sono. 〜がよい dormir tranquilamente, não mover-se ao dormir.

ねた ❶〔新聞・ラジオ・テレビ〕〔話の材料〕assunto (m) [material (m)] para notícia. ♦ねた不足 falta (f) de assunto para notícia. ❷〔証拠〕prova (f), material que serve de prova. 〜はあがっている Já temos provas ⟨de seu crime⟩. ❸〔料理の材料〕ingrediente (m). あそこの寿司の〜はよい Os ingredientes do *sushi* de lá são bons.

ねたきり 寝たきり 〜になる ficar de cama ⟨para sempre⟩. 〜である estar de cama ⟨sem poder se levantar⟩. ♦寝たきり老人 velho/lha ␣grabatário/ria ⟨que não consegue se levantar da cama, cronicamente acamado/da⟩.

ねたみ 妬み inveja (f);〔嫉妬(しっと)〕ciúmes (mpl). 〜深い invejoso/sa; ciumento/ta.

ねたむ 妬む invejar, ficar com ciúmes de …, ter [estar com] inveja de …. ねたんで por inveja, por ciúmes. 彼は同僚の昇進をねたんだ Ele ficou com inveja da promoção do colega.

ねだる pedir insistentemente, importunar com um pedido. 母に小遣いを〜 pedir mesada à mãe com insistência.

ねだん 値段 preço (m), custo (m). この品の〜はいくらにしますか Que preço vamos pôr nesta mercadoria? 最近ジュースの〜が相当上がってきた Ultimamente o preço do suco vem subindo muito. この辞書は〜が安い(高い) Este dicionário ␣é barato [tem um preço baixo] (caro). ♦値段表 lista (f) [tabela (f)] de preços. ⇨値.

ねちがえ 寝違え torcicolo (*m*), mau-jeito (*m*) ⌊no pescoço [nos ombros].

ねちがえる 寝違える dormir de mau jeito, ficar com torcicolo.

***ねつ** 熱 ❶ 〔物体の〕 calor (*m*) [カロール]. ❷ 〔病気の〕 febre (*f*) [フェーブリ]; 〔体温〕 temperatura (*f*) [テンペラトゥーラ]. ～がある ter [estar com] febre, estar febril. 私は今～がして、estou meio febril. 私はきょう～があります Eu tenho [estou com] febre hoje. …の～を計る medir a febre de …. 私は39度の～が出た Eu fiquei com febre de trinta e nove graus. ～が上がってしまった A febre subiu. ～が下がるといいですね Seria bom se a febre abaixasse, não? ❸ 〔熱中〕 entusiasmo (*m*) [エントゥズィアーズモ], ardor (*m*) [アルドール], loucura (*f*) [ロウクーラ]. 少年たちはサッカーに～を上げている Os meninos estão loucos por futebol. 私は恋人に対して～が冷めた A paixão pelo/la meu/minha namorado/da esfriou.

ねつい 熱意 entusiasmo (*m*). ～をもって com entusiasmo.

ネッカチーフ cachecol (*m*), echarpe (*f*). 彼女は～を首に巻いていた Ela trazia uma echarpe ao redor do pescoço.

ねつき 寝付き この子は～がよい Esta criança pega no sono facilmente. ～が悪い子 criança (*f*) que custa a dormir.

ねっき 熱気 ❶ 〔空気〕 ar (*m*) quente, atmosfera (*f*) calorosa. ❷ 〔意気込み〕 entusiasmo (*m*). ～を帯びた口調 modo (*m*) de falar caloroso. 会場には～がこもっていた A sala fervia de entusiasmo.

ねっきょう 熱狂 entusiasmo (*m*), exaltação (*f*). …に～する entusiasmar-se por [com] …, exaltar-se com …. ～的 com entusiasmo, com frenesi, exaltado/da.

ねつく 寝つく dormir, conciliar o sono. 昨夜は寝つけなかった Ontem à noite não consegui conciliar o sono.

ネック ❶ 〔首〕 pescoço (*m*). ❷ 〔襟の線〕 linha (*f*) da gola. V～のセーター suéter (*m*) com decote em V. ❸ 〔障害〕 estorvo (*m*), obstáculo (*m*). その本は値段が～になってあまり売れていない Esse livro não está sendo bem vendido por causa do preço alto.

ネックウォーマー aquecedor (*m*) de pescoço, em geral de lã, feito cachecol.

ネックレス colar (*m*). ～をする pôr colar. 課長はあの緑の～をしている女性です A chefe da seção é aquela (onde está) de colar verde.

ねっこ 根っ子 【植】❶ 〔根〕 raiz (*f*). ❷ 〔切り株〕 toco (*m*).

ねっしゃびょう 熱射病 【医】 hipertermia (*f*) (por exposição ao sol), termoplegia (*f*), insolação (*f*).

ねつじょう 熱情 paixão (*f*). ～的 apaixonado/da, fervoroso/sa.

***ねっしん** 熱心 ～な entusiasta [エントゥズィアース タ], apaixonado/da [アパイショナード/ダ]. ～に apaixonadamente, fervorosamente, com muito empenho. ～な先生 professor/ra dedicado/da [que ensina com muito empenho].

ねっする 熱する aquecer, esquentar; 〔熱くなる〕 aquecer-se; 〔興奮する〕 excitar-se, ficar [estar] excitado/da.

ねつぞう 捏造 falseação (*f*), falsificação (*f*), invenção (*f*). データを～する falsificar os dados. ⇨偽造.

ねったい 熱帯 trópicos (*mpl*), zona (*f*) tórrida. ～の tropical. ♦熱帯雨林 floresta (*f*) tropical. 熱帯植物 planta (*f*) tropical. 熱帯夜 noite (*f*) muito quente de verão.

ねっちゅう 熱中 entusiasmo (*m*), fervor (*m*). …に～する entusiasmar-se com …, estar louco por …, dedicar-se a …, ficar absorto/ta em …. 彼女は能楽に～していた Ela estava ⌊absorta no [envolvida pelo] teatro nô. ～させる apaixonar, entusiasmar. 今私はゴルフに～している Agora estou entusiasmado/da pelo golfe. 最近父は仕事に～している Ultimamente meu pai tem estado envolvido no trabalho. ♦熱中症 【医】 hipertermia (*f*).

ねつでんどう 熱伝導 【理】 condução (*f*) de calor.

ネット ❶ 〔網〕 rede (*f*). ～を張る estender uma rede. ～プレーをする jogar perto da rede. ❷ 〔ネットワーク〕 全国～の放送 transmissão (*f*) pelo país todo. ❸ 〔インターネット〕 *internet* (*f*) [インテルネッチ]. ～で調べる consultar a *internet*.

ねっとう 熱湯 água (*f*) fervente [fervendo], água quente. ～に通しましょうか 〔自発的に申し出る場合〕 Quer que eu passe em água fervente [quente]?/〔婉曲的な命令〕 Vamos passar em água fervente [quente]?

ネットワーク ❶ 〔放送網, 網状の組織など〕 rede (*f*), cadeia (*f*) (de televisão). ♦ネットワークビジネス rede de negócios, *marketing* (*m*) ⌊em rede [multinível]. 森林環境教育ネットワーク rede de ensino ambiental. 放送ネットワーク rede de difusão (de televisão, de rádio). ❷ 〔コンピ〕 rede, rede (de computadores). ♦ネットワークゲーム jogo ⌊em rede [*online*]. ネットワークシステム sistema (*m*) de rede. ❸ 〔交通網〕 malha (*f*) (viária, ferroviária). ♦メトロネットワーク rede de metrô.

ねつびょう 熱病 pirexia (*f*), febre (*f*).

ねっぷう 熱風 vento (*m*) quente. 砂漠の～ vento quente do deserto.

ねつべん 熱弁 discurso (*m*) eloquente. ～を振るう fazer um discurso eloquente.

ねつぼう 熱望 desejo (*m*) ardente. ～する desejar ardentemente.

ねづよい 根強い profundamente arraigado/da [enraizado/da, presente]. ～偏見 preconceito (*m*) de raízes profundas. この地方

にはその考え方が根強く残っているようです Parece que esse modo de pensar está profundamente arraigado nesta região. 彼らの間にはその悪習が根強く残っている Esse mal hábito ainda está fortemente presente entre eles.

ねつりきがく　熱力学　〖理〗termodinâmica (f).

ねつれつ　熱烈　~な ardente, veemente, apaixonado/da.

ねどこ　寝床　cama (f), leito (m). ~で na cama. ~に就く ir para a cama, deitar-se.

ネパール　Nepal (m). ~の nepalês/lesa.

ねばねば　粘々　~した viscoso/sa, grudento/ta, pegajoso/sa. 納豆は~すればするほどおいしい Quanto mais pegajoso o *nato* 《soja fermentada》, mais gostoso ele é.

ねばり　粘り　❶〖理〗~気 viscosidade (f), glutinosidade (f), aderência (f). ~気のある adesivo/va, grudento/ta. ~強い muito grudento/ta [pegajoso/sa]. ❷〔根気〕tenacidade (f), pertinácia (f), porfia (f). ~強い tenaz, perseverante. あなたは粘り強いですね Você é bem perseverante, não? ~強く com tenacidade, perseverantemente. ~強さ tenacidade, perseverança (f).

ねばる　粘る　〔粘性〕ser pegajoso/sa, ser viscoso/sa;〔根気よく〕persistir, perseverar. 彼女は粘ってこの仕事をやり遂げた Ela levou a cabo este serviço com muita perseverança. ¶ 喫茶店で~ ficar muito tempo no café.

ねびえ　寝冷え　~する pegar um resfriado enquanto dorme [durante o sono].

ねびき　値引き　desconto (m), redução (f) do preço. ~する fazer [dar] um desconto, descontar, abaixar o preço de ···. 15%~しましょう Vamos descontar 15% [quinze por cento]. 少し~してもらえませんか Não dá para me fazer um descontinho?

ねぶかい　根深い　❶ de raiz muito funda. ❷《比》profundo/da. ~恨み rancor (m) profundo.

ねぶくろ　寝袋　saco (m) de dormir.

ねぶそく　寝不足　falta (f) de sono, sono (m) atrasado. 彼は~だ Ele está com o sono atrasado.

ねふだ　値札　etiqueta (f) de preço.

ねぼう　寝坊　~する〔遅くまで〕dormir até tarde;〔寝過ごす〕dormir demais e perder a hora. ~な人 dorminhoco/ca.

ねぼける　寝ぼける　寝ぼけている estar sonolento/ta. 寝ぼけた顔 cara (f) de mal-dormido [sonolenta]. 寝ぼけまなこ olhos (mpl) sonolentos. おい、~な〔男性に向かって〕Acorde, rapaz!

ねほりはほり　根掘り葉掘り　tintim-por-tintim (m). ~聞く ser inquisitivo/va, perguntar tintim-por-tintim [tudo, tudo, tudo].

ねまき　寝巻き　〔女性用の〕camisola (f);〔男女の〕pijama (m).

ねまわし　根回し　negociação (f) preliminar (para angariar votos a favor de uma decisão, numa reunião), conchavo (m) arquitetado pelos interessados (antes de uma reunião formal para deliberar sobre uma questão), manobra (f) de bastidor.

ねむい　眠い　estar com sono, ter sono. 眠くなる ficar com sono. 眠くさせる deixar com sono. 眠そうな sonolento/ta. 眠くなるような que dá sono, enfadonho/nha, entediante. 彼女は眠そうだ Ela parece estar com sono./Parece que ela está com sono.

ねむけ　眠気　sonolência (f),《口語》soneira (f). ~がさしてきた Comecei a ficar com sono. ~を催すような que dá sono, entediante, enfadonho/nha, monótono/na. ~をさます despertar o sono. ~ざましに para despertar, para tirar o sono. ~ざましにコーヒーを飲みませんか Não quer tomar um café para despertar?

ねむり　眠り　sono (m). ~に入る adormecer. ~に落ちる cair no sono. 浅い（深い）~ sono leve (pesado, profundo). ひと~する tirar uma soneca. 長い~につく falecer. ♦ 眠り薬 sonífero (m), soporífero (m), remédio (m) para dormir.

***ねむる　眠る**　dormir [ドルミール], adormecer [アドルメセール]. 眠っている estar dormindo, estar adormecido/da. 眠は毎日 7 時間~ Eu durmo sete horas por dia. よく眠れましたか Dormiu bem? 夕べはあまりよく眠れませんでした Tive uma noite mal dormida. 夕べは6時間とおして眠れた Esta noite tive um sono contínuo de seis horas./Esta noite dormi seis horas direito. 夕べはぜんぜん眠れませんでした Não consegui [pude] dormir esta noite./Não peguei o olho [pude pegar no sono] esta noite. 私は紅茶を飲むと眠れなくなる O chá preto me tira o sono. 眠れない夜 noite (f) de insônia.

ねもと　根元　❶〔一般の植物の〕raiz (f). 雑草を~から引き抜く arrancar as ervas daninhas pelas raízes. ❷〔立ち木の〕pé (m) da árvore. 木の~に ao pé da árvore.

ねらい　狙い　❶〔目的〕objetivo (m), fim (m). このプランの~は何ですか Qual é o objetivo desde plano? ❷〔照準〕mira (f), alvo (m). ···に~をつける tomar ··· por mira do tiro, dirigir a pontaria a ···, mirar a ···. 彼は鹿に~をつけている Ele está à mira do [mira ao] veado. ❸〔意図〕intenção (f), intuito (m). この小説の~は何だろう Qual seria a intenção do autor ao escrever este romance, não?

***ねらう　狙う**　❶〔銃などで〕apontar [アポンタール], alvejar [アウヴェジャール], mirar a [em], fazer mira a. 獲物の頭を~ mirar na [alvejar a] cabeça da caça. ···の命を~ tramar a morte de ···. ❷〔意図する〕intentar [インテンタール], aspirar [アスピラール], visar [ヴィザール], intencionar [イ

ンテンスィオナール]; objetivar [オビジェチヴァール], buscar [ブスカール], ter como finalidade; 〔大学など〕pretender entrar em …《universidades etc》. どの大学をねらっていますか Em que universidade você pretende entrar? 彼はこのポストをねらっている Ele tem este posto em vista. ❸〔チャンスをうかがう〕estar à espreita, aguardar (por uma chance). すきをねらって同僚の地位を奪おうとしている estar à espera de uma chance para tomar o lugar do colega.

ねりがらし 練り辛子 mostarda (f) em pasta.

*ねる 寝る** dormir [ドルミール]; 〔横になる〕deitar-se [デイタール スィ]. 寝ている estar dormindo. 寝ないでいる ficar [estar] acordado/da (sem dormir). あなたはだいたい何時に寝ますか A que horas você ˪dorme [costuma dormir], mais ou menos? 私はだいたい12時には寝ています Em geral, eu durmo à meia-noite. 昨晩は寝ないで新企画を考えていた Ontem à noite fiquei sem dormir, pensando num novo projeto.

ねる 練る amassar, sovar; remexer. 天ぷらの衣はそんなに練ってはだめだよ Você não pode remexer tanto a massa de tempura, viu?

*ねん 年** ano (m) [アーノ]. 1992~ em mil novecentos e noventa e dois. ~に一度 uma vez por ano. 私は今大学の4~生です Agora eu estou no quarto ano da faculdade./Agora eu sou quartanista (da faculdade). あなたは日本に来て何~になりますか Quantos anos faz que você está no Japão?/Há quantos anos você já está aqui? 3~たったらまた来ます Eu ˪volto [venho outra vez] daqui a três anos. 私はこのパソコンを10~も使っています Este meu computador pessoal tem dez anos de uso.

ねん 念 ❶〔感じ〕sentimento (m), sensação (f). ❷〔願望〕desejo (m). ❸〔配慮〕atenção (f). ~のため por precaução, para garantir, por segurança, por via das dúvidas. ~を入れる prestar uma atenção especial a …. この仕事は特に~を入れてやってください Faça este trabalho com um cuidado todo especial.

ねんいり 念入り ~な cuidadoso/sa. ~に cuidadosamente, com cuidado, esmeradamente. ~に化粧する maquiar-se com capricho, caprichar na maquiagem.

ねんえき 粘液 muco (m), líquido (m) viscoso. ~の viscoso/sa, mucoso/sa. ~質の mucoso/sa;《比》pachorrento/ta, fleumático/ca. 私は~質の男にむかつく Eu não engulo homens pachorrentos. ◆粘液腺【医】glândulas (fpl) mucosas. 粘液便 evacuação (f) mucosa,《口語》cocô (m) mole.

ねんが 年賀 cumprimentos (mpl) do ano-novo. ~状を送りたいから住所を教えてください Dê-me [Me dá] o seu endereço, que eu quero mandar um cartão de ano-novo para você. ◆年賀状 cartão (m) de ano-novo.

ねんがらねんじゅう 年がら年中 sempre, o tempo todo. 彼は~文句を言っている Ele está ˪sempre [o tempo todo] resmungando.

ねんかん 年間 あなたの~所得はだいたい400万円になります A sua renda anual vai ser de mais ou menos quatro milhões de ienes.

ねんかん 年鑑 almanaque (m), anuário (m).

ねんがん 念願 aspiração (f), anseio (m), desejo (m). ~の海外旅行がかなった O meu grande desejo de viajar ao exterior foi realizado.

ねんきん 年金 pensão (f) anual. ~で暮らす viver de pensão. …に~を与える dar pensão a …. …から~を受ける receber [ganhar] pensão de …. ◆年金受領者(生活者) pensionista (m). 厚生年金 pensão social. 国民年金 pensão nacional. 終身年金 pensão vitalícia.

ねんげつ 年月 anos (mpl), tempo (m). ~がたつにつれてその本は売れるようになった Com o passar do tempo, o livro começou a vender. ~を経る envelhecer. 長い~をかけて彼は認められた O valor dele foi reconhecido ao longo de [através de] muitos anos. あれから長い~がたった Desde então, passaram-se muitos anos.

ねんこう 年功 tempo (m) de serviço. ~順に por ordem de antiguidade na casa. ◆年功序列給 sistema (m) de aumento de salário conforme a antiguidade no emprego.

ねんざ 捻挫 【医】torção (f), distensão (f) muscular, distensão dos ligamentos de uma articulação. 足首を~する torcer o tornozelo.

ねんし 年始 começo (m) do ano. 年末~は忙しい Fica-se muito ocupado no fim e no começo do ano.

ねんじ 年次 ~の anual. ◆年次報告 relatório (m) anual. 年次有給休暇 férias (fpl) remuneradas anuais. 年次予算 orçamento (m) anual.

ねんしゅう 年収 receita (f) [rendimento (m)] anual. 社長の~は5億円だ A renda anual do/da presidente da empresa é de quinhentos milhões de ienes.

ねんじゅう 年中 o ano todo;〔いつも〕sempre. ~無休《掲示》Aberto o Ano Todo sem Descanso.

ねんじゅうぎょうじ 年中行事 evento (m) anual, festas (fpl) regulares do ano. 学校の~ eventos (mpl) anuais da escola.

ねんしょう 年商 lucro (m) total anual, movimento (m) anual (de uma empresa). ~3億の商売をする movimentar anualmente [ter um lucro anual de] trezentos milhões de ienes.

ねんしょう 年少 menoridade (f), juventude (f). ~の jovem, juvenil. 岩尾は彼らの中で最~だ Entre eles Iwao é o mais novo. ◆年少

ねんしょう 者〔個人的〕jovem; 〔集合的〕juventude.

ねんしょう 燃焼　combustão (*f*), inflamação (*f*). ♦不完全燃焼 combustão incompleta.

ねんすう 年数　número (*m*) de anos. ～をかけた報告書 relatório (*m*) confeccionado ao longo de muitos anos. ♦勤続年数 anos (*mpl*) de serviço.

-ねんせい -年生　… ano, … série. あなたは何～ですか Você está em que série [ano]? 私はサクラ小学校の4～です Eu estou na quarta série [no quarto ano] da escola primária Sakura.

ねんだい 年代　idade (*f*); anos (*mpl*). ～順に por [em] ordem cronológica. 1980～には nos anos oitenta, na década de oitenta.

ねんちゃく 粘着　adesão (*f*). ～する aderir, colar. ～性のある viscoso/sa, colante. ♦粘着性 adesividade (*f*), viscosidade (*f*). 粘着テープ fita (*f*) adesiva. 粘着力 força (*f*) de adesão.

ねんちょう 年長　sênior (*m*), o/a maior, o/a mais velho/lha. ～の maior, de mais idade, mais velho/lha. …より7歳～である ser sete anos mais velho/lha que …. 幼稚園の～組 classe (*f*) do último ano do jardim de infância. ～者のいうことをきけ Você tem que obedecer os mais velhos.

ねんど 年度　❶ ano (*m*) escolar [letivo]. ～末の試験 exame (*m*) de fim de ano. ♦学年度 ano escolar. ❷〔経〕ano (*m*) fiscal. 2010～ 予算 orçamento (*m*) de 2010. ～初め (替わり)に nos princípios (na passagem) de ano. ～末の de fim de ano. ♦会計年度 ano fiscal.

ねんど 粘土　argila (*f*); massa (*f*) «para modelagem».

ねんとう 念頭　～に置く ter em mente [vista, conta]. 安全を～に置いて運転しましょう Guiem o carro, tendo em vista a segurança. 彼は彼女のことしか～にない Ele só pensa nela.

ねんない 年内　～に até o fim deste ano. ～無休《掲示》Não Descansaremos até o Fim do Ano.

ねんねん 年々　❶ de ano em ano, ano após ano. ❷〔毎年〕todos os anos, cada ano. ～歳々 todos os anos; cada ano.

ねんぱい 年配　～の de idade avançada, idoso/sa.

ねんぴ 燃費　consumo (*m*) de combustível. ～のよい車 carro (*m*) econômico [que gasta pouco combustível].

ねんぴょう 年表　♦中国歴史年表 quadro (*m*) cronológico da história da China.

ねんぶつ 念仏　oração (*f*) budista. ～を唱える recitar uma oração budista.

ねんぽう 年俸　vencimento (*m*) [salário (*m*)] anual. ～2億円のサッカー選手 jogador/ra de futebol com vencimento anual de duzentos milhões de ienes.

ねんぽう 年報　relatório (*m*) anual.

ねんまく 粘膜　〔解〕membrana (*f*) mucosa. …の～をいためる machucar a mucosa de ….

ねんまつ 年末　fim (*m*) de ano. ～決算は明日までにできるでしょう O balanço anual deve ser [será provavelmente] concluído até amanhã. ♦年末大売出し liquidação (*f*) de fim de ano. 年末調整 correção (*f*) de impostos de fim de ano.

ねんり 年利　juro (*m*) anual. ～7% で com juros de 7% [sete por cento] ao ano.

ねんりき 念力　força (*f*) de vontade.

ねんりつ 年率　taxa (*f*) anual. 経済は～6% で成長していた A economia crescia (a uma taxa de) 6% [seis por cento] ao ano.

ねんりょう 燃料　combustível (*m*). ～の補給 abastecimento (*m*) de combustível. 車に～を補給する abastecer o carro de [com] combustível. ～が切れた Acabou-se o combustível./O combustível acabou. ♦燃料費 despesas (*fpl*) com o combustível. 核燃料 combustíveis nucleares.

ねんりん 年輪　❶〔木の〕anel (*m*) anual, camada (*f*) lenhosa anual dos caules. ❷〔経験〕experiência (*f*). ～を重ねる ter uma grande experiência de vida.

ねんれい 年齢　idade (*f*). ～を問わず sem distinção de idade. ここで働いている人たちの平均～は30歳です A idade média dos que trabalham aqui é de trinta anos. この仕事には～制限はありません Não há limite de idade para este serviço. この種の仕事は私たちの～にはふさわしくない Esse tipo de serviço não é para a nossa idade. 彼女は～の割に若い Ela é jovem para a idade. ♦精神年齢 idade mental. ⇨年(と).

の

の 野 campo (*m*). ～の花 flor (*f*) silvestre.

*-の ❶ 〔所有〕de 〔が〕(あるいは所有詞)《ou possessivo》. それはパウロ～物だ Isso é do Paulo. 彼～靴 sapato (*m*) dele, seu sapato. 私～家に来てください Venha à minha casa. 我々～会社は駅から遠い A nossa companhia fica longe da estação. ❷ 〔材料〕de, em 〔エン〕. 木製～物 objetos (*mpl*) em [de] madeira. 革～ハンドバッグ bolsa (*f*) de couro. ❸ de (+名詞で形容詞的用法の場合) (+substantivo, com função adjetiva). 雨～日 dia (*m*) de chuva, dia chuvoso. ミカン～木 pé (*m*) de laranja, laranjeira (*f*). ❹ 〔…に関する〕de, sobre 〔ソーブリ〕. 交通ルール～試験 exame (*m*) de regras de trânsito. 日本料理～本 livro (*m*) sobre [de] culinária japonesa. 数学～先生 professor/ra de matemática. ❺ 〔場所〕〔…にいる,あるなど,場所を表わす場合〕de, à 〔ア〕, que está em. 大阪～伯母 minha tia (*f*) de Osaka. 海辺～ホテル hotel (*m*) à beira-mar. その棚～お皿を取ってください Tireme [Me tira] os pratos ιdessa prateleira [que estão nessa prateleira]. ❻ 〔所属,性質,種類〕de. 父～死 a morte de meu pai. 1杯～コーヒー uma xícara de café. 20歳～青年 um moço de vinte anos. ミレー～絵 pintura (*f*) de Millet. ❼ 〔もの,こと〕coisa [コーイザ], o/a/os/as 〔オ/ア/オス/アス〕, (que +接続法あるいは不定詞)《que + subjuntivo ou infinitivo》. 帰る～は嫌だ Não quero voltar. あなたが欠席する～は嫌だ Não quero que você falte. 赤い～をください Me dê o vermelho. ❽ 〔強調〕(ênfase) ser + que. ⓐ 〔話しているとき〕(no momento da fala) é que. だから私はそこへ行った～だ É por isso mesmo que eu fui aí. 彼はその先生が嫌いな～だ É que ele não gosta do/da professor/ra. ⓑ 〔過去のある時点をさして〕(no momento de referência do pretérito) foi que. そうしてお姫様は王子様と結婚した～でした Foi assim que a princesa casou-se com o príncipe. だから株価が上がった～でした Foi por isso que o valor das ações subiu.

ノイズ ❶ 〔物音,騒音〕ruído (*m*), barulho (*m*). ❷ 〔ラジオ・テレビ〕〔雑音,画面の乱れ〕ruído. ◆ノイズキャンセラー silenciador (*m*) de ruídos.

ノイローゼ 〔医〕neurose (*f*). ◆ノイローゼ患者 neurótico/ca.

のう 能 ❶ 〔能力〕talento (*m*), habilidade (*f*). 彼は食べることしか～がない Ele só sabe comer. ❷ 〔能楽〕teatro (*m*) tradicional de máscaras, nô.

のう 脳 〔脳みそ〕cérebro (*m*), miolo (*m*). ～梗塞(ｺｳｿｸ)に倒れる ter [ser vítima de] infarto cerebral. ◆脳血栓(ｹｯｾﾝ) trombose (*f*) cerebral. 脳梗塞 infarto (*m*) cerebral. 脳腫瘍(ｼﾞｭﾖｳ) tumor (*m*) cerebral. 脳神経 nervo (*m*) craniano. 脳脊髄(ｾｷｽｲ)液 líquido (*m*) cefalorraquidiano. 脳動脈瘤(ﾘｭｳ) aneurisma (*m*) da artéria cerebral. 脳内出血 derrame (*m*) cerebral, hemorragia (*f*) cerebral. 脳波 onda (*f*) cerebral. 脳波図 eletroencefalograma (*m*). 脳貧血 anemia (*f*) cerebral. 日本脳炎 encefalite (*f*) japonesa.

のういっけつ 脳溢血 〔医〕derrame (*m*) [hemorragia (*f*)] cerebral. ～で倒れる ter um derrame cerebral.

のうえん 農園 fazenda (*f*); granja (*f*).

のうか 農家 〔家〕casa (*f*) de lavrador; 〔農場〕granja (*f*); 〔家族〕família (*f*) agrícola.

のうがく 農学 agronomia (*f*). ～の agronômico/ca. ◆農学者 agrônomo/ma.

のうかすいたい 脳下垂体 〔解〕glândula (*f*) pituitária, hipófise (*f*).

のうき 納期 〔納品の〕prazo (*m*) de entrega; 〔納税などの〕data (*f*) de vencimento.

のうぎょう 農業 agricultura (*f*). ～の rural, agrícola. ◆農業協同組合 cooperativa (*f*) agrícola. 農業経済 economia (*f*) agrícola. 農業国 país (*m*) agrícola. 農業融資手形 nota (*f*) de crédito rural. 農業労働力 mão (*f*) de obra agrícola. 焼き畑農業 queimada (*f*), agricultura ιde coivara [itinerante (*f*), pós-queimada (*f*)].

のうぐ 農具 instrumento (*m*) agrícola.

のうげか 脳外科 〔医〕cirurgia (*f*) cerebral. ◆脳外科医 neurocirurgião/giã.

のうこう 濃厚 ～な 1) concentrado/da, denso/sa. ～な飼料 forragem (*f*) concentrada. ～なフルーツジュース suco (*m*) de frutas concentrado. 2) 〔顕著〕forte, reforçado/da, quase certo/ta. あの人への嫌疑が～になった As suspeitas contra ele ficaram reforçadas [mais fortes]. 我々のチームの敗色が～になってきた Os sinais da derrota do nosso time estão ficando evidentes./Nosso time está tão mal que é bem previsível a derrota.

のうこう 農耕 agricultura (*f*). ◆農耕地 terra (*f*) arável. 農耕民族 povo (*m*) agrícola.

のうこつ 納骨 sepultamento (*m*) dos ossos do/da falecido/da. ～する sepultar os ossos do/da falecido/da.

のうさぎ 野兎 〔動〕lebre (*f*).

のうさくぶつ 農作物 produto (*m*) agrícola;

〔収穫〕colheita (f).
のうさんぶつ 農産物　produto (m) agrícola.
のうし 脳死　〚医〛morte (f) encefálica [cerebral].
のうしゅく 濃縮　concentração (f), condensação (f). ～する concentrar, condensar. ♦濃縮ジュース suco (m) concentrado.
のうじょう 農場　〔大農場〕fazenda (f);〔小農場〕granja (f). ～を経営する dirigir uma fazenda; cultivar uma granja. ♦農場主 fazendeiro/ra; granjeiro/ra.
のうしんとう 脳震盪　〚医〛concussão (f) cerebral, perda (f) da consciência devido a choque violento na cabeça.
のうずい 脳髄　〚解〛encéfalo (m).
のうぜい 納税　pagamento (m) de impostos [taxas]. ～義務のある sujeito/ta a taxação. ～する pagar impostos, contribuir. ♦納税額 quantia (f) de contribuição. 納税期日 data (f) de pagamento dos impostos. 納税義務 obrigação (f) de pagar impostos. 納税者 contribuinte. 納税者番号 número (m) de identificação de contribuinte. 納税通知書 aviso (m) de pagamento de impostos. 納税督促状 aviso (m) reiterado de pagamento de impostos. 納税引当金 reserva (f) para impostos.
のうそっちゅう 脳卒中　〚医〛acidente (m) vascular cerebral, AVC [アーヴェーセー], apoplexia (f).
のうそん 農村　aldeia (f) agrícola, comunidade (f) rural. ～の rural. ♦農村工業 indústria (f) agrícola. 農村生活 vida (f) rural. 農村土地税〚法〛imposto (m) sobre a Propriedade Territorial Rural. 農村文化 cultura (f) rural.
のうたん 濃淡　…に～をつける nuançar …, colorir … com nuanças variadas.
のうち 農地　terreno (m) agrícola, terra (f) arável, terra para plantar. ♦農地改革 reforma (f) agrária. 農地法〚法〛lei (f) agrária.
のうど 濃度　densidade (f); espessura (f); 〚化〛concentração (f). 大気中の二酸化炭素～ densidade do dióxido de carbono na atmosfera.
のうどうたい 能動態　〚文法〛voz (f) ativa.
のうにゅう 納入　〔支払い〕pagamento (m);〔配達〕entrega (f). ～する pagar; entregar. ♦納入品 produto (m) entregue.
ノウハウ ⇨ノーハウ.
のうひん 納品　entrega (f) de mercadoria. ～書を書く faturar. ～する entregar a mercadoria. ♦納品書 fatura (f).
のうふ 納付　〚経〛pagamento (m), recolhimento (m). 税金を～する pagar o imposto. ♦納付期限 prazo (m) de pagamento. 納付金 valor (m) a pagar. 納付書 guia (m) de recolhimento.
のうふ 農夫　agricultor (m); granjeiro (m); camponês (m).

のうまく 脳膜　〚解〛meninges (fpl). ♦脳膜炎〚医〛meningite (f).
のうみそ 脳味噌　❶〔頭脳〕cérebro (m). 彼は～がちょっと足りない A cabeça dele não trabalha muito bem. ❷〔脳髄〕miolo (m). 牛の～の料理があった時代 época (f) em que havia pratos de miolo de vaca.
のうみん 農民　lavrador/ra, agricultor/ra.
のうむ 濃霧　névoa (f) espessa [densa]. ♦濃霧警報 alarme (m) de névoa densa.
のうやく 農薬　〔殺虫剤〕inseticida (m);〔除草剤〕herbicida (m);〔総称〕agrotóxico (m).
のうり 脳裏　mente (f), memória (f). …が～に焼きついている … está gravado/da fortemente na memória. …を～に刻み込む gravar … na memória. …の～に浮かぶ ocorrer à mente de …, vir à memória [ao pensamento] de …. それらの思い出が～を去らない Essas recordações não me saem da memória.
のうりつ 能率　eficácia (f), eficiência (f); 〔効率〕rendimento (m). ～的 eficiente, eficaz, racional. 非～的な ineficaz, pouco racional [produtivo/va]. …の～を上げる(下げる) aumentar (diminuir) o rendimento [a produtividade] de …. どうしたらこの作業をもっと～的にできますか Como podemos aumentar o rendimento deste serviço? ♦能率給 salário (m) proporcional à produção.
のうりょく 能力　capacidade (f), habilidade (f). ～のある capaz, eficiente. …する～がある ter a capacidade de (+不定詞) (+infinitivo). 彼にはこの翻訳をする～がある(ない) Ele tem (não tem) capacidade para [de] fazer esta tradução. 私は自分の～を生かせる仕事をしたいです Eu quero fazer um serviço que esteja de acordo com a minha capacidade.
のうりんすいさんしょう 農林水産省　Ministério (m) da Agricultura (e Recursos Naturais).
ノーコメント sem comentários.
ノーサンキュー Não, obrigado/da.
ノースリーブ sem manga (f). ～のブラウス blusa (f) sem manga.
ノータッチ ❶ não relacionamento (m) (com algo). ❷〔野球〕〔走者にボールをつけないこと〕não tocar em corredor [batedor-corredor] com a bola.
***ノート** ❶〔帳面〕caderno (m) [カデールノ]. ❷〔筆記〕apontamento (m) [アポンタメント]. ～をとる anotar, tomar nota (de).
ノートパソコン 〚コンピュータ〛laptop (m) [レッピトッピ], note-book (m) [ノートブッキ].
ノーハウ know-how (m). ～不足のために会社は倒産した Por falta de know-how a companhia faliu.
ノーブラ sem sutiã.
ノーベル ♦ノーベル賞 Prêmio (m) Nobel. ノーベル賞受賞者 ganhador/ra do Prêmio Nobel.

ノーベル文学（平和）賞 Prêmio Nobel de Literatura (da Paz).
ノーマル ～な normal.
のがす 逃す deixar fugir [escapar]. …の機会を～ deixar escapar a oportunidade de …. ⇨ 逃(に)がす.
のがれる 逃れる fugir de [a], escapar a [de]; 〔自由になる〕livrar-se de. 刑務所行きを～ escapar e [livrar-se de] uma pena de prisão. 私はあの嫌な仕事から逃れたい Eu quero me livrar daquele serviço maçante [《俗》chato]. 死は逃れられない A morte é inevitável.
のき 軒 beriral (m).
のぎく 野菊 〔植〕crisântemo (m) silvestre.
のけもの 除け者 ～にする excluir, pôr … de lado; 《俗》chutar … para escanteio. あなた方を～にしているわけではないのです Não é que estejamos pondo vocês de fora ….
のこぎり 鋸 serrote (m). ～の目 dente (m) [lâmina (f) dentada] do serrote. その～で木をひきましょうか Vamos cortar a árvore com esse serrote?
*__のこす 残す__ 〔残して去る〕deixar (atrás), deixar sobrar; 〔とっておく〕reservar [ヘゼルヴァール], guardar [グァルダール]. 大きな財産を～ deixar uma grande fortuna. 仕事をやり～ deixar o trabalho ⌊inacabado [pela metade]. 彼の机の上にメモを残しておいた Deixei um recado em cima da mesa dele. 子供達は夕食を残さずに食べた As crianças comeram tudo [não deixaram sobrar nada] no jantar. そのリンゴを私のために残しておいてくれる Você deixa essa maçã (guardada) para mim?
のこり 残り resto (m). はい、これが今月の給料の～です Pronto, aqui está o resto do seu salário deste mês. 水の～もわずかになった As reservas de água estão ⌊chegando ao fim [acabando]. このお菓子のうち10個はしまって～はここに置いてください Guarde dez desses doces e deixe o resto aqui.
のこりもの 残り物 restos (mpl), sobras (fpl). 夕飯は昼の～でいいよ O jantar pode ser a sobra do almoço, viu? ¶ ～には福がある O último é da sorte.
*__のこる 残る__ ❶ restar [ヘスタール], ficar [フィカール]. 住民としては公共衛生の至らなさに対する怒りが～ Para os moradores, fica a indignação pela falta de saúde pública. ❷〔行かないでいる〕ficar, permanecer [ペルマネセール], não sair de. 私は会社に残ります Eu vou ficar na companhia. ❸〔現存する、続く〕continuar [コンチヌアール], subsistir [スブスィスチール]. 関東地方はまだ雨が～でしょう Provavelmente as chuvas continuarão na região ⌊de Kanto [leste]. 私は腕に傷跡が残っている Ainda tenho os sinais da ferida no braço. この辺はまだ古い風習が残っているんですよ Por aqui ainda subsistem costumes antigos, sabe? ❹ sobrar [ソブ

ラール], restar, ficar por fazer. そんなに無駄使いをしたらお金が残らないでしょう Se você esbanja dinheiro desse jeito, não vai sobrar dinheiro para mais nada. まだかなり仕事が残っているので帰れません Eu não posso ir embora, porque ainda tenho muito trabalho por fazer. ❺〔相撲で〕ficar firme na arena.
のざらし 野晒し ～の exposto/ta à intempérie. ～にされた乳母車 carrinho (m) de bebê deixado à mercê do sol e das chuvas.
のじゅく 野宿 ～をする dormir ao relento.
ノスタルジア nostalgia (f), saudade (f). ⇨ 郷愁(きょうしゅう).
ノズル 〔ホースの〕bocal (m) [agulheta (f)] de mangueira.
*__のせる 載せる、乗せる__ ❶〔置く〕pôr [ポール], colocar [コロカール]. 本を棚に～ colocar o livro na estante. ❷〔車に〕levar [レヴァール], carregar [カヘガール]. その荷物をトラックに載せてください Coloque essa bagagem no caminhão. 私を車に乗せていってくれますか Pode me levar de carro? /《俗》Pode me dar uma carona? ❸〔記載する〕escrever [エスクレヴェール], colocar. 広告を新聞に～ colocar uma propaganda no jornal. ❹〔欺く〕enganar [エンガナール]. 人を乗せる levar (alguém) na conversa, iludir uma pessoa. 友人に乗せられてしまった Acabei indo na conversa do/da amigo/ga.
のぞいて 除いて …を除いて com exceção de …, fora …, menos …, exceto …, salvo …. この箱を除いて、あとは全部倉庫に入れてください Guarde tudo no depósito, menos esta caixa. わずかな例外を～ com raras exceções. 年末年始の休みを～年中無休です Trabalhamos sem descanso, exceto nos feriados do fim e começo do ano.
のぞく 覗く espiar, espreitar. 部屋の中を～ espiar ⌊o quarto (寝室) [a sala (広間)].
*__のぞく 除く__ excluir [エスクルイール], eliminar [エリミナール]; 〔省く〕omitir [オミチール]; 〔取り除く〕tirar [チラール], suprimir [スプリミール]. 障害物を～ tirar [remover] obstáculos. 彼の名前は名簿から除いてください Risque [Tire] o nome dele da lista, sim? この文法問題は試験範囲から除きます Este problema gramatical não vai cair no exame.
のぞましい 望ましい desejável, conveniente. 会議では各人がそれぞれ意見を述べることが～ É bom [desejável] que cada um dê a sua opinião numa reunião. あなたにとって一番～日はいつですか Qual seria o dia mais conveniente para você? あっ、望ましくない人が来た Ih! Chegou o/a indesejado/da [inconveniente]!
のぞみ 望み ❶〔希望〕esperança (f); 〔願い〕desejo (m). ～のある promissor/ra, promissor/ra. ⇨ 有望な. ～のない desesperador/ra, irrealizável. 君の～をかなえてやろう Vou realizar o seu desejo. まだ～を失わないでください Não perca ainda as esperanças.

❷〔見込み〕chance (f). この試合はまだ勝てる～がある Ainda temos chance de ganhar ⌊o jogo [na competição]. ❸〔選択〕preferência (f). ここから～のものを選んでください Escolha daqui ⌊o objeto de sua preferência [o que você quiser].

*のぞむ 望む ❶〔願う〕desejar [デゼジャール], esperar [エスペラール]. 長期滞在を～ desejar uma longa estada. ❷〔見晴らす〕avistar [アヴィスタール], abarcar com os olhos. 今日は曇りなので日の出は望めない Hoje não vai dar para ver o nascer do sol porque está nublado.

のち 後 ～に depois, mais tarde. 曇り～晴れ céu nublado, passando a claro [ensolarado]. ずっと～に bem depois, bem mais tarde. それから5日～に cinco dias mais tarde, cinco dias depois.

のちほど 後ほど depois, daqui a pouco. では～ Até já [mais].

ノック batida (f) (à porta). ～する bater. ドアを～する bater à porta. だれかがドアを～していますよ Alguém está batendo à porta, hein?

ノックアウト ❶〔ボクシング〕nocaute (m). ❷〚スポーツ〛derrubada (f), nocaute. ❸〔比〕〔相手を打ち負かすこと〕vencimento (m), derrubada. ～する nocautear; derrotar, vencer, derrubar.

ノックダウン ❶〔ボクシング〕golpe (m) decisivo. ～する dar um golpe decisivo a …, derrubar. ❷〔経〕modalidade (f) comercial em que se exportam ou importam peças de equipamento para serem montadas no país de destino. …式の montável. ◆ノックダウン輸出 exportação (f) de peças para serem montadas no país de destino.

のっとる 乗っ取る tomar, apoderar-se de …; capturar, usurpar; sequestrar. 会社を～ apoderar-se de uma companhia. 飛行機を～ sequestrar um avião.

*-ので como [コーモ], porque [ポルケッ]. 彼は仕事が速い～もう終わってしまった Como ele é rápido no serviço, já terminou. 彼は病気な～欠勤しています Ele está faltando ao serviço porque está doente. ⇨から.

のど 喉 garganta (f). ～がかわく ter [ficar com] sede. 私は～がかわいている Eu estou com sede. 私は～が痛い Eu tenho [estou com] dor de garganta. ¶ それは～から手が出るほどほしい Isso é uma coisa que eu quero demais. ◆喉仏 pomo-de-adão (m).

のどか ～な tranquilo/la, sossegado/da. ～な田園風景 paisagem (f) rural tranquila. ～な日々を送る passar dias sossegados, levar uma vida tranquila.

*-のに ❶〔…にもかかわらず〕quando [クァンド], enquanto [エンクァント]; embora [エンボーラ]; e no entanto. 彼はお天気が悪い～出掛けた Ele saiu com mau tempo e tudo. あの人はまだ体が弱っている～もう働いている Ele/Ela ainda está fraco/ca, e no entanto já está trabalhando. ❷〔…するために〕para [パラ], a fim de. 私は服を買う～お金が必要だ Eu preciso de dinheiro para comprar uma roupa. ❸〔願望〕oxalá [オシャラー], que pena. コンパに参加すればよかった～ Que pena que você não veio à reunião.

ののしる 罵る insultar, injuriar;《俗》xingar. 彼は私をののしった《俗》Ele me insultou [xingou].

のばす 伸ばす, 延ばす 〔丈を伸ばす〕encompridar, acompridar; 〔曲がっているものを〕endireitar; 〔力を入れて〕esticar, estender; 〔予定以上に〕prolongar; 〔なお遠くに〕estender; 〔延期する〕adiar, prorrogar; 〔ぐずぐずして〕demorar, retardar; 〔能力などを〕desenvolver; 〔うすくする〕diluir. 才能を～ desenvolver o talento. ホワイトソースを～ diluir o molho branco. このスカートの丈を伸ばしたいのですが Gostaria de encompridar esta saia …. その針金を伸ばしてください Endireite esse arame. 会議を1時間延ばそう Vamos prolongar a reunião por uma hora. 出発を3日間延ばします Vou adiar a partida por três dias. その返事を出すのを延ばしましょう Vamos retardar a resposta dessa carta. ⇨伸びる, 延びる.

のばなし 野放し ❶〔放任〕abandono (m), desregramento (m), desenfreamento (m). 違反行為が～になっている Os atos ilegais estão à solta. ❷〔放牧〕pastoreio (m). ～の牛 boi (m) criado em pasto.

のはら 野原 campo (m).

のばら 野ばら〘植〙rosa (f) silvestre.

のびちぢみ 伸び縮み elasticidade (f). ～する布 tecido (m) ⌊elástico [com elasticidade]. このジーパンはよく～する Este jeans tem bastante elasticidade.

のびなやむ 伸び悩む não crescer satisfatoriamente. 貿易は伸び悩んでいる O comércio exterior está estagnado. 売り上げが伸び悩んでいる As vendas não estão crescendo como esperado./As vendas deixam a desejar.

のびのび ❶〔心身が〕～と livremente, com descontração, sem preocupações. ～と暮らす viver ⌊descontraidamente [sem preocupações]. ～とする descontrair-se, ficar sem preocupações. ～とすること descontração (f). 子供を～と育てたい Quero criar os filhos livremente./Quero que meus filhos cresçam sem preocupações. ～した文体 estilo (m) livre [solto]. ❷〔日時が〕～になる adiar-se, atrasar-se. 工事の開始は～になっている O início das obras está sendo adiado continuamente. ビルの完成は～になっている A conclusão das obras do prédio está atrasada. 店長の決定が～になっている O gerente está adiando a decisão dia após dia./《口語》A decisão do gerente está demorando (para vir).

のびる　伸びる, 延びる ❶ [まっすぐになる] endireitar-se [エンデレイタール スイ], estender-se [エステンデール スイ], esticar-se [エスチカール スイ]. しわが伸びた As pregas se esticaram. ❷ [長引く] prolongar-se [プロロンガール スイ], estender-se [エステンデール スイ]. 話し合いが30分延びてしまった A reunião se prolongou por meia hora. ❸ [延期される] ser adiado/da, ser prorrogado/da. 旅行は来週に延びた A viagem foi adiada [ficou] para a semana que vem. ❹ [発展する] progredir [プログレヂール], desenvolver-se [デゼンヴォウヴェール スイ]. この産業は最近伸びている Esta indústria está se desenvolvendo muito ultimamente. ❺ [ぐったりする] esgotar-se [エズゴタール スイ], ficar doente. 彼は働きすぎてのびてしまった Ele acabou ficando doente por ter trabalhado demais. ❻ [背が] crescer [クレセール]. 彼は背が伸びた Ele cresceu. ⇨**伸ばす, 延ばす**.

のべ　延べ total. ♦ 延べ日数 número (m) total de dias.

のべる　述べる mencionar, dizer, declarar. 前に述べたように... como disse anteriormente .... 意見を~ opinar, dizer a própria opinião. 事情も知らないのにここで意見を~のも失礼かと思いますが... Talvez seja falta de consideração opinar aqui, quando não estou entendendo bem da situação, mas, (se me permitirem) ....

のぼせる ❶ [上気する] esquentar-se. あの部屋にいると顔がのぼせてしまう Eu fico com o rosto muito quente quando fico naquele quarto [naquela sala]. ❷ [...に夢中になる] apaixonar-se por. 彼は彼女にのぼせている Ele está apaixonado por ela.

のぼり　上り, 登り subida (f). 山登りをする subir as montanhas. 上りは下りより楽だ A subida é mais fácil que a descida. 高速道路は上り下りとも渋滞している A auto-estrada está engarrafada nos dois sentidos. ♦ 上り列車 trem (m) que vai em direção à capital.

*****のぼる　上る, 昇る, 登る** ❶ subir [スビール], galgar [ガウガール], trepar [トレパール]. 木に登る trepar na árvore. 山に登る subir uma montanha. 坂を上る subir uma ladeira. 山頂に登る subir até o topo da montanha. 階段を上る subir as escadas. はしごを上る subir a escada. 船で川を上る navegar rio acima. ❷ [太陽などが] subir, nascer [ナセール], levantar [レヴァンタール]. 太陽は東から昇る Dali nasce o sol. ❸ [上昇する] subir [スビール], esquentar [エスケンタール]. 気温が30度まで上った A temperatura subiu até trinta graus. ❹ [食物として供される] ser servido/da. 戦後ハムとチーズが日本人の食卓に上るようになった Após a guerra, o presunto e o queijo passaram a ser servidos na mesa dos japoneses. ❺ [ある数量に達する] atingir o total de, chegar a, totalizar [トタリザール]. 損害は200万円に上る Os prejuízos totalizam [chegam a] dois milhões de ienes. ¶ 話題に上る tornar-se assunto. あの時は頭に血が上った Naquela hora o sangue subiu na minha cabeça.

のみ　蚤 [虫] pulga (f).

のみ　鑿 cinzel (m).

のみぐすり　飲み薬 medicamento (m) para ingerir [tomar via oral].

のみこみ　飲み込み ❶ ato (m) de engolir. ❷ [理解] compreensão (f), captação (f), percepção (f). 彼は~が早い Ele é de compreensão rápida./《口語》Ele compreende logo as coisas. ~が遅いなあ Como você demora para compreender, não?

のみこむ　飲み込む ❶ engolir. 一息に~ engolir de uma vez. つばを~ engolir a saliva. ❷ [理解する] entender, compreender. こつをやっと飲み込めた Até que enfim consegui entender o jeito (de fazer a coisa). 社長は万事飲み込んでいる O presidente (da companhia) está ao par de tudo.

-のみならず não só ... mas também; tão ... quanto. 彼は日本語のみならず英語もできる Ele sabe falar não só o japonês como o inglês também./Ele sabe falar japonês e inglês.

ノミネート ❶ [指名, 任命] nomeação (f). ❷ [候補者として推薦する] indicação (f) de um candidato (a um prêmio). ~する nomear; indicar. あの作品はパルムドールに~された Aquela obra (f) foi indicada para a Palma de Ouro. ♦ アカデミー賞ノミネート映画 filme (m) indicado para o Oscar.

のみのいち　蚤の市 bazar (m) [feira (f)] de objetos usados [de segunda mão].

のみもの　飲み物 bebida (f), líquido (m) potável. 冷たい~が欲しいのだけれど... Gostaria de uma bebida gelada .... お~は何にいたしましょうか E bebida? O que vão tomar?

▶おもな飲み物◀

水　água [アーグァ] (f)
ミネラルウォーター　água mineral [アーグァ ミネラウ] (f)
ジュース　suco [スッコ] (m)
オレンジジュース　suco de laranja [スッコ デ ラランジャ] (m)
ジンジャーエール　ginger ale [ジンジェル エイル] (m)
ミルク　leite [レーイチ] (m)
コーヒー　café [カフェー] (m)
紅茶　chá preto [シャー プレット] (m)
緑茶　chá verde [シャー ヴェールヂ] (m)
ココア　chocolate [ショコラチ] (m)
ビール　cerveja [セルヴェージャ] (f)
生ビール　chope [ショッピ] (m)
ラム酒　pinga [ピンガ] (f)
ウイスキー　uísque [ウイースキ] (m)
リキュール　licor [リコール] (m)
カクテル　coquetel [コキテーウ] (m)
ワイン　vinho [ヴィーニョ] (m)
シャンパン　champanhe [シャンパーニ] (m)

のみや 飲み屋 bar (*m*).

*のむ 飲む 〔水などを〕tomar [トマール], beber [ベベール]; 〔薬, スープを〕tomar. 水を1杯〜 beber [tomar] um copo de água. スープを〜 tomar sopa. 近いうちに飲みませんか Vamos beber um trago um dia desses? この薬は食後(食前)に飲んでください Tome este remédio depois (antes) das refeições.

のやき 野焼き queimada (*f*).

のらいぬ 野良犬 cão/cadela sem dono, 《口語》cachorro/ra vira-lata, vira-lata (*m*).

のり 海苔 alga (*f*) marinha.

のり 糊 cola (*f*), goma (*f*). …に〜を付ける pôr cola em …; 〔衣類〕engomar …. 〜のきいたワイシャツ camisa (*f*) bem engomada. その紙にあまり多くの〜を付けてしまうと〜の塊ができてうまくいかない Se puser (tacar) muita cola nesse papel, vai ficar um grude e não dá certo.

-のり -乗り 5人〜のタクシー táxi (*m*) para cinco pessoas.

のりあい 乗り合い ◆乗り合いタクシー lotação (*f*).

のりおくれる 乗り遅れる perder 《um veículo》. バスに乗り遅れた Perdi o ônibus.

のりかえ 乗り換え conexão (*f*), baldeação (*f*). ◆乗り換え駅 estação (*f*) de baldeação.

のりかえる 乗り換える fazer a conexão, baldear. 新宿駅で山手線に乗り換えてください Favor descer na estação Shinjuku e pegar a linha Yamanote. 急行をご利用の方はこの駅でお乗り換えください Passageiros usuários do (trem) expresso, favor baldear nesta estação. 日本航空でロスまで行って, そこでタン航空に乗り換えます Vou pela JAL até Los Ângeles e aí faço a conexão [baldeação], pegando a Tam.

のりき 乗り気 boa (*f*) disposição, interesse (*m*), entusiasmo (*m*). …に〜になる ficar empenhado/da em …, começar a se interessar por …, interessar-se por …. …に〜である ter interesse [estar interessado/da] em …. 彼女は週末の計画にすっかり〜だ Ela está muito animada com os planos para o fim de semana. でも彼はそれにあまり〜でない Mas ele não está mostrando muito interesse nisso.

のりきる 乗り切る vencer, ultrapassar. 困難を〜 vencer as dificuldades, vencer desafios, 《口語》dar a volta por cima (das dificuldades).

のりくみいん 乗組員 tripulante; 〔集合的〕tripulação (*f*).

のりこえる 乗り越える ultrapassar, vencer, 《口語》dar a volta por cima. どうやって〔その挫折を〕乗り越えましたか Como você conseguiu dar a volta por cima? その困難を〜のに何をしましたか O que você fez para vencer essa dificuldade? 経済危機は大変なものになっているが, うまく乗り越えている人もいる A crise econômica está feia, mas tem gente dando a volta por cima.

のりこし 乗り越し excesso (*m*) de trajeto.

のりこす 乗り越す passar além, ultrapassar. 降りるべきだった駅を〜 passar da estação em que se pretendia descer. 目が覚めたら駅を一つ乗り越していた Quando acordei, já tinha passado da estação em que eu queria descer.

のりしろ 糊代 dobra (*f*) adesiva (de um envelope).

のりすごす 乗り過ごす ⇨乗り越す.

のりだす 乗り出す ❶ inclinar-se, lançar-se. 体を前に〜 inclinar-se para a frente. 窓から身を〜 inclinar-se [debruçar-se] sobre a janela. 海へ〜 lançar-se ao mar. ❷〔着手する〕começar, dar início a, debutar em. 政界に〜 começar na política [no mundo político]. 新対策に〜 começar uma nova política [estratégia]. 警察が捜査に乗り出した A polícia começou a investigação.

のりば 乗り場 〔電車, 汽車など〕plataforma (*f*); 〔バスなど〕parada (*f*).

のりまき 海苔巻き 〔料〕espécie (*f*) de *sushi*, feito de arroz avinagrado recheado com peixe, ovo e legumes, e enrolado em algas, semelhantemente ao rocambole.

のりもの 乗り物 veículo (*m*).

*のる 乗る ❶〔乗り物に乗り込む〕tomar [トマール], subir em; 〔乗り物に乗っていく, 乗ってくる〕ir [vir] de; 〔馬に乗る〕montar a (cavalo), andar a; 〔馬に乗っていく〕ir a; 〔自転車などに乗る〕andar de. ここでバスに乗ってください Tome o ônibus aqui. 地下鉄に乗りたいのですが… Queria tomar o metrô …. 私はタクシーに乗って来ました Eu vim de táxi. 最終列車に乗れなかった Não consegui tomar o último trem./Perdi o último trem. 彼は私を駅まで車に乗せてくれた Ele me deu carona até a estação. ❷〔物の上に〕em cima de. 踏み台に〜 subir no escadote. ❸〔だまされる〕ser ludibriado/da por, cair em. うまい話に乗ってしまう cair 〔na conversa [na cilada], ir atrás de uma conversa, deixar-se envolver numa cilada. おだてに乗らない não ser ludibriado/da por bajulações. その手にはもう乗りません Não caio mais nessa, não! ❹〔よく合う〕entrar [エントラール]. 軌道に〜 entrar nos eixos. リズム[ペース]に〜 entrar no ritmo. 流通機構に〜 entrar na rede de distribuição. 怒っている相手のペースに乗らないほうが健康には É melhor para a saúde você não se deixar levar pela raiva do outro. 彼は仕事が乗っている Ele está embalado/da no trabalho. 今日は乗っているね Hoje você está inspirado/da [embalado/da], não é mesmo? ❺〔あるものと一緒になって運ばれる〕ser levado/da, ser trazido/da por. 波に(風に)〜 ser levado/da, trazido/

da ⌞pelas ondas (pelo vento)⌟. 電波に~ ser levado/da [trazido/da] pelas ondas elétricas. ¶ 相談に~ ouvir [atender] consultas, ser um/uma bom/boa conselheiro/ra. この魚は脂が乗っていますよ Este peixe está com a gordura no ponto, sabe?

のる **載る** 〔書かれる, 記載される〕aparecer, estar, figurar. その番号は電話帳に載っていますが... Esse número não está na lista telefônica ....

ノルウェー Noruega (f). ~の norueguês/guesa.

ノルマ meta (f). 会社の~ metas (de vendas, de produção) da empresa. …に~を課す atribuir metas a …. 1日の~を作る estabelecer metas diárias.

のれん **暖簾** ❶〔個人の家の〕espécie (f) de cortina que se coloca na entrada de um cômodo (em casas particulares). ❷〔店先の〕cortina (f) que desce até meia altura da entrada (em lojas típicas japonesas). ❸〔店・商売〕negócio (m). ~をおろす fechar [deixar] o negócio. …に~を分ける permitir que … abra uma filial com o mesmo nome da loja. ❹〔店の信用〕nome (m) ⌞da loja [do estabelecimento comercial]⌟. この店は~が古い Esta loja tem longa tradição. 店の~に傷をつける prejudicar [sujar] ⌞o bom nome [a reputação] da loja⌟. ¶ ~に腕押し ação (f) inútil.

のろい lento/ta, demorado/da. あなたは仕事が~ Você é muito lento para trabalhar. 彼は足が~ Ele anda muito devagar.

のろい **呪い** maldição (f), imprecação (f). …に~をかける maldizer …. …に~の言葉を吐く lançar maldições contra ….

のろう **呪う** maldizer, amaldiçoar, execrar, rogar pragas a …. ~べき execrável. 呪われている ser maldito/ta. 呪われた人生 vida (f) maldita [amaldiçoada]. 戦争を~よ Maldita seja a guerra! ¶ 人を呪わば穴二つ Voltar-se o feitiço contra o feiticeiro.

のろける **惚気る** falar de seus amores, vangloriar-se de suas conquistas. 手放しで妻のことを~ falar abertamente e com admiração da esposa.

のろのろ lentamente. ⇨ゆっくり.

のんき ~な〔気楽な〕folgado/da;〔心配しない〕despreocupado/da;〔楽天的な〕otimista;〔ぼんやりした〕descuidado/da. ~に despreocupadamente, folgadamente; de uma maneira otimista. 私は~に暮らしたい Quero levar uma vida despreocupada [folgada].

ノンステップバス ônibus (m) sem escada com a parte inferior da porta à altura da calçada.

ノンストップ direto/ta, sem parada. この飛行機はサンパウロまで~で行きます Esse avião vai ⌞direto [sem nenhuma parada]⌟ para São Paulo. ♦ノンストップ自動料金収受システム (ETC) sistema (m) de pedágio automático (sem parada).

のんびり ~する passar um tempo despreocupado, ficar à vontade. ~した tranquilo/la, folgado/da, despreocupado/da. ~と folgadamente, despreocupadamente.

ノンフィクション não-ficção (f), obra (f) baseada em fatos verídicos.

ノンプロ amador/ra.

ノンレム NREM (m) 《*Non-Rapid Eye Movement*》. ♦ノンレム睡眠 sono (m) NREM, etapa (f) do sono NREM.

は

は 刃 gume (m), fio (m), corte (m); 〔安全かみそりの〕lâmina (f). 鋭い〜のナイフ faca (f) bem afiada. 鈍い〜のはさみ tesoura (f) cega. 包丁の〜を研ぐ afiar a faca de cozinha. 〜わたり30cmのナイフ faca de trinta centímetros.

*は 歯 ❶〔解〕dente (m)〔デンチ〕. 〜を磨く escovar os dentes. 上の〜 dentes de cima. 下の〜 dentes de baixo. 〜がぐらぐらする o dente está meio solto. 〜が悪い(良い) ter dentes fracos (fortes). 〜のない desdentado/da, sem dentes. 〜が浮く ter os dentes embotados. 〜にアマルガムを詰める obturar o dente com amálgama. 〜の治療をしてもらう tratar os dentes. 〜を抜いてもらう extrair um dente. 〜の噛み合わせが悪い Os dentes não estão encaixando bem [direito]. 〜ぎしりをする ranger os dentes 《bruxismo》. 私は〜が痛い Eu └tenho [estou com] dor de dente. 彼は入れ〜をしている Ele usa dentadura./Ele está com dentadura. 赤ん坊の〜がはえた Nasceram os dentes do bebê. ♦歯ブラシ escova (f) de dente. 〔歯車の〕dente; 〔けたの〕travessas (fpl)〔トラヴェッサス〕,〔くしの〕dente. ¶〜を食いしばる cerrar os dentes (de raiva, dor ou tristeza). 〜に衣を着せない falar sem rodeios, ser incisivo/va.

は 派 ❶〔党派〕partido (m), facção (f). ❷〔宗〕seita (f). ❸〔流派〕〔芸術〕escola (f).

*は 葉 folha (f)〔フォーリャ〕. 〜の茂っている frondoso/sa.

*-は ❶〔話題の中心を表わす〕《partícula que indica o tópico da frase》私〜ブラジル人です Eu sou brasileiro/ra. タクシー乗り場〜どこですか Onde fica o ponto de táxi? この会社〜あまり好きじゃない Eu não gosto muito desta companhia. ❷〔物事を対比的に、あるいは特別に取り上げる場合〕《serve para contrastar itens ou relevar algo》私はテレビ〜見ますが映画〜あまり見ません Eu vejo televisão, mas não vou muito ao cinema. あの部屋に〜入らないでください Não entre └naquela sala [naquele quarto] lá. ❸〔強調を表す〕《tem função enfática》箱根〜行った Se é Hakone, eu fui sim. 果物〜毎朝食べている Frutas, eu como todas as manhãs. 彼が家に着いたの〜1時だった A hora em que ele chegou em casa era uma hora. ❹〔ある事態を強調する〕《enfatiza uma situação》今日〜店を閉めなくてはならない Hoje temos que fechar a loja. そう言われて〜やるしかない Se a situação é essa, não há como recusar o serviço. ❺〔せめて〕pelo menos. そんなによい製品なら三つ〜欲しい Se é um produto tão bom assim, quero ter pelo menos três. ❻〔確かに〕É verdade que. 彼は隣の家に行ったこと〜行ったが何も言わないで帰ってきた É verdade que ele foi à casa do vizinho [Que ele foi à casa vizinha foi] mas voltou sem dizer nada. 【★「は」は述語の位置で強調を表すことが多い ⇨-が》《O "wa" em geral tem a função de enfatizar em posição de predicado → cf. "ga"》

ハ 〚音〛dó (m). ♦ハ音記号 clave (f) de dó. ハ短調 dó menor. ハ長調 dó maior.

ば 場 ❶〔場所〕lugar (m), local (m). 今日の話はこの〜限りということで... Por favor, a conversa de hoje fica só entre nós, está bem? ❷〔空間，場所的な余裕〕espaço (m). 〜をふさぐ ocupar espaço indevidamente (atrapalhando a passagem etc). ❸〔状況〕circunstâncias (fpl), situação (f), ocasião (f). 改まった〜では numa ocasião (f) formal [cerimoniosa]. 〜違いなことをする agir indevidamente, fazer coisas fora de propósito. ❹〔時〕hora (f). その〜で答える responder └na hora [imediatamente]. その〜しのぎの provisório/ria, emergencial, válido/da só para o momento. ❺〔雰囲気〕ambiente (m). そんなことをすると〜が白けてしまいますよ Assim, você acaba └quebrando a harmonia do [estragando o] ambiente. ❻〔劇〕cena (f). 第二幕第一〜で na primeira cena do segundo ato. ❼〔電〕campo (m). 重力の〜 campo de gravidade. ♦磁場 campo magnético.

-ば ❶〔仮定の条件〕se. (もし)明日雨が降れ〜遠足は中止だ Se chover amanhã, a excursão será cancelada. 可能なら〜 se for possível, se der. ❷〔確定条件〕se. このボタンを押せ〜エレベーターが来ます Se apertar este botão, o elevador vem. ❸〔…すると〕quando. 春になれ〜この公園もきれいになる Quando chegar a primavera, este jardim vai ficar bonito. ❹〔…のみならず…も〕tanto … como. 彼女はポルトガル語もできれ〜スペイン語もできる Ela sabe tanto português como espanhol. ❺〔…によると〕segundo, de acordo com. 天気予報によれ〜明日は晴れだ Segundo a previsão do tempo, amanhã vai fazer bom tempo.

バー ❶〔酒場〕boate (f), bar (m), botequim (m),《口語》boteco (m). ❷〔高飛びの〕barra (f) (de obstáculo).

*ばあい 場合 ❶〔ケース〕caso (m)〔カーゾ〕,〔機会〕ocasião (f)〔オカズィアォン〕. 大抵の〜 na maioria dos casos. 〜によっては conforme o [dependendo do] caso, └conforme a [dependendo da] ocasião. そのような～には nesse caso. どんな～でも〔肯定文で〕em qualquer caso, em todos os casos;〔否定文で〕nunca, em nenhum caso. 故障の～は弊社までご連絡ください No caso de enguiço, entre em contato com a nossa companhia. 彼の～は彼女への恋心で舞い上がってしまったのだ O caso é que ele ficou apaixonado [entusiasmado] por ela. 私は欠席する～もあります Às vezes eu falto./Às vezes acontece de eu faltar. ❷〔事情, 状況〕circunstâncias (fpl) [スィルクンスタンスィアス], situação (f) [スィトゥアサゥン], hora (f) [オーラ]. それは～によりけりです Isso depende ⌐das circunstâncias [do caso]. 今は冗談を言っている～ではない Agora não é hora para brincadeiras.

バーガー hambúrguer (m) (=ハンバーガー). ♦ チーズバーガー cheese-búrguer (m). ツナバーガー sanduíche (m) de atum.〔★ 日本でハンバーグというとパンにはさまれていない肉を意味するが, ブラジルでは肉だけでもパンにはさまれていても hambúrguer である》《Quando se diz ハンバーグ no Japão, é só a carne de hambúrguer, sem o pão》.

パーカッション 〖音〗percussão (f), instrumento (m) de percussão.

パーキング estacionamento (m). ♦パーキングエリア estacionamento. パーキングメーター parquímetro (m).

パーキンソンびょう パーキンソン病 〖医〗doença (f) [mal (m)] de Parkinson. ～である sofrer de mal de Parkinson. ～になる desenvolver o mal de Parkinson.

はあく 把握 ～する dominar, compreender, estar por dentro de. 彼は日本史を～している Ele compreende bem a história japonesa. 部長は今日の会議で話し合うべきことを～していなかった O diretor do departamento não estava por dentro do que devia ser discutido na reunião de hoje.

バーゲンセール liquidação (f), oferta (f).

バーコード código (m) de barra.

バージョン〖版〗versão (f).

バースコントロール controle (m) da natalidade.

パーセンテージ porcentagem (f). この分野で女性が占める～は大きいです A porcentagem das mulheres neste campo é grande./As mulheres detêm uma grande porcentagem neste campo. ⇨パーセント.

パーセント por cento. 100～ cem por cento. 10～の手数料をいただきます Vou cobrar uma ⌐comissão [taxa de expediente] de 10% [dez por cento]. この中の 60～ は輸出向けです 60% [Sessenta por cento] disso aqui é para exportação. 女性はその分野で 30～の比率を占めている As mulheres ⌐detêm [perfazem, ocupam, são responsáveis por] (uma porcentagem de) 30% [trinta por cento] nesse campo./A porcentagem das mulheres nesse campo é de 30% [trinta por cento]./As mulheres atingiram a marca de 30% [trinta por cento] nesse campo./As mulheres ocupam esse campo em 30% [trinta por cento]. 数字は輸入品の売り上げの 20～ の増加を示した Os números ⌐apontaram um aumento de [aumentaram em] 20% [vinte por cento] nas vendas de importados. 現在の価格よりも 10～ 少ない額で売るよう要求した Exigiu a redução do preço de venda para dez por cento a menos que o atual. それは 1 か月に〔月割りに〕5～の利息を生む Isso rende juros de 5% [cinco por cento] ao mês.

ばあたり 場当たり ～的な improvisador/ra. ～的に de improviso, de repente, 《口語》sem pensar direito. ～的に何かを解決する improvisar uma solução, 《口語》resolver as coisas de última hora.

パーティー ❶ festa (f). 私はあの大学のブラジル～に行ったことがあります Eu já fui a uma festa brasileira dada por aquela universidade. 今年もクリスマス～をやるのですか Vai dar festa de Natal este ano outra vez? ♦カクテルパーティー coquetel (m). ダンスパーティー baile (m), festa dançante. ❷ 〖政〗partido (m) político. ❸ 〖登山〗companheiro/ra de escalada.

バーテン(ダー) garçom (m) de bar; botequineiro (m).

ハート coração (m). ～型の em forma de coração.

ハード ～な duro/ra, pesado/da. ♦ハードスケジュール programa (m) pesado, horário (m) apertado.

パート ❶〔部分〕parte (f). ❷〔書物の〕parte. ❸ 〖音〗〔合唱の〕parte, vozes (fpl). ❹〔パートタイム〕serviço (m) ⌐de meio-período [de meio-expediente]. ～に出掛ける sair para trabalhar meio-período. ♦パートタイム trabalho (m) em horário não integral. パートタイマー trabalhador/ra de horário não integral, horista.

ハードウェア 〖コンピ〗 hardware (m), circuitaria (f).

ハードディスク 〖コンピ〗 disco (m) rígido.

パートナー ❶〔ダンスやスポーツなどの〕parceiro/ra, companheiro/ra. ❷〔事業などの共同経営者〕sócio/cia.

ハードボイルド 〖文学〗estilo (m) literário que pretende expressar a violência e a crueldade, deixando de lado os sentimentos.

ハードル ❶ obstáculo (m). ♦ハードルレース 〖スポーツ〗corrida (f) de obstáculos. ❷ 〈比〉obstáculo, dificuldade (f), pedra (f) no caminho. それはこのプロジェクトにとって最も大きな～だ Essa é a maior pedra no caminho para

バーナー　boca (f) de fogão. ◆ガスバーナー bico (m) de gás.

ハーフ ❶ meio/meia. 〜サイズの meia dose; 〔ピザの場合〕de tamanho médio, brotinho. ハーフコート casaco (m) três-quartos. ハーフポーション meia porção (f). ハーフメード食品 comida (f) semi-pronta (pré-cozida). ハーフライン linha (f) média. ❷『スポーツ』〔サッカー選手のポジション〕meio-campo, meio-campista. ◆ハーフタイム『スポーツ』intervalo (m) (de meio tempo do jogo de futebol etc). ハーフバック médio (m), jogador/ra de meio-campo. オフェンシブハーフ meia (f) ofensiva. ディフェンシブハーフ meia defensiva, volante.

ハーブ erva (f). ◆ハーブティー chá (m) de ervas.

ハープ harpa (f).

バーベキュー carne (f) assada na grelha, churrasco (m) à moda americana. 今度の土曜日にバーベキューをしましょうか Vamos fazer churrasco [dar uma churrascada] no próximo sábado?

パーマ permanente (f), ondulação (f) permanente, suporte (m). 〜をかけてください Queria fazer permanente. この髪は〜がかかっていますか Este cabelo tem suporte?

ハーモニー harmonia (f).

ハーモニカ 『音』gaita (f).

はあり 羽蟻 『虫』formiga (f) alada.

パール pérola (f).

バーレーン Barein (m). 〜の bareinita.

*はい ❶ sim [スィン].「あなたは日本が好きですか「〜, 好きです」Você gosta do Japão? — Gosto sim. ❷〔否定疑問の場合〕《em resposta às perguntas negativas》não [ナゥン].「彼は今日出勤しないのですか」「〜, しません」Ele não vem trabalhar hoje? — Não, não vem. ❸〔出席の返事〕《resposta à chamada》presente [プレゼンチ]. ❹〔注文に対して〕《resposta a um pedido》pois não, certo [セールト].「カレーライスをください」「〜, かしこまりました」Me traz um arroz ao molho curry, por favor. — Pois não. ❺〔物を渡すとき〕《na hora de entregar alguma coisa a alguém》pronto [プロント], está aqui, olhe aqui 〜, あなたのパスポートですよ Olhe aqui o seu passaporte. ❻〔あいづち〕《expressão de assentimento》Sei./Entendi.

はい 杯　¶1〜の水 um copo (m) de água. 砂糖をスプーン2〜 入れてください Ponha duas colheres de açúcar. コーヒーを3〜 もお代わりしてしまいました Eu acabei tomando três xícaras de café.

はい 灰　cinza (f). たばこの〜 cinzas do cigarro. 〜になる reduzir-se a cinzas.

はい 肺　『解』pulmões (mpl). 右(左)の〜 pulmão direito (esquerdo). 〜が悪い ter os pulmões fracos, ter doença nos pulmões. ◆肺静脈 veia (f) pulmonar. 肺動脈 artéria (f) pulmonar.

はい 胚　『生』embrião (m). ◆胚性幹細胞 célula-tronco (f) embrionária.

ばい 倍　2〜 dobro (m), duas vezes (fpl). 数〜 muitas vezes. 1〜 半 uma vez e meia. 3〜 triplo (m). 4〜 quádruplo (m). 5〜 quíntuplo (m). 6〜 sêxtuplo (m). 7〜 sétuplo (m). 8〜 óctuplo (m). 9〜 nônuplo (m). 10〜 décuplo (m). 2の〜は4だ O dobro de dois é quatro. その〜の値段でも(それを)買います Mesmo com o dobro desse preço, eu (o/a) compro. 〜にする dobrar. 給料を2〜 にする aumentar o salário em dobro, dobrar o salário. 〜になる dobrar-se. ハイシーズンになるとホテルの宿泊料は〜になる Quando é alta estação, as despesas de hospedagem aumentam em dobro. 彼の農場は私の農場より3〜 も大きい A fazenda dele é três vezes maior que a minha. 今月は売り上げが3〜 に増えた As vendas deste mês triplicaram. ブラジルの面積は日本の22〜 半ある A superfície do Brasil é vinte e duas vezes e meia maior que a do Japão./O Brasil é vinte e duas vezes e meia maior que o Japão. 私たちの工場長は人一一働く O diretor da nossa fábrica trabalha demais [mais que ninguém]. 痛み止めとしてのガラガラヘビの毒はモルヒネの600〜 も効く O veneno de cascavel como analgésico é seiscentas vezes mais potente do que a morfina.

パイ ❶『料』torta (f). ◆アップルパイ torta de maçã. ❷『数』pi (m).

バイアス　corte (m) oblíquo [de viés].

はいあん 廃案　não adoção (f) [derrubada (f)] de um projeto de lei. その法案は〜になった Esse projeto de lei não foi aceito.

はいいろ 灰色　cinzento (m), cor (f) cinzenta [cinza], cinza (m). 〜がかった acinzentado/da. 〜の 1) cinzento/ta, cinza. 〜の靴 sapatos (mpl) cinza. 2)《比》triste, sombrio/bria.

はいいん 敗因　motivo (m) da derrota.

ばいう 梅雨　estação (f) das chuvas. ◆梅雨前線 frente (f) das chuvas na estação chuvosa (entre maio e julho, no Japão).

ハイウェー　auto-estrada (f), rodovia (f), via (f) expressa, estrada (f) rodoviária.

はいえい 背泳　nado (m) de costas. 〜をする nadar de costas.

ハイエナ 『動』hiena (f).

はいえん 肺炎　『医』pneumonia (f). 〜になる ficar com [pegar] pneumonia. ◆ウイルス性肺炎 pneumonia viral. カリニ肺炎 pneumonia por *Pneumocystis carinii*. 間質性肺炎 pneumonia intersticial.

バイオ　bio-.

バイオエタノール 『化』bioetanol (m).

ハイオク　alta octanagem (f). 車に〜を給油する abastecer o carro com gasolina de alta octanagem.

バイオディーゼル 【化】biodiesel (m).

バイオテクノロジー biotecnologia (f).

バイオニア pioneiro/ra.

バイオねんりょう　バイオ燃料 【化】biocombustível (m). 食べ物にならない～を開発する desenvolver um biocombustível com vegetais que não sejam comestíveis (para não resultar na diminuição de alimentos para o povo).

バイオプシー 【医】biópsia (f).

バイオプラスチック bioplástico (m).

バイオマテリアル biomaterial (m).

バイオリズム biorritmo (m).

バイオリニスト violinista.

バイオリン violino (m).

はいが　胚芽 【植】germe (m), embrião (m). ～米 arroz (m) integral.

はいかい　俳諧 haicai (m) 《estilo poético japonês》.

はいかい　徘徊 ～する rodar, dar uma volta em, errar por. 町を～する rodar pela cidade.

ばいかい　媒介 mediação (f), transmissão (f). ～する transmitir, agir como intermediário. ハエは多くの伝染病を～する A mosca transmite muitas doenças contagiosas. 伝染病の～者 portador/ra de doença contagiosa.

はいかつりょう　肺活量 【医】capacidade (f) respiratória [vital pulmonar]. ◆肺活量計 espirômetro (m).

はいかん　配管 canalização (f). ◆配管工 encanador/ra. 配管工事 obra (f) de canalização.

はいがん　肺癌 【医】câncer (m) dos pulmões.

はいき　廃棄 ❶〔放棄〕descarte (m). ～する descartar, jogar … fora. ◆廃棄物 lixo (m), resíduo (m). 産業廃棄物 resíduo (m) de materiais industriais. ❷〔廃止〕anulação (f), abolição (f). ～する anular, abolir. 条約を～する abolir um tratado.

はいき　排気 ◆排気ガス gás (m) de escapamento, gás de exaustão, gás de carburador, gases (mpl) poluentes. 排気管 escape (m), escapamento (m). 排気口 escape. 排気量 cilindrada (f).

ばいきゃく　売却 venda (f). ～する vender. ～済み《掲示》Vendido.

はいきゅう　配給 distribuição (f). ～を受ける receber a ração. ～する distribuir. ◆配給制度 sistema (m) de racionamento [distribuição]. 配給量 ração (f).

はいきょ　廃墟 ruínas (fpl).

はいぎょう　廃業 abandono (m) de uma atividade. ～する abandonar uma atividade (profissão). 弁護士を～する deixar a advocacia.

はいきん　背筋 【解】músculos (mpl) dorsais. ◆背筋力 força (f) dos músculos dorsais.

ばいきん　黴菌 micróbio (m), bactéria (f). …の～を殺す matar os micróbios de …, esterilizar …, higienizar …. 傷口は～が入りやすい As feridas são mais vulneráveis à infecção.

ハイキング excursão (f) a pé, caminhada (f). 今度～に行きましょう Vamos fazer uma excursão um dia desses.

バイキング ❶ Viquingues. ❷〔ビュッフェ式レストラン〕rodízio (m) 《em restaurantes》.

はいく　俳句 haicai 《poesia tradicional japonesa》.

バイク motocicleta (f).

はいぐうしゃ　配偶者 esposo/sa, cônjuge (m). ～名も記入してください Escreva também o nome do/da esposo/sa.

ハイクラス primeira classe (f) [categoria (f)], alta classe. ～の de primeira (classe).

はいけい　拝啓 caro/ra (+名前) 《+nome, no início de cartas》.

はいけい　背景 ❶〔後景〕fundo (m), paisagem (f) de fundo, pano (m) de fundo, cenário (m). ❷〔状況〕contexto (m), circunstâncias (fpl), situação (f). …の～を説明する informar sobre a situação de …, contextualizar. ❸〔理由〕circunstâncias (fpl) que serviram de motivo para algo. こうしたゲームを取り入れた～には今の子供の運動不足がある O motivo pelo qual se introduziu esse tipo de jogo está na inatividade física [falta de exercícios, sedentariedade] das crianças de hoje.

はいけっかく　肺結核 【医】tuberculose (f) pulmonar.

はいけっしょう　敗血症 【医】septicemia (f).

はいけん　拝見 ～する ver; ler. これを～してよろしいでしょうか Poderia ver isto aqui? お手紙～いたしました Recebi vossa estimada carta [a estimada carta do/da senhor/ra]. 切符を～します (Mostre-me) seu bilhete, por favor.

はいごう　配合 ❶〔組み合わせ〕combinação (f), harmonia (f). 色の～ combinação de cores. ❷〔調合〕mistura (f), composição (f). ビタミンA, C, E～のクリーム creme (m) que contém Vitaminas A, C e E. ◆配合飼料 ração (f) composta. 配合肥料 fertilizante (m) composto.

はいざい　廃材 materiais (fpl) sem mais serventia após atividade industrial, comercial etc; material (m) desusado. 建築～を再利用する reciclar os materiais que sobraram após construção de prédios ou que resultaram de sua demolição.

はいざら　灰皿 cinzeiro (m).

はいし　廃止 abolição (f), anulação (f); ab-rogação (f). ～する abolir, anular; abrogar. 契約の〜 anulação (f) de contrato. 死刑の〜 abolição da pena de morte. 法律を〜する abrogar uma lei.

はいしゃ 歯医者 dentista.

はいしゃ 敗者 perdedor/ra. ♦敗者復活戦 jogo (m) de consolação.

ばいしゃくにん 媒酌人 intermediador/ra de casamento, padrinho/madrinha de casamento.

ハイジャック sequestro (m). 〜する sequestrar. 〜された飛行機 avião (m) sequestrado. ♦ハイジャック犯人 sequestrador/ra.

はいしゅ 胚珠 〚植〛 óvulo (m) 《de flores》.

ばいしゅう 買収 compra (f); 〔贈賄〕suborno (m). 〜する comprar; subornar. 政府はこの土地を〜した O governo expropriou este terreno.

はいしゅつ 排出 evacuação (f), expulsão (f). 〜する evacuar, expulsar, expelir.

ばいしゅん 売春 prostituição (f). ♦売春婦 prostituta (f); 《卑》 puta (f).

はいじょ 排除 exclusão (f), eliminação (f), remoção (f). 危険分子の〜 eliminação dos elementos perigosos. 〜する excluir, eliminar. 障害を〜する remover os obstáculos.

ばいしょう 賠償 compensação (f), indenização (f), reparação (f). 〜する compensar, indenizar, reparar. …に損害〜をする indenizar … pelos danos causados. 商品の引き渡し遅延による〜 indenização pelo atraso na entrega de mercadorias. ♦賠償金 indenização.

はいしょく 敗色 sinais (mpl) de derrota. 我がチームは〜が濃い Parece bem provável a derrota do nosso time./Nosso time parece não ter chances de ganhar.

はいしょく 配色 combinação (f) [distribuição (f)] de cores. 〜が良い（悪い）As cores estão combinando bem (mal).

ばいしん 陪審 júri (m). ♦陪審員 membro (m) do júri.

はいすい 排水 escoamento (m) de água, drenagem (f). 〜する escoar, drenar. その町の〜システムは雨の量に耐えられなかった O sistema de drenagem da cidade não comportou a quantidade da chuva. プールの〜溝に吸い込まれ ser sugado/da pelo ralo da piscina. 〜溝事故の対策を講じた Tomamos medidas contra acidentes do ralo da piscina. ♦排水管 escoadouro (m), dreno (m). 排水溝 dreno, bueiro (m).

ばいすう 倍数 〚数〛 múltiplo (m). 50は10の〜である Cinquenta é múltiplo de dez. ♦最小公倍数 mínimo múltiplo comum.

ハイスピード alta velocidade (f). 〜で運転する dirigir em alta velocidade.

はいせき 排斥 rejeição (f), ostracismo (m), boicote (m). 〜する rejeitar, boicotar.

バイセクシャル bissexualidade (f). 〜の bissexual.

はいせつ 排泄 excreção (f), eliminação (f), evacuação (f). 〜する eliminar, excretar, evacuar. ♦排泄器官 órgãos (mpl) excretores. 排泄物 excremento (m).

はいぜつ 廃絶 extinção (f). 〜する acabar com, extinguir. 核兵器の〜 extinção das armas nucleares. 核兵器を〜する acabar com [extinguir] as armas nucleares.

はいせん 敗戦 derrota (f) numa guerra. ♦敗戦国 país (m) derrotado [vencido].

はいせん 配線 fiação (f) [rede (f) (elétrica). 〜する colocar a rede elétrica. ♦配線工事 obra (f) na rede elétrica. 配線図 diagrama (m) da rede elétrica. 配線盤 quadro (m) [painel (m)] de distribuição [disjuntores].

ばいせん 焙煎 torrefação (f). コーヒーを〜する torrar o café. コーヒーの〜 torra (f) do café.

はいそ 敗訴 〚法〛 perda (f) [derrota (f)] de um processo judicial. 〜する perder um processo [uma ação] judicial.

はいそう 配送 entrega (f), distribuição (f), envio (m). 〜する entregar, enviar, distribuir. 全国に〜しています Fazemos entrega para todo o país. ♦配送先 destinatário/ria, consignatário/ria. 配送センター centro (m) de distribuição. 配送無料 frete grátis. 配送料 frete (m), custo (m) de envio.

ばいぞう 倍増 aumento (m) em dobro, duplicação (f). 〜する aumentar em dobro, duplicar, dobrar.

はいぞく 配属 distribuição (f) de pessoal em suas devidas seções, nomeação (f), promoção (f) (profissional), indicação (f) (a um posto de trabalho). 販売部に〜される ser nomeado/da [indicado/da] para trabalhar no departamento de vendas.

はいた 排他 exclusão (f). 〜的な exclusivista, exclusivo/va. 〜的な経済地域 zona (f) econômica exclusiva. 日本人は自分たちが外国人に対して〜的だと思いがちである Os japoneses têm tendência a pensar que são exclusivistas com relação aos estrangeiros. ♦排他主義 exclusivismo (m).

はいた 歯痛 dor (f) de dente.

はいたい 敗退 derrota (f). 初戦で〜する ser derrotado/da [eliminado/da] no primeiro jogo.

ばいたい 媒体 ❶〔手段〕meio (m). ❷〔情報〕mídia (f), veículo (m) de mídia. ♦情報媒体 os meios de comunicação.

はいたつ 配達 entrega (f), delivery (m). この品物を〜してくれませんか Poderia me entregar esta mercadoria? この住所に〜してください Entregue neste endereço aqui, por favor. 製品の〜の状況をコンピュータでチェックする checar no computador as condições do delivery das mercadorias. ♦新聞配達人

jornaleiro/ra. 郵便配達人 carteiro/ra.

はいち 配置 arranjo (m), disposição (f). 〜する arranjar, dispor. 家具を〜する distribuir [dispor] os móveis (numa sala). ◆配置転換 reorganização (f) de pessoal, redistribuição (f) de pessoal.

ハイチ Haiti (m). 〜の haitiano/na.

ハイツ apartamento (m).

ハイテク *high tech* (m), tecnologia (f) de ponta, alta tecnologia.

はいてん 配点 repartição (f) [divisão (f)] dos pontos. この試験の〜は1問5点です Neste exame, cada pergunta vale 5 pontos. 〜する repartir [dividir] os pontos.

ばいてん 売店 quiosque (m); 〔新聞売場〕banca (f) de jornal. 駅の〜 quiosque da estação 《de trem》.

はいでんばん 配電盤 painel (m) de rede elétrica.

バイト ❶〔アルバイト〕bico (m), serviço (m) [trabalho (m)] secundário. ❷『コンピュータ』*byte* (m)〔バイナ〕.

はいとう 配当 dividendo (m).

ばいどく 梅毒 『医』sífilis (f).

パイナップル 『植』abacaxi (m).

はいにゅう 胚乳 『植』endosperma (m), albume (m) primário.

はいにょう 排尿 urinação (f). 〜する urinar, 《口語》fazer xixi. ◆排尿障害 disúria (f).

ハイネック colarinho (m) alto, gola (f) subida.

ばいばい 売買 compra (f) e venda (f), transação (f), negócio (m), comércio (m). 製品を〜する vender e comprar artigos. 麻薬を〜する traficar drogas. ◆売買価格 preço (m) de compra e venda. 売買契約 contrato (m) de compra e venda. 人身売買 tráfico (m) [tráfego (m)] humano.

バイパス ❶ desvio (m), caminho (m) alternativo, atalho (m). ❷『医』(operação (f)) ponte (f). ◆バイパス手術 operação ponte de safena (do coração).

はいび 配備 posicionamento (m). 軍隊を〜する colocar o exército a postos, posicionar o exército. 空母を〜する posicionar o porta-aviões.

ハイヒール salto (m) alto 《de sapato》.

ハイビジョン *high vision* (m), alta definição (f). ◆ハイビジョンテレビ TV [televisão] (f) *high vision*.

ハイビスカス 『植』hibisco (m).

はいびょう 肺病 doença (f) dos pulmões; 〔肺結核〕tuberculose (f) pulmonar.

はいふ 配布 distribuição (f). 〜する distribuir. ビラを〜する distribuir panfletos.

パイプ ❶ cano (m), tubo (m). ◆パイプカッター corta-tubos (m). パイプライン〔石油の〕oleoduto (m);〔ガスの〕gasoduto (m). ❷〔管楽器の管〕cano, tubo. ❸〔たばこの〕cachimbo (m). ❹〔仲介〕mediador/ra. 彼はAさんとBさんの〜役だ Ele é o mediador entre A e B.

ハイファイ alta-fidelidade (f).

はいぶつ 廃物 dejeto (m), resíduo (m);〔くず〕lixo (m). ◆廃物利用 utilização (f) dos dejetos, reciclagem (f) do lixo.

ハイブリッド hibridez (f), hibridismo (m). 〜の híbrido/da. ◆ハイブリッドカー carro (m) híbrido. ハイブリッドコンピューター computador (m) híbrido. ハイブリッド米 arroz (m) híbrido.

バイブル Bíblia (f).

バイブレーター vibrador (m).

ハイフン hífen (m).

はいぶん 配分 distribuição (f), partilha (f). 利益を平等に〜する distribuir o lucro equitativamente.

はいべん 排便 defecação (f). 〜する defecar, evacuar;《口語》fazer cocô.

はいぼく 敗北 derrota (f). 〜する sofrer uma derrota, ser vencido/da.

はいまつ 這い松 『植』espécie (f) de pinheiro rasteiro.

バイヤー comprador/ra.

はいやく 配役 elenco (m).

ばいやく 売薬 remédios (mpl) vendidos comercialmente.

はいゆう 俳優 ator/atriz.

ばいよう 培養 cultura (f) 《de bacilos》. ◆培養土 húmus (m). 純粋培養 cultura pura.

ハイライト 〔美術, 写真〕pontos (mpl) mais luminosos;〔見せ物〕pontos mais notáveis;〔呼び物〕carro-chefe (m).

はいらん 排卵 『生』ovulação (f). ◆排卵期 período (m) ovulatório. 排卵欠如 anovulação (f).

ばいりつ 倍率 〔望遠鏡などの〕aumento (m), poder (m) de aumento (de uma lente), ampliação (f);〔試験などの〕grau (m) de concorrência, índice (m) de probabilidade de passar num exame ou seleção. あの大学の入試の〜は10倍だ A probabilidade de passar no vestibular daquela universidade é de um entre dez candidatos.

はいりょ 配慮 atenção (f), cuidado (m), consideração (f). 〜する cuidar de ⋯, dar atenção a ⋯, levar ⋯ em consideração. ⋯に対して細かい〜をする prestar atenção minuciosa a ⋯. あの人はいつも〜が足りない Aquela pessoa é sempre desatenciosa. よろしく御〜願います Peço-lhe que leve isto em consideração. ご⋯に預かりありがとうございます Grato pela atenção (dispensada). 格別のご〜をもって consideração especial dispensada (ao/à senhor/ra).

ばいりん 梅林 pomar (m) de ameixeiras, bosque (m) de ameixeiras.

バイリンガル bilíngue. 彼女は〜だ Ela é

bilíngue./Ela fala duas línguas.

はいる 入る ❶ entrar em;〔…から入る〕entrar por;〔入って行く〕ir entrando em;〔入って来る〕vir entrando em;〔侵入する〕entrar em, invadir [インヴァデール]. 中に~ entrar (para dentro). 家へ~ entrar em [dentro de] casa. 彼女は窓から部屋に入った Ela entrou no quarto pela janela. 彼(の家)は泥棒に入られた Entrou um ladrão na casa dele. どうぞお入りください Entre, por favor. 入ってもいいですか Posso entrar? 玄関から入ってください Entre pela porta principal. ❷〔…に加入する〕ingressar em, afiliar-se a, tornar-se [ser] membro de;〔学校に〕entrar em, matricular-se em;〔会社などに〕entrar em, empregar-se em, obter [conseguir] colocação em. その学校に~のですか Vai entrar nessa escola?/Vai ingressar nessa faculdade? 彼は第一志望の会社に入れた Ele conseguiu uma colocação na companhia (em) que mais queria entrar. あなたはゴルフクラブに~ことができましたか Você conseguiu associar-se ao clube de golfe? ❸〔収容する〕ter uma lotação de, entrar [エントラール], comportar [コンポルタール], caber [カベール];〔入っている〕ter [テール], conter [コンテール]. この劇場は何人入れますか Qual é a lotação deste teatro? この箱には瓶が入っているので気をつけてください Tome cuidado que esta caixa contém garrafas./Cuidado que nesta caixa tem garrafas. この瓶はどれくらいの水が入りますか Quanta água cabe nesta garrafa? ❹〔含まれる〕estar incluído/da, estar entre. この料金にはチップも入っているのですか Nesta conta está incluída a gorjeta? ❺〔始める〕começar por. ヨーグルトから入って行くと牛乳が飲めるようになりますよ Comece pelo iogurte, que assim você vai conseguir tomar leite um dia. 具体的な問題から入って行くと抽象的な問題がわかりやすくなる Começando por problemas concretos, compreendem-se mais facilmente os abstratos. ¶ ふろに~ tomar banho(de imersão). 病院に~〔入院〕entrar no hospital,〔入院〕hospitalizar-se.

はいれつ 配列 disposição (f), colocação (f), arranjo (m). ~する dispor, arranjar, ordenar. …を ABC 順に~する colocar … em ordem alfabética.

ハイレベル ~な de alto nível, de padrão alto.

パイロット piloto (m). ♦パイロットファーム fazenda (f) piloto.

バインダー presilha (f) (para prender folhas soltas).

はう 這う arrastar-se;〔赤ん坊が〕engatinhar, andar de gatinhas.

ハウスさいばい ハウス栽培 【農】cultivo (m) em estufa.

ハウツー how to (m), método (m), introdução (f). ♦ハウツー本 manual (m) prático, livro (m) introdutório. ハウツーもの leituras (fpl) introdutórias, manuais (mpl).

バウンド quique (m), pulo (m), salto (m). ~する quicar, saltar, pular.

パウンドケーキ 【料】bolo (m) inglês.

はえ 蝿 【虫】mosca (f).

はえぎわ 生え際 linha (f) (frontal) do cabelo, entradas (fpl).

はえる 映える ❶〔きらめく〕brilhar, reluzir, resplandecer. 湖が夕日に映えていた O lago brilhava à luz do poente. ❷〔引き立つ〕sobressair, salientar-se, distinguir-se. そのブラウスにはこのペンダントが映えますね Com essa blusa, este pingente fica mais bonito, não é mesmo?

はえる 生える 〔芽を出す〕brotar, nascer;〔成長する〕crescer. 草がずいぶん生えましたね Como cresceram os capins, não?

はか 墓 sepultura (f);〔集合的〕cemitério. ~参りをする ir ao cemitério. ~を建てる construir uma sepultura. ♦墓石 campa (f), lousa (f) de sepulcro, laje (f) de sepultura.

ばか 馬鹿 ❶ ~な bobo/ba, burro/ra, besta;〔知力のない〕estúpido/da;〔単純な〕simplório/ria;〔ばかげた〕ridículo/la. ~げた事 besteira (f), bobagem (f);〔失敗〕burrice (f). …を~にする fazer … de bobo/ba, caçoar de …. ~なまねをする fazer bobagem [besteira]. ~なことを言うのはやめろ Não fale besteira. あんな人を信用するあなたが~だった Você é que foi bobo/ba de confiar numa pessoa como ele/ela. ~にされる ser ridicularizado/da, ser tratado/da de bobo/ba. ~を見る fazer papel de bobo (tendo algum prejuízo). ❷〔親しみをこめて〕bobinho/nha, tontinho/nha 《dito com nuanças de carinho》. ~ねぇ、そんなことを心配して… Ai que bobinho/nha, querido/da, preocupar-se com uma coisa dessas. ❸〔無視〕desprezível, ignorado/da 《usado em geral com uma negativa》. こういう費用も~にならないですからねぇ Esse tipo de despesa também deve ser levado em conta [não é brincadeira], não é mesmo? ❹〔おもしろい冗談〕brincadeira (f), gozação (f) bem humorada. 僕達はいつも~を言って笑っているんだよ A gente está sempre rindo e falando besteira, sabe? ❺ ~になった〔役に立たない〕gasto/ta, sem utilidade, bambo/ba; insensível. このねじは~になってしまった Este parafuso (já) está gasto. 私は風邪で鼻が~になっている Eu estou com o nariz tapado por causa do resfriado./Não sinto o cheiro por causa do resfriado.

ばか- 馬鹿- muito, exageradamente. ~力 força (f) fora do comum. ~でかい家 casa (f) grande demais, casarão (m). ~笑いする rir à-toa, ficar rindo com bobagens. ~正直 extremamente honesto/ta (a ponto de ter prejuízos). ~安 muito barato/ta, quase de graça. 〜話 conversa (f) à-toa [insignificante, sem importância].

はかい 破壊 destruição (f), devastação (f). 〜する destruir, devastar. 〜的な destrutivo/va, destruidor/ra. 町は敵によって〜された A cidade foi devastada [destruída] pelos inimigos./Os inimigos devastaram [destruíram] a cidade. それは環境〜になる Isso vai destruir o meio ambiente. ♦破壊者 destruidor/ra. 文明破壊 vandalismo (m).

はがき 葉書 cartão-postal (m). 〜を出す mandar um cartão postal. ここに絵〜はないのですか Aqui não tem [há] cartão postal? ♦絵葉書 cartão-postal 《com uma das faces ilustrada com fotografia ou desenho》. 往復葉書 cartão-postal com cartão-resposta de porte pago. 官製葉書 cartão-postal (m) não ilustrado que se vende no correio do Japão.

はかく 破格 ❶ excepcionalidade (f), exceção (f). 〜の especial, excepcional, sem precedentes. 〜の値段で買う(提供する) comprar (vender) por um preço especial. 〜の安値で a um preço irrisório (de tão barato). ❷『文法』licença (f) poética, anomalia (f).

はがす 剥がす descolar, tirar. 切手を〜 descolar um selo. 壁からポスターを〜 descolar [tirar] um cartaz da parede.

ばかす 化かす ❶〔だます〕enganar. ❷〔…に魔法をかける〕enfeitiçar, encantar. キツネに化かされたみたいです Sinto-me como se tivesse sido enganado/da por uma raposa.

はかせ 博士 doutor/ra. ⇨博士 (はくし).

はかどる 捗る avançar bem, adiantar-se bem, render bem. 仕事ははかどっていますか O serviço está rendendo bem?

はかない〔つかのまの〕fugaz, efêmero/ra, passageiro/ra;〔空虚な〕vão/vã. 〜命 vida (f) efêmera. 〜抵抗 resistência (f) inútil. はかなさ fugacidade (f). はかなく fugitivamente.

はがね 鋼 aço (m).

はかば 墓場 cemitério (m).

はかま 袴 ❶『服』peça (f) semelhante à parte inferior da batina, que se veste sobre o quimono. ❷〔とっくりの〕suporte (m) da garrafa de saquê aquecido.

ばからしい 馬鹿らしい absurdo/da, sem sentido, disparatado/da,《口語》besta. それは〜 Isso é uma besteira. 骨折り損のくたびれもうけでばからしかった Foi um disparate [absurdo] para mim, pois não ganhei nada além de moer os ossos. こんな仕事はばからしく思えた Achei que um trabalho como este não compensava.

ばからしさ 馬鹿らしさ absurdo (m), disparate (m),《口語》besteira (f).

はかり 秤 balança (f). …を〜に掛ける pesar … na balança.

***-ばかり** ❶〔約〕cerca de …, mais ou menos, uns/umas …. 7年〜前に uns sete anos atrás, há sete anos mais ou menos. ❷〔だけ〕só [ソー];〔もっぱら〕sempre [センプリ]. そんなこと〜やっていてはだめだよ Se você fica fazendo só isso, não vai adiantar nada. 彼女は文句〜言う Ela só sabe se queixar./Ela está sempre se queixando. ❸〔今しがた〕agora mesmo. 私は今帰った〜です Eu acabei de voltar agora. ❹〔今にも…しそうな〕prestes a, quase, a ponto de. 今にも雪が降りださん〜だ Está quase nevando./A neve está prestes a cair. ❺〔まるで〕quase [クァーズィ], como se. 泣かん〜に謝る pedir desculpas quase chorando. ❻〔用意ができて〕estar pronto/ta para. 料理を食べ〜にしておく deixar a comida pronta para servir.

はかりうり 量り売り venda (f) por peso [medida]. 〜する vender por peso [medida].

はかりしれない 計り知れない incalculável, insondável;《比》imenso/sa, de proporções imprevisíveis. 地球の温暖化で〜悲劇が起きる Vai haver uma tragédia de proporções imprevisíveis com o aquecimento global. 彼が何を考えているのか計り知れない Não dá para imaginar o que pensa ele.

***はかる 計る、測る、量る**〔長さ, 広さ, 容積, 温度など〕medir [メヂール];〔重さ〕pesar [ペザール];〔推定〕imaginar [イマジナール], calcular [カウクラール], prever [プレヴェール]. ズボンの丈を測る medir o comprimento das calças. 荷物の重さを量る pesar a bagagem. 彼の体温を計ってください Meça a temperatura dele, por favor.

はがれる 剥がれる descolar-se, desprender-se, soltar-se. ポスターが電信柱から剥がれた O cartaz se descolou do poste. 彼の化けの皮が剥がれた Ele foi desmascarado.

バカンス férias (fpl).

はき 破棄 ❶〔破りすてること〕destruição (f). 保管書類の〜 queima (f) de arquivo. 〜する destruir, rasgar e jogar fora. 銀行の利用明細票を〜する rasgar e jogar fora os extratos bancários antigos. ❷〔取り消し〕revogação (f), anulação (f), cancelamento (m). 婚約の〜 anulação (f) de noivado. 〜する revogar, anular, cancelar. 条約(協定)を〜する revogar [romper] o tratado (acordo).

はき 覇気 ânimo (m), vigor (m), energia (f), coragem (f). 〜がある ter vigor [energia]. 〜のある cheio/cheia de energia, animado/da. 〜のない sem ambição, desanimado/da.

はぎ 萩『植』lespedeza (f).

はきけ 吐き気 ânsia (f) de vômito. (私は)〜がする Tenho [Sinto, Estou com] ânsia de vômito./Estou com náuseas. ♦吐き気止め『薬』antiemético (m), antivômito (m).

はきごこち 履き心地 sensação (f) dada por um calçado. その靴の〜はどうですか Como se sente com esse sapato? 〜のよい靴 sapato (m) confortável.

はぎしり 歯ぎしり bruxismo (m). 夜〜をする ranger os dentes à noite.

パキスタン Paquistão (f). 〜の paquistanês/nesa.

はきだす 吐き出す ❶ vomitar, expelir, escarrar. 痰(たん)を〜 escarrar, expelir escarro. 血を〜 escarrar sangue. 赤ちゃんはミルクを吐き出した O bebê vomitou leite. ❷〔口に出して言う〕desabafar, confessar. 本音を〜 dizer o que realmente pensa./《口語》abrir o jogo. ❸〔一度に大量に外へ出す〕expelir, despejar. 灌漑(かんがい)システムは毎秒 100 立方リットルの水を〜 O sistema de irrigação despeja cem litros cúbicos de água por segundo.

はきもの 履物 calçado (m).

はく 吐く〔口から〕cuspir;〔へどを〕expectorar, vomitar. つばを〜 cuspir. 痰(たん)を〜 expectorar, escarrar, expelir escarro. 血(食べ物)を〜 vomitar sangue (comida). 彼女は食べたものをみんな吐いてしまった Ela vomitou toda a comida. まだ血を〜ことがありますか Ainda está vomitando sangue (de vez em quando)?

はく 履く, 穿く〔靴, 靴下, ズボンなどを〕calçar;〔スカート, ズボンなどを〕vestir, pôr;〔身につけている〕usar;〔一時的に身につけている〕estar com. 彼女はいつもジーパンをはいている Ela sempre está com calça rancheira. 今の日本の若者はだいたいスニーカーをはいている Atualmente, a maioria dos jovens japoneses está usando tênis.

はく 掃く varrer, fazer uma varredura em, 《口語》dar uma varrida [varridinha] em. 庭を掃いてください Varra o jardim, por favor.

-はく -泊 pernoite (m) fora de casa. 3〜4 日の旅行 viagem (f) de quatro dias e três pernoites. 1〜料金 valor (m) do pernoite, diária (f). 奈良で2〜する hospedar-se duas noites em Nara.

はぐ 剥ぐ〔取り除く〕tirar, arrancar. 木の皮を〜 arrancar [tirar] a casca de uma árvore. 動物の皮を〜 despelar [arrancar a pele de] um animal. 〜のふとんを〜 tirar o *futon* [edredom] de …. 寝ながらふとんを〜 descobrir-se dormindo.

ばく 獏〔動〕tapir (m), anta (f).

ばぐ 馬具 arreios (mpl) de cavalo. 〜をつける(はずす) arrear (desarrear) o cavalo.

バグ〖コンピュ〗erro (m).

ばくあい 博愛 filantropia (f), humanitarismo (m). 〜の filantrópico/ca, humanitário/ria. ♦博愛主義者 filantropo (m), humanitarista.

はくい 白衣 avental (m) branco.

ばくおん 爆音 estampido (m), estrondo (m), detonação (f). 〜を立てる detonar, produzir detonação.

ばくが 麦芽 malte (m). ♦麦芽糖 maltose (f).

はくがい 迫害 perseguição (f). 〜する perseguir.

はくがく 博学 〜の muito estudado/da, culto/ta.

はぐき 歯茎〔解〕gengiva (f).

はぐくむ 育む ❶〔育てる〕criar, educar. ❷〔品性, 精神などを養う〕cultivar, encorajar, fomentar. 夢を〜 cultivar [acariciar] um sonho.

ばくげき 爆撃 bombardeio (m). ♦爆撃機 avião (m) bombardeiro.

はくさい 白菜〔植〕couve (f) chinesa.

はくし 博士 doutor/ra《que defendeu tese de doutoramento》. 〜論文を提出する entregar a tese de doutoramento [doutorado]. 〜号をとる obter o título de doutor/ra. 今日は山田〜は来ません Hoje o/a Doutor/ra Yamada não vai vir. ♦博士課程 curso (m) de doutorado. 博士論文 tese (f) de doutorado. 医学博士 doutor/ra em medicina.

はくし 白紙 papel (m) branco, papel em branco《sem escrever nada》. 〜に戻す voltar ao começo, começar tudo de novo, começar do zero. 〜の答案を出す entregar a prova em branco. 〜の問題を〜のままにしておく deixar a questão em aberto. ♦白紙委任状 carta (f) branca.

はくしゃ 拍車 espora (f). …に〜をかける apressar, acelerar; estimular, excitar, acirrar. 仕事に〜をかける acelerar os trabalhos. …の怒りに〜をかける acirrar o ódio de ….

はくしゃく 伯爵 conde (m). ♦伯爵夫人 condessa (f).

はくしゅ 拍手 palmas (f), ato (m) de bater palmas, aplauso (m) com palmas. 〜する bater palmas, aplaudir. …に〜を送る aplaudir ….

はくじょう 白状 confissão (f). 〜する confessar. 彼は自分の罪を〜した Ele confessou o crime (que cometeu).

はくじょう 薄情 〜な frio/fria, insensível;〔残酷な〕cruel, desumano/na.

ばくしょう 爆笑 gargalhada (f), explosão (f) de riso. 〜する dar gargalhada, gargalhar. 〜をさそう provocar gargalhada. 観客から〜が起こった O auditório riu para valer [deu uma gargalhada].

はくじん 白人 o (homem) branco, a (pessoa, as pessoas da) raça branca.

はくせい 剥製 empalhamento (m), taxidermia (f). 動物の頭を〜にする empalhar a cabeça de um animal.

ばくぜん 漠然 〜とした vago/ga, impreciso/sa, confuso/sa. 〜と vagamente, imprecisamente. まだ〜とした考えしか持っていません Ainda não tenho senão uma ideia vaga da coisa. あなたの説明は〜としていてわかりにくい A sua explicação é muito vaga e difícil de en-

ばくだい 莫大 ～な imenso/sa, enorme, colossal, vasto/ta. ～な財産 uma imensa fortuna (f). ～な金額 uma grande soma (f) de dinheiro. ～の～な量 grande quantidade (f) de …. それは～な費用が掛かります Isso sai muito caro./Isso requer enormes gastos.

はくだつ 剝奪 privação (f), confisco (m). ～する privar, confiscar, despojar. …の官位を～する despojar … de seu posto oficial. 彼は公民権を～された Privaram-no dos direitos civis.

ばくだん 爆弾 bomba (f). …に～を仕掛ける armar [instalar] uma bomba em …. …に～を落とす lançar bomba em …, bombardear …. ♦ 原子(水素)爆弾 bomba atômica (de hidrogênio).

はくち 白痴 idiota.

ばくち 博打 jogo (m) de azar 《a dinheiro etc》. ～を打つ jogar jogos de azar; 《比》arriscar-se.

ばくちく 爆竹 foguete (m), bombinha (f).

はくちず 白地図 mapa (m) com apenas o contorno dos países, estados ou municípios etc.

はくちょう 白鳥 〖鳥〗cisne (m). ♦ 白鳥座 〖天〗constelação (f) do cisne.

バクテリア bactéria (f).

はくとう 白桃 〖植〗pêssego (m) branco.

はくないしょう 白内障 〖医〗catarata (f).

はくねつとう 白熱灯 lâmpada (f) incandescente.

ばくは 爆破 explosão (f). ～する detonar, (fazer) explodir. 彼は腰につけていた爆発物を～させた Ele detonou os explosivos que trazia presos à cintura.

ばくはつ 爆発 explosão (f); 〔火山の〕erupção (f). ～する explodir; entrar em erupção. ～性の explosivo/va. たまっていたフラストレーションが～した As frustrações acumuladas explodiram. ～的 extraordinário/ria, louco/ca. 人口の～的増加 explosão demográfica. あのDVDは～的に売れた Aquele DVD teve uma saída extraordinária. 爆発温度 ponto (m) de explosão. 爆発物 explosivo (m) (material (m)). 爆発力 força (f) explosiva. ガス爆発 explosão de gás.

ばくふ 幕府 Xogunato (m), governo (m) feudal do Japão (séculos XII～XIX).

はくぶつかん 博物館 museu (m). ♦ 博物館長 curador/ra (de artes). 国立博物館 museu nacional.

はくまい 白米 arroz (m) polido.

ばくやく 爆薬 explosivo (m).

はぐらかす dar respostas desencontradas a, desconversar, despistar. はぐらかさずに質問に答える responder à pergunta ˽sem desconversar [sem rodeios].

はくらんかい 博覧会 exposição (f), exibição (f).

はくり 剝離 descamação (f), despregamento (m). ～する despregar-se. ♦ 剝離骨折 〖医〗fratura (f) por deslocamento. 網膜剝離 〖医〗descolamento (m) da retina.

はくりきこ 薄力粉 farinha (f) (com baixo teor de glúten).

はくりょく 迫力 vigor (m), força (f). ～のある vigoroso/sa, enérgico/ca. ～のあるスピーチ discurso (m) eloquente.

ばくる ❶〔盗む〕surrupiar, furtar. ❷〔逮捕する〕prender. 警察にばくられる ser preso/sa pela polícia.

はぐるま 歯車 roda (f) dentada, engrenagem (f). ～の歯 dente (m) (da roda dentada). ～駆動の acionado/da por engrenagens. ♦ 歯車減速タービン turbina (f) de engrenagem.

はぐれる perder-se (de alguém em algum lugar). 青空市で子供は母親にはぐれた A criança se perdeu da mãe na feira.

ばくろ 暴露 revelação (f), divulgação (f). ～する revelar, divulgar.

はけ 刷毛 broxa (f), pincel (m).

はげ 禿げ calvície (f). ～の careca, calvo/va; nu/nua, sem vegetação. ♦ 禿げ山 montanha nua.

はけぐち 捌け口 ❶〔流れの〕escoadouro (m), ralo (m), escape (m), bueiro (m). ❷〔商品の〕mercado (m), saída (f) (de um produto). 商品の～を開拓する explorar o mercado de um produto. ❸〔感情の〕vazão (f), fuga (f), via (f) de escape (para o estresse). 彼はボクシングにストレスの～を見つけた Ele achou no boxe uma via de escape para o seu estresse.

*__はげしい 激しい__ 〔猛烈な〕violento/ta [ヴィオレント/タ]; 〔強い〕forte [フォールチ], intenso/sa [インテンソ/サ]; 〔気候など〕pesado/da [ペザード/ダ]; 〔感情が〕forte, temperamental [テンペラメンターウ]; 〔交通など〕agitado/da [アジタード/ダ], muito movimentado/da. 激しく violentamente, intensamente, fortemente. ～嵐 (ぁらし) tempestade (f) violenta. 彼は～性格だから… É que ele é muito temperamental …. そんな～運動はまだやってはいけません Você ainda não pode fazer exercícios tão violentos. それは～痛みですか Essa dor é intensa?

はげた 禿げた careca, calvo/va. 頭の～ careca, calvo/va.

はげたか 禿げ鷹 〖鳥〗abutre-preto (m), urubu (m).

バケツ balde (m). この～を水でいっぱいにしてください Encha este balde de água, por favor.

はげまし 励まし encorajamento (m). ～の言葉 palavras (fpl) de encorajamento.

はげます 励ます encorajar, estimular, animar. 私は彼の言葉に励まされた As palavras dele me animaram./Ele me encorajou com as suas palavras./Ele me deu a maior força.

はげみ 励み estímulo(m), encorajamento(m). その褒め言葉は～になります Esse elogio vai me servir de estímulo [encorajar bastante].

はげむ 励む aplicar-se [dedicar-se] a algo com afinco. あなたは仕事に励んでいますね Você está trabalhando com afinco, não?

ばけもの 化け物 〔幽霊〕fantasma(m), assombração(f);〔怪物〕monstro(m).

はげる 禿げる 〔頭が〕ficar calvo/va [careca].

はげる 剝げる 〔張ったものが〕soltar, sair. 金のめっきが剝げた O ouro folheado soltou. ペンキがはげた A pintura saiu.

ばける 化ける …に～ transformar-se em …, tomar a forma de …; fazer-se passar por ….

はげわし 禿鷲 〔鳥〕abutre(m).

はけん 派遣 envio(m), delegação(f). ～する enviar, delegar. ◆派遣社員 trabalhador/ra temporário/ria. 派遣団 delegação(f).

はけん 覇権 supremacia(f), liderança(f). ～を握る ganhar a supremacia. ～を争う disputar a supremacia.

ばけん 馬券 bilhete(m) de aposta (no hipismo). ◆馬券売場 guichê(m) de bilhetes de aposta.

*__はこ 箱__ caixa(f)[カーイシャ];〔長方形の紙、または厚紙の箱〕cartucho(m)[カルトゥッショ];〔荷作り用の木の箱〕caixote(m)[カイショッチ]. 段ボールの～ caixa de papelão. 一～のたばこ um maço de cigarros. マッチ一～ uma caixa de fósforos. …を～に入れる colocar [pôr] … numa caixa. リンゴを～で買う comprar maçãs por caixa.

はこいり 箱入り ～の que está guardado/da numa [dentro de uma] caixa; que está guardado/da com carinho,《口語》que está numa redoma. ◆箱入り娘 moça(f) criada em redoma.

はごたえ 歯応え ❶ consistência(f), sensação(f) de dureza prazerosa dos dentes quando se mastiga algo. ～のある duro/ra e gostoso/sa (de mastigar). ❷〔手ごたえ〕prazerosamente difícil. ～のある本 livro(m) difícil de entender, mas que vale a pena ler. ～のない相手 pessoa(f) que não corresponde ao entusiasmo do outro.

はこび 運び ❶〔段階〕fase(f), estágio(m). ようやく被災地に救援物資を届けられる～となりました Até que enfim, chegamos a uma fase em que poderemos enviar os donativos à região prejudicada. ❷〔進行〕andamento(m). 仕事の～を尋ねる perguntar sobre o andamento do trabalho.

*__はこぶ 運ぶ__ 〔持っていく〕levar[レヴァール];〔持ってくる〕trazer[トラゼール];〔運搬する〕transportar[トランスポルタール], carregar[カヘガール];〔物事が〕andar[アンダール], ir para a frente, avançar[アヴァンサール], adiantar-se[アヂアンサール スィ]. こんな大きなベッドをどうやって部屋から運び出すのですか Como você vai levar uma cama tão grande de como esta para fora do quarto? このたんすを部屋に運んでくれますか Poderia transportar este guarda-roupa para dentro do quarto? 仕事は順調に運んでいますか O trabalho avança normalmente [vai bem]?

はこぶね 箱舟 ノアの～ Arca(f) de Noé.

バザー bazar(m) beneficente; bazar《espécie de feira realizada nas escolas》.

ハザードマップ mapa(m) com informações de abrigos em casos de desastres naturais.

ハザードランプ 〔車〕pisca-alerta(m). ～をつける ligar o pisca-alerta.

はざくら 葉桜 cerejeira(f) pós-florescência já coberta de folhas novas.

はさまる 挟まる prender-se, ficar entre, ficar preso/sa em.

はさみ 鋏 tesoura(f). とがっていない～ tesoura(f) sem ponta. …に～を入れる cortar … com tesoura. ◆洗濯ばさみ prendedor(m) de roupa. 剪定(せんてい)ばさみ cortador(m). 万能ばさみ tesoura multi-uso.

はさみむし 挟虫 〔虫〕tesoura(f), tesourinha(f).

*__はさむ 挟む__ inserir[インセリール], intercalar entre; prender em. コートをドアに～ prender o casaco na porta. 本の間にペンを～ colocar [inserir] uma caneta entre as páginas do livro. …を小耳に～ obter uma informação extra-oficial sobre …. 彼の車は2台のトラックに挟まれていた O carro dele estava entre dois caminhões sem poder se mover. 彼女は機械に指を挟まれてしまった Ela prendeu o dedo na máquina./Ela ficou com o dedo preso na máquina.

はさん 破産 falência(f), bancarrota(f). 社長は昨日我が社の～を宣言した O presidente pediu a falência da nossa empresa ontem. ～する falir, abrir falência, ir à falência. とうとうあの人は～しました Por fim, ele acabou falindo [indo à falência]. ◆破産財産人 administrador/ra de falência. 破産財団 massa(f) falida. 破産者 falido/da.

はし 橋 ponte(f). 秋から新しい～が開通します Em outono vão inaugurar uma nova ponte. ～の建設を受注する aceitar o pedido de construção de uma ponte. ～を渡る atravessar uma ponte.

*__はし 端__ 〔縁〕margem(f)[マールジェン], borda(f)[ボールダ], beira(f)[ベーイラ];〔コーナー〕canto(m)[カント],〔わき〕lado(m)[ラード];〔先端〕extremidade(f)[エストレミダーヂ], ponta(f)[ポンタ]. ～から～まで de ponta a ponta. 道路の～を歩く andar à beira da estrada.

はし 箸 pauzinho(m)《de comer》. ～を使う usar pauzinhos. ～が使える saber manejar os pauzinhos. 〜一膳(½) um par de pauzinhos (para comer). ♦ 箸置き suporte (m) para os pauzinhos japoneses à mesa (semelhante ao descanso para os talheres). 箸立て recipiente (m) para colocar pauzinhos e levá-los à mesa. 箸休め petisco (m) que serve para ser degustado entre um prato e outro. 割り箸 pauzinho descartável.

*はじ 恥 vergonha (f) [ヴェルゴーニャ]. 〜をかく passar vergonha. 〜を知れ《俗》Tenha vergonha na cara! ¶ 恥知らず《俗》sem vergonha; cara-de-pau.

はしか 麻疹 sarampo (m). 〜にかかっている estar com sarampo. 子供が〜にかかってしまった O meu filho [A minha filha] pegou sarampo.

はしがき 端書き prefácio (m), prólogo (m).

はじく 弾く ❶〔指で〕repelir, dar um piparote em. ❷〔水などを〕ser impermeável a, repelir, ser incompatível com. 油は水を〜 O óleo repele a água. 水を〜布 pano (m) impermeável. ¶ そろばんを〜 manejar o ábaco (para efetuar operações aritméticas elementares).

はしげた 橋桁 viga (m) longitudinal da ponte.

はしご 梯子 escada (f)《portátil》, escaleira (f). 〜で屋根に上がる subir ao telhado pela escada.

はしたない baixo/xa, vulgar. …に対して〜ことをする fazer baixezas para com ….

はしばみ 榛 〚植〛aveleira (f);〔実〕avelã (f).

*はじまる 始まる ❶ começar [コメサール], iniciar [イニスィアール], dar início a. 日本の学校は4月から〜 As aulas das escolas japonesas começam em abril. ❷〔再開する〕começar de novo, recomeçar (uma mania), insistir (em algo que o falante está cansado de ouvir). また例の泣き言が始まった Começou o resmungo de sempre. またまた〜の Vai começar (tudo de novo)? ❸〔戦争などが〕arrebentar [アヘベンタール], estourar [エストゥラール], sobrevir [ソブレヴィール]. その時戦争が始まった Foi aí que começou a guerra. ❹〔店が〕abrir [アブリール]. お店は何時に始まりますか A que horas abre a loja?

はじめ 初め, 始め começo (m), início (m). 〜が大事だ O começo é que é importante. 〜は no começo, no início. 3月の〜に no começo de março. 〜から終わりまで do começo ao fim. 〜からやり直そう Vamos começar tudo de novo. 校長を〜, 先生方全員が来てくれた Todos os professores, a começar pelo/la diretor/ra, vieram.

はじめて 初めて pela primeira vez. 〜ブラジルに来たとき広さに感動した Quando ⌜vim ao Brasil [pisei neste chão] pela primeira vez, fiquei emocionado/da pela amplidão. 〜の primeiro/ra. これは私にとって〜の仕事です Este é um trabalho ⌜que eu nunca fiz [que estou fazendo pela primeira vez].

はじめまして 初めまして muito prazer 《no primeiro encontro com alguém》. 〜, 山田です Muito prazer, sou Yamada.

*はじめる 始める começar [コメサール], iniciar [イニスィアール]. 交渉を〜 iniciar as negociações. 討論を〜 dar início a uma discussão. コンビニを〜 abrir uma loja de conveniência. 新しい商売を〜 começar um novo negócio. まずはこの仕事から始めよう Vamos começar por este trabalho. 何時にこの作業を始めましょうか A que horas vamos começar este serviço? …し〜 começar a (+不定詞) (+ infinitivo). いつから働き始めますか Quando vai começar a trabalhar? 雨が降り始めた Começou a chover. もう仕事をする〜時間です Já é hora de começar a trabalhar.

ばしゃ 馬車 carruagem (f), coche (m).

はしゃぐ ficar eufórico/ca. はしゃいでいる estar eufórico/ca, estar numa euforia.

パジャマ pijama (m). 〜姿で de pijama.

ばじゅつ 馬術 hipismo (m).

*ばしょ 場所 lugar (m) [ルガール];〔空間〕espaço (m) [エスパッソ];〔地点〕ponto (m) [ポント], parte (f) [パルチ]. ごみの収集〜 ponto (m) de coleta do lixo. 〜をふさぐ ocupar espaço. 〜を取っておく reservar lugar, guardar lugar. これを元の〜に戻してください Coloque isto aqui no lugar, por favor. ここは店を出すのにとてもよい〜だ Este é um ponto muito bom para se abrir uma loja. それは〜を取りすぎます Isso ocupa muito espaço. 会合の〜はどこですか Onde é a reunião? もう少し〜がらをわきまえてください Pense bem onde você está.

はしょうふう 破傷風 〚医〛tétano (m). ♦ 破傷風予防接種 vacina (f) antitetânica.

はしら 柱 pilar (m), coluna (f).

はしらせる 走らせる fazer correr, deixar correr;〔自動車などを〕guiar, conduzir. 私は車を走らせて空港へ行った Fui correndo ao aeroporto de carro. 彼は新聞に目を走らせた Ele passou uma vista rápida pelo jornal.

はしらどけい 柱時計 relógio (m) de parede.

はしりまわる 走り回る correr para lá e para cá, ir de um lado para o outro. 私は毎日会社から会社を走り回っています Eu estou percorrendo de companhia em companhia todos os dias.

*はしる 走る correr [コヘール], fazer [ファゼール], rodar [ホダール];〔走り回る〕percorrer [ペルコヘール]. 走り去る sair correndo. 走って戻る voltar correndo. 新幹線は時速300キロで走ります O trem bala corre a uma velocidade de trezentos quilômetros a hora. 私が乗ったバスはゆっくり走っていた O ônibus que eu tomei andava muito devagar. 私はここまで走ってきた Eu vim correndo até aqui. その車は1リット

ルのガソリンで10キロ以上は走れない Esse carro não faz (corre, roda) mais do que dez quilômetros com um litro de gasolina.

はじる 恥じる envergonhar-se de, sentir-se envergonhado/da de, ruborizar(-se) com. 行いを～ envergonhar-se da própria atitude. 先生の名に恥じない言動でお願いします Por favor, tenha atitudes que façam jus ao nome que tem, professor/ra.

バジル 〖植〗manjericão (m), alfavaca (f).

はす 蓮 〖植〗lótus (m), loto (m). ～の花 flor (f) de lótus.

*__はず__ ❶ ～である dever [ser para, estar destinado a] (＋不定詞)《＋infinitivo》. 彼は2時には来る～です Ele deve vir às duas horas. 彼女はきょう残業をする～だった Era para ela fazer hora extra hoje. テニスコートになる～だった土地に草がぼうぼう生えている O mato cresce no terreno que estava destinado a (ser) quadra de tênis./O mato cresce no terreno que era para ser [ia ser] quadra de tênis. 雨は午後にはやむ～である A chuva deve parar à tarde. ❷ ～がない É impossível que [Não pode ser que] (＋接続法)《＋subjuntivo》. 私はその書類を途中で落とした～がない Não pode ser que eu tenha deixado cair [perdido] essa papelada no meio do caminho. こんなことになる～がなかった Isso, eu não esperava./Isso não esperava na conta. それが本当である～がない Isso não pode ser verdade./É impossível que isso seja verdade. そのチームが優勝する～がない O time não tem nenhuma chance de vencer.

*__バス__ ❶ 〔乗り物〕ônibus (m) [オーニブス]. ～の停留所 parada (f) de ônibus. ～に乗る tomar um ônibus; subir no ônibus. ～から降りる descer [saltar] do ônibus. ～で行く ir de ônibus. ♦バスターミナル ponto (m) final de ônibus, estação (f) rodoviária. ❷ 〖音〗baixo (m) [バーイショ]. ♦バス歌手 o (cantor) baixo. ❸ 〔浴室〕banheira (f) [バニェーイラ]. ♦バスタオル toalha (f) de banho. バスローブ roupão (m) de banho. バスルーム banheiro (m).

パス ❶ ～する 〔合格する〕passar, ser aprovado (a). 試験に～する passar na prova. ❷ 〔トランプなど〕～する passar, pular a vez. 持ち札がないので～した Passei porque não tinha a carta necessária. 答えがわからないから～します Como não sei a resposta, passo. ❸ 〔無料入場・乗車券〕passe (m) livre. ♦顔パス passe por ser conhecido/da. ❹ 〖定期券〗passe (de trem, de ônibus). その～の有効期限は6月までだ Esse passe tem validade até junho. ❺ 〖スポーツ〗passe. その試合ではAとBはロング～を交換した Nesse jogo, A e B trocaram passes compridos. 彼はロング～を受けてゴールを量産した Ele fez muitos gols recebendo lançamentos longos. ♦縦パス lançamento (m).

はすい 破水 〖医〗rompimento (m) da bolsa d'água.

はずかしい 恥ずかしい 〔恥ずかしがっている〕estar envergonhado/da; 〔恥ずべき〕vergonhoso/sa, desonroso/sa, indecoroso/sa. 恥ずかしさ vergonha (f). 恥ずかしさの余り de tanta vergonha. 恥ずかしがる 〔内気である〕ser tímido/da, ser [estar] envergonhado/da, ser acanhado/da; 〔恥じる〕envergonhar-se. 恥ずかしがり屋 envergonhado/da, tímido/da, acanhado/da. 恥ずかしくなる ficar com vergonha, envergonhar-se, ficar ruborizado/da, ruborizar-se. 自分の仕事を～と思う人は私は嫌いだ Eu não gosto das pessoas que se envergonham do próprio trabalho. 恥ずかしい Que vergonha!

バスケットボール basquete (m), basquetebol (m). ～をする jogar basquete.

*__はずす 外す__ ❶ 〔取りかずす〕tirar [チラール]. ケーキを型から～ desinformar o bolo. シャツのボタンを～ desabotoar a camisa. ❷ 〔席を離れる〕sair [saltar] do lugar. ❸ 〔除外する〕excluir. …をメンバーから～ afastar ~ de uma associação ou grupo (onde ele/ela era membro). ❹ 〔失敗する〕falhar. シュートを～ falhar em chute.

パスタ macarrão (m), espaguete (m), pasta (f), massa (f).

パステル pastel (m). ♦パステルカラー cor (f) de tonalidade neutra [suave].

バスト busto (m).

パスポート passaporte (m). ～を見せる mostrar o passaporte. この～の有効期限はいつまでですか Até quando é válido este passaporte?/Quando expira este passaporte? あなたの～ナンバーをここに記入してください Escreva aqui o número do seu passaporte. あなたの～を2, 3日お預かりしますけどよろしいでしょうか Posso ficar uns dois ou três dias com o seu passaporte?

はずみ 弾み 〔弾力〕ímpeto (m); 〔刺激〕estímulo (m), impulso (m); 〔成り行き〕impulso do momento, força (f) das circunstâncias. ～をつけてとぶ saltar com impulso. その場の～で sob [com] o impulso do momento. 物の～で por força das circunstâncias.

はずむ 弾む 〔はね返る〕pular, saltar; 〔調子づく〕animar-se, ficar encorajado/da, entusiasmar-se; 〔息が〕ofegar, arfar; 〔おごる〕dar muito, ser generoso/sa [pródigo/ga]. ボールはよく弾んでいる A bola está saltando bem. 話が弾んでいる A conversa está animada. 彼女は息を弾ませて来た Ela veio ofegante. チップを～ dar uma boa gorjeta.

パズル quebra-cabeças (m). ♦クロスワードパズル palavras-cruzadas (fpl).

はずれ 外れ ❶ 〔郊外〕arrabaldes (mpl); 〔端〕extremo (m). ❷ 〔くじの〕número (m) não premiado; 〔期待はずれ〕desapontamen-

はずれる　外れる ❶〔はめた物が〕sair, escapar. ねじがはずれてしまった O parafuso saiu. ❷〔的(先)などを〕não acertar;〔期待などを〕ser contra (as expectativas);〔予想などに〕não acertar. 天気予報がはずれた A previsão do tempo não acertou. ❸〔軌道などを〕desviar-se.

パスワード　senha (f).

はぜ　沙魚　【魚】caboz (m).

はせい　派生　derivação (f). …から～する derivar [vir] de …. ♦派生語『文法』palavra (f) derivada.

バセドーびょう　バセドー病　【医】doença (f) de Basedow.

パセリ　【植】salsa (f), salsinha (f).

パソコン　[コンピュータ] PC (m), computador (m) pessoal. ♦パソコンショップ loja (f) de informática.

はた　旗　bandeira (f). ～を掲げる hastear a bandeira. ～を掲げている建物 prédio (m) com uma bandeira hasteada. ♦旗ざお haste (f) da bandeira.

はだ　肌　❶〔皮膚〕pele (f). あなたは～がきれいですね Você tem pele bonita, não é mesmo? ～を刺すような寒さ um frio de rachar. お風呂は～を柔らかする o *ofuro* ᴌdá maciez à pele [deixa a pele macia]. ¶ …を～で感じる experienciar, vivenciar, sentir … na própria pele. ♦肌荒れ irritação (f) da pele. ❷〔気質〕temperamento (m), natureza (f). 彼とは～が合う Eu me dou bem com ele. 彼女は芸術家～である Ela tem temperamento artístico.

バター　manteiga (f). パンに～を塗りましょうか Quer que eu passe manteiga no pão? もっと～を入れたら Que tal pôr mais manteiga? ♦バター入れ manteigueira (f). バターナイフ faca (f) de manteiga. 無塩バター manteiga sem sal.

パターン　padrão (m). ♦パターンプラクティス prática de frases padrão.

はだいろ　肌色　❶〔肌の色つや〕aspecto (m) da pele. ❷cor (f) de pele. ～の服 roupa (f) da cor de pele.

はだか　裸　～の nu/nua, pelado/da, despido/da, sem roupa;〔隠し事のない〕franco/ca. ～になる ficar ᴌnu/nua [sem roupa]. ～でいる estar [ficar] ᴌnu/nua [sem roupa]. ～になって話し合う conversar com franqueza, escancarar os sentimentos um ao outro. 破産して～になってしまった Fui à falência e fiquei sem um vintém. ～で〔むきだしで〕sem invólucro. ～で失礼ですけど、お納めください Desculpe-me pelo dinheiro sem o devido envelope, mas aceite-o, por favor《Dita a etiqueta japonesa que se coloque o dinheiro a ser entregue a outrem num envelope, em sinal de respeito》. 電車に自転車を～で載せてはいけない Proibido levar a bicicleta sem capa no trem. ♦裸電球 lâmpada (f) aparente. ¶ ～一貫で sem um vintém, a zero.

はだかむぎ　裸麦　【植】cevada (f).

はたき　espanador (f). …に～をかける passar espanador em …, tirar o pó de ….

はだぎ　肌着　[ランニング] roupa (f) de baixo, roupa branca; camiseta (f);[シュミーズ] combinação (f), *lingerie* (m) [ランジェリー].

はたけ　畑　lavoura (f), campo (m).

はださむい　肌寒い　friozinho, de um frio mais ameno que o normal (mas que se sente um pouco na pele). まだ～天気は Ainda está fazendo um friozinho. 朝夕は～ Está um pouco frio de manhãzinha e à tardinha.

はだし　裸足　～の descalço/ça. 彼女は～です Ela está descalça.

はたして　果たして　será que? ～そうなのだろうか Será que é isso mesmo?

はたす　果たす　〔実行する〕realizar;〔成し遂げる〕cumprir, levar a cabo. 目的を～まではブラジルに帰れませんね Não dá para voltar ao Brasil enquanto não realizar o objetivo, não é? 彼はじゅうぶんに使命を果たした Ele cumpriu muito bem a sua missão. 私はこれで義務を果たしました Com isto, eu cumpri com a minha obrigação.

はたはた　【魚】peixe-areia (m).

ばたばた　～する〔音をたてる〕fazer ruído;〔あわてる〕agitar-se;〔忙しい〕ficar [estar] ocupado/da. 来週は少し～しますので伺うことはできませんが... Não poderei vir [ir] a semana que vem, pois vou ficar meio ocupado/da. ちょっと～していましてお返事が遅れてすみませんでした Desculpe o atraso da resposta, pois estava meio ocupado/da. ～と 1)〔相次いで〕um atrás do outro, sucessivamente. 看護師が～と倒れた As enfermeiras caíram uma atrás da outra. 2)〔騒がしく〕com barulho. 階段を～と降りる descer as escadas fazendo barulho. 3)〔急いで〕precipitadamente, apressadamente. 仕事を～と片付ける acabar o trabalho prontamente. ～させる agitar, movimentar. 羽を～させる bater as asas.

バタフライ　❶【蝶】borboleta (f). ❷『水泳』estilo (m) mariposa《em natação》.

はだみ　肌身　corpo (m). ～離さず持つ carregar sempre consigo.

はたらき　働き　〔労働〕trabalho (m);〔活動〕atividade (f);〔作用〕função (f). ～口を探す procurar um emprego. その仕事は～がいがある É um serviço que ᴌcompensa [vale a pena]. 彼は頭の～がよい Ele é inteligente./ A cabeça dele funciona bem. ♦働き者 batalhador/ra.

はたらきあり 働き蟻 〘虫〙formiga (f) obreira.

はたらきばち 働き蜂 〘虫〙abelha (f) obreira.

*__はたらく 働く__ 〔労働する〕trabalhar [トラバリャール]; 〔機能する〕funcionar [フンスィオナール]. 働かす fazer trabalhar; fazer funcionar, usar. 私は毎日9時から5時まで働いています Eu trabalho diariamente das nove às cinco (horas). 彼女はパートとして働いている Ela trabalha meio período. 彼は6時間も働きづめです Ele está trabalhando seis horas sem parar. この装置がうまく働かないのですが Este dispositivo [maquinismo] não está funcionando bem ....

はだん 破談 cancelamento (m), anulação (f), rompimento (m). 交渉を~にする romper as negociações. 協定を~にする cancelar [anular] o acordo. 婚約が~になった O noivado foi anulado./Rompeu-se o noivado.

はち 八 oito (m). 第~の、~番目の oitavo/va. ~倍 oito vezes (fpl). ~分の一 um oitavo. ♦八時間労働 jornada (f) de oito horas.

はち 蜂 〘虫〙〔ミツバチ〕abelha (f). ~の巣 colmeia (f). （私は）~に刺されてしまいました Eu levei uma picada de abelha.

はち 鉢 〔植木用〕vaso (m) de plantas.

ばち 撥 ❶〔弦楽器の〕plectro (m), palheta (f) 《de instrumento de corda》. ❷〔太鼓の〕baqueta (f) 《de tambor》.

ばち 罰 castigo (m) dos deuses. ~が当たる ser castigado/da, receber o castigo dos deuses. ~当たりなことを言う falar coisas execráveis. この~当たりが Ô condenado/da do diabo, vá para os infernos!

はちあわせ 鉢合わせ ❶〔頭と頭が〕ato (m) de dar uma cabeçada. ❷〔衝突〕encontrão (m), choque (m). ❸〔偶然出会う〕ato de dar de caras.

はちうえ 鉢植え planta (f) de vaso. ~のサツキ azálea (f) em vaso de terra.

ばちがい 場違い ~なことをする comportar-se de maneira estranha, ter um comportamento estranho para a ocasião, 《口語》dar um fora.

はちがつ 八月 agosto (m). ~に(は) em agosto.

バチカン Vaticano (m). ~の vaticano/na.

はちじゅう 八十 oitenta. 第~の、~番目の octogésimo/ma.

はちじゅうはちや 八十八夜 octogésima oitava noite (f) a contar do início da primavera no calendário lunar 《aproximadamente a dois de maio》.

はちどり 蜂鳥 〘鳥〙beija-flor (m).

はちぶ 八分 oito décimos (mpl).

はちぶおんぷ 八分音符 〘音〙colcheia (f).

はちまき 鉢巻き faixa (f) de pano que se ata em volta da cabeça.

はちみつ 蜂蜜 mel (m) de abelha.

はちゅうるい 爬虫類 répteis (mpl).

はちょう 波長 ❶ comprimento (m) de onda. 放送大学に~を合わせる sintonizar com a Universidade ⌐do Ar [Aberta]. ❷《比》harmonia (f), acordo (m) mútuo, sintonia (f). 衆議院と参議院は~が合っている Há sintonia da câmara dos deputados com o senado./《口語》A câmara e o senado estão se dando bem.

ハちょう ハ調 〘音〙tonalidade (f) em dó.

パチンコ casa (f) de diversões onde há várias caixas de jogos semelhantes a *slot*. ~をする jogar *pachinko*.

-はつ -発 ❶〔出発〕partido/da de, saído/da de. 上野~の夜行列車 trem (m) noturno que saiu [partiu] de Ueno. ❷〔発信〕enviado/da de. リオ~の報道によれば segundo informe enviado do Rio. ❸〔弾数〕disparos. 弾を3~撃つ dar três disparos. ❹〔殴打数〕(quantidade (f)) de golpes. 彼はパンチを数~食った Ele levou vários socos.

ばつ 〔ばつ印〕sinal (m) em forma de xis [cruz]. 空欄に~印をつける preencher ⌐as casas em branco [os quadradinhos] com ⌐um xis [uma cruz].

ばつ 罰 castigo (m), punição (f). ~として como penitência. ~を受ける receber um castigo, ser castigado/da.

はつあん 発案 proposta (f), sugestão (f). ~する propor 《口語》uma ideia, apresentar uma proposta. ♦発案者 proponente, idealizador/ra (de uma ideia).

はついく 発育 crescimento (m), desenvolvimento (m). ~する crescer, desenvolver-se. ~がとまる parar de crescer. ~の遅れた retardado/da. ~盛りの em pleno crescimento.

はつえんとう 発煙筒 granada (f) de fumaça.

はつおん 発音 pronúncia (f). ~する pronunciar. ♦発音記号 transcrição (f) fonética.

はっか 発火 ignição (f), inflamação (f), combustão (f). ~させる acender, inflamar. ~する pegar fogo, acender. ~しやすい inflamável, fácil de pegar fogo. ~点の低い物質 substância (f) com ponto de combustão baixo. ¶紛争の~点 origem (f) do conflito. ♦発火点 ponto (m) de ignição. 自然発火 combustão (f) espontânea.

はっか 薄荷 〘植〙hortelã (f).

はつが 発芽 germinação (f). ~する germinar.

ハッカー 〘コンピュ〙hacker (m) [ハッケル].

はっかく 発覚 descoberta (f). 不正が~された A corrupção foi descoberta./Descobriram a corrupção.

はっかくけい 八角形 〘数〙octógono (m). ~の octogonal.

はつかだいこん 二十日大根 〘植〙rabanete (m).

はつがつお 初鰹　os primeiros (peixes) bonitos (mpl) da estação.

はつかねずみ 二十日鼠　〔動〕camundongo (m).

はっかん 発刊　lançamento (m), publicação (f), edição (f). ～する publicar. その雑誌の特別号が～された Foi publicada uma edição especial da revista.

はっかん 発汗　transpiração (f); 〔医〕perspiração (f).

はつがん 発癌　〔医〕cancerização (f), carcinose (f). ～性の cancerígeno/na, carcinogênico/ca. ～性の物質 substância (f) cancerígena.

はっき 発揮　mostra (f), vazão (f). …を～する dar vazão a …. 実力を～する mostrar a capacidade.

はっきり ～した〔明瞭な〕claro/ra; 〔区別がはっきりした〕distinto/ta. ～と claramente, distintamente. ～見える (dar para) ver nitidamente. ～聞こえる (dar para) ouvir claramente. ～している incisivo/va, nítido/da. 写真が～している A fotografia está nítida. ～言わせてもらえば francamente falando. それを飲むと頭が～する A gente se desperta quando toma isso. ～とは知りませんが... Não sei bem exatamente, mas .... きょうはお天気が～しないですね Hoje o tempo está indefinido, não é mesmo?

はっきん 発禁　proibição (f) de publicação [venda]. …を～にする interditar a publicação de …. ♦発禁本 livro (m) de venda proibida, livro censurado.

はっきん 白金　〔化〕platina (f).

ばっきん 罰金　multa (f). ～を科する multar. 違反者には 10 万円の～が科せられる Haverá uma multa de cem mil ienes para os infratores./Os infratores receberão [terão] uma multa de cem mil ienes./Os infratores ⌞serão [poderão ser] multados em cem mil ienes./Aos infratores será aplicada uma multa de cem mil ienes. 駐車違反は～を取られます Se estacionar o carro em lugar proibido, vai ser multado/da. 私はスピード違反で 6 千円の～を科せられた Eu levei uma multa de seis mil ienes por excesso de velocidade.

パッキング　❶〔荷造り〕embalagem (f), empacotamento (m). ❷〔詰め物〕material (m) de acondicionamento. ❸〔パッキン〕empanque (m).

バック　❶ costas (fpl), parte (f) traseira. ～する dar marcha a ré. 車の～をお願いします Dê [Me dá uma] marcha a ré, por favor. ❷《サッカー》〔防御〕defesa (f) de retaguarda (f). ♦センターバック zagueiro (m). 右サイドバック lateral direito/ta. 左サイドバック lateral esquerdo/da〔★ 男性形の場合は人を、女性形の場合は空間を示す〕. ❸〔後援者〕protetor/ra, patrocinador/ra, apoio (m), 《口語》cartucho (m). 彼には知事という有力な～があった Ele tinha um grande apoio do governador.

パック　❶ pacote (m), embalagem (f), embrulho (m). ～する embrulhar, empacotar, fazer a embalagem de. ♦パック旅行 pacote turístico. 真空パック embalagem a vácuo. ❷〔化粧〕máscara (f). ～する fazer máscara.

バックアップ　❶〔支援〕apoio (m), subsídio (m), ajuda (f). …を～する dar um apoio [subsídio] a …, ajudar …, apoiar …. アパートに入ったホームレスが路上生活に戻らないように～していく ir fornecendo ajuda aos habitantes de rua que se instalaram num apartamento para que não voltem às ruas. ❷〔コンピュータ〕backup (m) [ベッカピ], cópia (f). データの～をしておきなさい Crie um backup [Tire uma cópia de segurança] dos dados.

バックグラウンド　fundo (m), cenário (m), pano (m) de fundo. ♦バックグラウンドミュージック fundo musical.

はっくつ 発掘　escavação (f). ～する escavar.

バックナンバー　número (m) anterior. 雑誌の～を注文する fazer um pedido dos números anteriores de uma revista.

バックネット　〔野球〕rede (f) de trás (colocada atrás do home plate).

バックパッカー　viajante econômico/ca [mochileiro/ra], pessoa (f) que viaja com pouca bagagem e pouco dinheiro.

バックミラー　retrovisor (m), espelho (m) retrovisor.

バックル　fivela (f). ベルトの～をしめる apertar a fivela do cinto, afivelar o cinto.

ばつぐん 抜群　～の de destaque, incomparável. ～の成績で卒業する graduar-se com notas ⌞incomparavelmente altas [brilhantes].

パッケージ　❶ empacotamento (m). ❷ pacote (m), conjunto (m). ホテルのカーニバル特別～料金 pacote de tarifas promocionais [especiais] de carnaval (em hotel). ♦パッケージ旅行 pacote turístico [de viagem]. ⇒バック.

はっけっきゅう 白血球　〔医〕leucócito (m), glóbulos (mpl) brancos.

はっけつびょう 白血病　〔医〕leucemia (f).

＊はっけん 発見　descoberta (f) [デスコベルタ], descobrimento (m) [デスコブリメント]. ～する descobrir. ペニシリンの～ descoberta da penicilina. 盗難車を～する achar o carro roubado. ブラジルはペドロ・アルヴァレス・カブラルによって 1500 年に発見された A descoberta do Brasil por Pedro Álvares Cabral deu-se em mil e quinhentos. 癌(ガ)の早期～ diagnóstico (m) precoce do câncer. ♦発見者 descobridor/ra.

はっけん 発券　emissão (f). ～する emitir. 航空券を～する emitir a passagem. チケットの～をお願いします Favor emitir ⌞a passagem [o bilhete]. ♦発券リミット limite (m) de

はつげん 発言 declaração (f). 〜する falar, tomar a palavra, declarar. …に〜権を与える dar a palavra a …. 私はこの件に関しては〜権がありません Eu não tenho direito de opinar sobre esta questão. ♦ 発言権 direito (m) à palavra, direito de opinar. 発言者 declarante.

はつげん 発現 manifestação (f), aparecimento (m). 〜する manifestar-se, aparecer.

はつこい 初恋 primeiro amor (m).

はっこう 発行 publicação (f), edição (f). 〜する publicar, editar. この本の〜部数はどのくらいですか Qual é a tiragem deste livro? ♦ 発行人 editor/ra. 発行部数 tiragem (f).

はっこう 発光 emissão (f) de luz, luminosidade (f), fosforescência (f), luminescência (f). 〜性の irradiante, fosforescente, luminoso/sa. 〜する emitir fosforescência, emitir luz, irradiar. ♦ 発光ダイオード 【電】 diodo (m) (semi-condutor) emissor de luz (LED). 発光動物（植物）animal (planta) fosforescente. 発光塗料 tinta (f) fosforescente.

はっこう 発酵 fermentação (f). 〜する fermentar. 〜させる deixar [pôr para] fermentar.

はつごおり 初氷 o primeiro gelo (m) do inverno.

ばっさい 伐採 corte (m) de árvores. 木を〜する cortar [abater] árvores.

はっさく 八朔 【植】variedade (f) de tangerina (f).

はっさん 発散 ❶ exalação (f), emissão (f). 嫌なにおいを〜する exalar cheiro desagradável. ❷〔ストレスなどの〕via (f) de escape. ストレスを〜させるために para se espairecer. ❸ 〔光, 熱など〕radiação (f), irradiação (f). ❹ 【数・理】divergência (f).

ばっし 抜歯 extração (f) de dente. 〜する extrair um dente.

ばっし 抜糸 【医】extração (f) dos pontos. 〜する tirar os pontos.

バッジ crachá (m), distintivo (m). 襟に〜をつける colocar [pôr] um distintivo na lapela. 帽子に〜をつける pôr o crachá no chapéu. ♦ 社員バッジ distintivo do funcionário (de uma companhia).

はつしも 初霜 a primeira geada (f) (do inverno).

はっしゃ 発射 disparo (m), tiro (m). 〜する atirar, disparar, dar [efetuar] um tiro.

はっしゃ 発車 partida (f). 〜する partir, sair. この急行は9時45分の〜です Este expresso sai às nove(horas) e quarenta e cinco (minutos). その列車でしたら3番線から〜します Se for esse trem, vai sair da plataforma número três. 〜までもうしばらくお待ちください〔車内アナウンス〕Tenham a bondade de esperar mais um pouco até a partida (deste trem) 《em anúncios de trem》. ♦ 発車時刻 horário (m) de partida.

はっしょう 発症 【医】aparecimento (m) (de sintomas de uma doença). 〜する aparecer, ter. そのとき彼女は子宮癌(がん)を〜した Foi então que ela teve os primeiros sintomas do câncer de útero.

はつじょうき 発情期 cio (m).

はっしょうち 発祥地 berço (m). リオはサンバの〜だ O Rio é o berço do samba.

はっしん 発信 envio (m), despacho (m), expedição (f). 〜する enviar, despachar, expedir. ♦ 発信音 sinal (m) de ligação. 発信地 local (m) do despacho.

はっしん 発疹 【医】exantema (m), erupção (f) cutânea.

バッシング rebaixamento (m).

ばっすい 抜粋 seleção (f), extrato (m). 〜する selecionar, extrair.

はっする 発する ❶【理】emitir, enviar, soltar, irradiar. この物質は光を〜 Esta matéria emite luz. 声を〜 dar um grito, gritar. 言葉を〜 pronunciar uma palavra. ❷〔起こる〕nascer, proceder, originar-se, surgir. 同じ思想の流れから〜作品 obras (fpl) que procedem da mesma corrente de ideias. ❸〔発令する〕dar, publicar, transmitir. 逮捕令状を〜 dar ordem de prisão. 警告を〜 emitir um alerta, advertir, alertar.

ハッスル 〜する entusiasmar-se, agir com vigor.

ばっする 罰する castigar, punir. 罰すべき que deve ser punido/da [castigado/da]. ⇨罰.

はっせい 発声 fala (f), voz (f), emissão (f) de som [voz]. 〜する emitir (som); 〔歌う〕cantar; declamar, soltar a voz. 〜練習をする fazer exercícios vocais. ♦ 発声映画 filme (m) falado. 発声器官 【解】órgãos (mpl) vocais. 発声障害 【医】disfonia (f). 発声法 dicção (f), entonação (f), 【音】vocalização (f).

はっせい 発生 ❶〔事件などの〕acontecimento (m), surto (m), ocorrência (f). 赤痢の〜 surto (m) de disenteria. 〜する acontecer, ocorrer, haver. 人身事故が〜しました Tivemos um acidente com vítima humana. 新しい問題が〜した Surgiu [Apareceu] um novo problema. 日本付近に〜した主な地震の一覧 Lista dos maiores terremotos ocorridos nas proximidades do Japão. ❷〔出現〕aparição (f), nascimento (m), origem (f), surgimento (m). 〜する dar cria, surgir, ser produzido/da. 街の蚊の〜源は雨水だ A origem dos mosquitos nas cidades é a água acumulada das chuvas. ♦ 発生学 【生】embriologia (f). 固体発生 【生】ontogênese (f). ❸〔電気, 熱などの〕geração (f), produção (f). 〜する gerar, produzir.

はっそう 発想 ideia (f), concepção (f). ~の転換をする mudar o quadro de pensamento, rever os conceitos. ~の転換をする時が来たと思います Acho que está na hora de rever os nossos conceitos. 彼の~はいつもユニークだ As ideias dele são sempre originais.

はっそう 発送 envio (m), remessa (f). ~する enviar, remeter, expedir. 早めの荷物を~するように Envie esse volume logo.

ばっそく 罰則 〖法〗cláusula (f) penal. ~に触れる infringir as disposições penais. ~を強化する reforçar o castigo (aumentando as multas ou o tempo de detenção relativos a uma infração). この契約には未納の場合1万円 (の罰金) を請求するという~が含まれている Este contrato inclui uma cláusula penal que demanda o pagamento de dez mil ienes no caso de atraso no pagamento. ♦ 罰則規定 código (m) penal.

ばった 〖虫〗gafanhoto (m).

バッター 〖野球〗batedor/ra, rebatedor/ra. ~に対して投球する arremessar em direção ao batedor.

はつたいけん 初体験 a primeira experiência (f) (fala-se em geral da primeira experiência sexual).

はったつ 発達 desenvolvimento (m), crescimento (m);〔進歩〕avanço (m), progresso (m). ~する desenvolver-se, ter um desenvolvimento, crescer; progredir, avançar; fazer progresso. ~した desenvolvido/da, avançado/da. 電子産業は近年著しい~を遂げた A indústria eletrônica teve um notável progresso nesses últimos anos.

はったり blefe (m). ~をかける blefar. 彼女は~屋だ Ela é uma blefadora.

ばったり de repente, bruscamente;〔思いがけず〕inesperadamente. 今駅前で山田さんに~会った Por coincidência, encontrei-me com o senhor Yamada na frente da estação.

はっちゅう 発注 pedido (m), encomenda (f). ~する fazer um pedido. 例の部品を~しておきました Já deixei feito o pedido daquela peça./O pedido da peça já está feito.

パッチワーク colcha (f) de retalhos, *patchwork* (m).

バッティング 〖野球〗rebatida (f) (da bola arremessada).

ばってき 抜擢 seleção (f), promoção (f). ~する selecionar, escolher. 彼は大使に~されte Ele foi promovido a [ao posto de] embaixador.

ばってら 〖料〗*sushi* de cavala enrolado em alga marinha.

バッテリー bateria (f);〖野球〗arremessador (m) e receptor (m). ~が上がった Acabou a bateria. ~を充電してください Carregue a bateria, por favor. ♦ バッテリースタンド posto (m) de bateria para carro elétrico. カーバッテリー acumulador (m), bateria de carro.

*はってん 発展 desenvolvimento (m) [デヴェロプヴォウヴィメント], crescimento (m) [クレスィメント]; avanço (m) [アヴァンソ], progresso (m) [プログレッソ];〔拡張〕expansão (f) [エスパンサォン]. ~する desenvolver-se, evoluir, crescer; progredir, avançar; expandir-se. 問題は思わぬ方向に~してしまった O problema tomou um rumo inesperado. 持続可能な~ desenvolvimento sustentável.〔手紙〕貴社のますますのご~をお祈り申し上げます Desejamos um progresso cada vez maior à sua companhia. ♦ 発展途上国 país (m) em desenvolvimento. 経済発展 desenvolvimento econômico.

はつでん 発電 produção (f) de força elétrica. ~する gerar energia elétrica, produzir eletricidade. ♦ 発電機 dínamo (m), gerador (m) de energia elétrica. 発電所 central (f) elétrica. 火力発電所 usina (f) termelétrica (f). 原子力発電所 usina nuclear. 水力発電所 usina hidrelétrica.

バット bastão (m). ~を振る bater.

ぱっと〔突然〕de repente, subitamente, repentinamente;〔急速に〕rapidamente. ~明るくなる iluminar-se de repente. 木造の家は~燃え上がった A casa de madeira incendiou-se rapidamente./As chamas se espalharam rapidamente pela casa de madeira. うわさが~広がった O boato se espalhou rapidamente.

パッド enchimento (m). 背広の肩に~を入れる pôr enchimento nos ombros do terno.

はつどうき 発動機 motor (m).

ぱっとしない sem destaque, ordinário/ria, obscuro/ra. ~生活を送る levar uma vida sem graça. この商売はどうも~ Pensando bem, este negócio não tem muito destaque. ~作家 um/uma escritor/ra obscuro/ra.

ハットトリック 〖スポーツ〗conquista (f) de três gols em um jogo, *hat trick*.

はつねつ 発熱 acesso (m) [ataque (m)] de febre. ~している ter [estar com] febre.

はつのり 初乗り ❶ a primeira viagem (f) (de avião ou qualquer outro veículo). ❷ bandeirada (f). 電車の~料金 preço (m) mínimo da passagem. タクシーの~料金 valor (m) da bandeirada.

はつばい 発売 venda (f). …を~する pôr [colocar] … à venda. ~中である estar à venda. この週刊誌はいつ~されますか Quando é que esta revista (semanal) vai ser posta à venda? ♦ 新発売 venda de um novo produto, lançamento (m) (de um novo produto).

はつひ 初日 o primeiro sol (m) do ano (novo), o primeiro nascer-do-sol (m) do ano (novo).

はっぴ 法被 quimono (m) curto (geralmente usado no trabalho ou nas festas tradicio-

ハッピー feliz. ♦ハッピーエンド final (*m*) feliz.

はつひので 初日の出 ⇨初日.

はつびょう 発病 adoecimento (*m*). 過労が元で～する adoecer [ficar doente] por excesso de trabalho. 肺結核を～した人に話を聞く conversar com uma pessoa que ficou com tuberculose pulmonar.

*****はっぴょう** 発表 anúncio (*m*) [アヌンスィオ], declaração (*f*) [デクララサォン];〔公表〕publicação (*f*) [プブリカサォン];〔表明〕expressão (*f*) [エスプレサォン], manifestação (*f*) [マニフェスタサォン];〔聴衆の前で〕apresentação (*f*) [アプレゼンタサォン]. ～する declarar, anunciar; publicar; expressar, manifestar; apresentar. 新車の発売日はいつ～されるのですか Quando vão anunciar o dia do lançamento do novo modelo (de carro)? ♦発表会〔音〕concerto (*m*), audição (*f*); recital (*m*).

バッファロー 〖動〗búfalo (*m*).

はつほ 初穂 ❶〔最初の稲〕as primeiras espigas (*fpl*). ❷《比》a primeira colheita (*f*).

はっぽうスチロール 発泡スチロール poliestireno (*m*) espumoso, isopor (*m*).

はっぽうびじん 八方美人 que procura agradar a todos《sentido pejorativo》.

ばっぽんてき 抜本的 radical, drástico/ca. ～な改革を迫られる ser pressionado/da a fazer uma reforma radical. その問題は～に解決せねばならぬ Quanto a esse problema, temos que solucioná-lo radicalmente [de modo radical].

はつみみ 初耳 それは～だ Estou ouvindo isso pela primeira vez.

はつめい 発明 invenção (*f*). ～する inventar. 必要は～の母である A necessidade é a mãe da criação. ♦発明家 inventor/ra. 発明品 invenção (*f*).

はつもうで 初詣 primeira visita (*f*) do ano a um templo budista ou santuário xintoísta.

はつゆき 初雪 a primeira neve (*f*) (do inverno).

はつゆめ 初夢 o primeiro sonho (*m*) do ano.

はつらつ 溌剌 ～とした disposto/ta, animado/da, com muita vontade de trabalhar ou estudar, cheio/cheia de vida. 彼はいつも～としている Ele está sempre muito disposto [cheio de vida].

はつれい 発令〔法令〕promulgação (*f*);〔辞令〕nomeação (*f*). ～する decretar, anunciar; anunciar uma nomeação, nomear oficialmente.

はて 果て fim (*m*), limite (*m*). 地の～ fim do mundo. 北の～ o extremo norte (*m*).

はで 派手 ～な vistoso/sa, chamativo/va. ～な色 cor (*f*) chamativa [vistosa]. ～な服装をする vestir-se de uma maneira vistosa. ～な生活をする levar uma vida ostentosa.

ばてい 馬蹄 casco (*m*) ferrado do cavalo. ～形の em forma de ferradura.

はてしない 果てしない sem fim, infinito/ta. 果てしなく infinitamente.

ばてる ficar esgotado/da.

パテント patente (*f*). …の～を取る patentear …, tirar patente de …. 会社は新しい製品の～を取った A empresa patenteou o [tirou patente do] novo produto.

はと 鳩〖鳥〗pombo/ba.

はどう 波動 ondulação (*f*), movimento (*m*) ondulatório, propagação (*f*) das ondas. ♦波動力学 mecânica (*f*) ondulatória.

パトカー viatura (*f*), carro (*m*) de patrulha, rádio (*m*) patrulha.

はとば 波止場 cais (*m*), desembarcadouro (*m*).

バドミントン 〖スポーツ〗badminton (*m*).

はとむぎ 鳩麦〖植〗lágrimas-de-job (*fpl*).

はどめ 歯止め ❶ freio (*m*), travão (*m*), breque (*m*). ～がかかる ficar [ser] travado/da. ❷《比》freio, breque. インフレに～をかける frear a inflação.

パトロール patrulha (*f*). ～する patrulhar. ♦パトロールカー carro (*m*) de patrulha.

パトロン patrocinador (*m*), mecenas (*m*).

バトン bastão (*m*); batuta (*f*). 5時にあなたは私に～タッチします Vou substituir [revezar com] você às cinco horas. ♦バトンタッチ entrega (*f*) de bastão;〔仕事の〕revezamento (*m*) de trabalho.

*****はな** 花 flor (*f*) [フロール]. ～が咲く florescer, abrir(-se). ～を作る cultivar flores. ～を生ける arranjar flores no vaso. 梅の～が咲いた As ameixeiras floresceram.

▶おもな花の名◀
あじさい hortênsia [オルテンスィア] (*f*)
カーネーション cravo [クラーヴォ] (*m*)
菊 crisântemo [クリザンテモ] (*m*)
コスモス cosmos [コーズモス] (*m*)
水仙 narciso [ナルスィーソ] (*m*)
すいれん nenúfar [ネヌーファル] (*m*)
すみれ violeta [ヴィオレッタ] (*f*)
ゼラニウム gerânio [ジェラーニオ] (*m*)
たんぽぽ dente-de-leão [デンチ デ レアォン] (*m*)
チューリップ tulipa [トゥリッパ] (*f*)
つばき camélia [カメーリア] (*f*)
ばら rosa [ホーザ] (*f*)
パンジー amor-perfeito [アモール ペルフェイト] (*m*)
ひまわり girassol [ジラソーウ] (*m*)
ゆり lírio [リーリオ] (*f*)
蘭(らん) orquídea [オルキーヂア] (*f*)

*****はな** 鼻 nariz (*m*) [ナリース]. ～の穴 narinas (*fpl*). ティッシュで～をかんでください Assoe o nariz com o lenço de papel. ～をすすりながら話すのはよくない Não é bom falar fungando (o nariz). 私は～が詰まっている Eu estou com o nariz entupido [tapado, tampado]. ～が高い

〔傲慢(ごう)〕ser orgulhoso/sa;〔誇らしげな〕estar orgulhoso/sa (de).　～がきく(きかない) ter (não ter) o nariz refinado [sensível].　……がつく ficar enjoado/da de ….

はないき 鼻息　respiração (f) (pelo nariz).　～が荒い respirar ∟com barulho [ruidosamente].

はなうた 鼻唄　cantarola (f).　～を歌う cantarolar.　彼女はいつも～を歌いながら仕事をしていた Ela sempre trabalhava cantarolante.

はなかぜ 鼻風邪　resfriado (m), catarro (m) nasal.　～をひいている estar ∟resfriado/da [com resfriado].

はなくそ 鼻糞　muco (m) nasal (seco).

はなげ 鼻毛　pelos (mpl) das ventas.

はなざかり 花盛り　❶〔花の盛り〕plena floração (f).　京都の桜は今が～だ As cerejeiras de Kyoto estão em plena floração.　❷《比》flor (f) da idade, auge (m) da juventude.　彼女は今が人生の～だ Ela está ∟na flor da idade [no auge da juventude].　❸《比》auge (m), plenitude (f).　60年代は学生運動が～だった A década de sessenta foi marcada pelo auge do movimento estudantil.

はなさき 鼻先　ponta (f) do nariz.　人を～でせせら笑う rir na cara do outro com desprezo.　人を～であしらう não fazer caso do que o outro fala.　～にピストルを突きつけられた Puseram o revólver na frente do meu nariz.

***はなし** 話　〔物語〕conto (m) [コント], estória (f) [エストーリア], história (f) [イストーリア];〔おしゃべり〕falatório (m) [ファラトーリオ], conversa (f) [コンヴェールサ];〔演説〕discurso (m) [デスクールソ];〔講演〕conferência (f) [コンフェレンスィア];〔うわさ〕boato (m) [ボアット], rumor (m) [フモール];〔主題〕assunto (m) [アスント], ideia (f) [イデーィア];〔言うこと〕o que uma pessoa fala.　～をする contar; falar; conversar; discursar; fazer uma conferência.　午後には定例の社長の～があります Na parte da tarde, vai haver o discurso de sempre do presidente (da companhia).　…という～だ Dizem que ….　彼は運転中に寝てしまったという～だ ele teria dormido no volante.　彼女は結婚しているという～だ Dizem que ela é casada.　彼の～はあまり信用していない Não confio muito no que ele fala.　～をやめなさい Pare [Parem] de falar!／Cale [Calem] a boca!　あそこの電話はいつもお～中です Aquele telefone lá está sempre ocupado.　その～は教室で出た／～だ A ideia surgiu numa sala de aula.　もしその～が出たら私の意見を言いましょう Se o assunto vier à tona, vou falar a minha opinião.　～はいつの間にか消えていた Esse assunto tinha saído da pauta, sem ninguém ter se dado conta (disso).　それはまた別の～ですよ… Isso é uma outra história.　～を終わりにするために para acabar com a conversa.

はなしあう 話し合う　conversar, debater, discutir.　その問題をどうやって解決するかが話し合われている Está havendo um debate sobre [《口語》Estão conversando a respeito de] como resolver o problema.　それは話し合ってから決めましょう Vamos decidir isso depois de conversarmos.

はなしかける 話しかける　…に～ dirigir a palavra a …, dirigir-se a …, falar a …, puxar conversa com ….

はなしかた 話し方　modo (m) [maneira (f)] de falar.

はなしことば 話し言葉　língua (f) falada.

はなしずき 話し好き　～な conversador/ra, que gosta de conversar;〔軽蔑的〕《俗》tagarela.　ブラジル人は～ですね Os brasileiros gostam de conversar, não?

はなして 話し手　falante, pessoa (f) que fala.

はなしょうぶ 花菖蒲　【植】íris (m) (do Japão).

はなす 放す　soltar, pôr … em liberdade, deixar … ir.　ロープから手を～な Não solte a corda.／Não tire a mão da corda.　ハンドルを放すんじゃないぞ Não tire a mão do volante, certo? (expressão masculina) 手を放してください Tire a mão daí, por favor.

***はなす** 話す　conversar [コンヴェルサール], falar [ファラール]; contar [コンタール].　…と～ conversar com …, falar a [com] ….　大声で～ falar alto (baixo).　手振りで～ falar gesticulando.　本当のことを～ falar a verdade.　ブラジル語について話してください Fale sobre o Brasil.　彼女は日本語とポルトガル語が話せます Ela sabe falar japonês e português.　何が起こったのか私に話してください Conte-me o que aconteceu.　あなたに話したいことがある Tenho uma coisa para lhe falar.／Eu preciso falar com você.　もっとゆっくり話してください Fale mais devagar, por favor.　もう～ことはない Não tenho mais nada a dizer.

***はなす** 離す　separar [セパラール]; deixar um vão [intervalo, espaço] entre …, afastar [アファスタール].　AをBから～ separar [afastar] A de B.　机と机の間をもう少し離してください Separe um pouco mais as mesas.／Deixe um espaço um pouco maior entre as mesas.　子供から目が離せない Preciso ficar de olho nas crianças.　私は今手が離せない Não posso parar com o que estou fazendo agora.

はなたば 花束　ramo (m) de flores, buquê (m) de flores, ramalhete (m).　このリンドウとあのバラで～を作ってください Faça um buquê com estas gencianas e aquelas rosas, por favor.

はなぢ 鼻血　sangramento (m) [hemorragia (f)] nasal, 【医】epistaxe (f).　彼は～を出している Ele está com o nariz sangrando.　～が止まらないのですが... Não para de sair sangue do meu nariz.

はなづまり 鼻づまり nariz (m) entupido, 〔医〕obstrução (f) nasal.

はなつみ 花摘み colheita (f) de flores. 〜をする colher flores.

バナナ 〔植〕〔実〕banana (f);〔木〕bananeira (f).

はなはだ 甚だ muito, extremamente. パーティーは〜愉快だった A festa estava muito agradável [divertida, prazerosa].

はなはだしい 甚だしい enorme, exorbitante, muito grande; grave, brutal. 私は〜損害をこうむった Tive um prejuízo ᒪmuito grande [enorme]. 〜間違いをする errar brutalmente [enormemente], fazer [cometer] um erro grave.

はなび 花火 fogos (mpl) de artifício. 〜をする soltar fogos de artifício. 〜を打ち上げる estourar um rojão, soltar rojões [foguetes]. ♦花火大会 show (m) pirotécnico, festival (m) de fogos de artifício.

はなびら 花びら pétala (f).

パナマ Panamá (m). 〜の panamenho/nha.

はなみ 花見 〜をする ir ver flores 《principalmente de cerejeiras》.

はなみず 鼻水 muco (m), ranho (m). 〜が出ている ter [estar com] coriza.

はなむこ 花婿 noivo (m) 《no dia do casamento》.

はなや 花屋 〔店〕floricultura (f);〔人〕florista.

はなやか 華やか 〜な〔華麗な〕esplêndido/da, espetacular, brilhante;〔陽気な〕alegre, risonho/nha.

はなよめ 花嫁 noiva (f) 《no dia do casamento》. ♦花嫁衣装 vestido (m) de noiva.

はならび 歯並び dentição (f), alinhamento (m) dos dentes. 〜がよい ter ᒪboa dentição [dentes bem alinhados].

ばなれ 場慣れ prática (f), traquejo (m), tarimba (f). 〜する adquirir experiência 《no ofício》, traquejar, ganhar prática, acostumar-se (a). 〜している人 pessoa (f) ᒪtraquejada [experimentada, tarimbada].

はなれじま 離れ島 ilha (f) afastada [isolada, solitária].

はなればなれ 離れ離れ 〜になる ficar separado/da. ...と〜になる perder-se um/uma do/da [ao/à] outro/tra.

***はなれる 離れる** afastar-se [アファスタール スィ], separar-se [セパラール スィ]. 離れている estar afastado/da 《distante》. 家族と離れて暮らす viver separado/da da família; ficar longe da família. 駅はここから 300 メートル離れている A estação fica a trezentos metros daqui. 危険ですからもう少し離れてください Afaste-se mais um pouco, que é perigoso. 離れた distante, afastado/da.

はなわ 花輪 coroa (f) de flores.

はにかむ ficar envergonhado/da. はにかんで com vergonha, timidamente, com acanhamento. 彼女ははにかみ屋だね Ela é envergonhada, não?

ばにく 馬肉 carne (f) de cavalo.

パニック pânico (m). 最初の〜状態から少し落ち着いた Passou aquele entusiasmo negativo inicial. ♦パニック状態 estado (m) de pânico, entusiasmo (m) negativo.

バニラ 〔植〕baunilha (f).

はにわ 埴輪 bonecos (mpl) e jarros (mpl) cilíndricos de argila 《séculos IV a VII》.

バヌアツ Vanuatu. 〜の vanuatense.

はね 羽 〔翼〕asa (f);〔羽毛〕pena (f), pluma (f);〔集合的〕plumagem (f). 飛行機の〜 asa de avião. 風車の〜 asa do moinho de vento. 鳥の〜をむしる depenar uma ave. 〜をのばす abrir as asas;《比》ter liberdade.

ばね mola (f). 〜仕掛けのおもちゃ brinquedo (m) de corda. アメリカ経済の主な《比》mola mestra da economia americana.

はねかえす 跳ね返す repelir, afastar. ボールを〜 devolver a bola.

はねつき 羽根突き 〜をする brincar de [com] peteca.

はねぶとん 羽布団 acolchoado (m) [edredom (m)] de penas.

はねぼうき 羽箒 vassoura (f) de penas.

はねまわる 跳ね回る pular em volta.

ハネムーン lua-de-mel (f).

パネラー panelista. ⇨パネリスト.

パネリスト ❶ 〔パネルディスカッションの討論者〕panelista, especialista 《que discute um problema publicamente em painel》. ❷〔クイズ番組の解答者〕pessoa (f) que responde às perguntas num *quizshow*.

はねる 撥ねる 〔自動車が〕atropelar. 自動車にはねられる ser atropelado/da por um carro. 不良品を〜 rejeitar ᒪum artigo com defeito [material estragado].

はねる 跳ねる pular;〔水などが〕espirrar. 私のスカートに水がはねた Espirrou água na minha saia. ウサギが〜 O coelho pula.

パネル painel (m). ♦パネルディスカッション painel, discussão (f) pública de um problema por panelistas especialistas no assunto.

パノラマ panorama (m).

***はは 母** mãe (f) 〔マンイ〕;〔私の母〕minha mãe. 〜の日 Dia (m) das Mães. 〜らしい maternal. 〜のない sem mãe. 〜方の親戚 parente do lado materno.

はば 幅 ❶ 〔横の長さ〕largura (f). 〜の広い largo/ga. 〜の狭い estreito/ta. うちのテーブルは長さ3メートル, 〜1メートルです A mesa de casa tem três metros de comprimento e um (metro) de largura. アマゾン川の〜はいくらありますか Qual é a largura do Rio Amazonas? 値上げの〜 margem (f) da elevação de preço. 道路の〜を広げる alargar a [aumentar a largura da] estrada. ♦ダブル幅 dupla (f) largura. ❷〔ゆとり〕社長は~広い知識の持ち主だった O presidente da companhia era um homem de amplos conhecimentos. 彼は人間に~ができた Ele se tornou ⌐compreensivo [condescendente, mais humano]. ❸〔はぶり〕社長は~がきく O presidente (da nossa companhia) é um homem influente.

パパ papá (m).

パパイヤ mamão (m).

はばかる 憚る ter receio, temer, recear. 人目を~ agir às escondidas, recear ser visto/ta. 二人は人目を~ように会っていた Os dois encontravam-se ⌐longe dos olhares dos outros (receosos de serem vistos).

はばたく 羽ばたく ❶ bater as asas. ❷《比》tornar-se livre [independente].

はばつ 派閥 facção (f). ~を作る criar facção. ♦派閥争い conflito (m) entre facções.

はばとび 幅跳び〔スポーツ〕salto (m) em distância.

バハマ Bahamas (fpl). ~の baamês/mesa.

パパラッチ paparazzi (mpl). ダイアナ妃は~につきまとわれていた A princesa Diana era assediada pelos paparazzi.

ババロア〔料〕creme (m) bavaroise.

はびこる dar muito, pulular, abundar, estar cheio/cheia de, alastrar. 雨の後雑草が庭にはびこってしまった Após a chuva, as ervas-daninhas se espalharam pelo jardim.

パビリオン ❶〔展示館〕pavilhão (m). ❷〔公園内の〕coreto (m). ❸〔運動会などのテント〕grande tenda (f).

はぶ〔動〕víbora (f) de Okinawa.

パブ pub (m).

パプアニューギニア Papua Nova Guiné. ~の papua.

パフェ sundae (m). ♦フルーツパフェ sundae com frutas.

パフォーマンス ❶〔劇・音・舞踊〕dança (f), performance (f). ❷〔車〕performance.

はぶく 省く〔省略する〕omitir;〔節約する〕economizar. この分は会計から省いておきましょう Vamos omitir isto da conta. この機械があると我々の手間が省けます Com esta máquina podemos economizar (as horas de) trabalho.

はぶちゃ 波布茶〔植〕chá (m) habu.

ハプニング ❶〔偶然の出来事〕acontecimento (m) inesperado, fato (m) resultante de coincidências. ❷〔劇〕happening (m), evento (m) teatral espontâneo com participação do público.

はブラシ 歯ブラシ escova (f) de dente.

パプリカ〔植〕pimentão (m);〔香辛料〕páprica (f)《tempero em pó feito com pimentão vermelho》.

バブル ❶〔泡〕bolha (f). ❷〔バブル経済〕economia (f) especulativa, economia de bolha. 不動産~の崩壊 estouro (m) da bolha imobiliária. ♦バブル崩壊 estouro da bolha.

ばふん 馬糞 esterco (m) de cavalo.

はへん 破片 fragmento (m)《de objetos》.

はぼたん 葉牡丹〔植〕espécie (f) de couve ornamental.

はま 浜 praia (f).

はまき 葉巻 charuto (m). ♦葉巻入れ charuteira (f).

はまぐり 蛤〔貝〕clame-dura(-japonesa) (f), amêijoa (f).

はまち 鰤〔魚〕filhote (m) de olhete.

はまる ❶〔ぴったり入る〕encaixar em, ajustar-se em [a]; caber em, entrar em. ふたが瓶にはまらない A tampa não se ajusta à garrafa. ❷〔はまり込む〕cair em. ~に atolar-se, encalhar-se em lama. タイヤが溝にはまってしまった O pneu caiu na valeta. ❸〔だまされる〕cair em, ser enganado/da. わなに~ cair numa cilada. ❹〔のめり込む〕ficar [estar] gostando demais de. 彼は今ブラジル料理にはまっている Agora ele está gostando demais da comida brasileira.

はみがき 歯磨き ❶〔行為〕escovação (f) dos dentes. ~をする escovar os dentes. ❷〔ペースト状の〕dentifrício (m), pasta (f) ⌐dental de dente⌐.

はみだす はみ出す ❶ sair fora. 枠から~ sair fora da moldura. ❷《比》ultrapassar, exceder. あの人は常識からはみ出している Aquela pessoa não tem senso comum./Aquela pessoa está para além do senso comum.

ハム presunto (m). ♦生ハム presunto cru.

ハムスター〔動〕hamster (m).

はめこむ〔象眼する〕incrustar. はめ込み細工〔作品〕obra (f) de marchetaria (f),〔工芸〕arte (f) de marchetaria.

はめつ 破滅 ruína (f). ~する arruinar-se, ficar arruinado/da.

はめる〔手袋などを〕pôr, calçar; colocar, ajustar, embutir, encaixar;〔だます〕enganar. 手袋を~ calçar as luvas. 指輪を~ pôr anel, usar anel. ここにこの部品をはめてください Encaixe esta peça aqui.

ばめん 場面 situação (f);〔舞台などの〕cena (f).

はも 鱧〔魚〕congro (m) bicudo do Japão.

はもの 刃物 instrumento (m) cortante. ~で…を傷つける cortar …, esfaquear …. ♦刃物商〔人〕cuteleiro/ra;〔店〕cutelaria (f).

はもん 波紋 ❶ ondulação (f)《da água》. ❷ repercussão (f). 事件の~は両国の関係に及んでしまった O incidente acabou por ter repercussão na relação dos dois países.

*****はやい** 早い cedo〔セード〕. 早ければ~ほどいい Quanto mais cedo melhor. ~話が大学に受からなかった Em resumo, não passei na faculdade. ~夕食をすませた Jantei cedo. 出発にはまだ~ Ainda é cedo para partir. 早く cedo. 朝早く de manhã cedo. 早く寝て早く起きる

はやい

dormir cedo e acordar cedo. できるだけ早く o mais cedo possível. いつもより早く mais cedo do que ∟de costume [o normal]. 私は早く来すぎた Cheguei cedo demais. 早く帰って来なさい Volte cedo. ¶ ～者勝ち Quem primeiro chega, primeiro é servido.

*__はやい__ 速い rápido/da [ハッピド/ダ]. 速く rápido, rapidamente, depressa. 時が速く過ぎる O tempo passa depressa. あなたは仕事が～ Você trabalha rápido. もう少し速くできませんか Não dá para fazer um pouco mais rápido?

__はやうまれ__ 早生まれ ～の nascido/da entre primeiro de janeiro e primeiro de abril.

__はやおき__ 早起き ～する acordar cedo. あしたは～しましょう Vamos acordar cedo amanhã.

__はやがてん__ 早合点 conclusão (f) precipitada, precipitação (f). ～する concluir precipitadamente, ser imprudente, precipitar-se.

__はやく__ 早く ⇨早い.
__はやく__ 速く ⇨速い.

__はやくち__ 早口 ～である falar depressa. ♦早口言葉 trava-língua (m).

__はやざき__ 早咲き ～の que floresce comparativamente mais cedo. ～のバラ espécie (f) de rosa que floresce mais cedo do que as outras.

__はやし__ 林 floresta (f), bosque (m).

__ハヤシライス__ 〖料〗 arroz (m) com molho de tomate, carne picada e cebola engrossado com farinha de trigo.

__はやね__ 早寝 ～する dormir cedo. ～早起きをする dormir cedo e acordar cedo.

__はやぶさ__ 隼 〖鳥〗falcão-peregrino (m).

__はやまる__ 早まる ❶ [時期が早くなる] adiantar-se, antecipar-se. 出発時刻が早まった Adiantou-se o horário de saída [partida]. ❷ [あせってまだしなくてもよいことをする] afobar-se, precipitar-se. 早まって sem reflexão, precipitadamente. 早まったことをする errar por precipitar-se. 早まった結論を出す concluir precipitadamente, tirar uma conclusão apressada [afobada].

__はやめ__ 早め ～に antes da hora, um pouco antes, um pouco mais cedo. ～にお出でください Venha um pouco antes. いつもより～に出かける sair um pouco mais cedo que o normal. 早く終わりにするために～に始めましょう Vamos começar cedo para acabar cedo.

__はやめ__ 速め ～に um pouco mais rápido (que o normal). ～に歩く andar um pouco mais depressa.

__はやめし__ 早飯 ❶ [食べ方が速いこと] ato (m) de comer depressa. ❷ [早めの食事] ato (m) de comer mais cedo.

__はやめる__ 速める precipitar, acelerar. 足を速めましょう Vamos acelerar o passo. 仕事のテンポを速めてください Acelere o ritmo do trabalho, por favor.

__はやり__ 流行 moda (f), momento (m). ～の 服装 roupa (f) ∟da moda [do momento]. ～言葉 palavra (f) [expressão (f)] da moda. ～の芸人 artista da moda. ⇨流行(りゅうこう).

__はやる__ 流行る ❶ [流行する] tornar-se popular, entrar na moda. 今この曲がはやっている Esta música está na moda agora. その服装はまだはやっている Este estilo de roupas ainda está em voga. それはもうはやらなくなった Isso já passsou de moda. はやらせる inventar moda, popularizar. ❷ [繁盛する] prosperar, ter muitos clientes. この店ははやっている Esta loja ∟tem muitos clientes [é muito popular]. ❸ [病気が広まる] alastrar-se, propagar-se (uma doença). 学校で風邪がはやっている A gripe está se alastrando na escola.

__はやわざ__ 早業 agilidade (f), gesto (m) ligeiro, trabalho (m) rápido. 目にもとまらぬ～で com uma agilidade extraordinária.

__はら__ 腹 barriga (f), intestinos (mpl), estômago (m). ～が痛い estar com dor ∟de barriga [nos intestinos, no estômago]. ～が減る (減っている) ficar [estar] com fome, ficar [estar] de barriga vazia. 《os exemplos até aqui são de uso não muito fino para o sexo feminino》. ～が立つ ficar com raiva. 八分目にしておく não comer até a saciedade, encher somente os oitenta por cento do estômago.

__ばら__ ～で売る vender ∟separado [em avulso].

__ばら__ 薔薇 〖植〗rosa (f). ～の木 roseira (f). ～色の cor-de-rosa, rosa. 私は～を買いました Eu comprei uma rosa. 私は～色が好きです Eu gosto do rosa. ♦ばら色 cor-de-rosa (f), rosa (m). ばら園 roseiral (m).

__バラード__ balada (f).

__はらいこみ__ 払い込み pagamento (m). ～をする pagar. ♦払い込み額 quantia (f) paga.

__はらいこむ__ 払い込む pagar. 5千円を～ pagar [fazer um pagamento de] cinco mil ienes.

__はらいせ__ 腹いせ desforra (f), vingança (f). …の～に para se vingar de …, 《口語》para descontar …. ～をする vingar-se.

__はらいもどし__ 払い戻し reembolso (m), devolução (f) do dinheiro desembolsado. これは～がきくんですか Será que dá para (me) devolver essa importância?

__はらいもどす__ 払い戻す reembolsar, restituir (a alguém) o dinheiro desembolsado.

*__はらう__ 払う ❶ [支払う] pagar [パガール]. 勘定を～ pagar as contas. 借金を払いに来ました Vim pagar as dívidas. あなたはあのスナックでお金を払わずに出てきたでしょう Você saiu daquela casa noturna sem pagar, não foi? ❷ [取り除く] tirar [チラール], espanar [エスパナール]. テーブルのちりを払ってください Favor tirar a poeira da mesa. / Passe um espanador na mesa, por favor. ❸ [いらなくなったものを売る] vender [ヴェンデール], desfazer-se de, livrar-se (do

desnecessário). 古新聞を~ vender jornal velho.
はらう 祓う benzer, afastar (maus espíritos, má sorte, coisas ruins). 厄を~ benzer-se, afastar a má sorte.
バラエティー variedade (f). ◆バラエティー番組〖テレビ〗programa (m) de variedades.
パラオ Palau. ~の palauense.
パラグアイ Paraguai (m). ~の paraguaio/guaia.
パラグラフ parágrafo (m).
はらぐろい 腹黒い malvado/da (com más intenções). ~人 pessoa (f) mal intencionada.
はらごしらえ 腹ごしらえ ~をする comer alguma coisa (para forrar o estômago).
パラシュート para-quedas (m).
はらす 晴らす esclarecer, espairecer, desafogar, libertar, dissipar. 疑いを~ esclarecer uma dúvida, libertar-se de uma suspeita. 恨みを~ vingar-se, libertar-se de um ódio. 気を~ distrair-se, espairecer-se. 酒でうっぷんを~ desafogar-se [desabafar-se] na bebida.
ばらす ❶〔暴露する〕revelar. 秘密を~ revelar um segredo. ❷〔分解する〕desmontar. 部品を~ desmontar as peças.
ハラスメント assédio (m), molestamento (m). ◆セクシュアルハラスメント assédio [molestamento] sexual. モラルハラスメント assédio moral.
パラソル guarda-sol (m), para-sol (m).
はらちがい 腹違い ~の de mães diferentes e mesmo pai. ~の弟 irmão (m) mais novo consanguíneo de mães diferentes.
ばらつき desigualdade (f). その箱のトマトの大きさには~がある Os tamanhos dos tomates dessa caixa não são iguais [são desiguais].
バラック barraca (f).
パラドックス paradoxo (m).
パラノイア〖心〗paranoia (f).
はらはら ❶ ~する inquietar-se, ficar ansioso/sa, ter medo. あのジェットコースターは見ているだけで~する Fico com o coração batendo mais forte só de ver aquela montanha russa. 秘密がもれはしないかと私は~していた Tinha muito medo de que o segredo fosse revelado. ~しながら com o coração na mão. ❷〔落ちるさま〕木の葉が~と散っていた As folhas das árvores caíam aos poucos dançando no ar. 彼女は~と涙を流していた Corriam lágrimas abundantes pelo rosto dela.
ばらばら ~に em pedaços pequenos〔別々に〕separadamente;〔雑然と〕desordenadamente, em desordem. ~にする despedaçar, desmontar. ~になる despedaçar-se; dispersar-se; divergir-se. あられが~と降ってくる O granizo está caindo com fortes pancadas. 記憶の中の出来事は~によみがえるのだった Os fatos da memória me vinham aos pedaços. 彼らの意見は~だ As opiniões estão em desarmonia [desacordo]. 戦争で家族は~になった A família se dispersou com a guerra. ◆ばらばら殺人事件 caso (m) criminal com cadáver despedaçado.
ぱらぱら ❶〔粒状のものが続けて落ちる様子〕雨が~と降っていた Caíam algumas gotas de chuva. ~に塩を~ふる salpicar um pouco de sal em …. ❷〔本などをめくる様子〕書類を~めくる folhear um documento.
パラボラアンテナ antena (f) parabólica.
はらまき 腹巻き faixa (f) abdominal (em geral de malha) para esquentar o ventre. ~をする usar faixa abdominal.
ばらまく ばら撒く espalhar, esparramar. チップを~ dar gorjetas a torto e a direito.
バラライカ〖音〗balalaica (f).
パラリンピック Jogos (mpl) Paraolímpicos.
パラレル ❶〔平行線〕paralela (f). ~な paralelo/la. ❷〖電〗paralelo (m). ❸〖スポーツ〗~に滑る esquiar com os esquis paralelos.
はらわた 腸 entranhas (fpl), vísceras (fpl), tripas (fpl);〔動物の〕barrigada (f). 魚の~をとる destripar o peixe, tirar a barigada do peixe. ¶ ~が煮えくり返る思いをする ficar com muita raiva. ~の腐った男 homem (m) corrupto.
はらん 波乱 ❶〔もめごと〕confusão (f), tumulto (m), distúrbio (m), agitação (f). ~を巻きおこす criar tumulto. ❷〔盛衰〕vicissitude (f), agitação. ~に富んだ人生 vida (f) cheia de agitações. ~万丈の物語 história (f) cheia de aventuras. ~含みの agitado/da.
バランス ❶ equilíbrio (m). ~が取れている ter equilíbrio. ~を崩す perder o equilíbrio, desequilibrar-se. 栄養の~のとれた食事 refeição (f) (com nutrição) balanceada. ❷〖会計〗balancete (m). ◆バランスシート folha (f) de balanço.
はり 針 agulha (f). ~の穴 buraco (m) [orifício (m)] da agulha. 編物の~ agulha de tricô. 時計の~ ponteiro (m) de relógio. 羅針盤の~ ponteiro da bússola. ~仕事をする costurar. ~に糸を通す enfiar a linha no buraco da agulha. 傷口を5~縫う〔患者側〕levar cinco pontos na ferida;〔医者側〕dar cinco pontos na ferida. ◆針仕事 costura (f).
はり 鍼 acupuntura (f). ~治療をする fazer tratamento (m) de acupuntura. ◆鍼師 acupuntor/ra.
はりあい 張り合い ❶〔競合〕rivalidade (f), competição (f). ❷〔やりがい〕~のある que

vale a pena. 彼女にポルトガル語を教えるのは〜がある Vale a pena ensinar-lhe o português. 〜のある仕事 trabalho (*m*) que vale a pena. 生きる〜が出てきた Encontrei uma razão para viver. 私は生きる〜を失ってしまった Acabei perdendo o sentido da vida. ¶ 〜が抜ける ficar desanimado/da.

はりあう 張り合う competir-se [rivalizar-se] um com o outro/uma com a outra. …と〜 competir com …, ser rival de ….

はりあげる 張り上げる levantar. 声を〜 levantar a voz.

バリアフリー sem barreiras. 〜の家を建てる construir uma casa sem barreiras.

バリウム 【化】bário (*m*). 胃の検査のために〜を飲む tomar bário para examinar o estômago.

バリエーション variação (*f*).

はりがね 針金 arame (*m*).

はりがみ 張り紙 papel (*m*) colado [pregado]. 壁に〜をする colar um cartaz na parede. 〜禁止《掲示》Proibido afixar [colar] cartazes.

ばりき 馬力 cavalo-vapor (*m*), cavalo-força (*m*). 5〜のモーター motor (*m*) de cinco HPs. 倍の〜を持ったエンジン motor duas vezes mais potente. 混ぜものの入ったアルコールを入れられると車は〜がなくなる Quando põem álcool adulterado no seu carro, ele fica sem potência.

はりきる 張り切る entusiasmar-se, animar-se, ficar [estar] animado/da, ficar [estar] entusiasmado/da. 彼は張り切って仕事をしている Ele está trabalhando com muito ânimo.

バリケード barricada (*f*). 〜を築く erguer uma barricada, entrincheirar com barricas.

ハリケーン furacão (*m*), ciclone (*m*). 南アジアで〜が発生した Veio um furacão no sul da Ásia.

はりこみ 張り込み espreita (*f*), vigia (*f*), tocaia (*f*). 〜をする ficar de vigia, espreitar, ficar à espreita.

はりこむ 張り込む ❶〔監視する〕ficar de vigia [tocaia]. 警官を張り込ませる colocar policiais vigiando (o suspeito). ❷〔奮発する〕dar-se ao [o] luxo (de comprar uma coisa cara), abrir os cordões da bolsa, fazer uma extravagância, dar-se um mimo. 大金を張り込んで自動車を買う dar-se ao [o] luxo de comprar um carro muito caro.

はりさける 張り裂ける arrebentar, cortar, despedaçar. 胸の〜ような de arrebentar [cortar] o coração, muito triste. 私は悲しみで胸も張り裂けんばかりだった A tristeza me despedaçava o coração.

はりだす 張り出す avançar, estender-se. 関東地方に梅雨前線が張り出して来るでしょう Uma frente de chuvas avançará na região Lde Kanto [leste].

はりだす 貼り出す colocar, afixar. 掲示板に成績表を〜 afixar as notas dos alunos no quadro de avisos.

はりつく 貼り付く colar-se, ficar grudado/da.

はりつけ 磔 crucificação (*f*). 〜にする crucificar, pregar na cruz. キリストは十字架に〜になった Cristo foi crucificado.

はりつける 貼り付ける colar, fazer colagem; 『コンピュ/ユーザ』colar, fazer colagem.

はりつめる 張り詰める ❶〔緊張する〕気を〜 ficar tenso/sa. それまで張り詰めていた気持ちがゆるんだ A tensão que havia até então aliviou. ❷〔一面に張る〕cobrir inteiramente. バケツに氷が張り詰めた A água do balde Lcongelou-se [ficou coberta de gelo].

バリトン 【音】barítono (*m*). ♦ バリトン歌手 cantor (*m*) barítono, o barítono.

はりねずみ 針鼠 【動】ouriço (*m*).

はりふだ 張り札 letreiro (*m*), cartaz (*m*).

***はる** 張る ❶〔引っ張る〕estender [エステンデール], esticar [エスチカール]. ロープを〜 estender o cordão. ❷〔設置する〕instalar [インスタラール], montar [モンタール], colocar [コロカール]. リングにロープを〜 instalar a corda no ringue. ❸〔見張る〕vigiar [ヴィジアール]. 警察が容疑者の隠れ家を張っている A polícia está vigiando o esconderijo do/da suspeito/ta. ❹〔ふくらむ〕encher-se [エンシェール スィ], ficar rígido/da, estufar [エストゥファール]. おながが〜 ficar com o estômago estufado, 《口語》ficar com a barriga cheia. これをやると肩が〜 Os ombros ficam rígidos quando fazemos isto./《口語》A gente fica com os ombros rígidos quando faz isto. ❺〔一面におおう〕estender-se horizontalmente (na superfície ou por baixo da terra). 湖に氷が張ってしまった A superfície do lago ficou congelada. 木の根が張ってしまった As raízes da árvore se estenderam por baixo da terra. ❻〔突き出す〕empinar [エンピナール], tornar proeminente. ひじを〜 pôr os cotovelos para os lados, afastar os cotovelos. 胸を〜 empinar o busto [peito]; 〔ふんぞり返る〕ensoberbecer-se. ❼〔平手で打つ〕dar (uma palmada) em. 彼の横っ面(ﾂﾗ)を〜 dar uma bofetada [palmada] na cara dele. ¶ 選手達はもうすぐ試合なので気が張っていた Os/As atletas estavam tensos/sas com a aproximação da competição. 意地を張っても仕方がない Não adianta nada ser teimoso/sa. 見栄を〜 exibir-se, ser vaidoso/sa, querer se mostrar. それは値段が〜 Isso sai caro.

***はる** 貼る, 張る 〔のりなどで〕colar [コラール], afixar [アフィキサール]. 壁にタイルを〜 colar [assentar] o azulejo na parede, azulejar a parede. 写真はここに貼ってください Cole aqui a sua fotografia, por favor.

***はる** 春 primavera (*f*) [プリマヴェーラ]. 〜らしい primaveril. 〜に na primavera.

バルーン balão (m).

はるか 遥か ❶ [距離] longe. 〜遠くに muito longe, a uma grande distância. ❷ [時間] 〜昔のできごと um fato ᴸbem antigo [de um passado longínquo]. ❸ [程度] 私より弟のほうが〜に大きい O meu irmão mais novo é bem maior que eu.

はるかぜ 春風 vento (m) de primavera.

バルコニー terraço (m), sacada (f), balcão (m).

はるさめ 春雨 ❶ [春の雨] chuva (f) de primavera. ❷ [料] aletria (f) chinesa.

バルバドス Barbados. 〜の barbadiano/na.

はるばる de muito longe; do/da longínquo/qua (+ 名詞) (+ substantivo). 彼は〜ブラジルからやって来た Ele veio lá do longínquo Brasil.

バルブ válvula (f).

パルプ pasta (f) para papel.

はるまき 春巻き 〖料〗rolinho (m) de primavera 《fritura chinesa de carnes e legumes embrulhados em massa típica》.

はるまき 春時き 〜の大根 nabo (m) a ser semeado na primavera.

*****はれ** 晴れ bom tempo (m) com sol, céu (f) claro [aberto]. 曇りのち〜 de encoberto a ensolarado.

はれ 腫れ [医] inchaço (m). 湿布をしたら〜が引きます Se aplicar a compressa, o inchaço vai diminuir [passar].

バレー [バレーボール] voleibol (m). ♦女子バレー団 time (m) feminino de voleibol.

バレエ [舞踊] balé (m). ♦バレエ団 companhia (f) de balé, conjunto (m) de bailarinos. クラシックバレエ balé clássico. モダンバレエ balé moderno.

パレード ❶ parada (f), desfile (m). ♦ヒットパレード parada de sucessos. ❷ [軍事] parada [desfile] militar.

バレーボール voleibol (m). ⇨バレー.

はれぎ 晴れ着 vestido (m) de sair, o melhor vestido, traje (m) de ᴸgala [missa fina]. 〜を着る pôr o melhor vestido, vestir-se de gala.

はれつ 破裂 explosão (f). 〜する explodir.

パレット paleta (f), palheta (f).

はれもの 腫れ物 tumor (m), furúnculo (m).

バレリーナ bailarina (f).

はれる 晴れる clarear, fazer sol, fazer bom tempo. 午後からは〜そうです Dizem que vai fazer sol na parte da tarde. あしたは〜といいですね Tomara que amanhã faça bom tempo, não é mesmo?

はれる 腫れる inchar, ficar inchado/da, intumescer. あなたは顔がはれている Você está ᴸcom a cara inchada [com o rosto inchado]. 蚊に刺されて腕がはれてしまった O meu braço ficou inchado com a mordida [picada] do mosquito.

ばれる ser descoberto/ta, descobrir-se, revelar-se. 嘘(ᵘᵉ)がばれてしまった A mentira acabou sendo descoberta.

バレル barril (m), pipa (f). 石油価格は1〜当たり100ドルに達した O preço do petróleo por barril chegou a custar cem dólares.

バレンタインデー Dia (m) de São Valentim, dia catorze [quatorze] de feverério 《dia dos namorados em que as mulheres presenteiam os homens, em geral, com chocolates》.

はれんち 破廉恥 falta (f) de vergonha. 〜な sem-vergonha. ♦破廉恥罪 [法] atentado (m) ao pudor.

ハロウィーン [宗] Dia (m) das Bruxas, *Halloween* (m) 《キリスト教のすべての聖者の霊を祭る日,11月1日の前夜祭》.

はろうちゅういほう 波浪注意報 alarme (m) de ondas grandes (do mar).

ハローワーク [公共職業安定所] (nome (m) informal para) Agência (f) Pública de Empregos (do Japão).

バロック ❶ [音] barroco (m). ♦バロック音楽 música (f) barroca. ❷ [美] barroco. ♦バロック建築 arquitetura (f) ᴸbarroca [de estilo barroco].

パロディー paródia (f).

バロメーター ❶ [気圧計] barômetro (m). ❷ [指標] indicador (m).

パワー ❶ [勢力] poder (m), influência (f). あの人は〜のある人だ Ele tem muitos poderes./Ele é muito influente. ♦パワーハラスメント maus-tratos da pessoa influente para com os mais fracos. ❷ [活力] força (f), vigor (m). 元気のいいあなたの〜と明るさをもらいに来ました Vim aqui receber o vigor e a alegria de você que é tão animado/da.

パワフル cheio/cheia de vigor [força]. 〜な活動 uma atividade cheia de vigor.

はん 判 carimbo (m). 〜をお願いいたします [多くの書類] Carimbe a papelada, por favor. [ここに] Carimbe aqui, por favor. ♦ゴム判 carimbo de borracha.

はん 半 meio/meia. 1時間〜も待ちました Esperei não menos de uma hora e meia. 8時〜に来てください Venha às oito e meia. 9か月〜 nove meses (mpl) e meio.

はん 版 ❶ [版木, 印刷版] bloco (m) (de impressão). 〜を組む compor. ❷ [本の] edição (f), impressão (f). …の〜を改める reeditar …. …の〜を重ねる reeditar … várias vezes. 第10〜 décima edição.

はん- 反- anti-, contra. 〜政府運動 movimento (m) antigovernamental. 〜植民地主義 anticolonialismo (m).

*****ばん** 晩 noite (f) [ノーイチ]. 〜に à noite, à noitinha. 一〜じゅう a noite inteira [toda]. ここで一〜泊めてもらえますか Posso pousar [dormir] aqui por uma [esta] noite? あした

の〜にまた来ます Venho outra vez amanhã à noite.

*ばん 番 ❶〔格づけ〕colocação (f) [コロカサォン], lugar (m) [ルガール], número (m) [ヌーメロ]. 1〜 número um, primeiro/ra. 2〜 número dois, segundo/da. 彼はテニスの部門では世界で10〜目である Ele é o número dez do *ranking* mundial no setor tênis. ❷〔見張り〕ato (m) de ᴌvigiar [tomar conta de]. …の〜をする tomar conta de …. 荷物の〜をお願いします Tome conta da bagagem, por favor. 留守〜をする tomar conta da casa com o/a dono/na ausente. ❸〔順番〕vez (f) [ヴェース], hora (f) [オーラ] 今度は私の〜だ Agora é a minha vez. ❹〔番号〕número [ヌーメロ]. 4〜ホームでその電車に乗ってください Pegue esse trem na plataforma número quatro. あなたの電話番号は何ですか Qual é o número de seu telefone?

-ばん -版 edição (f). 海賊〜 edição pirata. 改訂〜 edição revista e melhorada. 限定〜 edição (de tiragem) limitada. 校訂〜 edição crítica. 最新〜 edição atualizada. ポケット〜 edição de bolso.

*パン pão (m) [パォン]. 〜一切れ uma fatia de pão. バターを塗った〜 pão com manteiga.
♦パン粉 farinha (f) de rosca. パン屋〔店〕padaria (f); 〔人〕padeiro/ra. 食パン pão de forma. フランスパン pão francês, pão suíço, pão de água. ライ麦パン pão ᴌpreto [de centeio].

*はんい 範囲 〔限界〕limite (m) [リミッチ]; 〔領域〕domínio (m) [ドミーニオ]; 〔圏〕âmbito (m) [アンビト], esfera (f) [エスフェーラ]; 〔広がり〕extensão (f) [エステンサォン]. …の〜内で dentro dos limites de …. 予算の〜内で全てをやってください Faça tudo dentro dos limites do orçamento. 私の知る〜では Que eu saiba …./Até onde eu sei …. 私はもっと活動の〜を広げたい Eu queria estender o meu campo de atividades. 試験の〜を教えてください Diga, por favor, a matéria da prova.

はんい 犯意 〔法〕intenção (f) criminosa, dolo (m). 〜があったと見られる場合, 罰が重くなる A pena é maior se for verificado que houve dolo.

はんえい 繁栄 prosperidade (f). 〜する prosperar.

はんが 版画 〔美〕gravura (f). 〜を彫る fazer uma gravura, esculpir [entalhar, gravar] (em madeira, metal ou pedra). ♦版画家 gravurista. 銅版画 gravura ᴌem bronze [a água-forte]. 木版画 xilogravura (f).

ばんか 晩夏 os últimos dias (mpl) do verão.

ハンガー cabide (m).

ハンガーストライキ greve (f) de fome.

ばんかい 挽回 recuperação (f). 〜する recuperar. 勢力を〜する recuperar o poder. 名誉を〜する recuperar a honra. 《口語》limpar a barra.

ばんがい 番外 extra (f).

はんかがい 繁華街 centro (m) comercial movimentado.

はんがく 半額 metade (f) do preço. 学生は美術館に〜で入れる Estudantes entram pela metade do preço em museus de arte.

ハンカチ lenço (m). 日本では〜で鼻をかみません No Japão, não assoamos o nariz com o lenço 《mas sim com o lenço de papel》.

ハンガリー Hungria (f). 〜の húngaro/ra.

バンガロー bangalô (m).

はんかん 反感 antipatia (f), aversão (f). …に対して〜を抱く sentir antipatia por …. そういう事をすると〜を買うよ Não faça isso, que as pessoas podem se antipatizar com você.

はんき 半旗 bandeira (f) hasteada a meio mastro. 〜を掲げる hastear a bandeira a meio mastro.

はんき 半期 ❶〔一期の半分〕metade (f) de um termo, meio-termo (m). ❷〔半年〕meio-ano (m), semestre (m). 上〜 primeiro semestre. 下〜 segundo semestre. 〜ごとの semestral. 〜ごとに semestralmente, por semestre. ♦半期配当〔経〕dividendo (m) semestral.

はんき 反旗 bandeira (f) da revolta. 政府に〜を翻す hastear a bandeira da revolta contra o governo.

はんぎゃく 反逆 〔反乱〕revolta (f); 〔裏切り〕traição (f). 〜する revoltar-se; trair, conspirar. ♦反逆者 rebelde; traidor/ra.

はんきゅう 半球 hemisfério (m). ♦北半球 hemisfério norte. 南半球 hemisfério sul.

はんきょう 反響 ❶〔音の〕eco (m), ressonância (f). 〜する ecoar, ressoar. トンネルの中で銃声が〜した O disparo ressoou dentro do túnel. ❷〔影響〕repercussão (f), reação (f). 〜する repercutir. 非常な〜を呼ぶ ter uma repercussão extraordinária. あのイベントは〜が大きかった Aquele evento teve muita repercussão. 彼の演説はあまり〜を呼ばなかった Seu discurso não teve muita repercussão.

ばんきん 板金 folha (f) [lâmina (f), chapa (f)] de metal.

パンク ❶ estouro (m); furo (m). タイヤが〜した Furou o pneu. 〜したタイヤ pneu (m) furado. ❷〔音〕*punk* (m), *punk rock* (m). ❸〔服〕roupas (fpl) intencionalmente sujas.

ハンググライダー asa-delta (m).

ばんぐみ 番組 programa (m) 《de TV ou rádio》. 今夜はどんな〜がありますか Que programas de televisão (rádio) tem [temos] hoje à noite?

バングラデシュ Bangladesh (m). 〜の bangladeshiano/na.

はんけい 半径 raio (m). 〜5センチの円を描く traçar um círculo com um raio de cinco centímetros. ～10 メートル以内に dentro de um raio de dez metros. 店から～2キロ以内の所に num raio de dois quilômetros da loja.

パンケーキ ❶〘料〙panqueca (*f*). ❷〔化粧品〕〘商標〙pó (*m*) facial de verão aplicado com esponja umedecida.

はんげき 反撃 contra-ataque (*m*), contra-ofensiva (*m*). ～する contra-atacar. ～に転じる passar ⌞para o [ao] contra-ataque.

はんけつ 判決 〘法〙sentença (*f*), sentenciamento (*m*). 死刑の～ sentença capital, pena (*f*) de morte. ～が下る ser sentenciado/da. 彼に懲役 5 年の～が下った Foram-lhe sentenciados cinco anos de trabalhos forçados. …に～を下す[言い渡す] dar [ditar, pronunciar] uma sentença a …, sentenciar a …. ～に服する aceitar a sentença. ～に屈する submeter-se à sentença. ～をくつがえす revogar a sentença. 彼は5年の実刑～が言い渡された Ele foi condenado a cinco anos de trabalhos forçados (sem suspensão condicional da pena). ♦判決文 sentença (*f*) (escrita). 判決理由 razão (*f*) [justificativa (*f*)] de sentença. 終局判決 decisão (*f*) final. 有罪判決 declaração (*f*) de culpado/da, sentença condenatória penal.

はんげつ 半月 meia-lua (*f*). ～状の semicircular. 彼は右膝の内側 (外側) ～板を損傷した Ele sofreu uma ruptura do menisco medial (lateral) do joelho direito. ♦半月板〘解〙menisco (*m*).

はんけん 半券 canhoto (*m*) [toco (*m*), talão (*m*)] do bilhete.

はんけん 版権 〘法〙direitos (*mpl*) de edição; direitos autorais. ～を得る conseguir os direitos de reprodução. 著書の～を出版社に譲渡する ceder a propriedade literária à editora. ♦版権所有 todos os direitos reservados.

はんげん 半減 redução (*f*) à metade. …が～する diminuir pela metade, reduzir-se à metade. …を～する reduzir … à metade. 会員が～した Os membros diminuíram pela metade. 経費を～する reduzir os gastos pela metade. 私の興味は～した Meu interesse diminuiu pela metade. ♦半減期〘化〙meia-vida (*f*).

ばんけん 番犬 cão (*m*) de guarda.

はんこ 判子 carimbo (*m*) 《com o nome da pessoa e válido como assinatura》. ～を押す colocar o carimbo, carimbar, firmar.

はんこう 反抗 resistência (*f*), oposição (*f*). ⇨抵抗.

はんこう 犯行 delito (*m*), crime (*m*). ～を認める admitir o delito. ～を重ねる reincidir (no crime). ～を自供する declarar-se culpado/da, confessar o crime. ～を否認する negar o delito. ～に及ぶ cometer o crime. ♦犯行時間 tempo (*m*) de crime.

ばんごう 番号 número (*m*). ～順に em ordem numérica. 荷物に～をつけてください Enumere as bagagens, por favor. ～札を取ってお待ちください Favor pegar a ⌞ficha de espera [senha] e aguardar a sua vez. 現在その～は使われていません〔電話で〕O número que você discou está atualmente desligado [em desuso] 《informação telefônica》. ♦電話番号 número de telefone. 登録番号 número registrado. 部屋番号〔寝室〕número do quarto; 〔作業部屋〕número da sala.

ばんこく 万国 ～の internacional, universal. ♦万国旗 bandeiras (*fpl*) de todas as nações. 万国博覧会 Exposição (*f*) Internacional. 万国標準時 hora (*f*) de Greenwich.

ばんごはん 晩ご飯 jantar (*m*). きょうの～は何にしますか O que vamos jantar hoje? あしたは外で～を食べます Amanhã vou jantar fora.

はんこん 瘢痕 cicatriz (*f*). 小さな～が残ります Vai ficar uma pequena cicatriz. ～化する cicatrizar. ♦瘢痕化, 瘢痕形成 cicatrização (*f*).

ばんこん 晩婚 casamento (*m*) tardio. 彼は～だ Ele se casou tarde.

はんざい 犯罪 crime (*m*). ～を犯す cometer um crime. …を～とする criminalizar …, incriminar …. …を～者とする incriminar …, criminalizar …. それは～行為になる Isso é um ato criminoso. ♦犯罪者 criminoso/sa. 犯罪性 criminalidade (*f*). 犯罪事実 fato (*m*) criminal, fato delituoso. 組織犯罪 crime organizado. 誤想犯罪 crime putativo.

ばんざい 万歳 Viva! …に～三唱する dar três vivas a [por] ….

ハンサム ～な bonito.

ばんさん 晩餐 ceia (*f*), banquete (*m*). ～会を催す dar um jantar. 最後の～ a Última Ceia (*f*) 《de Cristo》. ♦晩餐会 banquete (*m*).

はんし 半紙 papel (*m*) japonês de caligrafia.

はんじ 判事 juiz/juíza.

ばんじ 万事 tudo, todas as coisas. その件については～承知しております Quanto a esse caso, estou a par de tudo. ～うまくいった Correu tudo ⌞bem [às mil maravilhas].

パンジー 〘植〙amor-perfeito (*m*).

はんしゃ 反射 ❶〘理〙reflexo (*m*), reverberação (*f*), reflexão (*f*). ～する refletir, reverberar. 向かい側のガラスが～してまぶしい O reflexo dos vidros da frente está ⌞ofuscando a vista [ofuscante]. ♦反射角 ângulo (*m*) de reflexão. 反射光 luz (*f*) reflexa [indireta]. ❷〘生理〙reflexo, reação (*f*). 彼は～神経がよい Ele tem bons reflexos. ～的に instintivamente. ♦反射運動 movimento (*m*) reflexo. 反射神経 reflexos (*mpl*). 条件反射 reflexo condicionado. 足低反射 reflexo (*m*) plantar.

ばんしゃく 晩酌 bebida (*m*) ao jantar. ～をす

ばんしゅう beber saquê ao jantar.
ばんしゅう 晩秋 fins (*mpl*) de outono.
はんじゅく 半熟 ❶〔火の通り具合〕estado (*m*) de comida meio cozida. ～の卵 ovo (*m*) de gema mole, ovo escalfado. 卵を～にする cozinhar um ovo sem endurecer a gema. ❷〔果物の〕estado ⌊meio verde [meio maduro].
ばんしゅん 晩春 fins (*mpl*) de primavera.
ばんしょ 板書 o que está escrito no quadro negro. 注意事項を～する escrever no quadro negro as devidas instruções.
はんじょう 繁盛 prosperidade (*f*). ～する prosperar, ir de vento em popa. 商売～で何よりです Que ótimo que os seus negócios vão bem.
はんじょう 半畳 meio *tatami* (*m*) (90×90cm).
はんしょく 繁殖 procriação (*f*), reprodução (*f*), geração (*f*);〔細胞の増殖〕proliferação (*f*). ～する reproduzir-se, multiplicar-se; proliferar. 湿度と蛋白質、高温がダニの～に有利である Umidade, proteínas e temperatura elevada ajudam a proliferação dos ácaros. ♦繁殖期 período (*m*) [estação (*f*)] de procriação.
はんしんはんぎ 半信半疑 ～で meio desconfiado/da.
パンスト meia-calça (*f*).
はんズボン 半ズボン calças (*f*) curtas.
はんする 反する ser contrário a;〔…に違反する〕ir contra, infringir. 信心の自由に～ atentar contra a liberdade religiosa. それは法に～ Isso vai contra a lei. その態度は礼儀に～ Essa atitude demonstra falta de educação. 結果は私の予想に反しました Os resultados foram contra a minhas expectativas.
はんせい 反省 reflexão (*f*), exame (*m*) de consciência, autocrítica (*f*);〔後悔〕arrependimento (*m*). ～する refletir, fazer um exame de consciência, fazer uma autocrítica; retratar-se, reconhecer o (próprio) erro, reconhecer os erros que cometeu. 彼にはまったく～の色が見られない Não se nota nele nenhum sinal de arrependimento/Ele não se retratou até agora. 私は～しています Eu estou arrependido/da. ♦反省会 reunião (*f*) de avaliação das atividades realizadas.
はんせん 反戦 ～の contrário/ria à guerra, pacifista. ♦反戦運動 movimento (*m*) pacifista.
はんせん 帆船 barco (*m*) à vela.
-ばんせん -番線 plataforma (*f*) número …. 次の電車は3～から発車します O próximo trem partirá da plataforma número três.
ばんぜん 万全 彼は売り上げをのばすために～の策を講じた Ele adotou todas as medidas possíveis para melhorar as vendas. ～を期する prevenir-se contra ⌊todas as eventualidades [todos os contratempos]. このマンションは安全対策に～を期しています Neste apartamento tomamos todas as medidas necessárias [possíveis] de segurança.
ハンセンびょう ハンセン病 〚医〛doença (*f*) de Hansen, hanseníase (*f*), lepra (*f*). ♦ハンセン病患者 portador/ra de hanseníase, leproso/sa.
はんそう 搬送 transporte (*m*) (de objetos ou seres humanos impossibilitados de se mover). 妊婦の救急～ transporte de grávidas na ambulância. 死体を火葬場に～する levar o cadáver ao crematório. けが人の～先となっている病院 hospital (*m*) determinado a receber feridos (em casos de desastre). ♦ピアノ搬送業 serviço (*m*) de transporte de pianos, transportadora (*f*) de piano.
ばんそう 伴奏 acompanhamento (*m*) (de música). ～する acompanhar (uma música). ピアノでバイオリンの～をする acompanhar um violinista ao piano.
ばんそうこう 絆創膏 esparadrapo (*m*). そこに～をはりましょう Vamos pôr um esparadrapo aí.
はんそく 反則 infração (*f*), transgressão (*f*), falta (*f*). ～を犯す cometer uma falta. 危険な～を犯した選手 jogador/ra que cometeu uma falta violenta. ～金を納付した場合は出頭する必要はありません Se a multa for paga, o infrator não precisará comparecer à delegacia. ♦反則金 multa (*f*) por infração. 反則事項 termos (*mpl*) de infrações, artigos (*mpl*) sobre infrações. 反則車両 veículo (*m*) do infrator.
はんそで 半袖 manga (*f*) curta. ～の de manga curta.
はんだ 半田 solda (*f*). ～づけにする soldar. ♦はんだづけ soldadura (*f*), soldagem (*f*).
パンダ 〚動〛panda (*m*).
ハンター ❶〔狩人〕caçador/ra. ❷〔ほしいものをあさり歩く人〕caçador/ra, procurador/ra.
*はんたい 反対 objeção (*f*) [オビジェサォン], contra (*m*) [コントラ]. ～の oposto/ta, contrário/ria. ～をする contrariar, fazer uma objeção; dar o contra. …に～する fazer objeção a …, dar o contra em …. ～される ser contrariado/da; levar [receber] o contra. あの人は私の言うことすべてに～していた Ele dava contra em tudo o que eu falava. 工場建設に対して住民が～しています Os habitantes estão fazendo objeção à construção da fábrica. この意見に～の人はいますか Há alguém contra esta opinião [ideia]? それはこの通りの～側にあります Isso fica no lado oposto desta rua.
パンタグラフ pantógrafo (*m*).
バンダナ bandana (*f*).
パンだね パン種 levedura (*f*), fermento (*m*).
*はんだん 判断 julgamento (*m*) [ジュウガメント]. ～する julgar. 彼の言うことから～すると… A jul-

はんのう

gar pelo que ele diz …. 結果で…を〜すると… A julgar … pelos resultados …. この件については社長の〜が正しかったと思う Quanto a este caso, acho que o presidente (da companhia) julgou certo.

ばんたん 万端 tudo (m). **準備が〜です** Já está tudo preparado.

ばんち 番地 número (m) de blocos residenciais. **幸町27〜** bloco (m) Saiwaicho, número vinte e sete.

パンチ ❶〔穴あけ器〕furador (m) de papel. ♦ **パンチカード** cartão (m) perfurado. ❷〔げんこつ〕surra (f), tapa (m). **顔面に〜を食らう** levar um tapa na cara. ❸〔ボクシング〕soco (m), murro (m). ❹〔フルーツポンチ〕ponche (m).

ばんちゃ 番茶 chá (m) japonês de qualidade inferior.

はんちゅう 範疇 categoria (f). **その事実は他の〜に入る** Esse fato ∟pertence a uma outra [não entra nessa] categoria.

はんちょう 班長 chefe de um grupo. **町内会の〜** chefe de grupo de associação bairrista《que recolhe as contribuições anuais das casas do grupo e trata de problemas locais como lixo, funerais etc》.

パンツ〔ズボン〕calça (f);〔女性用下着〕calcinha (f), calça;〔男性用下着〕cuecas (mpl). ♦ **海水パンツ** calção (m) de banho. **ショートパンツ** calça curta.

はんつき 半月 meio mês (m);〔15日間〕quinzena (f), quinze dias (mpl). **これは〜分の給料です** Este é o salário de uma quinzena.

ばんづけ 番付 classificação (f); lista (f).

ハンデ ⇨ハンディキャップ.

はんてい 判定 juízo (m), decisão (f). **〜を下す** julgar, decidir. **〜で勝つ** ganhar a luta pela decisão do árbitro. ♦ **判定勝ち** vitória (f) decidida pelo árbitro《em lutas》.

ハンディー 〜な portátil; prático/ca, de fácil manejo.

パンティー calcinha (f). ⇨パンツ.

パンティーストッキング meia-calça (f).

ハンディキャップ ❶〔競技などで〕vantagem (f)《concedida aos mais fracos》. **〜30のゴルファー** golfista (f) com trinta pontos de vantagem. ❷〔不利な条件〕condição (f) desvantajada, desvantagem (f), handicap (m). **〜を背負う** ter desvantagens. **〜を克服する** vencer a desvantagem. **強い者に〜をつける** impôr uma desvantagem ao mais forte《para haver igualdade entre os competidores》. **仕事場によっては女性であることが〜になる** Conforme o tipo de trabalho, é uma desvantagem ser mulher.

バンデージ atadura (f), faixa (f)《do/da boxador/ra》.

パンデミック pandemia (f).

はんてん 斑点 malha (f). **〜のある犬** cachorro (m) malhado.

ハンド ❶〔手〕mão (f). ❷〔サッカー〕〔ボールに触れる反則〕mão na bola.

バンド ❶〔ベルト, 帯〕cinto (m), cinturão (m). **〜を締める** apertar [fechar] o cinto. **〜を緩める** desapertar [afrouxar] o cinto. ❷〔楽団〕banda (f), conjunto (m) musical. **〜は1997年に結成された** A banda se formou em mil, novecentos e noventa e sete.

はんドア 半ドア porta (f)《de carro etc》mal fechada. **後ろのドアが〜になっている** A porta de trás《do carro》está mal fechada.

はんとう 半島 península (f). **〜の** peninsular.

はんどう 反動 reação (f). **〜的** reacionário/ria. **…に対する〜で** em reação a ….

ばんとう 晩冬 os últimos dias (mpl) do inverno.

はんどうたい 半導体〚理〛semicondutor (m).

はんとうまく 半透膜〚生〛membrana (f) semipermeável.

はんどく 判読 decifração (f), leitura (f). **碑文を〜する** decifrar uma inscrição. **〜できない** ilegível [indecifrável].

はんとし 半年 meio ano (m), seis meses (mpl), semestre (m). **〜ごとに** a cada seis meses, semestralmente.

ハンドバッグ bolsa (f)《sacola com alça》.

ハンドブック breviário (m), manual (m), guia (m).

ハンドボール〔スポーツ〕handebol (m).

パントマイム pantomima (f).

ハンドル direção (f), volante (m). **〜を右（左）に切る** virar a direção para a direita (esquerda). **スポーツカーの〜を握っている** estar no volante de um carro esporte, estar guiando um carro esporte. **〜を握っている人に話しかけないこと** Não falar com a pessoa que está no [ao] volante.

はんにち 半日 metade (f) do dia, meio dia (m);〔労働日などの〕meia jornada (f).

はんにん 犯人 criminoso/sa. **〜をつかまえる** prender o/a criminoso/sa. **〜がつかまった** O/A criminoso/sa foi preso/sa./Prenderam o/a criminoso/sa.

ばんにん 番人 vigia. **入り口に〜を置く** colocar um guarda na entrada.

はんにんまえ 半人前 〜の imaturo/ra, inexperiente.

ばんねん 晩年 os últimos anos (mpl)《da vida de uma pessoa》.

*__はんのう 反応__ reação (f)〔ヘアサロン〕;〔反響〕repercussão (f)〔ベルクサン〕. **〜する** reagir; repercutir. **…に対して敏感に〜する** reagir prontamente a …. ♦ **アレルギー反応** reação (f) alérgica. **化学反応** reação química. **拒絶反応** rejeição (f) a [de] um corpo estranho. 陽性(陰性)反応 reação positiva (negativa). 連鎖反応 reação em cadeia.

ばんのう 万能 ～の［もの］de multiuso, que serve para muitas coisas;〔人〕onipotente. インターネット～の時代 época (f) em que reina a *internet*. ◆万能選手 atleta completo/ta. 万能ばさみ tesoura (f) multiuso. 万能薬 panaceia (f).

はんぱ 半端〔不完全〕incompletude (f), insuficiência (f). ～な〔不完全な〕incompleto/ta, insuficiente. ～な時間を利用する aproveitar o tempo de sobra. 中途～の inacabado/da, mal acabado/da. ◆半端物 artigos (mpl) incompletos. 半端者 pessoa (f) com um parafuso a menos.

バンパー para-choques (mpl), amortecedor (m).

ハンバーガー (sanduíche (m) de) hambúrguer (m).

ハンバーグ(ステーキ) hambúrguer (m) 《o bife》.

はんばい 販売 venda (f). ～する vender. ～されている estar à venda. その商品はもう～されていません Esse artigo já não está mais à venda. ◆販売課 seção (f) de vendas. 販売価格 preço (m) de venda. 現金販売 venda a dinheiro, venda à vista. 自動販売機 distribuidora (f) automática 《máquina de vender》. 訪問販売 venda a domicílio.

ばんぱく 万博 Exposição (f) Internacional (=万国博覧会).

はんぱつ 反発 repulsa (f). ～する repulsar, repelir. …の～を買う provocar repulsa [descontentamento] em …. …に対して～を感じる sentir antipatia por ….

はんはん 半々 metade-metade, meio-a-meio, em porções iguais. 我々は調達品のすべてを～に分けた Dividimos todo o suprimento em duas porções iguais. それに対しては賛成と反対が～である Quanto a isso, temos o mesmo número de prós e contras. 成功する可能性は～だ A possibilidade de êxito [sucesso] é de cinquenta por cento.

ばんばん ❶ muito cheio/cheia. 食べ過ぎておなかが～になってしまった《口語》Comi demais e fiquei com a barriga cheia. ❷ ～とたたく bater fazendo barulho.

はんぴれい 反比例 【数】proporção (f) inversa. …に～する ser inversamente proporcional a ….

パンプス escarpim (m).

パンフレット folheto (m), panfleto (m).

はんぶん 半分 metade (f). ～の meio/meia. このビルは～完成した Este prédio já está metade pronto. レモンを～に切る cortar o limão pelo meio. お菓子は～ずつ分ける dar [ficar com] a metade do doce para cada um/uma.

ばんぺい 番兵 guarda, sentinela (f).

はんぺん 【料】massa (f) quadrada e achatada feita de peixe e cará ralados.

はんぼいん 半母音 【文法】semivogal (f).

ハンマー martelo (m). ～で板にくぎを打つ bater [cravar] pregos na madeira com um martelo. ◆ハンマー投げ『スポーツ』lançamento (m) de martelo.

はんめい 判明 ～する ficar claro/ra, provar ser, descobrir-se. どうして彼のしわざだと～したのですか Por que se descobriu que isso foi obra dele?

ばんめし 晩飯 jantar (m) 《de uso masculino》. ⇨晩ご飯.

はんめん 反面 その～ por outro lado. ◆反面教師 um mau exemplo (m), um exemplo a não ser seguido, pessoa (f) cujas atitudes não devem ser imitadas.

ハンモック rede (f) 《de dormir》.

ばんゆういんりょく 万有引力 gravitação (f) universal.

はんようし 反陽子 【理】antipróton (m).

はんらん 反乱 revolta (f), insurreição (f), rebelião (f). …に対して～を起こす rebelar-se [insurgir-se, revoltar-se] contra …. ～をしずめる reprimir uma revolta. ◆反乱軍 exército (m) rebelde.

はんらん 氾濫 inundação (f). ～する inundar. 川が～した O rio inundou. コミックが市場に～している Há uma grande quantidade de histórias em quadrinhos [mangás] no mercado.

ばんりのちょうじょう 万里の長城 Grande Muralha (f) da China.

はんりょ 伴侶 companheiro/ra. 一生の～ companheiro/ra para toda a vida.

はんれい 凡例 notas (fpl) [explicações (fpl)] preliminares; modo (m) de usar um dicionário.

はんれい 判例 【法】jurisprudência (f), conjunto (m) de precedentes de julgamento. この国ではその件に関する～はない Não há jurisprudência neste país em relação a esse caso.

はんろ 販路 mercados (mpl), saída (f) [escoamento (m)] de produtos. ～を拡大する abrir novos mercados para escoar os produtos.

はんろん 反論 refutação (f) 《dos argumentos do adversário》, objeção (f). …に対して～する refutar, fazer objeções a …, não aceitar.

ひ

***ひ 日** ❶ 〔太陽〕sol (*m*) 〔ソーラ〕; 〔日光〕raios (*mpl*) solares, sol. ~の出 nascer (*m*) do sol. ~暮れ pôr (*m*) do sol. もう少し~当たりのいい家が欲しい Eu queria uma casa (em) que bata [batesse] mais sol. ~の当たる場所に num lugar onde bate sol. ~に焼ける ficar queimado/da de sol. ~が照っているから帽子をかぶったほうがいいです É melhor pôr chapéu, que está batendo sol. このごろは~が暮れるのが早いから気をつけて Tome cuidado, que esses dias o sol está se pondo muito cedo. ❷ 〔1日〕dia (*m*) [ヂーア]; 〔時間〕tempo (*m*) 〔テンポ〕. 母の~ Dia das Mães. ある~ um dia. ~に~にあなたは日本語が上手になっていきますね A cada dia que passa, você está melhorando no seu japonês, não? ~がたつにつれて(あなたは)日本に慣れていくでしょう Acho que com o tempo você vai se acostumar ao Japão. その~は私、仕事を休みます Nesse dia, eu vou faltar ao trabalho. ❸ 〔日取り〕data (*f*) 〔デッタ〕; 〔期限〕prazo (*m*) [プラーゾ]. 次の会議の~を決めましょうか Vamos fixar a data da próxima reunião? 約束の~までにこの仕事を終わらせてください Terminem este serviço até o prazo determinado, por favor.

*ひ 火** ❶ fogo (*m*) 〔フォーゴ〕. ~をつける acender o fogo. ~を消す apagar o fogo. その野菜に~を通したほうがいい É melhor dar uma fervida [fritada] nesses legumes. やかんを~にかけてください Ponha a chaleira no fogo, por favor. …を強(弱/中)~で煮る cozer … em fogo forte [alto] (fraco [baixo]/médio). ❷ 〔火事〕fogo, incêndio (*m*). ~を出す causar incêndio. フライパンに~がついてしまった A frigideira pegou fogo. そのときは~の手がもうビルに回っていた A essas alturas, as labaredas já atingiam [tinham atingido] o prédio. 50分後に~は消し止められた O fogo foi extinto [apagado] após cinquenta minutos.

ひ 比 ❶ 〔比率〕razão (*f*), proporção (*f*). 二つの三角形の面積の~は 2:1 です A proporção das superfícies dos dois triângulos é de 2:1 [dois para um]. ❷ 〔比較〕comparação (*f*). 前年に~で comparativamente ao ano anterior. あなたの苦しみを考えると私の苦しみなどその~ではない O seu sofrimento, de tão grande, nem se compara ao meu./O meu sofrimento nem se compara ao seu, que é tão grande.

ひ 非 mal (*m*), maldade (*f*), erro (*m*), falta (*f*), culpabilidade (*f*). …の~を責める repreender … pela sua falta. (自分の)~を認める reconhecer a própria culpa. …を~とする considerar … culpado/da. 彼女は~の打ち所がない Ela é impecável [perfeita].

ひ 碑 ❶ 〔墓碑〕lápide (*f*) tumular. ❷ 〔記念碑〕monumento (*m*).

ひ- 非- não, anti-, i-. ~科学的 anti-científico/ca. ~現実的 irreal.

ひ- 被- que recebe. ~保険者 assegurado/da. ~選挙権 direito (*m*) de ser eleito/ta.

び 美 beleza (*f*); 〔芸術の〕o belo (*m*).

ひあい 悲哀 tristeza (*f*), melancolia (*f*). 幻滅の~ tristeza da desilusão. ~を感じる ficar triste [melancólico/ca].

ビアガーデン choperia (*f*). 庭園スタイルの~ choperia com terraço. あのビルの屋上には~がある Na cobertura daquele prédio tem uma choperia.

ピアス ❶ brinco (*m*) (normal, sem ser de pressão). ~する furar a orelha para o brinco. 耳に穴をあけて~を付けたいのですが Eu gostaria de furar a orelha e pôr um brinco. ❷ 〔鼻やへそに付けるもの〕*piercing* (*m*). ~に種類がありすぎて何をどこにつけるのか迷ってしまった Tem tantos tipos de *piercing* que eu acabei ficando indeciso sobre onde pôr o quê.

ピアニスト pianista.

ピアニッシモ 〔音〕pianíssimo.

ピアノ ❶ 〔音〕〔楽器〕piano (*m*). ~を弾く tocar piano. あなたは~が弾けますか Você sabe tocar piano? 彼女は~を習っているの Ela está aprendendo piano. ❷ 〔音〕〔弾き方〕piano. ~で (音量を小さく, 柔らかく) 弾く tocar (~) piano, tocar suavemente.

ひあぶり 火炙り suplício (*m*) do fogo. ~の刑に処せられる ser condenado/da ao suplício do fogo.

ヒアリング ❶ 〔外国語の聞き取り〕~力 capacidade (*f*) de compreensão auditiva (de uma língua estrangeira). ❷ 〔聞き取り調査〕auscultação (*f*), entrevista (*f*), pesquisa (*f*) de opinião pública.

ピーアール PR propaganda (*f*). …の~をする fazer a propaganda de …. ~すればこの製品は売れます Fazendo propaganda, vamos conseguir vender este produto.

ビーエスイー BSE 〔獣医〕〔牛海綿状脳症〕BSE (*m*), doença (*f*) da vaca louca.

ひいおじいさん bisavô (*m*).

ひいおばあさん bisavó (*f*).

ビーカー proveta (*f*), tubo (*m*) de ensaio.

ひいき 晶屓 proteção (*f*). ~する proteger, ser imparcial, preferir. ~の preferido/da. こ

の店は課長の~の店ですか〔飲食店〕Este restaurante é da preferência do/da senhor/ra (do/da nosso/nossa chefe)?/〔商品を売る店〕Esta loja é a preferida do/da senhor/ra (do/da nosso/nossa chefe)?

ピーク ponto (m) máximo, auge (m); 〔ラッシュアワー〕pico (m), pique (m); alta estação (f). ~の日 dias (mpl) de pico. ラッシュの~時間 horas (fpl) de pico do *rush*. ~を迎える atingir o pico. ~に達する chegar ao pique. 彼はラッシュアワーの~時にバスに乗っています Ele toma o ônibus na hora de maior pique. 海外旅行は今が~です Agora é alta estação para as viagens ao exterior.

ピーケー PK pênalti (m). ~戦で勝つ ganhar nos pênaltis.

ビージーエム BGM música (f) de fundo.

ビーシージーよぼうせっしゅ BCG 予防接種 vacinação (f) de BCG.

ビーシービー PCB 〖化〗policlorato (m) bifenilo.

びいしき 美意識 sentido (m) do belo, senso (m) estético. 我々は~が違う Temos um senso estético diferente.

ヒース 〖植〗urze (f).

ビーズ miçanga (f).

ヒーター aquecedor (m). ~をつける ligar o aquecedor. ♦ガスヒーター aquecedor a gás. クリーンヒーター aquecedor a querosene (ou a gás) (com uma tubulação que expele o ar viciado para fora do prédio). 電気ヒーター aquecedor elétrico.

ビーチ praia (f).

ビーチパラソル guardasol (m) de praia.

ビーチバレー voleibol (m) de praia (f).

ピーティーエー PTA APM (f) 《Associação de Pais e Mestres》.

ピーティーエスディー PTSD 〖心〗〔心的外傷後ストレス障害〕Distúrbio (m) por Estresse Pós-traumático.

ひいでる 秀でる sobressair, distinguir-se, primar. ひいでた腹（あご）barriga (queixo) saliente. 彼は焼き物の分野でひいでている Ele se distingue na (arte da) cerâmica./《口語》Ele é bom em cerâmica.

ピーナッツ 〖植〗amendoim (m).

ビーバー 〖動〗castor (m).

ビーフステーキ bife (m) (de carne bovina).

ひいまご 曾孫 bisneto/ta.

ピーマン pimentão (m).

ビール cerveja (f). ~を2本ください Me dá [Dê-me] duas garrafas de cerveja, por favor. ~でも飲みながらお話しましょう Vamos conversar, tomando uma cerveja .... ~を1杯いかがですか Que tal um copo de cerveja? ♦缶ビール cerveja enlatada, lata (f) de cerveja. 生ビール chope (m).

ビールス vírus (m). ⇨ウイルス.

ひいれ 火入れ ~する deitar fogo. 食べ物に~する aquecer a comida.

ひいろ 緋色 escarlate (m). ~の花をつける桜 cerejeira (f) com flores escarlates.

ヒーロー ❶〔英雄〕herói/roína. ❷〔主人公〕protagonista.

ひうん 悲運 azar (m), falta (f) de sorte.

ひえ 稗 〖植〗painço (m).

ひえいせい 非衛生 falta (f) de higiene, insalubridade (f). ~的な anti-higiênico/ca, insalubre. それは~的である Isso é falta de higiene.

ひえこみ 冷え込み resfriamento (m), esfriamento (m). 今朝の~はきつかった Hoje de manhã esfriou bastante. 明朝の~は弱まりそうです Amanhã de manhã vai esfriar menos.

ひえこむ 冷え込む esfriar muito [bastante].

ひえしょう 冷え性 característica (f) de pessoa friorenta. ~である ser friorento/ta.

ヒエラルキー hierarquia (f).

ひえる 冷える esfriar(-se). 夜は~からセーターを持っていったほうがいい É melhor levar uma blusa (de lã) porque à noite vai esfriar.

ピエロ palhaço/ça.

びえん 鼻炎 〖医〗rinite (f). ~である ter [estar com] rinite.

ビオラ 〖音〗viola (f).

びおん 鼻音 som (m) nasal.

ひか 悲歌 canto (m) triste, elegia (f).

ひか 皮下 ~の hipodérmico/ca, subcutâneo/nea. ♦皮下脂肪 gordura (f) subcutânea. 皮下出血 hemorragia (f) subcutânea. 皮下組織 hipoderme (f). 皮下注射 injeção (f) subcutânea.

びか 美化 ❶ embelezamento (m). ❷〔理想化〕idealização (f), sublimação (f). ~する embelezar, idealizar. 都市を~する embelezar a cidade. 死を~する idealizar a morte.

ひがい 被害 dano (m), prejuízo (m). あの火事は40人以上の~者を出した Aquele incêndio fez mais de quarenta vítimas. …に~を与える causar dano a …, vitimar, vitimizar. …に~を受ける levar [sofrer] prejuízo de …, ser danificado/da [vitimado/da] por …. 市役所に~届けを出す apresentar a declaração de danos à prefeitura. ~総額は1億円に達する As perdas chegam à soma de cem milhões de ienes. ~を受けた方は係までご連絡してください Os que sofreram dano, por favor, dirijam-se ao encarregado. ♦被害者 vítima (f)〖★男性を指していても女性名詞〗. 被害地域 (f) danificada [afetada, atingida]. 被害妄想 〖心〗mania (f) de perseguição.

ひかえ 控え nota (f); 〔覚え書き〕anotação (f);〔写し〕cópia (f). あなたはその~を持っていますか Você tem a nota disso aí?

ひかえしつ 控え室 sala (f) de espera.

ひかえめ 控えめ ~な reservado/da, discreto/ta, modesto/ta, moderado/da. ~なやり方 moderação (f), reserva (f), recato (m),

ひがえり 日帰り 〜で…へ行ってきます Vou a … e volto no mesmo dia. ♦日帰り旅行 viagem (f) de um só dia 《sem pernoite》.

ひかえる 控える ❶〔抑制する〕abster-se de, refrear-se, conter-se, procurar não fazer. 塩分を〜 comer pouco sal, evitar o sal. 外食を〜 abster-se de comer fora. たばこは控えてください Evitem fumar, por favor. 彼は炭水化物を控えなければならない Ele tem restrição de carboidratos. ❷〔書き留める〕anotar, tomar nota de, escrever. 講義の要点を〜 anotar os pontos principais da palestra. 住所を〜 tomar nota do endereço. ❸〔待つ〕esperar, aguardar. 1階に〜 aguardar no primeiro andar. ❹〔近くにある〕ter (por perto). 西に池を〜ホテル um hotel ˻com ˹que tem˼ uma lagoa ao oeste. ❺〔間近に迫る〕estar prestes a, estar ˻perto ˹a ponto˼ de, estar nas vésperas de. 試験を3日後に控えている Faltam somente três dias para o exame. ❻〔差し控える〕conter-se no dizer. 発言を〜 procurar não falar (muito). 事実を控えて教える não contar toda a verdade.

ひかがくてき 非科学的 anti-científico/ca.

ひかく 比較 comparação (f). 〜する comparar. 〜的 comparativamente, relativamente. それは〜的安い Isso está relativamente barato. それは〜的簡単な仕事だ Esse é um serviço relativamente fácil (de fazer). 〜にならない incomparável. A と B を〜する comparar A com B, comparar A a B. ♦比較研究 estudo (m) comparativo.

ひかく 皮革 couro (m). ♦皮革製品 artigo (m) de couro. 合成皮革 couro sintético.

ひかく 非核 não nuclear. ♦非核三原則 os três princípios não nucleares 《não possuir, não fabricar, não deixar entrar no Japão armas nucleares》.

びがく 美学 estética (f).

ひかくきゅう 比較級 【文法】comparativo (m).

ひかげ 日陰 ❶ sombra (f). 〜の sombrio/bria, com sombra, coberto/ta de sombra. きのうの温度は〜で37度だった A temperatura de ontem foi de trinta e sete graus centígrados à sombra. 〜干しにする secar … à sombra. ❷〔世の中であまり恵まれていないこと〕margem (f). ♦日陰者 pessoa (f) banida da sociedade.

ひかげん 火加減 〜を見る regular o fogo. 〜はちょうどいい O fogo está no ponto.

ひがさ 日傘 guarda-sol (m).

*****ひがし 東** leste (m) [レースチ]. 〜の oriental, do leste. …の〜側に a leste de …. 〜口に出てください Saia na saída leste. ♦東側 lado (m) leste. 東半球 hemisfério (m) oriental. 東ヨーロッパ Europa (f) Oriental.

ひがし 干菓子 doce (m) seco 《em geral servido em cerimônia de chá》.

ひがしティモール 東ティモール Timor-Leste. 〜の timorense.

ひかぜい 非課税 isenção (f) de imposto. ♦非課税品 artigo (m) isento de imposto.

ひがた 干潟 praia (f) de baixa-mar.

びカタル 鼻カタル 【医】catarro (m) nasal; rinite (f).

ぴかぴか 〜した lustroso/sa, brilhante. 〜である estar brilhando [brilhante]. 〜光っている estar fazendo pisca-pisca.

ひがむ 僻む ❶〔ねたむ〕ter inveja, ter ciúmes. ❷〔うらむ〕guardar rancor por inveja. ❸〔被害意識をもつ〕tender a se achar injustiçado/da, ter uma espécie de mania de perseguição. 彼女は物事をひがんで考える癖がある Ela tem tendência a se considerar injustiçada.

ひがら 日柄 agouro (m) [sorte (f)] do dia. 本日はお〜もよく… Hoje é, além de bom, dia de boa sorte …. 《expressão usada em discursos de ocasiões festivas》.

ひからす 光らす fazer brilhar, polir;〔目を〕vigiar. 父が目を光らせているので何もできない Não posso fazer nada pois o meu pai me vigia (o tempo todo).

ひからびる 干からびる secar, ressecar, murchar, ressequir. 干からびた花 flores (fpl) secas [murchas].

*****ひかり 光** luz (f) [ルース]; 〔光線〕raio (m) [ハーイオ]. ♦光ファイバー fibras (fpl) óticas.

ひかりごけ 光り苔 【植】musgo (m) luminoso.

ひかりもの 光り物 ❶【料】peixes (mpl) com a pele azulada e brilhante 《como sardinha, bonito etc》. ❷〔金銀貨〕moeda (f) de prata ou ouro. ❸〔金属製の骨董(こっとう)品〕antiguidades (fpl) de metal como cobre, latão etc.

*****ひかる 光る** ❶〔光を放つ〕brilhar [ブリリャール], luzir [ルズィール], cintilar [スィンチラール], reluzir [ヘルズィール]. 一番強く〜 ser a mais brilhante de todas as estrelas. ❷〔傑出する〕brilhar, sobressair [ソブレサイール], distinguir-se [デスチンギール スィ]. 彼女はピアノのコンクールで一番光っていた Ela se distinguia de todos os demais no concurso de piano. ¶親の目が光っているので彼女をデートに誘えない Eu não consigo convidá-la a sair porque os pais estão sempre vigiando.

ひかれる 引かれる ❶〔引っ張られる〕ser arrastado/da [tracionado/da, puxado/da] por. ❷〔魅惑される〕ser atraído/da por, sen-

ひかん 悲観 pessimismo (m). 〜的 pessimista. …に〜する entristecer-se com …, desiludir-se com …. …に対して〜的な見方をする ser pessimista ⌊quanto a [com relação a] …. ◆悲観論 pessimismo. 悲観論者 pessimista.

ひかん 避寒 〜する fugir do frio [inverno], ir passar o inverno em terras menos frias.

ひがん 彼岸 [春の] equinócio (m) de primavera; [秋の] equinócio de outono.

ひがん 悲願 desejo (m) ardente [veemente]. 私の〜がかなった Realizou-se o meu maior desejo.

ひがんざくら 彼岸桜 [植] cerejeira (f) que floresce cedo.

ひがんばな 彼岸花 [植] espécie (f) de amarílis.

-ひき -匹 (numeral (m) de animais pequenos e insetos). 2〜の猫と3〜の犬 dois gatos e três cachorros.

ひぎ 被疑 suspeita (f). …の〜事件につき ⌊em se tratando do [quanto ao] suspeito caso de …. ◆被疑者 indiciado/da, suspeito/ta.

-びき -引き desconto (m). 2割〜で売る vender com desconto de vinte por cento. 1割〜の品 artigo (m) com desconto de dez por cento.

ひきあい 引き合い ❶ [引用] comparação (f), citação (f) (como exemplo). 先生の論文を〜に出す citar a tese do professor. ❷ [問い合わせ] pedido (m) de informação, especulação (f), investigação (f) teórica. その製品について海外から〜が来る Recebemos pedidos de informação do estrangeiro acerca do produto.

ひきあう 引き合う ser compensatório/ria, compensar, ter retorno. この仕事は引き合わない Este serviço não compensa. その取り引きは〜 Esse negócio tem retorno.

ひきあげ 引き上げ aumento (m), alta (f), elevação (f). 賃金の〜を要求する pedir [exigir] aumento de salário.

ひきあげる 引き上げる aumentar, elevar; [引っ張り上げる] levantar, alçar. クレーンで資材を〜 levantar o material ⌊com o guindaste [com a grua].

ひきあみ 引き網 rede (f) de arrasto, farracho (m).

ひきいる 率いる encabeçar, liderar. チームを〜 liderar uma equipe [um time].

*****ひきうける 引き受ける** ❶ [受け持つ] aceitar [アセイタール], responsabilizar-se [ヘスポンサビリザールスィ] por, encarregar-se de …. 私はその仕事を引き受けたくありません Não quero me encarregar desse serviço./Não posso aceitar esse serviço. 注文を〜 aceitar a encomenda. ❷ [保証する] garantir [ガランチール], responder por, assumir [アスミール]. 費用の支払いを〜 comprometer-se a arcar com as despesas. 子の監護を〜 assumir a guarda dos filhos. 子供を育てる費用を〜 assumir a despesa dos filhos.

ひきおこす 引き起こす provocar, causar, ocasionar, acarretar, suscitar. 学生運動を〜 provocar um movimento estudantil. 小さな見落としが大きな事故を〜 Pequenos descuidos acarretam grandes acidentes.

ひきおとし 引き落とし ❶ [銀行の] débito (m) da conta (bancária). ❷ [相撲] golpe (m) com que se derruba o adversário puxando-o para a frente.

ひきおとす 引き落とす ❶ debitar. 銀行口座から引き落とされる ser debitado/da na [da] conta bancária. ❷ [下へ] puxar para baixo.

ひきかえ 引き替え troca (f), intercâmbio (m), permuta (f). …と〜に em troca de …. 現金と〜に品物をお渡しします Entregaremos as mercadorias contra pagamento ⌊em dinheiro vivo [em espécie].

ひきかえす 引き返す voltar atrás, retroceder. 具合が悪くなったので途中で引き返しました Voltei para casa no meio do caminho porque me senti mal.

ひきかえる 引き替える trocar, permutar, intercambiar. AをBと〜 trocar A com B, trocar A por B.

ひきがえる 蟇蛙 [動] sapo/pa.

ひきがたり 弾き語り canto (m) [recitação (f)] com o acompanhamento instrumental do próprio cantor.

ひきがね 引き金 gatilho (m), disparador (m). 〜を引く puxar o gatilho [disparador]. それが事件の〜になった Isso foi o ⌊estopim [rastilho de pólvora] do incidente.

ひきぎわ 引き際 momento (m) de se retirar (de um trabalho ou empresa). 彼女は〜が悪い Ela nunca sabe o momento de ⌊se retirar de [deixar] uma atividade.

ひきげき 悲喜劇 tragicomédia (f).

ひきこもる 引き籠る ❶ [部屋に閉じこもる] fechar-se em casa, não deixar o quarto. ❷ [社会と接触しないでいる] levar uma vida retirada (da sociedade).

ひきころす 轢き殺す matar … atropelando. 彼女はトラックにひき殺された Ela morreu atropelada por um caminhão.

ひきさがる 引き下がる ❶ retirar-se, deixar o lugar, sair. ❷ [負けて退く] desistir (dos direitos). 今回は絶対に引き下がらない Desta vez seguramente não desistirei.

ひきさく 引き裂く ❶ [破る] rasgar, romper. ❷ [無理に離す] separar à força.

ひきさげ 引き下げ redução (f), baixa (f).

給料の~ corte (m) do salário. ♦物価引き下げ運動 campanha (f) para a redução dos preços.

ひきさげる　引き下げる abaixar [baixar], reduzir, cortar. 品物の値段を~ abaixar [reduzir] o preço das mercadorias. 賃金を千円~ baixar o salário em mil ienes, cortar mil ienes do salário.

ひきざん　引き算〔数〕《口語》subtração (f). ~をする subtrair,《口語》fazer a conta de diminuir. ~と掛け算と割り算が混ざっている場合は、掛け算と割り算をしてから、その結果の~をする Quando se tem a subtração, a multiplicação e a divisão misturadas, faz-se primeiro a multiplicação e a divisão e depois faz-se a subtração dos resultados. ⇨減法.

ひきしお　引き潮 maré (f) baixa.

ひきしまる　引き締まる ficar tenso/sa, pôr-se firme. 心が~ sentir-se espiritualmente firme, ficar pronto/ta para uma luta. 引き締まった文体 estilo (m) coeso [enxuto]. 引き締まった顔つきの人 pessoa (f) com ar severo e firme. 引き締まった体つきをしている ter um corpo atlético.

ひきしめる　引き締める apertar;〔気を〕prestar atenção, concentrar as energias. 危険な作業ですので気を引き締めてやるように Preste bastante atenção, que é um serviço perigoso.

ひきずる　引きずる arrastar. 引きずり出す arrastar para fora. 引きずり込む arrastar para dentro. 足を~ arrastar os pés. 足を引きずって歩いてはいけませんよ Não ande [andem] arrastando os pés, está bem?

ひきだし　引き出し ❶〔家具の一部〕gaveta (f). ~を引っ張る puxar a gaveta, abrir a gaveta. それはその~に入っています Isso está nessa gaveta. ❷〔銀行用語〕saque (m).

ひきだす　引き出す tirar, extrair;〔預金を〕sacar, retirar. 銀行から預金を~ために para sacar o depósito do banco.

ひきたつ　引き立つ ❶〔元気づく〕recobrar o ânimo, ganhar forças. ❷〔見栄えがする〕realçar-se, ficar melhor. この額に入れると絵が一段と~ Colocando a pintura nesta moldura, ela fica melhor [mais realçada].

ひきたてる　引き立てる ❶〔鼓舞する〕encorajar, estimular, animar. 部下を~ estimular os subalternos. ❷〔よく見せる〕realçar, pôr em relevo. そのスカーフは彼女の首を引き立てて Esse cachecol realçava o pescoço dela.

ひきつぎ　引き継ぎ sucessão (f) de pessoas num cargo. 事務の~ transmissão (f) de serviços de um cargo.

ひきつぐ　引き継ぐ herdar … de, suceder a … em …, seguir …, ser sucessor/ra de …. 長男が父の会社の仕事を引き継いだ O filho primogênito sucedeu ao pai na empresa. 山田さんが私の仕事を引き継ぎます O se-

nhor Yamada vai ser o meu sucessor neste trabalho.

ひきつける　引き付ける ❶ atrair, encantar, chamar a atenção (de). ~が引ける atrativo (m), atração (f). ❷〔理〕atrair. 磁石は鉄を~ Imãs (mpl) atraem ferro. ❸〔医〕ter convulsão. 赤ん坊はひきつけた O bebê teve uma convulsão.

ひきつづき　引き続き ❶〔相次いで〕em sequência, em seguida, em continuação. ~もう一曲お聞きください Em seguida, ˽vamos ouvir [ouçam] mais uma música. ❷〔続けざまに〕sem interrupção, continuamente. あの選手は去年に~今年も優勝した Aquele atleta venceu pelo segundo ano consecutivo. 売り上げは~好調だ As vendas continuam sendo satisfatórias. B 線は~運転を見合わせています A linha B continua parada.

ひきつる　引きつる ❶〔こわばる〕crispar-se. 引きつった crispado/da. 彼のほおが引きつった Suas bochechas tremeram. ❷〔けいれん〕ter câimbra, contrair-se. 脚が引きつった Tive câimbra nas pernas.

ひきて　引き手 maçaneta (f). 襖(ﾌｽﾏ)の~ puxador (m) da porta corrediça das casas japonesas.

ひきて　弾き手 executante de instrumento musical.

ひきでもの　引き出物 presente (m) oferecido aos convivas. 結婚式の~ presente oferecido aos convidados da cerimônia de casamento.

ひきど　引き戸 porta (f) corrediça.

ひきとめる　引き止める ❶〔阻止する〕deter, impedir. 娘の結婚を引き止めた Eu impedi o casamento de minha filha. ❷〔留めおく〕parar,《口語》segurar. 私は友人を昼食に引き止めた Eu segurei meu amigo para almoçar em casa.

ひきとりにん　引き取り人 reclamante, requerente.

ひきとる　引き取る ❶〔退去する〕retirar-se, ir-se, recolher-se. この部屋は立ち入り禁止なのでお引取りください Por favor, retire-se, pois a entrada neste recinto é proibida a estranhos. ❷〔受け取る〕pegar, recolher. 荷物預かり所に置いてあった荷物を引き取った Peguei as malas que estavam no guarda-volumes. ❸〔世話をする〕encarregar-se de, tomar conta de. 孤児を~ encarregar-se de um/uma órfão/fã (para criar). 私は叔母の家に引き取られた Fui criado/da pela minha tia. ¶ 息を~ morrer.

ひきにく　挽き肉 carne (f) moída.

ひきにげ　轢き逃げ atropelamento (m) e fuga (f), delito (m) de fuga. ~をする atropelar e fugir sem prestar socorro à vítima. 私は~された O motorista que me atropelou fugiu. あなたは~の疑いで逮捕状が出ています Temos ordem de prisão por ter atropelado e fugido sem prestar socorro à vítima.

ひきぬく　引き抜く tirar, arrancar, extrair, desarraigar, extirpar. このカードから1枚引き抜いてください Tire uma destas cartas. 彼はこの会社から優秀な人材を引き抜いて自分の会社に入れた Ele convidou trabalhadores excelentes desta companhia para levá-los à sua.

ひきのばす　引き伸ばす ampliar, alargar;〔期間〕prolongar, prorrogar, estender. 写真を～ ampliar uma fotografia. 滞在期間を引き延ばしたいのですが Gostaria de estender o período da minha permanência.

ひきはがす　引き剝がす arrancar, tirar. 古いポスターを壁から～ arrancar da parede um pôster velho.

ひきはなす　引き離す ❶〔無理に離れさす〕separar [distanciar] à força. 二人を～ separar duas pessoas à força. ❷〔間を大きくあける〕distanciar, ultrapassar de longe (o rival, numa competição).

ひきはらう　引き払う deixar, evacuar, retirar-se de. アパートを～ evacuar [deixar] o apartamento.

ひきょう　卑怯 covardia (f). ～な covarde. 逃げるのか、～者! Você vai fugir? Seu covarde!

ひきょう　秘境 regiões (fpl) inexploradas, áreas (fpl) desconhecidas, terras (fpl) envoltas em mistério. ～の地中央アジア Ásia Central misteriosa.

ひきわけ　引き分け empate (m). 試合は3対3の～に終わった A partida terminou com um empate de três a três.

ひきわける　引き分ける empatar.

ひきわたし　引き渡し ❶ entrega (f). ❷〔犯人の〕extradição (f).

ひきわたす　引き渡す ❶〔商品などを〕entregar. 来週商品を引き渡します Vou entregar a mercadoria na semana que vem. ❷〔長く延して張る〕passar, estender, pôr. 木と木の間に綱を～ passar a corda de uma árvore à outra. ❸〔犯人などを〕extraditar. 犯人を本国に～ extraditar um/uma criminoso/sa (ao país de origem).

ひきんぞく　非金属〔化〕metaloide (m).

***ひく　引く** ❶〔引っ張る〕puxar [プシャール]. ひも〔引き金〕を～ puxar a corda (o gatilho). カーテンを～ puxar a cortina. 引かないで押してください Não puxe. Empurre. ❷〔線を〕traçar [トラサール]. 直線を～ traçar uma linha reta. ここに線を引いてください Trace uma linha aqui. ❸〔辞書を〕consultar [コンスルタール], procurar em. あなたはこの辞典をどうやって引くのかわかりますか Você sabe consultar [usar] este dicionário? ❹〔数〕subtrair [スビトライール], tirar [チラール]. 10－9はいくつになりますか Tirando nove de dez dá quanto?/〔口語〕Quanto é dez menos nove? ⇨引き算. ❺〔ガス、水道など〕puxar;〔電話などを〕instalar [インスタラール]. 電話を引きたいのですが Queria instalar o telefone (em casa, no escritório etc). ❻〔値段を〕descontar [デスコンタール], dar um desconto em. これ以上値段は引けません Não posso descontar mais do que isto. ❼〔注意、関心などを〕atrair [アトライール], conquistar [コンキスタール]. ～の注意を～ chamar a atenção de…. 目を～ atrair os olhares. 同情を～ atrair compaixão. ❽〔受け継ぐ〕descender [デセンデール], suceder [スセデール], puxar. 彼は母親の血を引いている Ele puxou [tem as características da] mãe. ❾〔塗る〕pôr [ポール], colocar [コロカール]. お鍋に油を大さじ一杯引いてください Por favor, coloque uma colher de sopa de óleo na panela. ❿〔選び出す〕tirar. くじを～ tirar a sorte. ¶ 風邪を～〔鼻風邪〕ficar resfriado/da;〔インフルエンザ〕ficar com gripe. 風邪を引いている estar resfriado/da; estar com gripe.

ひく　弾く tocar 《um instrumento》. ピアノを～ tocar piano. この曲を弾いてくれますか Você pode (me) tocar essa música? 何か楽器を弾けますか Sabe tocar algum instrumento?

ひく　挽く ❶〔のこぎりで〕serrar. のこぎりで木を～ serrar a árvore com o serrote. ❷〔粉にする〕moer. 1キロのコーヒー豆を～ moer um quilo de grãos de café. 肉を～ moer a carne.

ひく　轢く atropelar. 彼女はトラックに轢かれて入院した Ela foi atropelada por um caminhão e está hospitalizada.

ひく　退く ❶〔辞職〕retirar-se, recuar. 会社の経営から手をひく retirar-se da administração de uma companhia. 社長はそのプロジェクトから身をひいてしまった O presidente acabou se retirando do projeto. ❷〔後退〕desistir de um intento, voltar atrás, reconsiderar, ceder, recuar. 彼女は一歩もあとへひかない Ela não recua nem um passo. 彼の大げさな言い方に皆ひいてしまった Todos ficaram pé atrás diante do exagero dele. ❸〔減退〕abaixar, baixar, diminuir. 潮がひいた A maré abaixou. 水がひいた O nível da água abaixou. 熱がひいた A febre baixou.

びく　魚籠 cesto (m) de pescador.

***ひくい　低い** baixo/xa [バイーショ/シャ]. 低く baixo. もっと～声で話してください Fale mais baixo. そんなに～調子では歌えません Não consigo cantar tão baixo assim. 彼は私より5センチ～ Ele é cinco centímetros mais baixo que eu.

びくう　鼻腔〔解〕cavidade (f) nasal.

ひくつ　卑屈 ～な servil, subserviente, obsequioso/sa; de cabeça baixa, cabisbaixo/xa;〔へつらい〕lisonjeador/ra,《口語》bajulador/ra.

ひくて　引く手 pretendente, interessado/da. 物理学科を出ていたら就職のとき～あまただ Se você é formado em Física, vai encontrar emprego muito facilmente.

びくともしない ❶ 〔まったく動かない〕impávido/da, firme. ❷ 〔まったく平静である〕imperturbável, sereno/na.

ピクニック piquenique (m). 今度遊園地に〜に行こうか Vamos a um parque fazer piquenique um dia desses?

びくびく 〜する ficar [estar] tremendo de medo, ficar [estar] tenso/sa de pavor, ficar [estar] receoso/sa. 彼女は夫がこわくて〜している Ela morre de medo do marido. 彼はうさがばれるのではないかと〜している Ele está receoso (de) que alguém descubra a mentira dele.

ぴくぴく 〜する encrespar-se, mover-se rapidamente. 魚が〜動いている O peixe está se remexendo rapidamente. 〜と convulsivamente, nervosamente. 彼のまぶたは〜している Suas pálpebras tremem nervosamente.

ひぐま 羆 〔動〕urso-pardo (m).

ひぐらし 蜩 〔虫〕cigarra (f).

ピクルス 〔料〕picles (mpl).

ひぐれ 日暮れ pôr (m) do sol, crepúsculo (m); 〔夕方〕tardinha (f).

ひげ 髭 〔口ひげ〕bigode (m); 〔あごひげ〕barba (f). 〜をそる fazer a barba [barbear-se]. 〜をそってから行きます Eu vou depois de fazer a barba. 〜を生やす deixar crescer a barba [o bigode]. あなたは〜を生やさないほうがいい Gosto mais de você sem a barba [o bigode].

ひげ 卑下 ato (m) de humildade, modéstia (f). 自分を〜する humilhar-se, rebaixar-se, ser modesto/ta.

ピケ piquete (m).

ひげき 悲劇 tragédia (f). 〜的 trágico/ca.

ひけし 火消し ❶ 〔行為〕ato (m) de apagar o fogo. ❷ 〔人〕bombeiro/ra. ♦火消し役〔職〕ofício (m) [profissão (f)] de bombeiro; 〔調停者〕apaziguador/ra.

ひげそり 髭剃り barbeação (f), ato (m) de fazer a barba [barbear-se]. ♦髭剃り機 barbeador (m). 髭剃りクリーム creme (m) de barbear.

ひけつ 否決 rejeição (f), desaprovação (f). 〜する rejeitar, desaprovar.

ひけつ 秘訣 segredo (m). 彼のバイタリティーの〜はなんだと思いますか Onde você acha que está o segredo da vitalidade dele?

ひけめ 引け目 ❶ 〔劣等感〕complexo (m) [sentimento (m)] de inferioridade. …に対して〜を感じる sentir complexo de inferioridade diante de …, sentir-se inferior a …. ❷ 〔負い目〕sentimento (m) [complexo (m)] de culpa. 彼は親の面倒を見なかったことに〜を感じている Ele se sente culpado [está com complexo de culpa] por não ter cuidado dos pais.

ひげもじゃ 髭もじゃ 〜の barbudo/da. 〜女 mulher (f) barbuda.

ひけらかす exibir. 買ったばかりの車を〜 exibir o carro que acabou de comprar.

ひげんじつ 非現実 irrealidade (f). 〜的 irreal, irrealizável.

ひけんしゃ 被験者 〔試験の〕o/a examinando/da; 〔実験の〕cobaia (f). 〜募集中《掲示》Procura-se voluntário/ria para pesquisa (científica).

ひご 庇護 proteção (f), patrocínio (m). 〜する proteger, patrocinar. …の〜のもとに sob os auspícios [o patrocínio] de …. ♦庇護者 patrocinador/ra.

ひご 卑語 linguagem (f) baixa, termo (m) grosseiro [de baixo calão].

ひごい 緋鯉 carpa (f) vermelha.

ひこう 非行 má conduta (f), delinquência (f). 〜に走る transviar-se, cair na delinquência. ♦非行少年(少女) delinquente juvenil, 《俗曲》jovem transviado/da.

ひこう 飛行 voo (m); 〔飛行術〕aviação (f). 〜する voar.

> ♦飛行距離 distância (f) de voo [percorrida]. 飛行時間 tempo (m) de voo. 飛行場 aeroporto (m). 飛行艇 hidroavião (m). 宇宙飛行士 astronauta (m).

びこう 備考 nota (f) explicativa, observação (f), anotação (f). ♦備考欄 margem (f) para notas explicativas.

びこう 尾行 rastreamento (m), busca (f) de pista, investigação (f) oculta. 〜する rastrear …, ir no rastro de …, ir atrás de … ocultamente, seguir os rastros de …. 彼は警察に〜されている Ele está sendo perseguido pela polícia.

びこう 鼻孔 〔解〕narinas (fpl).

びこう 鼻腔 〔解〕cavidade (f) nasal, fossas (fpl) nasais.

ひこうかい 非公開 não aberto/ta ao público. 〜の裁判 julgamento (m) não aberto ao público.

ひこうき 飛行機 avião (m), aeronave (f). 〜に乗る tomar o avião. 何時の〜に乗りますか Vai tomar o avião de que horas? 名古屋まで毎日4回〜便があります Há [Temos] quatro voos diários para Nagoya.

ひこうしき 非公式 〜の informal, extra-oficial, privado/da. 〜に informalmente, extra-oficialmente, em particular.

ひごうほう 非合法 ilegalidade (f). 〜の ilegal. 〜に ilegalmente. ♦非合法活動 atividade (f) ilegal.

ひごうり 非合理 irracionalidade (f). 〜的な irracional, absurdo/da. 〜なことを言う dizer absurdos. 〜的な手段をとる tomar medidas irracionais. 〜的にふるまう agir irracionalmente.

ひこく 被告 〔法〕〔刑事〕acusado/da, 〔民事〕demandado/da, 〔控訴〕notificado/da. 〜の答弁 resposta (f) do/da réu/ré. ♦被告人 réu/ré (=被告). 被告弁護人 advogado/da de

ひこくみん 非国民 anti-patriota.

ひごろ 日頃 habitualmente, ordinariamente, usualmente. ～の de sempre, habitual, usual. 彼は～の行いがよい Ele leva uma vida respeitável [digna]. ～の行いが悪い人 pessoa (f) que leva uma vida pouco respeitável.

ひざ 膝 joelho (m). ～に…を乗せる pôr … no colo. ～をつく pôr-se de joelhos, ajoelhar-se. ～をついて de joelhos. ～を曲げる dobrar os joelhos. ～を伸ばす esticar os joelhos.

ビザ visto (m) de entrada 《num país》. あなたの～はいつまで有効ですか Até quando é válido o seu visto de entrada?/Quando expira a validade do seu visto de entrada? あなたは就労～を延ばすことができましたか Você conseguiu prorrogar o seu visto de trabalho? ～の申請から受領まで何日かかりますか Quantos dias se leva para ┗se tirar o visto de entrada [a retirada do visto de entrada] contando do dia do requerimento? ～申請に必要な書類を教えてください Por favor, quais são os documentos necessários para ┗se tirar o visto [a retirada do visto]? ♦永住ビザ visto permanente. 観光ビザ visto de turista. 就労ビザ visto de trabalho. 通過 (トランジット) ビザ visto de trânsito.

ピザ 【料】pizza (f).

ひさい 被災 catástrofe (f) [calamidade (f), desastre (m)] natural. ～する sofrer um desastre. ～者に支援物資を送る enviar ajuda material às vítimas da catástrofe. ♦被災者 vítima (f) da catástrofe. 被災地 região (f) afetada pela catástrofe.

ひざかけ 膝掛け cobertor (m) para as pernas, manta (f) de viagem.

ひさし 庇 ❶ 〔片屋根〕toldo (m). ❷ 〔帽子の〕pala (f).

ひざし 日差し raio (m) [luz (f)] do sol. ～が暖かい Os raios do sol estão quentes. ～が強い Os raios do sol estão fortes [queimando]. ～を浴びる tomar sol, expor-se ao sol. 朝は～があるようだ Parece que vamos ter sol pela manhã.

ひさしい 久しい longo/ga. 彼と会わなくなって～ Faz tempo que não o vejo./Não o vejo há muito tempo.

ひさしぶり 久しぶり ～に depois de muito tempo de ausência, depois de uma longa separação. ～ですね Faz tempo, não?/Há quanto tempo!

ひざまくら 膝枕 ～する fazer do colo de alguém um travesseiro. 彼女の～で夢を見る sonhar dormindo com a cabeça no colo da namorada.

ひざまずく ajoelhar-se, pôr-se de joelhos. ひざまずいて de joelhos.

ひさん 悲惨 miséria (f). ～な miserável, lamentável, trágico/ca.

ひさん 飛散 ～する dispersar-se, esparramar, espalhar-se. ガラスの破片が～した Os cacos de vidro se espalharam no ar.

ひじ 肘 cotovelo (m). ～をつく apoiar-se nos cotovelos.

ひじかけ 肘掛け apoio (m) para os cotovelos 《de quem se senta em *tatami*》. ♦肘掛け椅子(ﾔ) poltrona (f), cadeira (f) de braços.

ひしがた 菱形 losango (m).

ひじき 〔植〕alga (f) marinha comestível.

ひししょくぶつ 被子植物 〔植〕planta (f) angiospérmica.

ひしつ 皮質 〔解〕córtex (m), córtices (mpl). ♦大脳皮質 córtex cerebral.

ビジネス negócio (m).
♦ビジネスアワー hora (f) de trabalho. ビジネスウーマン mulher (f) de negócios. ビジネスクラス classe (f) executiva. ビジネスチャンス oportunidade (f) para um bom negócio. ビジネス手帳 carteira (f) ┗profissional [de trabalho]. ビジネスパーソン pessoa (f) de negócios. ビジネスホテル hotel (m) não muito caro que serve para hospedar homens de negócios em viagem. ビジネスマン homem (m) de negócios.

ひしゃかいてき 非社会的 antisocial.

ひしゃく 柄杓 concha (f). ～で水を汲む tirar água com concha.

ひしゃこうてき 非社交的 insociável, pouco comunicativo/va, misantropo.

ひしゃたい 被写体 objeto (m) ou pessoa (f) a serem fotografados. カメラの～になる ser fotografado/da.

ひじゅう 比重 ❶ 〔理〕peso (m) específico. ❷ 〔重要性〕importância (f) relativa, grau (m) de importância. この問題のほうが～が大きい Este problema é mais importante (que os outros).

びじゅつ 美術 artes (fpl) plásticas. ♦美術館 museu (m) de arte. 美術史 história (f) da arte. 美術品 obra (f) de arte.

ひじゅん 批准 ratificação (f), validação (f) 《de um tratado》. マーストリヒト条約の～ ratificação do Tratado de Maastricht. 京都議定書を～する ratificar o Protocolo de Kyoto.

ひしょ 秘書 secretário/ria.

ひしょ 避暑 veraneio (m). …に～に行く veranear em …, ir a … veranear. ♦避暑地 estação (f) de veraneio.

びじょ 美女 mulher (f) bonita, beldade (f).

ひじょう 非常 ～な extraordinário/ria. ～の場合には em caso de emergência. ～事態に備えて preparando-se para as emergências, para se precaver dos casos de emergência. ♦非常階段 escada (f) de emergência. 非常口 saída (f) de emergência. 非常事態 emergência (f). 非常用 para caso de emer-

gência. 非常用梯子(ばしご) escada (f) de emergência.
ひじょう 非情 ~な insensível, cruel. ~な仕打ちを受ける ser tratado/da ⌐com crueldade [cruelmente].
びしょう 微笑 sorriso (m). ~を浮かべる sorrir, dar um sorriso.
ひじょうきん 非常勤 emprego (m) de horário parcial. ♦非常勤講師 professor/ra horista (contratado/da anualmente).
ひじょうしき 非常識 falta (f) de educação, falta de bom senso. ~な sem educação, sem cultura, insensato/ta. そんなことを知らないなんて彼は~ですね Se ele não sabe uma coisa dessas, ele ⌐não tem bom senso [não tem cultura].
びしょうじょ 美少女 menina (f) bonita.
ひじょうすう 被乗数 〖数〗multiplicando (m).
*****ひじょうに** 非常に muito [ムイント], 《口語》para lá de. ~美しい(おもしろい/親切だ) ser muito bonito/ta (interessante/gentil). ~驚いて(疲れて/喜んで)いる estar muito assustado/da (cansado/da/contente). パーティーは~楽しかった A festa estava ⌐muito [para lá de] divertida. ~…なので tão … que.
びしょく 美食 comida (f) fina. ♦美食家 *gourmet* (m) [グルメ], apreciador/ra da boa mesa.
ひじょすう 被除数 〖数〗dividendo (m).
びしょぬれ ~になる ficar ensopado/da, ficar muito molhado/da. きのうの雨で~になってしまった Eu fiquei ensopado/da com a chuva de ontem. 彼女は~だ Ela está toda molhada. ⇨ずぶ濡れ.
ビジョン visão (f).
びしん 微震 tremor (m) ligeiro de terra, microssismo (m).
びじん 美人 mulher (f) bonita, beldade (f).
ひじんどうてき 非人道的 desumano/na, cruel. 奴隷は農場主に~な扱いを受けていた Os escravos eram tratados cruelmente [desumanamente] pelos fazendeiros.
ビス parafuso (m).
ひすい 翡翠 ❶〖鉱物〗jade (m). ❷〖鳥〗pica-peixe (m), guarda-rios-comum (m).
ビスケット biscoito (m). ♦ココナツビスケット biscoito de coco.
ピスタチオ 〖植〗pistácia (f).
ヒスタミン 〖化〗histamina (f). ♦抗ヒスタミン剤 anti-histamínico (m).
ヒステリー 〖心〗histeria (f), irritabilidade (f) excessiva, nervosismo (m) excessivo. ~な histérico/ca, nervoso/sa, irritadiço/ça. ~症状の少女 uma jovem que sofre de histeria. ~を起こす ter um ataque de histeria; ficar histérico/ca,《口語》aprontar uma cena; perder as estribeiras. ♦ヒステリー患者 〖心〗histérico/ca. ヒステリー発作 〖心〗ataque (m) de histeria.
ヒステリック histérico/ca.
ピストル pistola (f);〔連発式の〕revólver (m).
ピストン pistão (m).
ひずみ 歪み distorção (f); desequilíbrio (m). 経済の~ desequilíbrio econômico.
ひずむ 歪む empenar-se, entortar. 板がひずんでしまった A madeira acabou empenando [entortando].
ひせいさんてき 非生産的 improdutivo/va, estéril.
びせいぶつ 微生物 micróbio (m).
ひせき 砒石 〖鉱物〗arsênico (m).
ひせきぶん 微積分 〖数〗cálculo (m) diferencial e integral; cálculo infinitesimal.
ひせんきょ 被選挙 ♦被選挙権 elegibilidade (f), capacidade (f) de ser eleito/ta. 被選挙資格 condições (fpl) de elegibilidade. 被選挙人 elegível.
ひせんとういん 非戦闘員 não-combatente (m)〔civil do campo de batalha, como médicos, enfermeiras etc〕.
ひせんろん 非戦論 pacifismo (m). 私は~者だ Eu sou ⌐contra a guerra [pacifista]. ♦非戦論者 pacifista.
ひそ 砒素 arsênio (m). ♦砒素中毒 arsenismo (m).
ひそう 悲壮 heroicidade (f) trágica. ~な patético/ca, heroico/ca. ~な決断 resolução (f) heroica.
ひそう 皮相〔うわべ〕superfície (f). ~な superficial. ~な批判 crítica (f) superficial.
ひぞう 秘蔵 ~する guardar ⌐com cuidado [como um tesouro]. ♦秘蔵っ子 joia (f) de família. 秘蔵品 tesouro (m).
ひぞう 脾臓 〖解〗baço (m).
ひそうかん 悲愴感 patético (m), sensação (f) patética. ~漂う映画の場面だった Foi uma cena (f) de filme permeada por *pathos*.
ひそか 密か ~な secreto/ta, oculto/ta, escondido/da. ~に secretamente, ocultamente, em segredo, clandestinamente, furtivamente, às escondidas. ~な決意 decisão (f) secreta. ~に笑う rir dissimuladamente. ~につぶやく dizer algo para si.
ひそひそ em voz baixa, em segredo. ~と em voz baixa. ~声 cochicho (m), sussurro (m). ~話をする cochichar, falar em segredo,《口語》falar ao pé do ouvido.
ひそむ 潜む esconder-se, ocultar-se, estar latente. 森に~ esconder-se na floresta. その事件の裏に不正が潜んでいた Atrás desse caso, se ocultava uma ilegalidade.
ひそめる 潜める esconder, ocultar. 身を~ esconder-se. 声を~ baixar a voz. 息を~ segurar a respiração.

ひだ 襞 prega (f). ～のある pregueado/da, com pregas.

ひたい 額 testa (f).

ひだい 肥大 ❶ obesidade (f). ❷ 〖医〗hipertrofia (f). ～する hipertrofiar-se. ◆心臓肥大 hipertrofia do coração.

ひたす 浸す ❶ 〔ぬらす〕molhar, embeber, deixar de molho. タオルを水に～ molhar a toalha na água. 雑巾を漂白剤に～ deixar o pano de chão de molho no alvejante. ❷ 〔漬ける〕demolhar, pôr … de molho em. ミルクに浸したパン pão (m) demolhado em leite. そのほうれん草はゆでてしょうゆと酢に浸してください Dê uma fervida nesse espinafre e depois regue com o molho de soja e vinagre.

ひたすら inteiramente, exclusivamente; com dedicação, com empenho, com afinco; o tempo todo. ～勉強に励む estudar com afinco. ～まっすぐ走っていた Corria para a frente sem pensar em mais nada. そして彼女は～泣いていた E ela ficava chorando o tempo todo.

ひだね 火種 〔元火〕brasa (f). ❷ 〔原因〕causa (f). 紛争の～ causa do conflito.

ひだまり 日溜まり cantinho (m) ensolarado.

ビタミン vitamina (f). ミカンは～Cが豊富です A mexerica é rica em vitamina C.

ひたむき ～な obcecado/da, obsessivo/va, dedicado/da; fervoroso/sa, ardente. ～な忠誠心 fidelidade (f) obsessiva. ～な愛情 amor (m) fervoroso. ～に生きる viver seriamente. ～にピアノの演奏をする tocar o piano sem pensar em mais nada.

*__ひだり 左__ esquerda (f) [エスケルダ]. ～へ曲がる virar à esquerda. この道を～に入ってください Entre nesta rua à esquerda, por favor. 次の角で～に曲がってください Dobre [Vire] à esquerda na próxima esquina, por favor. ～レーン pista (f) de esquerda. 〔左翼〕esquerdista [エスケルディースタ].

ひだりうちわ 左団扇 vida (f) feita, leito (m) de rosas. 二人の息子が働いているので私は～だ Estou com a vida feita, pois os dois filhos trabalham.

ひだりがわ 左側 lado (m) esquerdo. …の～に à esquerda de …. その店はこの道の～にあります Essa loja fica à esquerda desta rua. ◆左側通行 trânsito (m) pela esquerda; 《掲示》Mantenha-se à esquerda.

ひだりきき 左利き ～の canhoto/ta, canhoteiro/ra.

ひだりて 左手 ❶ mão (f) esquerda. ❷ lado (m) esquerdo. ～に見えますのが皇居でございます O que podemos ver ⌊do lado esquerdo [à esquerda] é o Palácio Imperial.

ひだりまえ 左前 ❶ procedimento (m) anormal de vestir o quimono, trespassando o lado esquerdo sobre o direito (usado em geral para vestir os mortos). ❷ 〔金銭面で困っていること〕aperto (m), declínio (m). 彼の商売は～だ O negócio dele ⌊está apertado [vai mal].

ひだりより 左寄り ～の com tendência (f) esquerdista.

ひたる 浸る mergulhar, submergir, imergir. 水に～ mergulhar na água. 夢に～ mergulhar em sonhos.

びだん 美談 história (f) edificante [comovente].

びだんし 美男子 homem (m) bonito.

びちく 備蓄 reserva (f) para emergência, aprovisionamento (m). ～する reservar, aprovisionar.

ひちりき 篳篥 〖音〗flauta (f) executada em *gagaku*.

ひつ 櫃 ⇨お櫃.

ひつう 悲痛 dor (f), amargura (f). ～な cheio/cheia de amargura, dolorido/da.

ひっかかる 引っ掛かる ❶ enganchar-se, prender-se em, ficar preso/sa em. 錨(いかり)は何かにひっかかった A âncora prendeu-se em alguma coisa. 検閲に～ ser detido/da pela censura. ❷ 〔疑惑〕ficar preocupado/da. 新しい計画にはちょっとひっかかるところがある Há algo que me preocupa nesse novo projeto./《口語》Estou com uma pulga atrás da orelha quanto ao novo projeto. ❸ 〔だまされる〕ser enganado/da. 詐欺師にひっかかった Fui enganado/da por um/uma vigarista [estelionatário/ria].

ひっかきまわす 引っ掻き回す ❶ remexer, pôr em desordem. ❷ 〔混乱させる〕perturbar, causar confusão em.

ひっかく 引っ掻く 〔傷口〕arranhar; 〔物〕rasgar.

ひっかける 引っ掛ける 〔釣るす〕pendurar; 〔水など〕espirrar; 〔絡ませる〕tropeçar em, esbarrar com. コートはそのくぎに引っ掛けてください Pendure o casaco nesse prego aí. 針金に足を～ esbarrar com o pé no arame.

ひっき 筆記 ～する tomar nota. ◆筆記試験 exame (m) escrito. 筆記用具 lápis (m) (ou caneta (f)) e papel, apetrechos (mpl) para escrever.

ひつぎ 棺 caixão (m) de defunto, ataúde (m).

ピックアップ ❶ 〔選ぶこと〕escolha (f). ～する escolher. ❷ 〔レコードの〕fonocaptador (m), captador (m) de som. ❸ 〔車で迎える〕～する pegar, apanhar. 図書館の前で君を～するよ Vou te pegar na frente da biblioteca.

ビッグカード 〔スポーツで〕atrativo (m), carro-chefe (m), chamariz (m).

ビッグバン ❶ *big-bang* (m), bigue-bangue (m) 〔grande explosão de massa de hidrogênio que teria originado o Universo〕. ❷ 〖経〗reformulação (f) do setor bancário.

ピックびょう ピック病 〖医〗esclerose (f) sistema nervoso central de não-idosos, esclerose (f) precoce.

びっくり …に対して〜する assustar-se com …, ficar surpreso/sa com [por], surpreender-se com [por], ser surpreendido/da por. 私はブラジルの広さに〜した Eu fiquei surpreso/sa com o tamanho [a enormidade] do Brasil. 彼女は急にドルが暴落したので〜した Ela foi surpreendida pela repentina baixa do dólar. 〜したなあ Puxa! Fiquei assustado/da./Que susto! …を〜させる surpreender …, assustar …, colher … de surpresa. あなたを〜させる知らせがありますよ Tenho uma notícia inesperada para você. あなたを〜させるものがある Tenho uma surpresa para você. 〜し assustado/da, com susto.

ひっくりかえす 引っくり返す 〔転覆させる〕pôr … de cabeça para baixo, virar, fazer … dar uma cambalhota; 〔裏返しに〕pôr [virar] … do avesso; 〔横に倒す〕derrubar, entornar. そのオムレツをひっくり返しましょうか Quer que eu vire essa omelete? お客さんがコップをひっくり返してしまった O/A freguês/guesa derrubou o copo.

ひっくりかえる 引っくり返る 〔倒れる〕ficar [virar] de cabeça para baixo, dar uma cambalhota, capotar; cair; 〔逆転する〕inverter-se. 車がひっくり返ってしまった O carro capotou [deu uma cambalhota]. 評価がひっくり返った Inverteram-se os valores. ゲームがひっくり返った Inverteu-se o jogo.

ひつけ 火付け 〔行為〕incendimento (m), atiçamento (m) de fogo, ato (m) de atiçar fogo em [incendiar] algo; 〔人〕autor/ra de incêndio criminal. ¶彼はその騒ぎの〜役になってしまった Ele acabou sendo o causador da confusão. ♦火付け役 instigador/ra, agitador/ra.

ひづけ 日付 data (f). 手紙に〜を書く datar uma carta. ここに〜を書いてください Coloque [Escreva] aqui a data.

ひっけい 必携 〜の indispensável. 留学生〜の書 livro (m) indispensável aos estudantes estrangeiros.

ひっけん 必見 〜の que deve ser visto/ta sem falta. あれは〜の映画だ Aquele é um filme que você não pode perder.

ひっこし 引っ越し mudança (f). 〜先の住所は次のとおりです O novo endereço é o seguinte.

ひっこす 引っ越す mudar-se. 今度隣に引っ越してきた山田です Sou o/a Yamada, que se mudou para a casa vizinha.

ひっこみじあん 引っ込み思案 envergonhado/da, tímido/da; 〔あまり行動を起こさない〕passivo/va, inativo/va. 彼らは〜だ Eles são tímidos [envergonhados].

ひっこむ 引っ込む retirar-se; 〔家の中に〕ficar dentro de casa, não sair; 〔でしゃばらない〕ficar quieto/ta, ficar reservado/da. 田舎に〜 retirar-se para os campos. でしゃばらずに引っ込んでいなさい Fique quieto/ta e não se intrometa. ¶引っ込んだ目 olhos (mpl) fundos.

ひっこめる 引っ込める ❶〔引っ込ませる〕encolher, retrair. おなかを引っ込めてポーズをとる fazer pose encolhendo a barriga. ❷〔撤回する〕retirar, desistir de. 彼女は提案を引っ込めた Ela retirou a proposta./Ela desistiu de propor a ideia.

ひっし 必死 〜の desesperado/da. 〜に desesperadamente, com afinco. 彼は記録を伸ばそうと〜にがんばっている Ele está se esforçando desesperadamente para bater o recorde.

ひっし 必至 〜の inevitável. 改革は〜だ A reforma é inevitável.

ひつじ 羊 【動】carneiro (m); ovelha (f). 〜の肉 carne (f) de carneiro. ⇨マトン, ラム. ♦羊飼い pastor/ra.

ひつじ 未 【干支】(signo (m) do) Carneiro (m). 彼女は〜年だ Ela nasceu no ano do Carneiro. ♦未年 ano (m) do Carneiro.

ひっしゃ 筆者 autor/ra. それが〜の願いである Esse é o desejo do/da autor/ra da presente obra.

ひっしゃ 筆写 cópia (f), transcrição (f). 〜する copiar, transcrever.

ひっしゅうかもく 必修科目 disciplina (f) obrigatória 《no curso de uma faculdade》.

ひつじゅひん 必需品 artigo (m) de primeira necessidade.

ひっしょう 必勝 vitória (f) certa [infalível]. 〜間違いなし A vitória é mais do que certa. 〜の信念でがんばる esforçar-se com fé na vitória certa.

ひっす 必須 〜の obrigatório/ria, essencial, indispensável. ♦必須アミノ酸【化】aminoácido (m) essencial. 必須科目 matéria (f) obrigatória. 必須条件 condição (f) estritamente necessária 《sine qua non》.

ひっせき 筆跡 traçado (m) da escrita 《de uma pessoa》. ♦筆跡鑑定 grafologia (f). 筆跡鑑定者 grafólogo/ga.

ひつぜん 必然 necessidade (f), inevitabilidade (f) (=必然性). 〜的な necessário/ria, inevitável, natural. 〜的に naturalmente, inevitavelmente. 地球の温暖化は工業化の〜的な結果だった O aquecimento global foi uma consequência inevitável da industrialização.

ひったくり assalto (m), roubo (m); 〔人〕assaltante, 《口語》trombadinha. 〜に会う ser assaltado/da [roubado/da].

ひったくる 引ったくる tirar … à força, assaltar e levar …, roubar … com violência. かばんを引ったくられた Roubaram a minha mala (à força)./Fui assaltado/da e levaram a mala./Estou sem a mala, pois fui vítima de um assalto.

ぴったり ❶〔すきまなくついている様子〕perfeitamente, completamente. 棚を壁に~くっつける colocar a estante perfeitamente encaixada na parede. この靴は私に~合っている Estes sapatos têm o tamanho exato para mim. この服は私の体に~合う Esta roupa serve perfeitamente ao meu corpo./Esta roupa me orna [cai] muito bem. 宣伝のビラが掲示板に~くっついている O folheto da propaganda está bem colado no mural. 期待と結果が~一致した A expectativa coincidiu (completamente) com o resultado. ~閉まったドア porta (f) hermeticamente fechada. ❷〔正確に〕exatamente, pontualmente. その仕事は彼に~だ Esse trabalho é perfeito para ele./Ele dá para esse trabalho. 6時に~にきてください Venha às seis (horas) em ponto, por favor. 会議は時間~に終わった A conferência terminou bem [《口語》direitinho] na hora prevista. 私の計算は~だった O meu cálculo estava certíssimo. 彼はその時~の言葉を使った Ele usou então [nesse momento] a palavra exata [justa].

ピッチ ritmo (m). ~を上げる aumentar [acelerar] o ritmo. ~を落とす diminuir [desacelerar] o ritmo. 生産を急~で進める produzir com ritmo acelerado.

ヒッチハイク viagem (f) de carona. ~をする pedir uma carona.

ピッチャー ❶〔野球〕〔投手〕arremessador/ra. ❷〔水差し〕jarro (m), jarra (f). 生ビールを~で出す oferecer o chope na jarra [no jarro].

ピッチング 〔野球〕arremesso (m).

ひってき 匹敵 …に~する igualar-se a …, ser igual a …, estar à altura de …, poder competir com …. Bの功績は A のそれに~する O empreendimento de B é tão meritório quanto o de A. この絵の美しさに~するものはない Não há nada que se compare à beleza deste quadro.

ヒット hit (m) [ヒッチ], sucesso (m); 〔野球〕〔安打〕rebatida (f) indefensável. ~する fazer sucesso. B監督の映画が~した O filme do diretor B fez muito sucesso. ♦ヒットソング canção (f) de sucesso, hit (m). ヒットチャート ranking (m) dos hits musicais. ヒットパレード parada (f) de sucessos.

ビット 〔電〕bit (m), dígito (m) binário.

ひっぱく 逼迫 ❶〔事態が〕aperto (m), tensão (f). 情勢が~している A situação está alarmante [tensa]. ❷〔経済が〕escassez (f) de dinheiro. 我が国の財政が~している Nosso país está [se encontra] em dificuldades financeiras.

ひっぱたく dar uma palmada [bofetada]. 顔を~ dar uma palmada na cara.

ひっぱりだこ 引っ張り凧 grande demanda (f), muita procura (f). この品物は~だ Esta mercadoria tem muita procura. 人気のタレントは~ Personalidades populares são pessoas muito requisitadas.

ひっぱる 引っ張る puxar. ⇨引く.

ヒッピー hippie (m) [ヒッピー]. ♦ヒッピー族 hippies (mpl).

ヒップ cadeiras (fpl), quadris (mpl).

ビップ VIP [ヴィッピ]. ~扱い tratamento (m) VIP.

ヒップホップ 〔音〕hip-hop (m).

ひづめ 蹄 casco (m) do cavalo.

ひつめい 筆名 pseudônimo (m) (de escritor).

***ひつよう** 必要 necessidade (f) [ネセスィダーヂ]. ~な necessário/ria. ~でない desnecessário/ria. …で~である precisar de …, necessitar de …, estar faltando …, faltar …. 私は…が~だ Eu preciso de …. ~ならば私はここにいましょう Se for preciso, eu fico aqui. このパーティーには花が~だ Estão faltando flores nesta festa. ~の場合はいつでも呼んでください Sempre que precisar, me chame. 監督にそれを言う~がある É preciso [necessário] dizer isto ao/à supervisor/ra. このスカートはクリーニングが~だ Esta saia está precisando de uma lavagem. あなたの協力は~ない A sua colaboração não é necessária [não é precisa]. この料理にはトマトが10個~だ Eu preciso [tenho necessidade] de dez tomates para fazer essa comida./São necessários dez tomates para fazer essa comida./Esse prato requer dez tomates para ser feito. 彼はお金を~としている Ele está precisado [necessitado] de dinheiro./Ele está necessitando [precisando] de dinheiro. 私は今あなたが~だ Agora estou precisando de você. あなたは落ち着く~がある É preciso que você se acalme. [★ 主動詞 precisar と従動詞の主語が異なる場合, que + 接続法が使われる]《Quando o sujeito de precisar e o do verbo que se segue têm sujeitos diferentes, usa-se "que + subjuntivo"》. 私はあなたと話す~がある Eu preciso falar com você. [★ 主動詞と従動詞の主語が同じである場合, precisar の活用形 + 不定詞が使われる]《Quando o sujeito de precisar e o do verbo subordinado indicam a mesma pessoa, usa-se "precisar conjugado + infinitivo"》.

ひてい 否定 negação (f). ~する negar, desmentir, responder pela negativa. ~的 negativo/va. ~的に negativamente. 彼はきのう休んだことを~している Ele nega ter faltado ontem (ao serviço). 社長はその情報を~した O/A presidente (da companhia) desmentiu essa informação. ♦否定形 forma (f) negativa. 否定語〔文法〕termo (m) negativo, partícula (f) negativa. 否定文〔文法〕frase (f) negativa. 二重否定 dupla negação (f).

びていこつ 尾骶骨 〔解〕cóccix (m).

ビデオ vídeo (m), filmagem (f); imagem (f) de televisão. …を～テープにとる tirar [gravar] … no videoteipe. ♦ビデオカメラ câmera (f), máquina (f) de filmar, videocâmara (f). ビデオテープ fita (f) de vídeo (cassete), fita (f) VHS, videoteipe (m). ビデオテープレコーダー aparelho (m) de vídeo, vídeo (m) (cassete). ビデオ予約 programação (f) de vídeo. レンタルビデオ店 locadora (f) de vídeo, videoclube (m).

びてき 美的 estético/ca. ♦美的感覚 senso (m) estético.

ひてつきんぞく 非鉄金属 metal (m) não ferroso.

ひでり 日照り seca (f), estiagem (f).

ひでん 秘伝 segredo (m). ～を授ける iniciar alguém nos segredos de algo. ～の妙薬 remédio (m) mágico.

びてん 美点 qualidade (f), virtude (f), mérito (m).

ひでんか 妃殿下 〔三人称で〕Sua Alteza a Princesa.; 〔二人称で〕Vossa Alteza a Princesa.

***ひと 人** pessoa (f) [ペソーア]; 〔人間〕homem (m) [オーメン]; 〔他の人〕o/a outro/tra; 〔人々〕pessoas [ペソーアス], outros [オートロス], gente (f) [ジェンチ]; 〔相手〕o próximo (m). あなたは～がいい Você é uma boa pessoa. 彼女はうそを言うような～ではない Ela não é uma pessoa capaz de mentir./Ela não é de mentir. ～の家に黙って入ってはいけません Não se entra na casa dos outros sem licença. ～によってはそれを飲むと眠くなります Conforme a pessoa, fica com sono quando toma isso./Tem gente que fica com sono quando toma isso. あなたは外見で～を判断するのですか Você julga as pessoas pela aparência?

ひとあし 一足 ❶ 〔一歩〕um passo. ❷ 〔非常に近い距離〕dois passos (mpl), um saltinho. あと～で彼の家は A casa dele fica ⌊logo ali [a dois passos daqui]. ❸ 〔比〕um curto tempo (m) indeterminado. ～先に行っているようにします Vou procurar estar lá um pouco antes de você [do/da senhor/ra]. ❹ 〔非常に短い時間〕um triz, um segundo. ～違いで電車に遅れる perder o trem por um triz.

ひとあたり 人当たり trato (m) com as pessoas, modo (m) de tratar as pessoas. ～が柔らかい ser amável [delicado/da] com as pessoas.

ひとあれ 一荒れ tempestade (f). ～来そうだ Parece que vamos ter uma tempestade.

ひとあわ 一泡 susto (m), desconcerto (m). 相手に～吹かせる desconcertar o outro.

ひとあんしん 一安心 pequeno alívio (m) momentâneo. ～する sentir-se momentaneamente aliviado/da. それで～だ Com isso fico um pouco aliviado/da.

ひどい 〔恐ろしい〕horrível, terrível; 〔厳しい〕severo/ra, duro/ra; 〔風雨が〕forte, pesado/da; 〔酷な〕muito mau/má, cruel; 〔病気などが〕grave. **ひどく** horrivelmente, terrivelmente; severamente, duramente; fortemente, pesadamente; cruelmente; gravemente. ～寒さ um frio terrível. ～頭痛 uma dor (f) de cabeça terrível. 彼はひどくしかられた Ele foi severamente repreendido. 彼女のけがは～のか A ferida dela é grave? ～雨ですね Que chuva forte, não?

ひといき 一息 ❶ ～に de uma (só) vez, num único lance, de uma só assentada; num gole, num trago. この小説を～に読んでしまった Li o romance de uma só vez. 私は～に水を飲んでしまった Eu bebi a água num gole só. さあ～に全部飲み干してください Vamos, beba tudo de uma vez. ❷ 〔休息〕descanso (m), pausa (f). ～つかせてください Deixe-me descansar um pouco. ちょっと～しましょう Vamos descansar um pouco. ❸ 〔少しの努力〕um pouco. あと～で勝てたかもしれない Mais um pouco e talvez tivéssemos vencido.

ひどう 非道 crueldade (f), atrocidade (f). ～な cruel, atroz. ～な仕打ち retaliação (f) cruel.

ひどうめい 非同盟 ～の não aliado/da. ♦非同盟国 país (m) não aliado.

ひとえ 一重 uma só camada (f). ～の simples, de camada única. ～の花 flor (f) simples. ♦一重まぶた pálpebra (f) simples.

ひとえに 偏に unicamente, apenas. これは～にあなたのおかげです Isso se deve unicamente a você. ～におわび申し上げます Peço sincera e unicamente que me perdoe.

ひとおし 一押し um empurrãozinho. もう～で先生は同意してくれたのに Com mais um empurrãozinho o/a professor/ra teria concordado (com a gente).

ひとがき 人垣 muralha (f) de gente. 駅前に～ができた Formou-se uma muralha de gente (curiosa) na frente da estação. ～を分けて進む avançar no meio da multidão.

ひとかげ 人影 ❶ sombra (f) de pessoa, silhueta (f). ❷ 〔否定文で〕〔em frases negativas〕sinais (mpl) de gente, vivalma (f). 街には～はなかった Não havia ⌊vivalma [sinais de gente] na cidade.

ひとがら 人柄 personalidade (f), caráter (m), gênio (m). 彼は～がいい Ele tem um bom caráter.

ひとぎき 人聞き ～の悪い que soa mal aos ouvidos dos outros. ～の悪いことを言う falar coisas negativas (que podem prejudicar a reputação de alguém).

ひときれ 一切れ um pedaço, uma fatia. ～のチーズ um pedaço de queijo. パン～ uma fatia de pão.

ひときわ 一際 de maneira notória. 彼の知性は～目立っていた A inteligência dele sobres-

ひどく saía entre todas as outras.
ひどく ⇨ひどい.
びとく 美徳 virtude (f). 日本では沈黙は~です No Japão, o silêncio é uma virtude.
ひとくい 人食い antropofagia (f), canibalismo (m). ~の antropofágico/ca, canibal. ♦人食い人種 antropófago/ga. 人食い風習 canibalismo.
ひとくせ 一癖 manha (f), hábito (m) negativo. 店長は~も二癖もある人だ O gerente é uma pessoa cheia de manhas [《口語》birrenta].
ひとくち 一口 ❶〔飲み物, 食べ物〕uma porção, um bocado, um pouco. ワインを~いかがですか Quer um pouco de vinho? ケーキを~食べて帰った Comi um pouco de bolo e voltei para casa. ~食べさせて(ください) Me dá [Dê-me] uma mordida [pedaço]. 彼は~でサンドイッチを食べてオフィスに戻った Ele comeu o sanduíche de uma vez e voltou para o escritório. ❷〔一言〕poucas palavras (fpl), resumo (m). 一口に言うと em uma palavra. ~で言えばもうだめだ Em poucas palavras, não tem mais jeito. ❸〔寄付などの〕cota (f), parte (f). 寄付は~千円だ A doação é em cotas de mil ienes (por pessoa).
ひとけ 人気 sinais (mpl) de gente. ~のない村 uma vila sem sinais de gente.
ひどけい 日時計 relógio (m) de sol.
ヒトゲノム genoma (m) humano.
ひとこえ 一声 um aviso. …に~かける avisar …, dar um alô a …. 私の家に来るときは事前に電話で~かけてください Quando quiser vir à minha casa, avise-me antes pelo telefone.
ひとごこち 人心地 ~がつく sentir-se reanimado/da, voltar a si (depois de um susto etc).
ひとこと 一言 uma palavra. ~いいですか Posso falar uma coisa [ter uma palavra com você]? 今回の彼は~多かった Ele falou demais desta vez. あの美しさは~で表せない Não posso descrever aquela beleza em uma única palavra. ~で言うと完敗だ Em resumo, fomos derrotados. 「ごめんなさい」の~もなしで帰るの Você vai embora sem ao menos pedir desculpas?
ひとごと 人事 assunto (m) alheio, problema (m) dos outros. ~だから口を挟まないでください Não se meta, porque é problema dos outros. それは~だと思わないでください Não ache que isso seja problema dos outros. ~じゃないんだよ Estou falando de você (nós).
ひとこま 一齣 um período, uma fase. 人生の~ uma fase da vida. ♦一齣漫画 caricatura (f), história (f) em quadrinhos de um só quadro.
ひとごみ 人込み multidão (f). 動物園はたいへんな~でした O zoológico estava cheio de gente.

ひところ 一頃 um tempo, um período; antes, antigamente. 彼は~金持ちだった Ele foi rico por um certo período. 私は~ゴルフに凝ったことがあった Já fui louco/ca por golfe por uns tempos. ~繁盛した店 uma loja que um dia já foi próspera.
ひとごろし 人殺し〔行為〕assassínio (m), assassinato (m);〔人〕assassino/na. ~をする assassinar alguém, cometer um assassinio [homicídio].
ひとさしゆび 人指し指 dedo (m) indicador.
ひとさま 人様 os outros (mpl), as outras pessoas (fpl). ~に迷惑をかけないようにしなさい Procure não incomodar os [causar transtorno aos,《口語》atrapalhar os] outros.
ひとさわがせ 人騒がせ falso alarme (m). ~な事件だった O incidente era um falso alarme. ~な人 alarmista.
ひとしい 等しい ❶ igual. 等しく igualmente. この二つの四角形は面積が~ Estes dois quadrados têm a mesma superfície [superfícies iguais]. ❷〔同等の〕equivalente. 1時間は60分に~ Uma hora equivale a sessenta minutos. ❸〔同然の〕semelhante, parecido/da. 彼は廃人に~ Ele é praticamente um inválido. その行為は詐欺に~ Esse ato beira uma fraude. そこは管理されていないに等しかった Ali quase não havia controle.
ひとしごと 一仕事 ❶〔parte (f) de〕um trabalho. ~してから映画に行く ir ao cinema depois de terminar uma parte do trabalho [fazer algo necessário]. ❷〔かなり大変な仕事〕um trabalho um tanto difícil. 若者にごみを正しく出してもらうようにするのは~だ É um serviço e tanto fazer os jovens depositarem o lixo na rua corretamente.
ひとじち 人質 refém. 航空機の乗客を~に取る reter os passageiros do avião como reféns.
ひとすじ 一筋 ❶ um fio, uma linha. ~の道 caminho (m) único [reto]. ❷〔いちず〕dedicação (f) exclusiva. 仕事~の人 trabalhador/ra que se dedica exclusivamente ao trabalho.
ひとすじなわ 一筋縄 meios (mpl) comuns, solução (f) simples. 彼は~ではいかない相手だ Ele é uma pessoa difícil de tratar./É difícil lidar com ele. リストラは~で解決できる問題ではない As reestruturações não são um problema de solução simples.
ひとそろい 一揃い um jogo, uma série, um conjunto, uma coleção. …を~ずつ分ける classificar [separar] … por séries. ~の皿 um jogo de pratos. 大工道具~ jogo de ferramentas do carpinteiro [de carpintaria]. 背広~ terno (m) (completo).
ひとだすけ 人助け ajuda (f); obra (f) de caridade. ~だと思ってこの役を引き受けてください Por favor, aceite este cargo fazendo de

ひとだのみ 人頼み ～する contar com os outros. 大事な仕事だから～にはできない Como é um serviço de responsabilidade, não posso deixá-lo por conta dos outros.

ひとだま 人魂 fogo (m) fátuo.

ひとちがい 人違い confusão (f) com outra pessoa. 私は山田ではありません、～だと思いますよ Eu não sou Yamada, você deve estar me confundindo com outra pessoa.

*ひとつ 一つ um/uma [ウン/ウーマ]; [各] cada [カダ]. ～いくらですか Quanto é cada um/uma? ～100円です São cem ienes cada. ～になる unir-se. ～になって行動する agir ˩todos/das juntos/tas [unidos/das]. テーブルの上にオレンジが～ある Há uma laranja sobre a mesa. ～やってみよう Vamos tentar! 彼はお菓子を～残らず食べ尽くした Ele comeu todos os doces sem deixar sobrar nada.

ひとつおき 一つ置き a cada dois, alternadamente, 《口語》um sim um não. AとBを～に置く colocar alternadamente A e B. あのエレベーターは～の階に止まる Aquele elevador para em cada dois andares.

ひとづかい 人使い maneira (f) de tratar os empregados. 彼は～が荒い Ele trata mal os empregados.

ひとつかみ 一掴み um punhado, uma mão-cheia. ～の飴(ぁぁ) um punhado de balas.

ひとづきあい 人付き合い trato (m) [convívio (m)] com as pessoas, relações (fpl) pessoais. ～がいい ser sociável, ter muitos amigos, manter boas relações pessoais. ～が悪い ser anti-social [insociável], ter poucos amigos. ～が下手な人 pessoa (f) ˩que não sabe [inábil em] manter uma boa convivência social.

ひとつずつ 一つずつ um por um/uma por uma. ひと組に～です É um para cada grupo.

ひとづて 人伝て ～に聞く ouvir dizer, saber através de boatos.

ひとっぱしり 一っ走り ⇨一走(いっそう)り.

ひとつひとつ 一つ一つ um/uma por [a] um/uma. ～返事を書く responder a todas as correspondências.

ひとづま 人妻 esposa (f) alheia, mulher (f) casada com outro.

ひとつまみ 一つまみ uma pitada. ～の塩 uma pitada de sal.

ひとで 人手 mão-de-obra (f); [助け] ajuda (f). 日本は今～が足りない Falta mão-de-obra no Japão agora. これは～を借りないでやったのです Eu fiz isto aqui sozinho/nha./Eu fiz isto sem a ajuda de ninguém. ♦ 人手不足 falta (f) de mão-de-obra.

ひとで 海星 [動] estrela-do-mar (f).

ひとでなし 人でなし pessoa (f) ˩cruel [sem coração, desumana].

ひととおり 一通り ❶ [一応] o fundamental, o básico. 大工道具は～そろえた Comprei as ferramentas fundamentais para carpintaria. 娘には～の行儀作法を心得させてあります Já ensinei à minha filha [Minha filha já sabe] os fundamentos das boas maneiras. ❷ [はじめから終わりまでざっと] do começo ao fim (nem que seja por alto), sumariamente. ～チェックしました Dei uma ligeira verificada em tudo./Dei uma checada geral. この書類に～目を通しましょう Vamos dar uma lida nestes documentos.

ひとどおり 人通り tráfego (m), trânsito (m). ～の少ない通り rua (f) sem movimento. ～の多い通り rua movimentada.

ひとなつこい 人懐こい sociável, amigável, caloroso/sa, carinhoso/sa. ブラジル人は～ Os brasileiros ˩são calorosos [gostam de estar com os outros].

ひとなみ 人並み ～の 1) [ありふれた] comum, normal. ～の暮らしをする viver uma vida ˩comum [igual à de todos]. 2) [普通の] regular, mediano/na. ～以上の努力 esforços (mpl) ˩acima do regular [extraordinários]. ～外れた extraordinário/ria, pouco comum, excepcional. ～に medianamente, como a maioria dos homens, como todo mundo.

ひとなみ 人波 multidão (f), aglomeração (f). 朝の駅で～にもまれる ser empurrado/da pela multidão na estação (de trem) da manhã.

ひとにぎり 一握り um punhado. ～の米 um punhado de arroz. ～の過激派 um punhado de radicais. ～の人 um punhadinho [punhado] (à-toa) de gente, um contingente de contar nos dedos.

ひとねむり 一眠り soneca (f). ～します Vou tirar uma soneca. 昼食後に～する tirar uma soneca depois do almoço.

ひとはしり 一走り uma corrida, um pulo, 《口語》um pulinho. 駅まで～してくる Vou dar ˩uma corridinha [um pulinho] até a estação e volto já.

ひとはた 一旗 ～上げる tentar a sorte, tentar fortuna; [成功する] fazer fortuna, ter êxito. 彼はあそこで～上げた Ele tentou um novo empreendimento lá e teve êxito.

ひとはだ 一肌 uma mão, uma ajuda. ～脱ぐ ˩fazer um esforço [dar uma ajuda] (para melhorar alguma situação).

ひとはだ 人肌 calor (m) humano. ～が恋しい Estou com necessidade de calor humano.

ひとはな 一花 um êxito, sucesso (m). もう～咲かせたい Quero só mais um êxito na vida.

ひとばらい 人払い ～する fazer todo o mundo sair (de um lugar). ～をして密談をする ter uma reunião secreta fazendo todo o mundo sair de perto. 大統領の車を通すため～をする fazer os transeuntes darem passagem para o carro do presidente.

ひとばん 一晩 uma noite. 友人の家に〜泊まる passar [dormir] uma noite na casa de um/uma amigo/ga. 〜じゅう眠れなかった Não consegui dormir a noite toda [inteira].

ひとびと 人々 pessoas (fpl), gente (f).

ひとふで 一筆 ❶ [墨つぎをせず一気に書く] um traço de pincel. 〜で num só trançado de pincel. ❷ [ちょっと書く] algumas linhas (fpl) de palavras. 〜書き添える acrescentar algumas palavras.

ひとふろ 一風呂 um banho rápido, 《口語》um baninho. 〜浴びる tomar um banho rápido.

ひとまえ 人前 〜で em público, publicamente, 《口語》na frente de todos. 〜をつくろう salvar as aparências, preservar a imagem. 〜もはばからず abertamente, sem se incomodar com os outros.

ひとまかせ 人任せ ato (m) de deixar uma incumbência por conta do outro. 仕事を〜にする encarregar alguém do próprio trabalho, deixar o próprio trabalho para os outros.

ひとまく 一幕 【劇】um ato. 〜物の芝居を見る ver uma peça de um só ato.

ひとまず por agora, por enquanto. 〜これで練習を終わりにしよう Vamos encerrar o treino por enquanto.

ひとまとめ 一纏め um bloco, um maço. 〜の手紙 um bloco de cartas. 書類を〜にする juntar os documentos num maço só, empacotar os documentos.

ひとまね 人真似 imitação (f). 〜をする imitar os outros, macaquear. 〜のうまいオウム um papagaio que imita bem as pessoas.

ひとまわり 一回り ❶ [一巡] uma volta, um giro. 〜して来ます Vou dar uma volta. 近所を〜する dar uma volta pela vizinhança. 夜警が受け持ち区域を〜した O vigia noturno ᒻfez uma ronda [deu uma volta] pela área que estava guardando. ❷ [大きさ] um tamanho. 〜大きいのをみせてください Mostre-me um tamanho maior.

ひとみ 瞳 pupila (f).

ひとみしり 人見知り acanhamento (m), constrangimento (m). 子供は〜をすることが多い É comum as crianças estranharem os desconhecidos.

ひとむかし 一昔 〜前の ultrapassado/da. 〜前の流行 moda (f) ultrapassada. 十年〜 Em dez anos muita coisa muda.

ひとめ 一目 uma olhada, uma vista rápida, um relance. 〜で de relance, à primeira vista, de uma só olhada. 私はこれが〜で気に入った Gostei disto desde a primeira olhada. 私は〜見て彼女だとわかった Eu a reconheci logo à primeira vista. 〜ほれする apaixonar-se à primeira vista. 彼女に〜会いたい Quero encontrá-la mesmo que (seja) por um instante. ♦ 一目ぼれ amor (m) à primeira vista.

ひとめ 人目 observação (f) dos outros, atenção (f). 〜をひく chamar a atenção, ser chamativo/va. 〜につかずに sem dar na vista. 〜を気にしすぎる Você se preocupa demais com o que os outros pensam de você.

ひともうけ 一儲け ganho (m) de uma quantidade razoável de dinheiro. 競馬で〜する ganhar um bom dinheiro apostando numa corrida de cavalos.

ひとやすみ 一休み um descanso, um intervalo. 〜する fazer uma pausa. 〜しましょうか Vamos descansar um pouco?

ひとやま 一山 ❶ um monte. 〜越えたら町が見えます Vai dar para ver a cidade assim que ultrapassarmos um monte. ❷ [積み上げた物の山] um monte, uma rima. オレンジは〜500円だ A laranja custa quinhentos ienes o monte. ¶ 〜当てる ter sorte e encontrar um filão, ganhar uma fortuna por sorte.

ひとり 一人, 独り uma pessoa; um/uma. 一人の só, sozinho/nha, solitário/ria; solteiro/ra. 独りで sem auxílio, só, sozinho/nha. 一人ずつ um/uma por um/uma, um/uma de cada vez. 我々の一人 um/uma de nós. 私は独りでその仕事を終わらせました Eu terminei esse serviço sozinho/nha. おじいさんはリハビリの後独りで歩けるようになった O idoso já consegue andar sozinho depois dos exercícios de reabilitação. 彼の報告を信じる人は一人もいなかった Não havia ninguém que acreditasse no relato [informe] dele./Não teve um que acreditou no que ele falou. 一人一人に合った治療をする fazer um tratamento ᒻpersonalizado [de acordo com as características de cada indivíduo].

ひどり 日取り data (f), dia (m). 結婚式の〜を決める fixar [marcar] a data do casamento. 人と会合の〜を決める marcar a data da reunião com alguém.

ひとりあたり 一人当たり por pessoa, por cabeça. 〜千円支払う pagar mil ienes por pessoa.

ひとりがてん 独り合点 julgamento (m) arbitrário, juízo (m) subjetivo, conclusão (f) precipitada. 〜する julgar arbitrariamente, concluir precipitadamente.

ひとりぐらし 一人暮らし 〜をする morar só. 四月から私は〜を始める Vou começar a morar só a partir de abril. 〜のほうが自由だ Fica-se mais à vontade quando se vive só.

ひとりごと 独り言 solilóquio (m). 彼は〜を言う Ele fala sozinho.

ひとりじめ 独り占め monopolização (f), açambarcamento (m). 彼は遺産を〜にした Ele ficou com toda a herança.

ひとりたび 一人旅 〜をする viajar só [desacompanhado/da, 《口語》sozinho/nha].

ひとりっこ 一人っ子 filho/lha único/ca.

ひとりでに ❶〔自動的に〕sem querer, automaticamente. この機械は～スイッチが切れます Esta máquina se desliga automaticamente. ❷〔自然に〕naturalmente, por conta própria, sem querer. こどもは～覚える As crianças aprendem por conta própria.

ひとりひとり 一人一人 ❶〔一人ずつ〕cada um/uma por sua vez. ～受付までお越しください Venham cada um/uma por sua vez até o guichê, por favor. ❷〔各人〕cada qual, todos/das, todo mundo (m). ～が自分のすべきことをすれば地球は助かる Se cada qual [todo mundo] fizer a sua parte, o planeta vai se salvar!

ひとりぼっち 独りぼっち ～の só,《口語》sozinho/nha. ～で学校へ行く ir à escola só [sozinho/nha]. ～である ser [estar] só. ～になる ficar só.

ひとりみ 独り身 solteiro/ra. ～の自由 liberdade (f) da vida de solteiro/ra.

ひとりよがり 独り善がり presunção (f), satisfação (f) pessoal. ～の arbitrário/ria. それはあなたの～です Isso é uma coisa que está só na sua cabeça.

ひな 雛 ❶〔鳥の〕cria (f) de ave; pintinho (m). ～をかえす chocar os ovos. ～がかえった Os pintinhos nasceram. ❷〔人形〕boneca (f) (da Festa das Meninas). ～を～壇に飾る expor as bonecas no palanque.

ひなが 日長 dias (mpl) longos. 春の～ dias longos da primavera.

ひながた 雛型 ❶〔模型〕miniatura (f). ❷〔書式〕formulário (m) de documento. ～のとおりに書いてください Escreva de acordo com o formulário, por favor.

ひなぎく 雛菊 【植】margarida (f), bonina (f).

ひなげし 雛芥子 【植】papoula (f).

ひなた 日向 lugar (m) em que bate o sol, lado (m) ensolarado. ～で遊ぶ brincar debaixo do sol. …を～に干す secar … ao sol. ～ぼっこに行きましょう Vamos tomar sol. ◆日向ぼっこ banho (m) de sol.

ひなだん 雛壇 ❶〔ひな祭りで〕palanque (m) (em degrau) para se colocarem os bonecos do Dia das Meninas. ❷〔議場などで〕tribuna (f) de honra.

ひなまつり 雛祭 Festival (f) das Bonecas, Dia (m) das Meninas, *Hinamatsuri* (m) 《que acontece no dia 3 de março e é quando se expõem as bonecas no palanque》.

ひなん 避難 refúgio (m). ～する refugiar-se. 老人たちを安全な場所に～させましょう Vamos dar um refúgio seguro aos idosos. ◆避難訓練 exercícios (mpl) de refúgio. 避難所 lugar (m) de refúgio, abrigo (m). 避難民 refugiado/da. 避難命令 ordem (f) de se refugiar nos abrigos.

ひなん 非難 crítica (f). ～する criticar. ～を招く atrair as críticas, ser criticado/da. このことに対してはだれも～するべきではない Ninguém deve ser criticado por isso. 最近彼はずっと～の的になっている Ele vem enfrentando bombardeio de críticas./Recentemente ele está na berlinda.

ビニール vinil (m), plástico (m) (de vinil). ◆ビニールハウス estufa (f) de plástico [vinil]. ビニール袋 saco (m) [sacola (f)] de plástico.

ひにく 皮肉 〔機知を含む〕ironia (f);〔軽蔑を含む〕sarcasmo (m). ～を言う ironizar, falar ironias. ◆皮肉屋 pessoa (f) irônica; pessoa sarcástica.

ひにょうき 泌尿器 órgãos (mpl) das vias urinárias. ◆泌尿器科 urologia (f). 泌尿器科医 urologista.

ひにん 否認 negação (f). ～する negar. 彼は容疑を～した Ele negou as acusações. ◆否認権 direito (m) de recusa.

ひにん 避妊 contracepção (f). ～する impedir a gravidez [concepção]. 避妊ピル pílula (f) anticoncepcional. 避妊法 método (m) anticoncepcional. 避妊薬 anticoncepcional (m).

ひにんしょう 非人称 impessoalidade (f). ～の【文法】impessoal. ◆非人称動詞 verbo (m) impessoal. 非人称不定詞 infinito (m) impessoal.

ひねくれた ❶〔まがった〕retorcido/da, torcido/da. ❷〔性質が〕retorcido, deformado/da. ～性質 personalidade (f) retorcida [deformada]. ～人 cabeça-dura; pessoa (f) com desvio de caráter. ～見方 maneira (f) retorcida (para pior) de ver as coisas.

ひねくれる ficar retorcido/da, ficar deformado/da. 部下は怒られてばかりいるとひねくれてしまう A personalidade dos subordinados ficará afetada se a repreensão (por parte do chefe) for constante.

ひねた 〔大人びた〕precoce. ～子供 criança (f) precoce.

ひねつ 比熱 【理】calor (m) específico. ～が大きい (小さい) O calor específico é elevado (baixo).

びねつ 微熱 um pouco de febre (f). ～がある ter [estar com] um pouco de febre.

ひねる torcer, retorcer;〔回す〕girar. 私は手首をひねってしまった Eu torci o pulso. ガスのコックを～ girar a chave do gás. 蛇口を～〔開ける〕abrir a torneira,〔閉める〕fechar a torneira.

ひのいり 日の入り pôr (m) do sol.

ひのうりつてき 非能率的 irracional. ～に働く trabalhar irracionalmente [《口語》de um jeito que faz perder muito tempo].

ひのき 檜 【植】cipreste (m) anão, *hinoki* (m). ¶ ～舞台を踏む representar no me-

ひのくるま 火の車 aperto (m) financeiro. うちの会社は今〜だ A situação financeira da nossa companhia está desastrosa./Estamos passando muito aperto financeiro na companhia.

ひのこ 火の粉 fagulha (f), chispa (f) de fogo.

ひので 火の手 labareda (f), chama (f). 〜が上がった As chamas subiram alto. 〜が伸びた O fogo se espalhou. ¶ 方々から暴動の〜が上がった Os tumultos 〔se declararam [se manifestaram] em diversos pontos.

ひので 日の出 nascer (m) do sol.

ひのまる 日の丸 disco (m) solar. 〜の旗 bandeira (f) nacional do Japão. ♦ 日の丸弁当 lanche (f) de arroz branco com *umeboshi* no meio.

ひのみやぐら 火の見櫓 torre (f) de vigia (contra incêndio).

ひのめ 日の目 luz (f) do dia. この法案はついに〜を見るに至らなかった Este projeto de lei acabou 〔abortando [ficando na gaveta sem ver a luz do dia].

ひばいひん 非売品 produto (m) que não está à venda.

ひばく 被爆 〜する ser bombardeado/da, ser vítima (f) da bomba atômica; ser afetado/da por radioatividade. ♦ 被爆者 vítima (f) da radioatividade da bomba atômica. 被爆地帯 região (f) 〔bombardeada [afetada, atingida] (pela bomba atômica).

ひばし 火箸 tenazes (fpl) para pegar o carvão em brasa.

ひばしら 火柱 coluna (f) de fogo.

ひばち 火鉢 braseira (f).

ひばな 火花 fagulha (f), faísca (f). 〜を散らす faiscar, espalhar faíscas. …から〜が散った Saíram fagulhas [faíscas] de ….

ひばり 雲雀 〔鳥〕laverca (f).

ひはん 批判 crítica (f). 建設的な〜 crítica construtiva. 首相の辞任は〜を招いた A demissão do primeiro-ministro 〔foi criticada [《口語》causou ruído]. ♦ 自己批判 autocrítica (f).

ひばん 非番 〜の日 dia (m) 〔de folga [livre]. 〜である não estar em serviço, estar de folga. 昨日〜だったけれど会社に寄ってきた Apesar de ontem ter sido minha folga passei na empresa.

ひび 日々 cada dia (m), todos os dias. 〜の de cada dia, cotidiano/na. 〜の暮らし vida (f) cotidiana.

ひび 〔亀裂〕rachadura (f). 〜が入る rachar. 花瓶に〜が入った O vaso rachou.

ひびき 響き ressonância (f); 〔反響〕eco (m). 〜のよい sonoro/ra. 〜のよいコンサートホール sala (f) de concertos com boa acústica.

ひびく 響く ❶ 〔音が伝わる〕ressoar, repercutir. あなたの足音は響きます Os seus passos 〔ressoam e〕incomodam./Você faz muito barulho para andar. ❷ 〔反響する〕ecoar. ❸ 〔広く知られる〕ficar famoso/sa. ❹ 〔悪影響を及ぼす〕afetar, influenciar em, pesar em. 石油の値上がりは家計にひびいている A alta do petróleo está pesando no orçamento familiar.

ひびたる 微々たる pequeno/na, insignificante, pouco/ca. 〜量 quantidade (f) ínfima [insignificante].

ひひょう 批評 crítica (f). 〜する criticar. ♦ 批評家 crítico/ca.

ひびる ficar com medo, ficar nervoso/sa. 彼はそのときびびってしまった Nesse momento ele ficou desconcertado de medo.

ひびわれ ひび割れ racha (f). 〜する rachar, gretar.

びひん 備品 ❶ equipamento (m). ❷ 〔事務所などの〕mobília (f). ❸ 〔付属品〕acessórios (mpl), apetrechos (mpl), pertences (mpl). ♦ 備品目録 inventário (m) de equipamentos [mobílias, pertences].

ひふ 皮膚 pele (f), cútis (f), epiderme (f); 〔顔の〕tez (f). 〜の da pele, epidérmico/ca, cutâneo/nea. 〜が荒れている estar com a pele áspera. 〜が弱い ter a pele delicada. ♦ 皮膚炎 〔医〕dermatite (f). 皮膚科 dermatologia (f). 皮膚科医 dermatologista (m). 皮膚病 dermatose (f), doença (f) da pele. アトピー性皮膚炎 dermatite atópica.

ひぶ 日歩 juro (m) diário.

ビフィズスきん ビフィズス菌 〔生〕lactobacilo (m) bífido.

びふう 微風 brisa (f).

ひぶくれ 火脹れ bolha (f) (causada por queimadura).

ひぶそう 非武装 desarmamento (m), desmilitarização (f), apetrechos. 〜化する desmilitarizar-se. ♦ 非武装地帯 região (f) 〔zona (f)〕desmilitarizada.

ひぶた 火蓋 〜を切る começar um ataque; 〔議論の〕abrir um debate.

ビフテキ bife (m) 《carne bovina》.

ビブラート 〔音〕vibrato (m).

ビブラフォン vibrafone (m).

びぶん 微分 〔数〕diferencial. ♦ 微分学 cálculo (m) diferencial. 微分幾何学 geometria (f) diferencial. 微分係数 coeficiente (m) diferencial. 微分方程式 equação (f) diferencial.

びぶんし 微分子 átomo (m), molécula (f)

ひへい 疲弊 ❶ 〔衰弱〕enfraquecimento (m). 〜する enfraquecer-se, cansar-se. 密漁によって〜する漁村 vilas (fpl) de pescadores que estão se enfraquecendo por causa da 〔《口語》por conta da〕pesca clandestina. ❷

〔貧困化〕empobrecimento (m). ~する empobrecer-se, ficar economicamente fraco/ca. 戦争のため国力が~した O país empobreceu por causa da guerra.

ひほう 悲報　notícia (f) triste 《em geral de morte》. ~に接する receber uma notícia triste.

ひほう 秘宝　tesouro (m) escondido.

ひぼう 誹謗　difamação (f). ~する difamar.

びぼう 美貌　beleza (f).

ひほけんしゃ 被保険者　segurado/da.

ヒポコンデリー　【医】hipocondria (f). ~の患者 hipocondríaco/ca.

ひぼし 干乾し　definhamento (m). ~になる emagrecer de fome.

ひぼし 日干し　secagem (f) ao sol. ~にする secar ao sol. ~の魚 peixe (m) seco ao sol.

ひぼん 非凡　extraordinário/ria. 彼女は芸術に~な才能がある Ela tem um talento extraordinário em artes.

***ひま** 暇　❶〔時間・余暇〕tempo (m) livre, lazer (m) 〔ラゼール〕, ócio (m) 〔オッスィオ〕, folga (f) 〔フォーウガ〕. ~な desocupado/da. ~なときに quando o tempo sobra, quando se tem tempo, nas horas de folga. ~がある ter [estar com] tempo. ~である estar livre, estar desocupado/da, estar folgado/da. ~をつぶす matar o tempo. ~をみてポルトガル語を習っています Estou aprendendo português quando tenho um tempinho. 全然~がありません Não tenho tempo para nada. 今夜は~ですか Está livre hoje à noite? ❷〔休暇〕feriado (m) 〔フェリアード〕, folga, descanso (m) 〔デスカンソ〕. 1週間の~をもらって旅に出かける obter folga de uma semana e sair de viagem. ❸〔解雇〕demissão (f) 〔デミサォン〕, desemprego (m) 〔デゼンプレーゴ〕. ~を出す despedir ⋯, demitir ⋯. ❹〔閑散〕folga, sem trabalho. この商売は~です Este negócio está sem clientes.

ひまご 曾孫　bisneto/ta.

ひましに 日増しに　dia após dia, a cada dia mais. ~帰国したくなってきた A cada dia aumenta a vontade de voltar ao meu país.

ひましゆ 蓖麻子油　óleo (m) de mamona.

ひまつ 飛沫　espirro (m). ♦飛沫感染【医】contaminação (f) por tosse e espirro.

ひまつぶし 暇つぶし　~をする matar o tempo.

ひまわり 向日葵【植】girassol (m).

ひまん 肥満　obesidade (f), gordura (f). ~する engordar. 病的な~ obesidade mórbida. ♦肥満児 criança (f) obesa.

びみ 美味　delícia (f). ~な saboroso/sa, delicioso/sa.

***ひみつ** 秘密　segredo (m) 〔セグレード〕, sigilo (m) 〔スィジーロ〕. ~の secreto/ta. ~に secretamente, em segredo. ~を守る guardar segredo. ~を明かす revelar um segredo. それは~です Isso é segredo. ♦秘密厳守 sigilo absoluto. 秘密証書『法』instrumento (m) cerrado.

びみょう 微妙　~な delicado/da, sutil. そこには~な違いがある Aí há uma diferença sutil. それは~な問題です Isso é um problema bastante delicado.

ひめ 姫　princesa (f).

ひめい 悲鳴　grito (m) de desespero; grito de susto. ~をあげる soltar um grito de desespero, gritar desesperadamente; gritar de susto.

ひめる 秘める　guardar em segredo. 恋を胸に~ guardar em segredo uma paixão.

ひめん 罷免　exoneração (f), demissão (f). ~する exonerar, demitir. あの大臣は~された Aquele/la ministro/tra foi exonerado/da do cargo.

ひも 紐　❶ barbante (m), corda (f). 小包の~をとく desatar os cordões do embrulho. その同み を～で結わえましょうか Quer que eu amarre esse embrulho com um barbante? ❷〔情夫〕gigolô (m).

ひもく 費目　especificação (f) de gastos. ~別に記帳する registrar os gastos na conta especificando-os.

ひもじい　faminto/ta, esfomeado/da,《口語》morto/ta de fome. ~思いをする passar fome,《口語》morrer de fome.

ひもち 日保ち　boa conservação (f). ~する conservar-se bem. 夏になると野菜は~しない Quando chega o verão, as verduras perdem rápido.

ひもつき 紐付き　~の 1) com [que tem] cordão. ~の財布 carteira (f) com cordão. 2)〔条件つきの〕com condições. ~の融資 empréstimo (f) com condições. 3)〔情夫のいる〕《卑》com gigolô, com amante (m) homem. ~の女 mulher (f) com gigolô.

ひもと 火元　causa (f) do incêndio, origem (f) [início (m), começo (m)] do incêndio. 調査で~は寝室だと判明した Foi provado pela investigação que o começo do incêndio foi no quarto (de dormir).

ひもの 干物　peixe (m) seco [liofilizado, desidratado].

ビヤ　chope (m). ♦ビヤガーデン choperia (f) ao ar livre. ビヤ樽 barril (m) de chope. ビヤホール choperia (f).

ひやあせ 冷や汗　suor (m) frio 《de tensão, estresse etc》. ~をかく suar frio.

ひやかす　caçoar de, dar uma caçoada em;《俗》tirar um sarro de, mexer com.

ひやく 飛躍　voo (m), salto (m), passo (m) atrevido. 彼は~的に伸びた Ele deu um grande salto na carreira./Ele fez um enorme progresso. 論理の~ descontinuidade (f) no raciocínio. それは~だよ Há uma descontinuidade brusca no seu raciocínio./Agora você foi longe demais!.

***ひゃく** 百　cem (m) 〔センン〕; centena (f) 〔センテーナ〕. ~倍 cem vezes (fpl). ~分の

一 um centésimo (m). 第~の, ～番目の centésimo/ma.
ひゃくがい 百害 ¶ ~あって一利なし Há muito a perder e nada a ganhar. たばこは~あって一利なしだ O cigarro é pura e simplesmente nocivo à saúde.
ひゃくしょう 百姓 agricultor/ra, lavrador/ra, camponês/nesa.
ひゃくてん 百点 nota (f) cem. 数学のテストで~満点をとる tirar ∟nota cem [a nota máxima] em matemática.
ひゃくとおばん 110番 número (m) cento e dez, a polícia. ~に電話する telefonar para ∟o número cento e dez [a polícia].
ひゃくにちぜき 百日咳 〔医〕coqueluche (f), pertosse (f). …に～のワクチンを接種する aplicar vacina de coqueluche em ….
ひゃくにちそう 百日草 〔植〕zínia (f).
ひゃくにんいっしゅ 百人一首 coletânea (f) de cem poemas dos mais célebres poetas [clássicos].
ひゃくにんりき 百人力 força (f) de cem homens;《比》muita força [capacidade].
ひゃくねん 百年 cem anos (mpl).
ひゃくはちじゅうど 百八十度 cento e oitenta graus (mpl). ~の転換をする mudar completamente de direção, mudar radicalmente de programa.
ひゃくぶん 百聞 ¶ ~は一見にしかず Mais vale ver que ouvir cem vezes./É ver para crer.
ひゃくまん 百万 um milhão (m). ~円 um milhão de ienes. ~九千ドル um milhão e nove mil dólares. ~番目の milionésimo/ma. ~分の一 um milionésimo. 何~もの人 milhões de pessoas. ♦百万長者 milionário/ria.
ひゃくめんそう 百面相 arte (f) de mudar a expressão facial de várias maneiras.
びゃくや 白夜 sol (m) da meia-noite (no verão das zonas polares).
ひゃくやく 百薬 conjunto (m) de medicamentos. 酒は~の長だ O saquê é um remédio para todos os males.
ひやけ 日焼け bronzeamento (m) (de pele). ~する queimar-se ao sol, ficar bronzeado/da, bronzear-se. あなたは~していますね Você está bronzeado/da, não?
ひやざけ 冷や酒 saquê (m) frio.
ヒヤシンス 〔植〕jacinto (m).
ひやす 冷やす esfriar;〔冷蔵庫で〕gelar, refrigerar. 額を氷で冷やしましょう Vamos esfriar a testa com o gelo. 冷やしたビールを持ってきてください Por favor, me traga uma cerveja gelada. その麦茶を冷やしてください Ponha esse chá de trigo na geladeira.
ひゃっかじてん 百科事典 enciclopédia (f).
ひゃっかぜんしょ 百科全書 enciclopédia (f) (dos enciclopedistas franceses do século dezoito).
ひゃっかてん 百貨店 loja (f) de departamentos, magazine (m).
ひやとい 日雇い ~で働く trabalhar como operário/ria diarista. ♦日雇い労働者 (operário/ria) diarista.
ひやみず 冷や水 água (f) fria. ¶ 年寄りの~ imprudência (f) do idoso que age como jovem.
ひやむぎ 冷や麦 〔料〕prato (m) de macarrão muito fino servido com gelo (tipo linguine).
ひやめし 冷や飯 arroz (m) frio. ~を食わされる ser tratado/da friamente.
ひややか 冷ややか ~さ indiferença (f), frieza (f). ~な視線を感じる sentir um olhar indiferente. ~な態度を取る mostrar-se frio/fria. ~に答える responder ∟com frieza [friamente].
ひややっこ 冷や奴 〔料〕tofu (m) gelado servido com molho de soja, cebolinha picada, gengibre e peixe seco ralados.
ひゆ 比喩 〔修辞〕figura (f);〔隠喩〕metáfora (f);〔寓意〕alegoria (f);〔直喩〕comparação (f). この単語は~的に使われている Esta palavra está sendo usada em sentido figurado.
ヒューズ fusível (m). そうすると~が飛びます Assim queima o fusível.
ピューマ 〔動〕puma (f), suçuarana (f).
ヒューマニズム ❶ humanismo (m). ❷〔博愛主義〕humanitarismo (m).
ピューリタン puritano/na.
ヒュッテ cabana (f) para os alpinistas.
ビュッフェ ❶〔列車などの〕bufê (m), balcão (m) de restaurante em trens etc. ❷〔立食パーティー〕refeição (f) à americana, bufê.
ひよう 費用 despesa (f), custo (m). ~がかかる dar despesa, custar dinheiro, sair caro/ra. ~のかかる caro/ra, dispendioso/sa. そのビルの建築～はどのくらいですか Quanto sai a construção desse prédio? もっと~を切り詰めてください Corte mais as despesas. 会社がその~を負担します A companhia arcará com as despesas.
ひょう 票 voto (m). 過半数の~を獲得する obter a maioria dos votos. 私は彼女に1~を投じた Eu votei nela. ♦賛成票 voto ∟a favor [favorável]. 反対票 voto contra [desfavorável]. 浮動票 voto oscilante [indeciso].
ひょう 表 ❶ lista (f), tabela (f), quadro (m). …の~を作成する fazer uma lista [tabela] de …. …を~にして表す indicar … por meio de um quadro. それは~に載っていません Isso ∟não está [não se encontra, não consta] na lista. ♦時刻表 horário (m), tabela (f) de horário. 定価表 tabela (f) de preços. ❷〔数〕tabela (f). 変化を~によって示す mostrar a mudança através da tabela.

ひょう 豹 leopardo (*m*), pantera (*f*); jaguar (*m*); onça (*f*), onça-pintada.

ひょう 雹 saraiva (*f*), granizo (*m*). 〜が降ってきた Começou a ⌊granizar [cair granizo].

びよう 美容 beleza (*f*). ♦美容院 salão (*m*) de beleza. 美容師 cabeleireiro/ra; esteticista.

びょう 秒 segundo (*m*) 《sexagésima parte do minuto》. 200 メートルを20〜で走る correr duzentos metros em vinte segundos. 毎〜30 メートル trinta metros (*mpl*) por segundo. 時計が〜をきざむ O relógio marca os segundos.

びょう 鋲 tacha (*f*), percevejo (*m*); tachinha (*f*). 掲示板にポスターを〜で留める afixar [pregar] o cartaz no quadro mural com tacha [percevejo].

ひょういもじ 表意文字 ideograma (*m*).

びょういん 病院 hospital (*m*), clínica (*f*). 〜に入る hospitalizar-se. 〜に入れる hospitalizar. 〜に入っている estar hospitalizado/da. 〜に通う frequentar um hospital. 〜へ病人を見舞いに行く visitar um/uma doente no hospital. けが人を〜へ運ぶ levar um/uma ferido/da ao hospital.

びょううち 鋲打ち cravação (*f*).

ひょうおん 表音 representação (*f*) fonética. ♦表音文字 escrita (*f*) fonética.

ひょうか 評価 avaliação (*f*). 〜する avaliar. 過小〜する subestimar. 過大〜する superestimar. 君の勤務態度は高く〜されているよ A sua atitude perante o trabalho está sendo muito valorizada, sabe?

ひょうが 氷河 glaciar (*m*), geleira (*f*). ♦氷河時代 período (*m*) glacial.

ひょうかい 氷解 degelo (*m*), descongelamento (*m*). 〜する degelar-se, descongelar-se.

ひょうき 表記 ❶〔表書き〕menção (*f*), notação (*f*). 〜の住所 endereço (*m*) mencionado 《no envelope de uma carta ou cartão》. ❷〔表示〕declaração (*f*), indicação (*f*). 〜の declarado/da, indicado/da. ♦表記価格 preço (*m*) indicado. 表記金額 soma (*f*) declarada. ❸〔書記法〕grafia (*f*), escrita (*f*), transcrição (*f*). 〜する grafar, escrever, transcrever. ポルトガル語の発音をカナ〜する transcrever a pronúncia do português em *katakana*.

ひょうき 標記 marca (*f*), sinal (*m*).

ひょうぎ 評議 discussão (*f*), deliberação (*f*), consulta (*f*). …について〜する discutir sobre …. 〜中である estar em discussão. ♦評議員 conselheiro/ra. 評議会 conselho (*m*).

***びょうき** 病気 doença (*f*) [ﾄﾞｴﾝｻ]. 〜で por doença. 〜になる ficar doente, adoecer. 〜が治る sarar (da doença), recuperar a saúde, restabelecer-se, recuperar-se. 〜を治す sarar uma doença. 私は1週間〜で寝ていました Eu fiquei uma semana de cama. 彼は〜のために欠席しています Ele ⌊faltou [está faltando] por motivo de doença.

ひょうきん 〜な brincalhão/lhona; espirituoso/sa. 〜なまねをする fazer brincadeiras. 〜なことを言う ser espirituoso/sa, ser bem humorado/da, ter humor.

ひょうけつ 氷結 congelamento (*m*). 〜する gelar, ficar congelado/da. 湖が〜した O lago gelou.

ひょうけつ 票決 votação (*f*), decisão (*f*) por votos. 〜する decidir por votação.

ひょうけつ 評決 decisão (*f*). 陪審員の〜 veredicto (*m*). 〜を下す pronunciar um veredicto.

びょうけつ 病欠 ausência (*f*) por (motivo de) doença. 〜する faltar ⌊ao serviço (às aulas) por motivo de doença. ♦病欠届 declaração (*f*) de falta (ao serviço ou às aulas) por motivo de doença.

***ひょうげん** 表現 expressão (*f*) [ｴｽﾌﾟﾚｻｳﾝ], representação (*f*) [ﾍﾌﾟﾚｾﾞﾝﾀｻｳﾝ]. 〜する exprimir, expressar, representar, traduzir, expressar-se. 風景を〜する representar uma paisagem. その言葉は私の言いたいことをよくしてくれる Essa palavra traduz bem o que eu quero dizer. 〜しがたい inexprimível, difícil de dizer. ♦表現主義者 expressionista. 表現主義 expressionismo (*m*). 表現力 expressividade (*f*), capacidade (*f*) de expressão.

びょうげん 病原 causa (*f*) de uma doença. ♦病原菌 micróbio (*m*), bactéria (*f*) patogênica. 病原体 elemento (*m*) patológico.

ひょうご 標語 slogan (*m*).

ひょうこう 標高 altitude (*f*) (em relação ao nível do mar). この町は〜2000メートルだ Esta cidade fica a dois mil metros acima do nível do mar.

ひょうさつ 表札 placa (*f*) de porta 《com o nome do dono da casa》.

ひょうざん 氷山 geleira (*f*), iceberg (*m*). 〜の一角 ponta (*f*) do iceberg.

ひょうし 拍子 〚音〛ritmo (*m*), compasso (*m*). …と〜を合わせる acompanhar [seguir] o ritmo de …. 足で〜をとる marcar o ritmo com os pés. 何かの〜につぼが割れた O pote partiu por algum motivo que nem sei sabe [nem sei por que]. ♦単純拍子 compasso simples. 復合拍子 compasso composto. 2(3/4)〜 compasso binário (ternário/quaternário).

ひょうし 表紙 capa (*f*) 《de livro etc》.

ひょうじ 表示 indicação (*f*), menção (*f*). 〜する indicar, mencionar, dar. 結果は後で掲示板に〜します Depois daremos o resultado no quadro de avisos.

びょうし 病死 morte (*f*) por doença. 〜する morrer de doença.

ひょうしき 標識 sinalização (f), placa (f) indicativa, indicação (f), sinal (m) (indicador). 駐車禁止の~が立っていたでしょう Havia uma placa proibindo estacionar, certo? ♦航空標識 luzes (fpl) da pista. 交通標識 sinalização do trânsito. 航路標識 baliza (f), baliza luminosa,《ポ》boia (f) luminosa. 道路標識 sinalização (f) das estradas.

びょうしつ 病室 quarto (m) de hospital, quarto de paciente (no hospital).

びょうしゃ 描写 descrição (f). ~する descrever.

びょうじゃく 病弱 ~な enfermiço/ça, doentio/tia, fraco/ca. 彼は~な人だ Ele é uma pessoa doentia.

びょうしゅつ 描出 descrição (f). ♦描出話法《文法》estilo (m) indireto livre.

*ひょうじゅん 標準 padrão (m) [パドラォン], modelo (m) [モデーロ];〔水準〕nível (m) [ニーヴェウ], gabarito (m) [ガバリット];〔基準〕critério (m) [クリテーリオ];〔規範〕norma (f) [ノールマ]. ~的な normal, médio/dia, que está de acordo com o padrão. ~化する uniformizar, padronizar. ~化した padronizado/da. この報告書は~に達していない Este relatório não tem nível [gabarito]. 一つの~を定めましょう Vamos estabelecer um critério. この作品は~以上のできばえだ Esta obra está acima do normal. ♦標準化 padronização (f). 標準価格 preço (m) corrente [de mercado].

ひょうじゅんご 標準語 língua-padrão (f), linguagem (f) corrente.

ひょうじゅんじ 標準時 hora (f) legal. ♦グリニッチ標準時 hora de Greenwich.

ひょうしょう 表彰 ~する premiar, congraçar, honrar. ~される ser premiado/da, receber um prêmio. ~台に登る subir ao pódio. ♦表彰状 certificado (m) de honra ao mérito. 表彰台 pódio (m).

ひょうじょう 表情 expressão (f) facial;《俗》cara (f). ブラジル人は~に富んでいる Os brasileiros são muito expressivos. 今の若者は~に乏しい Os jovens de agora são pouco expressivos.

びょうしょう 病床 leito (m) de doente. ~につく ficar doente, ficar de cama [acamado/da].

びょうじょう 病状 estado (m) da enfermidade. 田中さんの~が悪化しました O estado (de enfermidade) do/da senhor/ra Tanaka piorou.

びょうしん 病身 ~の doentio/tia, fraco/ca. 彼はもともと~なのです Ele sempre foi uma pessoa doente.

びょうしん 秒針 ponteiro (m) dos segundos (num relógio).

びようせいけいげか 美容整形外科 cirurgia (f) plástica. ♦美容整形外科医 cirurgião/giã plástico/ca.

ひょうそ 瘭疽《医》panariz (m), paroníquia (f). ~の paroníquio/quia.

ひょうそう 表層 camada (f) superficial, crosta (f). ♦表層構造 estrutura (f) superficial. 表層雪崩 avalancha (f) superficial.

びょうそく 秒速 velocidade (f) por segundo. ~200メートルで a uma velocidade de duzentos metros o segundo.

ひょうだい 表題 título (m).

ひょうたん 瓢箪 cabaça (f) 《fruto seco da cabaceira em geral utilizado para transportar líquidos》.

ひょうちゃく 漂着 ~する chegar às costas (transportado/da pelas ondas do mar).

ひょうてき 標的 alvo (m). そこでは日本は~になっていた Ali o Japão estava na mira [era o alvo, estava sendo o alvo]. その国はテロリストの~になっている Esse país está na mira [sendo o alvo] dos terroristas. その場所はよく武装集団の~にされる O local é alvo frequente de ataques de grupos armados.

びょうてき 病的 doentio/tia, mórbido/da.

ひょうてん 氷点 ponto (m) de congelamento. 明日の気温は~下10度になりそうだ Parece que amanhã varem ter uma temperatura de dez graus abaixo de zero [negativos]. ♦氷点下 abaixo de zero, negativo/va.

びょうとう 病棟 enfermaria (f) [隔離病棟 ala [área (f)] isolada do hospital. 小児病棟 ala hospitalar das [enfermaria de] crianças.

びょうどう 平等 igualdade (f). ~の igual, igualitário/ria. ~に igualmente, imparcialmente. 全ての人たちが~に評価されるために para que todos sejam avaliados da mesma forma. 従業員を~に扱ってください Por favor, trate os empregados imparcialmente. ~な立場に立って話し合いましょう Vamos conversar de igual para igual. これを~に分けましょう Vamos dividir isto em partes iguais.

びょうにん 病人 doente; 〔患者〕paciente.

ひょうはく 漂白 branqueamento (m). ~する branquear. ♦漂白剤 alvejante (m) de roupas.

*ひょうばん 評判 ❶〔名声〕fama (f) [ファーマ], reputação (f) [ヘプタサォン]. ~の decantado/da, famoso/sa. 彼女は~がよい Ela goza de boa fama./Ela é bem quista. これが~の自然食レストランです Este é o decantado restaurante de comida natural. ❷〔反響〕repercussão (f) [ヘペルクサォン], aceitação (f) [アセイタサォン]. 大統領の演説は~が悪かった O discurso do presidente foi alvo de críticas [muito criticado]./O discurso do presidente repercutiu negativamente [soou mal,《口語》pegou mal]. あの映画は~がよかった Aquele filme foi bem recebido pelo público [teve boa aceitação]. ❸〔うわさ〕boato (m) [ボアー

ト], rumor (m) [フモール]. ~を巻き起こす levantar boatos. ~になる dar o que falar.

ひょうひ 表皮 『解』epiderme (f). ♦表皮組織 tecido (m) epidérmico [cutâneo].

びょうぶ 屏風 biombo (m).

ひょうへん 豹変 mudança (f) súbita, reviravolta (f). 態度を~する mudar bruscamente de postura.

ひょうほん 標本 espécime (m); 〔見本〕amostra (f); 〔植物の〕herbário (m).

ひょうめい 表明 expressão (f), manifestação (f), declaração (f). 不満の~ expressão de descontentamento [desagrado]. ~する expressar, declarar, manifestar. 異議を~する formular uma objeção. 意図を~する manifestar as intenções. …に対して賛成の意(反意)を~する pronunciar-se └a favor de (contra)┘…. 祝賀の意を~する apresentar os votos de felicidade. ♦所信表明 declaração da própria opinião.

びょうめい 病名 nome (m) da doença. その症状の~は何ですか Qual seria o nome da doença com esses sintomas?

ひょうめん 表面 superfície (f); 〔外面〕exterior (m). ~的な superficial. ~上は na superfície. ~に浮き上がる subir à tona.

ひょうめんせき 表面積 『数』área (f) da superfície.

びょうよみ 秒読み contagem (f) regressiva. ~の段階に入る entrar na fase └final [de acabamento].

ひょうり 表裏 o interior (m) e o exterior (m), o verso (m) e o reverso (m). ~のある人 pessoa (m) com duas caras. ~のない sincero/ra, franco/ca. 一体となる harmonizar-se perfeitamente. ♦表裏一体 as duas faces de uma medalha.

びょうりがく 病理学 patologia (f). ♦病理学医 patologista (m). 病理学的診断 diagnóstico (m) patológico.

ひょうりゅう 漂流 deriva (f). ~する ficar └à deriva [desgovernado/da], flutuar (m) ao sabor da corrente.

びょうれき 病歴 história (f) pregressa do cliente, antecedentes (mpl) clínicos.

ひょうろう 兵糧 ❶〔軍隊の食糧〕provisões (fpl), mantimentos (mpl). ~が尽きた As provisões se esgotaram. 敵を~攻めにする cortar as provisões dos [aos] inimigos. ❷〔食べ物〕gêneros (mpl) alimentícios, víveres (mpl).

ひょうろん 評論 crítica (f). ♦評論家 crítico/ca. 評論文 ensaio (m) crítico.

ひよく 肥沃 fertilidade (f). ~な fértil. ~な土地 solo () fértil.

びよく 尾翼 empenagem (f) do avião. ♦水平尾翼 cauda (f) horizontal. 垂直尾翼 cauda vertical.

ひよけ 日除け toldo (m) protetor do sol; 〔ブラインド〕persiana (f). ~を下ろす baixar o toldo.

ひよこ pinto (m), pintinho (m).

ひよこまめ ひよこ豆 『植』grão-de-bico (m).

ひょっこり de repente, de improviso, inesperadamente. 旧友が~訪ねてきた Meu/Minha antigo/ga amigo/ga └veio me visitar [apareceu na minha casa]┘ de repente./Meu/Minha antigo/ga amigo/ga me fez uma visita de surpresa. ⇨突然.

ひょっとして possivelmente, provavelmente, talvez, quem sabe. ~彼女が戻るかもしれないからもう少しお待ちください Espere mais um pouco, que é capaz que ela volte.

ひより 日和 ❶〔天候〕tempo (m). よいお~ですね Que tempo bonito, não? ❷〔晴天〕tempo bom. ♦行楽日和 tempo bom para excursão.

ひよりみ 日和見 oportunismo (m). ♦日和見感染 『医』infecção (f) oportunística. 日和見主義 oportunismo. 日和見主義者 oportunista.

ひよわ ひ弱 ~な débil, doentio/tia, fraco/ca.

ビラ folheto (m), panfleto (m). ~をまく distribuir folhetos.

ひらいしん 避雷針 para-raios (m).

ひらおよぎ 平泳ぎ nado (m) (de) peito. ~で泳ぐ nadar de peito. 200メートル~ duzentos metros estilo peito.

ひらがな 平仮名 hiragana, sistema (m) de escrita silábico japonês, silabário (m) japonês.

ひらきど 開き戸 porta (f) com dois batentes que abrem para os dois lados.

ひらきなおる 開き直る retrucar uma crítica quando o erro próprio é evidente, assumir um erro próprio como irrelevante quando não é. 彼はいつも「アルコール中毒で結構だ」と~ Ele sempre retruca, dizendo que não tem problema ser um alcoólatra.

*****ひらく 開く** ❶〔開ける〕abrir(-se). この窓は~のですか Esta janela abre? ❷〔花が〕abrir [アブリール], florescer [フロレセール]. 朝顔の花が開いた O botão da campânula se abriu. ❸〔始める〕abrir. このお店は10時に開きます Esta loja abre às dez horas. 銀座にお店を開きましたのうらしてください Venha à loja que eu abri em Ginza, está bem? ❹〔催す〕dar [ダール], fazer [ファゼール]. 今度の日曜日にパーティーを開きたいと思っていますが… Estou pensando em dar uma festa no próximo domingo …. Que tal? ¶「~」をクリックしてください [コンピュータ] Clique no botão "abrir"

ひらける 開ける ❶〔開化、発展する〕progredir, avançar, desenvolver-se. 開けた街 cidade (f) avançada [desenvolvida]. ❷〔物事がわかる〕ser compreensivo/va, 《口語》entender das coisas. 開けた人 pessoa (f) compreensiva [com uma mentalidade aberta]. ❸ [開通する] abrir-se, inaugurar-se. 道が開けた Abriu-se [Inaugurou-se] uma rua. ❹ [運がよくなる] começar a ter sorte. 彼は運が開けてきた A sorte dele começou a melhorar. ❺ [広がる] estender-se, descortinar-se. すばらしい景色が眼前に開けた Estendeu-se uma vista maravilhosa na minha frente.

ひらしゃいん 平社員 simples empregado/da (de companhia, sem poder de mando).

ひらたい 平たい plano/na; [平坦な] liso/sa.

ひらて 平手 mão (f) aberta. 顔を〜でたたく dar um tapa na cara.

ピラニア [魚] piranha (f).

ピラフ [料] prato (m) de arroz frito com carnes e legumes, pilau (m), *pilaf* (m).

ピラミッド pirâmide (f).

ひらめ 平目 [魚] solha (f), linguado (m), rodovalho (m).

ひらめき 閃き raio (m), clarão (m), iluminação (f).

ひらめく 閃く brilhar, resplandecer; [考えなどが] surgir, ocorrer. 稲妻がひらめいた O relâmpago brilhou. 稲妻のようによい考えがひらめいた Veio-me uma boa ideia como um relâmpago./Ocorreu-me de repente uma boa ideia.

ひらや 平屋 casa (f) térrea.

びり o/a último/ma (numa competição ou classificação). 〜から二番目 o/a penúltimo/ma.

ピリオド ponto (m) final. …に〜を打つ pôr um ponto final em …; 《比》terminar.

ひりつ 比率 porcentagem (f), razão (f), proporção (f). 2対3の〜で na proporção de dois por três. 10リットルの水に500グラムの石けんといった〜で na proporção de quinhentos gramas de sabão para dez litros de água. このクラスの男女〜は均等だ Temos o mesmo número de meninos e meninas nesta classe.

ビリヤード bilhar (m). 〜をする jogar bilhar.

びりゅうし 微粒子 corpúsculo (m).

ひりょう 肥料 adubo (m), esterco (m). 土に〜をやる fertilizar a terra com adubo, adubar a terra. ♦化学肥料 fertilizante (m) químico.

ビリルビン [生化学] bilirrubina (f).

*ひる 昼 dia (m) [ヂーア]; [正午] meio-dia (m) [メーイオ ヂーア]. 〜に ao meio-dia. 〜までにこの仕事を終わらせましょう Vamos terminar este serviço até ao meio-dia.

ひる 蛭 [動] sanguessuga (f).

ビル prédio (m), edifício (m).

ビル [医] contraceptivo (m) oral, pílula (f).

ひるい 比類 〜のない sem igual, sem paralelo, incomparável. 〜なき名演技 uma representação sem paralelo.

ひるがえす 翻す ❶ [裏返す] virar. 手のひらを〜 virar a palma da mão. ❷ [決心などを] mudar. 決心を〜 mudar de decisão. ❸ [旗などを] desfraldar. 旗を〜 desfraldar a bandeira.

ひるがお 昼顔 [植] ipomeia (f).

ひるね 昼寝 soneca (f). 〜をする tirar uma soneca, fazer a sesta. 彼は〜を欠かすことはなかった Ele nunca deixava 〔de tirar [《口語》escapar]〕 uma soneca. 〜をしたほうがいい É melhor dormir depois do almoço.

ひるま 昼間 dia (m). 〜のうちに durante o dia. 彼女は〜働いている Ela trabalha durante o dia.

ひるむ 怯む perder a coragem, temer, intimidar-se. 〜ことなく困難に立ち向かう enfrentar as dificuldades 〔sem se intimidar [com coragem, firmemente]〕.

ひるめし 昼めし almoço (m). ⇨昼食.

ひるやすみ 昼休み hora (f) de almoço. 私たちの会社は〜が60分です Na nossa companhia temos sessenta minutos para almoçar.

ひれ 鰭 barbatana (f).

ヒレ filete (m), filé (m). 牛の〜肉 filé de boi. ♦ヒレカツ [料] filé de porco à milanesa.

ひれい 比例 [数] proporção (f). …に〜する ser proporcional a …. …に〜して proporcionalmente a …. 三角ABCは三角ADEに〜する O triângulo ABC é proporcional ao triângulo ADE. ♦比例配分 distribuição (f) proporcional. 正比例 proporção direta. 反比例 proporção inversa.

ひれい 非礼 descortesia (f).

ひれつ 卑劣 baixeza (f). 〜な vil, baixo/xa.

ひれふす ひれ伏す prostrar-se, lançar-se ao chão em atitude de súplica. ひれ伏して謝罪する pedir perdão ao/à ofendido/da prostrando-se.

ひれん 悲恋 amor (m) infeliz.

*ひろい 広い [幅が] largo/ga [ラールゴ/ガ]; [広々と] amplo/pla [アンプロ/プラ], extenso/sa [エステンソ/サ]; [大きい] grande [グランヂ]. この問題はもっと〜角度から検討してください Quero que examine este problema através de uma visão mais ampla. 〜お庭ですね Que jardim grande, não? それはあの〜道路を渡ったら右側にあります Isso aí fica depois daquela avenida larga, à direita. ブラジル人の考え方は幅が〜 Os brasileiros têm um modo de pensar muito aberto. 彼女は心の〜人だ Ela é generosa./Ela tem um coração grande. 彼は顔が〜 Ele tem muitos conhecidos.

ヒロイズム heroísmo (m).

ひろいもの 拾い物 achado (m), objeto (m) perdido e achado. 〜をする catar [achar] algo inesperado; 《比》ter um lucro inesperado.

ヒロイン heroína (f).

*ひろう 拾う [拾い上げる] catar [カタール], pegar [ペガール]; [見つける] encontrar [エンコントラー

ル], achar [アシャール];〔集める〕juntar [ジュンタール].ここではタクシーは客を拾わない Aqui o táxi não pega freguês. ここでタクシーを拾いましょう Vamos pegar um táxi aqui. 道端で財布を拾ったんですけど... Eu achei uma carteira no caminho ....

ひろう 疲労 ❶ fadiga (f), cansaço (m). 過度の〜 estafa (f), esgotamento (m). 〜する estafar-se, cansar-se, esgotar-se. 〜がたまる ficar com o cansaço acumulado. 〜を回復する recuperar-se do cansaço. ❷〖理〗fadiga. 金属の〜 fadiga do metal. 金属の〜試験 teste (m) de resistência do metal.

ひろう 披露　〔紹介〕apresentação (f);〔発表〕anúncio (m). 〜する apresentar, anunciar, exibir. 彼はコインのコレクションを〜した Ele exibiu sua coleção de moedas. 田中教授はやっと研究の成果を〜した O/A professor/ra Tanaka finalmente anunciou os resultados de seu estudo. ◆ 披露宴 banquete (m) (para anunciar algo festivo). 結婚披露宴 banquete (m) de casamento.

ビロード　veludo (m). 〜のような aveludado/da.

*****ひろがる 広がる**　❶〔周囲に〕espalhar-se [エスパリャール スイ];〔長く〕estender-se [エステンデール スイ], alongar-se [アロンガール スイ];〔横に〕alargar-se [アラルガール スイ]. お花畑が広がっている A plantação [lavoura] de flores se estende por todos os lados. ❷〔蔓延(まんえん)する〕alastrar-se [アラストラール スイ], espalhar [エスパリャール]. 流行病は他の町にも〜かもしれない A epidemia pode se alastrar para outras cidades. ❸〔流布, 普及する〕propagar-se [プロパガール スイ], difundir-se [ヂフンデール スイ], ficar popular, entrar em voga. そのニュースはすぐに広がった Essa notícia se propagou [espalhou] logo. 最近広がり始めたスポーツ esporte (m) que entrou em voga recentemente.

ひろく 広く　amplamente, extensivamente, universalmente. 〜する alargar, ampliar. 道路を〜する alargar a rua. その戸を広く開けてください Abra bem essa porta. 彼の武勲は〜知られている Os feitos heroicos dele são amplamente conhecidos. 〜浅く学ぶのはつまらない Estudar ampla e superficialmente não tem sentido.

*****ひろげる 広げる**　〔周囲に〕espalhar [エスパリャール];〔長く〕estender [エステンデール], alongar [アロンガール];〔横に〕alargar [アラルガール];〔流布, 普及させる〕propagar [プロパガール], difundir [ヂフンデール]. 今うちの近くでは道路を広げています Agora estão alargando a rua lá perto de casa. あの人は両手を広げて私を迎えてくれた Ele/Ela me acolheu de braços abertos.

ひろさ 広さ　〔幅〕largura (f);〔大きさ, 広大さ〕vastidão (f), extensão (f). 長さと〜 comprimento (m) e largura (f). 彼の知識の〜はすごいものです A vastidão da cultura dele é uma coisa fantástica.

ピロシキ　〖料〗pão (m) russo recheado com carne.

ひろば 広場　praça (f), largo (m).

ひろびろ 広々　〜とした espaçoso/sa, extenso/sa, vasto/ta. 〜とした公園 um parque grande. 〜とした部屋 um quarto espaçoso.

ひろま 広間　salão (m) (num hotel etc).

ひろまる 広まる　〔普及する〕difundir-se, divulgar-se;〔流行する〕entrar na moda, pegar;〔うわさなど〕espalhar-se. そのうわさはたちまち社内に広まった Esse boato se espalhou rapidamente pela companhia. この新しいやり方はすぐに〜でしょう Acho que este novo modo de proceder vai pegar [se difundir] logo.

ひろめる 広める　〔普及させる〕difundir, divulgar;〔知らしめる〕tornar conhecido/da, tornar popular;〔うわさなど〕propagar, espalhar.

ピロリきん ピロリ菌　〖生〗helicobacter pylori (m), bactéria helicobacter (f).

ひろんりてき 非論理的　ilógico (m), não racional, incongruente.

びわ 枇杷　〖植〗〖実〗nêspera (f);〔木〕nespereira (f).

びわ 琵琶　〖音〗alaúde (m) japonês, biva (f).

ひわい 卑猥　indecência (f), obscenidade (f). 〜な indecente, obsceno/na.

ひわり 日割り　❶〜で勘定する pagar por dia. ❷〔日程〕programa (m), horário (m). 試験の〜を決める fixar o programa dos exames.

ひん　❶ coisa (f), artigo (m); prato (m)《comida》. 〜のいい fino/na, com classe, distinto/ta, elegante. 〜の悪い vulgar, varziano/na, sem distinção, grosseiro/ra. 〜のよさ elegância (f), distinção (f). 〜の悪さ falta de elegância.

びん 便　correio (m); via (f); voo (m). 午後の〜で書類を送る mandar os documentos pelo serviço de entrega de tarde. 午前9時の便でサンパウロに行く ir a São Paulo pelo voo das nove da manhã. ◆ 航空便 via aérea. 宅配便 serviço (m) de entrega a domicílio. 船便 via marítima. SAL便 via SAL.

びん 瓶　garrafa (f); vidro (m). 〜のふたを開ける(しめる) abrir (tampar) a garrafa. 〜にジャムを詰める colocar geleia na garrafa, engarrafar a geleia. 赤ワインを一〜ください Me dá [Dê-me] uma garrafa de vinho tinto.

ピン　alfinete (m) (de segurança),〔ヘアピン〕grampo (m) (de cabelo). 〜で…を留める prender ... com o grampo, grampear .... 〜で髪を留める prender os cabelos com o grampo. ◆ 安全ピン alfinete de segurança.

*****ひんい 品位**　❶〔尊厳〕dignidade (f) (de caráter), grandeza (f) (moral). 〜を高める(下げる) aumentar (perder) a dignidade. ❷〔上品さ〕elegância (f), graça (f). 食事中は〜を保ちなさい Tenha elegância à mesa. ❸

[品質] grau (m), quilate (m). ♦高品位テレビ televisão (f) de alta qualidade.

ひんかく 品格 ❶ [尊厳] dignidade (f). 親の～ dignidade dos pais. ❷ [上品さ] graça (f), elegância (f). ～が備わっている人 pessoa (f) distinta [educada].

びんかん 敏感 ～な sensível. ～な人 pessoa (f) sensível. …に対して～である ser sensível a ….

ひんきゃく 賓客 visitante ilustre [de honra].

ひんく 貧苦 apertos (mpl) [angústias (fpl) da pobreza. ～にもめげないでがんばる esforçar-se mesmo com os sofrimentos da pobreza.

ピンク rosa (m). ～色の rosa, cor-de-rosa. あの～の靴をください Me dá [Dê-me] aqueles sapatos rosa. ♦ピンク映画 filme (m) pornográfico.

ひんけつ 貧血 anemia (f). ～症の anêmico/ca. 私は～気味です Eu tenho anemia crônica./Eu sou meio anêmico/ca. あなたは～を起こしている Você está anêmico/ca.

ビンゴ bingo (m).

ひんこう 品行 conduta (f), comportamento (f). あなた方は～が悪い(よい) Vocês estão se comportando mal (bem).

ひんこん 貧困 ❶ [貧乏] miséria (f), pobreza (f) (extrema), penúria (f), indigência (f). ～な人々の os indigentes, os necessitados. ～に陥る cair na miséria. ～のうちに死ぬ morrer na miséria. ❷ [欠乏] pobreza, falta (f), precariedade (f). 政策の～ falta de medidas. ～知識 conhecimentos (mpl) precários.

ひんし 品詞 [文法] categoria (f) gramatical (de uma palavra).

ひんし 瀕死 beira (f) da morte. ～の状態になっていた Estava à beira da morte.

ひんしつ 品質 qualidade (f). あの店の肉は～がよい A carne daquele açougueiro é de boa qualidade. 今の日本人は安いものよりも～のよいものを買います Os japoneses atuais preferem comprar uma coisa boa em vez de uma coisa barata.

ひんじゃく 貧弱 ～な pobre; [虚弱] débil. ～な体格である ter uma constituição (f) física fraca [raquítica]. ～な食事 refeição (f) parca.

ひんしゅ 品種 ❶ [品目] espécie dos artigos. 多～少量生産 produção (f) de muitas espécies de artigos em pequena escala. ❷ [動植物の] variedade (f), raça (f). 馬の～改良をする melhorar a raça dos cavalos.

ひんしゅく 顰蹙 desprezo (m), antipatia (f), (expressão (f) de) desagrado (m). 彼の謹みのない言動は～を買った A falta de recato dele foi recebida com desprezo.

びんしょう 敏捷 ～な ágil. ♦敏捷性 agilidade (f).

びんじょう 便乗 ～する 1) [乗る] pegar carona. 彼の車に～した Ele me deu carona. 2) [利用する] aproveitar-se de uma oportunidade. ♦便乗値上げ aumento (m) em cadeia de preços.

ひんする 瀕する estar à beira de, estar a ponto de. 絶滅に瀕している動物 animal (m) (que está) à beira da extinção.

ひんせい 品性 caráter (m). ～の立派な (卑しい) 人 pessoa (f) de caráter nobre (baixo).

ピンセット pinça (f).

びんせん 便箋 bloco (m) [papel (m)] para cartas. 航空便用の～ bloco (de papel fino) para cartas aéreas.

ひんそう 貧相 aparência (f) de pobreza. ～な顔 cara (f) de pobre. ～な服装の人 maltrapilho/lha.

びんそく 敏速 rapidez (f). ～な rápido/da, célere, expedito/ta. ～に行動する agir com rapidez [rapidamente].

びんた bofetada (f). ～をくらう levar uma bofetada.

ピンチ aperto (m), apuro (m), crise (f). ～に陥る ver-se em apuros. ～を脱する livrar-se de uma crise, sair-se bem de um apuro. ♦ピンチヒッター substituto/ta de emergência, quebra-galho (m).

びんづめ 瓶詰め ～にする engarrafar, colocar em frasco. ～の engarrafado/da. ～のジャム geleia (f) engarrafada [em vidro]. ～のオリーブはありますか Tem azeitonas em vidro?

ヒント pista (f), sugestão (f); 《俗》dica (f), plá (m). ～を与える dar uma pista [dica]. 私に～をください 《俗》Me dá uma dica aí.

ひんど 頻度 frequência (f). それは使う～が少ない(高い) Isso é usado com pouca (muita) frequência.

ぴんと ❶ [物が勢いよく跳ね上がっている様子] pum!/póing! 秤の針が～跳ね上がった A agulha da balança foi lá no alto e fez póing! ❷ [物がきつく張られた様子] pion! 猫がしっぽを～立てた O gato levantou o rabo fazendo pion!/O gato ficou com o rabo ereto. ～張った糸 fio (m) tirante. ¶ ～くる compreender, ter uma ideia, ter um *insight*. 彼のその一言で～きた Com aquelas palavras dele consegui deduzir (aquilo) do que se tratava. 彼の思想は我々に～こない Seus pensamentos não nos convencem.

ピント foco (m), ponto (m). ～が甘い写真 fotografia (f) ligeiramente desfocada. 彼女にカメラの～を合わせた Focalizei a menina com a câmera. その映像は～がよく合っている Esta filmagem está com o foco muito bom. この写真は～が外れている Esta fotografia está fora de foco. 君の答えはいつも～が外れている Sua resposta está sempre fora de propósito.

ヒンドゥー hindu. ♦ヒンドゥー教 hinduísmo (m). ヒンドゥー教徒 hindu.

ひんのう 貧農 lavrador/ra pobre.
ひんぱつ 頻発 frequência (*f*). 〜する acontecer com frequência [frequentemente], ser frequente.
ピンはね comissão (*f*), gratificação (*f*), percentual (*m*) dado ao mediador《geralmente obtido por meios não oficiais》. 〜する obter uma comissão; surrupiar. 利益の一部を〜する obter uma parte do lucro. 給料の30%を〜された Descontaram 30% [trinta por cento] do meu salário.
ひんぱん 頻繁 〜な frequente. 〜に com frequência, frequentemente, muito, sem cessar. 交通の〜な通り rua (*f*) muito movimentada. このところ〜に事故が起きているので注意してください Tome cuidado, que esses dias temos tido muitos acidentes.
ひんぴょうかい 品評会 exposição (*f*), feira (*f*).
ひんぷ 貧富 ricos (*mpl*) e pobres (*mpl*). あの国では〜の差が激しい A defasagem entre ricos e pobres é enorme naquele país.
びんぼう 貧乏 pobreza (*f*). 〜な pobre. 〜人 pobre. 〜である ser pobre. 〜になる empobrecer. 〜揺すりをする bambolear as pernas. 〜暮らしをする levar uma vida de pobre, viver na pobreza. 〜くじを引く ser azarado/da. 〜性である não saber se divertir [《口語》curtir a vida]; não saber gastar dinheiro na hora certa. 家族に〜させたくないだけです Eu só não quero que a minha família leve uma vida de pobre.
ピンぼけ 〜の〔写真〕fora de foco;〔発言など〕fora de propósito, despropositado/da. ⇨ピント.
ピンポン pingue-pongue (*m*).
ひんみゃく 頻脈 〚医〛taquicardia (*f*).
ひんみん 貧民 pobres (*mpl*), miseráveis (*mpl*), necessitados (*mpl*), indigentes (*mpl*), carentes (*mpl*). 〜を救済する auxiliar os pobres. ◆貧民街 bairro (*m*) pobre. 貧民窟(く) favela (*f*),《ポ》bairro (*m*) de lata.
ひんもく 品目 ❶ categoria (*f*) [espécie (*f*)] (de artigo ou produto). 商品を〜別に分けて置く deixar as mercadorias separadas por categoria. ◆非課税品目 artigos (*mpl*) isentos de impostos. ❷〔品物の目録〕lista (*f*) de artigos.

ふ

ふ 府 〔行政区〕província (f) (de Osaka e de Kyoto). ～の provincial. ◆大阪府 província de Osaka. 府知事 governador/ra.

ふ 歩 〔将棋・チェスの〕peão (m) 《do jogo de xadrez etc》.

ふ 負 ～の de menos, negativo/va; 〔数〕negativo/va; de menos. ～の符号 sinal (m) negativo [de menos]. ～の遺産 herança (f) negativa. 経済成長の～の部分 o lado negativo do desenvolvimento econômico. ◆負数 número (m) negativo.

ふ 腑 ¶ ～に落ちない não se convencer, 《俗》ficar com a pulga atrás da orelha.

ふ 分 ❶ 〔割合〕porcentagem (f). 五～咲きの桜 cerejeiras (fpl) meio floridas. 1割5～引きで買う comprar com quinze por cento de desconto. ❷ 〔厚み〕espessura (f). ～の厚い板 tábua (f) ⌊espessa [de muita espessura]. ❸ 〔有利な情勢〕vantagem (f).

ぶ 部 ❶ 〔部門〕departamento (m). ◆理学部 Departamento de Ciências Exatas. 販売部長 diretor/ra do departamento de vendas. ❷ 〔交替勤務時間〕turno (m), parte (f). 昼の～ parte da tarde. 夜の～で働く trabalhar no turno da noite. ❸ 〖スポーツ〗divisão (f). (リーグ戦の)一～ primeira divisão. 二～ segunda divisão. 私達のチームは三～に降格した A nossa equipe foi rebaixada à terceira divisão. ❹ 〔サークル〕grêmio (m). ❺ 〔刊行物などの単位〕exemplar (m), cópia (f). この資料を20～ずつコピーしてください Tire vinte cópias de cada um desses documentos. この本は何～印刷するのですか Quanto a este livro, quantos exemplares vão imprimir?

ファ 〔音〕fá (m), nota (f) fá.

ファーストクラス primeira classe (f).

ファーストネーム primeiro nome (m), nome de batismo.

ファーストフード *fast food* (m) [ファースチ フーヂ], comida (f) rápida.

ファーストレディー primeira dama (f).

ぶあい 歩合 ❶ proporção (f), quota (f) proporcional. ❷ 〔手数料〕comissão (f) à base de porcentagem. ◆歩合制 sistema (m) de ⌊distribuir proporcionalmente o [distribuição proporcional do] lucro.

ぶあいそう 無愛想 falta (f) de amabilidade, insociabilidade (f). ～な antipático/ca, insociável. ～に答える responder secamente.

ファイト 〔闘志〕energia (f), ânimo (m), ardor (m). ～が出る dar ânimo [energia]. ◆ファイトマネー 〖スポーツ〗prêmio (m) em dinheiro.

ファイバー fibra (f). ◆ファイバーグラス fibra de vidro. 光ファイバー fibra ótica.

ファイル arquivo (m), pasta (f); 〚コンピ〛 arquivo. ～する guardar. ～を開く(閉じる) 〚コンピ〛 abrir (fechar) o arquivo.

ファインダー visor (m) (da câmera fotográfica).

ファウル falta (f). ～する cometer uma falta. ◆ファウルボール 〖野球〗bola (f) rebatida nula.

ファクシミリ fac-símile (m), fax (m).

ファクター fator (m).

ファジー ～な *fuzzy*. ◆ファジー理論 lógica (f) difusa.

ファシスト fascista.

ファシズム fascismo (m).

ファスナー ❶ 〔チャック〕zíper (m), fecho (m) ecler. ～を開ける(締める) abrir (fechar) o zíper. ❷ 〔色留め剤〕fixador (m) de cores.

ファックス fax (m). …を～で送る mandar … por fax. ～を送る mandar um fax.

ファッショナブル ～な da moda, moderno/na, chique.

ファッション ❶ 〔流儀〕estilo (m). ◆オールドファッション estilo (m) à antiga. ❷ 〔流行〕moda (f). ◆ファッションアドバイザー consultor/ra de moda. 今はそれが～だから… É que isso agora é moda. ◆ファッションショー desfile (m) de modas. ファッションモデル manequim, modelo (de passarela).

ファミリーレストラン restaurante (m) com pratos variados e preços módicos, onde se pode levar crianças.

＊ふあん 不安 inquietude (f) [インキエトゥーヂ], ansiedade (f) [アンスィエダーヂ], apreensão (f) [アプリエンサォン], 〔懸念〕preocupação (f) [プレオクパサォン]. ～な inquieto/ta, nervoso/sa; preocupado/da. 住民は～を募らせている A ansiedade dos habitantes está crescendo cada vez mais. 長い間～を抱えていると鬱(つ)病になる可能性がある A ansiedade por muito tempo pode trazer depressão. ～になる ficar apreensivo/va, ficar inquieto/ta. ニュースを聞いた時は～になりましたがもう大丈夫です Na hora em que ouvi a notícia, fiquei apreensivo/va [inquieto/ta], mas agora estou bem.

ファン fã. 私はイチローの～です Eu sou fã do Ichiro.

ファンタジー ❶ 〔幻想〕fantasia (f). ❷ 〖音〗〔幻想曲〕fantasia.

ふあんてい 不安定 instabilidade (f), insegurança (f), estado (m) precário. ～な不安定, inseguro/ra, precário/ria. ～な椅子 (宀) cadeira (f) instável. ～な地位 posição (f) instável. ～な通貨 moeda (f) instável. ～な経済情勢 situação (f) econômica precária. この国は経済状態が～だ A situação econômica deste país é precária. 彼は収入が～だ O salário dele é inseguro. 政情～な国 país (m) politicamente instável. 今日も(日本)全国の天候は依然として～だ Hoje o tempo permanece instável em todo o Japão. ♦情緒不安定 instabilidade emocional.

ファンデーション ❶〔土台〕fundamentos (mpl), base (f) ❷〔化粧下地用クリーム〕creme (m) base. ❸〔女性用下着〕cinta (f), espartilho (m).

ファンド ❶〔基金〕fundo (m), reserva (f) monetária ❷〔資金〕capital (m). 外資系～ capital estrangeiro.

ふあんない 不案内 ignorância (f), falta (f) de conhecimento. 私はこの仕事はまったく～です Eu não sei nada deste serviço. その町は～だ Não conheço essa cidade.

ファンファーレ fanfarra (f).

ふい 不意 ～の inesperado/da. ～に inesperadamente. ～の来客 visita (f) inesperada, visita-surpresa. 彼に～を打たれた Ele me apanhou de surpresa.

ブイ baliza (f) flutuante, boia (f) (que serve de referência à navegação).

フィアンセ noivo/va.

フィージビリティー viabilidade (f), praticabilidade (f), exequibilidade (f). その計画には～がないように見える Não vejo viabilidade nesse planejamento./Esse projeto me parece inviável.

フィート pé (m) 《medida de comprimento =33 cm》.

フィードバック feedback (m) [フィジベック], realimentação (f), retroalimentação (f). ～する obter um feedback.

フィーバー febre (f), exaltação (f).

フィーリング sentimento (m); modo (m) de sentir as coisas. あの人とは～が合う O meu modo de sentir as coisas se encontra com o dele/dela.

フィールド ❶〔スポーツ〕〔陸上競技〕campo (m). ❷〔分野〕campo, área (f). 私が専門としている～は日本の18世紀の文学である A minha área de concentração [especialização] é a literatura do século dezoito do Japão.

ふいうち 不意打ち ataque (m) de surpresa [imprevisto], imprevisto (m). 私たちは～をくらった Fomos pegos/gas de surpresa./Tivemos um imprevisto [uma supresa desagradável].

フィギュアスケート patinação (f) artística no gelo.

フィクション ficção (f). ～の fictício/cia, imaginário/ria.

フィジー Fidji. ～の fidjiano/na.

フィジカル ❶〔肉体の, 物質の〕físico/ca, material. ♦フィジカルトレーニング treino (m) físico. ❷〔物理学の〕físico/ca.

フィステル 〖医〗fístula (f).

ふいっち 不一致 divergência (f), conflito (m); inconsistência (f). 性格の～ incompatibilidade (f) de temperamentos. 意見の～ divergência de opiniões. ♦言行不一致 inconsistência entre o falar e o fazer.

フィットネス 〖スポーツ〗fitness (f). ♦フィットネスクラブ fitness club. フィットネスジム academia (f) de ginástica.

フィナーレ ❶〔音〕final (m) 《de ópera etc》. ❷〔劇〕cena (f) final.

フィニッシュ 〖サッカー〗finalização (f),《ポ》remate (m)〔ゴールへのシュート〕.

フィブリノーゲン fibrinogênio (m).

フィブリン fibrina (f).

ブイヨン 〖料〗caldo (m) de carne e legumes (que serve de base para outros pratos).

フィリピン Filipias (fpl). ～の filipino/na.

フィルター filtro (m).

フィルム filme (m).

フィルモグラフィー 〖映〗filmografia (f).

ぶいん 部員 membro (m) de um grêmio escolar. 卓球部の～ membro do clube de pinguepongue.

フィンガーボウル lavabo (m), pequena taça (f) de água onde se lavam as pontas dos dedos às refeições.

フィンランド Finlândia (f). ～の finlandês/desa.

ふう 封 fecho (m). 手紙に～をする fechar uma carta. 手紙の～を切る abrir uma carta.

ふう 風 ❶〔様子〕aparência (f), ar (m), aspecto (m). 知らない～をする fingir que não sabe (de nada),《口語》fazer-se de bobo. ❷〔やり方〕maneira (f), jeito (m). こんな～にやってください Faça assim./Faça deste jeito. 私の発言をそんな～に取らないでください Não considere o que eu disse dessa maneira./《口語》Não leve para esse lado o que eu falei. ❸〔慣習〕costume (m), hábito (m). 昔の～を守る proteger os costumes antigos. 都会の～に染まる modelar-se aos hábitos das cidades. ❹〔様式・型〕estilo (m), forma (f). フランス～の料理 comida (f) à francesa. 昔～の家 casa (f) (construída) à antiga. 日本～の家 casa (f) de estilo japonês. ブラジル～の生活 modo (m) de vida brasileiro.

ふうあつ 風圧 força (f) do vento. ♦風圧計 anemômetro (m).

ふういん 封印 lacre (m), selo (m). ～のしてある手紙 carta (f) selada. ～する selar, lacrar.

ブーイング vaia (f). ～する vaiar.

ふうう 風雨 vento (m) e chuva (f). ～にさ

らされる estar [ficar] exposto/ta a vento e chuva. 〜に耐える resistir a vento e chuva. ◆暴風雨 tempestade (f).

ふうか 風化 ❶〔地質〕erosão (f) ʟeólica [causada pelo vento]. 〜する sofrer erosão eólica. ◆風化作用 ação (f) da erosão eólica. ❷〔化〕〔風解〕eflorescência (f). ❸〔事件の記憶や印象が時とともに薄れること〕esvanecimento (m) [desbotamento (m)] da memória. 〜する esvanecer-se, desbotar-se, começar a ser esquecido/da. 原爆の苦しみが〜しつつある Os sofrimentos da bomba atômica estão se apagando da memória. 戦争体験の記憶を〜させてはいけない Não podemos esquecer a experiência da guerra.

ふうがわり 風変わり excentricidade (f). 〜な excêntrico/ca, diferente. 彼は〜な人を好む Ele gosta de pessoas diferentes.

ふうき 風紀 moral (f) pública. 〜を乱さないでください Não corrompa a moral pública.

ふうきり 封切り estreia (f). ◆封切り映画 filme (m) de estreia.

ふうきる 封切る estrear. 先週封切られた映画 filme (m) estreado a semana passada.

ふうけい 風景 paisagem (f). ◆風景画 paisagem. 風景画家 paisagista. 田園風景 paisagem rural.

ブーゲンビリア 〚植〛primavera (f), buganvília (f).

ふうこうけい 風向計 anemoscópio (m), cata-vento (m).

ふうさ 封鎖 bloqueio (m). 港湾の〜 bloqueio do porto. 〜する bloquear. 〜を解く desbloquear. 〜を破る romper o bloqueio. 預金を〜する bloquear depósitos. ◆封鎖解除 desbloqueio (m). 経済封鎖 bloqueio econômico.

ふうさい 風采 aparência (f). 〜が上がらない人 pessoa (f) de má aparência. 彼は〜ばかりだ Ele tem boa aparência.

ふうし 風刺 sátira (f). 〜する satirizar. 〜的 satírico/ca. ◆風刺漫画 caricatura (f).

ふうしゃ 風車 moinho (m) de vento.

ふうしゅう 風習 costume (m), hábito (m). 伝統的な〜に従う respeitar [seguir] os costumes tradicionais. ここにはまだ古い〜が残っていますからねえ... É que aqui ainda se conservam costumes antigos, não é?

ふうしょ 封書 carta (f) selada.

ふうじる 封じる ❶〔封をする〕fechar. ❷ fechar, bloquear. 人の口を〜 manter uma pessoa em silêncio. ❸〔抑えつける〕reprimir. 過激派の動きを〜 reprimir o movimento dos radicais.

ふうしん 風疹 〚医〛rubéola (f).

ふうせん 風船 balão (m), bexiga (f). 〜をふくらませる encher um balão.

ふうそく 風速 velocidade (f) do vento. 〜は20メートルです A velocidade do vento é de vinte metros por segundo. ◆最大瞬間風速 velocidade máxima por segundo. 風速計 anemômetro (m).

ふうぞく 風俗 costumes (fpl). ◆風俗習慣 usos (mpl) e costumes.

ブータン Butão (m). 〜の butanês/nesa.

ブーツ botas (fpl). 〜1足 um par de botas. 〜を履く(脱ぐ) calçar (tirar) as botas.

ふうど 風土 o clima, o ambiente e a cultura de uma região. 日本の〜に慣れる acostumar-se [adaptar-se] ao ambiente japonês (física e intelectualmente). 〜の climático/ca. ◆風土学 climatologia (f). 風土病 doença (f) endêmica.

フード ❶〔ずきん〕capuz (m). 〜付きのコート casaco (m) com capuz. ❷〚写〛tampa (f), protetor (m) da lente. ❸〔台所の換気扇の〕tampa de exaustor de cozinha. ❹〚車〛tampa de motor. ❺〔食品〕comida (f).

*ふうふ 夫婦** casal (m) [カゾーウ], cônjuges (mpl) [コンジュジス]. 似合いの〜 um par perfeito. 彼らは〜仲がよい（悪い）Eles são um casal que se dá bem (mal). ◆夫婦げんか briga (f) conjugal. 夫婦生活 vida (f) ʟconjugal [de casado/da].

ふうみ 風味 ❶ sabor (m). これは〜がよい Isto está gostoso. ❷ aroma (m). 〜のあるお茶 chá (m) com aroma.

ブーム ❶ boom (m), moda (f); explosão (f). 〜になる tornar-se moda, entrar [estar] na moda. ◆ベビーブーム baby boom (m), explosão de bebês. ❷〚経〛〔にわか景気〕economia (f) lucrativa do momento, crescimento (m) rápido.

ブーメラン bumerangue (m).

フーリガン torcedor (m) desordeiro de futebol, aquele que usa da violência na torcida ou invade os gramados, hooligan (m). 〜を抑えるためには警察とスタジアムの従業員が団結しなければならない Para conter os hooligans, é necessária a integração da polícia e dos funcionários do estádio. 〜たちは見せしめのため罰せられた Os brigões do futebol foram punidos exemplarmente.

ふうりゅう 風流 ❶〔上品で心を落ち着かせてくれる雰囲気〕elegância (f), bom gosto (m), requinte (m). ❷〔和歌や茶道などの世界〕lirismo (m), mundo (m) da poesia, da cerimônia do chá e das artes.

ふうりょく 風力 intensidade (f) do vento. ◆風力計 anemômetro (m). 風力発電 energia (f) eólica.

ふうりん 風鈴 sininho (m) de vento 《sino que toca com o sopro do vento》.

プール ❶〔水泳場〕piscina (f). ◆プールサイド beira (f) da piscina. プール熱 〚医〛faringoconjuntivite (f), febre (f) de piscina. 温水プール piscina de água quente. 室内プール

piscina coberta. ❷〔共同利用のための蓄積〕fundo (m). 〜する ajuntar recursos. ❸〔生産者連合〕coalização (f) de produtores.

ふうん 不運 falta (f) de sorte, azar (m). 〜な desafortunado/da, infeliz. 〜にも infelizmente, desafortunadamente.

ふえ 笛 〚音〛flauta (f), instrumento (m) de sopro;〔呼び子〕apito (m). 試合開始の〜 apito de início do jogo. 〜を吹く tocar flauta; apitar.

フェア 〜な justo/ta, honesto/ta, imparcial. 〜プレーをする jogar limpo. それは〜ではない Isso não é jogar limpo. ♦ フェアトレード comércio (m) justo. フェアプレー jogo (m) limpo. フェアボール bola (f) rebatida válida.

ふえいせい 不衛生 falta (f) de higiene. 〜な anti-higiênico/ca.

フェイント 〚スポーツ〛finta (f), drible (m). 〜をする fintar.

フェスティバル festival (m). ♦ ロックフェスティバル festival de roque.

ふえて 不得手 〜な inábil, inapto/ta. 私はお勝手仕事が〜です Não sou muito bom/boa em serviços de cozinha.

フェミニスト feminista.
フェミニズム feminismo (m).
フェリー balsa (f), barca (f). ♦ フェリーボート balsa.

ふえる 増える aumentar, multiplicar-se;〔繁殖〕proliferar. 3倍に〜 triplicar. この町の人口は増えている A população desta cidade está aumentando. 交通事故が年々増えています Os acidentes de tráfego estão aumentando a cada ano. 私は体重が5キロ増えた Eu engordei cinco quilos. ⇨増やす

フェルト feltro (m).
フェルマータ 〚音〛fermata (f).
フェロモン feromônio (m).
フェンシング esgrima (f). 〜をする esgrimir, jogar [manejar] armas brancas.

フェンス 〔柵〕cerca (f), grade (f);〔塀〕muro (m). 〜を作る construir uma cerca. ⋯を〜で囲う cercar.

ぶえんりょ 無遠慮 〜な sem reserva, ousado/da, sem-cerimônias, 《俗》cara-de-pau.

フォアボール 〚野球〛base (f) por bolas, walk (m).

フォーク garfo (m). ナイフと〜で食べる comer com garfo e faca.

フォークソング música (f) folclórica.
フォークダンス dança (f) folclórica.
フォーマット 〚コンピュ〛formatação (f). 〜する formatar.

フォーマル 〜な formal, oficial, protocolar. 〜な言い回しとインフォーマルな言い回しを使い分ける saber discernir quando se usam as expressões formais e quando (se usam) as informais. 〜な夕食 um jantar formal. ♦ フォーマルドレス vestido (m) formal.

フォーム 〔姿勢〕forma (f).
フォーメーション 〚スポーツ〛formação (f), esquema (m) tático (de distribuição de jogadores).

フォーラム ❶〔公開討論会〕debate (m). 〜を催す organizar um debate. ❷〔その会場〕centro (m) de debates, fórum (m).

フォト foto (f), fotografia (f). ⇨写真.
フォトグラファー fotógrafo/fa.
フォルダ 〚コンピュ〛pasta (f).
フォルテ 〚音〛forte (m).
フォルティッシモ 〚音〛fortissimo (m).
フォワード 〚スポーツ〛atacante. ♦ センターフォワード centroavante.

ふか 不可 ❶〔してはいけないこと〕proibição (f), não permissão (f). 立ち入り〜 proibido entrar. ❷〔投票の〕desaprovação (f), rejeição (f). 決議案を〜とする者が10人いた Houve dez pessoas que desaprovaram a resolução. ❸〔落第〕reprovação (f). 試験で〜をとる não passar no exame.

ふか 付加 adição (f). その製品にこの飾りをつけると(その製品の)〜が高まる O valor agregado do produto aumenta, se você colocar [adicionar] este enfeite (nele). 〜する adicionar, acrescentar. ♦ 付加価値 valor (m) agregado. 付加税 sobretaxa (f).

ふか 孵化 incubação (f). 〜する chocar, incubar. ♦ 孵化器 incubadora (f). 人工孵化 incubação artificial.

ふか 負荷 ❶ 〚理〛〔荷重〕carga (f) (elétrica). ♦ 負荷率 coeficiente (m) de carga (elétrica). 最大負荷 carga (elétrica) limite. ❷〔責任などを負う〕encargo (m).

ふか 鱶 〚魚〛tubarão (m).
ぶか 部下 subordinado/da, subalterno/na. ⋯の〜として働く trabalhar para ⋯.

*****ふかい 深い** fundo/da 〔フンド/ダ〕; profundo/da 〔プロフンド/ダ〕. 〜海 mar (m) profundo. 〜眠りに落ちる cair num sono profundo. 霧が〜 A neblina está espessa. 彼女はあの男と〜関係にある Ela está profundamente envolvida com aquele homem. 深く fundo; profundamente. 深くする aprofundar. ご親切に深く感謝いたします Fico profundamente agradecido/da pela sua bondade.

ふかい 不快 〜な desagradável, incômodo/da. ⋯に〜感を与える causar desagrado a ⋯.

ぶがいしゃ 部外者 pessoa (f) de fora, pessoa estranha ao local de serviço. 〜入室禁止《掲示》Proibida a entrada a estranhos ao serviço.

ふがいない 不甲斐ない fraco/ca, covarde, medroso/sa. 不甲斐なく covardemente, por falta de coragem. 不甲斐なさ falta (f) de coragem.

ふかいり 深入り envolvimento (m) em demasia. これ以上〜しないほうがいい É melhor

ふかかい 不可解 incompreensibilidade (f). 〜な〔謎めいた〕incompreensível, enigmático/ca;〔神秘の〕misterioso/sa;〔察知できない〕impenetrável. 〜なこと enigma (f), mistério (m). 〜な人 pessoa (f) enigmática. 〜な態度 atitude (f) estranha. 彼の発言は〜だ A declaração dele é incompreensível.

ふかく 不覚 ❶〔無意識〕inconsciência (f). 〜の inconsciente, involuntário/ria. 〜にも涙がこぼれた As lágrimas vieram sem querer. 前後〜になるほど酒を飲むな Não beba até ﾚperder a noção das coisas [ficar nocauteado/da]! ❷〔油断による敗北〕derrota (f) por ﾚfalta de atenção [imprudência, descuido]. 敵に〜をとる sofrer uma derrota, ser derrotado/da pelo adversário, levar uma surra do adversário.

ぶがく 舞楽 〖音〗dança (f) e música (f) da corte imperial《do Japão》.

ふかくじつ 不確実 incerteza (f), insegurança (f). 〜な incerto/ta, inseguro/ra.

ふかくてい 不確定 〜な incerto/ta. ♦不確定債務〖法〗obrigação (f) ilíquida.

ふかけつ 不可欠 〜な essencial, indispensável, imprescindível. 笑うことは人間にとって必要〜だ Rir é indispensável para o ser humano.

ふかこうりょく 不可抗力 força (f) maior. 〜による損害 danos (mpl) causados por força maior.

ふかさ 深さ profundidade (f). …の〜を測る medir a profundidade de …. 愛情の〜 profundidade do amor. 雪は1メートルの〜まで積もっています A neve está com um metro de espessura. この溝の〜はどれくらいありますか Qual é a profundidade desta valeta?

ふかざけ 深酒 〜をする beber demais. 〜は体によくない Beber demais faz mal à saúde.

ふかしん 不可侵 não-agressão (f). ♦不可侵条約 pacto (m) de não-agressão.

ふかす 吹かす ❶〔たばこを〕soltar fumaça. たばこを〜 fumar um cigarro. ❷〔エンジンを〕acelerar. 車のエンジンを〜 acelerar o motor do carro.

ふかす 蒸かす cozer ﾚa vapor [em banho-maria].

ぶかつ 部活 atividade (f) de grêmio.

ぶかっこう 不格好 〜な deselegante;《俗》cafona.

ふかづめ 深爪 〜する cortar as unhas muito rentes.

ふかのう 不可能 impossibilidade (f). 〜な impossível. 今日じゅうにこの仕事を終わらせるのは〜です É impossível terminar este serviço hoje.

ふかふか 〜な fofo/fa. 〜のカーペット carpete (m) macio.

ふかぶん 不可分 〜な indivisível, inseparável. ♦不可分性 indivisibilidade (f).

ふかみ 深み profundidade (f); espessura (f).

ふかめる 深める cultivar, aprofundar. 日本文化に対する理解を〜 aprofundar o entendimento da cultura japonesa. マリアとの友情を〜 cultivar as amizades com Maria.

ふかんぜん 不完全 imperfeição (f). 〜な imperfeito/ta, incompleto/ta. 〜な点を指摘する indicar ﾚos defeitos [as imperfeições]. ♦不完全雇用 subemprego (m).

ふき 蕗〖植〗espécie (f) de petasites.

ぶき 武器 arma (f). …を〜として戦う《比》lutar usando … como arma.

ふきあがる 吹き上がる ❶〔風に吹かれて〕levantar-se. 黄砂が〜 As areias amarelas se levantam. ❷〔水などが〕jorrar, soprar para cima. 火山から溶岩が吹き上がっている As lavas estão [O magma está] jorrando do vulcão.

ふきあげる 吹き上げる ❶〔液体などを勢いよく〕(fazer) jorrar, lançar, esguichar. 泉が水を吹き上げている A fonte jorra água. クジラは潮を〜 As baleias esguicham. ❷〔風が〕levantar. 風が黄砂を〜 O vento levanta as areias amarelas.

ふきかえ 吹き替え ❶〔代役〕dublê (m). ❷〔吹き替えること〕dublagem (f). ❸〔その声優〕dublador/ra. 〜をする dublar. 日本語に〜をした映画 filme (m) dublado em japonês.

ふきかえる 吹き替える fazer dublagem, dublar. 映画を日本語に〜 dublar um filme em japonês.

ふきかける 吹き掛ける ❶〔息を〕bafejar, soprar. 息を窓ガラスに〜 bafejar no vidro da janela. ❷〔噴霧する〕borrifar, orvalhar, molhar com borrifos. 花瓶のバラに水を〜 borrifar as rosas do vaso.

ふきけす 吹き消す apagar ﾚsoprando [com o sopro]. ランプをふっと〜 apagar a lamparina com um sopro. バースデーケーキのろうそくを〜 apagar [soprar] as velas do bolo de aniversário.

ふきげん 不機嫌 mau humor (m), desagrado (m). 〜な mal-humorado/da, de mau humor. 〜である estar de mau humor. 〜な顔をする mostrar-se aborrecido/da, mostrar [expressar] o desagrado,《口語》amarrar [fechar] a cara. 〜な様子で com ar aborrecido,《口語》com ar de quem comeu e não gostou. 人に〜に当たり散らす descarregar o mau humor nos outros. 課長は〜だから気をつけたほうがいい É bom tomar cuidado, que o/a chefe (de seção) está de mau humor. 彼は〜な顔をしている Ele está com a cara amarrada.

ふきこぼれる 吹き零れる derramar-se, entornar-se, transbordar (da panela em consequência da fervura). 牛乳が吹き零れている

O leite está transbordando da panela.

ふきこむ 吹き込む ❶〔風などが〕entrar, penetrar, soprar. ドアのすきまから風が吹き込んでいる O vento está soprando pelas frinchas [frestas] da porta. ❷〔録音する〕gravar. 歌をCDに~ gravar uma canção no CD. ❸〔感情, 考えなどに〕incutir. 新人に反政府的な考えを~ incutir ideias anti-governistas aos [nos] novos membros.

ふきさらし 吹き曝し exposição (f) ao vento. ~の exposto/ta ao vento, em plena ventania, de muito vento.

ふきそ 不起訴 【法】 impronúncia (f), não-instauração (f) do processo. その事件は~になった Esse caso foi arquivado. 彼は~処分になったらしい Parece que ele foi ιposto em liberdade [libertado]. ♦不起訴処分 arquivamento (m) do processo, solução (f) de um caso sem instaurar processo.

ふきそうじ 拭き掃除 limpeza (f) com pano (úmido). 廊下の~をする passar um pano úmido no corredor.

ふきそく 不規則 irregularidade (f). ~な irregular. 営業をしているので帰宅時間は~です Como eu sou vendedor/ra, ιo meu horário de voltar para casa é irregular [eu não tenho hora para voltar para casa].

ふきだし 吹き出し balão (m) (onde se escrevem as falas das personagens das ιcaricaturas [histórias em quadrinhos]).

ふきだす 吹き出す ❶〔風が〕começar a soprar. 雨のあと強い風が~でしょう Depois das chuvas vai começar a soprar um vento forte. ❷〔笛などを〕começar a tocar (instrumentos de sopro, como flauta etc). ❸〔芽などが〕brotar.

ふきだす 噴き出す ❶〔液体, 気体が〕jorrar, esguichar. 傷口から血が噴き出していた O sangue jorrava do corte da ferida. そのとき私は汗がどっと噴き出した Então, eu suei em bicas. あそこから蒸気が噴き出している O vapor está jorrando de lá. ❷〔笑い出す〕desatar a rir, desatar uma risada, rir-se sem querer. 彼があまりばかげたことを言うので噴き出してしまった Ele disse uma besteira tão grande que eu desatei ιa rir [uma risada].

ふきつ 不吉 ~な de mau augúrio [agouro]. 私は~な夢を見た Tive um sonho de mau agouro.

ふきでもの 吹き出物 【医】 erupção (f) ιde pele [cutânea].

ふきとばす 吹き飛ばす ❶ levar pelo ar, fazer voar. 屋根は台風に吹き飛ばされた O telhado foi levado pelo tufão. 私は傘を吹き飛ばされた O vento levou o meu guarda-chuva. 骨董(とう)品のほこりを~ soprar a poeira de um objeto antigo. ❷〔払いのける〕dissipar, esquecer. 悲しみを~ esquecer a tristeza.

ふきぬけ 吹き抜け 【建】 pé-direito (m) duplo.

ぶきみ 不気味 ~な lúgubre, sinistro/tra.

ふきゅう 不朽 imortalidade (f). …を~のものとする imortalizar …. ~の名作 obra (f) imortal.

ふきゅう 普及 difusão (f), propagação (f). ~する difundir, propagar, espalhar. それはブラジル文化の~にもなります Isso seria também uma forma de difusão da cultura brasileira.

ふきょう 不況 crise (f) econômica, depressão (f) econômica, recessão (f). ⇨**不景気**.

ふきょう 不興 desagrado (m). 店長の~を買う incorrer no desagrado do/da gerente, acabar sendo malquisto/ta pelo/la gerente.

ふきょう 布教 propaganda (f) 〔キリスト教の〕evangelização (f); 〔布教活動〕trabalho (m) missionário. ~する propagar a fé (em, entre), evangelizar.

ぶきよう 不器用 ~な desajeitado/da, inábil.

ふきょうわおん 不協和音 【音】dissonância (f), desarmonia (f). ~の dissonante.

ぶきょく 舞曲 【音】música (f) para dança.

ふきん 付近 vizinhança (f), redondeza (f). この~に aqui por perto. この~に八百屋さんはありませんか Será que há alguma quitanda por aqui?

ふきん 布巾 pano (m) de prato.

ふきんこう 不均衡 desequilíbrio (m), desigualdade (f). 収入と支出の~ desequilíbrio entre as receitas e as despesas. ~のないように para não haver desigualdade. 貿易の~を是正する corrigir os desequilíbrios da balança comercial.

ふきんしん 不謹慎 imprudência (f), indiscrição (f). ~な imprudente, indiscreto/ta. ~なことを言う dizer uma indiscrição. ~な態度をとる comportar-se indiscretamente. 研究室で酒を飲むのは~だ Beber bebida alcoólica na sala de pesquisas é um ato indiscreto.

***ふく 吹く** ❶〔空気が動く〕soprar [ソプラール], assoprar [アソプラール]. 風が~ ventar, soprar (o vento). 風が強く吹いています Está ventando forte./O vento está soprando com intensidade. 彼らの入社は社内に新風を吹き込んだ A entrada deles na companhia renovou o ambiente (da mesma). ❷〔息を出して楽器などを鳴らす〕tocar. 笛を~ tocar flauta. 口笛を~ assobiar. ❸〔口から息を出す〕soprar. スープを~ soprar a sopa. ❹〔芽を出す〕brotar [ブロタール], rebentar [ヘベンタール]. 庭の木が芽を吹いた A árvore do jardim de casa brotou.

ふく 噴く esguichar, jorrar, lançar. 血が傷口から噴いた O sangue escorreu [jorrou] do ferimento. ガスストーブが火を噴いた O aquecedor a gás incendiou-se. 火山が煙を噴いている O vulcão está soltando fumaça./Está saindo fumaça do vulcão.

ふく 拭く enxugar. 手を~ enxugar as mãos.

窓を～ limpar a janela. そのテーブルをふいてください Passe um pano nessa mesa, por favor.

ふく　服 roupa (f); 〔ワンピース〕vestido (m); 〔上下組になった女性用の〕conjunto (m); 〔上下組になった男性用の〕terno (m), 《ポ》fato (m). 新しい～を着る pôr uma roupa nova. ～を脱ぐ tirar a roupa. ～を着替える trocar de roupa. この～はきつい Esta roupa está apertada. ぼくは 1 着～を作らなくてはなりません Eu preciso fazer um terno. ♦夏服 roupa de verão. 冬服 roupa de inverno.

▶**服を表す語**◀
ティーシャツ	camiseta [カミゼッタ] (f)
ワイシャツ	camisa social [カミーザ ソシアーウ] (f)
ポロシャツ	camisa polo [カミーザ ポーロ] (f)
ベスト	colete [コレッチ] (m)
ブラウス	blusa [ブルーザ] (f)
セーター	suéter [スウェーテル] (m)
ジャケット	jaqueta [ジャケッタ] (f)
ズボン	calças [カーウサス] (fpl)
スカート	saia [サーイア] (f)
ワンピース	vestido [ヴェスチード] (m)
スーツ	terno [テールノ] (m)
コート	casacão [カザカォン] (m), casaco [カザッコ] (m)
レインコート	impermeável [インペルメアーヴェウ] (m), capa de chuva [カッパ ヂ シューヴァ] (f)
ベルト	cinto [スィント] (m)
ネクタイ	gravata [グラヴァッタ] (f)
マフラー	cachecol [カシェコーウ] (m)

ふく　福 boa sorte (f), felicidade (f). ～の神 deus (m) da fortuna. ¶笑う角には～来たる 《諺》O riso traz felicidade. 災いを転じて～と成す 《諺》Há males que dão para o bem.

ふく　副- vice-…. ～社長 vice-presidente (de uma companhia).

ふぐ　河豚 〖魚〗baiacu (m). ♦河豚中毒 envenenamento (m) [intoxicação (f)] por baiacu.

ふぐあい　不具合 falha (f), deficiência (f), defeito (m). システムに～が生じた Houve uma falha no sistema.

ふくいん　復員 desmobilização (f). ～する ser desmobilizado/da. ～させる desmobilizar. ♦復員兵士 soldado (m) desmobilizado.

ふくいん　福音 evangelho (m) (＝福音書).

ふくえき　服役 pena (f) de trabalhos forçados. ♦服役期間 período (m) da pena de trabalhos forçados.

ふくえん　復縁 〔夫婦の〕reconciliação (f) conjugal;〔養子縁組の〕reconciliação de pais e filhos adotivos.

ふくがく　復学 reingresso (m) na escola. ～する reingressar na escola, retomar os estudos.

ふくがん　複眼 olhos (mpl) compostos 《dos artrópodes》.

ふくぎょう　副業 serviço (m) avulso. あなたは～として何かしていますか Você está fazendo algum serviço avulso?

ふくくう　腹腔 〖解〗cavidade (f) abdominal. ♦腹腔鏡検査〖医〗laparoscopia (f).

ふくげん　復元 reconstrução (f), restauração (f). 壁画を～する restaurar um mural. 城の～をする reconstruir um castelo.

ふくごう　複合 ～の composto/ta, complexo/xa, conjunto/ta. ♦複合債務〖法〗obrigação (f) conjunta. 複合語〖文法〗palavra (f) composta. 複合名詞〖文法〗substantivo (m) composto. 複合競技〖スポーツ〗prova (f) combinada.

ふくこうかんしんけい　副交感神経〖解〗nervo (m) parassimpático.

*****ふくざつ　複雑** complexidade (f) [コンプレキスィダーヂ]. ～さ complexidade. 近代社会の～さ a complexidade da sociedade moderna. ～な complexo/xa, complicado/da. ～にする complicar. 社内には～な人間関係があります Há relações (humanas) complicadas na companhia. そういうことを言うと問題が～になる Não fale assim, que o problema se complica. ～な気持ちです Estou confuso./Os meus sentimentos estão muito complexos agora. それは～な問題です É uma questão complexa [um problema complicado].

ふくさよう　副作用〖医〗efeito (m) secundário, efeito colateral. この薬には～があります Este remédio tem efeitos colaterais.

ふくさんぶつ　副産物 subproduto (m), derivado (m). 石油の～ derivado do petróleo.

ふくし　副詞〖文法〗advérbio (m). ♦副詞句 locução (f) adverbial. 副詞節 oração (f) adverbial.

ふくし　福祉 previdência (f) social, bem-estar (m) social. ♦福祉事業 obras (fpl) sociais, obras de assistência social. 福祉事務所 escritório (m) de assistência social. 福祉国家 estado (m) beneficente [previdenciário]. 児童福祉 bem-estar da criança. 社会福祉 bem-estar social, assistência (f) social. 老人福祉センター Centro de Bem-estar de Idosos.

フクシア〖植〗fúcsia (f).

ふくしきこきゅう　腹式呼吸 respiração (f) do tipo abdominal.

ふくしゃ　複写 cópia (f). ～する copiar, tirar uma cópia de ….

ふくしゅう　復習 repetição (f), recordação (f), recapitulação (f). ～する repetir, recordar, recapitular.

ふくしゅう　復讐 vingança (f), retaliação (f), represália (f). …に～する vingar-se de …. ～的 vingativo/va. ～を企てる planejar uma vingança. 父の死に対して～する vingar a morte do pai, vingar-se da morte do pai. ♦復讐戦〖スポーツ〗revanche (f).

ふくじゅう　服従 submissão (f), obediência (f). …に～する submeter-se a, obedecer (a).

ふくしょう　復唱 repetição (f) oral de uma ordem recebida. 念のため指示を必ず～してください Por segurança, não deixe nunca de repetir oralmente as instruções recebidas.

ふくしょく　復職 reintegração (f), recondução (f) ao posto de trabalho. ～する voltar ao seu posto. ～させる reintegrar.

ふくしょく　服飾 vestuário (m) e ornamentos (mpl); ornamentos, adereços (mpl). ♦服飾デザイナー desenhista de modas, estilista. 服飾品 ornamentos (do vestuário, como colares, cintos etc).

ふくしん　副審 《スポーツ》juiz/juíza [árbitro (m)] assistente, auxiliar de juiz/juíza [árbitro].

ふくじん　副腎 〖解〗glândula (f) adrenal, glândula supra-renal. ♦副腎炎〖医〗suprarenalite (f). 副腎皮質ホルモン cortisona (f), hormônio (m) produzido pelo córtex das glândulas supra-renais.

ふくすい　腹水 〖医〗ascite (f), barriga (f) d' água.

ふくすう　複数 ❶ plural (m). ～であること pluralidade (f). ～の vários/rias, alguns/algumas. 犯人は～だった Eram vários os criminosos. ❷〖文法〗plural. ～の plural. ～(形)にする colocar no plural. ～で用いられる usar-se [ser usado/a] no plural. 動詞の1人称～ primeira pessoa (f) do plural do verbo. ♦複数形 plural. 複数名詞 substantivo (m) plural.

ふくせい　複製 reprodução (f), réplica (f). ～する reproduzir.

ふくせん　複線 linha (f) com duas vias, linha dupla (de trilhos de trem).

ふくそう　服装 vestuário (m), modo (m) de se vestir. シンデレラの～をする vestir-se de Cinderela. ～で人を判断するのはよくない Não é bom julgar as pessoas pelo modo como se vestem./《諺》O hábito não faz o monge.

ふくつう　腹痛 cólica (f); 《俗》dor (f) de barriga. ～がする ter [estar com] cólica; ter [estar com] dor de barriga.

ふくどくほん　副読本 livro (m) de leitura suplementar.

ふくびき　福引き sorteio (m).

ふくびくうえん　副鼻腔炎 〖医〗sinusite (f).

ふくぶ　腹部 abdômen (m), região (f) abdominal. ♦腹部大動脈瘤 aneurisma (m) da aorta abdominal.

ふくぶん　複文 〖文法〗oração (f) subordinada.

ふくまく　腹膜 〖解〗peritônio (m). ♦腹膜炎〖医〗peritonite (f). 腹膜透析 diálise (f) peritoneal.

ふくみ　含み sentido (m) oculto, entrelinhas (fpl). ～のある言葉 palavras (fpl) sugestivas. この決定には…という～がある Esta decisão implica que …. ♦含み声 voz (f) abafada. 含み資産〖法〗propriedade (f) latente [não declarada].

ふくみわらい　含み笑い riso (m) significativo. ～する rir significativamente.

*__ふくむ　含む__ ❶〔含有する〕conter [コンテール]; 〔数に入れる〕incluir [インクルイール]. この値段には消費税が含まれていますか Neste preço está incluído o imposto de consumo? 部長を含めて20人の会議でした Foi uma reunião de vinte participantes, incluindo o/a diretor/ra (do departamento). ❷〔口に〕ter [テール], colocar [コロカール], pôr [ポール]. 口に水を～ colocar água na boca. ❸〔心に留める〕ter presente, entender [エンテンデール]. この辺の事情を含んでおいてください Tenha em mente esta situação.

ふくめる　含める incluir. A を B に～ incluir A em B. 請求金額に交通費を含めますか Quer que inclua os gastos de transporte na soma da fatura? 送料を含めて incluindo os gastos de envio. 第 7 章まで含めて incluindo o capítulo sete.

ふくめん　覆面 máscara (f). ～をする mascarar o rosto, mascarar-se.

ふくよう　服用 medicação (f), ato (m) de tomar um remédio. 1日2回朝夕～のこと tomar (o remédio) duas vezes ao dia pela manhã e à noite. この薬は必ず食後に～してください Tome este remédio somente após as refeições. ♦服用量 posologia (f), dose (f).

ふくよか ～な rechonchudo/da, cheio/cheia. ～な顔 um rosto cheio.

ふくらしこ　膨らし粉 fermento (m) em pó.

ふくらはぎ 〖解〗barriga (f) da perna, panturrilha (f).

ふくらます　膨らます inflar, encher. 風船を～ encher uma bexiga de ar. ケーキを～ fazer o bolo crescer.

ふくらみ　膨らみ saliência (f), inchaço (m), protuberância (f). 胸の～ protuberância do seio.

ふくらむ　膨らむ dilatar, inchar, inflar, intumescer. バラのつぼみが膨らみ始めた O botão da rosa começou a crescer. ケーキが膨らんだ O bolo cresceu. 帆が風で膨らんだ A vela inflou-se com o vento. 彼女は希望に心が膨らんだ Ela encheu o coração de esperança.

ふくり　複利 〖経〗juros (mpl) compostos. ～する calcular os juros compostos.

ふくりこうせいしせつ　福利厚生施設 estabelecimento (m) de assistência social. この会社は～が充実しています Esta companhia é rica [perfeita] em sistema de assistência social.

ふくれる　膨れる ❶ inchar, aumentar (de volume). おたふく風邪で彼の頬は膨れてしまった O rosto dele ficou inchado com a caxumba.

❷〔不満を示す〕ficar mal-humorado/da〔《口語》emburrado/da〕.

ふくろ 袋 saco (m), sacola (f). ♦紙袋 saco de papel. 透明袋 saco transparente. 半透明袋 saco semi-transparente. ビニル袋 saco de plástico. レジ袋 sacola plástica de supermercado.

ふくろう〔鳥〕coruja (f), mocho (m).

ふくろこうじ 袋小路 ❶ beco (m) sem saída. ❷〔行きづまりの状態〕impasse (m).

ぶくん 武勲 proeza (f) [feito (m)] militar.

ふけ caspa (f). 〜がたまっている estar cheio/cheia de caspas. 〜が出る ter caspa. 〜を取る tirar a caspa. ♦ふけ取りシャンプー xampu (m) anti-caspa.

ふけい 父兄 pais (mpl). ♦父兄会 associação (f) dos pais; reunião (f) dos pais.

ふけいき 不景気 depressão (f) econômica, recessão (f). この〜を切り抜けなくては... Precisamos vencer essa depressão ....

ふけいざい 不経済 〜な antieconômico/ca. 〜ですから昼は電灯を消します Eu apago a luz de dia porque, se não, é antieconômico. そんなものを買ったら〜だ Se comprar uma coisa dessas vai ser ⌊desperdício de dinheiro [dinheiro jogado fora].

ふけつ 不潔 falta (f) de higiene [asseio], imundície (f). 〜な anti-higiênico/ca, sujo/ja, imundo/da.

ふける 更ける〔夜が〕anoitecer. 夜がだいぶふけた Já são altas horas da noite.

ふける 老ける ficar velho/lha, envelhecer. 老けた envelhecido/da. 彼女は実際より20歳は老けて見える Ela parece vinte anos mais velha do que é (na realidade). 短い髪だと彼女は老けて見える Os cabelos curtos ⌊deixam-na [《口語》deixam ela] mais velha.

ふける 耽る〔熱中する〕ficar absorto/ta, concentrar-se (em). 読書に〜 ficar absorto/ta em leituras. もの思いに〜 entregar-se à meditação, meditar, ficar absorto/ta em reflexões.

ふけんこう 不健康 insalubridade (f), estado (m) mórbido. 〜な生活 vida (f) não muito saudável, vida doentia. 夜ふかしは〜だ Dormir tarde faz mal à saúde.

ふけんぜん 不健全 〜な insalubre, mórbido/da, doentio/tia.

ふこう 不幸 infelicidade (f);〔不運〕azar (m);〔死〕morte (f), falecimento (m). 〜な infeliz. 〜なことに infelizmente. ご〜に心からお悔やみ申し上げます Minhas condolências ..../Meus pêsames ..../Meus sentimentos ....

ふごう 富豪 milionário/ria, ricaço/ça. ♦大富豪 multimilionário/ria.

ふごう 符号 sinal (m). プラス（マイナス）の〜 sinal de mais (menos), sinal positivo (negativo).

ふごうかく 不合格 reprovação (f)《num exame etc》. …を〜にする reprovar …, não deixar … passar no exame. 私は試験で〜になった Eu não passei nos exames./《俗》Eu levei bomba no exame. これは商品検査で〜になった Isto aqui não passou no teste [controle] de qualidade (dos artigos). ♦不合格者 candidato/ta reprovado/da.

ふこうへい 不公平 desigualdade (f), injustiça (f), parcialidade (f). 〜な desigual, injusto/ta, parcial. 〜な判決を下す julgar com parcialidade. 〜に parcialmente, injustamente. 社会の〜を正す corrigir as desigualdades sociais.

ふごうり 不合理 irracionalidade (f), absurdo (m). 〜な absurdo/da, irracional, ilógico/ca.

ふこく 布告 ❶〔広く一般に知らせること〕edital (m), decreto (m), promulgação (f). 〜する editar, decretar, publicar um edital. 動員を〜する decretar a mobilização. 戒厳令が政府によって〜された O estado de sítio foi decretado pelo Governo. 〜第10号 decreto número dez. 〜を出す promulgar um decreto. 市長はその広場の駐車禁止を〜した O prefeito promulgou um decreto proibindo o estacionamento de carros na praça. ❷〔国家の意思を内外に知らせること〕declaração (f), proclamação (f). …に対して宣戦を〜する declarar guerra a ….

ぶこく 誣告 〖法〗calúnia (f). 彼は〜の疑いで訴えられた Ele foi processado por calúnia.

ふさ 房 ❶〔飾りの〕franja (f). 〜のついた franjado/da. カーテンに〜をつける franjar a cortina. ❷〔果実の〕ramo (m), cacho (m). ブドウ2〜 dois cachos de uvas.

ブザー buzina (f), sirena (f), sereia (f). 〜を鳴らす tocar a buzina [sirena, sereia]. ガス警報器の〜が鳴った Tocou o sinal de alarme do gás.

ふさい 夫妻 casal (m). 山田〜 o casal Yamada, o senhor e a senhora Yamada. 古川博士〜 o doutor Furukawa e senhora.

ふさい 負債 dívida (f); passivo (m). G社は多額の〜を負っている A companhia G está com uma dívida muito grande. ♦負債国 país (m) devedor.

ふざい 不在 ausência (f), falta (f). 〜の ausente. …の〜中に durante a ausência de …. 〜する ausentar-se. 国民の〜の政治 uma política sem a participação do povo. 部長は〜です O diretor (do departamento) está ausente. ♦不在者 o/a ausente, pessoa (f) ausente. 不在投票 votação (f) por envio de voto. 不在連絡票 aviso (m) de entrega na ausência do destinatário.

ぶさいく 不細工 〜な malfeito/ta; feio/feia. 〜な男 homem (m) feio.

ふさがる 塞がる ❶〔閉じられる〕fechar-se, tapar-se. この傷口は~のだろうか Será que esta ferida vai cicatrizar(-se)? ❷〔障害物などで〕ficar [estar] impedido/da, obstruir-se, ficar [estar] bloqueado/da. 道路が大雪でふさがっている A estrada está obstruída [bloqueada] com a grande quantidade de neve (que caiu). ❸〔空いていない〕ficar [estar] cheio/cheia [lotado/da, ocupado/da]. この席はふさがっていますか Este assento está ocupado? ❹〔予定などがある〕ficar [estar] ocupado/da. 明日はふさがっています Amanhã vou estar ocupado/da./Amanhã já tenho compromisso.

ふさく 不作 má colheita (f), safra (f) pequena. 今年は米が~だ Este ano vamos ter uma safra pequena do arroz.

ふさぐ 塞ぐ 〔閉じる〕fechar;〔穴, 管などを〕tapar, obstruir;〔道路など〕bloquear;〔場所など〕ocupar, tomar. 耳を~ tapar os ouvidos. 早くこの穴をふさがないとたいへんだ Se não taparmos esse buraco logo, vai ser um desastre.

ふざける brincar, dizer brincadeiras. ~な Não brinque!/Não diga besteiras!

ぶさほう 無作法 falta (f) de educação. ~な sem educação, grosseiro/ra. 人前であくびをするのは~です É feio bocejar na frente dos outros.

ぶざま 無様 deselegância (f). ~な deselegante.

ふさわしい ser digno/na de, ser conveniente, ser adequado/da, merecer, fazer jus a, ser merecedor/ra de. ふさわしくない ser indigno/na, ser inconveniente, ser inadequado/da, não merecer, não fazer jus a. その山は日本の屋根と呼ぶに~ Essa montanha ∟merece ser chamada de [faz jus ao nome que tem, de] teto do Japão. 彼は彼女に~夫だ Ele é digno [merecedor] da esposa que tem. あの女性は山田家にふさわしくない嫁だ Ela não merece ser nora da família Yamada./《口語》A família Yamada é muito para ela. このような人物はわが社にはふさわしくない Uma pessoa como esta não merece estar na nossa empresa. その服装は今日みたいな会合にはふさわしくない Esse modo de vestir não fica bem numa reunião como a de hoje.

ふさんか 不参加 não participação (f). 彼は~である Ele não vai participar.

ふさんせい 不賛成 desaprovação (f), não aprovação (f). ~である desaprovar, não aprovar, ser contra, não concordar com. 私はその計画に~である Eu sou contra [Eu não concordo com] esse plano.

ふし 節 ❶〔木の〕nódulo (m), intumescência (f). ❷〔歌の〕melodia (f).

ふじ 不治 incurabilidade (f). ~の患者 paciente incurável. それは~の病だ Essa é uma doença incurável./Isso não tem cura.

ふじ 藤 〔植〕glicínia (f).

ぶし 武士 samurai (m), guerreiro (m). ♦武士道 moral (f) do samurai.

ぶじ 無事 〔安全〕segurança (f);〔平穏〕paz (f);〔達者〕boa saúde (f). ~に bem, sem problemas, são/sã e a salvo/va. 彼女は~に着いた Ela chegou ∟bem [sã e salva]. ご~ですか Tudo bem?/Está forte? 今日も~に仕事を終えることができました Hoje, mais uma vez, pude terminar o serviço sem problemas.

ふしぎ 不思議 〔神秘〕mistério (m);〔驚異〕maravilha (f); estranheza (f). ~の misterioso/sa; maravilhoso/sa; estranho/nha. ~な現象 fenômeno (m) inexplicável. ~な人物 personagem misterioso/sa [enigmático/ca]. ~にも彼は時間どおりに来た Como por milagre [Milagrosamente] ele chegou na hora. 彼女がまだ戻らないというのは~です É estranho que ela não tenha voltado até agora. 彼にあの仕事ができないなんて~だ É estranho que ele não consiga fazer aquele serviço. ¶ 世界の七~ as sete maravilhas do mundo.

ふしぜん 不自然 artificialidade (f), falta (f) de naturalidade. ~な〔人工的〕artificial;〔わざとらしい〕forçado/da;〔気取った〕afetado/da. ~な態度 atitude (f) estranha. ~な文体 estilo (m) rebuscado. ~な笑い riso (m) forçado. 彼の発言はこの場には~だ A afirmação dele soa estranha para o momento.

ふしだら desregramento (m). ~な desregrado/da, corrupto/ta. ~な生活をする levar uma vida corrupta. ~な女 mulher (f) devassa [licenciosa].

ふじちゃく 不時着 aterrissagem (f) de emergência, pouso (m) forçado. ~する fazer uma aterrissagem de emergência.

ぶしつけ 不躾 má educação (f), indiscrição (f). ~なお願いですが... Desculpe-me por pedir uma coisa que não devia, mas ....

ふしぶし 節々 ❶〔関節〕articulações (fpl). ~の痛みを訴える queixar-se de dores nas articulações. ❷〔いろいろの箇所〕itens (mpl), pontos (mpl).

ふしまつ 不始末 ❶〔不注意〕negligência (f), descuido (f). 揚げ物の火の~から火事になった O incêndio começou com um descuido em não apagar direito o fogo da fritura. ❷〔過失〕falta (f), deslize (m), erro (f). 君はとんだ~をしでかしてくれたね Você cometeu um tremendo erro, hein? ❸〔不行跡〕má conduta (f), irregularidade (f).

ふじみ 不死身 〔不死の〕imortal;〔タフな〕forte. ~の兵士たち guerreiros (mpl) imortais. ~である ser ∟imortal [de ferro].

ふしゅ 浮腫 〔医〕edema (m).

ふじゆう 不自由 ❶〔不便〕incômodo (m), privação (f), inconveniência (f), falta (f) de comodidade. 家族に何一つ~はさせなかった

ふじゅうぶん

Não deixei faltar nada em casa. ～なことがあったら何でも言ってください Se tiver qualquer inconveniência, pode me dizer, viu? ❷〔身体が〕deficiência (f). 彼は手が～だ Ele tem as mãos paralisadas./Ele ⌊tem deficiência [é deficiente] nas mãos./Ele é doente das mãos. ❸〔窮乏〕falta (f). お金に～をしている Estou com dificuldades financeiras./《口語》Estou duro/ra.

ふじゅうぶん 不十分 insuficiência (f), falta (f). ～な insuficiente;〔不完全な〕incompleto/ta, que deixa a desejar. 説明が～だったと思います Acho que a explicação estava [foi] insuficiente. これだけの金では借金を返すのに～だ Este dinheiro é insuficiente para pagar as dívidas. 証拠不～で釈放される ser posto/ta em liberdade por falta de provas.

ふじゅん 不純 impureza (f), imoralidade (f), obscenidade (f). ～な 1) impuro/ra, imoral. ～な動機 motivo (m) impuro. 2) adulterado/da, contaminado/da. ～なワイン vinho (m) adulterado. サラダオイルに～物を混ぜる adulterar o óleo de salada. ～物を取り除く filtrar as impurezas. ♦不純物 impureza. 不純分子 elemento (m) impuro.

ふじゅん 不順 ～な〔不規則な〕irregular;〔変わりやすい〕variável. ～な天候 clima (m) instável.

ふじょ 婦女 mulher (f). ～暴行を働く estuprar, violar (uma mulher). ♦婦女暴行 estupro (m).

ふじょ 扶助 ajuda (f), auxílio (m). ♦相互扶助 ajuda mútua.

ふしょう 負傷 ferimento (m). ～する ser ferido/da, levar um ferimento, ferir-se. 腕に～する ferir-se [levar um ferimento, ser ferido/da] nos braços. その事故で10人の～者が出た Houve dez feridos nesse acidente./Dez pessoas ficaram feridas com o acidente. ♦負傷者 ferido/da.

ふじょう 浮上 emergência (f). ～する 1)〔水中から水面へ〕emergir, vir à tona. 潜水艦が～した O submarino veio à tona. 2)〔表面にあらわれる〕surgir, aparecer (de repente). 問題が～した Surgiu um problema. にわかに～した企画 projeto (m) que apareceu de repente.

ぶしょう 無精 preguiça (f), indolência (f). ～な preguiçoso/sa, indolente, inativo/va. 筆～である ser preguiçoso/sa para escrever cartas. ♦無精ひげ barba (f) por fazer. 無精者 preguiçoso/sa, indolente.

ふしょうじ 不祥事 escândalo (m). ～を起こす causar um escândalo.

ふじょうり 不条理 absurdo (m). ～な absurdo/da. ～な世の中 um mundo (m) absurdo.

ふしょく 腐食 ❶〔金属の〕corrosão (f). ❷〔有機物の〕decomposição (f). ～する corroer-se; decompor-se; cauterizar. ♦腐食性 corrosivo (m). 腐食作用 ação (f) corrosiva. 腐食防止剤 anticorrosivo (m).

ぶじょく 侮辱 ofensa (f), insulto (m); desprezo (m), desrespeito (m). ～する ofender, insultar. ～を受ける receber uma ofensa, ser insultado/da. その言葉は私に対する～だ Essa palavra é uma ofensa para mim. ♦侮辱罪 crime (m) de desrespeito às autoridades.

ふしん 不信 ❶〔不信義〕deslealdade (f), infidelidade (f), perfídia (f). ❷〔不信感〕desconfiança (f), suspeita (f). …に対して～の念を抱く desconfiar de …. …の～を招く atrair a desconfiança de …. 内閣に対する～が強まっている Está aumentando a desconfiança em relação ao gabinete.

ふしん 不審 〔疑念〕dúvida (f);〔嫌疑〕suspeita (f). …に対して～を抱く ter dúvidas sobre …; suspeitar de …. ～な行動をとる tomar atitudes suspeitas [estranhas]. ～そうに com ar《口語》cara) de dúvida; suspeitosamente. ～な人物 pessoa (f) suspeita.

ふしん 不振 ❶ depressão (f), declínio (m), inatividade (f). ♦食欲不振 falta (f) de apetite. ❷〔経〕〔停滞〕estancamento (m), depressão (f). 輸出の～ estancamento da exportação. 商売が非常に～だ Os negócios estão passando por uma grande depressão.

ふじん 夫人 senhora (f), esposa (f). 山田～ Senhora Yamada. 鈴木氏と同～ o Senhor Suzuki e Senhora.

ふじん 婦人 senhora (f). ♦婦人科〖医〗ginecologia (f). 婦人科医 ginecologista. 婦人警官 polícia (f) feminina.

ふしんせつ 不親切 falta (f) de bondade [amabilidade, gentileza]. ～な pouco atencioso/sa [prestativo/va, gentil]. ～に sem amabilidade, com má vontade. 店員は我々に～だった O/A atendente não foi gentil com a gente./O/A atendente nos atendeu ⌊mal [com má vontade].

ふしんにん 不信任 desconfiança (f), não confiança (f). ♦不信任案 moção (f) de censura [desconfiança].

ふす 伏す ❶ abaixar [inclinar] a cabeça até ela se encostar no chão. ❷〔身を隠す〕esconder-se, ocultar-se.

ぶす mulher (f) feia.

ふずい 不随 〖医〗paralisia (f). ～の paralisado/da, paralítico/ca. 半身～の hemiplégico/ca. 下半身～の paraplégico/ca. 卒中で全身～である estar completamente paralítico/ca ⌊por causa de [vítima de] um AVC (acidente vascular cerebral). 全身～の completamente paralítico/ca. ♦半身不随 hemiplegia (f), paralisia de um lado do corpo. 下半身不随 paraplegia (f), paralisia dos membros inferiores.

ふずい 付随 ～の que acompanha, que traz consigo. ～的な acessório/ria. ～する acompanhar, trazer consigo. 契約に～する条件 condições (fpl) anexas ao [que acompanham o] contrato.

ふすう 負数 【数】número (m) negativo [menor que zero].

ぶすう 部数 número (m) de exemplares. ♦発行部数 tiragem (f).

ぶすっと 魚にナイフを～刺す ferir o peixe com a faca. 彼は～している Ele está de mau humor.

ふすま 襖 porta (f) corrediça de papel e madeira «das casas japonesas».

ふせ 布施 donativo (m) ao bonzo. お～を包む oferecer [entregar] um envelope (com dinheiro de doação) ao bonzo.

ふせい 不正 〔不正直〕desonestidade (f), deslealdade (f); 〔非合法性〕ilegalidade (f); injustiça (f). ～な injusto/ta, desleal; ilegal. ～をはたらく cometer um ato injusto; fazer uma coisa desonesta, cometer uma fraude. ♦不正競争 concorrência (f) desleal. 不正行為 má conduta (f). 不正取引 negócio (m) fraudulento [ilegal].

ぶぜい 風情 glamour (m) [グラムール], encanto (m), graça (f). ～のある glamouroso/sa, encantador/ra. ～のない prosaico/ca, vulgar. この庭園にはどこにもない～がある Este jardim tem um encanto sem igual.

ふせいかく 不正確 ～さ incorreção (f), inexatidão (f). ～な incorreto/ta, inexato/ta. ～に inexatamente, incorretamente, sem correção [exatidão]. ～な記憶 memória (f) falha. ～な情報 informação (f) imprecisa. ～なテキスト texto (m) com erros.

ふせいこう 不成功 fracasso (m). ～に終わる fracassar, terminar fracassando. この計画は～に終わった Este plano terminou fracassando.

ふせいじつ 不誠実 ❶ insinceridade (f), falta (f) de sinceridade. ～な insincero/ra. ❷【法】má-fé (f).

ふせいみゃく 不整脈 【医】arritmia (f). ～が出ている estar com arritmia.

ふせいりつ 不成立 insucesso (m), fracasso (m). 予算は～だった O orçamento não foi aprovado [foi rejeitado, abortou].

***ふせぐ 防ぐ** 〔予防〕prevenir [プレヴェニール], tomar precaução [precaver-se] contra; 〔防御〕defender-se contra, resistir a; 〔防止〕evitar [エヴィタール], impedir [インペディール]. 寒さを～ためにコートを着る vestir um casaco para se proteger contra o frio. 盗難を～ prevenir [evitar] assaltos. 肥満を～ impedir o ganho de peso. そのローションは皮膚癌(がん)を防ぎます Essa loção previne o câncer de pele. この油もれを～にはどうしたらよいのですか O que devo fazer para impedir este vazamento de óleo?

ふせっせい 不摂生 excessos (mpl), falta (f) de moderação. ～な imoderado/da. 彼は～な生活をしている Ele leva uma vida de boêmio [bon vivant]. 彼女は～のため健康を損ねた A falta de moderação dela lhe arruinou a saúde.

ふせる 伏せる ❶〔下に向ける〕baixar, virar para baixo. カードを伏せて置く deixar a carta virada para baixo. 身を～ debruçar-se. 目を～ baixar os olhos. コップを～ pôr o copo de cabeça para baixo. ❷〔隠す〕esconder, encobrir, ocultar. この失敗は課長に伏せておこう Não diremos nada a respeito desta falha para o/a chefe da seção. 名前を～ ocultar o próprio nome. ❸〔病気で〕cair de cama, ficar doente.

ふせん 付箋 post-it (m) [ポースチッチ] 【★商標】. ここに～を貼っておきます Vou deixar colado um post-it aqui.

ふぜん 不全 【医】insuficiência (f). ♦不全麻痺(ひ) paresia (f), paralisia (f) parcial. 心不全 insuficiência cardíaca. 腎(じん)不全 insuficiência renal. 発育不全 agenesia (f), insuficiência orgânica [mental].

ふせんめい 不鮮明 imprecisão (f), falta (f) de nitidez. 印刷が～である A impressão não está nítida./Falta nitidez na impressão.

ぶそう 武装 armamento (m). ～する armar-se. ♦武装解除 desarmamento (m). 武装警官 policial armado/da.

ふそく 不足 ❶ falta (f), escassez (f), insuficiência (f); carestia (f). ～が～する faltar …, carecer de …. …が～している estar faltando …. ナプキンが～している Estão faltando guardanapos. そのようだとあなたは情報～になるDesse jeito, você vai ficar à margem das informações. 10億人の人たちが水～に悩んでいる Um bilhão de pessoas sofrem de escassez de água. 何か～しているものがあれば遠慮なく言ってください Se estiver faltando alguma coisa, fale sem cerimônia, sim? 彼には経験が～している Falta nele a experiência./Ele carece de experiência. 野菜～が心配されている Estamos com medo da falta de verduras (que vai haver)./Estamos preocupados porque parece que vão faltar verduras. ♦不足額 saldo (m) de contas negativa, dinheiro (m) que falta. 栄養不足 subnutrição (f), subalimentação (f). 資金不足 falta de recursos. 食料不足 escassez de víveres. 睡眠不足 sono (m) atrasado. 注意不足 falta de atenção. 人手不足 falta de mão-de-obra. ❷〔不満足〕insatisfação (f), queixa (f). 彼にとって～ではないはずだ Ele não deve ter queixas contra nada. …に対して～を言う queixar-se de [contra] ….

ふぞく 付属 …に～する pertencer a …, estar ligado/da a …. 大学の～病院 hospital (m)

ぶぞく 部族 tribo (f).

ふぞろい 不揃い 〜の desigual, irregular. 大きさが〜のリンゴ maçãs (fpl) de tamanhos desiguais.

ふた 蓋 tampa (f). …に〜をする tampar. …の〜を取る destampar 〜, tirar a tampa de …. 〜付きの容器 vasilha (f) com tampa. そのなべに〜をしてください Tampe essa panela, por favor. この瓶の〜はきつく閉めておかないと… É bom tampar este vidro com força, se não ….

ふだ 札 ❶ 〔レッテル〕 etiqueta (f), ficha (f), rótulo (m). 瓶に〜を貼る colar um rótulo na garrafa. ♦値札 etiqueta de preço. 番号札 (etiqueta [ficha] com) senha (f). ❷ 〔掲示〕 letreiro (m), placa (f) de aviso. 立ち入り禁止の〜を立てる colocar uma placa de aviso proibindo a entrada de estranhos. ❸ 〔カルタなどの〕 carta (f) de baralho. 〜を配る distribuir [dar] as cartas.

ぶた 豚 〔動〕 porco/ca. 〜の脂 toicinho (m), banha (f). 〜を育てる criar porcos. ♦豚小屋 chiqueiro (m). 豚肉 carne (f) ˪de porco [suína].

ぶたい 舞台 palco (m); cena (f). 〜に立つ subir ao palco. 〜で演じる representar [interpretar] no palco. ♦舞台裏 bastidores (mpl). 舞台監督 diretor/ra de cena, encenador/ra. 舞台照明 iluminação (f) do palco.

ぶたい 部隊 〔軍隊などの〕 tropa (f), destacamento (m).

ふだいたい 不代替 〔法〕 〜の infungível. ♦不代替物 bem (m) infungível.

ふたえ 二重 〜の duplo/pla, dobrado/da. ♦二重まぶた pálpebra (f) dupla. 二重まぶた手術 blefaroplastia (f) asiática.

ふたけた 二桁 dois dígitos (mpl), dois algarismos (mpl). 〜の数 número (m) de dois algarismos.

ふたご 双子 〜の兄弟 (姉妹) irmãos (irmãs) gêmeos/meas.

ふたござ 双子座 〖星座〗 (signo (m) de) gêmeos (mpl).

ふたしか 不確か 〜な incerto/ta, inseguro/ra; vago/ga, indefinido/da. 〜な返事をする dar uma resposta vaga.

ふたたび 再び novamente, de novo, outra vez, pela segunda vez, mais uma vez. それは〜起こるかもしれない Isso pode acontecer novamente. このレストランには二度と〜戻らない Nunca mais voltarei a este restaurante!

ふたつ 二つ dois/duas 《em contagens》. 〜に割れる ficar (ser) bipartido/da. これを〜に切れますか Dá para cortar isto aqui pelo [ao] meio? 石けんを〜ください Dê-me [Me dá] duas barras de sabão, por favor. 〜とも欲しい Quero os dois/as duas. 〜は〜の〜とも持っていない Não tenho nenhum/ma dos/das dois/duas. 〜目 〔数えられるものの2番目〕 o/a segundo/da. 〜目の角を右に曲がってください Vire a segunda (esquina) à direita, por favor. ¶〜返事で引きうける aceitar (uma incumbência) de boa vontade.

ふたつき 二月 dois meses (mpl).

ふたとおり 二通り duas maneiras (fpl), dois tipos (mpl). この文は〜に解釈できる Esta frase tem duas interpretações [leituras].

ふたば 双葉, 二葉 ❶ 〖植〗 〔芽を出したばかりの二枚の葉〕 as duas folhas (fpl) novas [os dois cotilédones (mpl)] das dicotiledôneas. ❷ 〔人の幼年時代〕 infância (f).

ふたまた 二股 bifurcação (f). 〜のbifurcado/da. 道は〜に分かれている O caminho se divide em uma bifurcação. ¶〜をかける jogar ˪um jogo duplo [com duas possibilidades] 《preservar dois relacionamentos, para que caso um não se conserve, tenha a garantia do outro》. ♦二股膏薬(ｺﾞｳﾔｸ) oportunismo (m).

ふたやく 二役 dupla função (f). 一人で〜を勤める desempenhar duas funções. 一人で〜を演じる representar dois papéis.

ふたり 二人 duas pessoas (fpl). あなたと〜きりで話がしたい Gostaria de falar a sós com você. 彼女は娘と〜だけで暮らしている Ela mora só com a filha. 〜乗りの自転車 tandem (m). 自転車に〜乗りする andar de bicicleta a dois/duas (numa bicicleta que não é o tandem). あんなに良い人はこの世に〜といない Não existe outra pessoa tão boa quanto aquela. 彼らは〜連れだった Eles ˪eram dois [estavam em dois]. ♦二人部屋 quarto (m) para duas pessoas.

ふたん 負担 encargo (m), ônus (m), carga (f). 〜する encarregar-se de; 〔払う〕 pagar. 〜になる ser um ônus, pesar; dar despesas. 〜は胃の〜になる Isso pesa no estômago. 国民に〜をかける onerar [sobrecarregar] o povo. 利子のせいで借金の〜が重くなる Por causa dos juros, o ônus da dívida fica maior. その借金は私が〜しておきます Eu assumo essa dívida. 費用は私が〜します Eu pago as despesas./Eu arcarei com as despesas.

*__ふだん 普段__ rotina (f) [ﾁｰﾅ], dia-a-dia (m) [ﾁﾞｰｱ ｱ ﾁﾞｰｱ]. 〜の de sempre. 〜どおりに como de costume, como sempre. 〜は geralmente, normalmente. 〜は6時に起きています Normalmente me levanto às seis (horas).

ブタン 〖化〗 butano (m).

ふだんぎ 普段着 traje (m) casual, roupa (f) ˪caseira [de casa]. 〜で出かける sair com a roupa de casa.

ふち 縁 ❶ borda (f), beira (f). 〜のかけたコーヒーカップ xícara (f) de café com a borda rachada. 〜のまるいテーブル mesa (f) com bordas arredondadas. コップの〜まで水を注がないでください Não encha o copo de água até a borda. ❷ [わく] aro (m), bainha (f). 眼鏡の〜 armação (f) dos óculos. 〜のない眼鏡 óculos (mpl) sem aro. ❸ [布などの] barra (f), franja (f). スカートの〜飾り enfeite (m) de barra de saia. ❹ [がけなどの] beira.

ふち 淵 ❶ [川の] parte (f) de um rio aprofundada pelo sorvedouro. ❷ [抜け出しにくい苦境] abismo (m). 絶望の〜に沈む cair em um abismo de desespero.

ふち 不治 ⇨不治(ᴊ).

ぶち 斑 pinta (f), malha (f).

ぶちこわし ぶち壊し destruição (f) completa. パーティーの雰囲気を〜にする destruir o ambiente da festa por completo.

ぶちこわす ぶち壊す arruinar, estragar. あなたは全部ぶち壊してしまった Você estragou tudo.

ふちどり 縁取り enfeite (m) da borda (de uma foto etc). 青い〜の花瓶 vaso (m) com borda azul.

ふちゃく 付着 adesão (f), aderência (f). 〜性の adesivo/va. 〜する aderir, grudar. その服には泥が〜していた Havia lama grudada nessa roupa. ♦付着張力 [理] tensão (f) adesiva. 付着力 força (f) adesiva.

ふちゅうい 不注意 descuido (m). 〜な descuidado/da. 〜に com descuido, descuidadamente. 私の〜でこの事故が起きました Este acidente aconteceu por descuido meu.

ふちょう 不調 ❶ [不成立] malogro (m), fracasso (m). 値引き交渉は〜に終わった As negociações de abatimento de preço fracassaram. ❷ [調子が悪いこと] má forma (f), mau estado (m). 〜である 1) estar em mau estado, estar enguiçado/da. エンジンの〜 enguiço (m) da máquina, enguiço do motor. 2) [体が] estar indisposto/ta, estar em má condição (f). 体の〜を訴える dizer que está indisposto/ta.

ぶちょう 部長 o/a chefe de departamento.

ふちょうわ 不調和 falta (f) de harmonia, dissonância (f); desacordo (m). 〜な dissonante, discordante. …に〜である estar em desarmonia [não combinar] com ….

ぶつ [殴る] bater. …の頭を〜 bater na cabeça de ….

***ふつう 普通** o normal, o comum, normalidade (f) [ノルマリダージ]. 〜以上の頭のよさ uma inteligência acima do normal. 〜以下の技術水準 um nível técnico abaixo do normal. 物事は〜に戻った As coisas ∟retomaram a normalidade [voltaram à situação normal]. 〜の comum, vulgar, medíocre; usual, de sempre, corriqueiro/ra. 彼は〜の音楽家ではなかった Ele não era um músico medíocre. 当時の疲れ方は〜ではなかった Nessa época sentia um cansaço fora do normal. それ は日本では〜です Isso é comum no Japão. これは市役所の〜のやり方です Este é um procedimento normal da prefeitura. 〜は geralmente, normalmente, comumente. 〜はそうします... Geralmente a gente faz assim .... 〜は火曜日に彼は大学へ行く Normalmente [Em geral] ele vai à faculdade às terças-feiras. ♦普通自動車 carro (m) ∟comum [de passageiro], automóvel (m). 普通名詞 [文法] substantivo (m) comum. 普通郵便 correio (m) normal. 普通預金 conta (f) corrente (bancária) 《a comum, que não é o depósito a prazo fixo》. 普通預金者 poupador/ra e correntista.

ふつう 不通 〜である estar interrompido/da. 大雨のためBC間の鉄道が〜になった A ferrovia ficou interrompida entre B e C, por causa da chuva forte [torrencial].

ふつか 二日 ❶ [第2日] dia (m) dois, segundo do mês. 4月の〜 dia dois de abril. ❷ dois dias (mpl). 〜分の食料 mantimentos (mpl) para dois dias. 〜おきに de três em três dias, com dois dias de intervalo.

ぶっか 物価 preço (m) da mercadoria, preço (m) das coisas. 日本は〜が高い A vida é cara no Japão. 〜が上がってきた(下がってきた) O preço das coisas está começando a subir (abaixar). ♦物価スライド制 correção (f) monetária, indexação (f). 物価高 alto custo (m) de vida. 物価安 baixo custo de vida. 消費者物価指数 índice (m) de preços ao consumidor.

ふっかける 吹っ掛ける ❶ ⇨吹き掛ける. ❷ [けんかを] desafiar, provocar. けんかを〜 provocar uma briga. ❸ [高値を] cobrar demais, carregar no preço. 法外な値段を〜 cobrar um preço exorbitante.

ふっかつ 復活 ❶ ressurreição (f), ressurgimento (m). キリストの〜 ressurreição de Cristo. ♦復活祭 Páscoa (f). ❷ [復興] restauração (f), renascimento (m). 産業の〜 renascimento industrial. 〜する ressuscitar, ressurgir, renascer. 愛国心が〜してきた Está começando a ressurgir o amor à pátria. 〜させる fazer ressuscitar [ressurgir, renascer].

ふつかよい 二日酔い ressaca (f). 〜である estar de ressaca. 〜になる ficar com ressaca.

ぶつかる bater (em), chocar-se (com); coincidir (com). 壁に〜 bater na parede. 会議と出張がぶつかってしまった A reunião e a viagem a serviço acabaram coincidindo.

ふっかん 復刊 reedição (f). 〜する reeditar.

ふっき 復帰 volta (f). 〜する voltar ao trabalho (depois de um período de inatividade), reassumir o cargo. 彼女は3か月の産休のあと仕事に〜した Ela voltou ao trabalho após três meses de licença-maternidade. そのサッカー選手はあと1週間で～できるでしょう O jogador de futebol estará de volta aos campos em uma semana.

ふっきゅう 復旧 reparação (f), volta (f) ao estado normal. ～する voltar ùà normalidade [ao normal, ao estado normal]. 被災地の電気は～した A eletricidade voltou ao normal nas regiões danificadas. 水道の～の見通しが立っていない Não se sabe ainda quando o abastecimento de água voltará ao normal. ♦復旧工事 obras (fpl) de reparação.

ぶっきょう 仏教 budismo (m). ～の budista, búdico/ca, budístico/ca. ♦仏教経典 sutra (m). 仏教徒 budista. 仏教美術 arte (f) búdica.

ぶっきらぼう ～な seco/ca, rude. ～に secamente, rudemente.

ぶつぎり ぶつ切り ～にする cortar em pedaços grossos. 野菜の～ verduras (fpl) cortadas em pedaços grossos.

ふっきれる 吹っ切れる desfazer-se, dissipar-se, desaparecer. 彼はあのことでわだかまりが吹っ切れた Graças ao que houve, ele conseguiu se livrar dos ressentimentos.

ふっきん 腹筋 ❶【解】músculos (mpl) do abdômen. ❷【スポーツ】abdominal (m). ～運動をする fazer abdominal. 今日はまだいつもの～をしていない Hoje ainda não fiz os meus abdominais.

ブック ❶〔本〕livro (m). ♦ブックエンド suporte (m) para livros. ブックカバー capa (f) de livro. ガイドブック guia (f). テキストブック livro didático (usado em aula). ❷〔ノート、手帳〕caderno (m), caderneta (f). ♦アドレスブック caderneta de endereços. ノートブック caderno de anotações. ワークブック caderno de exercícios.

ふっくら ～した rechonchudo/da, gorducho/cha, fofo/fa, fofinho/nha. ～した頬 bochechas (fpl) rechonchudas. ～した袖 mangas (fpl) bufantes. ～したパン pão (m) fresco.

ぶつける 〔投げる〕atirar, jogar;〔打ち当てる〕bater (em). …に石を～ atirar pedra em …;《俗》tacar pedra em …. 柱に頭をぶつけないように Cuidado para não bater com a cabeça no pilar.

ふっけん 復権 reabilitação (f), restituição (f) dos direitos perdidos (com a falência etc). ～させる〔破産者などを〕reabilitar, restituir os direitos a;〔被告人を〕declarar (um/uma réu/ré) inocente.

ぶっけん 物件【法】objeto (m). ♦証拠物件 provas (fpl) materiais. 不動産物件 imóvel (m) à venda.

ふっこう 復興 〔復旧〕restauração (f);〔再建〕reconstrução (f). ～する restaurar; reconstruir. 戦火に破壊された町を～する reconstruir uma cidade devastada pela guerra. 党を～する reconstituir um partido. 産業は～しつつある A indústria está renascendo (depois da destruição ou falência).

ふつごう 不都合 ❶〔都合の悪いこと〕inconveniência (f), inconveniente (m). ～な inconveniente. 私が明日ここに来なかったら何か～がありますか Será que haverá algum inconveniente se eu não vir aqui amanhã? ❷〔道理に合わないこと〕irregularidade (f), má conduta (f). ～な impróprio/pria. 彼は～があったので会社を辞めさせられた Ele foi despedido da firma por má conduta.

ぶっさん 物産 produtos (mpl), produção (f).

ぶっし 物資 bens (mpl) [recursos (mpl)] materiais; artigo (m). …に～を供給する fornecer provisões a, prover … de materiais necessários. ♦生活物資 artigos (mpl) de primeira necessiade.

ぶっしつ 物質 substância (f), matéria (f). ～的 material. これはどんな～からできているのですか De que substâncias é composto [feito] isto aqui? 彼は～的に恵まれている Ele não tem complicações econômicos. ～的援助 ajuda (f) material. ♦物質文明 civilização (f) material. 物質欲 ganância (f).

プッシュホン telefone (m) de teclado.

ぶっしょう 物証 prova (f) material.

ふっしょく 払拭 ～する varrer, apagar, dissipar, fazer desaparecer. 疑惑を～する dissipar a suspeita. 不安を～する livrar(-se) da ansiedade.

ぶっしょく 物色 procura (f). ～する procurar.

フッそ 弗素【化】flúor (m).

ぶっそう 物騒 insegurança (f), perigo (m). ～な inseguro/ra, perigoso/sa. あの人は～な男だから気をつけたほうがよい Tome cuidado com ele, que ele parece ser perigoso. このあたりは夜は～だ À noite fica perigoso por aqui. ～な世の中 um mundo conturbado.

ぶつぞう 仏像 estátua (f) do Buda, imagem (f) do Buda.

ぶったい 物体 corpo (m), objeto (m), substância (f).

ぶつだん 仏壇 altar (m) budista (instalado no lar).

ふつつか 不束 ～な desajeitado/da, inexperiente, incompetente, ignorante. ～ながらお引き受けいたしましょう Sou inexperiente, mas aceito fazer o serviço. ♦ふつつか者 um/uma desajeitado/da.

ぶっつけ〔いきなり〕fazer algo sem preparação ou aviso prévio. ～で訪ねる visitar alguém sem avisar. ～本番で歌う cantar sem ensaiar. ～本番で寸劇を演じる improvisar uma pequena peça teatral.

ぶっつづけ ぶっ続け sem parar, sem interrupção, seguido. 12時間～で働いた Trabalhei doze horas ᴸsem parar [seguido]. 先

生は2時間~でしゃべった O/A professor/ra falou duas horas seguidas.

ぶってき 物的 material, físico/ca. ~資源に恵まれる ser favorecido/da por recursos materiais. ♦物的証拠 prova (f) material.

ふってん 沸点 ponto (m) de ebulição.

ふっとう 沸騰 ebulição (f), efervescência (f). ~する entrar em ebulição. ~したらこの野菜を(なべに)入れてください Quando levantar a fervura, ponha essas verduras (na panela). その件について議論が~した A discussão se animou em torno do assunto. ♦沸騰点 ponto (m) de ebulição.

ぶっとおし ぶっ通し ~で sem parar, sem interrupção, ininterruptamente. 一晩じゅう~で小説を読んだ Varei a noite lendo um romance./Passei a noite em claro lendo um romance. 7日間~で働いた Trabalhei sete dias sem parar. 10時間~で眠る dormir dez horas em seguida [direto], ter um sono contínuo de dez horas.

フットサル futebol (m) de salão, futsal (m).

ふっとぶ 吹っ飛ぶ ❶〔吹かれて飛ぶ〕voar, ir pelos ares. 突風で屋根が吹っ飛んだ O vento forte e repentino levou o telhado embora. ❷〔すっかりなくなる〕passar, desvanecer-se. あなたの笑顔で私の心配は吹っ飛んでしまった Com o seu sorriso a minha preocupação foi-se embora.

フットボール 〔サッカー〕futebol (m),〔アメリカンフットボール〕futebol americano.

フットライト luzes (fpl) da ribalta.

ぶっぴん 物品 artigo (m), mercadoria (f), gênero (m), objeto (m). ♦物品税 imposto (m) sobre as mercadorias, imposto indireto.

ぶつぶつ ~言う〔不平を言う〕resmungar, rezingar;〔つぶやく〕murmurar.

ぶつぶつこうかん 物々交換 comércio (m) de troca, barganha (f), escambo (m), alburque (m). ~する negociar mercadorias por barganha ou permuta, escambar, barganhar.

ぶつよく 物欲 ambição (f) de [por] coisas materiais.

ぶつり 物理 física (f). ♦物理学 física. 物理学者 físico/ca. 物理療法 fisioterapia (f). 応用物理学 física aplicada. 理論物理学 física teórica.

ふつりあい 不釣合 discrepância (f), disparidade (f). ~の que não combina, desproporcional, desencontrado/da. …と~である não combinar com …, ser desproporcional a ….

ふで 筆 pincel (m) de caligrafia. 彼は~まめである Ele escreve cartas com muita frequência. 私は~無精なので... É que eu sou preguiçoso/sa para escrever cartas ..../Eu não sou de escrever cartas .... 一~で書く escrever de uma só pincelada.

ふてい 不定 indefinição (f), indeterminação (f). ~の 1) indefinido/da, incerto/ta. 住所~の sem residência fixa. 2)〖数〗indefinido/da. ♦不定方程式 equação (f) indefinida. 不定数 número (m) indefinido. 3)〖文法〗indefinido/da. ♦不定冠詞 artigo (m) indefinido. 不定代名詞 pronome (m) indefinido.

ふてい 不貞 infidelidade (f). ~な infiel. ~な夫 marido (m) infiel. …に対して~を働く ser infiel a …, trair …, 〔妻が夫を裏切る〕〚口語〛chifrar ….

ふていき 不定期 ~の irregular. ♦不定期便 serviço (m) irregular.

ふていし 不定詞 〖文法〗infinitivo (m). 動詞の~ forma (f) infinitiva do verbo. ♦不定詞構文 proposição (f) [frase (f)] infinitiva. 人称不定詞 infinitivo (m) pessoal. 非人称不定詞 infinitivo impessoal.

ブティック butique (f). ~で買ったアクセサリーと服 bijuteria (f) e roupa (f) compradas na butique.

ふでき 不出来 ~な mal feito/ta, mal executado/da. ~な仕事 trabalho (m) mal feito. ~な生徒 aluno/na fraco/ca. 今年の作柄は~だった Este ano a colheita não foi boa. 彼の仕事は出来~が激しい A qualidade do trabalho dele é muito irregular.

ふてきかく 不適格 desqualificação (f). 大工に~な若者 jovem que não dá para marceneiro/ra.

ふてきごう 不適合 incompatibilidade (f). ♦血液型不適合 incompatibilidade sanguínea.

ふてきせつ 不適切 ~な impróprio/pria. 彼女は仕事場に~な服装をしている Ela está vestida de uma maneira imprópria para um local de trabalho. あなたが言ったことはその場に~だった O que você falou foi impróprio para a ocasião. 彼女はいつも~な時間に電話をしてくる Ela sempre liga numa hora imprópria [que não era para estar ligando].

ふてきとう 不適当 ~な inadequado/da, impróprio/pria, inconveniente. あなたの発言はこの場ではあまりに~だ A sua afirmação é inconveniente demais para esta ocasião.

ふてぎわ 不手際 inabilidade (f), falta (f) de jeito [habilidade]. ~な inábil. ~な作品 obra (f) malfeita. ~な操作 manejo (m) inábil.

ふてくされる ふて腐れる ficar mal humorado/da [emburrado/da]. ふてくされた mal humorado/da. ふてくされ mau humor (m).

ふでばこ 筆箱 estojo (m) de lápis. ~に鉛筆と消しゴムを入れる guardar os lápis e a borracha no estojo.

ふてぶてしい atrevido/da, descarado/da, insolente, sem-vergonha. ふてぶてしく descaradamente.

ふてん 付点 〖音〗ponto (m) (de aumento). ◆付点音符 nota (f) com ponto (de aumento). 複付点 dois pontos (mpl) (de aumento).

ふと 〔突然〕de repente;〔偶然〕por acaso, acidentalmente. 我々は～したことから知り合いになったのです Nós nos conhecemos por acaso. ～いい考えが浮かんだ Ocorreu-me uma boa ideia./Agora me deu uma boa ideia. 私は～言ってはいけないことを言ってしまった Acabei dizendo,ᒪpor deslize [sem querer], o que não se deve dizer.

***ふとい 太い** grosso/ssa [ｸﾞﾛｯｿ/ｻ] (em diâmetro). ～足 perna (f) grossa. ～木 árvore (f) de tronco grosso.

ふとう 不当 injustiça (f). ～な 1) injusto/ta, absurdo/da. 2)〖法〗〔不法な〕ilícito/ta, ilegal. ～な利益をむさぼる obter um lucro ilícito. 3)〔ふさわしくない〕indigno/na, desmerecido/da. 彼は工場長に～な扱いを受けた Ele recebeu um tratamento desmerecido do/da chefe da fábrica. ～に injustamente, ilegalmente. ◆不当解雇 demissão (f) ilegal. 不当処分 pena (f) ilegal. 不当労働行為 ato (m) laboral injusto.

ふとう 埠頭 cais (m), desembarcadouro (m).

ぶとう 舞踏 dança (f). ◆舞踏家 dançarino/na, bailarino/na. 舞踏会 baile (m).

ぶどう 葡萄 uva (f). ～の木 parreira (f), videira (f). その～を1房ください Me dá [Dê-me] um cacho dessas uvas. ◆ぶどう酒 vinho (m). ぶどう状球菌 estafilococo (m). ぶどう糖 glicose (f). ぶどう畑 vinha (f), vinhedo (m). 赤ぶどう酒 vinho tinto. 白ぶどう酒 vinho branco.

ふとうこう 不登校 rejeição (f) escolar; falta (f) às aulas. ～の生徒 aluno/na ᒪausente nas aulas [que rejeita comparecer às aulas].

ふとうごう 不等号 〖数〗sinal (m) de desigualdade (>, <, ≧, ≦).

ふどうさん 不動産 bem (m) imóvel. ◆不動産屋 imobiliária (f).

ふとうしき 不等式 〖数〗desigualdade (f), expressão (f) de desigualdade.

ふどうとく 不道徳 imoralidade (f). ～な imoral.

ふどうひょう 浮動票 voto (m) variável.

ふとうへん 不等辺 〖数〗escaleno (m). ◆不等辺三角形 triângulo (m) escaleno. 不等辺四辺形 quadrilátero (m) irregular, trapézio (m).

ふとうめい 不透明 ❶ opacidade (f). ～な opaco/ca. ～なガラス vidro (m) opaco. ❷〔実体がはっきり見えない〕incerteza (f), falta (f) de clareza, obscuridade (f). ～な公金の使い方 modo (m) obscuro [clandestino] de empregar o dinheiro público.

ふとがき 太書き escrita (f) grossa.

ふとくい 不得意 ～な科目 matéria (f) em que se é fraco/ca. 語学は～だ Sou fraco/ca em línguas./O estudo de línguas não é o meu forte.

ふとくてい 不特定 não especificado/da, indeterminado/da. ～多数の人々 maioria (f) indeterminada, massa (f) anônima.

ふところ 懐 ❶ peito (m). 母親の～に抱かれて no seio da mãe. ❷〔持っているお金〕carteira (f), dinheiro (m), finanças (fpl). ～が暖かい (寒い) estar com bastante (pouco) dinheiro, estar bem (mal) economicamente. 公金で～を肥やす apropriar-se do dinheiro público. ¶ ～のーを見すかす ver as intenções de ….

ふとさ 太さ grossura (f) (em diâmetro). パスタは指の～に切ってください Corte ᒪa pasta [o macarrão] de modo que fique com a grossura de um dedo.

ふとじ 太字 ❶〔線の太い字〕letra (f) grossa, escrita (f) grossa. 私は書道で～が得意だ Letras grossas são o meu forte em caligrafia. ❷〔印刷で〕tipo (m) em negrito. 新聞の見出しを強調するために～にした Coloquei as manchetes do jornal em negrito para destacá-las.

ふとっぱら 太っ腹 ～な男の人 homem (m) ᒪgeneroso [de coração grande]; homem corajoso e magnânimo. 彼は～である Ele é generoso./Ele tem coração grande.

ふとまき 太巻き 〖料〗sushi (m) enrolado grosso.

ふともも 太もも coxa (f).

ふとる 太る engordar, ganhar peso, ficar gordo/da. 太った gordo/da. 太りすぎた muito gordo/da, obeso/sa. 太っている人 pessoa (f) gorda. 太りすぎを防ぐために para evitar o excesso de peso, para não engordar demais.

ふとん 布団 ❶〔座布団〕almofada (f). ❷〔布団のセット〕"cama" (f) (japonesa). ～をしまう guardar a "cama" japonesa no armário embutido. …に～をかける cobrir … com edredom. ～を敷く estender os colchonetes, fazer a cama (no chão). ～を畳む dobrar o colchonete e a coberta. ～を干す secar o edredom e o *futon* ao sol. ◆掛け布団 edredom (m), coberta (f) (acolchoada), acolchoado (m). 敷き布団 *futon* (m), colchonete (m). 敷き布団カバー lençol (m) em forma de saco (que cobre inteiramente o colchonete).

ふな 鮒 〖魚〗pimpão-comum (m).

ぶな 橅 〖植〗faia (f).

ふなか 不仲 desavença (f). あの兄弟は～だ Aqueles dois irmãos estão ᒪem desavença [brigados,《口語》de mal].

ふなぞこ 船底 porão (m) do navio.

ふなで 船出 partida (f) do navio.

ふなに 船荷 carga (f) de navio. ◆船荷証券

ふなのり 船乗り marinheiro (m), marujo (m).

ふなびん 船便 via (f) marítima. この荷物を～で送ってください Queria mandar este pacote (por) via marítima.

ふなよい 船酔い 〚医〛naupatia (f), enjoo (m) 〚em viagem por via aquática [de navio], enjoo (m) do mar〛. ～する ficar ⌊marejado/da [com enjoo do mar].

ふなれ 不慣れ inexperiência (f), falta (f) de familiaridade. …に～である ser inexperiente em …, não estar acostumado/da a …, não estar familiarizado/da com …. ～な仕事 trabalho (m) o qual não se está acostumado/da [do qual não se tem a prática necessária]. ～な土地で働く trabalhar numa terra desconhecida.

ぶなん 無難 sem perigo, sem complicações. こうすると～です Se fizer assim, não haverá complicações. 彼は～な選択をした Ele escolheu a opção mais segura.

ふにあい 不似合い ～な inconveniente, que não fica bem. その帽子はあなたには～だ Esse chapéu não fica bem para você./《口語》Esse chapéu não te orna.

ふにゃふにゃ ～な mole; débil, lânguido/da, indolente.

ふにん 赴任 ～する ir ocupar um novo posto de trabalho. 彼はパリに単身～している Ele está trabalhando em Paris sem a família. 彼は大阪に～する Ele vai trabalhar em Osaka. ♦赴任地 nova localidade (f) de trabalho.

ふにん 不妊 〚医〛esterilidade (f). ～症の estéril. …に～手術を施す esterilizar …. ♦不妊手術 esterilização (f). 不妊症 esterilidade.

ふにんか 不認可 desaprovação (f). ～になる ser desaprovado/da, não obter aprovação.

ふにんき 不人気 impopularidade (f). ～な impopular. …の～を招く atrair a antipatia de …, ficar malquisto/ta por …. ～な商品 artigos (mpl) ⌊sem muita saída [com pouca demanda].

ふぬけ 腑抜け ～な palerma, tolo/la, imbecil.

*ふね 船, 舟 〚大型の〛navio (m) 〚ナヴィーオ〛; 〚舟〛barco (m) 〚バールコ〛. ～で de navio. ～に乗る tomar um navio (barco). ～に乗っている estar a bordo de um navio.

ふねん 不燃 ～の incombustível, não inflamável. ♦不燃建築 construção (f) à prova de incêndio. 不燃ごみ lixo (m) não incinerável.

ふのう 不能 ❶〔不可能〕impossibilidade. 貸付が回収～になってしまった Não podemos mais recuperar o empréstimo. ♦再起不能 irrecuperável. ❷〔無能〕incapacidade (f), incompetência (f). ～の incapaz, incompetente. ❸〔インポテンツ〕impotência (f). 彼は～だ Ele é impotente. ♦性的不能者 impotente (m).

ふはい 腐敗 ❶〔腐ること〕apodrecimento (m), decomposição (f), putrefação (f), deterioração (f), デコンポジサォン. ～の度合 grau (m) de decomposição. 遺体の～度合いから彼らは異なった日にちに死んだことがうかがえる O grau de decomposição dos corpos sugere que eles morreram em dias diferentes. ❷〔堕落〕corrupção (f), depravação (f). ～する 1) apodrecer, ficar podre, decompor-se, deteriorar-se. …は～しやすい Isto é fácil de apodrecer. 2) corromper-se, depravar-se. 政治が～している A política está corrupta.

ふはいうんどう 不買運動 boicote (m) comercial.

ふはつ 不発 não explosão (f). ♦不発弾 bala (f) que não disparou.

ふばらい 不払い não-pagamento (m), falta (f) de pagamento. 賃金の～ não-pagamento do salário.

ふび 不備 ❶〔欠陥〕defeito (m), deficiência (f), imperfeição (f). 設備の～ defeito (m) de um equipamento. 公共施設の～を指摘する apontar as imperfeições das instituições públicas. ❷〔不足〕不足 (m), falha (f). この書類には～な点がある Há falhas neste documento. 手続きに～があった Houve irregularidades no processo. ～の defeituoso/sa, deficiente, imperfeito/ta, irregular.

ふひつよう 不必要 desnecessidade (f), inutilidade (f). ～な desnecessário/ria, inútil; 〔余分な〕supérfluo/flua. ～に desnecessariamente, inutilmente. それは～な出費だった Isso [Essa] foi uma despesa desnecessária./Isso foi dinheiro jogado fora. これは当分～だ Não precisamos disto ⌊agora [por enquanto].

ふひょう 不評 〔悪評〕impopularidade (f), má reputação (f); 〔不信〕descrédito (m). ～な impopular, desfavorável. あの映画は～だった Aquele filme foi mal recebido pelo público. この政策は～をかった Esta política foi desacreditada.

ふびょうどう 不平等 desigualdade (f). ～な desigual. ～に desigualmente. 社員たちを～に扱っていませんか O/A senhor/ra não estará tratando os empregados desigualmente? ♦不平等条約 tratado (m) desigual.

ふびん 不憫 compaixão (f), pena (f). ～な pobre, coitado/da. …を～に思う ter dó [compaixão] de ….

ぶひん 部品 peça (f); 〔装飾品〕acessório (m). 一つ～を交換しました Troquei uma peça.

ふぶき 吹雪 nevasca (f), tempestade (f) de neve.

ふふく 不服 ❶〔不満〕descontentamento (f), insatisfação (f). ～そうな顔をする ficar com uma expressão insatisfeita, fazer cara de insatisfeito/ta. ❷〔異議〕queixa (f), objeção (f). …に対して～を唱える expor uma queixa contra …. ～はありません Não tenho queixa./Não faço objeção.

ぶぶん 部分 parte (f). ～的 parcial. ～的に parcialmente, em parte. 大～ a maior parte, a maioria. …の相当な～ uma boa parte de …. 彼女の言っていることは～的にあっている O que ela está falando é em parte verdade. この工場で働いている人の大～は外国人です A maioria dos que trabalham nesta fábrica são estrangeiros.

ふへい 不平 〔不満足〕insatisfação (f); 〔愚痴〕queixa (f), lamento (m). ～を言う queixar-se, lamentar-se; 〔ぶつぶつ言う〕resmungar. 彼らは賃金のことで～を言っている Eles estão se queixando do salário.

ふへん 不変 imutabilidade (f), invariabilidade (f) (= 不変性). ～の imutável, invariável. ◆不変資本〔経〕capital (m) fixo. 不変数〔数〕invariável (f), constante (f).

ふへん 普遍 universalidade (f) (= 普遍性). ～的な universal. ～化する universalizar, generalizar. ◆普遍化 universalização (f), generalização. 普遍概念 os universais.

ふべん 不便 incomodidade (f), inconveniência (f), falta (f) de comodidade, falta de praticidade, dificuldade (f). ～な incômodo/da, inconveniente, difícil; não prático/ca; 〔場所が〕fora de mão. これは持ち運びに～な品物ですから気をつけてください Tome cuidado, que esta é uma mercadoria difícil de transportar. あの町は車がないと～だ Naquela cidade é [fica] difícil se locomover sem carro. 日本に来て何か～な思いをしていますか Está sentindo alguma dificuldade, depois que veio ao Japão?

ふへんかご 不変化語 〔文法〕palavra (f) invariável.

ふべんきょう 不勉強 falta (f) de estudos. ～な que não estudou muito, que não fez muita pesquisa. すみません、私の～でした Desculpe-me, eu é que estava mal-informado/da./Sinto muito, mas foi falta de conhecimento meu.

ふぼ 父母 pai (m) e mãe (f); 〔両親〕pais (mpl).

ふほう 不法 ilegalidade (f), ilegitimidade (f). ～な ilegal. ～な方法 meios (mpl) ilegais. 漁船を～に拿捕(だほ)する prender ilegalmente um barco de pesca. 不法監禁 detenção (f) ilegal. 不法行為 ato (m) ilegal. 不法残留 permanência (f) além do prazo (m) permitido. 不法就労 trabalho (m) ilegal. 不法出国 saída (f) ilegal. 不法所持 posse (f) ilegal. 不法滞在 permanência ilegal. 不法入国 entrada (f) ilegal. 不法輸出 exportação (f) ilegal. 不法領得 estelionato (m).

ふほう 訃報 notícia (f) de falecimento. 彼の～に接して驚いた Fiquei surpreso/sa ao receber a notícia do falecimento dele.

ふほんい 不本意 ～に involuntariamente, sem querer. ～ながら relutantemente, com relutância, contra a vontade. 彼は～ながらその提案を受け入れた Ele aceitou a proposta com relutância. ～にもあなたを傷つけてしまってごめんなさい Quero pedir perdão pelo mal que involuntariamente lhe fiz.

ふまえる 踏まえる basear-se em, levar em conta, considerar. 具体的なデータを踏まえて意見を述べる opinar com base em dados concretos. そうした情勢を踏まえてこの判断をした Decidi desta maneira, ↳tendo em vista esse [com base nesse] estado de coisas. 日本の立場を踏まえてこの問題を解決したい Queremos resolver esta questão ↳levando-se em conta [considerando] a posição do Japão.

ふまじめ 不真面目 falta (f) de seriedade, frivolidade (f). ～な pouco sério/ria; 〔軽薄な〕frívolo/la. 彼は～な態度で仕事をしている Ele trabalha com pouca seriedade. あの生徒は～だ Aquele/la aluno/na ↳não leva a sério 《口語》leva na flauta] os estudos.

ふまん 不満 descontentamento (m), desagrado (m), insatisfação (f); queixa (f). …に対して～がある(ない) ter (não ter) queixas ↳de [quanto a, contra] …, não estar (estar) satisfeito/ta com …. …に対する～をもらす deixar escapar insatisfações [queixas] ↳contra [de, quanto a] …. あなたは今の仕事に～を持っていますか Você tem alguma queixa do trabalho atual? ◆欲求不満 frustração (f); carência (f) (de afeto).

ふまんぞく 不満足 descontentamento (m), insatisfação (f). ～な pouco satisfatório/ria, decepcionante. ～な出来 um resultado insatisfatório [pouco satisfatório].

ふみえ 踏み絵 ❶ gravuras (fpl) santas outrora utilizadas para os japoneses pisarem como prova de que não eram cristãos. ❷ 〔相手の思想などを調べる手段〕provação (f).

ふみきり 踏切 passagem (f) de nível, cruzamento (m) de rodovia e ferrovia. ～が下りている 〔進行形〕A cancela está se fechando./〔完了形〕A cancela está fechada. ～を渡る atravessar a passagem de nível. ◆踏切遮断機 cancela (f) de passagem de nível. 踏切不停止等違反 infração (f) por não dar a parada na passagem de nível.

ふみきる 踏み切る ❶ 〔跳躍で〕dar [fazer] o arranque. ❷ 〔思い切ってする〕decidir (+不定詞) (+infinitivo), lançar-se (+名詞) 《 +substantivo》. 結婚に～ decidir casar-se. 新製品の生産に～ lançar-se à fabricação de um novo produto. ❸ 〔相撲(すもう)で〕pisar fora do ringue.

ふみこえる　踏み越える ❶ transpor, pular. 垣根を～ pular a cerca. ❷ [境界などを] passar dos limites, exceder-se. 一線を～ passar dos limites.

ふみこむ　踏み込む ❶ [一歩前に出る] 一歩～ dar um passo em frente. ❷ [突然入り込む] pôr os pés em, invadir. 警察がディスコに踏み込んだ A polícia baixou [pintou, chegou] na discoteca. ❸ [物事の奥深くまで立ち入る] aprofundar-se (em). もう一歩踏み込んだ内容が欲しかった Queria um conteúdo um pouco mais profundo. そこまで踏み込まれたくないで Não quero que você se intrometa na minha vida a esse ponto. ❹ [力を入れて踏む] pisar com força. アクセルを～ pisar o acelerador com força.

ふみだい　踏み台 ❶ escadote (m). ❷ [目的達成の手段] trampolim (m). 出世するために人を～にする usar os outros como trampolim para subir na vida.

ふみたおす　踏み倒す não pagar, calotear. 借金を～ não pagar a dívida.

ふみだす　踏み出す dar um passo em frente. 人生の第一歩を～ dar o primeiro grande passo na vida, começar uma nova vida.

ふみつぶす　踏み潰す pisotear, calcar, esmagar com os pés. 彼らは火事から逃げだした人の群れの中で踏みつぶされて死んだ Eles morreram pisoteados no meio da leva de gente que fugia do incêndio.

ふみにじる　踏みにじる ❶ esmagar com os pés, pisotear, calcar. 花を～ esmagar uma flor com os pés. ❷ [無視する] desprezar. 彼女の好意を～ desprezar a boa vontade dela. ❸ [信頼などを] trair, não corresponder a. …の信頼を～ trair a confiança de ….

ふみば　踏み場 lugar onde pôr os pés. 足の～もない Não há nem onde pôr os pés.

ふみはずす　踏み外す ❶ pisar em falso. 私は階段から足を踏みはずした Eu pisei em falso na escada e caí. ❷ [失敗して地位を失う] perder a posição, perder a oportunidade de sucesso. 出世の道を～ perder uma boa oportunidade de vencer na vida. ❸ [正道をはずれた行いをする] sair do caminho justo. 人の道を～ transviar-se, sair do bom caminho.

ふみんしょう　不眠症 〚医〛 insônia (f). ～である sofrer de [ter] insônia.

*__ふむ　踏む__ ❶ [足で] pisar [ピザール]. アクセルを～ pisar o acelerador, carregar no acelerador. …の足を～ pisar no pé de …. ❷ [手続きを] cumprir [クンプリール], seguir [セギール]. 手続きを～ seguir ᴌas formalidades [os trâmites]. ❸ [見積もる] calcular [カウクラール], estimar [エスチマール], avaliar [アヴァリアール]. この工事は1か月でできると踏んでいる Calculo que terminaremos esta obra em um mês. ❹ [詩学] 韻を～ rimar. ❺ [訪れる] ir [イール], pisar. 外国の地を～ pisar o solo estrangeiro, pisar em terra estrangeira. ¶ 地団太を～ bater o pé por teimosia. ステップを～ dar um passo; dançar. どじを～ cometer uma estupidez [besteira]. 場数を～ acumular experiências.

ふむき　不向き ～な impróprio/pria para, inapto/ta a. …に～である não dar para, ser impróprio/pria para. 彼は教職には～だ Ele não ᴌdá [tem talento] para professor.

ふめい　不明 [あいまい] obscuridade (f); [不確実] incerteza (f). ～な obscuro/ra; incerto/ta; [知られていない] desconhecido/da. 原因～の火事 incêndio (m) de causa desconhecida. 国籍～の飛行機 avião (m) de nacionalidade não identificada. 差出人～の手紙 carta (f) anônima. 身元～の遺体 cadáver (m) não identificado. 行方～になる desaparecer. ♦ 行方不明者 desaparecido/da.

ふめいよ　不名誉 desonra (f), vergonha (f). ～な desonroso/sa, vergonhoso/sa. ～なことをする fazer algo vergonhoso, agir vergonhosamente.

ふめいりょう　不明瞭 obscuridade (f), falta (f) de clareza. ～な [意味など] obscuro/ra, pouco claro/ra, confuso/sa; [写真など] pouco nítido/da. ～な発音 pronúncia (f) ᴌmal articulada [inintelígivel]. ～な文 texto (m) obscuro [confuso, difícil de entender]. このコピーは～だ Esta cópia está pouco nítida.

ふめつ　不滅 imortalidade (f). ～の imortal. ～なものにする imortalizar, perpetuar, eternizar.

ふもう　不毛 infertilidade (f). ～の árido/da, estéril, infértil. ～の議論 discussão (f) ᴌestéril [inútil, que não dá em nada]. ～の土地 terra (f) árida [estéril, infértil].

ふもと　麓 sopé (m). 山の～に no sopé da montanha.

ふもん　部門 setor (m), segmento (m), seção (f). ♦ 貸付部門 setor de empréstimos.

ふやかす ❶ pôr de molho, amolecer com a umidade. パンをミルクの中で～ amolecer o pão dentro do leite, pôr o pão de molho no leite. ❷ [大きくする] fazer crescer com a umidade.

ふやける ❶ [水にひたってふくれる] amolecer com a umidade; crescer [inchar-se] com a umidade. ふやけた豆 feijão (m) demolhado. 風呂の中で手がふやけてしまった Minha mão ficou inchada (rugosa) no banho de imersão. ❷ [精神的にだらける] ficar ᴌlânguido/da [sem forças, sem energia], relaxar.

ふやす　増やす aumentar, ampliar, acrescentar. きょうの夕食は40人分に増やしてください Aumente o jantar de hoje para quarenta pessoas. 収入を～ aumentar [engordar] a receita. 管理設備を63%～ aumentar o equipamento de controle em 63% [sessenta e três por cento]. ⇨ 増える.

*__ふゆ　冬__ inverno (m) [インヴェールノ]. ～の hiber-

nal, de inverno. 〜に no inverno. 暖かい(きびしい)〜 inverno ameno (rigoroso). 〜を越す passar o inverno.
ぶゆ 蚋 [虫]borrachudo(*m*).
ふゆう 富裕 riqueza(*f*). 〜な rico/ca, abastado/da. 〜層をねらった産業 atividades(*fpl*) industriais voltadas para a classe rica.
ふゆう 浮遊 flutuação(*f*). 〜性の flutuante. 〜する flutuar, boiar.
ふゆかい 不愉快 〜な desagradável;〔退屈な〕enfadonho/nha;《俗》chato/ta. 〜なことを言う dizer coisas desagradáveis. …を〜にさせる contrariar, aborrecer. 彼は私には〜だ Ele não me agrada./Ele me é irritante. 課長の話はいつも自慢話で〜だ A conversa do/da chefe (de seção) é chata porque ele só conta vantagens.
ふゆじたく 冬支度 preparativos(*mpl*) para o inverno. 〜をする preparar-se para o inverno.
ふゆふく 冬服 roupa(*f*) de inverno.
ふゆやすみ 冬休み férias(*fpl*) de inverno.
ふよ 付与 atribuição(*f*), qualificação(*f*). 〜する atribuir, dar. …に権限を〜する atribuir [conferir] um poder a …. …に年金を〜する gratificar … com uma pensão.
ぶよ 蚋 [虫]borrachudo(*m*).
ふよう 不用 inutilidade(*f*), desnecessidade(*f*). これらの書類はもう〜ですので処分してください Jogue fora essa papelada ∟inútil [que já não serve mais]. 〜な desnecessário/ria, inútil, supérfluo/flua. 〜になった機械 máquinas(*fpl*) em desuso. ◆不用品 coisas(*fpl*) supérfluas [desnecessárias], objetos(*mpl*) ∟sem serventia [sem uso].
ふよう 扶養 ❶ criação(*f*), sustento(*m*). 〜する criar, sustentar. ❷〔法〕alimentação(*f*) (de dependentes). 〜料の請求訴訟 ação(*f*) de alimentos. 〜家族は何人ですか Quantos dependentes na família? ◆扶養家族 familiares(*mpl*) dependentes. 扶養家族手当 auxílio-família(*m*), salário-família(*m*). 扶養料 pensão(*f*) alimentícia.
ふよう 不溶 〜な insolúvel. ◆不溶性 insolubilidade(*f*).
ぶよう 舞踊 dança(*f*), bailado(*m*). ◆日本舞踊 bailado estilo japonês (em geral, do cabúqui).
ふようい 不用意 ❶〔軽率〕imprudência(*f*). 〜な発言をする fazer uma declaração imprudente. ❷〔不注意〕descuido(*m*), falta(*f*) de atenção. ❸〔先見のなさ〕imprevidência(*f*). 〜に sem refletir [《口語》sem querer], por descuido, imprudentemente. 〜に…を口に出してしまう acabar falando [deixar escapar] … por descuido.
ぶようじん 不用心 insegurança, falta(*f*) de precaução. 〜な inseguro/ra, sem precaução, indefeso/sa. 夜窓を閉めないとはあまりに〜だ Não fechar a janela à noite é ∟perigoso demais [muita falta de precaução].
ふようど 腐葉土 húmus(*m*).
ぶよぶよ mole, flácido/da. やせてももが〜になってしまった Eu emagreci e estou com as coxas flácidas. 腐って〜になったミカン mexerica(*f*) que ficou mole por apodrecer.
ブラーク [歯科]placa(*f*) bacteriana.
フライ ❶[料]fritura(*f*) à milanesa. これを〜にしましょう Vamos fritar isto à milanesa. ◆エビフライ camarão(*m*) à milanesa. ❷[野球]bola(*f*) aérea, bola rebatida para o ar.
ブライス preço(*m*).
フライト voo(*m*). ◆フライトレコーダー registro(*m*) de voo.
ブライド orgulho(*m*), amor(*m*) próprio; dignidade(*f*), sentido(*m*) de honra. 私は日本文化に対して〜を持っている Tenho orgulho da cultura japonesa. そんなことを するのは〜が許さない O meu sentido de honra não permite que eu faça uma coisa dessas.
ブライバシー privacidade(*f*), vida(*f*) particular sem interferência de opiniões alheias. 〜の権利 direito(*m*) de não ser incomodado por opiniões alheias na sua vida particular. …の〜を侵害する violar [invadir] a ∟privacidade [vida privada] de …. …の〜を尊重する respeitar a intimidade [privacidade] de …. 私の〜を守りたい Eu quero defender a minha privacidade.
フライパン frigideira(*f*).
ブライベート 〜な privado/da, pessoal. 彼女は〜な用事で出かけた Ela saiu devido a um compromisso pessoal. ◆プライベートタイム tempo(*m*) para assuntos pessoais.
ブラインド persiana(*f*). その〜を下ろしま [婉曲命令]Vamos abaixar essa persiana?/〔自分が申し出る場合〕Quer que eu abaixe essa persiana? この〜を上げてください Levante esta persiana, por favor.
ブラウス blusa(*f*).
ブラウンうんどう ブラウン運動 [理]movimento(*m*) browniano.
ブラウンかん ブラウン管 tubo(*m*) de raios catódicos de TV.
プラカード cartaz(*m*).
プラグ ❶[電]tomada(*f*), plugue(*m*). ❷[点火プラグ]vela(*f*) de ignição.
ぶらさがる ぶら下がる ❶ pendurar-se, ficar suspenso/sa [pendente]. つり革に〜 pendurar-se [segurar] na alça (de um veículo). 鉄棒にぶら下がっている ficar (estar) suspenso/sa [dependurado/da] na barra de ferro. ❷〔もっぱら他の人の力に頼る〕depender [ser dependente] de. 親にぶら下がって生きています Eu ∟estou vivendo às custas [dependo economicamente] dos meus pais.
ぶらさげる ぶら下げる ❶ pendurar. コートを壁に〜 pendurar o casaco na parede. 彼は

鳥かごを木の枝にぶら下げた Pendurou a gaiola ⌊a um [em um] galho de árvore. シャツをこのハンガーにぶら下げてください Pendure a camisa neste cabide. ❷〔手に下げて運ぶ〕levar [trazer] (na mão). 彼はワインの瓶をぶら下げてパーティーに来た Ele veio à festa com uma garrafa de vinho na mão.

ブラシ escova (f). 靴に〜をかけたいのですが Gostaria de passar uma escova no sapato.

ブラシーボ 〚医〛〔偽薬〕placebo (m). ♦ ブラシーボ効果 efeito (m) (causado por um) placebo.

ブラジャー sutiã (m). 〜をしている estar com sutiã. 〜をはずす tirar [ficar sem] o sutiã, livrar-se do sutiã.

ブラジル o Brasil. 〜の do Brasil, brasileiro/ra. ♦ ブラジル人 brasileiro/ra (o povo).

プラス ❶ 〚数〛mais, positivo (m). 2~2は4 Dois mais dois são quatro. 〜マイナスゼロだった 〚数〛Mais e menos deu zero; 《比》Deu no/na mesmo/ma. 〜の positivo/va. 〜になる tornar-se [ser] positivo/va. 将来的に〜になる Isso será positivo para você no futuro. ♦ プラス記号 sinal (m) de mais. ❷〚経〛superávit (m), azul (m). 〜に転じる sair do vermelho. 海外旅行の取扱額は2年ぶりに〜に転じた A soma das viagens ao exterior ⌊teve um superávit [saiu do vermelho] pela primeira vez em dois anos. 大統領は今年の貿易収支が1億ドル〜になると推測している O presidente estima que a balança comercial vai ter um superávit de cem milhões de dólares este ano. ❸〚電〛polo (m) positivo.

プラスアルファ adicional (m); quantia (f) de dinheiro adicional. 〜の手当 ajuda (f) (financeira) adicional.

フラスコ frasco (m), balão (m) de vidro. 首長で球形の〜 matraz (m). ♦ 丸底フラスコ frasco (m) de fundo abaulado.

プラスチック plástico (m). 〜の plástico/ca. 〜加工する plastificar. ♦ プラスチック製品 artigo (m) de plástico.

フラストレーション 〚心〛frustração (f). 〜がたまる ficar ⌊frustrado/da [com carência, carente].

ブラスバンド banda (f), orquestra (f) de instrumentos de metal, charanga (f).

プラズマ ❶〚生〛plasma (m) (do sangue e linfa). ❷〚理〛plasma. ♦ プラズマテレビ televisão (f) ⌊de plasma [slim], televisão tela plana.

プラタナス 〚植〛plátano (m).

プラチナ platina (f).

ふらつく ❶〔よろよろ歩く〕cambalear, andar sem firmeza. ❷〔心などが〕ficar indeciso/sa, hesitar, vacilar. ❸〔ぶらぶら歩く〕perambular, caminhar sem rumo. 銀座を〜 passear em Ginza.

ぶらつく dar uma volta em, passear por. 町を〜 dar uma volta pela [na] cidade, passear pela cidade.

ブラック ❶〚黒〛preto (m). ❷〔黒い〕preto/ta, negro/gra. ❸〔黒人〕negro/gra. ❹〔砂糖やクリームを入れないコーヒー〕café (m) puro. ♦ ブラックボックス caixa (f) preta, registrador (m) de dados de voo. ブラックホール 〚天〛buraco (m) negro. ブラックユーモア humor (m) negro.

ブラックリスト lista (f) negra. …を〜に載せる colocar … na lista negra.

フラッシュ ❶〚写〛flash (m), lâmpada (f) para instantâneos 《em fotografia》. 〜をたく acender o flash. ❷〚映・テレビ〛flash. ❸〔フラッシュニュース〕flash, notícia (f) breve [resumida].

フラッシュバック ❶〚映・テレビ〛flashback (m), retrospecto (m), registro (m) de fato anterior ao do curso da narrativa. ❷〚医〛〔LSDなど麻薬の禁断症状の一種〕flashback (m). ❸〚心〛〔患者が嫌な経験を繰り返し思い出すこと〕flashback.

フラット 〚音〛bemol (m). ♦ ダブルフラット dobrado bemol.

ぶらっと ⇨ぶらりと.

プラットホーム plataforma (f). 〜の黄色い線の内側でお待ちください Aguarde o trem antes da faixa amarela da plataforma.

プラナリア 〚動〛planária (f).

プラネタリウム planetário (m).

ふらふら 〜する cambalear; estar tonto/ta. 私は頭が〜する Eu estou com tontura [vertigem]. 酔っ払って足が〜する Eu estou com as pernas bambas porque estou embriagado/da.

ぶらぶら à-toa, sem objetivo fixo. 何もやることがないので〜と日を過ごしています Estou passando os dias à-toa, porque não tenho nada que fazer.

フラボノイド flavonoide (m).

フラミンゴ 〚鳥〛flamingo (m).

プラム 〚植〛ameixa (f).

プラモデル maqueta (f) plástica. 〜を作る fazer maqueta plástica.

ぶらりと ao acaso, à toa, sem objetivo [destino] fixo, à vontade. 東京の下町を〜歩く passear pela cidade baixa de Tóquio sem objetivo [destino].

ふられる 振られる ser rejeitado/da [recusado/da]. パウロは真理子にふられた Paulo foi rejeitado pela Mariko./《口語》Paulo levou o fora da Mariko.

ふらん 腐乱 decomposição (f), putrefação (f). 〜する decompor-se, apodrecer. ♦ 腐乱死体 cadáver (m) em decomposição.

プラン ❶〔計画〕plano (m), planejamento (m), projeto (m). 旅行の〜を立てる fazer um planejamento para a viagem, planejar

ふらんき 孵卵器 incubadora (f).

フランク ～な franco/ca. ～な人 pessoa (f) franca. ～に francamente. どうぞ～に言ってください Pode falar [Fale] francamente.

ブランク 〔空白〕lacuna (f), espaço (m) vazio. キャリアに～を作らないほうがいい É melhor não parar no meio da carreira.

プランクトン plâncton (m).

フランクフルト *frankfurt* (m). ♦フランクフルトソーセージ salsicha (f) *frankfurt*.

ぶらんこ balanço (m). ～で遊ぶ(に乗る) brincar em balanço, balançar.

フランス a França (f). ～の da França, francês/cesa. ♦フランス語 francês (m) (a língua). フランス人 francês/cesa (o povo).

フランチャイザー franqueador/ra.

フランチャイジー franqueado/da.

フランチャイズ franquia (f). ♦フランチャイズシステム sistema (m) de franquia.

ブランデー conhaque (m), brande (m).

ブランド grife (f). ～の時計 relógio (m) de grife. ♦ブランド商品 produtos (mpl) de marca [grife].

プラント fábrica (f), equipamento (m) industrial completo. ♦プラント輸出 exportação (f) de equipamento industrial completo.

ふり 不利 desvantagem (f). ～な desvantajoso/sa, desfavorável. ～な立場に立つ ficar [estar] numa posição desvantajosa [desfavorável]. その条件は私にとって～です Essa condição ⌊é desvantajosa [não é vantajosa] para mim.

ふり 振り ❶〔様子〕fingimento (m), afetação (f). …の～をする fingir que …, 《口語》fazer de conta que …, 《口語》fazer que …. 病気の～をする fingir que está doente. 課長は彼の失敗を見て見ない～をしてくれた O/A chefe (de seção) fez que não viu a falha dele. 彼は彼女を見ない～をした Ele fingiu que não a viu. 嫌味を言われても聞いていない～をしている Mesmo que me digam ironias, ⌊finjo [faço de conta] que não ouvi. 彼女は私が海に出るとき泣いていない～をしてくれる Ela faz que não chora quando saio para o mar. ❷〔舞踊の〕coreografia (f).

ぶり 鰤 〔魚〕olhete (m) 《peixe》.

-ぶり -振り 輸出は5年～に黒字で締めを迎える予定である A exportação vai fechar em alta pela primeira vez em cinco anos. 今回の成功は10年～だった Este sucesso foi ⌊a primeira vez em [inédito há] dez anos. 円は1年～に(相場が)上がった O iene subiu, depois de um ano de baixa cotação. 消費は2年～に伸びた O consumo subiu [esquentou] depois de dois anos de declínio. ドイツは今200年～のひどい洪水に見舞われている A Alemanha sofre a pior enchente em duzentos anos. 彼は26年～に家族のもとに帰る Ele volta ao seio da família depois de vinte e seis anos (de ausência).

フリー ～な livre, independente. ～である ser independente, ser livre. ～な時間がある ter tempo livre. ～で働く trabalhar como *free-lancer*, ser profissional autônomo/ma. ♦フリーキック saque (m) livre. フリースタイル estilo (m) livre de natação. フリースロー 『バスケット』lançamento (m) livre.

フリーク 〔熱狂者〕maníaco/ca. ♦買い物フリーク louco/ca por compras. ジャズフリーク louco/ca por *jazz*.

フリーザー congelador (m).

フリーズ ❶〔凍ること、凍らせること〕congelamento (m). ❷ 〖コンピュ〗travamento (m). ～する 1)〔凍る〕congelar(-se). 2) 〖コンピュ〗travar. コンピューターが～した O computador travou.

フリーター trabalhador/ra horista (pessoa (f) que não está contratada formalmente em uma empresa e vive de "bicos", geralmente de meio-período, em lojas, restaurantes etc).

フリーダイヤル discagem (f) direta gratuita.

プリーツ prega (f). スカートの～ pregas da saia. スカートに～を付ける preguear uma saia. ♦プリーツスカート saia (f) ⌊pregueada [com pregas].

フリーパス passagem (f) gratuita (para veículos); bilhete (m) de entrada gratuita. …で～である poder passar livremente em ….

フリーハンド mãos (fpl) livres. ～で a mão livre.

ブリーフ 〔服〕cueca (f).

フリーペーパー jornal (m) gratuito (de bairro, com informações sobre compras, eventos locais etc).

フリーラジカル 〔化〕radicais (mpl) livres.

フリーランサー *freelancer*.

フリーランス *freelance* (m).

ふりえき 不利益 desvantagem (f), prejuízo (m). ～な desvantajoso/sa. ～を被る levar prejuízo, levar desvantagem.

ふりかえ 振り替え ❶ transferência (f), mudança (f). ♦振り替え休日 feriado (m) que, caindo num domingo, é transferido para o seguinte dia útil. ❷ 〖経〗transferência bancária ou postal. そのお金は郵便～でお送りします Vou enviar esse dinheiro por vale postal. ♦振り替え用紙 boleto (m) de pagamento, lâmina (f) de pagamento. 銀行(口座)振り替え débito (m) automático em conta bancária.

ふりかえし ふり返し recaída (f), volta (f).

ふりかえす ふり返す recair, reincidir, voltar. 風邪がぶり返した Tive uma recaída de gripe. 猛暑がぶり返した Voltou o calor intenso.

ふりかえる 振り替える transferir, converter, trocar. 普通預金を全額定期預金に振り替えてください Transfira a soma de depósito à or-

ふりかえる 振り返る　voltar-se para, virar-se para; refletir sobre.　彼は呼ばれて振り返ったEle se virou [voltou] para mim ao ser chamado.　自分のしたことを振り返って反省しなさいReflita sobre o que você fez (e procure não repetir).

ふりかざす 振りかざす　brandir, erguer.　刀を～ brandir a espada.

ブリキ　folha-de-flandres (f), lata (f).　～のおもちゃ brinquedo (m) de lata. ♦ブリキ缶 lata (f) de folha-de-flandres.

ふりきる 振り切る　❶〔振り放す〕sacudir, libertar-se de.　❷〔断わる〕recusar, rejeitar, repelir.　私は親の反対を振り切ってブラジルへ行った Fui ao Brasil mesmo contra a vontade dos pais.

ふりこ 振り子　pêndulo (m).

ふりこう 不履行　descumprimento (m), o não cumprimento (m), falta (f). ♦契約不履行 quebra (f) do contrato.　債務不履行 inadimplência (f).

ふりこみ 振り込み　〖経〗transferência (f). ♦銀行振り込み額 valor (m) de transferência bancária.

ふりこむ 振り込む　〖経〗transferir.　10万円をあなたの口座に振り込んでおきました Transfericem mil ienes para a sua conta.

ふりしぼる 振り絞る　fazer algo com muito esforço.　声を～ gritar com toda a força.　あるだけの力を～ esforçar-se o máximo.

プリズム　prisma (f).

ふりそそぐ 降り注ぐ　cair, banhar.　日光が水面に降り注いでいる A luz do sol banha as águas.　～非難の声 chuva (f) de críticas.

ふりだし 振り出し　❶〔出発点〕ponto (m) de partida.　交渉は～に戻ってしまった As negociações acabaram voltando ao ponto de partida.　❷〔経〕〔手形小切手の発行〕emissão (f) (de um cheque).　振り出し局 entidade (f) emissora.　振り出し人〔約束手形の〕emissor/ra.

ふりつけ 振り付け　〖劇〗coreografia (f). ♦振り付け師 coreógrafo/fa.

ぶりっこ ぶりっ子　a que quer ser "a boa menina".

ブリッジ　❶〔橋〕ponte (f).　❷〔入れ歯のつなぎ〕ponte (f) dentária.　❸〔トランプの〕bridge (m).

ふりはらう 振り払う　❶〔ほこりなどを〕espanar, limpar.　❷ sacudir, livrar-se de, desprender-se de.　…の手を～ desprender-se das mãos de ….　邪念を～ livrar-se dos maus pensamentos.

プリペイドカード　cartão (m) pré-pago.

ふりまく 振り撒く　espalhar profusamente.　笑顔を～ espalhar sorriso por toda a parte.

ふりまわす 振り回す　❶〔剣などを〕brandir.　棒を～ brandir um pau.　❷〔自慢して示す〕exibir.　知識を～ exibir os conhecimentos.　❸〔乱用する〕abusar.　権限を～ abusar da autoridade.　❹〔人を翻弄(ﾎﾝﾛｳ)する〕manobrar.　しっかりしないと彼女に振り回されてしまうよ Seja mais firme nas decisões, senão acabará ∟sendo manobrado por ela [vivendo em função dela].　彼はいつも店長に振り回されていた Ele era sempre um joguete das inconstâncias do/da gerente.

ふりみだす 振り乱す　desgrenhar, desalinhar.　髪を～した女 mulher com os cabelos desalinhados.　髪を～して com os cabelos desgrenhados.

ふりむく 振り向く　virar a cabeça, voltar-se (para).

ふりょ 不慮　～の inesperado/da, imprevisto/ta.　～の事故 acidente (m) inesperado.

ふりょう 不良　～の mau/má; 〔劣等の〕inferior, 〔堕落した〕corrupto/ta; 〔品質が〕defeituoso/sa.　あの人は～だ Ele/Ela é um mau elemento. ♦不良債権 empréstimo (m) irrecuperável.　不良品 artigo (m) defeituoso; material (m) estragado.

ふりょく 浮力　〖理〗força (f) ascencional, flutuabilidade (f).

ぶりょく 武力　poder (m) militar; armas (fpl).　～に訴える apelar para as armas.

フリル　folho (m), babado (m).　～のついたワンピース vestido (m) ∟com babado [enfeitado com folhos].

ふりわける 振り分ける　repartir, dividir, distribuir.　部下にそれぞれ仕事を～ distribuir os trabalhos entre os subordinados.

ふりん 不倫　infidelidade (f) 〔traição (f)〕ao cônjuge.　～する ser infiel ao 〔trair o〕cônjuge, cometer um ato de infidelidade ∟ao cônjuge 〔conjugal〕.

プリン　pudim (m).

プリンス　príncipe (m).

プリンセス　princesa (f).

プリンター　〖ｺﾝﾋﾟ〗impressora (f).

プリント　❶〔刷りもの〕impressão (f).　❷〔模様〕estampa (f).　水玉の～地 tecido (m) com estampa de bolinhas 〔bolas〕.　❸〔複写〕cópia (f).　～する imprimir; copiar.

***ふる** 振る　abanar [ｱﾊﾞﾅｰﾙ]; balançar [ﾊﾞﾗﾝｻｰﾙ]; agitar [ｱｼﾞﾀｰﾙ].　手を～ abanar as mãos.　頭を(左右に)～ balançar a cabeça para os lados.　この薬は瓶をよく振ってからお飲みください Beba este remédio depois de agitar bem a garrafinha.　彼女に振られてしまった Levei um fora da minha namorada.

***ふる** 降る　chover [ｼｮｳﾞｪｰﾙ], nevar [ﾈｳﾞｧｰﾙ], granizar [ｸﾞﾗﾆｻﾞｰﾙ], cair [ｶｲｰﾙ].〖★無主語の動詞〗《sujeito inexistente》雨が～ chover.　雪が～ nevar, cair neve.　ひょうが～ cair granizo, granizar.　雨が降っている〔進行形〕Está chovendo./〔完了形〕Há sinais de que choveu.　ここは冬になると雪が～ Aqui ∟neva [cai neve] no inverno. きょうは午後から雪が〜そうです Dizem que vai ʟnevar [cair neve] hoje, na parte da tarde. 雨が降ったら運動会は中止ですよね Se chover, a recreação esportiva vai ser cancelada, não é? ひどい雨に降られた Peguei uma chuva forte. 降っても照っても faça sol ou chuva, com chuva ou com sol. ⇨雨, 雪.

ふる 古 〜の velho/lha, usado/da. このセーターは姉のお〜です Este suéter foi da minha irmã mais velha. ♦古新聞 jornal (m) velho.

フル 〜に plenamente, completamente, ao máximo. 機械を〜に動かす pôr a máquina em pleno funcionamento. 頭を〜活用させて fazer a cabeça trabalhar ao máximo. この仕事で才能を〜に発揮してください Demonstre todo o seu talento neste trabalho, sim?/《口語》Mostre neste trabalho o que você pode fazer!

ぶる ser pretensioso/sa, afetar. 彼女はインテリぶっている Ela se dá ares de uma intelectual.

*****ふるい** 古い 〔昔の〕velho/lha [ヴェーリョ/リャ], antigo/ga [アンチーゴ/ガ]; 〔もう使っていない〕desusado/da [デズザード/ダ], fora da moda, ultrapassado/da [ウウトラパサード/ダ]; 〔中古の〕de segunda mão. 〜知り合い velho/lha conhecido/da. 〜習慣 velhos costumes (mpl). 頭の〜人 pessoa (f) retrógrada. 古き良き日本の女性 mulher (f) japonesa recatada dos bons tempos. このトマトは〜 Este tomate não está fresco. もうこの機械は古すぎて動きません Esta máquina já é velha demais e por isso não funciona.

ふるい 篩 peneira (f), crivo (m). 〜にかける peneirar, crivar;《比》escolher.

ぶるい 部類 categoria (f), parte (f), tipo (m). 彼は嫌いな〜だ Não gosto daquele tipo.

ふるいおとす 篩い落とす peneirar, deixar passar pelo crivo. 書類選考で志願者を〜 fazer a eliminatória dos candidatos por exame de documentos.

ふるいわけ 篩い分け peneiração (f), crivação (f).

ふるう 篩う ❶〔ふるいで〕peneirar, passar por crivo, crivar. ❷〔選び分ける〕selecionar, escolher.

ふるう 振るう ❶〔武器などで〕brandir. ❷〔行使する〕exercer. 暴力を〜 usar de violência. ❸〔発揮する〕mostrar. 彼はコックとして腕をふるった Ele se empenhou em mostrar ʟo seu talento [as suas aptidões] de cozinheiro. ❹〔繁盛する〕prosperar. 振るわない não andar bem. 商売がふるわない Os negócios ʟnão vão bem [vão mal]. 輸出はあまりふるわなかった As exportações tiveram um mau desempenho. ふるってお祭りにご参加ください Convidamos a participar espontânea e ativamente na festividade religiosa.

ブルー ❶〔青色〕azul (m). 〜の azul. ❷〔憂鬱 (うつ)〕melancolia (f),《口語》baixo astral (m). 気分が〜になっちゃった Fiquei em baixo astral.

ブルーカラー operário/ria de fábrica, trabalhador/ra braçal.

ブルース 〖音〗 blues (m).

フルーツ fruta (f). ♦フルーツケーキ bolo (m) recheado com passas e outras frutas secas. フルーツパーラー salão (m) de chá de frutaria. フルーツポンチ salada (f) de frutas com vinho, ponche (m).

フルート flauta (f). 〜を吹く tocar flauta. ♦フルート奏者 flautista.

ブルーマー 〖服〗peça (f) íntima feminina.

ブルーレイディスク disco (m) blu-ray, BD (m) [ベーデー].

ふるえ 震え tremor (m), calafrio (m). 〜が来ている Estou com [Tenho] um calafrio.

ふるえる 震える tremer. 寒さで〜 tremer de frio. 私はこわくて震えてしまいました Eu acabei tremendo de medo.

ふるかぶ 古株 ❶〔木の〕toro (m) velho. ❷〔古顔〕veterano/na.

ブルガリア Bulgária (f). 〜の búlgaro/ra.

ふるぎ 古着 roupa (f) usada. ♦古着屋 loja (f) de roupas usadas.

ブルキナファソ Burkina Fasso. 〜の burquinense.

ふるくさい 古臭い antiquado/da, retrógrado/da.

フルコース 〔食事〕refeição (f) completa.

ふるさと terra (f) natal. ⇨故郷 (きょう).

ブルジョア burguês/guesa. ♦ブルジョア階級 burguesia (f), classe (f) burguesa.

フルスピード velocidade (f) máxima.

フルタイム período (m) integral. 〜で働く trabalhar em período integral.

ブルドーザー buldôzer (m), escavadora (f) para terraplanagem.

ブルドッグ buldogue (m).

ブルネイ Burnei (m). 〜の burneano/na.

フルネーム nome (m) inteiro.

フルパワー 〜で a todo o vapor. そこではクーラーを〜でつけていた Aí estavam com ʟo ar-refrigerado [o ar-condicionado, o condicionador de ar] funcionando a todo o vapor.

ふるほん 古本 livro (m) usado. ♦古本屋 〔店〕livraria (f) de livros usados, sebo (m); 〔人〕sebista.

ふるまい 振る舞い conduta (f), comportamento (m), atitude (f). 軽率な〜をする agir com levindade, ser leviano/na [precipitado/da]. あなたの〜はひきょうだった Você foi covarde./Você agiu covardemente.

ふるまう 振る舞う comportar-se, portar-se, agir. 行儀よく (悪く) 〜 portar-se bem (mal). 慎重に〜 agir com prudência. 紳士らしく〜 comportar-se como um verdadeiro cavalheiro. ¶…に食事を〜 oferecer uma boa

refeição a ….
ふるめかしい 古めかしい antiquado/da.
ブルンジ Burundi. 〜の burundinense.
ふれあう 触れ合う ❶〔互いに触れる〕tocar-se, roçar-se. 手と手が〜 As mãos se tocam. ❷〔互いに親しくする〕comunicar-se. 広場で住民同士が〜 Os moradores se comunicam na praça.
ぶれい 無礼 falta (f) de respeito; insolência (f), impertinência (f). 〜を働く cometer um ato desrespeitoso, ser insolente [impertinente]. 〜な rude, grosseiro/ra, mal-educado/da. 〜なことを言う ser mal-educado/da [grosseiro/ra] ao falar. 〜にも desrespeitosamente. ◆無礼者 pessoa (f) grosseira [mal-educada].
ぶれいこう 無礼講 festa (f) sem formalidades. 〜で sem formalidades. 今日は〜で行きましょう Hoje vale tudo, *tá*?
プレー 《スポーツ》jogo (m). ファイン〜! Jogada (f) espetacular! 〜する jogar.
プレーオフ jogo (m) de desempate, tira-teima (m).
プレーガイド agência (f) de ingressos.
ブレーキ breque (m), freio (m). …に〜をかける brecar …. ハンド〜を引く puxar o freio de mão. …に急〜をかける frear … de repente. 車に〜をかけた時はすでに遅かった Quando eu brequei o carro já era tarde. 速く〜をかけろ Breque já!/Pise no freio! ◆ハンドブレーキ breque de mão.
ブレークダンサー break-dancer (m).
ブレークダンス break (m).
フレーズ ❶〔成句〕frase (f). ❷〔慣用句〕frase idiomática. ❸〔音〕〔旋律の一区切り〕frase (musical).
プレート ❶〔写真の感光板〕chapa (f) fotográfica. ❷〔金属板〕placa (f), chapa. ◆ナンバープレート chapa do carro. ピッチャーズプレート placa do arremessador. ホームプレート placa do home.
フレーバー ❶〔風味〕aroma (m). ❷〔調味料〕condimento (m).
プレーボーイ playboy (m), homem (m) devotado à busca de prazer.
フレーム ❶ quadro (m), moldura (f), armação (f). 眼鏡の〜 armação dos óculos. ❷〔自動車の〕chassi (m);〔自転車の車体の骨組み〕quadro (de bicicleta). ❸〔映画の1コマ〕uma cena.
ブレーン ❶〔脳〕cérebro (m). ❷〔知的指導者〕consultor/ra. 彼は内閣の〜だ Ele é o consultor do ministério.
フレキシブル 〜な flexível, 《口語》que tem jogo de cintura. うちの店長は大変〜な考え方をする人だ O/A nosso/ssa gerente tem muito jogo de cintura. 事態に〜に対応する resolver uma situação com flexibilidade.
ブレザー 〔服〕blazer (m) [ブレーイザル], jaqueta (f).
ブレザーコート 〔服〕jaqueta (f).
プレス ❶〔押すこと〕pressionamento (m). 〜する pressionar. ❷〔アイロンで〕〜する passar roupa. ❸〔型押し機〕prensa (f). ❹〔新聞〕imprensa (f).
ブレスレット bracelete (m), pulseira (f).
プレゼンテーション apresentação (f).
プレゼント presente (m). …に〜する presentear …, dar um presente a …. ◆クリスマスプレゼント presente de Natal.
フレックスタイム horário (m) flexível.
プレッシャー pressão (f), tensão (f). チームに掛かっている〜は大きかった Era grande a pressão que envolvia o time. 彼は〜に弱い Ele é vulnerável a pressões./Ele é facilmente afetado por pressões.
フレッシュ 〜な fresco/ca. ◆フレッシュジュース suco (m) de frutas fresco. フレッシュマン funcionário (m) novato, calouro (m).
プレハブ 《建》casa (f) pré-fabricada.
プレパラート preparado (m) químico.
プレミア ⇨プレミアム.
プレミアム ❶ prêmio (m). この券は〜が付いている Este cupom está premiado. ◆プレミアムビール cerveja (f) em geral mais cara que a comum (por conter ingredientes caprichados). ❷《経》ágio (m). ◆プレミアム発行 venda (f) de ações ou títulos com ágio.
プレリュード 〔音〕prelúdio (m).
***ふれる** 触れる ❶〔さわる〕tocar em. 展示品に手を触れないでください〔掲示〕Não toque nas obras expostas [nas amostras]. ❷〔言及する〕tocar em, referir-se a. 彼はその件に触れずに話を終えた Ele acabou com a conversa [terminou de falar] sem tocar no assunto. ❸〔そむく〕ir contra, ferir 〔フェリール〕. それは法に〜行為だ Esse é um ato que vai contra [fere] a lei.
ぶれる ❶〔写真が〕tremer, mexer. ❷〔方針が〕ser indeciso/sa, mudar de ideia [programa].
ふろ 風呂 banho (m)《de imersão, estilo japonês》, ofurô (m). 〜に入る tomar banho. 〜を沸かす esquentar a água do banho. 〜の水をくみましょうか〔婉曲的な命令〕Poderia encher a banheira de água?/〔自発的に申し出る場合〕Quer que eu encha a banheira de água? 体の石けんをよく落としてから〜おけにお入りください Entre na banheira, só depois de enxaguar bem o corpo ensaboado. 〜の水を流さないでください Favor não esvaziar a banheira./Favor não soltar a água da banheira. ◆風呂おけ ofurô (m), banheira (f) de estilo japonês. 風呂場 banheiro (m). 風呂屋 banho público.
プロ profissional.
フロア ❶〔床〕assoalho (m). ❷〔階〕andar (de prédio). 彼の部屋は私と同じ〜だ O apar-

tamento dele fica no mesmo andar que o meu.
ふろうしゃ 浮浪者 o/a sem-teto, morador/ra de rua; vagabundo/da, vadio/dia.
ブロー escova (f). 〜する escovar (o cabelo), pentear. シャンプーと〜をする lavar e pentear (o cabelo).
ブローカー corretor/ra, intermediário/ria, 《口語》atravessador/ra.
ブローチ broche (m). …に〜をつける colocar um broche em ….
ブロードバンド 〚インターネット〛 banda (f) larga.
ふろく 付録 〔新聞, 雑誌などの〕suplemento (m); 〔景品〕brinde (m); 〔辞典などの〕apêndice (m).
ブログ blog (m) [ブロッギ]. 〜を書く escrever no blog. 〜を読む visitar o blog.
プログラマー programador/ra.
プログラミング programação (f). 〜する fazer a programação, programar.
プログラム ❶〔ヨシュジ〕 programa (m). ❷〔ラジオ・テレビ〕programa. ❸〔予定表〕cronograma (m). 〜を決める programar. ◆プログラム学習 aprendizagem (f) programada. プログラム言語 linguagem (f) de programação.
プロジェクター projetor (m).
プロジェクト projeto (m).
ふろしき 風呂敷 pano (m) quadrado usado, em geral, para embrulhar presentes etc.
プロセス 〔過程, 手続き〕processo (m).
プロセスチーズ queijo (m) pasteurizado.
プロダクション ❶ produção (f). ◆下請けプロダクション produção terceirizada. ❷〚映〛local (m) de produção.
ブロック 〔建築用の〕bloco (m); 〔区画〕quadra (f), quarteirão (m); 〚スポーツ〛bloqueio (m). ◆ブロック塀 muro (m) de blocos de cimento.
ブロッコリー 〚植〛brócolis (mpl).
フロッピーディスク 〚コンピュータ〛 disquete (m).
プロテクター protetor (m).
プロテスタント 〔宗派〕protestantismo (m); 〔新教徒〕protestante. 〜の protestante.
プロテスト protesto (m). 〜する protestar. ◆プロテストソング〚音〛música (f) de protesto.
プロデューサー produtor/ra.
プロデュース produção (f). 〜する produzir.
プロバイダー 〚インターネット〛provedor (m).
プロパガンダ propaganda (f) (ideológica).
プロパンガス gás (m) de botijão.
プロフィール ❶〔輪郭〕perfil (m). ❷〔人物紹介〕perfil.
プロフェッショナル profissional. 〜な profissional.
プロペラ hélice (f).
プロポーション 〔体の〕proporção (f) corporal; 〔つりあい〕equilíbrio (m), harmonia (f). 彼女は〜がいい O corpo dela é (bem) proporcionado.

プロポーズ proposta (f) de casamento. …に〜する pedir … em casamento.
ブロマイド fotografia (f) de ídolos (atores ou cantores).
プロやきゅう プロ野球 beisebol (m) profissional.
プロレス luta (f) livre profissional.
プロレタリアート proletariado (m).
プロローグ ❶〔序曲, 序幕〕prólogo (m). ❷〔発端, 物事の始まり〕começo (m), início (m).
ブロンズ bronze (m). ◆ブロンズ像 estátua (f) de bronze.
フロンティア fronteira (f). ◆フロンティア精神 pioneirismo (m).
フロント ❶〔ホテルなどの〕recepção (f) (do hotel). ❷〔正面〕fachada (f), dianteira (f), frente (f). ❸〚スポーツ〛secretaria (f) de clube esportivo profissional.
ブロンド 〜の loiro/ra. 〜の女性 mulher (f) loira.
フロントガラス 〚車〛para-brisa (m).
プロンプター prompter (m).
プロンプト 〚コンピュータ〛 prompt (m).
ふわ 不和 discórdia (f), desavença (f), desarmonia (f), briga (f). 〜の原因 pomo (m) da discórdia. 両国の〜 desavença entre dois países. …と〜である estar de briga com …. …と〜になる ficar ⌞zangado/da [de relações cortadas]⌟ com …. それは家庭の〜の元になるかもしれない Isso pode ser motivo de desavença no lar. 彼女たちの仲は〜だ Elas estão ⌞brigadas [com as relações estremecidas]⌟.
ふわたり 不渡り não pagamento (m). 〜の不渡り 手形 não pago/ga. 手形を〜にする protestar uma letra. ◆不渡り小切手 cheque (m) ⌞sem fundo [《口語》elástico, voador]⌟. 不渡り手形 letra (f) protestada.
ふわふわ ❶〔軽く空中に浮かんでいる様子〕leve e flutuante. 空に雲が〜と漂っている As nuvens pairam, leves, no céu. ❷〔柔らかく気持ちがよさそうな様子〕fofo/fa, macio/cia. 〜した枕 travesseiro (m) fofo [macio]. ❸〔気持ちが浮ついている様子〕leviano/na, avoado/da. 彼は少し〜している Ele é um pouco leviano. 私は今日気持ちが〜している Hoje estou nas nuvens.
ふわりと suavemente, levemente.
ふん 分 〔時間〕minuto (m). 15〜 quinze minutos. 30〜 trinta minutos, meia hora (f). 2時20〜に行きます Vou aí às duas (horas) e vinte (minutos). 3時50〜まで待ちます Espero até às ⌞três (horas) e cinquenta (minutos)⌟ [dez para as quatro).
ふん 糞 excrementos (mpl), fezes (fpl), 《卑》merda (f); 〔動物のみ〕bosta (f). 〜をする defecar, 《卑》cagar.
ぶん 分 ❶〔部分〕parte (f). 2〜の1 meta-

de (f). 3〜の1 um terço (m). 6〜の2 dois sextos (mpl). ❷〔分け前〕parte (f), porção (f), quinhão (m). 彼の〜のメロンを残しておくVou deixar [guardar] a parte do melão que cabe a ele. これは君の〜だ Esta é a sua parte. ❸〔分量〕dose (f), teor (m), proporção (f). この酒はアルコール〜が多い Este saquê tem um alto teor alcoólico. 3人〜の食事を用意する preparar uma refeição para três pessoas. ❹〔身分〕posição (f), condição (f). 〜相応に暮らす viver de acordo com as possibilidades. ❺〔状態〕estado (m), condição (f). この〜では明日は雨だろう Pelo que se vê [jeito], acho que vai chover amanhã.

ぶん　文　〔文法〕frase (f), oração (f);〔一節〕passagem (f)《de um romance etc》. ♦肯定(否定/疑問/感嘆)文 frase afirmativa (negativa/interrogativa/exclamativa). 単(複)文 frase simples (composta).

ぶんい　文意　sentido (m) da frase. 〜を理解する entender o sentido da frase. そう書くと〜が損なわれる Escrevendo assim desta maneira, o sentido da frase acaba sendo prejudicado [sendo outro].

ふんいき　雰囲気　ambiente (m), atmosfera (f). 〜を乱す estragar o ambiente. よい〜を作る criar um ambiente agradável. 我々はいい〜で話していたのに彼が来て壊してしまった Nós estávamos curtindo a conversa, quando ele veio nos atrapalhar./《口語》A gente estava conversando numa boa, mas ele veio estragar.

ふんか　噴火　erupção (f) (vulcânica). 〜する entrar em erupção. 〜している estar em erupção. ♦噴火口 cratera (f). 噴火山 vulcão (m).

ぶんか　分化　ramificação (f), divisão (f). 二極〜が起きている Está havendo uma divisão em duas partes extremas. 〜する ramificar, dividir.

***ぶんか　文化**　cultura (f) [クゥトゥーラ]. 〜的 cultural. 〜の日 Dia (m) da Cultura. ♦文化会館 centro (m) cultural. 文化祭 festa (f) cultural anual realizada nas escolas. 文化財 patrimônio (m) cultural. 文化庁 Secretaria (f) da Cultura, Agência (f) da Cultura. 無形文化財 patrimônio cultural imaterial.

ぶんか　文科　Seção (f) de Letras e Ciências Humanas. 彼は理科系ではなく〜系だ Ele é do ramo de Letras e Ciências Humanas e não de Ciências Exatas.

ぶんかい　分解　decomposição (f) análise (f). 〜する decompor, desmontar. その機械を〜して部品を取り替えるように Desmonte esta máquina e troque as peças [os componentes].

***ぶんがく　文学**　literatura (f) [リテラトゥーラ]. 〜の literário/ria.
‖♦文学界 círculos (mpl) literários. 文学作品 obra (f) literária. 文学史 história (f) da literatura. 文学者 literato/ta, escritor/ra. ノーベル文学賞 Prêmio (m) Nobel de literatura.

ぶんかつ　分割　divisão (f), desmembramento (m). 〜する dividir, desmembrar, partir, repartir. …を〜払いにする pagar … a prazo, pagar … a prestação, parcelar o pagamento de …. 〜払いで買う（売る）comprar (vender) a prestações. あなたは航空券を6回まで〜払いできます Você pode parcelar a sua passagem de avião em até seis vezes.

ふんき　奮起　〜する recobrar o ânimo, animar-se e levantar-se.

ぶんき　分岐　bifurcação (f), ramificação (f). 〜する ramificar-se, bifurcar-se. ♦分岐点 ponto (m) de bifurcação, entroncamento (m).

ふんきゅう　紛糾　complicação (f). 〜する complicar-se.

ぶんきょう　文教　educação (f). ♦文教地区 zona (f) escolar.

ぶんぎょう　分業　divisão (f) de trabalho. 〜で仕事をしてください Dividam o trabalho entre vocês.

ぶんきょく　分極　〔電〕polarização (f). 〜化する polarizar.

ふんぎり　踏ん切り　decisão (f). ブラジルに帰るか日本に住むか〜がつかない Não sei se devo voltar ao Brasil ou se devo morar no Japão.

ぶんげい　文芸　belas artes (fpl); a literatura (f) e as artes. ♦文芸雑誌 revista (f) literária. 文芸批評 crítica (f) literária. 文芸欄 coluna (f) literária e de belas artes (dos jornais).

ぶんけつ　分蘖　separação (f) de caules para transplante de plantas.

ぶんけん　分権　♦地方分権化 descentralização (f) do poder.

ぶんけん　文献　❶〔文書〕documentos (mpl), dados (mpl), referências (fpl). 〜を集める juntar [coletar] documentos. 〜をあさる buscar dados. 〜集め coleta (f) de dados. ♦文献学 bibliologia (f), filologia (f). ❷〔あるテーマに関する書物〕literatura (f). そのテーマに関する〜は豊富だ A literatura sobre esse tema é rica. ❸〔参考資料〕bibliografia (f). ♦文献目録 bibliografia. 参考文献 obras (fpl) de referência, obras consultadas.

ぶんこ　文庫　❶〔書庫〕biblioteca (f). ♦学級文庫 biblioteca da classe (em escolas). ❷〔叢書〕coleção (f), série (f). ♦文庫本 livro (m) de bolso.

ぶんご　文語　❶〔書き言葉〕língua (f) escrita. 〜と口語 língua escrita e falada. ❷〔文学的な言葉〕termo (m) literário; linguagem (f) literária. ♦文語体 estilo (m) literário.

ぶんごう　文豪　grande escritor/ra.

ぶんこうき　分光器　〔理〕espectroscópio (m).

♦プリズム分光器 espectroscópio de prisma.

ふんさい 粉砕 ❶〔粉々にくだける(くだく)こと〕esmigalhamento (m), esmagamento (m), ato (m) ou efeito (m) de esmigalhar. ♦粉砕骨折〖医〗fratura (f) cominutiva. ❷〔完全にやっつけること〕aniquilação (f), extermínio (m). 敵を～する aniquilar [exterminar] o inimigo.

ぶんさい 文才 talento (m) literário. 彼は～がある Ele tem talento para a literatura./Ele escreve bem.

ぶんざい 分際 posição (f) [condição (f)] social, qualidade (f). 学生の～でそんなことは言うべきではない Você não deve falar uma coisa dessas na qualidade de um estudante.

ぶんさつ 分冊 fascículo (m), volume (m) em separado.

ぶんさん 分散 ❶〔四散〕dispersão (f), divisão (f). ～する dispersar-se, dividir-se. ～させる dispersar, dividir. 問題ある生徒を～させる dispersar alunos problemáticos. 人口が地方と都心に～している A população está distribuída [se divide] entre o interior e as cidades. ❷〖理〗〔分光〕dispersão. プリズムによる光線の～ dispersão da luz por um prisma.

ぶんし 分子 ❶〖化〗molécula (f). ～の molecular. ♦分子化合物 composto (m) molecular. 分子構造 estrutura (f) molecular. 分子式 fórmula (f) molecular. ❷〖数〗numerador (m). 分数の～ o numerador da fração.

ぶんし 分枝 ramificação (f) (de uma planta).

ぶんし 分詞 〖文法〗particípio (m). ♦分詞構文 construção (f) participial (gerundiva). 過去分詞 particípio passado. 現在分詞 gerúndio (m).

ぶんしつ 紛失 desaparecimento (m), extravio (m), perda (f), sumiço (m). ～する desaparecer, sumir, extraviar-se, perder-se. 私のかばんが～した A minha mala sumiu./Eu perdi a mala. ♦紛失届 declaração (f) de perda. 紛失物 objeto (m) perdido.

ふんしゃ 噴射 jato (m), esguicho (m). ～する esguichar. ♦噴射機 motor (m) a jato. 噴射推進 propulsão (f) a jato.

ぶんしゅう 文集 antologia (f), coletânea (f) de composições literárias (de um grupo, dos formandos etc).

ぶんしょ 文書 escrito (m), 〔資料〕documento (m), carta (f). その要求を～にして提出してください Apresente esse pedido por escrito, por favor. ♦文書偽造罪 falsificação (f) de documento. 文書登記所 Cartório (m) de Registro de Títulos e Documentos.

ぶんしょう 文章 frase (f); estilo (m); texto (m), composição (f). 彼は～がうまい Ele escreve bem.

ぶんじょう 分譲 loteamento (m). ～する lotear, vender terreno por loteamento. ♦分譲住宅 casa (f) construída em terreno loteado. 分譲地 terreno (m) loteado.

ふんしょく 粉飾 enfeite (m), embelezamento (m). ～する fazer ⌊caixa dois [uma maquiagem de contas].

ふんしん 分針 ponteiro (m) dos minutos.

ふんじん 粉塵 pó (m), poeira (f) (de carvão de pedra, metais etc).

ぶんしん 分身 alter ego (m), um outro eu; 《比》pessoa (f) na qual se pode confiar como em si mesmo.

ふんすい 噴水 repuxo (m), fonte (f), chafariz (m), jato (m) d'água. ～が出ている Está jorrando água do repuxo./O repuxo está funcionando.

ぶんすう 分数 〖数〗fração (f). ～は分母と分子から構成される Uma fração é formada de denominador e numerador.

ふんする 扮する ❶ fantasiar-se, vestir-se com fantasia. サンタクロースに～ fantasiar-se de Papai Noel. ❷〖劇〗representar, fazer o papel de. ドンファンに～ fazer o papel de Dom João.

ふんせき 噴石 〖地質〗coprólito (m).

ぶんせき 分析 ❶〖化〗análise (f). ～する analisar. 化合物を～する fazer a análise de um composto. ♦定性分析 análise qualitativa. 定量分析 análise quantitativa. ❷ análise. ～する analisar os dados. ～的思考 pensamento (m) analítico. 状況を～する analisar uma situação. ♦精神分析 psicanálise (f).

ぶんせつ 分節 articulação (f).

ぶんせつ 文節 〖文法〗cláusula (f) de frase, componente (m) estrutural de uma frase japonesa.

ふんそう 扮装 〔仮装〕fantasia (f); 〔メーキャップ〕maquiagem (f).

ふんそう 紛争 conflito (m), disputa (f), revolta (f). …と～を起こす entrar em conflito com …. 両国間に～が起きた Houve um conflito entre os dois países. ～に巻き込まれる ser [ver-se] envolvido/da em conflito. ～に巻き込まれてしまった Fui envolvido/da num conflito. ♦国際紛争 conflito internacional. 大学紛争 movimento (m) estudantil.

ふんぞりかえる ふん反り返る empertigar-se. 椅子(子)にふん反り返って座る ficar [sentar-se] empertigado/da na cadeira.

ぶんたい 文体 estilo (m) literário. ♦文体論 estilística (f).

ぶんたん 分担 divisão (f) de trabalho, parte (f) num trabalho, repartição (f). ～する dividir, repartir. 赤ちゃんの世話は夫婦で～する Os cuidados com o bebê são divididos entre o casal. 私の～は何ですか Qual é a minha parte neste trabalho? 費用は各自～しましょうね Vamos dividir [〖口語〗rachar] as despesas, sim?/Cada um paga o seu, está bem? ◆分担金 cota (f).

ぶんだん 文壇 mundo (m) das letras, meios (mpl) literários. 〜に出る começar a [iniciar-se na] carreira literária.

ぶんちょう 文鳥 〚鳥〛calafate (m).

ぶんちん 文鎮 peso (m)《para segurar objetos leves》.

ぶんつう 文通 correspondência (f). …と〜する corresponder-se com ….

ふんとう 奮闘 esforço (m), empenho (m);〔戦い〕luta (f). 〜する esforçar-se, empenhar-se; lutar. 彼女が〜してくれたからすべてがうまくいきました Tudo deu certo graças aos esforços dela.

ふんどう 分銅 peso (m), contrapeso (m). ◆分銅秤(ばかり) balança (f) de contrapeso.

ぶんどき 分度器 transferidor (m).

ふんどし 褌 〚服〛cueca (f) antiga japonesa.

ふんにゅう 粉乳 leite (m) em pó. ◆脱脂粉乳 leite (m) em pó desnatado.

ふんにょう 糞尿 urina (f) e fezes (fpl). ◆糞尿処理 limpeza (f) da urina e das fezes.

ぶんぱ 分派 〔政党などの〕facção (f);〔宗教などの〕seita (f); ramificação (f).

ぶんぱい 分配 distribuição (f), repartição (f). 〜する distribuir, repartir. 公平な〜 distribuição igualitária [justa]. 不公平な〜 distribuição desigual [injusta]. 利益を株主同士で〜する dividir o lucro entre os sócios. 〜し直す redistribuir. ◆分配金 dividendo (m).

ふんぱつ 奮発 〜する 1) oferecer algo corajosa e generosamente, ser pródigo/ga. 私は〜して 2 万円のネクタイを恋人に買った Eu fui tão generosa comprando uma gravata de vinte mil ienes para o meu namorado. 2)〔自分のために〕permitir-se o luxo de. 〜してタクシーに乗る dar-se o luxo de tomar um táxi.

ふんばり 踏ん張り força (f), resistência (f); perseverança (f). 彼は〜がきく Ele é muito perseverante [esforçado]. もうひと〜する esforçar-se só mais um pouco.

ふんばる 踏ん張る ❶ 足を〜 fincar os pés no chão com as pernas abertas e com força, sustentar-se solidamente de pé. ❷〔気力を出す〕aguentar firme, perseverar, resistir.

ぶんぴ 分泌 ⇨分泌(ぶんぴつ).

ぶんぴつ 分泌 secreção (f). 〜する segregar, liberar. 笑うと脳からエンドルフィンを〜する O riso faz com que o cérebro produza [libere] a endorfina. ◆分泌液 secreção. 分泌腺 glândula (f) secretora. 分泌物 secreção, substância (f) segregada.

ぶんぷ 分布 distribuição (f). …に〜している estar espalhado/da por …. 動物(植物)の地理的〜 distribuição geográfica dos animais (das plantas). この種の動物は南米に〜している Esta espécie de animal ocorre em várias partes da América do Sul. ◆分布曲線 curva (f) de distribuição. 分布図 quadro (m) distributivo. 人口分布図 mapa (m) demográfico.

ふんべつ 分別 〔判断力〕juízo (m);〔良識〕bom senso (m);〔理性〕razão (f). 〜のある ajuizado/da, razoável, prudente. 彼はまだ若いが〜がありますね Ele ainda é jovem, mas é bem ajuizado, não?/Ele ainda é jovem, mas tem a cabeça no lugar [tem pés no chão], não?

ぶんべつ 分別 classificação (f), separação (f). ごみの〜収集をする fazer a coleta seletiva do lixo. 〜する separar, classificar. ◆分別法 sistema (m) fracionado.

ぶんべん 分娩 parto (m). ◆分娩室 sala (f) de parto. 普通分娩 parto normal.

ぶんぼ 分母 〚数〛denominador (m). 分数の〜 o denominador da fração. 〜を払う cortar o denominador.

ぶんぽう 文法 gramática (f). 〜(上)の gramatical. 〜的に gramaticalmente. 〜的に正しい文 frase (f) gramaticalmente correta. 〜的に正しくない文 frase (f) ιagramatical [gramaticalmente incorreta]. ◆ポルトガル語文法 gramática portuguesa.

ぶんぼうぐ 文房具 artigos (mpl) de escritório. ◆文房具屋 papelaria (f).

▶おもな文房具
- **鉛筆** lápis [ラッピス] (m)
- **シャープペンシル** lapiseira [ラピゼィラ] (f)
- **消しゴム** borracha [ボハッシャ] (f)
- **ボールペン** caneta esferográfica [カネッタ エスフェログラッフィカ] (f)
- **万年筆** caneta-tinteiro [カネッタ チンテイロ] (f)
- **インク** tinta [チンタ] (f)
- **ノート** caderno [カデールノ] (m)
- **スケッチブック** caderno de esboço [カデールノ デ エズボッソ] (m)
- **便箋**(びん) papel para cartas [パペーウ パラ カールタス] (m)
- **封筒** envelope [エンヴェロッピ] (m)
- **糊**(のり) cola [コーラ] (f)
- **接着剤** cola [コーラ] (f)
- **セロテープ** fita adesiva [フィッタ アデズィーヴァ] (f)
- **ホチキス** grampeador [グランピアドール] (m)
- **クリップ** clipe [クリッピ] (m)
- **はさみ** tesoura [テゾーラ] (f)
- **カッター** cortador [コルタドール] (m)

ふんまつ 粉末 pó (m). 〜の em pó.

ぶんみゃく 分脈 ramificação (f) (de uma raiz etc).

ぶんみゃく 文脈 contexto (m). 〜をたどる seguir o contexto para entender o fio do argumento.

ぶんみん 文民 cidadão/dã comum, não mili-

ふんむき 噴霧器 vaporizador (*m*), borrifador (*m*).

ぶんめい 文明 civilização (*f*). ～化する civilizar. ♦文明国 país (*m*) civilizado. 文明社会 sociedade (*f*) civilizada.

ぶんめん 文面 teor (*m*) [conteúdo (*m*)] de um texto; termos (*mpl*) de um escrito. 手紙の～から察すると segundo o que se depreende da leitura da carta. 条文は次のような～である Os termos do artigo são como seguem.

ぶんや 分野 〔学問の〕área (*f*) campo (*m*); 〔仕事の〕ramo (*m*), setor (*m*). …の～で活躍している atuante [que atua] no ramo de …. 我が社は電子工学の～が特に優れています O forte da nossa companhia é o setor de engenharia eletrônica./A nossa companhia se destaca no setor de engenharia eletrônica. これは私の専門～だ(ではない) Esta é (não é) a minha área de concentração.

ぶんよ 分与 distribuição (*f*), divisão (*f*). 財産を～する dividir a herança entre os herdeiros. ♦財産分与〔法〕distribuição da herança.

ぶんらく 文楽 teatro (*m*) tradicional de marionetes.

ぶんり 分離 separação (*f*), desunião (*f*), dissociação (*f*). ～する separar(-se), desunir(-se), dissociar(-se). AをBから～してください Separe A de B, por favor. 油と水は～する O óleo se separa da água. 二つの問題を～して考える pensar sobre as duas questões separadamente. ～できる separável, dissociável. ～できない inseparável. ♦分離課税 tributação (*f*) separada. 政教分離 separação entre religião e Estado.

ぶんりつ 分立 separação (*f*), independência (*f*). ～する separar-se. ♦三権分立 separação dos três poderes 《legislativo, administrativo e judiciário》.

ぶんりゅう 分流 ❶ ramificação (*f*) da corrente. ❷〔電〕derivação (*f*). ♦分流器 aparelho (*m*) de derivação.

ぶんりょう 分量 quantidade (*f*); 〔体積〕volume (*m*); 〔薬などの〕dose (*f*). ～が減る(増える) diminuir (aumentar) ∟em quantidade [quantitativamente]. …の～を減らす(増やす) diminuir (aumentar) a quantidade [dose] de ….

ぶんるい 分類 classificação (*f*); divisão (*f*) em grupos [categorias]. ～する classificar, dividir em grupos [categorias]. この書類はどのように～すればよろしいですか Como devo classificar essa papelada? このミカンを大きさ別に～してください Separe estas mexericas em grupos de tamanhos iguais.

ぶんれい 文例 ❶〔辞典などの〕exemplo (*m*) de frase (em dicionários). ～を挙げる dar um exemplo. ❷〔手紙などの〕manual (*m*) epistolar, modelo (*m*) de carta, relatório etc.

ぶんれつ 分裂 separação (*f*), desagregação (*f*), divisão (*f*); 〔核などの〕cisão (*f*); 〔会などの〕cisma (*m*). ～する separar-se, desagregar-se, dividir-se. ～させる separar, dividir, desunir. 二つのグループに～する dividir-se em dois grupos. ¶ 帝国の～ desmembramento (*m*) do Império. ♦核分裂 cisão (*f*) [fissão (*f*)] nuclear.

へ

へ 屁 flatulência (f), gases (mpl),《口語》peido (m), pum (m). ～をひる soltar gases, peidar, soltar [dar] um peido. ¶ 彼はそんなことは～とも思わない Ele acha que isso não vale nada./Ele não dá a mínima para isso.

*-へ ❶ [...に向かって] a [ア] ..., para [パラ] ..., em direção a ..., até [アテー] .... 来週は会社～行きます A semana que vem vou à companhia. 東～進む avançar [marchar] para o leste. 公園のほう～歩いていくと駅に出ます Vá andando em direção ao parque, que você sai na estação. あした私はブラジル～立ちます Amanhã eu vou partir para o Brasil. ❷ [...の上へ] sobre [ソーブリ] ..., a .... このお皿を棚～上げてください Ponha estes pratos sobre a prateleira. 舞台～上がる subir ao palco. ❸ [...の中へ] em [エン] .... ポケット～手を入れる pôr as mãos no bolso. ❹ [相手, 対象] para ..., a .... 祖国～の愛 amor à pátria. それは警察～の取材でわかったことだ Isso se soube através de pesquisas feitas junto à polícia.

ヘ 〖音〗fá (m). ◆ヘ長調 fá maior. ヘ短調 fá menor. ヘ音記号 clave (f) de fá.

ヘア ❶ cabelo (m). ◆ヘアカット corte (m) de cabelo. ヘアクリーム creme (m) de cabelo. ヘアスタイル estilo (m) do) penteado (m). ヘアトニック tônico (m) para os cabelos. ヘアドライヤー secador (m) de cabelos. ヘアピン grampo (m) de cabelo. ヘアブラシ escova (f) de cabelo. ❷ [アンダーヘア] pelo (m) pubiano. ～解禁版の映画 filme (m) sem censura a pelos pubianos.

ペア par (m). ～になる formar um par. 二人は～のシャツを着ている Os dois vestem camisas iguais. ～でハワイにご招待します O convite para o Havaí será válido para duas pessoas. ◆ペアスケーティング patinação (f) em par [duplas].

ベアリング rolamento (m).

へい 塀 [ブロック塀] muro (m); [生け垣, 棒などの] cerca (f), sebe (f). ～が崩れた O muro desabou.

へいあんじだい 平安時代 Era (f) Heian (794～1192).

へいえき 兵役 serviço (m) militar. ～に服する prestar serviço (militar), servir no exército (na marinha, na aeronáutica). ～を終える terminar o serviço militar. ～を免除される ser dispensado/da do serviço militar. 彼らは～の義務がある Eles são obrigados a prestar o serviço militar. ◆兵役免除 dispensa (f) do serviço militar.

へいか 陛下 [三人称的] Sua Majestade (f); [二人称的] Vossa Majestade. ◆天皇陛下 Sua [Vossa] Majestade o Imperador. 皇后陛下 Sua [Vossa] Majestade a Imperatriz.

へいかい 閉会 encerramento (m) de reunião ou sessão. ～する encerrar reunião ou sessão. ～のあいさつ discurso (m) de encerramento (de reunião ou sessão). ◆閉会式 cerimônia (f) de encerramento (de reunião ou sessão).

へいがい 弊害 mal (m), abuso (m); [悪影響] efeito (m) negativo. たばこの～ efeito prejudicial do fumo.

へいかん 閉館 fechamento (m) de um edifício. ～する fechar. 本日～《掲示》Fechado (m). 日曜日～《掲示》Fechado aos domingos. 美術館は4時に～する O museu de arte fecha às quatro horas. ～閉館時間 fim (m) de expediente, hora (f) de fechar.

*へいき 平気 ～である não se importar (com, de). 課長が何と言おうと私は～だ O/A chefe (de seção) pode dizer o que ele/ela quiser, que eu não me importo. 私は雪の中で働くは～だ Eu não me importo de trabalhar na neve. 彼は～でそんなことを言ったのですか Ele disse isso sem mais nem menos?

へいき 兵器 arma (f). ◆兵器競争 corrida (f) armamentista. 兵器産業 indústria (f) de armamentos. 化学兵器 armas químicas. 核兵器 armas (f) nucleares. 生物兵器 armas biológicas. 大量破壊兵器 armas (fpl) de destruição em massa.

*へいきん 平均 média (f) [メーヂア]; [均衡] equilíbrio (m) [エキリーブリオ]. ～を保つ(失う) manter (perder) o equilíbrio. ～する tirar a média. ～で em média, na média. ～以上(以下)の acima (abaixo) da média. ～時速80キロで走る correr a uma velocidade média de oitenta quilômetros a hora. ～すると この商品は1日どのくらい売れていますか Qual é a venda média diária deste artigo? 私は1日～8時間働いている Eu estou trabalhando em média oito horas por dia. ～点を出す tirar a média. ◆平均寿命 expectativa (f) de vida. 平均台 barra-fixa (f). 平均値 cifra (f) média. 平均点 média (das notas).

へいけい 閉経 〖医〗menopausa (f). ～する entrar na menopausa. ◆閉経時期 período (m) [fase (f)] da menopausa.

へいこう 平行 〖数〗paralelismo (m), estado (m) de duas linhas ou de dois planos

へいこう　平行　paralelos. 〜の paralelo/la. …と〜する ser paralelo/la a …. AB線はDF線に〜している A reta AB é paralela à reta DF. 線路に〜している道を行ってください Vá pelo caminho paralelo ao trilho. ¶ 二人の考えは〜線のままに終わった O pensamento dos dois terminou desencontrado. ♦平行線 linha (f) paralela. 平行四辺形 paralelogramo (m).

へいこう　平衡　equilíbrio (m). 〜を保つ manter o equilíbrio. 〜を失う perder o equilíbrio. ♦平衡感覚 sentido (m) de equilíbrio.

へいごう　併合　fusão (f), anexação (f). 〜する fundir, anexar. 二つの企業の〜 fusão de duas empresas. 東ティモールはインドネシアに〜されたことがある Houve época em que o Timor Leste esteve anexado à Indonésia.

へいこく　米国　os Estados Unidos da América. 〜の dos Estados Unidos da América, americano/na. ⇨アメリカ.

へいさ　閉鎖　fechamento (m), encerramento (m), suspensão (f) de atividades. 保育園の〜 fechamento da creche. 〜する fechar, encerrar, acabar com. あの工場には〜された Aquela fábrica foi fechada. 〜的 fechado/da. 〜的な社会 uma sociedade fechada.

へいし　兵士　soldado (m), militar, combatente. 〜になる ser [tornar-se] soldado [militar].

へいじつ　平日　dia (m) de semana, dia útil; dia normal. 〜には em dias ⌊de semana [úteis]. 〜どおり(に) como sempre, normalmente.

へいしゃ　弊社　nossa [minha] empresa (f) (expressão de humildade).

へいしゅう　米州　América (f), continente (m) americano. ♦米州自由貿易協定 Área (f) de Livre Comércio das Américas (ALCA (f)). ⇨アメリカ.

へいじょう　平常　estado (m) normal, o de sempre, o normal. 〜の habitual, costumeiro/ra, normal, ordinário/ria. 〜の生活に戻る voltar à vida de sempre. 〜に戻る voltar ao normal, normalizar-se. 〜どおり normalmente, como de costume, habitualmente. 〜どおりの de sempre, normal. 8時現在各線とも〜どおりの運転となっています No presente momento, às 8 horas, todas as ferrovias estão funcionando normalmente. あすは祭日ですが我が社は〜どおりの勤務です Amanhã é feriado, mas a nossa companhia ⌊terá um expediente normal [funcionará normalmente].

へいせい　平静　calma (f), tranquilidade (f), quietude (f), serenidade (f). 〜な tranquilo/la, sereno/na. 〜な気分 calma (f) fria, estado (m) de paz. 〜を保つ manter ⌊a serenidade [a calma]. 〜を失う perder ⌊a serenidade [a cabeça]. 〜を取り戻す recobrar a tranquilidade. 〜を装う fingir-se calmo/ma.

へいせい　平成　Era (f) Heisei (de 1989 até os dias de hoje).

へいそく　閉塞　obstrução (f), bloqueio (m). ♦腸閉塞〚医〛obstrução intestinal.

へいたい　兵隊　soldado (m), militar; recruta, tropas (fpl). 〜になる alistar-se, entrar no exército (na marinha, na aeronáutica), tornar-se soldado. 彼は息子を〜に取られた Seu filho foi convocado (pelo exército). 〜ごっこをする brincar de soldado. 〜上がり ex-soldado (m).

へいてん　閉店　〜する fechar (a loja). このスーパーは午後7時に〜です Este supermercado fecha às sete horas da noite. 本日は《掲示》Fechado por Hoje.

へいねつ　平熱　temperatura (f) normal.

へいべい　平米　〚数〛metro (m) quadrado.

へいほう　平方　〚数〛quadrado/da. 1〜メートルあたり o metro (m) quadrado. 3〜メートル três metros quadrados. ♦平方根 raiz (f) quadrada.

へいぼん　平凡　〜な comum, pacato/ta. 〜な人 pessoa (f) comum. 〜な生活 vida (f) pacata.

へいまく　閉幕　fechamento (m) da cortina do palco; fim (m) da representação teatral.

へいみん　平民　o povo, o comum do povo; plebeu/beia; 〔軽蔑的〕gente (f) do povo.

へいめん　平面　〚数〛plano (m). 三角ABCはアルファ〜に含まれている O triângulo ABC pertence ao plano alfa. ♦平面図 mapa (m).

へいや　平野　planície (f).

へいよう　併用　uso (m) [emprego (m)] simultâneo. AとBを〜する usar [empregar] A e B ⌊ao mesmo tempo [simultaneamente]. 4種類の薬を〜している Estou tomando quatro remédios ao mesmo tempo.

へいりょく　兵力　poder (m) [força (f)] militar. 〜を増強する reforçar a armada.

へいれつ　並列　colocação (f) ⌊lado a lado [em paralelo]. 〜につなぐ colocar [ligar] em paralelo. ♦並列回路 circuito (m) em paralelo.

*へいわ　平和　paz (f) [パース]. 〜を保つ manter a paz. …と〜条約を結ぶ concluir um tratado de paz com …. 国家間の〜共存 coexistência pacífica entre países. 原子力の〜利用 utilização (f) pacífica da energia nuclear. …を〜的手段で解決する resolver … ⌊por meios pacíficos [pacificamente]. 〜に暮らす viver ⌊em paz [tranquilamente]. ♦平和主義 pacifismo (m). 平和主義者 pacifista. 平和条約 Tratado (m) de Paz. 国連平和維持部隊 Força (f) de Paz da ONU. 世界平和 paz mundial.

ベーカリー　padaria (f).

ベーキングパウダー　fermento (m) em pó.

ベーコン　toucinho (m) defumado. ♦ベーコ

エッグ bacon (m) com ovo estrelado.

ページ página (f). それは5～にあります Isso está na página cinco. あの報告書は100～もありました Aquele relatório tinha (nada menos que) cem páginas.

ベーシック ～な básico/ca, fundamental.

ベージュ bege (m). ～のコート casaco (m) bege.

ベース ❶〔土台, 基礎〕base (f), fundamento (m). ❷〔野球〕〔塁〕base. ⇨ 塁(㊤). ❸〔基地〕base (militar). ❹〔薬〕〔主成分〕base. ❺〔電〕base, região (f) de base.

ベース〔歩調〕passo (m);〔進み具合〕andamento (m). 仕事の～を乱す atrapalhar o andamento do trabalho. もっと仕事の～を上げてください Agilize o ritmo do trabalho./Seja mais rápido/da no trabalho.

ペースト ❶ pasta (f), patê (m). ～状の pastoso/sa, de consistência pastosa. ♦チキンペースト patê de galinha. ❷ ～する〔ユンピ〕colar. コピーアンド～する copiar e colar.

ベースボール beisebol (m).

ペースメーカー〔医〕marca-passo (m).

ベーターせん ベーター線 〔理〕raios (mpl) beta.

ペーハー〔化〕potencial (m) de hidrogênio, pH (m). ♦ ペーハーメーター medidor (m) de pH.

ペーパー papel (m).
♦ペーパータオル toalha (f) de papel. ペーパーテスト exame (m) escrito. ペーパードライバー motorista com carteira que nunca guiou. ペーパーナイフ corta-papel (m), espátula (f). ペーパーバック brochura (f).

ベール véu (m). 花嫁の～ véu de noiva. ～で顔を隠す cobrir o rosto com véu, velar o rosto.

べき 冪〔数〕potência (f). ♦冪級数 série (f) de potências.

-べき《partícula auxiliar que se coloca após os verbos e indica obrigatoriedade ou expectativa》(a+不定詞)(a+infinitivo); (dever+不定詞)(dever+infinitivo). 私にはまだまだ学ぶ～事がたくさんあります Eu ainda tenho muita coisa a aprender. 私は何をす～でしょうか O que eu devo fazer? あなたは課長にそのことを言う～ではなかった Você não devia ter dito isso ao/à chefe (de seção). あなたはブラジルに行く～だと思います Acho que você deve ir ao Brasil. そのような植え方では出る～芽も出ない Plantando desse jeito, nem mesmo o broto que era para brotar vai brotar. 持つ～ものは息子ですよ Nada como ter filhos! 私はそれを行う～人です Eu sou a pessoa apropriada para fazer isso. 私は店長がそれを行う～だと思います Acho que é o/a gerente quem deve fazer isso.

へきが 壁画 mural (m), pintura (f) mural, afresco (m), fresco (m).

ヘクタール hectare (m).

ヘクトパスカル hectopascal (m). 台風の中心気圧は935～です No centro do tufão a pressão atmosférica é de novecentos e trinta e cinco hectopascals.

ベクトル vetor (m), vector (m). ～の向き direção (f) vectorial.

ペケ sinal (m) ˪de cruz [de errado]. その案は～ Esse plano foi cancelado.

ヘゲモニー〔主導権〕hegemonia (f). …の～を握る hegemonizar …, exercer [ter] hegemonia sobre …

ベゴニア〔植〕begônia (f).

ペコペコ ❶〔卑屈に頭を何度も下げる〕～する ser servil. ～頭を下げる fazer reverência, reverenciar. 彼は上役に～している Ele está sempre bajulando seus superiores. ❷〔ひどく空腹な〕腹が～だ Estou ˪faminto/ta [com muita fome]./《口語》Estou morrendo de fome.

へこます ❶〔くぼませる〕afundar, abaixar, achatar. 帽子を～ achatar o chapéu. トラックに車のドアが～まされた O caminhão achatou a porta do carro. ❷〔屈服させる〕abater, rebaixar, humilhar, fazer calar,《口語》abaixar a crista de.

へこみ depressão (f), concavidade (f), cavidade (f), buraco (m), cova (f). 車体の～ achatamento (m) do chassi.

へこむ ❶〔くぼむ〕achatar-se, ficar achatado/da, afundar-se, abaixar. へこんだ côncavo/va. 地面がへこんだ O solo abaixou./Abriu-se um buraco na terra. ❷〔屈服する〕render-se, ficar abatido/da, ceder,《口語》abaixar a crista. 彼女はなかなかへこまない人だ Ela é uma pessoa que ˪não cede [não fica abatida] facilmente. へこんだ顔 cara (f) abatida.

ペシミスト pessimista.

ペシミズム pessimismo (m).

ベスト ❶〔最善〕o/a melhor. ～を尽くす dar o melhor de si, (procurar) fazer o melhor possível, esforçar-se ao máximo. 私は～を尽くします Vou dar o melhor de mim mesmo/ma./Farei o melhor possível./Vou me esforçar ao máximo. ～コンディションで働く trabalhar nas melhores condições físicas e mentais possíveis. ♦ベストテン os dez melhores. ❷〔チョッキ〕colete (m).

ペスト〔医〕peste (f).

ベストセラー best seller (m), os mais vendidos.

へそ umbigo (m). ～の緒 cordão (m) umbilical.

へそくり dinheiro (m) economizado escondido da família,《口語》pé-de-meia (m) (oculto). ～をする fazer economias secretas,《口語》fazer um pé-de-meia, economizar dinheiro ˪em segredo [escondido].

*へた 下手 ～な inábil [ｲﾅｰﾋﾞｳ], desajeitado/

da [デジェイタード/ダ], ruim [フィーノ]. 彼は話が〜です Ele é desajeitado para falar./Ele não tem jeito para falar. 〜なポルトガル語を話す falar um mau português. 〜な言い訳をする dar uma desculpa esfarrapada. 時間を〜に使う empregar mal o tempo, não saber usar bem o tempo. 字が〜である ter letra feia. ¶ 彼は〜な学者よりそのことをよく知っている Ele conhece o assunto até mais que um acadêmico qualquer. 〜すると命がない Se não tomar cuidado, existe até o risco de perder a vida.

へた 蔕 〚植〛cálice(m). イチゴの〜 cálice do morango.

へだたり 隔たり ❶〚見解などの〛distância (f). 結婚から2年後夫婦の間に気持ちの〜ができた Dois anos após o casamento, marido e mulher se distanciaram (emocionalmente). 両者の意見には大きな〜がある Existe uma grande diferença entre as opiniões dos dois. ❷〚差異〛diferença(f). 二人の年齢には〜がある Existe uma diferença de idade de entre os dois. ❸〚距離〛intervalo(m). 2キロの〜 um intervalo de dois quilômetros.

へだたる 隔たる 〚距離的に〛distanciar-se, afastar-se; 〚意見などが〛diferir, diferenciar-se; 〚年月が経つ〛passar, decorrer, transcorrer, escoar-se. 彼らの意見はあまりにも隔たっている As opiniões deles diferem demais.

べたつく ser [ficar] pegajoso/sa, ser [ficar] viscoso/sa. べたついている estar pegajoso/sa [viscoso/sa], estar grudando.

へだてる 隔てる ❶ distanciar, separar, afastar. パラナ川はブラジルとパラグアイを隔てている O Rio Paraná separa o Brasil do Paraguai. 山脈を隔てて二つの村がある Há dois povoados separados por uma cordilheira. 20メートルを隔てて a vinte metros de distância, a intervalos de vinte metros, a cada vinte metros. ❷〚長い年月がたつ〛passar, decorrer. 20年を隔てて再会する encontrar-se ⌊depois de vinte anos [vinte anos depois].

べたべた 〜した pegajoso/sa. 〜する 1)〚べとつく〛ser pegajoso/sa, grudar. 汗でブラウスが〜している A blusa está grudando no corpo por causa do suor. 2)〚男女が〛flertar, namoricar. ¶ 冷蔵庫にシールを〜貼る colar adesivos por toda a porta da geladeira. ファンデーションを〜塗る pintar-se demasiadamente com creme base.

ペダル pedal(m). 〜を踏む pisar no pedal. 自転車の〜を踏む pedalar a bicicleta.

へちま 糸瓜 〚植〛bucha(f). 〜のたわし esponja(f) de bucha.

ぺちゃんこ 〜な achatado/da, espatifado/da. 〜にする esmagar, achatar.

ペチュニア 〚植〛petúnia(f).

***べつ 別** ❶〚相違〛〜の diferente [ヂフェレンチ], diverso/sa [ヂヴェールソ/サ], outro/tra [オートロ/ラ]. 〜の言葉で言うと em outras palavras. それなら問題は〜だ Se é assim, o problema já é outro. 〜の人を出してください Quero falar com uma outra pessoa. これは私には小さいから〜のをください Me dê [Dê-me] um outro, pois este está pequeno para mim. いつかまた〜の日においでください Venha outra vez, num outro dia. ❷〚区別〛distinção(f) [ヂスチンサォン], separação(f) [セパラサォン]. 職業ごとにリストを作る fazer uma lista classificada por profissões. 年齢, 男女の〜なく sem distinção de idade ou sexo. ❸〚除外〛exceção(f) [エセサォン], exclusão(f) [エスクルザォン]. …は〜として … à parte, salvo, com exceção de …, fora …. 感情的な問題は〜として... sem se levar em conta os problemas sentimentais …. 彼は〜として他の同僚とはうまくいっていますか Você tem amizade com outros colegas, fora ele? 費用は〜としてその仕事は日にちが掛かるでしょう Despesas à parte [Fora as despesas], acho que esse serviço leva muitos dias para ser feito.

べっかく 別格 categoria(f) à parte.

べっかん 別館 anexo(m) 《de hotel ou loja de departamentos》.

べつかんじょう 別勘定 outra conta(f), conta à parte.

べっきょ 別居 separação(f); 〚法〛separação de corpos. 〜する morar [viver] separado/da. 親子が〜する morar [morarem] separadamente pais e filhos. 夫婦が〜する morar [morarem] separadamente marido e mulher. あの夫婦は〜している Aquele casal vive separado. 彼は親と〜して働きたいと言っている Ele está dizendo que quer morar separado dos pais e trabalhar. ♦別居訴訟 ação(f) de separação. 法的別居 separação judicial.

べっこう 別項 cláusula(f) anexa. 〜記載のとおり como vem na cláusula anexa.

べっこう 鼈甲 carapaça(f) de tartaruga. 〜のペンダント pingente(m) de tartaruga. ♦鼈甲細工 trabalho(m) em tartaruga.

べっさつ 別冊 volume(m) separado, suplemento(m).

ペッサリー 〚医〛diafragma(m) contraceptivo.

べっし 別紙 papel(m) anexo, folha(f) ⌊anexa [em anexo]. 〜記載のとおり conforme escrito no papel anexo, como está na folha em anexo.

べっし 蔑視 desprezo(m). …を〜する desprezar ….

ヘッジファンド 〚経〛*hedge fund*(m).

べつじょう 別状 命に〜はない não correr perigo de vida, estar fora de perigo.

べつじん 別人 uma outra pessoa(f), uma pessoa transformada. お化粧をしたら彼女は〜になった Ela ficou uma outra pessoa com

a maquiagem. 彼女は親しくない人の前では～のようにふるまう Ela se comporta como uma outra pessoa [Ela fica diferente] diante de pessoas não-íntimas.

べっそう 別荘 〔山の〕casa (f) de campo; 〔海岸の〕casa (f) de praia.

ヘッディング ⇨ヘディング.

ベッド cama (f). ツインの～ルームの使用を希望します Quero ficar num quarto com duas camas.
♦ベッドカバー colcha (f). ベッドタウン cidade-dormitório (f). シングルベッド cama de solteiro. ダブルベッド cama de casal. 2段ベッド beliche (m), cama-beliche (f).

ペット animal (m) doméstico, bicho (m) de estimação.

ペットボトル garrafa (f) PET, garrafa de plástico.

ヘッドホン audiofone (m), fone (m) de ouvido, 《ポ》auriculares (mpl).

ヘッドライト farol (m) 《de carro》. ～をつけたほうがいいです É melhor acender o farol.

べつに 別に em particular, em especial. あすは～することがない Amanhã não tenho nada a fazer em particular. 基本料金とは～重量による料金を請求します Além da tarifa básica, temos que cobrar uma taxa adicional referente ao peso da mercadoria. ～かまいません Eu não me importo.

べつぴょう 別表 lista (f) anexa. ～を参照のこと Ver lista anexa.

べつびん 別便 remessa (f) separada. ～で本を送る enviar o livro em separado, remeter o livro numa outra remessa separadamente.

べつべつ 別々 ～の separado/da. ～にする separar, deixar … separado/da. 彼らは～の家に住んでいる Eles moram em casas separadas.

べつめい 別名 alcunha (f), outro nome (m), pseudônimo (m).

へつらい adulação (f), lisonja (f), bajulação (f), 《俗》badalação (f).

へつらう adular, lisonjear, bajular; 《俗》badalar. 彼は課長にへつらって出世しようとしている Ele está querendo subir de posição, badalando o/a chefe (de seção).

ペディキュア pedicure (m).

ヘディング 〔サッカー〕cabeçada (f), cabeceada (f). ～する cabecear. ～の得意な選手 cabeceador/ra. ロベルトはゴールキーパーを見てゴールの角に～をした Roberto viu o goleiro e cabeceou *pro* [no] canto do gol [ângulo].

ベテラン 〔熟達者〕experto (m), perito/ta; 〔経験者〕experiente, veterano/na; 〔専門家〕especialista. 彼はこの道45年の～です Ele é um especialista com quarenta e cinco anos de carreira na profissão.

ヘテロセクシャル heterosexual.

ぺてん engano (m), vigarismo (m), vigarice (f), conto (m) do vigário. …を～にかける fazer … cair na cilada, enganar. ♦ぺてん師 vigarista.

ベトナム Vietnã (m). ～の vietnamita.

へどろ águas (fpl) residuais [residuárias]; vasa (f), lodo (m), lama (f). 工場の～ águas residuais de fábrica. ♦へどろ公害 poluição (f) causada pela vasa.

ペナルティー ❶ multa (f), 〖法〗fiança (f). ❷〔サッカー〕pênalti (m). ～を課す marcar um pênalti. ♦ペナルティーエリア grande área (f). ペナルティーキック (PK) pênalti. ペナルティーマーク ponto (m) de pênalti.

ベナン Benin. ～の beninense.

べに 紅 ❶〔紅色〕vermelho (m). ～の vermelho/lha. ❷〔リップスティック〕batom (m); 〔ほお紅〕ruge (m). 口～をつける passar batom. ほお～をさす passar ruge.

べにざけ 紅鮭 〖魚〗salmão (m) vermelho.

べにしょうが 紅生姜 〖料〗gengibre (m) em salmoura e corante.

ペニシリン 〖薬〗penicilina (f). ♦ペニシリン注射 injeção (f) de penicilina.

ペニス 〖解〗pênis (m).

べにばな 紅花 açafrão bastardo (m).

べにます 紅鱒 〖魚〗truta (f) vermelha.

ベニヤいた ベニヤ板 madeira (f) compensada.

ベネズエラ Venezuela (f). ～の venezuelano/na.

ペパーミント hortelã-pimenta (f).

へび 蛇 〖動〗cobra (f). ♦毒蛇 cobra venenosa.

ヘビー ❶〔重い〕pesado/da. ♦ヘビー級〔スポーツ〕peso-pesado (m). ❷〔はげしい〕forte. ♦ヘビースモーカー tabagista, fumante crônico/ca. ❸〔努力〕esforço (m). ♦ラストヘビー esforço final.

ベビー bebê (m), nenê (m).
♦ベビーカー carrinho (m) de bebê. ベビーシッター *babysitter*. ベビーフード comida (f) de bebê. ベビーブーム explosão (f) da natalidade, nascimento (m) de grande quantidade de bebês numa dada época. ベビーベッド berço (m).

ペプシン 〖生化学〗pepsina (f).

ヘボンしき ヘボン式 um dos métodos de escrita em letras romanas [romanização] do japonês

ヘモグロビン 〖生〗hemoglobina (f).

*へや 部屋 〔作業部屋〕sala (f) [サーラ], gabinete (m) (de estudos), escritório (m) [エスクリトーリオ]; 〔寝室〕quarto (m) [クァールト]. ここは息子の～です Este é o quarto (gabinete) do meu filho.

へらす 減らす diminuir, reduzir, cortar. 予算を半分に～ reduzir o orçamento pela metade. 体重を～ diminuir de peso, emagrecer.

人数を～ diminuir o número de pessoas. 生活費を減らさなくては... Precisamos cortar as despesas da vida diária .... ¶ 腹を～ ficar com fome.

ぺらぺら ❶〔止まることなく〕～しゃべる falar sem reservar, tagarelar, papear, bater papo. ❷〔流暢に〕fluentemente. 彼は日本語が～だ Ele fala japonês fluentemente. ❸〔薄い〕～の fino/na e frágil. ～した布 tecido (m) fino. ❹ ～とページをめくる folhear rapidamente.

ベラルーシ Belarus (f). ～の bielo-russo/ssa.

ベランダ varanda (f), terraço (m).

へり 縁 borda (f); margem (f);〔端〕extremidade (f). カーテンの～ franja (f) da cortina. 畳の～ borda do *tatami*. 帽子の～ aba (f) do chapéu. 沼の～ margem (f) do pântano. スカートのすその～をかがる fazer a bainha na barra da saia.

ベリーズ Belize. ～の belizenho/nha.

ペリカン 〖鳥〗pelicano (m).

へりくつ 屁理屈 sofisma (m). ～をこねる usar de sofismas, fazer objeções de pouca monta, falar por falar só para vencer a discussão na hora. ♦ 屁理屈屋 sofista.

ヘリコプター helicóptero (m).

ヘリポート heliporto (m).

*** へる 減る** diminuir [ヂミヌイール], encolher [エンコリェール], decrescer [デクレセール], baixar [バイシャール]. その信号ができて事故はだいぶ減った Com a instalação desses semáforos, os acidentes diminuíram bastante. 私は体重が減った Diminuí de peso./Emagreci. 出生率が年々減っている O índice de natalidade está baixando de ano em ano. 円高で輸出は減った As exportações encolheram [diminuíram, decresceram] com a alta do iene. 腹が減った Fiquei [Estou] com fome.

へる 経る ❶〔経過〕passar, decorrer. 年月を～に従い o correr do tempo, à medida que o tempo passa (passava). 6世紀を経た城砦(じょうさい) um forte que data de seis séculos. ❷〔経験〕experimentar, sofrer, passar por. 手続きを～ passar por trâmites do processo. 難関を～ passar [sofrer] dificuldades. ❸〔通過〕passar por. 横浜を経て東京に入る chegar a Tóquio passando por [via] Yokohama. 問屋を経ずに生産者から直接買う comprar diretamente dos produtores sem passar pelos atacadistas.

ベル campainha (f). ～を鳴らす tocar a campainha. ♦ 非常ベル campainha de alarme.

ペルー Peru (m). ～の peruano/na.

ベルギー Bélgica (f). ～の belga.

ヘルス saúde (f). ♦ ヘルスケア cuidados (mpl) com a saúde. ヘルスメーター balança (f).

ヘルツ 〖理〗hertz (m).

ベルト 〔バンド〕cinto (m);〔機械〕correia (f). シート～を締めてください Aperte o cinto de segurança. ♦ ベルトコンベヤー correia de transporte, esteira (f). 安全ベルト cinto de segurança.

ヘルニア 〖医〗hérnia (f). ♦ 横隔膜ヘルニア hérnia diafragmática. 鼠径(そけい)ヘルニア hérnia (f) inguinal. 椎間板(ついかんばん)ヘルニア hérnia de disco. 腹部ヘルニア hérnia abdominal.

ヘルパー ajudante, empregado/da doméstico/ca. ♦ ホームヘルパー enfermeiro/ra de idosos e deficientes que faz serviços domésticos (além de tratar da doença).

ヘルペス 〖医〗herpes (m). ♦ 単純ヘルペス herpes simples. ⇨帯状疱疹(たいじょうほうしん).

ベルベット veludo (m).

ヘルメット elmo (m), capacete (m). ～不着装違反 infração (f) pelo não uso do capacete (ao dirigir a motocicleta).

ベレーぼう ベレー帽 boina (f).

ヘロイン heroína (f).

*** へん 変** ～な〔奇妙な〕esquisito/ta [エスキズィット/タ], estranho/nha [エストラーニョ/ニャ];〔特異な〕singular [スィングラール], extraordinário/ria [エストラオルヂナーリオ/ア];〔怪しげな〕suspeito/ta [ススペイト/タ]. ～なことを言うようだが... Talvez não fique muito bem eu dizer uma coisa dessas, mas .... 日本ではそんなことをしたら～です No Japão fica esquisito fazer uma coisa dessas. ♦ 変記号〖音〗bemol (m).

へん 辺 ❶〔図形の〕lado (m) (de um polígono). 三角形ABCの～ BC o lado BC do triângulo ABC. ❷〔近辺〕redondezas (fpl), arredores (mpl), proximidades (fpl). その～でビールを飲みませんか Não quer tomar uma cerveja por aí? ❸〔程度〕そんな争いはこの～で終わりにしましょう Vamos parar por aqui com essas brigas, não é?

べん 便 ❶〔便利〕serviço (m), facilidades (fpl). あそこは交通の～がいい Lá o serviço de transportes é bom. 大学までバスの～がありますか Há serviço [linha] de ônibus até a universidade? ❷〔大小便〕excrementos (mpl);〔大便〕fezes (fpl). ～の検査をする fazer exame de fezes.

べん 弁 ❶〖植〗pétala (f). ♦ 五弁椿 camélia (f) de cinco pétalas. ❷〖機械〗válvula (f). ❸〔方言〕sotaque (m), dialeto (m). ♦ 大阪弁 dialeto de Osaka.

ペン caneta (f). ～で書く escrever com caneta. この～は書きにくい Esta caneta ∟escreve mal [não é gostosa de escrever].

へんあつ 変圧 transformação (f) de voltagem. このヘアドライヤーは～器をつけないと使えません Este secador de cabelos precisa de transformador. ♦ 変圧器 transformador (m).

へんい 変異 variação (f). 鶏インフルエンザウイルスの突然～は人を死に至らせる可能性がある Com a mutação do vírus da gripe ∟aviária [das aves], ela pode chegar a matar seres humanos. ♦ 突然変異 mutação (f).

へんおんどうぶつ 変温動物 〖動〗animal (m) de sangue frio.

***へんか 変化** ❶ mudança (f) [ムダンサ], alteração (f) [アウテラサォン], modificação (f) [モディフィカサォン]; 〖変形〗transformação (f) [トランスフォルマサォン]. ～する mudar, alterar-se; transformar-se; variar. ～させる mudar, alterar, transformar; variar. 天候の～によって de acordo com as mudanças do tempo. このスカートの色は洗うと～しますか A cor desta saia muda ao lavar? ～しやすい variável; alterável. ～に強い dar-se bem com as mudanças. ♦ 変化記号 〖音〗armadura (f) (de clave). 化学変化反応 (f) química. ❷ variedade (f) [ヴァリエダーデ], diversidade (f) [ヂヴェルスィダーデ]. ～に富んだ社会 sociedade (f) muito variada. ～に富んだ国 país (m) rico em variedades. ❸ ♦ 〖文法〗語形変化〖名詞・代名詞・形容詞の〗declinação (f); 〖動詞の〗conjugação (f). 語尾変化 flexão. 不変化語 palavra (f) invariável.

べんかい 弁解 desculpa (f), justificativa (f), escusas (fpl). ～する explicar-se, justificar-se, desculpar-se. その行動には～の余地がない Essa atitude é injustificável.

へんかく 変革 transformação (f); reforma (f). ～する transformar(-se), reformar(-se), mudar.

べんがく 勉学 estudo (m). ～に励む estudar com afinco.

へんかん 変換 mudança (f), transformação (f); conversão (f). ～する mudar, transformar, converter. ひらがなを漢字に～する converter o *hiragana* em ideograma chinês. ♦ 変換キー 〖ユニヒ〗tecla (f) de conversão.

へんかん 返還 devolução (f), restituição (f). ～する devolver, restituir. 沖縄の～ restituição de Okinawa.

べんき 便器 bacia (f), vaso (m) sanitário.

べんぎ 便宜 ❶ conveniência (f), comodidade (f). ❷ 〖便利〗facilidade (f). ～上 por questões práticas. ～的に por conveniência. 弁護士は依頼人に手続きの～を図った O advogado facilitou o processo ao cliente. 私は～上彼の名で借金した Eu fiz um empréstimo em nome dele por conveniência.

ペンキ tinta (f). …に～を塗る pintar …. ～塗りたて《掲示》Tinta Fresca 《em placas》. ♦ ペンキ屋 pintor/ra.

へんきゃく 返却 devolução (f), restituição (f). ～する devolver, restituir. 図書館に本を～する devolver o livro à biblioteca.

へんきょう 偏狭 estreiteza (f). ～な estreito/ta, intolerante, limitado/da. ～な人物 pessoa (f) estreita 〖口語〗bitolada].

へんきょう 辺境 limite (m), fronteira (f); confins (mpl). ～の limítrofe; longínquo/qua.

***べんきょう 勉強** estudo (m) [エストゥード]. ～する estudar, aprender. 一生懸命～する estudar com afinco. それはいい～になりました Essa foi uma boa lição para mim. ／Aprendi muito com isso. ♦ 勉強家 estudioso/sa. 勉強時間〖勉強の時間〗hora (f) de estudar; 〖勉強の時間数〗horas de estudo. 勉強部屋 escritório (m), biblioteca (f), gabinete (m) de estudos.

へんきょく 編曲 〖音〗arranjo (m), adaptação (f) (de música). ～する arranjar, adaptar uma música. この曲はピアノ用に～された Esta música foi arranjada [adaptada] para piano.

へんきん 返金 reembolso (m), devolução (f) de dinheiro. ～する reembolsar, devolver o dinheiro.

ペンギン 〖鳥〗pinguim (m).

へんけい 変形 metamorfose (f), transformação (f); 〖医〗deformação (f). ♦ 変形性関節症 osteoartrite (f). 変形文法 〖文法〗gramática (f) transformativa.

へんけん 偏見 preconceito (m). 人種的～ preconceito racial. 日本人は人種的～を持っていますか Os japoneses têm preconceito racial? ～のある preconceituoso/sa. ～のない sem preconceitos.

べんご 弁護 ❶ 〖法廷での〗defesa (f). ♦ 弁護側証人 testemunha (f) de defesa. 弁護人 advogado/da de defesa. 弁護料 honorários (mpl) de defesa. ❷ 〖釈明〗justificação (f). …を～する defender …, advogar …, justificar …. 自己～する justificar-se, defender-se. それに関しては～の余地はない Quanto a isso não há como você se justificar. 両親は私を～してくれた Os meus pais me defenderam. ♦ 弁護報酬 honorários (mpl) do advogado. 国選弁護人 advogado/da oficioso/sa [nomeado/da pelo tribunal].

へんこう 変更 modificação (f), alteração (f). ～する mudar, alterar. 予定を～する alterar o programa, mudar o roteiro.

べんごし 弁護士 advogado/da. ～になる ser [tornar-se] advogado/da. ～に相談する consultar um advogado. ♦ 弁護士事務所 escritório (m) de advocacia. 顧問弁護士 consultor/ra jurídico/ca.

へんさい 返済 reembolso (m), pagamento (m) da dívida. ～する reembolsar, pagar a dívida. 借金をすべて～し終わった Acabei de pagar toda a dívida.

へんさち 偏差値 valor (m) de desvio 《média (f) de notas no *ranking* japonês de avaliação dos estudantes do primário ao colegial》. ～を測る calcular o valor de desvio. ～の高い大学 universidade (f) de estudantes com altas médias de notas. ♦ 偏差値教育 educação (f) que dá importância ao valor de desvio.

へんし 変死 morte (f) com suspeita de assassinato; morte (por motivo) não natural. ～する morrer com suspeita [estranhamente].

***へんじ** 返事 resposta (f) [ヘスポースタ]. …に～をする responder a …. 私は会議に出ると彼に～をした Respondi-lhe que participaria da reunião. 彼女から～があった Ela me respondeu./Obtive uma resposta dela. 彼はまだ～がない Ele ainda não me respondeu. ～が遅くなってすみません Desculpe-me por demorar em responder./Desculpe-me a demora na resposta. すぐにお～いただければ幸いです Eu ficaria muito grato/ta se você puder me responder logo. ご～申し上げます Vou responder-lhe.

へんしつ 変質 ❶ 〔物〕 degeneração (f), deterioração (f). ～する degenerar, deteriorar. 牛乳が～してしまった O leite acabou estragando. ❷ 〔人〕 perversão (f), degeneração (f). ～的な perverso/sa. ◆変質者 degenerado/da, perverso/sa.

へんしゅう 編集 editoração (f), edição (f), supervisão (f) e preparação (f) de textos para publicação. ～する editorar, editar. ◆編集者 editorador/ra, editor/ra, supervisor/ra de textos. 編集長 editorador/ra-chefe, editor/ra-chefe. 編集部 seção (f) de redação.

べんじょ 便所 toalete (m), banheiro (m), sanitário (m). ◆公衆便所 banheiro público. ⇨トイレ(ット).

べんしょう 弁償 compensação (f), indenização (f), reparação (f). ～する compensar, indenizar, reparar. この被害は～してもらえるでしょうね O/A senhor/ra vai indenizar este dano, não é? 割れたお皿を～します Vou pagar o prato que quebrei.

べんしょうほう 弁証法 〔哲〕 dialética (f).

へんしょく 偏食 alimentação (f) desequilibrada [mal equilibrada]. ～する comer só do que gosta, não comer de tudo.

へんしょく 変色 mudança (f) de cor; perda (f) de cor, desbotamento (m). ～する mudar de cor; perder a cor, desbotar. ～したカーテン cortina (f) desbotada.

ペンション pensão (f), albergue (m), estalagem (f).

へんしん 変身 metamorfose (f), transfiguração (f). ～する metamorfosear-se, transformar-se.

へんしん 返信 resposta (f). ～する responder. ◆返信用切手 selo (m) para resposta. 返信用はがき cartão (m) postal com os selos da resposta pagos.

へんじん 変人 pessoa (f) excêntrica [estranha, rara, singular].

ベンジン benzina (f).

へんすう 変数 〔数〕 variável (f).

へんずつう 偏頭痛 〔医〕 enxaqueca (f), hemicrania (f).

へんせい 変性 degeneração (f). ～する degenerar.

へんせい 編成 organização (f), formação (f). ～する organizar, formar. 予算を～する fazer o orçamento. 10両～の列車 trem (m) de dez vagões. 40人のクラスを～する formar classes de quarenta alunos/nas.

へんせいき 変声期 idade (f) da mudança de voz.

へんせいふう 偏西風 vento (m) oeste.

へんせん 変遷 transição (f), evolução (f), mudança (f), vicissitudes (fpl). 時代の～ mudança dos tempos.

ベンゼン 〔化〕 benzeno (m).

へんそう 変装 fantasia (f) 《vestimenta》. …に～する fantasiar-se de ….

へんそう 返送 reenvio (m). ～する mandar de volta, devolver, reenviar.

へんそうきょく 変奏曲 〔音〕 variação (f).

へんそく 変速 mudança (f) de velocidade. ◆変速器 caixa (f) de velocidades. 三段変速 três mudanças de velocidade.

へんたい 変態 ❶ 〔異常〕 anormalidade (f), anomalia (f). ～的な anormal. ◆変態性欲 anomalia sexual, sexualidade (f) tarada. ❷ 〔生〕 metamorfose (f). ❸ 〔理・化〕 transformação (f). ～する transformar-se; 〔生〕 metamorfosear-se. ◆変態点 temperatura (f) de transformação.

へんたい 編隊 formação (f). ～を組む voar em formação. ◆編隊飛行 voo (m) em formação.

ペンダント pingente (m).

べんち 胼胝 〔医〕 calosidade (f). ⇨胼胝(た).

ベンチ banco (m) 《de sentar》.

ペンチ alicate (m).

ベンチャービジネス empresa (f) de risco.

べんつう 便通 evacuação (f). ～が順調である estar evacuando normalmente, ter um bom funcionamento dos intestinos.

へんでんしょ 変電所 subestação (f).

へんどう 変動 mudança (f), flutuação (f), oscilação (f). ～する mudar, oscilar. 物価の～ flutuação dos preços. ドルの平均～率 oscilação (f) média do dólar. ◆変動幅 amplitude (f) da flutuação.

べんとう 弁当 lanche (m), marmita (f) 《com comida》. 弁当箱 marmita, caixa (f) de lanche. 弁当屋 loja (f) que vende marmitas com comida pronta.

へんとうせん 扁桃腺 〔解〕 amígdalas (fpl). ～が腫(は)れている estar com [ter] as amígdalas inflamadas. ◆扁桃腺炎 amigdalite (f). 扁桃腺肥大 hipertrofia (f) das amígdalas.

へんにゅう 編入 inclusão (f), admissão (f), transferência (f). ～する ingressar, ser admitido/da. 他の学校の3年に～する ser transferido/da para o terceiro ano em outra escola. ♦編入試験 exame (m) de admissão (a uma escola durante um ano letivo ou no meio do curso).

ペンネーム pseudônimo (m), nome (m) artístico. 〜で本を出す publicar livro com pseudônimo.

へんぴ　辺鄙 〜な retirado/da, afastado/da, longínquo/qua. 〜な場所 lugar (m) retirado; 《口語》lugar onde Judas perdeu as botas.

べんぴ　便秘 prisão (f) de ventre, obstipação (f). 〜をしている estar com prisão de ventre. 〜をする ficar com prisão de ventre. 〜で苦しむ ter [sofrer de] prisão de ventre. ♦便秘症 constipação (f) (intestinal) renitente.

へんぺい　扁平 plano (m), chato (m). ♦扁平コンジローマ 〖医〗condiloma (m) plano. 扁平上皮癌(がん) 〖医〗carcinoma (m) celular escamoso. 扁平苔癬(たいせん) 〖医〗líquen (m) plano. 扁平率 〖数〗planificação (f).

へんぺいそく　扁平足 pé (m) chato. 〜である ter pé chato.

べんめい　弁明 explicação (f), justificativa (f). 〜する explicar-se, justificar-se. 私は…についてその男に〜を求めた Exigi uma explicação sobre … a esse homem.

べんもう　鞭毛 〖生〗flagelo (m).

*__べんり　便利__ conveniência (f) [コンヴェニエンスィア], praticidade (f) [プラティスィダーヂ]. 〜な prático/ca; 〔手ごろ〕conveniente; 〔ためになる〕útil. 〜である ser prático/ca, ter praticidade, ser conveniente. 取り扱いの〜な機械 máquina (f) fácil de manejar. この本は持ち運びに〜だ Este livro é bom para ficar carregando. これは〜な道具だ Este é um instrumento útil [prático]. 地下鉄のほうがバスより〜です O metrô é mais prático do que o ônibus. ♦便利屋 pessoa (f) que aceita fazer todo tipo de serviço.

べんりし　弁理士 agente de registro de marcas e patentes.

へんれき　遍歴 peregrinação (f). 〜する peregrinar, percorrer viajando. 彼は女性〜が豊富だ Ele conquistou muitas mulheres.

べんろん　弁論 oratória (f), eloquência (f). ♦弁論大会 concurso (m) de oratória.

ほ

ほ 帆 vela (f) 《de embarcação》.

ほ 歩 passo (m). 〜一〜一 passo a passo. 〜を速める apressar os passos. 〜を緩める andar mais devagar. 1〜進んで2〜下がる avançar um passo e retroceder dois. 〜を速められますか Dá para apertar o passo?

ほ 穂 espiga (f).

ホ 〔音〕 mi (m). ♦ホ長調 mi maior. ホ短調 mi menor.

ボア ❶〔動〕jiboia (f), boa (f). ❷〔服〕tecido (m) sintético que imita pele de animal.

ほあんかん 保安官 guarda.

-ぽい que tende a, que é um pouco como, que tem algo de. 子供っぽい人 pessoa (f) _um tanto infantil [que parece criança]. 熱っぽい estar _com uma leve febre [febrento/ta, febril]. 彼女は忘れっぽい Ela é meio esquecida.

ほいく 保育 assistência (f) (diurna) às crianças de tenra idade. 〜する abrigar crianças pequenas (durante o dia). ♦保育園 creche (f). 保育士 crecheiro/ra, 《口語》 tio/tia da creche.

ほいくき 保育器 incubadora (f). 未熟児は一週間〜に入れられた O bebê prematuro ficou uma semana na incubadora.

ボイコット boicote (m). 〜する boicotar.

ボイス voz (f). ♦ボイストレーニング treinamento (m) de voz.

ポイすて ポイ捨て ato (m) de jogar as coisas por aí. 吸いがらの〜はやめよう Não jogar pontas de cigarros por aí.

ホイッスル apito (m). 〜を吹く apitar.

ボイラー caldeira (f) de aquecimento, caldeira (f) de vapor. ♦ボイラー室 sala (f) de caldeira.

ホイル 白身魚の〜焼き peixe (m) de carne branca a papilote. ♦アルミホイル lâmina (f) fina de alumínio, papel-alumínio (m).

ボイル cozimento (m) em água fervente. 〜する cozinhar em água fervente. 魚の〜 peixe (m) cozido.

ぼいん 母音 vogal (f). ♦長母音 vogal longa. 短母音 vogal breve. 二重母音 ditongo (m). 鼻母音 vogal nasal. 二重鼻母音 ditongo nasal.

ポインセチア 〔植〕poinsétia (f).

ポイント ❶〔点〕ponto (m). 敵のウィーク〜 ponto fraco do inimigo. ♦キーポイント ponto chave. チャームポイント charme (m). ❷〔スポーツ〕〔得点〕ponto. ♦マッチポイント ponto decisivo. ❸〔印〕10〜の活字 fonte (f) _de dez pontos [tamanho dez]. ❹〔鉄道の切り替え装置〕chave (f), ponto. 〜故障のため列車が停まった O trem parou devido a um enguiço na chave da ferrovia. ❺〔要点〕ponto crucial, o ponto mais importante. そこが〜なんですよ É aí que está o ponto principal da questão. ❻〔店などで〕ponto. 〜をためるしくみ sistema (m) de pontuação (em lojas etc).

*ほう **方** ❶〔方向〕a 〔ア〕, até 〔アテー〕, para 〔パラ〕, em direção a. …の〜へ(に) até …, em direção a …. 駅の〜へ行ってください Siga em direção à estação. 私の〜を向いてください Vire para o meu lado. ❷〔側〕a, do 〔no〕 lado …. そのお店でしたらこの通りの右の〜にあります Se for essa loja, ela fica do [no] lado direito desta rua. ❸〔対比〕mais 〔マーイス〕, melhor 〔メリョール〕, de preferência. 私はワインの〜が好きです Gosto mais de vinho./Prefiro vinho. そんな仕事をするのなら死んだ〜がましだ Prefiro morrer do que fazer um serviço desses. ❹ …(した)〜がいい É melhor (+ 不定詞) 《+ infinitivo》. 医者を呼んだ〜がいい É melhor chamar o/a médico/ca. すぐ帰った〜がいいです É melhor voltar logo. ❺ até que. 良くなった〜ですよ... Até que melhorou .... ❻ tipo (m) 〔チッポ〕. あなたは人の顔を覚えている〜ですか Você é do tipo que guarda fisionomia dos outros?

ほう 法 lei (f). ⇨法律.

ほう 某 〜氏によると segundo diz Fulano de Tal. 市内〜所で em certo lugar da cidade. ♦某氏 Fulano (m) de Tal. 某夫人/某嬢 Fulana (f) de Tal.

ほう 棒 pau (m), barra (f), vara (f).

ほう- 亡- falecido/da. 〜教授 o/a falecido/da professor/ra. 〜母 minha falecida mãe (f).

ほうあん 法案 projeto (m) de lei. …規制〜 projeto de lei para restrição de ….

ぼうあんき 棒暗記 memorização (f) mecânica. 〜する decorar mecanicamente.

ほうい 包囲 cerco (m), sítio (m). 敵を〜する cercar 〔sitiar〕 o inimigo. ♦包囲軍 exército (m) sitiante. 包囲網 rede (f) do cerco.

ほうい 方位 orientação (f), direção (f); pontos (mpl) cardeais. 〜を定める orientar-se. ♦方位角 ângulo (m) do azimute. 方位磁石 bússola (f).

ほういがく 法医学 medicina (f) legal. ♦法医学者 médico/ca legista.

ぼういんぼうしょく 暴飲暴食 excessos

(mpl) na comida e bebida, intemperança (f) no comer e no beber. 〜をする comer e beber ∟sem moderação [demais].
ほうえい 放映 transmissão (f) televisiva. ドラマを〜する transmitir uma novela pela televisão.
ほうえい 防衛 defesa (f), proteção (f). 〜する defender-se, proteger-se. 正当〜として em legítima defesa. あなたのその冷たさは自己〜策としてならわかるけど... Eu posso entender essa sua frieza como uma forma de defesa, mas .... ◆防衛本能 instinto (m) de defesa. 防衛省 Ministério (m) da Defesa. 防衛費 despesas (fpl) [gastos (mpl)] com a defesa (do país).
*** ぼうえき 貿易** [経] comércio (m) exterior [コメールスィオ エステリオール]. ...と〜する manter relações comerciais [comercializar] com .... 〜収支の赤字(黒字) déficit (m) (superávit (m)) na [da] balança comercial.
◆貿易収支 balança (f) comercial. 貿易風 ventos (mpl) alísios, monção (f). 貿易不均衡 desequilíbrio (m) da balança comercial. 貿易摩擦 fricção (f) comercial. 自由貿易 comércio livre. 保護貿易 comércio protecionista.
ほうえん 方円 quadrado (m) e redondo (m). ¶水は〜の器にしたがう A água se molda à forma da vasilha./O homem é produto do meio ambiente.
ぼうえんきょう 望遠鏡 telescópio (m);〔双眼鏡〕binóculos (mpl).
ぼうえんレンズ 望遠レンズ lente (f) telescópica.
ほうおう 法王 Papa (m), Sumo Pontífice (m). 〜の papal. ◆法王政治 papado (m). 法王庁 Vaticano (m), Cúria (f) Romana.
ほうおう 鳳凰 fênix (f) (chinesa).
ぼうおん 防音 insonorização (f), isolamento (m) acústico. 〜の à prova de som. 〜する isolar à prova de som. ◆防音室 sala (f) à prova de som. 防音装置 equipamento (m) insonorizador.
ほうか 放火 incêndio (m) doloso. 〜する provocar incêndio. ◆放火狂〔医〕piromania (f). 放火魔 piromaníaco/ca.
ほうか 法科 faculdade (f) [curso (m)] de direito. ◆法科大学院 Law School (m) 《faculdade que cursam os profissionais para se tornarem peritos em leis de suas respectivas áreas, como em medicina legal etc》.
ほうか 砲火 fogo (m) de artilharia. 敵の〜を浴びる ficar exposto/ta ao fogo do inimigo. 〜を交える guerrear(-se), disparar um contra o outro.
ほうが 萌芽 ❶〔芽を出すこと〕germinação (f), brotação (f). 〜する germinar, brotar. ❷〔芽〕broto (m), embrião (m). ❸〔きざし〕prenúncio (m). そこには自立心の〜が見られる Dá para se notar aí o despertar da independência (espiritual).
ほうが 邦画 ❶〔絵画〕pintura (f) japonesa. ❷〔映画〕filme (m) japonês.
ぼうか 防火 proteção (f) contra o fogo. 〜の à prova de fogo. ◆防火訓練 treino (m) para caso de incêndio. 防火建築 construção (f) à prova de fogo. 防火壁 anteparo (m) de incêndio.
ほうかい 崩壊 colapso (m), desintegração (f), desmantelamento (m). ソ連の〜 colapso [desmantelamento] da União Soviética. バブルの〜 quebra (f) [colapso] da bolha. 〜する quebrar, desintegrar-se, desmantelar-se, entrar em colapso.
ほうがい 法外 exorbitância (f), exagero (m). 〜な値段 preço (m) exorbitante [absurdo]. 〜な野心 ambição (f) desmesurada. 〜な要求をする fazer um pedido fora de propósito. 〜に excessivamente, fora de propósito.
ぼうがい 妨害 impedimento (m), estorvo (m), obstrução (f), interrupção (f). 〜する impedir, atrapalhar, estorvar, obstruir, interromper; interferir. 私は安眠を〜された Atrapalharam o meu sono. それは営業〜です Isso é uma obstrução de serviço. あなたは交通を〜しています Você está obstruindo a passagem dos carros. ◆電波妨害 interferência (f) [poluição (f)] sonora.
ほうかいせき 方解石 〔鉱物〕calcite (f).
ほうがく 方角 direção (f), rumo (m). この〜に行ってください Vá nesta direção. 駅はどちらの〜ですか Em que direção fica a estação?
ほうがく 法学 〔法〕ciência (f) do direito, ciência jurídica. 〜を学ぶ estudar direito. ◆法学士 bacharel em direito. 法学部 faculdade (f) de direito.
ほうがく 邦楽 música (f) tradicional japonesa (como a executada em *koto*, *shamisen* etc).
ほうかご 放課後 horário (m) após o término da atividade diária da escola, depois das aulas. 〜に職員室に来てください Venha à sala dos professores depois das aulas.
ほうかつ 包括 inclusão (f) (em tudo), englobamento (m). 〜する englobar, incluir (tudo). 〜的な global, inclusivo/va. 〜的に de maneira global, inclusivo. ◆包括的核実験禁止条約 (CTBT) Tratado de Proibição Total dos Experimentos Nucleares.
ほうかん 法官 juiz/juíza, magistrado (m).
ほうがん 砲丸 ❶〔砲弾〕bala (f) de canhão. ❷ peso (m). ◆砲丸投げ『スポーツ』arremesso (m) de peso.
ぼうかん 傍観 〜する ver e não fazer nada, ser um/uma simples observador/ra

ぼうかん　[espectador/ra]. ◆傍観者 espectador/ra, curioso/sa;《俗》mirone (m).

ぼうかん　防寒　proteção (f) contra o frio. ◆防寒具 equipamento (m) contra o frio. 防寒服 roupa (f) de inverno, agasalho (m) pesado de inverno.

ほうがんし　方眼紙　papel (m) quadriculado.

ほうき　放棄　abandono (m), desistência (f); abdicação (f), renúncia (f). …を〜する abandonar …, desistir de; abdicar-se de, renunciar a,《口語》abrir mão de …. 私はその権利を〜する Eu me renuncio a esse [abro mão desse] direito. それは既に30年間〜されている Isso já está abandonado há trinta anos./Isso já tem trinta anos de abandono. 空き地に〜された粗大ごみ lixo (m) volumoso [de grande porte] deixado [jogado] em terreno baldio.

ほうき　法規　lei (f), regulamento (m). 〜に照らして処罰する punir conforme a lei [o regulamento].

ほうき　蜂起　levante (m), insurreição (f), rebelião (f). ◆武装蜂起 levante armado.

ほうき　箒　vassoura (f).

ほうきぼし　帚星　〚天〛cometa (m).

ぼうぎょ　防御　defesa (f). 〜する defender.

ぼうぐい　棒杭　estaca (f).

ぼうくうごう　防空壕　abrigo (m) anti-aéreo.

ぼうくん　暴君　tirano/na.

ほうけい　方形　〚数〛quadrado (m), forma (f) quadrada.

ほうけい　包茎　〚医〛fimose (f).

ほうげき　砲撃　ataque (m) de artilharia com canhões. …を〜する atacar … com tiros de canhão, canhonear ….

ほうけん　封建　〜的 feudal, feudalista. ◆封建制度 feudalismo (m).

ほうげん　方言　dialeto (m). ◆方言学 dialetologia (f). 地域方言 dialeto regional, regionalismo (m).

ほうげん　放言　expressão (f) irresponsável [sem muita reflexão]; palavra (f) irresponsável. 〜する ser irresponsável ao falar, expressar-se de forma imprudente. 〜を慎む conter-se ao falar, evitando expressões irresponsáveis. 大臣の〜が問題になった A expressão irresponsável do/da ministro/tra causou ruídos.

ぼうけん　冒険　aventura (f). 〜する aventurar-se, arriscar-se. 〜的 arriscado/da. ◆冒険心 espírito (m) de aventura.

ぼうけん　剖検　autópsia (f).

ぼうげん　暴言　insulto (m) violento, injúria (f). …に〜を発する insultar … violentamente.

ほうこ　宝庫　❶ depósito (m) de tesouros. ❷《比》mina (f) de riquezas. 鉱山資源の〜 mina de riquezas minerais. この海は魚の〜だ Este mar é rico [abunda] em peixes.

*ほうこう　方向　❶〚方角〛caminho (m) [カミーニョ], direção (f) [ヂレソォン], rumo (m) [フーモ], sentido (m) [センチード]. 〜を変える mudar de direção. 〜を間違う errar o caminho, tomar uma direção errada. 良い〜に向かっている《比》estar no bom caminho. 〜音痴のだ que não tem sentido de direção [orientação]. 電車の進行〜に行って階段を降りてください Vá pelo mesmo sentido que anda o trem e desça a escada. 海岸に沿道路を走ってください Pegue a estrada no sentido litoral. ◆方向指示器 indicador (m) de direção. 方向舵 leme (m) de direção. 方向転換 mudança (f) de rumo. 方向標示板 placa (f) de direção. ❷〚方針〛orientação (f) [オリエンタソォン], princípio (m) [プリンスィッピオ]; 〔将来の〕carreira (f) [カヘーイラ]. その〜で彼との話を進めます Vou conversar com ele com essa orientação [tendo em mente esse princípio]./Vou direcionar a conversa com ele nesse sentido.

ほうこう　奉公　aprendizagem (f) no serviço. 〜に出る ir servir (na casa do artesão etc) como aprendiz. 息子を老舗(しにせ)に〜に出す mandar o filho como aprendiz numa loja antiga de renome. ◆奉公口 emprego (m). 奉公先 patrão/troa, empregador/ra. 奉公人 empregado/da.

ほうこう　放校　expulsão (f) da escola. 〜処分になる ser expulso/sa da escola.

ほうこう　芳香　perfume (m), aroma (m), fragrância (f). 〜を放つ exalar um perfume. ◆芳香剤 aromatizante (m).

ほうこう　砲口　boca (f) de canhão. 敵に〜を向ける apontar o canhão para [contra] o inimigo.

ほうごう　縫合　❶ costura (f). ❷〚医〛sutura (f), costura (f) cirúrgica. 〜する suturar, costurar. 深い傷を〜する必要があった O corte profundo precisou de sutura. 医者は患者の脚の傷を〜した O médico suturou o corte da perna do paciente. ◆縫合術 sutura (f).

ぼうこう　暴行　brutalidade (f), agressão (f) física (=暴行罪), violência (f). …に〜をはたらく cometer agressão a …, agredir …, cometer violência contra …. 女性に〜する estuprar, violar (uma mulher). 女性への〜 estupro (m), violação (f) (de uma mulher).

ぼうこう　膀胱　〚解〛bexiga (f). ◆膀胱炎 〚医〛cistite (f).

ほうこく　報告　informe (m), comunicação (f). 〜する informar, relatar, contar. …について店長に〜する inteirar [informar] o/a gerente de …. 警察に事故の〜をしてきます Eu vou informar a polícia sobre o acidente./Vou fazer a ocorrência do acidente na delegacia. ◆報告者 relator/ra, informante. 報告書 relatório (m); 〔会計の〕balanço (m); 〔警察の〕relato (m) de ocorrência.

ほうさい 防災　prevenção (f) de acidentes. ◆防災訓練 treinamento (m) para uma evacuação eficiente em caso de sinistros.

ほうさく 豊作　boa colheita (f). うちの柿は今年は～でした Este ano deu muito caqui na minha casa.

ほうさん 硼酸　【化】ácido (m) bórico. ◆硼酸塩 borato (m). 硼酸軟膏(こう) unguento (m) bórico.

ほうし 奉仕　serviço (m). ～する servir. ◆奉仕活動 atividade (f) beneficente. 奉仕品 oferta (f), artigo (m) de preço reduzido. 社会奉仕 serviço social.

ほうし 法師　bonzo (m).

ほうし 胞子　【植】esporo (m).

ほうじ 法事　〖宗〗ofício (m) budista em memória de um/uma falecido/da. 三回忌の～を営む celebrar um ofício budista em memória do/da falecido/da pelo segundo aniversário de sua morte.

ほうじ 邦字　escrita (f) japonesa. ◆邦字新聞 jornal (m) escrito em japonês e publicado no estrangeiro.

*ぼうし 帽子　chapéu (m) [シャペーウ]; 〔縁なしの〕boina (f) [ボイーナ]. ～のふち aba (f) do chapéu. ～のひさし pala (f) do chapéu. ～をかぶる pôr chapéu. ～を脱ぐ tirar o chapéu, descobrir-se. ◆帽子掛け porta-chapéus (m), cabide (m) para chapéus. 帽子屋〔店〕chapelaria (f); 〔人〕chapeleiro/ra. 赤白帽子 boné (m) vermelho-branco.

ぼうし 防止　prevenção (f). ～する prevenir, evitar. このバスは事故～のため急停車することがあります Este ônibus pode dar uma freada brusca para evitar acidente. ◆事故防止 prevenção de acidentes.

ほうしき 方式　❶〔形式〕fórmula (f), modelo (m). 一定の～に従って conforme o modelo determinado. ❷〔方法〕método (m), sistema (m). 商品流通の新～〖商〗novo sistema de distribuição comercial.

ほうじちゃ 焙じ茶　chá (m) verde japonês torrado.

ぼうしつ 防湿　proteção (f) contra a umidade. ～の à prova de umidade, impermeável à umidade. ◆防湿剤 produto (m) contra a umidade.

ほうしゃ 放射　radiação (f), emissão (f). ～する radiar, emitir.

ほうしゃ 硼砂　【化】bórax (m).

ほうしゃじょう 放射状　～の radial. ～の道路 estradas (fpl) em radial a partir de um centro comum. 駅の広場から3本の道が～に伸びている Há três ruas que saem em radial da praça da estação.

ほうしゃせい 放射性　radioatividade (f). ～の radioativo/va. ◆放射性元素 elemento (m) radioativo. 放射性降下物 precipitação (f) radioativa. 放射性同位元素 isótopo (m) radioativo. 放射性廃棄物 dejetos (mpl) radioativos. 放射性物質 substância (f) radioativa.

ほうしゃせん 放射線　raios (mpl) radioativos, irradiação (f). ◆放射線科 departamento (m) de radiologia. 放射線科医 radiologista. 放射線技師 técnico/ca de radiologia. 放射線遮蔽(へい) anteparo (m) contra os raios radioativos. 放射線治療 radioterapia (f). 放射線漏れ vazamento (m) de raios radioativos.

ほうしゃのう 放射能　radioatividade (f). ～を浴びる expor-se à radiação. ◆放射能雨 chuva (f) radioativa. 放射能汚染 poluição (f) radioativa. 放射能障害 radiolesão (f), lesão (f) produzida pela radioatividade.

ほうしゅう 報酬　retribuição (f); 〔金〕remuneração (f). …に～を与える fazer uma retribuição a …, remunerar (alguém). ～を受け取る receber uma recompensa [remuneração], ser pago/ga. ～のよい(悪い)仕事 trabalho (m) bem (mal) pago [remunerado].

ぼうしゅう 防臭　desodorização (f). 部屋を～する desodorizar a sala (o quarto). ◆防臭剤 desodorante (m).

ほうしゅつ 放出　❶〔吹き出すこと〕libertação (f), emissão (f). 光の～ emissão de luz. ガスを～する emitir gás. ◆エネルギー放出量 quantidade (f) de energia libertada. ❷〔たくわえてあったものを外部に提供すること〕entrega (f), livrança (f). 冬物衣類～セール liquidação (f) de roupas de inverno. 株の～ livrança de fundos.

ほうしょう 報奨　prêmio (m) (de recompensa e incentivo à diligência e boas ações). ◆報奨金 prêmio (m) pecuniário.

ほうじょう 豊穣　boa colheita (f) [safra (f)] de cereais. ～の秋 outono (m), a estação da boa safra de cereais. 五穀～を祝う festejar a boa colheita dos cereais; 《比》festejar a boa colheita em geral.

ほうじょう 豊饒　fecundidade (f), fertilidade (f), produtividade (f). ～な fértil, produtivo/va, fecundo/da. 土地を～にする fertilizar o solo. そうすると畑は～になる Assim, a lavoura ∟se fertiliza [fica mais fértil].

ぼうじょう 棒状　forma (f) cilíndrica. ～の cilíndrico/ca, de forma cilíndrica.

ほうしょく 飽食　saciedade (f). ～する comer à saciedade. ～の時代 época (f) da saciedade.

ぼうしょく 紡織　fiação (f) e tecelagem (f).

ほうじる 報じる　anunciar, comunicar, informar. 時刻を～ dar as horas. 出火を～ dar o alarme do incêndio. 新聞の～ところによると segundo o que diz o jornal. 新聞は交渉の再開を報じている Os jornais informam que as negociações serão retomadas.

ほうじる 焙じる torrar. 茶葉を～ torrar folhas de chá.

ほうしん 方針 princípio (m), diretriz (f), orientação (f), rumo (m), política (f). ～に従う seguir as diretrizes. 会社経営の～ política comercial da companhia. 将来の～を立てる planejar o futuro. ～を固める determinar as diretrizes. その機関はこのシステムを導入する～を固めた Esse organismo ⌊decidiu [decidiu-se por] introduzir este sistema. 監督の～があまりよくわかりません Eu não estou entendendo muito bem a orientação do/da chefe [supervisor/ra]. ♦ 基本方針 política básica [fundamental]. 教育方針 política educacional.

ほうしん 放心 distração (f), desatenção (f), alheamento (m). ～している estar ⌊distraído/da [esquecido/da de si]. ～した顔つき par [cara] de quem está ⌊distraído/da [no mundo da lua].

ほうじん 法人 [法] pessoa (f) jurídica. ♦ 法人税 imposto (m) sobre a renda de pessoa jurídica. 学校法人 estabelecimento (m) de ensino com personalidade jurídica. 財団法人 fundação (f) (de utilidade pública) com personalidade jurídica.

ほうじん 邦人 japonês/nesa. ♦ 在外邦人 japoneses (mpl) (que se encontram) fora do Japão. 在留邦人 japoneses residentes no estrangeiro.

ぼうじん 防塵 proteção (f) contra o pó. ♦ 防塵マスク máscara (f) contra a poeira.

ぼうず 坊主 ❶ [僧] bonzo (m). ～になる tornar-se um bonzo. ❷ [親しさをこめて男児] menino (m), rapaz (m). ❸ [頭の] careca. ～刈りにしている ter a cabeça rapada. 木が～になった As árvores ficaram sem folhas. ♦ 坊主頭 cabeça (f) rapada.

ほうすい 放水 ❶ [排水] drenagem (f) de água (de rio ou represa). 川から畑に～する canalizar a água do rio para a lavoura. ❷ [流出] escoamento (m) de água. 湿地の～路 canal (m) para ⌊drenar [fazer escoar] a água do pântano. ❸ [水のまきちらし] aspersão (f) [borrifação (f)] de água. ♦ 放水車 caminhão-cisterna (m).

ぼうすい 防水 impermeabilização (f). ～の impermeável. ～加工する impermeabilizar. これは～加工してありますか Isto aqui está impermeabilizado? ♦ 防水加工 impermeabilização (f).

ほうせい 法制 ❶ [法と制度] legislação (f) [leis (f)] e instituição (f). ♦ 法制局 departamento (m) legislativo, comissão (f) legislativa. ❷ [法律の規定によるシステム] sistema (m) permitido por lei, sistema legal.

ほうせい 砲声 troada (f) [estrondo (m)] do canhão. ～がとどろく O canhão troa.

ほうせき 宝石 pedra (f) preciosa; [装身具] joias (fpl). ♦ 宝石チェーン店 cadeia (f) de joalherias. 宝石店 joalheria (f). 宝石屋 [人] joalheiro/ra.

ぼうせき 紡績 fiação (f), tecelagem (f). ♦ 紡績機械 máquina (f) de fiar, tear (m). 紡績工場 fábrica (f) de fiação (f), tecelagem.

ぼうせん 傍線 linha (f) vertical lateral. …に～を引く traçar uma linha vertical ao lado de ….

ぼうぜん 呆然 ～とした pasmado/da, atônito/ta. ～として pasmadamente, atordoadamente. ～とする ficar atordoado/da, ficar fora de si.

ほうせんか 鳳仙花 [植] beijo-de-frade (m).

ほうそ 硼素 [化] boro (m).

ほうそう 包装 embalagem (f), empacotamento (m). ～する embrulhar, empacotar, fazer a embalagem de. これをプレゼント用に～してくれますか Pode me embrulhar isto aqui para presente? ♦ 包装係 pacoteiro/ra. 包装紙 papel (m) de embrulho.

***ほうそう 放送** transmissão (f) (televisiva ou radiofônica), emissão (f) [エミサォン], difusão (f) [ヂフザォン]; [ラジオとテレビの] radiodifusão (f) [ハヂオヂフザォン]. ～する transmitir, irradiar, emitir. テレビで～する transmitir pela televisão, televisar. 今ブラジルについてのおもしろい番組がテレビで～されていますよ Agora está passando um programa interessante na televisão, sobre o Brasil, viu?

♦ 放送局 estação (f) de rádio difusão, emissora (f), difusora (f). 放送大学 universidade (f) ⌊do ar [aberta]; telecurso (m) [tele-aula (f)] de nível superior. 放送番組 programa (m) de televisão ou rádio. 放送網 rede (f) de emissoras; [テレビの] rede de televisão. 生放送 transmissão ao vivo. 二ヵ国語放送 transmissão bilíngue.

ほうそう 法曹 jurista, funcionário/ria de escritório de advocacia, advogado/da, magistrado (m). ♦ 法曹界 mundo (m) dos juristas, círculos (mpl) legais.

ほうそう 疱瘡 [医] varíola (f), bexigas-negras (fpl).

ぼうそう 暴走 ❶ [運転者のいない車が走り出すこと] corrida (f) ⌊desenfreada [com excesso de velocidade] (de um veículo, sem motorista). 車が～して橋から落ちた Um carro correu desenfreadamente e caiu da ponte. ❷ [暴走族の行為] racha (f). ～などの危険行為をする fazer rachas ou arruaças. ♦ 暴走行為 racha. 暴走族 grupo (m) de ⌊rachadores [jovens motorizados e maníacos da velocidade, motoqueiros que correm à alta velocidade]. ❸ [自分勝手な行為] ação (f) irrefletida, imprudência (f). 政治家は～してはいけない Um político não deve ⌊agir sem prudência [perder o controle das coisas].

ほうそく 法則 lei (f), regra (f). 〜に従って de acordo com a lei [regra]. 自然の〜 lei da natureza.

ほうたい 包帯 atadura (f), faixa (f). 〜に〜をする atar …, enfaixar …. …の〜を取りましょう Vamos tirar a atadura de …. あの患者さんの〜を取り替えてください Troque a atadura daquele/la paciente./Faça o curativo daquele/la paciente trocando a atadura, por favor.

-ほうだい -放題 あなたは言いたい〜のことを言っていますね Mas você diz o que quer, sem reserva, não? 食べ（飲み）〜の店 restaurante (m) onde se pode comer (beber) à vontade.

ぼうだい 膨大 〜な enorme, colossal, gigantesco/ca. 〜な数の人 uma enorme quantidade de gente. 〜なデータ um monte de dados. 〜な予算 orçamento (m) enorme.

ぼうたかとび 棒高跳び 〚スポーツ〛salto (m) a vara.

ほうだん 砲弾 bala (f) de canhão.

ぼうだんチョッキ 防弾チョッキ colete (m) à prova de bala.

ほうち 報知 aviso (m). 〜する avisar. ◆火災報知器 alarme (m) de incêndio.

ほうち 放置 abandono (m). 〜駐車違反 infração (f) por abandono de carro em área proibida. 〜する deixar, abandonar. 問題を未解決のまま〜する deixar um problema pendente. ごみを路上に〜する deixar [jogar] o lixo na rua. 事態は〜できない Não se pode deixar as coisas como estão.

ほうち 法治 regime (m) constitucional. ◆法治国家 Estado (m) de direito.

ぼうちゅう 防虫 proteção (f) contra insetos. ◆防虫剤 bola (f) de naftalina (f).

ほうちょう 包丁 faca (f) (grande, de cozinha). 〜を研ぐ afiar a faca. この〜を研いでください Afie esta faca, por favor. この〜は切れなくなりました Esta faca está cega.

ぼうちょう 傍聴 〜する assistir a uma sessão sem tomar parte ativa nela. 傍聴席 parte (f) da sala reservada aos que não têm parte ativa na sessão. 傍聴人 observador/ra (na sala do tribunal).

ぼうちょう 膨張 expansão (f), dilatação (f). 〜する expandir-se, dilatar-se.

ほうっておく 放っておく deixar, deixar … só, deixar 〜 abandonado/da, deixar estar. ほうっておけばいい Deixe estar …. 彼のいうことは放っておけば Não ligue para o que ele fala./《俗》Deixa ele falar. (私のことを)放っておいてください Deixe-me em paz. それはふたをしないで〜と蒸発してしまいます Isso aí evapora tudo se você deixa sem tampa.

ぼうっとする ficar de papo pro [para o] ar, ficar impossibilitado/da de pensar.

ほうてい 法定 o que é determinado por lei.

◆法定価格 preço (m) fixo por lei. 法定禁止場所 locais (mpl) proibidos por lei. 法定相続人 herdeiro/ra legítimo/ma. 法定速度違反 infração (f) por excesso de velocidade permitida por lei. 法定歩合 juro (m) legal.

ほうてい 法廷 tribunal (m) de justiça. 〜に持ち込む levar [recorrer] à justiça. 〜で争う pleitear …, questionar … em juízo, processar e julgar … no tribunal.

ほうていしき 方程式 〚数〛equação (f), fórmula (f) da equação. 〜を解く resolver uma equação. ◆二元方程式 equação (f) de duas incógnitas. 二次方程式 equação (f) de segundo grau.

ほうてん 法典 código (m).

ほうでん 放電 descarga (f) elétrica. 〜する descarregar, perder a carga. ◆放電管 tubo (m) de descarga elétrica. 空中（真空）放電 descarga (f) elétrica atmosférica (no vácuo).

ほうとう 放蕩 libertinagem (f), devassidão (f). 〜にふける entregar-se às mulheres e à bebida. ◆放蕩息子 filho (m) pródigo.

ほうとう 砲塔 〚軍事〛torre (f) para peças de artilharia.

ほうどう 報道 〔ニュース〕notícia (f); 〔ルポルタージュ〕reportagem (f). 〜する noticiar, informar, anunciar. 新聞の〜によると… Segundo a informação dos jornais …. ◆報道機関 mídia (f), órgão (m) de informação. 報道番組 noticiário (m).

ぼうとう 冒頭 princípio (m), cabeçalho (m), introdução (f). 手紙の〜で no princípio da carta. ◆冒頭陳述 discurso (m) de abertura; 〚法〛acusação (f) preliminar.

ぼうとう 暴騰 aumento (m) brusco, subida (f) repentina. 〜する subir [aumentar] de repente. 物価が〜する Os preços aumentam [sobem] repentinamente.

ぼうどう 暴動 rixa (f); motim (m). 〜を起こす sublevar-se, insurgir-se, amotinar-se. 〜を鎮圧する pacificar [apaziguar] um motim [levante].

ぼうとく 冒瀆 blasfêmia (f), profanação (f). 〜的な blasfemo/ma, profano/na, profanador/ra. 〜する blasfemar, profanar.

ほうにん 放任 〜する deixar … só, deixar … abandonado/da. ◆放任主義 princípio (m) da não-intervenção; 〔教育の面で〕liberalismo (m) (em educação).

ほうねつ 放熱 radiação (f) térmica. 〜する radiar, emitir energia calorífica. ◆放熱器 radiador (m).

ほうねん 豊年 ano (m) de boa colheita.

ぼうねんかい 忘年会 festa (f) de fim de ano 《para esquecer as mágoas do ano》.

ほうはく 訪伯 visita (f) ao Brasil.

ぼうはてい 防波堤 quebra-mar (m).

ぼうはん 防犯 prevenção (f) de crimes. 〜

ほうび 褒美 〔報酬〕recompensa (f);〔賞〕prêmio (m). …の〜として como prêmio a …, como recompensa de ….

ほうび 防備 defesa (f). 無〜の indefeso/sa. 〜する defender-se, preparar-se para defesa.

ほうふ 抱負 votos (mpl), meta (f) não revelada, desejo (m) interior. 新年に当たって山田さんの〜は何でしょうか Quais são os seus votos neste começo de ano?

ほうふ 豊富 abundância (f). 〜な abundante, rico/ca. 〜に abundantemente. ブラジルは天然資源が〜です O Brasil é rico em recursos naturais.

ぼうふうう 暴風雨 tempestade (f), chuva (f) e vento (m) fortes.

ほうふく 報復 represália (f), vingança (f).

ほうふく 法服 ❶〔裁判官の〕toga (f) (do juiz). ❷〔僧侶の〕paramentos (mpl) (do bonzo).

ぼうふざい 防腐剤 conservante (m); antiséptico (m).

ほうぶつせん 放物線 【数】parábola (f), linha (f) parabólica. 〜を描いて飛ぶ voar descrevendo uma parábola. ♦放物線運動 movimento (m) parabólico. 放物線軌道 órbita (f) parabólica.

ほうぶつめん 放物面 【数】paraboloide (m).

ぼうふら 〔虫〕larva (f) de mosquito.

ほうぶん 法文 ❶ texto (m) da lei. …を〜化する dar forma legal a …. ❷ o direito e as letras. ♦法文学部 faculdade (f) de direito e letras.

ほうへい 砲兵 〔軍事〕artilheiro/ra.

ほうべん 方便 recurso (m), meio (m), expediente (m). うそも〜 A mentira pode ser um recurso para se resolver pacificamente uma questão.

*__ほうほう__ 方法 ❶〔やり方〕método (m) [メットド], maneira (f) [マネーイラ]. 何らかの〜で de alguma maneira ou outra. それを作る〜を教えてくださいませんか Poderia me dizer (a maneira) como se faz isso? ♦方法論 metodologia (f). ❷〔手段〕receita (f) [ヘセーイタ], meio (m) [メーイオ],《口語》jeito (m) [ジェーイト]. 登校拒否対策として成功した〜 uma receita de sucesso contra a evasão escolar. 他に〜はなかった Não havia outro jeito. ❸〔対策〕meio (m), medida (f) [メヂーダ]. 〜を誤る tomar uma medida errada. そのほかに〜はなかった Não havia outro meio além desse.

ほうぼう 方々 〜で em várias partes;〔あちらこちら〕aqui e ali. 〜から de todas as partes. あのお店の車は〜で見かける A gente vê o carro daquela loja em tudo quanto é lugar.

ほうぼく 放牧 pastagem (f). 牛を〜する fazer o boi pastar. 通年〜でのびのびと育った牛です É uma vaca criada solta no pasto o ano inteiro.

ほうまつ 泡沫 ❶〔あわ〕bolha (f), espuma (f). 〜のように消える dissipar-se efemeramente [como uma bolha]. ❷〔はかないもの〕existência (f) fugaz. 〜会社 empresa (f) efêmera.

ほうまん 放漫 frouxidão (f), desleixo (m), descuido (m). 〜な経営 administração (f) descuidada [desleixada].

ほうまん 豊満 ❶〔肉づきがよいこと〕opulência (f), corpulência (f). 彼女は〜な肉体をしている Ela tem um corpo opulento [《口語》rechonchudo,《口語》avantajado]. ❷〔物が豊かなこと〕riqueza (f), abundância (f), opulência.

ほうむ 法務 【法】assuntos (mpl) jurídicos. 新しい〜大臣は昨日共和国大統領によって任命された O novo ministro da Justiça foi nomeado ontem pelo presidente da República. ♦法務官 procurador/ra. 法務省 Ministério (m) da Justiça. 法務大臣 ministro/tra da Justiça. 州法務官 procurador/ra estadual. 連邦法務官 procurador/ra da União.

ほうむる 葬る enterrar, sepultar.

ぼうめい 亡命 exílio (m), expatriação (f), desterro (m). 〜する exilar-se, desterrar-se, expatriar-se. 彼はブラジルに〜した Ele se exilou no Brasil. ♦亡命者 refugiado/da político/ca.

ほうめん 方面 〔方向〕direção (f);〔地方〕região (f);〔地区〕área (f), bairro (m);〔分野〕campo (m), área (f), ramo (m);〔局面〕aspecto (m), ângulo (m). 犯人は大阪〜に逃げた O/A criminoso/sa fugiu em direção a Osaka. 銀座〜行のバスはどこで乗ったらよろしいでしょうか Onde devo tomar o ônibus que vai a Ginza? その事はあらゆる〜から検討しましょう Vamos examinar isso sob todos os ângulos.

ほうめん 放免 ❶ liberação (f), dispensa (f). 〜する pôr em liberdade, liberar. 定年で仕事から〜される ficar livre do trabalho graças à aposentadoria. ❷【法】absolvição (f). 被告人を〜する absolver o/a acusado/da.

ほうもつでん 宝物殿 repositório (m) dos tesouros de um templo.

ほうもん 訪問 visita (f). 〜する visitar. 私はブラジル〜中にその方とお会いしました Eu me encontrei com essa pessoa durante a minha visita ao Brasil. 社長はよく外国人の〜を受ける O nosso presidente recebe [tem] muitas visitas do exterior. ♦訪問客 visita (f), visitante. 公式(非公式)訪問 visita oficial (não-oficial).

ほうもん 砲門 boca (f) de canhão.

ぼうや 坊や ❶〔呼びかけ〕meu menino (*m*) [bem (*m*)]. ❷〔よその子の親に向かって〕seu filhinho (*m*). ❸〔世間知らずの若い男〕jovem (*m*) inexperiente.

ほうやく 邦訳 tradução (*f*) japonesa. ブラジル文学を〜する traduzir a literatura brasileira para o japonês. ◆邦訳聖書 Bíblia (*f*) em japonês.

ほうよう 抱擁 abraço (*m*). …を〜する apertar … entre os braços, abraçar …. 〜し合う abraçar-se. 彼らは挨拶(あいさつ)の〜を交わした Eles se cumprimentaram abraçando./Eles se abraçaram ao cumprimentar.

ほうよう 法要〘宗〙serviço (*m*) budista.

ほうようりょく 包容力 generosidade (*f*), magnanimidade (*f*). 〜のある de coração aberto, generoso/sa, tolerante, liberal.

ぼうらく 暴落 queda (*f*) brusca. ドルの〜 queda brusca do dólar.

ほうりこむ 放り込む pôr em, jogar para dentro de. 彼は洗濯機にくつ下を放り込んだ Ele pôs as meias na máquina de lavar.

ほうりだす 放り出す ❶〔投げ出す〕atirar, jogar fora. 彼女は宝石箱のペンダントを放り出した Ela atirou o pingente da caixa de joias. ❷〔放棄する〕desistir de, abandonar. 仕事を〜 abandonar o serviço. ❸〔解雇する〕demitir, despedir. 彼は10年勤めた会社から放り出された Ele foi despedido da companhia em que trabalhou (durante) dez anos.

*****ほうりつ 法律** lei (*f*)〖レイ〗. 〜上の義務 obrigação (*f*) legal. 〜を遵守する acatar [respeitar] a lei. あなたは日本の〜を遵守しなければなりません Você tem que acatar [respeitar] as leis do Japão. 〜を守らないとたいへんなことになります Se não se observar a lei, vai dar problemas sérios. それは〜を破ることになります Isso vai contra a lei. ◆法律違反 infração (*f*), violação (*f*) de uma lei. 法律家 advogado/da. 法律事務所 escritório (*m*) de advogado. 法律書 livro (*m*) de direito. 法律用語 termo (*m*) jurídico.

ほうりなげる 放り投げる atirar, jogar fora.

ほうりゅう 放流 〜する 1)〔魚を〕liberar na água. 稚魚を〜する soltar filhotes de peixe na água. 2)〔水を〕liberar a água. ダムの水を〜する soltar as águas de uma barragem.

ぼうりょく 暴力 violência (*m*). 言葉の〜 violência verbal. 言葉の〜を受ける ser agredido/da verbalmente. 〜を振るう usar de violência. ◆暴力行為 ato (*m*) de violência. 暴力団 banditismo (*m*) organizado, máfia (*f*). 暴力団員 membro (*m*) da máfia, mafioso/sa. 家庭内暴力 violência doméstica.

ほうる 放る ❶〔投げる〕atirar, lançar. ❷〔見捨てる〕abandonar, desistir de. ⇨放っておく.

ボウル〔食器〕tigela (*f*); bacia (*f*). その野菜を〜に入れてください Coloque essas verduras na bacia. ◆サラダボウル saladeira (*f*).

ほうれい 法令 leis (*fpl*) e ordens (*fpl*). 〜を発布する promulgar uma lei. ◆法令全書 compilação (*f*) de todas as leis.

ほうれい 法例〘法〙lei (*f*) que rege a aplicação das leis. ◆法例集 legislação (*f*) regulamentadora da aplicação das leis.

ほうれい 亡霊 alma (*f*) do morto.

ほうれんそう ほうれん草 espinafre (*m*).

ほうろう 放浪 vida (*f*) errante. 〜する vagar, errar. 〜の生活をする levar uma vida de vagabundo [boêmio].

ぼうろん 暴論 argumento (*m*) ∟disparatado [《口語》sem pé nem cabeça]. 〜を吐く falar absurdos, dizer disparates.

ほうわ 飽和 saturação (*f*). 〜状態である estar ∟em estado de saturação [saturado/da]. 〜状態になる ficar ∟em estado de saturação [saturado/da], saturar-se. 〜点に達する chegar ao ponto de saturação. ◆飽和状態 estado (*m*) de saturação.

ほえごえ 吠え声 uivo (*m*), latido (*m*). 犬の〜 latido de cão.

ほえる 吠える latir.

ほお 頰 maçã (*f*) do rosto, bochecha (*f*). 〜を赤くする corar-se, ficar vermelho/lha.

ボーイ ❶〔少年〕moço (*m*), rapaz (*m*). ❷〔飲食店の〕garçom (*m*). ◆ボーイ長 chefe (*m*) dos garçons. ❸〔ホテルの〕mensageiro (*m*), porteiro (*m*).

ボーイスカウト unidade (*f*) de escotismo. 〜のメンバー escoteiro (*m*).

ボーイフレンド namorado (*m*).

ボーカル vocalista. ◆ボーカルグループ coral (*m*), grupo (*m*) de cantores/ras.

ボーキサイト〔鉱物〕bauxita (*f*).

ポーク〔豚肉〕carne (*f*) de porco.

ホース mangueira (*f*), esguicho (*m*). その〜で庭に水をまいてください Regue o jardim com essa mangueira.

ポーズ ❶〔姿勢〕pose (*f*), postura (*f*). 〜をとる posar, fazer pose. ❷〔見せかけ〕pose (*f*), fingimento (*m*). ❸〔休止〕intervalo (*m*), pausa (*f*).

ほおずり 頰ずり 〜する encostar as bochechas do rosto nas do outro.

ボーダーライン limite (*f*), linha (*f*) limítrofe. 〜を引く traçar um limite. 〜上にある estar no limite. 合否の〜にいる estar entre o sim e o não.

ポータブル portátil.

ポーチ ❶〔玄関口〕pórtico (*m*), portal (*m*). ❷◆〔女性用の〕化粧ポーチ *nécessaire* (*m*)〖ネセセール〗, bolsa (*f*) ou estojo (*m*) com utensílios necessários à toalete.

ほおづえ 頰杖 〜をつく apoiar o queixo ou o rosto nas palmas da mão do braço levantado.

ボート barco (*m*). 〜をこぐ remar um barco.

♦ボートレース regata (f). モーターボート lancha (f).

ボードビル vaudeville (m) [ヴォーデヴィーレ], revista (f).

ボーナス décimo-terceiro salário (m), bônus (m), abono (m). ～はクリスマスの売れゆきをよくする O décimo-terceiro aquece as vendas de Natal.

ほおばる 頬張る encher a boca (de comida). ほお張ったままで話す falar com a boca cheia.

ホープ esperança (f). 彼女は陸上界の～だった Ela era a esperança do atletismo.

ほおべに 頬紅 ruge (m). 顔に～を塗る passar ruge no rosto.

ほおぼね 頬骨 『解』ossos (mpl) malares.

ホーム ❶ [家] casa (f), lar (m). ♦ 老人ホーム lar dos idosos. ❷ [本拠地]『スポーツ』casa. コリンチャンスは～で戦う O Corinthians joga em casa. ♦ ホームグラウンド próprio campo (m) de jogo. ホームチーム time (m) de casa. ❸ [プラットホーム] plataforma (f). その電車は5番～から発車します Esse trem parte da plataforma número cinco. まもなく1番～に電車が参ります Dentro de instantes o trem chegará na plataforma um.

ホームシック [祖国に対して] saudade (f) do país natal; [家族に対して] saudade da família [de casa]. ～になる ficar com [sofrer de] saudades de casa. ～にかかりません Não fica com saudades da família (do seu país)?

ホームステイ estadia (f) em casa de família, intercâmbio (m) (de estudantes estrangeiros em casas de família). ～の斡旋所 agência (f) de intercâmbio. ～をする ficar hospedado/da em casa de família, fazer intercâmbio.

ホームドラマ novela (f) de televisão com temas familiares cotidianos.

ホームページ home page (f), página (f) pessoal. ～を立ち上げる criar uma home page.

ホームラン home run (m).

ホームルーム reunião (f) do professor com os alunos.

ホームレス o/a sem-teto, morador/ra de rua.

ポーランド Polônia (f). ～の polonês/nesa.

ボーリング boliche (m). ～をする jogar boliche.

ホール [コンサートホール] sala (f) de concertos; [講演などの] salão (m) (de conferências etc). ♦ ダンスホール salão (m) para dança [de baile].

ボール ❶ [球] bola (f). ❷ bola ((arremesso que não passa na zona de strike)).

ボールがみ ボール紙 papelão (m), papelão (m) ondulado.

ボールばこ ボール箱 caixa (f) de papelão.

ボールペン caneta (f) esferográfica.

ほおん 保温 manutenção (f) da temperatura. ～する manter a temperatura, conservar o calor. ♦ 保温材 termoisolador (m), isolante (m) térmico.

***ほか** 外, 他 ～の um/uma outro/tra; outro/tra [オーウトロ/ラ]; os/as outro/tras, o resto. もっと～にありませんか Não tem outro/tra? あなたはもっとサービスのよい～の店を知りませんか Você não conhece uma outra loja que atenda melhor? ～になすべきことはない Não há mais nada a fazer. …の～に [除いて] exceto …, com exceção de, fora …; [さらに] além de …. 安田さんの～はみんな来ます Todos virão, exceto o senhor Yasuda. 私の～に 2, 3 人来ます Mais dois/duas ou três virão, além de mim.

ほかく 捕獲 ❶ [生き物などをとらえること] captura (f), pesca (f). ～する pescar, capturar. 象を～する caçar um elefante. ♦ 捕獲物 presa (f). 捕獲量 quantia (f) da pesca. ❷ [敵の船などをとらえること] apresamento (m). 漁船を～する apresar um barco pesqueiro.

ほかく 補角 『数』ângulo (m) suplementar.

ほかく 保革 conservadores (mpl) e progressistas (mpl). ♦ 保革共存 coexistência (f) pacífica de conservadores e progressistas.

ほかけぶね 帆掛け船 barco (m) à vela, veleiro (m).

ぼかし degradê (m). ⇨ぼかす.

ぼかす ❶ [色や形の境目をぼんやりさせる] fazer o degradê (partindo de uma cor e chegando na outra) com …, dar uma tonalidade evanescente a …. 墨を～ fazer o degradê com a tinta da caligrafia chinesa. ❷ [あいまいにする] falar de maneira vaga [pouco clara, obscura]. 肝心な点をぼかしておく deixar obscuros os pontos mais importantes.

ほかならない (que) não é outra coisa senão, (que) não pode ser outro. それは全くの誤解に～ Isso não é senão puro mal-entendido. これは私が長い間探していた本に～ Este é justamente o livro que eu procurava há muito tempo.

ほがらか 朗らか ～な alegre. ～に alegremente.

ほかん 保管 conservação (f), armazenagem (f). ～する guardar, manter, conservar. 乾燥した涼しい場所で～すること manter em local fresco e seco. 書類はここに～されています Os documentos estão guardados aqui. ～場所法違反『法』violação (f) à lei de estacionamento (por tempo além do permitido para o local). ♦ 保管料 taxa (f) de armazenagem.

ぼき 簿記 contabilidade (f), escrituração (f) mercantil. ～をつける fazer a escrituração dos livros mercantis, escriturar em livros mercantis. あなたは～ができますか Você sabe contabilidade? ♦ 簿記係 o/a guarda-livros.

ボキャブラリー vocabulário (m).

ほきゅう　補給 reabastecimento (*m*); 〔供給〕 abastecimento (*m*), aprovisionamento (*m*), fornecimento (*m*) de provisões. じゅうぶんな食糧の～ um abastecimento suficiente de víveres. ～する abastecer, reabastecer, provisionar. ♦補給基地(路) base (*f*) (linha (*f*)) de abastecimento.

ほきょう　補強 reforço (*m*). ～する reforçar. 守備隊を～する reforçar a guarda. コンクリートで橋を～する reforçar a ponte com concreto. 優秀なメンバーでチームを～する reforçar o time com membros capacitados.

ぼきん　募金 angariação (*f*) de fundos, coleta (*f*). ～に応じる dar donativos. ♦募金運動 campanha (*f*) para angariar fundos. 共同募金 contribuição (*f*) coletiva.

ほきんしゃ　保菌者 portador/ra de agente infeccioso.

ぼく　僕 eu 《de uso exclusivo dos homens》. ⇨私.

ほくい　北緯 latitude (*f*) norte. あの島は～20度45分にある Aquela ilha fica a vinte graus e quarenta e cinco minutos de latitude norte.

ほくおう　北欧 países (*mpl*) nórdicos, Escandinávia (*f*). ♦北欧人 nórdico/ca, escandinavo/va.

ぼくぎゅう　牧牛 gado (*m*) de pastoreio.

ボクサー pugilista, boxeador/ra.

ぼくし　牧師 pastor (*m*) 《sacerdote protestante》.

ぼくじゅう　墨汁 tinta-da-china (*f*) 《para *sumie* e caligrafia japonesa》.

ほくじょう　北上 ～する ir para o norte.

ぼくじょう　牧場 pasto (*m*), pastagem (*f*); fazenda (*f*) de gado. 家畜を～へ連れていく levar o gado para pastar. ～を経営する administrar〔ser dono/na de〕uma fazenda de gado.

ボクシング boxe (*m*). ♦女子ボクシング boxe feminino.

ほぐす　解す ❶〔ほどく〕desenredar, desemaranhar. 毛糸を～ desemaranhar os fios de lã. ❷〔かたくなったものをやわらかにする〕relaxar. 筋肉の緊張を～ relaxar os músculos. 気分を～ descontrair-se, distrair-se, espairecer-se.

ほくせい　北西 noroeste (*m*).

ぼくそう　牧草 capim (*m*), pasto (*m*), pastagem (*f*).

ぼくちく　牧畜 criação (*f*) de gado. ♦牧畜業者 fazendeiro/ra de gado.

ほくとう　北東 nordeste (*m*). ～の nordestino/na.

ほくとしちせい　北斗七星 〔天〕constelação (*f*) da Ursa Maior.

ほくぶ　北部 norte (*m*), região (*f*) norte.

ほくべい　北米 América (*f*) do Norte. ♦北米自由貿易協定 Tratado Norte-Americano de Livre Comércio [NAFTA].

ほくほくせい　北北西 nor-noroeste (*m*).

ほくほくとう　北北東 nor-nordeste (*m*).

ぼくめつ　撲滅 extermínio (*m*), supressão (*f*). 飢餓～のために戦う lutar para acabar com a fome (no mundo). ～する exterminar, suprimir.

ぼくよう　牧羊 gado (*m*) ovino, criação (*f*) de ovelhas. ♦牧羊犬 cão (*m*) pastor.

ほくろ pinta (*f*). 彼女は右目の下に～がある Ela tem uma pinta abaixo do olho direito. ♦付けほくろ pintinha (*f*) de enfeite.

ぼけ　呆け ❶〔老人性の〕caduquice (*f*), esclerose (*f*). ～がきた老人 velho/lha caduco/ca〔esclerosado/da〕. ❷〔頭の働きがにぶった〕estado (*m*) de não lucidez. ♦時差ぼけ estado de não lucidez pelas diferenças de fusos horários. ❸〔漫才の〕papel (*m*) do bobo em *manzai* 《comédia a dois》.

ほげい　捕鯨 caça (*f*) às baleias. ♦調査捕鯨船 navio (*m*) de caça às baleias com objetivo de pesquisa.

ほけつ　補欠 〔選手〕reserva (*f*). カルロス選手は次の試合で～になる Carlos vai ficar na reserva no próximo jogo.

ぼけつ　墓穴 cova (*f*), sepultura (*f*). ～を掘る cavar a própria sepultura.

ポケット bolso (*m*). ♦ポケットベル telefone (*m*) de bolso, *pager* (*m*). ポケットマネー bolsinho (*m*), quantia (*f*) destinada a pequenos gastos pessoais.

ぼける　呆ける 〔頭の働きが〕esclerosar-se, 《口語》ficar caduco/ca 《gagá》《com a idade》; 〔色が〕desbotar(-se), descorar(-se). 彼は少しぼけているのではないか Ele não está um pouco caduco?

ほけん　保健 〔健康〕saúde (*f*); 〔衛生〕higiene (*f*), sanidade (*f*) pública; 〔医療サービス〕assistência (*f*) médica. ♦保健室 enfermaria (*f*). 保健所 serviço (*m*) de saúde pública, posto (*m*) de saúde. 世界保健機関 Organização (*f*) Mundial da Saúde. 母子保健 saúde (*f*) materno-infantil.

ほけん　保険 seguro (*m*). 家(車)に～をかける fazer seguro ∟da casa (do carro). ～を解約する anular o contrato de seguro. 自動車の～に入る fazer seguro de carro. 生命～に入りますか Quer fazer seguro de vida? 失業～はありますか Tem seguro-desemprego?

♦保険会社 companhia (*f*) de seguros. 保険金受取人 beneficiário/ria do seguro. 保険契約 contrato (*m*) de seguro. 保険証 carteira (*f*) de seguro-saúde. 保険証書 apólice (*f*) de seguro. 介護保険 seguro de cuidados a longo prazo para idosos. 火災保険 seguro contra incêndio. 国民健康保険 Seguro (*f*) Nacional de Saúde. 社会保険 seguro social. 社会保険庁 Agência (*f*) de Previdência So-

ほこ 矛 ❶ alabarda (f). ❷〔比〕armas (fpl). 〜を収める abandonar as armas.

*ほご 保護** ❶ proteção (f) [プロテサゥン]. 迷子を警察に〜してもらう pedir proteção da criança perdida à polícia. ♦ 保護者 o/a responsável (por alguém), pessoa (f) responsável (por alguém); protetor/ra, 〔両親〕pais. 保護者会 reunião (f) dos pais. 過保護 superproteção (f). 生活保護 ajuda (f) de custo (para famílias em dificuldades financeiras causadas por doenças ou acidente de trânsito). 鳥獣保護地 parque (m) ecológico de aves e animais. ❷〖経〗protecionismo (m) [プロテスィオニーズモ], proteção. 〜する proteger, recolher. 預金者〜法は今日施行される Entra hoje em vigor a lei de proteção ao correntista. ♦ 保護関税 tarifa (f) aduaneira protecionista. 保護貿易 comércio (m) protecionista. 保護貿易主義 protecionismo (m). ❸〖法〗proteção vigiada.

ほご 反古 papel (m) inutilizado. 〜にする anular. 約束を〜にする faltar ao compromisso [à promessa].

ほご 補語 〖文法〗complemento (m). ♦ 主格補語 complemento do sujeito. 目的補語 complemento do objeto direto.

ほこう 歩行 〜する andar. 〜困難である ter dificuldades para andar. ♦ 歩行器 andador (m).

ほこう 補講 aula (f) de reposição. 〜する repor as aulas.

ほこう 母校 escola (f) onde se estudou e se formou.

ほこうしゃ 歩行者 pedestre, transeunte. 〜優先《掲示》Prioridade (f) dada aos pedestres. 〜横断禁止《掲示》Proibida a travessia de pedestres. ♦ 歩行者専用 designado/da para uso exclusivo de pedestres. 歩行者天国 rua (f) de uso exclusivo de pedestres (por um determinado período).

ほごかんさつ 保護観察 liberdade (f) vigiada. ♦ 保護観察官 policial encarregado/da da vigilância dos que estão em liberdade condicional. 保護観察所 patronato (m). 保護観察制度 sistema (m) de reeducação para a reinserção social do criminoso em liberdade condicional.

ぼこく 母国 pátria (f), país (m) [terra (f)] natal. 彼は日本語を〜語のように話します Ele fala o japonês como se fosse a língua dele. ♦ 母国語 língua (f) materna.

ほこさき 鉾先 ❶〔槍の〕ponta (f) de lança. ❷〔攻撃の方向〕alvo (m) de ataque. …に〜を向ける fazer de … o alvo de ataque.

ほごしょく 保護色 〖動·植〗homocromia (f), mimetismo (m).

ぼこぼこ 水が〜いっている A água está borbulhando.

ほこら 祠 pequeno santuário (m) xintoísta.

ほこらしい 誇らしい triunfante, orgulhoso/sa. 彼のことを誇らしく思う Eu me orgulho dele.

ほこらしげ 誇らしげ 〜に cheio/cheia de orgulho, vaidosamente. 〜に言う dizer triunfantemente.

ほこり 誇り orgulho (m); 〔自尊心〕amor-próprio (m); 〔威厳〕dignidade (f). …の〜を傷つける ferir o amor-próprio de …. 自分の仕事に〜を持つ ter orgulho [estar orgulhoso/sa] do próprio trabalho. 私たちはこの国を〜に思っています Nós temos muito orgulho deste país. ¶ 〜高い orgulhoso/sa.

ほこり 埃 poeira (f), pó (m). 〜っぽい poeirento/ta. そうすると〜が立つ Se fizer isso, levanta poeira. 〜がついたのでお店の前に水をまいてください Borrife água na frente da loja, que tem muita poeira. 棚の〜を取ってください Tire o pó das prateleiras, por favor. ♦ 砂ぼこり poeira, areia (f).

ほこる 誇る orgulhar-se de. 伝統を〜学校 escola (f) orgulhosa [que se orgulha] das próprias tradições.

ほころびる 綻びる ❶〔縫い目が〕descosturar-se, soltar-se, desmanchar-se. 縫い目がほころびた A costura desmanchou. ブラウスのわきの縫い目がほころびています A sua blusa está descosturada do lado. ❷〔花が開く〕desabrochar. 花がほころびた A flor desabrochou. ❸〔口元が〕sorrir, ficar alegre, ficar descontraído/da. 彼女の口元がほころびた Ela ficou com sorriso nos lábios.

ほころぶ 綻ぶ ⇨ほころびる.

ほさ 補佐 assistente, assessor/ra. 〜する assistir. ♦ 課長補佐 assistente de diretor/ra.

ぼさつ 菩薩 divindade (f) budista.

*ほし 星** ❶ estrela (f) [エストレーラ]. 〜が瞬いている As estrelas estão piscando. 今晩は〜がたくさん出ている O céu está bem estrelado esta noite. ❷〔ホテルやレストランなどのランク〕estrela. 五つ〜のホテルをお願いします Gostaria de um hotel cinco estrelas, por favor. ❸〔印〕asterisco (m) [アステリスコ]. ♦ 星印 asterisco, 《口語》estrelinha (f). ❹〔斑点〕pinta (f) [ピンタ], mancha (f) [マンシャ], nódoa (f) [ノドア]. 目に〜が見える Estou vendo umas manchas na vista. ❺〔犯人〕criminoso/sa [クリミノーゾ/ザ]. 〜を挙げる prender o/a criminoso/sa. ❻〔運勢〕destino (m) [デスチーノ]. 幸せな〜の下に生まれる nascer sob o signo da boa sorte. ♦ 星占い horóscopo (m).

ほじ 保持 conservação (f), retenção (f). 〜する conservar, reter. 健康を〜する conservar a saúde. 世界記録を～する possuir recorde mundial. ♦ 記録保持者 recordista, detentor/ra de recordes.

ぼし 母子 mãe (f) e filho/lha. ♦ 母子家庭 família (f) de mãe e filhos 《sem pai》. 母子感染 transmissão (f) vertical. 母子健康手帳 caderneta (f) de saúde materno-infantil. 母子寮 residência (f) para famílias sem pai.

*__ほしい__ 欲しい querer [ケレール], desejar [デゼジャール]; 〔必要とする〕 precisar de. …して～ querer que (+接続法) 《+subjuntivo》. 私はラジオが～ Eu quero um rádio. お誕生日のプレゼントに何が～ですか O que você quer [deseja] para presente de aniversário? この本を買ってきて～のだけど Gostaria que você fosse comprar este livro para mim. あしたは来て～です Quero que você venha amanhã. それにはもっと時間が～ Preciso de mais tempo para fazer isso. ～もの objeto (m) de desejo. これは～だけあげます Isto aqui, eu lhe dou tanto quanto você quiser. もっと～ものはありませんか Você não quer [deseja] mais nada?/Você não precisa de mais nada?

ほしいちじく 干しいちじく figo (m) seco.

ポシェット bolsinha (f), bolsa (f) pequena a tiracolo.

ほしがる 欲しがる querer, mostrar-se desejoso de, ansiar por. 子供は人が持っているものを～ものだ As crianças costumam querer o que os outros têm.

ほしくさ 干し草 feno (m), capim (m) seco.

ほしくず 星屑 poeira (f) de estrelas.

ほじくる ❶ cavar, esgravatar, revolver. つまようじで歯を～ limpar os dentes com palitos, palitar os dentes. 耳を～ esgravatar as orelhas. 地面を～ cavar [revolver] a terra. ❷〔隠されていることをしつこく探る〕procurar, bisbilhotar. 人の欠点を～ procurar defeitos nos outros.

ポジション ❶〔スポーツ〕〔守備位置〕posição (f) (de defesa). ❷〔地位, 身分〕posição [status (m)] social.

ほしぞら 星空 céu (m) estrelado.

ポジティブ ❶ ～な〔積極的な, 肯定的な〕positivo/va, extrovertido/da. ❷〔陽画〕〔写〕 positivo (m). ❸〔電〕〔正電気〕 eletricidade (f) positiva; 〔陽極〕 pólo (m) positivo. ❹〔医〕〔陽性〕 ativo/va, positivo/va.

ほしぶどう 干しぶどう 《uva (f)》 passa (f).

ほしゃく 保釈〔法〕 fiança (f). …を～する pôr … em liberdade sob fiança. ～で出所している estar em liberdade sob fiança. ～になる ser libertado/da〔《口語》solto/ta〕por fiança. ♦ 保釈金 fiança criminal, valor (m) pago em fiança.

ほしゅ 保守 ～的な conservador/ra. ♦ 保守主義 conservadorismo (m). 保守主義者 conservador/ra. 保守政治 política (f) conservadora. 保守党 partido (m) conservador.

ほしゅう 補修 conserto (m), reparo (m), reparação (f). ～する consertar, reparar. 道路を～する consertar uma rua. ♦ 補修工事 obras (fpl) de reparação.

ほしゅう 補習 curso (m) suplementar. ～の suplementar. ～授業を受ける ter aula suplementar. ♦ 補習授業 aula (f) suplementar.

ほじゅう 補充 suplemento (m), complemento (m). ～する suplementar, complementar. 欠員を～する substituir a falta de alguém.

ほしゅう 募集 recrutamento (m), convocação (f). ～する recrutar, convocar. 従業員～中《掲示》Precisa-se de Funcionário/ria. 新聞の～広告を見て来たのですか Você veio porque viu o anúncio no jornal?

ほじょ 補助 assistência (f). ～の auxiliar, suplementar, assistente, adjunto/ta. ～する assistir, ajudar. ♦ 補助椅子 (y) cadeira (f) sobressalente. 補助員 assistente. 補助金 subsídio (m). 補助標識 sinalização (f) auxiliar.

*__ほしょう__ 保証 garantia (f) [ガランチーア], aval (m) [アヴァーウ]. ～する assegurar, garantir. 1年の～期間付き com garantia de um ano. この製品は品質管理が～されている Este produto está com o controle de qualidade assegurado. お客さんはここに来ればよい買い物ができるという～がある 《口語》O pessoal vem aqui e garante boa compra. この時計は1年間の～つきです Este relógio tem garantia de um ano. ♦ 保証期間 período (m) de garantia. 保証金 depósito (m) de fiança. 保証契約 contrato (m) de garantia. 保証書 documento (m) de garantia. 保証人 avalista, fiador/ra. 気候保証 *Climate Security* (m).

ほしょう 保障 garantia (f). ～する assegurar, garantir. ♦ 安全保障理事会 Conselho (m) de Segurança (das Nações Unidas). 社会保障 seguridade (f) social.

ほしょう 補償 indenização (f), compensação (f). ～する indenizar, compensar. ♦ 被害補償制度 sistema (m) de indenização [compensação] de prejuízo.

ほしょく 捕食 depredação (f). ♦ 捕食動物 animal (m) depredador.

ほしょく 補色 cor (f) suplementar.

ほす 干す secar. …をひなたで～ secar … ao sol. 服を干しましょうか〔自発的に申し出る場合〕Quer que eu estenda as roupas?/〔婉曲的な命令〕Vamos estender as roupas?

ボス chefe (m), patrão (m).

ボスニア・ヘルツェゴビナ Bósnia e Herzegovina (f). ～の bósnio/nia.

ポスター cartaz (m). ～を壁に貼りつける afixar cartazes [um cartaz] na parede.

ホステス ❶〔ナイトクラブなどの〕mulher (f) que trabalha servindo e fazendo companhia

ホスト para clientes em casas noturnas. ❷〔接待係の女主人〕anfitriã (f).
ホスト ❶〔パーティーなどの主人役〕anfitrião (m). ◆ホスト国 país (m) anfitrião. ホストファミリー host family, família (f) anfitriã. ❷〔バーなどで客をもてなす係の男性〕homem (m) que serve em casas noturnas. ◆ホストクラブ casa (f) noturna com homens que servem e fazem companhia para clientes femininas.
ポスト ❶〔郵便などの〕caixa (f) (coletora). 手紙を~に入れる pôr a carta no correio [na caixa coletora]. ◆返却ポスト caixa (f) de devolução (de livros, vídeos etc). 郵便ポスト caixa de correio, caixa de coleta dos correios. ❷〔地位〕posto (m), cargo (m), posição (f). 彼は~を失った Ele perdeu o cargo.
ポストハーベスト conservantes (mpl) pós-colheita.
ポストモダン ~の pós-moderno/na.
ボストンバッグ maleta (f) de viagem.
ホスピス 〖医〗 hospital (m) 〔instituição (f)〕 do paciente terminal 〔onde não se procura prolongar a vida, mas aliviar as dores tanto físicas como espirituais〕.
ホスピタリズム 〖医〗 hospitalismo (m).
ホスピタリティー hospitalidade (f).
ほせい 補正 emenda (f), correção (f), revisão (f). ◆補正予算 orçamento (m) suplementar.
ぼせい 母性 maternidade (f). ◆母性愛 amor (m) materno. 母性保護 proteção (f) à maternidade. 母性本能 instinto (m) materno.
ぼせき 墓石 pedra (f) tumular.
ほせん 保線 manutenção (f) das ferrovias.
ほぜん 保全 preservação (f). 領土の~ preservação do território. 財産の~ preservação do patrimônio. …を~する preservar …. ◆保全処分 medida (f) de preservação, medida cautelar 〔liminar〕.
ぼせん 母線 〖数〗linha (f) geratriz.
****ほそい** 細い fino/na 〔フィーノ/ナ〕；〔狭い〕estreito/ta 〔エストレイト/タ〕；〔やせた〕 magro/gra 〔マーグロ/グラ〕. ~糸 linha (f) fina. ~声 voz (f) fina 〔fraca, baixa〕. ~足 perna (f) fina. ~道 caminho (m) estreito. 彼は神経が~ Ele é sensível 〔suscetível〕 demais. 私は食が~ Não tenho muito apetite./Como pouco. 細く finamente, delgadamente. …を細くする afinar …, tornar … mais fino；〔狭くする〕estreitar …. ガスの火を~ abaixar o fogo do gás. 目を細くして…を見る ver … com os olhos meio fechados [cerrados]. 鉛筆を~削る apontar o lápis. 彼女は客を敬って細くて高めの声を出す Ela fala em falsete com os fregueses, em sinal de respeito.
ほそう 舗装 pavimento (m). ~された pavimentado/da, asfaltado/da. ~する pavimentar, asfaltar. アスファルトで~されている道 rua (f) asfaltada. ◆舗装道路 estrada (f) pavimentada, estrada asfaltada.
ほそうで 細腕 ❶ braço (m) fino. ❷《比》força (f) fraca. 女の~で子を育てる criar um filho com o pouco que pode uma mulher.
ほそく 補足 suplemento (m), complemento (m). ~する acrescentar, completar, adicionar. ~的な説明 explicação (f) adicional. 彼の発言を~しますと… Complementando a declaração dele …. ◆補足欄 nota (f) suplementar.
ほそながい 細長い fino/na e longo/ga, esguio/guia；〔狭くて長い〕estreito/ta e longo/ga.
ほそみ 細身 ~の relativamente fino/na [estreito/ta]. ~の包丁 faca (f) um tanto fina. ~のネクタイ gravata (f) mais estreita que a normal.
ほぞん 保存 preservação (f), conservação (f). ~する preservar, conservar；【ヨミ<ﾞ】 salvar. この料理は~が利きます Esta comida pode ser conservada. ◆保存食 produtos (m) alimentícios em conserva. 人工保存料 conservante (m) artificial.
ポタージュ sopa (f) cremosa, creme (m) 〔tipo de sopa〕.
ぼたい 母体 ❶〔母親のからだ〕gestante (f). ◆母体保護 proteção (f) à saúde da gestante. ❷〔もと〕matriz (f), base (f). ◆母体行 banco (m) matriz. 選挙母体 base eleitoral.
ぼたい 母胎 ventre (m), útero (m).
ほだされる 絆される deixar-se comover, ser levado/da a se comover. 優しい言葉にほだされて彼との結婚を承諾してしまった Levada pelas palavras carinhosas, acabei consentindo no [com o] casamento com ele.
ほたてがい 帆立貝 〖貝〗vieira (f), leque (m), pente-do-mar (m), concha (f) de romeiro.
ぼたもち 牡丹餅 〖料〗bolinho (m) de arroz envolto em massa de feijão doce.
ほたる 螢 〖虫〗vaga-lume (m).
ぼたん 牡丹 〖植〗peônia (f).
ボタン botão (m). …の~を掛ける abotoar. …の~を外す desabotoar. …に~を付ける pregar [colocar] um botão em …. ~の穴 casa (f) de botão.
ぼち 墓地 túmulo (m); 〔共同の〕cemitério (m).
ホチキス grampeador (m).
ほちょう 歩調 passo (m). ~を早めましょうか Vamos apertar o passo? ~を緩めましょう Vamos andar mais devagar.
ほちょうき 補聴器 aparelho (m) auditivo.
ぼつ 没 morte (f). 2007年~ falecido/da em dois mil e sete. …~後 depois da morte de …. ¶ 原稿を~にする deixar de publicar um manuscrito.

ぼっか 牧歌 ❶ canção (f) pastoril. ❷ 『文学』poesia (f) bucólica. 〜的 pastoril, bucólico/ca.

ほっかい 北海 ❶ mares (mpl) do norte. ❷ 〔大西洋北東部の海域〕Mar (m) do Norte.

ほっき 発起 proposta (f), iniciativa (f), sugestão (f). 〜する propor, promover. …の〜で por iniciativa de …. ◆発起人 idealizador/ra, fundador/ra.

ぼっき 勃起 ereção (f) peniana.

ほっきょく 北極 Pólo (m) Norte.

ホック 〔輪型の〕colchete (m) de pressão; 〔かぎ形の〕colchete (m) de gancho. 〜が掛からないのですが Os colchetes não se ajustam [engancham]. 〜をはずしてくれますか Poderia me desenganchar os colchetes?

ボックス ❶ 〔箱〕caixa (f). ◆メールボックス caixa do correio. ❷ 〔席〕compartimento (m), cabina (f). ◆ボックスシート 『劇』camarote (m). 電話ボックス cabine (f) telefônica. ❸ 『野球』lugar (m) 〔canto (m), área (f)〕do batedor (=バッターボックス).

ぽっくり 死ぬ morrer de repente. 〜行ってしまった Morreu de repente. ◆ぽっくり病 morte (f) súbita.

ぼっくり 木履 calçado (m) japonês de madeira.

ホッケ 『魚』espécie (f) de cavala.

ホッケー hóquei (m). ◆アイスホッケー hóquei sobre o gelo.

ぼつこうしょう 没交渉 falta (f) de relações. …と〜である não ter mais contato [relações] com ….

ぼつこせい 没個性 ausência (f) de personalidade.

ほっさ 発作 ataque (m), acesso (m). 〜を起こす ter um ataque [acesso]. 私の友人が心臓〜を起こしてしまいました O meu amigo teve um ataque cardíaco.

ぼっしゅう 没収 confiscação (f), apreensão (f). 〜する confiscar, apreender. 警察は彼のパスポートを〜した O passaporte dele foi apreendido pelo policial. ◆没収品 artigo (m) confiscado.

ほっしん 発疹 〔医〕erupção (f) cutânea, exantema (m). 皮膚に〜が出た Estou com um exantema [uma erupção cutânea].

ほっする 欲する desejar, querer.

ぼっする 没する ❶ 〔沈む〕pôr-se, esconder-se. 日は西に〜 O sol se põe no oeste. ❷ 〔死ぬ〕morrer.

ほっそり 〜した magro/gra, esguio/guia.

ほったてごや 掘っ立て小屋 cabana (f), choupana (f).

ほったらかす deixar abandonado/da, não cuidar de. 家事をほったらかして遊び回る divertir-se por aí sem cuidar da casa.

ほったん 発端 origem (f), começo (m). 事件の〜 origem do acontecido. 物語の〜 nó (m) da intriga.

ぽっちゃり rechonchudo/da. 〜とした女性 mulher (f) rechonchuda.

ぼっちゃん 坊ちゃん ❶ filho (m) do patrão. ❷ 〔他人の息子〕〔二人称的に〕seu filho. ❸ 〔世間知らず〕filhinho (m) de papai, mimado. 彼は〜育ちだ Ele é um filhinho de papai./Ele é um garotinho ⌐mimado [que não sabe o que custa a vida].

ほっと 〜する ficar aliviado/da. 勤務が終わると〜する A gente fica aliviado/da quando termina o expediente (de trabalho).

ホット 〜な 〔暑い, 熱い〕quente; 〔最新の〕o/a mais novo/va, novíssimo/ma; 〔激しく, 熱烈な〕violento/ta. ◆ホットカーペット carpete (m) elétrico. ホットコーヒー café (m) quente. ホットニュース notícia (f) sensacional, a última notícia.

ポット garrafa (f) térmica. ◆コーヒーポット bule (m) de café.

ぼっとう 没頭 …に〜する concentrar-se em …, ficar absorto/ta em …. 彼女は仕事に〜している Agora ele está concentrado no trabalho.

ホットケーキ 『料』panqueca (f).

ホットドッグ cachorro-quente (m), hot-dog (m) 〔オッドーギ〕.

ぼっぱつ 勃発 〜する arrebentar, sobrevir. 中東で戦争が〜した Arrebentou uma guerra no Oriente Médio.

ホップ 『植』lúpulo (m). 〜がビールに独特の苦味をつけている É o lúpulo que dá o amargor característico à cerveja.

ポップ ❶ 〜な pop, popular. ◆ポップアート arte (f) pop. ❷ 『音』música (f) pop, pop (m).

ポップコーン pipoca (f).

ポップス 『音』música (f) popular.

ほっぺた 頬っぺた bochechas (fpl). 〜が落ちるほどおいしい estar uma delícia fora do comum.

ほっぽう 北方 norte (m). 〜の国々 países (mpl) do norte. 〜に na direção norte. ◆北方四島 as quatro ilhas do norte do Japão.

ぼつらく 没落 ruína (f), declínio (m), queda (f). 〜する arruinar-se, decair. 〜した arruinado/da. 豊臣家の〜 queda da família Toyotomi.

ほつれる 解れる descoser-se, descosturar-se. スカートの裾がほつれてしまった A barra da saia ficou descosturada.

ボツワナ Botsuana (m).

ボディー ❶ 〔体〕corpo (m). ◆ボディーランゲージ linguagem (f) corporal. ❷ 〔車体〕carroceria (f); 〔船体〕casco (m) (de navio).

ボディーガード segurança, guarda-costas (m).

ボディービル malhação (f), exercícios (mpl) físicos, bodybuilding (m).

ポテトチップス batatinha (f) frita, chips.

ほてり 火照り sensação (f) de calor.

ほてる 火照る ficar com calor; 〔顔が〕ficar corado/da.

ホテル hotel (m). 〜のフロント recepção (f) do hotel. 〜に泊まりたいのですが Gostaria de pousar [dormir] num hotel. 〜に部屋を予約してください Reserve um quarto num hotel, por favor. 〜のチェックアウトをします Vou acertar as contas do hotel. 〜を経営する manter [ter] um hotel. ♦ホテル業 hotelaria (f). ホテル経営者 hoteleiro/ra. 一流ホテル hotel ⌊de primeira [de luxo]. 五つ星ホテル hotel (de) cinco estrelas. ビジネスホテル hotel de viajantes [dos que viajam a negócio].

ほてん 補填 compensação (f). 〜する compensar, cobrir. 赤字を〜する cobrir o déficit.

ポテンシャル ❶ 〔可能性, 潜在する力〕 potencial (m). ❷ 〔電〕〔電位〕potencial elétrico. ❸ 〔理〕potencial, força (f) potencial.

****ほど** 程 ❶ 〔比較〕tão … quanto [como]. 私は彼〜背が高くない Não sou tão alto/ta como [quanto] ele. ❷ 〔程度〕grau (m) 〔グラーウ〕. これ〜 a este [tal] ponto. 口がきけない〜疲れた Eu me cansei a ponto de não poder falar./Eu me cansei tanto que perdi a fala. それはあなたが思う〜楽な仕事ではない Esse serviço não é tão fácil quanto você pensa. ❸ 〔限度〕limite (m) 〔リミッチ〕. 冗談にも〜がある A sua brincadeira já ⌊passa dos limites [está demais]./A brincadeira também tem limites. ❹ 〔およそ〕cerca de …, mais ou menos, uns/umas …; quando 〔クァント〕…. 駅までは5分〜です São mais ou menos cinco minutos até a estação. あの会社では40人〜工具を募集していました Naquela companhia estavam ⌊recrutando [precisando de] uns quarenta operários de fábrica. ❺ 〔すればするほど〕quanto mais (maior) … melhor (maior), quanto antes … melhor. 早ければ早い〜よい Quanto antes melhor. 早期発見であればある〜完治の可能性は高くなる Quanto antes descobrir a doença, mais [maior] possibilidade de cura. 間違いが大きければ大きい〜罰金も大きくなる Quanto maior (for) o erro, maior (será) a multa.

ほどう 歩道 calçada (f), passeio (m). 〜でna calçada, sobre a calçada. ♦歩道橋 passarela (f) para pedestres. 歩道通行 passagem (f) pela calçada. 横断歩道 passagem para pedestres, faixa (f) de pedestres, 《ポ》passadeira (f).

ほどう 舗道 rua (f) pavimentada.

ほどう 補導 orientação (f). 〜する orientar.

ほどく 解く ❶ 〔結び目などを〕desatar, desamarrar, desfazer. 包みを〜 desembrulhar um pacote. 結び目を〜 desatar um nó. その小包をほどいてください Desamarre esse pacote, por favor. ❷ 〔縫い目を〕descoser, desmanchar. 縫い目を〜 desmanchar a costura.

ほとけ 仏 Buda (m).

ほどける 解ける ❶ 〔結び目が〕desatar-se, desfazer-se. 結び目がほどけた O nó se desfez. 靴の紐(ひも)がほどけていますよ Você está com o cordão do sapato solto, viu? ❷ 〔縫い目が〕descoser-se, desmanchar-se. ❸ 《比》relaxar-se, descontrair-se. 緊張がほどけた A tensão ⌊desapareceu [se desfez].

ほどこし 施し esmola (f), donativo (m). …に〜をする dar esmola para [a] …, fazer um donativo para [a] ….

ほどこす 施す ❶ 〔行う〕fazer algo por alguém. 医療を〜 exercer a medicina. 手の施しようがない Não há remédio mais fazer./Não há nada mais a fazer. ❷ 〔与える〕doar, dar. 古着を〜 fazer doação de roupas usadas. ❸ 〔付ける, 入れる〕acrescentar. …に装飾を〜 colocar um enfeite em …, enfeitar …. …に肥料を〜 adubar …, colocar adubo em ….

ほととぎす 〔鳥〕cuco-pequeno (m).

ほとばしる jorrar, sair em fluxo.

ほどほど 程々 com moderação, moderadamente, dentro dos devidos limites. 〜にする não passar dos limites, não exagerar, não abusar. 〜に食べるのであれば牛肉も問題ない Mesmo a carne de vaca não seria problema, desde que ⌊consumida com parcimônia [o consumo seja moderado].

ほとり margem (f). 川の〜を歩きましょう Vamos andar ao longo do rio.

ボトル ❶ 〔瓶〕garrafa (f). ♦ペットボトル garrafa pet. ❷ 〔酒〕bebida (f). 〜キープする deixar a própria garrafa de bebida (num bar de preferência).

****ほとんど** 殆ど quase 〔クァーズィ〕. 〜の a maioria de …. 私は〜毎日残業しています Eu estou fazendo hora extra quase todos os dias. 仕事は〜完成した O trabalho está quase pronto. 私はブラジル人を〜知らない Eu conheço poucos brasileiros.

ほなみ 穂波 searas (fpl) espigadas ondulando ao vento.

ポニーテール rabo-de-cavalo (m).

ぼにゅう 母乳 leite (m) materno. 〜で子供を育てる criar o filho com leite materno.

ほにゅうびん 哺乳瓶 mamadeira (f).

ほにゅうるい 哺乳類 mamíferos (mpl).

****ほね** 骨 osso (m) 〔オッソ〕. 魚の〜 espinha (f) de peixe. 傘の〜 varetas (fpl) de guarda-chuva. 足の〜を折る fraturar o osso da perna. 〜のある人 pessoa (f) com fibra.

ほねおり 骨折り sacrifício (m); serviço (m) pesado. あなたは目的を達成するためにはどんな〜も惜しみませんか Você faz qualquer sacrifício para atingir o seu objetivo?

ほねおりぞん 骨折り損 esforço (m) inútil, trabalho (m) perdido. 〜をする trabalhar em vão. ¶ 〜のくたびれ儲(もう)け esforço sem re-

ほねおる 骨折る esforçar-se.
ほねぐみ 骨組み ❶〔体格〕esqueleto (m), arcabouço (m), constituição (f) física. ～のしっかりした男性 homem (m) robusto. ❷〔構造〕estrutura (f), armação (f). 家の～ができあがった A armação da casa está terminada. ❸〔概要〕esboço (m).
ほねつぎ 骨接ぎ ❶〔術〕ortopedia (f), correção (f) dos ossos. ❷〔人〕ortopedista, endireita, algebrista 《aquele/la que endireita ossos deslocados sem necessariamente ser médico/ca》.
ほねっぽい 骨っぽい ❶〔小骨が多い〕que tem muitas espinhas. ～魚 peixe (m) com muitas espinhas. ❷〔気骨のある〕enérgico/ca, sólido/da. ～人 pessoa (f) íntegra [de caráter].
ほねなし 骨無し mole, sem fibra, fraco/ca de caráter.
ほねぬき 骨抜き ❶〔骨を取った〕desossamento (m), ato (m) de tirar os ossos ou as espinhas (de um peixe ou pássaro). ❷〔肝心な箇所を抜かれた〕emasculação (f), fragilização (f). 議案を～にする emascular um projeto de lei. ～になった計画 plano (m) que perdeu a sua essência.
ほねばる 骨張る ❶ ficar esquelético/ca, ficar só ossos. 骨ばった体 corpo (m) ossudo. ❷〔意地を張ってとげとげしくなる〕ser obstinado/da, ser teimoso/sa. 骨ばったものの言い方 modo (m) de falar obstinado.
ほねぶと 骨太 ～の robusto/ta; 〔気骨のある〕sólido/da. ～な改革案 projeto (m) de reforma bem arquitetado.
ほねみ 骨身 corpo (m), carne (f) e ossos (mpl). 寒さが～にしみる O frio está penetrante. ～を惜しまず働く não se poupar ao trabalho. 店長の非難が～に答えた A crítica do gerente me atingiu bastante.
ほねやすめ 骨休め repouso (m), folga (f). ～に海岸に行く ir à praia para descansar.
ほのお 炎 flama (f), chama (f). 燃え上がる～ línguas (fpl) de fogo, labareda (f). ビルの～に包まれた O prédio ficou envolto em chamas. 嫉妬(しっと)の～を燃やす queimar-se de ciúmes.
ほのか ～な fraco/ca, vago/ga, indefinido/da. ～な香り um perfume leve. ～ににおう cheirar levemente. 船が～に見えていた Eu enxergava o navio muito vagamente./ O navio era [estava] vagamente visível.
ほのぼの 夜が～と明けていった O dia foi amanhecendo e ficando quentinho. 友人と会って～とした気持ちになった Fiquei com o coração quente quando me encontrei com um/uma amigo/ga.
ほのめかす dar a entender, deixar entrever, sugerir; insinuar, 《俗》dar uma dica. 意向を～ deixar entrever uma intenção.
ほばしら 帆柱 mastro (m).
ほはば 歩幅 passo (m), espaço (m) percorrido por um passo. 私はリハビリで～が伸びてきている Estou conseguindo andar com passos mais largos depois dos exercícios de reabilitação.
ぼひ 墓碑 pedra (f) tumular.
ポピー 【植】papoula (f).
ポピュラー ～な popular. ◆ポピュラーミュージック música (f) popular. ブラジリアンポピュラーミュージック música (f) popular brasileira, MPB (f).
ボビン bobina (f).
ポプラ 【植】álamo (m), choupo (m).
ほへい 歩兵 soldado (m) de infantaria.
ボヘミアン boêmio/mia.
ほぼ quase. ～理想の境地に達した Chegamos quase ao [perto do] que devia ser. 日本は麻疹(ましん)を～根絶した O Japão está perto de erradicar [quase erradicando] o sarampo.
ほぼ 保母 ama-seca (f), pajem (f); tia (f) 《de uma creche》.
ほほえましい 微笑ましい agradável, encantador/ra.
ほほえみ 微笑み sorriso (m). ～を浮かべて com sorriso nos lábios.
ほほえむ 微笑む sorrir. ほほえみながら sorrindo, com sorriso nos lábios. 彼はほほえんで同意してくれた Ele consentiu sorrindo.
ポマード brilhantina (f), pomada (f).
ほめことば 褒め言葉 palavras (fpl) de elogio.
ほめる 褒める elogiar, louvar, falar bem de. 先生は男子生徒たちを褒めた O/A professor/ra elogiou os [falou bem dos] alunos. 面と向かって～ fazer um elogio de corpo presente a …. ～に足る elogiável, louvável.
ホモ 〔同性愛〕homossexualidade (f); 〔同性愛者〕homossexual (m). ◆ホモ牛乳 leite (m) homogeneizado.
ほや 【動】ascídia (f).
ぼや 小火 pequeno incêndio (m). ～を出す causar um pequeno incêndio.
ぼやく resmungar, queixar-se, reclamar.
ぼやける obscurecer-se, perder a nitidez; 〔色が〕perder a cor, ficar desbotado/da. あの事件の記憶もぼやけてきた As lembranças daquele caso estão começando a se apagar./ Aquele caso está começando a ser esquecido.
ほやほや ～の fresco/ca, novinho/nha em folha. できたて～のパン pão (m) saído do forno.
ほゆう 保有 ～する ficar distraído/da, bocejar.
ほゆう 保有 posse (f). アジア諸国の自動車の～台数 quantidade (f) de carros possuída pelos países asiáticos [que os países asiáticos possuem]. …を～する ter … em po-

der, possuir …. 車を長く〜する ficar com o mesmo carro durante muito tempo. ♦保有地 propriedade (*f*). 核兵器保有国 potência (*f*) nuclear, país (*m*) possuidor de armas nucleares. 金保有高 reservas (*fpl*) de ouro.

ほよう 保養 cuidados (*mpl*) com a saúde, repouso (*m*). 彼は〜のため熱海に行っています Ele está em Atami para cuidar da saúde. 〜する cuidar da saúde, cuidar-se. ♦保養地 estação (*f*) balneária.

ほら 〜ご覧 Olhe aí! Está vendo?

ほら 法螺 gabolice (*f*), fanfarrice (*f*), bazófia (*f*), jactância (*f*). 〜を吹く gabar-se, 《口語》contar vantagem. 〜吹きの jactancioso/sa, gabola, faroleiro/ra. 彼は〜吹きだ Ele conta muita vantagem./Ele é faroleiro. ♦法螺吹き gabola, fanfarrão/rrona, 《口語》faroleiro/ra.

ぼら [魚] mugem (*m*), espécie (*f*) de tainha (*f*).

ほらあな 洞穴 caverna (*f*), gruta (*f*), cova (*f*).

ほらがい 法螺貝 [貝] búzio (*m*). 〜を吹く tocar a buzina.

ポラロイドカメラ câmera (*f*) polaroide.

ボランチ [サッカー] volante (*m*).

ボランティア voluntário/ria. 〜活動をする exercer atividade voluntária, trabalhar como voluntário/ria, voluntariar-se. ♦ボランティア活動 voluntariado (*m*), atividades (*fpl*) de voluntário. ボランティア学 estudos (*mpl*) sobre as atividades de voluntário.

ほり 彫り ❶ entalhe (*m*), corte (*m*), talho (*m*). これはいい〜だ Isto está bem esculpido. ♦鎌倉彫 entalhe estilo Kamakura. ❷ [顔の] altos (*mpl*) e baixos (*mpl*) de uma feição, relevo (*m*) de um rosto. 〜の深い顔立ち rosto (*m*) não achatado.

ほり 堀 fosso (*m*), valado (*m*), rego (*m*). 皇居のお〜 fosso do Palácio Imperial (do Japão). ♦釣り堀 tanque (*m*) para pesca.

ポリープ [生] pólipo (*m*).

ポリウレタン poliuretano (*m*).

ポリエステル poliéster (*m*).

ポリエチレン [化] polietileno (*m*).

ポリオ [医] poliomielite (*f*).

ポリシー política (*f*), diretriz (*f*), estratégia (*f*).

ほりだしもの 掘り出し物 pechincha (*f*), achado (*m*);《俗》galinha-morta (*f*).

ほりだす 掘り出す escavar, desenterrar.

ボリビア Bolívia (*f*). 〜の boliviano/na.

ポリフェノール [化] polifenol (*m*).

ポリぶくろ ポリ袋 saco (*m*) de plástico.

ポリプロピレン [化] polipropileno (*m*).

ほりゅう 保留 [延期] adiamento (*m*), prorrogação (*f*); [意見などの] reserva (*f*). 〜する adiar, prorrogar; reservar, deixar em suspenso. 決定を〜する adiar a decisão. その問題の決定は〜にします Vou deixar pendente a solução desse problema. 辞表を〜する deixar de entregar o pedido de demissão por algum tempo. 態度を〜する não tomar uma atitude imediata, deixar para agir mais tarde. この話し合いは〜にしましょう Vamos interromper estas negociações por algum tempo.

ボリューム volume (*m*), quantidade (*f*). 〜のある 1) [分量] volumoso/sa, abundante. 〜のある食事 uma refeição farta. 2) [音量] potente, com muita intensidade. ラジオの〜を上げる aumentar o volume do rádio. テレビの〜を下げる abaixar o volume da televisão.

ほりょ 捕虜 prisioneiro/ra de guerra.

ほる 彫る esculpir, talhar.

ほる 掘る ❶ [地面に穴をあける] escavar, cavar, cavoucar. 穴を〜 abrir uma cova, abrir um buraco. 井戸を〜 cavar [fazer] um poço. トンネルを〜 abrir um túnel. ❷ [土の中から何かを掘り出す] extrair, desenterrar. イモを〜 arrancar batatas do solo. 石油を〜 extrair petróleo. ジャガイモを掘りに行きましょう Vamos tirar [pegar] batatas.

ぼる explorar, cobrar mais caro do que o preço normal, 《口語》enfiar a faca em, dar uma facada em. ぼられる ser explorado/da 《口語》depenado/da].

ボルシチ [料] borche (*m*), ensopado (*m*) de legumes e carne de vaca.

ボルト [電流の単位] voltagem (*f*); [金具] perno (*m*). この部屋のコンセントは何〜ですか Qual é a voltagem da tomada ⌐deste quarto [desta sala]?

ポルトガル Portugal (*m*). 〜の de Portugal, português/guesa. ♦ポルトガル語 português (*m*) 《a língua》. ポルトガル人 português/guesa 《o povo》.

ポルノ pornografia (*f*). ♦ポルノ映画 filme (*m*) pornográfico, cinema (*m*) pornô. ポルノ女優 atriz (*f*) pornô.

ホルマリン [医] formol (*m*), formalina (*f*). 〜漬けの conservado/da em formalina.

ホルムアルデヒド [化] soluto (*m*) de aldeído fórmico.

ホルモン ❶ [生] hormônio (*m*). ♦女性ホルモン hormônio feminino. 性腺刺激ホルモン gonadotropina (*f*). 成長ホルモン hormônio de crescimento. 男性ホルモン hormônio masculino. ❷ [ウシやブタなどの内臓] vísceras (*fpl*) (de porco etc). ♦ホルモン焼き [料] vísceras assadas no churrasqueiro.

ホルン [音] trompa (*f*), corneta (*f*).

ほれこむ 惚れ込む …にほれ込んでいる estar ⌐apaixonado/da por [enamorado/da de] …. 彼は一目で彼女にほれ込んでしまった Ele se apaixonou por ela à primeira vista.

ほれぼれ 惚れ惚れ 〜するような encantador/

ら, fascinante, cativante, atraente. 〜と…を眺める contemplar … fascinado/da. 私は彼女の女らしさに〜とした Fiquei encantado/da pela feminilidade dela [por ela ser tão feminina].

ほれる 惚れる …に〜 apaixonar-se por …, enamorar-se de …. 私は誠実さにほれて彼と結婚した Casei-me com ele, atraída pela sinceridade.

ボレロ ❶〖音〗bolero (*m*). ❷〖服〗bolero.

ほろ 幌 capota (*f*), capô (*m*). 〜を上げる〔下ろす〕levantar (descer) a capota. ◆幌馬車 carroça (*f*) coberta.

ぼろ trapo (*m*). 〜を着る vestir trapos. 〜を着ている人 maltrapilho/lha.

ポロシャツ camisa (*f*) esporte, camisa polo.

ほろにがい ほろ苦い ligeiramente amargo/ga, de um amargo saboroso. オレンジの皮のジャムはほろ苦くておいしい A geleia da casca de laranja tem um amarguinho gostoso. 〜思い出 recordação (*f*) um tanto amarga.

ほろにがさ ほろ苦さ amargo (*m*) ligeiro,《口語》amarguinho (*m*) bom.

ポロネーズ 〖音〗polonesa (*f*).

ほろびる 滅びる arruinar-se, extinguir-se, ser destruído/da;〔没落〕decair. 滅びゆく国家 Estado (*m*) em decadência. 滅びゆく民族 raça (*f*) em vias de extinção.

ほろぼす 滅ぼす arruinar;〔壊滅〕exterminar, destruir;〔征服〕vencer, conquistar. 蛮族を〜 exterminar os bárbaros. 敵を〜 vencer os inimigos. 酒で身を〜 arruinar-se com o vício da bebida.

ほろほろ 〜(と) em gotas, gota (*f*) a gota; em pedaços. 〜涙をこぼす chorar muito sem poder conter [segurar] as lágrimas. 〜の roto/ta, rasgado/da, gasto/ta, caindo aos pedaços. 縁が〜のジャケット jaqueta (*f*) com bordas gastas [rasgadas]. 〜になる ficar despedaçado/da [rasgado/da]. 服を〜になるまで着る usar uma roupa 〜até o fim [até ela ficar imprestável]. 身も心も〜になる ficar exausto/ta de corpo e alma.

ほろほろちょう ほろほろ鳥 〖鳥〗galinha-d'angola (*f*).

ぼろもうけ ぼろ儲け lucro (*m*) exorbitante. 〜する lucrar muito.

ほろよい ほろ酔い leve embriaguez (*f*). 〜程度に飲むのが好きだ Gosto de beber só até ficar ligeiramente embriagado/da.

ホワイトカラー colarinho (*m*) branco, empregado (*m*) de escritório.

***ほん 本** livro (*m*) [リーヴロ]. 歴史の〜 livro de história. 〜の形で em forma de livro. 〜を出す publicar um livro. 彼女はよく〜を読む人だ Ela lê muito. その〜はどこで買えますか Onde é que se pode comprar esse livro?

ほん- 本- verdadeiro/ra, genuíno/na, legítimo/ma, autêntico/ca. 〜社 matriz (*f*). 〜真珠 pérola (*f*) legítima.

-ほん -本 《numeral para contar objetos longos e finos, rolos de filmes, teses etc》. 鉛筆2〜 dois lápis (*mpl*). ビール3〜 três garrafas (*pl*) de cerveja [cervejas (*fpl*)]. 論文4〜 quatro teses (*fpl*).

ぼん 盆 ❶ bandeja (*f*). 〜にのせて出す colocar [pôr] na bandeja e servir. そのお茶をお〜に載せて客間まで運んでください Por favor, coloque esses chás na bandeja e leve até a sala de visitas. ❷〖宗〗festa (*f*) dos antepassados que acontece em meados de julho ou de agosto, no Japão. ◆盆踊り dança (*f*) folclórica em homenagem aos antepassados. 盆休み férias (*fpl*) da época da festa dos antepassados.

ほんい 本位 princípio (*m*), critério (*m*); base (*f*), medida (*f*); prioridade (*f*). 品質〜の店 loja (*f*) cujo critério (para a seleção de artigos a vender) é a qualidade. 能力〜で昇進させる promover (um funcionário) com base na sua capacidade. 自分〜の考え方 modo (*m*) de pensar egocêntrico [egoísta]. 子供〜に行動する agir dando prioridade à necessidade dos filhos.

ほんい 本意 verdadeira vontade (*f*), desejo (*m*) verdadeiro. 〜を遂げる conseguir o objetivo. 彼の〜がつかめない Não está dando para entender o que ele quer realmente.

ほんいきごう 本位記号 〖音〗bequadro (*m*).

ほんえい 本営 quartel-general (*m*).

ほんか 本科 ❶ curso (*m*) regular. ◆本科生 estudante do curso regular. ❷〔この科〕este [o presente] curso. 〜は昭和60年に創設されました Este nosso curso foi fundado em 1985.

ほんかいぎ 本会議 ❶ reunião (*f*) definitiva (em relação às prévias). ❷〔国会の〕assembleia (*f*) geral. ❸〔一般の会議の〕sessão (*f*) plenária. ❹〔この会議〕esta [a presente] sessão. 〜ではその問題を扱う予定はありません Não planejamos tratar desse problema na presente sessão.

ほんかく 本格 〜的な autêntico/ca, de verdade, sério/ria. 〜的な調査を始める começar uma pesquisa séria. もう〜的な夏が始まった Já estamos em pleno verão. 〜的に para valer, de verdade, a sério, metodicamente. そのミーティングは今日〜的に始まる Hoje o encontro vai começar para valer. 彼は〜的に勉強し始めた Ele começou a Lestudar sério [levar o estudo a sério]. 今度はポルトガル語を〜的に勉強したいと思います Agora, quero estudar português metodicamente. 〜派の autêntico/ca, tradicional, conforme o figurino. 〜派の推理小説だ É um romance policial tradicional [autêntico].

ほんかん 本官 ❶〔人〕titular. ❷〔仕事〕função (*f*) pública, cargo (*m*) oficial perma-

ほんかん　本管　cano (m) principal. 下水の～ cano principal do esgoto.

ほんかん　本館　❶ edifício (m) [pavilhão (m)] principal. 展示会は新館ではなく～で催されています A exposição está sendo realizada no edifício principal e não no novo. ❷ [この建物] este prédio (m) [edifício, pavilhão]. ～は来月からリフォーム工事に入ります Este prédio entrará em reforma a partir do mês que vem.

ポンカン　[植] poncã (m), espécie (f) de tangerina.

ほんき　本気　～の sério/ria, sincero/ra. ～で seriamente, sinceramente. 君は～でそれを言っているのか Você está falando sério? この仕事は～でやれば一日で終わります Este serviço pode ser terminado em um dia, se for levado a sério. …を～にする acreditar em …, levar … a sério. 今のは冗談ですから～にしないでください Não leve a sério o que eu falei agora, que é brincadeira. Está bem?

ほんぎ　本義　❶ [意味] acepção (f) própria, verdadeiro sentido (m), significado (m) original. ❷ [原理] princípio (m) fundamental.

ほんぎょう　本業　ocupação (f) principal. 彼は靴屋が～だ Ele é sapateiro de profissão.

ほんきょく　本局　❶ repartição (f) principal. ❷ [当局] esta repartição, nossa repartição.

ほんけ　本家　❶ [一族の] família (f) principal de uma linhagem. ❷ [家元] família do/da fundador/ra de um estilo de arte (com relação a outras dos discípulos etc). ❸ [元祖] fundador/ra (de uma casa comercial tradicional etc). 銘菓製造の～本図 fundador/ra de uma loja de doces tradicional.

ほんこう　本校　❶ sede (f) de uma instituição educacional. ❷ [当校] a nossa escola, esta escola.

ほんごく　本国　[母国] pátria (f), país (m) de origem; [植民地でない本来の領土] metrópole (f), território (m) principal de uma nação. ～に帰る voltar ao próprio país [à pátria]. ♦本国政府 governo (m) do país de origem.

ほんごし　本腰　～を入れてがんばる levar (um trabalho) a sério. お前はもっと～を入れて仕事にかからないと《口語》Você tem que levar seu trabalho mais a sério [trabalhar com mais afinco].

ほんこつ　本骨　sucata (f), ferro-velho (m).

ほんさい　本妻　esposa (f) legítima.

ぼんさい　盆栽　bonsai (m), arte (f) das árvores anãs; árvore (f) em miniatura.

ほんし　本旨　intenção (f) verdadeira, objetivo (m) verdadeiro, fim (m) a que se propõe. ～にかなう responder ao objetivo verdadeiro.

ほんし　本紙　este jornal (m), nosso jornal.

ほんし　本誌　esta revista (f), nossa revista.

ほんしき　本式　estilo (m) tradicional [clássico, autêntico]. ～の verdadeiro/ra, autêntico/ca, genuíno/na. ～に formalmente, regularmente. ～にポルトガル語を習う ter lições regulares de português. ～のブラジル料理 cozinha (f) brasileira autêntica [genuína].

ほんしけん　本試験　exame (m) final.

ほんしつ　本質　essência (f). ～的 essencial. ～的には na essência. ～的に essencialmente.

ほんじつ　本日　hoje. ⇨今日.

ほんしゃ　本社　matriz (f) (de uma empresa), sede (f). 大阪～ sede (f) da firma em Osaka.

ほんしゅう　本州　ilha (f) principal do Japão.

ホンジュラス　Honduras (f). ～の hondurenho/nha.

ほんしょう　本性　verdadeiro caráter (m), índole (f) natural. ～を現す revelar-se, desmascarar-se. 彼は酔うと～を現す Quando fica bêbedo ele revela [mostra] o que é.

ほんしょく　本職　❶ [本業] profissão (f), ocupação (f) principal. 彼の～は洋服屋だ Ele é originalmente 《口語》 na verdade] um alfaiate. ❷ [専門家] profissional (m/f), especialista. あなたのような～にはかなわない Nem penso em competir com um/uma profissional como o/a senhor/ra.

ほんしん　本心　verdadeira intenção (f). ついに彼女は～を明かした Até que enfim ela abriu o jogo. ～を言うと... falando francamente ....

ほんじん　本陣　❶ 〖軍事〗quartel (m) general. ❷ 〖史〗pousada (f) [estalagem (f)] oficial dos senhores feudais no percurso para a capital da época, Edo.

ぼんじん　凡人　pessoa (f) comum [medíocre].

ほんすじ　本筋　essencial (m), âmago (m), tema (m). 話の～ fio (m) da conversa. 問題の～に入る chegar ao âmago da questão, 《口語》começar a falar do que interessa. ～からそれる afastar-se [desviar-se] do assunto. 話を～に戻す retomar o fio da conversa, 《口語》voltar ao que interessa. ¶ 彼らにあいさつに行くのが～だったね Você devia ter ido cumprimentá-los, não é mesmo?

ほんせき　本籍　domicílio (m) oficial, residência (f) fixa. …に～を移す transferir o domicílio para …. ♦本籍地 domicílio legal.

ほんせん　本線　❶ linha (f) principal (de uma rede ferroviária). ♦東海道本線 linha principal da linha Tokaido. ❷ [この線] esta linha.

ほんそう　奔走　～する esforçar-se, dedicar-se

a. 国事に～する aplicar-se [dedicar-se] aos negócios do Estado.

ほんそう 本葬 funeral (*m*) oficial.

ほんぞん 本尊 ❶ estátua (*f*) principal do Buda. ❷ 〔本人〕 o/a principal interessado/da (num caso). 御～は何も知らない O/A principal interessado/da não sabe de nada.

ほんたい 本体 ❶ corpo (*m*). ♦ 本体価格 preço (*m*) sem imposto (incluído). ❷ 〖コンピュータ〗 CPU (*f*) [セーペーウー], unidade (*f*) central (do computador). ❸ 〖機械〗 parte (*f*) principal, corpo. ❹ 〖哲〗 essência (*f*). ♦ 本体論 ontologia (*f*).

ほんだい 本題 assunto (*m*) em questão, tema (*m*) principal. ～に入る entrar no assunto. ～を離れる fazer uma digressão. ～に入りましょう Vamos ao que interessa. ～に戻りましょう 〖口語〗 Vamos voltar à vaca fria.

ほんたく 本宅 residência (*f*) principal.

ほんだな 本棚 estante (*f*) [prateleira (*f*)] de livros.

ぼんち 盆地 vale (*m*), depressão (*f*) de terreno circundada por elevações.

ほんちょう 本庁 sede (*f*) de uma repartição pública.

ほんちょうし 本調子 ritmo (*m*) normal. ～である estar em forma, estar cem por cento. ～になる ficar em forma, pôr-se em forma, ficar cem por cento. 私はまだ～ではないです Eu ainda não estou cem por cento.

ほんてん 本店 matriz (*f*).

ほんでん 本殿 santuário (*m*) principal (de um templo xintoísta).

ほんど 本土 ❶ 〔主な島〕 ilha (*f*) principal. 日本～ ilha principal do Japão. ❷ 〔植民地でない本来の領土〕 território (*m*) principal de uma nação, metrópole (*f*). ポルトガル～ Portugal (*m*) continental.

***ほんとう** 本当 verdade (*f*) [ヴェルダーヂ]. ～を言うと falando [para falar] a verdade .... ～の verdadeiro/ra, real. ～の兄弟 irmãos (*mpl*) ⌊verdadeiros [de sangue]. ～のやり方 procedimento (*m*) correto. ～の理由 a verdadeira razão (*f*). ～のことを言うと... Falando a verdade .... ～に verdadeiramente, realmente. ご協力には～に感謝しております Estou sinceramente agradecido/da pela sua colaboração.

ほんどう 本堂 santuário (*m*) principal (de um templo budista).

ほんどおり 本通り rua (*f*) principal, avenida (*f*) principal.

ほんにん 本人 〔自身〕 a própria pessoa (*f*); 〔当人〕 a pessoa em questão. 自ら～が em pessoa, pessoalmente. これは～が書いてください Isto deve ser escrito com o punho e letra do/da interessado/da. それは～が来ないと何もできません Nesse caso, a pessoa interessada precisa vir pessoalmente, se não, não dá para fazer nada. ～であることを証明するものを持ってきてください Traga algum documento que comprove que você é ⌊a própria pessoa [o próprio, a própria].

ほんね 本音 verdadeira intenção (*f*), sentimento (*m*) verdadeiro. ～をはく abrir-se, abrir o jogo, ser sincero/ra. ⇨本心.

ボンネット 〔車〕 capô (*m*), capota (*f*) do motor.

ほんねん 本年 este ano (*m*), o ano corrente, o presente ano. ～もどうぞよろしくお願いいたします 《em cartões de ano-novo》 〔年上に〕 Sentir-me-ei muito honrado/da se neste ano que acaba de começar o/a senhor/ra continuar a se lembrar de mim. / 〔同僚に〕 Que no ano que acaba de começar continuemos bons amigos. / 〔目下に〕 Espero poder contar com você neste ano que acaba de se iniciar.

ほんの só. ～少し só um pouco, um pouquinho. ～2, 3日 só [apenas] uns dois ou três dias. 私は～ちょっと遅刻してしまった Eu cheguei só um pouquinho atrasado/da. そのパンを～少しください Dê-me [Me dá] só um pedacinho desse pão (aí). 私は～少ししか食べていない Eu comi ⌊só um pouco [muito pouco].

ほんのう 本能 instinto (*m*). ～的な instintivo/va. ～的に instintivamente, por instinto. ～に従って行動する agir instintivamente. ～のままに行動する deixar-se governar pelos instintos. ♦ 母性本能 instinto materno [maternal].

ぼんのう 煩悩 desejos (*mpl*) mundanos.

ほんば 本場 lugar (*m*) de origem, centro (*m*) produtor. サンパウロ州はこのコーヒーの～です São Paulo é o centro produtor deste café. ～の autêntico/ca, genuíno/na. ～の味 sabor (*m*) autêntico. ～のブラジル料理 comida (*f*) brasileira autêntica [genuína].

ほんば 本葉 〖植〗 folha (*f*) anotina, folha definitiva.

ほんばん 本番 apresentação (*f*) (real), representação (*f*) (real). 多くの練習を重ねて～の準備ができていた Depois de vários ensaios, estávamos prontos para a apresentação (real). ♦ ぶっつけ本番 apresentação sem ensaio.

ほんぶ 本部 sede (*f*); 〔司令部〕 quartel-general (*m*).

ポンプ bomba (*f*). ～で水をくみ上げてください Tire a água com a bomba.

ほんぶたい 本舞台 ❶ 〔正面の舞台〕 palco (*m*) central. ❷ 〔本式の晴れの場所〕 representação (*f*) (real). 初めて～を踏む representar uma peça pela primeira vez, aparecer ⌊no palco [em público] pela primeira vez.

ほんぶり 本降り chuva (*f*) forte. ～になって

ほんぶん 本分 dever (m), obrigação (f). ~を尽くす cumprir o dever.

ほんぶん 本文 texto (m) original. 手紙の~ corpo (m) de uma carta.

ボンベ botijão (m), bujão (m).

ほんぽう 奔放 libertinagem (f), descomedimento (m). ~な desregrado/da. 自由~な生活を送る levar uma vida de boêmio [desregrada].

ぼんぼり 雪洞 lanterna (f) de papel.

ボンボン bombom (m).

ほんまつ 本末 devida ordem (f) das coisas. ~転倒する inverter a ordem das coisas, ignorar o verdadeiro conteúdo do problema. それは~転倒ですよ Você está invertendo a ordem das coisas.

ほんみょう 本名 verdadeiro nome (m) (em relação ao pseudônimo etc).

ほんめい 本命 〖競馬〗 favorito (m) numa corrida de cavalos. ~に賭ける apostar no favorito.

ほんもう 本望 ❶ sonho (m) longamente acariciado [almejado]. ~を遂げる realizar o grande sonho da vida. ❷〔満足〕satisfação (f), contentamento (m). これで~だ Agora estou satisfeito/ta (pois realizei o meu desejo).

ほんもの 本物 coisa (f) autêntica [genuína, original]. ~の genuíno/na, autêntico/ca;〔天然の〕natural. ~そっくりの idêntico/ca 《口語》 igualzinho/nha] ao original. ~でない falso/sa, inautêntico/ca, não autêntico/ca. これは~の真珠です Isto aqui é pérola autêntica. ♦ 本物志向 preferência (f) por coisas autênticas;〔食べ物〕preferência por comidas não instantâneas.

ほんや 本屋 〔店〕livraria (f);〔人〕livreiro/ra, dono/na de livraria, comerciante de livros.

ほんやく 翻訳 tradução (f). ~する traduzir. この中で日本語をポルトガル語に~できる人はいませんか Será que aqui não tem alguém que saiba traduzir do japonês para o português?

♦ 翻訳家(者) tradutor/ra. 翻訳権 direitos (mpl) de tradução. 翻訳書 tradução. 機械翻訳 tradução automática.

ぼんやり ~した〔漠然〕vago/ga, impreciso/sa;〔放心〕distraído/da, no mundo da lua. ~と vagamente. ~と日々を過ごす passar os dias distraidamente. 彼の言うことはいつも~している O que ele fala é sempre vago. 私はそのとき~していた Nessa hora, eu estava no mundo da lua.

ほんらい 本来 ❶〔元来〕originalmente, originariamente. ❷〔本質的に〕essencialmente. ❸〔生来〕naturalmente, por natureza. ~ライオンは肉食動物だ Por natureza, o leão é carnívoro. ❹〔あるべき基準によれば〕em princípio, propriamente falando. ~なら許せないことだ Em princípio, isto é um ato imperdoável. ~の意味での民主主義 a democracia no sentido próprio. ~の original, originário/ria, natural, inato/ta. この作品には彼~の才能が表れている Esta obra mostra bem o seu talento natural. 残酷さは子ども~の性質だ A crueldade é uma característica inata das crianças.

ほんりゅう 本流 ❶〔地理〕〔川などの〕corrente (f) principal (de um rio). ❷〔芸術などの〕escola (f) principal (de uma arte etc).

ほんりょう 本領 ❶〔得意, 才能〕qualidade (f), talento (m). ~を発揮する mostrar o ponto forte. ❷〔専門分野〕especialidade (f), próprio terreno (m), área (f) de concentração.

ほんろう 翻弄 ~される ser o joguete de, ser dominado/da por. 運命に~される ser o joguete da sorte. ボートは風に~されていた O barco andava ao sabor dos ventos.

ほんろん 本論 ❶〔主となる〕tema (m) principal, questão (f) central. では~に入りましょう Entremos, pois, no assunto principal./《口語》Vamos, então, ao que interessa. ~に戻ると... Voltando ao tema principal ..../《口語》Voltando à vaca fria .... ❷〔この論〕este tema, o presente tema, o tema em questão.

ま

ま 間 ❶〔部屋〕sala (*f*), cômodo (*m*). 6～の家 casa (*f*) de seis cômodos. 6畳～ sala de seis *tatamis*. 茶の間 sala de estar. ❷〔時間〕espaço (*m*) de tempo, pausa (*f*). あっという～に num abrir e fechar de olhos. ～を置く〔空間, 時間〕espaçar;〔時間〕pausar, fazer algo com intervalos. ～を置いて人を訪ねる espaçar as visitas a alguém. ～を置いて話す pausar as palavras, falar pausadamente. 彼は～を置いて話すのが好きです Ele gosta de falar pausadamente. 寝る～もないくらい働いた Trabalhei muito, a ponto de não ter tempo nem para dormir. ❸〔空間〕espaço (*m*), espaço vago, vazio (*m*). ～をあける espaçar, deixar um espaço (entre).

ま 真 ～に受ける levar a sério. 冗談を～に受ける levar uma brincadeira a sério.

まあ ❶〔感嘆〕Oh!/Olha só!/Que coisa! ～きれい Que lindo! ～なんてひどいことをするのだろう Olha só, como é que se faz algo tão cruel! ❷〔促したりなだめたりして〕de qualquer maneira, seja como for. ～やってみれば De qualquer maneira, não custa experimentar, não é?《口語》～まずいっぱい飲もう (Seja como for) primeiramente vamos tomar um trago! ～お入りください Antes de mais nada, entre, por favor. ～落ち着いて... Calma, calma .... ❸〔消極的な表現〕bem ..., é .... ～仕方がないね É ... não tem jeito, *né*? ❹〔十分ではないがどうやら〕até que. ～高校生にしては達筆だ Até que é uma letra bonita para um/uma estudante de segundo grau. ❺〔同意の表現〕「数学のテスト, 満点だったんだって」「～ね」 É verdade que você tirou nota cem na prova de matemática? — Sim .... É ...."

マーガリン margarina (*f*). ～をパンに塗る passar margarina no pão.

マーガレット〔植〕margarida (*f*).

マーク ❶〔印〕ponto (*m*), marcação (*f*), marca (*f*), logotipo (*m*). ...に～をつける fazer uma marcação em …, marcar …. ♦ペナルティーマーク ponto de pênalti. ❷〔スポーツ〕〔相手選手につく〕marcação (*f*). ～をはずす desmarcar. ♦マンツーマンマーク marcação individual. ❸〔記録をつくること〕新記録を～する marcar um novo recorde. ❹〔見張り〕vigia (*f*). ～をする vigiar … com atenção,《口語》ficar de olho em ….

マークシート〔テストの〕folha-resposta (*f*) de exame;〔一般の〕folha-resposta a ser processada em computador.

マーケット ❶〔スーパーマーケット〕mercado (*m*), supermercado (*m*), feira (*f*). ～で買い物をする fazer compras no mercado, fazer feira. ❷〔経〕mercado (de valor). ～を開拓する desenvolver um mercado. ♦マーケットシェア cotação (*f*) de mercado.

マーケティング〔経〕*marketing* (*m*), mercado (*m*), comercialização (*f*). ♦マーケティング担当 encarregado/da de *marketing*. マーケティング部 departamento (*m*) de *marketing* [comercialização]. マーケティングプラン planificação (*f*) de mercado. マーケティングリサーチ pesquisa (*f*) de mercado.

マーシャルしょとう マーシャル諸島 as Ilhas Marshall. ～の marshallino/na.

マージャン mah-jong (*m*). ～をする jogar *mah-jong*.

マージン ❶〔利ざや〕margem (*f*) de lucro. ❷〔余白〕margem, espaço (*m*).

まあたらしい 真新しい novíssimo/ma,《口語》novinho/nha em folha. ～ブーツ botas (*fpl*) novinhas (em folha). 彼女は～ブーツをはいていた Ela calçava [estava com] botas recentemente adquiridas [compradas].

マーチ〔音〕marcha (*f*).

まあまあ mais ou menos; assim, assim;〔相手をなだめて〕Calma! ～の値段 preço (*m*) razoável. 仕事は～の出来だ O resultado do trabalho está razoável.「調子はいかがですか」「～です」Como vai? — Mais ou menos./Assim, assim …. ～, そう怒らずに... Calma! Não fique tão bravo assim ....

マーマレード geleia (*f*) de frutas cítricas (como laranja, limão etc).〔★ポルトガル語にも marmelada (*f*) があるが, これは marmelo (*m*) という果物のジャムを意味する. この marmelada がフランスに渡り, 「全ての果物のジャム」という広い意味を持つようになったが, イギリスに入ったとき「柑橘類のジャム」とまた意味が狭くなった〕.

まい 舞 dança (*f*), bailado (*m*). ～をまう dançar, bailar.

まい- 毎- todo/da, todos/das. ～朝 todas as manhãs. ～晩 todas as noites. ～週 todas as semanas. ～月 todos os meses. ～日 todos os dias. ～回 todas as vezes. ～食後 depois das refeições. ～土曜日に (em) todos os sábados, aos sábados.

-まい -枚 folha (*f*)〔na contagem de papel ou coisas finas e planas〕. 20～の皿 vinte pratos (*mpl*). 5千円札2～ duas notas (*fpl*) de cinco mil ienes. 1～の CD um CD. そのパンを2～焼いてください Faça uma torrada com essas duas fatias de pão, por favor. この板を10〜作業場に運んでください Leve dez dessas tábuas para a oficina. その紙を2〜ください Me dá [Dê-me] duas folhas desse papel, por favor.

マイク ⇨マイク(ロホン).

マイクロ micro-. ♦マイクロウエーブ micro-onda (f). マイクロエレトロニックス micro-eletrônica (f). マイクロコンピューター microcomputador (m). マイクロチップ *microchip* (m). マイクロバス micro-ônibus. マイクロフィルム microfilme (m). マイクロフィルムリーダー leitora (f) de microfilmes. マイクロプログラム microprograma (m).

マイク(ロホン) microfone (m). マイクでしゃべる falar no microfone.

まいこ 舞子 dançarina (f) jovem que tem a função de trazer alegria num jantar 《uma atração tradicional de Kyoto》.

まいご 迷子 criança (f) perdida. 〜になる perder-se, ficar perdido/da. ♦迷子札 plaqueta (f) de identidade (para crianças).

まいじ 毎時 a [por] hora. 〜100キロの速さで走る correr a cem quilômetros por hora.

まいそう 埋葬 enterro (m). 〜する enterrar. 彼の母はここに〜されている A mãe dele está enterrada aqui.

まいど 毎度 todas as vezes, sempre. 〜ありがとうございます Obrigado/da por vir sempre à nossa loja (ao nosso restaurante).

まいとし 毎年 todos os anos.

マイナー 【音】〔短音階〕(tom (m)) menor. 彼はその曲をA〜で歌っている Ele canta essa música em lá menor. 〜な 1)〔少数派の〕de minoria. 〜な文学 literatura (f) de público restrito. 2)〔二流の〕de menor importância, secundário/ria. 〜な会社 empresa (f) secundária.

マイナス ❶【数】menos, sinal (m) negativo [de subtração], quantidade (f) negativa. 〜5度 cinco graus (mpl) abaixo de zero. 10〜3イコール7 (10-3=7) Dez menos três é igual a [são] sete. 〜と〜を掛けるとプラスになる Multiplicando-se menos com menos dá mais. ♦マイナス記号 sinal (m) negativo. ❷【電】polo (m) negativo. ❸〔欠損〕déficit (m), saldo (m) negativo. 会社の売り上げが〜になった A companhia sofreu uma perda no resultado das vendas. ❹〔不利〕desvantagem (f), ponto (m) negativo, inconveniente (m). …に〜の影響がある ter um impacto negativo sobre ….

まいにち 毎日 todos os dias, diariamente.

まいねん 毎年 ⇨毎年(まい).

マイノリティー minoria (f).

まいばん 毎晩 todas as noites.

マイペース ritmo (m) próprio. 〜な人 pessoa (f) que faz as coisas no seu próprio ritmo (sem pressa). 彼は〜で仕事する Ele trabalha no seu próprio ritmo (meio devagar).

マイホーム minha casa (f), meu lar (m). 〜主義である ser caseiro/ra. 〜を持つ ter casa própria.

まいぼつ 埋没 soterramento (m). 〜する ficar soterrado/da [enterrado/da]. 〜させる soterrar, enterrar.

まいる 参る ❶〔行く、来る〕ir, vir 《formas humildes de cortesia》. 昨日先生のご自宅に参りました Ontem fui à residência do professor. 母は明日帰って参ります Minha mãe vai voltar amanhã. 行って参ります〔遠征〕Até logo! Vou fazer o melhor possível 《numa partida para uma grande empresa》./〔日常〕Vou sair e volto já 《saudação diária em família》. ただ今そちらに参ります Logo, logo estarei aí. お迎えの車が参りました O carro do senhor/da senhora veio buscá-lo/la. ❷〔降参する〕perder, ser derrotado/da, render-se a. あなたの頭の良さには参りましたよ Rendo-me à sua inteligência fabulosa. ❸〔参拝する〕visitar área sagrada ou terreno religioso. ❹〔閉口する〕fraquejar física ou mentalmente; ficar embaraçado/da com, não suportar mais, 《卑》ficar de saco cheio de. 日本の夏の暑さに〜人が多い Muitas pessoas perdem as forças no verão japonês. 先月働きすぎて参った Mês passado passei mal por trabalhar demais. ❺〔ほれ込む〕apaixonar-se. 彼はあの娘に参っている Ele está apaixonado por aquela garota.

マイルド 〜な suave, brando/da. 〜な味のコーヒー café (m) suave.

まう 舞う dançar, bailar. ⇨舞(まい).

まうえ 真上 …の〜に bem em cima de ….

マウス ❶〔コンピュ〕*mouse* (m) 〔マーウスィ〕. 〜の右側をクリックして「貼り付け」を選んでください Aperte o botão direito do *mouse* e escolha [selecione] "copiar". ❷〔動〕〔ハツカネズミ〕camundongo (m).

マウンテンバイク *mountain bike* (m).

マウンド 〔野球〕montinho (m) do arremessador.

***まえ 前** ❶〔以前〕antes 〔アンチス〕. 公園は〜とはだいぶ違っていた O parque estava bem diferente do que era antes. 〜の anterior, passado/da. 〜の社長は去り人でした O presidente anterior era uma pessoa severa. 〜の仕事の続きをやっています Estou continuando o trabalho anterior. 〜の月曜日あなたは仕事を休みましたか Você faltou ao trabalho na segunda-feira passada? ❷〔順序〕…の〜に antes de …. 仕事を始める〜に私の部屋に来てください Antes de começar a trabalhar, venha à minha sala. お昼の〜に仕事を終えましょう Vamos encerrar o trabalho antes do almoço. 〔飛行機の〕欠陥は離陸の6分〜に見つかった O defeito (do avião) foi descoberto ᴌa seis minutos [seis minutos antes] da decolagem. 雨が降る～に家に帰った〔たまたま〕Voltei para casa antes ᴌda chuva [de chover]./〔意図的に〕Voltei para casa antes que chovesse. ❸〔方向〕frente (f)〔フレンチ〕, dianteira (f)〔ディアンテイラ〕. ～の (o/a) da frente. 一歩～へ進む avançar um passo em frente. ～を見て歩きなさい Olhe para a frente quando anda./Ande olhando para a frente. ❹〔位置〕a frente, a parte da frente. …の～に na frente de …, em frente a …. 駅の～に郵便局があった Havia um correio na frente da estação. ❺〔時点〕… atrás〔アトラース〕, antes, há〔アー〕…, há … atrás. ほんの少し～までは até há bem pouco tempo; até bem pouco tempo atrás. 8か月～までは até há oito meses; até oito meses atrás. 40年～の de quarenta anos atrás. 彼らは6年～からボーリングの仲間だ Há seis anos eles se reúnem para jogar boliche. どのくらい～から日本にいるのですか Há quanto tempo está no Japão?〔★ há以外の動詞が現在形〕. 私は6年～にブラジルに住みはじめた Eu comecei a morar no Brasil há seis anos (atrás). 彼は6年～にここに来た Ele chegou aqui há seis anos (atrás).〔★ há以外の動詞が過去形〕.

まえあし 前足 pata (f) dianteira.

まえうり 前売り venda (f) antecipada. ～する vender antecipadamente. ♦前売り券 ingresso (m) vendido antecipadamente.

まえおき 前置き introdução (f), preâmbulos (mpl). ～はこのくらいにして... Sem mais preâmbulos ....

まえかがみ 前かがみ inclinação (f) do corpo para a frente. ～になる inclinar-se para a frente.

まえがき 前書き introdução (f), prefácio (m), prólogo (m).

まえかけ 前掛け avental (m).

まえがみ 前髪 franja (f).

まえがり 前借り adiantamento (m). 給料の～をする conseguir adiantamento de salário.

まえば 前歯 dentes (mpl) anteriores, incisivos (mpl).

まえばらい 前払い pagamento (m) antecipado [adiantado]. ～の pré-pago/ga. 給料を～する pagar o salário antecipadamente, deixar o salário pago.

まえぶれ 前触れ anúncio (m). 春の～ anúncio da primavera.

まえむき 前向き posição (f) virada para a frente. ～の virado/da para a frente;《比》positivo/va, construtivo/va. ～に olhando para a frente;《比》construtivamente, de maneira positiva. ～に対処しましょう Vamos tomar medidas construtivas.

まえもって 前もって ～準備する preparar previamente. ～言ってしまいます Já vou adiantar (falando que …).

まがいもの 紛い物 imitação (f), falsificação (f). ～の宝石 imitação de pedra preciosa.

まがお 真顔 ar (m) sério. ～でうそをつく mentir com cara séria. ～になる ficar sério/ria.

まがし 間貸し aluguel (m) de quartos. ～をする alugar quartos.

マガジン ❶〔雑誌〕revista (f). ♦マガジンラック revisteiro (m). ❷〔写〕carretel (m) (de câmera).

まかす 負かす vencer, derrotar. ゲームで相手を～ vencer o/a adversário/ria no jogo.

まかず 間数 número (m) de cômodos. ～の多い家 casa (f) com muitos cômodos.

まかせる 任せる deixar … por conta de …, confiar … a …. ある任務を…に～ confiar uma missão a …. それは私に任せておいてください Deixe isso por minha conta!/Quanto a isso, conte comigo. そのことは彼に任せておけばよいでしょう Isso aí é bom deixar por conta dele.

まがった 曲がった torto/ta, tortuoso/sa, retorcido/da. ～道 rua (f) torta. ～ことが大嫌いな人 pessoa (f) extremamente honesta [escrupulosa, íntegra].

まかない 賄い ❶〔食事〕refeições (fpl), comida (f). 部屋代は～付きで月5万円だ O preço do quarto é cinquenta mil ienes, ᴌcom [incluídas as] refeições. ❷〔食事をつくる人〕cozinheiro/ra de pensão ou hotel.

まかなう 賄う custear, pagar. …の費用を～ pagar os gastos de …, arcar com as despesas de …. 我が家の家計は父の給料でまかなわれている O pagamento das despesas da minha família é feito com o salário de meu pai. その儲(ᅾ)けでは経費がまかなわない Com esse lucro não dá para se cobrir [cobrirem] os gastos.

まがも 真鴨 〚鳥〛pato-real (m).

まがり 間借り ～をする alugar um quarto. ♦間借り人 locatário/ria.

まがりかど 曲がり角 ❶ esquina (f). 注意! この先急な～あり《掲示》Cuidado! Curva perigosa logo adiante. ❷〔転換期〕ponto (m) de viragem.

まかりとおる 罷り通る passar impune. 悪事が～世の中 mundo (m) em que os maus atos passam impunes. そこでは強者の論理が～のだった Ali a razão do mais forte ditava a lei.

まがる 曲がる 〔湾曲する〕curvar-se, dobrar-se;〔傾く〕inclinar-se;〔道を〕virar. 梅の枝が雪の重みで曲がっている O ramo da ameixeira ᴌcurvou-se [está curvo] com o peso da neve. ネクタイが曲がっている A gravata está torta. 三つ目の角を左に曲がってください Vire [Dobre] a terceira esquina à esquerda.

マカロニ macarrão (m). ♦マカロニグラタン macarrão gratinado.

まき 薪 lenha(f). ～を割る rachar lenha. …に～をくべる deitar [pôr, colocar] lenha em ….

まきがい 巻き貝 『貝』concha(f) em caracol.

まきかえし 巻き返し contra-ataque(m), virada(f). ～をはかる contra-atacar.

まきこまれる 巻き込まれる envolver-se, ser envolvido/da, ser engolfado/da. 彼はトンネルの火災で煙に巻き込まれた Ele foi engolfado pela fumaça no incêndio do túnel. 我々は事件に巻き込まれてしまった Nós acabamos nos envolvendo no acidente.

まきこむ 巻き込む envolver, engolfar. ⇨巻き込まれる.

まきじゃく 巻尺 fita(f) métrica.

まきずし 巻き鮨 『料』*sushi*(m) de arroz enrolado com algas secas e recheado com ovos e legumes《feito rocambole》.

まきぞえ 巻き添え …を～にする envolver … em algum acidente, comprometer. …の～を食う ver-se envolvido/da em ….

まきちらす まき散らす espalhar;〔水などを〕borrifar, espargir.

まきつく 巻き付く …に～ enrolar-se em ….

まきば 牧場 pasto(m), pastagem(f).

まきもどし 巻き戻し rebobinagem(f). ビデオテープの～ rebobinagem do vídeo.

まきもどす 巻き戻す rebobinar. ビデオテープを～ rebobinar o vídeo.

まぎらす 紛らす ❶〔気持ちなどを〕distrair-se, desviar a atenção. 気を～ desviar a atenção (de um sentimento indesejado), espairecer(-se). 退屈を～ distrair-se, entreter-se,《口語》matar o tempo. ❷〔ごまかす〕disfarçar (algo negativo). 悲しみをほほえみに～ disfarçar tristeza com um sorriso. 失敗を冗談に～ disfarçar o erro com piadas. 悲しさを酒に～ afogar a tristeza com álcool. ❸〔隠す〕esconder. 人ごみの中に姿を～ esconder-se na multidão.

まぎらわしい 紛らわしい confuso/sa. その区別は～ Essa distinção [divisão] é confusa.

まぎれこむ 紛れ込む 群集に～ entrar〔《口語》enfiar-se, perder-se〕na multidão. 契約書は書斎のどこかに紛れ込んでしまった O contrato está perdido no meio do escritório.

まぎれる 紛れる ❶〔見えなくなる〕misturar-se, perder-se de vista. 犯人は騒動に紛れて逃げた O/A criminoso/sa escapou no meio da comoção. 人ごみに～ desaparecer no meio da multidão. ❷〔気持ちが〕esquecer-se, distrair-se. 忙しさに紛れて友達の誕生日のことを忘れてしまった Por estar ocupado, me esqueci do aniversário de meu amigo. ブラジルの笑い話で私の悲しみが少し紛れた Pude esquecer um pouco a tristeza com as piadas brasileiras.

まぎわ 間際 …～に (precisamente, imediatamente) antes de …, (exatamente) no momento de …, na iminência de …. 受験の～に no momento [na hora] da prova. 故郷へ出発する～に悲しい知らせがあった Recebi uma notícia triste quando estava prestes a partir para minha terra natal. 犯人は死ぬ～に犯罪を認めた O/A criminoso/sa admitiu seus crimes (no momento em que ia morrer [quando estava morrendo]).

まく 巻く enrolar;〔ひもなどで〕atar com corda. そのじゅうたんを巻いて倉庫にしまいましょう Vamos enrolar esse tapete e guardar no depósito. その指に包帯を～必要があります É preciso enfaixar esse dedo. フィルムを～ enrolar o filme.

まく 撒く espalhar; borrifar. ⇨まき散らす.

まく 蒔く (種を) semear. 麦を～ semear trigo. 畑に種を～ semear o campo.

まく 幕 ❶〔舞台などの〕pano(m), cortina(f) (do palco). ～が上がった (下りた) A cortina (do palco) abriu (fechou). ～を上げる (下ろす) abrir (fechar) a cortina (do palco). ～を引く puxar a cortina. ❷〔劇の場面〕ato(m) (de uma peça). 2～物 peça(f) em dois atos. 3～4場の劇 peça em três atos e quatro cenas. ❸〔状況, 場合〕caso(m), ocasião(f). ごめんなさい, 私の出る～じゃないけれど… Desculpe-me a intromissão, mas …. ❹〔終わり〕fim(m), ～となる terminar. 長年続いた独裁体制がついに～を閉じた A ditadura que durou muitos anos terminou enfim.

まく 膜 ❶〔表皮〕película(f). 表面に～がはる Forma-se uma película na superfície. ❷〔温めた牛乳にできる〕nata(f). ❸〔解〕membrana(f). ♦細胞膜 membrana celular.

まぐち 間口 fachada(f). ～10メートルの家 casa(f) com dois metros de fachada. この店は～は狭いが奥行きがある Esta loja tem a fachada estreita, mas tem profundidade.

マグニチュード magnitude(f). 今回の地震は～6だった O último terremoto registrou seis pontos (de magnitude) na escala Richter.

マグネシウム 【化】magnésio(m). ♦塩化マグネシウム cloreto(m) de magnésio. 酸化マグネシウム magnésia(f).

まくら 枕 travesseiro(m). …の～元に na cabeceira de …. ～をして眠る usar o travesseiro para dormir, dormir com a cabeça no travesseiro. ♦水枕 bolsa(f) d'água. 枕木 dormente(m)《de estrada de ferro》. 枕カバー fronha(f).

まくる arregaçar. そでを～ arregaçar as mangas. ¶しゃべり～ falar sem parar.

まぐれ acaso(m), sorte(f). ～である pura sorte. 私が勝ったのは単なる～だ Eu ganhei apenas por sorte.

マクロ- macro-. ～経済学 macroeconomia(f). ～経済学の macroeconômico/ca.

まぐろ 鮪 [魚] atum (m).

マクロファージ macrófago (m).

まけ 負け derrota (f), perda (f), fracasso (m). ～越しした力士 lutador (m) de sumô que teve mais derrotas do que vitórias (numa temporada). 彼の批判は～犬の遠吠えに過ぎない As críticas dele não passam de um frustrado na vida. 僕の～を認めます Admito ⌊que fui derrotado [minha derrota]. ♦ 負け犬 derrotista, perdedor/ra pessimista, fracassado/da. 負け組 grupo (m) ⌊dos fracassados [derrotista].

まけおしみ 負け惜しみ ～を言う ser um mau perdedor, não querer reconhecer a própria derrota. それは～だよ Isso é inveja!

まけずぎらい 負けず嫌い ～な que não quer estar por baixo de ninguém, que não gosta de perder de ninguém. 私は子供のときから～でした Eu não gostava de perder de ninguém desde criança. ⇨ 勝ち気.

マケドニア Macedônia (f). ～の macedônio/nia.

*****まける 負ける** ❶〔敗北する〕perder [ペルデール], sofrer uma derrota, ser vencido/da. 試合に～ perder na competição. 日本が戦争に負けたとき... Quando o Japão perdeu a [na] guerra .... そのチームは 2 対ゼロで広島に負けた O time perdeu ⌊de dois a zero [por dois a zero] para o Hiroshima. ❷〔屈する〕sucumbir [スクンビール], ceder [セデール]. 誘惑に～ cair na tentação. 寒さに～ ficar prostrado/da com o frio. ❸〔劣る〕ser inferior a. この分野では誰にも負けない Nessa área não sou inferior a ninguém. ❹〔強い刺激で体が損なわれる〕ser alérgico/ca. スギ花粉に～ ser alérgico/ca ao pólen de cedro. ❺〔値引きする〕descontar [デスコンタール], fazer [dar] um desconto (em), abaixar o preço (de). いくらかまけていただけませんか Não pode me fazer um desconto? 2 割まけられます Posso lhe dar um desconto de vinte por cento.

まげる 曲げる ❶〔物・体の部分を〕curvar, encurvar, arquear. 腰を～ curvar-se. ❷〔ねじる〕entortar, torcer. ❸〔折り曲げる〕dobrar. ❹〔真実などを〕distorcer. 彼は決意を決して曲げない Ele nunca volta atrás quando decide alguma coisa.

まけんき 負けん気 espírito (m) de rivalidade [concorrência], emulação (f). 彼女は～が強い Ela não gosta de perder de ninguém.

まご 孫 neto/ta.

まごい 真鯉 [魚] carpa (f) preta.

まごころ 真心 sinceridade (f). ～をこめて de todo o coração, do fundo do coração.

まごつく ❶〔うろたえる〕ficar confuso/sa [perplexo/xa, atrapalhado/sa]. 返事に～ não saber o que responder. ❷〔うろうろする〕ficar desorientado/da, perder-se. 久しぶりにここに来たらあまりに変わっているのでまごついてしまった Eu fiquei desorientado/da ao ver as coisas tão mudadas, pois fazia tempo que eu não vinha aqui.

まこと 誠 verdade (f). ～に realmente, muito. ～におっしゃるとおりです É exatamente como o/a senhor/ra diz. ～にありがとうございました Muito obrigado/da mesmo. ⇨ 真実.

まごのて 孫の手 coçador (m) de costas.

まごまご ～する ficar atrapalhado/da [desorientado/da, 《口語》baratinado/da].

マザーコンプレックス ⇨ マザコン.

まさか ～私がそんなことを言うはずがない Não pode ser que eu tenha dito uma coisa dessas. ～の場合に備えておきましょう Vamos deixar as coisas guardadas ⌊para algum caso de emergência [para alguma eventualidade]. ¶ まさか Não me diga!/Não pode ser!/Quem diria?!

まさかり 鉞 machado (m) grande.

マザコン complexo (m) de Édipo; 〔人〕pessoa (f) com apego excessivo à mãe.

まさつ 摩擦 fricção (f), atrito (m), esfrega (f); 〔比〕desentendimento (m), divergência (f), atrito. ～する friccionar, esfregar. 両国間に～が生じた Os dois países ⌊entraram em desentendimento [se desentenderam]. ♦ 経済摩擦 atrito econômico.

まさに 正に ❶〔確かに〕justamente, precisamente, verdadeiramente, exatamente. ～君の言うとおりだ É exatamente como você diz./Você tem toda a razão. ～そのとき nesse exato momento, justo nessa hora. ❷〔今にも…する〕～…する estar a ponto de [estar para](＋不定詞)《＋infinitivo》. 私が～出かけようとしていたときに Justo quando eu estava de saída ..../Justo quando eu ia saindo ....

まさる 勝る ser melhor (do que), superar, ser superior a. この車がほかよりも勝っている点は何ですか Em que ponto este carro é melhor do que os outros? これは性能において勝っている Isto aqui é superior em qualidade [rendimento]. この分野では彼に～者はいない Nesta área, não há ninguém que o supere. 健康に～ものはない Nada vale mais que a saúde.

まざる 混ざる，交ざる misturar-se, ficar misturado/da; 〔中に入る〕entrar no grupo, enturmar, participar. 新しいお米と古いお米がまざってしまった O arroz novo acabou se misturando com o velho. ⇨ 混じる，交じる.

まし melhor, um tanto preferível (a). もう少し～な服装ができないのか Será que você não pode se vestir melhor? B より A のほうが～だ A é preferível a B. そのような生き方をするなら死んだほうが～だ Prefiro até morrer a levar uma vida dessas.

まし 増し aumento (m). 夜間は 1 割～になる À noite, isso fica dez por cento mais caro.

まじえる　交える misturar; trocar; cruzar. 私情を〜 misturar sentimentos pessoais (num assunto público). 砲火を〜 trocar descargas de canhões [canhonadas]. …とひざを交えて話し合う ter uma conversa íntima [informal] com ….

ました　真下 …の〜に bem em baixo de ….

マジック 〔魔術, 手品〕mágica (f). ♦マジックインキ《商標》marcador (m) 《caneta》. マジックテープ《商標》velcro (m). マジックナンバー número (m) mágico. マジックハンド manipulador/ra.

まして mais ainda, muito mais, quanto mais; 〔まして…ない〕menos ainda, muito menos. それは日本人にもむずかしい, 〜外国人にはなおさらむずかしい Isso já é difícil para um japonês, quanto mais para estrangeiros. 彼女は仮名も読めない, 〜漢字は読めるはずがない Ela nem sabe ler o "kana"《silabário japonês》. Muito menos os caracteres chineses.

まじない　呪い feitiço (m), magia (f), encantamento (m), praga (f); simpatia (f). 姉は早く彼氏ができるようにお〜をした Minha irmã mais velha fez uma simpatia para conseguir um namorado logo. ♦まじない師 curandeiro/ra, feiticeiro/ra.

まじめ　真面目 〜な〔本気な〕sério/ria; 〔誠実な〕sincero/ra, honesto/ta. 〜に seriamente, com seriedade. 〜な市民 cidadão/dã de bem. 彼は〜な人だ Ele é uma pessoa séria. 少年は〜な顔をした O menino ficou sério. 〜に暮らす levar uma vida honesta. そんなことを〜にとらないでくださいよ Não leve a sério uma coisa dessas, por favor. もっと〜に仕事をしなさい Trabalhe com mais seriedade./Seja mais sério no trabalho.

まじゅつ　魔術 feitiço (m); 〔手品〕mágica (f). ♦魔術師 feiticeiro/ra; mágico/ca.

マシュマロ marshmallow (m).

まじょ　魔女 feiticeira (f), bruxa (f). ♦魔女狩り caça (f) às bruxas.

ましょうめん　真正面 bem em frente; de frente. 博物館の〜の建物が駅です O edifício bem em frente ao museu é a estação. 〜から攻撃する atacar de frente.

マジョリティー maioria (f). ♦サイレントマジョリティー maioria (do povo) calada (que não grita pelos direitos).

まじる　混じる, 交じる ❶〔まざる〕mesclar-se, misturar-se. 油と水はまじらない O óleo não se mistura com a água. 彼女の怒りにはなんとなく嫉妬(しっと)がまじっていた Na raiva dela havia um quê de ciúmes. 私にはポルトガル人の血が少しまじっている Tenho um pouco de sangue português. ❷〔交際する〕meter-se entre [em], meter-se entre a multidão. 人の群れに〜 meter-se entre a multidão.

まじわる　交わる ❶〔交際する〕misturar-se com, associar-se a, dar-se com. あの人たちは交わらないほうがいい É melhor não se misturar muito com aquela gente. ❷〔交差する〕cruzar(-se). この道路は国道と〜でしょうか Será que esta estrada cruza com a rodovia nacional? 直角に〜二つの直線 duas retas que se cruzam em ângulo reto.

ましん　麻疹 sarampo (m) (=はしか).

***ます　増す** 〔増加する〕aumentar [アウメンタール], crescer [クレセール]; 〔付け加える〕acrescentar [アクレセンタール] この町は最近人口が増しました A população desta cidade aumentou recentemente. 川の水が増してきた A água do rio começou a subir. マスクの需要が5割増した A demanda por máscaras (cirúrgicas) aumentou em cinquenta por cento. 速度を〜 aumentar em velocidade, adquirir velocidade.

ます　升 ❶〔酒の〕copo (m) quadrado (de madeira, para beber saquê). ❷〔分量〕medida (f) antiga. ❸〔芝居などの〕camarote (m).

ます　鱒 〖魚〗truta (f).

まず ❶〔最初に〕em primeiro lugar, antes de mais nada. 〜仕事場の整理からはじめてください Antes de mais nada, comece por arrumar o ateliê [a oficina]. 〜店長の許可を得なくてはならないでしょう Em primeiro lugar, vamos ter que obter a permissão do gerente. ❷〔ほぼ〕quase certamente. 〜彼女は来ないでしょう Certamente ela não vai vir.

ますい　麻酔 〔医〕anestesia (f). …に〜をかける anestesiar …. 〜から覚める despertar-se da anestesia. ♦麻酔科 anestesiologia (f). 麻酔科医 anestesista. 麻酔薬 anestésico (m). 局所麻酔 anestesia local.

***まずい** ❶〔味が〕ruim [フイーン], de mau sabor, que não está bom/boa. この梨は〜ですか Esta pera está ruim? きのうのスープはまずかった A sopa de ontem não estava gostosa. あのレストランの料理は〜 A comida daquele restaurante não é boa. ❷〔不都合である〕não ser recomendável, não ser bom, ser embaraçoso. 今それをするのは〜 Não é recomendável [bom] fazer isso agora.

マスカット 〔ブドウ〕uva (f) moscatel; 〔ワイン〕vinho (m) moscatel.

マスカラ máscara (f) (cosmética).

マスク máscara (f), máscara cirúrgica. 〜をする pôr máscara. ♦酸素マスク máscara de oxigênio.

マスクメロン 〖植〗cantalupo (m).

マスコット mascote (m). チームの〜 mascote do time.

マスコミ comunicação (f) de massa.

***まずしい　貧しい** pobre [ポーブリ]; 〔つつましい〕humilde [ウミーウヂ], modesto/ta [モデースト/タ]. ブラジルは決して〜国ではない O Brasil não é um país pobre, de jeito nenhum. 我々は貧しく暮らしたくない Nós não queremos levar uma vida de pobre. 〜家に生まれる nascer numa fámilia modesta, ser de origem humilde. 彼は想像力が～ Ele tem uma imaginação pobre [limitada].

マスター ❶〔経営者〕dono/na, proprietário/ria, patrão/troa 《em geral, de um bar ou casa de chá, e usado como segunda pessoa》. ～のお勧めのワインはどれですか Qual seria o vinho recomendado pelo senhor [patrão]? ❷〔修士〕mestre/tra. ～(コース) mestrado (m). ❸〔熟達〕domínio (m). フランス語を～する dominar o francês. 彼は日本語をよく～している Ele domina bem o japonês.

マスターキー chave (f) mestra.
マスタード mostarda (f).
マスト mastro (m).
ますます cada vez mais, dia a dia. ～増える crescente, que aumenta cada vez mais, de número cada vez maior; aumentar cada vez mais. 彼は～増えていく失業者の一人である Ele está no cada vez maior número de desempregados./Ele é um dos cada vez mais numerosos desempregados. お陰様で商売は～繁盛しています Graças a Deus, os negócios estão melhorando dia a dia.

ますめ 升目〔チェスなどの〕quadrado (m), casa (f) 《no tabuleiro de xadrez》.

マスメディア mídia (f), comunicação (f) de massa.

ませた precoce. その少女は8歳にしてはませている Essa menina está precoce para oito anos (de idade).

まぜる 混ぜる 〔混合する〕misturar;〔混ぜ物をする〕adulterar;〔かき混ぜる〕mexer, remexer. AとBを～ misturar A com B. その小麦粉を卵と混ぜてください Misture essa farinha de trigo com ovos. このビールは水が混ぜてある Esta cerveja está adulterada com água.

マゾ〔マゾヒズム〕masoquismo (m);〔マゾヒスト〕masoquista.

*****また 又 ❶ e [イ];〔再び〕outra vez, de novo, novamente [ノヴァメンチ]. ～ラテンアメリカに行きたいと思っています Gostaria de voltar [tornar] a visitar a América Latina./Gostaria de visitar a América Latina novamente [outra vez, de novo]. 川の水が～きれいになったとき、蛍が戻ってきた Quando a água do rio voltou a ser limpa [ficou limpa de novo], os vagalumes voltaram. ～ね Até mais (ver)! ❷〔もまた〕…も～〔同様に〕também; tanto … como …;〔二つとも〕ambos/bas;〔否定〕nem … nem …. 部長も～課長同様の提案に反対です Tanto o/a diretor/ra do departamento como o/a chefe da seção são contra essa ideia [proposta]. 私も～そう思います Eu também acho./Eu sou da mesma opinião. 私にはそのための金も～エネルギーもない Eu não tenho nem dinheiro nem energia para isso. ¶ ～とないチャンス uma oportunidade sem igual. その話では～にしましょう Vamos falar disso numa outra ocasião, sim?

また 股 entrepernas (m). ～を広げる abrir as pernas. 世界を～にかける percorrer o mundo.

*****まだ ❶〔今なお〕ainda [アインダ]. 彼は～首位である Ele ainda é o primeiro./Ele segue [continua] sendo o primeiro./Ele continua [permanece] em primeiro lugar. あなたは～そんなことをしているのですか Você ainda está fazendo isso? ❷〔まだ…ない〕ainda não. この前の事故の書類は～ですね(=まだできていない)Os documentos do acidente daquele dia ainda não estão prontos, não é? 彼は～来ていませんが… Ele ainda não veio …. 夕食は～です(=まだ食べていない)Ainda não jantei. ❸〔もっと〕ainda. 仕事は～ある Ainda temos o que fazer [serviço]. 目的地まで～300キロある Ainda temos trezentos quilômetros até chegar ao local de destino. ❹〔わずかに〕só [ソー], somente [ソメンチ], apenas [アペーナス]. ～8時だ Ainda são apenas oito horas.

まだい 真鯛〔魚〕pargo (m).

またがし 又貸し empréstimo (m) a terceiros;〔土地、家屋の〕sublocação (f). …を～する emprestar … a terceiros; sublocar. 彼は借りているアパートの一部屋を～した Ele sublocou um quarto de seu apartamento alugado. いとこにCDを～した Ele emprestou ao primo o CD que lhe tinham emprestado.

マダガスカル Madagascar. ～の malgaxe.

またがる〔馬などに〕montar a;〔広がる〕estender-se por. この山は三つの県にまたがっている Esta montanha se estende por três províncias.

またぎき 又聞き informação (f) indireta [em segunda mão]. …を～する ouvir falar que …. 彼女は～したことをすぐに人に伝える Ela logo passa para outros o que sabe apenas por ouvir dizer.

またぐ atravessar com passo largo. 水たまりを～ pular por cima da poça d'água.

まだこ 真蛸 polvo (m) vulgar.

まだしも ainda vá lá, mas …. 千円なら～二千円とは高すぎる Se me diz que o preço é mil ienes ainda vá lá, mas dois mil ienes é caro demais.

またたく 瞬く cintilar, piscar. ～間に num piscar [abrir e fechar] de olhos.

*****または ou [オウ], ou então 君か～ぼくが横浜へ行かなければならない Ou eu ou você temos que ir a Yokohama. ペン～鉛筆でお書きください Escreva com caneta ou a lápis.

まだまだ ainda há muito a, ainda deixa muito a. その分野は～である Há muito a melhorar nesse campo./Esse campo ainda deixa muito a desejar. その争いが解決を見るのは～である A discussão está longe de terminar. 不満は～ある Há ainda muitas insatisfações./

《口語》Se eu começar a contar as mágoas, não tem fim.

マダム ❶ senhora (f) rica. ❷ 〔バーなどの〕dona (f) de um bar ou café.

まだら 斑 malha (f), mancha (f). 〜の malhado/da. 白と黒の〜の牛 vaca (f) com malhas brancas e pretas.

またわり 股割り 〔相撲〕"espacate". 〜する abrir "espacate" (abrir as pernas em 180 graus, encostando o peito no chão).

***まち** 町, 街 ❶ cidade (f) [スィダーデ]. ❷ 〔繁華街〕centro (m) [セントロ]. ちょっと〜へ買い物に行ってきます Vou até o centro fazer compras. ❸ 〔小さな〕vila (f) [ヴィーラ]. ❹ 〔街路〕bairro (m) [バーイホ], quarteirão (m) [クァルテイラォン].

まちあいしつ 待合室 sala (f) de espera. 〜でお待ちください Espere na sala de espera, por favor.

まちあわせ 待ち合わせ ❶ encontro (m) (marcado). 〜の場所 (時間) lugar (hora) de encontro. …と〜がある ter encontro marcado com …. ❷ 〔列車の〕espera (f). 各駅停車の電車が駅で急行の〜をした O trem local esperou a chegada do trem expresso (para então partir).

まちあわせる 待ち合わせる …と〜 encontrar-se com … (em lugar determinado). 駅前で7時に〜 combinar de encontrar-se [se encontrarem] às sete horas na frente da estação.

まちいしゃ 町医者 médico/ca com consultório particular.

まぢか 間近 〜の muito perto. 〜に logo, logo. それはここから〜の所にある Isso fica a dois passos [pertinho] daqui. ビルの完成も〜になりました Logo, logo o prédio estará pronto.

まちがい 間違い 〔思い違い〕engano (m);〔知的, 道徳的過誤〕erro (m). 計算の〜 erro de cálculo. 〜を犯す(する) cometer [fazer] erros, errar. 〜を認める reconhecer o erro. 〜のない記憶 memória (f) infalível. 〜なく sem falta. こういう〜はよくあることです Erros desse tipo são muito frequentes. 今それをするのは〜だ É um erro [Está errado] fazer isso agora. 7時までに〜なく帰ります Voltarei até às sete horas, sem falta.

まぢかい 間近い 〔距離〕estar perto [a pouca distância];〔時〕vir logo,《口語》estar aí. 夏休みも〜 As férias de verão vêm logo, logo [já estão aí].

まちがう 間違う ⇨間違える.

まちがえる 間違える errar, fazer erros;〔勘違いをする〕enganar-se;〔取り違える〕confundir. 間違った errado/da. 間違っている estar errado/da. 間違って〔勘違いして〕por engano;〔不注意で〕por descuido. 道(時間/日にち)を〜 errar o caminho(a hora/o dia). 間違ってダイヤルを discar errado. 間違った電車に乗ってしまいました Acabei tomando um trem errado. 私はよくAとBを〜 Eu sempre confundo A com B. すみません, 間違えました〔電話などで〕Desculpe, foi engano. 君は間違ってるよ Você está errado/da. 私が間違っていました Eu é que estava errado/da. 私が間違ってもそんなことはしない Eu não faria uma coisa dessas, de jeito nenhum.

まちこうば 町工場 pequena fábrica (f) instalada em bairros.

まちじかん 待ち時間 tempo (m) de espera.

まちどおしい 待ち遠しい impaciente [ansioso/sa] (à espera de algo). 私は手紙の返事が来るのが〜 Estou impaciente [ansioso/sa] pela chegada da resposta à minha carta.

まちなか 町中 centro (m) da cidade.

まちなみ 町並み rua (f), fileira (f) de casas ou lojas. この町は〜が美しい Esta cidade tem ruas bonitas.

まちのぞむ 待ち望む esperar com ansiedade [ansioso/sa, muito]. 彼は夏休みになるのを待ち望んでいる Ele está ansioso para que cheguem logo as férias de verão.

まちはずれ 町外れ subúrbio (m), periferia (f).

まちばり 待ち針 alfinete (m).

まちぶせ 待ち伏せ emboscada (f). 〜する fazer uma emboscada. 犯人は被害者を〜した O/A criminoso/sa fez uma emboscada para sua vítima. 〜に遭う cair em uma emboscada.

まちやくば 町役場 prefeitura (f) de cidade pequena.

***まつ** 待つ esperar [エスペラール]. 彼(彼女)を〜 esperar por ele (ela), esperá-lo (-la). 春を〜 esperar pela primavera. 電車を〜 esperar o trem. 順番を〜 esperar a vez. 彼が来るまで待ちます Vou esperar até que ele venha. 私はあなたが答えてくれるのを待っているのです Eu estou esperando a sua resposta. 私は待ち続けます Eu continuo [fico] esperando [na espera]. ずっと待ってしまいました Fiquei esperando o tempo todo. ここで待っています Eu espero aqui. 少々お待ちください Espere um momentinho [um segundinho], por gentileza. 少しお待ちいただけますか Poderia esperar um instantinho, sim? ちょっと待ってください Espere um momentinho, por favor. 待って《俗》Peraí! 待て Espere! お待ちしております Estaremos à sua espera. 君が来るのを待っているよ Estou esperando por você, viu? こんなに人を待たせてはいけないよ Não é bom fazer os outros esperarem tanto assim. お待たせしてすみません Desculpe fazê-lo/la esperar. ¶ お待ちどおさま Desculpe-me a demora. /〔レストランなどで〕Aqui está o seu pedido.

まつ 松 〔植〕pinheiro (m). 〜の実 pinhão (m). ◆松ぼっくり cone (m), estróbilo (m), pinha (f).

まっか 真っ赤 ～な bem [completamente] vermelho/lha. ～になる ficar bem vermelho/lha [vermelhinho/nha]. ～になって怒る ficar vermelho/lha de raiva. ～なうそ uma mentira (f) redonda, pura mentira.

まっき 末期 fim (m), últimos anos (mpl), fase (f) final, última fase. 江戸時代～ fim da era Edo. ～的症状 sintoma (m) da fase terminal. 彼の癌(がん)は～状態だった O câncer dele ∟estava na fase terminal [não tinha mais salvação]. ♦末期患者 paciente em fase terminal.

まっくら 真っ暗 ～な completamente escuro/ra. その部屋は～だった O quarto estava completamente escuro. お先～だ Não tenho mais nenhuma esperança./Estou completamente perdido/da.

まっくろ 真っ黒 ～な bem [completamente] preto/ta. ～に日焼けする ficar bem bronzeado/da com o sol. 魚が～にこげてしまった O peixe ficou carbonizado.

まつげ 睫 cílio (m), pestana (f).

まっこうくじら 抹香鯨 〖動〗cachalote (m).

マッサージ massagem (f). ～をする fazer massagem. ～をしてもらう ser massageado/da. ♦マッサージ師 massagista.

まっさいちゅう 真っ最中 bem no meio de …, em pleno/na …. 彼は会議の～に入ってきた Ele entrou quando a gente estava em plena reunião.

まっさお 真っ青 ～な completamente azul; 〔顔色が〕bem pálido/da. ～な空 céu (m) de um azul límpido. 恐怖で～になる ficar pálido/da de medo.

まっさかさま 真っ逆様 ～の(に) de pontacabeça, de pernas para o ar. 車は～に橋から落ちた O carro caiu da ponte, capotando.

まっさき 真っ先 ～に antes de mais nada, em primeiro lugar. 彼が～にかけつけた Ele foi o primeiro a chegar.

マッシュポテト 〖料〗purê (m) de batata.

マッシュルーム 〖植〗*champignon* (m) [シャンピニョン].

まっしょう 末梢 ❶〔こずえ〕ponta (f) do galho. ❷〔末端〕ponta (f), periferia (f). ♦末梢神経 〖解〗nervo (m) periférico. 末梢神経組織 〖解〗sistema (m) nervoso periférico. ❸〔ささいなこと〕coisa (f) sem importância. ～的 secundário/ria [sem importância]. ～のことにこだわる preocupar-se com ∟detalhes 〖口語〗coisas pequenas〗.

まっしろ 真っ白 ～な bem [completamente] branco/ca, branquíssimo/ma. 頭が～になる ficar atordoado/da [confuso/sa] (sem poder pensar em mais nada).

まっすぐ 真っ直ぐ ❶ reto/ta, retilíneo/nea. ～な(に) bem reto/ta. ～な木 árvore (f) retilínea. 信号のある四つ角まで～行って右に曲がってください Vá ∟reto [em frente] até o cruzamento com farol e vire à direita. ❷〔正直〕sério/ria, sincero/ra. ～な人 uma pessoa honesta.

まった 待った ～をかける interromper, pedir para esperar. ～なしの状況 situação (f) crítica que precisa ser resolvida com agilidade.

*******まったく 全く** completamente [コンプレタメンチ], inteiramente [インテイラメンチ], totalmente [トタウメンチ];〔否定〕de modo nenhum, absolutamente não, em absoluto;〔本当に〕verdadeiramente [ヴェルダデイラメンチ]. ～の completo/ta, inteiro/ra, total; absoluto/ta; verdadeiro/ra. ～あなたの言うとおりだ É exatamente como você diz. 私は彼を～知りません Eu o desconheço completamente. それは私には～関係ありません Não tenho nada a ver com isso, em absoluto. 私はあなたと～同意見です Eu estou de pleno acordo com você.

まつたけ 松茸 〖植〗cogumelo (m) do pinheiro.

まったん 末端 ❶〔はし〕extremidade (f), ponta (f), periferia (f). ～の神経 〖解〗nervo (m) periférico. ♦末端肥大症 〖医〗acromegalia (f). ❷〔一番の下部組織〕base (f), periferia. 中央の決定が～に届いていない As decisões centrais não chegaram até a base.

マッチ ❶ fósforo (m). ～をつける acender o fósforo. ♦マッチ箱 caixa (f) de fósforos. ❷〔試合〕competição (f). ♦タイトルマッチ campeonato (m). ❸〔似合うこと〕harmonia (f), combinação (f). ～する combinar. そのペンダントはセーターによく～している Esse pingente está combinando bem com o suéter.

まっちゃ 抹茶 chá (m) verde em pó (para a cerimônia do chá). ～をたてる fazer chá verde em pó. ♦抹茶アイスクリーム sorvete (m) sabor chá verde.

マット esteira (f); tapete (m) pequeno,〔靴ぬぐい〕capacho (m). ♦バスマット tapete (m) de banho.

まっとうする 全うする cumprir (uma tarefa [função]) até o fim, levar a cabo (uma empreitada). 天寿を～ morrer de ∟velhice [morte natural]. 任務を～ desempenhar uma função até ela estar cumprida. 使命を～ cumprir sua vocação, desempenhar sua vocação até o fim.

マットレス colchão (m) (ocidental).

まっぱだか 真っ裸 nudez (f) completa. ～の completamente nu/nua, todo/da nu/nua. ～で泳ぐ nadar nu/nua. ～になる ficar todo/da nu/nua.

まつばづえ 松葉づえ muleta (f). ～をついて歩く andar de muletas.

まつやに 松脂 resina (f) de pinheiro.

まつり 祭り festival (m), festividade (f). …を～気分にさせる deixar … eufórico/ca, trazer intensa alegria a …. ～気分になる ficar eufórico/ca. ♦秋祭り festa (f) de outono.

まつる 祭る cultuar, render culto a;〔神社を建てて〕dedicar um templo xintoísta a;〔神として〕deificar, divinizar. 先祖を〜 render culto aos ancestrais.

*まで até [アテー], a [ア]. いつ〜 até quando. 5時〜に até às cinco horas, antes das cinco horas. 9時〜に会社に来ていてください Esteja na companhia até às nove horas. ロンドンのオリンピック〜にはまだ 2 年ある Tem mais dois anos até as Olimpíadas de Londres. 今〜até agora, até hoje. その企業は今〜にはない利益を得た Essa empresa teve o maior lucro de sua história [um resultado recorde]. つい最近〜até bem pouco tempo (atrás). 彼は朝から晩〜忙しい Ele fica ocupado da manhã à noite. ご返事をいただける〜待ちます Esperarei até receber uma resposta. あなたの家から会社〜何時間かかりますか Quantas horas se leva da sua casa até a companhia? いつ〜待っても彼は来なかった Por mais que a gente o esperasse, ele não vinha.

まてがい 馬刀貝 〔貝〕linguerão (m).

マテちゃ マテ茶 mate (m).

まてんろう 摩天楼 arranha-céus (m).

まと 的 ❶〔弓矢などの〕alvo (m), mira (f). 〜を当てる[に命中する] acertar no [atingir o] alvo. 〜を狙(ねら)う fazer pontaria ao alvo. ❷〔目標〕objetivo (m), meta (f). 〜を絞って話す falar com objetividade. 〜外れの質問 pergunta fora de propósito. 〜を射た質問 pergunta oportuna [pertinente], boa pergunta. ❸〔対象〕centro (m), alvo, foco (m). 称賛の〜 centro de admiração.

*まど 窓 janela (f) [ジャネーラ]. 〜を開ける(閉める) abrir (fechar) a janela. 〜から入る entrar pela janela. 〜の外を見る olhar para fora da janela. 〜から物を投げないでください《揭示》Não atire objetos pela janela. 観音開きの〜 janela de ⌊duas folhas [dois batentes]. 北(南)側の〜 janela que dá para o norte (sul). ♦窓ガラス vidro (m) de janela. 窓枠 esquadria (f) (de janela). 二重窓 janela com vidros duplos.

まどぎわ 窓際 perto da janela. 〜のテーブル mesa (f) perto da janela. 〜の席をお願いします Por favor, gostaria de um assento perto da janela. ♦窓際族 funcionários (mpl) deixados [postos] de escanteio.

まどぐち 窓口 ❶〔受付先〕guichê (m). それは銀行の〜で払わなければならない Isso tem que ser pago na boca do caixa do banco. ❷〔仲介者〕fachada (f). その取引に関しては彼が〜になっていた Ele estava servindo de fachada para essas negociações.

まとまった ❶〔多くの〕uma grande quantidade (f) de. 〜金 uma grande soma (f) de dinheiro. ❷〔秩序だった〕em ordem, bem arranjado/da. 〜考え ideias em ordem. ❸〔統一した〕organizado/da, ordenado/da. よく〜チーム um time bem organizado.

まとまり ❶〔統一性〕conjunto (m), unidade (f), composição (f). 今回ブラジル代表チームには〜が欠けていた Faltou unidade na seleção brasileira desta vez. ❷〔一貫性〕nexo (m), coesão (f), coerência (f). この論文には〜が全くない Esta dissertação não tem nenhuma coerência. ❸〔解決〕solução (f), entendimento (m), acordo (m). …に〜をつける pôr … em acordo. 議論に〜をつける dar uma solução à discussão. …に〜がつく chegar-se a um acordo quanto a …. この問題にはまだ〜がついていない Ainda não chegaram a um acordo quanto a esta questão.

まとまる 〔考えなどが〕tomar forma;〔話し合いがつく〕chegar a um acordo. 考えがまとまらなかった As ideias me vinham aos pedaços e não se entrosavam bem. やっと報告書がまとまった Até que enfim o relatório ficou pronto. どうやら話し合いはまとまったようだ Parece que enfim chegaram a um acordo, na discussão.

まとめ resumo (m), sumário (m), conclusão (f), síntese (f). ♦まとめ役 papel (m) de mediador.

まとめる 〔一つにする〕pôr … juntos/tas, juntar;〔統一する〕unir;〔グループに〕agrupar;〔調停する〕ajustar, conciliar;〔取り決める〕arranjar, coordenar それはまとめて買うと安くなります Isso aí fica barato quando se compra em grandes quantidades. 彼は交渉を〜のがうまいですね Ele é bom para arrematar as negociações, não é mesmo?

まとも ❶〔真正面から〕〜に de frente, diretamente. ボクサーはあばらにパンチを〜にくらった O boxeador recebeu um soco diretamente nas costelas. 恥ずかしくて〜に人の顔を見ることができなかった Tinha vergonha e não conseguia olhar de frente para as pessoas. ❷〔まじめな〕〜な correto/ta, sincero/ra, direito/ta. 娘は〜な人と付き合っているから安心できる Minha filha está namorando um rapaz sério, então posso ficar tranquilo/la.

まどり 間取り planta (f) (de uma casa), distribuição (f) de cômodos numa casa. このアパートは〜がよい Este apartamento tem uma boa distribuição de cômodos.

マトン carne (f) de carneiro.

マドンナ ❶〔聖母〕Nossa Senhora (f). ❷〔男性のあこがれのまとである女性〕mulher (f) preferida de vários homens (de um grupo).

マナー boas maneiras (fpl), etiqueta (f), bom tom (m). 彼は〜が悪い Ele não tem boas maneiras./Ele é mal educado. (携帯を)〜モードにしておく deixar (o celular) no vibrador, deixar (o celular) no recado. 携帯電話は電源を切るか〜モードにしてください

Quanto ao celular, favor desligar ou deixar no recado.

まないた 真菜板 talho (m), cepo (m) 《sobre o qual se cortam os alimentos》, tábua (f) de bater carne.

まなこ 眼 olho (m). ♦ねぼけ眼 olhos sonolentos.

まなざし 眼差し olhar (m). 疑いの～ olhos suspeitosos. 疑いの～で人を見る olhar os outros com olhar desconfiado.

まなつ 真夏 pleno verão (m). ～には em pleno verão.

*****まなぶ** 学ぶ aprender [アプレンデール], estudar [エストゥダール]. 幼いころに学んだことはなかなか忘れないものです Em geral, a gente não esquece as coisas que aprendeu durante a infância. 私はあなた方からポルトガル語を学びたいと思っている Estou pensando em [querendo] aprender português com vocês. そこから～ことがありますね Aí há um aprendizado que a gente tira, não é mesmo?

マニア gosto (m) exagerado por alguma coisa, mania (f); 〔人〕fanático/ca por algum *hobby*. 彼は映画～だ Ele tem mania por filmes. ♦カーマニア entusiasta por carros.

まにあう 間に合う dar tempo. 私はやっと始業時間に間に合った Eu cheguei a tempo no serviço a muito custo. 列車に～には今出発しなければ… É preciso partir agora para dar tempo de pegar o trem.

まにあわせ 間に合わせ recurso (m) provisório, 《口語》tapa-buracos (m). 彼は～に古いコンピューターを使った Usou o computador velho por falta de coisa melhor.

まにあわせる 間に合わせる 〔準備する〕aprontar; 〔済ませる〕conformar-se com, contentar-se com. 来週までにはこれを間に合わせる Eu o/a aprontarei até a semana que vem. Bがないので Aで間に合わせます Como não tenho B, vou me conformar [contentar] com A.

まにうける 真に受ける levar a sério (uma brincadeira). 冗談なのだから 真に受けないでくださいね Não leve a sério, que é brincadeira, está bem?

マニキュア 〔手入れ〕manicure (m); 〔溶液〕esmalte (m). ～を塗る pintar as unhas, fazer manicure. ♦マニキュア師 manicuro/ra.

マニュアル manual (m) de instruções, cartilha (f). そのテレビには～が付いていた A televisão vinha acompanhada de um manual de instruções. ～どおりに como manda o figurino. ～の acionado/da à mão. ♦マニュアル車 carro (m) de câmbio manual. マニュアル人間 pessoa (f) que não sabe fazer nada fora do que reza a cartilha.

まぬかれる 免れる ⇨まぬがれる.

まぬがれる 免れる ❶〔逃れる〕escapar a [de]. 地震を免れたビル prédio (m) que escapou ao [do] terremoto. 彼女はあやうく強盗されるところを免れた Ela escapou do assalto por um triz./Ela quase foi assaltada. ❷〔避ける〕subtrair-se a, evitar, esquivar-se. 責任を～ fugir da responsabilidade, não aceitar [livrar-se de] um trabalho responsável. ❸〔免除される〕ser dispensado/da de, ficar isento/ta [livre] de, livrar-se de. 彼は兵役を免れた Ele foi dispensado do serviço militar.

まね 真似 ❶〔模倣〕imitação (f). サルの～をする imitar [fazer uma imitação de] um macaco. ❷〔ふり〕simulação (f). 死んだ～をする fingir de morto. ❸〔ふるまい〕atitude (f), comportamento (m). 味な～をする ter presença de espírito.

マネー dinheiro (m). ♦マネーゲーム especulação (f). マネーサプライ massa (f) monetária. マネーロンダリング lavagem (f) de dinheiro.

マネージメント ❶〔企業の経営管理〕administração (f), gerência (f). ❷〔経営者, 管理者〕administradores/ras, gerentes. ♦トップマネージメント administradores/ras do mais alto nível.

マネージャー ❶〔支配人〕o/a gerente, empresário/ria. ❷〔劇〕diretor/ra. ♦ステージマネージャー diretor/ra de cena. ❸〔スポーツチームの〕administrador/ra, gerenciador/ra. 部活の～ administrador/ra de atividade de grêmio escolar. ❹〔芸能人などの世話役〕gerenciador/ra de cantores, atores ou modelos.

マネキン 〔服を着せて陳列する人形〕manequim (m).

まねく 招く ❶〔招待する〕convidar. 人を夕食に～ convidar uma pessoa para o jantar. きょうはブラジル人の家へお茶に招かれています Hoje eu estou convidado/da para um chá na casa de um/uma brasileiro/ra. ❷〔ある事態を〕causar, provocar. …の怒りを～ provocar a ira de ….

まねる 真似る imitar; 〔模写〕copiar; 〔例に習って〕seguir; 〔こっけいに〕parodiar.

まのあたり 目の当たり diante dos olhos, pessoalmente. 彼は被害の実情を～にした Ele viu a verdadeira situação dos danos diante dos olhos [pessoalmente].

まばたき 瞬き piscadela (f), piscada (f). ～をする piscar.

まばら ～な ralo/la, pouco denso/sa; 〔散在する〕disperso/sa, esparso/sa. ～に de modo pouco denso, esparsamente, escassamente. ～な観客 audiência (f) esparsa.

まひ 麻痺 ❶〔医〕paralisia (f), entorpecimento (m). …を paralisar. 指先を～させる provocar paralisia nas extremidades digitais. 彼女は心臓～を起こしてしまった Ela teve [acabou tendo] um ataque cardíaco. 彼の右腕は～している Ele está com o braço di-

まひる 真昼 pleno dia (m). ~に em pleno dia.

マフィア máfia (f).

まぶしい 眩しい ofuscante, deslumbrante, brilhante. ちょっと…からカーテンを閉めましょうか［婉曲的な命令］Vamos fechar a cortina, que o sol está ofuscando um pouco. ／［自分から申し出る場合］Quer que eu feche a janela? O sol está atrapalhando a vista ....

まぶす 塗す polvilhar, salpicar, cobrir. パンに砂糖を~ polvilhar o pão com açúcar.

まぶた 瞼 pálpebra (f). ~を閉じる fechar as pálpebras. ~が重い［眠い］estar com sono. ~に浮かぶ人 pessoa (f) da qual se lembra ao fechar os olhos. 上(下)瞼 pálpebra superior (inferior). ♦一重瞼 pálpebra simples [mongólica]. 二重瞼 pálpebra dupla.

まふゆ 真冬 pleno inverno (m). ~に em pleno inverno.

マフラー ❶ cachecol (m). 寒いから~をして行ったほうがいい É melhor ir de cachecol, que está fazendo frio. ❷［車の］silenciador (m), silencioso (m).

まほう 魔法 magia (f), feitiçaria (f), encantamento (m). ~を使う praticar a magia. ♦魔法使い feiticeiro/ra.

まぼろし 幻 visão (f), espectro (m); ilusão (f).

まま ❶［現状どおりに］do jeito que está [estava]. そのーお待ちください［電話で］Espere sem desligar. 窓を開けた~外出した Saiu deixando a janela aberta [sem fechar a janela]. ❷［意のまま］à vontade. 気の向く~に旅をする viajar livremente [sem rumo, sem objetivo definido]. ❸［…に従って］de acordo com. 彼の言う~になる fazer a vontade dele, ser um joguete dele, obedecê-lo cegamente.

ママ mãe (f), mamã (f), mamãe (f), mamá (f).

ままこ 継子 enteado/da, filho/lha adotivo/va.

ままこ 継粉 pelota (f), caroço (m) (=だま). ~ができる pelotar, formar pelotas. クリームに~ができないようによくかき回してください Mexa bem para o creme não empelotar [formar pelotas].

ままごと ~をする brincar de casinha.

ままはは 継母 madrasta (f).

まむし 蝮 ［動］espécie (f) de víbora.

まめ ［勤勉］~な diligente, trabalhador/ra. ~に働く trabalhar com seriedade [assiduidade].

まめ 豆 feijão (m); ［大豆］soja (f). ♦えんどう豆 ervilha (f). そら豆 fava (f).

まめ 肉刺 ［足などにできる］calo (m). 手に~ができる formar-se um calo [ficar com calo] nas mãos.

まもなく 間もなく logo, dentro em pouco, em breve, daqui a pouco. 彼は~自分の間違いに気がつくでしょう Acho que ele vai perceber o erro logo, logo. 社長は~帰ってきます O nosso presidente vai voltar daqui a pouco. コンサートは~始まります O concerto vai começar dentro de instantes ［口語］logo, logo/já, já.

まもり 守り defesa (f), proteção (f). …の~を固める fortificar …, consolidar a defesa de …, defender …. ~につく pôr-se na posição de defesa; 『スポーツ』jogar na defensiva.

*まもる 守る ❶［決まりに従う］cumprir ［クンプリール］, respeitar ［ヘスペイタール］, seguir ［セギール］, observar ［オビセルヴァール］. 規則を~ observar o regulamento [as regras]. 時間を~ ser pontual. 約束を~ honrar os compromissos, cumprir a palavra [o dito, o combinado]. 約束を守ってもらわないと困ります Você precisa cumprir a palavra [o acordo], senão não dá. ❷［防御する］proteger ［プロテジェール］, defender ［デフェンデール］. 敵から城を~ defender o castelo dos inimigos. 町の子供たちを~ proteger as crianças do bairro. 目を紫外線から~ proteger os olhos dos raios ultra-violeta. コーヒーの木を日差しから~ proteger o cafeeiro dos raios solares. 身を~ proteger-se. ❸［維持する］conservar ［コンセルヴァール］, manter ［マンテール］. 伝統を~ manter a tradição. 首位を~ conservar [manter] o primeiro lugar [a frente, a dianteira], permanecer em primeiro lugar.

まやく 麻薬 droga (f), narcótico (m), entorpecente (m). 彼らは~所持のため逮捕された Eles foram presos por porte de drogas. ~をやる usar ［tomar］drogas. あなたは~等影響運転をしました Você dirigiu sob efeito de entorpecentes. ~の交易 narcotráfico (m). ~の密売人 narcotraficante. ♦麻薬依存者 dependente de drogas. 麻薬所持 porte (m) (posse (f)) de droga. 麻薬中毒 intoxicação (f) por drogas. 麻薬取引 comércio (m) ilegal de entorpecentes. 麻薬等影響運転『法』direção (f) de um veículo sob efeito de drogas ou entorpecentes.

まゆ 眉 sobrancelhas (f). ~をかく pintar as sobrancelhas. ~をひそめる franzir as sobrancelhas. ♦眉墨 lápis (m) de sobrancelhas. 眉つばもの conto (m) do vigário.

まゆ 繭 casulo (m) do bicho-da-seda.

まゆげ 眉毛 sombrancelha (f). ~をカットする

まよい　迷い ❶〔ためらい〕hesitação (*f*), dúvida (*f*), indecisão (*f*), vacilo (*m*). あなたの言葉で~がなくなった Eu pude decidir diante das suas palavras. ❷〔錯覚〕ilusão (*f*). 彼は~からさめた Ele deixou de ter ilusões./Ele acordou para a realidade.

*__まよう　迷う__ ❶〔道に〕perder-se〔ペルデールスィ〕, errar o caminho. 道に迷ってしまいました Eu me perdi no caminho./Eu errei o caminho. ❷〔邪道に陥る〕sair do bom caminho, transviar-se〔トランズヴィアールスィ〕. ❸〔ためらう〕vacilar〔ヴァスィラール〕, titubear〔チトゥベアール〕, ficar[estar] indeciso/sa, ficar[estar] em dúvida. 私はもっと日本に滞在するかどうか迷っています Eu estou em dúvida se eu fico mais no Japão ou não.

まよこ　真横　bem [logo] ao lado. そのビルは映画館の~にあります Esse prédio fica logo ao lado do cinema.

まよなか　真夜中　alta noite (*f*), altas horas (*fpl*) da noite. 彼女は~にわたしの家に来た Ela veio em casa [na minha casa] às altas horas da noite.

マヨネーズ　maionese (*f*). これは~をつけて食べてください Coma isto com maionese.

まよわす　迷わす ❶〔当惑させる〕desencaminhar, tentar enganar, confundir, desorientar. 人を~ようなことを言わないでください Não diga coisas que podem confundir as pessoas. 酒は判断を~ものだ A bebida é algo que confunde o discernimento. ❷〔判断を誤らせる〕desviar, tirar do bom caminho. テレビは若者を~ A televisão tira os jovens do bom caminho. ❸〔誘惑する〕seduzir, tentar, fascinar. あの女性の瞳はどんな男も~ O olhar daquela mulher fascina qualquer homem.

マラウイ　Malauí (*m*). ~の malauiano/na.

マラソン ❶ maratona (*f*). ~をする correr longas distâncias, correr em uma maratona. ♦ マラソン選手 atleta maratonista. ❷〔長距離レース〕corrida (*f*) a longas distâncias.

マラリア　〘医〙malária (*f*).

まり　毬　bola (*f*). ~をつく bater bola.

マリ　Mali (*m*). ~の malinês/nesa.

マリネ　salmoura (*f*). スモークサーモンの~ salmão (*m*) defumado em salmoura.

マリファナ　maconha (*f*).

まりょく　魔力　poder (*m*) mágico; encanto (*m*) misterioso.

マリンバ　〘音〙marimba (*f*).

まる　丸 ❶ círculo (*m*). ~印の marcado/da com círculo. …を~で囲む fazer um círculo em volta de …. 正しいと思う答えに~をつけてください Marque com um círculo a resposta (que considerar) correta. ❷〔句点〕ponto (*m*) final. 文の終わりに~を付ける colocar um ponto final no fim da frase. ❸〔ゼロ〕zero (*m*).

まる-　丸-　inteiro/ra, cheio/cheia; justo, exatamente. ~1時間待ちました Esperei uma hora inteirinha. 日本に来てからあしたで~1年になります Amanhã vai fazer exatamente um ano desde que eu vim ao Japão. 私は~3年海外にいた Fiquei três anos completos no exterior.

まるあらい　丸洗い　lavagem (*f*) sem descosturar a coisa lavada. 着物を~する lavar o quimono sem descosturá-lo.

まるあんき　丸暗記　decoração (*f*) [memorização (*f*)] mecânica. ~する decorar [memorizar] mecanicamente. レッスンを~する decorar a lição (inteira) mecanicamente.

*__まるい　丸い, 円い__　redondo/da〔ヘドンド/ダ〕. 丸くする arredondar. ~テーブル mesa (*f*) redonda. 背中が~ As costas estão arqueadas [curvas]. まるくなって座りましょう Vamos nos sentar formando um círculo, está bem? 彼は人間がまるくなったね Ele se tornou uma pessoa de paz, não é mesmo?

まるがり　丸刈り　corte (*m*) muito curto, escovinha (*f*). 頭を~にする cortar o cabelo bem curto [rente, à escovinha].

まるごと　丸ごと　リンゴを~かじる morder a maçã inteira 《sem cortar nem descascar》. 子豚をオーブンで~焼く assar um leitão inteiro no forno.

まるた　丸太　lenho (*m*), madeiro (*m*).

マルタ　Malta. ~の maltês/tesa.

マルチしょうほう　マルチ商法　〘経〙*marketing* (*m*) multi-nível [em rede].

マルチメディア　multimídia (*f*).

まるで　〔まったく〕completamente, totalmente; 〔あたかも〕(parecer) até, (ser) como se …. その結果は~だめでした O resultado foi um fracasso completo. 私は~夢を見ているような気持ちだった Parecia até que eu estava sonhando. 道は~ヘビのように曲がりくねっている As ruas são muito sinuosas como se fossem cobras.

まるなげ　丸投げ　仕事を~する passar todo o trabalho acordado [contratado] para uma outra companhia [pessoa];《比》deixar tudo por conta do outro, jogar todo o serviço no outro.

まるぼうず　丸坊主　careca. ~の山 montanha (*f*) despida de vegetação. 頭を~に刈る rapar a cabeça.

まるみえ　丸見え　~である estar inteiramente descoberto/ta e à vista de todos. この部屋は通りから~だ Vê-se o quarto todo lá da rua.

まるめこむ　丸め込む　persuadir, induzir,《口語》levar na conversa, enrolar.

まるめる　丸める　〔だんごのようなものを作る〕bolear, fazer bola (de massa, argila etc);〔丸くする〕arredondar, enrolar.

マルメロ　〘植〙〔木〕marmeleiro (*m*);〔実〕

marmelo (m).

まるやき 丸焼き ～にする assar por inteiro. チキンを～にする assar o frango inteiro.

マルゆう マル優 〖経〗sistema (m) de isenção de imposto para os depósitos bancários modestos (＝少額貯蓄非課税制度).

まれ ～な raro/ra. ～に raramente, de vez em quando. ～なできごと um caso raro [difícil de se ver]. ～にみる秀才 um gênio difícil de se ver. 会長は～にしかここに来ません O/A presidente (da associação) só vem aqui de vez em quando.

マレーシア Malásia (f). ～の malaio/a.

まろやか ～な味 gosto (m) [sabor (m)] suave.

マロングラッセ 〖料〗marrom-glacê (m), castanha (f) cristalizada.

まわす 回す ❶〔回転させる〕virar, fazer girar, voltear. ハンドルを～ virar a direção [o volante]. ❷〔順に送る〕passar adiante. このサンドイッチを回してください Vá passando esses sanduíches adiante, por favor. ❸〔移す〕…に電話を～ passar o telefone para …. お迎えの車を回します Vou mandar um carro para pegar o/a senhor/a.

まわり 回り, 周り 〔周囲〕circunferência (f), contorno (m); 〔経由〕via, com escala em; 〔訪問〕visita (f). …の～に em torno de …, ao redor de …. あなたの周りには信頼できる人がいますか Você tem alguém de confiança ao seu redor? 私はロス回りでブラジルに行きます Eu vou ao Brasil via [com escala em] Los Ángeles. 部長は得意先回りをしています O diretor do departamento está fazendo uma visita aos clientes.

まわりくどい 回りくどい prolixo/xa, perifrástico/ca. ～言い方をする falar com rodeios (sem tocar no ponto principal), não ser objetivo/va ao falar.

まわりみち 回り道 volta (f), desvio (m). うちの近くの道路が工事中なので私は～をして会社に来ています Eu estou dando uma volta para vir à companhia, porque a rua perto de casa está em obras.

まわる 回る ❶〔回転する〕dar voltas, rodar, virar, girar. 軸の周りを～ girar em torno de um eixo. 目が～ ficar tonto/ta. モーターが～ O motor gira. ❷〔巡る〕dar uma volta, circular. 夜になると守衛が工場内を回ります À noite, o/a vigia faz uma ronda na fábrica. 得意先を～ visitar os clientes [fregueses]. 町内を～ andar pela cidade. ❸〔迂回する〕fazer um desvio, passar por. 帰りに友人の家に～ passar pela casa do/da amigo/ga na volta. ❹〔行き渡る〕fazer efeito. 酒が回ってきた O álcool começou a fazer efeito. ❺〔過ぎる〕passar. 6時を～ passar das seis (horas).

まん 万 dez mil. 7～円 setenta mil ienes. 1～倍 dez mil vezes (fpl). 1～分の1 um dez mil avos (mpl). 1～番目 décimo/ma milésimo/ma.

まん 満 completo/ta. ～5年がすぎた Passaram-se cinco anos completos. ～15歳である ter quinze anos completos. ～10歳になる completar dez anos.

まんいち 万一 〔危急〕emergência (f); 〔万一…ならば〕se por acaso, se por uma eventualidade. ～の場合には em caso de emergência; 〔最悪の場合には〕na pior das hipóteses. ～あした雨が降れば運動会は延期されるでしょう Se por acaso chover amanhã, a recreação esportiva será adiada.

まんいん 満員 ～である estar cheio/cheia; 〔定員に達している〕estar lotado/da. ～につき申し込み受付締め切り《掲示》Encerramos as Inscrições. Lotação Completa. ♦満員電車 trem (m) lotado.

まんが 漫画 mangá (m), história (f) em quadrinhos, desenho (m) animado, tira (f) cômica, cartum (m). ♦漫画家 cartunista.

まんかい 満開 plena florescência (f), florescência esplêndida. ～を迎える atingir a florescência esplêndida. 桜が～ですね As cerejeiras estão completamente floridas [em plena florescência], não?

マンガン 〖鉱物〗manganês (m).

まんき 満期 vencimento (f), expiração (f), fim (m) de um certo prazo. ～になる expirar, vencer. この定期預金の～はいつですか Quando vence este depósito a prazo fixo? ♦満期日 data (f) [dia (m)] de vencimento.

まんきつ 満喫 …を～する desfrutar plenamente …. 旅行を～する desfrutar [deliciar-se com, 《口語》curtir] a viagem ao máximo.

マングース 〖動〗mangusto (m).

マングローブ 〖植〗mangue (m).

まんげつ 満月 lua (f) cheia.

マンゴー 〖植〗〔実〕manga (f); 〔木〕mangueira (f).

まんさい 満載 ❶〔荷を〕carga (f) completa, bagagem (f) inteira. 砂利を～したトラック caminhão (m) cheio de pedregulhos. ❷〔記事を〕ほしい情報が～! Cheio [Repleto] de informações para você quer!

まんざい 漫才 〖劇・テレビ〗diálogo (m) cômico (representado por dois atores). ♦漫才コンビ dupla (f) de *manzai*. 漫才師 comediante de *manzai*.

まんしつ 満室 cheio/cheia, lotado/da. そのホテルは～だった O hotel estava lotado.

まんしゃ 満車 《掲示》Estacionamento (m) Lotado./Lotação (f) Completa.

まんじゅう 饅頭 〖料〗bolo (m) de recheio de feijão adoçicado coberto de casca fina de massa de arroz.

まんじょういっち 満場一致 unanimidade

(f). 〜で por unanimidade.
マンション apartamento (m) de concreto armado (em geral, de luxo).
まんせい 慢性 〜の crônico/ca. ♦慢性胃炎 gastrite (f) crônica. 慢性炎症 inflamação (f) crônica. 慢性肝炎 hepatite (f) crônica. 慢性鼻炎 rinite (f) crônica.
まんせき 満席 lotado/da, cheio/cheia. 喫茶店はどこも〜だった Todos os cafés estavam lotados.
まんぞく 満足 satisfação (f). 〜な satisfatório/ria, perfeito/ta, suficiente. 〜した satisfeito/ta, contente. 〜させる satisfazer. …に〜する ficar [estar] satisfeito/ta com …, satisfazer-se com …. 父はこの結果では〜しないでしょう Acho que o meu pai não vai ficar satisfeito com um resultado desses.
マンタ 〘魚〙 manta (f).
まんタン 満タン tanque (m) de gasolina (do carro) cheio. 〜にしてください Encha o tanque, por favor.
まんちょう 満潮 maré (f) alta. 〜時に na maré cheia.
マンツーマン 〜の individual. 〜の英会話レッスン aula (f) particular de conversação de inglês. 〜で話す ter uma conversa a dois.
まんてん 満点 nota (f) máxima. 〜を取る tirar a nota máxima. 彼は700点〜中550点とった Na prova valendo setecentos pontos, ele conseguiu quinhentos e cinquenta (pontos).
マント manto (m), capa (f) 《sem mangas》, capote (m).
マンドリン 〘音〙 mandolim (m).
マンドレーク 〘植〙 mandrágora (f).
まんなか 真ん中 centro (m), meio (m). 〜の central, do meio. 広場の〜に bem no meio da praça.
マンネリ maneirismo (m). 〜化する tornar-se estereotipado/da.
まんねんひつ 万年筆 caneta (f) tinteiro.
まんびき 万引き 〔人〕ladrão/dra de lojas; 〔行為〕furto (m) em lojas. 〜する furtar em lojas.
まんぷく 満腹 saciedade (f). 〜の satisfeito/ta; 《俗》de barriga cheia. 私はもう〜です Eu já estou satisfeito/ta.
まんべんなく 満遍なく uniformemente, por igual. 〜ペンキを塗る pintar (a tinta) uniformemente.
マンボ 〘音〙 mambo (m) 《dança latino-americana》.
まんぼう 翻車魚 〘魚〙 lua-do-mar (f), peixe-lua (m).
マンホール bueiro (m), boca-de-lobo (f), caixa (f) de visita (de esgoto) 《abertura que permite a entrada de uma pessoa em esgotos etc》.
まんぽけい 万歩計 medidor (m) de passos dados numa caminhada.
まんまえ 真ん前 …の〜に bem em frente a …. その大学は駅の〜にある Essa faculdade fica bem em frente à estação.
まんまと com êxito, facilmente, habilmente. 私は〜一杯くわされた Caí (na cilada) como um patinho.
まんまるい 真ん丸い bem redondo/da, 《口語》redondinho/nha.
まんめん 満面 〜に笑みを浮かべる ficar (com o rosto) todo risonho, ficar risonho/nha.
マンモス mamute (m); 〔巨大な〕enorme. ♦マンモス大学 mega-universidade (f).
まんりょう 満了 expiração (f), término (m). 〜する expirar, terminar. 期間は〜した O prazo expirou. 委員は今年の3月に任期が〜する A comissão termina o seu mandato neste março agora.
まんるい 満塁 bases (fpl) todas ocupadas.

み

み 身 ❶〔体〕corpo (m). 毎日こんなに働いたら～が持たない Se trabalhar tanto assim todos os dias, não vou aguentar. 昨日はポンチョを～にまとって出かけた Ontem pus um poncho e saí. ～のこなしが悪い人は魅力がない Pessoas sem elegância não são atraentes. あのボクサーは相手の攻撃から簡単に～をかわしていた Aquele boxeador esquivava-se com facilidade dos golpes de seu oponente. ～を投げる arremessar-se, jogar-se. 彼はベランダから～を投げた Ele se jogou da varanda. ❷〔自分自身〕si próprio/pria, si mesmo/ma. ～を固める〔結婚する〕casar-se;〔定職につく〕ter um emprego fixo. 恋人に～を任せる entregar-se ao/à namorado/da. その問題にかかわらないほうが～のためだ É melhor não se envolver nessa questão para o seu próprio bem. 息子は大学で専門的な知識が～に付いた Meu filho adquiriu conhecimentos especializados na universidade. いきなり～に覚えのない借金の話が来た De repente vieram falando de dívidas das quais eu não me lembro. 彼は持ち物を売って～を立てていた Ele vendia as coisas que tinha para sobreviver. ❸〔身分, 地位〕condição (f) social. あの新入社員は上司に意見を言ったりしてその程知らずだ Aquele/la novato/ta não conhece ∟sua posição [seu lugar] (nesta empresa), pois fica dando palpites aos superiores. ❹〔立場〕posição (f), situação (f), lugar (m). 他人の～になって物事を考える pensar nas coisas pondo-se na situação do outro, ter empatia. あなたのせいで困る人たちの～になってみなさい Tente se colocar no lugar [ver pela perspectiva] das pessoas que vão ter dificuldades por sua culpa. ❺〔精魂, 気持ち〕coração (m), alma (f). 恥ずかしくて～の縮む思いをした Não sabia onde esconder [《口語》enfiar] a cara de tanta vergonha. 昨日はこわくて～の縮む思いをした Ontem fiquei encolhido de medo. 会社のために～も心もささげてきたのに首になった Eu fui despedido, mesmo tendo-me dedicado de corpo e alma à empresa. 仕事に～を入れる dedicar-se ao trabalho. ❻〔肉〕carne (f). 切り～魚を買う comprar peixe em postas. ♦脂身 parte (f) gordurosa da carne. ¶そんなことを言ってしまったら～も蓋(ふた)もない Se você diz uma coisa dessas, a discussão fica sem pé nem cabeça.

み 実 fruto (m);〔果実〕fruta (f);〔木の実〕noz (f);〔実質〕substância (f). ～のある substancial. ～のない vazio/zia. ～になる食物 comida (f) nutritiva. 柿の木に～がなっていますね O caquizeiro está dando frutos, não?

み 巳〔干支〕(signo (m) da) Serpente (f).

み- 未- incompleto/ta. ～完成の inacabado/da, incompleto/ta. ～発表の não publicado/da. ～公開の inédito/ta. ～決勾留(こうりゅう)《法》prisão (f) preventiva. ～成年者 menor.

ミ〔音〕mi (m), nota (f) mi.

みあいけっこん 見合い結婚 casamento (m) por apresentação.

みあう 見合う ❶〔つりあう〕combinar [harmonizar-se, estar de acordo, coadunar-se] com. 収入に見合った生活をする levar uma vida que esteja de acordo ∟com a renda [com o que se ganha]. ❷〔互いに相手を見る〕olhar-se, olhar um/uma para o/a outro/tra.

みあげる 見上げる olhar para cima.

みあたらない 見当たらない 鍵が～ A chave sumiu./Não sei onde eu pus a chave.

みあわせる 見合わせる〔お互いを見る〕olhar-se um ao outro/uma à outra, trocar olhares;〔延期する〕adiar;〔あきらめる〕desistir. 今回の出張は見合わせたほうが... É melhor adiar esta viagem, não?

みいだす 見いだす encontrar;〔発見する〕descobrir.

ミーティング encontro (m), reunião (f), conferência (f).

ミート carne (f). ♦ミートソース molho (m) de carne. ミートボール almôndega (f). スパゲッティミートソース espaguete (m) à bolonhesa.

ミイラ múmia (f).

みうごき 身動き movimento (m) do corpo. 彼は～一つしない Ele está imóvel. ～する movimentar-se, mover-se. 満員電車の中は～もできない Num trem lotado não se consegue nem ∟movimentar o corpo [se mover]. 私は借金で～もならない状態だ Estou atolado/da em dívidas.

みうしなう 見失う perder ... de vista. 人込みの中で彼を見失ってしまいました Eu acabei perdendo-o de vista, no meio da multidão.

みうち 身内 parente/ta, familiar.

みえ 見栄 ostentação (f), vaidade (f). ～っ張り(の) vaidoso/sa. ～で por vaidade, só para se mostrar. ～を張る exibir-se, mostrar-se mais do que é, pavonear-se. ～を張る人 vaidoso/sa. 彼女は～を張って生きている Ela vive se mostrando. ～で高い絵を買う comprar um quadro caro ∟por vaidade [para se mostrar].

みえる　見える ❶〔目に入る〕ver〔ヴェール〕, ser visto, ver-se〔ヴェール スイ〕, ficar〔estar〕. 向こうに〜建物が我が社です O prédio que está [se vê] lá adiante é a nossa companhia./ O prédio que você vê lá adiante é a nossa companhia. ❷〔見ることができる〕enxergar〔エンシェルガール〕, dar para se ver. その部屋から海が見えますか Dá para se ver o mar desse quarto? 私は近眼であまりよく見えないのです Eu não enxergo muito bem porque eu sou míope. ❸〔現われる〕aparecer〔アパレセール〕. スリップが見えているわよ A combinação está aparecendo, hein? ❹〔思われる〕parecer〔パレセール〕, ser aparentemente. あの人は幸せそうにEle/Ela parece (ser) uma pessoa feliz. 彼は優しそうに〜けど気性が激しい Ele é aparentemente afável, mas é temperamental. その仕事は簡単そうに〜 Esse serviço parece fácil de fazer. あなたは疲れているように見えます Você parece estar cansado/da./〔俗〕Você está com cara de cansado/da. あの人は年のわりには若く見えますね Ele/Ela é bem jovem para a idade, não? ❺〔来る〕vir〔ヴィール〕. お客様が見えました〔ある客〕Veio uma visita./〔例の客〕Chegou a visita.

みおくり　見送り despedida (f) (no local da partida de alguém), ato (m) de ir se de despedir de alguém no local da partida. 飛行場までお見送りに行きます Eu vou levá-lo/la até o aeroporto./Eu vou me despedir de você no aeroporto.

みおくる　見送る ❶〔送別する〕levar, ir-se despedir de …. 客を門の前で〜 despedir-se de uma visita ficando na frente do portão da casa até ela desaparecer (na esquina). ❷〔視線を向けて〕後ろ姿を〜 acompanhar alguém com os olhos até ele desaparecer. ❸〔そのままにする〕passar, adiar. あの電車はあまりにも満員だったので見送った Deixei passar aquele trem, que ele estava muito lotado. その映画は今回は見送ります Vou passar esse filme desta vez.

みおとす　見落とす deixar passar [escapar] (por distração), deixar de ver por descuido.

みおとり　見劣り aspecto (m) [aparência (f)] desfavorável. この車はあの車より〜する Este carro parece inferior àquele./A aparência deste carro não é tão boa como a daquele.

みおぼえ　見覚え …に〜がある lembrar-se de ter visto … alguma vez. 彼女の顔は〜のある顔だ O rosto dela não me é estranho.

みおろす　見下ろす ❶〔下を見る〕olhar para baixo, olhar de cima para baixo. 丘から町を〜 olhar a cidade do alto da colina [do outeiro]. ❷〔侮る〕desprezar. 人を〜ような態度で com uma atitude desdenhosa.

みかい　未開 〜の〔野蛮な〕não civilizado/da; selvagem.

みかいけつ　未解決 〜の pendente, por solucionar [resolver], que está por decidir. 現代医学には〜のことが多い Na medicina atual ainda há muitas coisas por resolver. その問題は〜です Esse assunto ainda está pendente.

みかいたく　未開拓 〜の inexplorado/da.
みかいはつ　未開発 〜の inexplorado/da.
みかえし　見返し 〔本の〕contracapa (f) (do livro).

みかえす　見返す ❶〔見直す〕olhar novamente. 書類を〜 rever [reler] os documentos. ❷〔人に見られて〕voltar-se, olhar também. ❸〔報復する〕mostrar quem se é [somos]. 世間を〜 mostrar ao mundo o próprio valor [a própria capacidade] (tendo na memória o deprezo anteriormente sofrido). いつか〜してやる Um dia (vou fazer sucesso e) vão ver quem eu sou.

みかえり　見返り recompensa (f). 援助の〜を求める exigir recompensa pela ajuda. 彼はAの〜としてBをもらった Ele recebeu B como repompensa de A.

みがき　磨き polimento (m); aperfeiçoamento (m). ピアノの演奏に〜をかける aperfeiçoar [burilar] a execução do piano. ♦磨き粉 pó (m) de polir. 歯磨き pasta (f) de dente.

みかく　味覚 gosto (m) (o sentido), paladar (m). 子供は〜が正しい A criança sabe reconhecer o gosto natural e bom da comida.

みがく　磨く polir, fazer brilhar. 靴を〜 engraxar os sapatos. 歯を〜 escovar os dentes.

みかけ　見かけ aparência (f), exterior (m); fachada (f). 〜で人を判断してはいけません Não julgue as pessoas pela aparência.

みかげいし　御影石 〔鉱物〕granito (m).

みかた　味方 partidário/ria, amigo/ga, aliado/da, adepto (m), simpatizante, o/a que está do lado de. …の〜をする apoiar …, ficar do lado de …. 僕はいつも父の〜だった Eu sempre fui partidário do meu pai. 僕はいつも君の〜だから安心していてね Querida, fique tranquila que estou sempre do seu lado.

みかた　見方 maneira (f) de ver, ponto (m) de vista. 〜による conforme o modo de ver as coisas [ponto de vista]. 君のものの〜は古い O seu modo de encarar as coisas está ultrapassado. 〜を変える deslocar o quadro de pensamento, mudar o ponto de vista, ver as coisas sob um outro ângulo.

みかづき　三日月 quarto (m) crescente.
みかねる　見かねる não poder ficar indiferente diante de dificuldades alheias. 私は見るに見かねて彼に手を貸してしまった Não pude deixar de ajudá-lo (diante das dificuldades que ele estava enfrentando).

みがら　身柄 corpo (m), pessoa (f). 〜の引き

みがる 身軽 ～な 1) leve, ligeiro/ra. ～な服装をする pôr um traje leve, ir de roupa leve. 2) livre. ～になる ficar livre [desembaraçado/da] (de um encargo pesado), sentir-se aliviado/da. 子供が成人して～になった Fiquei mais livre depois que meus filhos atingiram a maioridade. ～に agilmente, facilmente, livremente. あの人は～に川を飛び越える Ele/Ela atravessa o rio com facilidade.

みがわり 身代わり ❶ substituição (f). ❷ [人] substituto/ta. ❸ (犠牲) bode (m) expiatório. …の～になる agir no lugar de …, ocupar o lugar de …; sacrificar-se por …. …の～として em lugar de …, em vez de …. 警官が人質の～になって死んだ O policial deu sua vida [morreu] pelos reféns.

みかん 未完 ～の inacabado/da, incompleto/ta, por acabar, a completar.

みかん 蜜柑 〔日本みかん〕tangerina (f); 〔ネーブル〕laranja-da-baía (f); 〔オレンジ〕laranja (f) pera.

みかんせい 未完成 ～の inacabado/da, incompleto/ta.

みき 幹 tronco (m) 《de árvore》.

***みぎ 右** ❶ direita (f) [ヂレイタ]. …の～側に à direita de …, …へ曲がる virar à direita. 三番目の角で～に入ってください Vire à direita na terceira esquina, por favor. ～側通行 《掲示》Mantenha-se à direita. 回れー～, volver! ♦右側 lado (m) direito. 右側通行 trânsito (m) [passagem (f)] pela direita. 右レーン pista (f) de direita. ❷〔前述〕supradito (m) [スブラディット], acima mencionado (m). ～のとおり相違ありません Declaro que o acima mencionado é a expressão da verdade. ❸〔右派〕direitista [ヂレイチースタ], conservador/ra 〔コンセルヴァドール/ラ〕. ～に出る ser superior a [melhor do que] …. その分野では彼の～に出るものはいない Nessa área, ninguém é melhor que ele [ele é o melhor, 《口語》ninguém passa a perna nele].

みぎうで 右腕 ❶ braço (m) direito. ❷〔人〕braço direito, pessoa (f) de confiança. 奥様は社長の～だ A esposa do presidente da empresa é seu braço direito.

みぎきき 右利き destro/tra, manidestro/tra.

ミキサー ❶〔コンクリート原料の混合機〕misturador (m), betoneira (f). ❷〔果実や野菜などを砕いてジュースにしたりする電気家具〕liquidificador (m). ❸〔音〕〔音量や音質を調整する装置や担当者〕*mixer* (m), misturador de som.

みぎて 右手 ❶ mão (f) direita [destra]. ❷〔右方向〕lado (m) direito. ～に見えるのが銀閣寺です O que se vê à direita é o Templo Ginkaku.

みきり 見切り abandono (m), desistência (f). その企画に～をつけた Eu desisti desse projeto. ～発車する começar um projeto sem a necessária verificação prévia. ♦見切り品 saldo (m), artigo (m) de liquidação.

みくだす 見下す desprezar, menosprezar.

みくびる 見くびる subestimar, não dar o devido valor a, não ter … em grande conta. 彼女の実力を見くびってはいけない Não podemos [Acho bom não] subestimar a capacidade dela.

みぐるしい 見苦しい feio/feia, desagradável, horrível; 〔不面目〕desonroso/sa, indecente. ～行い uma conduta desagradável de se ver.

ミクロネシア Micronésia (f). ～の micronésio/sia.

みけいけん 未経験 ～の inexperiente. ♦未経験者 pessoa (f) inexperiente.

みけねこ 三毛猫 【動】gato/ta de manchas brancas, amarelas e pretas.

みけん 眉間 【解】glabela (f), intercílio (m). ～のしわ rugas (fpl) entre as sobrancelhas. ～にしわを寄せる franzir o sobrolho.

みごと 見事 ～な 〔感嘆すべき〕admirável; 〔優れた〕excelente; 〔目覚ましい〕brilhante; 〔すばらしい〕maravilhoso/sa. ～に admiravelmente; brilhantemente; maravilhosamente. ～な出来栄えの作品 obra (f) magnífica. ～に失敗する fazer fiasco, falhar redondamente [brutalmente]. お～ Bravo!/Muito bem!

みこみ 見込み 〔望み〕esperança (f); 〔可能性〕possibilidade (f). ～ある promissor/ra, de futuro, que tem futuro. ～のない que não tem futuro, não prometedor/ra. この計画は実現する～がありますか Há possibilidade de se realizar este plano?/Este plano é viável? 彼の病気は治る～がほとんどない A doença dele é quase incurável.

みこむ 見込む ❶〔当てにする〕esperar, contar com …. この取引で2千万円の売り上げを見込んでいる Espero (conseguir) vender vinte milhões de ienes com esse negócio. ❷〔信用する〕confiar em. 彼は上役に見込まれて会社に入った Ele entrou na companhia porque o/a chefe confiou no futuro dele [conquistou a confiança dos superiores]. ❸〔予想する〕prever, calcular. ある程度の損を見込んで商売を始めた Comecei o negócio já contando com um certo prejuízo.

みごろ 見頃 a melhor época para se ver algo. 桜は～を迎えている [今が～だ] As cerejeiras estão em sua plena florescência.

みごろし 見殺し …を～にする deixar … morrer, abandonar … nas horas de maior ne-

cessidade.
みこん 未婚 solteiro/ra. 〜の女性 mulher (f) solteira. 〜の男性 homem (m) solteiro. 〜の母 mãe (f) solteira.
ミサ missa (f).
ミサイル 〖軍事〗míssil (m). 高濃縮ウラン型の〜 míssil de urânio altamente enriquecido. プルトニウム型の〜 míssil de plutônio. ◆核弾頭ミサイル míssil com ogivas nucleares. 短距離ミサイル míssil de curto alcance. 中距離ミサイル míssil de alcance médio. 長距離ミサイル míssil (m) de longo alcance.
みさき 岬 cabo (m);〔断崖になっている〕promontório (m).
みさげる 見下げる 〔上から下を〕ver para baixo, ver de cima para baixo;〔軽蔑する〕desprezar.
*****みじかい 短い** curto/ta〖クールト/タ〗. 短くする encurtar. このスカートの丈を短くしたいのですが Queria encurtar esta saia. この仕事は〜期間でやらなければなりません É preciso aprontar este serviço em curto prazo. 日が短くなりましたね O dia está ficando mais curto, não é mesmo? 気が〜 ser impaciente, não ter paciência.
みじめ 惨め 〜な miserável. 〜な生活を送る levar uma vida miserável. 〜な思いをする sentir-se miserável.
みじゅく 未熟 〜な〔成熟していない〕prematuro/ra, verde, não-maduro/ra;〔熟練していない〕imaturo/ra, inexperiente. 我々の民主主義はまだ〜だ A nossa democracia ainda é verde. 〜でごめんなさい Desculpe-me 〖《口語》Me desculpe〗a falta de experiência. ◆未熟児 criança (f) prematura, bebê (m)〔neném (m)〕prematuro/ra. 未熟児網膜症 〖医〗retinite (f) da criança prematura.
みしらぬ 見知らぬ estranho/nha, desconhecido/da. 〜人 pessoa (f) desconhecida.
ミシン máquina (f) de costura. あなたは〜が使えますか Você sabe costurar à máquina?
みじんぎり 微塵切り picado (m)〔de verduras〕. 〜にする picar〔cortar〕miudinho, cortar em pedaços miúdos. タマネギを〜にする picar a cebola em pedaços bem miúdos.
ミス ❶〔間違い〕erro (m);〔勘違い〕engano (m);〔当たり損ない〕fora (m);〔過失〕falta (f), erro; falha (f). 〜を犯す cometer um erro〔uma falta〕, errar, falhar; enganar-se. 私はとんでもない〜を犯してしまいました Eu acabei cometendo um erro impensável〔grave〕. チームは多くのチャンスを作ったが, フィニッシュで〜をした O time criou muitas chances〔oportunidades〕, mas errou〔falhou〕nas finalizações. 医療〜被害者の会 associação (f) das vítimas de erros médicos. ◆医療ミス erro médico. ❷〔未婚女性〕moça (f) solteira, senhorita (f); miss (f). ◆ミスユニバース miss universo.
*****みず 水** água (f)〖アーグァ〗. …に〜をまく regar água em …. 〜を出す〔止める〕abrir〔fechar〕a torneira (de água). 〜を1杯ください Me dá〖Dê-me〗um copo de água, por favor. 植物に〜をやる regar〔aguar〕as plantas. たっぷりとバラに〜やりをする regar〔aguar〕bem as rosas.
みずあか 水垢 incrustação (f) deixada pela água. 〜を取る tirar as crostas depositadas pela água. 浴槽の〜にはこの洗剤が一番だ O melhor detergente para se retirar as crostas da banheira é este aqui./Este é o melhor detergente para se retirar as crostas da banheira.
みずあげ 水揚げ ❶〔荷揚げ〕retirada (f) do carregamento do navio, descarregamento (m). ❷〔漁獲高〕pesca (f), pescaria (f). 大量のカツオが〜された Pescaram uma grande quantidade de ⌐bonito〔peixe bonito〗. ❸〔収入〕receita (f). 1日10万円の〜 receita diária de cem mil ienes.
みずあそび 水遊び 〜をする brincar na água.
みずあめ 水飴 〖料〗xarope (m) de amido; bala (f) de xarope de amido.
みすい 未遂 〖法〗tentativa (f). 犯人は殺人〜で逮捕された O/A criminoso/sa foi preso/sa por tentativa de homicídio. ◆未遂罪 delito (m) tentado. 未遂犯 crime (m) tentado. 殺人未遂 tentativa de homicídio. 自殺未遂 tentativa de suicídio.
みずいらず 水入らず estado (m) de estar só com a família. 夫婦〜で旅行に出かけた O casal partiu para uma viagem a sós.
みずいろ 水色 azul-claro (m)〖★ 複数: azuis-claros〗, azul-celeste (m)〖★ 複数: azul-celestes/azuis-celestes〗. 〜の azul-claro/ra〖複数: azul-claros/ras〗. その〜のブラウスを2点ください Vou levar essas duas blusas (f) azul-claras.
みずうみ 湖 lago (m).
みずかさ 水嵩 volume (m) de água. 台風で川の〜が倍増した Com o tufão, a água do rio dobrou em volume./Com o tufão, o volume de água do rio dobrou.
みずがし 水菓子 fruta (f).
みずがめざ 水瓶座 〖星座〗(signo (m) de) aquário (m).
みずから 自ら ❶〔自分自身〕se, si mesmo/ma, si próprio/pria. 彼は〜を銃で撃って死亡した Ele morreu atirando-se em si mesmo. 〜の pessoal, próprio/pria. 大統領〜の手でテープが切られた O presidente cortou a fita ⌐com suas próprias mãos〔pessoalmente〗. ❷〔自分で〕pessoalmente, se. 〜進んで por iniciativa própria, espontaneamente. 彼女は〜生命を絶った Ela se suicidou.
みずぎ 水着 〔女性用〕maiô (m);〔ビキニ〕bi-

みずぎわ

quíni (m); 〔男性用〕calção (m) de banho. ～姿で em traje de banho.

みずぎわ 水際 beira (f) d'água. 政府は新型インフルエンザの～作戦を行っている O Governo está adotando uma estratégia preventiva contra a gripe H1N1 (nos portos e aeroportos). ◆水際作戦 prevenção (f) contra inimigos que vêm do mar;《比》estratégia (f) preventiva [prevenção] contra doenças ou animais nocivos do exterior.

みずくさ 水草 〖植〗planta (f) aquática. メダカが～に卵を産みつけた O barrigudinho ⌈pôs ovos [desovou] nas plantas aquáticas.

みずくさい　水臭い ❶ 〔よそよそしい〕reservado/da, distante, formal (apesar da intimidade que deveria haver). こんなときに割り勘なんて～ですよ Ratear as despesas nessas horas distancia as pessoas. ❷ 〔水っぽい〕aguado/da, diluído/da.

みずけ 水気 umidade (f). ～のない seco/ca. ～の多い梨 pera (f) suculenta.

みずごけ 水苔 〖植〗musgo (m) dos pântanos.

みずさし 水差し jarra (f) de água.

みずしごと 水仕事 serviço (m) de lavagem [que mexe com água]. ～をする lavar; 〔食器洗い〕lavar louça, 〔洗濯〕lavar roupa.

みずしぶき 水しぶき borrifo (m) de água.

みずしょうばい 水商売 negócio (m) que depende da popularidade entre os fregueses (como bares, restaurantes, hotéis etc).

みずしらず 見ず知らず ～の estranho/nha. ～の人に付いて行かないようにね Nunca vá atrás de estranhos, está bem?

ミスター ❶ 〔男性の敬称〕senhor (m). ❷ representante (m), símbolo (m).

みずたき 水炊き 〖料〗cozido (m) de carnes e legumes em água simples. 鳥の～ prato (m) de frango cozido com legumes e servido com molho de soja e limão.

みずたま 水玉 ❶ gota (f) de água. ❷ 〘服〙motivo (m) [padrão (m)] (de tecido) com bolas. 彼女は白い～模様の付いた緑色のスカートをはいていた Ela usava uma saia verde com bolas brancas.

みずたまり 水たまり poça (f) d'água. ～ができる formar-se uma poça d'água.

みずっぽい 水っぽい aguado/da. この味噌汁は少し～ Esta sopa de soja está um pouco aguada.

ミステリー ❶ 〔推理小説〕romance (m) ⌈policial [de suspense]. ❷ 〔神秘的な物や人〕pessoa (f) ou coisa (f) misteriosa.

みすてる 見捨てる abandonar, desistir de; desertar-se. 彼は妻子を見捨ててしまった Ele abandonou a mulher e os filhos.

みずとり 水鳥 pássaro (m) aquático.

みずな 水菜 〖植〗espécie (f) de mostarda.

みずはけ 水はけ escoamento (m) de água, drenagem (f). この下水管は～がよい Esta tubulação de esgoto escoa bem a água. ◆水はけ口 dreno (m), ralo (m), escoadouro (m).

みずばしょう 水芭蕉 〖植〗jarro (m).

みずびたし 水浸し ～になる ficar inteiramente molhado/da; ficar inundado/da [alagado/da], alagar-se. 台風で町は～になった A cidade ficou encharcada [inundada, alagada] com o tufão.

みずぶくれ 水ぶくれ bolha (f) d'água. ～ができる formar-se uma bolha d'água.

みずぶそく 水不足 falta (f) de água. 市は今～に悩まされている A cidade está com problema de falta de água./Está faltando água na cidade.

みずべ 水辺 beira (f) d'água.

みずぼうそう 水疱瘡 〖医〗catapora (f). ～にかかる ficar com [pegar] catapora.

みずぼらしい 〔人〕esfarrapado/da, maltrapilho/lha; 〔生活・家〕pobre, miserável.

みずまき 水撒き aspersão (f) [borrifo (m)] de água. …に～をする borrifar água em …, regar, aguar.

みずまし 水増し ❶ acrescentar água. ～された酒 bebida (f) adulterada com água. ❷ 〔金額など〕acréscimo (m) de ⌈um número fictício [uma quantidade fictícia]. 交通費を～して請求する requerer um custo de transporte maior do que o real. その大学は～入学をしている Essa faculdade aceita mais candidatos do que o número de vagas.

ミスマッチ combinação (f) inadequada, acasalamento (m) impróprio, desproporção (f).

みずみずしい 瑞々しい ❶ 〔新鮮な〕fresco/ca, novo/va. ～果物 fruta (f) fresca. ❷ 〔若々しい〕jovial, liso/sa. 赤ちゃんの肌は～ A pele de nenê é bastante lisa. みずみずしさ frescura (f). このクリームはお肌のみずみずしさを保ちます Este creme vai conservar a jovialidade da sua pele.

みずむし 水虫 〖医〗micose (f), dermatomicose (f), frieira (f).

みずもれ 水漏れ goteira (f), gotejamento (m), escapamento (m) de água. ～を防ぐ evitar ⌈o gotejamento [a goteira]. ～する gotejar. 屋根が～している O telhado está ⌈gotejando [com goteiras].

みずわり 水割り bebida (f) alcoólica diluída em água. ウイスキーの～ uísque (m) com água.

***みせ 店** 〔食堂以外の〕loja (f) [ロージャ]; 〔食堂・レストラン〕restaurante (m) [ヘスタウランチ]; 〔ブティック〕butique (f) [ブチーキ]; 〔本屋〕livraria (f) [リヴラリーア]. ～を開く abrir a loja. ～を閉める fechar a loja. ～先で na frente da loja.

▎▶店のいろいろ◀
| 市場 mercado [メルカード] (m)

スーパーマーケット supermercado [スペルメルカード] (*m*)

ショッピングセンター *shopping center* [ショッピン センテル] (*m*)

デパート loja de departamentos [ロージャ デ デパルタメントス] (*f*)

食料品店 mercearia [メルセアリーア] (*f*)

八百屋 quitanda [キタンダ] (*f*)

パン屋 padaria [パダリーア] (*f*)

肉屋 açougue [アソーゲ] (*m*)

魚屋 peixaria [ペイシャリーア] (*f*)

酒屋 loja de bebidas [ロージャ デ ベビーダス] (*f*)

薬屋 drogaria [ドロガリーア] (*f*), farmácia [ファルマッシア] (*f*)

花屋 floricultura [フロリクウトゥーラ] (*f*)

文房具店 papelaria [パペラリーア] (*f*)

靴屋 loja de calçados [ロージャ デ カウサードス] (*f*)

ブティック butique [ブチッキ] (*f*)

宝石店 joalheria [ジョアリェリーア] (*f*)

本屋 livraria [リヴラリーア] (*f*)

クリーニング店 lavanderia [ラヴァンデリーア] (*f*)

不動産屋 imobiliária [イモビリアーリア] (*f*)

みせいねん 未成年 menoridade (*f*). ～者淫行勧誘 corrupção (*f*) de menores. ～者の遺棄 abandono (*m*) de menor. ～者の労働 trabalho (*m*) do menor. ～者お断わり《掲示》Proibido aos Menores. ♦未成年者 o/a menor.

みせかけ 見せかけ simulação (*f*), fingimento (*m*). ～の falso/sa.

みせかける 見せかける simular, fingir. 彼女は病人のように見せかけているだけですよ Ela só está fingindo que está doente./Ela só está fazendo de doente.

みせしめ 見せしめ castigo (*m*) exemplar. 軍曹は～に罰せられた O sargento foi castigado exemplarmente.

ミセス senhora (*f*). ～中村 Senhora Nakamura.

みせつける 見せつける demonstrar, exibir, ostentar. 社長は富を～ために純金の時計を買った O presidente comprou um relógio de ouro puro para ostentar sua riqueza. 生意気な新入りはリーダーに実力の差を見せつけられた O novato impertinente reconheceu a falta de capacidade em relação ao líder.

みせば 見せ場 clímax (*m*), a melhor cena (*f*) (de uma peça ou filme). 主人公が死ぬシーンはこの映画の～だ A cena em que o/a protagonista morre é o clímax deste filme.

みせばん 店番 ～をする tomar conta da loja (na ausência do dono).

みせびらかす 見せびらかす exibir, mostrar(-se).

みせもの 見せ物 show (*m*), espetáculo (*m*).

*****みせる 見せる** 〔物を〕mostrar [モストラール]; 〔医者に〕consultar [コンスウタール], ver [ヴェール]. 切符を見せてください Mostre-me ⌊o bilhete [o ingresso, a entrada]. 彼は恋人の写真を何枚か見せてくれた Ele me mostrou umas fotografias da namorada. あした町を見せてあげましょう Vou-lhe mostrar a cidade amanhã. 医者に見せたほうがいいよ É melhor consultar um médico, hein?

みそ 味噌 missô (*m*), massa (*f*) de soja. ¶ ～をつける falhar, sair-se mal. それが～だ Aí está ⌊o ponto-de-venda [o bom da coisa]. ♦味噌汁 sopa (*f*) de soja. 白味噌 massa (*f*) de soja esbranquiçada.

みぞ 溝 fosso (*m*), rego (*m*), vala (*f*).

みぞおち 鳩尾 〚解〛epigástrico (*m*), boca (*f*) do estômago. ～の epigástrico/ca.

みそか 晦日 último dia (*m*) do mês. ♦大晦日 último dia do ano.

みそこなう 見損なう ❶〔見誤る〕enganar-se, avaliar erroneamente. 私は部下を見損なった Eu tinha superestimado o meu subordinado/a minha subordinada. 尊敬していた叔父を見損なった Fiquei decepcionado/da com o tio que admirava. ❷〔見のがす〕deixar de ver, perder. 私はルノアールの展覧会を見損なった Eu perdi a exposição de Renoir.

みそに 味噌煮 〚料〛cozido (*m*) temperado com ⌊missô [massa de soja]. サバの～ cavala (*f*) cozida em missô, saquê, açúcar e fatias de gengibre.

みぞれ 霙 neve (*f*) um pouco aguada. ～が降る Está caindo ⌊neve aguada [chuva acompanhada de neve].

-みたいな como …. ⇨**よう**.

みだし 見出し 〔標題〕título (*m*). ♦見出し語 〔辞書の〕verbete (*m*), entrada (*f*).

みだしなみ 身嗜み aparência (*f*) 《de uma pessoa》. あの人はいつも～がいいですね Ele/Ela cuida bem da aparência, não?

みたす 満たす ❶〔充満させる〕encher, preencher. 瓶に水を～ encher a garrafa de água. ❷〔満足させる〕satisfazer. …の好奇心を～ satisfazer a curiosidade de …. ❸〔喜びを与える〕preencher, gratificar (= dar alegria ou prazer a). 私を満たしてくれるものは音楽なのです A música é o que me preenche. 満たされた生活を送っています Levo uma vida gratificante.

みだす 乱す desordenar, desarrumar, desarranjar. それは秩序を～ことになる Isso ⌊é destruir [acaba destruindo] a ordem das coisas.

みたて 見立て ❶〔選択〕escolha (*f*) (com critério). 母の～の服 uma roupa escolhida por minha mãe. そのネクタイは奥様のお～です Foi a sua esposa que escolheu essa gravata? ❷〔診断〕diagnóstico (*m*). あの医者の～では彼は水ぼうそうだった Segundo o diagnóstico daquele médico, ele estava com catapora.

みたてる 見立てる ❶〔選ぶ〕escolher (com critério), escolher vendo. 着物のがらを〜 escolher o padrão do quimono. ❷〔診断する〕diagnosticar. 医者が喘息(ぜん)と見立てた O médico diagnosticou asma. ❸〔擬する〕supor, considerar, representar, simular, imitar,《口語》fazer de conta. 雪を花に〜 fazer de conta que a neve é uma flor《na criação de uma obra artística etc》. 日本の幾つかの庭園には丘を山に見立てたものがある Em alguns jardins japoneses vemos pequenos montes imitando montanhas. ❹〔鑑定する〕examinar, avaliar (o grau de autenticidade de uma joia ou obra artística etc).

みため 見た目 aparência (f), visual (m). 〜がいい ter boa aparência. 〜が悪い ter má aparência.

みだら 淫ら 〜な obsceno/na, indecente. 〜な想像をする imaginar coisas obscenas.

みだりに sem permissão, sem motivos justificáveis. 〜立ち入らないこと《掲示》Proibida a entrada sem permissão.

みだれ 乱れ confusão (f), desordem (f). 髪の〜 desarranjo (m) dos cabelos. 呼吸の〜を生じさせる causar irregularidades na respiração. 交通機関に〜が出た Os transportes coletivos ficaram com ␣o horário atrapalhado [os horários atrasados]. ♦ 乱れ髪 cabelos (mpl) desgrenhados.

みだれる 乱れる ❶〔頭髪が〕desordenar-se, desarrumar-se. 髪が乱れてしまった Os cabelos ficaram desgrenhados. ❷〔風紀などが〕corromper-se, degenerar, depravar. そうすると風紀が〜 Assim, os costumes ficam corrompidos. ❸〔秩序が〕cair na desordem, ficar confuso/sa. 乱れた生活 vida (f) desregrada. 鉄道のダイヤが乱れている Os trens ␣não estão correndo dentro [estão fora] do horário normal. 彼は酒を飲むと乱れますか Ele fica fora de si quando bebe? ❹〔心が〕perder a paz. 乱れた心 alma (f) atormentada.

***みち 道** caminho (m)〔カミーニョ〕;〔通り〕rua (f)〔フーア〕;〔大通り〕avenida (f)〔アヴェニーダ〕;〔道路〕estrada (f)〔エストラーダ〕;〔経路〕via (f)〔ヴィーア〕, rota (f)〔ホッタ〕;〔通行〕passagem (f)〔パサージェン〕;〔方法〕modo (m)〔モード〕, jeito (m)〔ジェーイト〕, remédio (m)〔ヘメーヂオ〕. 〜端で na beira do caminho. 〜に迷う perder-se no caminho, perder o caminho. 〜を間違える errar o caminho. 図書館に行く〜を教えてください Poderia me dizer qual o caminho que dá para a biblioteca? あの〜は車で混雑しています Aquela rua está congestionada. この〜を行こう Vamos por este caminho. 〜を開けてください Abram o caminho, por favor./Favor dar (uma) passagem. 他に〜はない Não há outro remédio [jeito]. 最近〜を誤って麻薬に手を出す若者が多い Recentemente muitos jovens se desviam do bom caminho e começam a usar drogas.

みち 未知 〜の desconhecido/da, estranho/nha. それは私にとって〜の世界だった Esse era para mim um mundo novo [desconhecido].

みぢか 身近 proximidade (f). 〜な 1) próximo/ma. 幸せは〜なところにある A felicidade está perto da gente. …の〜なところにあるもの coisas (fpl) que se encontram à volta de …. 2) familiar. 〜な問題 problema (m) ␣de sempre [familiar]. 〜に nas proximidades. この風景は〜に感じられる Sinto que esta paisagem é algo ␣familiar [já visto]. 危険が彼の〜に迫っている O perigo está se aproximando dele.

みちがえる 見違える não reconhecer. 彼女は〜ほど元気になった Ela se recuperou tanto que estava irreconhecível.

みちくさ 道草 〜を食う fazer hora, vadiar no meio do caminho.

みちしお 満ち潮 ⇨満潮(まんちょう).

みちじゅん 道順 itinerário (m), roteiro (m), curso (m). パレードの〜を決める decidir o itinerário da parada.

みちしるべ 道しるべ poste (m) indicador; placa (f).

みちすう 未知数 〚数〛incógnita (f).

みちづれ 道連れ companhia (f) (de viagem). …と〜になる tornar-se companheiro/ra de viagem. 〜にする levar [carregar] … consigo, ir com ….

みちのり 道のり distância (f), caminho (m), trajeto (m). ここから東京までどのくらいの〜がありますか Qual é a distância daqui até Tóquio?

みちばた 道端 beira (f) de estrada [rua]. 〜のレストラン restaurante (m) de beira de estrada. 〜に咲く花 flor (f) de beira de rua.

みちひ 満ち干 fluxo (m) e refluxo (m). 潮の〜 marés (fpl), fluxo e refluxo do mar.

みちびく 導く guiar, orientar;〔連れていく〕levar. 人を悪に〜 levar alguém para o mau caminho. 客を客間に〜 conduzir [levar] a visita até a sala de visitas. 状況を有利に〜 fazer com que a situação fique vantajosa para si.

みちる 満ちる completar-se; ficar cheio/cheia de, encher-se de [com];〔潮が〕subir. 彼は希望に満ちていた Ele estava cheio de esperanças. 賛成者は20人に満たなかった Os que apoiavam a ideia ␣eram menos de vinte [não chegavam a vinte].

みつ 蜜 mel (m). ♦ はち蜜 mel de abelha.

みつあみ 三つ編み trança (f).

みっかい 密会 reunião (f) secreta.

みつかる 見付かる 〔見つけることができる〕encontrar(-se), achar(-se), ser encontrável, poder ser encontrado/da;〔発見される〕ser descoberto/ta, ser encontrado/da, ser achado/da; 〔見られる〕ser visto/ta, ser surpreendido/da. まだあの書類は見つからないか Ainda não encontrou aquele documento? 私は入り口がなかなか見つかりませんでした Eu custei para achar a porta de entrada./ Eu não achava a porta de entrada. 行方不明の子供はまだ見つからないのですか A criança que estava perdida ainda não foi encontrada? 私はだれにも見つからずに入ってきた Eu entrei sem ser visto/ta por ninguém.

みつぐ 貢ぐ ❶〔政府や支配者に〕pagar tributos ou oferendas (ao governo ou senhor feudal). ❷ pagar, custear. 恋人に〜 ajudar o/a namorado/da custeando as despesas diárias.

ミックス mistura (f). 〜する misturar. ♦ミックスサンド 〖料〗sanduíche (m) misto 《em geral de presunto, queijo, ovo e legumes》. ミックスジュース 〖料〗suco (m) misto. ミックスダブルス 〖スポーツ〗dupla (f) mista 《de ambos os sexos》.

みづくろい 身づくろい 〜をする preparar-se para sair.

*****みつける 見付ける** ❶〔発見する〕descobrir [デスコブリール], identificar [イデンチフィカール]. 医師たちはアルツハイマー病を引き起こす酵素を見つけた Os médicos identificaram a enzima responsável pelo mal de Alzheimer. 科学者たちは真珠貝の病気の原因になっているウイルスを〜ことができなかった Os cientistas não foram capazes de determinar [identificar, detectar] o vírus causador da doença das ostras de pérolas. ❷〔遭遇する〕encontrar [エンコントラール], achar [アシャール]. この財布を見つけたのですがどこに届けましょうか Eu achei esta carteira ... onde devo entregar? ❸〔探してから〕achar, localizar [ロカリザール], descobrir. なんとしてでもあの書類を見つけないと大変だ É preciso achar aqueles documentos a todo custo se não vai ser um problema. あなたの奥さんにはパートの仕事を見つけてあげましょう Eu vou procurar um emprego de meio período para a sua esposa. ❹〔居所をつきとめる〕achar o paradeiro de. 犯人を〜 achar o paradeiro do/da criminoso/na. ❺〔見慣れている〕estar acostumado/da a ver. 見つけている風景 paisagem (f) que se está acostumado/da a ver.

みつご 三つ子 trigêmeos/meas; 〔3 歳児〕criança (f) de três anos. ¶ 〜の魂百まで O adulto carrega sempre algo do que era aos três anos de idade.

みっこう 密航 viagem (f) clandestina [ilegal] (a bordo de um navio, trem etc). 〜する viajar clandestinamente. ♦密航者 viajante clandestino/na.

みっこく 密告 denúncia (f), delação (f), 《俗》caguetagem (f), alcaguetagem (f). 〜する entregar (às autoridades, à polícia etc), delatar, denunciar, 《俗》caguetar, alcaguetar. ♦密告者 delator/ra, denunciante, 《俗》cagueta, alcagueta.

みっしつ 密室 recinto (m) fechado; quarto (m) secreto. 〜で会議をする fazer [realizar] uma conferência a portas fechadas. ♦密室殺人 assassinato (m) em recinto fechado.

みっしゅう 密集 aglomeração (f), concentração (f). 〜する aglomerar-se, apinhar-se; 〔人口に〕estar [ser] densamente povoado/da, ser denso/sa em população. 家は〜していた As casas estavam muito grudadas uma à [na] outra. ここは人口〜地区です Este bairro é um bairro densamente povoado.

ミッション missão (f).

みっせつ 密接 〜な estreito/ta, chegado/da. 〜に estreitamente, de perto. 彼らは〜な関係にある Eles são muito chegados [íntimos].

みつぞう 密造 fabricação (f) ilegal [clandestina]. その男は酒の〜で逮捕された Esse homem foi preso por fabricar bebidas alcoólicas ilegalmente.

みつぞろい 三つ揃い 〔スーツ〕terno (m);《ポ》fato (m).

みっつ 三つ três. 僕は〜《幼》Tenho três anos de idade.

みつど 密度 densidade (f). 〜が高い[濃い] ser muito denso/sa. 〜が低い[薄い] ser pouco denso/sa, ser ralo/la, ser raro/ra. 〜が濃い研究 uma pesquisa aprofundada. ♦人口密度 densidade populacional.

ミッドフィールダー 〔サッカー〕meio-campo (m). ♦右(左)ミッドフィールダー meia-direita (meia-esquerda).

みっともない desagradável, vergonhoso/sa, que fica feio. 駄々をこねるのは〜 fazer manha fica feio [《口語》pega mal]. あの人はいつも〜格好をしている Ele sempre se veste de maneira vergonhosa.

みつにゅうこく 密入国 entrada (f) ilegal [clandestina] (em um país), travessia (f) ilegal de fronteira (entre países). 〜する entrar ilegalmente em um país. ♦密入国者 clandestino/na, imigrante ilegal.

みつばい 密売 contrabando (m). ♦密売者 contrabandista. 密売品 (artigo (m) de) contrabando (m),《口語》muamba (f).

みつばち 蜜蜂 〖虫〗abelha (f),〔雄の〕zangão (m). 〜の群れ enxame (m), 〜の巣 colmeia (f), ninho (m) de abelha, cortiço (m).

みっぷう 密封 selagem (f) hermética. 書類を〜を selar [fechar hermeticamente] o envelope de documentos. ♦密封パック器 seladora (f).

みっぺい 密閉 fechamento (m) hermético. 〜された部屋 sala (f) hermeticamente fechada. 瓶の口を〜する fechar hermeticamente a tampa da garrafa. ♦密閉容器 utensílio [vasilhame] hermeticamente fechado.

みつまた 三椏 〖植〗planta (f) com a qual se

produz o papel japonês.

みつまめ 蜜豆 【料】doce (m) com cubos de gelatina, feijões doces e frutas em calda, regado com xarope.

みつめる 見つめる olhar … fixamente, fitar, encarar. 日本ではあまり人の顔を見つめない〔日本人以外の人が言う場合〕No Japão, eles não encaram muito as pessoas./〔日本人の発言も含む〕No Japão, não se encaram muito as pessoas.

みつもり 見積り orçamento (m). 改築の～を頼む pedir para fazer um orçamento da reforma da casa. 大工さんはこの仕事に対して5万円の～を出してきた O marceneiro fez [《口語》veio com] um orçamento de cinquenta mil ienes para o serviço. その～書は契約者のサインを待つばかりになっていた Nesse orçamento só faltava a assinatura do contratante. この工事の～をしてくれませんか Você pode orçar as despesas desta obra? ♦見積り書 orçamento.

みつもる 見積もる estimar, orçar, calcular; 〔評価する〕avaliar. 高く～ superestimar. 安く～ subestimar. いくら高く見積もっても no máximo, por mais caro que isso seja. 費用は1万円と見積もってある A despesa está orçada em dez mil ienes.

みつやく 密約 acordo (m) secreto. …と～を結ぶ concluir [estabelecer] um acordo secreto com …. 彼らの間には何か～でもあるのだろうか Será que há algum acordo secreto entre eles?

みつゆ 密輸 contrabando (m). ～する contrabandear. 彼は麻薬を～していた Ele contrabandeava drogas. ♦密輸品 artigos (mpl) de contrabando.

みつゆしゅつ 密輸出 contrabando (m), exportação (f) ilegal.

みつゆにゅう 密輸入 contrabando (m), importação (f) ilegal.

みつりょう 密漁 pesca (f) ilegal. 日本の領海における～を取り締まる fiscalizar a pesca ilegal nas águas territoriais [no território marítimo] do Japão.

みつりょう 密猟 caça (f) ilegal. ♦密猟者 caçador/ra clandestino/na.

みつりん 密林 selva (f), floresta (f) virgem.

みてい 未定 ～の indeterminado/da, pendente, não fixo/xa. その話し合いの期日はまだ～です A data dessa reunião ainda não está fixa.

ミディアム 【料】bife (m) ao ponto.

みとおし 見通し ❶〔視界〕visibilidade (f), visão (f). (そのときの)道路は～が非常に悪かった A estrada estava com péssima visibilidade. ❷〔見込み〕previsão (f), perspectiva (f), horizonte (m). 今年の経済の～は暗い〔ぜんぜん明るくない〕As perspectivas econômicas para este ano estão sombrias [não estão nada favoráveis]. その問題の解決の～は立っていないのですか E o problema não tem horizonte? ～を立てる prever. 敵の出方の～を立てるのはむずかしくなっている Está difícil prever [apresentar previsões quanto às] reações do adversário. 改善の～が立っていない Não há perspectivas de melhora. ～を誤る prever errado, dar perspectivas falsas.

みどころ 見所 ❶〔見る値打ちのある所〕atrativo (m). ～のある観光地 local (m) turístico com muitos atrativos. この映画の～は多くある Há muitos pontos interessantes neste filme. ❷〔見込み〕ponto (m) positivo, qualidade (f). 彼は～がある青年だ Ele é um jovem promissor [que promete].

ミトコンドリア 【生】mitocôndria (f).

みとめいん 認め印 carimbo (m) não oficial, carimbo não reconhecido oficialmente 《de uso diário》.

*****みとめる** 認める 〔許可する〕admitir [アヂミチール], aprovar [アプロヴァール];〔価値, 誤りなどを〕reconhecer [ヘコニェセール];〔気づく〕observar [オビセルヴァール], notar [ノタール]. 彼の努力はようやく世間に認められた Os esforços dele foram finalmente reconhecidos pela sociedade [pelo mundo]. 私は自分が悪かったことを認めます Eu reconheço que errei./Eu reconheço que estava errado/da. 発言を認めます Permito que fale [que se expresse]. 異常は認められなかった Não se observou nenhuma anormalidade.

*****みどり** 緑 verde (m) [ヴェールヂ]. ～色はとても目にいい O verde faz bem à vista. この町に～を増やしてください Por favor, aumente as áreas verdes nesta cidade. ～色の verde. ～がかった esverdeado/da, tirante a verde. ～にする esverdear, tornar verde. ～になる tornar-se verde, esverdear-se. ～色に塗った pintado/da de verde.

みとりず 見取り図 esboço (m), rascunho (m), croquis (m); plano (m), planta (f). 建設予定のコンビニの～を書く traçar a planta da loja de conveniência a ser construída.

ミドルきゅう ミドル級 【スポーツ】peso (m) médio (do boxe, luta-livre etc), pugilista peso médio.

ミドルクラス 〔中産階級〕classe (f) média.

みとれる 見とれる …に～ contemplar … com admiração, ficar fascinado/da diante de …, ficar encantado/da com ….

ミトン luvas (fpl).

*****みな** 皆 todo/toda/todos/todas [トード/トーダ/トードス/トーダス]; todo o mundo [todo mundo];〔物事〕tudo [トゥード]. 私は財産を～失ってしまった Eu perdi toda a fortuna. ～いっしょに todos/das juntos/tas. この仕事は～でやりましょう Vamos fazer este serviço todos juntos. ～がこの案に賛成というわけではない Nem todos estão de acordo com a ideia. ～と同じでいいです

O que resolverem está bom./Estou junto com a maioria. 〜さんどうぞこちらへ Tenham a bondade de vir para cá./《俗》Venham para cá, gente. 〜さんによろしく Lembranças a todos.

みなおす 見直す ver [olhar, checar, ler] outra vez, rever, revisar, reexaminar;〔認識を変える〕mudar de opinião acerca de algo ou alguém. この計画を実施する前にもう一度よく〜ことが必要だ É preciso reexaminar este planejamento antes de realizá-lo. 今回の仕事で彼を見直した Com este trabalho fiquei sabendo que ele é muito competente [minha opinião acerca dele mudou para melhor].

みなしご 孤児 órfão/fã.

みなす 見なす considerar. これからは遅刻を欠席とみなします A partir de agora vamos considerar atrasos como faltas. 彼は社内で1番の切れ者とみなされている Ele é tido como o mais competente da companhia. それは犯罪とみなされます Isso é considerado crime.

みなと 港 porto (m). 〜の portuário/ria. 〜に着く chegar ao porto, aportar em. 船は今朝リオの〜に着いた O navio aportou no Rio [chegou ao porto do Rio] hoje de manhã. 〜に寄る fazer escala em um porto. ♦港町 cidade (f) portuária.

みなまたびょう 水俣病 【医】síndrome (f) de Minamata, doença (f) de Minamata.

*__みなみ 南__ sul (m) 〔スーク〕. 〜の sulino, meridional, do sul. …の〜側に ao sul de …. 〜よりの風 vento (m) do sul. その工場はこの町の〜の方にあります Essa fábrica fica ao sul desta cidade. ♦南側 lado (m) sul. 南半球 hemisfério (m) meridional [do sul]. 南ヨーロッパ Europa (f) Meridional [do Sul].

みなみアフリカ 南アフリカ a África do Sul. 〜の sul-africano/na.

みなみアメリカ 南アメリカ América (f) do Sul. 〜の sul-americano/na. ♦南アメリカ大陸 América do Sul, continente (m) sul-americano.

みなもと 源 〔起源〕origem (f);〔水源〕fonte (f), manancial (m).山に〜を発する川 rio (m) que nasce na montanha. この思想は古代ローマに〜を発するようだ Este modo de pensar parece remontar à antiga Roma.

みならい 見習い aprendizagem (f);〔人〕aprendiz/za. ♦見習い期間 período (m) de experiência [aprendizagem]. 見習い大工 aprendiz/za de carpinteiro. 弁護士見習い advogado/da estagiário/ria.

みならう 見習う aprender de, seguir. 彼を見習いなさい Siga o exemplo dele.

ミニ mini-, pequeno/na. ♦ミニカー mini-carro (m). ミニトマト tomate (m) cereja,《口語》tomatinho (m) cereja.

みにくい 醜い feio/feia, desagradável de se ver. 〜女性 mulher (f) feia. 〜行為 conduta (f) vergonhosa [que demonstra falta de educação]. 醜さ feiura (f), fealdade (f). 心の醜さ baixeza (f). 醜くなる desfigurar-se, ficar feio/feia [desfigurado/da].

ミニシアター pequena sala (f) de cinema.

ミニスカート minissaia (f).

ミニチュア miniatura (f); redução (f) (da escala do mapa, do desenho).

みぬく 見抜く perceber, enxergar, adivinhar; ler《em sentido figurado》. 彼はすぐに従業員の気持ちを〜 Ele logo lê os pensamentos dos empregados.

みね 峰 cume (m), topo (m), cimo (m), pico (m).

ミネラル ❶〔鉱物〕mineral (m). ♦ミネラルウォーター água (f) mineral. ❷〔人体に必要な無機塩類〕sais (mpl) minerais.

みの 蓑 capa (m) de chuva (feita de palha de bambu).

みのう 未納 não-pagamento (m). 彼は給食費が〜だ Ele ainda não pagou a taxa da merenda escolar. 未納金 quantia (f) a pagar, débito (m). 未納者 devedor/ra.

みのうえ 身の上 ❶〔境遇〕vida (f), condição (f) de vida. 〜話をする falar da própria (história de) vida. 〜話の上相談 consulta (f) sobre problemas pessoais. ❷〔運命〕destino (f). 〜を占う prever o [fazer adivinhações quanto ao] destino. 体が弱いから君の〜を案ずる Eu estou preocupado/da com a sua vida, por ter saúde fraca.

みのがす 見逃す 〔見落とす〕deixar escapar, não se dar conta de, não perceber;〔見て見ぬふりをする〕fazer vista grossa a, deixar passar. 私はその大事な事実を見逃していました Eu não tinha dado conta desse fato tão importante. あなたの功績は見逃せません Não podemos deixar de reconhecer os seus méritos. 今回だけは見逃してください Perdoe-me só desta vez.

みのしろきん 身代金 resgate (m). 人質の代わりに1万ドルの〜が請求された Em troca dos reféns pediram um resgate de dez mil dólares.

みのまわり 身の回り 彼はそのおじいさんの〜の世話をしている Ele está cuidando desse idoso. ♦身の回り品 objetos pessoais [de uso pessoal].

みのる 実る dar fruto, frutificar;〔よい結果を生む〕dar resultado. 今年は麦が実った A colheita do trigo foi boa este ano. 我々の努力が実ったんですよ Os nossos esforços deram resultado.

みはらい 未払い 〜の não-pago/ga, não-quitado/da. ♦未払い賃金 salário (m) atrasado.

みはらし 見晴らし panorama (m), vista (f). この屋上の〜はすばらしい O panorama visto deste mirante é maravilhoso.

みはり　見張り 〔行為〕vigilância (f);〔人〕guarda;〔歩哨(ほしょう)〕vigia, sentinela.

みはる　見張る ❶〔警戒〕vigiar, guardar. かばんを~ tomar conta da mala. ❷〔目を〕あまりの美しさに目をみはった Fiquei encantado/da diante da beleza extraordinária.

みびょう　未病 〖医〗doença (f) ainda sem sintomas《que deve ser tratada com a melhoria do modo de vida, como alimentação, exercícios físicos, horas de sono etc》.

みぶり　身振り gesto (m). ~手振りで何とか通じるものですね Até que a gente consegue se entender com gestos, não?

みぶん　身分 condição (f), qualificação (f), posição (f), *status* (m). ~の高い人 pessoa (f) de posição social elevada. ~が高い ter posição social elevada. 彼女とは~が違う Eu pertenço a uma classe social diferente da dela. ~証明書の有効期限が切れています A carteira de identidade está vencida. ~証明書の更新方法を教えてください Por favor, me diga como fazer para renovar a minha carteira de identidade. ~証明書を紛失しました Perdi a minha carteira de identidade. ¶ ~相応(不相応)の暮らし vida (f) condizente (que não condiz) com a condição social. あの人は結構な~ですよ Que vida boa a dele, hein?! ♦ 身分詐称〖法〗simulação (f). 身分証明書 carteira (f) de identidade.

みぼうじん　未亡人 viúva (f).

みほん　見本 amostra (f); modelo (m). これが新製品の~ですか Isto aqui é a amostra do novo produto? ♦ 見本市 feira (f) de amostras.

みまい　見舞い visita (f) a um doente ou vítima de acidente. 彼女は私の病気中毎日~に来てくれた Ela veio me visitar todos os dias quando eu estava doente. 私は彼に~の手紙を出したいのですが Gostaria de mandar uma carta para ele, desejando as melhoras.

みまう　見舞う ❶ fazer uma visita de cortesia a uma vítima de acidentes ou doença. 病人を~ visitar um doente. ❷〔被害を及ぼす〕afetar, atacar. 台風に見舞われた地方に救助物資を送る enviar suprimentos às regiões afetadas pelo tufão.

みまもる　見守る ❶〔面倒を見る〕olhar por, proteger, resguardar. おじいさんは孫達を~ O avô olha pelos seus netos. ❷〔支持する〕torcer, apoiar moralmente. 都民は都知事を温かく見守っている Os habitantes da metrópole torcem pelo seu governador. ❸〔観察する〕acompanhar [observar] cuidadosamente o curso dos acontecimentos. 病後の経過を~ observar de perto a convalescença do doente.

みまわす　見回す olhar em volta. 自分の周りを~ ver ao redor de si.

みまわり　見回り ❶ volta (f), inspeção (f), ronda (f), patrulhamento (m). ❷〔人〕patrulha (f), guarda, vigia. …の~をする fazer a ronda em …, patrulhar ….

みまん　未満 18歳~の com [de] menos de dezoito anos de idade. 千円~の金額 quantia (f) inferior a mil ienes.

***みみ　耳** ❶ orelha (f) [オレーリャ]. 彼は~が大きい Ele ᴌtem orelhas grandes [《口語》é orelhudo]. ❷〔聴覚〕ouvido (m) [オウヴィード]. 彼は~が良い Ele tem bons ouvidos. 私は~が聞こえない Eu sou surdo/da. 私はそのとき体を~にしていた Então, eu era todo/da ouvidos. そんなことが社長の~に入ったら大変だ Se o/a presidente (da companhia) ouvir uma coisa dessas vai ser um caso sério. これだけはあなたの~に入れておきたい Quero ᴌque você ouça [deixar contado] pelo menos isso./Quero inteirá-lo/la pelo menos disso. ~が痛い Estou com dor de ouvido. それを聞くと~が痛い《比》Isso me é penoso (de) ouvir (porque me dá dor de consciência). おじいさんは~が遠くなっている O avô está ouvindo mal. ~を澄ます ouvir com toda a atenção. 人の忠告に対して聞く~をもたない ser surdo/da aos avisos dos outros. ¶ その話は~にたこができるほど聞きました Estou careca de tanto ouvir isso. …を~にする ouvir … por acaso. その話は昨日~にしました Eu ouvi ᴌisso [essa história] ontem. パンの~ casca (f) de pão.

みみあか　耳垢 cerume (m), cerúmen (m), cera (f) (de orelha, de ouvido).

みみかき　耳掻き bastonete (m) (para limpar os ouvidos).

みみざわり　耳障り それは~である Isso é desagradável ᴌaos [para os] ouvidos./Isso não é agradável de (se) ouvir.

みみず 〖動〗minhoca (f).

みみずく　木菟 〖鳥〗coruja (f).

みみせん　耳栓 tampão (m) para ouvido.

みみたぶ　耳たぶ 〖解〗lóbulo (m) da orelha, orelha (f).

みみなり　耳鳴り 私は~がするんです Tenho [Estou com] zunido nos ouvidos.

みめい　未明 madrugada (f). ~に antes do amanhecer, de madrugada.

みもと　身元 identidade (f). 就職に際しては~保証が必要です Você precisa de um fiador para começar a trabalhar. ~引受人が必要です É preciso arranjar um fiador [abonador]. ♦ 身元引受人 fiador/ra, abonador/ra, afiançador/ra, tutor/ra.

みもの　見物 atrativo (m), ponto (m) interessante, algo (m) interessante de se ver. 今度の試合はどちらが勝つのか~だ Vai valer a pena observar que ᴌqual teme [quem] será o vencedor no [do] próximo jogo.

みや　宮 ❶〔神社〕templo (f) xintoísta. ❷〔皇族〕família (f) imperial《do Japão》.

みゃく　脈 pulso (m). ~をみる ver o pulso.

みゃくはく 脈拍 pulso (*m*), pulsação (*f*). 〜は正常だ O pulso está normal. 〜が不規則だ O pulso está irregular. 大人の場合〜は平均毎分72回である No caso de um adulto, o pulso é de setenta e duas vezes por minuto em média. 標高の高いところに行くと〜が上がる O batimento cardíaco aumenta quando se vai a lugares altos. ♦脈拍計 pulsímetro (*m*). 脈拍数 número (*m*) de pulsações por minuto.

みゃくらく 脈絡 encadeamento (*m*), ligação (*f*), nexo (*m*), continuidade (*f*). 論理的〜 encadeamento (*m*) lógico, coerência (*f*). 〜のないことを言う dizer coisas ʟsem nexo [incoerentes]. 〜のない話 história (*f*) sem pé nem cabeça.

みやげ 土産 〔記念品〕lembrança (*f*); 〔贈り物〕presente (*m*). これはつまらないものですが、日本のお〜です Não sei se você vai gostar, mas é uma lembrancinha do Japão. ♦土産物 presente. 土産物店 loja (*f*) de presentes.

みやこ 都 ❶〔天皇制、王制の国の首都〕corte (*f*). ❷〔首都〕capital (*f*). ❸〔大都会〕metrópole (*f*). 〜落ちする sair da capital, ir para o interior.

みやび 雅 elegância (*f*), graça (*f*), urbanidade (*f*).

みやびやか 雅びやか 〜な elegante, gracioso/sa, chique.

みやぶる 見破る perceber, reconhecer, descobrir, desmascarar. あの将軍は簡単に敵の戦略を見破った Aquele general conseguiu com facilidade desmascarar a estratégia do inimigo. マリアは息子のうそを見破った Maria percebeu a mentira de seu filho.

みやまいり 宮参り 【宗】visita (*f*) ao templo xintoísta.

ミャンマー Mianmar.

ミュージアム museu (*m*). ♦アートミュージアム museu de arte.

ミュージカル 【劇】revista (*f*) musical.

ミュージシャン músico (*m*).

みょう 妙 〜な estranho/nha, esquisito/ta, curioso/sa. 〜な男 homem (*m*) esquisito. 〜な経験をする ter uma experiência curiosa. 母のことが〜に気になる Estou excessivamente preocupado/da com a minha mãe, não sei por que. ⇨変.

みょうが 茗荷 【植】espécie (*f*) de gengibre.

みょうごにち 明後日 depois de amanhã. ⇨あさって.

みょうじ 名字 sobrenome (*m*). 私の〜は田中です O meu sobrenome é Tanaka.

みょうじょう 明星 ❶ Vênus (*m*). 明けの〜 estrela d'alva. 宵の〜 estrela da tarde. ❷〔スター〕astro (*m*). 映画界の〜 estrela do cinema. 文壇の〜 grande figura (*f*) do mundo literário.

みょうちょう 明朝 amanhã de manhã. 〜9時に às nove horas de amanhã de manhã.

みょうにち 明日 amanhã.

みょうばん 明晩 amanhã à noite.

みょうばん 明礬 alúmen (*m*). ♦明礬石 alunite (*f*).

みょうり 冥利 sorte (*f*), estado (*m*) de felicidade. 役者〜に尽きる大役 um grande papel que deixa feliz o/a ator/atriz o/a mais felizardo/da do mundo.

みより 身寄り parente, familiar, alguém (*m*) da família. 〜のないお年寄りの増加 aumento (*m*) do número de idosos sem alguém da família (para cuidar deles). 〜のない子供 órfão/fã.

ミラー espelho (*m*). ♦ミラーボール bola (*f*) de espelhos. バックミラー retrovisor (*m*).

*****みらい 未来** futuro (*m*) [フトゥーロ]. 〜に no futuro. 〜の総理大臣 futuro primeiro ministro/futura primeira ministra. ♦未来時制 【文法】tempo (*m*) futuro. 未来学者 futurólogo/ga.

ミラクル milagre (*m*).

ミリ milímetro (*m*).

ミリオン milhão (*m*), grande quantidade (*f*). ♦ミリオンセラー um milhão de vendagens.

ミリグラム miligrama (*m*).

ミリメートル milímetro (*m*).

みりょく 魅力 encanto (*m*), atração (*f*). 〜的な atraente. 芸術の〜 a magia das artes. 性的〜 atração sexual. 彼女の〜は控えめであるところだ O que me prende a ela é a reserva [humildade, modéstia].

ミリリットル mililitro (*m*).

*****みる 見る** ❶ ver [ヴェール]; 〔注意して〕olhar [オリャール], observar [オビセルヴァール]. 映画を〜 ver um [assistir a um] filme. テレビを〜 ver televisão. ちょっと〜と à primeira vista. 見たところ pelo visto. 誰が来たのか見ていらっしゃい Vá lá ver quem é (que veio). 彼がするのをよく見てよくまねしなさい Olhe bem para o que ele faz e faça a mesma coisa. 窓から外を見ないでください Não olhe para fora da janela. この地図を見てください Olhe para este mapa. 左右をよく見て道を渡ってください Olhe bem para os dois lados antes de atravessar a rua. われわれが見たところによると pelo que a gente viu. 汚くしているの、あまり見ないでね Não repare, que está sujo, *tá*? たまたま見たことを一般化しないでください Não generalize as observações casuais. ❷〔目を通す〕dar uma olhada em; 〔調べる、検査する〕examinar [エザミナール], checar [シェカール], dar uma checada em; 〔辞書などを〕consultar [コンスウタール]. この書類をざっと見てください Dê uma olhada nesta papelada, por favor. 私は歯を見てもらわなければならない Eu preciso ir ao dentista examinar os dentes. 私の企画書を見てください Examine o meu projeto, por favor. ❸〔世話をする〕cuidar de. 子供の面倒を～ cuidar das crianças. ❹ [解釈する] ver, julgar [ジュウガール], interpretar [インテルプレタール]. 外国人から見た日本人 o/a japonês/nesa visto/ta [interpretado/da] pelo estrangeiro. 警察は殺人と見て捜査を始めた A polícia, julgando o fato como assassinato, começou a investigação.

-みる (…てみる) ❶ para ver no que vai dar. 医者に行ってみる Vou ao médico para ver o que ele vai falar. ❷ ver se. 今日は熱が下がったから仕事をしてみる Hoje vou ver se trabalho porque a febre abaixou. ❸ […しようとする] tentar [experimentar] (+不定詞) 《+infinitivo》. 私がそれを箱に詰めてみましょうか Quer que eu tente colocar isso na caixa? ❹ [試す] provar. このワイン飲んでみませんか Não quer provar este vinho?

ミルク leite (m). ♦アイスミルク leite gelado. 粉ミルク leite em pó. ホットミルク leite quente.

みれん 未練 relutância (f) (em desistir de algo), sentimento (m) não resolvido. エリカはまだ元彼氏に対して～がある Erika ainda tem sentimentos não resolvidos com [não conseguiu esquecer] seu ex-namorado. ～あって古い愛車を売る気になれない Como tenho apego ao meu velho carro, nem penso em vendê-lo.

みわく 魅惑 fascínio (m), encanto (m). ～的な fascinante, encantador/ra, sedutor/ra. 彼女の～的な演技に観客は圧倒された A plateia ficou arrebatada com a interpretação encantadora dela.

みわける 見分ける distinguir. その二つの物を見分けられますか Você consegue distinguir essas duas coisas?

みわたす 見渡す abarcar com o olhar, ter uma visão geral de. ～限り até onde a vista alcança.

みんえい 民営 administração (f) privada. ♦民営化 privatização (f).

みんかん 民間 povo (m), comunidade (f) civil. ～の 1) 〔民衆の〕 popular. ♦民間伝承 tradição (f) popular. 民間療法 tratamento (m) caseiro [medicina (f) caseira]. それは～に伝わる迷信だ Isso é uma crendice popular. 2) 〔公的でない〕 privado/da. ♦民間会社 empresa (f) privada. 民間企業 empreendimento (f) privado. 民間資本 capital (m) privado. 3) 〔軍人に対して一般人の〕 civil. ♦民間機 avião (m) civil.

ミンク vison (m). ～のコート casaco (m) (de pele) de vison.

みんげい 民芸 artesanato (m) popular [folclórico]. ♦民芸品 objetos (mpl) folclóricos.

みんじ 民事 【法】 civil. ♦民事契約 contrato (m) civil. 民事婚 casamento (m) civil. 民事裁判所 justiça (f) civil. 民事訴訟 ação (f) civil. 民事訴訟法典 Código (m) de Processo Civil. 民事登記 registro (m) civil.

みんしゅ 民主 ～の democrático/ca. ♦民主主義 democracia (f).

みんしゅう 民衆 povo (m).

みんしゅく 民宿 pensão (f), casa (f) em geral rural, que dá hospedagem aos habitantes urbanos a preços módicos. ～はとても安く泊まれます Sai bem barato pousar em [ficar em] pensão.

みんぞく 民俗 folclore (f). ～的な popular, folclórico/ca, tradicional. ♦民俗学 estudos (mpl) folclóricos, folclore, folclorismo (m). 民俗学者 folclorista. 民俗芸能 arte (f) popular [folclórica].

みんぞく 民族 etnia (f); 〔人種〕 raça (f); 〔国民〕 povo (m), nação (f). ♦民族性 característica (f) racial. 日本民族 raça japonesa.

ミント 【植】 hortelã (f). ～の香り aroma (f) de hortelã. ♦ミントティー chá (m) de hortelã.

みんな ⇨皆(☆).

みんぽう 民法 【法】 direito (m) civil. ♦民法典 Código (m) Civil.

みんよう 民謡 canção (f) folclórica.

みんわ 民話 folclore (m), conto (m) [lenda (f)] popular.

む

む 無 nada (m), [空虚] vazio (m). ~から有は生じない Nada pode nascer do nada. 自分を~にする anular a si mesmo/ma. 自分を~にすることで numa anulação de si mesmo/ma; anulando a si mesmo/ma.

む- 無- não, sem, in-, des-. ~伴奏(の) sem acompanhamento musical. ~感覚症 perda (f) de sensibilidade. ~保険運転 direção (f) sem seguro. ~保険運転をする dirigir sem seguro.

むい 無為 ociosidade (f). ~の ocioso/sa. ~の生活 vida (f) ociosa. ~に ociosamente, sem atividade. ~に暮らす levar uma vida ociosa, viver na ociosidade.

むいしき 無意識 inconsciência (f). ~の inconsciente, involuntário/ria; [機械的な] maquinal. ~に inconscientemente, involuntariamente; maquinalmente, 《口語》sem querer. 飛んで来た石を~によけた Afastei-me da pedra que veio voando, maquinalmente.

むいそん 無医村 aldeia (f) sem médico.

むいみ 無意味 ~な sem sentido, insignificante; [無駄な] inútil. ~な議論はやめよう Vamos deixar dessas discussões infrutíferas! それは~なことだよ Isso não serve para nada./Isso não vai dar em nada. ~なことを言うな Não diga coisas sem sentido./《俗》Não diga besteira. これは~な仕事ですね Isto é um trabalho inútil, não?

ムース musse (f). …に~をつける pôr [colocar] musse em …. ♦ヘアムース musse de cabelo. ヨーグルトムース musse de iogurte.

ムード ❶ [人の] estado (m) de espírito, disposição (f), humor (m). ❷ [場の] ambiente (m), clima (m), atmosfera (f). ~が良いカフェ cafeteria (f) de atmosfera agradável. ~作りに成功する conseguir criar um ambiente agradável. ~に乗る entrar no clima. ♦ムード音楽 música (f) romântica.

ムービー filme (m). ♦ムービーシアター cinema (m).

むえき 無益 ~な inútil. ~な殺生をする matar (seres vivos) apenas por capricho. 有害に~だ Isso só pode ser nocivo e nunca útil.

むえん 無縁 falta (f) de vínculo [ligação, relação]. 彼は彼女と全く~だ Ele não tem absolutamente nenhuma relação com ela. 悲しさとは~な人生を送ってきた Até agora tive uma vida ┗sem tristezas [que não conheceu a tristeza]. ♦無縁仏 defunto/ta que não tem pessoas para cuidar de seu túmulo.

むえん 無塩 ~の sem sal. ♦無塩バター manteiga (f) sem sal.

むかい 向かい ~の da frente, do lado oposto. ~の家 casa (f) da frente. その家でしたら郵便局の~です Se for essa casa, fica em frente ao correio.

むがい 無害 ~な inócuo/cua, inofensivo/va. これは人に~な殺虫剤だ Este é um inseticida inofensivo para pessoas.

むかいあう 向かい合う ❶ [人が] pôr-se frente a frente. 野党と与党のリーダーが向かい合って座った Os líderes da oposição e da situação sentaram-se frente a frente. ❷ [建物などが] situar-se ┗frente a frente [um/uma em frente ao/à outro/tra], ficar em frente a. その二つのビルは向かい合っている Os prédios se situam um em frente ao outro. 私の家と映画館は向かい合っている A minha casa fica em frente ao cinema.

むかいかぜ 向かい風 vento (m) contrário. ~を受けて進む ir contra o vento.

むかう 向かう ❶ [進む] dirigir-se para, ir (vir) em direção a, ir (vir) ao encontro de. 彼は今こちらに向かっています Ele está vindo agora ┗nesta [na nossa] direção./Ele está vindo agora ┗ao nosso encontro [para cá]. 電車を降りたら進行方向に向かって階段を降りてください Ao descer (do trem), siga em frente na mesma direção do trem e desça a escada. ❷ [目指す] partir com destino a. 飛行機はロスアンジェルスに向かって出発した O avião partiu com destino a Los Ângeles. ❸ [逆らう] afrontar, confrontar-se com, desafiar, ir (vir) de encontro a. 風に向かって走った Corri contra o vento. 彼は強盗に向かっていった Ele ┗foi de encontro ao [se confrontou com o] assaltante. 先生に向かって何という口の利き方だ Isso são modos de se falar com seu professor?! ❹ [ある状態に近づく] começar a (+不定詞) (+infinitivo). 私の病気は快方に向かっていた A minha doença estava começando a melhorar.

むかえる 迎える ❶ [歓迎する] dar as boas vindas a, receber; [迎えに行く・来る] ir (vir) buscar. 彼らは私を温かく迎えてくれた Eles me receberam com muito carinho. 電話してくれれば駅まで迎えに行きます Se me telefonar, eu vou até a estação buscar você. ❷ [招く] convidar. 作家を講師に~ receber [convidar] um/uma escritor/ra como conferencista. ❸ [ある時期・状態になる] chegar a, entrar em. 新年を〜 entrar no ano-novo. 編集作業は山場を迎えた Os trabalhos de editoração [edição] chegaram ao seu ponto culminante [ao auge da ocupação].

むがく 無学 ignorância(f). 〜な ignorante, sem instrução, sem cultura.

***むかし** 昔 antigamente [アンチガメンチ], os (nos) velhos tempos; 〔以前〕antes [アンチス]. 〜の antigo/ga. むかしむかし em tempos que já lá vão. 〜〜ある所に Era uma vez .... 〜の人々 os antigos, pessoas(fpl) antigas. 〜ながらの町なみ ruas(fpl) com casas antigas. 〜かたぎの職人 artesão/sã com espírito tradicional. 彼女は〜から東京に住んでいる Ela mora em Tóquio desde antigamente. 〜は毎日ピアノの練習をしたものだ Antigamente treinava piano todos os dias. この辺はまだ〜の風習が残っているんですよね Por aqui ainda conservamos certos costumes antigos, sabe?

むかしばなし 昔話 ❶ velho conto(m) infantil, velhas histórias(fpl); lenda(f), mito(m). ❷ 〔思い出〕lembranças(fpl) do passado. 〜をする falar do passado.

むかじゅう 無果汁 〜のジュース suco(m) de frutas artificial.

むかつく ❶ 〔吐き気がする〕ter vontade de vomitar, sentir ânsias. 胃がむかついて食欲がない Estou com o estômago enjoado e sem fome. ❷ 〔腹が立つ〕《口語》ficar com raiva de, sentir-se incomodado/da. 彼の傲慢(ごう)さにむかついた Fiquei com raiva da arrogância dele.

むかで 百足 〔動〕centopeia(f), quilópode(m).

むがむちゅう 無我夢中 arrebatamento(m), êxtase(f). 〜で逃げる fugir sem pensar em mais nada.

むかんかく 無感覚 insensibilidade(f), falta(f) de sensibilidade [sentido]. 〜な insensível; sem sentido, dormente, adormecido/da. 寒さで指が〜になってしまった Os meus dedos ficaram insensíveis com o frio./Eu não estou sentindo os dedos devido ao frio.

むかんけい 無関係 ausência(f) de relacionamento. …とは〜の que não tem nada a ver com …, não relacionado/da com …, independente de …. これとそれとは〜です Uma coisa não tem nada a ver com a outra.

むかんしん 無関心 indiferença(f), falta(f) de interesse. …に対して〜である ser indiferente a [com, para com] …. この問題に対して君は〜でいられないはずだ Você não tem como ficar indiferente a este caso. 彼は〜だ Ele é indiferente./《口語》Ele não está nem aí.

むかんどう 無感動 〜な indiferente, frio/fria, que não se impressiona [emociona] com nada.

むき 〜になる ficar sério/ria; levar a sério, esquentar a cabeça; 〔腹を立てる〕ficar nervoso/sa. 彼はいきなり〜になって勉強し始めた De repente ele começou a estudar sério [com afinco]. 失敗したことでそう〜にならなくてもいいよ Não precisa ficar nervoso/sa assim só porque falhou.

むき 向き ❶ 〔方向〕direção(f), orientação(f). 船は衝突を避けるために〜を変えた O navio mudou de direção para evitar uma colisão. 南〜の家を探しています Estou procurando uma casa com a fachada voltada [que dá] para o sul. 机の〜を変えましょう Vamos mudar a posição da mesa. ❷ 〔傾向〕tendência(f), movimento(m). その考えに対して反対を唱える〜があったようだ Parece que houve uma tendência para contrariar essa ideia. ❸ 〔適合〕aptidão(f). あの人はスポーツ〜だ Ele tem aptidão [《口語》dá] para esportes. Cada qual tem o seu forte e o seu fraco. ❹ 〔ターゲット〕objetivo(m), alvo(m). 子供〜の番組 programa(m) voltado [apropriado] para crianças.

むき 無期 tempo(m) indefinido. ◆無期延期 adiamento(m) indefinido. 無期懲役 〖法〗pena(f) de prisão perpétua com trabalhos forçados.

むき 無機 〜の inorgânico/ca. ◆無機化学 química(f) inorgânica. 無機化合物 composto(m) inorgânico. 無機質 sais(mpl) minerais; coisa(f) artificial. 無機物 matéria(f) inorgânica.

むぎ 麦 〔小麦〕trigo(m); 〔大麦〕cevada(f); 〔オート麦〕aveia(f); 〔ライ麦〕centeio(m). 〜の穂 espiga(f) de trigo. 〜まきをする semear trigo. ◆麦茶 chá(m) de trigo. 麦畑 trigal(m).

むきげん 無期限 〜の ilimitado/da, sem prazo, sem limite de tempo. 〜に ilimitadamente, indefinidamente, sem limite de tempo. 〜の貸付をする conceder empréstimo sem data de vencimento. 〜ストに入る entrar em greve por tempo indeterminado.

むきず 無傷 〜の 1) 〔傷のない〕ileso/sa, sem ferimento. 彼は事故に遭ったが〜だった Ele teve um acidente, mas se saiu ileso. 2) 〔完全な〕sem defeito, intacto/ta, perfeito/ta. 絵画は〜のままだった A pintura se tinha conservado em perfeito estado.

むきだし 剥き出し 〜の肩 ombro(m) nu. 感情を〜にする perder a compostura, não se moderar na expressão dos sentimentos.

むきめい 無記名 〜の sem nome, sem assinatura. ◆無記名株 título(m) ao portador. 無記名債権 obrigação(f) do Tesouro. 無記名投票 voto(m) secreto.

むきゅう 無休 〜の sem descanso. 年中〜の店 loja(f) aberta durante todo o ano《que não tem o descanso semanal》.

むきゅう 無給 ～で働く trabalhar ⌊de graça [sem ser remunerado/da]. ～の仕事 trabalho (*m*) ⌊não remunerado [sem remuneração].

むきょか 無許可 ausência (*f*) de permissão [licença]. ～の sem permissão [licença], clandestino/na. ～で売る vender sem licença. ♦無許可営業 comércio (*m*) clandestino.

むきりょく 無気力 apatia (*f*), indolência (*f*), moleza (*f*). ～な社員 funcionário/ria apático/ca. ～になる perder a energia, ficar apático/ca. ～に働く trabalhar sem vontade.

むぎわら 麦藁 palha (*f*). ♦麦藁細工 artesanato (*m*) de palha. 麦藁帽子 chapéu (*m*) de palha.

むきん 無菌 ～の esterilizado/da, desinfetado/da, sem micróbios. ♦無菌室 sala (*f*) esterilizada. 無菌培養 cultura (*f*) asséptica.

*__**むく 向く**__ ❶〔向きを変える〕voltar-se para, virar(-se) para, dar para, estar voltado para. 後ろを～ virar para trás. 上を～ olhar para cima. こちらを向いてください Vire para cá, por favor. 右向け右 Direita, volver!. ❷〔適する〕dar para, ter qualidades de [para], possuir o dom de. 彼女は先生に向いていない Ela não dá para professora. ❸〔傾く〕気が～ ficar com a vontade de, ficar a fim de. 気が向いたら遊びにきてください Se ⌊der vontade [《口語》der na telha], venha me visitar. ❹〔ターゲットとしている〕ser próprio/pria para. この番組は婦人に向いている Este programa é próprio para senhoras. ❺〔面する〕dar para, estar voltado/da para. この部屋は西に向いている Este quarto ⌊está voltado [dá] para o oeste.

むく 剥く descascar, tirar a casca de; pelar. オレンジの皮を～ descascar a laranja. その卵の殻をむいてください Descasque esses ovos, por favor.

むく 無垢 ❶〔汚れのない〕puro/ra, ingênuo/nua. 純真な女の子 menina (*f*) ⌊pura [que não vê o mundo com malícia]. ❷〔混じりものない〕puro/ra, genuíno/na, sem mistura. 金～の彫刻 escultura (*f*) de ouro puro. ❸〔一色の〕《服》tecido (*m*) liso de uma cor só (em geral branca).

むくい 報い〔報酬〕recompensa (*f*);〔補償〕compensação (*f*);〔罰〕castigo (*m*), punição (*f*). 罪の～を受ける expiar um crime, pagar pelo crime.

むくいる 報いる recompensar, corresponder a. …の労功に～ recompensar os grandes serviços de …. …の親切に～ retribuir ⌊o favor [a bondade] de …. 彼の努力はいつかは報いられるでしょう Acho que um dia os esforços dele serão recompensados.

むくち 無口 ～な de poucas palavras, quieto/ta, calado/da, taciturno/na. ～である falar pouco, ser de poucas palavras.

むくどり 椋鳥【鳥】estorninho (*m*).

むくみ inchação (*f*). 足に～がくる ficar com as pernas inchadas.

むくむ inchar(-se). 顔がむくんでいる estar com o rosto inchado.

むくれる ficar ⌊de mau humor [emburrado/da]. その子はすぐ～ Essa criança logo fica emburrada.

*__**むける 向ける**__ ❶〔方向を定める〕virar para, apontar para. 武器を…に～ apontar a arma para …. 顔をこちらに向けてください Vire o rosto para cá, por favor. 椅子(ヰ)を海に向けて座った Virei a cadeira para o mar e sentei-me. ❷〔感情・意識などを注ぐ〕dirigir [ヂリジール], canalizar [カナリザール], direcionar [ヂレスィオナール]. このことにもっと注意を～必要がある É preciso prestar mais atenção a este ponto. 攻撃的な性質は生き抜くために～とよい É bom canalizar [direcionar] a agressividade como uma força para vencer na vida. ❸〔…の方向めがけて〕embarcar rumo a, partir em direção a. 彼らはブラジルに向けて出発した Eles embarcaram rumo ao Brasil. ❹〔…をターゲットにする〕voltar para, orientar para. 日常生活に向けられた詩 uma poesia (*f*) voltada para o quotidiano. ❺〔送る〕enviar [エンヴィアール]. 本社はこちらに新しい技術者を向けた A matriz enviou novos técnicos para cá.

むげん 無限 infinito (*m*). ～の infinito/ta, sem limites, ilimitado/da. ～に infinitamente, ilimitadamente.

むこ 婿 ❶〔娘の〕genro (*m*). ～を取る conseguir um marido para a filha (para suceder os negócios da família ou conservar-lhe o sobrenome). ～養子に行く casar-se (para dar continuação à linhagem da família da noiva). ❷〔花婿〕noivo (*m*) (durante a celebração do casamento).

むこう 無効 nulidade (*f*), invalidade (*f*). ～の nulo/la, expirado/da, inválido/da. ～の訴え【法】ação (*f*) de nulidade. 契約を～にする invalidar [anular] um contrato. 一方の同意なしで成立した契約は～だ Um contrato estabelecido sem o acordo de uma das partes é inválido. 明日からこの契約は～になる A partir de amanhã, este contrato se tornará inválido. この契約書は社印が押してないから～です Este contrato não é válido, porque não ⌊tem [está com] o carimbo da companhia. この定期券はもう～です Este passe já está expirado. ♦無効投票 voto (*m*) inválido. 無効約款 cláusula (*f*) inválida.

むこう 向こう ❶〔向こう側〕(…の)～に〔…のかなたに〕para lá (de …), para além (de …);〔横断した所に〕do outro lado (de …). ～の de lá. 彼は～のほうにいます Ele está lá adiante. 海の～でお祭りをやっている Estão fazendo uma festa do outro lado do mar. ❷〔先方〕

ele/ela. ～から話しかけてきた Foi ele/ela ⌊que me dirigiu a palavra [《口語》que puxou a conversa]. 費用は～持ちだそうだ Parece que são eles que vão pagar as despesas. ❸〔行き先〕destino (*m*), local (*m*) aonde se dirige. ～へ着いたら電話をください Quando chegar lá, me liga, *tá*? ❹[以後] a partir de. 3月から～は忙しくなる Vou ficar ocupado/da a partir de março. ～3年間 nos três anos vindouros [futuros].

むこうみず 向こう見ず ～の imprudente, imprevidente, precipitado/da. ～に imprudentemente, precipitadamente.

むこくせき 無国籍 ～の sem pátria; sem nacionalidade. ♦無国籍児 criança (*f*) sem nacionalidade. 無国籍料理 comida (*f*) internacional.

むごん 無言 silêncio (*m*). ～の silencioso/sa, sem palavras. ～で silenciosamente, em silêncio. ～でいる guardar o silêncio, ficar [permanecer] em silêncio. ♦無言劇 pantomima (*f*).

むざい 無罪 inocência (*f*). ～の inocente. 彼は～とされた Ele foi considerado inocente. ～の宣告を受ける ser absolvido/da.

むさくい 無作為 ～に aleatoriamente, de modo aleatório, ao acaso. ～に選ぶ escolher aleatoriamente. ♦無作為標本抽出法 aleatoriedade (*f*) na composição de grupos de amostras para pesquisa.

むさくるしい むさ苦しい ❶〔場所〕desarrumado/da, sujo/ja. ～所ですがよかったらどうぞお上がりください A casa não está lá muito arrumada, mas (se não se incomodar) ⌊entre, por favor [faça o favor de entrar]. ❷〔人〕desalinhado/da, sujo/ja. 彼は～身なりのせいで面接に合格しなかった Ele não passou na entrevista por estar muito desalinhado. むさ苦しさ esqualidez (*f*), sujeira (*f*).

むささび [動] esquilo-voador (*m*) gigante (japonês).

むさべつ 無差別 ～に indistintamente, sem discriminação. 男女～に sem distinção de sexo. ～に人を殺していく sair matando todos que vê na frente. 柔道の～級 categoria (*f*) de peso livre do judô. ♦無差別殺人事件 assassinato (*m*) indiscriminado.

*****むし** 虫 ❶ bicho (*m*) [ビッショ];〔昆虫〕inseto (*m*) [インセット];〔幼虫〕larva (*f*) [ラールヴァ];〔うじ虫〕verme (*m*) [ヴェルミ]. コートに～が付いてしまった O casaco foi estragado por insetos [traças]. ～の音 canto (*m*) dos insetos. ❷〔腹の虫〕ânimo (*m*) [アーニモ], humor (*m*) [ウモール]. きっとあの人は～の居所が悪かったんですよ Acho que ele estava ⌊mal humorado [de mau humor]. 彼女は仕返しをしないと～がおさまらなかった Ela não conseguia deixar de ⌊se vingar [《口語》dar o troco]. 彼は昨日の口論でまだ腹の～がおさまらない Ele ainda não conseguiu se acalmar depois da discussão de ontem. ❸〔熱中する人〕maníaco/ca [マニーアコ/カ]. 店長は本の～だ O gerente adora livros. ¶ あの日は～が知らせたんですよ Naquele dia tive um pressentimento. あの新入りは～が好かない [《口語》] Não vou com a cara daquele novato. あの親は娘に～が付くことをこわがっている Aqueles pais estão com medo de que a filha arranje um namorado ruim. 彼女は～も殺さない顔をしている Ela tem um rosto meigo que não faz mal a uma mosca. 彼女は～がいい Ela é egoísta [calculista]. ～を殺す segurar-se, segurar a raiva.

むし 無視 desrespeito (*m*). ～する ignorar, menosprezar, não dar importância a, negligenciar, não notar (de propósito), fazer pouco caso de, desrespeitar. 私のアドバイスを～したから事故になったのだ O acidente aconteceu porque você ignorou meu conselho. どうして彼の発言を～するのですか Por que você não ouve a declaração dele? ルールを～する desrespeitar ⌊as regras [os regulamentos]. ♦交通規則無視 desrespeito (*m*) às leis de trânsito. 信号無視 desrespeito do sinal [semáforo].

むじ 無地 tecido (*m*) ⌊sem estampas [liso], tecido de uma cor só.

むしあつい 蒸し暑い abafado/da. きょうは～ですね Hoje está abafado, não é?

むしかえし 蒸し返し repetição (*f*) (do que já está resolvido).

むしかえす 蒸し返す ❶〔料理を〕requentar a vapor. 蒸し返したご飯 arroz (*m*) requentado a vapor. ❷〔再び話題にする〕repetir, recomeçar, trazer novamente à baila, tornar a falar de. 昨日の話を～ tocar outra vez na conversa da véspera. 過去の話を～ tornar a falar de um passado (já resolvido). その話をまた～の Vai começar tudo de novo?

むしかく 無資格 falta (*f*) de qualificação [habilitação]. ～な sem qualificação, sem habilitação. ～な人 pessoa (*f*) não qualificada. 彼は～運転で捕まりました Ele foi preso por dirigir sem a carteira de motorista.

むじかく 無自覚 inconsciência (*f*), falta (*f*) de consciência. …に対して～である não ter a consciência de …. 彼は自らの横柄さに～だった Ele não estava consciente da própria arrogância.

むしがし 蒸し菓子 doce (*m*) cozido ⌊a vapor [em banho-maria].

むしき 蒸し器 panela (*f*) para ⌊cozer no vapor [cozinhar em banho-maria], cuscuzeiro (*m*).

むしくい 虫食い ～だらけのリンゴ maçã (*f*) bichada. 私のセーターは～にあった O meu pulôver foi comido por insetos.

むしけら 虫けら verme (*m*), larva (*f*). ～同然の人 pessoa (*f*) inútil e malfazeja. 他人を

むしけん 無試験 ～で sem exame. ～で高校に入学する ingressar no curso colegial sem prestar exame.

むじこ 無事故 ～の sem acidentes. 25年間～の運転手 motorista sem acidentes por vinte e cinco anos.

むしず 虫酸 desgosto (*m*), aversão (*f*). ～が走る ter aversão por, ficar desgostoso/sa com. 彼の話を聞くといつも～が走る Tenho aversão pelas coisas que ele fala. ～が走るような horripilante.

むじつ 無実 ❶ 〔法〕inocência (*f*). ～の inocente. ～を訴える alegar inocência. …に～の罪を着せる fazer uma acusação falsa a …. …に～の罪を着せられる ser falsamente acusado/da por …. ❷ 〔中身がないこと〕sem conteúdo. 有名～な協会 uma associação que tem apenas nome e não tem atividade.

むじな 狢 〔動〕texugo-europeu (*m*).

むしば 虫歯 dente (*m*) cariado, cárie (*f*) dentária. ～を治療してもらいたいのですが〔歯医者に〕Gostaria que o/a senhor/ra me tratasse o dente cariado.

むしばむ 蝕む ❶ 〔虫が食って〕corroer, minar, carcomer. 害虫にむしばまれた壁 parede (*f*) carcomida pelos insetos nocivos. ❷ 〔病気などが〕atacar, atingir, afetar. 癌(ガン)にむしばまれた体 corpo (*m*) afetado pelo câncer. 肺を～たばこ o cigarro, que ataca os pulmões.

むじひ 無慈悲 ～な sem piedade, impiedoso/sa, desapiedado/da, desumano/na, cruel. ～に sem piedade, cruelmente.

むしぶろ 蒸し風呂 sauna (*f*), banho (*m*) de 〔a〕vapor, banho turco. 定期的に～に入るようにと医者に勧められた O médico recomendou-me que fizesse sauna regularmente. 日本の夏はまるで～のようだ O verão japonês parece uma sauna.

むしめがね 虫眼鏡 lente (*f*) de aumento, lupa (*f*).

むしゃ 武者 samurai (*m*) treinado para a guerra, guerreiro (*m*) profissional. ♦武者行列 desfile (*m*) de samurais com armadura. 武者修行 treino (*m*) de guerreiro.

むしやき 蒸し焼き 〔料〕鯉を～にする cozer a carpa a vapor. 今日の献立は鮭を～です Hoje vamos ter salmão assado em papel alumínio.

むじゃき 無邪気 inocência (*f*). ～な inocente, sem malícia. ～に inocentemente, sem malícia. ～な人 pessoa (*f*) sem malícia, quase infantil.

むしゅう 無臭 ～の inodoro/ra, sem cheiro.

むしゅうきょう 無宗教 ～の sem religião. 私は～です Eu não tenho religião〔sou religioso/sa〕.

むしゅうにゅう 無収入 ～の que não tem rendimentos (*mpl*). ～である não ter nenhum rendimento.

むじゅうりょく 無重力 ausência (*f*) de gravidade. ♦無重力状態 (estado (*m*) de) ausência de gravidade.

むしゅみ 無趣味 ～の sem ∟nenhum passatempo preferido〔*hobby*〕. 私は～なのです Não tenho nenhum *hobby*.

むじゅん 矛盾 contradição (*f*), incoerência (*f*). ～する ser contraditório/ria〔incoerente〕. あなたの言っていることは～している Você está falando uma coisa contraditória./Você está sendo incoerente.

むしょう 無償 ～で gratuitamente, de graça. 制服は～で支給される Os uniformes serão fornecidos〔distribuídos〕gratuitamente. ～の奉仕 serviço (*m*) gratuito, trabalho (*m*) voluntário. ♦無償株〔経〕ação (*f*) gratuita. 無償交付 distribuição (*f*) gratuita.

むじょう 無上 ～の supremo/ma. ～の喜び suprema felicidade (*f*), felicidade sem igual.

むじょう 無常 ❶ 〔変わりやすさ〕instabilidade (*f*), transitoriedade (*f*), mutabilidade (*f*). 世の～を感じる sentir a transitoriedade do mundo. ❷ 〔はかなさ〕efemeridade (*f*). ～の efêmero/ra, transitório/ria, passageiro/ra. ♦無常観 sensação (*f*) de efemeridade. 諸行無常 efemeridade de todas as coisas do mundo.

むじょう 無情 falta (*f*) de piedade, crueldade (*f*). ～な sem piedade, cruel, sem coração. ～に sem piedade, cruelmente.

むじょうけん 無条件 incondicionalidade (*f*). ～に incondicionalmente, sem condições. ～の incondicional, sem condições. 日本はアメリカに～降伏をした O Japão rendeu-se incondicionalmente aos Estados Unidos. ♦無条件降伏 rendição (*f*) incondicional. 無条件反射 reflexo (*m*) incondicionado.

むしょうに 無性に muito, com ∟um desejo〔uma vontade〕incontrolável. ～チョコレートが食べたくなってきた Fiquei com uma vontade incontrolável de comer chocolate.

むしょく 無職 ～の sem ocupação, sem profissão. ～である não ter ocupação, estar desempregado/da.

むしょく 無色 ～の sem cor, incolor;〔政治的に〕neutro/tra. ～透明のガラス vidro (*m*) incolor e transparente.

むしよけ 虫除け insetífugo (*m*). ♦虫除けスプレー insetífugo em aerossol, *spray* (*m*) de insetífugo.

むしょぞく 無所属 ～の independente, não ligado/da〔pertencente〕a nenhum grupo. 議員に～で立候補する candidatar-se a deputado sem estar inscrito em nenhum partido.

むしりとる 毟り取る arrancar.

むしる 毟る 〔草など〕arrancar；〔羽など〕depenar. 庭の草を～ arrancar o capim do jardim. 鳥の羽を～ことができますか Você consegue [sabe] depenar uma ave?

むしろ antes. 彼女は作家というより～ジャーナリストだ Ela é antes jornalista do que escritora. 私は病気というより～疲れているのです Eu estou antes cansado/da do que doente./Eu não estou doente. Estou cansado/da. そんな仕事をするくらいなら～死んだほうがましだ Eu prefiro morrer do que fazer um serviço desses.

むしろ 蓆 esteira (f). 体育館の床に～を敷く estender a esteira no assoalho do ginásio.

むしん 無心 ❶〔無我〕absorção (f) do espírito (em). ～に遊ぶ brincar sem se preocupar com nada. 景色を～に眺める ficar absorto/ta na contemplação da paisagem. ❷〔ねだること〕pedido (m). 金の～に来る vir pedir dinheiro.

むじん 無人 ～の deserto/ta; desabitado/da. ♦ 無人駅 estação (f) de trem sem funcionário. 無人踏切 passagem (f) de nível automática.

むしんけい 無神経 insensibilidade (f), falta (f) de sensibilidade. ～な insensível, grosseiro/ra. 部長は彼の～なやり方に腹を立てている O/A diretor/ra (do departamento) está bravo/va com a falta de sensibilidade dele.

むじんぞう 無尽蔵 reserva (f) inesgotável. 資源は～ではない Os recursos naturais não são inesgotáveis.

むじんとう 無人島 ilha (f) desabitada.

むしんろん 無神論 ateísmo (m), descrença (f). ♦ 無神論者 ateu/ateia, descrente.

むす 蒸す ❶〔ふかす〕cozer em vapor [banho-maria]. これは蒸してあります Isto aqui está [foi] cozido a vapor. ❷〔蒸し暑い〕estar [ser, ficar] abafadiço/ça. 日本の夏は～ O verão japonês é abafadiço.

むすう 無数 ～の inúmero/ra, incontável. 彼は～の間違いをした Ele fez inúmeros erros.

*__むずかしい 難しい__ ❶〔困難な〕difícil [ヂフィッスィゥ]. 日本語を上手に話すのは～ É difícil falar bem o japonês. その問題はそもそも～ Essa questão já é difícil em si. オフィス・オートメーション化に当たって何が～ですか Quais as dificuldades de [ao, em, para] automatizar um escritório? 物事をむずかしく困難にする dificultar as coisas. そんなにむずかしく考えるなよ Não complique as coisas desse jeito. ❷〔微妙な〕delicado/da [デリカード/ダ];〔気むずかしい〕difícil [ヂフィスィゥ]. ～年ごろ idade (f) delicada. ～情勢 situação (f) delicada [difícil]. ～人 pessoa (f) de trato difícil. ❸〔複雑な〕complexo/xa [コンプレッソ/サ], complicado/da [コンプリカード/ダ]. そこで意見を言うのは～ É complicado opinar a respeito. ～ですね Isso é complexo [complicado], não é?

むすこ 息子 filho (m). ～は今いませんが O meu filho não está no momento. ～さんはお元気ですか O seu filho está forte?

むすび 結び ❶ nó (m), laço (m). リボンで蝶～をする fazer um laço com fita. ♦ 一重結び nó simples. 二重結び nó duplo. ❷〔結末〕fim (m), conclusão (f). 演説の～ encerramento (m) de um discurso. ～の言葉 palavras (f) de encerramento. ～に como conclusão, para concluir, para terminar.

むすびつく 結びつく ❶〔一致する, 関係づけられる〕relacionar(-se). その人の顔と今言われた名前と結びつかない Não consigo relacionar o rosto dessa pessoa com o nome que me disse agora. ❷〔導く〕levar a. 我々の合格に～努力 o esforço que nos leva à aprovação. ❸〔関係する〕unir-se, ligar-se, vincular-se. あの二人は義理で結びついている Aqueles dois estão ligados ⌐por um dever moral [por uma obrigação de honra]. あの政治家は野党と結びついている Aquele/la político/ca está ligado/da à oposição.

むすびつける 結びつける relacionar, ligar, vincular. AをBと～ relacionar A com [a] B.

むすびめ 結び目 nó (m). ～を作る fazer um nó. ～をとく desfazer o nó, desfazer o laço. ～をゆるめる descerrar [desapertar, afrouxar] as amarras.

*__むすぶ 結ぶ__ ❶〔糸などをつなぎ合わせる〕amarrar [アマハール]. 靴のひもがなかなか結べないので.... É que está custando para amarrar o cordão do sapato .... ネクタイを～ fazer um nó na gravata; pôr a gravata. ❷〔関係を結ぶ〕concluir [コンクルイール]. 条約を～ concluir um tratado. 二人はついに結ばれた Enfim os dois se casaram. ❸〔つなぐ〕ligar [リガール], unir [ウニール]. 東京と大阪を～道路 estrada (f) que liga Tóquio e Osaka. 私たちは固い友情で結ばれている Nós temos uma amizade bastante firme. ❹〔結実する〕dar frutos [resultado]. 彼女の研究はついに実を結んだ A pesquisa dela trouxe enfim resultados. ❺〔終える〕terminar [テルミナール], concluir. 恩師への感謝の言葉でスピーチを結んだ Concluiu o discurso com palavras de agradecimento ao/à professor/ra. 〔…と関係を作る〕associar-se com.

むすめ 娘 〔その家の女の子〕filha (f);〔未婚の女性〕moça (f). ～のころ Quando eu era moça .... ～はすぐ帰ってきます A minha filha vai voltar logo. ～さんはもう日本に慣れましたか A sua filha já se acostumou ao Japão?

むせい 無性 assexualidade (f). ～の assexuado/da, assexual. ～のキノコ fungo (m) assexual. ♦ 無性生殖 reprodução (f) assexuada.

むぜい 無税 isenção (f) de imposto. ～の

むせいおん　無声音　〖音声〗consoante (f) surda.

むせいげん　無制限　ausência (f) de limite. ～の ilimitado/da. ～の自由 uma liberdade sem limites. 試合時間は～だ Não haverá limite de tempo para a competição. ♦無制限保険 seguro (m) sem limite de cobertura.

むせいふ　無政府　falta (f) [ausência (f)] de governo. クーデターで町は～状態に陥った O golpe de estado deixou a cidade ⌊desgovernada [sem governo, em situação anárquica]. ♦無政府主義 anarquismo (m). 無政府主義者 anarquista. 無政府状態 anarquia (f).

むせいぶつ　無生物　ser (m) inanimado. ♦無生物界 mundo (m) inanimado. 無生物時代 〖地質〗período (m) azoico.

むせいらん　無精卵　ovo (m) goro, ovo não fecundado.

むせかえる　むせ返る　❶ 〔せきこむ〕soluçar convulsivamente. 強い酒に～ soluçar convulsivamente por ter tomado um gole de bebida forte. ❷ 〔息を詰まらせる〕ficar sufocado/da. ～ような暑さ calor (m) sufocante. パーティー会場はたばこの煙で～ようだった A fumaça do cigarro tornava o salão de festas irrespirável [sufocante].

むせきついどうぶつ　無脊椎動物　animal (m) invertebrado.

むせきにん　無責任　irresponsabilidade (f); falta (f) de responsabilidade. ～な irresponsável. これは～も極まりない行為だ Este é um ato extremamente irresponsável./《口語》Um ato mais irresponsável que este, impossível. 彼は～だ Ele é irresponsável. それは～だよ Isso é falta de responsabilidade hein?

むせっそう　無節操　inconstância (f). ～な inconstante, sem princípios, sem uma linha de pensamento próprio.

むせん　無線　rádiotelefonia (f), telegrafia (f) sem fio, *wireless* (m). ♦無線操縦 controle (m) por rádio. 無線タクシー rádio-táxi (m). 無線電信 radiotelegrafia (f), telégrafo (m) sem fio. 無線電話 radiotelefone (m), telefone (m) sem fio.

むせん　無銭　～旅行をする fazer uma viagem sem levar dinheiro. あなたは～飲食をしました Você comeu, bebeu e não pagou a conta. ♦無銭飲食 calote (m) de conta em restaurante.

むぞう　夢想　fantasia (f), sonho (m). ～する sonhar. ♦夢想家 sonhador/ra.

むぞうさ　無造作　～な simples. 彼女は～な着こなしをしている Ela se veste de maneira simples. ～に 1) 〔さりげなく〕com simplicidade. 部屋が～に飾ってあった O quarto estava decorado com simplicidade. 2) 〔ぞんざいに〕sem cuidado, de qualquer jeito. 彼は札束を～にポケットに突っ込んだ Ele pôs o maço de dinheiro no bolso ⌊sem cuidado [de qualquer jeito]. 3) 〔格式張らずに〕sem cerimônia. 先生は～に机に腰掛けた O professor se sentou na mesa sem cerimônia.

むだ　無駄　inutilidade (f), futilidade (f). ～な inútil, fútil. ～に inutilmente, sem êxito, em vão. ～にする desperdiçar, esbanjar. 我々の努力はすべて～だった Os nossos esforços foram todos inúteis./Não adiantou nada a gente se esforçar. そんなことをしても～だよ É inútil fazer uma coisa dessas./Isso aí não vai dar em nada.

むだあし　無駄足　～を踏む ir a um lugar para nada, fazer uma viagem inútil. 学校(大学)に行ったが休講だったので～を踏んでしまった Fui à faculdade, mas foi uma viagem inútil porque não houve aula.

むだい　無題　～の絵画 pintura (f) sem título.

むだづかい　無駄遣い　desperdício (m). …の～をする desperdiçar …, usar [gastar] … à toa. お金の～ desperdício de dinheiro. 水の～をやめましょう Vamos acabar com o desperdício de água!

むだばなし　無駄話　conversa (f) fútil, tagarelice (f). ～をする tagarelar, bater papo.

むだん　無断　～で 〔届けないで〕sem avisar, sem dizer nada; 〔許可なしで〕sem permissão. ～欠勤する faltar ao serviço sem avisar. 仕事を～で休まないでください É favor não faltar ao serviço sem avisar. この部屋に～で入らないでください Não entre nesta sala sem permissão.

むたんぽ　無担保　～で sem caução. ～で金を貸す emprestar dinheiro sem caução.

むち　無知　ignorância (f); falta (f) de conhecimento. ～な ignorante; inculto/ta.

むち　鞭　chicote (m).

むちうち　鞭打ち　〖医〗deslocação (f) [deslocamento (m)] do músculo da vértebra cervical.

むちつじょ　無秩序　desordem (f), confusão (f), caos (m). ～の desordenado/da, confuso/sa, caótico/ca. ～状態にある estar em ⌊estado caótico [desordem].

むちゃ　無茶　～な 〔不当な〕desarrazoado/da, louco/ca, fora de propósito; 〔無鉄砲な〕precipitado/da; 〔度を越した〕excessivo/va, exagerado/da. ～に desarrazoadamente; precipitadamente; excessivamente. ～なふるまい atitude (f) desarrazoada. ～なことを言う falar ⌊coisas fora de propósito [《口語》besteira]. ～な運転をする guiar (carro) ⌊sem cuidado [como um/uma louco/ca]. この計画をすぐに実施しようなんてまったく～だ É completamente fora de propósito [É uma loucura] querer realizar este plano tão logo.

むちゃくちゃ　無茶苦茶　absurdo (m). ～な

absurdo/da, louco/ca, sem razão, fora de propósito, insensato/ta, impensado/da. ～に excessivamente, tremendamente; desordenadamente. ～にラッキーな人生《口語》uma vida tremendamente sortuda. ～に暴れ回る agir (desordenadamente) como um louco. 彼はパーティーを～にした Ele arruinou a festa. ⇨むちゃくちゃ.

むちゃくりく 無着陸 ～で sem parada, sem escala. ～飛行をする voar sem fazer escala.

*****むちゅう** 夢中 absorção (f) [アビソルサォン], êxtase (f) [エッスタズィ], entusiasmo (m) [エントゥズィアーズモ]. …に～になる entusiasmar-se por …, ficar absorto/ta em …, concentrar-se em …. 私はその時仕事に～になっていた Nessa hora, eu estava completamente concentrado/da no trabalho. ぼくは彼女に～だ Eu estou louco [apaixonado] por ela.

むちん 無賃 não pagamento (m) da tarifa de transporte. つい電車の～乗車をしてしまった Sem perceber, acabei não pagando a passagem do trem. 店員は冷蔵庫を家まで～で運んでもらった Os funcionários (da loja) levaram a geladeira até minha casa ∟gratuitamente [de graça].

むつう 無痛 ～の indolor, sem dor. ♦無痛分娩〖医〗parto (m) sem dor.

むっつ 六つ seis (em contagens).

むっとする ❶〔腹を立てて〕ficar com raiva, ofender-se. 先生はあのジョークでむっとしたようだ Parece que o professor ficou com raiva daquela piada. ❷〔熱気で〕ficar abafado/da [sufocante]. 部屋は大勢の人でむっとしていた A sala estava abafada de tanta gente. ❸〔悪臭で〕ficar com um cheiro abafadiço, feder. 更衣室はむっとしていた O vestiário ∟estava fedendo [fedia] de tão abafado.

むつまじい 睦まじい íntimo/ma, harmonioso/sa, afetuoso/sa. ～家族 família (f) unida. 彼らは仲一夫婦だ Aquele casal ∟é muito unido [se dá muito bem]. 仲むつまじく暮らす viver em harmonia.

むていこう 無抵抗 ～の desarmado/da, indefeso/sa, sem resistência. 警察は～の市民に対して発砲した O policial atirou nos cidadãos indefesos. ♦無抵抗主義 princípio (m) da não-violência. 無抵抗主義者 partidário (m) (do princípio) da não-violência.

むてき 無敵 invencibilidade (f). ～な invencível. 彼は日本柔道界では～だ No mundo do judô, ele é invencível.

むてっぽう 無鉄砲 imprudência (f), loucura (f). ～な imprudente, louco/ca, atirado/da. ～なことをする fazer [cometer] uma loucura. ～な旅行の計画を立てる fazer um plano maluco de viagem.

むてんか 無添加 ～の sem aditivos. ♦無添加食品 alimento (m) ∟natural [sem aditivos].

むとう 無糖 ～の sem açúcar.

むとうか 無灯火 ～の sem luzes, com o farol desligado. ～運転をする dirigir sem acender o farol. ♦無灯火運転 direção (f) com as luzes apagadas.

むとくてん 無得点 ～の sem marcação. 今日の試合で相手チームは～だった No jogo de hoje, o time adversário não marcou nenhum ponto.

むとどけ 無届け ～で sem avisar. ～欠勤する faltar ao trabalho sem avisar. ～で外出する sair ∟sem avisar [sem obter licença]. ♦無届け集会 manifestação (f) sem autorização prévia.

むとんちゃく 無頓着 ～な indiferente, descuidado/da, desleixado/da. 彼は服装に～だ Ele não se importa com o que veste./Ele se veste de qualquer jeito.

むないた 胸板 arca (f) do peito. 水泳選手は～が厚い O nadador profissional tem o peito grosso.

むなくそ 胸糞 ～が悪くなる ter náuseas, sentir as tripas se revolverem 《diante de atitudes repugnantes》.

むなぐら 胸倉 gola (f). 責任者の～をつかんで怒る zangar-se agarrando o responsável pela gola.

むなげ 胸毛 pelos (mpl) do peito. ～の生えた男性 homem (m) ∟com o peito coberto de pelos [com pelos no peito].

むなさわぎ 胸騒ぎ mau pressentimento (m), inquietude (f). ～がする inquietar-se, ter mau pressentimento.

むなしい 空しい vão/vã, vazio/zia. 私は～努力をした Meus esforços ∟foram em vão [não deram em nada, foram inúteis]. 空しく em vão, inutilmente. 時間を空しく過ごす passar o tempo sem fazer nada. 空しさ inanidade (f), inutilidade (f), o vazio.

むに 無二 ～の sem igual, incomparável. 唯一～の親友 um/uma amigo/ga ∟sem igual [como não existe em nenhuma parte deste mundo].

ムニエル 〖料〗peixe (m) polvilhado com farinha e frito com um pouco de manteiga.

*****むね** 胸 ❶ peito (m) [ペイト]. ～の回りを測る medir o busto. ～を張る endireitar-se, encher o peito. ～が締め付けられる感じがした Senti um nó no peito. ♦胸幅 medida (f) [largura (f)] do busto. ❷〔心臓〕coração (m) [コラサォン]. 緊張して～がどきどきしてしまった Fiquei com o coração batendo mais forte, de ∟tanta tensão [《口語》tanto nervoso, tanto sufoco]. ❸〔肺〕pulmões (mpl) [プウモンイス]. 外気を～一杯に吸う encher os pulmões com ar. ❹〔胃〕～が焼ける ter azia [pirose,《口語》queimação no estômago]. ❺〔胸中〕coração [コラサォン], alma (f) [アーウマ]. ～が痛む事故 acidente (m) de cortar o coração. そういうことを聞くと～が騒ぐ〔不安で〕Fico ﾞaflito/ta [muito ansioso/sa] quando ouço essas coisas./［期待で］Fico cheio/cheia de esperança quando ouço essas coisas. それは～で答えた Isso me chocou bastante. ～がつまる[いっぱいになる] ficar emocionado/da. 私は希望で～を膨らませた[がわくわくした] Enchi o peito de esperança. 問題が解決したと聞いて～をなでおろした Fiquei tranquilo ao saber que a questão tinha sido resolvida. 先生の言ったことにはっと～を突かれた Fiquei tocado/da com o que o/a professor/ra disse. 友人の勇敢な行為に～を打たれた Fiquei comovido/da com o ato de coragem de meu/minha amigo/ga. 彼は彼女に対する気持ちをそっと～に秘めていた Guardava em segredo seus sentimentos por ela. うれしくて～が踊った Meu coração vibrou de felicidade. ¶ …に～を借りる aprender de …, ser treinado/da por …. 空手の先生に～を借りた O professor de caratê ﾞme ajudou a treinar [me deu o peito].

むね 棟 ❶ ［建］［屋根の一番高い所］cumeeira (*f*), parte (*f*) mais alta do telhado. ❷ ［家の数を数える言葉］《numeral para contar casas》2～ 並んだ長屋 casas (*fpl*) geminadas. 5～ 全焼 cinco casas completamente destruídas pelo fogo.

むねやけ 胸焼け azia (*f*), pirose (*f*), sensação (*f*) de queimação no estômago. ～がする ter [estar com] azia. (私は)～がしている Está me dando azia.

むねん 無念 ❶ ［くやしい］mortificação (*f*), decepção (*f*) mortificante, desgosto (*m*). ～の涙 lágrimas (*fpl*) de desgosto [decepção]. ❷ ［何も考えないこと］ausência (*f*) total de desejos e paixões, abstenção (*f*). ～無想で livre de pensamentos supérfluos, com perfeita serenidade. ♦ 無念無想 abstenção de pensamentos desnecessários.

むのう 無能 incapacidade (*f*), falta (*f*) de competência. ～な incompetente, incapaz.

むのうやく 無農薬 ～の sem ﾞagrotóxicos [defensivos agrícolas]. ♦ 無農薬野菜 verduras (*fpl*) ﾞnaturais [livres de agrotóxicos].

むひょうじょう 無表情 inexpressividade (*f*). ～な inexpressivo/va. ～な顔 rosto (*m*) inexpressivo. ～に inexpressivamente.

むふんべつ 無分別 falta (*f*) de juízo, imprudência (*f*), insensatez (*f*). ～な sem juízo, imprudente, insensato/ta. ～なことをする comportar-se imprudentemente, 《口語》fazer loucuras.

むほう 無法 ❶ ［乱暴なこと］brutalidade (*f*), crueldade (*f*). ～な brutal, violento/ta, injusto/ta. ♦ 無法者 bruto/ta. ♦ ［法や秩序のないこと］anarquia (*f*). ～の sem-lei, ilegal. ♦ 無法地帯 terra (*f*) sem-lei.

むぼう 無謀 ～な imprudente; demasiado atrevido/da. ～にも imprudente; atrevidamente. ～な計画を立てる elaborar [fazer] um planejamento ousado. ～なふるまいをする agir ﾞirrefletidamente [com ousadia]. 彼は～な運転をする Ele é muito louco [imprudente] no volante.

むぼう 無帽 sem chapéu, com a cabeça descoberta. 履歴書には「正面, ～, カラー」の写真を貼ること Colar no *curriculum* uma fotografia colorida, de frente, e com a cabeça descoberta.

むほうしゅう 無報酬 ～で働く trabalhar ﾞsem remuneração [de graça].

むぼうび 無防備 ～の indefeso/sa, desprotegido/da, desarmado/da. テロに対して～な国 país (*m*) indefeso em relação aos ataques terroristas. あまり本音を言うと～になってしまう Fica-se indefeso se se ﾞfala muito a verdade [escancara muito os sentimentos].

むみ 無味 ～の 1)［味がない］insípido/da, sem sabor. ～無臭の insípido/da e inodoro/ra. 2) ［おもしろみがない］monótono/na, sem graça, entediante. ～乾燥な芝居 peça (*f*) de teatro sem graça.

むめい 無名 anonimato (*m*). ～の 1)［名前がわからない］desconhecido/da, sem nome. ～戦士 soldado (*m*) desconhecido. 2)［名前が書いていない］anônimo/ma. ～の手紙 carta (*f*) anônima. 3)［有名でない］sem fama. ～作曲家 compositor/ra sem fama. ～作品 obra (*f*) sem fama.

むめんきょ 無免許 ～の sem habilitação. ～運転をする guiar carro sem carta (de motorista). その人は～だった Essa pessoa estava sem a carteira de motorista.

むやみに ❶ ［軽率に］sem pensar, insensatamente. ～スピードを出す dirigir o carro a uma velocidade excessiva 《《口語》loca]. ～金を使う esbanjar [gastar] dinheiro ﾞsem pensar 《《口語》à toa]. ❷ ［過度に］em excesso, em exagero. ～人を信じる confiar cegamente nos outros, ter demasiada confiança nos outros. ～薬を飲む tomar remédios um atrás do outro. 彼は緊張のあまり～たばこを吸っていた Por causa do nervosismo ele fumava sem parar.

むゆうびょう 夢遊病 ［医］sonambulismo (*m*). ♦ 夢遊病者 sonâmbulo/la.

むよう 無用 ～の［役に立たない］inútil;［不要の］desnecessário/ria. ～の出費 gastos (*mpl*) supérfluos. ご心配は～ですよ Não se preocupe.

むよく 無欲 desapego (*m*). ～な desinteressado/da, indiferente, desapegado/da. 彼は金に全く～だ Ele não tem nenhum apego por dinheiro.

むら ❶ ［色の］desigualdade (*f*), falta (*f*) de uniformidade. ～のある色 cor sem uniformidade. ～がある desigual. ～がない uniforme.

壁を～なく塗りました Pintei a parede uniformemente. ❷〔不同〕falta (f) de constância. 彼は仕事に～がありすぎる Ele trabalha muito irregularmente. ❸〔気質の〕instabilidade (f) (de humor). 彼は～のある性格をしている Ele ⌊tem um caráter inconstante [é instável,《口語》de lua].

むら 村 vila (f), povoado (m). ♦ 村人 aldeão/deã.

むらがる 群がる apinhar-se, aglomerar-se;〔集まる〕juntar-se. アリが砂糖に群がっている O açúcar está cheio de formigas.

むらさき 紫 roxo (m); violeta (m). ～の roxo/xa; violeta. ♦ 紫色 roxo (m), cor (f) roxa; violeta (m), cor violeta.

むらさきつゆくさ 紫露草 〚植〛tradescância (f).

むらす 蒸らす abafar. 火をとめてご飯を20分～apagar o fogo e deixar que o arroz ⌊amoleça [fique bem cozido] dentro da panela tampada por cerca de vinte minutos.

むらはちぶ 村八分 segregação (f), marginalização (f), isolamento (m). ～にされる ser segregado/da [marginalizado/da]; ser posto/ta de fora da comunidade, ser ignorado/da [desprezado/da] pela comunidade (no antigo Japão). …を～にする marginalizar …. (Esta palavra quer dizer, ao pé da letra, oitenta por cento da vila, isto é, em 80% dos casos, os seus habitantes não se relacionavam com uma pessoa ou os seus familiares, quando estes tinham agido contra certos princípios locais. Nos 20% restantes, ou seja, em incêndios e funerais, a vila se relacionava com a família, pois os dois casos, se não solucionados a tempo, poderiam causar problemas a toda a comunidade).

むり 無理 ❶〔不可能〕～な impossível, impraticável, irrealizável. その機械を動かすのは君にはまだ～だよ Ainda é impossível você mexer com essa máquina (pois é inexperiente)./Você, com a sua pouca experiência, não vai poder mexer com essa máquina. 子供がその問題を理解するのは～だ É impossível uma criança entender esse tipo de problema. ❷〔道理に合わないこと〕～な irracional, incompreensível; inadmissível, absurdo/da. 私たちは～な要求をしているのではありません Nós não estamos fazendo pedidos absurdos. それは～な計画だ Isso é um plano inadmissível. ♦ 無理数 〚数〛número (m) irracional. 無理方程式 equação (f) irracional. ❸〔過度〕que ⌊vai contra [ultrapassa] o estado natural das coisas. ～をして仕事をしてしまった Acabei trabalhando sem estar disposto/ta. もう私たちは～が利かない年齢だから気をつけてください Cuide-se bem, pois estamos numa idade em que não podemos forçar as coisas. ～に à força.

むりし 無利子 〚経〛ausência (f) de juros. ～で sem juros, a juro zero. その倒産した会社は～で借金を払うことになっている A companhia falida vai pagar as dívidas a juro zero.

むりやり 無理やり à força. 私は～に仕事をさせられた Fui forçado/da a trabalhar. 新入生は～に飲まされた Fizeram os calouros beberem à força./Forçaram os calouros a beber.

むりょう 無料 gratuidade (f). ～の de graça, grátis, gratuito/ta. 入場～《掲示》Entrada (f) franca [grátis, gratuita]. そこに～で入れます Aí ⌊se pode [《口語》você pode] entrar de graça. ～体験受付中《掲示》Inscrições (fpl) abertas para demonstrações gratuitas. ♦ 無料駐車場 estacionamento (m) gratuito. 無料配達 entrega (f) de graça. 無料法律相談 assistência (f) jurídica gratuita.

むりょく 無力 falta (f) de poder;〔弱さ〕debilidade (f), falta de força [energia]. ～な sem poderes; débil, sem energia [força].

むるい 無類 ～の sem igual, único/ca.

むれ 群れ bando (m);〔鳥の〕passarada (f);〔魚の〕cardume (m);〔羊の〕rebanho (m);〔牛馬の〕manada (f). 人の～ multidão (f) de pessoas. ～をなして em multidão, em grupo, em bando.

むれる 蒸れる ❶〔蒸し暑い〕ficar úmido/da, ficar abafadiço/ça. ❷〔汗をかく〕transpirar, suar. 足が蒸れてくさい Os pés estão suados e malcheirosos. ❸〔熱が通る〕amolecer [terminar de cozer] dentro da panela tampada por alguns minutos depois de apagado o fogo. ご飯はもう蒸れましたか O arroz já ⌊amoleceu [está no ponto]?

むろあじ 室鯵 〚魚〛espécie (f) de carapau.

むろまちじだい 室町時代 Era (f) Muromachi (1338～1573).

むろん 無論 naturalmente, obviamente. ⇨もちろん.

むんむん ～する ficar em efervescência, esquentar; ficar excitado/da [animado/da]. 劇場はファンの熱気で～していた O teatro estava superexcitado com o entusiasmo dos fãs.

め

*め 目 ❶〔目〕olho (*m*) [ｵｰﾘｮ] 自分の～の前で diante dos próprios olhos. **❷**〔視力〕vista (*f*) [ｳﾞｨｰｽﾀ]. ～がよい ter boa vista. ～が悪い ter vista fraca. ～の不自由な〔少し見える〕portador/ra de visão subnormal;〔盲目な〕deficiente visual. あの人は～が見えないんです Ele/Ela não enxerga./Ele/Ela é cego/ga. ～がかすむのです Tenho [Estou com] vista embaçada. ～が届くところまで até onde os olhos alcançam. **❸**〔視線〕olhar (*m*) [ｵﾘｬｰﾙ]. この下書きにざっと～を通していただきたいのですが Por favor, poderia dar uma olhada nesta minuta? ～が向けられる ser enxergado/da, ser notado/da. そのような恵まれない子供たちに～が向けられなくてはならない Essas crianças desfavorecidas precisam ser enxergadas. ～と～が合うと彼は目を逸らす Quando os olhares se encontram, ele desvia os olhos. **❹**〔目つき〕olhar. 一日中うつろな～でいた Passou o dia inteiro com o olhar distante. **❺**〔眼力〕olhar, gosto (*m*) [ｺﾞｰｽﾄ], critério (*m*) [ｸﾘﾃｰﾘｮ]. ～が高い〔肥えている〕ter bom gosto. 芸術家の～ o olhar do artista. **❻**〔見地〕ponto (*m*) de vista. 日本人の～から見ると Segundo o ponto de vista dos japoneses. **❼**〔台風の〕centro (*m*) (do tufão);〔網の〕malha (*f*) [ﾏｰﾘｬ], textura (*f*) [ﾃｽﾄｩｰﾗ];〔チェスボードなどの〕ます目〕casa (*f*) (do tabuleiro de xadrez etc). ～の細かいざる cesto (*m*) de ▁textura fina [entretecimento fino]. ～の粗い布地 tecido (*m*) de malha larga. ¶ ～のさめるような美人 mulher (*f*) de beleza deslumbrante. その看板はよく～にする Eu vejo muito esse tipo de placa. ～を覚ます acordar. ～につく dar na vista. あなたは何時に～が覚めますか A que horas você acorda? それが私の～に留まった Foi isso que me saltou à vista [aos olhos]. ひどい～に遭う ter [passar por] uma experiência horrível [《婉曲》desagradável].

め 芽 broto (*m*). ～が出る brotar.

-め -目 ❶〔順序〕(equivale a um ordinal). 赤ちゃんは生後2か月～にその予防接種をしなければならない O bebê deve tomar a vacina aos dois meses de idade. その国の社会的格差は世界で8番～に大きい O país é a oitava maior desigualdade social do mundo. **❷**〔区切りのはっきりしている所・時〕(indica ponto importante). 折り～ prega (*f*), dobra (*f*). 分かれ～ ponto (*m*) de bifurcação; ponto crucial [decisivo]. **❸**〔程度, 傾向〕um tanto, tendendo para. きつめのスカート saia (*f*) um tanto apertada. 厚めにパンを切る cortar o pão em fatias ▁mais ou menos [um tanto] grossas.

めあて 目当て ❶〔目的〕objetivo (*m*), intenção (*f*), finalidade (*f*). あの人は女性の財産を～に結婚した Ele se casou por ter interesse na fortuna da mulher. **❷**〔目印〕referência (*f*), guia (*f*). 東京タワーを～に街を歩いた Andei pela cidade usando a Torre de Tóquio como referência.

めい 姪 sobrinha (*f*).

めい- 名- ❶〔有名な〕famoso/sa, célebre. カサブランカの～シーン a cena famosa de "Casablanca". **❷**〔すぐれた〕exímio/mia, grande, excelente. ～チェリスト exímio/mia violoncelista. ～探偵 grande detetive. ～医 grande médico/ca.

めいあん 名案 boa ideia (*f*). それは～だ Isso é uma boa ideia.

めいおうせい 冥王星 【天】Plutão (*m*).

めいが 名画 〔絵〕pintura (*f*) famosa;〔映画〕filme (*m*) famoso [célebre].

めいかい 明快 clareza (*f*). ～な claro/ra, preciso/sa, explícito/ta. ～に claramente, nitidamente. ～な表現 expressão (*f*) clara. 単純～な論理 um raciocínio simples e claro (que não entra em digressões complicadas).

めいかく 明確 ～な preciso/sa;〔はっきりした〕claro/ra. ～に claramente; precisamente. …を～にする precisar; esclarecer. あすまでに～なご返事をいただきたいのですが Será que daria para obter uma resposta clara até amanhã?/Eu queria obter uma resposta clara até amanhã, será que dá?

めいがら 銘柄 ❶【経】título (*m*) de bolsa. **❷** grife (*f*), marca (*f*). ♦銘柄品 produto (*m*) (artigo (*m*)) ▁de grife [de marca].

めいき 明記 menção (*f*) explícita. …に～された explicitamente mencionado/da em …. 名前を～する escrever legivelmente o nome.

めいき 銘記 心に～する gravar no coração, reter na memória, lembrar para sempre.

めいぎ 名義 nome (*m*). …の～で no [sob o] nome de …. …に変更する transferir … para o nome de …. ～上の nominal. ♦名義人〔所有者〕titular;〔代表者〕representante. 名義変更〔移譲, 移動〕transferência (*f*) de nome.

めいきゅう 迷宮 ❶ labirinto (*m*). **❷**《比》caso (*m*) confuso e considerado insolúvel. 事件は～入りになった Esse caso foi arquivado como insolúvel.

めいきょく 名曲 música (f) famosa.

めいきん 鳴禽 【鳥】ave (f) de canto melodioso. ♦鳴禽類 óscines (mpl).

メイク maquiagem (f), pintura (f). 〜する maquiar-se, pintar-se. 〜落としをする tirar a maquiagem. ⇨メーキャップ.

めいげん 名言 observação (f) acertada;〔有名な〕frase (f) célebre [famosa], dito (m) sábio. それは〜だ Falou!/É isso aí!

めいさい 明細 detalhe (m), detalhamento (m). 〜に detalhadamente. 〜に書かれた報告書 um relatório detalhado. 〜な pormenorizado/da, detalhado/da. 〜な会計報告 prestação (f) de contas pormenorizada (com todas as entradas e saídas de caixa). あなたのインボイスには〜が記されます Sua fatura (f) vai ter uma descrição detalhada [conter os detalhes necessários]. ♦給与明細書 holerite (m).

めいさく 名作 obra-prima (f). ♦名作アンソロジー (f), florilégio (m).

めいさん 名産 produto (m) famoso. それはこの〜です Isso aí é um produto típico daqui.

めいし 名刺 cartão (m) de visita. 〜をいただけますか O/A senhor/ra poderia me dar o seu cartão de visita? ちょっと〜を切らしているので ... É que eu estou sem o cartão de visita agora ....

めいし 名詞 【文法】substantivo (m). 〜の substantivo/va, nominal. 〜化する substantivar. ♦名詞句 frase (f) substantiva. 名詞形 forma (f) nominal. 名詞節 oração (f) substantiva. 具象(抽象/普通/集合)名詞 substantivo concreto (abstrato/comum/próprio/coletivo). 形式名詞 pseudo-substantivo (m).

めいじ 明示 【法】explicitação (f), especificação (f). 〜の expresso/ssa. 〜の許可 autorização (f) expressa. 〜的 expresso/sa. 〜的同意 consentimento (m) expresso. 〜的放棄 renúncia (f) expressa. 〜する explicitar, especificar.

めいじ 明治 Era (f) Meiji (1868～1912). ♦明治維新 Restauração (f) Meiji.

めいしゃ 目医者 médico/ca oculista, oftalmologista.

めいしょ 名所 lugar (m) famoso, ponto (m) turístico. 歴史的な〜 monumento (m) histórico. …の〜巡りをする fazer uma visita aos [visitar os] pontos turísticos de …. この公園は梅の〜です Este jardim [parque] é famoso pelas flores de ameixeira.

めいじる 命じる ordenar. ⇨命令.

めいしん 迷信 superstição (f). 〜深い supersticioso/sa. 〜を信じる acreditar em superstições.

めいじん 名人 perito/ta, experto/ta, exímio/mia, craque, ás (m). 手品の〜 ás da mágica.

めいせい 名声 fama (f), celebridade (f). 〜の高い人 pessoa (f) muito famosa. 〜を得る adquirir fama, ficar famoso/sa [célebre]. …の〜を傷つける comprometer a reputação de …, sujar o nome de ….

めいそう 瞑想 meditação (f). 〜にふける ficar absorto/ta em meditações, meditar.

めいそう 迷走 movimento (m) errático [disperso]. 〜する vagar. ♦迷走神経 【解】nervo (m) vago [pneumo-gástrico].

めいちゅう 命中 …に〜する acertar em …, acertar em cheio em …. 的(䘑)に〜する acertar na mosca.

めいっぱい 目一杯 o máximo possível, o quanto possível. 〜値下げをする abaixar o preço até o limite das possibilidades [tanto quanto possível]. 〜がんばる esforçar-se o máximo. 私はその問題を解決するために〜がんばります Vou esforçar-me o máximo para resolver o problema.

めいてい 酩酊 embriaguez (f). 社長はご〜です O/A presidente está embriagado/da. ♦酩酊状態 estado (m) de embriaguez.

メイド ⇨メード.

めいにち 命日 data (f) de aniversário da morte de alguém (dia do mês ou ano).

めいはく 明白 evidência (f). 〜な claro/ra, evidente, manifesto/ta. 〜になる tornar-se evidente, esclarecer-se. 〜を〜にする tornar … evidente, esclarecer …. 彼が彼女を殺したことは〜だった Estava claro que ele a matou.

めいふく 冥福 paz (f) eterna. 〜を祈る rezar pela [desejar a] paz do falecido.

めいぶつ 名物 produto (m) famoso [típico], especialidade (f). そばは長野の〜だ O macarrão sarraceno é um produto típico de Nagano. ♦名物料理 especialidade (da casa, da região etc). ⇨産品.

めいぶん 名文 ❶〔有名な文〕frase (f) célebre, citação (f) famosa. ❷〔すぐれた文〕escrita (f) bem desenvolvida, estilo (m) primoroso de redação. ♦名文家 autor/ra de frases célebres; estilista.

めいぶん 明文 【法】cláusula (f) explícita (de uma lei). …を〜化する colocar … em cláusula explícita. 〜化 explicitação (f) de cláusula de uma lei.

めいぼ 名簿 lista (f) de nomes. 鈴木さんの名前は〜に載っていますか O nome do/da senhor/ra Suzuki está na lista? ♦会員名簿 lista dos membros (sócios).

めいめい 命名 denominação (f). 〜する denominar, batizar.

めいめい 銘々 〜の cada. 〜自分の意見を言ってください Diga cada um/uma a sua opinião. 切符は〜持っていてください Cada um/uma fica com o seu bilhete, está certo? きょう来た人に〜交通費をあげてください Pague a condução a cada um/uma dos/das que vieram hoje.

めいもく 名目 pretexto (m), desculpa (f). …の〜で a título de …, sob o pretexto de ….

めいもん 名門 família (f) ilustre [renomada], família tradicional. 〜の出である ser de família ilustre. ♦名門校 escola (f) renomada [tradicional]. 名門病院 hospital (m) renomado.

***めいよ 名誉** honra (f) [オンハ]. 〜ある honroso/sa. 〜にかけて誓います Dou a minha palavra de honra. 家族の〜にかけて em nome da honra de minha família. …に〜ある撤退をさせる dar uma saída honrosa a [para] …. 〜を回復するために para reabilitar-se; 《俗》para limpar a barra. 〜棄損で処する a processar … por difamação. 彼は〜棄損で訴えられた Ele foi processado por difamação. 外国人に技術が認められて〜に感じています Sinto-me honrado/da pelo reconhecimento da minha técnica pelos estrangeiros. ♦名誉会員 membro (m) honorário. 名誉棄損 crime (m) contra a honra, crime de difamação. 名誉教授 professor/ra emérito/ta.

めいりょう 明瞭 〜な claro/ra. …を〜にする esclarecer …, deixar … claro/ra. 〜になる esclarecer-se, ficar claro/ra. 〜さ clareza (f). 〜さを欠く表現 expressão (f) sem clareza [a que falta clareza]. 簡潔に述べる falar clara e sucintamente.

めいる 滅入る ficar deprimido/da. 気がよ うな話 uma história deprimente [que nos deixa deprimidos/das].

***めいれい 命令** ordem (f) [オールデン]. …に〜する ordenar a, dar ordens a; [コンピューターで] dar o comando/da 《em computador》. 彼は社長の〜で新商品の開発にかかっている Ele está desenvolvendo um novo produto por ordem do/da presidente (da companhia). 会社の〜に従ってもらわないと困ります É preciso obedecer às ordens da companhia, senão dá problema [《俗》bolo]. 会社側に業務停止〜を出す dar à companhia ordens para suspender os trabalhos, dar ordens de suspensão dos trabalhos à companhia. 会社側から業務〜を受ける receber ordens empresariais (da firma). ♦業務命令 ordem empresarial.

めいろ 迷路 labirinto (m). 〜に迷い込む perder-se no labirinto.

めいろう 明朗 〜な〔明るい〕alegre;〔うそやごまかしのない〕transparente, limpo/pa. 〜な政治 uma política transparente.

***めいわく 迷惑** incômodo (m) [インコーモド]. …に〜する ser incomodado/da por …. 〜を被る ser incomodado/da. …に〜をかける incomodar, causar transtorno [incômodo] a …, atrapalhar. 他人の〜になるようなことはするな Não faça coisas que possam incomodar [atrapalhar] os outros. それはご〜ではないでしょうか Isso não seria incômodo para o/a senhor/ra?／Será que eu não atrapalharia o/a senhor/ra? ご〜でなければ明日おじゃましたいのですが Se não for incômodo, gostaria de visitá-lo/la amanhã. ご〜をおかけしてすみません Desculpe(-me) o incômodo [transtorno]. ♦迷惑電話 telefonema (m) inconveniente.

メイン ⇨メーン.

うえ 目上 〜の人 superior/ra, pessoa (f) hierarquicamente superior.

メーカー fabricante. ♦メーカー品 produto (m) de marca. 自動車メーカー fabricante de automóvel.

メーキャップ maquiagem (f), pintura (f).

メークアップ ⇨メーキャップ.

メーター ❶ contador (m), medidor (m). 電気の〜 medidor de eletricidade. ♦スピードメーター velocímetro (m). ❷〔タクシーの〕taxímetro (m). 〜を倒す ligar o [baixar a bandeira do] taxímetro. 〜を起こす desligar o [levantar a bandeira do] taxímetro. 1キロごとに〜があがる O valor (no taxímetro) aumenta a cada quilômetro.

メーデー primeiro (m) de maio, Dia (m) do Trabalho.

メード criada (f), empregada (f) doméstica. ホテルの〜 camareira (f).

メートル metro (m). 私の身長は 1〜80 です Tenho um metro e oitenta de altura.

メール ❶ correio (m), correspondência (f). ❷ 『インターネット』e-mail (m) [イーメイウ]. 〜を送信する enviar e-mail. 〜を受信する receber e-mail. 〜の受信箱 caixa (f) de recebimento do e-mail. ♦メールアドレス endereço (m) eletrônico. 迷惑メール spam (m) [イズパン]; e-mail indesejado.

メーン 〜な〔主な, 中心的な〕principal. ♦メーンイベント evento (m) principal. メーンストリート rua (f) principal. メーンテーブル mesa (f) principal.

メカ ❶〔機械装置〕equipamento (m), aparelhagem (f), maquinária (f). ❷〔メカニズム〕mecanismo (m). 〜に強い人物 pessoa (f) entendida em maquinária e mecânica.

めかくし 目隠し venda (f) 《tira de pano com que se cobrem os olhos》.

めかじき 目梶木 〖魚〗espadarte (m).

めかた 目方 peso (m). …の〜を量る pesar …. 〜が増える（減る）ganhar (perder) peso, engordar (emagrecer). 〜で売る vender por peso.

メカニズム mecanismo (m).

めがね 眼鏡 óculos (m). 〜をかける（外す）pôr (tirar) os óculos. ♦眼鏡屋〔店〕ótica (f);〔人〕oculista (f).

めがねざる 眼鏡猿 〖動〗társio (m).

メガヘルツ 〖理〗megahertz (m), megaciclo (m).

メガホン megafone (m).

めがみ 女神 deusa (f).

メガロポリス megalópole (f).

めきき 目利き ❶ capacidade (f) de avaliação (f) [estimação (f)] do valor (da autenticidade) de algo. ❷〔人〕especialista, avaliador/ra, conhecedor/ra.

メキシコ México (m). 〜の mexicano/na.

めキャベツ 芽キャベツ [植] couve (f) de Bruxelas.

めくじら 目くじら 〜を立てる contrariar [criticar] exageradamente um caso irrelevante.

めぐすり 目薬 colírio (m). 〜をさす aplicar colírio.

めくばせ 目配せ piscada (f), piscadela (f). …に〜をする dar uma piscada [piscar] para ….

めくばり 目配り supervisão (f), observação (f) geral (sobre vários setores). あそこは店長の〜が利いている Lá há uma supervisão eficiente do gerente sobre vários setores.

めぐまれる 恵まれる ser beneficiado/da [favorecido/da], ter sorte. 恵まれた環境 ambiente (m) favorecido. その国の恵まれない人たち os pouco favorecidos [as pessoas pobres] do país. …に〜 ser beneficiado/da com …, ser dotado/da de …. 子供に〜 ter filhos. 才能に〜 ter talento. この国は肥沃な土に恵まれていた Este país era dotado de terras férteis. 私の国は資源に恵まれていない O meu país não é rico [não abunda] em recursos naturais. 私は健康に恵まれている Eu gozo de [tenho] boa saúde. 彼はすべての物に恵まれていた Ele teve tudo o que queria [《口語》de mão beijada]. 恵まれている ser privilegiado/da. 君は奨学金をもらっていて恵まれているよ Você tem sorte, pois ganha bolsa de estudos. あの人は恵まれています Ela é uma pessoa privilegiada [de sorte]. 私はよい部下に恵まれていますね Eu tenho a sorte de ter bons subalternos, não é?

めぐみ 恵み bênção (f), graça (f);〔あわれみ〕piedade (f);〔慈悲〕caridade (f). 〜の雨 chuva (f) benfazeja [propícia] (depois de uma seca). 〜深い caridoso/sa. お〜を... Uma esmola, pelo amor de Deus.

めぐむ 恵む ❶〔哀れむ〕ter compaixão. ❷〔施す〕dar, beneficiar, favorecer; abençoar; dar esmola. AにBを〜 beneficiar A com B, favorecer A com B, dar B a A.

めぐらす 巡らす cercar, rodear. 家の周りに垣根を〜 cercar uma casa.

めぐり 巡り volta (f), visita (f). きのうは名所〜をしました Ontem visitei os pontos turísticos.

めぐりあう 巡り合う …と〜 encontrar-se com ….

めくる 〔ページなどを〕virar;〔トランプなどを〕tirar;〔はがす〕tirar.

めぐる 巡る ❶〔まわる〕dar voltas, girar. 市内を〜路面電車 o bonde que circula na cidade. 京都のお寺を〜 andar pelos [percorrer os] templos de Kyoto. ❷〔関連する〕…を〜 em torno de …, acerca de …, sobre …. …を〜問題 problemas (mpl) em torno de …, problemas concernentes a …. 知的財産を〜問題 questão (f) que gira em torno da propriedade intelectual. 少子化問題を〜ディベート debate (m) acerca do problema da diminuição da taxa de natalidade. …を巡っては no que concerne a …, no tocante a …, quanto a …. その問題を巡っては来週の討論で話し合いましょう Quanto a [No que concerne a, No tocante a] esse problema, vamos discutir no debate da semana que vem.

めさき 目先 ❶〔目の前〕diante dos olhos. 亡き母の顔が〜にちらつく O rosto da minha mãe morta aparece continuamente diante dos meus olhos. ❷〔現在〕o agora, presente (m). 彼は〜のことばかりに気を配って将来を考えない Ele só presta atenção no agora e não pensa no futuro. ❸〔先見〕futuro (m). 〜が利く人 pessoa (f) que pensa adiante [previdente]. ❹〔様子〕aparência (f) de sempre, rotina (f). 〜を変える sair da rotina, fazer algo original para mudar de aparência.

めざす 目指す aspirar a, ter … como objetivo. よりよい生活を目指してがんばっています Estou me esforçando para conseguir uma vida melhor.

めざまし 目覚まし despertador (m). 6時に〜をかけておく deixar o despertador ligado para as seis horas. 朝の7時に〜が鳴った O despertador tocou às sete (horas) da manhã. 目覚まし時計を5時にかけておきましたが鳴りませんでした Deixei o despertador ligado para as cinco horas, mas ele não tocou. ◆目覚まし時計 relógio (m) despertador.

めざましい 目覚ましい brilhante, notável. 君の日本語の進歩には〜ものがある O seu progresso no japonês é algo surpreendente. 最近の科学の進歩は〜 Recentemente a ciência tem feito notáveis progressos.

めざめ 目覚め ❶ o acordar, o despertar. いかがお〜ですか Acordou bem? Acordou com o pé direito? ❷〔本能などの〕conscientização (f). 自我の〜 a conscientização [o despertar] do ego. ❸《宗》conversão (f).

めざめる 目覚める ❶ despertar(-se), acordar. 私は普通6時には目覚めます Normalmente às seis horas eu já me desperto [acordo]. ❷〔本能などが〕conscientizar-se de, cair em. 現実に〜 conscientizar-se da [cair na] realidade. 彼はまだ性に目覚めていない Ele ainda não tem consciência da sexualidade./Ainda não lhe brotou o instinto sexual. 自我に〜 conhecer-se por gente, ter consci-

**ência de si.

めざわり 目障り ❶〔見るのにじゃまになるもの〕coisa (f) ou pessoa (f) que atrapalha [impede, bloqueia] a vista (de algo). ❷〔見ると不快になるもの〕estorvo (m). 〜である ser um estorvo [incômodo].

めし 飯 arroz (m) cozido;〔食事〕refeição (f). さあ、〜にしようか Bom. Vamos comer?

めしあがる 召し上がる 《forma de respeito para "comer" (= 食べる) e "beber" (飲む)》どうぞお召し上がりください Sirva-se por favor. あの方からから Será que ele/ela gostaria de comer [beber] isto?

めした 目下 inferior em hierarquia social, subalterno/na, subordinado/da.

めしつかい 召使い criado/da, empregado/da, servente.

めしべ 雌蕊〖植〗gineceu (m), pistilo (m).

メジャー ❶〔計量〕medida (f), peso (m). ♦ メジャーカップ copo (m) de medida (com escala para medir líquidos etc). ❷〔巻き尺〕fita (f) métrica, trena (f). ❸〔音〕〔長音階〕maior. ❹〔主流〕〜な maior, grande, principal. ♦ メジャーリーグ 〖野球〗*Major League* (f).

めじるし 目印 sinal (m), marca (f);〔他と区別するための〕identificação (f). 〜になる servir de sinal.

めす 雌 fêmea (f). 〜の fêmea. ♦ 雌犬 cadela (f). 雌牛 vaca (f). 雌猫 gata (f).

メス〖医〗bisturi (m), escapelo (m).

***めずらしい 珍しい** raro/ra [ハーロ/ラ], novo/va [ノーヴォ/ヴァ], pouco comum. 珍しく estranhamente, inusitadamente. これは〜贈り物ですね Isto é um presente diferente, não é mesmo? 彼は珍しく遅れてきた Ele veio atrasado, para a surpresa de muitos.

メゾソプラノ〖音〗meio-soprano (m).
メゾピアノ〖音〗*mezzo-piano* (f).
メゾフォルテ〖音〗*mezzo-forte* (f).

めだか 目高〖魚〗espécie (f) de barrigudinho.

めだつ 目立つ dar na vista, aparecer, sobressair, chamar a atenção; ser notável [chamativo/va]. 日本人は〜のが嫌いだ O japonês não gosta de 〪dar na vista [aparecer]. 彼は目立ちたがり屋だ Ele gosta de aparecer. あの帽子で目立った A moça 〪se destacou [〖口語〗marcou presença] com aquele chapéu. 彼女の美しさは会社では〜 A beleza dela chama a atenção na empresa. ¶ 目立たない não chamar a atenção, não dar na vista, não aparecer, não ser notado/da. 目立たない人 uma pessoa que não chama a atenção, uma pessoa discreta. 汚れの目立たない色 uma cor que não deixa aparecer a sujeira.

メタノール〖化〗metanol (m), álcool (m) metílico.

メタファー〔隠喩〕metáfora (f).

メタボ ⇨メタボリックシンドローム. ♦ メタボ対策 〖医〗medidas (fpl) preventivas contra 〪gordura localizada [a síndrome metabólica].

メタボリズム metabolismo (m). (= 新陳代謝).

メタボリックシンドローム 〖医〗fenômeno (m) da gordura localizada, síndrome (f) metabólica.

めだま 目玉 globo (m) ocular. 〜が飛び出るほど高いコート um casaco de preço exorbitante. ♦ 目玉商品 carro-chefe (m).

めだまやき 目玉焼き ovo (m) frito [estalado, estrelado].

メダリスト medalhista. ♦ 金メダリスト ganhador/ra da medalha de ouro.

メタル metal (m). ♦ レアメタル metal raro.

メダル medalha (f). 〜を獲得した選手 atleta medalhista, atleta que conquistou [ganhou, recebeu] uma medalha. ♦ 金メダル medalha de ouro. 銀メダル medalha de prata. 銅メダル medalha de bronze.

メタン〖化〗metano (m). ♦ メタンガス gás (m) metano.

めちゃくちゃ ❶〔道理に合わないさま〕absurdo (m). 〜な absurdo/da. 〜を言う dizer coisas absurdas;〔子供が〕fazer manha [pirraça]. ❷〔過度に〕demasiado, muito. あの車は〜高い Aquele carro é muito [absurdamente] caro. ❸〔壊れたり乱雑なさま〕〜に irreparavelmente. …を〜に壊す esmigalhar …, danificar … irreparavelmente. 〜に壊れる esmigalhar-se, danificar-se irreparavelmente. 〜にする arruinar. 〜になる arruinar-se.

メチル metil (m). ♦ メチルアルコール álcool (m) metílico.

メッカ ❶〔イスラム教の聖地として知られるサウジアラビア西部の都市〕Meca (f) 《cidade》. ❷〔ある分野の中心地〕meca (f), lugar (m) de grande atração ou centro (m) ou ponto (m) de convergência cultural. 芸術の〜 meca para os artistas. ファッションの〜 meca [centro] da moda.

めつき 目つき olhar (m). 〜が鋭い ter um olhar penetrante. 〜が悪い ter um olhar estranho. 厳しい〜で怒る ficar bravo/va [ralhar] com um olhar severo.

めっき folha (f), lâmina (f), chapa (f) …に銀〜をする folhar [revestir] … com prata, dar um banho de prata a …. 5グラムの金で〜されたブレスレット bracelete (m) folheado com cinco gramas de ouro. 銀〜された時計 relógio (m) folhado [folheado] em prata, relógio revestido de lâmina de prata.

めっきん 滅菌 esterilização (f). 〜する esterilizar. ♦ 滅菌室 sala (f) 〪esterilizada [de esterilização].

メッシュ ❶〔髪の〕mecha (f) (de cabelo). ❷ trama (f), rede (f). 革〜のバッグ bolsa

メッセージ mensagem (f), recado (m). 彼は~を残していきませんでしたか Ele não deixou nenhum recado [nenhuma mensagem]? 発信音の後に~をお願いします Por favor deixe seu recado [sua mensagem] após o sinal.

メッセンジャー mensageiro (m). ◆メッセンジャーRNA mensageiro RNA (遺伝情報を運ぶ化学物質).

めった 滅多 ~な impensado/da, imprudente, insensato/ta. ~なことは言わないほうがいい É melhor não dizer coisas insensatas. ~に raramente, quase nunca [não]. 私は~に青空市に行かない Eu quase nunca vou à feira. 彼は~に遅刻をしない Ele quase nunca chega atrasado./É raro ele chegar atrasado. 私は~に病気をしない É difícil eu ficar doente.

めつぼう 滅亡 queda (f); 〔絶滅〕desaparição (f), destruição (f). ~する cair; desaparecer.

メディア mídia (f). ◆マスメディア meio (m) de comunicação de massa.

メディエーター mediador/ra. ◆医療メディエーター mediador/ra entre o paciente e o hospital (em casos de desentendimento).

メディカルチェック exame (m) médico (preventivo dos esportistas). 選手は~を受けた O jogador passou por um exame médico.

めでたい feliz. めでたく bem. ~日 dia (m) a ser festejado. その事件はめでたく解決した Esse caso se resolveu bem, graças a Deus. ~人 pessoa (f) ingênua [que não vê o mundo com malícia].

めど 目処 perspectiva (f), esperança (f), indício (m). やっと和平の~がついた Finalmente temos perspectivas de um armistício. 来年を~にこの翻訳を終わらせたい Tenho por meta terminar esta tradução no ano que vem. まだガスの復旧の~が立っていない Ainda não há perspectivas de recuperação do serviço de gás.

めど 針孔 buraco (m) de agulha. ~に糸をとおす passar a linha pela agulha.

メトロ metrô (m).

メトロノーム 〖音〗metrônomo (m).

メニエールびょう メニエール病 síndrome (f) [doença (f)] de Ménière.

メニュー ❶ 〔食事の献立表〕cardápio (m), menu (m), 《ポ》ementa (f). ~をお願いします (Poderia trazer) o menu, por favor?/《俗》Você vê aí um menu para mim? ~に書いてあるものしか作れませんが... Nós só podemos fazer o que consta no cardápio .... ❷ 〔リスト〕plano (m), lista (f), tabela (f). ❸ 〔コンピュータ、携帯電話などの〕lista (f) de funções (do computador, celular etc).

メヌエット 〖音〗minueto (m).

めぬきどおり 目抜き通り avenida (f) principal.

めねじ 雌ねじ porca (f) do parafuso.

めのう 瑪瑙 〖地質〗ágata (f). ◆縞(㌧)めのう ônix (m).

めばえる 芽生える brotar, nascer. そこで恋が芽ばえた Aí nasceu o amor.

めばち 眼撥 〖魚〗atum (m).

めばな 雌花 flor (f) feminina [pistilada].

めまい tontura (f), vertigem (f). ~がする Tenho [Estou com] tontura.

めまぐるしい 目まぐるしい ❶ 〔目を回すような〕estonteante, vertiginoso/sa. ❷ 〔速く〕rápido/da. 目まぐるしく変化する evoluir rapidamente [num ritmo estonteante].

メモ nota (f), memorando (m). ...を~する tomar nota de .... このことを~しておかないと... É preciso deixar isto aqui anotado ....

めもり 目盛り graduação (f). 計りの~によるとこれは2キロですが Segundo a graduação da balança, isto aqui pesa dois quilos.

メモリアル memorial (m).

メモリー 〖コンピュータ〗memória (f). ◆メモリーチップ chip (m) 〔シッピ〕 de memória. メインメモリー memória central.

メモリーカード 〖コンピュータ〗cartão (m) de memória.

めやす 目安 ❶ 〔目標〕meta (f). これから時給2000円を~に仕事を探していく A partir de agora, vou procurar emprego tendo como meta um salário de dois mil ienes por hora. ❷ 〔基準〕ponto (m) de referência. 普通はGDPを~に国の豊かさを評価する Normalmente se usa o PIB como referência para avaliar a riqueza de um país.

めやに 目脂 secreção (f) purulenta dos olhos, 《口語》remela (f).

メラトニン 〖生〗melatonina (f). ~は夜体内で作られる A melatonina é produzida à noite no corpo humano.

メラニン 〖生〗melanina (f).

メラミン 〖化〗melamina (f). ~は腎臓(㌙)の機能をおかす可能性がある A melamina pode causar falência dos rins.

メランコリー melancolia (f).

メリーゴーラウンド carrocel (m), roda (f) de cavalinhos.

メリット mérito (m), vantagem (f). この計画の~はどこにありますか Qual a vantagem deste plano?

めりはり ~の利いた文章 texto (m) atraente com ênfase nos pontos principais. ~の利いていない演説 discurso (m) monótono (feito com a mesma tonalidade de voz do começo ao fim).

メリヤス malha (f). ~製の de malha.

メルとも メル友 amigo/ga com quem se trocam *e-mails* com frequência (sem necessariamente se conhecerem pessoalmente).

メロディー melodia (f).

メロン 〖植〗melão (m).
めん 綿 algodão (m).
*めん 面 ❶〔顔〕rosto (m) [ホースト], face (f) [ファッスイ]. ❷〔前面〕frente (f) [フレンチ], cara (f) [カーラ]. ~と向かってそういうことは言わないものだ Não se diz essas coisas na cara. ❸〔お面〕máscara (f) [マースカラ]. 鬼の~ máscara de oni (criatura maligna do folclore e teatro japoneses). ~を着ける(取る) pôr (tirar) a máscara. ❹〔方面, 側面〕aspecto (m) [アスペクト], parte (f) [パールチ], perspectiva (f) [ベルスペキチーヴァ], lado (m) [ラード]. 経済~から見ると大統領のとった行動はわかる Dá para entender as atitudes do presidente vendo pelo aspecto econômico. その問題はいろんな~から検討したほうがよい É melhor considerar o problema sob todos os aspectos. そうですね…そこにもう~もありますね Pois é …, Aí tem esse lado também, não é? ❺〖数〗face. 四~体 ABCD の~S A face S do tetraedro ABCD. ❻〔表面〕lado, face, superfície (f) [スペルフィツフィエ]. 水の~はまるで鏡のようだった A superfície da água parecia ser um espelho. ❼〔新聞の〕página (f) [パージナ]. その事件は今日の朝刊の第一~に出ていた Esse caso apareceu na primeira página do jornal de hoje. ◆三面記事 reportagem (f) secundária, em geral de crimes.
めん 麵 massa (f), macarrão (m). ◆麵類 massas (fpl).
めんえき 免疫 〖医〗imunidade (f), defesa (f). 彼ははしかの~がある Ele está imune ao sarampo. 患者に…に対する~力をつける imunizar o/a paciente contra …. ◆免疫学 imunologia (f). 免疫学者 imunologista (f). 免疫体 anticorpo (m); corpo (m) imunizado. 免疫反応 reação (f) imunológica. 免疫不全 imunodeficiência (f). 免疫抑制剤 imunodepressor (m), imunosupressor (m).
めんか 綿花 〖植〗flor (f) de algodão.
めんかい 面会 entrevista (f), visita (f). ~する visitar. ~謝絶 《掲示》Visita Proibida (em hospitais). その患者は~謝絶です Esse paciente não pode receber visitas. ご~したいという方がお見えです Há uma pessoa querendo se encontrar com o/a senhor/ra. 社長はきょうは忙しいのでご~できませんが… Hoje o/a nosso/nossa presidente não poderá atender ninguém porque está muito ocupado/da. ◆面会時間 horário (m) de visita. 面会人 visita (f).
めんきょ 免許 licença (f), autorização (f), certificado (m), diploma (m). ~を取る tirar carteira. ~を停止される levar suspensão da carteira. ~を不携帯で運転していましたね Você estava dirigindo sem portar carteira (de motorista), não é isso mesmo? 日本ではどんな職業に~が必要ですか No Japão, em que profissões a gente precisa de diploma? ~条件違反をする(眼鏡など) não cumprir as observações da carteira (de motorista) (como uso de óculos etc). ~の種類 tipo (m) de habilitação. ~の条件 condições (fpl) da habilitação. ◆免許証携帯 porte (m) de carteira (de motorista [habilitação]). 免許証住所 endereço (m) da carteira. 免許証番号 número (m) da carteira. 免許証保管 apreensão (f) da carteira. 免許停止 suspensão (f) da carteira. 免許取消 cancelamento (m) da carteira. 免許年月日 data (f) de emissão original da carteira. 免許有効期限 data (f) de vencimento da carteira. 運転免許証 carteira (f) de motorista [habilitação]. ⇨無免許.
めんくい 面食い pessoa (f) que vai atrás de pessoas de rosto bonito.
めんしき 面識 conhecimento (m) de alguém (pessoalmente). 私はあの画家と~がある Eu conheço aquele pintor pessoalmente (e ele me conhece também). 知事と~があるから何とかなる Eu conheço o governador pessoalmente, então vai se dar um jeito. 一~もない人にこんなことを頼めない Não dá para pedir isso a uma pessoa que eu não conheço pessoalmente.
めんじょ 免除 isenção (f), dispensa (f). ~する dispensar, isentar, desobrigar. 税の~ isenção fiscal. 入会費の~ isenção da taxa de inscrição. ◆兵役免除 dispensa do serviço militar.
めんじょう 免状 diploma (m). 教員の~ diploma de professor. ~をもらう receber [ganhar] o diploma.
めんしょく 免職 demissão (f). ~にする demitir, despedir, mandar ～ embora. 彼は職務怠慢で~になった Ele foi despedido por faltar ao dever. ⇨首.
めんする 面する dar para, estar de frente para. 海岸に面した部屋は空いてますか Os quartos que dão para o mar estão vagos? / Há algum quarto vago que dê para o mar? 私の家は大通りに面しているのでうるさいんです A minha casa é muito barulhenta porque ela dá para uma avenida.
めんぜい 免税 isenção (f) de impostos. …を~にする isentar … de impostos. 政府は本を~にすることにした O governo decidiu isentar os livros dos impostos. ◆免税点 limite (f) de isenção de impostos. 免税店 loja (f) franca [duty-free]. 免税品 artigo (m) [produto (m)] isento de impostos. マナウス免税都市 Zona (f) Franca de Manaus.
めんせき 面積 〖数〗área (f), superfície (f) (extensão de terreno). 土壌の~を計る medir a superfície do terreno destinado à lavoura.
めんせつ 面接 entrevista (f). ~する entrevistar. 今日は会社の~試験がある Hoje tenho

めんぜん　面前　presença (*f*). …の〜で na presença de …. 公衆の〜で em público.

めんたいこ　明太子　ovas (*fpl*) de escamudo-do-alasca temperadas com sal e pimenta.

めんだん　面談　entrevista (*f*). 先生と保護者の〜 conversa (*f*) face a face do/da professor/ra com os pais (do/da aluno/na). ♦個人面談 conversa (*f*) face a face.

メンチカツ　〚料〛croquete (*m*) de carne moída.

メンツ　imagem (*f*) (social), honra (*f*). そうすれば彼の〜が立つ Assim, conseguimos [《口語》a gente consegue] ⌊preservar a imagem [salvar a face〛 dele. 私は部下の前でそんなにひどいことを言われたら〜が立たない Se eu for criticado/da dessa maneira na frente de meus subordinados, vou perder a minha imagem. 父の〜がつぶれた Meu pai ⌊foi desonrado [《口語》ficou com a cara no chão〛.

メンテナンス　manutenção (*f*), assistência (*f*) técnica.

めんどう　面倒　〔迷惑〕incômodo (*m*); 〔困ったこと〕dificuldade (*f*), complicação (*f*), aborrecimento (*m*); 《俗》maçada (*f*). 〜な incômodo/da; complicado/da, aborrecido/da; maçante. このカードを1枚1枚めくるのは〜なことだ É um serviço maçante ficar virando esta ficha uma por uma. …の〜をみる cuidar de …. ⇨ 世話. こんなにご〜をおかけしてすみません Desculpe(-me) por causar tanto incômodo. …するのを〜くさがる ter [ficar com] preguiça de (＋不定詞) 《＋infinitivo》.

めんどうくさい　面倒くさい　trabalhoso/sa, aborrecido/da, complicado/da, maçante. あまりにも疲れていてシャワーを浴びるのも面倒くさかった Fiquei com preguiça até de tomar uma chuveirada de tanto cansaço. なんて〜《卑》Que saco! 面倒くさがり屋 pessoa (*f*) preguiçosa.

めんどうみ　面倒見　cuidado (*m*), atenção (*f*). あの病院は〜がいい Aquele hospital cuida bem dos pacientes.

めんどり　雌鳥　galinha (*f*). 〜が鳴く A galinha cacareja.

メンバー　integrante, membro (*m*). ♦レギュラーメンバー membro efetivo.

めんぼう　綿棒　cotonete (*m*), haste (*f*) flexível.

めんぼく　面目　face (*f*), honra (*f*); 〔様子〕aparência (*f*). 〜を失う perder a face; 《俗》ficar com a cara no chão. 〜なさそうに com um ar envergonhado.

メンマ　〚料〛broto (*m*) de bambu cozido e seco ou conservado em salmoura.

めんみつ　綿密　〜な minucioso/sa, detalhado/da. 〜に minuciosamente, detalhadamente. 〜さ minuciosidade (*f*).

めんもく　面目　⇨ 面目(𝑚𝑒𝑛).

も

＊も ❶〔…もまた〕também [タンベイン], igualmente [イグァウメンチ], entre outros, ainda [アインダ];〔…も…もなく〕nem [ネン]. 日本はそういった仕事を〜やっています O Japão vem realizando esse tipo de trabalho, entre outros. アダムとイブの話〜日本人にはわかりにくいと思います Acho que a história de Adão e Eva é, entre outras [também, igualmente], de difícil compreensão para os japoneses. 捜査陣はその会社は法律上の手続きを怠ったと言っている Os investigadores afirmam ainda que essa companhia desrespeitou os procedimentos legais.「ぼくは来年ブラジルに帰ります」「私〜」O ano que vem eu vou voltar para o Brasil. — Eu também.「私はコーヒーが嫌いだ」「私〜」Eu não gosto de café. — Nem eu. ❷〔…も…も〕tanto … quanto [como] …. リンゴ〜バナナ〜安いよ Tanto bananas quanto maçãs são baratas. 彼は日本〜アメリカ〜好きではない Ele não gosta nem do Japão nem dos Estados Unidos. ❸〔さえも…ない〕nem sequer, nem mesmo, nem ao menos. コーヒーを１杯〜飲まないで帰った Saiu sem nem ao menos tomar uma xícara de café. 金持ちはホームレスの問題に気がつき〜しない O problema dos sem-tetos nem chega a ser sentido pelos ricos. なぜ電気〜ない所に住んでいるの Por que você mora num lugar que nem mesmo tem eletricidade? ❹〔…でも、…だって〕até mesmo. 子供〜使えるほど簡単なカメラだ É uma câmera tão simples que mesmo uma criança pode usar. その仕事は子供に〜できます Esse serviço, até uma criança faz. ❺〔…くらい〕nada menos que …. それは１万円〜した Isso me custou nada menos que dez mil ienes. ❻〔どちらでも〕tanto pode … como não …. 会議に出て〜出なくて〜いい Tanto faz, você comparecer ou não à reunião. ❼〔たとえ…でも〕mesmo com (＋名詞), mesmo que (＋接続法)《＋subjuntivo》. 雨が降って〜試合をする Vamos ter jogo mesmo que chova [com chuva].

も 喪 luto (*m*). 〜に服する ficar enlutado/da, enlutar-se. 彼は〜が明けた O luto dele terminou.

＊もう ❶〔間もなく〕já [ジャー], daqui a pouco. 〜じき [〜すぐ] logo, logo; já, já. 〜じき明るくなる O dia vai clarear logo, logo. 彼女は〜すぐ帰ります Ela volta logo [daqui a pouco; já, já]. 〜すぐ昼食にしましょう Vamos almoçar já, já. 〜すぐお正月が来る O ano-novo já está aí. 〜すぐ夏休みだ Faltam poucos dias para as férias de verão. 私は〜(すぐ)還暦だ Logo vou fazer sessenta anos. 〜(すぐ)お別れだね A hora da despedida está se aproximando, não é? 〜すぐ窓を開けて差し上げます Já abro a janela para o/a senhor/ra. ❷〔すでに〕já, a essas horas. 〜やりました Isso, eu já fiz. 社長は〜出かけました O/A nosso/nossa presidente já saiu. 彼は〜１年日本にいるそうです Dizem que ele já está no Japão há um ano. 〜やってしまったことなんですよね O que já se fez não tem mais salvação, não é?/O que não tem remédio remediado está, não é?《口語》Agora já foi, não é? ❸〔さらに〕mais [マーイス]. 彼は〜１年日本にいるそうです Parece [Dizem] que ele vai ficar mais um ano no Japão. 〜一度お願いします Mais uma vez, por favor. 〜少し mais um pouco, um pouco mais. 〜少しお水をください Dê-me mais um pouco de água, por favor./Por favor, gostaria de mais um pouco de água. 〜少しゆっくり話していただけますか Poderia falar um pouco mais devagar, por favor? 〜少ししたら授業を始めましょう Vamos começar a aula dentro de alguns minutos. 〜少しすればきっと日本に慣れますよ Com mais um pouquinho de tempo, você vai se acostumar ao Japão, com certeza. 〜少しお待ちください Espere mais um pouco, por favor. 〜少しで 1) com mais um pouco de tempo. 〜少しで講演が終わります Falta pouco para terminar a conferência. 2) quase; por pouco, por um triz. 私は今朝〜少しで仕事に遅れるところだった Por pouco não chego atrasado/da no serviço, hoje de manhã. 昨日は〜少しで事故に遭うところだった Quase tive um acidente ontem. ❹〔もう…ない〕(já) não … mais. 私は〜この仕事を我慢できない Eu (já) não aguento mais esse trabalho. ❺〔他の〕outro/tra [オートロ/トラ]. リンゴは〜１個のほうがいい Prefiro a outra maçã. 〜一人の人は帰ってしまった A outra pessoa [O/A outro/tra] foi embora.

もうい 猛威 violência (*f*), fúria (*f*). 暴風雨の〜 violência (*f*) da tempestade. 〜を振るう agir com fúria, ser devastador/ra, devastar. 冬にはインフルエンザが〜を振るうだろう No inverno a influenza vai ser devastadora.

もうがっこう 盲学校 escola (*f*) para deficientes visuais.

もうかる 儲かる ser lucrativo/va, dar lucro, render. 〜商売 negócio (*m*) lucrativo. その仕事はあまりもうからない Esse serviço não dá muito lucro.

もうきん 猛禽 〖鳥〗ave (f) de rapina.

もうけ 儲け lucro (m), retorno (m). 〜を山分けにする dividir o lucro (entre os que trabalharam para obtê-lo). その投資で彼は大〜をした Ele ganhou muito com esse investimento. ♦もうけ幅 margem (f) de lucro. ⇨利益.

もうける 儲ける ❶ lucrar, ganhar (dinheiro), 《口語》faturar. 彼らはブラジルの会社と提携して百億ドル以上もうけた Eles lucraram [faturaram] mais de dez bilhões de dólares, associando-se com uma companhia brasileira. ❷〔子供を得る〕ter. この結婚で彼女は2児をもうけた Ela teve dois filhos com este casamento.

もうける 設ける ❶〔用意する〕preparar e realizar. ブラジル人が入社するので一つ歓迎の席を設けましょう Vamos preparar uma festa de recepção, pois vai entrar um brasileiro na companhia, está bem? ❷〔設立する〕estabelecer, criar (instalações). 東京に支店を予定だ Planejamos criar uma filial em Tóquio. ❸〔規則などを〕criar, instituir, estabelecer (leis ou regras). 新しい校則が設けられた Foram criadas novas regras da escola. 口実を〜 arranjar um pretexto. 何か口実を設けて criando [arranjando] um pretexto.

もうこん 毛根 raiz (f) dos cabelos. 〜が弱ると抜け毛が増える Quando a raiz dos cabelos enfraquece, há maior queda de cabelos.

もうさいけっかん 毛細血管 〖解〗capilar (m) sanguíneo, vaso (m) capilar.

もうしあげる 申し上げる (forma de humildade para「言う」) ❶〔言う〕falar, dizer. 皆様に申し上げます Atenção por favor! ❷〔する〕fazer algo para alguém de hierarquia superior. ご案内申し上げます Permita-me informar-lhe.

もうしあわせる 申し合わせる combinar, arranjar, estabelecer um acordo. 就職活動中の女子学生は申し合わせたように紺のスーツを着ていた As moças estudantes que estavam pleiteando emprego estavam todas de conjunto azul-marinho como se tivessem combinado.

もうしいれる 申し入れる propor, apresentar. 苦情を〜 apresentar uma queixa. 和平を〜 propor a paz.

もうしこみ 申し込み〔依頼〕pedido (m);〔要求〕demanda (f);〔提案〕proposta (f);〔参加の〕inscrição (f). 〜用紙に記入してください Preencha o formulário de inscrição, por favor. ♦申し込み期限 prazo (m) para inscrição. 申し込み者 candidato/ta. 申し込み書 requerimento (m), pedido (m) por escrito, formulário (m) de inscrição.

もうしこむ 申し込む ❶〔申し出る〕propor, pedir. …に結婚を〜 propor casamento a …, pedir … em casamento, pedir a … para casar, pedir a mão de …. 彼女に結婚を申し込んだが断られてしまった Eu propus casamento para ela, mas levei um fora. ❷〔応募する〕inscrever-se. 電話で…参加を〜 inscrever-se para … por telefone. ❸〔予約する〕reservar, assinar. 新刊書の予約を〜 reservar a nova edição (de uma obra). 新聞の購読を〜 fazer a assinatura de um jornal.

もうしたて 申し立て 〖法〗alegação (f); declaração (f), testemunho (m); solicitação (f), requerimento (m), pedido (m). …に対して異議〜をする protestar contra …, objetar (a) …, fazer uma oposição [objeção] a …. 証人の〜によると... segundo [conforme] a declaração da testemunha …. …の〜書 pedido de …, requerimento de …. ♦申し立て人 requerente.

もうしたてる 申し立てる 〖法〗alegar; declarar; instar, pedir, solicitar. 彼は…と申し立てた Ele alegou que …. …に対して異議を〜 objetar (a) …, protestar contra …, fazer uma oposição [objeção] a ….

もうしでる 申し出る ❶〔意見や希望を言って出る〕voluntariar-se para, prontificar-se a, candidatar-se a [como], oferecer-se a [para]. 援助を〜 oferecer-se [prontificar-se] a ajudar. 立候補を〜 apresentar a candidatura. 彼がガイドを申し出た Ele se candidatou como guia. ❷〔言う〕dizer. 文句のある方は申し出てください Quem tiver alguma reclamação faça o favor de dizer.

もうしぶん 申し分 〜ない〔完全な〕perfeito/ta, impecável, que não deixa nada a desejar;〔理想的な〕ideal. これは〜のない仕事だ Este serviço está perfeito [não deixa nada a desejar]. 彼女の着こなしは〜がない Ela se veste impecavelmente [de maneira impecável].

もうしゅう 猛襲 ataque (m) violento. 蚊の〜に遭う ser atacado/da por um enxame de mosquitos, levar mordidas de uma mosquitada.

もうじゅう 猛獣 animal (m) selvagem.

もうじゅう 盲従 obediência (f) [submissão (f)] cega. …に〜する obedecer cegamente a ….

もうしょ 猛暑 calor (m) intenso. 連日の〜 calor intenso de vários dias.

もうしわけ 申し訳 desculpa (f), explicação (f). そんなことをしたら客に対して〜が立たない Se fizer uma coisa dessas, nem sei como me justificar perante os clientes. 〜程度に…をする fazer … só para constar [dizer que fez]. 〜ありません Nem sei como me desculpar.

もうじん 盲人 cego/ga.

もうすぐ ⇨もう.

もうそう 妄想 alucinação (f), ilusão (f). 〜を抱く ter ilusões, nutrir-se de ilusões. ♦誇

大妄想狂 mania (f) de grandeza, megalomania (f). 被害妄想 complexo (m) de perseguição.

もうちょう 盲腸 【解】ceco (m). ～の手術を受ける ser operado/da de apendicite. ◆盲腸炎 apendicite (f). ⇨虫垂.

もうてん 盲点 ❶【解】ponto (m) cego. ❷〔気づかない弱点〕falha (f), parte (f) omissa. 法の～をつく tirar proveito de uma falha da lei.

もうとう 毛頭 nem um pouco, nenhum/ma. 私は大学に進学する気は～ない Não tenho nenhuma intenção de entrar numa faculdade.

もうどうけん 盲導犬 cão (m) guia de cego.

もうどく 猛毒 veneno (m) mortífero. その食品に～が混入していた Esse alimento continha veneno mortífero.

もうはつ 毛髪 cabelo (m).

もうふ 毛布 cobertor (m). ～にくるまる cobrir-se com o cobertor. 彼はその子に～をかけてやった Ele cobriu a criança com o cobertor./Ele estendeu o cobertor sobre o corpo da criança. ◆毛布カバー lençol (m) em forma de saco que cobre todo o cobertor.

もうべんきょう 猛勉強 estudo (m) intenso. ～する estudar intensivamente, não fazer outra coisa senão estudar.

もうまく 網膜 【解】retina (f). ◆網膜剥離 【医】descolamento (m) da retina.

もうもく 盲目 ❶ cegueira (f). ～の cego/ga. ◆盲目飛行 voo (m) cego. ❷〔理性がはたらかないこと〕perda (f) de discernimento, cegueira espiritual. 恋は～ O amor é cego.

もうら 網羅 ～する incluir [cobrir, tratar de] tudo. 関係者を～したリストを作る fazer uma lista incluindo todos os relacionados (ao caso). ～的に exaustivamente, completamente. ～的に書類を分析したが問題は一つもなかった Analisei o documento exaustivamente [completamente], mas não achei nenhuma falha. すべての件を～する答えは出せない Não é possível dar uma resposta padrão que sirva para todos os casos.

もうれつ 猛烈 ～な violento/ta, impetuoso/sa, furioso/sa. ～に violentamente, impetuosamente, furiosamente.

もうれんしゅう 猛練習 treino (m) intensivo [duro, pesado]. ～する treinar intensivamente [pesado], fazer exercícios intensos. ～をして com treino intensivo.

もうろう 朦朧 意識が～とする ficar tonto/ta [atordoado/da]. 彼女は飲みすぎて意識が～としている Ela está tonta de tanto beber.

もうろく 耄碌 senilidade (f), caduquice (f). ～する ficar caduco/ca.

もえあがる 燃え上がる ❶ arder em labaredas, consumir-se em chamas, incendiar-se. 家が燃え上がった A casa ardeu em labaredas [consumiu-se em chamas]. ❷〔興奮して感情が高ぶる〕inflamar-se, ficar apaixonado/da. …に怒りの炎を燃え上がらせる deixar … zangado/da [encolerizado/da]. 彼は彼女への恋心で燃え上がってしまった Ele acabou ficando apaixonado [entusiasmado] por ela.

もえうつる 燃え移る passar para, alastrar-se [espalhar-se] por (para), propagar-se em [por]. 火が隣家に燃え移った O fogo ʟse alastrou [passou] para a casa vizinha. 火は町中に燃え移った O fogo ʟse espalhou [se alastrou] por toda a cidade.

もえつきる 燃え尽きる ❶ queimar-se por completo, consumir-se pelo fogo. ろうそくが燃え尽きた A vela acabou. ❷〔精力を使い果たす〕esgotar-se. 彼の情熱が燃え尽きてしまった O entusiasmo dele se esgotou. 燃え尽き症候群 síndrome (f) de *burnout* 《síndrome da exaustão devido a um entusiasmo anterior demasiado》.

もえでる 萌え出る brotar, germinar, rebentar. 若葉が～季節 estação (f) dos rebentos. 春になると野の草花が一面に～ Na primavera, as ervas e as flores dos campos germinam por toda parte.

*****もえる 燃える** queimar-se [ケイマール スィ], pegar fogo. この木はあまりよく燃えない Esta madeira não queima muito bem. 彼は希望に燃えてA社に入社したのだが… Ele entrou na companhia A (com o coração) cheio de esperanças, mas ….

モーション ❶〔動作〕gesto (m), sinal (m). ❷〔意思表示〕expressão (f) da própria intenção. …に～をかける fazer a corte a …, fazer uma declaração de amor a …. ❸〔動き〕movimento (m). ◆スローモーション movimento lento; 〔映〕câmera (f) lenta. 投球モーション 【野球】movimento (m) de arremesso.

モーター motor (m) elétrico. ◆モーターカー trem (m) pequeno usado principalmente para conservação de ferrovias. モーターバイク motocicleta (f). モーターボート barco (m) a motor, lancha (f).

モーテル motel (m).

モード ❶〔流行〕moda (f), *fashion* (m). ◆ニューモード nova moda. ❷〔電子機器などの作動方式〕modo (m). ◆マナーモード modo silencioso 《do celular》. モード標準 modo padrão 《ビデオ録画》.

モーニング ❶〔朝〕manhã (f). ◆モーニングコール serviço (m) de despertador em hotéis. モーニングサービス serviços (mpl) matutinos 《de café da manhã》 com preços baixos. ❷〔服〕fraque (m), traje (m) de cerimônia masculino.

モーリシャス Maurício (m). ～の mauriciano/na.

モーリタニア Mauritânia (f). ～の mauritа-

モール 〔ショッピングモール〕shopping center (m) 〔ショッピン センテル〕.

もがき 模擬 forcejo (m), resistência (f).

もがく forcejar, contorcer-se. 自由になろうと～ forcejar para ficar livre.

もぎ 模擬 simulação (f). ♦模擬試験 exame (m) simulado. 模擬店 barzinho (m) (provisório, em quermesses etc).

もぎとる もぎ取る colher, apanhar, arrancar, tirar com força. 枝の実を～ apanhar frutas do galho. 果樹園でオレンジを～ tirar as laranjas (do pé) com força, no pomar. 砲弾が彼の腕をもぎ取った O tiro de canhão arrancou-lhe o braço.

もくぎょ 木魚 tambor (m) de madeira em forma de peixe utilizado nos ritos budistas.

もくげき 目撃 testemunho (m) (ocular). ～する testemunhar, presenciar, ser testemunho de …. ♦目撃者 testemunha (f) (ocular).

もくざい 木材 madeira (f). 建築用～ madeira de construção. ⇨材木.

もくし 黙示 〘法〙 expressão (f) tácita. ～的同意 consentimento (f) tácito. ～の放棄 renúncia (f) tácita.

もくじ 目次 índice (m).

もくしろく 黙示録 Apocalipse (f).

もくせい 木星 〘天〙 Júpiter (m).

もくせい 木犀 〘植〙 flor-do-imperador (f).

もくせい 木製 ～の de madeira. ～の家具 mobília (f) de madeira.

もくぞう 木造 ～の de madeira. ～の家 casa (f) de madeira.

もくたん 木炭 carvão (m) de madeira.

***もくてき** 目的 ❶ objetivo (m) 〔オブジェチーヴォ〕, finalidade (f) 〔フィナリダーデ〕. あなたの人生の～は何ですか Qual (é) o seu objetivo de vida? 君が私を訪ねた～は何でしたか Qual foi o motivo de você me visitar [que o trouxe aqui]? 金を盗む～で家に入ったのですか Você invadiu a casa com o intuito de roubar dinheiro? 私は～を遂げずに逃げました Eu fugi sem concretizar meu objetivo. ～地についたら電話してください Quando você chegar ao seu destino, me ligue. ♦目的地 destino (m). ❷〘文法〙 ♦目的格 (caso (m)) acusativo (m). 直接目的語 objeto (m) direto. 間接目的語 objeto indireto.

もくとう 黙祷 silêncio (m) em homenagem aos mortos. 犠牲者のために1分間の～をささげる fazer um minuto de silêncio em homenagem às vítimas.

もくどく 黙読 leitura (f) silenciosa. ～する ler silenciosamente, fazer uma leitura silenciosa de.

もくにん 黙認 consentimento (f) tácito, aprovação (f) implícita, conivência (f). ～する aprovar tacitamente; 〔見ぬふりをする〕 fazer vista grossa a, deixar passar, fechar os olhos para. 課長は私のミスを～してくれた O meu chefe fez vista grossa ao meu erro.

もくば 木馬 cavalo (m) de madeira. ♦回転木馬 carrossel (m) (de cavalo de madeira).

もくはん 木版 xilogravura (f). ♦木版画 xilogravura, gravura (f) em madeira.

もくひ 黙秘 ～する permanecer em silêncio. 彼は～権を使った Ele usou do direito de ficar em silêncio. ～権 direito (m) de permanecer em silêncio.

***もくひょう** 目標 meta (f) 〔メッタ〕, fim (m) 〔フィン〕, objetivo (m) 〔オブジェチーヴォ〕. ～をたてる estabelecer metas. ～を達成する cumprir metas. 今年の～は売り上げを伸ばすことだ O objetivo deste ano é aumentar o saldo das vendas. ブラジルは2012年に向けて5％のインフレ率といった～を達成するだろう O Brasil cumprirá a meta de 5% [cinco por cento] de inflação para 2012 [dois mil e doze].

もくめ 木目 veio (m) de madeira. ～の荒いテーブル mesa (f) de veios grossos. ～の細かい～ de veios finos. ～に沿って板を切る cortar a madeira de acordo com os veios.

もくもく 黙々 ～と em silêncio, sem falar nada, calado/da. ～と仕事をする trabalhar em silêncio.

もくようび 木曜日 quinta-feira (f). ～に na quinta-feira. ～ごとに às [nas] quintas-feiras, todas as quintas-(feiras).

もぐら 土竜 〘動〙 toupeira (f).

もぐる 潜る ❶ 〔水中などに〕 mergulhar (-se) em. 海に～ mergulhar no mar. ❷ 〔ものの下に〕 afundar-se; esconder-se. ふとんに～ cobrir-se com o edredom, esconder-se debaixo do edredom. 地下に～ 《比》 levar uma vida clandestina.

もくれん 木蓮 〘植〙 magnólia (f).

もくろく 目録 catálogo (m); 〔リスト〕 lista (f); 〔図書館の〕 fichário (m), catálogo-dicionário (m); 〔財産の〕 inventário (m). ～に載っている estar na lista; estar catalogado/da. …の～を作る fazer ∟uma lista [um catálogo] de …, catalogar, relacionar … em catálogo, inventariar, classificar.

もくろみ 目論見 ❶ 〔計画〕 plano (m), projeto (m). ❷ 〔悪巧み〕 plano com segundas intenções, plano ardiloso. ❸ 〔意図〕 intenção (f), estratégia (f). 店の棚の配置には消費意欲をかき立てようとする～がある As prateleiras das lojas estão estrategicamente colocadas para estimular o consumo. 私の～どおりに事が進んだ A minha estratégia deu certo./《口語》As coisas se conduziram como eu queria.

もくろむ 目論む ❶ 〔意図する〕 pensar estrategicamente, planejar de maneira estratégica. ❷ 〔計画する〕 planejar, projetar. ❸ 〔悪巧みをする〕 planejar ∟ardilosamente [com intenções maliciosas].

もけい 模型 maquete (f). …の～を作る fazer uma maqueta de …. ♦模型飛行機 maquete de avião; miniatura (f) de avião.

モザイク ❶ mosaico (m). ～式の em mosaico, marchetado/da. ♦モザイク細工 trabalho (m) em mosaico. ❷『テレビ』mosaico (m) que censura parte da imagem na TV.

もさく 模索 ～する tatear, andar às apalpadelas. 暗中～する tatear no escuro, procurar algo no escuro. 各国が地球温暖化の解決策を～している Todos os países estão procurando com dificuldade uma solução para o problema do aquecimento global.

モザンビーク Moçambique. ～の moçambicano/na.

*****もし もし…なら(たら, ば, と)** se [スイ], caso [カーゾ] 《「もし」é usado com partículas condicionais como「-なら, -たら, -ば, -と」》. ⓐ 〖★現実的な仮定, 未来における仮定を表す場合: Se + 直説現在(あるいは接続法未来) + 直説法現在(あるいは直説法未来, 命令法)〗《quando indica hipótese realizável》 ～今日の夜暇を一緒に映画に行きましょう Se você tem um tempo hoje à noite, vamos ao cinema juntos. ～京都にいらしたら銀閣寺に案内しますよ Se vier a Kyoto, eu o/a levarei ao templo Ginkakuji. ～パウロが選挙で勝ったらいいことがたくさんあるでしょう Se Paulo vencer [Na hipótese da vitória de Paulo] na eleição, haverá muita coisa boa. ～よかったらお茶でもどうぞ Se quiser, aceite um chá, sim? ～その事実が確認されれば彼は逮捕されるだろう Se confirmado o fato, ele será preso.《時には助動詞が省略されて se + 本動詞の過去分詞で文が成り立っていることもある》《Às vezes, o verbo auxiliar vem implícito e pode aparecer a forma se + particípio passado do verbo principal》 ⓑ 〖★非現実的な仮定, 未来や現在の現実に反する仮定を表す場合: Se [スイ] + 接続法未完了過去 + 直説法未来過去 (あるいは直説法未完了過去)〗《quando indica hipótese irrealizável》 ～僕が君なら, それを買うのだが Se eu fosse você, compraria isso. ～私が暇なら自分でそれをするのだが Se eu tivesse tempo, faria isso sozinho/nha. ⓒ 〖★非現実的な仮定, 過去の事実に反する仮定を表す場合: Se + 接続法大過去 + 直説法複合未来過去〗《quando indica hipótese de algo não realizado no passado》 ～君の援助がなかったら私は失敗していたでしょう Se eu não tivesse tido a sua ajuda, eu teria falhado. ～去年日本にいらしていたらここで働いていただけたのに (Que pena!) Se você tivesse vindo ao Japão no ano passado, teria podido trabalhar aqui (na minha companhia). ～その癌(ｶﾞﾝ)の発見が遅れていたら助からなかったかもしれない Se a descoberta desse câncer tivesse sido tardia, talvez não ˪tivesse sido curado/da [pudesse ser salvo/va].

もし 模試 exame (m) simulado, prova (f) simulada, simulado (m). ➪試験.

もじ 文字 letra (f); caracteres (mpl). ～の読めない人 analfabeto/ta. ～どおりに訳す traduzir ˪ao pé da letra [literalmente]. (雨で)～どおりずぶぬれだ Fiquei literalmente ensopado/da (com a chuva). ♦大文字 letra maiúscula. 小文字 letra minúscula.

もしかしたら talvez, provavelmente, quem sabe, pode ser que, 《ポ》se calhar. ～あなたは近いうちにあそこにいるかも知れない Quem sabe em breve você não está lá./Talvez você esteja lá em breve./Provavelmente [Se calhar,] você estará lá em breve. ～来年ブラジルへ行くかも知れません Pode ser que eu vá [Se calhar, eu irei] ao Brasil o ano que vem.

もしかして ➪もしかしたら.

もしくは ou então. パン～ライスをお選びください Escolha entre pão e arroz.

もじばけ 文字化け 【ｺﾝﾋﾟｭ】 desfiguração (f) (de caracteres num computador). あなたの電子メールは～してしまった Seu e-mail ficou desfigurado [ilegível].

もしもし 〔電話で〕alô (ao telefone); 〔道端などで〕por favor (na rua etc).

もしや porventura, por acaso. ～と思ったことが起きた Aconteceu o que ninguém imaginaria que fosse acontecer. ～私がそれまでに帰って来なかった場合は… Se por acaso eu não tiver voltado até aí …. ～彼は日本にいないのか Por acaso ele não está no Japão?

もしゃ 模写 cópia (f), reprodução (f). ～する copiar, reproduzir.

もしゅ 喪主 familiar do morto que preside ao funeral. 母の御葬式では父が～を務めた No funeral de minha mãe, meu pai sentou-se no lugar de honra.

モジュール ❶〔部品〕parte (f) do equipamento, peça (f). ロケットの推進～が燃えていた Os módulos de propulsão do foguete estavam queimando. ❷ 【ｺﾝﾋﾟｭ】 parte de um programa. ソフトのデータ管理～ módulo (m) de administração de dados de um programa.

もす 燃す queimar, incinerar. 市はごみを～ところがなくて困っている A prefeitura está sofrendo porque não acha um lugar para queimar o lixo. ➪燃やす.

モスク mesquita (f).

モスグリーン verde-musgo (m). ～の verde-musgo. ～のハンドバッグ bolsa (f) verde-musgo.

もぞう 模造 imitação (f), cópia (f). ～の falso/sa, imitação (f); 〔人工的〕artificial. ～する imitar. ～拳銃の所持 posse (f) de imitação de arma de fogo. ♦模造品 imitação.

もだえる　悶える ❶〔肉体的に〕sofrer (de dores físicas), agoniar-se. 苦痛に〜 contorcer-se de dores. ❷〔精神的に〕sofrer (dores morais), afligir-se, angustiar-se. 恋に〜 sofrer por amor.

もたせる　持たせる ❶〔運ばせる〕fazer levar. 上司は部下に返事を持たせた O/A chefe fez o/a subordinado/da levar a resposta. ❷〔保たせる〕fazer durar. 残った食料はあと1か月持たせなければ Temos que fazer a comida durar mais um mês. ❸〔荷を背負わせる〕fazer carregar. 彼女はご主人に荷物を持たせた Ela fez o marido carregar a bagagem. ❹〔負担させる〕fazer [deixar] pagar. 今日は勘定を私に持たせてください Deixem-me pagar a conta hoje, está bem?

モダニズム modernismo (m). ♦モダニズム文学 literatura (f) modernista.

もたもた 〜せずに早く歩きなさい Que lentidão é essa?! Ande mais depressa! 〜していると出遅れるぞ Se continuar nesse ritmo lento, vai se atrasar em relação aos outros, hein?

もたらす ❶〔導入する〕trazer, introduzir, levar. 店長は新しいシステムを会社にもたらした O/A gerente introduziu um novo sistema na companhia. ❷〔引き起こす〕produzir, causar. 台風がその地域にもたらした被害は大きかった Foram grandes os danos causados pelo tufão na região. ❸〔伝える〕anunciar, trazer (notícias). 帰ってきた兄はよい知らせをもたらした Meu irmão que ⌊chegou [acaba de voltar] trouxe boas notícias.

もたれる ❶〔寄りかかる〕apoiar-se em, encostar-se em. 壁に〜 apoiar-se [encostar-se] na parede. 机に〜 deitar a cabeça na mesa. ❷〔食べ物が〕pesar. この料理は油っこくて胃に〜 Essa comida pesa no estômago porque ela é muito gordurosa.

モダン 〜な moderno/na, original e chique. ♦モダンジャズ *jazz* (m) moderno. モダンバレエ balé (m) moderno.

もち　持ち ❶〔耐久力〕resistência (f), durabilidade (f). 〜がよい resistente, durável, perdurável, que se conserva no mesmo estado. 燻製(くんせい)の肉は〜がよい As carnes defumadas duram bastante. 〜が悪い pouco resistente, pouco durável, que deteriora logo. 湯煎(ゆせん)で火を通した料理は〜が悪い Pratos cozidos a vapor duram pouco. あなたは物〜がよい Você sabe conservar bem as coisas que tem. ❷〔所有〕子〜の人 pessoa (f) com filhos. ♦力持ち forçudo/da. お金持ち rico/ca. ❸〔負担〕encargo (m), conta (f). 交通費は会社〜だ As despesas de transporte são por conta da empresa.

もち　餅　〖料〗bolinho (m) de arroz. 〜をつく bater o arroz cozido no pilão até ele se tornar uma massa. 〜を焼く assar o bolinho de arroz.

もちあがる　持ち上がる ❶〔上へ上がる〕erguer-se do chão, dar para ser levantado/da. この箱は重くて持ち上がらない Esta caixa está tão pesada que não dá para ser ⌊levantada [erguida do chão]. ❷〔事が起こる〕acontecer, surgir. 新たな問題が持ち上がった Surgiu um novo problema. ❸〔学級担任が〕encarregar-se da [ser responsável pela] mesma classe no ano seguinte. 2年生の担任は持ち上がりだ O/A professor/ra responsável pelo segundo ano vai continuar sendo o/a responsável pela mesma classe no ano que vem.

もちあげる　持ち上げる levantar, elevar. この荷物は重くて一人では持ち上げられない Esta bagagem está tão pesada que não dá para levantar sozinho/nha.

もちあじ　持ち味 ❶〔物の〕sabor (m) natural [próprio, característico]. 魚の〜を生かした料理 prato (m) que valoriza o sabor característico do peixe. ❷〔人の〕personalidade (f), característica (f) pessoal. 監督の〜がよく出ている映画 um filme que revela bem a personalidade artística do/da diretor/ra.

もちあるく　持ち歩く carregar, trazer [levar] consigo, portar, transportar. 〜ことのできる portátil. 〜のに便利な fácil de ⌊carregar [levar consigo]. 彼女はいつもパソコンを持ち歩いている Ela sempre carrega consigo o computador pessoal.

もちいえ　持ち家 casa (f) própria.

モチーフ motivo (m); tema (m).

もちいる　用いる ❶〔使用〕utilizar, fazer uso de, usar, empregar. 日常に用いられているもの objeto (m) de uso diário. 用いられなくなる cair em desuso. ❷〔適用, 採用〕aplicar, adotar. 新しい方法を〜 adotar um novo método. ❸〔雇用〕empregar, dar um emprego a.

もちかえり　持ち帰り 〜のピザ pizza (f) para viagem.

もちかえる　持ち帰る levar [trazer] para casa.

もちかた　持ち方 modo (m) de segurar. …にナイフとフォークの〜を教える ensinar … a comer com garfo e faca. その〜だと疲れてしまうよ Se você segura (isso) desse jeito, vai acabar se cansando, hein? 大事なのは〜だ O importante é a maneira como você se posiciona diante do problema.

もちかぶ　持ち株　〖経〗ação (f), apólice (f). ♦持ち株会社 *holding* (f).

もちきる　持ち切る ❶〔終わりまで持ち続ける〕conseguir segurar [carregar, levar]. そんなに持ち切れますか Dá para [Você consegue] carregar tanto assim? ❷〔ずっとその話が続く〕concentrar-se em (um único tema), falar apenas de (um assunto). パーティーではみんなその話で持ち切りだった Na festa, só se fa-

もちこす　持ち越す adiar, deixar para outro dia, protelar. 決定は来週まで持ち越された A decisão foi adiada para a semana que vem. 結論を月曜まで〜 Vou deixar a conclusão para a próxima segunda-feira.

もちこたえる　持ちこたえる ❶〔抵抗しつづける〕resistir a. 敵の攻撃を〜 resistir aos ataques do inimigo. ❷〔持続する〕manter-se, durar. 天気は〜だろう O bom tempo vai ᴌse manter [continuar]. ❸〔耐える〕resistir, suportar, aguentar. 患者はこの冬を持ちこたえられないだろう O doente não vai suportar o inverno.

もちこみ　持ち込み porte (*m*) de algo para dentro de algum lugar. 危険物〜禁止《掲示》Proibida entrada com objetos perigosos.

もちこむ　持ち込む ❶〔持って入る〕trazer [levar] (algo) consigo. 機内に危険物を〜ことは禁じられている É proibido trazer [levar] objetos perigosos para dentro da aeronave. ❷〔提案する〕propor, apresentar. 彼は私に結婚の話を持ち込んできた Ele me propôs casamento. 部下が今日新しいプロジェクトを持ち込んできた Meu/Minha subordinado/da apresentou-me hoje um novo projeto. ❸〔移行させる〕prorrogar, prosseguir em outra oportunidade. 新リーダー選出は次の議会に持ち込まれた Prorrogaram a eleição do novo líder para a próxima reunião do conselho. 我々のチームは後半で試合を同点に持ち込んだ A nossa equipe conseguiu empatar o jogo na segunda parte.

もちごめ　糯米 espécie (*f*) de arroz (glutinoso) (ingrediente de *mochi*, o bolinho de arroz degustado no ano-novo, e de *sekihan*, o arroz vermelho, apreciado nas festividades).

もちだし　持ち出し 図書の〜禁止《掲示》Proibido levar os livros para fora (da biblioteca). 夕食会の費用は 5000 円の〜になってしまった Tive uma despesa extra de cinco mil ienes no jantar./Tive que pagar cinco mil ienes do meu próprio bolso no jantar.

もちだす　持ち出す 〔外へ〕levar [trazer] para fora, tirar de dentro;〔問題などを〕colocar, apresentar. この椅子(ｲｽ)は外に持ち出さないでください Não leve esta cadeira para fora. その件を〜にはまだ早い Ainda é cedo para você ᴌcolocar [trazer à baila] esse assunto.

もちつき　餅つき 〜をする bater arroz glutinoso cozido no pilão para fazer a massa de *mochi* (o bolinho de arroz). ♦餅つき大会 reunião (*f*) da vizinhança ou associação para fazer a massa de *mochi*.

もちなおす　持ち直す ❶〔持ち換える〕mudar de modo de segurar. バッグを〜 segurar a bolsa de outro jeito. ❷〔もとのよい状態に戻る〕recuperar(-se), melhorar, restabelecer(-se). 意識を〜 recuperar os sentidos. 景気は持ち直した A economia ᴌrecuperou [retomou o crescimento]. 病人は持ち直した O doente ᴌse restabeleceu [ficou melhor]. 天気は持ち直した O tempo melhorou.

もちにげ　持ち逃げ 〜する roubar e fugir. 彼は会社の金を〜して逮捕された Ele foi preso por ter fugido com o dinheiro da companhia.

もちぬし　持ち主 titular, proprietário/ria, dono/na. 彼は優れた感覚の〜だ Ele é dono de uma sensibilidade extraordinária. この自動車の〜は駐車違反で警告を受けた O proprietário deste carro recebeu uma advertência por estacionamento irregular. このビルの〜はだれですか Quem é o proprietário deste prédio?

もちば　持ち場 posto (*m*), local (*m*) onde o funcionário deve exercer as suas funções. 〜を回る fazer sua ronda. 〜についている estar a postos. あなたの〜はどこですか Qual é o seu posto?/〔巡察などで〕Onde você faz a ronda?

もちはこび　持ち運び 持ち運びのできる portátil.

もちはこぶ　持ち運ぶ transportar, levar, carregar. 持ち運びやすい(にくい) fácil (difícil) de transportar.

もちはだ　もち肌 pele (*f*) macia como a superfície de *mochi*, o bolinho de arroz especial, apreciado nas fetividades. 赤ちゃんのような〜 pele macia como a do bebê.

モチベーション incentivo (*m*); motivação (*f*). …に〜を与える incentivar …, motivar ….

もちまえ　持ち前 〜の natural, inato/ta, de natureza. 彼は〜の明るさで悲しみを乗り越えた Graças à sua ᴌalegria inata [natureza alegre], ele conseguiu vencer a tristeza./《口語》Ele deu a volta por cima da tristeza com a alegria de sempre.

もちもの　持ち物 ❶〔所有物〕posse (*f*), propriedade (*f*). ❷〔携帯品〕bagagem (*f*), pertences (*mpl*). 乗客の〜を点検します Vamos revistar as bagagens dos passageiros.

もちゅう　喪中 estado (*m*) de luto. 〜につき年頭のご挨拶はご遠慮いたします Peço-lhe desculpas por não lhe enviar os cumprimentos de ano-novo no ano que vem, por estarmos de luto./Abstenham-se, por favor, de nos enviarem os cumprimentos de ano-novo no ano que vem, pois estamos de luto.〔★後者はブラジル人により通じやすい表現〕.

もちより　持ち寄り 〜にする trazer cada qual a sua parte numa festa etc. パーティーは〜にしましょうね A festa vai ser com cada um trazendo um prato, está bem? ♦持ち寄りパーティー《口語》festa (*f*) americana.

もちろん　勿論 com certeza, naturalmente, obviamente, sem dúvida, claro; como não? 〜そうですよ (É) claro que sim. 〜のこ

と desnecessário dizer, nem é preciso dizer, obviamente. 彼は歌は～のこと絵も上手だった Que ele era bom cantor nem é preciso dizer e era também um bom desenhista. ～私は出席します É claro que eu vou (estar presente)./Vou participar, sim, como não?

もつ 持つ ❶ [所持している] ter [テール], carregar [カヘガール], usar [ウザール], estar com, estar segurando, trazer consigo. 彼女は両手に書類を持っていた Ela estava segurando a papelada com as duas mãos. 傘を持っていますか Você está com o guarda-chuva? …を持っている estar de … em punho. 漁師はすでに釣竿を持っていた O pescador já estava de vara em punho. あの会社は本来の倍の馬力を持った車を市場に出した Aquela empresa lançou no mercado um carro duas vezes mais potente que os convencionais. ❷ [所有している] possuir [ポスイール], ter. 私は車を持っているから É que eu tenho carro. 彼は田舎に大きな牧場を持っている Ele tem uma grande fazenda de gado no interior. ❸ [長持ちする] durar [ドゥラール], resistir ao uso, conservar-se [コンセルヴァール スイ]. この家具は一生～ Essa mobília dura a vida toda. 日本の車は随分～ Os carros japoneses duram bastante. その肉はあと一晩持ちます Essa carne ainda vai durar uma noite. ❹ [担任になる] ficar [estar] encarregado/da de, ficar com. このクラスは誰が持っているのですか Quem está encarregado desta classe? ❺ [支払う] pagar [パガール]. この勘定は私が持ちます Eu pago esta conta./As despesas daqui ficam por minha conta.

もっか 目下 no momento presente, atualmente, ora. 私は～3児の母である Atualmente sou mãe de três filhos. ～のところ por enquanto. ～論争中の議題 assunto (m) ora em discussão. それは～検討中です Isso está sendo examinado.

もっかんがっき 木管楽器 〖音〗instrumento (m) musical de sopro de madeira.

もっきん 木琴 〖音〗xilofone (m).

もったいない 勿体無い ❶ [むだ使いである] que faz sentir pena pelo desperdício. まだ使えるテレビを捨てるのは～ Jogar fora uma televisão que ainda funciona ╚dá pena [é um desperdício]. ～から部屋を出たら電気を消してください Apague a luz quando sair do quarto para não gastar energia à toa. 蛇口を開けっ放しにして歯を磨くと水が～ É um desperdício de água deixar a torneira aberta enquanto se escova os dentes. 時間が～からタクシーで行こう Vamos de táxi para economizar tempo. ❷ [よすぎる] excessivamente bom/boa para, mais do que o merecido. 彼には～女性と結婚した Ele se casou com uma mulher boa demais para ele. 彼女は彼には～ Ela é muito para ele. ～お言葉です Honrame o/a senhor/ra com ╚suas palavras [seus elogios]./Eu não sou digno/na de tais elogios. こんな高価なバッグをいただいて～です Eu não mereço uma bolsa tão cara como esta!

もったいぶる 勿体ぶる dar-se muita importância, ser presunçoso/sa, fazer-se de rogado/da. 《口語》もったいぶらないで早く言ってくださいよ Não fique ╚se fazendo de rogado/da [《口語》fazendo pose] e fale logo por favor.

もって 以て com, por meio de, através de. これを～入学式は終了いたします E com isso vamos terminar [encerrar] a cerimônia do início das aulas. 書面で～お答えします Vou responder por escrito.

もっていく 持って行く levar, carregar. 雨が降るかもしれないから傘を持っていきなさい Leve um guarda-chuva porque pode ser que chova. この小包を郵便局へ持っていってください Leve este pacote ao correio, por favor.

もってうまれた 持って生まれた inato/ta, de nascença, natural. ～才能 dom (m) [talento (m)] natural.

もってくる 持って来る trazer, carregar, ir buscar. お弁当を持ってきましたか Trouxe (o) lanche? 会議室へその書類を持ってきてください Por favor, traga esses papéis até a sala de reuniões. 金づちを持ってきてください Vá buscar um martelo para mim.

もってのほか 以ての外 inaceitável, imperdoável, inadmissível. 無断欠勤とは～だ Faltar ao serviço sem avisar é um absurdo.

もっと mais. お砂糖を～入れてください Ponha mais açúcar. ～気をつけなさい Tome mais cuidado. ～勉強しましょう Vamos estudar mais. ～してほしいことはありませんか Não tem mais coisas que eu possa fazer para você?

モットー lema (m), divisa (f). 偏見を持たないことは私の～ Meu lema é não ter preconceitos. この店の～はお客様を満足させることです O lema desta loja é satisfazer o cliente.

もっとも 尤も 〔主に〕razoável, justo/ta, natural; compreensível. 彼が怒るのも～だ É compreensível [justo] que ele fique bravo.

もっとも 最も o/a mais, os/as maiores. 彼がその仕事に～適していると思います Acho que ele é a pessoa mais indicada para esse tipo de serviço. 信濃川は日本で～長い川です O rio Shinano é o (rio) mais longo do Japão. トラックの転落事故は～多い交通事故です O acidente mais frequente é o o tombamento de caminhões.

もっぱら 専ら 〔主に〕principalmente; 〔まったく〕exclusivamente. この製品は～輸出用です Estes artigos são principalmente para exportação. 日曜日は～テニスをしています Aos domingos, eu só jogo tênis. ～日曜日は、私はテニスをしています Aos domingos, eu fico jogando tênis o tempo todo.

モップ esfregão (m), esfregador (m), rodilha (f). ～でそうじする fazer a limpeza com o

もつれる 〔糸などが〕enredar-se；〔事柄が〕complicar-se，《俗》embananar. 話がもつれてしまった O assunto ⌊A história⌋ se complicou.

もてあそぶ 弄ぶ ❶〔手に持っていじりまわす〕mexer. ナイフは子供が～ものではない Facas não são para crianças mexerem. ❷〔人をなぐさみものにする〕brincar. 目下を～人はひきょうだ Quem trata as pessoas abaixo de si como brinquedo [bonecos] é covarde. 女を～ brincar com o sentimento das mulheres; tratar mulheres como objeto. ❸〔思うままにあやつる〕manipular. 部下の運命を～のは許せない É imperdoável manipular o destino dos subordinados. 時代の流れに～される ser manipulado/da pelo andar da história.

もてあます 持て余す não saber o que fazer (com algo); ter de sobra. あの問題児には親も持て余している Até os pais não sabem mais o que fazer com aquela criança-problema. 暇を～ ter tempo de sobra, ficar sem saber como matar o tempo. 難問を～ ter problemas difíceis em excesso.

もてなし hospitalidade (f), recepção (f). 私はブラジルで心のこもった～を受けた No Brasil, fui recebido/da com boa hospitalidade [calorosamente]. …に丁重な～をする tratar … com muita cortesia.

もてなす acolher, receber bem, mostrar hospitalidade a. 客を厚く～ receber o/a visitante com muita hospitalidade.

モデム 〖インターネット〗modem (m).

もてる ser popular, ser querido/da, fazer [ter] cartaz; fazer sucesso entre o [ser admirado/da pelo] sexo oposto. 私も若いころは男の子にもてていた Quando eu era moça também fazia sucesso entre os rapazes. あなたはどこへ行っても～でしょう Você deve fazer cartaz em tudo quanto é lugar, não?

もてる 持てる 〔持つことができる〕conseguir carregar [levar]. これを一人で持てますか Você consegue carregar isto aqui sozinho/nha?

モデル modelo. ファッション～になる ser modelo. ◆モデルケース caso (m) típico. モデルハウス casa (f) modelo.

もと 下 sob, sob a direção de; no seio de, com. 先生の指導の～で研究を続ける continuar a pesquisa sob a orientação do/da professor/ra. 親の～を離れて生活する morar só sem os pais, sair de casa e ter uma vida independente.

*__もと 元, 本, 基__ ❶〔原因〕causa (f) 〔カーウザ〕. 風邪が～で寝込む ficar de cama por causa da gripe. ❷〔以前〕origem (f) 〔オリージェン〕, estado (m) anterior. ～の anterior, de origem, antigo/ga. ～の彼女 ex-namorada (f). ～は antes, na origem, antigamente. ❸〔根底〕base (f) 〔バーズィ〕. 彼はデータを～にして発表した Ele fez a apresentação com base nos dados. ❹〔源〕fonte (f) 〔フォンチ〕. 失敗は成功の～ As falhas são a fonte do sucesso./É errando que se aprende. ❺〔経〕〔元本〕capital (m) [investimento (m)] inicial. 2年で～を取る recuperar o investimento inicial em dois anos.

もどかしい que ⌊faz perder a paciência [impaciência] pela inabilidade. 政府の不手際はもどかしくて見てはいられない A falta de habilidade do governo em resolver os problemas no seu devido tempo me impacienta. もどかしそうな様子で com um ar impaciente. うまく言えないで～ Fico impacientado/da comigo mesmo/ma, por não saber me expressar direito. もどかしさ impaciência (f) (diante de alguma inabilidade).

もどす 戻す ❶ devolver, pôr de volta, pôr no lugar. おりに入れられていた動物を自然に～作業 trabalho de reintrodução do animal que foi mantido em cativeiro à natureza. 雑誌を読んだら元の場所に戻してください Quando acabar de ver as revistas, ponha-as no lugar, por favor. ❷〔吐く〕vomitar. 酒を飲みすぎたせいで戻してしまった Por ter bebido demais, acabei vomitando.

もとせん 元栓 〔水道の〕chave (f) de torneira, registro (m) geral;〔ガスの〕chave de gás. 水道の～をしめてください Feche o registro geral. ～をしめますがよろしいですか Vou fechar o registro geral. Pode ser?

もとづく 基づく …に～〔根拠とする〕basear-se em, ancorar-se em, fundamentar-se em;〔起因する〕resultar de, vir de;〔準拠する〕conformar-se com, estar conforme a. 社会的な問題に基づいた詩 poesia (f) ancorada ⌊no social [nos problemas sociais]. これから著者の体験に基づいたアドバイスをします Agora vamos dar conselhos com base em experiências práticas do autor. この記事は人種差別に基づいた植民地支配について語っています Este artigo fala sobre o domínio das colônias que se baseava na discriminação racial. 私はアンケートの回答に基づいてこの小論文を書きました Eu escrevi esta pequena tese baseando-me em respostas obtidas nas enquetes. 私は具体例に基づいて自分の論文を書きます Vou basear a minha tese em fatos concretos. あなたが今言ったことはデータに基づいたものにする必要があります É preciso basear em dados isso que você disse agora. その書類は京都議定書に基づいて作成された O documento foi elaborado tomando como base o Protocolo de Kyoto. その事件は誤解に～ものです Esse caso vem de um mal-entendido. この契約は法律に基づいています Este contrato está conforme a lei.

もとどおり 元通り ～に como antes. ～に元気になる sarar, restabelecer-se, ficar bom/boa como antes. 壊れた機械を～にする consertar uma máquina quebrada. 二人の仲は～になった Os dois se reconciliaram. 部屋を～にしておいてください Arrume o quarto, deixando ⌊tudo como estava antes [cada coisa no seu devido lugar], por favor.

*もとめる 求める pedir [ペデール], solicitar [ソリスィタール]；[強く求める] exigir [エズィジール], reclamar [ヘクラマール]；[買う] comprar [コンプラール]；[探す] procurar [プロクラール], buscar [ブスカール]. 職を～ procurar um emprego. 返事を～ exigir [pedir, solicitar] uma resposta. 問題の透明性を～ exigir ⌊que a exposição do problema seja clara [transparência na exposição do problema]. ¶この三角形の面積を求めよ Calcule a área deste triângulo. …の体積を～ medir [calcular] o volume de …. 体積の求め方 modo (m) de calcular o volume de um sólido.

もともと 元々 ❶ [元来] na origem, originalmente. 漢字は～中国のものだ Os *kanji* são originalmente da China. ❷ [はじめから] desde o começo. 彼は～積極的な子だった Ele (já) era uma criança ativa desde o começo. ～無理なプロジェクトだった Já era um projeto irrealizável ⌊desde o início [em si]. ❸ [損も得もない] sem mudança [diferença]. 負けて～だ Nada vai mudar a gente perder./Já era para perder mesmo.

もどる 戻る voltar, regressar, retornar. 彼は今戻ってきたところです Ele voltou agorinha mesmo./Ele acaba [acabou] de voltar agora. さてまた本題に戻りますが... Bom. Voltando ao nosso tema ..../《俗》Bom. Voltando à vaca fria .... すぐ戻ります《掲示》Volto já.

もなか 最中 【料】 doce (m) de massa adocicada de feijão com casca de arroz assado.

モナコ Mônaco. ～の monegasco/ca.

モニター [コンピュ／ユニター] monitor (m). パソコンの～ monitor do computador.

モニュメント monumento (m).

もぬけのから もぬけの殻 ❶ [誰もいないこと] espaço (m) vazio. その家は～だった A casa estava completamente vazia. ❷ [魂の抜けた体] corpo (m) desprovido de alma. 奥さんが亡くなった後彼は～になってしまった Depois que a esposa faleceu, ele está no mundo da lua.

*もの 物 ❶ [物体, 物品] coisa (f) [コーイザ], objeto (m) [オビジェクト], artigo (m) [アルチーゴ]. 何か食べる～ありますか Tem alguma coisa para comer? それは私の～です Isso aí é meu. ビールはどういい～はない Não há coisa melhor que cerveja. これはいい～だ Isso é coisa boa. ❷ [事物] assunto (m) [アスント], coisa. ～は試しだ É preciso experimentar para conhecer. 彼は～に動じない Ele nunca perde a calma. ❸ [言葉] coisa, peso (m) [ペーゾ], valor (m) [ヴァロール]. ～の言い方に気をつけなさい Tome cuidado com o seu modo de falar./Escolha melhor as palavras. ❹ [決まり] função (f) [フンサォン], praxe (f) [プラッシ], costume (f) [コストゥーミ]. 学生は勉強する～だ A função do estudante é estudar. 権力とは人を狂わせる～だ O poder é algo que corrompe os homens./O poder costuma tirar o discernimento dos homens. ～には順序という～がある Há sempre uma ordem para se fazer as coisas. それはそういう～だ Isso é para ser assim mesmo. ❺ [成功, 獲得] êxito (m) [エーズィト], posse (f) [ポッスィ]. あの若い通訳は～になると思う Eu acho que aquele intérprete vai ser um bom profissional. ～にする 1) levar ao sucesso; conquistar, seduzir. 女を～にする seduzir uma mulher. 2) dominar. 日本語を～にして帰ったほうがいいよ É melhor que você volte dominando o japonês. ❻ [品質] qualidade (f) [クァリダーヂ]. ～のよい着物 um quimono de boa qualidade. このテーブルは～がいいから高かった Esta mesa foi cara porque é de boa qualidade. ❼ [道理] razão (f) [ハザォン], lógica (f) [ロージカ]. 彼は～わかりがいい Ele compreende bem as coisas. アメリカとの連携を維持するねらいがある～と見られている Parece existir o objetivo de manter as relações com os Estados Unidos. ❽ [理由] causa [カーウザ]. ぼうっとしていた～でつい降りる駅を乗り過ごしてしまった Porque estava distraído/da, acabei não percebendo a estação em que deveria descer. ❾ [形式名詞として] como [コーモ], que [キ]. そのようなことがある～か Como pode acontecer uma coisa dessas? それからという～私は勉強し続けたのである Desde esse dia então eu nunca mais parei de estudar. 知らなかったんだ～ É que eu não sabia, ué! ❿ [種類] coisa de. 時代～ coisa [filme (m)] de época. ¶日本は学歴が～を言う社会だ O Japão é uma sociedade onde a formação educacional tem muito peso. 金に～を言わせて何かを手に入れるのはよくない Não é certo conseguir algo usando o poder do dinheiro. この仕事は経験が～を言うからね É que nesse trabalho o que vale é a experiência. それは～の数ではない Isso é irrelevante. 彼は批判を～ともしない Ele ⌊não se incomoda com [ignora as] críticas. その発明はノーベル賞～ Essa descoberta vale um prêmio Nobel. ～に憑(ツ)かれたように Como se tivesse sido possuído/da por espíritos malignos.

もの 者 ❶ [人] pessoa (f). 彼より物理学が詳しい～はいない Não há nenhuma pessoa que saiba mais [de] física que ele. 18歳未満の～は入場を禁ず É proibida a entrada de menores de dezoito anos. ❷ [メンバー] integrante, membro (m). 会社の～に電話をさせます Vou falar para alguém da nossa companhia telefonar para o/a senhor/ra.

ものおき 物置 depósito (m).

ものおじ 物怖じ inibição (f), acanhamento (m), timidez (f). ～する ficar inibido/da, retrair-se. 転入生は〜することなく自己紹介した O aluno transferido se apresentou sem inibição.

ものおぼえ 物覚え capacidade (f) de memorizar. 彼は〜がいい(悪い) Ele tem ┗uma boa memória (uma memória fraca).

ものがたり 物語 estória (f), história (f); 〔寓話〕fábula (f). ♦冒険物語 histórias de aventuras.

ものがたる 物語る ❶ contar, narrar. ❷〔示す〕indicar, mostrar, ser prova de, ser sinal de. こわれた建物は戦闘の激しさを物語っていた Os prédios destruídos ┗testemunhavam [mostravam bem] a intensidade da batalha.

ものぐさ 物臭 〜な preguiçoso/sa.

モノクロ monocromia (f). 〜の monocromático/ca. ♦モノクロ映画 filme (m) em preto e branco.

ものごい 物乞い ❶ mendicância (f). 〜をする pedir esmola, mendigar. ❷〔人〕mendigo/ga.

ものごころ 物心 razão (f), juízo (m), entendimento (m) das coisas. 〜がつく chegar à [atingir a] idade da razão, começar a entender das coisas, começar a ter consciência de si. 〜がつくころに引っ越しがあった Quando comecei a entender das coisas, mudamos de casa. 〜がついたころから私は文学が好きです Desde que ┗comecei a entender das coisas [《口語》me conheço por gente], gosto de literatura. 〜がつく前に彼は海外に出た Antes de ┗atingir a idade da razão [《口語》se conhecer por gente], ele foi para o exterior.

ものごと 物事 coisa (f), assunto (m). 彼は〜を冷静に判断する人です Ele é uma pessoa que julga as coisas imparcialmente.

ものさし 物差し régua (f), regra (f). 私たちは考え方の〜が違う Os nossos modos de pensar são diferentes. それについては，はっきりとした〜が確立さていない Quanto a isso, ainda não há regras fixas.

ものしり 物知り sábio/bia, pessoa (f) instruída [culta],《口語》enciclopédia (f) ambulante. 〜な兄を持つと便利だ É prático ter um irmão mais velho que sabe de tanta coisa.

ものずき 物好き 〜な excêntrico/ca;〔気まぐれな〕caprichoso/sa. 〜に por curiosidade; caprichosamente.

ものすごい 〔非常な〕muito/ta;〔ひどい〕terrível, espantoso/sa. ものすごく muito; terrivelmente. 私はものすごく疲れている Eu estou terrivelmente cansado/da.

ものたりない 物足りない pouco satisfatório/ria, que deixa a desejar, insuficiente. それは〜 Isso deixa a desejar.

もののけ 物の怪 espírito (m) maligno, espírito vingativo.

ものほし 物干し ❶〔干すこと〕secagem (f) (de roupas). ❷〔物干し場〕lugar (m) para secar roupa. 〜に洗濯物をかける estender a roupa lavada. ♦物干し竿(ざお) vara (f) para estender roupa.

ものまね 物真似 ❶ imitação (f), mímica (f). ❷『日本伝統芸能』tentativa (f) de expressão da essência de algo através da mímica.

ものもらい 物貰い ❶〔こじき〕mendigo/ga. ❷〔医〕terçol (m), hordéolo (m).

モノラル monofonia (f). 〜の monofônico/ca. ♦モノラル盤 disco (m) monofônico.

モノレール monotrilho (m), monocarril (m).

モノローグ monólogo (m).

ものわかり 物分かり capacidade (f) de compreender as circunstâncias. 〜がよい perspicaz; compreensivo/va. 〜が悪い lento/ta (na compreensão das coisas),《口語》tapado/da; incompreensivo/va.

ものわすれ 物忘れ memória (f) fraca, esquecimento (m). このごろは〜が多い Ultimamente minha memória tem estado fraca.

モバイル portátil. ♦モバイルコンピューティング uso (m) do ┗computador portátil [laptop].

もはや 最早 já não ⋯ mais, não ⋯ mais. 〜その言葉は日本では使われていない Essa palavra já não se usa mais no Japão. 〜疑う余地はない Não há mais como duvidar. 〜間に合わない Já não dá mais tempo.

もはん 模範 modelo (m), exemplo (m). 〜的 exemplar. 〜を示す dar um exemplo a seguir. 〜を示してくれたら私たちはそのとおりにやります Se o/a senhor/ra der o exemplo, nós o/a imitaremos.

もふく 喪服 traje (m) de luto. 〜を着る usar luto.

もほう 模倣 imitação (f). 〜する imitar.

もみ 樅 〔植〕abeto (m).

もみ 籾 ❶ arroz (m) com casca. ❷〔籾殻〕casca (f) do arroz.

もみあげ 揉み上げ suíças (fpl).

もみがら 籾殻 casca (f) do arroz.

もみけし 揉み消し ocultação (f), encobrimento (m). 犯罪の〜工作 estratagema (m) para ┗abafar o crime [encobrimento do crime]. 真実の〜 ocultação da verdade.

もみけす 揉み消す ❶〔火などを〕esfregar para apagar, apagar esfregando. たばこの火を〜 esfregar a ponta do cigarro para apagar o fogo. ❷〔悪事などを〕abafar, encobrir. スキャンダルを〜 abafar um escândalo.

もみじ 紅葉 ❶〔かえで〕bordo (m)《árvore da família das aceráceas》. ❷〔紅葉(こうよう)〕avermelhamento (m) ou amarelecimento (m) das folhas das árvores, em fins de outono;〔その葉〕folhas (fpl) avermelhadas ou amareladas de fim de outono. 〜狩りに行く ir apreciar [ver] ┗as paisagens outonais [as folhas coloridas de outono].

もむ　揉む　[こする] esfregar; [あんまをする] fazer massagem em, massagear. 肩をもみましょうか Quer que eu faça massagem nos ombros? ¶ 野菜などを塩で〜 amassar [prensar] legumes com a mão, colocando-lhes sal [salgando-os]. 下着をもみ洗いする lavar a roupa de baixo esfregando a parte suja com as mãos. 気を〜 inquietar-se, ficar inquieto/ta.

もめごと　揉め事　discórdia (f), desavença (f), desentendimento (m). 家庭内の〜 discórdia em família.

もめる　揉める　❶ [ごたごたする] complicar-se, ficar agitado/da, ter atritos, brigar. 国会は憲法改革でもめた O Congresso ficou agitado com a reforma constitucional. そのようなことで〜のはやめようよ Não vamos brigar por essas coisas, está bem? ❷ [気が] inquietar-se, preocupar-se. 雨ばかりで気が〜 Estou inquieto/ta com essa chuva que não para.

もめん　木綿　algodão (m), o tecido de algodão (m) de algodão. ◆ 木綿糸 fio (m) de algodão.

もも　桃　[植][実] pêssego (m); [木] pessegueiro (m). 〜の缶詰 pêssego enlatado, compota (f) de pêssego. ¶ 〜の節句 Festival (m) das Meninas 《que acontece no dia 3 de março》.

もも　腿　[太もも] coxa (f). 〜の付け根 virilhas (fpl). 牛の〜肉 cochão (m) da vaca. とりの〜肉 perna (f) de galinha. 豚の〜肉 pernil (m) de porco.

ももいろ　桃色　cor-de-rosa (m). 〜の cor-de-rosa, rosa, rosado/da, róseo/sea. 〜のブラウス blusa (f) cor-de-rosa. 〜のビロード veludo (m) rosa [cor-de-rosa]. 非常にきれいな〜 um cor-de-rosa muito bonito. 〜のスカート uma saia cor-de-rosa.

モモンガ　[動] esquilo (m) voador.

もや　靄　neblina (f). 〜のかかった brumoso/sa, nevoento/ta.

もやし　萌やし　broto (m) de feijão.

もやす　燃やす　queimar. ろうそくを〜 acender uma vela. …に情熱を〜 entusiasmar-se com [por] …, ficar apaixonado/da por …. ⇨燃す.

もよう　模様　❶ [図案] estampa (f), padrão (m). 蝶(ちょう)の〜のついたハンカチ lenço (m) com estampa de borboleta. ❷ [様子] aspecto (m). 空〜から判断すると、午後は晴れそうです A julgar pelo aspecto do céu, vai fazer tempo bom na parte da tarde./Pelo jeito, vai fazer sol na parte da tarde.

もよおし　催し　evento (m); [会合] encontro (m), reunião (f); [祭り] festa (f); [儀式] cerimônia (f). 部下たちが部長の慰労の〜を計画している Os empregados do departamento estão planejando uma festa de agradecimento ao/à diretor/ra. ◆ 催し物 atração (f), evento, espetáculo (m), show (m).

もよおす　催す　❶ [会などを開く] celebrar, realizar, comemorar, dar, ter. そのブラジル祭りは浜松で催された O festival brasileiro aconteceu [teve lugar] em Hamamatsu. ❷ [感じる] sentir, sentir vontade de. 便意を〜 sentir vontade de ir ao banheiro. ちょっと催してきたが… Vou [Deu vontade de ir] ao banheiro. Com licença.

もより　最寄り　〜の que está mais próximo/ma de onde uma pessoa (ou um prédio) está. 購入ご希望の方は〜の書店でどうぞ Os interessados em adquirir(o livro) dirijam-se à livraria mais próxima que houver. 〜の最寄りの駅 estação (f) mais próxima de ….

もらいじこ　貰い事故　acidente (m) causado indiretamente por outro acidente. 〜をする ser levado/da a causar um acidente por culpa de terceiros.

-もらいたい（…てもらいたい）　Quero que me (＋接続助). ⟪＋presente do subjuntivo⟫./⟨婉曲⟩ Queria [Gostaria] que me (＋接続法未完了過去) ⟪＋imperfeito do subjuntivo⟫. これを何とかしてもらいたい Gostaria [Quero] que você me desse [dê] um jeito nisso. あなたにこの店の番をしてもらいたいのですが… Queria [Gostaria] que você tomasse conta desta loja um instantinho. Pode ser? ⇨-たい.

もらいなき　貰い泣き　〜をする chorar por compaixão, condoer-se da pessoa que está sofrendo, chorar por empatia [simpatia].

もらいもの　貰い物　presente (m) recebido. 〜で失礼ですが私には多いので一部受け取っていただければうれしいです Desculpe-me a indelicadeza de passar um presente recebido, mas, como é muito para mim, e se quiser aceitar uma parte, ficarei feliz.

***もらう　貰う**　❶ [受け取る] receber [ヘャベール], obter [オビテール]. 手紙を〜 receber uma carta. 電話を〜 receber um telefonema. …の許しを〜 receber [obter] a permissão para …. ❷ [贈り物] receber [ganhar] … de presente, ser presenteado/da com …. この時計は兄にもらったものです Este relógio eu recebi de presente de meu irmão. 私は素敵な花束をもらいました Fui presenteado/da com um lindo buquê de flores. ❸ [収める, 納める] aceitar [アセイタール], ficar com. これもらっていいの Posso ficar com isso também? こんなすばらしいものを〜わけには行きません Não posso aceitar uma coisa tão boa. ❹ [勝ち取る] vencer [ヴェンセール], ganhar [ガニャール]. 賞を〜 ganhar um prêmio. ❺ [ふさぐ, 費やす] tomar [トマール], ocupar [オクパール]. 20分程お時間をもらえますか Posso tomar vinte minutos do seu tempo? ¶ 嫁を〜 casar-se, unir-se a uma mulher por casamento. この試合はも

らったぞ Nós é que vamos vencer o jogo (e não vocês)!/A nossa vitória neste jogo já é certa!

-もらう（…てもらう）〔説得，依頼で〕conseguir que (+接続法)《+subjuntivo》, pedir para (+不定詞)《+infinitivo》. 彼に行ってもらいます Vou pedir para ele ir. だれかに手伝ってもらわなければならないのだが… Eu precisava de ajuda de alguém …. この時計はだれに買ってもらったんですか Quem comprou este relógio para você? 私は彼にその話をしてもらった Ele me contou essa história. 私はきのう歯を抜いてもらった O dentista me arrancou um dente ontem./Eu arranquei um dente ontem no dentista.

もらす 漏らす ❶〔水, 光などを〕vazar, deixar passar [escapar, sair]. ❷〔秘密を〕revelar, vazar (informações). 本音を~ abrir o jogo. おしゃべりな部下がつい企業秘密を漏らしてしまった Meu/Minha subordinado/da tagarela acabou revelando nosso segredo industrial. ❸〔小便を〕urinar nas roupas. あの子はもう5歳のくせにまだおしっこを~ Aquela criança, apesar de já ter cinco anos, ainda urina [《口語》faz xixi] nas calças. ¶ 書き~ omitir (algo) ao escrever. 聞き~ deixar de ouvir (alguns pontos importantes).

モラトリアム moratória (f).

モラル moral (f). ♦ モラルサポート apoio (m) moral. モラルハザード falta (f) de moral, risco (m) de vigarismo (em seguros).

もり 森 floresta (f);〔小さな〕bosque (m).

もりあがる 盛り上がる ❶〔隆起する〕elevar-se; ficar saliente. 私の腕は筋肉が盛り上がっています O meu braço é musculoso. ❷〔活気づく〕intensificar-se, animar-se. パーティーは盛り上がっている A festa está animada.

もりあげる 盛り上げる ❶〔高くする〕amontoar, tornar saliente. 土を盛り上げておきました Deixei a terra amontoada. ❷〔活気づける〕animar, agitar, estimular. 世論を盛り上げる estimular a opinião pública. パーティーを盛り上げる animar a festa. (その女性)歌手は元気のよいダンスと歌で観客を盛り上げていた A cantora agitava [animava] o público com a sua dança e canção animadas.

もりあわせ 盛り合わせ お寿司5人前を~でお願いします Coloque cinco porções de *sushi*s numa travessa só, por favor.

もりこむ 盛り込む colocar, inserir, incorporar, introduzir. 計画に若い人の考えを~ introduzir ideias dos jovens no plano.

もりそば 盛り蕎麦 〔料〕prato (m) de macarrão de trigo sarraceno《servido numa escudela de bambu e acompanhado de *shoyu*, algas marinhas, cebolinha picada e massa de rábano-silvestre》.

もりつけ 盛り付け あなたは~が上手ですね Você sabe colocar bem a comida na travessa, não é mesmo?

もりつける 盛り付ける pôr (a comida) na travessa.

もりつち 盛り土 elevado (m), amontoado (m) de terra, banco (m) de terra. ~をする elevar o nível de terra, fazer um amontoado de terra [elevado de terra].

もる 漏る vazar. 屋根から雨が漏るんです Está vazando água do telhado. ⇨漏れる.

もる 盛る ❶〔食ះを〕montar. 皿に料理を~ montar o prato. ❷〔積み上げる〕elevar, amontoar, empilhar. 土を~ elevar o terreno. ¶ …に毒を~ envenenar …, misturar veneno em comidas ou bebidas de ….

モル mole (m), molécula-grama (f). ♦ モル濃度 molaridade (f), concentração (f) molar.

モルタル argamassa (f). ~塗りの argamassado/da. …に~を塗る argamassar ….

モルディブ Maldivas (fpl). ~の maldívio/via.

モルドバ Moldávia (f). ~の moldávio/via.

モルヒネ 〔薬〕morfina (f). …に~を打つ aplicar morfina a …, morfinizar …. ♦ モルヒネ中毒 morfinismo (m). モルヒネ中毒患者 morfinomaníaco/ca.

モルモット cobaia (f), porquinho-da-índia (m). ~になる servir de cobaia.

もれ 漏れ vazamento (m). ♦ ガス漏れ vazamento de gás. 情報漏れ vazamento de informação.

もれだす 漏れ出す vazar, começar a vazar. オイルが漏れ出している Está vazando óleo.

もれなく 漏れなく sem exceção, sem escapar ninguém, sem falta. 生徒に~報告する informar a todos os estudantes [alunos], sem exceção. キャンペーン中ご入会のお客様には~プレゼントを差し上げます Todos os que se inscreverem durante a campanha receberão (sem falta) um brinde.

もれる 漏れる ❶〔気体, 液体などが〕vazar, escapar. 水が漏れる A água está vazando. あの樽(る)は穴が開いているのできっとビールが~だろう Como aquele barril tem um buraco, com certeza vai vazar a cerveja. こんろからガスが漏れている Está escapando [vazando] gás do fogão. ❷〔秘密などが〕vazar (informações). 情報が漏れてしまった Houve vazamento de informações. ❸〔抜け落ちる〕não ser escolhido/da, ser omitido/da. 彼女は招待に漏れた Ela não foi convidada.

もろい 脆い frágil, fraco/ca. ~材質 material (m) frágil. 情に~人 pessoa (f) fácil de se emocionar. 彼女は涙~ Ela logo chora. もろくも初戦で敗退する ser facilmente derrotado no primeiro jogo. もろさ fragilidade (f).

もろこし 蜀黍 〔植〕sorgo (m), milho-zaburro (m).

モロッコ Marrocos (m). ~の marroquino/na.

もん 門 portão (m). ~から入る entrar pelo

portão. 〜をくぐる atravessar o portão. ¶ 狭き〜 portão estreito;《比》exame (*m*) difícil de passar [bastante competitivo].

もんがいかん 門外漢 leigo/ga. その分野に関しては〜だ Sou leigo/ga ∟no assunto [na área].

もんく 文句 ❶ [語句] frase (*f*), palavra (*f*). 歌の〜 letra (*f*) de música. ❷ [不平] queixa (*f*), reclamação (*f*). (…に)〜を言う queixar-se (de …), reclamar (contra …). 金さえ払ってくれれば〜はない Se me pagam o dinheiro, não tenho nada a reclamar. 〜ばかり言ってないで仕事に掛かりましょう Não fiquem se queixando o tempo todo e comecem a trabalhar! ⇨**不平**.

もんげん 門限 horário (*m*) de chegar em casa (em alojamento), hora (*f*) de recolher (-se). 〜に遅れる chegar em casa atrasado/da.

もんこ 門戸 …に〜を開く(閉ざす) abrir (fechar) a porta a ….

モンゴル Mongólia (*f*). 〜の mongol.

もんしょう 紋章 brasão (*m*), escudo (*m*) de armas. 菊の御〜 escudo que representa o crisântemo imperial.

もんしろちょう 紋白蝶 [虫] borboleta-da-couve (*f*).

もんしん 問診 questionário (*m*) médico.

モンスーン monção (*f*). ♦モンスーン林 floresta (*f*) tropical.

モンスター monstro (*m*).

もんせき 問責 repreensão (*f*), censura (*f*); averiguação (*f*), apuração (*f*), indagação (*f*). 〜する repreender, censurar; averiguar, apurar, indagar. 大臣の失言を〜する repreender o deslize verbal do/da ministro/tra na assembleia. 内閣に対する〜決議案 moção (*f*) [proposta (*f*)] contra o ministério. 〜決議案を議会に提出する apresentar uma (proposta de) moção à assembleia.

もんぜん 門前 a frente do portal [pórtico]. …に〜払いをする fechar a porta a …, não permitir a entrada de …. 〜払いを食う encontrar a porta fechada, dar com o nariz na porta. ♦門前町 cidade (*f*) construída junto a um templo.

モンタージュ montagem (*f*). ♦モンタージュ写真 fotomontagem (*f*).

＊もんだい 問題 problema (*m*) [プロブレーマ], questão (*f*) [ケスタォン], assunto (*m*) [アスント], tema (*m*) [テーマ]. 〜を解決する resolver [equacionar] um problema. それは時間の〜だ Isso é uma questão de tempo./Isso o tempo resolve. 〜はこの仕事が今日中に終わるかどうかだ A questão é saber se conseguimos terminar o trabalho hoje ou não. 人類は今環境破壊という大きな〜を抱えている A humanidade enfrenta hoje o grande problema da destruição ambiental. 〜を起こす arrumar confusões, criar caso, criar problemas. …を〜にしない não fazer caso de …, 《口語》passar por cima (do problema). それはたいした〜じゃない Isso é o de menos.

もんちゃく 悶着 discórdia (*f*), fricção (*f*), atrito (*m*), caso (*m*). 〜を起こす criar caso. あそこは〜が絶えない Lá eles estão sempre ∟em atrito [《口語》brigando].

もんつき 紋付き quimono (*m*) com o brasão da família.

モンテネグロ Montenegro (*m*). 〜の montenegrino/na.

もんどう 問答 perguntas (*fpl*) e respostas (*fpl*); [対話] diálogo (*m*). 〜無用だ Não há [tem] mais discussão!/Inútil dialogar!

もんばん 門番 porteiro/ra, guarda-portão. 〜をする guardar ∟o portão [a porta].

もんぶかがくしょう 文部科学省 Ministério (*m*) da Educação e Tecnologia.

もんもう 文盲 analfabetismo (*m*). 〜の analfabeto/ta. ♦文盲率 taxa (*f*) de analfabetismo.

もんもん 悶々 〜とする atormentar-se, sofrer. 〜として眠れない Não consigo dormir por estar atormentado/da.

もんよう 紋様 padrão (*m*), desenho (*m*).

や

や 矢 flecha (*f*), seta (*f*). …に~を射る lançar [atirar, disparar] uma flecha para [a]. ~をつがえる fixar a flecha no arco. ~のように走る correr muito rapidamente. ～にのような催促をする assediar … com reclamações contínuas, 《口語》incomodar … com cobranças uma atrás da outra.

-や 〔と〕 e; 〔または〕ou. 父~母 meu pai (*m*) e minha mãe (*f*), meus pais (*mpl*). ブラジル~アメリカのような移民国 países (*mpl*) de imigrantes como o Brasil e [ou] os Estados Unidos.

-や -屋 ❶〔店〕casa comercial. パン~ padaria (*f*). ❷〔人〕comerciante. パン~ padeiro/ra. ❸《軽蔑的》o que foge ao padrão acadêmico. 音楽~ professor/ra de música que trabalha por dinheiro. 語学~ professor/ra de línguas que desconhece a linguística.

やあ Olá!/Oi!【★呼びかけ:ブラジルでは女性でも Oi!を使うのが普通である】; 〔驚き〕Oh! Não!

やえ 八重 ◆八重桜 flor (*f*) de cerejeira com pétalas duplas. 八重歯 sobredente (*m*), dente (*m*) acavalado em outro, canino (*m*) irregular.

やおちょう 八百長 trapaça (*f*); luta (*f*) ou jogo (*m*) arranjados, 《口語》armação (*f*), 《俗》marmelada (*f*). ~する fazer trapaça, trapacear. それは~だよ Ah! isso já estava tudo combinado!/《口語》Isso foi armação [marmelada].... 彼は突然現れた風だったけれどそれは~だったらしい Parece que a chegada dele de surpresa foi planejada.

やおもて 矢面 lado (*m*) que está virado para as flechas do inimigo; linha (*f*) de frente (de um ataque). 攻撃の~に立つ enfrentar o ataque na linha de frente, ser alvo de um ataque, 《口語》ficar na berlinda. …を非難の~に立たせる deixar … na berlinda. 私は質問の~に立たされてしまった Precisei enfrentar um ataque de perguntas./Acabei ficando na berlinda.

やおや 八百屋 〔店〕quitanda (*f*); 〔人〕verdureiro/ra.

やがい 野外 ar (*m*) livre. ~で (の) ao ar livre, a céu aberto. ~でクアドリーリャを踊っていた Estavam dançando quadrilha a céu aberto. ◆野外コンサート concerto (*m*) ao ar livre. 野外スポーツ esporte (*m*) ao ar livre.

やがく 夜学 curso (*m*) noturno. ~に通ってはいかがですか Que tal estudar num curso noturno?

やかた 館 mansão (*f*), solar (*m*), palácio (*m*).

やかたぶね 屋形船 barco (*m*) de recreio com telhado.

やがて 〔まもなく〕logo, num instante; 〔ついに〕no fim, enfim; 〔いつか〕um dia. 彼女は~戻るでしょう Acho que ela vai voltar logo. そういうふうにしていると~仲間外れにされますよ Se você fica agindo desse modo, no fim vai acabar sendo excluído/da do grupo, hein? 彼女は~彼と結婚するでしょう Acho que um dia ela vai casar [vai acabar casando] com ele.

やかましい 〔さわがしい〕barulhento/ta; 〔厳しい〕rígido/da, severo/ra; 〔気むずかしい〕exigente. やかましい!〔静かにせよ〕Que barulho é esse! 彼は食べ物に~ですか Ele é exigente na comida? あの人は金銭に~ Ele/Ela é muito meticuloso/sa em matéria de dinheiro.

やかん 夜間 período (*m*) de noite. ~に noite. ~の noturno/na. ~外出禁止《掲示》Proibido sair à noite. ◆夜間営業 serviço (*m*) noturno. 夜間学級 curso (*m*) noturno, aula (*f*) noturna. 夜間勤務 trabalho (*m*) do turno da noite. 夜間多尿症【医】noctúria (*f*). 夜間飛行 voo (*m*) noturno. 夜間労働 trabalho (*m*) noturno. 夜間割り増し taxa (*f*) adicional noturna; adicional (*m*) (por trabalho) noturno.

やかん 薬缶 chaleira (*f*).

やぎ 山羊 〔雄〕bode (*m*); 〔雌〕cabra (*f*); 〔子やぎ〕cabrito (*m*). ~革の手袋 luvas (*fpl*) de pelica. ~が鳴く A cabra bala.

やきいも 焼き芋【料】batata (*f*) doce assada.

やきぐり 焼き栗【料】castanha (*f*) assada.

やぎざ 山羊座【天】(signo (*m*) de) capricórnio (*m*).

やきざかな 焼き魚【料】peixe (*m*) assado na grelha.

やきすてる 焼き捨る incinerar, jogar fora queimando [reduzindo a cinzas], queimar e jogar fora. 古い手紙を焼き捨てた Queimei as cartas velhas e joguei-as fora./Joguei fora as cartas velhas, queimando-as.

やきそば 焼きそば【料】macarrão (*m*) chinês passado na serta com legumes e carnes.

やきたて 焼きたて acabado de assar, assado/da na hora. ~のパン pão (*m*) saído do forno. ~のケーキを出している店 café (*m*) que oferece bolos assados na hora.

やきつけ 焼き付け impressão (*f*) (de arte gráfica); 〔写真の〕cópia (*f*).

やきつける　焼き付ける　imprimir; gravar; revelar; memorizar.　陶器に自分の名前を～gravar o próprio nome na cerâmica (ao fogo da olaria).　写真のネガを～ revelar uma foto.　心に焼き付けられる ficar memorizado/da [gravado/da na memória].

やきとり　焼き鳥　【料】espetinho (m) de frango assado na grelha.

やきなおす　焼き直す　【料】assar outra vez [novamente,《口語》de novo];〔仕事〕refazer;〔写真〕revelar novamente;〔陶器など〕cozer de novo.

やきにく　焼き肉　【料】carne (f) assada na grelha.

やきのり　焼き海苔　alga (f) marinha passada levemente [de leve] ao fogo.

やきはたのうぎょう　焼き畑農業　queimada (f), agricultura (f) de coivara [itinerante, após queimada].　伝統的な～ agricultura itinerante tradicional [ecológica] (das sociedades primitivas).

やきぶた　焼き豚　【料】porco (m) assado.

やきまし　焼き増し　～する fazer (mais) cópias de ….　この写真をもう10枚～してもらえますか Poderia me fazer (mais) dez cópias desta fotografia?

やきめし　焼き飯　【料】〔チャーハン〕arroz (m) cozido e passado pela serta com carnes e legumes;〔焼きおにぎり〕bolinho (m) de arroz cozido e frito.

やきもき　～する ficar ansioso/sa, ficar nervoso/sa.　～して…を待つ esperar … com impaciência.

やきもち　焼きもち　inveja (f);〔主に男女の間の〕ciúmes (mpl).　彼女はあなたに～を焼いているんです Ela está com ciúmes de você.

やきもの　焼き物　〔陶器〕cerâmica (f) de barro, louça (f);〔磁器〕porcelana (f).　◆焼き物師 ceramista.

やきゅう　野球　〔スポーツ〕beisebol (m).　～をする jogar beisebol.　きょうはテレビで～の試合を見ようと思っている Eu estou pensando em ver uma partida de beisebol na televisão hoje.　◆野球選手 jogador/ra de beisebol.　野球場 campo (m) de beisebol.

やぎょう　夜業　trabalho (m) noturno.　きょうは～をしなければ納期に間に合いません Acho que vamos ter que trabalhar hoje à noite, se não, não vai dar tempo de entregar (os artigos) dentro do prazo, não é?

やきん　夜勤　serviço (m) noturno;〔昼夜交代の〕plantão (m), turno (m) da noite.　この会社には～がありますか Há serviço noturno nesta companhia?　あなたはきょう～ですよね Hoje você está escalado/da para trabalhar no turno da noite [dar plantão à noite], não é?　◆夜勤手当 adicional (m) pelo trabalho noturno.

やきん　冶金　metalurgia (f).　◆冶金学 metalúrgica (f). 冶金学者 metalurgista.　冶金工 metalúrgico/ca.

***やく　焼く**　❶〔パン, 肉などを〕assar [アサール].　パンを～ assar o pão.　彼女はパンが焼ける Ela sabe fazer pão.　魚を～ assar o peixe.　レンガを～ cozer o tijolo.　器を～ queimar [cozer] uma vasilha [cerâmica] (no forno do oleiro).　❷〔トーストなどを〕torrar [トハール].　パンを1枚焼いてください Por favor, faça uma torrada para mim./Queria uma fatia de torrada.　❸〔物を燃やす〕queimar [ケイマール].　ごみを～ queimar [incinerar] o lixo.　死体を～ cremar o cadáver.　ネガを～ revelar o negativo.　¶ …に手を～ ter trabalho com ….　…に世話を～ ser intrometido/da com …, ajudar …, sem necessidade.　あの人は世話が焼ける Ele/Ela dá muito trabalho.

やく　妬く　ter ciúmes, ter inveja.　やきもちを～ ter ciúmes.　友人にやきもちを～ ter ciúmes do/da amigo/ga.

***やく　役**　❶〔職, 地位〕posto (m) [ポースト];〔勤め〕dever (m) [デヴェール].　～につく assumir um cargo, ocupar um posto, tomar posse de um cargo.　責任ある～につく assumir um cargo de responsabilidade.　～を退く retirar-se do cargo [do posto].　それをするのは私の～ですから É que é dever meu [minha função] fazer isso.　❷〔芝居の役柄〕papel (m) [パペール], parte (f) [パールチ].　魔女の～を演じる interpretar [representar] o papel de bruxa.　◆わき役 papel secundário.　❸〔有用〕função (f) [フンサォン], utilidade (f) [ウチリダーヂ], serventia (f) [セルヴェンチーア].　～に立つ ser útil, ter utilidade [serventia].　それはもう～に立たない Isso não tem mais serventia.　それは非常に～に立つでしょう Isso será de muita utilidade.　…に～に立つ servir [prestar, ser útil] para ….　それは何の～にも立ちませんね Isso não presta para nada./Isso é inútil.　お～に立てば幸いです Fico muito feliz se eu puder ser útil (para você).

やく　約　mais ou menos, quase, aproximadamente,《口語》tipo; cerca de, por volta de, algo em torno de.　～2か月でこの仕事は完成するでしょう Acho que terminaremos este serviço dentro de dois meses, mais ou menos.　きょうのパーティーには～50人来る予定です Acho que vão vir umas [mais ou menos] cinquenta pessoas na festa de hoje.　～3時にそこへ着くと思います Estarei aí mais ou menos [por volta de] três horas.　去年の売り上げは～2億円だった As vendas do ano passado renderam algo em torno de [cerca de] duzentos milhões de ienes.　⇨**大体**

やく　訳　tradução (f), versão (f).　原文に忠実な～ tradução fiel ao original.

やく　厄　desgraça (f), má sorte (f), azar (m), infortúnio (m).　～払いをする exorcizar maus espíritos.　私は今年～年だ Este ano é

o meu ano de azar 《segundo o calendário oriental》. ♦厄払い exorcismo (*m*).
ヤク 〔動〕iaque (*m*).
やくいん 役員 〔会などの〕membro (*m*) dirigente, encarregado/da, o/a responsável, funcionário/ria; 〔会社などの重役〕diretor/ra, administrador/ra. 町内会の～ responsável por um grupo de famílias do bairro. ♦役員会 conselho (*m*) de diretores.
やくがい 薬害 dano (*m*) causado por remédios ou inseticidas.
やくご 訳語 tradução (*f*), termo (*m*) traduzido, palavra (*f*) traduzida. この日本語に対して適切な～が見つからない Não estou encontrando uma tradução adequada [apropriada] para este termo japonês.
やくざ mafioso/sa, bandido/da.
やくざいし 薬剤師 farmacêutico/ca.
やくしゃ 役者 ator/atriz.
やくしゃ 訳者 tradutor/ra.
やくしょ 役所 repartição (*f*) pública. ♦市(区)役所 prefeitura (*f*).
やくしょく 役職 posto (*m*) [cargo (*m*)] de responsabilidade, cargo administrativo. 彼はどんな～についていますか Que posto ele ocupa?
やくしん 躍進 grande desenvolvimento (*m*), progresso (*m*) rápido. ～する fazer um rápido progresso, desenvolver-se rapidamente. A社の最近の～は何によるのでしょうか A que se deve o extraordinário progresso da companhia A?
やくす 訳す traduzir. ポルトガル語から日本語に～ traduzir do português para o japonês. これを英語に訳してもらえますか Poderia me traduzir isto para o inglês? 次の文を日本語に～しなさい Traduza a frase seguinte para o japonês. これを外国語に～のはむずかしい Isto é difícil de se traduzir para outras línguas.
やくすう 約数 〔数〕fator (*m*). ♦最大公約数 máximo divisor (*m*) comum.
やくそう 薬草 erva (*f*) medicinal.
***やくそく 約束** ❶〔相手と何かを決めること〕compromisso (*m*), 〔コンプロミッソ〕, promessa (*f*) 〔プロメッサ〕, palavra (*f*) 〔パラーヴラ〕. ～する prometer, dar a palavra. ～を守る cumprir a promessa [palavra]. ～を破る quebrar uma promessa, não cumprir a palavra, faltar à palavra. ～どおりに como prometido, conforme combinado. それでは～が違うじゃないですか Assim você não está faltando à palavra? 彼はここに5時に来ると～したのですが... Ele prometeu vir aqui às cinco horas, mas .... 守られていない～ compromissos não honrados. もう2度としません、～するから Eu nunca mais vou repetir isso, prometo. ♦約束手形 nota (*f*) promissória. ❷〔会合などの〕encontro (*m*) marcado, compromisso. ～の時間に na hora marcada, na hora do encontro. ～の日 dia (*m*) marcado. ～の場所はどこですか Onde é o lugar do encontro? 社長は今晩会食の～がある O nosso presidente tem um jantar hoje à noite. 明日の午後は彼女と会う～をしているから... É que amanhã à tarde eu tenho um encontro marcado com a minha namorada .... その日はもう別の～があります Nesse dia eu já tenho outro compromisso. ♦約束事 convenção (*f*), regra (*f*).
やくだつ 役立つ útil. 英語を知っていたことが彼に大いに役立った Os conhecimentos da língua inglesa ʟlhe foram muito úteis 〔《口語》foram muito úteis para ele〕. 海外旅行に～情報 informações (*fpl*) úteis para viagens ao exterior. ⇨役.
やくにん 役人 funcionário/ria público/ca. 外務省の～ funcionário/ria do Ministério (*m*) das Relações Exteriores. ～になる tornar-se [ser] funcionário/ria público/ca.
やくば 役場 repartição (*f*) pública. ♦町役場 prefeitura (*f*) de cidade pequena.
やくびょうがみ 疫病神 portador/ra de azar, pessoa (*f*) azarenta, azarento/ta. ～にとりつかれる ser azarado/da.
やくひん 薬品 medicamento (*m*), remédio (*m*); droga (*f*).
やくぶつ 薬物 droga (*f*); remédio (*m*), medicamento (*m*). どこでこの～を買い(売り)ましたか Onde você comprou (vendeu) estas drogas? ♦薬物アレルギー alergia (*f*) aos medicamentos [remédios]. 薬物依存者 dependente de drogas. 薬物血中濃度 concentração (*f*) plasmática de droga. 薬物性皮膚炎 dermatite (*f*) medicamentosa. 薬物対策 combate ʟàs [contra as] drogas.
やくぶん 約分 〔数〕simplificação (*f*). 分数の～ simplificação de frações.
やくみ 薬味 tempero (*m*), condimento (*m*). …に～を入れる condimentar …, temperar …. ♦薬味台 galheteiro (*m*).
やくめ 役目 ❶〔仕事〕função (*f*), cargo (*m*). …に～を与える[負わせる] dar uma função a …. それは私の～だ Isso está a meu cargo./Essa é a minha função. ❷〔目的〕missão (*f*), objetivo (*m*). ❸〔義務〕obrigação (*f*), dever (*m*). 教師としての～を果す cumprir com ʟa obrigação [o dever] de professor.
やくよう 薬用 uso (*m*) medicinal. ♦薬用石けん sabonete (*m*) medicinal. 薬用ドロップ drágea (*f*).
やくよけ 厄除け talismã (*m*), amuleto (*m*).
やくわり 役割 cargo (*m*), papel (*m*), parte (*f*), função (*f*). …の～を演じる representar [fazer] o papel de …. 重大な～を演じる representar um papel importante. …の～を果たす exercer [ter] a função de …, funcionar como …. 父としての～を果たす cumprir o papel de pai. 我々の作っているものは産業界で重

要な〜を果たしている O que nós estamos produzindo tem um papel importante no campo industrial. 彼は校長が不在の間校長の〜を果たしていた Ele exercia a função de [atuava como] diretor, durante a sua ausência.

やけ 自棄 desespero (m). 〜を起こす[になる] ficar desesperado/da.

やけい 夜景 paisagem (f) noturna, vista (f) noturna.

やけい 夜警 〔人〕guarda-noturno (m), vigia noturno/na;〔行為〕vigia (f) noturna, ronda (f) noturna. 〜する fazer a ronda noturna.

やけいし 焼け石 pedra (f) quente. ¶ 〜に水 um esforço inútil para uma situação já gravemente demais.

やけざけ 自棄酒 bebida (f) para esquecer as mágoas. 〜を飲む《口語》encher a cara para esquecer a tristeza.

やけしぬ 焼け死ぬ morrer queimado/da.

やけど 火傷 queimadura (f);〔湯の〕escaldadura. 〜をする queimar-se, sofrer queimadura; escaldar-se. 〜をしてしまいました Eu me queimei.

やけに tremendamente, terrivelmente. 〜のどが渇く ter uma sede excessiva. 今日は〜暑いね Que dia mais quente (faz) hoje, não?

やける 焼ける ❶〔燃えて灰になる〕queimar-se, ser queimado/da, ser destruído/da pelo fogo. 火事で家が焼けた A casa foi destruída pelo incêndio. 何か〜においがしますね Está fazendo um cheiro de [cheirando] coisa queimada, não? ❷〔料理〕assar, ficar assado/da, desbotar(-se). パンが焼けた O pão está assado./〔トーストが〕A torrada está pronta. 肉がよく焼けている A carne está bem passada. グリルで魚が焼けている O peixe está assado na grelha [grelhado]. ❸〔日に〕ficar com a pele bronzeada, bronzear-se. 日に焼けてまっ黒になった顔 um rosto bastante bronzeado. ❹〔色が〕ficar desbotado/da, desbotar(-se). カーテンの色が日に焼けてしまった A cor da cortina desbotou com o sol. ❺〔空が〕ficar vermelho/lha. まっ赤に焼けた西の空 céu (m) do poente bem avermelhado [rubro]. ¶ 世話が〜 ser trabalhoso/sa, dar trabalho. 胸が〜 sentir [estar com] ânsias, ter (a sensação de) queimação no estômago.

やこう 夜行 ♦ 夜行性動物 animal (m) noturno. 夜行列車 trem (m) noturno, noturno (m).

*****やさい** 野菜 verdura (f) [ヴェルドゥーラ], legume (m) [レグーミ], hortaliça (f) [オルタリッサ]. 私は〜を栽培しています Eu cultivo hortaliças. ♦ 野菜サラダ salada (f) de legumes. 野菜スープ sopa (f) de legumes. 野菜畑 horta (f). 生野菜 verdura crua.

▶おもな野菜◀
アスパラガス aspargo [アスパールゴ] (m)
かぼちゃ abóbora [アボーボラ] (f)
カリフラワー couve-flor [コーウヴィ フロール] (f)
キャベツ repolho [ヘポーリョ] (m)
きゅうり pepino [ペピーノ] (m)
じゃがいも batata (inglesa) [バタッタ (イングレーザ)] (f)
ズッキーニ abobrinha [アボブリーニャ] (f)
セロリ salsão [サウサォン] (m)
たまねぎ cebola [セボーラ] (f)
とうもろこし milho [ミーリョ] (m)
トマト tomate [トマッチ] (m)
なす beringela [ベリンジェーラ] (f)
にんじん cenoura [セノーウラ] (f)
にんにく alho [アーリョ] (m)
パセリ salsa [サウサ] (f)
ピーマン pimentão [ピメンタォン] (m)
ブロッコリー brócolis [ブロッコリス] (m)
ほうれんそう espinafre [エスピナッフリ] (m)
レタス alface [アウファッスイ] (f)

やさき 矢先 〜に no justo momento de, quando estava a ponto de. 私が出かけようとしていた〜 quando eu estava de saída. 夫とよりを戻そうとしていた〜に彼は死んだ Meu marido morreu justo quando ia fazer as pazes com ele.

*****やさしい** 優しい ❶〔愛情のある〕carinhoso/sa [カリニョーゾ/ザ], afetuoso/sa [アフェトゥオーゾ/ザ];〔親切な〕amável [アマーヴェウ], gentil [ジェンチーウ]. 優しさ (m), amabilidade (f), gentileza. 優しく carinhosamente, amavelmente, suavemente. …に優しくする ser carinhoso/sa com …, ter carinho com …. …を優しく迎える receber … com carinho. ❷〔柔和な〕gentil, suave [スアーヴィ]. 〜声 voz (f) doce. 〜目 olhar (m) meigo. ❸〔人間的〕humano/na [ウマーノ/ナ], terno/na [テールノ/ナ], doce [ドッスィ]. 彼は〜人 Ele é uma pessoa terna [humana]. ❹〔そのものに悪い影響を与えないように配慮がなされた〕não daninho/nha, não agressivo/va. 肌に〜シャンプー um xampu que não irrita os [não agressivo aos] olhos. 地球に〜栽培法 forma (f) de cultivo ecológica [não agressiva à Terra]. 環境に〜製品 produto (m) ecologicamente correto. 自然に〜やり方で com [através de] medidas não agressivas à natureza. ストリートチルドレンが自分に自信を取り戻すには、みんなに優しくされなければならない A criança de rua, ela precisa ser acarinhada por [receber carinho de] todos para readquirir confiança em si./É preciso que todos tenham muito carinho pela criança de rua, para que ela readquira a confiança em si.

*****やさしい** 易しい 〔容易〕fácil [ファッスィウ];〔簡単〕simples [スインプリス]. 易しく de uma maneira fácil. この本は〜日本語で書いてありますよ Este livro está escrito num japonês fácil, sabe? この仕事は思ったほど易しくない Este serviço não está tão fácil como pensava.

もっと易しく説明してください Explique-me de uma maneira mais fácil, por favor.

やし 椰子 〔実〕coco (*m*). ～の木 coqueiro (*m*), palmeira (*f*). ◆椰子油 óleo (*m*) de coco.

やじ 野次 vaia (*f*), 〔口笛〕assobio (*m*). …に～を飛ばす vaiar …, dar vaias em …, assobiar ….

やじうま 野次馬 curioso/sa. ◆野次馬根性 espírito (*m*) de curiosidade vulgar.

やしき 屋敷 residência (*f*) de luxo, mansão (*f*), palacete (*m*). ◆屋敷町 bairro (*m*) residencial 《de luxo》.

やしなう 養う ❶〔扶養する〕sustentar. 私は家族を～ために働かなければならない Eu tenho que trabalhar para sustentar a família. ❷〔養育する〕criar, alimentar. 子供を～ criar filhos. 彼は親類に養われた Ele foi criado por parentes. ❸〔養成する〕desenvolver, cultivar. 生徒の読解力を～ cultivar [desenvolver] a capacidade de leitura e compreensão do/da aluno/na. …の体力を～ desenvolver a força física de ….

やしゃご 玄孫 trineto/ta.
やじゅう 野獣 animal (*m*) feroz.
やしょく 夜食 ceia (*f*). ～をとる cear. ～に…を食べる cear ….

やじる 野次る vaiar, dar vaias em, assobiar. …にやじられる ser vaiado/da por ….

やじるし 矢印 flecha (*f*). …を～で示す indicar … com flechas. ～をたどる seguir a flecha.

やしろ 社 templo (*m*) xintoísta.
やしん 野心 ambição (*f*). ～のある(ない)人 pessoa (*f*) ambiciosa (sem ambição). ～を満たす satisfazer a ambição. 社長になる～を抱く ambicionar o cargo [posto] de presidente da companhia.

やすあがり 安上がり そのほうが～だ Isso sai mais ˪em conta [barato].

***やすい** 安い 〔値段が〕barato/ta [バラット/タ]. 安く買う（売る）comprar (vender) barato. もっと安くならないのですか Não pode fazer mais barato? 私の時代にはそれは安かった No meu tempo, isso era barato. その製品はあのスーパーで安かった Esse artigo estava barato naquele super-mercado. 私が買ってきたこのブラウスは安かった A blusa que eu comprei foi barata. 彼は家を安く売ってしまったと思う Acho que ele vendeu a casa muito barato.

やすい 易い 易しい。それはお～御用です Isso não me custa nada fazer./《口語》Isso é café pequeno!

-やすい 〔容易に〕ser fácil de (+不定詞) 《+infinitivo》; 〔…しがちである〕ser propenso/sa [suscetível] a … (+不定詞)《+infinitivo》. 監督の説明はわかり～ A explicação do/da chefe é fácil de entender. 私は風邪を引き～ Eu sou fácil de pegar resfriado./Eu logo fico resfriado/da. 子供のほうがその病気にかかり～ As crianças são mais suscetíveis a adquirir a doença. このペンは書き～ Esta caneta é boa [gostosa] para escrever. 暑いと人は怠けやすくなる Com o calor, as pessoas ˪ficam [tendem a ficar] mais preguiçosas.

やすうけあい 安請け合い ～をする aceitar um serviço sem ponderar, prometer algo sem perspectivas de cumprir. 彼は～をする人だ Ele é uma pessoa que se compromete facilmente sem saber se vai poder cumprir.

やすうり 安売 安売り liquidação (*f*), promoção (*f*) de vendas, oferta (*f*). ～をする 1) vender barato. 大～ liquidação, promoção de vendas, oferta. 2)《比》dar-se, ser oferecido/da. 彼女はなんて自分を～しているのだろう Que oferecida que ela é! あまり自分を～しないほうがいい É bom não se dar muito.

やすげっきゅう 安月給 salário (*m*) baixo. こんな～では暮らせない Não se pode viver com um salário tão baixo.

やすっぽい 安っぽい vulgar, que parece de qualidade inferior. その紅茶のカップは～ Essa xícara de chá parece uma quinquilharia. ～哲学 filosofia (*f*) de almanaque. ～同情 solidariedade (*f*) barata [hipócrita]. そんなことを言うと人間が安っぽく見えてしまうよ Se você fala desse jeito, acaba ˪parecendo vulgar [se rebaixando], *viu*!

やすね 安値 preço (*m*) baixo. ～で買う comprar barato. 株価は～を続けている As ações estão em baixa.

やすませる 休ませる dar descanso a, deixar descansar, fazer descansar, dar folga a, dispensar do trabalho. 今日は熱があるので授業(仕事)を休ませてください Por favor, dispense-me ˪das aulas (do serviço) hoje porque estou com febre.

やすまる 休まる descansar, dar descanso [calma]; ficar descansado/da [relaxado/da]. 気が～（心が～）acalmar-se, tranquilizar-se. 海を見ると心が～ Ao ver o mar, me tranquilizo. 睡眠もよくとると体が～ O corpo descansa com um bom sono./Eu me restabeleço quando durmo bem.

***やすみ** 休み ❶〔休息〕descanso (*m*) [デスカンソ], folga (*f*) [フォーウガ]. 明日は～をとって海岸に行こう Amanhã vamos tirar uma folga e ir à praia. ❷〔休日〕feriado (*m*) [フェリアード]. その日は天皇誕生日なので～です Esse dia é feriado porque é o aniversário do Imperador. ❸〔休暇〕férias (*fpl*) [フェーリアス]. 明日から夏～だ Amanhã começam as férias de verão. ❹〔休み時間〕intervalo (*m*) [インテルヴァーロ], recreio (*m*) [ヘクレーイオ]. これから10分間の～があります Agora, vamos ter um intervalo de dez minutos. そのことについては昼～に話し合おう Vamos falar sobre isso na hora do almoço.

***やすむ 休む** ❶〔休息する〕descansar [デスカンサール], ficar de repouso, repousar [ヘポウザール]. 疲れたから少し休もう Vamos descansar um pouco, que estamos cansados. 私は～暇がない Não tenho nem tempo para descansar. ❷〔欠席する〕faltar a, ausentar-se em, tirar uma folga. 会社を～ faltar ao serviço [à companhia]. 今日は風邪だから学校を～ Vou faltar à aula porque estou com gripe. ❸〔中断する〕interromper [インテホンペール]. 1週間も練習を休んでしまった Interrompi meu treino por nada menos que uma semana. Veja só. ❹〔横になる〕deitar-se [デイタール スィ]. ❺〔寝る〕ir para a cama;〔眠る〕dormir [ドルミール]. お休みなさい Boa noite. 先生はもうお休みになりますか O/A senhor/ra já vai dormir?

やすめる 休める ❶〔休息, 休止〕repousar, parar temporariamente. 手を～ repousar as mãos. モーターを～ parar o motor. ❷〔心を〕descansar, relaxar. 心を～ relaxar o espírito. 頭を～ relaxar [descansar] a mente.

やすもの 安物 bagatela (f), pechincha (f), artigo (m) barato e inferior. ～の宝石 bijuteria (f). ¶ ～買いの銭失い O barato sai caro.

やすやす ～と facilmente; sem mais nem menos. ～と勝つ vencer com facilidade [sem dificuldade alguma].

やすやど 安宿 hotel (m) barato.

やすらか 安らか ～な tranquilo/la, sossegado/da, pacífico/ca. ～になる atingir um estado de paz, ficar com calma. ～に tranquilamente, com calma, sossegadamente. ～に眠りたいのです Eu queria dormir tranquilamente.

やすらぎ 安らぎ paz (f), calma (f), tranquilidade (f). ～を覚える sentir paz interior, ficar tranquilo/la.

やすらぐ 安らぐ tranquilizar-se, serenar, ficar em paz. 君と一緒にいると心が～ Sinto uma paz interior [grande serenidade] quando estou com você.

やすり 鑢 lima (f);〔紙やすり〕lixa (f). …に～をかける limar, lixar, polir … com lima [lixa].

やせい 野性 natureza (f) selvagem. ～の(的な) rústico/ca, selvagem. ～的魅力 encanto (m) selvagem [que lembra as selvas]. ♦野性児 criança (f) rude. 野性味 caráter (m) selvagem.

やせい 野生 ～の selvagem. ～のイチゴ morango (m) silvestre. ♦野生動物 animal (m) selvagem.

やせがまん やせ我慢 ～する aguentar por orgulho ou por não querer causar incômodo, dar uma de corajoso/sa. 寒かったけど遠慮して～した Eu estava com frio, mas não queria dizer para não causar incômodo.

やせぐすり 痩せ薬 remédio (m) para emagrecer.

やせほそる 痩せ細る emagrecer, definhar-se.

やせる 痩せる ❶〔人〕emagrecer, perder peso. やせた magro/gra. やせてスマートな女性 mulher (f) esbelta. ❷〔農〕〔土〕ficar estéril, perder a fertilidade. 痩せた土地 terreno (m) magro [estéril, sem fertilidade].

やせん 野戦 guerra (f) de campanha, operação (f) militar em campo aberto. ♦野戦病院 hospital (m) de campanha.

やそう 野草 〔植〕erva (f) silvestre.

やそうきょく 夜想曲 〔音〕noturno (m).

やたい 屋台 tenda (f) (de comestíveis); barraca (f). おでんの～ tenda onde se vende um cozido estilo japonês (com nabo, ovo, inhame etc).

やたら ～に sempre, a torto e a direita, vira e mexe. ～に人を褒める elogiar [ficar elogiando] os outros a torto e a direita. ～と安物を買う comprar coisas baratas a torto e a direita. 彼は～に我の家に来る Vira e mexe, ele está na minha casa.

やちょう 野鳥 ave (f) selvagem.

やちん 家賃 aluguel (m) (de casa). この部屋の～はいくらですか Quanto é o aluguel deste apartamento?

やつ 奴 tipo (m), indivíduo (m), sujeito (m), cara (m). 怪しい～ um cara suspeito. かわいそうな～ pobre diabo (m). 嫌な～ tipo chato. あいつはいい～だ Ele é um bom sujeito [boa gente].

やつあたり 八つ当たり ～する descarregar〔《口語》descontar〕a raiva em alguém que não merece. …に～する descarregar (a ira) em …, descontar o mau humor em …. 部下に～する descarregar a raiva no/na subalterno/na.

やっかい 厄介 incômodo (m);〔手数〕trabalho (m). ～な incômodo/da;《俗》chato/ta. それは～な仕事です Isso aí é um trabalho chato. ご～をお掛けしましてすみません Desculpe o trabalho que dei./Desculpe a atrapalhação.

やっかだいがく 薬科大学 faculdade (f) de farmácia.

やっかん 約款 〔法〕cláusula (f). ♦解約約款 cláusula resolutória. 禁止約款 cláusula proibitiva.

やつぎばや 矢継ぎ早 ～に um/uma atrás do/da outro/tra, rapidamente, um/uma em seguida ao/à outro/tra. ～に…をする fazer … um atrás do outro/uma atrás da outra. あの大統領はよそでエネルギー資源を～に獲得していった Aquele presidente foi obtendo fontes de energia uma atrás da outra, fora do país. そう～に質問されても困りますよ Você me deixa perplexo/xa fazendo tantas perguntas uma atrás da outra./《口語》Eu fico atrapalhado/da com tantas perguntas em seguida.

やっきょく 薬局 farmácia (f). 〜で薬を買ってきてください Vá à farmácia comprar um remédio para mim.

やっこ 奴 【料】tofu (m) [queijo-de-soja (m)] frio e temperado com *shoyu*, cebolinha, gengibre etc. (=冷ややっこ, やっこ豆腐).

やつざき 八つ裂き 〜にする esquartejar, reduzir a pedaços. 〜にされる ser esquartejado/da, ser reduzido/da a pedaços.

やっつ 八つ oito 《em contagens》.

やっつけしごと やっつけ仕事 trabalho (m) matado.

やっつける 〔負かす〕derrubar, derrotar. 敵を〜 derrubar o inimigo. 相手チームを〜 derrotar a equipe adversária.

やっていく やって行く 〔生きていく〕ir vivendo; 〔していく〕ir fazendo; 〔順応する〕adaptar-se. 何とかこの会社でやっていけそうですか Você acha que vai dar para se adaptar a esta companhia?

やってくる やって来る 〔姿を見せる〕vir, aparecer; 〔時期が近づく〕já estar aí. 時々やってきてよ Venha [Apareça] de vez em quando. もうすぐクリスマスがやってきますね O Natal já está aí, não?

やってみる tentar fazer. 私の言うようにやってみなさい Tente fazer como eu estou dizendo. もう一度〜か Vamos tentar mais uma vez? それは何べんもやってみたけどだめだった Isso aí, eu tentei várias vezes, mas não consegui. やってみればできるよ Se você tentar fazer, vai conseguir. ⇨試みる.

やっと ❶〔かろうじて〕apenas, mal. 私の収入は〜家族を養える程度のものです Meu salário mal dá para sustentar a família. 頭痛がひどくて立っているのが〜だ Mal consigo ficar de pé por causa da forte dor de cabeça. ❷〔苦労して〕com dificuldade, por um triz, com grande custo. 彼は〜のことで助かった Salvou-se ˻por um triz [com grande custo]. 彼女は〜のことで町にたどり着いた Ela chegou a duras penas na cidade. 私は〜のことで時間に間に合った Eu sofri para chegar a tempo./Eu cheguei na hora a muito custo. ❸〔ついに〕até que enfim. 〜その日が来た Até que enfim ˻veio esse dia [chegou o dia]./Enfim veio esse dia. ❹〔…になって初めて〕só (a partir de). 庶民は明治時代になって〜ひな人形が買えるようになった O povo em geral só chegou a ter o poder aquisitivo para comprar as bonecas (para o Dia das Meninas) a partir da era Meiji.

やっとこ pinça (f), tenaz (f), torquês (m).

やつれ enfraquecimento (m), debilitação (f), ar (m) de cansaço, abatimento (m). 被災者の顔に〜が見え始めている Começa-se a notar um certo abatimento no rosto das vítimas da catástrofe.

やつれる enfraquecer-se, ficar debilitado/da. やつれた顔 aspecto (m) enfraquecido, (m) de cansaço, cara (f) abatida. 彼女は病気ですっかりやつれてしまった A doença deixou-a muito debilitada [enfraquecida] e abatida.

やど 宿 〔宿泊〕pousada (f), hospedagem (f); 〔宿屋〕hotel (m), pensão (f). …に〜をとる〔泊まる〕hospedar-se em …, pousar em …; 〔予約する〕fazer uma reserva em …. …に〜を貸す dar alojamento [pousada, hospedagem, acomodação] a …, acomodar, alojar, hospedar. 私はいつものホテルに〜をとってあります Eu tenho uma reserva no hotel de sempre.

やとい 雇い ♦雇い人 empregado/da, funcionário/ria. 雇い主 empregador/ra, patrão/troa. 日雇い労働者 diarista. 臨時雇い emprego (m) temporário [provisório].

やとう 雇う 〔一時的に〕contratar; 〔職務として〕empregar. …を秘書に〜 contratar [empregar] … como secretário/ria. どうか私を雇ってくれませんか Não quer me contratar [empregar]? 日決めで人を〜 contratar um/uma diarista [um/uma trabalhador/ra por dia]. 私はブラジルから雇われてきました Eu já vim contratado/da do Brasil.

やとう 野党 partido (m) da oposição.

やどかり 宿借り 【貝】bernardo-eremita (m), caranguejo-eremitão (m).

やどちょう 宿帳 registro (m) de hóspedes de um hotel. 〜に名前と住所を書く escrever o nome e o endereço no registro de hóspedes.

やどなし 宿なし 〜の人 sem-casa, sem-teto. 〜の猫 gato (m) ˻abandonado [sem dono].

やどや 宿屋 hotel (m); 〔家庭的な〕pensão (f).

やどる 宿る estar [residir, viver, morar] ˻no seio de [dentro de]. この寄生虫は人間のおなかに〜 Este parasita vive dentro da barriga do homem. 子供が母親のおなかに宿っている時… quando uma criança está no seio materno …. 神々は山に〜ものだ Os deuses costumam morar nas montanhas. そのとき疑惑が彼の心に宿った Foi então que ele teve [concebeu] uma suspeita.

やなぎ 柳 【植】salgueiro (m). 〜の枝 vime (m). ♦しだれ柳 chorão (m), chorão-salgueiro (m).

やに 脂 〔木の〕resina (f); 〔たばこの〕nicotina (f); 〔歯の〕tártaro (m). ♦目やに remela (f).

やにょうしょう 夜尿症 【医】enurese (f).

やぬし 家主 dono/na [proprietário/ria] de uma casa de aluguel.

やね 屋根 ❶ telhado (m) (da casa). 車の〜 capota (f). ¶ 同じ〜の下で暮らす viver ˻sob o mesmo teto [na mesma casa]. ♦屋根裏部屋 sótão (m), água-furtada (f). ❷〔四方が見おろせる高い所〕parte (f) mais alta, topo (m). ヒマラヤ山脈は地球の〜だ As montanhas do Himalaia são o topo do mundo.

やばい 《口語》perigoso/sa. ～仕事 trabalho (*m*) perigoso. やばい Nossa, que fria [enrascada, perigo]!

やはり 〔同様に〕também；〔否定〕nem；〔依然として〕ainda, como antes；〔それにもかかわらず〕mesmo assim；〔案の定〕como se esperava；〔結局〕depois de tudo, afinal de contas. あなたも～そう思いますか Você também pensa assim? ～豊田にお住まいですか Ainda mora em Toyota? だが～彼は罰せられた Mesmo assim [Apesar de tudo] ele foi punido. ～家にとどまることにした Depois de pensar muito [Afinal de contas], resolvi ficar em casa. 彼は～成功しましたね Ele se saiu bem, como a gente esperava, não é mesmo?「私はそれはできません」「私も～できません」Eu não posso fazer isso. — Nem eu. ～だめでしたか... Sabia que não ia dar certo ..../Não deu certo? Sabia!/Não deu certo mesmo, é?

やはん 夜半 meia-noite (*f*). ～に à meia-noite. ～前に antes da meia-noite.

やばん 野蛮 ～な selvagem, bárbaro/ra. ～な習慣 costume (*m*) bárbaro. ◆野蛮人 selvagem.

やぶ 藪 bosque (*m*), moita (*f*).

やぶいしゃ 藪医者 mau/má médico/ca; charlatão/tã.

やぶさか 協力するに～ではない Estou disposto/ta a colaborar sem hesitação.

やぶへび 藪蛇 ～をやる fazer algo desnecessário e acabar levando prejuízo.

*****やぶる** 破る 〔ちぎる〕rasgar [ハズガール]；〔壊す〕quebrar [ケブラール]；〔記録など〕bater [バテール]. 沈黙を～ romper o silêncio. 均衡を～ quebrar o equilíbrio. 法律を～ violar a lei. 約束を～ faltar à promessa [palavra], quebrar a promessa. 記録を～ bater o recorde. 窓を～ quebrar a janela. 紙を～ rasgar o papel.

やぶれる 破れる 破れる rasgar-se; quebrar-se. 破れた rasgado/da; quebrado/da. 破れたズボン calça (*f*) rasgada. ほろほろに破れたスカート saia (*f*) rota [esfarrapada]. 破れた窓 janela (*f*) quebrada. シャツのそでが破れていますよ A manga da sua camisa está rasgada, hein? 私のプロジェクトは破れた Meu projeto fracassou [abortou].

やぶれる 敗れる ser vencido/da, perder, ser derrotado/da. 裁判に～ perder o pleito. 強敵に～ perder de um inimigo forte. 我々のチームは2回戦で敗れ去った O nosso time foi eliminado no segundo turno.

やぶん 夜分 noite (*f*). ～遅くすみません Desculpe-me por incomodá-lo/la tão tarde [a essas horas].

やぼ 野暮 vulgaridade (*f*), grosseria (*f*), mau gosto (*m*). ～なことをする 1)〔優雅でないことをする〕agir deselegantemente. 2)〔不必要なことをする〕fazer algo desnecessário. ～な人 pessoa (*f*) grossa [vulgar, que faz coisas de mau gosto].

やぼったい 野暮ったい fora de moda,《俗》caipira, cafona, brega. なんて～姿をしているのだ Que modo de vestir caipira é esse?

*****やま** 山 ❶ montanha (*f*), monte (*m*) [モンターニャ] [モンチ]. ～に登る subir à montanha, escalar uma montanha. 夏休みを～で過ごす passar as férias de verão nas montanhas. ❷〔積み上げたもの〕monte (*m*). ごみの～ lixo (*m*) amontoado. ～のような仕事 muito serviço (*m*), trabalho (*m*) acumulado, pilha (*f*) de trabalho. このトマトは一～いくらですか Quanto custa o monte destes tomates? ❸〔投機〕especulação (*f*) [エスペクラサォン]; previsão (*f*) [プレヴィザォン]. 株で～を当てる ter um bom lucro com ações. 試験で～が当たる acertar na [ter uma boa] previsão das perguntas que caem no exame. ❹〔山場〕clímax (*m*) [クリーマクス], ponto (*m*) crítico. 物語の～ nó (*m*) do romance.

やまあい 山間 desfiladeiro (*m*), vale (*m*).

やまあらし 山荒し 〖動〗porco-espinho (*m*).

やまい 病 doença (*f*). ～に倒れる ficar doente, cair doente. 不治の～ doença incurável.

やまいも 山芋 〖植〗cará (*m*), inhame (*m*).

やまかじ 山火事 incêndio (*m*) florestal.

やまかん 山勘 resposta (*f*) por conjectura ou intuição. 今回の試験は～が当たった Neste exame respondi tudo por intuição e acertei.

やまくずれ 山崩れ desmoronamento (*m*) da montanha.

やまぐに 山国 país (*m*) montanhoso. 日本は～だ O Japão é um país montanhoso.

やまごや 山小屋 cabana (*f*) da montanha.

やましい que pesa na consciência. 彼はそうすると一気持ちを抱くだろう Ele deve ficar com peso na consciência se fizer isso. やましさ remorso (*m*), peso (*m*) na consciência. …をやましく思う sentir-se culpado/da por ….

やまづみ 山積み monte (*m*), pilha (*f*). 書類が～になっている Os documentos estão empilhados. 解決すべき問題が～になっている Há um monte de problemas a resolver.

やまでら 山寺 templo (*m*) da montanha.

やまのぼり 山登り alpinismo (*m*). ～をする subir [escalar] uma montanha.

やまば 山場 ❶〔絶頂〕clímax (*m*), auge (*m*). ❷〔転換点〕ponto (*m*) decisivo. 試合の～を迎える chegar ao ponto decisivo da competição. 与野党の攻防は～を迎えている A luta entre os partidos da oposição e do governo, no seu ataque e defesa, está no seu auge.

やまびこ 山彦 eco (*m*). ～がする Está fazendo [produzindo] eco.

やまびらき 山開き início (*m*) da estação do alpinismo, liberação (*f*) da montanha aos alpinistas.

やまぶし　山伏 eremita (*m*) da montanha.

やまもり　山盛り estado (*m*) de algo amontoado como uma montanha. ～のご飯 tigela (*f*) bem cheia de arroz. 砂糖は大さじ2杯～で入れて、塩は小さじ1杯すりきりで入れてください Coloque duas colheres de sopa de açúcar bem cheias e uma colher de chá rasa de sal.

やまわけ　山分け partição (*f*) [divisão (*f*)] em partes [porções] iguais. もうけは3人で～にする dividir o lucro em três partes iguais.

やみ　闇 ❶ [暗黒] escuridão (*f*). ～の中で no meio da escuridão [das trevas]. ～にまぎれて逃げる fugir aproveitando-se da escuridão. ♦闇夜 noite (*f*) escura. ❷ [不正取引] negociação (*f*) ilegal, mercado (*m*) negro. ～でドルを買う comprar dólar no mercado paralelo [negro]. ♦闇行為 ato (*m*) [ação (*f*)] ilegal, atitude (*f*) ilícita. 闇市 mercado (*m*) negro. 闇取引 transação (*f*) [negociação (*f*)] no mercado negro, comércio (*m*) clandestino [ilegal]. 闇ドル dólar (*m*) paralelo.

やみあがり　病み上がり convalescença (*f*). ～の convalescente. ～の人 convalescente, pessoa (*f*) em convalescença.

やみつき　病み付き paixão (*f*), vício (*m*), obsessão (*f*). …に～になる ficar obcecado/da por, 《口語》ficar doente [mal] por. あの店のラーメンに～になってしまった 《口語》Acabei ficando doido/da pelo [viciado/da no] *ramen* 《macarrão chinês》 daquele restaurante.

やむ　止む [止まる] parar; [終わる] cessar, acabar; [静まる] acalmar-se. この雨はいつ～でしょうか Quando será que esta chuva vai parar? 風がやみましたね O vento se acalmou, não?

やむをえない inevitável. やむをえず…をする [必要上しかたなく] não ter outro remédio [jeito] senão (+ 不定詞) 《 + infinitivo》; [むりやりに] ser obrigado/da a (+ 不定詞) 《 + infinitivo》. ～事情で会社を休む faltar ao serviço por motivo de força maior. 私はこの仕事はしたくないけれど業務命令で～のだ Eu não quero fazer este serviço, mas o jeito é fazer porque é ordem empresarial. 私はやむをえずそれを買った Eu não tive outro remédio senão comprar isso aí./Eu fui obrigado a comprar isso aí.

やめさせる dissuadir, fazer abandonar [parar], fazer desistir de, proibir. 学校を～ [学校側から] expulsar da escola; [親側から] tirar da escola. 息子に危険な旅行をやめさせた Fiz meu filho desistir de uma viagem perigosa. …に悪い癖を～ fazer … abandonar um mau hábito. 子供にけんかをやめさせた Fiz as crianças pararem de brigar. らくがきをやめさせていただきたい Gostaria que fosse proibida a pichação da parede.

やめさせる　辞めさせる expulsar, demitir, despedir. 店長は部下を辞めさせた O gerente demitiu o funcionário.

やめる　止める [中止する] parar (com, de), cessar (de); [習慣などを] deixar (de), abandonar; [断念する] desistir (de), renunciar a. たばこ(酒)を～ deixar de fumar (beber). 話すのを～ deixar de falar, ficar em silêncio. 勉強を～ abandonar os estudos, parar de estudar. 立候補を～ retirar a candidatura. その話はもうやめよう Chega! Não vamos mais falar nisso, está bem? 仕事はこのへんでやめておきましょうか Vamos parar de trabalhar, por aqui? その計画はやめましょう Vamos desistir desse projeto. それはやめてください Deixe disso!/Pare com isso!

やめる　辞める [辞職する] demitir-se, deixar 会社を～ deixar a companhia, sair da companhia. 私は会社をやめたいのですが… Eu queria deixar a companhia …. この仕事を辞めさせていただきたい Permitam-me [Gostaria de] deixar este emprego.

やもうしょう　夜盲症 【医】cegueira (*f*) noturna.

やもめ viúvo/va. ♦男やもめ viúvo (*m*).

やもり 【動】lagartixa (*f*).

やや um pouco, um tanto. この仕事は君には～むずかしいと思う Acho que este serviço é um tanto difícil para você. この靴は私には～小さい Este sapato está um pouco pequeno [apertado] para mim. 8時50分に九州地方で～強い地震がありました Às oito horas e cinquenta minutos houve um terremoto um tanto forte na região de Kyushu.

ややこしい [複雑な] complicado/da, difícil; [面倒な] incômodo/da, laborioso/sa. ～事柄 assunto (*m*) complicado. 問題はややこしくなってしまった O problema se complicou [ficou complicado, 《口語》se embananou].

ややもすれば ter tendência a, tender a, ser propenso/sa a. 外国人は～こうしたミスを犯しがちだ Os estrangeiros tendem a cometer erros desse tipo.

やゆ　揶揄 chacota (*f*), zombaria (*f*). …を～する fazer chacota com …, chacotear [ridicularizar] …, zombar [caçoar] de ….

やよいじだい　弥生時代 Era (*f*) Yayoi.

-やら e, ou. 何～か～で計画は失敗に終わった O projeto malogrou [frustrou-se, 《口語》gorou], por essas e mais outras razões. 彼はテニス～ゴルフ～で仕事をする暇もない Ele fica entre o tênis e o golfe e nem tem tempo para trabalhar.

やらせ 【テレビ】montagem (*f*) (fraudulenta) de uma cena dita real, cena (*f*) dita real mas que na verdade é uma simulação (para conseguir IBOPE).

やらせる ❶ [命令] mandar fazer, fazer fazer.

やられる

❷〔好きなように〕deixar fazer.

やられる ❶〔やっつけられる〕ser derrotado/da, ser vencido/da. 私のチームは大会でやられた Meu time foi vencido no campeonato. ❷〔災害などに〕sofrer dano. 事故で車がやられた Meu carro foi danificado no acidente. 事故で腕がやられた Feri meu braço no acidente. ❸〔病いに〕ser atingido/da (por uma enfermidade). 母は肺炎にやられた Minha mãe contraiu [pegou] pneumonia. ❹〔盗難〕ser roubado/da. あの市場で財布をやられた Me roubaram a carteira naquela feira. ❺〔だまされる〕ser enganado/da. 詐欺師にーser enganado/da por [ser vítima de] um vigarista. ❻〔相手に道理がある〕reconhecer a falha dando a razão ao outro. 君にはやられたよ Você tem razão, sim; eu é que fui incongruente.

やり 槍 lança(f), dardo(m).

やりあう やり合う discutir. とことんー discutir até o fim [ambas as partes se satisfazerem completamente].

やりがい やり甲斐 〜のある que vale a pena fazer, que merece ser feito/ta. 君にとって〜のある仕事とは何ですか Qual seria para você um serviço que vale a pena fazer?/O que você quer mesmo fazer?

やりかえす やり返す debater, responder a uma ofensa, responder à altura. 非難されて〜 debater uma crítica recebida.

やりかけ やり掛け meio feito/ta, incompleto/ta. 〜の仕事 um serviço não acabado.

やりかける やり掛ける começar a fazer.

やりかた やり方 modo(m) de fazer. 汚い〜 golpe(m) sujo. 人それぞれの〜がある Cada um tem a sua maneira de fazer as coisas. 物には〜というものがあるでしょう Há sempre uma certa regra para se fazer as coisas.

やりきれない ❶〔我慢できない〕insuportável, intolerável, que não dá para aguentar. こう寒くては〜 Não dá para suportar um frio desses. ❷〔完成できない〕que não dá para acabar [concluir]. この翻訳は1週間ではとても〜 É impossível terminar esta tradução em uma semana.

やりくり やり繰り arranjo(m), manejamento(m), gerenciamento(m). お金の〜 gerenciamento do dinheiro. 時間の〜 gerenciamento do tempo. 資金の〜 manejamento(m) de verba. 時間を〜する arranjar um tempo. 安月給で〜する conseguir [dar um jeito de] sobreviver com um salário baixo.

やりこなす conseguir fazer, dar conta do recado.

やりすぎる やり過ぎる ❶〔しすぎる〕exceder-se, exagerar, fazer demais, ir muito longe, 《口語》exagerar na dose. 運動を〜と身体を壊すことがある Exagerar nos exercícios físicos pode estragar a saúde. ❷〔与えすぎる〕dar demais. 牛に餌を〜とよくない Não é bom dar ração demais às vacas.

やりそこない やり損ない erro(m), falha(f).

やりそこなう やり損なう errar, falhar.

やりつける acostumar-se a, ficar acostumado/da a. その仕事は〜と楽しい Esse serviço é um prazer quando se acostuma a ele. これはやりつけているから大丈夫です Não tem perigo, não, que estou acostumado/da com isso.

やりっぱなし やりっ放し …を〜にする começar … e deixar por terminar. 彼は何でも〜にしておく Ele deixa tudo pela metade. 〜の仕事が山積みだった Havia uma pilha de serviços a concluir [terminar].

やりて やり手 competente, capaz, eficiente. 今度の部長はすごい〜といううわさだ Dizem que o/a próximo/ma diretor/ra (de departamento) é muito competente.

やりとおす やり通す ⇨やり遂げる.

やりとげる やり遂げる levar … a cabo, cumprir, realizar, fazer … até o fim.

やりとり やり取り ❶ troca(f). 手紙の〜 troca de correspondências. ❷ interação(f). 会話の〜 interação na comunicação.

やりなおし やり直し その仕事は〜だ Temos que refazer todo o serviço./Esse trabalho tem que ser refeito./《口語》Temos que fazer tudo de novo. 〜のきかない仕事 trabalho(m) que não dá para ser refeito [《口語》em que não se pode voltar atrás].

やりなおす やり直す fazer … outra vez [de novo], refazer. この仕事は最初からやり直さなければなりませんね É preciso refazer este serviço, não é?

やりにくい difícil, complicado/da. 〜課長 chefe de seção difícil de tratar. 〜仕事 trabalho(m) complicado.

***やる** 遣る ❶〔する〕fazer [ファゼール], realizar [ヘアリザール], agir [アジール]. 君のやりたいようにやってみなさい Faça como bem entender./Faça como você quiser. 私はやれるだけのことは全部やった Fiz tudo o que podia./Fiz todo o possível. 彼女は〜ね E uma die ela faz [age] mesmo? こうなったら〜しかない A essa altura (do campeonato), não tem como voltar (atrás)! まだ〜ことがたくさんある Ainda há muito que fazer./Ainda temos uma longa caminhada. さあ、仕事をやろう Gente, vamos ao trabalho!/Mãos à obra, gente! ❷〔与える〕dar [ダール], entregar [エントレガール]. この時計は君に〜ね Eu te dou este relógio. お前なんかに娘を〜ものか Acha que vou deixar minha filha se casar com alguém como você? ❸〔送る〕enviar [エンヴィアール], mandar [マンダール]. 私は社長を呼びに秘書をやった Eu mandei o/a secretário/ria ir buscar o/a presidente da companhia. ❹〔劇・テレビ〕levar [レヴァール], passar [パサール]. このシアターで今度何を〜の

ですか O que vão levar [passar] agora neste cinema? ❺〔暮らす〕viver [ヴィヴェール]. こんな給料ではやっていけない Não dá para (se) viver com um salário desses. 「どうですか」「ええ、何とかやってます」 Como vão as coisas? — É ... Vai-se vivendo. ❻ …して〜 fazer … para [por] alguém, fazer o favor de …. 看護師は老人にドアを開けてやった A/O enfermeira/ro abriu a porta para o/a ancião/ciã. ¶《幼》やった Oba!

やるき やる気 garra (*f*), determinação (*f*), vontade (*f*) de agir. 彼は〜満々だ Ele ˻tem garra total [tem determinação total/está cheio de vontade de agir].

やるせない triste, desolado/da, desconsolado/da. 〜人生 uma vida lastimável. 友人に〜思いを打ち明ける contar uma dor inconsolável a um amigo.

やれやれ ❶〔安心〕《indica tranquilidade depois de uma tensão》. 〜, これで一安心だ Que bom! Um caso resolvido, pelo menos. ❷〔失望〕《indica constrangimento diante de alguma decepção》. 〜, また汚したのか Ai que coisa! Você sujou de novo?

***やわらかい 柔らかい, 軟らかい** brando/da [ブランド/ダ], terno/na [テールノ/ナ];〔声, 光など〕doce [ドッスィ], suave [スアーヴィ];〔肉, パン, ふとんなど〕macio/cia [マスィーオ/スィーア]. やわらかさ brandura (*f*), ternura (*f*); doçura (*f*), suavidade (*f*); maciez (*f*). やわらかくする tornar brando/da, tornar suave, tornar macio/cia. やわらかに brandamente, docemente, suavemente. この肉はやわらかくておいしい Esta carne está macia e gostosa.

やわらぐ 和らぐ acalmar-se, ficar calmo/ma;〔痛みなど〕diminuir, abrandar-se, amenizar-se. この薬を飲めば痛みが和らぎます Tomando este remédio, a sua dor vai diminuir./Este remédio ˻suavizará [vai aliviar] a sua dor.

やわらげる 和らげる acalmar, tornar calmo/ma; diminuir, suavizar, amenizar, aliviar, atenuar. 痛みを〜 atenuar [amenizar] a dor. 苦しみを〜 aliviar o sofrimento.

ヤング jovem.

やんちゃ travessura (*f*). 〜な travesso/ssa. ♦やんちゃ坊主 menino (*m*) travesso.

ゆ

ゆ 湯 água (f) quente; [ふろ] banho (m). 〜を沸かしておきました Deixei a água fervida. 〜船のお〜は流さないでください Não esvazie a banheira, por favor./Não solte a água da banheira, por favor. ♦ 湯冷まし água fervida (e esfriada).

ゆあがり 湯上り pós-banho (m), momento (m) após o banho. 〜のビールを楽しむ apreciar a cerveja pós-banho, beber cerveja logo depois do banho.

ゆあつ 油圧 pressão (f) do óleo. ♦ 油圧計 manômetro (m) a óleo. 油圧式ブレーキ freio (m) [travão (m)] hidráulico.

ゆいいつ 唯一 〜の único/ca. これが我が社が生き残る〜の方法です Este é o único meio de nossa companhia sobreviver.

ゆいごん 遺言 testamento (m), última vontade (f). 〜する expressar a última vontade; fazer um testamento. 〜状を残す deixar um testamento. ♦ 遺言状 testamento (m).

ゆいしょ 由緒 tradição (f), linhagem (f). 〜ある場所 lugar (m) histórico. 〜ある家の出である ser de alta linhagem, ser de boa família.

ゆいぶつ 唯物 【哲】predominância (f) da matéria. 〜の materialista. 〜論 filosofia (f) materialista. 唯物論者 materialista. 弁証法的唯物論 materialismo (m) dialético.

ゆう 結う [髪を] pentear. 髪をゆってもらう [美容院で] ir pentear o cabelo.

ゆう 優 [評点] A, excelente (em nota escolar, classificação), nota (f) máxima.

ゆうい 優位 superioridade (f), supremacia (f). 〜より〜である estar por cima de …, ser mais que …. 〜に立つ dominar, ser superior. …に対して絶対的な〜を保つ manter a supremacia sobre …. …に対して〜を占める levar vantagem sobre …, dominar ….

ゆういぎ 有意義 〜な significativo/va; [有益な] útil. 〜な意見 opinião (f) construtiva. 〜な人生を送る levar uma vida plena [significativa].

ゆういん 誘因 causa (f), motivo (f). 爆発の〜 causa da explosão. 両親の難病が彼女のブラジル行きの〜となった A doença grave dos pais foi o motivo da ida dela ao Brasil.

ゆううつ 憂鬱 melancolia (f), tristeza (f). 〜な melancólico/ca, triste, deprimente. 〜になる ficar de mau humor, ficar deprimido/da; 《口語》 estar num baixo astral, ficar [estar] numa baixa. 雨があまり続くと〜ですね Dá uma tristeza quando chove muitos dias, não? 憂鬱症 hipocondria (f), depressão (f), melancolia (f).

ゆうえい 遊泳 natação (f). 〜禁止《掲示》 Proibido Nadar.

ゆうえき 有益 〜な útil; [教訓的な] instrutivo/va, educativo/va. お話はたいへん〜でした A sua conferência foi muito instrutiva [boa]. 時間をもっと〜に使いましょう Aproveitemos melhor o tempo.

ユーエスビー USB 〖エンリャク〗 USB (m). ♦ USBポート porta (f) USB. USBメモリー memória (f) USB, *pen drive* (m).

ゆうえつかん 優越感 complexo (m) de superioridade. 〜を持つ ter complexo de superioridade, sentir-se superior aos outros. …に対して〜を抱く sentir-se superior a ….

ゆうえんち 遊園地 parque (m) de diversões; [児童公園など] pátio (m) de recreio.

ゆうが 優雅 elegância (f), refinamento (m). 〜な elegante, refinado/da. 〜でないふるまい atitude (f) deselegante.

ゆうかい 誘拐 sequestro (m), rapto (m). 〜する sequestrar, raptar. 隣の子供が〜された O/A filho/lha do vizinho foi sequestrado/da [raptado/da]. ♦ 誘拐事件 sequestro (m).

ゆうかい 融解 【理】fusão (f). 〜する fundir, derreter. 氷は摂氏0度で〜する O gelo funde [derrete] a zero grau centígrado.

ゆうがい 有害 nocividade (f), toxicidade (f). 〜な prejudicial, nocivo/va, tóxico/ca. たばこは体に〜だ O cigarro Lé prejudicial [faz mal] à saúde. バイオエタノールから出る排気ガスにはほとんど〜物質が含まれていない O gás Lresidual [《口語》 de carburador] expelido pelo bioetanol quase não contém substâncias tóxicas. その場合の抗生物質は〜無益だ O antibiótico, no caso, é prejudicial, além de ser inútil. ♦ 有害ごみ lixo (m) nocivo. 有害物質 substância (f) tóxica.

ゆうがお 夕顔 【植】❶ cabaceira (f). ❷ ipomeia (f) alba.

ゆうがた 夕方 tarde (f), tardinha (f), crepúsculo (m). 〜に à tardinha, à tarde. 〜は寒くなりますからコートを持っていったほうが… É melhor levar o casaco, que vai fazer frio à tarde.

ユーカリ 【植】eucalipto (m).

ゆうかん 勇敢 〜な valente, bravo/va, corajoso/sa. 〜に valentemente, corajosamente.

ゆうかん 夕刊 jornal (m) da tarde.

ゆうかん 有閑 estado (m) de pessoa rica e

desocupada. ♦ 有閑マダム senhora (f) rica com muito tempo para se divertir.

ゆうき 勇気 coragem (f). 〜のある corajoso/sa, bravo/va. 〜のない covarde, tímido/da. 〜を出す soltar [tomar] coragem. 私にはこの失敗を課長に打ち明ける〜がない Eu não tenho coragem de confessar esta falha ao/à chefe (de seção).

ゆうき 有機 〜的な orgânico/ca. 〜的に organicamente. 〜食物とは天然の肥料で栽培され、農薬を使っていないもののことである Alimentos orgânicos são os produzidos com adubos naturais e livres de agrotóxicos. ♦ 有機化学 química (f) orgânica. 有機化合物 composto (m) orgânico. 有機体 organismo (m), corpo (m) orgânico. 有機農法 agricultura (f) orgânica. 有機肥料 adubo (m) orgânico.

ゆうぎ 遊戯 brincadeira (f), brinquedo (m), jogo (m).

ゆうきづく 勇気付く encorajar-se, ganhar coragem, ganhar ânimo.

ゆうきづける 勇気づける animar, encorajar. …に勇気づけられる ser encorajado/da por ….

ゆうきゅうきゅうか 有給休暇 férias (f) pagas, feriado (m) remunerado. 〜は年間何日ありますか Quantos dias por ano se pode descansar [folgar] sem ser descontado?／Quantos dias de férias remuneradas anuais há nesta companhia?

ゆうぎり 夕霧 neblina (f) do anoitecer.

ゆうぐ 遊具 materiais (mpl) ou instalações (fpl) para jogos [brincadeiras], brinquedo (m).

ゆうぐう 優遇 tratamento (m) favorável. 〜する favorecer. この会社では大学卒が〜されている Nesta companhia os formados em universidade são favorecidos. 〜される ser tratado/da favoravelmente. 知り合いに〜措置をとる tomar medidas favoráveis para conhecidos.

ユークリッド Euclides. ♦ ユークリッド幾何学 geometria (f) euclidiana. 非ユークリッド幾何学 geometria (f) não-euclidiana.

ゆうぐれ 夕暮れ tarde (f), tardinha (f), crepúsculo (m). 〜に à tardinha, ao entardecer. ⇨夕方.

ゆうげん 有限 finitude (f), limitação (f). 〜の limitado/da, 〚数〛finito/ta, 〚植〛definido/da. 〜な資源 recursos (mpl) (naturais) limitados. ♦ 有限会社〚商〛sociedade (f) [companhia (f)] limitada, Co. Ltda.. 有限花序〚植〛inflorescência (f) definida. 有限小数〚数〛decimal (m) finito. 有限責任〚法〛responsabilidade (f) limitada.

ゆうげん 幽玄 ideal (m) do Belo que une simplicidade, tranquilidade e mistério. 〜な場面 cena (f) de teatro com atração de um belo tranquilo, simples e misterioso.

ゆうけんしゃ 有権者 ❶ eleitor/ra. 〜である ter direito a voto, ser eleitor/ra. ❷〔集合的〕eleitorado (m).

ゆうこう 有効 validade (f); eficiência (f). 〜な válido/da, com eficiência. 〜に com eficiência, bem, eficientemente. …を〜に使う fazer bom uso de …, aproveitar bem …. 休暇を〜に使う aproveitar bem as férias. この新しい機械はどうやったら〜に使うことができますか Como é que se pode usar esta máquina nova de maneira eficiente? このパスポートはもう1年間〜です Este passaporte é válido por mais um ano. 発行日から6か月間〜の商品券をもらった Recebi um vale-compras [vale-brinde] com validade de seis meses a partir da data da emissão. ♦ 有効期間 prazo (m) vigente. 有効期限 prazo (m) de validade.

ゆうこう 友好 amizade (f). 〜的 amigável, amigo/ga. …と〜関係を保つ manter uma relação amigável com ….

ゆうごう 融合 ❶〚理〛fusão (f). ♦ 核融合 fusão (f) nuclear. ❷〔融和〕combinação (f), harmonia (f). この家は和風の装飾と洋風の装飾がうまく〜している Nesta casa, há [podemos ver] uma harmonia entre enfeites de estilo japonês e os de estilo ocidental.

ユーザー usuário/ria. 〜登録をする fazer o cadastramento dos usuários, cadastrar os usuários. ♦ ユーザーネーム〚コンピュータ〛nome (m) de usuário.

ゆうざい 有罪 culpabilidade (f). 〜の culpado/da, criminoso/sa. 〜の宣告を受ける ser declarado/da culpado/da. 被告は〜と宣言された O/A réu/ré foi declarado/da culpado/da. 〜と認める declarar 〜 culpado/da. ♦ 有罪判決 sentença (f) condenatória.

ゆうさんかいきゅう 有産階級 classe (f) dos que têm posses [proprietários]. 〜の人々 burgueses (mpl), burguesia (f).

ゆうし 融資 financiamento (m), empréstimo (m). AにBを〜する financiar B a A, fazer um empréstimo de B a A. …への〜を打ち切る cortar o financiamento a …. …に〜を依頼する pedir um empréstimo a …. 〜を受ける ser financiado/da. ♦ 融資手形 nota (f) de crédito.

ゆうし 有史 〜以前の pré-histórico/ca. 〜以前の動物 animais (mpl) pré-históricos. 〜以来 desde a aurora da história, desde que a história começou. 〜以来の大惨事 a maior tragédia da história.

ゆうじ 有事 emergência (f). ♦ 有事法制法案 projeto (m) de lei para estados de emergência (do país).

ゆうしきしゃ 有識者 ❶〔学識者〕pessoa (f) instruída, intelectual, 《口語》pessoa que entende das coisas. ❷ [専門家] especialista.

ゆうしてっせん 有刺鉄線 arame (m) farpado.

ゆうしゃ 勇者 homem (m) corajoso, bravo homem (m).

ゆうしゅう 優秀 excelência (f), primazia (f). ~な excelente, brilhante. 彼は~だね Ele é bem brilhante, não?

ゆうしゅうのび 有終の美 chave (f) de ouro, fim (m) brilhante. ~を飾る concluir brilhantemente [fechar com chave de ouro] indo até o fim (numa empresa).

ゆうじゅうふだん 優柔不断 vacilação (f); hesitação (f). ~な男 homem (m) indeciso.

ゆうしょう 優勝 vitória (f), triunfo (m). ~する vencer, sair vitorioso/sa, ganhar (o título). この大会でどのチームが~すると思いますか Que time você acha que vai ganhar neste campeonato? ブラジルはワールドカップの~候補だ O Brasil é o principal favorito para a Copa do Mundo. ♦優勝カップ copa (f), taça (f). 優勝決定戦 final (f). 優勝候補 favorito/ta. 優勝者 vencedor/ra, campeão/peã. 優勝チーム time (m) vencedor, equipe (f) vencedora.

ゆうじょう 友情 amizade (f). ~をもって com amizade. 彼らは固い~で結ばれている A amizade deles é firme. 私は彼に対して~を抱いていたのに… É uma pena, porque eu tinha uma grande amizade por ele.

ゆうしょく 夕食 jantar (m). ~をとる jantar. ~後に depois do jantar. ~の前に antes do jantar. お宅では~は何時ですか A que horas é o jantar na sua casa? 私はきょう山田さんのうちに~に呼ばれています Hoje eu estou convidado/da para um jantar na casa do senhor Yamada. ~時に人のうちに行くのは失礼ですよね É falta de educação visitar alguém na hora do jantar, não é mesmo?

ゆうしょくじんしゅ 有色人種 raça (f) de cor.

ゆうじん 友人 amigo/ga. 彼らは昔からの~です Eles são amigos de longa data [velhos amigos].

ゆうじん 有人 ♦有人ロケット nave (f) espacial tripulada.

ゆうずう 融通 ❶ [金銭の] empréstimo (m), financiamento (m). ~する emprestar, financiar. ~のきく金額はいくらでしょうか Qual a quantidade de dinheiro disponível para empréstimo? ♦融通資本 [会計] capital (m) em circulação [de giro]. ❷ [人の] flexibilidade (f), adaptabilidade (f). 彼女は~がきく人だ Ela tem uma personalidade flexível [《口語》jogo de cintura]. ~のきかない人 pessoa (f) inflexível [de cabeça dura, 《口語》sem jogo de cintura]. ~をきかせる adaptar-se às circunstâncias, ser flexível, ter jogo de cintura.

ユースホステル albergue (m) da juventude.

ゆうせい 優勢 predominância (f), preponderância (f), liderança (f). ~な dominante, predominante, superior. ~になる assumir a liderança. …に対して~を保つ manter a liderança sobre ….

ゆうせい 優性 [生] dominância (f). ~の dominante. ♦優性遺伝子 gene (m) dominante.

ゆうせい 有性 [生] sexuado/da. ♦有性生殖 reprodução (f) sexuada.

ゆうせい 郵政 ~事業の民営化 privatização (f) do serviço do correio.

ゆうぜい 遊説 campanha (f) eleitoral. ~する fazer campanha eleitoral. 全国を~して歩く percorrer o país todo para uma campanha eleitoral.

ゆうせいおん 有声音 [音声] consoante (f) sonora e vogais (fpl).

ゆうせいがく 優生学 eugenia (f). ♦優生学者 eugenista.

ゆうせん 優先 prioridade (f), preferência (f). …を~させる dar prioridade a …, fazer … primeiro. …より~される ter prioridade sobre …, prevalecer a …, ter preferência sobre …, ser preferencial a …. ~の preferencial, prioritário/ria. この仕事を~させてください Faça este serviço primeiro, por favor. 自然保護が何よりも~されるべきだ A preservação da natureza deve ter prioridade sobre todas as coisas. 個人の利益でなく集団の利益を~すべきだ Não é a vantagem pessoal que deve prevalecer e sim o benefício coletivo. ♦優先株 [経] ação (f) preferencial. 優先記名株 [経] ação preferencial nominativa. 優先席 assento (m) reservado para idosos e deficientes físicos, assento preferencial. 優先道路 via (f) preferencial. 優先無記名株 [経] ação preferencial ao portador.

ゆうせん 有線 ♦有線通信 comunicação (f) a cabo. 有線テレビ televisão (f) a cabo. 有線放送 transmissão (f) a cabo.

ゆうそう 郵送 remessa (f) postal. ~する enviar, remeter, mandar pelo correio. それを~しましょう Vou enviar isso aí pelo correio. ♦郵送料 tarifa (f) postal.

ユーターン Uターン curva (f) em U. ~をする dar o retorno. 彼は都会暮らしだったが~をして今は田舎に住んでいる Ele morava na metrópole, mas fez o caminho de volta e agora mora no interior. ♦Uターンラッシュ rush de retorno da viagem à terra natal.

ゆうたい 優待 acolhida (f) carinhosa, hospitalidade (f). ~する tratar afetuosamente, receber de braços abertos. ♦優待券 cupom (m) 《que dá direito a descontos, brindes ou participação de sorteios》.

ゆうたい 勇退 demissão (f) voluntária. ~す

ゆうだい 雄大 ～さ grandiosidade (f). ～な grandioso/sa, grande.

ゆうたいぶつ 有体物 〖法〗bens (mpl) tangíveis.

ゆうたいるい 有袋類 〖動〗marsupiais (mpl). ～の動物 animal (m) marsupial.

ゆうだち 夕立 aguaceiro (m), temporal (m). ～にあう pegar um temporal. きのう私は～にあってしまった Ontem eu peguei um temporal.

ゆうち 誘致 atração (f), convite (m); implantação (f), introdução (f). 外国人技術者を～する atrair técnicos estrangeiros. 工場を～する atrair investidores para a instalação de uma fábrica (no local).

ゆうているい 有蹄類 〖動〗ungulados (mpl). ～の動物 animal (m) ungulado.

ゆうてん 融点 〖理〗ponto (m) de fusão dos metais.

ゆうとう 優等 excelência (f). ～の excelente. 彼はずっと～生だった Ele sempre foi um excelente aluno. ♦優等生 excelente aluno/na.

ゆうどう 誘導 ❶ orientação (f), direção (f). ～する dirigir, guiar, induzir. 店員は客を非常口に～した O/A funcionário/ria orientou os fregueses para a saída de emergência. ～尋問に引っかかる〖法〗ser pego/ga por uma pergunta (f) capciosa. ❷〖理〗indução (f). ♦誘導回路 circuito (m) induzido. 誘導コイル bobina (f) de indução. 誘導磁気 magnetismo (m) induzido. 誘導装置 sistema (m) de teleguiar; sistema de comando da torre de controle. 誘導体 corpo (m) derivado. 誘導弾 míssil (m) guiado. 誘導電流 corrente (f) induzida. 遠隔誘導 comando (m) a distância. 電波(無線)誘導 indução por ondas elétricas (de rádio).

ゆうどく 有毒 ～な venenoso/sa, tóxico/ca. ♦有毒ガス gás (m) tóxico/ca. 有毒性 toxicidade (f).

ユートピア ❶〔理想〕utopia (f). ❷〔理想郷〕sociedade (f) utópica.

ゆうのう 有能 ～な〔十分能力のある〕capaz; competente; 〔才能ある〕talentoso/sa, de talento. ～な人 pessoa (f) └de talento [de muita capacidade, competente].

ゆうはん 夕飯 jantar (m). ⇨夕食.

ゆうひ 夕日 sol (m) poente. ～が沈むころ quando o sol se põe. ～に照らされている窓 janela (f) └refletindo [que reflete] o pôr do sol.

ゆうびん 郵便 correio (m). これを～で送ってください Mande isto pelo correio, por favor.

♦郵便受け caixa (f) de correspondência. 郵便為替 vale (m) postal. 郵便切手 selo (m) postal. 郵便局 correio (m). 郵便小包 colis (m) postal. 郵便配達人 carteiro/ra. 郵便はがき cartão (m) postal. 郵便箱 caixa (f) de correio. 郵便番号 código (m) de endereçamento postal, CEP. 郵便物 remessa (f) postal. 中央郵便局 correio central.

ユーブイ UV raios (mpl) ultra-violeta. ♦UVカットクリーム protetor (m) solar.

ユーフォー UFO óvni (m) (objeto voador não identificado), ufo (m).

ゆうふく 裕福 ～な rico/ca, abastado/da. 彼は～です Ele é rico.

ゆうべ 昨夜 ontem à noite, a noite passada, essa noite. ～変な夢を見た Essa noite tive um sonho estranho.

ゆうべ 夕べ noite (f). 音楽の～ noite musical.

ゆうへい 幽閉 enclausuramento (m), reclusão (f) em lugar fechado. ～する confinar, enclausurar, encerrar.

ゆうべん 雄弁 eloquência (f). ～な eloquente. ～に eloquentemente. ～を振るう falar [discursar] com eloquência.

ゆうぼう 有望 ～な prometedor/ra, encorajador/ra, de futuro. ～な男性 um homem de futuro. この事業は～だと思いませんか Não acha que └esta empresa [este negócio] promete muito?

ゆうほどう 遊歩道 passeio (m). ～を歩く andar └no passeio [na calçada]. ♦自然遊歩道 caminho (m) para excursão ao ar livre.

ゆうめい 有名 ～な famoso/sa, célebre, bem conhecido/da. ～になる ficar famoso/sa. …で～である ser famoso/sa por ….

ゆうめいむじつ 有名無実 ～の nominal, só de nome, que não existe na realidade. 規則は～となった O regulamento se tornou próforma.

ユーモア humor (m), espírito (m). ～(感覚)のある人 pessoa (f) └espirituosa [que tem senso de humor]. ～の通じない人 pessoa que leva tudo a sério. 彼には～が通じない Ele não tem └senso de humor [espírito]. あの人の話にはいつも～がある As histórias que ele conta são sempre engraçadas. / Sempre tem humor no que ele conta.

ゆうもう 勇猛 bravura (f), coragem (f). ～な bravo/va, corajoso/sa, ousado/da, destemido/da.

ユーモレスク 〖音〗composição (f) musical cômica.

ゆうもん 幽門 〖解〗piloro (m). ♦幽門形成 piloroplastia (f). 幽門狭窄(きょうさく) estenose (f) pilórica.

ゆうやけ 夕焼け arrebol (m) da tarde.

ゆうよ 猶予 adiamento (m), prorrogação (f). ～なく sem demora, prontamente. ～する adiar, prorrogar, esperar. 2, 3日ご～いただけますか O/A senhor/ra pode └me dar [esperar] mais dois ou três dias? ♦猶予期間 〖法〗 prazo (*m*) de carência. 猶予日数 〖法〗 dias (*mpl*) de carência.

ゆうよう 有用 ～な útil, proveitoso/sa. ⇨有益.

ユーラシア a Eurásia, 《ポ》Euroásia (*f*). ～の eurásico/ca, euroasiático/ca. ♦ユーラシア大陸 Eurásia, continente (*m*) eurásico [euro-asiático].

ゆうらん 遊覧 recreio (*m*), excursão (*f*), turismo (*m*). ♦遊覧船 lancha (*f*) de excursão.

ゆうり 有利 vantagem (*f*). (…に)～な vantajoso/sa para …, favorável a …; 〔得な〕 lucrativo/va. ～に com vantagem, favoravelmente. ～な投資計画 plano (*m*) de investimento lucrativo. 我々は～な立場にある Nós somos mais favorecidos do que os outros./ Nós estamos numa posição mais vantajosa. 被告人に～な資料が見つかった Encontraram um documento em favor do réu.

ゆうり 有理 ～化する racionalizar. ♦有理式 fórmula (*f*) racional. 有理数 〖数〗 número (*m*) racional.

ゆうりょ 憂慮 inquietude (*f*), preocupação (*f*), ansiedade (*f*). ～する inquietar-se, preocupar-se, ficar apreensivo/va. ～すべき状態 situação (*f*) ⌞inquietante [preocupante, que preocupa, que causa preocupação].

ゆうりょう 有料 ～の que é pago/ga, que não é grátis, com (cobrança de) taxa. その講演は～ですか Essa conferência é paga? ♦有料駐車場 estacionamento (*m*) pago. 有料トイレ toalete (*m*) [banheiro (*m*)] pago. 有料道路 estrada (*f*) com pedágio. 有料老人ホーム asilo (*m*) de idosos de empresa privada.

ゆうりょう 優良 ～な bom/boa, excelente, superior. ♦優良株 ação (*f*) (que está) em alta. 優良企業 boa empresa (*f*). 健康優良児 criança (*f*) robusta e saudável.

ゆうりょく 有力 ～な influente. ノーベル文学賞の～候補者 o/a indicado/da para o prêmio nobel de literatura com grande probabilidade de ganhar, um/uma forte candidato/ta ao prêmio nobel de literatura. ♦有力者 pessoa (*f*) influente.

ゆうれい 幽霊 fantasma (*m*), assombração (*f*). ♦幽霊会社 empresa fantasma (*f*). 幽霊屋敷 casa (*f*) mal assombrada.

ゆうれつ 優劣 superioridade (*f*) e inferioridade (*f*). 二人は～がつけがたい Não se pode dizer qual/das dois/duas é o/a melhor. AはBと～を競った O A disputou com o B./ A rivalizou com B.

ユーロ euro (*m*). ♦ユーロ債 [ボンド] eurobônus. ユーロマネー euromoeda (*f*), eurodólar (*m*).

ゆうわ 融和 relação (*f*) íntima e harmoniosa. 二国間の～ boas relações (*fpl*) entre dois países. …と～する manter uma relação íntima e harmoniosa com …, dar-se bem com …. 会員同志の～をはかる desenvolver uma boa relação entre os membros de uma associação.

ゆうわ 宥和 atitude (*f*) pacífica com tolerância. ～政策をとる adotar uma política de paz (sem se ater aos pequenos erros do outro).

ゆうわく 誘惑 tentação (*f*); 〔異性に対する〕 sedução (*f*). ～する tentar; seduzir. ～に打ち勝つ não cair na tentação, resistir à tentação. ～に負ける cair na tentação, não (poder) resistir à tentação; ser seduzido/da. 彼はいろいろうまいことを言って私を⌞しようとした Ele tentou me seduzir ⌞com muita tática [com sua lábia].

ゆえ 故 motivo (*m*), razão (*f*). ～なく (して) 他人の家に入る invadir a casa ⌞alheia [dos outros] sem motivo. 飲みたいが～に por querer beber. 彼は飲みたいが～にそんなことを言った Ele disse isso só porque queria beber. ～あって我々は離婚した Nós nos divorciamos por motivos sérios.

ゆえん 所以 razão (*f*), motivo (*m*), o porquê (*m*). これが彼を信用しない～です Isto é o porquê de eu não confiar nele./Esta é a razão por que eu não confio nele. 〔★一番目の porque は名詞化された porquê であるが、二番目の por que は、前置詞 por + 関係代名詞 que であり、その先行詞は a razão である〕

ゆか 床 assoalho (*m*).

ゆかい 愉快 ～な 〔陽気な〕alegre; 〔楽しい〕 engraçado/da, divertido/da. ～に alegremente. ～な連中 pessoal (*m*) divertido, grupo (*m*) alegre. あいつは実に～なやつだ Aquele sujeito é muito divertido mesmo.

ゆかうえ 床上 acima do assoalho. ♦床上浸水 inundação (*f*) acima do assoalho.

ゆがく 湯がく escaldar, cozer ligeiramente em água quente. この白菜をさっと湯がいてください Escalde esta acelga, por favor.

ゆかげん 湯加減 temperatura (*f*) da água (do banho quente de imersão).

ゆかした 床下 debaixo do assoalho, porão (*m*). ～点検をする examinar debaixo do assoalho. ♦床下収納 estocagem (*f*) abaixo do assoalho. 床下収納庫 depósito (*m*) construído no porão. 床下浸水 inundação (*f*) até debaixo do assoalho.

ゆかた 浴衣 〔服〕quimono (*m*) ligeiro, em geral de algodão, que se veste no verão.

ゆがみ 歪み ❶ distorção (*f*), curva (*f*), torção (*f*), tortuosidade (*f*). 線の～ curva (*f*) [tortuosidade] da linha. テレビの画像に～がある A imagem da televisão está distorcida. ❷ falta (*f*) de retidão. 性格 [心] の～ não retidão (*f*) de caráter.

ゆがむ 歪む torcer-se, ficar torcido/da; deformar-se. 彼の性格はゆがんでいる Ele tem um caráter esquisito. この問題に対するあなたの見方はゆがんでいる Você ㄴtem [está com] uma visão deturpada do problema.

ゆがめる 歪める torcer;〔変形〕deformar. 彼は苦痛で顔をゆがめている Ele está torcendo a cara de dor. 真実をゆがめないでください Não distorça a verdade.

ゆかり ligação (f), conexão (f), relação (f). ここは漱石に〜の深い町だ Esta é uma cidade profundamente ligada ao escritor Soseki. この話は私に縁も〜もない Esta história não tem nada a ver comigo.

*__ゆき__ 雪 neve (f). [ネーヴィ]. 〜が降る nevar. 今晩は大〜が降るそうです Dizem que vai nevar muito esta noite. 〜が降っている〔進行形〕Está nevando./〔完了形〕Nevou. 〜の中を歩く andar no meio da neve. 〜に覆われている山 montanha (f) coberta de neve. ここは〜の多い地方ですから É que aqui é uma região de muita neve./Esta região neva muito. 〜が解けてきましたね A neve começou a derreter, não é? 〜遊びする brincar ㄴna [com a] neve. ♦雪景色 paisagem (f) de neve. 雪靴 bota (f) para se andar na neve. 粉雪 neve miúda. 万年雪 neves perpétuas.

ゆき 行き ida (f). …〜 que vai para …, com destino a …. この電車はどこ〜ですか Para onde vai este trem? 高崎〜の急行列車 trem (m) expresso com destino a Takasaki. 私は午前9時発の名古屋〜の急行に乗ります Vou tomar o expresso das nove da manhã que vai para Nagoya. ⇨行(ゆ)き.

ゆきおろし 雪下ろし 屋根の〜をする tirar a neve acumulada no [do] telhado.

ゆきがかり 行き掛かり ⇨行(ゆ)き掛かり.

ゆきかき 雪掻き pá (f) para limpar a neve. 〜をする limpar a neve. 家の前の〜をする retirar a neve da frente de casa.

ゆきがっせん 雪合戦 guerrinha (f) de bola de neve. 〜をする brincar de guerrinha de bola de neve.

ゆきぐに 雪国 país (m) das neves.

ゆきげしょう 雪化粧 〜をする (している) ficar [estar] coberto/ta de neve. 〜した富士山 Monte Fuji coberto de neve.

ゆきさき 行き先 ⇨行(ゆ)き先.

ゆきすぎ 行き過ぎ excesso (m). 〜の demasiado/da, que passa dos limites. 彼女の行いは〜だった Ela se excedeu na conduta. その褒め方は〜だった O elogio foi além da conta. それは〜だよ Assim você está passando dos limites.

ゆきすぎる 行き過ぎる 〔極端になる〕ir muito longe, passar dos limites, ser extremista;〔通りすぎる〕passar de, ir além. 眠っているうちに降りる駅を行き過ぎてしまった Acabei passando da estação (em que deveria descer) por estar dormindo.

ゆきだるま 雪だるま boneco (m) de neve. 〜を作る fazer boneco de neve. 〜式に増える aumentar como bola de neve, formar bola de neve.

ゆきちがい 行き違い desencontro (m). …と〜になる desencontrar-se com …. 私たちは途中で〜になったようですね Parece que nós nos desencontramos no meio do caminho, não é? その件に関しては我々の間に〜があったようです Parece que houve um mal-entendido entre nós ㄴcom relação a esse caso [quanto a esse ponto].

ゆきつけ 行きつけ 〜の店 loja (f) (restaurante (m)) preferido/da [favorito/ta]. あそこは私の〜の店だ Aquele é o restaurante ㄴque eu costumo frequentar [aonde eu vou sempre].

ゆきづまり 行き詰まり beco (m) sem saída; impasse (m). 〜を打開する resolver um impasse, dar uma saída favorável a um impasse.

ゆきづまる 行き詰まる estar num beco sem saída, estar numa situação difícil [embaraçosa]. 交渉が行き詰まっている原因は何ですか Qual é o motivo ㄴdo impasse [da estagnação] da negociação?

ゆきどけ 雪解け ❶ derretimento (m) da neve. もうすぐ〜が始まる Logo começará o derretimento da neve. ♦雪解け水 água (f) de neve. ❷《比》melhora (f) na guerra fria. 米中関係の〜が始まった A tensão na relação entre a China e os Estados Unidos começou a desaparecer.

ゆきとどく 行き届く chegar à perfeição. そのホテルはサービスが行き届いている Esse hotel ㄴtem um serviço perfeito [serve muito bem os hóspedes]. 手入れの行き届いた庭 um jardim muito bem cuidado.

ゆきどまり 行き止まり beco (m) sem saída. この通りは〜だ Esta rua não tem saída.

ゆきまつり 雪祭り festival (m) de neve.

ゆきやけ 雪焼け bronzeamento (m) causado pela neve. 〜の肌 pele (f) bronzeada ㄴcom a [pela] neve. 〜になる ficar bronzeado/da com a neve.

ゆきやま 雪山 montanha (f) coberta de neve.

ゆきわたる 行き渡る difundir-se; distribuir-se. 食糧はみんなに行き渡りましたか A comida chegou para todos? この工場では注意が行き渡っている Nesta fábrica, todos sabem o que observar./Nesta fábrica, todos estão bem informados do regulamento.

ゆくえ 行方 paradeiro (m). 彼の〜はまだわからないか Não se sabe ainda aonde ele foi parar? 私の夫はまだ〜不明です O meu marido ainda está desaparecido. ♦行方不明者 desaparecido/da.

ゆくすえ 行く末 futuro (m). 〜長く…の面倒

を見る cuidar de … para sempre [por toda a vida]. 子供たちの〜を案じる preocupar-se com o futuro das crianças.

ゆくて 行く手 caminho (m), passagem (f). …の〜をさえぎる bloquear o caminho de …, impedir a passagem a …. 〜に光が見えた Viu-se uma luz de esperança no caminho (cheio de dificuldades).

ゆくゆく 行く行く 〜(は) no futuro, um dia. 彼は〜(は)有名人になる人物だ Um dia ele será famoso. 私は〜(は)ブラジルに帰るつもりだ Penso em voltar para o Brasil no futuro.

ゆげ 湯気 vapor (m), fumo (m). スープから〜が立っている A sopa está fumegando.

ゆけつ 輸血 transfusão (f) de sangue. …に〜する fazer transfusão de sangue para …. 〜してもらう receber sangue.

ゆざめ 湯冷め friagem (f) depois de um banho quente de imersão. 〜する esfriar-se [tomar friagem] depois de um banho quente de imersão. 〜をしないように Tome cuidado para não se resfriar depois do banho.

ゆし 油脂 óleo (m) e gordura (f). ◆油脂工業 indústria (f) de óleos e gorduras.

ゆしゅつ 輸出 ❶ exportação (f). 〜する exportar. 〜入のバランス balança (f) comercial, equilíbrio (m) das exportações e importações. 〜振興を図る fomentar as exportações. この製品は〜用です Este produto é para exportação.

◆輸出額 montante (m) das exportações. 輸出業 comércio (m) de exportação. 輸出業者 exportador/ra. 輸出許可書 guia (f) de exportação. 輸出港 porto (m) de exportação [saída]. 輸出自主規制 limitação (f) voluntária das exportações. 輸出奨励金 subvenção (f) de exportação. 輸出申告 declaração (f) de exportação. 輸出申告書 documento (m) de declaração (f) de exportação. 輸出税 imposto (m) [taxa (f)] sobre exportações. 輸出制限 restrição (f) das exportações. 輸出代金保険 seguro (m) do valor de exportação. 輸出超過 excesso (m) de exportação (em relação à importação). 輸出手形 letra (f) (de câmbio) de exportação. 輸出手続き trâmites (mpl) de exportação. 輸出品 artigo (m) de exportação, produto (m) para exportação. 輸出割当 quota (f) de exportação.

❷〔考え方, システムなどの〕difusão (f), introdução (f) (de ideias ou sistemas do próprio país) em países estrangeiros. 〜する difundir, introduzir (ideias ou sistemas novos) em países estrangeiros.

ゆず 柚子 【植】espécie (f) de limão aromático, fruta (f) cítrica aromática.

ゆすぐ enxaguar. 洗濯物を〜 enxaguar a roupa. 口を〜 bochechar.

ゆすり 強請 〔行為〕chantagem (f);〔人〕chantagista.

ゆずりあい 譲り合い concessão (f) mútua. 〜の精神 mentalidade (f) de compromisso recíproco, espírito (m) amigável de quem sabe ceder.

ゆずりあう 譲り合う fazer concessões mútuas, oferecer um ao outro, oferecer-se reciprocamente, ceder amigavelmente. 電車で互いに席を〜 oferecer um ao outro/uma à outra o mesmo assento no trem. 互いに譲り合わないと問題は解決しない O problema não vai ser resolvido se ninguém sabe ceder.

ゆずりうける 譲り受ける ❶〔継承〕herdar, receber como herança. 親の財産を〜 herdar a herança dos pais. 彼のあの頑固な性格は父親から譲り受けたものだ Ele herdou do pai aquele caráter teimoso. ❷〔買い取る〕comprar [adquirir] de conhecidos etc. 彼は友人からあの車を譲り受けた Ele comprou aquele carro do/da amigo/ga.

ゆする 揺する chacoalhar, sacudir, agitar. そんなにひどく〜なよ Não sacuda [agite] tão forte assim!

ゆする 強請る chantagear, fazer chantagem contra.

*****ゆずる 譲る** ceder [セデール], transferir [トランスフェリール]; 〔売る〕vender [ヴェンデール]; 〔遺産として〕legar [レガール], deixar [デイシャール], passar [パサール]. 会社の権利を…に〜 transferir a … os direitos da companhia. あなたはこの店を息子さんに〜つもりですか O/A senhor/ra pretende deixar esta loja para o seu filho? お年寄りや体の不自由な方に席をお譲りください〔アナウンスで〕Favor ceder o lugar aos idosos e deficientes físicos.《掲示》Reservado aos Idosos e Deficientes Físicos.

ゆせい 油性 oleosidade (f). 〜の oleoso/sa, que contém óleo. ◆油性インク tinta (f) oleosa [de óleo].

ゆせん 湯煎 banho-maria (m). 〜にかける aquecer em banho-maria, cozer a vapor.

ゆそう 輸送 transporte (m). 〜する transportar. これは〜中に壊れたようです Parece que isto aqui quebrou durante a viagem [ao ser transportado]. ◆輸送機 avião (m) de carga. 輸送機関 meio (m) de transporte (de cargas). 輸送船 navio (m) cargueiro. 輸送費 tarifa (f), frete (m). 輸送量(力) volume (m) (capacidade (f)) de transporte (de cargas). 海上(航空/鉄道/陸上)輸送 transporte marítimo (aéreo/ferroviário/terrestre).

ゆそうせん 油槽船 navio (m) [barco (m)] petroleiro, petroleiro (m).

ゆたか 豊か 〜な〔豊富な〕abundante;〔肥沃(ひよく)〕fértil;〔金持ちの〕rico/ca. 〜に abundantemente, com abundância, na opulência.

彼は知識が～だ Ele tem ⌞muitos conhecimentos [uma vasta sabedoria]. 彼は経験の～な人です Ele é ⌞uma pessoa rica em experiências [muito experiente]. ブラジルは資源が～ですから É que o Brasil é rico em recursos naturais. 今たくさん働いて老後は～に暮らしたいですね Eu queria trabalhar bastante agora para depois ter uma boa vida na velhice.

ゆだねる 委ねる ❶〔委託する〕deixar … a cargo de, confiar … a. 店長に判断を～ deixar ⌞a decisão a cargo do/da gerente [que o/a gerente decida]. ❷〔身をささげる〕dedicar-se a. 教育事業に身を～ dedicar-se à causa da educação.

ユダヤ ◆ユダヤ人 judeu/dia. ユダヤ教 judaísmo (m). ユダヤ民族主義 sionismo (m).

ゆだる 茹だる cozer, ficar cozido/da. タコはもうゆだった O polvo já ⌞cozeu [está cozido].

ゆだん 油断 descuido (m). ～する descuidar-se, facilitar;〔不用意に〕desprevenir-se. ～して по descuido, por falta de precaução, por distração. ～をするな Alerta!/Cuidado! この機械は～していると危ない É preciso ter muito cuidado com esta máquina, se não, é perigoso. 経済チームは～してはならない A equipe econômica não pode se descuidar. 彼は～して財布を盗まれてしまった Ele facilitou e teve a carteira roubada.

ゆたんぽ 湯たんぽ bolsa (f) de água quente.

ゆちゃく 癒着 ❶〔医〕cicatrização (f), aderência (f). ～する cicatrizar, aderir. 内臓が～していた Havia dado aderência nos órgãos. 傷口の～ cicatrização da ferida. ❷〔利益を求めた不正な関係〕associação (f) escusa, aliança (f) duvidosa. 政財界の～ aliança (f) mancomunada político-econômica.

ユッカ【植】iúca (f).

ゆっくり ❶ lentamente, devagar. 彼は動作が～だ Ele é lento nos modos. もっと～話してください Fale mais devagar, por favor. ❷〔のんびり〕～と devagar, demoradamente, com calma. お風呂に～入る tomar banho de imersão ⌞com calma [demoradamente], ficar demoradamente na banheira. ～やりなさい Faça com calma. 時間があるから～行こう Vamos devagar que ainda temos tempo. ～していってください Fique bastante tempo (aqui). 今日は～できない Hoje não posso demorar muito (aqui). あとで～相談しよう Vamos falar disso depois com calma. ～眠る ter um bom sono, dormir bem.

ゆったり ～と à vontade, confortavelmente. このベンチには6人が～座れる Seis pessoas podem se sentar confortavelmente neste banco. ～する ficar descontraído/da, tomar tempo. うちで～する ficar à vontade em casa. ～した folgado/da, confortável. ～した服 roupa (f) folgada. 仕事場ではなかなか～した時間がとれない É difícil (de se) ter [conseguir] um tempo descontraído em local de serviço.

ゆでたまご 茹で卵 ovo (m) cozido [《ポ》escalfado].

ゆでる 茹でる cozer, cozinhar. ホウレンソウを～ cozer a espinafra (em água fervente).

ゆでん 油田 poço (m) [jazida (f)] de petróleo.

ゆどうふ 湯豆腐【料】tofu (m) cozido e servido quente, com gergelim ralado e cebolinha picada.

ゆとり ❶〔時間の〕sobra (f), tempo (m). 時間の～がある ter tempo de sobra, estar com tempo. 今は時間の～がない Agora estou sem tempo. 翻訳者に仕事の時間の～を十分与える dar um prazo suficiente para o/a tradutor/ra fazer o serviço. ❷〔スペースの〕espaço (m), margem (f). プリントの両脇に～を持たせてください Deixe margem nos dois lados das páginas que vai imprimir. ❸〔活動などの〕disponibilidade (f), folga (f), sobra (f). 金に～がある ter muito dinheiro disponível, ter dinheiro de sobra. ～のあるスケジュールを立てる fazer um cronograma com folga. ◆ゆとり教育 educação (f) ⌞descontraída [com programa folgado]. ❹〔心の〕tranquilidade (f), calma (f). 心に～を持って問題に取り組む ser calmo/ma [não se apressado/da] para resolver um problema.

ユニーク ～な diferente, original; maravilhoso/sa, sem igual.

ユニセックス【服】roupa (f) unisex.

ユニット ❶〔全体を構成する一つ一つの単位〕unidade (f). ◆ユニット家具 mobília (f) montável e desmontável. ユニット式バス banheiro (m) ⌞peça única [inteiriço]. ❷〔教科書などの単元〕unidade (f).

ユニバーサル universal. ◆ユニバーサルサービス【イㇰノㇺ】serviço (m) universal. ユニバーサルデザイン design (m) universal.

ユニバーシアード jogos (mpl) universitários.

ユニホーム【スポーツ】uniforme (m), camisa (f). …に～を着せる uniformizar …. ～姿の彼はかっこいい Ele fica bem de uniforme. 背番号10の～を着る選手はチームのエースである場合が多い O jogador que veste a camisa dez costuma ser o craque do time. 彼は～を脱ぐことを決めた Ele resolveu retirar-se da ativa./[サッカー] Ele resolveu pendurar as chuteiras.

ゆにゅう 輸入 ❶ importação (f). ～する importar. 日本はブラジルからコーヒーも大豆も～している O Japão importa do Brasil tanto café como soja.

◆輸入額 montante (m) das importações. 輸入為替 câmbio (m) de importação. 輸入(関)税 imposto (m) sobre importados, taxa (f) alfandegária. 輸入業

者 importadora (f). 輸入許可証 autorização para [guia (f) de] importação. 輸入許可製品 artigo (m) importável. 輸入禁制品 artigo (m) de importação proibida. 輸入港 porto (m) de importação [entrada (de mercadorias)]. 輸入制限 restrição (f) das importações. 輸入申告書 documento (m) de declaração de importação. 輸入超過 excesso (m) de importação (em relação à exportação). 輸入手形 letra (f) (de câmbio) de importação. 輸入手続き trâmites (mpl) de importação. 輸入品 artigo (m) importado. 輸入貿易 comércio (m) de importação. 輸入割当 quota (f) de importação.
❷〔考え方，システムなど〕introdução (f). ~する introduzir. 外国の制度を日本に~する introduzir um sistema estrangeiro no Japão.

ユネスコ UNESCO (f), Organização (f) Educacional, Científica e Cultural das Nações Unidas. ♦ 日本ユネスコ協会連盟 Federação (f) das Associações da UNESCO no Japão.

ゆのはな 湯の花 flor (f) de enxofre, sedimento (m) calcário ∟contido nas [das] águas termais.

ゆのみ 湯飲み xícara (f) de chá.

ゆば 湯葉 nata (f) seca do leite de soja.

***ゆび** 指 dedo (m) [デード]. ~ではじく dar um piparote a. ¶ ~をくわえて見ている não alcançar o desejado, ficar a ver navios. 五本の~に数えられるバレリーナ bailarina (f) de grande talento, que se inclui entre as cinco melhores (do mundo).
♦ 指先 ponta (f) dos dedos. 親指 dedão (m), polegar (m). 人差し指 dedo indicador. 中指 dedo médio. 薬指 dedo anular. 小指 dedinho (m), dedo mínimo, mindinho (m).

ゆびいん 指印 impressão (f) digital, datilograma (m). ~する imprimir [《口語》 pôr] a impressão digital.

ユビキタス ubiquidade (f). ♦ ユビキタス社会 [インターネット] sociedade (f) ubíqua [ubiquitária].

ゆびきり 指切り ~する prometer algo entrelaçando o próprio dedo mínimo com o do/da outro/tra. 遠足に一緒に行くと言って花子ちゃんと~をした Eu entrelacei o meu dedo mínimo com o da Hanako-chan prometendo ir juntos/tas à excursão.

ゆびさす 指差す apontar com o dedo.

ゆびづかい 指使い 〚音〛 dedilhação (f), dedilhado (m).

ゆびわ 指輪 anel (m). ~をはめる colocar [pôr] o anel no dedo. ♦ 結婚指輪 aliança (f).

ゆみ 弓 arco (m).

ゆみがた 弓形 forma (f) de arco. ~の arqueado/da, em (forma) de arco.

ゆみず 湯水 água (f) quente e fria. 金を~のように使う esbanjar dinheiro.

ゆみや 弓矢 arco (m) e flecha (f).

***ゆめ** 夢 sonho (m) [ソーニョ]; 〔悪夢〕 pesadelo (m) [ペザデーロ]; 〔要望〕 desejo (m) [デゼージョ]. ⋯の~を見る sonhar com ⋯. 日本にくることが私の長い間の~でした Vir ao Japão era o meu sonho [desejo] há muito tempo. ゆうべブラジルに帰った~を見ました Ontem sonhei que tinha voltado ao Brasil. ♦ 逆夢 (ｻｶﾕﾒ) sonho ∟que não se realizou [contrário à realidade]. 正夢 (ﾏｻﾕﾒ) sonho tornado realidade.

ゆめうらない 夢占い oniromancia (f), adivinhação (f) pela interpretação dos sonhos.

ゆめごこち 夢心地 êxtase (m). ~だ Estou extasiado/da.

ゆめみる 夢見る sonhar. 成功を~ sonhar com sucesso.

ゆらい 由来 origem (f), fonte (f). ⋯に~する originar-se de ⋯, vir de ⋯. ラテン語に~する単語 palavra (f) que se origina do latim. 封建制に~する風習 costumes (mpl) que vêm do feudalismo. 神社の~を調べる pesquisar a história do templo xintoísta.

ゆらぐ 揺らぐ ❶〔揺れる〕 balançar, tremer, oscilar, flutuar. 炎が揺らいでいた A chama oscilava. 建物が揺らいでいる O prédio está balançando. 風に葉っぱが揺らいでいた As folhas flutuavam ao vento. ❷〔動揺する〕 ficar abalado/da, ficar vacilante. 決心が~ ficar vacilante. このスキャンダルで政府の権威が~だろう Com este escândalo, a autoridade do governo ficará abalada. 彼は一言で自信が~ Ele fica com a auto-confiança abalada por causa de uma palavra.

ゆり 百合 〚植〛 lírio (m).

ゆりかご 揺りかご berço (m).

ゆりね 百合根 〚植〛 bulbo (m) de lírio.

ゆるい 緩い ❶〔締め方が〕 folgado/da, frouxo/xa, solto/ta, bambo/ba. ~ズボン calça (f) folgada. ~結び nó (m) frouxo. この靴は~ Este sapato está folgado. このねじは~. もっときつく締めなさい Aperte mais este parafuso, que ele está frouxo. ❷〔厳しくない〕 brando/da, moderado/da. ここの取り締まりは~ A inspeção daqui não é severa. ❸〔傾斜が〕 suave. ~カーブ curva (f) pouco acentuada. ~上り (下り) 坂 subida (f) (descida (f)) suave. ❹〔水分が多い〕 mole (por conter muita água). ~便 fezes (fpl) moles. ❺〔速度が〕 lento/ta. もっと~速度でやってください Faça isso mais devagar. 緩く 1) frouxamente, de modo solto. 2) moderadamente. 3) suavemente. 緩くする 1) afrouxar, tornar mais frouxo/da. この結びをもっと緩くしてください Afrouxe este nó, por favor. 2) abrandar, moderar. 3) suavizar. 4) amolecer.

ゆるぎ 揺るぎ abalo (m). ~ない信念 convicção (f) firme. ~ない地位にいる estar numa

ゆるし 許し 〔許可〕permissão (f), licença (f), autorização (f);〔容赦〕perdão (m). 〜を求める pedir permissão. どうかお〜を Perdão!

***ゆるす 許す** 〔許可する〕permitir [ペルミチール], dar permissão para (＋不定詞)《＋infinitivo》;〔勘弁する〕perdoar [ペルドアール], desculpar [デスクウパール]. 天気が許せば se o tempo permitir. 時間が許せば se der tempo, se sobrar tempo. 外出を許していただけますか O/A senhor/ra me dá permissão para sair? 乱筆をお許しください Perdoe-me a má caligrafia《em cartas》. 遅刻したことをお許しください Desculpe-me o [pelo] atraso. ここではたばこは許されていません Aqui é proibido fumar.

ゆるみ 緩み ❶ afrouxamento (m). ねじの〜 afrouxamento do parafuso. シートベルトの〜 afrouxamento do cinto de segurança. ❷ relaxamento (m). 気の〜〔安堵〕relaxamento;〔不注意〕descuido (m). ❸ abrandamento (m). 規律の〜 abrandamento de disciplina.

ゆるむ 緩む ❶〔ゆるくなる〕afrouxar-se, ficar bambo/ba. ねじが緩んでいる O parafuso está bambo [frouxo]. ❷〔気が〕descontrair-se, distrair-se. 気が緩んでいた Estava distraído/da. ❸〔管理などが〕abrandar-se, ficar menos severo/ra. 管理が緩んだ A fiscalização ficou mais branda. ❹〔スピードが〕diminuir, abaixar, ficar mais lento/ta. 車のスピードが緩み始めた A velocidade do carro começou a diminuir.

ゆるめる 緩める ❶ afrouxar, tornar bambo/ba, desapertar, alargar《o que estava apertado》. ねじを〜 desapertar um pouco [afrouxar] o parafuso. 彼はバンドを緩めた Ele desapertou o cinto. ❷〔和らげる〕abrandar, relaxar, descontrair, afrouxar. 管理を〜 afrouxar a fiscalização. 気を〜〔安堵〕ficar aliviado/da;〔不注意〕distrair-se, descuidar-se. 緊張を〜 aliviar a tensão. もう少し気を緩めて Relaxe um pouco(a tensão)./ Descontraia-se mais. 警戒体制を〜 afrouxar a vigilância. ❸〔速度を〕abaixar, diminuir, abrandar, reduzir a velocidade de. 歩調を〜 abrandar o passo. 前の車は急に速力を緩めて止まった O carro da frente diminuiu de repente a velocidade e parou.

ゆるやか 緩やか 〜な frouxo/xa; suave; lento/ta. ⇨緩い.

ゆれ 揺れ ❶ abalo (m), balanço (m), sacudida (f), tremor (m). 舟の〜 balanço do barco. 地震の〜 abalo (m) [tremor (m)] sísmico. 縦〜の地震 terremoto (m) que levanta [subleva] o solo. この道は穴だらけで車の〜がひどい Esta estrada está cheia de buracos, por isso o carro ⌊balança [está balançando] terrivelmente. ❷〔揺れの程度〕grau (m) do abalo [tremor]. ❸〔動揺〕indefinição (f). 気持ちの〜 vacilação (f), hesitação (f). 彼には気持ちの〜があった Ele estava hesitante [vacilante]. 言葉の意味の〜 indefinição do sentido de uma palavra.

ゆれる 揺れる agitar-se, tremer;〔大きく〕balançar, mexer. バスがひどく揺れて私は気分が悪くなりました Eu me senti mal porque o ônibus balançou muito.

ゆわかしき 湯沸かし器 aquecedor (m) de água. ♦ガス湯沸かし器 aquecedor de água a gás.

よ

よ 世 ❶〔世の中〕mundo (*m*). ～に出る tornar-se conhecido/da, ficar famoso/sa. ～を去る deixar este mundo, falecer. この～ este mundo. あの～ o outro mundo. ～に生まれる nascer, vir ao mundo. ～を捨てる viver isolado/da do mundo, levar vida de eremita. ～を渡る passar [atravessar] a vida, viver em sociedade. 楽しく～を渡る desfrutar [fruir] a vida,《口語》curtir a vida. ～がならSe este mundo fosse mais justo .... それが～の常だよ O mundo [A vida] é assim mesmo! ❷〔時代〕era (*f*), os tempos. ～の移り変わり mudança (*f*) dos tempos. 明治の～ Era Meiji.

よ 夜 noite (*f*). ～ふかしする ficar acordado/da até tarde. ～がふけてきました Está começando a anoitecer. ～が明けたら quando amanhecer. 我々は～通し働きました Nós trabalhamos a noite inteira [toda]. ⇨夜(ょ).

よ 余 mais de, acima de, para lá de. そこには200～いた Aí havia mais de duzentas pessoas.

-よ ouviu? entendeu? sabe?《partícula que vem no fim da frase pedindo assentimento》. この仕事はそれほどむずかしくないのです～ Este serviço não é tão difícil como se pensa, sabe?

よあけ 夜明け madrugada (*f*), manhãzinha (*f*). ～に de madrugada, de manhãzinha.

よあそび 夜遊び diversão (*f*) noturna; noctambulismo (*m*). ～する passear [divertir-se, sair] à noite, sair para diversões noturnas.

*****よい 良い, 好い, 善い** ❶ bom/boa [ボン/ボーア], positivo/va [ポズィチーヴォ/ヴァ]; bem [ベン]; 〔正しい〕certo/ta [セールト/タ]; 〔…よりよい〕melhor [メリョール]; 〔…でよい〕basta [バースタ]. 〔いちばんよい〕o/a melhor. ～人々 boas pessoas (*fpl*),《口語》boa gente (*f*). ～景色 bonita paisagem (*f*). ～点と悪い点 pontos (*mpl*) positivos e negativos. 歩くことは健康に～ Andar faz bem à saúde. ～ことを聞いた Foi bom você me dizer isso. 私はここで～ Eu estou bem aqui. それで～か Está bem assim? 謝るだけで～のです Basta você pedir desculpas. 市役所に行くのにこの道で～ですか É este o caminho para a prefeitura? どちらでも～ Tanto faz./Qualquer coisa serve. 「コーヒーが～ですか, 紅茶が～ですか」「コーヒーが～です」Você quer café ou chá preto? ― Café está bom para mim./Pode ser café. 私はあそこのほうが～かった Lá era melhor para mim. 日本に来て～かったですか Foi bom você ter vindo ao Japão? 彼は体の具合がよくないので休みました Ele faltou porque não estava se sentindo muito bem. ❷…(しても)よい(よろしい)poder (+不定詞)(+infinitivo). 入っても～ですか Posso entrar? 自転車をお借りして～ですか Pode me emprestar a bicicleta? たばこを吸ってもよろしいでしょうか Posso fumar? ❸ (…)したほうがよい é [seria] melhor (+不定詞)《+infinitivo》. 君はもう帰ったほうが～ É melhor você já voltar para casa. あなたは何も言わないほうが～です É melhor você não falar nada. ❹ …(し)なくてもよい não precisar (+不定詞)(+infinitivo). あなたはもうここにいなくても～ Você não precisa mais ficar aqui. ❺…(し)たらよい É bom (+不定詞)(+infinitivo), dever (+不定詞)(+infinitivo). 私は何をしたら～のでしょうか O que eu devo fazer? 医者を呼んだら～ É bom chamar um médico, *viu*? ❻…だとよい esperar, desejar. あした天気だと～が Espero que amanhã faça bom tempo. …だと～のだが Seria bom se assim fosse. ❼ …ば(たら, と)よかった teria sido bom se (+接続法大過去)《+mais-que-perfeito do subjuntivo》, (dever 動詞の直説法未完了過去形+本動詞の非人称不定詞で形)(imperfeito do indicativo do verbo dever + infinitivo perfeito do verbo principal). 私はきのうパーティーに行けばよかった Eu devia ter ido à festa ontem./Teria sido bom se eu tivesse ido à festa (de) ontem. ¶ あなたは, ちょうど～ところに来ました A sua presença nessa hora foi muito oportuna. ～veio na hora certa. そいつはいや... Ah! Essa está [é] muito boa!《「よい」pode ser substituído por「いい」, em linguagem informal》.

よい 酔い ❶〔酒の〕embriaguez (*f*), bebedeira (*f*). 二日～ ressaca (*f*). 私は二日～だ Estou com ressaca. 私はもう～が回ってきた Já comecei a ficar embriagado/da [tonto/ta]. 彼は～が覚めたようだ Parece que a embriaguez dele passou. ❷〔乗り物による〕enjoo (*m*), náuseas (*fpl*). ◆酔い止め薬 remédio (*m*) para (tirar) o enjoo. 船酔い enjoo ˌde [causado por] barcos,《口語》mareagem (*f*).

よい 宵 primeiras horas (*fpl*) da noite, noitinha (*f*). ～の口に de princípio da noite. まだ～の口だ Ainda estamos no comecinho da noite./A noite ainda é criança. ～の明星 estrela (*f*) vespertina.

よいごし 宵越し ～の金は持たぬ gastar todo o

よいざまし 酔い覚まし cura (f) da bebedeira [embriaguez]. 〜に夜風にあたる tomar ∟vento da noite [sereno] para ∟curar a bebedeira [se desembebedar].

よいしれる 酔いしれる embriagar-se, ficar muito embriagado/da. 快楽に〜 entregar-se à embriaguez dos prazeres. 恋に〜 ficar completamente apaixonado/da, ficar ébrio/ébria de paixão.

よいっぱり 宵っ張り 〜をする ficar acordado/da até tarde. 〜の朝寝坊 pessoa (f) que dorme tarde e acorda tarde.

よいつぶれる 酔いつぶれる ficar completamente embriagado/da [bêbado/da] (a ponto de não poder se levantar).

よいん 余韻 eco (m), ressonância (f), reverberação (f). 〜のある鐘 sino (m) de boa ressonância. 彼は詩の〜を味わっていた Ele apreciava a ressonância da poesia.

よう 酔う ❶ [酒に] ficar bêbado/da [tonto/ta]. 彼は酔っているから気をつけて Tome cuidado que ele está bêbado. 私はワインに酔ってしまった Eu fiquei tonto/ta com o vinho. ❷ [乗り物に] ter enjoo. 私は船に〜からそこへは行けません Eu não posso ir aí porque eu tenho ∟enjoo de mar 《口語》 mareagem]. 私はすぐ船に〜 Eu logo fico ∟enjoado/da [com náuseas, mareado/da] quando tomo barco.

よう 洋 oceano (m). 〜の東西を問わず tanto no Oriente como no Ocidente, no mundo inteiro.

よう 用 ❶ [用事] negócio (m), assunto (m); [仕事] encargo (m), serviço (m). ほかに何かご〜はありませんか Não tem mais nada para fazer? ちょっと〜があるのですぐ来てくれませんか Você pode vir já, que eu tenho um assunto a resolver? 社長は急ぎの〜があって出掛けました O/A nosso/nossa presidente saiu para resolver um negócio urgente. ご〜は何でしょうか O que deseja? ご〜があったらベルを鳴らしてください Se precisar de alguma coisa, toque a campainha, sim? ❷ [使用] uso (m). 学校〜のかばん maleta (f) escolar. 業務〜のマヨネーズ maionese (f) de uso profissional. ¶ 〜を足す 《婉曲》 ir ao banheiro, 《俗》 fazer as necessidades.

よう 要 o essencial. 〜は em resumo, em uma palavra. 〜は…だ O essencial é …. 〜は会社に入ることだ O essencial é entrar na companhia. 彼の言うことは〜を得ている O que ele fala tem sentido.

よう 陽 〚電〛polo (m) positivo. ♦ 陽イオン cátion (m). 陽電荷 carga (f) elétrica positiva.

-よう ⇨ -しよう.

-よう -様 ❶ [⋯に似た] como. この〜に como isto aqui, assim. その〜な状況では nesse tipo de situação; numa situação ∟dessas [como essa]. 彼は課長の〜なしゃべり方をする Ele fala como um chefe de seção. ❷ [⋯のとおりに] exatamente como, do jeito que, da maneira como, do modo como. 昨日言った〜にしてください Faça (do modo) como lhe falei ontem. いつもの〜にやる agir como de costume, fazer as coisas como sempre se fez. 彼の言う〜にすれば間違いはない Faça do jeito que ele mandar, que assim não tem erro. ❸ [⋯と同じ程度に] tão ⋯ como [quanto]. 私は君の〜に簡単に友達が作れない Eu não consigo fazer amizade tão facilmente como você. ❹ [目的] para (que), a fim de (que). 時間に間に合う〜にタクシーに乗った Peguei um táxi ∟para chegar [a fim de que chegasse] na hora. 彼はみんなに好かれる〜に努力した Ele se esforçou para ser querido de todos. ❺ [まるで…のように] como se. 彼女は何事もなかったかの〜にふるまっている Ela está agindo como se nada tivesse acontecido. 彼女は日本人の〜に日本語がしゃべれる Ela sabe falar japonês como se fosse uma japonesa. ❻ [⋯のように思える、見える] parecer. 雨が降っている〜だ Parece que está chovendo. 彼はそのことにまだ気づいていない〜だ Parece que ele ainda não percebeu isso./Ele parece não ter percebido isso ainda. 社長はすべてを知っている〜だ Parece que o nosso presidente sabe de tudo. あなたは熱がある〜だ Parece que você está com febre.

*__よう い 用意__ preparação (f) [プレパラサォン], preparativo (m) [プレパラチーヴォ]. 〜する preparar, fazer os preparativos (de, para). 〜ができている estar pronto/ta (para). 出発の〜はいいか Estão prontos/tas para partir? 夕食の〜ができました O jantar está pronto, viu? 出張の〜をしなければなりませんので… É que eu preciso fazer os preparativos para a viagem 《a serviço》…. ¶ 位置について、〜、どん Todos a postos! Vamos!

ようい 容易 〜な fácil. 〜に facilmente, sem dificuldades. 日本語をマスターすることは〜ではない Não é fácil dominar a língua japonesa.

よういく 養育 criação (f), educação (f). 〜する criar, educar. 子供の〜費 despesas (fpl) [verba (f)] para criar os filhos.

よういん 要因 causa (f), fator (m), fator contribuinte. ディーゼル油がその火災の一つの〜だったのではないかと推測されている O *diesel* teria sido um fator contribuinte nesse incêndio.

よういん 要員 mão-de-obra (f) necessária, pessoal (m) requisitado [procurado]. 〜を募集する recrutar o pessoal necessário (a uma empresa). ♦ 要員募集 recrutamento (m) de pessoal.

ようえき 溶液 solução (f).

ようえきけん 用益権 〚法〛usufruto (m). ♦ 用益権者 usufrutário/ria.

ようえん 妖艶 〜な voluptuoso/sa, sensual. 〜な美しさ beleza (f) voluptuosa [sensual]. 〜な女性 mulher (f) de beleza sensual.

ようか 沃化 【化】iodação (f). ◆沃化アルミニウム iodeto (m) de alumínio. 沃化カリウム iodeto de potássio. 沃化ナトリウム iodeto de sódio.

ようが 洋画 ❶〔絵画〕pintura (f) ocidental. ◆洋画家 pintor/ra de pintura ocidental. ❷〔映画〕cinema (m)〔filme (m)〕ocidental.

ようかい 溶解 ❶ solubilidade (f). 〜性の liquefativo/va, solúvel. ◆溶解度 solubilidade. ❷ derretimento (m), fundição (f). ◆溶解炉 forno (m) de fundição.

ようかい 妖怪 aparição (f) fantástica, fantasma (m), monstro (m).

ようがく 洋楽 música (f) ocidental.

ようがし 洋菓子 doce (m) ocidental, bolo (m).

ようかん 洋館 edifício (m) de estilo ocidental.

ようかん 羊羹 【料】geleia (f) de feijão doce em barra.

ようがん 溶岩 lava (f). 〜が流れ出した A lava do vulcão escorreu. 火山が〜を吐き出している O vulcão está expelindo lava. ◆溶岩台地 planalto (m) vulcânico. 溶岩流 caudal (m) de lava.

ようき 容器 vasilha (f), recipiente (m). ⇨ 入れ物.

ようき 陽気 ❶〔天気〕tempo (m). 〜がいい O tempo está bom. ❷〔快活〕alegria (f), boa disposição (f), bom humor (m). 〜な alegre, jovial. 〜な人 pessoa (f) alegre e jovial [que está sempre de bom humor]. 〜に alegremente, com alegria, com um ar de felicidade. 〜に騒ぐ fazer farra [divertir-se] com muita alegria.

ようぎ 容疑 suspeita (f). …に盗みの〜をかける suspeitar … de roubo. …の〜をかけられる ser suspeito/ta de …. 警察は彼を強盗の〜で逮捕した A polícia prendeu-o por suspeita de assalto. 〜が固まりしだい… assim que a suspeita se tornar mais embasada …. ◆容疑者 suspeito/ta, suposto/ta autor/ra (do crime).

*ようきゅう 要求 〔要請〕demanda (f)〔デマンド〕, petição (f)〔ペチサォン〕;〔権利としての〕reclamação (f)〔ヘクラマサォン〕, exigência (f)〔エズィジェンスィア〕, reivindicação (f)〔ヘイヴィンヂカサォン〕. 〜する pedir; reclamar, reivindicar, exigir. 賃上げを〜する pedir aumento de salário. 賠償を〜する reclamar pela indenização. …の〜を満たす satisfazer as exigências de …. …の〜を拒否する rejeitar a demanda [reivindicação] de …. …の〜に答える responder [atender] às exigências de …. 〜が多い人 pessoa (f) muito exigente. 〜をしすぎる exigir demais.

ようぎょ 養魚 piscicultura (f), criação (f) de peixes. ◆養魚家 piscicultor/ra. 養魚池〔場〕viveiro (m) de peixes. 養魚法 piscicultura.

ようぎょう 窯業 cerâmica (f). ◆窯業家 ceramista. 窯業所 olaria (f).

ようきょく 陽極 【電】polo (m) positivo.

ようきょく 謡曲 canto (m) do teatro nô.

ようぐ 用具 ferramenta (f), utensílio (m). ◆園芸用具 ferramentas [utensílios] para jardinagem. 筆記用具 material (m) para escrever.

ようけい 養鶏 avicultura (f), criação (f) de galinhas. ◆養鶏家 criador/ra de galinhas, avicultor/ra. 養鶏場 aviário (m), galinheiro (m).

ようけつ 溶血 【医】hemólise (f). ◆溶血性貧血 anemia (f) hemolítica.

ようけん 用件 negócio (m), assunto (m). どのようなご〜ですか O que deseja?/Do que se trata?

ようけん 要件 assunto (m) importante;〔必要条件〕requisito (m), condição (f) necessária. 〜を満たす satisfazer as condições do requisito.

ようご 用語 〔言葉遣い〕palavra (f);〔語彙〕vocabulário (m);〔術語〕termo (m). ◆医学用語 termo médico. 法律用語 termo jurídico.

ようご 擁護 defesa (f). 〜する defender. 人権を〜する defender os direitos humanos. ◆擁護者 defensor/ra.

ようご 養護 cuidado (m) e educação (f) de crianças com deficiência física ou mental. ◆養護学校(学級) escola (f) (classe (f)) para crianças com deficiência física ou mental. 養護施設 instituição (f) de assistência a crianças com deficiência física ou mental. 養護老人ホーム asilo (m) de velhos.

ようこう 要綱 pontos (mpl) principais, resumo (m). ◆講義要綱 plano (m) [resumo (m)] da aula que se vai dar no semestre ou ano letivo vindouro.

ようこう 要項 pontos (mpl) essenciais, cláusulas (fpl) importantes, dados (mpl) gerais.

ようこう 陽光 raios (m) solares. 〜を浴びる tomar sol.

ようこうろ 溶鉱炉 forno (m) de fundição, alto forno (m).

ようこそ 〜おいでくださいました 〔単数〕Seja bem-vindo/da./〔複数〕Sejam bem-vindos/das.

ようさい 洋裁 costura (f) ocidental. ◆洋裁学校 escola (f) de corte e costura.

ようざい 溶剤 【化】dissolvente (m).

ようさん 養蚕 sericultura (f), sericicultura (f), criação (f) do bicho-da-seda. ◆養蚕家 sericicultor/ra. 養蚕業 indústria (f) da se-

ようさん 葉酸 〖化〗ácido (m) fólico.
ようし 容姿 aparência (f). ◆容姿端麗 boa aparência (f).
ようし 用紙 ❶〔書き込み式の〕formulário (m). ～に記入してください Preencha o formulário, por favor. ◆申し込み用紙 formulário. ❷ folha (f) de papel. ◆答案用紙 folha de exame. 投票用紙 cédula (f) de voto.
ようし 要旨 〔要点〕ponto (m) essencial; 〔概要〕resumo (m).
ようし 陽子 próton (m).
ようし 養子 filho/lha adotivo/va. ～にする adotar. ～になる ser adotado/da. ◆養子縁組 adoção (f). 婿養子 genro (m) adotado como filho e herdeiro.
*よう**じ** 用事 assunto (m) [アスント], serviço (m) [セルヴィッソ]. ⇨用.
ようじ 幼児 criança (f) pequena (de uma a seis anos de idade) [★男の子を指していても女性名詞]. ～を虐待する maltratar uma criança. ◆幼児期 primeira infância (f). 幼児虐待 maus-tratos (mpl) à criança. 幼児教育 educação (f) pré-escolar. 幼児殺し infanticídio (m). 幼児心理学 psicologia (f) infantil.
ようじ 幼時 infância (f), tempo (m) de criança.
ようじ 楊枝 〔つまようじ〕palito (m) de dentes. ～を使う palitar os dentes.
ようしき 様式 estilo (m), maneira (f), fórmula (f). 書類の～ formato-padrão (m) do documento. ブラジルと日本では生活～がぜんぜん違うからたいへんでしょう Deve ser duro (viver aqui), pois o estilo de vida do Brasil e do Japão são totalmente diferentes, não é? ◆生活様式 estilo (m) de vida.
ようしき 洋式 estilo (m) ocidental. ～の de estilo ocidental. ◆洋式トイレ banheiro (m) de estilo ocidental.
ようしつ 洋室 quarto (m) (apartamento (m)) de estilo ocidental. このホテルで～を予約した Reservei um apartamento de estilo ocidental neste hotel.
ようしゃ 容赦 perdão (f), clemência (f). …を～する […に～を与える] perdoar. ～ない implacável, desapiedado/da. ～なく implacavelmente, rigorosamente. 仕事の提出が遅れました点はご～ください Perdoe-me, por favor, o atraso em entregar o trabalho. 彼らに～はいらない Eles não merecem a nossa clemência.
ようしゅ 洋酒 bebida (f) alcoólica ocidental.
ようしょ 洋書 livro (m) em língua ocidental.
ようしょ 要所 ponto (m) importante; ponto estratégico. 交通の～ pontos estratégicos do trânsito. …の～をおさえる tratar dos pontos importantes de ….
ようじょ 幼女 menina (f) pequena.
ようじょ 養女 filha (f) adotiva. ～になる ser adotada como filha.
ようしょう 幼少 infância (f), meninice (f). 彼の～のころに na sua primeira infância.
ようじょう 洋上 no mar. ◆洋上訓練 treino (m) 〔ensaio (m)〕 no mar.
ようじょう 養生 cuidado (m) com a saúde; recuperação (f) da saúde. ～する cuidar-se, tomar cuidado com a saúde; tratar de se recuperar.
ようしょく 容色 beleza (f) facial. 彼女は～が衰えた Ela perdeu um pouco da beleza que tinha./Ela deixou de ser tão bonita como antes.
ようしょく 洋食 cozinha (f) ocidental, comida (f) europeia. ◆洋食屋 restaurante (m) (de comida ocidental).
ようしょく 要職 posto-chave (m), função (f) importante. 政府の～にある estar ocupando um posto importante do governo.
ようしょく 養殖 cultura (f), criação (f). 魚の～ piscicultura (f). ～する cultivar, criar. ここでエビが～されている Camarões estão sendo criados aqui. ◆養殖魚 peixe (m) criado em cativeiro. 養殖場 viveiro (m). 養殖真珠 pérola (f) cultivada.
ようしん 養親 〔父〕pai (m) adotivo, 〔母〕mãe (f) adotiva, 〔両親〕pais (mpl) adotivos.
ようじん 用心 〔注意〕cuidado (m); 〔慎重〕precaução (f), prudência (f); 〔警戒〕vigilância (f). ～する tomar cuidado. ～深い cuidadoso/sa; prudente. ～深く cuidadosamente; prudentemente. ～のために傘を持っていく levar o guarda-chuva por precaução. 火の～ Cuidado com o fogo! すりにご～ Cuidado com os batedores de carteira! 彼は何事にも～深い人だ Ele é uma pessoa prudente em tudo (supercuidadosa).
ようじん 要人 pessoa (f) muito importante, VIP (m). 国家の～ alta personalidade (f) do Estado.
ようじんぼう 用心棒 guarda-costas, segurança.
*よう**す** 様子 ❶〔外見〕aparência (f) [アパレンスィア], aspecto (m) [アスペクト], ar (m) [アール]. びっくりした～で com ar 〔jeito〕 de pessoa assustada. あの～ではまた何かミスをしているよ A cara dele/dela é de quem fez mais alguma coisa errada, hein?/Ele/Ela está com jeito de quem cometeu mais um erro, hein? ❷〔状態〕estado (m) [エスタード], situação (f) [スィトゥアサォン], condição (f) [コンヂサォン]. ちょっと～をのぞいて来よう Vou dar uma espiada para ver como andam as coisas. 患者の～がおかしいです O estado do paciente não está normal. 事件の～を話してくれ Conte-me como

ようすい　用水 água (f) utilizável. ♦用水池 açude (m). 用水路 canal (m) de irrigação. 防火用水 água para apagar incêndios.

ようすい　羊水 〖解〗líquido (m) amniótico. ♦羊水穿刺(せんし) 〖医〗amniocentese (f), punção (f) amniótica.

ようする　要する 〔時間を〕tomar, levar; 〔必要とする〕necessitar, precisar de. この作業に注意を～ Este trabalho exige atenção. これは再検討を～ Isto aqui precisa ser revisado. 急を～問題 problema (m) urgente [que precisa ser resolvido imediatamente].

ようするに　要するに 〔結局〕afinal; 〔簡単に言うと〕em resumo. ～を私たちといっしょに行きたいのでしょう Conclusão : Ele quer ir com a gente, não é?

ようせい　妖精 fada (f).

ようせい　要請 pedido (m), solicitação (f). …の～を受諾する aceitar e corresponder ao pedido de …. 国民の～にこたえる responder ao pedido do povo.

ようせい　陽性 positivo (m). ～の positivo/va. ♦陽性反応 reação (f) positiva. 偽陽性 positivo (m) falso.

ようせい　養成 educação (f), formação (f), treino (m). ～する educar, formar, treinar. 日本語教育の教師を～する formar professores de japonês para estrangeiros. ♦看護師養成所 escola (f) de enfermagem.

ようせき　容積 〔体積〕volume (m); 〔容量〕capacidade (f). 器の～を量る medir a capacidade de uma vasilha. 200立方メートルの～ um volume de duzentos metros cúbicos.

ようせつ　溶接 soldadura (f), soldagem (f). ～する soldar. ♦溶接工 soldador/ra. 電気溶接 soldagem elétrica.

ようせん　傭船 frete (m) (de barco). ♦傭船契約 contrato (m) de frete.

ようそ　要素 elemento (m), fator (m). そこには色々な～が加わった Aí houve uma concorrência [confluência] de fatores.

ようそ　沃素 〖化〗iodo (m).

ようそう　様相 aspecto (m). 街の～は一変した O aspecto da cidade mudou completamente. 外交関係は険悪な～を示している As relações diplomáticas estão apresentando um aspecto crítico.

ようだい　容体 〔患者の〕estado (m) de um/uma paciente. お母さんのご～はいかがですか Como está a sua mãe? 患者の～が悪化した(よくなった)ようです Parece que o estado do/da doente piorou (melhorou).

ようたし　用足し serviço (m); incumbência (f), recado (m). 田中さんに今りします Vou mandar o Tanaka para dar o recado. ¶～に行く ir ao banheiro.

ようち　幼稚 infantilidade (f), criancice (f). ～な infantil, pueril. ～な議論 discussão (f) pueril. ～なことをするな Não faça criancices./Não seja criança. ♦幼稚園 jardim-de-infância (m).

ようち　用地 terra (f) [terreno (m)] com uso [aproveitamento] determinado. ♦建築用地 terreno para construção. 農業用地 terra para cultivo [lavoura].

ようちゅう　幼虫 〖生〗larva (f).

ようちゅうい　要注意 necessidade (f) de atenção especial. ～の患者 paciente sob vigilância médica. ♦要注意人物 pessoa (f) perigosa; 〔先生の〕pessoa sob vigilância do professor; 〔警察の〕pessoa sob vigilância da polícia.

ようつい　腰椎 〖解〗vértebra (f) lombar. ♦腰椎穿刺(せんし) 〖医〗punção (f) lombar.

ようつう　腰痛 dor (f) lombar. ～で苦しんだ Eu sofri de dores lombares [dor nos quadris].

ようてん　要点 ponto (m) principal [essencial], essência (f). ～に触れる tocar no essencial. ～をはずれる divagar, sair do assunto que estava sendo tratado. …の～をつかむ compreender a essência de …. ～を絞って議論する discutir somente os pontos principais (da questão). ～はこれだ Eis aí [Aí está] o ponto principal (da questão).

ようと　用途 uso (m), emprego (m); aplicação (f), funcão (f); finalidade (f). ～が広い ser multifuncional 〖《口語》servir para várias coisas〗. ～が全くない não servir para nada. 金の～を説明する justificar o emprego do dinheiro. ～の広いナイフ faca (f) multiuso. この箱は何か～がありますか Esta caixa serve para alguma coisa?

ようどうさくせん　陽動作戦 〖軍〗ação (f) diversionária, manobras (fpl) de diversão.

ようとん　養豚 criação (f) de suínos, suinocultura (f). ♦養豚農家 suinocultor/ra, criador/ra de porcos.

ようなし　用無し ～の 〔人〕sem ocupação; 〔物〕sem utilidade. これはもう～だから棄てましょう Vamos jogar isto fora que já não serve para mais nada.

ようなし　洋梨 〖植〗pera (f).

ようにん　容認 consentimento (m), tolerância (f). ～する consentir, tolerar.

ようねん　幼年 ♦幼年期 infância (f) (primeira e segunda infância), anos (mpl) da infância.

ようばい　溶媒 〖化〗solvente (m).

ようび　曜日 dia (m) da semana. 今日は何～でしたか Que dia da semana é hoje, mesmo? きょうは金～です Hoje é sexta-feira. ミーティングは何～にしましょうか Em que dia da semana querem fazer a reunião?

▶曜日名◀
日曜日 domingo [ドミンゴ] (m)
月曜日 segunda-feira [セグンダ フェーイラ] (f)

| 火曜日 terça-feira [テールサ フェーイラ] (*f*)
| 水曜日 quarta-feira [クァールタ フェーイラ] (*f*)
| 木曜日 quinta-feira [キンタ フェーイラ] (*f*)
| 金曜日 sexta-feira [セースタ フェーイラ] (*f*)
| 土曜日 sábado [サーバド] (*m*)

ようひん 洋品 roupa (*f*) e acessórios (*mpl*) de estilo ocidental. ♦洋品店 loja (*f*) de artigos ocidentais.

ようひん 用品 artigo (*m*), utensílio (*m*). ♦学用品 artigos escolares. 家庭用品 artigos domésticos. 事務用品 artigos de escritório. 生理用品 artigos sanitários. 台所用品 utensílios de cozinha.

ようふ 養父 pai (*m*) adotivo.

ようふう 洋風 estilo (*m*) ocidental. 〜の de [em] estilo ocidental.

ようふく 洋服 roupa (*f*) ocidental; 〔ワンピース〕vestido (*m*); 〔スーツ〕conjunto (*m*). 私は〜を 1 着作りたいのですが Gostaria de fazer um vestido. ♦洋服だんす guarda-roupa (*m*). 洋服屋〔店〕alfaiataria (*f*); 〔人〕alfaiate/ta.

ようぶん 養分 nutriente (*m*), elemento (*m*) nutritivo. 〜から〜を取る alimentar-se de …. 人間に必要な〜 nutriente necessário ao ser humano.

ようへい 傭兵 soldado (*m*) mercenário.

ようへい 葉柄 〔植〕pecíolo (*m*), pé (*m*) da folha.

ようぼ 養母 mãe (*f*) adotiva.

ようほう 用法 uso (*m*), emprego (*m*), modo (*m*) de usar.

ようほう 養蜂 apicultura (*f*), criação (*f*) de abelhas. ♦養蜂家 apicultor/ra. 養蜂所 apiário (*m*).

ようぼう 容貌 aparência (*f*), fisionomia (*f*). 彼は〜がいい Ele tem boa aparência [fisionomia].

ようぼう 要望 desejo (*m*), pedido (*m*). …を〜する desejar que [expressar o desejo de que] (＋接続法)《＋subjuntivo》, desejar (＋名詞)《＋substantivo》. 事態の早期解決を〜する Desejo que a situação seja resolvida prontamente./Desejo a rápida solução da situação. ご〜に答えて... Em resposta [Atendendo] ao seu pedido …. ご〜に添えなくてすみません Desculpe-me por não poder atender ao seu desejo ….

ようま 洋間 sala (*f*) (quarto (*m*)) (em) estilo ocidental.

ようまく 羊膜 〔解〕âmnio (*m*).

ようみゃく 葉脈 〔植〕nervura (*f*) da folha.

ようむいん 用務員 servente, zelador/ra.

ようもう 羊毛 lã (*f*) (de carneiro). ♦羊毛工業 indústria (*f*) de lã. 羊毛製品 artigo (*m*) de lã.

ようもうざい 養毛剤 tônico (*m*) para o cabelo, loção (*f*) capilar.

ようやく com muita dificuldade; até que enfim. ⇨やっと.

ようやく 要約 resumo (*m*). 〜する resumir. …を 100 語以内で〜する resumir … em menos de cem palavras. 君の話は〜するとどうなるのかな Em resumo, o que você quer dizer?

ようりょう 容量 capacidade (*f*), continência (*f*); volume (*m*). 缶の〜 capacidade volumétrica da lata. 〜が 150 ミリリットルの瓶 garrafa (*f*) com capacidade para cento e cinquenta mililitros. ♦容量分析 análise (*f*) volumétrica. 電気容量 capacidade elétrica [capacitância]. 熱容量 capacidade térmica [calorífica].

ようりょう 用量 〔薬の〕dose (*f*). 2 回の〜 duas doses.

ようりょう 要領 〔やり方, こつ〕habilidade (*f*), tato (*m*), manha (*f*). 〜を得ている pertinente, apropriado/da. 〜を得ない話 declaração (*f*) vaga, informação (*f*) sem pé nem cabeça. 仕事の〜を覚える aprender as manhas do serviço. 彼は仕事の〜がいい(悪い) Ele sabe (não sabe) trabalhar com racionalidade.

ようりょく 揚力 〔理〕força (*f*) ascensional.

ようりょくそ 葉緑素 〔植〕clorofila (*f*).

ようれい 用例 exemplo (*m*). 〜を示す dar um exemplo, exemplificar. 〜を挙げてください Dê exemplos.

ようれんきんかんせんしょう 溶連菌感染症 〔医〕erisipela (*f*).

ようろういん 養老院 asilo (*m*) de velhos.

ヨーグルト iogurte (*m*).

ヨーデル 〔音〕canto (*m*) tirolês.

ヨード 〔化〕iodo (*m*). ♦ヨードチンキ tintura (*f*) de iodo.

ヨーヨー ioiô (*m*).

ヨーロッパ a Europa (*f*). 〜の da Europa, europeu/peia. ♦ヨーロッパ人 europeu/peia (o povo).

よか 余暇 lazer (*m*), tempo (*m*) livre, hora (*f*) de recreio, ócio (*m*). 〜を楽しむ aproveitar o tempo livre para diversões. 〜を読書で過ごす passar o tempo livre lendo.

ヨガ ❶〔美容法, 健康法〕ioga (*f*). ❷〔神秘的行法〕*yoga* (*m*).

よかく 与格 〔文法〕(caso (*m*))dativo.

よかく 余角 〔数〕ângulo (*m*) complementar.

よかつ 余割 〔数〕co-secante (*f*).

よかれあしかれ 良かれ悪しかれ bem ou mal, de qualquer maneira. 〜やってみるしかない De qualquer maneira, não há (outro jeito) senão tentar fazer (isso).

よかん 予感 intuição (*f*), pressentimento (*m*), premonição (*f*). …の〜がする pressentir …, intuir …. 不吉な〜がする ter um mau pressentimento. 私の〜が当たった A minha intuição estava certa. 私は今日ここで君に会うような〜がした Eu tive o pressentimento de que te encontraria hoje aqui.

よき 予期 〔期待〕expectativa (*f*); 〔予想〕

previsão (f). ～する esperar, prever. ～したとおり como era de se esperar, conforme as expectativas. ～に反して contra as expectativas. ～した結果 resultado (m) previsto.

よぎなく 余儀なく forçosamente, sem outra alternativa. …を～される ser forçado/da [obrigado/da] a fazer …. ⇨やむをえない.

よきょう 余興 entretenimento (m), diversão (f), atração (f). ～に como atração.

よぎり 夜霧 nevoeiro (m) noturno.

よきん 預金 conta (f) bancária, economias (fpl), depósito (m). ～する depositar. 銀行に～がある ter depósito no banco, ter uma conta corrente no banco. 銀行に10万円～する depositar cem mil ienes no banco. ～を引き出す sacar o dinheiro da conta bancária. ♦預金準備率 taxa (f) de reserva de pósito legal. 預金高 importância (f) [quantia (f)] do depósito. 預金通帳 caderneta (f) bancária. 信託預金 depósito de garantia. 定期預金 depósito a prazo fixo. 当座預金 conta à ordem, depósito em conta corrente. 普通預金 conta corrente.

*よく 良く ❶〔うまく, 健康に〕bem [ベン], bom/boa [ボン/ボーア].〔大いに〕muito [ムンイト];〔入念に〕cuidadosamente [クイダドザメンチ]. ～眠る dormir bem. (病気が)～なる ficar bom/boa de saúde, ficar melhor, melhorar, recuperar-se. 早く～なってください Fique bom logo, está bem? (天気が)～なる melhorar (o tempo). お天気が～なりましたね O tempo melhorou, não é mesmo? ご返事は～考えてからでよろしいですか Posso responder depois de pensar bem? そんなことを言うのは～い Não é bom falar assim./Não fale assim, que não fica bem. 私は彼女のことをあまり～知らない Eu não a conheço muito bem. 道路を横断するときは～周囲を見ましょう Ao atravessar a rua, observemos cuidadosamente em volta. ❷〔しばしば〕frequentemente [フレクェンチメンチ], muitas vezes;《俗》vira e mexe. ～…する costumar (+不定詞)《+infinitivo》;〔…によくある〕ser uma tendência geral entre, ser comum em [entre] …. 子供は～そんなことをするものだよ As crianças costumam fazer isso. それは女性に～ある傾向です Isso é uma tendência geral entre as mulheres. それは～あることです Isso acontece .... 彼は～私の家にきます Ele vem frequentemente à minha casa./Vira e mexe, ele está na minha casa. ❸〔驚き, 感嘆〕～やった Fez muito bem. ～そんなことが言えるね Como você tem a coragem de dizer uma coisa dessas?! ～私の家が見つかりましたね Como conseguiu achar a minha casa?

よく 欲 desejo (m); ambição (f), ganância (f). ～のない人 pessoa (f) desprendida [desinteressada]. 君は～がなさすぎるよ Você é desprendido/da demais. 彼は勉強に～がある (ない) Ele tem (não tem) interesse pelos estudos. 彼は～のかたまりだ Ele é a ganância em pessoa [personificada]. ～に目がくらむ ficar cego/ga de ambição. ～を言えば se não for [é] pedir demais. ♦権力欲 desejo (m) de [ambição pelo] poder. 知識欲 curiosidade (f) intelectual, sede (f) de saber.

よく- 翌- seguinte. ～朝 na manhã seguinte. ～～日 dois dias depois.

よくあつ 抑圧 opressão (f), supressão (f). ～する oprimir, reprimir. ～的 opressivo/va, repressivo/va. ～的な手段を講じる tomar medidas repressivas. ～的態度 atitude (f) autoritária.

よくげつ 翌月 mês (m) seguinte.

よくしつ 浴室 banheiro (m).

よくじつ 翌日 dia (m) seguinte. ～に彼は私の家に来た Ele veio à minha casa no dia seguinte. 仕事を～に延ばす deixar o trabalho para o dia seguinte.

よくじょう 欲情 desejo (m) sexual, apetite (m) sensual. ～をそそる excitar o desejo sexual. ～を覚える sentir desejo sexual.

よくじょう 浴場 balneário (m).

よくせい 抑制 controle (m), freio (m), repressão (f). ～する controlar, refrear, reprimir, conter. ～しがたい irresistível, irreprimível. 物価の上昇を～する conter a alta dos preços. ～された欲望 vontade (f) reprimida.

よくそう 浴槽 banheira (f).

よくど 沃土 solo (m) fértil.

よくとし 翌年 ano (m) seguinte.

よくねん 翌年 ⇨翌年(‍).

よくばり 欲張り ～の ganancioso/sa, ambicioso/sa.

よくばる 欲張る ser ambicioso/sa, ser ganancioso/sa,《口語》querer demais.

よくぶかい 欲深い ambicioso/sa, ganancioso/sa.

よくぼう 欲望 desejo (m); ambição (f). ～を満たす satisfazer os desejos. ～を抑える conter os desejos. …の～をそそる excitar os desejos de ….

よくも 《皮肉》Bonito!/Como ousa!/Atrevido/da! あのようなことをしておいて～私の家に現れることができたものだ Como se atreve a aparecer na minha casa, depois de tudo o que fez? ～そのようなことが言えますね Atrevido/da! Como ousa dizer uma coisa dessas!

よくよう 抑揚 entoação (f), entonação (f); acentuação (f); modulação (f) ～のある entoado/da, modulado/da. ～のない monótono/na. ～をつけて話す falar com entoação.

よくよう 浴用 para [de] banho. ♦浴用石けん sabonete (m) de banho. 浴用タオル toalha (f) de banho.

-よけ -除け proteção (f), defesa (f). 魔talismã (m). 虫～ proteção (f) contra insetos. 泥～ para-lama (m). 木に霜～をする proteger uma árvore contra a geada.

よけい 余計 ～な〔過度な〕excessivo/va, demasiado/da;〔無用な〕supérfluo/flua, desnecessário/ria. ～に demasiadamente, excessivamente. これは～な費用だ Estes gastos são supérfluos. ～なことをするな Não se intrometa onde não foi chamado/da. 彼は人より～に働く Ele trabalha mais do que os outros.

よける 避ける〔道をあける〕dar passagem (f) a;〔避ける〕afastar-se de, evitar. 風を～ proteger-se contra o vento. 困難を～ evitar dificuldades. 水たまりをよけて歩く andar evitando as poças d'água.

よげん 予言 profecia (f). ～する predizer.

よげん 余弦〔数〕cosseno (m). ◆余弦関数 função (f) cosseno.

よげんしゃ 預言者 adivinho/nha, profeta/tisa.

*よこ 横〔幅〕largura (f)〔ラルグーラ〕; lado (m)〔ラード〕. ～の lateral. ～道にそれる desviar-se. ～を向く olhar para os lados. ～にする deitar. ～になる deitar-se. 頭を～に振る balançar a cabeça para os lados. その部屋は～が3メートルで縦が5メートルあります Essa sala (広間) [Esse quarto (寝室)] tem três metros de largura por cinco (metros) de comprimento.

よご 予後 ❶〔医〕prognose (f). ～を養う restabelecer-se. ❷〔医〕〔病状の見通し〕prognóstico (m).

よこがお 横顔 ❶ perfil (m), silhueta (f). ❷〔プロフィール〕perfil, breve biografia (f).

よこがき 横書き ～する escrever da esquerda para a direita (à maneira ocidental, em vez de escrever de cima para baixo, à maneira japonesa).

よこぎる 横切る atravessar. 横切って atravessando. 道を～ときには左右をよく確かめましょう Ao atravessar a rua, observemos bem a direita e a esquerda.

よこく 予告 aviso (m) prévio. ～する avisar antecipadamente [de antemão]. ～なしに sem aviso prévio. 2か月の～期間で com um aviso de dois meses de antecedência. ◆解雇予告 aviso prévio de demissão.

よこけい 横罫 linha (f) horizontal.

よこじく 横軸 ❶〔理〕eixo (m) horizontal. ❷〔数〕eixo da abcissa.

よこしま 邪ま ～な perverso/sa, desonesto/ta, mau/má. ～な人 pessoa (f) desonesta. ～な心 coração (m) perverso.

よごす 汚す sujar, manchar. ペンキで服を汚してしまいました Eu acabei sujando a roupa com tinta. 彼は手を汚したくないのよ Ele não quer sujar as mãos, ueh!

よこすべり 横滑り ❶ derrapagem (f), deslizamento [escorregamento] para o lado. ❷〔同等のほかの地位、職に移ること〕mudança (f) de posto. ～する derrapar; ser mudado/da para um posto do mesmo nível que o anterior. 財務大臣は外務大臣に～するでしょう O Ministro da Fazenda deve ser removido para Ministro do Exterior.

よこたえる 横たえる deitar, estender. 身を～ deitar-se. けが人を担架に～ estender o ferido na maca.

よこたわる 横たわる estender-se, deitar-se, jazer. 彼はベッドに横たわった Ele se deitou na cama.

よこちょう 横丁 ruela (f), travessa (f).

よこづけ 横付け acostamento (m), ancoragem (f). …を～する[にする] acostar [encostar, parar] …. 車を門扉の前に～する encostar o carro na frente do portão. 船を岸壁に～にする atracar a embarcação ao cais. 舟は川岸に～になっていた O barco estava atracado à margem do rio.

よこづな 横綱 título (m) máximo dado ao lutador de sumô.

よこどり 横取り ～する tirar, arrebatar, roubar. 王位を～する usurpar o trono.

よこながし 横流し desvio (m) de mercadorias controladas. …を～する vender … ilegalmente, vender … no mercado negro.

よこはば 横幅 largura (f).

よこばら 横腹 ❶ flanco (m), ilharga (f). ❷〔船の〕costado (m) (do navio).

よこぶえ 横笛〔音〕flauta (f) transversal.

よこぶり 横降り chuva (f) que cai obliquamente. 雨は～になってきた Começou a chover obliquamente.

よこみち 横道 ❶〔わき道〕marginal (f) de uma estrada. ❷〔間違った方向〕digressão (f). ～にそれる perder-se em digressões.

よこむき 横向き ～になる ficar de lado. ～に寝る deitar de lado.

よこめ 横目 olhar (m) de lado. ～で人を見る olhar os outros de soslaio.

よこもじ 横文字 escrita (f) europeia.

よこやり 横槍 ❶ ataque (m) de terceiros. ❷〔口出し〕intromissão (f). …に～を入れる intrometer-se [interferir] em …. ～が入って話がややこしくなった Houve uma intromissão de terceiros e o caso ficou complicado.

よこゆれ 横揺れ balanço (m) para os lados. ～する balançar para os lados.

よごれ 汚れ sujeira (m), mancha (f). この上着の～を落としてくれますか Pode me tirar a mancha deste paletó?

*よごれる 汚れる sujar-se〔スジャールスイ〕, manchar-se〔マンシャールスイ〕. 汚れた sujo/ja, manchado/da. 白いシャツはすぐ～ As camisas brancas logo ficam sujas. まだ汚れていますよ Ainda está sujo/ja, hein?

よさ 良さ qualidades (*fpl*), mérito (*m*), valor (*m*),《口語》lado (*m*) bom.

よざい 余罪 outros crimes (*mpl*). 容疑者にまだ～がありそうだ Parece que o/a suspeito/ta ainda tem outros crimes. ～を追及する investigar os outros crimes (cometidos).

よざくら 夜桜 flores (*f*) de cerejeira à noite.

よさん 予算 verba (*f*), orçamento (*m*). ～の orçamentário/ria. およその～ orçamento aproximado. …の～をたてる fazer o orçamento de [para]. …を～に計上する incluir … no orçamento. 会社はもう～がない A companhia não tem mais verba. 環境保護会議の～は52%も減らされた O orçamento para a Conferência da Preservação do Meio Ambiente teve uma diminuição de 52% [cinquenta e dois por cento]. ご～はいかほどですか Qual é o seu orçamento?/Quanto pretende gastar para isso? ～案を議会に提出する encaminhar a minuta do orçamento à Dieta, submeter o orçamento à apreciação da Dieta. ～が成立した(しなかった) O orçamento foi aprovado (rejeitado). ～を編成する elaborar [fazer] o orçamento.
♦予算案 minuta (*f*) do orçamento. 予算委員会 comissão (*f*) (elaboradora) do orçamento. 予算成立 aprovação (*f*) do orçamento. 予算年度 ano (*m*) orçamentário [fiscal]. 予算不成立 rejeição (*f*) do orçamento. 予算編成 elaboração (*f*) do orçamento. 赤字予算 orçamento deficitário. 暫定予算 orçamento provisório. 修正予算 orçamento retificado [corrigido]. 追加予算 orçamento suplementar.

よしあし 善し悪し o lado bom e o lado mau, o positivo e o negativo. それをやるのは～だ Fazer isso vai ter o seu lado positivo e o negativo.

よじげん 四次元 quarta dimensão (*f*).

よじほうていしき 四次方程式 【数】equação (*f*) de quarto grau.

よしゅう 予習 ～する fazer os estudos preparatórios para uma aula, preparar-se para uma aula.

よじょう 余剰 excesso (*m*), excedente (*m*).
♦余剰人員 mão-de-obra (*f*) excedente.

よじれる 捩れる torcer-se, ficar torcido/da.

よしん 余震 abalos (*mpl*) secundários, tremores (*mpl*) secundários.

よす 止す deixar, parar. ⇨止(°)める.

よすてびと 世捨て人 ermitão/tã, anacoreta, pessoa (*f*) que deixou o mundo. ～となる renunciar ao mundo, ser um/uma ermitão/tã.

よせ 寄席 espetáculo (*m*) de variedades.

よせい 余生 o resto da vida. ～をブラジルで送ろうと思っているんですが... Estou pensando em passar o resto da minha vida no Brasil.

よせがき 寄せ書き folha (*f*) de papel com mensagem de muitos a ser dada a alguém. 入院中の友だちに皆で～をした Cada um de nós escreveu uma mensagem numa só folha de papel para o/a amigo/ga hospitalizado/da.

よせつ 余接 【数】co-tangente (*f*).

よせなべ 寄せ鍋 【料】cozido (*m*) à mesa de variedades como carnes, peixes e verduras.

よせる 寄せる ❶〔近づける〕aproximar, trazer para perto(de). 車をもっと端に寄せてください Por favor, encoste o carro mais no canto. ❷〔集める〕juntar, acumular, reunir. ごみを1か所に寄せましょうか Vamos juntar o lixo num lugar só? ひたいにしわを～ franzir a testa. ❸〔送る〕enviar, mandar. …にコンサートの感想文を～ enviar ensaios de apreciação do concerto a ….

よせん 予選 ❶『スポーツ』eliminatória (*f*). ～で落ちる ser excluído/da nas eliminatórias. ～を通過する passar nas eliminatórias, classificar-se. ❷ pré-seleção (*f*). ～でしぼる fazer uma pré-seleção. ～を行う realizar as eliminatórias; fazer uma pré-seleção.

よそ ～の人 estranho/nha. ～の場所 um outro lugar. ～の国では em outros países. ～で食事をする comer fora. 彼女の心配を～に彼はアルコールを飲み続けている Sem fazer caso das preocupações da namorada, ele continua bebendo.

＊よそう 予想 previsão (*f*), expectativa (*f*) [エスペキタチーヴァ]. ～する esperar, prever. ～どおりに como previsto. ～に反して contra as expectativas. ～できる previsível. ～できない imprevisível. ～外の出来事 imprevisto (*m*). ～外に準備に時間がかかってしまった Os preparativos tomaram mais tempo do que esperávamos. 競馬の～が当たった(外れた) As previsões da corrida de cavalos (não) deram certo.

よそう 装う servir, pôr comida no prato individual. ご飯はめいめい装ってください Sirvam-se do arroz (cada um para si), por favor. このお茶碗にご飯を装ってください Sirva o arroz nesta tigela, por favor.

よそおい 装い traje (*m*), vestuário (*m*). 彼女はすっかり春の～でやって来た Ela veio toda primaveril.

よそおう 装う ❶〔飾る〕arrumar-se, aprontar-se. 美しく装った店 (娘) loja (*f*) (moça (*f*)) lindamente arrumada. ❷〔ふりをする〕fingir, simular. 淑女を～ fingir ser uma dama. 彼は親切を装って謝金をねらっていた Ele estava atrás da recompensa simulando boa vontade.

よそく 予測 previsão (*f*), prognóstico (*m*). ～する prever. 景気の動向を～する prever a

tendência econômica.　結果は～がつかない É difícil prever qual será o resultado./Não tenho ideia de qual será o resultado.

よそみ　よそ見　～する olhar para os lados, distrair-se com outras coisas.

よそもの　よそ者　estrangeiro/ra, estranho/nha, pessoa (f) de fora.　～扱いされる ser posto/ta de fora, sofrer discriminação.

よそゆき　よそ行き　～の服 roupa (f) para sair, traje (m) ⌊domingueiro [de domingo].　～の態度 atitude (f) formal.

よそよそしい　frio/fria, indiferente.　よそよそしさ frieza (f), indiferença (f).　よそよそしく com frieza, com indiferença.

よぞら　夜空　céu (m) [firmamento (m)] noturno.　彼女は～を見上げた Ela olhou para ⌊o céu noturno [as estrelas].　～は星がきらきらしていた Brilhavam as estrelas no firmamento.

よだれ　涎　baba (f).　～をたらす babar.　♦よだれ掛け babador (m).

よだん　予断　prognóstico (m), previsão (f).　～を許さない病状 estado (m) de saúde ⌊que não permite prognóstico [imprevisível].

よだん　余談　conversa (f) supérflua, digressão (f).

よち　予知　previsão (f).　～する prever, predizer.

よち　余地　espaço (m), lugar (m). そんな話し合いの～はない Não há espaço para tal [essa] negociação. 弁解の～はない Não adianta se justificar. 彼が善い人だということに疑いの～はない Não há dúvida de que ele é uma boa pessoa. ⇨余裕.

よちょきん　預貯金　depósitos (mpl) e poupanças (fpl) no banco.

よちよち　～歩く andar com passos vacilantes.　～歩きの子ども criança (f) com passos vacilantes.

よつかど　四つ角　encruzilhada (f), cruzamento (m).　三つ目の～を左に曲がってください Vire à esquerda no terceiro cruzamento, por favor.

よつぎ　世継ぎ　sucessor/ra, herdeiro/ra.

よっきゅう　欲求　necessidade (f); 〔欲望〕desejo (m), apetite (m); 〔希求〕ânsia (f), afã (m), sede (f).　～を満たす satisfazer um desejo. ♦欲求不満 frustração (f), carência (f), recalque (m).

よっつ　四つ　quatro 《em contagens》.

よって　因って　[したがって] por isso, pelas razões acima (mencionadas), assim.　～被告人は無罪とされた Assim [Pelas razões acima mencionadas], o/a acusado/da foi considerado/da inocente.

ヨット　iate (m).

よっぱらい　酔っ払い　bêbado/da, embriagado/da.

よっぱらう　酔っ払う　ficar bêbado/da [embriagado/da], embriagar-se.

よつんばい　四つん這い　～になって歩く andar de gatinhas, engatinhar.

***よてい　予定**　〔計画〕plano (m) [プラーノ], itinerário (m) [イチネラーリオ]; 〔時間、段取りの明細〕cronograma (m) [クロノグラマ], programa (m) de atividades, horário (m) [オラーリオ]. ～の planejado/da, programado/da, previsto/ta. …に～する(している) estar previsto/ta para …. ～を立てる planejar, programar, fazer um programa. ～を変更する mudar o plano. ～の時間に à hora prevista [marcada]. ～より早く着く chegar antes da hora (prevista). ～より遅く着く chegar atrasado/da. ビルの工事は～どおりに進んでいます A construção do prédio está avançando de acordo com o plano [cronograma]. 課長のきょうの～はどうなっていますか Qual é o ～ de hoje do/da nosso/nossa chefe? 私は来週出発する～です Eu pretendo partir a semana que vem. もう 100 人のブラジル人が来月着く～です Mais cem brasileiros ⌊devem [estão para] chegar o mês que vem. ～額を上回る exceder a [passar da] soma prevista. 出産の～日 dia (m) previsto do parto. ♦予定額 orçamento (m) previsto, soma (f) prevista.

よとう　与党　partido (m) ⌊do governo [da situação].

よどおし　夜通し　noite (f) inteira.　～働く trabalhar a noite inteira.

よどむ　淀む　❶ estagnar, ficar parado/da. ❷ 〔沈殿する〕sedimentar, depositar-se.

よなか　夜中　meia-noite (f), altas horas (fpl) da noite, noitão (m).　～に à meia-noite, às altas horas da noite.

よなき　夜泣き　～をする chorar à noite.　～をする赤ん坊 bebê (m) que chora à noite.

よなべ　夜なべ　trabalho (m) à noite.　～をする trabalhar à noite.

よにげ　夜逃げ　～する fugir durante a noite.

よねつ　余熱　calor (m) residual.

よねん　余念　distração (f).　読書に～がない estar absorto/ta na leitura.

よのなか　世の中　mundo (m); 〔社会〕sociedade (f); 〔人生〕vida (f).　～はこんなものだ O mundo é assim mesmo!　～は狭いね… Como o mundo é pequeno, não?　～がいやになる ficar desiludido/da da vida. ⇨世.

よは　余波　❶ efeito (m) posterior [secundário]. 台風の～を受ける ser afetado/da pelos efeitos secundários do tufão. ❷ 〔なごり〕influência (f), consequência (f).

よはく　余白　〔本などの〕margem (f); 〔空白〕espaço (m) em branco. ～を残しておいて(埋めて)ください Deixe um (Preencha o) espaço em branco.

よび　予備　reserva (f); 〔準備〕preparação (f). ～の de reserva, sobressalente;

よびおこす

preparatório/ria. その病気を持っている人は脳卒中の〜軍だと言われている Dizem que quem tem essa doença está mais propenso/sa a ter AVC [アーヴェーセー]. 日本に対する〜知識を持つ必要がありますね É preciso ter um conhecimento prévio sobre o Japão, não é? ♦ 予備交渉 negociação (f) preliminar. 予備軍 armada (f) de reserva. 予備選挙 primária (f). 予備タイヤ pneu (m) sobressalente.

よびおこす 呼び起こす ❶ [目を覚まさせる] chamar, acordar. 子供を〜 acordar o/a filho/lha (chamando). ❷ [思い出す] evocar, fazer lembrar. このにおいは子供のころを〜 Este cheiro me faz lembrar a infância.

よびかける 呼び掛ける ❶ chamar, dirigir-se a, falar a. 子供は「先生」と呼び掛けた A criança chamou "Professor/ra!". ❷ apelar, lançar um apelo. 寄付の協力を〜 lançar um apelo para a colaboração em forma de doações. …に対する注意を〜 avisar do perigo de ….

よびこう 予備校 escola (f) preparatória, cursinho (m).

よびこむ 呼び込む fazer entrar, convidar a entrar. 客を〜 convidar os fregueses a entrar na loja.

よびすて 呼び捨て …を〜にする chamar … só pelo nome, sem colocar o "san" (que corresponde ao português "senhor/ra", depois do nome).

よびだし 呼び出し ❶ chamada (f), convocação (f). 〜を受ける receber uma convocação, ser chamado/da. 〜に応じる responder a uma chamada [convocação]. 私の両親は学校から〜を受けた Meus pais foram chamados a comparecer à escola. お〜を申し上げます:田中様, カウンターまでお越しください Atenção: senhor Tanaka, favor comparecer ao balcão. ❷ [法] citação (f), intimação (f). ♦ 呼び出し状 (carta (f) de) citação. ❸ [相撲] pessoa (f) que chama os lutadores para subirem ao estrado [à arena] no sumô.

よびだす 呼び出す ❶ [呼び寄せる] chamar, convocar, invocar. 電話口へ〜 chamar ao telefone. ❷ [召喚する] [法] citar, mandar comparecer, intimar (para um tribunal). 法廷に呼び出される ser intimado/da a comparecer no tribunal. ❸ [呪術 (じゅつ) などで] invocar. 霊を〜 invocar espíritos.

よびつける 呼び付ける chamar, convocar, fazer [mandar] … vir. 彼女は店長に呼びつけられた Ela foi chamada a comparecer diante do/da gerente.

よびとめる 呼び止める parar, mandar parar, barrar. 私は3回も警官に呼び止められた Fui barrado/da pela polícia nada menos que três vezes.

よびな 呼び名 [名前] nome (m); [通称] cognome (m); [あだ名] apelido (m); [軽蔑的] alcunha (f).

よびもどす 呼び戻す chamar de volta, trazer de volta. 息子を親元へ〜 chamar o filho de volta à casa dos pais.

よびょう 余病 infecção (f) secundária, sequela (f). その肺炎はインフルエンザの〜かも知れない Essa pneumonia pode ser uma infecção secundária da gripe.

よびよせる 呼び寄せる chamar, fazer vir, mandar chamar. 医者を〜 chamar o médico. 家族を〜 mandar chamar a família.

よびりん 呼び鈴 campainha (f). 〜を鳴らす tocar a campainha.

*****よぶ 呼ぶ** ❶ [言う, 声をかける] chamar [シャマル], [チビール]. ボーイを〜 chamar o garçom. 何とお呼びしたらよろしいしょうか Como devo chamar o/a senhor/ra? これからファーストネームで呼んでください De agora em diante, chame-me pelo primeiro nome, sim? これはポルトガル語で何と呼びますか Como se diz isto em português? ❷ [来てくれるように言う] chamar, mandar vir. タクシーを呼んでください Chame-me [Mande vir] um táxi, por favor. 医者を呼びましょうか Quer que eu mande chamar um médico? ❸ [招待する] convidar [コンヴィダール], chamar. 私は会社の創立記念パーティーに呼ばれている Eu estou convidado/da para a festa de comemoração da fundação da companhia. 田舎の両親を呼びました Eu chamei os meus pais do interior.

よふかし 夜更かし 〜 (を) する ficar acordado/da até tarde, varar a noite. 勉強していて〜をしていました Fiquei acordado/da até tarde [Passei a noite] estudando.

よふけ 夜更け altas horas (fpl) da noite. 〜に às altas horas da noite. きのうは〜まで働きました Ontem trabalhei até altas horas da noite.

よぶん 余分 sobra (f), excedente (m), excesso (m). 〜の **1)** excessivo/va. 〜な話はしないように... Não fale demais .... **2)** supérfluo/flua. 〜な物をたくさん持っている ter muitas coisas supérfluas. 〜に mais, de sobra. 彼はペンを〜に持っている Ele tem canetas de sobra. 人より〜に働く trabalhar mais que os outros.

よほう 予報 previsão (f). 〜する prever. あしたの天気〜はどうですか Qual é a previsão do tempo para amanhã? 〜によると明日雨が降るようだ A previsão é de um dia chuvoso para amanhã. ♦ 天気予報 previsão do tempo.

*****よぼう 予防** prevenção (f) [プレヴェンサォン]. 〜の preventivo/va. …に対する〜策を講じる tomar medidas preventivas contra …. …に麻疹 (はしか) のワクチンを〜接種する aplicar vacina contra o sarampo em …. A型インフルエンザの〜接種を受ける ser vacinado/da [vacinar-se] contra a gripe A. ブラジルに入国するために黄熱病の〜接種は必要ですか Será que a vacina-

ção contra a febre amarela é necessária para se entrar no Brasil? 病気を～する prevenir doenças. ♦ 予防医学 medicina (f) preventiva. 予防接種 vacinação (f). 予防措置 medidas (f) preventivas.

よほど 〔非常に〕muito;〔かなり〕bem. 彼は～忙しかったのでしょう Acho que ele estava bem ocupado. そのスカートよりもこのパンツのほうがよい Esta calça é bem melhor do que essa saia. そのことについては彼女は～自信があるのでしょう Ela deve estar muito certa disso.

よぼよぼ ～と歩く cambalear. ～の犬 cachorro (m) cambaleante.

よまわり 夜回り ❶〔行為〕vigilância (f) noturna. ❷〔人〕guarda-noturno (m).

よみ 読み ❶ leitura (f). 彼は～書きができる Ele sabe ler e escrever. 棒～する ler (um texto) sem entoação. ❷〔判断〕intuição (f), visão (f). 社長は先の～が浅い（深い）O/A presidente da nossa companhia tem pouca (muita) visão (do futuro). ❸〚スポーツ〛antecipação (f). あの選手はパスの～が上手だ Aquele jogador é bom para antecipar os passes.

よみあやまる 読み誤る ❶〔文字を〕ler errado. ❷〔解釈を〕errar na interpretação da leitura. ❸〔未来を〕errar na previsão do futuro.

よみあわせる 読み合わせる ler … para confrontar, cotejar, fazer o cotejo de ….

よみおわる 読み終わる acabar [terminar] de ler.

よみかえす 読み返す reler. 何度も～ ler e reler.

よみがえる 蘇る ❶〔衰えたものがまた盛んになる〕recobrar o vigor, revigorar-se. 雨で畑の野菜がよみがえった As hortaliças se revigoraram com a chuva. それを見て彼は記憶がよみがえった Ele recobrou a memória ao ver isso. ❷〔生き返る〕reviver, ressuscitar, renascer. 死者をよみがえらせる ressuscitar um morto. 私は川で泳いでよみがえった気がした Eu me senti revigorado/da [ressuscitado/da] depois de nadar no rio.

よみかき 読み書き leitura (f) e escrita (f). ～を覚える aprender a ler e escrever. ～のできない人 analfabeto/ta.

よみかた 読み方 ❶ modo (m) de ler, leitura (f). この漢字の～はいろいろある Há vários modos de ler este ideograma chinês. ❷〔発音〕pronúncia (f). ❸〔解釈〕interpretação (f). この文章は二通りの～ができる Esta frase tem ⌊dupla interpretação [duas leituras].

よみきかせる 読み聞かせる ler e fazer ouvir a leitura. 小学生に本を～ ler livros para as crianças do primário.

よみごたえ 読みごたえ ～のある本 livro (m) que vale a pena ler.

よみこなす 読みこなす ler e entender, ler com facilidade, saber ler.

よみさし 読みさし ～の本 livro (m) meio lido.

よみせ 夜店 barraca (f) que ⌊vende [vende comidas ou bugigangas] à noite.

よみち 夜道 rua (f) à noite. ～は危険だ É perigoso andar na rua à noite.

よみとる 読み取る ❶〔計算機などが〕ler, decodificar. 機械がバーコードを～ A máquina decodifica o código de barras. ❷〔読んで内容を理解する〕ler o significado. 言外の意味を～ ler nas entrelinhas.

よみなおす 読み直す reler, ler ⌊de novo [mais uma vez].

よみにくい 読みにくい difícil de ler;〔字体が〕ilegível. ～字 letra (f) ilegível.

よみふける 読み耽る …を～ ficar absorto/ta na leitura de ….

よみもの 読み物 leitura (f);〔本〕livro (m) fácil para entretenimento.

よみやすい 読みやすい fácil de ler;〔字体が〕legível. ～本 livro (m) fácil de ler. ～字 letra (f) legível.

*****よむ 読む** ❶ ler [レール]. 私は日本語を話すことはできますがまだ～ことができません Eu sei falar japonês, mas ainda não sei ler. この本を読んだことがありますか Já leu este livro aqui? そのことなら新聞で読みました Eu li sobre isso no jornal. ❷〔推察する〕ler, compreender [コンプレエンデール]. …の意中を～ compreender a intenção de …. 行間を～ ler nas entrelinhas. ❸〔先の手を考える〕antever [アンテヴェール], antecipar [アンテシパール]. パスを～ antever o passe.

よめ 嫁 〔花嫁〕noiva (f) 《no dia do casamento》;〔姑（しゅうとめ）から見て〕nora (f).

よめい 余命 sobrevida (f). 私の～は後どくらいあるのでしょうか Quanto tempo eu tenho de vida?

よめいり 嫁入り casamento (m), núpcias (fpl). ～前の娘 mocinha (f) casadoura. ♦ 嫁入り支度 enxoval (m).

*****よめる 読める** ❶〔読む能力がある〕saber ler. 彼はまだ字が読めない Ele ainda não sabe ler. ❷〔読むことができる〕poder [dar para] ser lido/da. この本は楽に～ Este livro se lê com facilidade. ❸〔解釈できる〕dar para ser interpretado/da. この話はいろいろに～ Esta história pode ser interpretada de várias maneiras.

よもぎ 蓬 〚植〛artemísia (f).

よやく 予約 reserva (f);〔購読予約〕assinatura (f). ～する reservar; assinar 《revistas etc》. 飛行機のチケットを～する reservar uma passagem de avião. ホテルの部屋を～する reservar um quarto no hotel. コンサートのチケットを～する reservar ⌊um ingresso [uma entrada] de concerto. カルロス先生の診察を～し

たいのですが Gostaria de marcar uma consulta com o Doutor Carlos. 大阪行きのチケットを2枚〜できますか Será que poderia reservar duas passagens para Osaka? 〜の再確認 reconfirmação (f) da reserva. 〜を取り消す cancelar uma reserva. ♦予約席 assento (m) numerado, lugar (m) reservado;［テーブル］mesa (f) reservada. インターネット予約 reserva pela *internet*.

よゆう 余裕 ［余地］espaço (m);［時間］tempo (m). 我が家ではまだ自動車を買う〜はない Em casa ainda não podemos nos dar ao luxo de comprar um carro. この部屋はそんなに大ぜいの人が入る〜はありません Nesta sala [Neste quarto], não há espaço para tanta gente. 私はいつも時間の〜がない Eu nunca tenho tempo de sobra.

より 縒り 腕に〜をかけて料理をする esmerar-se [caprichar] na cozinha. …と〜を戻す reconciliar-se com ….

***-より ❶**［比較］mais … do que …. 私は彼〜背が高い Eu sou mais alto/ta do que ele. 彼は私〜三つ年上だ Ele é três anos mais velho do que eu. **❷**［起点］de［ヂ］, a partir de, desde［デーズヂ］. これ〜試合を再開します A partir ∟de agora [daqui], vamos reiniciar a competição. **❸**［限定］só［ソー］, senão［セナォン］, além de. 君〜ほかに頼る人はいない Não tenho ninguém com quem eu possa contar, além de você./Só você pode me ajudar.

-より -寄り que tende a, que se aproxima de. 右〜の思想 pensamento (m) tendendo à direita. 南〜の風 vento (m) sul.

よりあい 寄り合い reunião (f), encontro (m).

よりかかる 寄り掛かる ❶ encostar-se [apoiar-se, amparar-se] em [contra]. 壁に〜 encostar-se ∟na [contra a] parede. 手すりに〜 amparar-se ao [no] corrimão. **❷**［頼る］ficar [ser] dependente de, viver às custas de. 親に寄り掛かって生活する viver às custas dos pais, ser dependente dos pais.

よりきり 寄り切り［相撲で］ato (m) de empurrar o adversário para fora da arena.

よりそう 寄り添う aconchegar-se, agarrar-se. 子供は父親に寄り添っていた A criança estava agarradinha ao pai. 寄り添って座る sentar-se um/uma bem pertinho do/da outro/tra.

よりどころ 拠り所 ❶［根拠］base (f), fundamento (m). 〜のないうわさ boato (m) sem fundamento. **❷**［支え］apoio (m). 故郷の思い出が心の〜だ A lembrança da terra natal é o meu apoio espiritual.

よりどり 選り取り escolha (f). 〜で escolha. リンゴはどれも 100 円だ、〜見取りだよ Todas as maças estão a cem ienes cada, à escolha do/da freguês/guesa.

よりによって 〜こんな忙しいときに人が来るなんて Que coisa [maçada]! Receber visita [Vir gente] justamente quando ∟se está [a gente está] tão ocupado/da!

よりぬき 選り抜き 〜の selecionado/da. 〜の選手たち atletas bem selecionados/das. 〜の人々 pessoas (fpl) da elite.

よりみち 寄り道 …に〜をする dar um pulo em …, dar uma passadinha em …;［道草を食う］desviar e ir a ….

よる 寄る dar ∟um pulo [uma passadinha] em, passar em [por]. 私は帰りに工場に〜つもりです Eu pretendo passar pela fábrica, na volta. 近くにお出での際にはお立ち寄りください Se passar por perto, por favor, sinta-se à vontade em nos visitar, sim?/Se vier por perto, dê uma passadinha lá em casa, *tá*?

***よる 拠る, 因る ❶**［起因する］ser causado/da por, dever-se a, ter como motivo [causa], por［ポル］. 洪水に〜被害 danos (mpl) causados pela inundação. この事故は運転手の不注意に〜ものだ Este acidente se deve à falta de atenção do motorista. 風邪に〜欠席 falta (f) à aula ou ao trabalho ∟por [tendo como causa o] resfriado. あの家は地震によって全壊した Aquela casa desmoronou (completamente) devido ao terremoto. …により por motivo de, de acordo com, conforme, segundo. 事情により por motivos de força maior. 校則第5条により... De acordo com [conforme] o quinto parágrafo do regulamento escolar .... **❷**［次第である］depender de. それは条件に〜 Isso depende das condições. それは場合によりけりだ Isso depende (do caso). それに対する処理は国によって違う A maneira de resolver isso varia ∟de país para país [conforme os países]. **❸**［基づく］basear-se em. その結論は間違った推論に〜ものだ Essa conclusão está baseada em deduções erradas. realizar [fazer] algo ∟por meio de [através de]. この土地は A 不動産の仲介によって購入した Este terreno eu o comprei através da imobiliária A. **❹**［用いる］usar［ウザール］, empregar［エンプレガール］, recorrer a. 武力に〜戦い luta (f) ∟armada [que recorre às armas, que se trava com o emprego das armas]. ¶モナリザはレオナルド・ダ・ヴィンチによって描かれた Monalisa foi pintada por Leonardo da Vinci. 辞書によって言葉の正しい意味を知る saber do verdadeiro sentido da palavra, através do dicionário. そのことによってマスコミははずいぶんと変わった Por causa disso, a mídia mudou muito.

***よる 夜** noite (f) [ノーイチ]. 〜9時に às nove horas da noite. 〜に à noite. 金曜日の〜に na sexta-feira à noite. 〜昼 dia e noite. 〜遅くに às altas horas da noite. 〜型の人間 pessoa (f) que atua [trabalha ou estuda] melhor à noite.

ヨルダン Jordânia (f). 〜の jordaniano/na.

よれば (…に)～ de acordo com …, conforme …, segundo. 山田の報告に～… de acordo com o informe do Yamada …. 新聞の報道に～… Segundo o que dizem os jornais …. おっしゃる所に～… Segundo o que eu entendi com a sua explicação ….

よれよれ ～の surrado/da. ～の服 roupa (f) surrada.

よろい 鎧 couraça (f).

よろこばせる 喜ばせる tornar … feliz, deixar … contente, alegrar, contentar, agradar; divertir. 目を～絵 pintura (f) agradável aos olhos.

よろこび 喜び alegria (f), contentamento (m), felicidade (f); prazer (m). 生きる～ alegria de viver. 性の～ prazer sexual. ～を表す expressar a felicidade, mostrar-se feliz. 心からお～を申し上げます Felicitações!

よろこぶ 喜ぶ ficar contente, ficar feliz, ficar alegre, alegrar-se. 喜んでいる estar contente. 喜んでお供いたします Eu o/a acompanharei com todo o gosto. みんなその知らせを聞いて喜んだ Todos ouviram o aviso e ficaram contentes. 父はあなたの贈り物をたいへん喜んでいました O meu pai ficou muito contente com o seu presente./O meu pai gostou muito do seu presente. 彼は喜んで働いている Ele trabalha com alegria. 「来年もこの授業（クラス）を受け持っていただけますか」「喜んで…」 O/A senhor/ra poderá continuar ⌊dando esta aula [sendo o/a encarregado/da desta turma] no ano que vem? — Com todo o gosto…./Aceito o trabalho com prazer.

よろしい bom/boa; certo/ta; bem. ～でしょうか Pode ser?/Está bem assim? このやり方で～でしょうか Este modo de fazer está certo? 入っても～ですか Posso entrar? 明日おじゃましても～でしょうか Será que posso ⌊visitá-lo/la [visitar você] amanhã? ⇨よい.

よろしく ～お願いします 1)〔仕事を頼むとき〕Então, por favor, sim?/Faça o serviço da melhor forma possível, por favor《quando um superior pede um serviço a um inferior》. 2)〔初対面の挨拶〕Muito prazer《quando apresentado a alguém》. ご主人に～お伝えください〔相手の家にいないとき〕Lembranças [recomendações] ao seu marido./Manda um abraço ao seu marido./〔相手の家にいるとき〕Dê bom dia (boa tarde, boa noite) ao seu marido por mim. 皆様に～お伝えください Dê lembranças a todos. 父が～と申しておりました O meu pai mandou muitas lembranças ao (à) senhor/ra. 今年も～お願いいたします Espero poder continuar contando com sua estima por mais um ano que passa《em cumprimentos de ano-novo》.

よろめく cambalear, vacilar. 私はあまり眠らなかったのでよろめきながら立ち上がった Eu me levantei cambaleando, de tanto sono.

よろん 世論 opinião (f) pública. ♦世論調査 pesquisa (f) de opinião pública.

よわ 夜半 meia-noite (f). ～の月 lua à [da] meia-noite.

*** よわい** 弱い fraco/ca [フラッコ/カ], débil [デービウ];〔もろい、壊れやすい〕frágil [フラージウ];〔ひ弱な〕raquítico/ca [ハキッチコ/カ]. 弱く de leve. 弱くする tornar fraco/ca. 弱くなる ficar fraco/ca, tornar-se fraco/ca. 体が～ ser fraco/ca de saúde. 気が～ ser tímido/da, não ter muita coragem. 意志が～ não ter personalidade, não ser determinado/da. 酒に～ ser fraco/ca na bebida. 寒さに～植物 planta (f) que não resiste ao frio. 課長は女性に～んだ O chefe tem um fraco pelas mulheres.

よわいもの 弱い者 pessoa (f) fraca. ～の味方をする tomar o partido dos mais fracos. ～いじめをする maltratar os mais fracos. それは～いじめですよ Isso é maltratar os mais fracos.

よわき 弱気 ❶〔気後れ〕covardia (f), fraqueza (f), timidez (f),〔悲観〕pessimismo (m),〔意気消沈〕desânimo (m). ～の fraco/ca, tímido/da, pessimista. ～になる sentir-se fraco/ca, acovardar-se, desanimar-se, perder o ânimo. ❷〔株式〕tendência (f) à baixa. ♦弱気市場 mercado (m) com tendência à baixa.

よわごし 弱腰 posicionamento (m) pouco firme, atitude (f) tímida. ～になる intimidar-se, encolher-se.

よわさ 弱さ fraqueza (f), debilidade (f); fragilidade (f).

よわたり 世渡り condução (f) da vida. ～がうまい saber viver, saber conduzir bem a vida. あなたは～渡りがうまい Você sabe andar na vida./Você sabe se virar bem.

よわね 弱音 fraqueza (f), falta (f) de coragem. ～を吐く acabar ⌊lamentando-se [revelando falta de coragem].

よわび 弱火 fogo (m) baixo [fraco]. ～で煮込む cozer a fogo baixo.

よわまる 弱まる abrandar, enfraquecer, ficar mais fraco/ca. 風雨が弱まった A tempestade abrandou.

よわみ 弱み ponto (m) fraco. 相手の～を握る ficar sabendo do ponto fraco do outro. あの店長は部下の～につけこむ癖がある Aquele/la gerente costuma aproveitar-se do ponto fraco do/da subalterno/na. ～につけこむな Não se aproveite da fraqueza alheia.

よわむし 弱虫〔臆病(おくびょう)者〕covarde;〔泣き虫〕chorão/rona. 彼は～だ Ele é covarde.

よわめる 弱める enfraquecer, tornar fraco/ca; diminuir, atenuar. 台風は勢力を弱めて北上している O tufão se dirige para o norte, diminuindo de intensidade. 痛みを～ atenuar a dor. ガスの火を～ abaixar o fogo do gás. 速力を～ diminuir a velocidade. テレビの音を～

よわよわしい 弱々しい fraco/ca, débil. 〜声で com uma voz desfalecida. 弱々しく sem forças.

よわる 弱る ❶ 〔衰弱〕enfraquecer-se, desfalecer, desanimar-se. からだが弱っている estar fraco/ca de saúde, estar debilitado/da. ❷ 〔困る〕ficar perplexo/xa, ficar atrapalhado/da, ficar [estar] sem saber o que fazer. A 社からの返事がまだないので弱っている Eu estou ⌊muito confuso/sa [em dificuldades] porque a companhia A ainda não nos mandou resposta.

よん 四 quatro (*m*). 第〜の, 〜番目の quarto/ta. 〜倍 quatro vezes (*fpl*). 〜分の一 um quarto.

よんじゅう 四十 quarenta. 第〜の, 〜番目の quadragésimo/ma.

よんびょうし 四拍子 〚音〛 compasso (*m*) quaternário.

よんりん 四輪 quatro rodas (*fpl*). ♦四輪駆動 tração (*f*) a quatro rodas, propulsão (*f*) a quatro rodas. 四輪車 carro de quatro rodas. 小型四輪車 carro (*m*) de baixa cilindrada.

ら

-ら … e outros/tras. 鈴木～ Suzuki e outros; 《俗》 Suzuki e companhia. 彼～ eles. 彼女～ elas.

ラ 〖音〗 lá (m), nota (f) lá. ～の音を出す dar o lá.

ラード banha (f) de porco.

ラーメン 〖料〗 macarrão (m) chinês estilo japonês, *ramen*.

らい- 来- … próximo/ma, que vem.

らいう 雷雨 chuva (f) com trovoadas.

ライオン 〔雄〕 leão (m); 〔雌〕 leoa (f).

らいきゃく 来客 visita (f) 〖★ 男性をさしていても女性名詞〗; visitante; 〔招待された〕 convidado/da. 社長は～中です O/A presidente (da companhia) está com visita.

らいきん 癩菌 〖生〗 *Mycobacterium* (m) *leprae*.

らいげつ 来月 o mês que vem. 社長は～早々帰ってきます O/A nosso/nossa presidente vai voltar no começo do mês que vem.

らいしゅう 来週 a semana que vem.

らいしゅん 来春 a próxima primavera.

らいじょう 来場 vinda (f) 〔chegada (f)〕 ao local (de alguma atividade). 10時までにご～願います Peço-lhes o favor de chegarem até às dez horas no local (combinado). 本日は寒い中ご～くださいましてありがとうございました Muito agradecido/da por terem vindo hoje, apesar do frio.

ライスカレー arroz (m) com caril [*curry*].

らいせ 来世 o outro mundo (m), mundo *post mortem*.

ライセンス licença (f).

ライター ❶ 〔たばこの〕 isqueiro (m). ❷ 〔作家〕 escritor/ra. ◆ ゴーストライター colaborador/ra anônimo/ma. シナリオライター dramaturgo/ga.

ライチ 〖植〗 lechia (f).

らいちょう 雷鳥 〖鳥〗 ptármiga (f).

らいてん 来店 vinda (f) à loja.

ライト ❶ 〔明かり〕 luz (f), farol (m). ～をつけないんですか Não vai acender o farol? ❷ 〖野球〗 〔右翼手〕 jardineiro/ra direito/ta. ◆ ライトフライ rebatida (f) fly na direção do jardineiro direito.

ライトアップ iluminação (f).

ライトきゅう ライト級 〖ボクシング〗 peso-leve (m). ～の選手 boxeador/ra (de) peso-leve.

ライトバン mini-van (f), perua (f), caminhonete (f).

ライトブルー azul (m) claro.

ライナー ❶ 〔定期船〕 navio (m) de carreira; 〔定期航空機〕 avião (m) de carreira. ❷ 〖野球〗 bola (f) rebatida a meia altura. ～を打つ bater um *liner*.

らいにち 来日 vinda (f) ao Japão. ～する vir ao Japão.

らいねん 来年 o ano que vem.

ライバル rival. ～の rival. ◆ ライバル意識 (espírito (m) de) rivalidade (f).

らいひん 来賓 convidado/da especial. ◆ 来賓席 lugar (m) reservado aos convidados.

ライフ vida (f). ◆ ライフジャケット colete (m) salva-vida. ライフスタイル estilo (m) de vida. ライフワーク trabalho (m) de toda a vida, *life work* (m). クオリティーオブライフ qualidade (f) de vida. モダンライフ vida moderna.

ライブ ao vivo. ◆ ライブコンサート concerto (m) [*show* (m)] ao vivo. ライブハウス casa (f) de concerto ao vivo.

ライフライン linha (f) vital (de abastecimentos e comunicações).

ライブラリー biblioteca (f).

ライフル espingarda (f).

らいほう 来訪 visita (f). ◆ 来訪者 visita (f), visitante.

ライム 〖植〗 〔果実〕 lima (f); 〔木〕 limeira (f).

ライむぎ ライ麦 〖植〗 centeio (m). ◆ ライ麦パン pão (m) de centeio.

らいめい 雷鳴 trovoada (f).

ライラック 〖植〗 lilás (m).

ライン ❶ 〔線〕 linha (f). ◆ アンダーライン sublinha (f). スタートライン linha de partida. ❷ 〖サッカー〗 linha. ◆ ゴールライン linha de fundo. サイド〔タッチ〕ライン linha lateral. ハーフウェイライン linha média. ❸ 〔列〕 fila (f). ◆ ラインダンス dança (f) em fila. ❹ 〔航路〕 rota (f) (aérea, marítima). ◆ エアライン linha aérea. ❺ 〔水準〕 nível (m). ◆ 合格ライン nível [limite (m)] de aprovação.

ラインズマン 〖スポーツ〗 juiz (m) de linha.

ラウンジ sala (f) de estar.

ラウンド rodada (f). 彼は次の～からしばらくはずされるだろう Ele ficará fora das próximas rodadas. ◆ ウルグアイラウンド Rodada do Uruguai.

ラオス Laos (m). ～の laosiano/na.

らがん 裸眼 olho (m) nu. ～で a olho nu.

*らく 楽 ～な 〔容易な〕 fácil 〖ファッスィウ〗; 〔安楽な〕 confortável 〖コンフォルターヴェウ〗. ～に facilmente; confortavelmente. ～に暮らす viver bem, ter uma boa vida. ～なこと mamata (f), moleza (f); 《俗》 bolinho (m), café (m) pequeno. ～をして儲(も)ける ganhar dinheiro

らくいん com facilidade (f); 《俗》ganhar dinheiro no mole. 今度の仕事は思ったより〜だった O último serviço foi mais fácil do que eu pensava. どうぞお〜にしてください Fique [Esteja] à vontade. ここから駅まで歩くのは〜じゃない Andar daqui até a estação não é mamata [bolinho].

らくいん 烙印 marca (f) do ferrete. 家畜に〜を押す marcar o gado com ferrete.

らくえん 楽園 paraíso (m).

らくがき 落書き pichação (f), rabisco (m), garatuja (f). 〜する rabiscar 《escrevendo brincadeiras em paredes etc》, pichar. 壁に〜するな《掲示》Não Rabisque a Parede./Não Piche a Parede.

らくご 落語 monólogo (m) cômico tradicional, arte (f) de contar histórias cômicas. ◆落語家 profissional de *rakugo*.

らくご 落伍 〔遅れ〕atraso (m); 〔断念〕desistência (f); 〔失敗〕malogro (m), fracasso (m). 3人のランナーが〜した Três corredores desistiram [《俗》caíram fora] da corrida. ◆落伍者 desistente; 〔脱落者〕fracassado/da.

らくさ 落差 diferença (f), defasagem (f). 〜が大きい A diferença [defasagem] é grande.

らくさつ 落札 arrematação (f), adjudicação (f) em hasta pública. 〜する arrematar, comprar [adjudicar-se] oferecendo o maior lanço. ◆落札価格 valor (m) da arrematação. 落札者 arrematador/ra.

らくしょう 楽勝 vitória (f) fácil. 〜する vencer [ganhar] com facilidade [facilmente].

らくせい 落成 término (m) (de uma construção). 〜する terminar. 新社屋の〜はいつですか Quando se vai terminar a construção do novo prédio da companhia? ◆落成式 inauguração (f) 《de uma construção》.

らくせき 落石 queda (f) de pedras. 〜注意《掲示》Cuidado com a queda de pedras.

らくせん 落選 derrota (f) numa eleição. 〜する não ser eleito/ta, ser derrotado/da numa eleição; 〔審査などで〕não ser escolhido/da, não passar. ◆落選者 candidato/ta não-eleito/ta.

らくだ 駱駝 〔動〕camelo (m). 〜のこぶ corcova (f) do camelo.

らくだい 落第 reprovação (f) num exame. 〜する ser reprovado/da, repetir de ano. ◆落第生 repetente.

らくたん 落胆 decepção (f); desânimo (m). 〜する ficar decepcionado/da, decepcionar-se, ficar desanimado/da, desanimar-se. 彼女はその結果を聞いてひどく〜していた Ela estava decepcionada com o resultado que ouviu.

らくちゃく 落着 solução (f). 〜する solucionar, arranjar. 一件〜 um caso resolvido.

らくちょう 落丁 falta (f) de página (em livros). ◆落丁本 livro (m) com falta de páginas.

らくてん 楽天 〜的な otimista. ◆楽天家 otimista.

らくのう 酪農 indústria (f) do leite. ◆酪農家 produtor/ra de laticínios. 酪農場 granja (f) que produz leite e laticínios. 酪農製品 laticínio (m).

らくば 落馬 queda (f) do cavalo. 〜する cair do cavalo.

ラグビー 【スポーツ】rúgbi (m).

らくらい 落雷 queda (f) de um raio. 〜する cair um raio.

らくらく 楽々 〜(と) com facilidade, facilmente, folgadamente.

ラグラン ◆ラグラン袖 manga (f) raglã.

ラクロス 【スポーツ】*lacrosse* (m) (jogo (m) semelhante ao hóquei).

ラケット raquete (f), raqueta (f).

ラジアルタイヤ pneu (m) radial.

-らしい ❶〔…のように見える, 思える〕parecer que (+直説法) (+indicativo), parecer (+不定詞) (+infinitivo). 彼女はそれについて何も知らない〜 Parece que ela não sabe de nada a respeito (disso). どうも山手線で事故があった〜 Parece que houve um acidente na linha Yamanote. 雨が降る〜ですね Parece que vai chover, não?/Estão dizendo que vai chover, não? みんな疲れている〜から一休みしよう Vamos descansar um pouco, que todo o mundo parece estar cansado. ❷〔…にふさわしい〕ser muito [próprio/pria] de, ser só de. それはいかにもブラジル人〜やり方だ Essa atitude é bem [muito] de brasileiro. 30分前に会議に来ていたなんてあなた〜ですね Só você para vir trinta minutos antes da hora da conferência, não? ❸〔典型的な〕típico/ca, representativo/va, bom/boa. 彼はいかにも日本人〜です Ele é um japonês bem típico. マリオはブラジル人らしくコーヒーにお砂糖をたくさん入れた Mário pôs um monte de açúcar no café, como um bom brasileiro.

ラジウム 【化】rádio (m). ◆ラジウム療法 radioterapia (f).

ラジエーター radiador (m).

ラジオ 〔受信機〕rádio (m); 〔放送〕rádio (f), radiodifusão (f); 〔局〕rádio (f), estação (f) [emissora (f)] de rádio. 〜をかけましょうか Vamos ligar o rádio? その〜を消してください Desligue esse rádio, por favor. 〜を 86.3 に合わせてください Sintonize o rádio na frequência de oitenta e seis ponto três megahertz, por favor. 〜の音をもっと小さくできますか Dá para abaixar o volume do rádio? 〜の音をもっと大きくしないと聞こえません Aumente o volume do rádio que, se não, não dá para ouvir. それは〜で聞きました Eu ouvi isso pela rádio. ◆ラジオ放送局 estação de rádio.

ラジカセ rádio-cassete (f).

ラジカル ～な radical. ～な労働組合員 sindicalista radical. ◆フリーラジカル radical (*m*) livre.

らしんばん 羅針盤 bússola (*f*).

ラスク 〖料〗pão (*m*) torrado e polvilhado de açúcar granulado.

ラスト último/ma. 締め切り前日に～スパートをかけて作品を完成させた Na véspera do prazo eu fiz um esforço final e consegui terminar a obra. ◆ラストシーン cena (*f*) final, última cena. ラストスパート esforço (*m*) final.

らせん 螺旋 espiral (*f*). ～形の em (forma de) espiral. ◆螺旋階段 escada (*f*) de caracol.

らたい 裸体 ❶ nudez (*f*). ❷〔体〕corpo (*m*) nu. ～の nu/nua. ◆裸体主義 nudismo (*m*). 裸体主義者 nudista.

らち 埒 ¶そんなことを言っても～があかない Não adianta nada dizer essas coisas (que não resolve). ～もない話 história (*f*) absurda [sem sentido].

らち 拉致 rapto (*m*). ～する raptar.

らっか 落下 queda (*f*). ～する cair. ◆落下傘 para-quedas (*m*).

ラッカー laca (*f*).

らっかせい 落花生 〖植〗amendoim (*m*).

らっかん 楽観 otimismo (*m*). ～的 otimista. ◆楽観主義者 otimista.

ラッキー ～な de sorte, sortudo/da.

らっきょう 〖植〗chalota (*f*) [cebolinha (*f*) chinesa].

ラック ❶〔棚〕estante (*f*). ❷〔物を載せる台〕rack (*m*), estante (*f*). ◆マガジンラック revisteiro (*m*), porta-revistas (*m*).

らっこ 〖動〗lontra-do-mar (*f*).

ラッシュアワー hora (*f*) do pico, hora do *rush*. ～を避けるために早く会社に来ています Eu venho cedo à companhia para não pegar a hora do pico.

ラッセル 〖医〗sopro (*m*) bronquial.

ラッセルしゃ ラッセル車 locomotiva (*f*) removedora da neve [que vai tirando a neve dos trilhos à medida que avança].

らっぱ trombeta (*f*), trompa (*f*). ～を吹く tocar trombeta. ビールの～飲みをする beber cerveja pela garrafa.

ラップ ❶〔包装用〕papel (*m*) filme. ❷〖音〗*rap* (*m*). ◆ラップミュージック música (*f*) *rap*.

ラップトップ 〖コンピ〗*laptop* (*m*) [レップトップ], computador (*m*) portátil.

ラディカル ⇒ラジカル.

ラテン ～の latino/na. ◆ラテン音楽 música (*f*) latino-americana. ラテン語 latim (*m*). ラテン民族 povo (*m*) latino.

ラテンアメリカ América Latina (*f*). ～の latino-americano/na. ◆ラテンアメリカ諸国 países (*mpl*) latino-americanos.

ラトビア Letônia (*f*). ～の letão/tona.

ラノリン 〖化〗lanolina (*f*).

らば 騾馬 〖動〗mulo/la.

らふ 裸婦 mulher (*f*) nua. ◆裸婦画 pintura (*f*) de mulher nua.

ラフ ❶ ～な〔ざらざらしている〕áspero/ra;〔荒っぽい〕rude, grosso/ssa. ❷〖テニス〗verso (*m*) da raquete. ❸〖ゴルフ〗parte (*f*) do campo onde o gramado está crescido.

ラブ amor (*m*) (tem, em japonês, apenas a conotação de amor entre homem e mulher). ◆ラブシーン〖映・劇〗cena (*f*) de amor. ラブソング〖音〗música (*f*) de amor, *love song* (*m*). ラブレター carta (*f*) de amor.

ラベル ❶〔張り紙〕rótulo (*m*). ～をはる作業 rotulagem (*f*). ❷〔レコードの〕etiqueta (*f*). ❸〖電〗etiqueta (*f*).

ラベンダー 〖植〗alfazema (*f*), lavanda (*f*).

ラボラトリー 〔実験室〕laboratório (*m*). ◆ランゲージラボラトリー laboratório de línguas.

ラマ ❶〖動〗lama (*m*), lhama (*m*). ❷〖宗〗◆ラマ教 lamaísmo (*m*). ラマ僧 monge (*m*) budista tibetano, lama (*m*).

ラム 〔子羊〕cordeiro (*m*);〔子羊の肉〕carne (*f*) de cordeiro.

ラムしゅ ラム酒 rum (*m*).

ラムネ soda (*f*) limonada.

ラメ ～加工をした fazer reflexo.

ラリー rali (*m*) (de automóveis).

ラルゴ 〖音〗largo (*m*).

られつ 羅列 enumeração (*f*), listagem (*f*). ～する listar, enumerar.

らん 欄 coluna (*f*). ◆スポーツ欄 coluna [página (*f*)] esportiva.

らん 蘭 〖植〗orquídea (*f*).

ラン LAN 〖コンピ〗LAN (*f*), rede (*f*) local.

らんおう 卵黄 gema (*f*) (do ovo).

らんがい 欄外 margem (*f*) (de uma página). ～の注 notas (*fpl*) marginais [à margem].

らんかく 乱獲 pesca (*f*) ou caça (*f*) indiscriminada. ～する pescar ou caçar indiscriminadamente.

らんかん 卵管 〖解〗tuba (*f*) uterina. ◆卵管切除〖医〗salpingectomia (*f*).

らんかん 欄干 corrimão (*m*).

らんきりゅう 乱気流 〖気象〗turbulência (*f*), ar (*m*) turbulento.

ランキング *ranking* (*m*), classificação (*f*). 我々のチームはサッカークラブの～で20位になった No *ranking* de clubes (de futebol), nosso time ficou em vigésimo lugar.

ランク posição (*f*), *ranking* (*m*), classificação (*f*). ～付け classificação (*f*). ～する classificar. 世界の～では10位である É o décimo colocado no *ranking* mundial.

らんこう 乱交 promiscuidade (*f*) sexual. ◆乱交パーティー orgia (*f*) sexual.

らんこうげ 乱高下 instabilidade (*f*), inconstância (*f*), altas (*fpl*) e quedas (*fpl*) bruscas. 価格の～ instabilidade [inconstância]

らんざつ 乱雑 desordem (f), confusão (f), 《口語》bagunça (f). ～な desordenado/da, confuso/sa. ～に desordenadamente, em desordem, em confusão. 事務所がひどく～になっていましたので... É que o escritório estava numa confusão medonha ....

らんし 乱視 〖医〗astigmatismo (m).

らんし 卵子 〖解〗óvulo (m).

ランジェリー lingerie (f).

らんしゃ 乱射 tiro (m) a esmo. ～する disparar às cegas.

らんせい 卵生 卵生動物 animal (m) ovíparo.

らんせん 乱戦 luta (f) confusa [turbulenta, renhida] entre aliados e inimigos; 〔スポーツ〕competição (f) [jogo (m)] com dificuldades de desempate. ～になる entrar numa [tornar-se uma] luta confusa entre aliados e inimigos.

らんそう 卵巣 〖解〗ovário (m). ◆卵巣摘出術 ovariectomia (f), ooforectomia (f). 卵巣ホルモン hormônios (mpl) do ovário.

ランダム ～な aleatório/ria, randômico/ca, fortuito/ta. ～に aleatoriamente, fortuitamente. ◆ランダムアクセス acesso (m) aleatório. ランダムサンプリング amostras (fpl) tiradas ao acaso, amostragem (f) aleatória.

ランチ ❶〔昼食〕almoço (m); 〔簡単な洋食〕comida (f) ocidental simplificada, (espécie (f) de) refeição (f) comercial. ◆ランチタイム hora (f) do almoço. ランチタイムメニュー menu (m) usado só na hora do almoço, cardápio (m) especial para a hora do almoço. ❷〔小舟〕lancha (f).

らんちきさわぎ 乱痴気騒ぎ farra (f), orgia (f). ～をする fazer farra.

らんちょう 乱丁 erro (m) de paginação.

de preços.

ランドセル mochila (f) escolar 《que as crianças japonesas carregam nas costas, durante o curso primário》.

ランドリー lavanderia (f). ◆コインランドリー lavanderia (f) self-service.

ランナー corredor/ra 《esportista》.

ランニング corrida (f). ◆ランニングシャツ camiseta (f).

らんぱく 卵白 clara (f) (do ovo).

ランプ ❶〔照明〕lampião (f); 〔車の〕farol (m), luz (f) do carro. ～をつける acender o farol (lampião). ～を消す apagar o farol (lampião). ◆テールランプ lanterna (f) traseira (de um veículo); 〔駐車場で〕luz lateral [de estacionamento]. ❷〔高速道路の〕rampa (f) (de acesso).

らんほう 卵胞 〖解〗folículo (m) ovariano. ◆卵胞期 período (m) estrogênico.

らんぼう 乱暴 violência (f), agressividade (f), brutalidade (f). ～な violento/ta, agressivo/va. ～に violentamente, brutamente. …に～する agredir, bater em, espancar; 〔強姦(ごうかん)する〕violentar. …に～なことを言う agredir … verbalmente. …を～に扱う (扱わない) manipular [tratar] … sem cuidado (com cuidado). ◆乱暴者 violento/ta, pessoa (f) rude [bruta].

らんま 欄間 〖建〗painel (m) decorativo colocado entre as salas e perto do teto.

らんよう 乱用 abuso (m). ～する abusar de. あの政治家は職権～で辞めさせられた Aquele/la político/ca foi demitido/da por abuso do cargo. 課長の行動は権力の～ではないですか A atitude do/da nosso/nossa chefe não será um abuso da autoridade? 薬は～しないほうが... É melhor não abusar dos remédios, não é?

り

り 利 ❶〔有利〕vantagem (f). 地の〜を得ている estar numa posição geográfica vantajosa. ❷〔経〕〔利子〕juro (m). ♦利上げ aumento (m) da taxa de juros. 利払い pagamento (m) de juros.

り 理 razão (f). 〜にかなった razoável.

リアクション reação (f).

リアリスト realista.

リアリズム realismo (m).

リアリティー realidade (f).

リアル 〜な real, verdadeiro/ra. …を〜に描く descrever … de maneira real [realisticamente].

リアルタイム ❶〔実況中継〕transmissão (f) ao vivo [em tempo real]. 〜で番組を見たい Quero ver um programa na hora em que estiver sendo transmitido (e não através de gravação de vídeos). ❷〔イ゛ンチ゛ーコンピ〕atualização (f) em tempo real (de notícias).

リーガル 〜な〔合法的な〕legal;〔弁護士の〕de advogado/da. ♦リーガルエイド assistência (f) legal (aos pobres). リーガルリテラシー conhecimento (m) de leis e processos para fazer valer os próprios direitos.

リーグ 〖スポーツ〗liga (f). ♦リーグ戦 campeonato (m) da liga, torneio (m). チャンピオンズリーグ Liga dos Campeões da UEFA.

リーシュマニアしょう リーシュマニア症 〖医〗Leishmaniose (f).

リース ❶〔賃貸借契約〕locação (f), aluguel (m), arrendamento (m) mercantil. ♦リース業 agência (f) locadora. ❷〔花輪〕guirlanda (f).

リーズナブル 〜な razoável, lógico/ca; aceitável. 〜な価格 um preço razoável.

リーダー ❶〔指導者〕líder. ❷〖印〗〔点線〕linha (f) pontilhada. ❸〔読本〕livro (m) de leitura (em escolas).

リーダーシップ liderança (f);〔リーダー能力〕capacidade (f) de liderança;〔イニシアチブの〕iniciativa (f). 〜をとる assumir o comando, tomar a iniciativa.

リード ❶〔指導〕condução (f), direção (f);〖野球〗avanço (m) preparativo para alcançar a base seguinte. 〜する conduzir, guiar, dirigir;〔競技で〕liderar, estar ganhando [na dianteira]. 相手を〜する conduzir a dança, guiar os passos de seu par. 3点〜する levar uma vantagem de três pontos. 我々は3対1で試合を〜している Estamos ganhando por três a um. 〜を取る〖野球〗avançar para a base seguinte. ❷〖音〗〔楽器の〕palheta (f). ❸〖電〗♦リード線〖電〗fio (m) condutor. ❹〖新聞〗lead (m), lide (m),《俗》chapéu (m)《sumário de um artigo, entre o título e o corpo do mesmo》. ❺〔犬などの綱 ひも〕correia (f). 犬に〜をつけるのは飼い主のマナーです Colocar a correia (no cachorro) é um ato de boas maneiras por parte do dono.

リーフレット folheto (m)《em geral de uma página só, com propaganda ou aviso》.

リール ❶〔釣りざおの〕carretel (m). 〜を巻く girar o carretel. ❷〔フィルムの巻き枠〕bobina (f).

リウマチ ⇨リューマチ.

りえき 利益 ❶〖経〗〔もうけ〕lucro (m), retorno (m) financeiro. 〜のある lucrativo/va, rendoso/sa, com retorno. 〜のない não lucrativo/va, sem proveito, sem retorno. 〜をあげる lucrar, obter lucro. それは店にとって確かな〜だ Isso é lucro certo nas lojas. 彼はもう〜を得た Ele já teve retorno financeiro. このお店では月にどのくらいの〜が出ますか Qual é o lucro mensal aproximado desta loja? ♦利益配当 dividendo (m). 利益分配 distribuição (f) dos lucros. 利益率 taxa (f) de lucro. 経常利益 lucro ordinário. 純(総)利益 lucro líquido (bruto). ❷〔得〕interesse (m), proveito (m), benefício (m). そんなことをしたって何の〜にもならないでしょう Não adianta nada você fazer isso./Você não vai lucrar [ganhar] nada com isso. 共通の〜 interesse mútuo. 〜の衝突〖法〗conflito (m) de interesses.

りか 理科 ciências (fpl). 〜系に進む seguir a carreira de ciências exatas. ♦理科室 sala (f) de ciências.

*りかい 理解** compreensão (f)〔コンプレエンサォン〕, entendimento (m)〔エンテンヂメント〕. 〜する compreender, entender. 〜させる fazer compreender. 〜しやすい(しにくい) fácil (difícil) de compreender, de fácil (difícil) compreensão. 〜できる(できない) compreensível (incompreensível). 子供にも〜できる本 livro (m) acessível às crianças. 〜のある(ない) compreensivo/va (incompreensivo/va). あの店長は部下に対して〜のある人だ Aquele/la gerente é compreensivo/va com os subalternos. 〜のない親 pais (mpl) incompreensivos. この工場の方針は〜に苦しむ Não consigo compreender as diretrizes desta fábrica. 互いに〜する compreender-se mutuamente, entender-se um/uma ao/à outro/tra. 彼は〜

が早い(遅い) Ele é rápido(lento) para entender. この説明書はむずかしくて私には~できないのですが Este texto explicativo está tão difícil que eu não consigo entender. 今回のことでブラジル人と日本人との~が深まるといいですね Seria bom se este fato contribuísse para os brasileiros e os japoneses se compreenderem melhor, não é mesmo?

りがい 利害 interesse (m). ~が一致する ter os mesmos interesses. ~が対立する ter interesses opostos [contrários, diferentes]. 我々の間には~関係があります Nós estamos unidos por interesses comuns. ♦利害得失 vantagens (fpl) e desvantagens (fpl).

りかがく 理化学 física (f) e química (f).

りがく 理学 ciência (f). ♦理学博士 doutor/ra em ciências. 理学部 faculdade (f) de ciências. 理学療法 fisioterapia (f). 理学療法士 fisioterapeuta.

りきがく 力学 〖理〗dinâmica (f). ~上の dinâmico/ca. ♦静力学 dinâmica estática. 動力学 cinética (f).

りきさく 力作 obra (f) bem trabalhada.

りきし 力士 lutador (m) de sumô.

リキッド 〔液体〕líquido (m). ♦ヘアリキッド loção (f) capilar.

りきてん 力点 ❶〔重点〕ponto (m) a destacar [enfatizar, realçar], destaque (m), ênfase (f), realce (m). 現代語に~をおいた教育 educação (f) ᴜque enfatiza o [com ênfase no] ensino de línguas contemporâneas. ❷ 〖理〗〔力のかかる点〕ponto (m) de aplicação de força.

りきむ 力む ❶〔力を入れる〕fazer força (prendendo a respiração). 排便のときに~と危ない É perigoso fazer força para defecar. ❷〔気負う〕ficar tenso/sa. 力んでしゃべる falar tensamente (acentuando as palavras).

りきゅう 離宮 casa (f) de campo da família imperial.

リキュール licor (m).

りきりょう 力量 capacidade (f), habilidade (f); força (f). …の~がある ter capacidade [habilidade] para …, ser capaz [hábil] de …. ~を示す mostrar a capacidade (que tem).

りく 陸 terra (f), terra firme. ~にあがる〔水から〕sair da água; 〔舟から〕desembarcar. 地と~続きである estar ligado/da por terra com ….

りくあげ 陸揚げ desembarque (m) [descarga (f)] de mercadorias (do navio para o porto). ~する desembarcar [descarregar] mercadorias (do navio para o porto).

りくうん 陸運 transporte (m) terrestre. ♦陸運会社 companhia (f) de transportes terrestres. 陸運局 Secretaria (f) do Transporte Terrestre.

リクエスト pedido (m). ~する pedir. 音楽の~ pedido musical. …の~にこたえる responder ao pedido de …. …の~により a pedido de ….

りくぐん 陸軍 exército (m).

りくじょう 陸上 ~の terrestre, por terra. ♦陸上競技 atletismo (m). 陸上競技場 estádio (m). 陸上輸送 transporte (m) terrestre.

りくせいどうぶつ 陸生動物 animal (m) terrestre.

りくち 陸地 terra (f) (firme). ♦陸地測量 agrimensura (f).

りくつ 理屈 〔道理〕razão (f); 〔論理〕lógica (f); 〔へ理屈〕demagogia (f), sofisma (f); 〔口実〕pretexto. ~に合った razoável. ~に合わない que não é razoável, insensato/ta, desarrazoado/da. 彼は~っぽい人間だ Ele sempre vem com os argumentos dele. あなたの言うことは~に合っていない O que você fala não é razoável./Você fala absurdos. ~を抜きにして仕事をしましょう Vamos deixar a discussão e trabalhar.

リクライニングシート cadeira (f) (poltrona (f)) reclinável.

リクルート recrutamento (m). 人材の~と採用 recrutamento e seleção (f) de funcionários. 新卒を~する recrutar (e selecionar) estudantes recém-formados. ♦リクルート活動 procura (f) de emprego. リクルートスーツ terno (m) ou conjunto (m), em geral preto ou azul-marinho, com aparência de seriedade, usado especialmente para prestar exame de seleção de funcionários nas empresas.

りくろ 陸路 via (f) terrestre. ~で行く ir por via terrestre.

りけい 理系 ~の学生 universitário/ria ᴜdo [que estuda no] departamento de ciências exatas.

りけん 利権 ❶ direito (m) ao lucro. ❷〔公許の〕concessão (f), autorização (f) para exploração de serviços de utilidade pública. ~がからむ工事 obra (f) pública que dá lucros (à empresa privada) através do relacionamento com políticos. ~を与える fazer uma concessão. ~を獲得する conseguir uma concessão.

りこ 利己 ~的 egoísta. 私は~的な人間だけど… Eu sou um/uma egoísta, mas …. ♦利己主義 egoísmo (m). 利己主義者 egoísta.

りこう 利口 ~な〔頭のいい〕inteligente; 〔要領のいい〕esperto/ta. ~に立ち回る agir de maneira esperta, ter presença de espírito, ser esperto/ta. 彼は~だから大丈夫ですよ Não tem perigo, não, que ele é muito inteligente.

りこう 履行 execução (m), adimplemento (m). 契約の~ execução do contrato. 契約の不~ inadimplência (f) do contrato. 約束

の～ cumprimento (m) da promessa. 約束の不～ não cumprimento da promessa. ◆履行遅滞 mora (f) do cumprimento.

りこうがくぶ 理工学部 faculdade (f) de tecnologia [engenharia].

リコーダー 〖音〗 flauta (f) ∟a bico [de ponta].

リコール ❶〖商〗 ato (m) de o fabricante recolher artigos com defeito que já estejam nas lojas ou na mão dos consumidores. ❷〖政〗 revogação (f), destituição (f). ～する destituir, revogar. ◆リコール制 sistema (m) de destituição.

りこん 離婚 divórcio (m). …と～する divorciar-se de …. 彼らは～した Eles se divorciaram. 友人マリアさんと～した Meu amigo se divorciou de Maria. ～した両親 pais (m) descasados [divorciados]. ◆離婚者 divorciado/da. 離婚訴訟〖法〗 ação (f) de divórcio. 離婚手続き trâmites (mpl) do processo de divórcio. 離婚届 pedido (m) de divórcio.

リコンファーム reconfirmação (f). ～をする reconfirmar. 日本帰国便の～をしたいのですが Gostaria de fazer a reconfirmação do voo para o Japão. 帰りのチケットの～をしたいのですが … Por favor, gostaria de reconfirmar a minha passagem de volta. はい, チケットの～, 確かに承りました Pronto! Já está reconfirmada a sua passagem.

リサーチ pesquisa (f). ～をする pesquisar.

リザーブ reserva (f). ～する reservar.

りさい 罹災 ～する ser vítima de uma calamidade. ～者を安全な場所に誘導する conduzir as vítimas da calamidade a um lugar seguro. ～証明書を持っていく levar o documento de danificação. ◆罹災者 vítima (f) da calamidade. 罹災地 áreas (fpl) flageladas.

リサイクル reciclagem (f). ～する reciclar. ◆リサイクルショップ loja (f) de reciclagem; loja de artigos fora de linha ou usados.

リサイタル recital (m). バイオリンの～を開く dar um recital de violino.

りさげ 利下げ redução (f) de juros. ～をする reduzir [baixar] os juros.

りざや 利鞘 margem (f) de lucro.

りさん 離散 dispersão (f), debandada (f), desagregação (f). ～する dispersar-se, debandar, desagregar-se. ◆離散家族 família (f) desagregada [dispersada].

りし 利子 juro (m). これは～がつきますか Isto aqui tem juros? ～をつけてお返ししますよ Eu devolvo com juros, está bem? 高い～ですね Que juros altos, não?

りじ 理事 membro (m) do conselho administrativo. ◆理事会 conselho (m) administrativo; reunião (f) do conselho administrativo. 理事国 país (m) membro (do conselho de segurança das Nações Unidas). 理事長 presidente/ta do conselho administrativo.

りしゅう 履修 ～する escolher [tirar] ∟uma matéria [um curso]. ◆履修科目 disciplina (f) [matéria (f)] escolhida para cursar. 履修単位 créditos (mpl) do curso escolhido. 履修届 inscrição (f) do curso escolhido.

りじゅん 利潤 lucro (m). ～の追究 busca (f) [procura (f)] de lucros. ～をあげる lucrar, ter lucros. ⇨利益.

りす 栗鼠 〖動〗 esquilo (m).

りすい 利水 〖機械〗 hidrotecnia (f), distribuição (f) e condução (f) das águas. ～の hidrotécnico/ca. ◆利水工事 obra (f) ∟de hidrotecnia [hidrotécnica].

リスク risco (m). それは～が大きいからやめておきましょう Vamos desistir disso, que ∟o risco é grande [é muito arriscado]. ◆リスク契約 contrato (m) de risco. リスクファクター fatores (mpl) de risco.

リスト lista (f), rol (m), pauta (f); cadastro (m). その問題はすでにディスカッションすべき項目の～に入っている Esse problema já está [entrou] na pauta de discussões. ～に載っている estar [figurar] na lista. ◆ブラックリスト lista ∟negra [dos negativados];〔クレジットカードの場合〕cadastro de proteção ao crédito.

リストラ reestruturação (f), corte (m) do número de empregados. 多くの会社が～をした Muitas empresas passaram por reestruturações.

リスナー ouvinte (de rádio, conferência, concerto etc).

リスニング ouvir. ◆リスニング能力 capacidade (f) de ouvir e entender.

リズミカル ～な rítmico/ca.

リズム ❶〖音〗 ritmo (m). サンバの～ ritmo de samba. ブラジル人は～感がありますね Os brasileiros têm bom ritmo, não? ◆リズム体操 ginástica (f) rítmica. ❷〔物事が規則的に繰り返されるときの規則的な動き〕ciclo (m).

リスリン 〖化〗 glicerina (f).

りせい 理性 razão (f), raciocínio (m), objetividade (f). ～的 razoável, racional. ～的に razoavelmente, racionalmente. 非～的 desarrozoado/da, irracional, irrazoável. より～的に考える pensar mais objetivamente, pensar com a cabeça mais fria. ～の声を聞く ouvir a voz da razão. ～を取り戻す recobrar a razão, voltar a ser racional. ～を失してはいけません Não perca a razão [cabeça].

りせき 離籍 eliminação (f) do nome do registro civil. ～する retirar o nome do registro civil.

リセット 〘コンピ〙 reset (m) [ヘゼッチ]. ～する《俗》resetar [ヘゼッタール]. テレビゲームを最初からやり直すために～ボタンを押した Apertei o (botão) *reset* para reiniciar o jogo desde o início. バ

ソコンがフリーズしたので～した Como o computador travou, apartei o (botão) *reset*.

＊りそう　理想　ideal (*m*) [イデアーク]．～の[的な] ideal，[完璧な] perfeito/ta．二人は～的なコンビじゃないか Os dois são [formam] um par perfeito, não é mesmo? 1 時間働いて 10 分休むことができれば～的なんですが... O ideal seria ،trabalhar uma hora e descansar dez minutos [que trabalhássemos uma hora e descansássemos dez minutos], mas (é difícil)．～的に言えばそうだけど... Falando-se idealmente seria isso mesmo, mas .... ～化する idealizar．～主義的な idealista．彼は～が高すぎる Ele tem um ideal fora da realidade．～を実現する realizar [concretizar, plasmar] um ideal．差別のない社会を実現することが彼の～だった Seu ideal era plasmar uma sociedade sem preconceitos．君はどのようにしてその～を実現しますか Como é que você vai pôr em prática o seu ideal? ～を抱く ter um ideal．～に燃える entusiasmar-se por um ideal．これはちょっと私の～にかなわない Isto não corresponde muito ao meu ideal．～を追う aspirar a um ideal．～と現実の違いを理解している人は少ない São poucas as pessoas que compreendem a diferença entre o ideal e a realidade．♦ 理想化 idealização (*f*)．理想郷 utopia (*f*)．理想主義 idealismo (*m*)．理想主義者 idealista．

リゾート　*resort* (*m*) [ヘゾールチ]．
リゾール　[化] lisol (*m*)．
りそく　利息　juro (*m*)．それは～がつく Isso dá juros．借金を～をつけて返す devolver a dívida com juros．
りた　利他　～的な altruísta．♦ 利他主義 altruísmo (*m*)．利他主義者 altruísta．
リターン　❶ retorno (*m*)．❷ [スポーツ] devolução (*f*) da bola．♦ リターンマッチ revanche (*f*), desforra (*f*)．
リタイア　❶ [退職] aposentação (*f*), aposentadoria (*f*), reforma (*f*), dispensa (*f*) definitiva no serviço．❷ [退場] abstenção (*f*), saída (*f*)．～する aposentar-se; sair．エンジン故障のためレーサーは～した Devido ao defeito no motor o piloto saiu da corrida．
りだつ　離脱　separação (*f*), abandono (*m*)．チームを～する abandonar o [deixar o, sair do] time．
りち　理知　inteligência (*f*)．～的な inteligente．
リチウム　[化] lítio (*m*)．
りちぎ　律儀　retidão (*f*), integridade (*f*)．～な人 pessoa (*f*) íntegra [correta]．
りちゃくりく　離着陸　decolagem (*f*) e aterrissagem (*f*)．～する decolar e aterrissar [pousar]．
りつ　率　[比率] proporção (*f*); [指数] taxa (*f*), índice (*m*); [可能性] possibilidade (*f*)．7% の～で a sete por cento, a uma taxa de 7% [sete por cento]．この病気は治る～が高い Esta doença tem uma grande possibilidade de cura．♦ 合格率 índice de aprovação．出生 (死亡) 率 taxa de natalidade (mortalidade)．
りつあん　立案　elaboração (*f*) de um projeto, planejamento (*m*)．～する planejar, idealizar um projeto．プロジェクトの～者 idealizador/ra de um projeto．
りっか　立夏　dia (*m*) que marca o início do verão para as culturas asiáticas 《por volta de dia 6 de maio》．
りっきょう　陸橋　❶ [自動車用の] viaduto (*m*)．❷ [歩行者用の] passarela (*f*) (para pedestres)．～を渡る atravessar a passarela．
りっけん　立憲　～的 constitucional．♦ 立憲国 Estado (*m*) constitucional．立憲主義 constitucionalismo (*m*)．
りっこうほ　立候補　candidatura (*f*)．…に～する candidatar-se para ...．～を宣言する (取り消す) anunciar (retirar) a candidatura．A さんが～をやめたと聞いていますか Você sabia que a senhora A desistiu da candidatura? ♦ 立候補者 candidato/ta．立候補届出 inscrição (*f*) como candidato/ta．
りっしゅう　立秋　dia (*m*) que marca o início do outono para as culturas asiáticas 《por volta de dia 7 de agosto》．
りっしゅん　立春　dia (*m*) que marca o começo da primavera nas culturas asiáticas 《por volta de dia 4 de fevereiro》．
りっしょう　立証　prova (*f*), demonstração (*f*), comprovação (*f*)．～する comprovar, demonstrar, provar．
りっしょく　立食　～する comer em pé．～パーティーを実現したいのですがどうでしょう Gostaria de realizar uma festa com *buffet*, que tal? ♦ 立食パーティー *buffet* (*m*) [ビフェー]．
りっしんしゅっせ　立身出世　sucesso (*m*) [êxito (*m*)] social．～する vencer na vida, fazer carreira profissional．
りつぜん　慄然　～とする ficar horrorizado/da [estremecer, horrorizar-se] com．
りつぞう　立像　estátua (*f*) ،pedestre [que representa uma pessoa em pé]．
りったい　立体　❶ sólido (*m*)．～的 tridimensional．～感を与える絵 desenho (*m*) que ،dá a sensação de profundidade [tem um efeito estereoscópico]．ダヴィンチは何でも～的に考察した Da Vinci ponderava tudo a partir de dimensões [posições] diferentes．♦ 立体映画 filme (*m*) 3D [tridimensional]．立体音楽 música (*f*) estereofônica．立体画法 estereografia (*f*)．立体交差 [高架橋] cruzamento (*m*) formado por um elevado e uma estrada por baixo, elevado (*m*) ou viaduto (*m*) que passa sobre uma via pública; [地下道] passagem (*f*) inferior, passagem

subterrânea sob uma estrada ou via pública. 立体写真 anáglifo (m). 立体派〔主義〕cubismo (m), 〔人〕cubista. ❷〖数〗sólido (m), corpo (m). ♦立体幾何学 geometria (f) sólida. 立体図形 figura (f) tridimensional.

りっち 立地 localização (f), lugar (m). その家は~条件がよい Essa casa está bem localizada [situada]./As condições do terreno da casa são boas.

リッチ ~な rico/ca; luxuoso/sa, suntuoso/sa. ~な感じがする食事 refeição (f) que dá sensação de luxo.

りっとう 立冬 dia (m) que marca o início do inverno para as culturas asiáticas (por volta de dia 7 de novembro).

リットル litro (m). 1~の牛乳 um litro de leite. 牛乳は1~おいくらですか Quanto é [custa] o litro de leite?

りっぱ 立派 ~な〔すばらしい〕maravilhoso/sa, 〔感心すべき〕admirável;〔尊敬に値する〕respeitável; 〔高貴な〕nobre. ~に admiravelmente; maravilhosamente; muito bem. ~な服装をした人 uma pessoa (f) bem vestida. …するには~な理由がある ter ˻boas razões [bons motivos] para (+不定詞) (+infinitivo). ~に戦う lutar com lealdade. どんな職業でもみんな~だ Qualquer [Toda] profissão é respeitável. 君の態度は~だったよ Você agiu admiravelmente bem.

リップ lábios (mpl). ♦リップクリーム creme (m) para os lábios. リップサービス lábia (f), palavreado (m).

りっぷく 立腹 raiva (f), zanga (f), ira (f). ~する ficar zangado/da [com raiva], zangar-se. 店長はご~ですよ Sabe, o/a gerente está zangado/da.

りっぽう 立方 ~の cúbico/ca. ♦立方センチ centímetro (m) cúbico. 立方メートル metro (m) cúbico.

りっぽう 立法 legislação (f). ♦立法機関 órgão (m) legislativo. 立法権 poder (m) legislativo.

りっぽうこん 立方根 〖数〗raiz (f) cúbica.

りっぽうたい 立方体 〖数〗cubo (m), hexaedro (m) regular.

りづめ 理詰め ~の lógico/ca. ~で de maneira lógica. ~で相手をやっつける convencer o/a outro/tra com ˻argumentos [a lógica]. それは~にはいかない Isso não é questão de lógica.

りつりょう 律令 〖史〗código (m) administrativo dos séculos VII [sete] ao X [dez].

リテラシー capacidade (f) de ler e escrever, alfabetização (f). ♦コンピュータリテラシー conhecimento (m) e capacidade de uso do computador. カルチャーリテラシー capacidade de se comunicar com pessoas de culturas diferentes. メディアリテラシー capacidade (f) de obter e aplicar devidamente as informações em relação à mídia.

りてん 利点 ponto (m) vantajoso, vantagem (f), mérito (m).

リトアニア Lituânia (f). ~の lituano/na.

りとう 離党 saída (f) do partido (político). ~する sair do [abandonar o, deixar o] partido.

りとう 離島 ilha (f) afastada. ~する abandonar [deixar] a ilha.

リトグラフ litografia (f).

リトマス 〖化〗tornassol (m). ♦リトマス試験紙 papel (m) de tornassol.

リニアモーターカー trem (m) com motor de indução linear.

りにゅう 離乳 desmame (m), desmama (f), desleita (f). ~する desmamar, desleitar. ♦離乳期 fase (f) do desmame. 離乳食 papinha (f), alimentação (f) semi-sólida para desmama.

リニューアル reforma (f). ~する reformar. ♦リニューアルオープン inauguração (f) ˻da loja reformada [do restaurante reformado].

りにょう 利尿 〖医〗diurese (f). ♦利尿剤 diurético (m).

りねん 理念 ideia (f), ideologia (f), princípios (mpl). 教育の~ filosofia (f) da educação.

リノールさん リノール酸 〖化〗ácido (m) linoleico.

リハーサル ensaio (m). ~をする ensaiar.

リバーシブル ~の reversível. ~のコート casaco (m) (de tecido) reversível (que se pode usar ˻de ambos os lados [tanto do lado direito como do avesso]).

リバース reverso/sa, do verso, oposto/ta. ♦リバースターン 〖舞踊〗giro (m) pela esquerda.

リパーゼ 〖生化学〗lipase (f).

リバイバル volta (f), ressurreição (f), restauração (f). 70年代の流行の~だ É a volta da moda dos anos setenta.

りはつ 理髪 corte (m) de cabelo. ♦理髪師 barbeiro/ra. 理髪店 barbearia (f).

リハビリ reabilitação (f), fisioterapia (f). ~をする fazer ˻fisioterapia [exercícios de reabilitação]. ♦リハビリセンター centro (m) de reabilitação.

リハビリテーション ⇨リハビリ.

リビア Líbia (f). ~の líbio/bia.

リピーター freguês/freguesa que vem mais de uma vez no mesmo estabelecimento comercial. このサービスでは~はつかないね Com esse modo de servir não vai ter fregueses assíduos, não é mesmo? この客は~になった O cliente se tornou fiel.

リピート ❶ repetição (f). ❷〖ラジオ・テレビ〗repetição (f), *repeat* (m). ~する repetir.

リヒテンシュタイン Liechtenstein. ~の liechtensteinense.

リビドー 〖心〗libido (f), desejo (m) sexual.

リビングキッチン cozinha (f) conjugada com sala de estar, copa-cozinha (f).

リビングルーム sala (f) de estar.

リファンピン 【生化学】rifampim (f), rifampicina (f).

リフォーム reforma (f). 〜する reformar. 家を〜する reformar a casa.

りふじん 理不尽 insensatez (f), absurdo (m). 〜な要求をする fazer exigências ᴌabsurdas [descabidas, 《口語》fora de propósito, sem cabimento]. それはあまりにも〜な言い分ですよ Essa reclamação ᴌé um absurdo [não tem nem cabimento].

リフティング 【サッカー】embaixada (f), embaixadinha (f).

リフト teleférico (m) com uma série de cadeiras que transportam os esquiadores.

リプリント reimpressão (f). 〜する reimprimir, imprimir de novo, 《俗》reprintar.

リフレイン refrão (m).

リフレッシュ 〜する refrescar-se, renovar-se, espairecer-se. ♦リフレッシュ休暇 férias (fpl) para relaxar.

リベート ❶ [払い戻し] reembolso (m). ❷ [手数料] comissão (f), devolução (f) parcial do pagamento como comissão ou suborno. 〜を払う (受け取る) pagar (receber) ᴌuma comissão [um suborno].

りべつ 離別 separação (f); divórcio (m). …と〜する separar-se [divorciar-se] de ….

リベラリスト liberal, liberalista.

リベラリズム liberalismo (m).

リベラル 〜な liberal. 〜なやり方で授業をする dar uma aula livre de restrições.

リベリア Libéria (f). 〜の liberiano/na.

リベンジ revanche (f). 負けたチームの〜 revanche do time perdedor. 〜の機会がある ter a chance de (ter) uma revanche.

りべんせい 利便性 praticidade (f). そうすると〜が高まる Aí fica mais prático.

リポーター repórter.

リポート ❶ [報告書, 小論文] relatório (m). ❷ [新聞] reportagem (f). 〜する relatar, reportar.

リポたんぱくしつ リポ蛋白質 【生化学】lipoproteína (f).

リボヌクレアーゼ 【化】ácido (m) ribonucleico.

リボン fita (f). 〜を結ぶ amarrar uma fita. 〜をおつけいたしましょうか Quer que eu coloque uma fita? (em embalagens).

りまわり 利回り taxa (f) de retorno.

リミット limite (m).

リム aro (m). 自転車の〜 aro da bicicleta.

リムジンバス ônibus (m) executivo. 空港から市内への移動は〜が便利です É prático usar ônibus executivo para ir do aeroporto à cidade.

リメイク 〜する refazer, reformar. 古着を〜する reformar roupa velha [usada].

りめん 裏面 ❶ [物の裏側] verso (m). 〜に続く Continua no [Vide] verso. ❷ [事の裏側] bastidores (mpl). 政界の〜 bastidores da política. 名探偵にスキャンダルの〜を探ってもらう Vamos pedir para um detetive famoso procurar [espiar] o que está por trás do escândalo. ♦裏面工作 manobra (f) [manipulação] nos bastidores.

リモートコントロール controle (m) remoto.

リモコン controle (m) remoto.

リヤカー carrinho (m) de mão, carrocinha (f) de mão. 〜を引く puxar o carrinho de mão.

りゃく 略 [簡単にしたもの] abreviatura (f); [簡単にすること] abreviação (f).

りゃくご 略語 abreviatura (f), sigla (f).

りゃくじ 略字 ideograma (m) simplificado.

りゃくしき 略式 sumarização (f) de formalidades, simplificação (f); informalidade (f). 〜の informal, sumário/ria. 〜で sumariamente, informalmente. 〜の結婚式 casamento (m) informal. ♦略式裁判 【法】julgamento (m) sumário. 略式処分 【法】disposição (f) sumária. 略式訴訟 【法】ação (f) sumária. 略式手続き【法・政】processo (m) sumário, trâmites (mpl) rápidos. 略式命令【法】ordem (f) sumária.

りゃくしょう 略称 designação (f) abreviada. 文科省は文部科学省の〜である Chamamos abreviadamente ao Ministério (m) de Educação e Tecnologia de "Monkasho".

りゃくす 略す ❶ [短縮する] sintetizar, encurtar, resumir, abreviar. 略して報告する fazer um relatório resumidamente. ❷ [省く] omitir. 説明は略します Omitiremos a explicação.

りゃくだつ 略奪 saque (m), pilhagem (f). 〜する saquear, pilhar. ♦略奪者 saqueador/ra. 略奪品 presa (f), espólio (m), despojo (m).

りゃくれき 略歴 currículo (m) resumido.

リャマ 【動】lama (m), lhama (m).

***りゆう 理由** ❶ motivo (m) [モチーヴォ], causa (f) [カーウザ], razão (f) [ハザォン]. 十分な (薄弱な) 〜 razão suficiente (fraca). 彼がそう言うにはそれなりの〜があるに違いない Ele deve ter os seus motivos para dizer isso. 遅刻の〜は何ですか Qual o motivo do seu atraso? 健康上の〜で仕事を休ませていただきました Faltei ao serviço por motivo de saúde. …の[が]〜で 1) por causa [motivo, razão, circunstância] de. その〜により por causa disso. 〜なく sem motivo, sem razão, 《口語》sem mais nem menos. ❷ [言い訳] desculpa (f) [デスクーウパ], pretexto (m) [プレテースト]. それが仕事を欠席する〜になると思っているのか Você está pensando que isso é desculpa para faltar ao serviço? 彼は何か〜を見つけては授業をサボっていた

Ele faltava às aulas, arranjando sempre um pretexto.

りゅう　竜　dragão (m).

-りゅう　-流　❶ [やり方] maneira (f), modo (m). 今日のパーティーはブラジル～でいきましょう A festa de hoje será à maneira brasileira. ❷ [流派] escola (f), estilo (m). 観世～ escola Kanze 《do teatro nô》. ❸ [等級] categoria (f), classe (f). あのホテルは一～だ Aquele hotel é de primeira (classe).

りゅういき　流域　bacia (f), vale (m). サンフランシスコ川～ vale do São Francisco. アマゾン川～ bacia amazônica.

りゅうか　硫化　[化] sulfuração (f). ♦硫化水素 sulfureto (m) de hidrogênio. 硫化物 composto (m) de enxofre.

りゅうがく　留学　～する estudar no estrangeiro, ir ao estrangeiro (para) estudar. ♦留学生 estudante estrangeiro. 奨学金留学生 bolsista estrangeiro/ra.

りゅうかん　流感　[医] influenza (f).

りゅうき　隆起　saliência (f), elevação (f), protuberância (f). 土地の～ elevação da terra. ～する elevar-se, formar uma protuberância. 地震で地盤が～する Com o terremoto o solo 《[口語] chão》 se eleva.

りゅうぎ　流儀　maneira (f), modo (m); estilo (m).

りゅうけつ　流血　derramamento (m) de sangue. ～の惨事 acidente (m) sangrento.

りゅうこう　流行　❶ [服などの] moda (f), popularidade (f). ～する entrar em moda, tornar-se popular. ～している estar na moda, ser popular. ～を追う ir atrás da moda, seguir a moda, 《口語》estar ligado/da na moda. ～に遅れる ficar fora da moda. ～遅れの fora de moda. ～のブーツ botas (fpl) da moda. ～の先端を行く andar na última moda. 今はどんな髪型が～していますか Que tipo de cabelo está na moda agora? ♦流行歌 canção (f) da moda [popular]. 流行語 palavra (f) da moda, expressão (f) que está em moda. 最新流行 a última moda. ❷ [病気の] epidemia (f), onda (f). ～する dar uma epidemia [onda] de, dar muito/ta …. 風邪が～しているから気をつけてください Tome cuidado que agora está dando muita gripe. コレラの～地 área (f) infectada pelo cólera. ♦流行性肝炎 [医] hepatite (f) epidêmica. 流行性耳下腺炎 (おたふく風邪) [医] caxumba (f). 流行性感冒 [医] influenza (f). 流行性髄膜炎 [医] meningite (f) epidêmica. 流行病 epidemia (f). ⇨流行(リュゥ).

りゅうさ　流砂　areia (f) movediça.

りゅうさん　硫酸　❶ ácido (m) sulfúrico. ♦硫酸亜鉛 sulfato (m) de zinco, vitríolo (m) branco. 硫酸アルミニウム sulfato de alumínio. 硫酸アンモニウム sulfato de amônio. 硫酸雨 chuva (f) ácida sulfúrica. 硫酸塩 sulfato, sal (m) de ácido sulfúrico. 硫酸カリウム sulfato de potássio. 硫酸鉄 sulfato de ferro. 硫酸銅 sulfato de cobre. 硫酸ナトリウム sulfato de sódio. 硫酸バリウム sulfato de bário. 硫酸マグネシウム sulfato de magnésio.

りゅうざん　流産　❶ aborto (m). ♦人口流産 aborto provocado, abortamento (m). ❷ [計画などが実現しないこと] insucesso (m), falha (f), fracasso (m). ～する 1) abortar. 2) [計画などが] abortar, fracassar, falhar, 《口語》gorar.

りゅうし　粒子　partícula (f), grão (m). 陽子、中性子などの～ partículas como elétrons e neutrons. 砂の～ grão de areia. ♦粒子加速器 acelerador de partículas. 粒子線 radiação (f) corpuscular.

りゅうしゅつ　流出　fuga (f), escoamento (m). 外貨の～ fuga de divisas. 頭脳の海外～ escoamento [saída (f)] de grandes cérebros para o estrangeiro. ～する escoar, sair.

りゅうじょう　粒状　forma (f) de grão. ～の granular, em forma de grão.

リユース　reutilização (f), reaproveitamento (m).

りゅうず　竜頭　coroa (f) do relógio. ～を巻く dar corda ao [no] relógio.

りゅうすい　流水　água (f) corrente.

りゅうせい　流星　estrela (f) cadente. ♦流星雨 chuva (f) de meteoros.

りゅうぜつらん　竜舌蘭　[植] piteira (f), agave (f).

りゅうせんけい　流線型　～の aerodinâmico/ca. ～の列車 trem (m) aerodinâmico.

りゅうたい　流体　[理] fluido (m). ♦流体力学 hidrodinâmica (f).

りゅうち　留置　[法] detenção (f), custódia (f). …を～する deter …, manter … em custódia, prender …. ～時の指示 instruções (fpl) na hora da detenção. ♦留置権 direito (m) de detenção. 留置場 cadeia (f), casa (f) de detenção, 《口語》xadrez (m).

りゅうちょう　流暢　～な fluente. ～に fluentemente, com desenvoltura. あなたは～に日本語を話せますか Você sabe falar japonês fluentemente?

りゅうつう　流通　[貨幣などの] circulação (f); [商品の] distribuição (f). ～する circular. ～させる pôr em circulação, fazer circular. 貨幣の～ circulação monetária. 空気の～ ventilação (f). ♦流通革命 revolução (f) no domínio da distribuição. 流通システム sistema (m) de distribuição [circulação] 《de mercadorias, moeda etc》. 流通資本 capital (m) ⌊de giro [circulante]. 流通証券 título (m) negociável.

リュート　[音] alaúde (m). ♦リュート奏者 alaudista.

りゅうどう　流動　fluidez (f), flutuação (f),

りゅうにゅう 流入 afluência (f), entrada (f). 外資～ influxo (m) de capital estrangeiro. …に～する entrar em …, afluir para [a] ….

りゅうにん 留任 permanência (f) no cargo. ～する permanecer no cargo.

りゅうねん 留年 repetência (f) de ano letivo. ～する ficar reprovado/da, repetir de ano. ◆留年生 aluno/na reprovado/da.

りゅうは 流派 escola (f); estilo (m).

りゅうひょう 流氷 iceberg (m) [アイスィベールギ].

リューマチ reumatismo (m). ～をもっている ter reumatismo. 私は～がとても痛いです O meu reumatismo está doendo muito. ◆リューマチ熱 febre (f) reumática. リューマチ病 doença (f) reumática. 関節リューマチ artrite (f) reumatoide.

りゅうよう 流用 adequação (f) de algo a uma finalidade diferente da original; 《比》 aproveitamento (m) indevido, desvio (f). 公金の～ desvio de dinheiro público. ～する adequar indevidamente; 《比》 aproveitar indevidamente, desviar. 彼は会社の金を私的に～して免職になった Ele desviou o dinheiro da companhia para o próprio benefício e foi despedido.

りゅうりょう 流量 〖理〗 fluxo (m). 電気の～ fluxo elétrico.

リュック ⇨ リュックサック.

リュックサック mochila (f). 彼は～をかついでいました Ele estava com uma mochila nas costas. ～は背負ったほうがいいんじゃないですか Não fica melhor carregar a mochila nas costas? ～の中のものを私に見せていただけますか Poderia me mostrar o que tem na mochila?

***りよう 利用** aproveitamento (m) [アプロヴェイタメント], utilização (f) [ウチリザサォン]. ～する aproveitar, utilizar, servir-se de, valer-se de. ～できる utilizável, aproveitável. ～できない inútil, não aproveitável. ～価値のある útil. 彼はすぐ人を～する Ele logo (se) aproveita da gente [das pessoas]. ◆利用価値 utilidade (f), serventia (f). 利用者 usuário/ria. 利用法 modo (m) de usar. 地下鉄利用客 usuário/ria do metrô. 廃物利用 reciclagem (f) de material usado.

りよう 理容 trabalho (m) de barbeiro. ◆理容学校 escola (f) para [de] barbeiros. 理容師 barbeiro/ra. 理容店 barbearia (f).

りょう 寮 alojamento (m). 社員～はありますか Tem alojamento para funcionários? ◆学生寮 alojamento, república (f) de estudantes.

りょう 漁 pesca (f). ～をする pescar. ～に出る sair para pescar, ir pescar.

りょう 猟 caça (f). ～をする caçar. ～に行く ir [sair para] caçar. ◆猟犬 cão (m) de caça.

りょう 良 〔評点〕 B, bom/boa 《em nota escolar ou classificação》.

***りょう 量** quantidade (f) [クァンチダーヂ]. それは私には～が多い(少ない) Isso é muito (pouco) para mim. 薬の～が増えた(減った) A dose do medicamento aumentou (diminuiu). 多～に em grandes quantidades. 少～の砂糖 pequena quantidade (f) de açúcar.

-りょう -料 ❶ 〔料金〕 preço (m), taxa (f), tarifa (f). 授業～ despesas (fpl) escolares, custo (m) dos estudos. 手数～ despesas de expediente, comissão (f); taxa. 電話～ tarifa (f) telefônica. 入場～ preço ⌐ da entrada [do ingresso]. ❷ 〔材料〕 ingrediente (m). 調味～ condimento (m), tempero (m).

-りょう -領 possessão (f), território (m). フランス～の島 ilha (f) ⌐ pertencente à França [de possessão francesa]. ◆旧ポルトガル領 antigo território português.

-りょう -両 vagão (m). 10～編成の電車 trem (m) de dez vagões.

りょういき 領域 ❶ 〔領土〕 território (m), domínio (m). ◆領域権 soberania (f). ❷ 〔個人や施設の力がおよぶ範囲〕 territorialidade (f). 相手の～を尊重する respeitar a territorialidade do outro. …の～を侵す invadir o território de …. ❸ 〔専門分野〕 campo (m), esfera (f), setor (m). 彼はこの～のエキスパートだ Ele é um especialista neste campo. 専門家の～ campo de especialização. 物理学の～ área (f) de física.

りょういん 両院 ambas as câmaras (fpl) (da Dieta). 法案は衆参～の賛成で可決した O projeto de lei foi aprovado com unanimidade por ambas as câmaras. ◆衆参両院 câmaras dos deputados e dos senadores.

りょうかい 了解 〔理解〕 entendimento (m), compreensão (f); 〔同意〕 consentimento (m); 〔合意〕 concordância (f), acordo (f); 〔承認〕 aprovação (f), licença (f). ～する entender, compreender; consentir; concordar com; aprovar. それをするんだったら管理者の～を得てください Se vai fazer isso, peça licença ao/à seu/sua responsável, sim? あなたは私の～なしでその交渉を進めていたのですか Você estava levando essa negociação avante sem o meu consentimento? 了解 Entendido!

りょうかい 領海 território (m) marítimo, águas (fpl) territoriais. ～を侵犯する violar as águas territoriais (de outro país). ～200

海里内で操業する pescar dentro dos limites das duzentas milhas marítimas. ♦領海侵犯 violação (f) das águas territoriais (de outro país).

りょうがえ 両替 câmbio (m). 〜する cambiar, trocar dinheiro, converter. これを小銭に〜していただけるでしょうか Poderia trocar isto? / Poderia converter isto em trocados? 日本円からレアルに〜できるところはありますか Há algum lugar onde eu possa trocar ienes por real? 100ドルを円に〜していただけますか Poderia trocar cem dólares em ienes? ♦両替商店[所] casa (f) de câmbio. 両替屋 cambista.

りょうがわ 両側 dois lados (mpl), ambos os lados. 道路の〜に dos [nos] dois lados da estrada, em ambos os lados [ambas as margens] da estrada.

りょうがん 両岸 as duas [ambas as] margens (fpl) (de um rio).

りょうきょく 両極 os dois polos (mpl) (da terra, de um íman). 〜の bipolar. ♦両極端 os dois extremos, os opostos.

りょうきん 料金 〔値段〕preço (m);〔手数料〕taxa (f) de expediente;〔乗り物、公共料金〕tarifa (f);〔勘定の〕conta (f);〔入場料など〕preço do ingresso;〔ホテルなどの〕diária (f). 〜は8千円です O preço é de oito mil ienes. 子供の〜の設定はありますか Tem preço especial para crianças? 子供は〜はいくらですか Quanto custa a taxa para crianças? これは別〜だ Isto tem que ser pago à parte./Isto é adicional. 〜を上げる（下げる）elevar (abaixar) o preço. 〜を取らずに sem taxa, grátis. あなたは〜所で〜を払いましたか Você pagou no posto de pedágio? ♦料金所 posto (m) de pedágio. 料金着払い pagamento (m) na entrega. 料金表 lista (f) de preços, tabela (f) de preços. ガス（電気/水道）料金 tarifa de gás (eletricidade/água).

りょうこう 良好 〜な bom/boa. 病人の経過は〜だ O/A paciente está se recuperando bem.

りょうさい 良妻 boa esposa (f). ♦良妻賢母 boa esposa e mãe sábia.

りょうさん 量産 produção (f) em massa. …を〜する produzir … em massa.

りょうし 漁師 pescador/ra.

りょうし 猟師 caçador/ra.

りょうし 量子 〖理〗*quantum* (m). ♦量子物理学 física (f) quântica. 量子論 teoria (f) quântica.

りょうじ 領事 cônsul/consulesa. 〜部の受付は11時に始まる O expediente consular começa às onze horas. ♦領事館 consulado (m). 領事館員 funcionário/ria do consulado. 領事部 seção (f) consular. 領事夫人 consulesa (f).

りょうしき 良識 bom senso (m), sensatez (f). 〜のある人 pessoa (f) sensata [ponderada].

りょうしつ 良質 boa qualidade (f). 〜の de boa qualidade. 〜のワイン vinho (m) de boa qualidade.

りょうしゃ 両者 os/as dois/duas, ambos/ambas.

りょうしゅ 領主 senhor (f) feudal.

りょうしゅう 領収 recebimento (m). 〜する receber. 〜済み pago. 〜書をください Poderia me dar o recibo, por favor? ♦領収書 recibo (m).

りょうじゅう 猟銃 espingarda (f) de caça.

りょうしょう 了承 compreensão (f), aquiescência (f). 〜する compreender, compreender e aceitar. …の〜を得る obter o consentimento de …. どうかご〜ください Compreenda e aceite a situação, por favor.

りょうしん 両親 pais (mpl). ご〜はブラジルにいらっしゃるのですか Os seus pais estão no Brasil?

りょうしん 良心 consciência (f). 〜的な consciencioso/sa. 〜がない não ter consciência. 〜がとがめる pesar na consciência. 〜の呵責 (かしゃく) remorso (m), peso (m) de consciência. 〜に従う ouvir a voz da consciência.

りょうせい 両生 ♦両生動物 animal (m) anfíbio. 両生類 os anfíbios.

りょうせい 良性 〜の benigno/na. 〜の腫瘍 (しゅよう) tumor (m) benigno.

りょうせいあい 両性愛 bissexualidade (f).

りょうたん 両端 duas extremidades (fpl), duas pontas (fpl).

りょうち 領地 território (m), possessão (f), domínio (m).

りょうて 両手 as duas mãos (fpl). 〜で持つ pegar com as duas mãos. 花を〜に持つ segurar a flor nas duas mãos. 〜を広げる abrir os braços. 〜の利く ambidextro/tra. 〜で抱きしめる abraçar …, envolver … com ambos os braços. ¶〜に花 estar entre duas mulheres (bonitas), uma de cada lado. ♦両手なべ panela (f) de duas alças.

りょうてい 料亭 restaurante (m) tradicional estilo japonês.

りょうど 領土 território (m). 〜の territorial.

りょうどうたい 良導体 〖理〗bom condutor (m).

りょうない 領内 〜で dentro do território, no interior dos limites territoriais.

りょうはし 両端 ⇨両端 (りょうたん).

りょうはんてん 量販店 loja (f) grande [que ocupa grandes dimensões]《com muitos e variados artigos à venda》.

***りょうほう 両方** ambos/bas [アンボス/バス], os/as dois/duas. 〜とも…ない nem um/uma nem outro/tra. 〜とも正しい（間違っている）Os dois estão corretos (errados). それは～ともうちのですAmbos/bas são nossos/ssas [da minha casa]. 私は～とも買っていきます Eu vou levar [comprar] os dois. ブラジル料理と日本料理の～が好きだ Gosto tanto da comida brasileira como da (comida) japonesa. 私は犬と猫、～とも好きではない Não gosto nem de cachorro nem de gato. 彼らの～とも悪いわけではない Não se pode dizer que os dois estejam errados. 彼らの～に不信感がある Há desconfiança em ambas as partes./A desconfiança entre eles é mútua.

りょうほう 療法 terapêutica (f), terapia (f). ♦音楽療法 musicoterapia (f). 家庭療法 tratamento (m) caseiro. 食餌療法 regime (m) alimentar. 精神療法 psicoterapia (f). 理学療法師 fisioterapeuta.

りょうめん 両面 dois lados (mpl), duas faces (fpl). ～とも os dois lados, ambos os lados. 物事には～がある As coisas têm duas faces. ♦両面価値 ambivalência (f). 両面作戦 estratégia (f) em duas frentes de batalha. 両面刷り impressão (f) nos dois lados da folha. 両面接着テープ fita (f) adesiva dupla face.

りょうよう 療養 tratamento (m). ～する tratar-se, fazer tratamento. ♦療養所 sanatório (m). 転地療養 cura (f) [tratamento] com a mudança de ares.

*__りょうり__ 料理 comida (f) [コミーダ], prato (m) [プラット]; 〔一国の料理〕cozinha (f) [コズィーニャ]. ～する cozinhar. あのレストランはおいしい～を出します Aquele restaurante tem uma comida gostosa. 彼女は～がとても上手です Ela cozinha muito bem./Ela é uma boa cozinheira. ♦料理学校 escola (f) de arte culinária. 料理長 chefe. 料理店 restaurante (m). 料理人 cozinheiro/ra. 料理法 receita (f). 料理屋 restaurante tradicional relativamente caro. 一品料理 prato escolhido à la carte. 家庭料理 comida caseira. 小料理屋 restaurante tradicional a preços módicos. 手料理 comida feita em casa. ブラジル料理 cozinha [comida] brasileira.

りょうりつ 両立 compatibilidade (f). …と～する ser compatível [conciliável] com …. ～させる conciliar, compatibilizar. 仕事と遊びは～すると思いますか Você acha que o trabalho e o divertimento são compatíveis? 仕事と家庭を～させるのはむずかしい É difícil conciliar o trabalho e o lar.

りょうりん 両輪 as duas rodas (fpl). 彼らは車の～のように息が合う Eles se sintonizam bem como duas rodas de um carro.

りょかく 旅客 〔観光〕turista; 〔乗客〕passageiro/ra. ♦旅客機 avião (m) de passageiros. 旅客名簿 lista (f) de passageiros. 旅客輸送 transporte (m) de passageiros.

りょかん 旅館 hotel (m) de estilo japonês. ～に泊まりたいのですが Gostaria de pousar num hotel de estilo japonês.

りょきゃく 旅客 ⇨旅客(はき).

りょくそう 緑藻 【植】algas (fpl) verdes.

りょくち 緑地 terreno (m) verde [com muita vegetação]. ♦緑地帯 faixa (f) [cinturão (m)] verde.

りょくちゃ 緑茶 chá (m) verde (japonês).

りょくないしょう 緑内障 【医】glaucoma (m).

りょけん 旅券 passaporte (m). ⇨パスポート.

*__りょこう__ 旅行 viagem (f) [ヴィアージェン]. ～する viajar, fazer uma viagem. バスで～する viajar de ônibus. ～に出かける sair de viagem, (ir) viajar. 彼は～中だ Ele está viajando no momento. 私はブラジル中を～した Eu viajei pelo Brasil todo.「旅行」は viagem de recreio, em contraposição a「出張」que é viagem a serviço. ♦旅行案内 guia (m) de viagem [turístico]. 旅行社 agência (f) de turismo [viagem]. 旅行者 turista. 旅行小切手 cheque (m) de viagem, traveler check (m), traveler (m).

りょっか 緑化 reflorestamento (m). ～する reflorestar. 緑化運動 movimento (m) [campanha (f)] para aumentar áreas verdes.

りょひ 旅費 despesas (fpl) de viagem.

リラ ❶【植】lilás (m). ❷【音】lira (f).

リラックス relaxamento (m), descontração (f). ～する relaxar, descontrair-se. ～して仕事をする trabalhar descontraidamente.

りりく 離陸 decolagem (f). ～と着陸 decolagem e pouso (m) [aterrissagem (f)]. ～する decolar.

りりしい 凛々しい com ar de inteligente, que parece esperto/ta. ～顔立ち rosto (m) que denota espertza [inteligência], cara (f) de inteligente [esperto/ta].

リリシズム lirismo (m).

りりつ 利率 taxa (f) de juros. 年4％の～の貸付 empréstimo (m) com juros de 4％ [quatro por cento] ao ano. ～を上げる [下げる] aumentar [elevar] diminuir [abaixar]) a taxa de juros.

リレー corrida (f) de revezamento.

りれき 履歴 antecedentes (mpl), histórico (m). ～が立派である ter bons antecedentes. 生産～が確かめられる牛 boi (m) rastreado. ～書を持ってご来社ください Compareça à companhia com o seu currículo. ♦履歴書 curriculum vitae (m), currículo (m). 生産履歴 rastreamento (m). 住宅履歴 registro (m) dos materiais e métodos utilizados na construção de uma casa.

りろせいぜん 理路整然 ～と com uma lógica perfeita, com argumentos muito pertinentes [coerentes].

りろん 理論 teoria (f). 〜的な teórico/ca. 〜的に teoricamente. 〜的に言うとそうですが実際は… Teoricamente sim, mas na realidade …. 〜に実践し теоria e a prática. …を〜づける embasar … teoricamente, dar uma base teórica a …. ♦理論家 teórico/ca. 理論物理学 física (f) teórica. 音楽理論 teoria musical.

りん 燐 〖化〗fósforo (m). 〜の fosfóreo/rea, fosfórico/ca, fosforoso/sa.

-りん -輪 ❶〔花の〕梅一〜 uma flor [um galho] de ameixeira. ❷〔車輪〕二〜車 bicicleta (f).

りんかい 臨海 litoral (m). 〜の situado/da à beira-mar; litorâneo/nea. ♦臨海学校 curso (m) (de férias de verão) à beira-mar. 臨海工業地帯 zona (f) industrial litorânea.

りんかい 臨界 limite (m). 〜点に達する atingir o ponto crítico. ♦臨界温度〖理〗temperatura (f) crítica. 臨界角〖数〗ângulo (m) limite. 臨界事故 acidente (m) causado pelo ponto crítico (pela temperatura crítica).

りんかく 輪郭 contorno (m), perfil (m). …の〜をかく esboçar o perfil de …. …の〜がだんだん見えてきた Comecei a enxergar o contorno de ….

リンガフランカ língua (f) franca.

りんかんがっこう 林間学校 curso (m) de férias ao ar livre.

りんきおうへん 臨機応変 resposta (f) com presença de espírito aos acontecimentos, resposta certa para a ocasião, reação (f) oportuna. 〜の事 bem de acordo com as circunstâncias, oportuno/na. 〜の処置を取る tomar medidas oportunas, reagir pronta e eficientemente. 〜にふるまう comportar-se com presença de espírito segundo as circunstâncias, agir maleavelmente de acordo com a situação, 《口語》ter jogo de cintura.

りんぎょう 林業 silvicultura (f), indústria (f) florestal.

りんきん 淋菌〖医〗gonococo (m).

リンク ❶〔インターネット〕link (m). ❷〔連結装置〕dispositivo (m) conector. ❸〔スケートの〕ringue (m). ♦スケートリンク ringue de patinação. ❹〔経〕〔貿易取引の連鎖〕cadeia (f) comercial.

リング ❶〔指輪〕anel (m). ❷〔ボクシングなどの〕ringue (m), arena (f), estrado (m). 〜に上がる subir ao ringue [estrado]. ♦リングサイド as primeiras filas de assento ao redor do ringue.

りんけい 鱗茎〖植〗bulbo (m). チューリップは〜植物だ A tulipa é uma planta bulbosa.

りんげつ 臨月 o último mês de gestação [da gravidez].

りんご 林檎〖植〗maçã (f). 〜の木 macieira (f). 〜の皮をむく descascar a maçã. ♦リンゴジャム geleia (f) de maçã. リンゴ酒 sidra (f). リンゴ酢 ácido (m) málico.

りんこう 輪講 curso (m) dado por vários professores, que ministram suas aulas por turno.

りんこう 燐光〖理〗fosforescência (f).

りんこう 燐鉱〖鉱物〗fosfato (m) mineral.

りんごびょう 林檎病〖医〗eritema (m) infeccioso (=伝染性紅斑).

りんさく 輪作〖農〗rotação (f) de culturas. 〜の導入 adoção (f) de um sistema rotativo de culturas. 〜する praticar a rotação de culturas, adotar o sistema rotativo de culturas.

りんさん 燐酸 ácido (m) fosfórico. ♦燐酸塩 sal (m) de fosfato. 燐酸カルシウム fosfato (m) de cálcio. 燐酸肥料 fertilizante (m) fosfatado.

りんじ 臨時 〜の〔特別の〕extraordinário/ria, especial; 〔一時的の〕temporário/ria, provisório/ria. 〜休業《掲示》Fechado temporariamente. 〜に temporariamente, provisoriamente; especialmente. 山田さんが病気なので〜に私が来ました Como o senhor Yamada está doente, eu vim no lugar dele.

♦臨時記号〖音〗acidente (m). 臨時国会 sessão (f) extraordinária do Parlamento. 臨時雇用 emprego (m) temporário. 臨時収入（支出）entrada (f) (despesa (f)) extraordinária. 臨時政府 governo (m) provisório. 臨時総会 assembleia (f) extraordinária. 臨時手当て ajuda (f) provisória. 臨時ニュース notícia (f) extraordinária. 臨時予算 orçamento (m) provisório. 臨時列車 trem (m) especial [extraordinário].

りんしたいけん 臨死体験 experiência (f) de ter estado à beira da morte.

りんじゅう 臨終 〜の moribundo/da. 〜の人 moribundo/da. 〜の言葉 as últimas palavras (de um/uma moribundo/da). 〜である estar à beira da morte, estar às portas da morte.

りんしょう 臨床 diagnóstico (m) e tratamento (m) clínicos. ♦臨床医 médico/ca clínico/ca. 臨床医学 medicina (f) clínica. 臨床検査 exame (m) laboratorial [de laboratório]. 臨床検査技師 técnico/ca de exames laboratoriais. 臨床診断 diagnóstico (m) clínico.

りんしょう 輪唱〖音〗cânon (m), cânone (m). 〜する cantar em (forma de) cânone.

りんじょう 臨場 presença (f). この絵の風景は〜感が溢れている A paisagem desta pintura nos dá a sensação de estarmos dentro dela.

りんじん 隣人 vizinho/nha; próximo/ma. ♦隣人愛 amor (m) ao próximo.

リンス creme (m) rinse, condicionador (m). 〜する fazer rinçagem em …, rinçar ….

りんせき 臨席 comparecimento (m), presença (f). 〜する comparecer (a), estar

りんせつ 隣接 contiguidade (*f*), adjacência (*f*). …に～した contíguo/gua a …, adjacente a …. …に～している limitar-se com …, ser vizinho/nha a …. ～する国々 países (*mpl*) vizinhos. コンサートホールは体育館に～して建てられている A sala de concertos fica logo ao lado do ginásio.

リンチ linchamento (*m*). …に～を加える linchar …. ～を受ける ser linchado/da (por).

りんどう 〖植〗genciana (*f*).

りんどく 輪読 leitura (*f*) em grupo. ～する ler em grupo.

りんね 輪廻 metempsicose (*f*).

presente (em). パーティーにご～賜りたくお願い申し上げます Peço-lhe a gentileza de honrar a nossa festa com a sua presença. ♦臨席者 os/as presentes.

リンネル linho (*m*).

リンパ linfa (*f*). ♦リンパ液 plasma (*m*) da linfa. リンパ管 vasos (*mpl*) linfáticos. リンパ管炎 〖医〗linfangite (*f*). リンパ管腫 〖医〗linfagioma (*m*). リンパ球 linfócito (*m*). リンパ腫 〖医〗linfoma (*m*). リンパ節 〖解〗linfonodo (*m*), nodo (*m*) linfático. リンパ節炎 〖医〗linfadenia (*f*). リンパ節症 〖医〗linfadenopatia (*f*). リンパ節転移 〖医〗metástase (*f*) linfonodal. リンパ腺 glândula (*f*) linfática.

りんびょう 淋病 〖医〗gonorreia (*f*). ♦淋病菌 gonococo (*m*). ⇨淋菌.

りんやちょう 林野庁 Agência (*f*) de Recursos Florestais.

りんり 倫理 ética (*f*), moral (*f*). ♦倫理学 ética (*f*). 倫理学者 estudioso/sa de ética. 職業倫理 ética (*f*) profissional.

る

ルアー isca (f).

るい 塁 ❶ forte (m), fortaleza (f). ～を守る defender o forte [a barricada]. ❷【野球】base (f). ♦ 1(2/3)塁 primeira (segunda/terceira) base. 1(2/3)塁手 defensor/ra da primeira (segunda/terceira) base. 本塁 home base (f), base (f) principal.

るい 類 espécie (f); gênero (m). ～のない único/ca, sem par, sem igual; [先例のない] sem precedentes. ～に分ける classificar, separar por espécies. 他に～を見ない高度なテクニック uma alta tecnologia [tecnologia de ponta] sem igual. 野菜～のコーナー seção (f) de verduras. ♦魚類 peixes (mpl). 肉類 carnes (fpl).

るいかん 涙管 【解】canal (m) lacrimal.

るいぎご 類義語 sinônimo (m); palavra (f) análoga [de sentido semelhante].

るいけい 累計 total (m), soma (f) total. 経費の～を出す apresentar a soma total das despesas.

るいけい 類型 tipo (m). ～的な típico/ca. ♦言語類型学 tipologia (f) das línguas.

るいじ 類似 semelhança (f). …に～する assemelhar-se a …, parecer-se com …. ♦類似点 ponto (m) semelhante. 類似品 artigo (m) semelhante (a um outro existente).

るいじょう 累乗 【数】exponenciação (f), potenciação (f). ♦累乗根 potência (f) de raiz, sinal (m) de radical.

るいしん 累進 aumento (m) progressivo. ～する aumentar progressivamente. ♦累進課税 taxação (f) progressiva.

るいじんえん 類人猿 【動】(macaco (m)) antropomorfo (m), antropoide (m).

るいすい 類推 analogismo (m), inferência (f) por analogia. ～する inferir [raciocinar] por analogia.

るいせき 累積 acúmulo (m), acumulação (f). ～する acumular(-se). ♦累積赤字 déficit (m) acumulado. 累積債務 dívidas (fpl) acumuladas.

るいせん 涙腺 【解】glândula (f) lacrimal.

るいはん 累犯 【法】reincidência (f). ♦累犯者 criminoso/sa reincidente.

るいれい 類例 ～のない sem par, sem precedentes.

ルー 【料】molho (m) cremoso [engrossado]. ♦カレールー molho de farinha, leite e caril que serve de base para pratos indianos etc.

ルーキー 【スポーツ】jogador/ra novato/ta.

ルージュ batom (m). ～を塗る passar batom nos lábios.

ルーズ ～な laxado/da, relaxado/da, descuidado/da (no cumprimento das obrigações). あなたたちは時間に～ですね Vocês não são muito pontuais no horário, não é?

ルーズリーフ caderno (m) de folhas avulsas.

ルーター 【コンピュ】router (m), roteador (m).

ルーツ raízes (fpl), origem (f); [祖先, 始祖] ancestrais (mpl). …の～を探る procurar a origem de ….

ルート ❶ rota (f), via (f). 新しい販売～を開くには… Para se abrir um novo canal de vendas …. 正規の～でやりましょう Vamos agir por vias legais. ❷【数】raiz (f) (quadrada ou cúbica). ❸【言】[語根] raiz (de uma palavra).

ルーペ lupa (f).

ルーマニア Romênia (f). ～の romeno/na.

ルームクーラー ar-condicionado (m), ar-refrigerado (m), condicionador (m) de ar.

ルームサービス serviço (m) de quarto (em hotéis). ～を頼む pedir comida ou bebida no quarto de hotel.

ルームメイト companheiro/ra de quarto.

ルール [規則] regra (f), regulamento (m). ～を守る obedecer às regras, seguir as regras. ～に反する violar as regras. ～の逸脱があった Não se cumpriram as regras./Houve o não cumprimento das regras. ～は守ってもらわないと困ります É preciso obedecer às regras, senão surgem problemas. やっぱりこの社会の～を守ってもらわないと… Apesar de tudo, é preciso que você respeite as regras desta sociedade.

ルーレット roleta (f). ♦ロシアンルーレット roleta russa.

ルクセンブルク Luxemburgo. ～の luxemburguês/guesa.

るけい 流刑 degredo (m), exílio (m), desterro (m). ～に処する degradar, desterrar, exilar.

ルサンチマン ressentimento (m).

るす 留守 ausência (f). …を～にする ausentar-se de …, estar ausente de …. 家を～にする não estar em casa, sair. 昨日は～してご免なさい Desculpe(-me por) ter saído ontem, sim? 居～を使う fingir não estar (em seu devido lugar). 私の～中に durante a minha ausência. 勉強を～にする negligenciar os estudos. 母は～です A minha mãe não está./A minha mãe está ausente.

るすでん 留守電 secretária (f) eletrônica.

るすばん 留守番 guarda (*f*). …の〜をする guardar o/a …. (na ausência do dono), tomar conta de. 家の〜を頼む pedir a alguém que guarde a casa. 日本に行っている間に家の〜を頼んでもよろしいでしょうか Posso pedir-lhe a guarda da casa, enquanto vou ao Japão? ♦留守番電話 secretária (*f*) eletrônica.

ルック *look* (*m*), visual (*m*). ♦ニュールック visual novo.

ルックス visual (*m*). 〜のいい人 pessoa (*f*) bonita.

るつぼ 坩堝 cadinho (*m*), crisol (*m*). 人種の〜 grande mistura de raças, *melting pot* (*m*).

ルテニウム 〖化〗rutênio (*m*).

るてん 流転 metempsicose (*f*). 万物は〜する Tudo passa pela terra.

ルネサンス renascimento (*m*), renascença (*f*).

ルビ 〜を振る colocar "kana", caracteres fonéticos japoneses, junto aos ideogramas chineses (para facilitar-lhes a leitura).

ルビー rubi (*m*).

ルビジウム 〖化〗rubídio (*m*).

ルピナス 〖植〗tremoceiro (*m*).

るふ 流布 difusão (*f*), divulgação (*f*). 〜する difundir-se, divulgar-se. 変なうわさが〜している Corre um boato muito estranho. 〜させる difundir; espalhar.

ルポライター repórter.

ルポルタージュ reportagem (*f*). ♦ルポルタージュ文学 literatura (*f*) jornalística.

るり 瑠璃 〖鉱物〗lazulite (*m*). ♦瑠璃色 azul (*m*) ⌊tirante a roxo [de lazulite].

るろう 流浪 〜の errante, nômade. 〜の民 povo (*m*) nômade. 〜する errar, levar uma vida errante, ser nômade. ♦流浪生活 vida (*f*) errante [nômade].

ルワンダ Ruanda (*f*). 〜の ruandês/desa.

ルンバ rumba (*f*).

ルンペン marginal vagabundo/da.

れ

レ 〖音〗ré (m), nota (f) ré.

レア 〖料〗♦レアステーキ (bife (m)) mal passado. レアチーズケーキ torta (f) de queijo fresco.

レアメタル metal (m) raro.

れい 例 〔実例〕exemplo (m);〔慣例〕uso (m), costume (m);〔先例〕precedente (m);〔場合〕caso (m). ～を挙げる dar um exemplo. ～のとおり conforme o exemplo. ～のない sem precedentes. ～の件 assunto (m) em questão. こういう～は珍しい É muito raro um caso desses. 何か具体的な～を示していただけませんか Poderia me dar um exemplo concreto? ～の場所で会いましょう Vamos nos encontrar no lugar de sempre.

れい 礼 〔感謝〕agradecimento (m);〔あいさつ〕reverência (f);〔礼儀〕cortesia (f). ～をする fazer reverência. …にお～を言う agradecer a …. お～の印に em sinal de agradecimento. …にお～をする〔支払う〕pagar honorários a …;〔お返しをする〕dar um retorno a …. …のお～に Como retorno [recompensa] de …. なんとお～を申し上げたらいいのかわかりません Eu nem sei como lhe agradecer.

れい 零 zero (m).

れい 霊 alma (f), espírito (m). 祖先の～を祭る venerar a alma dos antepassados.

レイアウト leiaute (m), disposição (f), distribuição (f), colocação (f) (em geral de desenhos em pôsteres ou páginas de jornal etc). ～する dispor, distribuir, colocar.

れいえん 霊園 cemitério (m).

レイオフ suspensão (f) temporária de funcionários de uma empresa (devido à recessão).

れいか 冷夏 verão (m) frio.

れいか 零下 abaixo de zero. ～10度 dez graus abaixo de zero. 気温は～14度に下がった A temperatura do ar baixou para quatorze graus abaixo de zero.

れいがい 例外 exceção (f). ～的 excepcional. ～的に excepcionalmente. ～なく sem exceção (f). …は～として com exceção de …. 少数の～は別として salvo raras exceções. この場合は～とします Vou considerar este caso uma exceção. どんな規則にも～はある Não há regra sem exceção.

れいがい 冷害 danos (mpl) causados à lavoura pelo frio atípico do verão. ～対策を立てる tomar medidas contra os danos do frio.

れいき 冷気 ar (m) frio, frieza (f). ～を感じる sentir o ar frio.

れいぎ 礼儀 cortesia (f);〔ていねい〕polidez (f);〔作法〕boas maneiras (fpl), etiquetas (fpl). 彼は～正しい Ele é muito educado [cortês]. あなたはちょっと～知らずでしたね Você foi um pouco mal educado, hein? 少しは～を守ってくださいよ Respeite um pouco as regras da sociedade, por favor. ♦礼儀作法 etiquetas, boas maneiras.

れいきゃく 冷却 refrigeração (f). ～する refrigerar, esfriar. ～期間を置く deixar um tempo para acalmar os nervos. ♦冷却器 refrigerador (m), radiador (m).

れいきゅうしゃ 霊柩車 carro (m) fúnebre.

れいきん 礼金 gratificação (f), luva (f) (que se paga ao proprietário do imóvel, geralmente equivalente ao aluguel de um mês).

れいぐう 冷遇 acolhimento (m) frio, falta (f) de hospitalidade. ～する receber [tratar] com frieza.

れいけつ 冷血 ❶〖動〗sangue (m) frio. ♦冷血動物 animal (m) de sangue frio. ❷ crueldade (f). ～な人 pessoa (f) cruel [sem coração].

れいこく 冷酷 crueldade (f). ～な cruel.

れいこん 霊魂 alma (f), espírito (m).

れいさいきぎょう 零細企業 microempresa (f).

れいし 茘枝 〖植〗lechia (f).

れいじ 例示 exemplificação (f). ～する exemplificar. …を～して説明する explicar … com [dando] exemplos, explicar … exemplificando.

れいじ 零時 zero hora (f). 午前～に à meia-noite.

レイシズム racismo (m).

れいしっぷ 冷湿布 〖医〗compressa (f) fria.

れいしゅ 冷酒 saquê (m) frio; saquê feito para se saborear frio.

れいしょう 例証 demonstração (f) com exemplos. ～する demonstrar [provar] dando exemplos.

れいしょう 冷笑 riso (m) de escárnio. ～する soltar um riso de escárnio.

れいじょう 礼状 carta (f) de agradecimento. ～を送る(受け取る) enviar (receber) uma carta de agradecimento.

れいじょう 令状 ordem (f) judicial, mandato (m). ～による逮捕 prisão (f) por mandato [ordem judicial]. 捜査～を発する emitir um mandato de busca.

れいすい 冷水 água (f) fria.

れいせい 冷静 ～さ tranquilidade (f), calma (f); sangue (m) frio. ～な tranquilo/la, calmo/ma; de sangue frio. ～に tranquilamente, calmamente. あの部長は何事が起こっても～さを失わない人です Aquele/la diretor/ra (de departamento) nunca perde a calma, aconteça o que acontecer.

れいせん 冷戦 guerra (f) fria.

れいぜん 霊前 altar (m) do recém-morto. ～に花を供える colocar flores no altar do recém-morto. 御～ inscrição (f) em envelope contendo dinheiro a ser oferecido ao recém-morto.

れいぞう 冷蔵 refrigeração (f). ～する refrigerar, colocar na geladeira. 要～《揭示》Conservar em lugar refrigerado. ♦冷蔵庫 geladeira (f). 小型冷蔵庫 minirefrigerador (m).

れいだい 例題 exercícios (mpl), questões (fpl). ～を課する dar [passar] um exercício. ～を解く resolver uma questão.

れいたん 冷淡 ～な frio/fria; [無関心な] indiferente. ～に friamente; indiferentemente, com indiferença. 彼はこのごろ私に～だ Esses dias ele está [anda] frio comigo.

れいだんぼう 冷暖房 climatização (f). ♦冷暖房装置 ar-condicionado (m), condicionador (m) de ar.

れいてん 零点 nota (f) zero. ～をとる tirar nota zero.

れいど 零度 grau (m) zero. ～以上の acima de zero. ～以下の abaixo de zero.

れいとう 冷凍 congelamento (m). ～する congelar. ～保存する congelar. 急速～する congelar rapidamente. ♦冷凍食品 comida (f) congelada. 冷凍庫 refrigerador (m). 冷凍輸送 transporte (m) de artigos congelados.

れいねん 例年 todos os anos. ～のように como nos anos anteriores. 今年の冬は～なく暖かかった O inverno este ano foi atípico [mais ameno do que nos anos anteriores].

れいはい 礼拝 culto (m). ～する render culto (a). ♦礼拝堂 capela (f).

レイプ estupro (m). ～する estuprar. ～される ser estuprada.

れいふく 礼服 traje (m) de cerimônia. ～で com traje de cerimônia. ～着用に及ばず Não será necessário o uso de traje de cerimônia.

れいぶん 例文 exemplo (m) de frase (em dicionários ou gramáticas). ～を挙げる dar exemplos de frases, exemplificar com frases.

れいぼう 冷房 refrigeração (f) de ar. ～する refrigerar o ar. ～中《揭示》Ar-Condicionado Ligado. ♦冷房装置 (aparelho (m) de) ar-refrigerado (m), condicionador (m) de ar, ar-condicionado (m).

レインコート capa (f) de chuva, impermeável (m).

レインシューズ galochas (fpl).

レーサー piloto (m) de carro de corrida.

レーザー laser (m) [レイザル]. ♦レーザー治療 tratamento (m) a laser. レーザーディスク disco (m) a laser. レーザープリンター impressora (f) a laser. レーザーメス《医》laser.

レーシングカー carro (m) de corrida.

レース ❶ [競走] corrida (f). ～をする correr. ～に出る participar em uma corrida. ♦カーレース automobilismo (m), corrida (f) de carro. ❷ [編み物] renda (f). ～を編む tecer [fazer] uma renda.

レーズン passa (f), uva (f) passa. ～入りの com passas.

レーダー radar (m). ～が反応しなくなった Os radares ficaram inoperantes.

レート taxa (f). ♦為替レート taxa de câmbio.

レーヨン raiom (m).

レール trilho (m).

レーンコート ⇨レインコート.

レーンシューズ ⇨レインシューズ.

レガート [音] ligado (m).

レガッタ [ボート] regata (f).

-れき -歴 histórico (m), antecedentes (mpl). 職～ curriculum (m), histórico profissional. 犯罪～ antecedentes criminais.

れきがん 礫岩 [鉱物] conglomerado (m) de várias rochas.

れきし 歴史 ❶ história (f). ～上の[的] histórico/ca. ～的に言うと falando historicamente. ～に残る ficar [entrar] para a história. ～に名を残してみせる Vou deixar meu nome na história para eles verem. それは～的事実です Isso é um fato histórico. ～は繰り返す A história se repete. ～以前の資料 material (m) pré-histórico. ～が始まって以来 desde que se começou a história. ～の流れ curso (m) da história. ～的背景 fundo (m) [contexto (m)] histórico. ♦歴史家 historiador/ra, historiógrafo/fa. 歴史学 historiografia (f). 歴史学者 historiador/ra. 歴史観(哲学) (filosofia (f) da) concepção (f) histórica. 歴史小説 romance (m) histórico. ❷ [由緒] história (f). ～のある com muita história. この大学は長い～を持っている Esta universidade possui uma longa história [tem muita história].

れきぜん 歴然 ～とした evidente. ～とした証拠 uma prova evidente.

れきほう 歴訪 visitas (fpl) sucessivas. 北欧諸国を～する visitar vários países da Europa do Norte.

レギュラー ❶ [正式の] regular, normal, médio/dia; efetivo/va. ♦レギュラーガソリン gasolina (f) comum. レギュラーサイズ tamanho (m) médio. レギュラーメンバー sócio/cia efetivo/va. ❷『スポーツ』〔正選手〕titular. ～のポジションを手に入れる conquistar a posição de titular.

レクイエム réquiem (m).

レクチャー conferência (f). 生物学の～をする fazer [dar] uma conferência de biologia. ブラジルの経済について～をする fazer uma conferência sobre a economia brasileira.

レクリエーション recreação (f). ♦親子レクリエーション recreação de pais e filhos com os professores na escola primária.

レゲエ 〚音〛 reggae (m).

レコーダー gravador (m).

レコーディング gravação (f). ～する gravar. 今日は一つ～がある Hoje tenho uma gravação.

レコード ❶〔音盤〕disco (m). ❷〔記録〕recorde (m). ～を破る[更新する] bater um recorde, ser o/a novo/va recordista, superar a marca de … estabelecida por …. ♦レコードブレーカー recordista.

レザー couro (m). ～のジャケット jaqueta (f) de couro.

レジ caixa (f) registradora; caixa (m). ～でお支払いください Pague no caixa.

レシート recibo (m). ～をいただけますか Poderia me passar um recibo?

レシーバー receptor (m); 〔頭につける〕audiofone (m); 〔テニスなどで〕jogador/ra que rebate o saque 《em vôlei, tênis etc》.

レシーブ ～する receber (a bola).

レジスタンス resistência (f).

レシチン lecitina (f). ♦大豆レシチン lecitina de soja.

レシピ ❶〔調理法〕receita (f) de cozinha. ❷〔処方箋(せん)〕récipe (m), receita médica, fórmula (f) para preparação de um medicamento.

レジメ resumo (m).

レジャー lazer (m), ócio (m), folga (f); tempo (m) disponível para diversões; recreio (m), diversão (f). ～のために休暇を取る tirar uma folga para divertir-se. ♦レジャー産業 indústria (f) de diversões.

レジュメ ⇨レジメ.

レスキュー salvamento (m), resgate (m). ♦レスキュー隊 equipe (f) de resgate [salvamento].

レストラン restaurante (m). ～で食事(昼食/夕食)をする comer (almoçar/jantar) num restaurante. あの～は安くておいしい Aquele restaurante é bom e barato. この～で出てくる物は盛りがいい Come-se bem [A gente come bem] neste restaurante.

レスビアン lésbica (f).

レスラー lutador/ra (de luta-livre).

レスリング luta-livre (f).

レセプション recepção (f). ♦レセプションパーティー festa (f) de recepção.

レセプター 〚生理〛 receptor (m)《受容体》.

レソト Lesoto. ～の lesoto/ta.

レター carta (f). ♦レターセット jogo (m) de apetrechos para escrever carta. ラブレター carta de amor.

レタス alface (f). ～1個 um pé de alface, uma alface.

レタリング rotulagem (f).

れつ列 〔順番の〕fila (f);〔縦列〕coluna (f), fileira (f). ～に入る entrar na fila, esperar a vez. ～に割り込む furar a fila. いちばん前の～に na primeira fileira. ～を作ってください Façam [Formem] uma fila. 2～に並ぶ formar fila dupla. フォーク型の～を作る formar fila única.

れつあく 劣悪 ～な商品 mercadoria (f) de má qualidade. 我々は～な環境で戦った Nós lutamos num meio por demais desfavorável.

れっか 劣化 deterioração (f), estrago (m). ～する deteriorar-se, estragar-se, danificar-se. 金属の～ deterioração do metal. 画質が～した A imagem (da foto, do filme etc) ficou prejudicada.

レッカー guincho (m).

れっきとした ❶〔明白な〕evidente. ～証拠 prova (f) evidente. ❷〔正式の〕oficial, legítimo/ma. ～妻 esposa (f) legítima. ～書類 documento (m) oficial. ❸〔りっぱな〕respeitável. ～紳士 homem (m) respeitável.

れっきょ 列挙 enumeração (f), listagem (f). ～する enumerar, listar, arrolar, relacionar metodicamente. 証拠を～する relacionar as provas. その報告書はストリートチルドレンの問題を～していた O relatório listava os problemas das crianças de rua.

レッグウォーマー aquecedor (m) das pernas 《em geral de lã, que cobre as pernas dos joelhos aos tornozelos》.

れっしゃ 列車 trem (m). ～で行く ir de trem. ～に乗る tomar trem. ～を乗り換える baldear.

♦上り列車 trem que se dirige à capital. 貨物列車 trem de carga. 急行列車 o expresso, o rápido. 下り列車 trem que sai da capital. 普通列車 trem comum,《俗》o pinga-pinga.

レッスン lição (f), aula (f). ピアノの～を受ける tomar [ter] aulas de piano.

れっせい 劣性 〚遺伝〛 ～の recessivo/va. ♦劣性遺伝子 gene (m) recessivo.

れっせき 列席 …に～する comparecer a …, assistir a …. ♦列席者 pessoa (f) presente.

レッテル etiqueta (f), rótulo (m). …に～を貼る colar uma etiqueta em …, rotular …. 前科者は～を貼られてしまう O indivíduo que teve passagem pela polícia já fica rotulado.

れっとう 列島 arquipélago (m).

れっとう 劣等 inferioridade (f). 〜の inferior.

れっとうかん 劣等感 complexo (m) de inferioridade.

レッドカード 〔サッカー〕cartão (m) vermelho.

レディー lady (f). ◆レディーファースト ladies first.

レトリック retórica (f).

レトルト 〔化〕retorta (f). ◆レトルト食品 comida (f) expressa.

レトロ retrô (m), nostalgia (f). 私は〜調の家具がほしい Eu quero móveis domésticos que provoquem nostalgia. ◆レトロブーム voga (f) [popularidade (f)] da moda retrô.

レトロウイルス retrovírus (m).

レバー ❶ 〔食用としての肝臓〕fígado (m) (comida). ❷ 〔操作棒〕alavanca (f).

レパートリー repertório (m). 〜が広い ter um vasto repertório. 彼の〜は広い O repertório dele é grande.

レバノン Líbano (m). 〜の libanês/nesa.

レビュー ❶ 〔劇〕revista (f). ❷ 〔評論〕crítica (f), comentário (m).

レフ câmera (f) fotográfica *reflex*. ◆一眼レフ câmera reflex de lente única.

レファレンス referência (f). ◆レファレンスブック obra (f) de referência.

レフェリー árbitro/tra, juiz (m). チャンピオンの負傷で試合は〜ストップになった O juiz parou o campeonato [o jogo, a luta] porque o campeão se machucou.

レフト 〔野球〕〔左翼手〕jardineiro/ra esquerdo/da.

レプリカ réplica (f).

レベル nível (m). 〜の低い(高い) de nível baixo (alto). 〜アップのために para elevar o nível.

レポーター repórter.

レポート relatório (m); 〔研究レポート〕trabalho (m); 〔新聞や放送などの〕reportagem (f). 〜を書く escrever um relatório (um trabalho, uma reportagem). 〜を提出する entregar um relatório (um trabalho, uma reportagem).

レボリューション revolução (f).

レム *REM* (m) 〔ヘ〕(*Rapid Eye Movement*). ◆レム睡眠 etapa (f) do sono REM.

レモネード limonada (f).

レモン limão (m). 〜の木 limoeiro (m). ◆レモンゼリー geleia (f) de limão. レモンティー chá (m) com limão.

***れる(-される)** ❶ 〔★ 受動態:ser〔estar〕動詞＋過去分詞〕(voz passiva : verbo ser [estar] + particípio passado) 彼女は社内のみんなに好かれている Ela é querida de todos na companhia. 私は今晩夕食に招待されています Eu estou convidado/da para um jantar esta noite. この番組は土曜日に放送されています Este programa está sendo transmitido aos sábados. ❷ 〔★ 動詞の3人称複数形、あるいは se＋動詞の3人称単数複数形など、不定の主語を示す形で表す〕(expressa-se com uma forma verbal que indique sujeito indeterminado, como a terceira pessoa do plural ou "se + terceira pessoa do singular ou plural") 私は地下鉄で財布を盗まれた Roubaram a minha carteira no metrô. 今は地球の温暖化対策が叫ばれている Fala-se muito em combate ao aquecimento global atualmente.

れんあい 恋愛 amor (m). 〜する amar. ◆恋愛結婚 casamento (m) por amor. 恋愛小説 novela (f) romântica, romance (m) de amor.

れんが 煉瓦 tijolo (m). 〜造りの家 casa (f) de tijolo. 〜を積む empilhar os tijolos. ◆煉瓦工場 olaria (f), 《俗》tijolaria (f).

れんきゅう 連休 feriado (m) prolongado, 《口語》feriadão (m). この〜にはどこかへ行く予定ですか Pretende ir a algum lugar nestes feriados?

れんきんじゅつ 錬金術 alquimia (f). ◆錬金術師 alquimista.

れんげ 蓮華 ❶ 〔植〕〔はすの花〕flor (f) de loto. ❷ 〔植〕〔れんげ草〕astrágalo (m). ❸ 〔さじ〕colher (f) de porcelana.

れんけい 連係 concatenação (f). ◆連係プレー trabalho (m) [jogo (m)] bem concatenado, trabalho [jogo] de equipe.

れんけい 連携 colaboração (f), cooperação (f). …と〜する colaborar [cooperar] com …. …と〜して問題を解決する resolver um problema cooperando com ….

れんげそう 蓮華草 〔植〕astrágalo (m).

れんけつ 連結 ligação (f), junção (f), engate (m). 〜する ligar, atrelar, engatar. ◆連結装置 dispositivo (m) de engate.

れんこう 連行 〜する levar alguém à força para algum lugar. 犯人を警察へ〜する levar à força o/a criminoso/sa para a polícia. 容疑者を署に〜する levar o/a suspeito/ta para a delegacia. 強制〜される ser levado/da à força. ◆強制連行 prisão (f) à força.

れんごう 連合 união (f), aliança (f), liga (f). …と〜する aliar-se a [com] …, unir-se a [com] …. ◆連合軍 forças (fpl) aliadas. 連合国 países (mpl) aliados.

れんこん 蓮根 〔植〕raiz (f) de loto.

れんさ 連鎖 cadeia (f), série (f). それは〜反応を引き起こした Isso teve [provocou] uma reação em cadeia./Isso acabou sendo uma corrente.

れんさい 連載 série (f). 〜する publicar em série. ◆連載小説 romance (m) seriado.

レンジ fogão (m). ◆レンジ食品 comida (f) aquecida no microondas. ガスレンジ fogão a gás. 電子レンジ forno (m) de microondas.

れんじつ 連日 dias (mpl) seguidos, dia (m)

após dia. 彼は~展覧会に出かけている Ele está indo à exposição todos os dias.

れんしゅう 練習 prática (f), treino (m), exercício (m). ~する praticar, treinar, exercitar, repetir. 私は毎日ピアノを~しています Eu treino piano todos os dias.

れんしょう 連勝 série (f) de vitórias. ~する ter uma série de vitórias, ter vitórias sucessivas.

レンズ lente (f). 遠近両用の~ lentes (fpl) bifocais. 目にコンタクト~を付ける colocar lentes de contato nos olhos. ♦ 凹(凸)レンズ lente côncava (convexa). コンタクトレンズ lentes de contato. ハードコンタクトレンズ lente (f) de contato dura.

レンズまめ レンズ豆 〖植〗lentilha (f).

れんそう 連想 associação (f) de ideias. ~する associar (ideias), pensar em, lembrar-se de. ~させる fazer pensar em, sugerir, evocar, fazer lembrar. その川を見ると私は東京を~する Quando vejo esse rio, eu me lembro de Tóquio./Esse rio me faz lembrar Tóquio.

れんぞく 連続 continuidade (f), sucessão (f), sequência (f), série (f). ~的 contínuo/nua, sucessivo/va. ~して continuamente, sucessivamente. ~7日間 durante sete dias seguidos. 私はこの1週間~して残業をした Eu fiz horas-extras essa semana inteira. 同じ事故が~して起こった O mesmo acidente aconteceu várias vezes em seguida. これで彼は9回~で勝利を収めたことになる Isso quer dizer que ele obteve a nona vitória consecutiva. 株価は~の高値をつけた〖経〗A bolsa de valores esteve com altas sucessivas (nos pregões). 東京都は2年~で人口の増加を記録した Tóquio registrou aumento no número de habitantes, pelo segundo ano consecutivo. ♦ 連続殺人事件〖法〗assassinatos (m) em série. 連続テレビ小説 novela (f) de televisão seriada. 連続犯〖法〗crime (m) continuado.

れんたい 連帯 solidariedade (f), cooperação (f) por um mesmo objetivo. ~の solidário/ria. …と~する solidarizar-se com …, cooperar por um mesmo objetivo com …. ~して solidariamente. ♦ 連帯意識 consciência (f) coletiva [solidária]. 連帯感 sentido (m) de solidariedade. 連帯債務 obrigação (f) [dívida (f)] solidária [comum]. 連帯責任 responsabilidade (f) comum [coletiva, solidária]. 連帯保証 fiança (f) [garantia (f)] coletiva [solidária]. 連帯保証人 co-fiador/ra.

れんたいけい 連体形 〖文法〗forma (f) adjetival ou verbal que se liga a um "taigen", que é um substantivo na gramática japonesa 《Ex.: *oishii* mono = coisa (f) gostosa; *yomu* mono = coisa para se ler》.

れんたいし 連体詞 〖文法〗termo (m) da frase que se liga a "taigen", que equivale ao substantivo da gramática portuguesa 《Ex.: *ano* ie = aquela casa》.

レンタカー ❶ 〖会社〗empresa (f) locadora de carros, locadora (f) de automóveis. ❷ 〖貸し自動車〗carro (m) para locação. ~を借りる locar [alugar] um carro. あの店の~は全て貸し出されている Todos os carros daquela locadora estão locados.

レンタサイクル locadora (f) de bicicletas.

レンタル aluguel (m), locação (f). ビデオを~する locar [alugar] um vídeo. ♦ レンタルビデオ vídeo (m) alugado. レンタルビデオ屋 locadora (f) de vídeos. レンタル料 preço (m) do aluguel [da locação].

れんたん 練炭 aglomerado (m) de carvão.

れんだん 連弾 〖音〗execução (f) de dois pianistas no mesmo piano. ~をする executar uma peça a quatro mãos. ♦ 連弾曲 peça (f) de piano a quatro mãos.

れんちゅう 連中 roda (f), companhia (f). あの~ gente (f) daquela laia, pessoas (fpl) daquela espécie.

れんてつ 錬鉄 ferro (m) forjado.

レント 〖音〗lento.

れんどう 連動 interligação (f). ~する engatar. このカメラの距離計はレンズと~している O telêmetro desta câmera está ligado à objetiva. ♦ 連動距離計 telêmetro (m) acoplado. 連動装置 engrenagem (f).

レントゲン radiografia (f), raios (mpl) X. ~を撮ります Vou tirar uma radiografia. ♦ レントゲン技師 radiologista. レントゲン写真 chapa (f) de radiografia.

れんにゅう 練乳 leite (m) condensado.

れんぱ 連覇 série (f) de vitórias (em campeonatos etc). 3~する vencer o campeonato três vezes em seguida, ter três vitórias sucessivas nos campeonatos.

れんぱい 連敗 derrotas (fpl) sucessivas. ~する ter uma série de derrotas.

れんぱつ 連発 disparos (mpl) contínuos, descarga (f) de tiros seguidos. ~する disparar, atirar sem interrupção. 質問を~する fazer muitas perguntas sem parar. ♦ 連発銃 espingarda (f) de repetição.

れんぽう 連邦 federação (f), união (f). ♦ 連邦官報 Diário (m) Oficial da União. 連邦区 Distrito (m) Federal. 連邦控訴裁判所〖法〗Tribunal (m) Regional Federal. 連邦高等裁判所〖法〗Superior Tribunal de Justiça, STJ (m). 連邦最高裁判所 Supremo Tribunal Federal, STF (m). 連邦準備理事会 (FRB) Conselho (m) Federal de Reserva. 連邦制度 sistema (m) federativo. 連邦政府 governo (m) federal. 連邦大学 universidade (f) federal. 連邦判事 juiz/iza federal. ブラジル連邦共和国 República (f) Federativa do

Brasil.

れんめい 連盟 liga (*f*), federação (*f*), aliança (*f*).

れんめい 連名 ～で書類を書く lavrar um documento assinado por mais de uma pessoa.

れんようけい 連用形 〖文法〗 forma (*f*) de ligação verbal ou adverbial (na gramática japonesa).

***れんらく 連絡** ❶ 〔通報〕 aviso (*m*) [アヴィーゾ], informação (*f*) [インフォルマサォン], contato (*m*) [コンタット], comunicação (*f*) [コムニカサォン]. B さんにA のことを～する avisar B de A, informar B de A, comunicar A a B. 監督にそのことを～してください Por favor comunique isso ao/à chefe. 彼女から無事に着いたという～があった Recebi o recado de que ela chegou bem. …と～をとる[つける] contactar …, pôr-se [entrar] em contato com …, estabelecer contato com …. 家族と常に～をとっている Estou sempre em contato com minha família. 電話で彼と～がとれますか Dá para você se comunicar com ele pelo telefone? …と～がつかない não conseguir entrar em contato com …. …からの～がなくなる perder contato com …. 彼らからの～はとだえている As notícias deles estão interrompidas (temporariamente). …との～を密にする intensificar a comunicação com …. ♦連絡委員会 comitê (*m*) [comissão (*f*)] de comunicações. 連絡係 encarregado/da dos contatos [da comunicação]. 連絡先 endereço (*m*) de contato. 連絡事項 comunicado (*m*). 連絡将校 oficial da comunicação. 連絡帳 caderno (*m*) de recados. 連絡網 rede (*f*) de contatos. (lista de nomes e telefones de um grupo, para a transmissão de um recado urgente). 緊急連絡 comunicação urgente. ❷ 〔接続〕 conexão (*f*) [コネキサォン], ligação (*f*) [リガサォン]. この電車は当駅で急行と～します Este trem faz [tem] conexão com o expresso nesta estação. 駅から会場まで～バスがございます Há conexão de ônibus da estação ao local do evento./O ônibus faz conexão entre a estação e o local do evento. ♦連絡駅 estação (*f*) de conexão. 連絡船 balsa (*f*).

れんりつ 連立 ❶ coligação (*f*), coalizão (*f*). ♦連立内閣 gabinete (*m*) de coalizão, governo (*m*) de coalizão. ❷ 〖数〗 ♦連立方程式 equações (*fpl*) compatíveis, equação (*f*) com várias incógnitas.

ろ

ろ 櫓 remo (m).

ろ 炉 forno (m). ♦焼却炉 incinerador (m). 溶鉱炉 alto-forno (m), fornalha (f) de fundição.

ロ 〖音〗 si (m). ♦ロ長調 si maior. ロ短調 si menor.

ろう 労 trabalho (m), esforço (m). ～を惜しまない não poupar esforços.

ろう 牢 prisão (f), cadeia (f);〔獨房〕cela (f). …を～に入れる aprisionar …, meter … na cadeia. ～に入れられる ser aprisionado/da. ～を破る fugir da cadeia. ♦牢番 guarda da prisão.

ろう 蠟 cera (f). ♦蠟紙 papel (m) encerado. 蠟人形 boneco (m) de cera.

ろうあ 聾唖 〖医〗surdimutismo (m), surdez (f) e mudez (f). ♦聾唖学校 escola (f) de surdos-mudos. 聾唖者 surdo-mudo (m)/surda-muda (f).

ろうか 廊下 corredor (m). ～は静かに歩きなさい Andem nos corredores sem fazer barulho./Não façam barulho ao andar nos corredores. トイレは～のつきあたりにある O toalete [banheiro] fica no fim do corredor.

ろうか 老化 envelhecimento (m). ～する envelhecer. たばこは～を早める O cigarro faz envelhecer mais rápido. ～を早める紫外線 os raios ultravioletas que envelhecem mais rapidamente (as pessoas). ～を遅らす retardar o envelhecimento. ♦老化現象 fenômeno (m) do envelhecimento, sintoma (m) de senilidade.

ろうがん 老眼 〖医〗presbiopia (f), presbitismo (m), vista (f) cansada. ♦老眼鏡 óculos (mpl) para vista cansada.

ろうきゅうか 老朽化 envelhecimento (m), decrepitude (f). ～する envelhecer. ～した建物 prédio (m) decrépito [《口語》caindo aos pedaços].

ろうご 老後 velhice (f), senilidade (f), idade (f) avançada, terceira idade. ～の楽しみ prazeres (mpl) da terceira idade. ～に備える preparar-se para a velhice, prover-se do necessário à velhice. それは～の楽しみにとっておきます Isso eu vou deixar para ser desfrutado [《俗》curtido] na velhice.

ろうごく 牢獄 cadeia (f), prisão (f). ⇨牢.

ろうさい 労災 acidente (m) de trabalho. ～保険に加入しています Eu tenho seguro contra acidentes de trabalho. この場合は～保障が受けられます Neste caso tem-se direito a uma indenização por acidentes de trabalho.

ろうさく 労作 obra (f) bem trabalhada de longos anos, obra elaborada.

ろうし 労使 empregados (mpl) e patronato (m). ♦労使関係 relação (f) entre os empregados e o patronato.

ろうし 老視 〖医〗presbiopia (f). ⇨老眼.

ろうしゅつ 漏出 fuga (f), escape (m). ガスによる事故 acidente (m) de fuga de gás.

ろうじん 老人 idoso/sa, velho/lha, pessoa (f) de idade avançada. ♦老人ホーム asilo (m) de velhos.

ろうすい 漏水 derrame (m) [escape (m)] de água. どこかで～している Está escapando água de algum lugar. ～箇所の調査をする verificar de onde está escapando água.

ろうすい 老衰 decrepitude (f), velhice (f) extrema, caducidade (f). ～した decrépito/ta, caduco/ca. ～する ficar enfraquecido/da [debilitado/da] com a idade. ～で死ぬ morrer de velho [velhice].

ろうそく 蠟燭 vela (f). ～の芯(しん) pavio (m) da vela. ～を消す(つける) apagar (acender) a vela. ～をつけましょう Vamos acender vela. ♦ろうそく立て castiçal (m).

ろうたい 老体 corpo (m) de pessoa idosa, corpo envelhecido.

ろうでん 漏電 〖電〗fuga (f) elétrica, curto-circuito (m). そこから～している Aí está acontecendo [《口語》tendo] fuga elétrica.

ろうどう 労働 trabalho (m). ～する trabalhar. フランスは1週間の～時間数を39から35時間に減らす予定である A França vai reduzir a jornada de trabalho semanal, de trinta e nove horas para trinta e cinco horas. すると週何時間～になりますか Então, o trabalho vai ser de quantas horas semanais? 時間外～をする fazer horas-extras de trabalho.

♦労働運動 movimento (m) operário. 労働基準監督署 Posto (m) de Fiscalização das Normas Trabalhistas. 労働協約 acordo (m) de trabalho. 労働組合 sindicato (m) dos trabalhadores. 労働契約 contrato (m) de trabalho, vínculo (m) empregatício. 労働控訴裁判所 Tribunal (m) Regional do Trabalho. 労働災害 acidente (m) de trabalho, acidente ocupacional. 労働災害保険 seguro [de] acidentes de trabalho. 労働裁判所 Justiça (f) do Trabalho. 労働三法 as três leis sindicais principais【★労働基準法, leis (fpl) trabalhistas, lei das condições de trabalho, legislação (f) trabalhista. 労働組合法, lei (f) sindical. 労働関係調整法, lei de regulamentação do vínculo empregatício [das relações laborais]]. 労働時間 horas (f) de trabalho. (一日の)労働時間数 jornada (f) de trabalho. 労働市場 mercado (m) de trabalho. 労働者 trabalhador/ra, operário/ria. 労働条件 condições (fpl) de trabalho. 労働人口 população (f) ativa. 労働訴訟 ação (f) trabalhista. 労働弁護士 advogado/da trabalhista. 労働法 direito (m) do trabalho. 労働保険 seguro (m) de trabalho. 労働力 mão-de-obra (f). 労働力不足 falta (f) de mão-de-obra. 頭脳労働 trabalhador/ra intelectual. 単純労働 trabalho (m) não-qualificado. 肉体労働 trabalho braçal. 8時間労働 jornada de oito horas. 非正規労働者 trabalhador/ra temporário/ria. 日雇い労働者 diarista.

ろうどく 朗読 leitura (f) em voz alta, recitação (f), declamação (f). ～する ler em voz alta, recitar, declamar. 田村隆一の詩を～する declamar a poesia de Ryuichi Tamura. ♦ 朗読者 leitor/ra, recitador/ra, declamador/ra.

ろうにゃく 老若 ～男女を問わず sem distinção de idade ou sexo.

ろうにん 浪人 ❶ samurai (m) sem senhor [desempregado]. ❷ [受験の] estudante que não passou no vestibular e está em preparação para o próximo exame. ～する ficar se preparando para o vestibular (vestibulinho) seguinte por ter falhado em exame anterior. ♦ 高校浪人 estudante que falhou no vestibulinho anterior e se prepara para o seguinte.

ろうねん 老年 idade (f) avançada, terceira idade. ♦ 老年医学 [医] geriatria (f). 老年医学者 geriatra.

ろうば 老婆 velha (f), anciã (f).

ろうはいぶつ 老廃物 ❶ [役に立たなくなったもの] sucata (f), despejo (m). ❷ [体内の] resíduos (mpl) envelhecidos do organismo animal. 体から～を出す eliminar do organismo as substâncias nocivas.

ろうひ 浪費 desperdício (m). ～する desperdiçar. 金を～する desperdiçar dinheiro. それは時間の～でしかない Isso é apenas desperdício de tempo.

ろうほう 朗報 boa notícia (f).

ろうや 牢屋 prisão (f), cadeia (f). ⇨牢.

ろうりょく 労力 trabalho (m); mão-de-obra (f), força (f) de trabalho. ～が足りない Falta mão-de-obra. ～を惜しむ poupar esforço. 橋の建設のために多大の～が費やされた A construção da ponte exigiu muita mão-de-obra.

ろうれい 老齢 velhice (f). ～に達する atingir a velhice. 社会の～化 envelhecimento (m) da sociedade. ♦ 老齢人口 população (f) idosa. 老齢年金 pensão (f) de velhice.

ろうれん 老練 longa experiência (f) (na profissão). ～な (profissional) experimentado/da.

ローカル local. ♦ ローカル線 [鉄道] linha (f) local; [航空] linha secundária. ローカルニュース notícias (fpl) locais. ローカル版 edição (f) local. ローカル番組 programa (m) local.

ローギア primeira marcha (f), primeira (f).

ローション loção (f). ひげそりの～ loção pós-barba.

ロース lombo (m). 豚の～ lombo de porco.

ロースト [料] assado (m), carne (f) assada. ～する assar. ～ローストチキン frango (m) assado. ローストビーフ rosbife (m).

ローズマリー [植] alecrim (m), rosmaninho (m).

ロータリー praça (f) circular; rotatória (f).

ロータリークラブ Rotary Clube (m).

ローティーン adolescente de treze a quinze anos.

ローテーション rotação (f), turno (m). ～に入っている estar escalado/da (para o trabalho). ～を組む organizar os turnos (dos trabalhadores etc). ～を組んで por turno. 仕事の～ turno de trabalho.

ロードショー [映] cinema de estreias. 『七人の侍』は～で見た Assisti à estreia de "Os Sete Samurais"./Assisti a "Os Sete Samurais" num cinema de estreias.

ロードマップ ❶ [ドライバー用の道路地図] mapa (m) rodoviário. ❷ [発展への行程表] gráfico (m) de projeção de desenvolvimento. バリ～を作成する confeccionar o projeto de desenvolvimento de Bali (para a diminuição de gazes poluentes que produzem o efeito estufa etc).

ロードレース corrida (f) em estrada. 自転車の～ corrida de bicicleta.

ローヒール salto (m) baixo.

ロープ corda (f); [金属性の] cabo (m).

ロープウェー teleférico (m).

ローマ Roma (f). ～の romano/na, latino/na. ♦ ローマ字 alfabeto (m) latino; escrita (f) latina. ローマ字日本語辞典 dicionário (m) de japonês romanizado. ローマ数字 algarismo (m) romano. ローマ法 direito (m) romano.

ローム [地質] greda (f) (de areia e argila). ♦ ローム層 estrato (m) de greda. 関東ローム層 greda vulcânica da região leste do Japão.

ローヤルゼリー geleia (f) real.

ローラー [地ならし機] cilindro (m); [印刷の] rolo (m).

ローラースケート patim (m) de rodas. ～をする patinar.

ローラーベアリング rolamento (m) de rolos cilíndricos.

ロール rolo (m). ♦ ロールキャベツ carne (m)

moída enrolada em repolho,《俗》rolinho (*m*) de repolho. バターロール pãozinho (*m*) de manteiga semelhante à bisnaga.

ロールプレイングゲーム RPG (*m*) [エーペベージェー].

ローン ❶〔貸付〕empréstimo (*m*). ❷〔月賦〕prestação (*f*). 〜で家を買う comprar casa a prestação. 〜で家を買う prestação da casa; empréstimo habitacional.

ろか 濾過 filtração (*f*), filtragem (*f*). 〜する filtrar, coar. ♦濾過器 filtro (*m*), coador (*m*). 濾過紙 filtro (*m*).

ろく 六 seis (*m*). 第〜の, 〜番目の sexto/ta. 〜倍 seis vezes (*f*). 〜分の一 um sexto.

ログアウト 〘コンピ〙 logout (*m*) [ロギアウト]. 〜する fazer *logout*.

ログイン 〘コンピ〙 login (*m*) [ロギン]. 〜する fazer *login*.

ログオフ 〘コンピ〙 logoff (*m*) [ロギオフィ]. 〜する fazer *logoff*.

ろくおん 録音 gravação (*f*). 〜する gravar. ♦録音室 sala (*f*) de gravação, estúdio (*m*).

ログオン 〘コンピ〙 logon (*m*) [ロギオン]. 〜する fazer *logon*.

ろくが 録画 filmagem (*f*), gravação (*f*), registro (*m*) de imagens. 〜する filmar, gravar. ♦録画放送 transmissão (*f*) de ⌊filme gravado [gravação].

ろくがつ 六月 junho (*m*). 〜に(は) em junho.

ろくじゅう 六十 sessenta. 第〜の, 〜番目の sexagésimo/ma. 〜歳の人 sexagenário/ria.

ろくじゅうそう 六重奏 〚音〛 sexteto (*m*).

ろくしょう 緑青 pátina (*f*), azinhavre (*m*). その銅のペンダントには〜が出ていた O pingente de cobre estava com uma camada de azinhavre [pátina].

ろくでなし 碌でなし あの人は〜だ Ele/Ela é uma pessoa (*f*) ⌊sem caráter [que não vale nada].

ろくな 碌な 家にいると〜ことがない Não acontece nada ⌊que preste [que valha a pena] quando se está em casa. あの人は〜ことはしない Ele/Ela não faz nada ⌊de bom [que preste]. こんな給料では〜暮らしはできない Com um salário desses, não dá nem para levar uma vida decente.

ろくに 碌に 私は朝食を〜食べていない Eu não tomei o café da manhã direito. 〜考えもしないで Sem pensar [refletir] direito [bem]. 私は〜あいさつもしないで帰ってきてしまった Vim embora sem nem mesmo cumprimentar direito (as pessoas que estavam no local). 彼は〜休みも取らないで働いた Ele trabalhou sem nem mesmo descansar satisfatoriamente [direito].

ろくまく 肋膜 〚解〛 pleura (*f*). ♦肋膜炎〚医〛 pleurisia (*f*).

ろくめんたい 六面体 〚数〛 hexaedro (*m*).

ろくろ torniquete (*m*), roda (*f*) de oleiro, torno (*m*). 〜を回す fazer girar [rodar] o torniquete.

ロケ(ーション) 〚映〛 ❶〔撮影の場所〕locação (*f*), local (*m*) de filmagem. ♦ロケハン procura (*f*) de uma locação. ❷〔スタジオ外での撮影〕filmagem (*f*), rodagem (*f*) 《de um filme, fora do estúdio》. ♦海外ロケ filmagem no exterior.

ロケット foguete (*m*). 〜を打ち上げる lançar um foguete. ♦ロケット弾 míssil (*m*).

ロココ 〚芸術〛 rococó (*m*). 〜スタイルの de estilo rococó. 〜スタイルの建築 arquitetura (*f*) 《de estilo》 rococó.

ろこつ 露骨 〜な indiscreto/ta, explícito/ta demais, sem reserva; 〔下品な〕indecente, grosseiro/ra; 〔ショッキングな〕chocante, cru/crua. 〜な人 pessoa (*f*) sem reserva. 〜に人を拒絶する rejeitar as pessoas muito abertamente. 彼は〜に何でも言ってしまう Ele diz tudo abertamente.

ろし 濾紙 papel (*m*) para coar.

ろじ 路地 beco (*m*), ruela (*f*). 行き詰まりの〜 beco sem saída.

ろじ 露地 ❶ terra (*f*) a céu aberto. ♦露地栽培 cultivo (*m*) a céu aberto. ❷〔茶室の庭〕jardim (*m*) da choupana onde se realiza a cerimônia do chá.

ロシア Rússia (*f*). 〜の russo/ssa.

ロジウム 〚化〛 ródio (*m*).

ろしゅつ 露出 revelação (*f*), descobrimento (*m*); 〔写真〕exposição (*f*). 〜する revelar, descobrir. ♦露出計 fotômetro (*m*).

ろじょう 路上 〜の que está ⌊sobre a [na] rua. 〜に駐車する estacionar o carro na rua. この不景気で〜生活者が増えた Com esta recessão, aumentou o número dos sem-teto. ♦路上生活者 habitante de rua, sem-teto.

ロスタイム ❶ perda (*f*) de tempo, tempo (*m*) perdido. ❷〔スポーツ〕〔選手の負傷などで中断された時間を正規の時間に加算される時間〕acréscimo (*m*).

ろせん 路線 ❶ percurso (*m*), linha (*f*), rota (*f*), trajeto (*m*). ♦路線バス ônibus (*m*) de trajeto fixo. ❷〔方針〕orientação (*f*), diretrizes (*fpl*), linha (*f*) de conduta, política (*f*). ♦基本路線 diretrizes básicas. 改革〜を固める consolidar a política da reforma.

ろっか 六価 〚化〛 hexavalente (*m*). ♦六価クロム cromo (*m*) hexavalente.

ロッカー 〔駅などで〕cofre (*m*) 《para bagagem》, 〔学校で〕escaninho (*m*). ♦ロッカールーム vestiário (*m*).

ろっかくけい 六角形 〚数〛 hexágono (*m*).

ろっかん 肋間 〚解〛 intercostal (*m*). ♦肋間神経 nervo (*m*) intercostal. 肋間神経痛 neuralgia (*f*).

ロック ❶〔ロックミュージック〕roque (*m*), rock (*m*), *rock'n'roll* (*m*). ❷〔錠前〕trava (*f*),

ロッククライミング escalada (f) de rochedos. ～をする escalar rochedos.

ロックンロール rock'n'roll (m). ⇨ロック.

ろっこつ 肋骨 〖解〗costela (f). ♦肋骨胸膜〖解〗pleura (f) costal.

ろっぽう 六法 〖法〗Seis Direitos (mpl), leis (fpl) fundamentais. ♦六法全書 Compêndio (m) das Leis Fundamentais Japonesas, vade-mecum (m) forense.

ロデオ rodeio (m).

ろてん 露店 tenda (f), barraca (f), quiosque (m). ♦露店商 camelô (m).

ろてん 露点 〖理〗ponto (m) de orvalho [condensação do ar].

ろてんぶろ 露天風呂 banho (m) quente ao ar livre.

ろとう 路頭 ～に迷う ficar sem casa nem comida. …を～に迷わせる deixar … sem casa nem comida, reduzir … à condição de semteto.

ろば 驢馬 〖動〗burro/rra.

ロビー ❶〔家の〕hall (m) (de entrada), vestíbulo (m). ❷〔ホテルの〕saguão (m), vestíbulo, lobby (m), sala (f) de entrada [espera] (de um hotel). ❸〔議院の控え室〕sala (f) onde os deputados dão entrevistas às pessoas de fora. ♦ロビー活動 lobismo (m), prática (f) do lobby.

ロビイスト lobista.

ロフト ❶〔屋根裏部屋〕sótão (m), água-furtada (f). ❷〔ゴルフ〕elevado, inclinação (f) para trás na cabeça do taco.

ロボット robô (m). ～化する robotizar. 工場の～化を図る robotizar a fábrica. ♦ロボットアーム braço-robô (m). ロボット化 robotização (f). 掃除用ロボット robô faxineiro.

ロマネスク romanesco/ca. ♦ロマネスク建築 arquitetura (f) romanesca.

ロマン sonho (m). 男の～を求める ser um homem sonhador.

ロマンしゅぎ ロマン主義 romantismo (m). ～の romântico/ca. ♦ロマン主義者 romântico/ca.

ロマンス romance (m), aventura (f) amorosa; história (f) de amor. 人生に～を求める procurar aventuras amorosas na vida. ～小説の作家 escritor/ra de romances ∟de amor [românticos]. ♦ロマンスカー trem (m) de luxo; trem com assento de casal. ロマンスグレー〔初老の白髪〕cabelo (m) grisalho;〔人〕homem (m) grisalho popular entre mulheres jovens. ロマンス語〖言〗línguas (fpl) latinas. ロマンスシート assento (m) de casal.

ロマンチシズム romantismo (m).

ロマンチスト 〔作家, 芸術家〕romântico/ca;〔ロマンチックな人〕sonhador/ra, romântico/ca.

ロマンチック ～な romântico/ca. ～な音楽 música (f) romântica.

ロマンは ロマン派 escola (f) romântica, romanticismo (m).

ロム 〖コンピュ〗ROM 《Read-Only Memory》(f). ♦シーディーロム CD-ROM [セーデーロン].

ろめん 路面 superfície (f) de uma estrada [rua]. ～改修する fazer reparos na estrada. ～が凍っている A superfície da rua está congelada. ～凍結にご注意ください Cuidado com o congelamento da superfície da rua. ♦路面電車 bonde (m).

ろれつ 呂律 articulação (f) das palavras. ～が回らない estar incapacitado/da de articular palavras.

ろん 論 ❶〔議論〕debate (m), discussão (f). ♦抽象論 discussão abstrata. ❷〔評論〕crítica (f), comentário (m). ♦文学論 ensaio (m) sobre (tratado (m) de) literatura.

ろんがい 論外 〔問題外〕o que está fora de questão;〔議論無用〕o que não tem valor suficiente para se discutir seriamente;《比》absurdo (m). それは～だ Isso não vale a pena discutir./Isso é um absurdo./Sem comentários!

ろんぎ 論議 discussão (f), debate (m), controvérsia (f). A さんと B 問題について～する discutir com A sobre a questão B. 激しい～を引き起こす provocar uma discussão acirrada.

ロング longo/ga, comprido/da. お芝居の～ラン longa temporada de uma peça (teatral). あのミュージカルは～ランを続けている Aquele musical está por muito tempo em cartaz. ♦ロングショット〖映・写〗plano (m) geral (que inclui a imagem principal e o seu background). ロングスカート saia (f) longa. ロングパス〖スポーツ〗passe (m) longo. ロングヘア cabelo (m) comprido.

ろんじゅつ 論述 exposição (f), dissertação (f). …について～する expor [dissertar] sobre …. ♦論述テスト dissertação.

ろんしょう 論証 demonstração (f) com provas, argumentação (f) através de provas. ～する demonstrar ∟com [através de] provas, argumentar ∟através de [com] provas.

ろんじる 論じる ❶〔意見を出し合う〕discutir, argumentar. この件についてはいつかまた十分に論じましょう Vamos discutir de novo sobre isto um outro dia, até o fim. それは～に足りないことだ Isso nem vale a pena discutir./Sem comentários. ❷〔扱う〕tratar de. これは国際政治について論じている本だ Este é um livro que trata de política internacional.

ろんせつ 論説 comentário (m), artigo (m);〔社説〕editorial (m), artigo de fundo. ♦論説委員 editorialista, redator/ra-chefe.

ろんそう 論争 disputa (f), controvérsia (f);

〔筆戦〕contestação (*f*), polêmica (*f*); 〔意見の交換〕debate (*m*), discussão (*f*). …について〜する discutir [debater] sobre …. 〜の余地のない事実 um fato indiscutível. それは〜中である Isso está em discussão. ♦論争点 ponto (*m*) de discussão, assunto (*m*) em questão.

ろんてん 論点　ponto (*m*) de discussão, assunto (*m*) em litígio. 〜を明らかにする esclarecer [deixar claro] o ponto em questão.

ロンド　〔音〕rondó (*m*).

ろんぴょう 論評　comentário (*m*). 〜する comentar, criticar, fazer a crítica de.

ろんぶん 論文　〔試論〕ensaio (*m*), trabalho (*m*); 〔雑誌などの〕artigo (*m*); 〔博士論文など〕tese (*f*), dissertação (*f*); 〔研究論文〕estudo (*m*). 博士〜の審査 defesa (*f*) de tese de doutorado [doutoramento]. …に〜を提出する entregar um trabalho (artigo, estudo etc) a …. ♦卒業論文 dissertação de formatura.

ろんり 論理　lógica (*f*) 《o processo intelectual》. 〜的な lógico/ca. 〜的に logicamente. ♦論理学 lógica 《o estudo》. 論理力 capacidade (*f*) de raciocínio lógico.

わ

わ 和 ❶ 〖数〗soma (*f*), total (*m*). 4と8の〜は12 quatro e [mais] oito são [dá] doze. 3数の〜を求める buscar a soma de três números. ❷ 〔和平〕paz (*f*), conciliação (*f*). ❸ 〔協調〕amizade (*f*), harmonia (*f*), união (*f*), concórdia (*f*). 彼らは〜を欠く A eles falta harmonia./《口語》O que falta neles é harmonia. ❹ 〔日本のもの〕japonês/nesa. ♦ 和室 quarto (*m*) estilo japonês. 和文 texto (*m*) em japonês. 和葡(㊟)辞典 dicionário (*m*) japonês-português.

わ 輪 anel (*m*); 〔円形〕círculo (*m*); 〔ひもなどの〕laço (*m*); 〔車輪〕roda (*f*); 〔たが〕aro (*m*). 〜を作る formar um círculo. 〜になって座りましょう Vamos (nos) sentar formando um círculo.

-わ 羽 《numeral para contar aves e coelhos》. 2〜の鳥 dois pássaros (*mpl*).

-わ 把 maço (*m*), feixe (*m*), molho (*m*). 薪1〜 um feixe de lenhas. 小松菜2〜 dois molhos [maços] de couve chinesa.

ワーカホリック pessoa (*f*) viciada em trabalho, *workaholic* (*m*).

ワーク trabalho (*m*); pesquisa (*f*), obra (*f*). これは私のライフ〜です Esta é a obra da minha vida. ♦ ワークブック livro (*m*) de exercícios. ライフワーク trabalho feito ao longo da vida.

ワークシェアリング 〖経〗*job-sharing* (*m*), partilha (*f*) de trabalho (potencialização (*f*) do emprego pela redução da jornada de cada trabalhador; medida (*f*) empregatícia que consiste em diminuir as horas de trabalho de cada trabalhador para promover o aumento de empregos).

ワークショップ oficina (*f*), *workshop* (*m*).

ワークソング 〖音〗música (*f*) de trabalho. ブラジルの奴隷は働きながら〜を歌っていた Os escravos brasileiros cantavam enquanto trabalhavam.

ワード ❶〔単語〕palavra (*f*). ❷ 〖コンピュ〗*word* 《unidade (*f*) básica dos dados gerenciados》.

ワードプロセッサー ⇨ワープロ.

ワープロ processador (*m*) de textos.

ワールドカップ 〖スポーツ〗Copa (*f*) do Mundo.

わいきょく 歪曲 distorção (*f*), alteração (*f*). 事実を〜する distorcer um fato.

ワイシャツ camisa (*f*) social.

わいせつ 猥褻 indecência (*f*), obscenidade (*f*). 〜な obsceno/na, pornográfico/ca, indecente. ♦ 猥褻行為 ato (*m*) obsceno. 猥褻罪 ultraje (*m*) ao pudor, ofensa (*f*) ao pudor, indecência pública. 猥褻物 objeto (*m*) obsceno. 強制猥褻罪 atentado (*m*) violento ao pudor. 公然猥褻罪 ultraje público ao pudor.

ワイド ❶ 〖写〗lente (*f*) grande angular, grande (*f*) angular. ❷ 〖映〗*widescreen* (*m*), telão (*m*). 〜な largo/ga. ♦ ワイドショー longo e variado programa (*m*) de TV.

ワイドスクリーン tela (*f*) grande de cinema, *écran* (*m*).

ワイパー limpador (*m*) de para-brisa.

ワイヤー arame (*m*); fio (*m*) metálico.

ワイヤレス ❶ sem fio. ♦ ワイヤレス接続 conexão (*f*) sem fio. ワイヤレスマイク microfone (*m*) sem fio. ❷ 〔無線電話〕telefone (*m*) sem fio.

ワイルド 〜な〔野生の〕selvagem; 〔野蛮な〕bábaro/ra, rude; 〔乱暴な〕violento/ta. 〜な感じの女性 mulher (*f*) (selvagem) atraente. 〜な感じの髪型 cabelo (*m*) revolto.

ワイルびょう ワイル病 〖医〗doença (*f*) [mal (*m*)] de Weil (transmitida pelos ratos).

わいろ 賄賂 suborno (*m*). …に〜を払う〔贈る, 使う〕pagar suborno a …, subornar …. 〜を受け取る aceitar (o) suborno, receber suborno, ser subornado/da. 彼は〜を受け取ったことで逮捕された Ele foi preso por receber suborno.

わいわい 〜と ruidosamente, com grande algazarra. 酒を飲みながら〜騒ぐ fazer algazarra bebendo (bebida alcoólica).

ワイン vinho (*m*). ♦ ワイングラス taça (*f*) [cálice (*m*)] de vinho. ワイン一瓶 uma garrafa de vinho. 赤ワイン vinho tinto. 白ワイン vinho branco.

わおん 和音 〖音〗acorde (*m*).

わか 和歌 〖文学〗poema (*m*) japonês composto de trinta e uma sílabas.

わが 我が ❶〔私の〕meu/minha/meus/minhas. ❷〔私たちの〕nosso/nossa/nossos/nossas. 〜国 o nosso país (*m*). 〜町 a nossa cidade (*f*).

***わかい 若い** jovem [ジョーヴェン], moço/ça [モッソ/サ]; 〔未熟な〕imaturo/ra [イマトゥーロ/ラ]. 〜人たち os jovens. 私が若かったころ quando eu era jovem. 彼女は年の割には〜ですね Ela é jovem para a idade, não? あなたは赤い服を着たほうが若く見えますよ Você fica mais jovem quando põe roupa vermelha, *viu*? 彼女は私より五つ〜 Ela é cinco anos mais jovem (do) que eu. 彼は若くして結婚した Ele se casou jovem. 我々はいつまでも若くない Nossa juventude não é para sempre.

わかい 和解 acordo (m), reconciliação (f). (…と)～する fazer as pazes [reconciliar-se] (com …). 双方は～に達した Chegou-se a um acordo entre as partes. 彼女は両国の～に努めてきた人です Ela é uma pessoa que trabalhou pela reconciliação ⌊entre os [dos] dois países.

わかがえる 若返る rejuvenescer-se, voltar a ser jovem. 若返らせる rejuvenescer, deixar [tornar] mais jovem. おふろに入ると若返ったような気がする Sinto-me [《口語》Me sinto] rejuvenescido/da depois do banho de banheira.

わかげ 若気 inconsequências (fpl) da juventude. ～の至りで過ちを犯してしまった Acabei errando por inconsequências da juventude.

わかさ 若さ jovialidade (f). ～を保つ conservar a jovialidade. ～を失う perder a jovialidade.

わかさぎ 公魚 〖魚〗eperlano (m) de tanque [água doce].

わがし 和菓子 doce (m) japonês, em geral de feijão doce e arroz amassado.

わかじに 若死に morte (f) prematura. ～する morrer jovem, ter uma morte prematura.

わかしらが 若白髪 cabelos (mpl) precocemente embranquecidos.

わかす 沸かす ferver, esquentar; 《比》excitar, entusiasmar. ふろを～ esquentar a água da banheira, preparar o banho. お湯を沸かしましょうか [婉曲的命令] Vamos ferver água? / [自発的に申し出る場合] Quer que eu ferva água? お湯を沸かしてお茶を入れましょう Vamos ferver água e pôr [fazer] chá. サッカーはブラジル人の血を～ O futebol entusiasma os brasileiros.

わかぞう 若造 garoto (m), gaiato (m), moleque (m). ～のくせに生意気言うな Não seja petulante, que você não passa de um garoto.

わかちあう 分かち合う compartilhar, partilhar de. 苦楽を友人と～ compartilhar as tristezas e alegrias com o/a amigo/ga. 皆でその喜びを分かち合った Partilhamos todos dessa alegria.

わかて 若手 elemento (m) jovem. ♦若手議員 deputado/da jovem.

わかどり 若鶏 frango (m).

わかば 若葉 folhas (fpl) novas.

わかはげ 若禿 calvície (f) precoce. ～になる ficar calvo ⌊precocemente [《口語》antes do tempo].

わがまま 我が儘 [利己的な言動] egoísmo (m); [気まぐれ] capricho (m); [思うとおりにしか動かないこと] voluntariosidade (f); [子供の] desobediência (f). ～な voluntarioso/sa; egoísta; caprichoso/sa, enjoado/da; desobediente. それは君の～だ Isso é egoísmo seu. そんな～は社内では通らない Um capricho desses não será aceito dentro desta companhia.

わかめ 〔海草〕espécie (f) de alga marinha.

わかもの 若者 jovem; 〔集合的〕mocidade (f), juventude (f). 今の～たち os jovens ⌊atuais [de agora, de hoje].

わがものがお 我が物顔 ar (m) de quem é dono das coisas. ～にふるまう agir como se fosse o dono das coisas.

わがや 我が家 minha casa (f), meu lar (m).

わからずや 分からず屋 teimoso/sa, cabeçudo/da.

わかりにくい 分かりにくい difícil de entender.

わかりやすい 分かりやすい fácil de entender.

＊**わかる 分かる** ❶〔理解する〕compreender [コンプレエンデール], entender [エンテンデール] (+名詞, 代名詞, あるいは+que+動詞の活用形) 《+substantivo, pronome ou+que+verbo conjugado》. あなたは日本語がわかりますか Você entende [compreende] japonês? 私の言っていることがわかりますか Você está entendendo o que estou falando? 私にはあなたの言いたいことがわからないのですが… Eu não estou entendendo o que você quer dizer …. わかりましたか Deu para entender? /《俗》Deu para pegar? あなたがそのことをしたいということはわかりますけど… Eu compreendo que você queira fazer isso, mas …. 彼女はいつもユーモアが～の遅い Ela sempre demora para entender a piada. 自分の言いたいことを人にわからせる fazer-se entender. わかりました Sim, senhor/ra; Tudo bem./Entendi./Entendido. ❷〔…に精通している〕entender, ser versado/da em. 私はクラシック音楽がわからない Eu não entendo de música clássica. ❸〔見て取る〕ver [ヴェール], perceber (+que+直説法) 《+que+indicativo》. 彼がいい人だということがすぐにわかりました Eu logo vi [percebi] que ele é [era] uma boa pessoa. 私はもうすっかり(状況が)わかってしまった Já vi tudo. それでわかった Agora, entendi./Agora, estou vendo. ❹〔ものわかりが良い〕entender das coisas, ser compreensivo/va, ter bom senso. 社長はよくわかっている人ですから大丈夫です Não tem perigo, que o nosso presidente é uma pessoa ⌊entende das coisas [tem bom senso]. ❺〔知っている〕saber [サベール], conhecer [コニェセール] (+名詞, あるいは、+que/se+直説法) 《+substantivo ou+que/se+indicativo》. …ということがわかっている Sabe-se que …. 真相はなかなかわからない É difícil (de) saber a verdade. 彼が来るかどうかわかりますか Você sabe se ele vem ou não? どうしてよいのか私にはわかりません Eu não sei ⌊o que [como] fazer. 彼女は親が誰だかわからない子だ Ela é filha de pais desconhecidos. ❻〔★否定形で〕(na forma negativa) ⓐ〔不可解である〕ser surpreendente, não dar para entender. 彼が万引きするとはわからないものだ É surpreendente [Não consigo acreditar] que ele tenha roubado em lojas. ⓑ〔当惑する〕ficar perplexo/xa, ficar atrapalhado/da. そうすると何が何だかわからなくなってしまう Aí eu confundo tudo [fico atrapalhado/da]./Aí é que não dá para entender mais nada. ❼ reconhecer [ヘコニェセール]. 私はすぐ彼女だということがわかった Eu logo a reconheci. ¶〔地図などを見せながら〕そこからの川(の中)の川がわかりますか[見えますか] Dá para ver daí o rio deste mapa?

わかれ 別れ〔別離〕separação (f);〔出発〕despedida (f);〔離婚〕divórcio (m). …に〜を告げる despedir-se de …, dizer até logo a …. 〜の言葉 palavras (fpl) de despedida. 〜の杯を干す beber a taça da despedida. 彼らは〜を惜しんでいた Eles estavam com pena de se despedirem./Eles não estavam querendo se separar. これでお〜ですね Chegou a hora da despedida, não é?/Então, não vamos mais nos ver (por muito tempo), não é?

わかればなし 別れ話 〜をする falar em separação. 〜を持ちかける propor o divórcio [a separação].

わかれみち 別れ道 bifurcação (f). 〜にさしかかったら右に入ってください Se chegar a uma bifurcação, pegue a rua da direita [entre à direita].

わかれめ 分かれ目 ❶〔道の〕ponto (m) de bifurcação. 道の〜 ponto de bifurcação de um caminho. ❷〔転機〕ponto decisivo. そこが勝負の〜だった Aí é que estava o ponto decisivo entre ganhar e perder [a vitória e a derrota].

わかれる 分かれる ❶〔分岐〕bifurcar-se, ramificar-se, dividir-se. ここで鉄道は二つに〜 Aqui as linhas férreas se bifurcam. ❷〔区分〕dividir-se, divergir-se. 彼らの解釈はその点で〜 Nesse ponto, as opiniões se divergem. その件については意見が分かれているので… É que as opiniões estão divididas, quanto a esse caso …. 三つのグループに分かれましょう Vamos nos dividir em três grupos.

わかれる 別れる 〔あいさつをして〕despedir-se de …;〔…と離婚する〕divorciar-se de …, separar-se de …. 恋人と〜 romper o namoro. 結婚して一年で私は彼と別れた Eu me divorciei do meu marido após um ano de casamento. 彼らは別れた Eles se separaram [se divorciaram]. 夫と別れて住む viver separada do marido. ここでお別れしましょうか Vamos nos despedir aqui, então?

わかれわかれ 別れ別れ 〜になる dispersar-se, ir cada qual para o seu lado. 〜に暮らす viver separadamente.

わき 脇 ❶ lado (m). …の〜に ao lado de …. その建物でしたら郵便局の〜にあります Se for esse prédio, fica ao lado do correio. 〜を見ないで前を見てください Não olhe para os lados e sim para a frente./Olhe para a frente e não para os lados. 話を〜にそらす desviar de assunto, desviar a conversa. 〜から口を出す intrometer-se [meter o nariz, meter o bedelho] na conversa dos outros. ⇨側(含). ❷〔能楽〕ator (m) secundário (no teatro Nô).

わき 腋 axila (f), sovaco (m). ⇨腋の下.

わきあいあい 和気藹々 num ambiente de paz e harmonia.

わきあがる 沸き上がる ferver, entrar em ebulição. お湯が沸き上がったら quando a água entrar em ebulição. 歓声が沸き上がった Houve uma manifestação de grande alegria.

わきが 腋臭 odor (m) das axilas,『医』hircismo (m),《口語》cheiro (m) do sovaco.

わきげ 腋毛 pelo (m) das axilas.

わきでる 湧き出る jorrar, brotar.

わきのした 腋の下 axila (f), sovaco (m).

わきばら 脇腹 lado (m), flanco (m).

わきまえる 弁える discernir, distinguir. 時と場合を〜 saber discernir a hora e o lugar (das coisas). 彼はよくわきまえている人だ Ele é uma pessoa sensata [ponderada].

わきみ 脇見 olhadela (f) para o lado, distração (f). ◆脇見運転 distração no volante.

わきみず 湧き水 água (f) da fonte. …から〜が出る jorrar água de ….

わきみち 脇道 ruela (f), via (f) secundária, caminho (m) alternativo. 〜にそれる desviar-se, pegar uma rota alternativa.《比》人生の〜にそれる tomar um caminho alternativo na vida. 彼の話は〜にそれた Ele se desviou do tema [divagou, fez uma digressão].

わきめ 脇目 olhadela (f) para o lado. 〜も振らずに仕事をする concentrar-se no trabalho.

わきやく 脇役 ❶〔劇・映〕papel (m) secundário. ❷〔補佐〕função (f) secundária [de auxiliar]. 今回は私が〜を務めました Desta vez exerci uma função secundária.

わぎり 輪切り corte (m) em rodelas. ニンジンを〜にしてください Corte a cenoura em rodelas, por favor.

わく 沸く ❶〔沸騰する〕ferver. お湯が沸いています A água está fervendo. おふろが沸きました A água do banho já está quente. おふろを沸かしてください Esquente a água do banho, por favor. ❷〔感情が〕excitar-se, ficar excitado/da, entusiasmar-se,《口語》vibrar. 応援団は勝利に沸いた A torcida entusiasmou-se [vibrou] com a vitória.

わく 湧く ❶〔わき出る〕manar, brotar, jorrar. あそこに温泉がわいた Lá jorraram águas termais. いいアイディアがわいてきた Agora me veio uma boa ideia./Ocorreu-me uma boa ideia, agora. ❷〔発生する〕aparecer, nascer, surgir. ボウフラがわいた Nasceram larvas de mosquitos. ¶…に対して興味が〜 ficar interessado/da por …. それを飲むと食欲が〜 Essa bebida desperta [abre] o apetite./Eu fico com fome quando bebo isso. 食欲の〜前菜 tira-gosto (m) que desperta [abre] o apetite.

わく 枠〔フレーム〕quadro (m), moldura (f);〔範囲〕limite (m). 〜に入れる pôr num quadro, enquadrar. この予算の〜内でやってください Faça as coisas dentro dos limites deste orçamento. 窓の〜 esquadria (f) [caixilho (m)] de janela. 眼鏡の〜 aro (m) das lentes [armação (f)] dos óculos.

わくぐみ 枠組み ❶〔枠を組むこと〕armação (f), enquadramento (m). ❷〔範囲〕âmbito (m), alcance (m).

わくせい 惑星 planeta (m). ♦小惑星 asteroide (m), planetoide (m).

ワクチン〔医〕vacina (f). 〜接種する vacinar. 小児麻痺(ひ)の〜接種を受ける tomar uma vacina contra a pólio. 全ての〜をきちんと接種している estar em dia com todas as vacinas. ワクチン接種 vacinação (f). 死〔不活化〕ワクチン vacina de microorganismos mortos. 生ワクチン vacina de microorganismos vivos atenuados. 天然痘予防ワクチン vacina antivariólica.

わくわく 〜する ficar excitado/da, entusiasmar-se. 〜させる excitar, entusiasmar, deixar 〜 excitado/da [entusiasmado/da]. 私は胸が〜している Meu coração está pulando de emoção [excitação, contentamento, alegria].

わけ 訳 ❶〔理由〕motivo (m), razão (f). こういう〜で por esta razão. どういう〜で com que motivo? あなたがなぜそんなことをしたのか〜を言ってほしい Diga o motivo por que você fez isso./Explique o motivo de sua atitude. 〜あって私は離婚した Eu me divorciei por motivos sérios. それは店長が怒る〜だ (Se você fez isso) o/a gerente tem razão para se zangar!/Então, é por isso que o/a gerente se zangou! それで彼は辞任したーか É por isso [por esse motivo] que ele se demitiu? 〜もなく頭にくる perder a paciência sem motivo. 〜がない não ter motivos para, não ser possível. あの人がそのようなことをする〜がない Não é possível que ele faça uma coisa dessas./Ele não tem motivos para fazer uma coisa dessas. ❷〔意味〕sentido (m), conteúdo (m). 〜がわからない não fazer sentido, ser sem pé nem cabeça. 先生の言っていることの〜がわからない O que o/a professor/ra está falando não faz sentido. ❸〔道理〕bom senso (m). 相談の時は〜のわかった人にしたほうがよい Quando se for pedir um conselho, é melhor escolher uma pessoa sensata. ❹〔否定の強調〕〜ではない não ser que, não se poder dizer que. 彼らは友達だった〜ではない Não é que 《口語》Não vou dizer que eles eram amigos. ¶この規則を守らない〜にはいかない Não há como não se seguir esta regra./Deve-se seguir esta regra.《口語》私の言い方が悪いという〜 Quer me dizer que eu sou o/a culpado/da?

わけあう 分け合う partilhar, dividir, compartilhar. 子供たちは ケーキを分け合った As crianças partilharam o bolo. 喜びも悲しみも…と〜 partilhar as alegrias e as dores com …. ⇨ 分かち合う.

わけぎ 分葱【植】cebolinha (f) fina.

わけない 訳ない (ser) fácil [simples]. 〜仕事 serviço (m) fácil,《口語》café (m) pequeno, canja (f). 子供をだますのは〜 É fácil enganar uma criança. わけなく facilmente, sem dificuldades, com facilidade. それはわけなくできます Isso você faz sem dificuldade./Isso é fácil de fazer./É fácil fazer isso.

わけへだて 分け隔て discriminação (f), parcialidade (f). 〜なく人に接する tratar os outros por igual.

わけまえ 分け前 parte (f), porção (f), quinhão (m), quota (f).

わけめ 分け目 ❶〔境界線〕linha (f) divisória. ❷〔髪の〕risca (f). 〜をずらした髪型 cabelos (mpl) divididos por uma risca lateral. ❸〔ものごとの大事な分かれ目〕momento (m) decisivo. 天下〜の戦い batalha (f) decisiva.

***わける 分ける** ❶〔分割する〕dividir [ディヴィデール], partir [パルチール]. 髪の毛をまん中から〜 dividir os cabelos pelo meio. ❷〔分配する〕repartir … entre (com) …, entregar … entre …. その利益はみんなで分けよう Vamos repartir o lucro entre nós todos. ❸〔分類する〕separar [セパラール], classificar [クラッシフィカール]. この箱のミカンを品質によって分けてください Separe [Selecione, Classifique] as tangerinas desta caixa conforme a qualidade.

わゴム 輪ゴム elástico (m), tira (f) de borracha circular, gominha (f).

ワゴン ❶〔料理を運ぶ〕carrinho (m) (de serviço);〔手押し車〕carrinho 《para transportar bagagens ou compras》. ❷〔ワゴン車〕perua (f). ♦ステーションワゴン van (f), perua.

わざ 技 arte (f), destreza (f), feito (m).

わざ 業 ❶ feito (m), obra (f). 人間〜を超えた行為 obra sobre-humana. ❷〔仕事〕trabalho (m), tarefa (f). それは容易な〜ではない Isso não é tarefa fácil.

わさい 和裁 corte (m) e costura (f) de quimonos.

わざと de propósito, intencionalmente, deliberadamente. 彼女は〜そうしたのだ Ela fez isso de propósito. 〜らしい artificial, forçado/da, pouco natural. そんな〜らしいお世

話はいらないよ Não preciso de ajuda tão forçada, não.
わさび 山葵 rabanete-japonês (m) 《cujo tubérculo amassado é usado para temperar *sushi*》.
わざわい 災い desgraça (f). ⇨災難.
わざわざ especialmente. ～…する dar-se o [ao] trabalho de (＋不定詞) (＋infinitivo). ～…するに及ばない não valer a pena (＋不定詞) (＋infinitivo). その映画は～見に行くほどのものではない Não vale a pena ir ver esse filme. ～おいでくださいましてありがとうございます Muito obrigado/da por ter vindo (só por minha causa)./Muito obrigado/da por ter-se dado ao trabalho de vir (até aqui).
わし 和紙 papel (m) japonês.
わし 鷲 〔鳥〕águia (f).
わしき 和式 estilo (m) japonês. ♦和式トイレ toalete (m) (de) estilo japonês 《o de agachar-se》.
わしつ 和室 sala (f) de estilo japonês.
わしづかみ 鷲づかみ ～にする agarrar com as unhas. 犯人は金を～にして逃げた O/A criminoso/sa fugiu agarrando o dinheiro.
わじゅつ 話術 arte (f) de narrar, arte de discursar. 彼は～が巧みだ Ele sabe discursar./Ele discursa muito bem.
わしょく 和食 refeição (f) japonesa.
わずか 僅か ～な 〔小さい〕pequeno/na, mínimo/ma; 〔少量の〕pouco/ca; 〔たった〕só. 私は～千円しか持っていません Tenho só mil ienes. この仕事は～な日数でできます Este serviço, dá para ser feito em poucos dias.
わずらい 患い doença (f), enfermidade (f), mal (m). ♦長患い doença prolongada.
わずらい 煩い mania (f), paixão (f); preocupação (f), problemas (mpl). ♦恋煩い sofrimento (m) por amor.
わずらう 患う sofrer de, ter (doença). 彼は肺炎を患っている Ele sofre de [tem] pneumonia.
わずらう 煩う preocupar-se, incomodar-se. 将来のことを思い煩っても仕方ないことです Não adianta (nada) se preocupar com coisas futuras.
わずらわしい 煩わしい ❶〔めんどうな〕aborrecido/da, incômodo/da. 何もかも煩わしくなる achar tudo aborrecido [incomodativo]. 最近研究が煩わしく感じられる Ultimamente a pesquisa tem me aborrecido. ❷〔複雑な〕complicado/da, confuso/sa, truncado/da, intrincado/da. それには～手続きが必要だ Para isso é necessária uma burocracia complicada.
わすれっぽい 忘れっぽい (ser) esquecido/da. 私はとても～ Eu sou muito esquecido/da.
わすれなぐさ 忘れな草 〔植〕miosótis (m).
わすれもの 忘れ物 coisa (f) esquecida; objeto (m) perdido. ～をする esquecer alguma coisa em algum lugar. ～をしたので家に帰った Voltei para casa porque esqueci de trazer uma coisa. 駅で～をしてしまった Esqueci uma coisa na estação de trem.

*****わすれる** 忘れる esquecer [エスケセール], esquecer-se de. 忘れられない inesquecível, que não dá para esquecer. 忘れられる〔受け身〕ser esquecido/da, cair no esquecimento;〔可能性〕que dá para ser esquecido/da. 忘れずに sem falta. 電車の中に傘を～ esquecer o guarda-chuva no trem. 彼女の名前を忘れてしまった O nome dela me escapou./Esqueci o nome dela. このことは忘れよう Não pensemos mais nisto./Vamos esquecer isto. 忘れずに電話をしてください Telefone-me sem falta./Não deixe de me telefonar. スープに塩を入れるのを忘れてしまいました Esqueci (-me) de pôr sal na sopa. ご親切は一生忘れません Nunca me esquecerei da sua bondade.
わせい 和声 〔音〕harmonia (f), consonância (f).
わせいえいご 和製英語 neologismo (m) inventado por japoneses, baseando-se no inglês.
ワセリン vaselina (f).
わた 綿 algodão (m) (em rama). クッションに～を入れる acolchoar [forrar] a almofada com algodão (em rama).
わた 腸 barrigada (f) 《vísceras de animais》. 魚の～を取る tirar a barrigada do peixe.
わたあめ 綿飴 〖料〗algodão-doce (m).
わだい 話題 assunto (m), tópico (m), tema (m). ～になる[に上る] tornar-se o assunto das conversas, vir a ser tema de discussão. ～に困る não ter assunto [o que falar]. ～の豊富な人 pessoa (f) que tem muito [com abundância de] assunto. ～を変えましょう Vamos mudar de assunto. ～を提供する propor [sugerir] um assunto. 元の～に戻りましょう Vamos voltar ao nosso tema em questão [a questão em discussão]. 本日の～は…です O assunto em pauta hoje é …. くだらない～ assunto de desocupado. これが～の作品だ Esta é a obra tão falada. これが今～のコンピュータです Este é o tão falado computador.
わだかまり ressentimento (m), mágoa (f), indisposição (f); animosidade (f). 心に～がある estar ressentido/da. ～を捨てる esquecer as mágoas. そのことで私は～が消えた Com isso perdi o ressentimento./《口語》Lá se foi a minha mágoa graças a isso. 彼らの間に～がある Existe uma animosidade entre eles.
わたくし 私 ❶⇨私(わたし). ❷〔公の対〕particular, privado/da. ～〔的に〕privadamente, particularmente. ～する fazer uso particular de propriedade pública. ～と公 o público e o privado. ♦私事 assunto (m) particular [privado, pessoal].

わたげ 綿毛 penugem (f), lanugem (f), felpa (f).

＊わたし 私 eu [ɛʊ], a gente. ～たち nós, a gente. ～を (に) me, (para [a] mim). ～のもの o meu, a minha, os meus, as minhas. ～自身 eu mesmo/ma, eu próprio/pria. ～にとっては para mim. ～たちの nosso/nossa/nossos/nossas. ～たちを (に) nos (para [a] nós). ～たちのもの o nosso/a nossa/os nossos/as nossas. ～たち自身 nós mesmos/mas. ～たちにとっては para nós. 「小林さんでいらっしゃいますか」「はい、～です」É o senhor Kobayashi? — Sim, ₋sou eu mesmo [é ele mesmo]. ～が (それを) やりますよ Eu faço isso, sim./A gente faz (isso) .... それは彼女が～たちのことが好きだからですよ Isso acontece porque ela gosta da gente. 【★a gente の元の意味が「人々」であり, 3 人称であることから, we や nós の代わりをする場合, 謙遜を意味する】 ～としては ... na minha forma de entender ..., no meu entender ..., do meu ponto de vista ..., na minha opinião ....

わたしぶね 渡し舟 balsa (f).

わたす 渡す ❶ [手渡す] entregar, passar; [給料, チップなど] dar, pagar. 鈴木さんに手紙を渡してください Entregue uma carta para o senhor Suzuki. 給料を～で来てください Venha, que eu lhe vou lhe pagar o salário. ❷ [向こう側へ渡す] transportar, levar; estender, fazer alcançar, transpor para o outro lado. 川に橋を～ construir uma ponte sobre o rio. 子供たちを舟で川の向こう岸へ渡した Levamos as crianças de barco ₋à [para a] outra margem do rio.

わたりあるく 渡り歩く andar de um lado para o outro. あちこちの会社を渡り歩いてきた人 pessoa (f) que trabalhou em várias empresas.

わたりどり 渡り鳥 ❶ ave (f) ₋migratória [de arribação]. ❷《比》〔人〕andarilho/lha, vagabundo/da.

わたりろうか 渡り廊下 passadiço (m), corredor (m) de comunicação.

わたる 渡る atravessar, passar. 道を～ atravessar a rua. 橋を～ atravessar a ponte. 通りの向こう側へ渡ってください Passe para o outro lado da rua.

わたる 亘る [空間的に] estender-se [espalhar-se] por; [時間的に] estender-se, durar; [分野的に] cobrir, abranger. 彼の研究は広範囲にわたっている Os estudos dele cobrem [abrangem] muitas áreas. 7 年に～交渉 uma negociação que dura (durou) sete anos. そのドラマは 3 回にわたって放送された Essa novela foi transmitida em três vezes.

ワックス cera (f). ～を床に塗る passar cera no [encerar o] assoalho.

ワット 【理】watt (m). 40～の電球 lâmpada (f) de quarenta watts. このオーブンは何～ですか Quantos watts consome este forno? ♦ ワット時 watt-hora (m).

ワッフル 【料】espécie (f) de panqueca.

ワッペン emblema (m), distintivo (m).

わな 罠 armadilha (f), trapaça (f), cilada (f). 我々は～にはまったようだ Parece que caímos numa cilada.

わなげ 輪投げ jogo (m) da argola.

わに 鰐 【動】crocodilo (m), jacaré (m). ～革のハンドバッグ bolsa (f) de crocodilo.

わび 詫び desculpa (f), escusas (fpl), justificativa (f). ご迷惑をおかけしたことをお～いたします Peço desculpas por ter incomodado [atrapalhado] o/a senhor/ra./Desculpe o transtorno que eu lhe causei. お～のしようもありません Nem sei como me desculpar.

わび 侘び gosto (m) refinado do sóbrio e solitário.

わびしい 侘しい solitário/ria, melancólico/ca, desolador/ra.

わびる 詫びる pedir desculpas, desculpar-se.

わふう 和風 estilo (m) japonês. ～の de [em] estilo japonês. ♦ 和風レストラン restaurante (m) que serve comida japonesa.

わふく 和服 quimono (m). ～姿の女性 mulher de quimono.

わぶん 和文 texto (m) em japonês.

わへい 和平 paz (f). ♦ 和平交渉 negociação (f) ₋de [para a] paz.

わほう 話法 【文法】discurso (m). ♦ 間接話法 discurso indireto. 直接話法 discurso direto. 描出話法 discurso indireto livre.

わめく gritar, vociferar.

わやく 和訳 tradução (f) para o japonês. 英文を～する traduzir um texto em inglês para o japonês.

わようせっちゅう 和洋折衷 mistura (f) de estilo japonês com o ocidental. 今日の夕食は～でいきましょう Hoje vamos ter comida japonesa e ocidental no jantar.

わら 藁 palha (f). 椅子 (½) に～を詰める empalhar uma cadeira. ～を詰めた椅子 cadeira (f) empalhada.

わらい 笑い riso (m); [ほほ笑み] sorriso (m). ～をこらえる reter [conter] o riso. 彼らは～がとまらなかった Eles não paravam de rir. 大～ (苦～) をする dar ₋uma gargalhada [um sorriso amarelo]. ～を取る tirar gargalhada. ♦ 笑い顔 rosto (m) sorridente [risonho]. 笑い声 risos (mpl), risada (f). 大笑い gargalhada (f). 苦笑い sorriso amarelo.

わらいごと 笑い事 brincadeira (f), piada (f), coisa (f) para se rir. それは～ではすまされないよ Isso ₋não é brincadeira [é coisa séria], viu?

わらいとばす 笑い飛ばす rebater ... com uma risada, dar a volta por cima (da tristeza) com uma boa risada.

わらいばなし 笑い話 piada(f), anedota(f), história(f) engraçada. 〜をする contar uma piada.

わらいもの 笑い物 objeto(m) de escárnio [zombaria]. 〜になる fazer um papel ridículo, ser alvo de riso [chacota], ser ridicularizado/da. 人を〜にする ridicularizar o outro, rir do outro, fazer do outro objeto de riso.

***わらう 笑う** ❶ [声を出して] rir [ヒール], dar risada, gargalhar [ガルガリャール], dar gargalhada. 大声を出して〜 dar gargalhada, rir alto. 〜れる ser ridicularizado/da, ser alvo de riso. そんなことをすると笑われるよ Assim [Se fizer uma coisa dessas], vão rir de você, hein? 彼は笑われるのがこわい Ele tem receio de serem ridicularizados. ❷ [ほほえむ] sorrir [ソヒール]. その子は母親ににっこり笑った A criança sorriu à mãe.

わらじ 草鞋 sandálias(fpl) de palha de arroz. ¶ 二足の〜をはく ter uma dupla atividade, ocupar dois cargos.

わらばんし 藁半紙 papel(m) inferior para rascunho.

わらび 蕨 【植】espécie(f) de feto.

わらぶき 藁葺き ♦ 藁葺き屋根 telhado(m) de colmo.

わらわせる 笑わせる provocar o riso, fazer rir. 聴衆を〜 tirar uma gargalhada do público. ¶ 笑わせないでよ Que ridículo! Não me faça rir!

わり 割 ❶ [割合] taxa(f); [パーセント] porcentagem(f). 1〜5分 quinze por cento. ❷ [利益] lucro(m), vantagem(f). 〜の良い(悪い)仕事 trabalho(m) vantajoso (desvantajoso). ❸ [比較] …の〜に para. 仕事の〜には給料が安い O salário é baixo para a quantidade de serviço. このリンゴは安い〜においしい Esta maçã está gostosa pelo preço (que foi barato). ¶ 水〜の diluído/da em água. ウィスキーは水〜でお願いします Por favor, poderia me dar o uísque com água?

わりあい 割合 proporção(f), razão(f); taxa(f). 〜に relativamente, comparativamente. 1時間千円の〜で à razão de mil ienes por hora. 5対2の〜で à proporção de cinco para dois. 1割5分の〜で a [com] uma taxa de quinze por cento.

わりあて 割り当て cota(f), quota(f), repartição(f), distribuição(f), atribuição(f), quinhão(m). 予算の〜 distribuição da verba. これがあなたの仕事の〜です Esta é a parte do trabalho que cabe a você. ♦ 割り当て制 regime(m) de quotização.

わりあてる 割り当てる lotear, dar em quinhão, ratear, partilhar. 従業員に部屋を割り当てなければならない É preciso distribuir los quartos (寝室) [as salas (広間)] entre os funcionários. 費用を均等に割り当てましょう Vamos ratear as despesas. 仕事をみんなに割り当てて今日中に終わりにしよう Vamos dividir o trabalho entre todos e terminar hoje mesmo.

わりいん 割り印 carimbo(m) aposto metade em cada folha «de um contrato etc». 〜を押す carimbar sobre duas folhas, de modo que fique metade do carimbo aposta numa folha e a outra metade em outra folha.

わりかん 割り勘 partilha(f) das despesas «em restaurantes etc». 〜にする ratear [rachar] as despesas. 〜にしましょう Vamos rachar a conta./Vamos dividir [ratear] as despesas.

わりきれる 割り切れる ❶ 【数】ser divisível. 80は4で〜 oitenta é divisível por quatro. ❷ [事が] ser compreensível. 理屈では割り切れないこともある Há coisas que não dá para compreeender com a lógica.

わりこみ 割り込み ❶ interrupção(f), intromissão(f). ❷ [コンピュ] interrupção(f) de *hardware*. ♦ 割り込み要求 pedido(m) de interrupção, IRQ. 割り込みハンドラ tratador(m) de interrupção, *interrupt handler*(m). ❸ [走行中の車の脇を通って、その前に車を入れること] fechada(f) (no trânsito).

わりこむ 割り込む ❶ meter-se em, interromper. 列に〜 furar fila. 会話に〜 interromper a conversa. 他人の生活に〜 meter-se na vida dos outros. ❷ [車などが] fechar, cortar. 私が走っていた車線に割り込んできた車 o carro que me cortou. ❸ 【経】desvalorizar-se além de um certo limite. 日経株価は1万円台を割り込んだ A bolsa de valores do Japão registrou uma desvalorização que a deixou abaixo de dez mil ienes.

わりざん 割り算 【数】divisão(f), 《口語》conta(f) de dividir. ⇨除法.

わりだか 割高 〜な de preço relativamente elevado. それはばらで買うと〜だ Isso, se você compra avulso, sai comparativamente mais caro.

わりに 割りに relativamente, comparativamente. 映画は〜よかった O filme estava melhor do que se pensava.

わりばし 割り箸 pauzinhos(mpl) «de comer» descartáveis.

わりびき 割引 desconto(m), redução(f) no preço. 〜する descontar, fazer um desconto; […の値段を下げる] abaixar o preço de …. 〜料金で売る vender com desconto. 2割の〜をします Vou dar [fazer] um desconto de vinte por cento. 現金で買えば〜がありますか Se eu comprar à vista, vai ter desconto?

わりまし 割り増し acréscimo(m), adicional(m). 深夜労働には〜賃金を支払います Nós pagamos um salário adicional pelo trabalho noturno. タクシーの深夜料金は30%〜になります O preço do táxi no horário noturno leva um adicional de 30% [trinta por cento] (ao valor normal). ◆割り増し料金 preço (*m*) adicional, taxa (*f*) adicional, acréscimo (*m*).

わりやす 割安 de preço relativamente [comparativamente] barato. 箱で買うと～になります Se você comprar por caixa sai mais barato [em conta].

***わる 割る** ❶ 〔壊レル〕partir [パルチール]. コップを～partir [quebrar] o copo. 卵を～ partir um ovo. ❷ 〔分ける〕dividir [デヴィヂール] メロンを六つに～ dividir [cortar] o melão em seis pedaços. ❸ 〔割り算をする〕dividir. 20÷4は5である Vinte dividido por quatro são cinco. ❹ 〔酒などを薄める〕diluir [ヂルイール]. ウィスキーを水で～ pôr água no uísque. ❺ 〔以下になる〕ficar abaixo de. ドルが80円を割った O dólar ficou abaixo de oitenta ienes.

***わるい 悪い** ❶ mau/má [マウ/マー], malvado/da [マウヴァードダ], ruim [フイーン]. ～仲間 má companhia (*f*). 意地が～ ser maldoso/sa. 口が～ ser má-língua, ser fofoqueiro/ra. 頭が～ ser pouco inteligente, 《口語》ser ruim da cabeça. 器量が～ ser fraco/ca; 〔容姿〕ser feio/feia. 午後から天気が悪くなるそうです Dizem que vai fazer mau tempo na parte da tarde. ❷ 〔不利な〕desvantajoso/sa [デスヴァンタジョーゾ/ザ], ruim. 私の言うとおりにすれば～ようにはしないよ Se você fizer como eu digo vai ser bom para você, *viu*? ～ことは言わないから担任の先生に相談しなさい Aconselhe-se com o professor responsável pela sua classe porque ele não lhe dirá nada de ruim. ❸ 〔責任がある〕mau/má, errado/da [エハード/ダ], culpado/da [クウパード/ダ]. 私が悪かった Eu é que estava errado/da. あなたが～ A culpa é sua./O/A culpado/da é você. ～ことをしてしまった Eu agi mal./Desculpe o transtorno que lhe causei. ❹ 〔いたんでいる〕defeituoso/sa [デフェイトゥオーゾ/ザ], estragado/da [エストラガード/ダ]. 悪くなった牛乳 leite (*m*) coalhado [estragado]. 機械の調子が～のですが... Parece que a máquina não está funcionando muito bem .... ❺ 〔有害な〕prejudicial [プレジュヂスィーウ], nocivo/va [ノスィーヴォ/ヴァ]. たばこは体に～ O fumo faz mal [é prejudicial] à saúde. ❻ 〔からだが〕que está mal de saúde, doente [ドエンチ], de má saúde. 彼はまだ具合が～ようだ Parece que ele ainda não está bom. 顔色が～けど大丈夫ですか Você parece pálido/da, está tudo bem? 気分が～ estar indisposto/ta. ❼ 〔タイミングが〕inoportuno/na [イノポルトゥーノ/ナ]. ドアを開けたタイミングが悪くて二人がけんかしているところを見てしまった Eu abri a porta numa hora inoportuna e acabei vendo os dois brigando. ❽ 〔不運な〕azarado/da [アザラード/ダ]. 運が～ estar com azar. 縁起が～ ser de mau presságio [agouro]. ¶ ～けど今日は一緒に食事に行けないのです Sinto muito [Você me desculpe], mas hoje não posso (ir) comer com você. ～けどそれはちょっと違うと思うよ Você me desculpe, mas não é bem assim sim, hein? 悪く mal, erroneamente. 悪く思わないでね Não leve a mal. 悪く取る levar a mal. …に対して気分を悪くする ficar ressentido/da [aborrecido/da] com …. 人を悪く言う falar mal dos outros. 体を悪くする estragar a saúde.

わるがしこい 悪賢い astuto/ta, espertalhão/lhona, esperto/ta.

わるぎ 悪気 má intenção (*f*). ～でやったのではありません Não fiz por mal.

わるくち 悪口 maledicência (*f*), injúria (*f*); 〔陰口〕murmuração (*f*). 陰で人の～を言ってはいけない Não é bom falar mal dos outros pelas costas.

わるだくみ 悪巧み cilada (*f*). ～をする tramar uma cilada.

わるぢえ 悪知恵 malícia (*f*). 新人に～をつける ensinar o/a novato/ta a ser esperto/ta, ensinar ao/à novato/ta a malícia do ofício.

ワルツ valsa (*f*). ～を踊る dançar (uma) valsa, valsar.

わるのり 悪乗り ～をする passar dos limites. 彼は～して飲みすぎた Ele perdeu as estribeiras e bebeu demais.

わるふざけ 悪ふざけ brincadeira (*f*) de mau gosto. ～をする fazer brincadeira de mau gosto.

わるもの 悪者 má pessoa (*f*), mau sujeito (*m*). 人を～にする culpar os outros, pôr a culpa nos outros. ～とされる ser considerado/da o/a culpado/da. 今回は私が～になりましょう Desta vez, eu fico sendo o/a vilão/lã [o bode expiatório].

わるよい 悪酔い mal-estar (*m*) causado pela bebida alcoólica. ～する sentir-se mal por efeito da bebida.

われ 我 eu. ～を忘れる esquecer-se de si (mesmo/ma). 喜びのあまり～を忘れる transbordar de alegria, ficar fora de si. ～に返る voltar a si, recobrar os sentidos. ～ながらよくできた Desculpe a falta de modéstia, mas fiz bem./Modéstia à parte, eu consegui fazer bem. ～ながら恥ずかしいことをしたと思う Eu mesmo/ma me sinto envergonhado/da do que fiz./Envergonho-me 《口語》Me envergonho de minha própria conduta. 日本の企業は～も～もと東南アジアに進出した As empresas japonesas avançaram para a Ásia sudeste, numa grande corrida. ¶ ～思うゆえに～あり Penso, logo existo. ⇨私(ﾜﾀｸｼ).

われしらず 我知らず sem querer, involuntariamente, inconscientemente.

われめ 割れ目 rachadura (*f*), greta (*f*), fissura (*f*). アスファルトには地震による～がまだ残っている Ainda se encontram rachaduras causadas pelo [do] terremoto nos asfaltos

われもの 割れ物 coisa (f) quebrável. 〜注意〔小包などの注意書き〕Cuidado! Frágil (em pacotes etc) (das ruas, das estradas).

われる 割れる partir(-se), quebrar(-se); 【数】ser divisível. 割れやすい fácil de quebrar(-se), quebrável, frágil. 皿が二つに割れた O prato partiu em dois pedaços. 頭が割れるように痛い Estou com uma dor de cabeça terrível. 割れるような拍手が起こった Houve um aplauso estrondoso. 10は5で〜 Dez é divisível por cinco.

*われわれ 我々** nós [ノース]. ⇨私(%).

わん 椀 tigela (f). 汁1〜 uma tigela de sopa. 〜に…を盛る servir … numa tigela.

わん 湾 baía (f), golfo (m).

わんきょく 湾曲 curvatura (f), curva (f), arqueamento (m). 脊柱(¤ん)の〜 arqueamento da coluna vertebral. 川の一部 parte (f) curva do rio. 〜する curvar-se. 脊柱が〜している A coluna vertebral está deformada [arqueada]. 〜した脚 pernas (fpl) arqueadas.

ワンサイド 〜の unilateral, de um lado. ♦ワンサイドゲーム jogo (m) dominado por uma das partes.

わんしょう 腕章 braçadeira (f).

ワンステップ 〔舞踊〕um passo. 〜進む seguir para o próximo passo. 成功への〜を踏む〔比〕dar um passo para o sucesso. ♦ワンステップダンス dança (f) social de ritmo binário.

ワンダーフォーゲル excursão (f) em grupo pelas montanhas.

ワンダーランド país (m) das maravilhas, terra (f) dos contos de fada.

ワンタッチ ❶〔機器などの〕funcionamento (m) com somente um toque. これは〜で作動する Isto funciona com um toque só. ❷〔バレー〕um toque (da bola na mão).

ワンタン 【料】almôndega (f) de porco ou camarão cozida a vapor e imersa numa sopa.

わんぱく 腕白 〜な travesso/ssa. ♦腕白小僧 menino (m) travesso.

ワンパターン clichê (m); monotonia (f). 〜の monótono/na, estereotipado/da. 〜の言い回し frase (f) feita.

ワンピース vestido (m) 〈de uma peça só〉.

ワンマン ♦ ワンマン社長 patrão/troa autoritário/ria. ワンマンショー formato (m) de teatro ou programa feito por uma pessoa central. ワンマンバス ônibus (m) sem cobrador 〈o motorista que cobra〉.

わんりょく 腕力 força (f), violência (f). 〜で pela força. 〜に訴える apelar para a força.

ワンルームマンション apartamento (m) de um quarto só, com banheiro e *kitchenette*.

わんわん ❶〔犬〕《幼》cachorrinho (m) (palavra de uso infantil). ❷〔犬の鳴き声〕uauau (latido de cão). 〜ほえる latir, fazer uauau.

を

*-を** ❶〔★動作の目的, 対象などを表すとき, ポルトガル語の直接, 間接目的語に相当する語を導く〕《indica objeto direto ou indireto》私は彼女〜とても愛しています Eu a amo bastante./Eu gosto muito dela. お茶〜入れてください Ponha chá, por favor. ❷〔★移動を表す動詞とともに使われ, その場所や通過する場所を表すとき, 前置詞em, porに相当する場合がある〕《quando indica o lugar onde se passa a ação ou o lugar por onde se passa e é usado com verbos que indicam movimento, pode ou não corresponder à preposição em, por》道の真ん中〜歩かないでください Não ande no meio da rua, por favor. その橋〜渡ると図書館があります Ao atravessar a ponte (Vá por essa ponte, que) vai encontrar a biblioteca. ❸〔★移動する動作の起点などを表すとき, 前置詞deに相当する〕《quando indica o ponto onde começa um movimento, corresponde em geral à preposição de》私は毎朝6時に寮〜出て工場に来ています Eu saio do alojamento, todas as manhãs às seis horas, e venho à fábrica. バス〜降りたらすぐに市役所が見えます Descendo do ônibus, você vai ver a prefeitura na sua frente.

主な参考文献

Buarque de Holanda Ferreira, A. — *o Novo Dicionário Aurélio da Língua Portuguesa*. Editora Nova Fronteira. Rio de Janeiro. 2004.
Houaiss, A. — *Dicionário Houaiss da Língua Portuguesa*. Editora Objetiva. Rio de Janeiro. 2001.
Borba, F. da S. — *Dicionário UNESP do Português Contemporâneo*. Editora UNESP. Campus de Araraquara. 2005.
Wakisaka, K. — *Dicionário Prático Japonês-Português*. Aliança. São Paulo. 2000.
Borba, F. da S. — *Dicionário Gramatical de Verbos*. Editora UNESP. São Paulo. 1991.
Luft, C. P. — *Dicionário Prático de Regência Nominal*. Editora Ática. São Paulo. 1992.
Luft, C. P. — *Dicionário Prático de Regência Verbal*. Editora Ática. São Paulo. 1987.
Borba, F. da S. — *Dicionário de Usos do Português do Brasil*. Editora Ática. São Paulo. 2002.
Houaiss, A., e Cardim, I. — *Dicionário Inglês-Português*. Editora Record. Rio de Janeiro. 2000.
Bechara, E. — *Moderna Gramática Portuguesa: 38.ª edição Revista e Ampliada*. Editora Lucerna. Rio de Janeiro. 2007.
Cunha, C., e Cintra, L. F. L. — *Nova Gramática do Português Contemporâneo; 4ª edição Revista e Ampliada*. Lexikon. Rio de Janeiro. 2007.
Fiorin, J. L. — *As Astúcias da Enunciação, as Categorias de Pessoa, Espaço e Tempo*. Editora Ática. São Paulo. 1996.
Luft, C. P. — *Moderna Gramática Brasileira*. Editora Globo. Rio de Janeiro. 1987.
Mateus, M. H. M. *et al.* — *Gramática da Língua Portuguesa 5.ª Edição, Revista e Aumentada*. Editorial Caminho. Lisboa. 2003.
Tufano, D. — *Guia Prático da Nova Ortografia: Saiba o Que Mudou na Ortografia Brasileira*. Editora Melhoramentos. São Paulo. 2008. Retrieved in July 12, 2010, from, http://www.livrariamelhoramentos.com.br/Guia_Reforma_Ortografica_Melhoramentos.pdf

コエーリョ・ジャイメ, 飛田良文『現代日葡辞典』小学館 1998.
池上岑夫他『現代ポルトガル語辞典』白水社 2005.
『デイリー日葡英 葡日英辞典』三省堂 2003.
日向ノエミア『ローマ字和ポ辞典』柏書房 1992.
宮城 昇他『和西辞典』白水社 1979.
三木 治他『新和仏中辞典』白水社 1968.
恒川邦夫他『プチ・ロワイヤル和仏辞典』旺文社 2003.
重信常喜他『コンサイス和仏辞典 第3版』三省堂 2003.
増田 綱『新和英大辞典』研究社 1984.
『コンサイス和英辞典 第11版』三省堂 2001.
小西友七『グランドセンチュリー和英辞典 第2版』三省堂 2005.
松村 明『大辞林 第三版』三省堂 2006.
林 四郎他『例解新国語辞典 第七版』三省堂 2006.
金田一京助他『新選国語辞典』小学館 2002.
久松潜一他『講談社国語辞典 新版』講談社 1982.
林 巨樹・松井栄一『現代国語例解辞典』小学館 2006.
『コンサイスカタカナ語辞典 第3版』三省堂 2005
田中好夫『カタカナ新語辞典』学研 1986.
森山卓郎『ここからはじまる日本語文法』ひつじ書房 2000.
深沢 暁『初級ブラジル・ポルトガル語』東洋書店 1994.
大野隆雄『現代ポルトガル語の基礎文法』上智大学ポルトガル・ブラジルセンター 1982.
森 征一・二宮正人『ポ日法律用語集』有斐閣 2000.
中萩エルザ『暮らしの医学用語辞典』IPC 2003.
水野 一『ブラジル語商業通信文』たまいらぼ 1976.

ポルトガル語の発音

1. アルファベット

A [a] アー　　　　J ['ʒota] ジョッタ　　　S ['ɛsi] エッスィ
B [be] ベー　　　 K [ka] カー　　　　　　T [te] テー
C [se] セー　　　 L ['ɛli] エーリ　　　　　U [u] ウー
D [de] デー　　　 M ['emi] エーミ　　　　 V [ve] ヴェー
E [e] エー　　　　N ['eni] エーニ　　　　　W [ve do'bradu] ヴェ・ドブラード
F ['ɛfi] エッフィ　 O [ɔ] オー　　　　　　　X [ʃis] シース
G [ʒe] ジェー　　 P [pe] ペー　　　　　　 Y [i'gregu] イ・グレーゴ
H [a'ga] アガー　 Q [ke] ケー　　　　　　 Z [ze] ゼー
I [i] イー　　　　 R ['ɛřì] エーヒ

2. ポルトガル語の読み方

次のポルトガル語特有の綴り以外は,日本語をローマ字表記した場合とほとんど変わらない:
ca co cu: カ・コ・ク; **ça ço çu**: サ・ソ・ス; **ga go gu**: ガ・ゴ・グ
qua quo: クァ・クォ; **que qui**: ケ・キまたは,クェ・クイ
gua guo: グァ・グォ; **gue gui**: ゲ・ギまたは,グェ・グイ
ja je(**ge**) ji(**gi**) jo ju: ジャ・ジェ・ジ・ジョ・ジュ
cha che chi cho chu: シャ・シェ・シ・ショ・シュ
lha lhe lhi lho lhu: リャ・リェ・リ・リョ・リュ
nha nhe nhi nho nhu: ニャ・ニェ・ニ・ニョ・ニュ

3. ポルトガル語独特の綴り字記号

1. acento agudo　　　　　 [´] : 強勢の位置,及び開口音を表す: café, relógio.
2. acento circunflexo　　　[^] : 強勢の位置,及び閉口音を表す: você, pôs.
3. til　　　　　　　　　　　 [˜] : 強勢の位置は関係なく,鼻音を表す: mãe, põe, órgão.
4. acento grave　　　　　　[`] : 前置詞a+定冠詞(指示詞)を表す: às casas, àquilo.
5. trema　　　　　　　　　 [¨] : u が発音されることを表すが,新正書法ではポルトガル語の単語には使われない. ただし, 外来語には使われている.
6. cedilha　　　　　　　　 [ç] : [s] の音を表す: aeromoça, dançar.

4. 幾つかの発音の実用的なアドバイス

母音:
1) 開口母音と閉口母音
　日本語の母音は,だいたい閉口音であるため,ポルトガル語の閉口母音の発音はあまり問題にならないが,開口母音の場合は唇を丸くつぼめずに,日本語の [ア] を発音するときとほぼ同じくらい口蓋垂(のどひこ)と舌の後部の間を開けて発音する:
　　e/ɛ: você/café
　　o/ɔ: avô/avó.
2) u: 英語の発音を忘れて,日本語の [ウ] を念頭に発音する: universidade の語頭の u は [ユ] ではなく [ウ] であり, ônibus の bus は [バス] ではなく [ブス] である.
3) 強勢の入らない語末の e, o は i, u と発音される: parte [チ], cidade [ヂ], barco [ク].
　注: 強勢の入らない e は語末でない限り,ほとんどの場合 [e] と発音され,英語のように [i] にならない: pretende [プレ], dezembro [デ].
4) 二重母音: ɛi/ei: hotéis/seis
　　　　　　ɛu/eu: céu/seu.
　　　　　　ɔi/oi: herói/noite.
　　　　　　au: o にしない: restaurante [タウ].
5) 鼻母音: 鼻から空気を通しながら発音する. a は,その上に ˜ が付くか,後に m, n, nh がくると,鼻母音かつ閉口音である: irmã, manhã, tanto, vamos.

6) 二重鼻母音: [ãi]: [アンイ] を鼻から出すようにする: mãe [マンイ].
   [ẽi]: [エンイ] を強勢のある語末の em は，二重鼻母音であり，鼻から空気を出しながら，[エンイ] と発音する: ninguém [ゲンイ].
   [õi]: [オンイ] põe [ポンイ].
   [ũi]: [ウンイ] muito [ムンイ].
   [ãu]: [アォン] は [オ] に留まらずに「子音+a」で出来ている直前の音節に強勢を当てながら発音する: não (= 英語の No の場合)[ナォン], pão [パォン], falarão [ラォン].

注1: 上記のカタカナ表記の [ン] は，その前の母音を鼻へ送り込む手段として使い，日本語の [ン] のように1音節にしないようにする.
注2: 強勢の入らない語末 em, -am は，二重鼻母音ではない. また, -m は [ム] ではなく短めの [ン] に近い音であり，その前の母音が訛ることもある: bebem [ベービン], pedem [ペーデン], amam [アームン].
注3: não falo の não (= 英語の not の場合) の発音は [ヌン] であるが，強勢はそのすぐ後に来る動詞に入れ, não に留まらないようにする: não falo [ヌンファーロ].

子音:
1) b/v ([b]/[v]): b は，日本語の「バビブベボ」の発音と変わらないが, v は，上の前歯を下の唇の外側ではなく，内側に軽く触れさせて発音する (歯は見せない). そうしないと, v の直後に b がくる場合など, b がワンテンポ遅れてぎこちなくなる:
   Vou bem [ヴォウベンイ]; babá [ババー]/vovó [ヴォヴォー].
2) c/ch (s/ʃ): c は [シ] にならないように, ch は [チ] にならないように注意する:
   cidade [スィ]/chinês [シ].
3) g, j/d(ʒ/dʒ): aɾi je(ge), ji(gi), jo, ju は [ジャ][ジェ][ジ][ジョ][ジュ] であり，[ヂャ][ヂェ][ヂ][ヂョ][ヂュ] ではない. 舌と硬口蓋 (上あごの前の堅い部分) をあまり密着させずに，軽く触れさせながら発音する. この音は, [シャ][シェ][シ][ショ][シュ] を少しずつ濁らせていくと出せるようになる. ただし, d の後に e, i が来て [dʒi] になった場合は [ヂ] と発音する:
   jacaré [ジャ], jogo [ジョ]; gente [ジェン]/cidade [ヂ]; girafa [ジ]/dieta [ヂ].
4) f/h ([f]/[ ]): f は日本語のハ行と違い, v の発音の場合と同じ (歯と唇の) 位置で発音される. ただし, v が有声音であるのに対して f は無声音である. h は，本来のポルトガル語の単語の場合は発音されないが，外来語の場合，ハ行の発音に近い下記の ř の音で発音する人も見かけるようになってきた:
   fada, figo, furo; haver [ア], hotel [オ], humano [ウ].
   注: 有声子音とは，母音同様，声帯を振動させて発音する b, d, g, j, l, m, n, r, v, z のことであり，無声子音とは声帯を振動させないで発音する c, f, ch, p, q, s, t のことである.
5) l/-l ([l]/[ʟ]): 音節末でない l, 音節末の「l+母音」: la, le, li, lo, lu は，日本語のラ行の場合より上あごの歯茎に触れる舌の面積を少し広くして，はじかないで滑らかに離しながら発音する. また，音節末の l は [ル] より [ウ] と発音した方がネイティヴらしい音になる:
   lado [ラ]/talvez [タゥ]; lixo [リ]/fácil [スィゥ].
6) l/lh ([ʎ]/[ʎ]): 「lh+母音」は，日本語の [リャ, リュ, リョ] に近い音であるが，これは, la, le, li, lo, lu の場合より「上あごの歯茎に触れる舌の面積」をさらに広くして発音する:
   fala [ラ]/palha [リャ]; bolo [ロ]/molho [リョ].
7) l/r ([l]/[r]): l の発音は上記の「l+母音」の発音であり，母音にはさまれた単一の r の発音は日本語のラ行の発音同様である:
   marmelada/parada; calo/caro.
   注: r と l が他の子音の後に置かれ，二重子音を成している場合は [プラ][プリ][グラ] などと2音節にせず, 1音節になるように [プ][プ][ク][グ] などを短めに切り上げて [ラ][レ][リ] などに移る: planta/pranto; público/obrigado; cliente/criança.
8) r/rr ([ɾ]/[ř]): 母音間の r の発音が日本語のラ行の発音と同じであるのに対して，語頭の r, あるいはダブル r (rr), あるいは, n, s, l の後の r も巻き舌の r, もしくは口蓋垂 (のどひこ) を震わせる r である. 巻き舌の r より，口蓋垂を震わせる r の方が一般的になってきているので，後者を選ぶ. この音は，日本語のハ行に近いが，口蓋垂に空気を通すとき，ハ行の場合より舌の後部を高めにし，軟口蓋 (上あごの柔らかい部分) との間を狭め，軽い摩擦が起きるようにすると出てくる:
   caro [ロ]/carro [ホ]; carinho [リ]/carrinho [ヒ]; hora [ラ]/honra [ハ]; para [ラ]/ **Is**rael [ハ]; moro [ロ]/melro [ホ].
9) s/z ([s]/[z]): 本来的には, s は [s] の音, z は [z] の音であるが，母音間の s は [z] の音になり，語末の z は [s] の音になる. しかし, z が語末にきても，次の語が母音や有声子音で始まれば，その z は [z] の発音となる. また, s は，語頭の場合と，母音間でも二重になっている場合は, [s] の音を保つ:

semana [セ]/zero [ゼ]; pressa [サ]/casa [ザ]; posso [ソ]/uso [ゾ].
fez [ス]/fez as compras [ザス]; arroz [ス]/arroz e feijão [ズィ].

注1：母音[有声子音]+s+母音[有声子音]=z：os alunos [オザルーノス]; desde [デーズヂ], os japoneses [オズ ジャポネーズィス]; transbordar [トランズボルダール]; obséquio [オビゼーキオ], subsistência [スビズィステンスィア],
  例外：observar [オビセルヴァール], observação [オビセルヴァサォン], ensacar [エンサカール], ensino [エンスィーノ], subsídio [スビスィーヂオ].
注2：s の前か後のいずれかに無声子音が入ったら，その s は [s] の発音である：
  psicologia, bastante, instantâneo, obscuro, substituir, asfalto, transformar.
注3：zi も，母音の後の si も [ジ] ではなく [ズィ] になるように心がける：vizinho, cafezinho, brasileiro.
10) 音節末の r と s：これらは [ル], [ス] などと1音節を設けて発音するのではなく，直前の母音を少し引き伸ばしながら，短めに切り上げる：
  passaporte [パサポールチ], mas [マース], japonês [ジャポネース].
11) ti あるいは強勢のない語末の te は普通 [ティ][テ] ではなく [チ] と訛る：
  tinta, mentira, rapidamente, estudante.
12) x には4通りの発音がある：1) [ʃ] caixa, peixe, xícara; 2) [z] exame, executivo, êxito, êxodo, exótico; 3) [s] exportação, texto, explicar, próximo, fênix; 4) [ks] táxi, sexo, fixo, anexo.

5. 強勢の位置の簡略ルール

1) a(s), a(m), e(m), e(ns), o(s) で終わる語は，最後から2番目の音節に強勢が置かれる(以下，強勢の位置を下線で示す)：
  mesa, mesas, ama, amam, come, comem, viagem, viagens, bolo, bolos.
2) i(s), i(m), i(ns), u(s), u(m), u(ns), om(ons) あるいは単(二重)母音 ã, ã(s), ão(s), õe(s), ãe(s) または, l, r, x, z で終わる語は最後の音節に強勢が置かれる：
  ali, ruim, quindins, urubu, nenhum, alguns, marrom, garçons; maçã, botões, mamãe, alemães; farol, cantar, telex, talvez.
3) 上記の二つのルールから外れる語(最後から3番目の音節に強勢がくる語も含む)は，強勢が入る音節に綴り字記号が付けられる：
  café, sofá, também, parabéns, avô; júri, tênis, bônus, álbum, sótão, órgão;
  fácil, pólen, açúcar, tórax, xérox; mármore, cândida, glória, férias, história.
注1：a, e, o は強母音であり，i, u は弱母音であるが，「弱母音+強母音」で成り立っている母音グループ (ia, ie, io/ua, ue, uo)が語末にくると2つの可能性がある．強勢がまさにその母音グループにくる場合と，その直前の音節にくる場合とがある．後者の場合は上記のルールの通りにアクセント記号を付けることになっている：pátio, Mário, espádua, vários, tênue
  アクセント記号が示されていないときは，その母音グループの最初の母音が属する音節に強勢が置かれる：navio, Maria, charrua, sorrio, atenue.
注2：同綴り字の語と区別するため，ルールからいえばアクセント記号を付ける必要のないものにも付ける場合がある．例：pôde(poder 動詞の過去形)/pode(poder 動詞の現在形).

ポルトガル語文法概要

1. 冠詞 (Artigos)

冠詞はそれに伴う名詞の性数と一致する:

	定冠詞 (**Definido**)		不定冠詞 (**Indefinido**)	
	単数 (singular)	複数 (plural)	単数 (singular)	複数 (plural)
男性 (masculino)	o	os	um	uns
女性 (feminino)	a	as	uma	umas

2. 名詞 (Substantivos)

Ⅰ) 名詞の性 (Gênero dos Substantivos)
  1) 男性名詞の語尾の傾向: - o, -i, -u (の大部分): livro, buriti, urubu.
  　　　　　　　　　　　　子音 (の大部分): professor, mês, barril.
  　　　　　　　　　　　　鼻母音 (の大部分): casarão, dedão.
  2) 女性名詞の語尾の傾向: -a, -ã, -e, -ção (の大部分): casa, maçã, lente, adoração (例外あり).
  　　　　　　　　　　　　-gem, -dade, -ice の全部: garagem, cidade, criancice.
  　　　　　　　　　　　　例外: dia, mapa と -ma の語尾をもつもの (cinema, clima, programa など) はおおむね男性名詞である.

Ⅱ) 名詞の数 (Número dos Substantivos)
名詞の複数形の作り方は次のようである:
  1) 母音で終わるものには s を付ける:
    o passaporte - o**s** passaporte**s**; a alemã - a**s** alemã**s**; a mala - a**s** mala**s**
  2) m で終わるものは m を落として ns を付ける:
    o homem – o**s** home**ns**; o atum - o**s** atu**ns**; a viagem - a**s** viage**ns**
  3) r, s, z で終わるものには es を付ける:
    a mulher - a**s** mulher**es**; o japonês - o**s** japones**es**; o senhor - o**s** senhor**es**;
    o rapaz - o**s** rapaz**es**; o mês - o**s** mes**es**
    注: s で終わるものは, その直前の母音に強勢がある場合にのみ上記のルールに従い, その他の場合には単複同形である:
    o lápis - os lápis; o ônibus - os ônibus; o pires - os pires
  4) al, el, ol, ul で終わるものは, l は is に変える:
    o jornal - o**s** jorna**is**; o hospital - o**s** hospita**is**; o hotel - o**s** hoté**is**; o lençol - o**s** lenço**is**
  5) il で終わるものには, その il の強勢の有無によって, 2通りある:
    a) 強勢の il: l を s に変える: o barril - o**s** barri**s**; o funil - o**s** funis
    b) 無強勢の il: il を eis に変える: o fóssil - o**s** fóss**eis**; o réptil - o**s** répt**eis**
  6) ão で終わるものは, 次の3通りに分けられる:
    a) ão を ões に変える: a canção - a**s** canç**ões**; o coração - o**s** coraç**ões**;
      a estação - a**s** estaç**ões**;
    b) ão を ães に変える: o alemão - o**s** alem**ães**; o cão - o**s** c**ães**; o pão - o**s** p**ães**
    c) ão に s を付ける: a mão - a**s** mão**s**; o cristão - o**s** cristão**s**; o irmão - o**s** irmão**s**

Ⅲ) 名詞の増大辞と縮小辞 (Sufixos Aumentativos e Diminutivos)
  1) 増大辞の主なもの: - ão, -ona, -zarrão, -rão, -gão.
    salário (給料)/salari**ão** (高い給料); mulher (女)/mulher**ona** (大女);
    homem (男)/homem**zarrão** (大男); casa (家)/cas**arão** (大きな家);
    rapaz (青年)/rapa**gão** (背の高い青年).
  2) 縮小辞の主なもの: - inho/inha, -zinho/zinha, -ito/ita.
    casa/cas**inha** (小さな家); mulher/mulher**zinha** (小柄な女).
    注: 形容詞, 副詞にも増大辞, 縮小辞を付けて強調を表すことがある:
    bonito (ハンサム)/bonit**ão** (非常にハンサム);
    bonita (美人)/bonit**ona** (絶世の美女);

cedo (早く)/cedinho (非常に早く);
perto (近くに)/pertinho (非常に近くに).

3. 形容詞 (Adjetivos)

Ⅰ) 語尾変化: 形容詞は, 冠詞同様に関係する名詞の性数に合わせて語尾変化をする. 語尾が
-o である形容詞は男女性形, 単複数形の4通りの変化を持つが, -e, -z, -l の語尾を持つ
形容詞はおおむね男女同形であり, 数変化のみをする.

単 数 形		複 数 形	
男性形	女性形	男性形	女性形
simpático	simpática	simpáticos	simpáticas
grande		grandes	

(例: o patrão bondoso, a patroa bondosa, os patrões bondosos, as patroas bondosas.)

Ⅱ) 所有形容詞 (Adjetivos Possessivos):
所有形容詞は, 「所有されているもの」を指す名詞の性数に合わせて変化する. 所有者の数によって変化することがあっても, その性によって変化することはない.

		所有されるもの				日本語訳
		男性単数	女性単数	男性複数	女性複数	
所有者	eu (私)	meu	minha	meus	minhas	私の
	você (あなた)	seu	sua	seus	suas	あなたの
	o senhor (〃)					
	a senhora (〃)					
	ele (彼)					彼の
	ela (彼女)					彼女の
	nós (我々)	nosso	nossa	nossos	nossas	我々の
	vocês (あなた方)	seu	sua	seus	suas	あなた方の
	os senhores (〃)					
	as senhoras (〃)					
	eles (彼ら)					彼らの
	elas (彼女ら)					彼女らの

注1:所有形容詞はおおむね名詞の前に置かれる: o meu passaporte.
注2:所有代名詞は所有形容詞と同形であるが, 所有代名詞には必ず定冠詞が伴うのに対して, 所有形容詞の場合は定冠詞の有無は自由である: seu passaporte e o meu (所有代名詞).
注3:所有詞 seu, sua, seus, suas は上記で見られるように, いろいろな意味を持つため, 文意をあいまいにすることがある. 従って, 所有者が第三者のときには「前置詞 de (= 英語の of) + 人称代名詞3人称」を用いることがある:
o passaporte dele (彼のパスポート); o passaporte dela (彼女のパスポート)
o passaporte deles (彼らのパスポート); o passaporte delas (彼女らのパスポート)

Ⅲ) 指示形容詞 (Adjetivos Demonstrativos):
ポルトガル語の指示形容詞はおおむね日本語の指示詞と意味的には対応しているが, 関係する名詞の性数に合わせて変化する:

指示形容詞				
男性単数形	女性単数形	男性複数形	女性複数形	日本語訳
este	esta	estes	estas	この
esse	essa	esses	essas	その
aquele	aquela	aqueles	aquelas	あの

注1:指示代名詞は指示形容詞と同形である.
注2:次の中性指示詞は代名詞としてのみ用いられ,無変化語である:isto(=これ), isso(=それ), aquilo(=あれ).

Ⅳ) 疑問形容詞 (Adjetivos Interrogativos):
　Que …? ＝何の…?
　Quanto, quanta, quantos, quantas …? ＝どれくらいの…?
　Qual, quais …? ＝どの…?
　例:Que comida é essa? ＝その料理は何ですか.
　　　Quanto tempo vai ficar no Japão? ＝どのくらい日本に滞在するのですか.
　　　Qual máquina está enguiçada? ＝どの機械が故障しているのですか.

Ⅴ) 不定形容詞 (Adjetivos Indefinidos):
変化語:

単　数		複　数		
男性形	女性形	男性形	女性形	日本語訳
algum	alguma	alguns	algumas	ある, いくらかの
nenhum	nenhuma	——	——	何も…ない
muito	muita	muitos	muitas	多くの
pouco	pouca	poucos	poucas	少しの
certo	certa	certos	certas	ある
outro	outra	outros	outras	他の
todo	toda	todos	todas	すべての
tanto	tanta	tantos	tantas	それほど多くの
——	——	vários	várias	いろいろの
——	——	ambos	ambas	2つの
qualquer		quaisquer		どんな…でも

無変化語:
　cada＝おのおの, 毎…; mais＝より多くの; demais＝その他の; menos＝より少ない
　注1:不定代名詞 (Pronomes Indefinidos) は不定形容詞とおおむね同形である.
　注2:次のものは代名詞でしかない:alguém(誰か), ninguém(誰も…ない), tudo(すべてのもの), nada(何も…ない), algo(何か), etc..

Ⅵ) 形容詞の比較級と最上級 (Graus dos adjetivos):
規則形:

比較級	1. 優等	mais＋原形＋(do) que …	…より多く…
	2. 劣等	menos＋原形＋(do) que …	…より少なく…
	3. 同等	tão＋原型＋quanto/como …	…と同じくらい…
相対最上級	4. 優等	定冠詞＋mais＋原形＋de …	…の中で最も…
	5. 劣等	定冠詞＋menos＋原形＋de …	…の中で最も…でない
絶対最上級	6. 複合形	muito＋原形	とても…
	7. 単純形	原形＋íssimo	とても…

例：1. Lia é **mais** alegre **do que** Marta. = リアはマルタより明るい.
2. João é **menos** bonito **do que** Luís. = ジョアォンはルイスほどハンサムでない.
3. Eu sou **tão** compreensivo **quanto** ele. = 私は彼と同じくらい分かりがいい.
4. Taro é **o mais** trabalhador **de** todos. = 太郎はみんなの中で一番働き者だ.
5. Noriko é **a menos** simpática **de** todas. = 紀子はみんなの中で一番愛嬌がない.
6. O meu chefe é **muito** delicado. = 私の上役はとても親切だ.
7. O chefe dele é delicad**íssimo**. = 彼の上役はとても親切だ.

不規則形：

		比較級		最上級	
形容詞の原形	日本語訳	単数	複数	男女単数	男女複数
bom	よい	melhor	melhores	o/a melhor	os/as melhores
mau/ruim	悪い	pior	piores	o/a pior	os/as piores
grande	大きい	maior	maiores	o/a maior	os/as maiores
pequeno	小さい	menor	menores	o/a menor	os/as menores
muito	多くの	mais		o/a mais	
pouco	少ない	menos		o/a menos	

Ⅶ) 数詞 (Numerais)：
  1. 基数 (Numerais Cardinais)

0—zero	16—dezesseis	102—cento e dois/duas
1—um/uma	17—dezessete	200—duzentos/tas
2—dois/duas	18—dezoito	300—trezentos/tas
3—três	19—dezenove	400—quatrocentos/tas
4—quatro	20—vinte	500—quinhentos/tas
5—cinco	21—vinte e um/uma	600—seiscentos/tas
6—seis	22—vinte e dois/duas	700—setecentos/tas
7—sete	30—trinta	800—oitocentos/tas
8—oito	40—quarenta	900—novecentos/tas
9—nove	50—cinquenta	1.000—mil
10—dez	60—sessenta	2.000—dois/duas mil
11—onze	70—setenta	10.000—dez mil
12—doze	80—oitenta	100.000—cem mil
13—treze	90—noventa	1.000.000—um milhão (男性名詞)
14—quatorze	100—cem	2.000.000—dois milhões (〃)
15—quinze	101—cento e um/uma	1.000.000.000—um bilhão (〃)

  注1：女性形を持つ数詞は1と2, そして200から900までである.
  注2：関係する名詞が女性名詞ならば, 女性形を持つ数詞はすべて女性形になる：
    1.322.931 peças = um milhão, trezent**as** e vinte e **duas** mil, novecent**as** e trinta e **uma** peças.

  2. 序数 (Numerais ordinais)：

第1 primeiro	第4 quarto	第7 sétimo	第10 décimo
第2 segundo	第5 quinto	第8 oitavo	第11 décimo-primeiro
第3 terceiro	第6 sexto	第9 nono	第12 décimo-segundo

  注：序数はすべて規則的に性数変化をする：
    primeiro, primeira, primeiros, primeiras.

4. 代名詞（Pronomes）

Ⅰ）人称代名詞（Pronomes Pessoais）：

主 格	直接目的語	間接目的語	再帰代名詞	com 以外の前置詞の目的語	再帰，前置詞の目的語
eu	me（私を）	me（私に）	me（私自身を）	mim	mim
você o senhor a senhora	o, a（あなたを） o a	lhe（あなたに）	se（あなた自身を）	você o senhor a senhora	si
ele ela	o（彼を） a（彼女を） （それを）	（彼に） （彼女に） （それに）	（彼自身を） （彼女自身を） （それ自体を）	ele ela	
nós	nos（我々を）	nos（我々に）	nos（我々自身を）	nos	nós
vocês os senhores as senhoras	os, as（あなた方を） os as	lhes （あなた方に）	se （あなた方自身を）	vocês os senhores as senhoras	si
eles elas	os（彼らを） as（彼女らを）	（彼らに） （彼女らに） （それらに）	（彼ら自身を） （彼女ら自身を） （それら自体）	eles elas	

注：前置詞 com（= 英語の with）と目的格人称代名詞の結合は，次のような形になる：com + me > comigo; com + se > consigo; com + nos > conosco.

Ⅱ）関係代名詞（Pronomes Relativos）：
1. que ：主格，目的格
   先行詞：人，物
   例：O lanche **que** está na mesa foi feito agora. （que=está の主語）
     ＝テーブルの上に置いてある弁当は出来たてです．
     A cerveja **que** eu comprei está na geladeira. （que=comprei の目的語）
     ＝私が買ったビールは冷蔵庫の中です．
2. quem ：主格，目的格
   先行詞：人（前置詞を伴わない場合，先行詞を内包する）
   例：O chefe de **quem** eu falei é aquele senhor.
     ＝私がお話した監督はあの人です．
     Quem trabalha faz fortuna.
     ＝働くものは財産を築きあげる．
3. o que, a que, os que, as que ：主格，目的格
   先行詞：人，物（関係する名詞の性数に一致）
   例：Aquelas moças são **as que** vieram trabalhar aqui.
     ＝あの娘たちはここに働きに来た人たちです．
     Eu gostei do **que** você falou.
     ＝私はあなたが言ったことが気に入った．
4. o que ：主格，目的格
   先行詞：前文
   例：Ele é muito pontual, **o que** agrada os japoneses.
     ＝彼は非常に時間が正確であり，そのことは日本人たちを喜ばせている．
注1：関係代名詞の中にはまだ o qual, a qual, os quais, as quais があるが，これはおおむね que と同じ機能を持っており，会話ではあまり使われない．
注2：所有を表す関係代名詞 cujo, cuja, cujos, cujas は意味的には英語の whose に相当するが，あとにくる名詞の性数に一致する．
   O funcionário, cuja filha faleceu, é brasileiro.
   ＝娘を亡くした従業員はブラジル人です．

Ⅲ) 疑問代名詞(Pronomes Interrogativos):
O que você falou? = あなたは何を言ったのですか.
Quem falou isso? = 誰がそんなことを言ったのですか.
Qual vai ser o meu quarto? = どれが私の部屋になるのですか.
Quanto é? = いくらですか.

5. 結合 (Contrações)

前置詞	de	em	a	por
定冠詞: o, a, os, as	**d**o, **d**a, **d**os, **d**as	**n**o, **n**a, **n**os, **n**as	ao, à, aos, às	**pel**o, **pel**a, **pel**os, **pel**as
不定冠詞: um, uma, uns, umas	**d**um, **d**uma, **d**uns, **d**umas	**n**um, **n**uma, **n**uns, **n**umas		
指示詞: este, esta, estes, estas	**d**este, **d**esta, **d**estes, **d**estas	**n**este, **n**esta, **n**estes, **n**estas		
esse, essa, esses, essas	**d**esse, **d**essa, **d**esses, **d**essas	**n**esse, **n**essa, **n**esses, **n**essas		
aquele(s), aquela(s)	**d**aquele(s), **d**aquela(s)	**n**aquele(s), **n**aquela(s)	àquele(s), àquela(s)	
isto, isso, aquilo	**d**isto, **d**isso, **d**aquilo	**n**isto, **n**isso, **n**aquilo	àquilo	
人称代名詞: ele, ela, eles, elas	**d**ele, **d**ela, **d**eles, **d**elas	**n**ele, **n**ela, **n**eles, **n**elas		
副詞: aqui, aí, ali	**d**aqui, **d**aí, **d**ali			

注:前置詞と不定冠詞の結合形は義務的ではない (de um, em um などの形も可).

6. 動詞 (Verbos)

Ⅰ) 助動詞の活用:

人称	SER (=ある, である)	ESTAR (=ある, いる)	TER (=持つ, ある)	HAVER (=ある)
	直説法			
	現在			
Eu	sou	estou	tenho	hei
Você	é	está	tem	há
Ele(Ela)	é	está	tem	há
Nós	somos	estamos	temos	havemos
Vocês	são	estão	têm	hão
Eles(Elas)	são	estão	têm	hão
	未完了過去			
Eu	era	estava	tinha	havia
Você	era	estava	tinha	havia
Ele(Ela)	era	estava	tinha	havia
Nós	éramos	estávamos	tínhamos	havíamos
Vocês	eram	estavam	tinham	haviam
Eles(Elas)	eram	estavam	tinham	haviam
	完了過去			
Eu	fui	estive	tive	houve
Você	foi	esteve	teve	houve
Ele(Ela)	foi	esteve	teve	houve
Nós	fomos	estivemos	tivemos	houvemos
Vocês	foram	estiveram	tiveram	houveram
Eles(Elas)	foram	estiveram	tiveram	houveram
	未来			
Eu	serei	estarei	terei	haverei
Você	será	estará	terá	haverá
Ele(Ela)	será	estará	terá	haverá
Nós	seremos	estaremos	teremos	haveremos
Vocês	serão	estarão	terão	haverão
Eles(Elas)	serão	estarão	terão	haverão
	過去未来			
Eu	seria	estaria	teria	haveria
Você	seria	estaria	teria	haveria
Ele(Ela)	seria	estaria	teria	haveria
Nós	seríamos	estaríamos	teríamos	haveríamos
Vocês	seriam	estariam	teriam	haveriam
Eles(Elas)	seriam	estariam	teriam	haveriam
	命令法			
(você)	seja	esteja	tenha	haja
(nós)	sejamos	estejamos	tenhamos	hajamos
(vocês)	sejam	estejam	tenham	hajam

人称	SER	ESTAR	TER	HAVER
	\multicolumn{4}{c}{接続法}			
	\multicolumn{4}{c}{現在}			
Eu	seja	esteja	tenha	haja
Você	seja	esteja	tenha	haja
Ele(Ela)	seja	esteja	tenha	haja
Nós	sejamos	estejamos	tenhamos	hajamos
Vocês	sejam	estejam	tenham	hajam
Eles(Elas)	sejam	estejam	tenham	hajam
	\multicolumn{4}{c}{未完了過去}			
Eu	fosse	estivesse	tivesse	houvesse
Você	fosse	estivesse	tivesse	houvesse
Ele(Ela)	fosse	estivesse	tivesse	houvesse
Nós	fôssemos	estivéssemos	tivéssemos	houvéssemos
Vocês	fossem	estivessem	tivessem	houvessem
Eles(Elas)	fossem	estivessem	tivessem	houvessem
	\multicolumn{4}{c}{未来}			
Eu	for	estiver	tiver	houver
Você	for	estiver	tiver	houver
Ele(Ela)	for	estiver	tiver	houver
Nós	formos	estivermos	tivermos	houvermos
Vocês	forem	estiverem	tiverem	houverem
Eles(Elas)	forem	estiverem	tiverem	houverem
	不定法			
	人称不定詞単純形			
(Eu)	ser	estar	ter	haver
(Você)	ser	estar	ter	haver
(Ele, Ela)	ser	estar	ter	haver
(Nós)	sermos	estarmos	termos	havermos
(Vocês)	serem	estarem	terem	haverem
(Eles, Elas)	serem	estarem	terem	haverem
	非人称不定詞単純形			
	ser	estar	ter	haver
	分詞			
現 在	sendo	estando	tendo	havendo
過 去	sido	estado	tido	havido

II) 規則動詞の活用:
 1 - 第1群(原形の語尾は - ar である): falar (=話す, 言う)

直説法		接続法	
現在	完了過去	現在	複合完了過去
(eu) fal*o*	fal*ei*	fal*e*	tenha fal*ado*
(você) fal*a*	fal*ou*	fal*e*	tenha 〃
(ele) fal*a*	fal*ou*	fal*e*	tenha 〃
(nós) fal*amos*	fal*amos*	fal*emos*	tenhamos 〃
(vocês) fal*am*	fal*aram*	fal*em*	tenham 〃
(eles) fal*am*	fal*aram*	fal*em*	tenham 〃
未完了過去	複合大過去	未完了過去	複合大過去
fal*ava*	tinha fal*ado*	fal*asse*	tivesse fal*ado*
fal*ava*	tinha 〃	fal*asse*	tivesse 〃
fal*ava*	tinha 〃	fal*asse*	tivesse 〃
fal*ávamos*	tínhamos 〃	fal*ássemos*	tivéssemos 〃
fal*avam*	tinham 〃	fal*assem*	tivessem 〃
fal*avam*	tinham 〃	fal*assem*	tivessem 〃
未来	複合未来	未来	複合未来
fal*arei*	terei fal*ado*	fal*ar*	tiver fal*ado*
fal*ará*	terá 〃	fal*ar*	tiver 〃
fal*ará*	terá 〃	fal*ar*	tiver 〃
fal*aremos*	teremos 〃	fal*armos*	tivermos 〃
fal*arão*	terão 〃	fal*arem*	tiverem 〃
fal*arão*	terão 〃	fal*arem*	tiverem 〃
過去未来	複合過去未来	人称不定詞単純形	人称不定詞完了形
fal*aria*	teria fal*ado*	fal*ar* (eu)	ter (eu) fal*ado*
fal*aria*	teria 〃	fal*ar* (você)	ter (você) 〃
fal*aria*	teria 〃	fal*ar* (ele)	ter (ele) 〃
fal*aríamos*	teríamos 〃	fal*armos* (nós)	termos (nós) 〃
fal*ariam*	teriam 〃	fal*arem* (vocês)	terem (vocês) 〃
fal*ariam*	teriam 〃	fal*arem* (eles)	terem (eles) 〃
複合完了過去	命令法	非人称不定詞単純形	非人称不定詞完了形
tenho fal*ado*		fal*ar*	ter fal*ado*
tem 〃	fal*e* (você)		
tem 〃		現在分詞	複合現在分詞
temos 〃	fal*emos* (nós)	fal*ando*	tendo fal*ado*
têm 〃	fal*em* (vocês)		
têm 〃		過去分詞: fal*ado*	

 注:下線は強勢(アクセント)の位置を意味し,イタリック体は規則動詞における語尾変化を意味する.

2 – 第 2 群（原形の語尾は - er である）: com*er*（= 食べる）

直説法		接続法	
現在	完了過去	現在	複合完了過去
(eu) c*o*mo	com*i*	c*o*ma	tenha com*i*do
(você) c*o*me	com*eu*	c*o*ma	tenha 〃
(ele) c*o*me	com*eu*	c*o*ma	tenha 〃
(nós) com*e*mos	com*e*mos	com*a*mos	tenhamos 〃
(vocês) c*o*mem	com*e*ram	c*o*mam	tenham 〃
(eles) c*o*mem	com*e*ram	c*o*mam	tenham 〃
未完了過去	複合大過去	未完了過去	複合大過去
com*ia*	tinha com*i*do	com*e*sse	tivesse com*i*do
com*ia*	tinha 〃	com*e*sse	tivesse 〃
com*ia*	tinha 〃	com*e*sse	tivesse 〃
com*í*amos	tínhamos 〃	com*ê*ssemos	tivéssemos 〃
com*ia*m	tinham 〃	com*e*ssem	tivessem 〃
com*ia*m	tinham 〃	com*e*ssem	tivessem 〃
未来	複合未来	未来	複合未来
comer*ei*	terei com*i*do	com*er*	tiver com*i*do
comer*á*	terá 〃	com*er*	tiver 〃
comer*á*	terá 〃	com*er*	tiver 〃
comer*e*mos	teremos 〃	com*er*mos	tivermos 〃
comer*ão*	terão 〃	com*er*em	tiverem 〃
comer*ão*	terão 〃	com*er*em	tiverem 〃
過去未来	複合過去未来	人称不定詞単純形	人称不定詞完了形
comer*ia*	teria com*i*do	com*er*(eu)	ter(eu) com*i*do
comer*ia*	teria 〃	com*er*(você)	ter(você) 〃
comer*ia*	teria 〃	com*er*(ele)	ter(ele) 〃
comer*í*amos	teríamos 〃	com*er*mos(nós)	termos(nós) 〃
comer*ia*m	teriam 〃	com*er*em(vocês)	terem(vocês) 〃
comer*ia*m	teriam 〃	com*er*em(eles)	terem(eles) 〃
複合完了過去	命令法	非人称不定詞単純形	非人称不定詞完了形
tenho com*i*do		com*er*	ter com*i*do
tem 〃	c*o*ma(você)	現在分詞	複合現在分詞
tem 〃			
temos 〃	com*a*mos(nós)	com*e*ndo	tendo com*i*do
têm 〃	c*o*mam(vocês)		
têm 〃		過去分詞: com*i*do	

3 - 第3群(原形の語尾は- ir である): partir (= 出発する)

直説法		接続法	
現在	完了過去	現在	複合完了過去
(eu) p*a*rt*o*	part*i*	p*a*rt*a*	tenha partido
(você) p*a*rt*e*	part*iu*	p*a*rt*a*	tenha 〃
(ele) p*a*rt*e*	part*iu*	p*a*rt*a*	tenha 〃
(nós) pat*i*mos	part*i*mos	part*a*mos	tenhamos 〃
(vocês) p*a*rt*em*	part*i*ram	p*a*rt*am*	tenham 〃
(eles) p*a*rt*em*	part*i*ram	p*a*rt*am*	tenham 〃
未完了過去	複合大過去	未完了過去	複合大過去
part*i*a	tinha partido	part*i*sse	tivesse partido
part*i*a	tinha 〃	part*i*sse	tivesse 〃
part*i*a	tinha 〃	part*i*sse	tivesse 〃
part*í*amos	tínhamos 〃	part*í*ssemos	tivéssemos 〃
part*i*am	tinham 〃	part*i*ssem	tivessem 〃
part*i*am	timham 〃	part*i*ssem	tivessem 〃
未来	複合未来	未来	複合未来
partir*ei*	terei partido	part*i*r	tiver partido
partir*á*	terá 〃	part*i*r	tiver 〃
partir*á*	terá 〃	part*i*r	tiver 〃
patrit*e*mos	teremos 〃	part*i*rmos	tivermos 〃
partir*ão*	terão 〃	part*i*rem	tiverem 〃
partir*ão*	terão 〃	part*i*rem	tiverem 〃
過去未来	複合過去未来	人称不定詞単純形	人称不定詞完了形
partir*i*a	teria partido	part*i*r (eu)	ter (eu) partido
partir*i*a	teria 〃	part*i*r (você)	ter (você) 〃
partir*i*a	teria 〃	part*i*r (ele)	ter (ele) 〃
partir*í*amos	teríamos 〃	part*i*rmos (nós)	termos (nós) 〃
partir*i*am	teriam 〃	part*i*rem (vocês)	terem (vocês) 〃
partir*i*am	teriam 〃	part*i*rem (eles)	terem (eles) 〃
複合完了過去	命令法	非人称不定詞単純形	非人称不定詞完了形
tenho partido		partir	ter partido
tem 〃	p*a*rta (você)		
tem 〃		現在分詞	複合現在分詞
temos 〃	part*a*mos (nós)	part*i*ndo	tendo part*i*do
têm 〃	part*a*m (vocês)		
têm 〃		過去分詞: partido	

III) 不規則動詞の活用:

不定詞 過去分詞（**不規則** **の場合**）		現在	未完了過去	完了過去	未来
1. caber	(eu) (você) (ele) (nós) (vocês) (eles)	caibo		coube coube coube coubemos couberam couberam	
2. cair	(eu) (você) (ele) (nós) (vocês) (eles)	caio cai cai	caía caía caía caíam	caí caímos caíram caíram	
3. cobrir coberto	(eu) (você) (ele) (nós) (vocês) (eles)	cubro			
4. crer	(eu) (você) (ele) (nós) (vocês) (eles)	creio crê crê creem creem			
5. dar	(eu) (você) (ele) (nós) (vocês) (eles)	dou dá dá dão dão		deu deu demos deram deram	
6. destruir	(eu) (você) (ele) (nós) (vocês) (eles)	 destrói destrói destroem destroem	destruía destruía destruía destruíam	destruí destruímos destruíram destruíram	
7. dizer dito	(eu) (você) (ele) (nós) (vocês) (eles)	digo diz diz		disse disse disse dissemos disseram disseram	direi dirá dirá diremos dirão dirão
8. dormir	(eu) (você) (ele) (nós) (vocês) (eles)	durmo			

直説法	命令法	接続法		
過去未来	現在	現在	未完了過去	未来
		caiba	coubesse	couber
	caiba(você)	caiba	coubesse	couber
		caiba	coubesse	couber
	caibamos(nós)	caibamos	coubéssemos	coubermos
	caibam(vocês)	caibam	coubessem	couberem
		caibam	coubessem	couberem
		caia	caísse	
	caia(você)	caia	caísse	
		caia	caísse	
	caiamos(nós)	caiamos	caíssemos	
	caiam(vocês)	caiam	caíssem	
		caiam	caíssem	caírem
		cubra		
	cubra(você)	cubra		
		cubra		
	cubramos(nós)	cubramos		
	cubram(vocês)	cubram		
		cubram		
		creia		
	creia(você)	creia		
		creia		
	creiamos(nós)	creiamos		
	creiam(vocês)	creiam		
		creiam		
		dê	desse	der
	dê(você)	dê	desse	der
		dê	desse	der
	demos(nós)	demos	déssemos	dermos
	deem(vocês)	deem	dessem	derem
		deem	dessem	derem
			destruísse	
			destruísse	
			destruísse	
			destruíssem	
			destruíssem	destruírem
diria		diga	dissesse	disser
diria	diga(você)	diga	dissesse	disser
diria		diga	dissesse	disser
diríamos	digamos(nós)	digamos	disséssemos	dissermos
diriam	digam(vocês)	digam	dissessem	disserem
diriam		digam	dissessem	disserem
		durma		
	durma(você)	durma		
		durma		
	durmamos(nós)	durmamos		
	durmam(vocês)	durmam		
		durmam		

不定詞 過去分詞（不規則の場合）		現在	未完了過去	完了過去	未来
9. fazer (feito)	(eu) (você) (ele) (nós) (vocês) (eles)	faço faz faz 		fiz fez fez fizemos fizeram fizeram	farei fará fará faremos farão farão
10. fugir	(eu) (você) (ele) (nós) (vocês) (eles)	(fujo) foge foge fogem fogem			
11. ir	(eu) (você) (ele) (nós) (vocês) (eles)	vou vai vai vamos vão vão		fui foi foi fomos foram foram	
12. ler	(eu) (você) (ele) (nós) (vocês) (eles)	leio lê lê leem leem			
13. medir	(eu) (você) (ele) (nós) (vocês) (eles)	meço 			
14. mentir	(eu) (você) (ele) (nós) (vocês) (eles)	minto 			
15. odiar	(eu) (você) (ele) (nós) (vocês) (eles)	odeio odeia odeia odeiam odeiam			
16. ouvir	(eu) (você) (ele) (nós) (vocês) (eles)	ouço 			

直説法	命令法	接続法		
過去未来	現在	現在	未完了過去	未来
faria		faça	fizesse	fizer
faria	faça(você)	faça	fizesse	fizer
faria		faça	fizesse	fizer
faríamos	façamos(nós)	façamos	fizéssemos	fizermos
fariam	façam(vocês)	façam	fizessem	fizerem
fariam		façam	fizessem	fizerem
		(fuja)		
	(fuja)	(fuja)		
		(fuja)		
	(fujamos)	(fujamos)		
	(fujam)	(fujam)		
		(fujam)		
		vá	fosse	for
	vá(você)	vá	fosse	for
		vá	fosse	for
	vamos(nós)	vamos	fôssemos	formos
	vão(vocês)	vão	fossem	forem
		vão	fossem	forem
		leia		
	leia(você)	leia		
		leia		
	leiamos(nós)	leiamos		
	leiam(vocês)	leiam		
		leiam		
		meça		
	meça(você)	meça		
		meça		
	meçamos(nós)	meçamos		
	meçam(vocês)	meçam		
		meçam		
		minta		
	minta(você)	minta		
		minta		
	mintamos(nós)	mintamos		
	mintam(vocês)	mintam		
		mintam		
		odeie		
	odeie(você)	odeie		
		odeie		
	odeiem(vocês)	odeiem		
		odeiem		
		ouça		
	ouça(você)	ouça		
		ouça		
	ouçamos(nós)	ouçamos		
	ouçam(vocês)	ouçam		
		ouçam		

不定詞 過去分詞(不規則の場合)		現在	未完了過去	完了過去	未来
17. passear	(eu) (você) (ele) (nós) (vocês) (eles)	passeio passeia passeia passeiam passeiam			
18. perder	(eu) (você) (ele) (nós) (vocês) (eles)	perco			
19. poder	(eu) (você) (ele) (nós) (vocês) (eles)	posso		pude pôde pôde pudemos puderam puderam	
20. pôr 　　posto	(eu) (você) (ele) (nós) (vocês) (eles)	ponho põe põe pomos põem põem	punha punha punha púnhamos punham punham	pus pôs pôs pusemos puseram puseram	porei porá porá poremos porão porão
21. possuir	(eu) (você) (ele) (nós) (vocês) (eles)	 possui possui possuímos	possuía possuía possuía possuíam possuíam	possuí possuímos possuíram possuíram	
22. querer	(eu) (você) (ele) (nós) (vocês) (eles)	 quer quer		quis quis quis quisemos quiseram quiseram	
23. rir	(eu) (você) (ele) (nós) (vocês) (eles)	rio ri ri riem riem			
24. saber	(eu) (você) (ele) (nós) (vocês) (eles)	sei		soube soube soube soubemos souberam souberam	

直説法	命令法	接続法		
過去未来	現在	現在	未完了過去	未来
	passeie(você) passeiem(vocês)	passeie passeie passeie passeiem passeiem		
	perca(você) percamos(nós) percam(vocês)	perca perca perca percamos percam percam		
	possa(você) possamos(nós) possam(vocês)	possa possa possa possamos possam possam	pudesse pudesse pudesse pudéssemos pudessem pudessem	puder puder puder pudermos puderem puderem
	ponha(você) ponhamos(nós) ponham(vocês)	ponha ponha ponha ponhamos ponham ponham	pusesse pusesse pusesse puséssemos pusessem pusessem	puser puser puser pusermos puserem puserem
			possuísse possuísse possuísse possuíssem possuíssem	 possuírem
	queira(você) queiramos(nós) queiram(vocês)	queira queira queira queiramos queiram queiram	quisesse quisesse quisesse quiséssemos quisessem quisessem	quiser quiser quiser quisermos quiserem quiserem
	ria(você) riamos(nós) riam(vocês)	ria ria ria riamos riam riam		
	saiba(você) saibamos(nós) saibam(vocês)	saiba saiba saiba saibamos saibam saibam	soubesse soubesse soubesse soubéssemos soubessem soubessem	souber souber souber soubermos souberem souberem

不定詞 過去分詞(不規則の場合)	現在	未完了過去	完了過去	未来
25. seguir	(eu) sigo (você) (ele) (nós) (vocês) (eles)			
26. subir	(eu) (você) sobe (ele) sobe (nós) (vocês) sobem (eles) sobem			
27. trazer	(eu) trago (você) traz (ele) traz (nós) (vocês) (eles)		trouxe trouxe trouxe trouxemos trouxeram trouxeram	trarei trará trará traremos trarão trarão
28. valer	(eu) valho (você) (ele) (nós) (vocês) (eles)			
29. ver (visto)	(eu) vejo (você) vê (ele) vê (nós) (vocês) veem (eles) veem		viu viu vimos viram viram	
30. vir (vindo)	(eu) venho (você) vem (ele) vem (nós) (vocês) vêm (eles) vêm	vinha vinha vinha vínhamos vinham vinham	vim veio veio viemos vieram vieram	

注1：ser, estar はおおむね動詞が受け身形の場合の助動詞であり，ter, haver は複合時制の場合の助動詞である．例：Ele foi atropelado por um carro. = 彼は自動車にひかれた（atropelado=atropelar 動詞の過去分詞）./Eu tinha comprado umas peras, mas .... = 私はいくつかなしを買ってあったのだが...（comprado=comprar 動詞の過去分詞）．

注2：você, vocês は，親しい間柄の人に対して用いられる．o senhor, a senhora とその複数形 os senhores, as senhoras は，フォーマルな間柄の人に対して用いられる．なお，o senhor, a senhora とその複数形の動詞の活用は você と vocês の活用と同じである．

直説法	命令法	接続法		
過去未来	現在	現在	未完了過去	未来
		siga		
	siga(você)	siga		
		siga		
	sigamos(nós)	sigamos		
	sigam(vocês)	sigam		
		sigam		
traria		traga	trouxesse	trouxer
traria	traga(você)	traga	trouxesse	trouxer
traria		traga	trouxesse	trouxer
traríamos	tragamos(nós)	tragamos	trouxéssemos	trouxermos
trariam	tragam(vocês)	tragam	trouxessem	trouxerem
trariam		tragam	trouxessem	trouxerem
		valha		
	valha(você)	valha		
		valha		
	valhamos(nós)	valhamos		
	valham(vocês)	valham		
		valham		
		veja	visse	vir
	veja(você)	veja	visse	vir
		veja	visse	vir
	vejamos(nós)	vejamos	víssemos	virmos
	vejam(vocês)	vejam	vissem	virem
		vejam	vissem	virem
		venha	viesse	vier
	venha(você)	venha	viesse	vier
		venha	viesse	vier
	venhamos(nós)	venhamos	viéssemos	viermos
	venham(vocês)	venham	viessem	vierem
		venham	viessem	vierem

注3：ポルトガル語では，自明な場合，主格人称代名詞を省略することができる．
注4：直説法は動作や状態を事実として述べる叙法であり，接続法は頭の中で考えられた動作や状態を述べる主観的な叙法である．
注5：完了過去＝完全過去，未完了過去＝不完全過去，複合未来＝未来完了，複合過去未来＝過去未来完了，複合完了過去＝現在完了，複合大過去＝過去完了 という言い方もある．
注6：tu, vós という 2 人称の代名詞は現代のブラジル・ポルトガル語ではほとんど用いられないので，活用形は省略する．

2010年9月10日　初版発行

日本語 ブラジル・ポルトガル語辞典

2010年9月10日　第1刷発行

編　者　日向ノエミア（ひなた・のえみあ）

発行者　株式会社 三省堂 代表者 八幡統厚

印刷者　三省堂印刷株式会社

発行所　株式会社 三省堂
　　　　〒101-8371
　　　　東京都千代田区三崎町二丁目22番14号
　　　　　　電話　編集　(03) 3230-9411
　　　　　　　　　営業　(03) 3230-9412
　　　　http://www.sanseido.co.jp/
　　　　振替口座　00160-5-54300

〈日ポ辞典・864pp.〉

落丁本・乱丁本はお取替えいたします

ISBN978-4-385-12290-8

Ⓡ 本書を無断で複写複製(コピー)することは、著作権法上の例外を除き、禁じられています。本書をコピーされる場合は、事前に日本複写権センター(JRRC)の許諾を受けてください。
http://www.jrrc.or.jp　eメール：info@jrrc.or.jp
電話：03-3401-2382

ブラジル国旗の27個の星は、連邦区と26の州を表している

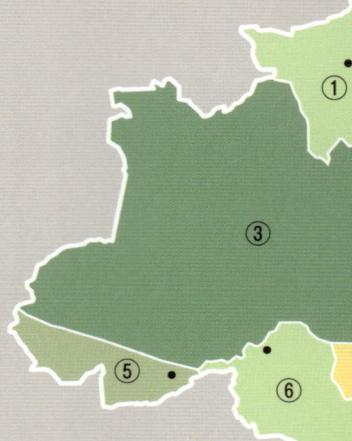

		州名	州都名
北部	①	Roraima ロライマ	Boa Vista ボア・ビスタ
	②	Amapá アマパ	Macapá マカパ
	③	Amazonas アマゾナス	Manaus マナウス
	④	Pará パラ	Belém ベレン
	⑤	Acre アクレ	Rio Branco リオ・ブランコ
	⑥	Rondônia ロンドニア	Porto Velho ポルト・ベリョ
	⑦	Tocantins トカンティンス	Palmas パルマス
東北部	⑧	Maranhão マラニョン	São Luís サン・ルイス
	⑨	Piauí ピアウイ	Teresina テレジナ
	⑩	Ceará セアラ	Fortaleza フォルタレザ
	⑪	Rio Grande do Norte リオ・グランデ・ド・ノルテ	Natal ナタール
	⑫	Paraíba パライバ	João Pessoa ジョアン・ペソア
	⑬	Pernambuco ペルナンブコ	Recife レシフェ
	⑭	Alagoas アラゴアス	Maceió マセイオ
	⑮	Sergipe セルジペ	Aracaju アラカジュ
	⑯	Bahia バイア	Salvador サルバドル
南東部	⑰	Minas Gerais ミナス・ジェライス	Belo Horizonte ベロ・オリゾンテ
	⑱	Espírito Santo エスピリト・サント	Vitória ビトリア
	⑲	Rio de Janeiro リオ・デ・ジャネイロ	Rio de Janeiro リオ・デ・ジャネイロ
	⑳	São Paulo サン・パウロ	São Paulo サン・パウロ
南部	㉑	Paraná パラナ	Curitiba クリティバ
	㉒	Santa Catarina サンタ・カタリナ	Florianópolis フロリアノポリス
	㉓	Rio Grande do Sul リオ・グランデ・ド・スル	Porto Alegre ポルト・アレグレ
中西部	●	DISTRITO FEDERAL 連邦区	Brasília ブラジリア
	㉔	Mato Grosso マト・グロッソ	Cuiabá クイアバ
	㉕	Goiás ゴイアス	Goiânia ゴイアニア
	㉖	Mato Grosso do Sul マト・グロッソ・ド・スル	Campo Grande カンポ・グランデ